Enzyklopädie des 20. Jahrhunderts

Harenberg Staatenlexikon

Enzyklopädie des 20. Jahrhunderts

Harenberg Staatenlexikon

Die Geschichte aller Staaten im 20. Jahrhundert

Mit einem Essay von Prof. Bassam Tibi

Harenberg Lexikon Verlag

Zur **Enzyklopädie des 20. Jahrhunderts**, dem dreibändigen Standardwerk über die Jahre 1900 bis 1999, gehören die Bände »Harenberg Personenlexikon«, »Harenberg Schlüsseldaten« und »Harenberg Staatenlexikon«. Alle Bände sind einzeln zu nutzen. Gemeinsam erschließen sie das 20. Jahrhundert über die drei wichtigsten Zugänge: Daten, Staaten und Personen.

Originalausgabe

Postfach 10 18 52, D-44 018 Dortmund, Fax 0231/9056-444, www.harenberg.de

Konzeption: Ulrich Ernst Huse

Redaktion: Dr. Carola Hoécker, Christine Laue-Bothen
Bildredaktion: Christine Wolf
Produktion: Elisabeth Hoffmann

Reproduktionen: ZANDER, Dortmund
Druck und Bindung: Brepols, Turnhout

Printed in Belgium ISBN 3-611-00894-X

Über dieses Buch

Das »Harenberg Staatenlexikon« bringt alle Staaten des 20. Jahrhunderts miteinander in Verbindung – unabhängig davon, ob sie bereits untergegangen sind oder bis heute bestehen. In konzentrierter Form wird ihre politische Geschichte dargestellt, sodass Entwicklungen nachvollziehbar und verständlich werden. Wie sind die großen Konflikte entstanden, wo liegen die Ursachen der weltweiten Krisenherde? Wer agierte wann und mit wem? Dakten und Fakten, präsentiert in einer klaren, präzisen Sprache, erschließen das Wissen über alle Staaten des 20. Jahrhunderts.

Standardelemente gliedern die 203 Artikel dieses Buches. Eine sog. Länderrolle macht die Strukturdaten aller Staaten miteinander vergleichbar. Ebenfalls obligatorisch sind eine Chronologie der wichtigsten Ereignisse sowie Übersichten zu den Staatsoberhäuptern und politischen Parteien. Hinzu kommen Glossare, Themenkästen und Textdokumente. Im Haupttext folgt die Darstellung der historischen Entwicklung der Länder, jeweils beginnend mit einem kurzen Rückblick in das 19. Jahrhundert.

Mehr als 1000 Abbildungen machen das »Harenberg Staatenlexikon« auch zu einem visuellen Erlebnis. Sie dokumentieren Taten und Ereignisse, zeigen die handelnden Personen und halten Momente fest, die sich unvergesslich in das historische Bewusstsein der Menschheit eingeprägt haben. Die meist farbigen Fotodokumente werden ergänzt durch Karten, die historische Schlüsselsituationen verdeutlichen.

Die beiden Register am Ende des »Harenberg Staatenlexikons« erschließen die Datenfülle auf zwei Wegen: Im Verzeichnis der Themenkästen finden sich alle Zusatzelemente alphabetisch nach ihrem Inhalt geordnet. Wer z. B. Hintergrundinformationen über den Rat für gegenseitige Wirtschaftshilfe (RGW) sucht, erfährt auf einen Blick, dass es im Artikel Sowjetunion auf S. 768 einen Infokasten zu diesem Thema gibt. Wer mehr über den Hitler-Stalin-Pakt von 1939 erfahren möchte, wird im Artikel Estland auf Seite 209 fündig. Hinzu kommt das Personenregister, das alle erwähnten Personen mit ihrer Nationalität verzeichnet.

Das Ergebnis ist ein einzigartiges Netzwerk aus Daten, Fakten und Interpretationen, wie sie in dieser Art sonst nirgendwo zu finden sind.

Autoren dieses Bandes

Hayrettin Aydin *(H. A.)*
Dr. Peter Bayerlein *(P. B.)*
Christiane Bocklenberg *(C. B.)*
Holger Ehling *(H. E.)*
Dr. Jens Ferber *(J. F.)*
Dr. Rolf Fischer *(R. F.)*
Thomas Flemming *(T. F.)*
Thomas Frank *(T. Fr.)*
Petra Frese *(P. F.)*
Hans Freundl *(H. F.)*
Dr. Jürgen Frölich *(J. Fr.)*
Ute Gebhard *(U. G.)*
Matthias Glatthor *(M. G.)*
Safiye Gültas *(S. G.)*
Reyhan Güntürk *(R. G.)*
Thorsten Halling *(T. H.)*
Dr. Nils Havemann *(N. H.)*
Gerhard Hesse *(G. H.)*
Thomas Höpel *(T. Hö.)*
Karin Janowski *(K. J.)*
Norbert Korfmacher *(N. K.)*
Brigitte Lotz *(B. L.)*
Dorothee Merschhemke *(D. M.)*
Anne Meyer *(A. M.)*
Sinan Öztürk *(S. Ö.)*
Bernhard Pollmann *(B. P.)*
Ingrid Reuter *(I. R.)*
Peter Ripken *(P. R.)*
Dr. Severin Roeseling *(S. R.)*
Benedikt Salmon *(B. S.)*
Dr. Faruk Şen *(F. S.)*
Ingrid Suvak *(I. S.)*
Barbara Tolle *(B. T.)*
Dr. Hans-Werner Wehling *(H.-W. W.)*
Dr. Wolfgang Westphal *(W. W.)*
Sylvia Winnewisser *(S. W.)*
Dr. Annette Zehnter *(A. Z.)*

Afghanistan

Islam. Emirate von Afghanistan

Afghanistan 2000	
Landesfläche	652 090 km² (WR 40)
Einwohner	21,9 Mio (WR 45)
Hauptstadt	Kabul (1,4 Mio Einwohner)
Sprachen	Paschtu, Dari u. a.
Währung	1 Afghani (AF) = 100 Puls (PL)
Gliederung	31 Provinzen
Religion	Moslems (99%): Sunniten 84%, Schiiten 15%; Sonstige (1%)
Bevölkerung	Paschtunen (38%); Tadschiken (25%); Hazara (19%); Usbeken (6%); Sonstige (12%)

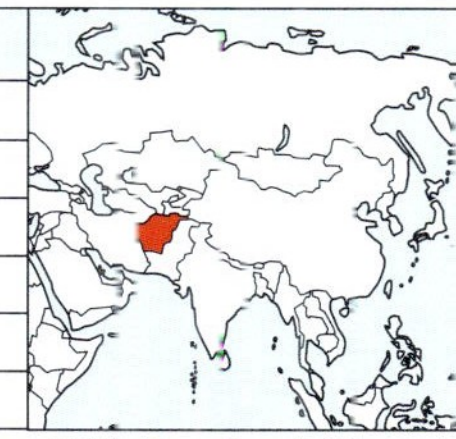

Die Gründung des afghan. Staates erfolgte 1747 als Großreich unter Ahmed Schah Durani (1747–73). Im 19. Jh. wurde A. sowohl mit inneren (z.B. Stammeskriege) als auch mit äußeren (Expansionsbestrebungen der Kolonialmächte Russland und Großbritannien) Konflikten konfrontiert. In seinen heutigen Grenzen entstand A. Ende des 19. Jh.s als Pufferstaat zwischen diesen beiden Kolonialmächten. Obwohl A. nach den zwei anglo-afghan. Kriegen (1838–42 und 1878–81) zur Einflusssphäre Großbritanniens zählte, bewahrte es seine staatliche Eigenständigkeit.

Unabhängiges Afghanistan

Modernisierung: Unter Abd ur-Rahman (1880–1901) wurde eine Zentralverwaltung organisiert. Reformen schufen die Grundlagen für einen modernen Staat. Emir Habib Ullah (1901–19), der von den Ideen Atatürks beeinflusst wurde, setzte diese Politik fort. Nach dem Ersten Weltkrieg, in dem sich A. neutral verhielt, erreichte Emir Aman Ullah (1919–29, seit 1926 König) im dritten angloafghan. Krieg die staatliche Unabhängigkeit, die durch den Vertrag von Rawalpindi (8.8.1919) geregelt wurde. Großbritannien nahm diplomatische Beziehungen zu A. auf. 1921 wurde ein Freundschaftsvertrag mit der Sowjetunion geschlossen. Es folgten Neutralitäts- und Nichtangriffsabkommen (1926, erneut 1931).

Widerstand: Aman Ullahs Reformbemühungen stießen auf zunehmenden Widerstand innerhalb der islamischen Geistlichkeit und der Stammesführer, sodass er schließlich 1929 abdanken musste. Seiner Abdankung folgte ein neunmonatiger Bürgerkrieg. Im Oktober eroberte Muhammad Nadir Khan Kabul und übernahm als Nadir Schah (1929–33) die Macht. Er setzte die Reformpolitik seines Vorgängers fort. Nach der Ermordung Nadir Schahs 1933 führte sein Sohn Sahir Schah (1933–73) die Monarchie weiter. Im Zweiten Weltkrieg verhielt sich A. neutral.

Stabilisierung: Nach dem Zweiten Weltkrieg verfolgte A. zunächst eine Politik der Blockfreiheit. In den 50er Jahren erhielt A. sowohl westliche (USA) als auch östliche (UdSSR) Entwicklungshilfe, geriet aber zunehmend unter sowjet. Einfluss. Mit der neuen Verfassung von 1964 kam es auch unter Sahir Schah zu Demokratisierungsbemühungen. Im September 1965 wurden die ersten Parlamentswahlen durchgeführt. Die für A. ungewöhnlich lange Regentschaft Sahir Schahs war durch politische Stabilität sowie Wohlstand geprägt, sodass diese Zeit noch heute bei vielen als goldenes Zeitalter A.s gilt.

Sahir Schah (1933–73) brachte Afghanistan politische Stabilität und modernisierte die rückständige Wirtschaft des Landes. Im Beisein seiner Minister, zahlreicher hoher Würdenträger und einer deutschen Regierungsdelegation nahm der Monarch das Siemens-Wasserkraftwerk Sarobi in Betrieb, das die afghan. Hauptstadt Kabul mit Strom versorgte.

Afghanistan im 20. Jahrhundert	
1919	Staatliche Unabhängigkeit (Vertrag von Rawalpindi, 8.8.).
1921	Freundschaftsvertrag mit Sowjetrussland, diplomatische Anerkennung durch Großbritannien.
1923	Durch Aman Ullah werden die Grundlagen für einen modernen Staat gelegt.
1926	Nichtangriffs- und Neutralitätsvertrag mit der Sowjetunion.
1929	Sturz Aman Ullahs; Nadir Schah besteigt den Thron.
1933	Sahir Schah folgt seinem Vater auf dem Thron.
1946	Afghanistan wird Mitglied der UNO.
1947	Grenzstreitigkeiten mit Pakistan.
1955	Bündnisvertrag mit der UdSSR, dennoch Neutralität und Blockfreiheit.
1973	Militärputsch (17.7.) durch Muhammad Daud; Ausrufung der Republik.
1978	Sturz Dauds durch die Demokratische Volkspartei Afghanistans (DVPA) und das Militär; neuer Premierminister wird Nur Muhammad Taraki (Khalq-Partei, kommunistisch); Ausrufung der Demokratischen Volksrepublik Afghanistan; Beginn des bewaffneten Widerstands der Mudjahedin.
1979	Putsch gegen Taraki durch Hafisollah Amin.
	Einmarsch sowjet. Truppen in Afghanistan; Sturz und Hinrichtung Amins.
	Babrak Karmal (DVPA) von den Sowjets als neuer Staatschef eingesetzt.
1980	Organisation des antikommunistischen Widerstands.
1986	Muhammad Najibollah (DVPA) folgt Karmal als Regierungschef. Trotz Najibollahs Bemühungen um »nationale Aussöhnung« verschärft sich der Krieg.
1987	Verabschiedung einer neuen Verfassung (29./30.11.), Änderung des Staatsnamens in »Republik Afghanistan«.
1988	Genfer Abkommen regelt die Nichteinmischung Pakistans und den Abzug der sowjet. Truppen, der am 15.5.1988 beginnt (am 15.2.1989 beendet).
1989	Bildung einer Interimsregierung mit Sitz in Peshawar durch die Mudjahedin; Präsident ist Sibghatullah Mujadeddi.
	Ausnahmezustand (Februar 1989 bis Mai 1990).
1990	Interimsregierung der Mudjahedin übernimmt Verwaltung von Kandahar.
	Reformversuche; Ende der Einparteienherrschaft der DVPA.
	Afghanistan wird nach der im Mai revidierten Verfassung von 1987 Islamische Republik.
1992	Militärputsch gegen Najibollah (16.4.); die Mudjahedin erobern Kabul.
	Machtübernahme durch einen provisorischen Kriegsrat der Mudjahedin (28.4.); Mujadeddi wird Interimspräsident.
	Der Bürgerkrieg um Kabul beginnt.
	Am 28.6. wird Burhanuddin Rabbani Präsident.
1994	Bündnis von Raschid Dostum und Hekmatyar gegen Ahmed Schah Massud und Rabbani.
	Die Taliban treten als neue Kriegspartei in das Bürgerkriegsgeschehen ein.
1996	Die Taliban erobern Kabul (September) und kontrollieren den Großteil Afghanistans; Ermordung Najibollahs.
	Regierungsübernahme durch die Taliban (27.9.); Einführung der Scharia.
1997	Kämpfe zwischen den Taliban und dem Mudjahedin-Führer Dostum.
	Ein Edikt der Taliban benennt das Land in »Islamische Emirate von Afghanistan« um; Taliban-Führer Mullah Muhammad Omar wird Staatsführer.
1998	Raketenanschlag der USA auf Ausbildungslager von Terroristen im Südosten Afghanistans mit dem Ziel, Osama bin Laden zu treffen (20.8.).
1999	Friedensverhandlungen (März) zwischen Repräsentanten Massuds und der Taliban sehen eine Beteiligung der Opposition an der Exekutive und Justiz vor. Die Kämpfe gehen jedoch verstärkt weiter.
	Die Taliban kontrollieren etwa 90% des Landes.
	Die Taliban gewähren der tschetschen. Regierung unter Präsident Aslan Maschadow Asyl (Dezember).
2000	Spannungen zwischen Russland und Afghanistan vor dem Hintergrund des Tschetschenien-Konflikts. Russland beschuldigt die Taliban, die rebellischen Tschetschenen zu unterstützen.

Von der Republik zur Volksrepublik

1973 wurde König Sahir Schah durch seinen Cousin und Schwager Muhammad Daud gestürzt und die Republik A. wurde ausgerufen. Daud übernahm die Ämter des Staatschefs und Ministerpräsidenten (1973–78). Aufgrund seiner Bemühungen, sich dem sowjet. Einfluss zu entziehen, putschte am 27.4.1978 die kommunistisch orientierte Demokratische Volkspartei A.s (DVPA) gegen Daud, ermordete ihn und rief die »Demokratische Volksrepublik A.« aus. In der Folge begann der bewaffnete Widerstand der Mudjahedin.

Machtkämpfe: Die neue Führung unter Vorsitz des Revolutionsrats und des Ministerpräsidenten Nur Muhammad Taraki errichtete ein kommunistisches System. Der Widerstand, auf den ihr Programm zur Abschaffung der bestehenden Wirtschafts- und Gesellschaftsstrukturen stieß, sowie Auseinandersetzungen innerhalb der DVPA führten zur Schwächung der Regierung. Nach der Ermordung Tarakis ergriff der bisherige stellvertretende Ministerpräsident und Außenminister Hafisollah Amin im September 1979 die Macht. Sein hartes Vorgehen gegen die Opposition verstärkte den Widerstand und führte Ende 1979 zu Unruhen und Aufständen in A.

Sowjetischer Einmarsch: Ende Dezember 1979 ließ Leonid Breschnew unter Berufung auf den ein Jahr zuvor geschlossenen Freundschaftsvertrag sowjet. Truppen in A. einmarschieren. Am 27.12.1979 wurde Amin gestürzt und hingerichtet. Der aus dem sowjet. Exil zurückkehrende DVPA-Politiker Babrak Karmal (1980–86) übernahm die Regierung und verfolgte einen strikt pro-sowjet. Kurs.

Unter sowjetischer Besatzung

Im März 1980 wurde ein Vertrag über die Stationierung sowjet. Truppen abgeschlossen. Der sowjet. Einmarsch stieß weltweit auf Protest und verschärfte den Ost-West-Konflikt. Die UNO forderte den Abzug der sowjet. Truppen und die Wiederherstellung der Souveränität A.s.

Mudjahedin: Auf Widerstand trafen die sowjet. Besatzer seitens mehrerer islamischer und monarchistischer Gruppierungen, allen voran die Mudjahedin. Aufgrund ihrer ethnischen und religiösen Unterschiede sowie ihrer unterschiedlichen politischen Zielsetzungen kam es jedoch nicht zu einem organisierten gemeinsamen Widerstand. Im Zuge des Ost-West-Konflikts unterstützten die USA die Mudjahedin u. a. mit Waffenlieferungen. Das sowjet.

Per Luftbrücke gelangten die sowjet. Truppen am 24.12.1979 nach Kabul, wo sie umgehend mit der Besetzung der afghan. Hauptstadt begannen.

Militär ging mit massiver Gewalt gegen die Mudjahedin vor. Der Krieg forderte auf beiden Seiten hohe Verluste.

Präsidentschaft Najibollahs: Unter Staatspräsident Muhammad Najibollah (1986–92) wurde angesichts der Ausmaße des Bürgerkrieges und der sowjet. Invasion eine Politik der »nationalen Aussöhnung« (Hinwendung zum Islam, Zulassung von Oppositionsparteien, Aufhebung der sozialistischen Reformen) verkündet. Am 15.1.1987 rief Najibollah einen einseitigen Waffenstillstand aus und bot eine Koalitionsregierung unter Beteiligung des Ex-Königs Sahir Schah sowie der Mudjahedin an. Letztere lehnten den Vorschlag jedoch ab und setzten den bewaffneten Widerstand fort.

Truppenabzug: Durch UNO-Vermittlung kam in Genf am 14.4.1988 ein Abkommen zwischen A., Pakistan, der UdSSR und den USA zustande. Die Genfer Vereinbarung, an der die Mudjahedin nicht beteiligt waren, regelte den Abzug der sowjet. Truppen, der am 15.5.1988 begann und am 15.2.1989 abgeschlossen war.

Entwicklung nach Abzug der Sowjets

Islamisierung: Von Februar 1989 bis Mai 1990 verhängte Najibollah den Ausnahmezustand über A. und setzte einen Militärrat ein. In der Folge wurde in Pakistan von den sunnitischen Mudjahedin-Gruppierungen eine Gegenregierung unter Sibghatullah Mujadeddi gebildet. Die im Mai 1990 verabschiedete Verfassungsänderung, die islamische Grundsätze verankerte, beinhaltete die endgültige Abkehr A.s vom Sozialismus. Zugleich gab die Heimatland-Partei (vormals DVPA) ihre Einparteienherrschaft auf.

Friedensplan: Im Mai 1991 wurde der von der UNO vorbereitete Friedensplan, der einen Waffenstillstand, eine Übergangsregierung auf breiter Basis sowie die Vorbereitung von Wahlen vorsah, von der Regierung akzeptiert. Die Mudjahedin lehnten die Friedensangebote jedoch ab. 1992 wurden die Waffenlieferungen an die Bürgerkriegsparteien seitens Russland und der USA eingestellt.

Militärische Wende: Im Frühjahr 1992 stand der größte Teil A.s unter militärischer Kontrolle der Mudjahedin. Nach dem Sturz Najibollahs am 16.4. 1992 durch Generäle der Regierungsarmee besetzten eine Woche später die Mudjahedin die Hauptstadt Kabul. Noch im selben Monat brach unter ihnen ein offener Machtkampf aus. Unter dem Vorsitz von Mujaddedi übernahmen die Mudjahedin am 28.4.1992 durch einen provisorischen Kriegsrat die Macht und riefen den »Islamischen Staat A.« aus.

Islamischer Staat: Im Mai 1992 erfolgte die Einführung islamischer Gesetze sowie das Verbot der ehemals regierenden Heimatland-Partei. Am 28.6.1992 übergab Mujaddedi seine Macht an den »Führungsrat«, der sich aus den Vorsitzenden der einflussreichsten Mudjahedin-Gruppierungen zusammensetzte. Dieser bestimmte Burhanuddin Rabbani (seit 1992) zum Übergangspräsidenten. Am 30.12.1992 wurde Rabbani durch die »Große Schura« für die Dauer von zwei Jahren zum Staatspräsidenten gewählt.

Vom Bürgerkrieg in Afghanistan (Foto: Alltagsszene in Kabul im März 1995) war insbesondere die Zivilbevölkerung betroffen.

Flügelkämpfe: In der Folgezeit kam es immer wieder zu Kämpfen zwischen den rivalisierenden Gruppierungen der Mudjahedin. Führend daran beteiligt waren der – lange Zeit von den USA unterstützte – Paschtune Gulbuddin Hekmatyar und seine Gruppe der »Hezb-e Islami-e«, die versuchten, die Hauptstadt Kabul unter ihre Kontrolle zu bringen. Nachdem durch Vermittlung Pakistans und Saudi-Arabiens am 7.3.1993 in Islamabad ein Friedensabkommen zwischen den rivalisierenden Mudjahedin-Gruppierungen vereinbart worden war, wurde Hekmatyar formal zum Ministerpräsidenten ernannt. Das Friedensabkommen konnte den Konflikt zwischen den verschiedenen ethnischen und religiösen Gruppierungen jedoch nicht lösen.

Herrschaft der Taliban

Kampf um Kabul: Mit einer ca. 25 000 Mann starken Miliz griffen 1994 die radikal-islamischen Taliban in das Bürgerkriegsgeschehen ein. Bereits Anfang 1995 kontrollierten sie etwa ein Drittel des afghan. Territoriums. Die Einnahme der Hauptstadt Kabul scheiterte jedoch an den Truppen von Ahmed Schah Massud. Dem mit Massud verbündeten Interimspräsidenten Rabbani, der auch nach Ablauf der offiziellen Amtszeit seine Position nicht aufgab, gelang es, die Oberhoheit über ganz Kabul zu gewinnen und die zentralafghan. Provinzhauptstadt Bamian von den schiit. Hezb-e Wahdat-e zurückzuerobern. Im Herbst 1995 erfolgte eine erneute Großoffensive der Taliban gegen Kabul.

Kriegswende: Im September 1996 eroberten die Taliban Kabul und übernahmen am 27.9. die Regierung. In diesem Zuge wurde die radikal-islamische Gesetzgebung eingeführt. Nach ihrer Machtübernahme stabilisierte sich die Lage in A. zunächst. Der Großteil des Landes – Kabul sowie der Süden, Westen und Nordwesten – standen unter Kontrolle der Taliban. Rabbanis Jamiyat und die meisten übrigen Parteien vereinigten sich im September zur »Nordallianz«. Auch 1997 blieben die

Die vier Hauptkonkurrenten um die Macht in Afghanistan

Burhanuddin Rabbani (*1940), ideologischer Führer der Jamiat-e Islami-Partei, stützt sich vorwiegend auf die tadschik. Minderheit. Seit 1996 tritt Rabbani als offizieller außenpolitischer Vertreter der Exilregierung in Erscheinung.

Gulbuddin Hekmatyar (*1950 oder 1951) ist der Führer der Hezb-e Islami-e. Während der sowjet. Besatzungszeit war er einer der prominentesten Mudjahedin-Kommandeure. 1998 soll Hekmatyar in den Iran geflohen sein.

Raschid Dostum (*1944) gründete die Jonbesh-e-Melli e Islami-e Afghanistan. Der Usbeken-General, der mehrfach die Fronten wechselte, besitzt vor allem in den Nordprovinzen eine starke Machtstellung.

Ahmed Schah Massud (*1948) ist der militärische Führer der Jamiat-e Islami, heute der einzige organisierte militärische Gegner der Taliban. Durch militärische Aktionen in der sowjet. Besatzungszeit wurde Massud populär.

Taliban die beherrschende Kraft im Bürgerkriegsgeschehen. Ihre Regierung wurde lediglich von Pakistan, Saudi-Arabien und den Vereinigten Arabischen Emiraten anerkannt. Die UNO, die USA und Europa hingegen erkannten weiterhin die Exilregierung Rabbanis an. Im Juli 1998 verließen auf Druck des Taliban-Regimes alle internationalen Hilfsorganisationen A.

Vormarsch der Taliban: Im September 1998 eroberten die Taliban Teile des Nordens, darunter die Provinzhauptstadt Mazar-e Sharif, und zerschlugen die Anti-Taliban-Allianz. Bei der Eroberung der Provinzhauptstadt kam es nach Aussagen von Flüchtlingen zu brutalen Übergriffen gegen die Zivilbevölkerung und Massenhinrichtungen. Die Erstürmung des iran. Konsulats in Mazar-e Sharif, bei der neun Diplomaten und ein Journalist getötet wurden, löste eine schwere Krise zwischen Afghanistan und dem Iran aus.

Opposition: Nur noch die schiitischen Hezb-e-Wahdat-e-Milizen und die Jamiat-e Islami-e Massuds leisteten den Taliban militärischen Widerstand. Die Gruppierungen um Hekmatyar (Hezb-e Islami-e), der Usbekenführer Raschid Dostum und Abdel Malik besaßen keine militärische Bedeutung mehr. Massud wurde als offizieller Militärführer der Exilregierung unter Burhanuddin Rabbani anerkannt und im Dezember 1998 zum Vorsitzenden des Obersten Militärrats einer neuen Oppositionsallianz kleinerer Stammesverbände ernannt.

Internationale Isolation

Schwindende Unterstützung: Die Versorgungslage der Bevölkerung, insbes. in Kabul, verschlechtert sich zusehends. Der Fortbestand des Taliban-Regimes wird vor allem durch die wirtschaftliche Krise sowie den fortschreitenden Verlust an politischer und finanzieller Unterstützung bedroht. Die USA, die dem Taliban-Regime zunächst halfen, haben sich inzwischen von ihm abgewendet. Insbes. die Affäre um den in A. lebenden islamischen Fundamentalisten Osama bin Laden, der für die Anschläge auf die US-Botschaften in Kenia und Tansania im August 1998 verantwortlich gemacht wird, führte zum politischen Kurswechsel der USA. In diesem Zusammenhang zog auch der bisherige Geldgeber Saudi-Arabien im September 1998 seine Diplomaten aus der afghan. Hauptstadt ab. 1999 erkannte nur noch Pakistan das Taliban-Regime an. Am 5.7.1999 verhängten die USA Sanktionen gegen die Taliban und forderten die Auslieferung bin Ladens.

Volksgruppen

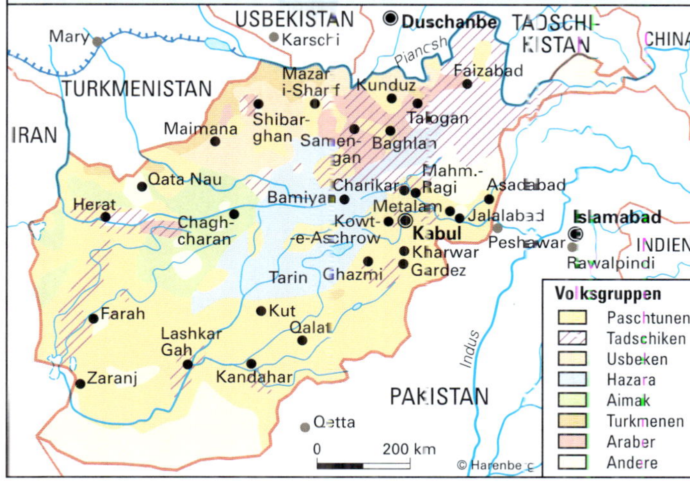

Die Taliban – radikal-islamische Kraft

Die Taliban (Koranschüler) rekrutierten ihre Anhänger vor allem aus Koranschulen in den afghan. Flüchtlingslagern in Pakistan. Ethnisch setzen sich die Taliban hauptsächlich aus Paschtunen zusammen. Sie legen die islamische Rechtsprechung, die Scharia, strikt aus. Verstöße gegen den Koran werden drastisch geahndet. »Westliche Zerstreuung« (z. B. Fernseher, Radio) ist verboten. Das »Amt für die Überwachung der islamischen Moral und die Bekämpfung der Sünde« bestraft jede Übertretung. Den Taliban werden massive Menschenrechtsverletzungen insbes. in Hinblick auf die Rechte der Frauen vorgeworfen. In der Öffentlichkeit müssen Frauen den Ganzkörperschleier tragen. Ihnen wird die Berufsausübung versagt, wodurch vor allem den allein stehenden Frauen die Existenzgrundlage genommen wird. Frauen dürfen nicht ärztlich versorgt werden. Mädchen wird der Schulbesuch untersagt. Auch die Männer unterstehen der Willkür der Taliban (Bartpflicht, Moscheebesuch). Die Taliban haben fast alle Schulen und die Universität von Kabul geschlossen. Zunächst wurden die Taliban durch Pakistan, Saudi-Arabien und die Vereinigten Arabischen Emirate diplomatisch anerkannt, inzwischen nur noch von Pakistan, das sie auch militärisch unterstützt. (Foto: Verschleierte Frau bei der Lebensmittelverteilung)

Osama Bin Laden, ein saudi-arab. Millionär, lebt in Afghanistan. Er gilt als Drahtzieher der Terroranschläge auf die US-Botschaften in Kenia und Tansania im August 1998, bei denen insgesamt 224 Menschen ums Leben kamen. Bislang bemühten sich die USA vergeblich um seine Auslieferung.

Staatsoberhäupter Afghanistans

Reg.-Zeit	*Name*	*Lebensdaten*
1880–1901	Abd ur-Rahman	um 1844–1901
1901–19	Habib Ullah	1872–1919
1919–29	Emir Aman Ullah[1]	1892–1960
1929–33	Nadir Schah	1880–1933
1933–73	Sahir Schah	*1914
1973–78	Muhammad Daud Khan	1908–1978
1978/79	Nur Muhammad Taraki	1916–1979
1979	Hafisollah Amin	1926–1979
1980–86	Babrak Karmal	1929–1996
1986–92	Muhammad Najibollah[2]	1947–1996
1992–94/95	Burhanuddin Rabbani[3]	*1940
seit 1996	Exilregierung in Tadschikistan unter Burhanuddin Rabbani	*1940
seit 1996	Sechsköpfige Taliban-Regierung in Kabul[4]	

1) Ab 1926 König; 2) Vorsitzender des Revolutionsrates, ab 1987 Staatspräsident; 3) ab 1995 Interimspräsident; Rabbani trat nach dem Ende der offiziellen Amtszeit nicht zurück; 4) unter Vorsitz von Mullah Muhammad Omar, Stellvertreter ist Mullah Muhammad Rabbani

Die wichtigsten Parteien im 20. Jahrhundert

Name	*Politische Richtung*	*Gründung*
Hezb-e Islami-e Afghanistan (Islamische Partei Afghanistans)	Wurzeln liegen in der islam. Jugendbewegung	um 1960
Jamiat-e Islami-e Afghanistan (Islamische Vereinigung von Afghanistan)	Ziel war insbes. während der sowjet. Besatzung die Errichtung eines islamischen Staates	um 1970
Hezb-e Wahdat-e Afghanistan (Partei der Einheit Afghanistans)	Allianz verschiedener schiit. Mudjahedin-Gruppen	1989
Jonbesh-e-Melli e Islami-e Afghanistan (Nationale Islamische Bewegung Afghanistans)	gemäßigt-islamisch	1992
Taliban	islamistisch-fundamentalistisch	1994

Status quo: 1999 kontrollierten die Taliban rund 90% des afghan. Territoriums. Widerstand wurde ihnen nur noch seitens der Nordallianz unter Massud entgegengesetzt. Durch UN-Vermittlung kam es im März 1999 zu Friedensverhandlungen zwischen den Taliban und Repräsentanten Massuds. Am 15.3.1999 wurde ein Abkommen bekannt gegeben, das die Beteiligung der Opposition an der Exekutive und Justiz vorsah. Ein Waffenstillstand wurde jedoch nicht vereinbart; die Kämpfe verstärkten sich sogar. Im Sommer 1999 kam es zu einer Großoffensive der Taliban gegen die Nordallianz, die geprägt war von einer Welle der Gewalt und Angriffen gegen die Zivilbevölkerung. Die militärischen Auseinandersetzungen gehen – von kurzen Unterbrechungen abgesehen – unvermindert weiter. Eine friedliche Lösung ist nicht abzusehen.

Konflikt mit Russland: Im Frühjahr 2000 kam es vor dem Hintergrund des Tschetschenienkonflikts zu Spannungen zwischen A. und Russland, die sich im Mai zuspitzten. Tschetschenien ist Teil der Russ. Föderation, betrachtet sich selbst aber als unabhängig. Die tschetschen. Regierung unter Präsident Aslan Maschadow agiert seit Dezember 1999 vom afghan. Exil aus. Russland beschuldigt die Taliban, die tschetschen. Rebellen mit Waffen, Geld und Kämpfern zu unterstützen. Dies wurde von afghan. Seite bestritten. Der international gesuchte Terrorist Osama bin Laden gilt aus russ. Sicht als Finanzier der tschetschen. Rebellen und damit als Schlüsselfigur im Kaukasuskonflikt. Am 24.5.2000 vereinbarten Russland und fünf weitere ehemalige Sowjetrepubliken eine engere Kooperation bei der Bekämpfung von Terrorismus und islamischem Extremismus. Eine militärische Unterstützung der von Burhanuddin Rabbani geführten Opposition wurde nicht ausgeschlossen.

Wirtschaft: Die sowjet. Besatzung und der Bürgerkrieg zwischen den rivalisierenden Mudjahedin-Gruppierungen führte zu einer rückläufigen Wirtschaftsentwicklung. A. zählt zu den ärmsten Entwicklungsländern der Welt. Im Agrarland A. besitzt die Industrie nur einen geringen Stellenwert. Aufgrund der innenpolitischen Lage erhält A. kaum bilaterale oder multilaterale Hilfe, dafür jedoch Unterstützung von verschiedenen politischen Gruppierungen islamischer Länder. Eine der Haupteinnahmequellen A.s stellt der Mohnanbau für die Heroinproduktion dar. Eine Bekämpfung des Drogenanbaus machen die Taliban u.a. von Wiederaufbau- und Entwicklungshilfe des Westens abhängig. *F.Ş./A.M.*

Ägypten

Arabische Republik Ägypten

Im Gebiet des heutigen Ä. entstand um 3000 v. Chr. einer der ersten Hochkulturen der Menschheitsgeschichte. 1552–1306 v. Chr. war Ä. die führende Großmacht des Vorderen Orients. Danach setzte der wirtschaftliche und politische Verfall ein; das in kleine Fürstentümer zerfallene Reich wurde 525 v. Chr. von Persern erobert, ab 332 v. Chr. stand es unter griech. und ab 31 v. Chr. unter röm. Fremdherrschaft. Um 640 n. Chr. wurde Ä. von moslemischen Arabern besetzt und islamisiert.
Seit 1517 war Ä. Teil des Osman. Reiches. Mit der türk. Armee, die Napoleons erste Ägyptenexpedition bekämpfen sollte, kam der Mazedonier Mohammed Ali (1769–1849) nach Ä., verdrängte den türk. Statthalter und übernahm 1805 als neuer Statthalter die Regierung. Es gelang ihm, seine eigene Dynastie zu etablieren, die das Land zunächst unter osman. Oberhoheit, später unter brit. Protektorat regierte. Muhammad Ali zerstörte den Feudalismus der Mamelukken und öffnete das unter seiner Herrschaft stabilisierte Land europäischen Einflüssen.

Die Zeit der Khediven

Auch Muhammad Alis Nachfolger fuhren fort, Ä. zu modernisieren und auf der Grundlage der einheimischen Rohstoffe eine bescheidene Industrie zu entwickeln, was eine internationale Verschuldung zur Folge hatte. 1875 musste der seit 1863 Vizekönig (Khedive) genannte Ismail, unter dessen Herrschaft 1869 der Suezkanal eröffnet worden war, den ägypt. Anteil an den Kanalaktien Großbritannien überlassen. Als danach Frankreich und Großbritannien die Kontrolle über die Staatsfinanzen übernahmen, erhoben sich nationalistische Offiziere, wurden jedoch von brit. Truppen 1882 bei Tell Al Kebir geschlagen.
Britisches Protektorat: Obwohl die Oberhoheit des Osman. Reichs bis 1914 formell weiter bestand und die Dynastie Mohammed Alis auf dem Thron blieb, war Ä. bis nach dem Zweiten Weltkrieg von Großbritannien besetzt. Nachdem 1881 die ägypt. Herrschaft über den Sudan zusammengebrochen war, zerstörten ägypt. Truppen unter brit. Führung bis 1898 das Reich des Mahdi; 1956 wurde der Süden als brit.-ägypt. Kondominium verwaltet.
Unabhängigkeit: 1914 wurde Ä. zwar noch zum brit. Protektorat erklärt, doch hatte Großbritannien nach dem Krieg den wachsenden

Ägypten 2000	
Landesfläche	1,0 Mio km² (WR 29)
Einwohner	67,2 Mio (WR 15)
Hauptstadt	Kairo (16 Mio Einwohner)
Sprachen	Arabisch, Englisch
Währung	1 Ägypt. Pfund £ = 100 Piaster
Gliederung	26 Gouvernate
Staatsform	Präsidiale Republik
Religion	Sunnitische Moslems (90%); Christen (10%)
Bevölkerung	Arabisierte Hamiten (99%); Sonstige (1%)

Ägypten im 20. Jahrhundert	
1914	Ägypten wird brit. Protektorat.
1922	Errichtung eines autonomen Königreichs Ägypten.
1936	Faruk I. wird Nachfolger von König Fuad.
1948	Erster arab.-israel. Krieg endet mit Waffenstillstand
1952	Staatsstreich der »Freien Offiziere« unter G.A. Nasser.
1953	Proklamation der Republik.
1956	Nasser wird neuer Staatspräsident; zweiter arab.-israel. Krieg.
	Verstaatlichung des Suezkanals
1958	Vereinigte Arab. Republik mit Syrien (bis 1961).
1967	Sperrung des Golfes von Aqaba; dritter arab.-israel. Krieg.
1970	Sadat wird Nachfolger Nassers.
1971	Einweihung des Assuan-Hochdamms.
1973	Yom-Kippur-Krieg.
1974	Truppenentflechtungsabkommen mit Israel.
1975	Wiedereröffnung des Suezkanals.
1976	Kündigung des Freundschaftsvertrags mit der Sowjetunion.
1977	Sadat besucht Jerusalem.
1979	Friedensvertrag mit Israel; arab. Boykott Ägyptens.
1981	Ermordung Sadats; Nachfolger wird Mubarak.
1989	Wiederaufnahme Ägyptens in die Arab. Liga.
1991	Ägypt. Beteiligung an antiirak. Koalition im zweiten Golfkrieg.
1996	Anschlag islamistischer Fundamentalisten auf Touristen.
1997	Verlängerung des seit 1981 bestehenden Ausnahmezustandes; erneuter Anschlag islamistischer Fundamentalisten auf Touristen in Luxor.
1999	Freilassung islamistischer Fundamentalisten. Erneute Wahl Mubaraks zum Präsidenten.

ägypt. Nationalismus zur Kenntnis zu nehmen. Daher erkannte es 1922 den seit 1917 regierenden Khediven Fuad als König Fuad I. (1917–36) an, behielt jedoch die Kontrolle über die Außen- und Verteidigungspolitik, über den Suezkanal und den anglo-ägypt. Sudan. Die bürgerlich-nationalistische Bewegung, die sich seit 1918 in der Wafd-Partei unter Saad Zaghlul Pascha (1860–1927) und dann unter Mustafa Nahas Pascha (1876 bis 1965) organisiert hatte, konnte zwar zeitweilig Regierungsämter besetzen, aber nichts an Ä.s Ohnmacht ändern. Die Bedingungen änderten sich erst im brit.-ägypt. Bündnisvertrag von

König Faruk mit einer Diplomatengattin während einer Soirée 1951.

General Nagib beim Triumphzug durch Kairo nach dem Militärputsch 1952.

Präsident Gamal Abdel Nasser (M.) während des Besuchs einer Moschee, 1958.

1936, in dem Großbritannien die Anwesenheit bewaffneter Truppen auf spezielle Gebiete, vor allem aber auf die Kanalzone beschränkte. Nachdem die ägypt. Industrie bereits im Ersten Weltkrieg einen Aufschwung erfahren hatte, führte eine Schutzzollgesetzgebung in den 30er Jahren zu einer Industrialisierungswelle, an der vor allem die auf Baumwolle gegründete Textilindustrie und die Konsumgüterindustrie beteiligt waren.

Erster israelisch-arabischer Krieg: Im Zweiten Weltkrieg nutzten Großbritannien und die Verbündeten Ä. als Militärbasis. 1942 schlugen die Alliierten das deutsche Afrikacorps und die ital. Armee bei El Alamein. Die ägypt. Armee beteiligte sich nicht an den Kämpfen, gehörte jedoch zu den Armeen, die gegen den neuen Staat Israel zu Felde zogen und in die Niederlage im ersten israel.-arab. Krieg verwickelt waren; beim Waffenstillstand übernahm Ä. die Verwaltung des Gazastreifens.

Militärputsch: Verschwendung, Korruption, der verlorene Krieg gegen Israel und Verzögerungen bei lang erwarteten sozialen und politischen Reformen motivierten im Juli 1952 den »Geheimbund der Freien Offiziere« zum Staatsstreich. An die Stelle König Faruks trat nominell sein sieben Monate alter Sohn, bis am 18.6.1953 die Republik ausgerufen wurde, deren erster Präsident General Muhammad Nagib (1953/54) wurde.

Arabischer Sozialismus

Diktatorisches Regime: 1954 übernahm der Führer der Freien Offiziere, Oberst Gamal Abdel Nasser (1954–70), das Präsidentenamt. Er errichtete schrittweise ein diktatorisches Regime und suchte eine eigene sozialistische Ordnung zu schaffen. Mit der Arab Socialist Union (ASU) schuf er eine Einheitspartei, die die Mehrheitspartei des Parlamentes wurde. Daher blieb das Parlament ohne eigentliches politisches Gewicht und Ä. ein traditionell bürokratisch regiertes Land mit militärischer Spitze, die politische Gegner mit polizeistaatlichen Mitteln verfolgen ließ.

Außenpolitik: Um die Produktivität des Landes zu erhöhen, ging Nasser zunächst Vereinbarungen mit den USA, mit Großbritannien und den Vereinten Nationen ein, nicht zuletzt um den Assuanstaudamm zu errichten. Gleichzeitig verhandelte er mit der Sowjetunion um Wirtschaftshilfe und Waffenlieferungen. Als die USA daraufhin ihre Finanzhilfe für den Assuandamm zurückhielten, verstaatlichte Nasser den Suezkanal und er-

Der Bau des Assuan-Staudamms

Zu den ersten Großprojekten nach dem Sturz König Faruks durch die »Freien Offiziere« gehörte der Bau eines neuen Assuan-Hochdammes. Seit 1953 bestand ein Beratungsvertrag mit deutschen Firmen; Großbritannien und die USA hatten Kredite zugesagt. Als diese 1953 zurückgezogen wurden, ging Nasser auf den Vorschlag der Sowjetunion ein, den Hochdamm allein zu bauen und zu finanzieren. Im Januar 1960 war Baubeginn, der erste Teil der Anlage war 1964, die Gesamtanlage 1971 fertiggestellt. Im Verlauf der Bauarbeiten waren mehrere alt-ägypt. Tempel auf höhere Standorte verlegt worden. Der Hochdamm staut den Nasser-Stausee über eine Länge von 600 km mit einer Wasserfläche von 5860 km² auf. Mit der Anlage kann zwar Strom erzeugt, eine ganzjährige Bewässerung sichergestellt und damit die Neulandgewinnung vorangetrieben werden, doch bleibt im Unterlauf der fruchtbare Nilschlamm aus und versinkt ungenutzt im Nasser-Stausee. Dagegen fördert die ständige Bewässerung, verbunden mit mangelnder Drainage, auf weiten Flächen die Bodenversalzung. (Foto: Verlegung der Tempel von Abu Simbel, 1964)

klärte, aus dem Erlös den Staudamm bauen zu wollen. Dieser wurde schließlich finanzieller Unterstützung der Sowjetunion fertig gestellt.

Neue Wirtschaftspolitik: Der Bau des Assuan-Hochdammes war Bestandteil des teils wirtschaftlich notwendigen, teils ideologisch begründeten Umbaus der ägypt. Wirtschaft. Durch die Agrarreformgesetze von 1952 und 1961 veränderte sich die weitgehend noch feudale Agrarstruktur Ä.s grundlegend. Der individuelle Bodenbesitz wurde auf 100 Feddan (42 ha) beschränkt, darüber hinausgehende Flächen wurden gegen Entschädigung enteignet und an Landarbeiter und kleine Pächter verteilt. Diese Reform gab etwa 300 000 ländlichen Familien eine neue Existenzgrundlage. Die Herabsetzung des Pachtzinses und die Gewährung von Krediten durch neu gegründete Genossenschaften brachten eine Einkommensverbesserung mit sich. Diese wurden allerdings durch das rasche Bevölkerungswachstum bald wieder aufgezehrt.

Agrarpolitik: Ziel der Agrarpolitik der 50er und 60er Jahre war es daher auch, mit des Assuan-Hochdamm die Grundlage für ein Bewässerungssystem zu schaffen, das eine Ausdehnung der landwirtschaftlichen Nutzfläche und damit eine Vergrößerung der Ernährungsbasis ermöglichte: Die Bevölkerung, die sich seit der Jahrhundertwende mehr als verdoppelt hatte, konnte nur durch Nahrungsmittelimporte ausreichend ernährt werden.

Industrie: Im industriellen Bereich wurde der »Nationale Produktionsrat« gegründet und die verarbeitende Industrie fast völlig verstaatlicht. Hauptzweige waren die Textilindustrie sowie die Nahrungs- und Genussmittelindustrie. Von den Bodenschätzen des Landes wurden in den 50er Jahren die Erdölvorkommen an den Küsten von Mittelmeer und Rotem Meer sowie die Phosphatvorkommen erschlossen; beide führten zum allmählichen Aufbau einer chemischen Industrie. Die Industrialisierung wurde als notwendige Maßnahme angesehen, um den steigenden Bevölkerungsdruck wirtschaftlich und beschäftigungspolitisch abzufangen. Dabei ähnelte die Industriestruktur anfangs sehr der Agrarstruktur, standen doch eine Vielzahl handwerklich strukturierter Betriebe nur wenige Großbetriebe gegenüber.

Der Konflikt mit Israel

Zweiter israelisch-arabischer Krieg: In den 50ern eskalierte die Krise zwischen Ä. und Israel, die Zwischenfälle zwischen ägypt. Guerilla (Fedayin) und israel. Grenzpatrouillen häuften sich. Im Oktober 1956 drangen israel. Truppen mit brit. und französ. Billigung in die ägypt. Sinai-Halbinsel ein. Großbritannien und Frankreich griffen Port Said an und bombardierten ägypt. Städte. Erst auf die schnelle Intervention der USA und der Sowjetunion hin zogen sich brit., franz. und israel. Truppen im März 1957 wieder zurück.

Syrien: Am 1.2.1958 verkündeten Ä. und Syrien ihren Zusammenschluss zur Vereinigten Arab. Republik (VAR), deren Präsident Nasser wurde. Die Unterschiede in den wirtschaftlichen und politischen Bedingungen verhinderten jedoch einen vollständigen Zusammenschluss. Zwar wurden Nassers wirtschaftliche Maßnahmen weitgehend akzeptiert, doch sein Sparprogramm und die Verstaatlichung von Banken und anderen Wirtschaftsunternehmen stieß auf wenig Gegenliebe in der syr. Geschäftswelt. Die syr. Opposition gegenüber der Union verstärkte sich, als die beiden Landesregierungen zugunsten einer gemeinsamen Regierung aufgelöst werden sollten. Am 28.9.1961 revoltierte die syr. Armee und erklärte zwei Tage später Syriens Unabhängigkeit. Trotz dieses Fehlschlages verfolgte Nasser seine panarab. Vorstellungen weiter und

Der Sechstagekrieg endete am 10.6.1967 mit der Niederlage Ägyptens, Jordaniens und Syriens. Israel besetzte mit dem Gaza-Streifen und der Sinai-Halbinsel ein Gebiet, das dreimal so groß war wie das eigene Land. (Foto: Israel. Soldaten bewachen ägypt. Gefangene in der Stadt El Arish auf der Sinai-Halbinsel, 1967.)

suchte dabei auch zunehmend die Nähe zu den blockfreien Staaten. Kooperationsabkommen wurden in den 60er und 70er Jahren mit dem Irak, dem Jemen, Libyen und noch einmal mit Syrien abgeschlossen. Ab Januar 1972 wurden Ä., Syrien und Libyen nominell zur Föderation Arab. Republiken zusammengeschlossen, aber daraus wurde ebenso wenig eine dauerhafte, politisch bedeutungsvolle Union wie aus den anderen Vereinbarungen.

Verfassung: 1971 gab sich Ä. durch Volksentscheid eine Verfassung, die die seit 1964 bestehende Interimsverfassung ablöste und Nassers panarab. Gedankengut widerspiegelt. Danach ist das Land als demokratisch-sozialistischer Staat ein integraler Bestandteil der arab. Nation. Staatsoberhaupt ist der Präsident, der Vizepräsidenten und Minister ernennt. Das Einkammerparlament der Volksversammlung ist die gesetzgebende Körperschaft, die sich seit 1981 aus 444 gewählten und 10 ernannten Mitgliedern zusammensetzt. Daneben besteht ein nationaler Konsultativrat aus 70 ernannten und 140 gewählten Mitgliedern der Mehrheitspartei. Der Präsident wird vom Volk direkt für eine Amtszeit von sechs Jahren gewählt. Der Islam ist Staatsreligion, die Scharia weitgehende Gesetzesgrundlage.

Dokument: Verfassung 1971

Art.1. Die Arab. Republik Ägypten (ARÄ) ist ein demokratischer und sozialistischer Staat. Das ägypt. Volk ist ein Teil der arab. Nation.

Art. 2. Der Islam ist Staatsreligion und die arab. Sprache ist die offizielle Sprache. Die Prinzipien des islamischen Rechts bilden die Hauptquelle für die Rechtssprechung.

Art. 3. Die Macht geht einzig vom Volk aus, das die Quelle aller Staatsgewalt ist.

Art. 4. Die wirtschaftliche Grundlage der ARÄ ist die sozialistische Ordnung.

Art. 5. Die Arab. Sozialistische Union (ASU) ist die Gemeinschaft aller arbeitenden Kräfte und bildet die politische Institution (...). Sie gründet sich auf die Gemeinschaft von Arbeitern, Bauern, Soldaten, Intellektuellen und dem nationalen Kapital. (...)

Art. 74. Der Präsident der Republik ergreift im Falle einer Gefahr der nationalen Einheit, der Sicherheit der Heimat oder im Falle, dass die staatlichen Institutionen an der Erfüllung ihrer verfassungsmäßigen Aufgaben gehindert sind, sofortige Maßnahmen, um der Gefahr zu begegnen. (...)

Art. 184. Die Polizei ist eine zivile Körperschaft, die für die Ordnung der Republik sorgt. Ihr oberster Leiter ist der Präsident der Republik.

Dritter israelisch-arabischer Krieg: Eine der Ursachen der politischen Manöver Nassers in den 60er Jahren waren die andauernden Spannungen mit Israel, die im Juni 1967 zum Krieg führten. Nachdem sich UN-Friedenstruppen auf ägypt. Forderung hin von der Grenze mit Israel zurückgezogen hatten, schloss Ä. den Golf von Aqaba für israel. Schiffe. Im nachfolgenden »Sechstagekrieg« zerstörte Israel die ägypt. Luftwaffe und besetzte den Gaza-Streifen sowie die Sinai-Halbinsel bis zum Suezkanal, der gesperrt wurde. Trotz der Forderung des UN-Sicherheitsrates an Israel, sich aus arab. Gebieten zurückzuziehen, und an die arab. Staaten Israel anzuerkennen, wollte keine Seite in Friedensverhandlungen eintreten; Israel hielt den Gaza-Streifen und den Sinai weiter besetzt. Nasser bot seinen Rücktritt an, blieb jedoch nach Volkskundgebungen zu seinen Gunsten im Amt und übernahm auch die Ämter des Ministerpräsidenten und des Generalsekretärs der Staatspartei ASU.

Unter der Herrschaft Sadats

Tod Nassers: Nach Nassers plötzlichem Tod am 28.9.1970 übernahm sein Vizepräsident Anwar al-Sadat (1970–81) das Präsidentenamt. Nach einer politischen Krise, die durch die

Entlassung einiger Politiker vom linken Flügel beendet wurde, konnte Sadat seine Herrschaft festigen und begann eine pragmatische Wirtschafts- und Sozialpolitik. Er lockerte unter der Devise »Korrektur der Revolution« das diktatorische Regime, schaffte den Polizeiterror ab und stellte ein gewisses Maß an bürgerlichen Freiheiten wieder her.

Außenpolitischer Kurswechsel: Außenpolitisch vollzog Ä. unter Sadats Führung eine Kehrtwendung. Zur allgemeinen Überraschung wies Sadat im Juli 1972 rund 15 000 sowjet. Militärberater und ihre 25 000 Angehörigen aus, die nach dem »Sechstagekrieg« nach Ä. gekommen waren. Der Freundschaftsvertrag mit der Sowjetunion wurde aufgekündigt und ägypt. Häfen für die sowjet. Marine gesperrt. Anlass für diese politische Umorientierung war die Tatsache, dass die Sowjetunion sich nicht mehr in der Lage sah, Ä. mit militärischer Ausrüstung zu versorgen. Ab 1976 verzichtete Sadat formell auf sowjet. Waffenlieferungen und verbesserte die Beziehungen zu den USA, Europa und den konservativeren arab. Staaten, die auf der Basis des Vertrages von Khartoum erhebliche finanzielle Unterstützung als Ausgleich für die entgangenen Suezkanalgebühren gewährten. Waffen und andere militärische Ausrüstung erhielt Ä. seitdem von den USA, Frankreich und anderen westlichen Nationen, aber auch von der Volksrepublik China. Erneute arab. Föderationsversuche blieben erfolglos; insbesondere gegen den massiven pan-arab. Versuch des libyschen Staatspräsidenten Gaddhafi, Ä. 1971 eine Fusion aufzuzwingen, wusste sich Sadat zu behaupten.

Der Suezkanal (1869 eröffnet), war bis zu seiner Schließung 1967 einer der wichtigsten Schifffahrtsstraßen der Welt. Seit 1975 ist er zwar wieder befahrbar und die Gebühreneinnahmen füllen den ägypt. Staatshaushalt, doch ist seine weltweite Bedeutung für den Schiffsverkehr zurückgegangen.

Wirtschaftliche Öffnung: Wirtschaftspolitisch verfolgte Sadat eine Politik der offenen Tür und schuf neben dem bestehenden staatlichen Sektor Anreize für die Errichtung ausländischer Privatunternehmen; die meisten ausländischen Investitionen kamen aus westlichen Ländern. Durch die hohe Auslandsverschuldung geriet Ä. zunehmend unter den Einfluss seiner Gläubiger, darunter der Internationale Währungsfonds und die Weltbank. Um von ihnen neue Kredite zu erhalten, musste sich Ä. ihren Forderungen beugen und schaffte 1977 Subventionen auf Güter des Grundbedarfs und

Die prägenden Staatsmänner der Arabischen Republik Ägypten

Gamal Abdel Nasser (1918–1970) hatte während der 50/60er Jahre den größten Einfluss auf Ägypten. 1954 löste er seinen Gegenspieler Nagib als Staatsoberhaupt ab. Als geistiger Führer der Revolte gegen die Monarchie versuchte er im Land den Sozialismus zu verwirklichen. Dem charismatischen Verfechter panarab. Ideen. standen die Israelis im Weg, die er daher »ins Meer treiben« wollte.

Anwar es-Sadat (1918–1981) war moderater als Nasser: Er suchte die Nähe zu den arab. Monarchien und schließlich den Frieden mit Israel. Die damit verbundene Isolierung in der arab. Welt machte er innenpolitisch durch größere Liberalität wett, auch wenn er – gestützt auf das Militär – extreme Oppositionsparteien verbot. Aus deren Reihen kamen 1981 auch seine Attentäter.

Muhammad Hosni Mubarak (*1928) überwand bei weitgehender außenpolitischer Normalität die Kluft zu den arab. Staaten; im zweiten Golfkrieg vertrat er alliierte Positionen. Seine Amtszeit war jedoch von wirtschaftlichen Schwierigkeiten und einer wachsenden Opposition geprägt, bis hin zu militanten Islamisten, die er zunächst duldete, seit seiner dritten Amtszeit aber zunehmend bekämpft.

Metropolis Kairo: Die statistische Bevölkerungsdichte Ägyptens beträgt rund 66 Einw./km^2. Da jedoch mehr als 95% des Landes Wüste sind, wohnt fast die gesamte Bevölkerung im schmalen fruchtbaren Stromgebiet des Nils. Innerhalb dieses dicht besiedelten Gebietes stellt Kairo mit einer Dichte von mehr als 6500 Einw./km^2 die größte Bevölkerungsballung dar und ist die größte arab. Stadt der Welt. (Foto: Blick vom Kairo-Turm auf den Nil und die Stadt, rechts das Fernsehgebäude)

Staatsoberhäupter Ägyptens

Reg.-Zeit	*Name*	*Lebensdaten*
Vizekönige, ab 1917 Könige		
1892–1914	Abbas II. Hilmi	1874–1914
1914–17	Hussein Kamil	1853–1917
1917–36	Fuad I.	1868–1936
1936–52	Faruk I.	1920–1965
1952–53	Fuad II.	*1952
Staatspräsidenten		
1953–54	Ali Mohammed Nagib	1901–1984
1954–70	Gamal Abdel Nasser	1918–1970
1970–81	Anwar es-Sadat	1918–1981
seit 1981	Muhammad Hosni Mubarak	*1928

Die wichtigsten Parteien im 20. Jahrhundert

Name	*Politische Richtung*	*Gründung*
Ikhwan Muslim Brotherhood 1)	militant-islamistisch	1928
Arab Socialist Union (ASU) 2)	sozialistisch	1957
Liberal Socialist Party (LSP)	sozialdemokratisch	1977
National Progressive Unionist Party (NPUG)	links-sozialistisch	1977
National Democratic Party (NDP)	sozialistisch	1978
Socialist Labour Party (SLP)	islamisch	1978
Al-Ummah Party	islamisch	1983
New Wafd Party (NWP)	liberal-konservativ	1983
Egypt Arab Socialist Party	islamisch, sozialistisch	1985
Nasserist Party	sozialistisch, pan-arab.	1991
Centre Party al-Wasat	gemäßigt-islamisch	1996

1) illegal; 2) 1978 ersetzt durch NDP

auf Benzin ab. Diese Maßnahme löste jedoch Unruhen aus, bei denen 80 Menschen getötet und etwa 800 verletzt wurden. Nachdem sowohl die Subventionen als auch die Löhne erhöht worden waren, setzte 1979/80 ein Wirtschaftsaufschwung mit einer allgemeinen Erhöhung des Lebensstandards ein.

Politik der offenen Tür: Da nach der Verfassung der Sozialismus Grundlage der Wirtschaft war, waren fast alle wichtigen Wirtschaftszweige verstaatlicht oder standen unter staatlicher Kontrolle. Wirtschaftsstrukturell erreichte Sadat durch seine »Politik der offenen Tür« zwar die Ansiedlung privatwirtschaftlicher Unternehmen, die 1980 rund 13% zum BSP beitrugen, die im Fünfjahresplan für 1978–82 vorgesehene Entwicklung von Bergbau und Industrie blieb jedoch hinter den Erwartungen zurück, da sie vor allem durch den in den Zeiten Nassers überladenen Behördenapparat behindert wurde. Dennoch stieg der industrielle Anteil am BIP in Sadats Amtszeit von fünf auf 20%; neben der Erdölförderung und -verarbeitung wurden überwiegend die Konsumgüterindustrien ausgebaut.

Konflikt mit Israel

Yom-Kippur-Krieg: Sadat brach im Oktober 1973 den Waffenstillstand mit Israel und griff in einer mit Syrien abgesprochenen Aktion israel. Truppen auf dem Sinai an. Nach Anfangserfolgen überquerten die rasch mobilisierten israel. Truppen den Suezkanal südlich von Isma'iliyah, zerstörten Standorte von Boden-Luft-Raketen und schnitten die dritte ägypt. Armee ab. Diese entging nur dadurch der Einkesselung, dass der UN-Sicherheitsrat einen Waffenstillstand erzwang.

Waffenstillstand: Zum Zeitpunkt des Waffenstillstandes befanden sich israel. Truppen auf ägypt. Gebiet und ägypt. Truppen im Sinai. Als Ergebnis von Entflechtungsabkommen unter der Vermittlung des US-Außenministers Henry Kissinger erhielt Ä. die volle Kontrolle über den wieder eröffneten Suezkanal; die Truppen beider Länder wurden auf dem Sinai durch eine UN-Pufferzone getrennt.

Friedensvertrag: Sadat leitete 1977 den Friedensprozess mit Israel ein, als er – um die psychologischen Barrieren zu durchbrechen – nach Jerusalem kam, vor der Knesset sprach und nachfolgend den israel. Premierminister Menachem Begin in Isma'iliyah empfing. Die 1978 begonnenen Verhandlungen wurden am 26.3.1979 mit dem Friedensvertrag beendet, der den schrittweisen Rückzug israel. Truppen aus dem Sinai, Waffenbegrenzungen auf beiden Seiten und volle Normalisierung der Beziehungen vorsah. Lediglich über die Autonomie der Palästinenser konnten sich die beiden Parteien nicht einigen. Für ihre Rolle als Friedensstifter erhielten Begin und Sadat 1978 den Friedensnobelpreis. Andere arab. Führer lehnten jedoch den Friedensvertrag ab und versuchten Ä. innerhalb der arab. Welt zu isolieren; die Mitgliedschaft in der arab. Liga war bis 1989 suspendiert.

Innenpolitische Liberalisierung: Innenpolitisch setzte Sadat die politische Liberalisierung fort. Die Einheitspartei ASU wurde 1978 aufgelöst und das Mehrparteiensystem eingeführt. Die Machtfülle des Präsidenten blieb jedoch unangetastet; vielmehr machte das Referendum von 1980 erst Sadats dritte Amtsperiode möglich.

Sadat, Carter und Begin (v. l.) nach der Unterzeichnung des Friedensvertrages 1978.

Präsident Mubarak

Attentat auf Sadat: Da der Friedensschluss mit Israel nicht den erhofften wirtschaftlichen Aufschwung brachte, stärkte die Unzufriedenheit in der Bevölkerung besonders die Gegner der prowestlichen Politik. Am 6.10.1981 fiel Sadat einem Attentat zum Opfer, dessen vier Täter islamistischen Kreisen entstammten. Sein Nachfolger, Muhammad Hosni Mubarak, setzte Sadats außenpolitischen Kurs fort. Gegenüber Israel verhielt er sich jedoch reservierter und suchte ab 1983 die Nähe anderer arab. Führer, um Ä.s kulturelle Führungsrolle in der arab. Welt zu bewahren. Im Golfkrieg 1990/91 stellte sich Ä. auf die Seite der USA.

Wirtschaftsreformen: Bei Mubaraks Amtsantritt war Ä. noch immer mit den Problemen geringer wirtschaftlicher Produktivität, unzureichendem Wirtschaftsmanagement, einem exzessiven Bevölkerungswachstum, hoher Inflation und urbaner Übervölkerung konfrontiert. Ab 1991 unternahm Ä. beträchtliche Anstrengungen zur wirtschaftlichen Stabilisierung. Diese wurden unterstützt durch drei Verträge mit dem Internationalen Währungsfonds. Ä.s Auslandsschulden wurden, nicht zuletzt wegen seiner Haltung im Golfkrieg von 1990/91, von Seiten der USA und der arab. Staaten weitgehend erlassen. Vor dem Hintergrund einer ideologischen Abkehr von der Planwirtschaft zu einer Marktwirtschaft war das Kernstück des Reformprogramms eine weitreichende Privatisierung der Staatsbetriebe. Die Liberalisierung der Wirtschaft wurde mit Subventionskürzungen und dem Abbau von Preiskontrollen verbunden. Gerade diese Maßnahmen haben die sozialen Probleme aber

Schießerei nach dem Attentat auf Präsident Sadat 1981.

Eröffnung der europäisch-afrikan. Gipfelkonferenz am 3.4.2000 in Kairo.

Islamische Terroraktionen

Oben: Der Tourismus hat in den letzten Jahren durch die Überfälle und Attentate islamistischer Fundamentalisten auf Besuchergruppen erhebliche Einbußen erlitten. Im November 1997 verloren bei einem Terror-Überfall vor dem Hatschepsut-Tempel in Luxor 58 ausländische Touristen und zehn Ägypter ihr Leben.

Rechts: 1994 verübten radikale Islamisten ein Attentat auf den ägypt. Autor und Literaturnobelpreisträger Nagib Mahfus. Der 82-Jährige, der schon seit langer Zeit auf der Todesliste der Fundamentalisten stand, überlebte den Anschlag schwer verletzt.

Unten: Die 1967 in Kairo gegründete islamisch-fundamentalistische Gruppierung Gamaat Al Islamia versucht seit 1992 die Regierung mit Terroranschlägen zu stürzen und einen streng islamisch ausgerichteten Staat zu errichten. (Foto: Mitglieder der Gamaat Al Islamia vor dem Militärgericht, 1997)

noch verschärft. Die Arbeitslosenquote stieg, rund 30% der Einwohner leben unter der Armutsgrenze. In der Landwirtschaft ist die Ausweitung der Nutzfläche durch Bewässerungsfeldbau weiterhin das vorrangige Problem, da noch immer 50% der benötigten Nahrungsmittel importiert werden. Im produzierenden Gewerbe sind mit internationalen Beteiligungen umfangreiche Modernisierungen notwendig. Dies gilt auch für das wirtschaftlich dominante Dienstleistungsgewerbe, in dem vor allem der Tourismus und der Suezkanal von Bedeutung sind. Beide erhielten jedoch u. a. durch islamistische Terroranschläge in den letzten Jahren Rückschläge.

Kritik an Innenpolitik: Trotz und wegen seiner wirtschaftspolitischen Reformen sieht sich Mubarak wachsender innenpolitischer Kritik gegenüber, die sich insbesondere gegen sein autoritäres Regime richtet. Nach der Ermordung Sadats wurde der Ausnahmezustand verhängt und seitdem immer wieder verlängert; persönliche Freiheitsrechte können von den Behörden jederzeit eingeschränkt oder aufgehoben werden.

Bedrohung durch Islamisten: Die politischen Gegner sind im Wesentlichen die Islamisten, wobei die Regierung sowohl die militanten Gruppen mit Verhaftungen, Folter und Todesurteilen bekämpft, als auch gegen die gemäßigte islamische Opposition mit Repressalien vorgeht. Nachdem nicht nur im Inland Mitglieder der militanten Gruppen Islamischer Dschihad und Dschamaa al-Islamija gefasst, sondern auch im Ausland, insbesondere in den USA und Albanien, verhaftet und an Ä. ausgeliefert worden waren, begann vor dem Obersten Militärgericht im Februar 1999 ein Massenprozess gegen 107 Angeklagte, von denen neun am 18.4. in Abwesenheit zum Tode, elf weitere zu lebenslangen Haftstrafen verurteilt wurden. Als Geste der Versöhnung wurden allerdings am 27.4.1999 über 1000 Mitglieder der Dschamaa al-Islamija aus der Haft entlassen, nachdem deren Führung erklärt hatte, auf jede in- und ausländische Terroraktion verzichten zu wollen.

Ruf nach Reformen: Im Vorfeld der mit hoher Wahlbeteiligung und ohne Gegenkandidaten durchgeführten Präsidentenwahl von 1999 protestierten Intellektuelle gegen die Anwendung der Folter und die hohe Anzahl politischer Gefangener. Sie machten die Korruption und den Einfluss des Internationalen Währungsfonds für die hohe Arbeitslosenquote verantwortlich und forderten Mubarak auf, sein neues Mandat für einen Demokratisierungsprozess zu nutzen. *H.-W. W.*

Albanien

Albanische Republik

Die Frage der ethnischen Herkunft der Albaner ist bis heute nicht eindeutig geklärt. Die Forschung vertritt mehrheitlich den Standpunkt einer Abstammung von den Illyrern. Das hieße, dass die Albaner bereits vor den Slawen in dieser Region gesiedelt hätten. Erste Versuche einer alban. Staatsbildung im Mittelalter fanden in der über vier Jahrhunderte währenden Phase türk. Besatzung (15. Jh. bis 1912) ihr Ende. Ein Großteil der Bevölkerung nahm in dieser Zeit den Islam an. In der zweiten Hälfte des 19. Jh.s entstand eine alban. Nationalbewegung, die 1912 schließlich die Unabhängigkeit A.s erreichte.

Der Weg in die Unabhängigkeit

Erster Balkankrieg: Der Balkankrieg 1912/1913 brachte das Ende der türk. Herrschaft auf dem Balkan. Um einer Aufteilung der alban. Gebiete unter den siegreichen Mächten des Balkanbunds (Bulgarien, Griechenland, Montenegro, Serbien) zuvorzukommen, proklamierte ein Nationalkongress unter Vorsitz von Ismail Kemal Bey Vlora am 28.11.1912 in Vlora die Unabhängigkeit A.s. Vordringlichstes Ziel war es, die Anerkennung des Staates bei den Großmächten durchzusetzen.

Internationale Anerkennung: Im Frieden von London (Mai 1913) wurde die Einrichtung des selbstständigen Staates A. von den Großmächten anerkannt. Neben der Grenzfrage wurde in London auch über das Statut des jungen Staates verhandelt. Man einigte sich darauf, dass A. ein erbliches Fürstentum sein sollte, wobei sich die Großmächte die Entscheidung über den Fürsten selbst vorbehielten. Die Wahl fiel auf einen Deutschen, Prinz Wilhelm zu Wied. Der Prinz scheiterte jedoch bereits nach sechs Monaten an Bauernaufständen und mangelnder Unterstützung seitens der Großmächte. Im September 1914 verließ er das Land.

Erster Weltkrieg: Mit Beginn des Ersten Weltkriegs war A.s Souveränität und Integrität faktisch wieder aufgehoben. Das Land wurde Aufmarsch- und Besatzungsgebiet der Krieg führenden Mächte. Ungeachtet der Neutralität A.s besetzten Österreich-Ungarn, Frankreich, Italien, Serbien und weitere Staaten Teile des Landes. Bei Kriegsende meldeten mehrere Staaten Ansprüche auf alban. Territorium an. Erst 1920 war sichergestellt, dass A. seine Unabhängigkeit wiedererlangen würde.

Albanien 2000	
Landesfläche	28 748 km² (WR 140)
Einwohner	3,1 Mio (WR 128)
Hauptstadt	Tirana (245 000 Einwohner)
Sprachen	Albanisch (Toskisch)
Währung	1 Lek = 100 Quindarka
Gliederung	35 Bezirke, Hauptstadtdistrikt
Staatsform	Parlamentarische Republik
Religion	Moslems (65%); Christen (33%); Sonstige (2%)
Bevölkerung	Albaner (98%); Griechen (1,8%); Sonstige (0,2%)

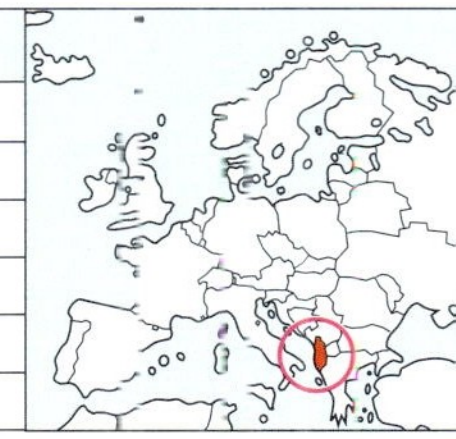

Albanien im 20. Jahrhundert	
1912	Beginn des Ersten Balkankriegs; alban. Unabhängigkeitserklärung in Vlora.
1913	Beschluss der Londoner Botschafterkonferenz: Albanien wird Fürstentum; Prinz Wilhelm zu Wied nimmt die Wahl zum Fürsten an.
1914	Muslimischer Aufstand gegen Wied, der Fürst verlässt das Land; Bildung einer provisorischen Regierung; Beginn der italien. Invasion.
1916	Österreich.-ungar. Truppen besetzen Nord- und Mittelalbanien.
1917	Proklamation der Unabhängigkeit unter italien. Protektorat.
1920	Nationalkongress bildet Regierung, Aufnahme in den Völkerbund.
1922	Bildung der ersten Regierung unter Ahmed Zogu; erste selbst bestimmte Verfassung: »Erweitertes Statut von Lushnja«.
1924	»Demokratische Revolution«; Bildung der Regierung Fan Noli.
1925	Bildung der zweiten Regierung Zogu; Ausrufung der Republik in Tirana.
1928	Umwandlung der Staatsform zum Königtum; Zogu wird »König der Albaner«.
1939	Beginn der italien. Besatzung; Personalunion mit Italien.
1941	Gründung der Kommunistischen Partei; Großalbanien entsteht.
1944	Gründung des Antifaschistischen Rates der Nationalen Befreiung.
1946	Ausrufung der Volksrepublik Albanien; Pakt mit Jugoslawien.
1948	KP benennt sich um in »Partei der Arbeit Albaniens«; Nähe zur UdSSR.
1949	Jugoslawien kündigt den Freundschafts- und Beistandspakt.
1955	Gründungsmitglied des Warschauer Paktes; Aufnahme in die UNO.
1960	Enver Hoxha kritisiert die Politik der UdSSR als »revisionistisch«.
1961	Die UdSSR bricht die diplomatischen Beziehungen zu Albanien ab; Anlehnung Albaniens an China.
1964	Beginn der Kampagne zur »Revolutionierung des gesamten Lebens«.
1976	Neue Verfassung ändert Staatsnamen in »Sozialistische Volksrepublik Albanien« und verankert Religionsverbot.
1978	Bruch mit China; China stellt die Wirtschafts- und Militärhilfe ein.
1985	Tod Enver Hoxhas; Ramiz Alia wird Nachfolger als Parteichef.
1987	Aufnahme diplomatischer Beziehungen zur Bundesrepublik Deutschland.
1990	Demonstrationen und Unruhen; Wiederherstellung der Religionsfreiheit.
1991	Erste freie Wahlen; Alia wird Präsident der Republik Albanien.
	Aufnahme Albaniens in die KSZE.
1992	Opposition gewinnt Neuwahlen; Sali Berisha wird Staatspräsident.
1993	Verhaftung des ehemaligen Staats- und Parteichefs Alia; Verurteilung zu zwölf Jahren Gefängnis.
1996	Demokratische Partei gewinnt Wahlen; Vorwurf der Wahlfälschung.
1997	Bürgerkriegsähnliche Unruhen nach Skandal um Geldanlagefirmen.
	Sozialistische Partei (PSSH) gewinnt Neuwahlen; Rexhep Meidani wird Präsident.
1998	Tausende von Albanern fliehen vor Unruhen im Kosovo nach Albanien.
	Ermordung des Oppositionspolitikers Hajdari löst erneut Unruhen aus.
1999	Massenflucht aus dem Kosovo nach Albanien aufgrund serb. Gewaltakte.

Innenpolitik (1920–25)

Erneute Unabhängigkeit: Ein Nationalkongress im Januar 1920 wandte sich gegen die Aufteilungspläne, die auf der Pariser Friedenskonferenz erörtert wurden, und forderte den Abzug aller fremden Truppen. Eine neue Regierung wurde gebildet, die Tirana zur Hauptstadt bestimmte. Im Krieg von Vlora wurde die italien. Besatzungsarmee aus dem Land vertrieben und die nationale Integrität wieder hergestellt. Am 17.12.1920 erfolgte die Aufnahme in den Völkerbund als wichtiger Schritt zur internationalen Anerkennung. Frankreich, Großbritannien, Italien und Japan erkannten schließlich A.s Souveränität in den Grenzen von 1913 an. Italien erhielt den Auftrag, für den Schutz der Integrität des alban. Staats zu sorgen.

Parlamentswahlen: Die Wahlen von 1921 zeigten, dass das Land innerlich zerrissen war. Es standen sich im Wesentlichen zwei große politisch-soziale Gruppen gegenüber: die Volkspartei als Vertretung der westlich orientierten, liberalen Kaufleute, Großgrundbesitzer und Intellektuellen, die A. modernisieren wollten, sowie die Fortschrittspartei als Bewegung von osman. geprägten Großgrundbesitzern und Irredentisten, die der feudalen Vergangenheit anhingen.

Polarisierung: Schnell wechselnde Regierungen, politisch motivierte Attentate und Aufstandsversuche dokumentierten die unsichere Situation im Land. Die politischen Lager scharten sich schließlich um zwei Personen: Fan Noli, ein in den USA ausgebildeter Bischof der orthodoxen Kirche, führte das liberal-demokratische Lager, während sich sein Gegenspieler Ahmed Zogu, ein einflussreicher Stammesführer aus dem Norden, als »starker Mann« der konservativen Kräfte etablierte. Zogu wurde zunächst Innenminister (1920) und übernahm 1922 das Amt des Ministerpräsidenten.

Demokratische Revolution: Bischof Fan Noli entfesselte daraufhin eine Aufstandsbewegung gegen Zogu. Im Juni 1924 wurde dieser gestürzt und floh nach Jugoslawien. Noli stieg zum Ministerpräsidenten der neuen Regierung auf. Ihr Programm sah z.T. radikale Reformen vor, so eine allgemeine Entwaffnung der Albaner, eine Reform des Steuersystems zugunsten weiter Bevölkerungsschichten sowie tief greifende Änderungen im Justiz-, Gesundheits- und Bildungswesen. Beim Völkerbund erbat Noli Finanzhilfe, die ihm aber ebenso wenig gewährt wurde wie die internationale Anerkennung seiner Regierung. Währenddessen bereitete Zogu in Jugoslawien seine Rückkehr nach A. vor und sammelte mit Unterstützung der jugoslaw. Armee Freiwillige und Söldner um sich. Mitte Dezember 1924 begann er von jugoslaw. Gebiet aus den Einmarsch nach A. und gewann rasch die Oberhand. Fan Noli und seine Regierung flohen am 25.12.1924 nach Italien. Damit endete der Versuch, demokratische Strukturen zu etablieren, und es begann die »Zogistische Periode« der alban. Geschichte.

Ahmed Zogu (1895–1961) war die einflussreichste Persönlichkeit Albaniens in der Zeit zwischen den Weltkriegen. 1920 übernahm er zunächst das Amt des Innenministers, dann das des Kriegsministers. Eine von ihm geführte konservative Regierung (1922–24) wurde durch die »Demokratische Revolution« gestürzt. Zogu floh nach Jugoslawien. Anfang 1925 bildete er ein neues Kabinett und ließ sich zum Staatspräsidenten (1925 bis 1928) ernennen. Zogus Außenpolitik führte zu einer starken Abhängigkeit von Italien, das im Gegenzug Zogus Ernennung zum »König der Albaner« (1928 bis 1939) unterstützte. Beim Einmarsch italien. Truppen im April 1939 ging der König nach Griechenland ins Exil.

Die Diktatur Zogus (1925–39)

Republik (1925–28): Am 21.1.1925 wurde die Republik A. ausgerufen; am 31.1.1925 wählte die Nationalversammlung Zogu zum Staatspräsidenten. Mit der neuen Verfassung vom 7.3.1925 wandelte sich A. zur Präsidialdiktatur mit schwachem Parlament. Verwaltung, Armee und Parlament wurden von Noli-Anhängern »gesäubert«. Wirtschafts- und außenpolitisch führte Zogus Politik zur Abhängigkeit von Italien. Das Nachbarland gewann die Aktienmehrheit an der alban. Nationalbank und kontrollierte zwei Drittel des Außenhandels. Im ersten und zweiten Tiranapakt (1926/27) – formal eine Verteidigungsallianz – sicherte sich Italien de facto die militärische Oberhoheit über A. Im Gegenzug erhielt Zogu die Zustimmung Mussolinis zur Umwandlung des Staates in eine Monarchie.

Königreich (1928–39): Am 1.9.1928 proklamierte das Parlament Zogu zum »König der Albaner«. Die Macht des Königs ging noch

über die des Präsidenten hinaus. Zogu stützte sich im Innern auf eine schmale Schicht aus Großgrundbesitzern und Handelsbürgertum, einen mächtigen Verwaltungsapparat und effektive Sicherheitskräfte sowie auf finanzielle Unterstützung durch Italien.
Reformen: Zogu stabilisierte die innenpolitische Lage A.s. Es gelang ihm weitgehend, die Autorität der Regierung auch auf das Bergland auszudehnen, und er rang erfolgreich das Bandenwesen nieder, das den Staat immer wieder destabilisiert hatte. Auch beim Aufbau eines modernen Schulwesens erzielte er einige Erfolge. Die wichtigste Reform, die Agrarreform, scheiterte jedoch. Die Bauern blieben arm und das Land musste Lebensmittel importieren. Vielen Menschen eröffnete sich nur die Möglichkeit der Emigration.

Unter Fremdherrschaft (1939–44)

Annexion durch Italien: Unter dem Eindruck von Hitlers Eroberungspolitik entwickelte auch das faschistische Italien Expansionsbestrebungen. Im März 1939 wurde König Zogu ein Vertrag vorgelegt, der de facto den Anschluss A.s an Italien bedeutete. Als Zogu den Vertragsabschluss verzögerte, antwortete Italien am 7.4.1939 mit der Invasion. Der König floh nach Griechenland, A. wurde besetzt und blieb bis 1943 unter italien. Herrschaft.
Zweiter Weltkrieg: Als Italien am 10.6.1940 an der Seite Deutschlands in den Krieg eintrat, befand sich damit auch A. im Kriegszustand. Am italien. Feldzug gegen Griechenland beteiligten sich ca. 50 000 Albaner, davon 30 000 als Freiwillige. Im Zuge der kriegsbedingten Neuordnung auf dem Balkan 1941 entstand ein Großalbanien, das seit jeher Ziel aller Nationalisten gewesen war. Dieses A. war jedoch Bestandteil Italiens.
Deutsche Besatzung: Nach der Kapitulation Italiens im September 1943 wurde A. von der deutschen Wehrmacht besetzt. Da kaum Truppen zur Verfügung standen, setzten die Deutschen eine »nationale« Regierung ein. Am 2.10.1944 erhielten die deutschen Truppen den Befehl, das Land zu räumen. Die Räumung wurde Ende November 1944 abgeschlossen.
Befreiungskrieg: Die unterschiedlichen Widerstandsgruppen, die sich im Kampf gegen die Besatzer formiert hatten, schlossen sich im Sommer 1942 zur Nationalen Befreiungsfront (FNC) zusammen. Die führende Rolle im FNC spielte die Kommunistische Partei, die erst ein Jahr zuvor, am 8.11.1941, in Tirana gegründet worden war. Den Kommunisten als dominierender Kraft gelang es, die Unterstützung der Alliierten zu gewinnen. Auf dem ersten Antifaschistischen Kongress der Nationalen Befreiung im Mai 1944 wurde eine provisorische Regierung gebildet. Den Vorsitz übernahm Enver Hoxha, seit März 1943 Generalsekretär des ZK der Kommunistischen Partei. Damit waren die Voraussetzungen für die kommunistische Machtübernahme geschaffen. Im November 1944 zog die Regierung in Tirana ein.

Am 7.4.1939 marschierten italien. Truppen in Albanien ein. Während der Okkupation durch die Faschisten wurden auch zahlreiche Industrieanlagen in Albanien zerstört.

Anfänge der Volksrepublik (1945–48)

Bündnis mit Jugoslawien: Nach Kriegsende ging A. ein Bündnis mit Jugoslawien ein, von dem es bis 1948 weitgehend abhängig war. Der Westen erkannte die alban. Regierung nicht an und rechnete offenbar mit dem Anschluss A.s an Jugoslawien.
Sowjetisierung: Die politischen und sozialen Verhältnisse wurden rigoros umgestaltet. Eine umfassende Landreform, Verstaatlichung der Wirtschaftsbetriebe, Enteignungen und Verfolgung politischer Gegner prägten die Nach-

Dokument: Der Pakt mit Jugoslawien (1946)

Am 9.7.1946 schlossen Albanien und Jugoslawien einen Freundschafts- und Beistandspakt, der zunächst 20 Jahre gelten sollte. Tatsächlich war der Vertrag schon zwei Jahre später Makulatur. Albanien kündigte dem sozialistischen Nachbarland 1948 die Freundschaft, erklärte es zum Erzfeind und richtete sich nach den sowjetischen Vorgaben.

»Die Völker der Föderativen Republik Jugoslawien und der Volksrepublik Albanien hatten im Lauf ihrer geschichtlichen Entwicklung die gleichen Feinde, die ihre Unabhängigkeit bedrohten und bestrebt waren, ihnen einen Teil ihres Territoriums zu entreißen oder das gesamte Staatsgebiet zu erobern, um sie zu versklaven. (...) Getreu ihrer kämpferischen Tradition haben sich die Völker Jugoslawiens und Albaniens erhoben, um ihre Unabhängigkeit und Freiheit zu verteidigen und um in vierjährigem, hartnäckigem Kampf Schulter an Schulter ihre Freiheit und Unabhängigkeit zu bewahren. Vom Wunsch durchdrungen, dieses durch Blut besiegelte Bündnis noch mehr zu festigen, haben die beiden Länder beschlossen, einen Pakt zu schließen. (...) Dieser Pakt gilt für zwanzig Jahre. (...)

Enver Hoxha Stanoje Simić«

Personenkult um Enver Hoxha

Enver Hoxha war vier Jahrzehnte der mächtigste Politiker Albaniens. Um seine Person entstand ein Personenkult ähnlich dem Stalin-Kult in der Sowjetunion. Auch nach Stalins Tod 1953, als alle Staaten in der sowjetischen Einflusssphäre mehr oder weniger vom Stalinismus abrückten, blieb Hoxha ein treuer Verfechter stalinscher Grundsätze und Politik. Er »säuberte« wiederholt die Partei von Kritikern sowie tatsächlichen oder vermeintlichen Widersachern. Gegen jeden äußeren Einfluss hielt er am eigenen Kurs fest und führte das Land von 1978 an in eine beispiellose Isolation.

Als Sohn einer Kaufmannsfamilie 1908 in Gjirokastra geboren, besuchte Hoxha das Gymnasium und ging 1930 nach Frankreich, um in Montpellier Naturwissenschaften zu studieren. Nach Aufenthalten in Brüssel und Paris kehrte er 1936 nach Albanien zurück und arbeitete als Lehrer in Tirana und Korca. Nach der italien. Invasion verlor er seine Stellung. 1941 organisierte er den Aufbau der Kommunistischen Partei. 1943 übernahm Hoxha das Kommando der Nationalen Befreiungsarmee und wurde 1944 formell Regierungschef.

Er füllte in den folgenden Jahren u. a. die Ämter des Ministerpräsidenten, des Außen- und des Verteidigungsministers aus. 1954 gab er die Staatsämter zurück und beschränkte sich auf die machtvolle Position des Ersten Sekretärs des ZK der KP, die er bis zu seinem Tod 1985 innehatte. (Foto: Hoxha während des siebten Parteitags 1976 in Tirana)

kriegsjahre. Die KP durchlief eine Reihe von »Säuberungswellen«, die Enver Hoxha als einziger Vertreter der Gründergeneration überlebte. In seiner Person konzentrierten sich bald die höchsten Partei- und Staatsämter.

Unter der Ägide Moskaus (1948–61)

Im Juni 1948 kam es zum sowjet.-jugoslaw. Konflikt, der zum Ausschluss Jugoslawiens aus dem Kominform führte. Die alban. Führung stellte sich rückhaltlos auf die sowjet. Seite, brach mit Jugoslawien und wurde zum schärfsten Kritiker der »trotzkistischen Tito-Clique«. Damit hatte sich A. zugleich seiner Auslandsschulden entledigt, denn Jugoslawien hatte den alban. Haushalt weitgehend finanziert. Auch innenpolitisch wurde das stalinistische Muster der UdSSR übernommen. Die Wirtschaftshilfe, die A. von Ostblockstaaten erhielt, war bedeutend, den überwiegenden Teil trug die UdSSR. 1955 trat A. dem Warschauer Pakt bei und wurde im selben Jahr in die UNO aufgenommen.

Enver Hoxha: Auch durch Stalins Tod 1953 wurde die Stellung Hoxhas nicht erschüttert. Er verzichtete zwar 1954 auf die Staatsämter, war jedoch als Erster Sekretär der Partei weiterhin der mächtigste Mann im Staat. Stalin blieb die Leitfigur alban. Politik bis zum Tode Hoxhas (1985), um den sich ein ähnlicher Personenkult entwickelte. So war der Bruch mit der UdSSR 1960 u. a. darauf zurückzuführen, dass Hoxha die Führungsmacht wegen ihrer Kritik an Stalin des Revisionismus bezichtigte und Chruschtschow scharf attackierte.

Unter dem Patronat Chinas (1961–78)

Als neuen Protektor wählte A. China. Da auch Mao Zedong verbal am Stalinismus festhielt, konnte der Stalinist Hoxha die außenpolitische Wende als Kontinuität seiner Politik ausgeben. China übernahm nun die Wirtschaftshilfe, die bisher die RGW-Staaten geleistet hatten.

Kulturrevolution: 1964 startete die Partei ihre Kampagne zur »fortschreitenden Revolutionierung des gesamten Lebens«. Ideologische Relikte der alten Gesellschaftssysteme sollten ebenso bekämpft werden wie sog. fremde Einflüsse. Da der einzige Verbündete weit entfernt war, sah man sich mit einer »imperialistisch-revisionistischen Einkreisung« konfrontiert, der durch eine engere Bindung an die »Volksmassen« begegnet werden sollte. Kernstück der Kampagne war der Kampf gegen den Bürokratismus, der Angestellte, Funktionäre, Intellektuelle und Offiziere verpflichtete, einen Monat im Jahr in der Produktion zu arbeiten. Die Einkommen wurden nivelliert, die Dienstgrade in der Armee abgeschafft. 1967 setzte die Kampagne gegen die Religionsgemeinschaften ein. Alle Gotteshäuser des Landes wurden geschlossen, der Großteil anderweitig genutzt, einige sogar zerstört. A. wurde so, wie die Führung stolz verkündete, zum ersten atheistischen Staat der Welt.

Die wichtigsten Parteien im 20. Jahrhundert

Name (Abkürzung)	*Politische Richtung*	*Gründung*
Kommunistische Partei Albaniens (1941–48)	kommunistisch	1941
Partei der Arbeit Albaniens (PPSH, 1948–91)	kommunistisch	1948
Demokratische Partei Albaniens (PDSH)	konservativ	1990
Republikanische Partei Albaniens (PRSH)	konservativ	1991
Sozialdemokratische Partei Albaniens (PSDSH)	sozialdemokratisch	1991
Sozialistische Partei Albaniens (PSSH)	sozialistisch	1991
Demokratische Allianz (PAD)	liberal	1992

Staatsoberhäupter Albaniens[1]

Reg.-Zeit	Name	Lebensdaten
1914	Prinz Wilhelm zu Wied	1876–1945
1914–20	vakant	
1920–24	Hoher Rat	
1925–39	Ahmed Zogu	1895–1961
1943/44	Regentschaftsrat	
1944–53	Omer Nishani	1887–1954
1953–82	Haxhi Lleshi	*1913
1982–92	Ramiz Alia	*1925
1992–97	Sali Berisha	*1944
seit 1997	Rexhep Meidani	*1944

1) 1939–43 stand Albanien unter italien. Herrschaft

Bruch mit China: Mitte der 70er Jahre kündigte sich die Abkehr A.s von China an. Kontaktaufnahmen Chinas mit der UdSSR und den USA hatten tiefes Misstrauen geweckt. Auf dem siebten Parteitag der Partei der Arbeit A.s 1976 wurde China bereits als revisionistischer Staat bezeichnet. Da die Chinesen zudem die Rückzahlung bisher gestundeter Kredite verlangten, wurde 1978 der Bruch vollzogen. China stellte daraufhin seine Militär- und Wirtschaftshilfe ein.

Das »einsame Land« (1978–88)

Isolation: Nach dem Bruch mit China isolierte sich A. außenpolitisch und ideologisch. Die Abschottung wurde bewusst vorgenommen und konsequent durchgeführt. Sie geriet zum Dogma, das politische Autarkie und Selbstbestimmung ermöglichte, aber ökonomisch katastrophale Folgen hatte. In der neueren europäischen Geschichte stellte diese hermetische Abriegelung gegenüber der Außenwelt einen einzigartigen Vorgang dar.

Stalinismus: Einzigartig wie die außenpolitische Isolierung war auch der im Innern weiterhin praktizierte Stalinismus, der in den anderen ost- und südosteuropäischen Staaten längst überwunden war. 1979 wurden die Feierlichkeiten zum 100. Geburtstag des »ruhmreichen Führers und Freundes« mit großem Aufwand begangen.

Hoxhas Tod: Am 11.4.1985 starb Enver Hoxha. Zwei Tage später wurde sein Gefolgsmann Ramiz Alia, der seit 1982 das Amt des Staatsoberhauptes bekleidete, zu seinem Nachfolger als Erster Sekretär der Partei gewählt. An der Politik änderte sich zunächst wenig. 1986/87 wurden jedoch erste diplomatische Kontakte aufgenommen und im Oktober 1987 besuchte Hans-Dietrich Genscher als erster westlicher Außenminister Tirana. 1988 wurde ein Kulturabkommen mit Jugoslawien abgeschlossen, Anfang 1989 das erste internationale Treffen in A. seit Kriegsende abgehalten.

Die politische Wende (ab 1989)

Der Zusammenbruch des Kommunismus in Osteuropa 1989 führte auch in A. zum Protest gegen das Regime. 1990 kam es zu Demonstrationen, Albaner flüchteten in westliche Bot-

1991 kam es zur Massenflucht von Albanern nach Italien. Immer wieder steuerten völlig überfüllte alban. Flüchtlingsschiffe die nahe Adriaküste an – wie hier im August 1991 den Hafen der süditalien. Stadt Bari.

Kosovo – ein serbisch-albanischer Krisenherd

Das überwiegend von Albanern bewohnte Kosovo, das zu Serbien gehört, bildet seit der alban. Unabhängigkeit einen Konfliktherd zwischen Jugoslawien und Albanien. Verfechter eines Großalbanien haben immer die Zugehörigkeit des Kosovo zu Albanien betont.

1981 fanden in Pristina Demonstrationen statt, in deren Verlauf Forderungen nach einer Loslösung der alban. Siedlungsgebiete im Kosovo von Jugoslawien laut wurden. Enver Hoxha verlangte daraufhin – unter Anerkennung der bestehenden Grenzen – die Umwandlung des Kosovo in eine autonome jugoslaw. Republik. Aufbrandender Nationalismus führte in Jugoslawien 1989 zur Aufkündigung des Autonomiestatus für die serb. Provinz Kosovo.

Die alban. Befreiungsarmee des Kosovo (UČK) kämpft seitdem für die Eigenständigkeit der Kosovo-Albaner. 1998/99 kam es infolge des als »ethnische Säuberung« titulierten Mordens serb. Einheiten zur Massenflucht von Kosovo-Albanern nach Albanien. (Foto: Fliehende Kosovo-Albaner im März 1999 an der alban. Grenze bei Morine)

schaften und ins benachbarte Griechenland. Alia gab nach und erlaubte im Dezember 1990 die Gründung unabhängiger politischer Organisationen und signalisierte damit das Ende des Machtmonopols der Kommunisten. Am 12.12.1990 wurde die Demokratische Partei A.s gegründet. 1991 fanden Streiks statt und ca. 20 000 Albaner stürmten Schiffe, um in italien. Häfen zu gelangen. Außenpolitisch bedeutete die Aufnahme in die KSZE am 19.6.1991 das Ende der Isolation.

Parlamentswahlen: Die ersten freien Wahlen am 31.3.1991 verlor die Opposition; die PAA erhielt 55,8%, die Demokratische Partei 38,7% der Stimmen. Trotz der absoluten Mehrheit bot die PAA der Opposition die Zusammenarbeit an, zu der es jedoch nicht kam. Demonstrationen und ein Generalstreik verschärften die Lage weiter. Für das Frühjahr 1992 wurden Neuwahlen angesetzt; eine Koalitionsregierung, die bald zerbrach, wurde von einer Übergangsregierung abgelöst. Die Partei der Arbeit wurde in Sozialistische Partei A.s umbenannt.

Machtwechsel: Die Wahlen von 1992 gewann die antikommunistische Opposition, geführt von der Demokratischen Partei (67,5%). Ramiz Alia trat am 3.4.1992 zurück, zum neuen Staatspräsidenten wurde Sali Berisha (1992–97), Vorsitzender der Demokratischen Partei, gewählt. Es kam zu einer Koalition mit den Sozialdemokraten und Republikanern unter Ministerpräsident Aleksander Meksi (1992–97), der eine freie Marktwirtschaft und die Zusammenarbeit mit den westlichen Bündnissen und Staaten zu den wichtigsten Zielen erklärte. Das Land leidet jedoch unter einer Vielzahl sozialer Probleme, die einer raschen Stabilisierung im Wege stehen. Eine äußerst schlechte Versorgungslage, um sich greifende Bandenkriminalität und feudale Relikte wie die Blutrache belasten das nach wie vor ärmste Land Europas.

Krisen und Unruhen: Die Wahlen von 1996 brachten der Demokratischen Partei die absolute Mehrheit. Die Opposition und auch ausländische Stellen warfen der Partei jedoch Wahlfälschung vor. Im Frühjahr 1997 erschütterten bürgerkriegsähnliche Zustände das Land, als Hunderttausende von Bürgern ihre Geldanlagen in obskuren »Sparpyramiden« verloren. Die Regierung trat zurück und es kam zu Neuwahlen, aus denen die Sozialisten (PSSH) als Sieger (52,8%) hervorgingen. Am 25.7.1997 bildeten sie unter Fatos Nano eine Mitte-links-Regierung. Der Sozialist Rexhep Meidani löste Berisha als Staatspräsident ab. Auch Nano regierte nur gut ein Jahr und trat am 28.9.1998 nach der Ermordung des Oppositionspolitikers Hajdari zurück. Ihm folgte Pandeli Majko (PSSH) im Amt des Ministerpräsidenten. Nach einem parteiinternen Machtkampf, den Majko verlor, wurde am 29.10.1999 Ilir Meta (PSSH) neuer Regierungschef.

Kosovo-Konflikt

Im Verlauf des Kosovo-Konflikts kam es zu einer Massenflucht von Albanern aus Jugoslawien nach A. Das als »ethnische Säuberung« bezeichnete Morden und Brandschatzen von serb. Einheiten an der alban. Bevölkerung und ihrem Besitz im jugoslaw. Kosovo führte von März bis Juni 1999 zu NATO-Luftangriffen auf Jugoslawien, um dessen Führung unter Milošević zum Einlenken zu bewegen. Im ohnehin verarmten A. löste die Fluchtwelle dramatische soziale Probleme und Versorgungsschwierigkeiten aus, die die internationale Staatengemeinschaft mit Hilfslieferungen zu mildern suchte. *R.F.*

Algerien

Demokr. Volksrepublik Algerien

Um 1000 v. Chr. legten die Phönizier Handelsplätze im heutigen A. an. Im Landesinneren siedelten von Osten eingewanderte Berber-Stämme. Nach den Pun. Kriegen (3./2. Jh. v. Chr.) kam die nordafrikan. Region unter röm. Herrschaft. Die Zugehörigkeit zum Imperium Romanum endete mit der Eroberung des Gebietes durch die Wandalen um 430 n. Chr. Mitte des 7. Jh.s geriet das heutige A. unter die Vorherrschaft der Araber, ab 1519 stand das Land unter osman. Herrschaft.

Kolonialherrschaft

Französischer Vormarsch: Ab 1830 drangen französ. Truppen in das Gebiet des heutigen A. vor, konnten es aber wegen des heftigen Widerstands der Bevölkerung erst um 1880 vollständig erobern. 1881 erklärte Paris A. zur französ. Kolonie. In den folgenden Jahrzehnten betrieb die Regierung in Paris die systematische Ansiedlung von französ. Einwanderern in der nordafrikan. Kolonie.

Erster Weltkrieg

Auswanderung: Während des Ersten Weltkriegs (1914–18) dienten zahlreiche Algerier in der französ. Armee oder arbeiteten im Mutterland in Rüstungsbetrieben. Nach Kriegsende blieben etwa 70 000 von ihnen in Frankreich und unterstützten von dort aus ihre Verwandten in A.

Modernisierung: In den ersten beiden Jahrzehnten des 20. Jh.s sorgten die französ. Kolonialbehörden in A. u. a. für den Bau eines modernen Straßen- und Eisenbahnnetzes. Es entstanden vor allem in den Küstenregionen Kolonistendörfer und Städte nach europäischem Muster.

Unabhängigkeitsbewegung

Der relative Wohlstand der europäischen Einwanderer stand jedoch in starkem Kontrast zur Armut der einheimischen Bevölkerung. Dies führte in den folgenden Jahrzehnten immer wieder zu sozialen und politischen Spannungen. 1925 wurde in Paris die Unabhängigkeitsbewegung »Nordafrikan. Stern« gegründet (1937 in »Alger. Volkspartei« umbenannt). Seit 1938 wandte sich diese Bewegung offen gegen die französ. Kolonialpolitik und forderte Autonomierechte für A.

Algerien 2000	
Landesfläche	2,38 Mio km² (WR 1[illegible])
Einwohner	30,8 Mio (WR 34)
Hauptstadt	Algier (3,1 Mio Einwohner)
Sprachen	Arabisch, Französisch
Währung	1 Alger. Dinar (DA) = 100 Centimes
Gliederung	48 Bezirke
Staatsform	Präsidiale Republik
Religion	Sunnitische Moslems (99,5%); Sonstige (0,5%)
Bevölkerung	Araber (82,6%); Berber (17%); Sonstige (0,4%)

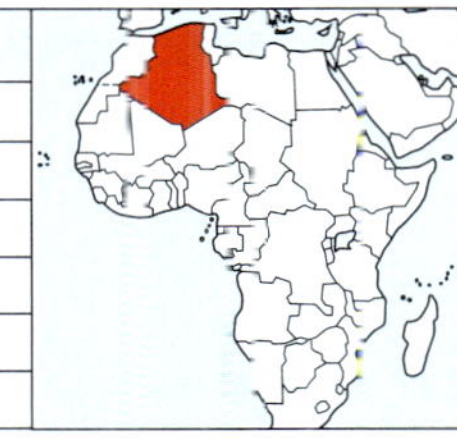

Algerien im 20. Jahrhundert	
1930	Gründung der Fédération des Elus Musulmans: Erstmals formulieren die Moslems in Algerien, das seit dem 19. Jh. französ. Staatsgebiet ist, den Anspruch auf Gleichberechtigung ihres Landes mit der Kolonialmacht Frankreich.
1938	Beginn der alger. Autonomiebewegung, nachdem Algeriern von Frankreich keine Bürgerrechte zugestanden werden.
1943	Manifest des alger. Volkes fordert autonomes Algerien nach Besetzung des Landes durch die Alliierten.
1947	Das französ. Algerien-Statut sieht vor, allen Algeriern die französ. Staatsbürgerschaft zu geben.
bis 1954	Französ. Kolonialmacht übt die Herrschaft über Algerien aus.
1954	Gründung der Nationalen Befreiungsfront für die Selbstständigkeit Algeriens (FLN); Beginn des Aufstands gegen französ. Herrschaft (1.11.); Anführer im Algerienkrieg (bis 1962): Ahmed Ben Bella, Rabah Bitat, Mustafa Ben Boulaid und Houari Boumedienne.
1958	FLN bildet in Kairo Exilregierung unter Ferhat Abbas.
1962	Abkommen von Evian (18.3.): Algerien wird unabhängig, Ahmed Ben Bella wird am 26.9. erster Staatspräsident.
1963	Per Referendum wird die alger. Verfassung angenommen; die FLN ist die einzige zugelassene Partei.
1965	Armeeputsch unter Oberst Houari Boumedienne stürzt Regierung; Boumedienne wird Staatschef.
1971	Verstaatlichung der französ. Erdölgesellschaften.
1976	Nationale Charta (Verfassungsergänzung): Algerien ist sozialistischer Staat, die FLN Staatspartei, der Islam Staatsreligion.
1978	Tod Boumediennes; Nachfolger Oberst Bendjedid Chadli (ab 7.2.1979) hebt den Hausarrest (seit 1965) für Ben Bella auf.
1989	Neue Verfassung (23.2.): Algerien definiert sich nicht länger als sozialistisches Land und lässt Oppositionsparteien zu.
1991	Sieg der fundamentalistischen Islamischen Heilsfront (FIS) bei Parlamentswahlen (erster Wahlgang).
1992	Machtübernahme des Militärs, um einen islamistischen Staat zu verhindern; Oppositionelle werden verhaftet; Ausnahmezustand und bewaffneter Untergrundkampf gegen Staatsführung; Mordanschläge auf Liberale und Ausländer (bis 1998: ca. 85 000 Tote).
1995	Spaltung der islamistischen Gruppen, weil sich die FIS dialogbereit zeigt.
1997	Bei Parlaments- und Kommunalwahlen, zu denen die FIS nicht zugelassen ist, wird das Regime Präsident Zérouals und der regierungsnahen Nationaldemokratischen Sammlungsbewegung (RND) mehrheitlich bestätigt; die Islamische Armee des Heils (AIS; Kampftruppe der FIS) ruft einseitigen Waffenstillstand aus, der von der Bewaffneten Islamischen Gruppe (GIA) als Verrat angesehen wird und neue Massaker provoziert.
1998	Vorläufiger Höhepunkt der Massaker an Zivilisten: ca. 1000 Tote im Fastenmonat Ramadan; der außenpolitische Druck auf die alger. Regierung, den Terror einzudämmen, wächst.
1999	Mit Abdul Aziz Bouteflika wird erstmals seit Beginn der Militärherrschaft 1992 wieder ein Zivilist Staatsoberhaupt Algeriens.

Der Unabhängigkeitskrieg in Algerien

Oben: Nach der Regirungsübernahme durch Charles de Gaulle kam es 1958 in Algerien zu profranzös. Demonstrationen.

Rechts: Gewaltsam versuchte die von Algerien-Franzosen gegründete OAS, die Unabhängigkeit des Landes zu verhindern. (Foto: Bombenanschlag der OAS auf ein Hotel in Algier 1962)

Unten: Auch nach dem Abkommen von Évian vom März 1962 beging die OAS weitere Attentate. (Foto: OAS-Anschlag auf ein von Moslems bewohntes Haus in Algier im Mai 1962)

Zweiter Weltkrieg: Im Verlauf des Zweiten Weltkriegs wurde A. selbst zum Kriegsschauplatz. Die Kolonialverwaltung hatte sich zunächst loyal zu der vom NS-Regime im Deutschen Reich gestützten Vichy-Regierung verhalten. 1942 landeten brit. und US-amerikan. Truppen in A. und fügten den deutschen und italien. Verbänden nach verlustreichen Kämpfen 1943 eine Niederlage zu. Während der nordafrikan. Militäroperationen befand sich das Hauptquartier der Alliierten in Algier. Die zeitweilige Schwäche der Kolonialmacht Frankreich suchte die Unabhängigkeitsbewegung für ihre Interessen zu nutzen. 1945 brach eine bewaffnete Rebellion im Osten des Landes aus (Aufstand von Sétif), die von den Kolonialtruppen sofort niedergeschlagen wurde.

Algerienkrieg (1954–62)

Autonomie: Das französ. Parlament legte 1947 den Status von A. neu fest. Das Kolonialgebiet wurde in Verwaltungsbezirke mit eigenständigem Zivilrecht, finanzieller Autonomie und vereinzelten eigenständigen Institutionen eingeteilt. A. erhielt eine Nationalversammlung mit 120 Abgeordneten, die je zur Hälfte von den rund 370 000 Europäern und den etwa 1,3 Mio moslemischen Algeriern gewählt wurden.

Kolonialkrieg: Im Oktober 1954 begann ein offener Aufstand gegen die Kolonialmacht. Die von Ahmed Ben Bella geführte Nationale Befreiungsfront (Front de Libération Nationale; FLN) – treibende Kraft des Aufstands – forderte die Schaffung eines souveränen Staates A. FLN-Gruppen verübten zahlreiche Attentate auf Einrichtungen der Franzosen. Es entwickelte sich ein blutiger Bürgerkrieg, der von beiden Seiten mit rücksichtsloser Härte geführt wurde. Französ. Siedler, die für den Verbleib A.s bei Frankreich waren, griffen mit Terroranschlägen gegen die FLN ebenfalls in die Auseinandersetzung ein. Als sich Frankreich 1956 entschloss, Marokko und Tunesien in die Unabhängigkeit zu entlassen, an der Kolonialherrschaft in A. jedoch festhielt, verschärfte sich die Situation noch zusätzlich. Ab 1957 verstärkten die Rebellen ihre terroristischen Aktivitäten. Daraufhin setzte Paris Fallschirmjäger ein. Zudem riegelte Frankreich die Grenzen zu Marokko und Tunesien ab, um die Unterstützung der Rebellen durch die Nachbarstaaten A.s zu unterbinden. Während des Krieges kam es auf beiden Seiten zu Gräueltaten. So griffen französ. Truppen 1958 ein Dorf im tunes. Grenzgebiet an und töteten dabei zahlreiche Zivilisten.

Weg in die Unabhängigkeit: Auf dem Höhepunkt des Befreiungskrieges übernahm General Charles de Gaulle 1958 in Frankreich wieder die Regierungsmacht. Auch er musste schließlich erkennen, dass der Krieg in A. militärisch nicht zu gewinnen war. Ab 1959 leitete er eine friedliche Lösung des Konflikts ein. In der französ. Armee formierte sich dagegen jedoch Widerstand. Rechtsgerichtete Offiziere gründeten die »Organisation de l'Armée Secrète« (OAS). Die nationalistische Geheimorganisation lehnte jede Verständigungspolitik ab und griff dabei auch zu terroristischen Mitteln, darunter auch Attentate auf de Gaulle.

Abkommen von Évian: Im März 1962 schlossen Vertreter der FLN und die französ. Regierung das Abkommen von Évian-les-Bains. Damit entließ Frankreich A. in die Unabhängigkeit. In der Folgezeit verließen ca. 1 Mio französ. Siedler und etwa 100 000 arab. Kollaborateure aus Angst vor Repressalien die ehemalige Kolonie in Nordafrika. Auch nach dem Friedensabkommen setzte die OAS ihren Terror fort. Bei Bombenattentaten wurden u. a. Eisenbahn- und Straßenverbindungen zerstört.

Souveräner Staat

Einparteiensystem: Erster Staatspräsident des souveränen A. wurde FLN-Führer Ben Bella (1962–65). Er errichtete eine Einparteienherrschaft mit der FLN als Staatspartei und regierte autoritär. Politisches Ziel war die Etablierung eines sozialistischen Gesellschaftssystems nach sowjet. Muster. Die ökonomische Lage A.s war jedoch äußerst instabil, zumal die Infrastruktur infolge des Unabhängigkeitskampfes weitgehend zerstört war. Zudem hatten nach der Unabhängigkeit tausende französ. Fachkräfte das Land verlassen. Die Produktivität in Landwirtschaft und Industrie sank, während die Zahl der Arbeitslosen zunahm. 1965 stürzte der Oberbefehlshaber der Armee, Houari Boumedienne (1965–78), Ben Bella und übernahm die Macht im Staat.

Islamischer Sozialismus: Boumedienne setzte die Politik eines »islamischen Sozialismus« nach dem Vorbild Ben Bellas fort. Mit Unterstützung der Sowjetunion wurde die staatlich kontrollierte Industrie ausgebaut und die Erdölförderung vorangetrieben. Die Wirtschaft A.s verzeichnete hohe Wachstumsraten. Die politischen Machtverhältnisse verschob Boumedienne zugunsten des Militärs. Als oberstes Regierungsgremium fungierte ein 26-köpfiger Revolutionsrat.

Reformkurs: Nach dem Tod Boumediennes 1978 trat Bendjedid Chadli (1979–92) an die Spitze des Staates. Der neue Staatspräsident bemühte sich um wirtschaftliche Reformen und verfolgte insgesamt einen pragmatischeren Kurs. Im Zuge politischer Lockerungen entließ er 1980 den 1965 gestürzten Ben Bella aus der Haft. Dennoch geriet die Wirtschaft A.s in zunehmende Schwierigkeiten, was zur Verstärkung der sozialen Spannungen führte. Vor diesem Hintergrund mehrten sich ab 1982 die Aktivitäten moslemischer Fundamentalisten.

Liberalisierung: Mit der Verabschiedung einer neuen Verfassung am 23.2.1989 erklärte die alger. Staatsspitze die Abkehr vom Sozialismus und führte ein Mehrparteiensystem ein. Aus den ersten freien Kommunalwahlen im Juni 1990 ging die fundamentalistische Islamische Heilsfront (Front Islamique du Salut; FIS) als Sieger hervor.

Dokument: Abkommen von Évian (18.3.1962)

Mit dem Abkommen von Évian-les-Bains, das Vertreter der Nationalen Befreiungsfront FLN und der französ. Kolonialregierung am 18.3.1962 unterzeichneten, endete der Algerienkrieg, der im November 1954 mit einem Aufstand begonnen hatte. Frankreich entließ seine nordafrikan. Kolonie in die Unabhängigkeit. Algerien war das erste afrikan. Land, in dem ein bewaffneter Guerillakampf die Unabhängigkeit erzwungen hatte.

»Der alger. Staat wird seine Souveränität voll und ganz nach innen und außen ausüben. Diese Souveränität erstreckt sich auf alle Gebiete, insbes. auch auf die Landesverteidigung und die Außenpolitik. Der alger. Staat ist frei, sich seine eigenen Einrichtungen zu geben und das politische und soziale Regime zu wählen das seinen Interessen am besten entspricht Auf internationaler Ebene wird er in voller Souveränität seine eigene Politik festlegen und verfolgen.

Der alger. Staat verpflichtet sich, vorbehaltlos der allgemeinen Menschenrechtserklärung beizutreten und wird seine Institutionen nach demokratischer Grundsätzen und auf der Grundlage gleicher politischer Rechte für alle Bürger ohne Unterschied der Rasse, der Herkunft oder der Religion ausüben.« (Auszug)

Zwei Helden des Befreiungskampfes: Ahmed Ben Bella (l.) und Houari Boumedienne 1962. Drei Jahre später stürzte Boumedienne seinen einstigen Weggefährten Ben Bella.

Soldaten überwachten im Juni 1991 eine Versammlung der islamischen Fundamentalisten in Algier. Ein halbes Jahr später übernahm das Militär die Macht in Algerien. Die Islamische Heilsfront (FIS) wurde 1992 verboten.

Militärputsch: Auch den ersten Durchgang von Mehrparteien-Parlamentswahlen im Dezember 1991 konnte die FIS eindeutig für sich entscheiden. Daraufhin sagte die Regierung den für Januar 1992 geplanten zweiten Wahlgang ab. Das Militär übernahm die Macht, verhängte den Ausnahmezustand und ging mit einer Verhaftungswelle gegen die Moslem-Aktivisten vor. An die Stelle des zurückgetretenen Präsidenten Chadli trat ein Staatsrat (Haut Comité d'État; HCE) unter dem Vorsitz von Muhammad Boudiaf (im Juni 1992 von islamischen Fundamentalisten ermordet). Die Islamisten antworteten mit einem rücksichtslosen Guerilla-Krieg gegen die Regierung, dem bis zum Jahr 2000 mehr als 85 000 Menschen zum Opfer fielen. Zunächst wurden insbes. Ausländer Opfer terroristischer Anschläge. Ab 1995 verübten radikale islamische Gruppen vor allem im Norden A.s auch zahlreiche Massaker an der Zivilbevölkerung.

Nationaler Übergangsrat: 1994 übernahm General Liamine Zéroual das Präsidentenamt. Er bemühte sich um eine Beilegung des Bürgerkriegs. Im Mai 1994 berief er einen Nationalen Übergangsrat ein, der das 1992 aufgelöste Parlament bis 1997 ersetzen sollte. Dem Rat gehörten 178 Vertreter kleiner Parteien und gesellschaftlicher Organisationen an. Die Front der Sozialistischen Kräfte (Front des Forces Socialistes; FFS) und die FLN boykottierten den Rat; die FIS war seit 1992 offiziell verboten. Als die FIS Gesprächsangebote des Militärregimes akzeptierte, führte dies 1995 zur Abspaltung der radikalen Bewaffneten Islamischen Gruppe (Groupe Islamique Armée; GIA), die ihre terroristischen Aktivitäten noch verstärkte. Bei den ersten pluralistischen Präsidentschaftswahlen im November 1995 wurde Zéroual mit 61,34% der Stimmen für fünf Jahre im Amt bestätigt. Er nahm nun auch gemäßigte Islamisten in die Regierung auf.

Parlamentswahlen: Die gemäßigte Nationaldemokratische Sammlungsbewegung (Rassemblement National Démocratique; RND), die Staatspräsident Zéroual nahe stand, ging aus den ersten pluralistischen Parlamentswahlen im Juni 1997 als Siegerin hervor. Sie erhielt 156 der insgesamt 380 Mandate und verfügte damit – zusammen mit den 62 Mandaten der einstigen Staatspartei FLN – über die absolute Mehrheit in der Nationalversammlung. Zweitstärkste Kraft mit 69 Sitzen wurde die gemäßigt islamistische Bewegung der Gesellschaft für den Frieden (Mouvement de la Societé pour la Paix; MSP). FLN und MSP stellten in der neuen Regierung jeweils sieben Minister.

Rückkehr zur Zivilregierung

Umstrittenes Wahlergebnis: Bei den Präsidentschaftswahlen vom 15.4.1999 siegte der zivile Kandidat Abdul Aziz Bouteflika, ein Vertrauter seines Amtsvorgängers Zéroual. Nach offiziellen Angaben entfielen auf Bouteflika als einzigen verbliebenen Kandidaten – einen Tag vor dem Urnengang hatten alle sechs Gegenkandidaten Bouteflikas unter dem Vorwurf massiver Einflussnahme des Militärs ihre Wahlbewerbung zurückgezogen – 74% der abgegebenen Stimmen. Die Wahlbeteiligung lag bei 60%. Die Opposition sprach von Wahlfälschung.

Aussöhnungspolitik: Der neue Präsident verstärkte die Bemühungen um eine Beendigung des Bürgerkriegs. Mit der Islamischen Heilsfront vereinbarte Bouteflika im Juni 1999 die Beendigung des Kampfes. Radikale Splittergruppen lehnten die Vereinbarung jedoch ab und setzten ihre Terroranschläge fort. Im Juli unterzeichnete der Staatspräsident ein Amnestiegesetz für 2300 Anhänger islamistischer Organisationen. Der seit 1992 bestehende Ausnahmezustand wurde aufgehoben. Im September 1999 stimmten 98,6% der Teilnehmer (Wahlbeteiligung: 85,0%) in einem Referendum der Friedens- und Versöhnungspolitik Bouteflikas gegenüber den radikalen Islamisten zu. Die radikal-islamische Gruppe Islamische Armee des Heils (Armée Islamique du Salut; AIS) verkündete im Januar 2000 ihre Auflösung, was die Hoffnungen auf eine dauerhafte Befriedung des Landes bestärkte. Doch gab es weiterhin terroristische Anschläge anderer Gruppen, bei denen zahlreiche Menschen getötet wurden.

Wirtschaft: Neben der Beendigung des islamistischen Terrors war die Überwindung der Wirtschaftskrise zentrale Aufgabe der neuen Regierung. Der Ölpreisverfall hatte 1999 zu erheblichen Einnahmeverlusten geführt. Im Rahmen marktwirtschaftlicher Reformen verursachte die Privatisierung bzw. Schließung großer Staatsbetriebe einen weiteren Anstieg der Arbeitslosigkeit auf rund 35%. Zu Beginn des Jahres 2000 verbesserten wieder ansteigende Ölpreise sowie Kredite des Internationalen Währungsfonds die Aussichten auf Erfolge bei der marktwirtschaftlichen Umstrukturierung A.s. *T.F.*

Staatsoberhäupter Algeriens

Reg.-Zeit	*Name*	*Lebensdaten*
1962–65	Ahmed Ben Bella	*1916
1965–78	Houari Boumedienne	1925–1978
1979–92	Bendjedid Chadli	*1929
1992	Muhammad Boudiaf [1]	1919–1992
1992–94	Ali Kafi	*1928
1994–99	Liamine Zéroual	*1941
seit 1999	Abdul Aziz Bouteflika	*1937

1) Vorsitzender des Hohen Staatskomitees

Die wichtigsten Parteien im 20. Jahrhundert

Name (Abkürzung)	*Politische Richtung*	*Gründung*
Nationale Befreiungsfront (FLN)	links-nationalistisch	1954
Islamische Heilsfront (FIS)	islamistisch	1989[1]
Sozialdemokratische Partei (PSD)	sozialdemokratisch	1989
Bewegung für Demokratie in Algerien (MDA)	liberal	1990
Front der sozialist. Kräfte (FFS)	sozialdemokratisch	1990
Islamische Bewegung für den Frieden (MSP)	islamistisch	1990
Nationaldemokratische Sammlungsbewegung (RND)	gemäßigt	1997

1) 1992 verboten

Terror der islamischen Fundamentalisten

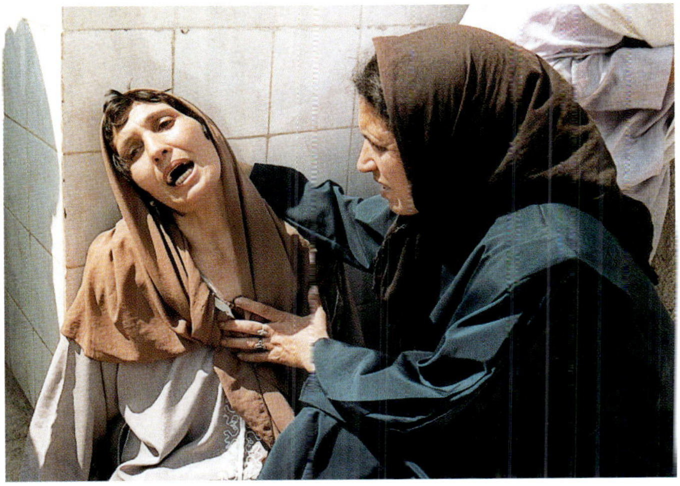

Nach dem Verbot der Islamischen Heilsfront (FIS) durch das alger. Militär 1992 begannen Islamisten einen Terrorfeldzug gegen die Regierung. Hauptleidtragende war jedoch die alger. Bevölkerung. Die Islamisten verübten grausame Massaker, bei denen Zehntausende von Zivilisten starben. Bei Massakern sowie Kämpfen zwischen Terroristen und Regierungstruppen kamen bis Anfang 2000 mehr als 90 000 Menschen ums Leben. Mit dem Amtsantritt eines zivilen Staatspräsidenten 1999 stiegen die Hoffnungen auf inneren Frieden. Mitte 1999 wurde mit der FIS ein Ende der Kämpfe vereinbart. Trotz eines per Referendum von 98% der Wähler gebilligten Amnestiegesetzes und der Aufhebung des Ausnahmezustands setzten radikale Splittergruppen den Terror fort. Foto: Eine Frau beklagt den Tod ihrer Angehörigen, die 1997 von Islamisten ermordet wurden.)

Andorra

Fürstentum Andorra

Die Geschichte A.s ist durch seine Grenzlage zwischen Frankreich und Spanien geprägt. Seit dem sog. Paréage-Vertrag (1278) übten der span. Bischof von Séo de Urgel und der französ. Graf von Foix als Co-Fürsten gemeinsam Hoheitsrechte über A. aus. Die Rechte des Grafen von Foix werden seit 1871 vom französ. Staatsoberhaupt wahrgenommen. Erst die Verfassung von 1993 löste die feudalen Herrschaftsstrukturen ab.

Andorra 2000	
Landesfläche	453 km² (WR 178)
Einwohner	79 000 (WR 180)
Hauptstadt	Andorra la Vella (20 000 Einw.)
Sprachen	Katalanisch, Span., Französ.
Währung	Französ. Francs, span. Peseten
Gliederung	7 Gemeindebezirke
Staatsform	Parlamentarisches Fürstentum (seit 1993)
Religion	Katholiken (94,2%); Juden (0,4%); Sonstige (5,4%)
Bevölkerung	Spanier (46,4%); Andorraner (28,3%); Portugiesen

Andorra im 20. Jahrhundert	
1933	Einführung des Wahlrechts für alle Männer über 25 Jahren.
1934	Versuch des russ. Emigranten Boris Skossyref, als König Boris I. eine bourbon.-andorran. Monarchie zu begründen.
1967	Besuch des französ. Co-Fürsten Charles de Gaulle in Andorra.
1970	Einführung des aktiven Wahlrechts für Frauen.
1971	Senkung des Wahlalters auf 21 Jahre.
1973	Einführung des passiven Wahlrechts für Frauen.
1978	Erstes Zusammentreffen der Co-Fürsten Joan Martí y Alanis, Bischof von Séo de Urgel / Spanien, und des französ. Staatspräsidenten Valéry Giscard d'Estaing führt zur Einleitung einer Staatsreform.
1982	Wahl von Oscar Ribas Reig zum ersten Regierungschef des Landes.
1990	Zustimmung des Parlaments zum Handelsabkommen mit der EG, dem ersten internationalen Vertrag in der andorran. Geschichte.
1991	Erster unabhängiger andorran. Radio- und Fernsehsender nimmt den Betrieb auf.
1992	Nach den Wahlen sind erstmals Frauen im Parlament vertreten.
1993	Die Verfassung Andorras als parlamentarisches Fürstentum tritt in Kraft.
	Der Freundschaftsvertrag mit Frankreich und Spanien bedeutet die Anerkennung der andorran. Souveränität.
	Andorra wird in die Vereinten Nationen aufgenommen.
1994	Andorra wird als 33. Mitglied in den Europarat aufgenommen.

Die wichtigsten Parteien im 20. Jahrhundert		
Name (Abkürzung)	*Politische Richtung*	*Gründung*
Agrupament Nacional Democratic (AND)	gemäßigt liberal	1993
Iniciativa Democratica Nacional (IDN)	sozialdemokratisch	1993
Nova Democracia (ND)	Mitte-links-Partei	1993
Unió Liberal (UL)	konservativ	1993

Das frühe 20. Jahrhundert

Kondominium: Die Rechte der beiden Co-Fürsten wurden von zwei ebenfalls nicht in A. selbst residierenden Delegierten ausgeübt – zum einem vom Präfekten des Departements Pyrénées-Orientales in Perpignan, zum anderen vom Generalvikar der Diözese von Séo de Urgel. Diese entsandten ihrerseits je einen Vogt nach A., der dort die Aufsicht über die Gesetzgebung und Verwaltung des Kondominiums führte und jährlich den symbolischen Tribut, die Questia, für die Co-Fürsten einnahm. Neben den Co-Fürsten bzw. ihren Vertretern war der 1868 erstmals konstituierte Generalrat der Täler das wichtigste politische Gremium des Landes. Der Rat besaß jedoch keine legislativen Befugnisse. Jede der sechs Gemeinden entsandte vier Abgeordnete in den Generalrat. Die Außenpolitik A.s wurde von Frankreich und Spanien bestimmt.

Putschversuch: Wachsende Unzufriedenheit mit den politischen Gegebenheiten führte 1934 in der andorran. Oberschicht zur Unterstützung des russ. Emigranten Boris Skossyref, der sich als Boris I. vom Generalrat zum Oberhaupt einer bourbon.-andorran. Monarchie ausrufen ließ. Das gemeinsame Vorgehen Spaniens und Frankreichs führte jedoch zum Scheitern des Staatsstreichs.

Reformbestrebungen

Öffnung des Landes: Nach dem Zweiten Weltkrieg setzten in dem damals von rund 6000 Menschen bewohnten Kleinstaat tief greifende Veränderungen ein. Mit der Eröffnung des 2408 m hohen Port d'Envalira, dem höchsten Straßenpass in den Pyrenäen, war 1934 eine Verbindung zwischen Spanien und Frankreich durch A. hindurch geschaffen worden. Nun öffnete sich das bislang isolierte Land dem Tourismus. Darüber hinaus entwickelte sich A. aufgrund des 1950 beschlossenen weitgehenden Verzichts auf Zölle zu einem attraktiven Einkaufsland.

Gesellschaftliche Veränderungen: Der rasche Wandel von einer patriarchalisch strukturierten Gemeinschaft von Bergbauern zu einer weltoffenen und kommerziellen Gesellschaft machte eine Anpassung der von mittelalterlichen Institutionen geprägten Verwaltung an die Erfordernisse eines modernen Staatswesens notwendig. Zu Spannungen führte zudem die Tatsache, dass die andorran. Staatsbürger gegenüber den im Land ansässigen, politisch aber weitgehend rechtlosen Ausländern zunehmend in die Minderheit gerieten.

Politische Reformen: Auch unter den Andorranern selbst wuchs die Unzufriedenheit mit einem System, das den z. T. dünn besiedelten Gemeinden dieselbe Anzahl von Vertretern im Generalrat zubilligte wie der Hauptstadt Andorra la Vella. Seit Ende der 60er Jahre verstärkten sich deshalb die Bemühungen der Co-Fürsten, die politischen Institutionen des Landes zu reformieren. Mit der Einführung des aktiven Frauenwahlrechts 1970 und der Herabsetzung des Wahlalters auf 21 Jahre im Jahr 1971 politisierte sich das öffentliche Leben.
Nach dem ersten Treffen der beiden Co-Fürsten, des span. Bischofs Joan Martí y Alanis von Séo de Urgel und des französ. Staatspräsidenten Valery Giscard d'Estaing, anlässlich der 700-Jahr-Feier des Paréage-Vertrags 1978 gewannen die Reformbemühungen an Tempo. So wurde Ende 1978 der hauptstädtische Vorort Escaldes-Engordany zur siebten Gemeinde neben Andorra la Vella, Canillo, Encamp, La Massana, Ordino und Sant Julià de Lòria erhoben. 1981 wurde erstmals eine andorran. Regierung gebildet, deren Führung Oscar Ribas Reig (1982–84, 1990–94) am 18.1.1982 übernahm. In den 80er Jahren übertrugen die Co-Fürsten allmählich einen Großteil ihrer Befugnisse auf die andorran. Regierung.

Wirtschaftlicher Aufschwung

Jahrhundertelang waren Landwirtschaft (Rinder- und Schafzucht) sowie Holzverarbeitung die Haupterwerbszweige der Andorraner. Im 20. Jh. entwickelte sich der Tourismus (vor allem Wintersport und Bergwandern) zum wichtigsten Wirtschaftsfaktor. Begünstigt wurde dieser Wandel in erster Linie durch die Steuergesetzgebung. Als zollfreies Einkaufsgebiet zog A. insbes. Tagesgäste an, die preiswert Spirituosen, Tabakerzeugnisse, Schmuck, Parfüm und elektrische Geräte erwerben wollten. Da nach der Einführung des Europäischen Binnenmarktes 1993 auch in Frankreich und Spanien unbeschränkt Waren gekauft werden konnten und in dem kleinen Pyrenäenstaat A. keine Zollvorteile gegenüber den Nachbarländern mehr bestanden, erlitt A. in diesem bedeutenden Wirtschaftsbereich erhebliche Einbußen.

Die Verfassung von 1993

Nach einer Volksabstimmung am 14.3.1993, bei der sich 74,2% der Andorraner für eine Umwandlung des Landes in ein parlamentarisches Fürstentum ausgesprochen hatten, trat am 4.5.1993 die neue Verfassung A.s in Kraft. Seitdem haben die Co-Fürsten im Wesentlichen nur noch repräsentative Aufgaben, besitzen allerdings ein weitreichendes Vetorecht in Fragen der Gesetzgebung und der Außenpolitik. Die Verfassung garantiert die Gewaltenteilung und die Gewährung der Grundrechte. Staatssprache wurde das Katalanische. Mit dem Abschluss eines Freundschaftsvertrags mit Frankreich und Spanien erkannten diese 1993 faktisch die Unabhängigkeit A.s an. *I.R.*

Bei ihrem Besuch in Andorra wurden die beiden Co-Fürsten Valery Giscard d'Estaing (3. v. l.) und Joan Martí y Alanis (2. v. l.) am 18.10.1978 begeistert empfangen.

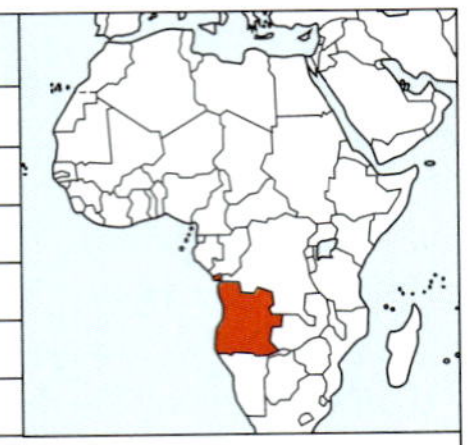

Angola 2000	
Landesfläche	1,25 Mio km² (WR 22)
Einwohner	12,5 Mio (WR 62)
Hauptstadt	Luanda (2,1 Mio Einwohner)
Sprachen	Portugiesisch, Bantusprachen
Währung	1 Neuer Kwanza (NKz) = 100 Lwei
Gliederung	18 Provinzen
Staatsform	Präsidiale Republik (seit 1992)
Religion	Katholiken (70%), Protestanten (20%); Sonstige (10%)
Bevölkerung	Ovimbundu (37,3%); Mbundu (21,6%); Kongo (13,2%); Luimbe-Nganguela (5,4%); Sonstige (22,5%)

Angola im 20. Jahrhundert	
1924/25	Aufstände in Porto Amboin und Ambriz gegen die portugies. Fremdherrschaft und ihr System der Zwangsarbeit.
1951	Kolonie Angola erhält Status einer portugies. Überseeprovinz.
1961	MPLA und FNLA beginnen den Unabhängigkeitskrieg gegen Portugal.
1962	Abschaffung der Zwangsarbeit.
1966	Kriegseintritt der neu gegründeten UNITA.
1974	Beendigung des Krieges durch Portugal nach der Nelkenrevolution in Lissabon am 25.4.
1975	Vereinbarungen mit Portugal zur Bildung einer Übergangsregierung mit Beteiligung aller Befreiungsbewegungen; danach blutiger Machtkampf zwischen MPLA, UNITA und FNLA; MPLA proklamiert am 11.11. die Unabhängigkeit Angolas als Volksrepublik.
1975/76	Mit Hilfe kuban. Truppen geht die MPLA-Regierung erfolgreich gegen Militärinterventionen von Seiten Zaïres und Südafrikas vor.
1976	Aufnahme der Volksrepublik Angola in die UNO.
1978	Militärische Niederlage der FNLA.
1979	Nach dem Tod von Präsident António Agostinho Neto tritt José Edoardo dos Santos die Nachfolge an.
1980	Unterstützung der von Angola aus operierenden namib. Befreiungsbewegung SWAPO durch MPLA-Regierung führt zu erneuten kriegerischen Auseinandersetzungen mit Südafrika.
ab 1982	Durch umfangreiche Waffenlieferungen aus den USA Ausdehnung des UNITA-Machtgebiets auf weite Teile des Landes.
1988	Truppenentflechtungs- und Waffenstillstandsabkommen zwischen Angola, Kuba und Südafrika; Abzug der kuban. Truppen.
1989	Erste Waffenstillstandsvereinbarung zwischen MPLA und UNITA, die in der Folgezeit mehrfach gebrochen wird.
1991	Friedensvertrag zwischen MPLA und UNITA; Einführung des Mehrparteiensystems.
1992	Erste freie Parlaments- und Präsidentschaftswahlen; UNITA zweifelt Stimmenmehrheit der MPLA und ihres Vorsitzenden dos Santos an und nimmt den Bürgerkrieg wieder auf.
1993	UNO-Sanktionen bewirken Vereinbarung einer Waffenruhe, die von der UNITA aber nicht eingehalten wird.
1994	Friedensabkommen von Lusaka/Sambia sieht u.a. die Bildung einer gemeinsamen Regierung von MPLA und UNITA sowie die Entwaffnung der UNITA-Truppen vor.
1996	Beginn der Entwaffnung von UNITA-Kämpfern und der Integration von UNITA-Offizieren in die Armee.
1997	Bildung einer MPLA-dominierten »Regierung der nationalen Einheit und Versöhnung« unter Beteiligung von vier UNITA-Ministern.
1998	Erneute militärische Offensive der UNITA-Hardliner unter der Führung von Jonas Malheiro Savimbi.
1998/99	Flugzeuge der UN-Beobachtermission werden von UNITA-Rebellen abgeschossen.

Angola

Republik Angola

Die Pygmäen-Urbevölkerung von A. wurde im 1. Jt. n. Chr. von Ackerbau und Viehzucht treibenden Bantu-Völkern aus dem Norden verdrängt, die ab dem 14. Jh. z.T. hochorganisierte mächtige Stammesbünde gründeten. Als erster Europäer erreichte der portugies. Seefahrer Diego Cão 1482 das Gebiet und entdeckte dabei die Kongo-Mündung und das Königreich Kongo. In der Folgezeit entstanden vorwiegend an der Küste zahlreiche Handels- und Missionsstationen. Der portugies. Einfluss verfestigte sich ab 1575 mit der Gründung des Militärstützpunktes Luanda im Gebiet des Königreichs Ndongo, auf dessen damaligen Herrscher Ngola der spätere Staatsname zurückgeht. Bis zur zweiten Hälfte des 19. Jh.s nutzten die portugies. Eroberer A. als Zentrum des Sklavenhandels. Etwa 5 Mio Menschen wurden verschleppt, zumeist in die portugies. Kolonie Brasilien. 1885 wurde auf der Berliner Kongo-Konferenz die Herrschaft Portugals über A. und die Exklave Cabinda in den heutigen Grenzen international anerkannt.

Portugiesische Kolonialherrschaft

Widerstand: Die Herrschaft der Portugiesen über das Gesamtterritorium A.s konnte erst in den 20er Jahren des 20. Jh.s mit militärischen Mitteln durchgesetzt werden. Bis dahin hatte sich die Macht der Kolonialherren auf die Hafenstädte und einen 200 km breiten Küstenstreifen beschränkt. Aufstände der afrikan. Bevölkerung sorgten jedoch auch weiterhin immer wieder für Unruhe. Die 1924 und 1925 in Porto Amboin und Ambriz aufflammenden Proteste gegen die Fremdherrschaft wurden ebenso wie der Hafenarbeiterstreik von 1928 blutig niedergeschlagen.
Zwangsarbeit: Auch nach der Abschaffung des Sklavenhandels (1836) blieb die Bevölkerung rechtlos und verarmt. Durch die sog. Kopfsteuer, die in Form von Bargeld an die Kolonialherren entrichtet werden musste, waren die Afrikaner zur Lohnarbeit auf den Kaffeeplantagen der Europäer gezwungen. Erst 1962 wurde Zwangsarbeit verboten.
Rohstoffausbeutung: Mit seinem Reichtum an Bodenschätzen, den fruchtbaren Böden, den fischreichen Gewässern sowie den ausgedehnten Savannenwäldern gehört A. zu den potenziell reichsten Regionen Afrikas. Aufgrund ihrer eigenen ökonomischen Rückstän-

Im fruchtbaren Küstenstreifen Angolas wie hier bei Bom Jesus südöstlich von Luanda legten die portugies. Kolonialherren ausgedehnte Zucker- und Bananenpflanzungen an.

digkeit war die Kolonialmacht Portugal zunächst jedoch nicht in der Lage, den einfachen Plünderungs- und Handelskolonialismus früherer Jahrhunderte zu überwinden. Es fehlte an Kapital zur industriellen Erschließung von A., sodass das wirtschaftliche Potenzial bis zum Ende des Zweiten Weltkriegs weitgehend ungenutzt blieb. Seit 1945 erfolgte auf dem Hochland eine planmäßige Kolonisation durch portugies. Siedler, die eine ertragreiche Farm-, Pflanzungs- und Plantagenwirtschaft mit den Hauptanbauprodukten Kaffee, Sisal, Zucker und Baumwolle aufbauten. In den 20er Jahren wurden aus dem Gebiet von Luanda im Nordwesten Diamantenfunde gemeldet, die eine systematische und bis heute erfolgreiche Suche nach diesen Edelsteinen in Gang setzten. Bei Luanda wurde in den 50er Jahren auch mit der Erdölförderung begonnen, in den 60er Jahren kamen Offshore-Ölfelder vor Cabinda hinzu. Mit dem Ausbau von Wirtschaft und Infrastruktur 1960–70 ging eine Assimilationspolitik der Kolonialmacht einher, die zur Herausbildung einer kleinen afrikan. Führungselite und zur Zerstörung afrikan. kultureller Traditionen führte.

Unabhängigkeitsbestrebungen

Befreiungsbewegung: Unter der faschistischen Diktatur von Staatschef António de Oliveira Salazar (1932–68) verfolgte Portugal eine Politik der strengen Anbindung der Kolonien an das Mutterland. Als Zugeständnis an den wachsenden Drang nach staatlicher Selbstbestimmung erhielt A. 1951 den Status einer Überseeprovinz. Seit 1956 formierten sich in A. Befreiungsbewegungen, die nach dem erfolglosen Versuch, in friedlichem Einvernehmen mit Portugal die Unabhängigkeit zu erreichen, 1961 den Befreiungskampf gegen die Fremdherrschaft begannen. Portugal antwortete mit einem blutigen Kolonialkrieg.

MPLA: Mit dem Sturm auf das Gefängnis von Luanda am 4.2.1961 begann die Volksbewegung für die Befreiung A.s (Movimento Popular de Libertação de Angola, MPLA) den Unabhängigkeitskrieg. Der 1956 gegründete Bund fand vor allem bei den Volksstämmen der Mbundu, Mbaka und Ndongo in Zentral-A. Rückhalt, also bei Bevölkerungsgruppen, die durch den von jeher engen Kontakt zu den Portugiesen über einen überdurchschnittlich hohen Bildungsstand verfügten.

FNLA: Fast zeitgleich brach unter der Bakongo-Volksgruppe in den nördlichen Kaffeeanbaugebieten ein Aufstand aus, der von der späteren Nationalen Front für die Befreiung A.s (Frente Nacional de Libertação de Angola FNLA) unter der Führung von Holden Roberto getragen wurde. Die Aufständischen erreichten die Gewährung der portugies. Bürgerrechte für alle Afrikaner und die Abschaffung der Zwangsarbeit.

Die wichtigsten Parteien im 20. Jahrhundert		
Name (Abkürzung)	*Politische Richtung*	*Gründung*
Movimento Popular de Libertação de Angola (MPLA)	sozialistische Regierungspartei	1956
Frente Nacional de Libertação de Angola (FNLA)	demokratische Opposition	1962
União Nacional para a Independência Total de Angola (UNITA)	pro-westliche konservative Opposition	1966

UNITA: Als Abspaltung der FNLA gründete sich 1966 die Volksunion für die völlige Unabhängigkeit A.s (União Nacional para a Independência Total de Angola, UNITA) unter Jonas Malheiro Savimbi. Sie fand ihre Anhängerschaft vorwiegend in ländlichen Gebieten des Südens bei der Volksgruppe der Ovimbundu, die sich zunächst an den Unabhängigkeitsbestrebungen kaum beteiligt hatten. Nachdem sie jedoch von der Kolonialmacht zwecks besserer Kontrolle in Dörfern zwangsangesiedelt worden waren und immer mehr Land abtreten mussten, schlossen sie sich der allgemeinen Bewegung an.

Selbstständigkeit: Nach dem Sturz des diktatorischen Regimes in Portugal 1974 war die Kolonialmacht um einen Ausgleich mit den Guerillaverbänden bemüht. Im Abkommen von Alvor wurde 1975 die Bildung einer Übergangsregierung vereinbart, die aus Vertretern der MPLA, der FNLA und der UNITA sowie der portugies. Verwaltung zusammengesetzt sein sollte. Die Gegensätze zwischen der marxistischen MPLA und den pro-westlichen Bewegungen FNLA und UNITA mündeten jedoch in einen blutigen Machtkampf. Am 11.11.1975 proklamierte die MPLA in Luanda die Unabhängigkeit der Volksrepublik A. und errichtete unter Präsident António Agostinho Neto eine Staats- und Gesellschaftsordnung nach marxistisch-leninistischem Muster. Nach Netos Tod übernahm José Eduardo dos Santos 1979 die Macht im Einparteienstaat.

Ausbruch des Bürgerkriegs

Schwieriger Neuanfang: Nach dem Abzug der Kolonialmacht versuchte die neue Regierung die Wirtschaft des Landes zu stabilisieren, indem sie Diamantengruben und Firmen der Erdölindustrie verstaatlichte. Durch den Massenexodus von Portugiesen nach der Unabhängigkeitserklärung fehlte es jedoch in den großen Plantagen, in Bergbau- und Industrieunternehmen an qualifiziertem Fach- und Führungspersonal. Bis auf den weiterhin florierenden Erdölsektor geriet die Wirtschaft A.s in eine Krise, die durch das Auseinanderbrechen der Einheitsfront der Befreiungsbewegungen zusätzlich verschärft wurde. Trotz militärischer Überlegenheit gelang es der MPLA nicht, ihre Gegner FNLA und UNITA auszuschalten, die einen Guerillakrieg führten.

Stellvertreterkrieg: Im Laufe des 16-jährigen Bürgerkriegs wurde A. immer mehr zum

Die Führer der konkurrierenden Befreiungsbewegungen MPLA, FNLA und UNITA

José Eduardo dos Santos, der seit 1979 das Amt des angolan. Staatspräsidenten ausübt, wurde am 28.8.1942 in Luanda geboren. Er schloss sich 1961 der marxistischen MPLA an. 1992 wählten ihn die Angolaner bei den ersten freien Wahlen zum Präsidenten, was zu einer erneuten Offensive der UNITA führte. Seit 1997 steht er an der Spitze einer »Regierung der nationalen Einheit und Versöhnung«, der auch UNITA-Vertreter angehören.

Holden Roberto führte die 1962 im Norden des Landes unter den Angehörigen der Bakongo-Volksgruppe entstandene Befreiungsbewegung FNLA, die nach der Unabhängigkeit Angolas den bewaffneten Kampf gegen die regierende MPLA aufnahm. Nach ihrer militärischen Niederlage gegen die Regierungstruppen übernahm die pro-westlich orientierte FNLA die Rolle der zivilen Opposition in Angola.

Jonas Malheiro Savimbi, der am 3.8.1934 in Luanda geboren wurde, war 1966 Mitbegründer der dritten Befreiungsbewegung, der pro-westlichen UNITA. Nach der Unabhängigkeit Angolas entwickelte sich die UNITA zum Hauptgegner der MPLA. Auch nach den beiden Friedensabkommen von 1991 und 1994 hielt sich Savimbi die Möglichkeit offen, mit Waffengewalt gegen die Regierung dos Santos vorzugehen.

Spielball im Kalten Krieg der Großmächte. In ihrem Befreiungskampf gegen die Kolonialmacht war die MPLA mit ihrer Bitte um Unterstützung gegen Portugal bei den westlichen Staaten gescheitert und hatte sich daraufhin mit mehr Erfolg an Kuba, die Sowjetunion und andere Ostblockstaaten gewandt. Während ihres Kampfes um die Herrschaft in A. erhielt die MPLA-Regierung Militärhilfe von Seiten der Sowjetunion und holte mehr als 50 000 kuban. Soldaten ins Land. Mit Unterstützung des Nachbarstaats Zaïre und der ehemaligen Kolonialmacht Portugal operierte die FNLA vom Norden aus. Nach ihrer militärischen Niederlage stieg die UNITA 1978 zum Hauptgegner der MPLA auf. Mit Hilfe von Waffenlieferungen aus den USA und militärischer Unterstützung aus Südafrika gelang es der UNITA, zeitweise weite Gebiete A.s unter ihre Kontrolle zu bringen. Während sich die Erdölvorkommen überwiegend in der Hand der angolan. Regierung befanden, nutzte die UNITA vor allem die Diamantenförderung zur Rüstungsfinanzierung.

SWAPO: Ab Ende der 70er Jahre wurde die MPLA immer mehr in den Unabhängigkeitskampf Namibias gegen die südafrikan. Besatzer hineingezogen, was den Bürgerkrieg in A. verschärfte. Als die Mitglieder der namib. Befreiungsbewegung SWAPO dazu übergingen, das Nachbarland A. als Ausgangsbasis für ihren Kampf zu nutzen, setzte die Republik Südafrika 1981–88 starke Streitkräfte ein, die tief nach A. vorstießen und dabei 500 000 Menschen töteten.

Waffenstillstand: Das Ende des Ost-West-Konflikts führte zu einer Begrenzung des Bürgerkriegs. Auf Vermittlung der USA vereinbarten A., Kuba und Südafrika 1988 einen Waffenstillstand, der im gleichen Jahr zum Unabhängigkeitsabkommen für Namibia und zum Abzug der in A. stationierten kuban. Truppen (realisiert bis Mai 1991) führte. 1989 vereinbarten Präsident dos Santos und UNITA-Rebellenführer Savimbi einen Waffenstillstand, der jedoch mehrfach gebrochen wurde.

Folgeschäden: Die jahrzehntelangen kriegerischen Auseinandersetzungen ruinierten die Wirtschaft A.s und beeinträchtigten die Lebensverhältnisse der Bevölkerung erheblich. Insbes. der Agrarsektor befand sich in einer tiefen Krise, sodass die Versorgung der Bevölkerung des ehemals Nahrungsmittel exportierenden Landes nur durch umfangreiche Importe und internationale humanitäre Hilfe gesichert werden konnte. In den von der UNITA beherrschten Gebieten, wo sich die Kämpfe vorwiegend abspielten, kamen Ackerbau und Viehzucht fast völlig zum Erliegen. Saatgut wurde vernichtet, Felder verwüstet, Ernten konnten nicht eingebracht werden. Die Landflucht ließ in den Großstädten weiträumige Vorstadtslums entstehen. Die Hauptstadt Luanda verzeichnete einen Einwohnerzuwachs von 800 000 (Mitte der 70er Jahre) auf 1,3 Mio (Ende der 80er Jahre). Hohe Arbeitslosigkeit förderte die Schattenwirtschaft. Unterernährung, Hunger und fehlende medizinische Versorgung ließen die Sterblichkeit ansteigen. Anfang der 90er Jahre lag die Lebenserwartung bei 45 Jahren.

Kubas militärisches Engagement in Angola

Über 50 000 kuban. Soldaten unterstützten die MPLA in ihrem Kampf um die Herrschaft in Angola, der sich bis zur Unabhängigkeit 1975 zunächst gegen die Kolonialmacht Portugal richtete. Als sich die westlichen Staaten weigerten, das NATO-Mitglied Portugal in seinem Kolonialkrieg gegen Angola zum Einlenken zu zwingen, fand die Befreiungsbewegung MPLA Unterstützung bei Kuba, der Sowjetunion und anderen Ostblockstaaten. Nach dem Ausbruch des Bürgerkriegs zwischen den drei rivalisierenden Organisationen MPLA, UNITA und FNLA sicherten die kuban. Truppen die militärische Macht der MPLA und damit ihren Regierungsanspruch. Nach dem 1988 geschlossenen Waffenstillstandsabkommen begann 1991 der Abzug der kuban. Soldaten aus Angola.

Vergebliche Friedensbemühungen

Erstes Friedensabkommen: 1991 unterzeichnete die MPLA mit der UNITA ein Abkommen zur Beendigung des Bürgerkriegs und vereinbarte die Bildung von Parteien. Durch eine Verfassungsreform wandelte sich die so-

Staatsoberhäupter Angolas

Reg.-Zeit	*Name*	*Lebensdaten*
1975–79	António Agostinho Neto	1922–1979
seit 1979	José Eduardo dos Santos	*1942

zialistische Volksrepublik A. 1991/92 in eine präsidiale Republik mit Gewaltenteilung, Mehrparteiensystem, marktwirtschaftlicher Grundordnung sowie verbrieften Bürger- und Menschenrechten. Die MPLA wandte sich vom strikten Marxismus-Leninismus ab und erklärte sich zur Partei des Demokratischen Sozialismus.

Wahlen: Bei der ersten pluralistischen Präsidentschaftswahl 1992 siegte dos Santos mit 49,57% gegen seinen Herausforderer Savimbi (40,07%). Die UNITA warf der Regierung Wahlbetrug vor und begann eine erneute militärische Offensive, in deren Verlauf Savimbis etwa 30 000 Mann starke Truppen bis Ende 1993 rund drei Viertel des Landes unter ihre Kontrolle brachten. Die USA erkannten die MPLA-Regierung 1993 offiziell an und entzogen der UNITA ihre Unterstützung. Großbritannien und Frankreich begannen zur gleichen Zeit mit Waffenlieferungen an die MPLA-Truppen.

Zweites Friedensabkommen: Beide Bürgerkriegsparteien nahmen Ende 1993 erneut Friedensgespräche auf, die 1994 in Lusaka/Sambia zur Unterzeichnung eines Abkommens führten. Der Vertrag sah eine Stichwahl zwischen dos Santos und Savimbi um die Präsidentschaft und die Bildung einer gemeinsamen Regierung vor. Darüber hinaus wurde die Entwaffnung der UNITA-Streitkräfte vereinbart. Wegen anhaltender Probleme bei der Umsetzung des Lusaka-Abkommens wurden die für November 1996 geplanten Parlaments- und Präsidentschaftswahlen verschoben. Als letztmöglicher Termin wurde November 2000 festgesetzt. Nachdem Savimbi eine persönliche Regierungsbeteiligung als Vizepräsident 1996 abgelehnt hatte, kam es 1997 zur Bildung einer »Regierung der nationalen Einheit und Versöhnung« mit Beteiligung von UNITA-Vertretern. Mitte 1997 flammte der Bürgerkrieg jedoch wieder auf.

Spaltung: 1998 zerfiel die UNITA in zwei Lager. Während sich die Luanda-Fraktion an der friedlichen politischen Entwicklung A.s beteiligte, zeigte sich die Gruppierung um Savimbi erneut zum militärischen Kampf gegen die Zentralgewalt bereit. Wegen der Torpedierung des Friedensprozesses schloss dos Santos die UNITA Mitte 1998 zunächst aus Regierung und Parlament aus, bis die meisten UNITA-Abgeordneten mit Savimbi gebrochen hatten. Durch ihre fehlende Kooperationsbereitschaft war die Savimbi-Fraktion 1999/2000 national und international isoliert.

Flüchtlinge: Ende der 90er Jahre wurde die Zahl der innerhalb A.s vertriebenen Menschen auf über 500 000 geschätzt. Mehr als 300 000 Kriegsflüchtlinge lebten im Ausland, vor allem in den beiden Kongo-Staaten und Sambia. Durch eine Großoffensive angolan. Regierungstruppen wurden die UNITA-Rebellen zu Beginn des Jahres 2000 immer weiter in die Grenzregionen getrieben, sodass der Konflikt in die Nachbarländer Namibia und Sambia überzugreifen drohte. *B.L*

Kampf gegen Schwarzmarkt und Schattenwirtschaft

Wirtschaftliche Krise: Die seit der Unabhängigkeit 1975 andauernden Gefechte zwischen Truppen der MPLA-Regierung und UNITA-Rebellen haben die Wirtschaft des rohstoffreichen Landes entscheidend geschwächt. In den 90er Jahren lebten etwa zwei Drittel der Bevölkerung unterhalb der Armutsgrenze. Durch die Zerstörung der Infrastruktur, die fehlende Wartung der Industrieanlagen sowie den Mangel an Ersatzteilen und Fachpersonal ging die industrielle Produktion zurück und bot ebenso wie die kapitalintensive Erdölwirtschaft nur wenige Arbeitsplätze. Die Sicherung der Selbstversorgung auf dem Lande und vor allem der informelle Sektor der Schattenwirtschaft in den Städten entwickelten sich zu den wichtigsten Erwerbsbereichen. In den Städten bildeten sich teilweise riesige Schwarzmärkte, auf denen Waren aller Art illegal angeboten wurden. Seit dem Friedensschluss 1994 bemüht sich die Regierung, Schwarzmarkt und Schmuggel einzudämmen und die Volkswirtschaft wieder aufzubauen. (Foto: »Roque Santeiro« in der Hauptstadt Luanda, der größte Markt des Landes)

Antigua und Barbuda

Christoph Kolumbus entdeckte das zu den Leeward Islands (Inseln über dem Winde) der Kleinen Antillen gehörende A. auf seiner zweiten Reise 1493. Im frühen 16. Jh. besiedelten die Briten Barbuda, 1632 ergriffen sie Besitz von Antigua, das im 17. und 18. Jh. in den militärischen Auseinandersetzungen zwischen Großbritannien und Frankreich in dieser Region zum wichtigsten Marinestützpunkt der Briten wurde. Der Karibikstaat besteht aus den drei Inseln Antigua, dem halb so großen Barbuda und dem unbewohnten Felseneiland Redonda.

Antigua und Barbuda 2000	
Landesfläche	442 km² (WR 179)
Einwohner	67 000 (WR 183)
Hauptstadt	St. John's (36 000 Einwohner)
Sprachen	Englisch, kreolisches Englisch
Währung	1 Ostkarib. Dollar (EC$) = 100 Cents
Staatsform	Parlamentarische Monarchie (seit 1981)
Religion	Protestanten (73,7%); Katholiken (10,8%); Sonstige (15,5%)
Bevölkerung	Schwarze (91,3%); Mischlinge (3,7%); Sonstige (5,0%)

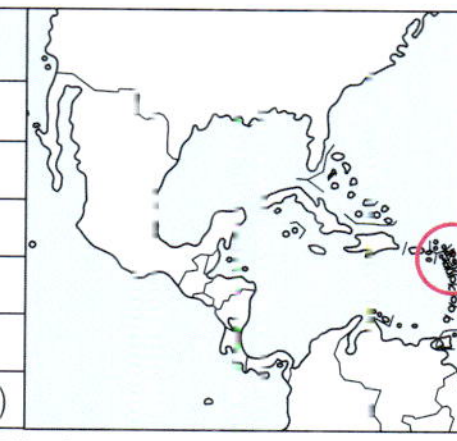

Antigua und Barbuda im 20. Jahrhundert	
1951	Vere Cornwall Bird wird erstmals Premierminister.
bis 1956	Antigua und Barbuda gehören administrativ zu den brit. Leeward Islands.
1958	Beitritt zur Westind. Föderation.
1960	Erlangung erster Selbstverwaltungsrechte.
1967	Großbritannien gesteht Antigua und Barbuda autonomen Status zu.
1971	Lester Bryant Bird wird Vorsitzender der ALP.
1981	Unabhängigkeit für Antigua und Barbuda.
1984	Bei den Parlamentswahlen gewinnt die ALP mit 16 Mandaten die absolute Mehrheit.
1989	Die ALP verteidigt ihre absolute Mehrheit (15 Sitze).
1990/91	Regierungskrise wegen illegaler Waffengeschäfte mit kolumbian. Drogenkartellen.
1994	Lester Bird übernimmt die Regierungsgeschäfte.
1995	Hurrikan »Luis« zerstört weite Teile des Landes.
1999	Bei den Wahlen gewinnt die ALP zwölf der 17 Mandate.

Britische Kolonialherrschaft

Monokultur: Sklavenwirtschaft und Zuckerrohranbau bestimmten das Leben auf A., bis 1834 im brit. Empire die Sklaverei aufgehoben wurde. Steigende Konkurrenz und Arbeitskräftemangel führten zu sinkenden Umsätzen beim Zuckerhandel, der durch die Weltwirtschaftskrise 1929 noch zusätzlich geschwächt wurde. Dennoch blieb der Zuckerrohranbau bis weit ins 20. Jh. der dominierende Wirtschaftsfaktor des kleinen Landes.

Föderationen: 1871 hatte das brit. Königreich A. administrativ der Gruppe der Leeward Islands zugeordnet. Als London im Zuge der Dekolonialisierung 1956 diese Verwaltungseinheit auflöste, schloss sich A. 1958 der Westind. Föderation an, der die meisten westind. Kolonien Großbritanniens angehörten. Mit der Unabhängigkeit von Jamaika sowie Trinidad und Tobago 1962 löste sich diese Vereinigung wieder auf. 1967 bildeten ehemalige brit. Kolonialterritorien der Kleinen Antillen, darunter auch A., gemeinsam die Westind. Assoziierten Staaten (West Indies Associated States). Als die Mitglieder seit Mitte der 70er Jahre nach und nach in die Unabhängigkeit entlassen wurden, verlor die Vereinigung zunehmend an Bedeutung.

Unabhängiger Karibikstaat

Verfassung: Nachdem A. 1960 bereits erste Selbstverwaltungsrechte gewährt worden waren, erhielt es 1967 innere Autonomie und den Status eines mit Großbritannien assoziierten Staates. Am 1.11.1981 wurde der Karibikstaat als Mitglied des Commonwealth in die Unabhängigkeit entlassen. Staatsoberhaupt blieb weiterhin Elizabeth II., vertreten durch einen Generalgouverneur. Die Volksvertretung setzt sich aus zwei Kammern zusammen, dem Repräsentantenhaus und dem Senat. Die 17 Abgeordneten des Repräsentantenhauses werden direkt gewählt (Legislaturperiode fünf Jahre), während die ebenfalls 17 Mitglieder des Senats für die Dauer von fünf Jahren auf Vorschlag des Premierministers, des Opposi-

Der Bird-Clan bestimmt seit rund 50 Jahren die politische Entwicklung des Karibikstaats. Trotz Korruptionsvorwürfen und Vetternwirtschaft war der Einfluss der Familie auch Ende des 20. Jh.s ungebrochen. Lester Bryant Bird (*21.2.1938, Foto), seit 1994 Premierminister, trat bereits mit 33 Jahren in die Fußstapfen seines Vaters Vere Cornwall Bird und wurde 1971 Vorsitzender der Antigua Labour Party (ALP). 1977 trat er in das Kabinett seines Vaters ein und hatte über 17 Jahre verschiedene Ministerämter inne.

Staatsoberhäupter von Antigua und Barbuda

Reg.-Zeit	*Name (Herrschergeschlecht)*	*Lebensdaten*
1837–1901	Victoria I. (Hannover)	1819–1901
1901–10	Edward VII. (Sachsen-Coburg)	1841–1910
1910–36	George V. (Windsor)	1865–1936
1936	Edward VIII. (Windsor)	1894–1972
1936–52	George VI. (Windsor)	1895–1952
seit 1952	Elizabeth II. (Windsor)	*1926

Die wichtigsten Parteien im 20. Jahrhundert

Name (Abkürzung)	*Polit. Richtung*	*Gründung*
Antigua Labour Party (ALP)	konservativ	1951
Progressive Labour Movement (PLM)	k. A.	1970
Antigua Caribbean Liberation Movement (ACLM)	linksgerichtet	1979
United National Democratic Party (UNDP)	k. A.	1986
United Progressive Party (UPP)[1)]	konservativ	1992
People's Democratic Movement (PDM)	k. A.	1995
Barbuda People's Movement (BPM)	regionalistisch	k. A.

1) Die UPP ist aus einem Zusammenschluss von ACLM, PLM und UNDP hervorgegangen

tionsführers und des Regionalparlaments in Barbuda vom Generalgouverneur ernannt werden, wobei dieser einen Senator selbst auswählt. Der Generalgouverneur ernennt und entlässt den Premierminister sowie auf dessen Vorschlag die Kabinettsmitglieder und den Oppositionsführer.

Ungebrochene Macht: Wichtig für die innenpolitische Entwicklung A.s im 20. Jh. war die Gründung von Gewerkschaften Ende der 30er Jahre. Aus der Gewerkschaftsbewegung ging die bis heute dominierende Antigua Labour Party (ALP) unter Vere Cornwall Bird (Premierminister 1951–71, 1976–94) hervor. Die ALP führte zunächst die Regierungsgeschäfte. Bei den ersten allgemeinen Wahlen unter assoziiertem Status siegte 1971 die Progressive Labour Movement (PLM), die sich 1970 von der ALP abgespalten hatte. Die PLM kämpfte für die Unabhängigkeit A.s und suchte die wirtschaftliche Abhängigkeit vom Zuckerrohranbau zu mindern, scheiterte jedoch mit diesem Vorhaben. 1976 übernahm wieder die ALP die Regierungsverantwortung, erneut unter der Führung von Premierminister Vere Bird (1976–94). Außenpolitisch orientierte sich die konservative ALP an der ehemaligen Kolonialmacht Großbritannien und den USA.

OECS: 1981 schloss sich A. mit Grenada, Montserrat, St. Kitts und Nevis, St. Lucia sowie St. Vincent und die Grenadinen zur Organization of Eastern Caribbean States (OECS) zusammen, der Anguilla und die brit. Jungferninseln als assoziierte Staaten angehören. Ziele der Mitgliedsstaaten waren eine gemeinsame Währung sowie eine gemeinsame Wirtschafts- und Außenpolitik.

Bird-Clan: Im März 1991 kam es zu einer schweren Regierungskrise, als der Finanzminister und der stellvertretende Premierminister, Lester Bryant Bird, Sohn des Regierungschefs Vere Bird, aus Protest das Kabinett verließen und eine Regierungsumbildung erzwangen. Der Grund für diesen Schritt waren Vorwürfe gegen mehrere Regierungsmitglieder, sie seien in illegale Waffengeschäfte mit dem kolumbian. Drogenkartell in Medellín verwickelt. 1994 löste Bird Junior seinen 84-jährigen Vater im Amt ab. Bei den Parlamentswahlen von 1994 verlor die ALP gegenüber 1989 vier ihrer bislang 15 Mandate.

Unabhängigkeitsbestreben Barbudas: In den 80er Jahren entwickelte sich auf Barbuda Unzufriedenheit mit der Zentralregierung wegen mangelnder Beteiligung an Entscheidungen, welche die Insel betreffen. Eine führende Position bei den Kritikern übernahm die Barbuda People's Movement (BPM), die bei den Parlamentswahlen 1994 und 1999 jeweils einen Sitz in der Volksvertretung errang. Seit 1989 hält die BPM fünf der neun Sitze im Regionalparlament von Barbuda. Scharfe Proteste lösten in den 90er Jahren Pläne aus, auf der nur 160 km^2 großen Insel Barbuda sowohl einen Tierpark als auch eine Quarantänestation für Tiere, die in die USA exportiert werden sollen, einzurichten.

Tourismusboom: Bis in die 70er Jahre war in A. die Landwirtschaft, insbes. der Zuckerrohranbau, der wichtigste Wirtschaftssektor. Ende der 80er Jahre gerieten die Zuckerplantagen durch den Preisverfall auf dem Weltmarkt in eine schwere Krise; die Produktion kam fast zum Erliegen. Seitdem wurde die Tourismusbranche verstärkt gefördert. Ende der 90er Jahre erwirtschaftete der Fremdenverkehr rund 85% des BIP, während die Landwirtschaft nur noch etwa 5% beitrug. Jährlich kommen etwa 500 000 Touristen nach A., die meisten aus den USA und Großbritannien. Der Ausbau des Tourismussektors gab auch anderen Bereichen neue Wachstumsimpulse, insbes. der Baubranche, die etwa ein Zehntel des BIP erwirtschaftete.

Konjunktur: Mit einem jährlichen BSP/Kopf von rund 7400 US-Dollar weist A. das höchste Pro-Kopf-Einkommen im ostkarib. Raum auf, allerdings bei einer hohen Arbeitslosenquote (1994: 12,2%). Um die Abhängigkeit vom Tourismusgeschäft zu mindern, setzt die Regierung auf den weiteren Ausbau der Industrie und die Förderung der Landwirtschaft. *A.Z.*

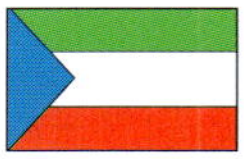

Äquatorial-guinea

1469 bzw. 1471 entdeckte der portugies. Seefahrer Fernando Póo die zum heutigen Staat Ä. gehörenden Inseln Fernando Póo (Bioko) und Annobón (Pagalu), die wegen ihrer geografischen Lage im Golf von Guinea von strategischer Bedeutung waren. Im Tausch gegen Besitzungen in Brasilien traten die portugies. Herrscher 1778 beide Inseln und einen Küstenstreifen an Spanien ab. Nachdem Fernando Póo 1827–32 von Briten besetzt und als Marinestützpunkt genutzt worden war, fiel die Insel 1843 erneut an die span. Krone. Die Kolonialherren bewirtschafteten den Besitz als Kakao-Pflanzungsgebiet und kultivierten auch die bis dahin wegen ihrer Unzugänglichkeit fast unbesiedelten Festlandteile (Mbini).

Kolonie Spanisch-Guinea

Verwaltungsreform: Im Vertrag von Paris bestätigte Frankreich den Gebietsanspruch Spaniens, sodass Ä. in seinem heutigen Umfang (Festlandstreifen und fünf Inseln) 1900 offiziell in span. Besitz überging. 1938 wurden die bis zu 600 km auseinander liegenden Gebiete zur Kolonie Spanisch-Guinea vereint.

Ausbeutung der Ressourcen: Die span. Kolonialmacht warb Arbeitskräfte in Nigeria an und rekrutierte unter Zwang Bewohner des Festlands, um die reichen landwirtschaftlichen Erträge der Inseln auszubeuten. Auf der Grundlage der Exportgüter Kakao, Kaffee und Nutzholz entwickelte sich im kolonialen Ä. eine blühende Wirtschaft, die sich jedoch fast ausschließlich auf die Inseln beschränkte. Auf dem überwiegend mit tropischem Regenwald bedeckten Festlandsgebiet war nur der Küstenstreifen für Kaffeeanbau oder zur Eigenversorgung nutzbar. Als Ergebnis dieses wirtschaftlichen Ungleichgewichts teilte sich Ä. in einen von der span. Kultur geprägten, wohlhabenden Bevölkerungsteil von Afrikanern und Fernandinos (Mischlingen) auf den Inseln und einen den zentralafrikan. Traditionen verhafteten, ärmeren Teil auf dem Festland.

Autonomiebewegung: Mit dem Ende des Zweiten Weltkriegs setzten in Ä. Unabhängigkeitsbestrebungen ein, die den span. Staat zwangen, die Kolonie 1959 in eine Überseeprovinz umzuwandeln. 1964 erhielt Ä. den Status eines autonomen Gebiets und bekam seinen heutigen Staatsnamen. 1968 gab das Franco-Regime dem internationalen Druck nach und entließ Ä. in die Unabhängigkeit.

Äquatorialguinea 2000	
Landesfläche	28 051 km² (WR 141)
Einwohner	442 000 (WR 159)
Hauptstadt	Malabo (40 000 Einwohner)
Sprachen	Spanisch, Bantu, Pidgin-Englisch, Kreolisches Portugiesisch
Währung	CFA-Franc
Gliederung	7 Provinzen
Staatsform	Präsidiale Republik (seit 1982)
Religion	Christen (88,8%); Volksreligionen (4,6%); Moslems (0,5%); Sonstige (0,2%); Konfessionslose (5,9%)
Bevölkerung	Fang (82,9%); Bubi (9,6%); Ndowe (3,8%); Annobonés (1,5%); Bujeba (1,4%); Sonstige (0,8%)

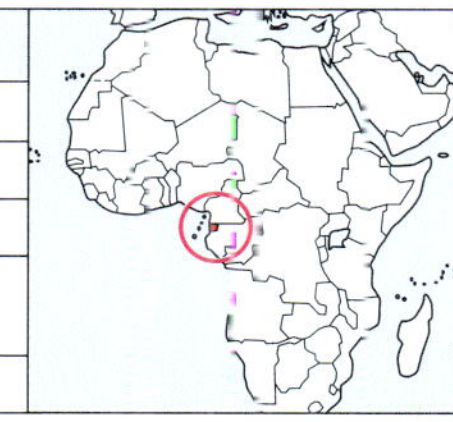

Äquatorialguinea im 20. Jahrhundert	
1900	Bestätigung des span. Gebietsanspruchs im Vertrag von Paris.
1936	Anschluss Äquatorialguineas an die Bewegung General Francos.
1938	Zusammenfassung der span. Gebiete zur Kolonie Spanisch-Guinea.
1959	Spanisch-Guinea erhält den Status einer span. Überseeprovinz
1964	Äquatorialguinea wird zum autonomen Gebiet erklärt und erhält seinen heutigen Staatsnamen.
1968	Spanien entlässt die Kolonie in die Unabhängigkeit (12.10.).
	Francisco Macías Nguema wird erster Staatspräsident.
1970	Zwangsvereinigung aller Parteien zur Nationalen Einheitspartei.
1972	Macías erklärt sich zum »Präsidenten auf Lebenszeit«.
1976	Flucht von nigerian. Kakao-Plantagenarbeitern als Folge von Terror.
1977	Abbruch der diplomatischen Beziehungen zu Spanien.
1978	100 000 Menschen verlassen aufgrund von Repressalien das Land.
1979	Militärputsch unter Führung von Teodoro Obiang Nguema Mbasogo.
	Hinrichtung von Diktator Macías.
1982	Staatschef Obiang wird für sieben Jahre im Amt bestätigt.
1985	Integration Äquatorialguineas in die Franc-Zone.
1991	Neue Verfassung mit Öffnung zum Mehrparteiensystem.
1993	Parlamentswahlen, Boykott der Opposition wegen Wahlbetrugs.
1996	Präsidentschaftswahlen bestätigen Obiang mit 98% der Stimmen.
1997	Verbot der größten Oppositionspartei PPGE.
1998	Verhaftungen von Angehörigen des Stammes der Bubi lösen internationale Proteste aus.
1999	Parlamentswahlen bestätigen die Regierungspartei PDGE; Wahlergebnis wird von der Opposition angezweifelt.

Diktatur und Terrorherrschaft

Erster Staatspräsident: Gestützt auf die größte Bevölkerungsgruppe der Fang übernahm Francisco Macías Nguema 1968 die Macht in Ä. und stürzte das Land – nach der Verfassung von 1968 offiziell eine Präsidialrepublik – während seiner elfjährigen marxistisch-leninistisch orientierten Regierung in Chaos und Armut. Nach sozialen Unruhen auf dem Festland verordnete Macías 1970 die Zwangsvereinigung aller politischen Parteien zur Nationalen Einheitspartei und schaltete damit die Opposition aus. 1971 stieg Macías

Staatsoberhäupter Äquatorialguineas

Reg.-Zeit	*Name*	*Lebensdaten*
1968–79	Francisco Macías Nguema	1922–1979
seit 1979	Teodoro Obiang Nguema Mbasogo	*1942

Die wichtigsten Parteien im 20. Jahrhundert

Name (Abkürzung)	*Politische Richtung*	*Gründung*
Nationale Einheitspartei	marxistisch-leninistisch	1970
Partei des Fortschritts (PPGE)	Opposition	1983
Demokratische Partei (PDGE)	Regierungspartei	1987
Demokratische und Soziale Union (UDS)	Opposition	1992
Liberal-Demokratischer Bund (CLD)	Opposition	1992
Sozialdemokrat. Volksbund (CSDP)	Opposition	1992

durch eine Verfassungsänderung zum faktischen Alleinherrscher auf und im folgenden Jahr ernannte er sich zum »Präsidenten auf Lebenszeit«. Er ersetzte die faschistische Kolonialherrschaft der Franco-Ära durch ein Regime, das die Menschen mit Zwangsarbeit und Folter terrorisierte.

Wirtschaftlicher Niedergang: In der Zeit der Macías-Diktatur verlor Ä. ein Drittel seiner Bevölkerung: Etwa 20 000 Menschen wurden getötet, ca. 100 000 flüchteten in die Nachbarländer oder nach Europa. Der Zusammenbruch der Verwaltung und der Infrastruktur führte ebenso wie die Abwanderung von Arbeitskräften zu einer ökonomischen Krise, die auch im Jahr 2000 noch nicht vollständig behoben war. Die zweigleisige Erwerbsstruktur mit landwirtschaftlicher Eigenversorgung auf dem Festland und exportorientierter Plantagenwirtschaft auf den Inseln wurde unter Macías aufgelöst.

Kampf gegen die Kirche: Im Zuge der völligen Selbstisolation des Landes wurde auch der bis in die 70er Jahre entscheidende Einfluss der katholischen Kirche gebrochen, um die Rückkehr zur afrikan. Kultur zwangsweise herbeizuführen. 1973 wurden alle katholischen Priester interniert, 1978 wurde jeder christliche Kult verboten. Macías erklärte Ä. zum »atheistischen Staat« und zwang ausländische Missionare und Priester zur Ausreise.

Hoffnung auf einen Neuanfang

Umsturz: Nach mehreren gescheiterten Putschversuchen gelang es 1979 einer Militärjunta unter Teodoro Obiang Nguema Mbasogo, einem Neffen von Macías, den Diktator zu stürzen. Der neue Machthaber verfügte die Hinrichtung seines Onkels. Unter der Führung Obiangs wurden zunächst die politischen Gefangenen freigelassen, die Religionsfreiheit wieder hergestellt und neue Kontakte zu den Nachbarstaaten geknüpft. Mit dem Erlass einer neuen Verfassung 1982 verbot Obiang, der für sieben Jahre im Amt bestätigt wurde, alle politischen Parteien.

Scheindemokratie: Auf Druck der wichtigsten Kreditgebernationen (Frankreich, Spanien, USA) gab die seit 1987 regierende Einheitspartei Partido Democrático de Guinea Ecuatorial (PDGE) ihren Monopolanspruch Anfang der 90er Jahre auf. Die neue Verfassung von 1991 sah ein Mehrparteiensystem vor, stärkte jedoch auch Obiangs Position als Staatspräsident, der zugleich als Oberbefehlshaber der Streitkräfte und oberste exekutive Instanz fungiert. Die Ergebnisse der Parlamentswahlen von 1993 und 1999, die eine deutliche Mehrheit für die regierende PDGE ergaben, wurden jedoch von der Opposition unter dem Vorwurf des Wahlbetrugs nicht anerkannt.

Menschenrechtsverletzungen: Massive Repressalien gegen Regimekritiker sowie die staatliche Gleichschaltung von Presse, Rundfunk und Fernsehen riefen in den 90er Jahren international scharfe Kritik an der Regierung Ä.s hervor. Ungeachtet der Versprechungen Obiangs, den Demokratisierungsprozess voranzutreiben, nahm das Ausmaß der Menschenrechtsverletzungen 1997/98 erneut zu. 1997 wurde die größte Oppositionspartei, die Fortschrittspartei Ä.s (Partido del Progreso de Guinea Ecuatorial, PPGE), verboten. 1998 kam es zu einer Verhaftungswelle. 117 Angehörige des Stammes der Bubi wurden ohne rechtsstaatlichen Prozess als Aufständische zum Tode bzw. zu langjährigen Haftstrafen verurteilt.

Wirtschaftsfaktor Erdöl: 1992 begann Ä. mit der Produktion und Vermarktung von Erdöl, um der brachliegenden Wirtschaft neue Impulse zu geben. Trotz günstigen Klimas und fruchtbarer Böden zählt Ä. zu den ärmsten Ländern der Welt. Die Entdeckung weiterer umfangreicher Ölvorkommen Mitte der 90er Jahre im Golf von Guinea löste eine gesamtökonomische Aufwärtsentwicklung aus, die jedoch auch Risiken birgt: Die hohen Investitionen in die Erdölförderung führen zur Vernachlässigung anderer Wirtschaftsbereiche. Die dadurch bedingte Beschränkung des Exports auf die Produkte Erdöl, Holz und Kakao steigert die Abhängigkeit des Landes von Weltmarktpreisen. Die Ölgesellschaften in Ä. befinden sich vorwiegend im Besitz US-amerikan. Konzerne, sodass Ä. nur z. T. von den Gewinnen profitiert. *B.L.*

Argentinien

Republik Argentinien

A. bildete sich im 19. Jh. aus dem Vizekönigreich Río de la Plata heraus, das die span. Kolonialherren 1776 aus dem Gebiet der heutigen Staaten A., Bolivien, Paraguay und Uruguay geformt hatten. Nach dem Aufstand gegen die span. Herrschaft (1810) und der Unabhängigkeitserklärung der Vereinigten Provinzen des Río de la Plata (1816) brachen jahrzehntelange Auseinandersetzungen zwischen Zentralisten und Föderalisten aus, die erst mit der Verfassung von 1853 und der damit verbundenen Gründung der Argentin. Konföderation abnahmen. Die Provinz Buenos Aires, die sich 1853 von dem Prozess der Staatsgründung ausgenommen hatte, schloss sich 1862 der Konföderation an. Um 1880 wurde A. um das Gebiet von Patagonien erweitert. Die dort siedelnden Indianer wurden unterworfen.

Vor der Weltwirtschaftskrise

Wohlstand: A. gehörte zu Beginn des 20. Jh.s zu den reichsten Staaten der Welt. Mit seinen Agrarerzeugnissen (Mais, Weizen, Leinsamen, Wolle, Rindfleisch) stieg es neben Australien, Kanada und den USA zu den führenden Exportnationen auf. Das durchschnittliche Pro-Kopf-Einkommen entsprach dem in Deutschland und war höher als in der Schweiz oder Schweden. Die wichtigste Stütze der argentin. Volkswirtschaft waren die ca. 6 Mio Einwanderer, die 1870–1914 aus Italien, Spanien, Deutschland, Frankreich und England nach A. gekommen waren. Die meisten von ihnen wandten sich der Landwirtschaft zu.

Oligarchie der Grundbesitzer: Der Staat verteilte Ende des 19. Jh.s als Anreiz Subventionen und Parzellen für die landwirtschaftliche Nutzung an Einheimische und Einwanderer, um die noch weitgehend unbewohnten Regionen besser zu erschließen. Auf dem Land entstand eine Schicht von Großgrundbesitzern (die sog. Estancieros), die durch Getreideanbau und Viehzucht beträchtliche Gewinne erwirtschafteten und einen bestimmenden Einfluss auf die Politik in A. ausübten. Sie sammelten sich mit den Repräsentanten der Industrie und der Banken in der Partido Autonomista Nacional (PAN), welche die politische Vorherrschaft über A. besaß. Die innere Ordnung A.s beruhte bis etwa 1910 auf weitgehend einvernehmlichen und informellen politischen Entscheidungsprozessen, an denen nur ökonomisch und gesellschaftlich Privilegierte be-

Argentinien 2000	
Landesfläche	2,78 Mio km² (WR 8)
Einwohner	36,6 Mio (WR 31)
Hauptstadt	Buenos Aires (12,6 Mio Einw.)
Sprache	Spanisch
Währung	1 Peso (P) = 100 Centavos
Gliederung	22 Provinzen
Staatsform	Bundesrepublik seit 1853
Religion	Katholiken (90%); Protestanten (2%); Sonstige 8%)
Bevölkerung	Weiße (90%); Mestizen (5%); Indios (0,1%); Sonstige (4,9%)

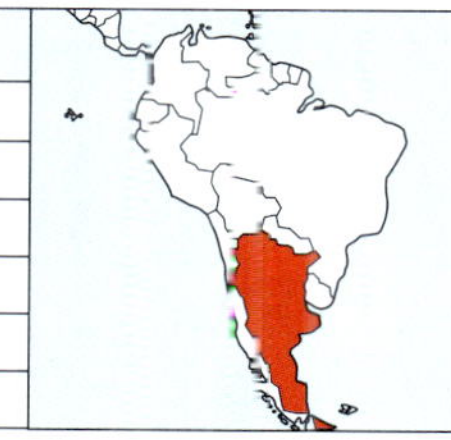

Argentinien im 20. Jahrhundert	
1870–1914	6 Mio Menschen wandern aus Italien, Spanien, Deutschland, Frankreich und England nach Argentinien ein; die Mehrzahl von ihnen nimmt eine Tätigkeit in der Landwirtschaft auf.
1912	Wahlrechtsreform unter Präsident Roque Sáenz Peña; Einführung des allgemeinen Wahlrechts.
1916	Erster frei gewählter Präsident Hipólito Irigoyen.
1930	Militärjunta setzt Irigoyen ab.
1930–44	Wechselnde Militär- und Zivilregierungen.
1944	Juan Domingo Perón (seit 1943 Arbeitsminister) wird Vizepräsident.
1946	Perón gewinnt die Präsidentschaftswahlen.
1949	Verankerung der peronistischen Sozialpolitik in der Verfassung.
1952	Eva »Evita« Maria Duarte de Perón stirbt. Ihr Tod löst große Trauer und Bestürzung in der Bevölkerung aus.
1955	Militärputsch; Perón geht ins Exil nach Spanien.
1955–73	Wechselnde Militär- und Zivilregierungen.
1971	Wiederzulassung politischer Parteien.
1973	Perón wird erneut zum Präsidenten gewählt, seine Ehefrau María Estela Martínez Perón wird Vizepräsidentin.
1974	Tod Peróns, Nachfolgerin wird María Estela Martínez Peron; die Einheit der peronistischen Bewegung zerbricht.
	Mit der Verabschiedung des sog. Antisubversionsgesetzes durch das Parlament wird ein unbefristeter Ausnahmezustand verhängt.
1976	María Estela Martínez Peron wird gestürzt; Militärdiktatur unter General Jorge Videla.
1978	Streit um Inseln im Beagle-Kanal führt Argentinien an den Rand eines Krieges mit Chile.
1982	Falklandkrieg gegen Großbritannien, Niederlage für Argentinien, die das Militärregime ins Wanken bringt.
1983	Ende der Militärdiktatur; Raúl Alfonsín von der liberal demokratisch orientierten Radikalen Bürgerunion (UCR) wird Präsident.
1984–87	Prozesse gegen Militärs und Polizei wegen Verbrechen 1976–83.
1985	Videla zu lebenslanger Haft verurteilt (1990 begnadigt).
1988	Regierungstreue Truppen schlagen eine Militärrevolte nieder.
1989	Der Peronist Carlos Saúl Menem wird Präsident, er begnadigt wegen Menschenrechtsverletzungen angeklagte Militärs.
1990	150 000 Menschen demonstrieren in Buenos Aires gegen die Amnestie für Militärs, die für Menschenrechtsverletzungen verantwortlich sind, und fordern die juristische Aufarbeitung der Verbrechen.
1992	Der 1985 eingeführte Austral wird durch den Peso ersetzt.
1994	Neues Grundgesetz stärkt die Position des Präsidenten und ermöglicht seine direkte Wiederwahl.
1995	Menem wird als Präsident bis 1999 im Amt bestätigt.
1999	Schwere Niederlage der Peronisten bei der Präsidentschaftswahl am 24.10.; neuer Staatspräsident wird Fernando de la Rúa Bruno (UCR).

Buenos Aires am Südwestufer des Río de la Plata wurde 1536 von Pedro de Mendoza gegründet. Die Stadt, in der etwa 13 Mio Menschen leben, entwickelte sich bereits Ende des 18. Jh.s zum Wirtschafts-, Verwaltungs- und Kulturzentrum Mittelamerikas, nachdem sie Hauptstadt des Vizekönigreichs Río de la Plata geworden war. Anfang des 19. Jh.s widersetzten sich die Einwohner erfolgreich den Versuchen der Briten, die Stadt zu erobern. 1880 wurde Buenos Aires (Foto: Bankenviertel an der Avenida Bartolomé Mitre um 1910) zur Hauptstadt von Argentinien erklärt.

teiligt waren. Stimmenkauf und Fälschung der Ergebnisse kennzeichneten die Präsidentschaftswahlen in A.

Wahlrechtsreform: Viele Pächter und Lohnarbeiter zogen in der Phase des wirtschaftlichen Aufschwungs aus den ländlichen Regionen in die Städte und halfen dort beim Aufbau einer Nahrungsmittelindustrie. Mit dem Beginn der Industrialisierung bildeten sich eine zahlenmäßig starke Arbeiterschaft und eine wirtschaftlich bedeutende Mittelschicht heraus, die vorwiegend aus Akademikern, Angehörigen freier Berufe, Geschäftsleuten und Verwaltungsbeamten bestand. Arbeiter und Mittelstand stellten politische und soziale Forderungen mit dem Ziel, die Herrschaft der Großgrundbesitzer zu beenden. In der Hoffnung, durch die Beteiligung großer Bevölkerungsgruppen an den Entscheidungsprozessen die politische und wirtschaftliche Macht der alten Eliten stabilisieren zu können, förderte Präsident Roque Sáenz Peña (1910–14) diese Ansprüche. Er führte die Wahlpflicht ein, garantierte geheime Wahlen und ermöglichte die Repräsentation von Minderheiten. 1916 fanden zum ersten Mal in der Geschichte A.s freie Präsidentschaftswahlen statt, aus denen Hipólito Irigoyen (1916–22, 1928–30) als Sieger hervorging. Mit seiner Partei, der Unión Cívica Radical (UCR), stärkte er aber nicht die Stellung der Großgrundbesitzer, sondern die politische Macht des Mittelstandes, indem er öffentliche Ämter überwiegend mit UCR-Anhängern besetzte und dadurch die alten Herrschaftsstrukturen aufzubrechen versuchte.

Einfluss des Militärs (1930–43)

Folgen der Weltwirtschaftskrise: Während A. zu Beginn des 20. Jh.s noch ein Agrarland war, das überwiegend vom Export landwirtschaftlicher Produkte lebte, hatte es schon in den 20er Jahren einen Industrialisierungsgrad von 20% erreicht. A. erfuhr eine dynamische Wirtschaftsentwicklung, die überwiegend von ausländischem Kapital getragen wurde. Der Beginn der Weltwirtschaftskrise Ende der 20er Jahre traf A. daher besonders schwer. Sinkende Exporte und der Rückgang von ausländischen Investitionen in A. ließen die Zahl der Arbeitslosen rasch ansteigen. Die damit verbundene Verarmung großer Teile der Bevölkerung führte zu sozialen Spannungen und zu einer innenpolitischen Krise, die Präsident Irigoyen nicht bewältigte. Wichtige politische Entscheidungen wie die geplante Nationalisierung der Erdölquellen oder die Verabschiedung von Haushaltsgesetzen waren schon in den drei Jahren vor dem Ausbruch der Weltwirtschaftskrise nicht getroffen worden, weil sich Präsident und Kongress gegenseitig blockierten. Die ehemalige Oligarchie der Großgrundbesitzer, die ihre weitere Entmachtung unter Irigoyen fürchtete, und Teile des Militärs, das über die bestehende Beförderungspraxis nach politischen Kriterien verärgert war, verbündeten sich und stürzten 1930 den Präsidenten. Damit begann die bis 1983 dauernde Phase in der argentin. Geschichte, in der das Militär einen bestimmenden Einfluss auf die Politik ausübte.

Wahlfälschungen und Korruption: Die Armee rechtfertigte den Putsch mit der Unfähigkeit der demokratischen Institutionen, die wirtschaftlichen und politischen Probleme zu bewältigen. Bis 1943 ersetzte sie gemeinsam mit den konservativen Großgrundbesitzern das demokratische System durch eine Günstlingsherrschaft, in der das Parlament, die Justiz und die Parteien ihr Ansehen bei der Bevölkerung verloren. Richter, Minister und Parlamentarier waren wiederholt in Affären und undurchsichtige Geschäfte verwickelt. Die von der alten Oligarchie getragenen Regierungen versuchten die wirtschaftlichen Probleme durch Stärkung der Binnenwirtschaft, Import hemmende Maßnahmen (z. B. Zollerhöhungen) sowie Einfuhr- und Devisenkontrollen zu lösen.

Streit um Neutralität: A. erklärte zu Beginn des Zweiten Weltkriegs seine Neutralität. Nach dem Kriegseintritt der USA (1941) übte die US-Regierung Druck auf die neutralen Staaten Südamerikas aus, die Beziehung zu den Achsenmächten (Deutschland, Italien, Japan) abzubrechen. Auch die argentin. Opposition drängte die Regierung, sich von Nationalsozialismus und Faschismus in Europa zu distanzieren. Präsident Ramón Castillo (1942/43) verhängte daraufhin den Ausnahmezustand, wodurch er auch unter seinen Anhängern Widerspruch hervorrief. Dahinter verbarg sich die Überzeugung, nach Beendigung des Zweiten Weltkriegs politisch und wirtschaftlich von den USA abhängig zu sein. Als Castillo 1943 seinen Freund Robustiano Patrón Costas, der in der Bevölkerung wegen seiner sozial rückständigen Ansichten äußerst unpopulär war, als neuen Präsidenten vorschlug, putschte das Militär, um den Ausbruch von innenpolitischen Unruhen zu vermeiden.

Die Ära Perón (1946–55)

Der Aufstieg Peróns: Zu der Gruppe von Offizieren, die Castillo stürzte, gehörte Juan Domingo Perón. In der folgenden Militärregierung übernahm er das neu geschaffene Arbeits- und Sozialministerium. Durch Lohn- und Rentenerhöhungen sowie andere Sozialleistungen, aber auch dank seiner rhetorischen Fähigkeiten erlangte er in der Bevölkerung große Beliebtheit. Eine Gruppe von Militärs, die ihre Machtposition durch die wachsende Popularität Peróns gefährdet sah, nahm ihn 1945 fest. Peróns spätere Gattin Eva (»Evita«) Duarte mobilisierte daraufhin die Öffentlichkeit, organisierte den sog. Marsch der Descamisados (wörtlich: Hemdlose; Bezeichnung für die Besitzlosen) und erreichte dadurch die Freilassung Peróns. Am 24.2.1946 wurde er als Kandidat der Partido Laborista (Arbeiterpartei) zum Staatspräsidenten gewählt.

Peronismus: Unter der Devise des Justicialismo (Gerechtigkeit) versuchte Perón den nationalen Wohlstand durch sozialen Ausgleich, staatliche Kontrolle der Wirtschaft und wirtschaftliche Unabhängigkeit des Staates nach außen zu sichern. So erhöhte er die Löhne der Arbeiter, verbesserte das Sozialversicherungssystem, förderte den staatlichen Wohnungsbau und änderte das Arbeitsrecht zugunsten der Arbeitnehmer. Die Verstaatlichung der Industrie, Planwirtschaft, Kontrolle des Geld- und

Evita Perón – Fürsprecherin der Besitzlosen

Eva »Evita« Maria Duarte de Perón (1919–1952) wurde bereits zu Lebzeiten von einem großen Teil der argentin. Bevölkerung wie eine Heilige verehrt. Bevor sie den damaligen argentin. Vizepräsidenten Juan Domingo Perón heiratete (1945), war Evita Filmschauspielerin und Rundfunksprecherin. Als »Presidenta« (ab 1946) konzentrierte sie sich auf sozialpolitische Maßnahmen und wirkte de facto als Ministerin für Gesundheit und Arbeit. Dabei gestand sie den Gewerkschaften großzügige Lohnerhöhungen zu. Mit Hilfe ihrer Stiftung und zahlreichen freiwilligen Helfern gründete sie mehr als 1000 Krankenhäuser, Schulen, Waisenhäuser und Altersheime. Sie setzte 1947 das Frauenwahlrecht durch und gründete 1949 eine Frauenpartei. Ihr früher Tod 1952 – sie wurde nur 33 Jahre alt – stürzte das Land in tiefe Trauer. 700 000 Menschen pilgerten zur Bahre der Toten. Es hieß, dass sie gestorben sei, weil sie Leprakranke gepflegt habe; sie erlag jedoch einer Leukämie. (Foto: Evita Perón bei einer Kundgebung)

Staatsoberhäupter Argentiniens

Reg.-Zeit	*Name*	*Lebensdaten*	*Reg.-Zeit*	*Name*	*Lebensdaten*
1898–1904	Julio Argentino Roca	1843–1914	1958–62	Arturo Frondizi	1908–1995
1904–06	Manuel Quintana	1834–1906	1962/63	José María Guido	1910–1975
1906–10	José Figueroa Alcorta	1860–1931	1963–66	Arturo Umberto Illía	1900–1983
1910–14	Roque Sáenz Peña	1851–1914	1966–70	Juan Carlos Onganía	1914–1995
1914–16	Victorino de la Plaza	1839–1919	1970/71	Roberto Levingston	*1920
1916–22	Hipólito Irigoyen	1850–1933	1971–73	Alejandro Lanusse	1918–1996
1922–28	Marcelo Torcuato de Alvear	1868–1942	1973	Héctor J. Cámpora	1909–1980
1928–30	Hipólito Irigoyen	1850–1933	1973	Raul Lastiri	1915–1978
1930–32	José Felix Uriburu	1868–1932	1973/74	Juan Domingo Perón	1895–1974
1932–38	Agustín P. Justo	1878–1943	1974–76	María E. Martínez de Perón	*1931
1938–42	Roberto M. Ortiz	1886–1942	1976–81	Jorge Rafael Videla	*1925
1942/43	Ramón S. Castillo	1873–1944	1981	Roberto Eduardo Viola	1924–1994
1943	Arturo Rawson	1885–1952	1981/82	Leopoldo Fortunato Galtieri	*1926
1943/44	Pedro Pablo Ramírez	1884–1962	1982/83	Reynaldo Benito Bignone	*1926
1944–46	Eldemiro Fárrell	1887–1980	1983–89	Raúl Alfonsín	*1927
1946–55	Juan Domingo Perón	1895–1974	1989–99	Carlos Saúl Menem	*1935
1955	Eduardo Lonardi	1896–1956	seit 1999	Fernando de la Rúa Bruno	*1937
1955–58	Pedro Aramburú	1903–1970			

Kreditwesens sollten die Binnenwirtschaft beleben und die Abhängigkeit von Exporten verringern. Außenpolitisch strebte Perón eine stärkere Zusammenarbeit mit den übrigen lateinamerikan. Staaten an, um den Einfluss der USA zurückzudrängen. Das Wohlwollen des Militärs erhielt sich Perón durch Erhöhung der Offiziersgehälter und staatlichen Ausgaben für die Rüstung. Die Verfassungsreform von 1949/50, welche die unbegrenzte Wiederwahl des Präsidenten ermöglichte und die Kontrollrechte des Kongresses gegenüber der Regierung einschränkte, sicherte seine Machtstellung. Er ließ zwar regelmäßig Wahlen durchführen, diese waren aber durch Manipulationen und die Unterdrückung oppositioneller Parteien gekennzeichnet. Nationalistisch motiviert, verstand sich der Peronismus insgesamt als argentin. Weg zwischen Kapitalismus und Kommunismus.

Peróns Sturz: 1954 begann Perón, gegen die katholische Kirche vorzugehen, weil sie mit ihrem starken Einfluss auf die Bevölkerung seiner Vorstellung von einer gesamtstaatlichen Organisation, die alle Lebensbereiche erfasst, entgegenstand. Perón liberalisierte das Scheidungsrecht, setzte mit einer Verfassungsreform die Trennung von Staat und Kirche durch und schaffte die Steuerfreiheit für religiöse Körperschaften ab. Die katholische Kirche verbündete sich daraufhin mit den Oppositionsbewegungen und dem Militär, das in der Kirche einen wesentlichen Pfeiler für die Aufrechterhaltung von Recht und Ordnung sah. 1955 wurde Perón gestürzt und die Partido Laborista verboten. Die folgenden Militärregierungen bemühten sich, den Einfluss Peróns gering zu halten, der sich auch nach seiner Flucht ins Ausland in der argentin. Bevölkerung großer Beliebtheit erfreute. Die Anhänger Peróns, die sog. Peronisten, sammelten sich in den Gewerkschaften.

Zwischen Demokratie und Diktatur

Wechselnde Regierungen: Nach zwei kurzen Übergangsregierungen des Militärs siegte 1958 bei halbfreien Präsidentschaftswahlen – die Peronisten waren nicht zugelassen – Arturo Frondizi (1958–62). Er konnte sich dabei auf einen geheimen Pakt mit Perón stützen, der ihm für die Wahlen die Unterstützung seiner Anhänger zugesagt hatte. Als Gegenleistung versprach Frondizi, die Verfolgung der Peronisten zu beenden und die Peronistische Partei zu legalisieren. Bei den Parlaments- und Regionalwahlen von 1962 siegten die Peronisten, doch das Militär verhinderte die Rückkehr Peróns aus dem Exil und zwang Frondizi zum Rücktritt. Unter Präsident Arturo Umbero Illía (1963–66) stiegen infolge von Misswirtschaft Arbeitslosigkeit und Inflation stark an. Kompensationszahlungen nach der Kündigung von Erdölverträgen brachten A. in große finanzielle Schwierigkeiten.

Argentinische Revolution: Der konservative Flügel des Militärs, die sog. Colorados, setzte Illía aufgrund der wachsenden sozialen

Spannungen in A. ab und ernannte General Juan Carlos Onganía (1966–70) zum Präsidenten. Im Zuge der sog. Argentin. Revolution brach die Militärregierung mit der demokratischen Tradition des Landes, weil die demokratischen Institutionen nach Auffassung der Militärs bei der Bewältigung der nationalen Probleme gescheitert waren. Onganía löste den Kongress, den Obersten Gerichtshof sowie die Provinzparlamente auf und verbot alle politischen Parteien und Gewerkschaften. 1969 organisierten Studenten und Gewerkschaften in Córdoba einen Streik, den das Militär brutal niederschlug. Die Anwendung von Gewalt führte zum Ansehensverlust der Regierung Onganía. Das Militär reagierte 1970 schließlich mit der Einsetzung einer neuen Regierung unter General Roberto Levingston (1970/71).

Erneute Präsidentschaft Peróns: 1971 übernahm General Alejandro Lanusse (1971–73) die Regierung. Angesichts von inneren Unruhen beschloss er, politische Parteien wieder zuzulassen, eine vorsichtige Öffnung zu den Peronisten einzuleiten und die Machtübergabe an eine verfassungsgemäße Regierung vorzubereiten. Im März 1973 siegte bei den Wahlen zunächst der Peronist Héctor Cámpora, der aber schon wenige Monate später auf Druck der Gewerkschaften zurücktrat. Bei erneuten Wahlen im September 1973 wurde Perón, der aus dem span. Exil zurückgekehrt war, mit 62% der Stimmen zum neuen Präsidenten gewählt. Während seiner kurzen Regierungszeit bis 1974 verfolgte er das Ziel, einen starken Staat zu errichten und die unterschiedlichen gesellschaftlichen Gruppen miteinander zu versöhnen. Nach seinem Tod übernahm Vizepräsidentin María Estela Martínez (1974–76), Peróns dritte Frau, verfassungsgemäß die Präsidentschaft.

Terrorismus: Die peronistische Bewegung spaltete sich nach dem Tod ihres Führers in einen linken und einen rechten Flügel. Die Richtungskämpfe unter den Peronisten führten zur Bildung von zahlreichen terroristischen Gruppierungen wie der Ejército Revolucionario Popular (ERP), Montoneros und der Alianza Argentina Anticomunista (AAA), die durch Gewalttaten A. weiter destabilisierten. Das Parlament beschloss daher 1974 das sog. Antisubversionsgesetz, auf dessen Grundlage der unbefristete Ausnahmezustand verhängt wurde. Dennoch herrschten Mitte der 70er Jahre in A. bürgerkriegsähnliche Zustände, welche die wirtschaftlichen Probleme verschärften. So erreichte die jährliche Inflation in den 70er Jahren regelmäßig dreistellige Raten; die Reallöhne der Arbeiter sanken.

Juan Domingo Perón (l.) kehrte am 20.6.1973 aus dem span. Exil zurück. Zuvor war es in der Innenstadt von Buenos Aires aus Protest gegen die Regierung Cámpora noch zu schweren Unruhen gekommen.

Kampf gegen die Militärdiktatur (1976–83)

Oben: Nach der Niederlage im Falklandkrieg 1982 fanden die Demonstrationen gegen die Militärdiktatur auf der Plaza de Mayo in Buenos Aires großen Zulauf.

Unten: Mit dem Mut der Verzweiflung demonstrierten argentin. Mütter 1983 gegen das Militärregime und forderten Aufklärung über das Schicksal ihrer verschwundenen Kinder. Präsident Raúl Alfonsín (1983–89) ließ Nachforschungen über den Verbleib von rund 30 000 Vermissten anstellen, die während der Junta-Herrschaft aus politischen Gründen verschleppt und vermutlich ermordet wurden.

Im Falklandkrieg zwischen Argentinien und Großbritannien gingen der Einnahme der Falkland-Hauptstadt Port Stanley im Juni 1982 heftige Kämpfe voraus. 5000 brit. Soldaten landeten auf der Insel und kämpften sich am 29.5. bis zur Ortschaft Goose Green vor, wo sie 1400 argentin. Soldaten festsetzten.

Phase der Militärdiktatur

Putsch: Den wachsenden Terror und die zunehmende Verschlechterung der ökonomischen Situation nahm das Militär 1976 zum Anlass, María Estela Martínez zu stürzen und eine Militärjunta unter General Jorge Rafael Videla (1976–81) zu bilden. Die neue Regierung enthob alle Gouverneure ihrer Ämter, löste Parlamente und Gemeinderäte auf und untersagte den Parteien, Gewerkschaftsorganisationen und Wirtschaftsverbänden jegliche politische Betätigung. Mit drastischen Mitteln versuchte sie vergeblich, die zerrüttete Wirtschaft zu sanieren. Die Arbeiterschaft reagierte auf die Verschlechterung der Arbeitsbedingungen und ihrer persönlichen ökonomischen Lage mit Streiks und anderen Protestaktionen.
Terror und aggressive Außenpolitik: Die Militärjunta begann nicht nur einen brutalen Kampf gegen Terroristen, sondern auch gegen demokratische oppositionelle Gruppen. Während der siebenjährigen Militärdiktatur (1976–83) wurden politische Gegner gefoltert und etwa 30 000 Menschen ermordet. Die durch Macht- und Prestigedenken geleitete Außenpolitik der Junta führte A. 1978 an den Rand eines militärischen Konfliktes mit Chile um die Inseln im Beagle-Kanal. Die traditionelle Rivalität mit Brasilien um die Hegemonie im südlichen Lateinamerika erschwerte die Bemühungen der Militärregierung, die Zusammenarbeit mit den ebenfalls von Militärregimen beherrschten Nachbarländern zu verbessern.
Falklandkrieg: Machtstreben, nationalistisches Denken und der Versuch, von den inneren politischen wie wirtschaftlichen Problemen abzulenken, verleiteten 1982 die argentin. Junta unter General Leopoldo Fortunato Galtieri (1981/82) dazu, die brit. Falkland-Inseln im Südpazifik zu besetzen. Die in A. »Malvinas« genannten Inseln gehörten einst zum span. Kolonialreich, bis Großbritannien sie 1833 okkupierte. Brit. Luft- und Seestreitkräfte eroberten 1982 in einem sechswöchigen Krieg die Falkland-Inseln zurück. Nach der militärischen Niederlage A.s musste Galtieri zurücktreten. Die Heeresführung ernannte General Reynaldo Benito Bignone (1982/83) zu seinem Nachfolger.

Die wichtigsten Parteien im 20. Jahrhundert

Name (Abkürzung)	*Politische Richtung*	*Gründung*
Partido Autonomista Nacional (PAN)	oligarchisch	1874[1)]
Partido Socialista (PS)	sozialistisch	1890
Unión Cívica Radical (UCR)	liberaldemokratisch	1890
Partido Demócrata Progresista (PDP)	reformkonservativ	1914
Partido Socialista Indep. (PSI)	national, sozialistisch	1927[2)]
Unión Democrática (UD)	antiperonistisch	1945
Partido Justicialista (PJ)	nationalistisch	1946

1) 1922 aufgelöst; 2) 1940 aufgelöst

Sieg der Demokratie

Demokratisierung: 1983 befand sich A. wirtschaftlich in einer katastrophalen Lage. Eine Inflationsrate von 440%, ein BIP, das um 5% geringer war als das von 1970, und ein hohes Haushaltsdefizit – nur 22% der Ausgaben konnte A. aus eigenen Einkünften bestreiten – kennzeichneten die ökonomische

Krise. Bignone leitete daher 1983 mit der Zulassung von Gewerkschaften und Parteien sowie der Währungsreform (Ersatz des Peso Lex durch den Peso Argentino) einen politischen Demokratisierungsprozess und die wirtschaftliche Umstrukturierung des Landes ein. Bei den allgemeinen freien Parlamentswahlen gewann die UCR; Staatspräsident wurde Raúl Alfonsín (1983–89). Mit seinem Amtsantritt im Dezember 1983 endete in A. die Epoche der Militärjuntas und der von der Armee gestützten Regierungen. Zwischen 1930 und 1983 verzeichnete A. insgesamt 24 Präsidenten, von denen 16 Generäle waren. Es gab sechs geglückte Militärputsche und etwa 100 gescheiterte Staatsstreiche.

Politischer Kurswechsel: Die Regierung Alfonsín hoffte anfangs, durch staatliche Eingriffe in die Wirtschaft die ökonomische Krise zu beheben. So unterstützte sie weiterhin zahlreiche Staatsunternehmen, erhöhte 1983 die Mindestlöhne um 70% und versprach, die Reallöhne jährlich um 6–8% zu erhöhen. Dieses Programm führte aber nicht nur zu einem weiteren Anstieg der Inflationsraten (1984: ca. 700%), sondern rief angesichts der hohen argentin. Auslandsschulden auch den Protest der internationalen Gläubigerbanken und des Internationalen Währungsfonds (IWF) hervor. Daher begann Alfonsín im Juni 1985 mit der Durchführung eines rigiden Sparprogramms, des sog. Plan Austral: Einführung einer neuen Währung (Austral) mit festem Wechselkurs, Einfrieren der Preise und Löhne, drastische Reduzierung der Subventionen. Die Reformen blieben jedoch erfolglos, weil die peronistische Opposition die strikte Durchsetzung des Programms erschwerte. Außerdem sorgten der Verfall der Weltmarktpreise für argentin. Ausfuhrgüter sowie Überschwemmungen und Trockenzeiten für eine weitere Verschlechterung der Rahmenbedingungen. In der Außenpolitik hingegen leitete Alfonsín nach seinem Amtsantritt einen erfolgreichen Kurswechsel ein. Um die außenpolitische Isolierung zu beenden, unterzeichnete A. 1984 den Vertrag mit Chile über die Beilegung des Grenzkonflikts im Beagle-Kanal. Mit Brasilien vereinbarte A. 1988 ein Abkommen über die friedliche Nutzung der Kernenergie.

Aufarbeitung: Eine nationale Untersuchungskommission stellte 1984 fest, dass während der Militärdiktatur 1976–83 mindestens 9000 Menschen spurlos verschwanden. Gegen ehemalige Generäle wurden Strafverfahren eingeleitet, die 1985 mit der Verurteilung von neun früheren Junta-Mitgliedern, darunter die Ex-Präsidenten Videla und Viola, zu teilweise lebenslangen Freiheitsstrafen endeten. Auf Druck der Armee unterzeichnete Alfonsín 1985 das sog. Gesetz des Punto Final: Danach sollte die Verfolgung von Menschenrechtsverletzungen unter der Militärherrschaft nach einer bestimmten Frist eingestellt werden. 1987 und 1988 scheiterten in Córdoba und Monte Caseros zwei Revolten, mit denen die Militärs die Amnestierung der wegen Menschenrechtsverletzungen verurteilten Soldaten durchsetzen wollten.

Von Alfonsín zu Menem: Im Vorfeld der Präsidentschaftswahlen von 1989 versuchte Alfonsín, durch ein neues Notprogramm die wirtschaftliche Krise zu überwinden. Neben der Erhöhung von Zöllen auf landwirtschaftliche Produkte und der Kontrolle des Wechselkurses beschloss er eine Senkung der Löhne in den Niedriglohngruppen. Dies führte in der Bevölkerung zu einem Gewaltausbruch. Nach Überfällen und Plünderungen wurde für 30 Tage der Ausnahmezustand ausgerufen. In diesem politischen Klima siegte Carlos Saúl Menem bei den Präsidentschaftswahlen von 1989. Damit waren die Peronisten nach 13 Jahren wieder an der Macht.

Argentinien in der Gegenwart

Konflikt mit dem Militär: Der Beginn der Regierungszeit Menems wurde 1990 von einer Militärrevolte überschattet, die regierungstreue Truppen jedoch vereitelten. Die Meuterer wollten u.a. die Freilassung inhaftierter Generäle und eine Erhöhung der Militärausgaben

Carlos Saúl Menem präsentierte sich gern als Lebemann, was seiner Popularität bei der Bevölkerung nicht schadete. Trotz der rigiden Maßnahmen, die er zur Sanierung der Wirtschaft durchführte, hielt er sich zehn Jahre an der Macht (1989–99). Kein anderer argentin. Präsident im 20. Jh. konnte eine längere Regierungszeit ohne Unterbrechung vorweisen.

erzwingen. Um sich die notwendige Unterstützung des Militärs für ein bevorstehendes rigides Sanierungsprogramm zu sichern, erließ Menem 1990 trotz der vorangegangenen Revolte eine Begnadigungsverfügung für 279 Offiziere, Unteroffiziere sowie einige Zivilisten. Im September 1990 protestierten 150 000 Menschen in der Hauptstadt Buenos Aires gegen die Amnestie.

Wirtschaftliches Reformprogramm: Insbes. zur Inflationsbekämpfung (1989: 4924%) leitete Menem ein drastisches Sparprogramm ein, das zur Entlassung von ca. 300 000 Angehörigen des Staatsdienstes führte. Zugleich baute er die Steuerbehörden aus, um durch Bekämpfung der Steuerhinterziehung die Einnahmen zu erhöhen. Die Mehrzahl der in Staatsbesitz befindlichen Unternehmen wurde privatisiert. Anfang 1992 wurde der 1985 eingeführte Austral durch den Peso ersetzt. Die Gläubigerbanken honorierten die Reformen 1992 mit dem Erlass von 35% der Auslandsschulden. Durch das Sparprogramm gelang es Menem, 1990–92 die Inflation von 1344% auf 17,7% zu senken. Das BIP wuchs um 8,7%, was u.a. auf die Rückflüsse sog. Fluchtgelder – in den 80er Jahren hatten Argentinier wegen der hohen Inflation ihr Geld ins Ausland gebracht – zurückzuführen war. Größtes Problem blieb während der gesamten 90er Jahre die hohe Arbeitslosenquote, die von 7,4% (1990) auf 13,7% (1997) stieg.

Verfassungsreform: Am 2.8.1994 verabschiedete die verfassunggebende Versammlung ein Grundgesetz, das die Amtszeit des Präsidenten von sechs auf vier Jahre verkürzte, dafür aber eine anschließende zweite Amtszeit erlaubte. Diese Änderung ermöglichte Menem im Mai 1995 die Wiederwahl zum Präsidenten. Um Militärputsche künftig zu verhindern, erklärte das neue Grundgesetz einen Staatsstreich zum Landesverrat, der auch nachträglich nicht legitimiert werden kann.

Außenpolitische Integration: In der Außenpolitik setzte Menem den von Alfonsín eingeschlagenen Kurs der weiteren Integration A.s in die Völkergemeinschaft fort. So unterzeichnete A. 1994 mit Brasilien, Paraguay und Uruguay das sog. Mercosur-Abkommen. 1998 legte A. mit Chile den letzten von einst 24 ungelösten Grenzkonflikten zwischen beiden Staaten bei. Gespräche mit Großbritannien zur endgültigen Lösung des Falklandkonflikts scheiterten hingegen Ende 1998.

Rückschlag für Peronisten: Bei der Präsidentschaftswahl am 24.10.1999 mussten die seit 1989 unter Menem regierenden Peronisten die schwerste Niederlage ihrer Geschichte hinnehmen. Neuer Präsident wurde der Kandidat der Mitte-links-Allianz, Fernando de la Rúa Bruno, der rund 49% der Stimmen erhielt. De la Rúa versprach eine Politik des sozialen Ausgleichs. Im Wahljahr war die Arbeitslosenrate auf 14,5% gestiegen. *N.H.*

Mercosur: Langer Weg zum gemeinsamen Markt im südlichen Südamerika

Freihandelszone: Im März 1991 unterzeichneten Argentinien, Brasilien, Paraguay und Uruguay ein Abkommen mit dem Ziel, bis Ende 1994 eine Freihandelszone mit gemeinsamen Einfuhrzöllen zu schaffen. Durch diesen Mercosur-Pakt (Mercado Común del Cono Sur, span.; gemeinsamer Markt des südlichen Teils Südamerikas) sollte das Handelsvolumen unter den Teilnehmerstaaten gesteigert und die Volkswirtschaften belebt werden.

Ergebnisse: Durch den stetigen Abbau von Zollschranken wuchs das Handelsvolumen zwischen den vier Staaten 1991–95 von 3,7 Mrd US-Dollar auf 15,6 Mrd US-Dollar, doch schon damals bemängelten Kritiker das geringe Tempo bei der geplanten Harmonisierung von Wirtschaft, Handel und Verwaltung. Insbes. das Fehlen supranationaler Institutionen erschwerte die Kooperation der Staaten.

Erweiterung: Zwar traten bis Ende der 90er Jahre Chile und Bolivien als assoziierte Mitglieder dem Mercosur bei, doch die Schaffung des gemeinsamen Marktes geriet ins Stocken. Aufgrund der Finanzkrise in einigen lateinamerikan. Staaten 1998 verstärkten sich wieder protektionistische Tendenzen, vor allem in Argentinien und Brasilien. Beiden Staaten wurde vorgeworfen, ihre Binnenwirtschaft zulasten der Nachbarstaaten sanieren zu wollen. (Foto: Containerschiff im Hafen von Ushuaia in Feuerland/Argentinien)

Armenien

Republik Armenien

A. war in seiner jahrtausendealten Geschichte meist unter Fremdherrschaft. Oft diente das Land als Brücke zwischen Ost und West. Im 19. Jh. fielen armen. Gebiete Persiens (1813, 1828) und der Türkei (1878) an Russland. Bis 1900 erlebten die Armenier die repressive Politik des Zaren und Massaker der Türken an Aufständischen gegen die Unterdrückung im Osman. Reich (1894).

Wirren und Tragödien

Völkermord: Auch über den Ersten Weltkrieg hinaus setzte sich der Massenmord durch Türken fort (1909, 1915, 1920/21), mehr als 1 Mio Armenier kamen dabei ums Leben. Allein 600 000 Menschen erlagen Hunger oder Gewalt, als 1915 bis zu 1,75 Mio Armenier in einem Racheakt deportiert wurden. Der Exodus bis 1922 begründete weltweit armen. Gemeinden und entvölkerte das türk. Anatolien von Armeniern.

Zeit der Hoffnung: Nach Februar- und Oktoberrevolution in Russland 1917 gründeten Russ.-A., Georgien und Aserbaidschan eine Transkaukas. Föderation. Angesichts türk. Bedrohung riefen die nationalistischen Daschnaken aber schon am 28.5.1918 in Tiflis/Georgien die Unabhängigkeit der Republik A. aus.

Im Frieden von Brest-Litowsk waren 1918 Kars, Ardahan und Batum an die Türkei gefallen. Gebietsstreitigkeiten existierten zudem mit Aserbaidschan (wegen Naxçivan und Bergkarabach) und Georgien. Im Frieden von Sèvres am 10.8.1920 erkannten die Alliierten und die türk. Regierung zwar das wieder vereinigte A. als autonom an, die türk. Nationalisten jedoch nicht.

Sozialistische Republik

Sowjetherrschaft: Als dann Türken in A. einfielen, besetzten von Nordosten her Bolschewisten das Land und begründeten Ende 1920 eine Räterepublik A. Diese mündete 1922 in das autonome A. innerhalb der Transkaukas. Sozialistischen Föderativen Sowjetrepublik mit Georgien und Aserbaidschan. Die Friedensverträge von Gümrü (1920) und Lausanne (1923) sowie der Orientvertrag (1921) standen somit im Kontext einer Entscheidung der Armenier für Russland, was jedoch Gebietsabtretungen an die Türkei (Türk.-A., Kars, Ardahan) und an Georgien bedingte. Die

Armenien 2000	
Landesfläche	29 800 km² (WR 138
Einwohner	3,7 Mio (WR 120)
Hauptstadt	Jerewan (1,3 Mio Einwohner)
Sprachen	Armenisch, Russisch, Kurdisch
Währung	1 Dram = 100 Luma
Gliederung	37 Distrikte, 21 Städte
Staatsform	Präsidiale Republik (seit 1991)
Religion	Christen: Armenisch-Orthodoxe, Russisch-Orthodoxe; Moslems
Bevölkerung	Armenier (93%); Aseri (3%); Russen (2%); Kurden (2%)

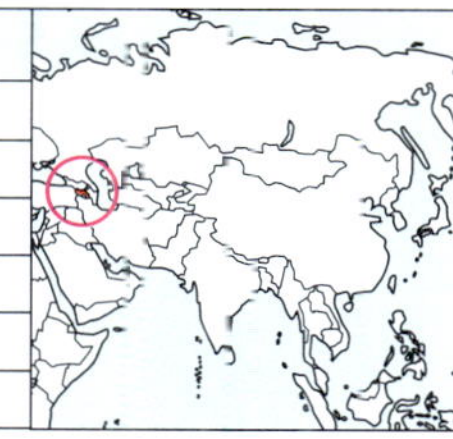

Stichwort: Völkermord

Genozid: Ebenso wie im 19. Jh. unterlagen Armenier auch zu Beginn des 20. Jh.s ethnischer Verfolgung. In Russland handelte es sich vorwiegend um restriktive Maßnahmen im kulturellen Bereich. In Türk.-Armenien hingegen endete die Auflehnung gegen die Osmanen in einem Völkermord. Die Zahl von über 1 Mio armen. Opfer bis 1921 kann nur geschätzt werden. Ziel der Vernichtung der christlichen armen. Bevölkerung war die Verwirklichung des von den herrschenden Jungtürken angestrebten Reiches auf rein islamischer Grundlage.

Als im Jahr 1915 Jungtürken etwa 1,75 Mio Armenier nach Mesopotamien und Syrien verschleppten, starb ein Drittel von ihnen während der Deportation. Die Verschleppung wurde damit begründet, die Armenier unterstützten die Russen im Krieg gegen das Osman. Reich und bereiteten einen Aufstand vor. Das Trauma dieses Massenmords, der eine große Auswanderungswelle auslöste, trägt – wie die Kirche – zur nationalen Identität bei, welche die armen. Diaspora in aller Welt eint.

Obwohl der Genozid an Armeniern (hier ein Bild vom Mai 1917) systematisch erfolgte, wird er von der Türkei und Aserbaidschan bis heute offiziell nicht anerkannt.

Erdbebenkatastrophe vom 7.12.1988

Im Nordwesten Armeniens ereignete sich am 7.12.1988 ein Erdbeben von der Stärke 6,9 auf der Richterskala. Nachbeben waren um die Stadt Spitak noch über Monate hin zu verspüren. Besonders stark betroffen war die zweitgrößte Stadt der Republik, Leninakan (heute Gümrü, 210 000 Einwohner). Die Armenier betrauerten 25 000 Opfer; einige Quellen sprechen sogar von bis zu 50 000 Toten. 15 000 Menschen wurden verletzt und über 500 000 obdachlos. Der Sachschaden betrug 14,2 Billionen US-Dollar. Die Katastrophe löste damals, noch in der Endphase der UdSSR, eine Welle internationaler Hilfsmaßnahmen aus. Der 7.12. ist heute nationaler Gedenk- und Feiertag in Armenien.

Transkaukas. Sozialistische Föderative Sowjetrepublik existierte bis 1936. Danach hatte A. den Status einer eigenständigen sowjet. Unionsrepublik.

Bergkarabach: 1920 hatte Aserbaidschan dem Anschluss Bergkarabachs an A. zugestimmt. 1921 jedoch bekam diese Enklave einen Autonomiestatus innerhalb Aserbaidschans, was 1923 per Dekret festgeschrieben wurde. Zu Sowjetzeiten blieb das armen. Bestreben, diesen Status quo zugunsten der eigenen Republik zu revidieren, erfolglos. 1987 erhielt diese Bewegung unter den Vorzeichen von Glasnost und Perestroika neuen Auftrieb. Als das 1988 gegründete Karabach-Komitee (Jerewan) und die Armenier in der Enklave selbst diese Forderung vehement artikulierten, eskalierte der Streit als bewaffneter Konflikt zwischen beiden Sowjetrepubliken.

Unabhängigkeitsbewegung

Unruhen: Der Kampf um Bergkarabach erwies sich einerseits als Katalysator für armen. Reformbestrebungen. Die nationale Welle veranlasste andererseits Aserbaidschaner, die Republik A. zu verlassen; außerdem kam es zu einem Pogrom an Armeniern im aserbaidschan. Sumqavit. Die Unruhe in A. verstärkte sich, als der Oberste Sowjet der UdSSR die Bergkarabach-Frage gegen armen. Interesse bzw. gegen das der sog. Befreiungsbewegung in der Enklave selbst entschied.

Naturkatastrophe: Ende 1988 erlebten die Armenier ein starkes Erdbeben, das den Nordwesten, insbes. die Stadt Leninakan, heimsuchte. Mehr als 25 000 Menschen starben und 500 000 wurden bei dieser Katastrophe obdachlos.

Blockade: Der Wiederaufbau A.s wurde seit 1989 erheblich durch eine Wirtschaftsblockade Aserbaidschans behindert. Nach der Auflösung eines sowjet. Verwaltungskomitees für Bergkarabach erklärte nun der Oberste Sowjet A.s die Enklave kurzerhand als zur »vereinigten Armen. Republik« gehörig. Dies führte zu einem Machtkampf mit sowjet. Organen und trug zur Überzeugung der armen. Nationalbewegung bei, dass ein weiterer Verbleib in der UdSSR nicht mehr den Interessen der Republik entsprach.

Souveränität: Die Enttäuschung schlug sich 1990 in den Wahlen zum Obersten Sowjet A.s nieder. Bei geringer Wahlbeteiligung errang die Pan-Armen. Nationale Bewegung als Nachfolgerin des Karabach-Komitees mit 35% die meisten Stimmen. So konnte sich Parteiführer Lewon Ter-Petrosjan gegen die kommunistischen Kräfte als Parlamentsvorsitzender durchsetzen. Am 23.8.1990 erklärte das Parlament die Souveranität der Republik A. An den weiteren Verhandlungen über einen neuen Unionsvertrag und am Referendum für eine Erneuerung der UdSSR nahm A. nicht mehr teil.

Referendum und erster Präsident: Am 21.9.1991 stimmten 99,3% der stimmberechtigten Armenier für einen Austritt der Republik aus der UdSSR. Der Moskauer Putschversuch vom August 1991 bestärkte dabei die armen. Bevölkerung noch in ihrem Sezessionswillen. Zwei Tage nach diesem Referendum verkündete das Parlament die Unabhängigkeit A.s. Die ersten Präsidentschaftswahlen der Republik, die Ter-Petrosjan (1991–98) mit großer Mehrheit für sich entschied, fanden am 16.10.1991 statt.

Phase des Umbruchs

Wirtschaft: Der Zerfall der UdSSR und das damit verbundene Ende der eingespielten sowjet. Wirtschaftsabläufe stellte A. wie auch andere Nachfolgerepubliken vor erhebliche Probleme. Daher trat der junge Staat der Gemeinschaft Unabhängiger Staaten (GUS) bei, schloss bilaterale Verträge (z. B. 1993, 1995 und 1997 mit Russland) und beließ den Rubel noch bis 1993 als Landeswährung im Umlauf. Aber ungeachtet des Wiederaufbaus nach dem Erdbeben von 1988 ging das produzierte Nationaleinkommen in A. 1992 um 52% gegenüber dem Vorjahr zurück. In diesem Zeitraum betrug die Inflation 829%, die bis 1994 auf 5062% (in armen. Dram) anstieg.

Unabhängige Enklave: Die Armenier in Bergkarabach reagierten noch im September 1991 auf die Vorgänge in A. und riefen ihre Unabhängigkeit aus. Aserbaidschan. Truppen griffen 1992 militärisch ein und bedrohten Stepanakert, die Hauptstadt Bergkarabachs. Armen. Truppen setzten schließlich bis 1993 die Schaffung zweier Korridore zwischen Enklave und Mutterland sowie die Einstellung des Bombardements von Stepanakert durch. Das Kriegsglück wendete sich dabei mehrmals. 1993 kontrollierten armen. Truppen 20% des aserbaidschan. Territoriums.

1992 trat A. den Vereinten Nationen bei. Vermittlungsversuche von UNO und KSZE/OSZE in der Bergkarabach-Frage blieben zunächst erfolglos. Erst im Sommer 1994 schlossen die Kriegsparteien einen Waffenstillstand. Ende 1996 wurde Robert Kotscharjan, der Führer der Karabach-Befreiungsbewegung, erneut zum Präsidenten von Bergkarabach gewählt. 1997 kam es erneut zu militärischen Auseinandersetzungen.

Wachsende Unzufriedenheit: Infolge der wirtschaftlichen Krise verschlechterten sich 1992 die Lebensbedingungen für die armen. Bevölkerung drastisch. Flüchtlinge aus Bergkarabach verschärften die Lage zusätzlich. Die sozialen Missstände lösten Kritik am Präsidenten aus, aber Initiativen zu seiner Absetzung wurden im Parlament gestoppt.

In den Jahren 1993/94 kam es erneut zu Streiks und die historische Emigration in die armen. Diaspora setzte sich fort. Nach Terrorakten wie der Ermordung hochrangiger Politiker ergriff die Regierung Gegenmaßnahmen und verbot z. B. Ende 1994 die revolutionär-nationalistische Partei Daschnak. Dies stieß auf den Widerstand der oppositionellen Vereinigung »Union des bürgerlichen Einklangs«, die Streiks und Demonstrationen organisierte.

Armenien im 20. Jahrhundert

1894	Aufstände gegen die türk. Herrschaft: 200 000 Armenier getötet.
1909	Fortsetzung des türk. Massenmords an Armeniern im Osman. Reich.
1915	Jungtürken ordnen Deportation aller Armenier an (600 000 Tote).
1917	Mitbegründung der antibolschewistischen Transkaukas. Föderation.
1918	Frieden von Brest-Litowsk: Armen. Gebiete kommen unter türk. Verwaltung
	Daschnaken rufen unabhängige Armen. Republik aus (28.5.).
1920	Frieden von Sèvres (10.8.): Vereinigung zu einem autonomen Staat.
	Türk. Nationalisten lehnen den Friedensvertrag von Sèvres ab.
	Friedensvertrag von Gümrü: Teile Armeniens werden Räterepublik.
1921	Orientvertrag: Bergkarabach mit Autonomiestatus zu Aserbaidschan.
1922	Gründung der Union der Sozialistischen Sowjetrepubliken (UdSSR, 30.12.).
	Zusammenschluss Armeniens mit Georgien und Aserbaidschan zur Transkaukas. Sozialistischen Föderativen Sowjetrepublik.
1923	Frieden von Lausanne: Westarmenien wird wieder der Türkei zuerkannt. Bergkarabach wird auch per Dekret Aserbaidschan angegliedert.
1936	Armenien wird eine eigenständige Unionsrepublik der Sowjetunion.
1987	Nationale Bewegung für den Anschluss Bergkarabachs an Armenien.
1988	Beginn des Konflikts mit Aserbaidschan um die Enklave Bergkarabach.
	Gründung des Karabach-Komitees (Jerewaner Gruppe Intellektueller). Schweres Erdbeben bei Leninakan fordert 25 000 Todesopfer.
1989	Sowjetführung setzt für Bergkarabach ein Verwaltungskomitee ein.
	Oberster Sowjet Armeniens erklärt Zugehörigkeit Bergkarabachs.
1990	Parlamentswahlen: Sieg der Pan-Armen. Nationalen Bewegung.
	Lewon Ter-Petrosjan Vorsitzender im Obersten Sowjet von Armenien.
	Parlament erklärt Souveranität der Republik Armenien (23.8.).
1991	Nach einer Volksabstimmung erklärt sich Armenien für unabhängig.
	Ter-Petrosjan wird mit großer Mehrheit erster Präsident.
	Bergkarabach ruft Unabhängigkeit aus, die nicht anerkannt wird.
1992	Aserbaidschan. Offensive und Bombardement der Stadt Stepanakert.
	Beitritt der Republik Armenien zu den Vereinten Nationen (UNO).
1993	Armen. Einheiten kontrollieren 20% des Gebietes von Aserbaidschan.
1994	Kriegsparteien schließen im Sommer Waffenstillstand
	Verbot der revolutionär-nationalistischen Partei der Daschnaken.
1995	Parlamentswahlen: Sieg von Ter-Petrosjans Bündnis »Republik«.
	Verabschiedung neuer Verfassung anstelle sowjet. von 1978.
1996	Ter-Petrosjan besiegt in Präsidentschaftswahlen Vazgen Manukjan.
	Robert Kotscharjan zum Präsidenten Bergkarabachs wieder gewählt.
1997	Ter-Petrosjan ernennt Robert Kotscharjan zum armen. Ministerpräsidenten.
1998	Rücktritt Ter-Petrosjans infolge des Bergkarabach-Disputs (3.2.).
	Zum neuen Präsidenten von Armenien wird Kotscharjan gewählt (März).
1999	Parlamentswahl: Parteienblock »Einheit« siegt mit 41,7% (30.5.).
	Vazgen Sarkisjan (Republikanische Partei) wird Ministerpräsident.
	Ermordung Sarkisjans und anderer Politiker im Parlament (27.10.).

Armenien unter Ter-Petrosjan

Erste Parlamentswahlen: Die erste Legislative des unabhängigen A. wurde im Juli 1995 für vier Jahre gewählt. Neun Oppositionsparteien einschließlich der Daschnak blieben aber ausgeschlossen. Als klarer Sieger ging das Parteienbündnis »Republik« um die (Pan-) Armen. Nationale Bewegung unter Führung von Ter-Petrosjan aus den Wahlen hervor. Es sicherte sich 170 von 190 Sitzen und ließ somit die Frauenbewegung Schamiram und die Kommunisten weit hinter sich. 1995 ersetzte eine per Referendum verabschiedete neue Verfassung die alte sowjet. von 1978. Marktwirtschaftliche Reformen und Pluralismus wurden ebenso festgeschrieben wie weitreichende Exekutivvollmachten des Präsidenten.

Der Konflikt um Bergkarabach zwischen Armenien und Aserbaidschan eskalierte 1988 zum Krieg. Eine Lösung der Bergkarabach-Frage war auch im Jahr 2000 nicht abzusehen. (Foto: Armen. Militärpatrouille im Oktober 1989)

Staatsoberhäupter Armeniens[1)]

Reg.-Zeit	*Name (Dynastie)*	*Lebensdaten*
1894–1917	Nikolaj II. (Romanov), russischer Zar	1868–1918
1991–98	Lewon Ter-Petrosjan	*1945
seit 1998	Robert Kotscharjan	*1954

1) 1918–20 unabhängige Republik Armenien, die politische Führung übernahm die Armen. Revolutionäre Föderation; 1920–91 unter Räte-/Sowjetherrschaft

Die wichtigsten Parteien im 20. Jahrhundert

Name (Abkürzung)	*Politische Richtung*	*Gründung*
Armen. Sozialdemokratische Partei »Hnchak«	sozialdemokratisch	1887
Armen. Revolutionäre Föderation »Daschnak«	nationalistisch	1890/1998[1)]
Kommunistische Partei Armeniens (HKK)	kommunistisch	1920/1992[1)]
(Pan-) Armen. Nationale Bewegung (HHS)	national	1989
Republikanische Partei von Armenien (HHK)	links	1990
National-Demokratische Union (AZhM)	sozialliberal	1991
Armen. Demokratische Partei	reformorientierte Ex-Kommunisten	1992
Schamiram	Frauenbewegung	1995
Freiheit	rechtsliberal	1997
Land des Rechts (OE)	zentristisch	1998
Volkspartei von Armenien (HZhK)	links	1998

1) Neugründung

Krise um Ter-Petrosjan: Bei den Präsidentschaftswahlen im Herbst 1996 setzte sich Ter-Petrosjan gegen den Kandidaten der Opposition, Vazgen Manukjan, durch. Nach Gerüchten über Wahlmanipulationen zogen sich aber Streiks und Verhaftungen durch das ganze Jahr 1997. Dem politischen Druck suchte der Präsident zu begegnen, indem er Robert Kotscharjan zum Ministerpräsidenten (1997/98) ernannte. Ter-Petrosjan selbst blieb aber als Befürworter eines OSZE-Stufenplans zur Befriedung Bergkarabachs in der Kritik. Weitere Anschläge auf Regierungsvertreter und Rücktritte von Gefolgsleuten Ter-Petrosjans steigerten die innenpolitische Krise. Am 3.2.1998 legte der Präsident schließlich sein Amt nieder.

Präsidentschaft Kotscharjans

Neue Ära: Kotscharjan, der im Bergkarabach-Konflikt als kompromisslos gilt, entschied die wiederum umstrittenen Präsidentschaftswahlen im März 1998 für sich. Am 9.4.1998 wurde er als neuer Präsident A.s vereidigt. Aus der vormals verbotenen Daschnaken-Partei berief er zwei Minister ins Kabinett. Nach wirtschaftlichen Reformen wuchs das BIP 1998 um 7,2%. Dennoch leidet die Bevölkerung weiterhin unter der Blockade durch Aserbaidschan und die Türkei.

Parlamentswahlen: Die Wahl der Legislative am 30.5.1999 brachte dem Block »Einheit« 41,7%. Das Bündnis setzt sich aus der Republikanischen Partei und der linken Volkspartei des ehemaligen Kommunistenführers Karen Demirtschjan zusammen. Am 11.6.1999 wurde aus der Republikanischen Partei Vazgen Sarkisjan, der bisherige Verteidigungsminister, zum neuen Ministerpräsidenten ernannt. Sarkisjan, der Parlamentspräsident und sechs weitere Politiker starben bei einem Attentat am 27.10.1999, als ein Mordkommando das Parlament stürmte und das Feuer eröffnete. Dies war der vorläufige Höhepunkt in einer Reihe von Terrorakten gegen armen. Politiker in den 90er Jahren.

Pattsituation: Im Konflikt mit Aserbaidschan um Bergkarabach ist weiterhin keine Einigung in Sicht, zumal Parlamentswahlen in der Enklave im Juni 2000 ein Patt brachten. 13 von 33 Sitzen errangen Kandidaten der Karabach-Partei, die Arkadij Gukasjan, den regionalen Präsidenten in Stepanakert, unterstützt. Neun Sitze gewannen die revolutionären Daschnaken Bergkarabachs, die Gukasjan einen zu gemäßigten Kurs gegenüber Aserbaidschan vorwarfen. *B.S.*

Aserbaidschan

Aserbaidschanische Republik

Mit Ausnahme der Antike befand sich A. stets unter Fremdherrschaft. Zu Beginn des 19. Jh.s fielen infolge der russ.-pers. Kriege viele aserbaidschan. Gebiete an das Zarenreich. 1828 trennte der Fluss Araks den südlichen Teil (Persien) vom nördlichen (Russland). 1898 war Baku mit 200 000 Einwohnern bereits eine multiethnische Metropole zwischen Europa und Asien. Hierzu hatten entscheidend die aserbaidschan. Erdölvorkommen beigetragen.

Erste Unabhängigkeit

Nationales Erwachen: In A. vollzogen sich zu Beginn des 20. Jh.s tief greifende wirtschaftliche, soziale und demographische Veränderungen, die zu einer Nationalbewegung mit kleiner Parteienlandschaft führten. 1911 gründete sich u. a. die nationaldemokratische Partei Mussawad. Als nach der russ. Oktoberrevolution eine bolschewistische Regierung in Baku (»Bakuer Kommune«) die Macht ergriff, antworteten aserbaidschan. Nationalisten mit der Proklamation eines unabhängigen Staates am 28.5.1918. Mehmet Emin Rasulzade (1918–20), der diese erste Republik A. mit der Hauptstadt Gyanja regierte, entstammte der Mussawad.

Beginn der Sowjetherrschaft: In den knapp zwei Jahren der Unabhängigkeit wurde A. von den Alliierten und den Mittelmächten besetzt, bevor im April 1920 die Rote Armee einrückte. Damit etablierte sich die Räteherrschaft in der Republik A. auch langfristig. A., Armenien und Georgien wurden zu einer Transkaukas. Sozialistischen Föderativen Sowjetrepublik in der am 30.12.1922 gegründeten Sowjetunion zusammengeschlossen.

Bergkarabach und Naxçivan: Auf dem Territorium A.s liegt das mehrheitlich von Armeniern besiedelte Autonome Gebiet Bergkarabach (4400 km²). Noch 1920 hatte A. dem Anschluss dieser Enklave sowie der Naxçivans (5500 km²) an Armenien zugestimmt. In Naxçivan lebten zwar 1919 zur Hälfte Aserbaidschaner, doch dieses Gebiet ist mit dem Mutterland nicht verbunden und liegt südlich von Armenien. 1921 erhielt Bergkarabach einen Autonomiestatus unter der Jurisdiktion A.s, was 1923 per Dekret manifestiert wurde. Für Naxçivan erfolgte dies 1923/24. So sollte Nationalitätenkommissar Stalin – unter Missachtung ethnischer Interessen – Fakten von weit reichender Konsequenz schaffen.

Aserbaidschan 2000

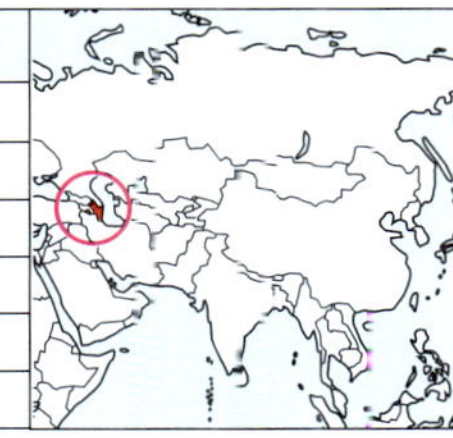

Landesfläche	86 600 km² (WR 111)
Einwohner	7,7 Mio (WR 89)
Hauptstadt	Baku (1,1 Mio Einwohner)
Sprachen	Aseri-Türkisch, Russisch
Währung	1 Manat = 100 Gepik
Gliederung	54 Distrikte
Staatsform	Präsidiale Republik (seit 1995)
Religion	Schiiten (62%); Sunniten (26%); Russ.-Armen.-Orthodoxe (12%)
Bevölkerung	Aseri (85,4%); Russen (4%); Armenier (2%); Sonstige (8,6%)

Aserbaidschan im 20. Jahrhundert

1918	Bolschewistische Regierung »Bakuer Kommune« (April bis Juli).
	Transkaukas. Republik auf Druck der Türkei hin (April/Mai).
	Proklamation der Unabhängigkeit durch Nationalisten (28.5.).
1920	Besetzung durch die Rote Armee und Beginn der Räteherrschaft.
1921	Autonomie-Beschluss für das armen. bewohnte Bergkarabach (5.7.).
1922	Union der Sozialistischen Sowjetrepubliken (UdSSR, 30.12.).
	Transkaukas. SFSR Armeniens mit Georgien und Aserbaidschan.
1923	Bergkarabach per Dekret an Aserbaidschan angeschlossen (7.7.).
	Beschluss zur Autonomie Naxçivans (31.12.).
1924	Offiziell Autonomie der Exklave Naxçivan per Dekret vom 9.2.
1936	Aserbaidschan wird eigenständige Unionsrepublik der Sowjetunion.
1941	Rote Armee im Nordiran: »Volksrepublik Gilan« (bis April 1946).
1987	Beginn nationaler armen. Bewegung für den Anschluss Bergkarabachs.
1988	Regionalsowjet in Bergkarabach fordert Anschluss an Armenien.
	Pogrome an Armeniern in aserbaidschan. Stadt Sumqavit (Februar).
1989	Sowjetführung setzt für Bergkarabach ein Verwaltungskomitee ein.
	Souveränitätserklärung durch den Obersten Sowjet in Baku (23.9.).
	Bergkarabach-Kontrolle wieder an aserbaidschan. Organe zurück.
1990	Notstand in Aserbaidschan: Sowjet. Intervention in Baku (19.1.).
	Ayaz Mutalibov übernimmt Kommunistische Partei von Aserbaidschan.
	Wahlen zum aserbaidschan. Obersten Sowjet: Sieg der Kommunisten.
1991	Unabhängigkeit: Abstimmung (30.8.) und Inkraftsetzung (18.10.).
	Mutalibov gewinnt Präsidentschaftswahlen mit 84% der Stimmen.
	Bergkarabach ruft Unabhängigkeit aus (10.12., nicht anerkannt).
1992	Rücktritt Mutalibovs nach Niederlagen (Korridor) in Bergkarabach.
	Abulfaz Eltschibej (»Volksfront«) siegt in den Präsidentschaftswahlen.
	»Minsker Gruppe« wird von der KSZE (ab 1995: OSZE) eingesetzt.
1993	Flucht Eltschibejs: Geidar Alijev erhält Präsidialgewalt (24.6.).
	Armen. Einheiten kontrollieren 20% des Gebietes von Aserbaidschan.
	Präsidentenwahlen, boykottiert von »Volksfront«: Sieg Alijevs.
1994	Waffenstillstand mit Armenien durch Vermittlung Russlands (Mai).
	Fuad Kulijev neuer Ministerpräsident (bestätigt im Mai 1995).
1995	Umstrittene Parlamentswahlen: Sieg der Partei Alijevs (12./26.11.).
	Referendum: neue Verfassung anstelle sowjet. von 1978 (91,9%).
1996	Maßnahmen gegen Opposition; Umbesetzungen im Ministerkabinett
	Artur Rasizade neuer Ministerpräsident (bestätigt im November).
1997	Arkadij Gukasjan gewinnt Präsidentschaftswahlen in Bergkarabach.
1998	Ausschreitungen wegen Präsidentenwahl-Verfahrens (z.B. 12.9.).
	Umstrittene Wiederwahl Alijevs mit 77,6% der Stimmen (11.10.).
1999	Lebenslange Haft für Oberst Husseinov (von Russland 1997 ausgeliefert).

1988 eskalierte der Streit zwischen Aserbaidschan und Armenien um die Enklave Bergkarabach zum militärischen Konflikt. Im Herbst 1989 zerstörten die Armenier eine Brücke, um die Verbindung zwischen dem Ort Azeri und der Hauptstadt von Bergkarabach, Xankändi (früher Stepanakert), zu blockieren.

Sozialistische Republik

Vasallentreue: Als Volk meist schiitischer Moslems litten die Aserbaidschaner besonder stark unter den Repressionen Stalins. Im Zweiten Weltkrieg wurden sie gegen den Iran instrumentalisiert. Über Jahrzehnte blieb jedoch die seit 1936 eigenständige Aserbaidschan. Sowjet. Sozialistische Republik in treuer Gefolgschaft der Moskauer Zentrale. So fanden in den 60er Jahren Petitionen der Bevölkerung Bergkarabachs für einen Anschluss an Armenien weder in Baku noch in Moskau Gehör.

Beginn von Konflikten: In der zweiten Hälfte der 80er Jahre erhielt die Bergkarabach-Frage neue Brisanz, als im Sowjet der Enklave die Forderung nach einer Änderung des Status quo wieder laut wurde, aber auf Ablehnung stieß. 1988 machten sich Unruhen in Jerewan breit; Aserbaidschaner verließen Armenien und Armenier A. Im aserbaidschan. Sumqavit kam es zu einem dreitägigen Pogrom, bei dem nach offiziellen Angaben 32, nach inoffiziellen um ein Vielfaches mehr Menschen ums Leben kamen. Der Streit zwischen den Republiken eskalierte zum bewaffneten Konflikt.

Souveranität: In dieser Phase spielte die Auseinandersetzung um Bergkarabach eine entscheidende Rolle für die aserbaidschan. Nationalbewegung. Es kam zu weiteren Pogromen gegen Armenier (Kirowabad 1988, Baku 1990) und zu einer Wirtschaftsblockade (1989) gegen die Nachbarrepublik. Der Volksfront A.s, die offiziell als Opposition anerkannt wurde, machte der Oberste Sowjet A.s Zugeständnisse. Die Souveränitätserklärung A.s vom 23.9.1989 stand in engem Zusammenhang mit der unmittelbaren Einflussnah-

Stichwort: Bergkarabach

Autonomes Gebiet: Bergkarabach gehört seit 1921/23 zu Aserbaidschan. Es wird aber mindestens zu vier Fünfteln von ethnischen Armeniern bewohnt und von diesen auch verwaltet (Präsident, Parlament, Verfassung). Bergkarabach hat ca. 160 000 Einwohner; Hauptstadt ist Xankändi (früher Stepanakert).

Konflikt: Seit 1987/88 fordern Armenier wieder den Anschluss Bergkarabachs an die eigene Republik. 1991 wurde die Unabhängigkeit Bergkarabachs ausgerufen. Aserbaidschan. – und seinerzeit auch sowjet. – Einheiten verteidigten die territoriale Integrität Aserbaidschans, aber das Kriegsglück wechselte ständig. 1993 verlor Aserbaidschan nicht nur die Kontrolle in Bergkarabach, sondern auch im Umland bzw. im sog. Latschin-Korridor. Etwa 1 Mio Aserbaidschaner flohen aus den umkämpften bzw. armen. kontrollierten Gebieten.

Lösungsansatz: Seit Mai 1994 herrscht ein brüchiger, von Russland vermittelter Waffenstillstand. Die sog. »Minsker Gruppe« der OSZE (mit Frankreich, Russland und den USA) schlägt eine weitgehende Autonomie Bergkarabachs innerhalb Aserbaidschans vor. Aus aserbaidschan. Sicht ist dies ein verhandelbarer Stufenplan, zumal er den Rückzug armen. Einheiten vom eigenen Territorium vorsieht. Die »Republik Bergkarabach« wird völkerrechtlich nicht anerkannt.

me der Moskauer Sowjetregierung auf Bergkarabach seit Januar 1989. Die Absetzung der lokalen Regierung und die Stationierung von Sowjettruppen interpretierte Baku als eine Verletzung der territorialen Integrität A.s.

Zweite Unabhängigkeit

Notstand: Ende 1989 ging die Kontrolle über Bergkarabach an aserbaidschan. Organe zurück. Aber Moskau konnte seine Macht in der Sowjetrepublik auch nicht mehr durch Ausrufung des Notstands und eine militärische Intervention retten, nachdem es zu nationalistischen Übergriffen gegen sowjet. Institutionen und Armenier sowie zu Unruhen an der iran. Grenze gekommen war. Ayaz Mutalibov ersetzte Abdul Vezirov als Ersten Sekretär in der Kommunistischen Partei A.s; im Mai 1990 wurde Mutalibov zum Präsidenten (1990–92) gewählt. Die in den Herbst verschobenen Parlamentswahlen endeten erneut mit einem Sieg der Kommunisten.

Ende der kommunistischen Herrschaft: Der neue Oberste Sowjet setzte sich zu rund 80% aus Kommunisten zusammen, während die Opposition den »Demokratischen Block von A.« bildete. Die aserbaidschan. Bevölkerung zeigte sich noch an einem Fortbestand der UdSSR interessiert, während das Votum in der Exklave Naxçivan negativ war. Der Moskauer August-Putsch 1991 veränderte die Ausgangslage jedoch entscheidend. Präsident Mutalibov hatte in den Augen der Bevölkerung mit den reaktionären Putschisten sympathisiert. Es kam zu Demonstrationen gegen den Präsidenten und das Notstandsgesetz. Am 30.8.1991 wurde im Parlament zudem positiv über die Unabhängigkeit der Republik A. abgestimmt, die am 18.10.1991 durch das Parlament in Kraft gesetzt wurde. Im Dezember 1991 löste sich die Sowjetunion auf.

Übergang: Die Opposition hatte am 8.9.1991 die Präsidentschaftswahlen boykottiert, zu denen Ayaz Mutalibov als einziger Kandidat angetreten war. Er gewann mit 84% der Stimmen, doch die Kommunistische Partei löste sich noch im September 1991 auf. Das Interesse an einer Staatlichkeit im Rahmen einer Sowjetunion erlosch. Allerdings trat A. noch 1991 der Gemeinschaft Unabhängiger Staaten (GUS) bei, wenngleich dieser Schritt erst am 24.9.1993 nach zwischenzeitlicher Annäherung an die Türkei volle Wirksamkeit erlangte.

Neuanfang: Das Ende der UdSSR und militärische Niederlagen in Bergkarabach verstärkten den Druck der Oppsition und führten im März 1992 zum Rücktritt Mutalibovs. Die Macht übernahm die Nationalversammlung, die den Obersten Sowjet ersetzt hatte, bzw. deren Vorsitzender Jagub Mamedov. Am 14.5.1992 verhinderten massive Proteste der Volksfront eine Rückkehr Mutalibovs an die Macht, der schließlich nach Russland flüchten musste. Der Vorsitzende der Volksfront von A., Abulfaz Eltschibej (1992/93), gewann die Präsidentschaftswahlen vom 7.6.1992 klar gegen vier Konkurrenten.

Machtkämpfe

Rebellion: Vor allem wirtschaftliche Probleme führten dazu, dass sich die Volksfront von A. spaltete. Oberst Surat Husseinov, der Einheiten in Bergkarabach befehligt hatte, marschierte mit seinen Rebellentruppen im Juni 1993 auf die Hauptstadt Baku zu. Präsident Eltschibej floh nach Naxçivan, nachdem sich auch der Parlamentsvorsitzende Geidar Alijev gegen ihn gewandt hatte. Alijev (ab 1993) erhielt am 24.6.1993 die Präsidialgewalt vom Parlament und musste sich dann einem Machtkampf mit Husseinov stellen, der zum Ministerpräsidenten (1993/94) ernannt wurde.

Im August entzog das Volk Eltschibej per Referendum das Vertrauen. Bei den direkten Präsidentenwahlen am 3.10.1993 setzte sich Alijev jedoch mit 98,9% der Stimmen durch. Die Volksfront boykottierte die Wahlen.

Staatsoberhäupter Aserbaidschans[1]

Reg.-Zeit	*Name (Dynastie)*	*Lebensdaten*
1894–1917	Nikolaj II. (Romanov), russ. Zar	1868–1918
1918–20	Mehmet Emin Rasulzade	1884–1955
1990–92	Ayaz Mutalibov	*1938
1992/93	Abulfaz Eltschibej	*1938
seit 1993	Geidar Alijev	*1923

1) 1920–91 unter Räte-/Sowjetherrschaft

Die wichtigsten Parteien im 20. Jahrhundert

Name (Abkürzung)	*Politische Richtung*	*Gründung*
Himmät	nationalmarxistisch	1904
Moslemische Demokratische Partei (Mussawad)	nationaldemokratisch	1911/1992[1]
Kommunistische Partei von Aserbaidschan	kommunistisch	1920/1993[1]
Volksfront von Aserbaidschan	nationalistisch	1989
Islamische Partei von Aserbaidschan	islamistisch	1992
Nationale Unabhängigkeitspartei (Istiklal)	rechts	1992
Neue Aserbaidschan. Partei	linksnational	1992
Nationalkongress	Abspaltung von Mussawad	1997
Gleichheit	für Bergkarabach-Vertriebene	1998

1) Wiederbegründung

Unruhen: Die Opposition gegen den Präsidenten und seine Neue Aserbaidschan. Partei äußerte sich auch in Gewaltakten; 1994/95 gab es Putschversuche. Inbes. die Separatistenbewegung Sadval und die Volksfront von A. wurden nun Zielscheibe repressiver Maßnahmen. Die Krise, die in engem Zusammenhang mit Bergkarabach stand, verschärfte sich im September 1994, als der stellvertretende Parlamentsvorsitzende und der Sicherheitschef Alijevs ermordet wurden. Der Verdacht fiel auf Sondereinheiten des Innenministeriums (OPON). Als diese anschließend ihre inhaftierten Kameraden wieder freipressten, verhängte Alijev den Notstand über Baku und Gyanja. Er enthob Husseinov seines Amtes, setzte Fuad Kulijev (1995/96) als Ministerpräsidenten ein und führte »Säuberungen« in Regierungs- und Militärkadern durch. In der weiteren Auseinandersetzung mit der OPON gelang Regierungseinheiten im März 1995 ein entscheidender Schlag. 1996 wurden zahlreiche Todesurteile gegen angebliche Verschwörer verhängt und überwiegend auch vollstreckt.

Parlamentswahlen: Bei den ersten freien Parlamentswahlen am 12./26.11.1995 wurden acht oppositionelle Parteien sowie 600 Unabhängige nicht zugelassen, was Protestaktionen in Baku provozierte. Der Urnengang führte über ein kompliziertes Wahlrecht zu einem klaren Sieg der Neuen Aserbaidschan. Partei und zur Annahme einer neuen Verfassung mit 91,9% der Stimmen. Internationale Wahlbeobachter kritisierten jedoch Unregelmäßigkeiten und die Opposition erkannte die Rechtmäßigkeit des neuen Parlaments nicht an. Als Ministerpräsident wurde im November Artur Rasizade (ab 1996) im Amt bestätigt.

Autokratische Strukturen: Der autoritäre Charakter der Präsidentschaft Alijevs war offensichtlich, als sich 1997/98 die Verfolgung politischer Gegner fortsetzte. Husseinov wurde von Russland an A. ausgeliefert, 1998 wegen Verrats angeklagt und 1999 zu lebenslanger Haft verurteilt. Die oppositionelle Islamische Partei von A. wurde der Spionage für den Iran verdächtigt; Haftstrafen wurden verhängt. Wegen Korruption wurde am 14.2. 1998 Außenminister (seit 1994) Hassan Hassanov entlassen.

Zu Ausschreitungen kam es 1998 zudem wegen eines Wahlgesetzes, das die Wiederwahl von Präsident Alijev im Herbst steuern sollte. Trotz gewalttätiger Auseinandersetzungen zwischen Polizei und Demonstranten (z. B. am 12.9.98) und des Boykotts der Opposition wurde die Wahl durchgeführt, die dem Amtsinhaber 77,6% der Stimmen brachte.

Wirtschaftliche Probleme: 1998 befand sich das BIP auf der Hälfte des Niveaus von 1990. Arbeitslosigkeit und Inflation demoralisierten die Bevölkerung, die zu 90% unterhalb der Armutsgrenze lebte. Faustpfand des moslemischen Kaukasusstaates blieb das Erdöl, das A. in internationale Wirtschaftsbeziehungen einband. A. ist Mitglied der UNO und der OSZE, steht allerdings wegen der eingeschränkten Freiheiten im Lande (z. B. Zensur) und wegen des andauernden Bergkarabach-Konflikts in der Kritik. Mit der Präsidentschaft von Robert Kotscharjan, einem gebürtigen Bergkarabacher, in Armenien wurde die Friedensvermittlung für die OSZE noch zusätzlich erschwert. Die Enklave stand 1999 faktisch unter armen. Verwaltung; politisch bietet sich kaum Handlungsspielraum. *B.S.*

Erdöl gilt als »schwarzes Gold« Aserbaidschans. Es garantiert dem Land die Einflechtung in internationale Wirtschaftsbeziehungen – ein Ziel, um das andere Nachfolgestaaten der UdSSR mühsam ringen müssen. Die aserbaidschan. Industrie orientiert sich zunehmend auf den Export hin. Ungeachtet der noch nicht erschlossenen Vorkommen im Kaspischen Meer beträgt das Volumen produzierbaren Öls etwa eine Billion Tonnen. (Foto: Ölförderung und -verschiffung in Baku)

Äthiopien

Demokratische Bundesrepublik Ä.

Seit dem 10. Jh. herrschten in Ä. königliche und kaiserliche Dynastien, die ihren Stammbaum vom israelit. König Salomo herleiteten. Nach einer Periode des Niedergangs um 1800, in der die Provinzgouverneure (Ras) die Macht an sich rissen, kam es im Verlauf des 19. Jh.s zur Wiederherstellung der kaiserlichen Zentralgewalt unter Theodorus II. und der territorialen Einheit von Abessinien.

Äthiopien 2000	
Landesfläche	1,1 Mio km² (WR 26)
Einwohner	61,1 Mio (WR 18)
Hauptstadt	Addis Abeba (3,0 Mio Einw.)
Sprachen	Oromiffa, Amharisch, Englisch; insgesamt etwa 70 Sprachen
Währung	1 Birr (Br) = 100 Cents
Gliederung	9 Bundesstaaten
Staatsform	Bundesrepublik (seit 1994)
Religion	Äthiopisch-orthodoxe Christen (35–40%); Moslems (45–50%); Animisten (12%); Sonstige (3–8%)
Bevölkerung	Oromo (40%); Amhara und Tigre (32%); Sonstige (28%)

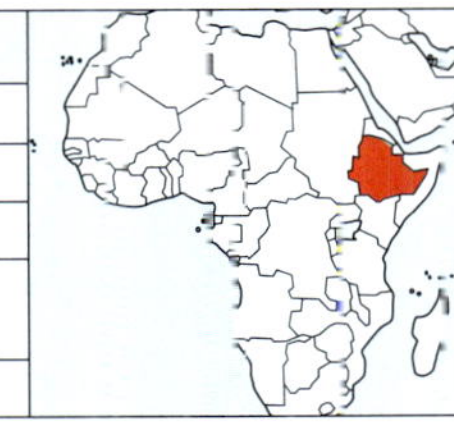

Äthiopien im 20. Jahrhundert	
1930	Ras Taferi wird zum Negus Haile Selassie I. gekrönt.
1931	Erste Verfassung der äthiop. Geschichte.
1935	Italien. Okkupation (bis 1941)
1942	Wiedereinsetzung von Haile Selassie durch Großbritannien.
1952	Föderation zwischen Äthiopien und Eritrea.
1955	Neue Verfassung.
1962	Völkerrechtswidrige Annexion Eritreas.
1974	Sturz Haile Selassies; Übernahme der Regierungsgewalt durch den »Provisorischen Militärischen Verwaltungsrat« (DERG).
1975	Verstaatlichung von Industrien und Banken.
1977	Ermordung des DERG-Vorsitzenden Banti; Haile Mariam Mengistu wird Staats- und Regierungschef.
1983	Hungerkatastrophe in Nordäthiopien (bis 1985).
1987	Mengistu Haile Mariam wird zum Präsidenten gewählt.
1988	Kriegsrecht in Eritrea und Tigray.
1990	Mengistu verlässt Äthiopien; Meles Zenawi wird Vorsitzender des neuen Council of Representatives.
1994	Verabschiedung einer neuen Verfassung.
1995	Neue Verfassung tritt in Kraft; erste Mehrparteienwahlen Äthiopiens bei Boykott der großen Oppositionsparteien; Meles Zenawi wird zum Premierminister gewählt.
1998	Äthiop.-eritreischer Grenzkrieg (bis 2000)

Der Vielvölkerstaat

Das politische Grundproblem Ä.s im 20. Jh. blieb jedoch die Tatsache, dass das Land ein Vielvölkerstaat mit mehr als 70 ethnischen Gruppen, mindestens 70 Sprachen und Dialekten und drei Hauptreligionen ist. Die größte Völkergruppe stellen die Amhara-Tigray dar (etwa 45% der Bevölkerung), die traditionell die politisch dominante Gruppe waren, da sie das Königshaus und weite Teile des Adels stellten. Die Gruppe der Oromo- oder Galla-Völker umfasst etwa 40% der Bevölkerung und lebt vorwiegend im Süden. Die Afar und Somali sind die wichtigsten Minoritäten im östlichen und südöstlichen Grenzgebiet, nilotische Gruppen leben im Süden an der äthiop.-sudanes. Grenze. Die Falesha, auch die »Schwarzen Juden« genannt, leben im Bergland von Simen und wurden vor der Revolution von 1974 wirtschaftlich diskriminiert und danach wegen ihrer Religion und Kultur verfolgt. Bis 1974 war die Äthiop. Orthodoxe Kirche, ein Ableger der Koptischen Kirche, Staatskirche; bis zu 40% der Einwohner sind christlich. Zahlreicher ist dagegen die in den westlichen und östlichen Randbereichen lebende moslemische Bevölkerung; im Süden treten noch Naturreligionen auf.

Der Weg zum modernen Staat

Bedrohung von außen: Die von Theodorus II. installierte kaiserliche Zentralgewalt war bereits in der zweiten Hälfte des 19. Jh.s durch äußere Gefahren bedroht: Immer wieder kam es zu Kämpfen gegen die Mahdisten des Sudans und die Italiener, die seit 1869 Massaua besetzt hielten und Versuche zur Kolonisierung Nordostafrikas unternahmen.

Krieg gegen Italien: Menilek II. (1889 bis 1913) schloss 1889 einen Friedensvertrag mit den Italienern, in dem Eritrea als italien. Kolonie anerkannt wurde. Als Menileks Reich bedroht wurde, verweigerte Italien ihm jedoch die Hilfe, was schließlich zum Krieg führte In der Schlacht von Aduwa schlug Menilek die von Eritrea eindringenden Italiener und sicherte damit die Stellung des modernen Ä. Eroberungen weit nach Süden dehnten das Reich bis zu den heutigen Grenzen aus. Ä.s Unabhängigkeit wurde anerkannt, wenngleich Italien Eritrea weiterhin in Besitz behielt. Menelik gründete Addis Abeba und begann mit dem Bau der Eisenbahn nach Djibouti.

Haile Selassie: 1930 wurde Ras Taferi unter dem Namen Haile Selassie I. (1930–175) zum Kaiser, zum Negus-Negesti (König der Könige), gekrönt. Er löste das Land aus der jahrhundertelangen wirtschaftlichen und politischen Abgeschlossenheit, beseitigte 1942 die Sklaverei und führte 1931 eine parlamentari-

Links: Der äthiop. Kaiser Haile Selassie besichtigte mit brit. Beratern im Italienkrieg (1935/36) seine Truppen.

Rechts: 1930 wurde Ras Tafari aus der Salomonendynastie als Haile Selassie I., Negus Negesti, inthronisiert.

sche Verfassung ein; die eigentliche Regierungsgewalt blieb jedoch in seinen Händen, das traditionelle Feudalsystem blieb bestehen.

Italienische Kolonie: 1935 fielen die Italiener unter Mussolini in Ä. ein. Der Kaiser ging nach England ins Exil, kehrte aber 1941 nach dem Sieg seiner Widerstandskämpfer und der Alliierten über die Italiener wieder zurück. Von der Episode der italien. Besetzung abgesehen, war Ä. damit neben Liberia das einzige Land Afrikas, das nie unter Kolonialherrschaft gestanden hatte.

Annexion Eritreas: 1952 kam es auf Vorschlag der UN zur Föderation mit Eritrea, nachdem auch das brit. verwaltete Ogaden an Ä. gefallen war. Ä. erreichte damit einen Zugang zum Meer. Die Bestimmungen der Föderation wurden von Ä. aber systematisch ausgehöhlt, indem es 1962 Eritrea völkerrechtswidrig annektierte. Die Eritrean Liberation Front (ELF) setzte sich seitdem der äthiop. Fremdregierung in einem Guerillakampf zur Wehr.

Haile Selassie I. – Negus Negesti (König der Könige)

Als Haile Selassie 1974 gestürzt wurde, war dies das Ende der ältesten historisch-politischen Kontinuität der Welt: Der »Löwe von Juda« konnte sein Geschlecht glaubhaft auf den König Salomo von Israel und Juda und die Königin von Saba zurückführen, deren Verbindung Menelik I. entstammte. Als letzter absoluter Herrscher im 20. Jh. war Haile Selassie ein historischer Anachronismus. Er raffte nach Aussagen seiner Gegner ein unermessliches Vermögen zusammen, führte aber vorsichtige Modernisierungen ein; er schaffte die Sklaverei ab, hielt jedoch am Feudalsystem fest, weil es seine Macht stützte. Mit seinem Sturz fand das einzige afrikan. Reich ein Ende, das – sieht man von der kurzen italien. Besetzung unter Mussolini ab – ohne jeglichen kolonialen Einfluss geblieben war (Foto: Haile Selassie, 1938).

Reformen: Wirtschaftliche und politische Reformen des Kaisers sollten das Land allmählich modernisieren. So wurden z. B. Gewerkschaften gegründet und Streiks unter bestimmten Bedingungen zugelassen. Der weit verbreitete feudale Großgrundbesitz wurde aber nie angetastet, und ein politisches Selbstbewußtsein der Bevölkerung existierte nicht, auch wenn die Verfassungen von 1955 und 1966 die Rechte des Parlaments erweiterten, das allgemeine Wahlrecht eingeführt und das Erziehungswesen modernisiert wurde. 1957 fanden in Ä. die ersten Wahlen zur Deputiertenkammer statt, politische Parteien wurden jedoch nicht zugelassen. Nach einer Revolte im Jahr 1960 wurde der Reformkurs kaum noch fortgesetzt.

Sturz des Kaisertums

Dürre und Hungersnot: Die Unzufriedenheit über den schleppenden Gang der Reformen und die Inkompetenz und Korruption der Regierung vergrößerten sich, als zwischen 1972 und 1974 eine Periode großer Trockenheit zu einer Hungersnot führten, der 400 000 Menschen zum Opfer fielen. 1974 brachen Streiks aus und die Armee meuterte.

Militärputsch: Ein aus Militärs und Polizei gebildetes Komitee nahm im Juni führende Politiker fest. Im September setzte es den Kaiser ab und die Verfassung außer Kraft, löste das Parlament auf und verkündete im September 1974 die Errichtung eines sozialistischen Staates in Ä. Im März 1975 wurde die Monarchie abgeschafft; Haile Selassie starb im gleichen Jahr in Haft. Seit Beginn des Umsturzes wurde Ä. von dem Provisorischen Militärischen Verwaltungsrat (DERG) regiert, in dem jedoch anfangs weder die personelle Zusammensetzung noch die ideologische Ausrichtung eindeutig war, sieht man von der Gegnerschaft gegen die kaiserliche Herrschaft ab. Staatschef war zunächst Generalleutnant Aman Andom, der aber schon im Dezember 1974 mit anderen Militärs und Zivilbeamten hingerichtet wurde. Sein Nachfolger wurde Taderi Banti, der den DERG 1976 umorganisierte, um insbesondere den Einfluss von Oberstleutnant Mengistu Haile Mariam zurückzudrängen. Dieser rächte sich aber, als er 1977 Banti und fünf weitere Mitglieder hinrichtete und sich zum Staatschef erklärte.

Die sozialistische Republik

Differenzen: Die unterschiedlichen politischen Strömungen innerhalb des DERG führten zu Diskussionen, auf welche Weise der Sozialismus in Ä. einzuführen sei. Die maoistische Ethiopian People's Revolutionary Party (EPRP) strebte eine Zivilregierung und ein unabhängiges Eritrea an, während das marxistische Me'ei Sone für ein Militärregime eintrat. Von 1976 bis 1978 setzte der DERG eine Kampagne gegen die EPRP in Gang, in deren Verlauf viele Mitglieder verhaftet und die Partei faktisch aufgelöst wurde. Als die Führer des Me'ei Sone den DERG kritisierten, wurden auch sie 1979 verhaftet. Im Gegenzug unterstützte der DERG zum einen seine eigene, 1977 gegründete Partei Abyot Seded (»Revolutionäre Flamme«), betrieb zum anderen jedoch die Gründung einer kommunistischen Einheitspartei zur Vertretung aller Arbeiter. Deren 1980 unter Mengistu zusammengetretene Gründungskongress wurde zum offiziellen zivilen Parteigremium, der weiter bestehende Militärrat zum Politbüro, dessen Führungsgremium zum Exekutivkomitee und dessen Vorsitzender Mengistu zum Staatschef und Oberbefehlshaber der Streitkräfte.

Wirtschaftsordnung: Mit Einführung der sozialistischen Wirtschaftsordnung wurde 1975 neben Banken, Industrien u.a. der private Grundbesitz größtenteils enteignet. Damit wurde die Macht des Königshauses, des Adels und der nicht auf ihrem Land lebenden Großgrundbesitzer, die rund 70% des Landes besaßen, gebrochen. In gleicher Weise drängte die marxistisch-leninistische Regierung auch den Einfluss der von ihr als konterrevolutionär betrachteten Kirche zurück, die im Kaiserreich rund 20% des Ackerlandes besessen hatte, zurück. Dennoch spielen sowohl die äthiop. Kirche als auch der Islam im geistigen Leben der Bevölkerung noch eine wichtige Rolle.

Organisation für afrikanische Einheit (OAU)

Ziel der Organization of African Unity (OAU), die am 25.5.1963 in Addis Abeba gegründet worden ist und dort ihren Sitz hat, ist die Förderung der Einheit und der Solidarität der afrikan. Staaten sowie die Koordinierung der innerafrikan. und weltweiten Zusammenarbeit. Die Hauptorgane der OAU sind die jährliche Gipfelkonferenz, ein Ministerrat und ein Generalsekretariat. War die OAU in den ersten Jahren ihres Bestehens vor allem in ihrer Ablehnung der südafrikan. Apartheit geeint, so sind weitere Einigungsbemühungen bisher eher ergebnislos geblieben. Die Gründung einer African Economic Union in mehreren Etappen bis 2005 ist ebenso ohne reelle Chance wie es angesichts der ideologischen, religiösen und ethnischen Gegensätze die Aufstellung einer Interventionstruppe ist. (Foto: Eröffnungssitzung einer Konferenz der OAU in Addis Abeba, 10.12.1997)

»Grüne Revolution«: Da die meisten Bauern nur Subsistenzwirtschaft betrieben, die Anbaumethoden einfach und die Erträge gering waren, war ein Hauptziel der neuen sozialistischen Wirtschaftsordnung die Reorganisation der Landwirtschaft (»Grüne Revolution«): Mit Hilfe von Staatsbetrieben und Kooperativen sollte die Nahrungsmittelproduktion gesteigert werden, damit Hungersnöte vermieden und die hohen Kosten für Nahrungsmittelimporte gesenkt würden. Mit der Enteignung des Großgrundbesitzes ging eine Landverteilung an Kleinbauern einher, deren Besitz jedoch auf 10 ha begrenzt wurde.

Industrialisierung: Die industrielle Entwicklung Ä.s war zum Zeitpunkt des Militärputsches noch recht bescheiden. Zwar wurden einige Erze sowie Phosphat bergbaulich erschlossen, doch beschränkte sich die Schwerindustrie auf ein 1963 in Akaki bei Addis Abeba errichtetes Stahlwerk und eine von der Sowjetunion erbaute Erdölraffinerie bei Aseb am Roten Meer, die jedoch nur Importöl verarbeitete. Seit 1975 brachte die Regierung rund 130 Unternehmen, vorwiegend der Nahrungsmittel- und Textilindustrie, unter direkte oder indirekte staatliche Kontrolle. Bis 1980 stieg die industrielle Beschäftigung zwar um 13% und die Produktion um 22%, eine wirkliche

Mengistu Haile Mariam (r.) errichtete ein blutiges Militärregime in Äthiopen. Unter seiner Regierung kam es in den 70er Jahren zu einer verstärkten Zusammenarbeit mit der UdSSR. (Foto: Treffen mit Alexej Kossygin, dem Vorsitzenden des Ministerrats, im September 1979)

Industrialisierung des Landes konnte jedoch wegen zu geringer privatwirtschaftlicher Möglichkeiten nicht in Gang gebracht werden.

Politische Gleichschaltung

Die Sozialisierung Ä.s griff auch auf den Sozial-, Bildungs- und Rechtsbereich über. Der 1962 entstandene Gewerkschaftsbund wurde 1975 aufgelöst und durch die All-Ethiopia Trade Union (AETU) ersetzt; diese wurde 1978 endgültig unter staatliche Kontrolle gebracht, als die Gewerkschaftsführung wegen Einmischung in die Politik abgesetzt wurde. Unter staatliche Kontrolle kamen auch das seit 1977 kostenlose Gesundheitswesen sowie das Schulsystem, in dem seit 1978 der Marxismus-Leninismus zur Basis der Lehrpläne erklärt wurde.

Rechtssystem und Terrorkampagne: Im Rahmen der Entwicklung des sozialistischen Staates schuf die Militärregierung ein Rechtssystem besonderer Art. Unterhalb eines Obersten Militärgerichtes und der Distriktgerichte wurden die Richter von den Stadtteil- und Dorfkomitees gewählt. Als diese 1977 von der Regierung bewaffnet und aufgefordert wurden, sich politischer Gegner zu entledigen, kam es zu einer Terrorkampagne, bei der rund 2500 Menschen getötet und Tausende zur politischen Umerziehung interniert wurden. Vor diesem rechtlichen Hintergrund wurden seit 1975 Regimegegner und Christen verfolgt, eingesperrt, gefoltert, hingerichtet oder zu Zwangsarbeit verurteilt. Mehrere führende Persönlichkeiten gelten bis heute als vermisst.

Widerstandsbewegungen: Nach dem Staatsstreich brachen die seit langem schwelenden innenpolitischen Gegensätze auf, vor allem wuchs der Widerstand gegen die Führungsrolle der Amharen. Gegen die Zentralregierung des Vielvölkerstaates begehrten 1975 mehrere Provinzen auf – im Süden Ogaden, im Westen und Norden die Provinzen Goscham und Eritrea. Wegen des benachbarten, früher franz. Territoriums Afar und Issa lag Ä. mit Somalia im Streit. Im wirtschaftlich besser entwickelten Eritrea bildeten sich als Ausdruck des Widerstandes gegen den Zentralismus die Befreiungsbewegungen Eritrean Liberation Front (ELF), Eritrean People's Liberation Front (EPLF) und in Tigre die Tigray People's Liberation Front (TPLF).

Krieg zwischen Äthiopien und Somalia um die Provinz Ogaden

Der Grenzkonflikt zwischen Somalia und Äthiopien entzündete sich bereits 1964: Das dem Islam zugehörige Somalia beanspruchte die ostäthiop. Provinz Ogaden, in der vorwiegend Nomaden somal. Herkunft lebten. In den folgenden Jahren versuchte Somalia immer wieder, Äthiopien mit Waffengewalt zur Herausgabe Ogadens zu zwingen. Dabei erhielt es umfassende Militärhilfe von der UdSSR. Als in Äthiopien 1974 ein linksgerichtetes Regime die Macht übernahm, wechselte die UdSSR ihre Position und leistete dem strategisch bedeutsameren Äthiopien Waffenhilfe. 1977 brach Somalia seine diplomatischen Beziehungen mit der UdSSR ab und verkündigte die Generalmobilmachung. Schon ein Jahr später gelang es der gut ausgerüsteten äthiop. Armee mit kuban. und sowjet. Unterstützung in einer Großoffensive die somal. Truppen aus Ogaden zu vertreiben. Hauptleidtragende des Konflikts war die Zivilbevölkerung: 1977 waren 1,4 Mio Menschen nach Somalia geflohen, wo sie unter katastrophalen Bedingungen in Lager untergebracht wurden. (Foto: Ogaden-Flüchtlinge in einem somal. Lager)

Krieg gegen Somalia: Im Krieg mit Somalia und der von ihm unterstützten Western Somalia Liberation Front (WSLF) drangen im Sommer 1977 somal. Truppen in den Ogaden ein, um die dortigen Somalis zu unterstützen und die seit der Unabhängigkeit erhobenen Ansprüche durchzusetzen. Der Angriff wurde mit der Unterstützung kuban. und sowjet. Truppen 1978 zurückgeschlagen, nachdem ein auf 20 Jahre angelegter Freundschaftsvertrag mit der Sowjetunion abgeschlossen worden war. Die politisch gespaltenen Befreiungsbewegungen in Eritrea erzielten 1975–77 beachtliche Erfolge und schlossen die Truppen Ä.s in den Städten ein, erlagen aber seitdem zunehmend der Übermacht der Zentralregierung.
1982 wiederum versuchten äthiop. Truppen vergeblich, die somal. Regierung zu stürzen, indem sie mit rund 10 000 Mann die aufständische Somali Salvation Democratic Front unterstützte. 1987 erhielt Eritrea den Status einer autonomen Region; inzwischen waren jedoch aufgrund der anhaltenden Kriegswirren rund 500 000 Menschen ins Ausland geflohen. 1989 begannen die Rebellen der EPLF mit einer Großoffensive gegen die Regierungstruppen.

Demokratischer Neuanfang

Im Mai 1991 stürzte die Ethiopian People's Revolutionary Democratic Front (EPRDF) das Mengistu-Regime. Ein Nationalkongress legte im Juli grundsätzliche demokratische Prinzipien für die weitere staatliche Entwicklung fest und ernannte ein Übergangsparlament, das wiederum eine Übergangsregierung unter dem Staatschef Meles Zenawi wählte.
Verfassung: Bis 1994 wurde die neue Verfassung der Federal Democratic Republic of Ethiopia erarbeitet. Danach ist Ä. eine Bundesrepublik, bestehend aus neun Staaten und den beiden unabhängigen Städten Addis Abeba und Dire Dawa. Das Zweikammerparlament der Nationalversammlung (Shengo) besteht zum einen aus einem Council of Federation (Bundesrat), in das die Einzelstaaten 117 Mitglieder für fünf Jahre entsenden. Dabei ist jede anerkannte Nation bzw. ethnische Gruppe durch ein Mitglied vertreten. Je angefangener Million entsendet jedes Volk einen weiteren Vertreter. Für das Council of People's Representation (Repräsentantenhaus) werden zum anderen 548 Abgeordnete in allgemeinen Wahlen gewählt. Der Staatspräsident wird vom Repräsentantenhaus auf sechs Jahre gewählt und ernennt den Premierminister, der wiederum die Minister beruft. Diese Verfassung von 1995 beschränkt die Funktionen des Präsidenten auf rein repräsentative Aufgaben. Erstmals in der Geschichte Ä.s wurde auch ein Sezessionsrecht der Bundesländer festgelegt. Mit dieser Regelung sollen die Einheit des Vielvölkerstaates erhalten bleiben und die Spannungen zwischen den verschiedenen Volksgruppen abgebaut werden. Die einzelnen Bundesländer mit ihren eigenen Parlamenten (Regional Councils) sind weitgehend nach ethnischen Aspekten abgegrenzt worden.

Meles Zenawi (M.) forcierte in Äthiopien den Übergang zu einer demokratischen Ordnung. (Foto: Friedensgespräche der äthiop. Rebellenorganisationen in London, 1991)

Missernte und Hungerkatastrophe

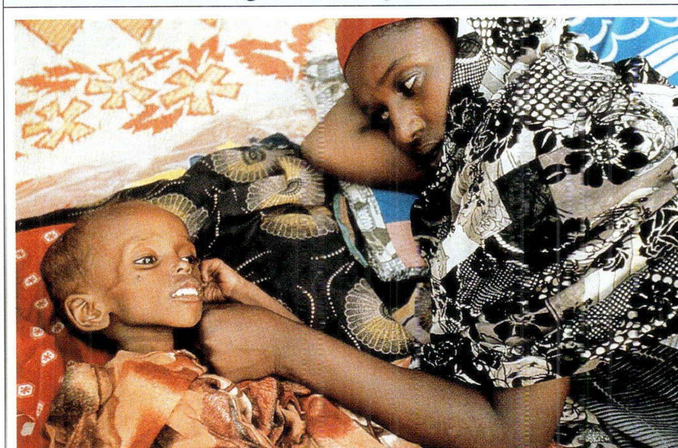

Als Folge einer schweren Dürre erlebte Äthiopien 1999 wieder einmal eine Missernte, die 2000 zu einer Hungersnot führte. Mehr als 8 Mio Äthiopier litten an Hunger, rund 20 Mio Menschen galten als unterernährt. Obwohl Äthiopien ein Agrarland ist, leidet das Land unter einem »strukturellen Nahrungsmitteldefizit«, d.h., dass selbst bei normalen Witterungsbedingungen ein Importbedarf von rund 400 000 t Getreide besteht, ohne dass der zusätzliche Bedarf berücksichtigt wird, der durch das schnelle Bevölkerungswachstum entsteht. Unterernährung, verbunden mit einer hohen Krankheitsanfälligkeit, sind die Ursache für die geringe Lebenserwartung und die anhaltend hohe Kindersterblichkeit.

Grenzkonflikte führten 1998 erneut zum Krieg mit Eritrea. (Foto: Äthiop. Panzer an der Grenze zu Eritrea, 1998)

Wahlen: Bei den ersten Mehrparteienwahlen in der Geschichte Ä.s erzielte die EPRDF mit 90% der Stimmen einen klaren Sieg. Die großen Oppositionsparteien boykottierten, trotz intensiver Vermittlungsbemühungen u. a. der USA, die Wahlen, die jedoch von ausländischen Beobachtern als mehrheitlich frei und fair bezeichnet wurden. Meles Zenawi bildete die erste frei gewählte Regierung.

Staatsoberhäupter Äthiopiens

Reg.-Zeit	*Name*	*Lebensdaten*
1889–1913	Menelik II.	1844–1813
1913–30	Zauditu	1876–1930
1930–74	Haile Selassie I.	1892–1975
1974–75	Aman Mikael Andom	1924–1974
1975–77	Teferi Banti	1921–1977
1977–91	Mengistu Haile Mariam	*1937
1991–95	Meles Zenawi	*1955
seit 1995	Negasso Gidada	*1944

Die wichtigsten Parteien im 20. Jahrhundert

Name (Abkürzung)	*Politische Richtung*	*Gründung*
Ethiopian People's Revolutionary Democratic Front (EPRDF)	Dachorganisation mehrerer Befreiungsbewegungen gegen das Mengistu-Regime[1)]	1989
Oromo Liberation Front (OLF)	Vertretung der Oromo	1989
All Amhara People's Organisation (AAPO)	Vertretung der früheren amharischen Machtelite, strebt den alten Zentralstaat an	1989
Southern Ethiopia Democratic Coalition (SEPDC)	Sammelorganisation für zehn Ethnien des Südens	1992
Western Somali Liberation Front (WSLF)	befürwortet die Vereinigung des Ogaden mit Somalia	1992
Ogaden National Liberation Front (ONLF)	befürwortet die Vereinigung des Ogaden mit Somalia	1992

1) zahlenmäßig dominiert von den Tigre

Krieg mit Eritrea: Zur Beendigung des Bürgerkrieges erkannte bereits die Übergangsregierung den Anspruch Eritreas auf Souveränität an. Im Referendum vom April 1993 sprach sich die eritre. Bevölkerung mit großer Mehrheit für die Unabhängigkeit des Landes aus, die am 24.5.1993 proklamiert wurde. Ausgelöst durch Grenzkonflikte begann 1998 jedoch erneut ein Krieg mit Eritrea, der, wenngleich gelegentlich erlahmend, erst im Juni 2000 durch einen Waffenstillstand beendet wurde.

Wirtschaftliche Entwicklung: Ä. bleibt weiterhin eines der am wenigsten entwickelten Länder der Erde und ein Agrarstaat, in dem die Landwirtschaft mehr als 50% des BIP und 90% der Exporte ausmacht sowie 80% aller Arbeitskräfte bindet; das einzige Agrarprodukt von Bedeutung ist Kaffee, der 60% der Exporterlöse erbringt. Bürgerkriege und Dürrekatastrophen haben seit den 80er Jahren zu einem drastischen Produktionsrückgang geführt. Da zudem die Bevölkerung stark wächst, sind ständige Nahrungsmittelimporte notwendig. Hungersnöte sind periodisch unvermeidlich und werden auf absehbare Zeit, wie schon in den 90ern, zu Hunderttausenden von Binnenflüchtlingen führen.

Das verarbeitende Gewerbe hängt entscheidend vom Agrarsektor ab Die Regierung beabsichtigt in Übereinstimmung mit dem Internationalen Währungsfonds und der Weltbank einen Teil dieser Betriebe zu privatisieren und die Wirtschaft zu liberalisieren. Voraussetzung für eine entscheidende Änderung der wirtschaftlichen Situation ist jedoch auch der Aufbau und die Wiederherstellung grundlegender Infrastuktursysteme. *H.-W. W.*

Australien

Australischer Bund

Der brit. Forscher James Cook landete 1770 auf seiner ersten Expedition (1768–71) an der südöstlichen Küste des Kontinents und reklamierte das Gebiet als »New South Wales« für die brit. Krone. England sah zunächst die Gründung einer Strafkolonie vor, daneben sprachen strategische und ökonomische Überlegungen für die Anlage einer Kolonie. 1788 erreichte die »First Fleet« mit 730 Häftlingen (»convicts«) New South Wales. Insgesamt wurden rund 160 000 Sträflinge bis zum Ende der Transporte 1852 bzw. 1868 (Westaustralien) nach A. – so die offizielle Bezeichnung des Kontinents seit 1817 – gebracht. In der Bevölkerung entstand ein anfangs konfliktträchtiger Dualismus zwischen »emancipists« (ehemalige Häftlinge) und »exclusivists« (freie Siedler).
Eigenständige brit. Kolonien wurden Van Diemen's Land (1825, seit 1856 »Tasmania«), Western Australia (1829), South Australia (1834), Victoria (1851) und Queensland (1859). Mitte des 19. Jh.s erhielten sie bis auf Western Australia (dort 1890) eigene Regierungen und Verfassungen.

Staatsgründung 1901

Der Ausbau der Infrastruktur, die beginnende Industrialisierung bzw. weltwirtschaftliche Verflechtung, aber auch die Rezession der 1890er Jahre und Sicherheitsstreben ließen am Ende des 19. Jh.s den Wunsch nach einer Föderation der austral. Kolonien laut werden. Ein Föderationsrat (»Federal Council«) wurde 1885 eingerichtet, 1891 und 1897/98 tagten verfassunggebende Versammlungen. Der von den Premiers 1899 ergänzte Verfassungsentwurf von 1898 wurde schließlich in den einzelnen Kolonien per Referendum angenommen und von Großbritannien im Jahr 1900 bestätigt. Der »Commonwealth of Australia« konstituierte sich am 1.1.1901 in Sydney als Bundesstaat mit einem Zwei-Kammern-Parlament (Repräsentantenhaus und Senat nach US-amerikan. Vorbild). Die Kolonien hießen künftig »Staaten«. A. gehörte weiterhin zum brit. Empire, Staatsoberhaupt blieb der brit Monarch, vertreten durch den Generalgouverneur. Um die Konkurrenz zwischen den Städten Sydney und Melbourne auszuräumen, bestimmte man 1913 Canberra im 1911 geschaffenen »Australian Capital Territory« (ACT) zur Hauptstadt. Die erste Parlamentssitzung fand dort 1927 statt.

Australien 2000	
Landesfläche	7,74 Mio km² (WR 6)
Einwohner	18,7 Mio (WR 52)
Hauptstadt	Canberra (310 000 Einwohner)
Sprache	Englisch
Währung	1 austral. Dollar (A$) = 100 Cents
Gliederung	6 Bundesstaaten, 2 Territorien
Staatsform	Parlamentarisch-föderative Monarchie im Commonwealth (seit 1901)
Religion	Christen (74%); Sonstige (13,1%); Konfessionslose (12,9%)
Bevölkerung	Weiße (95,2%); Ureinwohner (1,5%); Sonstige (3,3%)

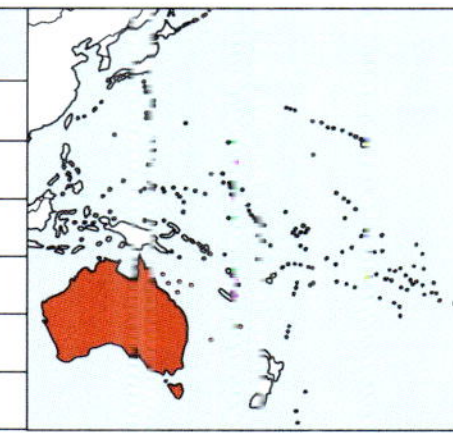

Weichenstellungen

Protektion: In der Zeit vor dem Ersten Weltkrieg wurden die Grundlagen für das austral. Staatswesen der nächsten Dekaden geschaffen, die von allen Regierungen getragen wurden. Eine Protektionspolitik mit einer wirtschaftspolitischen (Schutzzölle, Begünstigung brit. Waren) und einer gesellschaftlichen Komponente (Sozialgesetzgebung) setzte sich durch. Der 1904 geschaffene Schlichtungshof zur Regelung von Staaten übergreifenden Tarifkonflikten sorgte 1907 für einen gesetzlichen Mindestlohn für männliche Arbeiter (»Harvester Judgement«) und wurde in der Folgezeit zu einem wesentlichen Faktor der Lohnpolitik (Lohnfestlegungen).
White Australia: Mit der »White Australia«-Politik (u. a. »Immigration Restriction Bill« von 1901) steuerte A. die Einwanderung zugunsten der Aufrechterhaltung einer

Einwanderungsland Australien

»Assisted immigration«: Australien ist eines der großen, europäisch geprägten Einwanderungsländer. Im Rahmen der »White Australia«-Politik und der engen Bindung ans Mutterland wurde lange Zeit die Zuwanderung von Briten (und anderen europäischen Siedlern) gefördert. 1901–20 brachte die staatlich finanzierte »assisted immigration« rund 207 000 Einwanderer nach Australien, 1921–40 etwa 219 400, 1946–60 fast 854 000, 1961–70 ca. 375 000 und 1971–80 fast 390 000. (Foto: Deutschstämmiger Weinbauer in Australien, 1900)

Australien im 20. Jahrhundert

1900	Das brit. Parlament verabschiedet das Gesetz zur Konstitution des »Commonwealth of Australia« (9.7.); Königin Victoria unterzeichnet die Gründungsurkunde (17.9.).
1901	Proklamation des »Commonwealth of Australia« (1.1.); Melbourne wird provisorische Hauptstadt.
1902	Frauen erhalten das Wahlrecht bei Bundeswahlen.
1903	Schaffung eines Obersten Gerichtshofs (Federal High Court).
1907	Australien erhält den Status eines Dominions.
1911	Das Northern Territory (bislang zu South Australia) wird der Bundesverwaltung unterstellt.
1914–18	Als brit. Dominion Teilnahme am Ersten Weltkrieg.
1915	Austral. und neuseeländ. Truppen (ANZACs) nehmen am Dardanellen-Feldzug teil; sie landen am 25.4. (»ANZAC-Day«) auf der Halbinsel Gallipoli/Türkei.
1919	Australien erhält das Völkerbundmandat über ehemalige deutsche Pazifikgebiete, darunter Deutsch-Neuguinea.
1924	Einführung der Wahlpflicht bei Bundeswahlen.
1933	Western Australia stimmt in einem Referendum für die Loslösung vom austral. Bund; die brit. Regierung lehnt die Petition 1935 ab.
1939–45	Teilnahme am Zweiten Weltkrieg auf Seiten der Alliierten.
1942	Australien ratifiziert das Statut von Westminster (1931), das den Mitgliedern des brit. Commonwealth die vollständige Souveränität gewährt.
1945	Australien ist Gründungsmitglied der Vereinten Nationen (UN).
1947	Gründung der South Pacific Commission (SPC/CPS); 1948 Aufnahme der Arbeit; Name seit Februar 1998: Pacific Community.
1949	Der brit. und der ehemals dt. Teil von Neuguinea werden unter austral. Verwaltung zusammengefasst; ein Legislativrat wird 1951 eingerichtet.
1950–53	Teilnahme am Koreakrieg; insgesamt kommen 15 000 Mann zum Einsatz.
1950	Australien unterzeichnet den Colombo-Plan zur Unterstützung von asiat. Entwicklungsländern (v. a. Ausbildung von Fachkräften in Australien).
1951	Australien, Neuseeland und die USA schließen den ANZUS-Pakt (Pazifikpakt), der 1952 in Kraft tritt.
1954	Australien, Frankreich, Großbritannien, Neuseeland, Pakistan, die Philippinen, Thailand und die USA gründen die SEATO (1955–77).
	Queen Elizabeth II. besucht Australien (erste Staatsvisite eines amtierenden brit. Monarchen).
	Petrov-Affäre: diplomatische Beziehungen zur UdSSR werden fünf Jahre lang abgebrochen (ab 1983 wieder normalisierte Beziehungen).
1956	Olympische Spiele in Melbourne.
1963	Unterzeichnung des Atomteststoppabkommens.
1965–73	Australien unterstützt die USA im Vietnamkrieg durch Truppen.
1971	Gründung des South Pacific Forum (SPF).
1973	Aufhebung des Appellationsrechts der austral. Gerichte an den Londoner Privy Council.
1975	Papua-Neuguinea erlangt die Unabhängigkeit.
1978	Das Northern Territory erhält die Selbstverwaltung.
1986	Der »Australia Act 1986« löst die letzten rechtlichen Bindungen an Großbritannien.
1989	Australien gehört zu den Gründungsmitgliedern der APEC.
1993	Premierminister John Keating (ALP) fordert die Beendigung des Dominion-Status und die Proklamation einer Republik Australien für das Jahr 2001; die Entscheidung soll durch ein Referendum fallen.
1998	Das Northern Territory votiert in einem Referendum dagegen, ein vollberechtigter Bundesstaat zu werden.
1999	In einem Referendum stimmen 54,7% der Wähler gegen die Einführung der Republik; ein zweites Referendum lehnt den Entwurf einer neuen Präambel für die Verfassung ab.
2000	Olympische Spiele in Sydney.

»weißen«, d. h. hauptsächlich brit. Gesellschaft. Die Einwanderung von Briten förderte die Bundesregierung teilweise auch finanziell. Hinzu kamen weitere diskriminierende Bestimmungen auf Bundes- und Staatenebene, welche die nicht-weiße Bevölkerung zu Individuen zweiter Klasse innerhalb der austral. Gesellschaft machten.

Innenpolitik: Durch die Betonung des föderativen Elements waren die Kompetenzen der Bundesregierung und des Bundesparlaments gegenüber den Einzelstaaten deutlich eingeschränkt. Ein stetes Ziel der Bundespolitik war es, größere Befugnisse zu erkämpfen. Das Frauenwahlrecht bei Bundeswahlen wurde 1902 eingeführt. Die Sozialgesetzgebung sorgte u. a. für eine Altersversorgung (1908) und Mutterschaftsgeld (1912); die nicht-weiße Bevölkerung blieb von diesen Errungenschaften jedoch größtenteils ausgeschlossen. Die große Zuwanderung (1906–14: 393 048 Immigranten) begünstigte Inflation sowie Lohndruck und führte zu industriellen Auseinandersetzungen (Streiks 1907, 1909/10 und 1912), bei denen die Gewerkschaften ihre Forderungen aber nicht durchsetzen konnten.

Außenpolitik: Als dünn besiedeltes Land (1901: 3,774 Mio; 1916: 4,943 Mio; 1936: 6,778 Mio Einwohner) im bevölkerungsreichen asiat. Umfeld suchte A. die politische Nähe der Seemacht Großbritannien, die als »natürlicher« Verbündeter im Sinne von White Australia im austral. Sicherheitskonzept bis zum Zweiten Weltkrieg die zentrale Rolle spielte. Im Gegenzug beteiligte sich A. aktiv an brit. Kolonialkonflikten: So kämpften im Burenkrieg (1899–1902) etwa 16 000 austral. Soldaten auf brit. Seite. 1907 erhielt A. den Dominion-Status, war damit verfassungsrechtlich zwar noch Kolonie, konnte aber im Inneren und wirtschaftspolitisch als souveräner Staat agieren.

Australien im Ersten Weltkrieg

Gallipoli: Auch im Ersten Weltkrieg kämpfte A. auf Seiten der Briten. Eine »Australian Imperial Force« (AIF) zum Einsatz in Europa wurde aufgebaut (im Ausland 331 781 Mann, davon fielen 53 884); zugleich besetzte A. einen Teil der deutschen Kolonien im Pazifik. Die austral. und neuseeländ. Kontingente für Europa vereinigten sich zum »Australia and New Zealand Army Corps« (ANZAC). Die Teilnahme der ANZACs am letztlich erfolglosen Dardanellen-Feldzug 1915, der mit der Landung auf der türk. Halbinsel Gallipoli am 25.4.1915 (»ANZAC Day«) begann, begrün-

Im Ersten Weltkrieg versuchten brit. Matrosen 1915, eine osman. Verteidigungsstellung auf der Halbinsel Gallipoli zu erstürmen. Die Angriffe des alliierten Landungskorps, an denen auch Australier beteiligt waren, blieben jedoch stecken, die Eroberung der Dardanellen misslang.

dete einen nationalen Mythos und verstärkte das austral. Nationalbewusstsein. Die austral. leichte Kavallerie kämpfte 1916–18 weiter gegen die Türkei, während der Hauptteil der austral. Soldaten an der Westfront in Frankreich zum Einsatz kam.

Spaltung der Labor Party: Der Labor-Premierminister William M. Hughes (1915–23) sprach sich 1916 für die Einführung der Wehrpflicht für den Übersee-Einsatz aus, was auf breite Ablehnung innerhalb der Labor Party stieß und schließlich zur Spaltung der Partei führte. Hughes blieb zunächst Regierungschef einer »nationalen« Regierung (1916), dann bis 1923 als Führer der neu gegründeten Nationalist Party. Zwei von ihm initiierte Referenden zur Einführung der Wehrpflicht (1916/17) scheiterten jedoch knapp.

Friedensverhandlungen: Nach Kriegsende trat Premierminster Hughes an der Spitze der austral. Friedensdelegation für hohe Reparationszahlungen des Deutschen Reiches ein. Wichtig für A. war die Frage der deutschen Kolonien im Pazifik, die unter austral. Völkerbundmandatsverwaltung (u.a. Nauru, Neuguinea) fielen. Die vorgesehene Freizügigkeit in den Mandatsgebieten wurde nicht umgesetzt: Da A. eine massive japan. Einwanderung befürchtete, durfte es schließlich die eigenen Einwanderungsgesetze auch in den Mandatsgebieten anwenden.

Zwischenkriegszeit

Country Party: Als neue politische Kraft trat die ländlich orientierte Country Party (CP) ab 1920 bundesweit in Erscheinung. Mit der Nationalist Party, die mit Stanley Bruce 1923–29 den Premierminister stellte, bildete sie ab 1923 eine Regierungskoalition. Durch Preisfestlegungen und Subventionen zugunsten der einheimischen Primärproduktion baute sie die Protektionspolitik 1923–28 aus. Die Streiks der Hafenarbeiter und Seeleute 1925/26 suchte die Regierung u.a. durch eine Verschärfung der White Australia-Politik zu beenden, scheiterte damit aber 1925 vor dem High Court und 1929 an den Wahlurnen.

Depression: Die kurze Phase der Labor-Regierung (1929–32) wurde von der Weltwirtschaftskrise überschattet. Die Exportpreise fielen, brit. Kapital wurde abgezogen und die Arbeitslosigkeit stieg auf ca. 33% (1933). Auf Anraten des brit. Bankiers Sir Otto Niemeyer übernahm A. eine Politik der Ausgabenkürzung und ausgeglichenen Staatshaushalte

Zweite Spaltung der Labor Party: Innerparteiliche Differenzen über den politischen Kurs zur Bewältigung der Wirtschaftskrise hatten 1931 eine erneute Spaltung der ALP zur Folge. Joseph Aloysius Lyons verließ die Regierung unter Premierminister James Scullin und gründete zusammen mit der Nationalist Party die konservative United Australia Party (UAP). Ein Jahr später wurde Lyons Premierminister einer UAP/CP-Regierung (1932–39). Diese setzte die Austeritätspolitik fort, versuchte die Arbeitslosigkeit zu senken und bekämpfte die kommunistische Bewegung.

Außenpolitik: Die japan. Aggressionspolitik empfand A. zunehmend als Bedrohung. Im »Tanaka Memorandum« (1927) des japan. Ministerpräsidenten General Tanaka wurde A. zur Interessensphäre Japans gerechnet. A. an-

dererseits versuchte seit 1936, die Konkurrenz der japan. Textilindustrie auf dem austral. Markt auszuschalten.
Immigration: Die Einwanderungsförderung blieb ein zentrales Thema. 1921–29 holte A. 212 000 neue Bürger ins Land. Die Regierung Bruce (1923–29) unterstützte durch den Ausbau der regionalen Infrastruktur ihre Ansiedlung auf dem Lande.

Australien im Zweiten Weltkrieg

Einsatzgebiete: Gemeinsam mit Großbritannien erklärte A. am 3.9.1939 dem Deutschen Reich den Krieg (Kriegserklärung an Italien am 11.6.1940). Austral. Truppen wurden u. a. in Nordafrika, Griechenland, im Nahen Osten und im Pazifik eingesetzt (insgesamt in Übersee: 396 661 Soldaten, davon fielen 33 826). Ihr Einsatz trug entscheidend zur deutschen Niederlage in Nordafrika bei.

Die Premierminister Australiens im 20. Jahrhundert

Reg.-Zeit	*Name (Lebensdaten)*	*Parteizugehörigkeit*
1901–03	Edmund Barton (1849–1920)	Liberal Protectionist
1903/04	Alfred Deakin (1856–1919)	Liberal Protectionist
1904	John Christian Watson (1867–1941)	Labor Party
1904/05	George Houstoun Reid (1845–1918)	Free Trader
1905–08	Alfred Deakin (1856–1919)	Liberal Protectionist
1908/09	Andrew Fisher (1862–1928)	Labor Party
1909/10	Alfred Deakin (1856–1919)	Liberal Party
1910–13	Andrew Fisher (1862–1928)	Labor Party
1913/14	Joseph Cook (1860–1947)	Liberal Party
1914/15	Andrew Fisher (1862–1928)	Labor Party
1915–23	Billy (William) Morris Hughes (1862–1952)	Labor Party [1)]
1923–29	Stanley Melbourne Bruce (1883–1967)	Nationalist Party
1929–32	James Henry Scullin (1876–1953)	ALP
1932–39	Joseph Aloysius Lyons (1879–1939)	UAP
1939	Earl Christmas Grafton Page (1880–1961)	Country Party
1939–41	Robert Gordon Menzies (1894–1978)	UAP
1941	Artie (Arthur William) Fadden (1895–1973)	Country Party
1941–45	John Joseph Ambrose Curtin (1885–1945)	ALP
1945	Frank (Francis) Michael Forde (1890–1983)	ALP
1945–49	(Joseph) Ben(edict) Chifley (1885–1951)	ALP
1949–66	Robert Gordon Menzies (1894–1978)	Liberal Party
1966/67	Harold Edward Holt (1908–1967)	Liberal Party
1967/68	John McEwen (1900–1980)	Country Party
1968–71	John Grey Gorton (*1911)	Liberal Party
1971/72	William McMahon (1908–1988)	Liberal Party
1972–75	(Edward) Gough Whitlam (*1916)	ALP
1975–83	(John) Malcolm Fraser (*1930)	Liberal Party
1983–91	Bob (Robert) James Lee Hawke (*1929)	ALP
1991–96	John Paul Keating (*1944)	ALP
seit 1996	John Winston Howard (*1939)	Liberal Party

1) ab 1917 Nationalist Party

Krieg im Pazifik: Nach dem japan. Angriff auf Pearl Harbor folgte die austral. Kriegserklärung an Japan (9.12.1941). Bis zum Frühjahr 1942 eroberte die japan. Armee einen Großteil von Südostasien, am 15.2.1942 nahm sie den brit. Flottenstützpunkt Singapur ein – 15 384 Australier gerieten dabei in Kriegsgefangenenschaft – und am 19.2.1942 bombardierten japan. Kampfflieger die austral. Städte Darwin und Broome. Die Furcht vor einer japan. Invasion wuchs nach der Landung der Japaner an der Ostküste Neuguineas (am 23.1.1942 Einnahme von Rabaul; im April 1942 begann der Angriff auf Port Moresby).
Außenpolitische Umorientierung: A. beorderte Anfang 1942 seine 7. Division zur Landesverteidigung zurück, anstatt sie, wie von den Briten gewünscht, in Burma einzusetzen. 1942 ratifizierte A. auch das Statut von Westminster (1931), demzufolge sich die Dominions des brit. Empire von der Gesetzgebung des brit. Parlaments lösen konnten und damit volle Gesetzeshoheit erhielten. Militärstrategisch wandte sich A. nun den USA zu: Das US-amerikan. Oberkommando im Pazifik wurde akzeptiert und US-Soldaten in A. stationiert. An der verlustreichen Zurückdrängung der Japaner hatten austral. Soldaten maßgeblichen Anteil. 1943 dehnte die Labor-Regierung die Wehrpflicht für den Einsatz im Südpazifik aus.
Innenpolitik: Im Krieg kam es 1941 zum Machtwechsel von UAP/CP zu Labor. Der Labor-Regierung unter John Curtin (1941 bis 1945) gelang es kriegsbedingt, die Kompetenzen der Bundesregierung stark zu erweitern. Durch Preiskontrollen, Rationierungsvorschriften und Lenkung des Arbeitskräftebedarfs wurden weite Teile des öffentlichen Lebens bestimmt. Seit 1942 verfügte allein der Bund über die Einkommenssteuer. Auf der Basis dieser neuen Machtfülle begann Labor ab 1943 den Ausbau des Wohlfahrtsstaates.

Frühe Nachkriegszeit (bis 1949)

Reformenthusiasmus in der Arbeiterbewegung und bei fortschrittlichen Intellektuellen prägten die unmittelbare Nachkriegszeit A.s. Die Sozialpolitik wurde fortgesetzt und 1946 erhielt der Bund per Referendum auch in Friedenszeiten die Zuständigkeit für das Sozialwesen. Geplant waren ein Ausbau der Staatskontrolle im Wirtschaftssektor und die Verstaatlichung der Privatbanken. Dennoch brachen Streiks im Bergbau und in der Werftindustrie aus, u.a. weil die Labor-Regierung von Ben Chifley (1945–49) die Rationierungspolitik des Krieges beibehielt. Den Bergbaustreik 1949 beendete die Regierung durch den Einsatz von Militär.

Dominanz der Konservativen (1949–72)

Liberal Party: 1944 gründete Robert Gordon Menzies die neue konservative Liberal Party of Australia (LPA), die zusammen mit der Country Party bis 1972 die austral. Regierungen stellte. Menzies selbst fungierte 1949–66 als Premierminister. Die Furcht vor einer kommunistischen Expansion in Südostasien und vor einer Infiltration A.s wurde im Kalten Krieg gegen die Labor Party genutzt. Der bis in die 70er Jahre anhaltende Wirtschaftsboom und die Konzeptionslosigkeit der zerstrittenen Labor Party (erneute Spaltung 1955/56) trugen zum Machterhalt der konservativen Kräfte bei.

Anti-Kommunismus: Zu den ersten Maßnahmen der Regierung Menzies gehörte der Versuch, die Communist Party of Australia zu verbieten, was aber in einem Referendum 1951 knapp scheiterte. Für innenpolitische Unruhe sorgte 1954 die Petrov-Affäre (Asylersuchen eines Sekretärs der sowjet. Botschaft in Canberra), die weitreichende Untersuchungen über eine sowjet. Spionagetätigkeit in A. nach sich zog.

Außenpolitik: Nach den Erfahrungen des Zweiten Weltkriegs sah A. die Notwendigkeit eines pazif. Sicherheitssystems, in dem die USA weiterhin die führende Rolle spielen sollten. 1951 entstand der ANZUS-Pakt und 1954 gehörte A. zu den Gründungsmitgliedern des Südostasienpakts SEATO (1955–77). Austral. Truppen beteiligten sich im Rahmen der US-amerikan. »Eindämmungspolitik« am Korea- (1950–53) und Vietnamkrieg (1965–73). Wichtig für die Außenverteidigung wurde ein Ring von vorgelagerten Inseln, die in den 50er/60er Jahren vom Brit. Commonwealth übernommen wurden: Cocos (Keeling) Islands (1955), Christmas Island (1958) und Coral Sea Islands Territory (1969). Der von A. initiierte »Colombo Plan« (1950) des Brit. Commonwealth propagierte eine gezielte, bilateral ausgerichtete Entwicklungshilfe für die südostasiat. Staaten. Die Anhebung des Lebensstandards sollte die Ausbreitung sozialistischen Gedankenguts verhindern.

Einwanderung: Die massive Förderung der Immigration hatte neben wirtschaftlichen (Arbeitskräftemangel) auch sicherheitspolitische Gründe. Bevorzugt wurden durch die Programme der »assisted migration« vor allem Briten sowie andere Europäer. »White Australia« blieb bestimmend. Von Mitte 1947 bis

Staatsoberhäupter Australiens

Reg.-Zeit	*Name (Herrschergeschlecht)*	*Lebensdaten*
1837–1901	Victoria I. (Hannover)	1819–1901
1901–10	Edward VII. (Sachsen-Coburg)	1841–1910
1910–36	George V. (Windsor)	1865–1936
1936	Edward VIII. (Windsor)	1894–1972
1936–52	George VI. (Windsor)	1895–1952
seit 1952	Elizabeth II. (Windsor)	*1926

Mitte 1959 kamen 701 841 Europäer (davon 51,3% Briten) als unterstützte Zuwanderer nach A., von Mitte 1959 bis Ende 1968 folgten weitere 1,127 Mio Europäer (davon 58,4% Briten).

Gesellschaftlicher Aufbruch nach 1972

Labors kurzer Triumph: Nach 23 Jahren in der Opposition gewann die Labor Party die Wahlen vom Dezember 1972. Die Regierung unter Edward Gough Whitlam (1972–75) trat mit Visionen zur Schaffung eines »neuen« A. an. Ihre Reformpolitik betraf das Bildungs- und Gesundheitswesen, die gesellschaftliche Gleichstellung (u. a. im Lohnsektor) und eine größere Beteiligung der Bevölkerung an politischen Entscheidungsprozessen. In der öffentlichen Meinung wurde Labor jedoch bald als Bedrohung für die überkommene gesellschaftliche Ordnung betrachtet, eine Umverteilung des Wohlstands befürchtet. Der mehrheitlich

Auf der Gründungssitzung der SEATO am 8.9.1954 in Manila waren Australien, Frankreich, Großbritannien, Neuseeland, Pakistan, die Philippinen, Thailand und die USA vertreten.

Die Generalgouverneure Australiens im 20. Jahrhundert

Amtszeit	*Name*	*Lebensdaten*
1901–03	Earl of Hopetoun (John Adrian Louis Hope)	1860–1908
1903/04	Lord Tennyson (Hallam Tennyson)	1852–1928
1904–08	Baron Northcote (Henry Stafford Northcote)	1846–1911
1908–11	Earl of Dudley (William Humble Ward)	1867–1932
1911–14	Lord Denman (Thomas Denman)	1874–1954
1914–20	Sir Ronald Craufurd Munro-Ferguson	1860–1934
1920–25	Lord Forster (Henry William Forster)	1866–1936
1925–31	Lord Stonehaven (Sir John Lawrence Baird)	1874–1941
1931–36	Sir Isaac Alfred Isaacs 1)	1855–1948
1936–45	Lord Gowrie (Alex. Gore Arkwright Hore-Ruthven)	1872–1955
1945–47	Prince Henry William Frederick Albert, Duke of Gloucester	1900–1974
1947–53	Sir William John McKell 1)	1891–1985
1953–60	Sir William Joseph Slim	1891–1970
1960/61	Viscount Dunrossil (William Shepherd Morrison)	1893–1961
1961–65	Viscount De L'Isle (William Philip Sidney)	1909–1991
1965–69	Lord Casey (Richard Gardiner Casey) 1)	1890–1976
1969–74	Sir Paul Meernaa Caedwall Hasluck 1)	1905–1993
1974–77	Sir John Robert Kerr 1)	1914–1991
1977–82	Sir Zelman Cowen 1)	*1919
1982–89	Sir Ninian Martin Stephen 1)	*1923
1989–96	William George Hayden 1)	*1933
seit 1996	Sir William Patrick Deane 1)	*1931

1) In Australien geboren

Die wichtigsten Parteien im 20. Jahrhundert

Name (Abkürzung)	*Politische Richtung/Entwicklung*	*Gründung*
Australian Labor Party (ALP)	sozialdemokratische Reformpartei; seit 1918 landesweit unter dem Namen ALP	1891
»Fusion« Liberal Party	konservativ; Fusion von Protectionists, Anti-Sozialisten und Free-Traders; seit 1913/14 als »Liberal Party« bezeichnet	1909
Nationalist Party	konservativ; Fusion von »alter« Liberal Party und Abspaltung der ALP (National Labor Party; 1916 gegr.) unter W. M. Hughes	1917
Communist Party of Australia (CPA)	sozialistisch	1920
Country Party (CP)	konservative Landpartei; späterer Name »National Country Party«; seit 1983: »National Party of Australia« (NPA)	1920
United Australia Party (UAP)	konservativ; Fusion von Nationalist Party und Abspaltung der ALP	1931
Liberal Party of Australia (LPA)	konservative Neugründung; aus der UAP hervorgegangen	1944
Democratic Labor Party (DLP)	vom anti-kommunistischen Flügel und früheren Mitgliedern der ALP gegründet; 1978 offiziell aufgelöst	1956
Australia Party (AP)	gemäßigte Reformpartei; hervorgegangen aus einer Abspaltung der LPA	1969
Socialist Party of Australia (SPA)	sozialistisch; prosowjet. CPA-Abspaltung; seit 1996 wieder unter dem Namen CPA	1971
Australian Democrats (AD)	gemäßigt; von Don Chipp, einem ehem. Minister der Liberal Party, gegründet	1977
Pauline Hanson's One Nation	nationalistische, rechtsgerichtete Partei	1997

konservative Senat lehnte 1975 die Budgetvorlage der Regierung ab. Generalgouverneur Sir John Robert Kerr entließ daraufhin die gesamte Whitlam-Regierung. Aus den folgenden Wahlen ging die Koalition aus Liberal Party und Country Party unter Premierminister Malcolm Fraser (1975–83) siegreich hervor.

Außenpolitik: A. reagierte unter Whitlam auf die weltpolitischen Veränderungen und zog die austral. Tuppen aus Vietnam ab (1973). 1972 nahm A. diplomatische Beziehungen zur VR China und 1973 zu Nord-Vietnam auf. Ziel war eine größere Gestaltungsfreiheit in der Außenpolitik. Die Unabhängigkeit Papua-Neuguineas (1975) markierte das Ende der austral. »Kolonialpolitik«. Der brit. Rückzug aus Südostasien und der EG-Beitritt Großbritanniens (1973) lockerten die Beziehungen zum einstigen »Mutterland« weiter. Seit Mitte der 60er Jahre war Japan der wichtigste Handelspartner. Die traditionell enge Zusammenarbeit A.s mit Neuseeland wurde intensiviert: Die Freihandelszone NAFTA (1966) wurde durch die »Closer Economic Relations« (CER, 1983) abgelöst. Seit 1990 läuft der Warenverkehr zwischen beiden Ländern ungehindert. Für die Bürger besteht Freizügigkeit. Seit der indones. Besetzung Ost-Timors (1976) war das Verhältnis zu Indonesien angespannt. 1995 kam dennoch ein Sicherheitsabkommen beider Staaten zustande. Dieses kündigte Indonesien auf, als sich austral. Soldaten 1999/2000 führend an der UN-Friedensmission auf Ost-Timor beteiligten. Die französ. Atomtests im Pazifik führten zu diplomatischen Auseinandersetzungen und veranlassten A. 1983 und 1995 zu zeitlich befristeten Ausfuhrstopps von Uran nach Frankreich.

Wirtschaftsreformen: Als Reaktion auf die Rezessionsphase seit den 70er Jahren begannen die ALP-Regierungen unter Bob Hawke (1983–91) und Paul Keating (1991–96) – danach auch der liberale Premierminister John Howard (seit 1996) – mit dem Abbau des wirtschaftlichen Protektionismus zugunsten einer offenen Marktwirtschaft. Die Wirtschaftsstruktur wurde diversifiziert; weiterhin lieferten aber Landwirtschaft und Bergbau die wichtigsten Exportprodukte. Durch Reformen im Finanzsektor, im öffentlichen Dienst, auf dem Arbeitsmarkt (u. a. Lohnpolitik, Beschneidung des gewerkschaftlichen Einflusses), Privatisierungen sowie die Modernisierung des Steuersystems bis hin zur Einführung einer umstrittenen Mehrwertsteuer zum 1.7.2000 wurde in den 90er Jahren ein beachtliches Wirtschaftswachstum erreicht

Stichwort: Aborigines – zur Situation der australischen Ureinwohner

Bevölkerungsentwicklung: Bei Ankunft der ersten europäischen Siedler 1788 lebten je nach Schätzung 300 000 bis über 1 Mio Aborigines und Torres Strait Islander in Australien. Eingeschleppte Seuchen, Verdrängung, Ausrottung und Diskriminierung führten zu einem drastischen Rückgang der Urbevölkerung auf 93 000 (1901) bzw. 72 000 Personen (1921). Bis ins 20. Jh. wurde fälschlicherweise mit einem baldigen »Verschwinden« der Aborigines gerechnet. In der zweiten Hälfte des 20. Jh.s stieg die Zahl der Aborigines jedoch wieder an, wie die Zensusergebnisse seit 1971 zeigen (1971: 115 953 Personen; 1986: 227 645; 1996: 386 049; Prognose 2001: 427 162).

Staatliche Politik: Die austral. Verfassung von 1901 legte fest, dass die Aborigine-Politik ausschließlich in die Zuständigkeit der einzelnen Staaten fiel. Erst durch die Verfassungsänderung nach dem Referendum von 1967 durfte der Bund landesweite Gesetze für Aborigines erlassen. Der Umgang mit den Aborigines durchlief in den Staaten und im Bund (seit 1911 zuständig für das Northern Territory) ähnliche, zeitlich nicht genau getrennte Phasen: Protektion (u.a. Reservate mit zwangsweiser Unterbringung, Kontrolle aller Lebensbereiche), Assimilation (1951 offiziell formuliert), Integration (seit den 60er Jahren) und »self-management« (seit den 70er Jahren).

Aborigine-Vertretungen: Eine Protestbewegung der Aborigines entstand in den 30er Jahren, nach dem Zweiten Weltkrieg dann in Form von Mischorganisationen aus Weißen und Aborigines (v. a. ehemalige Soldaten und »Stolen Generations«). Im Zuge des Erstarkens der »schwarzen« Bürgerrechtsbewegung in den 60er/70er Jahren übernahmen die Aborigines weitgehend deren Führung. Sie erhielten 1962 landesweit das Wahlrecht bei Bundeswahlen und 1967 die vollen Bürgerrechte. Wichtige, staatlich eingesetzte und finanzierte Einrichtungen zur Interessenvertretung der Aborigines waren das »National Aboriginal Consultative Committee« (NACC, 1973) und die nachfolgende »National Aboriginal Conference« (NAC, 1979–85). Seit 1990 arbeitet die »Aboriginal and Torres Strait Islander Commission« (ATSIC) mit gewählten Vertretern auf drei Ebenen. 1999 wurde erstmals die ATSIC-Chairperson (Goeff Clark) gewählt.

Landrechte: Die brit. Kolonialverwaltung und die austral. Regierungen gingen bis 1992 vom »terra nullis«-Prinzip aus, demzufolge der austral. Boden vor 1788 niemandem gehörte. Seit den 60er Jahren des 20. Jh.s gab es in einzelnen Staaten beschränkte Zugeständnisse in der Landrechtsfrage. 1985 wurde der Uluru-Nationalpark (mit Ayers Rock bzw. »Uluru«) an die Aborigines zurückgegeben. Die endgültige Abkehr vom »terra nullis«-Prinzip erfolgte erst mit dem »Native Title Act« (1993, in Kraft seit 1.1.1994), der die Rückgabe von Landrechten oder Entschädigungszahlungen vorsieht. Der High Court bestätigte das Gesetz 1995 als landesweit bindend. Konflikte zwischen Aborigines und Landpächtern sowie Bergbauunternehmen veranlassten die konservative Regierung unter John Howard 1998 zu einer Ergänzung des Gesetzes (»Native Title Amendment Act«), welche die Rechtsansprüche der Aborigines in Bezug auf Pachtland und bergbauliche Nutzung erheblich einschränkte.

Stolen Generations: Ein dunkles Kapitel der austral. Aborigine-Politik, das erst in den 90er Jahren in das Bewusstsein der Öffentlichkeit trat, war die seit Beginn der Kolonialzeit betriebene Zwangsadoption von Aborigine-Kindern oder deren Unterbringung in staatlichen und kirchlichen Heimen. Betroffen waren allein zwischen 1910 und 1970 etwa 100 000 Kinder. Erst mit Hilfe des »Aboriginal Legal Service« (1972) war es den Eltern möglich, gegen den Kindesentzug vorzugehen. 1998 beging Australien einen nationalen »Sorry Day«. Eine offizielle Entschuldigung oder finanzielle Entschädigungen durch die Regierung blieben bislang aus. An einem »Marsch für die Versöhnung« nahmen am 28.5.2000 in Sydney 150 000 Menschen teil.

Chancengleichheit: Ein vom Bundesparlament eingerichteter »Aussöhnungsrat« (Council for Aboriginal Reconciliation; drei Amtszeiten 1991–2000) aus Aborigines sowie Vertretern von Politik und Gesellschaft sollte bis zur Jahrhundertfeier der Staatsgründung 2001 die Voraussetzungen für einen Ausgleich schaffen. Auch Mitte der 90er Jahre waren die Aborigines in der austral. Gesellschaft benachteiligt. Sie waren schlechter ausgebildet und überdurchschnittlich oft von Arbeitslosigkeit betroffen. Die Lebenserwartung lag 1994–96 (Männer: 57 Jahre; Frauen: 62 Jahre) deutlich unter dem austral. Durchschnitt (1998: 80 Jahre). Der Anteil der Aborigines unter den Inhaftierten lag bei 15%, ihr Bevölkerungsanteil nur bei 1,5%.

An Sydneys Bondi Beach demonstrierten Aborigines im März 1998 mit einem symbolischen »Meer der Hände« aus 100 000 farbigen Gummihandschuhen gegen ein umstrittenes Gesetz der Bundesregierung zum Landrecht der Aborigines.

(reales BIP-Wachstum 1995–98: 4,2% pro Jahr; 1999: ca. 4,4%). Im Rahmen der APEC (Asian-Pacific Economic Cooperation; 1999: 21 Mitgliedsstaaten), der A. seit ihrer Gründung 1989 in Canberra angehört, ist bis 2010/2020 die Schaffung einer Freihandelszone vorgesehen.

Einwanderungspolitik: Nachdem 1966 die Einwanderungsgesetze gelockert worden waren, erfolgte 1973 die formelle Aufhebung der »White Australia«-Politik. Die Einwanderung nicht-europäischer Siedler wurde nun grundsätzlich erlaubt. Die quotierte Auswahl geschieht seither nach ökonomischen (Fachkräftebedarf) oder humanitären Kriterien. Das Ziel der Assimilation wurde durch das Leitbild einer multikulturellen Gesellschaft abgelöst.

Vor 1980 war die Zahl der asiat. Zuwanderer gering; 1990/91 (60 900 Immigranten) erreichte sie ihr bisheriges Maximum. Aus Großbritannien und Irland kamen 1973–77 noch 37,7% der Einwanderer, 1993–97 nur noch 12,9%. Daher wurde von rechtspopulistischer Seite immer wieder die Gefahr einer asiat. Überformung der austral., d. h. »weißen« Gesellschaft heraufbeschworen, zuletzt artikuliert von der 1997 gegründeten One Nation Party Pauline Hansons, die einen Einwanderungsstopp für Asiaten forderte.

Monarchie oder Republik?

Seit Beginn der 70er Jahre strebten insbes. die Labor-Regierungen die Aufhebung der verbliebenen kolonialen Bindungen zu Großbritannien an. Das Londoner Privy Council verlor 1973 seine Funktion als letztinstanzliches Appellationsgericht und der »Australia Act« von 1986 löste die letzten Kontrollmechanismen des brit. Parlaments in Bezug auf die austral. Gesetzgebung. Premierminister Keating schlug 1993 die Einführung der Republik zum 1.1.2001 vor, ein Referendum sollte die Entscheidung bringen. Ein Verfassungskonvent stimmte 1998 ebenfalls für die Republik als zukünftige Staatsform.

Das Referendum fand am 6.11.1999 in der Amtszeit des »monarchistischen« Premierministers Howard statt: Landesweit votierten 54,7% der Wähler für die Beibehaltung des Dominion-Status. Ein Teil der potenziellen Befürworter einer Republik lehnte das implizierte Wahlverfahren zur Bestimmung eines künftigen Präsidenten ab (indirekte Wahl durch das Parlament), blieb der Wahl daher fern oder stimmte mit »Nein«. Der ebenfalls zur Disposition stehende, umstrittene Entwurf einer Präambel zur Verfassung – von Howard konzipiert – scheiterte mit 60,6%. *M.G.*

Der Sieg der Monarchisten – Australiens Bindung an Großbritannien

Ende der »White Australia«-Politik: Lange Zeit wurde die Zuwanderung von Europäern und insbes. von Briten nach Australien staatlich gefördert. Innerhalb der nicht in Australien geborenen Bevölkerung ging der Anteil aus Großbritannien und Irland jedoch stetig zurück (von 79,6% im Jahr 1901 auf 28,0% im Jahr 1998). Inzwischen wurde die »White Australia«-Politik zwar aufgegeben, die Immigration wird nun aber hinsichtlich ökonomischem Bedarf und humanitärer Gründe quotiert. 1997/1998 kamen ca. 77 000 Einwanderer nach Australien, davon 33% aus Asien. Im öffentlichen Leben, vor allem in der Politik, dominieren aber weiterhin die Briten. (Foto: Austral. Monarchiegegner, die sich als brit. Königin Elizabeth II. und als Prinz Charles verkleidet hatten, demonstrierten am 2.11.1999 in Melbourne für ein Ja beim Referendum zur Einführung der Republik.

Die britische Königin amtierte auch 100 Jahre nach der Proklamation des »Commonwealth of Australia« noch als Staatsoberhaupt des fünften Kontinents. Das Referendum zur Abschaffung der Monarchie in Australien scheiterte am 6.11.1999, als 54,7% der Wähler für die Beibehaltung des Dominion-Status stimmten. (Foto: Königin Elizabeth II. bei einem Besuch in Hobart, der Hauptstadt des Bundesstaates Tasmanien, im März 2000)

Bahamas

Commonwealth of the Bahamas

Das Commonwealth of the B. besteht aus über 700 Inseln, die zumeist unbewohnt sind. Am 3.10.1492 betrat Christoph Kolumbus die zu den B. gehörende Insel Samana Cay und lernte damit erstmals die Neue Welt kennen. In der Folge verschleppten die Spanier die Ureinwohner – Aruaken-Indianer – in die Bergwerke Hispaniolas (heute Haiti und Dominikan. Republik). Anfang des 17. Jh.s wurden die B. zu einem Piratenstützpunkt, Jahrzehnte später ließen sich brit. Siedler nieder und begannen mit der Kolonisierung. 1718 ernannte Großbritannien die Inselgruppe zur Kronkolonie.

Kolonialherrschaft

Selbstversorgung: Ende des 18. Jh.s und zu Beginn des 19. Jh.s spielten Baumwollplantagen für die Wirtschaft des Landes eine maßgebliche Rolle. Die Sklavenbefreiung im brit. Empire 1834 rief jedoch einen großen Arbeitskräftemangel hervor und führte zum Niedergang der Baumwollproduktion. Es entstanden bäuerliche Kleinbetriebe, die vor allem zur Selbstversorgung Gemüse und Früchte anbauten. So blieben die B. bis zur Mitte des 20. Jh.s wirtschaftlich bedeutungslos.

Wirtschaftliche Entwicklung: Während der Prohibition in den USA (1919–33) wurden die Inseln zum Stützpunkt für Alkoholschmuggler. Ein dauerhafter wirtschaftlicher Aufschwung setzte nach dem Zweiten Weltkrieg mit dem sprunghaft ansteigenden Tourismus ein. Insbes. US-Amerikaner, die wegen des US-Embargos nicht mehr nach Kuba reisen konnten, entdeckten die nahe gelegenen B. als Ferienparadies.

Unabhängigkeit

Erlangung der Souveränität: Hatten die B. schon im 17. Jh. eingeschränkte innere Selbstverwaltungsrechte erhalten, so gestand Großbritannien ihnen 1964 die volle innere Autonomie zu. Im Zuge der Entkolonialisierungsmaßnahmen der brit. Krone in den 60er Jahren verlor die weiße Oberschicht ihren bestimmenden Einfluss auf die politische Entwicklung des Inselbundes. Bei den ersten allgemeinen und freien Wahlen 1967 unterlag die bis dahin regierende United Bahamian Party (UBP); seitdem besitzt sie keine politische Bedeutung mehr. Die Regierung übernahm die Progressive Liberal Party (PLP) unter der Führung von Lynden Pindling (1967–92). Er war der erste schwarze Premierminister der B. 1973 entließ die brit. Krone die B. im Rahmen des Commonwealth in die Unabhängigkeit. Staatsoberhaupt der konstitutionellen Monarchie blieb Königin Elizabeth II., vertreten durch einen Generalgouverneur.

Zwei-Kammer-System: Die Verfassung des souveränen Staates B. orientiert sich am brit. Vorbild. Das Parlament besteht aus zwei Kammern, dem House of Assembly mit 40 (bis 1996: 49) vom Volk für fünf Jahre gewählten Abgeordneten und dem Senat mit 16 auf Vorschlag des Premierministers und des Oppositionsführers ernannten Mitgliedern.

Internationaler Finanzplatz: Auch als Weltfinanzplatz machten sich die B. in der zweiten Hälfte des 20. Jh.s einen Namen. Eine Steuergesetzgebung, die u. a. keine Einkommens-, Vermögens- und Kapitalertragssteuer kennt, ließ die B. rasch zu einem Steuerparadies aufsteigen. Ende der 90er Jahre gab es in der Hauptstadt Nassau über 400 Banken. Vor allem Unternehmen aus den USA gründeten dort Niederlassungen oder Briefkastenfirmen.

Drogenschmuggel: Die US-amerikan. Drogenbekämpfungsbehörden gingen 1992 davon aus, dass bis zu 70% des in die USA transferierten Kokains und 45% des Marihuanas den Weg über die B. nahmen. Premierminister

Bahamas 2000	
Landesfläche	13 878 km² (WR 154)
Einwohner	301 000 (WR 166)
Hauptstadt	Nassau (170 000 Einwohner)
Sprache	Englisch
Währung	1 Bahama-Dollar (B.-$) = 100 Cents
Gliederung	21 Distrikte
Staatsform	Parlamentarische Monarchie im Commonwealth (seit 1973)
Religion	Christen (94,1%) ; Sonstige (5,9%)
Bevölkerung	Schwarze (85%); Weiße (12%); Asiaten, Hispanier (3%)

Bahamas im 20. Jahrhundert	
1940	Einrichtung von zwei US-amerikan. Militärbasen.
1964	Großbritannien gewährt den Bahamas innere Autonomie.
1967	Erstmals finden freie und allgemeine Wahlen statt; die regierende United Bahamian Party (UBP) muss die Regierungsverantwortung abgeben. Neuer Premier wird Lynden Pindling von der Progressive Liberal Party (PLP).
1973	Die Bahamas werden als Mitglied des Commonwealth in die Unabhängigkeit entlassen.
1992	Nach 25-jähriger Regierungszeit verliert die PLP bei den Wahlen die Hälfte ihrer Parlamentssitze und muss in die Opposition gehen. Die neue Regierung wird von der Free National Movement (FNM) unter Leitung von Hubert Ingraham gebildet.
1997	Erneuter Wahlsieg der FNM, die 34 von 40 Mandaten erringt; die PLP mit sechs Sitzen verliert weiter an Bedeutung.

Staatsoberhäupter der Bahamas

Reg.-Zeit	*Name (Herrschergeschlecht)*	*Lebensdaten*
1837–1901	Victoria I. (Hannover)	1819–1901
1901–10	Edward VII. (Sachsen-Coburg)	1841–1910
1910–36	George V. (Windsor)	1865–1936
1936	Edward VIII. (Windsor)	1894–1972
1936–52	George VI. (Windsor)	1895–1952
seit 1952	Elizabeth II. (Windsor)	*1926

Die wichtigsten Parteien im 20. Jahrhundert

Name (Abkürzung)	*Politische Richtung*	*Gründung*
United Bahamian Party (UBP)	konservativ	vor 1953
Progressive Liberal Party (PLP)	politische Mitte	1953
Free National Movement (FNM)	politische Mitte	1972

Freeport – bedeutender Wirtschaftsstandort

Freeport auf der Insel Grand Bahama ist die zweitgrößte Stadt der Bahamas und wichtigster Industriestandort. Sie entstand auf Veranlassung des US-amerikan. Investors Wallace Groves, der Grand Bahama erschließen wollte. Um eine Konzession der Regierung zu bekommen, schloss er 1955 einen Vertrag mit den Bahamas. Vordringlich war für ihn die Gründung eines Freihafens, dafür versprach er, einen Tiefseehafen zu bauen und für die Ansiedlung von Industriebetrieben zu sorgen. In den 60er Jahren wuchs die Stadt schnell an und Groves entschloss sich, auch in Freeport auf den Tourismus zu setzen. Er gründete mit einem kanad. Geschäftsmann die Bahamas Development Company und baute ein Luxushotel. Groves' Vorhaben schritten unter der Regierung der UBP gut voran. Doch die Rezession in den USA und die Politik des Premierministers Lynden Pindling (PLP) änderten die Lage. 1970 zog sich Groves zurück. Dennoch spielt Freeport für die Wirtschaft der Bahamas weiterhin eine entscheidende Rolle. So sorgte die derzeitige Regierung zur Förderung der Industrie dafür, dass in Freeport eine Freizone mit Hightech-Industriepark eingerichtet wurde. Gleichzeitig begann der weitere Ausbau des Hafens, der ein Umschlagplatz von internationaler Bedeutung werden soll. (Foto: Port Lucaya, Freeport)

Pindling sowie einige Kabinettsmitglieder gerieten selbst in den Verdacht, an illegalen Geschäften wie Drogenhandel und Geldwäsche beteiligt zu sein.

Regierungswechsel: Wachsende Konkurrenz und die anhaltende Rezession in den USA führten Anfang der 90er Jahre zu einem Rückgang der Touristenzahlen und damit zu einer ökonomischen Krise. Ein Korruptionsskandal und Günstlingswirtschaft schwächten die PLP-Regierung noch zusätzlich. 1992 musste Pindling eine schwere Wahlniederlage hinnehmen und nach 25 Jahren die Regierungsverantwortung an die Free National Movement (FNM) abgeben. Seine Partei verlor die Hälfte ihrer Sitze, während die FNM ihre Mandate verdoppeln konnte.

Neuer Regierungschef: Premierminister wurde Hubert Ingraham (seit 1992). Der Jurist war lange Zeit Wegbegleiter des Expremiers Pindling und hatte ab 1982 ein Ministeramt bekleidet. 1984 war er jedoch aus Protest gegen Skandale der Regierung zurückgetreten und wurde später aus der Partei ausgeschlossen. 1990 war er der FNM beigetreten und hatte dann ihre Führung übernommen.

Flüchtlingsproblem: Zu Beginn der 90er Jahre litten die B. unter den Flüchtlingsströmen aus Haiti und Kuba. 1992 nahmen die B. 40 000 Haitianer auf, die vor der Willkürherschaft in ihrer Heimat geflohen waren. 1993 wurde zwar ein Abschiebungsgesetz erlassen, doch 1994 verschärfte sich die Situation, als die USA ihre Asylpolitik gegenüber Kuba änderten. In der Folge landeten vermehrt kuban. Bootsflüchtlinge auf den nahe gelegenen B.

Wirtschaft: Maßgeblicher Wirtschaftsfaktor ist auch im 21. Jh. der Tourismus. Etwa zwei Drittel des BIP werden hier erwirtschaftet, über 80% der Erwerbstätigen arbeiten in der Tourismusbranche. Jährlich besuchen etwa 3,7 Mio Touristen, überwiegend aus den USA, die Inselgruppe. Wegen der Rolle der B. als internationaler Finanzplatz sind Finanzdienstleistungen ein wichtiger Faktor für die Wirtschaft der Inseln. In diesem Dienstleistungsbereich werden ca. 10% des BIP erarbeitet. Die Landwirtschaft und die nur schwach entwickelte Industrie erreichen zusammen denselben Wert. Etwa 80% der Nahrungsmittel müssen eingeführt werden. Die Regierungspolitik zielt darauf ab, die Abhängigkeit von solchen Importen zu verringern und ausländisches Kapital in den Ausbau des Agrarsektors zu lenken. Mit einem Pro-Kopf-Einkommen von 12 800 US-Dollar (1997) gelten die B. als reichster amerikan. Staat nach den USA und Kanada. *A.Z.*

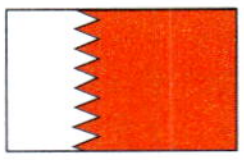

Bahrain

Staat Bahrain

Das Emirat B. besteht aus einer Inselgruppe im Persischen Golf. Im 3. Jt. v. Chr. entstand dort unter dem Namen Tilmun eine der ältesten Hochkulturen. 628 konnte der Islam in B. Fuß fassen. Die Inseln gerieten in den folgenden Jahrhunderten unter wechselnden Einfluss der Nachbarländer. Als Besitzer wechselten sich die Herrscher in Persien und auf der Arab. Halbinsel mehrfach ab. Im 16. Jh. nahmen die Portugiesen die Inseln ein, die schon bald wieder (1602) von den Persern mit brit. Unterstützung vertrieben wurden. 1783 eroberte schließlich der sunnitische Stamm der Al-Chalifah die strategisch günstig gelegene Inseln.

Unter britischer Herrschaft

Wirtschaftlicher Aufstieg: Dem Clan der Al-Chalifah gelang es, das Land zu befrieden und wieder wirtschaftlich voran zu bringen. Sie förderten besonders die Perlenfischerei und brachten es so zu Ansehen und Reichtum. Innenpolitisch wurde das Land trotz seiner wirtschaftlichen Prosperität von Streitereien innerhalb des herrschenden Clans bedroht.

Konsolidierung durch die Briten: Großbritannien suchte schon 1816 Kontakt zu den Herrschern B.s. Durch eine kluge Vertragspolitik geriet das Land zunehmend unter brit. Einfluss und wurde 1867 zum brit. Protektorat erklärt; die innere Herrschaft der Al-Chalifah blieb jedoch unangetastet. Die brit. Präsenz verhinderte Angriffe der Nachbarstaaten auf B.

Unabhängigkeit

Erdöl: Anfang der 30er Jahre entdeckte man in B. große Erölquellen und einige Zeit später auch Erdgasvorkommen. Seit dem Zusammenbruch der Perlenfischerei durch die billige japan. Konkurrenz zu Beginn der 30er Jahre basiert der wirtschaftliche Reichtum der Inselgruppe auf dieser Grundlage.

Ende der britischen Herrschaft: Großbritannien kündigte 1968 seinen Rückzug aus allen Gebieten östlich von Suez an. Am 14.8.1971 erklärte B. in Übereinstimmung mit der bisherigen Schutzmacht seine Unabhängigkeit.

Innenpolitische Konflikte: 1973 erließ der Emir als Staatsoberhaupt eine Verfassung, die die Herrschaft der Sippe Al-Chalifah festschrieb, der Bevölkerung aber die Möglichkeit zur Mitwirkung durch ein gewähltes Parlament

Bahrain 2000	
Landesfläche	694 km² (WR 173)
Einwohner	606 000 (WR 157)
Hauptstadt	Manama (140 000 Einwohner)
Sprachen	Arabisch, Englisch
Währung	1 Bahrain-Dinar (BD) = 1000 Fils
Gliederung	10 Regionen, 2 Stadtdistrikte
Staatsform	Emirat (seit 1971)
Religion	Moslems (81,8%); Christen 8,5%; Sonstige (9,7%)
Bevölkerung	Bahrain-Araber (63,6%); sonstige Araber (3,5%); Iraner, Inder, Pakistani, andere Asiaten (30,3%); Sonstige (2,6%)

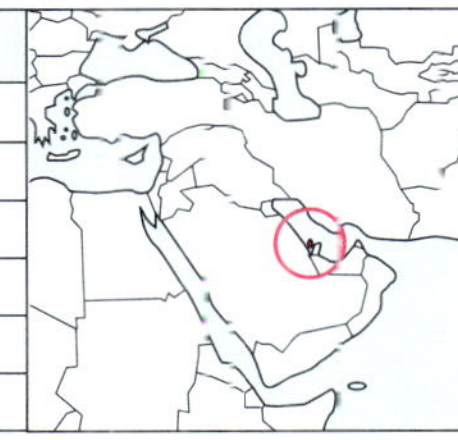

Bahrain im 20. Jahrhundert	
1932	Zusammenbruch der Perlenfischerei und Beginn der Erdölförderung.
1971	Bahrain wird nach dem Rückzug der Briten ein selbstständiger Staat
1973	Durch die neue Verfassung erhält Bahrain ein Parlament.
1975	Auflösung des Parlaments; der Monarch regiert wieder unumschränkt.
1981	Sicherheitspakt mit Saudi-Arabien.
1991	Truppen Bahrains beteiligen sich an der Rückeroberung Kuwaits.
1994	In einer Petition verlangt die Opposition die Wahl eines Parlaments. Verhaftung des schiitischen Geistlichen Scheich Ali Salam.
1995	Verhaftung des Oppostionsführers Abdelwahhab Hussein und des schiitischen Hisbollah-Führers Abdal Amir al-Dschamri. In der Folge kommt es zu weiteren blutigen Auseinandersetzungen.
1996	Einem Sprengstoffanschlag auf ein Hotel folgt ein Verhaftungswelle. Bei weiteren Sprengstoffattentaten werden auch Ausländer getötet.
1997	Bildung der Nationalgarde im Kampf gegen die Opposition.
1999	Nach dem Tod seines Vaters wird Hamad bin Isa al-Chalifa neuer Emir. Oppositionelle werden begnadigt und aus den Gefängnissen entlassen.

Isa Ibn Salman al-Chalifa (1933–99), der Emir von Bahrain, löste im August 1975 das bisher einzige, 1973 wegen »Linkstendenzen« gewählte Parlament auf. Nachdem er das Wahlgesetz von 1973 außer Kraft gesetzt hatte, führte er wieder die absolute Monarchie ein. In den 90er Jahren unterdrückte er durch Gewaltmaßnahmen (Verhaftungen, Folter u. a.) die zunehmenden Demonstrationen und Unruhen der schiitischen Opposition. Erst nach seinem Tod (1999) erließ sein Sohn und Nachfolger Hamad bin Isa al-Chalifa eine Amnestie für die verhafteten Oppositionellen.

Staatsoberhäupter Bahrains

Reg.-Zeit	*Name*	*Lebensdaten*
1971–99	Isa Ibn Salman al-Chalifa	1933–1999
seit 1999	Hamad bin Isa al-Chalifa	*1950

Vom Ölstaat zum Bankenplatz

Seit der Entdeckung und Förderung von Erdöl und Erdgas in Bahrein wird ein großer Teil des Bruttoinlandprodukts allein in diesem Sektor erwirtschaftet. Um weitere Arbeitsplätze zu schaffen, hat die Regierung 1998 die Modernisierung der Raffinerien im Lande für 400 Mio US-Dollar angekündigt. Da die Erdölreserven bald erschöpft sind, soll Bahrein zu einem Bankenzentrum ausgebaut werden. Wegen seiner optimalen Lage und günstigen Steuergesetze bietet der Kleinstaat ideale Voraussetzungen, ausländische Anleger aus den Nachbarstaaten ins Land zu holen. Zahlreiche Vertreter europäischer Firmen haben sich in Bahrain niedergelassen, um von dort Kunden in den anderen arab. Staaten zu betreuen. Eine auf einem 25 km langen Damm gebaute Autobahn verbindet seit 1986 die Insel mit dem Festland. (Foto aus der Bauphase).

Manama, Bahrains Hauptstadt, entwickelte sich seit den 70er Jahren trotz instabiler politischer Lage zu einem der bedeutendsten Bank- und Finanzplätze des Nahen Ostens.

gab. Noch im selben Jahr konstituierte sich das Parlament, doch wegen schwerer Differenzen mit dem Herrscherhaus und der Regierung suspendierte Scheich Isa Ibn Salman die Verfassung und löste das Parlament auf. Damit ist der Emir wieder absoluter Monarch von B. Die innenpolitischen Konflikte wurden dadurch jedoch nicht gelöst.

Die Ursachen dieser Spannungen liegen in der ungleichen Verteilung des Reichtums in B. Die schiitische Bevölkerungsmehrheit sieht sich von dem sunnitischen Herrscherhaus benachteiligt; so wird die sunnitische Bevölkerungsminderheit bei Anstellungen im Staatsdienst bevorzugt und genießt zahlreiche andere Privilegien.

Massenentlassungen: Der internationale Verfall des Ölpreises führte zu einer erhöhten Arbeitslosigkeit (schätzungsweise 15–30%), von der vor allem die sunnitische Bevölkerungsmehrheit betroffen ist. Auf die zunehmende Kritik reagierte die Regierung ungewöhnlich hart. Eine Massenpetition zur Wahl eines Parlaments wurde 1994 mit Massenentlassungen beantwortet.

Gewaltmaßnahmen: Die Verhaftung eines schiitischen Geistlichen führte zu einer Großdemonstration, die mit sieben Toten endete. 1995 wurden Oppositionsführer Abdelwahhab Hussein und der geistliche Führer der bahrain. Hisbollah, Scheich Abdul Amir al-Dschamri, verhaftet. Die Opposition reagierte im Gegenzug mit Gewaltmaßnahmen (u. a. Sprengstoffanschläge). Durch die unsichere Situation in B. werden ausländische Investoren abgeschreckt, wodurch sich auch die schlechte wirtschaftliche Lage weiter zuspitzt. Zur Verstärkung der Sicherheitskräfte bildete die Regierung 1997 eine Nationalgarde.

Sinkende Erölreserven: Angesichts der nahezu erschöpften Erdölreserven ist die Regierung seit 1998 bemüht, die Raffinerien des Landes zu modernisieren und ausländische Investoren ins Land zu holen. Die Umgestaltung der Raffinerien soll neue Produktspezialisierungen ermöglichen und die gestiegenen Wartungskosten reduzieren.

Außenpolitische Spannungen: Mit Irak wurde 1989 ein Gewaltverzichtsabkommen geschlossen. Nach dem Einmarsch irak. Soldaten in Kuwait beteiligte sich B. an der Bodenoffensive gegen Irak. 1996 beschuldigte B. den Iran, die Oppositionellen im Lande zu unterstützen. Angesichts der unstabilen Situation in der Region sucht B. Schutz bei seinem Nachbarn Saudi-Arabien, mit dem schon 1981 ein Sicherheitspakt abgeschlossen wurde. *N. K.*

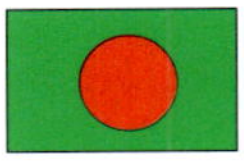

Bangladesch

Volksrepublik Bangladesch

B. entstand 1971 aus der pakistan. Provinz Ostbengalen. Bengalen war seit dem 4. Jh. Teil der ind. Reiche. Mit der Errichtung eines Sultanats in Delhi im 13. Jh. verbreitete sich der Islam im hinduistischen Bengalen. 1576–1740 wurde Bengalen von Mogulherrschern regiert. Wegen seines fruchtbaren Landes und seiner feinen Tuche war Bengalen im Mittelalter Mittelpunkt des Handels im Indischen Ozean und eine der reichsten Regionen der Welt. Mit dem Eindringen europäischer Handelsgesellschaften begann die Ausbeutung des Landes, insbes. durch die brit. Ostindiengesellschaft, die ab 1765 den Subkontinent für die brit. Krone in Besitz nahm. 1858–1947 wurde Bengalen als Teil von Britisch-Indien von der brit. Kolonialregierung verwaltet.

Bangladesch 2000	
Landesfläche	143 998 km² (WR 92)
Einwohner	126,9 Mio (WR 8)
Hauptstadt	Dacca (6,4 Mio Einwohner)
Sprachen	Bengali, Englisch
Währung	1 Taka (TK) = 100 Poisha
Staatsform	Parlamentarische Republik (seit 1991)
Gliederung	5 Provinzen, 64 Bezirke
Religion	Moslems (86,8%); Hindus (11,9%); Sonstige (1,3%)
Bevölkerung	Bengalen (97,7%); Bihari (1,3%); Sonstige (1%)

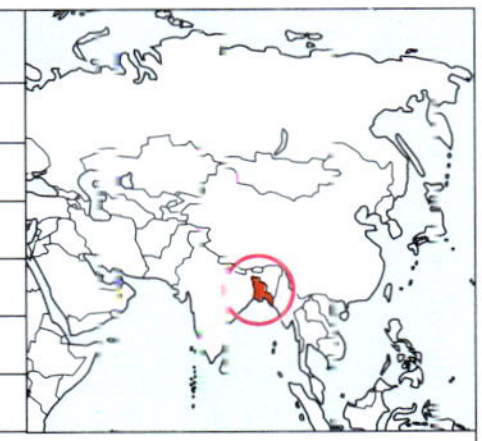

Bangladesch im 20. Jahrhundert	
1905	Bengalen wird vom Vizekönig geteilt.
1911	Teilung Bengalens wird rückgängig gemacht.
1940	Lahore-Resolution: Moslemliga fordert einen Moslemstaat (Pakistan).
1947	Indien und Pakistan werden unabhängig. Zweite Teilung Bengalens ins ind. Westbengalen und pakistan. Ostbengalen (Ostpakistan).
1949	Gründung der Awami-Liga, die für die Autonomie Bengalens kämpft.
1952	Bei Unruhen anlässlich des Sprachenstreits sterben zwei Studenten; seitdem wird der Tag als »Märtyrer-Tag« begangen (21.2).
1970	Bei den ersten allgemeinen und direkten Wahlen in Pakistan gewinnt die Awami-Liga unter Mujibur Rahman die Mehrheit.
1971	Mujibur proklamiert die unabhängige Republik Bangladesch. Beginn des Bürgerkriegs zwischen Separatisten und pakistan. Regierung. Ernennung der Exilregierung Bangladesch.
1972	Verfassung der Volksrepublik Bangladesch tritt in Kraft. Mujibur wird Ministerpräsident.
1974	Mujibur regiert durch Sondervollmachten als Diktator.
1975	Mujibur wird bei einem Staatsstreich ermordet; es folgen Militärregierungen
1977	General Ziaur Rahman übernimmt das Präsidentenamt
1979	Aufhebung des Kriegsrechts.
1981	Ermordung Ziaur Rahmans; Abdus Sattar von der regierenden BNP wird für fünf Jahre zum Präsidenten gewählt.
1982	Durch einen Militärputsch kommt General Hussain Muhammad Ershad an die Macht, der sich zum Obersten Kriegsrechtadministrator und Regierungschef sowie 1983 zum Staatspräsidenten ernennt
1983	Massendemonstrationen und Generalstreik gegen die Militärregierung und für die Rückkehr zur Demokratie.
1986	Ershad wird als Präsident wieder gewählt
1990	Rücktritt und Verhaftung Ershads.
1991	Die Bangladesh Nationalist Party unter Begum Khaleda Zia gewinnt die Parlamentswahlen.
1996	Khaleda Zia tritt zurück; Sheikh Wasina Wajed von der Awami-Liga wird als Premierministerin vereidigt.
1997	Eröffnung der Transitroute durch Indien nach Nepal.
2000	Verschärfung der Strafgesetze rufen Unruhen hervor.

Erste Teilung Bengalens

Teilung: Aus administrativen Gründen teilte 1905 der brit. Vizekönig und Generalgouverneur von Indien Lord George Curzon (1898 bis 1905) die Provinz, in der verschiedene moslemische Gruppierungen und die hinduistische Elite um Einfluss rangen, in West- und Ostbengalen (mit Assam).
Auswirkungen: Die moslemische Elite unter Führung Nawab von Dhakas begrüßte die Teilung, da sich die Moslems Schutz und Unterstützung ihrer Interessen durch die Kolonialregierung erhoffen konnten. Die Hindus hingegen sahen ihre Interessen in Ostbengalen und Assam gefährdet, und es bildete sich eine terroristische Protestbewegung.
Annullierung: Das Beispiel Bengalens wirkte sich auf ganz Indien aus. Eine Folge war die Radikalisierung der Kongresspartei, die 1885 mit dem Ziel gegründet worden war, die nationalen Interessen der Inder mit Gandhis Konzept des passiven Widerstandes (Satyagraha) gegen die Kolonialregierung durchzusetzen. Ihre Protestaktionen zwangen 1911 die brit. Kolonialregierung, die Teilung zu annullieren. Die Moslems betrachteten dies als Zugeständnis an die Hindus.

Zweite Teilung Bengalens

Communal riots: Mit der Lahore-Resolution forderte die 1906 gegründete Moslemliga 1940 einen Separatstaat Pakistan für die moslemische Mehrheit in Ostindien. 1944 scheiterten diesbezügl. Verhandlungen mit Gandhi, weil die Liga Anspruch auf den ganzen Punjab und Bengalen erhob. Auf dem Höhepunkt der Auseinandersetzungen mit der im Interim regierenden Kongresspartei rief die Moslemliga zu Aktionen auf und brachte damit 1946 die sog. communal riots zum Ausbruch, die in Bengalen ihren Ausgang nahmen und deren Ziel es war, die Hindus zu vertreiben. In Kalkutta eskalierte die Gewalt in einem Massaker.

Gründung Pakistans: Als mit der Unabhängigkeit Britisch-Indiens 1947 der Subkontinent schließlich auf Drängen der Moslemliga in die Indische Union und Pakistan gespalten wurde, teilte man auch Bengalen auf: das überwiegend hinduistische Westbengalen gehörte fortan zu Indien, Ostbengalen wurde zu Ostpakistan. Das einzig verbindende Glied zwischen Pakistan und Ostbengalen war jedoch der Islam.

Ostpakistan: Ostbengalen und Westpakistan trennen 1600 km ind. Territoriums sowie sprachlich-kulturelle Gegensätze. Benachteiligungen von seiten der pakistan. Zentralregierungen bereiteten separatistischen Kräften den Boden. Seit 1949 setzte sich die Awami-Liga für die Autonomie Bengalens ein, im Gegenzug versuchte Pakistan ostpakistan. Politiker paritätisch an der Regierung zu beteiligen. Die Interessenkonflikte konnten jedoch nicht beigelegt werden. Instabile Verhältnisse seit den 50er Jahren nährten den Wunsch nach Autonomie.

Unabhängigkeit

Bei den ersten direkten Wahlen 1970 wurde die Awami-Liga unter Sheikh Mujibur Rahman, auch Banglabandhu (Freund von Bengalen) genannt, stärkste Partei im pakistan. Parlament. Mujibur Rahman rief am 26.3.1971 in Kalkutta den unabhängigen Staat B. aus, worauf Pakistan das Kriegsrecht verhängte und Mujibur Rahman verhaften ließ. Ein Bürgerkrieg entbrannte und löste einen heftigen Flüchtlingsstrom nach Indien aus. Auch die Regierung ging nach Indien ins Exil, das die Autonomiebestrebungen von B. unterstützte und mit Pakistan im Dezember 1971 in einen Krieg eintrat. Nach der Kapitulation Pakistans wurde Mujibur aus der Haft entlassen, und am 16.12.1972 trat die Verfassung der unabhängigen Volksrepublik B. in Kraft, die erst 1974 von Pakistan anerkannt wurde.

Während des Bürgerkriegs 1971–72 flohen über 10 Mio Menschen aus Bangladesch (Ostpakistan) nach Indien, um den militärischen und politischen Auseinandersetzungen im eigenen Land zu entrinnen.

Diktatur und Autokratie

Banglabandhu: Staatspräsident Mujibur Rahman (1972–75) bildete die erste Regierung von B., das von wirtschaftlicher Ausbeutung, Hungersnot, Flutkastrophen, Bevölkerungsexplosion und Unruhen gezeichnet war. Er rief den Ein-Parteien-Staat aus und ließ sich 1974 mit Sondervollmachten ausstatten, um die innere Ordnung wieder herzustellen. Außenpolitisch lehnte er sich an Indien an, während die meisten anderen Nachbarstaaten sich zunächst weigerten, B. anzuerkennen. Er übernahm die staatlich regulierte Wirtschaftsordnung; die schlimmsten Kriegsschäden wurden mit internationalen Finanzhilfen beseitigt. 1975 wurde der Diktator mit seiner Familie und Anhängern bei einem Militärputsch ermordet.

Ziaur Rahman: Nach einigen Militärregierungen kam Generalmajor Ziaur Rahman an die Macht. Er löste das Parlament auf und ernannte sich 1976 zum Kriegsadministrator sowie 1977 zum Premierminister. Um das Land zu demokratischen Formen zurückzuführen, vergab er nach den Präsidentschaftswahlen 1978 Ministerposten an zivile Politiker und stellte Programme zur Verbesserung der politischen und ökonomischen Situation auf. Ihm gelang es, die öffentliche Ordnung und ein gewisses Maß an Demokratie weitgehend wiederherzustellen. Außenpolitisch näherte er sich den islamischen Staaten. Er initiierte 1983 die South Asian Association for Regional Cooperation (SAARC) der sieben Nationen des Subkontinents (B., Bhutan, Indien, Nepal, Pakistan, Sri Lanka).

Ära des Autokraten Ershad: Nach Ziaur Rahmans Ermordung im Mai 1981 bei einem gescheiterten Putschversuch übernahm Vizepräsident Abdus Sattar von der Bangladesh Nationalist Party die Regierungsgeschäfte. Im März 1982 gelangte wieder das Militär unter Leutnant General Hussain Mahammad Ershad durch einen Staatsstreich an die Regierung. Ershad rief das Kriegsrecht aus (bis 1986 gültig) und machte sich zum Kriegsadministrator. Die Verfassung wurde außer Kraft gesetzt und das Parlament aufgelöst. Ershad bildete eine neue Regierung mit dem Ziel, die Korruption zu beseitigen und die Administration effizienter zu gestalten. 1988 erhob er den Islam zur Staatsreligion, was das Wirken fundamentalistischer Gruppierungen bis in die 90er Jahre verstärkte. Nachdem Unruhen und Protestaktionen das Regime Ershads nicht stürzen konnten, geriet die Regierung in der zweiten Hälfte der 80er Jahre zunehmend unter Druck der von Sheikh Hasina Wajed angeführten Opposition. Ende 1990 legte Ershad sein Amt nieder; er wurde u. a. wegen Korruption zu einer zehnjährigen Haftstrafe verurteilt.

Rückkehr zur Demokratie

Khaleda Zia: Bei den Parlamentswahlen 1991 siegte die Bangladesh Nationalist Party unter Begum Khaleda Zia, Witwe des 1981 ermordeten Staatspräsidenten Ziaur Rahman, die erste Premierministerin (1991–96) des Landes wurde. Eine Verfassungsänderung ersetzte das Präsidialregime durch ein parlamentarisches System. 300 für fünf Jahre direkt gewählte Abgeordnete und 30 weibliche Parlamentsmitglieder wählten Abdur Rahman Biswas zum Staatspräsidenten.

Staatskrise: 1994–96 lieferten sich Opposition (angeführt von der Awami-Liga) und Regierung erbitterte Machtkämpfe in Form von Generalstreiks, Protestaktionen, Parlaments- und Wahlboykotten, die das Wirtschaftsleben und die Regierungsarbeit lähmten, bis Staatspräsident Biswas das Parlament auflöste. Die Wahlen 1996 gewann wieder Khaleda Zias Partei, doch veranlassten Vorwürfe der Wahlmanipulation und Massenproteste die Premierministerin zum Rücktritt. Zwischen Anhängern von Regierung und Opposition kam es wiederholt zu Straßengefechten.

Neuwahlen: Nach einer Interimsregierung unter Mohammad Habibur Rahman gewann die Awami-Liga die Parlamentswahlen im Juni 1996 durch ein Bündnis mit der Jatiyo Party unter General Ershad und Sheikh Hasina Wajed, die Tochter des Staatsgründers Mujibur Rahman, die neue Premierministerin wurde. 1998, 23 Jahre nach dem Mord an Muijbur Rahman, wurden 15 Angeklagten auf ihr Betreiben hin vor Gericht gestellt und schließlich zum Tode verurteilt.

Mit dem Macht- und Rollenwechsel – Awami-Liga als Regierungspartei und die Bangladesh Nationalist Party als Opposition – gaben die Kontrahenten ihre kompromisslose Haltung jedoch nicht auf, und der parlamentarische Boykottkrieg ging unvermindert weiter.

Staatsoberhäupter Bangladeschs

Reg.-Zeit	*Name*	*Lebensdaten*
1972–75	Mujibur Rahman[1)]	1922–1975
1976–81	Ziaur Rahman[2)]	1936–1981
1981/82	Abdus Sattar	1906–1985
1982–90	Hussain Muhammad Ershad[3)]	*1930
1991	Begum Khaleda Zia[4)]	*1945
1991–96	Abdur Rahman Biswas	*1926
seit 1996	Justice Sahhabuddin Ahmed	*1930

1) Staatspräsident; 2) ab 1976/77 Oberster Kriegsadministrator, ab 1977 Staatspräsident; 3) ab 1982 Oberster Kriegsadministrator, ab 1983 Staatspräsident; 4) Premierministerin, noch 1991 wurde das Präsidialsystem eingeführt (Staatspräsident Biswas)

Die Rahman-Familie

Sheikh Mujibur Rahman (1920–1975), auch Banglabandu (»Tiger von Bengalen«) genannt, kämpfte gegen die Hindu-Herrschaft in Indien und ab 1946 für die Gründung Pakistans. Als Awami-Politiker betrieb er die Autonomie Ostpakistans und gründete 1972 den Staat Bangladesch. Als Staatspräsident (1972–75) gelang es ihm trotz Auslandshilfen und Notstandsgesetzen nicht, in seinem Land die innere Ordnung wieder herzustellen. Im August 1975 wurde er in Dacca ermordet.

Sheikh Hasina Wajed (*1947) übernahm 1975 nach dem Tod ihres Vaters Mujibur den Vorsitz der Awami-Liga. Als Oppositionsführerin (ab 1982) zwang sie 1990 das Militärregime Ershad zum Rücktritt und ebnete damit der Rückkehr zur Demokratie den Weg. Seit ihrer Wahl zur Ministerpräsidentin 1996 erreichte sie die Verurteilung der Mörder Mujiburs, das Gangeswasserabkommen mit Indien und den Friedensvertrag mit den Chakma-Rebellen.

Die wichtigsten Parteien im 20. Jahrhundert

Name (Abkürzung)	*Politische Richtung*	*Gründung*
Jamaat e Islami	pro-islamisch	1941
Jatiyo Samajtantrik Party	sozialistisch	1948
Awami-Liga (AL)	islamisch-nationalistisch	1949
Sharbohara Party (SP)	maoistisch-revolutionär	70er Jahre
National Socialist Party (NSP)	links	1972
Bangladesh Nationalist Party (BNP)	islamisch-nationalistisch	1976
Jatiyo Party (JD)	islamisch-nationalistisch	1986

Bedrohung durch Naturkatastrophen

Oben: Die Vereinten Nationen leiteten nach den Überschwemmungen in Bangladesch eine Hilfsaktion ein, um die betroffene Bevölkerung mit Nahrungsmitteln, sauberem Trinkwasser und Medikamenten zu versorgen.

Unten: Nach schweren Monsunregen standen im August 1998 zwei Drittel des Landes unter Wasser. Nur mühsam konnten die Menschen ihr Hab und Gut in Sicherheit bringen. Fast jeder vierte Einwohner wurde obdachlos.

Naturraum: Bangladesch besteht aus dem größten Fluss-System der Erde, dem Ganges-Brahmaputra-Delta. Jedes Jahr führen Regenfälle zu Überschwemmungen, die ein Drittel des Landes überfluten und für eine gute Ernte notwendig sind.

Dürren: Erreichen die Überschwemmungen nicht alle landwirtschaftlich genutzten Flächen, kann es zu Dürren und Missernten kommen. Zusätzliche Rodungen können in diesen Regionen zu Versteppungen und Wüstenbildung führen, sodass das Land für den Anbau unwiederbringlich verloren geht.

Flutkatastrophen: Im 20. Jh. kam es fast regelmäßig zu Flutkatastrophen durch Schmelzwasserströme aus dem Himalaja und Wirbelstürme über dem Golf von Begalen, die zahllose Todesopfer forderten und Millionen von Menschen obdachlos machten. Die schwersten Überschwemmungen im 20. Jh. ereigneten sich 1991 (290 000 Tote) und 1998 (ca. 1500 Tote und etwa 30 Mio Obdachlose).

Wasserverseuchung: 1998 starben etwa 2500 Menschen an Arsenvergiftung. Das Arsen war über belastete Böden in 48 000 Trinkwasserbrunnen gelangt, aus denen laut der Weltgesundheitsorganisation WHO 50 Mio Menschen tranken.

Innenpolitik: Die Kritik der Opposition entzündete sich an den Vereinbarungen mit Indien über die Transitroute nach Nepal durch Indien, die 1997 eröffnet wurde, und die Aufteilung des Gangeswassers, da die Opposition Gegenforderungen Indiens befürchtet, die den nationalen Interessen zuwider laufen könnten. Aus ähnlichen Gründen lehnt sie die Vergabe von Konzessionen an ausländische Unternehmen und eventuelle Erdgaslieferungen per Pipeline nach Indien ab. Die Verschärfung der Strafgesetze waren im Jahr 2000 Anlass zu neuen Generalstreiks und Straßenkämpfen. Khaleda Zia forderte Hasina wiederholt zum Rücktritt auf. Die nächsten Wahlen sollen im Jahre 2001 stattfinden.

Verhältnis zu Indien: Trotz innerer Krisen gelang der Regierung eine Verbesserung der Beziehungen zu Indien, mit denen B. Abkommen über bilaterale Handelsbeziehungen und über die Teilung des für B. wichtigen Gangeswassers (1996) schloss. Ferner traf Hasina Friedensvereinbarungen mit den von Indien unterstützten buddhistischen Separatisten in den Chittagong Hill Tracts im Südosten von B., denen sie lokale Autonomie zusicherte. Rund 63 000 Flüchtlinge konnten aus Indien in die Hill Tracts zurückgeführt werden.

Nasreen-Prozess: Ausdruck für die islamistische Stimmung ist die Verfolgung der Ärztin und Schriftstellerin Taslima Nasreen, die u. a. die Entrechtung der Frauen in dem Moslemstaat anprangert. Die Islamkritik in ihrem verbotenen Roman »Laija« (1993, dt. »Schande«), handelte ihr 1994 eine Klage wegen Blasphemie ein, die aber vier Jahre später wieder aufgehoben wurde. Fundamentalisten setzten ein Kopfgeld von rund 2000 US-Dollar auf sie aus und verhängten die Todesstrafe (Fatwa) über sie, weshalb sich die Schriftstellerin weiterhin versteckt hält.

Wirtschaftsentwicklung: Der Agrar- und Dienstleistungssektor sowie die Textilindustrie prägen die Wirtschaft B.s. 1998 wurde im Golf von Bengalen Eröl gefunden. 1997 nahm die Regierung mit der Deregulierung des Marktes und Empfängnisverhütungskampagnen zur Bekämpfung des Bevölkerungswachstums wirtschaftliche und soziale Probleme in Angriff. Die Wirtschaft erreichte ein Rekordwachstum von 5,9%, wobei die Flutkatastrophe 1998 – der Schaden belief sich auf etwa 5,8 Mrd DM – die Wirtschaftskraft wieder schmälerte. Trotz einer jährlichen Wachstumsrate von durchschnittlich 4,2% in den letzten zwei Jahrzehnten des 20. Jh.s blieb die Massenarmut das dringendste Problem und B. eines der ärmsten Länder der Welt. *C. B.*

Barbados

Im 16. Jh. nahmen die Spanier B. in Besitz, bauten aber in der Folge keine Plantagenwirtschaft auf, sondern verschleppten die Ureinwohner, Aruaken-Indianer, nach Hispaniola (heute Haiti und Dominikan. Republik), wo die meisten von ihnen in den Bergwerken zugrunde gingen. 1625 begannen die Briten mit der Besiedlung von B. Einige Jahre später wurden die landwirtschaftlichen Kleinbetriebe der Kolonisten großflächig durch Zuckerrohrplantagen abgelöst, wobei B. auch zum wichtigen Umschlagplatz im Sklavenhandel aufstieg. 1652 erhob das brit. Königreich die Insel zur Kronkolonie.

Unter kolonialer Herrschaft

Sozialer Sprengstoff: Nach der Aufhebung der Sklaverei im brit. Empire 1834 arbeiteten die Freigelassenen zu Billiglöhnen weiter. Die mehrheitlich schwarze Bevölkerung durfte keinen Landbesitz erwerben und blieb vom Wahlrecht ausgeschlossen. In den 70er Jahren des 19. Jh.s brachen Unruhen aus, die eine Auswanderungswelle zur Folge hatten. Dadurch geriet die Zuckerproduktion in der zweiten Hälfte des 19. Jh.s zunehmend in Schwierigkeiten. Auch die brit. Freihandelspolitik und das Aufkommen der Zuckerrüben erschwerten den Absatz des Zuckerrohrs.

Reformen: 1937 kam es aufgrund der schwierigen sozialen Lage der schwarzen Bevölkerung erneut zu Unruhen. Dabei wurden auch Forderungen nach der Unabhängigkeit B.s laut. 1938 gestattete das brit. Mutterland die Gründung der Barbados Labour Party (BLP) als Interessenvertretung der schwarzen Bevölkerung. 1950 wurde das allgemeine und freie Wahlrecht eingeführt. Als Splittergruppe der BLP entstand 1955 die Democratic Labour Party (DLP). 1964 gewährte London B. volle innere Autonomie, zwei Jahre später, am 30.11.1966, erlangte die Insel ihre staatliche Unabhängigkeit, blieb aber Mitglied des Commonwealth.

Souveräner Staat

Verfassung: Staatsoberhaupt von B. ist Königin Elizabeth II., vertreten durch einen Generalgouverneur, der auch den Premierminister ernennt. Die Volksvertretung besteht aus einem Zwei-Kammer-System. Im Abgeordnetenhaus (House of Assembly) sitzen 28 Volksvertreter, die für fünf Jahre direkt gewählt werden. Die 21 Mitglieder des Senats werden vom Generalgouverneur auf Vorschlag des Premiers, des Oppositionsführers sowie als Vertreter gesellschaftlicher Gruppen ernannt. Erster Regierungschef der unabhängigen Karibikinsel wurde Errol Barrow (1966–76, 1986/1987) von der DLP, der schon seit 1961 als Premier amtierte.

Außenpolitik: 1958 schloss sich B. der Westind. Föderation an, einem Zusammenschluss der meisten westind. Kolonien Großbritanniens, der sich jedoch 1962 wieder auflöste. Nach Erlangung der Unabhängigkeit orientierte sich B. vor allem am ehemaligen Mutterland und an den USA. 1967 trat B. der Organisation Amerikan. Staaten (OAS) bei.

Wirtschaft: Das Land entwickelte sich wirtschaftlich zunächst positiv. Der Zuckerrohranbau trat allmählich in den Hintergrund. Neben der boomenden Tourismusbranche ge-

Barbados 2000	
Landesfläche	430 km² (WR 180)
Einwohner	269 000 (WR 169)
Hauptstadt	Bridgetown (10 000 Einwohner)
Sprachen	Englisch, Bajan
Währung	1 Barbados-Dollar (B.-$)
Gliederung	11 Bezirke
Staatsform	Parlamentarische Monarchie im Commonwealth (seit 1966)
Religion	Protestanten (65,3%), Katholiken (4,4%); Sonstige (30,3%)
Bevölkerung	Schwarze (80%); Mulatten (16%); Weiße (4%)

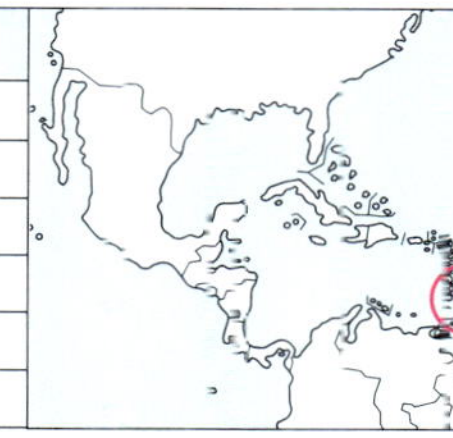

Barbados im 20. Jahrhundert	
1937	Politische Unruhen führen zu ersten Reformmaßnahmen.
1938	Gründung der Barbados Labour Party (BLP).
1950	Das allgemeine und freie Wahlrecht wird eingeführt.
1955	Von der BLP spaltet sich die Democratic Labour Party (DLP) ab.
1958	Barbados tritt als Gründungsmitglied der Westind. Föderation bei, die sich 1962 wieder auflöst.
1964	Barbados erhält volle innere Autonomie.
1966	Die Democratic Labour Party trägt wenige Tage vor der Entlassung Barbados' in die Unabhängigkeit den Wahlsieg davon.
1967	Barbados tritt der Organisation Amerikan. Staaten (OAS) bei.
1971	Bei den Wahlen siegt erneut die DLP unter der Führung von Errol Barrow.
1976	Wahlsieg der BLP.
1981	Die BLP kann sich bei den Wahlen erneut behaupten und bleibt an der Regierung.
1986	Bei den Parlamentswahlen siegt die DLP; Premier wird bis zu seinem Tod 1987 Errol Barrow, ihm folgt Lloyd Erskine Sandiford.
1991	Wahlen bestätigen Sandiford als Premier. Er initiiert eine Spar- und Privatisierungspolitik.
1994	Eine Regierungskrise erzwingt vorzeitige Neuwahlen; die BLP trägt den Sieg davon, neuer Regierungschef wird Owen Arthur.
1999	Bei Wahlen erzielte die DLP das schlechteste Ergebnis in ihrer Geschichte.

wann auch der industrielle Sektor an Bedeutung. Anfang der 80er Jahre erlebte B. jedoch eine schwere Rezession. Steigende Inflation und hohe Arbeitslosenzahlen bestimmten das ökonomische Klima. B. nahm daher Kredite des Internationalen Währungsfonds (IWF) in Anspruch.

Regierungswechsel: Angesichts der Wirtschaftskrise wurde die BLP, die seit 1976 die Regierung stellte, 1986 wieder von der DLP abgelöst. Nach dem Tod von Premierminister Errol Barrow 1987 trat Lloyd Erskine Sandiford (1987–94) seine Nachfolge an. Anfang der 90er Jahre setzte er zur Stabilisierung der Wirtschaft eine systematische Spar- und Privatisierungspolitik durch und entsprach damit den Forderungen des IWF nach Sparmaßnahmen.

Misstrauensantrag: Trotz der Wiederbelebung der Wirtschaft blieb die Arbeitslosenquote weiterhin hoch (1993: 22%). In der Bevölkerung wuchs die Unzufriedenheit mit der Regierungspolitik der DLP. 1994 kam es zum vorzeitigen Machtwechsel, als das Parlament mit Stimmen der regierenden DLP Premierminister Sandiford das Misstrauen aussprach. Aus den vorgezogenen Neuwahlen ging Owen Arthur (seit 1994) von der BLP als Sieger hervor. Während die DLP zehn ihrer bislang 18 Mandate einbüßte, errang die BLP 19 der insgesamt 28 Sitze.

Niedergang der DLP: Auch die Wahlen von 1999 entschied die BLP wieder für sich und errang 26 der 28 Mandate. Zugleich setzte sich die politische Talfahrt der DLP fort, die nur noch zwei Sitze gewann.

Wirtschaftliche Entwicklung: Nach der schweren Rezession zu Beginn der 90er Jahre förderte auch die BLP seit ihrer Regierungsübernahme 1994 die Marktwirtschaft und setzte die Privatisierung staatlicher Betriebe sowie den Sparkurs fort. Wichtigster Faktor blieb die Tourismusbranche, die etwa ein Drittel des BIP erwirtschaftete. Im Bereich Handel und Dienstleistungen, der den Tourismussektor mit umfasst, finden inzwischen über 60% aller Arbeitskräfte Beschäftigung. Der Anteil der Landwirtschaft am BIP sank auf ca. 4%. Trotz einiger positiver Veränderungen konnte die Arbeitslosigkeit nicht unter 20% gesenkt werden. Die Auslandsverschuldung blieb hoch und die Staatsausgaben überschritten nach wie vor deutlich die Einnahmen. Zunehmende wirtschaftliche Bedeutung erlangte unter ausländischer Beteiligung das Offshoregeschäft im Finanz-, Versicherungs- und Immobilienbereich. Mit einem Pro-Kopf-Einkommen von 6600 US-Dollar (1997) zählte B. zu den wohlhabendsten Karibikstaaten. *A.Z.*

Staatsoberhäupter von Barbados

Reg.-Zeit	*Name (Herrschergeschlecht)*	*Lebensdaten*
1837–1901	Victoria I. (Hannover)	1819–1901
1901–10	Edward VII. (Sachsen-Coburg)	1841–1910
1910–36	George V. (Windsor)	1865–1936
1936	Edward VIII. (Windsor)	1894–1972
1936–52	George VI. (Windsor)	1895–1952
seit 1952	Elizabeth II. (Windsor)	*1926

Die wichtigsten Parteien im 20. Jahrhundert

Name (Abkürzung)	*Politische Richtung*	*Gründung*
Barbados Labour Party (BLP)	sozialdemokratisch	1938
Democratic Labour Party (DLP)	konservativ	1955

Ökotourismus – neue Wachstumsperspektiven für die Wirtschaft der Karibikstaaten

Der Bedeutung des Tourismus für seine Wirtschaft ist sich Barbados bewusst. Der Inselstaat bemüht sich daher, die Natur zu schützen und sanften Tourismus zu fördern. Im April 1999 unterzeichneten Karibikstaaten das »Memorandum über eine dauerhafte Tourismuszone«, das den Schwerpunkt auf den Umweltschutz legt. Auf Barbados hatten Abwässer, die ins Meer geleitet wurden, Bootsanker und Korallentaucher den Riffen vor der Insel bereits großen Schaden zugefügt. Inzwischen haben sich die Bestände wieder etwas erholt, nicht zuletzt dank des vor Jahren erfolgreich gestarteten Versuchs, ein Schiffswrack im Meer zu versenken, an dem sich wieder Korallen ansiedeln können. Bedroht sind die Korallenriffe aber auch durch die steigenden Meerestemperaturen, die eine Folge der allgemeinen Erwärmung der Erdatmosphäre sind. Bereits eine kurzfristige Erwärmung des Wassers über 32 °C führt zum Tod der exakt an ihre Umgebung angepassten Blumentiere. (Foto: Korallenbewuchs an einem Wrack)

Belgien

Königreich Belgien

Die Geschichte des Staates B. beginnt erst 1830. Bis dahin war die historische Entwicklung mit der Geschichte der (Vereinigten) Niederlande verbunden, zu denen B. ab dem Wiener Kongress (1814/15) gehörte. Nach der Septemberrevolution (25.8.–27.9.1830) wurde am 4.10.1830 in Brüssel die belg. Unabhängigkeit ausgerufen. 1839 garantierten die europäischen Zentralmächte B. die Souveränität und Neutralität.

Das Königreich um 1900

Wirtschaftsboom: In den acht Jahrzehnten seit der Unabhängigkeit bis zum Ersten Weltkrieg erlebte das Königreich B. eine wirtschaftliche Blüte. Das Bruttosozialprodukt vervielfachte sich, mitverursacht durch die ab den 1880er Jahren forcierte Kolonialisierungspolitik König Leopolds II. in Afrika (vor allem Kongo). Die Industrieproduktion stieg binnen weniger Jahrzehnte um das Zwölffache, doch der Wohlstand erreichte nicht alle Bevölkerungsschichten.

Soziale Frage: Die mit dem wirtschaftlichen Aufschwung verbundene Zunahme der Industriearbeiterschaft und einzelne Konjunkturkrisen verschärften die sozialen Spannungen. Sie gipfelten in der Forderung nach Teilhabe der Mehrheit des Volkes an der politischen Macht. Bereits 1893, nach einem Massenstreik, hatte B. das bis dahin gültige Zensuswahlrecht abgeschafft und das Wahlrecht für Männer über 25 Jahre eingeführt. Die Zahl der Wahlberechtigten verzehnfachte sich auf 1,4 Mio, die Position der (protestantischen) Flamen gegenüber den im Land dominierenden Liberalen und den (katholischen) Wallonen wurde gestärkt.

Außenpolitik: B. blieb in der Ära des Imperialismus neutral. Nach Bekanntwerden des deutschen Schlieffenplans, der B. als deutsches Aufmarschgebiet gegen Frankreich direkt bedrohte, vereinbarten König Leopold II. und der brit. Monarch Edward VII. 1906 eine engere Zusammenarbeit der Generalstäbe beider Länder. Auf der Berliner Kongo-Konferenz hatte Leopold II. 1885 als Souverän des »unabhängigen Kongo« eine Kolonie quasi als Privatbesitz erhalten. Nach Bekanntwerden von schweren Misshandlungen afrikan. Arbeiter übernahm der Staat 1908 die Kontrolle über Belgisch-Kongo. Nach Leopolds Tod (1909) setzte sein Neffe Albert I. die vorsichtige Bündnispolitik B.s fort.

Belgien 2000	
Landesfläche	30 519 km² (WR 136)
Einwohner	10,2 Mio (WR 76)
Hauptstadt	Brüssel (950 000 Einwohner)
Sprachen	Niederländisch, Französisch, Deutsch
Währung	1 belg. Franc (bfr) = 100 Centimes
Gliederung	10 Provinzen
Staatsform	Parlamentarische Monarchie (seit 1831)
Religion	Katholiken (75%); Freisinnige (12%); Sonstige (13%)
Bevölkerung	Flamen (57,7%); Wallonen (31,8%); Deutsche (0,7%); Zweisprachige (9,8%)

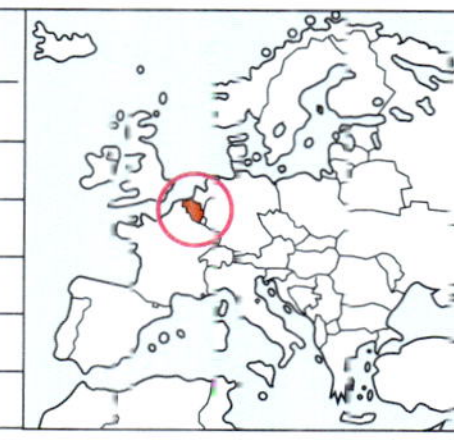

Belgien im 20. Jahrhundert	
1908	König Leopold II. tritt den Kongo als Kolonie an den belg. Staat ab.
1909	Beginn der Regentschaft Alberts I., des Neffen Leopolds II. (bis 1934).
1913	Einführung der allgem. Wehrpflicht angesichts politischer Spannungen.
1914	Einmarsch deutscher Truppen: Belgien wird Durchmarschgebiet nach Frankreich; bis 1918 steht das Land unter deutscher Militärverwaltung.
1919	Nach den Bestimmungen des Versailler Friedensvertrags fällt das deutschsprachige Gebiet Eupen-Malmedy an die belg. Monarchie.
1922	Gleichberechtigung der französ. und fläm. Sprache im Staat; König Albert I. schließt ein Defensivbündnis mit Großbritannien ab.
1932	Belgien, Niederlande, Luxemburg vereinbaren Abbau von Zollschranken.
1934	Leopold III. wird Nachfolger des tödlich verunglückten Königs Albert I.
1936	Die Regierung von Paul van Zeeland startet ein soziales Reformprogramm; bei der Parlamentswahl erringen die Faschisten erste Erfolge.
1937	Eine deutsche Note garantiert die territoriale Unverletzlichkeit Belgiens.
1940	Einmarsch deutscher Truppen; Belgien gerät unter deutsche Militärverwaltung; die belg. Exilregierung führt von London aus die Geschäfte weiter.
1944	Befreiung durch brit. Truppen; die Exilregierung kehrt zurück.
	Leopold III. gilt als Kollaborateur, sein Bruder Karl amtiert als Regent.
	Belgien, Niederlande, Luxemburg gründen Zollunion (ab 1948 in Kraft).
1949	Gründungsmitglied der NATO unter Aufgabe der militärischen Neutralität.
1950	König Leopold III. kehrt nach Referendum aus Exil zurück; Generalstreik.
1951	Nach erzwungener Abdankung Leopolds III. wird Sohn Baudouin König.
1958	Vertrag über Erweiterung der Zollunion zur Union Economique Benelux.
	Gründungsmitglied der Europäischen Wirtschaftsgemeinschaft (EWG).
1960	Unabhängigkeit der belg. Kolonie Kongo (1971–97 Zaïre)
1962	Die belg. Mandatsgebiete Ruanda und Burundi werden unabhängig.
1963	Gesetz über die Neueinteilung der fläm. und wallon. Sprachgebiete.
1970	Verfassungsreform: paritätische fläm.-wallon. Regierung
1974	Einführung von Regionalparlamenten für Flandern, Wallonien, Brüssel.
1980	Regionalisierungsgesetz: wirtschaftliche Eigenständigkeit der Regionen.
1984	Deutschsprachige Minderheit erhält eigenes Parlament und Regierung.
1987	Rücktritt der Regierung unter Ministerpräsident Wilfried Martens (CVP), nachdem die Einigung im Sprachenstreit gescheitert ist.
1988	Autonomiezuwachs für die Regionen (Bildung, Wirtschaft, Finanzen).
1990	Konflikt um liberales Abtreibungsgesetz zwischen Parlament und König.
1993	Letzte Stufe der Verfassungsreform: Belgien wird Bundesstaat.
	Tod König Baudouins I.; Nachfolger wird sein Bruder Albert II.
1995	Rücktritt des belg. NATO-Generalsekretärs Willy Claes (Agusta-Skandal).
1996	Regierungskrise nach Aufdeckung von sexuellem Missbrauch und Morden an Kindern (Affäre um den Kinderschänder Marc Dutroux).
1999	Bei den Parlamentswahlen werden die fläm. Liberalen erstmals stärkste Fraktion (23 der 150 Sitze). Guy Verhofstadt bildet die Regierung.

Staatsoberhäupter Belgiens

Reg.-Zeit	*Name (Herrschergeschlecht)*	*Lebensdaten*
1865–1909	Leopold II. (Sachsen-Coburg)	1835–1909
1909–34	Albert I. (Sachsen-Coburg)	1875–1934
1934–44	Leopold III. (Sachsen-Coburg)	1901–1983
1944–50	Karl, Graf von Flandern (Sachsen-Coburg)	1903–1983
1950/51	Leopold III. (Sachsen-Coburg), Thronverzicht	1901–1983
1951–93	Baudouin I. (Sachsen-Coburg)	1930–1993
seit 1993	Albert II. (Sachsen-Coburg)	*1934

Westallianz im Ersten Weltkrieg

Deutsche Besatzung: Zu Beginn des Krieges (am 2.8.1914) forderte die deutsche Führung von B. in einem Ultimatum den freien Truppendurchmarsch nach Frankreich. Nach der belg. Weigerung drangen kaiserliche Einheiten zwei Tage später in B. ein. Bis auf ein kleines Gebiet im Nordwesten des Königreichs wurde das Land nach erbitterten Kämpfen besetzt und blieb bis 1918 unter Fremdherrschaft. Der deutsche Einmarsch hatte jedoch vertragsgemäß die Garantiemacht Großbritannien zum Kriegseintritt an der Seite B.s bewogen. König Albert I. blieb als Oberbefehlshaber des belg. Heeres im Land, die Regierung verlegte ihren Sitz nach Le Havre in Westfrankreich.
Kollaboration: Fläm. Aktivisten arbeiteten mit den deutschen Besatzungsbehörden eng zusammen. 1917 wurde der »Rat von Flandern« gegründet, das Land war zeitweise in eine fläm. und eine wallon. Verwaltungseinheit aufgeteilt. Die Kollaboration der Flamen mit den Deutschen verschärfte nach dem Krieg die Spannungen zwischen den beiden Bevölkerungsgruppen.
Ende der Neutralität: Nach dem Rückzug der deutschen Besatzungstruppen während der alliierten Juli-Offensive 1918 zog König Albert I. am 22.11.1918 wieder in die Hauptstadt Brüssel ein. Die schweren Kriegsschäden im ganzen Land wurden mit ausländischer Hilfe in wenigen Jahren behoben. Der Versailler Vertrag (1919) beendete die Neutralität B.s, das die deutschen Kreise Eupen und Malmedy und das Mandat des Völkerbundes über die ostafrikan. Länder Ruanda und Burundi erhielt.

Bündnisse in Friedenszeiten

Allianzen: Nach den Erfahrungen der deutschen Besatzung schloss B. 1920 eine Militärkonvention mit Frankreich und 1922 ein Defensivbündnis mit Großbritannien. Belg. Einheiten beteiligten sich 1923 an der Besetzung des Ruhrgebiets und des Rheinlandes durch die Westalliierten, um ausstehende deutsche Reparationszahlungen einzufordern. Im Zuge der von den Außenministern Frankreichs und Deutschlands, Aristide Briand und Gustav Stresemann, betriebenen deutsch-französ. Annäherung unterzeichnete B. 1925 die Locarno-Verträge, die ein wechselseitiges Bündnissystem in Westeuropa begründeten.

Chemische Kampfstoffe gelangten im Ersten Weltkrieg zum ersten Mal in der Geschichte der Menschheit zur Anwendung. Am 22.4.1915 griffen deutsche Einheiten nahe der belg. Stadt Ypern die Front der Alliierten mit Chlorgas an. Die brit. und französ. Truppen verfügten damals noch nicht über Schutzmasken, sodass innerhalb weniger Minuten 5000 Soldaten der Alliierten starben, weitere 10 000 erlitten schwere Vergiftungen. Ab Herbst 1915 setzten auch die Alliierten (Foto: Französ. Soldaten mit Gasmasken aus Aluminium) Giftgas ein. Neben den »Grünkreuzkampfstoffen«, die sich auf die Atemwege auswirkten, wurden ab 1917 auch Hautkontaktgifte (»Gelbkreuzkampfstoffe«) verwendet, die zu schweren Verätzungen führten.

Stichwort: Sprachenstreit

Dominanz der Wallonen: Seit der Unabhängigkeit Belgiens (1830) schwelt der Streit zwischen den beiden größten Bevölkerungsteilen Belgiens, den Flamen und Wallonen. Die niederländ. Mundarten sprechenden Flamen fühlten sich benachteiligt, da nach der Staatsgründung Französisch zur Amtssprache erhoben wurde.

Anerkennung der Flamen: Der Konflikt wurde gemildert, als das Flämische in mehreren Sprachgesetzen von 1873 bis 1898 als Schul-, Amts- und Gerichtssprache anerkannt worden war. Als Gegengewicht entstand Anfang des 20. Jh.s die wallon. Bewegung mit dem Ziel, die kulturellen, politischen und wirtschaftlichen Sonderinteressen des frankophonen Bevölkerungsteils zu wahren.

Verfassungsänderung: Der kulturelle Konflikt verschärfte sich, da das ehemalige Agrarland Flandern wirtschaftlich die Oberhand gewann und Wallonien nicht länger unterstützen wollte. 1993 wurde Belgien in einen Bundesstaat umgewandelt, der den Regionen weit reichende Kompetenzen einräumt. Doch will der Ruf der Flamen nach einem eigenständigen Staat nicht verstummen, während viele Wallonen sich für einen Anschluss an Frankreich aussprechen, mit dessen Kultur sie sich identifizieren.

1936 kündigte B. sein Militärbündnis mit Frankreich, die enge Kooperation beider Generalstäbe blieb jedoch erhalten. Eine von der NS-Regierung erlassene »deutsche Note« garantierte 1937 die Unverletzlichkeit der belg. Grenzen.

Reformen: Innenpolitisch setzten Katholische Partei, Liberale und Sozialisten ihre im Ersten Weltkrieg unter dem katholischen Premier Charles Comte de Broqueville (1911–18) begonnene Zusammenarbeit fort. Das 1918 bis 20 amtierende Kabinett des Parteilosen Léon Delacroix erweiterte das allgemeine durch das gleiche Wahlrecht und führte 1919 den Achtstundentag sowie die Altersversicherung ein. 1921–35 bildeten Katholiken und Liberale abwechselnd die Regierung.

Eskalierender Sprachenstreit: Zwischen den Weltkriegen verschärfte sich der fläm.-wallon. Sprachenstreit und belastete zunehmend die innenpolitische Entwicklung. In mehreren Sprachgesetzen (1930, 1932, 1938) wurde für Flandern und Wallonien der Grundsatz der fläm. bzw. französ. Einsprachigkeit in Verwaltung, Unterricht, Rechtsprechung und Armee festgelegt. Nur im Großraum Brüssel und in der Sprachgrenzzone blieb die Zweisprachigkeit erhalten.

Wirtschaftliche Konsolidierung: Nach dem Unfalltod Alberts I. (1934) bestieg sein Sohn Leopold III. den Thron. Das 1935 gebildete Kabinett der »nationalen Konzentration« unter dem Katholiken Paul van Zeeland (bis 1937) musste die wegen der Weltwirtschaftskrisen belasteten Staatsfinanzen sanieren. 1936 verzeichneten die Faschisten wie in vielen Staaten Europas auch in B. große Stimmengewinne bei der Parlamentswahl (rechtsradikale Rexbewegung unter Führung von Léon Degrelle). Zeelands Politik der sozialen Reformen und der Konsolidierung der Staatsfinanzen setzte sein Nachfolger, der Sozialist Paul Henri Spaak, 1938/39 fort.

Belgien im Zweiten Weltkrieg

Kapitulation des Königs: Trotz der »deutschen Note« von 1937 marschierten Einheiten der Wehrmacht am 10.5.1940 im Zuge ihres Angriffs auf Frankreich in B. ein. Gegen den erklärten Willen der katholisch-liberal-sozialistischen Regierungskoalition unter Ministerpräsident Hubert Pierlot (1939–45) unterzeichnete König Leopold III. bereits nach 18 Tagen die Kapitulation seiner Streitkräfte. Das belgische Kabinett floh nach London, wo es bis 1944 als Exilregierung fungierte. Leopold blieb im Land und wurde ab 1944 in Deutschland und Österreich interniert.

Besatzung: Mit Teilen Nordfrankreichs unterstand B. 1940–44 deutscher Militärverwaltung, die Wirtschaft wurde den Erfordernissen deutscher Rüstungsproduktion unterworfen. Zu Tausenden wurden belg. Juden u. a. aus Antwerpen, dem wichtigsten Diamantenhandelsplatz der Welt, in die Vernichtungslager in Osteuropa deportiert, wobei die belg. Faschisten mit den deutschen Besatzern kolla-

König Leopold III. (M.) ersetzte 1936 die traditionelle Bindung Belgiens an die Westmächte durch eine umfassende Neutralitätspolitik. Dennoch konnte er den Einmarsch deutscher Truppen im Mai 1940 nicht verhindern. Bis 1944 wurde er von den Besatzern auf Schloss Laeken interniert, 1944/45 war er in deutscher Kriegsgefangenschaft. Leopolds Wunsch nach Rückkehr auf den Thron stieß 1950 vor allem auf den Widerstand von Christdemokraten und Sozialisten. Sie warfen ihm vor, nicht rechtzeitig vor dem deutschen Einmarsch ins Exil geflohen zu sein. Das Volk befürwortete in einer Abstimmung Leopolds Thronbesteigung. Doch nach Unruhen übertrug er am 1.8.1950 seine Vollmachten auf Sohn Baudouin.

borierten. Nach der Landung der Alliierten in der Normandie am 6.6.1944 gab die Wehrmacht B. auf. Ein letztes Mal war belg. Territorium im Dezember 1944 während der deutschen Ardennenoffensive Kriegsschauplatz.

Befreiung: Die Westalliierten besetzten bis Ende 1944 alle wichtigen strategischen Punkte des Landes. Am 20.9.1944 kehrte die belg. Exilregierung aus London nach Brüssel zurück. Senat und Abgeordnetenkammer bestimmten anstelle des »Kollaborateurs« Leopold III. dessen Bruder Graf Karl von Flandern zum Regenten des Königreichs.

Die wichtigsten Parteien im 20. Jahrhundert

Name (Abkürzung)	*Politische Richtung*	*Gründung*
Christliche Volkspartei (CVP)	fläm. Konservative	1945
Christlich-Soziale Partei (PSC)	wallon. Konservative	1945
Volksunion (VU)	fläm. Regionalisten	1954
Demokratische Front der Französischsprachigen (FDF)	wallon. Regionalpartei in Brüssel	1964
Partei der deutschspr. Belgier (PDB)	Regionalpartei in Ostbelgien	1971
Flämischer Block (VB)	fläm. Rechtspartei	1979
Liberale Reformpartei (PRL)	wallon. Liberale	1979
Sozialistische Partei (SP)	fläm. Sozialisten	1979
Sozialistische Partei (PS)	wallon. Sozialisten	1979
Anders Leben (Agalev)	fläm. Grüne	1982
Ökolo (Ecolo)	wallon. Grüne	1982
Wallonische Partei (PW)	wallon. Regionalisten	1985
Nationale Front (FN)	wallon. Rechtspartei	1988
Fläm. Liberale und Demokraten (VLD)	fläm. Liberale	1992

Wiederaufbau und Konsolidierung

Neubeginn: Die katholisch-konfessionell geprägten politischen Kräfte des Landes vereinigten sich 1945 zur Christlichen Volkspartei, die sich in zahlreichen Regierungskoalitionen mit Sozialisten und Liberalen abwechselten. 1945–47 waren auch die Kommunisten an der Regierung beteiligt. Mit der Verfassung vom 26.7.1948 führte B. als eines der letzten westeuropäischen Länder das allgemeine Wahlrecht für Frauen ein.

Entnazifizierung: Die ersten Jahre nach dem Ende des Zweiten Weltkriegs waren bestimmt durch Tausende von Verfahren gegen Bürger, die mit den deutschen Besatzern kollaboriert hatten. Der umstrittene Leopold III. konnte 1950 nach einer Volksabstimmung (Mehrheit von 57%) zwar auf den Königsthron zurückkehren, trat aber nach wenigen Monaten zugunsten seines Sohnes Baudouin I. zurück, als Proteste im ganzen Land gegen seine Regentschaft zum Generalstreik geführt hatten.

Schulstreit: In den 50er Jahren löste die Frage der staatlichen Subventionierung katholischer Schulen einen Konflikt zwischen der sozialistisch-liberalen Regierung unter Achille van Acker (1954–58) und der CVP aus. Mit den oppositionellen Christdemokraten wurde 1958 der »Schulpakt« verabschiedet.

Westintegration: Nach den bitteren Erfahrungen des Zweiten Weltkriegs nahm B. Abschied von seiner glücklosen Neutralitätspolitik. 1949 schloss sich das Land dem westlichen Verteidigungsbündnis NATO und in den 50er Jahren den europäischen Vereinigungen an (u. a. Europarat, Montanunion und EWG). Brüssel entwickelte sich zu einem Zentrum der europäischen Politik. Mit den Niederlanden und Luxemburg (Benelux) arbeitete B. vor allem auf wirtschaftlichem Gebiet eng zusammen. Heute ist Brüssel als politische Hauptstadt Europas u. a. Sitz der wichtigsten EU-Institutionen und des NATO-Hauptquartiers.

Entkolonisierung

1960 entließ B. die rohstoffreiche Kolonie Belgisch-Kongo nach 75-jähriger Kolonialzeit unter dem Namen Zaïre in die Unabhängigkeit. In dem nur unzureichend darauf vorbereiteten Land entbrannte ein mehrjähriger Bürgerkrieg, in den Truppen der Vereinten Nationen (UN) eingriffen. 1962 gewannen auch Ruanda und Burundi ihre staatliche Souveränität.

Föderalisierung des Staates

Verschärfter Sprachenstreit: Seit den 60er Jahren stand die innenpolitische Diskussion des Landes im Zeichen des kulturellen Konflikts zwischen (protestantischen) Flamen und (katholischen) Wallonen. Er wurde verschärft durch die steigende Prosperität Flanderns und die Krise der besonders in Wallonien ansässigen Kohle- und Stahlindustrie. Die sprachlich orientierten Parteien gewannen an politischer Bedeutung, auch die großen belgischen Parteien teilten sich in fläm. und wallon. Organisationen auf.

Verfassungsreform: Über die gesetzliche Festlegung der Sprachgrenze zwischen Niederländisch und Französisch (1962), Regionalisierung (1970) und Föderalisierung (1980) führte der Umbau des einheitlichen Staatsgefüges zur Bildung einer bundesstaatlichen Ordnung durch die Verfassungsreformen von 1988 und 1993. Sie definieren Belgien als Staat mit verschiedenen Regionen und Sprachen und dem Recht auf deren repräsentative politische Vertretung.

Königshaus als einigende Kraft: 1993 trat Albert II. in Brüssel die Nachfolge seines Bruders Baudouin I. an, der nach 42-jähriger Amtszeit verstorben war. Der belg. Regierung war es gelungen, den 59-jährigen Albert anstelle seines als politisch unerfahren geltenden Sohnes für die Nachfolge zu gewinnen. Der Monarch sollte die traditionelle Vermittlerrolle des belg. Königshauses zwischen Flamen und Wallonen übernehmen, um ein mögliches Auseinanderbrechen des Staates zu verhindern.

Wirtschaftspolitik: Vorrangiges Ziel der christdemokratisch-sozialistischen Regierung unter dem Ministerpräsidenten Jean-Luc Dehaene (1992–99) war die Erfüllung der Kriterien des Maastrichter Vertrages für die Europäische Wirtschafts- und Währungsunion, an der B. seit 1999 teilnimmt, obwohl es mit einer Staatsverschuldung von 115% (Maastrichter

Belgisch-Kongo – von der Willkür des Königs zur indirekten Kolonialherrschaft

Der Kongo gehörte als Freistaat seit den 1880er Jahren formell der »Association Internationale du Congo«, die dem belg. König Leopold II. unterstand. Leopold betrachtete den an Bodenschätzen reichen Kongo als Privatbesitz, den er nach Belieben wirtschaftlich ausbeuten konnte. Um den Ausbau seiner Krondomäne zu finanzieren, griff er auf Methoden (Monopolwirtschaft, Zwangsabgaben der Afrikaner) zurück, die den sog. Kongo-Skandal auslösten. Die brutale Ausbeutung führte schließlich dazu, dass der belg. Staat auf Druck des Parlaments 1908 den Kongo als Kolonie übernahm. Das von Leopold eingeführte Verwaltungssystem wurde weiterentwickelt. Die Gesetzgebung oblag dem belg. Parlament, das den Rechtsstatus und die Verfassung des Kongo festlegte. Durch das Prinzip der »indirekten Herrschaft« ließ die Kolonialregierung die Gesellschaftsordnung der Stammesverbände weitgehend unangetastet, doch hatten die Kongolesen keinen Anteil an der politischen Willensbildung und höheren Verwaltung. Nach der Entlassung in die Unabhängigkeit am 30.6.1960 brach im Kongo ein mehrjähriger Bürgerkrieg aus. (Foto: König Albert I. und Königin Elisabeth bei einem Besuch in Léopoldville, der Hauptstadt von Belgisch-Kongo, um 1920)

Dokument: Neue Verfassung

Die 1993 zuletzt geänderte Verfassung des Königreichs Belgien schließt die Umwandlung des ehemals zentralistisch regierten Landes in einen Bundesstaat ab:

Art. 1: Belgien ist ein Föderalstaat, der sich aus Gemeinschaften und Regionen zusammensetzt.

Art. 2: Belgien umfasst drei Gemeinschaften: die deutschsprachige, die fläm. und die französ. Gemeinschaft.

Art. 3: Belgien umfasst drei Regionen: die wallon., die fläm. und die Brüsseler Region.

Art. 4: Belgien umfasst vier Sprachgebiete: das deutsche, das französ., das niederländ. Sprachgebiet und das zweisprachige Gebiet der Hauptstadt Brüssel. Die Grenzen der vier Sprachgebiete können nur durch ein mit Stimmenmehrheit in jeder Sprachgruppe einer jeden Kammer angenommenes Gesetz abgeändert oder berichtigt werden, vorausgesetzt, dass eine Mehrheit der Mitglieder jeder Gruppe versammelt ist, und insofern die Gesamtzahl der Ja-Stimmen aus beiden Sprachgruppen zwei Drittel der abgegebenen Stimmen erreicht.

Art. 5: Das Gesetz kann ... das Staatsgebiet in eine größere Anzahl Provinzen einteilen. Ein Gesetz kann bestimmte Gebiete, deren Grenzen es festlegt, der Einteilung in Provinzen entziehen, sie der föderalen ausführenden Gewalt unmittelbar unterstellen und ihnen einen eigenen Status zuerkennen. Dieses Gesetz muss mit der in Artikel 4 bestimmten Mehrheit angenommen werden.

Brüssel – Hauptstadt des vereinigten Europa

Neben dem Europäischen Parlament, der seit 1979 direkt gewählten EU-Volksvertretung, tagt auch die Europäische Kommission, das ausführende Organ der EU, in Brüssel. Weitere EU-Institutionen, die in der belg. Kapitale zusammentreten, sind der Rat der Union (Ministerrat), der Europäische Regionalausschuss sowie der Europäische Wirtschafts- und Sozialausschuss. Die Hauptstadt von Belgien ist zugleich auch Sitz der Generalsekretariate der Benelux-Union, der NATO und der Westeuropäischen Union (WEU), die mittelfristig zum militärischen Arm der EU werden soll, ohne jedoch die NATO zu ersetzen. (Foto: Neubau des Europäischen Parlaments mit gläsernem Plenarsaal)

Grenzwert: 60%) den Anforderungen nicht vollständig genügte. Bis zum Jahr 2015 soll die staatliche Verschuldung jedoch auf 60% des BIP reduziert werden. Zur Abmilderung der wirtschaftlichen Unterschiede zwischen Flamen und Wallonen flossen zahlreiche in Flandern erwirtschaftete Gelder in die strukturell schwächere Region Wallonien.

Politische Affären und Skandale

Korruption: Die Aufdeckung der Zahlung von Bestechungsgeldern des italien. Agusta-Konzerns an die fläm. Sozialisten (1988) zur Sicherung eines Lieferauftrags von Militärhubschraubern führten 1994/95 zum Rücktritt mehrerer sozialistischer Regierungsmitglieder und zur Demission des belg. NATO-Generalsekretärs Willy Claes.

Kinderpornographie: Pannen und Versäumnisse bei der Fahndung nach dem Kinderschänder Marc Dutroux und einem Pornohändler-Ring erschütterten das Vertrauen der Bevölkerung in die belg. Justiz. Nach einem kurzzeitigen Ausbruch von Dutroux (1998) erfolgte der Rücktritt des Innenministers und des Justizministers.

Dioxinskandal: Im Juni 1999 wurden in B. alle heimischen Geflügelprodukte vom Markt genommen, weil in einigen Zuchtbetrieben dioxinverseuchte Futtermittel verwendet worden waren. Rund 14 000 landwirtschaftliche Betriebe wurden unter Quarantäne gestellt, 1500 Geflügelfarmer und Tierzüchter mussten ihre Produktion einstellen. Die EU, die die belg. Regierung wegen ihrer Informationspolitik kritisierte, erließ zwischenzeitlich ein Ausfuhrverbot für einen großen Teil belg. Lebensmittel. Der Schaden für die belg. Wirtschaft wurde auf über 1 Mrd DM geschätzt.

Politischer Richtungswechsel: Mit der Wahl (Juni 1999) des ersten liberalen Premierministers seit den 50er Jahren, Guy Verhofstad, verband die politische Öffentlichkeit die Hoffnung auf ein baldiges Ende der Skandale.

Internationales Engagement

1993 trat B. mit einem Kontingent von etwa 10 000 Mann dem Eurokorps bei, einem militärischen Verband, der vom Verteidigungsbündnis Westeuropäische Union (WEU) aufgestellt wurde. In der Folgezeit beteiligte sich das Land mit eigenen Truppen auch am UNO-Einsatz in Somalia sowie an den UNO-Friedensmissionen auf dem Balkan (Kroatien, Bosnien-Herzegowina, Kosovo) und in seiner ehemaligen afrikan. Kolonie Ruanda. *Red.*

Belize

Mitte des 16. Jh.s gelangte das Gebiet des heutigen B. in span. Kolonialbesitz. Ab 1638 begannen die Engländer mit der systematischen Kolonisierung des Landes. Nach kriegerischen Auseinandersetzungen mit Spanien fiel das Gebiet 1798 unter dem Namen Brit.-Honduras an Großbritannien. 1871 erklärte London Brit.-Honduras zur Kronkolonie, 1884 erhielt das Land einen eigenen brit. Gouverneur.

Belize 2000	
Landesfläche	22 696 km² (WR 147)
Einwohner	230 000 (WR 170)
Hauptstadt	Belmopan (4000 Einwohner)
Sprachen	Englisch, Kreolisch, Spanisch
Währung	1 Belize-Dollar (Bz-$) = 100 Cents
Gliederung	6 Distrikte
Staatsform	Parlamentarische Monarchie im Commonwealth (seit 1981)
Religion	Katholiken (57,7%), Protestanten (28,5%); Sonstige (13,8%)
Bevölkerung	Mestizen (43,6%); Kreolen (29,8%); Maya (11%); Garifuna (6,6%); Weiße (3,9%); Sonstige (5,1%)

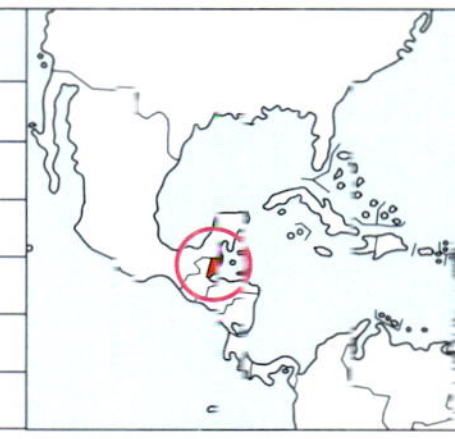

Belize im 20. Jahrhundert	
1964	Die Kronkolonie Brit.-Honduras erhält innere Autonomie.
1970	Belmopan löst Belize als Hauptstadt von Brit.-Honduras ab.
1973	Brit.-Honduras wird in Belize umbenannt.
1981	Belize erhält die Unabhängigkeit als parlamentarische Monarchie.
	Aufnahme in die Vereinten Nationen (UN).
1984	Beginn des Verkaufs von Staatsbürgerschaften (»Steueroase«)
1990	Mit offenem Schifffahrtsregister und dem International Business Company Act beginnt Belizes Aufstieg zum Offshorezentrum.
1991	Der Nachbarstaat Guatemala erkennt die Unabhängigkeit Belizes an, ohne seine Ansprüche auf Teile des beliz. Gebiets aufzugeben.
1995	Aufnahme diplomatischer Beziehungen zum kommunistischen Kuba

Kolonialherrschaft

Wirtschaft: Im 20. Jh. war B. als Brit.-Honduras einzige europäische Kolonie in Mittelamerika. Tropische Regenwälder bildeten den natürlichen Reichtum des Landes, Hauptexportartikel waren Mahagoni, Campeche (Blauholz) und mexikan. Zedern. In den ersten Jahrzehnten wurde an der Küste auch der Bananenanbau aufgenommen.
Vertrag mit Guatemala: Im Vertrag vom 30.4.1859 hatte Guatemala die brit. Oberhoheit über B. in seinen heutigen Grenzen unter der Bedingung anerkannt, dass Großbritannien eine Straßenverbindung von Brit.-Honduras nach Guatemala bauen würde. Da Großbritannien diese Vereinbarung nie umsetzte, erklärte Guatemala den Vertrag für nichtig und erhebt bis heute Ansprüche auf Teile von B.
Autonomie: 1964 erhielt Brit.-Honduras durch eine Revision der Kolonialverfassung innere Autonomie. Erster Premierminister wurde George C. Price (1964–81) von der national orientierten People's United Party (PUP), die einen Anschluss der Kolonie an Guatemala strikt ablehnte. Im August 1970 wurde Belmopan die neue Hauptstadt der Kronkolonie, nachdem ein Hurrikan die alte Hauptstadt Belize 1961 fast völlig zerstört hatte. Am 31.5.1973 wurde der Name der Kolonie in »B.« geändert.

Unabhängigkeit

Vertrag mit Großbritannien: Wegen der wiederholten Drohungen Guatemalas, Truppen in B. einmarschieren zu lassen, zögerte Großbritannien die Unabhängigkeit der Kronkolonie hinaus. Nach mehrjährigen Verhandlungen kam am 11.3.1981 ein Vertrag zustande, in dem der seit mehr als 100 Jahren andauernde Konflikt zwischen Guatemala und Großbritannien vorläufig beigelegt wurde. Das Abkommen schuf die Basis für die Unabhängigkeit B.s.

Parlamentarische Monarchie: B. erhielt am 21.9.1981 die staatliche Unabhängigkeit, am 25.9. wurde es als 156. Mitglied in die Vereinten Nationen (UN) aufgenommen. Premierminister blieb der seit 1964 amtierende Price. Nach der neuen Verfassung war B. eine parlamentarische Monarchie, Staatsoberhaupt blieb die brit. Königin, vertreten durch einen Generalgouverneur, der unter Berücksichtigung der parlamentarischen Mehrheitsverhältnisse den Premierminister ernennt. Bei den ersten Parlamentswahlen 1981 erhielt die PUP unter Führung von Price die absolute Mehrheit (13 Mandate), die oppositionelle United Democratic Party (UDP) stellte fünf Abgeordnete.
Konflikt mit Guatemala: Guatemala erkannte die Unabhängigkeit B.s nicht an und erneuerte seine Gebietsansprüche. Auf die Drohungen Guatemalas, in B. einzumarschieren, reagierte Großbritannien mit dem Hinweis auf seine weiterhin in der ehemaligen Kronkolonie stationierten Truppen und warnte vor militärischen Aktionen. Am 14.8.1991 erkannte Guatemala die Unabhängigkeit B.s an, ohne auf seine Gebietsansprüche zu verzichten. Diese Ansprüche blieben auch nach der Aufnahme diplomatischer Beziehungen bestehen, B. begrenzte jedoch seine Territorialgewässer auf drei Seemeilen, damit Guatemala einen größeren Zugang zum Atlantik erhielt.

Die Korallenriffe vor der lagunenreichen Küste von Belize sind ein bedeutender Anziehungspunkt des Tourismus. Beeinträchtigt wird der Ausbau des Tourismus durch Widerstände in der Bevölkerung, durch Drogenschmuggel sowie durch den permanenten Konflikt mit Guatemala.

Neue Perspektiven

Steuerparadies: Mit einem »ökonomischen Staatsbürgerschaftsprogramm« begann 1984 die Entwicklung B.s zum Steuerparadies. Der Verkauf von Staatsbürgerschaften sollte das Investitionsklima verbessern: Wer ein Investment tätigte, erhielt die mit Steuervorteilen verbundene beliz. Staatsbürgerschaft.

Offshorezentrum: In den 90er Jahren bestimmte der rasche Aufstieg B.s zum Offshorezentrum die gesamtstaatliche Entwicklung. Fast alle gesetzlichen und strukturpolitischen Maßnahmen zielten darauf ab, das Land im Offshoregeschäft optimal zu positionieren und zur Steueroase für Anleger aller Größenordnungen zu machen, für Privatpersonen ebenso wie für Mittelständler und multinationale Großkonzerne. Grundlagen waren die Einführung eines offenen Schifffahrtsregisters und der International Business Company Act (1990), der die Zahl der Firmengründungen mit jährlich zweistelligen Wachstumsraten steigen ließ. Der Trust Act (1992) machte Trusts unantastbar für die Regierung. Neben europäischen siedelten sich insbes. US-Firmen auf der Basis dieser Gesetze in B. an, nicht zuletzt aufgrund der US-amerikan. Anti-Trust-Gesetzgebung. Es folgten das Gesetz für Financial Institutions (1995) und der Offshore Banking Act (1996). Dank des Strukturwandels waren Ende des 20. Jh.s 52% aller Erwerbstätigen im Dienstleistungssektor tätig und nur noch 30% in der Landwirtschaft. Mit einem BSP von 2610 US-Dollar je Einwohner zählte B. 1999 zu den Staaten mit mittlerem Einkommen (1984: 1110 US-Dollar). Die wirtschaftliche Entwicklung erfolgte unter dem militärischen Schutz Großbritanniens, das weiterhin Truppen in B. stationiert hatte.

Öko-Tourismus: Die für die Schifffahrt gefährlichen Koralleninseln und Riffe vor der lagunenreichen Küste, deren versumpfte Schwemmebenen bis weit in das Landesinnere reichen, sowie die unzugänglichen Regenwälder sorgten bis weit in das 20. Jh. dafür, dass B. ein verkehrsmäßig und industriell kaum erschlossenes Land blieb. Während in den anderen Staaten Mittelamerikas z. T. über 90% der tropischen Regenwälder abgeholzt wurden, waren in Belize Ende des 20. Jh.s noch 75% erhalten. Dank seiner Naturnähe avancierte B. zu einem bedeutenden Ziel des sog. sanften Tourismus mit hohen Wachstumsraten. 1990 lag die Zahl der Auslandstouristen bei ca. 100 000, 1996 hatte sie sich mit 350 000 mehr als verdreifacht.

Kurskorrektur: Der rasche Strukturwandel, der das Land vielfach zum Dienstleister für wohlhabende Ausländer machte, führte in den 90er Jahren zu wachsender Unzufriedenheit. Bei den Wahlen vom 27.8.1998 errang die oppositionelle PUP 26 Mandate, während die bislang regierende UDP nur noch drei Abgeordnete stellte. Durch die Dezentralisierung der Regierungstätigkeit, Steuererleichterungen für die Einheimischen und die Einführung von Volksabstimmungen wollte der neue Premierminister Said Musa für eine Kurskorrektur sorgen, die den Bedürfnissen der einheimischen Bevölkerung entsprach. *B. P.*

Staatsoberhäupter von Belize

Reg.-Zeit	*Name (Herrschergeschlecht)*	*Lebensdaten*
1837–1901	Victoria I. (Hannover)	1819–1901
1901–10	Edward VII. (Sachsen-Coburg)	1841–1910
1910–36	George V. (Windsor)	1865–1936
1936	Edward VIII. (Windsor)	1894–1972
1936–52	George VI. (Windsor)	1895–1952
seit 1952	Elizabeth II. (Windsor)	*1926

Premierminister von Belize

Reg.-Zeit	*Name*	*Partei*
1981–84	George C. Price	PUP
1985–89	Manuel Esquivel	UDP
1990–93	George C. Price	PUP
1993–98	Manuel Esquivel	UDP
seit 1998	Said Musa	PUP

Die wichtigsten Parteien im 20. Jahrhundert

Name (Abkürzung)	*Politische Richtung*	*Gründung*
People's United Party (PUP)	reformerisch	1949
United Democratic Party (UDP)	reformerisch	1974

Benin

Republik Benin

Die heutige Republik B. erhielt ihren Namen erst 1975 – 15 Jahre, nachdem das Land unter dem Namen Dahomey seine Unabhängigkeit erlangt hatte. Im Zuge der Aufteilung des Kontinents auf der Berliner Afrika-Konferenz 1884 war Dahomey erwartungsgemäß Frankreich zugeschlagen worden. 1894 wurde es autonomes Territorium und zehn Jahre später offiziell Bestandteil der Kolonie Französisch-Westafrika.

Der Weg in die Unabhängigkeit

»Wind der Freiheit«: In der Folge des Ersten Weltkriegs, als zahllose Soldaten aus den Kolonialgebieten im Dienste ihrer europäischen Herren gekämpft hatten, kam in den 20er Jahren die Debatte um die kulturelle und politische Eigenständigkeit der Kolonialgebiete auf. Afrikan. Intellektuelle in Frankreich sowie in den Kolonien selbst schufen das geistige Klima, das schließlich das Einlenken der Europäer vorbereitete und ab 1960 zur Unabhängigkeit der meisten afrikan. Kolonien führte.

Friedlicher Übergang: Im Gegensatz zu anderen französ. Kolonien musste Dahomey nicht um seine Souveränität kämpfen, sondern wurde von Frankreich schrittweise in die Unabhängigkeit entlassen. Allein wegen der desolaten Wirtschaftslage hätte eine abrupte, konfliktreiche Trennung vom Mutterland für Dahomey verheerende Folgen gehabt. So schloss das Land zahlreiche Anschlussverträge, die Frankreich weiterhin einen gewichtigen Einfluss in seiner Ex-Kolonie sicherten.

Die »großen Drei«. Am 1.8.1960 schloss sich die Republik Dahomey dem »Wind der Freiheit« an. Anders als in Guinea (Sékou Touré), dem Senegal (Léopold Sédar Senghor) oder der Elfenbeinküste (Félix Houphouët-Boigny) fehlte in Dahomey ein »starker Mann«, der zur Symbolfigur der Einheit und Unabhängigkeit werden konnte. Stattdessen bestimmten regionale Konflikte den politischen Alltag, verkörpert durch die drei konkurrierenden politischen Führer des Landes: Migan Apithy repräsentierte den Südosten, Justin Ahomadégbé den Südwesten und Hubert Maga den Norden des Landes. Alle drei stützten sich auf bestimmte ethnische Gruppen: Apithy auf die Yoruba, Ahomadégbé auf die Fon, Maga auf die Bariba. Die unversöhnliche Rivalität der drei »großen Männer« prägte bis Ende der 70er Jahre die Politik des Landes. Einzeln

Benin 2000

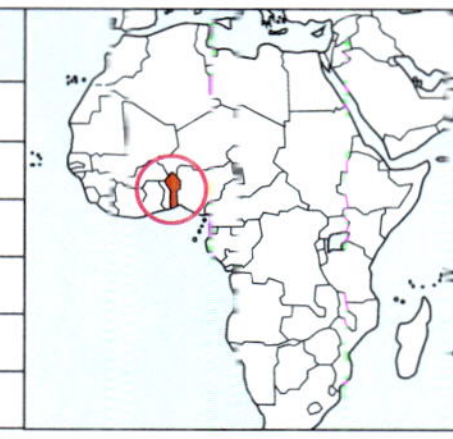

Landesfläche	112 622 km² (WR 99)
Einwohner	5,9 Mio (WR 98)
Hauptstadt	Porto Novo (194 000 Einw.)
Sprachen	Französ.; ca. 60 Stammessprachen
Währung	CFA-Franc
Gliederung	12 Départements, 84 Distrikte
Staatsform	Präsidiale Republik (seit 1991)
Religion	Naturreligionen (62%); Christen (23,3%); Sonstige (14,7%)
Bevölkerung	Fon (39,8%); Yoruba (12,2%); Adja (11,1%); Bariba (8,7%); Aizo/Pédah (8,7%); Sonstige (19,5%)

Benin im 20. Jahrhundert

1890–93	Koloniale Eroberung durch Frankreich.
1894	Dahomey wird autonomes französ. Territorium.
1904	Als Dahomey Integration in die Föderation Französ.-Westafrika (AOF).
1958	Autonome Republik in der Französ. Gemeinschaft.
1960	Unabhängigkeit als Autonome Präsidialrepublik; UNO-Beitritt (1.8.).
1960–72	Phase politischer Instabilität; insgesamt sechs Militärputsche; acht Militär- und Zivilregierungen wechseln sich ab.
1963	Militärputsch durch Oberst Christophe Soglo.
1965	Erneuter Militärputsch durch General Soglo.
	Das Militär unter General Soglo greift erneut ein, um die im November eingesetzte Provisorische Regierung zu stützen (22.12.).
1967	Militärputsch der Majore Alphonse Alley und Maurice Kouandété (17.12.).
1969	Militärputsch durch Oberstleutnant Kouandété (10.12.).
1972	Militärputsch durch Major Mathieu Kérékou (26.10.).
1974	Marxismus-Leninismus wird zur Staatsideologie erklärt; Verstaatlichung der wirtschaftlichen Schlüsselsektoren; Einparteiensystem.
1975	Umbenennung von Dahomey in Volksrepublik Benin.
1977	Putschversuch einer ausländischen Söldnertruppe scheitert; Abbruch der diplomatischen Beziehungen zu Frankreich.
1979	Liberalisierung der Außenpolitik; Wiederannäherung an Frankreich.
1983–85	Konflikt mit Nigeria; Ausweisung von 200 000 Beninern aus dem Nachbarland; Schließung der Grenze (bis 1986).
1991	Wiedereinführung des Mehrparteiensystems; demokratische Wahlen (17.2.)
	Präsidentschaftswahlen (März): Premierminister Nicephore Soglo siegt deutlich über Amtsinhaber Kérékou; Liberalisierung der Innenpolitik.
1995	Parlamentswahlen: Präsident Soglo bleibt Premier eines Minderheitskabinetts (März/Mai).
1996	Präsidentschaftswahlen: Kérékou erobert das Amt zurück.
1999	Sieg der Oppositionsparteien bei den Parlamentswahlen.

Stationen auf dem Weg in die Unabhängigkeit

Die Konferenz von Brazzaville (30.1. bis 8.2.1944) markiert den Beginn des schrittweisen Abbaus der französ. Kolonialherrschaft in Afrika. Erstmals wurden den Kolonien demokratische Rechte zugebilligt. So konnten afrikan. Kandidaten 1945 mit vollem Stimmrecht in die »Assemblé Constituante« entsandt werden. Am 23.6.1956 autorisierte die französ. Nationalversammlung die Regierung, in den Mitgliedsländern der Föderation Französ.-Westafrika (AOF) Maßnahmen zur Einführung der inneren Autonomie einzuleiten. 1958 erhielten die AOF-Staaten die Wahl, durch die Annahme der neuen Verfassung der V. Republik Mitglieder der neuen »Französ. Gemeinschaft« zu werden oder die Souveränität zu erhalten – unter Verzicht auf jede weitere Wirtschaftshilfe Frankreichs.

Oben: Dahomeys erster Präsident Hubert Maga bei seiner Ankunft auf dem Bahnhof von Paris am 31.5.1962.

Rechts: Dahomeys zweiter Präsident Migan Apithy, der 1963 nach einem ersten Putsch des Militärs an die Macht gekommen war, zwei Jahre später aber auch vom Militär wieder abgesetzt wurde.

Unten: Justin Ahomadégbé, der Einzige der »großen drei« Männer Dahomeys, der selbst nie das Amt des Staatspräsidenten bekleidete, aber dennoch maßgeblich die Politik seines Landes mitbestimmte.

waren sie zu schwach, eine tragfähige Regierung zu bilden, sodass in der Folgezeit jeder mit jedem gegen den jeweils Dritten Bündnisse auf Zeit schloss.

Präsident Maga: Als erster profitierte Hubert Maga von einem solchen Bündnis: Er wurde Ende 1960 zum ersten Präsidenten des unabhängigen Dahomey gewählt (mit Apithy als Vizepräsident ohne Verantwortung), doch Günstlingswirtschaft und die Befürchtung, dass die Nordregion ihre Abspaltung betrieb, spitzten die politische Situation schnell zu.

Die Interventionen des Militärs

»Schiedsrichter« Soglo: In einem unblutigen Militärputsch übernahm 1963 das Militär unter dem Kommando von Oberst Christophe Soglo die Staatsführung, gab diese allerdings rasch wieder an eine neu gewählte Zivilregierung unter Apithy ab, der eine Koalition mit Ahomadegbe schloss – doch die unversöhnlichen Rivalen konnten sich nicht auf gemeinsame Prinzipien einigen. Als das Militär daraufhin Parlamentspräsident Tahirou Congacou als neuen Staatspräsidenten einsetzte, rief die fortgesetzte Konspiration der von der Macht ausgeschlossenen »Großen Drei« Unruhen hervor, die 1965 erneut das Militär auf den Plan riefen. Nach seinem dritten Eingreifen machte sich der inzwischen zum General avancierte Soglo selbst zum Staatspräsidenten. Ahomadégbé, Apithy und Maga gingen ins Exil nach Paris.

Aufstand der »Jungtürken«: Auch Soglos Regierungszeit war geprägt von Unruhen und Korruptionsvorwürfen; die Dominanz von Regierungsmitgliedern aus dem Norden führte zu ethnischen Konflikten. Der Unmut vor allem in den unteren Offiziersrängen wuchs und entlud sich 1967 in einem unblutigen Putsch. Als Kompromisskandidat übernahm Oberstleutnant Alphonse Alley die Regierung. Wiederum wurden zivile Wahlen ausgeschrieben, bei denen die desavouierten Politiker des alten Systems nicht zugelassen waren. Als der Wahlsieger nicht den Vorstellungen der Militärs entsprach, wurde mit Emile Zinsou ein willfähriger Statthalter eingesetzt. Doch auch Zinsou wurde Opfer interner Machtkämpfe des Militärs und nach nur 16 Monaten gestürzt. Erneut machte das Militär einer gewählten Zivilregierung Platz, in der die »Großen Drei« in einem Präsidialrat alle zwei Jahre das Amt des Staatschefs untereinander weiterreichen wollten. Doch schon bald kamen wieder Sezessionsgerüchte und ethnische Konflikte auf.

Volksrepublik Benin

»Spielverderber« Kérékou: 1972 war die Geduld der jungen Offiziere endgültig zu Ende. Sie putschten erneut, und ihr Anführer, Major Mathieu Kérékou, übernahm die Ämter des Staatspräsidenten, Regierungschefs, Verteidigungs- und Planungsministers und sicherte Dahomey eine Periode der politischen Stabilität – wenn auch nicht der wirtschaftlichen Prosperität. Um den ethnischen Spannungen den Boden zu entziehen, proklamierte er 1975 eine marxistische Volksrepublik und änderte den Namen des Landes: Aus Dahomey wurde B. – ein bewusster Rückgriff auf die große afrikan. Tradition des alten Königreichs gleichen Namens. Die politische Rechnung ging auf, und nachdem 1977 eine Söldnertruppe vergeblich versucht hatte, die Regierung zu stürzen, wurde mit Frankreich ein außenpolitisches Feindbild gefunden, das der innenpolitischen Einigung diente.

Öffnung nach Westen: Im Inneren war die Regierungszeit Kérékous durch wirtschaftlichen Niedergang und Gewalt gegen Oppositionelle geprägt. Der Verfall der Weltmarktpreise für die landwirtschaftlichen Exporterzeugnisse B.s führte das Land in eine ökonomische Krise, die Kérékou Anfang der 80er Jahre die Annäherung an den Westen suchen ließ. Reformen in Abstimmung mit Weltbank und Weltwährungsfonds wurden eingeleitet, die Lage der Menschenrechte verbesserte sich zusehends. 1989 wurde Abschied genommen von der marxistischen Doktrin und ein Mehrparteiensystem eingeführt.

Rückkehr zum Mehrparteiensystem

Funktionierende Demokratie: 1991 gewann der amtierende Premierminister Nicephore Soglo die ersten demokratischen Präsidentschaftswahlen B.s mit 67,7 % deutlich, verlor das Amt allerdings 1996 wieder an seinen Vorgänger Kérékou, der dem Wahlvolk seine Wandlung vom Autokraten zum Demokraten glaubhaft gemacht und mit seinen Verdiensten um die Einigung und Stablisierung des Landes geworben hatte. Trotz innenpolitischer Probleme (Serie von Generalstreiks Anfang 1998, Regierungskrise, Streit um eine Generalamnestie für politische Gefangene der Soglo-Zeit) gilt das ehemalige Krisenland B. heute als demokratisches Modell für den afrikan. Kontinent. Bei den dritten freien Parlamentswahlen seit 1991 konnten die Oppositionsparteien 1999 wieder die Mehrheit in der Nationalversammlung gewinnen. *H. E. / Red.*

Staatsoberhäupter von Benin

Reg.-Zeit	*Name*	*Lebensdaten*
1960–63	Hubert Maga	*1916
1964	Migan Apithy	*1913
1964/65	Tahirou Congacou	k. A.
1965–67	Christophe Soglo	*1912
1967/68	Alphonse Alley	*1930
1968/69	Emile Derlin Zinsou	*1918
1969/70	Paul Emile de Souza	*1930
1970–72	Hubert Maga	*1916
1972–91	Mathieu Kérékou	*1933
1991–96	Nicéphore Soglo	*1934
seit 1996	Mathieu Kérékou	*1933

Staatspräsident Mathieu Kérékou (Foto von 1982) machte aus Dahomey eine sozialistische Volksrepublik.

Die wichtigsten Parteien im 20. Jahrhundert

Nach der Wiedereinführung des Mehrparteiensystems 1991 ließen sich in B. über 100 politische Parteien registrieren, die meisten ohne klares politisches Programm oder eine entwickelte Organisationsstruktur. Persönlichkeiten wie die Ex-Präsidenten Hubert Maga und Nicéphore Soglo sahen in dieser Entwicklung eine Gefahr für das demokratische System. Zu den wichtigsten Gruppierungen im heutigen B. gehören:

Name (Abkürzung)	*Vorsitzende(r)*	*Gründung*
Union des forces du progrès (UFP) (Nachfolger der marxist. Einheitspartei PRPB)	Machioudi Dissou	1990
Notre cause commune (NCC) (Bündnis zur Wahlunterstützung Kérékous)	François Tankpinou	1990
Parti du renouveau démocratique (PRD)	Adrien Houngbédji	1990
Parti social-démocrate (PSD)	Bruno Amoussou	1990
(Parti de la) Renaissance du Bénin (RB	Rosine Vieyra Soglo	1992
Front d'action… (FARD-Alafia)	Jérôme Sacca Kina	1994
Mouvement africain pour la democratie et le progrès (MADEP)	Séfou Fagbohoun	1997
Impulsion pour le progrès… (IPD)	Bertin Borna	1998
Mouvement pour l'engagement et le réveil des citoyens (MERCI; 5-Parteien-Bündnis)	Séverin Adjovi	1999

Bhutan

B. gehört zum tibet.-buddhistischen Kulturkreis. Der Tibeter Ngawang Namgyal (1594 bis 1652) einte das Land der Klosterburgen im 17. Jh. zum »Drachenreich« (Druk Yul). Er gab sich den Titel »Shabdrung« (dt. zu dessen Füssen man sich wirft) und führte ein duales Regierungssystem (Choesi) mit effektiver Verwaltung durch Statthalter (Penlops) und einer Gerichtsbarkeit ein, das von einem geistlichen Oberhaupt (Je Kempo) und einem weltlichen Herrscher (Deb Radscha) getragen wurde und bis zur Einführung der Monarchie 1907 Bestand hatte.

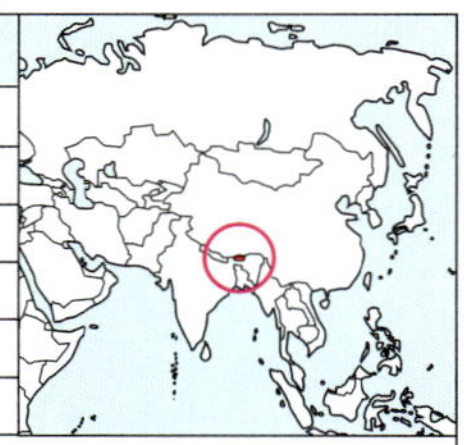

Bhutan 2000	
Landesfläche	47 000 km² (WR 128)
Einwohner	2,1 Mio (WR 138)
Hauptstadt	Thimbu (30 000 Einwohner)
Sprachen	Dzonka, Engl., tibet. Dialekte
Währung	1 Ngultrum (NU) = 100 Chetrum
Gliederung	18 Distrikte
Staatsform	Konstitutionelle Monarchie (seit 1968)
Religion	Buddhisten (69,6%); Hindus (24,6%); Sonstige (5,8%)
Bevölkerung	Bhotia (63%); Nepalesen (25%); Sonstige (12%)

Bhutan im 20. Jahrhundert	
1907	Die erbliche Monarchie wird mit brit. Unterstützung eingeführt; Inthronisierung von Ugyen Wangchuk.
1910	Abkommen von Punakha, Bhutan unterstellt sich dem Schutz Brit.-Indiens, unter der Bedingung, sich nicht in die inneren Angelegenheiten Bhutans einzumischen.
1926	Ugyen Wangchuk stirbt, sein Sohn Jigme Wangchuk erbt den Thron.
1949	Der Protektoratsvertrag (1910) wird durch einen Freundschaftsvertrag mit dem seit 1947 unabhängigen Indien abgelöst.
1952	Jigme Wangchuk stirbt; ihm folgt sein Sohn Jigme Dorji Wangchuk auf den Thron, der sich als Reformkönig profiliert.
1953	Gründung der Nationalversammlung (Thsogdu).
1959/60	Ca. 6300 tibet. Flüchtlinge kommen ins Land; Bhutan schließt die Grenzen zu China.
1961	Der erste Fünfjahres-Entwicklungsplan wird eingeführt.
1963	Beitritt zum Colombo-Plan.
1971	Beitritt zur UNO.
1972	Jigme Dorji Wangchuk stirbt; Sohn Jigme Singhye Wangchuk wird neuer König.
1974	Bhutan öffnet sich für den Tourismus.
1985	Die Revision des Staatsbürgergesetzes erschwert Zuwanderern die Einbürgerung.
1988	Massenausweisung sog. Non-Nationals.
1989	Bhutanisierungskampagne löst Unruhen aus.
1993	Nepales.-bhutan. Gespräche über die Rückführung von Flüchtlingen.
1998	Verfassungsreformen: König Wangchuk überträgt Befugnisse an das Parlament.

Einführung der Monarchie

Die zweite Hälfte des 19. Jh.s war von dem Konflikt mit der brit. Ostindischen Handelskompanie um den fruchtbaren Duars-Streifen im südlichen B. und von inneren Machtkämpfen unter den Statthaltern der Landesteile geprägt. In dieser Zeit behauptete sich der Penlop von Tongsa Jigme Namgyal als starke Führerpersönlichkeit. Der verlorene Duars-Krieg und Bürgerkriege hatten das Land beträchtlich geschwächt, als 1885 sein Sohn Ugyen Wangchuk die Nachfolge antrat und sich nach dem Tod des Deb Radscha 1904 als Herrscher über das ganze Land durchsetzte. Die Politik Wangchuks verhalf B. zu innerer Stabilität und zu guten Beziehungen zu Großbritannien, die ihn mit dem Titel »Knight Commander of the Indian Empire« ehrten. Unter Zustimmung der Briten wurde Ugyen Wangchuk im Dezember 1907 zum ersten König von B. gewählt. Das traditionelle Shabdrung-System wurde durch die Erbmonarchie abgelöst.

Rückzug der Briten

1910 schloss König Ugyen Wangchuk mit Großbritannien den Vertrag von Punaka, der B. dem Protektorat Britisch-Indiens unterstellte, mit der Verpflichtung, sich nicht in die inneren Angelegenheiten B.s zu mischen. König Jigme Wangchuk (1926–52) setzte den Kurs politischer und wirtschaftlicher Stabilität seines Vaters fort. 1949 löste das inzwischen unabhängig gewordene Indien Großbritannien als Schutzmacht ab; in dem Freundschaftsvertrag zwischen den beiden Ländern wurden eine gemeinsame Vertretung für außenpolitische Belange durch Indien und wirtschaftliche Hilfeleistungen für B. festgelegt.

Wandel zum modernen Staat

Reformen: Jigme Dorji Wangchuk (1952 bis 1972) gilt als der Vater des modernen B. Er gab dem Land mit einer Verfassung die Gewaltenteilung. 1953 trat die erste Nationalversammlung (Thsogdu) zusammen, drei Jahre später schaffte der König den Frondienst und die Sklaverei ab; 1965 gründete er den Königlichen Beirat, der über die ordnungsgemäße Umsetzung der Beschlüsse durch die Nationalversammlung wacht. 1968/69 führte er die konstitutionelle Monarchie ein, indem er das von ihm ausgeübte Richteramt an den neu geschaffenen Gerichtshof übertrug und ein Kabinett einsetzte.

Verhältnis zu China: Nach Niederschlagung von Aufständen im Tibet durch chines. Truppen flohen 1959/60 etwa 6300 tibet. Flüchtlinge ins Land. B. schloss aus Angst vor Überfremdung die Grenzen zu China. B. integrierte die Flüchtlinge und verlieh alteingesessenen Nepalesen das Bürgerrecht, verbot aber jede weitere Zuwanderung. Erst 1989 wurden wieder Grenzverhandlungen mit China aufgenommen.
Wirtschaftspolitischer Kurs: Indem B. sich am dirigistischen Wirtschaftssystem Indiens orientierte, nahm das Land mit ind. Hilfe 1961 die Umsetzung des ersten Fünfjahresplans – mit Schwerpunkt auf den Ausbau eines Straßennetzes – in Angriff. Im 20. Jh. folgten noch sechs weitere Fünfjahres-Entwicklungspläne zum wirtschaftlichen und sozialen Aufbau des Landes, die mit Hilfe aus dem Ausland realisiert wurden. 1960 wurde die Hauptstadt Thimphu gegründet und in den folgenden Jahren ausgebaut. Mit dem Beitritt 1962 zum Colombo-Plan, einem 1950 erarbeiteten Rahmenplan zur technischen und wirtschaftlichen Entwicklung ehemaliger europäischer Kolonien in Asien, und dem Beitritt zur UNO 1971 trieb Wangchuk die Öffnung B.s voran.
Neuer König: Mit dem Vorsatz, die notwendigen sozial-ökonomischen Maßnahmen für ein solides aber maßvolles Wirtschaftswachstum zu ergreifen und gleichzeitig das kulturelle Erbe und die nationale Identität zu wahren sowie die Natur zu erhalten, folgte Jigme Singhye Wangchuck 1972 seinem Vater mit 17 Jahren auf den Thron. Dabei setzte er für die Erreichung seiner innenpolitischen Ziele mitunter restriktive Mittel ein, besonders hinsichtlich der Einwanderungspolitik. 1974 scheiterte ein Attentatversuch von Tibetern.
Außenpolitik: 1973 schloss sich B. den Blockfreien Staaten an; 1974 öffnete sich das Land einem beschränkten Tourismus, 1985 gründete es mit sieben anderen südasiat. Staaten die SAARC (South Asian Association for Regional Cooperation). Dominierender Wirtschaftspartner ist Indien, mit dem Handels- und Transitabkommen bestehen.

Südbhutan-Konflikt

Neues Staatsbürgergesetz: Aus Furcht vor Überfremdung durch die verstärkte Einwanderung von hinduistischen Nepalesen, die seit Ende des 19. Jh.s aus wirtschaftlichen Gründen vor allem in den Süden B.s kamen, das kein Armutselend kennt, wurde 1985 ein Staatsbürgergesetz erlassen, welches die Einbürgerung Zugewanderter erheblich erschwert.

Staatsoberhäupter Bhutans

Reg.-Zeit	Name	Lebensdaten
1907–26	Ugyen Wangchuk	1861–1926
1926–52	Jigme Wangchuk	1906–1952
1952–72	Jigme Dorji Wangchuk	1927–1972
seit 1972	Jigme Singhye Wangchuk	*1955

Massenausweisung: Nachdem 1988 eine Volkszählung, die zur Erfassung sog. Non-Nationals durchgeführt worden war, einen Anteil ethnischer Nepalesen von 45% der Gesamtbevölkerung ergab, kam es noch im selben Jahr zur Ausweisung von Nepalesen, die nach dem Einwanderungsverbot 1959 ins Land gekommen waren.
Bhutanisierungskampagne: Die 1989 einsetzende Kampagne, die die Hegemonie der traditionell dominierenden buddhistischen Kultur der alteingesessenen Bevölkerung von B. sichern sollte, zog eine Welle des Protests und der Gewalt nach sich, die ihren Höhepunkt im September 1990 erreichte. Rigoroses Vorgehen vonseiten der Regierung schlug bis Mitte der 90er Jahre ca. 100 000 Menschen in die Flucht.
Politische Folgen: Es entstanden illegale, von Indien bzw. Nepal aus agierende Organisationen. 1989 gründeten Vertriebene das People's Forum for Human Rights, aus dem 1990 die Bhutan People's Party hervorging. Parteien blieben jedoch weiterhin in B. verboten. Ab Oktober 1993 fanden durch Vermittlung Indiens Verhandlungen zwischen B. und Nepal zur Lösung des Flüchtlingsproblems statt.

Verfassungsreformen

Als weiteren Beitrag zur Demokratisierung seines Landes gab König Wangchuk 1998 Kompetenzen an die Nationalversammlung ab. Danach hat das Parlament das Recht, den Monarchen durch eine Zweidrittemehrheit per Misstrauensvotum zugunsten des Thronfolgers abzusetzen. Ferner liegen fortan die Bildung und die Bestimmung der Befugnisse des Kabinetts, das aus Ministerrat, stellvertretenden Ministern und dem Königlichen Beirat besteht, beim Parlament. Obwohl sich die Volksvertretung den Entscheidungen des Königs beugte, zeigt der Protest gegen die Maßnahmen, dass das Streben nach Wahrung eigener Traditionen die Bhutaner auch in absehbarer Zeit vor der Anpassung an fremde Kulturen bewahren wird. *C. B.*

Jigme Singhye Wangchuk führt als König seit 1972 den vorsichtigen Reformkurs seines Vaters Jigme Dorji Wangchuk weiter und bemüht sich um eine größere Unabhängigkeit von Indien.

Bolivien

Republik Bolivien

B. hieß zu Beginn des 19. Jh.s Oberperu und erhielt bei den Unabhängigkeitskämpfen als Bollwerk der span. Herrschaft eine eigenständige Bedeutung. Nach dem Sieg Simón Bolívars gegen Spanien in Peru erklärte am 6.8.1825 auch Oberperu seine Unabhängigkeit und nannte sich zu Ehren des Befreiers B.

Entwicklung bis 1945

Wirtschaftliche Basis: Die Grundlage für die wirtschaftliche Entwicklung B.s war zu Beginn des 20. Jh.s der Bergbau, in dem etwa 20% der Bevölkerung ca. 80% der Staatseinnahmen erwirtschafteten. An der Erzförderung (Zinn, Wolfram, Zink, Kupfer, Blei) beteiligten sich auch zahlreiche ausländische Unternehmen. Insbes. der Zinnbergbau befand sich in den Händen von Konzernen, die mit brit. bzw. US-amerikan. Kapital finanziert wurden. Der größte Teil der Bevölkerung (ca. 66%) arbeitete zu Beginn des 20 Jh.s in der Landwirtschaft, die wegen der traditionellen Methoden wenig ertragreich war. Über 90% des Bodens wurden von etwa 8% der landwirtschaftlichen Betriebe kontrolliert.

Politisches System: Laut Verfassung war B. zu Beginn des 20. Jh.s eine präsidiale Demokratie, in welcher der Präsident direkt gewählt wurde. Beherrscht wurde das Land jedoch von einer kleinen Gruppe von Bergwerksmagnaten, die durch Korruption und Wahlmanipulation Politiker und Honoratioren in den Verfassungsorganen und staatlichen Behörden kontrollierten. In den Provinzen stützte sich dieses System auf die Großgrundbesitzer, die wie Feudalherren fast unbegrenzte Macht über ihre Leibeigenen ausübten. Die Basis der gesellschaftlichen Pyramide setzte sich aus den wenigen Beschäftigten in höheren Berufen, den Handwerkern, den freien Indios und den Minenarbeitern zusammen.

Ausbeutung der Indios: Seit der Entdeckung B.s waren die Indios kontinuierlich entrechtet worden. Die jahrhundertelange Ausbeutung führte bei den meisten Indios zu einer resignativen Haltung. Nach dem Beginn des Zinnbooms Anfang des 20. Jh.s verstärkte sich nochmals der Druck auf die Indios, weil die bolivian. Regierungen die juristischen Voraussetzungen für eine weitere Landenteignung der Urbevölkerung schufen. In den 20er Jahren brachen zwar einige Indianerrebellionen aus, doch sie wurden durch die Armee gewaltsam niedergeschlagen.

Chacokrieg: Nachdem B. bereits 1884 im Abkommen von Valparaiso seine Küstenprovinz Antofagasta an Chile abtreten musste und dadurch zu einem Binnenstaat geworden war, trat es 1903 nach einem Grenzstreit das reiche Kautschuk-Gebiet von Acre an Brasilien ab. B. erhielt dafür eine Entschädigung von 2 Mio Pfund Sterling und Brasilien verpflichtete sich, eine Eisenbahn zwischen den Flüssen Madeira und Mamoré zu bauen. Den größten territorialen wie politischen Einschnitt brachte 1932 der Chacokrieg. Einen Grenzstreit mit Paraguay um den nahezu unbesiedelten Chaco boreal spielte der bolivian. Präsident Daniel Salamanca (1931–34) aus Prestigegründen und zur Ablenkung von den wachsenden wirtschaftlichen Schwierigkeiten nach dem Ausbruch der Weltwirtschaftskrise hoch. Im Chacokrieg (1932–35) starben 60 000 Men-

Bolivien 2000

Landesfläche	1,1 Mio km² (WR 27)
Einwohner	8,1 Mio (WR 86)
Hauptstadt	Sucre (131 000 Einwohner)
Sprachen	Spanisch, Aymará, Ketschua
Währung	1 Boliviano (Bs) = 100 Centavos
Gliederung	9 Departements
Staatsform	Präsidiale Republik (seit 1967)
Religion	Katholiken (85%), Protestanten (11%); Sonstige (4%)
Bevölkerung	Mestizen (31,2%); Ketschua (25,4%); Aymará (16,9%); Weiße (14,5%); Sonstige (12%)

Bolivien im 20. Jahrhundert

1903	Verlust von Acre, einem reichen Kautschuk-Gebiet, an Brasilien.
1923	Massaker der Armee an Minenarbeitern in Uncía.
1927	Gewaltsame Niederschlagung des sog. Chayanta-Aufstandes der Indios.
1932–35	Chacokrieg gegen Paraguay; militärische Niederlage Boliviens führt zum Verlust des Chaco-Gebietes; 60000 Menschen sterben.
1938	Neue Verfassung stärkt politische und soziale Rechte der Bevölkerung.
1939	Suspendierung der neuen Verfassung.
1946	Präsident Gualberto Villarroél wird vor dem Präsidentenpalast von einer Menschenmenge getötet.
1952	Bolivian. Revolution: Bündnis von MNR, Studenten, Gewerkschaften und Teilen des Militärs verhilft Victor Paz Estenssoro zur Macht:
	Landreform, Abschaffung der Leibeigenschaft, Auflösung der Armee.
1964	Militär stürzt die Regierung von Paz Estenssoro.
1965	Massaker an Minenarbeitern in Catavi; Unruhen durch Guerillaorganisationen nehmen zu.
1971/72	Bürgerkriegsähnliche Zustände, Verhängung des Ausnahmezustandes.
1982	Militärherrschaft endet mit der Ernennung von Hernán Siles Zuazo zum neuen Präsidenten.
1992	Abkommen mit Peru sichert Bolivien den Zugang zum Pazifischen Ozean.
1995	Alphabetisierungskampagne zur Hebung des Bildungsniveaus.

schen; er endete mit der militärischen Niederlage B.s. sowie dem Verzicht auf das beanspruchte Land. Das bolivian. Staatsgebiet hatte sich dadurch innerhalb von rund 50 Jahren um ein Viertel verringert.

Reformbemühungen: Angesichts der Folgen des Chacokrieges verloren die traditionellen politischen Kräfte ihre Glaubwürdigkeit bei der Bevölkerung. Es entstand die sog. Chaco-Generation, zu der Soldaten, Künstler und Literaten, aber auch Politiker zählten, die sich für eine Umgestaltung des Landes einsetzten. Ende der 30er Jahre gelangten mit José David Toro (1936/37) und Germán Busch (1937–39) zwei herausragende Militärs mit sozialistischen Auffassungen ins Präsidentenamt. In ihrer Amtszeit wurden nicht nur zahlreiche ausländische Unternehmen verstaatlicht, sondern auch eine neue Verfassung verabschiedet (1938), die dem Volk soziale Rechte garantierte und die Mitwirkungsmöglichkeiten der Bevölkerung an den politischen Entscheidungsprozessen erweitern sollte. Reaktionäre Kräfte innerhalb der Armee drängten Busch 1939 zur Aufhebung der neuen Verfassung; der Präsident nahm sich daraufhin das Leben. Mit General Enrique Peñaranda (1940–43) wurde 1940 wieder ein Vertreter der konservativen Kräfte Präsident. Aufstände auf dem Land, politische Unruhen in den Städten und der wachsende Einfluss nationalistischer Gruppierungen kennzeichneten die innenpolitischen Verhältnisse bis zum Ende der 40er Jahre.

Nach dem Zweiten Weltkrieg

Machtkämpfe: Anfang der 40er Jahre entstand in B. die Partei Movimiento Nacionalista Revolucionario (MNR), die nationalistische Ziele verfolgte. Ihr Vorsitzender Gualberto Villarroél (1943–46) stürzte 1943 die Regierung von Präsident Enrique Peñaranda, erhöhte die Abgabenlast für die ausländischen Zinnkonzerne und plante eine Umverteilung des Agrarlandes. Die Opposition aus Industriellen, Großgrundbesitzern und mächtigen Finanzkreisen stürzte Villarroél am 21.7.1946 und ermordete ihn sowie viele seiner Anhänger. Unter den Präsidenten Enrique Hertzog (1947–49) und Mamerto Urriolagoitia (1949–51) wurden die Reformansätze der MNR zurückgenommen. Bei den Wahlen vom 6.5.1951 siegte zwar der Kandidat der MNR, Victor Paz Estenssoro (1952–56, 1960–64), doch die Regierung erklärte das Ergebnis für ungültig. Eine Militärjunta übernahm die Macht.

Bolivianische Revolution: Studenten, Gewerkschaften und Teile der Armee verbündeten sich mit der MNR, begannen eine Revolte und verhalfen Paz Estenssoro zur Macht. Am 9.5.1952 wurde er Präsident von B. Die neue Regierung verstaatlichte die Zinnminen, wobei ausländische Unternehmen auf Druck der USA hohe Entschädigungssummen erhielten. Bei der Landreform vom 2.8.1953 wurden 4 Mio ha Land an Kleinbauern vergeben und die Leibeigenschaft offiziell abgeschafft. Die

Links: Durch die Niederlage im Chacokrieg (1932–35) verlor Bolivien das Chaco-Gebiet. Die klimatischen Bedingungen in der »grünen Hölle« des Gran Chaco (Foto: Patrouille Paraguays) erschwerten die kriegerischen Auseinandersetzungen noch zusätzlich.

Rechts: Wo es Boden und Vegetation erlaubten, gruben sich die Soldaten während des Chacokriegs wie im Ersten Weltkrieg in Schützengräben ein.

Ernesto »Ché« Guevara, Symbolfigur der kubanischen Revolution, stirbt in Bolivien

Ernesto »Ché« Guevara (1928–1967) war zusammen mit Fidel Castro die Leitfigur der kuban. Revolution (1959). Ab 1956 kämpfte der argentin. Arzt mit Fidel Castro, den er ein Jahr zuvor in Mexiko kennen gelernt hatte, als Guerillero erfolgreich gegen das kuban. Batista-Regime. Doch nachdem er zwischen 1961 und 1965 als Industrieminister iin der kuban. Regierung gearbeitet hatte, zog es ihn wieder zurück in den Kampf »gegen den Imperialismus« und »für einen neuen sozialistischen Menschen«. Er war überzeugt, die revolutionäre Bewegung auch in andere lateinamerikan. Staaten tragen zu können. 1966 baute er in Bolivien eine neue Guerillaorganisation auf. Es gelang ihm aber nicht, die Linksparteien und Kommunisten in Bolivien für sich zu gewinnen. Seine Guerillagruppe wurde in Scharmützeln von der bolivian. Armee aufgerieben. Am 8.10.1967 wurde Guevara gefangen genommen und einen Tag später erschossen. Nach seinem Tod erfuhr er insbes. in der Studentenbewegung eine quasi kultische Verehrung.

Links: Nach blutigen Kämpfen (Foto: Indiofrauen in der Hauptstadt La Paz) endete im November 1964 die Herrschaft von Präsident Victor Paz Estenssoro, der vor dem putschenden Militär ins Ausland floh.

Rechts: Nach dem Sieg der Junta kontrollierte das Militär die Überlandstraßen in ganz Bolivien.

Regierung löste die Armee auf und verteilte die Waffen an Arbeiter- und Bauernmilizen. Ziel der sog. Bolivian. Revolution war es, die Masse der Arbeiter und Bauern am gesamtwirtschaftlichen Vermögen zu beteiligen.

Folgen der Revolution: Die Revolution führte zu einer starken Kapitalflucht und einer kontinuierlichen Abwertung der nationalen Währung, die nur durch US-amerikan. Interventionen vor einem noch deutlicheren Verfall bewahrt wurde. Ausbleibende Investitionen und sinkende Zinnpreise auf dem Weltmarkt verschärften die soziale Lage der Beschäftigten im Zinnbergbau B.s, die 1952 wiederholt gegen die Regierung protestierten. Aufgrund der nachteiligen Folgen der Revolution brachen in der MNR ideologische Flügelkämpfe aus, bei denen sich die Anhänger einer vorsichtigen Kurskorrektur durchsetzten. So beschloss die Regierung 1955, das seit 1937 bestehende Staatsmonopol für Öl aufzuheben und ausländische Konzerne bei der Rohstoffförderung zuzulassen, um wieder fremdes Kapital nach B. zu bringen.

Die Zeit der Militärjuntas

Machtübernahme durch das Militär: Während der zweiten Präsidentschaft Paz Estenssoros setzte die Regierung die unter Präsident Hernán Siles Suazo (1956–60) begonnene antigewerkschaftliche Politik fort. Dies führte zum Bruch zwischen der MNR und den bolivian. Gewerkschaften, deren Rechte stark beschnitten wurden. Nach zahlreichen Streiks und heftigen Arbeiterunruhen stürzte das Militär am 3.11.1964 Paz Estenssoro, obwohl er kurz zuvor zum dritten Mal die Präsidentschaftswahlen gewonnen hatte. General René Barrientos Ortuño (1964–66) übernahm die Regierungsgeschäfte. Die Armee verstand sich als stabilisierenden Ordnungsfaktor und wurde von den USA unterstützt.
Hinwendung zum Sozialismus: Linksgerichtete Partisanen bekämpften Mitte der 60er Jahre das Militärregime. Die Armee unterdrückte mit Hilfe der USA die Guerilleros (u. a. Erschießung des Partisanenführers Ernesto »Che« Guevara am 9.10.1967 bei einem Feuergefecht); doch das Militär begann sich zunehmend für die sozialen Belange der verarmten Bevölkerung zu engagieren. General Alfredo Ovando Candía (1966, 1969/70) verfolgte ein außen- und wirtschaftspolitisch sozialistisch orientiertes Programm, das u. a. die Verstaatlichung amerikan. Erdöl- und Bergbaufirmen sowie die Aufnahme diplomatischer Beziehungen zu sozialistischen Ländern vorsah.
Konservativer Widerstand: Die insbes. auch innerhalb der Armee starke Opposition der Konservativen unternahm 1970/71 einen Staatsstreich, in dessen Verlauf zunächst der linksorientierte General Juan José Torres González (1970/71) die Macht übernahm. Eine Junta rechtsorientierter Offiziere unter Oberst Hugo Banzer Suárez (1971–78) stürzte Torres González am 22.8.1971 und beendete den sozialistischen Kurs der Vorgängerregierungen.
Unruhen: Streiks, Unruhen, Versorgungsschwierigkeiten und Putschversuche gegen das konservative Militärregime führten 1971/72 zu teilweise bürgerkriegsähnlichen Verhältnissen in B. Die Regierung verhängte den Ausnahmezustand und verschob wiederholt bereits angekündigte freie Wahlen. Am 7.11.1974 verbot Banzer alle Parteien und Gewerkschaften.
Demokratisierung: Am 9.7.1978 ließ Banzer freie Präsidentschaftswahlen durchführen, bei denen sich General Juan Pereda Asbun (1978) durchsetzte. Die Wahlen wurden jedoch annulliert, weil die Ergebnisse angeblich manipuliert worden waren. Daraufhin erschütterten bis 1982 weitere Putsche und Putschversuche das Land. B. geriet in eine zunehmende außenpolitische Isolation und die wirtschaftliche

Staatsoberhäupter Boliviens

Reg.-Zeit	Name	Lebensdaten	Reg.-Zeit	Name	Lebensdaten
1899–1904	José Manuel Pando	1849–1917	1952–56	Victor Paz Estenssoro	*1907
1904–09	Ismael Montes	1861–1933	1956–60	Hernán Siles Suazo	1914–1996
1909–13	Eliodoro Villazón	1849–1939	1960–64	Victor Paz Estenssoro	*1907
1913–17	Ismael Montes	1861–1933	1964–66	René Barrientos Ortuño	1919–1969
1917–20	José Gutiérrez Guerra	1869–1929	1966	Alfredo Ovando Candía	1918–1982
1920–25	Juan Bautista Saavedra	1860–1939	1966–69	René Barrientos Ortuño	1919–1969
1925/26	José Cabino Villanueva	1874–1955	1969	Luis Adolfo Siles Salinas	*1925
1926–30	Hernando Siles	1881–1942	1969/70	Alfredo Ovando Candía	1918–1982
1930/31	Carlos Blanco Galindo	1882–1943	1970/71	Juan José Torres González	1921–1976
1931–34	Daniel Salamanca Urey	1868–1935	1971–78	Hugo Banzer Suárez	*1926
1934–36	José Luis Tejada Sorzano	1881–1936	1978	Juan Pereda Asbun	*1931
1936/37	José David Toro	1898–1977	1978/79	David Padilla Arancibia	*1924
1937–39	Germán Busch	1904–1939	1979	Walter Guevara Arze	1912–1996
1939/40	Carlos Quintanilla	1888–1964	1979	Alberto Natusch Busch	*1933
1940–43	Enrique Peñaranda	1892–1970	1979/80	Lidia Gueiler Tejada	*1926
1943–46	Gualberto Villarroél	1908–1946	1980/81	Luís García Meza	*1932
1946	Nestor Guillen	1890–1966	1982–85	Hernán Siles Zuazo	1914–1996
1946/47	Tomás Monje Gutiérrez	1884–1954	1985–89	Victor Paz Estenssoro	*1907
1947–49	Enrique Hertzog	1897–1980	1989–93	Jaime Paz Zamora	*1939
1949–51	Mamerto Urriolagoitia	1895–1974	1993–97	Gonzalo Sánchez de Lozada	*1931
1951/52	Hugo Ballivián	1901–1993	seit 1997	Hugo Banzer Suárez	*1926
1952	Hernán Siles Suazo	1914–1996			

Eine Bildungsinitiative startete Präsident Gonzalo Sánchez de Lozada (1993 bis 1997). Doch angesichts des hohen Bevölkerungswachstums blieben die Bemühungen zur Senkung der Analphabetenrate ohne durchschlagenden Erfolg.

Krise des Staates verschärfte sich. Durch landesweite Generalstreiks unter Druck gesetzt, beriefen die Militärs das im Juni 1980 gewählte Parlament ein, das am 5.10.1982 Hernán Siles Zuazo (1982–85) zum neuen Präsidenten wählte. Mit seinem Amtsantritt endete die Militärherrschaft.

Das ausgehende 20. Jahrhundert

Schwierige Sanierung: Siles war mit der Bewältigung der ökonomischen Krise in B. überfordert. Trotz seines rigorosen Spar- und Haushaltssanierungsprogramms (u. a. Verschlankung staatlicher Betriebe, Abwertung des Peso) stieg die Inflation 1985 auf über 8000% und die Auslandsverschuldung auf über 3,4 Mrd US-Dollar. Die bolivian. Volkswirtschaft litt insbes. unter den sinkenden Weltmarktpreisen für Rohstoffe wie Zinn, technisch veralteten Anlagen und den aufgeblähten Staatsapparat. Seinem Nachfolger Victor Paz Estenssoro (1985–89) gelang es zwar, mit ausländischen Banken ein Umschuldungsabkommen auszuhandeln und die Inflation auf zweistellige Raten zu senken. Dennoch blieb B. das ärmste südamerikan. Land.

Mäßiger Aufschwung: 1989 wurde Jaime Paz Zamora (1989–93) zum Präsidenten gewählt. 1992 leitete er ein umfangreiches Privatisierungsprogramm für unrentable staatliche Unternehmen ein. Mit Peru schloss er 1992 ein auf 50 Jahre befristetes Abkommen, das B. einen Zugang zum Pazifischen Ozean verschaffte (gemeinsame Freihandelszone in der peruan. Hafenstadt Ilo). Mit Subventionen unterstützte er die Landwirtschaft, die zu einem maßvollen wirtschaftlichen Aufschwung beitrug. Ökonomischer Pfeiler B.s war aber der Anbau von Koka: Mitte der 90er Jahre übertrafen die Einnahmen aus dem Kokahandel die Erträge aus dem Export legaler Erzeugnisse. Der 1993 zum Präsidenten gewählte Gonzalo Sánchez de Lozada (1993 bis 1997) startete 1995 eine Bildungsoffensive, um die hohe Analphabetenrate (1993: 20%) zu senken. Sein Nachfolger Hugo Banzer Suárez (seit 1997) vereinbarte mit multilateralen Finanzinstitutionen einen Schuldenerlass und neue Kreditabkommen. B. erreichte durch die Reformen ab Mitte der 90er Jahre die Senkung der Inflationsrate auf 4,2% (1997) und Wachstumsraten in Höhe von durchschnittlich 5%, die allerdings angesichts eines Bevölkerungswachstums von 2,5% zu gering sind, um den Entwicklungsrückstand gegenüber anderen südamerikan. Staaten aufzuholen. *N.H.*

Die wichtigsten Parteien im 20. Jahrhundert

Name (Abkürzung)	*Politische Richtung*	*Gründung*
Partido Obrero Revolucionario (POR)	trotzkistisch	1935
Mov. Nacionalista Revoluc. (MNR)	Mitte-rechts	1942
Partido Demócrata Cristiano (PDC)	christdemokratisch	1954
Partido Revolucionario de la Izquierda Nacionalista (PRIN)	linksnationalistisch	1964
Movimiento de la Izquierda Revolucionario (MIR)	linksnationalistisch	1971
Movimiento Revolucionario Túpac Katarí de Liberación (MRTKL)	Bauernpartei	1978
Acción Democrát. Nacionalista (ADN)	rechtsliberal	1979
Movimiento Nacionalista Revolucionario de la Izquierda (MNRI)	Mitte-links	1979
Movimiento Bolivia Libre (MBL)	linksliberal	1985
Conciencia de Patria (CONDEPA)	nationalistisch	1988
Alianza de Renovación Boliv. (ARBOL)	konservativ	1993

Bosnien-Herzegowina

Im März 1992 erklärte die frühere jugoslaw. Teilrepublik B. ihre Unabhängigkeit. Noch stärker als die meisten übrigen Staaten des Balkans ist B. ethnisch und konfessionell gemischt – ein Erbe seiner Geschichte seit dem Mittelalter.

Bosnien-Herzegowina 2000	
Landesfläche	51 129 km² (WR 124)
Einwohner	4,1 Mio (WR 117)
Hauptstadt	Sarajewo (465000 Einwohner)
Sprachen	Kroatisch, Serbisch
Währung	1 Dinar = 100 Para
Gliederung	Bosnisch-Kroatische Föderation/Serbische Republik
Staatsform	Republik (seit 1992)
Religion	Moslems (40%); Serbisch-Orthodoxe (31%) Sonstige (29%)
Bevölkerung	Bosniaken (49,2%); Serben (31,1%); Kroaten (17,3%); Sonstige (2,4%)

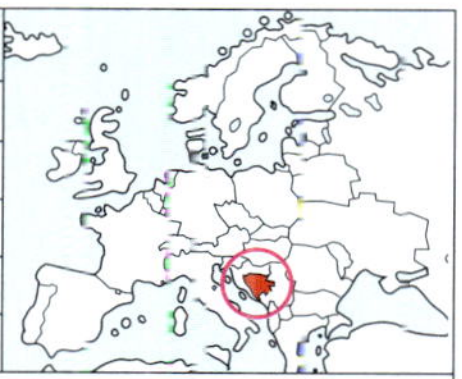

Der Weg ins 20. Jahrhundert

Türkische Herrschaft: Im 14. Jh. entstand im ungar. beherrschten B. das mächtige, aber kurzlebige »Königreich von Serbien und Bosnien«, das im 15. Jh. von den Türken erobert wurde. Die Herzegowina entstand durch die Abspaltung eines Landesteils unter Herzog Stepan Vukčič (um 1400). Bis zum Ende des 19. Jh.s bestimmte die osman. Herrschaft die Geschicke des Landes. Im Gegensatz zu nahezu allen anderen Balkanvölkern trat ein großer Teil der Bosnier zum Islam über. Die meisten christlichen Bewohner lebten in B. als rechtlose, abhängige Bauern.

Reformversuche im 19. Jahrhundert: Die religiösen Gegensätze in B. zwischen Moslems, orthodoxen Serben und Katholiken wurden seit etwa 1850 durch die Nationalbewegungen in Serbien und Kroatien verschärft. Gleichzeitig versuchte das Osman. Reich das rückständige B. zu modernisieren. Die notwendige Agrarreform, die die Lage der rechtlosen christlichen Bauern verbessert hätte, scheiterte aber am Widerstand der lokalen moslemischen Großgrundbesitzer.

Berliner Kongress 1878: Die blutige Niederschlagung eines serb. Bauernaufstandes (1875) rief im Westen Europas Entsetzen hervor. 1878 wurde daher auf dem Berliner Kongress nach dem Russ.-Türk. Krieg (1877/78) Bosnien der österreich.-ungar. Verwaltung unterstellt. Dies fand allerdings weder die Zustimmung der bosn. Moslems noch der orthodoxen Serben, die dagegen erbitterten Widerstand leisteten.

Unter österreichischer Herrschaft

Nationale Konflikte: 1908 annektierte Österreich-Ungarn B. und erklärte es zum »Kronland«. In den folgenden Jahren führten die Gründung von Industrien und der Ausbau der Infrastruktur zu einem wirtschaftlichen Aufschwung in B. Dennoch wuchs die Spannung zwischen den nationalen und religiösen Gruppen; unter dem Einfluss der von Serbien geschürten panslawistischen-großserb. Bewe-

Bosnien-Herzegowina im 20. Jahrhundert	
1908	Österreich-Ungarn annektiert Bosnien-Herzegowina und verschärft dadurch den Konflikt mit Serbien.
1914	Das Attentat auf den österreich. Thronfolger Franz Ferdinand in Sarajevo wird zum Anlass für den Ersten Weltkrieg (28.6.).
1918	Ausrufung des Königreiches der Serben, Kroaten und Slowenen (1.12).
1921	Die Verfassung des Königreiches wird ratifiziert. Bosnien ist in dem zentralistischen Einheitsstaat nur in der Einteilung der Verwaltungskreise erkennbar.
1929	Nach einem Staatsstreich errichtet König Alexander I. (seit 1921) eine serb. Militärdiktatur.
	Umbenennung des Landes in »Königreich Jugoslawien«. Der Staat wird neu in Banate eingeteilt und Bosnien verschwindet als sichtbare territoriale Einheit.
1939	Abkommen über die Einrichtung einer autonomen kroat. Banschaft (»Sporazum«). Teile Bosniens werden Kroatien zugeordnet.
1941	Proklamation des Unabhängigen Staates Kroatien (faschistischer Ustascha-Staat). Bosnien-Herzegowina wird vollständig eingegliedert.
1945	Eroberung Sarajevos durch die Partisanen.
	Proklamation der Föderativen Volksrepublik Jugoslawien unter Tito. Bosnien wird eine eigenständige Teilrepublik.
1990	Erste freie Wahlen in Bosnien-Herzegowina. Alija Izetbegović wird Präsident Bosniens.
1992	Die Republik Bosnien-Herzegowina erklärt ihre Unabhängigkeit (3.3).
	Der Krieg der bosn. Serben und der jugoslaw. Volksarmee gegen Bosnien beginnt.
	EG und USA erkennen den neuen Staat offiziell an. Gleichzeitig rufen die bosn. Serben die »Unabhängige Serb. Republik Bosnien-Herzegowina« mit der Hauptstadt Banja Luka aus (7.4).
	UNPROFOR-Soldaten rücken in Bosnien ein (2.7.).
	Mostar wird die Hauptstadt der »Autonomen Kroat. Republik Herceg-Bosna« (25.10).
1993	Die Auseinandersetzungen zwischen Kroaten und Moslems weiten sich zum Krieg aus. Der Kampf um Mostar dauert bis zum März 1994.
	Eine UN-Resolution erklärt die Einrichtung von Schutzzonen für die bosn. Bevölkerung in Sarajevo, Tuzla, Žepa, Srebrenica, Goražde und Bihac (6.5).
1994	Das Washingtoner Abkommen beendet den Krieg zwischen Kroaten und Bosniern (18.3).
1995	Einnahme der UN-Schutzzone Srebrenica durch die jugoslaw.-serb. Armee. 400 niederländ. Soldaten können die folgenden Massaker an den Moslems nicht verhindern.
1995	Mit dem Abkommen von Dayton/Ohio wird der Bosnienkrieg beendet. Den Frieden sollen 60 000 Blauhelmsoldaten (IFOR: Implementation Force) sichern (22.11.).
1996	Die IFOR-Truppen werden durch 30 000 Soldaten der SFOR (Stabilisation Force) abgelöst.

Die Ermordung des österreich. Thronfolgers Franz Ferdinand in Sarajevo am 28.6.1914 durch einen bosn. Studenten (durch Kreuz gekennzeichnet), der zu einer serb. Nationalistengruppe gehörte, wurde Auslöser für den Ersten Weltkrieg. (Foto: Verhaftung des Attentäters)

gung wurde die österreich. Herrschaft zunehmend abgelehnt; es bildeten sich radikale terroristische Gruppen wie »Mlada Bosna« (Junges Serbien).

Erster Weltkrieg: »Mlada Bosna« gehörte auch Gavrilo Princip an, der in der bosn. Hauptstadt Sarajevo am 28.6.1914 den österreich. Thronfolger, Erzherzog Franz Ferdinand, ermordete. Die Schüsse von Sarajewo wurden zum Anlass für den Ersten Weltkrieg. Am Ende dieses Krieges, der auch das Ende der österreich. Monarchie bedeutete, entschieden sich die politischen Vertreter aller drei Volksgruppen in B. für den Anschluss an den neuen jugoslaw. Bundesstaat, der von slowen. und kroat. Politikern sowie der serb. Exilregierung vorbereitet wurde.

Im jugoslawischen Königreich

Serbisch-kroatischer Ausgleich: B. hatte nach der Verfassung des »Königreiches der Serben, Kroaten und Slowenen« von 1921 keine eigenen nationalen Rechte. Allerdings gelang es durch die Initiative der bosn. Moslems, zumindest die traditionelle Verwaltungseinteilung des Landes in Bezirke beizubehalten und so seine früheren Grenzen zu bewahren. Als König Alexander I. (1918–34) aber im Jahr 1929 die Verfassung aufhob, eine Königsdikatur errichtete und den Staat in »Königreich Jugoslawien« umbenannte, wurde Jugoslawien in sog. »Banate« eingeteilt. Diese Banate waren Verwaltungsbezirke, die nicht mehr den historischen Grenzen innerhalb Jugoslawiens entsprachen. 1939 entstand durch den serb.-kroat. Ausgleich (Sporazum) ein autonomes Kroatien, das auch Teile B.s umfasste.

Zweiter Weltkrieg: Die völlige Eingliederung B.s in den kroat. Staat wurde 1941 vollendet, als nach der Niederlage Jugoslawiens gegen Deutschland und Italien der faschistische Ustascha-Staat gebildet wurde. Der Terror dieses Regimes griff auch auf B. über. Rund 14 000 bosn. Juden sowie zahlreiche Serben wurden von den kroat. Ustasche ermordet. Die verfeindeten Widerstandsorganisationen der serb.-nationalistischen Tschetniks und der kommunistischen Partisanen trugen ihren blutigen Bürgerkrieg auch in B. aus. Die Tschetniks verübten zahlreiche Massaker an den bosn. Moslems, andererseits wurde aus moslemischen Freiwilligen die SS-Division »Handschar« gebildet, die 1944 in B. mit großer Härte gegen Serben vorging.

Im April 1945 eroberten schließlich die Partisanen Sarajevo und errichteten eine »Volksregierung« für B.

Im kommunistischen Jugoslawien

Nation der Moslems: In der »Föderativen Republik Jugoslawien«, die im November 1945 von Josip Broz »Tito« (1945–80) ausgerufen wurde, war B. eine der sechs Teilrepubliken. Gleichzeitig wurden jedoch viele moslemische Einrichtungen und Schulen abgeschafft. Seit den 60er Jahren wurde die Bezeichnung »Moslems« für die bosn. Nation verwendet. 1968 beschloss der bosn. Zentralrat der KP: »Die Moslems sind eine eigene Nation.« Der religiöse Begriff wurde auf diese Weise endgültig nationalistisch.

Ebenfalls seit den 60er Jahren nahm die moslemische Bevölkerung in B. stetig zu, während die Zahl der Serben und Kroaten zurückging, u. a. durch Abwanderung in die anderen Republiken. Bei der Volkszählung im Jahr 1991 waren 44% der Bosnier Moslems; ihnen standen 31% Serben und 17% Kroaten gegenüber.

Nach Titos Tod: Die nach 1945 nur mühsam unterdrückten Spannungen zwischen den Bevölkerungsgruppen verschärften sich nach dem Tod Titos im Mai 1980. Ausschlaggebend war dafür auch die desolate Wirtschaftssituation Jugoslawiens, das die Erfolge der Industrialisierung in den 50er und 60er Jahren nicht fortsetzen konnte. Die Verteilungskämpfe zwischen den Republiken verstärkten jetzt den Nationalismus.

Die Unabhängigkeit

Wahlen 1990: 1989/90 bildeten sich in den jugoslaw. Republiken unabhängige Parteien, die sich 1990/91 freien Wahlen stellten. In B. gingen aus diesen Wahlen im Dezember 1990 drei Parteien als die stärksten politischen Kräfte hervor, die zugleich die Aufteilung in Bevölkerungsgruppen widerspiegelten. Die moslemische »Partei des demokratischen Handelns« erhielt 86 Sitze, die »Serb. demokratische Partei« von Radovan Karadžić 72 und die »Kroat. Demokratische Union« 44 Mandate. Diese Parteien bildeten gemeinsam die Regierung unter dem bosn.-moslemischen Regierungschef Alija Izetbegović.

Unabhängigkeit 1992: Nachdem Kroatien, Slowenien und Mazedonien im Sommer 1991 ihre Unabhängigkeit erklärt hatten, versuchte die serb. dominierte jugoslaw. Volksarmee militärisch die Einheit des Staates zu bewahren. Sie besetzte Mostar und seine Umgebung, um eine Abspaltung B.s zu verhindern. Wie in Kroatien bildeten sich auch in B. »Unabhängige Serb. Regionen«, deren Gründung den Konflikt verschärfte. Gegen den Widerstand der Serben entschieden sich die Bosnier im März 1992 für die Unabhängigkeit ihrer Republik, die im selben Monat verkündet wurde. Am 7.4.1992 erkannten die Europäische Gemeinschaft (EG), die USA und später auch die Vereinten Nationen (UNO) den neuen Staat an.

Krieg in Bosnien

Beginn des Krieges: Die internationale Anerkennung B.s konnte den blutigen Bürgerkrieg nicht verhindern. Noch vor der Gründung der neuen jugoslaw. Republik im Mai 1992 hatten die bosn. Serben gemeinsam mit der jugoslaw. Volksarmee (JVA) mehr als zwei Drittel des bosn. Territoriums erobert. Die Serben vereinigten ihre »autonomen Gebiete« zur »Unabhängigen Serb. Republik Bosnien-Herzegowina«, zu deren Präsident sich Radovan Karadžić ernannte. Die Hauptstadt dieser nur von Belgrad anerkannten Republik war Banja Luka, Regierungssitz Pale.

Bürgerkrieg: Unmittelbar nach der Unabhängigkeitserklärung B.s im März 1992 begannen im ganzen Land erbitterte Kämpfe. Dabei standen sich nicht nur die »regulären« Truppen B.s, Jugoslawiens und der »Unabhängigen Republik« aus Pale gegenüber. Vor allem durch radikale nationalistische Freischärlergruppen wie die »Tiger« des Serben Arkan wurden grausame Massaker an der Zivilbevölkerung verübt. Ziel der Serben war die Schaffung

Zerstörte Städte in Bosnien-Herzegowina

Kriegsschauplatz Sarajevo: Seit April 1992 wurde in Sarajevo, der Hauptstadt Bosniens und Austragungsort der Olympischen Winterspiele von 1984, erbittert gekämpft. Die serb. Belagerung, der heftige Beschuss der Stadt und die Kämpfe befeindeter Milizen in der Stadt machten sie nahezu unbewohnbar. Heckenschützen beherrschten die Straßen. Im Juni 1992 übernahm die UNO den Flughafen von Sarajevo und versuchte, ihn mit Blauhelmtruppen zu verteidigen, um von dort aus humanitäre Hilfe leisten zu können. Die Belagerung Sarajevos dauerte in ihrer ersten Phase bis Februar 1994.

Eingriff der Nato: Nachdem im Januar 1994 die Weltöffentlichkeit durch den Tod von Kindern und zahlreichen Zivilisten bei zwei Granatangriffen aufgeschreckt worden war, stellte die NATO den Serben ein Ultimatum zum Abzug aus der Region. Danach ebbten die Kämpfe um die Stadt ab, flammten aber im September 1994 wieder auf, als bosn. Truppen serb. Stellungen vor der Stadt angriffen. Im August 1995 tötete eine Granate auf dem Marktplatz von Sarajevo 38 Menschen. Zwei Tage später begann die NATO im Auftrag der UNO, Luftangriffe auf serb. Stellungen zu fliegen.

Oben: In einem Talkessel gelegen, war Sarajevo wehrlos dem Artilleriebeschuss aus den umliegenden Bergen ausgeliefert. Opfer war vor allem die Zivilbevölkerung. (Foto: Blick aus dem zerstörten Parlamentsgebäude)

Unten: Auch vor Mostar, Hauptstadt der Herzegowina, machte der Krieg nicht Halt. Die im 16. Jh. von einem türk. Baumeister errichtete Alte Brücke über die Neretva (im moslemischen Teil der Stadt), die als bautechnische Meisterleistung galt, wurde 1992 zerstört und zunächst durch eine provisorische Brücke ersetzt.

Bevölkerungsverteilung 1991[1)]

Friedensvertrag von Dayton

eines Korridors zu den serb. Gebieten in Kroatien (Krajina). Die vorwiegend moslemisch bewohnten Gebiete in diesem bosn. Korridor wurden durch Massaker und eine gezielte Vertreibungspolitik geräumt. (»ethnische Säuberungen«). Nahezu 1 Mio Menschen waren bereits im Sommer 1992 auf der Flucht.

Kroatisch-bosnischer Krieg: Die Situation in B. verschärfte sich, als die Allianz zwischen den bosn. Kroaten und den Moslems im Sommer 1993 zerbrach. Die Kroaten hatten 1992 einen Teil B.s zur »Autonomen Kroat. Republik Herceg-Bosna« mit Mostar als Hauptstadt proklamiert. Seitdem kämpften sie gemeinsam mit den Bosniern gegen die Serben. Im Frühjahr 1993 aber begannen auch die Kroaten, gegen moslemische Gebiete vorzugehen, um ihr Territorium auszudehnen. Die Kämpfe dauerten bis zum Washingtoner Abkommen im März 1994 an.

Internationale Bemühungen: Nachdem erste Vermittlungsversuche von EU und UNO gescheitert waren, verhängte die Weltorganisation am 30.5.1992 Wirtschaftssanktionen gegen Jugoslawien. In den folgenden Monaten wurden diese Sanktionen noch verschärft und ihre Einhaltung durch die NATO überwacht; allerdings blieben sie ohne Auswirkung auf den Kriegsverlauf. Das Waffenembargo gegen Jugoslawien und alle Kriegsparteien führte im Gegenteil dazu, dass vor allem die bosn. Truppen geschwächt wurden. Daher war das Embargo umstritten; seit November 1994 beteiligten sich die USA nicht mehr an seiner Überwachung.

UNO-Engagement

Sicherheitszonen: Vor allem aus humanitären Gründen entsandte die UNO im Sommer 1992 Blauhelmtruppen (UNPROFOR) nach Bosnien. Im Februar 1993 begannen die USA, die bosn. Bevölkerung aus der Luft zu versorgen.Im Mai 1993 wurden durch einen Beschluss des UN-Sicherheitsrates die Städte Srebrenica, Goražde, Žepa, Tuzla, Sarajevo und Bihać zu Sicherheitszonen erklärt. Für ihren Schutz wurden die Vollmachten der UNPROFOR erweitert. In diesen Städten war die mehrheitlich bosn.-moslemische Bevölkerung von den serb. Truppen eingekesselt. Die Serben respektierten die Schutzzonen nicht lange. Sarajevo etwa blieb trotz mehrerer NATO-Ultimaten unter Beschuss.

Goražde und Bihać: Im März/April 1994 belagerten serb. Truppen Goražde und nahmen nach NATO-Angriffen auf ihre Stellungen 14 kanad. UNPROFOR-Soldaten als Geiseln. Nachdem im Frühjahr 1994 das bosn.-kroat. Bündnis wieder erneuert worden war und die bosn. Armee im Juni 1994 eine Offensive gegen die Serben begonnen hatte, kam es im November zur Belagerung von Bihać. In der Stadt befanden sich 1300 UN-Soldaten, die – auch mit Napalm – unter Beschuss genommen wurden. Noch im März 1995 war die Stadt von den Serben bedroht. Im April begann der serb. Angriff auf Tuzla und die Angriffe auf Sarajevo wurden verstärkt. Mehr als 300 Blauhelm-Soldaten wurden gefangen genommen und teilweise als »lebende Schutzschilde« missbraucht.

Srebrenica: Im Juli 1995 nahmen serb. Truppen die Schutzzone von Srebrenica ein. Etwa 400 niederländ. Soldaten ergaben sich widerstandslos, nachdem die angeforderte Luftunterstützung der NATO ausgeblieben war. Die Blauhelmsoldaten mussten die Vertreibung von mehr als 42 000 Menschen aus der Stadt mit ansehen. Etwa 7000 Männer wurden dabei vermutlich von den serb. Truppen ermordet. Im selben Monat räumte die UNO auch die Schutzzone in Žepa kampflos.

Internationale Friedenspläne

Gescheiterte Pläne: Von Beginn des Krieges an bemühte sich die internationale Staatengemeinschaft um eine friedliche Lösung. Bis 1995 scheiterten aber alle Friedenspläne wie der Vance-Owens-Plan vom Januar 1993, der eine Aufteilung B.s in zehn Territorien unter einer lockeren gemeinsamen Spitze vorsah. Auch der spätere Plan der Balkan-Vermittler Lord David Owen und Thorvald Stoltenberg setzte sich nicht durch. Er sah eine »Union der Republiken Bosnien-Herzegowinas« mit drei weitgehend unabhängigen Republiken vor, die die jeweiligen Staatsvölker der Serben, Kroaten und Bosnier umfassen sollten. Die Pläne scheiterten vor allem daran, dass die Kriegsparteien sich nicht mit der dabei festgelegten Größe ihrer Gebiete zufrieden gaben.

Abkommen von Dayton: Am 22.11.1995 kam es schließlich zu einem bis heute gültigen Friedensschluss. Im US-amerikan. Dayton hatten nach Vermittlung des US-amerikan. Präsidenten Bill Clinton die Staatspräsidenten von Serbien, Kroatien und B. ein Friedensabkommen verhandelt, das am 14.12.1995 in Paris unterzeichnet wurde. Es sieht die Erhaltung von B. als einheitlichem Staat vor. Die Einhaltung des Friedens sollen internationale Truppen gewährleisten (IFOR bzw. SFOR).

Das Friedensabkommen von Dayton unterzeichneten die Präsidenten von Jugoslawien, Bosnien und Kroatien, Milošević, Izetbegović und Tudjman (v. l.), am 14.12.1995 in Paris. Es legt nicht nur die Staatsform von Bosnien fest, sondern regelt u. a. auch die Rückkehr der Flüchtlinge, die Stationierung internationaler Friedenstruppen sowie die Durchführung eines humanitären Programms zum Wiederaufbau des Landes.

»Internationales Tribunal für Verbrechen im ehemaligen Jugoslawien« in Den Haag

Kriegsverbrecherprozesse: Im Februar 1993 setzte der UN-Sicherheitsrat das »Internationale Tribunal für Verbrechen im ehemaligen Jugoslawien« (ICTY) in Den Haag ein. Ziel des Tribunals ist die Anklage und Verurteilung von Personen, die gegen das internationale Kriegsrecht sowie die Bestimmungen des Völkerrechts verstoßen haben. Das erste Urteil wurde im November 1996 gefällt. Der Kroate Drazen Erdemović wurde wegen Massenerschießungen an moslemischen Bosniern zu zehn Jahren Haft verurteilt. Im Juli 1996 erließ das Tribunal Haftbefehl gegen den bosn. Serbenführer Radovan Karadzić und seinen Armeechef Ratko Mladić. Im Juni 2000 waren 41 Personen in Untersuchungshaft, gegen 26 weitere ist Haftbefehl erlassen worden, unter anderem auch gegen den jugoslaw. Staatspräsidenten Slobodan Milošević. Vier Personen wurden bislang verurteilt. (Foto: Bosn. Kroaten vor dem Tribunal in Den Haag)

Alija Izetbegović (*1925), ist seit den ersten freien Wahlen in Bosnien-Herzegowina vom Dezember 1990 Staatspräsident. Wegen »islamischer Propaganda« war er 1983–88 inhaftiert. Während des Bosnienkrieges lehnte er verschiedene Friedenspläne, die eine Aufteilung des Staates vorsahen, ab. Er unterstützte aber im November 1995 die Friedensordnung, die in Dayton ausgehandelt wurde.

Staatsoberhäupter von Bosnien-Herzegowina

Reg.-Zeit	*Name*	*Lebensdaten*
bis 1918	Bosnien gehörte seit dem Mittelalter zum Osman. Reich, stand seit 1878 unter österreich. Verwaltung und wurde 1908 endgültig vom Habsburgerreich annektiert.	
1918–45	Teil des Königreichs Jugoslawien	
1945–1990/92	Teil der »Föderativen Volksrepublik Jugoslawien«	
1990–96	Alija Izetbegović[1]	*1925
1996–98	Alija Izetbegović (Moslem)[2]	*1925
1998/99	Živko Radišić (Serbe)	*1937
1999/2000	Ante Jelavić (Kroate)	*1963
seit 2000	Alija Izetbegović (Moslem)	*1925

1) Im November / Dezember 1995 beendete das Dayton-Abkommen den Bosnienkrieg. Neuwahlen wurden für den September 1996 festgesetzt. Während des Krieges und in der folgenden Zeit war die Macht des Staatspräsidenten stark eingeschränkt. 2) Das Dayton-Abkommen sieht ein dreiköpfiges Staatspräsidium vor, das die drei Volksgruppen der Bosnier, Kroaten und Serben repräsentieren soll. Der Vorsitz des Gremiums wechselt turnusmäßig.

Die wichtigsten Parteien im 20. Jahrhundert

Name (Abkürzung)	*Politische Richtung*	*Gründung*
Jugoslaw. moslemische Organisation (JMO)	Partei der moslemischen Bosnier	1918
Kroat. Demokratische Gemeinschaft in Bosnien-Herzegowina (HDZ)	kroat. Nationalisten	1990
Partei der demokratischen Aktion (SDA)	Partei der moslemischen Bosnier	1990
Serb. Demokratische Partei (SDS)	serb. Nationalisten	1990
Serb. Radikale Partei (SRS)	serb. Nationalisten	1990
Sozialistische Demokrat. Partei (SDP)	reformkommunistisch[1]	1990
Koalition für ein einheitliches Bosnien-Herzegowina (KCD)	Koalition der Parteien der moslemischen Bosnier[2]	1996

1) Die Kommunistische Partei Bosniens hat sich im Zuge des Verfalls Jugoslawiens wie die übrigen kommunistischen Parteien des Bundesstaates gewandelt. 2) In dieser Koalition versammelte Alija Izetbegović nach dem Dayton-Abkommen verschiedene moslemische Parteien.

Nach dem Dayton-Abkommen

Staatsform: Im Inneren ist die Republik zweigeteilt. Die »Moslemisch-kroat. Föderation« umfasst 51% des Staatsgebietes, die »Serb. Republik in Bosnien« erhielt 49%. Zu ihr gehören auch die Serben-Hochburg Pale sowie die UN-Schutzzonen Srebrenica und Žepa. Sarajevo ist die gemeinsam verwaltete Hauptstadt von B. Im dreiköpfigen Staatspräsidium sind die Volksgruppen der Bosnier, Kroaten und Serben vertreten. Bis Oktober 1998 war der Bosnier Alija Izetbegović Vorsitzender des Präsidiums und damit zugleich Staatspräsident. Turnusgemäß löste ihn dann der Serbe Živko Radišić ab, im Juni 1999 folgte der Kroate Ante Jelavić. Seit Februar 2000 bekleidet wieder Izetbegović das Amt des Staatspräsidenten.
Der Gesamtstaat B. besitzt ein Zweikammersystem, das die ethnische Struktur des Landes widerspiegeln soll. Im Abgeordnetenhaus sitzen 42 Parlamentarier, die direkt von der Bevölkerung gewählt werden. Das Dayton-Abkommen hat festgelegt, dass 28 von ihnen aus der Moslemisch-kroat. Föderation und 14 aus der Serb. Republik kommen sollen. In der Kammer der Völker, die die Interessen der beiden Teilrepubliken vertreten soll, sind 15 Abgeordnete aus deren Parlamenten versammelt, und zwar je fünf Bosniaken, Kroaten und Serben. Der ethnische Verteilungsschlüssel, der das Staatspräsidium und die Parlamente bestimmt, gilt im übrigen auch für die Regierung B.s und ihre einzelnen Ressorts. Die Nationalversammlung der Serb. Republik hat 82 Abgeordnete. Beide Territorien besitzen weitgehende Unabhängigkeit in ihrer Innen- und Wirtschaftspolitik, während die Gesamtrepublik vor allem außenpolitisch in Erscheinung tritt.

Wahlen: 1996 fanden erstmals nach dem Krieg Wahlen statt, bei denen sich die Parteien der einzelnen Bevölkerungsgruppen erwartungsgemäß durchsetzten. Die ethnischen Trennlinien in B. wurden dadurch bestätigt. In der »Serb. Republik in Bosnien« siegte bei den Wahlen im September 1998 allerdings der radikale Serbe Nikola Poplasen als Staatspräsident. Er scheiterte jedoch bei dem Versuch, gegen den Willen des Parlaments eine nationalistische Regierung einzusetzen und wurde im März 1999 von Carlos Westendorpp, dem »Hohen Repräsentanten« der Internationalen Staatengemeinschaft, abgesetzt. Der »Hohe Repräsentant« besitzt weitreichende Vollmachten, um die Einhaltung der Beschlüsse von Dayton zu überwachen. *S. R.*

Botswana

Republik Botswana

Die auf dem Gebiet des heutigen B. lebende Urbevölkerung der San (Buschleute) wurde durch die im 1./2. Jh. n.Chr. einsetzende Zuwanderung von Bantu-Völkern in die Kalahari verdrängt. Auf der Flucht vor den Zulu und den Buren siedelten sich im 18./19. Jh. die Tswana, nach denen der Staat benannt wurde, in B. an. Ab 1817 betraten die ersten Europäer (u. a. David Livingstone) das Gebiet und errichteten in der Folgezeit mehrere Missionsstationen. Um aus strategischen Gründen eine Landverbindung zwischen den Burenrepubliken Transvaal und Oranje mit dem befreundeten Deutsch-Südwestafrika (heute Namibia) zu verhindern, gliederten die Briten 1884 den südlich des Flusses Molopo gelegenen Gebietsteil ihrer Kapkolonie an und erklärten 1885 den nördlichen Teil, das »Betschuanaland«, zum brit. Protektorat.

Unter britischer Herrschaft

Khama III.: Trotz kleinerer Gold- und Diamantenfunde hatte B. abgesehen von seiner strategischen Lage wenig Bedeutung für Großbritannien. Die Verwaltung des Schutzgebietes blieb daher weitgehend den Häuptlingen überlassen, unter denen Khama III. (1872–1923) hervortrat. Am Widerstand »Khamas des Großen«, unter dessen Führung die verschiedenen Batswana-Gruppen (Bantu-Völker) 1872 zu einem größeren ethnischen Verband zusammengeschlossen worden waren, scheiterten mehrere südafrikan. Versuche zur Übernahme von Betschuanaland.

Unabhängigkeitsbestrebungen: 1956 durfte Seretse Khama, der Enkel Khamas III., aus seinem brit. Zwangsexil nach B. zurückkehren, nachdem er auf seine Häuptlingswürde verzichtet hatte. 1948 hatte er das Land verlassen müssen, weil seine Heirat mit einer Engländerin als Verletzung der traditionellen Normen angesehen wurde. Seretse Khama beteiligte sich an der politischen Bewegung zur Erlangung der Unabhängigkeit, die zur Gründung der Bechuanaland People's Party (BPP) und der Bechuanaland Democratic Party (BDP) 1960 bzw. 1962 führte.

Autonomie: Großbritannien bewilligte B. 1961 zunächst eine beschränkte innere Selbstverwaltung, die 1965 durch eine neue Verfassung und Parlamentswahlen abgesichert wurde. Die BDP siegte bei den Wahlen mit überwältigender Mehrheit und ihr Vorsitzender Seretse Khama wurde zum ersten Ministerpräsidenten ernannt. Am 30.9.1966 erlangte das Land als Mitglied des Commonwealth unter seinem heutigen Namen die Eigenständigkeit.

Botswana 2000	
Landesfläche	581 730 km² (WR 45)
Einwohner	1,6 Mio (WR 144)
Hauptstadt	Gaborone (182 000 Einwohner)
Sprachen	Setswana, Englisch
Währung	1 Pula (P) = 100 Thebe
Gliederung	10 Landdistrikte, 4 Stadtdistrikte
Staatsform	Präsidiale Republik (seit 1966)
Religion	Christen (50,2%); Anhänger von Naturreligionen (49,8%)
Bevölkerung	Tswana (75,5%); Shona (12,4%); San (3,4%); Sonstige (8,7%)

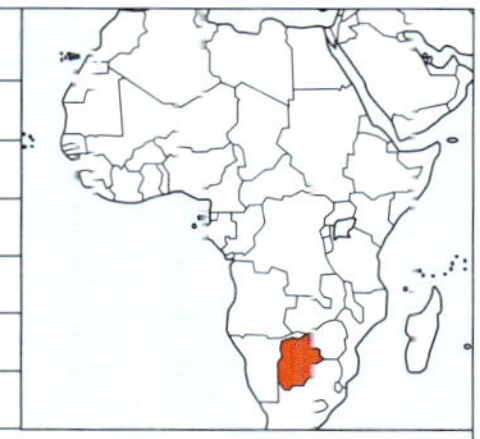

Afrikanischer Vorzeigestaat

Demokratisches Fundament: Die 1966 erlassene erste Verfassung der unabhängigen Präsidialrepublik B. garantiert Grund- und Menschenrechte und sieht ein Mehrparteiensystem vor. Der auf fünf Jahre gewählte Präsident besitzt als Staatsoberhaupt, Regierungschef und Oberbefehlshaber der Streitkräfte umfassende Vollmachten. Er ernennt seinen Stellvertreter sowie die übrigen Kabinettsmitglieder und kann sein Veto gegen parlamentarisch verabschiedete Gesetze einlegen. Gesetzgebendes Organ ist die Nationalversammlung

Seretse Khama, Häuptling der Bamangwato (hier mit seiner Frau, der Engländerin Ruth Williams), wurde 1948 von der brit. Regierung gezwungen, Botswana zu verlassen. Die Briten befürchteten, dass Khamas Ehe mit einer Weißen Streit über die Erbfolge bei der Stammesherrschaft auslösen könnte.

Botswana im 20. Jahrhundert

1910	Zollunion mit Südafrika; Bestrebungen zur Eingliederung des brit. Protektorats Betschuanaland scheitern.
1950	Einrichtung eines Legislativrates als Zugeständnis an Autonomiebestrebungen.
1956	Rückkehr Seretse Khamas aus dem brit. Zwangsexil.
1961	Autonomiestatus mit beschränkter innerer Selbstverwaltung.
1962	Gründung der Bechuanaland Democratic Party (BDP).
1965	Sieg der BDP bei der Parlamentswahl; neue Verfassung.
1966	Unabhängigkeit als Republik Botswana unter Staatspräsident Khama; Erlass einer Mehrparteien-Verfassung.
1972	Beginn der Diamantenförderung.
1976	Einführung der landeseigenen Währung »Pula«.
1980	Tod Khamas; Nachfolger wird Quett Masire (BDP).
1985	Erste südafrikan. Übergriffe im bis 1988 andauernden Konflikt.
1988	Besuch von Papst Johannes Paul II.
1992	Gefechte mit Namibia im umstrittenen Grenzgebiet.
1994	Erhebliche Zugewinne für die Opposition bei der Präsidentschafts- und Parlamentswahl, Bestätigung der BDP als regierende Partei.
1998	Rücktritt des Staatspräsidenten Masire und Amtsübernahme durch Festus G. Mogae (BDP).
1999	Stimmengewinne für die BDP bei der Präsidentschafts- und Parlamentswahl, Verluste für die oppositionelle BNF.

mit 46 Mitgliedern, von denen 40 vom Volk direkt gewählt werden. Die Befugnisse der zweiten Kammer (House of Chiefs), der auch die Häuptlinge der acht Bantu-Stämme angehören, beschränken sich weitgehend auf Fragen der traditionellen Herrschaft und der Verfassung. Während Staatsverwaltung und Rechtsprechung stark von der brit. Kolonialherrschaft beeinflusst sind, findet auf regionaler und lokaler Ebene noch das Stammesrecht Anwendung.

Politische Kontinuität: Trotz des verfassungsmäßig verankerten Mehrparteiensystems gelang es der BDP, sich langfristig die politische Führung zu sichern. In den 14 Jahren seiner Regierung vertrat Staatspräsident Khama (1966–80) eine konservative, blockfreie Politik, die auch traditionelle Stammesformen und -bindungen berücksichtigte. Nach seinem Tod (1980) führte Quett Masire (1980–98), der Mitbegründer der Regierungspartei, die Politik seines Vorgängers weiter.

Wirtschaftsboom: Mit der Entdeckung bedeutender Vorkommen an Diamanten, Nickel und Kupfer erlebte B. einen nachhaltigen wirtschaftlichen Aufschwung. Ab 1972, dem Beginn der Diamantenförderung, entwickelte sich der Bergbau zum zentralen volkswirtschaftlichen Faktor. Der zuvor zu den ärmsten Ländern der Welt zählende Staat erreichte ab den 70er Jahren bis zu zweistellige Wachstumsraten pro Jahr, die höchsten in Afrika. Auch Ende der 90er Jahre erwirtschaftete B. als viertgrößtes Diamantenförderland nahezu vier Fünftel seiner Devisen durch den Export der Edelsteine.

Frontstaaten: Schon vor der Unabhängigkeit stand B. mit dem übermächtigen Nachbarn Südafrika in enger Verbindung, die 1910 mit einer Zollunion besiegelt worden war. Aufgrund der wirtschaftlichen und – als Binnenstaat – verkehrstechnischen Abhängigkeit von Südafrika war Präsident Khama gezwungen, außenpolitisch zwischen schwarzafrikan. und weißen (südafrikan.) Interessen zu lavieren. Dennoch schloss sich B. den sog. Frontstaaten (Angola, Mosambik, Sambia, Simbabwe, Tansania) an, die sich die Bekämpfung der Apartheidspolitik in Südafrika zur Aufgabe gemacht hatten.

Soziale Situation: Seit dem Beginn der Diamantenförderung in den 70er Jahren gehörte B. zu den wirtschaftlich stärksten Staaten des afrikan. Kontinents. Aufgrund der vergleichsweise günstigen Entwicklung sozialer Indikatoren wie Pro-Kopf-Einkommen, Ausbildungsniveau, Säuglingssterblichkeit und Lebenserwartung konnte sich B. in den 90er Jahren aus der Gruppe der am wenigsten entwickelten Länder verabschieden. Trotz einer wenig fortgeschrittenen Sozialgesetzgebung war die medizinische Versorgung durch staatliche, private und kirchliche Träger weiträumig gesichert. Obwohl keine Schulpflicht bestand, lag die Einschulungsquote in den 90er Jahren bei fast 100%. Die Analphabetenrate betrug etwa 26%.

Staatsoberhäupter Botswanas

Reg.-Zeit	*Name*	*Lebensdaten*
1966–80	Seretse Khama	1921–1980
1980–98	Quett K. J. Masire	*1925
seit 1998	Festus G. Mogae	*1939

Die wichtigsten Parteien im 20. Jahrhundert

Name (Abkürzung)	*Politische Richtung*	*Gründung*
Botswana Democratic Party (BDP)	konservativ	1962
Botswana National Front (BNF)	sozialdemokratisch	1967

Bedrohung des sozialen Friedens

Opposition: Bei der Präsidentschafts- und Parlamentswahl 1994 verteidigten Masire und die BDP zwar ihre Führung, aber die sozialdemokratisch orientierte Oppositionspartei Botswana National Front (BNF) errang mit 37% der Wählerstimmen 13 Sitze und baute somit ihren politischen Einfluss aus. Die Wählergruppen der BNF rekrutierten sich insbes. aus der Stadtbevölkerung und jungen Erwachsenen. Die Verluste der BDP wurden als Protest gegen Korruption, steigende Arbeitslosigkeit und das deutlich verringerte Wirtschaftswachstum bewertet.

Ungleichgewicht: Eine der verheerendsten Dürreperioden des 20. Jh.s hatte ebenso wie ein dramatischer Verfall der Weltmarktpreise für Diamanten die Wirtschaft von B. 1993 in eine Krise geführt. Damit verschärfte sich die seit den 80er Jahren bestehende ungleiche Einkommensverteilung. Abseits der ökonomischen Wachstumsbereiche Bergbau, Industrie, Finanzwesen und Tourismus blieben große Teile der Bevölkerung auf den wenig ertragreichen Agrarsektor und die Schattenwirtschaft in den Städten angewiesen. Mitte der 90er Jahre betrug die Arbeitslosenquote etwa 20%, insbes. Jugendliche waren davon betroffen. Neben Armut und Arbeitslosigkeit bedrohte auch die Immunschwächekrankheit Aids den sozialen Frieden. 1996 wurde die Zahl der mit dem HIV-Virus infizierten Menschen auf 154 000 (etwa 10% der Bevölkerung) geschätzt; für das Jahr 2000 wurde eine Verdopplung der HIV-Träger prognostiziert.

Lösungsansätze: Die Regierung kündigte als Reaktion auf ihre Wahlverluste – neben der Schaffung von Arbeitsplätzen und der Bekämpfung der Armut als Nahzielen – einen grundlegenden wirtschaftlichen Strukturwandel für B. an. Sie initiierte die langfristig angelegte sozioökonomische Entwicklungsstrategie »Vision 2016«, die durch Förderung anderer Wirtschaftsbereiche die einseitige Ausrichtung auf das Exportgut Diamanten und damit zugleich die extreme Abhängigkeit von Weltmarktpreisen brechen soll. Darüber hinaus zielte der Entwurf auf eine gerechtere Einkommensverteilung und den Aufbau eines engmaschigen Netzes sozialer Sicherungssysteme ab.

Wahlerfolg: Nachdem Masire 1998 aus Altersgründen zurückgetreten war, übernahm der Vizepräsident der BDP, Festus G. Mogae, im April 1998 das Amt des Staatsoberhauptes. Bei der Parlamentswahl im Oktober 1999 konnte die seit der Unabhängigkeit 1966 allein regierende BDP ihren Abwärtstrend von 1994 stoppen. Sie erhielt 54,2% der Wählerstimmen und erreichte damit gegenüber 1994 ein Plus von 1,1%. Die oppositionelle BNF verlor mit einem Stimmenanteil von 24,6% gegenüber der letzten Wahl sieben Sitze. *B.L.*

Die Sumpflandschaft des Okavangodeltas, des größten Binnendeltas der Erde, gilt als stark gefährdeter Landschaftsraum. 1995 schlossen sich Botswana, Angola und Namibia zur Okavango River Basin Commission zusammen, die eine Regelung für die gemeinsame Wassernutzung schaffen soll. Abholzung, Überweidung, Desertifikation, Gewässerverschmutzung und Wassermangel gehören zu den größten ökologischen Herausforderungen des afrikan. Staates.

Buschleute – die letzten Nachkommen eines Urvolkes

Bedrohtes Volk der Buschleute: Zuerst von Schwarzen – den nach Botswana zuwandernden Bantu-Völkern – vertrieben, dann von weißen Entdeckern und Eroberern verfolgt, zogen sich die Buschleute in die unwirtlichen Wüstengebiete der Kalahari im Südwesten des Landes zurück. Sie sind Nachkommen eines Volkes, das bereits vor Jahrtausenden im Süden Afrikas beheimatet war und seine Spuren in unzähligen Felszeichnungen hinterlassen hat. Ebenso wie ihre Vorfahren leben auch die heutigen, etwa 20 000 Personen zählenden Buschmänner (San, Khoibhoin, Kalanga, Kgalagadi) als Nomaden. In kleinen Verbänden von bis zu 30 Personen ziehen sie auf der Suche nach Wasser, Jagdwild und essbaren Wurzeln oder Früchten durch die Trockensavannen der Kalahari, ihrem letzten Rückzugsgebiet. Dort entzogen sich die Buschleute weitgehend dem technischen Fortschritt und Kulturwandel und hielten die Überlebenstechniken ihres ursprünglichen Wildbeuterdaseins lebendig.

Brasilien 2000	
Landesfläche	8,5 Mio km² (WR 5)
Einwohner	168 Mio (WR 5)
Hauptstadt	Brasilia (1,5 Mio Einwohner)
Sprachen	Portugiesisch
Währung	1 Real (R$) = 100 Centavos
Gliederung	26 Bundesstaaten
Staatsform	Präsidiale Bundesrepublik (seit 1988)
Religion	Katholiken (87,8%), Protestanten (6,1%); Sonstige (6,1%)
Bevölkerung	Weiße (53%); Mulatten (22%); Mestizen (12%); Sonstige (13%)

Brasilien

Föderative Republik Brasilien

Bis Anfang des 19. Jh.s war B. ein vom Mutterland Portugal abhängiges Vizekönigreich. Nach dem Einmarsch der Franzosen in Portugal (1807) zog der portugies. Königshof nach B., wo er durch innenpolitische Reformen die eigenstaatlichen Tendenzen förderte. Als der Hof 1821 bei seiner Rückkehr nach Portugal die geforderte freiheitliche Verfassung für die Kolonie verweigerte, verkündete B. am 7.9.1822 die Unabhängigkeit.

Vor der Weltwirtschaftskrise

Staatsform: B. wurde nach dem Sturz König Pedros II. 1889 eine Republik. Am 24.2.1891 erließ die provisorische Regierung eine neue Verfassung, die sich an das Vorbild der USA anlehnte. Sie verlieh B. föderative Strukturen und räumte den 20 Bundesstaaten weitgehende Selbstständigkeit ein. Daraus entwickelte sich ein Präsidialsystem, in dem die bundesstaatlichen Oligarchien (insbes. jene aus den wirtschaftlich stärkeren Staaten des Südens) Träger der politischen Herrschaft waren. In den Gliedstaaten etablierten sich verschiedene republikanische Parteien, die von den jeweiligen Gouverneuren dominiert wurden. Die fehlende Autorität der Zentralregierung führte wiederholt zu lokalen Erhebungen, die nur mühsam niedergeschlagen werden konnten.

Wirtschaftliche Entwicklung: In der zweiten Hälfte des 19. Jh.s lebte B. hauptsächlich vom Export seiner Agrarerzeugnisse. Durch den Preisverfall bei Kaffee, Zucker und Kautschuk, den wichtigsten brasilian. Ausfuhrgütern, geriet das Land im Ersten Weltkrieg in eine tiefe ökonomische Krise, die B. mit Hilfe von brit. Kapital und insbes. durch die starke Immigration überwand. Die brasilian. Regierungen bemühten sich erfolgreich um Einwanderer (1900–20 etwa 2 Mio), die das Land wirtschaftlich erschlossen. Sie arbeiteten überwiegend in der Kaffeeproduktion, die sich zur Stütze des brasilian. Wohlstandes entwickelte. Das Bevölkerungswachstum erhöhte die Nachfrage nach einfachen Konsumgütern und löste damit einen Industrialisierungsprozess aus, der durch ausländisches Kapital gestützt wurde. Auch der Ausbau des Verkehrsnetzes (Eisenbahn) wurde vorangetrieben. So erlebte B. 1900–30 mit Ausnahme der Zeit des Ersten Weltkriegs einen kontinuierlichen wirtschaftlichen Aufschwung, von dem vor allem die wachsenden Industrienzentren São Paulo und Rio de Janeiro profitierten.

Arbeiterbewegung: Erst mit der Industrialisierung nach dem Ersten Weltkrieg erlangte die Arbeiterbewegung politische Bedeutung. Da sie von den politischen Institutionen ausgeschlossen war, beschränkten sich ihre Aktivitäten zunächst auf Streiks und Demonstrationen, bei denen die Arbeiter eine Verbesserung ihrer Arbeitsverhältnisse und politische Mitwirkungsrechte verlangten. 1917 brach in São Paulo und Rio de Janeiro eine erste größere Streikwelle aus, der die brasilian. Regierung mit Unterdrückung und Deportation begegnete. Obwohl sich die Arbeiterbewegung in den 20er Jahren in Parteien wie der Partido Comunista Brasileiro (PCB) und in der nationalen Gewerkschaft Confederação Geral do Trabalho organisieren konnte, blieb sie insgesamt zersplittert und schwach, weil ihr Bündnispartner in den führenden Schichten fehlten.

Leutnantsbewegung: Ab 1922 entstand die sog. Leutnantsbewegung (Tenentismo), in der sich junge Offiziere für eine Beschneidung des politischen Einflusses der Großgrundbesitzer und für eine gleichmäßigere Verteilung des Volksvermögens einsetzten. Die wachsenden Sympathien des Tenentismo für die Arbeiterbewegung waren u.a. auf die soziale Herkunft der meisten Offiziere zurückzuführen: Da die Armee im Gegensatz zu den politischen Institutionen auch den Menschen, die nicht den wirtschaftlichen Eliten angehörten, Aufstiegsmöglichkeiten bot, stammte eine große Zahl von Offizieren aus verarmten Familien. Die Leutnantsbewegung kritisierte die soziale und politische Rückständigkeit B.s und führte in den 20er Jahren mehrere Revolten an, die jedoch scheiterten.

Die Ära Vargas (1930–54)

Revolution: Mit Beginn der Weltwirtschaftskrise 1929, die B. in eine tiefe Rezession stürzte, verbreitete sich insbes. unter den jün-

Soziale Gegensätze in Brasilien: Großgrundbesitzer und Landlose

Ungerechte Landverteilung: Eines der größten sozialen Probleme der Gegenwart in Brasilien ist die ungleiche Verteilung von Besitz. Insbes. in der Landwirtschaft besteht eine tiefe Kluft zwischen Großgrundbesitzern auf der einen und Landlosen auf der anderen Seite. Diese Situation ist u. a. auf die Entwicklungen im frühen 19. Jh. zurückzuführen. Um die noch weitgehend unerschlossenen Landesteile zu besiedeln, förderten die portugies. Kolonialherren damals die Einwanderung aus Europa. Als Anreiz wurden den u. a. aus Portugal, Italien, Spanien und Deutschland stammenden Einwanderern große Ländereien geschenkt und großzügige Steuerbefreiungen gewährt. Mit der Einwanderung wollten die Portugiesen eine »Europäisierung« des Landes erreichen und das »sittliche Niveau« der Bevölkerung in diesen abgelegenen Regionen heben; der indianischen Urbevölkerung wurde eine zivilisatorische Leistung nicht zugetraut. Bewirtschaftet wurden die riesigen Ländereien mit Hilfe von Sklavenarbeitern.

Abhängige Landlose: Nach der Abschaffung der Sklaverei in Brasilien (1888) rekrutierten sich die besitzlosen Landarbeiter aus den Nachkommen der Sklaven, aber auch aus angeworbenen Arbeitern aus Europa. Da die brasilian. Zentralgewalt nicht bis in alle Teile des Landes reichte, entwickelten sich dort Räume, in denen die einflussreichen Großgrundbesitzer selbst das Gesetz bestimmten. Zwar gab es bis zum Ende des 20. Jh.s immer wieder Versuche der Landlosen, die ungerechten Besitzverhältnisse zu ändern, doch die Großgrundbesitzer reagierten darauf mit Gewalt: So wurden 1988–98 etwa 1160 Landarbeiter meist im Auftrag von Großgrundbesitzern ermordet. Nach heftiger Kritik, insbes. der katholischen Kirche, griff die brasilian. Regierung schließlich im Dezember 1999 ein, indem sie die Eigentumsrechte von Großgrundbesitzern an insgesamt 3065 Landgütern aufhob. Betroffen waren rund 100 Mio ha Land, ca. 11% der brasilian. Fläche. Nach Regierungsangaben waren die Besitzurkunden für die Anwesen in den Notariaten gefälscht worden. Die Regierung verlangte von den bisherigen Besitzern, ihr Eigentumsrecht zu beweisen. Die Maßnahme sollte auch zur Bekämpfung des Raubbaus der Regenwälder durch die Großgrundbesitzer beitragen.

Landarbeiter bei der Zuckerrohrernte auf den weiten Plantagen in Brasilien (1915)

Transport der Kaffee-Ernte zu den Wasch- und Trockenstellen (196[illegible])

Kautschukzapfer im Amazonas-Urwald (1925)

Mitglieder der Landlosen-Bewegung »Sem Terra« besetzen brachliegendes Land (1998)

Brasilien im 20. Jahrhundert	
1913	Brasilien, das seit 1889 eine Republik ist, erlebt das Ende des Kautschukbooms und gerät in eine Wirtschaftskrise.
1917	Eintritt Brasiliens in den Ersten Weltkrieg gegen das Deutsche Reich.
1929	Die Weltwirtschaftskrise führt zum Zusammenbruch des Weltkaffeemarktes und stürzt Brasilien in eine tiefe Wirtschaftskrise.
1930	Revolution: Machtübernahme durch Gétulio Dornelles Vargas; Beginn des brasilian. Populismus.
1934	Neue Verfassung in Brasilien nach dem Vorbild der Verfassungen von Weimar (1919) und Spanien (1931); Vargas wird konstitutioneller Präsident.
1935	Kommunistische Revolte im Nordosten wird von der Armee blutig niedergeschlagen.
1937	Staatsstreich: Vargas proklamiert den »Neuen Staat« (Estado Novo); Verbot aller politischen Parteien, radikale Nationalisierungspolitik.
1945	Vargas unterzeichnet eine neue Landesverfassung, die Brasilien zur Demokratie zurückführen soll; Parlamentswahlen binnen drei Monaten.
	Gewinner der Präsidentschaftswahlen: Enrico Gaspar Dutra, der von Vargas protegiert wird.
1950	Ex-Diktator Vargas erneut zum Präsidenten gewählt; Korruption und Intrigen kennzeichnen seine Regierungszeit.
1954	Nach seinem von den Streitkräften erzwungenen Rücktritt begeht Vargas Selbstmord; Nachfolger wird João Café Filho (4.9.1954); Brasilien wendet sich vom autonom-nationalistischen Kapitalismus ab; durch Industrialisierung Anlehnung an den Westen.
1956–61	Präsidentschaft von Juscelino Kubitschek de Oliveira (u.a. Bau der neuen Hauptstadt Brasília).
1961	Rücktritt von Präsident Jânio da Silva Quadros nach nur siebenmonatiger Amtszeit; Nachfolger: João Belchior Marques Goulart (Arbeiterpartei).
	Verfassungsänderung: Umwandlung des Präsidialregimes in eine parlamentarische Verfassung.
1963	Annullierung der Verfassungsreform nach ablehnender Volksabstimmung.
1964	Putsch der rechtsorientierten Armee stürzt Goulart, dem Taktieren mit der Linken vorgeworfen wird.
	General Humberto de Alencar Castelo Branco übernimmt das Präsidentenamt mit außerordentlichen Vollmachten.
1968	Aufhebung der wichtigsten Verfassungsgarantien durch das Militär (u. a. Auflösung des Parlaments).
1969	Militärjunta übernimmt nach Schlaganfall Costa e Silvas die Macht: Beginn der Verfolgung von Regimegegnern.
1976	Höhepunkt der Auseinandersetzungen zwischen Staat und Kirche.
1985	Wahlmänner wählen Tancredo Neves zum neuen Präsidenten (erster Zivilpräsident seit 1964); nach dem Tod Neves' (22.4.1985) wird José Sarney sein Nachfolger.
1988	Verfassungsänderung: Brasilien wird föderative Präsidialrepublik, Einführung von Volksbegehren und Referendum.
1992	Präsident Fernando Collor de Mello (ab 15.3.1990), der erste direkt gewählte Präsident Brasiliens seit 1960, wird wegen Korruptionsverdacht vom Amt suspendiert und tritt am Jahresende zurück (Freispruch durch Oberstes Gericht 1994); Nachfolger wird Itamar Franco (ab 2.10.1992 Interimspräsident).
1993	Sparpolitik des Finanzministers Fernando Henrique Cardoso (ab 1995 Präsident) führt zur Senkung der galoppierenden Inflation (1995: 22%), zur Verringerung der Auslandsschulden und zu einem stabilen wirtschaftlichen Wachstum.
1997	Der Kongress beschließt mit der erforderlichen Zweidrittelmehrheit eine Verfassungsänderung, durch die die Wiederwahl des Präsidenten ermöglicht wird.
1998	Im Oktober wird der Sozialdemokrat Cardoso als erster Präsident Brasiliens seit der Rückkehr zur Demokratie (1985) für eine zweite Amtszeit wieder gewählt.

geren Vertretern der Oligarchie die Einsicht, dass mit dem alten Herrschaftssystem die sozialen Probleme und politischen Unruhen nicht mehr bewältigt werden konnten. Zugleich wuchsen die Spannungen zwischen den wirtschaftlich stärksten Bundesstaaten São Paulo und Rio Grande do Sul, die in den Wahlen von 1930 ihren Vertretern zum Präsidentenamt verhelfen wollten. Im Oktober 1930 brach in Rio Grande do Sul eine Revolte aus, an der hauptsächlich jüngere Politiker und Offiziere beteiligt waren. Dies nahm die Militärführung zum Anlass, den amtierenden Präsidenten Washington Luis (1926–30) abzusetzen. Anhaltende Straßendemonstrationen veranlassten die Armee zwar zum Rückzug in die Kasernen, doch die Intervention führte zur Ernennung von Getúlio Dornelles Vargas zum neuen Präsidenten (1930–45, 1951–54). Trotz seiner oligarchischen Herkunft erkannte Vargas die Notwendigkeit, B. zu reformieren.

Vargas' erste Amtszeit: Präsident Vargas beschnitt während seiner ersten Amtszeit (1930–45) die Rechte der Bundesstaaten, erweiterte seine Vollmachten und ließ 1935 eine kommunistische Revolte im Nordosten B.s durch das Militär niederschlagen. In einem Staatsstreich löste er am 10.11.1937 den Kongress auf und verbot alle politischen Parteien. Er verkündete den sog. Neuen Staat (Estado Novo), in dem er mit diktatorischen Maßnahmen eine radikale Nationalisierungspolitik verfolgte (u.a. Assimilierung aller nichtportugies. Einwanderungsgruppen und ihrer Nachkommen). Er zentralisierte die Staatsfunktionen, indem er die Oligarchien in den Provinzen entmachtete und die bundesstaatliche Bürokratie ausbaute. Mit Hilfe der USA trieb er die Industrialisierung voran und intensivierte die Förderung der reichen Vorkommen an Bodenschätzen (Eisen-, Mangan- und Zinnerze, Erdöl, Kohle, Bauxit). Infolge des starken Bevölkerungswachstums blieb aber die Zahl der Arbeitslosen unter der Präsidentschaft Vargas' hoch, während das Wirtschaftswachstum und die Lohnerhöhungen nicht ausreichten, um die steigenden Konsumerwartungen der Bevölkerung zu befriedigen.

Demokratisierung nach Vargas' Sturz: Schon vor dem Ende des Zweiten Weltkriegs, an dem B. an der Seite der Alliierten teilnahm, beschloss Vargas angesichts des sich verändernden weltpolitischen Klimas, den Übergang zu einem auf freien und allgemeinen Wahlen basierenden politischen System einzuleiten. Noch bevor Vargas den Demokratisierungsprozess abschließen konnte, trat er 1945 auf Druck der Opposition von seinem

Amt zurück. Er sicherte sich aber seinen beherrschenden politischen Einfluss, indem er 1945 die Gründung zweier Parteien organisierte. Diese sollten die Repräsentanz der gesellschaftlichen Gruppen, die den Estado Novo getragen hatten, unter einer neuen demokratischen Ordnung garantieren: In der Partido Social Democrático (PSD) sammelten sich die konservativen ländlichen sowie die städtischen Mittel- und Oberschichten, in der Partido Trabalhista Brasileiro (PTB) Vargas' Anhänger aus der Arbeiterschaft. Der gemeinsame Präsidentschaftskandidat von PSD und PTB, Enrico Gaspar Dutra (1946–51), gewann die Präsidentschaftswahlen von 1945, so dass Vargas trotz seiner Absetzung den Demokratisierungsprozess weiter steuern konnte.

Neue Verfassung: Der im Dezember 1945 gewählte Kongress konstituierte sich als verfassunggebende Versammlung und verabschiedete im Februar 1946 ein neues Grundgesetz, das sich wiederum an der US-amerikan. Verfassung orientierte. Es sollte die übermächtige Stellung der zentralstaatlichen Exekutive, die sich unter Vargas' Diktatur herausgebildet hatte, einschränken, ohne in den Regionalismus der Zeit um 1900 zurückzufallen. Dem Kongress wurden in der Verfassung weitreichende Kompetenzen zuerkannt (u. a. starke Kontrollrechte), um ein wirkungsvolles Gegengewicht zum Präsidenten zu bilden. Dennoch behielt der Präsident durch das Recht auf Gesetzesinitiative, das einschränkende Veto gegenüber Kongressbeschlüssen und seine Ernennungsbefugnisse in der Justiz sowie in der Bundesverwaltung eine dominierende Stellung im Verfassungssystem.

Vargas' zweite Amtszeit: 1950 wurde Vargas zum Präsidenten gewählt. Während seiner zweiten Amtszeit (1951–54) versuchte er, seine Regierung auf eine breite parteipolitische Grundlage zu stellen und auch die größte Oppositionspartei, die União Democrática Nacional (UDN), in die Entscheidungsprozesse zu integrieren. Da es aber in der UDN starke Vorbehalte gegen Vargas gab, die mit den diktatorischen Maßnahmen des Präsidenten aus der Zeit des Estado Novo begründet wurden, konnte er wichtige Gesetzesvorhaben nicht durchbringen: Der Kongress blockierte Pläne, das Haushaltsdefizit zu senken, die außenwirtschaftlichen Ungleichgewichte zu reduzieren und eine staatlich organisierte Erdölindustrie aufzubauen. Zugleich kennzeichneten Misswirtschaft und Korruption seine Regierungszeit. Als das Militär 1954 Vargas ultimativ zum Rücktritt aufforderte, nahm sich der Präsident das Leben.

Stabilisierungsbemühungen

Neuer Wirtschaftskurs: Unter den Präsidenten João Café Filho (1954/55) und Juscelino Kubitschek de Oliveira (1956–61) wandte sich

Der Traum vom Glück: Deutsche Einwanderer in Brasilien

Die größte Einwanderungswelle in seiner Geschichte erlebte Brasilien in der zweiten Hälfte des 19. Jh.s. Offiziellen Statistiken zufolge siedelten 1855–1905 etwa 2,1 Mio Europäer nach Brasilien über. Etwa die Hälfte von ihnen war Italiener, ein knappes Viertel Portugiesen und ein Zehntel Spanier. Die viertgrößte Bevölkerungsgruppe unter den Einwanderern stellten die Deutschen (ca. 100 000). Die ersten Einwandererkolonien verkümmerten trotz umfangreicher Zuwendungen von Seiten der Regierung im Süden von Brasilien, was auf fehlende Märkte, die Unzulänglichkeit der Kommunikationsmittel und ihre Isolation zurückzuführen war; einige lebten auch in einfachsten Verhältnissen subsistenzwirtschaftlich, etwa deutsche Kolonien in Rio Grande do Sul. Aufgrund der schlechten Lebensbedingungen, welche die meisten deutschen Einwanderer anfangs erwarteten, erließ Preußen 1859 sogar ein Verbot, nach Brasilien zu emigrieren. Die meisten deutschen Einwanderer verdienten sich ihren Lebensunterhalt auf den Plantagen. Ohne ihre Mitarbeit wäre die gewaltige Expansion der brasilian. Kaffeewirtschaft an der Wende zum 20. Jh. nicht möglich gewesen. Allerdings verließen auch viele deutsche Siedler nach wenigen Jahren der harten Arbeit auf den Plantagen Brasilien wieder und kehrten desillusioniert nach Europa zurück. (Foto: Deutsche Auswanderer nach Brasilien im Hamburger Hafen 1948)

B. von Vargas' nationalistischem Wirtschaftskonzept ab und verbesserte die Handelsbeziehungen zur westlichen Welt. Insbes. in São Paulo und Rio de Janeiro entstanden hoch entwickelte Industrien, die aber überwiegend in ausländischem Besitz blieben (90% der Autoindustrie, 93% der Pharmazeutik, 73% des Maschinenbaus). Die Modernisierung B.s wurde vor allem durch Kubitscheks geschickte Koalitionspolitik ermöglicht. In seiner gesamten Amtszeit konnte er sich auf eine Allianz aus PSD, PTB und Sozialisten (Partido Socialista Brasileiro; PSB) stützen.

Blockadepolitik: Präsident Jânio da Silva Quadros (1961) versuchte durch eine soziale Reformpolitik die ökonomische Situation der ärmeren Bevölkerungsschichten zu verbessern. Er scheiterte jedoch am Widerstand der großen in- und ausländischen Unternehmen sowie am wachsenden Widerstand der UDN, die als antikommunistische Partei Quadros' Betonung brasilian. Unabhängigkeit in der Außen- und Außenwirtschaftspolitik im zeitlichen Umfeld der kuban. Revolution misstrauisch beobachtete. Quadros resignierte und trat bereits 1961 zurück.

Furcht vor dem Sozialismus: Quadros' rechtmäßiger Nachfolger, Vizepräsident João Belchior Marques Goulart (1961–64), war als Führer der PTB nach Auffassung des Kongresses und des Militärs ein gefährlicher Linkspopulist, der die Nation zu spalten drohte. Um einen Bürgerkrieg oder Staatsstreich zu verhindern, beschloss die Mehrheit des Kongresses 1961 eine Verfassungsänderung, welche die Rolle des Präsidenten auf eher repräsentative Funktionen beschränkte. Die Bevölkerung entschied sich aber 1963 in einem Plebiszit für die Wiedereinführung des präsidialen Systems. In der Kampagne zu diesem Volksentscheid hatte Goulart weitreichende Reformen zugunsten der ärmeren Bevölkerungsschichten versprochen (u. a. Landenteignungen ohne finanzielle Entschädigungen für die Großgrundbesitzer). Der Kongress lehnte diese Reformen jedoch ab.

Brasilien unter der Militärdiktatur

Das Ende der Demokratie: Um die Blockadepolitik des Kongresses gegen seine Reformen zu beenden, drohte Goulart im November 1963 mit der Auflösung der Legislative. Der Präsident, der mit den Gewerkschaften und zeitweilig auch mit den Kommunisten zusammenarbeitete, schien B. in ein sozialistisches Land verwandeln zu wollen. Die Militärführung befürchtete, dass durch die zunehmende Polarisierung der Bevölkerung die innenpolitische Stabilität, aber auch die Einheit der Armee gefährdet werden könnten. Goulart bemühte sich vergeblich um die Unterstützung der Armee, die ihn am 31.3.1964 stürzte. Generalstabschef Humberto de Alencar Castelo

Die höchsten Offiziere der brasilian. Armee feierten am 31.3.1976 den Jahrestag des Staatsstreichs von 1964, als das Militär Präsident João Belchior Marques Goulart gestürzt hatte.

Branco (1964–67) wurde neuer Präsident mit diktatorischen Vollmachten. Das Parlament blieb zwar bestehen, doch zahlreiche Mandats- und Amtsträger wurden ihrer Funktionen enthoben und ins Ausland vertrieben, die politischen Parteien aufgelöst und durch ein künstliches Zweiparteiensystem ersetzt. Der neuen Regierungspartei, der Nationalen Erneuerungsallianz (Aliança Renovadora Nacional; ARENA), stand nun eine scheinbare Oppositionspartei, die Brasilianische Demokratische Bewegung (Movimento Democrático Brasileiro; MDB), gegenüber.

Terror und Menschenrechtsverletzungen: 1968 löste die Militärregierung unter General Arturo da Costa e Silva (1967–69) das Parlament vorübergehend auf und erließ die sog. Institutionelle Akte Nr. 5. Damit wurden die Persönlichkeitsrechte aufgehoben und die Presse vollständig unter Zensur gestellt. Die Befugnisse der Zentralregierung gegenüber den Bundesstaaten wurden ausgeweitet. Nach der Ernennung von General Emilio Garrastazú Médici (1969–74) zum Präsidenten nahm die Unterdrückung oppositioneller Kräfte nochmals zu. Die Armee griff jetzt zu Terrormaßnahmen wie Mord, Folter, willkürlichen Verhaftungen und Entführungen und beschleunigte dadurch die Bildung linksrevolutionärer Untergrundorganisationen. Ende der 60er und Anfang der 70er Jahre herrschten in B. zeitweise bürgerkriegsähnliche Zustände.

Wirtschaftsaufschwung: Ab 1968/69 gelang es der Militärregierung, durch rigorose zentralistische Eingriffe (z. B. wiederholte Abwertung des Cruzeiro) und eine wachstumsorientierte Wirtschaftspolitik unter Beteiligung ausländischen Kapitals das BSP kontinuierlich zu steigern, die Exporte zu erhöhen und die Inflation einzudämmen. Die Vernachlässigung ländlicher Gebiete führte allerdings zu einem Zuwanderungsstrom in die Städte, wo die Arbeitslosigkeit stark anstieg. Von dem wirtschaftlichen Aufschwung profitierten aber lediglich die höheren Einkommensgruppen, während die Reallöhne der Arbeiter fielen.

Wachsende Kritik: Auch unter Präsident General Ernesto Geisel (1974–79) setzte das Militär die Verfolgung oppositioneller Kräfte fort. Die katholische Kirche in B. entwickelte sich zum stärksten Gegner des Regimes und beschuldigte in der Bischofskonferenz von 1973 die Regierung, mit Mord und Folter ein kapitalistisches Wirtschaftssystem aufrechterhalten zu wollen. Darüber hinaus kritisierte die katholische Kirche die brutale Unterdrückung der Indianer in B. Die USA, wichtigster Wirtschaftspartner B.s, wandten sich Mitte der 70er Jahre von der Militärjunta ab, nachdem die brasilian. Regierung 1975 mit der Bundesrepublik Deutschland einen Vertrag über den Bau von acht Atomkraftwerken abgeschlossen hatte, die – so die Kritiker – auch die Herstellung von Atomwaffen ermöglichen konnten. Mit dem Hinweis auf fortgesetzte Menschenrechtsverletzungen der Junta kündigten die USA 1977 ein Verteidigungs- und Beihilfeabkommen mit B. auf.

Brasília – auf dem Reißbrett entstandene Hauptstadt

Der Plan, die Hauptstadt des Landes von der Küste (Rio de Janeiro) in das Landesinnere zu verlegen, wurde in Brasilien bereits im 19. Jh. gefasst. Dadurch sollte die Erschließung des Binnenlandes vorangetrieben werden. Erst Mitte des 20. Jh.s wurde der Plan verwirklicht. Der damalige Präsident Juscelino Kubitschek de Oliveira stellte ausreichende finanzielle Mittel aus dem Bundeshaushalt zur Verfügung; die Mitarbeit des Kongresses gewann er dadurch, dass er Abgeordneten in persönlichen Verhandlungen öffentliche Aufträge für die jeweilige Wahlkreisklientel versprach. Innerhalb weniger Jahre (Einweihung: 21.4.1960) wurde Brasília als neue Verwaltungsmetropole auf einem etwa 1000 m hohen Plateau aus dem Nichts geschaffen. Das moderne, international viel beachtete städtebauliche Konzept von Stadtplaner Lucio Costa und Architekt Oscar Niemeyer sah eine klare Gliederung der Stadt in Viertel vor, die jeweils eine bestimmte Aufgabe erfüllen sollten. Brasília wird an drei Seiten von einem künstlichen See umschlossen. Der Grundriss der Stadt erinnert an ein Flugzeug: Im Rumpf befinden sich Parlament, Bundesgericht und die Ministerien, während in den Flügeln die Wohnblöcke für die Regierungsbeamten liegen. Die aus anderen Teilen Brasiliens zugezogenen Arbeiter leben überwiegend in den zahlreichen Satellitenstädten, die bis zu 50 km vom Zentrum entfernt errichtet wurden.

Rückkehr zur Demokratie

Wirtschaftliche Probleme: Der neue Präsident, General João Batista Oliveira Figueiredo (1979–85), hob zum 1.1.1979 die Institutionelle Akte Nr. 5 von 1968 auf, welche die gesetzliche Grundlage für alle diktatorischen Maßnahmen bildete. Als 1980/81 eine schwere Wirtschaftskrise begann, für deren Bewältigung B. auf internationale Finanzhilfen angewiesen war, wurde die Demokratisierung des Landes unumgänglich. Die Inflation stieg 1980

Staatsoberhäupter Brasiliens

Reg.-Zeit	*Name*	*Lebensdaten*	*Reg.-Zeit*	*Name*	*Lebensdaten*
1898–1902	Manuel Ferraz de Campos Sales	1841–1913	1954/55	João Café Filho	1899–1970
1902–06	Francisco de Paula Rodrigues Alves	1848–1919	1955	Carlos Coimbra da Luz	1894–1961
1906–09	Alfonso Moreira Pena	1847–1909	1955/56	Nereu Ramos	1889–1958
1909/10	Nilo Peçanha	1857–1924	1956–61	Juscelino Kubitschek de Oliveira	1902–1976
1910–14	Hermes Rodrigo da Fonseca	1855–1923	1961	Jânio da Silva Quadros	1917–1992
1914–18	Wenceslau Brás Pereira	1868–1967	1961–64	João Belchior Marques Goulart	1918–1976
1918/19	Delphim Moreira	1868–1920	1964–67	Humberto de Alencar Castelo Branco	1900–1967
1919–22	Epitácio Pessoa	1865–1942	1967–69	Arturo da Costa e Silva	1902–1969
1922–26	Arturo Bernardes	1875–1955	1969–74	Emilio Garrastazú Médici	1905–1985
1926–30	Washington Luis	1870–1957	1974–79	Ernesto Geisel	1908–1996
1930	Julio Prestes	1882–1946	1979–85	João Batista Oliveira Figueiredo	1918–1999
1930–45	Getúlio Dornelles Vargas	1883–1954	1985–90	José Sarney	*1930
1945/46	José Linhares	1886–1957	1990–92	Fernando Collor de Mello	*1949
1946–51	Enrico Gaspar Dutra	1885–1974	1992–94	Itamar Augusto Franco	*1931
1951–54	Getúlio Dornelles Vargas	1883–1954	seit 1995	Fernando Henrique Cardoso	*1931

auf 130%, das Zahlungsbilanzdefizit betrug 12 Mrd US-Dollar, die Auslandsverschuldung erreichte die Höhe von 60 Mrd US-Dollar – damit war B. das am höchsten verschuldete Entwicklungsland. Nachdem 1982 freie Parlamentswahlen stattgefunden hatten, erhielt B. 1983 Kredite vom Internationalen Währungsfonds (IWF) in Höhe von 16,5 Mrd US-Dollar. Nach Großdemonstrationen kündigte Figueiredo 1984 an, am 15.1.1985 durch ein Wahlmännergremium das erste zivile Staatsoberhaupt seit 1964 bestimmen zu lassen. Der Wahlsieger Tancredo Neves starb jedoch, bevor er sein Amt antreten konnte. Nach seinem Tod übernahm Vizepräsident José Sarney das Präsidentenamt (1985–90). Unter Sarney billigte der Kongress am 9.5.1985 eine Reihe von Verfassungsänderungen, die u. a. die Direktwahl des Präsidenten einführten und politische Parteien wieder zuließen. Bei den ersten direkten Präsidentschaftswahlen nach 1960 siegte im Dezember 1989 Fernando Collor de Mello (1990–92) von der neuen Partido da Renovacão Nacional (PRN).

Die wichtigsten Parteien im 20. Jahrhundert

Name (Abkürzung)	*Politische Richtung*	*Gründung*
Partido Comunista Bras. (PCB)	kommunistisch	1922[1)]
Partido Popular Socialista (PPS)	marxistisch-leninistisch	1922
Partido Social Democrático (PSD)	sozialdemokratisch	1945
Partido Trabalhista Bras. (PTB)	linksdemokratisch	1945
União Democrát. Nacional (UDN)	gemäßigt-konservativ	1945[2)]
Partido Socialista Brasileiro (PSB)	sozialistisch	1947
Partido Comunista do Brasil (PCdoB)	kommunistisch	1962
Aliança Renovadora Nacional (ARENA)	vom Militär kontrollierte Partei	1966[3)]
Movimento Democrático Brasileiro (MDB)	gegen Militärregierung	1966[3)]
Partido do Movimento Democrático Brasileiro (PMDB)	zentralistisch	1979
Partido dos Trabalhadores (PT)	Arbeiterpartei	1980
Partido da Frente Liberal (PFL)	liberal	1984
Partido da Social Democracia Brasileira (PSDB)	sozialdemokratisch	1988

1) Ende der 80er Jahre aufgelöst; 2) 1965 aufgelöst; 3) 1979 aufgelöst

Sparprogramm: Um die gewaltigen Inflationsraten (1989: 1700%) zu verringern und die Staatsverschuldung (1987: 33,7% des BSP) abzubauen, setzte Collor de Mello ein Sparprogramm durch, das u.a. eine Währungsreform, das Einfrieren aller Guthaben für 18 Monate sowie der Preise und Löhne für einen Monat vorsah. Der Präsident ordnete die Auflösung von Behörden und die Privatisierung von Staatsbetrieben an. Ein Viertel der etwa 1,6 Mio Staatsbediensteten wurde entlassen. Diese Maßnahmen führten zwar zu einer Verringerung der Inflationsrate (1991: 466%), gleichzeitig stieg aber die Arbeitslosenquote von 3,3% (1989) auf 5,0% (1991). Als sich die Lebensverhältnisse eines Großteils der Bevölkerung nachhaltig verschlechterten – Anfang der 90er Jahre verfügten 50% der Brasilianer über nur 7% der Einkommen –, sank das Ansehen Collor de Mellos.

Umweltschutz: Collor de Mello versuchte während seiner Amtszeit, den Umweltschutz in B. zu thematisieren. Die fortschreitende Entwaldung Amazoniens war zwar seit Jahrzehnten international diskutiert worden, doch selbst die Umweltkonferenz der UNO in Rio de Janeiro (UNCED) im Juni 1992 fand in der brasilian. Bevölkerung nur ein geringes Echo, weil die Beseitigung der Wirtschaftskrise als dringlicher empfunden wurde.

Korruption: Collor de Mello hatte in seinem Wahlkampf 1989 einen konsequenten Kampf gegen die in B. verbreitete Korruption versprochen. Doch 1992 wies ein parlamentarischer Untersuchungsausschuss dem Präsidenten Bestechlichkeit nach. Daraufhin leitete der brasilian. Kongress ein Amtsenthebungsverfahren gegen Collor de Mello ein. Im Dezember 1992 kam der Präsident seiner Absetzung durch den Rücktritt zuvor. Seine Nachfolge trat der parteilose Vizepräsident Itamar Franco an (1992 bis 1994).

Präsidentschaft Cardosos: Bei den Präsidentschaftswahlen von 1994 erreichte Fernando Henrique Cardoso als Kandidat der Partido da Social Democracia Brasileira (PSDB) die absolute Mehrheit. Bereits als Finanzminister unter Franco hatte er durch eine erneute Währungsreform (Plano Real) und die Senkung des Haushaltsdefizites den Grundstein für die erfolgreiche Bekämpfung der Inflation (1997: 5%) gelegt. Die Verringerung der Auslandsverschuldung und die stabile Währung begünstigten Investitionen in- und ausländischer Unternehmen. Cardoso modernisierte Mitte der 90er Jahre das Gesundheits- und Erziehungswesen und intensivierte zugleich den Wohnungsbau. Trotz des wirtschaftlichen Aufschwungs, der 1998 durch eine schwere Finanzkrise vorerst gebremst wurde, blieben Ende des 20. Jh.s Arbeitslosigkeit (1998: 7,6%), die ungleiche Verteilung des Besitzes – 1998 verfügten 2,8% der Großgrundbesitzer über 57% des Bodens, während 90% der Bauern nur 22% der landwirtschaftlichen Nutzfläche besaßen – und die hohe Kriminalitätsrate (1998: 15 000 Tote durch Gewaltverbrechen) die drängendsten Probleme des südamerikan. Staates. *N.H.*

Der Fall Collor de Mello: Als ein parlamentarischer Untersuchungsausschuss Präsident Fernando Collor de Mello 1992 Bestechlichkeit nachwies, kam es zu Demonstrationen gegen den Präsidenten, der im Wahlkampf ein hartes Vorgehen gegen Korruption versprochen hatte.

Indianer – die an den Rand gedrängten Ureinwohner Brasiliens

Etwa 300 000 Indianer lebten Ende des 20. Jh.s noch in Brasilien; sie verteilen sich auf etwa 200 Volksgruppen mit verschiedenen Sprachen. Schon bald nach der Entdeckung Brasiliens durch den portugies. Seefahrer Cabral (1500) wurden die Ureinwohner zurückgedrängt. Durch die Rodung der Wälder und das Vordringen der Landwirtschaft engte sich ihr Lebensraum bis in die Gegenwart immer weiter ein. Gesetzliche Vorschriften, die ihre Rechte regeln sollen, werden oft missachtet. Insbes. das Schicksal der Yanomani, deren Lebensraum im Nordwesten von Brasilien den Interessen von Goldgräbern zum Opfer fiel, erregte 1994/95 weltweit Aufsehen. (Foto: Xavantes-Indianer in Zentralbrasilien)

Brunei

Brunei Darussalam

Mit der Ausbreitung des Islams im frühen 15. Jh. wurde B. ein selbstständiger Staat und 1410 zum Sultanat. Als Ferdinand Magellan 1521 im Zuge seiner Expeditionen B. betrat, beherrschte es große Teile der Insel Borneo, die es jedoch in der Folgezeit an die europäischen Kolonialmächte verlor. Nachdem es 1841 zu einer Volkserhebung gegen den Sultan gekommen war, die mit Hilfe des brit. Soldaten James Brooke niedergeschlagen wurde, unterzeichnete der Sultan 1847 einen Vertrag mit Großbritannien, der den Briten Handelsvorteile und Hilfe im Kampf gegen Piraterie zusicherte. Eine Gruppe brit. Kaufleute übernahm 1877 die Kontrolle üb er den zu B. gehörenden Teils Nordborneos, 1888 wurde der Rest des Sultanats zum brit. Protektorat erklärt.

Brunei 2000	
Landesfläche	5765 km² (WR 161)
Einwohner	322 000 (WR 165)
Hauptstadt	Bandar Seri Begawan (46 000 Einw.)
Sprachen	Malaiisch, Chinesisch, Englisch
Währung	1 Brunei-Dollar (Br-$) = 100 Cents
Gliederung	4 Distrikte
Staatsform	Sultanat (seit 1984)
Religion	Moslems (66,5%); Buddhisten (11,8%); Sonstige (21,7%)
Bevölkerung	Malaien (66,9%); Chinesen (15,6%); Sonstige (17,5%)

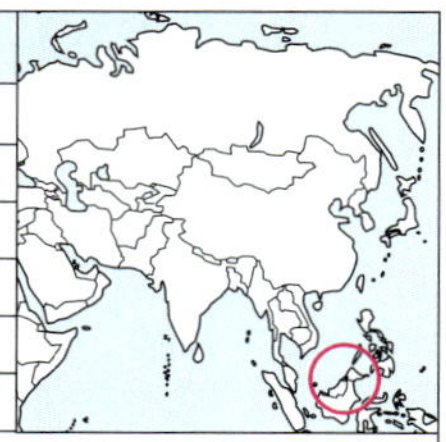

Brunei im 20. Jahrhundert	
1906	Brunei wird einem brit. Gouverneur unterstellt, der Sultan bleibt im Amt.
1929	Die Ölfirma Shell beginnt mit der Erschließung der Ölquellen.
1941	Japan. Besetzung.
1945	Rückkehr der Briten nach dem Sieg über Japan im Zweiten Weltkrieg.
1959	Brunei erhält weitreichende innere Unabhängigkeit. Großbritannien bleibt für die Außen- und Verteidigungspolitik zuständig.
1962	Nach einem Wahlsieg der oppositionellen Volkspartei kommt es zu einem Aufruhr, der mit Hilfe brit. Truppen niedergeschlagen wird.
1967	Abdankung von Sultan Omar Ali Saifuddin zugunsten seines Sohnes.
1971	Brunei erhält volle innere Autonomie von Großbritannien.
1979	Ein Vertrag regelt das zukünftige Verhältnis Bruneis zu Großbritannien.
1984	Brunei wird in die Unabhängigkeit entlassen und erwirbt die Mitgliedschaft in den Vereinten Nationen und den ASEAN-Staaten.
1998	Zusammenbruch des Erdölunternehmens Amedo Corporation.

Die wichtigsten Parteien im 20. Jahrhundert

Name (Abkürzung)	*Politische Richtung*	*Gründung*
Brunei Party Rakyat (BPR)	oppositionelle Volkspartei	1956[1]
Brunei National Solidarity Party (BNSP)	regierungsfreundlich	1986

1) 1962 aufgelöst

Unter britischem Protektorat

Kolonialismus: Ab 1906 führte ein Vertreter Großbritanniens die Regierungsgeschäfte in B., dem ein Staatsrat zur Seite stand. Während des Zweiten Weltkrieges wurde das Land 1941 von den Japanern besetzt. Nach ihrer Vertreibung 1945 übernahm Großbritannien wieder seine Rolle als Schutzmacht. 1959 gewährten die Briten B. eine beschränkte Autonomie durch eine neue Verfassung. Als sich 1962 bei Parlamentswahlen die oppositionelle Volkspartei durchsetzte, kam es zum Aufstand, der mit brit. Hilfe niedergeschlagen wurde. Das Parlament wurde nicht einberufen. Den Bestrebungen der brit. Schutzmacht, B. mit Malaysia zu vereinigen, widersetzen sich der Sultan und die Eliten des Landes. Der Grund lag in den Bodenschätzen des kleinen Landes, deren Erträge man nicht teilen wollte. 1971 bekam das Sultanat die volle innere Autonomie von den Briten zugesprochen.

Wirtschaftlicher Aufschwung: Durch seine Bodenschätze gelangte B. zu großem Reichtum. Seit der Entdeckung großer Ölquellen 1929 wird Erdöl gefördert; 1965 wurden auch reiche Erdgasvorkommen erschlossen. Steuern werden von den Bürgern nicht erhoben, das Wohlfahrtswesen hat europäisches Niveau und ist wie das Bildungswesen für die Einheimischen B.s kostenlos. Für im Land nicht verfügbare Leistungen werden Bürger des Sultanats auf Kosten des Staates ins Ausland gebracht.

Unabhängigkeit

Britischer Schutz: Am 1.1.1984 wurde B. in die Unabhängigkeit entlassen, brit. Soldaten verblieben jedoch auf Wunsch des Sultans im Land. Damit wurde der instabilen politischen Situation in der Region Rechnung getragen; zwar garantierten die Nachbarn Indonesien und Malaysia die territoriale Integrität B.s, doch fürchtete der Sultan Ansprüche auf sein wohlhabendes Land.

Außenpolitik: Nach Erlangung der vollen Unabhängigkeit wurde B. Mitglied der Vereinten Nationen und des Verbandes südostasiatischer Staaten ASEAN. Ziel der Außenpolitik ist die Wahrung der Unabhängigkeit des Landes gegenüber den Nachbarn.

Erdölkrise: Die Erdölkrise 1985/86 zeigte, dass die wirtschaftliche Abhängigkeit von Öl und Gas als Haupteinnahmequellen des Staates problematisch ist, da die Staatseinnahmen rapide zurückgingen. Die Regierung bemüht sich seitdem um verstärkte Förderung anderer wirtschaftlicher Zweige durch Stärkung des verarbeitenden Gewerbes, eines zügigen Ausbaus der Infrastruktur und der Elektrizität, aber auch um die Förderung des Tourismus.

Asienkrise: Wie weit die Asienkrise, die 1997 die nationalen Märkte asiat. Länder stark in Mitleidenschaft zog, auch B. traf, bleibt unklar, da die Regierung B.s kaum Wirtschaftsdaten veröffentlicht. 1998 führte der Zusammenbruch der AMEDO Corporation zu Verlusten in Höhe von 10 bis 16 Mrd US-Dollar. Davon betroffen wurde auch die Brunei Investment Agency (BIA), die das Vermögen des Staates aus den Erdölgeschäften verwaltet. Selbst das Vermögen des Sultans soll von den Turbulenzen betroffen sein.

Zaghafte Demokratisierung: 1962 wurde das Parlament in B. nach einem Sieg der Opposition abgeschafft. Der Sultan übernahm nun neben der Exekutivgewalt auch die Legislativgewalt. Er ernennt die Mitglieder des Ministerrates und leitet dessen Sitzungen. Die Richter sind unabhängig, werden aber vom Sultan eingesetzt. Seit 1992 gibt es zaghafte Reformbestrebungen; 1994 forderte eine Kommission die Änderung der Verfassung, um Wahlen zu einem Parlament zu ermöglichen.

Momentan gibt es in B. nur eine Partei, die Brunei National Solidarity Party, die 1986 gegründet wurde. Sie hat heute weniger als 200 Mitglieder und gilt als regierungsfreundlich. Andere Parteien haben ihre Tätigkeit eingestellt oder wurden verboten. *N. K.*

Sultan Bolkiah – Der reichste Mann der Welt

Der Sultan von Brunei Hassanal Bolkiah (*1946) gilt mit einem geschätzten Privatvermögen von 35 Mrd US-Dollar als einer der reichsten Männer der Welt. Seit 1967 regiert er das Land als absoluter Monarch und hat die Ämter des Premierministers, Verteidigungsministers und Chefs der Streitkräfte inne. 1984 führte er Brunei in die Unabhängigkeit. Zu diesem Anlass ließ er einen riesigen Palast bauen, der Platz für 5000 Gäste hat. In den letzten Jahren regiert er zunehmend konservativ, um sein Volk vor »westlicher Dekadenz« zu behüten. Eine Mitwirkung seines Volkes über ein Parlament lehnt der Herrscher weiterhin ab. Kritiker bemängeln die fehlende Transparenz seiner Finanzen und die Vermischung von Staats- und Privatvermögen in dem südostasiatischen Land. Basis des Reichtums sind die Einnahmen aus der Erdöl- und Erdgasförderung im Offshore-Bereich, die sich Ende des 20. Jh.s auf ca. 2 Mrd US-Dollar beliefen.

Der Sultan von Brunei scheut bei wichtigen Anlässen keine Kosten: Festbankett zu Ehren des brit. Kronprinzen Charles (r.) im Juli 1996.

Bulgarien 2000	
Landesfläche	110 912 km² (WR 102)
Einwohner	8,3 Mio (WR 85)
Hauptstadt	Sofia (1,1 Mio Einwohner)
Sprache	Bulgarisch
Währung	1 Lew (Lw) = 100 Stotinki
Gliederung	9 Regionen
Staatsform	Parlamentarische Republik (seit 1991)
Religion	Bulgarisch-Orthodoxe (85,7%); sunnitische Moslems (12,1%); schiitische Moslems (1%); Sonstige (1,1%)
Bevölkerung	Bulgaren (85,8%); Türken (9,7%); Sonstige (4,5%)

Bulgarien im 20. Jahrhundert	
1908	Proklamation des Königreichs Bulgarien unter Zar Ferdinand I.
1912/13	Erster Balkankrieg; Gebietsgewinne Bulgariens auf Kosten der Türkei.
1913	Zweiter Balkankrieg; Niederlage Bulgariens gegen Griechenland, Serbien und die Türkei.
1915	Eintritt Bulgariens in den Ersten Weltkrieg als Verbündeter Deutschlands und Österreich-Ungarns.
1918	Nach der Niederlage Abdankung Ferdinands I. zugunsten seines Sohnes Boris III.
1920	Aus den Parlamentswahlen geht die Bauernpartei von Aleksander Stambolijski als Siegerin hervor.
1923	Putsch gegen Minisaterpräsident Stambolijski.
	Nach einem gescheiterten Aufstand wird die Kommunistische Partei verboten. Ihr Anführer Georgi Dimitrow geht nach Moskau ins Exil.
1925	Bulgarien schließt mit der Türkei einen Freundschaftsvertrag.
1926	Der konservative Ministerpräsident Andrei Ljaptschew erlässt demokratische Reformen. Frankreich und Großbritannien gewähren wirtschaftliche Unterstützung.
1935	Zar Boris III. errichtet ein autoritäres Regime.
1941	Kriegseintritt Bulgariens als Verbündeter Deutschlands und Italiens.
1944	Besetzung durch die sowjet. Armee.
1946	Abschaffung der Monarchie; Proklamation der »Volksrepublik Bulgarien«.
ab 1947	Aufbau einer kommunistischen Diktatur; Unterdrückung der Opposition; Schauprozesse gegen sog. »Titoisten«.
1949	Bulgarien wird Mitglied des von der Sowjetunion dominierten Rats für gegenseitige Wirtschaftshilfe (RGW).
1950	Die bulgar. Regierung weist 150 000 Turkbulgaren in die Türkei aus.
1954	Todor Schiwkow übernimmt die Führung der KP.
1971	Ausweitung der Macht Schiwkows durch Übernahme der Staatsführung.
1984	Repressionen gegen türkischsprachige Bulgaren, Zwangsbulgarisierungen.
1989	Unruhen im Siedlungsgebiet der Turkbulgaren; rund 300 000 Menschen fliehen in die Türkei; Sturz und Verhaftung von Schiwkow.
1990	Die ersten freien Wahlen gewinnt die Sozialistische Partei (Post-Kommunisten).
1991	Aufnahme Bulgariens in den Europarat.
	Bei vorgezogenen Parlamentswahlen siegt das konservative Oppositionsbündnis UDK.
1997	Das rechtskonservative Wahlbündnis ODS siegt bei den Parlamentswahlen; Ministerpräsident wird Iwan Kostow.
1998	Marktwirtschaftliche Reformen zeigen Erfolge; starker Rückgang der Inflation und Beginn des Wirtschaftswachstums.
1999	Bulgarien gewährt im Kosovo-Krieg NATO-Kampfflugzeugen Überflugrechte.

Bulgarien

Republik Bulgarien

Ein erstes bulgar. Reich war 681 n. Chr. von tatar. und slaw. Stämmen gegründet worden. Das ab 864 christianisierte B. gehörte fortan der Einflusssphäre des Byzantin. Reiches und der orthodoxen Kirche an. 1396 unterwarfen die Osmanen B. und gliederten es ihrem Reich an. Nach über 400-jähriger osman. Fremdherrschaft erlangte B. 1878 mit dem Vorfrieden von San Stefano, der den Russ.-Türk. Krieg beendete, die staatliche Unabhängigkeit. Auf dem Berliner Kongress (Juli 1878) wurde das Fürstentum B. von den europäischen Mächten allerdings osman. Lehnshoheit unterstellt; das Gebiet um Plovdiv (Ostrumelien) blieb bis 1885 unter türk. Herrschaft.

Königreich Bulgarien (um 1900)

Liberale Verfassung: Nach Erlangung der (eingeschränkten) staatlichen Unabhängigkeit erhielt der neue Staat eine Verfassung, die damals zu den liberalsten in Europa zählte. Der 1887 zum Fürsten gewählte Ferdinand I. aus dem Hause Sachsen-Coburg-Gotha erstrebte die politische und kulturelle Hinwendung B.s nach Westeuropa. Sein Vorgänger, Fürst Alexander I., hatte 1886 auf Druck Russlands abdanken müssen. Wegen der nur langsam wachsenden Wirtschaft und hohen Staatsschulden kam es um die Jahrhundertwende wiederholt zu Bauernaufständen und sozialen Unruhen. Zur wichtigsten Oppositionspartei entwickelte sich die 1891 gegründete Sozialdemokratische Partei.

Das Verhältnis B.s zur Türkei wurde nach 1900 durch die Unabhängigkeitsbestrebungen Mazedoniens und Konflikte zwischen dem Osman. Reich und Serbien stark belastet.

Zar Ferdinand I.: Die Schwächung der Türkei nach der jungtürk. Revolution nutzte Ferdinand I. zur Proklamation eines unabhängigen Königreichs B. im Oktober 1908; er nahm den Titel eines Zaren an. Im ersten Balkan-Krieg (1912/13) siegte B. im Bündnis mit Serbien über das Osman. Reich. Nach dem Frieden von London (30.5.1913) kam es jedoch zum Streit um die Aufteilung der von der türk. Herrschaft befreiten Gebiete. Dieser führte zum zweiten Balkankrieg (Juni–August 1913), in dem B. von einer Allianz aus Griechenland, Rumänien, Serbien, und der Türkei geschlagen wurde. B. musste daraufhin u. a. Teile Mazedoniens und das Gebiet um Adrianopel abtreten.

Zar Ferdinand I. traf sich im Januar 1916 mit dem deutschen Kaiser Wilhelm II. in der serb. Metropole Niš. Serbien war im Herbst 1915 von deutschen, österreich.-ungar. und bulgar. Truppen erobert worden. Anlässlich des Monarchentreffens wurde Niš festlich geschmückt, Ferdinand I. und Wilhelm II. erschienen mit großem Gefolge. Höhepunkt der Feierlichkeiten war die Ernennung Ferdinands I. zum preuß. Generalfeldmarschall. Wilhelm II. betonte in seiner Rede, dass man nach der Erkämpfung eines dauerhaften Friedens die »im Sturm des Krieges besiegelte teure Freundschaft zu beiderseitigem Nutzen« fortsetzen wolle. (Foto: Feierlicher Einmarsch der bulgar. Truppen in Niš, 1916)

Erster Weltkrieg (1914–18)

Bündnis mit den Mittelmächten: Nach Ausbruch des Ersten Weltkriegs blieb B. zunächst neutral. Das Verhältnis zu Frankreich und Großbritannien hatte sich jedoch Anfang 1914 durch deren Kreditverweigerung gegenüber Sofia verschlechtert. Die Hoffnung auf den Gewinn von Mazedonien und die prodeutsche Haltung von Zar Ferdinand I. führten im Oktober 1915 zum Kriegseintritt B.s auf der Seite der Mittelmächte (Deutschland, Österreich-Ungarn). Bulgar. Truppen besetzten Mazedonien und Teile der Dobrudscha.
Trotz anfänglicher Erfolge hielt die Ablehnung des Krieges in B. insbes. bei den Bauern und linksorientierten Gruppen an. Aufgrund der schlechten Lebensmittelversorgung kam es seit Anfang 1917 zu mehreren »Hunger-Revolten«. Der Kriegseintritt der USA im April 1917 und die Russ. Revolution stärkten die Position der Kriegsgegner in B.
Militärische Niederlage: Als Mitte 1918 die bulgar. Armee an der mazedon. Front zusammenbrach, kam es in zahlreichen Einheiten zur Meuterei. Von einer offenen Rebellion und einem Marsch auf Sofia konnten die Truppen durch Aleksander Stambolijski, den Führer der revolutionären Bauernpartei, abgehalten werden. Der entschiedene Gegner eines Bündnisses mit den Mittelmächten war auf Anordnung von Zar Ferdinand I. erst wenige Tage zuvor aus dem Gefängnis entlassen worden, um eine weitere Zuspitzung der innenpolitischen Lage zu verhindern.
Nach dem militärischen Zusammenbruch ersuchte B. die Entente (Frankreich, Großbritannien) um einen Waffenstillstand, der am 29.9.1918 unterzeichnet wurde. Vier Tage später verzichtete Zar Ferdinand I. zugunsten seines Sohnes Boris auf den Thron. Der Friedensvertrag von Neuilly (November 1919), der dem Land hohe Reparationen auferlegte, zwang B. zur Abtretung von Südmazedonien an Jugoslawien sowie des Gebietes von Alexandrupolis an Griechenland.

Reformen und Putsch

Soziale Reformen: Aus den Wahlen von 1920 ging die Bauernpartei Stambolijskis, seit Oktober 1919 Ministerpräsident, siegreich hervor. Stambolijski betrieb eine Reformpolitik zugunsten der Unter- und Mittelschichten, u. a. durch eine Bodenreform und die progressive Besteuerung höherer Einkommen. In bürgerlichen und nationalistischen Kreisen wuchs der Widerstand gegen die Regierung.
Staatsstreich: Stambolijski wurde im Juni 1923 durch einen Offiziersputsch gestürzt und wenig später ermordet. Ministerpräsident einer konservativ-nationalistischen Mehrparteienregierung wurde Aleksander Zankow. Im September 1923 scheiterte ein Aufstandsversuch der Kommunistischen Partei, was die Unterdrückung der KP unter Georgi Dimitrow zur Folge hatte.
Demokratische Regierung: Die gemäßigt konservative Regierung von Andrei Ljaptschew (1926–31) bemühte sich um einen in-

Zar Boris III. (1894–1943), der seit 1918 in Bulgarien regierte, errichtete 1935 ein autoritäres Herrschaftssystem. Außenpolitisch bemühte er sich um eine Annäherung Bulgariens an die faschistischen Staaten Deutschland und Italien. (Foto: Zar Boris III. mit dem Erzbischof von Sofia)

nenpolitischen Ausgleich, u. a. durch Wiederzulassung der 1923 verbotenen Bauernpartei. Frankreich und Großbritannien gewährten daraufhin größere Kredite zur Stärkung der bulgar. Wirtschaft.

Konflikte mit Nachbarstaaten: Außenpolitisch hielten die Spannungen zu Jugoslawien (Streit um Mazedonien), Griechenland und Rumänien an, während B. mit der Türkei 1925 einen Freundschaftsvertrag schloss. Die für ein selbstständiges Mazedonien kämpfende IMRO (Innere Mazedon. Revolutionäre Organisation) verübte seit 1920 immer wieder Terroranschläge in Jugoslawien. Dies führte mit der ab 1931 zunehmenden Wirtschaftskrise zur Destabilisierung der Region.

Autoritäres Regime

Alleinherrschaft des Zaren: Im Mai 1934 stürzten Militärs die demokratische Regierung und errichteten unter Kimon Georgiew ein autoritäres Regime. Parteien wurden vom herrschenden Zweno-Kreis (ein Bündnis aus Nationalisten und rechtsgerichteten Offizieren) verboten, mehrere Hochschulen zur Verhinderung von Studentenprotesten geschlossen. 1935 jedoch verdrängte Zar Boris III. die Zweno-Regierung und etablierte selbst eine autoritäre Herrschaft, wobei er sich auf willfährige Regierungen unter Georgi Koisse-Iwanow (1935–40) und Bogdan Filow (1940 bis 1943) stützte. Während im Innern des Staates demokratische Freiheitsrechte außer Kraft gesetzt wurden, erreichte B. außenpolitisch in den 30er Jahren trotz des ungelösten Mazedonienproblems eine Annäherung an Jugoslawien, die im Januar 1937 im Abschluss eines Freundschaftspaktes gipfelte.

Zweiter Weltkrieg (1939–45)

Bündnis mit Deutschland: Bei Ausbruch des Zweiten Weltkriegs erklärte B. seine Neutralität. Die politischen Sympathien von Zar Boris III. und Ministerpräsident Filow lagen jedoch eindeutig bei den faschistischen »Achsenmächten« Deutschland und Italien. Nachdem Deutschland im August 1940 Rumänien zur Abtretung der Süd-Dobrudscha an B. genötigt hatte, wuchs die pro-deutsche Stimmung in Sofia. Vor allem Hoffnungen auf weitere territoriale Gewinne an der Seite Deutschlands bewogen Zar Boris III., im März 1941 dem »Dreimächte«-Pakt (Deutschland, Italien, Japan) beizutreten. Umgehend wurden deutsche Wehrmachtseinheiten nach B. verlegt. Bulgar. Truppen beteiligten sich an den deutschen Feldzügen gegen Jugoslawien und Griechenland. Im Dezember 1941 erklärte B. Großbritannien und den USA den Krieg – nicht jedoch der Sowjetunion, auch aus Rücksicht auf die pro-russ. Einstellung der Bevölkerung. In B. bildete sich unter kommunistischer Führung eine Widerstandsbewegung unter dem Namen »Nationale Front«, der rund 10 000 Personen angehörten. Sie war damit die stärkste Widerstandsbewegung in einem mit Deutschland verbündeten Staat.

Thronwechsel: Nach dem plötzlichen Tod von Zar Boris III. im August 1943 übernahm ein Regentschaftsrat unter Filow die Regierungsgewalt für den sechsjährigen Thronfolger Simeon II. Angesichts der sich abzeichnenden Niederlage des Deutschen Reichs nahm Ministerpräsident Iwan Bagrianow im Mai 1944 Geheimgespräche mit den Westmächten wegen eines Separatfriedens auf, die jedoch ergebnislos blieben.

Besetzung durch Rote Armee: Am 5.9. 1944 erklärte die UdSSR B. den Krieg; wenige Tage darauf besetzten sowjet. Truppen kampflos B. Das autoritäre Regime Filow wurde durch einen Staatsstreich gestürzt und eine Regierung der Vaterländischen Front u. a. aus Kommunisten, Links-Agrariern, Sozialisten unter Führung von Kimon Georgiew (1944 bis 1946) eingesetzt. Am 28.10.1944 unterzeichnete B. einen Waffenstillstand und trat mit einem eigenen Truppenkontingent an der Seite der Alliierten in den Krieg gegen das Deutsche Reich ein.

Kommunistische Herrschaft

Kontrollierte Wahlen: Im November 1945 kehrte Dimitrow nach 22-jährigem Exil nach B. zurück und proklamierte bereits in seinen ersten Reden den Machtanspruch der Kommunisten. Die Wahlen vom November 1945 und Oktober 1946 brachten der von den Kommunisten dominierten »Vaterländischen Front« 88 bzw. 70% der Stimmen. Nach einem Referendum wurde im September 1946 die Monarchie abgeschafft und die »Volksrepublik B.« ausgerufen.

Verstaatlichung: Mit sowjet. Unterstützung errichtete die bulgar. KP innerhalb kurzer Zeit eine staatssozialistische Gesellschaft. 1946 verfügte die Regierung eine umfassende Bodenreform, im darauf folgenden Jahr die Verstaatlichung von Industriebetrieben und Banken.

Kommunistische Diktatur: Im Frühjahr 1947 wurden alle nichtkommunistischen Parteien aufgelöst und zahlreiche Oppositionspolitiker unter dem – oft konstruierten – Vorwurf von Kriegsverbrechen verurteilt. Im Dezember 1947 erhielt B. eine neue Verfassung nach sowjet. Vorbild. Die Wirtschaft wurde einem zentralistischen Planungssystem unterworfen. Dimitrows Plan einer Balkanföderation scheiterte am Einspruch Stalins, der aus Gründen der Machtsicherung zweiseitige Beziehungen der einzelnen Staaten zu Moskau vorzog.

Abkehr von Jugoslawien: Als es 1948 zum Bruch zwischen Stalin und dem nach Unabhängigkeit strebenden jugoslaw. Kommunistenführer Tito kam, stellte sich B. eindeutig auf die Seite Moskaus und kündigte den Freundschaftsvertrag mit Jugoslawien. Nach dem Tod Dimitrows im Juli 1949 übernahm Anfang 1950 Vulko Tschwerwenkow, ein rücksichtsloser Stalinist, die Führung der Partei. In den folgenden Jahren wurden mehrere Schauprozesse gegen »Titoisten« geführt.

Ära Schiwkow: Nach dem Tod Stalins (1953) kam es auch in B. zu Lockerungen des Regimes. 1954 wurde Todor Schiwkow (1954–89) Erster Sekretär (ab 1981 Generalsekretär) der Kommunistischen Partei und damit der führende Politiker B.s. Bestimmend für die politische und wirtschaftliche Entwicklung B.s blieb die enge Bindung an die Sowjetunion. Ab Mitte der 60er Jahre betrieb B. eine betont nationalistische Politik. Dies führte vor allem zu Repressionen gegen die türk. Minderheit (mehr als 1 Mio Turkbulgaren). Im Rahmen eines sog. Bulgarisierungsprogramms wurden ab 1982 die türkischsprachigen Bewohner zur Annahme bulgar. Namen und damit zur Aufgabe ihrer kulturellen Eigenständigkeit gezwungen. Diese ab Mitte der 80er Jahre verstärkt betriebene Zwangsbulgarisierung führte zu starken Spannungen mit der Türkei.

Ende der KP-Herrschaft

Unterdrückung der Turkbulgaren: Im Mai 1989 brachen im Grenzgebiet zur Türkei wegen der Bulgarisierungspolitik schwere Unruhen aus, in deren Verlauf mehr als 300 000 Turkbulgaren in die Türkei flohen. Wegen der wachsenden Wirtschaftskrise und unter dem Eindruck der Perestroika-Politik in der Sowjetunion drängten Mitte 1989 auch in B. oppos-

Links: Todor Schiwkow, seit März 1954 Parteichef der bulgar. KP war mit 43 Jahren einer der jüngsten kommunistischer Parteiführer. (Foto: Schiwkow inmitten einer Gruppe Junger Pioniere, 1962)

Rechts: 1991 musste sich der 79-jährige Schiwkow (M.) nach seiner Entmachtung u. a. wegen Amtsmissbrauch und Veruntreuung von Staatsgeldern vor Gericht verantworten.

Staatsoberhäupter Bulgariens		
Reg.-Zeit	*Name*	*Lebensdaten*
1908–18	Ferdinand I.	1857–1948
1918–43	Boris III.	1894–1943
1943–46	Simeon II.[1]	*1937
1946/47	Vasil Petrow Kolarow	1877–1950
1947–50	Mintscho Naitschew	1897–1956
1950–58	Georgi Damjanow	1892–1958
1958–64	Dimitar Ganew	1898–1964
1964–71	Georgi Traikow	1898–1975
1971–89	Todor Schiwkow	*1911
1989/90	Petar Mladenow	1936–2000
1990–97	Schelju Schelew	*1935
seit 1997	Petar Stojanow	*1952

1) Vertreten durch einen Kronrat

tionelle Kräfte innerhalb und außerhalb der kommunistischen Partei auf politische und wirtschaftliche Reformen.

Mühsame Demokratisierung: Im November 1989 wurde Partei- und Staatschef Schiwkow zum Rücktritt gezwungen. Seiner Verhaftung im Januar 1990 folgte im September 1992 die Verurteilung zu sieben Jahren Freiheitsstrafe wegen Amtsmissbrauch und Veruntreuung von Staatsgeldern (1996 wurde Schiwkow in einem Revisionsverfahren freigesprochen).

Vergeblich versuchte sein Nachfolger Petar Mladenow, durch die Verkündung eines »neuen Kurses«, die kommunistische Herrschaft zu erhalten. Im Januar 1990 wurde die Kommunistische Partei offiziell zum Verzicht auf ihren Machtanspruch gezwungen. Oppositionsgruppen und Regierungsvertreter begannen im Januar 1990 Gespräche am »Runden Tisch«, der nach wenigen Wochen die Einführung eines demokratisch-parlamentarischen Systems beschloss. Eine Verfassungsänderung (April 1990) ermöglichte die Bildung unabhängiger Parteien.

Die wichtigsten Parteien im 20. Jahrhundert		
Name	*Politische Richtung*	*Gründung*
Sozialdemokratische Partei (BSP)	sozialistisch	1891
Bauernpartei	konservativ	um 1895
Kommunistische Partei (BKP)	kommunistisch	1921
Bewegung für Rechte und Freiheiten (DPS)	Vertretung der Moslems	1989
Union Demokratischer Kräfte (SDS)	bürgerlich-konservativ	1989
Sozialistische Partei (BSP)[1]	sozialistisch	1990
Eurolinke	linksorientiert	1997
Vereinigte Demokratische Kräfte (ODS)[2]	rechts-konservativ	1997

1) Aus der BKP hervorgegangen; 2) vormals SDS

Wahlsieg der Post-Kommunisten: Bei den ersten freien Wahlen seit 1946 gewann im Juni 1990 die aus der KP hervorgegangene BSP (Bulgar. Sozialistische Partei) die absolute Mehrheit der Sitze. Zum neuen Staatspräsidenten wurde im August Schelju Schelew gewählt, ein Vertreter des bürgerlich-konservativen Oppositionsbündnisses UDK. Im November 1990 wurde der Staat in »Republik B.« umbenannt. Landesweite Streiks und Demonstrationen für durchgreifende Reformen zwangen den post-kommunistischen Ministerpräsidenten Andrei Lukanow im November 1990 zum Rücktritt. Es folgte eine Übergangsregierung unter Beteiligung der BSP und der rechtsorientierten UDK.

1991 verabschiedete das Parlament eine neue demokratische Verfassung und beschloss marktwirtschaftliche Reformen, die jedoch nur schleppend vorankamen.

Konservative Regierung: Aus den Parlamentswahlen im Oktober 1991 ging die UDK als Siegerin hervor. Die von ihr geführte Regierung verstärkte trotz sozialer Härten die Privatisierung; die Folgen waren soziale Spannungen. Im Oktober 1992 verlor daher die bürgerliche UDK-Regierung die parlamentarische Unterstützung. Aber auch der neue parteilose Ministerpräsident Ljuben Berow scheiterte an den wirtschaftlichen Problemen und dem stockenden Reformprozess; er musste Ende 1994 zurücktreten. Bei den Neuwahlen (Dezember 1994) errangen die Sozialisten (BSP) wiederum die absolute Mehrheit. Neuer Staatspräsident wurde im November 1996 allerdings in direkter Wahl der konservative Oppositionskandidat Petar Stojanow.

Annäherung an den Westen: Vor dem Hintergrund der anhaltenden wirtschaftlichen und sozialen Krise verschärften sich Anfang 1997 die innenpolitischen Spannungen in B. Mitte Januar stürmten Demonstranten das Parlament, um Neuwahlen zu erzwingen. Diese brachten einen Sieg des rechtskonservativen Pareienbündnisses Vereinigte Demokratische Kräfte (ODS) im April 1997. Neuer Regierungschef wurde Iwan Kostow, der u. a. eine beschleunigte Privatisierung, den Kampf gegen Korruption und organisierte Kriminalität sowie eine stärkere Anlehnung an die EU anstrebte.

Ende 1997 sorgte die offizielle Bekanntgabe der Namen von ehemaligen Mitarbeitern des kommunistischen Staatssicherheitsdienstes, die noch politisch aktiv waren, für Unruhe. Mehrere enttarnte Personen mussten daraufhin von ihren Ämtern zurücktreten.

Wirtschaftliche Erholung: 1998 zeigten die marktwirtschaftlichen Reformen in B. erste Erfolge. So konnte die Inflationsrate, die 1997 noch über 500% betragen hatte, deutlich gesenkt werden. Die Wirtschaft wies erstmals seit Beginn der marktwirtschaftlichen Reformen ein geringes Wachstum auf (1998: 1,5%). In Anerkennung und zur Unterstützung dieses Prozesses gewährte der Internationale Währungsfonds (IWF) B. im August 1998 einen Kredit von 1,6 Mrd US-Dollar. Im Gegenzug musste sich B. u. a. zu einem Umbau des nicht mehr finanzierbaren Renten- und Sozialsystems verpflichten. Auch bei der Privatisierung mahnte der IWF eine deutliche Beschleunigung an. So waren Mitte 1998 in B. erst rund 50% der einst 38 000 Staatsbetriebe an private Unternehmen übertragen. Zur Sanierung des Finanzwesens verfügte die Regierung im Juli 1999 einen Währungsschnitt: Ein »neuer« Lew entspricht 1000 »alten« Lew. Trotz einiger positiver Entwicklungen machte die Europäische Union B. keinerlei Hoffnungen, in den nächsten Jahren in den engeren Kreis der Beitrittsbewerber aufgenommen zu werden.

Konflikt um Kernkraftwerk: Zu Spannungen mit den EU-Staaten führte Anfang 1999 der Parlamentsbeschluss, angesichts der anhaltenden Wirtschaftskrise entgegen einer früheren Zusage die vier ältesten Reaktoren des von EU-Experten als höchst unsicher eingeschätzten Kernkraftwerks Kosloduj vorerst nicht abzuschalten. Sofia besteht auf einer vorherigen Klärung, welche finanzielle Unterstützung die EU zur Umrüstung des veralteten Kraftwerks bereitstellen wird.

Abkommen mit Mazedonien: Ein jahrzehntealter Konflikt um die mazedon. Bevölkerungsgruppe konnte Anfang 1999 mit der Unterzeichnung eines Abkommens zwischen B. und dem seit 1991 selbstständigen Mazedonien beigelegt werden, in dem B. erstmals die mazedon. Nation, Kultur und Sprache vorbehaltlos anerkannte und jede Benachteiligung seiner mazedonischsprachigen Bevölkerungsgruppe beseitigte.

Hoffnung auf NATO-Beitritt: Außenpolitisch strebt die Regierung Kostow vor allem die Annäherung an den Westen an. Die Aussicht auf eine NATO-Mitgliedschaft stieg, nachdem B. im April 1999 im Kosovo-Krieg Kampfflugzeugen der NATO Überflugrechte gewährt hatte. Im November 1999 reiste US-Präsident Bill Clinton nach Sofia, wo er anlässlich des zehnten Jahrestages der Beendigung der kommunistischen Herrschaft die politische und wirtschaftliche Entwicklung B.s lobte und dem Land Unterstützung auf diesem Weg zusagte. Im Dezember 1999 nahm Ministerpräsident Kostow eine Regierungsumbildung vor, durch die vor allem eine Verkleinerung und Rationalisierung des Regierungs- und Verwaltungsapparates erreicht werden soll. Dies ist Teil eines Umstrukturierungsprojekts, mit dem B. seine Chancen auf einen mittelfristigen EU-Beitritt verbessern will. *T. F.*

Zwangsbulgarisierung der türkischen Minderheit

Bulgarien versuchte seit 1984 mit allen Mitteln, die türk. Minderheit, zu der rund 10% der Gesamtbevölkerung gehören, zu bulgarisieren. Die türk. Sprache, die traditionelle Kleidung und das kulturelle Leben wurden verboten. Außerdem mussten die Türken slaw. Namen annehmen. Als im Mai 1989 Teilnehmer von Protestaktionen gegen diese Maßnahmen verhaftet und deportiert wurden, setzte eine Massenflucht ein. Bis Ende August verließen über 300 000 Angehörige der türk. Minderheit Bulgariens, um dem Zwang der Assimilierung zu entgehen. Dies führte zu einer Verstärkung des Arbeitskräftemangels in Bulgarien. (Foto: Turkbulgar. Flüchtlinge an der bulgar.-türk. Grenze bei Edirne, 1989)

Entgegen früheren Zusagen ist die bulgar. Regierung vorerst nicht bereit, das veraltete Kernkraftwerk Kosloduj stillzulegen. (Foto: Kontrollraum von Kosloduj)

Burkina Faso

Republik Burkina Faso

B., das frühere Obervolta, zählt zu den ärmsten Staaten der Welt, bedingt durch seine Lage in der Sahelzone, fehlende Rohstoffe und mangelhafte Infrastruktur. Trotz politischer Instabilität hat sich das Land seit den 80er Jahren zu einer Führungsnation in Afrika entwickelt, von der auch starke kulturelle Impulse ausgehen. Die Region gehörte zum Kerngebiet der früheren Mossi-Königreiche, die seit dem Spätmittelalter weite Teile des heutigen Sahelgebiets beherrschten. Schon früh stand die Region im Kontakt mit dem islamisierten Norden Afrikas, und die Handelsbeziehungen waren traditionell ausgerichtet auf die Zentren im heutigen Mali und Sudan. Bis heute haben die Mossi-Könige großen Einfluss auf die Innenpolitik B.s.

Burkina Faso 2000

Landesfläche	274 000 km² (WR 72)
Einwohner	11,6 Mio (WR 64)
Hauptstadt	Ouagadougou (1 Mio Einwohner)
Sprachen	Französisch, More, Diula, Fulbe
Währung	CFA-Franc (FCFA)
Gliederung	45 Provinzen
Staatsform	Präsidiale Republik (seit 1960)
Religion	Naturreligionen (44,8%); Moslems (43%); Christen (12,2%)
Bevölkerung	Mossi (47,9%); Mandé (8,8%); Fulani (8,3%); Lobi (6,9%)

Burkina Faso im 20. Jahrhundert

1895–97	Eroberung durch Frankreich; bis 1904 unter französ. Militärverwaltung.
1904–19	Teil der Kolonie Obersenegal-Niger.
1919–32	Als Obervolta Provinz der Kolonialföderation Französ.-Westafrika (AOF).
1932	Aufteilung der Region auf Elfenbeinküste, Niger und Französ.-Sudan.
1947	Obervolta wird Überseeterritorium Frankreichs mit Territorialparlament (4.9.).
1958	Autonome Republik in der Französischen Gemeinschaft.
1960	Unabhängigkeit als Autonome Präsidialrepublik (5.8.).
1966	Militärputsch durch Oberstleutnant Sangoulé Lamizana.
1970–73	Verheerende Trockenperiode.
1970	Bildung einer Zivilregierung unter Premier Gerard Ouédraogo.
1974	Absetzung der Zivilregierung durch das Militär (8.2.).
	Grenzkonflikt mit Mali um die Agacher-Region (Dez.).
1978	Nach demokratischen Wahlen Regierungsbildung durch Lamizana.
1980	Machtübernahme des Militärs unter Oberst Saye Zerbo.
1982	Staatsstreich; Jean-Baptiste Ouédraogo wird neuer Präsident.
1983	Militärputsch unter Führung von Hauptmann Thomas Sankara.
1984	Umbenennung Obervoltas in Burkina Faso (»Land der Aufrechten«).
1985	Erneuter Grenzkrieg mit Mali um die Agacher-Region.
1987	Militärputsch durch Blaise Campaoré; Tod Sankaras.
1999	Unruhen nach ungesühnten Übergriffen der Präsidentengarde.

Unruhige Kolonialzeit

Unter französischer Verwaltung: Die Region verlor ihre Unabhängigkeit erst relativ spät mit der Invasion der Franzosen, die das Territorium 1890 ihrer Kolonie Obersenegal-Niger einverleibten. Bis 1919 blieb diese Verwaltungseinheit erhalten, danach wurde sie in die Kolonie Französ.-Sudan – das heutige Mali – und Obervolta aufgespalten. Obervolta selbst wurde nach Unruhen 1932 erneut aufgeteilt: Bis 1947 war das heutige Staatsgebiet Teil der Kolonien Elfenbeinküste, Französ.-Sudan (Mali) und Niger.
Wie in anderen französ. Kolonien Westafrikas hatte sich auch im heutigen B. in den 20er und 30er Jahren eine Bewegung für die Autonomie der Region entwickelt. Sie wurde wesentlich bestimmt von Maurice Yaméogo, einem der führenden Mitstreiter des charismatischen Félix Houphouët-Boigny, dem späteren Präsidenten der Elfenbeinküste. Yaméogo gründete die Union Démocratique Voltaique (UDV) und wurde 1958 zunächst zum Premier der autonomen Region Obervolta ernannt. Nach der Erlangung der Unabhängigkeit am 5.8.1960 übernahm er das Amt des Präsidenten der neuen Republik.

Selbstständige Republik

Wirtschaftsprobleme und Autokratie: Von Beginn an war die wirtschaftliche Situation Obervoltas größtes Problem: Die französ. Kolonialverwaltung hatte keinerlei Anstrengungen unternommen, das Gebiet zu entwickeln. Durch die Aufspaltung des Territoriums war das Gros der Investitionen in Ausbildung und Transport-Infrastruktur vornehmlich in die jeweiligen Zentren geflossen, während Obervoltas Hauptstadt Ouagadougou davon weitgehend unberührt blieb.
Yaméogo gelang es in den Jahren nach der Unabhängigkeit nicht, eine entscheidende Verbesserung der Situation herbeizuführen. Haushaltsprobleme veranlassten ihn, Sparmaßnahmen zu ergreifen, die besonders den staatlichen Sektor betrafen. Auf die wachsende Kritik reagierte er mit einem Verbot aller Parteien mit Ausnahme der UDV und errichtete ein autokratisches System.
Militärputsch: Das Ende der Herrschaft Yaméogos kam Anfang 1966 durch einen Militärputsch. Unter Führung von Oberstleutnant Sangoulé Lamizana bemühten sich die neuen Machthaber um eine Stabilisierung der Situation, ohne dabei jedoch nennenswerte Erfolge erzielen zu können. Allerdings wurde

das Mehrparteiensystem wieder eingeführt, und 1970 fanden Wahlen statt, bei denen die UDV erwartungsgemäß den Sieg davontrug. Lamizana blieb als Staatschef im Amt, und mit ihm übte das Militär weiterhin die eigentliche Kontrolle im Staat aus.

Sturz der Zivilregierung: Die zerstrittenen Führer der UDV, Gerard und Joseph Ouédraogo, die als Premier bzw. Parlamentspräsident eingesetzt wurden, vermochten zu keiner Zeit eine glaubhafte Alternative zum Militär darzustellen. Die wirtschaftliche Lage B.s verschlechterte sich weiter durch eine langanhaltende Trockenperiode Anfang der 70er Jahre. Die Zivilregierung erwies sich außerstande, der Situation Herr zu werden, und schon bald wurde bekannt, dass führende Kader der Partei sich durch Korruption und Unterschlagung an den internationalen Hilfeleistungen für die Hungernden bereicherten. Dies führte 1973 zu Unruhen und Streikaktionen, die in die Forderung nach dem Rücktritt von Premier Gerard Ouédraogo mündeten. Als der dies ablehnte, schritt erneut das Militär ein und übernahm im Februar 1974 die Macht.

Krieg mit Mali: Auch die Folgejahre brachten keine Beruhigung: 1974 kam es zum Krieg mit dem Nachbarn Mali um die Agacher-Region im gemeinsamen Grenzgebiet. Beide Seiten beriefen sich bei ihren Ansprüchen auf Grenzziehungen durch die französ. Kolonialherren – Grund der Auseinandersetzungen war die Vermutung, dass das karge Gebiet im Sahel reiche Mineralvorkommen habe.

Rückkehr der Militärs: Das Jahr 1978 brachte den nächsten Versuch einer zivilen Regierung, und Lamizana wurde erneut zum Präsidenten gewählt. Seine Regierung konnte sich jedoch nicht gegen die Opposition von Gewerkschaften und Studenten durchsetzen – wieder griff das Militär ein, nach einem unblutigen Coup wurde Oberst Saye Zerbo 1980 zum Staatschef ernannt.

Zerbo stand einem Militärkomitee vor, das sich Wiederaufbau und Fortschritt auf die Fahnen geschrieben hatte – als hilfreich wurde dabei das Verbot jeglicher politischen Aktivitäten angesehen. Dies wiederum rief die mächtigen Gewerkschaften auf den Plan, die rund ein Drittel der Bevölkerung als Mitglieder hatten.

Die Ära Sankara

Politischer Linkskurs: Der Kurs des Militärkomitees blieb auch in der Führung nicht unumstritten. Prominentester Kritiker war Hauptmann Thomas Sankara: Der junge Informationsminister befürwortete einen linksgerichteten Kurs und forderte durchgreifende Reformen. Seine Entfernung aus dem Amt führte zu erneuten Unruhen und zu einem erneuten Staatsstreich, der das Militärkomitee 1982 durch einen »Provisorischen Rat zur Errettung des Volkes« ersetzte. Jean-Baptiste Ouédraogo wurde zum Präsidenten ernannt, Sankara übernahm das Amt des Premierministers. Die neue Regierung gab sich gewerkschaftsfreundlich und hielt für kurze Zeit einen Burgfrieden ein. Der zerbrach spektakulär im Mai 1983, als Sankara eigenmächtig den libyschen Revolutionsführer Muammar al-Gaddhafi zum Staatsbesuch einlud. Nach Abreise des ungeliebten Gastes wurde Sankara unter dem Vorwurf inhaftiert, die nationale Einheit gefährdet zu haben – dies führte zum Aufstand der Eliteeinheit, die Sankara kommandiert hatte, dem sich schnell andere Einheiten anschlossen. Sankara, gerade 34 Jahre alt, übernahm am 5.8.1983 die Macht.

Generalmobilmachung in Burkina Faso: 1974 und 1985 führte das Land Krieg mit seinem Nachbarn Mali. Anlass war der umstrittene Grenzverlauf zwischen beiden Ländern.

»Land der Aufrechten«: Mit Thomas Sankara erhielt Obervolta einen jungen, charismatischen Staatschef, der sich schnell Respekt verschaffte durch hartes Durchgreifen gegen korrupte ehemalige Minister, Beamte und Militärs, die zu Gefängnisstrafen und Rückzahlung von unterschlagenen Staatsgeldern verurteilt wurden.

Das erste Vierteljahrhundert der Unabhängigkeit hatte für Obervolta unter keinem guten Stern gestanden: Sankara wollte mit einem Symbolakt den Aufbruch in eine neue Zeit deutlich machen: 1984 wurde das Land in B., das »Land der Aufrechten«, umbenannt. Sankara reformierte die Verwaltung, ließ Aktivi-

Links: Wüstenschulen sollen das Bildungsniveau im »Land der Aufrechten« heben: Trotz offiziell siebenjähriger Schulpflicht wird nur eine Einschulungsquote von 40% erreicht. Ende der 90er Jahre investierte die Regierung rund 10% der Staatsausgaben in Bildung.

Rechts: Mit mobilen Ambulanzen will die Regierung die medizinische Versorgung der ländlichen Gebiete verbessern. Noch ist die dortige Bevölkerung zumeist auf die Künste traditioneller Heiler angewiesen.

stenbrigaden aufstellen, die Projekte zur Verbesserung von Infrastruktur, Ausbildung und Gesundheitswesen unterstützen sollten. Der radikale Stil Sankaras machte ihn beliebt beim Volk und bescherte ihm Gegner im einheimischen Establishment und im Ausland: Sowohl Frankreich als auch die Regierungen der Nachbarn Elfenbeinküste und Togo sahen mit Skepsis, was sich in dem Wüstenstaat abspielte. Vor allem die enge Zusammenarbeit mit Ghana, das mit Jerry Rawlings einen ebenso energischen jungen Staatschef hatte, rief Besorgnis hervor, besonders als die beiden Staaten sich für 1990 auf eine politische Union verständigten.

Präsidenten von Burkina Faso

Reg.-Zeit	*Name*	*Lebensdaten*
1960–66	Maurice Yaméogo	1921–1993
1966–80	Sangoulé Lamizana	*1916
1980–82	Saye Zerbo	*1932
1982/83	Jean-Baptiste Ouédraogo	*1942
1983–87	Thomas Sankara	1949–1987
seit 1987	Blaise Campaoré	*1951

Die wichtigsten Parteien im 20. Jahrhundert

Name (Abkürzung)	*Polit. Richtung*	*Gründung*
Union Démocratique Voltaique (UDV)	republikanisch	1957
Conseil pour la Démocratie et le Progrès (CDP)	Regierungspartei	1996
Front Démocratique uni pour la République (FDR) (Groupe du 14 Février / G-14)	Oppositionsbündnis	1998
Convention des Partis Sankaristes (CPS)	Sankara-Anhänger	1999

Unzufriedenes Establishment: Ende 1985 kam es erneut zum Krieg mit Mali um die umstrittene Agacher-Region, der erst durch den Internationalen Gerichtshof in Den Haag geschlichtet wurde. Trotz des schlechten Abschneidens B.s in dieser Auseinandersetzung blieb die Lage im Land ruhig – dagegen wuchs im Establishment die Unzufriedenheit mit Sankara.

Schwieriger Neubeginn

Sankaras Ende: 1987 putschte Blaise Campaoré, Sankaras engster Vertrauter, gegen den Präsidenten, der dabei erschossen wurde (die genauen Umstände sind ungeklärt). Der Mord an Sankara, der bis heute im Volk höchsten Respekt genießt, beeinträchtigte von Anfang an das Image des neuen Staatschefs Campaoré. Dies änderte sich auch nicht durch die formale Einführung des Mehrparteiensystems 1991: Die Parlamentswahlen fanden unter minimaler Beteiligung statt, oppositionelle Gruppen wurden entweder in eine unbequeme Koalition mit der Regierungspartei gezwungen oder durch Geheimdienst und Gewalt in ihrer Arbeit behindert. Nicht zuletzt Campaorés Parteinahme für den liberian. Rebellenführer Charles Taylor machte ihn zum Außenseiter in der Region – eine Rolle, die im Gegensatz zu der gewachsenen Bedeutung B.s in Westafrika steht. Die Machtposition des Präsidenten scheint dennoch gesichert: Bei den Wahlen 1997 erhielt seine Regierungspartei 101 von 110 Sitzen. *H.E./Red.*

Burundi

Republik Burundi

Das Jägervolk der Twa-Pygmäen, Nachfahren der afrikan. Urbevölkerung, wurde ab dem 11. Jh. von dem zuwandernden bäuerlichen Bantu-Volk der Hutu in die Urwälder vertrieben. Die ab Ende des 13. Jh.s in das Gebiet des heutigen B. eindringenden kriegerischen Tutsi, ein hamitisches Hirtenvolk, errichteten eine Feudalherrschaft über die Bevölkerungsmehrheit der Hutu. Die Gründung des Tutsi-Königreichs Urundi im 17. Jh. gilt als Ursprung von B. Die ersten Europäer betraten das Gebiet 1858, etwa 20 Jahre später entstanden die ersten Missionsstationen. 1884/85 begann die deutsche Kolonialherrschaft über B. Zusammen mit dem heutigen Ruanda wurde das Gebiet 1890 der Kolonie Deutsch-Ostafrika angegliedert und ab 1899 als Militärdistrikt verwaltet.

Burundi 2000	
Landesfläche	27 834 km² (WR 142)
Einwohner	6,6 Mio (WR 94)
Hauptstadt	Bujumbura (278 000 Einwohner)
Sprachen	Kirundi, Französisch, Suaheli
Währung	1 Burundi-Franc (FBu) = 100 Centimes
Gliederung	15 Provinzen
Staatsform	Präsidiale Republik (seit 1966)
Religion	Christen (78,9%); Naturreligionen (19,5%); Moslems (1,6%)
Bevölkerung	Hutu (82,9%); Tutsi (14,5%); Sonstige (2,6%)

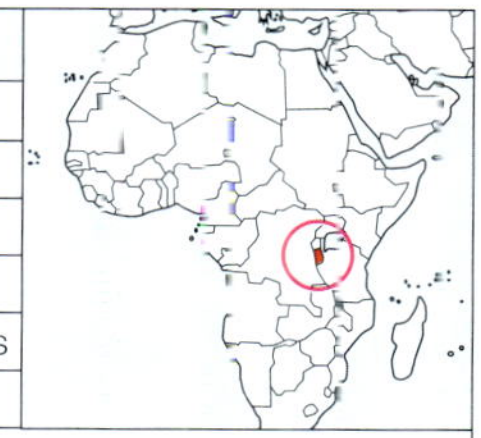

Burundi im 20. Jahrhundert	
1916	Eroberung des deutschen Kolonialgebiets durch Belgien.
1920	Belgien erhält Völkerbundmandat für Ruanda-Urundi.
1946	UN-Treuhandmandat Belgiens für Ruanda-Urundi.
1959	Zulassung von politischen Parteien.
1961	Tutsi-Partei UPRONA wird Wahlsiegerin und stellt ersten Ministerpräsidenten.
1962	Unabhängigkeit als konstitutionelle Monarchie.
1965	Fehlgeschlagener Putsch von Hutu-Offizieren; Massaker an Hutu-Elite.
1966	Staatsstreich des Tutsi-Offiziers Michel Micombero: Sturz der Monarchie, Ausrufung der Republik Burundi.
1972/73	Niederschlagung von Aufständen; Völkermord an den Hutu.
1976	Putsch des Tutsi-Offiziers Jean-Baptiste Bagaza; Beginn einer diktatorischen Herrschaft.
1987	Erzwungener Machtwechsel durch Tutsi-Offizier Pierre Buyoya; diktatorische Herrschaft.
1988	Erneutes Massaker an der Hutu-Zivilbevölkerung.
1992	Erlass einer neuen Verfassung mit Mehrparteiensystem.
1993	Wahlsieg der Hutu-Partei FRODEBU; Hutu-Präsident Melchior Ndadaye wird nach dreimonatiger Amtszeit ermordet; Bürgerkrieg.
1994	Tödliches Attentat auf Präsident Cyprien Ntaryamira; Sylvestre Ntibantunganya übernimmt die Staatsführung.
1996	Militärputsch durch Ex-Staatschef Buyoya; Wirtschaftssanktionen.
1998	Übergangsverfassung; Vereidigung Buyoyas als Übergangspräsident und Einsetzung einer Übergangsregierung.
1999	Fortsetzung der Friedensgespräche in Arusha/Tansania; Verschärfung der Kampfhandlungen.

Unter europäischer Verwaltung

Kolonialherrschaft: Nach rund 30 Jahren unter deutscher Kolonialherrschaft wurde B. 1916 von belg. Truppen erobert, die vom benachbarten Kongo aus militärisch operierten. Nach dem Ende des Ersten Weltkriegs fiel das Gebiet unter dem Namen »Ruanda-Urundi« zunächst als Völkerbundmandat an Belgien. Von 1946 bis zur Unabhängigkeit 1962 besaß B. den Status eines UN-Treuhandmandats unter belg. Herrschaft.

Stagnation: Sowohl die deutsche als auch die belg. Kolonialverwaltung stützte sich auf die bestehenden Machtstrukturen in B. und festigte damit die traditionelle feudal-aristokratische Vorherrschaft der Tutsi-Minderheit. Auch die katholische Kirche trug zur Verschärfung der sozialen Gegensätze bei, da ihre Missionare bis in die 50er Jahre Tutsi im Rahmen von Bildungsangeboten wie Schulbesuch oder Handwerksausbildung bevorzugten.

Stammeskonflikte: Nach dem Zweiten Weltkrieg eskalierten die ethnischen und machtpolitischen Gegensätze zwischen Hutu und Tutsi. Als Reaktion auf die Wahlen 1953/54, bei denen die Vormachtstellung der Tutsi bestätigt worden war, kam es zu gewalttätigen Auseinandersetzungen. 1959 wurden in B. erstmals politische Parteien zugelassen. Bedeutung gewann aber nur die Unité et Progrès National (UPRONA), die sich auf die Tutsi-Aristokratie und wenige Hutu-Emporkömmlinge stützte. Die Wahlen von 1961 unter UN-Aufsicht ergaben eine Stimmenmehrheit für die UPRONA. Mit Louis Rwagasore stellten die Tutsi den ersten Ministerpräsidenten B.s. Er wurde jedoch kurz nach der Wahl durch ein Attentat getötet. Als Vergeltungsschlag folgte die Ermordung von vier Hutu-Gewerkschaftsfunktionären. Vor dem Hintergrund der gewaltsam ausgetragenen Stammesfehde wurde B. von Ruanda getrennt und erhielt am 1.7.1962 als konstitutionelle Monarchie die Unabhängigkeit.

Anfänge als souveräner Staat

Politische Wirren: Infolge der angespannten politischen Situation kam es 1962/63 zur Spaltung der UPRONA in einen gemäßigten und einen radikalen Teil. 1965 wurde Premier-

Stichwort: Kindersoldaten

Missbrauch: Seit der Unabhängigkeit wird Burundi immer wieder von blutigen Stammeskonflikten erschüttert. Der junge Staat zählt zu den afrikan. Ländern, die wegen des verbreiteten Einsatzes von Kindersoldaten international scharf kritisiert werden. Ende der 90er Jahre wurde die Zahl der Kinder, die von Armeen oder Rebellenmilizen rekrutiert wurden, auf etwa 300 000 weltweit geschätzt. Seit 1987 starben 2 Mio Kinder im Kampfeinsatz, mehr als 10 Mio wurden traumatisiert.

Einsatzgebiete: Die als besonders wagemutig und leicht beeinflussbar geltenden Jungen und Mädchen werden vor allem als Spione, zur Landminensuche und für Selbstmordkommandos eingesetzt. Der überwiegende Teil von ihnen wird zum Einsatz gezwungen, andere melden sich freiwillig, um Hunger und Armut zu entfliehen. Die Kindersoldaten sind nicht nur physisch durch Kriegsverletzungen, Mangelernährung sowie Krankheiten gefährdet, sondern auch psychisch durch ihre grausamen Erlebnisse im Kampfeinsatz, die sie häufig ohne professionelle Hilfe nicht verarbeiten können.

UN-Initiative: Anfang 2000 einigten sich die UN-Mitgliedstaaten darauf, die Beteiligung von Soldaten unter 18 Jahren an Kampfeinsätzen zu verbieten. Bei freiwilliger Rekrutierung wurde jedem Staat die Möglichkeit zur individuellen Heraufsetzung der bisher gültigen Altersgrenze von 15 Jahren gegeben.

minister Ngendandumwe, ein Hutu, ermordet. Die Angehörigen des radikalen Tutsi-Flügels unternahmen einen Umsturzversuch, den 50 Hutu-Offiziere mit einem Gegenputsch beantworteten. Etwa 5000 Hutu, darunter alle Hutu-Parlamentarier und ein großer Teil der Hutu-Elite, fielen einem anschließenden Massaker durch Tutsi zum Opfer.

Einparteienstaat: In den folgenden kriegerischen Auseinandersetzungen zwischen den radikalen Bevölkerungsflügeln der Hutu und Tutsi setzte sich der Tutsi-Offizier Michel Micombero 1966 durch. Mit Unterstützung der Armee und radikaler Tutsi-Politiker stürzte Micombero die Monarchie und rief am 19.11.1966 die Republik B. aus. Er erklärte die UPRONA zur Einheitspartei des Landes und ernannte sich selbst zum Präsidenten und militärischen Oberbefehlshaber.

Bürgerkrieg: Unter Micomberos Militärherrschaft verschlechterten sich die Beziehungen zwischen der Hutu- und der Tutsi-Bevölkerung nochmals. Durch sog. Säuberungsaktionen wurden die Hutu 1966–69 systematisch aus allen Schlüsselpositionen in Verwaltung und Politik vertrieben. Nach einem missglückten Aufstand flohen Tausende von Hutu in die Nachbarstaaten und kehrten ab März 1973 als organisierte Guerilla-Truppen wieder nach B. zurück. Ein Bürgerkrieg brach aus, in dessen Verlauf es zu einem Genozid an der Hutu-Bevölkerung kam: Mindestens 80 000 Menschen wurden getötet, Tausende flüchteten in die Nachbarländer.

Staatsoberhäupter Burundis

Reg.-Zeit	*Name*	*Lebensdaten*
1962–66	König Mwami Mwambutsa IV.	1912–1977
1966–76	Michel Micombero	1940–1983
1976–87	Jean-Baptiste Bagaza	*1946
1987–93	Pierre Buyoya	*1949
1993	Melchior Ndadaye	1953–1993
1994	Cyprien Ntaryamira	1956–1994
1994–96	Sylvestre Ntibantunganya	*1956
seit 1996	Pierre Buyoya	*1949

Die wichtigsten Parteien im 20. Jahrhundert

Name (Abkürzung)	*Politische Richtung*	*Gründung*
Union pour le Progrès National (UPRONA)	Tutsi-dominiert	1959
Front pour la Démocratie au Burundi (FRODEBU)	Hutu-dominiert	1992

Demokratisierungsbestrebungen

Umsturz: Ein Staatsstreich der Armee unter Leitung von Oberst Jean-Baptiste Bagaza führte 1976 zur Entmachtung Micomberos. Der Tutsi Bagaza setzte einen Obersten Revolutionsrat ein und versuchte in den folgenden elf Jahren seiner Regierung, die Bevölkerungsmehrheit der Hutu gesellschaftlich zu integrieren. Er schaffte die aus der Kolonialzeit überlieferte Kopfsteuer ab und bemühte sich um eine Landreform zwecks gerechterer Verteilung des Bodens. Ein Ausgleich der ethnischen Gegensätze gelang ihm jedoch nicht.

Kabinettsumbildung: 1987 wurde Diktator Bagaza während einer Auslandsreise gestürzt. Die Macht übernahm nun ein Militärrat unter der Führung des Tutsi-Offiziers Pierre Buyoya. 1988 entbrannten erneut Stammeskämpfe, in deren Verlauf bis zu 50 000 Angehörige der Hutu-Zivilbevölkerung von Tutsi-Truppen getötet wurden. Die neuen Machthaber bildeten daraufhin eine »Regierung der nationalen Versöhnung«, die den Hutu politische Mitbestimmung und Repräsentanz verschaffte.

Machtwechsel: Der von Buyoya eingeleitete Befriedungsprozess mündete 1992 in eine neue Verfassung mit Mehrparteiensystem, das jedoch politische Zusammenschlüsse auf ethnischer, religiöser oder regionaler Grundlage ausschloss. Bei den allgemeinen freien Präsidentschafts- und Parlamentswahlen 1993 wurde die UPRONA von der Hutu-dominierten Front pour la Démocratie au Burundi

(FRODEBU) als führende politische Macht abgelöst. Buyoya selbst unterlag Melchior Ndadaye, der als erster Hutu nach 30 Jahren Tutsi-Herrschaft zum Staatspräsidenten gewählt wurde.

Eskalation der ethnischen Konflikte

Politische Morde: Nur drei Monate nach seiner Wahl wurde Ndadaye im Oktober 1993 gemeinsam mit sechs weiteren Hutu-Politikern von Tutsi-Militärs bei einem Putschversuch ermordet. Die Armeeführung beendete den Umsturzversuch und stellte die Putschisten unter Arrest. Nach dem Anschlag kam es zu blutigen Auseinandersetzungen zwischen den beiden rivalisierenden Bevölkerungsgruppen. Im Januar 1994 wurde der gemäßigte Hutu Cyprien Ntaryamira (FRODEBU) zum Nachfolger von Präsident Ndadaye gewählt. Er regierte gemeinsam mit dem Tutsi-Ministerpräsidenten Anatole Kanyen Kiko (UPRONA, 1994/95) und erfüllte damit die 1994 getroffene Vereinbarung, die Minister- und Verwaltungsposten zwischen Hutu und Tutsi aufzuteilen. Der Staatspräsident sollte aus den Reihen der FRODEBU, der Ministerpräsident aus den Reihen der oppositionellen UPRONA kommen. Drei Monate nach seiner Amtsübernahme wurde Ntaryamira im April 1994 bei einem vorsätzlich herbeigeführten Flugzeugabsturz getötet. Zu seinem Nachfolger wurde im September 1994 Sylvestre Ntibantunganya (FRODEBU) gewählt.

Massaker: Die anhaltenden Auseinandersetzungen zwischen Hutu und Tutsi brachten B. 1994/95 erneut mehrmals an den Rand des Bürgerkriegs. Zudem verschärften 200 000 Bürgerkriegsflüchtlinge aus dem Nachbarstaat Ruanda die Lage im dicht besiedelten B. Nach einem weiteren politisch motivierten Attentat kam es zu schweren Zusammenstößen zwischen Hutu-Milizen und Tutsi-Armee-Einheiten, in deren Verlauf etwa 30 000 Menschen aus der Hauptstadt Bujumbura flohen. Aus den Flüchtlingslagern im Grenzgebiet zu Tansania und Zaïre (Demokratische Republik Kongo) wurden 1995 wiederholt Massaker gemeldet.

Befriedungsversuche

Neuer Machthaber: Angesichts wachsender politischer Gewalt und eines allmählichen Zerfalls staatlicher Strukturen übernahm der frühere Präsident Buyoya im Juli 1996 durch einen Militärputsch erneut die Macht in B. und ließ sich im September 1996 als Staatspräsident vereidigen. Die ostafrikan. Nachbarländer reagierten auf den Staatsstreich mit Wirtschaftssanktionen.

Wirtschaftlicher Kollaps durch Krieg und Vertreibung

Schwere Krise: Die anhaltenden kriegerischen Auseinandersetzungen zwischen Hutu (vorwiegend Bauern) und Tutsi (meist Viehzüchter) um die politische Herrschaft und knapper werdendes Land haben die ohnehin schwach entwickelten ökonomischen Strukturen des landwirtschaftlich geprägten Burundi stark geschädigt. Auch die Folgen von Flucht und Vertreibung von mehr als einem Achtel der Bevölkerung belasten das Land, das zu den ärmsten Staaten der Welt gehört. Die Mehrzahl der Menschen betreibt Landwirtschaft zur Selbstversorgung. Die Vertreibung vieler Hutu-Bauern von ihren Äckern gefährdet die Versorgung der Bevölkerung mit Nahrungsmitteln. Der Export Burundis ist einseitig auf das Agrarprodukt Kaffee ausgerichtet, die industrielle Entwicklung wenig fortgeschritten, der Bergbau kaum entwickelt. Die hohe Auslandsverschuldung ist auch eine Folge des jahrhundertealten Konflikts, dessen Ende nicht absehbar war. (Foto: Gräber von ermordeten Hutu 1996)

Übergangsverfassung: Unter dem Druck andauernder innenpolitischer Spannungen und internationaler Sanktionen bemühte sich Buyoya in der Folgezeit um Abkommen mit politischen und militärischen Gegnern. Eine Serie von Geheimverhandlungen der führenden politischen Kräfte des Landes, vermittelt durch Tansanias Ex-Staatschef Julius Nyerere, mündete im Juni 1998 in eine Übergangsverfassung. Die neue staatliche Ordnung stärkte zwar die Position des Staatschefs, nahm aber gleichzeitig die in der Verfassung von 1992 verankerten demokratischen Elemente (Gewaltenteilung, Garantie der Grundrechte, Mehrparteiensystem) auf. Buyoya wurde als Übergangspräsident vereidigt, ein Übergangsparlament konstituierte sich. Die radikalen Flügel der Hutu- und Tutsi-Bevölkerungsgruppen ließen sich jedoch nicht in den Friedensprozess einbinden, sodass der schwelende Konflikt Ende des 20. Jh.s wieder aufzuflammen drohte.

Bilanz: Der Bürgerkrieg in B. forderte seit 1993 über 250 000 meist zivile Todesopfer. Ende 1999 gab es über 800 000 Binnenvertriebene, weitere 288 000 Flüchtlinge hielten sich Mitte 1999 im Ausland auf. *B.L.*

Chile 2000	
Landesfläche	756 626 km² (WR 37)
Einwohner	15,0 Mio (WR 59)
Hauptstadt	Santiago de Chile (4,6 Mio Einw.)
Sprache	Spanisch
Währung	1 Chilen. Peso = 100 Centavos
Gliederung	13 Regionen
Staatsform	Präsidiale Republik (seit 1925)
Religion	Katholiken (76,7%); Protestanten (13,2%); Sonstige (10,1%)
Bevölkerung	Mestizen (91,6%); Indios (6,8%); Sonstige (1,6%)

Chile im 20. Jahrhundert	
Ab 1920	Gewinnung von Stickstoff aus der Luft macht das chilen. Salpetermonopol (aus dem »Salpeterkrieg« 1879–83) wertlos.
1929/32	Weltwirtschaftskrisen führen in Chile zu sozialen Spannungen, die in einem kommunistischen Aufstand enden.
1932	Proklamation einer »Sozialistischen Republik Chile«, deren Existenz von Präsident Arturo Alessandri beendet wird.
1937	Die linken Parteien bilden eine Volksfront; ihr Kandidat Pedro Aguirre Cerda wird 1938 Präsident: Ausweitung des Sozialstaats.
1946	Gabriel González Videla wird Staatspräsident; 1947 schließt er die Kommunisten von der Regierungsverantwortung aus: Ende der Volksfrontregierungen.
1948	Verbot der KP Chiles; Unterdrückung der Arbeiterbewegung.
1958	Unter der Präsidentschaft von Jorge Alessandri Rodríguez wird die Industrialisierung des Landes vorangetrieben.
1964	Bei den Präsidentschaftswahlen (4.9.) siegt der Christdemokrat Eduardo Frei Montalva gegen Salvador Allende (Volksfront, FRAP).
1967	Agrarreformgesetz beinhaltet Umverteilungsprogramm des Bodens.
1970	Salvador Allende gewinnt die Präsidentschaftswahl gegen Jorge Alessandri (4.9.); Allende strebt »Sozialismus in Freiheit« an.
1971	Nationalisierung aller Bodenschätze und Ressourcen beschlossen.
1973	Armeeputsch; Allende wird ermordet (11.9.); rechte Militärjunta unter General Augusto Pinochet Ugarte übernimmt die Macht.
	Pinochet verhängt Ausnahmezustand, hebt Verfassung auf, verbietet Parteien und Parlament; Oppositionelle werden verfolgt.
1974	Pinochet ernennt sich zum »Obersten Führer der Nation«.
	Osterbotschaft: Christdemokraten und Kirchen distanzieren sich nach anfänglicher Zustimmung vom Putsch.
1976	Austritt Chiles aus Andenpakt; Annäherung an La-Plata-Staaten.
1977	Die UNO prangert Menschenrechtsverletzungen in Chile an.
1980	Per Volksabstimmung erhält Chile eine neue Verfassung (ab 1981).
1983	Aktionstage der Opposition: Tote und Verletzte durch Polizeieinsatz.
1988	In einer Volksabstimmung lehnt die chilen. Bevölkerung eine weitere Amtszeit von Pinochet ab.
1989	Verfassungsreform per Referendum leitet Demokratisierung ein.
1990	Nach 16 Jahren Diktatur wird Christdemokrat Patricio Aylwin erster demokratisch gewählter Präsident; Pinochet bleibt bis 1997 Armeechef.
1991	Vertrag legt 20 Jahre dauernden Grenzstreit mit Argentinien über den Grenzverlauf in den Anden bei.
1993	Eduardo Frei Ruiz-Tagle (Christdemokrat) wird Präsident; erstmals Verurteilung von Offizieren wegen Menschenrechtsverletzungen.
1996	Einschränkung der Privilegien des Militärs (z. B. Ernennung von acht der 46 Senatoren) scheitert an rechter Opposition.
1998	Festnahme Pinochets in London aufgrund eines span. Haftbefehls.
2000	Ricardo Lagos Escobar (Sozialist) wird Präsident.

Chile

Republik Chile

Nach der Unabhängigkeit von Spanien (1818) durchlebte C. im 19. Jh. eine im Vergleich zu anderen lateinamerikan. Staaten lange Phase der inneren Konsolidierung und des wirtschaftlichen Aufschwungs. Politische Stabilität und ökonomisches Wachstum Ende des 19. Jh.s waren u. a. auf die reichen Bodenschätze und den chilen. Sieg im Salpeterkrieg gegen Peru und Bolivien (1879–83) zurückzuführen. Der militärische Erfolg sicherte C. das Weltmonopol für Salpeter.

Chile bis zur Weltwirtschaftskrise

Pseudodemokratie: 1891 wurde C. eine parlamentarische Republik, in der die mit den Großgrundbesitzern verbundenen Parteien (Konservative und Liberale) eine beherrschende Stellung einnahmen. Auf der Basis manipulativer Wahlpraktiken entstand ein pseudodemokratisch-parlamentarisches System, in dem der Präsident mit schwachen Befugnissen ausgestattet war und der Kongress die Handlungsfähigkeit der Regierung blockieren konnte. Dies führte dazu, dass es zwischen 1892 und 1921 insgesamt 120 Kabinette mit zusammen 550 Ministern gab. Die Vergabe von bedeutenden Posten in der Legislative und Exekutive beruhte auf Günstlingswirtschaft und beschränkte sich auf eine kleine Schicht wirtschaftlich und gesellschaftlich Privilegierter. Die Ineffizienz des politischen Systems steigerte die Unzufriedenheit der Bevölkerung.

Integration: Trotz der häufigen Regierungswechsel und der daraus resultierenden Diskontinuität in der innenpolitischen Entwicklung setzte sich in den ersten 30 Jahren des 20. Jh.s der wirtschaftliche Aufschwung des Landes fort. Einen wesentlichen Beitrag dazu leisteten die ca. 1,2 Mio Einwanderer, die in den letzten beiden Jahrzehnten des 19. Jh.s aus Ländern wie Deutschland, England, Italien und Jugoslawien nach C. gekommen waren und weitgehend problemlos in die chilen. Gesellschaft integriert wurden. Sie siedelten insbes. in Mittelchile und erschlossen dort die reichen Vorkommen an Bodenschätzen (Salpeter, Kupfer, Eisenerz). Durch die hohen Einnahmen aus dem Export ermöglichten sie den zügigen Ausbau des chilen. Bildungswesens, das dem Land in der ersten Hälfte des 20. Jh.s die ökonomische Vorherrschaft in Lateinamerika sicherte.

Neue gesellschaftliche Kräfte: Der Reichtum an Bodenschätzen und die vergleichsweise gute Ausbildung der Menschen zogen zahlreiche ausländische Investoren nach C. Mit ihrem Kapital trieben sie die Industrialisierung voran. So entwickelte sich ab 1900 nicht nur eine Schicht reicher Unternehmer, sondern in den Städten, deren Einwohnerzahlen sich rasch verdoppelten, auch ein breiter Mittelstand und eine große Arbeiterschaft. Bei größeren, von der Regierung gewaltsam niedergeschlagenen Streik- und Protestbewegungen 1903, 1905 und 1907 forderten die Arbeiter nicht nur eine Verbesserung der Arbeitsbedingungen, sondern zunehmend auch die Teilnahme an den politischen Entscheidungsprozessen, von denen sie lange Zeit ausgeschlossen waren. Ihrer Interessen nahm sich insbes. die Partido Radical (PR) an, deren Vorsitzender, Arturo Alessandri y Palma, politische und soziale Reformen zugunsten der im Herrschaftssystem nicht repräsentierten Gruppen forderte.

Demokratisierung: Der Erste Weltkrieg unterbrach den kontinuierlichen Wirtschaftsaufschwung in C. und führte insbes. im Bergbau zu einem Anstieg der Arbeitslosigkeit. Die starke Inflation bei den Lebensmittelpreisen löste 1918 Arbeiterdemonstrationen in allen größeren Städten aus. In diesem politischen Klima gewann Alessandri (1920–25, 1932–38) die Präsidentschaftswahlen von 1920. Er scheiterte jedoch zunächst bei der Umsetzung seiner geplanten Reformen an der Blockade des Kongresses. Das chilen. Militär entschied sich in diesem Machtkampf zwischen Kongress und Präsident für die Umgestaltung des Landes in eine Demokratie und intervenierte 1924 zugunsten Alessandris. Dieser ließ daraufhin eine neue Verfassung ausarbeiten. Sie schrieb nicht nur die Trennung von Staat und Kirche fest, sondern stärkte auch die Stellung des Präsidenten, der künftig direkt vom Volk gewählt wurde. Sie stattete ihn mit weitreichenden Befugnissen aus, die ihm u. a. eine Beschleunigung des Gesetzgebungsverfahrens ermöglichen sollten (z. B. durch Dringlichkeitsdeklaration). Die Verfassung trat jedoch erst 1932 in Kraft nach dem Ende der Präsidentschaft von Oberst Carlos Ibáñez del Campo (1927–31), der sich auf Teile der Streitkräfte stützte, umfangreichere Sozialreformen veranlasste und die teilweise Verstaatlichung der Salpeterminen in Angriff nahm. Die Präsidentschaftswahlen von 1932, die Alessandri erneut gewann, vollendeten den Übergang zu einem auf freien Wahlen beruhenden politischen System in C.

Kupfer – das chilenische »Gold«

Die Geschichte des chilen. Kupfers reicht zurück bis zu den Aymará-Indianern, die den »Yahuar Huaca« (Blutstein), wie sie das rote Metall nannten, für die Spitzen ihrer Lanzen benutzten. Nachdem 1920 durch die Gewinnung von Stickstoff aus der Luft das chilen. Salpetermonopol wertlos geworden war, gewann der Abbau von Kupfer für Chile zunehmend an wirtschaftlicher Bedeutung. Bereits 1915 investierten die Brüder Guggenheim aus den USA in Chile Kapital in den Abbau des Metalls. 1971 wurden die Minen unter der sozialistischen Regierung von Präsident Salvador Allende Gossens verstaatlicht. Dieser Schritt galt jedoch als einer der größten Fehler während der Präsidentschaft Allendes, weil sich dadurch die wirtschaftliche Situation des Landes verschlechterte. Durch den Abzug ausländischer Techniker ging dem Land Know-how verloren. Daher arbeitete der staatliche Bergbaukonzern Codelco später wieder mit den alten Eigentümern der Bergwerke zusammen. Ende der 90er Jahre machte Kupfer etwa 40% der chilen. Ausfuhren aus. Kupfer aus Chile deckte etwa 25% des weltweiten Bedarfs. In dem Andenland werden 30% der weltweiten Kupferreserven vermutet. (Foto: Kupfertagebau Chuquicamata in der Atacama-Wüste)

Weltwirtschaftskrise und Linksruck

Vormarsch linker Kräfte: 1929 brach die Weltwirtschaftskrise aus, die C. aufgrund der Abhängigkeit vom Export besonders hart traf. Die Einnahmen aus der Ausfuhr von Kupfer sanken drastisch; die Erfindung der synthetischen Stickstoffherstellung führte außerdem zu einer nachlassenden Nachfrage nach Salpeter. Präsident Alessandri leitete daher während seiner Amtszeit 1932–38 ein umfassendes Industrialisierungsprogramm ein, das die Abhängigkeit C.s von den Rohstoffexporten deutlich verringern sollte. Dennoch stiegen Arbeitslosigkeit, Inflation, Landflucht und Armut in den 30er Jahren so stark an, dass sich die Spannungen in breiten Bevölkerungsschichten verschärften. Es kam zu von Gewalt begleiteten Demonstrationen, Arbeiteraufständen und zu Versuchen, eine »sozialistische Republik« zu etablieren. 1937 schlossen sich Radikale, Sozialisten und Kommunisten zu einer Volksfront zusammen, zumal Alessandris Präsidentschaft zunehmend diktatorische Züge annahm. Der Kandidat der Volksfront, Pedro Aguirre Cerda (1938–41), wurde 1938 zum Präsidenten gewählt. Er setzte den Industrialisierungsprozess C.s fort, bemühte sich aber gleichzeitig um einen Ausbau des Sozialstaats und um eine Stärkung des staatlichen Einflusses auf die Wirtschaft, die während des Zweiten Weltkriegs neuen Auftrieb erhielt.

Bekämpfung der linken Kräfte: Die Volksfront wurde 1941 durch den Austritt der Sozialisten geschwächt, die dennoch 1942 die Wahl von Juan Antonio Ríos Morales (1942 bis 46) unterstützten. Das Bündnis zwischen Radikalen und Kommunisten überdauerte trotz des vehementen Antikommunismus großer Teile der bürgerlichen Parteien sogar die Wahlen von 1946, bei denen sich Gabriel González Videla (1946–52) durchsetzte. Doch Mitte der 40er Jahre nahm der Einfluss ausländischer Banken und Industrieunternehmen in C. zu. Darüber hinaus wuchs in der Mittelschicht im Zuge des Kalten Krieges die Angst vor dem Kommunismus. Um in diesen heftigen innenpolitischen Auseinandersetzungen die eigene Stellung zu sichern, beschloss González Videla 1947, die Kommunistische Partei von der Regierungsverantwortung auszuschließen; ein Jahr später ließ er die Partei verbieten. Die Arbeiterbewegung wurde damit unterdrückt.

Die bürgerlichen Präsidenten

Parteilose Präsidenten: Anfang der 50er Jahre nahm in der Bevölkerung die Unzufriedenheit über die etablierten politischen Kräfte in C. angesichts der weiterhin schwierigen wirtschaftlichen Situation zu. Kritik traf insbes. die meist taktischen Koalitionen der Parteien, die als opportunistisch und uneffektiv bewertet wurden. In dieser politischen Stimmungslage siegte bei den Präsidentschaftswahlen 1952 überraschend der parteilose Carlos Ibáñez del Campo (1952–58). Durch drastische Sparmaßnahmen (u. a. Einfrieren der Löhne bei gleichzeitig steigenden Inflationsraten) versuchte Ibáñez del Campo die ökonomische Situation zu konsolidieren, er stärkte dadurch aber vornehmlich die linken Kräfte (Sozialisten, Kommunisten). Noch vor der offiziellen Wiederzulassung der Kommunistischen Partei (1958) schlossen sich Kommunisten und Sozialisten zur Frente Acción Popular (FRAP) zusammen, die insbes. in den Gewerkschaften einen starken Rückhalt besaß. Bei den Präsidentschaftswahlen von 1958 setzte sich die FRAP für den Sozialisten Salvador Allende Gossens ein. Mit Jorge Alessandri Rodríguez (1958–64) siegte aber erneut ein parteiloser Kandidat, weil die bürgerlichen Parteien ihn aus Angst vor einer Machtübernahme linker Kräfte massiv unterstützten. Alessandri setzte die umstrittene Lohnpolitik seines Vorgängers fort und trieb mit Hilfe US-amerikan. Kredite die Industrialisierung C.s voran.

Vormarsch der Christdemokraten: Während der Regierungszeit Alessandris stieg Eduardo Frei Montalva (1964–70) in der christdemokratischen Partido Demócrata Cristiano (PDC) zum Präsidentschaftskandidaten auf. Mit der Ankündigung, im Falle eines Wahlsiegs moderate Reformen durchzuführen, gewann er auch Anhänger auf dem linken und rechten Spektrum der Parteienlandschaft. Bei den Präsidentschaftswahlen von 1964 setzte er sich gegen Allende durch. Dabei profitierte er nicht zuletzt von den Änderungen im Wahlrecht (1958), durch die sich die Zahl der Wahlberechtigten bis 1965 verdoppelte. Frei stand für eine vorsichtige Umgestaltung des Landes, die der Mehrheit der Bevölkerung unter dem Eindruck der revolu-

Die Agrarreform während der Präsidentschaft Freis

Enteignungen: Eines der wichtigsten Ereignisse während der Präsidentschaft von Eduardo Frei Montalva (1964–70) war die Agrarreform. Bis 1969 wurden ca. 1300 landwirtschaftliche Großbetriebe enteignet, die etwa 6% der Ackerfläche und 12% des bewässerten Landes ausmachten. Rund 650 sog. asentamientos wurden gegründet – landwirtschaftliche Kollektive, die nach einer Übergangsphase in Familienbetriebe überführt werden sollten. 20 000 Familien profitierten unmittelbar von den Enteignungen, vielen anderen kamen die günstigen Kredite und die technische Unterstützung durch den Staat zugute. Die Reform hatte zwar keine negativen Auswirkungen auf die landwirtschaftliche Produktion, die während der Regierungszeit von Frei trotz einer schweren Dürre (1968) einen mäßigen Anstieg erlebte, aber sie konnte ihr auch nicht die erhofften Wachstumsimpulse verleihen. Chile musste auch weiterhin 20% seiner Exporterlöse für Nahrungsmittelimporte ausgeben. (Foto: Chilen. Landarbeiter 1971)

Salvador Allende war der erste Präsident der Welt, der mit einem sozialistischen Wirtschaftsprogramm durch freie Wahl mehrheitlich gewählt wurde. (Foto: Allende, umringt von seinen Anhängern, auf dem Weg zur Wahlurne am 4.9.1970 in Santiago de Chile, um seine Stimme bei den Präsidentschaftswahlen abzugeben)

tionären Ereignisse in Kuba unter Fidel Castro nach 1959 notwendig erschien, um den Ausbruch von gewaltsamen Unruhen in C. zu vermeiden.

Freis Präsidentschaft: Frei verwirklichte während seiner Regierungszeit bis 1970 ein umfangreiches Reformprogramm. Im Zuge des Agrarreformgesetzes wurden 18% der landwirtschaftlichen Nutzfläche (ca. 3,6 Mio ha Land) umverteilt. Mit dem Ziel, die Bodenschätze zu »chilenisieren«, vereinbarte Frei mit den in C. wirtschaftlich aktiven US-Konzernen, gemischte Gesellschaften zu bilden, in denen C. 51% der Aktien hielt. Durch eine Bildungsreform und die Förderung des sozialen Wohnungsbaus verbesserte er die sozialen Verhältnisse breiter Bevölkerungsschichten. Diese Maßnahmen wurden finanziell durch die USA unterstützt. Das Reformprogramm verstand sich als »Revolution« in Freiheit und als demokratische Alternative zum kommunistischen Weg unter Fidel Castro in Kuba.

Regierungszeit Allendes

Allendes Aufstieg zur Macht: Freis Reformen führten ab 1967 zu einer zunehmend radikalen Opposition der rechten und linken Gruppierungen. Auch im linken Flügel der PDC regte sich wachsende Kritik: Er forderte eine stärkere Umverteilungspolitik und warf Frei vor, sich den Gesetzen des kapitalistischen Systems zu unterwerfen. Trotz wirtschaftlicher Fortschritte konnten sich die Christdemokraten nicht an der Macht halten: 1970 wurde der Kandidat der FRAP-Unidad (UP), Allende (1970–73), mit knapper Mehrheit zum neuen Präsidenten gewählt. Allende beschloss, per Verfassungsreform die US-amerikan. Kupferunternehmen ohne Entschädigung zu verstaatlichen. Am 15.7.1971 wurden alle Bodenschätze und Naturressourcen unter die Verfügungsgewalt des Staates gestellt. Die oppositionelle PDC hingegen forderte Garantien gegen weitere Verstaatlichungen und eine stärkere Beteiligung der Armee an der Regierungsverantwortung.

Pablo Neruda, Lyriker und Diplomat, erhielt 1971 den Nobelpreis für Literatur. Politisch wurde die Auszeichnung als Bestätigung der sozialistischen Regierung Chiles unter Salvador Allende bewertet, die Neruda von 1970 bis zu ihrem blutigen Sturz 1973 diplomatisch in Paris vertrat.

Die Sekte Colonia Dignidad

Der deutsche Laienprediger Paul Schäfer gründete 1962 in Chile die Sekte »Colonia Dignidad«. Ihren Sitz hatte sie in den Voranden 400 km südlich von Santiago de Chile auf einem 20 000 ha großen Areal. Das Grundstück glich einer schwer bewachten Festung. Internationale Menschenrechtsorganisationen beschuldigten die Sekte wiederholt, der chilen. Geheimpolizei während der Pinochet-Diktatur Einrichtungen für ein Folterlager zur Verfügung gestellt zu haben. Trotz zahlreicher Hinweise auf Misshandlungen von Sektenmitgliedern und sexuellen Missbrauch in der Colonia gingen chilen. Behörden erst im April 1999 gegen die Sekte vor. Sieben führende Mitglieder, darunter der kommissarische Kolonieleiter, wurden inhaftiert. Ihnen wurde Kindesentführung und Verstoß gegen die ärztliche Sorgfaltspflicht vorgeworfen. Als Grund für die Zurückhaltung, welche die chilen. Behörden bis dahin gegenüber der Sekte an den Tag gelegt hatte, wurde die Erpressbarkeit von Persönlichkeiten aus der Politik vermutet, denen die Colonia Dignidad je nach sexueller Neigung Partner zugeführt haben soll. Einflussreiche Kreise in Politik und Justiz sollen wirksame Ermittlungen gegen die Sekte jahrelang behindert haben.

Augusto Pinochet Ugarte (1973–90) stieg nach dem blutigen Putsch gegen Allende im September 1973 zum neuen Machthaber in Chile auf. Der 57-jährige General (Foto, sitzend) war erst wenige Tage vor dem Putsch von Präsident Allende zum Oberbefehlshaber des Heeres ernannt worden.

Allendes Sturz: Nach der Verstaatlichung ausländischer Unternehmen verschlechterte sich die wirtschaftliche Situation in C. Der Abzug ausländischer Techniker, der Lieferstopp für Ersatzteile und die drastische Erhöhung der Beschäftigtenzahlen in den Betrieben führten zu einer Steigerung der Produktionskosten und zu einem Anstieg der Inflation. Die USA verhängten eine Kreditblockade und gleichzeitig sanken die Weltmarktpreise für Kupfer, das wichtigste Exportgut C.s. In C. breiteten sich Unruhen aus, auf die Allende mit der Verhängung des Ausnahmezustandes in 21 Provinzen reagierte. Auf dem Land kämpften die Großgrundbesitzer gewaltsam gegen die Enteignung ihres Landes, das in sog. Landreformzentren überführt wurde. Aus dem Ausland agitierte der US-amerikan. Geheimdienst CIA gegen die Regierung Allende. Nach einem Streik der Transportunternehmer, der C. in bürgerkriegsähnliche Zustände gestürzt hatte, putschte die Armee am 11.9.1973 und tötete beim Sturm auf den Regierungspalast Präsident Allende. Eine Militärjunta unter Augusto Pinochet Ugarte (1973–90) verhängte den Ausnahmezustand über C.

Militärdiktatur unter Pinochet

Menschenrechtsverletzungen: Pinochet hob unmittelbar nach der Machtergreifung die Verfassung auf, löste den Kongress auf und verbot politische Parteien sowie den Gewerkschaftsbund CUT. Wegen der systematischen Verfolgung, Folterung und Ermordung politischer Gegner wurde C. Mitte der 70er Jahre wiederholt von Menschenrechtsorganisationen und der UNO verurteilt. Pinochet entließ 1978 General Gustavo Leigh Guzmán aus der Junta, weil er eine rasche Demokratisierung C.s verlangt hatte. Zwar erlaubte Pinochet 1979 den Gewerkschaften wieder, sich zu versammeln, doch die lauter werdenden Forderungen oppositioneller Kräfte nach einem Ende des Militärregimes und nach einer Rückkehr zur Demokratie wurden nicht erfüllt. Nach dem Attentat einer kommunistischen Guerilla-Organisation auf Pinochet am 7.9.1986 verschärfte dieser noch einmal die Maßnahmen gegen politische Gegner.

Liberale Wirtschaftspolitik: Die Militärjunta distanzierte sich nachdrücklich von der Wirtschaftspolitik Allendes. Pinochet erklärte die Beseitigung des Marxismus zum wichtigsten Ziel und führte die Marktwirtschaft wieder ein. Er hob die Preisbindung auf, baute Zölle ab, wertete die Landeswährung ab, reprivatisierte die verstaatlichten Betriebe (Ausnahme: Kupferbergbau), förderte den Privatbesitz an Produktionsmitteln und setzte sich für das freie Unternehmertum ein. Durch die Wirtschaftsreformen sanken die jährlichen Inflationsraten von 500% (1973) auf 63% (1977), während die Arbeitslosigkeit zunächst weiter anstieg (1973: 4,5%; 1982: 20%). Von 1976 bis zum Ende der Regierungszeit Pinochets (1990) verzeichnete C. mit Ausnahme der Zeit zwischen 1982 und 1984 ein kräftiges Wirtschaftswachstum bei stabilen Preisen. Nach 1984 sank auch die Arbeitslosigkeit (1989: 5,3%). Größtes ökonomisches Problem blieb in den 80er Jahren die hohe Auslandsverschuldung (1988: 18,5 Mrd US-Dollar).

Militärputsch 1973: KZ-Stadion »Estadio Nacional«, in dem Oppositionelle zusammengetrieben und gefoltert wurden.

Rückkehr zur Demokratie

Abwahl Pinochets: Um die eigene Macht zu legitimieren, hatte die Militärjunta am 11.9.1980 eine neue Verfassung vorgelegt, die in einer Volksabstimmung mit 67,5% der Stimmen angenommen wurde und am 11.3.1981 in Kraft trat. Dabei war Pinochet für eine Übergangszeit von acht Jahren (bis 1989) zum Staatsoberhaupt gewählt worden; die Regierung sollte vor Ablauf dieser Frist einen Präsidentschaftskandidaten vorstellen, der in einem Referendum bestätigt werden musste. Am 5.10.1988 stimmte das chilen. Volk mit 57,7% der Stimmen gegen die von der Militärjunta vorgeschlagene Verlängerung von Pinochets Amtszeit (bis 1997). Da der Druck aus dem Ausland auf die Diktatur zunahm und die chilen. Opposition ihren Protest trotz Repressalien fortsetzte, ließ Pinochet oppositionelle Parteien wieder zu und machte den Weg für demokratische Wahlen frei. Am 14.12.1989 siegte bei den ersten freien Präsidentschaftswahlen seit 1970 der Christdemokrat Patricio Aylwin Azócar (1990–94). Pinochet trat zurück, behielt aber als Oberbefehlshaber der Armee weiterhin großen Einfluss.

Schleppende Aufarbeitung: 1993 zog Präsident Aylwin den Entwurf für ein Gesetz zurück, das Gerichtsverfahren gegen Menschenrechtsverletzer erschwert hätte. Gründe waren Proteste von Angehörigen der während der Militärdiktatur verschwundenen Chilenen und die Ablehnung durch Abgeordnete der Regierungskoalition. Wenige Monate später wurden erstmals seit dem Ende der Militärdiktatur Offiziere wegen Menschenrechtsverletzungen

Staatsoberhäupter Chiles

Reg.-Zeit	Name	Lebensdaten	Reg.-Zeit	Name	Lebensdaten
1896–1901	Federico Errázuriz Echauren	1850–1901	1932	Bartolomé Blanche Espejo	1879–1970
1901–06	Germán Riesco Errázuriz	1854–1916	1932	Abraham Oyandel Urrutia	1874–k.A.
1906–10	Pedro Montt	1848–1910	1932–38	Arturo Alessandri y Palma	1868–1950
1910	Elias Fernández Albano	1845–1910	1938–41	Pedro Aguirre Cerda	1879–1941
1910–15	Ramón Barros Luco	1835–1919	1941/42	Gerónimo Méndez Arancibia	1884–1959
1915–20	Juan Luis Sanfuentes	1858–1930	1942–46	Juan Antonio Ríos Morales	1888–1946
1920	Luis Barros Borgoño	1858–1943	1946	Alfredo Duhalde	1898–1985
1920–25	Arturo Alessandri y Palma	1868–1950	1946	Vicente Merino Bielech	1889–1977
1925–27	Emiliano Figueroa Larrain	1860–1931	1946–52	Gabriel González Videla	1898–1980
1927–31	Carlos Ibáñez del Campo	1877–1960	1952–58	Carlos Ibáñez del Campo	1877–1960
1931	Pedro Poazo Letelier	1876–k.A.	1958–64	Jorge Alessandri Rodríguez	1896–1986
1931	Juan E. Montero Rodríguez	1879–1948	1964–70	Eduardo Frei Montalva	1911–1982
1931	Manuel Trucco	1875–k.A.	1970–73	Salvador Allende Gossens	1908–1973
1931/32	José E. Montero Rodríguez	1879–1948	1973–90	Augusto Pinochet Ugarte	*1915
1932	Carlos Dávila	1884–1955	1990–94	Patricio Aylwin Azócar	*1918
1932	Marmaduke Grove	1879–1954	1994–2000	Eduardo Frei Ruiz-Tagle	*1942
1932	Carlos Dávila	1884–1955	seit 2000	Ricardo Lagos Escobar	*1938

Angehörige von Opfern der Militärdiktatur in Chile demonstrierten am 1.3.2000 gegen die Rückkehr des 84-jährigen Augusto Pinochet Ugarte von London nach Santiago de Chile. Als Senator auf Lebenszeit kann Pinochet in Chile nicht wegen der Verbrechen, die ihm vorgeworfen werden, belangt werden.

zu mehrjährigen Haftstrafen verurteilt. 1995 erließ das Oberste Gericht jedoch eine Amnestie für Geheimdienstangehörige, die damit vor Verfahren wegen Ermordung von Oppositionellen geschützt waren. 1998 wurde Pinochet trotz landesweiter Proteste der Bevölkerung zum Senator auf Lebenszeit ernannt. Der Einzug in den Senat verschaffte ihm in C. dauerhafte Immunität. Im Oktober 1998 wurde er aufgrund eines span. Haftbefehls in London festgenommen. Nach 16-monatigem Hausarrest in London wurde der 84-Jährige im März 2000 wieder freigelassen und kehrte nach C. zurück. Die brit. Regierung hatte die Auslieferung Pinochets an Spanien wegen seines schlechten Gesundheitszustands abgelehnt. In C. wurde die Aufhebung der lebenslangen Immunität Pinochets beantragt, um dort eine Strafverfolgung zu ermöglichen. In seiner Heimat waren 59 Verfahren gegen Pinochet anhängig. Die Anklagen warfen ihm Folter und Mord während seiner Amtszeit vor.

Politische und wirtschaftliche Kontinuität: In den 90er Jahren setzte sich der wirtschaftliche Aufschwung fort, der durch die stabile politische Entwicklung noch gefördert wurde. Bei den Präsidentschaftswahlen 1993 siegte erneut der Kandidat der PDC, Eduardo Frei Ruiz-Tagle (1994–2000). Zum Aufschwung trugen die gestiegene Industrieproduktion, die Expansion des Fischereisektors und der Zufluss ausländischer Investitionen bei. Erst die lateinamerikan. Finanzkrise führte 1998 zu einer Abschwächung der Konjunktur und zu einem deutlichen Anstieg der Arbeitslosigkeit (1993: 4,4%; 1998: 7,1%).

Linksruck zur Jahrtausendwende: Am 16.1.2000 gewann der Sozialist Ricardo Lagos Escobar die Stichwahl um das Präsidentenamt mit 51,3% der Stimmen. Sein Kontrahent, der Rechtspopulist Joaquin Lavin, erhielt 48,7%. Lagos ist der erste sozialistische Präsident C.s, seit Salvador Allende 1973 von General Pinochet gestürzt wurde. Die politischen Differenzen zwischen den Kontrahenten galten Mitte 2000 aber nicht mehr als gravierend, weil sich die Sozialisten in den 90er Jahren nach dem Ende des Kommunismus in Osteuropa von Forderungen wie Verstaatlichung von Unternehmen und vollständige Kontrolle des Finanzwesens distanziert hatten. Bei ähnlichen politischen Zielen (mehr Arbeitsplätze, bessere Gesundheitsfürsorge, weniger Kriminalität) trennte Lagos und Lavin vor allem ihre politische Vergangenheit: Lavin unterstützte den Diktator Pinochet, Lagos war während der Militärdiktatur einer der Oppositionsführer. *N.H.*

Die wichtigsten Parteien im 20. Jahrhundert

Name (Abkürzung)	*Politische Richtung*	*Gründung*
Partido Radical (PR)	sozialistisch	1863
Partido Comunista (PC)	kommunistisch	1922
Partido Socialista de Chile (PS)	sozialistisch	1933
Partido Demócr. Cristiano (PDC)	christdemokratisch	1957
Partido Social Demócrata (PSD)	sozialdemokratisch	1973
Unión Demócrata Indep. (UDI)	liberaldemokratisch	1981
Renovación Nacional (RN)	rechtsnational	1987
Concertación de los Partidos de la Democracia (CPD)	Mitte-links-Bündnis	1989
Partido Nacional de Democracia Centrista (PNDC)	nationaldemokratisch	1990
Coalición Movimiento de Acción Popular Unitaria (MAPU)	Umweltpartei	1993

China

Volksrepublik China

Das erstmals im Jahr 221 v. Chr. unter der Chin-Dynastie vereinigte »Reich der Mitte« zeichnete sich trotz verschiedener Herrscherdynastien sowie ethnischer und geografischer Zersplitterung durch eine außergewöhnliche Kontinuität seiner konfuzianischen Gesellschaftsordnung aus. Grundlage waren die in den »Gesprächen« des Konfuzius formulierten »Fünf Beziehungen«: der Respekt vor dem Älteren oder dem Höherstehenden im Verhältnis zwischen Fürst und Minister bzw. Untertanen, zwischen Ehemann und Ehefrau, zwischen Brüdern und zwischen Freunden.

Reich der Mitte: Die konfuzianische Vorstellung vom Kosmos bestimmte die Außenbeziehungen C.s. Umgeben von kulturell unterlegenen Völkern, war das kaiserliche C. aus chines. Perspektive das »Reich der Mitte«, beherrscht vom »Sohn des Himmels« (Kaiser), der »alles unter dem Himmel« regierte. Auch die westlichen Völker galten im Vergleich zur eigenen Zivilisation als »Barbaren«.

Das Ende der alten Ordnung

Imperialismus: In der Mitte des 19. Jh.s geriet dieses traditionelle Selbstverständnis C.s durch schwere militärische Niederlagen gegen die imperialistischen Mächte sowie nationalistische und sozialrevolutionäre Strömungen unter erheblichen Druck. Im Opiumkrieg 1840–42 erzwangen die Engländer im ersten der »Ungleichen Verträge« die Öffnung des chines. Marktes für ausländische Waren und die Abtretung Hongkongs. 1858 räumte der Vertrag von Tientsin den Westmächten weitere diplomatische und wirtschaftliche Rechte ein. Trotz militärischer Reformen erlebte C. 1894/95 im Krieg gegen Japan eine weitere schmachvolle Niederlage.

Taiping-Aufstand: Die Schwäche der Zentralgewalt in Peking zeigte sich auch in den verschiedenen ethnischen, religiösen und sozialpolitischen Rebellionen in der zweiten Hälfte des 19. Jh.s. 1850–64 errichtete die Taiping-Bewegung im Süden und Südosten C.s das »Himmlische Reich des allgemeinen Friedens«, das altchines., christliche und sozialrevolutionäre Elemente miteinander verband.

Nationalismus: Die 1899 einseitig von den USA erklärte »Politik der offenen Tür«, die allen Staaten gleiche Handelschancen in C. garantierte, verstärkte die fremdenfeindliche Stimmung in der Bevölkerung. Ein erster ge-

China 2000

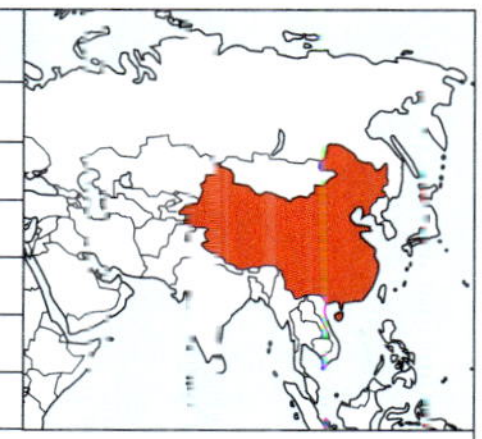

Landesfläche	9,56 Mio km² (WR 3)
Einwohner	1,259 Mrd (WR 1)
Hauptstadt	Peking (Beijing, 13 Mio Einwohner)
Sprache	Chinesisch
Währung	1 Yuan (RMB) = 10 Jiao = 100 Fen
Gliederung	23 Provinzen
Staatsform	Sozialistische Volksrepublik (seit 1949)
Religion	Volksreligionen (20,1%); Buddhisten (6,0%); Moslems (2,4%); Christen (0,2%); Sonstige (0,1%); Konfessionslose (71,2%)
Bevölkerung	Han-Chinesen (92,0%); Zhuang (1,4%); Sonstige (6,6%)

China im 20. Jahrhundert

1900	Niederschlagung des Boxeraufstands durch internationale Truppen.
1901	Internationales Boxerprotokoll.
1905	Abschaffung des konfuzianischen Prüfungssystems. Gründung der »Revolutionären Allianz« durch Sun Yat-sen.
1906	Beginn anti-monarchistischer Aufstände in China.
1908	Tod des Kaisers Guangxu und der Kaiserinwitwe Cixi. Der erst dreijährige Puyi wird neuer Kaiser.
1911	Gründung der Republik China. Wahl Sun Yat-sens zum provisorischen Präsidenten.
1912	Abdankung des erst sechsjährigen Kaisers Puyi. General Yuan Shikai wird Präsident der Republik.
	Gründung der Guomindang (Nationale Volkspartei).
1913	Sieg der Guomindang bei den ersten nationalen Wahlen. Putsch gegen die Guomindang durch Yuan Shikai. Sun Yat-sen flieht nach Japan.
1915	China wird zur Annahme der »21 Forderungen« Japans nach wirtschaftlichen Sonderrechten gezwungen.
1916	Tod von Präsident Yuan Shikai.
1916–27	Territoriale Zersplitterung und Herrschaft lokaler Militärmachthaber.
1917	Versuch einer Restauration des Kaisertums scheitert.
	Eintritt Chinas auf Seiten der Alliierten in den Ersten Weltkrieg.
1919	Versailler Friedensvertrag: Jiaozhou fällt an Japan. »Bewegung des vierten Mai«: Proteste gegen den Versailler Vertrag und die Politik der Militärmachthaber.
1921	Gründung der Kommunistischen Partei Chinas in Shanghai.
1923	Zusammenarbeit von Guomindang und kommunistischer Partei.
1925	Tod von Sun Yat-sen. Flügelkämpfe in der Guomindang.
1926–28	Nordfeldzug von General Chiang Kai-shek (Guomindang) gegen die Militärherrscher.
1927	Ende der Zusammenarbeit von Guomindang und KPCh. Verbot und brutale Verfolgung kommunistischer Gruppen.
1927–34	Kommunisten bilden Machtzentrum und »Bauernsowjets« in der Provinz Jiangxi.
1928	Bildung einer Guomindang-Regierung in Nanjing, Chiang Kai-shek wird Präsident.
1931	Mukden-Zwischenfall und japan. Besetzung der Mandschurei.
1932	Mandschurei wird als »Mandschukuo« Satellitenstaat Japans, Exkaiser Puyi Regent.
1934/35	»Langer Marsch«: Flucht der Kommunisten vor den Truppen Chiang Kai-sheks bis in die nördliche Provinz Shanxi unter Führung von Mao Zedong (9700 km).
1935	Neues kommunistisches Machtzentrum in Yan'an.
	Vormarsch japan. Truppen in Nordchina.

China im 20. Jahrhundert Fortsetzung	
1937	Einheitsfront von Kommunisten und Guomindang gegen Japan. Beginn des Chines.-Japan. Krieges.
1942	Ausrichtungskampagne unter den Kommunisten in Yan'an.
1945	Kapitulation Japans im Zweiten Weltkrieg und Rückzug aus China.
1945–49	Neuer Bürgerkrieg zwischen Kommunisten und Guomindang.
	Rückzug der Guomindang-Truppen unter Chiang Kai-shek nach Taiwan. Gründung der Volksrepublik China am 1.10.1949.
1950	Beistandspakt zwischen der VR China und der Sowjetunion. Bodenreform in der VR China beginnt.
	Besetzung Tibets durch chines. Truppen.
1951	Besetzung von Lhasa durch chines. Truppen. 17-Punkte-Abkommen garantiert Tibet Autonomie und Religionsfreiheit; der Dalai-Lama akzeptiert das Abkommen nicht.
1954	Neue Verfassung; Mao Zedong wird Staatspräsident.
1956/57	»Hundert-Blumen-Bewegung«: Aufruf Maos zu konstruktiver Kritik mündet in Kampagne gegen intellektuelle »Abweichler«.
1958	»Großer Sprung nach vorne«: Industrialisierung soll beschleunigt werden. Gründung von Volkskommunen.
1959	Liu Shaoqi wird neuer Staatspräsident.
	Volksaufstand in Tibet wird blutig niedergeschlagen.
1960	Bruch mit Moskau und Abzug aller sowjet. Berater. »Drei bittere Jahre«: Bis 1962 verursacht die massive Industrialisierung große Hungersnöte, 20 Mio Menschen sterben.
1966–70	»Große Proletarische Kulturrevolution« von Mao ausgerufen; Bildung der »Roten Garden«; bewaffnete Kämpfe zwischen einzelnen Fraktionen.
1971	Aufnahme der VR China in die Vereinten Nationen.
1972	US-Präsident Richard Nixon besucht die VR China.
1976	Tod von Ministerpräsident Zhou Enlai, Ausschreitungen bei der Trauerfeier. Tod von Mao Zedong. Entmachtung der »Viererbande« um Maos Witwe Jiang Qing.
1978/79	»Mauer der Demokratie« in Peking.
1979	Grenzkonflikt zwischen China und Vietnam.
1982	Volkszählung ergibt eine Bevölkerungszahl von über 1 Mrd.
1985	Erneute Kämpfe zwischen China und Vietnam.
1986	Studentendemonstrationen für Demokratie in Hefei, Shanghai, Wuhan, Tianjin, Nanjing und Peking.
1987	Erneute Studentendemonstrationen in Peking.
	Demonstrationen für die Unabhängigkeit Tibets in Lhasa.
1989	Blutige Niederschlagung der Demokratiebewegung auf dem Platz des Himmlischen Friedens in Peking.
	Gewalttätige Unruhen in der tibet. Hauptstadt Lhasa.
1993	Jiang Zemin wird Präsident der VR China. Nationaler Volkskongress verabschiedet die vierte Verfassung nach 1949.
1994	Chinas Bewerbung für die Olympischen Spiele 2000 scheitert.
1995	Li Peng gesteht Fehler bei der Politik zur Inflationsbekämpfung.
1996	Militärische Manöver Chinas vor der Küste Taiwans zur Einschüchterung der taiwanes. Regierung.
1997	Rückgabe der brit. Kronkolonie Hongkong an China.
	Tod von Deng Xiaoping.
1998	Überschwemmungskatastrophe am Jangtsekiang.
1999	Verbot der Sekte Falun Gong, deren Anhänger im März das Regierungsviertel Pekings belagert hatten.
	Rückgabe der portugies. Kolonie Macao an China.
2000	Erfolgloser Propagandafeldzug zur Beeinflussung der Präsidentschaftswahlen in Taiwan.
	Gedenkaufmarsch der Sekte Falun Gong wird unterdrückt.

waltsamer Ausbruch dieser nationalistischen Strömungen war der Boxeraufstand von 1900. Gleichzeitig formierte sich der Protest gegen die Fremdherrschaft der mandschur. Qing-Dynastie.

Reformversuche: Die bescheidenen Reformansätze (»Reform der 100 Tage«) des Kaisers Guangxu (1875–1908) von 1898 scheiterten am Putsch der Kaiserinwitwe Cixi. Wenige Jahre später initiierte sie jedoch selbst unter dem Druck der Ereignisse viel weiter gehende Reformen, die auf eine konstitutionelle Monarchie hinausliefen. Einschneidend war die Abschaffung des alten konfuzianischen Prüfungssystems im Jahr 1905. Mit dem Aufbau der sog. Neuen Armee versuchte die Qing-Dynastie das Militär zu reorganisieren. Die Abkehr von traditionellen Strukturen führte allerdings auch viele Qing-feindliche Kräfte in die Armee. Zentralisierung und Ausbau des Eisenbahnnetzes, die Peking 1910/11 mit Hilfe eines brit.-US-amerikan. Bankenkonsortiums vorantreiben wollte, trafen auf eine leidenschaftlich geführte Diskussion über einen von den Provinzen sowie von Fremdmächten unabhängigen Eisenbahnbau.

Der Sturz der Qing-Dynastie

Imperialistische Bestrebungen der Westmächte, Qing-feindlicher Nationalismus und soziale Unzufriedenheit bildeten die Grundlage für den Sturz der Qing-Dynastie.

Revolutionäre Allianz: Die oppositionellen Gruppierungen hatten sich 1905 in der »Revolutionären Allianz« unter Führung von Sun Yat-sen vereinigt. Zwischen 1906 und 1911 kam es in verschiedenen Gebieten C.s zu erfolglosen anti-monarchistischen Aufständen. Erst im Oktober 1911 gelang es den Revolutionären, ausgehend von Wuhan, große Teile der »Neuen Armee« zu mobilisieren.

Konstitutionelle Monarchie: Im November erzwangen allerdings zunächst kaisertreue Truppen die Einrichtung eines Parlaments innerhalb eines Jahres, die Ausarbeitung einer Verfassung, die Einschränkung der kaiserlichen Machtbefugnisse, den Ausschluss von Mitgliedern der kaiserlichen Familie von Regierungsämtern und die Wahl eines Premiers. Der Qing-Hof nahm diese Forderungen, die auf eine konstitutionelle Monarchie hinausliefen, an und ernannte den zuvor von einer provisorischen Nationalversammlung gewählten Yuan Shikai zum Premierminister C.s. Trotz einiger Teilerfolge verlor die Mandschu-Dynastie aber in vielen Provinzen die Macht an Sun Yat-sens »Revolutionäre Allianz«.

Mit drei Jahren zum Herrscher des chines. Reiches gekrönt (1908), wuchs der Kindkaiser Puyi in der hermetischen Isolation der »Verbotenen Stadt« auf. Erst 1924, also lange nach seiner Abdankung 1912, wurde er von einem Warlord aus dem Palastbezirk vertrieben und musste in die japan. Konzession Tianjin (Mandschurei) fliehen. 1932 ließ er sich zum Regenten des japan. Marionettenstaates Mandschukuo machen. Nach der Kapitulation Japans kam Puyi für fünf Jahre in ein sowjet. Gefangenenlager, 1949 wurde er an China ausgeliefert. Erst 1959 endgültig begnadigt, verbrachte der letzte Kaiser Chinas die Jahre bis zu seinem Tod 1967 als Gärtner.

China wird Republik

Abdankung: Ende Dezember 1911 wählten die Delegierten der 16 Provinzversammlungen Sun Yat-sen zum »provisorischen Präsidenten« der neuen Chines. Republik. Im Januar 1912 forderten auch 44 hohe Offiziere der Beiyang-Armee die Bildung einer Republik. Am 12.2.1912 verkündete der Hof die Abdankung des sechsjährigen Kaisers Puyi, der nach dem Tod des Kaisers Guangxu und der Kaiserinwitwe Cixi 1908 den »Drachenthron« bestiegen hatte.

Wahlen: Angesichts der militärischen Schwäche seiner Anhänger trat Sun Yat-sen zurück. Yuan Shikai wurde erster Premierminister der Chines. Republik. Aus den Wahlen von 1913 ging die neu gegründete Guomindang (Nationale Volkspartei) als klarer Sieger hervor.

Putsch: Der Parteiführer der Guomindang und designierte Premier Song Jiaoren wurde noch vor der ersten Parlamentssitzung ermordet. Die Guomindang widersetzte sich dem Alleinherrschaftsanspruch des 1912 nur unter massivem Druck für fünf Jahre zum Präsidenten gewählten Yuan Shikai, dem mutmaßlichen Auftraggeber des Attentats, und wurde Ende 1913 als staatsgefährdende Organisation verboten. Der Versuch einer Demokratisierung war gescheitert, Sun Yat-sen floh nach Japan.

Diktatur und Zersplitterung

Internationale Anerkennung: Die Westmächte hatten die Ereignisse zunächst nur aufmerksam beobachtet; im Mai 1914 erfolgte dann die diplomatische Anerkennung der neuen Regierung unter Yuan Shikai durch die USA. Während die parlamentarische Verfassung außer Kraft gesetzt wurde, führte das neue Regime die Justizreformen fort.

Erster Weltkrieg: Mit Ausbruch des Ersten Weltkriegs griff Japan die deutschen Besitzungen in der Provinz Shandong an. Im Januar 1915 war Yuan Shikai gezwungen, die »21 Forderungen« anzunehmen, die Japan weitgehende wirtschaftliche und politische Sonderrechte einräumten. Massive anti-japan. Proteste und ein Warenboykott folgten.

Restauration: Yuan Shikais Pläne, trotz rapide abnehmender Reputation und Popularität 1916 die Monarchie wieder herzustellen und sich selbst zum Kaiser zu ernennen, führten zu Massenprotesten und trafen im Ausland auf scharfe Ablehnung.

Warlords: Der Tod Yuan Shikais am 6.6.1916 markierte den Beginn der Herrschaft regionaler Militärmachthaber. Sun Yat-sens Versuch, von Kanton aus eine nationale Regierung zu errichten, scheiterte ebenso wie die Wiedereinsetzung des abgedankten Qing-Kaisers Puyi durch General Zhang Xun im Juni 1917. Die verbliebene Zentralregierung wurde 1917 zum Kriegseintritt auf Seiten der Alliierten gedrängt.

Ungleiche Brüder

Protest: Gegen die Ergebnisse des Versailler Vertrags von 1919 und gegen die Politik der Militärherrscher richtete sich die »Bewegung des vierten Mai«. Diese sehr heterogene Bewegung, deren geistiges Zentrum die Universität von Peking war, einte der Gedanke, die staatliche Einheit C.s zu sichern und die Herrschaft der Militärmachthaber, der Großgrundbesitzer sowie des ausländischen Imperialismus zu überwinden.

Kommunistische Partei: Die weitere Entwicklung war von den konkurrierenden Strömungen innerhalb der Protestbewegung bestimmt. Mit Ausbruch der Oktoberrevolution in Russland 1917 war auch in C. das Interesse am Marxismus gewachsen. Mit Unterstützung der Kommunistischen Internationale (Komintern) wurde im Anschluss an die Mai-Demonstrationen ein provisorisches Zentralkomitee gebildet. Bedeutend innerhalb der KPCh wurde später eine Gruppe von Studenten, die 1919 nach Frankreich gegangen und der dortigen KP beigetreten waren, unter ihnen Zhou Enlai und Deng Xiaoping. Mao Zedong gründete 1920 in Changsha in der Provinz Hunan eine kommunistische Zelle. 1921 wurde dann in Shanghai die Kommunistische Partei C.s (KPCh) gegründet.

Bündnis: Trotz Vorbehalten auf beiden Seiten begann 1923 eine erste kurze Phase der Zusammenarbeit zwischen der von Sun Yat-sen reorganisierten Guomindang und der noch relativ schwachen KPCh unter Chen Duxiu, deren Mitglieder nun gleichzeitig in die Guomindang eintraten. Wichtigster Vermittler wurde der russ. Komintern-Agent Borodin, der auch die Festigung der disziplinarischen, ideologischen und militärischen Struktur der Guomindang koordinierte. In der Nähe von Kanton wurde eine neue Militärakademie gegründet. Das Kommando übernahm Sun Yatsens Vertrauter Chiang Kai-shek. Leiter der politischen Abteilung wurde der aus Frankreich zurückgekehrte Kommunist Zhou Enlai.

Nordfeldzug: Erste militärische Erfolge der Nationalrevolutionären Armee von Guomindang und Kommunisten gegen verschiedene Warlords sowie blutige Zusammenstöße von Arbeitern und Studenten mit Polizei und ausländischen Truppen verstärkten wieder die nationale Euphorie. Am 1.7.1925 wurde in Kanton die »Nationalregierung der Republik C.« von der Guomindang errichtet. General Chiang Kai-shek führte zwischen 1926 und 1928 den Nordfeldzug gegen die Militärmachthaber. Der mächtige Warlord Feng Yuxiang schloss sich 1927 der Guomindang an, der in Peking residierende Zhang Zuolin bekämpfte vor allem die Kommunisten. Erst Ende 1928 konnte der Feldzug erfolgreich beendet werden, Chiang Kai-shek zog mit seinen Truppen in Peking ein.

Die Führer der Guomindang

Sun Yat-sen (1866–1925) engagierte sich seit 1905 in der Anti-Mandschu-Bewegung. Mit seiner »Revolutionären Allianz« gelang ihm schließlich der Sturz der Qing-Dynastie. Als Führer der Guomindang bekämpfte er danach die Warlords und versuchte mit Hilfe der Kommunisten China wieder zu vereinen. Sun Yat-sen wird heute sowohl in der Volksrepublik als auch in Taiwan als Vater des modernen China verehrt.

Chiang Kai-shek (1888–1975) wurde nach dem Tod Sun Yat-sens militärischer und politischer Führer der Guomindang. 1928 bildete er eine nationalistische Regierung und kämpfte bis 1945 gegen die Kommunisten, die Japaner sowie regionale Warlords, um die Herrschaft in China zu erringen. Von 1945 bis zu seinem Tod 1975 war Chiang Kai-shek Staatspräsident der Guomindang-Regierung in Taiwan.

Das Ende der Kooperation

Antikommunismus: Die gemeinsamen militärischen Erfolge konnten die ideologischen Gegensätze zwischen Guomindang und Kommunisten nicht dauerhaft überbrücken. Bereits nach dem Tod Sun Yat-sens 1925, der Flügelkämpfe innerhalb der Guomindang auslöste, hatte sich der Bruch des Bündnisses abgezeichnet. 1926 hatte Chiang Kai-shek mit Aktionen gegen die Kommunisten begonnen, die 1927 in blutigen Auseinandersetzungen in Shanghai und Wuhan eskalierten. Die KPCh hielt auf Anweisung Stalins, der einen Sieg der Kommunisten in C. angesichts seines parteiinternen Machtkampfes mit Leo Trotzki erzwingen wollte, trotz der Übergriffe lange an dem Bündnis mit der Guomindang fest.

Nanjing-Regierung: Chiang Kai-shek brach mit den Kommunisten und initiierte die Säuberung der eigenen Partei, um seine Machtbasis zu stabilisieren. Seit 1927 Präsident der Guomindang-Regierung in Nanjing, zwang er nach seinem Einmarsch in Shanghai die Geschäftsleute zur Zeichnung von Staatsanleihen und konfiszierte Vermögen. Die finanziellen Schwierigkeiten der Guomindang konnte er dennoch nicht lösen.

Bauernsowjets: Mehrere gescheiterte Aufstände in Nanchang und Kanton zwangen die geschwächten Kommunisten unter der Führung von Mao Zedong zum Rückzug in das abgelegene Jinggang-Gebirge in der Grenzregion von Hunan und Jiangxi. In der Gegend um Ruijin in der Provinz Jiangxi und in weiteren ländlichen Gebieten wurden ab 1927 »Bauernsowjets« gebildet. Die Aktivitäten in den Städten wurden kurzzeitig aufgegeben und die Bewegung in den ländlichen Gebieten gefestigt. Der Versuch, 1930 Nanshang, Wuhan und Changsha zu erobern, scheiterte, der Einfluss der Guomindang Chiang Kaisheks in den Städten und der Druck auf die verbliebenen kommunistischen Einheiten wurde hingegen immer größer.

Nach dem Einfall japan. Truppen in der Mandschurei 1931 setzte sich ein großer Treck fliehender Chinesen mit Rikschas und Lastwagen in Bewegung.

Japanische Invasion

Mandschurei: Eine weitere gefährliche Krisensituation für die Regierung Chiang Kaisheks entwickelte sich 1928 in der Mandschurei. Die Japaner hatten nach der Ermordung des mandschur. Militärherrschers Zhang Zuolin gehofft, seinen Sohn und Nachfolger Zhang Xueliang kontrollieren zu können. Trotz der Drohungen Japans, sich einer Wiedervereinigung der Mandschurei mit C. zu widersetzen, betrieb Zhang Xueliang die Bindung an die Regierung von Nanjing. Der »Mukden-Zwischenfall« im September 1931 war der Beginn der japan. Besetzung der Mandschurei. Ohne Befehl der Regierung in Tokio hatten in der Mandschurei stationierte japan. Truppen einen Anschlag auf eine Bahnlinie verübt und eine chines. Kaserne angegriffen.

Mandschukuo: Der »Mukden-Zwischenfall« schürte erneut anti-japan. Proteste. In Shanghai kam es zu Kämpfen zwischen Guomindang-Einheiten und der japan. Marine. Gleichzeitig wurde Zhang Xueliang mit seiner Armee aus der Mandschurei vertrieben, die 1932 unter dem Namen »Mandschukuo« ein Satellitenstaat Japans wurde. Regent wurde der Exkaiser Puyi, der mit diesem Schritt auf eine Wiederherstellung der Herrschaft seiner Dynastie in C. hoffte.

Stützpunkt im Norden: Die Unabhängigkeit des Staates Mandschukuo wurde allerdings durch den Völkerbund nicht anerkannt. Damit war Japans Austritt aus dem Staatenbündnis besiegelt. Bis Mai 1933 drangen die japan. Truppen zur Sicherung ihrer Herrschaft bis in die Provinz Hebei vor. Der Nordosten dieser Provinz wurde in einem demütigenden Waffenstillstandsvertrag zur entmilitarisierten Zone erklärt.

Bei –20 °C marschierten japan. Truppen nach der kampflosen Übergabe durch die chines. Armee am 20.1.1932 in Jinzhou, der ältesten Stadt der Mandschurei, ein.

Als Marionette der Japaner wurde der Exkaiser Chinas Puyi (sitzend) 1932 Regent von »Mandschukuo«. 1934 wurde er in den Drachengewändern als Kaiser inthronisiert.

Langer Marsch: Auf dem »Langen Marsch« 1934/35 versuchte der Führer der rotchines. Armee, Mao Zedong (l.), die Landbevölkerung für die kommunistische Idee zu begeistern. In zahllosen Gesprächen forderte er die Bauern zu Weiterentwicklung und Bildung auf.

Aufbruch zum »Langen Marsch«

Blockade: Unberührt von der japan. Invasion begann Chiang Kai-shek einen großangelegten »5. Vernichtungsfeldzug« gegen die Kommunisten im Süden. 1934 war der Jiangxi-Sowjet auch durch eine Wirtschaftsblockade zunehmend gefährdet.
Ausbruch: Im Schutz der Dunkelheit begann am 16.10.1934 der Ausbruch der Kommunisten aus dem Belagerungsring. Der legendäre »Lange Marsch« 1934/35 führte über fast 9700 km durch elf Provinzen bis in die nordchines. Provinz Shanxi. Härteste äußere Bedingungen, Krankheiten, Hunger und der Widerstand der Guomindang-Truppen hatten zur Folge, dass von den 80 000 Kommunisten, die ursprünglich in Jiangxi aufgebrochen waren, nur 8000–9000 in Yan'an ankamen.
Propagandasieg: Mao Zedong, der sich während des »Langen Marsches« als politischer und militärischer Führer der KPCh profiliert hatte, feierte den Ausbruch trotz der hohen Verluste als Propagandasieg für den Kommunismus in C. und als Manifest des heldenhaften Kampfes der Kommunisten gegen die »Imperialisten«. In Yan'an errichteten die Kommunisten unter Leitung von Mao Zedong ihr neues Machtzentrum.

Das zweite Bündnis

Japanischer Vormarsch: Die existenzielle Bedrohung für die KPCh war durch die Flucht in die Provinz Shanxi keineswegs beseitigt. Zhang Xueliang und seine mandschur. Armee standen schon Ende 1935 in Xi'an bereit, um die verbliebenen Kommunisten zu besiegen. Der Vormarsch der Japaner auf Nordchina führte nicht nur zu Protesten, die sich unter der Bezeichnung »Bewegung des neunten Dezember« in vielen großen Städten C.s ausbreiteten, sondern auch zum Umdenken bei einigen wichtigen, mit Chiang Kai-shek verbündeten Generälen.
Einheitsfront: Die äußere Bedrohung durch die Japaner begünstigte die alte Idee einer Einheitsfront. Zhang Xueliang hatte bereits Verhandlungen mit Zhou Enlai, dem späteren kommunistischen Ministerpräsidenten, geführt, als er Chiang Kai-shek bei dessen Aufenthalt in Xi'an am 12.12.1936 festsetzte und zu einer nationalen Einheitsfront mit den Kommunisten gegen Japan drängte. Zhang Xueliang wurde anschließend zunächst wegen Gehorsamsverweigerung verurteilt und seine Truppen verlegt, der Druck auf den Sowjet in Yan'an nahm aber ab. Ab 1937 kooperierten beide Armeen wieder miteinander. Stalin hatte die KPCh trotz der Ereignisse von 1927 zu der erneuten Zusammenarbeit gedrängt.

Krieg gegen Japan

Expansionsdruck: Der Konflikt C.s mit Japan war vordergründig die logische Folge einer Reihe von Zwischenfällen. Hintergrund der Entwicklung war jedoch der japan. Expansionsdrang mit dem Ziel, der eigenen Wirtschaft Rohstoffquellen und Absatzmärkte zu verschaffen, um die Bevölkerung vor der ökonomischen Konkurrenz des Westens und ideologischen Beeinflussung der Sowjetunion zu schützen.

Krieg mit Japan: Im Juli 1937 begann der zweite Chines.-Japan. Krieg mit einem Feuergefecht an der Marco-Polo-Brücke. In wenigen Monaten eroberten die Japaner den gesamten Osten Chinas. (Foto: Chines. Panzer auf dem Weg zur Front)

Verlust Ostchinas: Ein Feuergefecht an der Marco-Polo-Brücke am 7.7.1937 eröffnete den zweiten Chines.-Japan. Krieg. Ende Juli kontrollierten die Japaner bereits die ganze Gegend zwischen Tianjin und Peking. Chiang Kai-shek versuchte durch einen Angriff auf die japan. Truppen im Raum von Shanghai die Japaner von ihrem Feldzug in Nordchina abzulenken. 250 000 Mann und damit 60% der Elitetruppen Chiang Kai-sheks fielen oder wurden verwundet. Am 13.12.1937 besetzten die Japaner Nanjing und errichteten eine Terrorherrschaft mit etwa 20 000 Vergewaltigungen, 12 000 ermordeten Zivilisten und 30 000 auf der Flucht getöteten Soldaten. Bis Oktober 1938 eroberte die japan. Armee Wuhan und beherrschte damit den Norden und den gesamten Osten C.s.

Stellungskrieg: Die erste Eroberungswelle der Japaner kam nun zum Stillstand. Japan etablierte insgesamt fünf Marionettenstaaten: in der Mandschurei, in der Mongolei, in Peking, Nanjing und Taiwan. Die Guomindang verlegte ihren Regierungssitz nach Chongqing und kontrollierte Zentral- und Südchina. Die Kommunisten verteidigten ihr Gebiet um Yan'an. Innerhalb der Einheitsfront kam es 1940/41 zu erheblichen Spannungen, die ihren Höhepunkt mit dem Überfall nationalistischer Truppen auf die kommunistische Neue Vierte Armee erreichten. Mao Zedong startete 1942 unter dem Begriff »Korrekturkampagne« eine Säuberung der Partei.

Kriegswende: Der japan. Angriff auf Pearl Harbor am 7.12.1941 und der nachfolgende Eintritt der USA in den Krieg gegen Japan stärkte die chines. Position. US-Präsident Franklin D. Roosevelt stufte C. gegen den Widerstand Großbritanniens als vierte alliierte Großmacht ein. C.s wichtige Rolle in der Strategie der Alliierten war die Bindung der japan. Truppen. Die Ichigo-Offensive Japans 1944 fügte den Truppen Chiang Kai-sheks schwere Verluste zu und entzog ihm weitere Einflussgebiete.

Neue Kräfteverhältnisse: Bemühungen der USA, 1944 Guomindang und KPCh zu engerer Zusammenarbeit zu bewegen, scheiterten nicht zuletzt an der antikommunistischen Einstellung der USA. Während die Guomindang, die nach hohen Verlusten nur noch 2,7 Mio Soldaten zur Verfügung hatte, immer mehr an Einfluss und Prestige verlor, war die Mitgliederzahl der KPCh bis zum April 1945 auf 1,2 Mio angewachsen. In der Achten Marscharmee und der Neuen Vierten Armee standen 900 000 Mann unter Waffen. Die Kapitulation Japans am 14.8.1945 veränderte das Machtgefüge in Asien dramatisch.

Bürgerkrieg

Vermittlungsversuche: Ein von den USA herbeigeführtes Grundsatzabkommen über die zukünftige Zusammenarbeit zwischen Chiang Kai-shek und Mao Zedong vom Oktober 1945 wurde bereits im November durch Chiang Kai-sheks Angriffe auf die kommunistischen Truppen in Südchina hinfällig. Auch die von der USA initiierten Waffenstillstandsabkommen vom Januar und Juni 1946 und der erhöhte Druck der US-amerikan. Regierung auf Chiang Kai-shek konnten den neuerlichen Bürgerkrieg nicht verhindern.

Bodenreform: Naturkatastrophen, die japan. Zerstörungen und die zerbrochene Gesellschaftsordnung begünstigten die rasche Stabilisierung der kommunistischen Herrschaft im Norden und in der Mandschurei. 1946/47 begann ein großes Bodenreformprogramm, das allerdings durch Gegenangriffe der Guomindang vielfach wieder rückgängig gemacht wurde – mit entsprechenden Konsequenzen für die begünstigten Landempfänger.
Inflation: Die Guomindang-Regierung musste gleichzeitig gegen die Kommunisten im Norden und gegen die Inflation in ihrem eigenen Einflussbereich vorgehen. Politisch verlor sie auch durch ihre undurchsichtige Behandlung von Kollaborateuren an Vertrauen.
Militärische Entscheidung: Im Frühjahr 1947 hielt die Guomindang noch vier strategisch bedeutende Korridore in Nordchina. Die bäuerlichen Partisanen der Kommunisten erschwerten den Nachschub. Ein Massaker von Regierungstruppen Chiang Kai-sheks an Schülern und Studenten in Peking im Juli 1948 schwächte seine Position erneut. Zwei Feldzüge der Kommunisten unter Führung von Lin Biao verdrängten die Guomindang-Truppen endgültig aus der Mandschurei. Bis Januar 1949 eroberten die Kommunisten wichtige nordchines. Städte wie Peking und Xuzhou. Während eines kurzen Waffenstillstands im Frühjahr nannte Mao Zedong die Bedingungen für eine Kapitulation der Guomindang. Li Zongren, Nachfolger des im Januar zurückgetretenen Chiang Kai-shek, lehnte die weitgehenden Forderungen ab. Von April bis November 1949 konnten die Truppen der Kommunisten Südchina unter ihre Kontrolle bringen.
Rückzug nach Taiwan: Schon Anfang 1949 hatte Chiang Kai-shek ein loyales Heer von 30 000 Mann, 26 Kanonenboote und mehrere Flugzeuge auf Taiwan stationiert. Etwa 1,5 Mio Anhänger der Guomindang zogen sich nach der Niederlage gegen die Kommunisten nach Taiwan zurück. Chiang Kai-shek wurde 1950 zum Präsidenten der Republik C. gewählt und blieb dies bis zu seinem Tod 1975.

Volksrepublik China

Gründung: Mao Zedong rief nach dem Sieg über die Nationalpartei am 1.10.1949 die Volksrepublik C. aus. Er umriss seine Vorstellungen von dem neuen chines. Staat unter dem Titel »Die demokratische Diktatur der Massen«. Die neue Regierungsstruktur beinhaltete drei Komponenten: die Kommunistische Partei, den offiziellen Staatsapparat und das Militär. An der Spitze der Regierung stand Ministerpräsident Zhou Enlai (1949–76). Propaganda in Presse, Funk und Film diente der Mobilisierung der städtischen Massen.
Sowjetunion: Im Dezember 1949 reiste Mao Zedong nach Moskau und wurde von Stalin sehr reserviert empfangen. Dennoch erreichte er einen Beistandspakt für den Fall eines

Die Führer der Revolution

Zhou Enlai (1899–1976) gehörte seit seiner erfolgreichen Koordination des »Langen Marsches« bis zu seinem Tod zu den einflussreichsten Politikern Chinas. Der Mitbegründer der Kommunistischen Partei Chinas bestimmte als Ministerpräsident (1954–76) maßgeblich die Außenpolitik, insbes. die Öffnung zum Westen. Großes Ansehen in der Bevölkerung genoss er wegen seines mäßigenden Einflusses während der Kulturrevolution.

Mao Zedong (1893–1976) war 1921 Mitbegründer der KPCh. 1927 organisierte er im Bergland von Jiangxi eine revolutionäre Bauernbewegung. 1934 führte er Zehntausende seiner Anhänger auf dem »Langen Marsch« (1934/35) in die nordchines. Provinz Shanxi. Im Bürgerkrieg 1945–49 besiegten die Kommunisten unter seiner Führung die Guomindang. 1949 rief Mao Zedong die Chines. Volksrepublik aus.

Lin Biao (1908–1971), seit 1927 Mitglied der Kommunistischen Partei Chinas, führte während des »Langen Marsches« das erste Armeekorps und hatte als Verteidigungsminister (1958–71) entscheidenen Anteil an der Umwandlung der Volksbefreiungsarmee (VBA) in eine reguläre moderne Armee. Durch die Veröffentlichung der Aphorismensammlung »Die Aussprüche des Vorsitzenden Mao« war er maßgeblich für den Maokult verantwortlich.

japan. Angriffs und Kreditzusagen in Höhe von 300 Mio US-Dollar. Gleichzeitig musste Mao die Unabhängigkeit der Volksrepublik Mongolei anerkennen.

Koreakrieg: Als Reaktion auf die Invasion der USA in Nordkorea drangen im Oktober 1950 chines. Truppen auf nordkorean. Gebiet vor. Der bis 1953 andauernde Konflikt prägte wegen der ebenso mutigen wie verlustreichen Angriffe den Mythos der heldenhaften chines. Armee. Die Propaganda nutzte ihn, um die USA als imperialistischen Aggressor und Hauptfeind C.s zu stigmatisieren.

Tibet: Das seit 1919 formal unabhängige Tibet wurde 1950/51 von chines. Truppen besetzt. Das von den Chinesen diktierte »17 Punkte-Abkommen« garantierte den Tibetern für einen Teil des historischen Tibet nominell Autonomie und Religionsfreiheit. Dennoch verstärkte sich schon bald die Unterdrückung von tibet. Kultur und Religion durch die neu eingerichteten chines. Zivil- und Militärbehörden.

Wirtschaft und Gesellschaft: Das neue Ehegesetz vom 1.5.1950 förderte die Gleichberechtigung, aber auch die Auflösung traditioneller Familienstrukturen und diente der Stabilisierung der kommunistischen Machtbasis. Die wichtigsten Aufgaben der Anfangszeit waren die Eindämmung der Inflation, die Steigerung der landwirtschaftlichen Produktion, der Wiederaufbau der Schwerindustrie sowie die Wiederherstellung von Gesetz und Ordnung. 1950 begann die Bodenreform. Die Zerschlagung ländlichen Großgrundbesitzes wurden von gewaltsamen Auseinandersetzungen begleitet.

Sowjetisches Vorbild: Der erste Fünfjahresplan zur wirtschaftlichen Entwicklung C.s orientierte sich ganz am Vorbild der Sowjetunion. Die politischen und wirtschaftlichen Strukturen wurden zentralisiert, das Militär modernisiert, die industrielle Produktion mit Unterstützung von sowjet. Beratern gesteigert und die Landwirtschaft kollektiviert.

»Hundert-Blumen-Bewegung«: Gegen den Widerstand vieler Parteifunktionäre setzte sich Mao Zedong zur gleichen Zeit für einen Dia-

Volksrepublik: Am 1.10. 1949 proklamierte Mao Zedong in Peking die Gründung der Volksrepublik China. Bei der Siegesparade der Kommunisten 1949 schwenkten Teilnehmer Porträts von Mao Zedong und dem Kommandanten der Volksarmee, Zhu De.

Am zehnten Jahrestag der Proklamation der Volksrepublik China im Oktober 1959 nahm neben Mao Zedong auch der sowjet. Staats- und Parteichef Nikita S. Chruschtschow (r.) an den Feierlichkeiten teil.

Personenkult um Mao Zedong

Der »Lange Marsch« von 1934/35, die spektakuläre Flucht der Kommunisten vor dem »Zweiten Vernichtungsfeldzug« der Guomindang-Truppen, machte Mao Zedong zur dominierenden Persönlichkeit der KPCh. 1945 wurde er offiziell als Parteiführer bestätigt. Der Fehlschlag seines als »Großer Sprung nach vorne« propagierten Industrialisierungsprogramms schwächte seine Stellung. Mit der Veröffentlichung einer Sammlung von Reden und Aufsätzen Maos (»Aussprüche des Vorsitzenden Mao«) wurde zunächst die Armee, später die gesamte Jugend auf das Denken und Wirken Mao Zedongs eingeschworen. Mit der »Großen Proletarischen Kulturrevolution«, die Mao Zedong 1966 entfesselte, erreichte der Mao-Kult seinen Höhepunkt. Mao Zedongs Leistung wird in China heute differenziert betrachtet. Den Verdiensten um die Gründung der Volksrepublik stehen dabei die wirtschaftlichen Fehlentwicklungen in den späten 50er Jahren und die Verbrechen der Kulturrevolution gegenüber. (Foto: Kinder tragen Plakate mit dem Porträt von Mao Zedong, aufgenommen bei einem Propagandamarsch in Suzhou während der Kulturrevolution 1966)

log mit den Intellektuellen ein. Im Mai 1957 rief Mao Zedong unter dem Motto »Lasst hundert Blumen blühen und hundert Denkrichtungen miteinander wetteifern« die Intellektuellen des Landes zur konstruktiven Kritik an der Politik der KPCh auf. Auf die bald darauf einsetzende, unerwartet tief greifende und umfassende Kritik reagierte die Partei mit einer »Kampagne gegen Rechtsabweichler«, deren Repressions- und Disziplinierungsmaßnahmen bis ins Frühjahr 1958 andauerten.

»Großer Sprung nach vorne«

Das Tempo der Revolution: Diese Kampagne war kein Plan zur Unterdrückung oppositioneller Ideen, sondern Ausdruck eines Richtungsstreits innerhalb der Partei über Tempo und Ausgestaltung der wirtschaftlichen und gesellschaftlichen Entwicklung C.s. Mao Zedong wollte durch eine radikale Vergesellschaftung und Massenmobilisierung die Basis für den baldigen Übergang zum Kommunismus ermöglichen. Das längst diskreditierte sowjet. Vorbild der »permanenten Revolution« wurde zur »fortgesetzten Revolution« umgedeutet. Riesige Investitionen im Industriesektor sollten durch eine effizientere Landwirtschaft finanziert werden. Die ländliche Bevölkerung wurde 1958 zu 26 000 Kommunen zusammengefasst, die Getreideexporte in die Sowjetunion zur Kompensation der Industriegüterimporte erheblich erhöht. Resultat war eine mangelnde Getreideversorgung der Bevölkerung und Hungersnöte, die zwischen 1959 und 1962 mindestens 20 Mio Menschenleben kosteten. Das Tempo der Industrialisierung musste gedrosselt, die Kollektivierung zurückgenommen werden. Der »Große Sprung nach vorne« war ein schwerer Rückschlag für die wirtschaftliche Entwicklung C.s.

Bruch mit Moskau: Die mit der Radikalisierung heraufbeschworenen ideologischen Gegensätze zur UdSSR wurden durch die ausbleibende Unterstützung Moskaus im chines.-ind. Grenzkonflikt von 1959 verschärft. Auch der offene Versuch der Sowjetunion, sich gemäß der – von Mao Zedong abgelehnten – Theorie einer Koexistenz mit den USA zu arrangieren, vertiefte den Konflikt zwischen den beiden kommunistischen Mächten. 1960 konzentrierte sich die wechselseitige Kritik auf die jeweilige Albanien- und Jugoslawien-Politik. Im September 1960 wurden die sowjet. Berater und Ingenieure aus C. abberufen.

Politische Erziehung: Der »Große Sprung nach vorne« hatte nicht nur die Wirtschaft, sondern auch die ideologische Erziehung der Bevölkerung zurückgeworfen. Besonders die demoralisierten Bauern zogen sich in den verfemten »Spiritismus« zurück. Die Korruption in den Kadern nahm ebenfalls zu. Eine »Sozialistische Erziehungskampagne« sollte den Klassenkampf reaktivieren und die gesamte Bevölkerung an den vier »Bereinigungen« beteiligen: an der Säuberung in den Bereichen Buchführung, Belieferung der Speicher, Besitzanhäufung und im System der Zuweisung von Arbeitspunkten für die erbrachte Arbeitsleistung innerhalb der Kommunen.

Kulturrevolution

Mao-Kult: Anhaltende Meinungsverschiedenheiten in der Führungsspitze von Partei und Regierung über die wirtschaftlichen und gesellschaftlichen Entwicklungen schwächten die Position Mao Zedongs. Lin Biao, altgedienter Heereskommandeur und seit 1958 Verteidigungsminister, begann in dieser Phase Mao Zedong zum großen Führer aufzubauen. Er veröffentlichte zu diesem Zweck unter dem

Titel »Aussprüche des Vorsitzenden Mao« Auszüge aus Reden und Aufsätzen, die Mao Zedong in den vorangegangenen Jahren verfasst hatte. Das rote Buch wurde zur »Mao-Bibel«. Gemeinsam mit Mao Zedongs Frau Jiang Qing konzentrierte sich Lin Biao schon bald auf das chines. Kulturleben und dessen kritische Haltung zur KPCh.

Rote Garden: Die »Große Proletarische Kulturrevolution« wurde 1966 von Mao Zedong mit dem Ziel eingeleitet, überlieferte Denk- und Verhaltensweisen sowie »das geistige Antlitz der gesamten Gesellschaft zu ändern«. Die Kulturrevolution sollte die – nach Meinung von Mao Zedong drohende – bürokratische Erstarrung des Partei- und Staatsapparates abwenden und zugleich seine eigene Machtposition stärken. Zur Umsetzung der Kulturrevolution wurden Rote Garden aus Jugendlichen gebildet. Die Maßnahmen richteten sich insbes. gegen Millionen von Funktionären und Intellektuellen, die ihres Amtes enthoben, gedemütigt und misshandelt wurden. Der Mao-Kult erreichte mit den gigantischen Paraden der Roten Garden am Tiananmen-Tor seinen Höhepunkt. Mao Zedong wurde als »Rote Sonne« gefeiert.

Im Herbst und Winter 1966 führten die Kämpfe zu immer größeren Zerstörungen von Kunstdenkmälern; die Zahl der Todesopfer ging wahrscheinlich in die Hunderttausende. Der Lehrbetrieb an Schulen und Hochschulen wurde zeitweise eingestellt. Parteisäuberungen erreichten mit den Amtsenthebungen von Liu Shaoqi und Deng Xiaoping die höchste Führungsebene.

Dokument zur Kulturrevolution: Der 16-Punkte-Plan

Mit dem 16-Punkte-Plan vom 8.8.1966 legitimierte das Zentralkomitee der Kommunistischen Partei Chinas die Kulturrevolution und rief zum Kampf gegen konterrevolutionäre Kräfte auf.

»1. Die Große Proletarische Kulturrevolution (GPKR) ist ihrem Charakter nach eine neue Etappe in der Sozialistischen Revolution, deren Hauptziel »Kampf-Kritik-Änderung« (dou pi gai) lautet, nämlich »Kampf« gegen die Machthaber, die den kapitalistischen Weg gingen, »Kritik« an den »bürgerlichen reaktionären akademischen Autoritäten«, die die Vier Relikte (altes Denken, alte Gewohnheiten, alte Kultur und alte Gebräuche) predigten, und »Änderung« des Erziehungswesens, der Literatur und Kunst sowie all jener Teile des Überbaus, die keine detailgetreue Widerspiegelung der ökonomischen Basis seien.

2. Träger der GPKR sind Arbeiter, Bauern, Soldaten und revolutionäre Jugendliche, die sich in ihrem Kampf hauptsächlich der »Vier Großen« bedienen sollen, nämlich Großer Debatten, Großer Aussprachen, Großer Meinungsäußerungen und Großer Wandzeitungen.

3. »Wagemut«!

4. Selbsterziehung der Massen im Kampf, keine Manipulation.

5. Die GPKR ist ein Klassenkampf von 95% gegen 5%.

6. Präzise Unterscheidung zwischen den zwei verschiedenen Arten von Widersprüchen. »Widersprüche im Volk« sind durch Darlegung der Tatsachen, durch Argumentationen, durch Überzeugung – d.h. mit Worten und nicht mit Waffen – zu lösen.

7. Zurückhaltender Umgang mit der Bezeichnung »konterrevolutionär«.

8. Differenzierung zwischen »guten«, »verhältnismäßig guten«, »umkehrwilligen« und »unverbesserlichen« Kadern. Nur die Letzteren seien aufs Korn zu nehmen.

9. Organisatorisch solle die GPKR von neu zu bildenden Machtorganen, nämlich den »Kulturrevolutionsgruppen«, getragen werden, die sich am Modell der Pariser Kommune orientieren und die im Danwei-Rahmen zu erreichen seien, z. B. in Schulen, Behörden, Nachbarschaften und Dörfern.

10. Vereinfachung des Erziehungsprozesses.

11. Namentliche Kritik in der Presse muss von den KPCh-Gremien genehmigt werden.

12. Wissenschaftler und Techniker sollen vom Klassenkampf verschont bleiben.

13. Die seit 1961 laufende Sozialistische Erziehungsbewegung (SEB) und die GPKR sollen nicht miteinander vermengt werden, sondern nebeneinander herlaufen.

14. Kulturrevolution und Produktion sollten sich gegenseitig nicht beeinträchtigen, sondern im Gegenteil einander ergänzen.

15. Die GPKR in der Volksbefreiungsarmee erfolgt truppenintern.

16. Als Kompass der GPKR dienen die Mao-Zedong-Ideen. 35 Mio. Exemplare der »Ausgewählten Werke Maos« seien neu zu drucken.

Quelle: Oskar Weggel, Geschichte Chinas im 20. Jahrhundert, Stuttgart 1989, S. 252/53

Die »Roten Garden« trieben vermeintliche Konterrevolutionäre, zumeist Intellektuelle, mit Spotthüten durch die Straßen Pekings.

Vor einem Sondergericht in Peking fand 1980/81 der Prozess gegen Zhang Chunqiao, Jiang Qing (die Witwe Mao Zedongs), Wang Hongwen und Yao Wenyuan, die so genannte Viererbande, sowie sechs weitere frühere Spitzenfunktionäre statt.

Aufstieg von Deng Xiaoping

Als Sohn wohlhabender Eltern wurde Deng Xiaoping am 22.8.1904 in Guang'an geboren und starb am 19.2.1997 in Peking. Mit 18 Jahren trat er während seines Studiums in Frankreich dem chines. Sozialistischen Jugendbund bei. Nach der Rückkehr in seine Heimat wurde Deng 1924 Mitglied der chines. KP. Nach Ämtern in Partei und Armee – als Politoffizier einer Armeegruppe nahm er am »Langen Marsch« teil – wurde er 1952 stellvertretender Ministerpräsident, 1954 stellvertretender Vorsitzender des Nationalen Verteidigungsrats und Generalsekretär des Zentralkomitees. 1955–69 war er Mitglied des Politbüros der KP, ab 1956 gehörte er zehn Jahre lang dem ständigen Ausschuss des Politbüros an. Während der Kulturrevolution (ab 1966) wurde er seiner Ämter enthoben und erfuhr erst 1973 seine Rehabilitation als neuer stellvertretender Ministerpräsident. Er kehrte ins ZK und auch ins Politbüro zurück. 1976 erneut seiner Ämter enthoben, konnte er sich bereits ein Jahr später als stellvertretender Vorsitzender der KPCh und als Mitglied des Ständigen Ausschusses des Politbüros präsentieren und wurde bald zu einem der einflussreichsten Politiker Chinas. Er setzte sich für die Rehabilitierung der Opfer der Kulturrevolution ein und strebte umfassende Wirtschaftsreformen sowie eine Öffnung zum Westen an. 1987 schied Deng aus den Parteiführungsgremien aus, behielt aber seinen Einfluss. Zwei Jahre später ließ er die Demokratiebewegung blutig niederschlagen. 1992 setzte er die Einführung einer »sozialistischen Marktwirtschaft« durch. (Foto: Deng Xiaoping und US-Präsident Ronald Reagan in Peking im Mai 1984)

Phase der Eindämmung: Als die Bewegung außer Kontrolle zu geraten drohte, wurde zur Wiederherstellung der Ordnung die Armee eingesetzt. Einen vorläufigen Abschluss fand die Kulturrevolution 1969, doch blieben viele ihrer Wesenszüge auch danach bestehen. Lin Biao propagierte einen neuen »Sprung nach vorne«, nun allerdings unter Leitung der Armee. Nach seinem Sturz 1971 setzte eine »Kampagne zur Kritik am Revisionismus und zur Korrektur des Arbeitsstils« ein.

Außenpolitik: Mit der Stabilisierung der innenpolitischen Lage trat C. unter Führung von Zhou Enlai auch in eine neue Phase der Außenpolitik. Am 25.10.1971 wurde die VR C. Mitglied der UNO, gleichzeitig verließen die Vertreter Taiwans die Weltorganisation. 1972 besuchte US-Präsident Richard Nixon die VR C. Im gleichen Jahr nahmen Japan und Deutschland diplomatische Beziehungen zur VR C. auf.

Innenpolitischer Machtkampf: Der pragmatische Kurs Zhou Enlais führte zu scharfen Spannungen mit der Linksgruppe um Yao Wenyuan, Zhang Chunqiao, Wang Hongwen und Jiang Qing, die in einflussreiche Parteiämter drängten. Die neue Verfassung von 1975 definierte die VR als einen sozialistischen Staat der Diktatur des Proletariats. Durch den Tod Zhou Enlais am 8.1.1976 konnte die Linksgruppe wieder die Initiative ergreifen. Deng Xiaoping wurde erneut seiner Ämter enthoben.

Ende der Kulturrevolution: Auf den Tod Mao Zedongs am 9.9.1976 folgte die Entmachtung der radikalen Gruppe um Maos Witwe Jiang Qing (»Viererbande«); eine gemäßigte Fraktion in der Parteiführung setzte sich rasch durch. Der neue Parteivorsitzende Hua Guofeng leitete eine vorsichtige Entmaoisierung ein. Die Parteiführung distanzierte sich von der Kulturrevolution und bezeichnete sie 1981 als Katastrophe. Nahezu alle prominenten Opfer wurden rehabilitiert. Maßgebender Politiker Chinas wurde Deng Xiaoping.

Die vier Modernisierungen

Reformen: Seit 1977/78 bestimmte Deng Xiaoping den Kurs der chines. Innen- und Wirtschaftspolitik. Ziel war die Fortentwicklung in den Bereichen Landwirtschaft, Industrie, Landesverteidigung und Wissenschaft. Neuerungen waren eine deutliche Herabsetzung des Kollektivierungsniveaus in der Landwirtschaft, eine strikte Befolgung des Leistungsprinzips im Lohnsystem, Bemühun-

Die friedliche Nutzung der Kernkraft (Foto: Kernkraftwerk in Daya Bay) besitzt bis heute keinen wesentlichen Anteil an der Energieerzeugung Chinas. Obwohl sich die Sowjetunion geweigert hatte, den Chinesen einen Prototyp zur Verfügung zu stellen, wurde die erste chines. Atombombe bereits im Oktober 1964 erfolgreich getestet. Sie war somit ein wichtiges Signal für das neue technische Potenzial der Volksrepublik China.

gen um die Einführung von westlichen Produktionsverfahren, der eindeutige Vorrang der Fachausbildung vor der politischen Beeinflussung im Erziehungssystem, die Rückbesinnung auf klassische chines. Traditionen in der Kultur und wachsende Kritik an Person und Ideologie Mao Zedongs.

Außenpolitik: Dem Abschluss eines Friedens- und Freundschaftsvertrages zwischen C. und Japan im August 1978 folgte die Aufnahme voller diplomatischer Beziehungen zu den USA. Der Überfall auf Vietnam im Februar 1979, der nach 17 Kriegstagen mit einem Patt endete, fügte C.s internationalem Ansehen Schaden zu. Seit Herbst 1982 verfolgte die chines. Führung eine vorsichtige Annäherung an die Sowjetunion. Mit dem Ende des sowjet. Engagements in Afghanistan 1989 und der Reduzierung ihres Truppenaufgebots an der Grenze zu C. waren wesentliche Konfliktpunkte ausgeräumt. Im Mai 1989 besuchte der sowjet. Staats- und Parteichef Michail Gorbatschow Peking.

Repressionen: Im Winter 1978 begann mit der »Mauer der Demokratie« eine neue Form der Kritik. Mit kritischen Wandanschlägen artikulierten kleinere Protestgruppen ihre Vorstellungen gesellschaftlicher Reformen. Im Januar 1979 folgten die ersten Verhaftungen. Eine »Kampagne gegen die geistige Verschmutzung« dämpfte 1982 die Erwartungen an eine politische Liberalisierung, wie sie fast gleichzeitig in der Wirtschaft betrieben wurde.

Reformschub: Die ab 1983 einsetzende Reformphase sollte schließlich die gesamte chines. Wirtschaft umwälzen und das Kollektivsystem, das fast 30 Jahre das Wirtschaftsleben bestimmt hatte, beseitigen. Im sog. Dokument Nr. 1 von 1984 wurden die marktwirtschaftlichen Strukturen in der Landwirtschaft definiert und begründet. Ähnliche Anreizsysteme wurden für den industriellen Sektor entwickelt und neue Sonderwirtschaftszonen eingerichtet. Widerstände in der Partei gegen die Reformen beantwortete die Partei- und Staatsführung zwischen 1983 und 1986 mit einer Säuberung von »radikalen« Mitgliedern. Zu den restriktiven Maßnahmen des Reformkurses zählten 1982 die Streichung des Streikrechts aus der Verfassung und die administrativ verordnete »Ein-Kind-Ehe« zur Eindämmung des starken Bevölkerungswachstums.

Führungswechsel: Größere Veränderungen in der obersten Parteiführung erfolgten 1985 und 1987. Deng Xiaoping zog sich aus allen Ämtern zurück und behielt bis November 1989 lediglich das einflussreiche Amt des Vorsitzenden der Militärkommission.

Stichwort: »Ein-Kind-Ehe«

Zu den restriktiven Maßnahmen in der Phase der wirtschaftlichen Reformen gehört die administrativ verordnete »Ein-Kind-Ehe«. Trotz unterschiedlicher Meinungen über die richtige Geschwindigkeit des wirtschaftlichen Wandels war sich die chines. Führung über die Notwendigkeit einer strikten Bevölkerungspolitik einig: Die steigende Wirtschafts-leistung sollte nicht von den Bevölkerungszuwächsen neutralisiert werden. Größe und Wachstum der chines. Bevölkerung wurden durch eine Volkszählung (1982) ermittelt: Von insgesamt 1 Mrd Chinesen waren ca. 50% unter 25 Jahre alt. Vergünstigungen bei Ausbildung und Wohnungszuteilung sollten die »Ein-Kind-Ehe« attraktiv machen. Die restriktiven Maßnahmen reichten von Geldstrafen und Sterilisationen bis hin zu Zwangsabtreibungen. Die Bevölkerungzahl stieg bis 1992 dennoch sprunghaft auf 1,2 Mrd an.

Demokratiebewegungen

Studentenproteste: Die Wirtschaftsreformen hatten zu sozialen Spannungen und offensichtlichen Widersprüchen zwischen der Parteipropaganda, die »bürgerlich-liberale« Wertvorstellungen geißelte, und immer freier gelebtem Materialismus geführt. 1986/87 fanden erste Studentendemonstrationen für Demokratie in Hefei, Shanghai, Wuhan, Tianjin, Nanjing und Peking statt.

Tibet: Der Kampf um Unabhängigkeit stand bei den Unruhen im Oktober 1987 in Lhasa im Vordergrund. Der Dalai-Lama hatte mit seinem Fünf-Punkte-Friedensplan nicht nur die Weltöffentlichkeit erneut auf die Tibetfrage aufmerksam gemacht, sondern auch die Tibeter mobilisiert. Weitere Proteste folgten 1988, 1989 und 1993.

Tiananmen-Platz: Schon 1976 wurde der Platz des Himmlischen Friedens (Tiananmen) vor dem gleichnamigen Eingangstor zur Verbotenen Stadt in Peking Schauplatz gewaltsamer Proteste gegen die herrschende linksradikale Fraktion in der Führung der Kommunistischen Partei (Viererbande). Zugleich fanden dort auch Sympathiekundgebungen für Deng Xiaoping statt. Dieser »Tiananmen-Zwischenfall« wurde als »konterrevolutionär« verurteilt und hatte die Entmachtung Dengs im April 1976 zur Folge (im Juli 1977 rehabilitiert). Im Frühjahr 1989 wurden hier zunächst wochenlang geduldete Studentendemonstrationen für Demokratie und Meinungsfreiheit blutig niedergeschlagen. Auf Weisung Deng Xiaopings ging das Militär am 3./4.6.1989 mit äußerster Brutalität gegen die Demonstranten vor; mehr als 700 Menschen kamen ums Leben. Partei-Generalsekretär Zhao Ziyang, der sich für einen Dialog mit den Demonstranten ausgesprochen hatte, wurde wegen »Unterstützung des Aufruhrs« abgesetzt. Eine landesweite Kampagne gegen »bürgerliche Liberalisierung« führte zu zahlreichen Verhaftungen, insbes. von Intellektuellen. Zhao Ziyangs Nachfolger an der Spitze der KPCh, Jiang Zemin, wurde 1993 auch zum Präsidenten gewählt. Seit der Niederschlagung der Proteste auf dem Platz des Himmlischen Friedens kam es in C. zu keiner größeren Demokratiebewegung mehr.

»Ein Land – zwei Systeme«

Wirtschaftsboom: Während eine Liberalisierung des politischen Systems also weiterhin ausgeschlossen blieb, intensivierte Deng Xiaoping die Wirtschaftsreformen, die im sechsten Fünfjahresplan 1981–86 ein durchschnittliches jährliches Wirtschaftswachstum von 10% erbrachten, 1992/93 noch einmal. In der Verfassung wurde der Begriff »Planwirtschaft« durch »Sozialistische Marktwirtschaft« ersetzt. Privatwirtschaftliche Tätigkeit wurde in weitestem Umfang zugelassen. In der Wirtschaftsentwicklung zeigten sich allerdings große Unterschiede zwischen den Küstenprovinzen und dem Landesinneren. 1995 gestand Ministerpräsident Li Peng Fehler bei der Inflationsbekämpfung ein. Die Verfolgung von Korruption in Staat und Partei wurde verschärft.

Kolonien: Mit der Rückgabe von Hongkong durch Großbritannien am 1.7.1997 und Macaos durch Portugal am 20.12.1999 endete das koloniale Zeitalter in C. Unter dem Motto »Ein

Links: Wochenlang zogen sich die friedlichen Studentendemonstrationen zur Durchsetzung demokratischer Reformen auf dem Platz des Himmlischen Friedens hin. Auch Journalisten von »China Daily« unterstützten die Demokratiebewegung.

Rechts: Am 3./4.6.1989 schlugen Kampftruppen der chines. Armee die Protestbewegung auf dem Platz des Himmlischen Friedens brutal nieder. Das Ende der Demonstrationen brachte zugleich einen Abschluss des Richtungskampfs innerhalb der Führungsspitze.

Land – zwei Systeme« wurden die beiden Kolonien unter Beibehaltung ihres kapitalistischen Wirtschaftssystems angegliedert. Entgegen allgemeinen Befürchtungen blieb ein größerer Kapitalabfluss oder eine massive Ausreisewelle aus. Die Börse verbuchte im Juli 1997 sogar Rekordkurse. Die Demokratiebewegung in Hongkong versuchte auch nach dem Ende der brit. Herrschaft ihren Protest gegen die politischen Verhältnisse in C. zu artikulieren, z. B. bei den jährlichen Gedenkfeiern zur Niederschlagung der Demokratiebewegung auf dem Tiananmen-Platz 1989.

Taiwan: Am Ende des 20. Jh.s war das Verhältnis C.s zu Taiwan weiterhin problematisch. Die VR C. betrachtet Taiwan als abtrünnige Provinz. Zur Einschüchterung der taiwanes. Regierung veranstaltete C. 1996 militärische Manöver vor der Küste Taiwans. International große Beachtung fand im Frühjahr 2000 C.s Versuch, mit einem Propagandafeldzug die Wahl des taiwanes. Präsidentschaftskandidaten Chen Shui-bian von der sozialliberalen Demokratischen Fortschrittspartei zu verhindern. Chen Shui-bian, der am 18.3.2000 mit 39,3% der Stimmen die Wahl gewann und damit die seit 1950 regierende Guomindang ablöste, setzte sich für ein Fortbestehen der Unabhängigkeit Taiwans ein.

Sekten: Ein neues Protestpotenzial bildete sich seit Ende der 90er Jahre in den verschiedenen Sekten C.s. 50 Jahre unter kommunistischer Diktatur hatten nicht nur traditionelle gesellschaftliche Bindungen zerstört und den Buddhismus geschwächt, sondern auch durch eine auf wirtschaftliche Bereiche beschränkte Liberalisierung zu sozialer und geistiger Orientierungslosigkeit vieler Chinesen geführt.

Shanghais Skyline mit den Werbebotschaften des westlichen Kapitalismus: Etwa 50% aller Exporte Chinas werden über Shanghai abgewickelt.

Falun Gong: Mit einer massiven Verfolgungswelle reagierten die chines. Behörden auf landesweite Proteste der Meditationssekte Falun Gong (»Der Weg des Rades«). Im März 1999 demonstrierten allein in Peking ca. 10 000 ihrer Anhänger friedlich für die Anerkennung ihrer Lehre. Als »gefährliche Irrlehre« wurde die Heilsbewegung im Juli 1999 offiziell verboten. Angeblich soll der Tod von mehr als 1500 Menschen unmittelbar auf die Aktivitäten der Sekte zurückzuführen sein. Ein erneuter Massenaufmarsch von Anhängern der Sekte zum Jahrestag der Proteste im März 2000 konnte nur durch ein Großaufgebot an Sicherheitskräften verhindert werden. *T.H.*

Die wichtigsten Parteien im 20. Jahrhundert

Name (Abkürzung)	*Politische Richtung*	*Gründung*
Guomindang (Nationale Volkspartei; GMD)	konservativ (nach 1925)	1912
Gemindang (Revolutionspartei)	sozialistisch	1914
Kommunistische Partei Chinas (KPCh)	kommunistisch	1921

Staatsoberhäupter Chinas

Reg.-Zeit	*Name (Herrschergeschlecht bzw. Partei)*	*Lebensdaten*	*Reg.-Zeit*	*Name (Herrschergeschlecht bzw. Partei)*	*Lebensdaten*
Kaiserzeit			1928–31	Chiang Kai-shek (Guomindang)	1887–1975
1875–1908	Guangxu (Qing), seit 1898 in Palasthaft	1871–1908	1931–43	Lin Sen (Guomindang)	1867–1943
1898–1908	Cixi (Qing), Regentin	1835–1908	1943–49	Chiang Kai-shek (Guomindang)	1887–1975
1908–12	Puyi (Qing)	1905–1967	1949(–50)	Li Zongren (Guomindang) 2) 3)	1890–1969
Republik (nach 1916 faktisch lokale Militärmachthaber)			**Volksrepublik**		
1912	Sun Yat-sen 1)	1866–1925	1954–59	Mao Zedong (KPCh)	1893–1976
1912–16	Yuan Shikai	1859–1916	1959–68	Liu Shaoqi (KPCh)	1898–1969
1916/17	Li Yuanhong	1865–1928	1968–75	Dong Biwu (KPCh) 3)	1886–1975
1917/18	Feng Guozhang	1859–1919	1975/76	Zhu De (KPCh)	1886–1976
1918–22	Xu Shichang	1858–1936	1978–83	Ye Jianying (KPCh)	1897–1986
1922/23	Li Yuanhong	1865–1928	1983–88	Li Xiannian (KPCh)	1909–1992
1923/24	Cao Kun	1862–1938	1988–93	Yang Shangkun (KPCh)	1907–1998
1924–26	Duan Qirui	1864–1936	seit 1993	Jiang Zemin (KPCh)	*1926
1927/28	Zhang Zuolin	1873–1928	1) Provisorisch; 2) ab 4.12.1949 in Taiwan; 3) amtierend		

Hongkong: Rückgabe der britischen Kronkolonie an die Volksrepublik China

Der Wohlstand Hongkongs, das sich in der zweiten Hälfte des 19. Jh.s zu einer dynamischen Metropole entwickelte, beruhte auf den kolonialen Wirtschaftsbeziehungen zwischen China und Großbritannien. (Foto: Queens Road im Western District um 1900)

Bis zum Opiumkrieg 1839–42 war Hongkong eine dünn besiedelte Felseninsel. Erst als die chines. Regierung die brit. Opiumhändler aus Kanton vertrieb, gewann Hongkong an Bedeutung. 1842 musste China die seit 1841 von den Briten besetzte Insel vertraglich an Großbritannien abgeben. 1860 wurde der brit. Besitz durch Abtretung von Teilen der Halbinsel Kowloon und Stonecutters Island vergrößert. 1898 erhielt Großbritannien durch Pacht für 99 Jahre die »New Territories«.

Nach der Besetzung Kantons durch die Japaner setzte 1938 eine starke Zuwanderung nach Hongkong ein. So stieg die Bevölkerungszahl der brit. Kronkolonie auf 1,6 Mio. 1941 griffen die Japaner die Kronkolonie an und drängten brit., kanad. sowie ind. Truppen zurück. Die brit. Bevölkerung wurde in Stanley interniert. In den vier Jahren der japan. Besatzung Hongkongs (1941–45) wurden die Industrieanlagen fast völlig demontiert, die Hafenanlagen zerstört und Wälder vernichtet.

Nach dem Krieg wurde zunächst eine provisorische Militärverwaltung eingesetzt, die am 1.5.1946 abgelöst wurde. Durch die Rückkehr geflohener Chinesen stieg die Einwohnerzahl auf 1,8 Mio, nach einer weiteren Fluchtwelle aus Südchina bis 1950 sogar auf 2,4 Mio. 1984 verpflichtete sich Großbritannien, 1997 alle Souveränitätsansprüche an China abzugeben. Für eine Übergangszeit von 50 Jahren soll mit eigener Währung und eigenem Finanzsystem eine gewisse politische Selbstständigkeit erhalten bleiben – nach der Devise »Ein Land, zwei Systeme«. 1985 wurde der Rückgabevertrag ratifiziert.

Die gewaltsame Niederschlagung der Demokratiebewegung in Peking führte 1989 in der brit. Kronkolonie zu heftigen Protesten gegen die Rückgabe Hongkongs an China. Bis zur Übergabe 1997 entspannte sich die Lage. Die befürchtete Massenflucht und die damit verbundenen Kapitalabflüsse blieben aus.

Links: Bei einem nicht genehmigten Demonstrationszug zogen Anhänger der »Allianz zur Unterstützung patriotischer demokratischer Bewegungen in China« am 1.7.1997 durch Hongkong. Der Marsch galt als Test für die Regierung der neuen chines. Sonderverwaltungsregion.

Rechts: Reklametafeln westlicher Unternehmen prägen das belebte Geschäftsviertel Hongkongs – sinnfälliger Hinweis auf die Devise »Ein Land, zwei Systeme«.

Costa Rica

Republik Costa Rica

1502 entdeckte Christoph Kolumbus die Nordostküste des heutigen C. Bei der Kolonisierung des Gebietes in der zweiten Hälfte des 16. Jh.s trafen die Spanier auf heftigen Widerstand der Urbevölkerung. 1821 erklärte C. seine Unabhängigkeit von Spanien und schloss sich dem kurzlebigen Kaiserreich Mexiko an. Bereits 1825 erhielt C., das seit 1823 zur Zentralamerikan. Föderation gehörte, eine Verfassung. Am 14.11.1838 wurde der souveräne Staat C. proklamiert.

Wohlhabender Agrarstaat

Das überwiegend von Weißen bewohnte C., die »reiche Küste«, war fast das ganze 20. Jh. hindurch der wohlhabendste Staat Zentralamerikas. Anders als in den Nachbarstaaten, die von konkurrierenden Großgrundbesitzeroligarchien (»familias«) dominiert wurden, bestand in C. ein konkurrenzfähiger bäuerlicher Mittelstand, der am Pazifik Viehzucht, Tabak- und Obstanbau betrieb, während auf den Hochflächen der Tierra Templada Kaffee als das bedeutendste Ausfuhrprodukt kultiviert und veredelt wurde. Die atlantische Karibikküste befand sich weitgehend im Besitz des US-Konzerns United Fruit Company (ab 1968 United Brands Company), der ausgedehnte Bananen- und Kakaoplantagen unterhielt; nach dem Kaffee bildeten Bananen und Kakao die wichtigsten Exportgüter, Haupthandelspartner waren die USA und Deutschland. Auch sozial- und bildungspolitisch unterschied sich C. durch ein hohes Niveau von den Nachbarstaaten. Direkte Steuern wurden in C. nicht erhoben, der Staat finanzierte sich durch Zolleinnahmen sowie durch indirekte Steuern und Abgaben auf Alkohol, Eisenbahn- und Postwesen. Die von einer Vielzahl wohlhabender bäuerlicher Familien geprägte Gesellschaftsstruktur führte in der ersten Hälfte des 20. Jh.s zu stark personalisierten Präsidentenwahlen ohne klassische Parteienstruktur. In den beiden Weltkriegen trat C. auf Seiten der USA in den Krieg ein, ohne sich allerdings an Kampfhandlungen zu beteiligen.

Die »Musterdemokratie«

Weltwirtschaftskrise: Die Jahrzehnte ruhiger Entwicklung endeten mit dem Ausbruch der Weltwirtschaftskrise 1929. Das Wegbrechen von Kaffeemärkten und der gleichzeitige Kaffeepreisverfall führten zu einer politischen Erneuerungsbewegung, deren führender Kopf José Figueres Ferrer wurde.

Zweite Republik: Als die konservative Regierung 1948 nach dem Wahlsieg des reformerischen Kandidaten Otilio Ulate Blanco die Wahlen annullieren ließ, kam es zu einem Bürgerkrieg zwischen Konservativen und Reformern, die für die Errichtung eines sozial orientierten demokratischen Verfassungsstaats kämpften. Figueres Ferrer errang mit seiner Karib. Legion den Sieg, übernahm am 3.5.1948 kommissarisch die Regierung, proklamierte am 8.5.1948 die »Zweite Republik C.« und erklärte am selben Tag das Heer für aufgelöst. Am 16.1.1949 übergab er die Amtsgeschäfte dem demokratisch gewählten Präsi-

Costa Rica 2000	
Landesfläche	51 100 km² (WR 125)
Einwohner	3,9 Mio (WR 118)
Hauptstadt	San José (325 000 Einwohner)
Sprache	Spanisch
Währung	1 Costa-Rica-Colón (C)
Gliederung	7 Provinzen
Staatsform	Präsidiale Republik (seit 1949)
Religion	Katholiken (80%), Protestanten (15%); Sonstige (5%)
Bevölkerung	Weiße (87%); Mestizen (7%); Sonstige (6%)

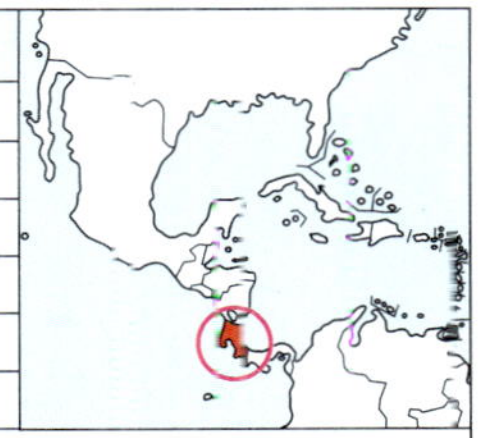

Costa Rica im 20. Jahrhundert	
1925	Die fünf zentralamerikan. Republiken unterzeichnen auf Druck der USA einen Friedens-, Schiedsgerichts- und Abrüstungsvertrag, um Grenzkonflikte zu vermeiden.
1929	Die Weltwirtschaftskrise beendet die ruhigen Jahrzehnte in Costa Rica.
1948	In einem Bürgerkrieg sichert der Sozialdemokrat José Figueres Ferrer die demokratische Ordnung und proklamiert die »Zweite Republik«.
1949	Costa Rica erhält die bis heute gültige Verfassung als Präsidialrepublik.
1960	Costa Rica ist Gründungsmitglied des Zentralamerikan. Gemeinsamen Markts (MCCA).
1979	Der Sturz der USA-freundlichen Somoza-Diktatur durch die Sandinisten im Nachbarstaat Nicaragua leitet den Zentralamerika-Konflikt ein, der für Costa Rica mit einer schweren Wirtschaftskrise verbunden ist
1983	Costa Rica proklamiert die immer währende Neutralität.
1987	Unterzeichnung des Arias-Friedensplans für Zentralamerika; Präsident Oscar Arias Sánchez erhält für diesen Plan den Friedensnobelpreis.
1993	Costa Rica, El Salvador, Guatemala, Honduras, Nicaragua und Panama gründen das Zentralamerikan. Integrationssystem (SICA), das eng mit dem Zentralamerikan. Gemeinsamen Markt (MCCA) verbunden ist.
1998	Grenzzwischenfall am Rio San Juan mit nicaraguan. Soldaten
	Intel, größter Chipproduzent der Welt, lässt in Costa Rica vier Werke bauen.

Die wichtigsten Parteien im 20. Jahrhundert		
Name (Abkürzung)	*Politische Richtung*	*Gründung*
Partido de Liberación Nacional (PLN)	sozialdemokratisch	1949
Partido de Unidad Social Cristiana (PUSC)	christlich-sozial	1986

Costa Rica – die »Schweiz Lateinamerikas«

Durch die Verfassung von 1949 wurden in Costa Rica Armee und Militärdienstpflicht aufgehoben. Traditionell besaß die Armee nicht dieselbe Macht wie in einigen anderen Staaten Zentralamerikas. Ihre Friedenspräsenzstärke betrug in den 30er Jahren 325 Mann, die zur Verfügung stehenden Zollkutter hatten keinen Gefechtswert. 1949 wurde eine paramilitärische Nationalgarde mit Polizeifunktion gebildet, die wegen der Konflikte in den Nachbarstaaten in der Folgezeit erheblich aufgestockt wurde. Ende des 20. Jh.s bestand sie aus 9500 Mann, darunter ein Anti-Guerilla-Bataillon, und verfügte über Flugzeuge, Hubschrauber und sechs kleine Kampfschiffe. (Foto: Patrouille an einem Grenzfluss)

Nobelpreisträger Arias Sánchez

Der costarican. Staatspräsident Oscar Arias Sánchez (1986–90) trug mit seinen außenpolitischen Initiativen wesentlich zur Beilegung des Zentralamerikakonflikts bei. Der Sozialdemokrat legte zu Beginn seiner Präsidentschaft die Vision eines Friedensplans für das von Bürgerkriegen erschütterte Zentralamerika vor. Am 7.8.1987 unterzeichneten er und die Präsidenten von El Salvador, Guatemala, Honduras und Nicaragua in Esquipulas/Guatemala den Arias-Friedensplan (Esquipulas-II-Abkommen), der u. a. den Dialog zwischen Regierungen und Oppositionsgruppen sowie in einer zweiten Phase die völlige Einstellung von Militärhilfen vorsah. 1987 wurde Arias Sánchez »für seinen Frieden schaffenden Einsatz in Mittelamerika« mit dem Friedensnobelpreis ausgezeichnet. (Foto: Arias Sánchez vor der UN-Hauptversammlung in New York, 1987)

denten Ulate Blanco. Die breite Unterstützung der Bevölkerung für die Errichtung einer demokratischen Ordnung schuf die Grundlagen für die folgenden Jahrzehnte, in denen C. das einzige Land mit einer funktionierenden Demokratie in Zentralamerika war. Der Bürgerkrieg führte zugleich zur Ausbildung des bis heute bestehenden Parteiensystems aus der sozialdemokratischen Partido de Liberación Nacional (PLN) und verschiedenen konservativ-liberalen Parteien auf der anderen Seite. Am 17.11.1949 trat die neue Verfassung in Kraft, Militärdienstpflicht und Armee wurden abgeschafft. In der Folge wechselten sich PLN und Konservative in der Regierung ab und betrieben eine zielstrebige Reformpolitik. Figueres Ferrer leitete als Präsident 1953–58 auch die Industrialisierung des Landes ein.

Zentralamerikakonflikt

Krisen: Der Sturz der USA-freundlichen Somoza-Diktatur in Nicaragua 1979 und die Finanzierung totalitärer Regime sowie der antisandinistischen Contras durch die USA führten zu Beginn der 80er Jahre zu militärischen Auseinandersetzungen, in die alle zentralamerikan. Staaten verwickelt wurden. Der zentralamerikan. Markt drohte zusammenzubrechen, in C. kam es zu einer Wirtschaftskrise.
Neutralität: Anfangs unterstützte C. die sandinistische Regierung in der Hoffnung auf eine demokratische Erneuerung im Nachbarstaat Nicaragua, mit dem es immer wieder zu Grenzkonflikten gekommen war. Als das sandinistische Regime zunehmend totalitäre Tendenzen zeigte, näherte sich C. ab 1981 der antisandinistischen Politik der USA an. Am 17.11.1983 proklamierte C. jedoch die »immer währende Neutralität« und unterband Aktivitäten der von costarican. Staatsgebiet aus operierenden antisandinistischen Contras. Am 8.1.1984 unterzeichnete C. den von Panama initiierten Contadora-Friedensplan: Er sah u. a. den Abzug aller ausländischen Truppen aus den zentralamerikan. Ländern vor und verpflichtete die Unterzeichnerstaaten zur Einhaltung der Menschenrechte.
Arias-Friedensplan: Staatspräsident Oscar Arias Sánchez (1986–90) unterzeichnete am 7.8.1987 gemeinsam mit den Präsidenten von El Salvador, Guatemala, Honduras und Nicaragua in Esquipulas/Guatemala den sog. Arias-Friedensplan für Mittelamerika mit dem Ziel, die Bürgerkriege zu beenden. Folgen seiner Initiative waren u. a. das Ende der Bürgerkriege in Nicaragua (1990) und in Honduras (1992). Das Ende des Bürgerkriegs in Hondu-

ras erlebte Arias Sánchez nicht mehr als Präsident: Über seiner erfolgreichen Außenpolitik vernachlässigte er weitgehend die Innenpolitik und wurde 1990 von dem Konservativen Rafael Calderón Fournier (1990–94) abgelöst.
Integration: Nach dem Ende der Bürgerkriege erhielt die Zusammenarbeit der zentralamerikan. Staaten neue Impulse durch die Gründung des Zentralamerikan. Integrationssystems (Sistema Integración Centroamericana, SICA) am 1.2.1993 durch C., El Salvador, Guatemala, Honduras, Nicaragua und Panama. Ziel dieser Organisation ist die wirtschaftliche und politische Integration auf der Basis von Frieden und Demokratie.

Aufbruch in den 90er Jahren

Schwierige Modernisierung: Probleme bei der Modernisierung von Staat und Wirtschaft prägten die Amtszeit des sozialdemokratischen Präsidenten José Figueres Olsen (1994–98) von der PLN. Kriminalität, Korruption, zunehmende Armut und Einschnitte im Gesundheits- und Bildungswesen kennzeichneten die Lage. Der am 1.2.1998 gewählte Präsident Miguel Angel Rodríguez von der christlich-sozialen PUSC (Partido Unidad Social Cristiana) band die oppositionelle PLN im Rahmen einer konzertierten Aktion in die Regierungsarbeit ein, um einen gesamtgesellschaftlichen Konsens bei politischen, sozialpolitischen und wirtschaftlichen Entscheidungen zu ermöglichen.
Computerstandort: In den 90er Jahren entwickelte sich C. zu einem der bedeutendsten Produktionsstandorte der Computerbranche. Am 18.3.1998 nahm in der Hauptstadt San José die erste von vier costarican. Fabriken des Chipproduzenten Intel den Betrieb auf. Bis 2002 will der weltgrößte Hersteller von Mikroprozessoren ein Drittel seiner weltweiten Produktion in C. konzentrieren. Insgesamt waren Ende des 20. Jh.s mehr als 30 Firmen aus dem Informatik- und Elektroniksektor in C. vertreten. Damit hatte C. seit den 80er Jahren seine Exportwirtschaft erfolgreich von der Rohstoffgewinnung (1950: 95% Anteil; 1998: 35%) auf serviceorientierte Aktivitäten umgestellt. Entscheidend für den Zuzug von Hightech-Firmen war u. a. das im Vergleich zu anderen lateinamerikan. Staaten hoch stehende Bildungssystem sowie die weit verbreitete Zweisprachigkeit. Das Wirtschaftswachstum beschleunigte sich von 3,2% (1997) auf 4,8% (1999) bei einer jedoch unverändert hohen Teuerungsrate von 11% (1999).
Grenzkonflikt: Die während des gesamten 20. Jh.s immer wieder auftretenden Grenzstreitigkeiten mit Nicaragua wurden auch am Ende des Jahrhunderts wieder akut. Im August 1998 hinderten costarican. Grenzeinheiten nicaraguan. Soldaten am Überqueren des Flusses Rio San Juan und demonstrierten damit die faktische Oberhoheit über das Gewässer. Der Konflikt ließ in Nicaragua eine nationalistische Stimmung aufkommen. Der Grenzfluss Rio San Juan liegt auf nicaraguan. Territorium, wird aber gewohnheitsrechtlich auch von costarican. Händlern als Transportweg befahren. Seit den 80er Jahren fungierte der Rio San Juan als Schmuggelroute für Drogen, Waffen und illegale Einwanderer. *B.P.*

Rafael Calderón Fournier setzte nach seinem Wahlsieg 1990 die neoliberale Wirtschaftspolitik seiner Vorgänger fort. Dies führte einerseits zu einer Wachstumsbelebung und zu sinkenden Staatsausgaben, verschärfte andererseits aber auch die sozialen Gegensätze. Bei den Präsidentschaftswahlen 1994 erhielt seine Partei, die konservative PUSC, dafür die Quittung: Ihr Kandidat unterlag dem PLN-Bewerber José Figueres Olsen.

Staatsoberhäupter Costa Ricas

Reg.-Zeit	Name	Lebensdaten	Reg.-Zeit	Name	Lebensdaten
1894–1902	Rafael Iglesias y Castro	1861–1924	1948/49	José Figueres Ferrer	1907–1990
1902–06	Ascensión Esquivel	1848–1927	1949–52	Otilio Ulate Blanco	1896–1973
1906–10	Cleto González Viquez	1858–1937	1952/53	Alberto Oreamuno Flores	k.A.
1910–12	Ricardo Jiménez Oreamuno	1869–1945	1953–58	José Figueres Ferrer	1907–1990
1912–14	Cleto González Viquez	1858–1937	1958–62	Mario Echandi Jiménez	*1915
1914–17	Alfredo González Flores	1877–1936	1962–66	Francisco Orlich Bolmareich	1907–1969
1917–19	Federico Tinoco Granados	1870–1931			
1919	Julio Acosta García	1876–1954	1966–70	José Trejos Fernández	*1916
1919/20	Juan Bautista Quirós	1853–1934	1970–74	José Figueres Ferrer	1907–1990
1920–24	Julio Acosta García	1876–1954	1974–78	Daniel Oduber Quiros	1921–1991
1924–28	Ricardo Jiménez Oreamuno	1869–1945	1978–82	Rodrigo Corazo Odio	*1926
1928–32	Cleto González Viquez	1858–1937	1982–86	Luis Monge Alvarez	*1925
1932–36	Ricardo Jiménez Oreamuno	1869–1945	1986–90	Oscar Arias Sánchez	*1941
1936–40	León Cortés Castro	1882–1946	1990–94	Rafael Calderón Fournier	*1949
1940–44	Rafael Calderón Guardia	1900–1970	1994–98	José Figueres Olsen	*1954
1944–48	Teodoro Picado Michalski	1901–1960	seit 1998	Miguel Angel Rodríguez Echeverría	*1940
1948	Santos León Herrera	1874–1950			

Stichwort: Sanfter Tourismus als alternativer Wirtschaftsfaktor in Costa Rica

Oben links: Strenge Forstgesetze sollen den Erhalt des Regenwaldes sichern.

Oben rechts: Seilbahnen erschließen den Touristen Schönheit und Artenvielfalt im Kronendach der tropischen Regenwälder.

Mitte: San José, die Hauptstadt Costa Ricas am Fuße der Cordillera Central, ist Ausgangspunkt für Touren in die Nationalparks des Landes.

Unten: Die unberührte Playa Espadilla gehört zum Nationalpark Manuel Antonio an der Pazifikküste.

Umweltschäden: Die weitflächige Umwandlung der tropischen Regenwälder Costa Ricas in Bananenplantagen erfolgte in der ersten Hälfte des 20. Jh.s. In den 90er Jahren geriet die Verseuchung Costa Ricas durch den Einsatz von Pestiziden zur Produktion ästhetisch perfekter Bananen verstärkt in die Kritik, da die Regierung im Rahmen eines vom Internationalen Währungsfonds (IWF) verordneten Strukturanpassungsprogramms die Bananenproduktion ausweitete. Die Kreditvergabe an Kleinbauern wurde eingestellt, die Fruchtkonzerne kauften in der »Bananenprovinz« Limón die letzten Ländereien, die noch im Besitz kleiner und mittlerer Produzenten waren, die Monokulturen an der Atlantikküste wuchsen von 37 000 auf 55 000 ha. Jedes Jahr wurden in Costa Rica ca. 45 kg/ha Pestizide eingesetzt, von denen viele in Europa verboten sind. Die Unfruchtbarkeits- und Krebsrate und die Säuglingssterblichkeit lagen in der Provinz Limón weit über dem Landesdurchschnitt. Klagen gegen die Bananenkonzerne wurden zunächst abgewiesen, später mit einer einmaligen Abfindung von 7500 US-Dollar befriedigt.

Sanfter Tourismus: 1998 verabschiedete das Parlament ein Gesetz, das den expandierenden Tourismus als zweiten großen dynamischen Wirtschaftszweig weiter fördern und in Einklang mit der »nachhaltigen Entwicklung« bringen soll, wie sie 1992 auf dem Umweltgipfel von Rio de Janeiro proklamiert worden war. Um den »sanften Tourismus« in dem Karibikstaat, wo Naturschutzparks 27% der Gesamtfläche einnehmen, auszubauen, wurde ein Forstgesetz verabschiedet, das wirtschaftliche Anreize zur nachhaltigen Nutzung der Regenwälder vorsieht (u. a. Treibstoffsteuer, Strafen für Umweltkriminalität). Verkehrserschließung und touristische Nutzung waren neben dem Holzeinschlag dafür verantwortlich, dass der Waldbestand in Costa Rica von 50% (1982) auf ca. 32% (1987) gesunken war. Die primären Tropenwaldbestände wurden Ende der 90er Jahre auf 9% der Landesfläche geschätzt.

Côte d'Ivoire

Republik Côte d'Ivoire

Die Küstenregion von C., ehemals Elfenbeinküste, wurde im 15. Jh. von französ. Seefahrern entdeckt. Die Unzugänglichkeit des tropischen Urwalds verhinderte jedoch bis Anfang des 19. Jh.s die Kolonialisierung des Landes. Nach 1700 wanderten in das Gebiet des heutigen C. von Osten die Stämme der Agni und Baule ein. Der Norden wurde in die Staatenbildung des westlichen Sudan einbezogen.

Côte d'Ivoire 2000	
Landesfläche	322 463 km² (WR 68)
Einwohner	14,5 Mio (WR 61)
Hauptstadt	Yamoussoukro (150 000 Einw.)
Sprachen	Französisch, Dialekte
Währung	1 CFA-Franc (FCFA)
Gliederung	16 Regionen, 50 Departements
Staatsform	Präsidiale Republik (seit 1960)
Religion	Moslems (38,7%); Christen (26,1%); Sonstige (35,2%)
Bevölkerung	Akan (41,8%); Volta (16,3%); Malinké (15,9%); Kru (14,6%); Mandé (10,7%); Sonstige (0,7%)

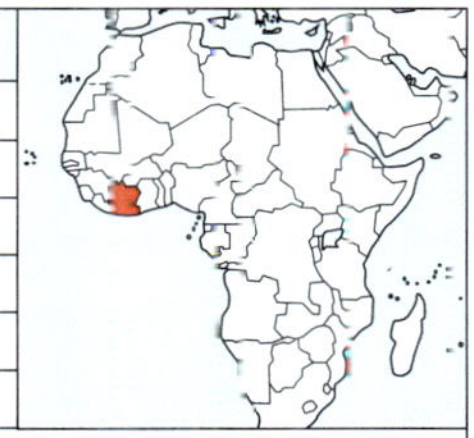

Côte d'Ivoire im 20. Jahrhundert	
1904	Das Gebiet des heutigen Côte d'Ivoire wird Teil der Föderation Französ.-Westafrika (AOF).
1918	Abschluss der militärischen Eroberung durch Frankreich; das Gebiet gilt offiziell als »befriedet«.
1924	Einheimische Pflanzer gründen das »Afrikan. landwirtschaftliche Syndikat« (SAA), um ihre Interessen gegenüber den Kolonialbehörden zu vertreten. Das SAA tritt u. a. für die Abschaffung des Zwangsarbeitssystems ein.
1944	Gründung der Partei Rassemblement Démocratique Africain (RDA) durch den Arzt und Plantagenbesitzer Félix Houphouët-Boigny.
1945	Houphouët-Boigny erhält einen Sitz in der französ. Nationalversammlung.
1946	Die Nationalversammlung in Paris beschließt die Abschaffung des Zwangsarbeitssystems in Côte d'Ivoire
1958	Frankreich gewährt Côte d'Ivoire innere Autonomie.
1960	Côte d'Ivoire erlangt seine staatliche Unabhängigkeit. Erster Präsident wird Félix Houphouët-Boigny, der das Land mittels seiner Einheitspartei Parti Démocratique de la Côte d'Ivoire (PDCI, hervorgegangen aus der RDA) autoritär regiert.
1963	Ein Putsch gegen Houphouët-Boigny scheitert. Zahlreiche Oppositionspolitiker werden verhaftet.
1971	Côte d'Ivoire schließt ein Abkommen mit dem Senegal über enge politische und wirtschaftliche Zusammenarbeit. Die pro-westliche Politik Houphouët-Boignys bringt dem Land einen über Kredite finanzierten wirtschaftlichen Aufschwung.
1983	Der Verfall der Kakao-Preise führt zu einer schweren, lang anhaltenden Wirtschaftskrise.
1990	Durch Verfassungsänderung wird ein Mehrparteiensystem eingeführt.
1993	Nach dem Tod von Staatsgründer Houphouët-Boigny wird Henri Konan Bédié (PDCI) Präsident.
1995	Aus den Präsidentschaftswahlen geht Bédié als Sieger hervor. Die Wahlen sind überschattet von Unruhen und werden wegen Benachteiligung von mehreren Parteien boykottiert. Bédié leitet marktwirtschaftliche Reformen mit umfangreichen Privatisierungen ein.
1999	Militärputsch unter Führung von General Robert Guéï.
2000	Im Januar scheitert der Versuch der Militärführung, eine zivile Regierung unter Beteiligung der größeren Parteien zu bilden.

Französische Kolonie

Erschließung: Nachdem Frankreich 1843 einen ersten Marinestützpunkt in Grand-Bassam gegründet und mit verschiedenen Stämmen Protektoratsverträge abgeschlossen hatte, dehnte es seinen Einfluss ins Landesinnere aus. 1893 erklärte Paris das Gebiet offiziell zur französ. Kolonie, 1904 wurde es Bestandteil der neu gebildeten Föderation Französ.-Westafrika. Gouverneur Gabriel Angoulvant begann 1908 mit der militärischen Eroberung des Landes. Der heftige Widerstand mehrerer Stämme, insbes. der Baule und Agni, wurde durch massiven Militäreinsatz der waffentechnisch überlegenen Franzosen gebrochen. 1918 galt die Kolonie als »befriedet«.

Kaffee- und Kakao-Exporteur: Nach 1918 wurde das Eisenbahnnetz ins Landesinnere bis nach Volta (heute Burkina Faso) ausgedehnt. C. entwickelte sich in den 20er Jahren zum weltweit größten Exporteur von Kakao. Auch Kaffee, der in C. seit etwa 1880 angebaut wurde, war neben Elfenbein und Edelhölzern ein wichtiges Exportgut. Die reichen Rohstoffvorkommen (u. a. Gold, Diamanten, Bauxit) blieben wegen der Unzugänglichkeit des Landes zunächst unerschlossen.

Zwangsarbeit: Der relativ hohe wirtschaftliche Ertrag der französ. Besitzung basierte auch auf der um 1880 eingeführten Zwangsarbeit für die schwarze Bevölkerung. Bei der Durchsetzung dieses Systems, bei dem jeder Bauer einen Teil seines Landes mit Exportgütern bepflanzen musste, stützte sich die Kolonialmacht auf Häuptlinge und Stammesautoritäten. 1924 gründete der Arzt und Plantagenbesitzer Félix Houphouët-Boigny einen Interessenverband (Afrikan. landwirtschaftliches Syndikat; SAA), um die Situation der Farmer zu verbessern.

Unabhängigkeitsbestrebungen: Im Zweiten Weltkrieg kämpften 40 000 Bewohner von C. in der französ. Armee. 1940–42 stand C. wie die anderen französ. Kolonien in Westafrika unter der Herrschaft des Vichy-Regimes. Rassistische Gesetzgebung, Benachteiligung der afrikan. Pflanzer, Zwangsarbeit und wirtschaftliche Depression infolge der brit. Seeblockade führten zu wachsender Unzufriedenheit in der Bevölkerung. 1944 gründete Houphouët-Boigny die Afrikan. Demokratische Sammlungsbewegung (RDA), die insbes. die Gleichberechtigung der afrikan. Pflanzer

Stichwort: Conseil de l'Entente

Am 29.5.1959 schloss sich Côte d'Ivoire mit seinen Nachbarstaaten Obervolta (heute Burkina Faso), Dahomey (1975 in Benin umbenannt) und Niger im Conseil de l'Entente (Rat des Bündnisses) zusammen. Die vier Staaten – einige Jahre später trat auch Togo bei – vereinbarten eine enge Koordinierung ihrer Innen- und Außenpolitik. Dies schloss u. a. die Ausarbeitung gleichlautender Verfassungen, gleiches Wahlrecht, gleiche Wahltermine, eine gemeinsame Wirtschaftspolitik und eine Zollunion sowie gleiche Armeestrukturen mit koordiniertem Oberfehl ein. Auch auf außenpolitischer Ebene herrschten enge Absprachen. Von der Einrichtung gemeinsamer politischer Institutionen sahen die Staaten, die zuvor Teil der Französ. Gemeinschaft (Communauté Française) waren, allerdings ab.

Die ehemaligen westafrikan. Kolonien wollten auf diese Weise ihre politische und wirtschaftliche Position in der internationalen Staatengemeinschaft stärken. Der Zusammenschluss sollte auch ein politisches Gegengewicht zur Mali-Föderation (Senegal, Soudan/Mali, 1959/60) bilden. Der Conseil de l'Entente, der vor allem von Félix Houphouët-Boigny forciert wurde, versuchte u. a., Westafrika aus den sog. Stellvertreterkriegen im Zuge des Ost-West-Konflikts herauszuhalten.

Staatsgründer Félix Houphouët-Boigny

Félix Houphouët-Boigny (1905–1993) war fast 50 Jahre lang die dominierende Gestalt in der Politik Côte d'Ivoires. Der Sohn einer adligen Familie aus dem Stamm der Baule studierte Medizin und arbeitete zunächst im kolonialen Gesundheitswesen. 1944 gründete Houphouët-Boigny, der als Plantagenbesitzer über erheblichen Reichtum verfügte, die Partei Rassemblement Démocratique Africain (RDA). Im folgenden Jahr wurde er als Vertreter Côte d'Ivoires in die französ. Nationalversammlung gewählt. 1956–59 gehörte Houphouët-Boigny als erster Afrikaner im Ministerrang der französ. Regierung an. Nach Erlangung der Unabhängigkeit wurde Houphouët-Boigny 1960 mit 98% der Stimmen zum Präsidenten gewählt und später sechsmal im Amt bestätigt. Stets lehnte Houphouët-Boigny sozialistische Experimente ab; er verfolgte eine liberal-konservative Politik. Außenpolitisch steuerte Houphouët-Boigny einen westlich orientierten Kurs, was bereits in den 70er Jahren Kontakte zu Südafrika einschloss. Auf den ökonomischen Niedergang des Landes und die wachsende Opposition reagierte Houphouët-Boigny ab 1980 zunehmend mit Repressionen. (Foto: Félix Houphouët-Boigny im November 1983)

forderte. 1945 wurde er in die französ. Nationalversammlung entsandt, wo er 1946 die Abschaffung der Zwangsarbeit in C. erreichte.

Autonomie: Als Wortführer der Unabhängigkeitsbewegung wollte Houphouët-Boigny keinen radikalen Bruch mit Frankreich, sondern schrittweise Autonomie unter Beibehaltung der engen Bindung an das Mutterland. 1958 gewährte Paris C. innere Autonomie und integrierte die damalige Elfenbeinküste in die Communauté Française. Houphouët-Boigny wurde erster Premierminister.

Ära Houphouët-Boigny (1960–93)

Souveräner Staat: Am 7.8.1960 erhielt C. die staatliche Unabhängigkeit. Die neue Verfassung führte ein Präsidialsystem ein, ein neues Wahlgesetz etablierte den Einparteienstaat. Gesetzgebungsorgan war die jeweils für fünf Jahre gewählte Nationalversammlung mit 85 Abgeordneten, die alle der von Präsident Houphouët-Boigny gegründeten Demokratischen Partei von C. (PDCI) angehörten.

Putschversuche und Liberalisierungen: Seit Anfang der 60er Jahre wuchs der Widerstand gegen den autoritären Führungsstil des Präsidenten. 1963 scheiterte ein Putschversuch von Regierungsmitgliedern, die folgende Verhaftungswelle diente der Ausschaltung politischer Gegner. 1969 fanden Demonstrationen gegen wirtschaftliche Missstände und Korruption sowie für eine Liberalisierung statt. Houphouët-Boigny nahm daraufhin einige Reformen in Angriff. So traten 1970 an die Stelle des traditionellen Familienrechts neue, westlich beeinflusste Bestimmungen. Die politische Lage stabilisierte sich wieder. Im Oktober 1985 benannte Houphouët-Boigny das Land offiziell in C. um.

Demokratisierung: 1990 kam es nach schweren Unruhen und wachsender Opposition vor allem der städtischen Bevölkerung zu umfangreichen Verfassungsänderungen. Oppositionelle Parteien wurden legalisiert, Gewaltenteilung garantiert. Im November 1990 fanden die ersten Parlamentswahlen unter Beteiligung mehrerer Parteien statt. Die frühere Einheitspartei PDCI gewann 163 Mandate in der Nationalversammlung, die nun 175 Abgeordnete umfasste.

Außenpolitik: 1971 schloss C. ein Abkommen mit dem Senegal, das eine enge Zusammenarbeit der beiden Länder vor allem auf militärischem Gebiet vorsah. In den 70er Jahren scheiterte C. mit dem Versuch, im Konflikt der schwarzafrikan. Staaten mit dem Apartheidsregime in Südafrika zu vermitteln. Die traditionell pro-westliche Orientierung C.s brachte dem Land mittels Aufbauhilfen und Krediten aus dem Ausland ab Mitte der 70er Jahre einen wirtschaftlichen Aufschwung. In den 80er Jahren folgte wegen fallender Rohstoffpreise jedoch wieder eine wirtschaftliche Krise. Dem Preisrückgang für Kakao versuchte C. zeitweise durch die Einstellung aller Kakao-Exporte zu begegnen.

Präsidentschaft Bédié (1993–99)

Wirtschaftspolitik: Staatsgründer Houphouët-Boigny starb im Dezember 1993. Nachfolger im Amt des Staatspräsidenten wurde Henri Konan Bédié, der die Politik von Houphouët-Boigny fortsetzte. Trotz wieder steigender Weltmarktpreise für Kakao, Einschränkung der hohen Auslandsverschuldung und Erdölfunden vor der Küste, die das Interesse ausländischer Investoren weckten, hatte C. in den 90er Jahren zunehmend gegen die Konkurrenz asiat. Staaten zu kämpfen. Einsparungen bei den Sozial- und Bildungsausgaben sowie beim Militär führten zu heftigen Protestkundgebungen. Nach seinem Sieg bei den Präsidentschaftswahlen im Oktober 1995, bei denen er 95,3% der Stimmen errang, leitete Präsident Bédié umfassende marktwirtschaftliche Reformen ein. Bis Mitte 1999 wurden 50 Staatsunternehmen privatisiert.

Parteispaltung: Im Herbst 1994 hatte sich ein Drittel der PDCI-Abgeordneten unter Führung von Djeny Kobinan abgespalten und die Republikanische Sammlungsbewegung (RDR) gegründet. Zur Sicherung ihrer Machtposition verabschiedete die regierende PDCI ein neues Wahlgesetz, demzufolge nur Personen einheimischer Herkunft, die fünf Jahre vor der Wahl ununterbrochen im Land gewohnt hatten, kandidieren durften. Als im November 1995 die ersten Wahlen unter der neuen Wahlgesetzgebung stattfanden, kam es zu Gewaltausbrüchen und zum Wahlboykott der Opposition. Die regierende PDCI gewann 147 der 175 Sitze.

Machtwechsel

Militärputsch: Am 25.12.1999 putschte das ivor. Militär unter Führung von General Robert Gueï. Bédié floh nach Togo ins Exil. Es handelte sich um den ersten Militärputsch seit der Unabhängigkeit des Landes 1960. Hintergrund war die Unzufriedenheit des Militärs wegen ausstehender Soldzahlungen. Im Januar 2000 scheiterte die Bildung einer Allparteienregierung durch den neuen Militärmachthaber Gueï. Die sozialistische FPI zog sich wegen angeblicher Bevorzugung der RDR kurz nach Komplettierung der Ministerliste zurück. Gueï erklärte sich daraufhin zum Präsidenten und ernannte eine zehnköpfige Junta. Der neue Machthaber versprach eine baldige Rückkehr des Landes zur Demokratie. *T.F.*

Dem Petersdom in Rom wurde die Basilika Notre-Dame de la Paix in Yamoussoukro nachgebaut (1989 geweiht). 1983 war der Geburtsort des Staatsgründers Félix Houphouët-Boigny anstelle von Abidjan zur Hauptstadt von Côte d'Ivoire erklärt und in den folgenden Jahren mit großem finanziellen Aufwand ausgebaut worden.

Staatsoberhäupter von Côte d'Ivoire

Reg.-Zeit	*Name*	*Lebensdaten*
1960–93	Félix Houphouët-Boigny	1905–1993
1993–99	Henri Konan Bédié	*1934
seit 1999	Robert Gueï	*1941

Die wichtigsten Parteien im 20. Jahrhundert

Name (Abkürzung)	*Politische Richtung*	*Gründung*
Afrikanische Demokratische Sammlungsbewegung (RDA)	sozialreformerisch	1944
Demokratische Partei (PDCI) [1]	linksorientiert	1960
Sozialistische Partei/Volksfront (FPI)	sozialistisch	1990
Republikanische Sammlung (RDR)	konservativ	1994

1) Aus der RDA hervorgegangen

Dänemark 2000	
Landesfläche	43 094 km² (WR 130)
Einwohner	5,3 Mio (WR 105)
Hauptstadt	Kopenhagen (1,4 Mio Einwohner)
Sprache	Dänisch
Währung	1 Dänische Krone (dkr) = 100 Øre
Gliederung	14 Kreisgemeinden
Staatsform	Parlamentarische Monarchie
Religion	Christen (89,3%); Moslems (1,4%); Sonstige/Konfessionslose (9,3%)
Nationalitäten	Dänen (96,5%); Asiaten (1,5%); Skandinavier (0,5%); Briten (0,2%); Deutsche (0,2%); Sonstige (1,1%)

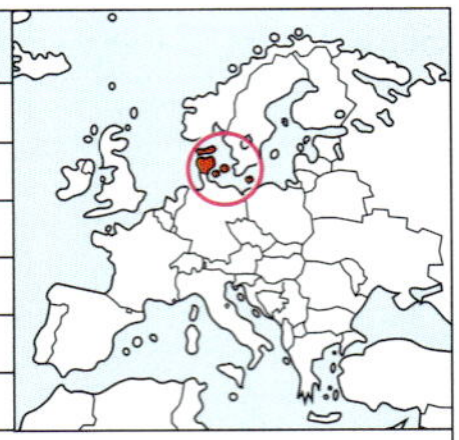

Dänemark im 20. Jahrhundert	
1901	Die Ernennung der liberalen Venstre-Regierung unter Johann Heinrich Deuntzer bedeutet den »Systemwechsel« zugunsten des Parlamentarismus.
1904	Dänemark gewährt der Kolonie Island erweiterte Selbstverwaltung.
1905	Die Norweger wählen den dän. Prinzen Carl zum König (Haakon VII.)
1912	Neutralitätserklärung der nordischen Staaten.
1914	Bei ihrem ersten Gipfeltreffen betonen die nordischen Könige ihre Neutralität und leiten eine enge Kooperation ihrer Staaten ein.
1915	Allgemeines Wahlrecht für Frauen und Männer (umgesetzt 1920).
1916	Verkauf der Kolonie Dänisch-Westindien (Virgin Islands) an die USA.
1918	Island wird in Personalunion mit Dänemark verbundenes Königreich.
1920	Nordschleswig wird nach dem Versailler Vertrag dänisch.
1921	Dänemark erklärt seine Souveränität über Grönland.
1929	Beginn der Umwandlung Dänemarks zum »Wohlfahrtsstaat« unter der sozialdemokratisch-linksliberalen Regierung Thorvald Stauning.
1939	Nichtangriffspakt mit Deutschland.
1940	Deutschland besetzt Dänemark. Island erklärt den dän. König als König von Island für abgesetzt. Großbritannien besetzt die Färöer und Island.
1941	Die USA besetzen Island und errichten Militärbasen auf Grönland.
	Nach der Unterzeichnung des Antikominternpakts formiert sich der dän. Widerstand gegen die deutsche Besatzung.
1943	Deutschland verhängt den Ausnahmezustand, die dän. Armee wird entwaffnet, König Christian X. interniert.
1944	Großbritannien und die USA erkennen den dän. Freiheitsrat an.
	Island beendet die Union mit Dänemark und proklamiert sich zur Republik.
1945	Der Sozialdemokrat Vilhelm Buhl bildet die erste Nachkriegsregierung.
	Dänemark ist Gründungsmitglied der Vereinten Nationen (UN).
1948	Die Färöer erhalten innere Autonomie.
	Dänemark ist Gründungsmitglied der OEEC und erhält Marshallplanhilfe.
1949	Dänemark ist Mitbegründer von Nordatlantikpakt (NATO) und Europarat.
1952	Dänemark ist Gründungsmitglied des Nordischen Rats.
1953	Verfassungsrevision: Einkammersystem, Grönland wird gleichberechtigt, Schaffung des Ombudsmanns, Möglichkeit weiblicher Thronfolge
1960	Dänemark Mitbegründer der Freihandelsassoziation EFTA.
1968	Radioaktive Verseuchung nach Absturz eines US-Bombers in Grönland.
1973	Dänemark wird Mitglied der EG, die EFTA-Mitgliedschaft erlischt.
	»Erdrutsch«-Wahlsieg der Protestparteien gegen den »Wohlfahrtsstaat«.
1985	Grönland tritt aus den Europäischen Gemeinschaften (EG) aus.
1992	50,7% der Dänen lehnen die Maastrichter EU-Verträge ab.
1993	56,8% der Dänen akzeptieren die geänderten Maastricht-Verträge.
	Dänemark wird Mitglied der Europäischen Union (EU).
	Die Arbeitslosenquote erreicht die Nachkriegsrekordhöhe von 12,3%.
1999	Dänemark führt nicht den Euro ein.

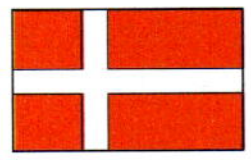

Dänemark

Königreich Dänemark

Die einstige nordische Großmacht D. verlor im 19. Jh. stark an politischem Einfluss, und ihr Territorium verkleinerte sich erheblich. Während der napoleonischen Kriege musste D. 1814 im Frieden von Kiel Norwegen an Schweden und die Insel Helgoland an Großbritannien abtreten, behielt jedoch die ehemaligen norweg. Nebenländer Island und Grönland sowie die Färöer. Nach der Niederlage im Zweiten Deutsch-Dän. Krieg verlor D. 1864 die Herzogtümer Schleswig, Holstein und Lauenburg an die deutschen Großmächte Österreich und Preußen.

Dänemark um 1900

Liberaler Systemwechsel: Mit der Ernennung des liberalen Politikers Johann Heinrich Deuntzer (Venstre) zum Regierungschef am 24.7.1901 wurde in D. das demokratische Prinzip der parlamentarischen Regierungsverantwortung eingeführt; der Regierungswechsel ging als »Systemwechsel« in die Geschichte D.s ein. Bis dahin hatte der König unabhängig von den Mehrheitsverhältnissen die Regierung stets aus den Reihen der Konservativen ernannt. Daher wurde D. in den letzten Jahrzehnten des 19. Jh.s konservativ regiert, obwohl im Parlament Liberale und Sozialdemokraten die Mehrheit hatten, denn die Verfassung von 1866 räumte dem König die freie Wahl der Staatsräte (Minister) und des Staatsministers (Regierungschef) ein.

Regierung Deuntzer: Der »Systemwechsel« erfolgte nach der bis dahin schwersten Wahlniederlage der Konservativen: Während die Konservativen 1901 nur acht Mandate erhielten, zog die liberale Venstre mit 73 Abgeordneten in das Folketing ein, zweitstärkste Fraktion wurden die Sozialdemokraten mit 14 Abgeordneten. Daraufhin entsprach der König erstmals der Forderung, die Staatsräte unter den Mitgliedern der siegreichen Partei auszuwählen. Die Regierung Deuntzer verwirklichte mehrere Reformprojekte, darunter ein Einkommens- und Vermögenssteuergesetz und die Gewährung von mehr Selbstverwaltung für die Kolonie Island.

Neutralität im Ersten Weltkrieg

Im zweiten Deutsch-Dän. Krieg verlor D. 1864 die Herzogtümer Schleswig, Holstein und Lauenburg an Preußen und verfolgte danach außenpolitisch einen Kurs strikter Neutralität. Mit der neutralen Haltung von König und Regierung kontrastierte die seit 1864 stark antideutsche Haltung der Bevölkerung. Sie äußerte sich bei Ausbruch des Ersten Weltkriegs in antideutschen Massendemonstrationen, so dass König Christian X. die Bevölkerung vor den Konsequenzen weiterer Kundgebungen warnte und im August 1914 Deutschland der unbedingten Neutralität D.s versicherte.

Nordische Zusammenarbeit: Der Erste Weltkrieg führte zu einer intensiven Zusammenarbeit der neutralen nordischen Staaten, die trotz hoher Verluste ihrer Handelstonnage und trotz angespannter Versorgungslage wirtschaftlich vom Krieg profitierten. Bei ihrem ersten Gipfeltreffen in Malmö im Dezember 1914 proklamierten die Könige von D., Norwegen und Schweden die neutrale Haltung ihrer Länder und vereinbarten eine enge Kooperation. Im September 1915 fand in Kopenhagen das erste nordische interparlamentarische Treffen statt. Auf einem Ministertreffen in Kopenhagen wurde im März 1916 die dauerhafte Zusammenarbeit der nordischen Staaten vereinbart.

Demokratisierung: Klaus Berntsen, der 1910–13 an der Spitze eines liberal-konservativen Ministeriums stand, scheiterte am Widerstand der Konservativen mit dem Versuch, durch eine Verfassungsreform die Demokratie zu stärken. Dies führte zu einem erheblichen Stimmenzuwachs der linksliberalen Partei Radikale Venstre und der Sozialdemokraten, die bei den Parlamentswahlen im Mai 1913 mit 59 Abgeordneten (+18) rechnerisch die absolute Mehrheit errangen, während die liberale Partei Venstre nur 43 Mandate (–14) erhielt und die Konservativen wieder nur mit acht Abgeordneten vertreten waren.

Reformen: Im Juni 1913 bildete der linksliberale Carl T. Zahle eine Regierung (1913–20), die während des Weltkriegs zu einer Allparteienkoalition umgestaltet wurde und zahlreiche Reformen verwirklichte. Das bedeutendste Reformprojekt war die Verfassungsrevision vom 5.6.1915, die u. a. das allgemeine Wahlrecht für Frauen und Männer und das Verhältniswahlrecht einführte.

Verkauf der Jungferninseln: Im August 1916 verkaufte D. die Kolonie Dänisch-Westindien (heute: Virgin Islands of the United States) für 25 Mio US-Dollar an die USA. Der westliche Teil der karibisch-mittelamerikan. Inselgruppe gehörte seit 1671 zu D. Für die USA waren die Inseln vor allem als Flottenstützpunkt von Interesse. Nach Ausbruch des

Stichwort: Die Schleswigfrage

Feierlicher Einzug von König Christian X. ins neue Staatsgebiet »Südjütland«, 1920.

Nach dem Tod des Grafen Adolf VIII. wurde der dän. König Christian I. 1460 zum Herzog zu Schleswig und Grafen von Holstein und Stormarn gewählt. Im Ripener Freiheitsbrief garantierte der neue Landesherr, dass Schleswig und Holstein »auf ewig ungeteilt« bleiben sollten. Schleswig und Holstein gehörten zu Dänemark, wurden jedoch von einer »Deutschen Kanzlei« in Kopenhagen aus selbstständig verwaltet. Der Wiener Kongress schuf 1815 eine problematische Zwei-Staaten-Zugehörigkeit: Holstein und Lauenburg wurden gleichzeitig Teile des Königreichs Dänemark und des Deutschen Bundes, das mit Holstein verbundene Herzogtum Schleswig blieb dän., obwohl mitten durch Schleswig die deutsch-dän. Sprachgrenze verlief. In der Folgezeit bildeten sich nationalistische Parteien: Die »Eiderdänen« verlangten unter Missachtung der Verbindung von Schleswig und Holstein einen dän. »Gesamtstaat«, die »Schleswig-Holsteiner« erstrebten den Anschluss des gesamten Gebiets an Deutschland. Die Spannungen erreichten im Ersten Deutsch-Dän. Krieg (1848/49) einen ersten Höhepunkt; Preußen musste sich zum Rückzug aller Truppen aus Schleswig und Holstein verpflichten. Nach dem Zweiten Deutsch-Dän. Krieg (1864) verlor Dänemark Schleswig, Holstein und Lauenburg an Österreich und Preußen. Das preußisch-österreich. Kondominium über Schleswig und Holstein führte zu Spannungen zwischen Berlin und Wien, im Deutschen Krieg setzte sich Preußen 1866 gegen Österreich durch. Die Volksabstimmung von 1920 schuf schließlich eine Regelung, die in etwa der sprachlichen Zugehörigkeit entsprach: Der Südteil Schleswigs verblieb bei Deutschland, während der Norden unter dem Namen Südjütland dem dän. Territorium angegliedert wurde.

Das deutsche Plakat zur Volksabstimmung in Nordschleswig am 10.2.1920 beruft sich auf völkische Ideen, ohne die sprachliche Zugehörigkeit zu berücksichtigen.

Ersten Weltkriegs betrieb die US-Regierung die Kaufverhandlungen mit großem Nachdruck, da sie befürchtete, das Deutsche Reich könne die Inseln als Marinestützpunkt besetzen. Die Übernahme von Dänisch-Westindien durch die USA erfolgte im Januar 1917.

Island wird Königreich: Die 1914 errichtete brit. Nordsee-Sperrlinie von den Hebriden zu den Färöern bis Island sowie der deutsche U-Boot-Krieg führten während des Ersten Weltkriegs zu einer Lockerung der Verbindungen zwischen D. und Island, das mehr und mehr auf sich selbst angewiesen war und mehr Rechte gegenüber dem Mutterland forderte. Durch die dän.-isländ. Unionsakte erhielt Island am 1.12.1918 den Status eines souveränen Königreichs in Personalunion mit D. Island erkannte den dän. König als Staatsoberhaupt an, der zusätzlich den Titel eines Königs von Island annahm.

Zwischen den Weltkriegen

Allgemeines Wahlrecht: Im März 1920 entließ König Christian X. den linksliberalen Ministerpräsidenten Carl T. Zahle (Radikale Venstre) ohne Berücksichtigung der parlamentarischen Mehrheitsverhältnisse und ernannte den konservativen Otto Liebe zum Nachfolger. Der König hatte Zahle zur Ausschreibung von Neuwahlen aufgefordert. Als Zahle mit der Begründung ablehnte, erst müsse ein der Verfassung von 1915 angeglichenes Wahlgesetz ausgearbeitet werden, setzte der König ihn ab. Am 31.3. riefen die Gewerkschaften aus Protest gegen Zahles Absetzung zum Generalstreik auf. Der von gewaltsamen Unruhen begleitete Streik endete wenige Tage später, nachdem die Regierung die Ausarbeitung eines neuen Wahlgesetzes zugesichert hatte. Am 11.4. verabschiedete das Folketing das Gesetz über die Einführung des allgemeinen und gleichen Wahlrechts. In den folgenden Jahren etablierten sich während der krisenhaften Zeit des Übergangs von der Kriegs- zur Friedenswirtschaft Liberale (Venstre) und Sozialdemokraten als stärkste Parteien, konnten jedoch nie die absolute Mehrheit erringen; die Liberalen waren auf die Unterstützung der Konservativen, die Sozialdemokraten auf die Zusammenarbeit mit den Linksliberalen (Radikale Venstre) angewiesen.

Beginn des Wohlfahrtsstaats: Mit der zweiten Regierungsbildung des Sozialdemokraten Thorvald Stauning am 30.4.1929 begann die Geschichte D.s als »Wohlfahrtsstaat«. Stauning hatte die Folketingwahlen unter dem Motto »Wohlfahrt für den kleinen Mann« für die Sozialdemokratie gewonnen, sicherte jedoch durch eine Koalition mit den Linksliberalen (Radikale Venstre) unter Peter Munch eine breite Mehrheit für sein Reformprogramm. Die gleichzeitig einsetzende Weltwirtschaftskrise, die ab 1929 alle westlichen Staaten erfasste, ließ in D. die Arbeitslosenquote in der Industrie bis Anfang 1932 auf 50% steigen und löste auf dem Land ein massenhaftes Höfesterben aus; dies führte vorübergehend zu einer Polarisierung des sozialdemokratisch-linksliberalen Lagers und der konservativen Rechten, doch mit agrarpolitischen Maßnahmen sicherte sich die Regierung Stauning allmählich auch die Unterstützung der Konservativen. Zu den wichtigsten Reformprojekten bis 1940 zählten die Einführung der gesetzlichen Krankenversicherung, die Alters- und Invalidenrente und die Arbeitslosenunterstützung.

Der Zweite Weltkrieg

Neutralität: Im deutsch-brit. Flottenabkommen vom 18.6.1935, einem wichtigen außenpolitischen Erfolg des Hitler-Regimes, überließ Großbritannien unter der konservativen Regierung Stanley Baldwin die Ostsee faktisch der deutschen Seeherrschaft. Das neutrale D., das seit den 20er Jahren im Vertrauen auf die Frieden sichernde Macht des Völkerbunds und aus wirtschaftlichen Erwägungen abgerüstet hatte, wurde durch dieses Abkommen strategisch und wirtschaftlich dem nationalsozialistischen Deutschen Reich preisgegeben. Nach der Aufgabe der brit. Appeasement-Politik erfolgte am 31.3.1939 eine brit.-französ. Garantieerklärung für Polen; sie wurde am 13.4. auf Rumänien und Griechenland ausgedehnt. Aus dän. Sicht unterstrichen diese Garantien, dass Großbritannien und Frankreich D. der Willkürpolitik Deutschlands überließen.

Nichtangriffspakt: Am 28.4. kündigte Hitler das deutsch-brit. Flottenabkommen und den deutsch-poln. Nichtangriffspakt und wies die Forderung von US-Präsident Roosevelt zurück, Deutschland solle eine Erklärung abgeben, dass es Nachbarländer nicht angreifen werde; zugleich forderte Hitler die skandinav. Staaten auf, Nichtangriffspakte mit Deutschland zu schließen. Als einziger nordischer Staat unterzeichnete D. im Mai 1939 den von Berlin vorgeschlagenen Nichtangriffspakt; die Regierung Stauning sah darin das einzige Mittel, das militärisch auf einen Krieg nicht vorbereitete Land aus einem bewaffneten Konflikt herauszuhalten.

Deutsche Okkupation: Im April 1940 marschierte die deutsche Wehrmacht in das neutrale D. ein. Die dän. Regierung stellte den aussichtslosen Widerstand der Streitkräfte nach wenigen Stunden ein und verhinderte dadurch die angedrohte Bombardierung Kopenhagens. Ministerpräsident Stauning protestierte gegen die Besetzung, blieb jedoch im Amt und bildete eine Allparteienkoalition, die an der dän. »Neutralität« festhielt. Deutschland garantierte im Abkommen vom 9.4.1940 D.s territoriale Integrität und Souveränität sowie die dän. »Neutralität« und sicherte sich Militärbasen.

Folgen in den Nebenländern: Am darauf folgenden Tag übernahm das isländ. Parlament die Rechte des dän. Königs in Island, was einer Amtsenthebung gleichkam. Mit dem Argument, einem deutschen Überfall vorbeugen zu müssen, besetzte Großbritannien am 12./13.4. die dän. Inselgruppe der Färöer und im Mai 1940 Island. Im sog. Kauffmann-Traktat übertrug der dän. Gesandte in Washington am 9.4.1941 ohne Zustimmung seiner Regierung den USA das Recht zur Errichtung von Militärstützpunkten auf Grönland; dafür verpflichteten sich die USA zur Verteidigung der Insel. Das isländ. Parlament beschloss im Mai 1941, den Unionsvertrag mit D. nicht zu verlängern. Im Juli 1941 besetzten US-Truppen Island; damit hatte der deutsche Einmarsch innerhalb von kurzer Zeit zur faktischen Zerschlagung des kolonialen D. geführt: Island proklamierte 1944 unter dem Schutz der USA die Unabhängigkeit; auch Grönland und die Färöer begann im Zweiten Weltkrieg ein Lösungsprozess von D.

Deutsche Truppen auf dem Marsch zur Zitadelle in Kopenhagen: Ab dem 9.4.1940 stand Dänemark unter deutscher Besatzung.

Beginnender Widerstand: Die Unterzeichnung des Antikominternpakts durch Außenminister Erik Scavenius am 25.11.1941 in der Berliner Reichskanzlei löste erstmals Demonstrationen gegen die Kompromisspolitik der Regierung Stauning aus und führte zu Sabotageakten auf deutsche Einrichtungen. Als König Christian X. am 26.9.1942 Hitlers Geburtstags-Glückwünsche mit dem lakonischen Telegramm »Spreche meinen besten Dank aus« beantwortete, forderte Hitler während der sog. Telegrammkrise den Anschluss D.s ans Deutsche Reich. Der neue Reichsbevollmächtigte Werner Best verfolgte jedoch zunächst weiter eine Politik der Zusammenarbeit mit der neuen dän. Regierung, die Außenminister Scavenius am 10.11. 1942 gebildet hatte. In

Nach der Verhängung des Ausnahmezustands durch den deutschen Militärbefehlshaber kam es im August 1943 in Dänemark zu antideutschen Ausschreitungen: In Odense (Foto) stürmten Dänen einen Gefängnisbus mit dän. Widerstandskämpfern.

sein Kabinett nahm Scavenius keine Nationalsozialisten auf, kündigte aber an, Sabotageakte unnachgiebig zu verfolgen.

Ausnahmezustand: Die Sprengung des Ausstellungskomplexes »Forum« in Kopenhagen, in dem Wehrmachtsangehörige untergebracht werden sollten, durch eine Widerstandsgruppe im August 1943 löste einen Umschwung in der deutschen Besatzungspolitik aus. Am 29.8. wurde der Ausnahmezustand verhängt; die Regierung Scavenius trat zurück, die Armee wurde von den Deutschen entwaffnet und Teile der Flotte versenkten sich selbst. Um ein Verwaltungschaos zu verhindern, blieben die dän. Minister auf Bitten der deutschen Militärbehörden im Amt.

Untergrundarmee: Im September 1943 gründeten die Widerstandsgruppen als Dachorganisation den »Freiheitsrat«, der ab Januar 1944 mit der Aufstellung einer Untergrundarmee begann; als Großbritannien und die USA am 1.5.1944 erklärten, D. kämpfe gegen Deutschland, und die Untergrundarmee dem alliierten Oberkommando unterstellten, kam dies einer Anerkennung des Freiheitsrats als dän. Regierung gleich.

Staatsoberhäupter Dänemarks

Reg.-Zeit	*Name (Dynastie)*	*Lebensdaten*
1863–1906	Christian IX. (Glücksburg)	1818–1906
1906–12	Frederik VIII. (Glücksburg)	1843–1912
1912–47	Christian X. (Glücksburg)	1870–1947
1947–72	Frederik IX. (Glücksburg)	1899–1972
seit 1972	Margrethe II. (Glücksburg)	*1940

Deportationen: Am 18.9.1943 verfügte Hitler die Deportation der dän. Juden, das Sonderkommando Eichmann verhaftete und deportierte 202 »Volljuden« in Kopenhagen und 472 in Jütland. Die meisten Juden konnten sich mit Unterstützung der Bevölkerung verbergen bzw. nach Schweden fliehen.

Deutscher Terror: Die Erschießung des Schriftstellers und Pfarrers Kaj Munk, der in einer Predigt zum aktiven Widerstand gegen das NS-Regime aufgerufen hatte, durch die Gestapo leitete eine Welle deutscher Morde an Mitgliedern der Widerstandsbewegung ein. Der deutsche Terror eskalierte, als Widerstandskämpfer im Juni 1944 in Kopenhagen die größte dän. Waffenfabrik zerstörten.

Besetzung der Polizeistationen: Im September 1944 besetzten Wehrmacht und SS die Polizeistationen der Großstädte und Grenzregionen; die dän. Polizei zeigte sich jedoch zur Kollaboration nicht bereit. Am 9.4.1945 kapitulierte die deutsche Wehrmacht in D.

Nachkriegspolitik

Mitglied der NATO: Die Erfahrungen des Zweiten Weltkriegs führten zur Aufgabe der Neutralität D.s, dessen Politik von der Mitgliedschaft in den UN (1945), der NATO (1949), dem Europarat (1949) und dem Nordischen Rat (1952) bestimmt wurde.

Grönland: 1951 erneuerte D. Verträge von 1941 mit den USA zur Errichtung US-amerikan. Militärbasen und Wetterstationen auf Grönland und übertrug den USA den militäri-

Regierungschefs Dänemarks

Reg.-Zeit	*Name*	*Partei*	*Reg.-Zeit*	*Name*	*Partei*
1900/01	Hannibal Sehested	konservativ	1942–45	Werner Best als deutscher Reichsbevollmächtigter	
1901–05	Johann Heinrich Deuntzer	Venstre	1945	Vilhelm Buhl	Socialdemokratiet
1905–08	Jens Christian Christensen	Venstre	1945–47	Knud Kristensen	Venstre
1908/09	Niels T. Neergaard	Venstre	1947–50	Hans Hedtoft	Socialdemokratiet
1909	Ludwig von Holstein-Ledreborg	–	1950–53	Erik Eriksen	Venstre
1909/10	Carl T. Zahle	Radikale Venstre	1953–55	Hans Hedtoft	Socialdemokratiet
1910–13	Klaus Berntsen	–	1955–60	Hans Christian Hansen	Socialdemokratiet
1913–20	Carl T. Zahle	Radikale Venstre	1960–62	Viggo Kampmann	Socialdemokratiet
1920	Otto Liebe	Høyre	1962–68	Jens Otto Krag	Socialdemokratiet
	Aage Friis	Høyre	1968–71	Hilmar Baunsgaard	Radikale Venstre
1920–24	Niels T. Neergaard	Venstre	1971/72	Jens Otto Krag	Socialdemokratiet
1924–26	Thorvald Stauning	Socialdemokratiet	1972/73	Anker Jørgensen	Socialdemokratiet
1926–29	Thomas Madsen-Mygdal	Venstre	1973–75	Poul Hartling	Venstre
1929–42	Thorvald Stauning	Socialdemokratiet	1975–82	Anker Jørgensen	Socialdemokratiet
1942	Vilhelm Buhl	Socialdemokratiet	1982–93	Poul Schlüter	Konservative
1942/43	Erik Scavenius	Radikale Venstre	seit 1993	Poul Nyrup Rasmussen	Socialdemokratiet
1943–45	Regierung übt unter Protest Amtsgeschäfte nicht aus.				

schen Schutz der geostrategisch wichtigen Insel. Zwar hatte sich im Zweiten Weltkrieg auf Grönland anders als auf den Färöern keine Unabhängigkeitsbewegung gebildet, doch beendete D. 1953 den Kolonialstatus von Grönland und erhob die Insel zum integralen und gleichberechtigten Bestandteil des Königreichs.

Kernwaffenpolitik: Zu einer schweren Belastung zwischen D., das offiziell eine Politik der Kernwaffenfreiheit verfolgte, und den USA führte der Absturz eines mit Wasserstoffbomben bestückten US-Militärflugzeugs am 21.1.1968 in unmittelbarer Nähe von Qaanaaq (Thule). Die USA erklärten, es bestehe keine Gefahr, tatsächlich aber wurden die Umgebung und Hunderte an den Bergungs- und Rettungsarbeiten Beteiligte schwer radioaktiv verseucht; die etwa 500 Überlebenden erhielten erst 1995 eine Entschädigung. Wie ebenfalls erst 1995 bekannt wurde, hatte der sozialdemokratische Ministerpräsident Hans Christian Hansen 1957 entgegen seiner offiziellen Politik der Kernwaffenfreiheit in einem Geheimschreiben den USA die Lagerung von Kernwaffen auf Grönland und die Überfliegung Grönlands mit atomar bewaffneten Flugzeugen erlaubt.

Wohlfahrtsstaat in der Krise: Im Januar 1973 wurde D. nach einer Volksabstimmung Mitglied der EG; die dän. Mitgliedschaft in der EFTA erlosch. Der EG-Beitritt D.s erfolgte während einer allgemeinen Phase der Unzufriedenheit über den in die Krise geratenen »Wohlfahrtsstaat«, den die meist sozialdemokratischen Regierungen nach dem Zweiten Weltkrieg nach schwed. Vorbild aufgebaut und durch hohe Staatsverschuldung und Steuern finanziert hatten. Die Parlamentswahlen im Dezember 1973 stärkten die Parteien, die zum Abbau der Bürokratie, der Staatsverschuldung und der Steuerbelastung aufgerufen hatten.

Sparmaßnahmen: Die nachfolgenden Regierungen, meist Minderheitskabinette, versuchten vergeblich, durch spar- und steuerpolitische Maßnahmen die wirtschaftliche, soziale und finanzpolitische Krise zu überwinden. Die Arbeitslosenquote stieg von 2,9% (1970) auf den Nachkriegsrekord von 12,3% (1993). Dem Sozialdemokraten Poul Nyrup Rasmussen, der ab Januar 1993 als Ministerpräsident wechselnder Koalitionsregierungen amtierte, gelang bis 1998 die Reduzierung der Arbeitslosigkeit auf 6,3%. Ungeachtet von Sparmaßnahmen wurde der dän. Sozialstaat weitgehend beibehalten; daher blieb die hohe Staatsverschuldung weiterhin ein Hauptproblem D.s.

EU-Gegner: Der Maastrichter EU-Vertrag spaltet die dän. Bevölkerung. Mit knapper Mehrheit von 50,2% wurde das Vertragswerk bei der Volksabstimmung vom 2.6.1993 abgelehnt. (Foto: Demonstration in Kopenhagen gegen den Maastrichter Vertrag im Mai 1992)

EU-Beitritt

Am 7.2.1992 unterzeichneten die Außen- und Finanzminister der Europäischen Gemeinschaften (EG) im niederländ. Maastricht den völkerrechtlich bindenden Vertrag über den Ausbau der EG zur Europäischen Union (EU). Grundlagen dieser Union sollten neben den EG-Verträgen die »drei Säulen« einer Euro-

Grönland als US-amerikanischer Militärstützpunkt

1952 präsentierten die USA in Dundas bei Thule an der Westküste Grönlands der Weltöffentlichkeit den größten Flughafen der Erde (Foto). Der 1950 begonnene Ausbau des im Zweiten Weltkrieg eingerichteten Luftwaffenstützpunkts unterlag bis zuletzt strengster Geheimhaltung. Auf dem Gelände einer 1910 angelegten Eskimosiedlung entstand ein hochmoderner Airport, die hier lebenden Eskimo wurden nach Qaanaaq umgesiedelt. 1951 hatte Dänemark den USA den militärischen Schutz der geostrategisch wichtigen Insel übertragen. 1968 stürzte in unmittelbarer Nähe von Qaanaaq ein mit Wasserstoffbomber bestücktes US-Militärflugzeug vom Typ B-52 ab, Hunderte von Menschen, die an den Bergungs- und Rettungsarbeiten beteiligt waren, wurden radioaktiv verseucht.

Die Öresund-Brücke (Foto: Einweihungsfeier am 9.6.2000) ist die erste Landverbindung zwischen Dänemark und Schweden. Durch sie wird eine erhebliche Belebung des Wirtschaftsraums Kopenhagen–Malmö erwartet. Mit der Eröffnung der 16 km langen Öresund-Querung für den Verkehr, zu der neben der 7,8 km langen Brücke eine vier Kilometer lange künstliche Insel sowie ein ebenfalls vier Kilometer langer Tunnel gehören, kam das zweite Brückengroßbauprojekt in Dänemark zum Abschluss: 1998 war der Storebeltbro, eine 6790 m lange Brücke, fertig gestellt worden, der die beiden größten Inseln Dänemarks, Seeland und Fünen, verbindet.

päischen Wirtschafts- und Währungsunion (EWWU), der Gemeinsamen Außen- und Sicherheitspolitik (GASP) und der Zusammenarbeit in den Bereichen Inneres und Justiz sein.

Volksabstimmung: Gegen den Vertrag von Maastricht formierte sich in D. rasch Widerstand. Bei der Volksabstimmung im Juni 1992 lehnten 50,7% der Stimmberechtigten den Vertrag ab. Die Ablehnung spiegelte währungspolitische Vorbehalte ebenso wie die Furcht vor einem Abbau sozialer Einrichtungen und war zugleich ein Ausdruck von aufkeimendem Nationalismus.

Nachverhandlungen: Die Ablehnung des Vertrags zwang die konservative Regierung Poul Schlüter zu Nachverhandlungen: D. setzte durch, dass es sich ebenso wenig an der Einführung des Euro (1999) wie an militärischen Aktionen der EU beteiligen müsse, außerdem erhielt die EU-Staatsbürgerschaft für D. nur den Status einer Ergänzung zur nationalen Staatsbürgerschaft.

Erneute Volksabstimmung: Nachdem eine zweite Volksabstimmung im Mai 1993 eine Zustimmung von 56,8% der Stimmen für die geänderten Verträge erbracht hatte, wurde D. am 1.11.1993 Mitglied der EU.

Öresund-Verbindung: Königin Margrethe und König Carl Gustav von Schweden eröffneten im Juli 2000 die 16 km lange Straßen- und Eisenbahnverbindung über den Öresund. Ziel der ersten Landverbindung zwischen Dänemark und Schweden war die Stärkung des Wirtschaftsraums Kopenhagen-Malmö. Bisher brauchte man per Schiff eine Dreiviertelstunde, um von Dänemark nach Malmö zu gelangen, durch die Landverbindung sind es weniger als 10 Minuten. Die erwartete Verkehrskonzentration stieß ebenso auf Kritik von Umweltschützern wie die Missachtung von Naturschutzbestimmungen beim Bau der Verbindung. Das 3,8 Mrd DM teure Projekt soll über einen Zeitraum von 27 Jahren durch Mautgebühren finanziert werden. *B.P.*

Die wichtigsten Parteien im 20. Jahrhundert

Name (Abkürzung)	*Politische Richtung*	*Gründung*
Hojre	konservativ	um 1870
Venstre	liberal	1872
Socialdemokratiet	sozialdemokratisch	1871
Det Radikale Venstre	sozialliberal	1905
Det Konservative Folkeparti	konservativ	1916
Socialistisk Folkeparti	sozialistisch	1960

Mehrparteiensystem: In Dänemark besteht traditionell ein ausgeprägtes Mehrparteiensystem. Die sozialdemokratische Partei Socialdemokratiet und die liberale Partei Venstre waren in wechselnden Koalitionen die einflussreichsten politischen Kräfte im 20. Jh. Die bedeutendste konservative Partei war in der ersten Hälfte des Jahrhunderts die rechtskonservative Højre, die in der zweiten Jahrhunderthälfte von der christlich-konservativen Volksartei Det Konservative Folkeparti vollständig in den Hintergrund gedrängt wurde.

Nach den Wahlen von 1973 konnte keine Partei mehr die absolute Mehrheit erringen, dafür zogen zahlreiche sog. Protest- und Randparteien in das Parlament ein, dem zeitweise bis zu zehn Parteien angehörten. Ungeachtet ihres geringen Stimmenanteils können Protest- und Randparteien – wie die ökologisch orientierte Rotgrüne Einheitsliste oder die ab 1998 erstmals im Parlament vertretene rechtsnationale Dansk Folkeparti – erheblichen Einfluss auf die Regierungsarbeit ausüben, da sie mit wechselndem Abstimmungsverhalten als »Zünglein an der Waage« fungieren.

Bei den Wahlen am 11.3.1998 blieb die sozialdemokratische Partei Socialdemokratiet unter Ministerpräsident Poul Nyrup Rasmussen mit 34,6% der Stimmen stärkste Fraktion und zog mit 63 (+1) Abgeordneten in das Folketing ein. Zweitstärkste Kraft und größte Oppositionspartei blieb mit nahezu unverändertem Stimmenanteil von 24% und 42 (+0) Mandaten die liberale Partei Venstre. Großer Verlierer der Wahl war die konservative Partei Det Konservative Folkeparti (8,9%), die nur 16 Sitze erhielt (–11).

Deutsches Reich

Das D. entstand 1871, als nach dem preuß. Sieg über Frankreich die vier süddeutschen Staaten Bayern, Württemberg, Baden und Hessen dem von Preußen geführten Norddeutschen Bund beitraten und in Versailles am 18.1.1871 der preuß. König als Wilhelm I. (1871–88) zum Deutschen Kaiser proklamiert wurde. Mit Name und Staatsform sollte an das mittelalterliche »Heilige Röm. Reich deutscher Nation« (962–1806) angeknüpft werden, obwohl keine direkten Verbindungslinien zwischen beiden Staaten existierten. Bis 1933 war das D. ein föderaler Bundesstaat, in dem Preußen das bei weitem größte Land darstellte.

Deutsches Reich 1900	
Landesfläche	540 742 km²
Einwohner	56,4 Mio
Hauptstadt	Berlin (1,89 Mio Einwohner)
Sprache	Deutsch
Währung	1 Mark = 100 Pfennig
Gliederung	4 Königreiche, 6 Großherzogtümer, 5 Herzogtümer, 7 Fürstentümer, 3 Freie Städte, 1 Reichsland
Staatsform	Föderaler Bundesstaat (seit 1871)
Religion[1]	Protestanten (61,7% , Katholiken (36,6%); Juden (1,0%); Sonstige (0,7%)
Bevölkerung[2]	Deutsche (93,5%); Polen (5,5%); Sonstige (1,0%)

1) 1910; 2) 1905; Karte Stand 1937

Staatsoberhäupter des Deutschen Reiches

Reg.-Zeit	*Name*	*Amt*	*Lebensdaten*
1888–1918	Wilhelm II.	Deutscher Kaiser	1859–1941
1919–25	Friedrich Ebert	Reichspräsident	1871–1925
1925–34	Paul von Hindenburg	Reichspräsident	1847–1934
1934–45	Adolf Hitler	»Führer und Reichskanzler«	1889–1945
1945	Karl Dönitz	Reichspräsident	1891–1980

Das Deutsche Reich um 1900

Verfassung: Das D. bildete eine konstitutionelle Monarchie mit einem Kaiser an der Spitze, dessen Würde innerhalb der Hohenzollern-Dynastie erblich war. Staatsrechtliche Grundlage war ein Bund von 22 deutschen Fürsten und drei Freien Städten, der im »Bundesrat« sein Verfassungsorgan besaß. Das D. verfügte über eine vom ersten Reichskanzler Otto von Bismarck (1871–90) erarbeitete Verfassung und mit dem Reichstag über eine demokratisch – von den Männern – gewählte Volksvertretung, deren Zustimmung zwar für das Gesetzgebungsverfahren erforderlich war, die aber keinen direkten Einfluss auf die Regierung nehmen konnte. Chef der Exekutive und einziger Minister war der Reichskanzler, der ausschließlich dem Kaiser gegenüber Rechenschaft ablegen musste. Der Monarch war zugleich Oberbefehlshaber der Armee, die im gesellschaftlichen System des Kaiserreiches aufgrund der dominierenden preuß. Tradition und der siegreichen Kriege, aus denen das D. hervorgegangen war, eine besondere Stellung einnahm (»Militarismus«).

Wirtschaft und Soziales: Die wirtschaftliche Entwickung seit der Reichsgründung war gekennzeichnet durch eine Aufholjagd gegenüber den führenden Industrienationen England und Frankreich. Um 1900 setzte ein nachhaltiger Aufschwung ein, mit dem das D. vor allem auf

Die ersten Flottengesetze (1898/1900) leiteten den Ausbau der deutschen Seemacht ein. Alfred von Tirpitz, ab 1898 preuß. Marineminister, war im selben Jahr Mitbegründer des Deutschen Flottenvereins, der für Flottenverstärkung und imperialistische Politik warb. (Foto: Zweites Geschwader 1913)

Das Deutsche Reich im 20. Jahrhundert	
1897	Mit der »Weltpolitik« versucht Deutschland eine Weltmachtstellung wie die alten Kolonialmächte England und Frankreich aufzubauen.
1898	Beginn des Aufbaus einer Überseeflotte zum Schutz der Kolonien.
1905	In der ersten Marokkokrise ist Deutschland außenpolitisch isoliert.
1908	Die Daily-Telegraph-Affäre erschüttert die Stellung Wilhelms II.
1909	Theobald von Bethmann Hollweg wird Reichskanzler (bis 1917).
1912	Bei der Reichstagswahl wird die Sozialdemokratie stärkste Partei.
1914	Deutschland steht Österreich bei, Beginn des Ersten Weltkriegs; deutscher Vormarsch gegen Frankreich scheitert an der Marne, das Reich muss einen Zwei-Fronten-Krieg im Westen und Osten führen
1916	Höhepunkt der verlustreichen Kämpfe um Verdun.
	Die Regierungsgewalt geht faktisch an die »Dritte Oberste Heeresleitung« um die Generäle Hindenburg und Ludendorff über.
1917	Erfolglose Friedensinitiatve des Reichstags.
	Kriegseintritt der USA auf Seiten der deutschen Gegner.
1918	Deutschland schließt im Osten Frieden, muss aber im Westen aufgrund der militärischen Lage bedingungslos kapitulieren.
	Revolutionäre Erhebungen führen zum Sturz der Monarchie.
1919	Freikorps ermorden Rosa Luxemburg und Karl Liebknecht.
	Verfassung für eine demokratische Republik wird verabschiedet.
1920	Vertrag von Versailles besiegelt deutsche Niederlage im Weltkrieg.
1921	Rechtsextremisten ermorden den Zentrumspolitiker Matthias Erzberger, der 1918 den Waffenstillstand unterzeichnet hatte.
1922	Vertrag von Rapallo mit der Sowjetunion.
	Rechtsextremisten ermorden Außenminister Walther Rathenau.
1923	Höhepunkt der Inflation; Ruhrgebiet wird von Franzosen besetzt.
	Hitler-Putsch scheitert in München; unter Reichskanzler Gustav Stresemann beginnt die Konsolidierung der Republik.
1924	Dawes-Plan zur vorläufigen Regelung der Reparationen.
1925	Die Außenminister Aristide Briand und Stresemann schließen deutsch-französ. Vertrag von Locarno.
1926	Deutschland wird in den Völkerbund aufgenommen.
	Stresemann und Briand erhalten den Friedensnobelpreis.
1928	Reichstagswahl bringt Mehrheit für Große Koalition.
1929	Young-Plan regelt Reparationen; Beginn der Weltwirtschaftskrise.
1930	Regierung Heinrich Brüning: Phase der Präsidialkabinette beginnt.
	Nationalsozialisten werden zweitstärkste Partei im Reichstag.
1932	Höhepunkt der Wirtschaftskrise; NSDAP wird stärkste Partei.
1933	Adolf Hitler wird Reichskanzler; Beginn der politischen Gleichschaltung; Verbot aller Parteien außer der NSDAP.
1934	Hitler auch Staatsoberhaupt; die Armee wird auf ihn vereidigt.
1935	Deutsch-brit. Flottenvertrag; Beginn der Aufrüstung.
	»Nürnberger Gesetze« diskriminieren Juden.
1936	Olympiade in Berlin bietet Bild eines friedlichen Deutschland, während deutsche Truppen in den Span. Bürgerkrieg eingreifen.
1938	Anschluss Österreichs an das Reich; Deutschland besetzt das Sudetenland; in der »Reichskristallnacht« brennen die Synagogen.
1939	Mit dem deutschen Überfall auf Polen beginnt der Zweite Weltkrieg.
1940	Deutsche Siege in Skandinavien, den Benelux-Ländern und Frankreich.
1941	Deutscher Angriff auf die Sowjetunion; Kriegserklärung an USA.
1942	Beginn der systematischen »Vernichtung des europäischen Judentums« gemäß Beschluss der »Wannsee-Konferenz«.
1943	Kriegswende in Stalingrad; Italien wechselt zu den Kriegsgegnern.
1944	Alliierte Landung in der Normandie; Attentat auf Hitler scheitert.
1945	Selbstmord Hitlers; Krieg endet mit totaler Niederlage des Reiches.

den Gebieten der chemischen und elektrischen Industrie weltweit führend wurde. Eine ähnliche Führungsrolle nahm das D. bei der sozialen Sicherung ein: Als erster Staat hatte es seit 1881 für Arbeiter und später Angestellte ein Sozialversicherungssystem eingerichtet.

Innenpolitik: Gesellschaftlich wie politisch war das Kaiserreich tief gespalten. Am Hofe, in der Verwaltung und im Militär gab der preuß. Adel den Ton an und es herrschte eine konservative Einstellung. Dagegen waren die konservativen Parteien im Reichstag ab 1890 permanent in der Minderheit, während die Sozialdemokratie dort zur stärksten Fraktion aufstieg. Die politische Schlüsselrolle fiel der katholischen Zentrumspartei zu. Daher gab es für die Reichsregierung keine stabile parlamentarische Basis, Mehrheiten mussten von Fall zu Fall gesucht werden. Nach der Wahl von 1912 zeichnete sich erstmals die Möglichkeit einer Mehrheit für die Umwandlung des D. in eine parlamentarische Monarchie ab.

Außenpolitik: Seit 1871 war das D. die stärkste Militärmacht in Europa. Nach 1890 verschlechterte sich das Verhältnis zu Russland, das die Reichsgründung unterstützt hatte und nun Anschluss an Frankreich suchte. Im Zuge der Aufteilung der Welt unter den europäischen Mächten (»Zeitalter des Imperialismus«) forderte Wilhelm II. (1888–1918) auch für das D. einen »Platz an der Sonne«, d. h. eine Stellung als maritime Weltmacht. 1897 begann der Aufbau einer Hochseeflotte, von der sich England bald bedroht fühlte. Die Briten schlossen 1904 eine Allianz (Entente cordiale) mit Frankreich, der 1907 auch Russland beitrat. Der vermeintlichen »Einkreisung« versuchte das D. durch verstärkte Aufrüstung zu begegnen, konnte die diplomatische Isolierung aber nicht durchbrechen. Österreich-Ungarn blieb der einzige Verbündete des D.

Der Erste Weltkrieg

Kriegsausbruch: Das D. stützte im Juli 1914 das österreich. Vorgehen gegen Serbien nach dem Attentat von Sarejevo. Als Russland Österreich den Krieg erklärte, sah die Reichsregierung den Bündnisfall für gegeben und erklärte Russland und Frankreich den Krieg. Die für diesen Fall vorgesehene Militärstrategie (Schlieffen-Plan) scheiterte daran, dass Frankreich nicht wie erwartet schnell besiegt werden konnte, sondern der deutsche Vormarsch an der Marne im September 1914 gestoppt wurde. Die Verletzung der belg. Neutralität durch den Aufmarsch hatte schon zuvor zur engl. Kriegserklärung an das D. geführt.

Kriegsverlauf: Anders als geplant musste das D. seit der Marne-Schlacht einen langwierigen Zwei-Fronten-Krieg im Osten und Westen führen. Zwar konnte der russ. Vorstoß durch den Sieg bei Tannenberg (August 1914) abgewehrt werden, dafür bildete sich aber im Westen ein verlustreicher Stellungskrieg heraus. Da die deutsche Hochseeflotte wegen der engl. Überlegenheit zur See weitgehend untätig bleiben musste, wurden die U-Boote zu einer entscheidenden Waffe gegen England. Die Ausrufung des »uneingeschränkten U-Boot-Krieges« veranlasste aber 1917 die USA, auf der Seite der deutschen Gegner in den Krieg einzutreten. Im Osten dagegen konnten das D. und seine Verbündeten Russland allmählich zurückdrängen. Nach der Oktoberrevolution 1917 wurde im März 1918 in Brest-Litowsk mit der neuen russ. Regierung ein Friedensvertrag geschlossen, der dem D. eine beherrschende Stellung in Osteuropa einräumte.

Innenpolitik: Nach Kriegsausbruch wurden im Rahmen eines »Burgfriedens« zunächst alle inneren Auseinandersetzungen zurückgestellt und der Reichstag verabschiedete einstimmig die Kredite zur Kriegsfinanzierung. Die Diskussion über die Kriegsziele löste dann aber scharfe Kontroversen aus; 1917 machte die Reichstags-Mehrheit gegen den Willen der kaiserlichen Führung ein erfolgloses Angebot für einen Verständigungsfrieden. Versorgungsmängel wie im »Steckrübenwinter« 1916/17 verschlechterten zudem die Stimmung. Kaiser und Reichskanzler verloren im Laufe des Krieges immer mehr an politischem Einfluss, faktisch lag die Regierungsmacht bei der Obersten Heeresleitung, die seit 1916 von den Generälen Paul von Hindenburg und Erich Ludendorff gebildet wurde.

Kriegsende: Trotz des Ausscheidens von Russland wuchs mit dem Kriegseintritt der USA die Überlegenheit der Entente-Mächte. Im Sommer 1918 wurden die Deutschen im Westen weit zurückgedrängt, sodass die militärische Führung den Abschluss eines Waffenstillstands auf der Basis eines 14-Punkte-Planes verlangte, den der US-amerikan. Präsident Woodrow Wilson aufgestellt hatte. Im Oktober wurde das D. in eine parlamentarische Monarchie umgewandelt und eine neue, vom Reichstag gestützte Regierung eingesetzt, die um Waffenstillstand bat. Dieser wurde aber nur gegen eine bedingungslose Kapitulation gewährt und trat am 11.11.1918 in Kraft. Zwei Tage zuvor hatte Wilhelm II. nach Aufständen, die von den Marinesoldaten ausgegangen waren, auf den Thron verzichtet. Seinem Beispiel folgten alle anderen deutschen Fürsten.

Kriegsbegeisterung: Am 3.8.1914 erklärte das Deutsche Reich Frankreich den Krieg. Unter großem Jubel fuhren die ersten Soldaten an die Westfront. (Foto: Abfahrt eines Truppentransports auf einem Berliner Bahnhof im August 1914)

Die Weimarer Republik

Verfassung: Seit November 1918 war das D. keine Monarchie mehr. Eine jetzt auch von den Frauen gewählte Nationalversammlung beschloss im August 1919 die Verfassung für eine demokratische Republik. Künftig war die Regierung, der neben dem Reichskanzler nun auch Fachminister angehörten, dem Reichstag verantwortlich. Allen Deutschen wurden gleiche Grundrechte garantiert. Die bisherige föderale Struktur blieb weitgehend unangetastet, allerdings wurde die Finanzhoheit von den Ländern auf das Reich übertragen. Staatsoberhaupt wurde ein Präsident, der über große Kompetenzen, u. a. den militärischen Oberbefehl und Notstandsrechte (»Ersatzkaiser«), verfügte. Erster Amtsinhaber war der Sozialdemokrat Friedrich Ebert (1919–25). Die Armee wurde zu einem Berufsheer.

Ruf nach Frieden: Nach Aufständen, die von Marinesoldaten in Kiel ausgingen und auf das ganze Reich übergriffen, musste Kaiser Wilhelm II. auf den Thron verzichten. (Foto: Demonstration vor dem Brandenburger Tor in Berlin am 9.11.1918)

Stichwort: Versailler Vertrag

Oben: Im Spiegelsaal des Schlosses von Versailles wurde am 28.6.1919 der Vertrag zwischen dem Deutschen Reich und den alliierten Siegermächten des Ersten Weltkriegs unterzeichnet.

Unten: Die »Dolchstoßlegende« breitete sich ab Herbst 1918 im Deutschen Reich aus. Nach dieser – sachlich unhaltbaren – These war nicht das militärische Kräfteverhältnis an der Front, sondern das Versagen der Heimat (»Dolchstoß in den Rücken der siegreichen Truppen«) für die deutsche Niederlage verantwortlich. (Foto: Illustration auf einem Wahlplakat der DNVP, 1924)

Der Versailler Vertrag war Teil der sog. Pariser Vorort-Verträge, mit denen 1919/20 der Erste Weltkrieg förmlich beendet wurde, und legte die Friedensbedingungen für das besiegte Deutsche Reich fest: Vorgesehen war eine Reduzierung der deutschen Armee auf 100 000 Mann, die Entmilitarisierung weiter Gebiete, der Verlust der deutschen Kolonien sowie Gebietsabtretungen im Osten an Polen, im Norden an Dänemark und im Westen an Belgien und Frankreich. Das Deutsche Reich musste »Reparationen«, d. h. Wiedergutmachung finanzieller und materieller Art, an die Sieger leisten. In Art. 231 des Vertrages wurde das Deutsche Reich als der Alleinschuldige am Kriegsausbruch benannt. Dieser Artikel, der ursprünglich nur eine rechtliche Grundlage für die Reparationen geben sollte, wurde in Deutschland als besonders ungerecht angesehen. Der »Kampf gegen Versailles« war fortan Ziel aller Parteien. Alle deutschen Versuche, den Bestimmungen des Versailler Vertrags nachzukommen, wurden vor allem von der politischen Rechten als »Erfüllungspolitik« diffamiert. Auch Adolf Hitler gewann nach 1933 an Ansehen, als er sich außenpolitisch über den Versailler Vertrag hinwegsetzte.

Anfangswirren: Die Wahl zur Nationalversammlung brachte im Januar 1919 zwar eine Mehrheit für die republikanisch gesinnte »Weimarer Koalition« aus SPD, Zentrum und DDP. Doch diese ging bereits bei der Reichstagswahl 1920 wieder verloren, nachdem die Bedingungen des Versailler Friedensvertrages bekannt geworden waren, mit dem der Weltkrieg für das D. beendet wurde. Unklare Mehrheitsverhältnisse und die Kriegsfolgen, die sich insbesondere wirtschaftlich auswirkten, schufen ein instabiles politisches Klima, das zudem durch linksextremistische Aufstände und rechtsextremistische Attentate (Ermordung der Politiker Rosa Luxemburg und Karl Liebknecht 1919, Matthias Erzberger 1921, Walther Rathenau 1922) aufgeheizt wurde. Höhepunkt der Wirren war das Jahr 1923, als die deutsche Währung ins Bodenlose fiel (»Hyperinflation«), Belgien und Frankreich zur Erzwingung von Reparationszahlungen das Ruhrgebiet besetzten und Hitler am 8./9.11. in München zu putschen versuchte.

Inflation: Nach 1918 begann im Deutschen Reich ein bis dahin unbekannter Preisanstieg. Ursache dafür war die Finanzierung des Ersten Weltkriegs durch Kredite, die nach der Niederlage nicht zurückgezahlt werden konnten und nun indirekt durch die vermehrte Ausgabe von Geld beglichen werden sollten. Die deutschen Reparationen an die Siegermächte verstärkten diesen Effekt. Auch international verlor die Reichsmark zunehmend an Wert: Betrug das Verhältnis zum US-Dollar 1914 noch 4,2:1, so stieg die Parität über 75:1 (Mitte 1921) auf 500:1 im Sommer 1922. Im folgenden Jahr beschleunigte sich die Inflation im Deutschen Reich rasant (»Hyperinflation«): Der Wert des Geldes sank täglich bis zum November 1923, als 4,2 Bio Reichsmark für einen Dollar bezahlt werden mussten. Unter der Inflation litten besonders diejenigen, die von Erspartem und Zinsen lebten, während Besitzer von Sachwerten eher zu den »Inflationsgewinnern« gehörten. Die negative Erfahrung der Inflationszeit prägte die deutsche Wirtschafts- und Finanzpolitik während des ganzen 20. Jh.s und die Inflationsbekämpfung gilt seitdem als eine Hauptaufgabe der Regierung.

»Goldene 20er Jahre«: Die Krise wurde vor allem durch den liberalen Politiker Gustav Stresemann überwunden, der von August bis November 1923 als Reichskanzler und danach bis zu seinem Tod 1929 als Außenminister amtierte. Nach einer Währungsreform, Unterdrückung des Rechts- und Linksextremismus sowie Verständigungsversuchen mit den Siegermächten begann eine Phase politischer Stabilisierung und wirtschaftlicher Erholung, die aber vornehmlich durch ausländische Kredite finanziert wurde. So entwickelte sich die zweite Hälfte des Jahrzehnts – auch wegen der kulturellen Blüte – zu den »Goldenen 20er Jahren«. Politisch blieb die Lage aber instabil, auch wenn es bei den Wahlen von 1928 noch einmal eine Mehrheit für SPD, Zentrum und Liberale gab: 1925 war als Nachfolger Eberts bei der Direktwahl durch das Volk ausgerechnet Hindenburg, der ranghöchste kaiserliche General, als Kandidat einer Rechtskoalition von DNVP, DVP und BVP ins Amt des Reichspräsidenten gelangt.

Außenpolitik: Vorrangiges außenpolitisches Ziel war die Revision der durch den Versailler Friedensvertrag auferlegten Bedingungen, insbes. in der Frage der Reparationen und der von den Siegern besetzten Gebiete im Westen sowie in der »Kriegsschuld-Frage«. Gegen die Westmächte suchte das D. zunächst Unterstützung bei der diplomatisch isolierten Sowjetunion. Am 16.4.1922 wurde der Vertrag von Rapallo geschlossen und in der Folgezeit kam es zu einer geheimen militärischen Zusammenarbeit. Unter Außenminister Stresemann entspannte sich auch das Verhältnis zu Frankreich. Nach Abschluss des deutsch-französ. Vertrages von Locarno (16.10.1925), mit dem das D. den Status quo an der Westgrenze anerkannte, erfolgte am 8.9.1926 die Aufnahme in den Völkerbund. Im gleichen Jahr erhielten die beiden Außenminister Stresemann und Aristide Briand den Friedensnobelpreis. Stresemann erreichte auch Fortschritte bei den Reparationen (Dawes-Plan 1924, Young-Plan 1929), wurde deswegen aber von den Rechtsparteien heftig angegriffen. Die endgültige Aufhebung der deutschen Zahlungen erfolgte 1932.

Untergang der Weimarer Republik

Mit dem »Schwarzen Freitag« an der New Yorker Wall Street begann im Oktober 1929 die Weltwirtschaftskrise. Das durch die Kriegsfolgen geschwächte und von ausländischen Krediten abhängige D. wurde davon besonders stark erfasst. Bis 1932 sank die Industrieproduktion auf unter 60% des Standes von 1913 und die Zahl der Arbeitslosen stieg auf über 6 Mio, d. h. ca. 30% aller Arbeitnehmer. Gleich zu Beginn der Krise im März 1930 war die »Große Koalition« aus SPD, Zentrum, DDP und DVP und damit die letzte Regierung, die eine parlamentarische Mehrheit hinter sich hatte, über ein nebensächliches Detail der Arbeitslosenversicherung gestürzt. Ihr folgte

Die wichtigsten Parteien des Deutschen Kaiserreiches

Name	*Politische Richtung*	*Gründung*
Freikonservative Reichspartei	gemäßigte Konservative	1867
Nationalliberale Partei	Rechtsliberale	1867
Deutsche Zentrumspartei	politischer Katholizismus	1870
Sozialdemokratische Partei Deutschlands	Sozialdemokraten und Sozialisten	1875
Deutschkonservative Partei	Rechtskonservative	1876
Deutsch-Freisinnige Partei/ Fortschrittliche Volkspartei	Linksliberale	1884

Die wichtigsten Parteien der Weimarer Republik

Name (Abkürzung)	*Politische Richtung*	*Gründung/ Auflösung*
Deutsche Zentrumspartei (Z)	politischer Katholizismus	1870/1933
Sozialdemokratische Partei Deutschlands (SPD)	Sozialdemokraten	1875/1933
Bayerische Volkspartei (BVP)	politischer Katholizismus in Bayern	1918/1933
Deutsche Demokratische Partei (DDP)	Linksliberale	1918/1933
Deutsche Volkspartei (DVP)	Rechtsliberale	1918/1933
Deutschnationale Volkspartei (DNVP)	Konservative	1918/1933
Kommunistische Partei Deutschland (KPD)	Kommunisten	1919/1933
Nationalsozialistische Deutsche Arbeiterpartei (NSDAP)	Rechtsradikale	1919/1945

Stichwort: Militarismus im Deutschen Reich

Aufgrund der militärischen Siege, die der Reichsgründung vorausgegangen waren, nahm das Militär im Deutschen Reich eine Sonderstellung ein. Das deutsche Kaiserreich wird deshalb auch häufig mit dem Schlagwort »Militarismus« gekennzeichnet. Damit wird der Vorrang von militärischem vor zivilem Denken ausgedrückt: Die obersten Repräsentanten des Staates traten öffentlich meist in Uniform auf; die Armee unterstand direkt dem Kaiser; Armeeangehörige waren in der Rangordnung Zivilisten übergeordnet. Auch die Politik musste sich oft militärischen Erwägungen unterordnen. Militärische Überlegungen für einen schnellen deutschen Aufmarsch führten dazu, dass im Juli 1914 deutsche Sondierungen für eine politische Lösung des Konflikts zwischen Österreich und Serbien nicht intensiver betrieben wurden. Nachwirkungen der militaristischen Tradition finden sich sowohl in der Weimarer Republik als auch im »Dritten Reich«. (Foto: Reichskanzler Adolf Hitler (l.) und Reichspräsident Paul von Hindenburg 1933)

unter Reichskanzler Heinrich Brüning (1930 bis 1932) das erste der sog. Präsidialkabinette, die sich auf das Vertrauen des Reichspräsidenten stützten und mittels Notverordnungen regierten. Brünings antiinflationäre Wirtschaftspolitik verstärkte jedoch die Krise und führte damit zu einer Radikalisierung der Bevölkerung: Bei der Reichstagswahl von 1930 wurde die rechtsextreme Splitterpartei NSDAP zur zweitstärksten Fraktion, auch die KPD erzielte erhebliche Gewinne. Bei zwei weiteren Reichstagswahlen 1932 setzte die NSDAP ihren Aufstieg fort. Anfang 1933 gab Reichspräsident Hindenburg dem Drängen konservativer und antirepublikanischer Kreise nach und ernannte den Parteiführer der NSDAP, Adolf Hitler, zum Reichskanzler einer NSDAP-DNVP-Koalition.

Das »Dritte Reich«

Machtergreifung: Hitler kam zunächst als Chef eines Kabinetts an die Macht, in dem die Konservativen die Mehrheit besaßen. Innerhalb weniger Monate kehrten sich jedoch die Verhältnisse um: Hitler nutzte den Reichstagsbrand am 27.2.1933 zur Übertragung besonderer Vollmachten durch den Reichspräsidenten und zur Auflösung des Reichstags. Das neu gewählte, von NSDAP und DNVP beherrschte Parlament beschloss am 23.3.1933 das sog. Ermächtigungsgesetz, mit dem wichtige Teile der Weimarer Verfassung außer Kraft gesetzt wurden. Bald darauf wurden die Gewerkschaften und die anderen Parteien außer der NSDAP zwangsweise aufgelöst, die Länder und Gemeinden gleichgeschaltet. Im Sommer 1934 beseitigte Hitler innerparteiliche Rivalen beim sog. Röhmputsch. Nach dem Tod Hindenburgs am 2.8.1934 vereinte Hitler das Amt des Reichspräsidenten mit dem des Reichskanzlers. Die Armee wurde auf den »Führer und Reichskanzler« Hitler vereidigt.

Innen- und Wirtschaftspolitik: Von Anfang an war die nationalsozialistische Innenpolitik gekennzeichnet durch eine Mischung aus »Belohnung und Strafe«: Einerseits wurden Anhänger und Parteimitglieder mit Posten versorgt und der arbeitenden Bevölkerung kamen soziale Wohltaten wie Urlaubsreisen (»Kraft-durch-Freude«-Programm) und neue Feiertage (1.5.) zugute. Offene Gegner wurden andererseits rücksichtslos verfolgt durch Haft und Zwangsarbeit in den neu errichteten »Konzentrationslagern«, Folter oder Ermordung. Nach ersten, noch ungeordneten Boykottmaßnahmen wurden Deutsche jüd. Glaubens mit den »Nürnberger Gesetzen« vom 15.9.1935 aus dem öffentlichen Leben verdrängt und zu Bürgern minderen Status degradiert. Vor allem mit der raschen Beseitigung der Arbeitslosigkeit durch Arbeitsbeschaffungsmaßnahmen, obligatorischen Arbeitsdienst sowie Aufrüstung verschaffte sich das NS-Regime einen hohen Grad an Zustimmung. Sie wurde durch die systematische Propaganda unter Reichspropagandaminister Joseph Goebbels (1933–45), aber auch durch glanzvolle Veranstaltungen wie die Olympischen Spiele in Garmisch und Berlin 1936 noch verstärkt. Mit der Einsetzung des Vierjahresplanes von 1936 wurde deutlich, dass das D. wirtschaftlich einen Krieg vorbereitete. In der sog. Reichskristallnacht am 9.11.1938, als Synagogen und Geschäfte jüd. Bürger zerstört wurden, erreichte die Verfolgung der deutschen Juden einen ersten Höhepunkt.

Außenpolitik: In den 30er Jahren lassen sich zwei Phasen der nationalsozialistischen Außenpolitik unterscheiden: Zunächst suchte das D. internationale Anerkennung durch bilaterale Verträge, so 1933 im Konkordat mit dem Vatikan, 1934 im deutsch-poln. Vertrag und 1935 im deutsch-brit. Flottenabkommen.

Stichwort: Der »Führerstaat«

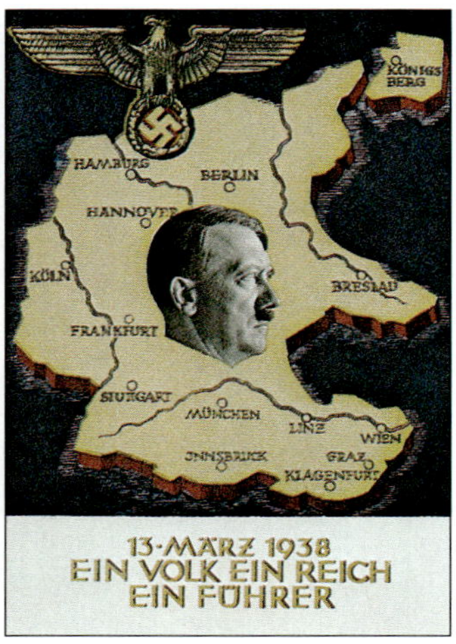

Die demokratischen Strukturen der Weimarer Republik sind 1933/34 ungewöhnlich schnell in eine Diktatur umgewandelt worden, obwohl die Weimarer Verfassung nominell bis 1945 in Kraft blieb. Grundlage des Regimes war das sog. Führerprinzip: Ausgehend vom »Führer« Adolf Hitler wurde in allen politischen und gesellschaftlichen Institutionen ein Leiter eingesetzt, der nur seinen Vorgesetzten verantwortlich war. Oberste Instanz mit unbeschränkter Befehlsgewalt war der »Führer und Reichskanzler«, was z.B. in Propagandaformeln wie »Führer befiehl, wir folgen« seinen Ausdruck fand. Dieses Bild eines monokratischen Systems mit bloß einer zugelassenen Partei entsprach jedoch nicht ganz der Realität, die im »Dritten Reich« durch ein Nebeneinander von staatlichen, militärischen und NSDAP- bzw. SS-Dienststellen gekennzeichnet war, deren Kompetenzen sich oft überschnitten. Diese unklaren Hierarchien schuf Hitler möglicherweise bewusst, um seine Macht zu festigen. (Fotos: Propagandaplakate)

Die »Judenfeindschaft« besitzt in Deutschland eine lange Tradition. Als organisierte politische Bewegung tauchte der Antisemitismus erstmals um 1880 auf. Im Programm der NSDAP, die 1919 gegründet wurde, spielte er eine wesentliche Rolle. Er wurde jetzt nicht mehr religiös, sondern »rassisch« begründet. Unmittelbar nach der »Machtergreifung« kam es 1933 zu ersten Maßnahmen gegen jüdische Geschäftsleute und Beamte. (Foto: SA-Einheit mit Boykottplakaten vor einem jüdischen Geschäft, 1933)

Gleichzeitig verließ Hitler die internationale Ordnung, die durch den Versailler Vertrag etabliert worden war, mit dem Austritt aus dem Völkerbund (14.10.1933), der Wiedereinführung der allgemeinen Wehrpflicht (16.3.1935) und dem Einmarsch in die entmilitarisierte Zone (7.3.1936). Nachdem das D. durch die forcierte Aufrüstung militärisch gestärkt geworden war, begann Mitte 1936 mit der Intervention in den Span. Bürgerkrieg eine aggressivere Außenpolitik, die 1938 zum »Anschluss« Österreichs und zur Besetzung des Sudetenlandes führte. Dessen Abtrennung von der Tschechoslowakei wurde im Münchner Abkommen (29.9.1938) durch Frankreich, Großbritannien und Italien sanktioniert. Die vom Nachgeben der beiden Westmächte geprägte sog. Appeasementpolitik endete, als das D. im März 1939 auch noch Prag und das restliche tschech. Gebiet annektierte. Als Antwort darauf vollzog Hitler einen überraschenden Wechsel seiner Politik und schloss mit Stalin einen deutsch-sowjet. Nichtangriffspakt (23.8.1939).

Der Zweite Weltkrieg

Kriegsausbruch und -schuld: Anders als 1914 konnte bei Beginn des Zweiten Weltkriegs kein Zweifel an der Schuld bestehen: Er wurde ausgelöst durch den deutschen Überfall auf Polen am 1.9.1939. Kurz darauf erklärten die mit Polen verbündeten Westmächte Frankreich und Großbritannien dem D. den Krieg. Am 17.9.1939 besetzte die Sowjetunion in Erfüllung eines geheimes Zusatzprotokolls zum deutsch-sowjet. Nichtangriffspakt Ostpolen, ohne jedoch offiziell in den Krieg einzutreten. Versuche, ohne Rückgabe der eroberten Gebiete im Osten zu einer Verständigung mit Paris und London zu kommen, scheiterten im Herbst und Winter 1939/40. In der Folge eröffnete das D. im Frühjahr 1940 im Norden und Westen die militärische Offensive.

Kriegsverlauf 1940/41: Dank des Rüstungsvorsprungs und der »Blitzkrieg«-Strategie verzeichnete das D. 1940/41 große militärische Erfolge: Im April 1940 gelang in einem Überraschungscoup die Besetzung der neutralen Staaten Dänemark und Norwegen, um die Westmächte von einer Landung dort abzuhalten. Einen Monat später begann der Feldzug im Westen, bei dem zunächst Belgien und die Niederlande mit Hilfe überlegener Panzerverbände besiegt und die brit. Truppen zum Rückzug vom Kontinent gezwungen wurden. Im Juni 1940 wurde Frankreich vom deutschen Heer überrollt und gemeinsam mit italien. Truppen besetzt. Da Großbritannien selbst mit massiven Luftangriffen nicht zum Nachgeben gebracht werden konnte, ließ Hitler zur Jahreswende 1940/41 einen Feldzug gegen die Sowjetunion (»Fall Barbarossa«) ausarbeiten. Damit wurden sowohl strategische – Großbritannien sollte der letzte potenzielle Verbündete auf dem Kontinent genommen werden – als auch ideologische Ziele – die Gewinnung von »Lebensraum im Osten« – verfolgt. Bevor sich das deutsche Heer gegen Russland wandte, wurden im April 1941 Jugoslawien und Griechenland unterworfen, um sie als Verbündete Großbritanniens auszuschalten. Am 22.6.1941 überschritten deutsche Truppen die Grenze zur Sowjetunion und begannen damit einen Krieg, der sich vom bisherigen gravierend unterschied: Der Kampf gegen die Sowjetunion war

Mit dem »totalen Krieg«, den Propagandaminister Joseph Goebbels am 18.2.1943 im Berliner Sportpalast ausrief, wollte das NS-Regime nach der katastrophalen Niederlage von Stalingrad propagandistisch und militärisch wieder in die Offensive kommen. Alle Kräfte sollten für die Kriegführung genutzt werden. Folge war eine Wehr- bzw. Dienstpflicht für Männer zwischen 16 und 60 Jahren sowie für Frauen zwischen 17 und 45. Der Einsatz ausländischer Zwangsarbeiter in der Kriegsproduktion wurde ausgeweitet und die Kriegführung an der Ostfront nochmals verschärft.

von Anfang an als »Vernichtungkrieg« zur völligen Unterwerfung des Gegners, Liquidierung seiner Eliten und Vertreibung der Bevölkerung konzipiert. Bis Dezember 1941 drangen deutsche Truppen unter großen Verlusten auf beiden Seiten bis kurz vor Moskau vor, ehe der Vormarsch in Kälte und Schnee stecken blieb. Zeitgleich erklärte das D. als Verbündeter Tokios nach dem japan. Überfall auf Pearl Harbor auch den USA den Krieg. Damit war aus dem europäischen ein Weltkrieg geworden.

Vernichtung des Judentums: Anfang 1942 fassten auf der »Wannseekonferenz« Spitzenfunktionäre von Regierung, NSDAP und SS einen Plan zur »Endlösung der Judenfrage«. Waren Bürger jüd. Glaubens bisher vor allem mit Hilfe von Gesetzen und Einzelaktionen wie der »Reichskristallnacht« diskriminiert worden, wobei ihnen bis 1939 noch die Möglichkeit der Auswanderung offen stand, so wurde jetzt die systematische Erfassung und Ermordung aller im nationalsozialistischen Herrschaftsbereich befindlichen Juden konkret in Angriff genommen. Zwischen Mitte 1942 und Herbst 1944 liefen zahlreiche Sammeltransporte mit Juden aus den verschiedenen besetzten Ländern und dem D. in die Vernichtungslager, die die SS hinter der ehemaligen deutsch-poln. Grenze errichtet hatte.

Stichwort: Konzentrations- und Vernichtungslager

»Schutzhaft«: Im NS-Staat wurden nach der Notverordnung vom 28.2.1933 politische Gegner ab März 1933 in »Schutzhaft« genommen. Zugleich wurden die ersten Konzentrationslager in Dachau (Foto: Häftlinge beim Arbeitseinsatz 1938) und Oranienburg errichtet. Ab 1938 wurden die Konzentrationslager, in denen auch Geistliche, Homosexuelle u. a. interniert wurden, für den Zwangsarbeitseinsatz unter unmenschlichen Bedingungen genutzt.

Holocaust: In seinem Buch »Mein Kampf« (1925/26) kündigte Hitler an, den Kampf gegen das »Judentum« mit aller Schärfe führen zu wollen. 1935 wurde die Diskriminierung jüdischer Staatsbürger durch die »Nürnberger Gesetze« festgeschrieben. 1938 führte die NSDAP Pogrome durch (»Reichskristallnacht«). Mit Kriegsbeginn verschlechterte sich die Situation der Juden im NS-Machtbereich weiter. Am 20.1. 1942 beschloss die Staatsführung auf der »Wannseekonferenz« die sog. Endlösung der Judenfrage, d. h. die Vernichtung der europäischen Juden. Es folgte die systematische Konzentrierung der Juden in den westpoln. Vernichtungslagern und ihre fabrikmäßig organisierte Ermordung. Insgesamt fielen dem NS-Terror fast 6 Mio Juden in Europa zum Opfer.

In Lagern wie Auschwitz, Maidanek und Treblinka sind schätzungsweise 3 Mio europäischer Juden vergast oder auf andere Weise ermordet worden, die Mehrzahl von ihnen aus Osteuropa, insbes. Polen. Weitere Juden kamen in Ghettos wie in Warschau ums Leben. Die Verfolgung endete erst mit der Befreiung des Konzentrationslagers Auschwitz durch sowjet. Truppen am 27.1.1945.

Kriegswende: Im Sommer 1942 kämpften deutsche Truppen nochmals erfolgreich in Südrussland und in Ostafrika sowie auf dem Atlantik (U-Boote). Die Überforderung der Kräfte zeichnete sich aber ab, als zum Jahreswechsel 1942/43 eine ganze deutsche Armee bei Stalingrad eingekesselt und vernichtet wurde. Seitdem befand sich das D. an allen Fronten weitgehend auf dem Rückzug, woran auch die Ausrufung des »totalen Krieges« und die erneute Steigerung der deutschen Kriegsproduktion 1943/44 nichts mehr änderte. Die Überlegenheit der Alliierten wurde immer größer, noch verstärkt durch permanente Luftangriffe auf deutsche Städte und Produktionszentren, die große Zerstörungen anrichteten und zahllose Opfer unter der Zivilbevölkerung forderten. Die Landung brit. und amerikan. Truppen in Süditalien im Juli 1943 führte zum Seitenwechsel des deutschen Verbündeten Italien. Die Endphase des Krieges begann

Schlacht um Stalingrad: Die deutsche Niederlage in Stalingrad markierte die Kriegswende an der Ostfront. Die deutschen Einheiten waren für die erbitterten Kämpfe im eisigen russ. Winter nur unzureichend ausgerüstet. Bis zur Kapitulation der 6. Armee am 2.2.1943 fielen 146 300 deutsche Soldaten sowie 46 700 Rotarmisten.

Widerstand gegen das nationalsozialistische Gewaltregime

Gegen die totalitäre NS-Herrschaft gab es vielfältigen Widerstand, der unterschiedlich motiviert war (politisch, religiös, ethisch, militärisch). Zu Beginn leisteten vor allem die verfolgten Kommunisten sowie vereinzelt Sozialdemokraten im Untergrund Widerstand. Nach der Ausweitung des nationalsozialistischen Herrschaftsanspruchs wurde auch Kritik aus Kirchenkreisen laut (»Bekennende Kirche« auf protestantischer Seite, einzelne katholische Bischöfe). Der Widerstand wuchs nach Kriegsbeginn, so durch das Attentat des Schreiners Georg Elser auf Hitler am 8.11.1939, durch die Kollaboration mit den deutschen Kriegsgegnern (Organisation »Rote Kapelle«) oder Aktionen der studentischen Widerstandsgruppe »Weiße Rose« um die Geschwister Hans und Sophie Scholl sowie Christoph Probst (Foto, v. l.).

20. Juli: Höhepunkt des Widerstands war eine weit reichende Verschwörung von hohen Militärs, Spitzenbeamten sowie ehemaligen Politikern der Weimarer Republik um Carl Goerdeler und Claus Graf Schenk von Stauffenberg, die einen Umsturz und die Beendigung des Krieges planten. Die Verschwörung scheiterte, als Hitler das von Stauffenberg verübte Attentat am 20.7.1944 nur leicht verletzt überlebte.

In der Nacht zum 14.2.1945 zerstörten alliierte Bombenangriffe die Altstadt Dresdens.

Rotarmisten hissten im Mai 1945 die sowjet. Flagge auf dem Reichstag in Berlin.

mit der Landung der Alliierten in der Normandie am 6.6.1944; wie im Ersten Weltkrieg musste das D. auch nun einen Zwei-Fronten-Krieg führen.

Attentat auf Hitler: Angesichts der militärisch immer aussichtsloser werdenden Lage entschlossen sich hohe Militärs nach jahrelangem Zögern zu einem Staatsstreich, um durch die Beseitigung des nationalsozialistischen Regimes erträgliche Friedensbedingungen für das D. auszuhandeln. Doch das Attentat auf Hitler im deutschen Hauptquartier am 20.7.1944 scheiterte ebenso wie der nachfolgende Umsturzversuch. Eine große Zahl von Verschwörern wurde vor dem sog. Volksgerichtshof angeklagt und nach kurzem Prozess hingerichtet, ihre Familien wurden in »Sippenhaft« genommen.

Kapitulation: Zum Jahreswechsel 1944/45 überschritten die Truppen der Alliierten im Osten und Westen endgültig die Grenzen des D., nachdem weder die deutschen »Wunderwaffen« wie die Rakete V 1 noch eine letzte Offensive im Westen (Ardennenoffensive) und die Einberufung aller Männer zwischen 16 und 60 Jahren (»Volkssturm«) eine Wende herbeigeführt hatten. Am 30.4.1945 beging Hitler im eingeschlossenen Berlin Selbstmord. Nach der bedingungslosen Kapitulation der deutschen Truppen am 9.5.1945 schwiegen die Waffen. Die letzte amtierende deutsche Regierung unter Großadmiral Karl Dönitz wurde am 23.5.1945 in Flensburg von den Briten abgesetzt und in Haft genommen. Die Besatzungsmächte übernahmen am 5.6.1945 auch offiziell die oberste Regierungsgewalt in Deutschland. Damit hörte das D. faktisch auf zu bestehen.

Nachwirkungen: Juristisch ist das Ende des D. weniger eindeutig: Auf der Potsdamer Konferenz (17.7.–2.8.1945) beschlossen die Siegermächte, Deutschland »in den Grenzen von 1937« weiterhin als wirtschaftliche Einheit zu behandeln. Als gemeinsame »Regierung« wurde ein »Alliierter Kontrollrat« eingerichtet, der u. a. die Auflösung des Staates Preußen (25.2.1947) beschloss. Infolge des beginnenden »Kalten Krieges« trat der Alliierte Kontrollrat aber seit März 1948 nicht mehr zusammen. Jede Siegermacht betrieb eine eigene Politik für ihre Besatzungszone, wobei die entscheidende Trennungslinie zwischen der Sowjetunion und den Westmächten verlief. Obwohl dies 1949 zur »doppelten Staatsgründung« führte, hielten sowohl die Siegermächte an ihren Rechten für »Deutschland als Ganzes« als auch die Deutschen in Ost und West am »Recht auf Wiedervereinigung« fest. *J. Fr.*

Deutschland

Bundesrepublik Deutschland

Als offizieller Geburtstag der Bundesrepublik gilt der 23.5.1949: Damals verabschiedete der Parlamentarische Rat die neue Verfassung, das »Grundgesetz« (GG). Im August und September des gleichen Jahres konstituierten sich der erste Bundestag, die erste Bundesregierung sowie der Bundesrat. Damit endete für die drei westlichen Besatzungszonen die Epoche der »alliierten« Oberhoheit, die nach der bedingungslosen Kapitulation des Deutschen Reiches im Mai 1945 begonnen hatte. In der Folgezeit war das deutsche Staatsgebiet unter die vier Siegermächte Frankreich, Großbritannien, Sowjetunion und USA vorübergehend aufgeteilt und alle Gebiete östlich von Oder und Neiße an Polen bzw. Russland (Nord-Ostpreußen) abgetrennt worden. Im Zuge des Ost-West-Konflikts hatten sich die Gegensätze zwischen den Besatzungszonen vertieft, da jede Siegermacht ihr Gesellschaftssystem auf den jeweiligen Herrschaftsbereich übertrug. Die Bundesrepublik umfasste anfangs nur die drei westlichen Besatzungszonen ohne das Saarland, das bis 1957 eigenständig blieb, und ohne Berlin, das bis 1990 einen Viermächte-Status hatte. Der Name »Bundesrepublik« unterstrich die föderale Gliederung des neuen Staates mit zunächst neun, ab 1957 zehn und seit 1990 insgesamt 16 Gliedstaaten, den »Ländern«, sowie seinen Anspruch auf die gesamte deutsche Nation.

Kernpunkte der Verfassung

In das GG flossen Erfahrungen aus der Weimarer Republik und dem »Dritten Reich« ein: Der demokratische Aufbau des Staates sollte fortan unumkehrbar sein. So wurden die Menschenwürde (Art. 1) und der Aufbau der Bundesrepublik als »demokratischer und sozialer Bundesstaat« (Art. 20) als »unantastbar« definiert. Weitere Konsequenzen waren die weitgehende Zurückdrängung plebiszitärer Elemente, das »konstruktive Misstrauensvotum«, demzufolge ein amtierender Kanzler nur durch die gleichzeitige Wahl eines Nachfolgers abgelöst werden kann, die Beschränkung des Staatsoberhauptes auf repräsentative Aufgaben, die starke Stellung der Länder (»Föderalismus«) sowie die sog. Fünfprozentklausel, die eine parteipolitische Zersplitterung verhindern sollte. Verfassungsrechtlich gehört die Bundesrepublik zu den repräsentativen Demokratien, wobei sie sich von ver-

Deutschland 2000

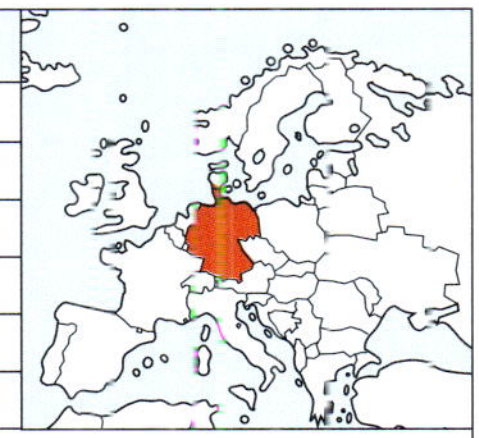

Landesfläche	357 022 km² (WR 61)
Einwohner	82,1 Mio (WR 12)
Hauptstadt	Berlin (3,4 Mio Einwohner)
Sprache	Deutsch
Währung	1 Deutsche Mark = 100 Pfennig
Gliederung	16 Bundesländer
Staatsform	Parlamentarische Bundesrepublik (seit 1949)
Religion	Christen (66,8%): Katholiken (33,4%), Protestanten (33,4%); Moslems (3,1%); Juden (0,1%); Sonstige (30%)
Nationalitäten	Deutsche (91,1%); Türken (2,5%); Sonstige (6,4%)

Präsidenten der Bundesrepublik

Amtszeit	*Name (Partei)*	*Lebensdaten*
1949–59	Theodor Heuss (FDP)	1884–1963
1959–69	Heinrich Lübke (CDU)	1894–1972
1969–74	Gustav Heinemann (SPD)	1899–1976
1974–79	Walter Scheel (FDP)	*1919
1979–84	Karl Carstens (CDU)	1914–1992
1984–94	Richard von Weizsäcker (CDU)	*1920
1994–99	Roman Herzog (CDU)	*1934
seit 1999	Johannes Rau (SPD)	*1931

Die Aufteilung Deutschlands unter den Siegermächten

Die Bundesrepublik Deutschland im 20. Jahrhundert	
1949	Verabschiedung des Grundgesetzes; erste Bundestagswahl; erste Bundesregierung unter Konrad Adenauer; Bonn wird provisorische Hauptstadt; Petersberger Abkommen legt Besatzungsstatut fest.
1952	Stalin bietet Westmächten deutsche Wiedervereinigung an.
1953	Bei Bundestagswahl große Gewinne für die CDU.
1955	Durch die Pariser Verträge wird die Bundesrepublik souverän und tritt der Nato bei; Adenauer zum Staatsbesuch in der Sowjetunion.
1956	Gründung der Bundeswehr; FDP scheidet aus der Regierung aus.
1957	Saarland wird 10. Bundesland; Bundesrepublik ist Gründungsmitglied der EWG; CDU gewinnt absolute Mehrheit im Bundestag.
1959	SPD vollzieht mit »Godesberger Programm« politische Wende.
1961	Bau der Berliner Mauer.
	Nach Bundestagswahl muss Adenauer Koalition mit FDP eingehen.
1962	»Spiegel-Affäre« zwingt Verteidigungsminister Franz Josef Strauß zum Rücktritt.
1963	Ludwig Erhard wird Nachfolger Adenauers als Kanzler.
	Passierschein-Abkommen für Berlin.
1966	Regierung Erhard durch »Große Koalition« von CDU und SPD abgelöst.
1967	Schah-Besuch in Berlin löst Studentenproteste aus.
1968	Höhepunkt der Protestbewegung.
	Verabschiedung der Notstandsgesetze durch die Große Koalition.
1969	Gustav Heinemann wird Bundespräsident; sozial-liberale Koalition.
1970	Deutsch-deutsche Regierungs-Treffen in Erfurt und Kassel.
	Deutsche Verträge mit der Sowjetunion und Polen.
1971	Viermächteabkommen über Berlin.
	Friedensnobelpreis für Bundeskanzler Willy Brandt.
1972	Konstruktives Misstrauensvotum der CDU scheitert; Baader-Meinhof-Bande wird gefasst; vorgezogene Neuwahlen bestätigen sozial-liberale Koalition; Grundlagenvertrag zwischen Bundesrepublik und DDR.
1973	Beide deutschen Staaten in die UNO aufgenommen.
1974	Guillaume-Affäre: Brandt tritt als Kanzler zurück; neue sozial-liberale Koalition mit Helmut Schmidt und Hans-Dietrich Genscher.
1977	Höhepunkt der Terrorwelle.
1979	Regierung Schmidt unterstützt NATO-Doppelbeschluss.
1980	CDU verliert Bundestagswahl mit Spitzenkandidat Strauß.
1982	Sozialliberale Koalition zerbricht; FDP geht mit CDU unter Kanzler Helmut Kohl neue Koalition ein.
1983	Wahl bestätigt neue Koalition; Die Grünen sind erstmals im Parlament vertreten; massive Proteste gegen die Nachrüstung, deren Umsetzung vom Bundestag beschlossen wird.
1987	Staatsbesuch von Erich Honecker in der Bundesrepublik.
1989	Michail Gorbatschow besucht die Bundesrepublik.
	Nach der Maueröffnung legt Kanzler Kohl 10-Punkte-Plan vor.
1990	Zwei-plus-Vier-Abkommen; Finanz- und Währungsunion mit der DDR; Vereinigung der DDR mit der Bundesrepublik.
1991	Bundestag entscheidet sich für Berlin als Parlaments- u. Regierungssitz.
1994	Bundesverfassungsgericht genehmigt Out-of-Area-Einsatz der Bundeswehr; endgültiger Abzug der russ. Truppen aus Ostdeutschland.
1995	Bundeswehr beteiligt sich am Bosnien-Einsatz der UNO.
1996	Bundespräsident Roman Herzog erklärt den 27. 1. zum »Gedenktag für die Opfer der nationalsozialistischen Gewaltherrschaft und des Völkermordes«.
1998	Bundesrepublik Gründungsmitglied der Europäischen Währungsunion.
	Bundestagswahl führt erstmals direkt zum Regierungswechsel: SPD und Grüne bilden rot-grüne Koalition unter Gerhard Schröder.
1999	Bundeswehr nimmt im Kosovo erstmals an Kampfeinsatz der NATO teil.

gleichbaren Staaten durch die föderale Struktur und die herausgehobene Stellung des Bundeskanzlers als Regierungschef (»Richtlinienkompetenz«) abhebt.

Die Ära Adenauer (1949–63)

Innenpolitik: Die ersten Jahrzehnte der Bundesrepublik waren vor allem vom ersten Kanzler Konrad Adenauer (1949–63) sowie seinem Wirtschaftsminister (1949–63) und Nachfolger als Kanzler (1963–66) Ludwig Erhard geprägt. Adenauer regierte zunächst mit der knappen Mehrheit einer bürgerlichen Mitte-rechts-Koalition, konnte dann aber die CDU zur weitaus stärksten Partei machen, sodass diese ab 1957 sogar über die absolute Mehrheit verfügte. Ab 1961 war er wieder auf eine Koalition mit der FDP angewiesen, die 1963 seinen Rücktritt zugunsten von Erhard durchsetzte. Adenauers Innenpolitik stand ganz im Zeichen der Wiedererrichtung der Demokratie auf liberal-konservativer Basis. Nach weitgehenden Amnestien wurden dafür auch Beamte und Experten aus der Zeit vor 1945 herangezogen; nur schwer belastete Repräsentanten des NS-Staates wurden aus dem Staatsdienst entfernt oder gerichtlich verfolgt. Politische Gruppen, die offen rechtsradikale Ziele verfolgten, wurden aber ebenso als verfassungsfeindlich verboten wie 1956 die KPD.
Wiederbewaffnung: Neben wirtschaftlichen Fragen war vor allem die Wiederbewaffnung ein kontrovers diskutiertes Problem. Adenauer hatte sie bereits 1950 in die Diskussion gebracht und erreichte die Zustimmung des Bundestages (19.3.1953). Die CDU-Erfolge bei den Wahlen 1953 und 1957 zeigten die Popularität von Adenauers Politik. Die zunächst in scharfer Opposition stehende SPD zog daraus 1959 mit ihrem »Godesberger Programm« die Konsequenzen und akzeptierte weitgehend die wirtschafts- und außenpolitischen Grundlagen Adenauers. Nach gesellschaftlichen und außenpolitischen Veränderungen schwand ab 1960 aber die Zustimmung zu Adenauer; auch sein Nachfolger Erhard erreichte nicht mehr die frühere Akzeptanz, sodass die Ersetzung der bürgerlichen durch die »Große Koalition« (1.12.1966) aus CDU und SPD unter dem Kanzler Kurt Georg Kiesinger (1966–69) allgemein als folgerichtig erschien.
Wirtschaft und Soziales: Vorrangiges Ziel der Wirtschafts- und Sozialpolitik war zunächst die Überwindung der Kriegsschäden. Eine wichtige Vorentscheidung war bereits vor der Staatsgründung mit der Währungsreform (20.6.1948) gefallen, als die wertlose

Für Konrad Adenauer war die Aussöhnung mit Frankreich im Rahmen der Westbindung der Bundesrepublik ein vorrangiges Ziel. Dabei fand der erste Bundeskanzler in dem französ. Staatspräsidenten Charles de Gaulle einen gleichgesinnten Partner. Beide sahen im deutsch-französ. Freundschaftsvertrag vom 22.1.1963 einen Höhepunkt ihrer Außenpolitik. Dies war der Ausgangspunkt der »Achse Bonn–Paris«. (Foto Adenauer und de Gaulle umarmen sich nach der Unterzeichnung des Freundschaftsvertrags)

Reichsmark durch die D-Mark ersetzt wurde. Eine weitere Weichenstellung erfolgte mit der Bundestagswahl vom 14.8.1949, bei der die Anhänger der Marktwirtschaft knapp siegten. Ihren Repräsentanten fanden sie in Wirtschaftsminister Erhard, der auch den Begriff »Soziale Marktwirtschaft« prägte. Unter ihm verzeichnete die junge Bundesrepublik einen rasanten wirtschaftlichen Aufschwung, der dem schwer kriegsgeschädigten Land innerhalb eines Jahrzehnts eine Spitzenstellung unter den Industrienationen einbrachte (»Wirtschaftswunder«). Dabei half auch das von den USA zur Unterstützung Westeuropas aufgelegte Wiederaufbauprogramm (»Marshall-Plan«) mit seinen finanziellen Hilfen. Da im Zuge des Wirtschaftsaufschwungs auch die Einkommen stiegen und der Sozialstaat ausgebaut wurde, bildete die Wirtschafts- und Sozialpolitik eine wesentliche Grundlage für die Popularität Adenauers.

Außenpolitik: Erstes außenpolitisches Ziel der Bundesrepublik war die Rückkehr in die Staatengemeinschaft. Dafür gab es vor allem zwei Ansatzpunkte: wirtschaftliche Kooperation mit den westeuropäischen Staaten sowie einen militärischen Beitrag der Bundesrepublik zur Verteidigung des Westen gegen die sowjet. Bedrohung. Der Weg zur außenpolitischen Souveränität, die anfangs durch das Petersberger Abkommen (22.11.1949) mit den drei westlichen Siegermächten eingeschränkt war, lief über die konsequente Einbindung der Bundesrepublik in den Westen (»Westbindung«). Hier konnte Adenauer bis 1955 entscheidende Fortschritte erzielen (Beitritt der Bundesrepublik zur Montanunion, zum Europarat und zur Europäischen Verteidigungsgemeinschaft bzw. nach derem Scheitern zur NATO) und eine weitgehende Souveränität für die Bundesrepublik erreichen. Nur »in Bezug auf Berlin und Deutschland als Ganzes« (Deutschland-Vertrag vom 26.5.1952) behielten sich die Siegermächte bis 1990 bestimmte Sonderrechte vor.

Deutschlandpolitik: Die Sowjetunion versuchte die Westintegration der Bundesrepublik zu verhindern und bot eine Wiedervereinigung Deutschlands gegen eine künftige Neutralität

Stationen der deutschen Westintegration

Westbindung: In den Anfangsjahren der Bundesrepublik gab es eine intensive politische Kontroverse darüber, ob der junge Staat analog zum Deutschen Reich eher eine »Brückenfunktion« zwischen Ost und West einnehmen oder Teil des Westens, d. h. der westeuropäisch-nordamerikan. Hemisphäre sein sollte. Konrad Adenauer, der die Westbindung über die Wiedevereinigung stellte, setzte innen- wie außenpolitisch die wirtschaftliche, politische und gesellschaftliche Anbindung der Bundesrepublik an den Westen durch. Spätestens nachdem die SPD sich 1959 mit ihrem »Godesberger Programm« auf den Boden von Adenauers Außenpolitik gestellt hatte, war die »Westbindung« allgemein politisch akzeptiert und wurde gewissermaßen als Teil der bundesrepublikanischen Staatsräson angesehen. Nochmals diskutiert wurde darüber im Zuge der deutschen Vereinigung bei der Frage, ob das geeinte Deutschland Vollmitglied der NATO bleiben könne, was schließlich auch von Russland zugestanden wurde.

18.4.1951	Bundesrepublik wird Gründungsmitglied der Montanunion.
26.5.1952	Deutschland-Vertrag mit den drei westlichen Siegermächten.
27.5.1952	Bundesrepublik ist Gründungmitglied der Europ. Verteidigungsgemeinschaft (EVG)
23.10.1954	Abschluss der Pariser Verträge nach dem Scheitern der EVG.
1.1.1956	Bundesrepublik beginnt als NATO-Mitglied mit Truppenaufstellung.
25.3.1957	Bundesrepublik ist Gründungsmitglied der Europ. Wirtschaftsgemeinschaft (EWG).
22.1.1963	Deutsch-Französ. Freundschaftsvertrag.
10.6.1979	Bundesrepublik beteiligt sich an Direktwahl des Europaparlaments.
7.2.1992	Bundesrepublik unterzeichnet Verträge von Maastricht
1.1.1993	Bundesrepublik wird Teil des europäischen Binnenmarktes.
1.1.1999	Bundesrepublik führt zusammen mit zehn anderen EU-Ländern den Euro als offizielle Währung ein.

Bundespräsident Theodor Heuss (r.) im Gespräch mit Soldaten der Bundeswehr 1958

Konrad Adenauer (l.) und Ludwig Erhard feierten 1958 »10 Jahre Währungsreform«.

Berlins Bürgermeister Willy Brandt (r.) empfing 1963 US-Präsident John F. Kennedy.

an (»Stalin-Note«, 10.3.1952). Obwohl das Grundgesetz Regierung und Parlament auf die nationale Einheit festlegte, gab Adenauer der Westintegration den Vorrang und setzte bei den Westmächten eine Ablehnung der Offerte durch. Schon wegen des unklaren Status von Berlin, dessen Ostteil trotz einer nominellen Viermächte-Verwaltung immer mehr zum Bestandteil der DDR wurde, während die drei Westsektoren intensive Kontakte zur Bundesrepublik unterhielten, ohne staatsrechtlich dazuzugehören, und wegen der Flüchtlingswelle aus der DDR bildete die »deutsche Frage« weiterhin ein zentrales Problem der Bundesrepublik. Adenauer setzte bei ihrer Lösung auf die wirtschaftliche Attraktivität der Bundesrepublik, der die DDR-Führung zwangsläufig nachgeben müsse (»Magnet-Theorie«). Offizielle Gespräche mit DDR-Regierungsstellen lehnte er ab, da die DDR völkerrechtlich kein eigener Staat sei. Auch sein Besuch in Moskau (9.–12.9.1955) und die Aufnahme diplomatischer Beziehungen mit der Sowjetunion verhinderten nicht, dass sich die Gräben zwischen Ost- und Westdeutschland vertieften, erkennbar am Ausbau der Grenzsperren (»Eiserner Vorhang«) durch die DDR oder dem »Alleinvertretungsanspruch« der Bundesrepublik in der sog. Hallstein-Doktrin. Der Bau der Berliner Mauer (13.8.1961) zementierte die deutsche Spaltung.

Vorherrschaft der SPD (1966/69–82)

Machtwechsel: In den 60er Jahren verfiel die CDU-Dominanz; seit 1961 holte die SPD bei jeder Bundestagswahl mehr auf. In der FDP änderte sich angesichts der innerdeutschen Verhältnisse die Deutschlandpolitik, was sie näher an die Sozialdemokraten führte. Nach einem Besuch des pers. Schahs (2.6.1967) ging von Berlin eine Welle studentischer Proteste aus, mit dem politische und wirtschaftliche Veränderungen verlangt wurden; zugleich wurde das bisherige Wirtschaftswachstum durch eine erste kurze Rezession abgelöst. Die CDU-Führung suchte diese Entwicklung dadurch in den Griff zu bekommen, dass sie Ende 1966 mit der SPD eine »Große Koalition« einging. Erstmals seit 1930 waren wieder Sozialdemokraten an der Regierung beteiligt. Mit Willy Brandt stellten sie den Außenminister (1966–69). Diese Koalition erwies sich jedoch als zu gegensätzlich, um wirkliche Reformen durchzusetzen, sondern verstärkte u.a. durch die Verabschiedung der »Notstandsgesetze« (30.5.1968) den Zulauf zu extremistischen Kräften links und rechts, der Außerparlamentarischen Opposition (APO) der Studenten einerseits und der neonationalistischen NPD andererseits. Nach der Bundestagswahl 1969 traf Brandt überraschend eine Absprache mit der FDP und bildete die erste sozial-liberale Koalition unter seiner Führung (22.10.1969).

Brandts Reformpolitik: Grundlage der neuen Koalition war der Wille zum Kurswechsel in der Innen-, Außen- und Deutschlandpolitik. Fortschritte gab es bald vor allem dank der »neuen Ost-« oder »Entspannungspolitik«. Als ihre Architekten galten neben Brandt sein Berater Egon Bahr (1972–74 Bundesminister für besondere Aufgaben) und der liberale Außenminister (1969–74) und spätere Bundespräsident Walter Scheel. Mit dem Moskauer Vertrag zwischen der Bundesrepublik und der Sowjetunion (12.8.1970) wurde das Verhältnis zur UdSSR neu ausgerichtet, was die Möglichkeit zu weiteren Verträgen – mit Polen (Warschauer Vertrag, 7.12.1970) und der ČSSR (11.12.1973) – eröffnete. Da die Bundesrepublik aber weiterhin am Ziel der deutschen Wiedervereinigung festhielt, gestalteten sich die Kontakte zur DDR-Führung schwierig. Zwei Treffen der beiden Regierungschefs Brandt und Willi Stoph im Frühjahr 1970 blieben ergebnislos. Dennoch konnten nach einem Abkommen der vier Mächte über Berlin (3.9.1971) und nach Abschluss des Verkehrs- (26.5.1972) und des Grundlagenvertrags zwischen der Bundesrepublik und der DDR (21.12.1972) auch die innerdeutschen Verhältnisse entscheidend verbessert werden. Die Reformpolitik fand trotz heftiger Angriffe der CDU breite Zustimmung, wie sich bei der vorgezogenen Wahl im November 1972 zeigte, als die sozial-liberale Koalition ihren Vorsprung ausbauen konnte.

Nach Abschluss der Ostverträge sowie bedingt durch die weltpolitischen Änderungen im Zuge der Ölpreiskrise vom Herbst 1973 verlor der Reformkurs von Brandt jedoch an Schwung. Die Enttarnung eines DDR-Spions im Kanzleramt (»Guillaume-Affäre«) war das auslösende Moment für seinen Rücktritt (6.5.1974). Da gleichzeitig Scheel das Amt des Bundespräsidenten übernahm, wurde die sozial-liberale Koalition unter neuer Führung mit Helmut Schmidt als Kanzler (1974–82) und Hans-Dietrich Genscher als Außenminister (1974–92) fortgesetzt.

Krisenmanagement statt Visionen: Die zweite Phase der sozial-liberalen Koalition war weniger durch Reformen als durch Krisenmanagement geprägt. Die weltweite Rezession infolge der beiden Ölpreiskrisen heizte in der

Schwierige Vergangenheitsbewältigung

Die Auswirkungen der NS-Diktatur belasteten aus zwei Gründen die Bundesrepublik: Zum einen sah sie sich rechtlich in der Nachfolge des Deutschen Reiches und vertrat außenpolitisch einen »Alleinvertretungsanspruch«; zum anderen wuchs innenpolitisch bald der moralische Druck, die jüngste Vergangenheit aufzuarbeiten. Während man außerpolitisch früh zur materiellen Entschädigung bereit war und bereits am 10.9.1952 ein Wiedergutmachungsabkommen mit Israel geschlossen wurde, dem Abmachungen mit anderen Staaten folgten, lag in der Innenpolitik der Akzent zunächst auf der Integration vieler Ex-Nazis und Mitläufer, obwohl auch hier ein Bundesentschädigungsgesetz für die NS-Opfer in Kraft trat (29.6.1956). Seit den Auschwitz-Prozessen (1963–66) und der Studentenrevolte (1967/68) drehte sich die Diskussion vor allem um die Belastungen der NS-Vergangenheit für die politische Kultur der Bundesrepublik, etwa die Rolle ehemaliger NS-Funktionäre beim Wiederaufbau. Zugleich verstärkten sich die Bemühungen um eine wissenschaftliche Erforschung des Nationalsozialismus sowie seiner Ursachen und Folgen, die aber zu keinem einheitlichen Ergebnis führten. Heute wird von keinem seriösen Politiker und Wissenschaftler in der Bundesrepublik mehr bestritten, dass die Bundesrepublik wegen der NS-Vergangenheit eine besondere Verantwortung gegenüber Israel und den Juden in aller Welt trägt. (Foto: Willy Brandts Kniefall in Warschau, 1970)

Bundesrepublik die Inflation an und ließ die Arbeitslosenzahlen bis auf 1,8 Mio (1982) ansteigen. Ein weiteres zentrales Problem war die Herausforderung des Staates durch Terrorgruppen (»Baader-Meinhof-Gruppe«, »Bewegung 2. Juni«), die mit der Ermordung hoher Repräsentanten von Staat und Wirtschaft sowie der Entführung einer Lufthansa-Maschine 1977 ihren Höhepunkt erreichte, danach aber infolge der harten Haltung der Bundesregierung abnahm. Außenpolitisch hatten sich die Beziehungen zur Sowjetunion durch die Unterzeichnung der Schlussakte zur KSZE-Konferenz in Helsinki (1.8.1975) zunächst weiter verbessert, kühlten dann aber nach der Aufstellung der Mittelstreckenraketen in Osteuropa Ende der 70er Jahre ab. Schmidt hatte großen Anteil am Zustandekommen des NATO-Doppelbeschlusses (12.12.1979), er fand jedoch für die geplante Aufstellung westlicher Raketen wenig Rückhalt in der eigenen Partei. Auch ein Besuch Schmidts in der DDR

40 Jahre nach dem Ende des Zweiten Weltkriegs, im Mai 1985, trafen (Foto, v. r.) US-General Matthew Ridgeway und US-Präsident Ronald Reagan auf dem Militärfriedhof in Bitburg Bundeskanzler Helmut Kohl und Johannes Steinhoff, den ehemaligen Luftwaffeninspekteur der Bundeswehr.

(11.–13.12.1981) hielt die zunehmende Ost-West-Konfrontation nicht auf.

Bürgerinitiativen: Die Position der SPD wurde durch das Entstehen von Bürgerbewegungen geschwächt, die vor allem für eine veränderte Umweltpolitik (Kampf gegen das »Waldsterben«) und einen Ausstieg aus der Atomkraft kämpften. Sie fanden ihre politische Plattform in der neu gegründeten Partei Die Grünen (12./13.1.1980), die 1983 erstmals in den Bundestag einzog. Zerstritten über den ökonomischen und außenpolitischen Kurs, endete die sozial-liberale Koalition im Herbst 1982, als die FDP ein konstruktives Misstrauensvotum der CDU unterstützte und mithalf, Helmut Kohl zum Kanzler (1982–98) zu wählen.

Die wichtigsten Parteien im 20. Jahrhundert

Name (Abkürzung)	*Politische Richtung*	*Gründung/ Auflösung*
Christlich-Demokratische Union (CDU)	Christdemokraten, Konservative	1945
Christlich-Soziale Union (CSU)	christlich-konservative Regionalpartei in Bayern	1945
Deutsche Partei (DP)	konservative Regionalpartei in Niedersachsen	1945/1961
Kommunistische Partei Deutschlands (KPD)	Kommunisten	1945[1]/ 1956[2]
Sozialdemokratische Partei Deutschlands (SPD)	Sozialdemokraten	1945[1]
Freie Demokratische Partei (F.D.P.)	Liberale	1948
Block der Heimatvertriebenen und Entrechteten (BHE)	Heimatvertriebene, Konservative	1950/1961
Gesamtdeutsche Volkspartei (GVP)	linksbürgerliche Neutralisten	1952/1957
Nationaldemokratische Partei Deutschlands (NPD)	rechtsextreme Nationalisten	1964
Deutsche Kommunistische Partei (DKP)	Kommunisten	1968
Deutsche Volksunion (DVU)	Rechtsextreme	1971
Die Grünen	Ökologiebewegung	1980[3]
Die Republikaner (Rep)	Rechtsextreme	1983
Partei des Demokratischen Sozialismus (PDS)	Sozialisten	1989

1) Wiederbegründung; 2) für verfassungswidrig erklärt und verboten; 3) seit 1993 Bündnis 90/Die Grünen

Helmut Kohl (1982–98)

Die »Wende«: Außenpolitisch setzte die neue Regierung, in der Genscher Außenminister blieb, trotz der früheren Kritik der CDU an der Ostpolitik auf Kontinuität, unterstützte aber die US-amerikan. Bestrebungen, den Westen mit Mittelstreckenraketen aufzurüsten. Mit dem Amtsantritt des sowjet. Generalsekretärs Michail Gorbatschow verbesserte sich das Verhältnis zur Sowjetunion allmählich wieder. Dies kam auch den innerdeutschen Beziehungen zugute: Honecker wurde als Staatsgast von der Bundesrepublik empfangen (7.–11.9.1987). Wirtschaftspolitisch profitierte die Regierung Kohl-Genscher von verbesserten weltwirtschaftlichen Rahmenbedingungen, sodass bis Ende der 80er Jahre die Inflation minimiert und die Arbeitslosenzahlen – allerdings auf hohem Niveau – stabilisiert werden konnten.

Deutsche »Wiedervereinigung« 1989/90: Schnelligkeit und Ausmaß der Umwälzung in Osteuropa und in der DDR überraschten auch die Bundesrepublik. Zwar hatte man den Abbau des »Eisernen Vorhangs« durch Ungarn (2.5.1989) begrüßt, aber noch beim Bonn-Besuch Gorbatschows (12.–15.6.1989) war die »deutsche Frage« kein offizielles Thema. Erst die seit August 1989 anschwellende Fluchtwelle aus der DDR via Ungarn und ČSSR veranlasste die Bundesregierung zum Handeln. Außenminister Genscher erreichte im Herbst die Ausreise der sog. Botschaftsflüchtlinge aus Budapest und Prag. Nach der Öffnung der Berliner Mauer (9.11.1989) legte Kanzler Kohl einen 10-Punkte-Plan vor, mit dem mittelfristig eine gesamtdeutsche Konföderation angestrebt werden sollte (28.11.1989). Mit umfangreichen Wirtschaftshilfen für die DDR wurde aber gewartet, bis dort eine frei gewählte Regierung amtierte. Bei der Volkskammerwahl am 18.3.1990 unterstützten die Westparteien ihre jeweiligen Schwesterparteien im Osten. Nach dem Wahlsieg der Ost-CDU unter Lothar de Maizière wuchsen die Chancen für eine Vereinigung, die von der Bundesregierung nun auch international abgesichert werden sollte. Bei einem Treffen Kohls mit Gorbatschow im Kaukasus (16.7.1990) wurde der entscheidende Durchbruch erzielt, der zum

Abschluss des »Zwei-plus-Vier-Vertrags« (12.9.1990) führte. Damit stimmten die vier Siegermächte der Vereinigung der DDR mit der Bundesrepublik zu; diese wurde endgültig souverän und blieb weiterhin Mitglied der NATO, reduzierte aber ihre Truppen auf 370 000 Mann und verzichtete auf die ehemaligen Ostgebiete (Deutsch-poln. Vertrag, 14.11. 1990). Am 1.7. 1990 wurde eine Währungsunion zwischen der Bundesrepublik und der DDR geschaffen und am 3.10.1990 mit der Zustimmung der DDR-Volkskammer vom 23.8.1990 die Vereinigung durch Beitritt der DDR zur Bundesrepublik vollzogen.

Neue Problemfelder: Trotz der einheitsbedingten Euphorie und des Wahlsiegs der regierenden CDU/CSU-FDP-Koalition bei den ersten gesamtdeutschen Bundestagswahlen (2.12. 1990) gestaltete sich die politische Situation danach nicht einfacher. Vor allem zwei Fragen warfen Probleme auf: die Umwandlung der DDR-Gesellschaft und die neue außenpolitische Rolle der Bundesrepublik. Die Anpassung der fünf neuen Bundesländer an die Wirtschafts- und Rechtsordnung der Bundesrepublik brachte in der früheren DDR große Schwierigkeiten mit sich, die sich vor allem in einer Arbeitslosenquote von bis zu 20% ausdrückten, auf der anderen Seite die finanziellen Mittel der alten Bundesrepublik stark in Anspruch nahmen und zu Einschnitten im Sozialstaat führten. Trotz jährlicher Transferzahlungen von weit über 100 Mrd DM blieb der erhoffte Aufschwung im Osten aus; vielmehr geriet nach einem »einheitsbedingten« Boom auch die Wirtschaft im Westen ab 1993/94 in eine Krise. Zugleich verstärkte sich das Bedürfnis der neuen Bundesbürger nach einer eigenen Ost-Identität, ablesbar vor allem am Aufstieg der SED-Nachfolgepartei PDS zu einer starken politischen Kraft in Ostdeutschland. In gleichem Maße ließ die Zustimmung zur Kanzlerschaft Kohls nach, so dass seine Wahlniederlage 1998 auch durch das schlechte Abschneiden der Koalitionsparteien im Osten verursacht wurde.

Veränderte Positionen in der Außenpolitik: Außenpolitisch warf u.a. die Suche nach einer neuen Rolle der Bundesrepublik in der Weltpolitik Probleme auf. Anders als vor 1990 konnte sie sich nicht mehr politischen und militärischen Aufgaben außerhalb von EU und NATO entziehen. Nach einer langen innenpolitischen Debatte machte das Bundesverfassungsgericht am 12.7.1994 den Weg für sog. Out-of-Area-Einsätze der Bundeswehr auch unter Waffengebrauch frei. Zweiter zentraler Diskussionsgegenstand in der Außenpolitik war die europäische Frage. Kohl forcierte den Ausbau der Europäischen Union: Die Bundesrepublik war sowohl am EU-Binnenmarkt 1993 als auch an der Einführung der gemeinsamen Währung Euro 1999 von Anfang an beteiligt. Zugleich trat sie für die Ost-Erweiterung der EU ein, was vor allem im Fall der Türkei zu intensiven Debatten führte. Die Türken stellen die bei weitem größte Gruppe unter den in der Bundesrepublik ansässigen Ausländern und waren zu Beginn der 90er Jahre – neben Asylbewerbern aus der Dritten Welt – auch fremdenfeindlichen Aktionen ausgesetzt.

Nach dem Fall der Mauer in der Nacht vom 9. auf den 10.11.1989 feierten begeisterte Berliner vor dem Brandenburger Tor die Öffnung der innerdeutschen Grenze. Damit geriet die Einheit Deutschlands unvermittelt wieder auf die politische Tagesordnung.

Rot-grüne Koalition (seit 1998)

Erneuter Machtwechsel: Durch den Wahlsieg von SPD und Grünen (27.9.1998) wurde erstmals in der Geschichte der Bundesrepublik eine Bundesregierung direkt durch Wahlen abgelöst. An die Stelle von Kohl trat Gerhard Schröder (seit 1998) an der Spitze einer sog. rot-grünen Koalition. Damit war zum ersten Mal eine Umweltpartei in der Bundesregierung vertreten. Während die neue Koalition außenpolitisch auf Kontinuität setzte, dabei aber erstmals die Bundeswehr in einen Kampfeinsatz schickte (Kosovo-Krieg im Frühjahr 1999), strebte sie innen- und wirtschaftspolitisch Reformen an (Ausstieg aus der Atomenergie, Renten- und Gesundheitsreform). Das Problem der Massenarbeitslosigkeit blieb auch am Ende des 20. Jh.s ungelöst. Ende 1999 tauchten erste Hinweise auf die Verstrickung der CDU und insbes. des Ex-Kanzlers Kohl in illegale Parteifinanzierungen (»Spendenskandal«) auf, die 2000 u. a. zur Ablösung des Parteivorsitzenden Wolfgang Schäuble durch Angela Merkel führten. *J.Fr.*

Deutsche Demokrat. Republik 1989	
Landesfläche	108 333 km^2
Einwohner	16,4 Mio
Hauptstadt	Ost-Berlin (1,26 Mio Einwohner)
Sprache	Deutsch
Währung	1 Mark der DDR (M) = 100 Pfennig
Gliederung	14 Bezirke und Hauptstadt Ost-Berlin
Staatsform	Sozialistische Republik
Religion	Protestanten (46%), Katholiken (7%); Konfessionslose (45%); Sonstige (2%)
Bevölkerung	Deutsche (99,4%); Sorben (0,6%)

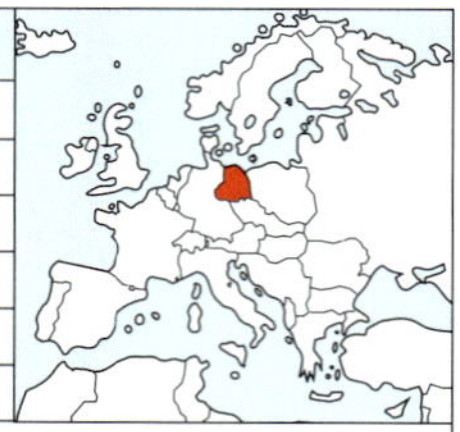

Die Deutsche Demokratische Republik 1949–90	
1949	Die DDR wird als eigener Staat konstituiert, die neue Verfassung bestimmt (Ost-)Berlin zur »Hauptstadt der DDR«.
	Provisorische Volkskammer und Länderkammer wählen Wilhelm Pieck zum Präsidenten der Deutschen Demokratischen Republik.
1950	Ministerium für »Staatssicherheit« (»Stasi«) gegründet; DDR erkennt im Abkommen mit Polen die Oder-Neiße-Grenze an; Walter Ulbricht wird Generalsekretär der SED; DDR tritt dem RGW bei; Einführung der Einheitsliste.
1952	SED beschließt den »Aufbau des Sozialismus«; Verwaltungsreform beseitigt die Länder.
1953	Sowjet. Panzer schlagen Volksaufstand vom 17.6. nieder.
1955	Aufnahme der DDR in den Warschauer Pakt.
1956	Gründung der Nationalen Volksarmee (NVA).
1960	Kollektivierung der Landwirtschaft abgeschlossen.
	Ulbricht wird Staatsratsvorsitzender.
1961	Bau der Berliner Mauer, um Flüchtlinge zu stoppen.
1963	Einführung des »Neuen ökonomischen Systems der Planung und Leitung«.
1968	Neue DDR-Verfassung betont Führungsrolle der SED.
	DDR unterstützt den sowjet. Einmarsch in Prag.
1970	Deutsch-deutsche Regierungs-Treffen in Erfurt und Kassel.
1971	Erich Honecker löst Ulbricht als Erster Sekretär der SED ab.
1972	Enteignung der letzten Privatbetriebe.
	Grundlagenvertrag mit der Bundesrepublik abgeschlossen.
1973	DDR wird UNO-Mitglied.
1974	Begriff »Deutsche Nation« wird aus der Verfassung gestrichen.
1975	DDR unterzeichnet KSZE-Schlussakte.
1976	Wolf Biermann wird ausgebürgert.
1981	Offizieller DDR-Besuch von Bundeskanzler Helmut Schmidt.
1983	Westlicher Milliardenkredit sichert Zahlungsfähigkeit der DDR.
1987	Honecker reist als Staatsgast in die Bundesrepublik.
1988	Bei einer Rosa-Luxemburg-Demonstration tritt die Bürgerbewegung erstmals an die Öffentlichkeit; die SED grenzt sich durch Verbot der sowjet. Zeitschrift »Sputnik« von der »Perestroika« ab.
1989	Proteste gegen die Fälschung der Kommunalwahlen; nach Grenzöffnung in Ungarn Flüchtlingswelle; DDR begeht feierlich 40. Geburtstag; in Leipzig beginnt Demonstrationswelle; Egon Krenz löst Honecker als Erster Sekretär der SED ab; Führungsrolle der SED wird aus Verfassung gestrichen; SED löst sich auf.
1990	Erstürmung der Stasi-Zentrale; bei der ersten freien Volkskammerwahl siegt die CDU-geführte »Allianz für Deutschland«, Lothar de Maizière wird Ministerpräsident; Währungsunion mit der Bundesrepublik Deutschland; Wiedererrichtung der fünf Länder, die seit Juli 1952 durch die Gliederung des Staatsgebietes in 14 Bezirke und die Hauptstadt Ost-Berlin abgelöst worden waren; Volkskammer beschließt Beitritt zur Bundesrepublik.

DDR

Deutsche Demokrat. Republik

Der offizielle Geburtstag der DDR war der 7.10.1949, als die »Provisorische Volkskammer« der Verfassung für eine »Deutsche Demokratische Republik« zustimmte und kurze Zeit später sowohl einen Präsidenten (Wilhelm Pieck) als auch einen Ministerpräsidenten – Otto Grotewohl amtierte 1949–64 – wählte. Der Staatsgründung fehlte allerdings eine echte demokratische Legitimation, da die Provisorische Volkskammer ohne demokratische Wahlen aus der sog. Volkskongressbewegung hervorgegangen war, die sich auf Betreiben der SED im Dezember 1947 konstituiert hatte.

Sowjetisierung: Maßgeblichen Einfluss auf die Staatsgründung nahm die Sowjetunion, deren Besatzungszone nach dem Ende des Zweiten Weltkriegs mit dem Staatsgebiet der späteren DDR identisch war. Zwischen 1945 und 1949 waren wichtige Teile von Wirtschaft und Gesellschaft nach sowjet. Vorbild umgewandelt worden (Bodenreform, »Enteignung der Kriegsverbrecher«, Verstaatlichung der Großindustrie). Die Sozialistische Einheitspartei Deutschlands (SED), die am 22.4. 1946 aus der zwangsweisen Vereinigung von KPD und Ost-SPD hervorgegangen war, hatte sich ab dem Jahr 1948 zu einer Kaderpartei (»Partei neuen Typus«) analog zur KPdSU entwickelt.

Dominanz der SED: Im Herbst 1946 hatte es zwar Kommunal- und Regionalwahlen gegeben, bei denen die SED knapp die beiden »bürgerlichen Parteien« Ost-CDU und LDPD besiegte, aber der politische Wettbewerb war von Anfang an durch die Einbindung aller Parteien in den von der SED dominierten »Block der antifaschistisch-demokratischen Parteien« (14.7.1945) eingeschränkt. Durch die politische Einbeziehung der sog. Massenorganisationen wie der »Freien Deutschen Jugend«, der Nachwuchsorganisation der SED, wurde der Handlungsspielraum für die bürgerlichen Kräfte zusätzlich beschnitten. Die Staatsgründung konnte erst stattfinden, als Stalin, der zunächst auf ein neutrales Gesamtdeutschland gesetzt hatte, nach Gründung der Bundesrepublik Deutschland im Mai 1949 der SED-Führung sein Einverständnis gegeben hatte (27.9.1949). Als politisches System gehörte die DDR zu den osteuropäischen »Volksdemokratien«, die – entgegen ihrem Namen – von kommunistischen Parteien geführte Diktaturen waren.

Am 17.6.1953 brach in Ost-Berlin ein Volksaufstand aus. Die Proteste entzündeten sich an der im Mai beschlossenen Erhöhung der Arbeitsnormen um 10%, die eine deutliche Einkommenseinbuße zur Folge hatten. Zehntausende waren überall in der DDR, insbes. in Ost-Berlin, auf den Straßen, um gegen das SED-Regime zu demonstrieren, als mittags die gewaltsame Niederschlagung des Aufstands durch sowjet. Panzer begann. Dabei kamen nach westlichen Schätzungen etwa 200 Demonstranten ums Leben.

Die Ära Ulbricht (1950–71)

Konsolidierung der SED-Herrschaft: Zunächst schien die DDR ein Staat auf Abruf zu sein, da Stalin die Idee eines neutralen Gesamtdeutschland noch nicht völlig verwarf und den Westmächten sogar die Wiedervereinigung anbot (»Stalin-Note« vom 10.3.1952). Dennoch unternahm die SED unter Walter Ulbricht, ihrem Generalsekretär (ab 25.7.1950) bzw. Ersten Sekretär des Zentralkomitees (ab 26.7.1953), alles, um ihre Herrschaft und die sozialistische Umwandlung der Gesellschaft zu verankern: Am 8.2.1950 wurde ein Amt für »Staatssicherheit« als verlängerter Arm der SED gegründet. Für die erste Volkskammerwahl (15.10.1950) wurde eine »Einheitsliste« eingeführt, die feste Quoten an Mandaten für die Parteien und Massenorganisationen vorgab. Außenpolitisch wurde die DDR in den sowjet. Machtbereich u.a. durch den Beitritt zum Rat für gegenseitige Wirtschaftshilfe (RGW, 29.9.1950) integriert. In einem Freundschaftsabkommen mit Polen (6.7.1950) erkannte die DDR-Regierung die Oder-Neiße-Linie als Grenze an und verzichtete damit auf die deutschen Ostgebiete.

Unterdrückung der Opposition: Der am 9.7.1952 verkündete »Aufbau des Sozialismus« leitete eine neue Etappe ein, die zur Auflösung der Länder im Zuge einer zentralistischen Verwaltungsreform (23.7.1952) und einem verstärkten Vorgehen gegen die »bürgerlichen« Kräfte führte: Zur Jahreswende 1952/53 wurden u.a. die Minister Karl Hamann (LDPD, Handelsminister 1949–52) und Georg Dertinger (CDUD, Außenminister 1949–53) verhaftet und zu hohen Gefängnisstrafen verurteilt. Wirtschaftliche Unzufriedenheit sowie die Orientierungslosigkeit der SED-Führung nach Stalins Tod (5.3.1953) lösten Mitte Juni 1953 eine breite Protest- und Streikwelle aus (»Volksaufstand vom 17. Juni«), die von sowjet. Panzern gewaltsam niedergeschlagen wurde. Damit versiegte der letzte größere Widerstand gegen die SED-Herrschaft.

Innenpolitik 1953–71: In der Folgezeit gelang es Ulbricht, potenzielle Rivalen in der SED wie Wilhelm Zaisser (Minister für Staatssicherheit 1950–53) und Ernst Wollweber (Minister für Staatssicherheit 1953–57) auszuschalten. Unter dem Ulbricht-Vertrauten Erich Mielke (Minister für Staatssicherheit 1957–89) wurde die Staatssicherheit zu einer zentralen Säule der SED-Herrschaft aus-

Stichwort: Demokratischer Zentralismus

Für Theorie und Praxis des politischen Systems in der DDR war der »Demokratische Zentralismus« ein Schlüsselbegriff. Eine bezeichnende Definition dieses Schlagworts bot das Ulbricht-Motto aus dem Jahr 1945: »Es muss demokratisch aussehen, aber wir müssen alles in der Hand halten.« Als politisches Prinzip wurde der Demokratische Zentralismus zuerst in der SED eingeführt, die sich ab 1948 in eine marxistisch-leninistische Kaderpartei transformierte. Später schrieben ihn auch die übrigen Parteien und die Massenorganisationen in ihren Satzungen fest, sodass schließlich die gesamte politische Willensbildung in der DDR diesem Prinzip folgte. Es besagte, dass de jure alle öffentlichen und Parteifunktionen nach demokratischen Wahlen besetzt wurden, die Amts- und Funktionsträger in ihrer Amtsführung aber der jeweils übergeordneten Ebene verantwortlich waren. Die politische Willensbildung verlief also – entgegen dem klassischen Demokratieverständnis – von oben, der Zentrale oder Führung, nach unten, an die Basis, zum einfachen Parteimitglied oder Bürger. Innerhalb des Demokratischen Zentralismus nahm wiederum die SED eine beherrschende Stellung gegenüber den anderen Parteien und Organisationen ein, wie Art. 1 der DDR-Verfassung von 1968 festlegte. De facto konnte die SED-Spitze, das »Politbüro des Zentralkomitees der SED«, somit nicht nur den gesamten Verwaltungs- und Staatsapparat, sondern auch alle anderen gesellschaftlichen Bereiche kontrollieren und ihren politischen Vorstellungen unterwerfen.

Stichwort: Berliner Mauer

Die DDR-Führung riegelte mit den über 150 km langen Grenzbefestigungen ab dem 13.8.1961 West-Berlin hermetisch vom Ostteil der Stadt sowie dem Gebiet der DDR ab. Die Berliner Mauer – laut SED-Sprachregelung ein »antifaschistischer Schutzwall« – bildete zugleich den Schlussstein der fast 1400 km langen innerdeutschen Grenze, des »Eisernen Vorhangs«, der nach dem Zweiten Weltkrieg zwischen der sowjet. und den westlichen Besatzungszonen entstanden und ab 1952 stark ausgebaut worden war. Die Grenze mit ihren ausgeklügelten Sperranlagen richtete sich vor allem gegen die eigene Bevölkerung, nachdem zwischen 1949 und 1961 ca. 2,7 Mio Menschen, d. h. etwa 15% der Bevölkerung, die DDR in Richtung Westen verlassen hatten. Nach dem Mauerbau war das »illegale« Verlassen der DDR ein lebensgefährliches Unternehmen; bis 1989 kamen über 800 Menschen an der innerdeutschen Grenze ums Leben, 80 davon in Berlin. Im Westen wurde die Berliner Mauer zum Symbol der deutschen Teilung und ihres »unnatürlichen Charakters«. Ihre Beseitigung war die zentrale Forderung aller westlichen Politiker, besonders eindrucksvoll geäußert vom US-amerikan. Präsidenten Ronald Reagan bei einer Kundgebung am 12.6.1987 vor dem Brandenburger Tor: »Tear this wall down, Mr. Gorbatschow.« Für die SED bildeten Mauer und Grenzanlagen eine wichtige Voraussetzung ihrer Herrschaft; folgerichtig ging diese zu Ende, als zunächst in Ungarn (2.5.1989), dann auch in Deutschland (9.11.1989) der »Eiserne Vorhang« fiel. Nach der Vereinigung der DDR mit der Bundesrepublik wurden die Sperranlagen abgebaut. (Foto oben: Mauerbau 1961; unten: Öffnung der Mauer 1989)

gebaut. Ulbrichts Stellung wurde auch nicht durch die kurze Liberalisierungsepoche (»Tauwetter«) im sowjet. Herrschaftsbereich in Frage gestellt, die auf den 20. Parteitag der KPdSU (Februar 1956) folgte. Vielmehr wurde mit der Gründung der Nationalen Volksarmee (1.3.1956) sowie der forcierten Kollektivierung der Landwirtschaft in Form der Landwirtschaftlichen Produktionsgenossenschaften (LPG) die sozialistische Umgestaltung der DDR-Gesellschaft vorangetrieben. Dies führte zu einer starken Zunahme des Flüchtlingsstroms via Berlin in den Westen. Mit der Abriegelung West-Berlins von der DDR und dem Ostteil der Stadt (Bau der »Berliner Mauer«, 13.8.1961) wurde dieser »Aderlass« gestoppt.

Wirtschaftliche Entwicklung: In den 60er Jahren stieg die DDR zum zweitstärksten Industriestaat im Ostblock auf. Grundlage dafür war das 1963 eingeführte »Neue ökonomische System der Planung und Leitung der Volkswirtschaft«, von dem sich Ulbricht vor allem größere Leistungsanreize zur Steigerung der Produktivität sowie wissenschaftlich-technischen Fortschritt erhoffte. Als Ausdruck des wachsenden Selbstbewusstseins wurde am 6.4.1968 per »Volksentscheid« eine neue Verfassung verabschiedet, welche die DDR als »sozialistischen Staat deutscher Nation« definierte und die Führungsrolle der SED auch offiziell bestätigte. Zunehmende Versorgungsprobleme, aber auch eine veränderte internationale Konstellation führten 1971 zu einer »Palastrevolte« in der SED gegen Ulbricht und zu seiner Ablösung als Erster Sekretär der SED (3.5.1971).

Außenpolitik: Nach dem endgültigen Scheitern der gesamtdeutschen Option wertete die Sowjetunion die DDR Mitte der 50er Jahre durch die Aufnahme in den Warschauer Pakt (15.5.1955) und das Zugeständnis der Souveränität (25.9.1955) außenpolitisch auf. Schnell wuchs die DDR zum wichtigsten Verbündeten der Sowjetunion heran, die am 12.8.1964 mit ihr einen »Freundschaftspakt« schloss. Zentrales außenpolitisches Ziel der DDR war die internationale Anerkennung als souveräner Staat; bis 1970 gelang ihr dies außerhalb des Ostblocks nur bei einigen Nahoststaaten. Innerhalb des Sowjet-Imperiums stellte sich die DDR gegen alle Liberalisierungstendenzen und beteiligte sich auch am Einmarsch der Truppen des Warschauer Pakts in die ČSSR im August 1968.

Deutschlandpolitik 1953–70: Anfangs ging die SED vom Ziel einer »Wiedervereinigung« aus; entsprechende Vorstöße nach Westen, wo die SED vor allem mit oppositionellen Kräften ins Gespräch kommen wollte, scheiterten jedoch an den »sozialistischen« Vorgaben von Seiten der DDR. Ab 1955 schlug Ulbricht mehrfach die Bildung einer Konföderation zwischen der Bundesrepublik und der DDR vor, de facto zielte er aber auf den Ausbau der Eigenstaatlichkeit (»Zwei-Staaten-Theorie«). Mit dem Bau der Berliner Mauer stellte die SED 1961 ihre gesamtdeutsche Propaganda endgültig ein und verlangte stattdessen die »staatsrechtliche Anerkennung« durch die Bundesrepublik. 1970 endeten zwei Treffen von Ministerpräsident Willi Stoph und Bundeskanzler Willy Brandt ergebnislos. Für die Sowjetunion wurde Ulbrichts politische Unbeweglichkeit zunehmend zu einem Hindernis in der Entspannungspolitik, sodass KPdSU-Chef Leonid Breschnew 1971 in seine Ablösung durch Erich Honecker einwilligte.

Die DDR unter Honecker (1971–89)

Außen- und Deutschlandpolitik: Der Machtwechsel von Ulbricht zu Honecker räumte den Weg frei für innerdeutsche Vereinbarungen (Transitabkommen 20.12.1971, Verkehrsvertrag 26.5.1972, Grundlagenvertrag 21.12.1972), welche die innerdeutschen Beziehungen verbesserten und insbes. Reisen von West- nach Ostdeutschland erleichterten. In der Folge erreichte die DDR die Aufnahme in die UNO (18.9.1973) sowie die diplomatische Anerkennung durch eine Reihe von Staaten, u. a. durch die Westmächte. Obwohl der Hinweis auf die »deutsche Nation« 1974 aus der DDR-Verfassung getilgt wurde, gelang es nicht, die Forderung nach staatsrechtlicher Anerkennung der DDR durch die Bundesrepublik durchzusetzen.

Eingeschränkte Handlungsfreiheit: Das Bemühen um »Abgrenzung« gegenüber der »kapitalistischen« Bundesrepublik stieß in den 80er Jahren zunehmend auf Widerstände, da die DDR-Bürger durch die Westmedien genau über die Entwicklungen und den höheren Lebensstandard in der Bundesrepublik informiert waren und die DDR zugleich immer mehr in wirtschaftliche Abhängigkeit vom Westen geriet. Nur ein Milliardenkredit westlicher Banken, den der bayer. Ministerpräsident Franz Josef Strauß im Sommer 1983 vermittelte, sicherte die Zahlungsfähigkeit der DDR. Außerdem suchte Honecker im Zeichen der neuerlichen Ost-West-Spannungen ab 1979 Teile der Entspannungspolitik zu bewahren. Dies brachte ihm zwar die offizielle Einladung nach Bonn ein (Staatsbesuch 7.–11.9.1987),

Bei den traditionellen Mai-Feierlichkeiten trugen junge Männer in der Uniform der Freien Deutschen Jugend (FDJ) Porträts ostdeutscher Politiker durch Ost-Berlin (1987).

Staatsoberhäupter der Deutschen Demokrat. Republik

Amtszeit	*Name (Partei)*	*Funktion*	*Lebensdaten*
1949–60	Wilhelm Pieck (SED)	Präsident	1876–1960
1960–73	Walter Ulbricht (SED)	Vorsitzender des Staatsrats	1893–1973
1973–76	Willi Stoph (SED)	Vorsitzender des Staatsrats	1914–1999
1976–89	Erich Honecker (SED)	Vorsitzender des Staatsrats	1912–1994
1989	Egon Krenz (SED)	Vorsitzender des Staatsrats	*1937
1989/90	Manfred Gerlach (LDPD)	Amtierender Vorsitzender des Staatsrats	*1928
1990	Sabine Bergmann-Pohl (CDU)	Präsidentin der Volkskammer und amt. Staatsoberhaupt	*1946

Die wichtigsten Parteien der DDR

Name (Abkürzung)	*Soziale Ziel-/Trägergruppen*	*Gründung*
Christlich-Demokratische Union Deutschlands (CDU(D))	christliches Bürgertum, Mittelstand	1945 (1990 Fusion[1)])
Liberaldemokratische Partei Deutschlands (LDP(D))	liberales Bürgertum, Mittelstand	1945 (1990 Fusion[2)])
Sozialistische Einheitspartei Deutschlands (SED)	Arbeiter, Bauern, Werktätige, Funktionseliten der DDR	1946 (1989 aufgelöst)
Demokratische Bauernpartei Deutschlands (DBD)	Landwirte, Genossenschaftsbauern	1948 (1990 Fusion[1)])
Nationaldemokratische Partei Deutschlands (NDPD)	nationalgesinntes Bürgertum, Ex-Nazis, Mittelstand	1948 (1990 Fusion[2)])
Bündnis 90 (B 90)	Bürger- und ökologische Bewegung	1989 (1993 Fusion[3)])
Partei des Demokratischen Sozialismus (PDS)	Arbeiter, Bauern, Werktätige, Funktionseliten der DDR	1989
Sozialdemokratische Partei Deutschlands (SDP/SPD)	Bürgerbewegung, Arbeiter	1989 (1990 Fusion[4)])

1) Mit der West-CDU; 2) mit der FDP; 3) mit den »Grünen«; 4) mit der West-SPD

minderte aber die außenpolitische Abhängigkeit von der Sowjetunion nicht. Den in der UdSSR mit dem Amtsantritt von Michail Gorbatschow (11.3.1985) einsetzenden Liberalisierungstendenzen begegnete die SED-Führung mit demonstrativem Festhalten an den Prinzipien des orthodoxen Marxismus-Leninismus, was die Beziehungen zu Moskau ab 1986 zunehmend belastete.

Innenpolitik: Die Ära Honecker war im Inneren durch ein permanentes Wechselspiel von Lockerungen und dem Festhalten an den »sozialistischen Errungenschaften« bzw. der »historischen Führungsrolle der SED« gekennzeichnet. Unmittelbar nach seinem Amtsantritt kam es zu einem wirtschaftspolitischen Kurswechsel, der den Konsum fördern sollte (»Einheit von Wirtschafts- und Sozialpolitik«). Der Lebensstandard der DDR-Bürger stieg zwar allmählich, seine Finanzierung wurde aber im Zuge der Ölpreiskrisen ab 1974 schwieriger. Die devisenschwache DDR geriet immer mehr in Abhängigkeit von westlichem Kapital und die D-Mark stieg zu einer inoffiziellen Zweitwährung auf, mit der unter offizieller Duldung in den sog. Intershops westliche Waren gekauft werden konnten.

Kampf gegen Opposition: Kritische Stimmen und offene Opposition wurden weiterhin unterdrückt. Die Staatssicherheit verfolgte Regimegegner mit unverminderter Härte. Prominente Opponenten wurden in den Westen abgeschoben oder wie der Liedermacher Wolf Biermann im November 1976 ausgebürgert. Die Repressalien verhinderten aber nicht, dass sich im Rahmen der Mittelstreckenraketen-Debatte ab 1980 auch in der DDR – in Anlehnung an die evangelische Kirche – eine Friedens- und Bürgerbewegung entwickelte. Diese begründete ihre Reformforderungen ab 1985 auch mit der sowjet. Entwicklung (»Perestroika«, »Glasnost«).

Wende und Ende 1989/90

Wachsende Ablehnung: Die Umwälzungen in der Sowjetunion und anderen osteuropäischen Ländern sowie der beginnende Abbau des »Eisernen Vorhangs« durch Ungarn (2.5.1989) gaben den oppositionellen Kräften in der DDR Auftrieb. Bei den Kommunalwahlen am 7.5.1989 kam es wegen Manipulationen erstmals zu öffentlichen Protesten. Im Sommer beantragten Oppositionsgruppen wie das »Neue Forum« ihre offizielle Zulassung. Gleichzeitig fuhren immer mehr Bürger nach Ungarn und in die ČSSR, um von dort in den Westen auszureisen. Durch Vermittlung der Bundesrepublik wurde für die Ausreisewilligen, die Zuflucht in den bundesdeutschen Botschaften in Budapest und Prag gesucht hatten, in Ungarn die Grenze geöffnet (11.9.1989) bzw. von Prag der Transit in den Westen gestattet (30.9.1989).

Untergang der SED: Am 7.10.1989 konnte Honecker zwar noch feierlich den 40. Ge-

Ministerium für Staatssicherheit – Instrument zur Unterdrückung jeglicher Opposition

Das im Volksmund »Stasi« oder »VEB Guck und Horch« genannte Ministerium für Staatssicherheit (MfS) wurde am 8.2.1950 gegründet und war seit dem 24.11.1955 ein eigenständiges Ministerium. 1957–89 stand es unter der Leitung von Erich Mielke. Nach seinem Selbstverständnis war das MfS »Schild und Schwert« der SED und nur dieser verantwortlich. In der Praxis vereinigte das MfS die Funktionen eines Auslandsgeheimdienstes, dessen hauptsächliches Arbeitsgebiet West-Berlin und die Bundesrepublik waren, mit denen einer DDR-internen Geheimpolizei, die über fast unbeschränkte Kompetenzen verfügte. Zur Zerschlagung von – im Sinne der SED – »feindlichen Agenturen« wurde der Apparat des MfS kontinuierlich ausgebaut; 1989 umfasste er über 90 000 hauptamtliche und ca. 175 000 inoffizielle Mitarbeiter (»IM«), die eine fast flächendeckende Überwachung der DDR-Bürger ermöglichten. Der Einfluss des MfS war beträchtlich, wie der Fall des Kanzleramts-Spions Günter Guillaume beweist, der 1974 zum Rücktritt von Willy Brandt führte. In der Wahl der Mittel waren dem MfS kaum Grenzen gesetzt. Nach der Auflösung Ende 1989 wurden seine Akten im Zuge der deutschen Vereinigung an den »Bundesbeauftragten für die Unterlagen des Staatssicherheitsdienstes der ehemaligen DDR« übergeben. (Foto: Stasi-Akten in der Gauck-Behörde in Neubrandenburg 1998)

burtstag der DDR begehen, wenig später wurde er jedoch von Egon Krenz an der Spitze von Staat und Partei abgelöst (18.10.1989). Aber weder der Machtwechsel noch die Öffnung der innerdeutschen Grenze (9.11.1989) und die Bildung einer Übergangsregierung unter Hans Modrow (17.11.1989) konnten die rasch fortschreitende Erosion der SED-Herrschaft aufhalten. Weiter zunehmende Proteste in der Bevölkerung zwangen Krenz zum Rücktritt von allen Ämtern (3./6.12.1989). Kurz darauf löste sich die SED auf und formierte sich als PDS neu (16./17.12.1989).

Demokratisierung: Zum neuen politischen Entscheidungszentrum wurde für einige Monate der sog. Runde Tisch, der sich Anfang Dezember 1989 als Gesprächsforum zwischen Modrow-Regierung, SED/PDS, Kirchen, Blockparteien und Oppositionsgruppen konstituierte. Aus den ersten freien Volkskammerwahlen (18.3.1990) – bei denen bereits westdeutsche Parteien ihren Einfluss geltend machten – ging die CDU-geführte »Allianz für Deutschland« mit 48% der Stimmen als Sieger vor der SPD (22%), der PDS (16%) und den Liberalen (5%) hervor.

Vorbereitung der Vereinigung: Der Vorsitzende der Ost-CDU, Lothar de Maizière (DDR-Ministerpräsident 1990), bildete mit SPD und Liberalen eine Koalitionsregierung, die mit der Bundesrepublik über eine »Wiedervereinigung« verhandelte. Zugleich trieb sie innenpolitisch die Demokratisierung voran: Im Mai 1990 fanden erstmals seit 1946 wieder freie Kommunalwahlen statt und im Juli wurden fünf Länder neu- bzw. wieder errichtet, welche die Bezirke als mittlere Verwaltungsebene ablösten und die DDR dem föderalen Modell im Westen anglichen.

Nach der Errichtung einer gemeinsamen Währungsunion und Einführung der D-Mark (1.7.1990) lief die wirtschaftliche Hilfe der Bundesrepublik an. Außenpolitisch nahm die DDR an den »Zwei-plus-Vier-Verhandlungen« mit den Siegermächten des Zweiten Weltkriegs teil, kam dabei allerdings nicht über eine Rolle als faktischer Juniorpartner der Bundesrepublik hinaus. Nachdem in den deutsch-sowjet. Gesprächen im Kaukasus der entscheidende Durchbruch erzielt worden war (16.7.1990), beschloss die Volkskammer auf der Basis des zwischen Bonn und Ost-Berlin ausgehandelten »Einigungsvertrages« den Beitritt zur Bundesrepublik gemäß Art. 23 GG (23.8.1990). Am 3.10.1990 wurde dieser mit einem Staatsakt in Berlin feierlich vollzogen, der das Ende des Staates DDR vier Tage vor seinem 41. Geburtstag bedeutete. *J. Fr.*

Wiedererlangung der deutschen Einheit

Die Verfasser des Grundgesetzes (GG) waren davon überzeugt, dass die Teilung der deutschen Nation rückgängig gemacht würde. Deshalb verpflichteten sie Parlament und Regierung, »in freier Selbstbestimmung die Einheit und Freiheit Deutschlands zu vollenden«. So wurde in Art. 23 der Beitritt »anderer Teile Deutschlands« zur Bundesrepublik ausdrücklich zugelassen und der provisorische Charakter des Grundgesetzes damit zum Ausdruck gebracht, dass seine Gültigkeit an dem Tag enden sollte, »an dem eine Verfassung in Kraft tritt, die von dem deutschen Volke in freier Entscheidung beschlossen wird« (GG Art. 146). Mit der offiziellen Staatsbezeichnung »Bundesrepublik Deutschland« sollte außerdem auch der Anspruch der Bundesrepublik auf Gesamtdeutschland unterstrichen werden.

Faktisch war die »Wiedervereinigung« ein offizielles Ziel jeder Bundesregierung, es stand aber stets in einem Spannungsverhältnis zur »Westintegration«, der Vorrang eingeräumt wurde. Seit Mitte der 60er Jahre wurde die Wiedervereinigung mehr und mehr als ein nur langfristig erreichbares Ziel gesehen, dem Verbesserungen im Verhältnis zur DDR und zu den östlichen Nachbarn vorausgehen mussten. Auf dieser Grundlage beruhte die Ostpolitik der sozial-liberalen Koalition, die aber auch in den Ostverträgen am Recht auf Wiedervereinigung der Deutschen festhielt. Die offiziellen Beziehungen der Bundesrepublik zur DDR hatten zwischenstaatlichen Charakter, obgleich die DDR niemals von der Bundesrepublik »staatlich anerkannt« wurde. In der Öffentlichkeit sank jedoch in den 70er und 80er Jahren das Interesse an der Wiedervereinigung, obwohl die Bundesrepublik jedes Jahr am 17. Juni im Gedenken an den 17.6.1953 den »Tag der deutschen Einheit« feierte.

Die Chance zur Vereinigung traf die Bundesrepublik 1989 daher relativ unvorbereitet. Nach der Zustimmung der vier Siegermächte wurde die Vereinigung durch Beitritt der DDR zum Grundgesetz vollzogen. (Foto oben: Demonstration in Leipzig 1989; unten, v. l. Michail Gorbatschow, Hans Klein und Helmut Kohl 1989)

Dominica

Commonwealth of Dominica

Im November 1493 entdeckte Christoph Kolumbus die Antilleninsel und gab ihr den Namen D. Erste Besiedlungsversuche unternahmen in den 30er Jahren des 17. Jh.s die Franzosen. In der Folgezeit war die Insel zwischen Briten und Franzosen umkämpft. 1805 wurde D. endgültig brit. Kolonie.

Unter Kolonialstatus

Bananenanbau: Während die Franzosen vor allem Kaffeeplantagen errichtet hatten, gingen die Briten dazu über, Zuckerrohr anzubauen, das auch nach der Sklavenbefreiung im brit. Empire 1834 bestimmender Wirtschaftsfaktor blieb. In der zweiten Hälfte des 19. Jh.s geriet der Zuckerrohranbau jedoch mit dem Aufkommen der Zuckerproduktion aus Zuckerrüben in eine dauerhafte Krise. Seit den 50er Jahren des 20. Jh.s dominiert die Bananenproduktion. Das Monopol für den Export erhielt die niederländ. Geest Company.
Autonomie: D. gehörte zunächst den Leeward Islands an (Inseln unter dem Winde), 1940 wurde es dann den Windward Islands (Inseln über dem Winde) zugeordnet. 1958 schloss es sich der Westind. Föderation an, die sich aber wegen innerer Gegensätze 1962 wieder auflöste. 1956 hatte London D. bereits zu einer selbstständigen Kolonie mit eigener Regierung ernannt, 1967 folgte die Anerkennung der inneren Autonomie.

Souveräner Staat

Verfassung: Am 3.11.1978, dem Jahrestag der Entdeckung D.s durch Kolumbus, entließ Großbritannien die Insel in die Unabhängigkeit. D. verblieb aber im brit. Commonwealth. Im Gegensatz zu vielen anderen Karibikinseln lehnte D. die brit. Königin als Staatsoberhaupt ab und gab sich eine republikanische Verfassung mit einem Präsidenten an der Staatsspitze. Im Ein-Kammer-Parlament, dem House of Assembly, sitzen 21 für fünf Jahre vom Volk gewählte Abgeordnete. Weitere neun Parlamentsmitglieder (Senatoren) werden vom Präsidenten auf Vorschlag des Premierministers (fünf) bzw. des Oppositionsführers (vier) ernannt. Das House of Assembly wählt auf gemeinsamen Vorschlag des Regierungschefs und des Oppostionsführers den Präsidenten für fünf Jahre (maximal zwei Amtsperioden). Formal besitzt der Präsident die Exekutivgewalt, faktisch orientiert er sich jedoch an den Entscheidungen des Kabinetts.
Premierministerin: Die erste Regierung nach Erlangung der Unabhängigkeit stellte die Dominica Labour Party (DLP). Sie wurde aber bereits bei den Wahlen 1980 abgelöst. Als erste Frau in der Karibik übernahm Mary Eugenia Charles von der konservativen Dominica Freedom Party (DFP) das Amt der Premierministerin (1980–95). Sie orientierte sich stark an den USA, wirtschaftlich setzte sie auf eine rasche Privatisierung.
Wirtschaftliche Zusammenarbeit: Zur Stabilisierung der Ökonomie schloss sich D. 1981 als Gründungsmitglied der Organization of Eastern Caribbean States (OECS) an. Vorrangiges Ziel der Vereinigung war neben einer

Dominica 2000

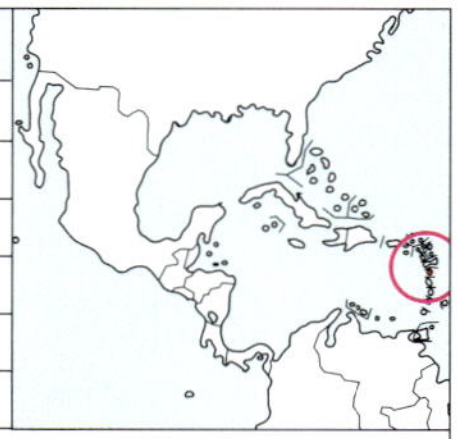

Landesfläche	751 km² (WR 169)
Einwohner	71 000 (WR 182)
Hauptstadt	Roseau (16 000 Einwohner)
Sprachen	Englisch, Patois
Währung	1 Ostkaribischer Dollar (EC-$)
Gliederung	10 Bezirke
Staatsform	Parlamentarische Republik im Commonwealth (seit 1978)
Religion	Katholiken (70,1%), Protestanten (17,2%); Sonstige (12,7%)
Bevölkerung	Schwarze (89,1%); Mischlinge (7,2%); Indianer (2,4%); Weiße (0,4%); Sonstige (0,9%)

Dominica im 20. Jahrhundert

1940	Dominica wird den Windward Islands angegliedert.
1956	Dominica wird zur selbstständigen Kolonie erhoben.
1958	Beitritt zur Westind. Föderation, die sich 1962 auflöst.
1967	Großbritannien spricht Dominica innere Autonomie zu.
1978	Dominica wird im Rahmen des Commonwealth unabhängig und gibt sich eine republikanische Verfassung mit einem Präsidenten als Staatsoberhaupt.
1979	Hurrikan »David« verwüstet weite Teile der Insel.
1980	Die konservative Dominica Freedom Party (DFP) gewinnt die Wahlen. Mary Eugenia Charles wird Regierungschefin.
1981	Ein Putschversuch gegen die Regierung scheitert.
1985	Aus den Wahlen geht erneut die DFP als Siegerin hervor.
1989	Hurrikan »Hugo« wütet über der Insel.
1990	Dritter Wahlsieg der DFP. Mary Eugenia Charles bleibt Premierministerin.
1995	Wahlsieg der Dominica United Workers' Party (DUWP). Neuer Regierungschef wird Edison C. James.
2000	Wahlsieg der Dominica Labour Party (DLP). Neuer Premierminister wird Rosie Douglas.

Die wichtigsten Parteien im 20. Jahrhundert

Name (Abkürzung)	*Politische Richtung*	*Gründung*
Dominica Labour Party (DLP)	sozialdemokratisch	1959
Dominica Freedom Party (DFP)	konservativ	1968
Dominica United Workers' Party (DUWP)	sozialdemokratisch	1988

gemeinsamen Währung die Harmonisierung der Wirtschafts- und Außenpolitik der Mitgliedsstaaten. Um ausländische Investoren zu gewinnen, wurde Anfang der 90er Jahre das Dominican Citizenship Programme eingeleitet, das bei einer bestimmten Mindestinvestitionssumme den ausländischen Anlegern Bürgerrechte garantiert. Die USA kritisierten 1999 D. wiederholt wegen des Staatsangehörigkeitsprogramms, weil D. damit Kriminelle aus der ganzen Welt anlocke, darunter auch Steuerflüchtige aus den USA.

Förderprogramme: Als Hurrikan »David« 1979 fast die gesamte Landwirtschaft zerstörte und 1989 ein weiterer Hurrikan erhebliche Schäden anrichtete, sollten wirtschaftliche Diversifizierung und insbes. der Ausbau der Tourismusbranche D. aus der Abhängigkeit von der Bananenmonokultur befreien. Anfang der 90er Jahre initiierte Mary Eugenia Charles ein Investitionsprogramm zum Ausbau der Infrastruktur für Tourismus und Industrie. Dennoch blieb der Fremdenverkehr in D., dessen Strände aus schwarzer Vulkanasche bestehen, unterentwickelt.

Exportrückgang: Durch die Schaffung des europäischen Binnenmarktes ab 1993 entfiel die Abnahmegarantie Großbritanniens für Bananen aus D. Da der Inselstaat im Gegensatz zu anderen Bananenexporteuren wegen des gebirgigen Geländes keine großflächigen und damit kostengünstigen Plantagen anlegen kann, musste er auf dem Weltmarkt um seine Konkurrenzfähigkeit fürchten. Vorteilhaft für D. war das Lomé-Abkommen der EU von 1995 (gültig bis 2002), das den Import von Bananen aus lateinamerikan. Ländern – sog. Dollar-Bananen von US-Konzernen – beschränkte. Damit sollen die Bananen-Ausfuhren der mit der EU verbündeten Staaten in Afrika, der Karibik und im Pazifikraum (AKP-Staaten) geschützt werden. Dennoch verzeichnete D. beim Export erhebliche Einbußen. So sanken die entsprechenden Exporterlöse in den Jahren 1991–97 um ca. 30%.

Machtwechsel: Bei den Wahlen 1995 musste die regierende DFP eine schwere Niederlage hinnehmen. Die absolute Mehrheit errang die erst 1988 gegründete sozialdemokratische Dominica United Workers' Party (DUWP). Das Amt des Premierministers übernahm Edison C. James (1995–2000).

Neuer Premierminister: Die Wahlen vom Januar 2000 brachten einen erneuten Regierungswechsel. Knapper Wahlsieger wurde die DLP, die mit der weiter geschrumpften DFP eine Koalitionsregierung bildete und mit Rosie Douglas den Premierminister stellt. Douglas befürwortet die Fortsetzung der von der DUWP begonnenen wirtschaftspolitischen Aufbauprojekte. Neben dem weiteren Ausbau des Tourismussektors will sich die neue Regierung insbes. um Investitionen ausländischer Kapitalgeber bemühen. *A.Z.*

Staatsoberhäupter von Dominica

Reg.-Zeit	*Name (Herrschergeschlecht)*	*Lebensdaten*
1837–1901	Victoria I. (Hannover)	1819–1901
1901–10	Edward VII. (Sachsen-Coburg)	1841–1910
1910–36	George V. (Windsor)	1865–1936
1936	Edward VIII. (Windsor)	1894–1972
1936–52	George VI. (Windsor)	1895–1952
1952–78	Elizabeth II. (Windsor)	*1926
1978	Fred Degazou	k. A.
1979	Louis Cools-Lartigue	*1905
1979/80	Jenner Armour	*1932
1980–83	Aurelius Marie	k. A.
1983–93	Clarence Seignoret	*1919
1993–98	Crispin Sorhaindo	*1931
seit 1998	Vernon Shaw	k. A.

Das feuchtwarme Tropenklima auf Dominica bietet Bananen und Zitrusfrüchten ideale Wachstumsbedingungen. Allerdings vernichten Hurrikans häufig die gesamte Ernte.

Dominikan. Republik

Christoph Kolumbus entdeckte 1492 die Insel Hispaniola, deren östlichen Teil die D. einnimmt. Vier Jahre später gründeten die Spanier die heutige Hauptstadt Santo Domingo. Sie rotteten die indian. Urbevölkerung aus und brachten schwarze Sklaven auf die Insel. 1697 fiel der Westen Hispaniolas, das heutige Haiti, an Frankreich, 1795 auch der Osten. Die Kolonie wurde als Santo Domingo 1801 von haitian. Sklaven im Zuge eines Aufstands gegen Frankreich eingenommen, gehörte aber ab 1808 wieder zu Spanien. 1821 löste sich Santo Domingo von Spanien und schloss sich 1822 Haiti an. 1844 erklärte die D. ihre Unabhängigkeit von Haiti. 1861 unterstellte der erste Präsident der D., General Pedro Santana (1844–63), das Land nochmals der span. Herrschaft, 1865 erfolgte die endgültige Trennung der D. von der Kolonialmacht Spanien.

Politische Turbulenzen und Diktatur

Unruhen: Seit der Staatsgründung war das politische Leben in der D. von Unruhen und Instabilität gekennzeichnet. Unter General Ulisses Heureaux (1884/85 und 1887–99) gab es zwar eine Periode relativer Stabilität, doch nach seiner Ermordung 1899 stürzte das Land erneut ins Chaos.

US-Intervention: 1903 intervenierten die USA erstmals militärisch in der D. Nach der zweiten US-Intervention (1905) übernahm die Großmacht die Zollgewalt über das Land, ab 1907 auch die Finanzverwaltung. Der Grund dafür waren insbes. die Zahlungsrückstände der stark verschuldeten D. an die USA. 1916–24 besetzten die USA die D., übernahmen die Regierungsgewalt und leiteten einen Demokratisierungsprozess ein, der 1924 zu Wahlen und einer neuen Verfassung führte. Präsident wurde Horacio Vásquez (1924–30).

Diktatur: Durch einen Staatsstreich gelangte 1930 General Rafael Leónidas Trujillo y Molina (1930–38, 1942–52) an die Macht. Er setzte die Verfassung außer Kraft und zwang dem Land einen rigorosen wirtschaftlichen Modernisierungskurs auf, von dem aber nur ein geringer Teil der Bevölkerung profitierte. Trotz verschiedener Wahlen, die dem diktatorischen Regime den Anschein einer Demokratie geben sollten und bei denen Rafael Trujillos Bruder Hector Bienvenido Trujillo y Molina (1952–60) sowie der ebenfalls Trujillo-treue Joaquín Videla Balaguer (1960/61) in das Präsidentenamt gewählt wurden, blieb der General der starke Mann im Staat. Zahlreiche wichtige Positionen besetzten Mitglieder des Trujillo-Clans, die ihre Ämter vor allem zur persönlichen Bereicherung nutzten. 1961 wurde Rafael Trujillo ermordet. Der größte Teil seiner Familie emigrierte, die in der D. verbliebenen Mitglieder des Trujillo-Clans verloren ihre Machtstellung.

Bürgerkrieg: 1962 wurden erstmals seit fast 40 Jahren wieder freie Wahlen abgehalten, die Juan Bosch Gavino, ein linksgerichteter Politiker, gewann. Er wurde jedoch bereits 1963 durch einen Militärputsch gestürzt. Die Regierungsverantwortung übernahm nun ein Triumvirat, das zuerst unter der Leitung des Zivilisten Emilio de los Santos (1963) und danach

Dominikanische Republik 2000	
Landesfläche	48 734 km² (WR 127)
Einwohner	8,4 Mio (WR 84)
Hauptstadt	Santo Domingo (2,2 Mio Einw.)
Sprache	Spanisch
Währung	1 Dominikan. Peso (dom$) = 100 Centavos
Gliederung	26 Provinzen, 1 Hauptstadtdistrikt
Staatsform	Präsidiale Republik (seit 1966)
Religion	Katholiken (92,2%), Protestanten (0,3%); Sonstige (7,5%)
Bevölkerung	Mulatten (70%); Schwarze (15%); Weiße (15%)

Die Dominikanische Republik im 20. Jahrhundert	
1903	Militärische US-Intervention soll die Unruhen in der Dominikan. Republik beenden.
1905	Zweite US-Intervention: Die USA übernehmen die Zollgewalt über das Land.
1907	Die Finanzverwaltung wird von den USA übernommen (bis 1940).
1916	US-amerikan. Truppen besetzen die Dominikan. Republik (bis 1924).
1924	Präsident Horacio Vásquez steuert das Land auf einem wirtschaftlich liberalen, vorwiegend an den Interessen der USA orientierten Kurs.
1930	Rafael Léonidas Trujillo y Molina gelangt durch einen Putsch an die Macht.
1952	Diktator Rafael Trujillo ernennt seinen Bruder Héctor Bienvenido Trujillo y Molina zum neuen Präsidenten der Dominikan. Republik.
1960	Hector Trujillo wird von Joaquín Videla Balaguer abgelöst.
1961	Rafael Trujillo wird ermordet.
1962	Aus den ersten freien Präsidentschaftswahlen seit 1924 geht der linksgerichtete Juan Bosch Gavino als Sieger hervor.
1963	Bosch wird durch einen Militärputsch gestürzt; Emilio de los Santos wird Kopf einer zivilen Triumviratsregierung.
1965	Der Sturz des Triumvirats durch Anhänger Boschs führt zu einem Bürgerkrieg, der durch die Intervention US-amerikan. Truppen 1966 beendet wird.
1966	Balaguer wird wieder ins Präsidentenamt gewählt.
1978	Balaguer unterliegt in Wahlen Antonio Gúzman Fernández.
1983	Die Finanz- und Sparpolitik der Regierung löst Unruhen in der Bevölkerung aus.
1986	Balaguer wird erneut zum Präsidenten gewählt. Die Wahlen werden von z. T. blutigen Ausschreitungen begleitet.
1996	Leonel Fernández Reyna übernimmt das Präsidentenamt von Balaguer.

von Donald Reid Cabral (1963–65) stand. Die Gruppe der neuen Machthaber spaltete sich bald in zwei konkurrierende Flügel – die Verfassungstreuen und die rechtsgerichteten »Loyalistas«. Nach dem Sturz des Triumvirats durch Anhänger Boschs kam es 1965 zum Bürgerkrieg. Mit der Zustimmung der Organisation amerikan. Staaten (OAS) griffen die USA 1966 erneut militärisch in der D. ein und beendeten die Kämpfe.

Die Ära Balaguer

Autoritäre Strukturen: Am Ende der US-amerikan. Intervention standen Präsidentschaftswahlen, aus denen Balaguer (1966–78) als Sieger hervorging. Seine Politik zeichnete sich anfangs durch ihre Nähe zu den wirtschaftlichen Interessen der USA aus und wurde von der katholischen Kirche, den Großgrundbesitzern und zunehmend auch vom Militär gestützt. Im Lauf der Jahre nahm sein Regierungsstil jedoch diktatorischen Charakter an. Reformen sowie für die Bevölkerungsmehrheit feststellbare wirtschaftliche Fortschritte blieben aus. Um ihrem Protest Ausdruck zu verleihen, boykottierten die meisten Oppositionsparteien die Wahlen von 1970 und 1974; dadurch blieb Balaguers Machtposition unangefochten. Versuche, den Präsidenten durch den Einsatz von Guerillatruppen, die u. a. von Haiti aus agierten, gewaltsam aus dem Amt zu drängen, scheiterten.

Machtverlust: Als Jimmy Carter 1977 US-Präsident wurde und der D. seine politische und wirtschaftliche Unterstützung aufgrund von Balaguers Regierungsstil versagte, verlor dieser an Einfluss. Nach seinem Sieg bei den Präsidentschaftswahlen 1978 löste der linksgerichtete Politiker Antonio Guzmán Fernández (1978–82) von der Partido Revolucionario Dominicano (PRD) Balaguer ab.

Gegen den undemokratischen Regierungsstil von Präsident Joaquín Videla Balaguer demonstrierten im April 1969 Studenten in der dominikan. Hauptstadt Santo Domingo.

Staatsoberhäupter der Dominikanischen Republik

Reg.-Zeit	Name	Lebensdaten
1899–1902	Juan Isidro Jiménez	1846–1919
1902/03	Horacio Vásquez	1855–1936
1903	Alejandro Woss y Gil	1856–1932
1903/04	Juan Isidro Jiménez	1846–1919
1904–06	Carlos Morales	1867–1914
1906–11	Ramón Caceres	1868–1911
1911/12	Eladio Victoria	1864–1939
1912/13	Erzbischof Adolfo Nouel	1862–1937
1913/14	José Bordas	1874–1968
1914	Ramón Baez	1858–1929
1914–16	Juan Isidro Jiménez	1846–1919
1916–22	Federico Henriquez	1848–1922
1922–24	Juan Baut. Vicini Burgos	1871–1935
1924–30	Horacio Vásquez	1855–1936
1930	Rafael Estrella Urena	1889–1945
1930–38	Rafael Leónidas Trujillo y Molina	1891–1961
1938–40	Jacinto Bienvenido Reynado	1878–1940
1940–42	Manuel Troncoso de la Concha	1878–1955

Reg.-Zeit	Name	Lebensdaten
1942–52	Rafael Leónidas Trujillo y Molina	1891–1961
1952–60	Hector Bienvenido Trujillo y Molina	*1909
1960/61	Joaquín Videla Balaguer	*1907
1962	Rafael Bonnelly	1904–1978
1962	Huberto Bogaert	k. A.
1962/63	Rafael Bonnelly	1904–1978
1963	Juan Bosch Gavino	*1909
1963	Emilio de los Santos	*1903
1963–65	Donald Reid Cabral	*1923
1965	Elias Wessin y Wessin	k. A.
1965	Antonio Imbert Barreras	k. A.
1965	Francisco Camaño	k. A.
1965/66	Hector García Godoy	*1921
1966–78	Joaquín Videla Balaguer	*1907
1978–82	Ant. Guzmán Fernández	1911–1982
1982–86	Jorge Blanco	*1926
1986–96	Joaquín Videla Balaguer	*1907
1996–2000	Leonel Fernández Reyna	*1953
seit 2000	Raf. Hip. Mejía Domínguez	k. A.

Glückloser Machtwechsel

Gescheiterte Reformpolitik: Die neue Regierung konnte sich mit ihren Reformideen nicht gegen die einflussreiche konservative Oligarchie durchsetzen und verlor damit zugleich die Unterstützung ihrer Wählerschaft, die sich tief greifende soziale und wirtschaftliche Veränderungen erhofft hatte. Statt einer Agrarreform und der immer wieder verlangten Erhöhung des Mindestlohnniveaus kam es zu drastischen Preiserhöhungen und einer rigorosen Sparpolitik. Der Unmut der Bevölkerung entlud sich in Generalstreiks, Demonstrationen und gewalttätigen Auseinandersetzungen konkurrierender politischer Gruppen. 1984 kam es bei einer Demonstration zu ca. 4000 Verhaftungen, 50 Menschen wurden getötet. Auch in den folgenden Jahren wiederholten sich Ausschreitungen und Generalstreiks.

Rückkehr Balaguers: Die Präsidentschaftswahlen 1986 konnte Balaguer (1986–96) als Vertreter der 1984 gegründeten Partido Reformista Social Cristiano (PRSC) erneut für sich entscheiden. Er ging nun energisch gegen korrupte Politiker vor und leitete mehrere Untersuchungsverfahren ein. Doch auch seine Haushaltspolitik (u. a. Erhöhung der Lebensmittel- und Brennstoffpreise um bis zu 60%) führte zu vehementen Protesten. Es gelang dem Präsidenten nicht, die Lage im Land zu beruhigen. Bei den Wahlen 1994, aus denen der inzwischen 86-jährige Balaguer wiederum als Sieger hervorging, wurde ihm massiver Wahlbetrug vorgeworfen.

Stichwort: Moderne Sklaverei

Schwierige Nachbarschaft: Die Beziehungen der Dominikan. Republik zum Nachbarland Haiti waren immer gespannt und zeitweise so schlecht, dass mit einem bewaffneten Konflikt gerechnet wurde. Die Dominikaner betrachteten ihre Nachbarn wegen ihres schwarzafrikan. Erbes lange als unterentwickelte Nation. 1937 kam es zu einem von der dominikan. Regierung angeordneten Massaker an Haitianern, die in der Dominikan. Republik lebten. Dabei starben etwa 20 000 Menschen.

Arbeiterhandel: Das Verhältnis entspannte sich erst, als Präsident Joaquín Videla Balaguer 1966 zum zweiten Mal an die Macht kam. 1967 beschlossen Balaguer und der ebenfalls diktatorisch regierende haitian. Staatschef François Duvalier in einem Vertrag die jährliche Vermittlung von 20 000 haitian. Arbeitskräften in die Dominikan. Republik, wo die Arbeiter unter menschenunwürdigen Bedingungen bei der Zuckerrohrernte halfen. Ein Teil des spärlichen Lohns sowie ein Kopfgeld von 10 US-Dollar pro Arbeiter wurden direkt an Duvalier ausgezahlt. Internationale Menschenrechtsorganisationen ächteten diese Praxis als modernen Sklavenhandel.

Flüchtlinge: Obwohl seit Anfang der 70er Jahre der Vertrag zwischen den beiden Staaten keine Anwendung mehr fand, wurden noch 1988 festgenommene haitian. Flüchtlinge in der Dominikan. Republik zur Arbeit auf den Zuckerrohrplantagen gezwungen. Auch der Aufenthalt illegaler Einwanderer aus Haiti wurde weiterhin geduldet, solange sie für Niedrigstlöhne die schwere Arbeit auf den Plantagen erledigten. (Foto: Schwarze Arbeiter bei der Zuckerrohrernte 1984)

Die wichtigsten Parteien im 20. Jahrhundert

Name (Abkürzung)	*Politische Richtung*	*Gründung*
Partido Revolucionario Dominicano (PRD)	demokratisch-sozialistisch	1939
Partido Quisqueyano Demócrata (PQD)	nationalistisch-konservativ	1968
Movimiento de Conciliación Nacional (MCN)	Zentrumspartei	1969
Partido de la Liberación Dominicana (PLD)	linksgerichtet	1973
Partido Reformista Social Cristiano (PRSC)	rechtskonservativ	1984

Versuch der Neuorientierung

Neuwahlen: Unter dem Druck der USA, die Balaguers Wahlsieg nicht anerkannten und mit der Kürzung der Finanzhilfe für den Karibikstaat drohten, einigte sich der Präsident mit dem unterlegenen Präsidentschaftskandidaten der oppositionellen PRD, José Francisco Peña Gómez, auf vorgezogene Neuwahlen. Durch eine Verfassungsänderung wurde die unmittelbare Wiederwahl des Präsidenten und damit eine Kandidatur Balanguers verboten.

Neubeginn: Bei den Präsidentschaftswahlen 1996 siegte Leonel Fernández Reyna, der Vorsitzende der Partido de la Liberación Dominicana (PLD), knapp vor dem PRD-Kandidaten Peña Gómez. Fernández war der favorisierte Kandidat Balaguers und erhielt daher die Unterstützung der PRSC. Seine wirtschaftspolitischen Ziele – u. a. Senkung der hohen Arbeitslosenrate, die 1998 ca. 30% betrug – konnte Fernández mit seiner Minderheitsregierung bis zum Ende der 90er Jahre nicht durchsetzen. Trotz eines weiteren Ausbaus der wichtigsten Devisenquelle der D., des Tourismus, lebten 1999 ca. 70% der Einwohner an der Armutsgrenze. Bei den Wahlen im Mai 2000 trat noch einmal der 92-jährige Balaguer an. Zum neuen Präsidenten wurde aber Rafael Hipólito Mejía Domínguez von der PRD mit gewählt. In der neuen Regierung koalieren PRD und PRSC. *A.Z./P.F.*

Dschibuti

Republik Dschibuti

1862 erwarb Frankreich am Horn von Afrika die Rechte für den Hafen Obock, einem wichtigen Güterumschlagplatz am Ausgang des Roten Meeres, und erweiterte dieses Territorium in der Folgezeit. 1888 legten Frankreich und Großbritannien die Grenzen ihrer Besitzungen in Somaliland fest. Im selben Jahr wurde die Stadt Dschibuti gegründet, nach der das Land später benannt wurde. 1896 schloss Frankreich seine Gebiete an der Afar- und Issa-Küste zur Kolonie Französ.-Somaliland zusammen. Dschibuti-Stadt wurde Verwaltungssitz der französ. Kolonie.

Dschibuti 2000	
Landesfläche	23 200 km² (WR 146)
Einwohner	629 000 (WR 156)
Hauptstadt	Dschibuti-Stadt (450 000 Einw.)
Sprachen	Französ., Arab., kuschit. Dialekte
Währung	1 Franc de Djibouti (FD) = 100 Centimes
Gliederung	5 Distrikte
Staatsform	Präsidiale Republik (seit 1977)
Religion	Sunnitische Moslems (96%); Christen (4%): Katholiken (2%), Protestanten (1%), Orthodoxe (1%)
Bevölkerung	Somali (61,7%): Issa (33,4%), Gadaboursi (15%), Issaq (13,3%); Afar (20%); Sonstige (18,3%)

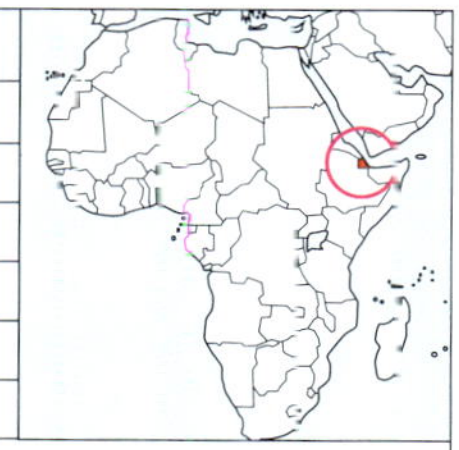

Dschibuti im 20. Jahrhundert	
1917	Fertigstellung der Bahnlinie von Dschibuti nach Addis Abeba/Äthiopien.
1957	Einführung einer beschränkten inneren Selbstverwaltung.
1972	Ausweitung der inneren Selbstverwaltung; Frankreich zieht sich zurück.
1977	Frankreich entlässt Dschibuti in die Unabhängigkeit. Erster Staatspräsident Dschibutis wird Hassan Gouled Aptidon.
1981	Dschibuti wird von der Regierung zum Einparteienstaat erklärt.
1991	Zunehmende Spannungen im Lande; Bildung der oppositionellen FRUD.
1992	Verfassungsänderung: Dschibuti führt Mehrparteien-System ein. Bei den Wahlen gewinnt die Regierungspartei RPP alle Sitze im Parlament.
1995	Befriedung im Innern: Eintritt von FRUD-Mitgliedern in die Regierung.
1997	Bei den Parlamentswahlen erringen RPP und FRUD gemeinsam alle Sitze.
1998	Als Folge des Krieges mit Äthiopien bricht Eritrea die diplomatischen Beziehungen zu seinem Nachbarn Dschibuti ab.
1999	Ismail Omar Guelleh wird zweiter Staatspräsident Dschibutis nach dem Verzicht seines Vorgängers Gouled Aptidon auf eine erneute Kandidatur.

Die wichtigsten Parteien im 20. Jahrhundert

Name (Abkürzung)	*Politische Richtung*	*Gründung*
Bewegung für den Fortschritt (RPP)	autoritär	1979
Front für die Wiederherstellung der Einheit und Demokratie (FRUD)	demokratisch	1991

Französische Kolonialherrschaft

Französisch-Somaliland: Die geografisch exponierte Lage von Französ.-Somaliland gab den Franzosen die Möglichkeit, den Schiffsverkehr am Roten Meer und am Golf von Aden zu kontrollieren. In Dschibuti-Stadt wurde ein Hafen gebaut und eine Eisenbahnverbindung nach Addis Abeba/Äthiopien geschaffen, nachdem Frankreich 1897 Äthiopien vertraglich zugesichert hatte, Dschibuti-Stadt als äthiop. Ausfuhrhafen benutzen zu können. Regionale Bedeutung erlangte Französ.-Somaliland im Zweiten Weltkrieg. Zunächst unterstützten die Kolonialmachthaber die Regierung des besetzten Frankreich in Vichy, doch Ende 1942 wechselten sie die Fronten und schlossen sich der französ. Exilregierung unter Führung von General Charles de Gaulle an. 1949 erhielt Französ.-Somaliland eine eigene Währungseinheit, den Dschibuti-Franc.

Weg in die Unabhängigkeit: 1957 gestand die französ. Kolonialmacht den Einwohnern des Landes ein eigenes Territorialparlament und eine eigene Regierung zu. 1958 fand eine erste Abstimmung über die Zukunft der Kolonie statt. Dabei fand sich eine Mehrheit für den Verbleib bei Frankreich. Die französ. Kolonie wurde 1958 umbenannt in »Französ. Territorium der Afar und Issa« nach den beiden dominierenden Ethnien. Eine zweite – jedoch umstrittene – Abstimmung 1967 erbrachte erneut keine Mehrheit für die Unabhängigkeit der Kolonie. 1972 gewährte Frankreich eine umfangreiche Selbstverwaltung für das Territorium. Obwohl die beiden wichtigsten Bevölkerungsgruppen, die Afar (Bevölkerungsanteil: 20%) und die Issa (33%), miteinander verfeindet sind, fanden sich Führer der Ethnien bereit, in einem gemeinsamen Staat zu leben. Unter dem Druck von OAU und UNO führte Frankreich 1977 erneut ein Referendum über die Souveränität der Kolonie durch. Trotz eines Wahlboykotts der Afar ergab die Abstimmung eine klare Mehrheit für die Loslösung von Frankreich. Am 27.6.1977 wurde Französ.-Somaliland unter dem Namen D. in die Unabhängigkeit entlassen. Hassan Gouled Aptidon, Führer der Issa-Bewegung, wurde erstes Staatsoberhaupt der Präsidialrepublik. Durch einen Vertrag zwischen dem neuen Staat und der alten Kolonialmacht wurde der Verbleib eines französ. Truppenkontingents im Land geregelt. Frankreich leistete auch weiterhin finanzielle und militärische Unterstützung. Insbes. auf die wirtschaftliche Unterstützung Frankreichs war D. angewiesen, da Landwirtschaft nur in den wenigen Oasen betrieben werden kann.

Staatsoberhäupter Dschibutis

Reg.-Zeit	Name	Lebensdaten
1977–99	Hassan Gouled Aptidon	*1916
seit 1999	Ismail Omar Guelleh	*1947

Stichwort: Afar und Issa

Am Horn von Afrika lebten verschiedene Stämme, als sich die Franzosen 1862 dort niederließen. Die wichtigsten Bevölkerungsgruppen waren die Afar und die Issa. Die Afar sind im Norden des Territoriums ansässig, die Ifar im Süden. Beide Stämme sind auch in den Nachbarländern vertreten, die Afar in Eritrea und im Nordosten Äthiopiens, die Issa in Somalia. Die miteinander verfeindeten Afar und Issa gliedern sich jeweils in Clans. Die französ. Kolonialmacht nutzte diese Feindschaft und spielte beide Volksgruppen gegeneinander aus.

Als es nach dem Zweiten Weltkrieg zu Unabhängigkeitsbestrebungen kam, lehnten dies die Afar zunächst ab, da sie von der französ. Herrschaft profitierten. Auf Druck der übrigen afrikan. Staaten führte Frankreich 1977 eine Volksabstimmung durch, die trotz eines Wahlboykotts der Afar eine klare Mehrheit für die Unabhängigkeit Dschibutis ergab. Beide Volksgruppen mussten nun in einem Staat zusammenleben. Um ethnische Konflikte zu unterbinden, wurde die Befreiungsbewegung 1981 zur Einheitspartei erklärt. Sie sollte auch die Interessen der Afar vertreten, doch sie wurde dominiert von Volksangehörigen der Issa. So flammten bald wieder die alten Gegensätze auf. Kurze militärische Auseinandersetzungen 1992 mündeten schließlich in einen Ausgleich: Vertreter der Afar-Rebellen wurden in die Regierung aufgenommen, für die Parlamentswahlen 1997 bildeten beide Parteien ein Wahlbündnis, das in der Volksvertretung alle Mandate gewann. Ob die beiden verfeindeten Volksgruppen einen gemeinsamen Weg finden, den Frieden für die Menschen in Dschibuti zu sichern, bleibt angesichts der angespannten Lage in den Nachbarstaaten fraglich.

Der Hafen von Dschibuti (Stadt), traditionell ein wichtiger Güterumschlagplatz am Eingang ins Rote Meer, erhielt 1981 den Status eines Freihafens. Er verfügt über einen modernen Tiefwasser-Container-Terminal.

Unabhängiges Dschibuti (seit 1977)

Innenpolitik: Der Konflikt zwischen den rivalisierenden Bevölkerungsgruppen der Afar und Issa prägt die Entwicklung D.s bis in die Gegenwart. Die Afar fühlten sich von den zahlenmäßig stärkeren Issa bevormundet und rebellierten gegen ihre Herrschaft. Um weitreichende Konflikte und Auseinandersetzungen zu vermeiden, gründete der Präsident 1979 die Partei Rassemblement Populaire pour le Progrès (RPP), die auch den Afar eine politische Heimat bieten sollte. 1981 erklärte Gouled Aptidon die RPP zur Einheitspartei.

FRUD: Im Frühjahr 1991 kam es zur Gründung der oppositionellen Front pour la Restauration de l'Unité et de la Démocratie (FRUD). Im Sommer desselben Jahres begannen militärische Auseinandersetzungen zwischen Regierungstruppen und den Rebellen der FRUD, die als Vertreter der Afar einen ethnischen Interessenausgleich von der Issa-dominierten Regierung forderten.

Verfassungsänderung: 1992 unterzeichnete der Staatspräsident ein Dekret, das die Bildung einer Verfassungskommission zur Einführung eines Mehrparteien-Systems vorsah. Noch im selben Jahr wurde die Verfassung geändert und per Referendum von der Bevölkerungsmehrheit bestätigt. Die Zahl der zugelassenen Parteien wurde auf maximal vier beschränkt. Bei den Parlamentswahlen Ende 1992 gewann die regierende RPP durch Wahlbetrug erneut alle Mandate. Die FRUD boykottierte die Wahlen.

Friedensabkommen: Ende 1994 unterzeichneten die Regierung und die FRUD-Rebellen ein Friedensabkommen, das den Bürgerkrieg beenden sollte. 1995 trat die FRUD in die Regierung ein. Bei den Parlamentswahlen 1997 bildeten die beiden Parteien ein Wahlbündnis und errangen zusammen alle 65 Parlamentssitze (RPP: 54 Mandate, FRUD: elf).

Außenpolitik: Weiteren Konfliktstoff für die Politik D.s boten die Nachbarstaaten Äthiopien, Somalia und das seit 1993 wieder selbstständige Eritrea. Bürgerkriegsähnliche Auseinandersetzungen zwischen rivalisierenden Bevölkerungsgruppen in den Nachbarländern lösten Flüchtlingsströme aus, von denen auch D. betroffen war. 1998 geriet D. selbst in den militärischen Konflikt zwischen Äthiopien und Eritrea. Äthiopien wickelte seinen Außenhandel fortan nicht mehr über Eritrea ab, sondern über den Hafen Dschibuti-Stadt. Eritrea unterstellte D. daraufhin Parteinahme für Äthiopien und brach die diplomatischen Beziehungen ab. *N.K.*

Ecuador

Republik Ecuador

Am 13.5.1830 erklärte der Kongress von Riobamba den Austritt E.s aus dem Staatsverband Großkolumbiens. Von der Unabhängigkeit bis zur Wende zum 20. Jh. wurde E. von Bürgerkriegen, Parteienkämpfen und Grenzkonflikten mit Peru und Kolumbien erschüttert, die dazu führten, dass E.s wirtschaftliche Entwicklung im Vergleich zu anderen südamerikan. Staaten zurückblieb.

Aufschwung um 1900

Politisches System: Vorgeblich war E. zu Beginn des 20. Jh.s eine präsidiale Republik, in der das Staatsoberhaupt vom Volk gewählt wurde. De facto kontrollierten jedoch Großgrundbesitzer, wohlhabende Kaufleute und hochrangige Militärs das Land. Der starke Einfluss des Militärs, die Eigenständigkeit einzelner Regionen und die Anwendung von Gewalt kennzeichneten das ecuadorian. Regierungssystem. Die beiden größten Parteien, die Liberalen und die Konservativen, wurden von dominierenden Persönlichkeiten beherrscht. Weite Teile der Bevölkerung blieben faktisch von den politischen Entscheidungsprozessen ausgeschlossen, weil Wahlergebnisse manipuliert wurden.

Präsident Eloy Alfaro: Mit der Regierungszeit von General Eloy Alfaro (1896–1901, 1906–11), einem Vertreter der Liberalen, begann in E. ein leichter wirtschaftlicher Aufschwung. Er wurde insbes. durch die verkehrstechnische Erschließung des Landes (Bau der Eisenbahn Guayaquil–Quito) und die hohen Einnahmen aus dem Kakaoexport getragen. Alfaro setzte auch die Trennung von Staat und Kirche durch, die im 19. Jh. vor allem auf das ecuadorian. Erziehungswesen einen großen Einfluss ausübte. Der Präsident führte die Zivilehe ein, verkündete die Religionsfreiheit und hob zahlreiche Vorrechte des Klerus auf. Außerdem schaffte er die Todesstrafe ab. Insgesamt zielte sein Reformprogramm auf eine Stärkung des wirtschaftlichen Fortschritts. Alfaro gelang es aber nicht, die Staatsmacht vollständig zu zentralisieren und die Eigenmächtigkeit der Großgrundbesitzer und Militärs in den Regionen nachhaltig zu unterbinden.

Intervention des Militärs: Erst Alfaros Nachfolger, der Liberale Leónidas Plaza Gutiérrez (1901–05, 1912–16), erreichte eine Stärkung der nationalen politischen Institutionen gegenüber regionalen Machthabern. Bedingt

Ecuador 2000	
Landesfläche	283 561 km² (WR 71)
Einwohner	12,4 Mio (WR 63)
Hauptstadt	Quito (1,5 Mio Einwohner)
Sprachen	Spanisch, Ketschua
Währung	1 Sucre (S/.) = 100 Centavos
Gliederung	20 Provinzen
Staatsform	Präsidiale Republik (seit 1979)
Religion	Katholiken (85%); Protestanten (15%)
Bevölkerung	Mestizen (40%); Indios (40%); Weiße (15%); Schwarze (5%)

Ecuador im 20. Jahrhundert	
1906–11	Reformen unter Präsident Eloy Alfaro: verkehrstechnische Erschließung, Trennung von Staat und Kirche, Abschaffung der Todesstrafe.
1912–24	Kontinuierliche Stärkung der Zentralgewalt gegenüber den regionalen Machthabern.
1925	Militärpusch: Von der Armee gestützte Regierung reformiert das Bankensystem und das Steuersystem, um das wachsende Haushaltsdefizit zu verringern.
1931–48	Politische Unruhen und stetig wechselnde Regierungen (19 Regierungschefs in 17 Jahren).
1942	Ecuador erkennt im Protokoll von Rio de Janeiro die Souveränität Perus über ein strittiges Gebiet zwischen Amazonas und östlichem Andenvorland an.
1961	Sturz von Velasco Ibarra: Armee kontrolliert die Regierungsarbeit.
1972	Beginn der Militärjuntas: Verbot politischer Parteien.
1976	Der sog. Oberste Rat der Regierung leitet Demokratisierung ein.
1979	Bei den freien Präsidentschaftswahlen siegt Jaime Roldós Aguilera; Ende der Militärherrschaft
1981	Grenzkonflikt mit Peru um erdölreiches Amazonasgebiet; ecuadorian. Ansprüche werden zurückgewiesen.
1985–88	Entwicklungsprogramm zur Stärkung der Landwirtschaft.
1995	Grenzkrieg mit Peru um Amazonasgebiet.
1998	Ecuador verzichtet in einem Abkommen mit Peru erneut auf das umstrittene Gebiet.

durch die Verbesserung der wirtschaftlichen Situation, leitete er eine Phase weitgehender innenpolitischer Stabilität ein, die bis 1925 dauerte. Plaza verbesserte insbes. das Bildungswesen und senkte dadurch die hohe Analphabetenrate. Die enge Verbindung zwischen den Banken und der liberalen Regierung rief Mitte der 20er Jahre den Widerstand konservativer Politiker und einflussreicher Militärkreise hervor. Diese befürchteten infolge der Verflechtung eine einseitige Bevorzugung liberaler Wirtschaftsinteressen zulasten der Großgrundbesitzer. Als sich auch die wirtschaftliche Situation zu verschlechtern begann (u. a. Rückgang der Kakaoproduktion, hohe Haushaltsdefizite), stürzte das Militär 1925 den Präsidenten Gonzálo Hernández Córdoba (1924/25). 1925–31 restrukturierte die ecuadorian. Regierung, die durch das Militär gestützt wurde, das nationale Bankensystem.

Unruhen und Krieg

Mit dem Ausbruch der Weltwirtschaftskrise 1929 vertiefte sich die ökonomische Krise in E. Die Weltmarktpreise für ecuadorian. Exportgüter wie Bananen, Kaffee und Kakao sanken; mit der Verschlechterung der wirtschaftlichen Situation brachen soziale Gegensätze auf. Zudem entbrannten nach dem Sturz des Präsidenten Isidro Ayora (1926–31) Grenzstreitigkeiten mit Peru im Gebiet des oberen Amazonas, die sich zu einem Krieg ausweiteten. E. unterlag und erkannte im Protokoll von Rio de Janeiro am 29.1.1942 die Souveränität Perus über das Gebiet zwischen Amazonas und östlichem Andenvorland an. So verlor E. etwa 40% seines Staatsgebietes. Politische Instabilität und ständig wechselnde Machthaber kennzeichneten die Jahre 1931 bis 1948, in denen keiner der 19 Regierungschefs seine Amtszeit beenden konnte.

Konsolidierung in der Nachkriegszeit

Demokratischer Wechsel: Nach dem Zweiten Weltkrieg erlebte E. einen starken wirtschaftlichen Aufschwung. Vor allem durch die Einführung der Bananen-Monokultur steigerte die Landwirtschaft die Exporteinnahmen. Die Festigung der ökonomischen Situation in E. führte zu einer Konsolidierung der politischen Verhältnisse. 1948–60 regierten drei Präsidenten (Galo Plaza Lasso 1948–52, José María Velasco Ibarra 1952–56, Camilo Ponce Enríquez 1956–60) in demokratischem Wechsel und sorgten für eine Periode innenpolitischer Stabilität.

Velasco Ibarra: 1960 wurde Velasco Ibarra (1960/61, 1968–72) erneut zum Präsidenten gewählt. Er rief eine starke Oppositionsbewegung durch seine Bemühungen um eine umfassende Agrarreform hervor, die jedoch scheiterte. Auch wegen seiner Annäherung an das kommunistische Kuba wurde er von konservativen Kreisen in der Armee scharf kritisiert. Das Militär zwang ihn daher am 7.11.1961 zum Rücktritt und leitete damit eine bis 1968 dauernde Phase ein, in der die Präsidenten und Regierungen vom Wohlwollen der Armee abhängig waren. Am 2.6.1968 gelang es Velasco Ibarra nochmals, zum Präsidenten gewählt zu werden. Er intensivierte die diplomatischen Beziehungen zu den Ostblockstaaten und weitete seine Machtbefug-

Staatsoberhäupter Ecuadors

Reg.-Zeit	*Name*	*Lebensdaten*	*Reg.-Zeit*	*Name*	*Lebensdaten*
1896–1901	Eloy Alfaro	1842–1912	1944–47	José María Velasco Ibarra	1893–1979
1901–05	Leónidas Plaza Gutiérrez	1866–1932	1947	Carlos Mancheno Cajas	*1902
1905/06	Lisardo García	1842–1937	1947	Mariano Suárez Veintimilla	1897–1980
1906–11	Eloy Alfaro	1842–1912	1947/48	Carlos Julio Arosemena Tola	1888–1952
1911	Emilio Estrada	1855–1911	1948–52	Galo Plaza Lasso	1906–1987
1912–16	Leónidas Plaza Gutiérrez	1866–1932	1952–56	José María Velasco Ibarra	1893–1979
1916–20	Alfredo Baquerizo Moreno	1859–1951	1956–60	Camilo Ponce Enríquez	1912–1976
1920–24	José Luis Tamayo	1858–1947	1960/61	José María Velasco Ibarra	1893–1979
1924/25	Gonzálo H. Córdoba	1863–1938	1961–63	Carlos Julio Arosemena	*1919
1925/26	Francisco Gómez de la Torre	1885–k.A.	1963–66	Ramón Castro Jijón	1915–1984
1926–31	Isidro Ayora	1879–1978	1966	Clemente Yerovi Indaburú	1904–1981
1931	Luis Larrea Alba	1895–1979	1966–68	Otto Arosemena Gómez	1925–1984
1931/32	Alfredo Baquerizo Moreno	1859–1951	1968–72	José María Velasco Ibarra	1893–1979
1932	Alberto Guerrero Martínez	1878–1941	1972–76	Guillermo Rodríguez Lara	*1918
1932/33	Juan de Dios Martínez Mera	1875–1955	1976–79	Alfredo Póveda Burbano	1926–1990
1933/34	Abelardo Montalvo	1876–1950	1979–81	Jaime Roldós Aguilera	1940–1981
1934/35	José María Velasco Ibarra	1893–1979	1981–84	Oswaldo Hurtado Larrea	*1939
1935	Antonio Pons	1897–1980	1984–88	León Febres Cordero	*1931
1935–37	Federico Páez	1876–1974	1988–92	Rodrigo Borja Ceballos	*1935
1937/38	Alberto Enríquez Gallo	1893–1962	1992–96	Sixto Durán Ballén	*1921
1938	Manuel María Borrero	1883–1975	1996/97	Abdala Bucaram	*1952
1938/39	Aurelio Mosquera Narváez	1884–1939	1997/98	Fabián Alarcón Rivera	*1947
1939	Carlos Arroyo del Río	1893–1969	1998–2000	Jamil Mahuad Witt	*1949
1939/40	Andrés F. Córdova	1892–k.A.	2000	Lucio Gutiérrez	*1955
1940–44	Carlos Arroyo del Río	1893–1969	seit 2000	Gustavo Noboa	*1937

nisse systematisch aus bis hin zur Suspendierung des Parlamentes am 22.6.1970. Das Militär intervenierte auch jetzt und stürzte Velasco Ibarra am 15.2.1972. Nach dem Putsch wurden alle politischen Parteien verboten.

Herrschaft der Militärjuntas

General Guillermo Rodríguez Lara (1972–76) kündigte nach der Machtübernahme weit reichende Strukturveränderungen für E. an. Er brach aber sein Versprechen, eine umfassende Agrar- und Steuerreform durchzuführen, die Einkommen zugunsten ärmerer Bevölkerungsschichten umzuverteilen und die Abhängigkeit E.s vom Ausland zu verringern. Am 11.1.1976 setzte eine Militärjunta unter Alfredo Póveda Burbano (1976–79) General Rodríguez Lara ab und bildete einen »Obersten Rat der Regierung«. Dieser leitete die Demokratisierung E.s ein, führte eine Volksabstimmung über eine neue Verfassung durch (1978) und ließ am 29.4.1979 Präsidentschaftswahlen zu. Dabei setzte sich Jaime Roldós Aguilera (1979–81) durch. Mit seinem Amtsantritt endete die Zeit der Militärregime.

Erdölboom und Wirtschaftskrise

Grenzkonflikt: Mitte der 70er Jahre hatte die Konzentration auf die Erdölförderung zu einer Steigerung der Exporteinnahmen und zu einem kontinuierlichen wirtschaftlichen Aufschwung in E. geführt. Ein Grenzkonflikt mit Peru verdeutlichte 1981 die Bedeutung des Erdöls für die ecuadorian. Wirtschaft: Roldós stellte 1981 das 1942 unterzeichnete Protokoll von Rio de Janeiro infrage, in dem das erdölreiche Amazonasgebiet Peru zugesprochen worden war. Roldós kam im Mai 1981 bei einem Flugzeugabsturz ums Leben.

Ökonomischer Abschwung: Die Amtszeiten der Präsidenten Oswaldo Hurtado Larrea (1981–84), Léon Febres Cordero (1984–88) und Rodrigo Borja Ceballos (1988–1992) waren überschattet vom kontinuierlichen Verfall der Volkswirtschaft infolge sinkender Erdölpreise. Die Inflationsraten in den 80er Jahren lagen durchschnittlich bei 55%, Arbeitslosigkeit und Unterbeschäftigung erreichten 1987 eine Quote von etwa 60%, die Auslandsverschuldung stieg auf 9,22 Mrd US-Dollar (1987). Ein zwischen 1985 und 1988 durchgeführtes Entwicklungsprogramm förderte insbes. die Landwirtschaft, um die Abhängigkeit von Nahrungsmittelimporten zu reduzieren.

Krieg mit Peru: 1995 eskalierte erneut der Konflikt mit Peru um das Amazonasgebiet an der gemeinsamen Grenze. In einer kurzen militärischen Auseinandersetzung kamen etwa 50 Menschen ums Leben. Erst im Oktober 1998 wurde der Streit in der brasilian. Hauptstadt Brasília durch ein Friedensabkommen endgültig beigelegt, in dem E. weitgehend auf das Gebiet verzichtete.

Umstrittene Reformen: 1992 wurde Sixto Durán Ballén (1992–96) neuer Präsident. Er leitete ein rigides Sanierungsprogramm ein, das u. a. Preiserhöhungen für Treibstoff, das Einfrieren von Löhnen und die Schließung staatlicher Unternehmen beinhaltete. Die Maßnahmen stießen auf massive Proteste der Opposition und der Bevölkerung. Der Streit um die Sparmaßnahmen dauerte bis Ende der 90er Jahre an. Unruhen und Streikbewegungen führten wiederholt zur Verhängung des Ausnahmezustandes. Weiter sinkende Ölpreise sowie verheerende Unwetter, die mit dem Klimaphänomen El Niño zusammenhingen, erschwerten Ende des 20. Jh.s die wirtschaftliche Sanierung E.s. *N.H.*

Anfang 1995 brach zwischen Ecuador und Peru ein Krieg um ein Grenzgebiet am Amazonas aus, in dem Bodenschätze (Erdöl, Gold) vermutet wurden. Im Frieden von Brasília musste Ecuador 1998 weitgehend auf das Gebiet verzichten.

Die wichtigsten Parteien im 20. Jahrhundert

Name (Abkürzung)	Politische Richtung	Gründung
Partido Conservador (PC)	konservativ	1855
Partido Socialista Ecuatoriano (PSE)	sozialistisch	1926
Concentración de Fuerzas Populares (CFP)	liberal	1946
Partido Social Cristiano (PSC)	christlich-sozial	1951
Frente Amplio de la Izquierda (FADI)	links	1977
Izquierda Democrática (ID)	Mitte-links	1977
Democracia Popular (DP)	christdemokratisch	1978
Pueblo, Cambio y Democracia (PCD)	Mitte-links	1980
Partido Roldosista Ecuatoriano (PRE)	populistisch	1982

El Salvador

Republik El Salvador

1524 eroberten die Spanier von Guatemala aus das Gebiet des heutigen E. an der zentralamerikan. Pazifikküste. 1821 löste sich E. von der Kolonialmacht Spanien und gründete zwei Jahre später mit anderen ehemaligen Kolonien die Zentralamerikan. Föderation. Nach dem Zerfall dieses Staatenbundes 1840 erklärte sich E. 1841 zur souveränen Republik.

Bedeutendster Kaffee-Exporteur

»Familias«: E. zählte in den ersten Jahrzehnten des 20. Jh.s neben Costa Rica zu den wohlhabendsten und – abgesehen von Grenzstreitigkeiten mit Guatemala – ruhigsten Staaten Zentralamerikas. In der Regierung lösten sich »Liberale« und »Konservative« ab, wobei diese Bezeichnungen nicht für politische Programme, sondern für rivalisierende Familienclans standen. Den »familias«, die etwa 0,3% der Bevölkerung ausmachten, gehörten ca. 40% der landwirtschaftlichen Nutzfläche.

El Salvador 2000	
Landesfläche	21 041 km² (WR 149)
Einwohner	6,2 Mio (WR 97)
Hauptstadt	San Salvador (480 000 Einw.)
Sprachen	Spanisch, indianische Dialekte
Währung	1 El-Salvador-Colon (C) = 100 Centavos
Gliederung	14 Departamentos
Staatsform	Präsidiale Republik (seit 1983)
Religion	Katholiken (93,6%); Sonstige (6,4%)
Bevölkerung	Mestizen (89%); Indianer (10%); Weiße (1%)

El Salvador im 20. Jahrhundert	
1929	Die Weltwirtschaftskrise löst in El Salvador, das ausschließlich auf den Kaffeeanbau spezialisiert ist, eine schwere Rezession aus.
1932	General Maximiliano Hernández Martínez errichtet im Bündnis mit den oligarchischen Großgrundbesitzer-»Familien« eine Diktatur.
1949	Präsident Óscar Osorio leitet die Industrialisierung der Küstenzone ein.
1960	El Salvador, Guatemala, Honduras und Nicaragua gründen den Zentralamerikan. Gemeinsamen Markt (MCCA).
1969	Fußballkrieg mit Honduras.
1979	Mit einem Militärputsch beginnt ein bis 1992 andauernder Bürgerkrieg.
1980	Ermordung des Erzbischofs Oscar Romero von San Salvador.
1981	Beginn umfassender Finanzhilfe der USA für die regierende Junta.
1987	El Salvador unterzeichnet den Arias-Friedensplan für Zentralamerika.
1988	Wahlsieg der rechtsextremen ARENA-Partei.
1992	Der von den UN vermittelte Frieden von Mexiko beendet den Bürgerkrieg.
1998	Der Hurrikan »Mitch« richtet schwere Verwüstungen an.
1999	Erneuter Wahlsieg der rechtsextremen ARENA-Partei.

Oligarchische Strukturen: Nach der Verfassung von 1864 war der Präsident, der auch den militärischen Oberbefehl besaß, dem Parlament nicht verantwortlich und von diesem nicht absetzbar. Die Machtstellung des Präsidenten förderte den Einfluss der Großgrundbesitzer-Familien, die als reiche Oligarchien den Anbau und Export von Kaffee betrieben.

Kaffee-Monokultur: Die Kaffee-Ausfuhr beherrschte den Außenhandel mit über 90%; das Geschäft mit dem »schwarzen Gold« erwies sich wegen der steigenden Weltmarktpreise als so lukrativ, dass alle anderen Wirtschaftsbereiche vernachlässigt wurden und auch viele Kleinbauern dazu übergingen, Regenwälder zu roden und Plantagen anzulegen. Die Fixierung auf das Geschäft mit dem Kaffee spiegelte sich auch im Bildungswesen: Obwohl ca. 10% des Staatshaushalts für Bildungszwecke ausgegeben wurden und der Besuch der Volksschule unentgeltlich war, nutzten viele dieses Angebot nicht, sodass die Analphabetenquote zu Beginn der 30er Jahre bei 55% lag. Außenpolitisch blieb der wichtigste zentralamerikan. Kaffee-Exporteur vom Imperialismus der USA – dem zweitgrößten Handelspartner nach Deutschland – weitgehend unberührt und wahrte im Ersten Weltkrieg seine Neutralität, während die anderen zentralamerikan. Staaten unter dem Druck der USA Deutschland den Krieg erklärten.

Zeit der Umbrüche

Weltwirtschaftskrise: Die ruhigen Jahrzehnte endeten mit dem Ausbruch der Weltwirtschaftskrise 1929. Das Wegbrechen von Märkten und der gleichzeitige Preisverfall für Kaffee führten zur Verelendung in dem kinderreichen Land, das bis dahin die höchste Geburtenrate in Zentralamerika verzeichnet hatte: 1892–1930 hatte sich die Zahl der Einwohner von 0,78 auf 1,4 Mio nahezu verdoppelt. Arbeitslosigkeit und Verarmung der Plantagenarbeiter und Kleinbauern lösten Unruhen aus und ließen marxistisch orientierte Revolutionspotenziale entstehen.

Diktatur: Gestützt auf die Großgrundbesitzer-Oligarchien, errichtete General Maximiliano Hernández Martínez 1932 eine Militärdiktatur und schlug einen Landarbeiteraufstand nieder, wobei mehr als 10 000 Menschen starben. Unter seiner Herrschaft (1932–44) wurde die Sozialgesetzgebung ausgebaut, ohne jedoch die oligarchischen Besitzstrukturen anzutasten.

Industrialisierung: Aus den Machtkämpfen nach dem Sturz von Hernández Martínez

(1944) ging 1949 Óscar Osorio als Sieger hervor. Er gründete die Partido Revolucionario de Unificación Democrática (PRUD) und leitete eine Industrialisierung des Landes sowie eine wirtschaftliche Diversifikation ein: Baumwolle avancierte nach Kaffee zum zweitwichtigsten Exportprodukt, an der Küste errichteten ausländische Investoren – meist aus den USA – mechanisierte Großbetriebe (u.a. Baumwollveredelungsfabriken), in denen Arbeitslose zu Billiglöhnen eingestellt wurden. Die Industrialisierung der Küstenzone löste eine Landflucht aus und führte zur Proletarisierung ehemaliger Kleinbauern. Der weiterhin ungebremste Bevölkerungsanstieg mündete in eine Massenauswanderung vor allem nach Honduras.

Parteigründungen: Osorios Nachfolger José María Lemus (1956–60) leitete eine vorsichtige Demokratisierung des Systems ein. Am 26.10.1960 wurde er von einer »progressiven« (linksgerichteten) Militärjunta gestürzt, 1961 folgte der Gegenputsch einer rechtsgerichteten Junta. In dieser angespannten Situation bildeten sich bis heute bestehende politische Parteien: 1961 wurde als PRUD-Nachfolgepartei die Partido de Conciliación Nacional (PCN) als Interessenvertretung der Oligarchien und konservativen Militärs gegründet; stärkste Oppositionskraft wurde die 1960 gegründete christdemokratische Partido Demócrata Cristiano (PDC). Erster Präsident nach der neuen Präsidialverfassung von 1962 wurde Julio Rivera Carballo (PCN, 1962–67).

MCCA: Durch den Vertrag von Managua gründeten E., Guatemala, Honduras und Nicaragua am 13.12.1960 den Zentralamerikan. Gemeinsamen Markt (Mercado Común Centroamericano; MCCA), dem 1962 auch Costa Rica beitrat. Die Gründung dieser Wirtschaftsgemeinschaft mit weitgehendem Zollabbau und gemeinsamen Außenzöllen belebte zunächst den Handel der zentralamerikan. Staaten, die mit dem Aufbau gemeinsamer Straßen- und Kommunikationssysteme begannen. Ziel der wirtschaftlichen und infrastrukturellen Integration sollte eine politische Union ein. Durch Zahlungbilanzschwierigkeiten einiger Staaten geriet der MCCA Ende der 60er Jahre in eine Krise.

Fußballkrieg: In den 60er Jahren wanderten aus dem übervölkerten E. ca. 500 000 Menschen illegal nach Honduras ein, was faktisch eine Verlegung der salvadorian. Siedlungsgrenze auf honduran. Staatsgebiet bedeutete. Die daraus resultierenden Spannungen eskalierten 1969 zum Krieg. Während eines Fußball-Länderspiels in der honduran. Hauptstadt Tegucigalpa kam es am 14.7.1969 zu Ausschreitungen von Honduranern gegen Salvadorianer. Der salvadorian. Präsident Fidel Sánchez Hernández (PCN, 1967–72) ließ daraufhin Truppen in Honduras einmarschieren. Der Krieg forderte mehrere tausend Menschenleben, ehe es Ende Juli der Organization of American States (OAS) gelang, einen Waffenstillstand zu vermitteln. Nach dem Fußballkrieg mussten alle Salvadorianer, die in Honduras ohne offizielle Besitzdokumente mit Ackerbau begonnen hatten, das Land verlassen. Der Krieg führte zu neuen Migrationsströmen und erhöhte den Bevölkerungsdruck in E., wo 1970 ca. 3,55 Mio Menschen gezählt wurden (1950: 1,8 Mio). Erst am 30.10.1980 wurde der Kriegszustand zwischen Honduras und E. durch einen Friedensvertrag beendet

Der Fußballkrieg (100-Stunden-Krieg), der nach einem Qualifikationsspiel zur Fußball-Weltmeisterschaft im Juli 1969 zwischen El Salvador und Honduras ausgelöst wurde, forderte rund 5000 Menschenleben. Jahrelange durch Grenzkonflikte verursachte Spannungen und die illegale Einwanderung von Salvadorianern nach Honduras hatten zum Ausbruch des Krieges geführt. (Foto: Internierungslager für Salvadorianer in Honduras, 1969)

Bürgerkrieg (1979–92)

Militärputsch: Wahlfälschungen und die systematische Ausschaltung der Opposition durch das herrschende PCN-Regime führten am 15.10.1979 zu einem Militärputsch gegen den als Präsidenten amtierenden General Carlos H. Romero (PCN, 1977–79) Die Macht übernahm eine Junta, der Militärs und christdemokratische Politiker angehörten. Der für sein Engagement für die Menschenrechte be-

Die wichtigsten Parteien im 20. Jahrhundert

Name (Abkürzung)	*Politische Richtung*	*Gründung*
Partido Revolucionario de Unificación Democrática (PRUD)	konservativ-reformerisch	1949
Partido Demócrata Cristiano (PDC)	christlich-konservativ	1960
Partido de Conciliación Nacional (PCN	rechtskonservativ	1961
Alianza Republicana Nacionalista (ARENA)	rechtsextrem	1981

Erzbischof Oscar Arnulfo Romero (Mitte) bei einer Totenmesse 1979.

Soldaten der Guerillabewegung FMLN während des Bürgerkriegs in El Salvador.

Der Wirbelsturm »Mitch« zerstörte im Oktober 1998 weite Teile des Landes.

kannte Erzbischof Oscar Romero von San Salvador wurde nach mehrfacher öffentlicher Kritik an der Junta am 24.3.1980 während eines Gottesdienstes erschossen.

Eskalation: Nach dem Mord an Romero eskalierten die Unruhen zum Bürgerkrieg zwischen den Truppen der Regierungsjunta und rechtsextremen »Todesschwadronen« einerseits sowie linksgerichteten Guerilla-Organisationen andererseits. Während die Guerilleros Hilfe von Nicaragua und Kuba erhielten, unterstützten die USA die herrschende Junta. Der Bürgerkrieg forderte allein 1980 mehr als 10 000 Tote; im November 1980 wurden sechs führende Oppositionspolitiker nach Folterungen ermordet. Nach dieser Mordserie, die international Aufsehen erregte, wurde das als gemäßigt geltende Juntamitglied José Napoleón Duarte (PCN) am 13.12.1980 von der Junta zum Staatspräsidenten (1980–82) ernannt. Nach dem Amtsantritt von US-Präsident Ronald Reagan 1981 verstärkten die USA die Militärhilfe für die Junta.

ARENA: Bei den Wahlen zur verfassunggebenden Versammlung im März 1982 verfehlten Duartes Christdemokraten mit 40,7% die absolute Mehrheit. Es kam zu einer Koalition von Christdemokraten, Konservativen und Rechtsextremen. Größte rechtsextreme Regierungspartei wurde die Alianza Republicana Nacionalista (ARENA), die 1981 im Umkreis rechtsgerichteter Todesschwadrone als Interessenvertretung der Großgrundbesitzer gegründet worden war. Zum Staatspräsidenten wählte die verfassunggebende Versammlung den parteilosen Alvaro Magaña Borja (1982 bis 1984). Der Bürgerkrieg ging unterdessen mit unverminderter Heftigkeit weiter.

Verhandlungen unter Duarte: Bei den Präsidentschaftswahlen 1984 setzte sich Duarte erst im zweiten Wahlgang gegen den rechtsextremen Roberto d'Aubuisson (ARENA) durch. Der knappe Wahlausgang unterstrich die Stärke der ARENA, deren Todesschwadronen das Land weiterhin terrorisierten. Duarte war angetreten, um den Bürgerkrieg zu beenden, doch trotz massiver US-Militärhilfe konnte der Widerstand der Guerilla-Organisation FMLN (Frente Farabundo Martí para la Liberación Nacional) nicht gebrochen werden. Verhandlungen zwischen der Regierung und der Opposition scheiterten.

Friedensplan: Am 7.8.1987 unterzeichneten die Präsidenten von Costa Rica, E., Guatemala, Honduras und Nicaragua in Esquipulas/Guatemala einen Friedensplan für Mittelamerika mit dem Ziel, die Bürgerkriege zu beenden. Das Esquipulas-Abkommen sah u. a. den

Staatsoberhäupter El Salvadors

Reg.-Zeit	*Name*	*Lebensdaten*	*Reg.-Zeit*	*Name*	*Lebensdaten*
1898–1903	Tomás Regolado	1864–1906	1949–56	Óscar Osorio	1910–1969
1903–07	Pedro José Escalón	1847–1923	1956–60	José María Lemus	1911–1993
1907–11	Fernando Figueroa	1849–1912	1960/61	Miguel Ángel Castillo	k. A.
1911–13	Manuel Enrique Araujo	1865–1913	1961/62	Anibal Portillo	*1914
1913/14	Carlos Meléndez	1861–1919	1962	Eusebio Rodolfo Cordón Cera	1899–1966
1914/15	Alfonso Quiñones Molina	1876–1950	1962–67	Julio Rivera Carballo	*1921
1915–19	Carlos Meléndez	1861–1919	1967–72	Fidel Sánchez Hernández	*1918
1919–23	Jorge Meléndez	1871–1953	1972–77	Arturo A. Molina	*1927
1923–27	Alfonso Quiñones Molina	1876–1950	1977–79	Carlos H. Romero	*1924
1927–31	Pio Rómeo Bosque	1860–1935	1979/80	Jaime Abdul Gutiérrez	*1936
1931/32	Arturo Araujo	1878–1967	1980–82	José Napoleón Duarte	1925–1990
1932–44	Maximiliano Hernández Martínez	1882–1966	1982–84	Alvaro Magaña Borja	*1925
1944	Andrés Ignacio Menéndez	1879–1962	1984–89	José Napoleón Duarte	1925–1990
1944/45	Osmin Aguirre Salinas	1889–1977	1989–94	Alfredo Cristiani	*1947
1945–48	Salvador Castañeda Castro	1888–1965	1994–99	Armando Calderón Sol	*1948
1948/49	Manuel de Jesús Córdoba	k. A.	seit 1999	Francisco Flores Pérez	*1959

Dialog zwischen Regierungen und Oppositionsgruppen vor. In E. wurde im Oktober 1987 ein Treffen zwischen Vertretern der Regierung und der Opposition abgebrochen, als ARENA-Todesschwadronen den Vorsitzenden der Menschenrechtskommission ermordeten.

UN-Friedensvermittlung: Stärkste Partei bei den Parlamentswahlen vom 1988 wurde die rechtsterroristische ARENA mit 30 Mandaten, während Duartes Christdemokraten nur 23 Sitze erhielten. Ein Jahr später gewann die ARENA auch die Präsidentschaftswahlen. Am 11.11.1989 eröffnete die linksgerichtete Befreiungsfront FMLN eine Großoffensive gegen die ARENA-Regierung unter Alfredo Cristiani. 1990 schalteten sich die UN ein, im April begannen Friedensverhandlungen unter UN-Aufsicht: Am 16.1.1992 unterzeichneten Cristiani und die Führer der FMLN in Mexiko-City einen Friedensvertrag. Am 23.1.1992 verabschiedete das Parlament in San Salvador ein Gesetz zur nationalen Versöhnung, das eine Amnestie für alle Personen vorsah, die 1980–92 an Verbrechen beteiligt waren; ausgenommen von der Amnestie wurden schwere Gewalttaten, die von einer »Wahrheitskommission« untersucht werden sollten.

Aufschwung nach dem Bürgerkrieg

Wirtschaft: Nach dem Ende des Bürgerkriegs prägten stabiles Wirtschaftswachstum, aber auch große Armut, Massenarbeitslosigkeit sowie Kriminalität die Entwicklung in E., das zu einem der industriell am weitesten entwickelten Staaten Zentralamerikas avancierte. An den Parlaments- und Präsidentschaftswahlen von 1994 beteiligte sich die FMLN als politische Partei und wurde zweitstärkste Kraft nach der ARENA, die mit Armando Calderon Sol erneut den Präsidenten stellte. Die Privatisierungspolitik Calderón Sols führte zu einem Wirtschaftswachstum von ca. 4% bei einer Inflationsrate von ca. 2%. Gleichzeitig waren fast 50% der arbeitsfähigen Bevölkerung 1999 arbeitslos oder langzeitunterbeschäftigt.

ARENA-Sieg 1999: Die Bekämpfung von Arbeitslosigkeit, Armut und Kriminalität waren bei beiden Parteien Hauptthemen des Präsidentschaftswahlkampfs. Aus der Wahl am 7.3.1999 ging Francisco Flores mit 51,9% der Stimmen als Sieger hervor (ARENA, seit 1999). Die Wahl des politisch als moderat geltenden Flores wurde allgemein positiv aufgenommen, da er nicht dem alten Parteiapparat entstammte und mit keinem der ARENA-Morde der 80er Jahre in Verbindung gebracht wurde. Flores kündigte an, das Land verstärkt für ausländische Investoren vor allem im Finanzdienstleistungsbereich zu öffnen.

Illegale Auswanderung: Aufgrund der hohen Geburtenrate war E. auch nach dem Bürgerkrieg das am dichtesten besiedelte Land Zentralamerikas. Illegale Auswanderungsziele sind die Nachbarländer, insbes. die USA. Nach dem Wirbelsturm »Mitch«, der 1998 in E. mehrere hundert Menschenleben forderte, verfügte US-Präsident Bill Clinton einen bis zum 15.3.1999 befristeten Abschiebestopp für illegal eingewanderte Salvadorianer. *B. P.*

Eritrea

Republik Eritrea

Seit dem 4. Jh. setzte sich das Christentum im Gebiet des heutigen E. durch. Im 16. Jh. besetzten die Türken das Land und förderten die Ausbreitung des Islam. Im 19. Jh. weckte der Küstenstreifen am Roten Meer das Interesse verschiedener Mächte. Ägypten, Äthiopien und Italien rangen um Einfluss in dem Gebiet. Italien setzte sich durch und erklärte am 1.1.1890 E. zur italien. Kolonie.

Eritrea unter Fremdherrschaft

Italienische Kolonie: Nach der Gründung der Kolonie E. blieben italien. Siedler zunächst aus. Erst nach dem Umsturz im Mutterland Italien 1922 und der Bildung einer faschistischen Regierung förderten die italien. Machthaber gezielt den Zuzug italien. Siedler nach E. Die Kolonie wurde zum wichtigen Aufmarschgebiet in den Expansionsplänen von Benito Mussolini. Von E. aus startete er am 3.10.1935 ohne vorherige Kriegserklärung seinen Einmarsch in Äthiopien. Nach der offiziellen Annexion Äthiopiens 1936 wurde das besetzte Land mit E. und Italien.-Somaliland (Teil des heutigen Somalia) zur Großkolonie Italien.-Ostafrika zusammengefasst. 1940 trat Italien an der Seite Deutschlands in den Zweiten Weltkrieg ein. Nach der Besetzung der italien. Afrikakolonie durch brit. Truppen kapitulierten die italien. Hauptstreitkräfte im Mai 1941 in Äthiopien.

Anschluss an Äthiopien: Die Siegermächte des Zweiten Weltkriegs konnten sich über den zukünftigen Status E.s nicht einigen und übergaben das Problem 1948 den Vereinten Nationen. Die UNO-Vollversammlung beschloss 1950, E. mit Äthiopien in einem Bundesstaat zu vereinigen. Am 15.9.1952 wurde die Föderation zwischen Äthiopien und E. ausgerufen. Die 1946 von den Briten zugelassenen eritre. Parteien, die ein unabhängiges E. forderten, wurden aufgelöst. Die Föderation zwischen den ungleichen Nachbarstaaten bestand jedoch nur auf dem Papier, da der äthiop. Kaiser Haile Selassie nach Vorherrschaft strebte. 1960 bildete sich die Eritre. Befreiungsfront (ELF), die 1961 den bewaffneten Kampf gegen Äthiopien aufnahm. Kaiser Haile Selassie beantwortete die militärischen Auseinandersetzungen 1962 mit der Annexion E.s und dem Ende der beschränkten Selbstverwaltung.

Bürgerkrieg: Die ELF blieb zunächst erfolglos. Es kam zu inneren Zerwürfnissen, die zur Spaltung führten. 1970 entstand die Eritre. Volksbefreiungsfront (PLF, ab 1977 EPLF, ab 1994 PFDJ). Beide Gruppierungen bekämpften sich in zwei Bürgerkriegen (1972–74 und 1980/81), die mit der Vertreibung der ELF-Anhänger in den Sudan endeten. Damit hatte sich die EPLF als einzige verbliebene politische Organisation des eritre. Volkes etabliert.

Krieg um die Unabhängigkeit: 1974 kam es in Äthiopien zum Sturz der Monarchie. Die neue, sozialistisch orientierte Regierung war jedoch ebenfalls nicht bereit, E. in die Unabhängigkeit zu entlassen. Schon ein Jahr später begann die erste äthiop. Offensive in E. Versuche der sozialistischen Staatengemeinschaft, zwischen den beiden Kontrahenten zu vermitteln, scheiterten 1977. Die Misswirtschaft der Sozialisten in Äthiopien hatte auch in E. verheerende wirtschaftliche Folgen. 1984/85

Eritrea 2000

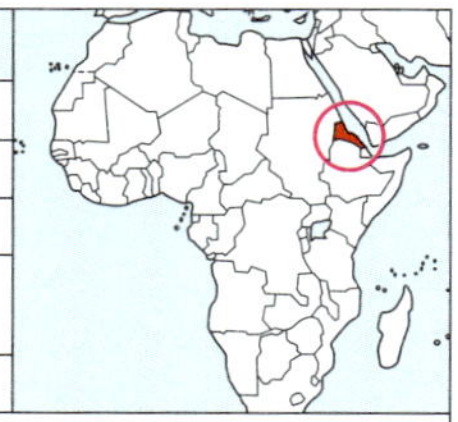

Landesfläche	121 144 km² (WR 96)
Einwohner	3,7 Mio (WR 120)
Hauptstadt	Asmara (400 000 Einwohner)
Sprachen	Arabisch, Tigrinja, Englisch, verschiedene Dialekte
Währung	Nakfa
Gliederung	6 Verwaltungsregionen
Staatsform	Präsidiale Republik (seit 1993)
Religion	Moslems (50%); Christen (50%)
Bevölkerung	Tigrinja (49%); Tigre (31,7%); Afar (4,3%); Sonstige (15%)

Eritrea im 20. Jahrhundert

1935	Italien beginnt seinen Krieg gegen Äthiopien von Eritrea aus.
1941	Die Briten vertreiben die Italiener aus Eritrea und besetzen das Land.
1948	Die vier Siegermächte überlassen das Eritrea-Problem der UNO.
1952	Nach einem Beschluss der UNO-Vollversammlung wird eine Föderation aus Äthiopien und Eritrea unter Kaiser Haile Selassie gebildet.
1960	Bildung der Eritre. Befreiungsfront (ELF), welche die Unabhängigkeit Eritreas von Äthiopien anstrebt.
1961	Erste militärische Auseinandersetzungen zwischen der ELF und Äthiopien.
1962	Äthiopien annektiert Eritrea und hebt die Föderation auf.
1970	Spaltung der ELF und Gründung der Volksbefreiungsfront (EPLF).
1972	Beginn des zweijährigen Bürgerkriegs in Eritrea zwischen ELF und EPLF.
1974	Sturz der Monarchie in Äthiopien. Eritrea verbleibt bei Äthiopien.
1984	Beginn der großen Hungersnot in Äthiopien und Eritrea.
1990	Die EPLF erobert den Hafen von Massawa von den äthiop. Truppen.
1991	Zusammenbruch des sozialistischen Regimes in Äthiopen.
1993	Eritrea wird nach einer Volksabstimmung in die Unabhängigkeit entlassen.
1994	Abbruch der diplomatischen Beziehungen zum Sudan, der islamische Fundamentalisten und die Reste der ELP unterstützt.
1995	Konflikt mit dem Jemen: Eritrea besetzt die Hanish-Inseln.
1998	Beginn des verlustreichen Krieges mit Äthiopien um ein Grenzgebiet.

Durch den Krieg mit Äthiopien wurden in Eritrea weite Teile der Infrastruktur zerstört. Das Entwicklungsland, das zu den ärmsten der Welt gehört, bietet außerhalb der Landwirtschaft nur geringe Erwerbsmöglichkeiten. Zwei Drittel der Bevölkerung waren gegen Kriegsende auf ausländische Nahrungsmittelhilfe angewiesen.

brach eine schwere Hungersnot im Norden Äthiopiens sowie in E. aus. Eine weitere Dürrekatastrophe folgte 1990.
Militärische Wende: Seit dem Ende der 80er Jahre nahmen die militärischen Erfolge der EPLF zu. Der Sturz des sozialistischen Mengistu-Regimes in Äthiopien 1991 brachte auch den Durchbruch für die Unabhängigkeit E.s. Im Mai 1991 eroberte die EPLF Assab – die letzte von der äthiop. Armee gehaltene eritre. Stadt – und beendete damit den Unabhängigkeitskampf auf militärischem Wege. Nach einem Referendum im April 1993, das eine Zustimmung von 99,8% ergab, wurde E. am 24.5.1993 selbstständig. Der Rebellenführer Isaias Afwerki wurde zum ersten Staatspräsidenten E.s gewählt.

Neuanfang als unabhängiger Staat

Konflikte mit Nachbarn: 1994 brach E. die diplomatischen Beziehungen zum Sudan ab, der den Unabhängigkeitskampf der Eritreer gegen Äthiopien unterstützt hatte. Die christliche Regierung von E. warf den Machthabern in Khartum vor, islamische Fundamentalisten in E. zu unterstützen. Die Beziehungen verschlechterten sich weiter, als 1996 der frühere sudanes. Staatschef Sadik al-Mahdi nach E. flüchtete. 1998 starben eritre. Soldaten an der Grenze zum Sudan bei militärischen Auseinandersetzungen. Mit dem Jemen kam es 1995 zu Streitigkeiten um die Oberhoheit über die Hanisch-Inseln, die im Roten Meer liegen. E. besetzte die Inseln und nahm dabei jemenit. Soldaten gefangen. 1998 wurden die Inseln an den Jemen zurückgegeben.

Krieg mit Äthiopien: 1998 brachen kriegerische Auseinandersetzungen zwischen E. und Äthiopien aus. Streitobjekt ist ein 400 km^2 großes Stück Halbwüste, das Yirga-Dreieck. Es wird von Äthiopien verwaltet, aber von E. unter Berufung auf frühere Kolonialgrenzen beansprucht. Anlass für den militärischen Konflikt, in dessen Verlauf auch die Hauptstadt Asmara bombardiert wurde, war die Einführung einer eigenen eritre. Währung. 1999 zog sich E. aus den umkämpften Gebieten zurück; ein Jahr später wurden die Truppen von Äthiopien militärisch geschlagen.
Ausbleibende Reformen: Nach Erlangung der Unabhängigkeit wurde 1997 eine Verfassung verabschiedet, die Presse- und Parteienfreiheit garantiert. Faktisch ist die 1994 aus der EPLF hervorgegangene Volksfront für Demokratie und Gerechtigkeit (PFDJ) die einzige legale Partei in E. Parlamentswahlen wurden immer wieder verschoben. *N.K.*

Isaias Afwerki – vom Hoffnungsträger zum Verlierer

Isaias Afwerki (*1945), Eritreas erster Staatspräsident, gehörte Anfang der 90er Jahre zu den Hoffnungsträgern des afrikan. Kontinents. Mit militärischem Geschick besiegte er die äthiop. Truppen und führte Eritrea in die Unabhängigkeit. Der Gegner der Korruption verspielte seinen guten Ruf, als er 1998 Eritrea in einen sinnlosen Krieg mit Äthiopien stürzte, den er 2000 verlor.

Estland 2000	
Landesfläche	45 100 km² (WR 129)
Einwohner	1,4 Mio (WR 145)
Hauptstadt	Tallinn (Reval, 499 000 Einw.)
Sprache	Estnisch, Russisch
Währung	1 Estnische Krone (ekr) = 100 Senti
Gliederung	15 Bezirke
Staatsform	Parlamentarische Republik (seit 1991)
Religion	Protestanten, Russisch-Orthodoxe
Bevölkerung	Esten (63,2%); Russen (29,4%); Ukrainer (2,5%); Weißrussen (1,5%); Sonstige (3,4%)

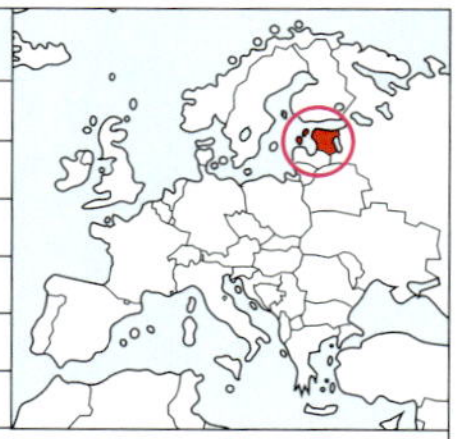

Estland im 20. Jahrhundert	
1918	Proklamation der Unabhängigkeit Estlands, Bildung einer Regierung.
	Abwehr der bolschewistischen Vorstöße und Befreiung des Landes durch die neu gebildete Armee.
1920	Friede von Dorpat und Anerkennung der estn. Unabhängigkeit.
	Estland wird parlamentarische Republik; eine radikale Agrarreform beseitigt die beherrschende Stellung des deutsch-balt. Adels.
1921	Aufnahme der balt. Staaten in den Völkerbund.
1924	Kommunistischer Aufstand in Reval (Tallinn).
1925	Gesetz zur Kulturautonomie der Minderheiten.
1933	Die rechts stehende Freiheitskämpferbewegung setzt eine Präsidialverfassung durch, die das Parlament entmachtet.
1934	Faschistische Diktatur unter Konstantin Päts.
1937	Einführung einer neuen Präsidialverfassung.
1939	Nichtangriffspakt zwischen Deutschland und der UdSSR (Hitler-Stalin-Pakt); in geheimen Zusatzprotokollen werden Estland, Lettland und Litauen der sowjet. Interessensphäre zugesprochen.
1940	Einmarsch der sowjet. Armee; Verhaftungswelle innerhalb der estn. Führungsschicht; Estland wird in die UdSSR eingegliedert.
1941	Besetzung Estlands durch deutsche Truppen.
1944	Die Rote Armee vertreibt die deutschen Besatzungstruppen.
	Die Politik der Russifizierung Estlands beginnt.
1988	Souveränitätserklärung des Obersten Rates: Estn. Recht steht über sowjet. Recht.
1989	Erste Zusammenkunft des Balt. Rates, der Vertretung der Volksfronten Estlands, Lettlands und Litauens; rund 1 Mio Menschen bilden eine 600 km lange Kette von Tallinn über Riga nach Vilnius und fordern die Aufhebung der Folgen des Hitler-Stalin-Paktes.
1990	Estland erklärt seine Unabhängigkeit.
1991	Nach Anerkennung der staatlichen Unabhängigkeit Estlands durch die EU-Organe werden Direktkontakte zur Europäischen Union hergestellt.
	Aufnahme Estlands in die UNO.
1992	Estland entsendet einen Botschafter zur Europäischen Kommission.
1993	Der estn. Reichstag billigt ein neues Ausländergesetz.
1994	Estland wird assoziierter Partner der Westeuropäischen Union (WEU).
1995	Antrag auf EU-Beitritt; Ratifizierung eines Europa-Abkommens.
1997	Beim Luxemburger Gipfeltreffen legt der Europäische Rat den Beginn von Beitrittsverhandlungen mit insgesamt sechs Bewerberstaaten, einschließlich Estland, auf April 1998 fest.
1998	Eröffnung der Beitrittsverhandlungen Estlands mit der EU.
	Estland schafft die Todesstrafe offiziell ab.
1999	Parlamentswahlen im März führen zu einem Rechtsruck; neuer Ministerpräsident einer Mitte-rechts-Koalition wird Mart Laar.

Estland

Republik Estland

E. wurde über Jahrhunderte von Dänen, Deutschen, Schweden und Russen beherrscht. Die russ. Provinz E. war nicht mit dem 1918 entstandenen Staat identisch, sondern bildete mit dem Bistum Reval nur dessen nördlichen Teil. 1721 kam E. mit Livland durch den Frieden von Nystad an Russland, das in der Folgezeit versuchte, E. zu russifizieren, und den Gebrauch der estn. Sprache verbot.

Estland um 1900

Unabhängige Republik: Nach dem Ende der Oktoberrevolution von 1917 riefen Arbeiter- und Soldatenräte in E. die Sowjetmacht aus, doch die estn. Sowjets verloren die Unterstützung der Bevölkerung. Am 24.2.1918 wurde in Tallinn die estn. Unabhängigkeit ausgerufen und eine nationale Regierung gebildet. Am darauf folgenden Tag wurde E. von deutschen Truppen besetzt. Am 2.2.1920 erkannte Russland die estn. Unabhängigkeit im Frieden von Dorpat an.

Eine verfassunggebende Versammlung machte E. zur parlamentarischen Republik. Die deutschen Großgrundbesitzer wurden zwar enteignet, doch der deutschen Minderheit wurde kulturelle Autonomie gewährt. Am 22.2.1921 wurde E. in den Völkerbund aufgenommen.

Kommunistischer Aufstand: Nachdem Ende 1923 die kommunistische Agitation in E. an Heftigkeit zugenommen hatte, wurden am 27.11.1924 in einem Prozess vor dem Militärgericht in Reval (Tallinn) harte Strafen gegen 149 Kommunisten verhängt. Wegen Spionage zugunsten der Sowjetunion wurden 39 Angeklagte zu lebenslangem Zuchthaus verurteilt. Darauf brach am 1.12.1924 in Reval ein kommunistischer Aufstand aus, den die Regierungstruppen niederschlugen.

Minderheitenrecht: Das Gesetz zur Kulturautonomie der nationalen Minderheiten von 1925 besaß Vorbildcharakter und galt aufgrund seiner Liberalität als wegweisend für die Aufnahme E.s in den Völkerbund.

Gefährdung der Republik

Autoritäres Regime: 1934 trat in E. eine neue Verfassung mit starker Stellung des Präsidenten in Kraft, die im Oktober 1933 per Volksentscheid durchgesetzt worden war. Unter Ausschaltung des Parlaments errichtete der Führer der konservativen Agrarpartei, Konstantin Päts, im März 1934 eine faschistische Diktatur.

Schutzbündnis: Am 12.9.1934 unterzeichneten die Außenminister von E., Lettland und Litauen in Genf den Baltenpakt über das »Einvernehmen und die Zusammenarbeit der drei balt. Staaten« (Balt. Entente). In diesem Vertrag verpflichteten sich die Länder zu einer gemeinsamen Verständigung in außenpolitischen Fragen und sicherten sich gegenseitig politische und diplomatische Unterstützung zu. Durch den Pakt versprachen sich die balt. Staaten eine Stärkung ihrer bislang schwachen Position im Spannungsfeld zwischen dem Deutschen Reich und der UdSSR. Das Konsultativabkommen erwies sich jedoch später angesichts von Hitlers Expansionspolitik als wertlos.

Estland im Zweiten Weltkrieg

Nichtangriffspakt: Am 7.6.1939 unterzeichneten die Außenminister von E. und Lettland in Berlin Nichtangriffspakte mit dem Deutschen Reich. Darin versicherten die Unterzeichnerstaaten, »in keinem Falle zum Krieg oder einer anderen Art von Gewaltanwendung gegeneinander zu schreiten«. E. und Lettland suchten mittels der Verträge Unterstützung gegen eine sowjet. Expansion.

Hitler-Stalin-Pakt: In einem geheimen Zusatzprotokoll im Nichtangriffspakt zwischen Deutschland und der Sowjetunion vom 23.8.1939 wurden die balt. Staaten und Finnland der Interessensphäre der UdSSR zugeschlagen.

Unter Besatzung: Entsprechend dem Hitler-Stalin-Pakt wurde E. am 17.6.1940 von der Roten Armee besetzt. Päts musste im Juli 1940 von seinem Amt als Staatspräsident zurücktreten und wurde in die Sowjetunion deportiert. Im August 1940 wurde die Aufnahme E.s als »Estn. Sozialistische Sowjetrepublik« in die UdSSR vollzogen. In der Folgezeit wurden über 100 000 Esten im Rahmen der »Sowjetisierung« nach Sibirien deportiert. Nach dem Angriff der deutschen Streitkräfte auf die UdSSR stand E. von Juli 1941 bis November 1944 unter deutscher Besatzung.

Sowjetherrschaft: Nach dem Ende des Zweiten Weltkriegs wurde die Sowjetherrschaft zwar wieder hergestellt, sie wurde allerdings von den meisten westlichen Staaten nicht anerkannt. Umfangreiche Deportationen estn. Bürger nach Sibirien trafen vor allem die oberen Bevölkerungsschichten. Der Stalinismus ignorierte die Interessen der estn. Gesellschaft. 1947 begann die Kollektivierung der Wirtschaft, in deren Folge die nationale Kultur durch die sowjet. schrittweise ersetzt wurde. Wiederum wurden Tausende von Esten als Klassenfeinde und Kapitalisten verurteilt und nach Sibirien deportiert. Erst nach dem Tod Stalins 1953 und dem 20. Parteitag der KPdSU 1956 gelang es den Esten, sich kulturell vom »sozialistischen Realismus« zu entfernen.

Karl Selter, der Außenminister von Estland, unterzeichnete am 7.6. 1939 den Nichtangriffspakt mit dem Deutschen Reich. (Foto: am Tisch v. l. der lett. Außenminister Vilhelm Munters, Joachim von Ribbentrop, Selter).

Der Hitler-Stalin-Pakt vom 23.8.1939

Auszüge aus dem geheimen Zusatzprotokoll des Nichtangriffspakts:

»1. Für den Fall einer territorial-politischen Umgestaltung in den zu den balt. Staaten ... gehörenden Gebieten bildet die nördliche Grenze Litauens zugleich die Grenze der Interessensphäre Deutschlands und der UdSSR. Hierbei wird das Interesse Litauens am Wilnaer Gebiet beiderseits anerkannt. 2. Für den Fall einer territorial-politischen Umgestaltung der zum poln. Staate gehörenden Gebiete werden die Interessensphären Deutschlands und der UdSSR ungefähr durch die Linie der Flüsse Narew, Weichsel und San abgegrenzt...«

(Foto: Der sowjet. Außenminister Wjatscheslaw Molotow unterzeichnet den Nichtangriffspakt, links der deutsche Außenminister Joachim von Ribbentrop)

Neue Unabhängigkeit

Autonomiebestrebungen: Die ab 1985 einsetzende Reformpolitik in der Sowjetunion förderte die estn. Nationalbewegung. Der estn. Oberste Sowjet forderte am 16.11.1988 von Moskau weitgehende Autonomie für E.

Staatsoberhäupter Estlands

Reg.-Zeit	*Name*	*Lebensdaten*
Während der Ersten Republik		
1918/19	Konstantin Päts	1874–1956
1919/20	Jaan Tonisson	1868–1941
1920/21	Ants Piip	1884–1942
1921–24	Konstantin Päts	1874–1956
1924/25	Jüri Jaakson	1870–1945
1925–27	Jaan Teemant	1872–1941
1927/28	Jaan Tonisson	1868–1941
1928/29	August Rei	1886–1963
1929–31	Otto Strandman	1875–1941
1931–40	Konstantin Päts	1874–1956
Während der Okkupationsphase		
1940/41	Johannes Vares	1890–1926
1941–44	Hjalmar Mäe	1901–1978
1944–50	Nikolai Karotamm	1901–1969
1950–78	Johannes Käbin	1905–2000
1978–88	Karl Vaino	*1923
1988/89	Vaino Väljas	*1931
1989–91	Arnold Rüütel	*1928
Während der Zweiten Republik		
1991/92	Arnold Rüütel	*1928
seit 1992	Lennart Meri	*1929

Am 23.8.1989, dem 50. Jahrestag der Unterzeichnung des Hitler-Stalin-Paktes, erinnerten annähernd 2 Mio balt. Sowjetbürger mit einer fast 650 km langen Menschenkette von Tallinn über Riga bis Vilnius (»Der Balt. Weg«) an jenes historische Ereignis, das den Grundstein für die Annexion der vormals unabhängigen balt. Staaten durch die Sowjetunion 1940 gelegt hatte. Die Demonstranten forderten die Wiederherstellung der Eigenstaatlichkeit E.s, Litauens und Lettlands.

Anerkennung der Unabhängigkeit: Am 18.3.1990 gewann die estn. Unabhängigkeitsbewegung die Wahlen zum Obersten Sowjet. Das neue Parlament verabschiedete am 30.3.1990 eine Unabhängigkeitserklärung, die am 6.9.1991 vom sowjet. Staatsrat anerkannt wurde. Am 20.9.1991 wurde E. in die UNO aufgenommen.

Freie Wahlen: Aus den ersten unabhängigen Wahlen seit 50 Jahren, bei denen nur estn. Staatsbürger wahlberechtigt waren, ging am 20.9.1992 das aus fünf rechten Parteien bestehende Bündnis »Isamaa« hervor. Am 10.10.1992 wurde Lennart Meri von der Vaterlandspartei estn. Staatspräsident (wieder gewählt am 20.9.1996).

Staatsbürgerschaft: Die estn. Staatsbürgerschaft basiert auf dem Abstammungsprinzip. Ein Beschluss vom 26.2.1992 gewährt jedem die estn. Staatsbürgerschaft, der sie vor dem 17.6.1940 besaß, sowie seinen Nachkommen. Wer die Staatsbürgerschaft durch Einbürgerung erhalten will, muss mindestens fünf Jahre seinen ständigen Wohnsitz in E. haben und ausreichende Kenntnisse der estn. Sprache nachweisen. Seit Inkrafttreten des Staatsangehörigkeitsgesetzes wurde 108 000 Nicht-Esten die estn. Staatsbürgerschaft verliehen.

Neues Ausländergesetz: Der estn. Reichstag billigte am 8.7.1993 ein neues Ausländergesetz, das der russischstämmigen Bevölkerung gewisse Sonderrechte einräumt. Personen, die vor der Unabhängigkeit in E. wohnhaft waren, erhalten ein uneingeschränktes Aufenthalts- und Arbeitsrecht.

Sprachenregelung: 1999 hatten 36% der estn. Bevölkerung eine nicht estn. Muttersprache, so dass der Sprachunterricht ein wichtiges Instrument zur Integration der ethnischen Minderheiten darstellt.

Grenzvertrag: 1998 begannen die Verhandlungen E.s über den Abschluss eines Grenzvertrages mit Russland, der Voraussetzung für die geplante EU-Mitgliedschaft ist. Umstritten sind zwei Gebiete, die nach dem Zweiten Weltkrieg von der estn. Sowjetrepublik abgetrennt worden waren.

Stichwort: PHARE-Programm

Hilfsprogramm: Das EU-Programm PHARE wurde 1989 nach dem Zusammenbruch der kommunistischen Regime in den mittel- und osteuropäischen Ländern eingerichtet, um sie beim Wiederaufbau ihrer Wirtschaft zu unterstützen.

Kriterien von Kopenhagen: Das PHARE-Programm soll den Beitrittskandidaten helfen, die Kriterien von Kopenhagen zu erfüllen:
▷ institutionelle Stabilität des Beitrittslandes als Garantie für demokratische und rechtsstaatliche Ordnung, für die Wahrung der Menschenrechte und den Schutz der Minderheiten
▷ funktionsfähige Marktwirtschaft sowie die Fähigkeit, dem Wettbewerbsdruck und den Marktkräften innerhalb der Union standzuhalten
▷ Fähigkeit zur Erfüllung der Verpflichtungen aus der Mitgliedschaft sowie Übernahme der Ziele der politischen Union sowie der Wirtschafts- und Währungsunion.

Förderung: Gefördert werden Maßnahmen in 15 Bereichen, u. a. Infrastruktur, Entwicklung der privaten Wirtschaft und Unterstützung von Unternehmen.

Finanzierung: Für den Zeitraum 1995–99 betrug das Finanzierungsvolumen von PHARE ca. 6,7 Mrd Euro. Das erneuerte PHARE-Programm umfasst ein Budget von über 10 Mrd Euro. Zwischen 1992 und 1999 hat Estland PHARE-Mittel in Höhe von 187 Mio Euro erhalten.
PHARE-Programm 1999 für Estland:
▷ Ausbau der institutionellen und administrativen Kapazitäten der Regulierungs- und Aufsichtsbehörden (3,5 Mio Euro)
▷ Verstärkung der Zusammenarbeit im Bereich Justiz und Inneres (2,5 Mio Euro)
▷ Soziales (1,2 Mio Euro)
▷ Teilnahme an Gemeinschaftsprogrammen (0,8 Mio Euro)
▷ Grenzüberschreitende Zusammenarbeit im Ostseeraum (3 Mio Euro).

Der Weg in die Europäische Union

Europäische Integration: Seit 1991 verfolgt E. das Ziel der europäischen Integration. Zwischen der EU und E. wurden am 27.8.1991 diplomatische Beziehungen aufgenommen. Ein Handels- und Kooperationsabkommen trat 1993 in Kraft, ein Freihandelsabkommen 1995. Ende 1995 stellte E. einen Antrag auf EU-Mitgliedschaft. Am 31.3.1998 wurden die Beitrittsverhandlungen mit E. offiziell eröffnet.
Europa-Abkommen: Am 1.8.1995 verabschiedete das estn. Parlament ein Europa-Abkommen. Es bildet den Rahmen für den politischen Dialog, eine Ausweitung der Handels- und Wirtschaftsbeziehungen sowie die Basis für die technische und finanzielle Hilfe der EU.
PHARE-Programm: 1991 wurde im Rahmen des TACIS-Programms die technische und finanzielle Unterstützung E.s durch die EU begonnen und ab 1992 durch das PHARE-Programm erweitert (Reform des rechtlichen und institutionellen Rahmens, Entwicklung der Infrastruktur sowie Umstrukturierungen und Privatisierungen).
Gemeinschaftsprogramme: Seit November 1998 nimmt E. an den EU-Programmen Sokrates, Leonardo da Vinci und Jugend für Europa teil. Um in einem Mitgliedstaat der EU studieren zu können, erhielten 350 Studenten 1998/99 ein Erasmus-Mobilitätsstipendium.
Wirtschaftstrends: Das seit 1994 zu verzeichnende Wirtschaftswachstum konnte bisher im Wesentlichen auf die Ausweitung der Industrieproduktion, die zunehmende Zahl neu gegründeter Privatunternehmen sowie auf das Anwachsen ausländischer Direktinvestitionen zurückgeführt werden. Als wichtigste Industriezweige galten die Lebensmittelindustrie, das Textil-, Bekleidungs- und Holzgewerbe sowie die Möbelindustrie. 1998 schwächte sich die estn. Konjunktur nach der Wirtschafts- und Finanzkrise in Russland deutlich ab. 1998 fielen 13,4% des Exports und 10,8% der Einfuhren von E. nach Russland weg. *W. W.*

Die russische Minderheit in Estland

Die Minderheitenproblematik: 1999 gehörten 35% der estn. Bevölkerung nationalen Minderheiten an, die überwiegend während der Industrialisierungsphase nach dem Zweiten Weltkrieg ins Land gekommen waren. 28% der Gesamtbevölkerung waren russ. Abstammung, 13% der ehemaligen Sowjetbürger staatenlos. Die Änderung des Kommunalwahlgesetzes im Juni 1999 räumte 220 000 Nicht-Staatsangehörigen das aktive Wahlrecht ein, was die Spannungen zwischen den Volksgruppen reduzierte. (Foto: Russ. Flüchtlinge vor ihrer Wohnung, einem ausrangierten Zug in der Nähe von Tallinn, 1989).

Estlands Präsident Lennart Meri Anfang 2000 in Tallinn

Die wichtigsten Parteien im 20. Jahrhundert

Name (Abkürzung)	*Polit. Richtung*	*Gründung*
Eesti Maarahva / Liit Estnischer Bauernbund	rechts	1917
Eesti Tööerakond / Arbeiterpartei	Mitte	1917
Eesti Rahvaerakond / Volkspartei	Mitte	1919
Eesti Sotsialistlik Tööliste Partei / Sozialistische Arbeiterpartei	links	1925
Eesti Keskerakond (K) / Zentrumspartei	links	1991
Eesti Koonderakond (KE) / Koalitionspartei	Mitte	1991
Eesti Reformierakond (RE) / Reformpartei	rechte Mitte	1994
Isamaaliit (I) / Pro Patria Union	rechte Mitte	1995
Moodukad (M) / Moderate	linke Mitte	1996
Arengupartei / Entwicklungspartei	links	1996
Eesti Kristlik Rahvapartei (EKRP) / Christliche Partei	rechts	1998
Vabariiklik Partei / Republikanische Partei	Mitte	1999
Eestimaa Rahvaliit / Estnischer Volksverband	linke Mitte	1999
Vene Balti Erakond Eestis / Russisch-Baltische Partei (VEE)	linke Mitte	2000

Fidschi

Republik Fidschi

Seit dem frühen 19. Jh. siedelten sich auf der von Polynesiern bewohnten Inselgruppe europäische Sandelholzhändler, Deserteure und Schiffbrüchige an. 1835 kamen protestantische Missionare von Tonga, 1844 katholische Priester von Samoa nach F. Mitte des 19. Jh.s erlangte Cakobau, der mächtigste Häuptling von F., die Oberherrschaft über die Inselgruppe. Die ca. 2000 Europäer, die unter Cakobau auf F. lebten, richteten eine Verwaltung ein. Bei einem Streit mit den USA bat Cakobau Großbritannien um Schutzherrschaft, die aber zunächst abgelehnt wurde. Im Oktober 1874 übernahm Großbritannien F. als Kronkolonie. 1881 kam Rotuma Island hinzu, das von Polynesiern bewohnt wurde.

Britische Kolonialherrschaft

Indische Einwanderung: Als die brit. Kolonialverwaltung daran ging, Zuckerrohrplantagen anzulegen, war die heimische Bevölkerung, die von tropischer Subsistenzwirtschaft lebte, nicht bereit, die benötigten Arbeitskräfte zu stellen. Daher wurden 1879–1916 ca. 63 000 ind. Kontraktarbeiter angeworben und auf den Inseln angesiedelt.

Kolonialverwaltung: Der erste Gouverneur F.s, Sir Arthur Gordon (1875–80), bewahrte die angestammte Lebensweise der Fidschianer. Er erhob Steuern, behielt aber die bestehenden politischen Strukturen bei und legte 1880 in der Native Lands Ordinance fest, dass jedem Mataqali – der sozialen Einheit aus mehreren Familien – der Grund und Boden, der von jeher bewohnt und bearbeitet wurde, auch vor dem Gesetz als Besitz zuerkannt wurde. Seit den 20er Jahren des 20. Jh.s forderte die ind. Bevölkerung mehr wirtschaftlichen und politischen Einfluss; um 1943 bildeten die Inder trotz Restriktionen beim Landbesitz die Mehrheit der Bevölkerung.

Unabhängiger Inselstaat

Regierungsform: In den 60er Jahren strebte F. hin zur Unabhängigkeit. Strittig war jedoch die Regierungsform, die am ehesten Demokratie gewährleisten und die Ureinwohner schützen würde. Als F. am 10.10.1970 als parlamentarische Monarchie unabhängig wurde, war ein Verfassungskompromiss gefunden worden, der eine Majorisierung der Ureinwohner durch die Inder nicht nur verhinderte, sondern den F.-Insulanern die entscheidenden Positionen sicherte.

Verfassung: Die F.-Häuptlinge behielten ein Vetorecht bei allen konstitutionellen Fragen. Staatsoberhaupt war der brit. Monarch, vertreten durch einen (einheimischen) Generalgouverneur. Die Legislative lag bei einem Zwei-Kammer-Parlament. Die 22 Mitglieder des Senats wurden nach einem Proporzsystem vom Häuptlingsrat, dem Premierminister, dem Oppositionsführer und dem Rat der Insel Rotuma ernannt. Von den 52 Sitzen des Repräsentantenhauses entfielen je 22 auf Vertreter der ind. und der F.-Volksgruppe sowie acht auf Vertreter der chines. und europäischen Bevölkerungsgruppe.

Ethnischer Konflikt: Die Rivalität zwischen den beiden großen Bevölkerungsgruppen bestimmte jedoch weiter die politische und gesellschaftliche Entwicklung F.s. In den 60er und 70er Jahren verlangsamte sich insgesamt das Bevölkerungswachstum durch Geburtenkontrolle und Auswanderung von Weißen und Indern; Kampagnen zur Geburtenkontrolle waren zudem bei den Indern erfolgreicher, so dass ihr Anteil seit 1980 bei 45%, der der Fidschianer bei 50% liegt.

Machtwechsel: Bis 1987 stellte die Alliance Party der Fidschianer die Regierung, während die größte Partei der Inder, die National Federation Party (NFP), trotz ind. Forderungen

Fidschi 2000

Landesfläche	18 274 km² (WR 151)
Einwohner	806 000 (WR 153)
Hauptstadt	Suva (166 000 Einwohner)
Sprachen	Englisch, Fidschianisch, Hindi
Währung	1 Fidschi-Dollar (F$) = 100 Cents
Gliederung	4 Regionen
Staatsform	Republik (seit 1987)
Religion	Christen (52,9%); Hindus (38,1%); Sonstige (9,0%)
Bevölkerung	Fidschianer (50,7%); Inder (43,5%); Sonstige (5,8%)

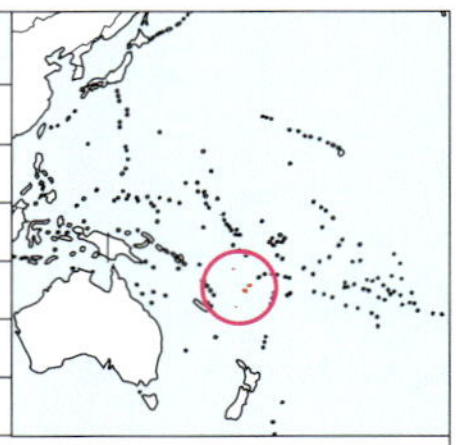

Fidschi im 20. Jahrhundert

1959	Politische, soziale und ethnische Konflikte zwischen Einwohnern ind. und melanes. Herkunft führen zu Revolten.
1965	Autonomie-Statut.
1970	Unabhängigkeit als Mitglied des Commonwealth.
1987	Mehrheitlich ind. Wahlkoalition gewinnt die Wahlen; Oberst Sitiveni Rabuka stürzt Premierminister Timoci Bavadra; Fidschi verlässt den Commonwealth und wird zur Republik erklärt.
1990	Neue Verfassung sichert Vorherrschaft der Ureinwohner Fidschis.
1997	Revision der Verfassung; Wiedereintritt in den Commonwealth.
2000	Gefangennahme der Regierung unter Premierminister Mahendra Chaudhry durch George Speight; Machtübernahme durch Frank Bainimarama.

nach mehr politischer Mitsprache in der Opposition blieb. Bei den Parlamentswahlen 1987 siegte hingegen ein Wahlbündnis aus NFP und Fiji Labour Party (FLP). Daraufhin wurde zwar der Fidschianer Timoci Bavadra (FLP) neuer Premierminister, doch hielten Inder die Mehrheit im Kabinett und Repräsentantenhaus. Mit dem Ziel, die Rechte der Ureinwohner endgültig abzusichern, stürzte Oberst Sitiveni Rabuka am 14.5.1987 die Regierung Bavadra. Gegen den Protest Großbritanniens verließ F. den Commonwealth und wurde eine Präsidialrepublik. Nach einer Phase der Militärherrschaft setzte Rabuka eine Zivilregierung ein.

Republik Fidschi

Auswanderungswelle: Der Militärputsch belastete die Beziehungen zu den Indern und zu Indien. 1987–89 verließen ca. 20 000 Inder F.; der ind. Botschafter wurde wegen Einmischung in die inneren Angelegenheiten ausgewiesen, die ind. Botschaft wegen des ind. Handelsembargos geschlossen.
Vorrechte für Fidschianer: 1990 wurde durch Volksentscheid die neue Verfassung angenommen, welche die Vorherrschaft der Ureinwohner sicherte. Im Repräsentantenhaus waren nunmehr 37 von 70 Sitzen den Fidschianern vorbehalten; im auf 34 Sitze aufgestockten Senat standen für sie 24 Mandate zur Verfügung. Die Ämter von Präsident und Premierminister waren mit Fidschianern zu besetzen.
Verfassungsreform: 1991 übernahm Rabuka den Vorsitz der SVT/FPP und gewann mit ihr die Mehrheit der Sitze der Fidschianer. Nachdem er eine Überarbeitung der Verfassung und Bodengesetzgebung zugesagt hatte, kam es zu einer Koalitionsregierung mit der LP. Als sich die Verfassungsreform jedoch verzögerte, zerbrach die Koalition. Nach den Neuwahlen von 1994, bei denen Rabuka wiederum die Mehrheit der Fidschianer-Sitze errang, berief er eine international besetzte Verfassungskommission ein. Die neue Verfassung von 1997 legte fest, dass im Repräsentantenhaus nur noch 23 Sitze für die Fidschianer vorbehalten sind und dass nur noch der Präsident, nicht aber der Premierminister Einheimischer sein muss. Die Mehrheit der Senatssitze blieb jedoch für Fidschianer reserviert. Nachdem diese Verfassung von den zuständigen Körperschaften gebilligt worden war, trat F. am 1.10.1997 wieder dem Commonwealth bei. Die ersten gemäß der neuen Verfassung abgehaltenen Wahlen von 1999 gewann die FLP unter Führung des ind.-stämmigen Mahendra Chaudhry.

Revolte und Militärputsch

Geiselnahme: Am 19.5.2000, dem Jahrestag des Regierungsantritts Chaudhrys, nahm der Geschäftsmann George Speight Demonstrationen zum Anlass, um mit anderen nationalistischen Fidschianern ins Parlamentsgebäude einzudringen und Chaudhry sowie mehrere Minister als Geiseln zu nehmen. Speight, der Verbindungen zum früheren Premierminister Rabuka unterhält, forderte den Rücktritt Chaudhrys und die Rückgabe der Regierungsgewalt an die Urbevölkerung F.s.
Auflösung des Parlaments: Als Versuche von Präsident Ratu Sir Kamisese Mara, die Putschisten mit weit reichenden Zugeständnissen zur Aufgabe zu bewegen, gescheitert waren, löste dieser das Parlament auf und setzte die Regierung Chaudhry ab. Plünderungen, Vergewaltigungen sowie die Zerstörung öffentlicher Einrichtungen griffen trotzdem immer weiter um sich.
Militärregierung: Am 30.5. erklärte der Armeekommandeur Frank Bainimarama den Ausnahmezustand; zuvor hatte er Präsident Mara abgesetzt und sich selbst an die Staatsspitze gestellt. In einer Vereinbarung zwischen den Putschisten und der Militärführung vom 9.7. wurde eine Amnestie für die Geiselnehmer zugesichert und die baldige Ernennung einer zivilen Übergangsregierung angekündigt. Am 13.7. ließen die Putschisten die letzten Geiseln frei. *H.-W. W.*

Staatsoberhäupter Fidschis

Reg.-Zeit	*Name (Dynastie)*	*Lebensdaten*
1837–1901	Victoria I. (Hannover)	1819–1901
1901–10	Edward VII. (Sachsen-Coburg)	1841–1910
1910–36	George V. (Windsor)	1865–1936
1936	Edward VIII. (Windsor)	1894–1972
1936–52	George VI. (Windsor)	1895–1952
1952–87	Elizabeth II. (Windsor)	*1926
1987–93	Ratu Sir Penaia Ganilau	1918–1993
1993–2000	Ratu Sir Kamisese Mara	*1920
seit 2000	Frank Bainimarama	k. A.

Die wichtigsten Parteien im 20. Jahrhundert

Name (Abkürzung)	*Politische Richtung*	*Gründung*
National Federation Party (NFP)	Partei der ind. Volksgruppe	1960
Fiji Labour Party (FLP)	multiethnisch, vorwiegend ind.	1985
General Voters' Party (GVP)	Partei der Minderheiten	1990
Soqosoqo ni Vakavuleva ni Taukei Fijian Political Party (SVT/FPP)	Partei der Fidschianer (Melanesier)	1990
Fijian Association Party (FAP)	multiethnisch	1995

Finnland 2000	
Landesfläche	338 145 km² (WR 63)
Einwohner	5,2 Mio (WR 107)
Hauptstadt	Helsinki (525 000 Einwohner)
Sprachen	Finnisch, Schwedisch
Währung	1 Finnmark (FMk) = 100 Penniä
Gliederung	12 Provinzen
Staatsform	Parlamentarische Republik
Religion	Christen (87%); Konfessionslose (12%); Sonstige (1%)
Bevölkerung	Finnen (93%); Schweden (5,8%); Sonstige (1,2%)

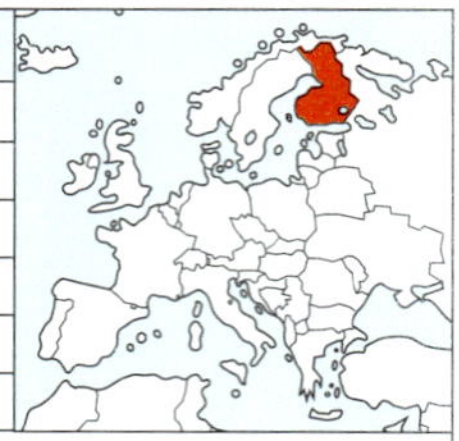

Finnland im 20. Jahrhundert	
1900	Russland führt Russisch als Amtssprache in Finnland ein.
1901	Russland löst das finn. Heer auf.
1903	Massendemonstrationen führen zum russ. Diktaturerlass.
1904	Ermordung des russ. Generalgouverneurs Bobrikow.
1905	Der finn. »Nationalstreik« führt zur Wiederherstellung der Autonomie.
1906	Der Landtag verabschiedet eine Verfassung mit Einkammerparlament auf der Grundlage des allgemeinen Wahlrechts für Frauen und Männer.
1907	Erstmals in Europa haben Frauen aktives und passives Wahlrecht auf Landesebene; 19 Frauen ziehen als Abgeordnete in den finn. Landtag ein.
1910	Zweiter russ. Staatsstreich: Aufhebung der finn. Autonomie.
1917	Finnland proklamiert die Unabhängigkeit.
1918	Die bürgerlich-monarchistische »Weiße Armee« besiegt mit deutscher Unterstützung die von sowjetruss. Truppen unterstützten »Roten«.
1919	Finnland wird parlamentar. Republik mit starker Stellung des Präsidenten.
1920	Der Friedensvertrag von Tartu (Dorpat) beendet den Kriegszustand mit Sowjetrussland. Finnland wird Mitglied des Völkerbunds.
1921	Der Völkerbund spricht die Ålandinseln Finnland zu.
1930	Durch den Marsch auf Helsinki zwingt die rechtsextreme Lappobewegung die Regierung zum Erlass antikommunistischer Verordnungen.
1932	Finn.-sowjet. Nichtangriffspakt.
1938	Finnland und die anderen nordischen Staaten erklären ihre Neutralität.
1939	Hitler-Stalin-Pakt: Deutschland lässt der UdSSR freie Hand in Finnland.
	Die UdSSR marschiert in Finnland ein: Beginn des Winterkriegs.
1940	Im Frieden von Moskau tritt F. 10% seines Territoriums an die UdSSR ab.
1941	Finnland tritt auf deutscher Seite in den Krieg gegen die UdSSR ein.
1944	Durch den Waffenstillstand von Moskau scheidet Finnland aus dem Krieg aus. Paasikivi bildet erste Nachkriegsregierung und wird 1946 Präsident.
1947	Der Pariser Friedensvertrag bestätigt die 1940 diktierten Grenzen.
1948	Freundschafts-, Zusammenarbeits- und Beistandsvertrag mit der UdSSR.
1955	Finnland wird in die Vereinten Nationen (UN) aufgenommen.
1956	Beitritt zum interparlamentarischen Nordischen Rat.
1961	Assoziierungsabkommen mit der EFTA. In einem Zollvertrag räumt Finnland der UdSSR dieselben Meistbegünstigungsrechte wie den EFTA-Staaten ein.
1973	Abkommen über Wirtschaftszusammenarbeit mit dem COMECON.
	Eröffnung der KSZE in Helsinki.
1975	33 Staats- und Regierungschefs unterzeichnen die KSZE-Schlussakte.
1989	Finnland wird Mitglied des Europarats.
1991	Eine Verfassungsrevision schränkt die Rechte des Präsidenten ein.
1995	Beitritt zur Europäischen Union (EU).
1999	Finnland wird Mitglied der Europäischen Währungsunion.
2000	Inkrafttreten einer neuen Verfassung, die die Rechte von Parlament und Regierung zulasten der Machtbefugnisse des Präsidenten stärkt.

Finnland

Republik Finnland

F. gehörte ab dem 13. Jh. zu Schweden, 1581 wurde es zum Großfürstentum erhoben, jedoch faktisch wie eine Provinz verwaltet. 1809 wurde F. von Russland erobert; die staatliche Selbstständigkeit F.s begann mit der Proklamation der Unabhängigkeit von Russland am 6.12.1917.

Unter russischer Herrschaft

Russifizierung: 1809–99 war F. ein zumindest formell autonomes Großfürstentum innerhalb des Russ. Reichs, es hatte eigene Gesetze und eine eigene Verwaltung, es besaß einen Landtag, der Senat bildete die Regierung; zwischen Russland und F. bestand eine Zollgrenze. Die Ende der 1880er Jahre von den Zaren eingeleitete Russifizierungspolitik zielte auf die Beseitigung der Sonderstellung F.s, die Aufhebung der finn. Autonomie 1899 bildete ihren ersten Höhepunkt: Der finn. Landtag wurde suspendiert und das autokratische russ. Herrschaftssystem auf F. übertragen. Im Juni 1900 wurde Russisch in F. als Amtssprache eingeführt; per Dekret löste Russland am 12.7.1901 das finn. Heer auf und führte die Wehrpflicht der Finnen im gesamten Russ. Reich ein. Nach Massendemonstrationen gegen diese Unterdrückungspolitik erhielt der russ. Generalgouverneur für F. 1903 diktatorische Vollmachten.

Demokratisierung: Ein überwiegend gewaltloser »Nationalstreik« führte im Revolutionsjahr 1905 zur Erneuerung der Autonomie F.s. Am 3.7.1906 verabschiedete der Landtag eine der modernsten Verfassungen Europas: Das Land vollzog einen radikalen Wechsel vom mittelalterlichen Vierstände- zum Einkammerlandtag, zugleich wurde das allgemeine Wahlrecht für Frauen und Männer eingeführt. Bei den Landtagswahlen im März 1907 hatten erstmals in der Geschichte Frauen bei der Wahl eines Landesparlaments aktives und passives Wahlrecht.

Aufhebung der Autonomie: Am 30.6.1910 verabschiedete die russ. Duma trotz internationaler Proteste das Gesetz über die Reichsgesetzgebung, durch das die finn. Autonomie erneut aufgehoben wurde. Alle wichtigen Entscheidungen, die F. betrafen, wurden als »reichswichtige« Angelegenheiten der russ. Gesetzgebung übertragen. Dieser sog. zweite Staatsstreich einte alle finn. Parteien im Kampf um die Unabhängigkeit.

Staatsgründung im Krieg

Unabhängigkeit: Während des Ersten Weltkriegs und der revolutionären Unruhen in Russland verabschiedete der Landtag am 18.7. 1917 mit der Stimmenmehrheit der Sozialisten das Gesetz über die »höchste Gewalt«: Der Landtag erklärte sich zum Staatsoberhaupt. Nach der russ. Oktoberrevolution organisierten die finn. Sozialisten einen von bürgerkriegsähnlichen Kämpfen begleiteten Generalstreik (6.–19.11.) mit revolutionärer Zielsetzung, der zu Ausschreitungen sowjetruss. Soldaten in F. und einem erheblichen Ansehensverlust der Sozialisten – die sich von den Gräueltaten distanzierten – führte. Die nachfolgenden Landtagswahlen gewannen die bürgerlichen Parteien, am 28.11. übertrug der Landtag dem Senat die oberste Regierungsgewalt. Mit der Proklamation der Unabhängigkeit (6.12.1917) schied F. als erster Staat aus dem russ. Reichsverband aus. Am 13.12. erklärte der Landtag das Ausscheiden F.s aus dem Weltkrieg und die Neutralität des neuen Staats.

Bürgerkrieg: Die Anerkennung der Unabhängigkeit durch Sowjetrussland am 31.12.1917 erfolgte in der Überlegung, die finn. Sozialisten würden gemeinsam mit den noch in F. befindlichen sowjetruss. Soldaten einen Umsturz und die Vereinigung F.s, das über keine eigenen Streitkräfte verfügte, mit Sowjetrussland herbeiführen. Am 28.1.1918 begann der Bürgerkrieg zwischen den bürgerlichen und monarchistischen »Weißen« unter Oberbefehl des Generals Carl Gustav von Mannerheim und den sozialistischen Roten Garden, die von sowjetruss. Truppen unterstützt wurden. Am 28.1.1918 wurde in dem von der Roten Garde beherrschten Helsinki ein Rat der Volksbeauftragten als Revolutionsregierung proklamiert. Der Umschwung zugunsten der »Weißen« erfolgte nach dem geschlossenen Frieden von Brest-Litowsk (3.3.) zwischen Sowjetrussland und den Mittelmächten, in dem Sowjetrussland nochmals die Unabhängigkeit F.s anerkannte.

Vertrag mit Deutschland: Vier Tage später unterzeichneten Deutschland und der finn. Senat einen Friedens- und Freundschaftsvertrag. Zugleich bat der Senat um Hilfe im Bürgerkrieg; Deutschland entsandte als Expeditionskorps die Ostseedivision. Die Verbände der Roten Armee wurden bis Anfang Mai aus F. vertrieben, ca. 70 000 finn. Rotgardisten und Angehörige der Roten Armee gerieten in Gefangenschaft, Tausende wurden hingerichtet. Am 16.5. zog Mannerheim an der Spitze der Weißen Armee zur Siegesparade in Helsinki ein. Am 20.5. wurde Pehr Svinhufvud zum Reichsverweser (Staatsoberhaupt) gewählt, am 27.5. bildete Juho Kusti Paasikivi eine bürgerlich-monarchistische Koalitionsregierung.

Die Siegesparade der monarchistischen und bürgerlichen »weißen« Truppen fand am 16.5. 1918 in Helsinki statt. Unter Führung von Carl Gustav von Mannerheim und von deutschen Einheiten verstärkt hatten sie den Sieg im Bürgerkrieg gegen die von Sowjetrussland unterstützten sozialistischen »Roten« errungen.

Finnland wird Republik: Nach dem Sieg mit deutscher Hilfe im Bürgerkrieg versuchte die bürgerlich-monarchistische Koalitionsregierung, einen deutschen Prinzen als Oberhaupt für ein Königreich F. zu gewinnen. Der Sturz des deutschen Kaisertums und der Abzug der Ostseedivision aus F. führten Ende 1918 zur Aufgabe dieser Pläne. Im Juli 1919 bestätigte Reichsverweser Mannerheim die vom Landtag verabschiedete Verfassung, F. wurde eine parlamentarische Republik mit überragenden Machtbefugnissen des Präsidenten.

Zwischen den Kriegen

Frieden mit Sowjetrussland: Der im estnischen Tartu (Dorpat) am 14.10.1920 unterzeichnete Friedensvertrag mit Sowjetrussland beendete den Kriegszustand und legte die Grenzen fest. Ostkarelien blieb russ., dafür erhielt F. mit dem Gebiet und dem Hafen Petsamo Zugang zum Eismeer; außerdem erneuerte Sowjetrussland seine Anerkennung der finn. Unabhängigkeit.

Ålandinseln: Die Unabhängigkeit F.s löste einen Streit mit Schweden um die staatliche Zugehörigkeit der Ålandinseln und ihrer mehrheitlich schwedischsprachigen Bevölkerung aus; Schweden hatte die strategisch wichtigen Inseln im Süden des Bottnischen Meerbusens 1809 an Russland abgetreten. Nach erfolglosen Verhandlungen übergaben Schweden und F. 1920 die Angelegenheit dem Völkerbund.

Links: Der »Winterkrieg« (1939/40) forderte zahlreiche Tote, allein bei Suomussalmi fielen 27 000 sowjet. und 900 finn. Soldaten. (Foto: Gefallene der 44. sowjet. Schützendivision bei Suomussalmi)

Rechts: Durch einen Bombenangriff in Brand gesetzte Kirche auf der Karelischen Landenge.

Die größte territoriale Ausdehnung seiner Geschichte erreichte F., als ihm der Völkerbund im Juni 1921 die Ålandinseln zusprach.

Innenpolitik: Bei der ersten Präsidentenwahl im Juli 1919 unterlag General Mannerheim dem Verwaltungsrechtsprofessor Kaarlo Ståhlberg, der maßgeblich an der Ausarbeitung der republikanischen Verfassung beteiligt gewesen war. Als erster Staatspräsident bemühte sich Ståhlberg um einen gesellschaftlichen Ausgleich nach dem Ende des Bürgerkriegs. Die Auseinandersetzungen zwischen Links- und Rechtsextremisten sowie der Gegensatz zwischen der finnisch- und der schwedischsprachigen Bevölkerung waren nach der Staatsgründung für die Innenpolitik bestimmend. Zur Versöhnung trugen vor allem mehrere Bodenreformgesetze sowie die Amnestie der Bürgerkriegsgefangenen bei.

Lappobewegung: Zur wichtigsten außerparlamentarischen Kraft entwickelte sich Ende der 20er Jahre die rechtsextrem-nationalistische Lappobewegung. Durch ihren Marsch auf Helsinki, an dem am 7.7.1930 rund 12 000 Menschen teilnahmen, zwang sie die konservative Regierung Svinhufvud zu Notverordnungen gegen die von Moskau gesteuerte kommunistische Agitation. Bei den Reichstagswahlen vom Oktober 1930 errang die von der Lappobewegung unterstützte Nationale Sammlungspartei 41 Mandate (+13), während die Kommunisten alle 22 Sitze verloren; die Agrarunion ging auf 59 (–11) Mandate zurück, während die Sozialisten die Zahl ihrer Abgeordneten auf 66 (+7) erhöhen konnten.

Carl Gustav von Mannerheim (1867–1951)

Der General und konservative Politiker Carl Gustav von Mannerheim war die Symbolfigur des finn. Unabhängigkeitskampfs gegen Sowjetrussland und die UdSSR. Nach der Unabhängigkeitserklärung Finnlands führte er 1918 erfolgreich den Oberbefehl über die monarchistischen und bürgerlichen »Weißen« im Bürgerkrieg gegen die sozialistischen »Roten«. Als Reichsverweser erreichte er 1918/19 die internationale Anerkennung der Unabhängigkeit Finnlands. Nach dem Überfall der UdSSR 1939 übernahm er den Oberbefehl über die Armee und setzte ab 1941 den Krieg gegen Stalin auf der Seite des Deutschen Reichs fort. 1944 setzte er den Abzug der deutschen Wehrmacht aus Finnland durch und amtierte 1944 bis 1946 als Staatspräsident.

Kriege gegen die UdSSR

Neutralitätspolitik: In den 30er Jahren suchte F. verstärkt die Zusammenarbeit mit den nordischen Staaten. Im Mai 1938 erklärten Dänemark, F., Island, Norwegen und Schweden auf einer Konferenz in Stockholm ihre Neutralität. Doch der am 23.8.1939 in Moskau unterzeichnete deutsch-sowjet. Nichtangriffspakt (»Hitler-Stalin-Pakt«) ließ die finn. Neutralitätsbemühungen gegenstandslos werden: Der Vertrag enthielt ein geheimes Zusatzabkommen über die Aufteilung Ostmitteleuropas in Interessensphären; dabei sicherte sich die UdSSR F., das östliche Polen sowie das Baltikum.

Winterkrieg: Mit einem sowjet. Luftangriff auf Helsinki und dem Vormarsch von 30 Divisionen der Roten Armee auf die Karelische Landenge begann ohne Kriegserklärung am 30.11.1939 der Überfall der UdSSR auf F. Die anderen nordischen Staaten wahrten ihre Neutralität, leisteten jedoch umfassende humanitäre und durch Freiwilligenverbände auch militärische Hilfe. Bis Februar 1940 behaupteten sich die finn. Verteidiger im Winterkrieg gegen die Großmacht; nach einer erfolgreichen Großoffensive der Roten Armee sah sich F. zum Friedensschluss gezwungen. Im Frieden von Moskau trat F. am 12.3.1940 Wyborg und Teile Kareliens an die UdSSR ab, die UdSSR sicherte sich Hangö (Hanko) durch einen 30-jährigen Pachtvertrag als Militärstützpunkt und erhielt Transitrechte im Gebiet von Petsamo. F. verlor rund ein Zehntel seines wertvollsten Territoriums und seiner Rohstoffe; zudem war es auch nach dem Friedensschluss ständig von einer Invasion des aggressiven Nachbarn bedroht.

Fortsetzungskrieg: Am 26.6.1941, vier Tage nach dem deutschen Überfall auf die Sowjetunion, erklärte F. der UdSSR den Krieg. Ziel der von den Finnen Fortsetzungskrieg bzw. zweiter Verteidigungskrieg genannten Militäroperationen unter dem Befehl Marschall Mannerheims war die Rückgewinnung der 1940 abgetretenen Gebiete und die Erhaltung der Unabhängigkeit. Bis Anfang Dezember eroberte die mit deutschen Wehrmachtsverbänden zusammenarbeitende Armee alle 1940 verlorene Gebiete zurück.

Ausscheiden aus dem Weltkrieg: Ab 1943 mehrten sich in F. die Stimmen, die ein Ausscheiden aus dem Krieg forderten. Bei einem Besuch des deutschen Außenministers am 24.–26.6.1944 in Helsinki verpflichtete sich Staatspräsident Risto Ryti jedoch, keinen Separatfrieden zu schließen. Diese umstrittene Entscheidung führte im Januar 1944 zu Rytis Rücktritt, am 4.8. wurde Marschall Mannerheim zum Staatspräsidenten gewählt. Er erzwang den Abzug der deutschen Wehrmacht, die Nord-F. nach der Taktik der »verbrannten Erde« verwüstete und sich nach heftigen Kämpfen mit den deutschen Besatzungstruppen in Nordnorwegen vereinigte. Der am 19.9. 1944 in Moskau mit der UdSSR und Großbritannien unterzeichnete Waffenstillstand beendete die Kampfhandlungen gegen die Alliierten; F. musste seine Truppen auf die Grenzen von 1940 zurückziehen und verpflichtete sich, die auf seinem Gebiet verbliebenen deutschen Streitkräfte zu entwaffnen und auszuliefern. Der Pariser Friedensvertrag vom 10.2.1947 bestätigte die im Vertrag von 1940 festgelegte finn.-sowjet. Grenze und die im Waffenstillstandsabkommen von 1944 von F. zugestandene Abtretung des Gebiets von Petsamo.

Oben: Die Erfolge der finn. Landesverteidiger im »Winterkrieg« beruhten auf der beweglichen Kampftaktik mit Ski- und Schlitteneinheiten.

Unten: Nach dem Sieg der UdSSR mussten 500 000 Finnen ihre Siedlungen auf der Karelischen Landenge verlassen; an ihrer Stelle wurden hier Sowjetbürger angesiedelt.

Neutralität im Schatten der UdSSR

Paasikivi-Kekkonen-Linie: Im März 1946 wurde Juho Kusti Paasikivi, der 1944 die erste Nachkriegsregierung gebildet hatte, zum Staatspräsidenten gewählt. Während seiner Amtszeit (1946–56) verfolgte F. einen außenpolitischen Kurs, der von seinem Nachfolger Urho Kekkonen (1956–81) fortgesetzt und als »Paasikivi-Kekkonen-Linie« bezeichnet wurde:

Der Pariser Frieden (1947) und seine Konsequenzen

Der Pariser Friedensvertrag vom 10.2.1947 bestätigte die Grenzen, die die UdSSR Finnland nach 1939/40 aufgezwungen hatte, zudem musste Finnland das Gebiet von Petsamo an die UdSSR abtreten und die antikommunistischen Gesetze von 1930 aufheben. Zusätzlich wurden u.a. Reparationszahlungen und die Verpachtung der Halbinsel Porkkala bei Helsinki vereinbart; dafür blieb Finnland unbesetzt. Der Zwang zur pünktlichen Abwicklung der Reparationsleistungen und zum Wiederaufbau des von der deutschen Wehrmacht verwüsteten Nordfinnland hatte eine rasche Ausweitung der industriellen Kapazitäten und Vollbeschäftigung zur Folge. Außenpolitisch verpflichtete der am 6.4.1948 unterzeichnete Freundschafts- und Beistandspakt mit der UdSSR Finnland zu Neutralität. Der schon 1955 um 20 Jahre verlängerte Vertrag zwang Finnland auch wirtschaftspolitisch jeden Konflikt mit sowjet. Interessen zu vermeiden. Innerhalb dieses engen Spielraums gestaltete Finnland seine Beziehungen zu den nordischen Staaten und zu Westeuropa erst nach dem Amtsantritt Michail Gorbatschows wurde 1989 die Mitgliedschaft Finnlands im Europarat möglich.

Stichwort: Regierung und Parteien

Verfassungsrevision: Die finn. Verfassungsrevision von 1991 verlieh der Regierung als demokratischem Organ ein größeres Gewicht zulasten der Macht des Präsidenten. Die seit Beginn der 80er Jahre bestehende Tendenz hin zu langjährigen Regierungen anstelle der vom Präsidenten abhängigen kurzlebigen Regierungen und parteilosen Beamtenkabinette der 50er bis 70er Jahre setzte sich in den 90er Jahren fort. Unverändert blieb das traditionelle Vielparteiensystem.

Wahlen 1999: Die Reichstagswahlen vom 15. April 1999 bestätigten die seit 1995 amtierende »Regenbogenkoalition« unter dem Sozialdemokraten Paavo Lipponen; sie besteht aus der sozialdemokratischen SDP (51 Abgeordnete), der konservativen Nationalen Sammlungspartei KOK (46), dem postkommunistischen Linksverband VAS (20), den Grünen (11) und der Schwed. Volkspartei SFP (11). Die Zentrumspartei KESK (bis 1965: Agrarunion) ist neben der Nationalen Sammlungspartei die zweite große konservative Partei; mit 48 Abgeordneten ist sie die stärkste Oppositionskraft.

Die wichtigsten Parteien im 20. Jahrhundert

Name (Abkürzung)	*Politische Richtung*	*Gründung*
Sozialdemokratische Partei (SDP)	sozialdemokratisch	1899
Agrarunion, ab 1965 Zentrumspartei (KESK)	konservativ	1904/1965
Nationale Sammlungspartei (KOK)	konservativ	1918

Eröffnung der KSZE-Konferenz in Helsinki 1973. Alle Staaten Europas (nur Albanien fehlte) sowie die USA und Kanada unterzeichneten 1975 die KSZE-Schlussakte.

strikte Neutralität, gutnachbarschaftliche Beziehungen zur UdSSR (Freundschafts-, Zusammenarbeits- und Beistandsvertrag 1948), Ausbau der Zusammenarbeit mit den nordischen Staaten (Beitritt zum Nordischen Rat 1956) und den Staaten Westeuropas. Bereits 1952 hatte F., dessen wirtschaftlicher Wiederaufbau rasch verlief, die Reparationsforderungen erfüllt. Im September 1955 gab die UdSSR den Flottenstützpunkt Porkkala entschädigungslos an F. zurück (Übernahme am 26.1.1956), der Freundschaftsvertrag von 1948 wurde vorzeitig um 20 Jahre verlängert.

Finnlandisierung: Der erfolgreiche Versuch der UdSSR, das neutrale F. zu einer Politik des Wohlverhaltens gegenüber der Sowjetunion zu verpflichten, führte in den westlichen Staaten zum Schlagwort »Finnlandisierung«. Das Assoziierungsabkommen zwischen F. und der Europäischen Freihandelszone EFTA vom 27.3.1961 kam auf sowjet. Druck hin nur zustande, weil F. im April 1961 ein Zollabkommen mit der Sowjetunion schloss; darin musste F. der UdSSR dieselben Meistbegünstigungsrechte wie den EFTA-Staaten einräumen. Einem zwischen F. und der EG unterzeichneten Freihandelsabkommen (5.10.1973) ging ein Abkommen über wirtschaftliche Zusammenarbeit mit dem Rat für gegenseitige Wirtschaftshilfe (COMECON) voraus (16.5.1973).

KSZE: Als internationaler Vermittler bewährte sich das neutrale F. durch die Anregung, eine Konferenz über Sicherheit und Zusammenarbeit in Europa (KSZE) einzuberufen; sie wurde am 3.7.1973 in Helsinki eröffnet. Die KSZE-Schlussakte (1.8.1975) machte den Weg frei für eine europäische Entspannung während des Kalten Kriegs unter Einbeziehung der neutralen Staaten. Die KSZE-Schlussakte ließ mit ihren Passagen über Menschen- und Bürgerrechte Bürgerbewegungen entstehen, die eine Demokratisierung der sozialistischen Diktaturen forderten.

Mitglied der Europäischen Union

EU-Beitritt: Nach dem Ende des Kalten Kriegs beantragte die Regierung Esko Aho (Zentrum) im März 1992 die Aufnahme in die EG. Nach dem Abschluss der Beitrittsverhandlungen bestätigte eine Volksabstimmung den Regierungsbeschluss: Im Oktober 1994 votierten 57% der Finnen für den Beitritt, der am 1.1.1995 vollzogen wurde. Mit einer Inflationsrate von unter 2% (statt der vom Maastrichter Vertrag geforderten 3%), einem Budgetdefizit von unter 1% und einer Staatsverschuldung von unter 60% wurde der Nicht-NATO-Staat F. als »europäischer Musterschüler« am 1.1.1999 Mitglied der Europäischen Währungsunion (EWU), der dritten Stufe der Europäischen Wirtschafts- und Währungsunion (EWWU).

Neue Verfassung: Mit der Verfassungsrevision von 1991 wurden die überragenden Machtbefugnisse des Staatspräsidenten beschnitten; seine Wahl erfolgt nicht mehr durch Wahlmänner, sondern durch das Volk. Am 1.3.1994 trat der Sozialdemokrat Martti Ahtisaari als erster direkt gewählter Präsident sein Amt an.

1999 verabschiedete der Reichstag eine neue Verfassung, die mit dem Amtsantritt des elften Staatsoberhaupts am 1.3.2000 in Kraft trat. Sie schränkte die Machtbefugnisse des Präsidenten weiter ein und stärkte das Parlament. Die außenpolitische Richtlinienkompetenz liegt nicht mehr beim Präsidenten, sondern zugleich bei der Regierung; auch den Oberbefehl über die Streitkräfte teilen sich Parlament und Präsident; der Einfluss des Präsidenten auf die Regierungsbildung wurde weiter vermindert.

Außenpolitische Optionen: Außen- und sicherheitspolitisch hielt die Regierung Lipponen auch nach dem Wahlsieg von 1999 an dem Grundsatz fest, dass F. als militärisch bündnisfreier Staat am besten eine stabile Entwicklung im Norden Europas fördert. F. bewarb sich nicht um Aufnahme in die NATO, behielt sich aber die Möglichkeit dazu vor (NATO-Option). Als Partner bei Krisenmanagement und Friedenssicherung nannte Lipponen UN, OSZE, EU und erstmals auch die NATO. Als neuen Begriff brachte Lipponen die »nördliche Dimension« ins Spiel: eine Intensivierung der Beziehung zwischen den skandinav. und den balt. Staaten unter Einbeziehung Russlands.

Internationale Reputation: Die Vermittlungsmission im Kosovo-Konflikt 1999 durch Staatspräsident Martti Ahtisaari unterstrich die gestiegene internationale Reputation F.s, das im zweiten Halbjahr 1999 die EU-Ratspräsidentschaft innehatte und Ende des 20. Jh.s zu den wirtschaftlich erfolgreichsten Staaten Europas und auf dem Gebiet der Informationstechnologie zur Weltspitze zählte.

Neues Staatsoberhaupt: Die Präsidentschaftswahlen 2000 gewann Außenministerin Tarja Halonen (SDP), die als erste Frau das Amt des Staatsoberhaupts übernahm. *B.P.*

Finnlands Neutralitätspolitik und Vermittlerfunktion

Politische Abhängigkeit: Die außen- und wirtschaftspolitische Aktionsfähigkeit des neutralen Staats Finnland war während des Kalten Kriegs abhängig vom Wohlverhalten der UdSSR, die dem Nachbarstaat wirtschaftliche Vereinbarungen mit dem Westen nur dann zugestand, wenn er entsprechende Abkommen auch mit der UdSSR schloss. So kam das Assoziierungsabkommen zwischen Finnland und der Europäischen Freihandelszone EFTA 1961 nur zustande, weil Finnland im selben Jahr ein Zollabkommen mit der Sowjetunion schloss und ihr dieselben Meistbegünstigungsrechte wie den EFTA-Staaten einräumte. Auf diese Weise profitierte die UdSSR auch wirtschaftlich von den Kontakten Finnlands mit dem Westen, Finnland wiederum bildete eine neutrale Brücke zwischen den Blöcken.

Vermittlerfunktion: Unter Staatspräsident Urho Kekkonen nutzte Finnland diese Situation, um auch politisch eine Vermittlerfunktion zwischen den Blöcken zu übernehmen: Die 1973 eröffnete KSZE-Konferenz in Helsinki machte den Weg frei für den Abbau der Blockkonfrontation in Europa. (Foto: Urho Kekkonen zwischen dem sowjet. Regierungschef Nikita S. Chruschtschow (l.) und dem Vorsitzenden des Obersten Sowjets Leonid Breschnew in der finn. Botschaft in Moskau, 1960)

Staatsoberhäupter Finnlands

Reg.-Zeit	Name (Herrschergeschlecht/Partei)	Lebensdaten	Reg.-Zeit	Name (Herrschergeschlecht/Partei)	Lebensdaten
1894–1917	Nikolaj II. Alexandrowitsch (Romanow) [1]	1868–1918	1940–44	Risto Ryti (Fortschrittspartei)	1889–1956
1917	der finn. Landtag		1944–46	Carl Gustav von Mannerheim	1867–1951
1917/18	der finn. Senat		1946–56	Juho Kusti Paasikivi	1870–1956
1918	Pehr Svinhufvud [2]	1861–1944	1956–81	Urho Kekkonen (Agrarunion/Zentrum)	1900–1986
1918/19	Carl Gustav von Mannerheim [2]	1867–1951	1982–94	Mauno Koivisto (SDP)	*1923
1919–25	Kaarlo Ståhlberg	1865–1952	1994–2000	Martti Ahtisaari (SDP)	*1937
1925–31	Lauri Relander (Agrarunion)	1883–1942	seit 2000	Tarja Halonen (SDP)	*1943
1931–37	Pehr Svinhufvud	1861–1944	1) russ. Zar und Großfürst von Finnland; 2) Reichsverweser		
1937–40	Kyösti Kallio (Agrarunion)	1873–1940			

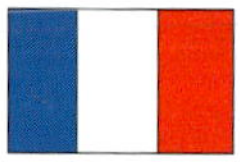

Frankreich

Republik Frankreich

Auch wenn das Land auf eine über tausendjährige Geschichte zurückblicken kann, so ist das moderne F. doch durch die Revolution von 1789 entscheidend geprägt worden. Die gesamte nationale Symbolik verweist auf diese Zäsur der französ. Geschichte: die Trikolore, die Marseillaise, der 14. Juli als Nationalfeiertag. Die Revolution von 1789 hat aber die Republik nicht nur auf der symbolischen Ebene geformt; in ihrem Gefolge kam es zu grundlegenden Veränderungen in nahezu allen Bereichen: ab 1792 wurden Parlamentarismus und republikanische Institutionen eingeführt; 1789/90 entstand die territoriale Gliederung in Departements und die moderne Verwaltungsorganisation; feudale Strukturen wurden beseitigt, die Voraussetzungen für einen französ. Binnenmarkt geschaffen sowie Kunst und Medien demokratisiert; die Zahl der Feiertage wurde reduziert, das Verhältnis von Staat und Kirche neu geordnet, ein bürgerliches Gesetzbuch vorgelegt, die höhere Bildung reformiert und die Bank von F. geschaffen.

Frankreich 2000	
Landesfläche	543 965 km² (WR 47)
Einwohner	58,9 Mio (WR 20)
Hauptstadt	Paris (9,3 Mio Einwohner)
Sprache	Französisch
Währung	1 Französ. Franc (FF) = 100 Centimes
Gliederung	22 Regionen
Staatsform	Parlamentarische Republik (seit 1875)
Religion	Christen (77,7%); Moslems (4,5%); Sonstige (17,8%)
Bevölkerung	Franzosen (93,6); Algerier (1,1%); Sonstige (5,3%)

Frankreich 1900–45	
1905	Gesetz über Trennung von Kirche und Staat.
1906	Rehabilitierung von Alfred Dreyfuss.
1914	Das Deutsche Reich erklärt Frankreich den Krieg.
	Marneschlacht stoppt den deutschen Vormarsch.
1916	Schlacht um Verdun.
1918	Waffenstillstand zwischen Frankreich und dem Deutschen Reich (11.11.).
1919	Versailler Friedenskonferenz (19.1–28.8): Frankreich festigt Position als europäische Großmacht; das Deutsche Reich erkennt die Kriegsschuld an.
1920	Spaltung der SFIO auf dem Parteitag von Tours.
1923	Ruhrbesetzung durch Frankreich, da das Deutsche Reich den Reparationsverpflichtungen nicht nachgekommen ist.
1925	Vertrag von Locarno bringt Interessenausgleich zwischen dem Deutschen Reich und Frankreich.
1928	Briand-Kellogg-Kriegsächtungspakt.
1931	Weltwirtschaftskrise greift auf Frankreich über.
1934	Marsch der extremen Rechten auf das Palais Bourbon (6.2.).
1935	Volksfrontbündnis von Kommunisten, Sozialisten und Radikalsozialisten zur Abwendung rechtsextremer Gefahr.
1936	Volksfront gewinnt die Wahlen und stellt die Regierung.
1938	Edouard Daladier unterzeichnet das Münchner Abkommen.
	Radikalsozialisten treten aus der Volksfront aus.
1939	Frankreich und Großbritannien erklären dem Deutschen Reich den Krieg (3.9.).
1940	Militärischer Zusammenbruch Frankreichs, Beginn des Vichy Regimes.
1942	Besetzung der südlichen Zone durch die Deutschen (11.11.)
1944	Bildung der Provisorischen Regierung, die sich auf die Nationalkonferenz der Résistance und die Konsultativkonferenz in Algier stützt.
	Landung der Alliierten in der Normandie (6.6.).
	Aufstand in Paris (19.8.).
	De Gaulle zieht in das befreite Paris ein (25.8.).

Frankreich um 1900

Die republikanische Synthese: Die im Gefolge der Revolutionen von 1789 und 1848 jeweils entstandene republikanische Ordnung zerbrach bald an den sozialen Konflikten und wurde durch diktatorische Regimes ersetzt. Nach der Niederlage im Deutsch-Französ. Krieg 1870 kam es zur Ausrufung der (nunmehr III.) Republik. Die gewählte Nationalversammlung wurde zwar wiederum von Monarchisten beherrscht, diese konnten sich aber nicht auf einen Kandidaten für den Thron einigen. So gelang es den Republikanern bis 1876, sowohl einzelne Verfassungsgesetze durchzusetzen als auch schließlich die Mehrheit im Parlament zu erlangen. Mit Hilfe zahlreicher Zugeständnisse an Landbevölkerung und großbürgerliche Notabeln gewannen die Republikaner viele Besitzende für die Republik. Die Republikaner stützten sich auch auf eine Industriebevölkerung, die nach dem Wachstumsschub im II. Kaiserreich stärker als zuvor ins Gewicht fiel. 1880 gaben die Republikaner ihrem Sieg symbolischen Ausdruck, indem sie die Marseillaise zur Nationalhymne und den 14. Juli zum Nationalfeiertag machten.

Wirtschaftsentwicklung: F. erlebte im 19. Jh. eine langsamere Industrialisierung als Großbritannien oder Deutschland. 1850 setzte ein intensiver Wirtschaftsaufschwung ein, getragen vor allem vom Eisenbahnbau. Zu dessen Finanzierung entstand zugleich ein modernes Bankensystem. Nach 1860 verlangsamte sich das Wachstum wieder. Erst ab 1896 kam es zu einer erneuten Aufschwungphase, die sich vor allem auf neue Industriezweige stützte (Elektro- und chemische Industrie, Automobilbau). Nach einer Phase der Stagnation 1900–05 setzte ab 1905/06 ein erneuter Boom ein. F. partizipierte am allgemeinen europäischen

Aufschwung, verlor aber insgesamt gegenüber den führenden europäischen Wirtschaftsnationen an Boden. Verantwortlich hierfür waren ein sehr immobiler landwirtschaftlicher Sektor, der vor allem auf Kleineigentum beruhte; eine Schutzzollpolitik, die Industrie und Landwirtschaft vor ausländischer Konkurrenz abschirmte; eine weitgehend konservative Unternehmerschaft, die kaum industrielle Innovationen beförderte, sowie ein Anlegerverhalten von Banken und Kapitalbesitzern, das weniger in die einheimische Wirtschaft, sondern verstärkt in gewinnträchtige ausländische Unternehmungen investierte.

Trennung von Kirche und Staat: Ab 1880 gingen die Republikaner gegen den Einfluss der republikfeindlichen katholischen Kirche vor. Besonders der kirchliche Einfluss auf das Schulwesen wurde bekämpft. Die unter Jules Ferry beschlossenen Gesetze legten den Grundstein für das heutige französ. Bildungssystem, das dem Prinzip des laizistischen, kostenlosen und obligatorischen Schulbesuchs folgt. 1905 wurden die verschiedenen Einzelmaßnahmen in einem Gesetz über die Trennung von Kirche und Staat zusammengefasst. Die Schulreformen zielten auch auf eine stärkere patriotische und republikanische Erziehung. In der Logik dieser patriotischen Offensive stand die 1889 eingeführte allgemeine Wehrpflicht, welche die Armee zur »Schule der Nation« erhob. Die propagierte »zivilisatorische Mission« F.s zeigte sich in der kolonialen Expansion nach 1880, die zugleich die internationalen Beziehungen belastete.

Frankreich im Ersten Weltkrieg

Bündnispolitik: Die deutsch-französ. Rivalität nach dem Krieg von 1870/71 untergrub das seit 1815 bestehende internationale System und führte zur Lagerbildung in Europa: Deutschland gelangen bereits früh Bündnisse mit Österreich (1879) und Italien (1882). Diesem Dreibund konnte F. erst spät etwas entgegenstellen. 1892 vereinbarte F. eine geheime Konvention mit Russland. Die 1903 mit Großbritannien geschlossene Entente cordiale wurde nach der von F. vermittelten Annäherung von Russland und Großbritannien zur Triple Entente ausgebaut. Der Nationalismus in Deutschland und F. wurde durch Konflikte in den Kolonien angeheizt (Marokkokrisen).

Union sacrée: Die zum Krieg mit Deutschland bereite Regierungsmehrheit erhöhte 1913 die Militärdienstzeit von zwei auf drei Jahre. Das führte in den Wahlen vom Frühjahr 1914 zu einer Stärkung der pazifistischen Kräfte.

Die Schlacht von Verdun gilt als die verlustreichste Materialschlacht der Kriegsgeschichte. Der Angriff der deutschen Armee am 21.2.1916 auf französ. Stollungen vor der Stadt Verdun im Nordosten Frankreichs sollte zu einem Durchbruch im Westen führen. Nach der französ. Gegenoffensive am 16.12. standen die Linien aber wieder in Ausgangsposition. 350 000 Tote auf französ. und 335 000 Tote auf deutscher Seite waren die schreckliche Bilanz der »Hölle von Verdun«.

Allerdings fanden sich nach der deutschen Kriegserklärung an F. vom 3. August 1914 auch die Sozialisten zum Kampf gegen das Deutsche Reich bereit. Es folgte die Bildung einer »union sacrée« (Heiligen Allianz). Die sozialistischen Abgeordneten stimmten für Regierungsvollmachten zur Kriegsführung. Eine überparteiliche Notstandsregierung unter Einschluss der Sozialisten wurde gebildet.

Kriegswirtschaft: Der kriegsbedingte Industrieaufschwung führte beinahe zur Vollbeschäftigung. Der Sozialist Albert Thomas trat im Mai 1915 als Staatssekretär für Kriegswirtschaft in die Regierung ein und verbesserte durch eine sozialpartnerschaftliche Gesetzgebung die Lage der Arbeiter. Auf diese Weise wirkte der Krieg bis 1917 innenpolitisch integrierend.

Kriegsstrategie: Probleme warf die französ. Strategie auf, die einen Verteidigungskampf im Nordosten vorsah und eine Erschöpfung Deutschlands im Zweifrontenkrieg abwarten wollte. So gelang es den Franzosen zwar, den deutschen Vormarsch im September 1914 an der Marne zu stoppen, in der Folge kam es aber zu einem opferreichen Stellungskrieg auf französ. Territorium, der durch die hohen Verluste die »union sacrée« belastete. Der Zermürbungskrieg mit immer ausgefeilterer Technik fand 1916 seinen Höhepunkt: Die großen Offensiven – die deutsche bei Verdun im Februar und die französ.-brit. an der Somme im Juli – brachten die bislang stärkste Verdichtung des Schreckens. Allein das Kriegsjahr 1916 forderte bei den Alliierten Briten und Franzosen 614 000 und bei den Deutschen 650 000 Tote. Die Gefechte hatten den Krieg keiner Entscheidung näher gebracht.

Krise 1917: Im Jahre 1917 wurde die militärische Lage für F. kritisch: Russland schied aus dem Krieg aus, es kam zu Meutereien in der französ. Armee. Dem neuen Oberbefehlshaber General Philippe Pétain gelang es allerdings, die Situation wieder unter Kontrolle zu bringen. Zugleich führten massive Streiks 1917 zu einer Regierungskrise, in deren Gefolge die Sozialisten aus der Regierung ausschieden. Der neue Regierungschef Georges Clemenceau hielt dennoch am Kurs der Regierung fest.

Bilanz des Krieges: Durch den Friedensvertrag von Versailles (1919) fiel Elsass-Lothringen wieder an F. zurück. Die Franzosen verstanden sich als Sieger, hatten aber schwerste Verluste erlitten: Der Krieg forderte 1,4 Mio. Tote und 1,1 Mio. Verwundete. Dazu kam ein kriegsbedingter Geburtenausfall von 1,4 Mio. Dies führte zur weiteren »Alterung« einer bereits überalterten Bevölkerung. Produktionsstätten und Verkehrswege in F.s hoch industrialisiertem Norden waren stark zerstört. Einhellig herrschte die Meinung vor, dass die Verluste durch deutsche Reparationszahlungen ausgeglichen werden sollten. Diese Reparationen wurden in der Folge fest im französ. Etat eingeplant, sodass bereits geringe Zahlungsrückstande 1923 als Anlass für die Besetzung des Ruhrgebiets dienten.

Die Besetzung des Ruhrgebiets 1923/24

Belgische und französische Truppen rückten am 11.1.1923 ins Ruhrgebiet ein, nachdem Deutschland seine Reparationsverpflichtungen nur schleppend erfüllte. Den rechtlichen Vorwand für die Intervention lieferte der Rückstand in einigen Sachlieferungen. In einem zähen Ringen – die deutsche Reichsregierung rief zum passiven Widerstand auf – setzten sich die Besatzer durch. Durch Vermittlung Großbritanniens, das die Ruhrbesetzung abgelehnt hatte, konnte der Konflikt 1924 beigelegt werden. Frankreich musste das Ruhrgebiet räumen; Deutschland stimmte dafür im Dawes-Plan der Wiederaufnahme der Reparationszahlung zu. (Foto: Einmarsch einer französ. Artillerieeinheit in Essen)

Die Zwischenkriegsperiode

Das französische Parteiensystem: Im Vergleich zu Deutschland, Großbritannien und Italien verlief der Parteibildungsprozess in F. aufgrund der historischen Erfahrungen der Jakobinerherrschaft (1793/94) nur zögerlich. 1901 proklamierte das Parlament die Freiheit zur Bildung von nichtberuflichen laizistischen Verbänden. Daraufhin entstand zuerst der Parti republicain radical et radical-socialiste als Zusammenschluss lokaler Komitees, Logen und Zeitungen. Die Radikalsozialisten waren die tragende Partei der III. Republik: Sie entsandten Minister in fast alle Regierungen der Zwischenkriegszeit und profilierten sich als die entschiedensten Verteidiger der Republik. Die Partei vereinte das linke und rechte Zentrum und fand ihre Wählerschaft vor allem in den Mittelschichten.

1905 entstand die sozialistische Partei SFIO (Section Française de l'Internationale Ouvrière) als Vereinigung der verschiedenen sozialistischen Strömungen. Die Partei gewann rasch an Zuspruch – besonders aufgrund ihrer pazifistischen Haltung. Im Jahr 1920 spaltete sie sich: Die Mehrheit votierte für einen Anschluss an die Kommunistische Internationale. Die Partei änderte ihren Namen in SFIC (Section Française de l'Internationale Communiste), später in PCF (Parti communiste français). Eine Minderheit unter Léon Blum verließ die Partei und behielt den alten Namen bei. Spaltung und konzeptionslose Akzeptanz der Ziele der Komintern schwächten die Arbeiterbewegung in der Nachkriegskrise außerordentlich.

Das rechte Spektrum: Die Rechtsparteien hatten eher den Charakter von politischen Zirkeln oder Aktionsgruppen. Für die Zwischenkriegszeit sind vor allem drei Gruppierungen zu nennen: Die Alliance démocratique, die dynamische, flexible Partei Henri Poincarés, repräsentierte vor allem das Großkapital. Traditionalistischer war die Fédération républicaine als Vertreter der katholischen und wenig dynamischen Mittelklassen. Die Union républicaine démocratique (URD), die vor 1918 monarchistisch eingestellt war, akzeptierte die Republik nur aufgrund des Sieges im Weltkrieg. Sie blieb überaus konservativ und beteiligte sich nicht an den Regierungen der Zwischenkriegszeit, da sie in einem laizistischen Staat keine Regierungsverantwortung übernehmen wollte.

Die äußerste Rechte bildete die von Charles Maurras 1905 gegründete Action Française, die einen radikalen, antisemitischen Nationalismus vertrat und für die Rückkehr zur Monarchie eintrat. Sie besaß gewalttätige Gruppierungen, war antirepublikanisch und hatte viele Anhänger in katholischen Kreisen.

Wechsel der Koalitionen: In der Zwischenkriegsperiode kam es zu ständigen Wechseln zwischen linken und rechten Koalitionen. 1919 führte eine rechte Koalition den »bloc national« des Krieges fort. Sie zerfiel aufgrund der durch die Ruhrbesetzung ausgelösten Finanzkrise 1924. Die nachfolgende Linkskoalition unter Edouard Herriot erstrebte die Aussöhnung mit Deutschland, zerbrach aber an Meinungsverschiedenheiten zwischen Radikalsozialisten und SFIO in Fragen der Sozialpolitik sowie an der weiter ungelösten Finanzkrise. Einer erneuten Rechtskoalition ab 1926 unter Poincaré gelang schließlich die Währungsstabilisierung.

Das französische Bündnissystem: F. versuchte in den zwanziger Jahren durch ein System von Verträgen, Deutschland unter Kontrolle zu halten: Es wurden Militärabkommen mit Belgien (1920) und Polen (1921) geschlossen sowie 1924 ein Bündnis mit der Kleinen Entente (Jugoslawien, Rumänien, Tschechoslowakei). Großbritannien widersetzte sich bald den französ. Hegemonieplänen, weil es einen neuen französ. Imperialismus fürchtete und traditionell eine Politik des europäischen Gleichgewichts verfolgte. F. setzte nach der Ruhrbesetzung auf das Projekt der europäischen Verständigung und Friedenssicherung im Rahmen des Völkerbundes. Der von Aristide Briand ausgehandelte Vertrag von Locarno brachte 1925 einen Interessenausgleich mit Deutschland. Der Briand-Kellogg-Vertrag zur Kriegsächtung von 1928 diente demselben Ziel. 1929 schlug Briand vor dem Völkerbund die Bildung einer europäischen Föderation als Sicherheitssystem vor. Das Projekt wurde aber bereits 1930/31 vom Völkerbund fallen gelassen.

Militärstrategie: 1929 begann der Bau der Maginotlinie. Die mit diesem Projekt deutlich werdende defensive Militärstrategie stand im Widerspruch zur ambitionierten Bündnispolitik F.s. Das zeigte auch die Hinnahme der Remilitarisierung des Rheinlandes durch Deutschland. F. erwies sich als unfähig, diese Provokation zu beantworten. Belgien kündigte deshalb den geheimen Bündnisvertrag von 1920 auf.

Wirtschaftsentwicklung: Die hohen Kriegsverluste führten zu einer raschen Modernisierung der Wirtschaft, wobei sich die Inflation als hilfreich erwies, da sie die Betriebsverschuldung reduzierte. Die damit verbundene

Der deutsch-französische Ausgleich 1925

Auf der Konferenz von Locarno wurde 1925 der Grundstein des deutsch-französ. Ausgleichs gelegt: Deutschland, Frankreich und Belgien akzeptierten die im Versailler Vertrag vorgenommene Grenzziehung sowie die Demilitarisierung des Rheinlands. Der deutsche Außenminister Gustav Stresemann (2. v. r.) und Frankreichs Außenminister Aristide Briand (2. v. l., während eines Treffens in Berlin, 1926) waren die Hauptinitiatoren des Ausgleichs. Eine weitere Entspannung der Lage ermöglichten vor allem die mit französ. Unterstützung initiierte Aufnahme Deutschlands in den Völkerbund (1926) und in die Internationale Rohstahlgemeinschaft (1926). Der Young-Plan klärte 1929 alle noch umstrittenen Punkte zwischen Frankreich und Deutschland: Nach Regelung der Restschuld Deutschlands erfolgte im Gegenzug bis 1930 der Rückzug der letzten französ. Besatzungstruppen.

Abwertung des Franc begünstigte zudem die Exporte französ. Güter. Durch Rationalisierungsmaßnahmen griff der Staat zeitweise aktiv in den Wirtschaftsprozess ein. Die modernen Branchen Chemie, Stahl und Metallurgie wuchsen überdurchschnittlich.

Weltwirtschaftskrise: Die internationale Krise griff erst 1931 auf F. über. Bis 1930 konnte die Produktion ihr Niveau halten, Krisensymptome waren aber bereits festzustellen. Seit der Währungsstabilisierung 1926 war der Export zurückgegangen. Die starke französ. Luxusproduktion war besonders betroffen, da es für sie keinen Markt in F. gab. Die Abwertung des brit. Pfunds 1931 führte dazu, dass die französ. Preise nicht mehr konkurrenzfähig waren. Der Außenhandel brach zusammen, die Industrieproduktion ging zurück, mehrere Banken machten Bankrott. Die Politik der Regierung brachte keine Abhilfe: Die notwendige Abwertung des Franc unterblieb. Sparmaßnahmen im Budget und eine Deflationspolitik führten zum Rückgang der Preise und Einkommen. Deshalb profitierte die französ. Wirtschaft nicht vom Aufschwung ab 1933. Dass die Arbeitslosigkeit nicht so gravierend wie in Deutschland war, lag vor allem am akuten Arbeitskräftemangel nach 1918 und der Immobilität auf dem Lande. 1935 gab es mehr als 1 Mio Arbeitslose, die Hälfte der beschäftigten Arbeiter leistete nur Teilzeitarbeit. Vor allem die Textilindustrie konnte den Absatzeinbruch durch Lieferungen in die Kolonien ausgleichen. Die Krise bewirkte eine Kapitalkonzentration und traf besonders die Kleinbetriebe. Das Ungleichgewicht zwischen dem hoch industrialisierten Norden mit Paris und dem unterentwickelten Süden vertiefte sich weiter.

6. Februar 1934: Weder der ab 1929 regierende Rechtsblock noch die Linkskoalition ab 1932 fanden eine Antwort auf die Wirtschaftskrise. Die Linkskoalition verbrauchte mehrere Regierungschefs wegen der Weigerung der Sozialisten, die Deflationspolitik mit zu tragen. Die Entscheidungsunfähigkeit der Regierung steigerte die Politikverdrossenheit, die durch politische Skandale weiter angeheizt wurde. Autoritäre Tendenzen verstärkten sich, vor allem bei der extremen Rechten. Die Action française und mehrere Ligen, allen voran die Feuerkreuzler des Obersten Annet-Jean-Marie François de la Rocque, gewannen an Boden. Bei mehreren parallelen Demonstrationen am 6.2.1934 kam es zur Eskalation: Die Polizei verteidigte das Parlament gegen den Angriff der Rechten, dabei kamen 17 Menschen ums Leben. Regierungschef Edouard Daladier demissionierte, eine Rechtsregierung wurde gebildet. Die Ereignisse führten zur Schaffung der Volksfront. Die Kommunisten gewannen dadurch neue Mitglieder, Anerkennung bei Sozialisten und linken Radikalsozialisten sowie einen enormen Wählerzuwachs. Die Wahlen vom April/Mai 1936 brachten den erwarteten Sieg der Volksfront. Die SFIO wurde stärkste Linkspartei und stellte mit Blum erstmals einen Regierungschef. Die Kommunisten traten nicht in die Regierung ein, um die antikommunistische Stimmung nicht anzuheizen.

Die Politik der Volksfront: In den ersten Wochen beschloss die Blum-Regierung Lohnerhöhungen, größere Mitspracherechte der Arbeiter in den Unternehmen, die Durchsetzung kollektiver Arbeitsverträge und des Rechts auf Gewerkschaftsmitgliedschaft, die 40-Stunden-Woche, 15-tägigen Jahresurlaub, die Nationalisierung der Rüstungsindustrie, ein Verbot der rechtsextremen Ligen sowie die Kontrolle der Bank von F. Die Politik der Kaufkraftstärkung führte zur Produktionsankurbelung und zu einem Fallen der Preise, was die Konkurrenzfähigkeit der französ. Waren erhöhte. Dieser positive Effekt wurde schon bald durch die zunehmende Kapitalflucht zunichte gemacht. Die darauf erfolgende Francabwertung fiel zu gering aus. Eine grund-

Die Volksfrontregierung in Frankreich 1936-38

Die Probleme der Volksfront: Vor allem zwei Probleme schwächten die Volksfrontregierung: Sie hemmte den Kapitalexport nicht, was von Seiten der Arbeiter negativ vermerkt wurde, und im bürgerlichen Milieu schadete ihr die Einführung der 40-Stunden-Woche, die einen Kapazitätsrückgang der Produktion bewirkte. In den modernen Wirtschaftsbereichen wurde der Aufschwung aber nicht behindert, sodass es zu einem spürbaren Rückgang der Arbeitslosigkeit kam.
Die Mittelklassen fühlten sich von der Volksfrontpolitik verraten. Da die Radikalsozialisten daraufhin die Desertion ihrer Wählerschaft fürchteten, schwenkten sie allmählich nach rechts. Tatsächlich avancierte nach dem Verbot der Ligen der »Parti social français« (PSF) de la Roca zur mitgliederstärksten Partei. Die Radikalsozialisten traten in der Folge zunehmend vom Volksfrontprogramm zurück und verursachten so den Sturz der Regierung Blum. Auch weitere Kabinette scheiterten an den aufkommenden Widersprüchen. Die Radikalsozialisten traten schließlich im November 1938 aus der Volksfront aus, nachdem die Unterschrift des französ. Außenministers Edouard Daladier unter das Münchner Abkommen auf heftige Kritik gestoßen war. (Foto: Léon Blum, stehend, auf einer Versammlung der »Sozialistischen Frauen« in Paris, 1937)

legende Verbesserung der wirtschaftlichen Lage blieb aus. Nach dem Sturz der Regierung Blum löste sich die Volksfront allmählich auf. 1938 übernahm das bürgerliche Kabinett Daladier die Regierung.

Frankreich am Ende der 30er Jahre: Am Ende der Zwischenkriegszeit befand sich das parlamentarische System in der Krise: Die tragende Partei der Republik, die Radikalsozialisten, waren verbraucht und ohne klare Linie. Der Antisemitismus erreichte in der Zeit der Volksfront eine bis dahin ungeahnte Gewaltsamkeit. Die Wirkungen der Weltwirtschaftskrise waren noch nicht überwunden. Die Spaltungen im Parteienspektrum führten zu politischer Instabilität; die politische Elite zeigte sich ideenlos, lethargisch und von den Rezepten der Vergangenheit geleitet. Die Rechte sah nicht die Möglichkeiten der nationalen Regeneration durch soziale Reformen und war nicht in der Lage, eine einheitliche Rechtspartei zu schaffen. Auch die Sozialisten befanden sich in der Defensive: Sie stützten sich nicht voll auf die Arbeiter und wiesen zugleich die Kompromissangebote aus dem Bürgertum zurück. Der Bankrott der kollektiven Sicherheitspolitik wurde zu spät registriert.

Das Vichy-Regime

Politik der Beschwichtigung: Das Münchner Abkommen, mit dem der Tschechoslowakei 1938 auferlegt wurde, den deutschen, ungarischen und polnischen Gebietsansprüchen zu genügen, wurde in F. einerseits als Verrat am tschechischen Bündnispartner abgelehnt, andererseits als Sieg des Friedens in Europa begrüßt. Fast alle franzos. Parteien waren sich intern über den Kurs der Politik uneins. Dahinter stand das Trauma von 1914–18, das die Regierung veranlasste, noch so irreale Hoffnungen auf einen Ausgleich mit Deutschland zu nähren (Appeasement-Politik). Der deutsche Einmarsch in die Tschechoslowakei im März 1939 machte das Illusionäre dieser Politik deutlich und bedeutete das Ende der französ. Ausgleichspolitik mit Deutschland.

Der Weg in den Krieg: Die Kommunisten, die ein Bündnis mit der Sowjetunion und eine harte Haltung gegen das nationalsozialistische Deutschland gefordert hatten, wurden durch den Hitler-Stalin-Pakt (23.8.1939) schwer getroffen. Ihre Rechtfertigung des Paktes im Rahmen der Komintern widersprach offensichtlich französ. Interessen und wurde von den übrigen Parteien und selbst von der eigenen Parteibasis scharf kritisiert. Der deutsche Angriff auf Polen zwang die Regierung Daladier aufgrund ihrer Bündnisverpflichtungen am 3.9.1939 zur Kriegserklärung an Deutschland. Das Verbot des PCF am 26.9. vertiefte die Gräben zwischen den politischen Lagern und brachte nicht die von Daladier erhoffte innenpolitische Stabilisierung.

Drôle de guerre: F.s Kriegserklärung erwies sich als nur halbherzige Einlösung des Bündnisversprechens. Dem Scheinfrieden folgte ein Scheinkrieg (»drôle de guerre« = der seltsame Krieg). Die französ. Truppen warteten an der Maginotlinie auf den deutschen Angriff. Der sowjet. Einmarsch in Finnland führte zu einem ausgeprägten Antisowjetismus in F. Der französ. Generalstab plante auswärtige Aktionen gegen Deutschland und die Sowjetunion. Daladier lehnte das mit Hinweis auf die Briten ab, die einen Angriff auf die Sowjetunion ablehn-

Mit der Unterzeichnung des Münchner Abkommens am 30.9.1939 gewann der französ. Ministerpräsident Edouard Daladier für Frankreich eine kurze Atempause vor dem befürchteten Krieg. (Foto: Daladier in München beim Empfang durch eine deutsche Ehrenkompanie)

Der Bau der Maginotlinie gegen den Feind im Osten

Grenzbefestigung: Der im Jahre 1929 beschlossene und bis 1934 ausgeführte Bau der Maginotlinie (nach dem amtierenden Kriegsminister André Maginot) war eine Reaktion auf die Räumung des Rheinlandes durch Frankreich. Die Verteidigungslinie verlief entlang der französ.-deutschen Grenze und entsprach den militärischen Konzeptionen Marschall Philippe Pétains, der im Kriegsrat die Rolle eines einflussreichen Ideengebers hatte.

Belgische Grenze: Der französ.-belg. Grenzabschnitt wurde nicht in den Bau einbezogen: Das mit Frankreich verbündete Belgien hätte dies zum einen als unfreundlichen Akt empfinden können; zum anderen plante das französ. Militär für den Fall einer deutschen Offensive über Belgien, den Gegner durch einen Einmarsch in das Nachbarland zu stoppen. Auf diese Weise wäre zugleich die Integrität des französ. Staatsgebiets gewahrt geblieben. Tatsächlich erfolgte im Mai 1940 der deutsche Vorstoß über Belgien in den Norden Frankreichs.

Defensive Militärdoktrin: Der Bau der Maginotlinie macht die defensive französ. Militärdoktrin deutlich, die vollständig am Szenario des Ersten Weltkrieges orientiert war und auch von den Generälen von 1918 vertreten wurde. Widerstand dagegen regte sich bei wenigen jüngeren Offizieren: So trat Charles de Gaulle für ein modernes motorisiertes Berufsheer ein, das jederzeit einsatzbereit sein sollte.

Wehrmacht in Paris: Nachdem die französ. Metropole am 13.6.1940 zur »offenen Stadt« erklärt worden war, nahmen deutsche Truppen Paris einen Tag später kampflos ein.

ten, weil sie auf künftige sowjet. Unterstützung gegen Hitler-Deutschland setzten. Die Position Daladiers wurde dadurch zunehmend schwächer, sodass er im März einer von Paul Reynaud geführten Regierung Platz machen musste. Reynaud wollte den Krieg nun an die Peripherie tragen, Deutschland von schwed. Eisen abschneiden. Doch die Deutschen kamen den Franzosen in Skandinavien zuvor.

Dokument: Aufruf »An die Franzosen« (18.6.1940)

General Charles de Gaulle rief im Londoner Exil am 18.6.1940 über den Rundfunk seine Landsleute auf, gegen die deutsche Besatzungsmacht Widerstand zu leisten: »Die Männer, die seit vielen Jahren an der Spitze der französ. Armeen stehen, haben eine Regierung gebildet. Diese Regierung hat sich unter dem Vorwand der Niederlage unserer Armeen mit dem Feind in Verbindung gesetzt, um den Kampf zu beenden. (...) Aber ist das letzte Wort gesagt? (...) Nein! (...) Denn Frankreich (...) kann einen Block bilden mit dem brit. Empire, das (...) den Kampf fortsetzt. (...) Ich (...) fordere die französ. Offiziere und Soldaten auf, (...) sich mit mir in Verbindung zu setzen (...). Was auch immer geschehen mag, die Flamme des französ. Widerstands darf nicht erlöschen (...).«

Am 10.5.1940 fielen deutsche Verbände über Belgien und die Ardennen in F. ein und kesselten die französ.-brit. Kräfte in Flandern ein. Im Juni standen die Deutschen bereits in Paris, während die französ. Regierung nach Süden floh. Im Konflikt um einen Waffenstillstand oder die Fortsetzung des Kampfes zeigte Reynaud keine Durchsetzungskraft und demissionierte am 16.6.1940. Marschall Philippe Pétain trat seine Nachfolge an.

Etat Français: Pétain erklärte die Bereitschaft zum Waffenstillstand mit Deutschland. Zugleich rief Charles de Gaulle, ehemals Unterstaatssekretär im Kriegsministerium, am 18.6.1940 aus seinem Londoner Exil über die BBC zur Fortsetzung des Kampfes auf. Angesichts der katastrophalen Lage nach der Niederlage wurden Pétain durch die Nationalversammlung am 10.7.1940 Sondervollmachten zur Staatsführung und Verfassungsreform übertragen. Die von ihm als »nationale Revolution« bezeichnete Umwälzung umfasste ein Bündel von Maßnahmen: Abschaffung des Parlaments, Beseitigung der Gewerkschaften, antisemitische und antikommunistische Maßnahmen, Aberkennung der Nationalität von ca. 15 000 zuvor Eingebürgerten (darunter u.a. Flüchtlinge aus Deutschland, Österreich und Spanien). In Abkehr von der Republik bezeichnete der neue Staat sich selbst als »Etat Français«.

Waffenstillstand: Am 22.6.1940 wurde der Waffenstillstand mit Deutschland geschlossen, F. in eine besetzte Zone im Nordosten und eine freie Zone im Süden geteilt und die Armee auf 100 000 Mann reduziert. Die französ. Flotte wurde entwaffnet und unter deutsche und italien. Kontrolle gestellt. F. wurden die Besatzungskosten auferlegt. Deutschland behielt als Faustpfand 1 850 000 französ. Kriegsgefangene, von denen 1944 noch 940 000 in Deutschland waren.

Kollaboration und Résistance: Das nach dem Regierungssitz Vichy benannte Regime Marschall Pétains arbeitete einerseits mit der deutschen Besatzungsmacht zusammen, lehnte andererseits aber die Aufforderung zu einem Bündnis mit Hitler-Deutschland ab. Die Staatskollaboration mit den Besatzern, der Ausschluss politischer und rassischer Gruppen und der zunehmend repressive Charakter des Vichy-Regimes führten rasch zur Abwendung der Bevölkerung von der Regierung Pétains.

Nachdem die Alliierten in Nordafrika gelandet waren, besetzten die Deutschen im November 1942 auch die südliche Zone, um eine alliierte Invasion in Süd-F. zu verhindern.

Landung der Alliierten am 19.8.1944 an der Küste der Normandie. Bei der Invasion wurden auch Luftschiffe zum Schutz gegen deutsche Tiefflieger eingesetzt.

Angesichts der Besatzung des ganzen Landes trat der Charakter der Vichy-Regierung als Kollaborationsregime und politischer Satellit offen zutage. Der 1943 vom Regime eingeführte zwangsweise Arbeitsdienst für Deutschland verstärkte den aktiven Widerstand. Eine große Zahl der zum Arbeitsdienst Einberufenen verweigerte sich und schloss sich dem bewaffneten Widerstand (Résistance) an. De Gaulle gelang in einem schwierigen Prozess der Kompromisse die Zusammenführung von innerer und äußerer Résistance. Im Frühjahr 1944 kam es zur Bildung einer Provisorischen (Exil-)Regierung, die bald von den wichtigsten Kriegsparteien anerkannt wurde.
Nach der Landung der Alliierten im Juni 1944 in der Normandie wurde F. rasch befreit. Am 19.8.1944 erhob sich auf de Gaulles Befehl die innere Résistance in Paris, am 25.8. rückte die Division Leclerc in die Hauptstadt ein, was symbolhaft die Selbstbefreiung der Franzosen dokumentieren sollte.

Die IV. Republik

Säuberungen: Unmittelbar nach der Befreiung kam es in F. zu zahlreichen Hinrichtungen von Kollaborateuren. Insgesamt 8100 Personen fielen »wilden Säuberungen« zum Opfer, 1536 wurden im Anschluss an ein ordentliches Gerichtsverfahren hingerichtet, unter ihnen der Ministerpräsident des Vichy-Regimes, Pierre Laval. Marschall Pétain wurde wegen seiner Verdienste als Sieger von Verdun zu lebenslanger Haft begnadigt.
Provisorische Regierung: Die Provisorische Regierung und ihr Präsident Charles de Gaulle nahmen Ende August 1944 in Paris ihre Tätigkeit auf. Vor ihnen lagen der Wiederaufbau F.s und die Fortsetzung des Krieges gegen Deutschland. Die Kompromissbereitschaft der in der Résistance verbundenen Gruppen und die Diskreditierung der Republikgegner boten gute Möglichkeiten für eine Erneuerung des republikanischen Konsens. De Gaulle brachte die einzelnen Regionen rasch unter Kontrolle. Die Provisorische Regierung verstaatlichte wichtige Wirtschaftszweige sowie Privatunternehmen, die mit Hitler-Deutschland kollaboriert hatten.
Tripartismus: Nach der Entwaffnung der Résistance im Februar 1945 übernahmen die politischen Parteien wieder das Steuer. Das Erbe der Résistance traten PCF, SFIO und der im November 1944 gegründete sozialreformerisch orientierte, christdemokratische MRP (Mouvement républicain populaire) an. Diese drei linken Parteien konnten bei den ersten Parlamentswahlen im Oktober 1945 drei Viertel der Stimmen auf sich vereinen.
Verfassung der IV. Republik: Zwischen de Gaulle und den Parteien kam es zu einer Kontroverse um die Ausgestaltung der künftigen Verfassung: Während der PCF ein reines Parteienparlament anstrebte, arbeitete de Gaulle auf eine Stärkung der Exekutive hin. Als sich auch die SFIO gegen die Errichtung eines autoritären Regimes nach de Gaulles Vorstellungen wandte, sah dieser keine Möglichkeit mehr, ein Präsidialregime durchzusetzen, und trat am 20.1.1946 zurück. Die beiden Linksparteien und der MRP verständigten sich auf einen Kompromiss: Die am 13.10.1946 angenommene Verfassung sah größere Vollmachten für den Präsidenten und eine zweite Kammer aus Vertretern der Kommunen vor.

Die 5 Republiken	
Zeitraum	*Zählung*
1792–1804	I. Republik
1848–52	II. Republik
1870–1940	III. Republik
1946–58	IV. Republik
seit 1958	V. Republik

Instabilität: Die Résistancekoalition aus PCF, SFIO und MRP zerbrach 1947 am zunehmenden Ost-West-Konflikt. Im Herbst setzte die SFIO gegen den Willen des MRP noch eine kommunistische Regierungsbeteiligung durch. 1947 manövrierten sich die Kommunisten selbst aus der Regierung: Sie unterstützten die Streikbewegung gegen die fortgesetzte Austeritätspolitik und folgten der in Moskau ausgearbeiteten Kominform-Strategie gegen »US-Imperialismus« und seine »Hauptverbündeten«, die »rechtsgerichteten« Sozialisten. Landesweite Streikaktionen mit Straßenschlachten und Sabotageakten förderten erneut den Antikommunismus und stärkten die von de Gaulle gegründete Sammlungsbewegung RPF (Rassemblement du Peuple Français). Der Rechtsruck in der französ. Gesellschaft brachte die bürgerlichen Parteien (die »Dritte Kraft« zwischen Kommunisten und Gaullisten) in die Regierungsverantwortung. Die Gegensätze innerhalb der Koalition blockierten aber die Handlungsfähigkeit der Regierungen und führten zu ständigen Regierungswechseln (bis 1958: 26 Kabinette).

Frankreich 1946–99	
1946	Annahme des zweiten Verfassungsentwurfs, Beginn der IV. Republik.
	Ausbruch des Indochinakrieges.
1947	Ausschluss der Kommunisten aus der Regierung.
1949	Gründungsmitglied der NATO.
1950	Bildung der Montanunion.
1954	Ende des Indochinakrieges, Beginn des Algerienkrieges.
1956	Tunesien und Marokko erhalten Unabhängigkeit von Frankreich.
1957	Frankreich ist eines der sechs Gründungsmitglieder der EWG.
1958	Wahl Charles de Gaulles zum Regierungschef.
	Beginn der V. Republik nach Annahme der neuen Verfassung.
1959	Charles de Gaulle wird Staatspräsident.
1962	Ende des Algerienkriegs; Algerien wird unabhängig.
	Verfassungsrevision: Direktwahl des Staatspräsidenten.
1963	Freundschaftsvertrag mit der Bundesrepublik Deutschland (Elyséevertrag).
1966	Frankreich tritt aus militärischer Organisation der NATO aus.
1968	Studentenproteste führen zum Generalstreik.
1969	Rücktritt Charles de Gaulles nach gescheitertem Referendum.
1972	Bildung der Linksunion.
1973	Ölkrise löst weltweite Wirtschaftskrise aus.
1976	Chirac tritt als Regierungschef zurück und bildet die neogaullistische RPR.
1981	Mitterrand siegt in Präsidentschaftswahl. Nach Auflösung der Nationalversammlung gewinnt PS in Neuwahl die absolute Mehrheit.
1984	Austritt der Kommunisten aus der Regierung.
1986	Beginn der ersten Cohabitation: Chirac wird Regierungschef.
1988	Wiederwahl Mitterrands in den Präsidentschaftswahlen.
1991	Der EG-Gipfel in Maastricht einigt sich auf einen Vertrag über die politische, Wirtschafts- und Währungsunion.
	Teilnahme am Golfkrieg gegen den Irak.
1992	Referendum über den Vertrag von Maastricht bringt eine knappe Mehrheit (51,04%) für die Ratifizierung.
1993	Beginn der zweiten Cohabitation nach erdrutschartigen Verlusten der PS.
1995	Sieg Chiracs in Präsidentschaftswahl.
	Weltweite Proteste nach Wiederaufnahme der französ. Atomtests.
1997	Beginn der dritten Cohabitation: Jospin wird Regierungschef.
	Jospin tritt auf Amsterdamer EU-Gipfel für ein soziales Europa ein.

Westintegration: De Gaulles Ziel war es, die französ. Souveränität durch die dauerhafte Schwächung Deutschlands zu sichern. Seine Hegemonialpläne für Westeuropa und die weitgehenden Pläne zur Kontrolle über Deutschland scheiterten jedoch bald an der fehlenden Unterstützung der anderen Siegermächte. Im Vordergrund der französ. Außenpolitik stand daraufhin die Schaffung westeuropäischer Gemeinschaftsstrukturen zur Einbindung Deutschlands. Die Bildung des Europarats 1949 und der Montanunion 1950 waren wichtige Schritte auf diesem Weg, während der Vertrag über die Europäische Verteidigungsgemeinschaft (EVG), der angesichts der kommunistischen Aggression in Korea 1952 geschlossen wurde, von der französ. Nationalversammlung abgelehnt wurde, da eine völlige Gleichberechtigung Westdeutschlands in militärischen Fragen in F. noch auf Bedenken stieß.

Nachdem französ. Großmachtambitionen in der Suez-Krise von beiden Supermächten zurückgewiesen worden waren, wuchs das französ. Drängen auf eine europäische Integration wieder. Das Ergebnis waren 1957 die Römischen Verträge über die Gründung der Europäischen Wirtschaft- und Atomgemeinschaft (EWG).

Entkolonisierung: F.s Führungsanspruch in Europa stützte sich vor allem auf sein Kolonialreich. Wie in London fehlte aber auch in Paris ein schlüssiges Kolonialkonzept, das dem erstarkendem Unabhängigkeitswillen in den Kolonien Rechnung getragen hätte. In der Präambel der Verfassung der IV. Republik wurde zwar die Gleichheit der Völker F.s und der Kolonien proklamiert, die gemeinsam eine »Union française« bilden sollten, doch blieb dies eine bloße Floskel.

Unentschlossenheit und Konzeptlosigkeit der französ. Regierung führten zur Niederlage im Indochinakrieg, der mit dem Fall der Festung Dien Bien Phu (Vietnam) am 7.5.1954 endete. Er kostete 200 000 Tote und Verwundete, zerrüttete die Staatsfinanzen und beeinträchtigte das Ansehen F.s in der Welt. Danach suchte F. weitere militärische Eskalationen in seinen afrikan. Kolonien zu vermeiden.

Um den wirtschaftlichen und politischen Einfluss in den Kolonien zu wahren, entließ F.

Ende der 50er Jahre die meisten afrikan. Kolonien in die Unabhängigkeit. Lediglich im Fall Algeriens kam es ab 1954 zu einem blutigen Krieg, verursacht durch die besondere Situation des staatsrechtlich in F. integrierten Algeriens und die hohe Zahl französ. Kolonisten in Algerien (800 000 bei etwa 8 Mio. autochthoner Einwohner). Der Krieg führte F. in eine tiefe innere Krise, die das Ende der IV. Republik besiegelte.

Die V. Republik

Die Krise des Systems: Im Frühjahr 1958 wurde eine reformorientierte Regierungskoalition gebildet, die eine Verhandlungslösung für Algerien nicht mehr ausschloss. Daraufhin kam es dort zum Aufruhr der Kolonisten, die auch einen Teil der Armeeführung auf ihre Seite zogen. Angesichts der Gefahr eines Bürgerkriegs wurde Charles de Gaulle zum Regierungschef mit einem weit reichenden Auftrag zur Reform der Institutionen gewählt. Der Algerienkrieg verschärfte die Krise des politischen Systems, das sich nach dem Bruch der Résistancekoalition als instabil erwiesen hatte, was sich in rasch wechselnden Regierungen ohne Autorität und einem Imageverlust der Institutionen niederschlug. De Gaulle, der öffentlich noch für keine Seite Partei ergriffen hatte und mit dem Nimbus des Befreiers von 1944 umgeben war, nutzte die Stunde: Er fand genügend Vertrauen in der Bevölkerung, um Algerienkrieg und Staatskrise zu beenden.

Schaffung der V. Republik: Durch doppeldeutige Versprechungen an die Adresse von Algerienfranzosen und Armee gelang es de Gaulle, die Situation wieder unter Kontrolle zu bringen. Das brachte ihm so viel Rückhalt in der Bevölkerung, dass die neu ausgearbeitete Verfassung in einem Referendum mit 85% der Stimmen angenommen wurde. Die Kompetenzen des Präsidenten wurden ausgeweitet und die Befugnisse des Parlaments beschnitten. Ende 1958 wurde de Gaulle zum Staatspräsidenten berufen. Die neue Regierung schlug einen konservativen Modernisierungskurs auf Kosten der »kleinen Leute« ein, was die Sozialisten zum Regierungsaustritt trieb.

Die präsidiale Phase 1958–86

Verfassung: Die neue Verfassung verlieh dem Staatspräsidenten eine dominierende Stellung im Staat. Er ernennt den Ministerpräsidenten und das Kabinett, kann die Nationalversammlung auflösen, führt internationale Verhandlungen und ist Oberbefehlshaber der Streitkräfte.

Stichwort: Die französische Fremdenlegion

In sämtlichen Kolonialkriegen wurden die schlagkräftigen Spezialeinheiten der Fremdenlegion eingesetzt, vor allem in Nordafrika und Indochina (1946–51). Seit dem Verlust der nordafrikan. und südostasiat. Kolonien ist der überwiegende Teil der Fremdenlegionäre in Frankreich stationiert (Verwaltung in Aubagne/Marseille), einige Truppeneinheiten befinden sich u. a. auf den franz. Inseln im Pazifik und in Dschibuti.

Der »Bürgerkönig« Louis Philippe gründete 1831 die »Légion étrangère«, noch im gleichen Jahr wurde sie – gebildet aus politischen Flüchtlingen, Deserteuren und Abenteurern aller Länder – in dem eben eroberten Algerien eingesetzt. Die Freiwilligentruppe, die als Teil des französ. Heeres dem jeweiligen Befehlshaber der Armee unterstellt ist, bestand zunächst aus 3000, 1940–52 aus 35 000 und 1960 (während des Algerienkriegs) aus 40 000 Mann.

Heute setzen sich die 8500 Fremdenlegionäre etwa je zur Hälfte aus Franzosen und aus Diensttauglichen anderer Nationen zusammen, die nach Ablauf der Dienstzeit die Möglichkeit haben, die französ. Staatsbürgerschaft anzunehmen. Die Fremdenlegionäre, die sich zunächst auf fünf Jahre verpflichten, können – auch ohne Zustimmung des französ. Parlaments – in jedem Kriegsgebiet eingesetzt werden. (Foto: Fremdenlegionäre im Hafen von Haiphon/Nordvietnam in den 50er Jahren)

Demonstration der 1960 gegründeten PSU (Parti Socialiste Unifié) am 11.11.1961 in Paris: Die Sozialisten forderten die Regierung zu Verhandlungen mit Algerien auf.

Die Präsidenten der V. Republik

Charles de Gaulle (1890–1970)

De Gaulle war Gründer des Französ. Komitees der Nationalen Befreiung (CFLN) gegen die deutsche Besatzungsmacht und 1943 Chef der Exilregierung in Algerien. 1944 zog er an der Spitze der provisorischen Regierung in das befreite Paris ein, trat jedoch 1946 zurück. Als Staatspräsident (1958–69) zeichnete er sich durch eine eigenständige, aber auf Ausgleich bemühte Politik aus. Er entließ 1962 gegen Widerstände in der eigenen Partei die Kolonie Algerien in die Unabhängigkeit und legte mit Konrad Adenauer den Grundstein für die französ.-dt. Aussöhnung. Nach den Studentenunruhen 1968 trat er zurück.

Georges Pompidou (1911–1974)

Pompidou war langjähriger Vertrauter von de Gaulle und gehörte 1944–46 zu dessen persönlichem Beraterstab. 1959–62 war er Mitglied des Verfassungsrates und führte 1961/62 als Delegationsleiter die Friedensverhandlungen mit Algerien. Als Staatspräsident (1969–74) setzte er im Wesentlichen die Innenpolitik de Gaulles fort, die auf der starken Stellung des Präsidenten beruhte. Neue Akzente legte er durch die Regionalisierung des traditionell zentralistischen Verwaltungs- und Bildungssystems. Außenpolitisch versuchte er, die Sonderinteressen Frankreichs sowohl in der EG als auch in der NATO zu wahren.

Valéry Giscard d'Estaing (*1926)

Giscard d'Estaing war 1966–73 Parteiführer der liberalen Unabhängigen Republikaner (Fédération Nationale des Républicains Indépendants) und wurde 1974 zum Staatspräsidenten gewählt. Er versuchte ein ehrgeiziges Reformprogramm zu verwirklichen, senkte das Wahlalter und liberalisierte das Scheidungs- und Abtreibungsrecht. Seine Wirtschafts- und sozialpolitischen Reformansätze stießen jedoch auf den Widerstand der französ. Wirtschaft und der konservativen Gaullisten. Diese Differenzen führten schließlich 1976 zum Rücktritt seines gaullistischen Premierministers Jacques Chirac.

François Maurice Mitterrand (1916–1996)

Mitterrand wurde 1971 erster Sekretär der neu begründeten Sozialistischen Partei. Während seiner Amtszeit als Staatspräsident (1981–95) versuchte er nationalen Großmachtanspruch und soziale Politik zu vereinen. Er plädierte für eine Beibehaltung der Atomstreitmacht und lehnte Abrüstungsverhandlungen kategorisch ab. Wegen großer finanzieller Schwierigkeiten aufgrund der 1981 eingeleiteten Reformmaßnahmen verfolgte er seit 1984 einen pragmatischeren Kurs. Nach dem Verlust der sozialistischen Parlamentsmehrheit regierte er 1986–88 und 1993–95 in Koaliton mit den Konservativen.

Jacques René Chirac (*1932)

Chirac arbeitete 1974–76 als Premierminister mit dem Präsidenten Giscard d'Estaing und 1986–88 mit MIterrand zusammen. Nach seiner Niederlage bei den Präsidentschaftswahlen 1988 widmete er sich zunächst dem Bürgermeisteramt von Paris, das er seit 1977 inne hatte. 1995 wurde er Staatspräsident und vertrat umstrittene Reformen in der Wirtschafts- und Sozialpolitik, um einen Beitritt zur Währungsreform zu erreichen. Von dem – aufgrund der Atomtests – negativen außenpolitischen Image erholte er sich schnell vor allem durch die Wiederannäherung Frankreichs an die NATO.

Lösung des Algerienproblems: De Gaulle hatte noch 1958 eine »organische Verbindung« von Algerien und F. angestrebt. Er erkannte schon bald, dass die Fronten in Algerien für diese Lösung bereits zu verhärtet waren. Der internationale Druck auf eine Verhandlungslösung und die Gefahr eines erneuten Militärputsches zwangen ihn zum Handeln. In einem Referendum im Januar 1961 sprachen sich 75,2% für die Gewährung des Selbstbestimmungsrechts an Algerien aus. Die daraufhin erfolgte Ankündigung von Verhandlungen mit der von der FLN (Front de la Libération Nationale) gebildeten Provisorischen Regierung Algeriens rief Widerstände in der Armee hervor: die OAS (Organisation de l'Armée Secrète) entstand, die Terroranschläge in Algerien ausführte sowie mehrere Attentate auf de Gaulle und einen Staatsstreich der Generale im April 1961 organisierte, der aber rasch zusammenbrach.
Im März 1962 gestand de Gaulle Algerien die volle Unabhängigkeit zu und ließ sich diesen Schritt durch ein Referendum bestätigen. Gleichzeitig setzte er die Direktwahl des Staatspräsidenten durch. Als die Parteien der Regierung deshalb das Misstrauen aussprachen, löste de Gaulle die Nationalversammlung auf. Die anschließenden Neuwahlen zur Nationalversammlung wurden zu einem überwältigendem Votum für de Gaulle: Seine Anhänger gewannen fast die absolute Mehrheit der Mandate.

Wirtschaftsaufschwung: Dass F. die zahlreichen Modernisierungskrisen ohne heftige soziale Auseinandersetzungen überstand, lag auch an dem enormen Wirtschaftswachstum nach Kriegsende. Besonders die Industrie trug zu diesem Wachstum bei: In 26 Jahren stieg die Industrieproduktion auf das Vierfache des Vorkriegsstandes. Wachstumsbranchen waren vor allem die chemische Industrie, gefolgt von der Elektro-, Auto- und Metallindustrie. Auch die Landwirtschaft erlebte einen enormen Zuwachs der Arbeitsproduktivität bei zugleich dramatischem Rückgang der Landbevölkerung. Die Dynamik ging auf die Erschließung neuer Ressourcen sowie den Einsatz neuer Technologien zurück. Zugleich erfolgte ein Ausbau des staatlichen Interventionsapparats, der das Wirtschaftswachstum weiter förderte: durch erhöhte Investitionen in die Forschung und durch gezielte Förderung konkurrenzfähiger Industriebereiche.
Unter dem Druck der schrittweisen Öffnung der Märkte im Rahmen der EWG seit den 60er Jahren kam es zugleich zu einer zunehmenden Konzentration in der französ. Wirt-

schaft. Dadurch wurde das Übergewicht des Nordostens mit dem dominierenden Zentrum Paris noch weiter verstärkt. Seit Ende der 60er Jahre deuteten sich aber auch die Grenzen des Wachstums an: Die Ära der Vollbeschäftigung hatte bereits Mitte der 60er Jahre geendet. Arbeiter und Bauern profitierten weniger als Angestellte und Führungsschichten vom ökonomischen Wachstum. Trotzdem konnte der soziale Friede gewahrt werden, weil nahezu alle sozialen Schichten am wachsenden Konsum teilhatten. Der Staat erhöhte die Chancen auf sozialen Aufstieg durch steigende Ausgaben im Bildungssektor und federte die Ungleichverteilung durch erhöhte Sozialausgaben ab.

Blockade des Systems – Mai 1968: De Gaulle gelang es nicht, das in der Ausnahmesituation der Algerienkrise von 1958/62 geborene System dauerhaft funktionstüchtig zu halten. In der Linken, vor allem aber bei der akademischen Jugend, wuchs wie überall in den westlichen Industrienationen der Wunsch nach dem Sturz der überkommenen politischen und gesellschaftlichen Strukturen.

Studentenproteste: Das Unruhepotenzial brach 1968 mit voller Wucht zu Tage, nachdem der Staat Studentenproteste in Paris mit massivem Polizeieinsatz beantwortet hatte. Die Proteste weiteten sich auf die Industriearbeiterschaft aus; am 13. Mai riefen die Gewerkschaften den Generalstreik aus. Weite Bereiche der Produktion, besonders in den industriellen Zentren, wurden lahmgelegt. Forderungen nach einer Hochschulreform verbanden sich mit dem Protest gegen den US-amerikan. Vietnamkrieg und zunehmende Arbeitslosigkeit sowie der Forderung nach materieller Beteiligung der Arbeiter an den Gewinnen der Wirtschaftsunternehmen.

Neuwahlen: Nachdem die Versuche der Staatsführung, den Konflikt durch Zugeständnisse im Sozialbereich einzudämmen, gescheitert waren, gelang es Regierungschef Georges Pompidou, de Gaulle zur Ansetzung von Neuwahlen zu bewegen. Der Präsident schürte erfolgreich die Angst der Mittelschichten vor einem Umsturz. So gingen die Gaullisten gestärkt aus den Juniwahlen 1968 hervor. Der Versuch de Gaulles, seine Autorität durch eine Verfassungsreform wiederherzustellen, welche die Mitbestimmungsmöglichkeiten für Arbeiter und Studenten erhöhte, scheiterte jedoch am Unwillen seiner Wählerschaft zur Änderung des Status quo und an dem fehlenden Vertrauen seiner Gegner. Als die Verfassungsreform in einem Referendum abgelehnt wurde, trat de Gaulle im Frühjahr 1969 zurück.

Deutsch-französische Begegnung: Präsident Charles de Gaulle (2. v. l.) begrüßte im Juni 1962 den deutschen Bundeskanzler Konrad Adenauer in Paris.

Präsidentschaft Pompidous: In den Präsidentschaftswahlen 1969 siegte der Gaullist Pompidou, was eine weitere Rechts-links-Polarisierung bedeutete. Pompidou trieb die wirtschaftliche Modernisierung voran, beschränkte soziale Reformen im Interesse seiner Klientel aber auf ein Minimum. Zugleich drängte er die Kompetenzen der Regierung zunehmend zurück und schuf sich eine immer größere Machtfülle.

Entstehung des Linksbündnisses: Die Linke zog aus den politischen Niederlagen von 1968/69 ihre Lehren: 1969 vereinigte sich die SFIO mit mehreren in den 60er Jahren entstan-

Studentenunruhen im Mai 1968 vor der Medizinischen Fakultät der Pariser Universität in der Rue des St. Pères

denen Klubs zur Parti socialiste (PS). François Mitterrand übernahm 1971 die Führung der neuen Partei und handelte 1972 mit den Kommunisten ein Regierungsprogramm aus, dem sich auch die linke Minderheit der Radikalsozialisten (MRG) anschloss. Dieses Linksbündnis verlieh der Opposition neue Stärke und aktivierte zugleich die in der Isolation erstarrte PCF, die sich vorsichtig vom sowjet. Vorbild emanzipierte (Eurokommunismus). Allerdings konnte die Regierung aufgrund der Unterstützung des Zentrums ihre Mehrheit in den Wahlen 1973 behaupten.

Die Ära Giscard d'Estaings: Bei den Präsidentschaftswahlen von 1974 setzte sich der Führer der Unabhängigen Republikaner Valéry Giscard d'Estaing als Kandidat der Mitte durch. Zugleich erhielt er die Unterstützung der Gaullisten um Jacques Chirac. Mitterrand, der Kandidat des Linksbündnisses, unterlag im zweiten Wahlgang mit 49,2% gegen 50,8% denkbar knapp. Entscheidend waren die größere Professionalität des Wahlkampfes von Giscard sowie das noch immer bestehende Misstrauen gegenüber den Kommunisten, die in einer Linksregierung auch Ministerposten erhalten sollten.

Blockierte Reformen: Giscard führte Pompidous Politik der wirtschaftlichen Modernisierung fort. Er gewann das Zentrum für den Eintritt in die Regierung und ernannte den Gaullisten Chirac zum Premierminister. Präsident Giscard setzte zwar einige liberale Reformen durch, grundlegende Reformen wie die Herstellung einer größeren Steuergerechtigkeit, die Mitbestimmung in den Betrieben, die Liberalisierung des Rechtssystems blieben jedoch aus. Der Widerspruch zwischen angekündigten und tatsächlich durchgeführten Reformen führte zur weiteren Stärkung der Linksunion.

1976 trat Chirac als Premierminister wegen der Uneinigkeit über den weiteren Regierungskurs zurück. Unter seiner Führung wurden die Gaullisten zu einer schlagkräftigen Partei (RPR). Die Regierungskoalition konnte aufgrund der Differenzen innerhalb der Linksunion in den Parlamentswahlen 1978 noch einmal die Mehrheit behaupten. In den Präsidentschaftswahlen 1981 setzte sich aber Mitterrand durch.

Der Wechsel: Der Sieg Mitterrands machte den Willen zum Wechsel in der französ. Bevölkerung deutlich. Der Kleinkrieg in der Regierungsmehrheit zwischen Gaullisten und Reformern, der Reformstau, der Anstieg der Arbeitslosenzahl und der Inflationsrate sowie zahlreiche Skandale im Regierungslager waren dafür verantwortlich. Mitterrand hatte sich zugleich unnachgiebig gegenüber den Maximalforderungen des PCF gezeigt. Unmittelbar nach seinem Wahlsieg schrieb er Neuwahlen zur Nationalversammlung aus, die zu einem eindrucksvollen Votum für den Wechsel wurden: Die Sozialisten gewannen die absolute Mehrheit der Parlamentssitze, wodurch sich dem Präsidenten große Gestaltungsspielräume eröffneten. Indem Mitterrand vier Ministerämter an die Kommunisten gab, band er diese geschickt in die Regierung ein, ohne ihnen tatsächlichen Einfluss auf die großen Linien der Politik zuzugestehen.

Sozialistische Reformen: Mitterrand begann einen durchgreifenden Reformprozess, ließ aber vor allem die Regierung agieren. Diese versuchte, die Wirtschaftskrise durch ein nachfrageorientiertes sozialpolitisches Maßnahmenpaket zu überwinden. Zugleich wurden Strukturreformen in Angriff genommen: Nationalisierungen vor allem im Finanzbereich; eine Dezentralisierungspolitik, welche die Eigenverantwortung der Regionen, Departements und Gemeinden erhöhte; gesetzliche Besserstellung der Arbeitnehmer in den Betrieben. Die Regierung beseitigte in verschiedenen Bereichen obrigkeitsstaatliche Strukturen: Justiz- und Krankenhausreformen wurden durchgeführt und u.a. ein Pressegesetz gegen die Konzentration publizistischer Macht erlassen. Da es nicht gelang, die Konjunktur anzukurbeln, vollzog die Regierung 1982 einen Kurswechsel und verfolgte einen Austeritätskurs, mit dem die bedrohlich gestiegene Staatsverschuldung gesenkt werden

»Centre Pompidou«: Der französ. Präsident Valery Giscard d'Estaing (2. v. l.) bei der Einweihung des »Centre National d'Art et de Culture Georges-Pompidou« am 31.1.1977 in Paris: 3 000 Politiker und Prominente aus aller Welt waren zu diesem Anlass in das Kunst- und Kulturgebäude mit der spektakulären Außengestaltung eingeladen worden.

Links: Präsident François Mitterrand während einer Militärparade am französ. Nationalfeiertag 1988 in Paris.

Rechts: Anlässlich der 200-Jahr-Feier (1989) der Französ. Revolution ließ Präsident Mitterrand vor dem Louvre eine Glaspyramide errichten. Der umstrittene Bau dient als Eingangshalle zum größten Museum der Welt.

konnte. Die Kommunisten verließen daraufhin 1984 die Regierung. Der neue Premierminister Laurent Fabius setzte 1984 den Modernisierungskurs fort: Er trieb die Dezentralisierung voran, förderte nun auch kleine und mittlere Unternehmen und privatisierte Teile des öffentlichen Sektors.

Das neue Machtgefüge seit 1986

Trotz einiger Erfolge in der Wirtschaftspolitik siegte die Opposition in den Parlamentswahlen 1986. Es begann die Phase der so genannten Kohabitation: Der sozialistische Staatspräsident Mitterrand war zur Zusammenarbeit mit seinem politischen Widersacher, dem neuen konservativen Regierungschef Chirac, gezwungen. Mitterrand beschränkte sich auf die Ausübung seiner verfassungsmäßigen Rechte in der Außen- und Sicherheitspolitik. Die Regierung war für die übrigen Bereiche der Innen- und Wirtschaftspolitik zuständig und begann, Reformen der vorangegangenen Legislaturperiode zu korrigieren (u. a. Reprivatisierungen). Mitterrands staatsmännische Haltung stärkte den republikanischen Konsens in F. und seine eigene Popularität, was ihm 1988 einen deutlichen Sieg bei den Präsidentschaftswahlen brachte.
Zwischen 1993 und 1995 kam es zur zweiten Kohabitationsregierung mit dem gaullistischen Premierminister Edouard Balladur, nachdem

Die »Front National« und der Rechtspopulismus in Frankreich

Die 1972 von Jean Marie Le Pen gegründete rechtsextreme Front National (FN) konnte seit den 80er Jahren spektakuläre Erfolge erzielen und sich im französ. Parteienspektrum etablieren. Dahinter stand vor allem die Polemik gegen die Überfremdung Frankreichs. Die FN trat für eine Eindämmung der ausländischen Zuwanderung sowie eine verschärfte Verbrechensbekämpfung (Wiedereinführung der Todesstrafe) ein und stellte sich gegen die europäische Integration. Erfolge erzielte die FN bei Wahlen besonders in Gebieten mit hoher Einwandererzahl. Nachdem die FN 1995 mehrere Bürgermeisterwahlen gewonnen hatte (u.a. Toulon, Orange), fanden sich die demokratischen Parteien häufiger zu gemeinsamen Abwehrmaßnahmen bereit. Dies führte auch zu internen Kämpfen um die Parteiführung der FN und schließlich 1999 zur Aufspaltung eines Flügels unter Bruno Mégret. Bei der Europawahl konnte Le Pen zwar noch die Fünfprozenthürde überspringen, von früheren Wahlerfolgen war dieses Ergebnis aber weit entfernt. (Foto: Massendemonstration gegen die Front National anlässlich der Ermordung eines Algeriers in Marseille, 1995).

Stichwort: Atommacht Frankreich

Frankreichs Hegemonialanspruch in Westeuropa sollte nach dem Zusammenbruch des französ. Kolonialreichs durch den Ausbau der Atomstreitmacht untermauert werden: 1960 erfolgte der erste Test; Anfang der 70er Jahre wurden land- und seegestützte Mittelstreckenraketen mit Atomwaffen bestückt. Alle nachfolgenden Präsidenten hielten an dieser militärpolitischen Linie fest, auch Mitterrand, der ab 1981 den Ausbau der Atomstreitmacht förderte. Chirac löste 1995 mit seiner Entscheidung, die französ. Atomtests auf Mururoa wieder aufzunehmen, weltweite Proteste aus. Der Zweck der französ. Nuklearstreitmacht war nie, die US-amerikan. Nukleargarantie für Westeuropa gegenüber der UdSSR zu ersetzen. Sie machte aber diese Garantie gegenüber der UdSSR glaubwürdiger. Zugleich erlaubte sie Frankreich eine größere Unabhängigkeit und stärkte seine Position innerhalb des westlichen Bündnisses. Inzwischen lässt der Zusammenbruch des Ostblocks viele Franzosen am Sinn der teuren »Force de frappe« zweifeln. Trotzdem ist kaum ein Abrücken von der französ. Atompolitik zu erwarten, selbst wenn die Aufrechterhaltung eines gewissen Rüstungsniveaus die deutsche Wirtschaftshegemonie eher fördert als ausbalanciert. Zugleich führen die hohen Investitionen in die Atomstreitmacht zur Vernachlässigung des konventionellen Sektors.

Die wichtigsten Parteien am Ende des 20. Jahrhunderts

Name (Abkürzung)	*Politische Richtung*
Parti Socialiste (PS)	Sozialisten
Parti Communiste Français (PCF)	Kommunisten
Union pour la Démocratie française (UDF)	Liberal-konservativer Parteienbund
Rassemblement pour la République (RPR)	Neogaullistische Rechtspartei
Rassemblement du Peuple Français (RPF)	Rechtspartei
Démocratie Libérale (DL)	Liberaldemokraten
Front national (FN)	Rechtsextreme
Parti des Radicaux de Gauche (PRG)	Linke Radikalsozialisten (Linksliberale)
Mouvement des Citoyens (MDC)	Linkssozialisten
Verts	Grüne
Lutte ouvrière (LO)	Trotzkisten
Génération écologie (G.E.)	Grüne
Chasse, Pêche, Nature, Tradition (CPNT)	Jägerpartei

die rechten Parteien vier Fünftel der Sitze in der Nationalversammlung errungen und die Sozialisten wegen zahlreicher politischer Skandale und eines innerparteilichen Führungsstreits erdrutschartige Verluste erlitten hatten.

Die Präsidentschaft Chiracs: Jacques Chirac verdankte seinen Sieg in den Präsidentschaftswahlen 1995 seiner Ankündigung einer »anderen Politik« sowie der andauernden Schwäche der Sozialisten nach dem Abtreten Mitterrands von der politischen Bühne. Die von Chirac im Wahlkampf versprochene neue Politik, d. h. die Abkehr von strikter Haushaltsdisziplin und eine stärkere Ausrichtung auf staatliche Sozialleistungen, blieb nach seinem Amtsantritt aus. Nach der Auflösung des Parlaments und vorgezogenen Neuwahlen im Mai 1997, von denen sich Chirac eine Stärkung der konservativen Regierung erhofft hatte, kam es zu einem unerwarteten Sieg der Linken und damit zur Neuauflage der Kohabitation unter umgekehrten Vorzeichen: Der gaullistische Präsident muss seither mit einem sozialistischen Premierminister leben.
Die neue Regierung unter Lionel Jospin, der den PS aus dem Schatten Mitterrands geführt hatte, setzte die im Wahlkampf angekündigten Reformen durch: Einführung der 35-Stunden-Woche bei vollem Lohnausgleich; Schaffung von Arbeitsplätzen für Jugendliche; Reform der Justiz. Die nachfrageorientierte Politik stützte den Konjunkturaufschwung und suchte zugleich die sozialen Folgen der Modernisierung (insbesondere die hohe Arbeitslosigkeit) durch sozialpolitische Maßnahmen aktiv zu bekämpfen.

Die Außenpolitik der V. Republik

Nationale Alleingänge: Nachdem die Anstrengungen de Gaulles zu einer westeuropäischen Außen- und Verteidigungspolitik im Rahmen der EWG unter französ. Führung 1963 gescheitert waren, forcierte der Präsident einen nationalen Alleingang, der die Unabhängigkeit von den USA demonstrieren sollte. Neben der Schaffung der französ. Atommacht und der Blockade des weiteren Ausbaus europäischer Institutionen war der 1966 erfolgte Austritt F.s aus der militärischen Organisation der NATO ein politischer Markstein. Ziel war die Schaffung eines eigenständigen, starken Westeuropa als Basis für eine Entspannung im Ost-West-Konflikt. Daher näherte sich de Gaulle ab 1964 dem sozialistischen Lager. Sein Nachfolger Pompidou setzte diese Politik fort, auch als sich nach der

Niederschlagung des Prager Frühlings durch sowjet. Panzer 1968 der Kalte Krieg weiter zu verschärfen drohte. Um das wirtschaftlich wieder erstarkte Westdeutschland einzubinden, forcierte Pompidou die politische Zusammenarbeit im Rahmen der EG. F. stellte sich nun auch nicht länger der Aufnahme Großbritanniens in die EG entgegen.

Europäische Integration: Giscard leitete mit einer Annäherung an Westdeutschland den Ausbau der EG ein: 1974 wurde der Europäische Rat geschaffen, 1976 die Direktwahl des Europäischen Parlaments beschlossen, 1978 die Einführung des Europäischen Währungssystems. Der Widerstand der Gaullisten hinderte Giscard an der weiteren Stärkung der Gemeinschaftsorgane der EG. Mitterrand musste darauf nach 1983 keine Rücksicht mehr nehmen. Europa wurde zu seinem politischen Anliegen; gemeinsam mit dem deutschen Kanzler Helmut Kohl trieb er die europäische Integration voran. Nach der deutschen Wiedervereinigung 1990 sah Mitterrand keine Alternative zu einem geeinten Europa. Er warf sein ganzes Prestige in die Waagschale, damit der 1991 geschlossene Maastrichter Vertrag zur Schaffung einer Wirtschafts- und Währungsunion vom französ. Volk in einem Referendum 1992 gebilligt wurde.

Präsident Chirac setzte den Kurs der europäischen Einigung fort. Er musste zugleich eine stärkere Mitsprache des sozialistischen Regierungschefs Jospin akzeptieren, der auf dem Amsterdamer EU-Gipfel 1997 die Betonung der sozialen Komponente eines vereinten Europa erreichte.

Wandel der nationalen Identität: Die Einordnung in die Europäische Union wird von der politischen Führungsebene als Notwendigkeit akzeptiert. Allerdings gingen dieser europäischen Integration Widerstände in der Bevölkerung voraus, wie die Wahlerfolge der rechtsextremen Front National und der europakritischen Liste der Jäger und Angler (»chasse, pêche, nature et tradition«) im letzten Jahrzehnt des 20. Jh.s deutlich zeigen. Zugleich hat sich die V. Republik, die als starke Präsidialherrschaft begann, weit von den sie konstituierenden Merkmalen entfernt. Dabei ist weniger das Parlament als der Premierminister gegenüber dem Präsidenten der Republik gestärkt worden, was an die Konstellation aus den Anfangsjahren der III. Republik erinnert. Die Nation wird heute weniger im Sinne der klassischen staatlichen Handlungsfreiheit, also als Staatsnation verstanden, sondern eher als ein Bekenntnis zu den traditionellen Werten der Französ. Republik. *T. Hö.*

Staatsoberhäupter Frankreichs

Der III. Republik		
Reg.-Zeit	Name	Lebensdaten
1899–1906	Émile Loubet	1838–1929
1906–13	Armand Fallières	1841–1931
1913–20	Raymond Poincaré	1860–1934
1920	Paul Deschanel	1856–1922
1920–24	Alexandre Millerand	1859–1943
1924–31	Gaston Doumergue	1863–1937
1931/32	Paul Doumer	1857–1932
1932–40	Albert Lebrun	1871–1950
Der IV. Republik		
Reg.-Zeit	Name	Lebensdaten
1947–54	Vincent Auriol	1884–1966
1954–59	René Coty	1882–1962
Der V. Republik		
Reg.-Zeit	Name	Lebensdaten
1959–69	Charles A. J. M. de Gaulle	1890–1970
1969–74	Georges Pompidou	1911–1974
1974–81	Valéry Giscard d'Estaing	*1926
1981–95	François Maurice Mitterrand	1916–1996
seit 1995	Jacques René Chirac	*1932

Der französ. Premierminister Jospin (r.) und Staatspräsident Chirac (M.) mit Bundeskanzler Schröder (l.) während eines Treffens zu EU-Gesprächen am 19.3.1999 in Paris.

Gabun

Gabunische Republik

Die von Bantu-Völkern besiedelten Küstengebiete von G. wurden 1472 von portugies. Seefahrern entdeckt, die dem Ort ihrer ersten Landung wegen seiner äußeren Gestalt den Namen »Gabão« (Kapuzenmantel) gaben.

Gabun 2000	
Landesfläche	267 668 km² (WR 74)
Einwohner	1,2 Mio (WR 148)
Hauptstadt	Libreville (419 000 Einwohner)
Sprachen	Französisch, Bantu-Sprachen
Währung	CFA-Franc (FCFA)
Gliederung	9 Provinzen
Staatsform	Präsidiale Republik (seit 1961)
Religion	Katholiken (65,2%), Protestanten (18,8%); Sonstige (16%)
Bevölkerung	Fang (35,5%); Mpongwe (15,1%); Mbete (14,2%); Punu (11,5%); Sonstige (23,7%)

Gabun im 20. Jahrhundert	
1910	Durch Abtrennung von Französ.-Kongo wird Gabun eigenständiger Teil der Föderation Französ.-Äquatorialafrika.
1913	Ankunft des Missionsarztes Albert Schweitzer in Lambaréné.
1946	Gabun erhält Wahlrecht für französ. Nationalversammlung.
1958	Autonomiestatus als französ. Überseeterritorium.
1960	Unabhängigkeit unter Staatspräsident Léon Mba.
1964	Putschversuch löst Militärintervention Frankreichs aus.
1967	Tod Mbas; Nachfolger wird Albert-Bernard (Omar) Bongo.
1968	Gründung der Einheitspartei Parti Démocratique Gabonais (PDG).
1986	Fertigstellung der Trans-Gabun-Eisenbahnlinie.
1987	Beginn der Strukturanpassungsprogramme des IWF.
1990	Demokratische Reformen, Zulassung von Oppositionsparteien; umstrittene absolute Mehrheit der PDG bei ersten Mehrparteien-Parlamentswahlen.
1991	Inkrafttreten einer neuen Verfassung mit Mehrparteiensystem.
1993	Omar Bongo gewinnt erste Präsidentschaftswahl mit mehreren Kandidaten.
1994	Nach gewaltsamen Protesten Abkommen von Paris zur Lösung der innenpolitischen Krise; Übergangsregierung der nationalen Einheit.
1996	PDG-Sieg bei Wahlen zur Nationalversammlung.
1998	Nach Protestkundgebungen und Putschgerüchten Gründung des politischen Beratungsorgans Conseil National de la Démocratie (CND); Sieg Omar Bongos bei Präsidentenwahl.

Die wichtigsten Parteien im 20. Jahrhundert

Name (Abkürzung)	*Politische Richtung*	*Gründung*
Parti Démocratique Gabonais (PDG)	Einheitspartei bis 1990	1968
Mouvement de Redressement National (Morena)	demokratisch	1981
Parti Gabonais du Progrès (PGB)	demokratisch	1990
Parti Social-Démocrate (PSD)	sozialdemokratisch	1990
Rassemblement National des Bûcherons (RNB)	demokratisch	1990
Union du Peuple Gabonais (UPG)	demokratisch	1990

Davon leitete sich der spätere Landesname ab. Den Portugiesen folgten in den nächsten Jahrhunderten französ., engl. und niederländ. Siedler, die u. a. Sklavenhandel betrieben. Auf der Grundlage von Verträgen mit Bantu-Königen erwarb Frankreich 1839–41 erste Gebiete und gründete 1848/49 nach dem Verbot der Sklaverei die heutige Hauptstadt Libreville zur Ansiedlung freigelassener Sklaven aus den französ. Kolonialgebieten. Von diesem Stützpunkt aus erfolgte die weitere Kolonialisierung Äquatorialafrikas. 1886 wurde G. der Kolonie Französ.-Kongo angegliedert.

Unter französischer Herrschaft

Durch die Abtrennung von Französ.-Kongo wurde G. 1910 eigenständiger Teil der Föderation Französ.-Äquatorialafrika. Die wirtschaftliche Erschließung des schwer zugänglichen Gebiets, das bis auf die fieberverseuchte Lagunenküste von undurchdringlichem Regenwald bewachsen war, überließ die Kolonialmacht Privatgesellschaften. Diese Konzessionsfirmen beuteten das Land mit Hilfe von Zwangsarbeitern in der Folgezeit rücksichtslos aus und profitierten vom Handel mit Edelhölzern sowie anderen tropischen Produkten. Der Widerstand der einheimischen Bevölkerung kulminierte in mehreren Aufständen, deren letzter 1929 niedergeschlagen wurde. 1913–65 wirkte der elsäss. Missionsarzt Albert Schweitzer in Lambaréné, wo er sich insbes. um die Bekämpfung von Lepra und Schlafkrankheit bemühte.

Der Weg zur Unabhängigkeit

Im Zuge der Neuordnung des französ. Kolonialreichs hatten die Bewohner G.s 1946 ebenso wie alle anderen afrikan. Überseeterritorien das Wahlrecht für die französ. Nationalversammlung erhalten. Nachdem der Kolonie 1958 der Autonomiestatus zugestanden worden war, wurde sie am 17.8.1960 als Republik in die Unabhängigkeit entlassen. Auch nach 1960 blieb G., das seine Selbstständigkeit ohne politische Auseinandersetzungen mit dem Mutterland erhalten hatte, militärisch, wirtschaftlich und kulturell eng mit Frankreich verbunden. Léon Mba, ein Mitglied der Bloc Démocraticque Gabonais (BDG), amtierte als erster Präsident. 1964 versuchten Anhänger der linksgerichteten Union Démocratique et Sociale Gabonaise (UDSG) und Teile der Armee, Mba durch einen Staatsstreich zu entmachten. Durch französ. Truppen wurde der Putsch jedoch niedergeschlagen.

Einparteienstaat

Regierungswechsel: Nach Mbas Tod übernahm der bisherige Vizepräsident Albert-Bernard (nach seinem Übertritt zum Islam 1973: Omar) Bongo 1967 die Nachfolge als Staatsoberhaupt. Ein Jahr später gründete er die Einheitspartei Parti Démocratique Gabonais (PDG) mit zentralistisch-hierarchischer Struktur, an deren Spitze er bis 1989 unter Ausschaltung oppositioneller Gruppierungen regierte.
Exportboom: Neben dem Reichtum an tropischen Edelhölzern verfügt G. über große Vorkommen an Erdöl, Mangan, Uran, Eisenerz und Gold. Die Ausbeutung und Ausfuhr dieser Rohstoffe führte in den 60er Jahren zu zweistelligen Wachstumsraten, die G. das höchste Pro-Kopf-Einkommen in den Staaten südlich der Sahara einbrachte. Mit einem Exportanteil von etwa 80% stieg Erdöl seit Anfang der 60er Jahre zum volkswirtschaftlich wichtigsten Faktor auf. Zur Bewältigung des Booms war das dünn besiedelte Land gezwungen, ca. 200 000 zusätzliche Arbeitskräfte aus West- und Zentralafrika anzuwerben.
Landflucht: Als Folge der florierenden Wirtschaft setzte in G. ein tief greifender gesellschaftlicher Wandel ein, der zu Landflucht und Verstädterung führte. Viele Menschen verließen ihre Dörfer, um in den aufstrebenden Wirtschaftszweigen Ölförderung, Bergbau, Holzwirtschaft und Zulieferindustrie zu arbeiten. Der Anteil der Stadtbevölkerung stieg von 20% zur Zeit der Unabhängigkeit 1960 auf rund 50% in den 90er Jahren. Weite Teile im Zentrum und im Nordosten G.s waren im Jahr 2000 fast unbesiedelt. Vor allem junge Männer und Frauen zogen in die Städte, während alte Menschen und Kinder in den Dörfern zurückblieben. So entstand eine verzerrte Gesellschaftsstruktur mit einem wohlhabenden, an französ. Wertvorstellungen orientierten Stadtbürgertum auf der einen und einer verarmten ländlichen Bevölkerung auf der anderen Seite.
Vernachlässigung: Obwohl G. alle Voraussetzungen für eine blühende Landwirtschaft besitzt, wurde dieser Wirtschaftssektor ab den 60er Jahren stark vernachlässigt. Die nach dem Exodus der Dorfbevölkerung noch verbliebenen Regenwaldbauern betrieben mit dem Anbau von Yams, Mais, Kochbananen und Zuckerrohr nur Selbstversorgungswirtschaft. Anstatt die ausbaufähige heimische Produktion zu fördern, wurden Lebensmittel aus dem Ausland importiert. Für Nahrungsmittelimporte gab G. jährlich fast 20-mal mehr aus, als es mit Nahrungsmittelexporten (vor allem Fisch) einnahm.

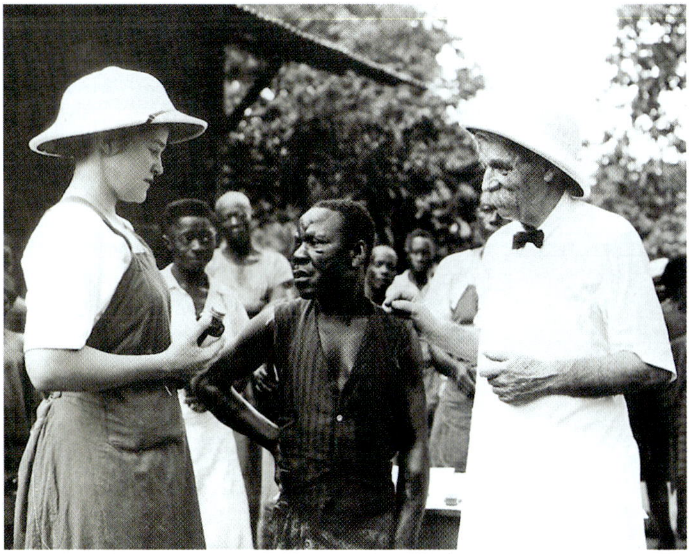

Der Missionsarzt Albert Schweitzer (r.) gründete 1913 das Tropenhospital in Lambarene. Für seine Verdienste erhielt er 1952 den Friedensnobelpreis. 1965 starb der Arzt im Alter von 90 Jahren in seiner Hütte im Urwald von Gabun.

Misswirtschaft: In den Jahren des Preisbooms für Erdöl- und Bergbauprodukte tätigte der Staat überdimensionierte Investitionen in den Ausbau der Infrastruktur (Trans-Gabun-Eisenbahn, Flughafen Franceville, Seehafen Owendo) und ließ insbes. in der Hauptstadt Libreville kostspielige repräsentative Großbauten errichten. Verstärkt durch Korruption sorgte dieses Missmanagement der öffentlichen Hand seit dem Preisverfall bei Erdöl Mitte der 80er Jahre für ein Besorgnis erregen-

Staatsoberhäupter Gabuns

Léon Mba, der die französ. Kolonie Gabun als erster Staatspräsident 1960 in die Unabhängigkeit führte, wurde 1902 geboren. Der Vertreter der Fang in Libreville und an der Gabun-Mündung kehrte nach dem Zweiten Weltkrieg aus der Verbannung (1933–46) zurück. Mit dem von Fang und Mpongwe gebildeten Comité Mixte Gabonais (CMG) schuf er die Grundlage für die Parteigründung Bloc Démocratique Gabonais (BDG, 1954). Bis zu seinem Tod 1967 führte Mba die Staatsgeschäfte in enger politischer, wirtschaftlicher und militärischer Anlehnung an die ehemalige Kolonialmacht Frankreich. 1964 wurde ein Putschversuch gegen Mba durch französ. Truppen vereitelt.

Albert-Bernard (seit 1973: Omar) Bongo, der am 30.12.1935 in Franceville geboren wurde, amtiert seit 1967 als Staatsoberhaupt Gabuns. Bis zur Zulassung des Mehrparteiensystems 1990 führte er eine auf seine Person zugeschnittene Einparteienherrschaft an der Spitze der Einheitspartei PDG. Anlässlich seines Übertritts zum Islam nahm er 1973 den Vornamen »Omar« an. Aus den ersten pluralistischen Präsidentschaftswahlen 1993 ging Bongo mit 51% der Wählerstimmen als deutlicher Sieger hervor. Die Abstimmungen waren jedoch von Manipulationsvorwürfen überschattet. 1998 wurde Bongo erneut in seinem Amt als Präsident bestätigt.

des Anwachsen der Auslandsverschuldung. Ende der 90er Jahre betrugen G.s Staatsschulden 4,5 Mrd US-Dollar.

Innenpolitische Spannungen

Demokratiebewegung: Unter dem Druck schwerer innenpolitischer Unruhen und internationaler Umwälzungen Anfang der 90er Jahre war Staatspräsident Bongo nach 22 Jahren Alleinherrschaft – formal legitimiert durch die Einheitspartei PDG – zu politischen Reformen bereit. 1990 wurden Oppositionsparteien zugelassen, 1991 erhielt G. eine neue Verfassung mit Gewaltenteilung, garantierten Menschen- und Bürgerrechten sowie Mehrparteiensystem. Nach der Staatsordnung ist der direkt gewählte Präsident zugleich Oberbefehlshaber der Streitkräfte und übt gemeinsam mit dem Kabinett die Exekutivgewalt aus. Die 1994–98 verfügten Verfassungsänderungen bekräftigten zum einen die demokratische Öffnung G.s, stärkten aber zum anderen die Machtposition des Staatsoberhauptes.

Wahlen: Bei den ersten Mehrparteien-Parlamentswahlen 1990 errang die PDG einen umstrittenen Sieg. Bongo erreichte bei der ersten pluralistischen Präsidentschaftswahl 1993 mit 51% der Wählerstimmen die absolute Mehrheit. Der Vorwurf der Wahlfälschung, den die Opposition erhob, wurde von internationalen Wahlbeobachtern bestätigt. Proteste gegen die Staatsführung zwangen Bongo 1994 zur Bildung einer Übergangsregierung der nationalen Einheit, der auch Vertreter der Opposition angehörten. Die von Bongo bis 1996 hinausgezögerten Parlamentswahlen bestätigten den Führungsanspruch der PDG, die 88 von 120 Mandaten errang. Erneut warf die Opposition der Regierung Wahlmanipulationen vor. 1998 wurde Bongo mit 67% der Stimmen wiederum zum umstrittenen Sieger der Präsidentschaftswahlen. Als Beratungsorgan, das den Dauerkonflikt zwischen Regierung und Opposition entschärfen soll, entstand 1998 der Conseil National de la Démocratie (CND).

Wirtschaftskrise: Der Preisverfall für Rohstoffe auf dem Weltmarkt ab Mitte der 80er Jahre führte in G. zur Rezession. In der Folgezeit verstärkten sich die innenpolitischen Spannungen. Die bereits 1987 vom Internationalen Währungsfonds verordneten Strukturanpassungsprogramme stabilisierten zwar ab Mitte der 90er Jahre die Wirtschaft, führten aber gleichzeitig zu sinkenden Realeinkommen, steigender Arbeitslosigkeit sowie Einschnitten im Sozial-, Bildungs- und Gesundheitsbereich. Die Staatsführung bemühte sich Ende der 90er Jahre, die einseitige Ausrichtung auf das Exportprodukt Erdöl und die damit verbundene Weltmarktabhängigkeit zu brechen. Der Ausbau anderer Wirtschaftsbereiche und die Förderung der vernachlässigten Landwirtschaft sollten Abhilfe schaffen. *B.L.*

Trans-Gabun-Bahn – kostspieliges Verkehrsprojekt zur Erschließung des Landes

Inlandverbindung: Nach 13-jähriger Bauzeit wurde 1986 die 683 km lange Trans-Gabun-Bahn (Foto) fertig gestellt, die von der Hauptstadt Libreville nach Franceville, der Heimatstadt von Staatspräsident Omar Bongo, führt und zu Gabuns wichtigsten Verkehrsadern gehört. Mit 3 Mrd US-Dollar – einem Vielfachen der ursprünglich veranschlagten Summe – gehörte die Bahnlinie zu den weltweit teuersten Eisenbahnprojekten und trug maßgeblich zur hohen Auslandsverschuldung Gabuns bei (Ende der 90er Jahre: 4,5 Mrd US-Dollar).

Infrastruktur: Infolge der Unzugänglichkeit des Regenwaldes ist Gabun verkehrsmäßig nur unzureichend erschlossen. Ein zusammenhängendes Straßennetz fehlt, weite Teile des Hinterlandes haben keine Verkehrsanbindung. Die wirtschaftlich wichtigsten Verbindungsstraßen führen vom Südosten des Landes über den Nachbarstaat Kongo (Brazzaville) zur Küste. Das nationale Flugnetz ist dagegen mit 70 Flugplätzen gut ausgebaut. Vor der Fertigstellung der Trans-Gabun-Bahn gab es keine nennenswerte Eisenbahnlinie.

Nutzen: Tropisches Edelholz gehört nach Erdöl zu den wichtigsten Exportgütern des Landes. Da die Küstenwälder bereits erschöpft sind, soll die Trans-Gabun-Bahn die bislang unzugänglichen Urwaldregionen für den Holzexport erschließen. Kritiker bezweifelten jedoch die Rentabilität der Bahnstrecke.

Gambia

Republik Gambia

G. ist das kleinste afrikan. Land und in seiner politischen Abgrenzung ein Ergebnis des Kolonialzeitalters. Die Staatsfläche umfasst nur einen schmalen Landstreifen, der sich von der Küste über 325 km entlang des Gambia River hinzieht; dabei ist G. vollständig vom Senegal umgeben.

Gambia 2000	
Landesfläche	11 295 km² (WR 156)
Einwohner	1,3 Mio (WR 146)
Hauptstadt	Banjul (271 000 Einwohner)
Sprachen	Englisch, Mandingo, Wolof
Währung	1 Dalasi (D) = 100 Butut
Gliederung	6 Bezirke
Staatsform	Präsidiale Republik (seit 1970)
Religion	Moslems (95%); Christen (4%); Sonstige (1%)
Bevölkerung	Malinké (34%); Fulbe/Fulani (16%); Wolof (13%); Diola (9%); Soninke (8%); Sonstige (20%)

Gambia im 20. Jahrhundert	
1902	Regelung zwischen den Kolonialmächten Großbritannien und Frankreich über die Grenzziehung zwischen Gambia und dem Senegal.
1948	Beginn der Gründung politischer Parteien.
1963	Großbritannien gewährt innere Autonomie.
1965	Unabhängigkeit als konstitutionelle Monarchie im Commonwealth.
1970	Umwandlung in eine Präsidialrepublik; der bisherige Premierminister Dawda Kairaba Jawara wird Staats- und Regierungschef.
1981	Putsch gegen Jawara durch senegales. Militärintervention vereitelt.
1982	Konföderation mit dem Senegal (bis 1989).
1994	Putsch gegen Jawara und Machtübernahme durch Yahya Jammeh; Aufhebung der Verfassung, Verbot von Parteien.
1996	Neue Verfassung; Wiederzulassung von Parteien; Jammeh siegt bei der Präsidentschaftswahl.
1997	Parlamentswahlen, die als frei und fair bezeichnet werden.

Britische Kolonialzeit

Anfänge: Ausgangspunkt einer dauerhaften europäischen Erschließung war die Siedlung Bathurst (seit 1973 Banjul), die Alexander Grant 1816 auf St. Mary's Island (Banjul Island) errichtete und mit befreiten Sklaven besiedelte. 1843 wurde diese Ansiedlung Teil der brit. Kronkolonie Sierra Leone. 1857 erwarb Großbritannien den französ. Stützpunkt Albreda an der Nordküste und bis 1888 wurde G. eine brit. Kolonie; sie war einem Gouverneur unterstellt, der in seinen Aufgaben von einem Exekutiv- und einem Legislativrat, deren Mitglieder ernannt wurden, unterstützt wurde.
Territorium: Da bereits zu dieser Zeit der Zuschnitt der Kolonie als politisch und wirtschaftlich wenig sinnvoll angesehen wurde, suchte Großbritannien in letztlich vergeblichen Verhandlungen mit Frankreich, der Kolonialmacht im umgebenden Senegal, G. gegen die Elfenbeinküste zu tauschen. 1890 kam es zur festen Grenzziehung von G. 1902 wurde St. Mary's Island mit seiner Siedlung Kronkolonie, das übrige G. brit. Protektorat. Bis 1951 wurde es von Großbritannien so indirekt wie möglich regiert. Die traditionelle Stammesstruktur blieb erhalten und die Häuptlinge verwalteten das Land.
Selbstverwaltung: Von 1912 an nahm im Exekutiv- und Legislativrat der Kronkolonie die Zahl der ernannten Mitglieder zugunsten der gewählten ab; ab 1951 entsandte auch das Protektorat Vertreter. Die rechtlichen Unterschiede zwischen Kronkolonie und Protektorat wurden 1960 beseitigt, als der Legislativrat durch ein für ganz G. zuständiges Repräsentantenhaus mit 34 gewählten Mitgliedern ersetzt wurde.
Parteigründungen: Schon in den 50er Jahren waren die ersten Parteien, vor allem durch die Volksgruppe der Wolofs, gegründet worden. Es war jedoch die 1958 gegründete Protectorate People's Party (später in People's Progressive Party umbenannt), welche die Unterstützung insbes. der Madinkas, der größten Bevölkerungsgruppe, fand. Ihr Vorsitzender, David Jawara (später Sir Dawda Jawara), wurde als Erster in das 1962 neu geschaffene Amt eines Premierministers gewählt. Der Exekutivrat bestand seitdem aus dem Gouverneur, dem Premierminister und acht Ministern.
Unabhängigkeit: 1963 wurde die innere Autonomie, am 18.2.1965 die vollständige Unabhängigkeit G.s als konstitutionelle Monarchie innerhalb des Commonwealth erreicht, obwohl die Vereinten Nationen einen Zusammenschluss mit dem Senegal empfohlen hatten. Der Senegal unterstützte diese Empfehlung, weil die Existenz des Staates G. die Entwicklung der senegales. Südprovinz behinderte.

Gambia und der Senegal

Republik: Nach einem Referendum wandelte sich G. am 24.4.1970 in eine Republik. Als Staatsoberhaupt trat an die Stelle des brit. Monarchen nun ein auf fünf Jahre gewählter Präsident. Dieser ernannte gemäß der Verfassung den als Premierminister fungierenden Vizepräsidenten. Das Repräsentantenhaus bestand künftig aus 35 gewählten und acht ernannten Mitgliedern sowie fünf gewählten Vertretern der Häuptlingsversammlung.

Gambias Beziehungen zu Frankreich intensivierten sich, als das Land 1982 mit dem Nachbarn Senegal, einer ehemaligen französ. Kolonie, die Konföderation Senegambia bildete (bis 1989). (Foto: Gambias Präsident Dawda Jawara mit dem französ. Staatspräsidenten François Mitterrand 1983 in Paris)

Nachbar Senegal: Traditionelle Stammesbeziehungen sowie die für beide Länder wichtigen Handelskontakte über den Gambia River führten zu zahlreichen Formen der Kooperation zwischen G. und dem Senegal. 1967 wurde ein Assoziierungsabkommen abgeschlossen, 1978 die gemeinsame Gambia River Development Organization gegründet. Hinzu kam eine weitgehende Zusammenarbeit in der Außen-, Verteidigungs- und Wirtschaftspolitik.

Erdnussproduktion: Die Wirtschaft des Landes hing vollständig von dem in Monokultur betriebenen Erdnussanbau ab. Missernten oder fallende Weltmarktpreise gefährdeten die Volkswirtschaft G.s erheblich. Seit 1975 gewährte die EWG dem durch das Lomé-Abkommen assoziierten Mitglied G. Kredite, um Schwankungen bei den Exporteinnahmen aufzufangen. Im Rahmen der Diversifizierung der Landwirtschaft wurde nun auch Baumwolle angebaut und mit chines. Hilfe der Reisanbau ausgedehnt. Der Erdnussanbau bildete auch die wesentliche Grundlage einer bescheidenen Industrialisierung, die seit 1964 mit brit. Kapital zum Bau von Ölmühlen führte. In der zweiten Hälfte der 70er Jahre begann der Aufbau einer exportfähigen Fischindustrie. Eine gemeinsame Wirtschaftspolitik zwischen dem Senegal und G. trug auch der Tatsache Rechnung, dass zahlreiche senegales. »Gastbauern« in G. für eine Periode von zwei bis drei Jahren den Erdnussanbau betrieben, bevor sie mit den erzielten Erlösen in den Senegal zurückkehrten.

Wachsende Unzufriedenheit: Jawara und seine regierende People's Progressive Party (PPP) blieben bis 1980 ununterbrochen an der Macht und begründeten damit G.s Ruf, eines der politisch stabilsten und demokratischsten Länder Afrikas zu sein. Dieser Eindruck war jedoch trügerisch. Nach der United Party (UP), die zunehmend an Bedeutung verlor, übernahm ab 1977 die National Convention Party (NCP) die Rolle der offiziellen Oppositionspartei. Korruption, steigende Arbeitslosigkeit, niedrige Löhne und Auswüchse des modernen Tourismus schufen jedoch zunehmend ein Klima der Unzufriedenheit, das 1981 zu sozialistischen Putschversuchen führte, die nur mit Hilfe senegales. Truppen niedergeschlagen werden konnten.

Senegambia: Dieses Eingreifen beschleunigte den Zusammenschluss beider Staaten zur Konföderation Senegambia (1982). Der Präsident des Senegal amtierte nun als Präsident der Föderation, das Staatsoberhaupt G.s als sein Vizepräsident. Da die Souveränität beider Länder erhalten blieb, regierte auch Jawara weiter als Staats- und Regierungschef, bis 1985 allerdings unter Ausnahmerecht. Im August 1989 zerbrach die Föderation, da sich Jawara dem vom Senegal angestrebten weitergehenden Zusammenschluss widersetzte.

Staatsoberhäupter Gambias

Reg.-Zeit	*Name (Herrschergeschlecht)*	*Lebensdaten*
1965–70	Elizabeth II. (Windsor)	*1926
1970–94	Sir Dawda Kairaba Jawara	*1924
1994–96	Militärjunta unter Yahya A. J. J. Jammeh	*1965
seit 1996	Yahya A. J. J. Jammeh	*1965

Die wichtigsten Parteien im 20. Jahrhundert

Name (Abkürzung)	*Politische Richtung*	*Gründung*
Democratic Party	konservativ-liberal	1951
The Muslim Congress Party (CP)	islamistisch; 1968 mit der PPP verschmolzen	1952
United Party (UP)	sozialistisch	1952
The People's Progressive Party (PPP)	prosenegales.; 1994 verboten	1959
National Convention Party (NCP)	sozialistisch; 1994 verboten	1977
National Liberation Party	sozialdemokratisch	1977
Gambia People's Party (GPP)	sozialdemokratisch; 1994 verboten	1986
Alliance for Patriotic Reorientation and Construction (APRC)	sozialistisch	1996
National Reconciliation Party (NRP)	liberal	1996
People's Democratic Organization for Independence and Socialism (PDOIS)	sozialistisch	1996
United Democratic Party (UDP)	liberal; Sammlungspartei der Politiker aus der Zeit vor dem Militärputsch	1996

Wirtschaftskrise: In den 90er Jahren gelang es Jawara nicht, die wirtschaftliche Situation G.s zu verbessern. Erdnüsse blieben wichtigstes Exportgut, ein wirtschaftlicher Aufbau entstand nur dort, wo er durch europäische oder saudi-arab. Entwicklungshilfe finanziert wurde. Staatliche Sozialeinrichtungen und selbst die Schifffahrt auf dem Gambia River waren nicht das Ergebnis staatlicher Investitionen, sondern Teil von Entwicklungshilfeprojekten. Die allgemeine wirtschaftliche Krise, aber auch die zahlreichen Korruptionsaffären und Privilegien Jawaras und seiner Minister bereiteten nicht nur den Boden für den Putsch der Militärjunta unter Yahya Jammeh am 26.7.1994, sondern sorgten auch dafür, dass der Umsturz vom Volk weitgehend akzeptiert wurde und unblutig verlief. Jawara floh ins Ausland.

Politischer Neuanfang

Militärregime: Die Suspendierung der Verfassung, ein Verbot der bestehenden Parteien, insbes. der PPP, eine Verhaftungswelle und die Beendigung der 1990 begonnenen Militärkooperation mit Nigeria waren die ersten Maßnahmen der neuen Regierung; aus Protest gegen Menschenrechtsverletzungen stellten die EU, Japan und die USA ihre Entwicklungshilfezahlungen ein.

Neue Verfassung: Frühzeitig stellten Jammeh und sein Armed Forces Provisional Ruling Council (AFPRC) eine Rückkehr zur Demokratie in Aussicht, sobald Korruption und Verschwendung beseitigt seien. Mit ausländischer Beteiligung wurde eine neue Verfassung erarbeitet, die am 8.8.1996 in Kraft trat. Danach ist G. eine präsidiale Republik im Commonwealth mit Mehrparteiensystem, Gewaltenteilung und Bürgerrechten, jedoch auch großer Machtfülle des Präsidenten. Als Staatsoberhaupt, Regierungschef und Oberbefehlshaber der Armee hat er das Recht, in Notsituationen Bürgerrechte außer Kraft zu setzen und per Dekret zu regieren. Das Ein-Kammer-Parlament der Nationalversammlung umfasst 49 Mitglieder, von denen 45 nach dem Mehrheitswahlrecht gewählt werden.

Wahlen: Während ausländische Beobachter bei der Präsidentschaftswahl von 26.9.1996, aus der Jammeh mit 55% der Stimmen als Sieger hervorging, noch Repressalien rügten und Manipulationen vermuteten, wurden die Parlamentswahlen vom 2.1.1997, bei denen Jammehs Partei Alliance for Patriotic Reorientation and Construction (APRC) die Mehrheit gewann, als frei und fair bezeichnet. Nach den Präsidentschaftswahlen wurde der AFPRC aufgelöst und nach den Parlamentswahlen durch ein Kabinett ersetzt. Anfang 1997 wurden die politischen Gefangenen amnestiert.

Reformen: Wirtschaftlich gehört G. noch immer zu den am wenigsten entwickelten Ländern der Erde. Der Regierung Jammeh gelang es in den 90er Jahren, Kredite vom Internationalen Währungsfonds (IWF) zu erhalten. Die IWF-Auflagen umfassen ein Privatisierungsprogramm und eine Verwaltungsreform mit Sparmaßnahmen bei der öffentlichen Hand. Daneben entwickelte die Regierung das ambitionierte Programm »Vision 2020«, das neben der Förderung von Wirtschaft und Infrastruktur Verbesserungen im Bildungs- und Gesundheitswesen vorsieht. *H.-W. W.*

Der Fischreichtum der Küstengewässer und des Gambia River wurde seit den 90er Jahren zur Grundlage einer volkswirtschaftlich bedeutenden Industrie. (Foto: Traditionelle Fischverarbeitung am Strand, 1989)

Der Tourismus ist in den letzten Jahrzehnten eine wichtige Deviseneinnahmequelle des Agrarstaats Gambia geworden. (Foto: Ausflugsboot im Dreambird Camp bei Georgetown)

Georgien 2000	
Landesfläche	69 700 km² (WR 118)
Einwohner	5,4 Mio (WR 102)
Hauptstadt	Tbilissi (1,25 Mio Einwohner)
Sprache	Georgisch, Russisch, Armenisch
Währung	1 Lari = 100 Tetri
Gliederung	79 Bezirke
Staatsform	Präsidialrepublik (seit 1995)
Religion	Christen (83%); Moslems (11%); Sonstige (6%)
Bevölkerung	Georgier (72%); Armenier (8%); Aseri (5,6%); Russen (5,5%); Osseten (3%); Sonstige (5,9%)

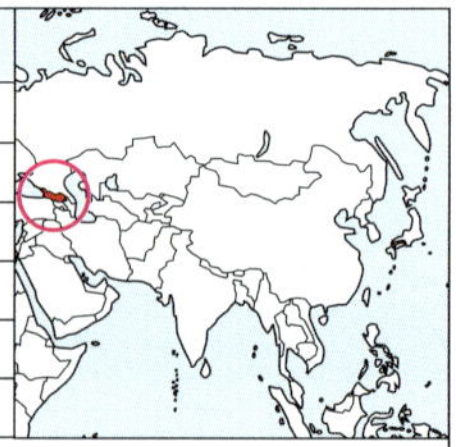

Georgien im 20. Jahrhundert	
1918	Ausrufung der Unabhängigkeit unter deutschem Protektorat (26.5.).
1920	Russ. Räteregierung erkennt Unabhängigkeit Georgiens an (7.5.).
1921	Besetzung durch Rote Armee: Georg. Sozialistische Räterepublik.
1922	Transkaukas. Sowjetrepublik mit Armenien und Aserbaidschan.
1924	Niederschlagung eines Aufstandes gegen Sowjetisierung Georgiens.
1936	Eigenständige Georg. Sozialistische Sowjetrepublik in der UdSSR.
1956	Erneut Niederschlagung von georg. Aufstand gegen Sowjetisierung.
1972	Eduard Schewardnadse wird Erster Sekretär der Kommunistischen Partei Georgiens.
1978	Sowjet. Verfassung gegen Georg. als Staatssprache: Widerstand.
1989	Demonstrationen für die Unabhängigkeit Georgiens unter Einschluss von Abchasien; Südosseten fordern mehr Autonomie bzw. Anschluss an den Norden.
1990	Souveränitätserklärung durch den Obersten Sowjet Georgiens (9.3.).
	Wahlen: Sieg des Bündnisses Runder Tisch – Freies Georgien.
	Swiad Gamsachurdia wird Vorsitzender des Obersten Sowjet (14.11.).
1991	Unabhängigkeitserklärung (9.4.) nach klarem Votum im Referendum.
	Gamsachurdia wird in direkter Wahl Staatspräsident (27.5.).
	Autonomes Gebiet Südossetien erklärt erneut seine Unabhängigkeit.
1992	Präsident Gamsachurdia flieht aus der Hauptstadt Tbilissi (6.1.).
	Schewardnadse wird Vorsitzender eines neuen Nationalrates.
	Die »Republik Abchasien« erklärt ihre Unabhängigkeit (21.7.).
1993	Verschärfung des Konfliktes in Abchasien: Niederlage Georgiens.
	GUS-Friedenstruppen und UN-Beobachter im abchas. Suchumi.
	Georgien GUS-Mitglied: russ. Unterstützung gegen Aufständische.
1994	Parteienvielfalt: gemeinsame Erklärung im Interesse Georgiens.
	Waffenstillstand in Abchasien: GUS-Friedenstruppen, insbes. Russen.
1995	Präsidentenwahlen: Schewardnadse mit 75% der Stimmen gewählt.
	Parlamentswahlen: Bürgerunion von Georgien wird stärkste Partei.
	Niko Lekischwili vom Präsidenten zum Staatsminister ernannt.
1996	Strafverfolgung (ehemaliger) politischer Gegner Schewardnadses.
	Wahlen zur Nationalversammlung (Parlament) in Abchasien (23.11.).
1997	Regierungskrise wegen Korruptionsaffäre: Rücktritte im Kabinett.
	Justizreform: Einführung Justizrat, Abschaffung Todesstrafe.
1998	Erneutes Attentat auf Schewardnadse (nach 1992 und 1995; 9.2.).
	Kabinettsumbildung: neuer Staatsminister Wascha Lordkipanidse.
	Anhänger Gamsachurdias weiter aufständisch, z.B. in Westgeorgien.
1999	Mitglied im Europarat und Partnerschaftsabkommen mit der EU.
	Parlamentswahlen: Bürgerunion gewinnt Mehrheit (31.10./14.11.).
	Umstrittener Besuch von Papst Johannes Paul II. (8.11.).

Georgien

Republik Georgien

Die früh christianisierten Kaukasier G.s durchlebten in ihrer jahrtausendealten Geschichte sowohl Blütezeiten (z. B. 11.–13. Jh.) als auch Fremdherrschaft und Zersplitterung (z. B. 16.–18. Jh.). Am 18.1.1801 annektierte das Zarenreich G., als russ. Truppen zu einem Eroberungszug nach Indien geschickt wurden. Diese eher beiläufige Annexion sollte knapp 200 Jahre Bestand haben.

Sowjetrepublik

Unabhängigkeit: Nach der Oktoberrevolution von 1917 erklärte sich G. am 26.5.1918 unter deutschem Protektorat für unabhängig. Die russ. Räteregierung erkannte dies zwei Jahre später vertraglich an. In G. entwickelten sich zwar Ansätze zu einem Sozialismus menschewistischer Prägung, doch im Februar 1921 beendete der Einmarsch der Roten Armee dieses Experiment. Die Georg. Sozialistische Sowjetrepublik mündete sodann 1922 in die Transkaukas. Sozialistische Föderative Sowjetrepublik mit Armenien und Aserbaidschan. Am 30.12.1922 wurde die Sowjetunion gegründet.

Verfolgung: Der Georgier Josif V. Dzhugashvili, genannt Stalin, und seine Beauftragten führten in G. eine aggressive Nationalitätenpolitik durch. Wegen Stalins Bestreben, G. als autonome Republik der russ. Sowjetrepublik einzuverleiben, kam es zum Zerwürfnis mit Lenin. Die Georgier wehrten sich u. a. in Aufständen gegen Sowjetisierung und Russifizierung (z. B. 1924 und 1956). 1936 wurde eine eigenständige Georg. Sozialistische Sowjetrepublik gebildet.

Georgien unter Schewardnadse: Das ausgeprägte Nationalbewusstsein der Georgier blieb in der gesamten Sowjetepoche erhalten. Als Eduard Schewardnadse 1972 Erster Sekretär der Kommunistischen Partei (KP) G.s wurde, »säuberte« er die Polit- und Parteikader von politischen Gegnern; in der Folgezeit entstand eine Dissidentenbewegung. Die sowjet. Verfassung von 1978, die das Georg. als Staatssprache schwächen sollte, rief erbitterten Widerstand hervor.

Glasnost und Perestroika: Die Freiheiten unter dem sowjet. Generalsekretär der KPdSU, Michail Gorbatschow, nutzend, breitete sich die nationale Bewegung 1988 weiter aus. Als im April 1989 Demonstranten in Tbilissi die Unabhängigkeit G.s sowie den

Verbleib Abchasiens bei der Republik forderten, griffen sowjet. Einheiten ein. In der Folge verbündeten sich verschiedene georg. Gruppierungen gegen Moskau, während gleichzeitig nationale Spannungen wegen der autonomen Territorien Abchasien, Adscharien und Südossetien in G. wuchsen.

Sezession von der UdSSR

KP und Legislative: Der von der KP dominierte Oberste Sowjet erklärte schließlich am 9.3.1990 die Souveränität des Landes und schaffte das Parteimonopol ab. Radikale Oppositionsparteien, die ein Gegenparlament wählen ließen, verschärften die innenpolitische Lage. Bei den Wahlgängen zum Obersten Sowjet siegte das oppositionelle Parteienbündnis »Runder Tisch – Freies G.«. Ihr Führer Swiad Gamsachurdia wurde am 14.11.1990 zum Parlamentsvorsitzenden gewählt. Das neue Parlament setzte sofort Gesetze in Kraft, die sich gegen einen Verbleib in der Sowjetunion richteten und nationalen Interessen dienten (z. B. Flagge).

Unabhängigkeit und Unruhen: Mit Inkrafttreten der Unabhängigkeit am 9.4.1991 trennte sich G. als erste Sowjetrepublik von der UdSSR. Ein Referendum im März hatte ein eindeutiges Votum für die Loslösung von der Sowjetunion erbracht. Am 27.5.1991 gelangte Gamsachurdia (1991/92) in direkter Wahl in das Amt des Staatspräsidenten. Schon bald formierte sich jedoch Widerstand gegen den autoritären Amtsinhaber, da Gamsachurdia im Sommer Sympathien für die Putschisten in Moskau erkennen ließ. Danach organisierte die georg. Opposition Demonstrationen in Tbilissi. Ab Dezember kam es schließlich zu bewaffneten Zusammenstößen von Gegnern und Anhängern des Präsidenten.

Phase des Bürgerkriegs

Flucht, Übergang, Konsolidierung: Die Gegner Gamsachurdias gruppierten sich um Tengiz Kitovani, den Ex-Führer der Nationalgarde, Tengiz Sigua, einen Ex-Vorsitzenden des Ministerrats, und Jaba Joseliani, der paramilitärische Verbände leitete. Am 6.1.1992 musste Gamsachurdia aus der Hauptstadt fliehen, nachdem es in schweren Kämpfen über 100 Tote gegeben hatte. Das Präsidentenamt wurde abgeschafft und Sigua zum Vorsitzenden des Ministerrats ernannt. Mit der Rückkehr des ehemaligen sowjet. Außenministers Schewardnadse im März 1992 stabilisierte sich die Lage etwas. Nach seiner Wahl zum Vorsitzenden eines provisorischen Nationalrats verhinderte er die Rückkehr Gamsachurdias an die Macht. Die Konflikte mit dessen Anhängern, die hochrangige Politiker als Geiseln nahmen, setzten sich allerdings fort, insbes. in Abchasien.

Oberster Rat: Der Oberste Rat, der den Obersten Sowjet abgelöst hatte, wurde am 11.10.1992 neu gewählt. Ein heterogener zentristischer Friedensblock errang zwar die meisten Sitzen, aber insgesamt ergab sich eine Pattsituation. Als Kandidat für den Parlamentsvorsitz erreichte Schewardnadse 95% der Stimmen und war somit in einem Amt (1992–95) legitimiert, das faktisch dem eines Präsidenten entsprach.

Autonome Territorien

Abchasien: Die moslemischen Abchasen leben in ihrer autonomen Republik (seit 1930) in der Minderheit. Ihr Unabhängigkeitsstreben stieß daher nicht nur in Tbilissi und Moskau auf Ablehnung, sondern auch bei der Mehrheit der Georgier in Abchasien. Diese unterstützten den nationalistischen Kurs Gamsachurdias.

Staatsoberhäupter Georgiens[1)]

Reg.-Zeit	*Name (Herrschergeschlecht)*	*Lebensdaten*
1894–1917	Nikolaj II. (Romanov), russ. Zar	1868–1918
1917/18	Jevgenij P. Gegetschkori	1881–1954
1991/92	Swiad Gamsachurdia	1939–1993
seit 1992	Eduard Schewardnadse	*1928

1) 1918–20 unabhängig; 1920–91 unter Räte-/Sowjetherrschaft; 1992 Übergangsphase

Die wichtigsten Parteien im 20. Jahrhundert

Name (Abkürzung)	*Politische Richtung*	*Gründung*
Georg. Sozialdemokratische Partei	(einst) menschewistisch	1893/1990[1)]
Nationaldemokratische Partei von Georgien	christdemokratisch	1917/1981[1)]
(Vereinigte) Kommunistische Partei Georgiens	kommunistisch	1920/1994[1)]
Georg. Volksfront	national	1989
Runder Tisch – Freies Georgien	Oppositionsbündnis	1990
Allgeorg. Union für Erneuerung (SSAK)	adschar. Regionalpartei	1992
Bürgerunion von Georgien (SMK)[2)]	zentristisch	1993
Vereinigte Republikanische Partei	Nachfolger d. Volksfront	1995
Die Industrie wird Georgien retten (IWSG)	fortschrittlich	1997
Front zur Wiederherstellung der legitimen Macht in Georgien	Gamsachurdia-Bündnis	1997
Georg. Arbeiterpartei (Schromis)	sozial	1997
Partei zur Befreiung Abchasiens	georg. Interessen in Abchasien	1998

1) Wiederbegründung; 2) Regierungspartei

Oppositionsgruppen machten Ende 1991 gegen das autoritäre Regime von Präsident Swiad Gamsachurdia militärisch mobil. Als dieser am 6.1.1992 nach Grosny floh, waren in der georg. Hauptstadt Tbilissi bereits mehr als 100 Menschen ums Leben gekommen. Aber insbes. im Westen Georgiens formierten sich »Swiadisten« immer wieder gegen die neue Führung unter Präsident Eduard Schewardnadse. Am 31.12.1993 starb Gamsachurdia, möglicherweise durch Selbstmord. Die Guerilla-Aktionen seiner Anhänger setzten sich jedoch bis Ende der 90er Jahre fort. (Foto: Kämpfe in Tbilissi am 26.12.1991)

1992 erfolgte eine Unabhängigkeitserklärung der »Republik Abchasien«. Danach kam es zu bewaffneten Konflikten zwischen Abchasen, Georgiern und Russen. Die georg. Truppen unterlagen in den Kämpfen und mussten im Oktober 1993 abziehen. Ab 1993 waren GUS-Friedenstruppen und UN-Beobachter u.a. in der abchas. Hauptstadt Suchumi stationiert. Abchasien verschärfte Ende 1994 die Konfrontation mit G., als das abchas. Parlament seinen Vorsitzenden Wladislaw Ardsinba zum Präsidenten wählte. Zudem verabschiedete die Volksvertretung eine Verfassung, in der Abchasien als souveräner Rechtsstaat bezeichnet wird. Schewardnadse fand jedoch in seinem Bestreben, die territoriale Integrität G.s zu wahren, internationale Unterstützung. Dennoch war Abchasien bis 2000 de facto weitgehend unabhängig.

Adscharien: Die Adschar. Autonome Republik im Südwesten G.s existiert seit 1921. Die Adscharen sind ein georg., aber moslemisches Volk; Konflikte mit orthodoxen Georgiern und Russen in der Republik in den 90er Jahren waren vorwiegend religiöser Natur. Die ethnischen Adscharen stellen in ihrer Republik (etwa 400 000 Einwohner) die Bevölkerungsmehrheit (ca. 83%).

Südossetien: Südossetien ist ein autonomes Gebiet im Norden G.s, während Nordossetien als autonome Republik zu Russland gehört. Seit 1989 forderten die Osseten, ein ostiran. Volk, mehr Autonomie in G. bzw. die Vereinigung mit Nordossetien innerhalb Russlands. Es kam zu Zusammenstößen zwischen Osseten, Georgiern und sowjet. Einheiten. Nach der Auflösung der UdSSR erklärte Südossetien mehrfach seine Unabhängigkeit, die jedoch von G. nicht anerkannt wurde. Seit 1992 kämpften Georgier gegen Osseten, die aus dem russ. Nordossetien Unterstützung erhielten. Auch nach einem Waffenstillstand blieb der Status Südossetiens in der Schwebe. Die OSZE vermittelte 1996 Gespräche; die Lage verschärfte sich jedoch erneut, als die Südosseten 1996 Präsidentschaftswahlen durchführten, aus denen Ludwig Tschibirow als

Präsident Eduard A. Schewardnadse

Eduard Schewardnadse (*25.1.1928) ist im Bewusstsein der westlichen Öffentlichkeit eher als sowjet. Außenminister präsent denn als Präsident Georgiens. 1985–90 spielte der charismatische Politiker unter Gorbatschow eine wichtige Rolle bei Perestroika und Glasnost. Für die Georgier ist Schewardnadse Integrations- und Reizfigur zugleich. Er prägt seit 1992 entscheidend und mit harter Hand die Geschicke des Landes. Unvergessen bleibt aber vor allem sein zähes Verteidigen der nationalen georg. Interessen während der Jahre 1972–85, als sich Schewardnadse als KP-Chef seiner Heimatrepublik gegen den Moskauer Zentralismus zu behaupten wusste. (Foto: Schewardnadse im Mai 1992)

Sieger hervorging. 1998 erklärten sich Schewardnadse und Tschibirow zu einer politischen Lösung bereit.

Kampf um den Machterhalt

Krisen: Das Jahr 1993 war durch eine Regierungskrise gekennzeichnet, in deren Verlauf u.a. Kitovani entmachtet wurde. Zudem rückten vom Westen G.s aus wieder Gamsachurdia und seine Anhänger, die Swiadisten, ostwärts vor. Nachdem G. 1993 der Gemeinschaft Unabhängiger Staaten (GUS) beigetreten war, wurden die Aufständischen mit Hilfe russ. Truppen zurückgeschlagen. Gamsachurdia starb Ende 1993 unter tragisch-mysteriösen Umständen. Schewardnadse und die parlamentarische Opposition verabschiedeten im Mai 1994 eine gemeinsame Erklärung im Interesse des Landes, um die Lage in G. zu stabilisieren; aber Gewaltakte gegen Politiker und Minderheiten sowie mafiose Strukturen breiteten sich weiter aus.

Neue Legislative: Im August 1995 nahm der Oberste Rat eine neue Verfassung an, die wieder das Präsidentenamt vorsah, aber eine Klärung des Status von Abchasien und Südossetien noch aufschob. Am 5.11.1995 fanden Präsidentschafts- und Parlamentswahlen statt. Mit 75% der Stimmen wurde Schewardnadse in das Amt des Staatsoberhauptes (ab 1995) gewählt. Die 1993 von ihm gegründete Bürgerunion von Georgien wurde stärkste Partei im Parlament (107 von 231 Sitzen). Insgesamt waren elf Parteien im Obersten Rat vertreten. Zum Staatsminister – vergleichbar mit dem Amt eines Ministerpräsidenten ernannte Schewardnadse Niko Lekischwili (1995–98).

Strafverfolgung und Skandale: Militante Gegner des Präsidenten sowie Anhänger Gamsachurdias wurden nun strafrechtlich verfolgt und erhielten teilweise langjährige Haftstrafen. Eine Korruptionsaffäre löste 1997 eine Regierungskrise aus; mehrere Regierungsmitglieder traten von ihrem Amt zurück. Im Rahmen einer Justizreform wurden im Rechtswesen zusätzliche Kontrollfunktionen eingeführt und die Todesstrafe im November 1997 abgeschafft.

Weitere Aktionen von Aufständischen ließen G. nicht zur Ruhe kommen: Ein Attentat auf Präsident Schewardnadse am 9.2.1998 wurde den Swiadisten zur Last gelegt, ebenso ein Aufruhr in Westgeorgien am 18./19.10.1998 sowie mehrere Streiks im Januar 1999. Im Juli 1998 bildete Schewardnadse erneut sein Kabinett um. Neuer Staatsminister wurde Wascha Lordkipanidse (ab 1998). Aus den Parlamentswahlen im Herbst 1999 ging die zentristische

Georgische Sezessionsgebiete

Bürgerunion Schewardnadses wiederum als Siegerin hervor; sie errang 130 von 235 Abgeordnetenmandaten.

Außenbeziehungen: 1999 wurde G. Mitglied des Europarats und schloss ein Partnerschafts- und Kooperationsabkommen mit der EU. Der Besuch von Papst Johannes Paul II. im November 1999 wurde kontrovers aufgenommen, da sich die Georg. Orthodoxe Kirche der Ökumene verschließt.

Wiederwahl: Die turnusmäßigen Präsidentschaftswahlen vom 9.4.2000 konnte Amtsinhaber Schewardnadse für sich entscheiden. Er erreichte 79,8% der Wählerstimmen, während von seinen fünf Gegenkandidaten nur Jumber Patiaschwili auf beachtliche 16,7% kam. Somit ist Schewardnadse, der G. seit 1992 regiert, für fünf Jahre wieder gewählt. *B.S.*

Ilija II., der Patriarch der Georg. Orthodoxen Kirche, empfing am 8.11.1999 Papst Johannes Paul II. in seinem Haus in Tbilissi. Ziel der Papstreise in das mehrheitlich orthodoxe Georgien war eine Annäherung zwischen der katholischen und der Georg. Orthodoxen Kirche.

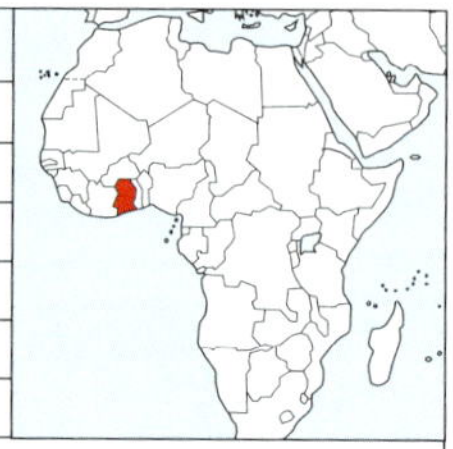

Ghana 2000	
Landesfläche	238 533 km² (WR 78)
Einwohner	19,7 Mio (WR 50)
Hauptstadt	Accra (1,9 Mio Einwohner)
Sprachen	Englisch, 75 Sprachen u. Dialekte
Währung	1 Cedi (c) = 100 Pesewas
Gliederung	10 Regionen, 58 Distrikte
Staatsform	Präsidiale Republik (seit 1979)
Religion	Christen (62%); Naturreligionen (23%); Moslems (15%)
Bevölkerung	Akan (52,4%); Mossi (15,8%); Ewe (11,9%); Ga-Adangme (7,8%); Gurma (3,3%); Sonstige (8,8%)

Ghana im 20. Jahrhundert

1901	Endgültige Angliederung von Ashanti und der nördlichen Landesteile an die brit. Kronkolonie Goldküste.
1922	Angliederung des Westteils der deutschen Kolonie Togo, der Großbritannien als Völkerbundmandat überlassen worden ist.
1952	Kwame Nkrumah wird Premierminister.
1957	Unabhängigkeit Ghanas unter Premierminister Nkrumah.
1960	Umwandlung in eine Republik.
1966	Sturz Nkrumahs durch Militärputsch unter General Joseph Arthur Ankrah.
1969	Beginn der »Zweiten Republik« unter Premierminister Kofi Busia.
1972	Militärputsch durch Oberst Ignatius Kutu Acheampong.
1978	Machtübernahme durch General Frederick Akuffo.
1979	Staatsstreich durch Hauptmann Jerry John Rawlings; Hinrichtung der ehemaligen Militärherrscher Ankrah, Acheampong und Akuffo.
	Nach Wahlen Beginn der »Dritten Republik« unter Präsident Hilla Limann.
1981	Erneute Machtübernahme des Militärs unter Rawlings.
1983	Beginn der IWF-Weltbank-Strukturanpassungspolitik.
1989	Zunehmender Demokratisierungsdruck von innen und außen.
1992	Einführung einer demokratischen Verfassung; aus Präsidentschafts- und Parlamentswahlen gehen Rawlings und sein National Democratic Congress (NDC) siegreich hervor.
1993	Rawlings wird als Präsident vereidigt; Proklamation der »Vierten Republik«.
1994	Beginn blutiger Konfrontationen rivalisierender Volksgruppen in West- und Nordghana (bis 1997).
1996	Erneuter Wahlsieg Rawlings' und des NDC.
1999	Weiteres IWF-Strukturanpassungsabkommen.

Das Reich der Ashanti im heutigen Ghana

Aufstieg und Zerfall: Zu den großen afrikan. Reichen, die im Zuge der Kolonialisierung zerstört wurden, gehörte das der Ashanti. Diese waren ab dem 15. Jh. aus dem Sudan in das Gebiet westlich des Volta vorgedrungen. Als Reichsgründer gilt Osel Tutu (1695 bis 1731), der benachbarte Stämme besiegte und ein durch Beamtentum und Krieger straff organisiertes Reich mit der Hauptstadt Kumasi schuf. Wirtschaftliche Grundlagen waren Landwirtschaft und Goldbergbau. Araber brachten das Ashanti-Gold – unbearbeitet, aber auch als prachtvolle Goldschmiedearbeit – über Timbuktu und Agades ans Mittelmeer. Der König (Asantahene) und der Kronrat waren allmächtig. Der angeblich vom Himmel gekommene heilige Stuhl, ein mit Goldblech überzogener Schemel, galt als Sitz der Seele der Gottkönige, als Symbol der Einheit und des Ahnenkults. Die Einkünfte aus dem Gold- und Sklavenhandel mit den Europäern ermöglichten den Kauf von Feuerwaffen für zahlreiche Kriege, zuletzt gegen die Engländer, die von ihren Handelsstützpunkten an der Küste drei Feldzüge gegen die Ashanti unternahmen und 1874 Kumasi fast völlig zerstörten. Doch gelang es ihnen erst 1902, das Königreich der Ashanti vollständig zu unterwerfen.

Ghana

Republik Ghana

Die neuzeitliche Geschichte von G. begann 1471, als portugies. Händler auf der Suche nach Gold, Elfenbein und Gewürzen an der Küste landeten. Den Portugiesen folgten Holländer, Dänen, Schweden, Preußen und Briten. An die Stelle des Goldhandels trat bald der Sklavenhandel, bis er 1807 von Großbritannien verboten wurde.

Die koloniale Entwicklung

Handelsstützpunkte: Das 19. Jh. war geprägt von intensivem Handel und vom Rückzug aller europäischen Mächte außer Großbritannien. Die Briten führten 1806–1901 sieben Kriege gegen die mächtige Föderation der Ashanti-Stämme im Norden, die sich im Konflikt mit den Küstenstämmen befanden, da sie sich als Sklavenfänger für die europäischen Händler betätigt hatten. Nachdem die brit. Krone 1821 den Anteil der hier tätigen brit. Handelsgesellschaften übernommen und 1850 die Forts der Dänen, 1872 die der Niederländer aufgekauft hatte, wurden die europäischen Küstensiedlungen 1874 zur Kronkolonie Goldküste zusammengefasst und die nördlichen Gebiete zum brit. Protektorat erklärt. Diesem wurde 1901 das besiegte Königreich der Ashanti angegliedert.

Gebietserweiterung: 1922 kam durch Beschluss des Völkerbunds ein Teil der früheren deutschen Kolonie Togoland unter brit. Mandat; nach dem Zweiten Weltkrieg wurde es UN-Treuhandgebiet unter brit. Verwaltung. In der gesamten Zeitspanne wurde Togoland von der Kronkolonie Goldküste aus verwaltet.

Kakaoexport: Weltwirtschaftliche Bedeutung erlangte G. als größter Kakaoproduzent der Welt. 1879 waren die ersten Kakaosetzlinge von Guinea importiert worden, 1891 begann der Export von Kakaobohnen und 1925 übernahm Kakao die führende Stellung in G.s Wirtschaft.

Nationalbewegung: Ab 1920 entstand unter der Führung von Häuptlingen und westlich erzogenen Juristen sowie Geistlichen eine moderne Nationalbewegung. Nachdem die Kolonialbehörden bereits 1946 eine begrenzte lokale Selbstverwaltung zugestanden hatten, wurde 1949 eine Kommission zur Revision der Verfassung als Vorstufe zur Unabhängigkeit eingesetzt. Auf einheimischer Seite befürwortete vor allem die UGCC diese Vorgehensweise. Kwame Nkrumah und seine CPP hingegen forderten die sofortige Unabhängigkeit; er wurde deshalb angeklagt und unter dem Vorwurf der Aufwiegelung verurteilt.

Weg in die Unabhängigkeit: Gemäß der neuen Verfassung wurden 1951 Wahlen abgehalten und eine Regierung mit afrikan. Majorität gebildet. Da die CPP die überwältigende Mehrheit erlangt hatte, wurden Nkrumah und seine Anhänger wieder freigelassen. Die Verfassungsänderung von 1954 führte zu weiterer Selbstbestimmung. Zwei Jahre später verabschiedete das Parlament eine Resolution, in der die Unabhängigkeit gefordert wurde. Am 6.3.1957 erlangten die Goldküste, das ehemalige Ashanti-Königreich, das nördliche Protektorat und das Togoland-Treuhandgebiet unter dem Namen »Ghana« die Unabhängigkeit innerhalb des Commonwealth. Gana war der Name eines großen westsudanes. Reiches. Der Name wurde als Ausdruck afrikan. Selbstbewusstseins und Stolzes auf die Vergangenheit gewählt. Die Goldküste war das erste Land in Kolonialafrika, das in die Unabhängigkeit entlassen wurde.

Kwame Nkrumahs »Erste Republik«

Kampf gegen Diskriminierung: Zu den ersten Maßnahmen des unabhängigen und unter Premierminister Nkrumah (1952–60) auf staatliche Einheit bedachten G. gehörte 1957 der Erlass des »Avoidance of Discrimination Act«, der die Gründung von Parteien verbot, die rassische, regionale oder religiöse Interessen verfolgten. Dies führte dazu, dass sich die Oppositionsparteien zur Sammlungsbewegung der United Party (UP) zusammenschlossen. Am 1.7.1960 wurde das Land eine Republik.

Machtsicherung: 1960–65 erlangte Nkrumah sukzessive die Kontrolle über nahezu alle wirtschaftlichen, politischen, kulturellen und militärischen Angelegenheiten. Nach den Wahlen von 1960 wurde den Oppositionsparteien die offizielle Anerkennung entzogen, führende Oppositionspolitiker wurden in Gewahrsam genommen.

Panafrikanismus: 1961 leitete Nkrumah eine sozialistische Politik ein; er wollte G. rasch industrialisieren und die allgemeine Schulpflicht einführen. Seine Polemik gegen den westlichen »Neokolonialismus« führte zur Stagnation westlicher Wirtschaftshilfe; auch die Beziehungen zu kommunistischen Staaten brachten keine Entlastung. Unter der Jugend Schwarzafrikas fand er jedoch mit seinen panafrikan. Ideen, die nicht unwesentlich zur Entstehung der »Organisation für Afrikan. Einheit« (OAU) beitrugen, eine große Anhängerschaft. Diese panafrikan. Ideen führten 1959 zu einer losen, aber wenig wirkungsvollen Union mit Guinea, 1961 zu einer mit Mali.

Wirtschaftsplanung: Wirtschaftlich stützte sich G. zunächst auf die Rolle als führender Produzent von Kakao, der 50% des Gesamtexportes und ein Drittel der Weltproduktion ausmachte. Bis 1960 wurden in der arbeitskräfteintensiven bäuerlichen Kakaowirtschaft gute Erlöse erzielt. Als die Weltmarktpreise für Kakao zu Beginn der 60er Jahre verfielen,

Kwame Nkrumah (M.) bei seiner Vereidigung zum Staatspräsidenten der Republik Ghana am 1.7.1960.

Politischer Pionier Afrikas: Kwame Nkrumah

Nkrumahs Erbe: Trotz des Endes seiner politischen Karriere gehörte Nkrumah (1909–1972) zu den politischen Pionieren Afrikas, da Ghana zum Schrittmacher der Unabhängigkeitswelle in Afrika wurde. Nkrumah war eine der ersten charismatischen Persönlichkeiten, die den Afrikanern eine eigene Ideologie gaben. Mittels einer vom Marxismus beeinflussten Philosophie (»Consciencism«) wollte er den Sozialismus aufbauen und die Einheit Afrikas verwirklichen. Dass er einen extremen Personenkult förderte oder zumindest duldete und dass er bald nach seiner Absetzung in Vergessenheit geriet, mindert seine Pionierfunktion nicht. (Foto: Unabhängigkeitsdenkmal in Accra)

wurden die volkswirtschaftlichen Folgen einer Monokultur sichtbar. Die sozialistischen Planziele der Wirtschaft konnten nicht mehr erfüllt werden; zahlreiche Projekte zum Ausbau von Industrie und Infrastruktur gerieten ins Stocken. Die sinkenden Exporterlöse und die hohen Kosten für Großprojekte – wie der im Bau befindliche Volta-Stausee zur Stromversorgung der städtischen Räume oder der Ausbau von Hafen und Aluminiumindustrie in Tema – erhöhten die Staatsverschuldung.

Sturz Nkrumahs: Als 1962 zwei Attentate auf Nkrumah verübt wurden, verschlechterte sich das politische Klima, weil sich Regierungsmitglieder gegenseitig der Komplizenschaft an den Attentaten beschuldigten; sie wurden entlassen, einige sogar hingerichtet. Durch Volksabstimmung entstand im Januar 1964 ein Einparteiensystem; der Präsident wurde ermächtigt, den Obersten Gerichtshof aufzulösen und die Richter zu entlassen. Ein weiterer Attentatsversuch folgte noch im selben Monat. Als Nkrumah im Februar 1966 auf Staatsbesuch in der VR China weilte, wurde er gestürzt. Nach seiner Rückkehr nach Afrika ging er nach Guinea ins Exil.

Die wichtigsten Parteien im 20. Jahrhundert

Name (Abkürzung)	*Politische Richtung*	*Gründung*
United Gold Coast Convention (UGCC)	Unabhängigkeitspartei	1947
Convention People's Party (CPP)	radikale Unabhängigkeitspartei Nkrumahs	1950
Ghana Congress Party (GCP)	Nachfolgepartei der UGCC, suchte die Allianz mit den Stammeshäuptlingen	1952
National Liberation Movement (NLM)	Ashanti-Partei, gegen staatlichen Zentralismus	1954
United Party (UP)	oppositionelle Sammlungspartei gegen Nkrumah	1957
National Alliance of Liberals (NAL)	weitgeh. Nachfolgepartei der CPP	1969
Progress Party (PP)	Nachfolgepartei der UP	1969
Justice Party	Zusammenschluss von NAL und zwei kleineren Parteien	1970
Action Congress Party (ACP)	Partei der Fanti	1979
People's National Party (PNP)	Nachfolgepartei der NAL und CPP, eher konservativ	1979
Popular Front Party (PFP)	sozialistisch	1979
Social Democratic Front	sozialistisch	1979
United National Convention (UNC)	Nachfolgepartei der PP	1979
All People's Party	Fusion von UNC und kleineren Parteien	1980
Campaign for Democracy	Sammlungsbewegung gegen das Militärregime von Rawlings	1982
Democratic People's Party (DPP)	demokratisch, Rawlings-orientiert	1992
Every Ghanaian Living Everywhere (EGLE)	Partei der Rawlings-Anhänger, tritt für Menschenrechte ein	1992
National Convention Party (NCP)	Partei in der Nkrumah-Tradition	1992
National Democratic Congress (NDC)	Partei der Rawlings-Anhänger	1992
New Patriotic Party (NPP)	Ashanti-Partei in der Busia-Tradition	1992
People's Convention Party (PCP)	Partei in der Nkrumah-Tradition	1992
People's National Convention (PNC)	Partei in der Nkrumah-Tradition	1992
United Ghana Movement (UGM)	Rawlings-Gegner in Busia-Tradition	1992
Convention Party (CP)	Zusammenschluss aus NCP und PCP	1998

Militärregime und Republiken

Verbot politischer Aktivität: An Nkrumahs Stelle trat das Militärregime des National Liberation Council (NLC) unter Führung von General Joseph Arthur Ankrah (1966–69), das per Dekret regierte, nachdem es die Zivilregierung entlassen und die Verfassung außer Kraft gesetzt hatte. Jegliche politische Aktivität blieb bis zum 1.5.1969 verboten.

»Zweite Republik«: Im August 1969 ging die Progressive Party unter Kofi Busia als Sieger aus allgemeinen Wahlen hervor. Während seiner Amtszeit als Premierminister (1969–72) verlor Busia trotz seiner Bemühungen um eine freie Marktwirtschaft aber schnell seine Gefolgschaft. Die sich verschlechternde wirtschaftliche Lage, Unterdrückungsmaßnahmen gegen die Gewerkschaften und unzureichender Kampf gegen die Korruption (Kalebule) waren der Anlass für den Militärputsch, den Oberst Ignatius Kutu Acheampong im Januar 1972 unternahm, als Busia zum Staatsbesuch in London war. Damit endete die »Zweite Republik«.

Militärherrschaft: An die Stelle der Zivilregierung trat nun das National Redemption Council (NRC). Im Gegensatz zu dem Militärregime von 1966–69 plante das NRC keine schnelle Rückkehr zu einer Zivilregierung. Zu seinen ersten Amtshandlungen gehörten die Nichtanerkennung der Auslandsschulden, die aus der Zeit der Nkrumah-Herrschaft verblieben waren, sowie die Gründung des landwirtschaftlichen Selbsthilfeprogramms »Operation Feed Yourself«. Nachdem das NRC 1976 zum Supreme Military Council umstrukturiert worden war, wurde Acheampong am 5.7.1978 durch General Frederick Akuffo abgelöst.

Putsch: Am 4.6.1979 brachte ein Militärputsch junger Offiziere das Armed Forces Revolutionary Council unter Führung von Jerry John Rawlings an die Macht. Acheampong, Akuffo und der frühere Staatschef Akwasi Amankwaa Afrifa, der 1966 Nkrumahs Sturz in die Wege geleitet hatte, wurden in Sammelverfahren der Korruption für schuldig befunden und hingerichtet. In Geheimverfahren wurden Hunderte von Menschen zu langen Gefängnisstrafen verurteilt. Das Verbot politischer Parteien wurde am 1.1.1979 aufgehoben, wobei jedoch die Verwendung alter Parteinamen verboten wurde. Das Militärregime übergab nach allgemeinen Wahlen, in denen die People's National Party (PNP) die Mehrheit der Sitze erlangt hatte, am 24.9.1979 die Macht an die zivile Regierung des neuen Präsidenten Hilla Limann (1979–81); die »Dritte Republik« begann.

Umsturz: G.s wirtschaftliche Situation verschlechterte sich jedoch zusehends und am 31.10.1981 stürzte Rawlings in einem erneuten Staatsstreich die Zivilregierung. Die Verfassung wurde aufgehoben und alle politischen Parteien verboten; etwa 100 Wirtschaftsführer und Regierungsbeamte, darunter Limann, wurden arrestiert. Rawlings übernahm den Vorsitz des regierenden Provisional National Defense Council (PNDC). In den folgenden 27 Monaten wurden mindestens fünf Putschversuche gegen ihn unternommen.

Politische Neuordnung: 1981–92 wurde G. durch das PNDC regiert. Ende 1988/Anfang 1989 wurden Wahlen zu den Distriktversammlungen als erster Schritt zur Demokratisierung durchgeführt. Die Rückkehr zum demokratischen Mehrparteiensystem begann mit der Einberufung einer Versammlung von 260 Abgeordneten zur Beratung der neuen Verfassung. Bei der Wiederzulassung der Parteien entwickelten sich drei Hauptströmungen, die mit den führenden Persönlichkeiten G.s verbunden sind: mit Nkrumah, mit seinem Gegenspieler Busia sowie mit Rawlings.

Verfassungsreform: Die neue Verfassung, die sich am Vorbild der USA orientiert, wurde im April 1992 durch Volksabstimmung gebilligt. Danach ist G. eine Präsidialdemokratie mit Mehrparteiensystem. Die 200 Mitglieder des Ein-Kammer-Parlaments werden auf vier Jahre gewählt. Der Präsident, der auch Staatsoberhaupt ist, wird vom Volk für eine Amtszeit von maximal zweimal vier Jahren gewählt. Der Präsident ernennt den Premierminister und das Kabinett. Weiterhin sind von der Verfassung zwei beratende Gremien vorgesehen – der mit Vertretern der Regionen besetzte Staatsrat und der vom Vizepräsidenten geleitete Nationale Sicherheitsrat.

Wahlen: Im November 1992 fanden Präsidentschafts- und Parlamentswahlen statt, die von ausländischen Beobachtern nicht beanstandet wurden. Rawlings erreichte eine Mehrheit von 58,3% der Stimmen und wurde Präsident der »Vierten Republik« (seit 1993); seine Partei (National Democratic Congress; NDC) bildete mit NVP und EGLE die Progressive Alliance.

Ghanas Präsident Jerry John Rawlings (l.) mit seiner Frau Nana Kondau (r.) und US-Präsident Bill Clinton mit Gattin Hillary bei einem Staatsdinner im Weißen Haus am 24.2.1999.

Die »Vierte Republik«

Wirtschaftliche Voraussetzungen: Wie schon in den vergangenen Jahrzehnten war auch unter der Herrschaft Rawlings' die politische und soziale Stabilität G.s abhängig von der wirtschaftlichen Entwicklung. Dank seiner natürlichen Ressourcen erreicht G. das doppelte BSP der anderen westafrikan. Länder (1998: 33,6 Mrd US-Dollar). Dennoch bleibt das Land in hohem Maße von internationaler Finanzhilfe und technischer Unterstützung abhängig. Gold, Holz und Kakao sind die wesentlichen Deviseneinnahmequellen (G. liefert etwa ein Drittel des Weltbedarfs an Kakao). Die heimische Landwirtschaft ist überwiegend eine Subsistenzwirtschaft, die 41% des BIP erwirtschaftet und 60% der Erwerbstätigen bin-

Ashanti-Krieger während der Krönungsfeierlichkeiten von Osei Tutu II. im April 1999. Trotz jahrzehntelangem brit. Kolonianismus überlebte die ghan. Tradition der Stammesbräuche.

Staatsoberhäupter Ghanas		
Reg.-Zeit	*Name*	*Lebensdaten*
1960–66	Kwame Nkrumah	1909–1972
1966–69	Joseph Arthur Ankrah	1915–1992
1969/70	Akwasi Amankwaa Afrifa	1936–1979
1970–72	Edward Akufo-Addo	1906–1979
1972–78	Ignatius Kutu Acheampong	1931–1979
1978/79	Frederick Akuffo	1937–1979
1979	Jerry John Rawlings	*1947
1979–81	Hilla Limann	1934–1998
seit 1982	Jerry John Rawlings	*1947

det. Anders als in den übrigen afrikan. Ländern mit weltwirtschaftlich wichtigen Exportgütern erfolgt auch die Kakaoproduktion kleinbetrieblich. G.s Wirtschaft wurde in den ersten Jahrzehnten nach der Unabhängigkeit durch Korruption, eine Serie von Militärputschen und meist sozialistischen Entwicklungsplänen behindert. Protektionismus und hohe Staatsinvestitionen hatten einen großen verarbeitenden Sektor hervorgebracht, der in den 80er Jahren zunehmend den Staatshaushalt belastete.

Strukturanpassungspolitik: Seit seiner Amtseinführung verfolgte Rawlings in Zusammenarbeit mit dem Internationalen Währungsfonds (IWF) und der Weltbank eine konsequente Strukturanpassungspolitik. Ergebnis war eine wirtschaftliche Stabilisierung und ein erfolgreicher Kampf gegen Korruption. Durch Sparprogramme in den späten 80er Jahren erholte sich die Wirtschaft, bis der Verfall der Kakaopreise in den frühen 90ern die Deviseneinnahmen verringerte. Vor dem Hintergrund eines vom IWF gestützten wirtschaftlichen Erholungsprogramms (Economic Recovery Program; ERP) leisteten ausländische Geldgeber finanzielle Hilfe, um die Exporte zu diversifizieren und Staatsbetriebe zu finanzieren. Das ERP traf jedoch das verarbeitende Gewerbe hart. Hohe Kreditzinsen und Importbeschränkungen führten zur Schließung von mehr als 100 Betrieben allein zwischen 1992 und 1998. Geplant sind nun kleine Gewerbebetriebe.

Bodenschätze: Gold und Diamanten, Bauxit und Mangan sind die wichtigsten Bodenschätze geblieben. In den 80er Jahren begann wieder der Betrieb auf drei Goldminen; Ashanti Goldfields Corporation (AGC) wurde 1996 zur ersten afrikan. Gesellschaft außerhalb Südafrikas, die an der New Yorker Börse notiert wurde.

Diversifizierung: Erst in den 90er Jahren gewannen der Tourismus und die industriellen Exporte – Nahrungs- und Genussmittel, Holzprodukte, Aluminium – an volkswirtschaftlichem Gewicht. Die verarbeitende Industrie trägt ca. 9% zum BIP bei. Ein weiteres IWF-Strukturanpassungsabkommen steckte 1999 den Rahmen für eine Fortsetzung der Wirtschafts- und Finanzpolitik ab (Sparmaßnahmen, Inflationsbekämpfung, Privatisierung, Investitionsanreize). *H.-W. W.*

Der Volta-Stausee ist mit 8500 km² Fläche und einem Stauvolumen von 146 Mrd m³ seit 1966 einer der größten der Erde. Er dient der Bewässerung der nördlichen Landesteile und – über das Großkraftwerk Akosombo – der Stromerzeugung Ghanas.

Grenada

State of Grenada

G. besteht aus einer Gruppe von Inseln, Grenada und die Grenadinen, wobei nur drei der Inseln bewohnt sind. Kolumbus entdeckte G. auf seiner dritten Reise im Jahr 1498 und taufte die Inselgruppe Concepción. Im 17. Jh. erhoben die Franzosen G. zu ihrer Kronkolonie. Nach dem Siebenjährigen Krieg gewannen 1783 jedoch die Briten endgültig die Kontrolle über G. und schlossen es 1833 der Föderation der Windward Islands (Inseln über dem Winde) an. 1877 erhoben sie die Insel in den Status einer Kronkolonie; Mitte der 80er Jahre wurde G. Regierungs- und Verwaltungszentrum der Windward Islands.

Kolonialzeit

Gewürzanbau: Lange Zeit dominierte der Zuckerrohranbau die Ökonomie der Inseln. 1834 führte die Sklavenbefreiung im brit. Empire zu einem großen Arbeitskräftemangel. In der Folge wurden vor allem ind. Vertragsarbeiter engagiert. Um sich aus der Abhängigkeit vom einseitigen Zuckerrohranbau in großen Plantagen zu lösen, ging man im zweiten Drittel des 19. Jh.s zum Anbau von Mischkulturen mit Klein- und Mittelbetrieben über. Zunehmende Bedeutung erlangte dabei vor allem der Gewürzanbau (insbes. Muskatnuss).

Politische Unruhen: Nachdem sich 1956 die Föderation der Windward Islands auflöste, trat G. 1958 der Westind. Föderation bei, die aber 1962 wieder auseinander brach. 1960 erhielt G. innere Selbstverwaltungsrechte, 1967 dann zusammen mit einem Teil der Grenadinen autonomen Status. Die Regierung übernahm die United Grenada Labour Party (GULP) unter der Führung von Eric Gairy (1967–79), der mit seinem sozialreformerischen Programm zwar den Status der unteren Bevölkerungsschichten verbessern wollte und eine Politik unter dem Motto »Land für die Landlosen« propagierte, dennoch aber den Großgrundbesitz unangetastet ließ. Vermehrt kam es zu politischen und sozialen Unruhen, in deren Folge auch die Rufe nach staatlicher Souveränität immer lauter wurden.

Unabhängigkeit

Verfassung: 1974 entließ die brit. Krone G. im Rahmen des Commonwealth in die Unabhängigkeit. Staatsoberhaupt blieb Königin Elizabeth II., vertreten durch einen General-

Grenada 2000	
Landesfläche	344 km² (WR 182)
Einwohner	94 000 (WR 178)
Hauptstadt	St. George's (10 000 Einwohner)
Sprachen	Englisch, Patois
Währung	1 Ostkarib. Dollar (EC-$) = 100 Cents
Staatsform	Parlamentarische Monarchie im Commonwealth (seit 1974)
Religion	Katholiken (53%), Protestanten (22,5%), Sonstige (24,5%)
Bevölkerung	Schwarze (84,9%); Mischlinge (11%); Sonstige (4,1%)

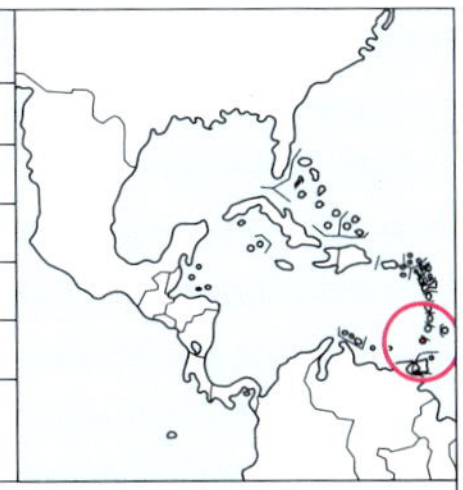

Grenada im 20. Jahrhundert	
1955	Hurrikan Janet zerstört einen Großteil der Muskatnuss- und Kakaobäume, in der Folge vermehrter Bananenanbau.
bis 1956	Mitglied der Föderation der Windward Islands.
1958	Beitritt zur Westind. Union, die sich 1962 wieder auflöst.
1960	Großbritannien spricht Grenada Selbstverwaltungsrechte zu.
1967	Grenada erhält die volle innere Autonomie.
1974	Großbritannien entlässt Grenada im Rahmen des Commonwealth in die Unabhängigkeit. Eric Gairy von der Grenada United Labour Party (GULP) wird Premierminister.
1979	Die New Jewel Movement unter Führung von Maurice Bishop unternimmt gegen das autoritäre Regime Eric Gairys einen erfolgreichen Umsturzversuch.
1983	Maurice Bishop wird von innerparteilichen Gegnern bei einem Putschversuch ermordet. Die USA leiten eine Militärintervention ein.
1984	Bei Neuwahlen wird Herbert Blaize von der New National Party (NNP) Premierminister.
1990	Regierungswechsel: Der National Democratic Congress (NDC) unter Nicholas Braithwaite gewinnt die Wahlen.
1995	Keith Mitchell von der NNP wird Regierungschef.
1999	Bei vorgezogenen Wahlen gewinnt die NNP alle Abgeordentenmandate. Trotz schwerer Korruptionsvorwürfe gegen den Ministerpräsidenten Keith Mitchell gelingt seiner Partei ein erdrutschartiger Wahlsieg. Die drei Oppositionsparteien blieben ohne Chance.

Staatsoberhäupter von Grenada

Reg.-Zeit	*Name (Herrschergeschlecht)*	*Lebensdaten*
1837–1901	Victoria I. (Hannover)	1819–1901
1901–10	Edward VII. (Sachsen-Coburg)	1841–1910
1910–36	George V. (Windsor)	1865–1936
1936	Edward VIII. (Windsor)	1894–1972
1936–52	George VI. (Windsor)	1895–1952
seit 1952	Elizabeth II. (Windsor)	*1926

Die wichtigsten Parteien im 20. Jahrhundert

Name (Abkürzung)	*Politische Richtung*	*Gründung*
Grenada United Labour Party (GULP)	rechtsgerichtet	1950
New Jewel Movement (NJM)	sozialistisch	1973
New National Party (NNP)	zentristisch	1984
National Democratic Congress (NDC)	zentristisch	1987

US-amerikan. Truppen besetzten im Oktober 1983 Grenada. Zuvor hatten linksradikale Armeeangehörige durch einen Putsch eine Militärjunta auf der Karibikinsel errichtet. (Foto: US-amerikan. Soldat bei der Bewachung gefangener Grenader, 1983.)

gouverneur. Die Volksvertretung beruht auf einem Zweikammersystem. Dabei richtet sich die Zahl der Abgeordneten im »House of Representatives« nach der Anzahl der Wahlkreise, im Senat sitzen 13 vom Generalgouverneur ernannte Mitglieder.

Autoritäres Regime: Gairy blieb auch nach der Unabhängigkeit Premierminister. Er errichtete ein zunehmend diktatorisches Regime, das oppositionelle Bewegungen mit Gewalt unterdrückte. Die Wirtschaft geriet in eine immer größere Krise, die der Preisverfall für Bananen noch verschlimmerte.

Unblutiger Umsturz: 1979 kam es unter Führung der New Jewel Movement (NJM) mit ihrem sozialrevolutionären Programm zu einem unblutigem Putsch, an dem sich auch Militär und Polizei beteiligten. Die Verfassung von 1974 wurde außer Kraft gesetzt. Neuer starker Mann auf G. wurde Maurice Bishop (1979–83), der Vorsitzende der NJM. Neben der Demokratisierung des Landes kam es ihm vor allem darauf an, die Wirtschaft auf marktwirtschaftlicher Ebene aus der Krise zu führen. Außenpolitisch suchte er eine Annäherung an die Ostblockstaaten und Kuba, war aber gleichzeitig auch bemüht, das Verhältnis zu den USA zu verbessern.

US-Invasion: Im Oktober 1983 wurde Bishop von radikalen innerparteilichen Gegnern ermordet. Mit der offiziellen Begründung, Kuba werde auf der Insel einen Militärstützpunkt errichten, nahmen die USA den Vorgang zum Anlass, am 25.10. auf der Insel militärisch zu intervenieren. Nach einer kurzen Übergangsregierung und Wiedereinsetzung der modifizierten Verfassung ging aus den ersten Neuwahlen im Dezember 1984 die von den USA präferierte New National Party (NNP), ein erst wenige Monate zuvor geschaffenes Bündnis dreier bürgerlicher Parteien, als Siegerin hervor. Regierungschef wurde Herbert Blaize (1984–89), dessen Politik stark an den USA ausgerichtet war.

Wechselnde Mehrheiten: Trotz massiver Hilfen von Seiten der USA und der Europäischen Union sowie der aufstrebenden Tourismusbranche war in der wirtschaftlichen Entwicklung keine entscheidende Verbesserung erreicht worden, und auch politisch blieb G. recht instabil. Die Wahlen von 1990 konnte keine Partei für sich entscheiden, so wurde unter der Leitung von Nicholas Braithwaite vom NDC (National Democratic Congress) eine Koalitionsregierung mehrerer, vor allem konservativ ausgerichteter Parteien gebildet. 1995 übernahm Keith Mitchell von der NNP die Regierungsverantwortung. Nach einer Parlamentsauflösung Ende 1998 wurden 1999 vorgezogene Wahlen notwendig. Dabei konnte die NNP einen einzigartigen Wahlsieg erringen. Hatte sie 1990 acht Sitze errungen, so konnte sie jetzt alle 15 Mandate auf sich vereinigen.

Landwirtschaft: Die Wirtschaft G.s weist weiterhin ein großes Außenhandelsdefizit und eine recht hohe Arbeitslosigkeit auf. Mitte der 80er Jahre litt die Entwicklung vor allem unter den Schäden der US-amerikan. Invasion, insbesondere in der Infrastruktur des Landes. Weiterhin ist die Wirtschaft abhängig von den Exporterlösen landwirtschaftlicher Produkte und dem seit Ende der 80er Jahre schnell wachsenden Tourismusgeschäft.

Überproduktion: Neben Indonesien zählt G. zu den größten Muskatnussproduzenten der Welt. Allerdings sanken in den 90er Jahren aufgrund einer Überproduktion die Weltmarktpreise, so dass beide Länder mehrere Abkommen treffen mussten. 1995 machte die Landwirtschaft rund 12% des BIP aus, neben Muskat werden vor allem Kakao und Bananen ausgeführt.

Wirtschaftsprogramm: Die Industrie ist eher unterentwickelt und verarbeitet in der Hauptsache landwirtschaftliche Erzeugnisse. 1992 initiierte die Regierung ein Strukturanpassungprogramm und 1994 ein dreijähriges Wirtschaftsprogramm: Es sollte insbesondere die Privatisierung vorantreiben und die öffentliche Verwaltung reduzieren, um die Wirtschaft weiter anzukurbeln. *A. Z.*

Griechenland

Griechische Republik

Mit der Zerstörung des Byzantin. Reiches brachte der osman. Sultan Muhammad II. auch Griechenland in seinen Besitz. Nachdem zu Beginn des 19. Jh.s das Gedankengut der Aufklärung und nationaler Bewegungen in G. Verbreitung gefunden hatte, erhoben sich die Griechen 1821 gegen die osman. Fremdherrschaft. Mit Unterstützung der europäischen Grossmächte erkämpften sie ihre Unabhängigkeit (als Erbmonarchie), die im Londoner Protokoll 1830 anerkannt wurde. 1864 erhielt G. die Ionischen Inseln, 1881 Teile des Epirus und Thessalien. Kreta, die Ostägäis und Teile Makedoniens kamen 1913, Westtthrakien 1919 hinzu. Nach dem Zweiten Weltkrieg fiel die Inselgruppe Dodekanes 1948 an G.

Griechenland 2000	
Landesfläche	131 990 km² (WR 94)
Einwohner	10,6 Mio (WR 70)
Hauptstadt	Athen (800 000 Einwohner)
Sprache	Neugriechisch
Währung	1 Drachme (Dr) = 100 Lepta
Gliederung	10 Regionen
Staatsform	Parlamentarische Republik (seit 1975)
Religion	Christen (98,1%); Moslems (1,5%); Sonstige (0,4%)
Bevölkerung	Griechen (95,5%); Makedonier (1,5%); Sonstige (3,0%)

Die Wiege der Demokratie

In der archaischen Zeit (ca. 800–500 v. Chr.) entstand unter dem griech. Adel, der das Königtum politisch weitgehend entmachtet hatte, der Gemeinde- bzw. Stadtstaat der Polis. Athen bildete den größten Stadtstaat, von weiterer Bedeutung waren ebenfalls Sparta, das aber das (Doppel)königtum beibehielt, und Theben. Die Polis verstand sich als Gemeinschaft der Einwohner (»politai«), die sich anhand fester sozialer und ethnischer Zugehörigkeitskriterien definierte. Kennzeichnend für die Polis war die Einführung einer Selbstverwaltung mit festgelegten politischen Rechten und Pflichten für den Einzelnen, die Einsetzung von Jahresbeamten, eines Rats und einer Volksversammlung und die Tendenz zur Gleichheit der Rechte und Pflichten aller Bürger im Inneren (Demokratie). Die Volksversammlung, die der Staatsmann Solon ab 594/593 in Athen schuf, wählte die Regierungs- und Gerichtsorgane, für die jedoch nur Bürger mit höherem Einkommen kandidieren konnten (Besitzwahlrecht). Frauen und Sklaven blieben von der politischen Mitwirkung ausgeschlossen. Als politische und soziale Einheit trat die Polis, an dem sich das griech. Staatsdenken entwickelte und orientierte, für Autonomie und Autarkie ein.

Griechenland um 1900

Innenpolitik: Wie in anderen Staaten in Südosteuropa und im Vorderen Orient gab es in G. Kräfte, die eine Reform des politischen Systems anstrebten. Im August 1909 begannen Teile der Armee in dem Athener Vorort Goudi einen Aufstand, dem die größte Demonstration in der griech. Geschichte folgte. Aus den Unruhen wurden politische Konsequenzen gezogen. 1911 wurde die Verfassung modernisiert und in der ersten Regierungsperiode des Ministerpräsidenten Eleutherios Venizelos (1910 bis 1920) Reformmaßnahmen eingeleitet, die den Staat liberalisierten.

Reformen: Zu den politischen Reformen gehörte der Ausbau der Grundrechte und -freiheiten, die Erweiterung der Kompetenzen des Parlaments und die Ausweitung des Wahlrechts. Einen Grundkonflikt bildete der Machtkampf zwischen dem König und der Liberalen Partei um die politische Vorherrschaft im Staat. Den Höhepunkt erreichte dieser Konflikt zu Beginn des Ersten Weltkrieges um die Frage des Eintritts in den Krieg.

Wirtschaft: Die schwierigen geografischen Bedingungen G.s und der schlechte Zustand der Verkehrswege behinderten die Überwindung der lokalen Beschränktheit der Märkte und die Entwicklung eines Binnenmarktes. Die Wirtschaftspolitik war daher ab 1882 von Bemühungen geprägt, das Land zu erschließen, den inneren Markt auszuweiten und die Verwaltung zu modernisieren. Die Bewirtschaftung des Bodens erfolgte weitgehend extensiv; angebaut wurden vornehmlich Oliven, Wein, Tabak, Weizen und Gartenpflanzen. Die

Eleuterios Venizelos (1864–1936; auf dem Foto v., 2.v.l.) gilt als wichtigster Staatsreformer Griechenlands im 20. Jahrhundert. Als Premierminister reagierte er auf die politischen Unruhen von 1909/10 und modernisierte die Verfassung. 1912 gelang es ihm, in Verhandlungen mit dem serb. Vertreter Novaković (l.), dem Bulgaren Danew (r.) und dem Montenegriner Miuschković ein Ende des Balkankriegs herbeizuführen. (Foto: Nach der Unterzeichnung des Waffenstillstandsabkommens in Tschataldska bei Konstantinopel)

Griechenland im 20. Jahrhundert	
1908	Kret. Nationalversammlung verkündet die Vereinigung mit Griechenland.
1909	Aufstand der reformorientierten Streitkräfte.
1912	Griechenland und seine verbündeten Staaten siegen im ersten Balkankrieg gegen das Osman. Reich.
1913	Bulgarien beginnt wegen der makedon. Gebiete eine militärische Offensive gegen die Bündnispartner. Im zweiten Balkankrieg erhalten Griechenland und Serbien den größten Teil Makedoniens.
1916	Mit der Unterstützung der Westmächte bildet Venizelos in Thessaloniki eine neue Regierung.
1917	Unter Venizelos tritt Griechenland an der Seite der Alliierten in den Ersten Weltkrieg ein. Konstantin I. wird zur Abdankung gezwungen.
1920	Im Friedensvertrag von Neuilly erhält Griechenland den bulgar. Teil Thrakiens sowie Teile Kleinasiens zugesprochen.
1921	Die griech. Streitkräfte starten eine militärische Offensive in Westanatolien und werden schließlich 1922 von türk. Streitkräften geschlagen.
1923	Der Friede von Lausanne beendet den Krieg mit der Türkei; Kleinasien bleibt türk.; Umsiedlung der jeweiligen Minderheiten.
1924	Ausrufung der Republik.
1926	Das parlamentarische System wird für einige Monate durch die Diktatur des Generals Pangalos unterbrochen.
1928	Venizelos wird erneut Premierminister (bis 1932); Freundschaftsverträge mit Jugoslawien und Italien, sowie einen Vertrag mit der Türkei.
1935	Georgs II. erneutert die Monarchie
1936	Ioannis Metaxas errichtet ein autoritäres Regime.
1940	Griechenland tritt im Oktober in den Zweiten Weltkrieg ein.
1941	Einmarsch der deutschen Streitkräfte, Kapitulation Griechenlands. Die Regierung Tsouderós und der König verlassen das Land.
1942	Deportation jüd. Griechen.
1944	Die deutschen Streitkräfte verlassen das Land; Premierminister wird Georgios Papandréou.
1945	UNO-Beitritt.
1946	König Georg II. kehrt nach einem Volksentscheid zurück. Er stirbt im darauf folgenden Jahr, sein Nachfolger wird Paul I.
1952	NATO-Beitritt.
1962	Assoziierungsvertrag mit der EWG.
1967	Eine Gruppe konservativer Offiziere errichtet am 21.4. eine Diktatur.
1973	Georgios Papadopulos, das Oberhaupt der Junta, ruft die Republik aus.
1974	In der Zypernkrise besetzen türk. Truppen den Norden der Insel; das Militärregime tritt zurück.
	Konstantinos Karamanlis wird Premierminister. Mit der Volksabstimmung vom 8.12.1974 wird die Monarchie abgeschafft.
1979	Im Mai wird der Vertrag über den Beitritt Griechenlands in die EG unterzeichnet, der am 1.1.1981 in Kraft tritt.
1980	Karamanlis wird zum Staatspräsidenten gewählt.
1981	Nach Parlamentswahlen bildet Andreas Papandreou eine neue Regierung.
1985	C. Sardsetakis wird zum Präsidenten gewählt.
1990	K. Mitsotakis wird Ministerpräsident. Im Mai wird Karamanlis erneut Staatsoberhaupt.
1993	A. Papandreou übernimmt wiederum die Regierung.
1996	Beginn intensiver wirtschaftlicher Anstrengungen Griechenlands, die Maastricht-Konvergenzkriterien für eine einheitliche europäische Währung zu erfüllen. Im September vorgezogene Wahlen bestätigen den Ministerpräsidenten K. Simitis in seinem Amt.
1999	Erdbeben in Griechenland.
2000	Die Parlamentswahlen am 8.4. gewinnt die PASOK unter Führung von Simitis mit knapper Mehrheit gegenüber der Neuen Demokratie unter Karamanlis.

industrielle Verarbeitung dieser Agrarprodukte bildete Mitte des 19. Jh.s die Grundlage für bescheidenen Ansätze einer Industrialisierung.

Auswanderung: Zum Ende des 19. Jh.s traten im Agrarsektor soziale Probleme in Erscheinung, die zu einer schweren landwirtschaftlichen Exportkrise führten. Hieraus resultierte eine verstärkte Landflucht in die Städte und eine erste Auswanderungswelle in die USA (1897–1921: 400 000 Person).

Außenpolitik: Das Hauptanliegen der griech. Außenpolitik um die Jahrhundertwende war die Zusammenführung aller Griechen in einem Staat. Unter Rückbesinnung auf byzantin. und antike Großreichstraditionen entstand die Ideologie der »Megali Idea«. Diese orientierte sich am mittelalterlichen byzantin. Reichsgebiet mit Konstantinopel (Istanbul) als Hauptstadt. In den Balkankriegen (1912/1913) erlangte G. Südmakedonien, Westthrakien und einige ägäische Inseln, dazu die endgültige Vereinigung Kretas mit dem Mutterland.

Erster Weltkrieg

Zu Beginn des Ersten Weltkrieges erklärte G. seine unbedingte Neutralität. Gegen den Willen des Königs, der zur Abdankung gezwungen wurde, und der Bevölkerungsmehrheit führte die Regierung Venizelos G. an der Seite der Entente in den Krieg (1917); bereits zuvor hatten brit. und französ. Truppen Teile des Landes besetzt. Von Saloniki aus erfolgte die alliierte Offensive (1918), die den Krieg auf dem Balkan entschied. Der Friedensvertrag von Sèvres (20.8.1920) sprach G. das türk. Ostthrakien und Teile Kleinasiens zu.

Griechisch-Türkischer Krieg

Besetzung Smyrnas: Nach der Weigerung der Türkei, die Vereinbarungen der Pariser Friedensverträge zu ratifizieren, versuchte G., unterstützt von den Alliierten, diese militärisch durchzusetzen und besetzte 1919 die kleinasiat. Stadt Smyrna (Izmir).

»Kleinasiatische Katastrophe«: Nach dem Tod Alexanders erlitt Venizelos bei den Parlamentswahlen eine Niederlage und verließ das Land. Aufgrund einer Volksabstimmung kehrte Konstantin I. 1920 auf den Thron zurück und setzte den Krieg gegen die Türkei fort. Unter dem Eindruck verstärkter nationalistischer Aspirationen begann die neue Regierung 1921 eine militärische Großoffensive in Anatolien, die in einer katastrophalen griech. Niederlage endete. Flucht und Vertreibung der seit 2500 Jahren in Kleinasien lebenden Griechen und die völlige Zerstörung ihrer Lebenswelt waren die Folge.

Bevölkerungsaustausch: Nach dem Waffenstillstandsabkommen von Mudanya folgte am 30.1.1923 die Unterzeichnung des »Abkommens über den Austausch der griech. und türk. Bevölkerung«. Dieser Bevölkerungsaustausch wurde auch Bestandteil des Friedensvertrages von Lausanne. Im Rahmen des Austauschs verließen 1 500 000 Griechen die Türkei und rund 500 000 Türken G. Ausgenommen waren die in Istanbul lebenden Griechen und die im griech. Westthrakien lebenden Türken.

Kriegsfolgen: Die Niederlage G.s führte zu großen wirtschaftlichen und politischen Problemen. Die Aufnahme von etwa 1,5 Mio Flüchtlingen bedeutete einen Bevölkerungszuwachs von mehr als 25%. Auf dem Land und in den urbanen Zentren herrschte nach fast zehnjähriger Kriegszeit große Not. Andererseits bedeutete die meist hohe berufliche Qualifikation der Kleinasienflüchtlinge ein wirtschaftliches Potenzial. Die umfangreichen internationalen Finanzhilfen zur Flüchtlingsansiedlung förderten kurzfristig die griech. Wirtschaft.

Wirtschaftskrise: Auf ausländische Finanzhilfen angewiesen, suchte die Regierung Venizelos während der Weltwirtschaftskrise, den Schuldendienst durch Devisenbewirtschaftung, Kreditrestriktionen und Importbeschränkungen aufrechtzuerhalten, musste aber dann doch ein Moratorium verkünden. Die Drachme verlor 75% ihres Wertes. Angesichts der sich verschlechternden Lebensbedingungen kam es zu Streiks.

Gründung der Republik

Politische Instabilität: Nach der Abdankung Konstantins I. rief die verfassunggebende Nationalversammlung am 25.3.1924 die Republik aus. Das parlamentarische Leben der Republik (1924–35) war von starker Zersplitterung der Parteienlandschaft gekennzeichnet. Mehrfach putschte das Militär (1925, 1926, 1933); 1935 wurde unter Georg II. die Monarchie wiederhergestellt.

Autoritäres Regime: Durch königliches Dekret wurde im folgenden Jahr das Parlament aufgelöst und die in der Verfassung verankerten Freiheitsrechte außer Kraft gesetzt. In enger Kooperation mit dem Monarchen errichtete der griech. Ministerpräsident Ioannis Metaxas ein autoritäres Regime, das sich an faschistischen Systemen orientierte.

Oben: Griech. Soldaten während des Gefechts wenige Kilometer vor Saloniki. Am 8.11.1912 nahm die griech. Armee die osman. Metropole ein.

Links: Noch am Tag der Eroberung von Saloniki unterschrieben der türk. Kommandant und Kronprinz Konstantin von Griechenland (Foto) die Kapitulationsurkunde.

Unten: Beten um den Sieg: Der griech. König Konstantin I. (vor dem Altar) während einer Feldmesse an der griech. Front in Kleinasien, 1921.

Aufstieg und Niedergang der griechischen Erbmonarchie (1863–1973)

Mit der Absetzung Ottos von Bayern als König von Griechenland endete 1862 die bayer. Monarchie in Griechenland (1833–62). Zu seinem Nachfolger wählte die griech. Nationalversammlung 1863 auf Empfehlung Großbritanniens den erst 17-jährigen Prinz Wilhelm Georg von Dänemark aus dem Hause Holstein-Glücksburg und begründete damit eine ungleich langlebigere dän. Dynastie.

Nach der Ermordung Georgs I. bestieg 1913 sein ältester Sohn Konstantin I. den Thron. Während des Ersten Weltkrieges versuchte Konstantin vergeblich für Griechenland die Neutralität zu bewahren. Die Ententemächte zwangen ihn deshalb 1917 zur Abdankung zugunsten seines Sohnes Alexander. Als dieser 1920 unerwartet früh verstarb und Venizelos bei den Parlamentswahlen eine schwere Niederlage erlitt, wurde Konstantin nach einer Volksabstimmung auf den Thron zurückgerufen, nach der griech. Niederlage gegen die Türken im September 1922 jedoch durch einen Militärputsch erneut gestürzt. Sein Sohn und Nachfolger Georg II. (Foto) ging 1923 nach London ins Exil, kurz bevor die im Dezember 1923 gewählte verfassunggebende Nationalversammlung die Republik ausrief.

In der folgenden politisch instabilen Zeit erstarkten die Royalisten erneut, sodass die Monarchie 1935 unter Georg II. wieder errichtet wurde. Ihm folgte 1947 der konziliante Kronprinz Paul auf den Thron. Sein Sohn und Nachfolger Konstantin II. ging nach einem Militärputsch 1967 ins Exil. Mit der Volksabstimmung vom 8.12.1974 wurde die Monarchie in Griechenland endgültig abgeschafft.

Griechenland im Zweiten Weltkrieg

Neutralität: Außenpolitisch vertrat Metaxas – unter Anlehnung an Großbritannien – eine neutrale Haltung. Zur Absicherung gegen einen bulgar. Angriff veranlasste er jedoch die Befestigung der Nordgrenze (»Metaxaslinie«). Die Forderung Italiens nach Überlassung militärischer Stützpunkte (1940) lehnte er ab. Der folgende militärische Angriff Italiens verwickelte G. in den Zweiten Weltkrieg. Gelang es zunächst, die aus Albanien einfallenden italien. Truppen zurückzuschlagen, führte der über Bulgarien erfolgte deutsche Angriff vom 6.4.1941, der auch durch die »Metaxaslinie« nicht aufgehalten werden konnte, nur zwei Wochen später (21.4.1941) zur Kapitulation. Daraufhin zog sich das im März zu Hilfe gerufene brit. Expeditionsheer wieder aus G. zurück.

Besatzungszeit: Am 27.4.1941 marschierten deutsche Truppen in Athen ein, es folgte die Eroberung Kretas. Das griech. Makedonien und Teile Thrakiens wurden von Bulgarien besetzt. Georg II. bildete eine Exilregierung, die ihren Sitz zunächst in Kairo, später in London hatte. Bis zur Kapitulation Italiens 1943 unterstand G. weitgehend der italien. Militärverwaltung, danach stellten die Deutschen die alleinige Besatzungsmacht dar. Die deutschen Streitkräfte verübten während der Besatzungszeit (1941–44), die von schweren Versorgungengpässen gekennzeichnet war, Geiselerschießungen und Massenexekutionen an der Zivilbevölkerung als Rachemaßnahmen für Partisanenaktionen. Die Deportation von über 50 000 griech. Juden in die nationalsozialistischen Vernichtungslager bedeutete u. a. die völlige Zerstörung der traditionsreichen jüd. Gemeinde von Thessaloniki.

Widerstand: Gegen die Besatzungsmächte bildeten sich im Herbst 1941 Widerstandsorganisationen. Insbes. die kommunist. EAM mit ihrem militärischem Flügel ELAS, und die kleinere, aber von den Briten unterstützte republikanisch-konservative EDES errangen zahlreiche Erfolge im Partisanenkrieg.

Staatsoberhäupter Griechenlands

Reg.-Zeit	*Name (Dynastie)*	*Daten*
1863–1913	Georg I. (Glücksburg)	1845–1913
1913–17	Konstantin I. (Glücksburg)	1868–1923
1917–20	Alexander I. (Glücksburg)	1893–1920
1920–22	Konstantin I. (Glücksburg)	1868–1923
1922–24	Georg II. (Glücksburg)	1890–1947
1924–26	Pavlos Konduriotis	1854–1935
1926	Theodoros Pangalos	1878–1952
1926–29	Pavlos Konduriotis	1854–1935
1929–35	Alexandros Zaïmis	1855–1936
1935–47	Georg II. (Glücksburg) 1)	1890–1947
1947–64	Paul I. (Glücksburg)	1901–1964
1964–73/74	Konstantin II. (Glücksburg) 2)	*1940
1973	Georgios Papadopulos	1919–1999
1973/74	Phaidon Gisikis	*1917
1974/75	Michail Stasinopulos	*1903
1975–80	Konstantinos Tsatsos	1899–1987
1980–85	Konstantinos Karamanlis	1907–1998
1985–90	Christos Sartzetakis	*1929
1990–95	Konstantinos Karamanlis	1907–1998
seit 1995	Konstantinos Stephanopulos	*1926

1) 1941–46 im Exil; 2) seit 1967 im Exil

Links: Griech. Kinder begrüßten am 4.10.1944 ihre brit. Befreier in der Hafenstadt Patras. Bis Ende des Monats brachten die Briten gemeinsam mit den nationalen Befreiungskämpfern ganz Griechenland unter ihre Kontrolle.

Rechts: Von dem brit. Premierminister Winston Churchill (v.) unter Druck gesetzt, übertrug am 31.12.1945 der griech. König Georg II. dem Erzbischof Damaskinos (l.) die Regentschaft. (Foto: Während der Konferenz in Athen, 1945)

Griechischer Bürgerkrieg

Italienischer Rückzug: Nach dem Rückzug der italien. Besatzungstruppen im Oktober 1943 begannen erste bewaffnete Auseinandersetzungen zwischen Partisanenverbänden von ELAS und EDES. Im November 1944 zogen auch die deutschen Truppen aus Griechenland ab und die Exilregierung unter Giorgios Andreas Papandreu (23.10.1944–2.1.1945) konnte nach Athen zurückkehren. Papandreu forderte die Auflösung der ELAS, die jedoch dazu nicht bereit war. Die Spannungen zwischen der ELAS und der Regierung nahmen zu und gipfelten schließlich im Dezember in einem Bürgerkrieg (1944–49).

Einfluss des Kalten Krieges: Dabei scheiterte der von den benachbarten kommunistischen Staaten unterstützte Versuch der Machtergreifung vor allem durch die brit.-amerikan. Unterstützung für G. Der seit der Staatsgründung maßgebliche Einfluss Großbritanniens auf Politik und Wirtschaft des Landes wurde nach dem Zweiten Weltkrieg durch die Dominanz der USA abgelöst: Die feste Einbindung G.s in das westliche Bündnis wurde durch die Truman-Doktrin, die Hilfe im Rahmen des Marshallplans und den Beitritt in die NATO (1952) vollzogen.

Nachkriegszeit und Militärdiktatur

Folgen des Bürgerkriegs: Der griech. Bürgerkrieg hatte schwerwiegende Folgen für die Entwicklung des Landes: Er bewirkte eine tief greifende und anhaltende Polarisierung der Gesellschaft und führte zu einer nationalkonservativen Politik. Die Verfassung von 1952 war ein Rückgriff auf die Staatsform der konstitutionellen Monarchie von 1864/1911 und basierte nicht auf der republikanischen Erfahrung der Zwischenkriegszeit.

Wirtschaftspolitik: Die aus der konservativen »Griechischen Sammlungsbewegung« hervorgegangene »Nationalradikale Union« (ERE) leitete in ihrer achtjährigen Regierungszeit (1955–63) unter Premierminister Karamanlis umfangreiche Maßnahmen zur wirtschaftlichen Entwicklung ein. Schwerpunkt bildeten mit zahlreichen Großprojekten der infrastrukturelle Ausbau und die Förderung der Industrie.

Parlamentswahlen: Bei den Parlamentswahlen im Februar 1964 erlangte die liberale »Zentrumsunion« um Georgios Papandreou die absolute Mehrheit. Sein Programm zur Liberalisierung des öffentlichen Lebens stieß auf erbitterten Widerstand des Königshauses und der Armee.

Verfassungskonflikt: Der Konflikt zwischen Regierung und Monarch verschärfte sich in den folgenden Jahren bis zum offenen Verfassungskonflikt. Nach dem erzwungenen Rücktritt von Papandreou (1965) und angesichts zahlreicher schwerer Unruhen errichtete eine konservative Offiziersgruppe um Georgios Papadopoulos kurz vor den Parlamentswahlen 1967 eine Militärdiktatur.

Terrorregime: Die Militärjunta unter Papadopoulos verkündete den Ausnahmezustand und terrorisierte das Land: Tausende von Politikern, insbes. des linken Flügels, und Kommunisten wurden festgenommen und die Bürgerrechte durch die Militärjunta größtenteils eingeschränkt (u. a. Gleichschaltung der Presse,

Zypern – der griechisch-türkische Zankapfel

Enosis-Bewegung: Bereits zu Beginn (1878) der brit. Verwaltung auf Zypern, das Teil des Osman. Reichs war, gab es von Seiten des griech. Bevölkerungsteils Bemühungen, die Insel an das Königreich G. anzuschließen. Diese Anschlussbestrebungen (Enosis), die von den griech.-orthodoxen Bischöfen der Insel getragen wurden, intensivierten sich, nachdem Zypern 1925 brit. Kronkolonie geworden war.

Bürgerkrieg und Teilung: Die Verfassung des seit 1960 unabhängigen Zypern unterteilte die Insel in eine griech. und eine türk. Volksgruppe mit gleichen Rechten. Die mit dieser Regelung unzufriedene griech. Führung unter Erzbischof Makarios forderte 1963 eine Revision der Verfassung (13-Punkte-Programm), durch die die türk. Volksgruppe viele Rechte verloren hätte. Nach der erwarteten Ablehnung kam es zu gewaltsamen Provokationen griech. irregulärer Gruppen gegen die türk. Volksgruppe, die in einen Bürgerkrieg ausuferten. Die Zyperntürken begannen daraufhin mit Hilfe der Türkei Enklaven zu errichten, um sich vor Übergriffen zu schützen. Bereits 1963 wurde die Hauptstadt Nikosia in einen zyperngriech. und -türk. kontrollierten Bereich unterteilt. Diese »Green Line« wird seit 1964 von den Vereinten Nationen überwacht. Nach dem 1974 von der griech. Junta in Athen initiierten Putsch gegen Makarios und gewaltsamen Übergriffen gegen türk. Inselbewohner marschierte die türk. Armee in Nordzypern ein. Seither ist die Insel faktisch geteilt. Mehrere Versuche, die Teilung der Insel zu überwinden, scheiterten. Am 15.11.1983 rief die türk. Führung im Nordteil der Insel die Gründung und Unabhängigkeit der »Türk. Republik Nordzypern« aus. Die Eigenstaatlichkeit der Zyperntürken wurde jedoch bislang nur von der Türkei anerkannt.

Links: Der griech. Ministerpräsident Georgios Papadopulos (M.) verkündete nach der Entgegennahme eines Verfassungsentwurfs (Foto) am 23.12.1967 eine Weihnachtsamnestie für politische Häftlinge.

Rechts: Georgios Papadopulos während einer Militärparade zum Nationalfeiertag am 25.3.1972 in Athen.

Verbot politischer Parteien). Es kam zu Massendeportationen, Folterungen und zur Errichtung von Konzentrationslagern auf Jaros und Leros.

Staatsstreich: Der aus Athen gesteuerte Staatsstreich griech. Truppen gegen den zypr. Staatspräsidenten Makarios und die Intervention der Türkei leiteten im Sommer 1974 das Ende der Obristenherrschaft ein. Angesichts der Kriegsgefahr und seiner geschwächten Position übergab das Militär dem konservativen Politiker Karamanlis den Regierungsauftrag.

Rückkehr zur Demokratie

Volksabstimmung und Verfassung: Nach einer Volksabstimmung Ende 1974 kehrte G. zum parlamentarisch-demokratischen System zurück. Die griech. Bevölkerung entschied sich zu 69% für die Republik. Die neue Verfassung von 1975 sah eine starke Position des Präsidenten vor und verkündete umfassende Grundrechte. Die für die Militärdiktatur Verantwortlichen wurden vor Gericht gestellt und politisch Verfolgte rehabilitiert.

Ende des Sprachenstreits: Mit der Anerkennung der Volkssprache (Demotike) als Amtssprache (1976) wurde der seit einem Jahrhundert schwelende Sprachenstreit zwischen den Anhängern der Demotike und den Anhängern eines in Anlehnung an die Antike puristischen Neugriechisch beigelegt.

Neuformierung der Parteien: Mit der Rückkehr zur Demokratie wurden die Parteien gegründet, die bis heute die griech. Politik bestimmen: Die »Neue Demokratie« (ND) und die »Panhellenische Sozialistische Bewegung« (PASOK); die KP G.s wurde (nach ihrem Verbot 1947) wieder legalisiert.

EG-Beitritt: Während der achtjährigen Regierungszeit Karamanlis' wurden die Verhandlungen zur Vollmitgliedschaft in der EG (assoziiertes Mitglied seit 1961) abgeschlossen; G. wurde 1981 Vollmitglied der EG. Im selben Jahr gewann die PASOK unter Andreas Papandreou die Parlamentswahlen. Mit ihr stellte erstmals eine sozialistische Partei die

Regierung. Ende 1988 folgte eine Koalitionsregierung aus der konservativen »Neue Demokratie« und dem Linksbündnis der kommunistischen Parteien.

Die 90er Jahre

Sanierungsprogramm: 1990 wählte das Parlament zum zweiten Mal Karamanlis zum Staatspräsidenten. Die Regierung Mitsotakis leitete ein Sanierungsprogramm ein, das die Privatisierung von Staatsunternehmen, die Streichung von Subventionen für unrentable Betriebe, Preiserhöhungen für öffentliche Dienstleistungen, Einsparungen im Rentensystem, die Verringerung der Inflationsrate, Investitionen in die Infrastruktur und die Exportförderung vorsah.
Ausbürgerung des Königs: 1994 beschloss das Parlament die Enteignung und Ausbürgerung des früheren Königs Konstantin II. und seiner Familie. 1995 wurde Konstantinos Stephanopulos zum Staatspräsidenten gewählt.
Außenpolitik: Außenpolitisch billigte das Parlament am 31.7.1992 den Vertrag über die Europäische Union. Nach dem Zerfall Jugoslawiens kam es zu einem Interessenkonflikt mit dem seit 1991 unabhängigen Makedonien, dem G. Ansprüche auf seine territoriale Integrität vorwarf. Nachdem G. zunächst die internationale Anerkennung Makedoniens blockiert und 1994 ein Handelsembargo gegen den Nachbarstaat erlassen hatte, kam es unter UN-Vermittlung zu einer Entspannung: Am 13.9.1995 wurde ein bilaterales Abkommen unterzeichnet.
Parlamentswahlen (1996/2000): Im Januar 1996 trat Konstantin Simitis die Amtsnachfolge des wegen schwerer Krankheit zurückgetretenen Ministerpräsident Papandreu an. Nach Papandreus Tod wurde Simitis auch Parteivorsitzender der PASOK, die bei den vorgezogenen Parlamentswahlen 1996 erneut siegte. Bei den Parlamentswahlen am 9.4.2000 erhielt die Panhellen. Sozialistische Bewegung (PASOK) 43,79% und die Neue Demokratie (ND) unter Karamanlis 42,76% der Stimmen. Simitis kündigte nach den Wahlen an, dass die Bewahrung des Sozialstaates und die Bekämpfung der Arbeitslosigkeit im Mittelpunkt seiner dritten Amtszeit stehen würden.

Griechenlands EU-Migliedschaft

1981 wurde G. Mitglied in der Europäischen Gemeinschaft. Das Land befindet sich heute immer noch in einer Übergangsphase. Dabei müssen langjährige Strukturprobleme gelöst werden, um das Entwicklungsgefälle zwischen den Mitgliedsstaaten zu vermindern. G. bekam von der EG dafür umfangreiche finanzielle Unterstützung. So erhielt es einen Anteil in Höhe von 16–20% der Kohasionsfonds, die zur finanziellen Unterstützung von Investitionsprojekten in den Bereichen Umweltschutz und transeuropäische Netze in Mitgliedstaaten mit einem Pro-Kopf-BSP von weniger als 90% des EU-Durchschnitts dienen. G. nimmt ab 1.1.2001 an der EWU teil.

Mikis Theodorakis (r.), Symbolfigur des Widerstands gegen das Militärregime, bereiteten Tausende Athener am 25.7.1974 einen begeisterten Empfang: Der Komponist und linke Politiker kehrte nach dem Ende der Militärdiktatur in Griechenland aus dem Exil in seine Heimat zurück. Kurz nach der Machtergreifung von Georgios Papadopulos' hatte er im April 1967 zum Aufstand aufgerufen, worauf er verhaftet und 1969 in einem Lager für »gefährliche Kommunisten« interniert wurde. Auf internationalen Druck durfte er 1970 nach Paris ausreisen und arbeitete von dort aus für die Befreiung Griechenlands von der Diktatur.

Verhältnis zur Türkei

Erbfeindschaft: Das griech.-türk. Verhältnis ist durch eine historische Erbfeindschaft geprägt. G. musste bis zur Unabhängigkeit (1830) unter osman. Herrschaft leben. Die Eroberung Konstantinopels durch die Osmanen (1453) trug zur Prägung des bis in die Gegenwart hinein gültigen griech. Bildes von der Türkei als eines bedrohlichen Aggressors bei.

Die wichtigsten Parteien im 20. Jahrhundert

Name (Abkürzung)	Politische Richtung	Gründung
Kommunistische Partei (KKE)	kommunistisch	1918
Demokratische Union	sozialdemokratisch	1952
Hellenistische Sammelbewegung	konservativ	1952
Nationale Radikale Union (ERE)	rechtskonservativ	1955
Zentrumsunion	sozialdemokrat./liberal	1961
Neue Demokratie (ND)	konservativ	1974
Panhellenische Sozialistische Bewegung (PASOK)	sozialistisch	1974
Koalition der Linken und des Fortschritts (SYN)	sozialistisch	1989
Demokratische Soziale Bewegung (DIKKI)	links	1996

Kooperation: Der griech. Außenminister Georgios Papandreou leitete 1999 einen neuen außenpolitischen Kurs gegenüber der Türkei ein: Im Juni wurden Verhandlungen über bilaterale Abkommen aufgenommen. Anfang 2000 unterzeichneten Papandreou (l.) und sein türk. Amtskollegen Ismail Cem (r.) vier Abkommen; in der Mitte der türk. Staatspräsident Süleyman Demirel.

Dagegen bewertete die türk. Seite die seit der griech. Staatsgründung verfolgten Bestrebungen »Megali Idea« (»Große Idee«), die auf die Wiederherstellung des Byzantin. Reiches mit Konstantinopel als Hauptstadt abzielte, als Zeichen griech. Expansionsstrebens.

Aussöhnungspolitik: Auch wenn es in den 30er Jahren zu einer Politik der Aussöhnung kam, die von Atatürk und Venizelos gefördert wurde, verschlechterten sich ab den 50er Jahren die Beziehungen, vor allem wegen der Lage der Minoritäten im jeweils anderen Land, des Zypernproblems und des Ägäiskonflikts. Nach dem griech. Unabhängigkeitskrieg wurde zwischen der kemalistischen und der griech. Regierung ein Abkommen über den Austausch der griech. und türk. Bevölkerung unterzeichnet, das Bestandteil des Friedensvertrag von Versailles war: Beide Staaten verpflichteten sich, den Minderheiten in West-Thrakien bzw. im Raum Istanbul Gleichberechtigung und Sicherheit zu gewähren.

Zypernkrise: Der Beginn des Zypernkonfliktes reicht in die 50er Jahre zurück, als auf der damals brit. Insel eine Bewegung zum Anschluss an G. (Enosis) erstarkte. 1960 wurde die Insel in die Unabhängigkeit entlassen. Die Forderung der griech.-zypr. Führung an die türk. Volksgruppe, auf ihre in der Verfassung verankerten politischen Rechte zu verzichten (1963), führte zu ersten gewaltsamen Spannungen, in die auch die Garantiemacht Türkei militärisch eingriff. Der Putsch nationalistischer Kräfte gegen den zypr. Präsidenten Makarios und Massaker an türk. Bewohnern der Insel führten 1974 zur militärischen Intervention der Türkei, die den Norden der Insel eroberte und seitdem militärisch besetzt hält. Zahlreiche Übergriffe der türk. Truppen gegen die griech.-zypr. Zivilbevölkerung, die bis heute andauern, schürten die antitürk. Stimmung in G.

Ägäiskonflikt: Aus der Zypernkrise entwickelte sich der Ägäiskonflikt. Nach der türk. Intervention auf Zypern begann G. im Widerspruch zum Lausanner Vertrag die Ägäischen Inseln zu militarisieren, die dem türk. Festland vorgelagert sind. Seit dieser Zeit ist G. darum bemüht, die Seehoheit von den Ägäischen Inseln auf zwölf Meilen zu erhöhen. Die Umsetzung dieses Versuches wird von der Türkei als »casus belli« angesehen.

Das feindliche Verhältnis beider Staaten führte dazu, dass G. als EU-Mitglied sein Vetorecht benutzte, um die Zahlung vertraglich vereinbarter Finanzhilfen zu blockieren und auch die von der Türkei angestrebte Mitgliedschaft in der EU zu verhindern.

Krise und Annäherung: Zu einer Wende im bilateralen Verhältnis kam es 1999 durch die Festnahme des PKK-Vorsitzenden Öcalan. Wie sich herausstellte hatte Öcalan in der griech. Botschaft in Nairobi Unterschlupf gefunden. Er wurde am 15.2.99 von einem türk. Sonderkommando festgenommen und in die Türkei gebracht.

Die Verwicklung griech. Behörden sorgte für eine politische Krise, bei der mehrere Regierungsmitglieder, unter ihnen Außenminister Pangalos, entlassen wurden. Der neue Außenminister Papandreou begann daraufhin eine Politik der Annäherung zur Türkei.

Hilfe bei Erdbeben: Die spontane Hilfsbereitschaft G.s nach dem verheerenden Erdbeben in der Türkei im August 1999 führte zu einer Verbesserung der politischen Beziehungen zwischen beiden Staaten. Zum Ende des Jahres hin war die griech. Regierung beim EU-Gipfeltreffen in Helsinki dazu bereit, auf ihr Vetorecht gegen die Benennung der Türkei als Beitrittskandidat zu verzichten. Somit erhielt die Türkei Ende 1999 einen Kandidatenstatus für die EU.

Bilaterales Abkommen: Im Januar 2000 kam der griech. Außenminister Papandreou zu einem offiziellen Besuch in die Türkei, um vier bilaterale Abkommen zu unterzeichnen, die in den Monaten davor vorbereitet worden waren. Dabei handelte es sich um Vereinbarungen zur gemeinsamen Kriminalitätsbekämpfung, insbes. des Terrorismus, des Rauschgifthandels und des Menschenschmuggels, um Abkommen über die Förderung des Tourismus, gemeinsame Maßnahmen beim Umweltschutz und über Förderung und Schutz von Investitionen. *F.S./S.Ö.*

Großbritannien und Nordirland

Mit Königin Victoria starb am 22.1.1901 die Symbolfigur eines Zeitalters, dessen Vorstellungen bis weit in das 20. Jh. nachwirkten. Die viktorianische Epoche war ebenso mit der höchsten politischen und wirtschaftlichen Machtentfaltung G.s verbunden wie mit den sozialen Umbrüchen der industriellen Revolution, dem Aufstieg zum größten Kolonialreich der Geschichte sowie den puritanischen Wertvorstellungen. Auf die goldenen Jahre des viktorianischen Zeitalters während der Hochkonjunktur ab Mitte des 19. Jh.s folgte ab 1875 die große Depression mit deutlich verlangsamtem Wirtschaftswachstum, Missernten und Agrarkrisen, Einbrüchen im Außenhandel und steigender Arbeitslosigkeit.

Großbritannien [1] 2000	
Landesfläche	244 100 km² (WR 76)
Einwohner	58,7 Mio (WR 21)
Hauptstadt	London (7 Mio Einwohner)
Sprachen	Englisch, Walisisch, Gälisch
Währung	1 Pfund Sterling (£)
Gliederung	54 Counties, 26 Distr., 12 Reg.
Staatsform	Parlamentarische Monarchie (seit 1921)
Religion	Anglikaner (30%), Katholiken (21%), Presbyterianer (14%), Andere (15%); Moslems (11%); Sonstige (9%)
Bevölkerung	Engl. 80%, Schotten 10%, Iren 4%, Waliser 2%, Sonst. 4%

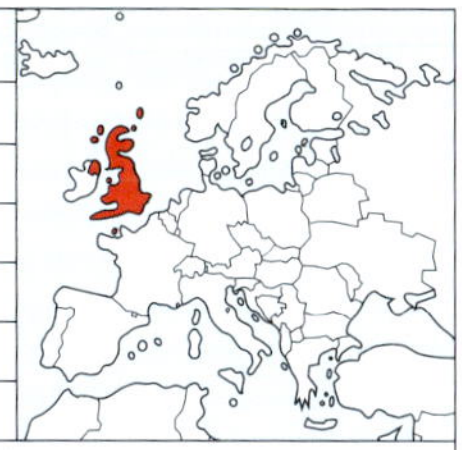

1) Vollständiger Staatsname: Vereinigtes Königreich von Großbritannien und Nordirland

Großbritannien um 1900

Imperialismus: Der Konservative Benjamin Disraeli, ein enger Vertrauter der Königin, verfolgte als Premier 1874–80 den auf dem brit. Sendungsbewusstsein gegründeten Imperialismus und die bündnispolitische »Splendid Isolation«. Die Kolonien sollten dem Mutterland den Import wichtiger Rohstoffe sichern; durch neue Kolonien sollten neue Absatzmärkte für die heimische Industrie sowie Siedlungsgebiete für die wachsende Bevölkerung erschlossen werden. Einzelne Gruppen der beherrschten Völker wurden in unterschiedlichem Maß an der Kolonialverwaltung beteiligt, um sie in das brit. Herrschaftssystem einzubinden. Wichtigste Stationen beim Aufbau des brit. Weltreichs waren der Kauf der ägypt. Suezkanalaktien (1875), Victorias Erhebung zur Kaiserin von Indien (1877), die Festigung der Herrschaft im Mittelmeer durch die Übernahme der Verwaltung Zyperns (1878), die Übernahme der Außenpolitik in dem für die Sicherung Britisch-Indiens wichtigen Afghanistan (1879) und die Besetzung Ägyptens (1882). Auf der ersten Empire-Konferenz 1887 wurde Victoria, die »Great White Queen« (große makellose Königin), als Inkarnation des Empire glanzvoll gefeiert.

Burenkrieg: Mit der Annexion der südafrikan. Burenstaaten Transvaal und Oranje-Freistaat 1900 während des Burenkriegs verwirklichte G. das imperiale Ziel eines afrikan. Kolonialreichs vom Kap bis Kairo und sicherte sich die gold- und diamantenreichen Gebiete Südafrikas. Die brutalen Menschenrechtsverletzungen während des Burenkriegs (Massendeportationen, Errichtung von Konzentrationslagern für Frauen und Kinder, Vernichtung der burischen Farmen und Viehherden nach der Taktik der »verbrannten Erde«) erregten weltweit Aufsehen. Innenpolitisch stärkten die »Methoden des Barbarismus«, wie der liberale Oppositionsführer Henry Campbell-Bannerman die brit. Kriegsführung bezeichnete, liberale und pazifistische Strömungen sowie Überlegungen, das Empire in eine Staatengemeinschaft umzubauen und den Dominions Selbstverwaltung zu gewähren. In diese Debatte griff auch der neue König Edward VII. (1901–10) mit der Erklärung ein, er wolle nicht gekrönt werden, ehe der Burenkrieg beendet und den Burenstaaten Selbstverwaltung zugesichert sei.

Liberaler Wahlsieg: Die kolonialpolitische Diskussion führte zum Zerfall der regierenden Konservativen. Die Unterhauswahlen endeten

Der Trauerzug mit dem Sarg Queen Victorias auf der Isle of Wight, wo die Königin am 22.1.1901 im Alter von 81 Jahren auf Schloss Osborne verstorben war. Millionen von Menschen säumten die Straßen, als der von Königen und Fürsten begleitete Sarg am 2.2. durch die Straßen Londons geführt wurde. Die Beisetzung erfolgte am 4.2. im königlichen Residenzschloss Windsor im Mausoleum von Frogmore an der Seite ihres 1861 verstorbenen Prinzgemahls Albert.

Großbritannien im 20. Jahrhundert	
1900	Annexion von Oranje-Freistaat und Transvaal im südafrikan. Burenkrieg.
1901	Tod von Königin Victoria, der Symbolgestalt des viktorianischen Zeitalters.
	Der Hay-Pauncefote-Vertrag mit den USA bedeutet Rückzug Großbritanniens aus Mittelamerika. – Deutsch-brit. Bündnisverhandlungen scheitern.
1902	Brit.-japan. Bündnisvertrag bedeutet die Abkehr von der »Splendid Isolation«.
1904	»Entente cordiale« beendet die kolonialen Differenzen mit Frankreich.
1906	Erdrutschartiger Wahlsieg der Liberal Party; Gründung der Labour Party.
1907	Der Petersburger Vertrag erweitert die »Entente cordiale« zur Tripelallianz.
1912	Ein Generalstreik führt zur Festsetzung von Mindestlöhnen.
1914	Die dritte Home Rule Bill löst bürgerkriegsähnliche Unruhen in Irland aus.
1915	Beginn der »Hungerblockade« gegen Deutschland (bis 1919).
1916	Einführung der allgemeinen Wehrpflicht in Großbritannien (ohne Irland).
	Brit. Truppen schlagen den Osteraufstand in Irland blutig nieder.
	David Lloyd George (liberal) bildet ein neues Kriegskabinett.
1917	Großbritannien erobert und besetzt Irak, Persien und Palästina.
	George V. ändert den deutschen Namen des Königshauses »Sachsen-Coburg-Gotha« in »Windsor«.
1918	Die Waffenstillstandsverträge von Mudros (mit Türkei) und Compiègne (mit Deutschland) beenden die Kampfhandlungen im Ersten Weltkrieg.
	Glänzender Wahlsieg der Regierung David Lloyd George (liberal).
1919	Sinn Féin proklamiert die Unabhängigkeit Irlands.
	Großbritannien ist Gründungsmitglied des Völkerbunds.
	Im Versailler Friedensvertrag sichert sich Großbritannien einen Großteil der deutschen Kolonien sowie umfassende Reparationsleistungen.
1920	G. erhält Irak, Palästina und Jordanien als Mandatsgebiete.
	Teilung von Irland durch den Government of Ireland Act.
1922	Der Washingtoner Flottenvertrag beendet G.s Vormachtstellung zur See.
	König George V. proklamiert den Freistaat Irland
1925	Der Locarnopakt führt zu außenpolitischer Entspannung in Europa.
1926	Die Londoner Empire-Konferenz leitet die Entkolonialisierung ein.
1928	Brit. Frauen erhalten das allgemeine Wahlrecht.
1931	MacDonald bildet eine Allparteienregierung (National Government).
	Abkoppelung des Pfund vom Goldstandard, Ende als Weltleitwährung.
	Durch das Westminster-Statut erhalten Australien, Kanada, Neuseeland und Südafrika sowie der Freistaat Irland volle Souveränität.
1932	Die Arbeitslosenzahl erreicht mit knapp 4 Mio den Höchststand.
1936	König Edward VIII. wird wegen seiner Absicht, die geschiedene US-Amerikanerin Wallis Simpson zu heiraten, zum Rücktritt gezwungen.
1937	Mit der Krönung von George VI. endet die Thronkrise.
	Irland wird Republik, Großbritannien nimmt diesen einseitigen Schritt hin.
1939	Nach der deutschen Besetzung der Rest-Tschechoslowakei gibt Großbritannien die Appeasement-Politik gegenüber Hitler auf.
	Brit.-poln. Beistandspakt; zwei Tage nach dem deutschen Einmarsch in Polen erklärt Großbritannien Deutschland den Krieg.
1940	In der »Luftschlacht um England« wird eine geplante deutsche Invasion Großbritanniens verhindert.
1941	Churchill bildet mit den USA und der UdSSR die »Anti-Hitler-Koalition«.
1942	Japan erobert Singapur, bedeutendste brit. Marinebasis in Südostasien.
	Beginn der Flächenbombardements deutscher Großstädte.
1944	Landung von brit. und amerikan. Truppen in der Normandie.
	Deutsche V-1- und V-2-Raketenangriffe auf Großbritannien.
1945	Großbritannien ist Gründungsmitglied der Vereinten Nationen (UN).
	Erdrutsch-Wahlsieg der Labour Party, Premierminister Clement Attlee beginnt den Aufbau eines »Wohlfahrtsstaats« (welfare state).

am 30.1.1906 mit einem triumphalen Wahlsieg der Liberal Party, die ihre Abgeordnetenzahl mehr als verdoppeln konnte (auf 377). Conservative Party und Unionist Party verfügten zusammen nur noch über 157 Abgeordnete. Erstmals im Parlament vertreten war die Independent Labour Party (5); die gewerkschaftlichen Trade Unionists hatten 24 Mandate, hinzu kamen weitere 24 Arbeitervertreter. Die Mehrheit der Arbeitervertreter schloss sich 1906 zur Labour Party zusammen.

Selfgovernment: Die vernichtende Wahlniederlage der Konservativen wurde als eine Absage an die aus dem 19. Jh. stammende Vorstellung des Empire verstanden. Die Liberalen unter Henry Campbell-Bannerman († 1908) und Herbert Asquith (1908–16) begannen mit der Umgestaltung des Kolonialreichs zum British Commonwealth auf der Basis des Selfgovernment (Selbstregierung). Nach dem Vorbild Australiens (1901) erhielten 1907 Transvaal, die Orange River Colony (ehem. Oranje-Freistaat), Neufundland und Neuseeland entsprechende Verfassungen. Am 31.5.1910 schlossen sich die Kapkolonie, Natal, Oranjeflusskolonie und Transvaal zur Südafrikan. Union zusammen. Wie auch in den anderen Dominions hatten nur »britische«, d. h. weiße Männer das Wahlrecht; Farbige und Frauen blieben von der politischen Teilhabe ausgeschlossen.

Beginn der Sozialpolitik: In der liberalen Ära ab 1905 begann auch ein Wandel in der Sozialpolitik. 1909 präsentierte Schatzkanzler David Lloyd George ein umfassendes Sozial- und Wohlfahrtsprogramm mit Vorlagen zur Pensionsregelung, Krankenfürsorge, Arbeitslosenunterstützung, ärztlichen Schulbetreuung und Schulspeisung sowie zur Einführung einer Luxus- und einer gestaffelten Einkommen- und Vermögensteuer. Am 1.2.1910 nahmen die ersten staatlichen Arbeitsämter ihre Tätigkeit auf; damit war G. führend auf diesem Gebiet der Sozialgesetzgebung. 1911 wurde die staatliche Pflichtversicherung gegen Arbeitslosigkeit eingeführt.

Abschaffung des Oberhaus-Vetos: Der Streit um das von den Konservativen als revolutionär abgelehnte »Volksbudget« von 1909 entwickelte sich zu einem Machtkampf zwischen dem liberal dominierten Unterhaus und dem Oberhaus. Als die Peers den vom Unterhaus verabschiedeten Haushaltsentwurf am 30.11.1909 ablehnten, ließ Premier Asquith das Vorgehen der Lords durch eine Unterhausresolution als »Verfassungsbruch« verurteilen; der Parliamentary Act vom 18.11.1911 schaffte das Vetorecht des Oberhauses bei

Finanzvorlagen ab. Die Parlamentssperioden wurden von sieben auf fünf Jahre reduziert; die Diäten für Abgeordnete wurden eingeführt. Damit konnten auch Arbeitervertreter frei von Zuschüssen der Gewerkschaften u. a. Lobbys handeln. Der Parliamentary Act ging als Sieg des »Volkes« über die »Lords« in die brit. Geschichte ein.

Streikwelle: Das Sozialprogramm und die gleichzeitige Flottenaufrüstung führten zur extremen Belastung des Staatshaushalts. In dieser Situation erschütterten 1910–12 Lohnstreiks und soziale Unruhen mit zahlreichen Toten das Land. Hauptziel der Gewerkschaften war die Durchsetzung von Mindestlöhnen; zugleich versuchten die pazifistisch orientierten Flügel von Gewerkschaften und Labour Party die Lohnforderungen als Druckmittel einzusetzen, um eine Reduzierung der Rüstungsausgaben zu erreichen. Den Höhepunkt der Streikwelle bedeutete ein Generalstreik von 850 000 Bergleuten, dem sich ab 1.3.1912 mehr als 1,3 Mio Arbeiter anschlossen. Die Streikwelle ebbte erst ab, als das Parlament Mindestlöhne festsetzte.

Globale Bündnisstrategie

Umkehr der Weltpolitik: Zu Beginn des 20. Jh.s vollzog G. einen tief greifenden außenpolitischen Wandel. Es gab seine »Splendid Isolation« (engl.; glanzvolle Isolation) auf, sicherte sich 1902 und 1905 Japan als starken Partner in Asien, beendete 1904 nach dem Scheitern deutsch-brit. Bündnisverhandlungen (1901) die Interessengegensätze mit Frankreich und führte mit der brit.-franzos.-russ. Tripelallianz 1907 eine diplomatische »Umkehr der Weltpolitik« herbei. Mit dieser globalen Bündnisstrategie reagierte G. auf die angespannte internationale Situation, in der die Staaten »sich gruppieren und bis an die Zähne bewaffnen« und in der »keine Nation, die ihren Platz in der Weltpolitik einnehmen will, wagen darf, allein zu stehen« (Außenminister Lansdowne, 1905).

Rückzug aus Zentralamerika: Durch den Hay-Pauncefote-Vertrag, den der US-amerian. Außenminister John M. Hay und der brit. Botschafter Julian Pauncefote am 18.11.1901 unterzeichneten, überließ G. den USA das Alleinrecht zum Bau und zur Verwaltung eines Kanals in der Panamazone. Der Vertrag bedeutete den Rückzug G.s aus Mittelamerika und unterstrich die Bereitschaft G.s zur Zusammenarbeit mit den USA, die sich seit dem Sieg im Span.-Amerikan. Krieg 1898 als Kolonialmacht und neue Weltmacht etabliert hatten.

Großbritannien im 20. Jahrhundert (Fortsetzung)	
1947	Unabhängigkeit Brit.-Indiens.
1948	Großbritannien tritt auf Druck der USA dem GATT bei.
	Unabhängigkeit von Ceylon (Sri Lanka), Birma und Palästina.
1949	Gründungsmitglied des Nordatlantikpakts (NATO).
1952	Zündung der ersten brit. Atombombe.
1955	Unabhängigkeit des Sudan.
1956	Die Niederlage Großbritanniens während der Suezkrise führt zum Rückzug aus Ägypten und löst eine zweite Entkolonialisierungswelle aus.
1959	Singapur erhält volle Autonomie (Unabhängigkeit 1963).
1961	Beginn der Verhandlungen über den EWG-Beitritt Großbritanniens.
1962	Gesetz erschwert Einwanderung (Farbiger) aus dem Commonwealth.
	Unabhängigkeit von Jamaica, von Trinidad und Tobago und von Uganda.
1963	Frankreich blockiert den EWG-Beitritt Großbritanniens.
	Großbritannien, USA und UdSSR unterzeichnen Atomteststoppabkommen.
1964	Wahlsieg der Labour Party, Harold Wilson wird Premierminister.
1965	Abschaffung der Todesstrafe.
1966	Inkrafttreten der iri.-brit. Freihandelszone.
1967	Abwertung des brit. Pfunds um 14,3%.
1968	Unterzeichnung des Kernwaffensperrvertrags.
	Beginn des Bürgerkriegs in Nordirland (bis 1998).
1970	Wahlsieg der Konservativen, Edward Heath wird Premier (bis 1974).
1971	Die konservative Regierung Heath proklamiert den Notstand (bis 1974).
1972	Kabeljaukrieg mit Island (erneut 1975/76).
1973	Großbritannien, Dänemark und Irland werden EG-Mitglieder.
1974	Rücktritt des Europa-Befürworters Edward Heath; Harold Wilson bildet eine Labour-Regierung, die für den Austritt aus der EG agitiert.
1975	67,2% der Bevölkerung stimmen für den Verbleib in der EG.
1976	Labour-Premier Wilson tritt zurück, Nachfolger wird James Callaghan.
1979	Sturz der Labour-Regierung Callaghan; triumphaler Wahlsieg der Konservativen unter Margaret Thatcher (bis 1990).
	Die IRA ermordet Admiral Mountbatten, ein Mitglied des Königshauses.
1981	Gründung der Social Democratic Party (SDP) unter Roy Jenkins.
1982	Falklandkrieg gegen Argentinien.
	Die Arbeitslosenzahl erreicht mit 3,29 Mio einen Nachkriegsrekord.
1983	Triumphaler Wahlsieg der regierenden Konservativen unter Thatcher.
1984	Ein Bergarbeiterstreik führt zu blutigen Unruhen.
1986	Irland erhält begrenztes Mitspracherecht bei der Verwaltung Nordirlands.
	Erstes Auftreten der Rinderseuche BSE in Großbritannien.
1988	SDP und Liberale fusionieren zur Social and Liberal Democratic Party.
1990	Eine Kopfsteuer löst die schwersten Nachkriegsunruhen in G. aus.
	Sturz Margaret Thatchers, John Major wird Premierminister.
1991	Beteiligung Großbritanniens an der multinationalen Allianz gegen den Irak.
1993	Großbritannien wird Mitglied der Europäischen Union (EU).
	Großbritannien und Irland erkennen das Selbstbestimmungsrecht aller Bewohner der »Insel Irland« an und fordern zu Friedensgesprächen auf.
1997	»New« Labour Party unter Tony Blair erringt einen »Erdrutschsieg«.
	Großbritannien übergibt die Kronkolonie Hongkong an die VR China.
1998	Das brit.-ir.-nordir. Friedensabkommen beendet den nordir. Bürgerkrieg
1999	Großbritannien tritt nicht der Europäischen Währungsunion bei.
	Beteiligung Großbritanniens an den NATO-Luftangriffen auf Jugoslawien.
	Schottland und Wales erhalten Regionalparlamente.
2000	G. suspendiert die nordir. Autonomie, da die IRA ihre Waffen nicht abgibt.

Stichwort: Bündnispolitik

Bündnis mit Japan: Mit der Unterzeichnung des brit.-japan. Ostasienvertrags am 30.1.1902 rückte Großbritannien erstmals in einem formellen Bündnisvertrag von der außenpolitischen »Splendid Isolation« ab. Der Vertrag sollte die russ. Expansion in Asien stoppen und den Status quo sichern. Das Bündnis mit Japan stärkte die brit. Position in Asien gegenüber Russland. Am 12.8.1905 erneuerten Großbritannien und das durch seinen Sieg im Russ.-japan. Krieg zur Großmacht aufgestiegene Japan in London ihren Bündnisvertrag.

Entente cordiale: Das Scheitern deutsch-brit. Bündnisverhandlungen (1901) machte den Weg frei für Verhandlungen zwischen Großbritannien und Frankreich. 1904 bereinigten Großbritannien und Frankreich in mehreren als sog. Entente cordiale (französ.; herzliches Einvernehmen) bezeichneten bündnisähnlichen Absprachen ihre kolonialen Differenzen; London anerkannte den französ. Anspruch auf Marokko, Paris akzeptierte die brit. Vorherrschaft in Ägypten. Die Entente cordiale beendete jahrhundertelange Auseinandersetzungen zwischen beiden Kolonialmächten und leitete die diplomatische Einkreisung Deutschlands ein. Aus der ersten Marokkokrise (1905/06) ging die Entente zulasten Deutschlands außenpolitisch gestärkt hervor.

Tripelallianz: Im Petersburger Vertrag verständigte sich Großbritannien mit Russland am 31.8.1907 auf eine Abgrenzung ihrer Interessensphären in Persien, Afghanistan und Tibet. Der Vertrag erweiterte die Entente cordiale zur Tripelallianz. Damit waren die europäischen Bündniskonstellationen festgeschrieben, wie sie bis in den Ersten Weltkrieg hinein Bestand hatten.

Flottenwettrüsten: Das von Alfred von Tirpitz formulierte zweite deutsche Flottengesetz (1900) sah eine Verdoppelung der Flotte bis 1917 vor, gefährdete die brit. Vorherrschaft zur See und rief ein deutsch-brit. Flottenwettrüsten hervor. Deutschland beabsichtigte, den Two-Power-Standard (zwei brit. auf ein deutsches Kriegsschiff) in ein 3:2-Verhältnis umzuwandeln. 1904 reagierte G. mit einem kostenintensiven Programm zum Bau von zehn Großkampfschiffen des Typs »Dreadnought«. 1906, als die ersten Schiffe dieses Typs vom Stapel liefen, verabschiedete der Deutsche Reichstag eine Flottennovelle, die ebenfalls den Bau von Großkampfschiffen vorsah. Der Bau von jährlich vier deutschen gegenüber zwei brit. Großkampfschiffen erforderte nach brit. Auffassung den Bau weiterer »Dreadnoughts«. Versuche der brit. Regierung, angesichts der hohen Haushaltsbelastung und der Proteste einer starken pazifistischen Opposition das Wettrüsten zu bremsen (Haager Friedenskonferenz 1907), scheiterten. Entsprechend dem Schlagwort »two keels to one« (engl.; zwei Schiffe gegen eins) beschloss G. den Bau von 18 »Dreadnoughts« allein im Zeitraum 1909–11.

Erster Weltkrieg

Umbruch: Im Ersten Weltkrieg (1914–18) erlangte das British Empire nach der Eroberung deutscher und osmanischer (Kolonial-) Gebiete die größte territoriale Ausdehnung aller Zeiten. Wirtschaftlich verlor G. dagegen im Ersten Weltkrieg seine Stellung als stärkste Weltmacht an die USA. Innenpolitisch brachte der Krieg eine Vielzahl staatsdirigistischer Eingriffe (Verdoppelung der Einkommensteuer, Einführung der allgemeinen Wehrpflicht); in den Kolonien stärkte er Unabhängigkeitsbewegungen.

Gegner: Die Kriegserklärungen zu Beginn des Ersten Weltkriegs erfolgten entsprechend der seit 1902 bestehenden Bündniskonstellation. Auf der einen Seite standen die Ententemächte G., Frankreich und Russland sowie Japan und die gegen Österreich-Ungarn kämpfenden Balkanstaaten Serbien und Montenegro, auf der anderen Seite kämpften die von der Entente als »Mittelmächte« bezeichneten Dreibundstaaten Deutsches Reich, Österreich-Ungarn und Osman. Reich.

Allgemeine Wehrpflicht: Die neue Art der modernen Kriegsführung (Massenheere und Materialschlachten) auf dem westeuropäischen Kriegsschauplatz war mit derart hohen Menschenverlusten verbunden, dass das traditionelle System der Freiwilligenarmee nicht zu halten war. In der ersten Schlacht bei Ypern (12.–22.10.1914) in Belgien fielen 50 000 brit. Soldaten, während der zweiten Ypernschlacht (22.4.–25.5.1915) 60 000. Bis zum 9.12.1915 fielen nach offiziellen Angaben 127 290 Angehörige der brit. Armee, 352 123 Mann wurden verwundet, 71 695 galten als vermisst. Am 26.1.1916 verabschiedete das Unterhaus ein Kriegsdienstgesetz, das für alle unverheirateten Männer von 18–41 Jahren sowie für Witwer, die keine Kinder zu versorgen hatten, die Wehrpflicht einführte; im Mai 1916 wurde die allgemeine Wehrpflicht auf verheiratete Männer ausgedehnt.

Waffentechnik: Zu Beginn der zweiten Schlacht bei Ypern erfolgte am 22.4.1915 durch deutsche Verbände der erste größere Einsatz von Giftgas, obwohl die Haager Landkriegsordnung chemische Kampfstoffe verbot. 1916 reagierte auch G. mit dem Einsatz von Chlorgas, in der Folgezeit steigerte sich die Bedeutung des »Gaskriegs« auf beiden Seiten trotz ständiger Weiterentwicklung der Tötungs- und Schutzmechanismen (Gasmaske). Während der Sommeschlacht, einer der größten Materialschlachten des Ersten Weltkriegs, setzte die brit. Armee am 15.9.1916

erstmals Panzer (»tanks«) ein. Diese neuen Waffensysteme konnten mit ihren breiten Kettenlaufwerken Granattrichter und Schützengräben und damit die Starre des Stellungskriegs überwinden. In der Folgezeit wurden Panzer auf beiden Seiten weiterentwickelt und bei drückender Überlegenheit der Entente eingesetzt: 1918 besaß Deutschland 20 Sturmpanzer, die Alliierten hatten 4 800 Panzer.

Seeblockade: Der Seekrieg als Teil eines umfassenden Wirtschaftskriegs war von entscheidender Bedeutung für den militärischen Ausgang des Weltkriegs. G. konzentrierte die Home Fleet (Inlandflotte) im Marinestützpunkt Scapa Flow zwischen den Orkneyinseln und nutzte sie fast ausschließlich zur völkerrechtswidrigen »Fernblockade« Deutschlands; die deutsche Führung hatte eine »Nahblockade« erwartet, d. h. eine Blockade der Mündungen von Elbe, Weser und Ems. Am 3.11.1914 erklärte G. ungeachtet des Protests der USA u. a. neutraler Staaten weite Teile der Nordsee einschließlich des Ärmelkanals zum Sperrgebiet; die nordwestliche Sperrlinie verlief von den Hebriden zu den dän. Färöern und bis zur dän. Kolonie Island. Der deutschen Flotte, deren Aktionsradius nur bis zu den Brit. Inseln reichte, war es unmöglich, die Fernblockade, die Deutschland von der Einfuhr wichtiger Güter sowie von seinen Kolonien abschnitt, zu brechen. Beim Auflaufen des Kleinen Kreuzers »Magdeburg« auf eine russ. Mine am 26.8.1914 fiel zudem das deutsche Codebuch in russ. Hände und wurde der brit. Admiralität übergeben, die nun den deutschen Funkverkehr überwachen konnte. In der Seeschlacht bei den Falklandinseln vernichtete ein brit. Kreuzerverband am 8.12.1914 das deutsche Ostasiengeschwader; einzig der Kreuzer »Dresden« konnte entkommen. Nach der Selbstversenkung der »Dresden« im März 1915 verfügte die deutsche Auslandsflotte über keinen Kreuzer mehr. Die Seeschlacht vor dem Skagerrak (31.5.–1.6.1916), wo sich 37 brit. und 21 deutsche Großkampfschiffe gegenüberstanden, war die größte Seeschlacht; der taktische Erfolg der deutschen Hochseeflotte, die 115 000 t brit. Schiffsraum versenkte (bei 61 000 t eigenem Verlust), änderte nichts an der allgemeinen Seekriegslage, zumal Kaiser Wilhelm II. einem Großeinsatz der Flotte zögerlich gegenüberstand.

Hungerblockade: 1915 verschärften G. und Frankreich die Fernblockade gegen den Protest der USA u. a. neutraler Staaten zur sog. Hungerblockade. Um die Mittelmächte von jeglichem Außenhandel abzuschneiden, wurde die Blockade auf die gesamte Handelsschifffahrt der neutralen Staaten ausgedehnt: Alle Handelsschiffe wurden durchsucht, die Ladung wurde beschlagnahmt, wenn der Verdacht bestand, dass sie für G.s Kriegsgegner bestimmt war. Nach dem Kriegseintritt der USA wurde die Blockade verstärkt: Am 15.7.1917 verhängten die USA über alle neutralen Staaten eine Lebensmittelblockade, um sie zu einer ententefreundlichen Politik bzw. zum Kriegseintritt zu zwingen. Durch die Hungerblockade erreichten G. und seine Verbündeten eine erhebliche Schwächung Deutschlands. Schät-

Vor dem Skagerrak starben am 31.5./1.6.1916 während der größten Seeschlacht des Ersten Weltkriegs 6094 britische und 2563 deutsche Seeleute. Großbritannien gab nach den großen Verlusten die Pläne auf, die Seeherrschaft der Grand Fleet auf die Ostsee auszudehnen; die strategische Seekriegslage blieb auch nach der Schlacht unverändert.

Die brit. »Lusitania« wurde am 7.5.1915 auf der Rückreise von New York von einem deutschen U-Boot torpediert; der bewaffnete Luxusdampfer transportierte außer Passagieren Munition, Waffen und Konterbande und war durch Fahrtroutenbefehle der brit. Admiralität in ein von deutschen U-Booten kontrolliertes Gebiet gelenkt worden. Bei der Versenkung der »Lusitania« starben 1198 Menschen, darunter 128 US-Bürger, was die USA zu scharfen Protesten an das Deutsche Reich veranlasste.

zungen zufolge starben 900 000 Deutsche an ihren Folgen. Erst am 28.6.1919 wurde sie aufgehoben.

Deutscher U-Boot-Krieg: Als Reaktion auf die – völkerrechtswidrige – Bewaffnung brit. Handelsschiffe und den Missbrauch neutraler Flaggen kündigte die deutsche Admiralität am 4.2.1915 den verschärften U-Boot-Krieg in den von G. zum Kriegsgebiet erklärten Gewässern rund um die Brit. Inseln an. Ab dem 18.2. torpedierten deutsche U-Boote nicht mehr nur feindliche Kriegs-, sondern auch Handelsschiffe. Der verschärfte deutsche U-Boot-Krieg, durch den die Ententemächte und die neutralen Staaten (vor allem Skandinavien und die USA) schwere Verluste an Schiffen erlitten, entwickelte sich auch zu einer wichtigen Frage von Propaganda und Politik. Die Furcht der Mittelmächte vor einem Kriegseintritt der USA nach der Versenkung des brit. Luxusdampfers »Lusitania« führte dazu, dass Deutschland am 18.9.1915 den verschärften U-Boot-Krieg einstellte und zusicherte, neutrale Schiffe und feindliche Passagierdampfer künftig zu schonen.

Krieg gegen das Osmanische Reich: Am 5.11.1914 erklärte G. dem Osman. Reich den Krieg und annektierte am selben Tag die osman. Insel Zypern (seit 1878 unter brit. Verwaltung). Am 18.12.1914 erklärte G. das faktisch seit 1882 brit. beherrschte, formell noch zum Osman. Reich gehörende Ägypten zum Protektorat. Zunächst erlitt G. auf den Kriegsschauplätzen im Nahen Osten schwere Niederlagen; 1915 scheiterte der Angriff auf die Dardanellen, 1916 der Versuch, Bagdad zu erobern. Im Sykes-Picot-Abkommen vereinbarten die Ententemächte am 16.5.1916 die Aufteilung der osman. Gebiete im Nahen Osten: Mesopotamien (Irak) wurde brit., Syrien französ. Interessengebiet. Am 11.3.1917 eroberten brit. Truppen Bagdad und besetzten weite Teile des von Türken und Deutschen verteidigten Mesopotamien; auch Persien (Iran) wurde 1917 von G. besetzt. Am 9.12.1917 endete mit der Eroberung Jerusalems die erste große brit. Palästina-Offensive unter General Allenby. Nach brit. Erfolgen in Damaskus, Aleppo (Syrien) und in Beirut (Libanon) wurde am 30.10.1918 in Mudros auf der heute griech. Insel Lemnos der Waffenstillstand zwischen G. und dem Osmanischen Reich unterzeichnet. Die Türkei musste ihre Marine ausliefern, die Meerengen öffnen, ihr Staatsgebiet für Militäraktionen der Entente freigeben und das Bündnis mit den Mittelmächten aufgeben.

Kriegseintritt der USA: Die Kriegserklärung der USA an Deutschland am 6.4.1917 bedeutete für die Entente eine entscheidende Stärkung der militärischen und finanziellen Ressourcen sowie der propagandistischen Möglichkeiten. Auslöser für den Kriegseintritt war der uneingeschränkte U-Boot-Krieg, den der deutsche Kaiser Wilhelm II. am 1.2. unter dem Druck der Obersten Heeresleitung proklamiert hatte; der Kampfeinsatz deutscher U-Boote hatte zur Versenkung mehrerer US-Handelsschiffe geführt.

Propagandakrieg: Der Sturz des Zaren in Russland (15.3.1917) und der Kriegseintritt der USA (6.4.1917) leiteten 1917 eine ideologische Wende ein. Wirkungsvoll war vor allem das Schlagwort vom Krieg für die »Selbstbestimmung der Völker«. Während G. den Osteraufstand (24.4.1916) des nach nationaler Selbstbestimmung verlangenden Irland blutig niederschlug und fast die gesamte Führungselite der ir. Unabhängigkeitskämpfer exekutierte, führte es einen erfolgreichen Propagandakrieg für die nationale Selbstbestimmung in den gegnerischen Vielvölkerstaaten Österreich-Ungarn (Anerkennung der tschech. Exilregierung am 16.9.1916) und Osman. Reich (Unterstützung des Araberaufstands 1916–18). Aufgrund dieser Propaganda kämpften Hunderttausende arab. Freiwilliger aufseiten G.s gegen die Türken und Millionen von tschech., slowak., poln. und rumän. Freiwilligen gegen Österreich-Ungarn; über den habsburgischen Truppen ließ G. 1918 täglich Millionen von Flugblättern abwerfen.

Verluste: G. hatte im Ersten Weltkrieg fast 1 Mio Gefallene (alle Staaten: 8,5 Mio) zu beklagen. Hinzu kamen die Opfer von Seuchen, die sich vor allem gegen Ende des Kriegs aufgrund mangelnder Hygiene bzw. unzureichender Lebensmittelversorgung epidemisch ausbreiteten (Syphilis, Tuberkulose). Die Span. Grippe, die im Juli 1918 Europa erfasste, kostete offiziellen (aus propagandistischen Gründen nach unten korrigierten) Angaben zufolge 112 000 Briten das Leben; weltweit starben ca. 20 Mio Menschen an der Span. Grippe, davon 0,55 Mio in den USA.

Friedensverträge: Die Pariser Vorortverträge (mit Deutschland am 28.6.1919 in Versailles, mit Österreich am 10.9.1919 in Saint-Germain-en-Laye, mit Bulgarien am 27.11.1919 in Neuilly, mit Ungarn am 4.6.1920 in Trianon und mit dem Osman. Reich am 10.8.1920 in Sèvres) entstanden unter wesentlicher Mitwirkung G.s und wurden in allen Verliererstaaten als »Diktate« empfunden. Sie führten den Begriff »Umsiedlung« – Veränderung des Wohnsitzes von Personen, Völkern und Volksgruppen – in das Völkerrecht ein. Auf der Grundlage dieses Begriffs teilten G. und die anderen Siegermächte multinationale und -kulturelle »Vielvölkerstaaten« (Österreich-Ungarn, Osman. Reich) in »Nationalstaaten« auf. Dies löste die bis dahin umfassendsten Migrationsströme, Massenvertreibungen von Minderheiten und ethnischen Säuberungen der Geschichte aus. Die Pariser Vorortverträge provozierten Bürgerkriege, Revisionsdenken und neue Kriege und legten die Basis für die Entstehung totalitärer Systeme.

Appeasementpolitik

Wille zum Frieden: David Lloyd George vertrat als Kriegspremier eine harte Politik gegenüber Deutschland, wirkte jedoch bei den Friedensverhandlungen mäßigend auf den französ. Premier Georges Clemenceau ein, da er von einer kollektiven Friedensordnung mehr Vorteile erwartete als von den Sanktionsplänen Frankreichs. Die brit. Appeasement-Politik wurde bis 1939 fortgesetzt, wobei die positive Bedeutung von »appeasement« als einer Befriedung ab 1935 durch die negative Bedeutung einer »Beschwichtigung« gegenüber totalitären Systemen faschistischer, nationalsozialistischer, falangistischer bzw. kommunistischer Prägung überdeckt wurde. Im Rahmen der kollektiven Friedenspolitik erfolgte auch der Umbau des British Empire zum Commonwealth of Nations und damit der Beginn der Entkolonialisierung.

Scheitern von Lloyd George: Mit Ausnahme der ir. Frage blieb Lloyd Georges Nachkriegspolitik in allen Bereichen erfolglos. Das Massaker von Amritsar (13.4.1919) hatte katastrophale Auswirkungen auf das Ansehen G.s in Brit.-Indien und löste Protestaktionen gegen die Kolonialmacht aus, die erst mit der ind. Unabhängigkeit endeten. Im Mai 1919 rief Emir Aman Ullah von Afghanistan zum »heiligen Krieg« gegen G. auf; im Friedensvertrag von Rawalpindi (8.8.1919) musste G. die Unabhängigkeit Afghanistans anerkennen. Am

Aufteilung der Kolonien nach dem Ersten Weltkrieg

Aufteilung der »Kriegsbeute«: Im Vertrag von Versailles musste Deutschland 1919 auf alle Kolonien verzichten. Während des Weltkriegs hatten die Siegermächte das Selbstbestimmungsrecht der Völker und den Verzicht auf Annexionen propagiert; um sich die deutschen (und osman. Kolonien) dennoch sichern zu können, wurden die Kolonien als »Mandatsgebiete« nominell der Verwaltung des von den Siegermächten gegründeten Völkerbunds übergeben – mit der Begründung, die dort lebenden Völker seien noch nicht reif zur Selbstregierung; auf Vorschlag Großbritanniens wurde zwischen A-Mandaten (relativ reif), B-Mandaten (unreif) und C-Mandaten (unterentwickelt) differenziert. Nicht der Völkerbund, sondern die Regierungschefs von Großbritannien, USA, Frankreich und Italien verteilten diese »Mandatsgebiete« an Großbritannien, Frankreich und Belgien.

Bei der Verteilung der deutschen Kolonien sicherte sich Großbritannien als B-Mandate den größten Teil von Deutsch-Ostafrika (Tansania), den an Nigeria grenzenden und später mit der brit. Kolonie Nigeria vereinigten Teil von Kamerun sowie das mit der Kolonie Goldküste vereinigte westliche Togo (heute zu Ghana); die selbst verwalteten brit. Dominions traten bei der Unterzeichnung des Versailler Vertrags als nominell selbstständige Staaten auf, sodass sich Großbritannien über die Dominions weitere Kolonien sichern konnte: Südafrika erhielt als C-Mandat Deutsch-Südwestafrika (Namibia), Neuseeland als C-Mandat Samoa (heute Westsamoa), Australien als C-Mandat Neuguinea (Papua-Neuguinea) und die übrigen deutschen Südseeinseln.

Auf der Konferenz von San Remo im April 1920 teilten Großbritannien und Frankreich die zuvor zum Osman. Reich gehörenden arab. Gebiete auf: Frankreich sicherte sich Syrien (einschließlich des Libanon) als A-Mandat, Großbritannien erhielt ebenfalls als A-Mandate Mesopotamien (Irak), Palästina und Transjordanien (Jordanien). (Foto: Der brit. District Commissioner zu Gast in der Kolonie Goldküste, Anfang der 40er Jahre.)

Der Locarnopakt – Meilenstein der Appeasement-Politik

In Locarno (Tessin) unterzeichneten Belgien, das Deutsche Reich, Frankreich, G., Italien, Polen und die Tschechoslowakei am 16.10.1925 ein Vertragswerk, das dem westlichen Europa dauerhaft Frieden und Ausgleich bringen sollte. Der Locarnopakt galt als Meilenstein der brit. Außenpolitik des »appeasement« (engl.; Befriedung). Mit diesem Vertrag verzichtete das Deutsche Reich auf jeden Versuch einer gewaltsamen Revision seiner Westgrenzen. Der »Geist von Locarno« leitete eine Zeit der Entspannung ein und führte 1926 zur Aufnahme des Deutschen Reichs in den Völkerbund. (Foto: Verhandlungen in Locarno, 1925).

28.2.1922 erhob sich Sultan Ahmed Fuad zum König von Ägypten. G. musste die Unabhängigkeit des Landes anerkennen, sicherte sich jedoch militärische und wirtschaftliche Rechte (Suezkanal). Die am 11.9.1922 verkündete Verfassung für das brit. Mandatsgebiet Palästina löste wegen ihrer Zugeständnisse an die Zionisten den Widerstand der arab. Bevölkerung aus. Durch das Washingtoner Flottenabkommen vom 6.2.1922 büßte G. auch formell seine im Ersten Weltkrieg verlorene traditionelle Vormachtstellung zur See ein; das Stärkeverhältnis der Kriegsflotten von USA, G., Japan, Frankreich und Italien wurde auf 5:5:3:1,75:1,75 festgelegt.

Ära Baldwin: Angesichts der Erfolglosigkeit von Lloyd George – die Arbeitslosenzahl stieg auf 2,5 Mio, das brit. Pfund fiel auf ein Drittel des Vorkriegswerts – verließen die Konservativen die Koalition mit der Liberal Party und bildeten am 23.11.1922 eine Regierung, die bei den Wahlen im November 1922 eindrucksvoll bestätigt wurde. Bis kurz vor dem Zweiten Weltkrieg prägte Stanley Baldwin entscheidend die brit. Politik (als Premier 1923/24, 1924–29 und 1935–37 sowie als Präsident des Geheimen Rats 1931–35). Innenpolitisch vertrat er eine Linie des sozialen Ausgleichs, außenpolitisch setzte er den Kurs des Appeasement fort. Der Arbeitslosigkeit begegnete er mit Schutzzöllen; die zahllosen Streiks, die das Land erschütterten, versuchte er durch Kooperation mit den Gewerkschaften und durch Schaffung einer Schlichtungskommission zu entschärfen; dies bewährte sich u. a. 1926 bei einem Generalstreik, an dem sich mehr als 2 Mio Menschen beteiligten. Das Scheitern des Generalstreiks führte zu einem schweren Ansehensverlust der Gewerkschaften (Trade Unions), die in den folgenden Jahren 3,5 Mio Mitglieder verloren. Durch den Equal Franchise Act vom 2.7.1928 erhielten Frauen das Wahlrecht.

National Government: 1929 gewann die Labour Party erstmals die Mehrheit im Unterhaus (288 Sitze, Konservative: 260); James Ramsay MacDonald wurde Premier einer Labour-Minderheitsregierung, die auf die Unterstützung durch die Liberal Party (59 Sitze) angewiesen war. Sie wurde von der Weltwirtschaftskrise überrollt; am 24.8.1931 trat der auch außenpolitische erfolglose MacDonald zurück. Bereits einen Tag später bildete er eine Allparteienkoalition, die – bei großer Dominanz der Konservativen – als »National Government« alle Parteien an der Bewältigung der Krise beteiligte und unter wechselnden Premiers bis zum Zweiten Weltkrieg im Amt blieb. Zu den ersten Maßnahmen des National Government zählte im Rahmen einer strikten Sparpolitik (cuts policy) die Kürzung der Arbeitslosengelder um 10%. Zur Erhal-

Commonwealth of Nations

Autonome Gemeinschaften: Die während des Ersten Weltkriegs durch das Schlagwort der »nationalen Selbstbestimmung« geweckten Unabhängigkeitsbestrebungen, die Anerkennung des Beitrags der Kolonien zum Sieg im Ersten Weltkrieg und die Integrationsprobleme nach der Übernahme ehemals deutscher und osman. Kolonien wurden zum Anlass für die Umwandlung des aus abhängigen Kolonien bestehenden British Empire in den aus unabhängigen, gleichberechtigten Staaten gebildeten »Commonwealth of Nations«. Auf der Empire-Konferenz am 18.11.1926 in London wurde der Status der Dominions neu geregelt. Der daran führend beteiligte ehemalige Außenminister Arthur James Balfour definierte die Dominions als »autonome Gemeinschaften innerhalb des British Empire, gleich im Status, in keiner Weise einander in inneren und äußeren Angelegenheiten untergeordnet«.

Westminister-Statut: Das vom brit. Parlament am 11.12.1931 verabschiedete Statute of Westminster definierte die staatsrechtliche Stellung: Die Dominions Australien, Kanada, Neufundland (es trat 1949 als 10. Provinz Kanada bei), Neuseeland und Südafrika sowie der Freistaat Irland wurden souveräne Staaten, jedoch »durch eine gemeinsame Bindung an die Krone vereinigt und als Mitglied des British Commonwealth of Nations frei assoziiert«. Als Staatsoberhaupt fungierte in den souveränen Commonwealth-Staaten der brit. Monarch, vertreten durch einen Gouverneur.

tung der Preisstabilität koppelte die Regierung am 21.9.1931 das brit. Pfund vom Goldstandard ab; damit verlor es seinen traditionellen Status als Weltleitwährung.

Arbeitslosigkeit: Der Anstieg der Arbeitslosenzahl auf etwa 3 Mio (Anfang 1932) führte zu Straßenschlachten zwischen Arbeitslosen und der Polizei. Die Arbeitslosenzahl stieg bis September 1932 auf fast 4 Mio; die von dem Labour-Politiker Oswald E. Mosley gegründete New Party, die ein am italienischen Faschismus orientiertes sozialpolitisches Programm vertrat, erhielt beträchtlichen Zulauf und wurde 1932 zur »British Union of Fascists« umgebildet. Unter dem Eindruck dieser Radikalisierung bekämpfte das National Government die Arbeitslosigkeit durch ein Bauprogramm und andere wirtschaftspolitische Maßnahmen. 1936 trat mit dem »Unemployment Act« ein Arbeitslosen-, Renten- und Sozialversicherungsgesetz in Kraft, das einen ersten Schritt hin zum Wohlfahrtsstaat bedeutete. Durch die verstärkte Aufrüstung ab 1936 sank die Zahl der Arbeitslosen bis zum Ausbruch des Zweiten Weltkriegs auf 1,5 Mio.

Beschwichtigungspolitik: Angesichts der gegen den Vertrag von Versailles verstoßenden Wehrpflicht im nationalsozialist. Deutschland verpflichteten sich G., Frankreich und Italien am 14.4.1935 in Stresa, einer weiteren »einseitigen Aufkündigung von Verträgen« durch das Deutsche Reich gemeinsam entgegenzutreten. Im deutsch-brit. Flottenabkommen vom 18.6.1935 gestand die brit. Regierung dem Deutschen Reich jedoch eine Vervierfachung seiner Kriegsflotte zu; das Flottenabkommen machte die Vereinbarung von Stresa obsolet, sanktionierte durch einen internationalen Vertrag die deutsche Aufrüstung und war ein wichtiger außenpolitischer Erfolg Hitlers. Im Hoare-Laval-Abkommen vom 9.12.1935 vereinbarten der brit. Außenminister Samuel Hoare und der französ. Premier Pierre Laval, der Annexion Abessiniens (Äthiopien) durch Italien zuzustimmen. Die öffentliche Empörung über diesen Plan, durch den G. angesichts der italien. Expansionspolitik und französ.-sowjet. Bündnisgespräche seine Position im Mittelmeer sichern wollte, führte zur Entlassung Hoares, als dessen Nachfolger am 22.12.1935 Anthony Eden das Amt des Außenministers übernahm.

Außenminister Eden: Obwohl Eden zu den Kritikern des Appeasement zählte, wurde die versöhnliche Außenpolitik fortgeführt: Hinnahme der deutschen Besetzung des Rheinlands (7.3.1936), Neutralität im Span. Bürgerkrieg (ab 17.7.1936), Erfüllung der türk. Forderung nach Remilitarisierung der Dardanellen (20.7.1936), Tatenlosigkeit nach dem japan. Überfall auf China (7.7.1937). Aus Protest gegen die Appeasement Politik des inzwischen von Neville Chamberlain geführten National Government trat Eden am 20.2.1938 zurück und wurde durch Edward Halifax ersetzt. Dieser setzte die Beschwichtigungspolitik fort, die im Münchner Abkommen vom 30.9.1938 den Höhepunkt erreichte. Darin wurde der Tschechoslowakei auferlegt, das Sudetengebiet bis zum 10.10. an das Deutsche Reich zu übergeben sowie ungar. und poln. Gebietsansprüchen zu genügen.

Ende des Appeasement: Nach der Besetzung der Rest-Tschechei durch deutsche Truppen (15.3.1939) stellte Premier Chamberlain erstmals die Politik des friedlichen Ausgleichs mit Hitler infrage. Der Bruch des Münchener Abkommens verdeutlichte die Ziele der NS-Führung, die weit über eine Revision des Versailler Friedensvertrags hinausgingen. Angesichts der deutschen Forderungen in der Frage des Poln. Korridors und Danzigs erfolgte am 31.3.1939 eine brit.-französ. Garantieerklärung für Polen, die am 13.4. auf Rumänien und Griechenland ausgedehnt wurde. Am 27.4.1939 führte G. erstmals in der brit. Geschichte vor Ausbruch eines Kriegs die allgemeine Wehrpflicht ein. Einen Tag später kündigte Hitler in einer Reichstagsrede das deutsch-brit. Flottenabkommen von 1935 und den deutsch-poln. Nichtangriffspakt von 1934. Der am 23.8.1939 in Moskau unterzeichnete deutsch-sowjet. Nichtangriffspakt (Hitler-Stalin-Pakt) bedeutete eine schwere Niederlage

Neville Chamberlain, ab 1937 Premierminister des britischen National Government, schwenkte bei seiner Rückkehr vom Treffen mit Hitler stolz das Papier mit den Vereinbarungen des Münchner Abkommens vom 30.9.1938 zwischen Großbritannien, Frankreich, dem faschistischen Italien und dem nationalsozialistischen Deutschen Reich. Es beendete die sog. Sudetenkrise, indem die Tschechoslowakei gezwungen wurde, das Sudetengebiet an die Deutschen zu übergeben – für Hitler und die NS-Diplomatie ein großer Erfolg, revidierte das Abkommen doch die Pariser Vorortverträge von 1919.

Winston Churchill (1874–1965) prophezeite in seiner berühmten ersten Unterhausrede vom 13.5.1940 »Blut und Mühsal, Tränen und Schweiß« und schuf mit dem V-Zeichen (Victory) das Symbol für den brit. Durchhalte- und Siegeswillen. Durch die Niederlage Frankreichs gegen Deutschland verlor Großbritannien seinen wichtigsten Partner. Hitler nutzte den Sieg zu einem erneuten Friedensappell an Großbritannien, den Churchill am 18.6.1940 zurückwies.

für die brit. Diplomatie; G. und Frankreich hatten sich ebenso wie Deutschland um ein Bündnis mit der UdSSR bemüht und am 24.7. einen Beistandsvertrag mit Moskau abgeschlossen, der nun gegenstandslos wurde. Der Hitler-Stalin-Pakt enthielt ein geheimes Zusatzabkommen über die Aufteilung Ostmitteleuropas in Interessensphären; es sah u. a. die Teilung Polens vor. Der am 25.8.1939 unterzeichnete brit.-poln. Bündnisvertrag sollte Hitler signalisieren, dass London eine Lösung der poln. Frage nur auf dem Verhandlungsweg akzeptieren werde.

Drohende Luftangriffe: Mit Sandsäcken wie hier vor dem als Hilfskrankenhaus vorgesehenen St.Mary's Public Baths & Wash House suchten sich die Londoner Ende 1939 auf die bevorstehenden deutschen Bombenangriffe vorzubereiten.

Zweiter Weltkrieg

Beginn des Weltkriegs: Nach dem deutschen Einmarsch in Polen am 1.9.1939 forderten G. und Frankreich entsprechend ihrer Garantie- und Beistandserklärungen ultimativ den Abzug der deutschen Truppen. Als dieser unterblieb, erklärten die Westmächte am 3.9. Deutschland den Krieg. Mit Ausnahme Irlands, das strikte Neutralität wahrte, schlossen sich die Dominions der Kriegserklärung des Mutterlands an. Hitler hatte mit einem Kriegseintritt G.s nicht gerechnet. Nach dem Abschluss der Eroberung Polens durch deutsche und sowjet. Truppen unterbreitete er London ein Friedensangebot. Dieses wurde am 6.10.1939 vom brit. Unterhaus nahezu einstimmig abgelehnt.

Kriegspremier Churchill: Nach dem Scheitern der brit. Landeoperation in Norwegen, das ab 9.4.1940 von Deutschland besetzt wurde, und nach dem deutschen Überfall auf Belgien, die Niederlande und Luxemburg (10.5.1940) trat Premier Chamberlain zurück, Churchill, der bereits zuvor vor den Gefahren des Appeasement gewarnt hatte, übernahm als »starker Mann« die Leitung der Kriegskoalition aus Konservativen und Labour Party.

Luftkrieg: Die am 16.7.1940 von Hitler angeordneten »Terrorangriffe« gegen die brit. Zivilbevölkerung sollten die Eroberung G.s vorbereiten, London reagierte ab 25.8.1940 mit dem Bombardement deutscher Städte. Spätestens nach dem Battle of Britain Day (15.9.1940), an dem die deutsche Luftwaffe 56 Maschinen verlor, zeichnete sich die deutsche Niederlage in der »Luftschlacht um England« ab; am 12.10.1940 verschob Hitler die geplante Invasion. Einen Höhepunkt der deutschen Luftangriffe bildete die Zerstörung von Coventry am 14./15.11.1940.

Vergeltungsangriffe: Das deutsche Bombardement wurde mit massiven Gegenschlägen erwidert; in der Nacht zum 31.5.1942 war Köln das Ziel des ersten brit. 1000-Bomber-Angriffs. In der Nacht auf den 25.7.1943 begannen mit der Operation »Gomorrha« – der pausenlosen »round-the-clock«-Bombardierung von Hamburg – die auf der Konferenz von Casablanca vereinbarten Luftangriffe der Alliierten auf deutsche Großstädte mit dem Ziel, durch Brand- und Sprengbombenterror die Bevölkerung zu »demoralisieren«; die Flächenbombardements leitete Luftmarschall Arthur Harris, der auch am 14.2.1945 das von Flüchtlingen überfüllte Dresden zerstören ließ. Ab 13.6.1944 schoss Deutschland fast 10 000 V(ergeltungs)-1-Raketen auf G. ab.

Während von den V-1-Raketen 40% von der Flakartillerie und von Jagdflugzeugen abgeschossen wurden, war die Bekämpfung der V-2-Systeme, von denen Deutschland vom 8.9.1944 bis März 1945 1115 Raketen gegen Ziele in Großbritannien (London) zum Einsatz brachte, mit den damaligen Abwehrmitteln nicht möglich.

Atlantikschlacht: Schwere Verluste verzeichnete G. anfangs in der »Schlacht im Atlantik«. Während der ersten Phase der Atlantikschlacht vernichteten deutsche U-Boote bis März 1940 148 Handelsschiffe mit 678 130 BRT und versenkten im Oktober 1939 den Flugzeugträger »Courageous« und das Schlachtschiff »Royal Oak«. Die zweite Phase der Atlantikschlacht ab Juni 1940 stand im Zeichen des uneingeschränkten deutschen U-Boot-Kriegs im Seegebiet um die Brit. Inseln mit dem Ziel, G. vom Meer her total zu blockieren. Die Verluste im alliierten Geleitzugverkehr nach G. erhöhten sich ab Oktober 1940, als deutsche U-Boote erstmals in »Rudeln« von bis zu zwölf Booten operierten. Die Angriffe auf den Konvoiverkehr im Nordatlantik erreichten im Juni mit der Torpedierung von 61 Schiffen einen weiteren Höhepunkt. Erst während dieser dritten Phase der Atlantikschlacht gelang G. mit kanad. und US-amerikan. Hilfe eine Verbesserung des Geleitschutzsystems.

Anti-Hitler-Koalition: Der Kriegspremier Churchill war die treibende Kraft beim Zustandekommen der sog. Anti-Hitler-Koalition aus G., USA und UdSSR. Offiziell waren die USA neutral, faktisch unterstützten sie G. Präsident Roosevelt unterzeichnete am 11.3.1941 den »Lend and Lease Act« (Leih- und Pachtgesetz), durch den er ermächtigt wurde, solche Staaten mit Rüstungsmaterial auf Leih- oder Pachtbasis beliefern zu lassen, deren Verteidigung im Interesse der USA lag. Insbes. G. profitierte von dieser Neuregelung, da seine Dollarreserven in den USA fast erschöpft waren, die brit. Armee aber auf Rüstungsgüter aus den USA angewiesen war.

»Germany first«: Am 27.3.1941 endeten in Washington zweimonatige Geheimverhandlungen, in denen sich G. und die USA auf die »Germany first«-Strategie einigten: Die USA erklärten sich für den Fall ihres Kriegseintritts bereit, ihre Streitkräfte zunächst überwiegend gegen das Deutsche Reich und Italien einzusetzen. Nach dem deutschen Überfall auf die Sowjetunion am 22.6.1941 erreichte Churchill den Abschluss eines Bündnisses mit Stalin: Das am 12.7.1941 in Moskau unterzeichnete Abkommen über gegenseitige Hilfeleistung schloss separate Friedensverhandlungen bzw. einen separaten Waffenstillstand eines Vertragspartners mit Hitler-Deutschland aus.

Atlantikcharta: Am 14.8.1941 verkündeten Roosevelt und Churchill bei einem Treffen vor Neufundland in der Atlantikcharta die Prinzipien einer Nachkriegsordnung: Selbstbestimmungsrecht der Völker, freier Welthandel und die Errichtung eines kollektiven Sicherheitssystems unter vollständiger Entwaffnung von Staaten, die sich der Aggression schuldig gemacht hatten. Nach dem Kriegseintritt der USA bildeten Churchill und Roosevelt auf der Arcadia-Konferenz in Washington (22.12.1941 bis 14.1.1942) das Combined Chiefs of Staff Committee als gemeinsamen Kriegsrat.

Afrikafeldzug: Da G. wegen der japan. Offensive in Südostasien gezwungen war, einen beträchtlichen Teil seiner Streitkräfte aus Ägyp-

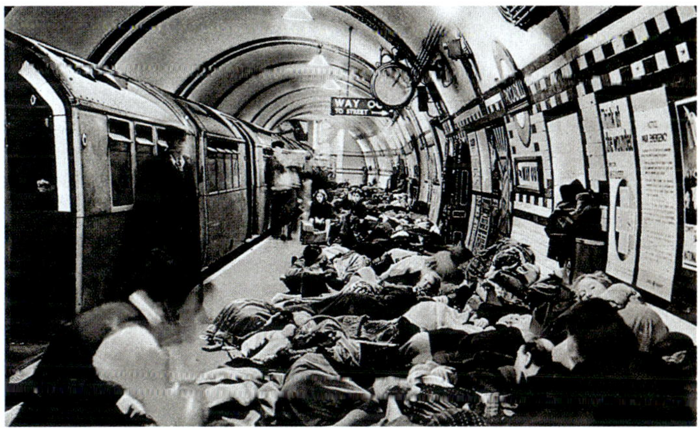

Oben: Die Saint Paul's Kathedrale in London im Schein nächtlicher Bombenexplosionen während der erfolglosen deutschen »Luftschlacht um England«.

Unten: Obwohl die britische Regierung die Bevölkerung aufrief, die U-Bahn-Stationen nur in Notfällen als Luftschutzräume zu benutzen, waren diese fast jede Nacht völlig überfüllt mit Menschen, die Schutz suchten vor dem deutschen Bombenterror.

In Teheran trafen der brit. Premierminister Winston Churchill, US-Präsident Franklin D. Roosevelt und der sowjet. Staatschef Josef W. Stalin (v. r.) am 28.11.1943 zu ihrer ersten gemeinsamen Konferenz zusammen. Bis zum 1.12. berieten »die großen Drei« über Strategiefragen, die Abstimmung ihrer Militäroperationen sowie über die territoriale Aufteilung Europas nach dem Ende des Weltkriegs. Churchill plädierte bezüglich Deutschland für eine Abtrennung Preußens vom Deutschen Reich und sprach sich für den Zusammenschluss Bayerns, Badens, Württembergs und der Pfalz mit Österreich und Ungarn zu einer Donauföderation aus.

ten abzuziehen, gelangen dem Deutschen Afrikakorps unter Erwin Rommel 1941/42 mehrere erfolgreiche Offensiven gegen Ägypten. Der beweglichen Taktik der schnellen Verbände Rommels hatten die schwerfälligen und durch Rückzugsgefechte demoralisierten brit. Panzertruppen wenig entgegenzusetzen. Erst Bernard Law Montgomery brachte am 30.6. den deutsch-italien. Vorstoß bei El-Alamein zum Stehen. Die »Wende von El-Alamein« bedeutete das Ende der deutschen Expansion in Nordafrika: Am 23.10. setzte die brit. Gegenoffensive ein, am 8.11. begann die Landung alliierter Truppen in Marokko und Algerien, am 13.5.1943 erfolgte die Kapitulation der Reste des Deutschen Afrikakorps.

Krieg in Asien: Am 25.12.1941 kapitulierte die brit. Kronkolonie Hongkong und wurde von japan. Truppen besetzt. Mit der Übergabe von Singapur an Japan am 15.2.1942 verlor G. seinen wichtigsten Flottenstützpunkt im Pazifik. Schwerwiegender als die strategischen Folgen war die psychologische Wirkung der Kapitulation. Nach dem Ersten Weltkrieg als Festung systematisch ausgebaut, galt Singapur als Symbol der brit. Weltmachtstellung. Der Fall der Kronkolonie erschütterte das Prestige G.s im asiat.-pazifischen Raum nachhaltig. Am 6.3.1942 räumte die brit. Truppen Rangun, zwei Tage später zogen japan. Einheiten in die verlassene birman. Hauptstadt ein. Durch die Aufgabe Ranguns wurde die Birmastraße, ein wichtiger alliierter Nachschubweg, vom Meer abgeschnitten.

Militärische Wende: Die Konferenz von Casablanca, auf der Churchill und Roosevelt die Kriegführung in Europa und im Mittelmeerraum koordinierten und am 24.1.1943 die bedingungslose Kapitulation der Achsenmächte forderten, leitete die militärische Wende im Zweiten Weltkrieg ein. Am 10.7.1943 landeten brit.-amerikan. Verbände auf Sizilien, am 8.9.1943 wurde die bedingungslose Kapitulation Italiens verkündet. Am 6.6.1944 begann die erfolgreiche Landung der Alliierten in der Normandie, nach der erfolgreichen alliierten Winteroffensive endete am 8./9.5.1945 mit der Kapitulation Deutschlands der Krieg in Europa. Nach der Kapitulation Japans gliederte G. die von Japan eroberten Gebiete auf der Malai. Halbinsel wieder seinem Kolonialreich ein und gründete am 1.4.1946 die Malai. Union, in der Singapur einen Sonderstatus erhielt.

Deutsche Kapitulation: Im Hauptquartier des brit. Feldmarschalls Montgomery in der Lüneburger Heide unterzeichnete der deutsche Generaladmiral Hans Georg von Friedeburg am 4.5.1945 die Kapitulation der deutschen Streitkräfte in Nordwestdeutschland, Dänemark und den Niederlanden. Am 5.6. übernahmen die vier alliierten Siegermächte die oberste Regierungsgewalt in Deutschland.

Jahrzehnte der Krise

Drohender Staatsbankrott: G. war am Ende des Zweiten Weltkriegs am Rand des Bankrotts und musste die weltpolitische Führungsrolle der USA nahezu bedingungslos anerkennen. Während des Kalten Kriegs stand G. bis 1990 außenpolitisch im Schatten der beiden Supermächte USA und UdSSR, wobei es sein besonderes Verhältnis (»special relationship«) zu den USA betonte. In der Wirtschafts- und Innenpolitik erlebte G. bis Anfang der 90er Jahre eine fast permanente Krisenzeit. Die unter dem Eindruck des drohenden Staatsbankrotts begonnene und nach der Niederlage während der Suezkrise weitergeführte Entkolonialisierung unterstrich G.s geschwundene Bedeutung als Weltmacht und führte zu einer Diskussion über ein neues, europäisches Selbstverständnis G.s.

Beginn des Sozialstaats: Der erdrutschartige Wahlsieg der Labour Party 1945 (393 Sitze, Konservative: 213) stand unter dem Zeichen sozialpolitischer Forderungen. Am 26.7. 1945 löste Clement Attlee den Kriegspremier Churchill ab und verkündete am 1.8.1945 ungeachtet einer Staatsverschuldung von 3,35 Mrd Pfund das wohlfahrtsstaatliche Programm eines »Socialististic Commonwealth« und »Welfare State«. In den folgenden Jahren wurden das Banken-, Verkehrs-, Energie- und Transportwesen sowie die damaligen Schlüsselindustrien Eisen und Stahl verstaatlicht; das Gesetz über die Sozialversicherung (1946) und die Einführung eines unentgeltlichen staatlichen Gesundheitsdienst (1946) markierten den Beginn einer Sozialgesetzgebung, die allerdings nicht ohne Hilfe der USA finanzierbar gewesen wäre. Am 15.8.1945 prophezeite Schatzkanzler Hugh Dalton den Bankrott G.s, falls Hilfe von den USA ausbleibe.

Abhängigkeit von den USA: Die wirtschaftliche Schwäche zwang G. am 6.12.1945, unter harten Bedingungen einen Schuldenabtragungskredit von 4,4 Mrd US-Dollar von den USA anzunehmen; dafür musste es dem Internationalen Währungsfonds (IWF) beitreten und seinen Außenhandel liberalisieren. Washington nutzte die Schwäche G.s, um die ehemalige Weltmacht in die von den USA neu geschaffenen Institutionen einzubinden. Auch dem Allgemeinen Zoll- und Handelsabkommen (GATT), das am 1.1.1948 in Kraft trat, musste G. auf Druck der USA beitreten, obwohl sich daraus Nachteile für G. wegen seiner Wirtschaftsbeziehungen zu den Kolonien und den Commonwealth-Staaten ergaben; als dritte Säule der von den USA propagierten neuen Weltwirtschaftsordnung sollte das GATT neben IWF und Weltbank auf der Basis der Meistbegünstigung weltweit Handelshemmnisse abbauen.

Marshallplan: Vor dem wirtschaftlichen Zusammenbruch retteten G. die Gelder der US-amerikan. Marshallplanhilfe. Am 3.4.1948 bewilligte der US-Kongress die Gelder, zur Durchführung des Marshallplans wurde am 16.4.1948 die OEEC (Organisation für Europäische Wirtschaftliche Zusammenarbeit) mit Sitz in Paris gegründet (ab 1960: OECD = Organisation für wirtschaftliche Zusammenarbeit und Entwicklung). Ab 1948 erhielt G. 4,5 Mrd US-Dollar aus ERP-Mitteln.

Überstürzte Entkolonialisierung: Im Zusammenhang mit der Verschuldung G.s stand die überstürzte Entkolonialisierung, deren Konzeptlosigkeit zu Kriegen und Bürgerkriegen mit Millionen von Toten führte. Die Unabhängigkeit und Teilung des Kaiserreichs Brit.-Indien 1947 löste einen der größten Flüchtlingstrecks in der Weltgeschichte aus: Etwa 7 Mio Muslime flüchteten nach Pakistan, knapp 9 Mio Hindus und Sikhs nach Indien; 2 Mio Menschen starben auf der Flucht, bei Kämpfen zwischen Moslems, Hindus und Sikhs im Punjab und in Ostbengalen kamen 1947/48 10 Mio Menschen ums Leben. In der Palästinafrage enthielt sich G. 1947 der Stimme, verzichtete 1948 auf sein Mandat und zog beim Ausbruch des Palästinakriegs (Erster Israel.-Arab. Krieg) seine Truppen zurück. Weitere Dauerunruheherde wurden Ceylon (1946) und Birma (1948), die ebenfalls aus finanziellen Gründen unvorbereitet in die Unabhängigkeit entlassen wurden.

Europäische Sicherheitspakte: Außenminister Ernest Bevin und sein französ. Amtskollege Georges Bidault unterzeichneten am 4.3.1947 den Dünkirchenvertrag, einen auf

Winston Churchill – Kriegspremier und Nobelpreisträger

Der Konservative Winston Churchill übernahm 1940 als Premierminister die Leitung der Kriegskoalition aus Konservativen und Labour Party. Er wurde zum Symbol des brit. Durchhaltewillens im Zweiten Weltkrieg und war der Hauptinitiator der Anti-Hitler-Koalition zwischen G., den USA und der UdSSR. Für sein Ziel, den sowjet. Einfluss zurückzudrängen, fand er am Ende des Zweiten Weltkriegs nicht die Unterstützung der USA. Nach der Wahlniederlage von 1945 trat er zurück, 1951–55 war er erneut Premierminister. 1953 erhielt der Autor der brillanten Weltkriegsdarstellung »The Second World War« (1948–53) den Literaturnobelpreis »für seine Meisterschaft in der historischen Darstellung und der Biographie und für die glänzende Redekunst, mit der er sich für die Verteidigung unserer Zivilisation eingesetzt hat«. (Foto: Churchill, sitzend, 1956 zu Gast bei Bundeskanzler Konrad Adenauer, 2. v. l., im Palais Schaumburg in Bonn)

50 Jahre abgeschlossenen Freundschafts- und Beistandspakt, der sich gegen eine etwaige künftige Aggression Deutschlands richtete. Der Dünkirchenvertrag war Vorbild für den sich ebenfalls gegen ein wieder erstarkendes Deutschland richtenden Brüsseler Pakt, den am 17.3.1948 G., Frankreich und die Beneluxstaaten unterzeichneten. Dieses umfassende Vertragswerk über wirtschaftliche, soziale und kulturelle Zusammenarbeit sowie über kollektive Verteidigung wurde während der Eingliederung der Bundesrepublik Deutschland in das westliche Bündnissystem entscheidend modifiziert.

Londoner Akte: Auf der Londoner Neunmächtekonferenz vom 28.9.–3.10.1954, an der auch die Bundesrepublik Deutschland teilnahm, beschlossen die Brüsseler Vertragsstaaten, die USA und Kanada in der Londoner Akte, die Bundesrepublik Deutschland und Italien am Brüsseler Pakt zu beteiligen, und empfahlen die Aufnahme der Bundesrepublik in die NATO. Auf der Grundlage der Londoner Akte wurden am 23.10.1954 die Pariser Verträge unterzeichnet: Der Brüsseler Pakt wurde durch den Beitritt der Bundesrepublik Deutschland und Italiens in die Westeuropäische Union (WEU) umgewandelt, in der alle Vollmitglieder im Fall eines Angriffs zu Beistand verpflichtet waren; zudem wurde das Besatzungsregime in der Bundesrepublik Deutschland, die nominell souverän wurde, aufgehoben.

NATO-Staat: 1946 prägte Churchill den Begriff »Eiserner Vorhang« (iron curtain), um die Abschottungs- und Blockpolitik der UdSSR in Europa zu charakterisieren. Nach der Errichtung sog. Volksrepubliken als sowjet. Satellitenstaaten in Osteuropa trat 1948 der Kalte Krieg offen zutage, als Stalin auch die westlichen Sektoren von Berlin dem kommunistischen Machtblock eingliedern wollte und die Stadt mit einer Hungerblocklade belegte. Ungeachtet der Wirtschaftsmisere im eigenen Land beteiligte sich die brit. Bevölkerung mit einem Spendenaufkommen von fast 9 Mio Pfund an der Versorgung West-Berlins; brit. Transportmaschinen brachten 0,45 Mio t Fracht (von insgesamt 2 Mio t) in die eingeschlossene Stadt. Noch während der Berlinblockade wurde in Washington am 4.4.1949 die NATO als multilaterale Defensivallianz gegründet. Ebenfalls während der Berlinblockade erfolgte am 5.5.1949 in London die Gründung des Europarats, der die europäischen Staaten auf politischem, wirtschaftlichem und kulturellem Gebiet verbinden sollte. Die Spannungen in Europa und der Koreakrieg (1950–53) zwangen G. zu erhöhten Rüstungausgaben (mit positiven Auswirkungen auf den Arbeitsmarkt), doch setzte auch Churchill während seiner zweiten Amtszeit 1951–55 die innenpolitische »welfare«-Politik fort.

Stichwort: Suezkrise

Krieg im Nahen Osten: Die Spannungen nach der Verstaatlichung des Suezkanals (26.7.1956) durch Ägypten nutzte Israel am 29.10.1956 zu einem Angriff auf Ägypten (Zweiter Israel.-Arab. Krieg), bei dem es die Sinaihalbinsel und den Gazastreifen eroberte, während Frankreich und Großbritannien Ägypten bombardierten. Die Suezkrise bildete für die brit. Kolonialpolitik eine entscheidende Zäsur, da die USA und die Commonwealth-Staaten ebenso wie die Sowjetunion das brit. Vorgehen in Ägypten verurteilten und den Rückzug forderten. Die Suezkrise führte zum Rückzug der Briten aus Ägypten und 1957 zum Rücktritt Anthony Edens als Premier und löste eine zweite Entkolonialisierungswelle aus. Edens Nachfolger Harold Macmillan (1957–63) verstärkte die Entkolonialisierung ab 1960 (»Wind of change«-Rede); unter Labour-Premierminister Harold Wilson (1964–70) wurde sie fortgesetzt.

Atomwaffen und Abrüstungspolitik

Abhängige Atommacht: Am 3.10.1952 wurde auf dem Montebello-Archipel vor Australien die erste brit. Atombombe gezündet, der Aufbau einer eigenständigen Atomstreitmacht scheiterte jedoch an den finanziellen Möglichkeiten G.s. Am 26.4.1960 gab die konservative Regierung Macmillan aus wirtschaftlichen Gründen den Bau eigener Interkontinentalraketen und Langstreckenbomber auf. Bei einem Treffen in Nassau auf den Bahamas am 18.–21.12.1962 vereinbarten Macmillan und US-Präsident John F. Kennedy die Bildung einer Kernwaffenstreitmacht der NATO. G. verzichtete auf die Entwicklung eigener Mittelstreckenraketen; die brit. Skybolt-Raketen sollten durch US-amerikan. Polaris-Systeme ersetzt werden, für die G. die nuklearen Trägersysteme entwickeln sollte. Die Bahamakonferenz besiegelte die Abhängigkeit G.s vom US-amerikan. Kernwaffenprogramm im Rahmen der NATO. Während G. die Führungsrolle der USA akzeptierte, beharrte Frankreich, das ebenfalls eine Atomstreitmacht aufbaute, auf Unabhängigkeit und trat infolge des Bahama-Abkommens 1966 aus der militärischen Struktur der NATO aus.

Abrüstungsinitiativen: Nach der Bahamakonferenz engagierte sich G. unter Betonung seines besonderen Verhältnisses zu den USA stark in der Abrüstungspolitik. Am 5.8.1963 unterzeichneten G., USA und UdSSR das Abkommen über die Einstellung aller Kernwaffenversuche in der Atmosphäre, im Weltraum und unter Wasser (PTBT = Partial Test Ban Treaty); ein Großteil der Staaten der Erde trat diesem Abkommen bei. Am 1.7.1968 unterzeichneten G., USA und UdSSR in London, Washington und Moskau den Kernwaffensperrvertrag (Vertrag über die Nichtverbreitung von Kernwaffen). Wesentlich beteiligt war G. auch an der Konferenz für Sicherheit und Zusammenarbeit (KSZE) in Helsinki.

Die Briten und Europa

Gründung der EFTA: 1946 plädierte Churchill in einer Rede in Zürich für einen Zusammenschluss Europas unter Führung Frankreichs und Deutschlands. Durch die Römischen Verträge gründeten am 25.3.1957 die Benelux-Staaten, Frankreich, Italien und die Bundesrepublik Deutschland die Europäische Wirtschaftsgemeinschaft (EWG) und die Europäische Atomgemeinschaft (EURATOM); bereits 1951 hatten dieselben sechs Staaten die Europäische Gemeinschaft für Kohle und Stahl (EGKS) gegründet. Vor allem mit Hinblick auf die Wirtschaftsbeziehungen zu seinen Kolonien und zu den Commonwealth-Staaten sowie zur Wahrung seiner staatlichen Souveränität beteiligte sich G. nicht an der Gründung von EWG und EURATOM; auch der EGKS war G. nicht beigetreten. Im Gegenzug betrieb es die Gründung der Europäischen Freihandelsassoziation (EFTA = European Free Trade Association) am 4.1.1960 mit den neutralen Staaten Schweiz, Schweden und Österreich sowie mit Dänemark, Norwegen und Portugal; anders als die EWG zielte die EFTA nicht auf die Schaffung eines gemeinsamen Markts (oder einer politischen Union), sondern ausschließlich auf den Abbau von Zöllen und Handelshemmnissen zwischen den Vertragspartnern.

Schwieriger EG-Beitritt: Die Regierung Macmillan reagierte rasch auf die Gefahr einer Isolierung G.s in Europa: Am 4.2.1959 unterzeichnete G. einen Kooperationsvertrag mit der EURATOM zur friedlichen Nutzung der Kernenergie, am 3.8.1961 billigte das Unterhaus mit 313 zu 5 Stimmen (bei Stimmenthaltung der Labour Party) den Plan der Regierung, Verhandlungen über einen EWG-Beitritt aufzunehmen. Die Verhandlungen scheiterten im Januar 1963 am Veto Frankreichs; der französ. Präsident Charles de Gaulle erklärte sich strikt gegen eine Erweiterung der Gemeinschaft. Am 10.5.1967 suchte die Labour-Regierung unter Harold Wilson um erneute EWG-Beitrittsverhandlungen nach; Frankreich blockierte die Verhandlungen mit Hinweis auf die desolate Situation der brit. Wirtschaft. Erst de Gaulles Rücktritt (28.4.1969) machte den Weg frei für den EG-Beitritt G.s., der in einer ausgesprochenen Krisensituation erfolgte. Die brit. Unterhauswahlen während des 1968 ausgebrochenen Bürgerkriegs in Nordirland endeten am 18.6.1970 mit einem überraschenden Wahlsieg der Konservativen, am 20.6. löste Edward Heath (1970–74) Wilson als Premier ab und nahm bereits am 30.6. wieder EG-Beitrittsverhandlungen auf. Versorgungskrisen und Streikwellen bei gleichzeitigem Anstieg der Arbeitslosenzahl auf über 1 Mio führten dazu, dass Heath am 3.8.1971 den nationalen Notstand proklamierte. Gleich-

Schwindende Macht der britischen Gewerkschaften

Trade Unions: Der Einfluss der zersplitterten brit. Gewerkschaften auf die politischen Entscheidungsprozesse nahm im 20. Jh. kontinuierlich ab; am bedeutendsten war er in der »Old« Labour Party (bis 1996). Zu Beginn der 70er Jahre waren 10,7 Mio Briten in 500 Einzelgewerkschaften organisiert, von denen 19% weniger als 100 Mitglieder hatten. 142 Einzelgewerkschaften (mit 10 Mio Mitgliedern) gehörten dem TUC (Trades Union Congress) an, der als Dachverband die Interessen der Arbeiter gegenüber dem Staat vertritt. Allerdings führt der TUC keine Tarifverhandlungen, die Macht der Gewerkschaften liegt nicht bei Funktionären, sondern bei der Basis.

Der Industrial Relations Act von März 1971 brachte einschneidende Veränderungen: Die Gewerkschaften wurden der Registrierungspflicht unterworfen, das Streikrecht wurde auf politische Auseinandersetzungen beschränkt, ein neu geschaffenes Arbeitsgericht ermöglichte es der Regierung, Streiks zu unterbinden oder für 60 Tage auszusetzen. Während des wirtschaftlichen Strukturwandels unter den konservativen Regierungen Margaret Thatcher (1979–90) und John Major (1990–97) ging der Einfluss der Gewerkschaften weiter zurück: 1993 zählte der TUC nur noch 7,6 Mio Mitglieder. Immer mehr Einzelgewerkschaften versuchten, unabhängig vom TUC zu agieren; so wurde die Elektrikergewerkschaft 1988 aus dem TUC ausgeschlossen, da sie einem Friedensabkommen mit den Arbeitgebern zugestimmt hatte, das einen weitgehenden Streikverzicht beinhaltet hatte.

Das Schwinden des Gewerkschaftseinflusses setzte sich 1997 unter Tony Blairs »New« Labour-Regierung fort, die sich von Kollektivismus, Umverteilung, Staatseigentum u. a. gewerkschaftlichen Zielen der »Old« Labour Party zugunsten einer marktwirtschaftlichen Orientierung löste. (Foto: 140 000 Briten demonstrierten im Februar 1971 in London gegen den geplanten Industrial Relations Act.)

Die Konservative Partei mit Premier Margaret Thatcher (M.) auf Anti-Europakurs (1979).

Berittene Polizei im Einsatz gegen streikende Bergarbeiter 1984 in Orgreave.

Massendemonstration gegen das Kopfsteuergesetz der Thatcher-Regierung (1990).

wohl wurden die Verhandlungen zu Ende geführt, am 1.1.1973 wurden die EFTA-Staaten G. und Dänemark sowie Irland Mitglieder der EG, die sich dadurch vom Europa der Sechs zum Europa der Neun vergrößerte.

Nationaler Notstand: Die durch den OPEC-Lieferboykott 1973 ausgelöste Energieknappheit verschärfte nach dem brit. EG-Beitritt die allgemeine Wirtschaftskrise in G., am 7.1.1974 dekretierte die Regierung Heath die »Drei-Tage-(Arbeits-)Woche«, um die Energieversorgung aufrecht zuerhalten. Nach dem EG-Beitritt wandten sich vor allem die oppositionelle Labour Party und die Gewerkschaften gegen die Mitgliedschaft zur Europäischen Gemeinschaft und forderten für eine Volksabstimmung (wie in Dänemark und Irland). Als die Bergarbeiter am 5.2.1974 das Regierungsangebot einer Lohnerhöhung um 16% zurückwiesen und zu einem nationalen Streik aufriefen, setzte Heath angesichts der katastrophalen politischen und wirtschaftlichen Lage Neuwahlen an. Diese erbrachten am 26.2.1974 eine Patt-Situation bei leichtem Übergewicht der Labour Party (301 Sitze, Konservative: 296), woraufhin Heath zurücktrat. Am 4.3.1974 bildete Wilson ein Labour-Minderheitskabinett, das den Notstand und die Energiebeschränkungen aufhob sowie einen extrem defizitären Haushalt vorlegte. Eine im Herbst in Paris veröffentliche Studie des Hudson-Instituts prophezeite einen Verfall G.s und heizte die Anti-Europa-Stimmung in der Labour Party, bei den Gewerkschaften und nun auch bei den Konservativen an.

Europa-Gegnerschaft: Bei Neuwahlen am 10.10.1974 gewann die Labour Party die absolute Mehrheit (319 Mandate), während die von dem Europa-Befürworter geführten Konservativen Heath nur noch 276 Mandate erhielten. Am 11.2.1975 wurde Margaret Thatcher in einer Kampfabstimmung zur Parteivorsitzenden der Konservativen gewählt; ihre Wahl bedeutete einen Sieg des rechten Flügels der Partei und eine Stärkung der EG-Gegner. Eine Volksabstimmung beendete am 5.6.1975 die Auseinandersetzungen zwischen Gegnern und Befürwortern der EG mit einem überraschend klaren Votum: 67,2% der Stimmberechtigten sprachen sich für den Verbleib Großbritanniens in der EG aus, nur 32,8% votierten dagegen. Nach dem Scheitern seiner Politik trat Labour-Premier Wilson zurück und wurde am 5.4.1976 durch seinen Parteikollegen James Callaghan (1976–79) ersetzt. Das Land verzeichnete einen Arbeitslosenrekord von 1,5 Mio und eine Inflation von mehr als 27%.

Ära Thatcher

Eiserne Lady: Bei den Unterhauswahlen am 3.5.1979 errangen die Konservativen einen hohen Wahlsieg (339 Sitze, Labour: 268), Oppositionsführerin Thatcher, die sich durch ihren rigiden Führungsstil und ihre harschen »Predigten« zugunsten der Leistungsgesellschaft, von mehr Privatinitiative und Eigenverantwortung den Ruf einer »Eisernen Lady« erworben hatte, wurde der erste weibliche Regierungschefin G.s.
Wirtschaftspolitik: Thatcher leitete eine harte monetaristische und angebotsorientierte Wirtschaftspolitik ein und versuchte durch Kürzung der Staatsausgaben und durch Steuersenkungen sowie durch (Re-)Privatisierungen, die Rezession zu überwinden. Wesentliches Merkmal des »Thatcherismus« war auch eine ausgeprägte Konfliktstrategie gegenüber den Gewerkschaften; der Employment Act von 1980 verbot u. a. Sympathiestreiks. Thatcher erreichte eine vorübergehende Belebung der Konjunktur; zugleich aber erlebte G. innerhalb weniger Jahre eine Welle von Firmenzusammenbrüchen und Massenentlassungen; die Arbeitslosenzahl überschritt 1982 die 3-Mio-Grenze; die zunehmende Polarisierung in Arm und Reich entlud sich ab 1981 in Unruhen ethnischer Minderheiten, Arbeitsloser und perspektivloser Jugendlicher.
Falklandkrieg: Als das argentin. Militärregime 1982 die Falklandinseln und South Georgia besetzte, stellte Thatcher im Falklandkrieg die brit. Herrschaft wieder her. Die harte Haltung im Falklandkrieg bewirkte ebenso wie die konsequente Durchsetzung der brit. Interessen in der EG einen außerordentlichen Popularitätsschub für die »Eiserne Lady«: Bei den Unterhauswahlen von 1983 steigerten die Konservativen die Zahl ihrer Mandate auf 397, während die Labour Party mit nur noch 209 Abgeordneten vertreten war.
»Poll Tax«: Das Kopfsteuergesetz (Poll Tax), das am 1.4.1990 in Kraft trat, löste die schwersten Unruhen in G. seit dem Zweiten Weltkrieg aus und führte zum Sturz der mittlerweile auch parteiintern umstrittenen Thatcher. Das Anfang der 80er Jahre beschleunigte Wirtschaftswachstum verlangsamte sich von 5,0% (1988) auf 0,4% (1990), 10 Mio Menschen lebten 1990 an der Armutsgrenze, 1,7 Mio waren im September 1990 arbeitslos gemeldet. Außenpolitisch war das Ende der Ära Thatcher mit der Zustimmung G.s zur Wiedervereinigung Deutschlands sowie dem KSZE-Gipfel von Paris verbunden, der am 19.11.1990 den Kalten Krieg beendete.

Staatsoberhäupter Großbritanniens

Reg.-Zeit	*Name (Herrschergeschlecht)*	*Lebensdaten*
1837–1901	**Victoria** (Hannover)	1819–1901
1837–1901	Königin von Großbritannien und Irland	
1877–1901	Kaiserin von Indien	
1901–10	**Edward VII.** (Sachsen-Coburg-Gotha)	1841–1910
	König von Großbritannien und Irland	
	Kaiser von Indien	
1910–36	**George V.**, (Sachsen-Coburg-Gotha, ab 1914 Windsor)	
1910–36	König v. Großbritannien u. Irland	1865–1936
1910–22	König von Großbritannien und Nordirland	
1910–36	Kaiser von Indien	
1936	**Edward VIII.** (Windsor)	1894–1972
	König von Großbritannien und Nordirland und Kaiser von Indien	
1936–52	**George VI.** (Windsor)	1895–1952
1936–52	König von Großbritannien und Nordirland	
1936–47	Kaiser von Indien	
seit 1952	**Elizabeth II.** (Windsor)	*1926
	Königin von Großbritannien und Nordirland	

Das britische Königshaus hat sich ungeachtet aller Skandale im 20. Jh. als Stabilitätsgarant des politischen Systems in G. behauptet. Zentrale Persönlichkeiten waren Königin Elizabeth II. (5. v. l. auf dem Foto von 1998) und ihre populäre Mutter »Queen Mum« (M.), die im Sommer 2000 ihren 100. Geburtstag feierte. Die damalige Lady Elizabeth Bowes-Lyon heiratete 1923 den Herzog von York, Albert, einen Sohn von König George V. 1926 wurde die Tochter Elizabeth (II.) geboren. Am 20.1.1930 bestieg Alberts älterer Bruder als Edward VIII. den Thron. Die Liebesbeziehung des Monarchen zu der (damals noch) verheirateten US-Amerikanerin Wallis Simpson wurde jedoch als Skandal empfunden, sodass der König am 10.12 abdankte, um Miss Simpson ehelichen zu können. Am 12.5.1937 wurde Albert als George VI. gekrönt; seine populäre Frau war die starke Persönlichkeit hinter dem Monarchen und wurde im Zweiten Weltkrieg neben Winston Churchill zweite Symbolfigur für den Widerstandswillen der Briten. Nach dem Tod von George VI. (1952) folgte die Tochter als Elizabeth II. auf dem Thron. Ihr Sohn Charles (*1948, 1. v. l.) wurde zum Thronfolger proklamiert. Zu Beginn der 90er Jahre machten Charles und seine Frau, Lady Diana († 31.8.1997), zunehmend Schlagzeilen in der Yellow Press, die dem Ansehen des Königshauses schadeten. Aus der Ehe, die 1996 geschieden wurde, gingen zwei Söhne hervor: die Prinzen William (*1982, 4. v. l.), der nach seinem Vater zweiter Anwärter auf den Thron ist, und Harry (*1984, 3. v. l.).

Aufbruch in den 90er Jahren

Europa-Option: Thatchers Nachfolger John Major kündigte nach seiner Vereidigung als Premier im November 1990 ein verstärktes Engagement G.s in Europa an. Am 20.5.1993 ratifizierte das Unterhaus die Maastrichter Verträge über die Gründung der Europäischen Union (EU) als politischem und wirtschaftlichem Zusammenschluss der EG-Mitgliedsstaaten, ohne jedoch die EU-Sozialcharta zu übernehmen. Die Arbeit der europäischen Gremien wurde von G. immer wieder behindert, u. a. wegen des EU-Importverbots für brit. Rindfleisch infolge des BSE-Skandals. Tony Blair beendete die Blockadepolitik, allerdings trat G. nicht der Währungsunion bei (1.1.1999). Die geringe Beteiligung an der Wahl zum Europäischen Parlament (23%) am 10.6.1999 spiegelte das Desinteresse der brit. Bevölkerung an Europa wider. Die Labour Party, ungeachtet der pro-europäischen Haltung Blairs in der Europafrage nicht einig, kam nur auf 28% der Stimmen, während die EU-skeptischen Konservativen 38% erhielten.

Weltpolitische Option: Mit der Beteiligung an der multinationalen Allianz gegen den Irak im zweiten Golfkrieg (1991) unterstrich John Major, dass G. nach dem Ende des Kalten Kriegs neben der europäischen seine weltpolitische Option wahren wollte. Die von einer medienwirksamen Zeremonie begleitete Rückgabe Hongkongs an China am 1.7.1997 in Anwesenheit des Kronprinzen Charles hatte stark symbolischen Charakter: Illumination und Feuerwerke standen für den angeblichen Glanz der brit. Kolonialherrschaft, die nach 155 Jahren zu Ende ging. Im Kosovo-Konflikt vertrat G. unter Tony Blair ein kompromissloses Vorgehen gegenüber Belgrad. G. beteiligte sich 1999 an den NATO-Luftangriffen auf Jugoslawien und sprach sich für den Einsatz von Bodentruppen aus.

Erste Nordirlandgespräche: Am 16.12. 1993 erkannten G. unter John Major und Irland in einer gemeinsamen Erklärung das Selbstbestimmungsrecht aller Bewohner der »Insel Irland« an und boten den nordir. Parteien einschließlich der katholisch-republikanisch-extremistischen Sinn Féin (deren militärischer Arm die IRA war) Friedensgespräche an, sofern sie zu einem Gewaltverzicht bereit seien. Auch der Sinn-Féin-Führer Gerry Adams setzte sich daraufhin für eine politische Lösung des Konflikts ein.

Nordirland-Friedensabkommen: Der Nordirland-Friedensprozess machte unter Tony Blair große Fortschritte. 1997 unterzeichnete Gerry Adams ein Gewaltverzichtsabkommen und schuf damit die Voraussetzung für das als historisch bezeichnete Treffen des Sinn-Féin-Führers mit Blair am 11.10.1997 in Downing Street 10, dem Amtssitz des brit. Premierministers. Am 10.4.1998 unterzeichneten in Belfast acht nordir. Parteien sowie die Regierungen von G. und Irland ein Abkommen, das nach jahrzehntelangem Terror und Bürgerkrieg den Frieden zurückbringen soll. Am 22.5.1998 wurde das Friedensabkommen bei Volksabstimmungen mit überwältigender Mehrheit in Nordirland (71,1%) und in Irland (94,5%) angenommen.

Die wichtigsten Parteien im 20. Jh.

Name (Abkürzung)	*Politische Richtung*	*Gründung*
Conservative Party	konservativ	1832
Liberal Party	liberal	um 1850
Unionist Party	konservativ-unionistisch	1886
Labour Party	sozialdemokratisch	1900/06
Conservative and UnionistParty [1]	konservativ-unionistisch	1912

1) Vereinigung von Conservative Party und Unionist Party

Die britischen Regierungschefs

Reg.-Zeit	*Name*	*Partei*
1895–1902	Robert Arthur Talbot Gascoyne-Cecil, 3. Marquess of Salisbury	Conservative Party
1902–05	Arthur James Balfour	Conservative Party
1905–08	Henry Campbell-Bannerman	Liberal Party
1908–16	Herbert Asquith	Liberal Party
1916–22	David Lloyd George	Liberal Party
1922–23	Andrew Bonar Law	Conservative and Unionist Party
1923–24	Stanley Baldwin	Conservative and Unionist Party
1924	James Ramsay MacDonald	Labour Party
1924–29	Stanley Baldwin	Conservative and Unionist Party
1929–35	James Ramsay MacDonald	Labour Party
1935–37	Stanley Baldwin	Conservative and Unionist Party
1937–40	Neville Chamberlain	Conservative and Unionist Party
1940–45	Winston Churchill	Conservative and Unionist Party
1945–51	Clement Attlee	Labour Party
1951–55	Winston Churchill	Conservative and Unionist Party
1955–57	Anthony Eden	Conservative and Unionist Party
1957–63	Harold Macmillan	Conservative and Unionist Party
1963–64	Alec Douglas-Home	Conservative and Unionist Party
1964–70	Harold Wilson	Labour Party
1970–74	Edward Heath	Conservative and Unionist Party
1974–76	Harold Wilson	Labour Party
1976–79	James Callaghan	Labour Party
1979–90	Margaret Thatcher	Conservative and Unionist Party
1990–97	John Major	Conservative and Unionist Party
seit 1997	Tony Blair	Labour Party

Nordirland – Frieden erst nach Anerkennung des Selbstbestimmungsrechts

Nordirlandkonflikt: Mitte der 50er Jahre begann die IRA mit terroristischen Akten den Kampf um die Wiedervereinigung des autonomen Nordirland mit Irland. Die mehrheitlich anglikanische (= »brit.«) Bevölkerung Nordirlands wünschte weiterhin die staatsrechtliche Bindung an Großbritannien; bei der katholischen Minderheit in Nordirland stießen die Forderungen der IRA auf Sympathie, da die Katholiken in Nordirland von der anglikanischen Mehrheit gesellschaftlich ausgegrenzt und politisch (Wahlrechtsbeschränkungen) und wirtschaftlich diskriminiert wurden. Die Politisierung der Konfessionszugehörigkeit war Resultat der jahrhundertelangen Entrechtung der einheimischen Katholiken (= Iren) durch die in Nordirland angesiedelten Briten (= Anglikaner). Der liberal-unionistische nordir. Premier Terence O'Neill (1963–69) leitete daher ein Reformprogramm ein, das die Benachteiligung der Katholiken aufheben sollte. An 14.1.1965 kam es zwischen O'Neill und dem ir. Premier Sean Lemass zum ersten ir.-nordir. Gipfeltreffen seit der Teilung der Insel.

Nordirischer Bürgerkrieg: Die Spannungen eskalierten in einem Bürgerkrieg, der am 5.10.1968 mit Straßenschlachten und massivem Einsatz der nordir. Polizei in Londonderry (ab 1985: Derry) begann. Neben Londonderry wurde Belfast ein Brennpunkt der verharmlosend »troubles« genannten Auseinandersetzungen zwischen extremistischen anglikanischen Unionisten (= Verfechtern der Union Nordirlands mit Großbritannien) und militanten Katholiken. Die Unruhen forderten bis Ende des 20. Jh.s mehr als 3000 Menschenleben. Da sich sein Reformprogramm angesichts der Radikalisierung auf beiden Seiten als undurchführbar erwies, trat der nordir. Premier O'Neill im April 1969 zurück; im August 1969 verlegte die brit. Regierung Truppen nach Nordirland. Wenige Wochen nach dem »Bloody Sunday« von Londonderry hob G. am 24.3.1972 die nordir. Autonomie auf und übernahm die direkte Regierungsgewalt in Nordirland. Maßnahmen, den Konflikt zu entschärfen, blieben wirkungslos, da die radikalen Protestantenführer um Ian Paisley, William Craig, Harry West u. a. jede Zusammenarbeit mit G. und den Katholiken ablehnten. Erst als die brit. Regierung unter John Major 1993 das Selbstbestimmungsrecht der Bewohner der »Insel Irland« anerkannte, begann eine politische Entwicklung, die mit dem Friedensabkommen von 1998 die Basis für das Ende des Nordirlandkonflikts legte.

Links oben: Die anglikanischen Orangemen (Oranier) veranstalten alljährlich am 12. Juli einen Umzug, der an die Unterwerfung Irlands durch den engl. König Wilhelm III. von Oranien 1690 erinnert.

Oben: Brit. Fallschirmjäger am 30.1.1972 bei einer Straßenkontrolle in Londonderry. An diesem Tag erschossen brit. Soldaten 14 unbewaffnete katholische Demonstranten.

Mitte: Großflächige Wandmalereien künden von der Kampfbereitschaft der IRA.

Unten: Protestant David Trimble (l.) und Katholik John Hume (r.), Friedensnobelpreisträger 1998, während der Nordirlandverhandlungen mit Premierminister Tony Blair.

New Labour: Tony Blair errang 1997 mit seiner »New« Labour Party einen überwältigenden Wahlsieg. Das Programm von »New« Labour unterschied sich nur geringfügig von dem der Konservativen: Hauptziele waren Liberalisierung der Märkte, Eindämmung des Gewerkschaftseinflusses, Privatisierung staatlicher Unternehmen und öffentlicher Dienstleistungen sowie Betonung von Eigenverantwortung und unternehmerischer Initiative.

Die Republik Irland akzeptierte in dem Abkommen, dass Nordirland so lange bei G. bleibt, wie dies dem Mehrheitswillen der dort lebenden Bevölkerung entspricht; entsprechend dieser Bestimmung strich die Republik Irland den Passus, dass sie territorialen Anspruch auf Nordirland erhebt, aus ihrer Verfassung. G. hob das aus dem Jahr 1920 stammende Gesetz auf, das die Teilung der Insel besiegelte. Damit entfiel für paramilitärisch-terroristische Gruppen jedwede Legitimation: Eine Änderung der staatlichen Zugehörigkeit ist fortan nur mit demokratischen Mitteln erreichbar. Allerdings bleibt abzuwarten, ob die Radikalen beider Seiten tatsächlich zur Beachtung demokratischer Regeln bereit sind.

New Labour – New Life: 1994 übernahm Tony Blair die Führung der Labour Party und unterzog sie einer radikalen Öffnung hin zur politischen Mitte. Die seit 1918 zentrale Forderung nach Verstaatlichung der Produktionsmittel wurde aus dem Programm gestrichen, und der starke Einfluss der Gewerkschaften auf die sich weiter als sozialistisch verstehende Partei beschnitten; als neue Ziele wurden eine dynamische Wirtschaft, eine offene Demokratie und eine gesunde Umwelt definiert.
Bei den Parlamentswahlen errang der charismatische Blair im Mai 1997 einen der größten Wahlsiege der brit. Geschichte: 419 Mandate entfielen auf die »neue« Labour Party, während die Konservativen nur noch 165 Abgeordnete stellten (SDLP: 46). Dieser Triumph wurde als Zeichen eines gesamtgesellschaftlichen Aufbruchs zu einem »Neuen Leben« verstanden, in dem an die Stelle sozialer Kälte ein solidarisches Miteinander treten sollte. Reales Wirtschaftswachstum von 1,7% (1999), die Senkung der Arbeitslosigkeit auf 4,2% und der Inflationsrate auf 1,2% Ende 1999 sowie eine solide Haushaltspolitik verhinderten nicht, dass der Popularitätsvorsprung der neuen Regierung Mitte 2000 auf 7% gegenüber den Konservativen schrumpfte. Als Besorgnis erregend wurde vor allem der Anstieg der Kriminalität empfunden. Die Regierung reagierte im Juli 2000 mit der Ankündigung umfassender staatlicher Investitionen im Polizeiwesen. Auch im Bildungs- und im staatlichen Gesundheitswesen sowie im Bereich der maroden öffentlichen Verkehrsnetze sollen erhebliche Investitionen erfolgen. *B. P.*

Nach 292 Jahren erstmals wieder ein eigenes Parlament für Schottland

Bei der Eröffnung des schott. Regionalparlaments in Edinburgh am 1.7.1999 unterstrich Königin Elizabeth II. durch ihre Anwesenheit die historische Bedeutung dieses Tags: 1707 war das letzte schott. Parlament aufgelöst und Schottland mit England in Realunion zum Königreich »Großbritannien« verbunden worden. Das Bewusstsein der schott. Eigenart blieb aber auch in der Realunion mit England lebendig. Die 1934 gegründete Scottish National Party (SNP) propagierte nationale Werte.
Nach Ölfunden vor der Küste Schottlands verstärkte die SNP ihre Agitation für größere Autonomie; 1974 zog sie mit elf Abgeordneten ins Unterhaus in London ein. Während ein vom Unterhaus verabschiedetes Teilautonomiegesetz bei der Volksabstimmung von 1979 nicht die erforderliche Mehrheit fand, votierten 1997 74,3% der Stimmberechtigten für die Schaffung eines schott. Regionalparlaments. Wahlen fanden erstmals im Mai 1999 statt. First Minister (Regierungschef) von Schottland wurde am 17.5. der Labour-Politiker Donald Dewar, der eine Koalition mit den Liberalen bildete. (Foto: Parade der Scottish Division 1999 in Edinburgh)

Guatemala

Republik Guatemala

Das Gebiet des heutigen G. war Teil des Maya-Reiches, eine der wichtigsten Hochkulturen Mittelamerikas. 1524 eroberten die Spanier die Region, die von Dominikanermönchen christianisiert und dem Vizekönigreich Neuspanien angegliedert wurde. Die spanischstämmigen Einwohner G.s (Kreolen) erklärten 1821 ihre Unabhängigkeit vom Mutterland Spanien. 1823 schloss sich G. mit den ebenfalls unabhängig gewordenen Nachbarn Costa Rica, El Salvador, Honduras und Nicaragua zur Zentralamerikan. Föderation zusammen, die 1838 aufgrund innerer Streitigkeiten zerfiel. 1839 erklärte sich G. zum souveränen Staat, dessen Entwicklung in den folgenden Jahrzehnten autoritäre Caudillo-Regime (Militärherrscher) bestimmten.

Dominanz von US-Unternehmen

Autoritäres Regime: Mit Unterstützung des Militärs gelangte 1898 der Zivilist Manuel Estrada Cabrera in G. an die Regierungsmacht, die er bis 1920 behaupten konnte.

In seinem politischen und ökonomischem Wirken setzte er die Tradition der Caudillos fort, die auf wirtschaftlichem Feld mehrfach für Modernisierungsschübe gesorgt, die politischen Freiheiten jedoch stark beschnitten hatten.

Während seiner Amtszeit (1898–20) konnte sich Cabrera stets auf das Militär stützen, das um 1910 zahlreiche Bauern-Aufstände blutig niederschlug. Diese richteten sich vor allem gegen die staatlich angeordnete Zerstörung indianisch-bauerlicher Landgemeinschaften, wodurch große Teile der bäuerlichen Bevölkerung – sie machte Anfang des 20. Jh.s rund 60% der Gesamtbevölkerung aus – zur Arbeit in Kaffeeplantagen und -röstereien bzw. in Fabriken gezwungen waren. Dies war ein von Präsident Cabrera gewünschter Effekt, um die Wirtschaft des Landes durch Ausbau des industriellen Sektors zu modernisieren.

»Bananenrepublik«: Ab 1910 wuchs aufgrund staatlicher Begünstigungen der wirtschaftliche und – indirekte – politische Einfluss der United Fruit Company wie auch anderer US-amerikan. Unternehmen auf Kosten der einheimischen Oberschicht. Diese formierte ab 1917 den Widerstand gegen einen immer starrsinniger und brutaler agierenden Diktator.

1917 richtete ein Erdbeben in G. schwere Schäden an. Die anschließende Wirtschafts-

Guatemala 2000	
Landesfläche	108 889 km² (WR 104)
Einwohner	11,1 Mio (WR 67)
Hauptstadt	Guatemala-Stadt (1,2 Mio Einw.)
Sprachen	Spanisch, Maya-Quiché-Dialekte
Währung	1 Quetzal (Q) = 100 Centavos
Gliederung	22 Departamentos
Staatsform	Präsidiale Republik (seit 1986)
Religion	Katholiken (ca. 75%); Protestanten (ca. 25%)
Bevölkerung	Indianer (45%); Mestizen (45%); Weiße (5%); Sonstige (5%)

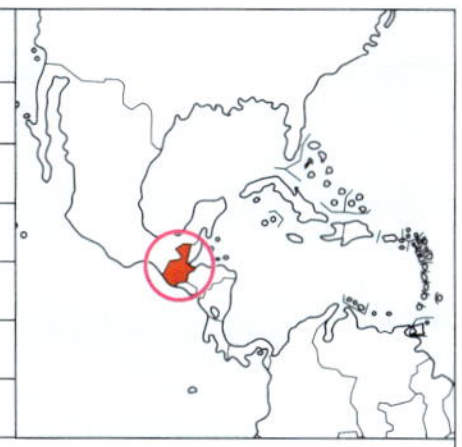

Guatemala im 20. Jahrhundert	
1899	General M. Estrada Cabrera wird Präsident und regiert bis 1920 autoritär.
um 1900	Der Kaffee- und Bananenanbau wird weitgehend von ausländischen Unternehmen kontrolliert.
1910	Herausbildung einer breiten Opposition gegen die Diktatur Cabreras.
1920	Sturz von Cabreras; wechselnde Militärregierungen.
1931	Politische Stabilisierung nach der Machtübernahme von General Jorge Ubico Castañeda.
1945	Juan José Arévalo Bermejo wird erster frei gewählter Präsident.
1954	Rechtsgerichteter Militärputsch.
1960	Beginn des Guerilla-Krieges linksgerichteter Gruppen.
1965	Neue Verfassung gewährt eingeschränkte Freiheitsrechte.
1974	Durch manipulierte Wahlen gelangt das Militär an die Macht.
1984	Die verfassunggebende Versammlung leitet Demokratisierung ein.
1986	Nach freien Wahlen wird der Christdemokrat Vinicio Cerzo Arévalo Präsident.
1992	Friedensnobelpreis für die Menschenrechtskämpferin Rigoberta Menschú.
1994	Wahlsieg der rechtsgerichteten Frente Republicano Guatemalteco (FRG).
1996	Der Reformpolitiker Alvaro E. Arzú Irigoyen wird Präsident.
	Friedensabkommen zwischen Regierung und linksgerichteter Guerilla.
1998	Wirbelsturm »Mitch« richtet verheerende Schäden an.
1999	Der Rechtspopulist Alfonso Portillo gewinnt Präsidentschaftswahlen.

Der United Fruit Company gehörten große Teile Guatemalas. Als das US-amerikan. Unternehmen 1954 Land abgeben sollte, kam es zum Sturz der Regierung Arbenz.

Staatsoberhäupter Guatemalas

Reg.-Zeit	*Name*	*Lebensdaten*
1899–1920	Manuel Estrada Cabrera	1857–1924
1920/21	Carlos Herrera y Luna	1856–1930
1921–26	José Maria Orellana	1872–1926
1926–30	Lázaro Chacón	1873–1931
1930	Baudillo Palma	k. A.
1930	Manuel Maria Orellana	1872–1926
1931	Rosé Maria Reyna Andrade	1860–1947
1931–44	Jorge Ubico Castañeda	1878–1946
1944	Federico Ponce Vaides	1889–1956
1944/45	Jacobo Arbenz Guzmán	1913–1970
1945–51	Juan José Arévalo Bermejo	1904–1990
1951–54	Jacobo Arbenz Guzmán	1913–1970
1954–57	Carlos Castillo Armas	1914–1957
1957	Oscar Mendoza Azurdia	*1917
1957	Luis Arturo Gonzalez López	1900–1965
1957/58	Guillermo Flores Avendaño	1894–1982
1959–63	Miguel Ydigoras Fuentes	1895–1982
1963–66	Enrique Peralta Azurdia	1908–1997
1966–70	Julio César Méndez Montenegro	1915–1996
1970–74	Carlos Araña Osorio	*1918
1974–78	Kjell Eugenio Laugerud García	*1930
1978–82	Fernando Romeo Lucas García	*1924
1982/83	Efraín Ríos Montt	*1926
1983–86	Oscar Humberto Mejía Victores	*1930
1986–91	Vinicio Cerezo Arévalo	*1942
1991–93	Jorge Serrano Elías	*1945
1993	Gustavo Espina Salguero	k. A.
1993–96	Ramiro de León Carpio	*1942
1996 bis 2000	Alvaro E. Arzú Irigoyen	*1946
seit 2000	Alfonso Portillo	*1951

krise verschärfte die sozialen und politischen Spannungen. Als sich auch die USA von ihrem einstigen Verbündeten Cabrera abwandten, beschloss das Parlament im Frühjahr 1920 die Absetzung des langjährigen Präsidenten. Als Nachfolger wurde mit Zustimmung des Militärs der reformorientierte Zivilist Carlos Herrera eingesetzt. Dessen Vorgehen gegen die Monopolstellung von US-Unternehmen in G. war einer der Gründe, dass Herrera mit Zustimmung der USA von Parteigängern des einstigen Diktators Cabrera bereits im Dezember 1921 gestürzt wurde.

In den folgenden Jahren regierten die Generäle José Maria Orellana (1921–26) und Lázaro Chacón (1926–30) in der Tradition Cabreras, d. h. Unterdrückung der Opposition und Begünstigung ausländischer Firmen. Insbes. die United Fruit Company (Bananenanbau und -export) erlangte in G. (wie in ganz Zentralamerika) wirtschaftlich eine so beherrschende Stellung, dass sie in der Region nur noch »el pulpo« (die Krake) genannt wurde.

Politische Repressionen: Nach der Machtübernahme durch General Jorge Ubico Castañeda (1931–44) verschärfte sich die Unterdrückungspolitik. Gewerkschaften und oppositionelle Parteien wurden von dem autokratischen Herrscher verboten, während er seine Wirtschaftspolitik weitgehend an den Interessen von US-Firmen ausrichtete. Außer in der Bananenproduktion war auch das Kaffeegeschäft, der wichtigste Exportsektor G.s, stark von ausländischen Unternehmen beeinflusst. Insgesamt befand sich Anfang der 30er Jahre rund ein Drittel der landwirtschaftlichen Nutzfläche unter ausländischer Kontrolle (bei Kaffee lag der Auslandsanteil bei rund 50%). Allerdings verzeichnete die Wirtschaft G.s in den 30er Jahren insgesamt eine Erholung, da Präsident Ubico ihr nach dem Höhepunkt der Weltwirtschaftskrise durch verstärkte, staatlich subventionierte Kaffee- und Baumwollexporte Wachstumsimpulse gab. Von dieser Entwicklung profitierte vor allem die Oberschicht der Großgrundbesitzer.

Liberalisierung und Reformpolitik

Reformwillige Militärs: Inzwischen wuchs die Unzufriedenheit mit den politischen Verhältnissen. Im Juni 1944 brachen Studentenunruhen aus, und vier Monate später wurde General Ubico von reformorientierten Offizieren gestürzt. Es folgte eine rund zehnjährige Periode politischer und wirtschaftlicher Reformen. Innerhalb kurzer Zeit bildeten sich in G. Parteien, Gewerkschaften und Unternehmerverbände heraus. Aus den ersten nichtmanipulierten Präsidentschaftswahlen ging im Dezember 1944 der Linksliberale Juan José Arévalo Bermejo (1945–51) von der Frente Popular Libertator (FPR) als Sieger hervor. Durch eine Reihe von Reformen verbesserte er die politischen und sozialen Bedingungen (allgemeines Wahlrecht, ausgenommen analphabetische Frauen), Arbeitsschutzgesetze (1947), Einrichtung eines Sozialversicherungssystems (1948).

Präsident Jacobo Arbenz Guzmán (1951 bis 1954) verstärkte die Reformpolitik seines Vorgängers, u. a. durch eine Agrarreform, die ab 1952 auch die Enteignung von brachliegendem Großgrundbesitz erlaubte. Im Zuge dieser Bodenreform erhielten rund 100 000 Familien – etwa ein Sechstel der Bevölkerung – Landzuteilungen. Die United Fruit Company musste einen Teil ihrer Besitzungen abgeben. In der Außenpolitik bemühte sich Arbenz um größere Selbstständigkeit und suchte Anschluss an die »Bewegung der Blockfreien«.

Rückkehr zur Militär-Herrschaft

Rechtsputsch: Diese wirtschaftliche und politische Entwicklung G.s erregte bei der US-Regierung Missfallen. Der US-Geheimdienst CIA unterstützte darum 1954 den Putsch rechtsgerichteter Offiziere gegen Arbenz. Neuer Präsident wurde Oberst Carlos Castillo Armas (1954–57), der umgehend die liberale Verfassung außer Kraft setzte, alle linksgerichteten Parteien verbot und die Bodenreform rückgängig machte. In den folgenden drei Jahrzehnten wurde das zentralamerikan. Land mit einer kurzen Unterbrechung (1966–70) von autoritären Militärregimes beherrscht. Um den demokratischen Schein zu wahren, wurden regelmäßig Wahlen abgehalten, die jedoch manipuliert waren.

Die 1965 unter Präsident Enrique Peralta Azurdias (1963–66) erlassene neue Verfassung gewährte zwar zusätzliche Freiheitsrechte, stellte die Vorherrschaft der Militärs jedoch nicht in Frage. Bei den vergleichsweise korrekten Wahlen von 1966 waren folglich auch nur rechtsgerichtete bzw. konservative Parteien zugelassen. Der neue Präsident Julio César Méndez Montenegro (1966–70), ein reformwilliger Zivilist, versuchte eine vorsichtige Liberalisierung des Herrschaftssystems und soziale Reformen, scheiterte aber am Widerstand der Oberschichten und des Militärs.

Bürgerkrieg: Während seiner Amtszeit verschärfte sich auch der Untergrundkrieg. Es bildeten sich sog. Todesschwadrone, die mit Unterstützung bzw. Duldung der militärischen Machthaber gegen bewaffnete Rebellen und politische Gegner mit brutaler Gewalt vorgingen. Ab 1970 lösten sich nach jeweils manipulierten Wahlen die Militärs Carlos Araña Osorio (1970–74), Kjell Eugenio Laugerud García (1974–78) und Fernando Romeo Lucas García (1978–82) im Präsidentenamt ab.

Das stark agrarisch geprägte G. erlebte nach 1950 wirtschaftlich eine rund 30-jährige relativ kontinuierliche Aufschwungphase, trotz politischer Repression (ab 1954) und Bürgerkrieg (ab 1960). Das Bruttoinlandsprodukt stieg kontinuierlich an. Von den Einkommensverbesserungen profitierten aber vor allem die Oberschichten des Landes.

Die USA unterstützten 1954 den Putsch von Oberst Carlos Castillo Armas gegen Präsident Jacobo Arbenz Guzmán, der eine Landreform initiiert hatte. Anhänger von Castillo Armas protestierten 1954 gegen die Aufstände linker Kadetteneinheiten, die 25 Todesopfer forderten.

1982 putschte sich General Efraín Ríos Montt (1983/83) an die Macht. Er suspendierte die Verfassung, löste sämtliche Parteien auf und verschärfte die Repressionen gegen oppositionelle Gruppen. Zwangsmaßnahmen gegen die indianische Urbevölkerung schürten zusätzlich die innenpolitischen Spannungen. So hatte das Militär die Umsiedlung von rund 1 Mio Indios verfügt, um der linksgerichteten Guerilla Rückzugsräume zu nehmen.

Schwierige Demokratisierung

Politische Öffnung: Der Putsch von General Oscar Humberto Mejía Victores (1983–86) gegen Montt im Jahr 1983 bedeutete die Abkehr von der traditionellen Militärdiktatur. Die neuen Machthaber erkannten die Notwendig-

Eine Militärjunta unter General Efraín Ríos Montt übernahm im März 1982 nach einem Putsch die Macht in Guatemala.

Alfonso Portillo (*24.9.1951), der Kandidat der rechtsgerichteten FRG, ging aus der Stichwahl zur Präsidentschaft am 26.12.1999 mit 68,3% der Stimmen als Sieger hervor. Gegenkandidat Oscar Berger von der bislang regierenden rechtsliberalen PAN erhielt 31,7%. Die Wahlbeteiligung lag bei nur 40%. Portillo gilt als willfähriger Gefolgsmann von Exdiktator Efraín Ríos Montt (1982/83).

keit politischer Reformen und stellten mit der Einberufung einer verfassunggebenden Versammlung die Weichen zur Demokratisierung G.s. Die ersten freien Wahlen nach Jahrzehnten der Militärherrschaft entschied der Christdemokrat Vinicio Cerezo Arévalo (1986 bis 1991) für sich. Obgleich die offizielle Macht an eine zivile Regierung überging, behielt das Militär weiterhin bestimmenden Einfluss.

Ende des Bürgerkriegs: Ein 1987 unterzeichneter Friedensplan für Zentralamerika – eine Initiative des Präsidenten von Costa Rica, Oscar Arias Sánchez – leitete die Befriedung der jahrzehntelang von Bürgerkriegen heimgesuchten Region ein. Doch erst 1991 nahm der rechtsliberale Präsident Jorge Serrano Elías direkte Verhandlungen mit den Guerilleros auf, die Ende 1996 zur Unterzeichnung eines Friedensabkommens zwischen der Regierung und der linksgerichteten Untergrundorganisation Unidad Revolucionaria Nacional Guatemalteca (URNG) führten, mit dem der längste Bürgerkrieg in Lateinamerika beendet wurde. Seit Beginn des Guerilla-Kampfes 1960 wurden über 200 000 Menschen getötet, meist Zivilisten; mehr als 1,5 Mio Menschen flohen vor den Kämpfen aus ihren Wohnorten. Nach einem 1998 veröffentlichten Bericht kirchlicher Menschenrechtsgruppen wurden in dem Bürgerkrieg mehr als 90% aller Kriegsverbrechen von Regierungstruppen und rechtsgerichteten paramilitärischen Einheiten verübt. Diese wurden juristisch jedoch kaum verfolgt, zumal ein Amnestiegesetz vom Dezember 1996 die Verantwortlichen für Straftaten während des Bürgerkriegs – mit Ausnahme von Menschenrechtsverletzungen – schützt. Eine langjährige Streiterin für die Menschenrechte vor allem der Indios, die Guatemaltekin Rigoberta Menschú, erhielt 1992 den Friedensnobelpreis.

Staatsstreich: 1993 versuchte Serrano – der erste protestantische Präsident in der Geschichte Lateinamerikas – durch einen »Staatsstreich von oben« seine Machtposition zu stärken. Er suspendierte die Verfassung und löste das Parlament auf. Zuvor hatten neoliberale Reformen (Privatisierungen, Kürzungen der öffentlichen Ausgaben) zur Verschlechterung der Lebensbedingungen breiter Bevölkerungsschichten geführt. Doch scheiterte Serrano – anders als sein politisches Vorbild, der autoritäre peruan. Präsident Alberto Fujimori – am Widerstand eines breiten Bündnisses aus Parteien, Gewerkschaften, Wirtschaftsverbänden und Teilen des Militärs, das ihn zum Rücktritt zwang.

Wahlsieg der Rechten: Im August 1994 fanden Neuwahlen statt, die einen klaren Sieg der Rechtsparteien Frente Republicano Guatemalteco (FRG) und Partido Avanzada Nacional (PAN) brachten. Im Januar 1996 übernahm mit Alvaro E. Arzú Irigoyen (PAN) ein konservativer, jedoch reformwilliger Unternehmer die Präsidentschaft. Anfang 1997 gewährten die USA, Europäische Union und Weltbank rund 1,9 Mrd US-Dollar Aufbauhilfe für das vom Bürgerkrieg zerrüttete Land.

Hurrikan-Katastrophe: Im Herbst 1998 wurde G. vom Wirbelsturm »Mitch« heimgesucht, der große Teile der Wiederaufbauleistung zunichte machte.

Wiederaufbau: Staat und Gesellschaft G.s sind auch im Jahr 2000 stark von der Aufarbeitung des Bürgerkrieges beansprucht. Eine internationale »Kommission für die Wahrheitsfindung« legte im Februar 1999 ihren Bericht vor, der u. a. belegt, dass ca. 80% der Todesopfer im Bürgerkrieg Indios, insbes. Zivilisten, waren.

Im September 1998 wurde die im Friedensabkommen vereinbarte Reduzierung der Armee um ein Drittel abgeschlossen. Die Demobilisierung von etwa 15 000 Soldaten belastete zusätzlich den Arbeitsmarkt.

Die Demokratisierung G.s macht nur kleine Fortschritte. So scheiterte im Mai 1999 eine von allen größeren Parteien befürwortete Verfassungsreform. Bei geringer Wahlbeteiligung lehnten 55% der Wähler eine Demokratisierung der staatlichen Strukturen, eine Justizreform und die rechtliche Besserstellung der indianischen Urbevölkerung (Mayas) ab.

Rechtspopulist wird Präsident: Die ersten Präsidentschaftswahlen seit Ende des Bürgerkriegs gewann im Dezember 1999 der rechtsgerichtete Alfonso Portillo. Der Gefolgsmann des früheren Diktators Montt trat im Januar 2000 die Nachfolge des gemäßigten Alvaro Arzú an, gegen den Korruptionsvorwürfe im Zusammenhang mit der Privatisierung von Staatsbetrieben erhoben worden waren. *T. F.*

Die wichtigsten Parteien im 20. Jahrhundert

Name (Abkürzung)	*Politische Richtung*	*Gründung*
Revolutionäre Partei (PR)	liberal	1957
Christlich-Demokratische Partei (PDCG)	reformorientiert	1968
Front der nationalen Einheit (FUN)	rechtsgerichtet	1977
Sozialistisch-Demokratische Partei (PSD)	linksorientiert	1980
National-Revolutionäre Einheit (URNG)	linksextrem	1982
National Zentrumsunion (UCN)	rechtsliberal	1983
Republikanische Front (FRG)	rechtskonservativ	1984
Partei des nationalen Fortschritts (PAN)	rechtsliberal	1986
Bewegung der Solidarischen Aktion (MAS)	konservativ	1990

Guinea

Republik Guinea

G.s Beziehungen zu Europa gehen ins 15. Jh. zurück. Der portugies. Seefahrer Pedro da Sintra errichtete bei der heutigen Hauptstadt Conakry eine Handelsstation, später wurden die vorgelagerten Los-Inseln zur Durchgangsstation für Sklaven auf dem Weg in die Karibik und nach Amerika. Im Unterschied zu anderen Teilen Westafrikas hielt sich die Jagd auf Sklaven im Hinterland der Küste in Grenzen – der Widerstand der Bevölkerung des Hochlands Fouta Djalon und der Einfluss der Nachfahren des Königreichs von Mali stand dem entgegen. Seit dem 15. Jh. hatten moslemische Dynastien dieses Kernland G.s dominiert; Anfang des 18. Jh.s erklärte König Karamoko Alfa Bari den Jihad, den heiligen Krieg, gegen alle Ungläubigen und baute seinen Einfluss aus.

Französische Kolonisierung

Aufstände: Ab 1842 begann die Kolonisierung durch Frankreich, gegen die sich vor allem ab 1880 Widerstand regte: Der Volksheld Almamy Samory Touré begann einen offenen Kampf gegen die Kolonisatoren, der erst 1898 mit seiner Deportation zu Ende ging. Trotzdem kam es im Hinterland der Küste bis etwa zum Beginn des Ersten Weltkriegs immer wieder zu Aufständen gegen die Franzosen, die in zähen Kämpfen unterdrückt wurden.

Wirtschaft: Im 19. Jh. hatte G. durch seine Gummiplantagen wirtschaftliche Bedeutung erlangt – diese Position verlor G. nach 1913 durch den Eintritt Südostasiens in diesen Markt. An Mineralien wurden nur geringe Mengen an Gold und Diamanten gefördert, wichtiger war der Anbau von Kaffee und Bananen. Weitgehend unerschlossen blieb bis in die 50er Jahre hinein G.s wichtigster Naturschatz Bauxit. Das Land verfügt über rund ein Viertel der Weltvorkommen an dem Aluminiumrohstoff. Mangelnde Investitionen und die fehlende Infrastruktur beeinträchtigen allerdings bis heute die kommerzielle Nutzung der Vorkommen.

Bildungssystem: Im Unterschied zu anderen Teilen Französ.-Westafrikas vernachlässigte Frankreich in G. das Ausbildungssystem: Schulen gab es nur wenige, eine weiterführende Ausbildung bot nur das Gymnasium in Dakar. Durch den starken moslemischen Einfluss in G. unterblieben auch die Bemühungen der katholischen Missionsschulen weitgehend. Die Folgen zeigten sich deutlich: Als G. 1958

Guinea 2000

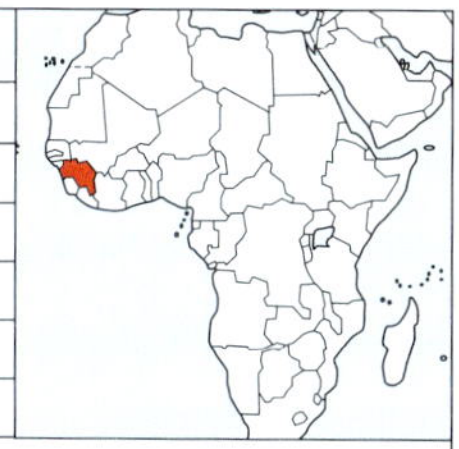

Landesfläche	245 857 km² (WR 75)
Einwohner	7,4 Mio (WR 91)
Hauptstadt	Conakry (1,5 Mio Einwohner)
Sprachen	Französ., Stammessprachen
Währung	1 Guinea-Franc (FG) = 100 Cauris
Gliederung	4 Supraregionen
Staatsform	Präsidiale Republik (seit 1991)
Religion	Sunnitische Moslems (86,9%); Anhänger von Naturreligionen (4,6%); Christen (4,3%); Sonstige (4,2%)
Bevölkerung	Fulani (40,3%); Malinké (25,8%); Soussou (11,0%); Kissi (6,5%); Kpelle (4,8%); Sonstige (11,6%)

Guinea im 20. Jahrhundert

1890	Französ.-Guinea wird Teil der Föderation Französ.-Westafrika (AOF).
1913	Gummiplantagen in Südostasien vernichten den wichtigsten Wirtschaftszweig des Territoriums.
1947	Gründung der antikolonialen Parti Démocratique de Guinée (PDG) durch Ahmadou Sékou Touré.
ab 1947	Wachsende Unabhängigkeitsbewegung, Erstarken der Gewerkschaften, Streiks gegen die französ. Kolonialherrschaft.
1953	Ein 66-tägiger Streik unter großer Beteiligung stärkt die Position des Gewerkschafters Sékou Touré.
1958	Als einzige französ. Afrikakolonie lehnt Guinea den Beitritt zur Communauté Française ab; Unabhängigkeit Guineas (2.10.) und Bruch mit Frankreich, das sofort alle Hilfeleistungen einstellt; Annäherung an die UdSSR und die Volksrepublik China.
	Sékou Touré wird Präsident der Republik Guinea.
ab 1960	Zahlreiche »Säuberungen« sowie Kampagnen gegen Intellektuelle nach dem Vorbild der chines. Kulturrevolution.
1970	Abwehr eines Invasionsversuchs aus Guinea-Bissau, der von Portugal und der Bundesrepublik Deutschland unterstützt wird (22.11.).
1971	Verteidigungspakt mit Sierra Leone.
1972	Louis Lansana Béavogui übernimmt das neu geschaffene Amt des Premierministers.
1978	Umbenennung in »Volks- und Revolutionsrepublik Guinea«.
1984	Tod Sékou Tourés; das Militär unter Oberst Lansana Conté übernimmt die Macht (3.4.); allmähliche Liberalisierung.
1986	Nichtangriffspakt mit Sierra Leone und Liberia.
1990	Referendum (23.12.) ergibt eine Mehrheit für ein Mehrparteiensystem
1991	Offizielle Verkündung der Verfassung der »Dritten Republik«; Zivilregierung
1993	Erste demokratische Präsidentschaftswahlen; Sieg Contés.
1995	Erste freie Parlamentswahl; Sieg der Conté-nahen PUP
1998	Umstrittener Präsidentschaftswahlsieg von Lansana Conté.

Die wichtigsten Parteien im 20. Jahrhundert

Name (Abkürzung)	*Politische Richtung*	*Gründung*
Parti Démocratique de Guinée (PDG)	ehemalige Einheitspartei Sékou Tourés	1947/1992[1)]
Parti de l'Unité et du Progrès (PUP)	Soussou-dominiert	k. A.
Rassemblement du Peuple de Guinée (RPG)	Malinké-beherrscht	k. A.
Association des Mouvements Affiliés au Parti de l'Unité et du Progrès (AMA-PUP)	Zusammenschluss von 200 Organisationen	1998
Union pour le Progrès et le Renouveau (UPR)[2)]	Fulbe-Partei	1998

1) Wiederbegründung; 2) aus der Fusion von Union pour la Nouvelle République (UNR) und Parti pour le Renouveau et le Progrès (PRP) hervorgegangen

Im Juli 1978 trat die Organisation für afrikan. Einheit (OAU) in Khartum/Sudan zusammen, um über ausländische Interventionen in Afrika zu debattieren. Im Mittelpunkt der Konferenz, die ohne konkretes Ergebnis endete, stand die Kritik an der ehemaligen Kolonialmacht Frankreich. (Foto: Ahmadou Sékou Touré, r., Präsident von Guinea, und das alger. Staatsoberhaupt Houari Boumedienne, M.)

unabhängig wurde, gab es im ganzen Land nur sechs Staatsbürger mit einem Hochschulabschluss.

Emanzipation und Unabhängigkeit

Protestbewegungen: Wie in anderen Kolonien in Afrika regte sich auch in G. seit den 20er Jahren des 20. Jh.s eine politische Emanzipationsbewegung, die sich nach dem Zweiten Weltkrieg allmählich verstärkte. Führende Persönlichkeit dabei war der Gewerkschafter Ahmadou Sékou Touré, der vor allem durch die Kommunistische Partei Frankreichs unterstützt wurde. Touré organisierte in den 40er und 50er Jahren zahlreiche Arbeiterproteste und Streiks, die ihn bei den Kolonialherren unbeliebt machten. Dementsprechend wurde dafür gesorgt, dass bei der Zusammensetzung der gesetzgebenden Organe Frankreichs unter Beteiligung der Kolonien jeweils andere Kandidaten aus G. den Zuschlag erhielten. Besonders bei den traditionellen moslemischen Herrschern im Hochland fanden die Franzosen hierbei Rückhalt.

Konflikt mit Frankreich: Erst 1956 vermochte Sékou Touré in die französ. Deputiertenversammlung einzuziehen, ein Jahr später wurde er zum Vizepräsidenten des Territorialrats ernannt. Sofort suchte er den Konflikt mit Frankreich sowie den Führern anderer Kolonien, wie Léopold Sédar Senghor aus dem Senegal und Félix Houphouët-Boigny aus der Elfenbeinküste, die bei ihren Unabhängigkeitsbestrebungen die Anlehnung an Frankreich nicht aufgeben wollten.

Innenpolitisch sorgte Sékou Touré mit der Abschaffung der traditionellen Stammesführer bald für eine Konfrontation mit den existierenden Machtstrukturen im Land. Sie wurden ersetzt durch Parteifunktionäre seiner kommunistischen Parti Démocratique de Guinée, was zu blutigen Auseinandersetzungen führte. Sékou Touré betrieb systematisch die Abspaltung G.s von Frankreich und erreichte eine überwältigende Bestätigung seiner Politik in einem Referendum. Am 2.10.1958 wurde G. als erste französ. Kolonie in Schwarzafrika unabhängig. Die Franzosen verließen daraufhin fluchtartig das Land, nicht ohne Plantagen und Industrieanlagen zu zerstören sowie sämtliche Dokumente in der Verwaltung zu vernichten. Ausnahmslos alle Kooperationsverträge wurden gekündigt, nur die Sowjetunion und ihre Satellitenstaaten kamen dem unabhängigen G. zu Hilfe.

Guineas Staatsgründer Ahmadou Sékou Touré

Guinea war 1958 die einzige französ. Kolonie in Afrika, die – unter Führung von Ahmadou Sékou Touré (*9.1.1922 in Faranah, †26.3.1984 in Cleveland/Ohio) – in einem Volksentscheid gegen einen Beitritt zur »Communauté Française« stimmte. Unter dem Motto »lieber arm und frei als reich und versklavt« führte Sékou Touré das Land noch im selben Jahr in die Unabhängigkeit. Die Verstaatlichung der Betriebe sowie die Reglementierung der Untertanen führten jedoch zu wirtschaftlichen Schwierigkeiten. Trotz großer Bauxitvorkommen sowie der Bodenschätze Eisenerz und Uran blieb die Bevölkerung arm. Mit der Wiederaufnahme diplomatischer Beziehungen mit Frankreich deutete sich 1976 ein Wandel in den Beziehungen zum ehemaligen Mutterland an.

Diktatur unter Sékou Touré

Unterdrückung: Erst 1962 nahmen die USA wieder Beziehungen zu G. auf – die Bauxitvorkommen waren Grund genug, politische Prinzipien zurückzustellen. In der Folgezeit unterwarf Sékou Touré das Land einer engmaschigen Kontrolle, sein Geheimdienst verfolgte Oppositionelle, viele verschwanden in Straflagern. Die Fula aus dem Hochland wurden summarisch zu Feinden der Revolution erklärt – die Rache Tourés für die Kollaboration ihrer Führer mit den Franzosen.
Besonders in den 60er Jahren war das politische Klima in G. von Säuberungen geprägt, mit denen das Regime auf Proteste von Studenten oder Marktfrauen reagierte. Kampagnen gegen Intellektuelle nach dem Vorbild der chines. Kulturrevolution folgten, privater Handel wurde fast vollständig unterbunden.
Putschversuch und Hungerkrise: Unerträglich wurde die Situation nach einem missglückten Invasionsversuch am 22.11.1970. Unter Führung von portugies. Offizieren und mit logistischer Unterstützung der Bundesrepublik Deutschland hatten guines. Exilanten mit Truppen aus dem benachbarten Guinea-Bissau den Versuch gemacht, Sékou Touré gewaltsam zu stürzen. Erst Mitte der 70er Jahre normalisierten sich die auswärtigen Beziehungen G.s wieder, vor allem unter dem Eindruck der katastrophalen wirtschaftlichen Lage und einer Hungerkrise in der Sahelregion. Ab 1977 wurden allmähliche wirtschaftliche Liberalisierungen zugelassen und auch die Menschenrechtssituation entspannte sich langsam.

Lansana Conté, Staatsoberhaupt seit 1984

Durch einen Staatsstreich nach dem Tod des Staatsgründers Ahmadou Sékou Touré übernahm 1984 ein Militärkomitee unter Führung von Oberst Lansana Conté (*1934 in Koya) die Macht in Guinea. Conté, der zum Stamm der Soussou gehört, beendete die innenpolitische Dominanz der Malinké. 1991 trat nach einem Referendum (1990) die Verfassung der sog. Dritten Republik in Kraft. Danach ist Guinea eine Präsidialrepublik mit Gewaltenteilung und Mehrparteiensystem. Bei den ersten demokratischen Präsidentschaftswahlen im Dezember 1993 setzte sich Conté als Kandidat der PUP mit 50,9% der Stimmen durch. Bei den ersten freien Parlamentswahlen seit Einführung des Mehrparteiensystems (1992) gewann die PUP im Juli 1995 die absolute Mehrheit.

Demokratisierung

Wahlen: Nach dem Tod Sékou Tourés im März 1984 schaffte sein Nachfolger an der Staatsspitze, Oberst Lansana Conté, innerhalb weniger Monate die meisten der repressiven Strukturen ab. Auf Druck der internationalen Geldgeber wurde die Wirtschaft liberalisiert und eine allmähliche Demokratisierung eingeleitet. Erst 1993 kam es erstmals zu freien Präsidentschaftswahlen, die allerdings ebenso von Unregelmäßigkeiten begleitet waren wie die zweiten Wahlen 1998.
Wirtschaft: Durch Investitionen in die Infrastruktur bemüht sich G. um eine Verbesserung seiner wirtschaftlichen Situation. Das Potenzial des Landes ist dank seiner Bodenschätze und Agrarprodukte groß. Behindert wird die Entwicklung jedoch weiterhin durch die instabile Lage in den Nachbarländern Sierra Leone und Liberia. *H.E./Red.*

Die Landwirtschaft ist neben der Ausbeutung der Bodenschätze Bauxit, Gold und Diamanten der wichtigste Wirtschaftssektor Guineas. Trotz der vorherrschenden Lateritböden, die nur in den Küstenregionen und an Flussläufen eine intensive landwirtschaftliche Nutzung zulassen, sind ca. 70% der Bevölkerung in diesem Sektor tätig. (Foto: Verladung von Ananas)

Guinea-Bissau 2000

Landesfläche	36 125 km² (WR 133)
Einwohner	1,2 Mio (WR 148)
Hauptstadt	Bissau (223 000 Einwohner)
Sprachen	Portugiesisch, Kreolisch, Stammesdialekte
Währung	CFA-Franc (FCFA)
Gliederung	8 Regionen, 36 Sektoren
Staatsform	Präsidiale Republik (seit 1984)
Religion	Naturreligionen (54%); Moslems (38%); Christen (8%)
Bevölkerung	Balanté (27,2%); Fulani (22,9%); Malinké (12,2%); Mandyako (10,6%); Pepel (10,0%); Sonstige (17,1%)

Guinea-Bissau im 20. Jahrhundert

1913	General Texeira Pinto bekämpft ethnischen Widerstand in Guinea-Bissau.
1928	Regierung Salazar erkennt Guinea-Bissau offiziell als portugies. Kolonie an.
1951	Portugal schafft Kolonialakt ab. Guinea-Bissau wird halbautonomes Überseegebiet.
1955	Guinea-Bissau erhält den Status eines »Überseeischen Gebiets«.
1956	Afrikan. Unabhängigkeitspartei PAIGC unter Amílcar Cabral gegründet.
1961	PAIGC proklamiert Befreiungskampf und direkte Aktionen gegen Portugal.
1973	Ermordung Amílcar Cabrals. Guinea-Bissau erklärt am 24.9. Unabhängigkeit.
1974	PAIGC erobert etwa zwei Drittel des Gebiets von Portugies.-Guinea. Portugal erkennt am 10.9. die Unabhängigkeit Guinea-Bissaus an.
	Trennung von Guinea-Bissau und Kap Verde; PAIGC gründet sozialistischen Einparteienstaat in Guinea-Bissau.
1977	Premierminister wird Francisco Mendes, Präsident bleibt Luíz Cabral.
	Guinea-Bissau und Kap Verde beschließen die Vereinigung.
1978	Nach dem Tod von Mendes wird Kommandeur João Bernardo (Nino) Vieira »Commissario principal« der Armee und Präsident des Parlaments.
	Maritimer Grenzkonflikt mit Guinea-Conakry und Senegal beginnt.
1980	Präsident Cabral wird durch einen Putsch unter Vieiras Führung gestürzt.
1982	Vítor Saúde Maria, Vizevorsitzender des Revolutionsrats und ehemaliger Außenminister, wird von Vieira zum Premierminister berufen.
1984	Wahlen zu Regionalräten; die Nationalversammlung wird wiederhergestellt; Vieira wird Präsident des Staatsrats und offiziell Staatspräsident.
1985	Komplott zu Regierungsumsturz aufgedeckt: Paulo Correia, Vizepräsident des Staatsrats und Verteidigungsminister, wird als Putschist angeklagt.
1986	Zwölf Todesurteile wegen Beteiligung am Putsch; Oberst Correia und fünf Rebellen werden hingerichtet, 63 weitere vermeintliche Rebellen verhaftet.
1989	Vierter PAIGC-Kongress: Vieira wird als Generalsekretär wieder gewählt.
	Guinea-Bissau weist Schiedsspruch im Grenzkonflikt mit Senegal zurück.
1993	Aufstand in der Armee, Putschversuch; die Todesstrafe wird abgeschafft.
1994	Beginn des Demokratisierungsprozesses; Parlaments- und Präsidentschaftswahlen: PAIGC gewinnt absolute Mehrheit im Parlament; Vieira bleibt Präsident, neuer Ministerpräsident wird Manuel Saturnino da Costa.
1995	Oppositionsbündnis União para a Mudança, gegründet 1994, umgruppiert.
1997	Ministerpräsident da Costa wird seines Amtes enthoben; Nachfolger wird Carlos Correia; Guinea-Bissau wird achtes Mitglied in UEMOA und tritt als 15. Mitglied der CFA-Zone bei (Währungsumstellung auf FCFA).
1998	Generalstabschef Ansumane Mané führt Putsch gegen Präsident Vieira an: Friedensabkommen in Abuja; Francisco Fadul leitet Interimsregierung.
1999	Erneute Kämpfe; Regierungspalast von Junta-Milizen zerstört; Vieira kapituliert; Malam Bacai Sanhá wird Interimspräsident; Wahlen: PRS löst PAIGC als Regierungspartei ab; Oppositionsführer Kumba Yala (PRS) wird Präsident.
2000	Die Nachwahlen für die Präsidentschaft gewinnt Yala mit 72% der Stimmen.

Guinea-Bissau

Republik Guinea-Bissau

1446 war der erste portugies. Seefahrer, Nuño Tristão, im Gebiet von G. gelandet. 1879 deklarierte Portugal die Region zur Überseeprovinz, 1928 wurde G. offiziell Kolonie, ab 1955 war es »Überseeisches Gebiet«. Am 24.9.1973 erklärte G. einseitig seine Unabhängigkeit, die am 10.9.1974 von der Kolonialregierung nach dem Sturz des Caetano-Regimes in der »Nelkenrevolution« anerkannt wurde. Seit 1984 ist G. präsidiale Republik.

Vorherrschaft der PAIGC (1956–99)

Befreiungskampf: Unter der Führung von Amílcar Cabral wurde G. zum Schauplatz eines nationalen Befreiungskampfes mit Unterstützung der Sozialistischen Internationale. Die 1956 unter Leitung von Cabral gegründete Befreiungsbewegung PAIGC, die sich 1960 in Conakry PAIGC (Unabhängigkeitspartei für die Befreiung von G. und Kap Verde) umbenannte, führte 1963 in den Befreiungskampf gegen die Kolonialmacht. G. galt damit als Vorkämpfer für die marxistische Revolution, der sich im portugiesischsprachigen Afrika Angola und Mosambik anschlossen.

Einheitspartei PAIGC: Nach der Ermordung Cabrals am 20.1.1973 durch portugies. Agenten in Conakry übernahm sein Halbbruder Luíz Cabral die Führung der PAIGC. Am 24.9.1973 rief die Nationale Volksversammlung die Unabhängigkeit G.s aus und eine Verfassung wurde verkündet. An der Spitze des Staatsrates stand Luíz Cabral. Nachdem Portugal am 10.9.1974 die Unabhängigkeit G.s anerkannt hatte, wurde Cabral erster Präsident des jungen Staates. Nach einem Putsch übernahm Brigadegeneral João Bernardo (Nino) Vieira 1980 die Macht in G. und die Führung der PAIGC. Mit der Verfassung vom 16.5.1984 wurde G. eine präsidiale Republik. Erst 1989 beschloss das Parlament die Einführung des Mehrparteiensystems.

Putsch 1998: Präsident Vieira regierte das Land ab 1980 faktisch als Alleinherrscher. Bei den ersten pluralistischen Wahlen 20 Jahre nach der Unabhängigkeit wurde Vieira 1994 mit 52% der Stimmen im Amt bestätigt. Als er den Oberbefehlshaber der Armee, Ansumane Mané, unter dem Vorwurf des Waffenhandels mit den Rebellen der senegales. Befreiungsorganisation MFDC von seinem Amt suspendierte, putschte dieser am 7.6.1998 gegen den Präsidenten. Mané konnte fast die gesamte

Armee (6500 Soldaten) hinter sich vereinen, während Vieira nur von der Präsidentengarde gestützt wurde.

Hilfe der Nachbarstaaten: Vieira bat die Regierung des Senegal im Rahmen eines bilateralen Abkommens um Unterstützung gegen die Aufständischen. Senegal ließ daraufhin 1300 Soldaten gegen die Rebellen im Nachbarland aufmarschieren. Weitere militärische Rückendeckung erhielt Vieira aus Guinea und Gambia, sodass schließlich 2500–3000 ausländische Soldaten in G. stationiert waren.

ECOWAS: Nach Ausbruch der Armeemeuterei im Juni 1998 forderte Vieira die Mitglieder der Wirtschaftsgemeinschaft westafrikan. Staaten (ECOWAS) auf, eine Friedenstruppe nach G. zu entsenden. Benin, Gambia, Niger und Togo stellten daraufhin eine 600 Soldaten starke Beobachtertruppe (ECOMOG) zusammen. Vieira und Mané unterzeichneten am 3.12.1998 ein Friedensabkommen in Abuja/Nigeria. Als die Vereinbarung im Januar 1999 gebrochen wurde, kamen im März 1999 die ECOMOG-Truppen in G. zum Einsatz.

Ende des Bürgerkriegs: Am 6.–9.5.1999 kam es erneut zu Kämpfen zwischen Rebellenmilizen und regierungstreuen Truppen. Vieira kapitulierte schließlich am 12.5.1999 und flüchtete in die portugies. Botschaft. Der Präsident der Nationalversammlung, Malam Bacai Sanhá, wurde am 14.5.1999 zum Interimspräsidenten ernannt. Am 6.6.1999 legte Vieira das Präsidentenamt offiziell nieder und ging über Gambia ins Exil nach Portugal. Die Unterstützung Vieiras durch den frankophonen Senegal und durch die ECOWAS markierte einen Interessenkonflikt zwischen Portugal und der Gemeinschaft portugiesischsprachiger Länder (CPLP) einerseits sowie Frankreich und den frankophonen Staaten andererseits.

Beziehungen zum Senegal: Das politische Verhältnis zwischen G. und dem Senegal war durch den 15 Jahre andauernden Guerillakrieg in der Grenzregion Casamance belastet. Der Waffenhandel guines. Gruppen mit den senegales. MFDC-Rebellen beruhte auf tradierten politischen sowie ethnischen Bindungen und gegenseitiger Unterstützung seit dem guines. Befreiungskampf. Die Regierung G.s stationierte Ende 1997 Soldaten an der Grenze zur Casamance – offiziell zur Aufrechterhaltung der inneren Sicherheit – und stärkte den Senegal so im Kampf gegen die MFDC-Rebellen.

Wirtschaft: Nach Genehmigung durch die Westafrikan. Zentralbank (BCEAO) trat G. am 31.3.1997 der westafrikan. Wirtschafts- und Währungsunion (UEMOA) als achtes Mitglied bei. Am 17.4.1997 wurde G. als erstes portugiesischsprachiges Mitglied in die CFA-Zone aufgenommen. Die Währungsumstellung von guines. Peso auf CFA-Franc folgte am 2.5.1997.

Nach dem Staatsstreich in Guinea-Bissau durch die Rebellenbewegung Junta Militar musste Präsident João Bernardo Vieira im Juni 1999 nach 19 Jahren sein Amt niederlegen und ins Exil gehen. (Foto: Soldaten der Miliz wachen im Mai 1999 vor dem ausgebrannten Präsidentenpalast in der Hauptstadt Bissau)

Regierungswechsel 1999

Partido da Renovação Social: Die oppositionelle Partei der sozialen Erneuerung (PRS) gewann 37 von 102 Sitzen bei den Parlamentswahlen vom 28.11.1999, gefolgt von der União para a Mudança (UM, 27 Sitze). Die PAIGC (25 Sitze) wurde als Regierungspartei abgelöst. Oppositionschef Kumba Yala (Ialá) ging mit 36% der Stimmen als Sieger aus dem ersten Wahlgang für die Präsidentschaft hervor. Am 16.1.2000 gewann er die Nachwahlen mit 72% der Stimmen. *U. G.*

Staatsoberhäupter Guinea-Bissaus

Reg.-Zeit	Name	Lebensdaten
1974–80	Luíz Cabral	*1931
1980–99	João Bernardo Vieira	*1939
1999	Malam Bacai Sanhá[1]	*1947
seit 2000	Kumba Yala (Ialá)	*1952

1) Interimspräsident

Die wichtigsten Parteien im 20. Jahrhundert

Name (Abkürzung)	Gründung	Vorsitzender
Partido Africano da Independência da Guiné e Cabo Verde (PAIGC)	1956	Francísco Benante
Frente da Luta para a Independência Naçional da Guiné (FLING)	1962	François K. Mendy
Resistência da Guiné-Bissau – Movimento Bâ-Fatá (RG-MB; seit 2000: RG)	1986	Domingo F. Gomes
Liga Guineense de Protecção Ecológica (LIPE)	1991	Alhaje B. Djaló
Partido da Renovação Social (PRS)	1992	Kumba Yala
União para a Mudança (UM)[1]	1994/95	

1) Zusammenschluss von fünf Parteien ohne gemeinsamen Vorsitzenden

Guyana

Kooperative Republik Guyana

Seit der Entdeckung G.s durch span. Seefahrer 1499 blieb das Land bis zum 19. Jh. Objekt politischer Auseinandersetzungen zwischen den europäischen Kolonialmächten. Die Niederlande, Großbritannien und Frankreich erhoben Ansprüche auf G. und herrschten abwechselnd über das Gebiet. Auf dem Wiener Kongress (1815) wurde G. zwischen Großbritannien und den Niederlanden (Surinam) aufgeteilt. 1831 gründeten die Briten die Kronkolonie Brit.-G.

Guyana 2000	
Landesfläche	214 969 km² (WR 81)
Einwohner	855 000 (WR 152)
Hauptstadt	Georgetown (200 000 Einwohner)
Sprachen	Englisch, Hindi, Urdu
Währung	1 Guyana-$ (G$) = 100 Cents
Gliederung	10 Regionen
Staatsform	Präsidiale Republik im Commonwealth (seit 1980)
Religion	Christen (52%): Protestanten (34%), Katholiken (18%); Hindus (34%); Moslems (9%); Sonstige (5%)
Bevölkerung	Inder (49,4%); Schwarze (35,6%); Sonstige (15,0%)

Guyana im 20. Jahrhundert	
1950	Aus der Gewerkschaftsbewegung entsteht die People's Progressive Party (PPP); sie fordert die Beseitigung der brit. Herrschaft über Guyana.
1953	Die Regierung der PPP wird wegen ihrer ideologischen Nähe zum Kommunismus vom brit. Gouverneur abgesetzt.
1955	Der afroguyan. Flügel der PPP unter Linden Forbes S. Burnham spaltet sich ab.
1957	Die Burnham-Fraktion gründet die Partei People's National Congress (PNC). Damit wird die Parteizugehörigkeit mehr und mehr zur »Rassenfrage«.
1961	Die engl. Kolonialmacht gewährt Guyana volle innere Autonomie.
1963	Schwere ethnische Unruhen zwischen den Einwohnern afrikan. und ind. Herkunft.
1964	Die PNC gewinnt die Wahlen und verdrängt die PPP von der Macht. Burnham wird Premierminister.
1966	Guyana erlangt die volle Unabhängigkeit.
1970	Guyana wird »Kooperative Republik«, verbleibt aber im Commonwealth.
1980	Verfassungsreform: Übergang zum Präsidialsystem.
1983	Die USA stoppen Kredite für Guyana; die ablehnende Haltung Guyanas zur US-Invasion in Grenada verschlechtert die Beziehungen zu den USA weiter.
1989	Beginn eines wirtschaftlichen Umstrukturierungsprogramm zur Sanierung der Volkswirtschaft.
1992	Schwere ethnische Unruhen bei Präsidentschafts- und Parlamentswahlen; das wirtschaftliche Umstrukturierungsprogramm wird abgebrochen.
1995	Kontinuierliche Verschlechterung der Beziehungen zu Venezuela wegen Grenzstreitigkeiten.
1997	Präsident Jagan stirbt; seine Witwe Janet Jagan wird nach den Präsidentschafts- und Parlamentswahlen vom Dezember als neue Präsidentin vereidigt; PNC erkennt die Wahlergebnisse nicht an und reagiert mit Parlamentsboykott.

Sozio-ökonomische Grundlagen

Wirtschaftliche Basis G.s sind die reichen Vorkommen an Bauxit (einem tropischen Verwitterungsprodukt und Grundstoff für die Aluminiumerzeugung), kleinere Gold- und Diamantenfunde sowie die Landwirtschaft (Anbau von Zuckerrohr und Reis). Die Erschließung der Rohstoffe und die Kultivierung des fruchtbaren Landes wurden bereits von den europäischen Kolonialmächten im 17. Jh. vorangetrieben. Sie brachten schwarze Sklaven nach G., die vor allem auf den Plantagen arbeiten mussten. Nach der Aufhebung der Slaverei (1833) wurden die schwarzen überwiegend durch ind. Arbeitskräfte ersetzt: Zwischen 1837 und 1917 kamen etwa 340 000 Arbeitskräfte ins Land, neben Indern auch Chinesen. Dadurch entwickelte sich G. im 20. Jh. zu einem Vielvölkerstaat, in dem Menschen afrikan. (ca. 36%), ind. (ca. 49%) und indian. Herkunft (ca. 7%) unter großen Spannungen zusammenlebten.

Unabhängigkeitsprozess

In der brit. Kronkolonie G. regten sich erst Mitte des 20. Jh.s Bestrebungen, ein eigenständiger Staat zu werden. Der Indoguyaner Cheddi Berrett Jagan gründete mit Unterstützung der Gewerkschaften 1950 die linksorientierte People's Progressive Party (PPP), die insbes. die Interessen der ind. Bevölkerung vertrat. Zu den vorrangigen Zielen erklärte sie eine neue Verfassung und die Unabhängigkeit G.s von Großbritannien. Nach allgemeinen Wahlen stellte die PPP 1953 zum ersten Mal die Regierung mit Jagan an der Spitze; der brit. Gouverneur setzte die Volksvertretung aber wegen ihrer Nähe zum Kommunismus ab. 1961 erhielt G. die volle innere Autonomie. Erster Regierungschef des autonomen Staates G. wurde Jagan (1961–64). Nach den Wahlen von 1964 wurde er jedoch durch den Afroguyaner Linden Forbes S. Burnham von der People's National Congress (PNC) abgelöst, der bis 1985 in verschiedenen Funktionen die bestimmende Figur in G. blieb. Die PNC hatte sich 1957 von der PPP abgespalten und war zum Sammelbecken für die schwarze Bevölkerung geworden. Am 26.5.1966 entließ Großbritannien G. in die Unabhängigkeit.

Die »Kooperative Republik«

Zunächst war G. eine parlamentarische Monarchie mit Königin Elizabeth II. als Staatsoberhaupt. 1970 erklärte Premierminister

Burnham G. zur »Kooperativen Republik« im brit. Commonwealth. Mit diesem Begriff kennzeichnete er die sozialistische Grundausrichtung und die genossenschaftliche Organisation des Staates, durch welche die Teilnahme der Bevölkerung an der Entwicklung des Landes aktiviert werden sollte. Burnham plante, mit der Einrichtung von Genossenschaften als drittem Sektor (neben dem privaten und dem staatlichen) langfristig den privaten zu ersetzen. In der Wirtschaft wurden die Bauxitgesellschaften bis 1976 verstaatlicht; der Staat entwickelte sich zum größten Arbeitgeber. Das Bildungswesen wurde ausgebaut, die Alphabetisierung der Bevölkerung vorangetrieben. In der Außenpolitik näherte sich G. sozialistischen Staaten wie Kuba und China sowie den Blockfreien an.

Verfassungsreform

1980 setzte Burnham eine Verfassungsreform durch, mit der in G. das Präsidialsystem anstelle des parlamentarischen Systems eingeführt wurde. Burnham ernannte sich selbst zum Präsidenten und erhielt dadurch weit reichende Befugnisse (u. a. Ernennung von Regierungsmitgliedern, Vetorecht gegen Gesetze des Parlamentes). Seine autoritäre Staatsführung sicherte Burnham durch Wahlmanipulation, die Besetzung der Verwaltung mit Angehörigen der afrikan. Volksgruppe und den Aufbau paramilitärischer Einheiten ab.

Wirtschaftskrise

Nach dem Verfall der Zucker- und Bauxitpreise geriet G. Mitte der 70er Jahre in eine schwere ökonomische Krise. Sie wurde durch die ineffiziente Arbeitsweise des sozialistischen Wirtschaftssystems noch verschärft. Das BSP sank um 4%, die Inflation stieg auf über 25% (1983). Die USA unterbrachen 1983 die Auszahlung von Krediten für die Entwicklung der Landwirtschaft; G. intensivierte daraufhin die Beziehungen zum Ostblock. Präsident Hugh Desmond Hoyte (1985–92) stoppte vorläufig den wirtschaftlichen Verfall des Landes durch eine rigide Sparpolitik, Abwertung der Währung (Guyana-Dollar), die Umstrukturierung der Landwirtschaft (Zulassung von privaten Klein- und Mittelbetrieben) und die Veräußerung defizitärer Staatsbetriebe. Außerdem bemühte er sich um eine Demokratisierung des Landes. Als eines der größten Versäumnisse seiner Regierungszeit gilt die unzulängliche Erschließung G.s. Etwa 85% des Landes blieben ohne ausreichende Infrastruktur.

Guyanas Machtzentrum

Georgetown, die Hauptstadt Guyanas, ist das Verkehrs- und Handelszentrum des Landes. Einschließlich der Außenbezirke lebt hier fast ein Viertel der Bevölkerung. 1782 von Franzosen gegründet, fiel die Stadt bereits 1784 in niederländ. Hand und ging 1815 in brit. Besitz über.

Georgetown wird heute vom Kontrast zwischen repräsentativen Bauten im Zentrum und Wellblechhütten an den Peripherie geprägt. Wegen der Lage der Stadt unterhalb der Hochwassergrenze stehen die meisten Häuser auf bis zu 3 m hohen Pfeilern. An die kurze Phase niederländ. Herrschaft erinnern die Kanäle, die sich an den breiten Alleen der Hauptstadt entlangziehen. Mehrere Brandkatastrophen haben einen Großteil der historischen Bausubstanz zerstört; die Neubauten erfolgten zumeist in einfallsloser Betonbauweise. Aus brit. Kolonialzeit stammen noch das Rathaus, die St.-Georgs-Kirche und das Regierungsgebäude.

Erneuter Machtwechsel

Bei den Präsidentschafts- und Parlamentswahlen 1992 gewann wieder die PPP von Jagan (1992–97), der zum zweiten Mal (nach 1961–64) das Amt des Präsidenten übernahm. Die Wahlen wurden von schweren Ausschreitungen begleitet, bei denen Anhänger der PNC gegen angebliche Manipulationen bei der Erstellung der Wählerlisten protestierten. Jagan stoppte den Privatisierungsprozess, den sein Vorgänger eingeleitet hatte, und setzte den Verbleib der nationalen Fluglinie und der beiden wichtigsten Exportzweige (Bauxit- und Zuckerindustrie) in staatlicher Hand durch. Zwar bemühte sich der neue Präsident, durch soziale Maßnahmen und den Ausbau der Infrastruktur die Lebensverhältnisse der Bevölkerung zu verbessern, doch seine Programme scheiterten an den fehlenden finanziellen Mitteln des Landes.
Nach dem Tod Jagans im März 1997 trat Premierminister Samuel Hinds verfassungsgemäß als Interimsstaatsoberhaupt seine Nachfolge an. Hinds ernannte Janet Jagan, die Witwe des

Linden Forbes Burnham (*20.2.1923 in Kitty/Georgetown, † 6.8.1985 in Georgetown) war nach einer Verfassungsänderung 1980 zugleich Präsident und Regierungschef Guyanas (1980–85). Der Politiker schwarzafrikan. Abstammung hatte maßgeblichen Anteil an der Gründung der sozialistischen Partei People's National Congress (PNC) 1957.

Stichwort: Ethnische Spannungen in Guyana

Eines der größten Probleme Guyanas im 20. Jh. waren ethnische Spannungen zwischen Einwohnern afrikan. und ind. Herkunft. Als die Inder nach der Aufhebung der Sklaverei (1833) ins Land kamen, bildeten sie von Anfang an eine nahezu abgeschlossene Gemeinschaft. Wegen ihres unterschiedlichen Glaubens (die Schwarzen sind überwiegend Christen, die Inder meist Hindu) hat eine Vermischung beider Ethnien kaum stattgefunden. Diese Trennung wurde auch politisch durch die Gründung der beiden Parteien PPP (Interessenvertretung der ind. Bevölkerung) und PNC (die sich für die Einwohner afrikan. Herkunft einsetzte) offensichtlich. Es gilt als einer der größten Fehler ihrer beiden Repräsentanten, Cheddi Berrett Jagan und Linden Forbes S. Burnham, ihren Machtkampf nicht im Interesse des Staates beigelegt zu haben. Die Rivalität zwischen den Volksgruppen führte mehrmals an den Rand eines Bürgerkriegs und erschwert die Bewältigung der politischen und wirtschaftlichen Probleme des Landes.

Die Urbevölkerung Guyanas ist heute (wie in allen südamerikan. Staaten) in der Minderheit (ca. 4% der Einwohner) und ohne politischen Einfluss. Ihr Lebensraum wird durch die Ausbeutung der natürlichen Ressourcen immer weiter eingeschränkt. (Foto: Festlich kostümierte Indios vom Stamm der Camopi in Süd-Guyana nahe der Grenze zu Brasilien)

Das »dreckige Gold« Guyanas

In der Hoffnung auf eine bessere Zukunft begannen in den 90er Jahren viele Menschen in Guyana, nach Gold zu suchen. Dabei wurde die Natur in Mitleidenschaft gezogen. Bei der Gewinnung von 1 t Gold fielen 3 Mio t Abraum an; riesige Krater entstanden. Im industriellen Abbau wurde häufig das hochgiftige Blausäuresalz Zyanid benutzt, um Gold aus dem Erz zu lösen, wobei Unfälle verheerende Folgen haben. 1996 war das Rückhaltebecken einer Mine geborsten und hatte einen Fluss verseucht, aus dem Menschen Trinkwasser schöpften. Schürfer, die nur mit Hacke und Sieb arbeiteten, benutzten das giftige Schwermetall Quecksilber. Das gesundheitliche Risiko zahlte sich selten aus. Die Goldgewinnung war wenig lukrativ, da die Goldpreise seit den 90er Jahren fast kontinuierlich sanken.

Staatsoberhäupter Guyanas

Reg.-Zeit	*Name*	*Lebensdaten*
1970–80	Arthur Chung	*1918
1980–85	Linden Forbes S. Burnham	1923–1985
1985–92	Hugh Desmond Hoyte	*1929
1992–97	Cheddi Berret Jagan	1918–1997
1997	Samuel Hinds	*1943
1997–99	Janet Jagan	*1920
seit 1999	Bharrat Jagdeo	*1964

Die wichtigsten Parteien im 20. Jahrhundert

Name (Abkürzung)	*Politische Richtung*	*Gründung*
People's Progressive Party (PPP)	marxistisch-leninistisch	1950
People's National Congress (PNC)	sozialistisch	1957
Guyana Republican Party (GRP)	rechtsdemokratisch	1985
United Republican Party (URP)	föderalistisch	1985
United Workers' Party (UWP)	Arbeiterpartei	1991
Guyana Labor Party (GLP)	linksdemokratisch	1992

verstorbenen Präsidenten, zur neuen Premierministerin. Aus den Präsidentschafts- und Parlamentswahlen im Ende 1997 ging das Regierungsbündnis aus PPP und Civic, einer Bewegung von Unternehmern, als Sieger hervor. Die PNC beschuldigte die PPP jedoch des Wahlbetrugs und erkannte die Vereidigung von Janet Jagan als neue Präsidentin nicht an. Hinds wurde erneut zum Premierminister ernannt. Nach gewaltsamen Demonstrationen und Unruhen sowie einem Parlamentsboykott der PNC wurden vorgezogene Neuwahlen vereinbart.

Landansprüche der Nachbarn

Unter Berufung auf historisches Recht beanspruchte Venezuela in den 90er Jahren das an Bodenschätzen reiche Gebiet westlich des Essequibo, das etwa zwei Drittel der Gesamtfläche von G. einnimmt. Surinam reklamiert 13 000 km² Fläche im Südosten G.s. Die wirtschaftliche Lage blieb desolat. G. galt nach Haiti als das wirtschaftlich rückständigste Land Lateinamerikas. Die staatliche Bauxitgesellschaft, Rohrzuckerraffinerien und Fischereikombinate warfen kaum Gewinne ab. Die Weltmarktpreise für die Exportgüter Zucker und Bauxit sanken weiter. Mitte der 90er Jahre betrug die Auslandsverschuldung das Sechsfache des BIP. 50% des Staatshaushalts wurden für die Schuldentilgung aufgewendet. Geld für notwendige Investitionen in die Infrastruktur fehlte. Die Wirtschaftskrise führte zusammen mit der unsicheren politischen Zukunft des Landes zu einer Auswanderungswelle, die einen Mangel an jungen und qualifizierten Kräften hervorrief. *N.H.*

Haiti

Republik Haiti

Als Christoph Kolumbus 1492 auf seiner ersten Reise in die neue Welt die Insel Hispaniola entdeckte, deren westlichen Teil H. einnimmt, lebten dort Indianer der Taino-Kultur. Ab 1493 war die Insel span., ab 1697 im Westteil französ. Kolonie. 1804 verkündete der westliche, französ. Teil Hispaniolas als H. seine Unabhängigkeit und war damit – nach den USA – die zweite Kolonie in Amerika, die sich vom Mutterland löste. Als erster amerikan. Staat wurde H. von einer schwarzen Regierung gelenkt.

Haiti 2000	
Landesfläche	27 750 km² (WR 143)
Einwohner	8,1 Mio (WR 86)
Hauptstadt	Port-au-Prince (800 000 Einwohner)
Sprachen	Französisch, Kreolisch
Währung	1 Gourde (Gde) = 100 Centimes
Gliederung	9 Departements, 27 Arrondissements
Staatsform	Präsidiale Republik (seit 1987)
Religion	Katholiken (80,3%), Protestanten (15,8%); Sonstige (3,9%). 70% der Bevölkerung sind zugleich Anhänger afrikan. Voodoo-Kulte
Bevölkerung	Schwarze (95,0%); Mulatten (4,9%); Weiße (0,1%)

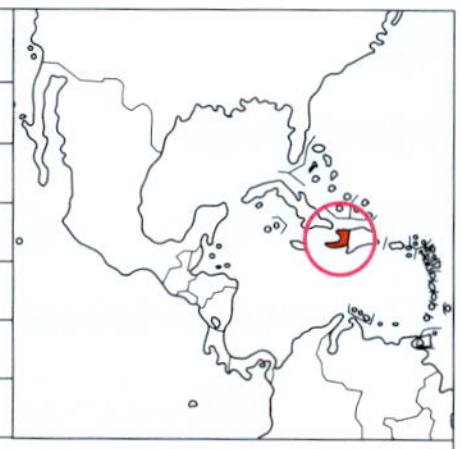

Die wichtigsten Parteien im 20. Jahrhundert

Name	*Politische Richtung*	*Gründung*
Partie des Démocrates Haïtiens (PADEMH)	christdemokratisch	1978
Rassemblement des Démocrates Nationalistes et Progressistes (RDNP)	Zentrumspartei	1979
Kongré Nasyonal Mouvman Demokratic Yo (KONAKOM)	sozialdemokratisch	1987
Front National pour le Changement et la Démocratie (FNCD)	linkszentristisch	1990
La Fanmi Lavalas	linkes Wahlbündnis	1996

Politische Unruhen und Intervention

Machtkämpfe: Im 19. Jh. hatte sich eine schwarze Oberschicht herausgebildet, die über den Großteil der landwirtschaftlichen Betriebe verfügte. Ihre Vertreter bekleideten zumeist Regierungsämter oder hohe Militärposten. Die mulattische Minderheit wurde von der schwarzen Oberschicht unterdrückt. Es kam zu heftigen politischen Auseinandersetzungen, die in den ersten Jahren des 20. Jh.s ihren Höhepunkt fanden.

Intervention: 1915 entsandten die USA Truppen nach H., um die Unruhen niederzuschlagen. Schon ein Jahr zuvor waren US-amerikan. Einheiten kurzfristig in H. eingesetzt worden, um dort ausländisches Eigentum zu schützen. Nun aber blieben die Truppen im Land und die USA übernahmen auch die Finanzhoheit. Sie schlossen mit der haitian. Regierung einen Besatzungsvertrag, der die Anwesenheit der US-Amerikaner zunächst für zehn Jahre festschrieb. Die Regierungsgeschäfte führten in dieser Zeit USA-treue Politiker. Regierungsämter wurden in den folgenden Jahren zunehmend mit Mulatten besetzt und der Einfluss der schwarzen Bevölkerungsmehrheit eingeschränkt.

Widerstand gegen Besatzung: Ende der 20er Jahre wuchs der Widerstand der haitian. Bevölkerung gegen die Besatzer. Als es 1929 bei einer Demonstration zum »Massaker von Les Cayes« kam, bei dem 24 Menschen getötet wurden, verstärkten sich die Proteste noch weiter. 1930 wurde Sténio Vincente Präsident (1930–41). Er leitete Gespräche über den Abzug der US-amerikan. Truppen ein, die 1934 die Insel verließen.

Neuanfang: Unter Präsident Dumarsais Estimé (1946–50) wurden im Zuge der »schwarzen Revolution« zahlreiche Maßnahmen zur Verbesserung der sozialen und ökonomischen Lage ergriffen. Schlüsselpositionen in Wirtschaft und Politik wurden wieder verstärkt mit Schwarzen besetzt. Dennoch bestand die Oberschicht seit der Besatzungszeit fast ausschließlich aus Mulatten. Estimés Regierungszeit endete am 6.12.1950 durch einen Militärputsch, aus dem General Paul Eugène

Stichwort: Die Corvée

Zwangsarbeit: Ein Gesetz von 1861 eröffnete der Regierung die Möglichkeit, Bürger zu Zwangsarbeiten bei öffentlichen Bauprojekten einzusetzen. Die USA, die seit 1915 das Land besetzt hielten, führten die Corvée (französ.; Fronarbeit) 1916 wieder in Haiti ein. Mittels der Corvée sollte der Straßenbau im Innern der Insel – Teil eines umfassenden Programms zur Verbesserung der Infrastruktur – vorangetrieben werden. Die Durchsetzung der Zwangsmaßnahmen erfolgte mit zuvor nicht gekannter Brutalität und Rücksichtslosigkeit. Für diesen Zweck wurde eigens eine Miliz geschaffen, die ursprünglich aus US-amerikan. Soldaten und später aus Haitianern bestand.

Die Wiedereinführung der Zwangsarbeit entfachte erneut Aufstände der Cacos (Kleinbauern), die sich schon in den Jahrzehnten zuvor wiederholt gegen die Regierung erhoben hatten. Unter der Führung des ehemaligen Militärs Charlemagne Péralte erreichten die Auseinandersetzungen 1919 ihren Höhepunkt, als Péralte eine unabhängige Caco-Republik ausrief. Mit der Ermordung Péraltes im selben Jahr endeten auch die Kämpfe, die auf Seiten der Cacos mehrere tausend Tote gefordert hatten.

Erst nach dem Ende der Caco-Kriege wurde die Zwangsarbeit wieder abgeschafft.

Haiti im 20. Jahrhundert	
1908	Nach Aufklärung eines Korruptionsskandals um die Nationalbank Haitis tritt Präsident Pierre Nord-Alexis zurück. Bis 1915 kommt es immer wieder zu Aufständen und Regierungswechseln in schneller Folge.
1915	Die USA besetzen das Land und übernehmen die Finanzhoheit.
1919	Caco-Führer Charlemagne Péralte ruft eine Gegenrepublik aus.
1929	Bei einer Demonstration gegen die Militärbesatzung werden 24 Menschen getötet (Massaker von Les Cayes). Der Widerstand gegen die USA wächst.
1934	Die letzten US-amerikan. Truppen ziehen aus Haiti ab.
1947	Die Finanzhoheit der USA über Haiti endet.
1948	UNO entwirft für Haiti als erstes Land der Welt einen Entwicklungshilfeplan.
1950	Militärputsch unter General Paul Magloire.
1957	Der Arzt François Duvalier wird nach einem von Unruhen geprägten Wahlkampf mit großer Mehrheit zum Präsidenten gewählt; ab 1964 ist er Präsident auf Lebenszeit.
1971	Nach dem Tod von »Papa Doc« Duvalier wird sein Sohn Jean-Claude »Baby Doc« Duvalier neuer Präsident.
1986	Jean-Claude Duvalier beugt sich dem nationalen und internationalen Druck und flieht mit seiner Familie ins Ausland. Das Land wird daraufhin von dem Duvalier-treuen Nationalen Regierungsrat unter Henry Namphy regiert.
1987	In einem Referendum wird die neue Verfassung mit überwältigender Mehrheit angenommen.
1988	Der neu ins Amt gewählte Präsident François Leslie Manigat wird in einem Putsch von Namphy aus dem Amt gedrängt. Namphy selbst wird drei Monate später von Generalleutnant Prosper Avril gestürzt.
1990	Noch vor den Wahlen im Dezember wird Avril nach heftigen Protesten gegen die Regierung vom Oberbefehlshaber des Militärs, Hérard Abraham, abgesetzt. Wahlsieger ist der Befreiungstheologe Jean-Bertrand Aristide.
1991	Präsident Aristide verlässt nach einem Staatsstreich unter Raoul Cédras das Land; UNO und OAS verhängen ein Handelsembargo gegen Haiti.
1993	Aristide und Cédras einigen sich auf eine Rückkehr Haitis zur Demokratie. Der Demokratisierungsprozess wird durch gewalttätige Ausschreitungen von Duvalisten behindert.
1994	Nachdem Cédras ein von den USA gestelltes Ultimatum für seinen Rücktritt verstreichen lässt, genehmigt die UNO eine militärische Intervention auf Haiti. US-Soldaten landen im September auf Haiti und Aristide kehrt zurück.
1995	Bei den Parlamentswahlen wirft die Opposition der Partei Aristides, der Lavalas, Unregelmäßigkeiten vor. Die Lavalas gewinnt mit großer Mehrheit. Die folgenden Präsidentschaftswahlen gewinnt ein Parteifreund Aristides, René Préval.
1999	Präsident Préval bestimmt Jacques Edouard Alexis zum neuen Regierungschef, um die seit 1997 andauernde Regierungskrise zu beenden.

Magloire als neuer Staatschef hervorging. Er regierte das Land bis 1956 diktatorisch.

Die Ära François Duvaliers

Machtsicherung: 1957 gewann ein Vertreter der Schwarzen, der Landarzt François »Papa Doc« Duvalier, der 1947–49 bereits Gesundheits- und Arbeitsministers H.s gewesen war, die Präsidentschaftswahlen. Er errichtete ein Jahr später eine Diktatur und begann mit der systematischen Unterdrückung der Opposition. Um die Macht des Militärs zu schwächen, von dem er befürchtete, es könne ihn aus dem Amt drängen, baute er eine eigene Truppe auf, die »Tontons Macoutes«, die als Geheimpolizei fungierten. Außerdem setzte er die Verdrängung der mulattischen Oberschicht fort. 1964 ließ er sich zum Präsidenten auf Lebenszeit ernennen.

Korruption: Die soziale und wirtschaftliche Situation H.s verschlechterte sich unter Duvaliers Regierung nachhaltig. Alle wichtigen Industriezweige wurden vom Staat monopolisiert, ihre Erträge dienten im Wesentlichen zur Bereicherung Duvaliers und der Regierungsmitglieder. Wegen zahlreicher Menschenrechtsverletzungen brachen viele Staaten die diplomatischen Beziehungen zu H. ab. Dennoch wurde das Land insbes. von den USA und einigen europäischen Staaten weiterhin mit Entwicklungshilfegeldern unterstützt.

Generationswechsel

»Baby Doc«: 1971 starb François Duvalier. Schon ein Jahr zuvor hatte er seinen Sohn Jean-Claude »Baby Doc« Duvalier zu seinem Nachfolger bestimmt und in die Amtsgeschäfte eingeführt. Durch eine Verfassungsänderung wurde es möglich, den 18-Jährigen zum Präsidenten zu ernennen. Jean-Claude Duvalier übernahm den Machtapparat seines Vaters. Wirtschaftspolitisch richtete er sich stärker nach den Markterfordernissen der USA und anderer Industrienationen und sorgte für einen vermehrten Zustrom von Finanzmitteln aus dem Ausland.

Wirtschaftlicher Aufschwung: Duvaliers Steuerpolitik veranlasste insbes. Firmen aus den USA, die Fertigungszweige ihrer Betriebe nach H. zu verlegen. Der Staatschef bemühte sich auch um eine Reintegration der Mulatten in das politische und wirtschaftliche Leben H.s. Obwohl seine ökonomischen Initiativen zu einer Verbesserung der wirtschaftlichen Lage führten, profitierten nur wenige Haitianer davon. Die Gewinne verblieben in der Oberschicht oder bei den ausländischen Investoren. Mit dem Zusammenbruch der Weltmarktpreise für Kaffee – H.s wichtigstem Exportprodukt – in den 80er Jahren endete der wirtschaftliche Aufschwung.

Verlust der Macht

Widerstand: Während der Amtszeit von US-Präsident James Earl »Jimmy« Carter (1977–81) übten die USA wegen der anhaltenden Menschenrechtsverletzungen Druck auf H. aus. Duvalier machte Zugeständnisse und ließ einige oppositionelle Parteien und Zeitungen zu. Unter US-Präsident Ronald Reagan (1981–89) wich der politische Druck auf H. wieder. Duvalier ging erneut rigoros gegen die Opposition vor, doch die Zeit seiner »weichen Diktatur« hatte seine Gegner gestärkt; insbes. die Befreiungstheologen gewannen viele Anhänger. Es kam vermehrt zu Widerstandsaktionen, wegen der schlechten Ernten Anfang der 80er Jahre auch zu Hungerrevolten, die u. a. 1984 vom Militär niedergeschlagen wurden.

Ende der Ära Duvalier: Unter dem wachsenden Druck der Opposition im Lande und der Kritik aus dem Ausland wurden 1986 die Tontons Macoutes aufgelöst. Die Familie Duvalier verließ H. Die neuen Machthaber waren jedoch ebenfalls Duvalisten, die unter General Henry Namphy den Nationalen Regierungsrat bildeten. Noch im gleichen Jahr wurden Wahlen für eine verfassunggebende Versammlung abgehalten, die aber wegen der gewalttätigen Ausschreitungen, die sie begleiteten, von der Mehrzahl der Haitianer boykottiert wurden.

Neue Verfassung: Dennoch wurde eine neue Verfassung erarbeitet, die im folgenden Jahr mit großer Mehrheit angenommen wurde. Zu den Neuerungen gehörten u. a. die Einführung des Kreol. als Amtssprache, die offizielle Anerkennung der Voodoo-Religion sowie die Trennung von Militär und Polizei. Ehemalige Regierungsmitglieder wurden für die kommenden zehn Jahre von allen Ämtern ausgeschlossen, die Todesstrafe wurde abgeschafft.

Wahlen und Putsche: Die ersten Präsidentschaftswahlen nach der Duvalier-Ära (1988)

Stichwort: Tontons Macoutes

Die paramilitärische Geheimpolizei von Diktator François Duvalier rekrutierte sich vorwiegend aus der Mittel- und Unterschicht Haitis. Sie schlug Aufstände nieder, bekämpfte die Opposition, trieb Steuern ein und diente als Gegengewicht zum Militär, dessen Einfluss Duvalier gering halten wollte.

Der Name »Tonton Macoute« (Onkel Macoute) ging auf eine volkstümliche haitian. Gestalt zurück, von der es hieß, dass sie ungehorsame Kinder in einen Sack stecke und mitnehme. Die Organisation wurde zwar schon bald nach ihrer Gründung in »Volontaires de la Sécurité Nationale« (Freiwillige der nationalen Sicherheit) umbenannt, blieb aber unter ihrer alten Bezeichnung bekannt.

Die hohe Gewaltbereitschaft ihrer Mitglieder war gefürchtet. Auch Korruption gehörte zu ihrem Programm: Die unteren Ränge erhielten keinen regelmäßigen Sold und finanzierten sich deshalb durch kriminelle Handlungen wie Diebstahl und Erpressung. Schätzungen zufolge ermordeten die Tontons Macoutes in der Regierungszeit des Duvalier-Clans (1957–86) bis zu 60 000 Haitianer. (Foto: Tontons Macoutes vor dem Präsidentenpalast in Port-au-Prince am 31.1.1986)

Die »starken Männer« an der Spitze des Inselstaats Haiti

François »Papa Doc« Duvalier (1907–1971) herrschte mittels seiner Geheimpolizei, den Tontons Macoutes, durch Unterdrückung und Gewalt. Seit seiner Ernennung zum Präsidenten auf Lebenszeit (1964) war »Papa Doc« stets um die Sicherung seiner Position bemüht. Er setzte die »Schwarze Revolution« fort, welche die mulattische Oberschicht zugunsten der Schwarzen entmachten sollte. Unter seinem Regime geriet Haiti in die politische Isolation.

Jean-Claude »Baby Doc« Duvalier (*1951) setzte die Politik seines Vaters zunächst fort, ließ sich dann jedoch auf Druck vor allem der USA zu Zugeständnissen an die Opposition bewegen. Die Proteste und Demonstrationen in den 80er Jahren ließ er aber wieder gewaltsam unterdrücken. 1986 konnte er sein korruptes Regime nicht länger aufrechterhalten und ging ins Exil. Er ließ ein Land mit zerrütteter Wirtschaft und hoher Arbeitslosigkeit zurück.

Jean-Bertrand Aristide (*1953) kehrte 1990 als Hoffnungsträger nach Haiti zurück. Der Befreiungstheologe wurde mit seinem Wahlprogramm, das u. a. eine Landreform vorsah, mit 66,7% der Stimmen zum Präsidenten gewählt. 1991 musste er nach einem Putsch erneut das Land verlassen, kehrte jedoch 1994 ins Präsidentenamt zurück. Aristide verfolgte eine linksgerichtete Wirtschafts- und Sozialpolitik, ohne ein sozialistisches System anzustreben.

Staatsoberhäupter von Haiti

Reg.-Zeit	*Name*	*Lebensdaten*	*Reg.-Zeit*	*Name*	*Lebensdaten*
1896–1902	Therésias Simon Sam	k. A.	1957	Frank Sylvain	*1909
1902	Boisrand Canal	k. A.	1957	Léon Cantave	*1910
1902–08	Pierre Nord-Alexis	1822–1910	1957	Daniel Fignolé	1914–1986
1908–11	Antoine Simon	1844–1923	1957	Antoine Kebreau	1909–1963
1911/12	Michel Cincinnatus Leconte	1854–1912	1957–71	François Duvalier	1907–1971
1912/13	Tancrède Auguste	† 1913	1971–86	Jean-Claude Duvalier	*1951
1913/14	Michel Oreste	1859–1918	1986–88	Nationaler Regierungsrat	
1914	Charles Oreste Zamor	† 1915	1988	François Leslie Manigat	*1930
1914/15	Joseph Davilmar Theodore	1844–1917	1988	Henry Namphy	*1932
1915	Jean Vilbrun Guillaume	† 1915	1988–90	Prosper Avril	*1938
1915–22	Philippe Sudré Dartiguenave	1863–1926	1990	Hérard Abraham	*1940
1922–30	Joseph Louis Bornó	1865–1942	1990/91	Ertha Pascal-Trouillot	*1943
1930	Etienne Roy	1861–1938	1991	Jean-Bertrand Aristide	*1953
1930–41	Stenio Vincente	1874–1959	1991–94	Joseph C. Nérette	*1924
1941–46	Elie Lescot	1883–1974	1994	Emile Jonassaint [1]	1913–1995
1946–50	Dumarsais Estimé	1900–1953	1994–96	Jean-Bertrand Aristide	*1953
1950–56	Paul Eugène Magloire	*1907	seit 1996	René Préval	*1943
1956/57	Jos. Nemours Pierre-Louis	*1900	1) International nicht anerkannt		

wurden erneut von weiten Teilen der Bevölkerung boykottiert. Wahlsieger wurde François Leslie Manigat, der aber noch im gleichen Jahr von Namphy gestürzt wurde. Durch einen Putsch wurde Namphy seinerseits noch 1988 von Prosper Avril aus dem Amt verdrängt, der sich daraufhin selbst zum Präsidenten (1988–90) ausrufen ließ.

Schwieriger Weg zur Demokratie

Korruption und Neuwahlen: Unter Avril nahm die Korruption in Regierungskreisen derartige Ausmaße an, dass es immer wieder zu Massenprotesten kam. 1990 beugte sich Avril schließlich dem Druck und verließ das Land. Nach einer nur dreitägigen Präsidentschaft von Hérard Abraham wurde Ertha Pascal-Trouillot zur Übergangspräsidentin bestimmt, die den Weg für Neuwahlen im Dezember 1990 ebnete. Der bis dahin im Exil lebende katholische Befreiungstheologe Jean-Bertrand Aristide ging aus den Präsidentschaftswahlen als Sieger hervor. Aristide hatte jedoch keine Gelegenheit, die angekündigten sozialen und wirtschaftlichen Reformen umzusetzen, da er schon 1991 durch einen Putsch aus dem Amt vertrieben wurde.

Neue Machthaber: Der Anführer des Staatsstreichs, Armeechef Raoul Cédras, ernannte Joseph Nérette zum Präsidenten (1991–94) und zwang Aristide wieder ins Exil. Aristide wurde bei dem Versuch, als Präsident nach H. zurückzukehren, von der UNO und den USA unterstützt, die 1993 ein Handelsembargo gegen H. verhängten. Cédras stimmte den Vorschlägen für einen schrittweisen Übergang zur Demokratie zu, ließ aber die bereits beschlossene Stationierung von UNO-Blauhelmsoldaten auf H. nicht zu.

Embargo und Intervention: Da die Staatsführung H.s die UNO-Forderungen ignorierte, wurde das Handelsembargo mit schwerwiegenden Folgen für die haitian. Bevölkerung und die Umwelt ausgeweitet (wegen Brennstoffmangels z. B. wurden mehr als 90% der Bäume in H. abgeholzt). Erst der Einmarsch von 20 000 UN-Soldaten unter US-amerikan. Führung 1994 erzwang den Rücktritt der Regierung und die Wiedereinsetzung Aristides (1994–96). Der Demokratisierungsprozess sollte durch ein Kontingent von mehreren tausend ausländischen Soldaten gesichert werden. Aristide löste in der Folgezeit das haitian. Militär auf. 1995 wurde sein Vertrauter René Préval zum Präsidenten gewählt, der seit Februar 1996 im Amt ist.

Neubeginn: Trotz freier Wahlen und fortschreitender Demokratisierung blieb die Lage in H. auch weiterhin instabil. Bei den Senatswahlen 1997 wurden der Regierung Wahlmanipulationen vorgeworfen. Bis zum Ende der 90er Jahre wurde keine regierungsfähige Mehrheit im Parlament gebildet. Die Regierungskrise veranlasste zahlreiche Geberländer, ihre Kredite für H. zu blockieren. Dadurch wurde die wirtschaftliche Entwicklung H.s nachhaltig gebremst. *A.Z./P.F.*

Honduras

Republik Honduras

Honduras 2000	
Landesfläche	112 088 km² (WR 100)
Einwohner	6,3 Mio (WR 96)
Hauptstadt	Tegucigalpa (738 500 Einwohner)
Sprachen	Spanisch, Englisch, indian. Dialekte
Währung	1 Lempira (L) = 100 Centavos
Gliederung	18 Departamentos
Staatsform	Präsidiale Republik (seit 1982)
Religion	Katholiken (85%), Protestanten (10%); Sonstige (5%)
Bevölkerung	Mestizen (89,9%); Indianer (6,7%); Sonstige (3,4%)

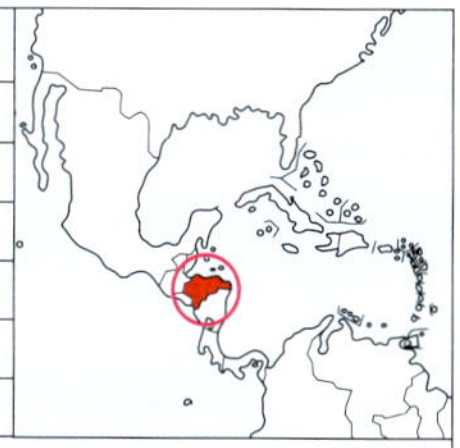

1502 erreichte Christoph Kolumbus bei Kap Honduras zum ersten Mal das amerikan. Festland. Die nachfolgende span. Kolonisierung verlief aufgrund der geografischen Randlage des Gebietes und wegen des heftigen Widerstands der indian. Urbevölkerung zunächst nur schleppend. 1525 wurde die Region dem Generalkapitanat Guatemala angegliedert. 1821 löste sich H. von der span. Kolonialmacht und wurde für zwei Jahre Teil des mexikan. Reiches. 1823–38 gehörte H. zur Zentralamerikan. Föderation, 1839 erklärte es seine Unabhängigkeit.

Unruhiger Jahrhundertbeginn

Agrarstaat: Um 1900 geriet das agrarisch geprägte H. in weitgehende Abhängigkeit von den USA und dem US-Konzern United Fruit Company (ab 1969 United Brands Company). An der Spitze der Regierung standen »liberale« bzw. »konservative« Generäle, ohne dass diese Parteibezeichnungen politischen Programmcharakter hatten. Grenzstreitigkeiten gab es mit Nicaragua, dessen »liberaler« Diktator, General José Santos Zelaya, 1895 den größten Teil der Mosquitoküste annektiert hatte.

Mosquitoküstenkrieg: 1906 ließ Santos Zelaya Truppen in den zu H. gehörenden Nordteil der Mosquitoküste einmarschieren; als Vermittlungsversuche der USA scheiterten, begann im März 1907 der Mosquitoküstenkrieg. Am 31.3.1907 landeten US-Marines in H., um US-Staatsbürger und die Plantagen der United Fruit Company zu schützen. Die nicaraguan. Armee eroberte am 3.4. Tegucigalpa, die Hauptstadt von H. Am 11.4. floh der »konservative« Staatspräsident Manuel Bonilla auf einem US-Kreuzer außer Landes. Auf Druck des siegreichen Santos Zelaya wurde Miguel E. Dávila neuer Präsident (1907–11) von H. Der Konflikt endete mit der Einberufung einer zentralamerikan. Friedenskonferenz in Washington; der Konferenzort unterstrich die Dominanz der USA in Zentralamerika. Nicaragua gab während der Konferenz seine Ansprüche auf den honduran. Teil der Mosquitoküste auf. Am 20.12.1907 schloss die Konferenz mit der Errichtung eines Schiedsgerichtshofs.

Bürgerkrieg: Nachdem die USA Ende 1909 den nicaraguan. Präsidenten Santos Zelaya gestürzt hatten, geriet auch das mit diesem verbündete »liberale« Dávila-Regime in H. unter Druck: Es kam zum Bürgerkrieg zwischen den

Honduras im 20. Jahrhundert	
1906	Nicaraguan. Truppen marschieren in die nördliche Mosquitoküste ein.
1907	US-Truppen landen während des Mosquitoküstenkriegs in Honduras.
1909	Während des Bürgerkriegs (bis 1911) stärken die USA ihren Einfluss.
1911	Nach dem Ende des Bürgerkriegs wird Honduras eine Bananenplantagenkolonie des US-Konzerns United Fruit Company.
1925	Honduras ist der bedeutendste Bananenexporteur der Welt.
1933	General Tiburcio Carías Andino errichtet eine Militärdiktatur.
1957	Präsident Ramón Villeda Morales leitet eine Demokratisierung ein.
1960	El Salvador, Guatemala, Honduras und Nicaragua gründen den Zentralamerikan. Gemeinsamen Markt (MCCA).
1963	Das Militär stürzt den gewählten Präsidenten Villeda Morales.
1969	Fußballkrieg zwischen Honduras und El Salvador.
1970	Honduras tritt aus dem MCCA aus.
1974	Der Wirbelsturm »Fifi« vernichtet ca. 70% der Bananenplantagen.
1975	Verstaatlichung der Plantagen des Konzerns United Brands Company.
1980	Ein Friedensvertrag bendet den Kriegszustand mit El Salvador.
1982	Mit dem Amtsantritt des gewählten Präsidenten Roberto Suazo Córdova enden die Jahrzehnte der Militärdiktaturen.
	Die USA bauen Honduras ab 1982 zum Militärstützpunkt der antisandinistischen Contra-Rebellen aus.
1986	Präsident José Azcona Hoyo fordert den baldigen Abzug der US-finanzierten Contras.
1987	Honduras unterzeichnet den Arías-Friedensplan für Zentralamerika.
1988	Antiamerikan. Unruhen; die USA beenden die Wirtschaftshilfe.
1989	Honduras stellt den Schuldendienst ein (Staatsbankrott) und gerät unter die Kontrolle von Internationalem Währungsfonds und Weltbank.
1998	Hurrikan »Mitch« zerstört 70% der Infrastruktur, 7000 Menschen sterben.
1999	Die Schaffung eines dem Präsidenten verantwortlichen zivilen Verteidigungsministeriums ist der bedeutendste Schritt beim Versuch, die Macht der Militärs und ihren gesellschaftlichen Einfluss zurückzudrängen.

Die wichtigsten Parteien im 20. Jahrhundert

Name (Abkürzung)	*Politische Richtung*	*Gründung*
Partido Liberal de Honduras (PLH)	liberal	1890
Partido Nacional (PN)	konservativ	1923
Partido Demócrata Cristiano (PDC)	christdemokratisch	1980
Frente Patriótico Hondureño (FPH)	Linksbündnis	1993

Anhängern Dávilas und den Getreuen des 1907 gestürzten Präsidenten Bonilla, die von den USA unterstützt wurden. Am 3.11.1910 proklamierte Dávila das Kriegsrecht. Während des siegreichen Vormarschs seiner Truppen ließ sich Bonilla am 2.1.1911 zum Präsidenten ausrufen, am 8.2. schlossen die Bürgerkriegsparteien einen Waffenstillstand. Interimspräsident wurde 1911/12 Francisco Beltrán, ein Parteigänger Bonillas. Letzterer übernahm am 2.2.1912 wieder selbst das Präsidentenamt.

Pflanzkolonie der United Fruit Co.

US-Einfluss: Während des Bürgerkriegs stärkten die USA entscheidend ihren Einfluss in H., das nun faktisch eine Wirtschaftsprovinz der United Fruit Company sowie der Standard Fruit and Steamship Company wurde. Ab Mitte der 20er Jahre war H. der größte Bananenexporteur der Erde. Den beiden US-Konzernen gehörten 95% der Plantagen, 90% des Eisenbahnnetzes und der größte Teil der Hafenanlagen. Durch Lohn- und Anstellungspolitik erzwangen sie das Wohlverhalten der Bevölkerung; ca. 90% der Einwohner waren Mestizen, die Analphabetenquote lag bei über 50%. Wenn es zu Unruhen kam, intervenierten die USA militärisch zum Schutz der US-Bürger und deren Eigentum; die massivste Intervention erfolgte 1924/25. Um die den Handel beeinträchtigenden andauernden (Grenz-)Konflikte zu reduzieren, unterzeichneten die fünf zentralamerikan. Republiken am 8.2.1923 auf Druck der USA in Washington einen allgemeinen Friedens-, Schiedsgerichts- und Abrüstungsvertrag.
Soziale Frage: Um sozialen Unruhen und dem nach der mexikan. Revolution gestiegenen Einfluss marxistisch orientierter Gruppen entgegenzuwirken, erhielt H. am 3.10.1924 eine Verfassung, durch die das allgemeine Wahlrecht für Männer eingeführt wurde. Die Verfassung sah weitreichende sozialpolitische Maßnahmen vor, von denen in den Folgejahren nur ein Gesetz zur Unfallverhütung in Bergwerken (1928) umgesetzt wurde. Die US-Konzerne blockierten alle anderen Reformprojekte wie Einführung des Achtstundentags, Bezahlung eines arbeitsfreien Tags pro Woche sowie Gesetze über Unternehmerhaftpflicht bei Arbeitsunfällen.

Ära der Diktaturen

Militärregime: Die instabile innenpolitische Situation endete, als General Tiburcio Carías Andino 1933 eine Militärdiktatur errichtete und die Parteienkämpfe zwischen »Liberalen« und »Konservativen« ebenso unterband wie soziale Unruhen. Unter der Herrschaft von Carías Andino (1933–48) und Juan Manuel Gálvez (1949–54) wurde H. der treueste Verbündete der USA in Zentralamerika. Als im Dezember 1954 erstmals wieder Wahlen durchgeführt wurden und der Liberale Ramón Villeda Morales die Mehrheit errang, brachen Unruhen aus, was zum Abbruch des Demokratisierungsprozesses führte: Neuer Diktator wurde Julio Lozano Díaz (1954–56). 1956 wurde Lozano Díaz von einer Militärjunta unter Roque I. Rodríguez (1956/57) gestürzt.
Scheiternde Reformen: Den zweiten Versuch einer Demokratisierung des Landes duldeten United Fruit Company und Militärs länger. Villeda Morales setzte sich 1957 bei Wahlen erneut durch und trat am 21.12.1957 das Amt als Staatspräsident an (1957–63). Sein Versuch, die in der Verfassung verankerte

Staatsoberhäupter von Honduras

Reg.-Zeit	*Name*	*Lebensdaten*	*Reg.-Zeit*	*Name*	*Lebensdaten*
1899–1903	Terencio Sierra	1839–1907	1954–56	Julio Lozano Díaz	1895–1957
1903–07	Manuel Bonilla	1849–1913	1956/57	Roque I. Rodríguez	1898–1981
1907–11	Miguel E. Dávila	1856–1927	1957–63	Ramón Villeda Morales	1908–1971
1911/12	Francisco Bertrand	1866–1926	1963–71	Osvaldo López Arellano	*1921
1912/13	Manuel Bonilla	1849–1913	1971/72	Ramón Ernesto Cruz	1903–1985
1913–19	Francisco Bertrand	1866–1926	1972–75	Osvaldo López Arellano	*1921
1919–24	Rafael López Gutiérrez	1855–1924	1975–78	Juan Alberto Melgar Castro	1930–1988
1924	Fausto Dávila	1858–1928	1978–82	Juan Paz García	1932–2000
1924/25	Vicente Tosta	1886–1928	1982–86	Roberto Suazo Córdova	*1928
1925–29	Miguel Paz Baraona	1863–1931	1986–90	José Azcona Hoyo	*1927
1929–33	Vicente Mejia Colindres	1878–1966	1990–94	Rafael Callejas Romero	*1943
1933–48	Tiburcio Carías Andino	1876–1969	1994–98	Carlos Reina Idíaquez	*1926
1949–54	Juan Manuel Gálvez	1887–1955	seit 1998	Carlos Flores Facussé	*1950

Sozialstaatlichkeit umzusetzen (Einführung einer Sozialversicherung, Erlass von Arbeitsgesetzen) und eine Agrarreform durchzuführen, stieß jedoch bald auf den Widerstand der Konservativen und der United Fruit Company. Oberst Osvaldo López Arellano übernahm am 3.10.1963 nach einem Militärputsch die Macht und stoppte umgehend den Reformprozess. 1965 wurde López Arellano nach dem Inkrafttreten einer neuen Präsidialverfassung zum Präsidenten gewählt.

Fußballkrieg: In den 60er Jahren wanderten aus dem übervölkerten Nachbarland El Salvador ca. 500 000 Menschen illegal nach H. ein. Während diese Migration auf Regierungsebene geduldet wurde, führte sie aus Gründen der Arbeitsplatzverdrängung zu Spannungen innnerhalb der lohnabhängigen Bevölkerung. Bei einem Fußball-Länderspiel in Tegucigalpa kam es am 14.7.1969 zu Ausschreitungen von Honduranern gegen Salvadorianer. Daraufhin ließ der salvadorian. Präsident Fidel Sánchez Hernández Truppen in H. einmarschieren. Mehrere tausend Menschen fielen, bevor die Organization of American States (OAS) Ende Juli einen Waffenstillstand vermittelte. Nach dem Fußballkrieg mussten alle Salvadorianer, die illegal in H. mit Landwirtschaft begonnen hatten, H. verlassen.

Erneuter Militärputsch: Eine kurze Unterbrechung erfuhr das diktatorische System 1971/72 unter dem gewählten Präsidenten Ramón Ernesto Cruz, der einer »Einheitspakt«-Regierung von Partido Liberal und Partido Nacional vorstand: Die beiden größten Parteien waren ein Wahlbündnis eingegangen und teilten nach ihrem Sieg die Parlamentssitze und alle Staatsämter unter sich auf. Am 4.12.1972 stürzte Oberst López Arellano die zerstrittene Einheitspaktregierung und errichtete erneut eine Militärdiktatur, die eine Besinnung auf nationale Werte propagierte.

Verstaatlichung: 1975 erfolgte die Verstaatlichung der Bananenplantagen, die United Brands Company behielt jedoch ihre marktbeherrschende Stellung. Am 22.4.1975 stürzte Oberst Juan Alberto Melgar Castro in einem unblutigen Putsch López Arellano, nachdem bekannt geworden war, dass die Führer des Regimes Bestechungsgelder von der United Brands Company erhalten hatten. Melgar Castro verstärkte die »links« und national ausgerichtete Politik, die sozialen Unruhen hielten jedoch an und äußerten sich u. a. in massenhaften »Landbesetzungen« von Arbeitern. Am 7./8.8.1978 übernahm General Juan Paz García nach einem Militärputsch die Macht und kündigte die Rückkehr zum demokratisch-parlamentarischen Regierungssystem mit Einhaltung der Menschenrechte an. Zu den wichtigsten Ereignissen am Ende der Militärdiktatur zählte die Unterzeichnung des Friedensvertrags, der am 30.10.1980 den seit 1969 andauernden Kriegszustand zwischen H. und El Salvador beendete. Nach dem Fußballkrieg war es mehrfach zu bewaffneten Grenzkonflikten zwischen den beiden Staaten gekommen, so 1976 und 1979.

MCCA: Zentralamerikanischer Gemeinsamer Markt

Mit dem Vertrag von Managua gründeten El Salvador, Guatemala, Honduras und Nicaragua am 13.12.1960 den Zentralamerikan. Gemeinsamen Markt (Mercado Común Centroamericano; MCCA), dem 1962 auch Costa Rica beitrat. Die Gründung dieser Wirtschaftsgemeinschaft mit weitgehendem Zollabbau und einheitlichen Außenzöllen belebte zunächst den Handel der zentralamerikan. Staaten, die mit dem Aufbau gemeinsamer Straßen- und Kommunikationssysteme begannen. Langfristiges Ziel des MCCA war eine politische Union. Durch Zahlungbilanzschwierigkeiten einiger Staaten geriet er Ende der 60er Jahre in eine Krise. Nach dem Fußballkrieg trat Honduras 1970 aus dem MCCA aus. (Foto: Bananenplantage bei San Pedro Sula, Honduras)

Auf dem Weg zur Demokratie

US-Militärbasis für Contras: Als der »liberale« Roberto Suazo Córdova am 27.1.1982 sein Amt als gewählter Präsident antrat, wurde formal der Wechsel zu einem parlamentarischen Regierungssystem vollzogen. Faktisch jedoch behielten die Militärs ihren beherrschenden Einfluss, zudem machten die USA das Land unter Präsident Ronald Reagan ab 1982 zum wichtigsten Stützpunkt der antisandinistischen Contra-Rebellen; Reagan verstärkte die US-Militärpräsenz in H., ließ zu militärischen Zwecken die Infrastruktur ausbauen und Lager errichten, in denen die rechtsgerichteten Contras für den Krieg in Nicaragua ausgebildet wurden; von H. aus erfolgten die Vorstöße der Contras nach Nicaragua. Außer den ca. 13 000 Contra-Militärs hielten sich in H. Zehntausende von Zivil-

Unter US-Präsident Ronald Reagan ließen die USA in den 80er Jahren die Infrastruktur in Honduras verbessern und Lager errichten, wo sie die rechtsgerichteten Contra-Rebellen für den Krieg in Nicaragua ausbildeten. (Foto: US-amerikan. Ausbilder in einer Militärbasis in Honduras, 1984)

flüchtlingen aus Nicaragua und El Salvador auf. Die Menschenrechtssituation wurde von willkürlichen Übergriffen der honduran. Sicherheitskräfte geprägt.

Kritik an den USA: Der liberale Präsident José Azcona Hoyo (1986–90) forderte am 14.12.1986 öffentlich den Abzug der von den USA finanzierten Contras. Als die USA diese Forderung ignorierten, wuchs eine US-feindliche Stimmung im Land. Am 7.8.1987 unterzeichneten die Präsidenten von Costa Rica, El Salvador, Guatemala, H. und Nicaragua in Esquipulas/Guatemala den Arias-Friedensplan für Mittelamerika mit dem Ziel, die Bürgerkriege zu beenden. Die USA ignorierten jedoch auch diesen Friedensplan. Am 8.4.1988 verhängte Präsident Azcona Hoyo den Ausnahmezustand, nachdem die antiamerikan. Stimmung zu Angriffen von Studenten auf die US-Botschaft geführt hatte. Die USA reagierten 1988 mit der Einstellung der Wirtschaftshilfe für H., dessen Pro-Kopf-Einkommen während der US-Präsenz in den 80er Jahren um 12% gesunken war und das nun zu den ärmsten Ländern Lateinamerikas zählte. Zwei Drittel des honduran. Staatshaushalts entfielen auf Militär- und Schuldendienst. Am 10.3.1989 stellte H. mangels Zahlungsfähigkeit den Schuldendienst ein.

Sparpolitik nach IWF-Vorgaben: Der konservative Präsident Rafael Callejas Romero (1990–94) distanzierte sich von der US-kritischen Haltung seines Vorgängers und verstärkte die militärische und wirtschaftliche Kooperation mit den USA. Nach Vorgaben von Weltbank und Internationalem Währungsfonds (IWF) führte er eine Austeritätspolitik durch, die zwar das Wirtschaftswachstum ankurbelte (1994: 3%), aber zugleich die sozialen Probleme verschärfte. Sein liberaler Nachfolger Carlos Reina Idíaquez (1994–98) führte die Sparpolitik fort und leitete zudem eine Beschneidung der Macht der Militärs ein. Nach dem Amtsantritt des liberalen Präsidenten Carlos Flores Facussé am 27.1.1998 verschärften sich die sozialen Probleme infolge rigider Privatisierungspolitik; offiziell lag die Arbeitslosenquote bei unter 4%, faktisch jedoch lebten zwischen 50 und 80% der Bevölkerung unter der Armutsgrenze.

Hurrikan »Mitch«: Der tropische Wirbelsturm »Mitch« und seine Auswirkungen überschatteten ab dem 27.10.1998 die gesamte Politik. »Mitch« vernichtete etwa 70% der Infrastruktur von H., ca. 7000 Honduraner starben während des Hurrikans und der nachfolgenden schweren Überschwemmungen. Der Wiederaufbau der Wirtschaft wurde auf zwei Jahrzehnte veranschlagt.

Ziviler Umbau: Um den Einfluss der Militärs zurückzudrängen, beschloss das Parlament am 6.4.1995 fast einstimmig die Abschaffung der Wehrpflicht. Am 27.1.1999 verabschiedete das Parlament eine Verfassungsänderung, die das Amt des allein verantwortlichen Armeechefs durch ein ziviles, dem Präsidenten unterstelltes Verteidigungsministerium ersetzte und die Immunität der Kommandeure aufhob. Es war der bislang bedeutendste Schritt beim zivilen Umbau des Staates. Die Streitkräfte, die jahrzehntelang außerhalb staatlicher Kontrolle gestanden hatten, fügten sich nur widerstrebend. Am 30.7.1999 entließ Präsident Flores Facussé Generalstabschef Eugenio Romero, der die Autorität des zivilen Verteidigungsministeriums nicht anerkannt hatte. *B.P.*

Indien

Republik Indien

Bereits seit dem Indienzug Alexanders des Großen 326 v. Chr. wurden Teile des ind. Subkontinents immer wieder fremden Herrschern unterworfen; im 17. Jh. etablierten sich europäische Handelsniederlassungen, von denen die brit. Ostindiengesellschaft bald die Oberhand gewann. Die Briten lösten den letzten moslemischen Mogulkaiser in I. ab, und 1877 ließ sich Königin Victoria zur »Kaiserin von Indien« proklamieren. Nach fast 200 Jahren brit. Kolonialherrschaft wurde das Land am 15.8.1947 schließlich in die Unabhängigkeit entlassen. Heute ist I. – gemessen an den Bevölkerungszahlen – der größte demokratische Staat der Welt.

Indien 2000	
Landesfläche	3,29 Mio km² (WR 7)
Einwohner	1 Mrd (WR 2)
Hauptstadt	Neu-Delhi (11 Mio Einwohner)
Sprachen	Hindi, Englisch, über 1500 Sprachen und Dialekte
Währung	1 Indische Rupie (iR) = 100 Paise
Gliederung	25 Bundesstaaten, 7 Territorien
Staatsform	Parlamentarische Bundesrepublik (seit 1950)
Religion	Hindus (80,3%); Moslems (11,0%); Sonstige (8,7%)
Bevölkerung	Inder (97%); Mongolen (3%)

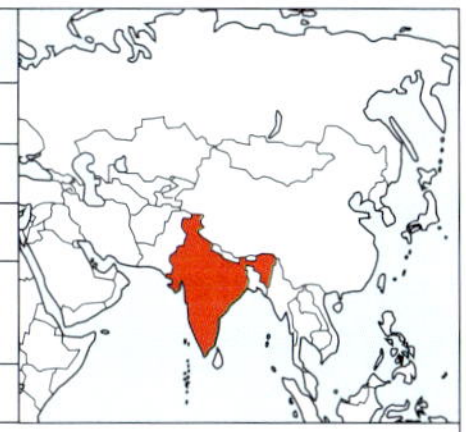

Kampf um politische Mitsprache

Indischer Nationalkongress: 1885 riefen 72 westlich gebildete Inder in Bombay den Indian National Congress (INC) ins Leben. Ziel der Bewegung war es, sich für die Verbesserung der politischen und sozialen Verhältnisse und mehr Teilhabe der ind. Bevölkerung an der Regierung einzusetzen. Um dem aufkeimenden Nationalismus entgegenzutreten, führte die brit. Kolonialregierung Reformen ein. Ergebnis einer neuen Ordnung zur besseren Verwaltung war die Teilung der hinduistisch-moslemischen Provinz Bengalen 1905. Zwei Jahre später spaltete sich der Kongress in einen gemäßigten Flügel, der mit den Briten kooperieren wollte, und einen radikalen Flügel, der für die Unabhängigkeit I.s kämpfte.

Moslemliga: 1906 gründete sich in Dacca, der Hauptstadt des abgetrennten Ostbengalen, die Moslemliga (All-India Muslim League), die für die politischen Rechte der moslemischen Inder eintrat. Sie setzte sich für eine eigene Vertretung in den politischen Gremien und gesonderte Wählerschaften für Moslems ein.

Reformen der Kolonialregierung

Mit den Morley-Minto-Reformen der Kolonialverwaltung von 1909 erhielten nicht nur die Inder eine eigene Volksvertretung, sondern auch die Forderungen der Moslemliga wurden erfüllt. Diese Tatsache brachte die Moslembewegung immer mehr in Gegensatz zum Nationalkongress – eine Entwicklung, auf die die brit. Kolonialregierung spekulierte. Absicht war es, die eigene Position in I. auf lange Sicht zu sichern und – nach dem Grundsatz des »Teilens und Herrschens« – die Spaltung des Landes herbeizuführen. Erst das gewaltsame Vorgehen der Briten gegen revolutionäre Kräfte insbes. in Punjab und Bengalen während des Ersten Weltkriegs bewog die Moslemliga und den Nationalkongress 1916 im Pakt von Lucknow, gemeinsam weitergehende Verfassungsreformen zu fordern. Der Government of India Act von 1919 gab den Indern mehr Mitspracherechte.

1921 erhielt I. mit den sog. Montagu-Chelmsford-Reformen eine neue Verfassung: Sie sah das Wahlrecht für 10% der erwachsenen männlichen Bevölkerung vor, eine zweite Kammer und erhebliche legislative und exekutive Kompetenzen für die Provinzen. Dem Kongress gingen die Reformen jedoch nicht weit genug.

Mahatma Gandhi

Satyagraha: Mohandas Karamchand Gandhi (1869–1948), genannt Mahatma (dessen Seele groß ist) formte aus dem Kongress eine Partei für die Massen, der er seit 1920 als gewählter Präsident und charismatischer Wortführer

Lord Curzon of Kedleston war 1898–1905 Vizekönig und Generalgouverneur von Indien. In dieser Zeit sicherte er die North-West Frontier Province, brachte Tibet in Abhängigkeit und widersetzte sich den russ. Expansionsbestrebungen in Afghanistan und Persien. (Foto: Lord und Lady Curzon bei der Tigerjagd, 1902)

Dokument: Satyagraha – gewaltloser Widerstand

Gandhis Politik beruhte auf dem Prinzip des gewaltlosen Widerstands. Über dieses Prinzip des »Satyagraha« im Befreiungskampf gegen die Kolonialmächte schrieb Gandhi 1920:

»In diesem Zeitalter der Herrschaft der Gewalt ist es fast unmöglich für jemanden, zu glauben, es könne irgendeine Kraft geben, mit der man der unbedingten Überlegenheit der Gewalt begegnen könnte. (...)

Aber ich glaube eben, dass die Gewaltlosigkeit der Gewalt unendlich überlegen ist. Das Verzeihen ist die Zierde eines Soldaten. Aber der Verzicht auf Gewalt ist ein Verzeihen nur dann, wenn die Macht zu strafen besteht. Von Seiten einer ohnmächtigen Kreatur ist Verzeihen sinnlos. (...) Ich halte mich selbst nicht für eine hilflose Kreatur. (...)

Ich möchte nicht missverstanden werden. Stärke entspringt nicht der physischen Macht. Sie entspringt einem unbezähmbaren Willen. (...) Ein wirkliches Verzeihen von unserer Seite würde daher eine wirkliche Anerkennung unserer Stärke voraussetzen. (...)

Ich habe es daher gewagt, Indien das alte Gesetz der Aufopferung aufzuerlegen. Denn satyagraha und was sich daraus ableitet, Non-Cooperation und ziviler Widerstand, sind nichts als neue Namen für das Gesetz des Leidens. (...) Sie bedeutet nicht, sich dem Willen des Übeltäters zu unterwerfen, sondern sie bedeutet, dass man die ganze Kraft seiner Seele dem Tyrannen entgegensetzt. (...)

(...) Indessen, da ich ein praktischer Mann bin, warte ich nicht ab, bis Indien die Praktizierbarkeit des geistigen Lebens in der politischen Welt anerkennt. Indien hält sich für machtlos und gelähmt gegenüber den Maschinengewehren, Tanks und Flugzeugen der Engländer. Es nimmt die Non-Cooperation aus seiner Schwäche heraus auf. Trotzdem muss sie dem gleichen Ende dienen, nämlich, Indien von dem zermalmenden Gewicht britischer Ungerechtigkeit zu befreien, wenn nur eine genügende Anzahl von Menschen sie ausübt. (...)«

Quelle: Chronik-Handbuch Reden und Dokumente des 20. Jahrhunderts, Gütersloh 1996, S. 124–126

vorstand (bis 1934). Er führte den Unabhängigkeitskampf in ganz I. mit Methoden des gewaltlosen Widerstands an, die er als Rechtsanwalt in Südafrika (1893–1914) entwickelt hatte. Sein Aufruf zum Boykott brit. Waren und zur Nicht-Kooperation mit der Kolonialverwaltung erreichte Gruppierungen verschiedener Kasten, Rassen und Religionen, die sich zu Interessenverbänden und Bewegungen zusammenschlossen, um ihre Forderungen politisch durchzusetzen.

Amritsar: Ein Auslöser der Kampagne Gandhis 1920–22 war ein Blutbad in Amritsar (Punjab), wo sich im April 1919 trotz Verbots öffentlicher Treffen eine Menschenmenge zum schweigenden Protest versammelt hatte und von brit. Militäreinheiten beschossen wurden. Die Übertretung des Verbots wurde ferner mit Strafexpeditionen durch die Dörfer des Punjab geahndet.

Salzmarsch: Höhepunkt des gewaltfreien Widerstands war der von Gandhi angeführte Protest gegen die Salzsteuer 1930. Er führte der Welt die Ungerechtigkeit des Systems der Kolonialregierung vor Augen, das die Ärmsten in der ind. Bevölkerung mit seinem Salzmonopol ausbeutete. Der Marsch der Massen ans Meer zum Salzwerk bei Dandi endete mit der Verhaftung von etwa 100 000 Personen, darunter auch Gandhi. Nach seiner Freilassung wurde der Präsident des Kongresses erstmals als Vertreter des ind. Volkes zu Reformverhandlungen 1930–33 mit dem Vizekönig nach London geladen. Die Verhandlungen blieben jedoch zunächst ergebnislos.

Der Salzmarsch zum Meer (1930) unter Führung von Mohandas Karamchand Gandhi (auf dem Foto mit x gekennzeichnet) war eine Demonstration gegen das brit. Salzmonopol, das stellvertretend für andere soziale Ungerechtigkeiten der brit. Kolonialmacht in Indien stand. Der symbolische Marsch war Teil der 1920 ausgerufenen Kampagne des zivilen Ungehorsams.

Die Zeit des Zweiten Weltkriegs

Autonomie für die Provinzen: Erst 1935 wurde eine neue Verfassung für Brit.-I. verabschiedet. Sie basierte auf dem Prinzip des Föderalismus mit starker Zentralregierung und rechtlicher Autonomie für die Provinzen. Minderheiten erhielten Parlamentssitze. Bei den Wahlen 1939 ging die Kongresspartei unter Führung von Jawaharlal Nehru (1889 bis 1964) als Siegerin hervor. Die Moslemliga lehnte eine Regierungsbeteiligung ab.

Kriegsteilnahme: Ab 1940 wurde I. von Großbritannien als Stützpunkt genutzt, das ohne Rücksprache den Kriegseintritt I.s erklärt hatte, worauf die ind. Minister aus Protest geschlossen zurücktraten. Viele Inder kämpften als Soldaten an der Seite der Briten. Zwar entwickelte sich die Industrie, doch verursachten kriegsbedingte Versorgungsprobleme Hungersnöte in Bengalen.

Quit-India-Kampagne: Die Kongresspartei sah sich veranlasst, entschiedener als zuvor die volle Freiheit zu verlangen. Als Großbritannien sich nicht kooperativ zeigte, ging die Kongresspartei zu einer weiteren Aktionsserie des passiven Widerstands über, die 1942 in der sog. Quit-India-Kampagne (»Raus aus Indien«) gipfelte, aber scheiterte. Die Kongressführung blieb bis zum Kriegsende in Haft. Neu entflammtes Nationalbewusstsein und Unruhen ließen die Situation für die Besetzer zunehmend unhaltbar werden. 1946 setzten die Briten eine Interimsregierung (bis 1952) unter Nehru ein.

Teilung des Subkontinents

Separatstaat Pakistan: 1940 forderte auch die Moslemliga unter Muhammad Ali Jinnah (1935–48) in ihrer Lahore-Resolution einen eigenen Moslemstaat, Pakistan. Das Ansinnen wurde abgelehnt. 1946 wollte die Liga ihr Ziel schließlich erzwingen und löste damit im August in allen Teilen des Landes Unruhen zwischen Hindus und Moslems aus, die sog. Communal riots. Im Oktober trat die Liga auf Vermittlung der Briten der Interimsregierung bei, die Gegensätze zur Kongresspartei verschärften sich jedoch in der Teilungsfrage. Die anhaltenden bürgerkriegsähnlichen Unruhen veranlassten 1947 den brit. Premierminister Clement Attlee (1945–51) und den Vizekönig Lord Louis Mountbatten (1947) das Land zu teilen und sich aus der Kronkolonie zurückzuziehen. Am 15.8.1947 wurden I. und Pakistan als erste asiat. Staaten aus dem British Empire entlassen und für unabhängig erklärt.
Indische Union (Bharat): I. waren zu diesem Zeitpunkt 562 Fürstentümer eingegliedert. Innerhalb eines Jahres reduzierte die unabhängige ind. Regierung die Anzahl der Staaten auf 16 als Teil der Ind. Union. Die Entscheidung über den Anschluss der 562 Staaten an die Union I. oder Pakistan lag bei ihren Fürsten. Die meisten stimmten für I. Unruhen gab es jedoch in den Staaten Hyderabad und Junagadh, deren Fürsten Moslems waren und für Pakistan optierten, deren Bevölkerung aber zu 80 bis 90% Hindus waren; während diese schließlich in die Union eingegliedert wurden, blieb die Zuordnung des zwischen China, der Sowjetunion, I. und Pakistan strategisch exponiert gelegenen Kaschmir offen.

Streitobjekt Kaschmir

Konflikt: In Kaschmir herrschte der letzte hinduistische Dogra-Maharadscha Hari Singh über eine moslemische Mehrheit (70%). Sein Gegenspieler Sheikh Abdullah, genannt der »Löwe von Kaschmir«, späterer Ministerpräsident des ind. Bundesstaats Jammu und Kaschmir (1947–53, 1977–82), führte die dominierende Partei »National Conference« an. Er verfolgte einen nationalen Kurs und trat für eine Integration von Moslems und Hindus und den Anschluss an die Ind. Union ein. Der autoritäre Maharadscha strebte jedoch die Unabhängigkeit Kaschmirs an und unterzeichnete zusammen mit Pakistan und I. ein Stillhalteabkommen. Singh erklärte sich erst bereit, der Union beizutreten, als Bergkrieger (Pathans) aus der Grenzregion zwischen Pakistan und Afghanistan am 24.10.1947 ins Kaschmirtal eingefallen waren und das Elektrizitätswerk von Mahura eingenommen hatten.
Teilung: Als auch militärische Einheiten Pakistans in Kaschmir einmarschierten, rief I. die Vereinten Nationen an. Diese erreichten am 1.1.1949 einen Waffenstillstand. Im selben Jahr wurde eine Demarkationslinie durch Kaschmir gezogen, die seither als Grenze zwischen I. und Pakistan gilt. Während Ministerpräsident Abdullah von seinem ursprünglichen Kurs zugunsten einer Selbstbestimmung Kaschmirs abwich und eine undurchsichtige Politik betrieb, trat Pakistan dem Bagdad-Pakt bei. Somit wurde Kaschmir für I. und Pakistan eine Frage der Staatssicherheit und blieb ein Konfliktherd zwischen den Nachbarländern.

Mahatma Gandhi, der Führer des ind. Freiheitskampfes, wurde am 30.1. 1948 von Nathuram Godse aus nächster Nähe erschossen. Godse war Mitglied der extremen Hindu-Mahasaba-Bewegung, die gegen die von Gandhi propagierte Aussöhnung mit dem moslemischen Pakistan im Streit um das Kaschmirgebiet kämpfte. (Foto: Gandhi, vorn, wenige Tage vor dem Attentat im Garten seines Hauses in Neu-Delhi, mit Jawaharlal Nehru, M., dessen Tochter Indira und Mohammed Ali Jinnah)

Die Republik Indien

Tod Gandhis: Die Trennung des Subkontinents in I. und Pakistan brachte nicht den erhofften Frieden zwischen Hindus und Moslems, sondern das Gegenteil war der Fall. Die Eskalation der Gewalt setzte Flüchtlingsströme von ca. 14 Mio Menschen von und nach I. und Pakistan in Gang. Am 30.1.1948 wurde Gandhi, der die Trennung zu verhindern versuchte und den religiösen Fanatismus mit Hungerstreiks bekämpft hatte, von einem fanatischen Hindu erschossen.

Indien im 20. Jahrhundert	
1906	Gründung der Moslemliga in Dacca als Interessenvertretung der islamischen Bevölkerung von Indien.
1907	Spaltung des 1885 gegründeten Nationalkongresses (INC).
1909	Inder und Moslems erhalten eine eigene politische Vertretung.
1919	Friedliche Protestversammlung in Amritsar verstößt gegen brit. Sicherheitsgesetze und wird blutig niedergeschlagen.
	Government of India Act: Verfassungsreform durch die Briten; mehr Mitspracherechte für die Inder.
1920	Der Führer des ind. Unabhängigkeitskampfes, Mahatma Gandhi, ruft zu einer Kampagne des zivilen Ungehorsams auf.
1930	Zweite Massenkampagne Gandhis; Salzmarsch zum Meer als Demonstration gegen das Salzmonopol der brit. Regierung.
1931	Round-Table-Konferenz in London, bei der Gandhi und Briten über die Unabhängigkeit Indiens verhandeln, scheitert.
1935	Verfassung beendet brit. Einflussnahme in den Provinzen (ab 1937 in Kraft).
1946	Jawaharlal Nehru wird vom Vizekönig zum Premierminister einer Interimsregierung ernannt.
1947	Unabhängigkeit Indiens; Teilung von Indien in den Moslemstaat Pakistan und den Hindustaat Indien.
	Beginn des ind.-pakistan. Konflikts um Kaschmir.
1948	Ermordung Gandhis durch einen fanatischen Hindu.
1949	Waffenstillstand zwischen Indien und Pakistan im Kaschmirkonflikt durch Vermittlung der UNO.
	Indien wird Republik.
1951	Nehru gewinnt die ersten Wahlen; Amtszeit bis 1964.
1956	Neuordnung der Bundesstaaten (bis 1972) führt zu Unruhen.
1961	Einmarsch ind. Truppen in portugies. Besitzungen (Goa, Diu, Daman) beseitigt letzte Kolonien.
1962	Ind.-Chines. Krieg um strategisch wichtige Gebiete im Karakorum-Gebiet des Himalaja; Niederlage Indiens.
1965	Ausweitung des Kaschmirkonflikts zum Ind.-Pakistan. Krieg; 1972 Friedensabkommen von Simla.
1966	Vereidigung von Indira Gandhi als Premierministerin.
1971	Freundschaftsvertrag zwischen Indien und der UdSSR.
1974	Zündung der ersten ind. Atombombe in der Provinz Rajasthan; Pakistan erhöht seine Rüstungsausgaben.
1977	Rücktritt von Indira Gandhi nach Wahlniederlage; Moraji Desai, Führer der Janata-Partei, wird neuer Premier.
1980	Wahlerfolg bringt Indira Gandhi wieder an die Macht.
1984	Indira Gandhi wird von Sikh-Leibwächtern ermordet; ihr Sohn Rajiv Gandhi wird Premierminister und bleibt bis 1989 im Amt.
1990	Studentenunruhen in Neu-Delhi wegen geplanter Einführung von Kastenquoten für die Beschäftigung im öffentlichen Dienst.
1991	Rajiv Gandhi wird im südind. Tamil-Nadu von tamil. Rebellen ermordet. Nachfolger Chandra Shekar wird nach vier Monaten von Narasimha Rao als Ministerpräsident abgelöst.
1992	Religiöse Unruhen in Ayodhya; Zerstörung der Babri-Moschee.
1996	Wahlniederlage für Raos Kongresspartei; mit H. D. G. Deve Gowda wird der Führer der Janata-Partei Premierminister.
1997	Gowda-Nachfolger Kumar Gujral muss nach verlorener Vertrauensabstimmung als Premierminister zurücktreten
1998	Hindu-Partei BJP gewinnt die Parlamentswahlen; neuer Regierungschef wird Atal Behari Vajpayee.
	Indien führt fünf Atomtests durch; Pakistan folgt trotz weltweiter Proteste mit der gleichen Anzahl von Versuchen. 1999 erklärt Vajpayee den Verzicht auf einen atomaren Erstschlag.
1999	Bei vorgezogenen Parlamentswahlen erhält die BJP die absolute Mehrheit. Premierminister Vajpayee wird im Amt bestätigt.

Verfassung und erste Bundeswahlen: Nach dem Abzug der Briten trat die säkulare, demokratische Verfassung am 26.1.1950 in Kraft. Sie basierte auf dem Government of India Act von 1935 und erklärte I. zu einer parlamentarischen Bundesrepublik mit einem Zweikammersystem. I. blieb Mitglied im brit. Commonwealth, da es dem Land die Aufnahme internationaler Beziehungen erleichterte. Die ersten Wahlen nach dem Mehrheitswahlrecht folgten 1951/52; in den folgenden Jahrzehnten stellte die Kongresspartei die Regierung. Erster Ministerpräsident wurde Nehru (bis 1964). Die Kongresspartei gewann 364 von 399 Sitzen.

Regierung Nehru

Politischer Kurs: Nach Gandhis Tod übernahm sein langjähriger Weggefährte Nehru die politische Führungsrolle und baute die Regierung des unabhängigen I. auf. Sein wichtigstes Ziel war die Bekämpfung von Hunger und Armut. Nehru mahnte zur Trennung von Politik und Religion und setzte sich – wenn auch mit mäßigem Erfolg – für die Abschaffung des Kastenwesens ein.

Neuordnung: Nehru erarbeitete eine soziale und politische Neuordnung, die der Lebensweise und Sprachzugehörigkeit der Bevölkerungsgruppen der verschiedenen Kulturkreise Rechnung tragen sollte. Resultat war die Neuaufteilung in 13 Staaten und sechs Territorien. Dass er die Turban tragenden Sikhs im Punjab dabei außer Acht ließ, brachte ihm ihre Feindschaft ein. Ihr Guerillakampf für einen autonomen Sikhstaat steigerte sich zum Terrorismus. Die Provinz Kaschmir hingegen erhielt einen Sonderstatus. Neben Hindi wurde landesweit Englisch zur zweiten Amtssprache erhoben.

Innenpolitik: Nachdem I. 1947 mit Ostbengalen die Juteproduktion und mit dem westlichen Teil Punjabs die Kornkammer an Pakistan verloren hatte, musste Nehru zur Versorgung des Landes auch die Unterstützung von Großmächten wie der UdSSR und USA einbeziehen, bemühte sich aber um Wahrung der Unabhängigkeit. Die Entwicklung des Landes legte er in Fünfjahresplänen fest, die jedoch privaten Unternehmungen Spielraum lassen sollten. Nehru trieb die Industrialisierung des Landes voran. 1952 begann er ein Dorfentwicklungsprogramm (Landreformen), das die Dorf- und Familienstrukturen mit fortschrittlichen Produktionsmethoden in Einklang bringen sollte. Es entstand eine ind. Form des Sozialismus.

1955/56 verabschiedete er den sog. Hindu-Code, der die rechtliche Stellung der Hindu-Frauen verbesserte. Außerdem führte er die allgemeine Schulpflicht ein.

Außenpolitik: Nehrus Ziel war die Erhaltung des Friedens im asiat. Raum, durch die Einigung Asiens und das Bekenntnis zur Bündnislosigkeit. Er führte die sog. Bandung-Gruppe (ab 1955) an, Vorgängerin der Bewegung der Blockfreien (ab 1961). Auf Nehrus Initiative hin wurde 1950 auf Sri Lanka der »Colombo Plan for Cooperative Economic Development in South and South-East Asia« beschlossen, ein Rahmenplan zur technischen und wirtschaftlichen Entwicklung 16 ehemaliger europäischer Kolonien in Asien, der 1951 in Kraft trat. I. wurde damit zum Zentrum Asiens. Zum Ausbau der ind. Industrie bedurfte es bald der Hilfe aus den USA. Mit der Sowjetunion schloss I. 1953 ein Handelsabkommen, Verhandlungen über sowjet. Entwicklungshilfe folgten. Dennoch gab es Probleme in den Beziehungen zu China und der Sowjetunion: Die kommunistischen Mächte misstrauten I.s Streben nach friedlicher Koexistenz mit den Westmächten.

Territoriale Konflikte: Ende der 50er Jahre provozierte China durch die Besetzung Tibets Grenzkonflikte mit I. im Himalaja. I. focht den 1914 in der Konvention von Simla zwischen Tibet, China und Großbritannien beschlossenen Grenzverlauf als Ergebnis eines imperialistischen Aktes an. 1959 hatte I. dem Dalai-Lama Asyl gewährt, was den Konflikt noch verschärfte, der 1962 im Krieg zwischen I. und China schließlich eskalierte.

1961 besetzte I. die portugies. Kolonie Goa an der Westküste Vorderindiens. Ohne Gewalt vertrieb I. damit die letzte Kolonialmacht aus dem Subkontinent.

Trotz einer ersten Annäherung zwischen Pakistan und I. (Induswasservertrag 1960) kam es nach Nehrus Tod (1964) zum Krieg zwischen den beiden Staaten. Einen pakistan. Panzerangriff auf den einzigen Zugang I.s zu Kaschmir im Herbst 1965 beantwortete I. siegreich im Punjab. Auf der Konferenz von Taschkent 1966 wurde der Abzug der ind. Truppen aus Pakistan und eine Gewaltverzichtserklärung Pakistans vereinbart.

Der Kaschmir-Konflikt eskalierte 1965 zum Ind. Pakistan. Krieg. Die Provinz im Norden Indiens, deren Bevölkerung zu 70% aus Moslems besteht, wurde vom moslemischen Pakistan beansprucht. (Foto: Pakistan. Offiziere, die von ind. Soldaten in Kaschmir gefangen genommen wurden, im August 1965 auf dem Flughafen Neu-Delhi)

Die Ära unter Indira Gandhi

Tochter Nehrus: Nach Nehrus Tod 1964 führte zunächst Lal Bahadur Shastri den Kurs seines Vorgängers weiter. Als auch er starb, wählte die Kongresspartei 1966 Nehrus Tochter Indira Gandhi (1966–77, nicht verwandt mit »Mahatma« Gandhi) zur Ministerpräsidentin, die sich innen- wie außenpolitisch als starke Führerin in einem Land erwies, das mit zunehmenden separatistischen Bewegungen (Punjab und Bengalen), mit Dürre (1965) und mit den Folgekosten der Kriege gegen Pakistan und China zu kämpfen hatte. I.s riesige Bevölkerung war auf Nahrungsmittelhilfe angewiesen; der Staat benötigte finanzielle Unterstützung für Forschung und Technik aus den USA, bemühte sich jedoch gleichzeitig verstärkt um engere Beziehungen zur Sowjetunion (Freundschaftsvertrag 1971, Wirtschaftsabkommen 1973).

Westbengalen: Nach Auseinandersetzungen zwischen westbengal. Partisanen und Regierungstruppen seit 1967 kam es zur Abspaltung

Staatsoberhäupter Indiens

Reg.-Zeit	Name	Lebensdaten	Reg.-Zeit	Name	Lebensdaten
1950–62	Rajendra Prasad	1884–1963	1977–82	Neelam Sanjiva Reddy	*1913
1962–67	Sir Radhakrishnan	1888–1975	1982–87	Zail Singh	*1916
1967–69	Zakir Husain	1897–1969	1987–92	Ramaswamy Venkataraman	*1910
1969–74	Varahagiri Venkatagiri Giri	1894–1980	1992–97	Shankar Dayal Sharma	*1918
1974–77	Fakhruddin Ali Ahmed	1905–1977	seit 1997	Kocheril Raman Narayanan	*1920

Stichwort: Sikhs – Anhänger einer Reformsekte

Entstehung: Die Sikhs (»Schüler«) sind im 15. Jh. als Reformsekte aus dem Hinduismus hervorgegangen und wurden bis 1708 von einem Guru (»Lehrer«) angeführt, später von einem Master. Der Gründer der Sekte, Guru Nanak (1469 bis 1538), fand eine Synthese aus Hinduismus und Islam. Der Sikhismus entstand im Punjab. Der vierte Guru Ram Das (1574–1581) ließ 1577 den Goldenen Tempel von Amritsar erbauen, der zum religiösen Zentrum der Sikhs wurde.

Sikhismus: Im Sikhismus verbinden sich der islamische Monotheismus, der Glaube an die Gleichheit aller Menschen vor Gott sowie Weltbild, Theologie und Zeremonien aus der Hindu-Tradition. Grundlage des Sikhismus ist das von dem fünften Guru Arjan Mal auf Punjabi in Versen verfasste »Adi Granth« oder »Granth Sahib«, das als heiliges Buch verehrt wird und die überlieferten Glaubensregeln festhält. Zum Sikhismus können die Menschen bekehrt werden. Die Sikhs glauben an die Wiedergeburt, lehnen aber das Kastenwesen ab. Der Erlösung nähert sich der Gläubige durch die Hingabe an Gott und durch Meditation.

Anhänger: Äußerlich fallen die Männer durch ihren Turban auf; sie tragen ungeschnittenes Haupt- und Barthaar sowie Kamm, Dolch, kurze Kniebundhosen und einen eisernen Armreif. Seit der Militarisierung der Sikhs tragen die männlichen Gläubigen den Beinamen Singh (der Löwe).

Radikalisierung: Anfangs hoch geachtet, waren die Sikhs eine friedliebende Gemeinschaft. Als Reaktion auf die Verfolgung durch die Mogulkaiser im 17. Jh. und der Hinrichtung des neunten Guru Tagh Bahadur (1664–1675) bekam die Sikh-Sekte unter ihrem zehnten und letzten Guru Govind Singh (1666–1708, ermordet), der seinen Anhängern Waffengewalt zur Verteidigung der Bruderschaft predigte, ein militantes Gepräge. Die Sikhs kämpften gegen die Mogulherrscher und die Briten. Wegen ihrer kriegerischen Gesinnung stellen sie noch heute einen großen Anteil der Soldaten in der ind. Armee.

Separatistenbewegung: Die Reformbewegung im 20. Jh. und der wirtschaftliche Erfolg der Sikhs, von denen etwa die Hälfte allein im Punjab lebt, vertiefte die Kluft zu den Hindus. Mit der Teilung des Subkontinents in Pakistan und die Ind. Union fiel die Hälfte des Punjab an den Moslemstaat. Seit 1946/47 erhob die militante Gruppierung Akali Dal (Bund der Unsterblichen) die Forderung nach einem Staat der Sikhs, dem sog. Khalistan. Erster Höhepunkt in der Auseinandersetzung zwischen radikalen Sikhs und der ind. Regierung um Autonomie war die polizeiliche Stürmung des Goldenen Tempels in Amritsar 1984, in dem einige Sikh-Fundamentalisten Zuflucht gesucht hatten. Seitdem kosteten Terroranschläge extremistischer Sikhs mehrere tausend Menschenleben. (Foto oben: Sikhs vor dem Goldenen Tempel in Amritsar 1984; unten: Proteste gegen Indira Gandhi 1984)

Ostpakistans, das ab 1972 als Bangladesch unabhängig wurde.

Regierungskrise: Die Immigrantenwelle aus Bangladesch, die Ölkrise von 1973/74 und Dürre verursachten eine Wirtschaftskrise und soziale Unruhen. Religions- und Kastenkonflikte verschärften sich. Vorwürfe der Misswirtschaft und die brutale Niederschlagung des Eisenbahnerstreiks von 1975 schwächten die Kongresspartei. Ein Misstrauensvotum gegen Indira Gandhi im Unterhaus veranlasste die Ministerpräsidentin, 1975 den nationalen Notstand auszurufen. Sie löste das Parlament auf und ließ oppositionelle Politiker verhaften. Bei den Wahlen von 1977 kam das Oppositionsbündnis Janata-Partei an die Macht. Uneinigkeit zwischen den Koalitionspartnern begünstigte die Chancen für die Kongresspartei bei den vorgezogenen Wahlen 1980: Sie erlangte wieder eine Zweidrittelmehrheit auf Bundesebene, während ihr die nachfolgenden Regionalwahlen abermals starke Verluste einbrachten.

Separatisten: Die zweite Amtsperiode Indira Gandhis (1980–84) prägten – neben wirtschaftlichen und sozialen Problemen, der nationalen Erhebung in Assam und einer neuen linken Opposition – vor allem die Autonomiebestrebungen militanter Sikhs im Punjab. Die ind. Regierung schlug die Aufstände für einen selbstständigen Sikh-Staat mehrmals nieder. Die Auseinandersetzungen erreichten ihren Höhepunkt, als Regierungstruppen den Goldenen Tempel in Amritsar, das Volksheiligtum der Sikhs, in dem sich radikale Separatisten verschanzt hatten, gewaltsam stürmten. Aus Rache wurde Indira Gandhi im Oktober 1984 von zwei ihrer Leibwächter, die den Sikhs angehörten, ermordet.

Indien unter Rajiv Gandhi

Politischer Kurs: Noch am Mordtag wurde ihr Sohn Rajiv (1984–89) als Ministerpräsident vereidigt. Er setzte sich für eine »saubere« Politik ein und traf Abkommen mit den Separatisten in Assam, Mizoram, im Punjab, in Westbengalen und Tripura. 1987 forcierte er ein Abkommen zur Beendigung des Bürgerkriegs in Sri Lanka.

Wirtschaftspolitik: Vor allem aber nahm er die Liberalisierung der staatlich reglementierten Wirtschaft verstärkt in Angriff. Mit einem Team von Technokraten beseitigte der neue Ministerpräsident steuerliche und bürokratische Hemmnisse in den Binnenmarktstrukturen und steigerte u. a. mit Hilfe technischen Know-hows aus dem Ausland die

Produktivität der nationalen Wirtschaft. Der Grundstein für einen Boom in der Mikroelektronik- und Computerbranche wurde in dieser Zeit gelegt. Ziel der Politik war die Wettbewerbsfähigkeit innerhalb des dynamisch gewordenen asiat. Marktes. Durch die Deregulation machte die ind. Wirtschaft deutliche Fortschritte. Einnahmeausfälle und die Ölverteuerung durch den Golfkrieg 1990/91 sowie der Zusammenbruch des Handels mit den ehemaligen Ostblockstaaten brachte I. jedoch an den Rand der Zahlungsunfähigkeit und zwang das Land, beim Internationalen Währungsfonds (IWF) Kredite aufzunehmen.

Politische Skandale: Unter Rajiv Gandhi setzte die Talfahrt der Partei mit Korruptionsskandalen ein, allen voran der sog. Bofors-Skandal (1986), bei dem Gelder eines Waffengeschäfts mit dem gleichnamigen schwed. Konzern als Bestechungsgelder in Parteispitze und Regierung geflossen waren. Rajiv Gandhi enthob darauf einige Landesregierungen ihres Amtes. Dennoch führten die Querelen 1988 die Spaltung der Kongresspartei herbei.

Erneuerungsversuche

Reformer: Vishwanath Pratap Singh gründete die Volkspartei Janata-Dal. Sie verzeichnete bei den Wahlen vom November 1989 große Gewinne und übernahm als Teil des Oppositionsbündnisses von Nationaler Front, der national-hinduistischen BJP (Bharatiya Janata Party) und zwei kommunistischen Parteien die Regierungsgewalt. 1990 folgte Chandra Shekar Singh im Amt des Ministerpräsidenten. Die Koalition zerbrach jedoch rasch an den tiefen Interessenkonflikten zwischen den Partnern. Den Ausgang der Neuwahlen 1991 bestimmte die Sympathie für den kurz zuvor ermordeten Rajiv Gandhi zugunsten der Kongresspartei. Zum Ministerpräsidenten ernannte die Partei P. V. Narasimha Rao. Unter ihm wurden marktwirtschaftliche Reformen durchgeführt, er bekam jedoch die ethnischen Auseinandersetzungen in weiten Teilen des Landes nicht in den Griff.

Marktwirtschaftliche Öffnung: Rao nahm die wirtschaftliche Krise 1991 zum Anlass, die Beschränkungen für ausländische Investoren zu beseitigen und den Lizenzzwang für den Handel und die Währungswirtschaft zu lockern. Der Finanzsektor wurde allmählich geöffnet, das Steuersystem vereinfacht. Mit diesen Maßnahmen gelang es Rao, die ind. Mischwirtschaft zu einer Marktwirtschaft umzuformen. Tatsächlich beschleunigte sich darauf das Wirtschaftswachstum deutlich.

Stichwort: Kastenwesen

Das Kastensystem ist die den Hindus eigene Gesellschaftsordnung. Sie besteht aus hierarchisch angeordneten Kasten. Es wird zwischen den Kastengruppen varna und jati unterschieden. Die varna (»Farbe«, deutet auf die Hautfarbe als Kriterium bei der ursprünglichen Strukturierung der Kasten hin) gliedern sich durch sozialen Status in die Stände der Brahmanen (Priester), Kshatriya (Krieger), Vaishya (Händler) und Shudra (Bauern); jati (auch: Unterkaste) sind Kasten, denen die Hindus durch Geburt angehören. Davon gibt es über 3000 in Indien. In die jati gehen alle Berufsgruppen ein. Jatis ohne varna sind die sog. Paria, die Unberührbaren. Das Leben der Menschen wird durch die Rechte und Pflichten der Kaste vorgeschrieben, die Zugehörigkeit zu einer Kaste wird vom Verhalten im vorherigen Leben bestimmt. Hochzeiten oder Essen mit Angehörigen einer anderen Kaste sind streng tabu, sozialer Aufstieg aber durch Bildung möglich. Die Diskriminierung aufgrund der Kastenzugehörigkeit ist durch die Verfassung untersagt; doch trotz einiger Reformen ist das Kastenwesen immer noch Basis der ind. Gesellschaftsordnung.

Indira Ghandi, die Tochter und langjährige Mitarbeiterin von Jawaharlal Nehru, bestimmte 15 Jahre lang die Politik Indiens. Nach ihrem harten Durchgreifen gegen separatistische Sikhs wurde sie von Sikh-Leibwächtern ermordet. (Foto: Indira Gandhis Bestattungszeremonie im November 1984)

Rajiv Gandhi (2. v. r., mit Sonia Gandhi und dem Ehepaar Gorbatschow 1986) folgte seiner Mutter in das Präsidentenamt. Korruptionsskandale beschädigten jedoch sein Ansehen. 1991 fiel er einem Bombenattentat zum Opfer.

Innere Krisen

Attentat auf Rajiv Gandhi: Anfang der 90er Jahre verschärften sich die Religions- und Kastenkonflikte in I. Während eines Wahlkampfbesuchs in Südindien am 21.5.1991 fiel Rajiv Gandhi einem Bombenattentat der Terrorgruppe Liberation Tigers of Tamil Eelam zum Opfer.

Hinduistischer Fundamentalismus: 1992 kam es zu blutigen Zwischenfällen zwischen Hindus und Moslems: In Ayodhya stürmten hinduistische Fanatiker die Babri-Moschee, die ihrer Ansicht nach auf einer Kultstätte für den Gott Rama errichtet war. In Bombay (Mumbay) brachen 1993 Unruhen unter radikalen Hindus wegen der Umbenennung der Universität nach dem Kastenlosen-Führer Bhimrao R. Ambedkar aus. Dieselbe Reaktion provozierte 1994 die Einführung zusätzlicher Quoten für die Beschäftigung von Angehörigen niederer Kasten im öffentlichen Dienst und bei der Zulassung zum Studium. In Assam brach 1994 die Volksgruppe der Bodo, die einen unabhängigen Staat forderten, das 1993 mit der Regierung geschlossene Friedensabkommen. Es kam erneut zu Kämpfen mit den Moslems; in der Folge flüchteten viele Menschen aus dem Krisengebiet.

Kaschmirkonflikt

Der seit 1989 in Kaschmir herrschende Kampf verschiedener Guerilla-Gruppen gegen die Zugehörigkeit zu I. spitzte sich 1993 erneut zu, als in einer Welle der Gewalt führende Geistliche und Politiker der Region ermordet wurden. Das harte Durchgreifen der Regierung gegen die Rebellen kritisierten internationale Beobachter als Verletzung der Menschenrechte. Pakistan nutzte die Gelegenheit, Kräfte zu unterstützen, die den Anschluss an den Moslemstaat wollten – im Gegensatz zu solchen, welche die Autonomie Kaschmirs forderten. Darauf überwachte und ahndete eine nationale Menschenrechtskommission das Vorgehen der eigenen Soldaten gegen die Zivilbevölkerung im Krisengebiet. Im September 1996 wurden erstmals seit 1987 im ind. verwalteten Teil von Kaschmir (Bundesstaat Jammu und Kaschmir) wieder Landtagswahlen abgehalten. Damit gelang es der Zen-

Links: Die Spannungen zwischen Indien und Pakistan spitzten sich 1998 zu, als beide Staaten Atomtests durchführten. (Foto: Ind. Atomwaffenträger)

Rechts: Für Konflikte sorgten auch hinduistische Fundamentalisten, die sich ab 1992 blutige Auseinandersetzungen mit Moslems lieferten. (Foto: Unruhen vor der Moschee von Ayodhya, 1990)

tralregierung, die demokratische Ordnung in Kaschmir wieder herzustellen und die Region zu befrieden. Die Landesregierung führte die National Conference unter Faruq Abdullah an, die für die Autonomie Kaschmirs plädierte. Mit China schloss I. ein neues Grenzabkommen und nahm die Verhandlungen mit Pakistan wieder auf.

Niedergang der Kongresspartei

Talfahrt: Ende 1994 verschärfte sich die Wirtschaftskrise, und ein neuer Bestechungsskandal belastete die Partei schwer. Bei den Landtagswahlen 1994/95 wurde die Kongresspartei bereits in einigen Bundesländern abgelöst, bis sie bei den Parlamentswahlen 1996 hinter die nationalistische Hindu-Partei BJP und die neue regionalistische Links-Partei United Front zurückfiel.

Minderheitsregierungen: Nachdem die BJP unter Atal Behari Vajpayee keine Koalitionspartner finden konnte, wurde Dewe Gowda, der Kandidat der United Front, die aus 13 Parteien bestand, Ministerpräsident. Die Koalition war auf die Unterstützung der Kongresspartei angewiesen. Diese entzog ihr der Kongress-Führer Sitaram Kesri im März 1997. Gowdas Nachfolger wurde im April der frühere Außenminister Kumar Gujral. Seinen politischen Schwerpunkt setzte er in der Wirtschaft und dem Verhältnis zu Pakistan. Mit Staatspräsident Kocheril Raman Narayanan wählte das Abgeordnetengremium der Bundes- und Teilstaatenparlamente im Juli erstmals einen Unberührbaren (Paria) zum Oberhaupt des Landes. Bei den Parlamentswahlen 1998 gewann die nationalistische Hindu-Partei BJP 180 Sitze (von insgesamt 543 Sitzen) vor der Kongresspartei mit 141 Sitzen, die mit Sonia Gandhi, der Witwe Rajiv Gandhis, als Spitzenkandidatin antrat. Der Vorsitzende der BJP, Atal Behari Vajpayee, wurde Regierungschef einer Koalition aus 19 Parteien. Seine Politik stand im Zeichen der Bekämpfung sozialer Probleme und einer national orientierten Ökonomie. Im April 1999 brach auch diese Koalition auseinander, als die AIADMK, deren Vorsitzender sich wegen Korruption zu verantworten hatte, der BJP die Zusammenarbeit aufkündigte.

Hindu-Partei setzt sich durch: Die folgende Vertrauensabstimmung im Parlament veranlasste Vajpayee zum Rücktritt. Als sich die Parteien auf keine neue Regierung verständigen konnten, löste Staatspräsident Narayanan das Parlament auf und setzte für Herbst 1999 Neuwahlen an, die die BJP mit einer absoluten

Die Gestalter des modernen Indien

Mohandas Karamchand Gandhi, genannt Mahatma (* 2.10.1869 in Porbandar, † 30.1.1948 in Neu-Delhi, ermordet) leistete einen maßgeblichen Beitrag zur Unabhängigkeit Indiens. Getreu seinem Grundsatz, Gewalt nicht mit Gewalt, sondern mit der Wahrheit zu begegnen, organisierte er als Führer des INC ab 1920 den passiven Widerstand des ind. Volkes gegen die brit. Herrschaft mit den Mitteln des zivilen Ungehorsams und des Nicht-Kooperierens mit der Kolonialregierung. Zum Symbol für sein volkspädagogisches Bemühen, das die Inder zur Selbstversorgung erziehen sollte, wurde das Spinnrad. Später wurde es in die Nationalflagge aufgenommen.

Jawaharlal »Pandit« Nehru (* 14.11.1889 in Allahabad, † 27.5.1964 in Neu-Delhi), dessen Vater Motilal (1861–1931) sich schon für die Befreiung Indiens von der Kolonialmacht Großbritannien eingesetzt hatte, war ein Mitstreiter Gandhis und wurde erster Ministerpräsident des unabhängigen Indien. In dieser Funktion etablierte er eine demokratische Regierung in einem sozialistischen Staat; er setzte sich für die Integration der Kastenlosen und die Bekämpfung der Massenarmut ein. Außenpolitisch vertrat er eine Neutralitätspolitik, geleitet von der Maxime der friedlichen Koexistenz, und wurde in der Konferenz von Bandung zum Wortführer der Dritten Welt.

Indira Priyadarshini Gandhi (* 19.11.1917 in Allahabad; † 31.10.1984 in Neu-Delhi, ermordet), die Tochter Nehrus, erneuerte als Ministerpräsidentin (1966–77 und 1980–84) die sozialistische Ausrichtung des INC und versuchte u. a. durch Verstaatlichung der Banken die rückständige Wirtschaft zu beleben. Ihre Politik führte zweimal zur Spaltung des INC. Außenpolitisch setzte sie den Kurs der Blockfreiheit fort, verbesserte aber die Beziehungen zur UdSSR. Innenpolitisch ging sie mit aller Härte gegen politische Gegner sowie aufständische religiöse und ethnische Gruppierungen vor, was ihr scharfe Kritik und erbitterte Feinde einbrachte.

Rajiv Gandhi (* 29.8.1944 in Bombay, † 21.5.1991 bei Madras, ermordet) wurde nach dem Tod seines Bruders Sanjay (1980) in die Politik gedrängt und nach dem Tod seiner Mutter Indira 1984 zum Ministerpräsidenten gewählt. Durch Liberalisierung der Wirtschaft und Zulassung neuer Technologien belebte er die Konjunktur. Zu seinen politischen Erfolgen zählt das Abkommen (1987) zur Beendigung des Bürgerkriegs in Sri Lanka. Im Inneren bemühte er sich um den Ausgleich zwischen Hindus und Sikhs. Erfolglos bekämpfte er die Korruption in der Politik. Als er selbst in den Verdacht der Bestechlichkeit geriet (Bofors-Skandal 1989), musste er zurücktreten.

Sonia Gandhi (geb. Maino; * 9.12.1946 in Orbasso/Italien), die Witwe Rajiv Gandhis, baute zum Andenken an ihren Mann und die Nehru-Gandhi-Familie eine Stiftung auf. Erst 1997 trat sie in die Kongresspartei und damit in die Politik ein, vorrangig mit dem Ziel, die Aufklärung des Bofors-Bestechungsskandals voranzutreiben und ihren Mann rehabilitiert zu sehen. Als Repräsentantin der Politikerfamilie Gandhi engagierte sich Sonia 1998 im Wahlkampf für die abgewirtschaftete Kongresspartei, die daraufhin zunächst Zugewinne verzeichnete. Seither plädiert Sonia Gandhi als Parteichefin und Oppositionsführerin für die Erneuerung der Demokratie in Indien.

Links: Der Gegensatz von hoch entwickelter Technologie und bitterer Armut ist in Indien besonders deutlich. Etwa 52% der Bevölkerung leben unterhalb der Armutsgrenze, mangelnde Gesundheitsversorgung, Analphabetismus und Kinderarbeit gehören zu den zentralen Problemen. (Foto: Silicon County in Hyderabad, 2000)

Rechts: Im Maschinenbau sowie in der chemischen und elektronischen Industrie produziert Indien konkurrenzfähige Produkte. Auch in der Militär-, Energie- und Weltraumtechnik weist Indien Spitzenleistungen vor. (Foto: Software-Laden in Bangalore, 1996)

Mehrheit für sich entscheiden konnte. Vajpayee wurde wieder mit dem Amt des Ministerpräsidenten betraut, das er als erster Regierungschef in I. seit zehn Jahren hintereinander bekleidete. Die Kongresspartei unter Sonia Gandhi hingegen erreichte ihren Tiefstand seit der Unabhängigkeit I.s 1947.

Wettrüsten mit Pakistan

Rüstungspolitik: Trotz Verhandlungserfolgen in der Kaschmirfrage blieb das Verhältnis zwischen I. und Pakistan gespannt. Aus machtpolitischen Gründen lieferte sich I. mit Pakistan jahrzehntelang einen Rüstungswettlauf: Beide Länder unterzeichneten weder den Atomwaffensperrvertrag noch das Atomteststopp-Abkommen. Somit sind sie nicht zur Abrüstung verpflichtet und entziehen sich in der Atomfrage jeder internationalen Kontrolle.
Atomtests: Seinen ersten unterirdischen Atomversuch führte I. 1974 durch: Er löste im eigenen Land Begeisterung aus, erntete aber Kritik aus dem Ausland und gefährdete die Zuwendungen aus der Entwicklungshilfe. 1998 erreichte das Wettrüsten mit Pakistan seinen Höhepunkt: Im Mai zündete I. im Nordwesten des Landes unterirdisch fünf Atomsprengköpfe. Die UNO verurteilte die Atomtests, während I. die Versuche als Ausdruck politischer und militärischer Selbstständigkeit rechtfertigte. Die USA verhängten Wirtschaftssanktionen gegen I., die EU fror Entwicklungshilfen von etwa 1 Mrd Mark ein. Die Befürchtungen, dass die Versuche die Spannungen in Asien anheizen würden, bestätigten sich: Als Antwort auf die ind. Tests führte Pakistan Ende Mai ebenfalls Atomversuche durch. 1999 erklärte Ministerpräsident Vajpayee den Verzicht auf weitere Provokationen und auf einen nuklearen Erstschlag.

Die wichtigsten Parteien im 20. Jahrhundert

Name (Abkürzung)	*Politische Richtung*	*Gründung*
Indian National Congress (INC)	Sozialliberale	1885
Communist Party of India (CPI)	gemäßigte Kommunisten	1920
Communist Party of India Marxist (CPIM)	pro-chines. Marxisten	1964
Bharatiya Janata Party (BJP)	Hindu-Nationalisten	1979
Janata Dal (JD)	sozialistische Volkspartei	1988

Wirtschaft und Soziales

Aus der Agrarnation I. ist im Laufe des 20. Jh.s eine der führenden Industrienationen geworden. Die Wirtschaft steht seit den 90er Jahren im Zeichen verstärkter Liberalisierungsbemühungen. Sie sollen Investoren anziehen, die sich bisher wegen der instabilen politischen Situation zurückhielten. Die Bekämpfung von Armut, Arbeitslosigkeit, mangelhafter Gesundheitsversorgung, Analphabetismus und Kinderarbeit unter gefährlichen Bedingungen nimmt eine zentrale Stellung in der Regierungspolitik ein. I. ist immer noch ein Land der Massenarmut, die sich im Zentrum und im Osten des Landes konzentriert. Die günstige Entwicklung wurde von Exportrückgängen und dem Kursverfall infolge der Asienkrise 1997 sowie durch Zurücknahme von Investitionen aus dem Ausland infolge der Atomversuche in Mitleidenschaft gezogen. Am Ende des 20. Jh.s hatte I. mit gravierenden strukturellen wirtschaftlichen, sozialen und politischen Problemen sowie mit einer erheblichen Umweltbelastung durch Schwer- und Atomindustrie zu kämpfen. *C.B.*

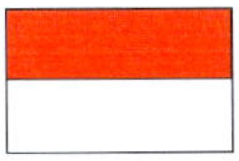

Indonesien

Republik Indonesien

Den Grundstock der indones. Bevölkerung bilden mongol.-kaukas. Völker, die vor Beginn unserer Zeitrechnung in mehreren Einwanderungswellen ins Land gekommen sind. In den ersten Jahrhunderten nach Christi Geburt übten die ind. Kultur und später im Gefolge arab. und pers. Kaufleute der Islam großen Einfluss aus. 1487 umfuhr der Portugiese Bartolomeo Diaz erstmals das Kap der Guten Hoffnung und fand damit den Seeweg nach Indien. In der Folge stießen die Europäer in den indones. Raum vor, um den bislang von Orientalen betriebenen Gewürzhandel zu übernehmen. Nach fast 100-jähriger portugies. Dominanz setzten sich um 1600 die Niederländer als Kolonialherren durch. Unter europäischer Herrschaft wurde I. den wirtschaftlichen Interessen der Invasoren untergeordnet.

Indonesien 2000	
Landesfläche	1,91 Mio km² (WR 15)
Einwohner	209,3 Mio (WR 4)
Hauptstadt	Jakarta (ca. 12 Mio Einwohner)
Sprachen	Indonesisch, Englisch, lokale Sprachen
Währung	1 Rupiah (Rp) = 100 Sen
Gliederung	27 Provinzen
Staatsform	Präsidiale Republik (seit 1945)
Religion	Moslems (87,2%); Christen (9,6%); Sonstige (3,2%)
Bevölkerung	Javanesen (39,4%); Sundanesen (15,8%); Malaien (12,1%); Maduresen (4,3%); Chinesen (3,0%); Sonstige (25,4%)

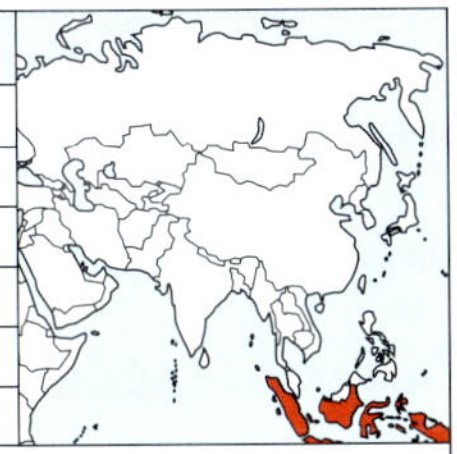

Indonesien im 20. Jahrhundert	
1908	Studenten gründen in Jakarta die nationalistische Widerstandsgruppe Budi Utomo (»Edles Streben«).
1912	Gründung der Vereinigungen Muhammadiyah (Islamische Reformbewegung) und Sarekat Dagang Islamiyah (Islamische Händlervereinigung), später Sarekat Islam.
1920	Gründung der ersten kommunistischen Partei Asiens, der PKI.
1927	Sukarno gründet Nationalpartei PNI
1941	Beginn der japan. Besetzung.
1942	Kapitulation der Niederländer.
1945	Kapitulation der Japaner. Ende der Kolonialherrschaft.
	Achmed Sukarno und Mohammed Hatta rufen die Unabhängigkeit aus.
	Sukarno wird erster Präsident von Indonesien.
1947/48	Niederländer erkämpfen sich in zwei »Polizeiaktionen« die Herrschaft über einen großen Teil Indonesiens. Sukarno wird gefangen genommen.
1949	UNO zwingt Niederlande zu Verzicht auf Indonesien. Das Land wird zu den »Vereinigten Staaten von Indonesien« mit Sukarno als Präsident.
1950	Indonesien wird zentralistischer Staat.
1957	Sukarno verkündet Konzeption der »Gelenkten Demokratie«.
1963	Beginn der Enteignung und Vertreibung von US-Bürgern.
1965	Austritt aus der UNO.
	Putschversuch beschleunigt den Machtwechsel.
1966	General Haji Mohammed Suharto wird Präsident.
	Rückkehr in die UNO.
1967	Abbruch diplomatischer Beziehungen mit der Volksrepublik China.
1997	Die Asienkrise stürzt Indonesien in ein wirtschaftliches Tief.
1998	Bacharuddin Jusuf Habibie wird Präsident.
1999	Neuwahlen: Abdurrahman Wahid wird Präsident.
	Osttimoresen stimmen für Unabhängigkeit.

Der Weg zur Unabhängigkeit

»Ethische Politik«: Zu Beginn des 20. Jh.s schwenkte die niederländ. Kolonialregierung unter dem Einfluss liberaler und humanistischer Politiker auf die sog. ethische Politik um. Durch die Entwicklung eines bescheidenen Bildungs- und Gesundheitssystems und verschiedener wirtschaftlicher Maßnahmen wurde die Lage der Bevölkerung leicht verbessert. Die schweren Hypotheken der vergangenen drei Jahrhunderte konnte die »ethische Politik« jedoch kaum vermindern.

Unabhängigkeitsbewegungen: Vielfach initiiert von jungen Intellektuellen, die an den neu eingerichteten Schulen ausgebildet worden waren, kamen im ganzen Land nationalistische Befreiungsbewegungen auf. Am 20.5.1908 schlossen sich Studenten einer medizinischen Fachschule in Jakarta zu der Vereinigung Budi Utomo (»Edles Streben«) zusammen. Diese verfolgte zunächst kulturelle Ziele. Gleichwohl kann das Datum als Beginn des konzertierten Widerstands gelten, weil die Bewegung, die sich schnell über ganz I. verbreitete, später einen nationalistisch-politischen Charakter annahm. Ihr Einfluss beschränkte sich allerdings auf die geistige Elite des Landes. Anders sah dies bei den 1912 gegründeten Vereinigungen Muhammadiyah (Islamische Reformbewegung) und Sarekat Dagang Islamiyah (Islamische Händlervereinigung) aus. Letztere entwickelte sich unter dem Namen Sarekat Islam zu einer Massenbewegung von 2,5 Mio Menschen, die Versammlungen in I. abhielt. Doch schon bald kam es zu Spannungen in der Bewegung. Sie zerfiel in islamische, nationalistische und kommunistisch-sozialistische Unabhängigkeitsbewegungen.

Parteigründungen: 1920 wurde die erste kommunistische Partei Asiens gegründet, die Partai Komunis Indonesia (PKI). Der Kommunismus wurde neben Islam und Nationalismus für Jahrzehnte zu einer bestimmenden geistigen Strömung des Landes. Allerdings erlitt die kommunistische Partei 1926 eine Niederlage, von der sie sich erst nach 1945 erholen konnte.

Stichwort: Vereinigte Ostindische Compagnie

Die Niederländer setzten sich um 1600 als Kolonialmacht durch. Unter den niederländ. Kaufleuten brach ein wahres Indonesienfieber aus. 1602 schlossen sich die konkurrierenden Unternehmer zu einer der ersten Aktiengesellschaften der Geschichte zusammen, der Vereinigten Ostind. Compagnie (VOC) mit Sitz in Batavia, heute Jakarta. Diese wurde von der Regierung mit dem Handelsmonopol und Privilegien ausgestattet, wie sie sonst nur einem Staat zukommen. So konnte die VOC Gouverneure, Verwaltungsbeamte und sogar Richter ernennen und eine eigene Armee ausheben. Die VOC zwang die Einheimischen zum verstärkten Anbau von landwirtschaftlichen Exportgütern (u. a. Gewürznelken, Muskatnüsse, Pfeffer). Diese Kolonialpolitik ruinierte langfristig das heimische Wirtschaftsgefüge und führte zu Hungersnöten und Krankheiten. Mit Macht und Reichtum der Gesellschaft wuchsen auch Misswirtschaft, Korruption und Betrügereien. Im 18. Jh. ging es mit der VOC kontinuierlich bergab. 1799 wurde sie aufgelöst und vom niederländ. Staat übernommen.

Die Partei hatte in Java und Westsumatra Streiks, Proteste und lokale Aufstände organisiert, die von den Kolonialherren – ungleich besser bewaffnet und organisiert als ihre Widersacher – ohne Mühe niedergeschlagen werden konnten. Die Rädelsführer wurden nach West-Neuguinea deportiert.

Sukarno und die Widerstandsbewegung: 1927 gründete Achmed Sukarno die Partai Nasional Indonesia (PNI). Diese gab der zerstrittenen antikolonialen Bewegung neuen Auftrieb. Der Erfolg Sukarnos beruhte einerseits auf seiner charismatischen Persönlichkeit. Andererseits verstand es der spätere Staatsgründer, Nationalismus, Islam und Kommunismus zu einer Bewegung zu vereinen. Nachfolgeorganisationen der 1931 aufgelösten PNI waren die radikalere Partai Indonesia und die gemäßigtere PNI-Baru, die Mitte der 30er Jahre auf Druck der Niederländer wiederum aufgelöst werden mussten. Deren Rolle übernahm 1937 die gemäßigte, zur Kooperation mit den Niederländern bereite »Indones. Volksbewegung«. In Ablehnung von derlei Konzessionen wurde 1939 die Einheitsfront GAPI gegründet, welche die Einführung eines parlamentarischen Systems und einer eigenen autonomen Regierung forderte. Die Kolonialregierung ging mit äußerster Härte gegen die Widerstandsbewegung vor, auch wenn sie sich während des Zweiten Weltkriegs von ihr verschiedentlich im Kampf gegen Deutschland und Japan unterstützen ließ. Sukarno wurde 1929 inhaftiert und bis 1942 mit kurzen Unterbrechungen in Gewahrsam gehalten.

Japanische Besetzung: Ende 1941 begannen die Japaner, die indones. Inseln zu besetzen. Ihr Interesse galt kriegswichtigen Rohstoffreserven und der Verbesserung ihrer strategischen Position. Von Stützpunkten auf den indones. Inseln wurden die austral. Städte Darwin und Broome bombardiert. Im März 1942 kapitulierten die Niederländer. Die fast 350-jährige Zeit ihrer Kolonialherrschaft war vorüber. Die meisten Indonesier begrüßten die Japaner als Befreier vom Joch der Europäer. Die Begeisterung verflog allerdings rasch, als die asiat. Nachbarn ein Schreckens- und Willkürregime aufbauten, die Nationalbewegung unterdrückten und das Land konsequent wirtschaftlich auszubeuten begannen. Die Herrschaft der Japaner endete mit ihrer Kapitulation am 15.8.1945.

Unabhängigkeit und Verfassung: Zwei Tage später riefen Sukarno und Mohammed Hatta die Unabhängigkeit I.s aus. An der Spitze der »Republik I.« stand Präsident Sukarno. Zugleich wurde eine Verfassung – erarbeitet schon in der Zeit der japan. Besetzung – in Kraft gesetzt, deren Kennzeichen eine starke Position des Präsidenten war. Basis der 1945 erlassenen (und 1959 nach neunjähriger Unterbrechung wieder in Kraft gesetzten) Verfassung ist das von dem Moslem Sukarno ausgegebene Pancasila-Staatsbekenntnis. Dieses definierte als Fünf-Säulen-Staatsphilosophie die Werte, die von den Angehörigen der verschiedenen Religionen I.s gemeinsam anerkannt werden sollten: den Glauben an den einen Gott, Menschenwürde, Nationalbewusstsein (Einheit I.s), Demokratie im Sinne des Konsenses der Volksvertreter nach allgemeiner Beratung und soziale Gerechtigkeit. Oberstes Staatsorgan ist der Beratende Volkskongress (Majelis Permusyawaratan Rakyat/MPR), dem die Parlamentsabgeordneten sowie weitere Vertreter der Regionen, politischer Organisationen und anderer Gruppen angehören, die ebenfalls alle fünf Jahre gewählt werden. Der Volkskongress wählt den Präsidenten und den Vizepräsidenten, be-

Nach der Auflösung der Vereinigten Ostind. Compagnie 1799 übernahm der niederländ. Staat deren Besitzungen in Indonesien. Bis zum erzwungenen Verzicht auf den Inselstaat 1949 übte ein Generalgouverneur die Herrschaft über Niederländ.-Indien aus. (Foto: Generalgouverneur Tjarda van Starkenborgh Stachouwer, r., und Vizeadmiral C. Helfrich, 1942)

stimmt über die Verfassung und legt die Grundlinien der Politik fest. Das Parlament (Dewan Perwakilan Rakyat/DPR) ist zusammen mit dem Präsidenten das Legislativorgan. Die Kompetenzen des DPR sind sehr beschränkt, der Präsident hat gegen dessen Gesetzesbeschlüsse das absolute Vetorecht. Die Mitglieder werden in der Mehrzahl alle fünf Jahre vom Volk gewählt, Militärvertreter beruft der Präsident. Dieser dominiert also auch die Legislative. Gleichzeitig ist er Staatsoberhaupt, Regierungschef und Oberbefehlshaber der Streitkräfte. Für fünf Jahre gewählt, verfügt der Präsident darüber hinaus über ein umfangreiches Notverordnungsrecht. Sein Beratungsorgan ist der Oberste Beratende Rat (Dewan Pertimbangan Agung/DPA), dessen Mitglieder er selbst beruft.

Achmed Sukarno, ein ehemaliger Befreiungskämpfer, war der erste Staatspräsident Indonesiens. Er proklamierte 1945 die Republik Indonesien, die jedoch erst 1949 nach erbitterten Kämpfen gegen die niederländ. Kolonialmacht die Souveränität erlangte. (Foto: Sukarno, l., 1949 mit Hadji Agus Salin)

Sukarnos Alleinherrschaft

Kampf um den Staatserhalt: Die ersten Jahre der Souveränität standen im Zeichen des existenziellen Kampfes gegen die alten Kolonialherren und den Zerfall des jungen Staates. Im Gefolge brit. Truppen wieder ins Land gekommen, übernahmen die Niederländer in verschiedenen wichtigen Städten erneut die Kontrolle. Im Juli 1947 und Dezember 1948 erkämpften sie sich in zwei »Polizeiaktionen« die Herrschaft über weite Teile des Landes. Hierbei wurden auch Sukarno und Hatta gefangen genommen und deportiert. Einige Landesteile – oft von Niederländern angestiftet und unterstützt – versuchten, sich aus dem Staat auszugliedern, Kommunisten riefen in Ostjava 1948 die Sowjetrepublik Indonesien aus, Militärrevolten führten zu jahrelangen blutigen Auseinandersetzungen. Erst ein Beschluss der UNO (Konferenz in Den Haag, 23.8.– 2.11.1949) beendete den blutigen Guerilla-Krieg gegen die Niederländer und konnte diese dazu bewegen, ihre Souveränitätsrechte bedingungslos und unwiderruflich an I. zu übergeben. Sukarno wurde Präsident der 16 »Vereinigten Staaten von I.«. Die Verfassung von 1945 blieb gültig. Der Staatenbund wurde schon 1950 aufgelöst und in die zentralistische »Republik I.« überführt. Mit der Proklamation des Einheitsstaates trat eine neue Verfassung in Kraft. Diese orientierte sich an westlichen Vorbildern und wies dem Präsidenten eine lediglich repräsentative Rolle zu. In den folgenden Jahren wechselten die Regierungen schnell, die von verschiedenen Parteien und Koalitionen gebildet wurden, unter denen die PKI zur stärksten Partei des Landes heranwuchs. Keine der Parteien konnten jedoch eine ausreichende Mehrheit gewinnen; die ideologischen Gräben wurden unüberbrückbar. Es kam zu Militärputschen und separatistischen Erhebungen. Politische Instabilität und wachsende wirtschaftliche Probleme ließen die von der Unabhängigkeit enttäuschte Bevölkerung immer unzufriedener werden.

»Gelenkte Demokratie«: 1957 verkündete Präsident Sukarno in Abstimmung mit den Oberkommandierenden der Streitkräfte seine Konzeption der »Gelenkten Demokratie«. Ziel war es, den Parteienzwist im eigenen Sinne zu beenden und ein großes Maß an legislativen und exekutiven Vollmachten auf den Präsidenten zu vereinigen. Aus seiner Sicht konnte die Verfassung von 1950 mit ihrem an westlichen Demokratien orientierten parlamentarischen

Staatsoberhäupter Indonesiens

Reg.-Zeit	*Name*	*Lebensdaten*
1945–66	Achmed Sukarno	1901–1970
1966–98	Hadji Mohammed Suharto	*1921
1998/99	Bacharuddin Jusuf Habibie	*1936
seit 1999	Abdurrahman Wahid	*1940

Die wichtigsten Parteien

Name (Abkürzung)	*Politische Richtung*	*Gründung*
Partai Komunis Indonesia (PKI)	Kommunisten	1920
Partai Nasional Indonesia (PNI)	Nationalisten	1927
Golongan Karya (GOLKAR)	k. A.	1968
Partai Demokrasi Indonesia (PDI) [1]	nationalistisch-christlich orientierte Demokraten	1973
Partai Persatuan Pembangunan (PPP) (Vereinigte Entwicklungspartei)	islamisch orientiert	1973
Partai Kebangkitan Bangsa (PKB)	islamische Nationalisten	1998

1) Seit 1999 Partai Demokrasi Indonesia Perjuangan (PDI-P)

Stichwort: Osttimor-Konflikt

Die kolonialen Auseinandersetzungen zwischen Portugal und den Niederlanden führten im 17. Jh. zur Teilung der Insel Timor: Den Portugiesen wurde Osttimor, den Niederländern Westtimor zugesprochen. Nach der Proklamation der Unabhängigkeit Indonesiens 1945 blieb Osttimor portugies. Kolonie. Erst nach dem Sturz der Diktatur (»Nelkenrevolution«) entließ Portugal seine überseeischen Kolonien in die Unabhängigkeit.

Als Portugal sich 1975 schrittweise aus Osttimor zurückzog, brach ein Bürgerkrieg aus. Die wichtigsten politischen Gruppierungen waren die für eine schrittweise Einführung der Autonomie eintretende UDT und die linke FRETILIN, welche die sofortige Unabhängigkeit forderte. Letzterer gelang es, die Macht an sich zu reißen. Im Oktober 1975 wurde die Unabhängigkeit ausgerufen.

Präsident Suharto wollte ein autonomes und sozialistisches Osttimor nicht dulden und unterstützte die UDT, die – in MAC umbenannt – auf proindones. Kurs umschwenkte. MAC startete eine Offensive, die indones. Kriegsschiffe unterstützten. Ende 1975 wurde Dili unter aktiver Beteiligung des indones. Militärs eingenommen und FRETILIN in die Guerilla verdrängt. Im Januar 1976 vereinbarten die neue »provisorische Regierung« und der indones. Außenminister den Anschluss Osttimors als 27. Provinz Indonesiens. Die UNO erkannte jedoch die Herrschaft Indonesiens in Osttimor nicht an.

Es folgte ein blutiger Krieg gegen die Befreiungsbewegung. Innerhalb von 18 Monaten wurden etwa 80 000 Menschen erschossen oder zu Tode gefoltert, 200 000 Osttimoresen hielt die indones. Regierung unter unmenschlichen Bedingungen in Lagern fest. 1977 begann die indones. Luftwaffe, Rebellendörfer sowie Felder und Ernten zu zerstören. Der gesamte Warenaustausch mit dem Ausland wurde unterbunden, Hilfstransporte nicht ins Land gelassen. Tausende starben an Hunger und Seuchen. Internationale Menschenrechtsorganisationen warfen der Regierung Jakarta Genozid vor. Am 12.11. richteten Soldaten in Dili ein Blutbad an, schossen auf wehrlose Demonstranten und töteten dem Bericht einer Untersuchungskommission des austral. Parlaments zufolge 279 Menschen. Ein Jahr später wurde der Führer des Widerstands, Xanana Gusmao, aufgespürt und in einem Schauprozess zu 20 Jahren Gefängnis verurteilt. 1996 erhielt die Widerstandsbewegung moralische Unterstützung, als zwei ihrer Protagonisten, Bischof Carlos Felipe Ximénes Belo und der im Exil lebende Bürgerrechtler José Ramos Hora, mit dem Friedensnobelpreis ausgezeichnet wurden.

Ab August 1998 verhandelte die indones. Regierung über den künftigen Status Osttimors. Die erklärte Absicht, die Provinz in die Unabhängigkeit zu entlassen, wurde auf verschiedenen Wegen immer wieder hintertrieben. Schließlich einigten sich die Verhandlungspartner auf ein Abkommen, das eine Volksabstimmung vorsah. Ende August 1999 sprachen sich 78,5% der Osttimoresen für die Unabhängigkeit von Indonesien aus. Nach Veröffentlichung des Ergebnisses begannen proindones. Milizen eine Welle der Gewalt. Der Großteil der mehr als 800 000 Einwohner floh in die Berge oder in den Westteil der Insel. Eine internationale Friedenstruppe stellte die Ordnung wieder her. Es wurde eine UN-Verwaltung eingerichtet mit dem Ziel, die Flüchtlinge zur Rückkehr zu ermutigen und das Land in die vollständige Unabhängigkeit zu führen. (Foto: Friedensnobelpreisträger Bischof Carlos Felipe Ximénes Belo in Dili)

System den indones. Anforderungen nicht gerecht werden. Am 5.7.1959 setzte Sukarno die Verfassung von 1945 per Dekret wieder in Kraft. Die Macht der Parteien wurde eingeschränkt, und der Volkskongress hatte nur de jure das Sagen. In der Praxis gaben die MPR-Abgeordneten Sukarno allenfalls grobe Leitlinien vor. Ungeniert und massiv übertrat der Präsident seine ohnehin schon weitreichenden Rechte. Dabei setzte Sukarno auf eine von den Kommunisten, islamischen Kreisen und Nationalisten gebildete Volksfront. Spannungen mit dem konservativen Militär waren die Folge. Gleichwohl gelang es ihm zunächst, seine Macht gemäß dem Konzept Nasakom (Nationalismus, Religion und Kommunismus) durch die Balance zwischen Militär, Islam und KPI zu sichern. Der neue Kurs stieß in der Bevölkerung auf Missfallen, zumal er mit dilettantischen wirtschaftsdirigistischen Maßnahmen verbunden war, die zu einem weiteren ökonomischen Niedergang führten. Zwischen 1958 und 1965 stieg der Lebenshaltungskostenindex in Jakarta von 100 auf 36 347 Punkte. Innenpolitisch war Sukarno mit Aufständen konfrontiert; außenpolitisch profilierte er sich in der Bewegung der Blockfreien. Zugleich suchte er die Nähe von China und der UdSSR. Die USA wurde immer konsequenter abgelehnt: 1963–65 enteignete und vertrieb I. die im Land lebenden US-Bürger. Einen Konflikt mit Malaysia nahm Sukarno 1965 zum Anlass, aus der UNO auszutreten.

Putschversuch: Mitte der 60er Jahre war das Land außenpolitisch isoliert und innenpolitsch am Ende. Die Spannungen zwischen Militär, islamischen Gruppen und Kommunisten nahmen bedrohlich an Schärfe zu, die Wirtschaft befand sich auf beispielloser Talfahrt. Es wurde offensichtlich, dass Sukarno I. in eine Sackgasse manövriert hatte und das Nasakom-Konzept durch neue Prinzipien ersetzt werden musste. Vor diesem Hintergrund begann im September 1965 der Aufstieg des Sukarno-Nachfolgers Suharto, als Kommunisten und linksgerichtete Militärs aktiv wurden, angeblich um einem bevorstehenden Staatsstreich konservativer Militärs zuvorzukommen. Hierbei wurden fünf Armeegeneräle erschossen; Armee und PKI warfen sich gegenseitig Umsturzversuche vor. General Suharto gelang es, die »Bewegung 30. September« innerhalb eines Tages ohne große Mühe unter Kontrolle zu bringen. Der erklärte Hauptfeind des neuen starken Mannes waren die Kommunisten. In den folgenden Monaten wurde die PKI zerschlagen, mehrere hunderttausend Menschen kamen dabei ums Leben.

Präsident Suhartos Neue Ordnung

Antikommunistischer Kurs: Anfang 1966 ging die Ära Sukarno endgültig zu Ende. Zahlreiche Großdemonstrationen gegen den Politiker zeigten die Unzufriedenheit der Bevölkerung. Schließlich konnte die militärische Führung erzwingen, dass Sukarno zahlreiche Machtbefugnisse an General Haji Mohammed Suharto abtreten musste, 15 Minister wurden verhaftet. Im März 1966 übernahm Suharto die Regierungsgewalt (provisorische Präsidentschaft), 1968 wurde er zum regulären Präsidenten der Republik I. gewählt. Machtbasis war das Militär, das in Politik, Verwaltung und Wirtschaft fest verankert wurde. Der neue Präsident regierte nach der »Neuen Ordnung«, einer Politik, die mit der seines Vorgängers radikal brach: Der neue Kurs war antikommunistisch. Die Gegnerschaft zu Malaysia wurde 1966 beendet, der Zusammenschluss von südostasiat. Staaten zum Wirtschaftsbündnis ASEAN maßgeblich mit initiiert. Bereits am 28.9.1966 kehrte Indonesien in die UNO zurück. 1967 brach I. die diplomatischen Beziehungen zur Volksrepublik China ab. Auch wirtschaftlich wurde eine Annäherung an die westlichen Industrienationen versucht. Die Entwicklung der desolaten Wirtschaft galt als oberstes Ziel. In der Tat konnte die Regierung Suharto auf ökonomischem und infrastrukturellem Gebiet deutliche Erfolge verbuchen. Zudem führte sie zu erholsamen Jahren relativer innenpolitischer Stabilität.

Autoritäre Führung: Suharto unterdrückte wie sein Vorgänger jegliche Opposition. 1969 wurde Irian Jaya in einer umstrittenen Wahl formell in den Staat eingegliedert. Dies führte zu blutigen Auseinandersetzungen mit der Unabhängigkeitsbewegung Organisation Freies Papua (OPM). 1976 folgte die von der UNO nicht anerkannte Annexion der einstigen portugies. Kolonie Osttimor als 27. Provinz Timur Timur, die noch folgenreicher werden sollte.

Asienkrise: Der kontinuierliche wirtschaftliche Aufschwung des Landes seit Beginn der 70er Jahre wurde im Sommer 1997 durch die Wirtschafts- und Finanzkrise der bis dahin wirtschaftlich boomenden ost- und südostasiat. Industriestaaten abrupt beendet, die sich in I. noch verheerender auswirkte als in den Nachbarländern. 1997 und 1998 verfiel die Währung, Firmen brachen zusammen, die Güter des täglichen Bedarfs wurden zum Teil drastisch teurer (Inflation 1998: 77,6%) und die Arbeitslosigkeit stieg vehement. Die Wut über die Misswirtschaft des Suharto-Clans und die weit verbreitete Korruption führte zu einer breiten Protestbewegung, deren zentrale Forderungen der Rücktritt des Präsidenten und mehr Demokratie waren. Die Regierung versuchte, die Unruhen mit Gewalt zu unterdrücken und trug damit wesentlich zur Eskalation bei. Bei Ausschreitungen in Jakarta eröffneten Sicherheitskräfte mehrfach das Feuer auf Demonstranten. Mehr als 1000 Indonesier kamen dabei ums Leben. Im Mai 1998 trat Suharto als Präsident zurück.

Indonesiens Staatsgründer und sein Nachfolger

Achmed Sukarno (*6.6.1901 in Surabaja, †21.6.1970 in Jakarta) war Indonesiens Mann der ersten Stunde. In den 20er Jahren einte und forcierte der charismatische Politiker die in sich zerstrittene Widerstandsbewegung. Am 17.8.1945 rief er die Unabhängigkeit Indonesiens aus und wurde erster Staatspräsident der Republik (bis 1966). Sukarno führte das Land mit diktatorischer Macht außenpolitisch in die Isolation und innenpolitisch ins Chaos.

Haji Mohammed Suharto (*8.6.1921 in Kemusu) führte Indonesien nach starker Ausrichtung an der UdSSR und der VR China wieder an die westliche Welt heran, ohne das Land jedoch zu einem Rechtsstaat im westlichen Sinne zu machen. Schwerpunkt seiner Politik war die Entwicklung der Wirtschaft. Die Asienkrise 1997 führte in Verbindung mit der wachsenden Unzufriedenheit über die Vetternwirtschaft des Präsidenten 1998 zu seinem Rücktritt.

Die Studentenproteste in Jakarta im November 1998 (Foto) richteten sich gegen Suhartos Nachfolger und politisches Ziehkind Bacharuddin Jusuf Habibie. Die Präsidentschaft Suhartos war bis zum Ausbruch der asiat. Finanzkrise im Sommer 1997 von relativer innenpolitischer Stabilität gekennzeichnet. Die Wirtschaftskrise löste eine Protestbewegung gegen die weit verbreitete Korruption in der Regierung aus. Es kam zu Ausschreitungen zwischen Demonstranten und Sicherheitskräften. Dabei starben mehr als 1000 Indonesier.

Habibie und Wahid

Habibies Präsidentschaft: Suhartos Nachfolger wurde Bacharuddin Jusuf Habibie, der für 1999 Neuwahlen ankündigte. Viele Deutsche begrüßten die Wahl Habibies, der lange in Deutschland lebte. In den 50er Jahren studierte er in Aachen Maschinenbau mit Schwerpunkt Flugzeugbau und arbeitete schließlich als Abteilungsleiter beim Rüstungskonzern Messerschmitt-Bölkow-Blohm (MBB) in Stade. Habibie, der 1974 in seine Heimat zurückkehrte, wurden ausgezeichnete Kontakte zu deutschen Industriellen und Politikern nachgesagt. Experten des Landes sahen jedoch seine Präsidentschaft skeptisch. Habibie war Suhartos politisches Ziehkind und mit dem Clan des zurückgetretenen Präsidenten eng verbunden. Vor diesem Hintergrund traute man ihm kein wirkungsvolles Engagement gegen Vetternwirtschaft und Korruption und für mehr Demokratie zu. Vielen galt er als unseriöser Ämter- und Titelsammler mit Hang zu unausgereiften, Milliarden verschlingenden Prestigeprojekten. Sein Lieblingsprojekt waren die Flugzeugwerke ITPN in Bandung, in denen ab 2002 eigene Düsenflugzeuge gefertigt werden sollten. Der Internationale Währungsfonds hat inzwischen gefordert, dass dieses chancenlose Unternehmen weiterhin mit öffentlichen Geldern unterstützt wird.

Wahid als Kompromisskandidat: Aus der Wahl vom Juni 1999 ging überraschenderweise Abdurrahman Wahid als neuer Präsident hervor. Der islamische Geistliche galt im Inland als moderater Politiker und respektierte Integrationsfigur. Seine Partei, die PKB, lag mit 11% zwar deutlich hinter der führenden PDI-P, die mit ihrer beliebten Spitzenkandidatin Megawati Sukarnoputri, Tochter des Staatsgründers, 33% der Stimmen auf sich vereinigen konnte, und hinter Habibies Golkar-Partei (22%). Aber es gelang den stärksten Parteien nicht, genügend Koalitionspartner an sich zu binden. Vor dieser Kulisse konnte sich Wahid als Kompromisskandidat profilieren. Wahids Machtbasis ist eine religiöse: Seit 1984 ist er Vorsitzender der Nahdlatul Ulama (NU), der größten moslemischen Vereinigung des Landes mit etwa 35 Mio Anhängern. Sein Großvater war Gründer der NU. Wahid bekennt sich zu Freihandel und Privatwirtschaft, will die Korruption ausrotten, den Provinzen mehr wirtschaftliche Autonomie geben und strebt eine unabhängige Rechtsprechung an. In der Erhaltung der Einheit des Landes und

Links: Die PDI-P mit der Spitzenkandidatin Megawati Sukarnoputri (Foto: Wahlkampf im Mai 1999) erhielt bei der Wahl im Juni 1999 zwar mit 33% die meisten Stimmen, konnte aber keine Koalitionspartner finden.

Rechts: Als Kompromisskandidat wurde 1999 der islamische Geistliche Abdurraham Wahid von der PKB (Foto: Wahlkampfplakat) neuer Staatspräsident Indonesiens.

der Gesundung der Wirtschaft sieht er seine dringlichsten Aufgaben. Auf der anderen Seite gilt er bei ausländischen Beobachtern als schwer einschätzbar und sprunghaft. Zudem ist seine Gesundheit problematisch: Wahid ist nach einem Schlaganfall fast blind. Bei seinem Ausscheiden aus dem Amt würde automatisch Vizepräsidentin Megawati nachrücken.

Wirtschaftsaufschwung: Im ersten Halbjahr 1999 begann sich die Talfahrt der indones. Wirtschaft nicht nur abzuflachen, sondern zum Besseren zu wenden. Der Außenwert der Rupiah stabilisierte sich, die Inflation kam zeitweise zum Stillstand, der Börsenindex schoss nach oben. Das BIP lag im ersten Quartal 1999 1,34% über dem des letzten Vierteljahres von 1998. Auch sahen Unternehmen verschiedener Branchen eine Belebung der Binnennachfrage. Gleichwohl kann die Wirtschaft nur gesunden, wenn schwerwiegende strukturelle Hindernisse ausgeräumt werden. Dazu zählen vor allem das marode Bankensystem, die hohe Auslandsverschuldung und die vielen insolventen Unternehmen.

Innenpolitische Probleme: Innenpolitisch bleibt die Lage von gravierenden Problemen gekennzeichnet. So scheinen sich nach der Entlassung Osttimors die Autonomiebestrebungen der Provinzen Aceh und West Irian zuzuspitzen. Zentrale Aufgabe des neuen Präsidenten ist die Beantwortung der nationalen Frage, die die Möglichkeit einer föderalen Republik einschließt. Weiterhin muss eine Neuorganisation des Staates angepackt werden. Die Kriminalität steigt bedrohlich, die Polizei ist unterbezahlt und für Bestechungen anfällig. Eine Neuorientiertung des Rechtswesens hebt der Präsident als eine der dringlichsten Aufgaben hervor. Dies geschieht alles vor dem Hintergrund wachsender ethnisch-religiöser Auseinandersetzungen, die nach der Zeit der Unterdrückung durch das Suharto-Regime etwa auf verschiedenen Molukken-Inseln und in der Provinz Westkalimantan (Borneo) hervorgebrochen sind. Die Konflikte sind in traditionellen Feindschaften begründet oder in der staatlichen Umsiedlungspolitik, die viele Bewohner der übervölkerten Inseln Java und Sumatra auf weniger bevölkerte Inseln geführt hat. Nach Einschätzung von Regierungskritikern werden die Konflikte auch zum Teil vom Militär geschürt, um die eigene Existenz zu rechtfertigen. *J. F*

Wirtschaftsaufschwung: Im ersten Halbjahr 1999 begann für Indonesien eine neue Phase des wirtschaftlichen Aufschwungs, der sich u. a. in den Geschäftsvierteln der Großstädte bemerkbar macht. (Foto: Jalan Tamrin in Jakarta)

Sezessionsbewegungen im Vielvölkerstaat Indonesien

Viele der aktuellen Probleme Indonesiens sind in der ethnisch-kulturellen Vielfalt des Landes begründet. Es sind mehr als 360 Ethnien in Indonesien bekannt. Das Völkergemisch reicht von steinzeitlichen Jägern, Sammlern und Brandrodungsbauern bis zur modernen städtischen Elite. Ausdruck der ethnischen Heterogenität sind höchst unterschiedliche gesellschaftliche Traditionen und mehr als 250 Regionalsprachen. Hinzu kommen chines., arab., ind. und indoeuropäische Einwanderer, die etwa 3% der Bevölkerung ausmachen. Versuche, die Überbevölkerung Javas durch staatliche Umsiedlungsmaßnahmen etwa auf die Inseln Sumatra, Kalimantan und Sulawesi zu mildern, scheiterten bislang. Sie führten durch die schroffen kulturellen und religiösen Unterschiede zwischen den Einwanderern und der Urbevölkerung sogar zu folgenreichen Konflikten. Darüber hinaus stand der staatlichen Umsiedlung eine umfangreiche informelle Binnenwanderung zu den javan. Großstädten gegenüber. (Foto: Die Moschee Istiqlal in Jakarta, die größte der Welt, bietet mehr als 10 000 Gläubigen Raum)

Irak 2000	
Landesfläche	438 317 km² (WR 57)
Einwohner	22,5 Mio (WR 43)
Hauptstadt	Bagdad (4,89 Mio Einwohner)
Sprachen	Arabisch, Kurdisch, Türkisch, Kaukasisch, Persisch
Währung	1 Irak-Dinar (ID) = 1000 Fils
Gliederung	18 Gouvernate
Staatsform	Präsidiale Republik (seit 1968)
Religion	Moslems (95,5%): Schiiten (61,5%), Sunniten (34%); Christen (3,7%); Sonstige (0,8%)
Bevölkerung	Araber (77,1%); Kurden (19%); Sonstige (3,9%)

Der Irak im 20. Jahrhundert	
1915–17	Eroberung durch Großbritannien.
1920	Der Völkerbund erteilt Großbritannien das Mandat über den Irak.
1921	Faisal I. wird zum König ernannt.
1924	Verfassunggebende Versammlung erklärt den Irak zu einem souveränen Staat mit erblicher Monarchie.
1930	Vertrag von Bagdad: Neuregelung des Mandatsverhältnisses.
1932	Mit dem Beitritt des Irak zum Völkerbund endet das brit. Mandat.
1939–45	Im Zweiten Weltkrieg kämpft der Irak auf der Seite Großbritanniens.
1945	Beitritt zur Arab. Liga; Unterzeichnung der UN-Charta.
1948/49	Krieg gegen Israel gemeinsam mit anderen arab. Staaten.
1955	Bagdad-Pakt mit der Tükei, dem auch Großbritannien beitritt.
1958	Zusammenschluss mit Jordanien zur Arab. Föderation; 14.7.: Sturz der Monarchie durch eine nationalistische Revolution und Auflösung der Arab. Föderation.
1959	Austritt aus dem Bagdad-Pakt.
1962	Ausbruch eines Kurdenaufstandes im Nordirak.
1963	Militärputsch.
1967	Teilnahme am »Sechstagekrieg« (3. Israel.-Arab. Krieg).
1968	Staatsstreich der nationalistisch-sozialistischen Baath-Partei; Ahmad Hassan al-Bakr kommt an die Macht.
1970	Inkrafttreten der »Provisorischen Verfassung«; Vertrag mit den Kurden über eine Autonomie.
1971	Abbruch der diplomat. Beziehungen zu Großbritannien und zum Iran.
1972	Nationalisierung der »Iraq Petroleum Company«.
1973	Zusammenschluss der KP mit der Baath-Partei.
	Teilnahme am 4. Israel.-Arab. Krieg.
1974	Inkrafttreten eines Autonomiestatuts für die Kurden.
1975	Schatt-el Arab-Abkommen zwischen dem Irak und dem Iran: Grenzregelung zwischen beiden Staaten.
1979	General Saddam Hussein wird Regierungschef.
1980–88	Erster Golfkrieg (Irak.-Iran. Krieg).
1988	Durch UN-Truppen kontrollierter Frieden mit dem Iran.
1990	Anerkennung der Grenze zum Iran in der Mitte des Schatt-el Arab.
	2.8.: Besetzung Kuwaits durch irak. Truppen.
1991	Januar: Zweiter Golfkrieg (nach Ablauf eines UN-Ultimatums befreit eine Streitmacht im Auftrag der UNO Kuwait).
	Ende Februar: Kapitulation des Irak (Folge: UN-Waffenkontrollen).
1994	Mai: Präsident Saddam Hussein wird auch Ministerpräsident.
1999	Luftangriffe der Alliierten (USA und Großbritannien) auf den Irak wegen irak. Unterbindung der Waffenkontrollen.

Irak

Republik Irak

Das Territorium des I. war zwischen 1638 und 1918 Bestandteil des Osman. Reiches. Die Eigenstaatlichkeit des I. begann erst im 20. Jh. als Folge des Zusammenbruchs des Osman. Reiches am Ende des Ersten Weltkriegs.

Der Irak im frühen 20. Jahrhundert

Britische Vorherrschaftt: 1915–17 eroberten brit. Truppen den I. Nach dem Ende des Ersten Weltkriegs blieb das Land unter der militärischen Kontrolle Großbritanniens. 1920 wurde der I. Großbritannien als Mandatsgebiet vom Völkerbund übertragen. Die Enttäuschung arab. Nationalisten darüber, dass ein unabhängiger gesamtarab. Staat nicht verwirklicht wurde, entlud sich in schweren Unruhen, die von den Briten niedergeschlagen wurden. 1921 ernannten die Briten als Kompensation für die vorenthaltene Unabhängigkeit des Landes Faisal I. zum König des I.

Türkische Gebietsansprüche: Die Mandatsherrschaft Großbritanniens wurde für einen Teil des Territoriums auch von der türk. Nationalregierung in Frage gestellt, welche die Provinz Mossul im Norden des Landes für sich beanspruchte. 1926 entschied der Völkerbund, dass auch die Mossul-Region zum Mandatsgebiet Großbritanniens gehöre.

Loslösung von Großbritannien: Die Unabhängigkeitsbestrebungen des I. setzten sich in den 20er Jahren fort. Bereits 1924 verkündete eine verfassunggebende Versammlung die Souveränität des Staates I. mit erblicher Monarchie. 1930 wurde ein Abkommen mit der Mandatsmacht unterzeichnet, das 1932 zur Unabhängigkeit des Landes führte. Als Gegenleistung für die Entlassung in die Unabhängigkeit sicherte sich Großbritannien eine Sonderstellung im wirtschaftlichen Bereich. Dies betraf insbes. die Erdölvorkommen im Land. Bereits 1925 wurde eine Ölkonzession an eine brit. Gesellschaft (Iraq Petroleum Company) erteilt. Ab 1927 wurden große Erdölvorkommen im I. entdeckt.

Der Irak im Zweiten Weltkrieg

Im Verlauf des Zweiten Weltkriegs kämpfte der I. auf der Seite Großbritanniens, obwohl bereits bei Kriegsausbruch der Einfluss der ehemaligen Mandatsmacht auf den I. abnahm. 1941 kam es nach einem Militärputsch zur Machtübernahme durch eine antibrit.-nationalistische Regierung unter Ali al-Gailani. Bereits wenige Wochen später besetzte Großbritannien den strategisch wichtigen I. und entmachtete die Regierung Gailani.

Position im arabischen Lager

1945 beteiligte sich der I. an der Gründung der Arab. Liga und wurde im selben Jahr Mitglied der UNO. 1948/49 nahm der I. gemeinsam mit anderen arab. Ländern am ersten Krieg gegen den neu gegründeten Staat Israel teil. In dieser Zeit erstarkten auch die panarab. Tendenzen im Land, insbes. die republikanisch-nationalistischen (Istiklal) und sozialistischen (Baath) Kräfte, welche die prowestliche Linie des Ministerpräsidenten Nuri as-Said ablehnten. 1955 trat der I. dem Bagdad-Pakt bei, einem Verteidigungsabkommen mit der Türkei gegen die Sowjetunion. Im Zuge der innenpolitischen Auseinandersetzungen zwischen den panarab. nationalistisch-republikanischen Strömungen und der monarchistischen sowie probrit. Führungsschicht schlossen sich 1958 die beiden Königreiche I. und Jordanien zusammen.

Nationalistische Revolution

Republik: Nach dem Sturz der Monarchie am 14.7.1958 durch einen Staatsstreich der Armee, König Faisal II. und Premierminister Nuri as-Said wurden im Verlauf des Umsturzes ermordet, riefen Offiziere die Republik aus. Die neue Regierung unter Führung von Ministerpräsident Abd al-Karim Kassem schaffte zunächst die Verfassung ab. Außenpolitisch löste er den I. aus der Verbindung mit Jordanien und trat 1959 aus dem Bagdad-Pakt aus.

Reaktionen: Aufgrund der eigenständigen Politik des I. im arab. Raum traf der Ministerpräsident zunehmend auf Konflikte mit panarab. Gruppen, Kurden und anderen Gruppierungen innerhalb des Landes. Auch in der Arab. Liga rief der linksnationalistische Kurs Kassems Widerstand hervor und führte zur Isolation des I., zumal dieser auch den Anschluss Kuwaits forderte.

Machtwechsel: Die Regierung Kassem wurde 1963 durch panarab., Nasser-freundliche Kräfte um General Abd as-Salem Muhammad Aref und Mitglieder der panarab.-sozialistischen Baath-Partei gestürzt. Präsident Aref starb 1966, Nachfolger wurde sein Bruder Abd ar-Rahman Muhammad Aref. Diese Phase war gekennzeichnet durch intensive Beziehungen des I. zu Ägypten und Syrien.

Kurden: Das nichtarab. Bergvolk der Kurden im Norden des I., denen bei der Auflösung des Osman. Reiches ein eigener Staat im Friedensvertrag von Sèvres zugesagt worden war, wehrte sich zunehmend gegen die Benachteiligung durch die irak. Regierung. Die Einnahmen aus der Erdölförderung im Kurdengebiet um Kirkuk wurden nur in äußerst geringem Ausmaß für Investitionen zugunsten der Kurdengebiete eingesetzt. 1962 brach ein Kurdenaufstand im Norden des I. aus, der sich zu einem jahrelangen Kurdenkrieg ausweitete. 1966 gestand die irak. Regierung den Kurden ein Autonomiestatut zu. Darin wurde ihnen u. a. Dezentralisierung sowie Kurd. als Amtssprache in den selbst verwalteten Gebieten versprochen.

Staatsstreich: Ein Jahr später nahm der I. am Sechstagekrieg gegen Israel teil. Nach der Niederlage der Araber folgte 1968 ein Staatsstreich der nationalistisch-sozialistischen

König Faisal II. (2. v. r.) pflegte auch nach der Loslösung des Irak von Großbritannien (1932) gute diplomatische Beziehungen zur ehemaligen Kolonialmacht. 1956 reiste er mit Prinz Abdul Illah (l.) auf Einladung von Königin Elizabeth II. und des Herzogs von Edinburgh zu einem vierwöchigen Staatsbesuch nach Großbritannien.

Stichwort: Die Baath-Partei

Die sozialistische Baath-Partei (vollständiger Name: Partei der sozialistischen arab. Wiedergeburt) ist in fast allen arab. Ländern vertreten und hat die »Wiedererweckung« der gesamten arab. Nation zum Ziel. Die Baath-Partei wurde im April 1947 in Damaskus durch Michel Aflak begründet. Als oberstes Führungsorgan fungiert das sog. Nationale Kommando, das von einem Generalsekretariat gelenkt wird.

Im Irak stellt die Baath-Partei die Machtbasis für Saddam Hussein und seine Vertrauten dar, die überwiegend aus einem großen Familienclan stammen. Die Partei ist Alleinherrscherin und kontrolliert verschiedene Bereiche innerhalb des Landes, wie Militär, Gewerkschaften sowie Studenten- und Frauenverbände.

Ahmad Hassan al-Bakr (l.) und Saddam Hussein vertraten beide die nationalistisch-sozialistische Baath-Partei. Der Offizier und Politiker al-Bakr war 1958 am Sturz der Monarchie beteiligt. Durch einen Staatsstreich 1968 kam er selbst an die Macht. Nach seinem Rücktritt 1979 überließ er seinem Nachfolger Saddam Hussein die Ämter des Staatspräsidenten, des Vorsitzenden des Revolutionsrates und des Generalsekretärs der Baath-Partei.

Baath-Partei, die im Verlauf des Jahres 1963 von Aref aus der Regierung gedrängt worden war. Die Macht übernahm nun Ahmad Hassan al-Bakr; es kam zu Massenverhaftungen politischer Gegner. Die von der vorangegangenen Regierung eingeleitete Zusammenarbeit mit Ägypten und Syrien wurde aufgekündigt.

Machtübernahme Saddam Husseins: Nach dem Rücktritt von al-Bakr 1979 wurde Saddam Hussein zu seinem Nachfolger ernannt. Saddam Hussein war sowohl Staatspräsident und Vorsitzender des Revolutionsrates als auch Generalsekretär der Baath-Partei. Die Regierung suchte nun engere Beziehungen zur Sowjetunion und verfolgte eine verschärft antiisrael. Linie in der Außenpolitik. 1972 wurde ein Freundschaftsvertrag zwischen dem I. und der Sowjetunion abgeschlossen.

Erster Golfkrieg

Hintergrund: Der Grenzkonflikt zwischen dem I. und dem Iran reicht bis ins 19. Jh. zurück und hatte bereits zu Spannungen zwischen dem damaligen Osman. Reich und Persien geführt. 1980 lösten Grenzstreitigkeiten den Ersten Golfkrieg zwischen dem I. und dem Iran aus. Der Konflikt wurde dadurch verschärft, dass der I. nach der Machtübernahme fundamentalistisch-islamischer Kräfte im Iran (1979) mit einem gegensätzlichen Gesellschaftsmodell zur eigenen sozialistisch-laizistischen Linie konfrontiert wurde.

Verlauf: Im September 1980 kündigte Saddam Hussein die 1975 mit dem Iran abgeschlossene Grenzvereinbarung. Sein Ziel war es, die Herrschaft des I. wieder über die gesamte Breite des Schatt-el Arab auszudehnen und vor allem auch die Führung der Region am Pers. Golf zu übernehmen. Der Krieg begann am 23.9.1980 mit dem Einmarsch irak. Truppen in die iran. Provinz Khusistan, einem Zentrum der Erdölförderung. Binnen kurzer Zeit eroberten irak. Truppen große Teile Khusistans. In Gegenoffensiven gelang es iran. Truppen jedoch, weite Teile des vom I. eroberten Landes zurückzugewinnen.

Parteinahme: Bedeutende Gebietsgewinne konnte der Iran im Verlauf des Krieges aber nicht verbuchen. Die irak. Truppen – mit 1 Mio Mann eine der größten Armeen in der arab. Region – wurden vom Ausland massiv unterstützt, u. a. von Frankreich, den beiden deutschen Staaten, der Sowjetunion und den USA. Mittels vom Ausland gelieferter Technologien stellte der I. chemische Kampfstoffe her, die er gegen iran. Truppen und Kurden im Norden des Landes (Offensive im März 1988) einsetzte. Die anderen arab. Staaten – außer Syrien – leisteten dem I. finanzielle Hilfe. Die USA, Großbritannien und Frankreich entsandten Kriegsschiffe in den Pers. Golf zur Unterstützung des I. gegen den Iran und dessen fundamentalistisch-islamische Regierung.

Kriegsende: 1988 kam es dank der Bemühungen des UN-Generalsekretärs Javier Pérez de Cuéllar zu einer Waffenruhe, die von irak. Seite mit den iran. Waffenstillstandsbedingungen erst 1990 anerkannt wurde, d. h. Räumung der von irak. Truppen besetzten Gebiete sowie Anerkennung der 1975 zwischen beiden Staaten vereinbarten Grenze. Auf irak. Seite kostete der Erste Golfkrieg 250 000 Menschenleben.

Zweiter Golfkrieg

Vorgeschichte: Saddam Hussein verfügte nach dem Ende des Ersten Golfkriegs im Herbst 1988 über die stärkste Armee in der Region. Er versuchte nun auch in den Besitz von Atomwaffen zu kommen, um dem I. eine

Staatsoberhäupter des Irak

Reg.-Zeit	*Name (Herrschergeschlecht)*	*Lebensdaten*
1921–33	König Faisal I. (Haschemiten)	1885–1933
1933–39	König Ghazi (Haschemiten)	1912–1939
1939–58	König Faisal II. (Haschemiten)[1)]	1935–1958
1958–63	Abd al-Karim Kassem	1914–1963
1963–66	Abd as-Salem Muhammad Aref	1921–1966
1966–68	Abd ar-Rahman Muhammad Aref	*1916
1968–79	Ahmad Hassan al-Bakr	1914–1982
seit 1979	Saddam Hussein el-Takriti	*1937

1) Bis 1953 unter Regentschaft; Ministerpräsident 1930–58: Nuri as-Said (1888–1958)

Hegemonialstellung am Pers. Golf zu verschaffen. Grenzstreitigkeiten zwischen dem I. und dem benachbarten Emirat Kuwait, insbes. wegen des Zugangs zum Pers. Golf, wurden zum Auslöser für den Zweiten Golfkrieg. Auch weigerte sich der I., die staatliche Unabhängigkeit Kuwaits (seit 1961) anzuerkennen.

Annexion Kuwaits: Ende Juli 1990 stellte Saddam Hussein 30 000 irak. Soldaten entlang der Grenzen Kuwaits auf und begann am 2.8.1990 mit der Invasion in dem Emirat. Das kleine Land unterlag in wenigen Tagen den irak. Truppen; der Emir von Kuwait floh ins Exil nach Saudi-Arabien. Bereits am 4.8.1990 befand sich das gesamte Emirat unter irak. Kontrolle und wurde am 8.8.1990 als irak. Provinz annektiert. Die meisten Staaten schlossen ihre Botschaften in Kuwait, erkannten die Annexion durch den I. jedoch nicht an. In Kuwait lebende Ausländer wurden vom irak. Militär verschleppt und auf militärisch-strategisch wichtige Punkte im I. verteilt.

Reaktionen der UNO: Die UNO verurteilte die irak. Invasion und die USA machten sich zum Wortführer für Sanktionen gegen den I. Mit der Stationierung US-amerikan. Soldaten in Saudi-Arabien begann die Operation »Wüstensturm«, an der sich auch Ägypten, Frankreich, Großbritannien, Marokko und Syrien beteiligten. Von den Mitgliedern der Arab. Liga hatten sich nur der Jemen, der Sudan und die PLO der Vorgehensweise der USA nicht angeschlossen.

Eskalation: Saddam Hussein lehnte jede Vermittlung ab und rief die arab. Welt zur gerechten Verteilung des Ölreichtums und zum »Heiligen Krieg« gegen den Westen auf, vor allem gegen die USA. Am 25.8.1990 beschloss die UNO ein Wirtschaftsembargo gegen den I. und stellte die ultimative Forderung, Kuwait bis zum 15.1.1991 zu räumen. Dieser Forderung kam der I. nicht nach. In der Zwischenzeit war die Zahl der US-amerikan. Soldaten auf 200 000 erhöht worden, um den I. notfalls gewaltsam zur Räumung Kuwaits zu zwingen.

Operation »Wüstensturm«: Nach Ablauf des UN-Ultimatums begann im Januar 1991 der Zweite Golfkrieg, in dessen Verlauf die alliierten Streitkräfte systematisch die Infrastruktur des I. zerstörten. Ende Februar kapitulierte der I. und die Truppen Saddam Husseins mussten Kuwait wieder räumen. Allerdings gelang es dem irak. Diktator, einen großen Teil seiner Militärmacht zu bewahren. Er musste sich jedoch verpflichten, sein Potenzial an ABC-Waffen zu vernichten. Die irak. Einnahmen aus dem Ölgeschäft wurden zur Beseitigung von Kriegsschäden verwendet.

Erster Golfkrieg: Bombardierung von Kharg, einer iran. Insel im Pers. Golf, am 6.10.1986.

Zweiter Golfkrieg: Bombardierung Bagdads durch die Alliierten ab dem 17.1.1991.

US-Soldaten auf einem leicht gepanzerten Fahrzeug in der Wüste von Saudi-Arabien.

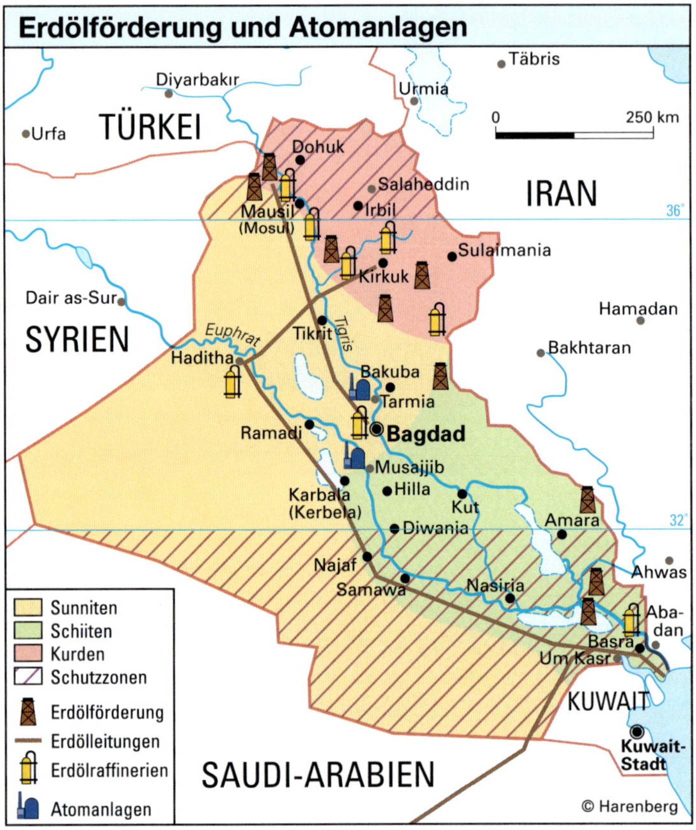

Entwicklungen nach Kriegsende

Aufstand: Nach Kriegsende kam es zu einer Flüchtlingswelle in Richtung Iran und Türkei. Schiitische Moslems im Südirak und Kurden im Norden erhoben sich gegen die Herrschaft Saddam Husseins. Der Aufstand wurde von der Republikanischen Garde der Regierung blutig niedergeschlagen. Für die Flüchtlinge wurden auf Betreiben der USA Schutzlager errichtet. Die UNO entsandte eine Friedenstruppe in die entmilitarisierte Zone um die irak.-kuwait. Grenze und wies im Nordirak eine Schutzzone für Kurden sowie im Süden des Landes eine Flugverbotszone zum Schutz der schiitischen Moslems aus.

Innenpolitische Entwicklung: Nach einer kurzen Machtschwäche – Saddam Hussein gab im März 1991 das Amt des Ministerpräsidenten auf – und der Niederschlagung eines Putsches im Dezember 1991 konnte Saddam Hussein seine Machtposition innerhalb seines Landes erneut stärken.

UN-Resolutionen: In mehreren Resolutionen beschloss der UN-Sicherheitsrat ein Wirtschafts- und Handelsembargo gegen den I., der das Land in eine schwere Wirtschaftskrise stürzte. Die wirtschaftliche Isolation führte zudem auch zur Verarmung der Bevölkerung. Massive Probleme gab es auch im Bereich der zivilen Infrastruktur, insbes. der medizinischen Versorgung.

Konflikt mit den Kurden: Am 4.10.1992 fanden im Norden des I. Wahlen statt, die jedoch von der irak. Regierung nicht anerkannt wurden. Das kurd. Regionalparlament proklamierte noch am selben Tag die Unabhängigkeit Kurdistans als Bestandteil einer Föderation innerhalb der Grenzen des I. In der Folgezeit kam es wiederholt zu Kampfhandlungen zwischen den kurd. Gruppierungen um Massud Barsani (Demokratische Partei Kurdistans, DPK) und Jalal Talabani (Patriotische Union Kurdistans, PUK). Anlass für die Auseinandersetzungen war die Verteilung der Zolleinnahmen, bei der sich die PUK benachteiligt fühlte. Der Norden des I. wurde schließlich unter diesen beiden Organisationen aufgeteilt, die jeweils ihr eigenes Gebiet kontrollieren und beherrschen.

Erneute US-Luftangriffe gegen Irak

Rüstungskontrollen: Der Sicherheitsrat der UNO beschloss im Oktober 1991, die irak. Rüstungsindustrie internationaler Kontrolle zu unterstellen. Die irak. Regierung hatte mehrfach versucht, die Rüstungskontrollen durch die UN-Sonderkommission UNSCOM zu behindern oder zu umgehen. Aufgrund wiederholter Verstöße gegen das Waffenstillstandsabkommen kam es immer wieder zu Auseinandersetzungen zwischen dem I. und der UNO, die Ende 1998 ihren vorläufigen Höhepunkt erreichten. Der austral. Chef der Waffenkontrollkommission UNSCOM, Richard Butler, warf dem I. in seinem Bericht an die UNO mangelnde Kooperation und Behinderung der Kontrollen vor.

Militärangriff: Obwohl die irak. Führung am 14.11.1998 – unmittelbar vor einem US-Luftangriff auf den I. – Kooperationsbereitschaft signalisierte, flogen die USA am 16.12.1998 die schwersten Luftangriffe gegen den I. seit dem Ende des Zweiten Golfkriegs. Die Operation »Wüstenfuchs«, in deren Verlauf über 1000 Angriffe geflogen und Marschflugkörper abgefeuert wurden, dauerte vier Tage. Während die irak. Seite von 62 gefallenen irak. Soldaten sprach, bezifferten die USA die Zahl der Toten mit 1600. Auch diese militärische Intervention brachte Saddam Hussein nicht zum Einlenken. Außenpolitische Unterstützung erhielt er aus der arab. Welt: Vor allem in Ägypten, Jordanien und Syrien gab es Demonstrationen gegen die US-Luftangriffe. Am 27.12.1998 kündigte Saddam Hussein die Zusammenarbeit mit der UNSCOM auf. Die Kontrolle der Flugverbotszone für irak. Flugzeuge im Norden und Süden des Landes führt wiederholt zu Gefechten zwischen irak. Flugabwehrstellungen und US-Kampfflugzeugen.

Wirtschaftliche Situation im Irak

Die Spannungen zwischen dem I. und der internationalen Staatengemeinschaft, die aufgrund des von der UNO verhängten Handelsembargos bestehen, haben sich seit den Angriffen der USA und Großbritanniens im Dezember 1998 weiter zugespitzt. Insbes. der Erdölexport, von dem die irak. Wirtschaft weitgehend abhängt, ist vom Handelsembargo der UNO betroffen. Die Außenwirtschaft kam praktisch zum Erliegen. Nach Angaben der UNO exportierte der I. im Rahmen der UN-Resolution 986 vom April 1995 (»Öl für Lebensmittel«) Erdöl, um aus den Erlösen die Not im Lande zu lindern und die Opfer des Golfkriegs zu entschädigen.
Dramatisch ist die mangelnde medizinische Versorgung der Bevölkerung. Die in der Resolution 661 des UN-Sicherheitsrates vom 6.8. 1990 verfügten Sanktionen sollen erst aufgehoben werden, wenn der I. alle seine Massenvernichtungsmittel zerstört hat. Dies war bis Mitte 2000 nicht geschehen. Die Vernichtung aller chemischen und biologischen Waffen sowie Raketen soll unter internationaler Aufsicht erfolgen und ist »bedingungslos zu akzeptieren«. § 22 der Resolution 687 vom 3.4. 1991 bestimmt, dass alle Beschränkungen aufgehoben werden, sobald der I. diese Auflagen erfüllt hat. Aufgrund der Embargo-Resolution 661 ist allen Staaten der Handel mit dem I. verboten. Im Rahmen des »Öl-für-Lebensmittel«-Abkommens dürfen nur Lebensmittel und Medikamente geliefert werden. *F.Ş./S.G./R.G.*

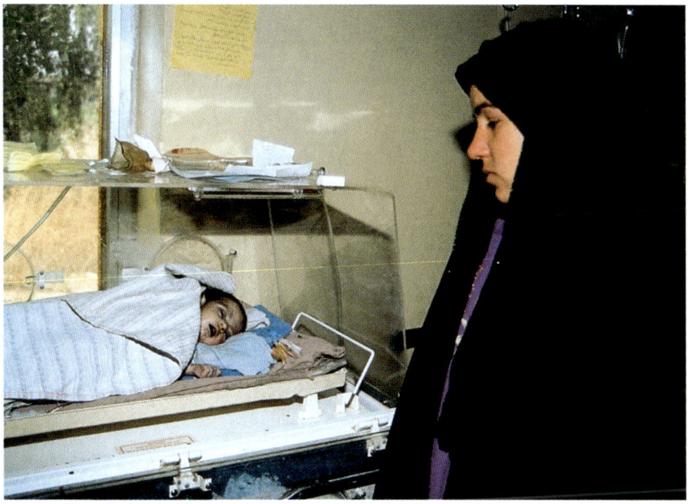

Das Handelsembargo der UNO von 1991 führte den Irak in eine schwere Wirtschaftskrise. Die wirtschaftliche Isolation zog eine Verarmung der Bevölkerung nach sich, insbes. die Versorgung mit Medikamenten ist völlig unzureichend. Trotzdem weigert sich die irak. Regierung, die von der UNO verlangte Abrüstung einzuleiten.

Kurden im Irak – vergeblicher Kampf um Autonomie und Selbstbestimmung

Das Siedlungsgebiet der Kurden reicht über Teile der Türkei, des Irak (Nordirak) und des Iran sowie in geringem Umfang bis nach Syrien und Armenien. Die Angaben zur Zahl der in diesen Gebieten lebenden Kurden variieren zwischen 12 und 35 Mio.

Der Irak erkannte als erster Staat in einem Verfassungsdokument 1958 die nationalen Rechte der kurd. Bevölkerung an. Faktisch waren die Kurden jedoch Opfer von Umsiedlung und Vertreibung. Folgen waren Widerstandskämpfe und eine Massenflucht von Kurden in den Iran. Im Ersten Golfkrieg wurde die kurd. Stadt Halabja im Irak 1988 mit Giftgas bombardiert. Mehr als 5000 Frauen und Kinder starben.

Als sich die Kurden im Irak während des Zweiten Golfkriegs 1991 gegen die irak. Führung erhoben, kam es erneut zu Übergriffen durch Truppen Saddam Husseins. Etwa 500 000 Kurden flohen in die Türkei, bis durch UN-Beschluss im Norden des Irak eine Sicherheitszone für sie eingerichtet wurde. Unter UN-Schutz kehrten die Flüchtlinge zurück. Die kurd. Organisationen im Nordirak führten am 19.5.1992 Wahlen durch und erklärten »Kurdistan« zu einem Teil einer Föderation innerhalb des Irak. Die irak. Führung erkannte jedoch weder die Wahl noch die Autonomie an. Die Rivalität kurd. Organisationen im Nordirak ließ die Autonomie scheitern. (Foto: Kurd. Flüchtlinge an der irak.-iran. Grenze nördlich von Penjwin, 1996)

Iran 2000	
Landesfläche	1,63 Mio km² (WR 17)
Einwohner	66,8 Mio (WR 16)
Hauptstadt	Teheran (6,75 Mio Einwohner)
Sprachen	Persisch, Kurdisch, Turksprachen
Währung	1 Rial (Rl) = 100 Dinar
Gliederung	25 Provinzen
Staatsform	Islamisch-präsidiale Republik (seit 1979)
Religion	Moslems (99%); Christen (0,5%); Sonstige (0,5%)
Bevölkerung	Perser (45,6%); Aseri (16,8%); Kurden (9,1%); Gilaki (5,3%); Luri (4,3%); Sonstige (18,9%)

Der Iran im 20. Jahrhundert	
1905	Beginn der Revolution (Dezember).
1906	Verabschiedung der ersten Verfassung (August).
1907	Brit.-russ. Entente: Aufteilung des Iran in Einflusssphären (August).
1914–18	Osman., russ. und brit. Truppen agieren im Ersten Weltkrieg auf iran. Territorium.
1921	Russ.-pers. Vertrag regelt Grenzfragen.
1925	Beginn der Pahlavi-Dynastie mit Reza Schah.
1928	Einführung eines modernen Zivilgesetzbuches.
1941	Abdankung Reza Schahs; Thronfolger ist Muhammad Reza Schah.
1943	Konferenz von Teheran (Churchill, Roosevelt, Stalin; Dezember).
1951–53	Regierung Mossadegh; Verstaatlichung der Anglo-Iranian Oil Company.
1953	Sturz der Regierung Mossadegh durch einen Staatsstreich.
1962	Landreform ohne tief greifende Veränderung der Besitzverhältnisse.
	Frauen erhalten aktives und passives Wahlrecht.
1977/78	Beginn revolutionärer Unruhen.
1979	Muhammad Reza Schah verlässt das Land (16.1.).
	Ayatollah Khomeini kehrt aus Frankreich in den Iran zurück (2.2.).
	Ausrufung der Islamischen Republik Iran (1.4.).
	Besetzung der US-Botschaft in Teheran und Geiselnahme, um die Auslieferung des Schahs zu erzwingen (November 1979 bis Januar 1981).
	Referendum über Verfassungsentwurf; überwältigende Mehrheit für die Verfassung (2./3.12.).
1980	Abolhassan Bani-Sadr wird zum Präsidenten gewählt (25.1.).
	Aufkündigung des Schatt-el Arab-Abkommens von 1975 durch den Irak, Saddam Hussein fordert die »Befreiung« der Grenzgebiete (17.9.).
1981	Bani-Sadr wird vom iran. Revolutionsführer Khomeini seines Amtes enthoben (22.6.).
	Sayed Ali Chamenei wird zum Nachfolger im Amt des Präsidenten gewählt (2.10.).
1988	Waffenstillstand zwischen dem Iran und dem Irak (20.8.).
1989	Todesurteil (Fatwa) gegen den ind.-brit. Autor Salman Rushdie (14.2.).
	Tod Khomeinis; Ayatollah Chamenei wird neuer »Führer der islamischen Revolution« (4.6.).
	Verfassungsänderung: Abschaffung des Ministerpräsidentenamtes und Einführung des Amtes eines Präsidenten der Republik; Wahl von Ali Akbar Haschemi Rafsandschani zum Präsidenten (28./30.7.).
1993	Wiederwahl Rafsandschanis als Staatspräsident (11.6.).
1997	Wahl von Muhammad Chatami zum Staatspräsidenten (23.5.).
1999	Erstmalige Kommunalwahlen (26.2.).
	Studentenproteste in der Hauptstadt Teheran gegen das Verbot der Zeitung »Salam« (8.7.).
2000	Parlamentswahlen; Wahlsieg reformorientierter Kräfte (18.2.).

Iran

Islamische Republik Iran

Die Geschichte des I. reicht bis in die Antike zurück. Bereits 550 v. Chr. entstand das Pers. Großreich, das 331 v. Chr. von Alexander dem Großen zerstört wurde und Teil des hellenistischen Seleukiden-Reiches wurde. Es folgten die Reiche der Parther und Sassaniden (174–664 n. Chr.). Nach der Eroberung des I. durch die Araber wurde das Land von verschiedenen Dynastien beherrscht. In der frühislamischen Zeit waren dies die Omajaden und Abbasiden. Mit der Errichtung der Dynastie der Safawiden (1502–1736) wurde die Schia zur Staatsreligion. Die Dynastie der Qadjaren, die bis 1925 die Herrscher des I. stellten, wurde 1779 begründet.

Der Iran um 1900

Opposition: Bereits ab der zweiten Hälfte des 19. Jh.s machten sich einzelne Vertreter der traditionellen Eliten Gedanken über die Modernisierung des Landes, die sowohl die Wirtschaft als auch das politische System umfassen sollte. Diese reformorientierten Kräfte bildeten jedoch nur eine begrenzte Opposition gegen das politische System und befanden sich zudem überwiegend im Exil. Eine breitere gesellschaftliche Opposition gegen den Schah entstand, als dieser mit Unterstützung belg. Zollbeamter ein neues Zollsystem organisierte, das zur Entlassung iran. Zollbeamter führte. Unzufriedenheit entwickelte sich auch unter den Kaufleuten, die nun höhere Zölle entrichten mussten. Die mit der Politik des Schahs unzufriedenen Gruppen begannen sich ab 1900 in Geheimgesellschaften zu organisieren und Pamphlete zu veröffentlichen.

Revolution: Der Russ.-Japan. Krieg 1904/05, der die Wahrscheinlichkeit einer russ. Intervention im I. geringer werden ließ, ermutigte die Oppositionsgruppen zu revolutionären Aktionen gegen das Regime unter Muzaffar ud-Din Schah (1896–1907). Als Beginn der Revolution gilt der Dezember 1905, als eine Koalition von Geistlichen (Mullahs) und Händlern die Absetzung des Premierministers und die Errichtung eines beratenden Parlaments forderte. Im Verlauf dieser Entwicklungen, auf die der Schah dem Anschein nach konzessionsbereit reagierte, gingen die politischen Forderungen der Opposition noch weiter. In der Folge musste Ministerpräsident Ain ud-Daula zurücktreten und der Schah der Einführung eines konstitutionellen Systems zustimmen. Die beratende Nationalversammlung (Madschlis-i Schura-yi Milli), die im Oktober zusammentrat, begann sofort mit der Ausarbeitung eines Grundgesetzes, das der Schah im Dezember 1906, kurz vor seinem Tod im Januar 1907, unterzeichnen musste.

Thronwechsel: Die Auseinandersetzungen zwischen der Monarchie und den Vertretern des Konstitutionalismus setzten sich in den folgenden Jahren fort. Muhammad Ali Schah (1907–09), der Nachfolger des verstorbenen Herrschers, unternahm 1908 einen Staatsstreich von oben, indem er die beratende Nationalversammlung auflöste. Die revolutionäre Opposition war jedoch so mächtig, dass sie nach Teheran marschierte; der Schah floh daraufhin ins russ. Exil. Als Nachfolger wurde sein minderjähriger Sohn Ahmad (1909–25) gekrönt. Es folgten allgemeine Wahlen zu einer neuen Nationalversammlung.

Britisch-russische Entente: Der I. war seit dem 19. Jh. wie viele andere Staaten in Asien zum Streitobjekt rivalisierender Großmächte geworden, die ihren Einfluss auf das Land ausweiten wollten. Um den I. rangen Russland und das brit. Empire. Der I. konnte in der zweiten Hälfte des 19. Jh.s insbes. aufgrund des brit.-russ. Gegensatzes die Unabhängigkeit bewahren. Vor dem Hintergrund des erstarkenden Deutschen Reiches gelangten Großbritannien und Russland jedoch am 31.8.1907 zu einer Entente, die neben Tibet und Afghanistan auch den I. betraf und ihn in Einflusssphären aufteilte. Dem Abkommen zufolge sollten Nord- und Zentraliran russ., der Südosten brit. Einflusssphäre werden. Das dazwischen liegende Gebiet sollte neutral bleiben. Für den I. bedeutete diese Entente eine entscheidende Schwächung, da das Land gegen den russ. Expansionsdrang nicht mehr auf brit. Unterstützung bauen konnte. Das Kräftemessen zwischen den beiden Großmächten setzte sich im Ersten Weltkrieg fort.

Erster Weltkrieg

Obwohl der I. seine Neutralität erklärte, wurde er zum Schlachtfeld in den Auseinandersetzungen der Krieg führenden Mächte im Ersten Weltkrieg. 1914 drangen osman. Truppen von aserbaidschan. Territorium aus in den Norden des I. ein. 1915 organisierte der deutsche Konsul im I. eine Stammesrevolte gegen die Briten. Im selben Jahr gelang es der russ. Armee, die osman. Truppen aus dem I. zurückzudrängen. Bei ihrem Vordringen lösten die Russen auch das iran. Parlament auf. Die prodeutschen Mitglieder der Nationalversammlung

Im Ersten Weltkrieg war der Iran trotz seiner Neutralität Schauplatz kriegerischer Auseinandersetzungen. Nachdem der deutsche Konsul 1915 eine Stammesrevolte gegen die Briten inszeniert hatte, eroberten brit. Truppen 1916 den Süden des Landes, sodass der brit. Vizekonsul (4. v. r.) den »Union Jack« in Isfahan hissen konnte.

bildeten daraufhin in der Stadt Qumm eine provisorische Regierung. Durch den Vormarsch der Alliierten wurden sie jedoch immer weiter zurückgedrängt und einige Mitglieder flohen nach Istanbul oder Berlin. 1916 wurde der Süden des I. von brit. Truppen wieder erobert. Als nach der Oktoberrevolution 1917 die russ. Truppen abzogen, blieben als einzige fremde Macht die Briten im I. Sie besetzten nahezu das ganze Land militärisch.

Errichtung einer neuen Dynastie

Wechselnde Verträge: Großbritannien bemühte sich nach dem Ende des Ersten Weltkriegs darum, seinen Einfluss im I. zu festigen. 1919 gelang es der brit. Regierung, die iran. Führung zur Unterzeichnung eines Vertrags zu bewegen, dem zufolge das Empire zum ausschließlichen Lieferanten von Beratern, Waffen und Verkehrsmitteln avancierte; damit wäre der I. quasi ein brit. Protektorat geworden. 1921 musste die brit. Regierung jedoch den Plan aufgeben, diesen Vertrag in die Tat umzusetzen, als die Russ. Sowjetrepublik (RSFSR) im russ.-pers. Vertrag vom 26.2.1921 auf alle Ansprüche gegenüber dem I. verzichtete.

Putsch: Die brit. Regierung unterstützte jedoch aktiv den Sturz der iran. Regierung unter Sipahdar durch einen Putsch, der von dem anglophilen iran. Journalisten Sayyid Ziya ud-Din Tabatabai vorbereitet wurde. Tabatabai wurde neuer Premierminister des I., Reza Khan, ein hoher Offizier, Kriegsminister. Letzterer baute kontinuierlich seine Machtposition aus, da er sich auf die Armee stützen konnte. 1923 begann er – nach dem Vorbild von Mustafa

Im Zweiten Weltkrieg marschierten 1941 brit. und russ. Truppen ein, als Reza Schah sich weigerte, die Deutschen aus dem Iran zu vertreiben. (Foto: Ein ind. Soldat bewacht im Auftrag Großbritanniens eine iran. Pipeline.)

Kemal (später: Atatürk) in der Türkei – auch gegen den Widerstand der schiitischen Geistlichkeit die Verbreitung republikanischer Propaganda zu fördern. 1925 bewegte er die Nationalversammlung dazu, die Qadjaren abzusetzen und ihn selbst als Reza Schah (1925–41) zum Begründer eines neuen Herrschergeschlechts, der Pahlavi-Dynastie, auszurufen.

Beginn der Pahlavi-Ära

Reformen: Mit Unterstützung der Streitkräfte schlug der neue Monarch lokale Revolten nieder und stellte die Zentralmacht wieder her. Zugleich forcierte er die Modernisierung des Landes. Zu den ab 1926 vollzogenen Reformen gehörten die Einführung einer einheitlichen Grundsteuer und der allgemeinen Wehrpflicht sowie die Modernisierung der staatlichen Administration. Auch die Industrialisierung des Landes wurde vorangetrieben. Die Reformen in der Landwirtschaft, zu denen die Katastrierung des Grundbesitzes ab 1928 gehörte, führten dazu, dass sich die Enteignung von Kleinbauern beschleunigte und sich der Gegensatz zwischen Großgrundbesitzern und Kleinbauern erneut verschärfte.

Bildungs- und Justizwesen: Landesweit wurde ein Netz von säkularen Volksschulen aufgebaut und 1935 in Teheran eine moderne Universität eröffnet. Im Rechtsbereich ließ Reza Schah Gesetze vorbereiten (Straf- und Zivilrecht), die sich an europäischen Vorbildern orientierten.

Der Schah von Persien, Muhammad Reza Pahlavi, krönte sich am 26.10.1967 in einer prunkvollen Zeremonie zum König und setzte zum ersten Mal seit dem Jahr 641 einer Schahbanu, seiner dritten Frau Farah Diba, eine Krone auf.

Zweiter Weltkrieg

Auch im Zweiten Weltkrieg wurde der I. in die Kriegshandlungen hineingezogen. Als der Schah der Aufforderung der UdSSR und Großbritanniens nicht nachkam, die Deutschen des Landes zu verweisen, marschierten im August 1941 russ. und brit. Truppen ein. Vor dem Hintergrund des militärischen Einmarschs musste Reza Schah abdanken; er wurde nach Südafrika deportiert. Die Nachfolge trat sein Sohn Muhammad Reza Schah (1941–79) an. Mit dem Thronwechsel ging die Erstarkung der konstitutionellen Herrschaft einher, die sich in einer stärkeren Rolle der Regierung in der Machtausübung manifestierte. In den Kriegsjahren wurden erneut ausländische Experten in das Land geholt, um die wirtschaftlichen Probleme zu bewältigen. Politische Parteien konnten nun freier agieren.

Nachkriegszeit

Wirtschaftspolitik: Die globalen Veränderungen infolge des Zweiten Weltkriegs wirkten sich auch auf den I. aus. In den außenpolitischen Beziehungen des Landes gewannen die USA größere Bedeutung. Zur Bewältigung der durch den Weltkrieg verursachten wirtschaftlichen Probleme wurde mit Unterstützung US-amerikan. Berater ein Siebenjahresplan entwickelt, der sich jedoch auf die technische Modernisierung und Investitionsförderung beschränkte und strukturelle Reformen im Bereich der Landwirtschaft unberücksichtigt ließ. Die Unzufriedenheit mit der wirtschaftlichen Lage führte bei Politikern dazu, die Frage der anglo-iran. Ölgesellschaft (AIOC) verstärkt anzusprechen, da der Realwert der Lizenzgebühren im Lauf der Jahre deutlich gesunken war. Der Vorschlag eines Ergänzungsabkommens, den Großbritannien 1949 unterbreitet hatte, war vom iran. Parlament abgelehnt worden. Bei den Parlamentswahlen 1950 stand die Ölfrage im Mittelpunkt; eine nationalistische Koalition unter Führung von Muhammad Mossadegh erzielte große Stimmengewinne.

Regierung Mossadegh: Die Nationalversammlung folgte 1951 dem Vorschlag von Ministerpräsident Mossadegh (1951–53), die Ölgesellschaft zu verstaatlichen. Dieser Akt sorgte für einen internationalen Boykott des I. und löste eine innenpolitische Krise aus, die 1953 in der Absetzung Mossadeghs durch die Armee gipfelte. Der »Erfolg« bei diesem Staatsstreich wurde – auch in US-amerikan. Quellen – dem CIA zugeschrieben.

Ölfrage: 1954 wurde ein neues Ölabkommen unterzeichnet, demzufolge die Nationalisierung der Erdölförderung nominell erhalten blieb. De facto kam es jedoch zu einer Verschiebung bei den Förderungsrechten. Neben der AIOC wurden US-amerikan. Gesellschaften mit 40% und die Royal Dutch Shell Company mit 20% an der Förderung beteiligt. Als Konsequenz aus der vorherigen Unzufriedenheit des I. über die geringe Beteiligung wurde die Ertragsbeteiligung des Landes erhöht.

Reformen in den 60er Jahren

»Weiße Revolution«: Als Reaktion auf die Unruhen in der Bevölkerung (Streiks), die in den 50er Jahren begannen, betrieb Muhammad Reza Schah in den 60er Jahren eine Reformpolitik. Zu den Veränderungen gehörte die 1962 beschlossene Landreform, durch die viele Kleinbauern zu günstigen Preisen Ländereien von Großgrundbesitzern erwerben konnten. Auch wenn es zu keiner tief greifenden Veränderung der Besitzverhältnisse kam, wirkte sich diese Reform positiv auf die Investitionstätigkeit der Bauern aus und verbesserte deren ökonomische Lage. Ein weiterer Reformbereich betraf die Rechte und die gesetzliche Stellung der Frauen. 1962 erhielten sie das aktive und passive Wahlrecht. Im Bereich des Familienrechts wurde die Trennung von Eheleuten für Männer erschwert und für Frauen erleichtert. Die Reformpolitik wurde als »weiße Revolution« bezeichnet.

Wachsende Kritik: Bereits in den 60er Jahren verstärkte sich die Kritik am Herrschaftsstil des Schahs, die als tyrannisch empfunden wurde. Aufstände gegen das politische System ließ der Schah mit Waffengewalt niederschlagen. Die politische Opposition, darunter auch die Studentenschaft, forderte radikalere Reformen und politische Freiheiten. Die Kritik am System richtete sich insbes. gegen die Verfolgung und Unterdrückung Oppositioneller durch den Geheimdienst Savak. In den 70er Jahren gewann die schiitische Geistlichkeit ein immer stärkeres Gewicht in der Oppositionsbewegung gegen das Schah-Regime. Deren Kritik richtete sich vor allem gegen die Verwestlichungspolitik des Schahs und die zunehmende Korruption im Land.

Trotz Demonstrationen für den Schah (Foto) verließ Reza Pahlavi am 16.1.1979 den Iran. Nach einer Odyssee durch verschiedene Länder starb der krebskranke Monarch am 27.7.1980 in der ägypt. Hauptstadt Kairo.

Die islamische Revolution 1979

Untergang der Pahlavi-Dynastie: 1979 kam es schließlich zum Sturz des Schahs. Vor dem Hintergrund der Unzufriedenheit mit der rigiden Politik des Schahs hatte sich eine Oppo-

Ayatollah Khomeini (Foto) wurde bei seiner Rückkehr aus dem französ. Exil am 2.2.1979 begeistert in Teheran begrüßt. Im April 1979 rief er die Islamische Republik Iran aus.

Umbau des Iran zum Gottesstaat

Der islamische Staat: Die höchste Autorität im Staat ist der »Führer der islamischen Revolution«, der von einem Sachverständigenrat (Velajete Fakih) gewählt wird. Dieser setzt sich aus schiitischen Geistlichen zusammen. Das Amt des Revolutionsführers hatte bis zu seinem Tod 1989 Ayatollah Khomeini inne. Die Spitze der Exekutive bildet der Staatspräsident, der für vier Jahre gewählt wird. Die Legislative liegt beim Parlament. Die von ihr verabschiedeten Gesetze bedürfen jedoch der Zustimmung durch den »Wächterrat«, der die Vereinbarkeit der Gesetze mit islamischem Recht überprüft. Bereits 1982 wurden alle bislang gültigen Gesetze annulliert, die als im Widerspruch zu islamischem Recht stehend eingestuft wurden. 1987 wurden geistliche Gerichtshöfe eingerichtet. 1996 wurde ein neues Strafrecht verabschiedet, das auf der Scharia basiert. Parteien spielen im politischen System des Iran keine Rolle, obwohl sie theoretisch zugelassen sind. (Foto: Versammlung zum Gebet auf der Straße, 1978)

sition formiert, die von verschiedenen politischen Kräften getragen wurde. An ihrer Spitze stand der im französ. Exil lebende Ayatollah Ruhollah Musawi Khomeini, der von dort gegen die Herrschaft des Schahs agitierte. Nach anhaltenden blutigen Unruhen verließ der Schah am 16.1.1979 das Land. Zwei Wochen später kehrte Khomeini in den I. zurück. Die letzte vom Schah ernannte Regierung unter Ministerpräsident Schahpur Bakhtiar wurde am 11.2.1979 gestürzt. Dieses Datum wird seitdem jährlich als Revolutionstag gefeiert. Am 1.4.1979 rief Ayatollah Khomeini die Islamische Republik I. aus.

Kampf gegen politische Gegner: Nach der Machtübernahme durch die Geistlichen unter Führung Khomeinis (1979–89) wurde die politische Opposition bekämpft. Im Januar 1980 trat das erste Parlament der Islamischen Republik zusammen und wählte Abolhassan Bani-Sadr zum ersten Staatspräsidenten. Er wurde jedoch schon nach anderthalb Jahren wieder abgesetzt. Auf die Versuche, oppositionelle Kräfte aus der Politik auszuschalten, reagierten linksislamische Gruppen mit Attentaten auf führende Persönlichkeiten des neuen Regimes. Zu den Opfern zählte auch der neu gewählte Staatspräsident Muhammad Ali Rajaj, der 1981 bei einem Bombenanschlag ums Leben kam. Als sein Nachfolger wurde am 2.10.1981 Sayed Ali Chamenei gewählt.

Nach der Geiselnahme in der US-amerikan. Botschaft in Teheran durch iran. Studenten am 4.11.1979 kam es immer wieder zu anti-amerikan. Demonstrationen im Iran.

Politische Neuorientierung

Verfassungsänderung: Durch ein Referendum am 2./3.12.1979 wurde eine neue Verfassung angenommen, die aus dem I. eine islamische Republik mit Präsidialsystem machte. In den folgenden Jahren wurde der Staat nach islamischen Prinzipien reorganisiert.

Außenpolitik: Der Sturz des Schah-Regimes und die Errichtung der Islamischen Republik I. führte zu einem nachhaltigen Richtungswechsel in der Außenpolitik. Der Sturz des Schahs löste einen außenpolitischen Konflikt mit den USA aus, nachdem sich Reza Pahlavi im Oktober 1979 zur Krebsbehandlung in eine New Yorker Klinik begeben hatte. Die US-Regierung erklärte zwar, es handele sich dabei nicht um eine Aufenthaltsgenehmigung, doch iran. Studenten stürmten daraufhin am 4.11.1979 die US-amerikan. Botschaft in Teheran und nahmen die Botschaftsmitarbeiter als Geiseln, um die Auslieferung des Schahs zu erzwingen. Ein Befreiungsversuch der US-Amerikaner im April 1980 scheiterte. Das Geiseldrama endete erst nach mehr als einem Jahr am 20.1.1981.

Erster Golfkrieg: Der Machtwechsel im I. verleitete den Staatschef im Nachbarland Irak, Saddam Hussein, alte Gebietsansprüche militärisch durchzusetzen. Er kündigte das 1975 unterzeichnete Schatt-el-Arab-Abkommen, das die Grenze beider Staaten in der Region festlegte, wo sich große Erdölvorkommen befinden. Der Eroberungszug unter Saddam Hussein entwickelte sich ab 1980 zu einem Krieg, der erst 1988 beendet wurde. Dem sog. Ersten Golfkrieg fielen unzählige Menschen

Im Ersten Golfkrieg (1980–88) wurden vor allem auf iran. Seite auch Kinder und Jugendliche als Soldaten eingesetzt. Der Machtwechsel im Iran 1979 hatte Iraks Staatschef Saddam Hussein dazu verleitet, das Schatt-el Arab-Abkommen aufzukündigen und alte Gebietsansprüche geltend zu machen. Es folgten acht Jahre erbitterter Krieg. (Foto: Iran. Soldaten im September 1987 auf dem Weg zur Front)

auf beiden Seiten zum Opfer. Auf iran. Seite mussten auch zahllose Kinder und Jugendliche als Soldaten an dem Krieg teilnehmen.

Wechsel an der Staatsspitze: Durch die Politik des Regimes geriet der I. auf internationaler Ebene in die Isolation. Verstärkt wurde sie Ende der 80er Jahre durch das von Khomeini kurz vor seinem Tod ausgesprochene »Todesurteil« gegen den ind.-brit. Schriftsteller Salman Rushdie wegen seines Romans »Die satanischen Verse«. Nach dem Tod Khomeinis am 3.6.1989 wurde Ayatollah Chamenei zum neuen »Führer der Islamischen Revolution« ernannt. Eine Verfassungsänderung im selben Jahr (28.7.1989) schaffte das Amt des Ministerpräsidenten ab und führte das des Präsidenten der Republik ein. In dieses Amt wurde Ali Akbar Haschemi Rafsandschani gewählt, der zaghafte Versuche in Gang setzte, die außenpolitische Isolation des Landes zu überwinden. Am 11.6.1993 wurde er in seinem Amt bestätigt.

Präsidentschaft Chatamis

Vorsichtige Öffnung: Als ein Wendepunkt für die weitere Entwicklung in der Islamischen Republik I. wird die Wahl Muhammad Chatamis zum Staatspräsidenten gesehen. Chatami, der am 23.5.1997 in dieses Amt gewählt wurde, gilt als reformorientierter Politiker, der das politische System liberalisieren und politische Teilnahmemöglichkeiten auch für andere gesellschaftliche Gruppierungen öffnen möchte. Seine Wahl zum Staatspräsidenten führte zu einem bis heute andauernden Richtungsstreit zwischen den vom ihm unterstützten reformorientierten Kräften und den konservativen Geistlichen unter der Führung von Ayatollah Chamenei. Die Politik Chatamis erschloss in der Folgezeit liberaleren Kräften den Zugang zur politischen Teilhabe. Deutlich wurde dies bei den Kommunalwahlen 1999 und bei den Parlamentswahlen am 18.2.2000, bei denen die Reformpolitiker einen Sieg davontrugen.

Bücher machen Politik: Salman Rushdie und Betty Mahmoody

Nach der Veröffentlichung der »Satanischen Verse« von Salman Rushdie sprach der damalige Revolutionsführer Khomeini 1989 in Form einer »Fatwa« ein Todesurteil gegen den ind.-brit. Autor aus. Anlass waren Passagen im Roman, in denen der Autor den Propheten Mohammed in einem – von Gläubigen als anstößig empfundenen – fiktiven Kontext auftreten lässt. Das Todesurteil sorgte für diplomatische Spannungen mit verschiedenen Staaten und verstärkte die außenpolitische Isolation des Iran. Das Urteil zwang Rushdie, sich versteckt zu halten.

»Nicht ohne meine Tochter« ist die Geschichte einer mit einem iran. Arzt verheirateten US-Amerikanerin, die von ihm gezwungen wird, zusammen mit der gemeinsamen Tochter nach Ausbruch der islamischen Revolution im Iran zu bleiben. Breiten Raum des als authentischer Lebensbericht aufgemachten Bestsellers nehmen klischeehafte Schilderungen des iran. Alltags ein, die ein abstoßendes Bild von Land und Leuten vermitteln, sowie die abenteuerliche Flucht Betty Mahmoodys und ihrer Tochter. Der Erfolg des Buches (1987) lag darin, aus westlicher Sicht »den Islam« zu schildern.

Staatsoberhäupter des Iran

Reg.-Zeit	*Name (Herrschergeschlecht)*	*Lebensdaten*
1896–1907	Muzaffar ud-Din Schah (Qadjaren)	1853–1907
1907–09	Muhammad Ali Schah (Qadjaren)	1876–1925
1909–25	Sultan Ahmad Schah (Qadjaren)	1898–1930
1925–41	Reza Schah (Pahlavi)	1878–1944
1941–79	Muhammad Reza Schah (Pahlavi)	1919–1980
1979–89	Ayatollah Ruhollah Musawi Khomeini [1]	1902–1989
seit 1989	Ayatollah Sayed Ali Chamenei [1]	*1940

1) Führer der islamischen Revolution

Konservatives Gegengewicht: Die konservativen Kräfte, die sich gegen eine Demokratisierung des politischen Systems stellen und das von Khomeini in den 60er Jahren formulierte Prinzip der provisorischen Herrschaft der islamischen Rechtsgelehrten (Welajate Fakih) vertreten, konnten bislang jedoch ihre Machtposition im Staate behaupten, da sie trotz der Wahlniederlage wichtige Institutionen des staatlichen Machtapparats wie den »Wächterrat« (Schura-ye Negeh-ban) beherrschen. Ein weiterer Bereich, der unter der Herrschaft der konservativen Rechtsgelehrten steht, ist die Justiz. Nach den Parlamentswahlen im Februar 2000 ist vor allem das Pressegericht (Dadgahe Metbuat) verstärkt in Erscheinung getreten; zahlreiche reformorientierte Journalisten wurden verhaftet und vor dieses Gericht gestellt. Der Druck auf die Presse begann jedoch schon 1998, als einzelne Zeitungen verboten wurden. Ein schärferes Pressegesetz, das am 7.7.1999 vom Parlament verabschiedet wurde, lieferte die gesetzliche Grundlage, gegen unliebsame Journalisten gerichtlich vorzugehen.

Die Reformer im Iran bemühen sich seit dem Amtsantritt von Staatspräsident Muhammad Chatami 1997 auch um eine Öffnung des Landes nach außen. Durch den Ausbau diplomatischer Beziehungen soll die außenpolitische Isolation des Iran durchbrochen werden. (Foto: Chatami bei seinem Staatsbesuch in Deutschland im Juli 2000 mit Bundeswirtschaftsminister Werner Müller (l.) und dem BDI-Vorsitzenden Hans-Olaf Henkel)

Proteste: Sowohl der Ruf gesellschaftlicher Kräfte nach Reformen als auch die Reaktionen der konservativen Kreise mittels ihrer Machtinstrumente intensivierten sich 1999. Nach der Schließung der liberalen Tageszeitung »Salam« kam es im Juli zu Massendemonstrationen insbes. von Studenten. Ein Erfolg dieser Proteste war die Absetzung des Leiters des Justizwesens, Ayatollah Muhammad Jasdis, im August; er hatte das Verbot der Zeitung angeordnet. Der Nationale Sicherheitsrat unter Staatspräsident Chatami ließ auch einige Polizeikommandeure verhaften, die für Übergriffe auf Studenten verantwortlich gemacht wurden.
Der Machtkampf zwischen Konservativen und Reformern erreichte nach dem Sieg der letzteren bei den Wahlen im Februar 2000 einen neuen Höhepunkt. Die Justiz ging verstärkt gegen die liberale Presse vor. Im April 2000 wurden 13 Zeitungen und Zeitschriften verboten, da sie gegen Glaubensgrundsätze des Islam verstoßen hätten; mehrere Journalisten wurden verhaftet.

Außenpolitik: Außenpolitisch bemühen sich die reformorientierten Kräfte in der Führung des Landes um eine Wiederaufnahme der diplomatischen Beziehungen zu den USA, die seit der Besetzung der US-Botschaft am 4.11.1979 unterbrochen sind. Ein erster Schritt war die Teilnahme der iran. Nationalelf an einem Freundschaftsspiel gegen die Mannschaft der USA im Januar 2000. Danach äußerte der iran. Außenminister Kamal Charasi, dass der I. zu Verhandlungen über eine Wiederaufnahme der diplomatischen Beziehungen bereit sei, wenn sie auf der Basis gegenseitigen Interesses und der Gleichberechtigung erfolgten. Zugleich schlug er die Einrichtung einer US-amerikan. Handelsvertretung oder eines Konsulats auf der Insel Kisch vor, die in einer Freihandelszone liegt. Die USA lockerten ihre Boykottpolitik gegenüber dem I. Im März 2000 hoben sie – mit Ausnahme von Erdöl – das Importverbot für iran. Produkte auf. Nach dem Erfolg der reformorientierten Kräfte bei den Parlamentswahlen wuchs auch in Deutschland die Hoffnung, dass nach dem Scheitern des kritischen Dialogs mit dem I. eine Annäherungspolitik im deutsch-iran. Verhältnis beginnen könnte. Belastet war das deutsch-iran. Verhältnis aufgrund des »Mykonos-Prozesses« gegen Personen, denen die Ermordung des Generalsekretärs der Demokratischen Kurd. Partei des I., Sadegh Sharafkandi, sowie zweier Funktionäre der Partei und eines Dolmetschers zur Last gelegt wurde. *F.Ş./H.A.*

Irland

Republik Irland

I. wurde 1922 Freistaat mit dem Status eines Dominion im British Empire (ab 1931: British Commonwealth of Nations). 1937/49 erfolgte die Proklamation der Republik und die Lösung der Bindungen an Großbritannien und den Commonwealth. Seit 1993 ist I. Mitglied der Europäischen Union. Nationalfeiertag ist der Saint Patrick's Day am 17. März zur Erinnerung an den ir. Apostel und Schutzpatron Patrick († 461).

Irland um 1900

Ausgangslage: Der Widerstand der Iren gegen die politische, wirtschaftliche und religiöse Unterdrückung durch Großbritannien bildete einen zentralen Konflikt im 1801 durch Zwangsunion entstandenen »Vereinigten Königreich Großbritannien und Irland«. Die katholischen Iren traten mehrheitlich für die Unabhängigkeit der Insel ein, die vor allem in Nordirland siedelnden Anglikaner hingegen wollten die Union mit Großbritannien aufrechterhalten (»Unionists«).
Emigration: Die Hungerkatastrophe in Irland (1845), der mehr als 1 Mio Menschen zum Opfer fielen, ließ die Auswanderung vor allem in die USA ansteigen; durch Tod und Emigration verringerte sich die Bevölkerung in I. von 1841–1900 von 8,2 auf 4,5 Mio. I. war zu Beginn des 20. Jh.s das einzige Land Europas, dessen Bevölkerungszahl trotz Geburtenüberschuss sank.

Vergeblicher Kampf um Autonomie

Home Rule: 1874 konstituierte sich auf Anregung Isaac Butts die Home Rule Party durch Abspaltung von der Liberal Party. Der Begriff Home Rule (Selbstregierung) war bis zum Ersten Weltkrieg das Schlagwort für den parlamentarischen Kampf um die ir. Autonomie. Ziel war ein eigenes Parlament und eine eigene Regierung für I.
Widerstand gegen die Home Rule. Der liberale Premier William Gladstone scheiterte 1886 und 1893 mit seiner Absicht, I. die Home Rule zu gewähren, an den Konservativen und an der eigenen Partei, aus der die Unionists austraten. Das Scheitern der Home Rule Bills führte in I. zu einem Anwachsen radikalnationalistischer Bewegungen. 1905 gründeten Arthur Griffith u. a. die nationalistische Partei Sinn Féin (»wir selbst«). Anders als die

Irland 2000	
Landesfläche	70 282 km² (WR 117)
Einwohner	3,7 Mio (WR 120)
Hauptstadt	Dublin (478 000 Einwohner)
Sprachen	Englisch, Gälisch (Irisch)
Währung	1 Irisches Pfund (Ir £) =100 New Pence
Gliederung	4 Provinzen
Staatsform	Parlamentarische Republik (seit 1937)
Religion	Christen (96,3%): Katholiken 93,1%, Anglikaner 2,8%, Presbyterianer 0,4%; Sonstige (3,7%)
Bevölkerung	Iren (93,7%); Sonstige (6,3%)

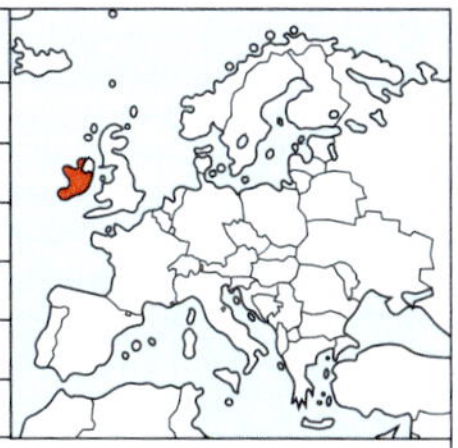

Irland im 20. Jahrhundert	
1905	Gründung der radikal-nationalistischen Unabhängigkeitspartei Sinn Féin.
1912	Die liberale brit. Regierung Herbert Asquith bringt die dritte Home Rule Bill ein: Irland soll Autonomie erhalten.
1914	Bürgerkriegsähnliche Unruhen wegen der Home Rule Bill.
1916	Der Osteraufstand von Sinn Féin und Gewerkschaften scheitert, die Führer der Unabhängigkeitsbewegung werden hingerichtet.
1919	Der vom Sinn Féin dominierte Dáil Eireann (Parlament) proklamiert die von Großbritannien nicht anerkannte Republik Irland.
1920	Großbritannien teilt Irland durch den Government of Ireland Act, Nordirland erhält Autonomie; die Republik Irland lehnt das Gesetz ab.
1921	Der angloir. Vertrag sieht die Schaffung des Freistaats Irland vor.
1922	Die Gründung des Irish Free State führt zur Spaltung von Sinn Féin und zum Bürgerkrieg (bis 1923) zwischen Gemäßigten und Radikalen.
1926	Eamon de Valera gründet die radikal-republikanische Partei Fianna Fáil.
1932	De Valera wird Premierminister (bis 1948, erneut 1951–54 und 1957–59).
1937	Irland wird Republik, Großbritannien nimmt diesen einseitigen Schritt hin.
1939	Im Zweiten Weltkrieg bleibt Irland neutral.
1948	Irland ist Gründungsmitglied der OEEC.
1949	Irland scheidet aus dem British Commonwealth of Nations aus und ist Gründungsmitglied des Europarats.
1955	Beginn des terroristischen Kampfs der Irish Republican Army (IRA) für die Vereinigung Nordirlands mit der Republik Irland.
1965	Erstes ir.-nordir. Gipfeltreffen.
1966	Inkrafttreten der ir.-brit. Freihandelszone.
1968	Beginn des Bürgerkriegs in Nordirland (bis 1998).
1973	Irland tritt der EG bei.
1985	Irland erhält begrenztes Mitspracherecht bei der Verwaltung Nordirlands.
1992	Ein Referendum erlaubt Irinnen Schwangerschaftsabbrüche in anderen EG-Staaten; das verfassungsmäßige Abtreibungsverbot bleibt bestehen.
1993	Irland wird nach entsprechendem Referendum Mitglied der EU.
	Großbritannien und Irland erkennen das Selbstbestimmungsrecht aller Bewohner der »Insel Irland« an und fordern zu Friedensgesprächen auf.
1994	Die IRA verkündet eine einseitige Waffenruhe; protestantische Terrororganisationen folgen diesem Beispiel.
1995	50,2% der Iren votieren für die Einführung der Ehescheidung.
1996	Mary Robinson besucht als erstes ir. Staatsoberhaupt Großbritannien.
1998	Das brit.-ir.-nordir. Friedensabkommen beendet auf der Basis des Selbstbestimmungsrechts den Bürgerkrieg in Nordirland
1999	Irland wird Mitglied der Europäischen Wirtschafts- und Währungsunion.
	Mit der Allparteienregierung unter David Trimble erhält Nordirland erstmals seit 1972 wieder eine eigene Regierung, obwohl eine der wichtigsten Voraussetzungen für die Autonomie, die Entwaffnung der paramilitärischen Verbände, noch nicht abgeschlossen ist.

Unterwerfung Irlands durch Großbritannien

United Kingdom: Während der napoleonischen Kriege trat am 1.1.1801 die vom brit. Premierminister William Pitt d. J. initiierte Union Großbritanniens und Irlands zum »United Kingdom« in Kraft. Die Vereinigung war kein freiwilliger Zusammenschluss, sondern eine Zwangsunion, die Großbritannien der Insel Irland aus strategischen Gründen diktierte. Durch die Union wurde das ir. Parlament aufgehoben, repräsentiert wurde Irland seither durch 100 Abgeordnete im Unterhaus in London; wählbar waren ausschließlich Anglikaner (Protestanten).

Lordship of Ireland: Die Unterwerfung der »Grünen Insel« begann, als der ir. Regionalkönig Dermot MacMurrough von Leinster den engl. König Heinrich II. um Unterstützung gegen rivalisierende Stammeskönige bat; Heinrich II. setzte 1171 mit einem Heer auf die Insel über und führte die Oberlehnsherrschaft der engl. Krone ein.

Systematische Unterwerfung: Die systematische Unterwerfung Irlands begann nach der Reformation. 1541 nahm der engl. König Heinrich VIII., der sich 1534 zum Oberhaupt der anglikanischen Kirche proklamiert hatte, den Titel eines Königs von Irland an. Als sein Versuch scheiterte, der ir. Bevölkerung den neuen Glauben aufzuzwingen, begann er mit der Enteignung der katholischen Iren; das konfiszierte Land erhielten – fast ausnahmslos engl. – Angehörige seiner Staatskirche (Anglikaner). Die Enteignung der ir. Katholiken wurde nach der Puritanischen Revolution unter Oliver Cromwell (1653–58) forciert, begleitet durch die größten Massendeportationen der engl. Geschichte. Die katholischen Iren wurden an die Westküste umgesiedelt, während ca. 170 000 Anglikaner vor allem in Nordirland angesiedelt wurden (»planting«). Ende des 18. Jh.s befand sich 90% des ir. Grundbesitzes in engl. bzw. angloir. Hand.

Irischer Aufstand: Der erfolgreiche Unabhängigkeitskrieg (1775–83) der nordamerikan. Kolonien gegen Großbritannien und die Französ. Revolution weckten auch in Irland Freiheitsbestrebungen. Theobald W. Tone gründete 1791 in Belfast die republikanische Gesellschaft United Irishmen, die bald mehr als 500 000 Mitglieder zählte. 1798 initiierten die United Irishmen einen von Frankreich unterstützten Aufstand gegen die Fremdherrschaft. Brit. Militär und paramilitärische Verbände der protestantischen Orangemen (Oranier) schlugen den Aufstand mit großer Brutalität nieder, die in ganz Europa Aufsehen erregte, 30 000 Iren wurden ermordet. Der brit. Premierminister William Pitt nahm den Aufstand und das Eingreifen Frankreichs zum Anlass, die »Finalunion« Irlands mit Großbritannien unter Hinweis auf die strategische Bedeutung der Insel durchzusetzen. (Abb. oben: Agitation der Land League in Irland, 1881; unten: Charles Stewart Parnell, der Gründer der ir. Land League)

gemäßigte Home Rule Party erstrebte Sinn Féin keinen Autonomiestatus für I., sondern die staatliche Unabhängigkeit.

Beginn des Bürgerkriegs: Am 11.4.1912 brachte die liberale Regierung Herbert Asquith erneut eine Home Rule Bill ein. Das Autonomiegesetz wurde zweimal vom Unterhaus verabschiedet und jeweils vom Oberhaus abgelehnt; damit hatte das Oberhaus sein Vetorecht ausgeschöpft. Im Mai 1914 wurde die Home Rule Bill in dritter Lesung in einer Kompromissfassung vom Unterhaus verabschiedet und hätte Gesetz werden müssen; inzwischen hatte sich jedoch massiver Widerstand gegen die ir. Teilautonomie formiert. Der konservative nordir. Unterhausabgeordnete Edward Carson initiierte und leitete den bewaffneten Widerstand der probrit. protestantischen Ulster Unionists gegen das Gesetz; die Sinn Féin bildete gleichfalls eine Privatarmee (Kern der späteren IRA); der konservative brit. Oppositionsführer Andrew Bonar Law rief öffentlich zu Sabotageaktionen, Streiks und Meutereien in der Armee auf, um die Teilautonomie zu verhindern. I. zerfiel in zwei Lager mit den Zentren Dublin (pro Unabhängigkeit) und Belfast (Unionists). Die Regierung Asquith zögerte angesichts der Unruhen das Inkrafttreten des Gesetzes hinaus, die meisten brit. Offiziere standen auf Seiten der Union. Die Situation eskalierte im Juli in blutigen Zusammenstößen zwischen Unabhängigkeitskämpfern und der brit. Armee sowie Angehörigen der Unionist-Kampfverbände. Die Meldung vom Ausbruch des Ersten Weltkriegs ließ die Unruhen vorübergehend abebben, was u. a. dem mäßigenden Einfluss von John Redmond, dem Führer der Ir. Nationalpartei, zu verdanken war. Das Home-Rule-Gesetz wurde im September 1914 von König George V. unterzeichnet und sofort suspendiert, sodass es nie in Kraft trat.

Blutiger Weg zur Unabhängigkeit

Vorbereitungen: Nach Ausbruch des Ersten Weltkriegs mehrten sich in der ir. Unabhängigkeitsbewegung Bestrebungen, den Krieg zu einem Aufstand gegen die Briten zu nutzen. Dabei kam es zu einer Annäherung zwischen Sinn Féin und der von James Connolly geleiteten Gewerkschaftsbewegung. Der pensionierte ehemalige Konsulatsbeamte Roger Casement organisierte ab Ende 1914 von Deutschland aus einen Aufstand und sondierte die Möglichkeit einer deutschen Unterstützung. Kurz vor Beginn des Osteraufstands setzte ihn ein deutsches U-Boot vor I. ab.

Osteraufstand: Am 24.4.1916, einem Ostermontag, begann in Dublin der von Sinn Féin und von den Gewerkschaften getragene Aufstand gegen die Briten. Die Separatisten besetzten die strategisch wichtigen Punkte der Stadt, ein provisorischer Nationalrat proklamierte die Ir. Republik mit Patrick Pearse, dem Kommandanten der Befreiungstruppen, als designiertem Präsidenten. Brit. Truppen schlugen den Osteraufstand innerhalb einer Woche blutig nieder, 3000 Menschen wurden verhaftet, 2000 von ihnen interniert. 15 führende Freiheitskämpfer wurden von den Briten exekutiert, unter ihnen der designierte Präsident Pearse, Gewerkschaftsführer Connolly und Roger Casement. Der Hinrichtung entging der spätere Minister- und Staatspräsident Eamon de Valera, da er die US-amerikan. Staatsbürgerschaft besaß; er wurde zu lebenslänglicher Zwangsarbeit verurteilt (1917 amnestiert).

Proklamation der Unabhängigkeit: Bei den Parlamentswahlen im Dezember 1918 errang die Sinn Féin 73 der 106 ir. Sitze im Unterhaus in London, während die von John Redmond geführte gemäßigte Ir. Nationalpartei mit sechs Mandaten in der Bedeutungslosigkeit verschwand; die probrit. ir. Unionisten stellten 26 Abgeordnete, von denen nur drei nicht aus Ulster stammten. Die überwiegende Mehrheit der ir. Abgeordneten trat im Januar 1919 in Dublin zum Dáil Eireann (Versammlung von Irland) zusammen. Die offizielle Eröffnung dieser von Sinn Féin dominierten konstituierenden Nationalversammlung erfolgte am 21.1.1919 im Mansion House in Dublin mit der Verlesung der Unabhängigkeitserklärung der Republik I. Zum Präsidenten wurde de Valera gewählt, der mit Hinweis auf die »14 Punkte« des US-Präsidenten Woodrow Wilson das Recht auf nationale Selbstbestimmung einforderte. Als die brit. Regierung unter David Lloyd George den Dáil und die republikanische Regierung nicht anerkannte, begann die IRA (Irish Republican Army) als militärischer Arm der Sinn Féin einen Kleinkrieg gegen die anglikanisch dominierte Royal Irish Constabulary, eine von London ausgerüstete Spezialeinheit der Polizei; geführt wurde die IRA von Michael Collins, der in der Geheimregierung de Valeras als Innen- und Finanzminister sowie als Chef für Organisation und Nachrichtenwesen der IRA amtierte.

Government of Ireland Act: Am 23.12.1920 verabschiedete das Unterhaus in London den von der Regierung Lloyd George eingebrachten Government of Ireland Act. Das Gesetz sah die Teilung I.s in das überwiegend protestantische Nordirland und das katholische Südirland mit Autonomierechten und Parlamenten in beiden Landesteilen vor; für gemeinsame Belange sollte ein Council of Ireland geschaffen werden, übergeordnete Instanz sollte das Parlament in London sein. Die revolutionäre Republik I. unter de Valera lehnte das Gesetz ab, die IRA verstärkte ihren Kampf gegen Großbritannien (Anglo-Irish War bis Juli 1921). Northern Ireland hingegen wurde durch die Annahme des Gesetzes ein autonomer Landesteil Großbritanniens mit eigenem Parlament und eigener Regierung.

Der Osteraufstand war der Beginn der ir. Unabhängigkeitsbewegung. Am 24.4.1916 besetzten Separatisten die strategisch wichtigsten Gebäude in Dublin. Brit. Truppen schlugen den Aufstand binnen einer Woche gewaltsam nieder. (Foto: Nach dem Ende des Osteraufstands bewachten brit. Armeeoffiziere das Zentrum Dublins)

Gründung des Irish Free State

Angloirischer Vertrag: Auf Druck des brit. Premierministers David Lloyd George trafen sich im Juli 1921 der nordir. Premier James Craig und der offiziell nicht anerkannte ir.-re-

Stichwort: Irisch Republikanische Armee (IRA)

Die oft vereinfachend als »katholisch« bezeichnete Irish Republican Army (IRA, gegründet 1919) kämpft für die Unabhängigkeit ganz Irlands. Die Politisierung der Konfessionszugehörigkeit war Resultat der jahrhundertelangen Entrechtung der katholischen Iren durch die vor allem in Nordirland angesiedelten anglikanischen Briten.

Nach der Proklamation des Freistaats Irland 1922 und dem Ende des Bürgerkriegs 1923 schlossen sich die meisten IRA-Mitglieder der regulären ir. Freistaatsarmee an. So sank die IRA zur extremistischen Splittergruppe herab.

Mitte der 50er Jahre nahm die IRA mit terroristischen Mitteln den Kampf um die Vereinigung Nordirlands mit Irland wieder auf. Die Katholiken in Nordirland begrüßten die Forderungen der IRA, da die Katholiken dort von der anglikanischen Mehrheit ausgegrenzt wurden.

1968 begann der Bürgerkrieg, neben Londonderry wurde Belfast ein Brennpunkt der Auseinandersetzungen zwischen extremistischen anglikanischen Unionisten und extremistischen Katholiken, als deren »Schutzformation« sich die IRA verstand. Der Terror forderte bis Ende des 20. Jh.s mehr als 3000 Menschenleben. Das Friedensabkommen, das der katholische Ire John Hume und der anglikanische (Nord-)Ire David Trimble ausgehandelt hatten, fand hohe Zustimmung bei der nordir. (71,1%) und der ir. (94,5%) Bevölkerung. Es lässt eine Änderung der staatlichen Zugehörigkeit nur mit demokratischen Mitteln zu.

Eamon de Valera, 1906–14 Professor für Mathematik in Dublin, engagierte sich seit 1913 in der ir. Unabhängigkeitsbewegung. Nach der einseitigen Unabhängigkeitserklärung der Republik Irland 1919 wurde er zum Präsidenten der aufständischen Regierung gewählt. Er trat Ende 1921 aus Protest gegen den angloir. Vertrag über die Gründung des Irish Free State zurück und provozierte so eine Spaltung der Sinn Féin. (Foto: De Valera bei einer Kundgebung in Enniscorthy)

publikanische Präsident Eamon de Valera in London und vereinbarten einen Waffenstillstand und die Aufnahme von Friedensverhandlungen. Die am 21.10. eröffnete Friedenskonferenz leiteten auf ir.-republikanischer Seite die gemäßigten Sinn-Féin-Politiker Arthur Griffith und Michael Collins. Nach zähen Verhandlungen wurde am 6.12.1921 in London der angloir. Vertrag unterzeichnet: Er sah die Gründung eines Irish Free State (Saorstát Eireann) mit dem Status eines Dominion innerhalb des British Empire vor; dafür akzeptierten die ir.-republikanischen Verhandlungsführer die Abtrennung Nordirlands.

Spaltung von Sinn Féin: Am 7.1.1922 verabschiedete der Dáil Eireann den angloir. Vertrag über die Gründung des Irish Free State. Die relativ knappe Mehrheit von 64 zu 57 Stimmen spiegelte die Zerrissenheit von Sinn Féin; Eamon de Valera trat aus Protest gegen den Vertrag als Präsident der (nicht anerkannten) Republik zurück und löste eine Spaltung der Partei aus. Die Radikalen um de Valera werteten den Vertrag als Verrat, da das Ziel des Freiheitskampfs die vollständige Unabhängigkeit der gesamten Insel bleiben müsse; Auch Griffith, Collins, William Cosgrave und die anderen gemäßigten Angehörigen von Sinn Féin strebten die Errichtung einer souveränen Republik an, doch hofften sie, auf dem Weg des Kompromisses mehr erreichen zu können als durch Terror und Krieg.

Bürgerkrieg: Bei den Parlamentswahlen am 16.6.1922 errang die gemäßigte Sinn Féin 92 Mandate, die Radikalen um de Valera nur 36. Gegen diese demokratische Mehrheitsentscheidung lösten die Radikalen einen Bürgerkrieg mit unzähligen Toten aus. Durch Terroraktionen der IRA versuchte de Valera, die Regierung Griffith zur Fortsetzung des Kampfs gegen Großbritannien zu zwingen. Die Regierung ging mit dem Standrecht gegen die Radikalen vor; 1923/24 war de Valera inhaftiert. Nach Griffiths Tod wurde am 9.9.1922 der Konservative Cosgrave zum Regierungschef gewählt.

Proklamation des Freistaats: Am 25.10.1922 bestätigte das Parlament in London die Verfassung des Irish Free State. Mit seiner Proklamation durch König George V. am 6.12.1922 war die erste Etappe im Unabhängigkeitskampf abgeschlossen. Der brit. Monarch trug fortan nicht mehr den Titel »König von Großbritannien und Irland«, sondern »von Großbritannien und Nordirland«, blieb jedoch weiterhin Staatsoberhaupt von I.; vertreten wurde er wie in den anderen brit. Dominions durch einen Generalgouverneur.

Neue Parteien: Nach der Spaltung von Sinn Féin gründete Premierminister Cosgrave 1923 mit den Befürwortern des angloir. Vertrags die Partei Cumann na nGaedheal (Vereinigung der Gälen), die sich 1932 mit kleineren konservativen Gruppierungen zur Fine Gael (Stamm der Gälen) zusammenschloss. Cosgrave gelang es während seiner langen Regierungszeit (1922–32), den jungen Staat zu konsolidieren. De Valera legte 1926 den Vorsitz von Sinn Féin nieder und gründete die republikanische Partei Fianna Fáil (Soldaten des Schicksals). Fianna Fáil gab – anders als Sinn Féin – den Boykott des Parlaments auf und ging aus den Wahlen von 1927 als stärkste Oppositionskraft hervor.

Neutrale Republik

Regierungswechsel: Nach dem Wahlsieg der Fianna Fáil löste Eamon de Valera am 9.3.1932 Cosgrave als Premier ab (bis 1948). Zu den ersten Maßnahmen seines antibrit. Kurses zählten die Abschaffung des Regierungstreueids auf die brit. Krone, die Einstellung der Jahreszahlungen an Großbritannien, die Einführung hoher Schutzzölle und ein wirtschaftlich ruinöser Zollkrieg mit Großbritannien, der erst 1936/38 durch Handelsverträge beigelegt wurde; gleichzeitig baute de Valera sozialstaatliche Einrichtungen aus.

Republik: Am 29.12.1937 trat eine republikanische Verfassung in Kraft, durch die der nun »Éire« genannte Staat faktisch aus dem Commonwealth ausschied. Der brit. König wurde in der Verfassung nicht mehr erwähnt, an seine Stelle trat der Präsident als alleiniges Staatsoberhaupt. Großbritannien nahm diese einseitige Verfassungsänderung hin. Als erster Staatspräsident I.s wurde am 3.5.1938 der Dichter, Sprach- und Literaturforscher Douglas Hyde vereidigt.

Neutralität: Die Wahlen vom 17.6.1938 bestätigten die Regierung de Valera, die im Zweiten Weltkrieg strikte Neutralität wahrte und die Errichtung von Luftwaffenstützpunkten der Alliierten ablehnte; Nordirland hingegen war als Teil Großbritanniens am Krieg beteiligt. Nach dem Zweiten Weltkrieg setzte I. seine Neutralitätspolitik fort und lehnte einen NATO-Beitritt ab. 1948 war es Gründungsmitglied der Organisation für Europäische Wirtschaftliche Zusammenarbeit (OEEC) und 1949 des Europarats. Am Ostermontag, dem 18.4.1949 – dem Jahrestag des Osteraufstands von 1916 – schied I. auch formal aus dem Commonwealth aus. Das brit. Parlament erkannte am 3.5.1949 das Ausscheiden von Éire aus dem Commonwealth an. 1955 erfolgte der Beitritt I.s zu den Vereinten Nationen (UN).

George V. war 1910–22 König von Großbritannien und Irland. Nach der Gründung des Irish Free State 1922 amtierte der Monarch 1922–36 als König von Großbritannien und Nordirland, blieb jedoch auch weiterhin Staatsoberhaupt von Irland. Erst nach seinem Tod (1936) trat 1937 eine republikanische Verfassung Irlands in Kraft.

Irland und der Nordirlandkonflikt

Staatsziel: Nach der Proklamation des Freistaats 1922 und dem Ende des Bürgerkriegs 1923 schlossen sich die meisten Mitglieder der Irish Republican Army (IRA) der ir. Armee an, während die IRA zur extremistischen Splittergruppe ohne politischen Einfluss herabsank. Die Verfassung von 1937 verankerte als Staatsziel die Vereinigung mit Nordirland, bezeichnete »die ganze Insel« als Staatsgebiet, beschränkte den Geltungsbereich der Gesetze jedoch auf die Republik. Am 14.1.1965 kam es zwischen Premier Sean Lemass und dem nordir. Premier Terence O'Neill zum ersten ir.-nordir. Gipfeltreffen seit der Teilung der Insel. Während des Bürgerkriegs in Nordirland (1968–98) unterzeichneten I. und Großbritannien am 15.11.1985 ein Abkommen über ein begrenztes Mitspracherecht I.s bei der Verwaltung Nordirlands; die brit. Herrschaft in Nordirland wurde in dem Abkommen anerkannt.

Friedensabkommen: Zu einer Annäherung zwischen I. und Großbritannien in der Nordirlandfrage kam es in den 90er Jahren. Am 16.12.1993 erkannten der brit. Premier John Major und der ir. Premier Albert Reynolds in der gemeinsamen Downing-Street-Erklärung das Selbstbestimmungsrecht aller Bewohner der »Insel Irland« an. Am 4.6.1996 besuchte Mary Robinson als erstes ir. Staatsoberhaupt Großbritannien. Am 10.4.1998 unterzeichneten in Belfast acht nordir. Parteien sowie die Regierungen von Großbritannien und I. ein Abkommen, das auf der Basis des Selbstbe-

Staatsoberhäupter Irlands

Reg.-Zeit	*Name (Herrschergeschlecht bzw. Partei)*	*Lebensdaten*
1837–1901	Victoria (Hannover), Königin von Großbritannien und Irland	1819–1901
1901–10	Edward VII. (Sachsen-Coburg-Gotha), König von Großbritannien und Irland	1841–1910
1910–22	George V. (Sachsen-Coburg-Gotha bzw. Windsor), König von Großbritannien und Irland	1865–1936
1919–21	Eamon de Valera (Sinn Féin), Präsident der Revolutionsrepublik Irland	1882–1975
1922–36	George V. (Windsor), als König von Großbritannien und Nordirland auch Oberhaupt des Irish Free State	1865–1936
1936	Edward VIII. (Windsor), als König von Großbritannien und Nordirland auch Oberhaupt des Irish Free State	1894–1972
1936–49	George VI. (Windsor), als König von Großbritannien und Nordirland auch Oberhaupt Irlands, wo ab 1938 zugleich eigene Staatspräsidenten amtieren	1895–1952
1938–45	Douglas Hyde	1860–1949
1945–59	Sean Thomas O'Kelly (Fianna Fáil)	1882–1966
1959–73	Eamon de Valera (Fianna Fáil)	1882–1975
1973/74	Erskine Childers (Fianna Fáil)	1905–1974
1974–76	Cearbhall O'Dalaigh	1911–1978
1976–90	Patrick Hillery (Fianna Fáil)	*1923
1990–97	Mary Robinson (parteilos für Labour Party)	*1944
seit 1997	Mary McAleese (Fianna Fáil)	*1951

Die wichtigsten Parteien im 20. Jh.

Name (Abkürzung)	*Politische Richtung*	*Gründung*
Home Rule Party	liberal	1874
Sinn Féin	republikanisch	1905
Labour Party	sozialdemokratisch	1912
Fianna Fáil	republikanisch	1926
Fine Gael	konservativ	1933

Stichwort: Rückwanderung

Rückwanderung: Das Wirtschaftswachstum in Irland, einem der klassischen Auswanderungsländer Europas, machte sich u. a. bemerkbar in einer Einwanderungswelle, die 1997 mit 44 000 ir. Rückkehrern einen Rekord verzeichnete. 1951–61 hatte Irland jährlich einen Verlust von fast 41 000 Personen verzeichnet, 1981–91 hatten die Verluste jährlich bei etwa 20 000 Menschen gelegen. 1991–95 verzeichnete Irland wieder einen leichten Anstieg der Gesamtbevölkerung um 1,5%. Waren nach dem Zweiten Weltkrieg die meisten Auswanderer nach Großbritannien gegangen, kehrte sich dieser Trend Ende des 20. Jh.s um: 1998/99 suchten vor allem in der Baubranche brit. Arbeitskräfte Beschäftigung in Irland. Die Arbeitslosigkeit in Irland fiel 1999 auf einen historischen Tiefstand von 6,4%.

stimmungsrechts den Bürgerkrieg in Nordirland beenden sollte. Am 22.5.1998 wurde das Friedensabkommen bei Volksabstimmungen mit überwältigender Mehrheit in Nordirland (71,1%) und I. (94,5%) angenommen. I. akzeptierte in dem Abkommen, dass Nordirland so lange bei Großbritannien bleibt, wie dies dem dortigen Mehrheitswillen entspricht; analog zu dieser Bestimmung strich I. den territorialen Anspruch auf Nordirland aus seiner Verfassung.

Kooperation: Als die katholische Terrorgruppe True IRA am 15.8.1998 im nordir. Omagh den mit 29 Toten und Hunderten von Verletzten beider Konfessionen blutigsten Bombenanschlag der letzten 30 Jahre verübte, betrieben die Regierungen in Dublin und London gemeinsam die Verfolgung der Attentäter, I. reagierte mit der sofortigen Verschärfung der Antiterrorgesetze. Der gemeinsame Druck führte dazu, dass die True IRA am 8.9.1998 einen vollständigen Waffenstillstand ankündigte. Als der Friedensprozess dennoch ins Stocken geriet, hielt Tony Blair am 26.10.1998 als erster brit. Premier seit der Teilung der Insel eine Rede in Dublin vor Repräsentantenhaus und Senat; dabei warb er für eine noch stärkere aktive Rolle der Republik I. im nordir. Friedensprozess.

Mitglied der Europäischen Union

Wirtschaftlicher Wandel: Während I. zu Beginn des 20. Jh.s unter brit. Herrschaft zu den ärmsten Ländern Europas zählte, war die unabhängige Republik I. Ende des 20. Jh.s einer der wirtschaftlich erfolgreichsten Staaten des Kontinents.

Keltischer Tiger: Am 18.6.1992 votierten 68,7% der Stimmberechtigten für die Verträge von Maastricht. Auf der Grundlage dieses Referendums wurde I. am 1.11.1993 Mitglied der Europäischen Union (EU), in der es innerhalb weniger Jahre zu den wirtschaftlich dynamischsten Ländern avancierte. 1999 verzeichnete I. mit knapp 9% eine der höchsten wirtschaftlichen Wachstumsraten in der EU bei einer Inflationsrate von lediglich 2,6%. Als die »vier Pfoten« dieses als »keltischer Tiger« bezeichneten Erfolgs gelten die Mitgliedschaft in der EU, umfassende Steuervergünstigungen für ausländische Investoren besonders aus dem Hightechbereich und dem Finanzdienstleistungssektor, ein großes Reservoir von hervorragend ausgebildeten Arbeitskräften sowie eine (bis zum Jahr 2000 befristete) »Sozialpartnerschaft« zwischen Arbeitgebern, Gewerkschaften und Bauernverbänden. Als Schwächen galten die Überhitzung der Konjunktur und die einseitige Exportorientierung. *B.P.*

Links: Bei dem Bombenattentat der True IRA in Omagh im nordir. County Tyrone am 15.8.1998 wurden 29 Menschen getötet. Großbritannien und Irland verschärften daraufhin den Druck auf die Terrorgruppen.

Rechts: Der anglikanische Unionist David Trimble (l.) und sein katholischer Gegenspieler John Hume, der für ein geeintes Irland eintrat, warben im Mai 1998 für das Nordirland-Friedensabkommen. Der Einsatz der beiden Politiker für eine friedliche Beilegung des Nordirlandkonflikts wurde 1998 mit dem Friedensnobelpreis ausgezeichnet.

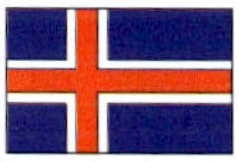

Island

Republik Island

Die dän. Kolonie I. wurde 1918 selbstständiges Königreich in Personalunion mit Dänemark und konstituierte sich am 17.6.1944 als Republik unter dem militärischen Schutz der USA. Der 17.6. ist seither Nationalfeiertag.

Auf dem Weg zur Unabhängigkeit

Verfassungskämpfe: Als geistiger Vater der isländ. Unabhängigkeit gilt Jón Sigurdsson, der im 19. Jh. mit der Forderung nach Autonomie und Wiederherstellung der gesetzgebenden Gewalt des Althingi (Parlament) die Freiheitsbewegung prägte. Sigurdsson war wesentlich beteiligt an der Formulierung der ersten Verfassung, die der dän. Kolonie Ansätze von innerer Selbstständigkeit gab; sie trat 1874 anlässlich der 1000-Jahr-Feier der Ankunft norweg. Wikinger in Kraft: Das Althingi übte die gesetzgebende Gewalt aus und kontrollierte die von einem in Kopenhagen residierenden I.-Ministerium geführte Verwaltung; die Exekutive lag beim Landshöfdingi, einem dem I.-Ministerium unterstellten Gouverneur.

Autonomie: Der liberale dän. Systemwechsel von 1901 brachte weitere Fortschritte; die Verfassungsrevision von 1903 machte den I.-Minister dem Althingi verantwortlich, der Sitz des I.-Ministeriums wurde von Kopenhagen nach Reykjavík verlegt, der I.-Minister musste einheimischer Herkunft sein. Am 1.2.1904 trat die Verfassungsrevision in Kraft, erster einheimischer I.-Minister war 1904–08 Hannes Hafstein, der Führer der isländ. Selbstverwaltungspartei. Das am 5.6.1915 verabschiedete dän. Grundgesetz förderte entscheidend die demokratische Entwicklung auf I. Es führte u. a. das allgemeine Wahlrecht für Männer und Frauen sowie das Verhältniswahlrecht ein. Eine unmittelbare Folge war die Gründung der liberalen Fortschrittspartei (FF) und der Arbeiterpartei (AF).

Unionskönigreich: Nach Ausbruch des Ersten Weltkriegs erklärte Großbritannien am 3.11.1914 weite Teile der Nordsee zum Sperrgebiet; die nordwestliche Sperrlinie verlief von den Hebriden über die Färöer nach I. Dies führte während des Kriegs zu einer Lockerung der Verbindungen zwischen Dänemark und I., das gab der Unabhängigkeitsbewegung neuen Auftrieb. Ergebnis neuer Verhandlungen war die auf 25 Jahre befristete dän.-isländ. Unionsakte, durch die I. am 1.12.1918 den Status eines souveränen Königreichs in Personal-

Island 2000	
Landesfläche	103 000 km² (WR 105)
Einwohner	279 000 (WR 167)
Hauptstadt	Reykjavík (156 000 Einwohner)
Sprache	Isländisch
Währung	1 isländische Krone = 100 Aurar
Gliederung	8 Bezirke
Staatsform	Parlamentarische Republik (seit 1944)
Religion	Christen (96,7%); Sonstige (1,9%); Konfessionslose (1,4%)
Bevölkerung	Isländer (96,1%); Dänen (0,8%); Schweden (0,5%); US-Amerikaner (0,5%); Deutsche (0,3%); Sonstige (1,8%)

Island im 20. Jahrhundert	
1904	Das dän. Island-Ministerium wird dem isländ. Althingi (Parlament) verantwortlich und von Kopenhagen nach Reykjavík verlegt.
1915	Die Einführung des allgemeinen Wahlrechts für Frauen und Männer verstärkt die Demokratisierung und führt 1916 zur Gründung der liberalen Fortschrittspartei (FF) und der sozialdemokratischen Arbeiterpartei (AF).
1918	Island wird unabhängiges Königreich in Personalunion mit Dänemark.
1940	Das Althingi übernimmt nach der Besetzung Dänemarks durch NS-Deutschland die für Island geltenden Rechte des dän. Unionskönigs.
	Großbritannien besetzt Island.
1941	Island kündigt die Auflösung der Union mit Dänemark an und stimmt der Landung von US-Truppen zu, die die Insel militärisch schützen sollen.
1944	Proklamation der Republik Island nach einer Volksabstimmung.
1946	Aufnahme in die UNO.
1948	Beitritt zur US-amerikan. Marshallplanhilfe (ERP) und zur OEEC.
1949	Island ist Gründungsmitglied des Nordatlantikpakts (NATO).
1951	Die USA übernehmen vertraglich die Landesverteidigung Islands.
1952	Island tritt dem interparlamentarischen Nordischen Rat bei.
1958	Die Ausweitung der isländ. Fischereigrenze von vier auf zwölf Seemeilen führt bis 1961 zu einem Fischereikrieg mit Großbritannien.
1970	Beitritt zur Europäischen Freihandelsassoziation EFTA.
1972	Island dehnt die Fischereihoheit auf 50 Seemeilen aus.
1974	Anlässlich der 1100-Jahr-Feier der (Neu-)Besiedlung Islands wird die rund um die Insel führende Ringstraße eröffnet.
1975	Durch die Ausdehnung der Fischereigrenze auf 200 Seemeilen löst Island den Kabeljaukrieg gegen Großbritannien aus.
1976	Einlenken Großbritanniens im Kabeljaukrieg. Die EG-Staaten folgen dem Beispiel Islands und dehnen die Fischereigrenzen auf 200 Seemeilen aus.
1980	Die parteilose Vigdís Finnbogadóttir wird als erste Frau eines europäischen Staates zur Präsidentin gewählt. Die populäre Theaterleiterin und Dozentin verzichtet nach vier Amtsperioden 1996 auf eine erneute Kandidatur.
1986	Abrüstungsgipfelkonferenz von US-Präsident Ronald W. Reagan und dem sowjetischen Parteichef Michail Gorbatschow in Reykjavík.
1989	Vorerst letzter Walfang; Island akzeptiert das Moratorium der Internationalen Walfangkommission (IWC).
1991	Davíd Oddsson (SF) leitet die volkswirtschaftliche Diversifikation ein.
1992	Island tritt aus der Internationalen Walfangkommission aus, um sich den Umgang mit Meeresressourcen nicht länger vorschreiben lassen zu müssen.
1993	Die Ratifizierung des EWR-Vertrags über den Europäischen Wirtschaftsraum bildet eine wichtige proeuropäische Entscheidung.
1996	Der Sozialist Ólafur Ragnar Grímsson wird zum Präsidenten gewählt.
	Der Ausbruch des Vulkans Burabungu unter dem Gletscher Vatnajökull löst eine Schmelzwasserflut aus, die Teile der Infrastruktur zerstört.
1999	Althingiwahlen stärken die bürgerliche Koalition von Davíd Oddsson.

Die Loslösung Islands von Dänemark vollzog sich während des Zweiten Weltkriegs. Am 16.5.1941 beschloss das seit 1918 nur noch durch den gemeinsamen Regenten mit Dänemark verbundene Island die Trennung vom deutsch besetzten Mutterland. (Foto oben: US-amerikan. Truppen in Reykjavík, welche die Insel vor einer deutschen Invasion schützen sollen; unten: Am 17.6. 1944 unterzeichnete Staatspräsident Sveinn Björnsson die Verfassung der »Freien unabhängigen Republik Island«)

union mit Dänemark erhielt. I. erkannte den dän. König als Staatsoberhaupt an, dieser nahm zusätzlich den Titel eines Königs von I. an. Dafür vollzog die dän. Regierung die isländ. Außenpolitik, übernahm die Verteidigung des neutralen Staats I., der weder Heer noch Flotte unterhielt, und sorgte für den Schutz der isländ. Fischerei.

Zweiter Weltkrieg: Am 10.4.1940, einen Tag nach der Besetzung Dänemarks durch die deutsche Wehrmacht, beschloss das Althingi, die sich auf I. beziehenden Rechte des dän. Unionskönigs selbst zu übernehmen. Die konservative Selbstständigkeitspartei (SF) nutzte die Besetzung Dänemarks, um die Beendigung der Union zu fordern. Während der Besetzung I.s durch brit. Truppen (ab Mai 1940) beschloss das Althingi am 16.5.1941, den Unionsvertrag nach seinem Auslaufen 1943 nicht zu verlängern, da Dänemark seine Verpflichtungen zum militärischen Schutz I.s und seiner Fischerei nicht erfüllen könne; am 21.5.1941 wurde Sveinn Björnsson zum Reichsvorsteher gewählt. Am 7.7.1941 landeten mit isländ. Einverständnis US-Truppen auf I., um die brit. Einheiten zu verstärken und die Insel vor einer deutschen Invasion zu schützen. Die USA unterstützten ebenso wie Großbritannien die antideutsche Haltung I.s, verhielten sich jedoch in der Diskussion über die Unabhängigkeit der Insel zwischen Unionisten und Separatisten neutral.

Republik unter dem Schutz der USA

Proklamation der Unabhängigkeit: Während der Besetzung I.s durch US-Truppen beschloss das Althingi am 23.2.1944 einstimmig, die Union mit Dänemark aufzuheben, falls das Volk dies wünsche. Den Appell des dän. Unionskönigs, die Entscheidung bis Kriegsende aufzuschieben, beantwortete Reichsverweser Sveinn Björnsson abschlägig: Das Volk solle als Souverän bestimmen, ob und wann und unter welchen Umständen es eine Trennung vom Mutterland wolle. Bei der Volksabstimmung am 20.–23.5.1944 votierten 97% der Isländer für die staatliche Unabhängigkeit, 95% sprachen sich für die Republik als Staatsform aus; die Wahlbeteiligung lag bei knapp 99%. Daraufhin proklamierte das Althingi am 17.6.1944 die Republik und wählte Björnsson zum ersten Staatspräsidenten. Die Unabhängigkeitserklärung erfolgte in einer Zeit wirtschaftlicher Prosperität; wegen des kriegsbedingten Rückgangs der norweg. und dän. Erträge war der Absatz isländ. Fischereiprodukte in den traditionellen Hauptabnahmeländern Großbritannien und USA stark gestiegen.

West-Integration: Bis Ende des Zweiten Weltkriegs diente I. den Alliierten als militärische Operationsbasis. 1946 wurde ein Abkommen mit den USA unterzeichnet, das den Abzug der US-Truppen, aber die Nutzung des Flughafens Keflavík als amerikan. Luftwaffenstützpunkt vorsah. Die USA forcierten die Integration der Insel in das westliche Bündnis: 1946 wurde Island in die UN aufgenommen, 1948 war es Gründungsmitglied der NATO. Am 5.5.1951 unterzeichneten I., das bis heute keine eigenen Streitkräfte unterhält, und die USA ein militärisches Schutzabkommen, das die USA zur Sicherheit der Verteidigung der Insel im Kriegsfall verpflichtete; Teile des Flughafens Keflavík wurden NATO-Luftstützpunkt. Die militärische Abhängigkeit von den USA und die Zugehörigkeit zum Nordatlantikpakt blieben bis zum Ende des Kalten Kriegs kontrovers diskutierte Themen.

Nordische Zusammenarbeit: Ungeachtet unterschiedlicher Standpunkte in Verteidigungsfragen beteiligte sich I. an der Zusammenarbeit der nordischen Staaten. 1952 trat I. dem interparlamentarischen Nordischen Rat bei, der durch Empfehlungen an die Parlamente die nordische Zusammenarbeit auf wirtschaftlichem, sozialem, kulturellem und rechtlichem Gebiet fördert. 1955 trat I. dem nordischen Passgebiet bei und beteiligte sich auch an der sozialpolitischen Einheit der nordischen Länder.

Neuorientierung nach Kaltem Krieg

Verhältnis zu den USA: Das Ende des Kalten Kriegs bedeutete für I. die Chance einer außenpolitischen Neuorientierung nach Europa. Allerdings blieb I. der einzige nordische Staat, der – wegen der Fischereifrage – keinen Antrag um Aufnahme in die EU stellte. Durch den Verteidigungspakt von 1951 wird die Sicherheit I.s von den USA gewährleistet; der wirtschaftliche Wohlstand beruht jedoch auf dem Handel mit Europa: Hauptabnehmer der isländ. Exporte waren Ende des 20. Jh.s die EU (69,6%), mit weitem Abstand gefolgt von den USA (9,6%), Osteuropa (7,1%) und Japan (4,9%). Die USA reduzierten angesichts der Annäherung I.s an die EU ihre überwiegend aus Luftstreitkräften bestehenden Iceland Defense Forces in den 90er Jahren um ein Drittel auf 2000 Mann.

EWR-Mitgliedschaft: Der wichtigste Schritt bei der Annäherung I.s an die EU war 1993 die Ratifizierung des Vertrags über die Schaffung des Europäischen Wirtschaftsraums (EWR). Der EWR-Vertrag führte am 1.1.1994 im EFTA-Staat I. den Europäischen Binnenmarkt als Raum ohne Binnengrenzen mit freiem Verkehr von Waren, Personen, Dienstleistungen und Kapital ein.

Diversifikation der Volkswirtschaft: Nach dem Wahlsieg seiner konservativen Selbstständigkeitspartei (SF) am 20.4.1991 leitete Davíd Oddsson als erster langjähriger Ministerpräsident des Landes eine Erweiterung der volkswirtschaftlichen Produktion ein, für die er in Koalitionen mit den Sozialdemokraten 1991–95 und der agrarisch-liberalen Fortschrittspartei ab 1995 den gesetzlichen Rahmen schuf. Die Fischwirtschaft blieb weiterhin wichtigster Industriezweig, der Rückgang ihres Exportanteils von 85% (1980) auf 71,9%

Stichwort: Fischereikriege

Die vitale Frage der Fischereigrenzen prägte wirtschaftlich und außenpolitisch die Jahrzehnte nach der Proklamation der Republik. Zum ersten sog. Fischereikrieg mit Großbritannien kam es 1958–61, nachdem das Althingi die Fischereihoheit von vier auf zwölf Seemeilen erweitert hatte. 1972 beschloss das Althingi die Ausdehnung der Fischereigrenze auf 50 Seemeilen; Ministerpräsident Ólafur Johannesson (FF) forderte für ein Land, dessen Export bis zu 90% aus Fisch und Fischprodukten bestehe, eine Fischereigrenze, die den ganzen Festlandsockel einbeziehe.

Gegen den einseitigen Beschluss des isländ. Parlaments reichten Großbritannien und die Bundesrepublik Deutschland zum Schutz ihrer Fischwirtschaft Klage beim Internationalen Gerichtshof in Den Haag ein. Der Gerichtshof erklärte die isländ. Ausweitung der Fischereigrenze für völkerrechtswidrig, doch Island erkannte das Urteil nicht an und erweiterte 1975 die Fischereihoheit auf 200 Seemeilen (370 km). Dieser Schritt führte zum Kabeljaukrieg: Mehrfach feuerten isländ. Küstenwachboote auf brit., bundesdeutsche u. a. Fischereiflotten, die diplomatischen Beziehungen zwischen den EFTA-Staaten Island und Großbritannien wurden 1976 vorübergehend abgebrochen; am 2.6.1976 akzeptierte London in einem Interimsvertrag die isländ. 200-Seemeilen-Zone.

Mit der Proklamation der 200-Seemeilen-Zone stieß Island eine internationale Entwicklung an, die zur Einführung der 200-Seemeilen-Zone in den EG-Staaten ab 1.1.1977 führte; auch die UdSSR folgte diesem Beispiel. Nach jahrelangen Verhandlungen legte die UN-Seerechtskonferenz am 10.12.1982 in Art. 57 der Seerechtskonvention fest, dass die Fischereigrenze bis zu einer Tiefe von 200 Seemeilen errichtet werden kann. Damit hatte Island seine Interessen international durchgesetzt. (Foto oben: Fischereihafen in Ólafsfjördur; unten: Fischereibetrieb auf den Westmännerinseln)

Ronald Reagan und Michail Gorbatschow (l.) auf dem Ost-West-Gipfel 1986 in Reykjavík.

Erstes weibliches Staatsoberhaupt Islands

Als die Parteilose Vigdis Finnbogadóttir (* 15.4.1930 in Reykjavík) am 29.7.1980 zur Präsidentin Islands gewählt wurde, erhielt erstmals in der Geschichte Europas ein republikanischer Staat eine Frau als Staatsoberhaupt. Die 50-jährige Leiterin des Stadttheaters von Reykjavík sah in der Bewahrung der isländ. Identität und in der Förderung der Gleichberechtigung der Frauen ihre Hauptaufgaben. Als 1984 kein Gegenkandidat antrat, wurde die Amtszeit der populären Politikerin ohne Wiederwahl verlängert; 1988 wurde sie mit 92,7% der Stimmen im Amt bestätigt, 1992 gab es erneut keinen Gegenkandidaten. Hätte sie 1996 nicht auf eine fünfte Amtszeit verzichtet, wäre ihr Nachfolger Ólafur Grímsson chancenlos gewesen. Außenpolitischer Höhepunkt ihrer Amtszeit war die Gastgeberrolle beim Gipfeltreffen zwischen Ronald Reagan und Michail Gorbatschow im Oktober 1986.

Staatsoberhäupter Islands

Reg.-Zeit	*Name (Herrschergeschlecht/Partei)*	*Lebensdaten*
1863–1906	Christian IX. (Glücksburg), König von Dänemark	1818–1906
1906–12	Frederik VIII. (Glücksburg), König von Dänemark	1843–1912
1912–18	Christian X. (Glücksburg), König von Dänemark	1870–1947
1918–44	Christian X. (Glücksburg), König von Dänemark und Island	1870–1947
1941–44	Sveinn Björnsson, Reichsvorsteher	1881–1952
1944–52	Sveinn Björnsson, erster Staatspräsident	1881–1952
1952–68	Ásgeir Ásgeirsson	1894–1972
1968–80	Kristján Eldjárn	1916–1982
1980–96	Vigdis Finnbogadóttir	*1930
seit 1996	Ólafur Ragnar Grímsson (Sozialist)	*1943

Die wichtigsten Parteien des 20. Jahrhunderts

Name (Abkürzung)	*Politische Richtung*	*Gründung*
Arbeiterpartei (AF = Arbeidsflokkur)	sozialdemokratisch	1916
Fortschrittspartei (FF = Framsóknarflokkur)	liberal-reformerisch	1916
Selbstständigkeitspartei (SF = Sjálfstæthisflokkur)	konservativ-marktwirtschaftlich	1929

(1998) spiegelte jedoch die erfolgreiche Diversifikation, bei der die Ansiedlung energieintensiver Betriebe mit ausländischer Beteiligung an erster Stelle stand. 1992 begann die Aluminiumproduktion auf der Grundlage von aus Australien angeliefertem Bauxit; hinzu kamen Betriebsneuansiedlungen aus den Schlüsselbereichen EDV/Kommunikation sowie Gen- und Biotechnologie. Die rege Nachfrage nach Aluminium und Ferrosilicium löste ab Mitte der 90er Jahre einen Exportboom aus. Parallel zur Diversifikation erfolgten die Privatisierung staatlicher Unternehmen (Post, Telekommunikation, Kapitalmarkt) und ein starker Abbau der Subventionen. Bei der Ansiedlung von Industriebetrieben wurde das Landschaftsbild weitgehend geschont, um den blühenden Tourismus nicht zu gefährden.

Energieexport: Dank seiner Kapazitäten an Wasserkraft und geothermischer Energie (84% aller Haushalte werden mit geothermischer Energie versorgt) konnte I. Ende der 90er Jahre Elektrizität bis zu 30% preiswerter als auf dem Weltmarkt anbieten. Über die Ansiedlung energieintensiver Betriebe hinaus plante die Regierung Oddsson, durch stärkere Ausschöpfung der geothermischen und hydroenergetischen Kapazitäten I. zum Energieexportland zu machen. Als erster Schritt auf diesem Weg wurden Verhandlungen über die Verlegung zweier unterseeischer Hochspannungsgleichstromkabel von I. über die Färöer nach Deutschland aufgenommen.

Wahlsieg Oddssons: Die Althingiwahlen stärkten 1999 die bürgerliche Koalition unter Ministerpräsident Oddsson und bestätigten seine Wirtschaftspolitik. Klarer Sieger wurde Oddssons konservative Selbstständigkeitspartei (SF) mit 40,7% der Stimmen (+3,6%), während der von Außenminister Halldór Ásgrímsson, einem EU-Gegner, geführte Koalitionspartner FF (Fortschrittspartei) auf 18,4% (–4,5%) zurückfiel.

Gendatenbank: Im Dezember 1998 verabschiedete das Althingi ein kontrovers diskutiertes Gengesetz, das es Privatfirmen erlaubt, sämtliche Gesundheitsdaten der Bevölkerung einschließlich der in der isländ. Bevölkerung besonders homogen ausgebildeten genetischen Daten zu erheben, zentral zu speichern und kommerziell zu verwerten. Die Lizenz wurde am 22.1.2000 für zwölf Jahre dem US-amerikan. Joint-Venture-Unternehmen deCODE Genetics übertragen, das mit dem schweizer. Pharmakonzern Roche Holding einen Vertrag über die Verteilung von Genpatenten und die Vermarktung von Gentherapien unterzeichnet hatte. *B.P.*

Israel

Staat Israel

Laut alttestamentlicher Überlieferung gelang König Saul um 1020 v. Chr. die Vereinigung der zwölf israelit. Stämme, die im Gebiet des heutigen I. (Kanaan) lebten, zu einem Königreich. Nach dem Tod König Salomos (926 v. Chr.) spaltete sich das Reich in das Nordreich I. und das südliche Juda; die Eroberung durch die Assyrer führte im 8. Jh. v. Chr. zum Ende des Reiches I. In der Folgezeit wurde das übriggebliebene Juda mit der Hauptstadt Jerusalem immer wieder von fremden Völkern (u. a. Babylonier, Perser, Römer) erobert.
Nach dem jüd. Aufstand (66–70 n. Chr.) gegen die Römer, der mit der Vertreibung der Juden und der Zerstörung des Tempels in Jerusalem endete, begann die Zeit der Diaspora: In den nächsten Jh.en lebten die Juden verstreut in Vorderasien, Nordafrika, später im Mittelmeerraum sowie in Mittel- und Osteuropa. Seit der Mitte des 7. Jh. gehörte Palästina zum Herrschaftsbereich der Araber und ab 1517 zum Osman. Reich.

Die Rückkehr ins »Gelobte Land«

Zionismus: Die ideologische Grundlage des Staates I. ist der im letzten Viertel des 19. Jhs. entstandene Zionismus. Als Begründer dieser Nationalbewegung gilt der österreich. Schriftsteller und Journalist Theodor Herzl (1860 bis 1904), der für die Gründung eines jüd. Staates eintrat. 1897 berief er den ersten Zionistenkongress nach Basel ein, an dem 197 Repräsentanten aus 17 Staaten teilnahmen.
Einwanderungsbewegungen: In Russland bildete sich eine Bewegung, die die Einwanderung in das bis 1917 unter türk.-osman. Verwaltung stehende Palästina propagierte und die Hinwendung zur Landarbeit als Mittel zur Erneuerung des jüd. Lebens ansah. Aus ihr gingen mehrere Einwanderungswellen hervor (Aliya). Die erste (1882–1903) und zweite Aliya (1904–14) wurden durch die Judenpogrome im zaristischen Russland ausgelöst, die dritte (1919–23) durch die Oktoberrevolution. Die vierte Aliya (1924–29) war eine direkte Folge antijüd. Politik in Polen und restriktiver Einwanderungsquoten in den USA. Bis 1948 stieg die Zahl der Juden im Land auf rund 600 000. Der Boden für die Siedlungen wurde den arab. Grundbesitzern abgekauft, wobei vorwiegend Spenden zum Einsatz kamen, die ab 1905 vom jüd. Nationalfonds gesammelt und verwaltet wurden.

Israel 2000	
Landesfläche	21 056 km² (WR 148)
Einwohner	6,1 Mio (WR 98)
Hauptstadt	Jerusalem (602 000 Einwohner)
Sprachen	Iwrith, Arabisch, Englisch
Währung	1 Neuer Israel Schekel = 100 Agorot
Gliederung	6 Distrikte, 17 Unterdistrikte
Staatsform	Parlamentarische Republik (seit 1948)
Religion	Juden (81,9%); Moslems (14,1%); Sonstige (4,0%)
Bevölkerung	Israelis (81,9%); Sonstige (18,1%)

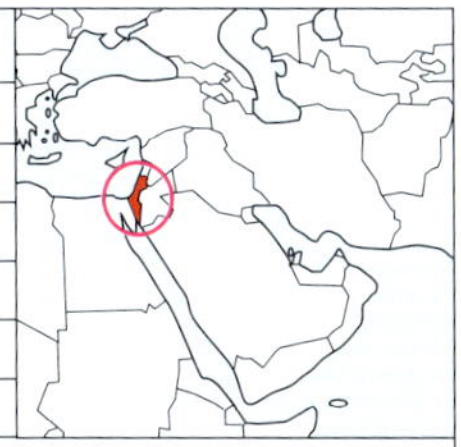

Israel im 20. Jahrhundert	
1904	Beginn der zweiten Masseneinwanderung (Aliya; bis 1914), vorwiegend aus Russland und Polen.
1909	Gründung des ersten Kibbuz (Deganya) und der ersten modernen jüd. Stadt (Tel Aviv).
1917	Beendigung der 400-jährigen osman. Herrschaft; Balfour-Erklärung.
1918	Beginn der brit. Herrschaft.
1919	Beginn der dritten Einwanderungswelle (Aliya; bis 1923).
1920	Gründung der jüd. Gewerkschaft Histadrut und der Selbstschutzorganisation Haganah (am 31.5.1948 zur Armee des Staates Israel erklärt).
1922	Völkerbund überträgt Großbritannien das Mandat für Palästina.
1924	Beginn der vierten Aliya (bis 1932).
1925	Eröffnung der Hebräischen Universität in Jerusalem.
1933	Beginn der fünften Aliya (bis 1939), vorwiegend aus Deutschland.
1939	Einschränkung jüd. Einwanderung durch die brit. Mandatsverwaltung.
1947	UN-Beschluss zur Teilung Palästinas.
1948	Ende des brit. Mandats; Proklamation des Staates Israel (14.5.); erster Israel.-Arab. Krieg (mit Ägypten, Jordanien, Syrien und dem Libanon).
1949	Waffenstillstandsabkommen; Teilung Jerusalems; Wahl der ersten Knesset; Israel wird 59. Mitglied der UNO.
1956	Sinai-Feldzug (zweiter Israel.-Arab. Krieg).
1967	Sechstagekrieg (dritter Israel.-Arab. Krieg): Besetzung von Sinai, Westjordanland, Gazastreifen und Golanhöhen; Wiedervereinigung Jerusalems.
1968	Abnutzungskrieg gegen Ägypten (bis 1970).
1973	Yom-Kippur-Krieg (vierter Israel.-Arab. Krieg).
1974	Entflechtungsabkommen mit Ägypten und Syrien.
1978	Abkommen von Camp David.
1979	Israel.-ägypt. Friedensvertrag.
1982	Abschluss des Rückzugs aus dem Sinai; Beginn der Libanon-Invasion.
1987	Beginn der Intifada in den besetzten Gebieten.
1990	Masseneinwanderung aus der UdSSR.
1991	Irak. Angriffe auf Israel während des Golfkriegs.
	Beginn der Nahost-Friedenskonferenz in Madrid.
1993	Grundsatzerklärung zur vorläufigen Selbstverwaltung in den besetzten Gebieten; gegenseitige Anerkennung von Israel und der PLO.
1994	Gaza-Jericho-Abkommen; israel.-jordan. Friedensvertrag, Friedensnobelpreis für I. Rabin, S. Peres und J. Arafat.
1995	Ermordung von Itzhak Rabin.
1997	Israel.-palästinens. Vereinbarungen über Hebron und das Westjordanland.
1998	Wye-Abkommen zur Sicherheitsverbesserung in den besetzten Gebieten.
1999	Unterzeichnung des Abkommens von Sharm el-Sheikh durch den neuen Premierminister Ehud Barak; erste israel.-syr. Friedensgespräche.
2000	Abzug israel. Truppen aus dem Südlibanon.

Phasen der Einwanderung (Aliya)

Erste Aliya: Obwohl die meisten Zionisten der ersten Aliya unerfahrene Idealisten waren, wählten sie die Landwirtschaft als ihren Lebensunterhalt und gründeten Moshavot (Bauerndörfer), die auf dem Prinzip des Privatbesitzes gegründet waren. Zu ihrer Existenz benötigten diese Dörfer nicht nur die Widerstandskraft ihrer Bewohner gegen Krankheiten, ungewohntes Klima, türk. Steuerwillkür und arab. Opposition, sondern auch finanzielle Hilfe, die vom Zionistischen Weltbund, v. a. aber von Baron Edmond de Rothschild kam, der die Patenschaft für die ersten drei Moshavot übernahm. Von den 35 000 Einwanderern der ersten Aliya blieben etwa 20 000, davon 5000 in den Städten.

Zweite Aliya: Die zweite Aliya hatte eine nachhaltige Wirkung auf das Aussehen und die Entwicklung jüd. Siedlungen in Palästina. Da die meisten Einwanderer jung und von sozialistischen Ideen inspiriert waren, entstanden durch sie zahlreiche genossenschaftliche Formen des ländlichen Zusammenlebens, darunter 1909 der erste Kibbuz, Deganya. Nationalfarmen zur Ausbildung der ländlichen Siedler wurden eingerichtet und Hashamer, die erste jüd. Selbstverteidigungsorganisation wurde ins Leben gerufen. Aus Akuzat Bayit, gegründet als ein Vorort von Jaffa, ging mit Tel Aviv die erste moderne jüd. Stadt hervor. Die hebrä. Sprache wurde in Wort und Schrift wieder belebt, Zeitungen wurden herausgegeben und politische Parteien gegründet. 40 000 Juden kamen in dieser Einwanderungsphase, rund 20 000 verließen das Land aber wieder wegen der immer noch unsicheren wirtschaftlichen Voraussetzungen.

Dritte Aliya: Die Einwanderer der dritten Aliya kamen aus dem gleichen Kulturkreis wie die der zweiten Aliya; ihre Motivation war jedoch aufgrund der Balfour-Erklärung größer. Trotz der brit. Einwanderungsquoten kamen rund 40 000 in diesen fünf Jahren ins Land und nur wenige verließen es wieder. Die neuen Immigranten bauten Straßen und Städte und begannen die Entwässerung der Marschen im Jezreel-Tal und in der Hefer-Ebene. Die ländlichen Siedlungen breiteten sich weiter aus und erste Gewerbe- und Industrieunternehmen entstanden. Die Gewerkschaft Histadrut und die Untergrundorganisation Haganah wurden 1920 gegründet.

Vierte Aliya: Die meisten Einwanderer der vierten Aliya gehörten dem Mittelstand an und brachten bescheidenes Kapital mit, das es ihnen erlaubten, kleine Geschäfte und Werkstätten zu eröffnen. Die Zuwanderung von in der Bilanz 59 000 Menschen stärkte die Städte, v. a. Tel Aviv, und förderte die Entwicklung von Gewerbe und Industrie. (Fotos: Pioniere der ersten Aliya, oben; Israels erster Präsident Chaim Weizmann, unten)

Die Balfour-Erklärung

Das Völkerbundmandat: Während des Ersten Weltkriegs erlebte die jüd. Einwanderung nach Palästina einen Rückschlag, da viele Juden von den Türken vertrieben wurden. Am 2.1.1917 erlangte aber der Zionist Chaim Weizmann (1874–1952), der in den Jahren 1920–30 und 1935–46 Präsident der Zionistischen Weltorganisation war, von dem brit. Außenminister Lord Arthur James Balfour die Zusage für eine »nationale Heimstätte« der Juden in Palästina. Der Völkerbund übergab Palästina 1922 als Mandatsgebiet an Großbritannien, das wiederum bestrebt war, in diesem Raum arab. Interessen gegen die türk. Ansprüche zu fördern. Die Balfour-Erklärung stand somit in eklatantem Gegensatz zu dieser politischen Absicht und wurde in den folgenden Jahrzehnten Ursache politischer Spannungen. Zur Befriedigung arab. Interessen wurde 1920 vom brit. Mandatsgebiet das Emirat Transjordanien, das spätere Königreich Jordanien, abgetrennt.

Einwanderung in den 30er Jahren: Die zionistische Weltorganisation suchte in dieser indifferenten, aber spannungsgeladenen politischen Situation durch eine verstärkte Einwanderung Fakten zu setzen. Die jüd. Einwanderung der 30er Jahre (fünfte Aliya) war vor allem das Ergebnis der nationalsozialistischen Judenverfolgung. Sie brachte gebildete und wohlhabende Juden aus Osteuropa und dem Deutschen Reich ins Land, was der Wirtschaft im Mandatsgebiet besonderen Auftrieb gab. Allein in dem Zeitraum 1933–36 siedelten sich 174 000 Juden in Palästina an. Die Städte blühten dank neu gegründeter Gewerbe- und Industriebetriebe auf; der Hafen von Haifa wurde vollendet. Bis 1940 hatte sich die jüd. Bevölkerung auf rund 450 000 erhöht.

Konflikte mit Arabern: Der durch jüd. Investitionen erhöhte Lebensstandard erzeugte wiederum eine verstärkte Zuwanderung von Arabern aus den Nachbarländern, die Gegensätze der arab. Mehrheit und einer wachsenden jüd. Minderheit verstärkten sich. Gleichzeitig wuchs die Unzufriedenheit der Araber mit der brit. Mandatsmacht, weil diese keine Anstrengungen unternahm ein unabhängiges arab. Palästina zu schaffen. Nicht zuletzt unter dem Eindruck der seit 1936 andauernden Aufstände gab die brit. Regierung 1939 den arab. Forderungen schließlich nach und erklärte, binnen zehn Jahren einen von Juden und Arabern gemeinsam verwalteten Staat errichten und bis dahin Einwanderung und Landverkauf beschränken zu wollen.

Einwanderungsbeschränkung: Trotz dieser Stellungnahme unterstützten die palästinens. Juden im Zweiten Weltkrieg brit. Interessen. Als jedoch die Mandatsmacht auch nach Kriegsende die Einwanderung beschränkte, begann der bewaffnete Kampf jüd. Organisationen. Gegen die Einwanderungsquoten von nur 18 000 Menschen jährlich setzten insbes. die jüd. Untergrundbewegungen Haganah und Irgun die illegale Einwanderung; zwischen 1945 und 1948 erreichten so rund 80 000 Juden Palästina und brachten die gesamte jüd. Bevölkerung auf 650 000 Einwohner.

Ende des britischen Mandats: Großbritannien übergab 1947 das Palästina-Problem an die Vereinten Nationen. Eine UN-Kommission empfahl die Beendigung des britischen Mandats und die Teilung des Gebiets in einen jüd. und einen arab. Staat. Die entsprechende Resolution der UN-Vollversammlung vom 29.11.1947 lehnten die palästinens. Araber und die arab. Staaten als nicht bindend ab und begannen unmittelbar mit terroristischen Übergriffen. Mit dem 14.5.1948 endete das brit. Mandat über Palästina.

Der Aufbau eines neuen Staates

Staatsgründung und Krieg: Am 14.5.1948 proklamierte David Ben Gurion (1886–1973) den Staat I.; schon einen Tag später fielen die Armeen Ägyptens, Transjordaniens, Syriens sowie des Libanon und des Irak in I. ein. Im ersten Israel.-Arab. Krieg von 1948/49, der durch Waffenstillstände, nicht durch Friedensverträge beendet wurde, konnte I. sein Territorium geringfügig über den Gebietsstand des Beschlusses der Vereinten Nationen hinaus erweitern, in die I. 1949 aufgenommen wurde. Jerusalem wurde allerdings zwischen I. und Jordanien geteilt.

Die Mehrzahl der zuvor in diesem Gebiet ansässigen Araber hatten es freiwillig aufgrund arab. Aufrufe, aus Furcht vor jüd. Gegenterror oder auf direkten israel. Druck hin verlassen. Diese 600 000–800 000 Flüchtlinge wurden aber von den aufnehmenden arab. Staaten nicht eingegliedert, sondern in Lagern gehalten. Dort bildeten sich später arab.-palästinens. Guerillatruppen, zu deren Dachorganisation die PLO (Palestine Liberation Organisation) wurde. Zeitgleich hatte I. nach der Staatsgründung mit dem »Rückkehrgesetz« von 1950 alle Einwanderungsbeschränkungen aufgehoben. In den nächsten Jahrzehnten wanderten rund 1,7 Mio Juden ein; ihre wirtschaftliche und soziale Eingliederung war eine der schwierigsten politischen Aufgaben des neuen Staates.

David Ben Gurion (M.) proklamierte am 14.5.1948 den souveränen Staat Israel.

Stichwort: Zionismus

Sehnsucht nach dem Land Israel: Die nationale Befreiungsbewegung des jüd. Volkes ist abgeleitet von dem Wort »Zion«, dem traditionellen Synonym für Jerusalem und das Land Israel. Das Anliegen des Zionismus wurzelt in der uralten Sehnsucht der Juden nach dem Land Israel, mit dem sie in allen Jahrhunderten der Zerstreuung tief verbunden geblieben waren. Das Programm der Zionistischen Bewegung, die ihren formalen Ausdruck 1897 in der Gründung der Zionistischen Weltorganisation fand, enthüllt ideologische und praktische Elemente und zielte auf die Förderung der Rückkehr der Juden in ihr Land, auf die soziale, kulturelle, wirtschaftliche und politische Wiederbelebung des jüd. nationalen Lebens und auf die Errichtung einer international anerkannten, rechtlich abgesicherten Heimstätte des jüd. Volkes in seiner historischen Heimat, wo Juden frei von Verfolgung ihre Lebensform selbst gestalten können.

Einwanderungsschiff »Exodus« (1947)

Gescheiterte Hoffnung: Da die Mandatsverwaltung 1945–48 die jährliche Quote jüd. Einwanderung auf 18 000 festgesetzt hatte, wurde die von der Haganah und anderen jüd. Untergrundgruppen organisierte illegale Einwanderung zum Regelfall. 66 illegale Einwanderungen von See wurden in dieser Zeit organisiert, aber nur wenige durchbrachen die brit. Blockade. Der spektakulärste Fall war der des Haganah-Auswandererschiffs »Exodus« (Foto), das mit 4500 Immigranten an Bord von Marseille kam, von den Briten aufgebracht und in den Hafen von Haifa geschleppt wurde. Die Immigranten mussten auf Deportationsschiffen über Frankreich nach Hamburg zurückkehren. Die Mehrzahl der »Exodus«-Passagiere ließ sich erst nach der Unabhängigkeit in Israel nieder.

Der Tempelberg bildet den historischen Mittelpunkt Jerusalems – für die Juden die Stadt Gottes und Zentrum ihres religiösen Lebens. Für die Christen ist Jerusalem die heiligste Stätte des Lebens und Sterbens von Jesus. Nur die irdische Geschichte hat Rom in den Mittelpunkt der katholischen Christenheit gerückt. Für die Moslems ist Jerusalem der Ort, von dem der Prophet zum Himmel auffuhr. Nach Mekka und Medina ist es die dritte heilige Stadt des Islam. Pläne, aus Jerusalem eine internationale Stadt zu machen, wurden mit dem Sechstagekrieg beendet, als Israel seine bis dahin geteilte Hauptstadt wieder vereinte.

Demokratische Strukturen: In den ersten Jahren entstanden unter Ministerpräsident Ben Gurion und Staatspräsident Chaim Weizmann die wesentlichen staatlichen Strukturen. I. hat keine vollständig geschriebene Verfassung, sondern nur einzelne Grundgesetze. 1950 einigte sich die Knesset darauf, die Verfassung künftig kapitelweise zu verabschieden. Von Anfang an wurde Jerusalem zur Hauptstadt I.s erklärt.

Deutsch-israelische Aussöhnung

Diplomatische Beziehungen: In New York kam es am 14.3.1960 zum ersten geheimen Treffen zwischen David Ben Gurion und Konrad Adenauer (Foto, v. l.). Bei weiteren Geheimgesprächen wurden deutsche Finanzhilfen und Waffenlieferungen vereinbart. Gegen die Aufnahme diplomatischer Beziehungen bestanden zum damaligen Zeitpunkt allerdings noch Vorbehalte wegen des Holocaust, wegen der ablehnenden öffentlichen Meinung in beiden Staaten und wegen der Befürchtung, dass die arabischen Staaten im Gegenzug die DDR völkerrechtlich anerkennen würden. Diese Bedenken waren erst am 12.5.1965 so weit ausgeräumt, dass volle diplomatische Beziehungen aufgenommen wurden.

Das Ein-Kammer-Parlament, die Knesset, wird nach dem Verhältniswahlrecht gewählt. Da das Wahlrecht nur eine Sperrklausel von 1% der Stimmen kennt, ist eine Vielzahl kleinerer Parteien das Kennzeichen des Parlamentsalltags. Nur durch Blockbildung und ideologisch häufig weit gespannte Koalitionen gelingt es, regierungsfähige Mehrheiten zustande zu bringen.

Politische Richtungen: Im Lauf der Jahre entwickelten sich drei relativ stabile politische Lager: das sozialdemokratisch-sozialistische, das konservative und das religiöse. Da die beiden letzten seit den 70er Jahren stärker zusammengerückt sind, kann man heute einen gemäßigt nationalistisch-weltlichen und einen nationalistisch-religiösen Block unterscheiden. Der Staatspräsident wird alle fünf Jahre durch die Knesset gewählt und kann einmal wieder gewählt werden. Seine Pflichten sind hauptsächlich repräsentativer und formaler Art. Bei den ersten Wahlen von 1949 war die sozialdemokratische Mapai die stärkste Partei, jedoch zur Regierungsbildung auf eine Koalition mit anderen religiösen Mitte- und Linksparteien angewiesen. Sie stellte bis 1977 alle Ministerpräsidenten und Außenminister.

Konflikte mit arabischen Staaten

Kleinkrieg: Die arab. Staaten verweigerten sowohl die Anerkennung und direkte Verhandlungen als auch die Schaffung eines arab. Staates in Palästina, wurde darin doch eine Anerkennung der Teilung gesehen. Vielmehr förderten sie den Kleinkrieg an Israels Grenzen. Transjordanien, nunmehr Jordanien, annektierte das in der UN-Resolution als Kerngebiet eines arab. Palästinenserstaates vorgesehene Westjordanland (Westbank); Ägypten stellte den Gazastreifen unter seine Verwaltung. Zeitgleich begannen in der arab. Welt antisemitische Aktionen, die zur Beschleunigung der Auswanderung von Juden nach I. führten: 1949 brachte die Aktion »Fliegender Teppich« Juden aus dem Jemen, 1950 kamen mit der Operation »Esra und Nehemia« Juden aus dem Irak und mit »Kyros« aus dem Iran in das »Gelobte Land«.

Zweiter Israelisch-Arabischer Krieg: Seit der Mitte der 50er Jahre mehrten sich die arab. Guerilla-Aktionen. Im Zusammenwirken mit Großbritannien und Frankreich reagierte I. im Oktober 1956 auf die Sperrung des Golfs von Aqaba und des Suezkanals (Suezkrise) mit einem Vorstoß bis an den Kanal, um seine Position gegenüber den arab. Nachbarn zu verbessern. Es erlangte auch Zugeständnisse wie z. B. die freie Schifffahrt in der Straße von Tiran, konnte aber keine Regelung in wesentlichen Streitfragen erreichen. Auf der Sinai-Halbinsel und im Gazastreifen traten an die Stelle des israel. Militärs UN-Friedenstruppen.

Wirtschaftliche Probleme

Fehlende Infrastruktur: Die wirtschaftlichen Belastungen, die der Unabhängigkeitskrieg und die anwachsende Bevölkerung mit sich brachten, erforderten einen strikten Sparkurs im Land und Finanzhilfen aus dem Ausland. Dabei hatte die Wirtschaftspolitik von einer besonderen Situation auszugehen. Nach rund 400 Jahren osman. Herrschaft war das Land eine unterentwickelte Region. Auch wenn es in den 30er Jahren des brit. Mandats beträchtliche Verbesserungen gegeben hatte, war die vom Staat I. übernommene Infrastruktur minimal. Um eine moderne Volkswirtschaft aufzubauen, die in der Lage war, Millionen von Einwanderern produktive Arbeit zu geben, musste die grundlegende Infrastruktur nahezu aus dem Nichts geschaffen werden.

Kapitalmangel: Da 80% der Bevölkerung, die vor der Staatsgründung in I. lebte, zur ersten oder zweiten Generation von Immigrantenfamilien gehört, fehlte es zudem weitgehend an Kapital aus früheren Generationen und den privaten Geldüberweisungen aus dem Ausland. Daher hatte der öffentliche Haushalt auch die Gründung wirtschaftlicher Unternehmen zu finanzieren. Das wirtschaftliche Wachstum I.s beruhte bis in die 80er Jahre hinein auf einem Verstoß gegen die Wirtschaftstheorie, dass der Konsum nur so hoch wie die Produktion sein darf; denn die Wirtschaft sollte trotz des rapiden Wachstums des BSP stets mehr Ressourcen verbrauchen als produzieren. Daher war der Wert der Importe, darunter v. a. Rohstoffe und Waffen, stets höher als der der Exporte.

Ausländische Finanzhilfen: Das beständig hohe Handelsdefizit konnte nur durch die beträchtlichen finanziellen Unterstützungen ausgeglichen werden, die I. in der ganzen Welt aufzubringen vermochte. Wirtschaftshilfen der US-Regierung, Darlehen von amerikan. Banken, Spenden aus der jüd. Diaspora und deutsche Wiedergutmachungsleistungen flossen außerdem in den Wohnungsbau, die Mechanisierung der Landwirtschaft, die Gründung einer Handelsflotte, die industrielle Entwicklung und den Ausbau des Straßen-, Telefon- und Stromnetzes.

Industrie und Landwirtschaft: Zehn Jahre nach der Staatsgründung hatten sich die Industrieproduktionen und die Zahl der Arbeitsplätze verdoppelt, der Export von Industriegütern sogar vervierfacht. Dank der Erweiterung der Anbauflächen war das Land bei allen Grundnahrungsmitteln außer Fleisch und Getreide zum Selbstversorger geworden; etwa 20 000 ha Ödland waren aufgeforstet worden. Das größte Projekt war die Urbarmachung des Hule-Tals im nördlichen Jordangraben, wo Sümpfe trockengelegt und fruchtbare Ackerflächen gewonnen wurden.

Wassermangel: Da I. am Rande des globalen Wüstengürtels liegt, hatte es seit jeher unter Wassermangel zu leiden. Zu den Wasserquellen des Landes gehören der Jordan, der See Genezareth (Kinnereth) und einige kleinere Flusssysteme. Seit den 50er Jahren wurde ein nationales System entwickelt, mit dem die natürlichen Quellen und Grundwasservorräte in genau geregelten Mengen angezapft werden, um Austrocknung und Versalzung zu vermeiden. Zum Ausgleich regionaler Engpässe in der Wasserversorgung wurde im Laufe der Zeit der größte Teil der Süßwasservorräte zu einem landesweiten Netz zusammengeschlossen, dessen Rückgrat eine zentrale Wasserleitung (National Water Carrier) ist, die 1964 fertiggestellt wurde. Diese war auch das Ziel der ersten Terroraktion der PLO 1965.

Ex-Obersturmbannführer Adolf Eichmann vor Gericht

Aufarbeitung des Holocaust: Im Mai 1960 wurde Adolf Eichmann, einer der Hauptorganisatoren des nationalsozialistischen Judenvernichtungsprogramms, durch den israel. Geheimdienst Mossad aus Südamerika nach Israel gebracht, um sich – nach dem israel. Gesetz zur Verfolgung nationalsozialistischer Verbrechen und Kollaboration von 1950 – vor Gericht zu verantworten. Der Prozess begann im April 1961. Eichmann wurde der Verbrechen gegen die Menschlichkeit und gegen das jüd. Volk für schuldig befunden und zum Tode verurteilt. Nach Zurückweisung seiner Berufung durch den Obersten Gerichtshof Israels wurde er am 30.5.1962 durch den Strang hingerichtet. Dies war das einzige Mal, dass unter israel. Recht die Todesstrafe vollstreckt wurde. (Foto: Eichmann während seiner Vernehmung am ersten Prozesstag in Jerusalem)

Teilungsplan von 1947: Am 29.11.1947 verabschiedete die UNO – gegen das Votum der arab. Staaten – einen Teilungsplan (Resolution 181) für Palästina. Dieser sah die Bildung zweier, durch eine Wirtschaftsunion verbundener Staaten vor. Der arab. Staat hätte 43%, der jüd. Staat 56,5% des Landes umfasst; Jerusalem sollte internationalisiert und unter UN-Verwaltung gestellt werden. In Palästina lebten damals ca. 600 000 Juden und 1,2 Mio Araber. Trotz der angesichts dieser Zahlen ungerechten Landverteilung wird die UN-Resolution 181 heute auch von palästinens. Politikern als völkerrechtliche Grundlage ihrer Ansprüche auf einen eigenständigen Staat herangezogen.

Von der Teilung zur Besetzung – Israel und Palästina 1947–92

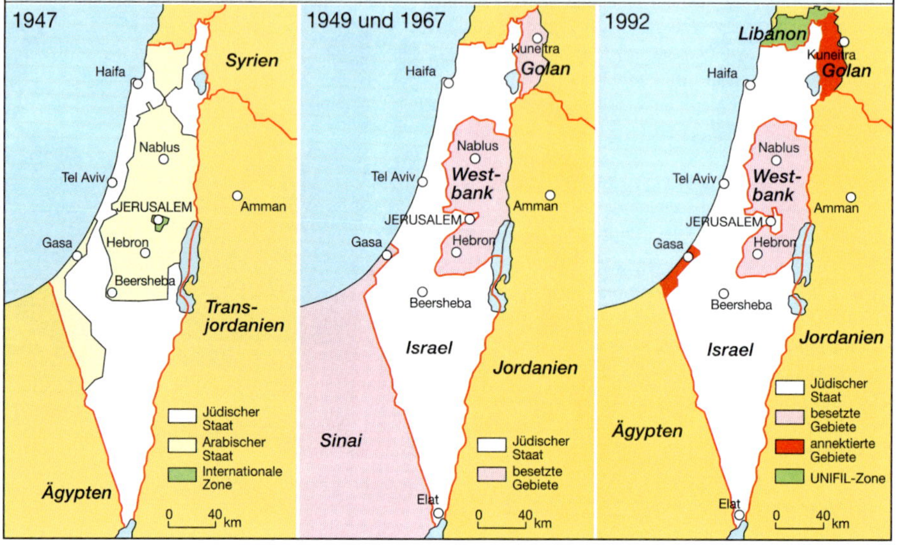

Sechstage- und Yom-Kippur-Krieg

Kalter Krieg: Ab 1956 zogen sich Großbritannien und Frankreich zunehmend aus dem Nahen Osten zurück; dagegen griffen nun die USA auf Seiten I.s und die UdSSR zur Unterstützung der arab. Staaten in den Konflikt ein. Ägypten und Syrien wurden mit sowjet. Hilfe zu den wichtigsten Kriegsgegnern aufgerüstet, die Grenze zum Sinai und die Golanhöhen kriegswichtige Gebiete.

Sechstagekrieg: 1967 erreichte Ägypten den Abzug der UN-Truppen aus dem Sinai, sperrte die Straße von Tiran und damit den für I. wirtschaftlich wichtigen Zugang nach Eilat und zog mit Syrien und Jordanien Truppen an I.s Grenzen zusammen. Nachdem zuvor Levi Eshkol (1895–1969) eine Regierung der Nationalen Konzentration aus allen demokratischen Linksparteien und dem Gachal- Block der rechten Mitte gebildet hatte, gewann I. in einer Aktion, die seitdem (nicht unwidersprochen) als Präventivschlag bezeichnet wird, durch Zerstörung der ägypt. Luftwaffe die Lufthoheit und besetzte ab dem 5.6.1967 in sechs Tagen (Zweiter Israel.-Arab. Krieg) die Sinai-Halbinsel, den Gazastreifen, das Westjordanland, Ost-Jerusalem und die syr. Golanhöhen. Im Waffenstillstand vereinigte I. beide Teile Jerusalems, die besetzten Gebiete wurden unter Militärverwaltung gestellt.

Nahost-Resolution: Am 22.11.1967 verabschiedete der UN-Sicherheitsrat die grundlegende Nahost-Resolution 242. Diese forderte den Rückzug I.s aus »besetzten Gebieten«, die territoriale Unverletzlichkeit aller Staaten im Nahen Osten – also auch die I.s –, die freie Durchfahrt durch internationale Wasserstraßen und eine gerechte Lösung des Flüchtlingsproblems. Da das Palästinenserproblem damit nur noch als Flüchtlings- und nicht als nationales Problem angesehen wurde, lehnte die PLO als Wortführer des palästinens. Nationalbewusstseins die Resolution ab. I. betrachtete aber gerade das Westjordanland – allgemein als Judäa und Samaria bezeichnet – als jüd. Siedlungsgebiet. Bereits 1968 kehrten Juden in die Region Gush Etzion und nach Hebron zurück, die nach der Eroberung durch die Jordanier 1948 bzw. 1929 nach einem arab. Terrorakt verlassen worden waren.

Im Sechstagekrieg, dem 3. israel.-arab. Krieg 1967, besetzte Israel in einem nicht unumstrittenen Präventivschlag Westjordanien, den Gazastreifen, die Sinai-Halbinsel und die Golanhöhen.

Wirtschaftsentwicklung: Im zweiten Jahrzehnt seiner Existenz verdoppelte I. seine Exporte; Konsumgüter, die früher importiert werden mussten, wurden jetzt selbst hergestellt. Da der Inlandsmarkt für die eigenen Agrarprodukte zunehmend gesättigt war, wurde verstärkt für die Lebensmittelindustrie sowie für den Export von Frischerzeugnissen produziert. Um den anwachsenden Außenhandel besser zu bewältigen, entstand zur Entlastung des Hafens Haifa an der Mittelmeerküste bei Aschdod ein zweiter Tiefseehafen.

Yom-Kippur-Krieg: Am Suezkanal kam es 1969 zu neuen Kampfhandlungen (sog. Abnutzungskrieg), die 1970 durch Vermittlung der USA mit einem Waffenstillstand beendet wurden. Die Spannungen hielten jedoch an; die palästinens. Terrorakte gipfelten 1972 in der Ermordung israel. Sportler bei den Olympischen Spielen in München. Am 6.10.1973 führte ein überraschender ägypt.-syr. Angriff am Yom-Kippur-Fest zu arab. Anfangserfolgen im Sinai und den Golanhöhen, die aber rasch ausgeglichen wurden. In diesem Yom-Kippur-Krieg (vierter Israel.-Arab. Krieg) konnte I. einen Brückenkopf am Westufer des Suez-Kanals errichten, während sich Ägypten an seinem Ostufer festsetzte. Der UN-Sicherheitsrat erließ am 23.10.1973 einen Appell zur Feuereinstellung. 1974 und 1975 schlossen I. und Ägypten unter Vermittlung des US-Außenministers Henry Kissinger Verträge, die zu einem Teilabzug israel. Truppen aus der Sinai-Halbinsel führten; zeitgleich kam ein Truppenentflechtungsabkommen mit Syrien auf den Golanhöhen zustande. In die Pufferzonen rückten UN-Truppen ein.

Der Friedensprozess

Rechtsruck: Nicht zuletzt als Gegenreaktion auf den zunehmenden Druck der USA ging der rechtsgerichtete Likud-Block unter Menachem Begin (1913–1992) als Sieger aus den Parlamentswahlen des Jahres 1977 hervor, erhoffte man sich durch ihn doch eine entschiedenere Vertretung der israel. Interessen als durch die nach 20-jähriger Regierung verbrauchte Maarach. Begin, ein Untergrundkämpfer der Gründerzeit I.s, wurde Ministerpräsident einer Koalition aus Likud, den beiden religiösen Parteien und einigen Einzelpersonen.

Frieden mit Ägypten: Die vor diesen innenpolitischen Hintergrund überraschende Wende begann, als es auf Initiative des ägypt. Staatspräsidenten Sadat (1918–1981), der 1977 Jerusalem besuchte, zu Friedensverhandlungen kam. Diese führten unter Vermittlung des US-amerikan. Präsidenten Jimmy Carter zum Camp-David-Abkommen vom 17.9.1978 und am 26.3.1979 zu einem Friedensvertrag, in dem I. erstmals von einem arab. Staat völkerrechtlich anerkannt wurde. Für diesen ersten Frieden im Nahen Osten seit 30 Jahren erhielten Sadat und Begin 1978 den Friedensnobelpreis. Der Vertrag sah die Rückgabe der Sinai-Halbinsel und die Aufnahme von Verhandlungen über die Autonomie des Westjordanlandes und des Gazastreifens vor. Während sich israel. Truppen bis 1982 aus dem Sinai zurückzogen, brachten die Autonomieverhandlungen kein Ergebnis, da die meisten arab. Staaten und die PLO den Friedensvertrag ablehnten und Boykottmaßnahmen gegen Ägypten beschlossen.

Mosche Dayan, Israels Verteidigungsminister, beobachtete während des Yom-Kippur-Kriegs 1973 syr. Gebiet. Am 6.10.1973, dem höchsten jüdischen Feiertag, hatten Ägypten und Syrien Israel mit einem Zwei-Fronten-Angriff überrascht.

Anwar as-Sadat, Ägyptens Präsident, brachte mit seinem Besuch in Israel 1977 den Prozess der Friedensverhandlungen in Gang. (Foto: Sadat, vorn, 3. v. r., 1977 in der Al Aqsa-Moschee in Jerusalem)

Premierminister Israels

Reg.-Zeit	Name/Geburtsname (Partei)	Lebensdaten
1949–53	David Ben Gurion/David Grün (Mapai)	1886–1973
1953–55	Moshe Shareth/Moshe Shertok (Mapai)	1894–1965
1955–63	David Ben Gurion/David Grün (Mapai)	1886–1973
1963–69	Levi Eshkol (Mapai)	1895–1969
1969–74	Golda Meir/Golda Meyerson (Arbeitspartei)	1898–1978
1974–77	Itzhak Rabin (Arbeitspartei)	1922–1995
1977–83	Menachem Begin (Cherut, Likud)	1913–1992
1983/84	Itzhak Schamir (Cherut)	* 1914
1984–86	Shimon Peres (Arbeitspartei)	* 1923
1986–92	Itzhak Schamir (Cherut)	* 1914
1992–95	Itzhak Rabin (Arbeitspartei)	1922–1995
1995/96	Shimon Peres (Arbeitspartei)	* 1923
1996–99	Benjamin Netanjahu (Likud)	* 1949
seit 1999	Ehud Barak (Arbeitspartei, Ein Israel)	* 1942

Die wichtigsten Parteien im 20. Jahrhundert

Name (Abkürzung)	Politische Richtung	Gründung
Mapai	Sozialdemokraten	1930
Achdut Ha'avoda	Sozialisten	1944
Cherut-(Freiheits-)Bewegung	Rechtskonservative	1948
Mafdal, Nationalreligiöse Partei (NRP)	strenge Traditionalisten	1956
Liberale Partei	Liberale	1961
Demokratische Front für Frieden und Freiheit (Hadashs)	Kommunisten	1965
Gesher	rechtszentristische Partei; im Friedensprozess gemäßigt kompromissbereit	1966
Meretz-Block	Partei für palästinens. Selbstbestimmung [1]	1966
Ma'arach (IAP)	israel. Arbeitspartei [2]	1968
Likud-Block	Zusammenschluss aus Cherut, Liberaler Partei und kleineren Parteien	1973
Shinui	Liberale	1974
Vereinigte Arab. Liste	arab. Linkspartei	1983
Shas (Union der sephardischen Thora-Orthodoxie)	Ultra-Orthodoxe	1984
Arab. Demokratische Partei	gemäßigte arab. Partei	1988
Moledet	ultrarechte Gruppe nationalistisch	1988
Agudat Israel (Vereinigtes Thora-Judentum)	religiös-konservative Partei	1992
Tzomet	Rechtsradikale	1992
Israel Ba'aliya	Partei der Immigraten aus den GUS-Ländern	1995
Ein Israel	Wahlbündnis aus Ma'arach, Gesher und kleineren Gruppen	1996
Israel Betlinu	Organisation für russ. Einwanderer	1999
Zentrumspartei	vermittelt im Friedensprozess sowie zwischen religiösen und weltlichen Gruppen	1999

1) Zusammenschluss aus Mapam (Vereinigter Arbeiterpartei, Menschenrechtsbewegung Ratz und der bürgerlich-liberalen Partei Shinui). 2) Entstanden aus Mapai und Achdut Ha'avoda

Der Rückzug aus dem Sinai hatte für I. auch einschneidende volkswirtschaftliche Folgen. Durch den Verlust des Sinai-Ölfeldes fiel die israel. Erdölförderung auf ein Sechstel der Förderung von 1970, die entsprechenden Importe schnellten auf ein Viertel des gesamten Importwertes hoch.

Krieg mit Libanon: Der Libanon, nach dem Bürgerkrieg von 1976 teilweise von syr. Truppen besetzt, entwickelte sich zu einem neuen Krisenherd, da die PLO hier Stützpunkte unterhielt, von wo aus sie Überfälle auf den israel. Norden unternahm. 1982 besetzte I. den Südlibanon, erzwang den Abzug größerer PLO-Kampfverbände und schloss unter Vermittlung der USA und durch den Druck hunderttausender, gegen den Krieg demonstrierender Israelis ein Abkommen, in dem der Kriegszustand mit dem Libanon für beendet erklärt wurde. Die libanes. Regierung musste dieses Abkommen jedoch unter dem Druck der inneren Opposition und Syriens im März 1984 wieder annullieren. I. zog 1985 seine Truppen in ein als Sicherheitsstreifen erklärtes Gebiet im Süden und Südosten zurück, nördlich davon verblieben nur noch Berater der provisorischen »Südlibanes. Armee«. Ab 1987 entwickelte sich in den besetzten Gebieten die palästinens. Aufstandsbewegung Intifada, in deren Verlauf die PLO 1988 einen unabhängigen »Staat Palästina« proklamierte, ohne dass dessen Grenzen festgelegt wurden.

Neue Einwanderung: Ab 1989 gestattete die UdSSR die unbegrenzte Auswanderung von Juden nach I. Bis 1996 kamen rund 700 000 sowjet. Juden ins Land; ihr Kommen wurde zwar grundsätzlich begrüßt, warf jedoch schwierige Integrationsprobleme auf. Hinzu kamen im Mai 1991 rund 15 000 Flüchtlinge, die in der Operation »Salomo« aus Addis Abeba ausgeflogen wurden. Die unmittelbaren Auswirkungen dieser Einwanderungswelle waren eine Erhöhung des Haushaltsdefizits, eine wachsende Binnennachfrage, die Zunahme des Handelsdefizits sowie ein Anstieg der Arbeitslosigkeit.

Nahostfriedenskonferenz: Der Abbau der weltweiten Ost-West-Konfrontation führte auch dazu, dass die UdSSR 1991 die 1967 abgebrochenen diplomatischen Beziehungen zu I. wieder aufnahm und dass Syrien, das mittlerweile faktisch den Libanon kontrollierte, den strikten Konfrontationskurs aufgab. Unter Schirmherrschaft von USA und UdSSR begann am 30.10.1991 eine Nahostfriedenskonferenz, die in bilateralen Gesprächen fortgesetzt wurde. Jordanien und die Palästinenser bildeten dabei eine gemeinsame Delegation.

Neuordnung im Westjordanland: Das Problem der besetzten Gebiete hatte I. in eine scharfe innenpolitischen Polarisierung geführt. Die »Falken«, v. a. vertreten durch die ultranationale Bewegung Gush Emonim, wollten die Gebiete aus sicherheitspolitischen wie aus ideologischen Gründen für immer unter israel. Oberhoheit behalten und unterstützten den Bau neuer israel. Siedlungen. Die gemäßigten »Tauben« traten für die Räumung der Gebiete unter Wahrung israel. Sicherheitsinteressen ein. Verhandlungen mit der PLO lehnten fast alle ab. In dieser Situation begann die Linksregierung unter Itzhak Rabin (1922–1995) Geheimverhandlungen mit der PLO, die im September 1993 die gegenseitige Anerkennung und die Absicht erbrachten, innerhalb von fünf Jahren eine dauerhafte Lösung zu erreichen. Auf dem Weg zu dieser Lösung und gemäß der palästinens. Forderung, die ausschließlich von Palästinensern bewohnten Gebiete zuerst zurückzugeben, führte das »Gaza-Jericho First«-Abkommen vom Mai 1994 zum Rückzug israel. Truppen aus dem Gazastreifen und der Stadt Jericho, wo eine palästinens. Selbstverwaltung mit beschränkten Befugnissen für rund 1,5 Mio Einwohner eingerichtet wurde, die zunächst bis 1999 begrenzt wurde. 1994 räumte I. weitere Städte im Westjordanland und schloss Frieden mit Jordanien; beide Staaten nahmen volle diplomatische Beziehungen auf. Wegen ihrer Bemühungen um Frieden im Nahen Osten erhielten Rabin, Peres und Arafat gemeinsam den Friedensnobelpreis.

Palästinensische Frage: Trotz der Ausweitung der palästinens. Autonomie auf weitere Gebiete westlich des Jordan stagnierten seit Ende 1995 die Verhandlungen um eine endgültige Lösung der palästinens. Frage. Gegen eine politische Lösung kämpften sowohl rechte islam. Untergrundgruppen mit Terrorakten in I. als auch die israel. politische Rechte und extreme Rechte, aus deren Reihen auch der jugendliche Attentäter stammte, dessen Attentat Rabin 1995 zum Opfer fiel.

Konfliktpotenziale

Gesellschaftliche Gegensätze: Das Attentat auf Rabin und die anschließende Diskussion brachten zu Tage, welche starken Gegensätze die politischen Entscheidungen und die Gesellschaft in I. prägen. Im Sinne des Zionismus ist I. heute der einzige Staat der Erde, in dem das Judentum die Hauptreligion ist. Angesichts der verschiedenen Einwanderungswellen waren der Glaube, dass alle Juden auf der Erde ein Volk bilden, sowie der gemeinsame Feind, die arab. Welt, die integrierenden Faktoren. Ferner sollte die gemeinsame Sprache, das in den ersten Jahren nach der Unabhängigkeit eingeführte Iwrith, das Zusammengehörigkeitsgefühl, verstärken. Das Staatswesen I. ist jedoch in den 50 Jahren seiner Existenz kein Schmelztiegel geworden, sondern eine Addition verschiedener Gruppen mit höchst unterschiedlichen kulturellen, sozialen und v. a. religiösen Vorstellungen geblieben, die in unterschiedlicher Weise und in wechselnden Allianzen Einfluss auf Innen- und Außenpolitik nehmen.

Kulturelle Spaltung: Die erste kulturelle Spaltung resultiert aus der religiösen Zweiteilung in »Aschkenasim«, die aus Deutschland und Nordfrankreich stammen und deren Sprache das Jiddisch war, und in die Ladino sprechenden »Sephardim« aus Spanien und Portugal. Während die alten Sprachen weitgehend zugunsten des Iwrith aufgegeben wurden, bleiben die institutionellen Unterschiede bestehen. Beide Glaubensrichtungen haben ihre eigenen Synagogen und Gebetsbücher sowie eigene Rabbinatsgerichte und Oberrabbinate. Unabhängig davon unterhält das Ministerium für religiose Angelegenheiten die heiligen Stätten und macht sie den Pilgern zugänglich.

Religiöse Diskrepanzen: Neben der institutionellen Zweiteilung lassen sich als persönliche Glaubensrichtungen das orthodoxe, das konservative und das Reform-Judentum unterscheiden. Die Orthodoxen halten sich streng an die Gesetze und an den Talmud, die Konservativen sind bei der Bibelauslegung freier, halten aber an den Speisevorschriften, der Sabbatriten und vielen anderen Geboten fest. Die liberalen Reformjuden stellen die ethischen Forderungen in den Vordergrund und wenden

»Märtyrer des Friedens«: Der 1992 erneut zum Ministerpräsidenten gewählte Itzhak Rabin hatte 1994 zusammen mit Jasir Arafat und Shimon Peres den Friedensnobelpreis erhalten. Dank des Einsatzes der drei Staatsmänner schien der dauerhafte Frieden in greifbare Nähe gerückt. Am 6.11.1995 wurde Rabin Opfer eines Attentats eines jugendlichen Extremisten der israel. Rechten. (Foto: Lea Rabin während der Trauerfeier für ihren Mann)

Staatsoberhäupter Israels

Reg.-Zeit	*Name*	*Lebensdaten*
1949–52	Chaim Weizmann	1874–1952
1952–63	Itzhak Ben-Zvi	1884–1963
1963–73	Zalman Shazar	1889–1974
1973–78	Ephraim Katzir	* 1916
1978–83	Yitzhak Navon	* 1921
1983–93	Chaim Herzog	1918–97
1993–2000	Ezer Weizman	* 1924
seit 2000	Mosche Katsaw	* 1945

sich gegen die gesetzliche Autorität von Thora, Talmud und Rabbinat. Eine wichtige Ausnahme bei der Integration der jüd. Bevölkerung bilden die an Bedeutung zunehmenden Ultra-Orthodoxen. Sie sind weder mit dem zionistischen Wunsch nach räumlicher Erweiterung noch mit der säkularisierten Geisteshaltung der Bevölkerungsmehrheit, und teilweise selbst nicht mit der Existenz des Staates I. einverstanden. Viele von ihnen nehmen nicht an Wahlen teil, leisten keinen Militärdienst und zahlen keine Steuern. Sie haben sich mit Erfolg eine Stellung außerhalb der übrigen Gesellschaft geschaffen.

Erziehungssystem: Die religiösen Diskrepanzen gehen zurück auf die Anfänge des Staates I. Durch das Gesetz zur staatlichen Erziehung war es 1953 lediglich gelungen, die verschiedenen Strömungen des säkularen Judentums zusammenzuschließen. Unter dem Druck der Nationalreligiösen Partei wurde auch das ultra-orthodoxe Erziehungssystem weiterhin offiziell anerkannt. 1984 erfuhr auch das von der Shas-Partei ins Leben gerufene Erziehungssystem für ultra-orthodoxe Kinder oriental. und nordafrikan. Herkunft staatliche Anerkennung. 1948–98 stieg die Zahl ultra-orthodoxer Schüler von 5000 auf 200 000. Die starke Ausbreitung dieses Systems beruht auf der massiven finanziellen Unterstützung durch den Staat sowie auf dem starken Wachstum der ultra-orthodoxen Gemeinschaft infolge höherer Geburtenraten und starker Zuwanderung.

Bevölkerungsgruppen: Neben Juden und Moslems, von denen die meisten Sunniten sind, bestehen in I. größere, aber politisch nicht bedeutsame christliche Gemeinschaften an griech. und röm. Katholiken, Griech.-Orthodoxen, Armeniern und Protestanten.

Die israelische Siedlungspolitik

Kein Land für Frieden: Die israel. Rechte erzielte in den Wahlen vom 29.5.1996 eine knappe Mehrheit, die der Rechtskoalition unter Benjamin Netanjahu (1996–99) die Möglichkeit gab, den Friedensprozess anzuhalten. Damit boten sie islam. Radikalen den Vorwand für weitere Attentate. Verzögerungen bei der vereinbarten Räumung von Hebron, Stillstand bei den Verhandlungen über einen Korridor zwischen dem Gazastreifen und den übrigen palästinens. Gebieten, die Errichtung neuer jüd. Siedlungen um Ost-Jerusalem und der Ausbau vorhandener Siedlungen sowie geringe Anstrengungen der palästinens. Autonomiebehörden, Terroristen zu verhaften, heizten die Atmosphäre auf. Als die israel. Regierung 1997 plante, auf dem Mauerberg Ost-Jerusalems eine neue Siedlung zu errichten, reagierten die Palästinenser mit einem Generalstreik. (Foto: Israel. Siedler vor Palästinensern im Westjordanland, 1999)

Stagnation und Neubeginn

Wye-Abkommen: Das Europäische Parlament kritisierte die Siedlungspläne, die UN-Vollversammlung verurteilte sie gegen die Stimmen der USA und I.s als illegal. Unter Vermittlung der USA wurde jedoch die Wiederaufnahme der Gespräche zwischen I. und der PLO vorbereitet, an deren Ende das Wye-Abkommen zur Erhöhung der Sicherheit in den besetzten Gebieten stand.

Fortsetzung der Friedenspolitik: Unzufriedenheit mit den Erfolgen der Likud-Regierung und die Skandale um Netanyahu führten 1999 zum Wahlsieg von Ehud Barak (*1942) und seiner aus der Arbeiterpartei, Gesher und Meimad gebildeten Partei »Ein Israel«. Wegen der großen ideologischen Spannbreite der beteiligten Parteien wurde die Handlungsfähigkeit der Regierung als gering eingeschätzt; so nehmen z. B. die linksliberale Meretz-Partei und die ultrareligiöse Shas-Partei bezüglich des Status der Frau ebenso konträre Standpunkte ein wie die Nationalreligiöse Partei und die Arbeitspartei hinsichtlich der besetzten Gebiete. Trotzdem brachte die Regierung Barak mit dem Memorandum von Scharm el Sheikh den Verhandlungsprozess mit den Palästinensern wieder in Gang. Darin wurde der vereinbarte Rückzug der israel. Armee in drei Phasen aus weiteren 11% des Westjordanlands, die Errichtung von Transportkorridoren zwischen Gaza und dem Westjordanland sowie die Freilassung palästinens. Gefangener beschlossen. *H.-W. W.*

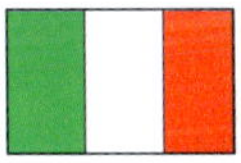

Italien

Italienische Republik

Nach Jahrhunderten wechselnder Fremdherrschaft und politischer Zersplitterung erlangte I. im 19. Jh. seine Einheit. Die nationale Bewegung des Risorgimento mit der charismatischen Gestalt Giuseppe Garibaldis verband sich mit den machtpolitischen Ambitionen des Königreichs Sardinien zum Ziel der Einigung des Landes, die mit der Erhebung Roms (1870) vollendet wurde.

Italien 2000	
Landesfläche	301 268 km² (WR 69)
Einwohner	57,3 Mio (WR 22)
Hauptstadt	Rom (2,72 Mio Einwohner)
Sprache	Italienisch
Währung	1 Lira = 100 Centesimi
Gliederung	20 Regionen, 95 Provinzen
Staatsform	Parlamentarische Republik (seit 1948)
Religion	Katholiken (83,2%); Konfessionslose (16,2%); Sonstige (0,6%)
Bevölkerung	Italiener (94,1%); Sarden (2,7%); Sonstige (3,2%)

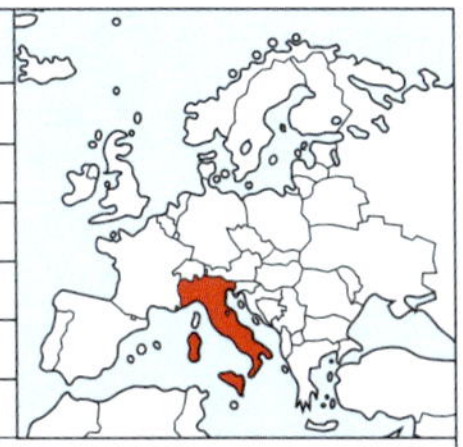

Der junge Nationalstaat

Kolonialmacht: Nach seiner Einigung blieb I. außenpolitisch zunächst neutral. 1882 verbündete sich das Land im Dreibund mit dem Deutschen Reich und Österreich-Ungarn, unterlief diesen Vertrag jedoch in geheimen Separatverträgen mit Frankreich (1902) und Russland (1909). Gegen Ende des 19. Jh.s beteiligte sich I. am europäischen Kolonialismus: Bis 1885 besetzte es Eritrea und 1889 die Küste von Somaliland. Die Ansprüche I.s in Afrika und im Mittelmeerraum schufen insbes. Konfliktherde mit Frankreich, problematisch waren auch die Beziehungen zum Vatikan, der die Besetzung Roms nicht anerkannte.

Kommunistische Bewegung: In den 1890er Jahren setzte in Nord-I. ein starker Industrialisierungsschub ein, der zu einem bis heute bestehenden Gefälle zwischen dem reichen Norden und dem landwirtschaftlich geprägten armen Süden führte. Als Folge dieser Entwicklung bildete sich im norditalien. Proletariat und unter den Landarbeitern im Süden eine starke kommunistische Bewegung mit anarcho-syndikalistischen Nebengruppen. Deren Terror fiel 1900 König Umberto I. zum Opfer.

Ära Giolitti: Das Wirtschaftswachstum um die Jahrhundertwende schuf die Voraussetzungen für die Reformpolitik des liberalen Ministerpräsidenten Giovanni Giolitti (1903–05, 1906 bis 1909, 1911–14, 1920/21). Er trieb Sozialreformen und Verstaatlichungen voran und ersetzte 1913 das Zensuswahlrecht, das zuvor 75–90% der Italiener von den politischen Entscheidungen ausgeschlossen hatte, durch das allgemeine Wahlrecht. Sein autoritärer Führungsstil (»Giolittismus«), der Korruption und Gewalt gegen Oppositionelle einschloss, untergrub aber die Grundlagen des Parlamentarismus im jungen Nationalstaat.

Krieg mit der Türkei: Nachdem I. 1909 im Abkommen von Racconigi seine Interessensphären auf dem Balkan und im Mittelmeerraum mit Russland abgestimmt hatte, besetzte es 1911 das türk. Tripolis und annektierte Libyen. Als die osman. Regierung die Besetzung für völkerrechtswidrig erklärte, brach im Oktober 1911 der Italien.-Türk. Krieg aus, in dessen Verlauf die islamische Bruderschaft der Senussi den Italienern heftigen Widerstand entgegensetzte. Dennoch konnte sie die Annexion nicht verhindern, die im Frieden von Lausanne (1912) bestätigt wurde. Der Status des von italien. Truppen besetzten Dodekanes blieb ungeklärt; faktisch wurde die Inselgruppe italien. Besitz.

Erster Weltkrieg: Beim Ausbruch des Ersten Weltkriegs verhielt sich I. zunächst neutral. Die starke Gruppe der italien. Kriegsgegner verlor allerdings zusehends an Unterstützung, lediglich die Sozialisten stimmten bis zuletzt gegen den Kriegseintritt. Seinen Verpflichtungen aus dem Dreibund gegenüber dem Deutschen Reich und Österreich-Ungarn kam das Land nicht nach; vielmehr erklärte I. nach territorialen Zusagen der Entente-Mächte 1915 Österreich-Ungarn und 1916 dem Deutschen Reich den Krieg.

Im Tripoliskrieg zwischen Italien und dem Osman. Reich (1911) wurden erstmals auch Autos eingesetzt. Die italien. Regierung hatte am 28.9.1911 ein Ultimatum an Konstantinopel gestellt, einer italien. Besetzung von Tripolis zuzustimmen. Als die Hohe Pforte dieser Forderung nicht nachkam, überfielen die Italiener Tripolis am 30.9.1911. Im Frieden von Lausanne (1912) musste der osman. Sultan auf Tripolis und die Cyrenaica verzichten.

Italien im 20. Jahrhundert	
1900	König Umberto I. fällt dem Attentat eines Anarchisten zum Opfer.
1911	Italien.-Türk. Krieg: Italien annektiert Tripolis.
1912	Frieden von Lausanne bestätigt den Anschluss von Tripolis an Italien.
1915	Italien unterstützt im Ersten Weltkrieg die Alliierten; Kriegserklärung an Österreich-Ungarn (23.5.) und an das Deutsche Reich (28.8.1916).
1919	Versailler Vertrag: Italien erhält Trentino-Südtirol, Julisch-Venetien und Istrien, nicht jedoch Fiume, Dalmatien und Südalbanien.
1921	Benito Mussolini gründet einen faschistischen Kampfbund, aus dem die Nationale Faschistische Partei (PNF) hervorgeht.
1922	»Marsch auf Rom« der Faschisten; Mussolini wird von König Viktor Emanuel III. zum Ministerpräsidenten ernannt.
ab 1925	Mussolini errichtet eine faschistische Einparteiendiktatur (u. a. Gesetze über die Befugnisse des Regierungschefs und der Regierung).
1935	Abkommen mit Frankreich und Großbritannien gegen einseitige deutsche Aktionen (Stresafront).
	Angriff auf Äthiopien und Besetzung Äthiopiens markieren den Übergang zu einer Politik offener Expansion.
1936	Annäherung an das nationalsozialistische Deutsche Reich: Begründung der »Achse Berlin–Rom« und Antikominternpakt.
1939	Nach der Besetzung Albaniens schließt Italien ein Militärbündnis mit dem Deutschen Reich, den Stahlpakt (22.5.).
1940	Italien greift auf deutscher Seite in den Krieg gegen Frankreich ein; italien. Truppen kämpfen vor allem in Afrika, um Kolonialinteressen zu verteidigen.
	Nach der Niederlage Frankreichs schließen Deutschland, Japan und Italien den Dreimächtepakt.
1943	Die Alliierten landen auf Sizilien (10.7.); Mussolini wird verhaftet, die PNF wird aufgelöst; bedingungslose Kapitulation Italiens (8.9.), das aufseiten der Alliierten in den Krieg gegen Deutschland eintritt.
1946	Per Referendum wird die Abschaffung der Monarchie und Errichtung einer Republik beschlossen; König Umberto II. geht ins Exil.
	Democrazia Cristiana (DC) stellt als stärkste Partei den Ministerpräsidenten (bis 1981).
1947	Unterzeichnung des Friedensvertrags von Paris: Italien verliert alle Kolonien und muss den Dodekanes an Griechenland sowie Istrien an Jugoslawien abtreten.
1948	Im Zeichen des Kalten Kriegs kündigt die DC ihre Zusammenarbeit mit den Kommunisten (PCI) und Sozialisten (PSI) auf.
1949	Italien ist Gründungsmitglied der NATO und des Europarats.
1953	Nach Verlust der absoluten Mehrheit (seit 1948) geht die DC Koalitionen mit den Liberalen (PLI) ein.
1963	Öffnung nach links: DC koaliert unter Regierungschef Aldo Moro erstmals mit den Sozialisten (sog. Mitte-links-Regierung).
1973	Historischer Kompromiss: Die PCI unter Parteisekretär Enrico Berlinguer bietet dem Mitte-links-Bündnis die Zusammenarbeit an.
1976–79	Regierung des »Nicht-Misstrauens«: Minderheitsregierung unter Giulio Andreotti (DC) mit Duldung u. a. auch der Kommunisten.
1981	Im Zusammenhang mit der Affäre um die Freimaurerloge »Propaganda 2« verliert die DC erstmals das Amt des Regierungschefs.
1993	Staatskrise nach Offenlegung von Korruption in Politik, Wirtschaft und Gesellschaft; Neuwahlen im März.
1994	Koalitionsregierung der Forza Italia unter Ministerpräsident Silvio Berlusconi mit den Neofaschisten und der separatistischen Lega Nord.
1996	Erstmals erringen linke Parteien die Mehrheit im Parlament; Regierungschef wird Romano Prodi vom Mitte-links-Bündnis Ulivo (Olivenbaum).
1997	Parlamentskommission schlägt große Verfassungsreform vor, durch die Italien in einen Bundesstaat verwandelt werden soll.
1999	Gleichzeitig mit zehn anderen Ländern der Europäischen Union führt Italien den Euro als Währung ein.

Schlachten am Isonzo: I. griff vor allem am Isonzo und in Südtirol in das Kriegsgeschehen ein. Zwischen Juni 1915 und Oktober 1917 lieferten sich italien. und deutsch-österreich. Truppen am Isonzo insgesamt zwölf Schlachten. Den Italienern gelang es nicht, die Front der Mittelmächte zu durchbrechen. Im Oktober 1917 eroberten die Mittelmächte die Provinz Friaul mit der Hauptstadt Udine und nahmen 250 000 italien. Soldaten gefangen. Der Friede von Saint-Germain-en-Laye erweiterte 1919 das italien. Territorium nicht in dem erstrebten Umfang: I. erhielt Südtirol bis zum Brenner, Triest, Istrien, Zara und Görz zugesprochen, nicht jedoch – wie erhofft – Dalmatien und Fiume sowie Mandatsgebiete in Kleinasien und deutsche Kolonien.

Fiume-Konflikt: Nach dem Ende des Ersten Weltkriegs war die österreich. Hafenstadt Rijeka (italien. Fiume) zwischen Jugoslawien und I. umstritten. Die USA schlugen die Bildung eines Freistaats vor; daraufhin besetzte der italien. Schriftsteller Gabriele D'Annunzio mit einer Gruppe Freiwilliger die Stadt. Ein Jahr später wurde er aus der Stadt vertrieben und der Freistaat ausgerufen. Die Faschisten zwangen die autonome Regierung 1923 zum Rücktritt; ein Jahr später erkannte Jugoslawien die italien. Souveränität über Fiume an. Erst nach dem Zweiten Weltkrieg wurde die Stadt im Frieden von Paris Jugoslawien zugesprochen.

In den neu erworbenen Gebieten versuchte die italien. Regierung durch eine rigorose Italienisierungspolitik die Bevölkerung zu assimilieren; so wurden den deutschsprachigen Südtirolern italien. Namen aufgezwungen, der Gebrauch der Muttersprache wurde eingeschränkt und gelegentlich sogar untersagt.

Im Zeichen des Faschismus

Aufstieg Mussolinis: Wirtschaftlich stand das Land nach dem Ersten Weltkrieg vor dem Bankrott. Die Enttäuschung über die geringen Gebietsgewinne angesichts der großen Kriegsopfer stärkte die nationalistischen Kräfte. In dem handlungsunfähigen Nachkriegsparlament blockierten einander Liberale, die neu gegründete Katholische Volkspartei und die Sozialisten (PSI). Das Machtvakuum nutzten die 1919 von Benito Mussolini gegründeten faschistischen Machtbünde (»fasci di combattimento«) für ihren Aufstieg: Den Bürgern versprachen sie Schutz vor der »roten Revolution«, der aufsteigenden Mittelschicht die volle politische Integration. Am 27.10.1922 befahl Mussolini seinen faschis-

tischen Kampftruppen den »Marsch auf Rom« Viktor Emanuel III., der eine Verteidigung der Stadt durch das Militär ablehnte, beugte sich der Machtdemonstration und ernannte Mussolini einen Tag später zum Ministerpräsidenten (1922–43).

Diktatur: Seinen Kampf gegen Sozialisten und Kommunisten setzte Mussolini fort, die Opposition sah sich immer stärkeren Repressalien ausgesetzt. Wirtschaftliche Fortschritte und außenpolitische Erfolge wie die Besetzung Korfus (1923) und der Anschluss des Freistaats Fiume (1924) stärkten das Ansehen des »Duce« (Führer). 1924 stürzte die Ermordung des Sozialistenführers Giacomo Matteotti durch faschistische Schlägertrupps die Regierung in eine schwere Krise. Der Versuch der Opposition, daraufhin Mussolinis Amtsenthebung zu erwirken, scheiterte an ihrer Uneinigkeit und der fehlenden Unterstützung durch den König. In den folgenden Jahren sicherten mehrere Gesetze die faschistische Herrschaft: Der Regierungschef wurde mit fast unbegrenzter Führungsgewalt ausgestattet, die anderen Parteien aufgelöst. 1926 wurde die Tarifautonomie beseitigt und oppositionellen Abgeordneten das Mandat aberkannt. I. war zum Einparteienstaat geworden.

Lateranverträge: Die 1929 unterzeichneten Lateranverträge beendeten den seit 1870 schwelenden Konflikt zwischen dem Heiligen Stuhl und I. um die sog. Röm. Frage: Das von der Kirche nie anerkannte Garantiegesetz von 1871 hatte dem Papst zwar die Vorrechte eines Souveräns eingeräumt, den kirchlichen Besitz jedoch zum Nationaleigentum erklärt. Durch die Lateranverträge wurde die Vatikanstadt als selbstständiger Staat anerkannt und akzeptierte ihrerseits die Zugehörigkeit der ehemals päpstlichen Stadt Rom zu I. Im gleichzeitigen Konkordat bestätigte der italien. Staat die katholische Religion als Staatsreligion. Für Mussolini

Der Marsch auf Rom 1922 leitete die Machtübernahme durch den faschistischen Diktator Benito Mussolini ein. Der Führer (M.) der 1919 gegründeten Kampfbünde fand breite Unterstützung.

Stichwort: Faschismus

Faschismus (latein.: fascis, Amtsgewalt symbolisierendes Rutenbündel der röm. Liktoren). In erster Linie bezeichnet der Begriff das von Benito Mussolini in Italien 1922–43/45 errichtete Macht- und Herrschaftssystem, im weiteren Sinne wird Faschismus als Sammelbegriff für rechtsextreme Bewegungen verwendet, die sich politisch durch Nationalismus, Hass gegen Minderheiten, Antikommunismus, Militarismus und Führerkult definieren. Der italien. Faschismus war durch die folgenden Elemente bestimmt:

Volksgemeinschaft: Die »Gemeinschaft« sollte ihre Identität vor allem durch das Zusammenstehen gegen vermeintliche innere und äußere Feinde erhalten. Wer als »Feind« zu gelten hatte, wurde von der Staatsführung bestimmt.

Propaganda- und Meinungsmonopol: Um die Volksgemeinschaft im eigenen Sinne beeinflussen zu können, unterdrückte die Staatsmacht jedwede Opposition bzw. geringe Abweichung von der eigenen Doktrin. Dieses Meinungsmonopol wurde mit Gewalt durchgesetzt, insbes. durch die Geheimpolizei.

Führerprinzip: Mussolini unterstellte alle wichtigen Funktionen im Staat seiner Kontrolle und sicherte sich so die unumschränkte Macht.

Etablierung einer Einheitspartei: Die straff geführte Nationale Faschistische Partei (PNF) hatte vor allem die Aufgabe, das Leben der Bevölkerung bis in die Familien hinein zu organisieren und durch diverse Unterorganisationen zu bestimmen. Auf diese Weise besaß die Partei- und Staatsführung ein weit verzweigtes Mittel zur Kontrolle des Volkes. Auch zuvor unabhängige Organisationen wie beispielsweise Unternehmerverbände und Gewerkschaften unterstanden in gemeinsamen Korporationen staatlicher Kontrolle

Im Gegensatz zum deutschen Nationalsozialismus besaß der Rassismus im italien. Faschismus zunächst nur geringe Bedeutung. Je enger die Zusammenarbeit der Achse Berlin–Rom jedoch wurde, desto stärker stieg die Gewalt gegen Minderheiten und insbes. gegen die Juden, deren systematische Verfolgung in Italien ab 1938 einsetzte.

In den 90er Jahren lebte der italien. Faschismus durch die Erfolge der neofaschistischen Nationalen Allianz (AN) wieder auf. Ministerpräsident Silvio Berlusconi (Forza Italia) ernannte 1994 fünf AN-Politiker zu Ministern; es war die erste Kabinettsbeteilung von Faschisten in Italien nach dem Zweiten Weltkrieg.

Sowohl Benito Mussolini als auch Adolf Hitler bauten ihren Herrschaftsbereich nach der faschistischen Ideologie um, die auf den Idealen der Volksgemeinschaft und dem Führerprinzip basierte. (Foto: Propagandadarstellung für den Buchdruck, 1937)

Benito Mussolini – der Traum vom Imperium

Der erste faschistische Diktator in Europa wurde als Sohn eines Schmieds und einer Lehrerin aus dem norditalien. Predappio am 29.7.1883 geboren. Mussolini legte zunächst eine Prüfung als Volksschullehrer ab, strebte aber bald schon eine politische Karriere an. Nachdem er 14 Jahre lang Mitglied der Sozialistischen Partei Italiens gewesen war, trat der Journalist 1914 aus der Organisation aus, weil sich die Sozialisten vehement gegen den Eintritt Italiens in den Ersten Weltkrieg ausgesprochen hatten. Mussolini, im Krieg verwundet, rief 1919 als überzeugter Antisozialist faschistische Kampfbünde (»fasci di combattimento«) ins Leben (ab 1921 Umwandlung zur Nationalen Faschistischen Partei PNF). Nach dem Marsch auf Rom wurde Mussolini im Oktober 1922 italien. Ministerpräsident. Er sicherte sich diktatorische Vollmachten, schaltete alle staatlichen und gesellschaftlichen Institutionen gleich und verbot die übrigen Parteien. Seinen Traum von einem neuen röm. Imperium am Mittelmeer konnte der »Duce« trotz Annexionen (Abessinien 1935, Albanien 1939) nicht verwirklichen. 1940 erklärte Mussolini den Eintritt Italiens in den Zweiten Weltkrieg an der Seite des Deutschen Reichs. Nach der alliierten Landung in Sizilien im Juli 1943 setzten ihn seine Parteigänger wegen der drohenden militärischen Niederlage ab. Deutsche Fallschirmspringer befreiten Mussolini aus seiner Haft auf dem Gran Sasso in den Abruzzen und machten ihn zum Führer eines Marionettenregimes im norditalien. Salò. Bei dem Versuch, vor den heranrückenden alliierten Truppen zu fliehen, wurde Mussolini am 28.4.1945 von Partisanen in Giulino di Mezzegra bei Como erschossen. (Foto: Mussolini bei der Feier des Gründungstags von Rom)

bedeuteten die Vereinbarungen die Festigung seiner Herrschaft und internationales Prestige.

Abessinienkrieg: Außenpolitisch verfolgte Mussolini das Ziel, ein neues röm. Imperium zu errichten und die italien. Kolonialpläne aus dem 19. Jh. zu verwirklichen. Von Eritrea und Somaliland aus ließ Mussolini im Oktober 1935 seine Truppen nach Abessinien einmarschieren. Bis Mai 1936 eroberte I. das Land und verband es mit seinen ursprünglichen Besitzungen Eritrea und Somaliland zu Italien.-Ostafrika. Der Völkerbund verhängte Sanktionen gegen I., die jedoch kaum eingehalten wurden. Seine Expansionspolitik und die Unterstützung der Falange im Span. Bürgerkrieg isolierten I. gegenüber den westeuropäischen Staaten.

Achse Berlin–Rom: Erste Annäherungsversuche Hitlers, der für seine aggressive Außenpolitik Verbündete brauchte, waren noch 1934 gescheitert, als I. durch seinen Truppenaufmarsch an der Grenze zu Südtirol wesentlich zum Scheitern eines nationalsozialistischen Umsturzversuchs in Österreich beigetragen hatte. Nachdem sich das Deutsche Reich 1936 nicht an den Sanktionen gegen I. beteiligt hatte, sondern das Land mit dringend benötigten Rohstofflieferungen unterstützt hatte, strebte Mussolini enge Beziehungen mit Hitler-Deutschland an. Im Oktober 1936 schlossen I. und das Deutsche Reich einen Vertrag, für den Mussolini wenig später die Bezeichnung »Achse Berlin–Rom« prägte. Darin erkannte das Deutsche Reich offiziell die italien. Annexion Abessiniens an. Die Übereinkunft wurde im Mai 1939 durch den zwischen beiden Ländern geschlossenen Stahlpakt und 1940 durch den Dreimächtepakt mit Japan weiter gefestigt.

Besetzung Albaniens: Im April 1939 landeten italien. Truppen in mehreren alban. Hafenstädten und nahmen die Hauptstadt Tirana ein. König Zogu I. floh nach Griechenland. Nach der Besetzung konstituierte sich im April 1939 eine I.-freundliche Nationalversammlung und übertrug die alban. Krone Viktor Emanuel III. von Italien.

Zweiter Weltkrieg: Bei Ausbruch des Zweiten Weltkriegs waren die militärischen Kräfte I.s durch den Abessinienkrieg, die Unterstützung Francos in Spanien sowie die Besetzung Albaniens nahezu erschöpft. Als eigene Versuche zur Friedensvermittlung gescheitert waren, trat I. 1940 an der Seite des Deutschen Reichs in den Krieg ein (Kriegserklärung an Frankreich und Großbritannien: 10.6.1940). Unter dem Schlagwort »Mare nostrum« (»unser Meer«) strebte Mussolini eine italien.

Die alliierte Landung auf Sizilien am 10.7.1943 führte zu einem innenpolitischen Umschwung in Italien, dem die Entmachtung Mussolinis durch König Viktor Emanuel III. folgte. Der »Duce« wurde verhaftet, jedoch von deutschen Fallschirmjägern aus seiner Haft in den Abruzzen befreit. Bis zu seiner Ermordung 1945 führte er eine Gegenregierung im norditalien. Salò.

Vormachtstellung im Mittelmeerraum in Anknüpfung an das Imperium Romanum an. Bei dem mit dem Deutschen Reich nicht abgestimmten italien. Angriff auf Griechenland drängten griech. Truppen mit brit. Unterstützung die italien. Einheiten zunächst zurück. Um ein weiteres Vorrücken der Gegner zu verhindern, sah sich Hitler im April 1941 gezwungen, auf dem Balkan einzugreifen. Die Offensive gegen Griechenland endete im Mai mit der Besetzung Kretas. Griechenland wurde zum großen Teil italien. Militärverwaltung unterstellt. Die bei dem Feldzug – ebenso wie auf dem Kriegsschauplatz in Nordafrika – offenkundige Schwäche I.s führte zur Bildung einer Opposition in der faschistischen Führung und beim Militär. Als die Alliierten 1943 auf Sizilien landeten, entmachtete Viktor Emanuel III. Mussolini und ließ ihn verhaften. Nachfolger wurde Marschall Pietro Badoglio (1943/44). Deutsche Fallschirmjäger befreiten den Duce aus seiner Haft auf dem Gran Sasso in den Abruzzen und setzten ihn im norditalien. Salò als Führer eines Marionettenregimes ein (Repubblica Sociale Italiana), das er bis zu seiner Ermordung 1945 leitete.

Kurze Zeit nach seiner Kapitulation am 8.9.1943 erklärte I. dem Deutschen Reich den Krieg. Zwei Tage später marschierten deutsche Truppen in Rom ein. Im Juni 1944 befreiten die Alliierten Rom, während sich deutsche Truppen in Norditalien noch bis zum Kriegsende hielten. Durch den Pariser Frieden von 1947 verlor I. Rhodos und den Dodekanes an Griechenland sowie Istrien, die Küstengebiete der östlichen Adria und Zara an Jugoslawien. Außerdem musste das Land auf sämtliche Kolonien verzichten.

Nachkriegszeit

Ende der Monarchie: Per Volksabstimmung wurde I. im Juni 1946 Republik. Der erst am 9.5.1946 zum König ernannte Umberto II. dankte ab. Aus den gleichzeitig abgehaltenen Wahlen zur Nationalversammlung gingen die Christdemokraten (Democrazia Cristiana, DC) als stärkste Kraft hervor und stellten mit Alcide De Gasperi, der bereits seit November 1945 eine Koalitionsregierung der sechs antifaschistischen Parteien führte, den ersten Ministerpräsidenten der Republik (bis 1953).

DC verdrängt Kommunisten: Die DC, die in den 40er und 50er Jahren zumeist mit kleineren Parteien der Mitte, 1948–53 sogar mit absoluter Mehrheit regierte, war bis 1992 die dominierende Partei I.s. Angesichts der Stärke der Kommunistischen Partei (1953: 35%) von den USA seit den 40er Jahren finanziell massiv unterstützt, war die DC in allen Koalitionen der häufig wechselnden Regierungen die führende Kraft. Die Kommunisten, die an den ersten Übergangsregierungen nach Kriegsende noch beteiligt waren, wurden in die Oppositionsrolle gedrängt.

Europäische Integration: De Gasperi, ein Befürworter der europäischen Einheit, förderte die Integration I.s in die westeuropäische Gemeinschaft. 1949 gehörte I. zu den Gründungsmitgliedern der NATO, 1957 unterzeichnete I. mit den Benelux-Staaten, Frankreich und der Bundesrepublik Deutschland in Rom den Vertrag über die Gründung der Europäischen Wirtschaftsgemeinschaft (EWG). Den schwelenden Konflikt mit Jugoslawien über die Triest-Frage legte I. 1954 durch Abtretung des Hinterlands der Stadt bei.

Zankapfel Südtirol – Alto Adige

Sonderstatus: In der umstrittenen Frage des Status Südtirols schlossen Österreich und Italien 1969 ein Abkommen, das der Bevölkerung der Grenzregion einen Sonderstatus gewährte und ihr Autonomie in Sprache und Kultur einräumte. Bereits 1946 hatten beide Länder im Gruber-De-Gasperi-Abkommen den deutschsprachigen Südtirolern Gleichberechtigung garantiert, doch war das Abkommen in vielen Punkten nicht erfüllt worden. (Foto oben: Zweisprachigkeit in Südtirol; unten: Anschlag auf die Eisenbahnlinie Schweiz–Italien)

Geschichte Südtirols im 20. Jahrhundert

Datum	*Ereignis*	*Folgen*
3.11.1918	Waffenstillstand zwischen Österreich-Ungarn und den Alliierten	Österreich muss Gebiet von Südtirol räumen
10.9.1920	Unterzeichnung des Friedensvertrags in Saint-Germain-en-Laye	Südtirol fällt an Italien (10.10.)
18.7.1923	Programm der Entnationalisierung Südtirols durch Mussolini	Italienisch wird Amts- und Schulsprache
27.2.1926	Letzte deutschsprachige Zeitung stellt Erscheinen ein	Deutsche Minderheit verliert weitere Rechte
21.10.1939	Südtirol-Abkommen zwischen Italien und dem Deutschen Reich	Deutsche Bevölkerung wird umgesiedelt
5.9.1946	Gruber-De-Gasperi-Abkommen in Paris unterzeichnet	Gleichberechtigung und kulturelle Teilautonomie
16.12.1969	Südtirol-Vertrag zwischen Italien und Österreich unterzeichnet; 1972 tritt Autonomiestatut in Kraft	Autonomie erweitert: 137 Maßnahmen zum Schutz der dt. Bevölkerung
11.6.1992	Österreich erkennt Durchführungsbestimmungen des Autonomiestatuts an	Beilegung des Südtirolkonflikts

Öffnung nach links: Die von De Gasperi geprägte Ära relativer Stabilität endete mit den Wahlen von 1953 und seinem Ausscheiden aus der Regierung. Während der Minderheitskabinette oder Koalitionsregierungen der DC (1953–60) herrschten Immobilität und Stagnation. Als sich zu Beginn der 60er Jahre Sozialdemokraten und Sozialisten im Centro-Sinistro-Bündnis wieder vereinigten, wurden die Sozialisten auch wieder an der Regierung beteiligt. Ministerpräsident Aldo Moro (1963 bis 1968) leitete unter dem Schlagwort »Apertura a sinistra« (»Öffnung nach links«) insgesamt drei Koalitionskabinette mit den Sozialisten.

Reformstau bremst Aufschwung: In den Nachkriegsjahren erlebte I. zunächst einen wirtschaftlichen Aufschwung, der bis Ende der 60er Jahre anhielt. Das industrielle Wachstum wurde jedoch durch fehlende Reformen u. a. im Sozialwesen, in der Verwaltung, im Bildungswesen und in der Justiz gebremst. In den 70er Jahren verschärfte sich der Gegensatz zwischen dem reichen industrialisierten Norden und dem landwirtschaftlich geprägten Süden. Im Norden war das BIP fast doppelt so hoch wie im Süden, wo die Produktivität um nahezu 25% geringer war. Während die Investitionen im Norden I.s stiegen, gingen sie im Süden zurück. Die strukturschwache Region verzeichnete eine um rund 15% höhere Arbeitslosenquote. Immer häufiger kam es zu Unruhen und öffentlichen Protesten, die den Kommunisten großen Zulauf brachten.

Terrorismus: Wie in anderen westeuropäischen Ländern kam es in den 70er Jahren zu zahlreichen Terroraktionen rechts- und linksradikaler Gruppierungen. 1970 war aus dem extremen Flügel der italien. Studentenbewegung die linksgerichtete Terrororganisation »Rote Brigaden« hervorgegangen, die mit Bombenanschlägen, Attentaten und Entführungen auf die Beseitigung des bestehenden Gesellschaftssystems zielte. Im Mai 1978 ermordeten Mitglieder der »Roten Brigaden« den 55 Tage zuvor entführten früheren DC-Ministerpräsidenten Aldo Moro (1963–68, 1974–1976), den aussichtsreichsten Kandidaten für die anstehenden Präsidentschaftswahlen. Ihre Forderung – die Freilassung 13 inhaftierter Terroristen – war zuvor von der Regierung unter dem christdemokratischen Ministerpräsidenten Giulio Andreotti (1972/1973, 1976–79, 1989–92) abgelehnt worden. Der »Fall Moro« löste eine Staatskrise aus. Bis in die 90er Jahre wurde in I. über die Hintergründe der Entführung und der starren Haltung der Regierung spekuliert, denn Andreotti war allgemein als entschiedener innerparteilicher Gegner der von Moro in den 60er Jahren vollzogenen Öffnung der DC nach links bekannt.

1980 starben bei einem Bombenanschlag der rechtsradikalen Terrororganisation »Bewaffnete Revolutionäre Stoßtrupps« (NAR) auf den Hauptbahnhof von Bologna 84 Menschen, 200 wurden verletzt. Der bis dahin blutigste Terroranschlag der Nachkriegszeit in Europa löste Kritik am Vorgehen der italien. Regierung aus, der man Versäumnisse bei der Verfolgung rechtsgerichteter Terroristen vorwarf.

Die Entführung von US-Brigadegeneral James Lee Dozier, des stellvertretenden Generalstabschefs der NATO-Landstreitkräfte Europa-Süd, durch die »Roten Brigaden« sorgte 1980 für Aufsehen. Die italien. Regierung verweigerte Verhandlungen mit den Entführern. Einer Spezialeinheit der italien. Polizei gelang es, Dozier nach sechs Wochen Geiselhaft aus einem Versteck in Padua unverletzt zu befreien.

Affären und Wirtschaftsmisere: Als Folge einer Schmiergeld- und Erpressungsaffäre, in die drei Minister seines Kabinetts verstrickt waren, musste 1981 der christdemokratische Ministerpräsident Arnaldo Forlani (1980/81) seinen Rücktritt erklären. Seine Nachfolge trat der Republikaner Giovanni Spadolini an, der erste Ministerpräsident (1981/82) seit 1945, der nicht der DC angehörte.

In den 80er Jahren erlebte die italien. Wirtschaft massive Einbrüche. Eine hohe Staatsverschuldung, das Nord-Süd-Gefälle, die veraltete Industriestruktur Norditaliens und der Geldabfluss durch die organisierte Kriminalität (u. a. der Mafia) blockierten die wirtschaftliche Entwicklung. Mordanschläge der Mafia legten Defizite bei der inneren Sicherheit offen.

Stichwort: Eurokommunismus

Von der Studentenbewegung der 60er Jahre maßgeblich beeinflusst, bildete sich in den kommunistischen Parteien vieler westeuropäischer Staaten eine politische Anschauung, die sich vom stalinistischen Sowjetkommunismus distanzierte. Auf dem eigenständigen Weg zur klassenlosen Gesellschaft wurden u. a. demokratische Prinzipien wie Meinungsfreiheit und Pluralismus garantiert.

In Italien war die eurokommunistische Ausrichtung der Kommunistischen Partei (PCI) eng mit dem Namen Enrico Berlinguers (1922–1984) verbunden. Der Sohn eines Adligen war 1943 der Partei beigetreten und Mitte der 60er Jahre ins Sekretariat des ZK sowie ins Politbüro aufgestiegen. 1968 nahm Berlinguer erstmals einen Platz in der italien. Abgeordnetenkammer ein, 1972 übernahm er als Generalsekretär die Führung der PCI.

In innerparteilichen Richtungskämpfen setzte Berlinguer seine Vorstellungen von einem pluralistischen, »menschlichen« Sozialismus durch: Er brach nicht nur mit der KPdSU um Leonid Breschnew, sondern befürwortete auch die Mitgliedschaft Italiens in der NATO. Die größten Schlagzeilen machte allerdings sein Versuch, die PCI in eine Koalition mit den nach dem Zweiten Weltkrieg ununterbrochen regierenden Christdemokraten (DC) zu führen. Dieser »historische Kompromiss« scheiterte jedoch Mitte der 70er Jahre; die Ernennung von PCI-Politikern zu italien. Ministern blieb Utopie. In den 80er Jahren verloren PCI und Eurokommunismus zunehmend an Bedeutung. Anfang der 90er Jahre löste sich die PCI auf; die meisten ihrer Politiker setzten ihre Arbeit in der neuen Linkspartei PDS fort. (Foto: Berlinguer 1972 in Rom.)

Der frühere Ministerpräsident Aldo Moro wurde 1978 entführt und später ermordet in Rom aufgefunden.

Die Ermordung des Ermittlungsrichters Giovanni Falcone, Symbolfigur für den Kampf gegen die Mafia, am 24.5.1992 bei Palermo löste eine Welle der Bestürzung aus.

Stichwort: Geheimloge P 2

Hinter der Freimaurerloge »Propaganda 2« (P 2) verbarg sich eine Gruppierung einflussreicher italien. Persönlichkeiten aus Politik, Wirtschaft, Armee und Gesellschaft. Aufsehen erregte die Organisation, deren Existenz erst Anfang der 80er Jahre aufgedeckt wurde, weil ihre Mitglieder in Fälle von Vetternwirtschaft, Korruption und Erpressung verstrickt waren. Die so genannte P 2-Affäre weitete sich 1981 zur Staats- und Regierungskrise aus, als bekannt wurde, dass auch Justizminister Adolfo Sarti sowie Arbeitsminister Franco Foschi und Außenhandelsminister Enrico Manca aus dem Kabinett von Ministerpräsident Arnaldo Forlani (Democrazia Cristiana) enge Verbindungen zu der kriminellen Geheimloge unterhielten. Forlani musste schließlich dem öffentlichen Druck nachgeben und im Mai 1981 seinen Rücktritt erklären; das traditionell von der DC beherrschte Parteiengefüge Italiens geriet zusehends ins Wanken: Erstmals seit dem Ende des Zweiten Weltkriegs stellte mit dem Republikaner Giovanni Spadolini ein Politiker den italien. Regierungschef, der nicht der christdemokratischen DC angehörte.

Italiens Skandale – zwischen Mafia und Medien

Giulio Andreotti (* 14.1.1919 in Rom) bekleidete zwischen 1972 und 1992 insgesamt siebenmal das Amt des italien. Ministerpräsidenten. Darüber hinaus fungierte der christdemokratische Politiker in verschiedenen Ressorts als Minister (u. a. 1983–89 als Außenminister). Nach dem Zusammenbruch des traditionellen Parteiensystems musste sich Andreotti ab Mitte der 90er Jahre wegen möglicher Mitwisserschaft bei einem 1979 verübten Mord an einem Journalisten sowie wegen enger Kontakte zur Mafia (insbes. zur sizilian. Cosa Nostra) vor Gericht verantworten. Im Oktober 1999 wurde der 80-Jährige von allen Anklagepunkten freigesprochen.

Bettino Craxi (* 24.2.1934 in Mailand, † 19.1.2000 in Hammamet/Tunesien) übernahm 1983 als erster Sozialist die Amtsgeschäfte des italien. Ministerpräsidenten, die er bis 1987 ausübte. Dem langjährigen PSI-Generalsekretär (seit 1976) und Mitglied der Abgeordnetenkammer (seit 1968) wurde Mitte der 90er Jahre der Prozess gemacht: Wegen betrügerischen Bankrotts und Korruption erhielt Craxi, der sich vor den Strafverfolgern nach Tunesien abgesetzt hatte, in Abwesenheit mehr als 20 Jahre Gefängnis. Der Politiker legte Berufung ein; im Oktober 1999 wurde er vom Anklagepunkt der illegalen Parteienfinanzierung freigesprochen, weil das Delikt inzwischen verjährt war.

Silvio Berlusconi (* 29.9.1936 in Mailand), Bauunternehmer, stieg in den 80er Jahren durch den Kauf von Fernsehanstalten zum Medienzar auf und stärkte seine ökonomische Basis u. a. durch den Einstieg ins Film-, Print- und Fußball-Business (AC Mailand). Mit seiner Medienmacht wurde Berlusconi im Mai 1994 italien. Ministerpräsident; Ende 1994 musste er nach Koalitionsquerelen mit der Lega Nord und wegen Korruptionsverdachts zurücktreten. Im Juli 1998 erhielt er wegen Bestechung eine Haftstrafe von zwei Jahren und neun Monaten. Zugleich wurde er der illegalen Parteienfinanzierung für schuldig befunden; im Herbst 1999 wurde das Urteil wegen Verjährung aufgehoben.

Italien in den 90er Jahren

Mafia in Bedrängnis: Zu Beginn der 90er Jahre wuchs der Unmut in der italien. Bevölkerung über die Machenschaften der Mafia und ähnlicher Organisationen (Camorra in Neapel, N'dragheta in Kalabrien). Schätzungen zufolge bildeten etwa 45 000 Personen in Sizilien und Süd-I. den Kern des organisierten Verbrechens. Mit etwa 500 000 ihr zugerechneten Personen kontrollierte die Mafia viele Bereiche der italien. Gesellschaft. Die Ermordung der prominenten Ermittlungsrichter Giovanni Falcone und Paolo Borsellino (1992) stieß auf heftigen Protest: 50 000 Menschen forderten bei einer anschließenden Demonstration in Sizilien ein Ende des Mafia-Terrors. Als Zeichen ihrer Entschlossenheit entsandte die Regierung 7000 Soldaten auf die Insel. Im August 1992 erließ sie ein Gesetz zum verbesserten Kronzeugenschutz, das einen wesentlichen Fortschritt bei der Mafia-Bekämpfung darstellte: Nach Aussagen ehemaliger Mafiosi (»Pentiti«, »Reumütige«) nahm die Polizei ab Herbst 1992 hunderte Verbrecher fest. Anfang 1993 wurde Salvatore Riina, der Kopf der einflussreichsten Mafia-Organisation, der sizilian. Cosa Nostra, verhaftet. Ihm wurden die Bombenanschläge auf Falcone und Borsellino zur Last gelegt.

Politskandale: Aussagen verhafteter Mafia-Führer über ihre Verbindungen zur Politik und Industrie führten Ende 1992 zum größten Skandal in der italien. Geschichte und zogen die tiefste politische Umwälzung seit dem Zweiten Weltkrieg nach sich. Zu den prominentesten Politikern, die der Zusammenarbeit mit der Mafia bezichtigt wurden, gehörte der ehemalige Ministerpräsident Giulio Andreotti. Zwei 1995 gegen Andreotti eröffnete Prozesse – zum einen wegen des Verdachts auf langjährige Förderung der Mafia, zum anderen wegen Anstiftung zum Mord an einem Journalisten – endeten 1999 mit einem Freispruch. Der Sozialist und frühere Regierungschef Bettino Craxi (1983–87) wurde im Juli 1994 in Mailand wegen schwerer Korruption und Amtsmissbrauchs in Verbindung mit Mafia-Kontakten in Abwesenheit – er hatte sich zuvor nach Tunesien abgesetzt – zu einer langjährigen Haftstrafe verurteilt.

Parteienlandschaft bricht zusammen: Eine Volksabstimmung im April 1993 ergab eine Mehrheit für eine Änderung des Wahlrechts: Drei Viertel des Senats und der Abgeordnetenkammer sollten fortan nach dem Mehrheits-, der Rest nach dem Verhältniswahlrecht gewählt werden. Stimmenhäufungen, die zuvor besonders im Süden zu Bestechungen geführt hatten, wurden verboten. Im März 1994 wurde das neue Wahlrecht erstmals angewandt. Eine völlige Umwälzung des traditionellen Parteiengefüges, das sich zuvor bereits durch Neugründungen stark verändert hatte, war die Folge. An die Stelle der alten Parteien traten das Mitte-links-Bündnis »Ulivo« (Olivenbaum) und das Rechtsbündnis »Polo della Libertà« (Pol der Freiheit). »Ulivo« wurde vor allem von den sozialdemokratisch gewandelten Ex-Kommunisten der Demokratischen Partei der Linken (PDS) angeführt, während im Rechtsverbund die Partei des Medienmoguls Silvio Berlusconi, Forza Italia (FI), und die neofaschistische Nationale Allianz (AN) dominierten. Besonders von der Krise der alten Parteien betroffen war die Democrazia Cristiana, die sich 1993 aufgelöst hatte. Aus ihr gingen die eher liberale Italien. Volkspartei (PPI) und das konservative Christlich-Demokratische Zentrum (CCD) hervor. Auch das in I. traditionell starke kommunistische Spektrum zersplitterte: Neben der fortan sozialdemokratischen PDS entstand die Kommunistische Wiedergründung (PRC), die weiterhin für die alte Ideologie eintrat. Bei den Wahlen im März 1994 errang Berlusconis Rechtsbündnis die absolute Mehrheit in der Abgeordnetenkammer. Berlusconi bildete eine neue Regierung, der erstmals seit dem Ende des Zweiten Weltkriegs auch neofaschistische Minister angehörten. Die Regierung hatte allerdings nur bis Januar 1995 Bestand, da die Lega Nord aufgrund der Verstrickung des Ministerpräsidenten in Bestechungsaffären die Koalition verließ.

Separatismus: Das enorme wirtschaftliche und soziale Gefälle im Land versuchte die Regierung durch gewaltige Transferzahlungen auszugleichen. Diese Maßnahmen beseitigten jedoch nicht die wirtschaftlichen Unterschiede, sondern bereiteten den Boden für eine Sezessionsbewegung in Nord-I., die in den 90er Jahren immer stärker wurde. Die norditalien. Bevölkerung sah sich durch die hohe Abgabenlast um die Früchte ihrer Arbeit betrogen. Die Lega Nord (seit 1997 Liga für die Unabhängigkeit Padaniens) rief 1996 die unabhängige »Repubblica Padania« aus. Landesweit kam es daraufhin zu zahlreichen Protestkundgebungen gegen die Abspaltungsbewegung. Auch wenn die Lega Nord nicht den erhofften Zuspruch in der Bevölkerung fand, stellte das Nord-Süd-Gefälle zum Ende des 20. Jh.s weiterhin eine Gefahr für die staatliche Einheit I.s dar.

Wirtschaftsfachmann Ministerpräsident: Berlusconis Nachfolger, der parteilose Lamberto Dini, hielt sich nur ein Jahr im Amt (Januar 1995 bis Januar 1996). Aus den Neu-

Die italien. Regierung griff im Kampf gegen die Mafia seit 1992 härter durch. Aufgrund von Aussagen früherer Mafiosi, der sog. Pentiti, konnte die Polizei im Januar 1993 auch Salvatore »Totò« Riina fassen, den Chef der sizilian. Mafia-Organisation Cosa Nostra.

Separatismus der »Lega Nord« – Kampf für eine »Unabhängige Republik Padania«

Vor dem Hintergrund des Konflikts zwischen dem reichen Norden und dem armen Süden wurde in rechtsgerichteten Kreisen der Ruf nach einem eigenständigen norditalien. Staat laut. Träger der separatistischen Bewegung war vor allem die 1991 aus sechs Gruppierungen hervorgegangene Lega Nord. Die Partei um den Vorsitzenden Umberto Bossi gehörte ab Mai 1994 der Rechtskoalition von Ministerpräsident Silvio Berlusconi an. Da die erhofften Impulse in der Wirtschaftspolitik für einen stärkeren Föderalismus ausblieben, zogen sich die Minister der Lega Nord bald wieder aus der Regierung zurück; die Koalition scheiterte. Im Mai 1996 initiierte die Lega Nord eine Bewegung für eine »Unabhängige Republik Padania«, die in der Bevölkerung jedoch kaum Resonanz fand und bei fast allen Parteien in Rom auf Ablehnung stieß. (Foto: Anhänger der Lega Nord bei einer Kundgebung in Pontida im Juni 1996)

Schwere Erdbeben in Umbrien und den Marken richteten im September 1997 große Schäden in der Pilgerstadt Assisi an. Die Kosten für die Restaurierung der weltberühmten Fresken von Giotto und Cimabue wurden auf 500 Mio DM veranschlagt. (Foto: Beschädigte Fresken in der St.-Damiano-Kirche in Assisi 1997)

Staatsoberhäupter Italiens

Reg.-Zeit	*Name*	*Lebensdaten*
Könige im 20. Jahrhundert		
1878–1900	Umberto I.	1844–1900
1900–46	Viktor Emanuel III.	1869–1947
1946	Umberto II.	1904–1983
Staatspräsidenten im 20. Jahrhundert		
Reg.-Zeit	*Name*	*Lebensdaten*
1946–48	Enrico da Nicola	1877–1959
1948–55	Luigi Einaudi	1874–1961
1955–62	Giovanni Gronchi	1887–1978
1962–64	Antonio Segni	1891–1972
1964–71	Giuseppe Saragat	1898–1988
1971–78	Giovanni Leone	*1908
1978–85	Sandro Pertini	1896–1990
1985–92	Francesco Cossiga	*1928
1992–99	Oscar Luigi Scalfaro	*1918
seit 1999	Carlo Azeglio Ciampi	*1920

Die wichtigsten Parteien im 20. Jahrhundert

Name (Abkürzung)	*Politische Richtung*	*Gründung*
Liberale Partei Italiens (PLI)	liberal	1848
Italien. Sozialdemokraten (SDI)	sozialdemokratisch	1892
Kommunistische Partei Italiens (PCI)	eurokommunistisch	1921
Linksdemokraten (DS)	sozialdemokratisch	1921
Nationale Faschistische Partei (PNF)	faschistisch	1921
Democrazia Cristiana (DC)	bürgerlich/christdemokratisch	1946
Südtiroler Volkspartei (SVP-UdV)	Regionalpartei	k. A.
Bündnis der Grünen (VERDI)	ökologisch	1986
Demokrat. Partei der Linken (PDS)	sozialdemokratisch	1991
Lega Nord	separatistisch	1991
Italien. Volkspartei (PPI)	liberal/christdemokratisch	1993
Christliches Demokrat. Zentrum (CCD)	konservativ	1994
Forza Italia (FI)	national-konservativ	1994
Nationale Allianz (AN)	neofaschistisch	1994
Demokrat. Union für die Republik (UDR)	bürgerlich-liberal	1998

wahlen im April 1996 ging die Mitte-links-Allianz »Ulivo« als stärkste Gruppierung hervor. Neuer Ministerpräsident wurde der unabhängige Wirtschaftsfachmann Romano Prodi (1996–98), der jedoch auf unterstützende Stimmen im Lager der Altkommunisten, bei der Forza Italia oder der Lega Nord angewiesen war. Die Regierungszeit Prodis stand ganz im Zeichen der Haushaltskonsolidierung als Voraussetzung für den geplanten Beitritt des Landes zur gemeinsamen europäischen Währung. Der strikte Sparkurs der Regierung führte ab 1996 zu einer wirtschaftlichen Erholung, die jedoch von einer steigenden Steuer- und Abgabenlast, geringen Leistungen im Renten- und Gesundheitswesen sowie sinkenden Realeinkommen gebremst wurde. Im Oktober 1998 trat Prodi von seinem Amt zurück, da ihm die Neokommunisten aufgrund von geplanten Sozialkürzungen im Haushalt 1999 die parlamentarische Duldung entzogen. Die von Prodi geführte 55. Nachkriegsregierung erreichte mit 876 Tagen die zweitlängste Dienstzeit eines italien. Kabinetts seit dem Zweiten Weltkrieg (durchschnittliche Regierungsdauer: elf Monate). Neuer Ministerpräsident wurde der Ex-Kommunist Massimo D'Alema (1998–2000). Nach Wahlniederlagen trat D'Alema (DS) im April 2000 von seinem Amt zurück. Sein Nachfolger wurde der Parteilose Giuliano Amato, der bereits 1992/93 eine Koalitionsregierung geführt hatte.

Außenpolitik: Auch in den 90er Jahren verfolgte I. eine Politik der fortschreitenden EU-Integration. Der Bürgerkrieg in Bosnien-Herzegowina (1992–95) belastete I. durch die Aufnahme von Flüchtlingen aus dem Krisengebiet. 1999 stellte die italien. Regierung der NATO mit dem Stützpunkt Aviano eine der wichtigsten Militärbasen für Luftangriffe gegen Jugoslawien im Kosovo-Krieg zur Verfügung, ohne selbst militärisch einzugreifen. Der NATO-Militärschlag führte im März 1999 zu einer Regierungskrise, als die kommunistischen Regierungsmitglieder mit Rücktritt drohten. I., das vom Flüchtlingsstrom erneut stark betroffen war, befürchtete eine Destabilisierung der gesamten Adria-Region.

Euro: Die Wirtschaftsmisere dauerte in den 90er Jahren an. Das Land unternahm gewaltige Anstrengungen, um die geforderten Konvergenzkriterien für den Beitritt zum Euro zu erfüllen. Ein strikter Sparkurs führte ab Mitte der 90er Jahre zu einer wirtschaftlichen Erholung. Trotz zu hoher Staatsverschuldung (1998: 118,7% des BIP) konnte der Beitritt I.s zur Europäischen Wirtschafts- und Währungsunion am 1.1.1999 erfolgen. *D. M.*

Jamaika

Die Karibikinsel wurde 1494 von Christoph Kolumbus auf seiner zweiten Reise entdeckt und von den Spaniern ab 1509 kolonisiert. 1655 eroberte England J. und gestand der Insel 1662 eingeschränkte Autonomie zu. Anfangs nur ein brit. Piratenstützpunkt, entwickelte sich J. Ende des 17. Jh.s zum Zentrum des Zuckerrohr- und Sklavenhandels. Im British Empire wurde die Sklaverei 1834 aufgehoben. 1866 erklärte London J. zur Kronkolonie. In den 70er Jahren des 19. Jh.s sicherte sich die US-amerikan. United Fruit Company das Monopol am Bananenanbau und wurde bis zum Ersten Weltkrieg der größte Landbesitzer auf J.

Jamaika 2000	
Landesfläche	10 990 km² (WR 158)
Einwohner	2,6 Mio (WR 132)
Hauptstadt	Kingston (588 000 Einwohner)
Sprachen	Englisch, Patois
Währung	1 Jamaika-Dollar (J$) = 100 Cents
Gliederung	14 Bezirke
Staatsform	Parlamentarische Monarchie im Commonwealth (seit 1962)
Religion	Protestanten (55,9%), Katholiken (5,0%); Rastafari (5,0%); Sonstige (16,4%); Konfessionslose (17,7%)
Bevölkerung	Schwarze (74,7%); Mischlinge (12,8%); Sonstige (12,5%)

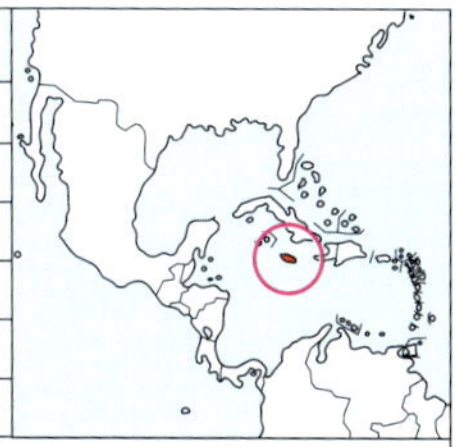

Jamaika im 20. Jahrhundert	
1914	Gründung der Universal Negro Improvement Association and African Communication League (UNIA), welche die Übersiedlung schwarzer Jamaikaner nach Afrika, dem »Land ihrer Väter«, betreibt.
1938	Wegen der Verschlechterung der Lebensbedingungen kommt es zu schweren sozialen Unruhen und Streiks; Gründung der ersten politischen Partei, der sozialistischen People's National Party (PNP).
1944	Durch Verfassungsänderung wird das allgemeine und gleiche Wahlrecht eingeführt. Großbritannien gewährt Jamaika innere Selbstverwaltung.
1958	Jamaika wird Mitglied der Westind. Föderation (1962 wieder aufgelöst).
1959	Jamaika erhält volle Autonomie.
1962	Jamaika proklamiert seine staatliche Unabhängigkeit. Erster Premierminister wird der sozialreformerisch orientierte Alexander Bustamente (JLP).
1969	Jamaika wird Mitglied der Organisation Amerikan. Staaten (OAS), gehört aber weiterhin dem brit. Commonwealth an.
1972	Wahlsieg der PNP, die in den Folgejahren den Kurs eines »demokratischen Sozialismus« verfolgt.
1976	Die Verschlechterung der wirtschaftlichen Lage führt zu schweren Unruhen.
1980	Durch einen Wahlsieg gelangt die bürgerliche JLP wieder an die Regierung. Sie nimmt marktwirtschaftliche Reformen in Angriff.
1983	Jamaika beteiligt sich an der Besetzung des Karibikstaates Grenada durch die USA.
1989	Vor dem Hintergrund einer anhaltenden Wirtschaftskrise gewinnt Michael Manley (PNP) erneut die Wahlen. Seine Regierung schlägt in Abkehr von linksdogmatischen Programmen einen sozialreformerischen Kurs ein.
1993	Die PNP erringt einen hohen Wahlsieg.
1995	Gründung der gemäßigt konservativen Partei National Democratic Movement (NDM), die sich als dritte politische Kraft etablieren kann.
1997	Erneuter Wahlsieg der PNP unter Premierminister Percival James Patterson.
1999	Nach drastischen Steuer- und Benzinpreiserhöhungen kommt es zu Unruhen und gewaltsamen Ausschreitungen. Die Regierung nimmt einen Teil der Maßnahmen, durch die das Haushaltsdefizit gesenkt werden sollte, wieder zurück.

Auf dem Weg in die Unabhängigkeit

UNIA: 1914 gründete Marcus Garvey die Universal Negro Improvement Association and African Communication League (UNIA), welche die Rückkehr schwarzer Jamaikaner nach Afrika, ins »Land ihrer Vorväter«, zum Ziel hatte. Liberia, seinerzeit einziger souveräner Staat Schwarzafrikas, weigerte sich jedoch, eine größere Anzahl UNIA-Siedler aufzunehmen. Die Regierung befürchtete eine Destabilisierung der Gesellschaft durch massenhafte Einwanderung. Somit scheiterte der Versuch, sich auf dem Weg der Auswanderung der brit. Vorherrschaft zu entziehen.

Parteien und Gewerkschaften: Aufgrund der Weltwirtschaftskrise 1929 kam es zu einer nachhaltigen Verschlechterung der Lebensverhältnisse. Die wachsenden sozialen Spannungen führten 1938 zu landesweiten Streiks und gewalttätigen Unruhen. In dieser schwierigen politischen und wirtschaftlichen Lage wurden mehrere gewerkschaftliche Organisationen gegründet, aus denen bald auch politische Parteien hervorgingen. 1938 die sozialistische People's National Party (PNP) und 1943 die bürgerlich-liberale Jamaica Labour Party (JLP).

Autonomie: 1944 gewährte die Kolonialmacht Großbritannien J. innere Autonomie sowie im Rahmen einer neuen Verfassung das allgemeine und gleiche Wahlrecht. Die eingeschränkte Autonomie wurde 1959 zur vollen Selbstverwaltung erweitert. 1958 wurde J. Mitglied der Westind. Föderation. Durch den allmählich einsetzenden Tourismus und den Bauxitabbau gelang es J. in den 50er Jahren, neben der traditionellen Landwirtschaft weitere Wirtschaftszweige zu erschließen.

Staatliche Unabhängigkeit

Souveräner Staat im Commonwealth: In einem Referendum entschied sich die Bevölkerung 1961 für das Ausscheiden J.s aus der Westind. Föderation. Am 6.8.1962 erlangte J. die Unabhängigkeit von Großbritannien. Erster Premierminister wurde der gemäßigte JLP-Vorsitzende Alexander Bustamente (1962–67). J. verblieb als parlamentarische Monarchie im brit. Commonwealth. Staatsoberhaupt ist wei-

Die Karibikinsel Jamaika zieht mit ihren feinsandigen Stränden, dem klaren Wasser und dem vielfältigen Hinterland eine wachsende Zahl von Touristen an. Der Fremdenverkehr zählt zu den wichtigsten Devisenquellen des Landes.

terhin die brit. Königin, vertreten durch einen Gouverneur, der überwiegend repräsentative Funktion besitzt. 1969 wurde J. Mitglied der Organisation Amerikan. Staaten (OAS).

Sozialistische Experimente: 1972 kam es nach dem Wahlsieg der sozialistischen PNP zu einem politischen Kurswechsel. PNP-Premierminister Michael Manley (1972–80) versuchte, in J. einen »demokratischen Sozialismus« aufzubauen. Zentrale Projekte waren eine umfassende Landreform und eine Alphabetisierungskampagne. Zugleich strebte J. größere wirtschaftliche Unabhängigkeit von den USA und der früheren Kolonialmacht Großbritannien an. Die linksorientierte Regierung knüpfte engere Beziehungen zu den lateinamerikan. Staaten und nahm diplomatische Beziehungen zu Kuba auf.

Wirtschaftskrise: Ab Mitte der 70er Jahre führten Misswirtschaft und das Ausbleiben von Touristen aus den USA zu einer tiefen Wirtschaftskrise und einem raschen Anstieg der Staatsverschuldung. 1976 brachen soziale Unruhen aus. Finanzhilfen des Internationalen Währungsfonds (IWF) lehnte Manley ab, da er dessen wirtschaftspolitische Bedingungen (u. a. Senkung der öffentlichen Ausgaben) nicht akzeptierte. Die anhaltende Wirtschaftskrise führte 1980 zur Abwahl der regierenden PNP. Klarer Wahlsieger wurde die JLP.

Marktwirtschaft: Der neue Premierminister Edward Seaga (1980–89) verfolgte einen strikt antisozialistischen Kurs. Außenpolitisch orientierte sich J. nun an den USA. Wirtschaftspolitisch versuchte J., die Auflagen des IWF zu erfüllen. Preis- und Steuererhöhungen stabilisierten die Lage zwar kurzfristig, verschärften jedoch die sozialen Spannungen. Vor diesem Hintergrund gelang der PNP durch einen Wahlsieg im Februar 1989 die Rückkehr an die Regierung. Manley wurde erneut Premierminister (1989–92). Er hatte sich inzwischen jedoch von seinen linksdogmatischen Positionen gelöst und verfolgte jetzt einen marktwirtschaftlichen Reformkurs mit sozialen Komponenten.

Staatsoberhäupter von Jamaika

Reg.-Zeit	Name (Herrschergeschlecht)	Lebensdaten
1837–1901	Victoria I. (Hannover)	1819–1901
1901–10	Edward VII. (Sachsen-Coburg)	1841–1910
1910–36	George V. (Windsor)	1865–1936
1936	Edward VIII. (Windsor)	1894–1972
1936–52	George VI. (Windsor)	1895–1952
seit 1952	Elizabeth II. (Windsor)	*1926

Die wichtigsten Parteien im 20. Jahrhundert

Name (Abkürzung)	Politische Richtung	Gründung
People's National Party (PNP)	sozialistisch	1938
Jamaica Labour Party (JLP)	bürgerlich-liberal	1943
National Democratic Movement (NDM)	konservativ	1995

Krisenbewältigung

Regierung Patterson: Bei den vorgezogenen Parlamentswahlen im März 1993 errang die regierende PNP 52 der insgesamt 60 Sitze. Premierminister blieb Percival James Patterson (seit 1992), der im Vorjahr sowohl im Amt des PNP-Vorsitzenden als auch des Premiers zum Nachfolger Manleys gewählt worden war. Patterson setzte die Reformpolitik seines Vorgängers fort. Seit Anfang der 90er Jahre bemühte sich J., die monokulturelle Ausrichtung auf den Zuckerrohranbau durch verstärkte Nutzung der Goldvorkommen zu reduzieren.

NDM: Im Oktober 1995 gründete Bruce Golding, ehemals JLP-Vorsitzender, mit der konservativen Nationaldemokratischen Bewegung (National Democratic Movement; NDM) eine dritte Partei. Sie sollte angesichts der eingefahrenen politischen Machtverteilung in J. eine Alternative bieten. Bei den Parlamentswahlen im Dezember 1997 konnte die NDM jedoch keinen Sitz erringen (PNP: 51 Mandate; JLP: 9).

Gewaltausbruch: Im April 1999 kam es nach drastischen Steuer- und Benzinpreiserhöhungen zu Unruhen mit Gewaltausbrüchen. Premierminister Patterson nahm daraufhin einen Teil der Maßnahmen zurück, mit denen der Staatshaushalt saniert werden sollte. Beobachter sahen darin einen Rückschlag für die Konsolidierungspolitik der Regierung. *T. F.*

Japan

Das moderne J. entwickelte sich um die Mitte des 19. Jh.s, als das Shogunat (Herrschaft des Kriegeradels 1192–1868) entmachtet und der Tenno (Kaiser) per Verfassung an die Staatsspitze gesetzt wurde. 300 Jahre Isolation unter der Herrschaft der Tokugawa-Dynastie (seit 1603) hatten das Land nach einer Blütezeit gesellschaftlich und wirtschaftlich stagnieren lassen. Kriegstechnisch westlichen Invasoren unterlegen, sah sich J. ab 1853 gezwungen, seine Handelshäfen zu öffnen und mit den Westmächten Verträge abzuschließen, die den Fremden Privilegien und Exterritorialrechte auf den japan. Inseln sicherten. Im Staatsinneren betrieben patriotische japan. Reformer gegen den Widerstand konservativer Kräfte den Sturz des Tokugawa-Shoguns, um den Anschluss J.s an die moderne Welt voranzutreiben.

Japan 2000	
Landesfläche	377 801 km² (WR 60)
Einwohner	126,5 Mio (WR 9)
Hauptstadt	Tokio (11,8 Mio Einwohner)
Sprache	Japanisch
Währung	1 Yen = 100 Sen
Gliederung	9 Regionen (47 Präfekturen)
Staatsform	Parlamentarische Monarchie (seit 1947)
Religion	Shintoisten (39,5%); Buddhisten (38,3%); Christen (3,9%); Sonstige (18,3%)
Bevölkerung	Japaner (98,5%); Koreaner (0,5%); Chinesen (0,2%); Brasilianer (0,1%); Sonstige (0,7%)

Restauration des Kaiserreichs

Reformen der Meiji-Ära: Unter Tenno Mutsuhito (1867–1912), der seine Regierungszeit unter die Devise »Meiji« (japan.; erleuchtete Regierung) stellte, wurde das feudale Tokugawa-System durch eine starke Zentralgewalt abgelöst. Soziale und wirtschaftliche Reformen ließen die freie Berufswahl zu, schafften die Privilegien der Samurei-Klasse ab, vereinheitlichten Steuern, Gerichtsbarkeit sowie Bildungssystem und ordneten das Wehrwesen neu. Die industrielle Revolution und der Eisenbahnbau setzten ein.

Verfassung: Am 22.12.1889 – dem Jahrestag der Reichsgründung 660 v. Chr. – wurde die neue Verfassung nach preuß. Vorbild erlassen. Sie vereinte westliche und japan. Staatsprinzipien und sah eine parlamentarische Monarchie vor. Der Tenno wurde formal kraft seiner göttlichen Autorität über Ministerpräsident und Kabinett gestellt. An die Seite des Tenno traten 1888 ein Staatsältestenrat und ein Geheimer Staatsrat. Der Reichstag bestand aus Abgeordneten- und Adelshaus.

Außenpolitik: J. stellte in der Folgezeit die staatliche Souveränität durch die Revision der seit 1854 mit den Westmächten geschlossenen »Ungleichen Verträge« in den Mittelpunkt seiner außenpolitischen Bemühungen und rüstete sich mit moderner Waffentechnik für die territoriale Expansion. Mit den Siegen 1895/96 über das chines. Kaiserreich und 1904/05 über Russland im Konflikt um die Vorherrschaft in Korea stieg J. zur Weltmacht auf. China musste die Pescadores-Inseln und Formosa (Taiwan) an J. abtreten, Russland Südsachalin und die Insel Liatung. 1910 annektierte J. Korea und setzte seinen Anspruch auf die Südhälfte der Mandschurei durch.

Japan annektierte Korea am 22.8.1910. Der japan. Kriegsminister wurde zum ersten Generalgouverneur der neuen Provinz Chosen ernannt, die bis 1945 zu Japan gehörte. (Foto: Ein korean. Lastenträger vor japan. Offizieren)

Das imperialistische Japan

Erster Weltkrieg: Unter Tenno Taisho (1912 bis 1926) trat J. 1914 auf der Seite der Entente in den Krieg gegen Deutschland ein. J. konnte vom Ersten Weltkrieg erheblich profitieren, indem es seinen Handel in Asien und im Pazifikraum dort ausbaute, wo die europäischen Kolonialmächte ihn aus Kriegsgründen ver-

Japan im 20. Jahrhundert

1904/05	Russ.-Japan. Krieg; im Frieden von Portsmouth (1905) muss Russland u. a. den südlichen Teil von Sachalin an Japan abtreten.
1910	Japan annektiert nach der Ermordung von Fürst Hirobumi Ito Korea (22.8.) und wird zur Großmacht in Ostasien.
1912	Der Tod von Kaiser Mutsuhito (30.7.) beendet die Meiji-Zeit, die im Zeichen der Modernisierung stand; Sohn Yoshihito wird Kaiser.
1914	Eintritt in den Ersten Weltkrieg auf der Seite Großbritanniens.
1919	Frieden von Versailles (28.6.): Japan erhält die deutschen Pazifikinseln und die deutschen Pachtrechte in China.
1926	Kronprinz Hirohito, seit 1921 Regent, wird Tenno (25.12.).
1931	Vom Militär inszenierter sog. Mukden-Zwischenfall (18.9.) dient Japan als Vorwand zur Besetzung der Mandschurei.
1933	Internationale Kritik an Japans Mandschurei-Politik führt zum Austritt aus dem Völkerbund.
1934	Mandschurei zum Kaiserreich erklärt (1.3.); Marionetten-Herrscher wird Puyi, der letzte Mandschu-Kaiser Chinas.
1936	Antikominternpakt mit dem Deutschen Reich (25.11.).
1937	Beginn des Chines.-Japan. Krieges (7.7.; bis 1945).
1940	Dreimächtepakt zwischen Deutschland, Italien und Japan.
1941	Japan. Überraschungsangriff (7.12.) auf den US-Flottenstützpunkt Pearl Harbor löst den pazif. Krieg aus.
1942	Großoffensive Japans wird mit der Seeschlacht von Midway (4.6.) und Kämpfen um die Insel Guadalcanal (7.8.) gestoppt.
1945	Abwurf der Atombomben auf Hiroshima und Nagasaki.
	Bedingungslose Kapitulation; Japan untersteht einer Militärregierung unter US-General Douglas MacArthur (2.9.); Waffenstillstand von Nanking (9.9.); Kapitulation der japan. Militärverbände in China.
1946	Kaiser Hirohito entsagt in seiner Neujahrsansprache dem Anspruch des Tenno auf göttliche Abstammung.
1947	Neue Verfassung tritt in Kraft (3.5.); Japan wird parlamentarische Monarchie; politische Rechte des Kaisers werden eingeschränkt.
1951	Friedensvertrag von San Francisco (8.9.): Japan verzichtet auf alle territorialen Ansprüche jenseits der Grenzen von 1868 und erhält 1952 die volle Souveränität zurück.
1955	Konservative Kräfte (Liberale und Demokraten) vereinigen sich in der Liberaldemokratischen Partei Japans (LDP).
1956	Abkommen mit der UdSSR über Beendigung des Kriegszustands; Aufnahme in die UNO (8.12.).
1960	US-amerikan.-japan. Sicherheitsvertrag (21.1.) garantiert US-Beistand bei bewaffnetem Angriff auf japan. Territorium.
1972	Japan erhält von den USA die Insel Okinawa zurück (24.11.).
1974	Die weltweite Ölkrise von 1973 stürzt das von Ölimporten abhängige Japan in eine Wirtschaftskrise.
1976	Lockheed-Bestechungsskandal, in den u. a. der frühere Ministerpräsident (1972–74) Kakuei Tanaka verwickelt ist.
1978	Abschluss des Friedens- und Freundschaftsvertrags mit China.
1989	Akihito wird nach dem Tod seines Vaters Hirohito Kaiser.
	Rücktritt von Regierungschef Noboru Takeshita wegen des Recruit-Bestechungsskandals, in den Kabinettsmitglieder verwickelt sind.
1993	Nach zahlreichen Bestechungsaffären verliert die LDP nach 38 Jahren ihre Position als Regierungspartei; kurzlebige Koalitionsregierungen folgen.
1997	Japan und Russland verständigen sich auf den Abschluss eines Friedensvertrages bis zum Jahr 2000 (November).
	Die Asienkrise greift nach Japan aus; auf dem Finanzsektor ereignen sich die größten Firmenkonkurse der japan. Geschichte.
2000	Nach dem Tod des Ministerpräsidenten Keizo Obuchi (1998–2000, LDP) folgt Yoshiro Mori als Partei- und Regierungschef; unpopuläre Koalition der LDP mit der buddhistischen Komei und der Konservativen Partei.

nachlässigen mussten. J. besetzte deutsche Kolonialgebiete in China und in der Südsee. 1915 legte J. China 21 Forderungen vor, die J. Sonderrechte für Industrie, Handel, Eisenbahn- und Bergbau sowie für Pachtgebiete an der chines. Küste garantieren sollten. Damit wäre J. zur Hegemonialmacht in China und Südostasien aufgestiegen. Auf der Konferenz von Washington 1921/22 musste J. einen Teil der Forderungen, deren Umsetzung noch ausstand, zurücknehmen. 1918–22 nutzte J. die Revolutionswirren in Russland, um dort durch die Besetzung von Teilen Sibiriens Fuß zu fassen. Das Vorhaben blieb aber langfristig ohne Erfolg. Der Friedensvertrag von Versailles (1919) sprach J. die deutschen Schutzgebiete Karolinen, Marianen und Marshall-Inseln sowie die deutschen Pachtrechte in China zu.

Bildung eines Zwei-Parteien-Systems: Während die Kolonialreiche der westlichen Nationen nach 1918 allmählich zerfielen und sich das Verhältnis zwischen den Mutterländern und ihren ehemaligen Kolonien in ein neues, wirtschaftlich geprägtes Abhängigkeitsverhältnis von Industrienationen und unterentwickelten Regionen zu wandeln begann, blieb J. außenpolitisch seinem Expansionskurs treu. Die japan. Innenpolitik der 20er Jahre hingegen war von fortschreitender Demokratisierung geprägt: Das Wahlrecht wurde erweitert und die parlamentarische Regierung ausgebaut. Es hatte sich ein Zwei-Parteien-System herausgebildet, das aus den Parteien Seiyokai (gegründet 1900) und Kenseikai (gegründet 1916, 1927 in Minseito umbenannt) bestand. Sie vertraten die Elite des Landes. Daneben konnten sich die anderen Interessengruppen, meist Arbeiterparteien, nicht behaupten. 1922 war die Kommunistische Partei Japans illegal gegründet worden.

Wirtschaftskrisen: Mit Kriegsende ebbte die Hochkonjunktur in J. ab. Zudem verlor es seine im Ersten Weltkrieg erworbenen Märkte in Asien wieder an die europäischen Industrienationen. Kredite und finanzpolitische Maßnahmen konnten die Konjunktur wieder beleben, bis 1927 eine Finanzkrise die Wirtschaft erneut schwächte. 1929 wurde J. von der Weltwirtschaftskrise ergriffen. Die Verarmung der Bauern und Arbeitslosigkeit in den Städten wurden zum größten Problem der japan. Wirtschaft. Hinzu kamen die Folgen des Erdbebens 1923, das große Teile Tokios und Yokohamas zerstörte.

Showa-Ära und Erstarken der Militärs: 1926 bestieg Kaiser Hirohito den Thron (1926–89). Er gab seiner Regierungsperiode das Motto »Showa« (japan.; leuchtender Friede). 1926 war J. dem Völkerbund beigetreten; 1928 unterzeichnete es den Briand-Kellogg-Pakt zur Ächtung des Krieges. Der Abschluss des Londoner Flottenabkommens 1930 zwang J. zu umfangreicheren Abrüstungen als die Westmächte. Diese Tatsache erregte insbes. bei nationalistisch gesinnten Militärs Anstoß, die seit Kriegsende die Lösung gesellschaftlicher und politischer Probleme (Korruption innerhalb des Establishments, wirtschaftliche Stagnation, hoher Bevölkerungszuwachs) in einer rechtsextremistischen Politik suchten. Die Shinto-Religion, die Loyalität gegenüber dem als göttlich verehrten Kaiser lehrt, diente ihnen dabei als ideologisches Fundament. Die Militärs strebten eine Diktatur in J. sowie die Expansion nach China und Südostasien an. Ein Offiziersaufstand 1936 scheiterte jedoch.

Mandschureikonflikt: Radikale japan. Offiziere hatten – im Bestreben, die Vorherrschaft in Asien für J. zu erlangen – die sog. Kwantung-Armee aufgestellt und ohne Wissen der Regierung in Tokio 1931 mit einem Anschlag auf die Eisenbahn in Mukden einen Konflikt provoziert, in dessen Verlauf sie die chines. Provinzen Mukden, Jilin und Heilongjiang in der Mandschurei sowie die Provinz Jehol besetzten. 1932 wurde der von J. abhängige Staat Mandschukuo gegründet. Die Kwantung-Armee setzte 1934 Puyi, den letzten Kaiser der Qing-Dynastie, der 1912 abgedankt hatte, an die Spitze des Kaiserreichs Mandschukuo. Als der Völkerbund in seinem Lutton-Bericht das Vorgehen J.s in der Mandschurei als unrechtmäßig kritisierte und den Staat nicht anerkannte, erklärte J. 1933 seinen Austritt. Innenpolitisch löste die Unterwerfung der Mandschurei eine Kabinettskrise aus, stärkte die nationalistischen und chauvinistischen Kräfte und führte zur vollständigen militärischen Mobilmachung.

Der Weg in den Zweiten Weltkrieg

Regierung Konoye: Nach mehreren Regierungswechseln in den 30er Jahren wurde 1937 Prinz Fumimaro Konoye (1937–39, 1940/41) zum Ministerpräsidenten ernannt. Mit dem Allgemeinen Nationalen Mobilisierungsgesetz von 1938 erhielt der Ministerpräsident freie Hand bei der Steuerung der Innenpolitik. Er setzte Planwirtschaft, Preisregulierung und Rationierungen durch. Bereits 1934 war Japan aus dem Washingtoner Flottenabkommen von 1922 ausgestiegen. 1940 löste die Einheitspartei Taisei yokusankai (»Bund zur Förderung der Kaiserherrschaft«) die alten Parteien Seiyokai und Minseito ab. Durch die Einheitspartei richtete Konoye alle Bereiche des öffentlichen Lebens auf die Expansionsziele der Regierung aus.

Der sog. Dreimächtepakt wurde am 27.9.1940 in Berlin geschlossen. Der japan. Botschafter Saburu Kurusu, der italien. Außenminister Galeazzo Ciano, Adolf Hitler und Joachim von Ribbentrop (v. l.) garantierten für die beteiligten Mächte Japan, Italien und Deutsches Reich mit der Unterzeichnung des Vertrags gegenseitige Unterstützung im Fall eines Angriffs sowie die wechselseitige Anerkennung ihrer territorialen Interessen.

Chinesisch-Japanischer Krieg: Seit der Besetzung der Mandschurei war die japan. Armee bis 1937 weiter in Richtung Peking vorgerückt, um die Kontrolle über ganz Nordchina zu erlangen. Der Vorstoß war für die japan. Hegemonieabsichten in Asien wirtschaftlich und verteidigungsstrategisch von entscheidender Bedeutung. Der Schusswechsel zwischen chines. und japan. Truppen an der Marco-Polo-Brücke bei Peking im März 1937 löste den Krieg zwischen China und J. aus. Der militärische Konflikt, der sich bis zum Ende des Zweiten Weltkriegs hinzog, forderte zahllose Opfer unter der chines. Zivilbevölkerung (u. a. Massaker von Nanking) und mündete in einen Befreiungskampf von der europäischen Kolonialherrschaft über Südostasien. 1940 wurde in Nanking eine japanfreundliche Regierung unter Wang Tsching-wei eingesetzt.

Bündnispolitik: 1936 hatte J. mit dem Deutschen Reich den gegen die Sowjetunion gerichteten Antikominternpakt geschlossen, dem ein Jahr nach Verkündung der »Achse Berlin–Rom« (1936) auch Italien beitrat. 1939 folgten Mandschukuo, Ungarn und Spanien. Als Reaktion auf J.s Expansion in Südostasien kündigten die USA im Juli 1939 einen Handelsvertrag, den sie 1911 mit J. geschlossen hatten. Dieser hatte die Versorgung J.s mit kriegswichtigen Rohstoffen gesichert. Außerdem verhängten die USA wirtschaftliche Sanktionen gegen J., denen sich Großbritannien und die Niederlande anschlossen. 1940

Bei der Schlacht um Bataan 1942 verloren die USA 60 000 Mann. Im Januar 1942 hatten die philippin. und US-amerikan. Verteidiger Manila aufgegeben und sich auf die Halbinsel Bataan zurückgezogen. Als die Japaner dort anrückten (l.), flüchteten 2000 Mann auf die Insel Corregidor, mussten sich aber im Mai 1942 den Japanern ergeben (r.).

unterzeichnete J. den Dreimächtepakt mit dem Deutschen Reich und Italien zur Neuordnung Europas und Ostasiens. Ziel des Abkommens, dem 1941 ein Vertrag über gemeinsame Kriegführung und 1942 ein ergänzendes Militär- und Wirtschaftsbündnis folgten, war die gegenseitige Hilfeleistung für den Fall eines Angriffs der USA. Einen Konflikt mit der Sowjetunion um die Grenze zwischen Mandschurei und Mongolei legte der Nichtangriffspakt von 1941 bei.

Kriegseintritt: Unter Führung von Ministerpräsident und Stabschef Hideki Tojo (1941 bis 1944), der nach dem Rücktritt Konoyes ein autoritäres Regime errichtet hatte, besetzten japan. Truppen Französ.-Indochina. Als trotz langwieriger vorangegangener Verhandlungen der Interessenkonflikt mit den USA im Pazifik seinen Höhepunkt erreichte, trat J. mit dem Überraschungsangriff auf den US-amerikan. Flottenstützpunkt Pearl Harbor (Hawaii) am 7.12.1941, der zur Kriegserklärung der USA

Die US-amerikanischen Atombombenabwürfe über Hiroshima und Nagasaki

Die erste US-amerikan. Atombombe (Uran-235) mit einer Sprengkraft von 14 000 t TNT explodierte am 6.8.1945 über dem Zentrum der Millionenstadt Hiroshima. Ein 500 m großer, 55 Mio °C heißer Feuerball raste mit 800 km/h über die Stadt hinweg. Bis Ende 1945 starben 140 000 Menschen an Verbrennungen und Strahlenschäden, Tausende Monate und Jahre danach an Folgeerkrankungen. Noch heute werden Kinder mit Erbschäden geboren. Die Atombombe, welche die US-Amerikaner am 9.8.1945 über der Hafenstadt Nagasaki abwarfen, tötete etwa 70 000 Menschen, mehrere Tausend starben an Strahlenschäden in den Folgejahren. Der Abwurf der Bombe beendete den Zweiten Weltkrieg. (Foto oben: Hiroshima nach der Bombardierung; rechts: Atompilz über Nagasaki)

und Großbritanniens an J. führte, auf der Seite Deutschlands und Italiens in den Zweiten Weltkrieg ein.

Pazifischer Krieg: In der Großoffensive von 1941/42 eroberte J. Südostasien und den westpazif. Raum. Das japan. Territorium erstreckte sich damit vom Golf von Bengalen über Burma, Thailand, Malaysia, Indochina, Philippinen, Indonesien bis Neuguinea; es umfasste ferner die Salomon-, Gilbert- und Marshall-Inseln im Osten bis zu den Aleuten im Norden. Die Niederlage der japan. Marine in der Seeschlacht bei den Midway-Inseln im Juni 1942 leitete die Wende zugunsten der Alliierten ein. Sie eroberten einige Pazifik-Inseln zurück, bombardierten ab 1944 die japan. Hauptinseln und landeten 1945 auf Iwojima sowie Okinawa.

Niederlage: Obwohl bis zum Sommer 1945 die großen Städte durch Luftangriffe zerstört, die Industrieanlagen vernichtet und Hunderttausende Japaner getötet worden waren, war J. noch nicht zur bedingungslosen Kapitulation bereit, wie sie die USA, Großbritannien und China in der Potsdamer Erklärung vom Juli 1945 gefordert hatten. Die US-amerikan. Luftwaffe setzte daraufhin am 6.8. die erste Atombombe gegen Hiroshima, am 9.8. die zweite gegen Nagasaki ein. Am 8.8. hatte die Sowjetunion J. den Krieg erklärt. Die Rote Armee hatte die Kwantung-Armee in der Mandschurei bereits geschlagen, die Kurilen sowie Sachalin besetzt und war in Korea einmarschiert.

Kapitulation: Am 15.8.1945 verkündete Kaiser Hirohito in einer Radioansprache die bedingungslose Kapitulation, die er am 2.9. an Bord eines US-amerikan. Schlachtschiffs in der Sagami-Bucht vor Tokio unterzeichnete. Der Krieg in Asien und im Pazifik hatte etwa 20 Mio Menschen das Leben gekostet.

Besatzungszeit (1945–52)

Bilanz des Krieges: Im Krieg waren 2,3 Mio japan. Soldaten gefallen, es hatte 800 000 Opfer in der Zivilbevölkerung J.s gegeben. Vor allem Großstädte waren schwer verwüstet. Die Wirtschaft war vollständig zusammengebrochen. Die Industrieproduktion betrug weniger als 30% des Vorkriegsaufkommens, die landwirtschaftliche Produktion weniger als 60% desselben. Es gab über 13 Mio Arbeitslose, 7 Mio Soldaten und Zivilisten strömten aus den ehemaligen Territorien und Kolonien zurück nach J. Eine Versorgungsmisere verursachte Hungersnöte.

Besatzer: Im Auftrag der Alliierten besetzten die USA 1945 das Land. Die japan. Zentralregierung wurde General Douglas MacArthur,

Stichwort: Das Tennotum

Bedeutung: Japan gilt als älteste Monarchie der Welt. Japans Tennos entstammen einer Dynastie, die über 2000 Jahre alt ist. »Tenno«, der »himmlische Herrscher« (auch »Mikado«), wird meist mit »Kaiser« übersetzt. Traditionell fungiert er als weltliches und religiöses Oberhaupt Japans, obwohl er in der Geschichte nur selten politische Macht ausgeübt hat. Seine Funktion hat sich gewandelt: In frühen Geschichtswerken wird die göttliche Abkunft des Alleinherrschers betont, der zugleich Oberpriester der japan. Ur-Religion Shinto war; heute verkörpert er die historische Kontinuität des Staates und das japan. Nationalbewusstsein.

Ursprung und Geschichte: Dem Mythos nach gründete 600 v. Chr. Jimmu-Tenno, der Enkel der Sonnengöttin Amaterasu-Omikami, das japan. Kaiserhaus von Yamato. Ihm folgten 121 Tennos auf dem Thron, darunter sieben weibliche Tennos im 6. und 7. Jh. Während der Tenno vom 17. bis 19. Jh. ein isoliertes Palastleben in Kyoto führte, ging die politische Macht von der Tokugawa-Familie in Edo (heute Tokio) aus, die für fast drei Jahrhunderte die Shogune (oberste Feldherren) stellte. Die Meiji-Restauration stürzte die Tokugawa-Oligarchie und holte den Tenno nach Tokio, der »östlichen Hauptstadt«.

Tenno in der Neuzeit: Die Verfassung von 1889 gab dem göttlichen Tenno formell die höchste Gewalt im Staate. Tatsächlich legitimierte er das Handeln politischer und militärischer Führer, die in seinem Namen Kriege führten und Territorien einnahmen. Nach dem Zweiten Weltkrieg musste Tenno Hirohito auf Druck der USA 1946 dem Anspruch auf seine göttliche Abstammung öffentlich entsagen. Damit waren Tabus gebrochen und neue Freiheiten errungen: Hirohito setzte Auslandsreisen nach Europa (1971) und in die USA (1975) durch, sein Sohn Akihito besuchte als Staatsoberhaupt bereits zahlreiche Länder der Welt. 1959 heiratete Akihito als erstes Mitglied der kaiserlichen Familie eine bürgerliche Frau, sein Sohn Naruhito tat es ihm gleich.

Zeitrechnung: Obwohl der gregorianische Kalender in Japan gilt, gibt es heute noch die traditionelle japan. Jahreszählung nach den Ära-Devisen, welche die Tennos ihrer Regierungszeit geben und die mit jedem Thronwechsel neu angesetzen. Nach dem Tod der Tennos wird ihre Ära nur noch mit dem Devisennamen bezeichnet, ihr Eigenname wird zum Tabu. So heißt der 1989 verstorbene Hirohito nur noch Showa-Tenno, seine Regierungszeit Showa-Ära. Der derzeitige Tenno Akihito gab seiner Ära das Motto »Heisei« (»Frieden schaffen«). Im Jahr 2000 zählt man in Japan das Jahr Heisei 12. (Fotos oben: Kaiser Hirohito und seine Frau Nagako bei der Thronbesteigung 1928 in traditionellen Staatsgewändern; unten: Hirohito und Nagako um 1978)

Weltanschauliche Grundlagen der Gesellschaft

Synkretismus: In Japan existieren verschiedene religiöse Strömungen nebeneinander, ohne dass die Japaner sich eindeutig zu einer von ihnen bekennen würden. Vielmehr hat Japan im Laufe seiner Geschichte Lehren und Brauchtümer fremder Kulturen in die eigene Tradition integriert; in diesem Sinne hängen die Japaner meist mehreren Religionen an, vorwiegend einer Mischung aus Shintoismus und Buddhismus.

Shintoismus: Unter die Shinto-Religion (»Weg der Götter«) fallen jene regionalen Kulte und Volksreligionen, die ihren Ursprung in Japan haben. Sie zeichnen sich durch Naturverbundenheit, Ahnenverehrung, religiöse Verehrung des Tenno, Reinigungszeremonien, Glauben an einen Stammesgott sowie den Glauben an das Gute im Menschen und an das Gute in dem von Menschenhand Geschaffenen aus. Darauf basiert u. a. die positive Einstellung neuen Technologien gegenüber. Im Laufe der Geschichte wurde versucht, die Strömungen durch eine einheitliche Theologie zu einer nationalen Religion zusammenzufassen. Sie diente im 20. Jh. als Fundament für nationalistische Tendenzen. 1947 wurde der Shintoismus als Staatsreligion abgeschafft.

Buddhismus: Der Erlöserglaube und der Wiedergeburtsgedanke des Buddhismus wirken bis heute. Der Buddhismus kam im 6. Jh. nach Japan und wurde im 8. Jh. sogar Staatsreligion. Im 12. Jh. entstanden typisch japan. Richtungen, wie der dem diesseitigen Leben zugewandte Amida-Buddhismus, der Zen-Buddhismus, dessen Meditationsformen (z. B. die Teezeremonie) den Weg zur Erleuchtung weisen, und die Nichiren-Shohu-Sekte, eine Vorform der heutigen Soka-Gakkai (»Werte schaffende Gesellschaft«), die in der Komeito (»Partei für eine saubere Politik«) ein politisches Organ fand. Alle buddhistischen Richtungen befassen sich mit Leben und Handeln im Diesseits unter Betonung von Aktivität und Erfolg und untermauern die Erfolgsethik der japan. Gesellschaft.

Neokonfuzianismus: Die nach 1600 in Japan etablierte Weltanschauung fügte sich in das Ensemble der bereits vorhandenen religiösen Vorstellungen, ist aber vor allem als Staats- und Morallehre zu verstehen, die der japan. Gesellschaftsordnung zugrunde liegt. Auf diese gehen die hierarchischen und autoritären Beziehungsgeflechte in Wirtschaft und Politik zurück; die Bindung der Japaner an soziale Gruppen ist familienähnlich, von Konformität, Loyalität und Unterordnung geprägt und auf das Funktionieren sowie das Wohl der Gemeinschaft ausgerichtet. (Foto oben: Nach 1945 rekonstruierter Schrein der Glücksgöttin Benten in Tokio; unten: Konfuzius-Statue vor dem Yushima-Seido-Termpel in Tokio)

dem »Supreme Commander for the Allied Powers« bis 1952, unterstellt und fungierte als Exekutive der Besatzungsmacht. Ziel der Besatzer war es, das militaristisch-nationalistische Gedankengut in J. auszulöschen, das Land zur Demokratie umzuerziehen und die von J. ausgehende militärische Bedrohung sowie wirtschaftliche Konkurrenz auszuschalten. Den von den US-Amerikanern geforderten Reformen von Verfassung, Gesellschaft und Wirtschaft ging am 1.1.1946 die Rundfunkrede des Kaisers an sein Volk voraus, in der er dem Göttlichkeitsanspruch des Tennotums entsagte.

Entmilitarisierung: Auf Befehl MacArthurs wurden die japan. Streitkräfte abgebaut. Die Rüstungsindustrie und die Handelsflotte wurden zerschlagen, der Luftverkehr vorläufig eingestellt. 180 000 Personen wurden ab 1946 aus leitenden Positionen in Regierung, Militär und Erziehungswesen entfernt. Vor internationalen Kriegsverbrechertribunalen in Tokio wurde Verantwortlichen von Gräueltaten während des Krieges der Prozess gemacht, darunter auch dem ehemaligen Ministerpräsidenten Tojo, der 1948 hingerichtet wurde. Um den militärischen Drill und den totalitären Geist aus Schulen und Universitäten zu verbannen, wurden Richtlinien für eine Erziehung zur Demokratie erlassen.

Sozialreformen: Die restriktiven Gesetze der Militärregierung wurden abgeschafft, Kriegsgefangene entlassen, die Redefreiheit wieder hergestellt und Arbeiterorganisationen zugelassen. Eine neue Werteorientierung brachte den Japanern die Grundsätze der Gleichheit der Geschlechter und der persönlichen Würde sowie Freiheiten und Rechte in Fragen von Ehe, Familie, Eigentum und Erbe sowie der Wahl des Wohnortes.

Wirtschaftsreformen bis 1948: Im Rahmen einer Agrarreform wurde Grundbesitz enteignet und an landlose Bauern verteilt, während der Industriesektor liberalisiert wurde. Die Kriegsindustrie wurde für die Friedensproduktion umgerüstet, die sog. Zaibatsu-Konzerne zerschlagen. Die demontierten Betriebe waren Teil der Reparationszahlungen an die Siegermächte (bis 1949). Gesetze gegen die Monopolbildung sollten einer neuen Konzentration entgegenwirken. All diese Maßnahmen lösten die bestehenden Wirtschaftsstrukturen auf und koppelten J. von der Weltwirtschaft ab.

Verfassung: Die neue, liberale Verfassung von 1947 entstand nach den Richtlinien der US-Besatzer. Sie sah eine parlamentarische Monarchie vor. Der Kaiser erhielt als »Symbol des Staates und des Volkes« nur noch einige traditionelle und repräsentative Aufgaben. Die Legislative lag nun in den Händen eines gewählten Zwei-Kammer-Parlaments mit Unter- und Oberhaus. Das Wahlrecht wurde auf alle Männer und Frauen ab 20 Jahren ausgedehnt, Menschen- und Grundrechte wurden garantiert. Art. 9 der Verfassung erklärte den Verzicht auf Waffen, Militär und Kriegführung für alle Zeiten.

Nachkriegskabinette: Erster Regierungschef der Nachkriegszeit war Prinz Higashikuni. Nach den Wahlen 1946 regierte eine Koalition aus den beiden konservativen Parteien Liberale (Nachfolgepartei der Seiyokai) und Progresspartei (Nachfolgepartei der Minseito, 1947 in Demokratische Partei umbenannt) sowie den Sozialisten als drittstärkster Kraft. Nach Wechseln an der Regierungsspitze und Neuwahlen 1947 wurde unter der Führung von Tetsu Katayama (1947/48) eine Koalition aus Sozialisten, Demokraten und National-Kooperatisten gebildet, die aber schon 1948 wieder zerbrach. 1949 löste das zweite Kabinett Yoshida Shigeru (Demokrat, 1946/47 und 1949–54) die Regierung unter Ashida Hitoshi (Demokrat, 1948/49) ab.

Kalter Krieg: Ab 1947/48 bezogen die USA J. in ihre Politik des Kalten Krieges ein. Im Interessenkonflikt zwischen dem westlichen Lager unter US-amerikan. Führung und dem östlichen Lager mit der UdSSR sowie China, wo die Kommunistische Partei die Macht ergriffen und einen Bürgerkrieg entfacht hatte, nutzten die USA J. als militärischen Stützpunkt (Koreakrieg 1950–53).

Stabilisierung der Wirtschaft: 1949 legte MacArthur zur politischen und ökonomischen Stärkung J.s die »Neun Prinzipien zur Stabilisierung der Wirtschaft« vor. Sie umfassten Maßnahmen zur Haushaltssanierung, zur Produktivitätssteigerung, zur Reform der Steuerpolitik und vor allem zur Inflationsbekämpfung. So sollte der Bundesgenosse J. nicht nur gegen die Unterwanderung durch den Kommunismus geschützt werden, sondern den USA auch als Bollwerk gegen die Volksrepublik China und die UdSSR dienen.

Japans Wiederaufstieg 1952–73

Souveränität: Mit dem Friedensvertrag von San Francisco 1951 verlor J. einerseits alle Kolonien, die es seit 1856 erworben hatte, erlangte andererseits aber seine volle Unabhängigkeit wieder (in Kraft ab 1952). Gleichzeitig unterzeichnete J. einen Sicherheitsvertrag mit den USA, der die weitere Stationierung von US-Truppen in J. erlaubte.

Das Fischereiabkommen zwischen Japan und der UdSSR wurde schon 1957 unterzeichnet, ohne dass die beiden Länder vorher einen Friedensvertrag geschlossen hatten. Das Abkommen war Teil der Politik Japans, im Kalten Krieg neutral zu bleiben und gute Beziehungen auch zu den sozialistischen Nachbarstaaten zu unterhalten.

Konservativismus: 1955 schlossen sich die Liberalen und die Demokraten zur Liberaldemokratischen Partei (LDP) zusammen, die in den folgenden 38 Jahren die Regierung stellte. Ihre konservative Linie wurde von Wirtschaftskreisen unterstützt. Die Wählerschaft der LDP rekrutierte sich vorwiegend aus dem Unternehmertum und der Bauernschaft. Im selben Jahr gründete sich die Sozialistische Partei J.s (ab 1995 Sozialdemokratische Partei, SDP), die bis in die 90er Jahre die wichtigste Oppositionspartei darstellte. Infolge ihrer dogmatischen Grundsätze und politischen Realitätsferne erlangte die SDP nie den Status einer Volkspartei, ließ aber manche Regierungsvorhaben scheitern, wie z. B. die Streichung des Art. 9 (Verbot militärischer Streitkräfte und Rüstung) aus der Verfassung.

Nachkriegsdiplomatio: Ministerpräsident Itchiro Hatoyama (1954–56) trat für eine Friedenspolitik sowie gute Beziehungen J.s zu den

Dokument: Friedensvertrag von San Francisco

Der Friedensvertrag von San Francisco vom 8.9.1951 beendete den auch nach der bedingungslosen japan. Kapitulation 1945 offiziell noch andauernden Kriegszustand zwischen Japan und den alliierten Mächten:

Art. 1b) Die alliierten Mächte erkennen die volle Souveränität des japan. Volkes über Japan einschließlich seiner Hoheitsgewässer an.

Art. 2a) Japan verzichtet (...) auf alle Rechte und Ansprüche auf Korea (...).

Art. 5a) 1c) Die alliierten Mächte erkennen ihrerseits an, dass Japan als souveräne Nation das unabdingbare Recht auf individuelle oder kollektive Selbstverteidigung besitzt, auf das in Art. 51 der Charta der Vereinten Nationen Bezug genommen wird, und dass sich Japan freiwillig an kollektiven Sicherheitsabkommen beteiligen kann.

Art. 10 Japan verzichtet auf alle Sonderrechte und Interessen in China (...).

Art. 14a) Es wird grundsätzlich anerkannt, dass Japan für die von ihm während des Krieges verursachten Schäden und Leiden an die alliierten Mächte Reparationen zu zahlen hat.

Quelle: Department of State Publication 4613. Übersetzung des Europa-Archivs.

Kakuei Tanaka (M.), 1972 bis 1974 japan. Regierungschef, wurde am 2.10.1983 wegen Bestechlichkeit zu vier Jahren Haft sowie einer Geldstrafe verurteilt. Tanaka wurde für schuldig befunden, von der US-amerikan. Firma Lockheed Geld angenommen zu haben.

sozialistischen Nachbarstaaten China und UdSSR ein. Sein Ziel war es, im Kalten Krieg ideologisch neutral zu bleiben und J.s Wirtschaftsbeziehungen innerhalb Asiens auszubauen. Im Oktober 1956 nahm J. die diplomatischen Beziehungen zur UdSSR ohne vorangegangenen Friedensvertrag wieder auf; im Dezember trat J. der UNO bei. Nachdem Ministerpräsident Hatoyama auf Druck der Wirtschaftsverbände, die um die guten Beziehungen zu den USA fürchteten, zurückgetreten war, führte Ministerpräsident Tanzan Ishibashi den außenpolitischen Kurs seines Vorgängers fort und weitete die japan. Diplomatie auf Osteuropa aus. Unter Nobusuke Kishi (1957–60) begann J. seine Beziehungen zu Südostasien aufzubauen. Trotz Widerstands der Sozialisten und antiamerikan. Reaktionen in der Bevölkerung (Generalstreik und Massendemonstrationen) wurde 1960 der Sicherheitsvertrag mit den USA von 1951 erneuert. Mit Südkorea schloss J. im Juni 1965 einen Vertrag zur Normalisierung der Beziehungen. Unter Ministerpräsident Eisaku Sato (1964–72) erhielt J. von den USA 1968 die Bonin-Inseln und 1972 Okinawa zurück, das jedoch weiterhin US-Militärstützpunkt blieb. 1971 bekräftigte Sato den Verzicht J.s auf Atomwaffen. 1972 nahm J. diplomatische Beziehungen zu China auf.

Wirtschaftlicher Aufschwung: Ab den 50er Jahren erlebte die japan. Wirtschaft mit Unterstützung der USA einen Aufwärtstrend. Ab 1950 profitierte J. vom Koreakrieg, als es den USA als Nachschubstützpunkt diente. 1955–60 wuchs das Nationaleinkommen um 80%, die Industrieproduktion erhöhte sich um 135%. Die Regierung Hatoyama förderte durch Subventionen, Steuervorteile und Technologieimport insbes. die Energie-, Schwer-, Chemie-, Eisen- und Stahlindustrie, den Schiff- und Autobau sowie die Elektronikbranche. Zölle und Importquoten schützten den Absatz der eigenen Güter in J. Ein weiterer Wirtschaftsfaktor war die Bevölkerungspolitik. Durch Einbeziehung der Frauen ins Erwerbsleben sowie Kampagnen zur Geburtenbeschränkung reduzierte sich in J. das Bevölkerungswachstum. Arbeitskräfte wanderten aus der Landwirtschaft in die industrielle Produktion und den Handel und wurden mit einer besonderen Firmenpolitik an die Unternehmen gebunden. Durch die steuerlich begünstigten Spareinlagen von Privathaushalten stand der Wirtschaft ausreichend Investitionskapital zur Verfügung. Zwischen 1952 und 1973 wuchsen BSP und Exportquote um jährlich 10%. J. holte den technischen Rückstand gegenüber dem Westen auf und war bereits 1968 die drittstärkste Industrienation der Welt.

Die wichtigsten Parteien im 20. Jahrhundert

Name (Abkürzung)	*Politische Richtung*	*Gründung*
Kommunistische Partei Japans (KPJ)	moderate Linkspartei	1922
Liberaldemokratische Partei (LDP)	Konservative	1955
Sozialistische Partei (SPJ) 1)	Sozialdemokraten	1955
Demokratisch-Sozialistische Partei (DSP)	linke Mitte	1960
Partei für eine saubere Politik (Komeito) 2)	buddhistische Partei	1964
Neue Partei Japans (NPJ)	Reformpartei	1992
Erneuerungspartei (Shinseito, JRP)	Reformpartei	1993
Neue Initiative (Sakigake)	Reformpartei	1993
Neue Fortschrittspartei (NFP)	Reformparteien-Bündnis	1994
Demokratische Japan-Partei (DJP)	linke Mitte	1996
Liberale Partei (LP)	Liberale	1998
Konservative Partei	Konservative	2000

1) Ab 1995 Sozialdemokratische Partei (SDP); 2) ab 1994 Komei

Krisen 1973–82

Regierungskrisen: Nach der achtjährigen Regierungszeit Satos folgten zehn Jahre lang wechselnde Kabinette. Die Macht- und Fraktionskämpfe in der LDP verursachten Regierungskrisen. 1976 spaltete sich eine Gruppe junger Abgeordneter von der Partei ab und gründete unter Yohei Kono den Neoliberalen Klub (Shin Jiyû Kurabu). Im selben Jahr ließ Takeo Miki (1974–76) seinen Amtsvorgänger Kakuei Tanaka (1972–74) wegen Bestechlichkeit verhaften. Ihm wurde vorgeworfen, von dem US-Flugzeugunternehmen Lockheed Geld angenommen zu haben. Als Folge dieser und anderer Affären verlor die LDP 1976 ihre absolute Mehrheit. Nach dem Rücktritt Mikis wurden unter Takeo Fukuda (1976–78) die

Fraktionen aufgelöst, das Stimmrecht für die Wahl des LDP-Parteipräsidenten auf alle Parteimitglieder ausgedehnt und der Liberale Volkskongress als Massenorganisation zur Unterstützung der LDP gegründet. Dadurch verdreifachte sich die Mitgliederzahl der Partei Anfang 1978. Sieger der ersten Präsidentenwahl nach neuem Modus wurde Masayoshi Ohira. Als Ministerpräsident (1978–80) besiegelte er 1978 die Bemühungen um gute Beziehungen zu China mit einem Friedensvertrag. Nachdem die LDP 1979 das schlechteste Wahlergebnis ihrer Geschichte hinnehmen musste, gewann sie bei den vorgezogenen Neuwahlen 1980 wieder die Mehrheit. Ministerpräsident wurde Zenko Suzuki (1980–82).

Rezession: Engpässe in der Selbstversorgung durch Vernachlässigung der Landwirtschaft, Bevölkerungskonzentration in den Ballungsräumen, Verkehrschaos, Umweltbelastung durch die Schwer- und Chemieindustrie, erhöhte Abhängigkeit von ausländischen Rohstoffen und Energie – sie wurde zu 90% importiert – brachten die wirtschaftliche Stabilität ins Wanken. Die Ölkrise 1973 leitete die Rezession 1974/75 ein. J. musste 1974 das Dreifache des Vorjahres für seine Energieimporte aufwenden, konnte gleichzeitig seine Überproduktion nicht absetzen, sodass die Produktion bis Ende 1975 um über 14% sank. Arbeitslosigkeit und Firmenbankrotte, Inflation und Staatsverschuldung (1976–86 stieg sie auf das Siebenfache) waren die Folge. Die Verbraucherpreise stiegen um fast 25%. Massenstreiks erzwangen 30%-ige Lohnerhöhungen in fast allen Wirtschaftsbereichen. Der Eisenbahnerstreik von 1975 gehörte zu den spektakulärsten Arbeiterdemonstrationen in der japan. Geschichte.

Überwindung der Krise: Dank struktureller Reformen, wie der Verlagerung von Industriezweigen in die Billiglohnländer Südostasiens, die Reduzierung von rohstoffintensiven Branchen, die Förderung des Elektronikbereiches und der Autoproduktion, Forcierung des Exportes, setzte 1976 ein neuer Aufschwung ein. 1978 erreichte die Wirtschaft wieder den Stand von 1973. In den Folgejahren verzeichnete J. ein Wachstum von durchschnittlich 5% und überwand damit die Ölkrise schneller als die westliche Konkurrenz.

Restabilisierung 1982–89

Regierung Nakasone: Unter Yasuhiro Nakasone (1982–87) festigte sich trotz zahlreicher Skandale die Machtstellung der Liberaldemokraten wieder. Nakasone leitete eine neue

Montage von Dieselmotoren bei der Mitsubishi Motors Corp. in einem Vorort von Tokio.

Hochgeschwindigkeitszug der neuen Shinkansen-500 Serie, seit 1997 in Betrieb.

Unterhaltungsroboter AIBO ERS-110, den die Firma Sony Corp. 1999 vorstellte.

Phase der japan. Innen- und Außenpolitik ein. Seine Maßnahmen zur Senkung der Staatsverschuldung umfassten die Privatisierung staatlicher Unternehmen (Eisenbahn, Telekommunikation) und eine Verwaltungsreform, die den Abbau von Personal im öffentlichen Dienst vorsah. Trotz zusätzlicher Kürzungen im Sozial- und Kulturbereich stiegen die Schulden jedoch bis in die 90er Jahre weiter an.

Plaza-Abkommen: Nachdem Anfang der 80er Jahre der Yen stetig gefallen war, beschlossen die G 7-Staaten auf Drängen der USA, die durch den hohen Dollarkurs ihre Wettbewerbsfähigkeit gefährdet sahen, bei einem Treffen im New Yorker Plaza Hotel 1985 die Aufwertung des Yen. Der Dollarkurs sank daraufhin stark ab, was die japan. Exportgeschäfte sogar noch anwachsen ließ, womit das Plaza-Abkommen gebrochen war. Der sog. Maekawa-Report von 1986, der im Auftrag der japan. Regierung verfasst wurde, empfahl die Öffnung des japan. Marktes und zusätzliche Investitionen in Projekte, die der weiteren Hebung des Lebensstandards der Japaner dienten.

Boom: In den folgenden Jahren setzte ein Nachfrage- und Börsenboom ein. Als die Aktien des privatisierten Fernmeldeunternehmens Nippon Telephone & Telegraph (NTT) kurz nach ihrer Börseneinführung Rekordhöhe erreichten und andere Aktien mitzogen, spekulierten die Unternehmen verstärkt an der Börse, statt zu investieren. Die Grundstückspreise schnellten hoch; statt sich ein Eigenheim zu kaufen, konsumierten die Japaner Luxusartikel. Der Handel hatte Hochkonjunktur.

Politskandal: 1988 wurde ein Bestechungsskandal aufgedeckt, in den fast die gesamte LDP-Führung verstrickt war. Seit 1984 hatten die Politiker von dem japan. Immobilienkonzern Recruit Cosmos AG Objekte gekauft, bevor sie an der Börse gehandelt wurden und bald darauf im Wert stiegen. Beteiligt waren u. a. Nakasone und Ministerpräsident Noboru Takeshita (1987–89), der schließlich zurücktreten musste.

Schwächung der LDP: Im Juni 1989 trat Uno Sosuke Takeshitas Nachfolge an. Nachdem die LDP bei den Oberhauswahlen Ende Juli große Stimmenverluste hatte hinnehmen müssen, legte er schon nach zwei Monaten sein Amt nieder. Bei der Abstimmung im Unterhaus, die für die Ernennung des Ministerpräsidenten entscheidend ist, wurde Toshiki Kaifu (1989–92) ins Amt gewählt, während das Oberhaus sich mehrheitlich für die Vorsitzende der Sozialistischen Partei J.s., Takako Doi, ausgesprochen hatte. Aufgrund der Mehrheitsverhältnisse musste sich die LDP für die Durchsetzung von Gesetzesvorlagen von nun an Unterstützung im Parlament suchen und Kompromisse eingehen.

Stichwort: Heisei (Frieden schaffen)

(Foto v. l.) Die kaiserliche Familie 1998: Kronprinzessin Masako, Akihito, die Prinzessinnen Mako und Kako, Michiko und Kronprinz Naruhito; in der hinteren Reihe Prinzessin Nori, Prinz Akishino und seine Frau Prinzessin Kiko.

Staatsoberhäupter Japans

Reg.-Zeit	*Name*	*Lebensdaten*
1867–1912	Meiji-Tenno (Mutsuhito)	1852–1912
1912–26	Taisho-Tenno (Yoshihito)	1879–1926
1926–89	Showa-Tenno (Hirohito)	1901–1989
seit 1989	Heisei-Tenno (Akihito)	*1933

Tenno Akihito (* 23.12.1933 in Tokio), der 125. Tenno Japans, trat 1989 die Nachfolge seines verstorbenen Vaters Hirohito an. Obwohl Akihito 1990 noch nach den traditionellen Shinto-Ritualen gekrönt wurde, die ihn mit der göttlichen Ahnin, der Sonnengöttin Ameratsu Ohmikami, verbinden sollen, hat er nach der japan. Verfassung von 1946 nur weltlichen Status und ausschließlich repräsentative Aufgaben.

1959 heiratete der damalige Kronprinz Akihito die Bürgerliche Michiko Shoda (* 20.10.1934), die Tochter eines prominenten Industriellen. Nach seiner Thronbesteigung führte der Monarch die unter seinem Vater begonnenen Reformen am Tennotum weiter und repräsentierte Japan als Staatsgast bereits auf allen Kontinenten.

1993 heiratete der jetzige Kronprinz Naruhito (* 23.2.1960) die Diplomatin Owada Masako (* 9.12.1963). Das Paar weckt die Hoffnungen auf ein Fortbestehen der Monarchie in Japan in einer zeitgemäßen Form.

Zeit der Umbrüche (1989–96)

Heisei: 1989 starb Showa-Tenno. Die Nachfolge trat sein ältester Sohn Akihito an. Seiner Amtszeit gab er das Motto »Heisei« (japan.; Frieden schaffen). Von seinen Auslandsvisiten trugen insbes. seine Reisen nach Südostasien (1991) und China (1992) zur Verbesserung der durch den Zweiten Weltkrieg noch immer belasteten Beziehungen bei. Im Zuge der Modernisierung des Tennotums ist er bestrebt, die mythisch-religiöse Überhöhung des Tenno allmählich abzubauen.

Rezession: Um sich vor Zahlungsunfähigkeit zu schützen, ergriffen japan. Banken finanzpolitische Maßnahmen, welche die Kreditaufnahme erschweren sollten. Durch die Anhebung der Leitzinsen endete der Preisauftrieb auf dem Immobilien- und Aktienmarkt. Die Grundstückspreise sanken ebenso wie der Nikkei-Index, der 1989–92 um fast zwei Drittel fiel. Eine Rezession begann, die bis 1996 andauerte. Der Konsolidierung des Staatshaushalts wurde nun höchste Priorität eingeräumt.

Entwicklungshilfe: Trotz der Rezession erbrachte J. seit 1991 weltweit die höchsten Leistungen für Entwicklungshilfe. Mit der staatlichen Entwicklungshilfe (ODA), die vornehmlich nach Südostasien fließt, verfolgte J. seit den 50er Jahren das Ziel, gute Beziehungen zu Nachbarstaaten und rohstoffreichen Ländern aufzubauen sowie wirtschaftlich und politisch Einfluss auszuüben. Laut ODA-Charta (1992) ist die Vergabe von Finanzmitteln für technische und wirtschaftliche Projekte an die Förderung von Abrüstung, Umweltschutz, Marktwirtschaft, Demokratie und Menschenrechte geknüpft.

Handelskrieg mit den USA: Die Überschusswirtschaft J.s. seit den 80er Jahren führte zwischen 1993 und 1996 wiederholt zu Auseinandersetzungen mit den USA, deren Defizit im Japanhandel sich auf ca. 60 Mrd US-Dollar jährlich belief. Die wechselseitige Androhung von Boykotten und Strafzöllen konnte durch Verhandlungen über eine Neuordnung der bilateralen Wirtschaftsbeziehungen beigelegt werden. Die US-Amerikaner kritisierten die Abschottung des japan. Marktes, der US-amerikan. Produkte mit hohen Schutzzöllen belegte. J. wies den Vorwurf zurück und erklärte, dass japan. Produkte aufgrund der härteren Binnenmarktkonkurrenz besser und kostengünstiger produziert würden als vergleichbare ausländische.

Ende der LDP-Herrschaft: Bestechungsaffären, überholte Strukturen in Regierungskreisen und die wirtschaftliche Stagnation schmälerten das Vertrauen der japan. Bevölkerung in die LDP. Vor den Wahlen 1993 spalteten sich einige Gruppierungen von der LDP ab, u. a. die Erneuerungspartei (Shinseito, JRP) unter Tsutomu Hata und Ichiro Ozawa, die Neue Partei Japans (NPJ) unter Morihiro Hosokawa und die Partei Neue Initiative (Sakigake). Nach einem Misstrauensantrag gegen die Regierung Miyazawa Kiichi (1991–93), der Unterstützung bei den Mitgliedern der LDP fand, wurde im Juni 1993 das Unterhaus aufgelöst. Die Neuwahlen im Juli brachten die LDP um ihre Mehrheit.

Japans Jugend zwischen Tradition und Moderne

Das Bildungssystem in Japan vermittelt im Gegensatz zu dem im Westen üblichen Individualismus den Kindern eine kollektivistische Orientierung. Drill und Uniformierung sind Teil der Erziehung, die auf Einsatz- und Leistungsbereitschaft zum Nutzen der Gemeinschaft vorbereitet. Auf dem Weg ins Berufsleben begleiten die Heranwachsenden Konkurrenzdenken und ein Prüfungsmarathon. Die Informationsgesellschaft zieht sich eine neue Generation mit einer passiven Konsumhaltung heran, die sich an den neuesten Trends orientiert. (Foto oben: Mittagessen in einer Grundschule; links: Börse in Tokio; unten: Jugendliche beim Rockkonzert)

Stichwort: AUM-Sekte

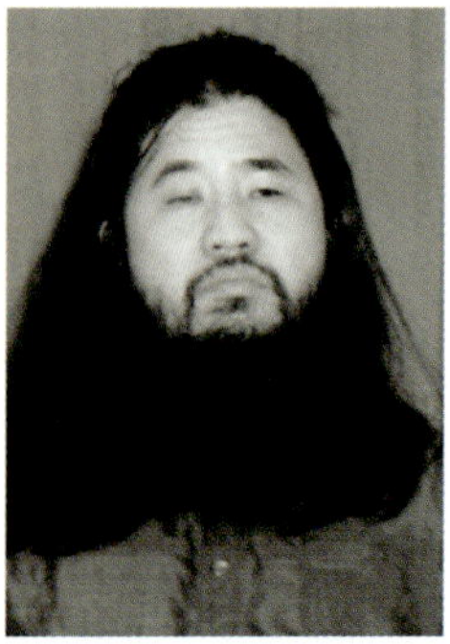

Shoko Asahara, der Gründer des Aum-Shinri-Kyo-Kults (japan.; höchste Wahrheit), trat mit dieser militanten, straff durchorganisierten Sekte erstmals 1986 öffentlich in Erscheinung. Der Heilmittelhändler und Yoga-Lehrer hatte vor allem in Japan und Russland Zulauf. Ihm wurde nachgesagt, bei seiner »Überzeugungsarbeit« mit Methoden wie z. B. Gehirnwäsche vorgegangen zu sein. Asahara predigte den Weltuntergang, stellte aber seinen Anhängern die Rettung in Aussicht. Diese verpflichteten sich zur Aufgabe ihres bürgerlichen Lebens, Abtretung ihres Vermögens und Gehorsam. 1995 verübte die Sekte mehrere Giftgasanschläge in japan. Großstädten. Shoko Asahara wurde verhaftet und seine Sekte 1996 schließlich per Gerichtsbeschluss verboten. (Foto: Sektenführer Asahara 1990)

Regierung Hosokawa: Aus sieben Parteien wurde eine Regierungskoalition gebildet. Neuer Ministerpräsident wurde der ehemalige Liberaldemokrat und Führer der JNP, Hosokawa (1993/94). Damit gab es erstmals seit 1955 eine Regierung ohne Beteiligung der LDP. Im Januar 1994 nahm das Oberhaus Hosokawas Vorschläge für eine Wahlrechtsrechtform im Unterhaus und zur Korruptionsbekämpfung an. Als erster japan. Regierungschef bekannte sich Hosokawa gegenüber den ostasiat. Nachbarn zur japan. Kriegsschuld im Zweiten Weltkrieg. Als Hosokawa eine Verwicklung in einen früheren Bestechungsskandal nachgewiesen wurde und die Sozialistische Partei (SPJ) die Koalition verließ, trat er im April 1994 nach acht Monaten Amtszeit zurück. Tsutomu Hata von der Erneuerungspartei (Shinseito, JRP) bildete eine Minderheitsregierung, die jedoch schon nach zwei Monaten gescheitert war.

Neuorientierung: Eine Koalition aus Sozialdemokratischer Partei und LDP, die sich bislang unversöhnlich gegenüber gestanden hatten, sowie der kleinen Partei der Neuen Initiative (Sakigake) wählte im Juni 1994 den Sozialdemokraten Tomiichi Murayama zum Ministerpräsidenten (1994–96). Die Koalition wurde möglich, nachdem sich die Sozialdemokraten auf einem Sonderparteitag im September 1994 in Fragen der Sicherheitspolitik, Kernenergie und Steuerpolitik der liberaldemokratischen Haltung angenähert hatten. Die Reformparteien von 1992/93 schlossen sich 1994 zur Neuen Fortschrittspartei (NFP) unter Kaifu zusammen. Ministerpräsident Murayama knüpfte an die Außenpolitik Hosokawas an und versprach als Geste der Wiedergutmachung für Kriegsverbrechen Reparationszahlungen an die von J. im Zweiten Weltkrieg angegriffenen asiat. Staaten in Höhe von rund 1,5 Mrd DM sowie Gelder für Kultur- und Bildungsprojekte dieser Länder.

Wiedererstarken der LDP: Im Januar 1996 trat Murayama nach einer Reihe von Korruptionsskandalen zurück und gab das Amt des Ministerpräsidenten an den Liberaldemokraten Ryutaro Hashimoto (1996–98) ab. Unter Hashimoto verlängerte J. im April den Sicherheitsvertrag mit den USA von 1960. Darin wurden den USA 20% der Insel Okinawa für die Stationierung von Streitkräften zugesichert. Diese Erklärung löste in der japan. Bevölkerung antiamerikan. Proteste aus. Bei den Unterhauswahlen im Oktober 1996 verfehlte die LDP knapp die absolute Mehrheit, wurde jedoch stärkste Kraft in der Regierungskoalition, der Hashimoto bis 1998 vorstand.

Erdbebenkatastrophe von Kobe erschüttert die Fortschrittsgläubigkeit der Japaner

Erdbebengefahr: Obwohl Japan zu den erdbebengefährdeten Gebieten der Erde gehört, traf das Erdbeben vom 17.1.1995 um 5.46 Uhr die japan. Millionenstadt Kobe weitgehend unvorbereitet.

Das Beben hatte sein Zentrum genau in Kobe, dauerte lediglich 20 Sekunden und war mit einem Wert von 7,2 auf der nach oben offenen Richterskala das stärkste in Westjapan seit 1923, als in Tokio etwa 140 000 Menschen starben.

Die als erdbebensicher geltenden Häuser und Brücken hielten der Erschütterung nicht stand – allen Beteuerungen der japan. Regierung zum Trotz. Das Erdbeben tötete 5200 Menschen, machte mehr als 300 000 Menschen obdachlos und verursachte Sachschäden in Höhe von umgerechnet 100 Mrd US-Dollar. Seitdem wurde verstärkt in die Erdbebenforschung investiert, um die Vorhersagbarkeit von Beben sowie die Sicherheit von Gebäuden zu verbessern. Bis zum Jahr 2000 wurde Kobe und sein Hafen etwa zu 80% wieder aufgebaut. (Foto: Erdbebenschaden in Kobe im Januar 1995)

Neueste Entwicklungen 1997–2000

Auswirkungen der Asienkrise: 1997 griff die Asienkrise auch auf J. über. Nachdem Unternehmen jahrelang mit Krediten u. a. aus dem Ausland Großprojekte finanziert und damit zunächst die Wirtschaft belebt hatten, löste der hohe Devisenbedarf nun eine Währungskrise aus. Ausländische Investoren zogen ihr Geld aus J. ab. Überschuldung trieb einige große Unternehmen in Südostasien in den Konkurs. Die Folgen waren Kursstürze an der Börse und der Wertverlust der asiat. Währungen einschließlich des Yen. Der größte Firmenkonkurs in der Geschichte J.s ereignete sich im November 1997, als das viertgrößte und älteste Wertpapierhaus J.s, Yamaichi Securities, seine Zahlungsunfähigkeit erklärte. Vier Geschäftsbanken und ein weiteres Wertpapierhaus wurden ebenfalls zahlungsunfähig. Die US-Notenbank versuchte den Wertverlust des Yen durch Devisenkäufe aufzuhalten. Die Finanzkrise verstärkte die Arbeitslosigkeit in J., die 1998 von 3,5% (1997) auf 4,4% hochschnellte – Tendenz steigend. Schwache Binnennachfrage, Exportrückgänge und Produktionseinbrüche ließen das BIP rapide sinken und die Staatsverschuldung ansteigen. Zur Belebung der Wirtschaft wurden Gelder in Höhe von 16 Bio Yen (ca. 216 Mrd DM) für öffentliche Investitionen bereitgestellt und die Einkommenssteuer gesenkt. 1999 verabschiedete die Regierung nochmals ein Konjunkturpaket von etwa 320 Mrd DM.

Regierung Obuchi: Bei den Oberhauswahlen im Juli 1998 erlitt die LDP schwere Verluste, Hashimoto trat zurück. Die links von der Mitte angesiedelten Demokraten hingegen konnten Zugewinne verzeichnen. Zum neuen Ministerpräsidenten wählte das Unterhaus, in dem die LDP weiterhin über eine Mehrheit verfügte, den früheren Außenminister Keizo Obuchi (1998–2000). Im Januar 1999 vereinbarte Obuchi eine Koalition mit der Liberalen Partei (LP), um sich im Oberhaus Mehrheiten für künftige Gesetzesvorlagen zu sichern.

Außenpolitik: 1997 verständigten sich J. und Russland auf einen Friedensvertrag, den beide Staaten bis spätestens Ende 2000 abschließen wollten. Zentraler Streitpunkt war die von J. geforderte Rückgabe mehrerer Kurilen-Inseln (Etorofu, Habomai, Kunashiri, Shikotan), die Russland kurz vor der japan. Kapitulation 1945 besetzt hatte. Im November 1998 empfing Obuchi den chines. Staatschef Jiang Zemin in Tokio. Es war der erste Besuch eines chines. Staatsoberhauptes in J. seit dem Zweiten Weltkrieg. Statt einer Entschuldigung für die japan. Kriegsverbrechen in China 1937–45 drückte J. sein Bedauern über die Geschehnisse während der Kolonialherrschaft aus, als ca. 20 Mio Menschen ums Leben gekommen waren. Im April 1999 verabschiedete die japan. Regierung Gesetze zur gemeinsamen Sicherheitspolitik mit den USA in der asiat.-pazif. Region. Sie sollen die Vereinbarungen umsetzen, welche die USA mit der Hashimoto-Regierung 1996 getroffen hatten.

Regierung Mori: Als Nachfolger des inzwischen verstorbenen Ministerpräsidenten Obuchi wurde im April 2000 Yoshiro Mori zum LPD- und Regierungschef ernannt sowie durch Neuwahlen im Juli trotz Stimmverlusten im Amt bestätigt. Er führt eine unpopuläre Koalition mit der buddhistischen Komei und der neuen Konservativen Partei und kündigte an, Obuchis Politik zur Belebung der Wirtschaft fortzusetzen. *C.D.*

Die japan. Nasdaq-Börse startete im Juni 2000 in Osaka. Nasdaq Japan ist ein Tochterunternehmen der US-Technologiebörse Nasdaq (National Association of Securities Dealers Automated Quotation).

Der chines. Präsident Jiang Zemin (l.) und Ministerpräsident Keizo Obuchi trafen sich am 27.11.1998 in Tokio. Es war der erste Besuch eines chines. Staatsoberhaupts in Japan seit dem Zweiten Weltkrieg.

Jemen

Republik Jemen

Das früheste bekannte Reich im heutigen J. war das Königreich von Saba (1100–115 v. Chr.). Auf dieses folgten die Himjar, diesen 525 n. Chr. die Äthiopier und 575 die Perser. Im 7. Jh. wurde das Land islamisiert und ab 901 zu einem selbstständigen Imamat, das 1528 unter die – allerdings lockere – Oberherrschaft des Osman. Reiches kam.

Die heutige Republik J. entstand 1990 durch den Zusammenschluss des nördlichen und des südlichen Landesteils, die über Jahrzehnte mit unterschiedlichen politischen Systemen und häufig in Gegnerschaft und kriegerischen Auseinandersetzungen nebeneinander bestanden haben.

Jemen 2000	
Landesfläche	527 968 km² (WR 48)
Einwohner	17,5 Mio (WR 54)
Hauptstadt	Sana (427 000 Einwohner)
Sprache	Arabisch
Währung	1 Rial (YRI) = 100 Fils
Gliederung	17 Provinzen (11 Nord-, 6 Südjemen)
Staatsform	Republik (seit 1990)
Religion	Sunniten (53,0%), Schiiten (46,9%); Sonstige (0,1%)
Bevölkerung	Araber (100%)

Jemen im 20. Jahrhundert	
1914	Aufgrund des türk.-brit. Abkommens Teilung in Nord- und Südjemen.
1919	Unabhängiges Königreich im Nordjemen (bis 1962).
1934	Krieg mit Saudi-Arabien durch das Abkommen von Ta'if beendet.
1947	Aden wird brit. Kronkolonie.
1959	Erster föderativer Zusammenschluss im brit. Protektorat Südjemen.
1962	Beginn des Bürgerkrieges zwischen Royalisten und Republikanern im Norden.
1963	Aden tritt der südjemenit. Föderation bei.
1967	Nach Abzug Großbritanniens Proklamation der Volksrepublik Jemen im südlichen Landesteil.
1970	Nach Verfassungsänderung Umwandlung der Volksrepublik Jemen in die Demokratische Volksrepublik Jemen; Arab. Republik Jemen im Norden.
1978	Ali Saleh wird Präsident der Arab. Republik Jemen.
1986	Bürgerkrieg im Südjemen.
1990	Vereinigung von Süd- und Nordjemen zur Republik Jemen; Ali Saleh wird Staatspräsident.
1994	Verfassungsänderung nach Bürgerkrieg; die Scharia wird einzige Gesetzesgrundlage.
1995	Grenzkonflikt mit Eritrea um die Hanish-Inseln im Roten Meer (1998 beigelegt).
1996	Grenzkonflikte mit Saudi-Arabien.
1998	Kämpf zwischen jemenit. und saud. Truppen auf der Insel al-Duweima im Roten Meer.
	Bombenexplosion vor der deutschen Botschaft in Sana (vier Tote); Geiselnahme durch den Islamischen Dschihad, missglückte Befreiungsaktion.
1999	Drei an der Entführung Beteiligte werden zum Tode verurteilt.

Die arabische Republik

Unter türkischer Herrschaft: Um die Jahrhundertwende stand Südarabien und damit auch der J. überwiegend unter dem Einfluss des Osman. Reichs; seit 1871 hielten die Türken Sana besetzt. Der 1904 vom Imam Jahja gegen sie angeführte Aufstand ließ sie zwar 1905 die Stadt verlassen, doch blieben andere Orte weiterhin unter türk. Herrschaft. 1911 setzte Jahja einen Vertrag durch, der ihm eine gewisse Selbstständigkeit unter türk. Oberhoheit sicherte.

Britische Einflusszone: Als die Türkei 1918 den J. räumte, wurde das Land formell unabhängig, war aber nun im brit. Einflussbereich. Der Imam von Sana war König und Oberhaupt der Schiiten im J. Er wurde 1925 von Großbritannien als Souverän anerkannt, und auch Saudi-Arabien erkannte nach jahrelangen Konflikten den J. im Vertrag von Ta'if als selbstständigen Staat an. Ungeachtet dessen hielten saud. Einfälle in das benachbarte Protektorat Aden bis 1937 an.

Religiöse Bevölkerungsgruppen: Die Einwohner des J. sind fast ausnahmslos Moslems; die Sunniten gehören der schafiitischen Schule, die Schiiten meist der Sekte der Zaiditen an. Sie sind von alters her Royalisten und übten lange Zeit die Macht aus, von der sie die Schafiiten fern hielten. Trotz der verschiedenen Glaubensrichtungen ist die Bevölkerung relativ homogen, denn die Zaiditen stehen den Sunniten näher als die übrigen Schiiten. Sie bewohnen als Bauern vorwiegend den Norden des Landes, die Schafiiten dagegen leben zumeist in den Städten. Die Schafiiten stellten auch die Mehrheit an den Auswanderern, die aufgrund der geringen ökonomischen Möglichkeiten und der politischen und religiösen Unterdrückung in den 50er Jahren das Land verließen und in die Handelszentren der arab. Welt sowie nach Indien, Indonesien und Singapur auswanderten; rund 90 000 Personen gingen allein nach Aden.

Außenpolitik: 1948 wurde der autoritär regierende Jahja ermordet. Ihm folgte sein Sohn Ahmad ash-Shams, der einen sozialistischen Kurs einschlug. Er schloss 1955 einen Vertrag mit der Sowjetunion und erhielt von dort Waffenlieferungen. 1957 forderte er von Großbritannien Aden und nahm 1958 wirtschaftliche und diplomatische Beziehungen zur Volksrepublik China auf. Der im selben Jahr erfolgte lose Zusammenschluss mit der Vereinigten Arab. Republik dauerte jedoch nur bis 1961.

Bürgerkrieg: Nach dem Tod des Imam Ahmad kündigte 1962 sein Nachfolger Muhammad al-Badr Reformen an, die er jedoch nicht durchführen konnte, weil schon nach wenigen Wochen durch den Revolutionsführer Abd Allah as-Sallal die Republik ausgerufen wurde. Diese erstreckte sich aber vor allem auf die Städte und Häfen, während die Bergstämme mehrheitlich weiterhin dem Imam ergeben waren. In dem folgenden Bürgerkrieg wurden die Republikaner von Ägypten, die Royalisten von Saudi-Arabien unterstützt.

Unabhängigkeit und Demokratie: Abd Allah as-Sallal rief am 9.10.1962 die Arab. Republik J. aus. Nach den Verträgen von Djidda mit Saudi-Arabien (1965) und Khartum mit Ägypten (1967) zogen die ägypt. Truppen ab. Im selben Jahr wurde Sallal gestürzt und durch einen Präsidentenrat ersetzt. 1968 trat auch al-Badr zurück, und der Bürgerkrieg endete. 1970 einigten sich Royalisten und Republikaner auf eine gemeinsame, demokratisch verfasste Regierung. Auf der Basis des islamischen Rechtes war eine beratende Versammlung die gesetzgebende Körperschaft, die den Präsidenten benannte und den regierenden Exekutivrat einsetzte. Von den 159 Mitgliedern der beratenden Versammlung wurden 119 gewählt, die übrigen vom Präsidenten ernannt.

Militärregime: Durch den Staatsstreich unter Oberst Ibrahim Muhammad al-Hamadi stand das Land ab 1974 unter einer Militärregierung. Sie setzte eine provisorische Verfassung in Kraft, nach der das Land eine unabhängige, arab.-islamische Republik war. Die beratende Versammlung wurde abgeschafft, Premierminister und Exekutivrat wurden vom Präsidenten berufen.

Regierungssturz: 1977 fiel Hamadi einem Attentat zum Opfer; sein Nachfolger Ahmad al-Gashmi erlitt ein Jahr später dasselbe Schicksal. Veranlasst von dessen Nachfolger Abdallah Saleh trat 1978 eine konstituierende Nationalversammlung zusammen, die 1979 von 99 auf 159 Mitglieder erweitert wurde. Die Exekutive lag beim Präsidenten, der von der konstituierenden Nationalversammlung auf fünf Jahre gewählt wurde. Die politische Szene wurde von den drei Gruppen der aus Stammesführern bestehenden Maschaich, den geistlichen Führern der Ulama und der aus Aden gesteuerten Nationaldemokratischen Front (NDF), die sich aus Kommunisten, Nationalisten und Baath-Anhängern zusammensetzte, beherrscht.

Im Bürgerkrieg 1962–68 zwischen Royalisten und Republikanern im Nordjemen leitete der Imam Muhammad al-Badr die Kämpfe aus einem Versteck in den jemenit. Bergen. Der Bürgerkrieg endete mit dem Sturz des Revolutionsführers Abd Allah as-Sallal und dem Rücktritt des Imam 1968. 1970 einigten sich die gegnerischen Parteien auf eine gemeinsame, demokratische Verfassung. (Foto: Königstreue Truppen 1963 in einem Lager in den jemenit. Bergen)

Die Regierung stellte 1975 einen Fünfjahresplan mit Projekten auf, die das Interesse ausländischer Geldgeber wecken sollten. Wichtige Devisenbringer blieben jedoch weiterhin die im Ausland arbeitenden Jemeniten.

Die demokratische Volksrepublik

Britische Schutzherrschaft: 1834 gewannen die Briten durch Verträge mit dem Sultan von Lahej Aden, von wo aus sie ihre Machtposition am Golf weiter ausbauten, indem sie die 17 Sultanate in dem als Hadramaut bekannten Hinterland durch Verträge unter ihre Schutzherrschaft brachten. Mit der Eröffnung des Suezkanals begann 1869 der ökonomische und strategische Aufstieg des südwestlichen Punktes der arab. Halbinsel. Nachdem das nördliche benachbarte Königreich J. seine Unabhängigkeit erlangt hatte, erhob es auch Ansprüche auf die brit. Protektorate an der Küste und beendete das bis dahin friedliche Verhältnis. Trotz eines Vertrags von 1934 hielten Grenzverletzungen an.

Unabhängigkeit: Dem Anwachsen des Nationalismus in der Stadt Aden suchte Großbritannien nach dem Zweiten Weltkrieg durch einen Zusammenschluss der Kronkolonie mit dem Protektorat Hadramaut zu begegnen. Gegen die ab 1959 verfolgte brit. Absicht, eine in inneren Angelegenheiten autonome Südarab. Föderation zu bilden, wandte sich – ab 1964 in offenem Aufruhr – die Unabhängigkeitsbewegung. Diese verfolgte zwei Richtungen. Die von Ägypten unterstützte, reformfreudige und antikolonialistische »Front für die Befreiung des besetzten Süd-J.« (FLOSY) befürwortete den Anschluss an die Arab. Republik J. Dabei stieß sie auf den Widerstand der

Staatsoberhäupter des Nordjemen		
Reg.-Zeit	*Name*	*Lebensdaten*
Imame und Könige der Arabischen Republik		
1904–48	Jahja Muhammad ibn Muhammad ibn Jahja	1867–1948
1948–62	Ahmad ash-Shams	1891–1962
1962	Muhammad al-Badr	1921–1996
Präsidenten der Arabischen Republik		
1962–67	Abd Allah as-Sallal	1917–1994
1967–74	Abdel Rahman al-Iriani	1908–1998
1974–77	Ibrahim Muhammad al-Hamadi	1943–1977
1977/78	Ahmad Husain al-Gashmi	1941–1978
1978–90	Ali Abdallah Saleh	*1942

Staatsoberhäupter des Südjemen		
Reg.-Zeit	*Name*	*Lebensdaten*
Demokratische Volksrepublik		
1967–69	Qahtan Muhammad Abd al-Latif ash-Shabi	1920–1976
1969–78	Salem Rubay Ali	1935–1978
1978	Ali an-Nasir Muhammad	*1939
1978–80	Abd al-Fatah Ismail	1939–1986
1980–86	Ali an-Nasir Muhammad	*1939
1986–90	Haydar Abu Bakr al-Attas	*1939

Staatsoberhaupt des Jemen		
Reg.-Zeit	*Name*	*Lebensdaten*
seit 1990	Ali Abdallah Saleh	*1942

sozialistischen Nationalen Befreiungsfront (NLF). Nach dem Abzug der Briten erklärte die Südarab. Föderation am 30.11.1967 als Volksrepublik Süd-J. die Unabhängigkeit. Aus dem nachfolgenden Bürgerkrieg zwischen NLF und FLOSY ging eine von der NLF getragene linkssozialistische Regierung hervor.

Bevölkerungskonflikt: Im alten J. bestand eine tiefe Kluft zwischen den Emiren, Sultanen und der städtischen Oberschicht auf der einen und den ärmeren Schichten auf der anderen Seite. Nach 1967 verließen ein großer Teil der alten Oberschicht und alle ethnischen Minoritäten das Land, meist in Richtung der arab. Republik J. An ihre Stelle trat eine neue Elite aus Parteiführern und Regierungsbeamten, die ihre Anhängerschaft vor allem in den Städten hatte. In den ländlichen Gebieten waren die Veränderungen nach dem Bürgerkrieg geringer, die Scheichs hatten lediglich einen Teil ihrer alten Macht eingebüßt.

Wirtschaftsprobleme: Nach der Unabhängigkeit brachten das Fehlen natürlicher Ressourcen und die Schließung des Suezkanals (1967) die Volksrepublik in finanzielle Probleme und die Arbeitslosigkeit stieg. Die einzige Industrie von Bedeutung stellte eine Ölraffinerie dar, die aber auf Rohölimporte angewiesen war, welche zu einem dauerhaften Außenhandelsdefizit führten.

Kommunistisches Regime: Im Juni 1969 wurde der Führer der NLF von einer Gruppe Linker abgesetzt. Das neue Regime nannte den Süd-J. im Dezember 1970 in Demokratische Volksrepublik J. um. Diese wurde von einem Präsidialrat regiert, der im Sinne des Marxismus-Leninismus ein Zentralkomitee war und dessen Vorsitzender das Staatsoberhaupt war. Die Legislative lag bei einem provisorischen Obersten Volksrat mit insgesamt 101 Mitgliedern. Der Präsidialratsvorsitzende ernannte die Regierung, die einen radikalen sozialistischen Kurs steuerte.

Der Wegfall brit. Finanzhilfen und der Hafeneinnahmen in Aden veranlassten die Regierung, sozialistische Länder um Hilfe zu bitten. Sie erhielt weitreichende Unterstützung von der Volksrepublik China, der DDR, von Kuba und z. T. auch von der Sowjetunion. Wegen dieser Beziehungen wurde die Volksrepublik von ihren Nachbarn, allen voran von Saudi-Arabien, misstrauisch beobachtet.

Sozialisierung: Nach 1969 erfolgten zahlreiche Verstaatlichungen und Enteignungen. Unter allen arab. Ländern war die Demokratische Volksrepublik J. das Land, in dem die Sozialisierung der Produktionsmittel am weitesten vorangetrieben wurde. Im Zuge von Landreformen wurde enteignetes Land unter Kleinbauern aufgeteilt oder in genossenschaftlichen oder staatlichen Agrarbetrieben zusammengefasst. Dennoch blieben insgesamt die Beschäftigungsmöglichkeiten gering, sodass viele Einwohner der höheren Löhne wegen in die Erdölstaaten auswanderten. 1974 verbot die Regierung die Auswanderung und ergriff aus dem Mangel an gelernten Arbeitskräften einige Maßnahmen zur Rückwanderung. Die Verfassung des Jahres 1970 wurde 1978 revidiert, um die Schaffung einer Einheitspartei zu ermöglichen; außer der NLF waren keine Parteien zugelassen.

Die vereinigte Republik

»Jemenitischer Rat«: Seit Ende 1981 bestand zwischen beiden Republiken ein Abkommen, nach dem ein »Jemenit. Rat« der Staatsoberhäupter beider Staaten gebildet wurde. Dieser war das erste Ergebnis der seit 1972 trotz kriegerischer Auseinandersetzungen verfolgten, aber gescheiterten Pläne zur

Wiedervereinigung. Wesentliches Hindernis waren die Guerilla-Attacken der linken National Democratic Front gegen Präsident Saleh, hinter denen die Regierung der Demokratischen Volksrepublik vermutet wurde. Politische Spannungen entfachten 1979 einen Grenzkrieg, der durch Vermittlungen der Arab. Liga jedoch in Verhandlungen zur Wiedervereinigung einmündeten.

Wiedervereinigung: Erst 1988 begannen Gespräche über Grenzfragen, die 1989 zum Beschluss über die Vereinigung führten. Am 22.5. 1990 entstand die Republik J. durch Zusammenschluss der beiden Republiken. Der Süd-J. gab dabei den Sozialismus als staatstragende Ideologie auf. Gegen den Wahlboykott islamischer Organisationen wurde 1991 die Übergangsverfassung angenommen, die ersten Parlamentswahlen wurden jedoch mehrfach bis zum 27.4.1993 verschoben.

Innenpolitische Konflikte: Aufgrund der unterschiedlichen Entwicklungen, welche die beiden Landesteile seit langem genommen hatten, bestanden latente Konflikte zwischen dem weltoffenen Süden und dem traditionell-religiösen Norden fort. Durch die Entdeckung lukrativer Erdölvorkommen erhielt der Süden zudem eine wirtschaftliche Bedeutung, die er nicht durch zu starken politischen Einfluss aus dem Norden geschmälert sehen wollte. Weiterhin wird vermutet, dass Saudi-Arabien aus Furcht vor einem starken bevölkerungsreichen Nachbarn den Konflikt durch Waffenlieferungen an den Süden noch geschürt hat. Dies geschieht vor dem Hintergrund, dass der J. im Zweiten Golfkrieg eine proirak. Haltung eingenommen und seitdem Sanktionen, darunter die Ausweisung jemenit. Gastarbeiter aus Saudi-Arabien, hinzunehmen hatte.

Bürgerkrieg: Die Konflikte eskalierten 1994 zum Bürgerkrieg, der rund 7000 Todesopfer forderte und in dessen Verlauf die südjemenit. Führung die Demokratische Republik J. proklamierte. Nachdem nordjemenit. Truppen die Hauptstadt Mukalla erobert hatten und der Bürgerkrieg von der nordjemenit. Führung beendet wurde, ging die südjemenit. Regierung außer Landes.

Verfassung: Die 1994 geänderte Verfassung bezeichnet den J. als eine arab., islamische, und unabhängige Republik. Staatsreligion ist der Islam, die Scharia ist Rechtsgrundlage. Der Präsident, dessen Amtszeit auf fünf Jahre festgelegt ist, ernennt den Premierminister und das Kabinett. Das aus 301 Abgeordneten bestehende Parlament des Jahres 1993 bestätigte Saleh für weitere fünf Jahre als Staatspräsident. In den zweiten Parlamentswahlen der Republik J. erhielt der GPC, die Partei des Staatspräsidenten, 1997 drei Viertel aller Parlamentssitze.

Der Konflikt zwischen dem religiösen Nord- und dem weltoffenen Südteil des Jemen eskalierte 1994, vier Jahre nach der Wiedervereinigung, erneut zum Bürgerkrieg. Nordjemenit. Truppen eroberten schließlich die südjemenit. Hauptstadt Mukalla. (Foto: Südjemenit. Artillerie bei Lahej im Mai 1994)

Erdölabbau und Landwirtschaft: Die neuen Erdölvorkommen sind zur Grundlage der Wirtschaftsentwicklung der 90er Jahre geworden; nicht nur die Rohölexporte sind eine wichtige Devisenquelle; Erdölprodukte machen mittlerweile fast die Hälfte des industriellen Outputs aus. Durch die Erdölexporte ist die Handelsbilanz zwar positiv, es müssen jedoch weiterhin beträchtliche Mittel für den Import von Nahrungsmitteln aufgewandt werden, da nur 2% der Landesfläche, vorwiegend im klimatisch begünstigten Norden, landwirtschaftlich nutzbar sind. 1998 wurden dem J., der zu den ärmsten Ländern der arab. Welt gehört, die Auslandsschulden weitgehend erlassen.

Konflikt mit Saudi-Arabien: Erdölvorkommen größeren Umfangs wurden im Grenzgebiet zu Saudi-Arabien vermutet und sorgten vor allem in den Jahren 1996 und 1998 für militärische Auseinandersetzungen, da der exakte Grenzverlauf seit dem Vertrag von Ta'if umstritten ist. *H.-W. W.*

Die wichtigsten Parteien im 20. Jahrhundert

Name (Abkürzung)	*Politische Richtung*	*Vorsitzender*
Baath Party	konservativ, gemäßigt islamisch	Ahmad Muhammad al-Shami
General People's Congress (GPC)	Partei des Staatspräsidenten	Ali Abdallah Saleh
Islamic Reform Grouping (Islah)	islamisch-fundamentalistisch	Shaykh Abdallah bin Hussein al-Ahmar
Nasserite Unionist Party	sozialistisch, panarab.	k. A.
National Arab Socialist	sozialistisch	Qassim Salam Al-Haq
Yemeni Socialist Party (YSP)	sozialistisch	Ali Salih Ubayd

Jordanien

Haschemitisches Königreich

J., das biblische Land »jenseits des Jordans«, ist eine Schöpfung des 20. Jh.s. Nie zuvor bestand hier ein eigener Staat, sondern das Gebiet war immer Teil mächtiger Königreiche – das der Nabatäer im 6. Jh. v. Chr. oder des Röm. Reichs 105 n. Chr. Im 7. Jh. eroberten die Araber das Gebiet, seit 1517 war es eine bedeutende Provinz des Osman. Reichs.

Der große arabische Aufstand

Panarabische Opposition: Die Situation änderte sich, als ab 1908 der türk. Einfluss im Osman. Reich zulasten einer pluralistischen, panarab. Politik wuchs. Das kosmopolitische und ehemals tolerante Osman. Reich begann alle Nichttürken, insbes. die Araber, zu diskriminieren. Nationalistische arab. Gruppen sammelten sich in Syrien, im Irak und in Arabien hinter den Fahnen der Sherife Faisal und Abdullah, Söhne des haschemitischen Sherifs Hussein bin Ali, Emir von Mekka.

Erster Weltkrieg: Als das Osman. Reich auf der Seite Deutschlands in den Ersten Weltkrieg eintrat, behielt es diese intolerante Haltung bei und verhaftete viele arab. Nationalisten in Damaskus und Beirut. Mit brit. und französ. Einverständnis begann 1916 unter Führung von Hussein bin Ali der große arab. Aufstand gegen die osman. Herrschaft. Die Truppen führten seine Söhne sowie der brit. Oberst Thomas Edward Lawrence, bekannt geworden als »Lawrence of Arabia«. 1918 kontrollierten arab. Truppen das heutige J., den größten Teil der arab. Halbinsel und das südliche Syrien einschließlich Damaskus. Husseins Ziel war ein unabhängiger vereinigter arab. Staat, der auf alten Traditionen basierte und von Aleppo (Syrien) bis Aden (Jemen) reichen sollte.

Widerstreitende Interessen

Zweideutige Vereinbarungen: Aufgrund der widersprüchlichen Versprechungen, welche die Briten ihren Kriegsverbündeten gaben, erfüllten sich die politischen Hoffnungen der Araber allerdings nicht. Zu diesen Versprechungen gehörten zehn Briefe von 1915, die sog. Hussein-McMahon-Korrespondenz, die Sherif Hussein und der brit. Hochkommissar in Ägypten, Sir Henry McMahon, ausgetauscht hatten. Danach sollten im Falle eines Aufstands die arab. Unabhängigkeitsbestrebungen unterstützt werden. Ausgenommen von einem panarab. Staatsterritorium sollten lediglich drei Gebiete bleiben, und zwar die Provinzen von Basra und Bagdad, die Distrikte von Alexandretta und Marsin sowie insbes. die Gebiete Syriens westlich von Damaskus, Homs, Hama und Aleppo. Die Interpretation dieser Ausnahmeregel wurde zur Ursache großer Kontroversen. Die Briten behaupteten später, dass Palästina ebenfalls zu den Gebieten außerhalb der arab. Herrschaft gehöre, da es westlich von Damaskus liege – eine Ansicht, der die Zionisten auf der Suche nach einer nationalen Heimstätte für die Juden zustimmten. Die Araber interpretierten den Briefwechsel geografisch genauer: Nicht Palästina, sondern der Libanon liegt westlich von Damaskus.

Jordanien 2000

Landesfläche	97 740 km² (WR 108)
Einwohner	6,5 Mio (WR 95)
Hauptstadt	Amman (963 000 Einwohner)
Sprachen	Arabisch, Englisch
Währung	1 Jordan-Dinar = 1000 Fils
Gliederung	12 Bezirke
Staatsform	Konstitutionelle Monarchie (seit 1952)
Religion	Moslems (93,0%); Christen (4,9%); Sonstige (2,1%)
Bevölkerung	Araber (99,2%), davon 50% Palästinenser; Tscherkessen (0,5%); Armenier (0,1%); Türken (0,1%); Kurden (0,1%)

Jordanien im 20. Jahrhundert

1916	Beginn des arab. Aufstandes gegen die osman. Herrschaft.
1920	Aus dem brit. Mandatsgebiet Palästina wird Transjordanien ausgegliedert.
1922	Transjordanien wird ein selbstständiges Emirat.
1923	Abdullah wird Emir von Transjordanien.
1928	Verfassungsgebung.
1946	Abdullah wird König von Jordanien.
1948	Jordanien besetzt im 1. Israel.-Arab. Krieg die Westbank und Ost-Jerusalem.
1951	Ermordung König Abdullahs; Kronprinz Talal wird sein Nachfolger.
1953	Hussein, Enkel Abdullahs, übernimmt die Regierung.
1967	Im Krieg gegen Israel gehen die Westbank und Ost-Jerusalem verloren.
1970	Irak. Truppen und PLO-Kämpfer werden aus Jordanien vertrieben.
1974	Auflösung des Parlaments.
1975	Kooperationsabkommen mit Syrien.
1984	Wiedereinberufung des Parlaments.
1988	Aufhebung der administrativen und rechtlichen Beziehungen zur Westbank.
1989	Wahlen nach neuem Wahlgesetz.
1993	Nach der Unterzeichnung des palästinens.-israel. Grundlagenvertrages Unterzeichnung der »Friedensagenda« zwischen Israel und Jordanien.
1994	Friedensvertrag zwischen Israel und Jordanien, daneben Abkommen über Grenz- und Wasserfragen.
1997	Wahlen zum Unterhaus.
1999	Abdullah II. wird Nachfolger seines verstorbenen Vaters.

Sykes-Picot-Abkommen: Die brit. Kolonialinteressen überwogen, und so unterzeichneten 1916 Frankreich, Großbritannien und Russland das Sykes-Picot-Abkommen, das den Nahen Osten in Zonen dauerhaften kolonialen Einflusses teilte. Den Briten wurde dabei ein Einflussgürtel vom Mittelmeer bis zum Arab. Golf zugesprochen, um ihre Handelswege zum Ind. Subkontinent zu schützen; der größte Teil Palästinas wurde internationaler Verwaltung unterstellt. Balfour-Deklaration: Nachdem bereits das Sykes-Picot-Abkommen den Versprechungen, die Hussein gegenüber abgegeben worden waren, vollständig widersprach, wurde die Situation 1917 durch die sog. Balfour-Erklärung noch komplizierter. Darin sicherte der brit. Außenminister Arthur James Balfour dem jüd. Volk eine »nationale Heimstätte« in Palästina zu, allerdings ohne die Rechte der nichtjüd. Bevölkerung zu beschneiden.

Abdullah bin al-Hussein (l.) war 1946–51 der erste König von Jordanien. Der Staat, eine Neuschöpfung des 20. Jh.s, entstand im Zuge der arab. Revolten gegen die osman. Herrschaft. (Foto: Abdullah I. bei der Truppeninspektion in Palästina)

Willkürliche Grenzziehungen

Ausgangssituation: Obwohl das Sykes-Picot-Abkommen in der Praxis stark modifiziert wurde, setzte es doch den Rahmen für das Mandatssystem, das dem Gebiet in den folgenden Jahren auferlegt wurde. So wurde die Regierung des haschemitischen Emirs Faisal, die dieser 1918 in Damaskus etabliert hatte, auf der Pariser Friedenskonferenz 1919 vollständig ignoriert und seine Forderung nach arab. Unabhängigkeit zurückgewiesen.
Völkerbundmandate: 1920 sprach der neu gegründete Völkerbund Transjordanien, Palästina und den Irak Großbritannien, Syrien und den Libanon Frankreich als Mandatsgebiete zu. Emir Abdullah war gezwungen, seine panarab. Ziele zurückzustellen und sich auf eine Regierung in Amman zu beschränken. Die Briten teilten ihr Mandatsgebiet jenseits des Jordans in das Königreich Hijaz im Süden sowie in drei Distrikte. Angesichts von Abdullahs Entschlossenheit, Arabien unter haschemitischer Flagge zu vereinen, erklärten die Briten ihn 1921 zum Herrscher über diese drei, zu Transjordanien zusammengefassten Distrikte. Sein Bruder Faisal bestieg gleichzeitig den Thron im Irak. König Ali bin al-Hussein, ältester Bruder Abdullahs und Herrscher über das Königreich Hijaz, verlor seinen Thron 1925 an Abd al-Aziz bin Saud, wodurch das Königreich Saudi-Arabien entstand; dabei wurden die Distrikte von Aqaba und Ma'an an Transjordanien abgetreten.
Emirat Transjordanien: Am 15.5.1923 erkannte Großbritannien formal das Emirat von Transjordanien als Staat unter der Führung von Emir Abdullah an. Eine allmähliche Hinführung zur Unabhängigkeit sollte unter der Aufsicht des brit. Hochkommissars in Jerusalem erfolgen. Diese Entscheidung entrüstete die Zionisten, verkleinerte sie doch die Fläche beträchtlich, auf der ein jüd. Staat nach der Balfour-Erklärung entstehen sollte.
Souveränität: Zwischen 1928 und 1946 führte eine Reihe von brit.-transjordan. Abkommen das Land in die Unabhängigkeit. 1928 erließ Abdullah eine Verfassung und im April 1929 wurden Wahlen für den ersten gesetzgebenden Rat abgehalten. Insgesamt war die Zwischenkriegszeit eine Periode der Konsolidierung und Institutionalisierung, um unter den verstreuten Beduinenstämmen des Landes eine nationale Identität zu entwickeln. Mit brit. Hilfe wurde die Arab. Legion aufgebaut, welche die Verteidigungsfähigkeit J.s sichern sollte. Am 22.3.1946 endete das brit. Mandat über Transjordanien; am 25.5. proklamierte das Parlament Abdullah zum König und änderte den Staatsnamen von »Emirat von Transjordanien« in »Haschemitisches Königreich von J.«.

Die Palästinenserfrage

Jüdische Einwanderung: Seit Beginn des 20. Jh.s war in mehreren Wellen und gefördert durch die zionistische Weltorganisation die jüd. Bevölkerung in Palästina angewachsen; ihre Zahl stellte jedoch bis in die 20er Jahre keine Bedrohung für die arab. Mehrheit dar. Erst die von NS-Deutschland ausgelöste verstärkte Einwanderung europäischer Juden in den 30er Jahren entfachte die nationalistischen Gefühle der Araber. Obwohl die Mandatsverwaltung Emir Abdullah eine Einmischung untersagt hatte, bot er dennoch Palästinenserführern und politischen Aktivisten Unterstützung an und warnte die Briten davor, eine verstärkte jüd. Einwanderung zuzulassen.

Nachkriegsregelung: Während im Zweiten Weltkrieg jordan. wie jüd. Truppen auf Seiten der Alliierten kämpften, spitzte sich die Palästinafrage in den Nachkriegsjahren zu, als die jüd. Zuwanderung wuchs. Die Weltöffentlichkeit befürwortete angesichts des Holocaust einen jüd. Staat; Großbritannien erklärte sein Mandat zum 14.5.1948 für beendet und gab das Palästinaproblem an die UNO zurück. Diese beschloss im November 1947 die Teilung Palästinas in einen jüd. und einen arab. Staat, wobei Jerusalem unter UN-Verwaltung gestellt werden sollte. Die Araber lehnten diesen Plan ab, gab er doch den Juden, die nur etwa 6% des Landes besaßen, mehr als die Hälfte des Gebietes, insbes. den fruchtbaren Küstenstreifen. Mit dem Abzug der Briten am 14.5.1948 wurde der Staat Israel proklamiert.

Arabische Niederlage: Bereits vor dem UN-Teilungsbeschluss hatte König Abdullah erklärt, arab. Interessen in Palästina mittels der Arab. Legion militärisch zu verteidigen; wenige Tage vor Ablauf des brit. Mandats scharte er auch andere arab. Staaten um sich. Am 15.5. marschierten die Truppen J.s, Syriens, Ägyptens sowie des Libanon in Israel ein. Unkoordinierte Aktionen der verschiedenen arab. Armeen und die bessere militärische Ausbildung der Israelis verhinderten jedoch den arab. Sieg. Dennoch gelang es der Arab. Legion, den Arabern wesentliche Teile des Westjordanlandes sowie den Ostteil von Jerusalem zu sichern.

Westbank: Aufrufe arab. Führer und Terrorakte israel. Untergrundorganisationen hatten dazu geführt, dass mehr als 500 000 Araber aus dem Territorium des neuen Staates Israel geflüchtet waren und sich überwiegend im Westjordanland, der sog. Westbank, angesiedelt hatten. Auf der Jericho-Konferenz 1948 ersuchten palästinens. Führer König Abdullah, die Westbank dem jordan. Staatsgebiet anzugliedern. Am 11.4.1950 beschloss das jordan. Parlament, in dem mittlerweile auch Palästinenser vertreten waren, die Annexion. Damit wurden alle Palästinenser automatisch jordan. Staatsbürger. Dieses Recht war ihnen auf Antrag bereits 1949 gewährt worden, und zwar im Gegensatz zu allen anderen Staaten der arab. Liga, die Palästinenser weiterhin als staatenlose Flüchtlinge betrachteten. Bereits in diesen ersten Jahren war J. damit enger als andere arab. Staaten mit dem Palästinenserproblem verbunden.

Jordanien in den 50er Jahren

Herrschaftswechsel: Die 50er Jahre begannen mit der ersten Krise des neuen Königreichs. König Abdullah fiel am 20.7.1951 vor der Al-Aqsa-Moschee in Jerusalem einem Attentat zum Opfer. Sein ältester Sohn, Talal bin Abdullah, regierte weniger als ein Jahr und wurde wegen Geisteskrankheit am 11.8.1952 zugunsten seines unmündigen Sohnes Hussein abgesetzt. Bis zu dessen Volljährigkeit am 2.5.1953 wurden die Staatsgeschäfte durch einen Regentschaftsrat wahrgenommen.

Zersplitterung: Die 50er Jahre waren eine Periode politischer Unruhen in der arab. Welt. Die allgemeine Unzufriedenheit wurde zum

Links: Vor dem Ende des brit. Mandats in Palästina 1948 wurden Juden und Araber in Jerusalem durch Barrikaden aus Stacheldraht getrennt.

Rechts: Am 28.5.1948 musste die israel. Selbstschutzorganisation Haganah das jüd. Viertel in der Altstadt von Jerusalem den überlegenen arab. Einheiten überlassen.

Die Aufgabe der Altstadt von Jerusalem bedeutete für die Israelis nicht nur eine militärische, sondern vor allem auch eine symbolische Niederlage. Die arab. Bewohner der Stadt hingegen begrüßten den König von Transjordanien, Abdullah I. (M., eskortiert von Mitgliedern der Arab. Legion), im Mai 1948 mit Begeisterung.

Nährboden verschiedener radikaler, panarab. Ideologien. So wetteiferten z. B. die radikale Baath-Partei und der charismatische ägypt. Präsident Gamal Abdel Nasser um die panarab. Führung. Die Konkurrenz der verschiedenen Gruppen führte zum Zwiespalt unter den arab. Staaten. Der Einfluss dieser radikalen Ideen erschwerte auch den innerjordan. Prozess, die hierarchisch strukturierte Beduinengesellschaft nach Husseins Vorstellungen in eine demokratische Gesellschaft mit persönlichen Freiheiten umzuformen.

Schwere Krise: Als aus den freien Wahlen von 1956 eine Linksregierung aus Baath-Partei und Kommunisten hervorging, fürchtete der König eine zunehmende kommunistische Infiltration der arab. Welt. Unruhen und von außen gesteuerte Putschversuche veranlassten ihn, 1957 das Kriegsrecht auszurufen. Der Einfluss, den andere arab. Staaten auf die Entwicklung J.s nehmen wollten, erreichte seinen Kulminationspunkt 1958. Nachdem es dem ägypt. Präsidenten Nasser gelungen war, Ägypten und Syrien zur Vereinigten Arab. Republik (1958–61) zusammenzuschließen, hatten J. und der Irak im Februar 1958 die Arab. Föderation gebildet. Als jedoch Nasserfreundliche Offiziere bei einem blutigen Militärputsch im Irak die Macht ergriffen, zerbrach die Föderation und J. war isoliert, zumal auch der Libanon einen von Ägypten initiierten Aufstand erlebte.

Westorientierung: Um sich und seine Herrschaft vor dieser Welle des Panarabismus zu schützen, nahm Hussein brit. Militärhilfe und US-amerikan. Wirtschaftshilfe an. Anders als in den meisten arab. Nachbarstaaten führte der nachfolgende wirtschaftliche Aufschwung – getragen durch die Ausbeutung natürlicher Rohstoffe, eine blühende Bauwirtschaft, durch den Tourismus in J. und der Westbank sowie durch Überweisungen jordan. Gastarbeiter in den Golfstaaten – zur Hebung des Bildungsstandes und zur Entwicklung einer königstreuen Mittelschicht.

Position im arabischen Lager

Als Israel 1963 ankündigte, Teile des Jordanwassers umzuleiten, um die Negev-Wüste zu bewässern, beschloss die Konferenz der arab. Führer 1964 in Kairo, den Wasserzufluss zum See Genezareth von syr. und libanes. Seite zu drosseln. Ein gemeinsames arab. Kommando unter ägypt. Oberbefehl entstand, um israel. Militärmaßnahmen zu begegnen. Ein weiteres Ergebnis der Kairo-Konferenz war die Gründung der Palästinens. Befreiungsorganisation (Palestine Liberation Organization; PLO), die von J. begrüßt wurde, sah man in ihr doch die beste Möglichkeit, palästinens. Ziele koordiniert zu vertreten. Mitte der 60er Jahre traten verschiedene unabhängige palästinens. Guerilla-Truppen, sog. Fedayin, auf, von denen Jasir Arafats Fatah-Bewegung die bekannteste wurde. Mit dem Ziel, Nasser in seinem arab. Führungsanspruch zu übertrumpfen, ermunterte die regierende Baath-Partei Syriens die Guerilla-Truppen zu Attacken gegen Israel – aber nicht von Syrien, sondern vom Libanon oder von J. aus. Die israel. Vergeltungsschläge trafen diese Länder; gingen sie wie J. gegen die Guerillas vor, wurden sie von Panarabisten in Kairo, Damaskus und Bagdad attackiert.

König Hussein II. versuchte ab 1967 die jordan. Verluste des israel.-arab. Sechstagekriegs wieder wettzumachen. Im Kampf gegen Israel unterstützte er zunehmend verschiedene Guerilla-Gruppen, die jedoch schließlich für innenpolitische Probleme in Jordanien sorgten. (Foto: Hussein, l., und sein Onkel Sherif Nasser, 1967)

Sechstagekrieg und seine Folgen

Israelischer Angriff: Die Situation spitzte sich zu, als Nasser 1967 den Abzug der UN-Truppen aus dem Sinai forderte und die Straße von Tiran sperrte. J. schloss sich ebenso wie der Irak der ägypt. Aufrüstung an. Dem Angriff dieser Truppen kam Israel am 5.6.1967 zuvor, gewann die Lufthoheit und hatte innerhalb von sechs Tagen die Sinai-Halbinsel, die syr. Golanhöhen, die Westbank, den Gazastreifen und Ost-Jerusalem besetzt.

Die wichtigsten Parteien im 20. Jahrhundert

Name	*Generalsekretär*
Al-Ahrar Freedom Party	Dr. Ahmad Zo'bi
Al-Mustaqbal Future Party	Suleiman 'Arar
Al-Umma Nation Party	Ahmad Hneidi
Arab Baath Progressive Party	Mahmoud al-Ma'aytah
Arab Islamic Democratic Party (Doa'a)	Yousif Abu Bakr
Arab Jordanian Ansar Party	Muhammad Majali
Arab Land Party	Dr. Muhammad al-Oran
Democratic Party of the Left	Musa Ma'Aitah
Islamic Action Front (IAF)	Dr. Ishaq al-Farhan
Jordan Arab Constitutional Front Party	Milhem Tell
Jordanian Baath Arab Socialist Party	Tayseer al-Homsi
Jordanian Communist Party	Ya'acoub Zayadin
Jordanian Democratic Popular Unity Party	Sa'eed Mustapha
Jordanian Labor Party	Muhammad Khatayibah
Jordanian Peace Party	Dr. Shaher Khreis
Jordanian People's Democratic Party (Hashd)	Salem Nahhas
National Action Party (Haqq)	Muhammad Zo'bi
National Constitutional Party (NCP)	Abdul Hadi Majali
National Democratic Public Movement Party	Muhammad al-'Amer
Progressive Party	Na'el Barakat

Von den beteiligten arab. Staaten hatte J. die schwersten Kriegsfolgen zu tragen: Mehr als 300 000 Palästinenser flohen nach J.; 70% der landwirtschaftlichen Nutzfläche J.s, die Hälfte der Industriebetriebe und mit Jerusalem ein hochrangiges Touristenzentrum lagen westlich des Jordans.

Revisionsversuche: Zwischen 1967 und 1970 versuchte J. auf diplomatischem und militärischem Weg, den Verlust von arab. Land rückgängig zu machen. Es unterstützte die Resolution 242 des UN-Sicherheitsrates vom 22.11.1967, in der Israel zum Rückzug aus den besetzten Gebieten aufgefordert und für alle Staaten des Nahen Ostens das Recht auf Frieden in gesicherten Grenzen gefordert wurde. Gleichzeitig half König Hussein palästinens. Fedayin-Gruppen in ihrem Kampf gegen Israel. Die ständige Präsenz bewaffneter Guerilla-Truppen brachten J. jedoch zunehmend an den Rand der Anarchie. Als die syr. Regierung September 1970 (»Schwarzer September«) mit Hilfe der Palästinenser einen Einfall in J. versuchte, gelang es Hussein, mittels seiner Luftwaffe die syr. Truppen binnen drei Tagen zurückzutreiben und mit den königstreuen Beduinentruppen bis Juli 1971 die palästinens. Guerillas zu besiegen.

Konsolidierung in den 70er Jahren

Politische Stabilisierung: Nach den Erfahrungen von 1970 wurde die innenpolitische und wirtschaftliche Konsolidierung zum vorrangigen Ziel, da nur dadurch der Bestand J.s gesichert schien. Mit wachsender politischer Stabilität floss auch wieder ausländisches Kapital ins Land. Der Bürgerkrieg im Libanon (1975) bewirkte, dass ein großer Teil des regionalen Kapitals in das neue Dienstleistungszentrum Amman umgeleitet wurde.

Verhältnis zu Israel: In seiner Haltung zu Israel und dem Palästinenserproblem verhielt sich J. ambivalent. Es war nicht direkt am Jom-Kippur-Krieg von 1973 beteiligt. Auf Druck des arab. Gipfels von Rabat 1974 erklärte es sich als nicht zuständig für die Westbank und erkannte die PLO als alleinige Vertretung der Palästinenser an. Zugleich verurteilte J. das Camp-David-Abkommen von 1978 und den Friedensvertrag zwischen Israel und Ägypten, da er die Region destabilisiere und Israel nicht zum Abzug aus den besetzten Gebieten zwinge.

Im April 1978 setzte König Hussein das erste von drei nationalen Beratungsgremien ein, die bis 1984 das Parlament ersetzten. Ihnen folgte als Replik des 9. Parlaments von 1967, das

1974 aufgelöst worden war, das 10. Parlament, in dem zu gleichen Teilen die Gebiete westlich und östlich des Jordans repräsentiert waren. Nachdem Hussein am 28.7.1988 das Auslaufen der Entwicklungshilfe für die Westbank angekündigt hatte, um der PLO mehr Verantwortung für diese Gebiete zu geben, löste er am 30.7. das Parlament auf. Damit durchtrennte er die legislativen Verbindungen zur Westbank. Am 31.7. erklärte er alle administrativen und rechtlichen Bindungen zu den Gebieten westlich des Jordans für aufgelöst. Nach 21 Jahren wurden am 8.11.1989 die ersten allgemeinen Wahlen durchgeführt, bei denen das gesamte politische Spektrum einschließlich der Moslembrüder und Islamisten repräsentiert war.

Auf der Suche nach Frieden

Golfkriege: Im Krieg zwischen dem Irak und dem Iran (1980–88) unterstützte J. die irak. Seite. Der Handel blühte, da über Aqaba die wichtigste Versorgungslinie für den Irak führte. Dass J. auch im Golfkrieg von 1991 die Nähe des Irak suchte, wirkte sich allerdings während und nach dem Krieg nachteilig für das Land aus. Vor dem Golfkrieg waren nahezu 40% der jordan. Erwerbsbevölkerung in den Golfstaaten beschäftigt. Aufgrund der proirak. Haltung J.s kam es nach Kriegsende zur Ausweisung von etwa 300 000 jordan. Gastarbeitern aus Kuwait, Saudi-Arabien sowie anderen Golfstaaten. Die Rückwanderer erhöhten in J. die Nachfrage nach Wasser, überforderten die Infrastruktur und ließen die Arbeitslosenquote auf 30% steigen. Da der Irak J.s wichtigster Handelspartner gewesen war, stürzten die internationalen Sanktionen gegen ihn auch J. in eine wirtschaftliche Krise; der Handel ging um mindestens 1,5 Mrd US-Dollar zurück. Insgesamt wurde der Kurs Husseins jedoch bestätigt, als sich bei den Parlamentswahlen 1993 die königstreuen konservativen Kräfte gegen islamistische Gruppen durchsetzten, die gegen einen Friedensschluss mit Israel waren.

Frieden mit Israel: 1994 kam es zum überraschenden Friedensschluss mit Israel. Wichtige Punkte des Vertrages waren die Grenzfestlegung, die Aufhebung von Handelshemmnissen und eine Regelung zur Aufteilung des Jordanwassers. J., dessen Außenpolitik seit Jahrzehnten ein Balanceakt gewesen war, um sich weder im arab. Lager noch bei den US-amerikan. und westeuropäischen Partnern zu isolieren, brach damit sein Versprechen gegenüber Syrien und dem Libanon, keinen Separatfrieden mit Israel abzuschließen.

Hussein II. – Vermittler im Nahen Osten

Als Hussein II. (1935–1999) den Thron des haschemitischen Königreichs 1953 bestieg, war Jordanien kaum mehr als eine halbnomadische Stammesgesellschaft in keineswegs allgemein anerkannten Grenzen. Bei seinem Tod war das Land eine gefestigte Monarchie, in der in einer für arab. Verhältnisse beispielhaften Weise die Menschenrechte gewahrt sind. Gestützt auf seine Beduinen sah er sich in der arab. Welt konservativen wie sozialistischen Einflüssen ausgesetzt; in Konflikten stand er meist auf der Seite der gemäßigten arab. Monarchien. Mehr als andere arab. Führer waren er und sein Land mit dem Schicksal Israels verbunden. Beeinflusst von den panarab. Ideen seines Großvaters sah er sich stets als Sachwalter der Palästinenser, bis deren fanatische Randgruppen 1970 seine Herrschaft bedrohten. Dennoch führte er für sie weiter Geheimverhandlungen. Seine oft widerwillig anerkannte, aber einflussreiche Vermittlerrolle machten schließlich den »Staat Palästina« und ihm selbst den Frieden mit Israel möglich. (Foto: König Hussein II. bei der Beerdigung von Itzhak Rabin 1995)

Staatsoberhäupter Jordaniens

Reg.-Zeit	*Name/Herrschergeschlecht*	*Lebensdaten*
1946–51	Abdullah bin al-Hussein (Abdullah I.) / Haschemiten	1882–1951
1951/52	Talal bin Abdullah/Haschemiten	1911–1972
1953–99	Hussein bin Talal (Hussein II.) / Haschemiten	1935–1999
seit 1999	Abdullah bin Hussein (Abdullah II.) / Haschemiten	*1962

Tod König Husseins: Am 7.2.1999 starb König Hussein II. im Alter von 63 Jahren. Wenige Tage vor seinem Tod hatte er überraschend seinen Sohn Abdullah zum Kronprinzen ernannt – eine Funktion, die seit 1965 sein Bruder Hassan innegehabt hatte. Der neue König gewann schnell weltweites Ansehen. Innenpolitisch setzte er sich mit Verlautbarungen zur Wirtschaftsförderung, zur Ausweitung der Pressefreiheit und zur Gleichberechtigung der Frau für eine Demokratisierung des Landes ein. Außenpolitisch erlangte er nach Reisen in die arab. Nachbarländer zur Verbesserung der Beziehungen erstes internationales Gewicht, als er gemeinsam mit Ägyptens Präsident Mubarak als »Garant« des Wye-Abkommens zwischen Israel und der PLO in Scharm el Sheikh auftrat. *H.-W. W.*

Jugoslawien 2000	
Landesfläche	102 173 km² (WR 106)
Einwohner	10,6 Mio (WR 71)
Hauptstadt	Belgrad (1,17 Mio Einwohner)
Sprachen	Serbisch, Albanisch, Ungarisch
Währung	1 Dinar = 100 Para
Gliederung	Serbien, Montenegro
Staatsform	Bundesrepublik (seit 1992)
Religion	Serbisch-Orthodoxe (65%); Moslems (19%); Sonstige (16%)
Bevölkerung	Serben (62,3%); Albaner (16,6%); Montenegr. (5%); Sonstige (16,1%)

Jugoslawien

Föderative Rep. Jugoslawien

J. wurde 1918 als »Königreich der Serben, Kroaten und Slowenen« gegründet. Die Wurzeln dieses neuen Staats lagen im 19. Jh., als im Zuge des Nationalismus die Idee entstand, die südslaw., d. h. jugoslaw. Staaten zu vereinigen. Ermöglicht wurde dieser Zusammenschluss durch das Ende der Donaumonarchie Österreich-Ungarn.

Staatsoberhäupter Jugoslawiens		
Reg.-Zeit	*Name*	*Lebensdaten*
1918–21	Peter I. Karadjordjević	1844–1921
1921–34	Alexander I. Karadjordjević [1]	1888–1934
1934–45	Peter II. Karadjordjević [2]	1923–1970
1945–80	Josip Broz »Tito«	1892–1980
1980–90/92	Jugoslawien wird von einem Staatspräsidium mit periodisch wechselnden Vorsitzenden geführt	
1992/93	Dobriča Cosić	*1921
1993–97	Zoran Lilić	*1953
seit 1997	Slobodan Milošević	*1941

1) Ab 1918 Prinzregent des neu gegründeten Königreichs der Serben, Kroaten und Slowenen; 2) bis 1941 nur nominell jugoslaw. König, die Regierungsgeschäfte führte sein Onkel; ab 1941 im Exil, 1945 von Tito abgesetzt

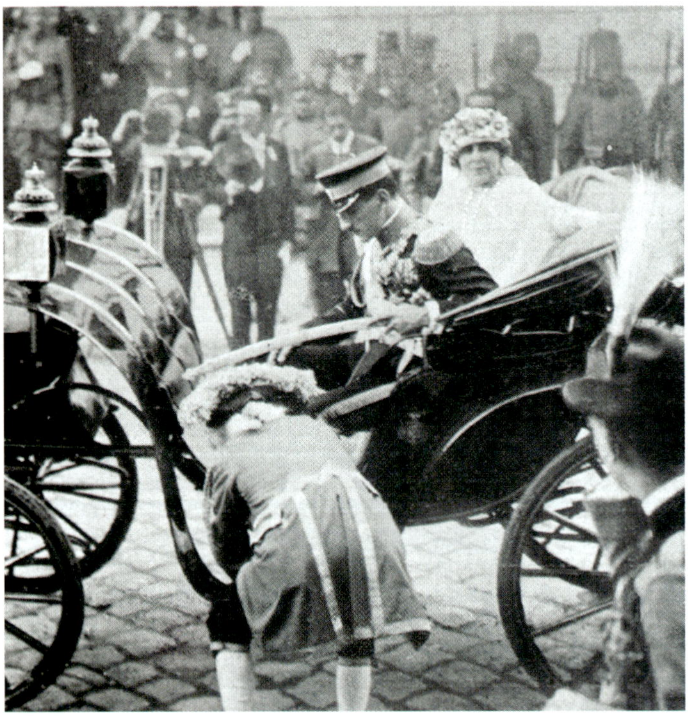

Alexander I. Karadjordjević wurde 1921 König des neuen Balkanreichs. Er war seit 1909 serb. Kronprinz, übernahm 1914 die Regierungsgeschäfte von seinem Vater Peter I. und wurde 1918 Prinzregent im neu gegründeten Königreich der Serben, Kroaten und Slowenen. Am 9.10.1934 wurde Alexander I. von einem kroat. Nationalisten bei einem Staatsbesuch in Marseille erschossen. (Foto: Alexander I. und seine Braut, Marjola von Rumänien, bei der Hochzeitsfeier 1922)

Das Königreich (1918–45)

Staatsgründung: Aufgrund der Geschichte der südslaw. Völker seit dem frühen Mittelalter waren die Unterschiede und Gegensätze zwischen den Staaten, die sich 1918 zusammenfanden, erheblich. Sie unterschieden sich vor allem in ihrer kulturellen Prägung durch Orthodoxie, Katholizismus und Islam. Groß waren auch die wirtschaftlichen und sozialen Unterschiede. Im Juli 1917 traf sich auf Korfu die serb. Exilregierung mit kroat. und slowen. Politikern, die sich im »Südslaw. Ausschuss« zusammengefunden hatten. Dort wurde die Gründung eines gemeinsamen Staats beschlossen. Im Oktober 1918 bildete sich in Zagreb ein »Nationalrat der Slowenen, Kroaten und Serben«; am 1.12.1918 rief der serb. König Alexander I. Karadjordjević (1918–34) das »Königreich der Serben, Kroaten und Slowenen« aus.

Groß-Serbien oder Jugoslawien: Im »Südslaw. Ausschuss« hatten sich die Befürworter eines jugoslaw. Staats organisiert. Ihr Ziel war ein Bundesstaat, in dem die einzelnen Völker vereint sein sollten, ohne dabei ihre nationale Autonomie zu verlieren. Diese Idee, um 1860 entstanden, war eine Variante des Panslawismus, der mit russ. Unterstützung in den slaw. Staaten Europas gewachsen war. Dem föderativen Modell stand der serb. Nationalismus gegenüber, der in dem neuen Staat eine Erweiterung Serbiens sah. Sein Ziel war die Bildung von Groß-Serbien, das alle Gebiete des Balkans vereinigen sollte, in denen Serben lebten. Der neue jugoslaw. Staat war von Beginn an mit diesem Konflikt belastet. Bis heute spielt der serb. Nationalismus und die Angst vor ihm eine zentrale Rolle.

Verfassung von 1921: Serbien konnte seine nationalistischen Vorstellungen auch in der Verfassung durchsetzen. Sie räumte der Staatsführung in Belgrad große Macht ein und beschränkte im Gegenzug die Rechte der einzelnen Regionen und Völker. Letztlich war die jugoslaw. Verfassung von 1921 die Erfüllung des serb. Traums von Groß-Serbien. Die vielfältigen Gegensätze und Spannungen in J. wurden dadurch verschärft.

Fiume-Frage: Italien und J. einigten sich erst 1924 über die Zugehörigkeit der Adriastadt Fiume (kroat.: Rijeka). Auf der Londoner Konferenz 1915 war die zwischen Österreich, Ungarn und Kroatien umstrittene Stadt J. zugefallen. Wegen ihrer italien. Bevölkerungsmehrheit (die von Jugoslawen bewohnte Vorstadt Susak wurde nicht mitgerechnet) forderte Italien nach dem Ersten Weltkrieg die Hoheit über Fiume. 1919 besetzte der italien. Dichter Gabriele D'Annunzio mit einer Freischar Fiume, wurde aber 1920 von Italien gezwungen, die Stadt zu verlassen. Am 27.1.1924 erzielte Benito Mussolini ein Abkommen mit J., in dem Fiume an Italien, Susak an J. fiel.

Nationale Konflikte

Kroatien: Ein zentrales Problem J.s war der Ausgleich zwischen Serben und Kroaten. Der kroat. Widerstand gegen die serb. Vormacht wurde vor allem von der Bauernpartei unter Stjepan Radić getragen. Durch die Wahlen von 1920 wurde sie zur viertstärksten Kraft, ihre Abgeordneten boykottierten aber das jugoslaw. Parlament. Obwohl sich die Bauernpartei später kompromisswillig zeigte und 1925 in die Regierung eingebunden wurde, verschärfte sich ihr Konflikt mit den serb. Nationalisten. Am 20.6.1928 wurden Radić und zwei weitere Parteimitglieder von einem serb. Nationalisten im Parlament erschossen.

Königsdiktatur: König Alexander reagierte auf die nationale Krise, die durch die Ermordung Radićs einen Höhepunkt erreichte, mit der Verschärfung des staatlichen Zentralismus. Am 6.1.1929 hob er die Verfassung auf und regierte das Königreich diktatorisch. Er versuchte, die Vereinigung der verschiedenen Völker von oben voranzutreiben. Die Umbenennung des Staats in »Königreich J.« Ende 1929 verdeutlichte diese Absicht. Faktisch bedeutete die Königsdiktatur die Verschärfung des großserb. Machtstrebens. Unter innen- und außenpolitischem Druck erließ Alexander 1931 eine neue Verfassung, die aber wenig Zustimmung fand.

Terror: Die Ermordung des Königs 1934 zeigte die steigende Bedeutung der terroristischen Bewegungen in J. Das Attentat war eine Aktion der mazedon. VMRO und der Ustascha-Bewegung. Die faschistische Ustascha war in Kroatien nach der Ausrufung der Königsdiktatur gegründet worden; die VMRO war bereits 1893 in Mazedonien als revolutionäre National-

Jugoslawien im 20. Jahrhundert

1918	Proklamation des Königreichs der Serben, Kroaten und Slowenen unter König Peter I. von Serbien (bis 1921).
1921	Die Verfassung wird ratifiziert. Das Königreich wird ein zentralistischer Einheitsstaat.
1928	Das Attentat auf den Führer der Kroat. Bauernpartei, Stjepan Radić, im Belgrader Parlament löst eine Staatskrise aus.
1929	Nach einem Staatsstreich errichtet König Alexander I. (seit 1921) die Militärdiktatur.
	Umbenennung des Landes in »Königreich Jugoslawien«.
1934	Ermordung König Alexanders I.
1939	Abkommen über die Einrichtung einer autonomen kroat. Banschaft (»Sporazum«).
1941	Beitritt zum Dreimächtepakt (Deutsches Reich, Italien, Japan).
	Militärputsch: Regierungsübernahme durch Peter II.
	Invasion durch deutsche Truppen.
	Proklamation des Unabhängigen Staates Kroatien.
	Kapitulation des jugoslaw. Oberkommandos.
1943	Versammlung des »Antifaschistischen Rates der Volksbefreiung Jugoslawiens« im bosn. Jajce: Tito wird zum Staatschef des späteren neuen Jugoslawien bestimmt.
1944	Belgrad von der Roten Armee und jugoslaw. Truppen befreit; Regierungsbildung unter Tito.
1945	Proklamation der Föderativen Volksrepublik Jugoslawien; Regierungschef wird Tito.
1946	Die neue Verfassung Jugoslawiens wird verabschiedet.
1948	Nach Differenzen mit der UdSSR Bruch der Kommunistischen Partei Jugoslawiens mit der Kominform; Wirtschaftsblockade durch den Ostblock.
1961	Erste Konferenz der Blockfreien in Belgrad.
1970/71	Der »Kroat. Frühling« wird von der Staatsführung unter Tito unterdrückt.
1971	Verfassungsänderung: Im Staatspräsidium sind jetzt alle Republiken vertreten.
1974	Verfassungsänderung: Tito wird Präsident auf Lebenszeit.
1980	Tod Titos; künftig jährlich wechselnder Vorsitz im Präsidium der Republik und im Vorsitz der Kommunistischen Partei, um Konflikte zwischen den verschiedenen Völkern zu verhindern.
1981	Ausnahmezustand in der vorwiegend von Albanern bewohnten Autonomen Provinz Kosovo.
1989	Gründung der Slowen. Sozialdemokratischen Union, der ersten unabhängigen Partei nach dem Zweiten Weltkrieg.
1991	Unabhängigkeitserklärung Sloweniens und Kroatiens.
	Kriegsbeginn in Jugoslawien: Einsatz der jugoslaw. Bundesarmee gegen die unabhängigen Republiken.
	Unabhängigkeitserklärung Mazedoniens.
1992	Unabhängigkeitserklärung Bosnien-Herzegowinas.
	Stationierung von UNO-Friedenstruppen im Kriegsgebiet; Waffenstillstandsverhandlungen scheitern.
	Serbien und Montenegro gründen gemeinsam die international isolierte Bundesrepublik Jugoslawien.
1995	Friedensabkommen von Dayton/USA beendet Jugoslawienkrieg; Stationierung internationaler Truppen in Bosnien.
1996	Sozialistische Parteien siegen bei Bundesparlamentswahlen; Massenproteste wegen Wahlfälschung bei Kommunalwahl; Anerkennung des Wahlsiegs der Opposition erfolgt 1997.
1998	Gewaltsame Auseinandersetzungen zwischen Kosovo-Albanern und serb. Machtapparat weiten sich zum Krieg aus.
1999	Beginn der NATO-Luftangriffe auf Jugoslawien (24.3.).
	Ende der Luftangriffe (20.6.).

Den Protest der jugoslaw. Bevölkerung gegen den Beitritt ihres Landes zum Dreimächtepakt nahm Adolf Hitler zum Anlass, am 6.4. 1941 einen Blitzangriff auf Jugoslawien zu starten, der schon am 17.4. zur bedingungslosen Kapitulation des Balkanstaats führte. (Foto: Deutsche Panzertruppen beim Einmarsch)

bewegung entstanden. Daneben gab es zahlreiche andere terroristische Gruppen. Der jugoslaw. Staat wurde durch den radikalen Nationalismus zunehmend in Frage gestellt.

»Sporazum« 1939: Ab 1935 versuchte die jugoslaw.-serb. Regierung, einen Ausgleich mit Kroatien und der kroat. Bauernpartei zu erreichen. Diese Bemühungen gipfelten im August 1939 in einer Verständigung über die kroat. Selbstständigkeit innerhalb des jugoslaw. Staats (das sog. »Sporazum«). Sowohl serb. als auch kroat. Nationalisten empfanden das Sporazum jedoch als Verrat und führten ihren Kampf gegeneinander weiter.

Der Zweite Weltkrieg

Blitzkrieg: J. hatte bei Kriegsbeginn zwar seine Neutralität erklärt, bis Ende 1940 wurde es jedoch zunehmend von den Achsenmächten Deutschland–Italien und ihren Verbündeten Ungarn, Rumänien oder Bulgarien eingekreist. Daher schloss sich die jugoslaw. Regierung am 25.3.1941 dem Dreimächtepakt zwischen Deutschland, Italien und Japan an. Die Empörung in J. war groß: Bereits zwei Tage später wurde die Regierung durch einen Putsch serb. Offiziere gestürzt und eine Massendemonstration in Belgrad forderte »Lieber Krieg als Pakt«. Hitler nahm den Putsch zum Anlass, noch am selben Tag den Befehl zum Angriff auf J. zu geben. Am 6.4.1941 begann mit der Bombardierung Belgrads der Krieg gegen den Balkanstaat, bereits am 17.4. wurde die bedingungslose Kapitulation unterzeichnet. Regierung und König flohen nach England und bildeten dort eine Exilregierung.

Aufteilung Jugoslawiens: Der jugoslaw. Staat wurde von den deutschen und italien. Besatzern zerstückelt. Der Norden und Osten Sloweniens kam zum Deutschen Reich, der Süden Sloweniens mit der Hauptstadt Ljubljana sowie Dalmatien fielen an Italien. Aus Kroatien und Bosnien-Herzegowina wurde der »Unabhängige Staat Kroatien« gebildet; Serbien unterstand der deutschen Militärverwaltung. Montenegro sollte zu einem eigenständigen Staat unter italien. Schutz werden, Mazedonien fiel an Bulgarien.

Kriegsverbrechen: Die Verhältnisse in den einzelnen Gebieten waren unterschiedlich.

Im Zweiten Weltkrieg waren die kommunistischen Partisanen unter Tito die erfolgreichste Widerstandsorganisation gegen die deutschen und italien. Besatzer. Ab 1943/44 erhielten die Partisanen Unterstützung von den Alliierten und konnten immer mehr jugoslaw. Gebiete befreien. (Foto links: Tito, der 1943 durch einen Bombensplitter verwundet wurde, mit Dr. Ribar, dem ersten Präsidenten des AVNOJ-Parlaments; rechts: Tito, sitzend, mit einer Theatergruppe, die sich den Partisanen angeschlossen hatte)

Die italien. Besatzungsmacht etwa zeigte sich im Vergleich zu den deutschen Besatzern maßvoller. In Serbien wurde dagegen von Beginn an die Vertreibung und Ermordung von Juden, Roma und Sinti betrieben. Auf den Widerstand der serb.-nationalistischen Tschetniks sowie der kommunistischen Partisanen reagierte die deutsche Besatzungsmacht mit »Geiselerschießungen«. Nach einem Befehl des Oberkommandos der Wehrmacht vom 16.9.1941 waren für jeden aus dem Hinterhalt getöteten deutschen Soldaten 50–100 Zivilisten hinzurichten. In der Stadt Kragujevac in Zentralserbien etwa wurden aufgrund dieses Befehls im Oktober 1941 rund 2300 Menschen erschossen.

Im »unabhängigen« Kroatien herrschte die faschistische Ustascha-Bewegung. Sie begann im Sommer 1941 mit dem Völkermord an Juden und Roma sowie der Verfolgung der dort lebenden Serben. Jede Opposition wurde gewaltsam unterdrückt.

Widerstand: Unter den verschiedenen Widerstandsbewegungen konnten sich die kommunistischen Partisanen unter Josip Broz »Tito« (1945–80) durchsetzen. Die von der Kommunistischen Partei J.s (KPJ) geleitete »Volksbefreiungsbewegung« bekam Ende 1942 mit dem »Antifaschistischen Rat der Volksbefreiung J.s« (AVNOJ) ein politisches Organ, an dem sich auch viele nichtkommunistische Parteien beteiligten. Am 29./30.11.1943 beschloss der Antifaschistische Rat auf einer Versammlung im bosn. Jaijce die künftige Neuordnung J.s als Föderation unter der Führung Titos. Ab 1943/44 erhielt die Partisanenbewegung auch die Unterstützung der Alliierten. Am 20.10.1944 wurde Belgrad befreit; in Kroatien hielt sich die deutsche Wehrmacht bis zum Kriegsende.

Bürgerkrieg: Innerhalb des Widerstands entwickelte sich ein scharfer Gegensatz zwischen den serb. königstreuen Tschetniks und den Kommunisten, der in einem Bürgerkrieg mündete. Dabei arbeiteten die Tschetniks im Kampf gegen die kommunistischen Partisanen mitunter mit den Deutschen oder dem Ustascha-Regime in Kroatien zusammen. Die militärischen Auseinandersetzungen zwischen diesen Parteien nahmen bis zum Kriegsende immer weiter zu und forderten viele Opfer.

Vergeltungsmaßnahmen: Bei Kriegsende flohen viele Tschetniks und andere Gegner der Kommunisten aus Angst vor dem Tito-Regime zu den Alliierten, wurden von ihnen aber meist an die Partisanen ausgeliefert. So übergaben die Briten in Bleiburg an der österreich. Grenze rund 100 000 kroat. Soldaten und Ustascha-Angehörige an die Befreiungsarmee, die bereits vor Ort mit Massenhinrichtungen begann. Zehntausende Menschen fielen der Rache der Sieger zum Opfer.

Manche Tschetniks kämpften noch einige Zeit gegen die Kommunisten, wurden aber besiegt. Ihr Führer Draza Mihailović wurde 1946 in Belgrad zum Tode verurteilt und hingerichtet. Die Wunden aus Besatzung und Bürgerkrieg, Widerstand und Kollaboration belasten bis heute das politische Klima in J.

Die deutsche Besatzung dauerte bis zum 20.10. 1944 an, als Belgrad von sowjet. und Tito-jugoslaw. Truppen zurückerobert wurde. (Foto: Am 9.5.1945, dem Tag der bedingungslosen Kapitulation der deutschen Wehrmacht, ließen sich Rotarmisten beim Siegeszug durch die Straßen Belgrads von der Bevölkerung feiern.)

Der sozialistische Staat (1945–91)

Gründungsgeschichte: Am 7.3.1945 hatte sich mit Unterstützung Großbritanniens eine provisorische Regierung für das »Demokratische Föderative Jugoslawien« gebildet. Sie bestand mehrheitlich aus Mitgliedern des Antifaschistischen Rates (AVNOJ), aber auch Angehörige der alten Exilregierung und der früheren Parteien waren vertreten. Als Ministerpräsident wurde der Vorsitzende der KPJ und zugleich der AVNOJ, Josip Broz »Tito« (1945–80), bestimmt.

Die Kommunisten nutzten in den folgenden Monaten ihre Machtposition im AVNOJ, um die übrigen politischen Kräfte auszuschalten. Am 7.8. erklärte sich der Rat zum Provisorischen Parlament Jugoslawiens und für den 11.11.1945 wurden Wahlen zur verfassunggebenden Versammlung bestimmt. Diese Wahlen gewann die neu gebildete kommunistisch dominierte »Volksfront«, nicht zuletzt aufgrund massiver Beschränkungen für die wenigen oppositionellen Parteien.

Tito (am Steuer) mit seinen sowjetischen Gästen Nikolai A. Bulganin, Nikita S. Chruschtschow (hinten) und Anastas I. Mikojan 1955

Die wichtigsten Parteien im 20. Jahrhundert

Name (Abkürzung)	*Politische Richtung*	*Gründung*
Bauernpartei Kroatiens (HSS)	kroat.-nationalistisch	1918
Jugoslaw. Moslemorganisation (JMO)	Partei der bosn. Moslems	1918
Serb. Radikale Partei (SRS)	großserb.-zentralistisch	1918
Slowen. Volkspartei	slowen.-nationalistisch	1918
Unabhängige Demokratische Partei Serbiens	zentralistisch	1918[1)]
Kommunistische Partei Jugoslawiens (KPJ)	kommunistisch	nach 1918
Demokratische Partei (DS)	liberal	1989
Demokratische Liga des Kosovo (LDK)	Partei der Albaner im Kosovo[2)]	1990
Demokratische Sozialistische Partei Montenegros (DPS)	nationalistisch[3)]	1990
Demokratische Union der Wojwodina-Ungarn (DZVM)	Partei der Ungarn in der Region Wojwodina	1990
Neue Demokratie (ND)	liberal	1990
Serb. Erneuerungsbewegung (SPO)	nationalistische Opposition	1990
Sozialistische Partei Serbiens (SPS)	nationalistisch[4)]	1990
Reformierte Demokratische Partei der Wojwodina	bürgerlich, mit dem Ziel der Autonomie für die Region	1991
Serb. Radikale Partei (SRS)	extrem nationalistisch[5)]	1991
Demokratische Partei Serbiens (DSS)	nationalistisch[6)]	1992
Demokratische Union der Kroaten in der Wojwodina (DSHV)	Partei der Kroaten in der Region Wojwodina	1992
Partei für Demokratische Aktion in Jugoslawien (PDD)	Partei für die Albaner	1992
Zajedno	oppositionelles Parteienbündnis	1996
Demokratische Partei der Sozialisten Montenegros (DPSCG)	Regierungspartei[7)]	1997
Sozialistische Volkspartei von Montenegro (SNP)	nationalistisch[7)]	1997

1) Die Partei existierte, wie die meisten anderen Parteien dieser Zeit, schon vor der Staatsgründung 1918; 2) Partei von Ibrahim Rugova, dem Führer der Kosovo-Albaner; 3) Partei der früheren Kommunisten, Schwesterpartei der SPS; 4) Regierungspartei, hervorgegangen aus der KP; 5) aus der verbotenen politischen Tschetnikbewegung hervorgegangen; 6) Abspaltung von der DS; 7) aus der DPS hervorgegangen

Am 29.11.1945 wurde die Monarchie offiziell abgeschafft und die »Föderative Republik J.« ausgerufen. Staats- und Regierungschef der Republik war Tito.

Bundesverfassung: Die neue Verfassung J.s wurde am 30.1.1946 verabschiedet. Sie war der sowjet. Verfassung nachgebildet und begründete einen Bundesstaat aus insgesamt sechs Einzelrepubliken: Serbien, Kroatien, Slowenien, Bosnien-Herzegowina, Mazedonien und Montenegro. Hinzu kamen die autonomen Gebiete Wojwodina und Kosovo, die in Serbien lagen. Diese Gliedstaaten hatten jeweils eigene Verfassungen und Regierungen, waren aber in ihrer Souveränität stark eingeschränkt.

Für einige Republiken wie Mazedonien und Bosnien-Herzegowina bedeutete die neue Verfassung erstmals in ihrer Geschichte eine beschränkte Selbstständigkeit sowie die Anerkennung ihrer nationalen Identität. Zu den vermeintlichen Verlierern der neuen Verfassung zählten dagegen vor allem die Serben. Sie büßten ihre Vormacht im jugoslaw. Staat ein und damit zugleich die Herrschaft über viele Gebiete, in denen Serben lebten, etwa in Kroatien oder in Bosnien-Herzegowina.

Tito glaubte, mit dieser Bundesverfassung die schwierige nationale Frage in J. endgültig gelöst zu haben. Unter der Parole »Brüderlichkeit und Einheit« hoffte die KPJ, anstelle des Nationalismus der einzelnen Völker ein sozialistisches und jugoslaw. Bewusstsein schaffen zu können.

Bruch mit Stalin: J. war bei Kriegsende die einzige kommunistische Volksrepublik, in der die KP aus eigener Kraft, ohne Hilfe Moskaus, die Macht erstritten hatte. Daraus resultierte ein besonderes Selbstbewusstsein der KPJ, die allerdings eine straff stalinistisch organisierte Partei blieb. Im Verlauf des Jahres 1948 kühlte das Verhältnis zwischen Stalin und Tito zunehmend ab. Moskau war nicht bereit, eine herausgehobene Rolle J.s im entstehenden Ostblock zu akzeptieren. Diese Entwicklung mündete im Ausschluss J.s aus der Kominform, der von Stalin am 28.6.1948 verkündet wurde, dem Jahrestag der serb. Niederlage gegen die Türken auf dem Amselfeld. Der »kalte Krieg« zwischen der Sowjetunion und J. drohte 1949 zu eskalieren, als sowjet. Panzer an den Grenzen J.s auffuhren. Vor allem die Warnung der USA an Stalin, dass sie in einen Krieg mit J. eingreifen würden, verhinderte den Kriegsausbruch.

»Der jugoslawische Sonderweg«: Bis zum Tod Stalins im Frühjahr 1953 entwickelte sich in J. eine weit reichende Kritik am stalinistischen System. Die Theoretiker der KPJ um Milovan Djilas (der später wegen seiner Kritik an Titos Politik lange Jahre inhaftiert war) und Edvard Kardelj entwickelten aus dieser Kritik ein eigenständiges jugoslaw. Modell des Sozialismus, mit dem J. sich schließlich an die Spitze der Bewegung der »blockfreien Staaten« stellte. Kernpunkt des jugoslaw. Sonderwegs war das »Selbstverwaltungsmodell«, mit dem die Produktion in den verstaatlichten Betrieben der Verantwortung der Arbeiter übergeben werden sollte. Zu diesem Zweck wählten die Arbeiter in den Betrieben »Arbeiterräte«, die allerdings vorerst (ab 1950) einem staatlich eingesetzten Direktor unterstellt blieben. Dieses Räteystem wurde in den folgenden Jahren und Jahrzehnten immer weiter ausgebaut und umfasste schließlich nahezu alle Bereiche der jugoslaw. Gesellschaft. Die zahlreichen Konflikte in diesem Rätesystem lähmten aber zunehmend das Land.

Systemkonflikte: Die Widersprüche entstanden in diesem System vor allem zwischen dem Machtanspruch der KPJ (ab 1952 BdKJ – Bund der Kommunisten J.s) und den auf demokratischen Rechten bestehenden Räten. Dazu trat nach den Wirtschaftsreformen in den 60er Jahren der Konflikt zwischen marktwirtschaftlichem Denken und der weiterhin vorherrschenden staatlichen Lenkung. Die ständige Ausweitung der Räte hatte außerdem eine neue Technokratenschicht entstehen lassen, deren Machtfülle dem Selbstverwaltungsmodell entgegenstand.

Blockfreiheit: Nach dem Bruch mit der Sowjetunion war die Verständigung mit dem Westen anfangs gegen die sowjet. Bedrohung notwendig. Mit dem Ziel, im weltweiten Konflikt zwischen West und Ost seine Selbstständigkeit zu bewahren, entwickelte J. in den folgenden Jahren eine Politik zwischen den beiden Machtblöcken. Im September 1961 wurde in Belgrad die Bewegung der Blockfreien ins Leben gerufen. Insgesamt beteiligten sich daran 25 Staaten, zum größten Teil die neu gegründeten Staaten in der Dritten Welt.

Stärkung des Föderalismus: Die Wirtschaftsreformen in den Jahren 1964/65 waren vor allem von den wirtschaftlich führenden Republiken Slowenien und Kroatien angeregt worden. 1969 konnten die reformorientierten Kräfte in den Republiken die föderale Struktur des BdKJ durchsetzen. 1971 wurde auch die Verfassung J.s geändert. Die Staatsführung wurde auf ein Gremium übertragen, in dem alle Republiken vertreten waren. Tito war als Vorsitzender der KP automatisch Mitglied dieses Ausschusses und sollte ihn leiten. Für seine Nachfolge wurde ein turnusgemäßer Wechsel der Ratsmitglieder festgelegt. Die Macht der Republiken wurde insgesamt stark erweitert. 1974 wurde schließlich auch die autonome Stellung von Kosovo und Wojwodina gestärkt.

Wiederkehr des Nationalismus: Dennoch wurden die Forderungen der Republiken nach größerer Autonomie lauter. In Kroatien und in Montenegro verlangten seit 1967/68 Politiker und Intellektuelle größere Förderung ihrer Sprachen. Im Juli 1967 trennte sich die orthodoxe Kirche Mazedoniens vom serb. Patriarchat und begründete damit eine eigene Nationalkirche. Im Kosovo entflammten blutige Auseinandersetzungen um die Rechte der Albaner. Verschärft wurden die Konflikte durch die unterschiedliche Entwicklung der reichen Republiken des Nordens und der armen Gebiete im Süden. Wirtschaftliche Verteilungskämpfe verbanden sich mit nationalen Differenzen. Vor allem der »kroat. Frühling« 1968–71 brachte J. in eine schwere Krise, die erst durch die gewaltsame Unterdrückung der Opposition beendet werden konnte.

Josip Broz »Tito« – Gründer der Republik Jugoslawien

Josip Broz, genannt Tito (*25.5.1892 in Kumrovec/Kroatien), baute nach dem Ersten Weltkrieg im neu gegründeten Königreich der Serben, Kroaten und Slowenen die Kommunistische Partei auf, die jedoch 1921 verboten wurde.

Nach mehrmaliger Haft ging er 1934 nach Moskau, wo er unter dem Decknamen Tito für die Komintern arbeitete. Ab 1937 baute er im Auftrag der Komintern die jugoslaw. KP im Untergrund neu auf. Nach dem deutsch-italien. Angriff 1941 gründete er die jugoslaw. Partisanenarmee, die erfolgreich gegen die Besatzer und die serb. Tschetniks kämpfte. Nach der Befreiung Jugoslawiens wurde Tito 1945 Staatschef des kommunistischen Landes. 1948 erfolgte der Bruch mit Stalin; Tito vertrat seitdem einen politischen Kurs, der die Unabhängigkeit Jugoslawiens zwischen den Militärblöcken des Ostens und Westens sichern sollte.

Trotz Reformen im Inneren und seinem außenpolitischen Eintreten für eine Entspannungspolitik und für die Rechte der Dritten Welt beharrte Tito stets auf der Führungsrolle der Partei und unterdrückte Regimegegner kompromisslos. Nach seinem Tod am 4.5.1980 begann der Zerfall Jugoslawiens. (Foto: Tito (l.) mit dem französ. Staatspräsidenten Valéry Giscard d'Estaing in Versailles, 1977)

Titos Tod – der Anfang vom Ende

Zerfall: Am 4.5.1980 starb Josip Broz »Tito« in Ljubljana. Damit verlor J. seine prägende Integrationsfigur, der Staat existierte danach nur noch wenige Jahre. Schwere wirtschaftliche Probleme, die mangelnde Kompetenz der jugoslaw. Politiker und Technokraten, Korruption sowie die zunehmende Nationalisierung der Politik beschleunigten den Verfall immer mehr.

Serbischer Nationalismus: Im Mai 1986 übernahm Slobodan Milošević die Führung der serb. KP. Seitdem verschärften sich die Spannungen innerhalb J.s. Milošević gelang es schnell, die Medien unter seine Kontrolle zu bringen und eine nationalistische Kampagne zu beginnen. Mit organisierten Demonstrationen in vielen Städten Serbiens, der Wojwodina und in Montenegro entwickelte sich unter Miloševićs Führung ein aggressiver serb. Nationalismus. Höhepunkt war im Sommer 1989 die 600-Jahr-Feier zum Gedenken an die Niederlage der Serben gegen die Türken auf dem Amselfeld (1389).

In Montenegro zwang Milošević im Januar 1989 die Führung der Republik zum Rücktritt und ersetzte sie durch seine treuen Anhänger.

Freie Wahlen 1990: 1990/91 fanden in den Republiken erstmals nach dem Zweiten Weltkrieg freie Wahlen statt. Nur in Serbien und in Montenegro setzten sich die gewandelten sozialistischen Parteien mit ihrem nationalistischen Programm durch, überall sonst siegten oppositionelle Parteien und beendeten damit die kommunistische Herrschaft. In Serbien wurde Milošević im Dezember 1990 zum Staatspräsidenten gewählt. 1991/92 scheiterte sein Versuch, mit politischem und vor allem militärischem Druck die serb. dominierte Einheit J.s zu bewahren. Nicht zuletzt aus Furcht vor dem serb. Machtanspruch erklärten Kroatien, Slowenien und Mazedonien noch im Jahr 1991 ihre Unabhängigkeit, Bosnien-Herzegowina folgte im März 1992. Die Kriege des serb. dominierten J. gegen Slowenien (Juni/Juli 1991) und gegen Kroatien (Sommer 1991 bis Januar 1992) konnten diese Entwicklung nicht aufhalten.

Slobodan Milošević (*1941) ist seit 1959 Mitglied der Kommunistischen Partei Jugoslawiens. Der Jurist war ab 1969 Vizedirektor und später Generaldirektor des jugoslaw. Gasunternehmens Technogas, 1983 wurde er Direktor der größten Bank Jugoslawiens. Seit 1984 war Milošević in der Parteiführung der KP. Der Populist nutzte erfolgreich das zunehmend nationalistische Klima in Serbien seit den 80er Jahren, um seine Macht auszuweiten. Mit großer Rücksichtslosigkeit geht er gegen jede Opposition im Inneren vor und schreckt außenpolitisch nicht vor einem Krieg zurück, um die serb. Interessen durchzusetzen.

Das »dritte Jugoslawien«

Gründung: Nachdem die vier Republiken ihre Unabhängigkeit erklärt hatten, blieben nur Serbien und Montenegro als Teile J.s. Am 27.4.1992 gründeten sie die »Föderative Republik J.«, die der internationalen Staatengemeinschaft gegenüber als Rechtsnachfolgerin

J.s auftreten wollte. Die Vereinten Nationen (UNO) verweigerten allerdings dem neuen Staat den Sitz des Vorgängerstaats in der Generalversammlung. J. erhielt aber das Recht, die Aufnahme in die UNO neu zu beantragen.

Krieg in Jugoslawien: Die weitere Entwicklung J.s war vor allem durch die Kriege bestimmt, die aufgrund serb. Initiative gegen die ehemaligen Teilrepubliken geführt wurden. Trotz eines Waffenstillstands im Januar 1992 und der Anwesenheit internationaler Truppen konnte der Konflikt in Kroatien um die serb. Siedlungsgebiete bislang nicht endgültig gelöst werden. Einen Monat nach der Unabhängigkeitserklärung Bosnien-Herzegowinas (März 1992) begann der Krieg in dieser Republik. Er weitete sich rasch zu einem blutigen Bürgerkrieg aus, der – wie schon in Kroatien – mit »ethnischen Säuberungen« verbunden war. Im Zuge von Flucht und Vertreibung änderte sich die Bevölkerungsstruktur in der Region grundlegend. Erst durch das Friedensabkommen von Dayton am 21.11.1995 wurde der Bosnienkrieg offiziell beendet. Seitdem kann, wie in Kroatien, nur die Anwesenheit internationaler Truppen einen brüchigen Frieden in der Region gewährleisten.

Wirtschaftssanktionen: Wegen des Kriegs in Bosnien verhängten UNO und Europäische Union (EU) ein Handelsembargo gegen J. Das Ziel, den Krieg dadurch zu beendigen, wurde nicht erreicht, obwohl die Sanktionen die Wirtschaft und damit die Lebensbedingungen in J. schwer trafen. Nach dem Abkommen von Dayton begann schrittweise die internationale Anerkennung der Föderativen Republik J. und am 1.10.1996 wurden die Sanktionen vom UN-Sicherheitsrat beendet.

Kritik an Milošević: Im Jahr 1996 wurde auch in Serbien Kritik an Milošević laut. Sie richtete sich anfangs vor allem gegen seine Medienpolitik, mit der jede abweichende Meinungsäußerung verhindert wurde. Massendemonstrationen in Belgrad zeigten den Widerstand gegen die Regierung. Bei den Kommunalwahlen im November 1996 war das oppositionelle Bündnis »Zajedno« erfolgreich, die Staatsführung um Milošević erkannte ihren Sieg jedoch nicht an. Daraufhin demonstrierten in Belgrad und anderen Städten Tausende täglich gegen das Milošević-Regime; bis Mitte Dezember wuchs ihre Zahl auf nahezu 200 000 Teilnehmer. Im Januar 1997 musste die Regierung den Sieg der Opposition schließlich anerkennen. Das Parteienbündnis Zajedno, das sich allerdings bald zerstritt, konnte daraufhin in 14 Städten, u. a. in Belgrad, die Bürgermeister stellen.

Unzählige Serben gedachten am 600. Jahrestag der Schlacht auf dem Amselfeld (1989).

Flucht von Krajina-Serben aus Kroatien 1995; kroat. Soldaten bewachten die Flüchtlinge.

Bei Massendemonstrationen 1996 in Belgrad wurde Kritik am Milošević-Regime geübt.

Chronik des Kosovo-Konflikts	
März/April 1981	Unruhen an der Universität Priština werden von der jugoslaw. Polizei blutig niedergeschlagen.
Nov. 1988	Massenproteste alban. Bergarbeiter gegen die Absetzung der alban. Parteiführung im Kosovo. Im Gegenzug verkündet Milošević den Kampf um die Einheit Serbiens und den Kosovo.
Feb. 1989	Generalstreik im Kosovo. 29 Albaner sterben bei Kämpfen.
28.3.1989	Aufhebung der Autonomie des Kosovo. Zahlreiche Tote bei Demonstrationen.
2.7.1990	Alban. Abgeordnete rufen die unabhängige »Republik Kosovo« aus. Drei Tage später wird der Kosovo vollständig unter serb. Verwaltung gestellt.
7.9.1990	Das aufgelöste Parlament des Kosovo verabschiedet in einer geheimen Sitzung eine Verfassung für die »Republik Kosovo«.
Sept. 1991	In einer Volksabstimmung befürwortet die große Mehrheit der Wähler die Unabhängigkeit der Republik Kosovo.
24.5.1992	Ibrahim Rugova wird in Untergrundwahlen zum Präsidenten der Republik Kosovo gewählt.
Sommer 1995	Zehntausende Krajina-Serben werden im Kosovo angesiedelt.
Nov. 1997	Erstes Auftreten der Untergrundarmee der Kosovo-Albaner, UÇK.
Feb./März 1998	Mit Massakern an der alban. Bevölkerung durch serb. Polizeieinheiten beginnt der offene Krieg im Kosovo. Am 9.3. verhängt die UNO ein Waffenembargo gegen Jugoslawien.
Juli 1998	Nach militärischen Erfolgen der UÇK beginnt eine Gegenoffensive der serb. Armee. Zahlreiche Dörfer im Kosovo werden zerstört, rund 500 000 Menschen sind auf der Flucht.
16.8.1998	Die letzte bedeutende Stellung der UÇK in Junik geht verloren.
Sept. 1998	Der UN-Sicherheitsrat droht Jugoslawien mit weiteren Sanktionen.
Okt. 1998	Ultimatum der NATO zum Abzug der jugoslaw. Truppen aus dem Kosovo. Kurz vor Ablauf räumt Belgrad den Kosovo.
Dez. 1998	Neue jugoslaw. Offensive im Kosovo.
6.2.1999	Beginn der Friedensverhandlungen in Rambouillet, die im März in Paris fortgesetzt werden. Belgrad lehnt den Friedensvertrag, der von den Kosovo-Albanern bereits unterzeichnet war, ab.
24.3.1999	Beginn der NATO-Luftangriffe; zugleich beginnt die gezielte Ermordung und Vertreibung der Kosovo-Albaner durch die Serben.
2.4.1999	Erste Luftangriffe auf Ziele in Belgrad.
12.4.1999	Beim Angriff der NATO auf eine Eisenbahnbrücke wird ein Zug getroffen. Etwa 30 Menschen sterben.
14.4.1999	Durch einen Angriff auf einen Flüchtlingskonvoi sterben nach serb. Angaben mindestens 70 Zivilisten.
7.5.1999	Bei einem Luftangriff der NATO auf Belgrad wird die chines. Botschaft getroffen (drei Tote).
18.5.1999	Erste Demonstrationen in Jugoslawien gegen die Kriegführung der Belgrader Regierung.
27.5.1999	Das Kriegsverbrechertribunal in Den Haag erhebt Anklage gegen Milošević und vier weitere Regierungsmitglieder.
2.6.1999	Die NATO-Staaten und Russland einigen sich auf einen Friedensplan für den Kosovo.
3.6.1999	Jugoslawien akzeptiert den Friedensplan.
9.6.1999	Militärabkommen zum Abzug der jugoslaw. Truppen. Die NATO gibt das vorläufige Ende der Luftangriffe bekannt.
11.6.1999	Ein russ. Kommando rückt überraschend nach Priština ein und besetzt den Flughafen.
12.6.1999	Die KFOR-Truppen der UNO rücken im Kosovo ein.
20.6.1999	Der G 8-Gipfel in Köln verkündet das endgültige Ende des NATO-Einsatzes.
Juni/Juli 1999	Unmittelbar nach Kriegsende beginnt die Rückkehr der alban. Flüchtlinge in den Kosovo.
14.7.1999	Rückkehr von Rugova in den Kosovo.

Soldaten der »Befreiungsarmee des Kosovo« UÇK.

Kritik an der serb. Dominanz kommt auch aus Montenegro, das sich zunehmend vom Kurs Belgrads distanziert. Die Wahl des Milošević-Kritikers Milo Djukanović zum Präsidenten Montenegros (seit 1997) leitete diesen Prozess ein. Zusätzlich wurde das Verhältnis zwischen den beiden Republiken belastet, als das jugoslaw. Parlament am 24.7.2000 die Verfassung änderte, um eine weitere Amtszeit von Milošević zu ermöglichen.

Krieg im Kosovo

Ende der Autonomie: Im Frühjahr 1981 kam es in der armen Region Kosovo zu ersten blutigen Unruhen nach dem Tod Titos. Die jugoslaw. Führung beendete den Aufstand mit militärischen Mitteln. Der Konflikt blieb damit ungelöst; er basiert auf der Ansiedlung alban. Soldaten durch die Türken in einem Gebiet, in dem wichtige nationale Stätten Serbiens liegen – das Amselfeld, die erste Hauptstadt und das Patriarchat von Peč. 1988/89 brachen erneut Aufstände im Kosovo aus, die jetzt mit großer Härte unterdrückt wurden. Im März 1989 wurde die Autonomie des Kosovo vollständig aufgehoben.

Widerstand im Kosovo: Im Winter 1989/90 entstanden Parteien im Kosovo, die den politischen Widerstand gegen die aggressive Politik Serbiens organisierten. Serbien erhöhte daraufhin den Druck auf die Region durch die Schließung des alban. Parlaments, das Verbot von unabhängigen Fernsehsendern und Zeitungen sowie durch Massenentlassungen. Am

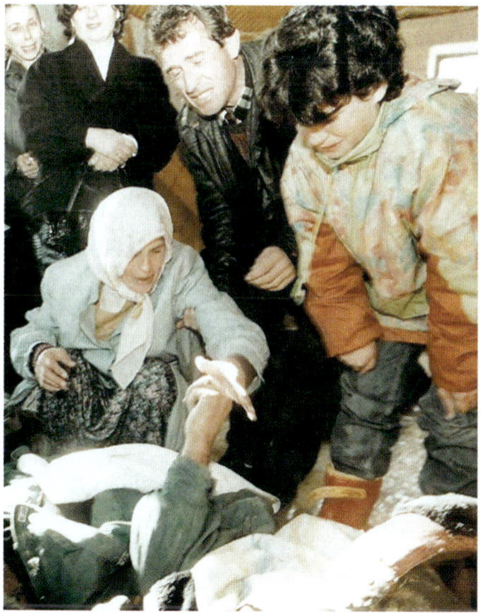

7.9.1990 gründeten die Kosovo-Albaner die »Republik Kosovo«, deren Regierung ins Exil ging. Präsident der international nicht anerkannten Republik wurde 1992 Ibrahim Rugova. Die Gründung der bewaffneten »Befreiungsarmee des Kosovo« UÇK verschärfte noch die politische Lage im Kosovo.

Kosovo-Krieg 1998/99: 1998 begann J. gegen die Albaner im Kosovo vorzugehen und wurde daraufhin international wieder isoliert. Anfang 1998 entwickelte sich ein offener Krieg J.s gegen die Albaner im Kosovo. Militär und Einheiten der Sonderpolizei gingen gegen die Zivilbevölkerung vor. Ziel war der Sieg über die UÇK und die vollständige Vertreibung der alban. Bevölkerung.

Im März 1998 verhängte der UN-Sicherheitsrat ein Waffenembargo gegen J., im April folgten Wirtschaftssanktionen der EU. Seit Mai 1998 prüfte die NATO die Möglichkeit einer Intervention im Kosovo. Während Kämpfe und Terror, Vertreibungen und Massaker fortdauerten, verzögerte Milošević durch geschicktes Taktieren ein internationales Eingreifen. Als Ende 1998 ein Waffenstillstand von den Serben und der UÇK gebrochen wurde und die internationalen Friedensverhandlungen in Rambouillet und Paris im Februar/März 1999 scheiterten, bereitete die NATO den Einsatz vor. Am 24.3.1999 begannen die Luftangriffe auf Ziele in Serbien und Montenegro. Sie dauerten bis Juni, konnten aber weitere Massenvertreibungen im Kosovo nicht verhindern. Erst im Juni 1999 lenkte die jugoslaw. Regierung ein und versprach den Abzug der Truppen aus dem Kosovo. Zur Sicherung des Kosovo rückten 50 000 KFOR-Soldaten in die Region ein. Bei der Rückkehr der mehr als 800 000 vertriebenen Albaner kam es zu gewaltsamen Übergriffen gegen Serben, die nun ihrerseits aus dem Kosovo flohen. Die Entwaffnung der UÇK, die im Friedensabkommen vereinbart wurde, gelang nur teilweise. Bis heute ist der Frieden trotz der KFOR-Truppen brüchig. *S.R.*

Der offene Krieg Jugoslawiens gegen die Kosovo-Albaner begann Anfang 1998. Noch 1999 verübten serb. Truppen Gräueltaten an alban. Zivilisten, wie in Racak (l.). Im März 1999 fielen die ersten NATO-Bomben auf Serbien (r.).

Stichwort: KFOR-Truppen

Nach dem Ende der Luftangriffe rückten am 12.6.1999 die NATO-Truppen der Kosovo Force (KFOR) ein. Ihr Auftrag lautet, die Rückkehr der alban. Flüchtlinge in ihre Heimat zu ermöglichen und den Aufbau einer zivilen Verwaltung zu sichern. Zu diesem Zweck sollen sie die UNO-Mission im Kosovo (UNMIK) unterstützen. Im Rahmen der KFOR sind 50 000 Mann stationiert, darunter 6000 Soldaten der deutschen Bundeswehr, die in Prizren eingesetzt sind. Der Bundestag hatte mit großer Mehrheit die deutsche Beteiligung am KFOR Einsatz beschlossen, allerdings ist die militärische Friedensmission in Deutschland nicht unumstritten. (Foto: Soldaten der deutschen Bundeswehr in Prizren 1999)

Kambodscha 2000	
Landesfläche	181 035 km² (WR 87)
Einwohner	10,9 Mio (WR 69)
Hauptstadt	Phnom Penh (920 000 Einwohner)
Sprachen	Khmer, Französisch, Vietnamesisch
Währung	1 Riel = 100 Sen
Gliederung	19 Provinzen und zwei Stadtregionen
Staatsform	Konstitutionelle Monarchie (seit 1993)
Religion	Buddhisten (95%); Moslems (2%); Sonstige (3%)
Bevölkerung	Khmer (88,6%); Vietnamesen (5,5%); Sonstige (5,9%)

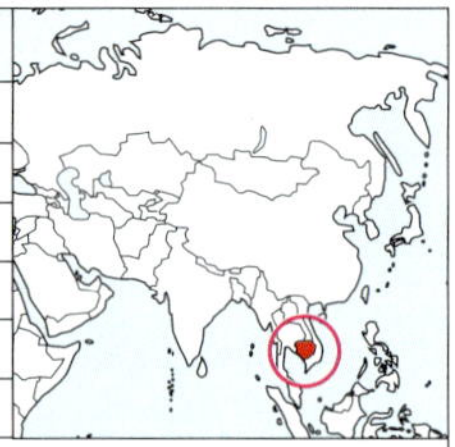

Kambodscha im 20. Jahrhundert	
1940	Japan. Besetzung der französ. Gebiete in Indochina.
1941	Die französ. Kolonialregierung setzt Prinz Norodom Sihanouk als König ein.
1945	Sihanouk I. ruft nach Abzug der Japaner die Unabhängigkeit aus; Frankreich stellt jedoch den alten Protektoratszustand wieder her.
1953	Frankreich erkennt vollständige Unabhängigkeit Kambodschas an.
1954	Genfer Indochina-Konferenz bestätigt Unabhängigkeit.
	Ankündigung freier Wahlen für 1955 unter kommunistischer Beteiligung.
1955	Sihanouk I. dankt ab, sein Vater Suramarit wird König; Gründung der »Volkssozialistischen Gemeinschaft«, Sihanouk wird Ministerpräsident.
1960	Nach dem Tod seines Vaters wird Sihanouk erneut Staatsoberhaupt.
1970	Sturz Sihanouks mit amerikan. Hilfe unter Führung von General Lon Nol.
1975	Einheiten der Roten Khmer erobern Phnom Penh; Beginn drastischer gesellschaftlicher Veränderungen und exzessiver Gewaltausübung, der über 1 Mio Menschen zum Opfer fallen.
1975	Sihanouk ist für kurze Zeit Staatsoberhaupt, nach seinem Rücktritt (1976) wird er unter Hausarrest gestellt.
1977	Rote Khmer schlagen Angriff Vietnams auf Kambodscha zurück.
1979	Zweiter vietnames. Angriff gelingt mit Hilfe kambodschan. Oppositionskräfte: Zerschlagung des Pol-Pot-Regimes, Eroberung Phnom Penhs und Ausrufung der »Volksrepublik Kampuchea« (VRK).
1982	Bildung einer Koalitionsregierung des Demokratischen Kampuchea.
1984	Großoffensive vietnames. Truppen, Zerstörung der Stützpunkte der Roten Khmer an der thailänd. Grenze.
1985	Rücktritt Pol Pots als Oberkammandeur der Roten Khmer.
1986	Friedensgespräche zwischen Vietnam und Kambodscha.
1990	UNO-Vollversammlung verabschiedet Rahmen- und Friedensplan, der von den kambodschan. Konfliktparteien abgelehnt wird.
1991	China unterstützt kambodschan. Widerstand mit Waffenlieferungen; Sihanouk wird Vorsitzender des Obersten Nationalen Rates (ONR) und kehrt nach Kambodscha zurück; alle Konfliktparteien unterzeichnen Friedensplan. Mehrparteiensystem wird zugelassen.
1992	Konflikte zwischen Regierung und Roten Khmern bei Durchführung des Friedensplans. Gewährung von Wiederaufbauhilfe (880 Mio Dollar).
1993	Wiederaufnahme der diplomatischen Beziehungen zwischen Deutschland und Kambodscha.
1997	Auseinandersetzungen innerhalb der Führung der Roten Khmer: Son Sen wird exekutiert; Gefangennahme Pol Pots. Putsch unter dem Zweiten Ministerpräsidenten Hun Sen, Prinz Ranariddh flieht ins Exil, seine Anhänger werden getötet. Kambodscha wird die Aufnahme zur ASEAN vorerst verweigert. Ung Huot wird zum neuen Ministerpräsidenten gewählt.
1999	Nach Auflösung der Roten Khmer werden ihre Truppen in die kambodschan. Armee eingegliedert, Kommandeur Ta Mok bleibt mit etwa 200 Roten-Khmer-Kämpfern verschwunden. Kambodscha wird Vollmitglied der ASEAN.

Kambodscha

Königreich Kambodscha

Bereits im 4. Jh. v. Chr. siedelten am Unterlauf des Mekong die Khmer, die Cham und die Funanesen. Kulturell standen sie unter dem Einfluss Indiens. Im 6. Jh. n. Chr. unterwarfen die Chenla-Khmer fast die gesamte indones. Halbinsel und bauten ein Großreich auf, das über 250 Jahre lang die Vormacht hatte. Nach Unruhen zerfiel das Khmer-Reich in ein nördliches (Ausdehnung bis Südlaos) und ein südliches Chenla (Mekongbecken), das dem malai. Großreich der Srivijaya einverleibt wurde. Im 9. Jh. eroberten die Khmer diesen Teil zurück und vereinigten beide Teile zum Königreich Kambuja mit der Tempelstadt Angkor als Residenz.

Französisch-Indochina

Doppelte Fremdherrschaft: Im 14. und 15. Jh. gelang es den Thai und Cham, Todfeinden der Khmer, die Hauptstadt Angkor zu erobern. Die Verwüstung bei der zweiten Belagerung war so groß, dass die Hauptstadt Angkor zugunsten von Phnom Penh aufgegeben wurde. Das verkleinerte Khmer-Reich geriet in den nächsten Jahren abwechselnd unter thailänd. und vietnames. Herrschaft. Der letzte Khmer-König wurde 1594 von den Thai gefangen genommen. Die Vietnamesen drangen im 17. und 18. Jh. in Süd-K. ein und eroberten das gesamte Mekongdelta. Währenddessen war der Norden noch von Thailand besetzt.

»Indochinesische Union«: Um der völligen Übernahme des Reiches durch Thai oder Vietnamesen zu entgehen, wandten sich die Herrscher K.s an Frankreich, das ab 1859 Südvietnam eingenommen hatte. 1863 übernahm Frankreich den Schutz K.s gegen Thailand und stellte es unter sein Protektorat (»Protektorats-Vertrag«), Staatsoberhaupt wurde König Norodom I. Ab 1887 bildete K. mit Vietnam, ab 1893 auch mit Laos die »Indochines. Union«.

Nationale Unabhängigkeit

Formale Unabhängigkeit: Wie in den anderen indochines. Staaten kam es auch in K. zu Unabhängigkeitsbestrebungen gegenüber Frankreich. Die japan. Besetzung der französ. Gebiete in Indochina während des Zweiten Weltkrieges (ab 1940) hatte auch für K. Folgen. Es musste zwei Provinzen an Thailand abtreten, das sich mit Japan verbündet hatte.

Nach Abzug der Japaner 1945 rief Sihanouk I., der 1941 von Frankreich als König eingesetzt worden war, die Unabhängigkeit K.s aus und kündigte den mit Frankreich geschlossenen Protektoratsvertrag. Frankreich lehnte dies ab und stellte den alten Protektoratszustand wieder her. Erst vier Jahre später erlangte K. mit dem Beitritt zur Französis. Union die formale Unabhängigkeit.

Indochinakrieg: Bereits 1930 hatte der Vietnamese Ho Chi Minh in China die Kommunistische Partei Indochinas gegründet. Damit begann der gezielte Widerstand der indochines. Staaten gegen die französ. Besetzung. Die Khmer Issarak (Freie Khmer), eine Guerillatruppe ähnlich den vietnames. Vietminh, wurde gegründet. Während des Indochinakrieges kämpften beide Gruppen in Vietnam gegen Frankreich. Sihanouk konnte es trotz seiner Bemühungen, K. aus dem Krieg herauszuhalten, nicht verhindern, dass der Versorgungsweg der vietnames. Vietminh, der sog. Ho-Chi-Minh-Pfad, durch Ost-K. verlief. Die endgültige Unabhängigkeit K.s musste Frankreich bei der Genfer Indochina-Konferenz 1954 anerkennen.

Vietnamkrieg (1954–75)

Neutralitätskurs: Nach der Befreiung übernahm König Sihanouk wieder die Regierungsgeschäfte, dankte aber 1955 ab, um seinen Vater, Suramarit I., an die Regierung zu lassen. Unter Sihanouks Vorsitz wurde die »Volkssozialistische Gemeinschaft« ins Leben gerufen, die einen gemäßigten Kurs fuhr. Nach dem Tod Suramarits wurde 1960 sein Sohn Sihanouk erneut Staatschef, ohne jedoch den Königstitel wieder anzunehmen. Wiederholt gewann seine Partei die Wahlen und verhalf dem Land zu einer relativ neutralen Stellung innerhalb des Indochinakonflikts.

Khmer-Republik: Die Existenz des Ho-Chi-Minh-Pfads, der über Laos und K. nach Vietnam verlief und die Rebellen mit Nachschub an Waffen, Munition und Nahrung versorgte, führte schließlich dazu, dass der Vietnamkrieg auch auf K. übergriff und nordvietnames. Truppen einmarschierten. Unter der Führung von General Lon Nol und mit US-amerikan. Hilfe stürzte 1970 eine Offiziersgruppe Staatschef Sihanouk. Lon Nol, der bereits seit 1969 Premierminister war, wurde 1972 Präsident und rief die Republik Khmer aus. Der Weg zum Einmarsch US-amerikan. und südvietnames. Truppen und zum Kampf gegen Vietcong und NVA (Nordvietnames. Verteidigungsarmee) in K. war dadurch freigegeben.

Sihanouk I. verzichtete 1955 zugunsten seines Vaters Suramarit auf den Thron und zog sich einige Jahre später aus dem öffentlichen Leben in die klösterliche Einsamkeit zurück. Nach dem Tod seines Vaters wurde er 1960 erneut Staatsoberhaupt, nahm aber nicht den Königstitel an. Ein Jahrzehnt später wurde Sihanouk von einer Offiziersgruppe unter Führung von General Lon Nol gestürzt. (Foto: Sihanouk 1957 im Kloster des Großen Buddha nahe Angkor)

Die Roten Khmer

Bürgerkrieg: Nach seinem Sturz flüchtete Staatschef Sihanouk nach Peking, wo er eine Exilregierung errichtete und mit Hilfe der Kommunistischen Partei K.s die »Nationale Einheitsfront von Kampuchea« (FUNK) gründete, der vor allem die Roten Khmer (»Kommunistische Befreiungsfront Kambodschas«) angehörten. In Guerillakämpfen wurde die Lon-Nol-Regierung angegriffen und ein Bürgerkrieg entfacht. Von Nordvietnam erhielt die Widerstandsbewegung militärische Unterstützung. Nach erbitterten Kämpfen, bei dem weite Gebiete K.s durch US-Bombardements zerstört wurden, gelang den Roten Khmer 1975 der Angriff auf die Hauptstadt Phnom Penh und ihre Einnahme.

Stichwort: Khmer

Der Volksstamm der Khmer war ursprünglich in Gebieten von Thailand, Laos und im ehemaligen Cochinchina beheimatet. Das Khmer-Reich entwickelte sich ab dem 8. Jh. und erlebte im 11. und 12. Jh. seine Blütezeit, nachdem Funan unterworfen worden war. Seit dem 14. Jh. wurden die Khmer von den Thai-Völkern, Vietnamesen und Cham zurückgedrängt. Sie mussten die Hauptstadt Angkor verlassen und zogen sich ins Mekong-Tal und nach Phnom Penh zurück. Dennoch blieben sie das führende Volk in Kambodscha.

Die Khmer leben traditionell vom Reisanbau und der Fischerei. Ihre Sprache gehört zu den Mon-Khmer-Sprachen, vorherrschende Religion in ihrer Kultur ist der Buddhismus. Während der Zeit im Mekong-Tal entwickelte sich eine reiche Kunst nach ind. Vorbild. Ein Höhepunkt der Khmer-Architektur sind die Ruinen der 1300 x 1500 m großen Tempelanlage von Angkor Vat in Angkor, die dem Hindugott Vishnu geweiht war.

Nach fünf Jahren gelang den Roten Khmer 1975 der Sturz Lon Nols und ein Jahr später wurde die Demokratische Volksrepublik Kambodscha ausgerufen. Es kam zu einer radikalen Umgestaltung der Gesellschaft, auch vor Gewalt scheute das Regime Pol Pot nicht zurück. (Foto: Eroberung Phnom Penhs durch die Roten Khmer)

Demokratische Volksrepublik: Nach dem Sturz Lon Nols riefen die Roten Khmer die »Demokratische Volksrepublik Kampuchea« (DK) aus. Nach einem kurzen Zwischenspiel mit Sihanouk als Staatsoberhaupt – im Frühjahr 1976 zum Rücktritt gezwungen und unter Hausarrest gestellt – wurde Khieu Samphan neuer Staatschef und Pol Pot Ministerpräsident, dessen einflussreicher Partei »Organisation Angkar« 14 000 Mitglieder angehörten.

Das Regime Pol Pot

Schreckensherrschaft: Mit der neuen Regierung begann nach chines. Vorbild eine radikale Umgestaltung der Gesellschaft: Sämtliche Betriebe wurden verstaatlicht und alles Privateigentum abgeschafft. Eine Zwangsumsiedlung der Bevölkerung von den Städten aufs Land wurde vorgenommen, um dort Kooperativen für den Reisanbau zu bilden. Widerstand ahndete die Regierung mit Gefangennahme, Folter und Exekution.

Eingriff Vietnams: Außenpolitisch kam es seit 1977 zwischen dem Regime Pol Pot und Vietnam zu wiederholten Grenzstreitigkeiten. Auch Bewohner der Grenzgebiete zu Vietnam waren von der Pol-Pot-Regierung systematisch verfolgt und getötet worden. Innerhalb der Regimeführung konnte sich eine Oppositionsbewegung unter Heng Samrin bilden. Nachdem Samrin das wieder vereinigte Vietnam um Unterstützung gebeten hatte, fielen 1979 vietnames. Truppen in K. ein; die Regierung Pol Pot floh in den Untergrund.

Versuch der Neuorientierung

Bürgerkrieg: Unter Führung der »Einheitsfront für die nationale Rettung Kambodschas« wurde die »Volksrepublik Kampuchea« ausgerufen. Staatschef Heng Samrin musste jedoch Vietnam im »Vertrag über Frieden, Freundschaft und Zusammenarbeit« die Truppenstationierung in K. gewähren. Völkerrechtlich wurde die neue Republik nur von einigen Ostblockstaaten und Dritte-Welt-Ländern anerkannt. Die Roten Khmer, Sihanouk-Anhänger und andere nicht kommunistische Gruppen bildeten eine Untergrundbewegung gegen die vietnames. Besatzer, die von China und der UNO Unterstützung erhielt.

Schreckensherrschaft der Roten Khmer – die systematische Ausrottung des eigenen Volks

Massenmord: Vom Sturz der Regierung Lon Nol 1975 bis zum vietnames. Einmarsch 1979 dauerte die Schreckensherrschaft der Roten Khmer. Ihr Führer Pol Pot richtete seine Vernichtungsmaschinerie gegen die eigene Bevölkerung. Über 1,5 Mio Menschen fielen dem Massenmord zum Opfer. Insbes. Angehörige von Armee und Polizei, Beamte, Intellektuelle und der buddhistische Klerus wurden unter strenger Geheimhaltung in etwa 100 Vernichtungslager verschleppt, gefoltert und hingerichtet. Stadtbewohner siedelten die Roten Khmer auf das Land um; dort starben viele an Entkräftung und Krankheit als Folge der Gewaltmärsche und Zwangsarbeit. Die Stätten ihres Todes sind unter dem Namen »Killing Fields« in die Geschichte eingegangen. Das »Cambodian Genocide Program« (CGP), eine von den USA seit 1994 durchgeführte Untersuchung, legte umfangreiches Fotomaterial, Lagerlisten, Zeugenaussagen und Dokumente über Massengräberfunde vor. Die Suche nach den Verantwortlichen für den Massenmord war mit dem Tod Pol Pots 1998 nicht abgeschlossen. (Foto: Zu Dokumentationszwecken hergerichtete Folterkammer in Phnom Penh)

Neue Verhandlungen: In Kuala Lumpur/Malaysia wurde 1982 erneut eine Exilregierung unter Sihanouks Führung gegründet. Die politische Lage der Sowjetunion und ihre wirtschaftliche Schwächung wirkten sich auch auf den Wirtschaftspartner Vietnam aus. So musste Samrin wegen der Bildung einer gemeinsamen Regierung in Verhandlungen mit der Exilregierung um Sihanouk eintreten. Nachdem eine Einigung erzielt werden konnte, zog Vietnam 1989 seine Truppen aus K. ab.

Waffenstillstand: Nach Verhandlungen und Intervention der UNO kam es 1991 zu einer Einigung aller vier Parteien. Der Pariser Friedensvertrag sah einen allgemeinen Waffenstillstand und Neuwahlen für 1993 vor. Das Land wurde außerdem für 18 Monate unter eine UN-Übergangsverwaltung gestellt. Die UNO sandte eine Friedenstruppe, die vor allem die Vertragseinhaltung überwachen, alle Bürgerkriegsgruppen entwaffnen und die Wahlen organisieren sollte. Die Roten Khmer, die den Vertrag mit unterzeichnet hatten, nahmen nicht an den Wahlen teil und widersetzten sich ihrer Entwaffnung. Unter Vorsitz des Sihanouk-Sohns Norodom Ranariddh gewann die royalistische FUNCINPEC-Partei die Wahlen; Hun Sen, Führer der Kambodschan. Volkspartei, wurde Zweiter Ministerpräsident.

Das Ende der Roten Khmer

UN-Embargo: Wegen der Weigerung der Roten Khmer und des Wahlboykotts in den von ihnen kontrollierten Nordgebieten verhängte 1992 der UN-Sicherheitsrat Wirtschaftssanktionen. Sie betrafen vor allem den Verkauf von Tropenholz, eine der wichtigsten Einnahmequellen der Roten Khmer, und den Erdölverkauf. Zudem wurde die Beschlagnahmung des Auslandsvermögens angedroht. Die Roten Khmer nahmen daraufhin UN-Truppenangehörige als Geiseln.

Weitere Guerillakämpfe: Im Untergrund führten die Roten Khmer ihren Guerillakampf fort. Die Regierung verbot daraufhin die Partei der Khmer-Nation. Als die Khmer ihre Kämpfe verschärften, flohen Tausende von Menschen aus Angst vor neuen Massenmorden. Nach der Neugründung der Partei wandte sich 1996 ein Teil der Gruppe gegen ihren Anführer Pol Pot und verurteilte ihn zu lebenslänglicher Haft; er starb 1998 im Gefängnis.

Auflösung: Ende 1998 ergaben sich die letzten Einheiten der Roten Khmer an der kambodschan.-thailänd. Grenze. Nach der endgültigen Auflösung ihrer Organisation entschuldigten sich Khieu Samphan und Nuon

Soldaten der vietnames. Armee, die 1979 in Kambodscha einfiel und Pol Pot stürzte.

Führer auf dem Weg in den Frieden

Norodom Sihanouk war 14 Jahre lang, 1941 bis 1955, kambodschan. König. Während dieser Zeit wurde er zur Integrationsfigur der verschiedenen politischen Gruppierungen des Landes. Als geschickter Taktiker verstand er es, Gegensätze auszugleichen. Bis 1970 gelang es Sihanouk (seit 1960 wieder Staatsoberhaupt) Kambodscha von den Auseinandersetzungen des Vietnamkriegs fern zu halten. Er hatte maßgeblichen Anteil am Widerstand gegen die Regierung Lon Nols und die vietnames. Besatzung. 1991 erreichte er einen Waffenstillstand, der den seit dem Einmarsch der vietnames. Truppen 1979 andauernden Bürgerkrieg beendete. Seit 1993 ist Sihanouk wieder König von Kambodscha.

Heng Samrin gehörte ursprünglich zum Führungskader der Roten Khmer. Während ihrer Schreckensherrschaft wurde er jedoch zum Gegner des Pol-Pot-Regimes. Unter seiner Führung wurde 1978 die »Einheitsfront für die nationale Rettung Kambodschas« gegründet. Mit vietnames. Hilfe erreichten Heng Samrin und seine Mitstreiter ihr Ziel. Nach dem Einmarsch vietnames. Truppen und dem Sturz der Roten Khmer 1979 wurde ein »Revolutionärer Volksrat« installiert, Heng Samrin wurde Regierungschef (1979–81) sowie Staatsoberhaupt (1979–91) der neuen »Volksrepublik Kampuchea«. 1991 war er Mitunterzeichner des unter UN-Vermittlung zustande gekommenen Friedensvertrags.

Hun Sen schloss sich 1970 den Roten Khmern an. Während ihrer Schreckensherrschaft sagte er sich von ihnen los und flüchtete nach Vietnam. 1978 kehrte er nach Kambodscha zurück und wurde ZK-Mitglied der Revolutionären Volkspartei sowie Außenminister. Als Regierungschef traf er 1987 in Paris zu Friedensgesprächen mit König Sihanouk zusammen. 1991 wurde er stellvertretender Vorsitzender der Kambodschan. Volkspartei und 1993 Zweiter Ministerpräsident nach Prinz Norodom Ranariddh. Seit 1998 ist er alleiniger Ministerpräsident. Hun Sen vertritt in der Innenpolitik einen reformistischen Kurs und hat maßgeblichen Anteil an der Einführung der Marktwirtschaft in Kambodscha.

Staatsoberhäupter Kambodschas					
Reg.-Zeit	*Name*	*Lebensdaten*	*Reg.-Zeit*	*Name*	*Lebensdaten*
1860–1904	Norodom I.	1834–1904	1972–75	Lon Nol	1913–1985
1904–27	Sisovath I.	1840–1927	1975/76	Norodom Sihanouk[1)]	*1922
1927–41	Sisovath Monivong I.	1875–1941	1976–79	Khieu Samphan	*1931
1941–55	Norodom Sihanouk I.	*1922	1979–91	Heng Samrin	*1934
1955–60	Norodom Suramarit I.	1896 –1960	1991–93	Norodom Sihanouk[2)]	*1922
1960–70	Norodom Sihanouk[1)]	*1922	seit 1993	Norodom Sihanouk I.	*1922
1970–72	Cheng Heng	*1916	1) ohne Königstitel; 2) Vorsitz des Obersten Nationalen Rates (ONR)		

Chea, zwei der Hauptverantwortlichen, offiziell für die Gräueltaten während des Pol-Pot-Regimes und wurden von Hun Sen begnadigt. Ta Mok, der letzte Kommandierende der Roten Khmer, wurde 1999 festgenommen und vor ein kambodschan. Kriegsgericht gestellt.

Auf dem Weg ins 21. Jahrhundert

Verfassung: Nach der Verfassung von 1993 ist K. eine konstitutionelle Monarchie mit einer Regierung der nationalen Einheit unter der Herrschaft von König Sihanouk und mit einem demokratischen Mehrparteiensystem; das Wirtschaftssystem ist marktwirtschaftlich organisiert. Der Buddhismus ist Staatsreligion. Der König ist Oberkammandeur der Streitkräfte und hat den Vorsitz im Verteidigungsrat. Er beruft den Premierminister (auf Vorschlag der Nationalversammlung), der das Kabinett aus Mitgliedern der Parteien oder der Nationalversammlung zusammenstellt. Die Exekutivgewalt liegt bei der Nationalversammlung, der König hat kein Eingriffsrecht. Die Nationalversammlung – derzeit 122 Mitglieder – wird für fünf Jahre gewählt; sie kann mit Zweidrittelmehrheit das Parlament entlassen.

Politisches System: Der Präsident der Nationalversammlung hatte bis 1998 das Recht, den König bei Abwesenheit oder Krankheit in seiner Funktion als Staatschef zu vertreten. Seit 1998 gibt es einen Senat, dessen Präsident dieses Recht wahrnimmt. Erster kambodschan. Senatspräsident wurde Chea Sim (Volkspartei), zuvor Präsident der Nationalversammlung. Der König, der aus dem Geschlecht von Ang Duong, Norodom oder Sisowath stammen muss, wird vom Thronrat (sieben Mitglieder) gewählt. Die neue Verfassung garantiert alle von der UN-Charta vorgegebenen Menschenrechte; internationale Organisationen berichten jedoch von zahlreichen Verstößen.

Parteienstreit: Die Vorgaben der neuen Verfassung für die Regierung (Zweidrittelmehrheit in der Nationalversammlung) machten es notwendig, dass die früheren Regierungsparteien FUNCINPEC und Volkspartei erneut eine Koalition bildeten. Der Fortbestand dieser Koalition wird weltweit kritisch betrachtet, da die beiden Parteien immer noch verfeindet sind. Nach dem Sturz des früheren Ersten Ministerpräsidenten Prinz Norodom Ranariddh 1997 durch den Zweiten Präsidenten Hun Sen hatte die Volkspartei allein regiert. Ranariddh wurde in Abwesenheit wegen Waffenhandels und Hochverrats verurteilt. Auf Druck des südostasiat. Staatenbundes ASEAN und nach den Wahlen zur Nationalversammlung 1998 wurde Ranariddh rehabilitiert, von seinem Vater Sihanouk begnadigt und zum Vorsitzenden der Nationalversammlung gewählt.

Auslandshilfe: K. zählt noch heute zu den ärmsten Ländern Südostasiens. Es erhielt allein 1998 – in dieser Zeit waren 30% seiner Bevölkerung unterernährt – Finanzhilfe in Höhe von 60% des gesamten Staatshaushalts. Nach dem Sen-Putsch, der mit Massenerschießungen verbunden war, verweigerten die USA, Japan und Deutschland weitere Gelder zur Entwicklungshilfe. Auch der geplante Beitritt zur ASEAN wurde ausgesetzt (erst 1999 wurde K. Vollmitglied). Seit 1997 lässt die Regierung ausländische Investoren ins Land und fördert den Tourismus, dessen Entwicklung jedoch durch wiederholte kriminelle Übergriffe aus der Bevölkerung auf Touristen stark gebremst wird. *S.W.*

Die wichtigsten Parteien im 20. Jahrhundert		
Name (Abkürzung)	*Polit. Richtung*	*Gründung*
Revolutionäre Volkspartei Kambodschas	orthodox-marxistisch	1951[1)]
Volkssozialistische Gemeinschaft	sozialistisch	1955
Partei des demokratischen Kampuchea	demokratisch	1981[2)]
Nationale Einheitsfront für ein unabhängiges, neutrales, friedliches und genossenschaftliches Kambodscha (FUNCINPEC)	royalistisch	1992
Partei der Khmer-Nation	kommunistisch	1995[3)]
Partei der nationalen Solidarität	kommunistisch	1997
Sam-Rainsy-Partei (SRP)	kommunistisch	1998
1) seit 1991 Kambodschan. Volkspartei (KVP), sozialist.; 2) 1994 verboten; 3) verboten, 1996 neu gegründet		

Kamerun

Republik Kamerun

Die Ureinwohner von K. waren Pygmäen, die im 1. Jt. n. Chr. von den aus Äquatorialafrika zuwandernden Bantu-Völkern verdrängt wurden. Ab dem 11. Jh. siedelte sich der islamische Stamm der Fulbe im Norden der Region an. Die ersten europäischen Eroberer waren portugies. Seefahrer, die um 1470 an der Küste landeten. In der Folgezeit kamen holländ., engl. und französ. Kaufleute hinzu, die bis ins 19. Jh. Sklavenhandel und Geschäfte mit Palmöl und Elfenbein betrieben. 1884 schloss der Forscher und Generalkonsul in Tunis, Gustav Nachtigal, mit den herrschenden Fürsten Schutzverträge für das Deutsche Reich und führte K. damit in das koloniale Zeitalter.

Kamerun 2000	
Landesfläche	475 442 km^2 (WR 52)
Einwohner	14,7 Mio (WR 60)
Hauptstadt	Yaoundé (1,12 Mio Einwohner)
Sprachen	Französisch, Englisch, Bantusprachen
Währung	1 CFA-Franc (FCFA)
Gliederung	10 Provinzen, 58 Departements
Staatsform	Präsidiale Republik (seit 1972)
Religion	Christen (52,2%); Animisten (26,0%); Moslems (21,8%)
Bevölkerung	Fang (19,6%); Bamiléké, Bamum (18,5%); Duala, Luanda, Basa (14,7%); Fulani (9,6%); Tikar (7,4%); Sonstige (30,2%)

Kamerun im 20. Jahrhundert	
1911	Marokko-Kongo-Vertrag erweitert deutsches Schutzgebiet Kamerun um französ. verwaltete Gebiete.
1916	Kapitulation deutscher Truppen im Ersten Weltkrieg, Teilung Kameruns zwischen Frankreich (80%) und Großbritannien.
1922	Kamerun als Völkerbundmandat unter französ. und brit. Herrschaft.
1946	Kamerun wird UN-Mandat unter französ. und brit. Verwaltung.
1948	Gründung der Union des Populations du Cameroun (UPC).
1958	Innere Autonomie unter Premierminister Ahmadou Ahidjo.
1960	Unabhängigkeit von Französ.-Kamerun unter Präsident Ahidjo.
1961	Zusammenschluss mit dem südlichen Teil von Brit.-Kamerun zur Bundesrepublik Kamerun.
1966	Gründung der Einheitspartei Union Nationale Camerounaise (UNC).
1972	Neue Verfassung, Vereinigung der beiden Teilstaaten zum Einheitsstaat.
1975	Ernennung Paul Biyas zum Premierminister.
1982	Nach Ahidjo-Rücktritt Nachfolge Biyas als Staatspräsident.
1984	Todesurteil gegen Ahidjo, gescheiterter Umsturzversuch durch Ahidjo-Anhänger.
1985	Gründung der Einheitspartei Rassemblement Démocratique du Peuple Camerounais (RDPC).
1987	Beginn der IWF-Strukturanpassungsprogramme.
1989	Tod Ahidjos im Exil in Senegal.
1990	Verfassung verankert Mehrparteiensystem.
1992	RDPC-Sieg bei Parlamentswahlen, Bestätigung Biyas bei Präsidentschaftswahlen, Vorwurf der Wahlfälschung.
1994	Eskalation des Grenzkonflikts mit Nigeria.
1997	Umstrittene Siege der RDPC bei Wahlen, Biya bleibt Staatspräsident.
1999	Vulkanausbruch am Kamerunberg und Überschwemmungskatastrophe im Norden Kameruns.

Kolonialzeit

Deutsche Herrschaft: Die deutschen Kolonialherren errichteten zahlreiche Militär- und Verwaltungsposten und gingen mit Waffengewalt gegen Aufstände der einheimischen Bevölkerung im Landesinneren vor. Durch den Marokko-Kongo-Vertrag von 1911 wurde das Schutzgebiet um große, bisher französ. verwaltete Gebiete erweitert. Neben der Ausbeutung der an landwirtschaftlichen Erträgen reichen Region war die Kolonialmacht um die Missionierung der Bevölkerung und den Aufbau des Schulwesens bemüht.

Völkerbundmandat: Im Ersten Weltkrieg wurde K. von französ. und brit. Truppen erobert. 1916 ergab sich die letzte deutsche Garnison den alliierten Streitkräften und besiegelte damit das Ende des deutschen Kolonialismus. K. wurde zwischen Frankreich und Großbritannien aufgeteilt, bevor es den beiden Mächten 1922 als Völkerbundmandat zufiel. Während das französ. Einflussgebiet, das 80% der Gesamtfläche einnahm, von einer unabhängigen Kolonialverwaltung geführt wurde, schloss Großbritannien sein Westterritorium mit der Kolonie Nigeria zusammen. Am 27.8.1940 gliederte sich das französ. Mandatsgebiet dem »Freien Frankreich« unter General Charles de Gaulle an und wurde Französ.-Äquatorialafrika unterstellt.

UN-Mandat: Nach dem Zweiten Weltkrieg verblieben die beiden Landesteile als Treuhandgebiete der Vereinten Nationen unter der Verwaltung der bisherigen Mandatsmächte. Nach der allmählichen Einführung der lokalen Selbstverwaltung konnte Französ.-K. 1957 unter Präsident André-Marie Mbida die erste kamerun. Regierung bilden und eine Verfassung erlassen. 1958 erhielt die Region volle innere Autonomie.

Unabhängigkeit

Der französ. verwaltete Teil K.s wurde am 1.1.1960 in die Unabhängigkeit entlassen und schloss sich am 1.10.1961 mit dem Süden von Brit.-K. zur Bundesrepublik zusammen. Die Bewohner des nördlichen Teils hatten sich in einem Referendum für den Anschluss an Nige-

Vielvölkerstaat – Problem für die politische Einheit

Sprachenvielfalt: Die Lage Kameruns zwischen dem südlichen und westlichen Afrika hat das Land zu einem Sammelbecken für über 200 verschiedene Volksgruppen gemacht. In den Regenwäldern leben noch Gruppen der Urbevölkerung Kameruns, der kleinwüchsigen, an ihre Umgebung perfekt angepassten Pygmäen. Die Mehrheit der Bevölkerung zählt zu Bantu-Gruppen (Fang, Bamiléké), die vor allem im fruchtbaren südlichen Landesteil leben. Der karge Norden wird vorwiegend von moslemischen Sudanvölkern (Fulbe, Fulani) bewohnt. In dem Vielvölkerstaat werden 24 verschiedene Sprachen und über 150 Dialekte gesprochen. (Foto: Kinder in einer Koranschule in Yaoundé 1990)

ria ausgesprochen. Staatspräsident Ahmadou Ahidjo, der die Führung über eine künstlich zusammengeschlossene Region mit stark differenzierter Bevölkerung, unterschiedlicher Siedlungsdichte und heterogener physisch-geografischer Ausstattung übernahm, versuchte K. trotz der Nord-Süd-Spannungen und ethnischen Differenzen zu stabilisieren. Als Zusammenschluss mehrerer Gruppierungen gründete er 1966 die Einheitspartei Union Nationale Camerounaise (UNC) und verbreitete ein Klima der politischen Verfolgung. Als Reaktion darauf ließ die noch zu Kolonialzeiten 1948 gegründete Union des Populations du Cameroun (UPC) ihren Untergrundkampf wieder aufleben.

Einheitsstaat

Zusammenschluss: Nach einem Referendum wurden die beiden Bundesstaaten 1972 in die Vereinigte Republik K., einen faktischen Einheitsstaat, überführt. Die Verfassung konstituierte eine Präsidialrepublik mit einem für fünf Jahre gewählten Präsidenten, der sich mit dem Parlament die Legislative teilt. Dem Staatsoberhaupt wurde durch Notstandsrechte und die Ernennung der Regierung eine quasi diktatorische Stellung eingeräumt.

Neuer Machthaber: 1982 trat Ahidjo von seinem Amt zurück und machte den Weg für den bisherigen Ministerpräsidenten Paul Biya frei, der auch an die Spitze der UNC trat. Während mit Ahidjo ein moslemischer Fulbe regierte hatte, der vor allem die Interessen des wirtschaftlich weniger entwickelten Nordens wahrnahm, übernahm nun mit Biya ein Vertreter des Südens die Macht. Er errichtete eine autoritäre Herrschaft, die von Repressionen und erheblichen Menschenrechtsverletzungen geprägt war. 1985 trat er an die Spitze der aus der UNC hervorgegangenen Einheitspartei Rassemblement Démocratique du Peuple Camerounais (RDPC).

Auseinandersetzungen: 1983 deckte die Regierung eine Verschwörung von Ahidjo-Anhängern auf, die in ein Todesurteil gegen den ehemaligen, im senegales. Exil lebenden Präsidenten mündete. 1984 wurde ein Putschversuch der aus dem Norden stammenden Präsidentengarde vereitelt. In der Folgezeit häuften sich blutige Konflikte und Umsturzversuche, die ihre Ursache in den ethnisch-religiösen Unterschieden der christlich geprägten Bantu-Völker im Süden und der moslemisch orientierten sudanes. und hamitosemit. Gruppen des Nordens hatten.

Demokratisierungsprozess

Reformdruck: Nach z. T. blutigen Protesten der Bevölkerung gegen die diktatorische Regierung des RDPC sah sich Staatspräsident Biya zu demokratischen Reformen gezwungen. Seit 1990 sind Demokratie, Mehrparteiensystem, Gewaltenteilung, Menschen- und Bürgerrechte formal in der Verfassung verankert. Der Regierungsalltag wird jedoch weiterhin von autoritären Strukturen und der dominanten Machtstellung des Staatsoberhaupts und seiner Partei RDPC bestimmt. Ende der 90er Jahre waren zahlreiche Presseorgane von Repressalien bedroht, in Rundfunk und Fernsehen blieb der Regierungseinfluss vorherrschend. Die Verbreitung internationaler Kabel- und Satellitenprogramme wurde von staatlicher Seite behindert.

Umstrittene Siege: Bei den ersten freien Parlamentswahlen 1992 erhielt die RDPC 88 der 180 Sitze, bei der ersten pluralistischen Präsidentschaftswahl im gleichen Jahr wurde Biya mit 40% der Stimmen als Staatschef bestätigt. Die Opposition warf der Regierung Wahlbetrug vor, internationale Geldgebernationen reagierten darauf mit einer drastischen Kürzung der Wirtschaftshilfe. Auch die folgenden Wahlen von 1997 waren von Manipulationsvorwürfen überschattet. Die RDPC siegte mit 116 Sitzen, Biya erreichte nach offiziellen Angaben 93% der Stimmen. Die wichtigsten Oppositionsparteien hatten zum Wahlboykott aufgerufen, weil sich Biya schon im Vorfeld geweigert hatte, eine unabhängige Wahlkommission einzusetzen.

Opposition: Anfang der 90er Jahre stieg die in der englischsprachigen Bevölkerungsminderheit (20%) verankerte Social Democratic Front (SDF) unter John Fru Ndi zur stärksten Gegenkraft auf. Der Wortführer der Opposition erhielt bei der Präsidentenwahl 1992 mit rund 36% das zweithöchste Stimmenergebnis. Als Zugeständnis an seine politischen Gegner bot Biya ihnen 1993 die Beteilung an nationalen Debatten an, wobei den Oppositionellen ausschließlich beratende Funktion zukommen sollte. Durch die Einbindung von Oppositionspolitikern in die Regierung versuchte der Präsident 1998 seine politische Basis in K. zu verbreitern. Während die Union Nationale Camerounaise (UNC) und die Union Nationale pour la Démocratie et le Progrès (UNDP) eine Koalition mit der RDPC eingingen, verweigerte die SDF jedoch eine Beteiligung. In der Folgezeit nahmen die innerparteilichen Spannungen bei der SDF zu, die sich u. a. an der Gestaltung des Verhältnisses zur Regierung entzündeten. Sie schwächten den politischen Kampf der Partei gegen die RDPC-Vorherrschaft ganz entscheidend.

Grenzkonflikt: In den 90er Jahren brach der seit Jahrzehnten schwelende Streit zwischen K. und Nigeria um die Halbinsel Bakassi sowie die Inseln Apani und Diamant erneut auf. K. beanspruchte das fisch-, gas- und erdölreiche Territorium aufgrund eines 1975 vereinbarten Überlassungsabkommens mit Nigeria, während sich der Nachbarstaat auf eine Grenzziehung aus der Kolonialzeit berufte. Nach Zwischenfällen in der Grenzregion Anfang 1994 verstärkten beide Staaten ihre Streitkräfte in dem Gebiet. Neben dem Einreichen einer Klage beim UN-Sicherheitsrat bat K. die ehemalige Kolonialmacht Frankreich um militärischen Beistand, die daraufhin Fallschirmjäger entsandte.

Wachsende Armut: Anfang der 80er Jahre geriet das vom Erdöl dominierte, aber im Kern landwirtschaftlich geprägte K. aufgrund des Rohstoffpreisverfalls auf dem Weltmarkt in eine wirtschaftliche Krise. Anhaltendes Bevölkerungswachstum und die sinkende Wirtschaftsleistung verstärkten die Armut der Einwohner und vergrößerten die Auslandsverschuldung. Nach jahrelangem Tauziehen mit dem Internationalen Währungsfonds (IWF) und der Weltbank unterwarf sich das Biya-Regime 1987 der Politik der Strukturanpassung, die vor allem auf Haushaltsdisziplin, Korruptionsbekämpfung und marktwirtschaftliche Reformen ausgerichtet war. Seitdem sank allmählich der Stellenwert von Erdöl als dominierendes Exportgut zugunsten der traditionellen Bereiche Land- und Forstwirtschaft mit den Hauptprodukten Kakao, Kaffee, Baumwolle und Holz. Als Kehrseite der strukturellen Anpassung war eine Zunahme sozialer Spannungen vor allem in den Großstädten zu beobachten. *B.L.*

Die Grenzregion zwischen Kamerun und Nigeria ist z. T. seit Jahrzehnten umstritten. In den 90er Jahren häuften sich Zwischenfälle in dem erdöl-, gas- und fischreichen Gebiet, sodass die Streitkräfte beider Staaten verstärkt wurden. (Foto: Der Fluss Benue an der Grenze zwischen Kamerun und Nigeria)

Staatsoberhäupter Kameruns

Reg.-Zeit	*Name*	*Lebensdaten*
1960–82	Ahmadou Ahidjo	1924–1989
seit 1982	Paul Biya	*1933

Die wichtigsten Parteien im 20. Jahrhundert

Name (Abkürzung)	*Politische Richtung*	*Gründung*
Union des Populations du Cameroun (UPC)	Koalitionspartnerin	1948
Union Nationale Camerounaise (UNC)	RDPC-Vorgängerin	1966
Rassemblement Démocratique du Peuple Camerounais (RDPC)	Einheitspartei bis 1989	1985
Social Democratic Front (SDF)	Opposition	1990
Mouvement pour la Défense de la République (MDR)	Opposition	1991
Union Démocratique du Cameroun (UDC)	Opposition	1991
Union Nationale pour la Démocratie et le Progrès (UNDP)	Koalitionspartnerin	1991
Mouvement pour la Démocratie et le Progrès (MDP)	Opposition	1992
Mouvement pour la Libération des Jeunes au Cameroun (MLJC)	Opposition	k. A.

Kanada

Giovanni Caboto, venezian. Seefahrer, landete 1497 auf der Suche nach dem westlichen Seeweg nach Asien an der Ostküste des heutigen K. und legte damit den Grundstein für die Inbesitznahme des Landes durch europäische Einwanderer. Engländer und Franzosen, Vorfahren der heutigen Franko- bzw. Anglokanadier, besiedelten um 1600 die Gebiete entlang der Ostküste und verdrängten dabei nach und nach die indianische Urbevölkerung. Als ein Ergebnis des Siebenjährigen Kriegs zwischen Großbritannien und Frankreich wurde K. – seit 1534 in französ. Besitz – 1763 engl. Kolonie. Bis heute ist die brit. Königin offizielles Staatsoberhaupt K.s. Die Entwicklung zum souveränen Staat begann mit der Anerkennung als Dominion innerhalb des Commonwealth im Jahr 1867 durch den British North America Act. Volle staatliche Unabhängigkeit erlangte K. 1931 durch das Statut von Westminster sowie durch die Verfassungsproklamation im Jahr 1982.

Kanada 2000	
Landesfläche	9,97 Mio km² (WR 2)
Einwohner	30,9 Mio (WR 33)
Hauptstadt	Ottawa (1,03 Mio Einwohner)
Sprachen	Englisch, Französisch
Währung	1 kanadischer Dollar (kan $) = 100 Cents
Gliederung	10 Provinzen/Bundesländer; 2 Territorien
Staatsform	Parlamentarische Monarchie im Commonwealth (seit 1931)
Religion	Katholiken (45,7%), Protestanten (36,3%), Orthodoxe (1,5%); Juden (1,2%); Moslems (1%); Sonstige (14,3%)
Bevölkerung	Franzosen (22,8%); Briten (20,8%); Deutsche (3,4%); Italiener (2,8%); Chinesen (2,2%); Sonstige (48%)

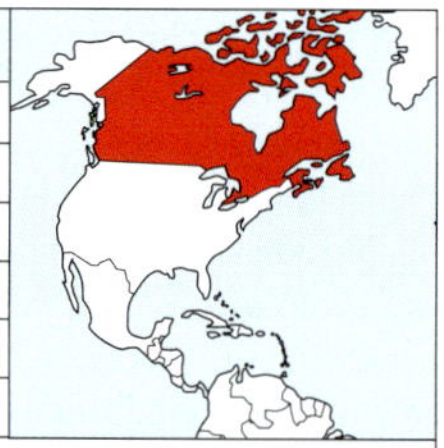

Goldfunde in einem Nebenarm des Klondike lösten 1896 ein Goldfieber in Kanada aus.

Kanada um 1900

Zusammenschluss der Provinzen: Noch 1867 bestand K. aus den vier Provinzen Quebec, Ontario, Nova Scotia und New Brunswick. 1869 erwarb die Regierung weite Gebiete an der Westküste und im Norden von der Hudsons's Bay Company. Die daraus hervorgegangenen Provinzen und Territorien schlossen sich bis 1905 nach und nach dem kanad. Bundesstaat an, der damit zum zweitgrößten Land der Erde anwuchs. Weite Teile dieses Staatsgebiets, insbes. im Landesinneren und an der Westküste, waren unbesiedelt.

Besiedlung: Grundlage für die um 1900 verstärkt einsetzende Besiedlung der bisher unerschlossenen Gebiete war die Fertigstellung der Canadian Pacific Railway 1885, einer Eisenbahnlinie, die von Montreal (Ostküste) bis Vancouver (Westküste) reicht. Es waren vor allem die zahlreichen Einwanderer, welche entlang der Eisenbahnlinie zunächst das Gebiet um die heutigen Provinzen Saskatchewan, Alberta und British Columbia erschlossen und dadurch zur Belebung der kanad. Landwirtschaft, des Handels und des Transportwesens sowie der Industrie beitrugen und die indianische Urbevölkerung verdrängten.

Einwanderung: K. galt um die Jahrhundertwende neben den USA als das wichtigste Einwanderungsland. Durch Missernten und Wirtschaftskrisen in der Alten Welt war die Gesamtzahl der Einwanderer aus Europa bereits bis 1880 auf insgesamt 13 Mio angewachsen. Die Zuwanderungsbewegung führte auch in K. zu einem raschen Bevölkerungswachstum. So stieg die Zahl der Einwohner 1891–1911 von 4,8 Mio auf 7,2 Mio.

Goldrausch: Nach Goldfunden an den Flüssen Yukon, Klondike und Bonanza Creek im Yukon-Territorium im Jahr 1896 begann der sog. Yukon-Goldrausch. In den darauf folgenden Jahren strömten zahllose Goldgräber und Abenteurer nach K., um in den Gegenden um den Yukon River ihr Glück zu suchen. Mittelpunkt war die Stadt Dawson, die an den Flüssen Klondike und Bonanza Creek liegt. Die Einwohnerzahl Dawsons wuchs nach Beginn des Goldrauschs auf ca. 30 000 an (heute: 700). 1966 wurde die Goldförderung am Klondike eingestellt.

Bündnispartner im Ersten Weltkrieg

An der Seite der Entente: Als Mitglied des British Empire wurde K. mit der Kriegserklärung Großbritanniens an das Deutsche Reich am 5.8.1914 zum Bündnispartner der Entente. Im Oktober 1914 schickte die kanad. Regierung unter dem konservativen Premierminister Robert L. Borden (1911–20) die Erste Kanad. Division nach Europa und unterstützte seine Bündnispartner in der Folge durch die Entsendung weiterer Truppen, die Bereitstellung von Kriegsschiffen und durch Lebensmittellieferungen. 1917 kämpfte K. mit insgesamt fünf Divisionen im Ersten Weltkrieg. Dabei kamen 625 000 Soldaten zum Einsatz, 60 000 davon fielen.

Außenpolitisches Engagement: Die Teilnahme an den Kriegskonferenzen der Jahre 1917/18 unterstrich K.s staatliche Unabhängigkeit von Großbritannien. 1919 unterzeichnete K. gemeinsam mit Vertretern der Entente und des Deutschen Reichs den Versailler Vertrag. Der Einsatz auf politischer Ebene führte zur faktischen Anerkennung K.s als gleichberechtigter Staat. Diese Entwicklung schlug sich 1919 auch in der Aufnahme K.s in den Völkerbund nieder.

Wirtschaftswachstum: Der Ausbau des Kriegs- und Militärwesens während des Ersten Weltkriegs bewirkte einen starken Aufschwung und eine tief greifende Modernisierung der kanad. Wirtschaft. Die Belieferung der Bündnispartner mit Rohstoffen, Lebensmitteln, vor allem aber mit Munition erforderte die Einführung von modernen Produktionstechniken und bewirkte einen erhöhten Bedarf an Arbeitskräften. Die verstärkten Anforderungen an die bis dahin kaum entwickelte kanad. Wirtschaft führten im letzten Kriegsjahr zum Einsetzen einer Inflation.

Innenpolitische Entwicklung: Die Regierung versuchte, der zunehmenden Geldentwertung durch Wirtschaftsreformen entgegenzuwirken. Maßnahmen wie die Einführung einer Einkommensteuer und die Verstaatlichung der Eisenbahn konnten jedoch den wirtschaftlichen Abschwung und die wachsende Unzufriedenheit in der Bevölkerung nicht verhindern. Ab 1918 kam es verstärkt zu Streiks der kanad. Arbeiter. Immer mehr Menschen, allen voran die Frankokanadier in Quebec, standen der Kriegsteilnahme K.s als Bündnispartner Großbritanniens kritisch gegenüber. Eine Eskalation des Konflikts drohte, als während der Kriegsjahre zwischen den Provinzen ein Streit über die Benutzung der französ. Sprache in kanad. Schulen entbrannte.

Kanada im 20. Jahrhundert

1905	Sakatchewan und Alberta werden kanad. Provinzen.
1914	Kriegseintritt des brit. Empires und damit auch des Dominions Kanada; rund 600 000 kanad. Soldaten nehmen am Ersten Weltkrieg teil.
1919	Kanada ist Mitunterzeichner des Versailler Vertrags und erhält einen Sitz im Völkerbund. Die Wirtschaftskrise löst den Generalstreik von Winnipeg aus, der in den sog. Bloody Saturday mündet.
1921	Das Frauenwahlrecht wird eingeführt.
1926	Kanada wird gleichberechtigtes Mitglied im Commonwealth of Nations.
1927	Auf der Imperial Conference erhält das Dominion Kanada gemäß der sog. Balfour-Formel den Status eines autonomen, gleichberechtigten Staats innerhalb des brit. Commonwealth.
1929	Der Börsenkrach in New York löst in Kanada eine Wirtschaftskrise aus.
1931	Im Statut von Westminster wird die Balfour-Formel staatsrechtlich bestätigt. Das Dominion Kanada ist fortan konstitutionelle Monarchie und durch gemeinsame Treueverpflichtungen mit Großbritannien verbunden.
1939	Kanada erklärt dem Deutschen Reich den Krieg.
1940	Kanada und die USA gründen das Joint Defense Board.
1945	Kanada ist Gründungsmitglied der Vereinten Nationen.
1949	Beitritt der brit. Kolonie Neufundland zum kanad. Staatenverbund; Kanada ist Gründungsmitglied der NATO.
1958	USA und Kanada schließen einen Vertrag über die gemeinsame Luftverteidigung Nordamerikas (NORAD).
1960	Indianer und Eskimos, Ureinwohner Kanadas, erhalten das Wahlrecht.
1962	Fertigstellung des Trans Canada Highway (Baubeginn: 1949); die Autobahn mit einer Länge von 7820 km verläuft von Neufundland bis British Columbia.
1968	Gründung der separatistischen Parti Québécois in der Provinz Quebec.
1969	Engl. und Französ. werden offizielle Amtssprachen.
1970	Frankokanad. Extremisten ermorden in Quebec einen Minister der Provinzregierung, über Quebec wird der Ausnahmezustand verhängt.
1975	Kanada ist Mitunterzeichner der KSZE-Schlussakte.
1980	In einem Referendum stimmt die Mehrheit der Bevölkerung der Provinz Quebec für einen Verbleib im kanad. Bundesstaat.
1982	Königin Elizabeth II. proklamiert in Ottawa die neue Verfassung (Constitutional Act, Canada Act). Damit endet das bisherige Mitspracherecht Großbritanniens in Fragen der Verfassungsänderung, Kanada erhält de jure volle innen-und außenpolitische Souveränität.
1985	Abkommen zur Modernisierung des NORAD im Zuge des Kalten Kriegs.
1987	Das Meech-Lake-Abkommen erfüllt die Bedingungen Quebecs für seine Zustimmung zur Verfassung, wird 1990 jedoch von den Provinzen Neufundland und Manitoba abgelehnt.
1988	Ein Freihandelsabkommen mit den Vereinigten Staaten soll den bilateralen Warenaustausch fördern.
1990	Die kanad. Marine beteiligt sich an der multinationalen Truppe gegen den Irak. Kanada ist Mitunterzeichner der »Pariser Charta für ein neues Europa« auf dem Sondergipfel der KSZE.
1992	In einem landesweiten Referendum zum Abkommen von Charlottetown lehnt die Mehrheit der Kanadier eine Verfassungsreform zugunsten Quebecs sowie der Urbevölkerung ab.
1994	Eröffnung der Nordamerikan. Freihandelszone (NAFTA) mit USA und Mexiko.
	Die separatistische Parti Québécois gewinnt die Wahlen in Quebec.
1995	50,6% der Einwohner Quebecs stimmen in einem Referendum gegen eine Abspaltung Quebecs aus dem kanad. Bundesstaat.
1996	Ein Gesetz räumt Quebec den Sonderstatus einer »distinct society« (eigenständige Gesellschaft) ein. Nach rund 20-jährigen Verhandlungen einigen sich die kanad. Regierung und Vertreter der in British Columbia ansässigen Nisga'a-Indianer über einen Landrechtsvertrag
	Kanada und die EU vertiefen ihre Wirtschaftsbeziehungen (Abkommen).
1999	Die Inuit erhalten Nunavut Territory und das Recht auf Selbstverwaltung.

William L. MacKenzie King setzte sich energisch für die Unabhängigkeit Kanadas ein. Er war 1921–26, 1926–30 und 1935–48 Premierminister und demonstrierte durch die Einrichtung diplomatischer Vertretungen Kanadas im Ausland die faktische Unabhängigkeit des Landes schon vor dem Statut von Westminster (1931).

Krise und nationale Unabhängigkeit

Generalstreik in Winnipeg: Das Ende des Kriegs im November 1918 verschärfte die Probleme der kanad. Wirtschaft und steigerte die Unzufriedenheit fast aller Bevölkerungsgruppen. Höhepunkt der Unmutsäußerungen war der Generalstreik in Winnipeg. Dort legten 1919 rund 30 000 Arbeiter für sechs Wochen ihre Arbeit nieder. Die Regierung befürchtete ein Übergreifen der Bewegung und ordnete die gewaltsame Beendigung des Streiks an. Nach der Festnahme von zwölf Streikführern kam es am 21.6.1919, dem sog. Bloody Saturday, zu Zusammenstößen zwischen Streikenden und Polizei.

Weltwirtschaftskrise: 1929 erfasste die beginnende Weltwirtschaftskrise die kanad. Wirtschaft. Der Zusammenbruch der New Yorker Börse im Oktober 1929 hatte zu einem rapiden Preisverfall und schwindender Nachfrage im internationalen Handel geführt. Aufgrund seiner wirtschaftlichen Ausrichtung (Gewinnung und Verarbeitung der zahlreichen im Land vorhandenen Rohstoffe) war K. in besonderem Maß von der Weltwirtschaftskrise betroffen.

Politische Reformen: 1930 gewann der Konservative Richard B. Bennett (1930–35) mit absoluter Mehrheit die Wahl zum Premierminister. Bis zum Ende seiner Regierungszeit leitete er zahlreiche Reformen zur Wiederbelebung der kanad. Wirtschaft ein und orientierte sich dabei an der US-amerikan. Politik des New Deal (Einwanderungsstopp, Erhöhung der Zölle und Agrarpreise, Erschließung ausländischer Märkte, staatliche Sozialleistungen).

Unabhängigkeit von Großbritannien: K. hatte bereits durch das Engagement im Ersten Weltkrieg seine faktische Souveränität unter Beweis gestellt. Zwischen 1923 und 1931 bemühte sich das Land im Rahmen mehrerer Empirekonferenzen um eine völkerrechtlich verbindliche Festschreibung dieses Status. So forderte der kanad. Premierminister William L. MacKenzie King (1921–26, 1926–30, 1935–48) auf der Empirekonferenz 1923 u. a. das Recht auf volle Souveränität in Fragen der Außenpolitik. Im selben Jahr schloss K. ohne Mitwirkung Großbritanniens einen Fischereivertrag mit den USA ab und unterstrich mit der Einrichtung diplomatischer Vertretungen (1927 in Washington, 1928 in Paris und 1929 in Tokio) seine außenpolitische Souveränität. Durch das Statut von Westminster erlangte K. 1931 offiziell die staatliche Unabhängigkeit von Großbritannien und wurde zur konstitutionellen Monarchie. Das Dominion K. ist seitdem als selbstständiger Staat durch gemeinsame Treueverpflichtung mit dem Commonwealth verbunden. Offizielles Staatsoberhaupt ist die brit. Königin (repräsentiert durch den Generalgouverneur), Regierungschef ist der kanad. Premierminster.

Stichwort: Politisches System

Entstehung: Durch den British North America Act wurde Kanada 1867 Dominion des brit. Empires und erlangte damit innenpolitische Autonomie. Im selben Jahr führten die 33 »Väter der Konföderation« die föderative Staatsform ein, die in ihrer politischen Struktur dem System Großbritanniens gleicht.

Das Parlament: Wichtigstes Organ der Gesetzgebung ist das Parlament, das aus Senat und Unterhaus besteht. Die 104 Mitglieder des Senats werden von Vertretern der vier Großregionen Ontario, Quebec, Westkanada, Atlantikprovinzen ernannt. Das Unterhaus besteht aus 295 Abgeordneten, die mindestens alle fünf Jahre in den 295 Wahlbezirken mit einfacher Mehrheit neu gewählt werden. Das Bundesparlament entscheidet insbes. in Fragen der Landesverteidigung, der Einwanderung, des Außenhandels und Bankwesens.

Der Premierminister: Offizielles Staatsoberhaupt ist (de jure) die brit. Königin bzw. der Generalgouverneur als deren Vertreter, der jedoch (de facto) vor allem eine Beratungsfunktion hat. Regierungsoberhaupt ist der Premierminister. Er wird in der Regel von derjenigen Partei gestellt, die im Parlament die Mandatsmehrheit besitzt. Er entscheidet gemeinsam mit seinem Kabinett über die Politik der Bundesregierung, die durch rund 25 Minister sowie besondere Ausschüsse und Kommissionen umgesetzt wird.

Der Oberste Gerichtshof: Das wichtigste Organ der Rechtsprechung wurde 1875 durch einen Gesetzesbeschluss der Bundesregierung geschaffen. Der Oberste Gerichtshof trifft endgültige Entscheidungen in Verfassungsfragen sowie in Fällen des Zivil- und Strafrechts und ist oberste Entscheidungsinstanz der Berufungsgerichte der Provinzen. Die neun Richter des Obersten Gerichtshofs werden vom Generalgouverneur auf Vorschlag des Regierungskabinetts auf Lebenszeit ernannt.

Kanada im Zweiten Weltkrieg

Kriegserklärung: Am 10.9.1939 erklärte K. aufgrund eines Mehrheitsbeschlusses des kanad. Parlaments unter Premierminister MacKenzie King dem Deutschen Reich den Krieg. K. wollte damit vor allem seine durch das Statut von Westminster gewonnene außenpolitische Souveränität unterstreichen. Teile der Bevölkerung standen der abermaligen Teilnahme an einem Krieg in Europa an der Seite Großbritanniens jedoch kritisch gegenüber. Die Regierung hoffte daher zunächst, sich bei der Unterstützung der Alliierten auf die Lieferung von Lebensmitteln und Rohstoffen beschränken zu können.

Bündnis mit den USA: Ein Stimmungswechsel setzte ein, als Frankreich 1940 von der deutschen Armee geschlagen wurde und Großbritannien alle Truppen vom europäischen Festland abziehen musste. K. rückte damit in die Position des zweitmächtigsten Gegners Deutschlands nach Großbritannien. Um die Sicherheit des eigenen Landes besorgt, gründete K. zusammen mit den Vereinigten Staaten 1940 das Joint Defense Board, ein Bündnis zur gemeinsamen Verteidigung

Nordamerikas für den Fall eines Angriffs der Achsenmächte, und betonte dadurch seine militärpolitische Eigenständigkeit.

Kriegseinsatz in Europa: 1943–45 nahm K. mit fünf Divisionen an militärischen Einsätzen in Europa teil. Kanad. Einheiten waren u. a. an der Invasion in der Normandie am 6.6.1944 beteiligt und leisteten Geleitschutzaufgaben im Atlantik. Nach Kriegsende hatten mehr als 1 Mio Kanadier (darunter 50 000 Frauen) in der Armee gedient, 42 000 waren gefallen. Vertreter der kanad. Regierung nahmen vor allem in der zweiten Hälfte des Krieges an fast allen wichtigen Konferenzen der Alliierten teil, u. a. an der Washingtoner Konferenz im Mai 1943, auf der Pläne zur Invasion in Frankreich ausgearbeitet wurden sowie an den Konferenzen von Quebec im August 1943 und September 1944 zur Frage der globalen Strategie der Alliierten im Zweiten Weltkrieg.

Innenpolitische Konflikte 1945–68

Wirtschaftswachstum: Das vor dem Zweiten Weltkrieg noch landwirtschaftlich geprägte K. entwickelte sich in den folgenden zwei Jahrzehnten zu einer hoch technisierten Industrienation. Diese Entwicklung beruhte z. T. auf dem Ausbau bestehender Industriezweige (z. B. der Stahlproduktion), angeregt durch die Erschließung von Rohstoffvorkommen (u. a. Eisen, Radium, Petroleum, Erdgas). Die Etablierung neuer Forschungs- und Industriezweige (insbes. in den Bereichen chemische sowie elektronische Industrie, Luftfahrt, Kernenergie) war Folge einer Wirtschaftspolitik, welche Investitionen US-amerikan. Unternehmen in kanad. Firmen begrüßte und förderte. Im Gegenzug konnten sich die USA dadurch den Zugriff auf im eigenen Land knapp gewordene Rohstoffvorkommen sichern. Nach 14-jähriger Bauzeit wurde 1962 der Trans Canada Highway fertig gestellt, der von Neufundland (Saint John's) über Montreal und Ottawa bis nach British Columbia (Vancouver Island) reicht und mit 7820 km Länge die längste Autobahn der Welt ist.

»Baby-Boom« und Einwanderung: Das rasche Wirtschaftswachstum erhöhte den Bedarf an Arbeitskräften. Eine wichtige Voraussetzung für den wirtschaftlichen Erfolg K.s war deshalb das rasante Bevölkerungswachstum der Nachkriegszeit. Während des »Baby-Booms« zwischen 1947 und 1956 lag die Geburtenrate bei 2,3%. Die sog. Baby Boomer machen heute ein Drittel der Gesamtbevölkerung aus. Die Regierung unterstützte das starke, fast 20 Jahre lang anhaltende Bevölkerungswachstum durch eine offene Einwanderungspolitik. Nach Kriegsende strömten vor allem Einwanderer aus dem zerstörten Europa nach K. Bereits 1948 lag die Zahl der Immigranten bei über 125 000, bis 1957 erreichte sie mit mehr als 282 000 Einwanderern pro Jahr einen Höchststand. Zwischen 1945 und 1955 wuchs die Gesamtbevölkerung um mehr als 3,3 Mio. Während in den 60er Jahren der Zustrom europäischer Einwanderer nachließ, erhöhte sich die Zahl der Immigranten aus Asien, dem Mittleren Osten sowie Mittel- und Südamerika.

Innenpolitische Entwicklung: Louis S. Saint Laurent (1948–57) löste mit den Wahlen 1948 Premierminster King ab. Saint Laurent bemühte sich um den Ausbau des sozialen Netzes und verstärkte K.s außenpolitische Aktivitäten, insbes. im Verhältnis zu den USA. Der wachsenden wirtschaftlichen Anbindung an die benachbarte Supermacht standen jedoch viele Kanadier kritisch gegenüber. 1957 endete mit der Wahl des Konservativen John G. Diefenbaker (1957–63) zum Premierminister die 21-jährige Regierungszeit der Liberalen. Innerparteiliche Differenzen in Fragen der Außenpolitik (insbes. im Zusammenhang mit K.s Stellung im Kalten Krieg) schwächten die Regierung Diefenbaker und führten 1963 zum Wahlsieg der Liberalen Partei unter Lester B. Pearson (1963–68). Während seiner Amtszeit führte Pearson umfassende Reformen des nationalen Sozialwesens durch und etablierte u. a. das staatliche Renten-, Sozial- und Krankenversicherungssystem. Unter dem Druck einer fehlenden Mehrheit im Parlament sowie

Louis S. Saint Laurent verhalf Kanada während seiner Zeit als Premierminister (1948–57) zu einem nachhaltigen wirtschaftlichen Aufschwung. Das Engagement des liberalen Politikers aus Quebec in der UNO und im brit. Commonwealth verhalf Kanada zu internationalem Ansehen.

Stichwort: Verhältnis zu den USA

Unabhängigkeitsbestrebungen: Für das Verhältnis zur benachbarten Supermacht kennzeichnend ist zum einen die traditionell enge wirtschaftliche Zusammenarbeit beider Staaten, zum anderen das kontinuierliche Bestreben der kanad. Regierung, sich trotz der wirtschaftlichen Abhängigkeit auf politischer Ebene von den USA abzusetzen. Dieses Bemühen fand u. a. seinen Ausdruck im Beitritt Kanadas zur NATO sowie im Engagement des Landes innerhalb der UN.

Wirtschaftliche Verflechtung: Die geografische Lage und der Reichtum an natürlichen Energieträgern machen Kanada zu einem der wichtigsten Handelspartner der USA. Investitionen privater US-Unternehmen in die kanad. Wirtschaft führten seit Ende des Ersten Weltkriegs zu einer starken wirtschaftlichen Abhängigkeit von der benachbarte Großmacht und waren seitdem immer wieder Gegenstand innenpolitischer Kontroversen. Letztlich konnten aber die verschiedenen wirtschaftlichen Rezessionsphasen nur durch eine offene Handelspolitik gegenüber den USA aufgefangen werden. 1988 schloss die kanad. Regierung ein Freihandelsabkommen mit den USA, das 1994 zur Nordamerikan. Freihandelszone (NAFTA) ausgeweitet wurde.

Militärische Bündnisse: Im Zuge des Zweiten Weltkriegs schlossen die Staaten 1940 ein Bündnis zur gemeinsamen Verteidigung Nordamerikas (Joint Defense Board), dem 1958 der Abschluss eines Luftverteidigungsbündnisses (NORAD) folgte. Gleichzeitig bemühte sich Kanada im Verlauf des Kalten Kriegs um ein eigenständiges Verhältnis zu den Ostblockstaaten (u. a. gegenüber Kuba). 1985 einigten sich Kanada und die USA in einem Abkommen über die Modernisierung der NORAD.

Kanadas Ureinwohner: Inuit und Indianer

Geschichte: Nach Schätzungen bewohnten zu Beginn der Besiedlung durch europäische Einwanderer rund 200 000 Indianer und Inuit (Eskimos) das heutige kanad. Bundesgebiet. Die Zerstörung der Lebensräume infolge der Besiedlung führte im 19. Jh. zu einer drastischen Verringerung der Zahl der Ureinwohner. Seit Mitte des 20. Jh.s besteht auch von öffentlicher Seite ein Bewusstsein für die Rechte und Bedürfnisse der kanad. Urbevölkerung, deren Zahl in der zweiten Hälfte des 20. Jh.s auf ca. 400 000 (davon 350 000 Indianer, 30 000 Inuit) stieg.

Indianer: Die Regierung erkennt heute rund 540 Indianerstämme an. Teile der indianischen Urbevölkerung leben in einem der ca. 2250 Reservate. Lebensstandard und Ausbildungsniveau liegen dort meist unter dem kanad. Durchschnitt. 1960 erhielten die kanad. Indianer das Wahlrecht. 1996 schloss die Regierung mit den in British Columbia ansässigen Nisga'a-Indianern einen Landrechtsvertrag, der die Übergabe von etwa 2000 km^2 Land und eine Zahlung von 175 Mio kan $ vorsieht und als Mustervertrag für Verhandlungen mit anderen Stämmen dient.

Inuit: Im Gegensatz zur indianischen Urbevölkerung war die gesellschaftliche Stellung der Inuit bis zur Schaffung des Nunavut-Territoriums 1999 durch keinerlei Verträge und Gesetze geregelt. Die heute ca. 30 000 Inuit leben in kleinen Gruppen verstreut im Norden Kanadas. Ihre Zahl ist vor allem aufgrund des weltweiten Rückgangs der Nachfrage an Pelzen, der traditionellen Einkommensquelle der Inuit, in den letzten Jahrzehnten drastisch gesunken. (Foto oben: Demonstration von Indianern in Ottawa, 1996; unten: Inuit in ihrem neuen Territorium Nunavut, 1999)

wachsender Spannungen zwischen der anglo- und frankokanad. Bevölkerung kündigte Pearson 1967 seinen Rücktritt an.

Gefährdung der nationalen Einheit: Separatistische Bestrebungen frankokanad. Nationalisten stellten die Regierung in den 60er und 70er Jahren vor schwerwiegende Probleme. Nach ihrem Wahlsieg 1960 führte die Liberale Partei in der überwiegend von Frankokanadiern bewohnten Provinz Quebec deshalb eine Reihe grundlegender Strukturreformen durch, die auf eine Verbesserung des sozialen Netzes, des Erziehungswesens und der wirtschaftlichen Lage Quebecs abzielten. Diese sog. Stille Revolution änderte jedoch wenig an dem Gefühl vieler Frankokanadier, innerhalb K.s eine benachteiligte Minderheit zu sein. Während eines Besuchs der brit. Königin anlässlich des 100-jährigen Bestehens des Dominions kam es zu Demonstrationen, bei denen Frankokanadier die Autonomie Quebecs forderten. 1968 gründete René Lévesque die nationalistische »Parti Québécois« (Vorläufer des »Bloc Québécois«) und eine aktive Minderheit setzte sich verstärkt für die Loslösung Quebecs aus dem kanad. Bundesstaat ein.

Außenpolitik zur Zeit des Kalten Kriegs: K.s Außenpolitik der Nachkriegszeit war geprägt von dem Bestreben, in der Weltpolitik einen festen Platz einzunehmen, gleichzeitig jedoch größtmögliche politische Unabhängigkeit gegenüber der benachbarten Großmacht USA zu wahren. Dieses Ziel wurde u. a. durch K.s Einbindung in internationale Organisationen realisiert: So gehörte K. 1945 zu den Gründungsmitgliedern der UNO und wurde 1949 Mitglied der NATO.

Im Zuge der Ereignisse des Kaltes Kriegs schloss K. 1958 mit den USA einen Vertrag zur gemeinsamen Luftverteidigung Nordamerikas (North American Air Defense Command, NORAD) und unterstützte die USA im Koreakrieg (1950–53) mit Truppen. Als UN-Mitglied entsandte K. 1956 Friedenstruppen in den Nahen Osten zur Beilegung der Suezkrise und war seitdem immer wieder an Einsätzen der UN-Friedenstruppen beteiligt. K.s Bemühen um politische Unabhängigkeit führte jedoch immer wieder zu außenpolitischen Konflikten mit den USA, so z. B. als sich Premierminister Pearson 1963 für die Ausrüstung K.s mit Atomwaffen einsetzte.

Mitglied im Commonwealth of Nations: Nach dem Zweiten Weltkrieg verlor das traditionelle enge Verhältnis zwischen K. und Großbritannien aufgrund der wirtschaftlichen Verbindung mit den USA an Bedeutung. Als eines der Gründungsmitglieder engagierte sich K. im Verlauf der 50er und 60er Jahre jedoch im Commonwealth of Nations. Hier trat K. für die Interessen neuerer, durch den Zweiten Weltkrieg unabhängig gewordener Mitgliedsstaaten ein (so z. B. während der Suezkrise). Auf der Commonwealth-Konferenz 1961 in Ghana äußerten kanad. Vertreter Kritik an einem möglichen Beitritt Großbritanniens zur EWG, da sie eine wirtschaftliche Schwächung des Commonwealth befürchteten.

Die Ära Trudeau (1968–84)

Wahlsieg Trudeaus: Nach dem Rücktritt Pearsons 1968 wurde der liberale Pierre Elliot Trudeau mit großer Mehrheit zum Premierminister gewählt. Abgesehen von einer einjährigen Unterbrechung hatte Trudeau das Amt bis 1984 inne. Trudeau war ein überzeugter Gegner separatistischer Ideen und setzte sich massiv für die Einheit K.s ein. Bei seinem Amtsantritt galten die stärkere Einbindung Quebecs sowie die Ausarbeitung einer neuen, den kanad. Bedürfnissen angepassten Verfassung als dringlichste Aufgaben. Der Frankokanadier und ehemalige Verfassungsrichter Trudeau schien nicht zuletzt auch aufgrund seiner starken Persönlichkeit für eine Lösung dieser Aufgaben geeignet.

Wirtschaftliche Entwicklung: Die starke Nachfrage nach Rohstoffen und Nahrungsmitteln auf dem Weltmarkt der 70er Jahre konnte wachsende Verluste der kanad. Industrie nicht ausgleichen. Während die stärker industrialisierten Provinzen im Osten K.s Entlassungen und rückläufige Exportzahlen zu verzeichnen hatten, profitierten westliche Provinzen wie Saskatchewan und Alberta von hohen Weltmarktpreisen für Holz, Erdöl und Uranium. 1975 gründete die Regierung Trudeau die »Vereinigte Petro-Canada«, eine staatliche Gesellschaft zur Erschließung weiterer Erdöl- und Erdgasvorkommen. Um der allgemeinen Inflation entgegenzuwirken, trat im selben Jahr ein Programm der Bundesregierung zur Kontrolle von Preisen und Löhnen für eine Dauer von drei Jahren in Kraft. Die Gewerkschaften protestierten und riefen im Oktober 1976 zu einem nationalen, eintägigen Generalstreik auf. Während der weltweiten Rezession zu Beginn der 80er Jahre hoffte Trudeau, durch ein nationales Energieprogramm (National Energy Program, NEP) die Staatseinnahmen erhöhen zu können. Das 1980 eingeleitete Programm stieß bei den Energie erzeugenden Provinzen auf heftigen Widerstand, vertrieb potenzielle private Investoren und verhinderte damit die Erschließung weiterer Rohstoffvorkommen.

Pierre Elliot Trudeau wandte sich entschieden gegen separatistische Strömungen und setzte sich für die Einheit Kanadas ein. Der Frankokanadier war 1966 parlamentarischer Sekretär des Premierministers Lester B. Pearson und folgte ihm nach dessen Rücktritt in das Führungsamt (1968–79 und 1980–84).

Staatsoberhäupter Kanadas

Reg.-Zeit	*Name (Dynastie)*	*Lebensdaten*
1837–1901	Victoria I. (Hannover)	1819–1901
1901–10	Edward VII. (Sachsen-Coburg)	1841–1910
1910–36	George V. (Windsor)	1865–1936
1936	Edward VIII. (Windsor)	1894–1972
1936–52	George VI. (Windsor)	1895–1952
seit 1952	Elizabeth II. (Windsor)	*1926

Stichwort: Multikulturalismus

Geschichte: Ethnische Vielfalt ist seit der Besiedlung des heutigen Kanada durch engl. und französ. Forschungsreisende im 16. und 17. Jh. ein prägendes Merkmal der kanad. Gesellschaft. Das Einwanderungsland Kanada ist seitdem Ziel von Immigranten aus allen Teilen der Welt gewesen. Während bis Mitte des 20. Jh.s vor allem Einwanderer aus europäischen Staaten überwogen (Anteil europäischer Immigranten bis 1961: ca. 90%, 1998: ca. 22%), wuchs seit Ende des Zweiten Weltkriegs der Anteil der Einwanderer aus dem asiat Raum von 3% (vor 1961) auf rund 58% (1998).

Aktuelle Probleme: Die über 70 ethnischen Bevölkerungsgruppen, die heute in Kanada leben, sprechen rund 60 verschiedene Sprachen. Die Regierung bemüht sich u. a. durch die Bereitstellung von Fördermitteln für muttersprachlichen Unterricht, die durch die Einwanderung entstandene kulturelle Vielfalt der Bevölkerung zu erhalten und zu unterstützen. Seit Mitte des 20. Jh.s gibt es daneben Bestrebungen, die Selbstbestimmungsrechte der Ureinwohner Kanadas – Indianer und Eskimos – gesetzlich zu verankern und so ein Fortbestehen dieser Kulturen zu gewährleisten.

Politische Maßnahmen: Seit 1972 durch die Ernennung des ersten Ministers für Multikulturalismus der Schutz der ethnischen Vielfalt zur offiziellen Regierungsaufgabe wurde, versuchten die verschiedenen Regierungsparteien, dem Multikulturalismus Kanadas auch rechtliche Grundlagen zu geben. So erfolgte 1977 die Verabschiedung des kanad. Menschenrechtsgesetzes, das 1982 als »Recht auf Gleichheit und Multikulturalismus« in der Charta der Rechte und Freiheiten verfassungsrechtlich verankert wurde. Das Multikulturalismusgesetz von 1988 garantiert jedem kanad. Bürger ungeachtet seiner Herkunft gesellschaftliche Chancengleichheit und verpflichtet die Bundesregierung, den Multikulturalismus auch in ihren Ministerien und Behörden zu fördern.

Innenpolitik und nationale Einheit: Wie sein Amtsvorgänger Pearson bemühte sich auch Trudeau um die stärkere Einbindung der Frankokanadier und Quebecs. 1968 wurde die Zweisprachigkeit in K. gesetzlich verankert. Bei Provinzwahlen in Quebec 1970 gewann die Liberale Partei, aber immerhin 24% der Wähler hatten ihre Stimme der separatistischen »Parti Québécois« gegeben. Ende der 60er und zu Beginn der 70er Jahre kam es vermehrt zu terroristischen Ausschreitungen extremistischer, frankokanad. Gruppierungen. Sie erreichten ihren Höhepunkt 1970, als Terroristen einen Minister der Provinzregierung entführten und ermordeten.

Stichwort: Einwanderungsland Kanada

Bevölkerungsverteilung: Als zweitgrößtes Land der Erde ist Kanada mit einer Gesamtbevölkerung von 31 Mio eines der am dünnsten besiedelten Länder der Erde (durchschnittlich drei Einwohnern je km²). Bis heute sind aufgrund geografischer Gegebenheiten weite Teile des Landesinneren unbesiedelt. Nur 0,3% der Gesamtbevölkerung lebt im Norden, während 60% der Bevölkerung in den Gebieten an der Ostküste (Ontario und Quebec) und etwa 21% in den Gebieten an der Westküste (Alberta und British Columbia) leben.

Bevölkerungswachstum: Noch zu Beginn des 20. Jh.s wurde Kanada von nur 5 Mio Menschen bevölkert. Angesichts der Größe der Landes war das Bevölkerungswachstum im 20. Jh. eine der wichtigsten Voraussetzungen für den wirtschaftlichen Erfolg Kanadas. Die Gesamtbevölkerung hatte sich u. a. aufgrund konstant hoher Einwandererzahlen bereits bis 1931 verdoppelt. Nach Ende des Zweiten Weltkriegs führten hohe Geburtenraten und eine offene Einwanderungspolitik zu einem rasanten Anwachsen der Bevölkerung, deren Zahl zu Beginn der 70er Jahre die 20 Mio-Marke überschritt. In den 90er Jahren lag das Bevölkerungswachstum im Schnitt bei 1,3% jährlich, was zum Teil auf die durchschnittlich 200 000 Einwanderer pro Jahr zurückzuführen ist. Der mit der Einwanderung verbundene Zuwachs an Arbeitskräften und Kapital ist auch heute noch ein wichtiger wirtschaftlicher Faktor.

Bevölkerungsgruppen: 59% der Kanadier bezeichneten 1996 in einer Befragung Engl. als ihre alleinige Muttersprache, 23,3% Französ. An dritter Stelle rangierte mit 2,5% Chines. Italien. und Deutsch folgten mit rund 1,7% und 1,6%. Der überwiegende Teil der Frankokanadier lebt in der Provinz Quebec, wo 81% Französ. als Muttersprache angaben und nur 8,3% Engl. Ein anderes Bild ergibt sich jedoch in den industriellen Ballungszentren. So beträgt der Anteil der Ethnien aus Asien, Südamerika und der Karibik in Toronto und Vancouver über 20%. (Foto: Mennoniten in Crosshill, Ontario)

Nach ihrem Wahlsieg bei Provinzwahlen in Quebec 1976 forderte die »Parti Québécois« eine Loslösung, zumindest aber die rechtliche Unabhängigkeit Quebecs vom kanad. Bundesstaat. Ursache für den Wahlsieg der Separatisten war nicht zuletzt die wachsende Unzufriedenheit mit der Bundesregierung in Quebec und anderen Provinzen. 1979 wurde der Konservative Charles Joe Clark zum neuen Premierminister gewählt, der nach dem Versuch, verschiedene Reformen (darunter eine Steuererhöhung für Kraftstoffe) durchzusetzen, zurücktreten musste.

Nach seiner Wiederwahl im Februar 1980 setzte Trudeau seine Bemühungen um die nationale Einheit K.s fort. 1980 stimmte die Mehrheit der Bevölkerung Quebecs in einem Referendum für einen Verbleib Quebecs im kanad. Bundesstaat.

Verfassungsproklamation: Gemäß dem »British North America Act« aus dem Jahr 1867 bedurften Änderungen der kanad. Verfassung der Zustimmung durch das brit. Parlament, auch wenn die Unabhängigkeit K.s durch das Statut von Westminster de jure bereits festgeschrieben worden war. 1981 stimmten die Regierung sowie alle Provinzen außer Quebec einem Verfassungsentwurf zu, der das Verhältnis zwischen Provinzen und Regierung neu regelte und die endgültige Unabhängigkeit von Großbritannien in Fragen der Verfassungsgebung sicherte. Nach der Zustimmung durch das brit. Parlament trat die neue Verfassung mit der Proklamation durch die brit. Königin im April 1982 in Kraft. Die Zustimmung Quebecs konnte erst 1996 erlangt werden.

Außenpolitik: Wichtigstes außenpolitisches Ziel Trudeaus war der Erhalt der politischen Unabhängigkeit K.s – vor allem in Absetzung gegenüber den USA. Dies unterstrichen die Aufnahme diplomatischer Beziehungen zur Volksrepublik China 1970 sowie Maßnahmen zur Verbesserung der kanad.-sowjet. Beziehungen. K. verstärkte den Austausch mit der heutigen EU und bemühte sich um eine aktivere Rolle in der UNO. 1975 nahm K. an der KSZE-Konferenz in Helsinki teil und war Mitunterzeichner der Schlussakte. K. war 1976 erstmals auf dem Weltwirtschaftsgipfel vertreten und unterstützte 1979 den NATO-Doppelbeschluss. In Sicherheitsfragen bestand Einvernehmen mit dem Kurs der US-Administration.

Daneben bemühte sich K. verstärkt um den Schutz seiner natürlichen Ressourcen, z. B. 1972 durch die Unterzeichnung eines Abkommens mit den USA zum Schutz der zahlreichen Seen im Grenzgebiet. Durch die Errichtung der 200-Seemeilen-Zone 1977 wurde die Fischfangerlaubnis für ausländische Schiffe drastisch eingegrenzt.

Auf dem Weg ins 21. Jahrhundert

Neuer politischer Kurs: 1984 gewann die Fortschrittlich-Konservative Partei mit großer Mehrheit die Wahlen. Als neuer Premierminister bemühte sich Martin B. Mulroney (1984 bis 1993) um eine Verbesserung des Verhältnisses zwischen der Bundesregierung und den Provinzregierungen und beendete das nationale Energieprogramm Trudeaus aus dem Jahr 1980. Erklärtes Ziel waren die Förderung privater Investitionen zur Senkung der Staatsverschuldung, eine Änderung der Sozialgesetzgebung sowie die Privatisierung staatlicher Unternehmen. Mulroney führte außerdem eine Steuer auf Waren und Dienstleistungen (Goods and Services Tax, GST) ein und schloss 1985 mit den USA ein Abkommen über die Modernisierung des seit 1958 bestehenden Verteidigungsbündnisses NORAD. Nach einer wirtschaftlichen Schwächeperiode zu Beginn der 90er Jahre sowie Rückschlägen bei dem Versuch, eine breite Zustimmung der Provinzen für den Verfassungsentwurf von 1982 zu erhalten, legte Mulroney 1993 das Amt des Premiers nieder. Seit den darauf folgenden Wahlen 1993 regiert der Premierminister Jean Chrétien mit einer liberalen Mehrheit im Parlament. Erstmals steht der separatistische »Bloc Québécois« mit 54 Sitzen (seit 1997: 44 Sitze) offiziell in Opposition zur Regierung.

Ausbau der Handelsbeziehungen: 1988 schlossen K. und die USA ein Freihandelsabkommen zur Förderung des bilateralen Warenaustauschs. 1994 wurde das Freihandelsabkommen durch die Errichtung der Nordamerikan. Freihandelszone (North American Free Trade Agreement, NAFTA) mit den USA und Mexiko erweitert. 1996 unterzeichneten K. und die EU eine Deklaration zur Vertiefung ihrer wirtschaftlichen Beziehungen. Im selben Jahr kam es wegen der Verteilung der Lachsfangquoten sowie wegen der Verabschiedung des US-amerikan. Helms-Burton-Gesetzes zur wirtschaftlichen Isolierung Kubas zu Spannungen mit den USA.

Sonderstatus der Provinz Quebec: 1987 konnte durch das Meech-Lake-Abkommen die Zustimmung der Provinz Quebec zur 1982 proklamierten Verfassung gewonnen werden. Vertreter Quebecs forderten dabei u. a. die verfassungsmäßige Verankerung eines Sonderstatus der Provinz Quebec als »distinct society«

Stichwort: Frankokanadier

Ursprünge des Konflikts: Die Wurzeln des bis in die heutige Zeit andauernden Konflikts zwischen Anglo- und Frankokanadiern reichen weit in die kanad. Geschichte zurück. Zu Beginn des 17. Jh.s besiedelten französ. Einwanderer das Gebiet der heutigen Provinz Quebec. 1663 übernahm die französ. Krone die Verwaltung der Kolonie Kanada. Als Folge des Siebenjährigen Kriegs (1756 bis 1763) musste Frankreich Kanada an Großbritannien abtreten. Die brit. Krone sicherte bereits 1774 im Quebec Act der frankokanad. Bevölkerung besondere Rechte zu, schaffte es aber nicht, die Unzufriedenheit vieler Frankokanadier, die sich u. a. 1836/37 in einem Aufstand entlud, zu verringern.

Autonomiebestrebungen: Die Forderung nach der Anerkennung frankokanad. Rechte in Kanada führte 1968 zur Gründung der nationalistischen Parti Québécois, die sich für den Austritt der Provinz Quebec aus dem kanad. Bundesstaat einsetzte. Der Konflikt erreichte 1970 seinen Höhepunkt, als frankokanad. Extremisten einen Minister der Provinzregierung ermordeten und Premierminster Pierre E. Trudeau für kurze Zeit den Ausnahmezustand über Quebec verhängte. Nachdem die Parti Québécois bei den Provinzwahlen 1976 erstmals die absolute Mehrheit errungen hatte, strengte die Partei 1980 ein Referendum über den Austritt Quebecs aus dem Bundesstaat an, konnte jedoch keine Mehrheit erzielen. Auch in einem erneuten Referendum 1995 entschied sich die Mehrheit der Frankokanadier (50,6%) gegen eine Abspaltung Quebecs. Auf Bundesebene bemüht sich seit 1990 der separatistische »Bloc Québécois« um die Festschreibung eines Sonderstatus für die Provinz Quebec. Der »Bloc Québécois« steht seit den Wahlen 1993 und 1997 erstmals als drittgrößte bzw. viertgrößte Partei in Opposition zur Regierung.

Sonderstatus: Die Proklamation der Verfassung 1982 beinhaltete auch die Festschreibung der Kompetenzverteilung zwischen Bund und Provinzen. Bei der Verhandlung dieser umstrittenen Frage machte die Provinz Quebec ihr Einverständnis von der Erfüllung eines Katalogs von Forderungen abhängig, der u. a. die verfassungsmäßige Verankerung eines Sonderstatus der Provinz Quebec beinhaltete. Das »Meech-Lake-Abkommen« (1987) erfüllte zwar die Forderungen der Frankokanadier, fand aber nicht die erforderliche Mehrheit der Provinzregierungen. 1992 scheiterte auch das »Abkommen von Charlottetown« an einem landesweiten Referendum, in dem sich die Mehrheit der kanad. Bevölkerung gegen die Festschreibung eines Sonderstatus für Quebec aussprach. Ein 1996 verabschiedetes Gesetz verankerte jedoch den Sonderstatus der Provinz und gibt außerdem allen Provinzen ein Vetorecht in Fragen der Verfassungsänderung. (Foto oben: Kundgebung gegen die Teilung Kanadas 1995; unten: Ja- und Nein-Plakate zum Quebec-Referendum 1995)

Etwa 45% der Fläche Kanadas sind mit Wald bedeckt, rund 237 Mio ha werden forstwirtschaftlich genutzt.

Stichwort: Nunavut

Entstehung: Auf der Grundlage des Nunavut Land Claim Agreement von 1993 erhielten die Inuit am 1.4.1999 eine eigene Provinz: Nunavut-Territory. Das Gebiet umfasst rund 350 000 km² und wurde zum Großteil von den Northwest Territories abgespalten. Mehr als 80% der rund 27 000 Bewohner Nunavuts sind Inuit. Damit ist Nunavut-Territory de facto der erste Eskimo-Staat der Welt.

Recht auf Selbstverwaltung: Parlament und Regierung der neuen Provinz werden von den Einwohnern gewählt. Bis 2009 werden die Verwaltungsrechte schrittweise an die neue Provinzregierung übergeben. Die Bundesregierung unterstützt mit finanziellen Mitteln den Aufbau entsprechender Institutionen, der von der Nunavut Implementation Commission geleitet wird. Hauptstadt der neuen Provinz ist Iqaluit, eine Stadt auf Baffin Island mit etwa 3500 Einwohnern. Neben dem Recht auf Selbstverwaltung wurden auch Schürfrechte sowie eine Gewinnbeteiligung bei der Ausbeutung von Bodenschätzen vertraglich verankert.

(eigenständige Gesellschaft). Das Meech-Lake-Abkommen scheiterte jedoch 1990 an der fehlenden Zustimmung aller Provinzen. Ein Jahr später konnten sich Regierung und Provinzen auf das Abkommen von Charlottetown einigen, das jedoch 1992 in einem landesweiten Referendum von der Mehrheit der Kanadier abgelehnt wurde. 1994 gewann die separatistische »Parti Québécois« die Wahlen in Quebec und strengte 1995 ein Referendum über die Abspaltung der Provinz an. Nur mit knapper Mehrheit (50,6%) setzten sich die Befürworter des Status quo durch. Ein Gesetz räumte 1996 der Provinz Quebec den Sonderstatuts einer »distinct society« innerhalb K.s ein und verankerte das Vetorecht aller Provinzen in Fragen der Verfassungsänderung.

Unabhängigkeit der Urbevölkerung: Die 1982 in Kraft getretene Verfassung sicherte auch der indianischen Urbevölkerung K.s ein Recht auf politische Mitbestimmung. Bereits 1959 sollten durch den sog. Indian Act die schlechten Lebensbedingungen vieler Indianer und der Inuit (Eskimos) verbessert werden. In den 60er und 70er Jahren kam es zur Gründung zahlreicher Organisationen wie der »Assembly of First Nations« und des »Native Council of Canada«, welche bis heute indianische Interessen vertreten. Seit 1983 unterstützte die Regierung neue Formen der indianischen Selbstverwaltung und leitete damit eine Politik ein, welche eine zunehmende Unabhängigkeit der Urbevölkerung ermöglichen sollte. Nach über 20 Jahren Verhandlung einigten sich Regierung und Vertreter der in British Columbia ansässigen Nisga'a-Indianer 1996 über einen Landrechtsvertrag, der als Mustervertrag für weitere Verhandlungen mit anderen Stämmen diente. Am 1.4.1999 erhielten die Inuit (Eskimos) einen Teil der Northwest Territories. Das neue Nunavut-Territory erstreckt sich über ca. 350 000 km² und hat rund 27 000 Einwohner. *I. S.*

Regierungschefs im 20. Jahrhundert

Reg.-Zeit	*Name (Partei)*	*Lebensdaten*
1896–1911	Sir Wilfrid Laurier (Liberale Partei Kanada)	1841–1915
1911–20	Sir Robert L. Borden (Konservative Partei)	1854–1937
1920/21	Arthur Meighen (Konservative Partei)	1874–1961
1921–26	William L. MacKenzie King (Liberale Partei Kanada)	1874–1950
1926	Arthur Meighen (Konservative Partei)	1874–1961
1926–30	William L. Mackenzie King (Liberale Partei Kanada)	1874–1950
1930–35	Richard B. Bennett (Konservative Partei)	1870–1947
1935–48	William L. Mackenzie King (Liberale Partei Kanada)	1874–1950
1948–57	Louis S. Saint Laurent (Liberale Partei Kanada)	1882–1973
1957–63	John G. Diefenbaker (Konservative Partei)	1895–1979
1963–68	Lester B. Pearson (Liberale Partei Kanada)	1897–1972
1968–79	Pierre E. Trudeau (Liberale Partei Kanada)	*1919
1979/80	Charles J. Clark (Konservative Partei)	*1939
1980–84	Pierre E. Trudeau (Liberale Partei Kanada)	*1919
1984	John N. Turner (Liberale Partei Kanada)	*1929
1984–93	Martin B. Mulroney (Konservative Partei)	*1939
seit 1993	Jean Chrétien (Liberale Partei Kanada)	*1934

Die wichtigsten Parteien im 20. Jahrhundert

Name (Abkürzung)	*Politische Richtung*	*Gründung*
Liberale Partei Kanada (LPC)	Liberale	1854
Konservative Partei [1]	Konservative	1864
Neue Demokratische Partei (NDP)	Sozialdemokraten	1961
Parti Québécois (PQ)	konservative Separatisten	1968
Reform-Partei (RP)	Konservative	1987
Bloc Québécois (BQ)	konservative Separatisten	1990

1) Ab 1942 Fortschrittlich-Konservative Partei (PCP)

Kap Verde

Republik Kap Verde

Die vor Afrika gelegene Inselgruppe K. wurde im 15. Jh. von portugies. Seefahrern entdeckt und seit 1460 auch besiedelt. Schon 1532 wurde ein eigenständiges Bistum auf der Insel São Tiago errichtet. Mit der Entsendung eines Generalgouverneurs erhielten die Kapverden offiziellen Kolonialstatus. Seit 1650 verwaltete die portugies. Kolonialmacht ihren Besitz Portugies.-Guinea auf dem afrikan. Festland von K. aus.

Portugiesische Kolonie

Die geografische Lage machte die Inseln zu einem für die Seemächte wichtigen Knotenpunkt im Sklavenhandel, der zu einem bescheidenen Wohlstand führte, aber auch Begehrlichkeiten anderer Seefahrernationen weckte. 1585 und 1592 belagerten und plünderten brit. Piraten unter Sir Francis Drake die Stadt Ribeira Grande auf der Insel São Tiago, die sich mit der Ausweitung des Sklavenhandels zum wirtschaftlichen Zentrum von K. entwickelt hatte. Aus Sicherheitsgründen verlegte man 1614 den Sitz der Regierung und des Bischofs von Ribeira Grande nach Praia; nach einem Angriff der französ. Flotte wurde das vollständig zerstörte Ribeira Grande 1712 endgültig verlassen.

Die Nachkommen der weißen Siedler vermischten sich mit den Sklaven und es entstand eine eigene Bevölkerungsgruppe, die sog. Kreolen. Die weiße Siedleroligarchie geriet in die Minderheit, behielt jedoch bis ins 20. Jh. die Macht. Sie sicherte ihre Position durch Landbesitz, den die Kreolen bearbeiteten. Seit 1790 wird auf den Plantagen Kaffee angebaut. Die Plantagenwirtschaft hatte schwer wiegende Folgen für die Inseln, denn der radikale Abbau des Waldes führte zu Bodenerosion und Verödung. Der Verfall der Landwirtschaft und das Ende des Sklavenhandels im 19. Jh. bewirkten eine zunehmende Verarmung der Landbevölkerung, der viele Menschen durch Auswanderung zu entfliehen suchten. Bis zum Ende der Kolonialzeit hatte die soziale Schichtung der Kapverden feudalen Charakter. Auf dem Land standen einer kleinen Zahl weißer Großgrundbesitzer die Masse der Pächter und wenige Land besitzende Bauern gegenüber. Dazu kam eine urbane Mittelschicht aus portugies. Beamten, Angestellten und Freiberuflern; Handel und Banken befanden sich in den Händen der portugies. Oligarchie.

Kap Verde 2000	
Landesfläche	4033 km² (WR 163)
Einwohner	418 000 (WR 162)
Hauptstadt	Praia (68 000 Einwohner)
Sprachen	Portugiesisch, Kreolisch
Währung	1 Kap Verde Escudo
Gliederung	9 Inseln, 14 Distrikte
Staatsform	Republik (seit 1975)
Religion	Katholiken (93,2%); Sonstige (6,8%)
Bevölkerung	Mulatten (71%); Schwarze (28%); Weiße (1%)

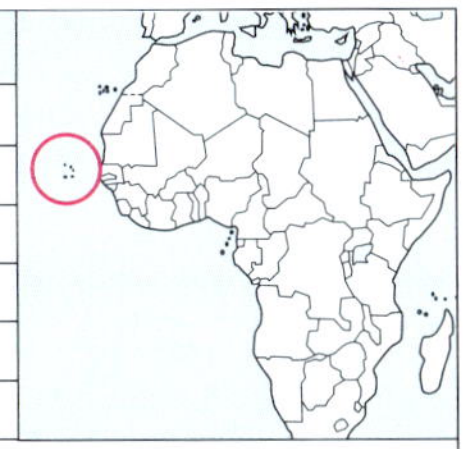

Kap Verde im 20. Jahrhundert	
1945	Errichtung des Internationalen Flughafens auf der Insel Sal.
1951	Die Kapverden werden portugies. Überseeprovinz.
1956	Gründung der Afrikan. Partei für die Unabhängigkeit Guineas und Kap Verdes (PAIGC), welche die Loslösung von Portugal anstrebt.
1973	Gewährung der inneren Autonomie, Bildung eines Legislativrats.
1974	Revolution in Portugal; Bildung einer Übergangsregierung der Kapverden.
1975	Freie Wahlen; Unabhängigkeit von Portugal; Einparteienstaat.
1990	Verfassungsänderung: Einführung des Mehrparteiensystems.
1991	Freie Wahlen; Die oppositionelle MPD wird stärkste Partei

Die wichtigsten Parteien im 20. Jahrhundert

Name (Abkürzung)	*Politische Richtung*	*Gründung*
Afrikan. Partei für die Unabhängigkeit Kap Verdes (PAICV) [1]	marxistisch	1956
Unabhängige und demokratische Union Kap Verdes (UCID)	oppositionell zur PAICV	1974
Bewegung für die Demokratie (MPD)	demokratisch	1990
Partei der sozialistischen Demokraten (PSD)	sozialistisch	1992
Partei für demokratische Konvergenz (PCD)	Abspaltung der MPD	1994

1) 1956 als Afrikan. Partei für die Unabhängigkeit Guineas und Kap Verdes (PAIGC) gegründet; 1981 nach dem Putsch in Guinea-Bissau (1980) umbenannt

Der Weg in die Unabhängigkeit

Status der Kolonie: 1879 wurde Guinea von K. getrennt und bildete von nun an eine eigene Verwaltungseinheit. Am 11.6.1951 erhielt K. den Status einer Überseeprovinz; 1961 wurden die Einwohner zu portugies. Staatsbürgern.

Unabhängigkeitsbewegung: Die Unabhängigkeitsbewegung der K. nahm in der portugies. Provinz Guinea-Bissau ihren Anfang. Hier wurde 1954 eine nationalistische Geheimorganisation geschaffen, welche die Loslösung von Portugal anstrebte. Zwei Jahre später gründeten Amilcar Cabral und andere antikoloniale Intellektuelle die »Afrikan. Partei für die Unabhängigkeit Guineas und K.s« (PAIGC), welche die Vereinigung der beiden Provinzen in einem unabhängigen Staat anstrebte. 1962 begann in Guinea-Bissau der Guerilla-Krieg der von den Kapverdianern beherrschten PAIGC; die Insellage verhinderte

Nach der Unabhängigkeit von Portugal 1975 wurde in Kap Verde zunächst ein Einparteienstaat unter der Führung der marxistischen PAIGC (ab 1981 PAICV) errichtet. Erst Anfang der 90er Jahre entstand eine Bewegung unter Führung der MPD, die für eine Demokratisierung des Staates kämpfte. (Foto: Anhänger einer Rebellenorganisation in Santiago, 1998)

die Ausdehnung des militärischen Kampfes auf K. Mit der Parole »Das Land denen, die es bebauen« fanden sich vor allem bei Kleinbauern Anhänger für den Befreiungskampf. 1973 wurde der Überseeprovinz wie den übrigen portugies. Kolonien größere innere Autonomie zugebilligt. Ein Legislativrat wurde eingerichtet, doch stand das Wahlrecht nur der alphabetisierten besitzenden Bevölkerung zu. Von den 240 000 Einwohnern K.s waren danach lediglich 25 000 wahlberechtigt.

Unabhängigkeit und neue Diktatur: Mit dem Ende der Diktatur in Portugal 1974 fielen auch die Restriktionen, denen sich die Menschen auf den Inseln ausgesetzt sahen. Unter dem Vorsitz des portugies. Hohen Kommissars wurde eine provisorische Übergangsregierung gebildet, die Wahlen zu einer verfassunggebenden Nationalen Volksversammlung ausschrieb. Bei diesen Wahlen 1975 kandidierten keine Parteien, doch sympathisierten die meisten Kandidaten mit der PAIGC, die dann auch alle Mandate im Parlament stellte. Am 5.7.1975 wurde die Unabhängigkeit von Portugal erklärt. Die Regierung strebte eine Vereinigung mit dem 1974 unabhängig gewordenen Guinea-Bissau an, doch der Plan wurde 1980 durch einen antikapverd. Putsch in Guinea-Bissau zunichte gemacht. Durch diesen Staatsstreich verschlechterten sich die Beziehungen der beiden Staaten; die PAIGC benannte sich 1981 in »Afrikan. Partei für die Unabhängigkeit K.s« (PAICV) um. Die bei den Wahlen gewonnene Mehrheit nutzte die Partei zum Ausbau ihrer Macht: Freie Gewerkschaften wurden verboten, eine Einheitsgewerkschaft geschaffen und K. zum Einparteienstaat erklärt. Bei den Wahlen zur Nationalen Volksversammlung 1985 erhielt die PAICV 94,5% der Stimmen. Jedoch wurden zunehmend Stimmen laut, die die Demokratisierung der Inseln forderten.

Demokratisierung: 1990 wurde die Verfassung geändert und das Mehrparteiensystem eingeführt. Im selben Jahr formierte sich die Opposition in der Bewegung für Demokratie (MPD), die bei den Parlamentswahlen im Januar 1991 auf Anhieb die absolute Mehrheit der Mandate (65% der Stimmen; 59 der 79 Sitze) erlangte. Die ersten freien Präsidentschaftswahlen gewann einen Monat später der als unabhängig geltende, von der MPD unterstützte António M. Monteiro. 74% der Wahlberechtigten stimmten für den 47-jährigen Ex-Richter. Aristides Pereira, der bisherige Amtsinhaber, erhielt 25% der Stimmen.

Verfassungsänderung: In der Verfassung vom 25.9.1993 wurden die Prinzipien des Mehrparteiensystem verankert; zugleich wurde das Parlament von 79 auf 72 Sitze verkleinert. Die Legislaturperiode beträgt fünf Jahre. Das Amt des Ministerpräsidenten wurde gegenüber dem des Staatspräsidenten, der künftig auf repräsentative Aufgaben beschränkt ist, aufgewertet. Unter dem 1996 wieder gewählten Präsidenten Monteiro setzte sich 1998 der Demokratisierungsprozess fort.

Wirtschaft: Die Währung wurde 1998 an die portugies. und damit an den Euro gekoppelt. So will die einstige Kolonialmacht K. wirtschaftlich stabilisieren und den Auswandererstrom nach Portugal eindämmen. *N. K.*

Staatsoberhäupter Kap Verdes

Aristides Maria Pereira (* 17.11.1923 auf der Insel Boa Vista) war seit der Gründung der Befreiungsbewegung an führender Stelle im Kampf gegen die portugies. Kolonialmacht tätig. 1973 wurde er zum Generalsekretär der PAIGC gewählt, die 1975 auch in Kap Verde die Macht übernahm. Im selben Jahr wurde Pereira Staatspräsident des Einparteienstaats (1981 und 1986 im Amt bestätigt).

1990 machte Pereira den Weg zur Demokratisierung des Landes frei und gab die Führung der Staatspartei PAICV ab. 1991 wurde er bei der ersten freien Präsidentschaftswahl von seinem Gegenkandidaten deutlich geschlagen: Nur ein Viertel der Wähler Kap Verdes votierte für ihn.

António Mascarenhas Monteiro (*16.2.1944 in Santa Catarina) floh 1967 von Kap Verde nach Belgien, um dem portugies. Kriegsdienst zu entgehen. Er studierte an der Universität Löwen Jura. Als Mitglied der PAIGC unterstützte er 1969–71 den Unabhängigkeitskampf. 1975 kehrte er in seine Heimat zurück. Zunächst arbeitete er als Jurist für das Parlament und wurde später Präsident des Obersten Gerichtshofs (1980–90). Nach dem Bruch mit seiner Partei schloss er sich der Opposition an. 1991 schlug er als Kandidat der MPD bei den ersten freien Präsidentschaftswahlen seinen Vorgänger Pereira und wurde 1996 ohne Gegenkandidaten wieder gewählt.

Kasachstan

Republik Kasachstan

Das heutige K. war seit dem 6. Jh. Heimat von Turkvölkern, die zunächst dem Mongolenreich und danach dem Khanat der Usbeken angehörten. Einige Stämme lösten sich im 15. Jh. von usbek. Herrschaft und wurden seitdem als »Kasachen« (türk.-mongol.; »freie Krieger«) bezeichnet. Ab Mitte des 18. Jh.s unterwarfen sich die Kasachen, welche die Steppe zwischen Wolga und Jenissej bewohnten, dem russ. Zarenreich, das ab 1873 das ganze Gebiet der heutigen Republik K. beherrschte.

Beginn des 20. Jahrhunderts

Russische Einwanderung: Mit der Unterwerfung K.s begann der Zustrom russ. Siedler. 1906–14 ließen sich jährlich mehr als 140 000 Einwanderer im fruchtbaren Norden K.s nieder. 1916 schlossen die Kasachen sich deshalb dem großen zentralasiat. Aufstand an, in dessen Verlauf Tausende russ. Siedler getötet und 300 000 Kasachen durch die russ. Armee nach China vertrieben wurden. Nach der Oktoberrevolution riefen kasach. Nationalisten der Partei »Alasch Orda« Ende 1917 eine unabhängige Republik aus.

Kasachstan in der Sowjetzeit

Sowjetrepublik: Wegen des Bürgerkriegs gelang es den Bolschewiki erst 1920, die Steppe unter Kontrolle zu bringen und in Orenburg am Ural die »Autonome Sowjetrepublik (ASSR) Kirgistan« auszurufen. 1925 wurde die Kirgis. ASSR in »Kasach. ASSR« umbenannt. 1936 wurde K. aus der Russ. Föderation ausgegliedert und zu einer eigenständigen Sowjetrepublik erklärt.

Kollektivierung: Ab 1929 versuchte die Sowjetführung, die noch überwiegend nomadisch lebenden Kasachen sesshaft zu machen, und enteignete den Großteil ihres Viehs. Die Folge war eine Hungersnot, der 1932/33 mehr als 1 Mio Kasachen zum Opfer fielen; etwa genau so viele wanderten über die sowjet. Grenze nach China ab.

Deportation: Gleichzeitig wurde K. zum Deportationsgebiet, in das in den 30er Jahren vor allem ukrain. und russ. Bauern verschickt wurden, die sich der Kollektivierung der Landwirtschaft widersetzten. Während des Zweiten Weltkriegs zählten zu den Deportierten u. a. die Wolgadeutschen, die der Kollaboration mit dem Feind beschuldigt wurden.

Kasachstan 2000	
Landesfläche	2,717 Mio km² (WR 9)
Einwohner	16,3 Mio (WR 55)
Hauptstadt	Astana/Akmola (286 000 Einwohner)
Sprachen	Kasachisch, Russisch
Währung	1 Tenge = 100 Tiin
Gliederung	21 Regionen
Staatsform	Präsidiale Republik (seit 1991)
Religion	Moslems (47%); Russisch-Orthodoxe (44%); Ukrainische Katholiken (2%); Protestanten (2%); Sonstige (5%)
Bevölkerung	Kasachen (42%); Russen (37%); Ukrainer (5,2%); Sonstige (15,8%)

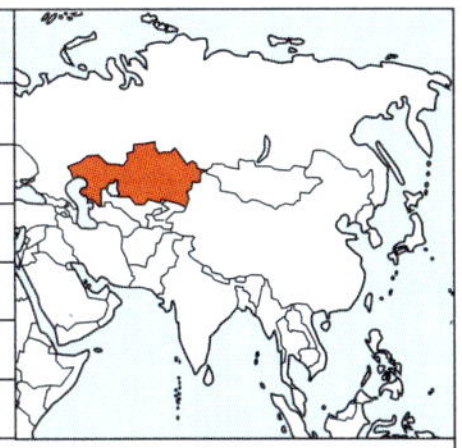

Kasachstan im 20. Jahrhundert	
1911	Gründung der nationalistischen Partei »Alasch Orda«.
1916	Aufstand gegen die russ. Herrschaft; 300 000 Kasachen fliehen nach China.
1917	Die Führung der Alasch Orda proklamiert die unabhängige Republik Kasachstan.
1920	Die provisorische kasach. Regierung stellt den Widerstand gegen die Bolschewiki ein.
	Gründung der Autonomen Sowjetrepublik (ASSR) Kirgistan innerhalb der Russ. Föderalen Sowjetrepublik (RSFSR).
1925	Die ASSR Kirgistan wird in ASSR Kasachstan umbenannt.
1926	Auflösung und Verbot der Alasch Orda; alle Kasachen werden aus der Führung der Republik ausgeschlossen.
1929	Zwangskollektivierung und Hungersnot, Flucht Hunderttausender Kasachen nach China (bis 1933).
1936	Gründung der Sozialistischen Sowjetrepublik (SSR) Kasachstan.
1956	Dinmuhammad Kunajew wird Erster Sekretär der kasach. KP.
1986	Absetzung Kunajews durch Michail Gorbatschow, schwere antiruss. Unruhen in Alma Ata.
1989	Antiruss. Ausschreitungen in Novy Usen am Kasp. Meer.
	Nursultan Nasarbajew wird Erster Sekretär der kasach. KP.
1990	Kasachstan proklamiert seine Souveränität.
1991	Kasachstan erklärt sich für unabhängig.
	In einer allgemeinen Wahl wird Nasarbajew zum Staatspräsidenten gewählt.
1993	Das Parlament verabschiedet eine neue Verfassung.
	Kasach. wird zur Staatssprache erklärt.
1994	Erste freie Parlamentswahlen in Kasachstan.
	Kasachstan wird Mitglied in der »Partnerschaft für den Frieden« der NATO.
1995	Partnerschaftsabkommen mit der EU.
	Präsident Nasarbajew löst das Parlament auf; seine Amtszeit wird durch ein Referendum bis zum Jahr 2000 verlängert.
	Durch ein Referendum wird eine neue Verfassung angenommen, welche die Verfassung von 1993 ersetzt.
	Die Neuwahlen für das Parlament werden teilweise von der Opposition boykottiert.
1996	Gründung der »Gemeinschaft integrierter Staaten« (GIS) mit Kirgistan, Russland und Weißrussland.
	»Zentralasiat. Wirtschaftsunion« mit Kirgistan und Usbekistan.
1997	Die Hauptstadt wird von Almaty nach Akmola (heute Astana) verlegt.
	»Zentralasiat. Wirtschaftsunion« wird durch einen Beistandspakt ergänzt.
1998	Bilateraler Vertrag mit Russland über die Ausbeutung der Bodenschätze unter dem Kasp. Meer.
1999	Bei vorgezogenen Präsidentschaftswahlen wird Nasarbajew im Amt bestätigt.

Einwanderung: Ab 1954 war K. von einer neuen Einwanderungswelle aus Russland betroffen, da Nikita Chruschtschow (1953–64) die Agrarprobleme der Sowjetunion durch die Urbarmachung der kasach. Steppe lösen wollte. Mit einem Bevölkerungsanteil von etwa 30% waren die Kasachen um 1960 eine Minderheit im eigenen Land (heute: ca. 42%).
Mehr Unabhängigkeit von Moskau: Mit dem Ersten Sekretär der kasach. KP Dinmuhammad Kunajew übernahm 1956 erstmals ein Kasache die Leitung der Republik. Schon bald verschmolz die neue Schicht der kasach. Parteifunktionäre mit den alten Stammesstrukturen zu einem eigentümlichen halbfeudalen System. Die zunehmend korrupte Herrschaft Kunajews wurde erst 1986 durch Michail Gorbatschow (1985–91) beendet, der den Kasachen durch den Russen Gennadi Kolbin ersetzte. Daraufhin kam es in Almaty zu gewaltsamen Ausschreitungen, die erst nach etlichen Tagen unterdrückt werden konnten. Der Tag des Aufstands, der 16.12.1986, ist heute kasach. Nationalfeiertag.

Der Weg in die Unabhängigkeit

Perestroika: In vielen Bereichen stieß Gorbatschows Politik der Umgestaltung in K. auf breite Zustimmung. Bald engagierten sich Umweltgruppen gegen die sowjet. Atomwaffentests in Semipalatinsk und gegen die Austrocknung des Aralsees. Als es jedoch im Juni 1989 im Westen K.s erneut zu Ausschreitungen gegen Russen kam, sah Gorbatschow sich gezwungen, Kolbin durch den Kasachen Nursultan Nasarbajew abzulösen. Nasarbajew, der sich seit seiner Ernennung um einen Ausgleich zwischen Russen und Kasachen bemüht, wurde schon bald als Symbol der Erneuerung akzeptiert. Im April 1990 wählte ihn der kasach. Oberste Sowjet zum ersten Präsidenten K.s.
Übergang zur Unabhängigkeit: Auch wenn Nasarbajew sich für eine größere Eigenständigkeit der Teilrepubliken aussprach, trat er – nicht zuletzt wegen der ethnischen Zusammensetzung der Bevölkerung – bis Ende 1991 für die Beibehaltung der Sowjetunion ein. Nach dem gescheiterten Putsch in Moskau im August 1991 und dem Verbot der kommunistischen Partei in K. übernahm Nasarbajew die Kontrolle über die Wirtschaft der Republik. Erst am 16.12.1991, als letzte Teilrepublik der UdSSR, erklärte K. seine Unabhängigkeit und wurde am 21.12.1991 Mitglied der neu gegründeten Gemeinschaft Unabhängiger Staaten (GUS).

Das unabhängige Kasachstan

Rolle in der GUS: Bei den ersten demokratischen Präsidentschaftswahlen im Dezember 1991 wurde Nasarbajew – ohne Gegenkandidat – mit 95% der Stimmen im Amt bestätigt. In der Folgezeit suchte der Präsident enge Kontakte zu Russland. 1994 regte er (ohne Erfolg) die Umwandlung der »Gemeinschaft Unabhängiger Staaten« in eine supranationale »Eurasische Union« an, ein Vorschlag, der

Sowjetisches Atomtestgelände »Polygon« bei Semipalatinsk

Zum schwersten Erbe der Sowjetzeit gehört zweifellos das 19 000 km² große Atomtestgelände »Polygon« westlich von Semipalatinsk im Nordosten Kasachstans. Dieses Gebiet war während des Kalten Kriegs das wichtigste Zentrum der militärischen Atomforschung der Sowjetunion. Dort zündete sie am 29.8.1949 ihre erste Atombombe, dort überwand sie am 12.8.1953 endgültig den atomaren Vorsprung der USA, als sie unter der Leitung des späteren Nobelpreisträgers Andrej Sacharow ihre erste Wasserstoffbombe zur Detonation brachte.

1949–89 wurden in Semipalatinsk etwa 460 Atomversuche durchgeführt, davon 30 auf der Oberfläche, ca. 90 in der Atmosphäre und etwa 340 in tiefen Schächten unter der Erdoberfläche, wobei insgesamt die Energie von 17,4 Megatonnen TNT freigesetzt wurde. Die größten Schäden für Mensch und Umwelt verursachten die ersten 30 Bomben, die vor 1960 auf hohen Stahltürmen gezündet wurden. Bei diesen Versuchen berührte das heiße Plasma der Explosion die oberen Bodenschichten, wodurch verdampftes Erdreich mit der Konvektionssäule (»Atompilz«) in die oberen Luftschichten emporgerissen wurde und die umliegenden Regionen weiträumig radioaktiv verseucht wurden. Ein Teil der erhöhten Radioaktivität im Umfeld von Semipalatinsk geht jedoch auch auf chines. Atomversuche in Lop Nor zurück.

Nach einem UN-Bericht von 1998 erlitten allein in Kasachstan etwa 100 000 Menschen Strahlenschäden, davon 67 000 so schwere, dass sie genetische Defekte an ihre Nachkommen weiter vererbten. Erst in der Zeit der Perestroika berichteten Betroffene in der Öffentlichkeit über ihre Leiden. Durch einen Vertrag zwischen Kasachstan und den USA vom Oktober 1995 wurden die Anlagen von Semipalatinsk geschlossen. (Foto: Sowjet. Atomversuch auf dem Testgelände Semipalatinsk)

Von Almaty nach Astana: 1995 verfügte Präsident Nursultan Nasarbajew den Umzug der Hauptstadt von Almaty nach Akmola (1998 in Astana umbenannt). Die neue Hauptstadt soll sich laut Nasarbajew »sinnstiftend« auf die Nation auswirken. Nach inoffiziellen Angaben soll das Machtzentrum in die geografische Mitte des Landes rücken, um Abspaltungstendenzen der Russen in Nordkasachstan zu begegnen und die Verwaltung dem Einfluss der südkasach. Stämme zu entziehen. (Foto: Denkmal für die Opfer des Zweiten Weltkriegs in Almaty)

Gorbatschows Plänen für einen neuen Unionsvertrag von 1991 ähnelte.

Atomwaffen: Ab 1949 war K. Schauplatz der meisten sowjet. Atomwaffentests. Mit der Unabhängigkeit wurde das Land auch Herr über die Atomsprengköpfe, die im Land stationiert waren. Damit war K. faktisch eine Atommacht, was den neuen Staat sofort ins Zentrum der Weltpolitik rückte. Präsident Nasarbajew signalisierte aber schon bald seine Bereitschaft, auf diese Atomwaffen verzichten zu wollen, und unterzeichnete im Dezember 1993 den Atomwaffensperrvertrag. Seit der Vernichtung des letzten nuklearen Sprengkopfs im Mai 1995 ist K. keine Atommacht mehr.

Demokratische Verfassung: Im Januar 1993 verabschiedete das Parlament eine neue Verfassung. Die anfängliche Begeisterung über die Unabhängigkeit war längst der Ernüchterung gewichen, die sich in zunehmenden Spannungen zwischen Regierung und Parlament ausdrückte. Angesichts der geplanten Neuwahlen löste sich der Oberste Sowjet im Dezember 1993 selbst auf. Den Parlamentswahlen im März 1994, bei denen die Anhänger Nasarbajews etwa zwei Drittel aller Sitze gewannen, fehlte jedoch die demokratische Legitimation, da einem Teil der Kandidaten die Zulassung verweigert worden war.

Wirtschaftliche Probleme: Mit der »Zentralasiat. Kooperationsgemeinschaft«, in der sich im April 1994 K., Kirgistan und Usbekistan zu einer Zollunion zusammenschlossen, versuchten die beteiligten Länder den nach dem Ende der Sowjetunion eingeschränkten Güteraustausch zwischen den Nachbarrepubliken zu erleichtern. Die andauernden wirtschaftlichen Probleme führten im Oktober 1994 erneut zu Spannungen zwischen Regierung und Parlament. Schließlich wurde der seit der Unabhängigkeit amtierende Regierungschef Tereschtschenko durch den Reformer Akeschan Kaschegeldin ersetzt.

Innenpolitische Krisen: Im Frühjahr 1995 führte der drohende Staatsbankrott zu einer Machtkrise. Nachdem das Verfassungsgericht die Wahlen vom März 1994 wegen verschiedener Formfehler für ungesetzlich erklärt hatte, löste Präsident Nasarbajew im März 1995 das Parlament auf und regierte vorerst per Dekret weiter. Um seine Position wieder zu stärken, ließ er sich im April 1995 durch ein erneutes Referendum seine Amtszeit bis zum 1.12.2000 verlängern. Mit einem weiteren Referendum ließ er im August die erst knapp zwei Jahre alte Verfassung durch eine neue ersetzen, die nicht nur dem Präsidenten mehr Macht gab, sondern auch das Ein-Kammer- durch ein verändertes Zwei-Kammer-Parlament ersetzte.

Neuwahlen 1995: Bei den Neuwahlen vom 5.12.1995 erhielten Kandidaten aus dem Umfeld Nasarbajews eine überwältigende Mehr-

Nursultan Nasarbajew – erster Staatspräsident

Nursultan Abischuly Nasarbajew (*6.7.1940 bei Alma Ata, heute Almaty) war 1960–69 als Ingenieur für Metallurgie tätig. 1962 trat er in die KPdSU ein, 1969 begann seine Parteikarriere. Bis 1989 stieg er zum Ersten Parteisekretär der kasach. KP und zum Vorsitzenden des Obersten Sowjets der kasach. Republik auf. Nach dem Ende der Sowjetunion wurde Nasarbajew zum Staatspräsidenten des unabhängigen Kasachstan gewählt. Während der Umbruchphase trat er für politischen Wandel und eine enge Zusammenarbeit der GUS-Staaten ein; er befürwortete zahlreiche wirtschaftliche Reformen. Aber mit der Konsolidierung seiner Macht wurde Mitte der 90er Jahre sein Regierungsstil zunehmend autokratisch. 1999 ließ er vor den Präsidentschaftswahlen seinen aussichtsreichsten Gegenkandidaten ausschließen.

Die wichtigsten Parteien im 20. Jahrhundert[1)]

Name (Abkürzung)	*Politische Richtung*	*Gründung*
Kommunistische Partei Kasachstans (KKP)	kommunistisch	1991
Volkskongress von Kasachstan (NKK)	ökologisch, feministisch	1991
Nationale Genossenschaftspartei (NCPK)	genossenschaftliche Bauernpartei	1994
Partei der kasach. Wiedergeburt (KVT)	national, islamisch	1995
Bürgerpartei Kasachstans (CPK)	national-reformistisch, protektionistisch	1998
Republikanische Volkspartei (RNPK)	demokratisch, für soziale Marktwirtschaft	1998
Agrarpartei (KAP)	liberale Bauernpartei (für Privateigentum)	1999
Gerechtigkeitspartei (Adolat)	(sozial-)demokratisch, für soziale Marktwirtschaft	1999
Republikanische Partei »Otan« • Bewegung »Kasachstans Volkseinheit« • Demokratische Partei (Asamat) • »Für Kasachstan – 2030« (K2030) • Liberale Bewegung Kasachstans	zentristisch, liberal-demokratisch (für die Unterstützung des Präsidenten)	1999

1) Die Übersicht zeigt nur die 1999/2000 im kasach. Parlament (Madschlis) vertretenen Parteien. Daneben gibt es noch zahlreiche weitere (1999: über 200), die aber z. T. nur regional auftreten, darunter auch mehrere separatistische russ. Parteien. Nur die Hälfte der Parlamentssitze wird über Parteilisten vergeben, die andere Hälfte geht an Direktkandidaten.

Kasachstans Weltraumbahnhof Baikonur

Mit dem Ende der Sowjetunion wurde Kasachstan Eigentümer des »Weltraumbahnhofs« Baikonur. Die 1955 gegründete Anlage wurde aus Geheimhaltungsgründen nach der über 300 km entfernten Stadt Baikonur benannt. Obwohl die US-Amerikaner durch ihre Spionageflüge bald wussten, dass sich die Anlage nicht bei Baikonur, sondern ca. 180 km östlich des Aralsees am Fluss Syrdarja befindet, wurde der Name »Baikonur« beibehalten. Von hier aus wurde 1957 »Sputnik 1«, der erste künstliche Erdsatellit, in eine Erdumlaufbahn geschossen, 1961 startete hier Juri Gagarin als erster Mensch in den Weltraum und von hier aus steuerten die ersten Forschungssonden Mond und Venus an. Im GUS-Vertrag behielt sich Russland 1991 ausdrücklich ein Zugangsrecht zum »Weltraumbahnhof« vor. Nach längerem Streit – Nasarbajew hätte die Anlage lieber gegen Devisen an internationale Interessenten vermietet – verpachtete Kasachstan das Areal 1994 für 115 Mio US-Dollar pro Jahr für die nächsten 20 Jahre an Russland. Nach einigen Zwischenfällen beim Start von Raketen verhängte die kasach. Regierung seit 1997 mehrfach ein Flugverbot über Baikonur, sodass Russland inzwischen erwägt, den Raketenstartplatz von Plesetzk im Gebiet Archangelsk als Ersatz für Baikonur auszubauen. (Foto: Russ. Sojus-Rakete mit russ.-französ. Besatzung vor dem Start zur Weltraumstation Mir, 1998)

heit. Obwohl die Opposition die Wahlen z. T. boykottiert hatte, stabilisierten sich die politischen Verhältnisse wieder, auch wenn die wirtschaftlichen Probleme nicht gelöst waren.

Erdölproduktion: Durch die Neuentdeckung weiterer großer Erdölfelder bei Tengis am Kasp. Meer gehört K. inzwischen zu den wichtigsten Erdölproduzenten der Welt. Große westliche Firmen investierten daher vermehrt in K. 1997 übernahm jedoch die Volksrepublik China beträchtliche Anteile der staatlichen kasach. Ölgesellschaft und gab die Beilegung aller Grenzstreitigkeiten mit K. bekannt. Nach dem Ausbau der Eisenbahnverbindung nach China stieg der Export von Erdölprodukten nach Ostasien rasch an.

Neueste Entwicklungen

Autoritäre Tendenzen: Nach einer Auseinandersetzung mit dem Präsidenten über die künftige Wirtschaftspolitik wurde Ministerpräsident Kaschegeldin im Oktober 1997 durch Nurlan Balgimbajew ersetzt, der bereits Anfang 1998 die weitere Privatisierung der Industrie aussetzte. Mit einer erneuten Verfassungsänderung am 7.10.1998 wurde die Amtszeit des Präsidenten auf sieben Jahre verlängert und seine Amtsbefugnisse ausgeweitet. Da 1998 auch das Streikrecht eingeschränkt wurde, wächst die Gefahr, dass K. sich wie seine Nachbarrepubliken zu einem autoritären Staat entwickelt.

Präsidentschaftswahlen 1999: Diese Befürchtung wurde bestärkt, als Nasarbajew bereits am 10.1.1999 Präsidentschaftswahlen abhalten ließ, obwohl seine Amtszeit erst Ende 2000 auslief. Obgleich diesmal Gegenkandidaten zugelassen waren und der Präsident mit lediglich 82% der Stimmen im Amt bestätigt wurde, kritisierten internationale Wahlbeobachter, dass der aussichtsreichste Gegenkandidat, der frühere Ministerpräsident Kaschegeldin, wegen Teilnahme an einer Demonstration von der Wahl ausgeschlossen worden war.

Parlamentswahlen 1999: Auch bei den Parlamentswahlen im Herbst 1999 zeigte sich, dass es im Land zwar viele Parteien, aber keine größeren demokratischen Organisationen gab. Als Sieger ging die republikanische Partei »Otan«, die erst im Frühjahr durch den Zusammenschluss mehrerer Parteien und Gruppierungen zur Unterstützung von Nasarbajew gegründet worden war, aus den Wahlen hervor. Da noch weitere Parteien Nasarbajew unterstützen, scheint seine Herrschaft für die nächsten Jahre gesichert zu sein. *P.B.*

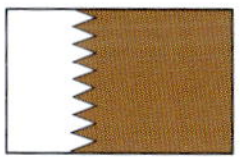

Katar

Staat Katar

Die Entwicklung des Scheichtums ist mit der Geschichte seiner Hauptstadt Doha und der Dynastie des Emirs von K. eng verbunden. Die Briten, die seit der Mitte des 19. Jh.s die Golfküste kontrollierten, verhalfen der Familie der al-Thani um 1860 zu ihrer Führungsrolle im heutigen K. Aus ihrem Dorf Doat al-Bidaa entwickelte sich die Stadt Doha; 1868 wurde K. selbstständiges Scheichtum. 1872 gliederten die Türken das Gebiet dem Osman. Reich an. Nach dessen Zusammenbruch schloss K. 1916 mit Großbritannien einen Protektoratsvertrag, in dem Großbritannien der Fürstenfamilie Schutz zusicherte und als Gegenleistung die Kontrolle über die Küste und das Monopol der Perlenfischerei erhielt. Die Produktion japan. Zuchtperlen führte in den 30er Jahren jedoch zum Niedergang der Perlenfischerei.

Katar 2000	
Landesfläche	11 000 km² (WR 157)
Einwohner	589 000 (WR 158)
Hauptstadt	Doha (240 000 Einwohner)
Sprachen	Arabisch, Farsi, Urdu
Währung	1 Katar-Rial (QR) = 100 Dirham
Gliederung	9 Bezirke
Staatsform	Absolute Monarchie, Emirat (seit 1971)
Religion	Moslems (92,4%); Christen (5,9%); Hindus (1,1%); Bahai (0,2%); Sonstige (0,4%)
Bevölkerung	Inder, Pakistani (34%); Araber: Nicht-Katarer (25%), Katarer (20%); Iraner (16%); Sonstige (5%)

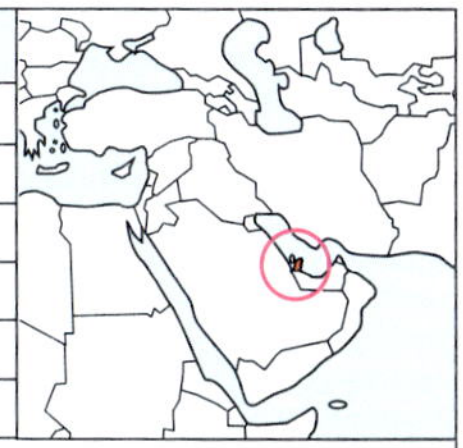

Katar im 20. Jahrhundert	
1916	Protektoratsvertrag mit Großbritannien.
1933	Vergabe der ersten Erdölkonzession.
1939	Beginn der Erdölförderung.
1968	Verhandlungen zwischen Katar, Bahrain und den Vertragsstaaten über eine Vereinigung der Emirate.
1971	Unabhängigkeitserklärung; Freundschaftsvertrag mit Großbritannien.
1972	Unblutiger Staatsstreich, Scheich Khalifa setzt seinen Vetter ab und wird neuer Emir.
1974	Gründung der staatlichen Qatar General Petroleum Corporation (QGPC).
1981	Gründung des Golfkooperationsrats (GCC).
1982	Sicherheitsabkommen mit Saudi-Arabien.
1986	Zwischen Katar und Bahrain kommt es zu einer militärischen Konfrontation wegen der 1930 von Großbritannien festgelegten Zugehörigkeit der Hawar-Inseln zu Bahrain.
1992	Regierungsumbildung: Berufung neuer Minister; Abkommen mit Saudi-Arabien zur Beilegung des Grenzkonflikts.
1995	Kronprinz Scheich Hamad setzt seinen Vater ab.
1996	Mit Israel wird ein Austausch von Handelsvertretungen vereinbart.
1997	Ankündigung der Aufnahme diplomatischer Beziehungen zwischen Katar und Bahrain.

Der Weg in die Unabhängigkeit

Wirtschaftsaufschwung: Im Zuge der Exploration der Golfküste wurde 1935 mit der Anglo-Iran. Erdölgesellschaft (APC) ein bis zum Jahr 2010 laufender Vertrag zur Erkundung der Erdölvorkommen abgeschlossen. Nach Bahrain, Kuwait und Saudi-Arabien war K. 1939 das vierte Land in der Golfregion, in dem Erdöl gefunden wurde. Aus Furcht vor einem deutschen Angriff wurde die Förderung jedoch 1942–47 unterbrochen.

Mit der Wiederaufnahme der Erdölförderung im Jahr 1949 entwickelte sich das unfruchtbare, unterentwickelte Scheichtum K. zu einem der reichsten Länder der Erde. 1952 gingen alle Rechte und Konzessionen auf die neu geschaffene Qatar Petroleum Corporation über. 1960 löste Scheich Ahmad bin Ali al-Thani seinen Vater aus Altersgründen ab.

Unabhängigkeit: Als im Januar 1968 Großbritannien seine Absicht ankündigte, seine Truppen bis zum Ende des Jahres 1971 vom Pers. Golf abzuziehen, begannen Verhandlungen zwischen K., Bahrain und den Vertragsstaaten zur Bildung einer Föderation. Während die Vertragsstaaten die Vereinigten Arab. Emirate bildeten, konnte sich K. mit den Bedingungen der Union nicht anfreunden, sondern wurde am 3.9.1971 ein selbstständiger Staat; der Herrscher nahm daraufhin den Titel »Emir« an. Der Abschluss eines Freundschafts- und Kooperationsvertrags mit Großbritannien ersetzte die Protektoratsverträge von 1916 und 1934; bereits am 21.9.1971 wurde K. Mitglied der Arab. Liga und der Vereinten Nationen (UNO).

Grenzstreitigkeiten: Seit 1965 hat K. Grenzprobleme mit Saudi-Arabien, die trotz des Sicherheitsabkommens von 1982 und der Verhandlungen im Jahr 1992 immer noch nicht endgültig beigelegt sind. Außerdem streitet sich K. – zuletzt 1994 vor dem Internationalen Gerichtshof in Den Haag – mit Bahrain um die Hawar-Inseln.

Verfassung: K. ist eine Erbmonarchie. 1970 wurde im Vorgriff auf die bevorstehende Unabhängigkeit eine Verfassung erlassen, die einen Ministerrat und einen 35-köpfigen gesetzgebenden Rat (Advisory Council) festlegte, dessen Mitglieder für eine Amtsperiode von drei Jahren berufen werden; von den 13 Ministerposten waren 1997 sieben von Mitgliedern der Familie al-Thani besetzt. Freie allgemeine Wahlen und Parteien gibt es nicht.

Um die Ernährungsbasis zu verbessern und Katar von Lebensmittelimporten unabhängig zu machen, ist das Land bemüht, die Fläche für Getreide- und Gemüseanbau (Foto) durch Bewässerungsfeldbau zu vergrößern. Aus Mangel an ausreichenden Grundwasserreserven und infolge fortschreitender Bodenversalzung muss dabei in hohem Maße auf Wasser aus Entsalzungsanlagen zurückgegriffen werden. Die Fläche des Bewässerungsfeldbaus in Katar wird auf ca. 100 km² geschätzt.

Staatsoberhäupter Katars		
Reg.-Zeit	*Name*	*Lebensdaten*
1960–72	Ahmad bin Ali al-Thani	1924–1977
1972–95	Khalifa bin Hamad al-Thani	*1932
seit 1995	Hamad bin Khalifa al-Thani	*1949

Das Ende der Nomadengesellschaft

Machtwechsel: Am 22.2.1972 setzte Kronprinz Scheich Khalifa bin Hamad al-Thani nach einem unblutigen Staatsstreich seinen Vetter Scheich Ahmad ab und ernannte sich selbst zum Emir. Seitdem kam eine wirtschaftliche Modernisierung in Gang, während das politische System weiterhin vom Patriarchat der Familie al-Thani bestimmt wurde. 1974 wurde die Qatar General Petroleum Corporation (QGPC) gegründet, die 1976 die Qatar Petroleum Corporation und die Shell Co. of Qatar übernahm.

Modernisierung: Um den Modernisierungstendenzen Rechnung zu tragen, die mit den einschneidenden Veränderungen von Wirtschaft und Gesellschaftsordnung einhergingen, wurden zunehmend jüngere Minister in die Regierung berufen. Die Entwicklung gipfelte in dem unblutigen Putsch des Jahres 1995: Kronprinz Scheich Hamad bin Khalifa al-Thani setzte seinen ökonomisch vorsichtig operierenden Vater als Emir ab, was vom überwiegenden Teil der Herrscherfamilie und der ratgebenden Versammlung akzeptiert wurde. Am 11.7.1995 übernahm der neue Emir auch die Ämter des Ministerpräsidenten und des Verteidigungsministers. Nach der Machtübernahme wurden die Errichtung einer Börse, die Abschaffung der Pressezensur und Kommunalwahlen angekündigt. Bereits vor dem Putsch führte Scheich Hamad faktisch die Amtsgeschäfte und setzte sich für eine größere außenpolitische Eigenständigkeit K.s gegenüber dem mächtigen konservativen Nachbarland Saudi-Arabien und auch gegenüber sozialistischen Regierungen (wie denen des Irak und Sudan) ein. Innerhalb der arab. Welt befürwortet er eine vorsichtige Annäherung an Israel. 1996 bestimmte der Emir seinen Sohn Scheich Jasim bin Hamad al-Thani zu seinem Nachfolger.

Arbeitskräftemangel

Einwanderungsproblem: Das innenpolitische Grundproblem ist der Mangel an Arbeitskräften und der damit verbundene Zustrom ausländischer Arbeitskräfte nach K. Seit Beginn der Erdölförderung hat K. eine beträchtliche Anziehungskraft auf die Nachbarstaaten ausgeübt. Hohe Zuwanderungen haben die Einwohnerzahl seit 1970 versechsfacht. Gegenwärtig machen die mit allen Privilegien, vor allem der kostenlosen Inanspruchnahme staatlicher Wohlfahrtseinrichtungen ausgestatteten Katarer etwa 20% der Bevölkerung aus, während für die Zuwanderer Vorsorgeeinrichtungen und sozialer Wohnungsbau nicht offen stehen. Zuwanderer kamen in den ersten Jahren insbes. aus Pakistan, Indien und dem Iran, später aus den Niedriglohnländern Südostasiens (Malaysia, Thailand, Philippinen) sowie aus anderen arab. Staaten (überwiegend aus Jordanien und Ägypten). Europäer und Nordamerikaner hingegen nehmen in erster Linie hoch qualifizierte Stellungen in der Erdölwirtschaft, der Industrie und bei den Banken ein.

Wirtschaft: K. gehört zu den Golfstaaten, denen es bei hoher Abhängigkeit von der Erdölförderung noch nicht in ausreichendem Maße gelungen ist, ihre Wirtschaft zu diversifizieren. Die Abhängigkeit vom Weltmarktpreis für Rohöl führte dazu, dass dem Boomjahr 1990 (Golfkrise) lediglich geringe Wachstumsraten folgten, bis 1996 die Preise kurzfristig wieder stiegen. Da die Erdölvorräte voraussichtlich 2020 erschöpft sein werden, sollen zum einen die Erdgasreserven, die zu den größten der Erde gehören, stärker erschlossen, zum anderen die industrielle Basis ausgeweitet werden. Dabei werden Projekte gefördert, die wie die Stahl- und Aluminiumproduktion einen hohen Energiebedarf haben oder Erdölprodukte weiterverarbeiten, wie z. B. die Düngemittelproduktion. *H.-W. W.*

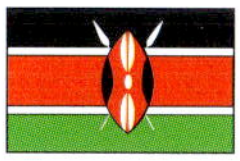

Kenia

Republik Kenia

Knochenfunde eines vor über 1,5 Mio Jahren lebenden Vormenschen im Nordwesten von K. stützen die anthropologische These von Ostafrika als Wiege der Menschheit. Bantu-Völker besiedelten das Gebiet im 1. Jt. Seit dem 9. Jh. gründeten arab. Kaufleute Handelsniederlassungen an der Küste, die Verbindungen zu Arabien, Persien und China unterhielten. Mit der Landung Vasco da Gamas begann 1498 die über 200 Jahre andauernde portugies. Handelskontrolle. 1728 wurden die Portugiesen von Arabern vertrieben, die 1837 dem Sultanat Sansibar weichen mussten. Als erste Weiße drangen 1849 deutsche Missionare in das Innere K.s vor. Nachdem sich das Deutsche Reich und Großbritannien 1886 über die Aufteilung ihrer Einflussgebiete in Ostafrika geeinigt hatten, erhielt die Brit. Ostafrika-Gesellschaft zwei Jahre später vom Sultanat Sansibar die Pachtkonzession für K. und Uganda. 1895 übernahm die brit. Regierung offiziell die Verwaltung der Gebiete.

Kolonialzeit

Ugandabahn: 1901 stellten die neuen Herrscher in K. nach knapp sechsjähriger Bauzeit ein ehrgeiziges Eisenbahnprojekt fertig, das zwei Jahre später dem Verkehr übergeben wurde. Die 840 km lange Ugandabahn reichte von der Hafenstadt Mombasa nach Kisumu am Viktoriasee und führte durch spärlich oder nicht besiedeltes Gebiet. Der Bau erforderte ein gewaltiges Potenzial an Arbeitskräften, das die Briten aus ihrer Kolonie Brit.-Indien rekrutierten. Sie leiteten mit dieser Maßnahme die Einwanderung der asiat. Bevölkerungsgruppe nach K. ein.

Siedlungsstrom: Nachdem K. 1895 als Protektorat der sog. Schutzmacht Großbritannien unterstellt und nach der Trennung von Uganda (1904) 1920 zur Kronkolonie erklärt worden war, siedelten sich immer mehr Weiße an. Sie bevorzugten die fruchtbaren, niederschlagsreichen Hochländer südwestlich von Nairobi, wo sie auf den vulkanischen Böden Kaffeeplantagen anlegten. Dabei verdrängten sie einheimische Stämme wie die Massai, die drei Viertel ihres Weidegebiets verloren. Billige Arbeitskräfte fanden die brit. Siedler unter den Kikuyu, die nach der Landnahme gezwungen waren, sich als Erntehelfer zu verdingen. Um die ökonomische Entwicklung K.s auf der Grundlage großbetrieblicher Landwirtschaft

Kenia 2000	
Landesfläche	580 367 km² (WR 46)
Einwohner	29,5 Mio (WR 35)
Hauptstadt	Nairobi (1,5 Mio Einwohner)
Sprachen	Swahili, Englisch, Stammessprachen, Arabisch
Währung	1 Kenya-Shilling (KSh) = 100 Cents
Gliederung	7 Provinzen und Hauptstadtbezirk
Staatsform	Präsidiale Republik (seit 1963)
Religion	Christen (73%): Katholiken (27%), Protestanten (19%), Andere (27%); Animisten (19%); Sonstige (8%)
Bevölkerung	Kikuyu (20,9%); Luhya (13,8%); Luo (12,8%); Kamba (11,3%); Kalenjin (10,8%); Sonstige (30,4%)

Kenia im 20. Jahrhundert	
1904	Großbritannien trennt die bis dahin gemeinsam verwalteten Gebiete Kenia und Uganda.
1920	Kenia wird brit. Kronkolonie.
1952–56	Mau-Mau-Aufstand, angeführt von Kikuyu-Häuptling Jomo Kenyatta, gegen die brit. Kolonialherren wird niedergeschlagen; Ausnahmezustand (Aufhebung 1960).
1960	Erste freie Wahlen zum Legislativrat; Kenyatta wird Führer der neu gegründeten KANU-Partei.
1963	Kenia wird unabhängig.
1964	Kenia erklärt sich zur Republik; Kenyatta wird Präsident und errichtet einen zentralistischen, repressiven Einparteienstaat.
1968	Enteignung und Ausweisung asiat. und europäischer Grundbesitzer und Unternehmer.
1978	Nach Kenyattas Tod wird Daniel Arap Moi neuer Präsident; seine Stellung wird durch Unruhen wiederholt gefährdet.
1982	Fehlgeschlagener Putschversuch des Militärs.
1986	Studentenunruhen; Amnesty International wirft Kenia Menschenrechtsverletzungen vor.
1988	Bei den Präsidentschaftswahlen wird Arap Moi ohne Gegenkandidat in seinem Amt bestätigt.
1990	Regimekritiker werden ermordet oder verhaftet, Demonstrationen für ein Mehrparteiensystem gewaltsam aufgelöst.
1991	Internationale Geldgeber stellen zeitweilig Hilfszahlungen ein; das Einparteiensystem wird abgeschafft, zahlreiche Parteien werden gegründet.
1991–94	Bei ethnischen Konflikten werden mehrere tausend Menschen getötet und etwa 350 000 vertrieben.
1992	Bei den ersten Mehrparteienwahlen wird Arap Moi als Präsident bestätigt, die KANU-Partei erreicht knapp die absolute Mehrheit; Kenia erhält wieder internationale Zahlungen.
1995	Internationale Organisationen kritisieren die Zunahme von Menschenrechtsverletzungen.
1997	Demonstrationen für Demokratie und Reformen entwickeln sich zu blutigen Aufständen in Nairobi und Mombasa; Internationaler Währungsfonds (IWF) und Weltbank drohen mit Einstellung der Hilfszahlungen; die Verfassung wird reformiert, das Parlament aufgelöst; bei Neuwahlen wird Arap Moi mit 40% der Stimmen als Präsident und die KANU als Regierungspartei bestätigt.
1998	Proteste der Oppositionsparteien gegen das Wahlergebnis; wider Erwarten bildet Arap Moi das Kabinett ausschließlich aus Mitgliedern der KANU-Partei; in der Rift-Valley-Provinz brechen erneut politisch motivierte Stammesunruhen aus. Bei einem Bombenanschlag auf die US-amerikan. Botschaft in Nairobi werden 213 Menschen getötet; die Ermittler vermuten islamistische Terroristen als Drahtzieher.

Der Mau-Mau-Aufstand 1952 war die Eskalation eines seit den 20er Jahren schwelenden Konflikts zwischen Schwarz und Weiß. Die brit. Regierung rief den Notstand aus und schlug den Aufstand blutig nieder. (Foto: Verhaftete Kikuyu)

voranzutreiben, förderte Großbritannien ab 1903 die Zuwanderung von Europäern in die White Highlands, die 1938 zum europäischen Siedlungsgebiet erklärt wurden. Die weißen, meist brit. Siedler gehörten der Mittel- und Oberschicht an und beherrschten aufgrund ihrer guten Beziehungen zur politischen Elite des Mutterlands die Innenpolitik der Kolonie. Während sie nach der Umwandlung K.s zur Kronkolonie ein Mitspracherecht erhielten, blieb den Afrikanern nur eine beschränkte Selbstverwaltung unter Leitung der traditionellen Häuptlinge.

Mau-Mau-Aufstand: Bereits in den 20er Jahren begann sich die schwarze Bevölkerung politisch zu organisieren, allen voran die Kikuyu. Neben dem Wunsch nach Selbstbestimmung gehörte die Landfrage zu den Hauptkonflikten zwischen Schwarz und Weiß. Die Europäer hatten sich 3,2 Mio ha Boden angeeignet, während das Land für die schnell wachsende einheimische Bevölkerung immer knapper wurde. 1952 entlud sich der Unmut über die sich verschlechternden Lebensbedingungen in einem blutigen Aufstand, angeführt von den Mau-Mau, der Untergrundbewegung der Kikuyu. Die brit. Kolonialmacht erklärte den Notstand und nahm Massenverhaftungen vor. Bis zu seiner endgültigen Niederschlagung 1956 kostete der Konflikt mehr als 10 000 Menschen das Leben. Die brit. Regierung bemühte sich nicht nur, die Unruhen mit militärischen Mitteln niederzukämpfen, sondern reagierte darüber hinaus mit einer Agrarreform im Siedlungsgebiet der Kikuyu, die ihnen Landeigentum und Zugang zur Produktion hochwertiger Exportgüter wie Kaffee verschaffte.

Kenia – Zentrum der Swahili-Kultur

Als arab. Kaufleute an der ostafrikan. Küste siedelten und sich mit den dort ansässigen Bantu-Völkern vermischten, entstand ab dem 9. Jh. die Swahili-Kultur, deren Zeugnisse noch heute in einigen Küstenregionen Kenias (Mombasa, Ruinenstätte Gedi, Insel Lamu) zu bewundern sind: Die z. T. prächtig ausgestatteten Häuser der Oberschicht und die Moscheen waren aus Korallenstein erbaut. In den voneinander unabhängigen Stadtstaaten der Swahili (arab.; Küstenbewohner) entwickelte sich im Lauf der Zeit eine orientalisch geprägte Mischkultur, deren Bindeglieder die gemeinsame Sprache (Kiswahili) und die Religion (Islam) waren. Die Heldenepen der Swahili-Dichtung erreichten im 18. Jh. ihren Höhepunkt. (Foto: Stadtansicht von Lamu mit Hafen)

Unabhängigkeit

Politische Vertretung: 1960 gründete sich die Kenya African National Union (KANU), die fortan tragende Staatspartei. Der während des Mau-Mau-Aufstands internierte Kikuyu-Häuptling und Anführer der Befreiungsbewegung Jomo Kenyatta übernahm noch im Gefängnis den Parteivorsitz. 1961 erlangte K. die innere Autonomie. Nach einem überlegenen Wahlsieg der KANU bei den ersten freien Wahlen 1963, der Kenyatta zum ersten Premierminister K.s machte, arbeitete der charismatische Politiker eine Verfassung aus. Am 12.12.1963 entließ Großbritannien die Kolonie K. in die Unabhängigkeit.

Erster Staatschef: 1964 erklärte sich K. innerhalb des brit. Commonwealth of Nations zur Republik. Als Staatspräsident konnte Kenyatta während seiner 15-jährigen zentralistisch organisierten, diktatorischen Herrschaft sowohl ein einvernehmliches Verhältnis zur einstigen Kolonialmacht Großbritannien herstellen als auch einen Interessenausgleich zwischen den verschiedenen Stämmen erzielen. Eine der wichtigsten Maßnahmen seiner Regierung war die Landreform, die zwecks Umverteilung des Landbesitzes auch die teilweise Enteignung der Weißen einschloss.

Allparteienregierung: Unter der Führung Kenyattas vereinnahmte die KANU alle gesellschaftlichen und ethnischen Gruppen und etablierte ein ethnisch-regional austariertes Allparteiensystem. Während die KANU kurz nach der Unabhängigkeit die Mehrheit in beiden Häusern des Zwei-Kammer-Parlaments und in drei der insgesamt sieben Regionalparlamenten besaß, übernahm die Kenya African Democratic Union (KADU) unter Odinga Odinga in den übrigen die Führung. Der Konflikt zwischen Kikuyu und anderen Stämmen führte zur Abschaffung des Zweikammersystems. KANU und KADU vereinigten sich, wobei allerdings der Einfluss von Odingas Partei zurückgedrängt wurde. Odinga wechselte an die Spitze der Kenya People's Union (KPU), die 1969 nach der Ermordung des KANU-Generalsekretärs Tom Mboya verboten wurde. Die ersten allgemeinen Wahlen nach der Unabhängigkeit führten 1969 zu einer weiteren Stärkung der KANU.

Außenpolitik: 1967 gründeten die drei großen ostafrikan. Staaten K., Tansania und Uganda die East African Community (EAC), ein Wirtschaftsbündnis, welches auf eine gemeinsame Währungspolitik und die Abschaffung der Binnenzölle abzielte. Die in der Folgezeit auftretenden wirtschaftlichen und politischen Differenzen zwischen dem westlich orientierten K., dem mit afrikan. Sozialismus experimentierenden Tansania und dem von dem Diktator Idi Amin in den Ruin getriebenen Uganda führten 1977 die Auflösung der EAC herbei.

Einparteienherrschaft

Neuer Machthaber: Nach Kenyattas Tod übernahm der bisherige Vizepräsident Daniel Arap Moi, ein Angehöriger des Kalenjin-Stamms, 1978 die Nachfolge. Durch eine Verfassungsänderung etablierte er 1982 den Einparteienstaat unter Führung der KANU. Er übernahm ein stabiles Staatswesen, das jedoch bald durch Machtkämpfe und soziale Spannungen erschüttert wurde. Ein Putschversuch von Teilen der Luftwaffe schlug 1982 fehl. In der Folgezeit ging Arap Moi unter Missachtung der Menschenrechte gegen seine politischen Gegner vor, sodass sich das Land unter seiner Führung allmählich zum repressiven Polizeistaat entwickelte.

Bevölkerungsexplosion: Das rapide Bevölkerungswachstum stellte K. vor schwere wirtschaftliche und soziale Probleme. In den 70er Jahren gehörte das Land mit jährlichen Raten von über 4% zu den am schnellsten wachsenden Staaten der Erde und auch in den 80er Jahren verringerte sich der Zuwachs nur geringfügig auf 3,8%. 1948 lebten in K. 5,25 Mio Afrikaner, die Zahlen stiegen auf 8,37 Mio (1962), 10,73 Mio (1969) und 15,1 Mio (1979). Dank wirkungsvoller Familienplanung wurde für das Jahr 2000 ein Abfall der Wachstumsrate auf 2,5% prognostiziert. Neben dem Problem der Arbeitslosigkeit gehörte die zunehmende Landnot zu den schwerwiegenden Begleiterscheinungen der Bevölkerungszunahme. Über ein Drittel der Einwohner K.s konzentrierte sich damals wie heute auf einen begrenzten Teil des zentralen Hochlands mit seinen fruchtbaren Regenfeldbaugebieten, ein weiteres Drittel lebte im äußersten Westen am Viktoriasee. Nur etwa 20% der Landesfläche waren landwirtschaftlich nutzbar. Alle Versuche, den Boden intensiver zu bearbeiten oder auf Hanggelände auszuweichen, schlugen wegen verstärkter Bodenerosion und Auslaugung fehl. Mit der Landknappheit häuften sich ab den 80er Jahren Konflikte zwischen Ackerbau treibenden Stämmen und Vieh züchtenden Niloten.

Wirtschaftskrise: Verursacht durch Bevölkerungswachstum und Dürren, aber auch Korruption und Missmanagement geriet das einstige Musterland K. unter Staatspräsident Arap Moi in einen ökonomischen Abschwung. Ab 1980 stand die Wirtschaftspolitik des an mineralischen Rohstoffen armen, agrarisch geprägten Landes unter dem Einfluss von Weltbank und Internationalem Währungsfonds (IWF), die landwirtschaftliches Wachstum, stärkere Exportorientierung und den Ausbau der Industrie zwecks Weiterverarbeitung eigener Rohstoffe verordneten. Der Wandel K.s vom Agrarland zum Industriestaat war oberstes Ziel der Bemühungen.

Jomo Kenyatta wurde am 5.6.1963 in Nairobi als erster Ministerpräsident Kenias vereidigt. Der Zeremonie wohnte auch der brit. Gouverneur Malcolm MacDonald (r.) bei. Die brit. Kronkolonie Kenia erhielt am 12.12.1963 die volle Unabhängigkeit.

Ansätze zur Demokratisierung

Politische Zugeständnisse: Durch die wachsende Kritik an der diktatorischen Herrschaft der KANU, die vor allem von kirchlichen Institutionen und dem Anwaltsverein sowie von Studentengruppen und KANU-Dissidenten vorgebracht wurde, geriet die Arap-Moi-Regierung Ende der 80er Jahre innenpolitisch immer stärker unter Druck. Als zudem noch bereits zugesagte internationale Kredite storniert wurden, sah sich die KANU 1991 gezwungen, die Verankerung des Einparteiensystems in der Verfassung zu annullieren. In der Folgezeit gründeten sich mehrere Oppositionsparteien, die jedoch bei den ersten freien Präsidentschafts- und Parlamentswahlen 1992 der KANU unterlagen. Arap Moi wurde mit 37,2% der Stimmen als Staatschef bestätigt. Die Opposition warf der Regierung Wahlbetrug vor.

Ethnische Konflikte: Im Westen des Landes eskalierte 1991 ein Konflikt zwischen Angehörigen der Massai und der Kalenjin auf der einen sowie Vertretern der zugewanderten Luo und Kikuyu auf der anderen Seite. Die politisch einflussreiche Minderheit der Kalenjin, der auch Arap Moi angehört, beanspruchte das alleinige Landrecht in der Region. Im Verlauf der Auseinandersetzungen wurden 1991–94 etwa 350 000 Menschen vertrieben, 1500 getötet. Die KANU geriet unter Verdacht, die Stammesfehden geschürt zu haben, indem sie kurz vor der Wahl die regierungstreuen Massai und Kalenjin gegen die eher oppositionell eingestellten Kikuyu aufgehetzt habe. Bis Ende der 90er Jahre brachen die Konflikte mehrmals wieder auf.

Ausländische Druckmittel: Als Reaktion auf die sich häufenden sozial und politisch motivierten Unruhen, die Menschenrechtsverletzungen und das Ausbleiben demokratischer Reformen setzten internationale Geldgebernationen K. in den 90er Jahren immer wieder durch das Einfrieren von Krediten unter Druck. Kurz vor dem wirtschaftlichen Kollaps lenkte die Regierung 1997 ein, indem sie freie demokratische Wahlen sowie den Zugang aller Parteien zu den Medien und das Verbot von Inhaftierungen ohne Gerichtsurteil in der Verfassung verankerte. Das brutale Vorgehen der Staatsmacht bei Demonstrationen für Reformbestrebungen dämpften im gleichen Jahr jedoch die Hoffnungen auf einen Neubeginn.

Opposition: Der zersplitterten Opposition aus vier größeren, die Hauptvolksgruppen K.s repräsentierenden Parteien und mehr als zwölf kleineren Gruppierungen war bis Ende der 90er Jahre kein Zusammenschluss gelungen. Ethnische, persönliche und politische Differenzen verhinderten die Einigung auf einen gemeinsamen Präsidentschaftskandidaten. Die von massiven Unregelmäßigkeiten begleiteten Präsidentschafts- und Parlamentswahlen 1997 bestätigten erneut die Führung der KANU. Präsident Arap Moi gewann die Abstimmung mit 40,1% der Stimmen vor Mwai Kibaki (31,1%), dem Kandidaten der Democratic Party of Kenya (DP).

Anschlag: 1998 starben 213 Menschen bei einem Bombenanschlag auf die US-amerikan. Botschaft in Nairobi. Die USA entsandte Spezialisten zur Aufdeckung der Hintergründe, wobei die Drahtzieher des politischen Attentats in der Terrororganisation Islamischer Heiliger Krieg vermutet wurden. *B. L.*

Staatsoberhäupter Kenias

Jomo Kenyatta (*10.10.1891 in Ichaweri) lenkte bis zu seinem Tod am 22.8.1978 als erster Staatspräsident der Republik Kenia die politischen Geschicke seines Landes. Der charismatische Staatsmann, ein Häuptling aus dem Stamm der Kikuyu, war 1953 als angeblicher Anführer des Mau-Mau-Aufstands gegen die brit. Kolonialmacht zu sieben Jahren Haft verurteilt worden und hatte noch im Arrest 1960 den Vorsitz der Kenya African National Union (KANU) übernommen. 1963 führte er Kenia als Ministerpräsident in die Unabhängigkeit und verstand es in seiner 15-jährigen, diktatorisch geprägten Amtszeit als Staatsoberhaupt, alle ethnischen Gruppen einzubinden.

Daniel Arap Moi (*2.9.1924 in Kurieng'wo in der nördlichen Provinz Rift Valley) trat nach dem Tod des Staatsgründers Jomo Kenyatta 1978 die Nachfolge als Staatspräsident und KANU-Vorsitzender an. Unter seiner Herrschaft entwickelte sich das einstige afrikan. Musterland Kenia zum autoritär geführten Einparteienstaat, der von Menschenrechtsverletzungen geprägt war. Erst unter dem Druck der Opposition und westlicher Kreditgeberländer machte er 1991 den Weg zum Mehrparteiensystem frei. 1997 wurde Arap Moi, ein Vertreter der einflussreichen Minderheit der Kalenjin, durch Wahlen für seine voraussichtlich letzte fünfjährige Amtszeit bestätigt.

Die wichtigsten Parteien im 20. Jahrhundert

Name (Abkürzung)	*Politische Richtung*	*Gründung*
Kenya African National Union (KANU)	Regierungspartei ab 1964	1960
Democratic Party of Kenya (DP)	vorwiegend Kikuyu	1991
Forum for the Restoration of Democracy (FORD) • Asili[1] • Kenya[1]	 vorwiegend Kikuyu vorwiegend Luo und Luhya	1991
Social Democratic Party (SDP)	sozialdemokratische Opposition	1992
National Development Party (NDP)	vorwiegend Luo	1994
SAFINA	oppositionelle Sammelpartei	1995

1) Ab 1992 Spaltungspartei von FORD

Kirgistan

Kirgisische Republik

Die Kirgisen stammen von osttürk. Stämmen ab, die sich im 4. Jh. am Oberlauf des Jenissej angesiedelt hatten und im 9. Jh. ein großes Reich errichteten, das vom Baikalsee bis zum Tian-Shan-Gebirge reichte. Im 13. Jh. wurden die Kirgisen von den Mongolen unterworfen, aber um 1500 errangen sie wieder ihre Freiheit. Im 17. Jh. gerieten sie unter usbek. Herrschaft und ab 1710 gehörte der Süden des heutigen K. zum Khanat von Kokand, bis dieses 1876 von Russland annektiert wurde. Die kirgis. Nomaden nördlich des Tian-Shan standen bereits ab 1860 unter russ. Herrschaft.

Kirgistan in der Sowjetzeit

Widerstand und Revolution: Im Sommer 1916 entflammte in Usbekistan ein großer Aufstand, der bald ganz Zentralasien erfasste. Nach harten Gegenreaktionen der russ. Armee floh mehr als ein Drittel der kirgis. Stämme nach China. Dem Sieg der Bolschewiki in St. Petersburg folgte in Taschkent im April 1918 die Gründung der »Turkestan. Autonomen Sowjetrepublik«, die fast alle zentralasiat. Gebiete des Russ. Reichs umfasste. Allerdings gelang es der Roten Armee erst 1920, Zentralasien unter Kontrolle zu bringen.

Gründung Kirgistans: 1924 wurde K. als »Autonomes Gebiet der Kara-Kirgisen« gegründet. Dieses Gebiet wurde – nach einigen Grenzkorrekturen – 1936 zur eigenständigen »Sozialistischen Sowjetrepublik (SSR) Kirgisien« erklärt. Wie bei den anderen Republiken Zentralasiens führte auch hier die damals nur als administrative Binnengrenze gedachte Linie, die zahlreiche Gebietseinheiten und Verkehrswege zerschnitt, zu einem künstlichen Gebilde, dessen einzelne Landesteile geografisch nur lose miteinander verbunden sind.

»Re-Kirgisierung«: Bereits 1926 waren faktisch alle einheimischen Parteifunktionäre »eliminiert«, weil sie sich gegen die Russifizierung des Landes gewandt hatten. Erst nach dem Zweiten Weltkrieg wurden unter Nikita Chruschtschow (1953–64) wieder Kirgisen in Führungspositionen berufen. Mit Parteisekretär Turdakun Ussubalijew stand 1961–85 erstmals ein Kirgise an der Spitze der Republik. Anfang der 80er Jahre war nur noch ein Viertel der höheren Funktionäre Russen und die Zugehörigkeit zu einem bestimmten kirgis. Stamm oder Clan entschied über die Vergabe von Spitzenämtern.

Kirgistan 2000	
Landesfläche	198 500 km² (WR 84)
Einwohner	4,7 Mio (WR 109)
Hauptstadt	Bischkek (634 000 Einwohner)
Sprachen	Kirgisisch, Russisch
Währung	1 Kirgistan-Som (K.S.) = 100 Tyin
Gliederung	6 Provinzen, 1 Hauptstadtbezirk
Staatsform	Präsidiale Republik (seit 1991)
Religion	Sunnitische Moslems; Baptisten, Adventisten, Orthodoxe
Bevölkerung	Kirgisen (60,3%); Russen (15,7%); Usbeken (14,2%); Ukrainer (3,1%); Deutsche (0,5%); Sonstige (6,2%)

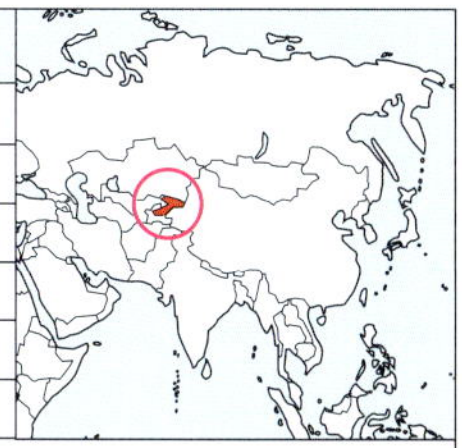

Kirgistan im 20. Jahrhundert	
1916	Aufstand gegen die russ. Herrschaft; Flucht vieler Kirgisen nach China.
1918	Gründung der »Turkestan. Autonomen Sowjetrepublik«, die auch Kirgistan umfasst (30.4.).
1924	Bildung des »Autonomen Gebiets der Kara-Kirgisen«.
1926	Kirgistan wird zur »Autonomen Sozialistischen Sowjetrepublik« erklärt;
	Eliminierung kirgis. Funktionäre, die sich der Russifizierung widersetzen.
1936	Gründung der »Sozialistischen Sowjetrepublik (SSR) Kirgisien«.
1990	Blutige Zusammenstöße zwischen Kirgisen und Usbeken; Gründung demokratischer Oppositionsgruppen.
	Askar Akajew wird zum Präsidenten Kirgistans gewählt.
1991	Der Oberste Sowjet proklamiert die Unabhängigkeit der Republik (31.8.); die Kirgis. Kommunistische Partei wird verboten.
	Bei den ersten Präsidentschaftswahlen wird Akajew im Amt bestätigt.
	Kirgistan wird Mitglied der Gemeinschaft Unabhängiger Staaten (GUS).
1992	Wiederzulassung einer kommunistischen Partei.
	Beitritt zum »Rat für wirtschaftliche Zusammenarbeit« (ECO) der islamischen Staaten des Mittleren Ostens.
1993	Abschluss eines Vertrags über militärische Zusammenarbeit mit Russland.
	Verabschiedung einer neuen Verfassung (5.5.).
	Einführung der Nationalwährung Kirgisistan-Som.
1994	Präsident Akajew setzt seine Reformpolitik mit Hilfe eines Referendums durch.
	Kirgistan wird Mitglied in der »Partnerschaft für den Frieden« der NATO.
	Auflösung des Parlaments; der Präsident regiert per Dekret weiter.
1995	Erste freie Parlamentswahlen in der unabhängigen Republik Kirgistan.
	Separatistische Uiguren-Partei wird verboten.
	Bei vorgezogenen Präsidentschaftswahlen wird Akajew erneut bestätigt.
1996	Zusammen mit Kasachstan, Russland und Weißrussland gründet Kirgistan die »Gemeinschaft integrierter Staaten« (GIS), eine Zollunion
	Per Referendum werden die Machtbefugnisse des Präsidenten erweitert.
	»Zentralasiat. Wirtschaftsunion« mit Kasachstan und Usbekistan.
1997	»Zentralasiat. Wirtschaftsunion« (seit 1998: »Wirtschaftsgemeinschaft«) wird um einen gegenseitigen Beistandspakt erweitert.
1998	Verfassungsänderung gestattet privates Landeigentum.
1999	Unterzeichnung eines Partnerschafts- und Kooperationsabkommens mit der Europäischen Union.
	Moslemische Fundamentalisten greifen von tadschik. Gebiet aus Kirgistan an.
2000	Aus den zweiten Wahlen zum Joghorku Kenesh (Obersten Rat) gehen die Kommunisten erneut als stärkste Fraktion hervor.

Der Weg in die Unabhängigkeit

Perestroika: Als der neue sowjet. Generalsekretär Michail Gorbatschow 1985 versuchte, »ideologische Missstände« und die in Mittelasien weit verbreitete Korruption zu bekämpfen, stieß er in K. auf heftigen Widerstand. Auch der von Gorbatschow ernannte Erste Parteisekretär Absamat Massilijew (1985–90) konnte an den bestehenden Machtverhältnissen in K. wenig ändern. Die Politik der Perestroika führte jedoch dazu, dass kirgis. Intellektuelle offen auf die Vernachlässigung ihrer Sprache, auf die Verfälschung ihrer Geschichte und die vielfältigen Umweltprobleme aufmerksam machen konnten.

Nationalismus: Ab 1989 drängten in K. neue Nationalbewegungen in den Vordergrund. Im Gebiet der Stadt Osch im Fergana-Tal kam es im Sommer 1990 zu blutigen Auseinandersetzungen zwischen Kirgisen und Usbeken. Dabei starben mehrere hundert Menschen. Erst der Einsatz von Militär beendete den Aufruhr schließlich.

Demokratie: In Frunse wurde 1990 die »Demokratische Bewegung K.s« gegründet, deren Hauptforderung die Absetzung Massilijews war. Bei den Wahlen im Frühjahr 1990 konnten sich zwar noch die alten Parteifunktionäre behaupten, aber die ersten freien Wahlen im Oktober 1990 leiteten den Umbruch ein. Der Physiker und Präsident der kirgis. Akademie der Wissenschaften, Askar Akajew, wurde zum ersten Präsidenten der Republik gewählt. Mit Hilfe der parlamentarischen Opposition setzte Akajew Reformen durch und trug zur Entschärfung der ethnischen Konflikte im Fergana-Tal bei.

August-Putsch: Nach dem Moskauer Umsturzversuch im August 1991 bezog Akajew als einziger Präsident Zentralasiens eindeutig Position gegen die orthodox-kommunistischen Putschisten, die die Umgestaltung der UdSSR aufhalten wollten. Am 31.8.1991 erklärte der Oberste Sowjet K.s die Republik für souverän. Mit dem Beitritt zur Gemeinschaft Unabhängiger Staaten (GUS) am 21.12.1991 wurde K. auch völkerrechtlich unabhängig.

Umweltprobleme am Ysyk-Köl

Radioaktive Verseuchung: Ende der 80er Jahre machten Umweltgruppen erstmals auf ökologische Probleme in Kirgistan aufmerksam. Bedrohlich war insbes. die radioaktive Verseuchung des Ysyk-Köl-Sees in Ostkirgistan. Der mit einer Fläche von 6332 km² nach dem Titicacasee zweitgrößte Gebirgssee der Welt liegt in einem abflusslosen Becken unweit der Atombombentestgebiete der UdSSR und Chinas. Am Südufer wurde in der Sowjetzeit zudem Uran abgebaut und aus Goldgruben gelangten wiederholt giftige Abwässer in den See. In den 90er Jahren führten kirgis. Spezialisten sowie Experten der Bundesanstalt für Geowissenschaften in Hannover am Ysyk-Köl Messungen zur Prüfung des Strahlenniveaus durch. Dabei stellten die Wissenschaftler am Südufer des Sees erhöhte Strahlenwerte fest, die aber noch unter den zulässigen Grenzwerten liegen. (Foto: Jachthafen in Balykchy am Ysyk-Köl-See)

Das unabhängige Kirgistan

Aufbruchzeit: Bei den ersten Präsidentschaftswahlen in der unabhängigen Republik am 12.10.1991 wurde Akajew ohne Gegenkandidat mit ca. 95% der Stimmen im Amt bestätigt. Auch nach dem Ende der Sowjetunion musste sich der Präsident weiterhin auf den von Kommunisten dominierten Obersten Sowjet stützen, der versuchte, die Verabschiedung wichtiger Reformgesetze zu verhindern. Dennoch bewährte sich das Vertrauen, das sich der Präsident in der Übergangszeit erworben hatte. In keinem anderen GUS-Staat wurden die Vorschläge westlicher Wirtschaftsexperten so konsequent umgesetzt wie in K., wo bereits nach kurzer Zeit die zentrale Wirtschaftsplanung abgeschafft wurde.

Wirtschaftskrise: Doch die anfängliche Euphorie über die neue Freiheit schwand in dem Maße, wie die einheimische Wirtschaft zusammenbrach und die Zusammenarbeit innerhalb der GUS nicht das hielt, was sich die beteiligten Staaten versprochen hatten. Allein in den ersten drei Jahren der Unabhängigkeit sank die Industrieproduktion um mehr als die Hälfte. Seit Anfang 1993 stieß Akajew bei der Verwirklichung seines Reformprogramms auf wachsenden Widerstand der alten Parteifunktionäre im Obersten Sowjet.

Gesellschaftsstruktur: Bei den Auseinandersetzungen um die Macht spielten jedoch nicht nur politisch-ideologische Differenzen eine Rolle, sondern auch alte Rivalitäten zwischen den Stämmen. Daher werden bis heute viele Ämter unter Berücksichtigung der Clan-

Im Grenzabkommen von 1997 einigten sich die Präsidenten von Kirgistan (Askar Akajew), Kasachstan (Nursultan Nasarbajew), China (Jiang Zemin), Russland (Boris Jelzin) und Tadschikistan (Emomali Rachmonow, v. l.) auf Obergrenzen für die Stationierung von Soldaten und Militärtechnik an der mehr als 7500 km langen Grenze zwischen China und der ehemaligen Sowjetunion.

oder regionalen Zugehörigkeit vergeben. Das enge Zusammengehörigkeitsgefühl zwischen Verwandten und Stammesangehörigen blieb – wie schon in der Sowjetzeit – ein Nährboden für Vetternwirtschaft und ist bis heute der Grund für die relativ geringe Bedeutung politischer Parteien in K.

Neue Verfassung und Staatskrise: Um die neue Verfassung von 1993 entbrannte ein schwerer Konflikt zwischen Präsident Akajew und dem Obersten Sowjet. Die Verfassung sah die Ablösung des letzteren durch ein neues Zwei-Kammer-Parlament vor. Dagegen wehrten sich Teile des Sowjets durch den Boykott der Wirtschafts- und Reformpolitik Akajews. Als der Oberste Sowjet die Regierung Ende 1993 unter Korruptionsvorwürfen stürzte, setzte Präsident Akajew eine Volksabstimmung an, die ihn mit ca. 96% im Amt bestätigte. Im Herbst 1994 löste er den Sowjet auf und schrieb Neuwahlen aus.

Wahlen 1995: Bei den Kommunalwahlen im Oktober 1994 und bei den ersten freien Wahlen zum neuen Zwei-Kammer-Parlament im Februar 1995 traten zwar verschiedene Parteien an, doch die meisten Mandate errangen unabhängige Kandidaten. Bei vorgezogenen Präsidentschaftswahlen im Dezember 1995 setzte sich Akajew gegen zwei kommunistische Mitbewerber durch und wurde für eine weitere Amtsperiode gewählt.

Konsolidierung der Macht: Nach der Festigung der inneren Verhältnisse bemühte sich Präsident Akajew verstärkt um einen Ausgleich mit Russland. Am 11.3.1996 erklärte das Parlament Russ. zur zweiten Amtssprache und am 29.3.1996 wurde K. Mitglied der »Gemeinschaft integrierter Staaten«. Im gleichen Jahr verzeichnete die kirgis. Wirtschaft erstmals seit der Unabhängigkeit wieder ein Wachstum.

Neueste Entwicklungen: Nach der bis Mitte 1997 weitestgehend abgeschlossenen Privatisierung der staatlichen Industrie setzte Akajew 1998 auch die Privatisierung des Agrarsektors durch. Trotz wirtschaftlicher und politischer Probleme bewältigte K. den Übergang von der Plan- zur Marktwirtschaft und Demokratie von allen zentralasiat. Ländern am besten. Doch auch in K. wuchs ab Ende der 90er Jahre der Einfluss des islamischen Fundamentalismus. Am 22.8.1999 besetzten islamische Extremisten im Süden des Landes drei Dörfer, die erst nach längeren Gefechten von den Regierungstruppen zurückerobert wurden. *P.B.*

Die wichtigsten Parteien im 20. Jahrhundert[1)]

Name (Abkürzung)	*Politische Richtung*	*Gründung*
Demokratische Bewegung (DDK)	national-demokratisch	1990/93
Partei der nationalen Wiedergeburt (Asaba)	national-demokratisch	1991
Progressive Demokratische Partei Erkin [freies] Kirgistan (ERK)	liberal, demokratisch	1991
Kommunistische Partei (PKK)	kommunistisch	1992
Sozialistische Partei Ata Meken (Ata Meken, AM)	national-liberal	1992
Agrarpartei Kirgistans (APKR)	Bauernpartei	1993
Demokratische Partei der Frauen Kirgistans (DPZK)	feministisch, demokratisch	1993
Sozialdemokratische Partei (PSDK)	sozialdemokratisch	1993
Mein Heimatland (MS)	zentristisch	1999
Union der Demokratischen Kräfte (SDS)	zentristisch	1999
Wählerblock »Manas« (Manas)	national	1999

1) Nur die größeren Parteien und Bewegungen; das Parlament besteht nach dem Wahlgesetz überwiegend aus direkt gewählten Abgeordneten. Nach 1995 wurden aus formellen Gründen mehrfach einzelne Oppositionsparteien von der Wahl ausgeschlossen. Nach Ansicht der OSZE können die Wahlen vom Februar 2000 daher nur als »bedingt demokratisch« angesehen werden.

Kiribati

Republik Kiribati

Bereits 1606 betrat der span. Seefahrer Pedro Fernández de Quirós die mikrones. Inselgruppe, 1777 folgte James Cook und 1788 der Namen gebende Brite Thomas Gilbert. Die wirtschaftliche Erschließung der Gilbert Islands begann im frühen 19. Jh. Die Inseln waren ein bevorzugtes Walfanggebiet, ab 1830 siedelten dort desertierte Seeleute und ab 1860 setzte ein schwunghafter Kopra- und Kokosnusshandel ein. Zudem liefen Handelsschiffe die Inseln an, um neue Mannschaften oder Arbeiter für Plantagen auf Hawaii und Fidschi sowie in Australien und Peru anzuheuern. Ab 1877 unterband der brit. Hochkommissar für den Westpazifik dieses Treiben. 1888 wurden Christmas Island sowie die Inseln Fanning und Washington (heute Tabuaeran und Teraina) von Großbritannien annektiert und die Phönix-Insel unter brit. Schutz gestellt. Die Deklaration eines brit. Protektorats über die Gilbert und Ellice Islands erfolgte 1892.

Kiribati 2000	
Landesfläche	726 km² (WR 171)
Einwohner	84 500 (WR 179)
Hauptstadt	Bairiki (29 000 Einwohner)
Sprachen	Englisch, Gilbertesisch
Währung	1 Australischer Dollar = 100 Cents
Gliederung	33 Inseln, in drei Gruppen aufgeteilt
Staatsform	Präsidiale Republik (seit 1979)
Religion	Katholiken (53,3%), Protestanten (39,2%), Bahai (2,4%), Adventisten (1,9%), Mormonen (1,6%), Sonstige (1,6%)
Bevölkerung	Kiribatier (97,4%); Tuvaluer (0,5%); Sonstige (2,1%)

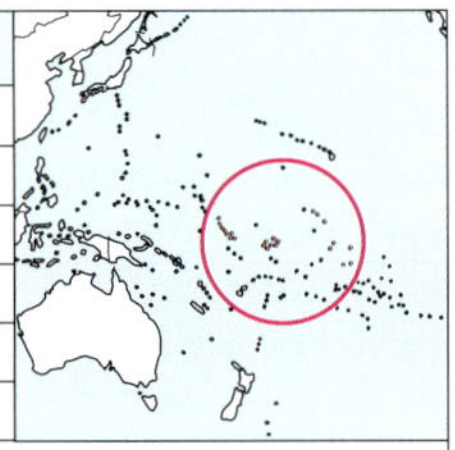

Kiribati im 20. Jahrhundert	
1900	Die Entdeckung von Phosphatvorkommen auf Banaba führt zur Annexion der Insel durch Großbritannien.
1916	Die Gilbert- und Ellice-Inseln werden brit. Kolonie.
1919	Angliederung der Christmas-Insel (heute Kiritimati).
1937	Angliederung der Phönix-Inseln (heute Rawaki).
1939	Brit.-US-amerikan. Verwaltung von Canton und Enderbury.
1942	Japan. Besetzung der Gilbert-Inseln.
1945	Umsiedlung der Bevölkerung von Banaba nach Rabi (Fidschi).
1963	Einsetzung eines Advisory Council.
1967	Erste Wahl zum Legislative Council.
1975	Loslösung der Ellice-Inseln (heute Tuvalu).
1977	Volle innere Autonomie.
1979	Staatliche Unabhängigkeit als Kiribati.
1981	Einrichtung eines Entwicklungsfonds für Banaba.
1985	Beitritt zur atomwaffenfreien Zone im Südpazifik.
1988	Umsiedlung von Bewohnern Südtarawas auf verschiedene Atolle der Line Islands.
1995	Umsiedlungsprojekt von Südtarawa nach Inseln der Phönix-Gruppe.
1996	Verlegung der Datumsgrenze hinter die östliche Staatsgrenze von Kiribati.
1997	Überflutungen auf Kiritimati.
1999	Nach einer achtmonatigen Dürre Ausrufung des Katastrophenzustands.

Von der Kolonie zur Unabhängigkeit

Britische Kolonie: 1916 wurden die Gilbert und Ellice Islands zusammen mit Tabuaeran, Teraina und Ocean Island (Banaba), das 1900 von Großbritannien nach der Entdeckung wertvoller Phosphatvorkommen annektiert worden war, zur brit. Kolonie erklärt. Diese umfasste ab 1919 auch Christmas Island (Kiritimati) und ab 1937 die unbewohnte Phönix-Insel. Seit Beginn des 20. Jh.s wurden auf den drei nördlichen Line Islands und auf Kiritimati Kokospalmpflanzungen angelegt.
US-Flugbasis: Nachdem die USA Anspruch auf Canton und Enderbury erhoben und dort eine militärische Flugbasis eingerichtet hatten (bis 1958), wurde für diese Inseln eine gemeinsame brit.-US-amerikan. Verwaltung eingerichtet. Während des Zweiten Weltkriegs besetzten die Japaner die Gilbert Islands, bis sie schließlich 1943 unter schweren Verlusten auf beiden Seiten von US-amerikan. Truppen vertrieben wurden.
Demokratisierung: Zum Aufbau einer inneren Selbstverwaltung wurde 1963 ein Advisory Council eingesetzt und 1967 ein gesetzgebender Rat gewählt. 1974 wählte das »House of Assembly« Naboua Ratieta zum ersten Chief Minister. Durch einen Volksentscheid 1974 erreichten die Ellice Islands 1975 die Loslösung; aus ihnen wurde 1978 das unabhängige Tuvalu. Auf den Gilbert Islands trat die innere Autonomie am 1.1.1977 in Kraft; am 12.7.1979 erlangte die Inselgruppe als demokratische Republik K. innerhalb des Commonwealth die Unabhängigkeit. Im September 1979 verzichteten die USA auf ihre Ansprüche auf die Line und Phoenix Islands. Das Staatsgebiet von K. erstreckt sich damit über 5,2 Mio km² und eine West-Ost-Distanz von 3200 km.
Verfassung: Das Ein-Kammer-Parlament (Maneaba ni Maungatabu) besteht aus 40 Mitgliedern, die alle vier Jahre gewählt werden; zwei Sitze sind reserviert für die Vertreter der Insel Banaba, die Minderheitenschutz genießt. Die Bewohner Banabas waren 1946 nach Rabi/Fidschi umgesiedelt worden, um auf Banaba einen ungestörten Phosphattagebau zu ermöglichen. Ab 1975 klagten die Banaban – ob-

wohl mehrheitlich auf Fidschi ansässig – auf Schadensersatz, da ihre Heimatinsel nahezu unbewohnbar geworden war. Als die Phosphatvorräte erschöpft waren, erreichten die Banaban 1981 die Einrichtung eines Entwicklungsfonds von 15 Mio austral. Dollar.
Der direkt vom Volk gewählte Präsident (Beretitenti) ist sowohl Staatsoberhaupt als auch Regierungschef. Es gibt keine strukturierten politischen Parteien, sondern im Parlament stehen sich locker verbundene politische Interessengruppen gegenüber. Aufgrund der Entfernungen zwischen den Inselgruppen genießt die lokale Selbstverwaltung große Freiheiten.

Politische Unabhängigkeit

Wirtschaftliche Lage: Nachdem der Phosphatabbau Ende der 70er Jahre zum Erliegen gekommen war, wurde K. zu einem der am wenigsten entwickelten Inselstaaten im Südpazifik. Die auf Selbstversorgung ausgerichtete Landwirtschaft ist der wichtigste Wirtschaftssektor. Bedeutendstes Exportgut ist Kopra, mit dessen Ausfuhr etwa zwei Drittel der Exporterlöse erzielt werden. Alle Rohstoffe für den Aufbau eines produzierenden Gewerbes muss K. importieren.
Fischerei: Entwicklungspotenziale liegen hingegen im Bereich der Fischerei. Die Proklamation der exklusiven Wirtschaftszone von 200 Seemeilen 1978 trug allen südpazif. Inselstaaten einen beträchtlichen Machtgewinn ein. Gebühren für Fischereilizenzen u. a. an Japan, Südkorea, Taiwan und die USA brachten Devisen in die Staatskasse. In der über 3 Mio km² großen Fischereizone kommt es aber immer wieder zu Konflikten wegen illegaler Befischung oder Überfischung der Bestände.
Außenhandelsdefizit: Der Kopraexport, der Verkauf von Fischereilizenzen sowie der sich langsam entwickelnde Tourismus reichen nicht aus, um die notwendigen Importe zu finanzieren. Die chronischen Defizite im Außenhandel werden gemildert durch einen Kapitalfonds, der 1956 aus Erlösen des Phosphatabbaus gebildet wurde, und durch Kapitalüberweisungen von Einwohnern, die im Ausland arbeiten. Wirtschaftliche Entwicklungsmaßnahmen sind jedoch nur mit Hilfe ausländischer Geldgeber – insbes. Großbritannien, Australien und Japan – möglich.

Das Bevölkerungsproblem

Seit 1979 ist die Bevölkerung von K. um 26 000 auf ca. 83 000 Einwohner gestiegen. Wegen der hohen Bevölkerungsdichte auf Tarawa siedelte die Regierung 1988 etwa 5000 Einwohner auf die kaum besiedelten Line Islands um. Da der Zuzug zur Hauptinsel jedoch anhielt und die Geburtenraten hoch waren, wurde 1995 mit finanzieller Unterstützung der Asiat. Entwicklungsbank mit der Umsiedlung von Einwohnern auf fünf Inseln der Phönix-Gruppe begonnen. Vor diesem Hintergrund wurde in den 90er Jahren die Sonderstellung der Einwohner von Banaba zunehmend kritisch bewertet. Obwohl sie mehrheitlich seit über 50 Jahren als Staatsbürger von Fidschi auf Rabi leben, sind ihnen ihre heimischen Eigentumsrechte verblieben. Ihre zwei Abgeordneten sorgen durch ihr Veto bei allen Gesetzen, welche die Interessen von Banaba berühren, für sozialen Unfrieden. Seit 1998 wird in bilateralen Gesprächen zwischen Fidschi und K. der Versuch unternommen, die Verfassungsrechte dieser Minderheit zu verändern.

Staatsoberhäupter von Kiribati		
Reg.-Zeit	*Name*	*Lebensdaten*
1979–91	Jeremia Tienang Tabai	*1950
1991–94	Teatao Teannaki	k. A.
seit 1994	Teburoro Tito	*1953

Teburoro Tito ist seit 1994 der vom Volk direkt gewählte Beretitenti Kiribatis. Das Präsidentenamt vereint sowohl die Befugnisse des Staatsoberhaupts als auch des Regierungschefs. Zugleich bekleidet Teburoro Tito auch das Amt des Außenministers.

Globale Gefahren

Atompolitik: Trotz starker wirtschaftlicher Abhängigkeit von westlichen Ländern hat K. seit der Unabhängigkeit 1979 versucht, ein regionales Selbstbewusstsein zu entwickeln. Nach den Erfahrungen mit brit. Atomtests in den 50er Jahren auf Kiritimati trat K. angesichts der französ. Atompolitik 1985 der atomwaffenfreien Zone im Südpazifik bei. 1995 brach K. nach französ. Atomtests auf dem Mururoa-Atoll die diplomatischen Beziehungen zu Frankreich ab.
Klimatische Veränderungen: Laut UN-Prognose von 1989 wird K. im 21. Jh. infolge des Treibhauseffekts überflutet werden. 1997 war Kiritimati von starken Regenfällen und Überflutungen betroffen; 1999 erklärte Präsident Teburoro Tito den Süden von Tarawa und Banaba nach einer achtmonatigen Dürreperiode zu Katastrophengebieten. *H-W W*

Die wichtigsten Parteien im 20. Jahrhundert		
Name (Abkürzung)	*Politische Richtung*	*Vorsitzender*
Boutokan te Koaua Party (BTK)	sozialdemokratisch	Amberoti Nikora
Liberal Party	linksliberal	Tewareka Tentoa
Maneaban Te Mauri Party (MTM)	konservativ	Teburoro Tito
National Progressive Party (NPP)	linksliberal	Teatao Teannaki

Kolumbien

Republik Kolumbien

Nach den Kämpfen gegen die Kolonialmacht Spanien vereinigte Simón Bolívar, der Anführer der lateinamerikan. Unabhängigkeitsbewegung, 1819 auf dem Kongress von Angostura das heutige K. (Neugranada) und Venezuela zur Republik Großkolumbien. 1832 konstituierte sich Neugranada als selbstständige Republik. Separatistische Tendenzen führten zu einem föderalistischen Aufbau des Staates und zur Ausrufung der Vereinigten Staaten von K. 1858. Erst 1886 wurden die Gliedstaaten der Konföderation als Provinzen (einschließlich des heutigen Panama) zum Einheitsstaat in der Republik K. zusammengefasst.

Kolumbien 2000

Landesfläche	1,14 Mio km² (WR 25)
Einwohner	41,6 Mio (WR 27)
Hauptstadt	Santafé de Bogotá (5,2 Mio Einwohner)
Sprachen	Spanisch, indianische Sprachen
Währung	1 Peso = 100 Centavos
Gliederung	24 Gebiete, 4 Intendanturen, 5 Kommissariate
Staatsform	Präsidiale Republik (seit 1886)
Religion	Katholiken (93,1%); Sonstige (6,9%)
Bevölkerung	Mestizen (58%); Weiße (20%); Mulatten (14%); Sonstige (8%)

Kolumbien im 20. Jahrhundert

1902	Ende des Bürgerkriegs (»Krieg der 1000 Tage«).
1903	Abtrennung Panamas von Kolumbien.
1910–29	Ausbau der Kaffeewirtschaft zum ökonomischen Leitsektor.
1934	Reformen unter Präsident Alfonso López Pumarejo (u.a. Verfassungsänderung zur Sozialbindung des Eigentums).
ab 1940	Aufschwung populistischer Bewegungen.
1948	Nach der Ermordung eines Oppositionspolitikers Ausbruch von bürgerkriegsähnlichen Zuständen (bis 1957/58 ca. 200 000 Tote).
1957	Bildung der Nationalen Front zur Beilegung der Unruhen und zur Befriedung des Landes.
1966	Tod des Guerillaführers Camilo Torres; Aktivitäten revolutionärer Gruppierungen nehmen zu.
1974	Präsident Alfonso López Michelsen scheitert mit seinen Reformen zur Verbesserung der sozialen Verhältnisse der Bevölkerung.
1978	Verhängung des Ausnahmezustandes.
1985	Besetzung des Justizpalastes in Bogotá durch Guerillabewegung M-19.
1986	Wachsender Einfluss kolumbian. Drogenkartelle auf die nationale Politik.
1989	Verschärfung des Bürgerkriegs zwischen Guerillaorganisationen und Regierung (bis 1999 ca. 40 000 Tote trotz Friedensgesprächen).
1991	Stärkung demokratischer Strukturen in Kolumbien durch Verfassungsreform.
1993–98	Weitgehende Zerschlagung der Drogenkartelle.
1999	Wiederaufnahme von Friedensgesprächen zwischen Regierung und Guerillaorganisationen.

Kolumbien um 1900

Politisches System: 1886 erhielt K. eine neue Verfassung, die bis 1991 Gültigkeit besaß. Danach war K. eine präsidiale Republik mit einem Zweikammersystem, der Präsident wurde für vier Jahre gewählt. Die Verfassung schuf einen starken Zentralstaat, der die Provinzen den nationalstaatlichen Institutionen unterwarf. Beherrscht wurden die Institutionen von zwei Parteien, den Liberalen und den Konservativen. Ein Großteil der Bevölkerung blieb von den politischen Entscheidungsprozessen ausgeschlossen, weil Großgrundbesitzer und Unternehmer durch Bestechung, Ämterpatronage und Wahlmanipulationen die politischen Institutionen kontrollierten.

Wirtschaftliche Grundlage: In der ersten Hälfte des 20. Jh.s war Kaffee das wichtigste kolumbian. Handelsgut. Bis 1930 stieg der Anteil des Kaffees am Gesamtexport auf ca. 70%. Die stetig wachsenden Einnahmen aus der Güterausfuhr (Verachtfachung zwischen 1900 und 1929) wurden in den Ausbau der Infrastruktur investiert. Die Verbesserung des Straßennetzes und der Telekommunikation zog ausländische Unternehmen an, die sich vorrangig dem Bananenanbau widmeten.

Verlust von Panama: Da die Zeit um 1900 noch von innenpolitischen Unruhen und Bürgerkrieg (sog. Krieg der 1000 Tage) geprägt war, welche die Regierung gelähmt und die Finanzen erschöpft hatten, gerieten Planungen für den Bau des Panamakanals ins Stocken. Daher trat K. am 22.1.1903 im Hay-Herrán-Vertrag der nordamerikan. Kanalbaugesellschaft Land zum Bau ab, über das die USA die Kontrollrechte erhielten. Der kolumbian. Kongress weigerte sich jedoch, den Vertrag zu ratifizieren. Daraufhin unterstützten die USA separatistische Bewegungen in Panama, das sich am 4.11.1903 von K. unabhängig erklärte. In den 20er Jahren entschädigten die USA K. mit 25 Mio US-Dollar für den Verlust von Panama.

Unruhen und Arbeiteraufstände

Folgen der Industrialisierung: Die finanzielle Entschädigung für den Verlust von Panama und die steigenden Einnahmen aus dem Export setzten Mittel für die Industrialisierung K.s frei. Insbes. in der Medellín-Region gab es zahlreiche Gründungen von Textilunternehmen, während bei Barrancabermeja mit der Förderung von Erdöl begonnen wurde. Die Industrialisierung führte zu einem starken Bevölkerungswachstum und zur Urbanisierung K.s, z. B. in Bogotá, wo die Einwohnerzahl 1918–38 von 150 000 auf 355 000 stieg. In den Städten entstand eine Arbeiterschaft, die sich um 1920 mit Protestaktionen wegen ihrer ärmlichen Lebensverhältnisse zum ersten Mal politisch bemerkbar machte. Die Regierung reagierte auf Generalstreiks der Arbeiter im Erdölgebiet von Barrancabermeja (1924 und 1927) und im Bananenanbaugebiet von Santa Marta (1928) mit Gewalt und Massenverhaftungen. Die Repressionen stärkten zwar die linken Parteien, doch viele Anhänger der Arbeiterbewegung begannen auch, sich in den herrschenden Parteien der Liberalen und Konservativen zu engagieren.

Reformen: Der Ausbruch der Weltwirtschaftskrise 1929, die K. in eine tiefe Depression stürzte, verdeutlichte insbes. liberalen Politikern die Notwendigkeit umfassender Reformen, um den Ausbruch einer gewaltsamen Revolution zu verhindern. 1934 begann die erste Präsidentschaft von Alfonso López Pumarejo (1934–38, 1942–45). Während seiner Amtszeit wurde die Verfassung um einen Artikel ergänzt, der die soziale Verpflichtung von Eigentum betonte und bestimmte, dass der uneffektive Gebrauch von Besitz zur Enteignung durch den Staat führen könne. Soziale Maßnahmen verbesserten die Lebensverhältnisse der Bevölkerung und das Bildungswesen wurde erneuert. Obwohl vor allem die neuen Bestimmungen zum Eigentum eher symbolischen Charakter besaßen, trugen sie dennoch dazu bei, die sozialen Spannungen in der Bevölkerung zu entschärfen und zahlreiche Anhänger der Arbeiterbewegung für die Partei der Liberalen zu gewinnen.

Straßenschlachten zwischen Protestierenden und Militäreinheiten gehörten während des Bürgerkriegs in den 50er Jahren zum Alltag in Kolumbien. (Foto: Blutiges Zusammentreffen von Studenten und Militärs 1954 in Bogotá)

Gewalt und Bürgerkrieg

Nach dem Zweiten Weltkrieg brachen innerhalb der herrschenden Liberalen Partei Flügelkämpfe aus, die zu ihrer Spaltung führten. Der Konservative Mariano Ospina Pérez (1946–50) wurde 1946 zum Präsidenten gewählt, obwohl er weniger Stimmen als die beiden liberalen Kandidaten zusammen erhielt. Die Auseinandersetzungen zwischen den Parteien eskalierten, als 1948 der linksliberale Oppositionspolitiker Jorge Eliécer Gaitán ermordet wurde. Spontane Ausbrüche von Gewalttätigkeiten weiteten sich zu einem Bürgerkrieg aus, der bis 1957/58 dauerte und etwa 200 000 Menschenleben kostete.

Staatsoberhäupter Kolumbiens

Reg.-Zeit	*Name*	*Lebensdaten*	*Reg.-Zeit*	*Name*	*Lebensdaten*
1898–1900	Manuel A. Sanclemente	1814–1902	1946–50	Mariano Ospina Pérez	1891–1976
1900–04	José Manuel Marroquín	1827–1908	1950–53	Laureano Gómez Castro	1889–1965
1904–09	Rafael Reyes	1850–1921	1953–57	Gustavo Rojas Pinilla	1900–1975
1909	Jorge Holguin	1848–1928	1957/58	Gabriel Paris	*1910
1909/10	Ramón González Valencia	1854–1928	1958–62	Alberto Lleras Camargo	1906–1990
1910–14	Carlos E. Restrepo	1867–1937	1962–66	Guillermo León Valencia	1909–1971
1914–18	José Vicente Concha	1867–1929	1966–70	Carlos Lleras Restrepo	1908–1994
1918–21	Marco Fidel Suárez	1855–1927	1970–74	Misael Pastraña Borrero	1923–1997
1921/22	Jorge Holguin	1848–1928	1974–78	Alfonso López Michelsen	*1913
1922–26	Pedro Nel Ospina	1867–1927	1978–82	Julio César Turbay Ayala	*1916
1926–30	Miquel Abadía Méndez	1867–1947	1982–86	Belisario Betancur	*1923
1930–34	Enrique Olaya Herrera	1881–1937	1986–90	Virgilio Barco	1921–1997
1934–38	Alfonso López Pumarejo	1886–1959	1990–94	César Gaviria Trujillo	*1947
1938–42	Eduardo Santos	1888–1974	1994–98	Ernesto Samper Pizano	*1950
1942–45	Alfonso López Pumarejo	1886–1959	seit 1998	Andrés Pastrana Arango	*1954
1945/46	Alberto Lleras Camargo	1906–1990			

Als Gegenbewegung zur Regierung der sog. Nationalen Front entwickelte sich ab den 60er Jahren eine einflussreiche Guerillabewegung in Kolumbien, die bald große Teile des Landes kontrollierte. (Foto: Kolumbian. Guerilleros Ende 1970)

Regierung der Nationalen Front

Angesichts der verheerenden Wirkungen ihres Parteienstreits handelten die Liberalen und Konservativen im Dezember 1957 einen Kompromiss aus, der den Konflikt um die Macht in K. beilegte und den Bürgerkrieg beendete. In dieser Übereinkunft der sog. Nationalen Front (Frente de Transformación Nacional; FTN) vereinbarten sie, bis 1974 abwechselnd für jeweils vier Jahre den Präsidenten zu stellen. Ferner kamen sie überein, den Kongress künftig unabhängig von den Wahlergebnissen jeweils zur Hälfte mit liberalen bzw. konservativen Abgeordneten zu besetzen. Gleiches sollte auch für alle öffentlichen Organe gelten.

In der Außenpolitik lehnte sich die Nationale Front an die Andenstaaten Venezuela und Ecuador an. Zur Erschließung neuer Märkte für Kaffee, das wichtigste kolumbian. Exportgut, nahmen die Regierungen der Nationalen Front in den 60er Jahren diplomatische und wirtschaftliche Beziehungen zu den Staaten des Warschauer Paktes auf.

Die wichtigsten Parteien im 20. Jahrhundert

Name (Abkürzung)	*Politische Richtung*	*Gründung*
Partido Liberal (PL)	liberal	1815
Partido Social Conservador Colombiano (PSC)	konservativ	1849
Democracia Cristiana	christdemokratisch	1964
Frente por la Unidad del Pueblo (FUP)	linksextremistisch	1970
Alianza Nacional Popular (ANAPO)	nationaldemokratisch	1971
Unidad Democrática de la Izquierda	linksgerichtetes Parteienbündnis	1982
Alianza Democrática – M-19 (AD – M-19)	sozialistisch-kommunistisch	1990

Neue Opposition in den 60er Jahren

Guerillabewegung: Als bedeutendste Oppositionspartei trat in den 60er Jahren die Nationale Volksallianz (Alianza Nacional Popular; ANAPO) hervor. Sie lehnte das von der Nationalen Front eingeführte Regierungssystem ab, weil es die Macht kleiner Eliten aus Wirtschaft, Militär und Kirche sicherte, während es die breite Masse von der Gestaltung der Politik in K. ausschloss. Die Regierungen vernachlässigten notwendige wirtschaftliche und soziale Reformen, sodass große Teile der Bevölkerung verelendeten. Es entstand eine starke Guerillabewegung – u. a. das Nationale Befreiungsheer (ELN) und die Kolumbian. Revolutionären Streitkräfte (FARC) –, die weite Teile K.s kontrolliert.

Demokratisierung: Die katholische Kirche in K. unterstützte aus Protest gegen die politische und soziale Ungerechtigkeit im Land z. T. den Kampf der Guerillabewegung. Am 15.2.1966 wurde der katholische Geistliche Camilo Torres Restrepo, der sich der ELN angeschlossen hatte, bei einem Feuergefecht mit Regierungstruppen getötet. Die Unruhen im Land eskalierten daraufhin erneut und führten schließlich zur Auflösung der regierenden Nationalen Front. Mit der Präsidentschaft des Konservativen Misael Pastraña Borrero (1970–74) endete auch die Übereinkunft von 1957, die 17 Jahre lang die Grundlage für die Herrschaft der Nationalen Front gebildet hatte. Aus den Präsidentschaftswahlen vom 21.4.1974 ging der liberale Kandidat Alfonso López Michelsen (1974–78) als Sieger hervor.

Schwierige Zeit der Konsolidierung

Reformversuche: Der neue Präsident López Michelsen kündigte weit reichende Reformen an und versprach, die soziale Situation der armen Bevölkerungsschichten zu verbessern. Die Reformvorhaben scheiterten jedoch, Arbeitslosigkeit und Inflation nahmen weiter zu, während die Reallöhne sanken. Das starke Bevölkerungswachstum und die zunehmende Landflucht verschärften die innenpolitische Lage noch zusätzlich. 1977 kam es wiederholt zu schweren Zusammenstößen zwischen Militär und streikenden Arbeitern.

Ausnahmezustand: Bei den Präsidentschaftswahlen am 4.6.1978 setzte sich der Kandidat der Liberalen, Julio César Turbay

Ayala (1978–82), durch. Um die wachsende Gewalt in K. zu stoppen und die Guerillabewegung effektiver bekämpfen zu können, verhängte er am 16.9.1978 über das gesamte Land den Ausnahmezustand. Dieser wurde erst nach der Wahl des Konservativen Belisario Betancur (1982–86) zum neuen Präsidenten am 19.6.1982 wieder aufgehoben. Betancur verkündete eine Generalamnestie, um die Guerillabewegung zur Einstellung ihres Kampfes zu bewegen. Aufgrund der katastrophalen ökonomischen Situation in K. – Anfang der 80er Jahre sank die landwirtschaftliche Produktion infolge von Dürre, die jährlichen Inflationsraten lagen bei über 25%, die Arbeitslosenquote stieg auf über 12% – rief er den Wirtschaftsnotstand aus.

Drogenkartelle: Bereits zu Beginn der 70er Jahre stieg die internationale Nachfrage nach hochwertigem Marihuana und Kokain. Dies förderte insbes. im Norden von K. die Entstehung kleiner Farmen, die sich auf den Drogenanbau konzentrierten. Die Drogenhändler schlossen sich Anfang der 80er Jahre zu verschiedenen Kartellen zusammen, die mit ihren finanziellen Mitteln die politischen Institutionen des Staates zunehmend beeinflussten.

Verfassungsreform: 1991 trat eine neue Verfassung in Kraft, welche die demokratischen Strukturen in K. stärken sollte. Die Rechte der Exekutive wurden eingeschränkt, die Kompetenzen des Zweikammersystems erweitert. Die Reform des Wahlrechts ermöglichte eine größere Beteiligung der Bevölkerung an den politischen Entscheidungsprozessen. Der Schutz von Minderheiten erhielt Verfassungsrang. 1997 trat ein Gesetz in Kraft, das die Auslieferung im Ausland beschuldigter bzw. angeklagter kolumbian. Staatsbürger verbietet.

Bürgerkrieg und wirtschaftliche Krise: K. litt in den 90er Jahren insbes. unter dem Bürgerkrieg zwischen den Guerillaorganisationen (FARC, ELN) und der Regierung, in dem 1989–99 ca. 40 000 Menschen starben. Die Zerstörungen des Krieges behinderten die wirtschaftliche Entwicklung: Das BSP stagnierte, die Inflationsraten blieben zweistellig, die Auslandsverschuldung erhöhte sich bis 1998 auf etwa 35 Mrd US-Dollar. Friedensgespräche zwischen den Guerillaorganisationen und der Regierung scheiterten Anfang der 90er Jahre an Gewalttaten auf beiden Seiten, wurden 1999 aber wieder aufgenommen. Im Dezember 1999 verkündete die FARC den ersten Waffenstillstand seit zehn Jahren. Sie reagierte damit auf Fortschritte bei den Gesprächen mit der Regierung über die Reform von Staat, Streitkräften und Justiz. *N. H.*

Die Macht der kolumbianischen Drogenkartelle

Große Teile Kolumbiens befanden sich Anfang der 80er bis Mitte der 90er Jahre in der Hand von Drogenkartellen. Sie kontrollierten 80% des amerikan. Kokainmarkts und machten mit dem Verkauf des weißen Pulvers, das aus dem Kokastrauch gewonnen wird, einen Jahresumsatz von ca. 2 Mrd US-Dollar. Mit dem Geld bauten die Drogenbosse ein auf Gewalt basierendes Imperium auf, dem der kolumbian. Staat lange Zeit nicht gewachsen war. Auf allen Ebenen von Politik und Wirtschaft kauften sich die Drogenbarone Lobbyisten, mit deren Hilfe sie ihr System absicherten. So floh z. B. der berüchtigte Chef des Rauschgiftkartells von Medellín, Pablo Escobar, im Juli 1992 mit Hilfe des Wachpersonals aus einem eigens für ihn gebauten Luxusgefängnis. Seine Flucht führte aber zu einem entschlosseneren Kampf des Staats gegen die Drogenkartelle. Ende 1993 wurde Escobar von Regierungskräften erschossen. 1998 nahm die kolumbian. Polizei den Drogenbaron José Nelson Urrego, Chef eines Kokainkartells in Cali, fest.

Oben: Im Kampf gegen den Drogenhandel gelang der kolumbian. Regierung im Mai 1990 mit einem umfangreichen Drogenfund im Yari Forest ein Schlag gegen die kolumbian. Koka-Barone.

Unten: Als am 17.6.1997 vor der Polizeistation von Fontibon westlich von Bogotá eine Autobombe explodierte, wurden acht Polizisten getötet. Der Anschlag ereignete sich, als der kolumbian. Kongress in Bogotá über eine Verfassungsänderung debattierte, die eine Auslieferung von Drogenmafiosi an andere Staaten ermöglichen soll.

Komoren

Islam. Bundesrepublik Komoren

Im 6. Jh. war der aus vier größeren und zahlreichen kleinen Inseln bestehende K.-Archipel von malai.-polynes. Stämmen besiedelt. Später wanderten Madagassen und Bantu-Völker vom afrikan. Festland zu. Während die im 16. Jh. gegründeten portugies., holländ. und französ. Niederlassungen nur kurzen Bestand hatten, errichteten die etwa zur gleichen Zeit auf den vier Hauptinseln siedelnden Perser und Araber mächtige Sultanate, die zum Zentrum des Sklavenhandels wurden. Mitte des 19. Jh.s riefen die Sultane Frankreich gegen die feindlichen Madagassen zu Hilfe. 1841 übernahm die französ. Kolonialmacht die Herrschaft über Mayotte, eine der vier Hauptinseln. Ab 1886/87 begann sich das französ. Protektorat auf den gesamten Archipel auszudehnen.

Komoren 2000	
Landesfläche	2235 km^2 (WR 166)
Einwohner	676 000 (WR 155)
Hauptstadt	Moroni (36 000 Einwohner)
Sprachen	Französisch, Komorisch
Währung	1 Komoren-Franc = 100 Centimes
Gliederung	3 Inseldistrikte
Staatsform	Islamische Bundesrepublik (seit 1982)
Religion	Sunnitische Moslems (98,9%); Christen (1%); Bahai (0,1%)
Bevölkerung	Komoraner (96,9%); Makua (1,6%); Sonstige (1,5%)

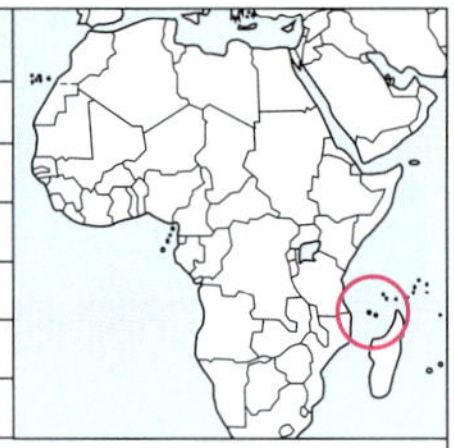

Die Komoren im 20. Jahrhundert	
1909	Ausdehnung des französ. Protektorats auf den gesamten Komoren-Archipel.
1912	Umwandlung in eine französ. Kolonie.
1914	Eingliederung in die Verwaltung Madagaskars.
1946/47	Rückwandlung in eine eigenständige französ. Verwaltungseinheit.
1961/62	Übertragung der Selbstverwaltungsrechte.
1968	Autonomiestatus, Zulassung politischer Parteien.
1972	Sieg eines antikolonialen Bündnisses unter Führung von Ahmed Abdallah Abderemane bei Territorialwahlen.
1974	Volksentscheid für Unabhängigkeit der Komoren; Verbleib Mayottes bei der Kolonialmacht Frankreich.
1975	Einseitige Unabhängigkeitserklärung, Sturz Abdallah Abderemanes durch Putsch unter Führung von Ali Soilih.
1978	Wiedereinsetzung Abdallah Abderemanes als Staatspräsident durch einen Söldnerputsch, Ausrufung der Islamischen Bundesrepublik Komoren.
1984	Einführung der Landeswährung Franc Comorien (FC).
1990	Präsidentschaftswahlsieg von Said Muhammad Djohar.
1992	Neue Verfassung mit Gewaltenteilung und Mehrparteiensystem.
1993	Sieg von Djohar-Anhängern bei Parlamentswahlen.
1995	Regierungsumsturz führt zur Entmachtung Djohars.
1996	Präsidentschaftswahlsieg von Muhammad Taki Abdoulkarim; Verfassungsreform zugunsten einer stärkeren Machtfülle des Staatspräsidenten bei gleichzeitiger Beschränkung demokratischer Rechte.
1997	Einseitige Unabhängigkeitserklärungen von Ndzouani und Moili; Notstandskabinett unter Taki.
1999	Sturz von Präsident Taki durch Militärputsch unter Asaly Assoumani.

Französische Kolonialherrschaft

Nachdem Frankreich bis 1909 seine Herrschaft über die ganze K.-Region durchgesetzt hatte, wurde das Gebiet 1912 in eine französ. Kolonie umgewandelt und zwei Jahre später der Verwaltung von Madagaskar unterstellt. Französ. Plantagengesellschaften kontrollierten die Wirtschaft der Kolonie und beuteten die landwirtschaftlichen Erträge, vor allem Gewürznelken, Vanille und Parfümrohstoffe, aus. 1946/47 wurden die K. wieder eine eigenständige französ. Verwaltungseinheit und erhielten den Status eines Überseeterritoriums mit administrativer Autonomie. Das schwach entwickelte politische Leben wurde von einigen aristokratischen islamischen Familien beherrscht, die oberste Exekutivgewalt übte der französ. Hochkommissar aus.

Der Weg in die Unabhängigkeit

Anfang der 60er Jahre bildete sich eine linksgerichtete Unabhängigkeitsbewegung, die 1972, nach Erreichen der vollen inneren Autonomie und der Zulassung politischer Parteien, die Territorialwahlen gewann. Ahmed Abdallah Abderemane, Führer des antikolonialen Wahlbündnisses Union Démocratique des Comores (UDC), wurde Regierungschef. Die Kolonialmacht Frankreich gab den Unabhängigkeitsbestrebungen der Bevölkerung unter der Bedingung nach, dass sich auf jeder der Inseln jeweils die Mehrheit für die Eigenständigkeit entscheiden müsse. In einem Referendum sprachen sich die Inseln Njazidja, Ndzouani und Moili 1974 für die Unabhängigkeit aus, während Mayotte für den Verbleib bei Frankreich votierte. Am 6.7.1975 erklärten die K. einseitig ihre Unabhängigkeit. Einen Monat später wurde Präsident Abdallah Abderemane durch einen Putsch gestürzt. Unter der Führung von Ali Soilih versuchte ein Nationaler Exekutivrat bis 1978, ein gegen islamische Traditionen und Großgrundbesitz gerichtetes Reformprogramm durchzusetzen. Durch den Abzug von Beamten, Ärzten und Militärs sowie die Sperrung der Finanzhilfe löste Frankreich auf den K. eine schwere Wirtschaftskrise aus.

Einparteienstaat

1978 wurde Abdallah Abderemane durch einen von Frankreich unterstützten Söldnerputsch wieder als Staatspräsident eingesetzt. Der entmachtete Soilih wurde erschossen. Mit der Verfassung von 1978 wandelten sich die K. zur Islamischen Bundesrepublik. Gestützt auf die Einheitspartei Union Comorienne pour le Progrès (UCP), die einen demokratischen Sozialismus islamischer Prägung vertrat, etablierte Abdallah Abderemane eine korrupt-repressive Diktatur unter dem Schutz ausländischer Söldner.

Politische Instabilität

Machtwechsel: Nachdem Abdallah Abderemane bei einem Attentat getötet worden war, trat 1989 Said Muhammad Djohar als Interimspräsident seine Nachfolge an und wurde ein Jahr später durch Wahlen offiziell als Staatsoberhaupt bestätigt. Mit seiner Amtsübernahme begann eine Periode der Gewalt und Umsturzversuche. Die ersten freien Parlamentswahlen 1992 auf der Basis einer neuen Verfassung mit Gewaltenteilung und Mehrparteiensystem erbrachten keine beschlussfähige Mehrheit. Djohar löste 1993 das Parlament auf, nachdem zwei Regierungschefs durch ein Misstrauensvotum gestürzt worden waren. Neuwahlen bestätigten zwar das Wahlbündnis des Präsidenten, standen jedoch unter dem Vorwurf des Wahlbetrugs. Nach mehreren fehlgeschlagenen Putschversuchen französ. Söldner wurde Djohar 1995 durch einen Staatsstreich entmachtet. Eine französ. Interventionstruppe schlug die Revolte nieder, setzte das Militärkomitee ab und machte den Weg für Präsidentschaftswahlen frei. Sie gewann 1996 der Vorsitzende der Union Nationale pour la Démocratie aux Comores (UNDC), Muhammad Taki Abdoulkarim.

Erneute Verfassungsänderung: Zur Überwindung der politischen Krise initiierte Taki 1996 eine neue Verfassung, die nicht nur die Gewaltenteilung und das Mehrparteiensystem einschränkte, sondern den Präsidenten auch mit diktatorischen Vollmachten ausstattete. Da nur noch Parteien zum Parlament zugelassen wurden, die auf jeder Hauptinsel mindestens zwei Mandate erringen konnten, verloren die kleineren Oppositionsparteien bei den Parlamentswahlen 1996 ihren legalen Status. Durch den Wahlboykott der stärkeren Oppositionsgruppen war im Parlament außer dem Regierungszusammenschluss Rassemblement National pour le Développement (RND) nur noch die verbündete islamistische Front National pour la Justice (FNJ) vertreten.

Sezessionsbestrebungen: 1997 erklärten die Inseln Ndzouani und Moili einseitig ihre Unabhängigkeit. Die vor allem aus wirtschaftlicher und politischer Benachteiligung entstandenen Ablösungstendenzen stießen nicht nur bei der Zentralmacht, sondern auch international auf Ablehnung. Nach gescheiterten Militärinterventionen bemühte sich die Regierung 1997/98 um die Wiederherstellung der staatlichen Einheit mit politischen Mitteln. 1999 vereinbarten Vertreter der drei Hauptinseln eine weit gehende Autonomie. Die Vermittlungsversuche lösten wiederholt Ausschreitungen aus.

Umsturz: Gewalttätige Unruhen auf der Insel Njazidja mündeten 1999 in einen Staatsstreich, den 19. seit der Erlangung der Unabhängigkeit 1975. Präsident Taki wurde gestürzt und durch einen Militärrat unter der Führung von Oberst Asaly Assoumani ersetzt. *B. L.*

Entwicklungshilfe – Grundlage des Überlebens

Armut: Mit einem jährlichen Pro-Kopf-Einkommen von 370 US-Dollar (1998) zählen die Komoren zu den ärmsten Ländern der Welt. Die unterentwickelte Wirtschaft in diesem rohstoffarmen Staat ist auf Unterstützung durch das Ausland, insbes. durch das ehemalige Mutterland Frankreich, angewiesen. Ökonomische Grundlage der Komoren ist die Landwirtschaft. Den Export beherrschen zwei Erzeugnisse, die von Witterungseinflüssen und Weltmarktpreisen abhängen: Vanille (Exportanteil 1996: 42,5%) und der Parfümgrundstoff Ylang-Ylang (26,5%). Beide Erzeugnisse werden von ausländischen Plantagengesellschaften oder inländischen Großgrundbesitzern produziert. Die Ernte von Maniok, Mais, Jams, Süßkartoffeln und Bananen reicht für die Selbstversorgung der Bevölkerung nicht aus. Jedes Jahr werden daher große Mengen an Reis (Importanteil 1996: 13,5%) sowie Fleisch und Fisch (6,0%) importiert. Die notwendigen Lebensmittelimporte tragen wesentlich zur stark defizitären Handelsbilanz bei.

Staatsoberhäupter der Komoren

Reg.-Zeit	*Name*	*Lebensdaten*
1975	Ahmed Abdallah Abderemane	1919–1989
1976–78	Ali Soilih	1937–1978
1978–89	Ahmed Abdallah Abderemane	1919–1989
1990–95	Said Muhammad Djohar	*1915
1996–99	Muhammad Taki Abdoulkarim	*1936
seit 1999	Asaly Assoumani	*1959

Die wichtigsten Parteien im 20. Jahrhundert

Name (Abkürzung)	*Politische Richtung*	*Gründung*
Union Démocratique des Comores (UDC)	antikolonial	k. A.
Union Comorienne pour le Progrès (UCP)	Einheitspartei	k. A.
Union Nationale pour la Démocratie aux Comores (UNDC)	Regierungspartei ab 1996	k. A.
Front National pour la Justice (FNJ)	regierungsnah, islamistisch	k. A.
Forum pour le Redressement National (FRN)	Opposition	1994
Forces pour l'Action Républicaine (FAR)	Opposition	k. A.
Chuma	Opposition	k. A.

Kongo (Brazzaville)

Die Urbevölkerung der Pygmäen im Gebiet des heutigen K. wurde durch Bantu-Völker verdrängt, die ab dem 14. Jh. die Königreiche der Bakongo (im Süden), der Batéké (im Zentrum) und der Vili (an der Küste) errichteten. 1482 landeten portugies. Seefahrer als erste Weiße an der Küste. In der Folgezeit setzte ein reger Warenaustausch zwischen Stammesbünden und Europäern ein. Vor allem der Sklavenhandel führte in den afrikan. Königreichen im 18. Jh. zu einer Blütezeit. Mit dem Protektoratsvertrag zwischen dem französ. Afrikaforscher Pierre Savorgnan de Brazza und dem Batéké-König Makoko I. sowie der Gründung von Brazzaville begann 1880 die französ. Kolonisierung. Auf der Berliner K.-Konferenz 1885 wurde der Territorialanspruch Frankreichs bestätigt. Der neue Grenzverlauf berücksichtigte belg., französ. und portugies. Interessen, trennte aber willkürlich nicht nur Wirtschaftsräume, sondern auch Ethnien. Der K. wurde mit dem heutigen Gabun zur eigenständigen Kolonie Französ.-Kongo vereinigt.

Kongo (Brazzaville) 2000	
Landesfläche	342 000 km² (WR 62)
Einwohner	2,9 Mio (WR 129)
Hauptstadt	Brazzaville (1 Mio Einwohner)
Sprachen	Französisch, Lingala, Kikongo u. a.
Währung	CFA-Franc (FCFA)
Gliederung	9 Regionen und 6 Kommunen
Staatsform	Demokratische Republik (seit 1992)
Religion	Katholiken (53,9%); Protestanten (24,9%); Afrikanische Christen (14,2%); Animisten (4,8%); Sonstige (2,2%)
Bevölkerung	Kongo (51,5%); Téké (17,3%); Mboshi (11,5%); Mbete (4,8%); Punu (3%); Sonstige (11,9%)

Die wichtigsten Parteien im 20. Jahrhundert		
Name (Abkürzung)	*Politische Richtung*	*Gründung*
Mouvement National de la Révolution (MNR)	sozialistische Einheitspartei bis 1968	1964
Parti Congolais du Travail (PCT)	marxistisch-leninistische Einheitspartei bis 1990	1969
Mouvement Congolais pour la Démocratie et le Développement Intégral (MCDDI)	Opposition	1990
Union pour le Progrès (UP)	PCT-Bündnispartnerin	1991
Union Panafricaine pour la Démocratie Sociale (UPADS)	demokratisch	k. A.
Union Patriotique pour la Démocratie et le Progrès (UPDP)	PCT-Bündnispartnerin	k. A.
Union Patriotique pour la Reconstruction Nationale (UPRN)	PCT-Bündnispartnerin	k. A.

Kolonialzeit

1910 wurde die Kolonie der Kolonialföderation Französ.-Äquatorialafrika angegliedert; Brazzaville wurde regionales Zentrum. Bis in die 30er Jahre beuteten konzessionierte Firmen das Gebiet aus, obwohl es landwirtschaftlich nicht sehr ertragreich war. Mehrfach kam es zu Aufständen der Bevölkerung gegen die Fremdherrschaft, die jedoch gewaltsam niedergeschlagen wurden. 1946 erklärte Frankreich die Kolonie zum Überseeterritorium und ließ die Gründung von Parteien zu.

Unabhängigkeit

1958 erhielt der K. den Status einer autonomen Republik innerhalb der französ. Gemeinschaft. Nachdem es 1959 in Brazzaville zu blutigen Auseinandersetzungen zwischen rivalisierenden politischen Kräften aus dem Norden und dem Süden gekommen war, erklärte Abbé Fulbert Youlou, seit 1958 amtierender Ministerpräsident, am 15.8.1960 die volle Unabhängigkeit des Landes und übernahm als profranzös. Staatsoberhaupt die Führung der Republik K.-Brazzaville.

Politische Wirren

Kurswechsel: Ein Aufstand des Militärs und der Gewerkschaften führte 1963 zu Youlous Sturz. Alphonse Massamba-Débat, der zunächst an der Spitze einer provisorischen Regierung die Macht übernommen hatte, wurde im gleichen Jahr zum neuen Staatspräsidenten gewählt; Pascal Lissouba amtierte als Ministerpräsident. 1964 wurde die sozialistische Einheitspartei Mouvement National de la Révolution (MNR) gegründet. Unter der Führung von Massamba-Débat näherte sich der K. politisch an Kuba und die Volksrepublik China an.

Volksrepublik: Nach schweren innenpolitischen Krisen und parteiinternen Richtungskämpfen übernahm Major Marien Ngouabi 1968 durch einen Staatsstreich die Macht. Er setzte die Verfassung außer Kraft, löste das Parlament auf und zerschlug die Einheitspartei MNR. Nach seiner Ernennung zum Staatspräsidenten erließ Ngouabi 1969 eine neue, marxistisch-leninistische Verfassung, gründete die neue Einheitspartei Parti Congolais du Travail (PCT) und proklamierte am 1.1.1970 die Volksrepublik K. Ab 1974 begann die Regierung mit der Verstaatlichung der Unternehmen. Ngouabis Politik führte zu Unruhen; ein Generalstreik 1974 wurde blutig niederge-

Major Marien Ngouabi (l.) übernahm 1968 durch einen Staatsstreich die Führung des Landes. Nach der Proklamation der Volksrepublik Kongo nahm er 1970 in Kinshasa diplomatische Beziehungen zum Präsidenten der Demokratischen Republik Kongo, Joseph Mobutu (r.), auf.

schlagen. Schließlich versuchte der Staatspräsident erfolglos, den ehemaligen Staatschef Massamba-Débat und seine Anhänger sowie Gewerkschaftslinke im Rahmen einer »nationalen Koalition« politisch einzubinden.

Außenpolitische Reaktionen: Nach dem politischen Kurswechsel des K. ab 1963 brachen die USA die diplomatischen Beziehungen ab. Durch die Freundschaftspakte des afrikan. Staates mit der UdSSR und China sowie seine politischen und wirtschaftlichen Kontakte zum Ostblock sahen die USA ihre Stellung an der strategisch wichtigen Mittelatlantikküste nahe der Kongo-Mündung gefährdet.

Erdöl: Bereits 1957 wurden erste Erdölvorkommen im K. entdeckt. In den 70er Jahren stieg Rohöl zum wichtigsten Wirtschaftsfaktor auf (BIP-Anteil: ca. 50%; Exportanteil: ca. 90%). Bei der Förderung des Rohstoffs war der K. auf die Kooperation mit ausländischen Konzernen angewiesen. Zugleich bestand eine starke Abhängigkeit von der ehemaligen Kolonialmacht Frankreich, die als Lieferant von Maschinen, Ersatzteilen und Konsumgütern sowie als Hauptgeldgeber und Garant der währungspolitischen Rahmenbedingungen auftrat. Die einseitige Ausrichtung auf den Erdölmarkt führte zur Vernachlässigung anderer Wirtschaftsbereiche, bes. der Landwirtschaft.

Militärdiktatur

Machtwechsel: 1977 wurde Präsident Ngouabi durch ein Kommando unter Massamba-Débats früherem Geheimdienstchef ermordet. Im März 1977 wurde Massamba-Débat deshalb hingerichtet. Ein Militärkomitee der PCT ernannte Oberst Jacques-Joachim Yhombi-Opango zum neuen Staatsoberhaupt. Seine Versuche, die Wirtschaft des K. mit Hilfe ausländischer Investoren anzukurbeln, scheiterten jedoch. 1979 wurde Yhombi-Opango durch einen unblutigen Putsch gestürzt. Oberst Denis Sassou-Nguesso, Chef der politischen Polizei und seit 1977 Verteidigungsminister, übernahm die Staatsführung und den Parteivorsitz. Eine neue, ebenfalls marxistisch-leninistische Verfassung wurde 1979 durch ein Referendum bestätigt. Trotz innerer Unruhen und eines Putschversuches konnte Sassou-Nguesso, der auch an den Staatsstreichen von 1963 und 1968 beteiligt gewesen war, seine Position bis Anfang der 90er Jahre behaupten.

Wirtschaftskrise: Im Vergleich zu den Nachbarstaaten Gabun und Kongo-Kinshasa besitzt der K. ein geringeres wirtschaftliches Potenzial. Die Landwirtschaft beschränkt sich auf die küstennahen Gebiete und die klimatisch günstigen nördlichen Landesteile. Neben Erdöl verfügt der K. über Eisenerz-, Gold- und Platinvorkommen, die jedoch bis ins Jahr 2000 wenig genutzt wurden. Die sinkenden Rohstoffpreise auf dem Weltmarkt führten den K. Mitte der 80er Jahre in eine Wirtschaftskrise, die durch die einseitige Orientierung auf Erdöl, die Abhängigkeit von der ehemaligen Kolonialmacht Frankreich sowie durch sozialistischen Dirigismus und Korruption verschärft wurde. Das Pro-Kopf-Einkommen fiel bis 1998 auf 680 US-Dollar. Zugleich stiegen die Auslandsschulden auf 5,3 Mrd US-Dollar (1998).

Reformen: Zur Bekämpfung der Rezession begann die Regierung ab Mitte der 80er Jahre mit Wirtschaftsreformen. 1988 wurde ein Programm zur Förderung der Landwirtschaft verabschiedet, um die extreme Abhängigkeit von Nahrungsmittelimporten zu brechen. Nach-

Nach der Ermordung von Präsident Ngouabi 1977 ernannte ein Militärkomitee Oberst Jacques-Joachim Yhombi-Opango (Foto) zum Staatsoberhaupt. Doch schon zwei Jahre später wurde auch der neue Präsident durch einen Militärputsch gestürzt.

Kongo (Brazzaville) im 20. Jahrhundert	
1910–58	Französ.-Kongo ist Teil der Kolonialföderation Französ.-Äquatorialafrika; zusammen mit Gabun war Kongo 1885 als Kolonie Französ.-Kongo bei der Berliner Kongo-Konferenz anerkannt worden.
1944	Die Hauptstadt Brazzaville ist vorübergehend Zentrum der französ. Résistance gegen das nationalsozialistische Deutsche Reich.
1957	Erste Erdölfunde bilden den Grundstock für die Wirtschaft.
1958	Kongo erlangt Autonomie innerhalb der französ. Gemeinschaft.
1959	Unruhen zwischen politischen Gruppen aus dem Norden und Süden.
1960	Erlangung der Unabhängigkeit; Präsident Abbé Foulbert Youlou.
1963	Sturz Youlous; Präsident: Alphonse Massamba-Débat; Premierminister: Pascal Lissouba (bis 1966).
1968	Militärputsch; Major Marien Ngouabi wird Präsident; Auflösung des Parlaments und Suspendierung der Verfassung.
1969	Proklamation der Volksrepublik Kongo mit marxistisch-leninistischer Verfassung und Einheitspartei Parti Congolais du Travail (PCT).
1977	Ermordung Ngouabis; Oberst Jacques-Joachim Yhombi-Opango wird Staatspräsident.
1979	Machtübernahme durch Denis Sassou-Nguesso; Bestätigung als Staatspräsident; an der Sowjetunion orientierte Verfassungsreform.
1990	Demokratisierung und Einführung des Mehrparteiensystems.
1991	Umwandlung der Volksrepublik in Republik Kongo mit Übergangsregierung unter André Milongo.
1992	Neue Verfassung; Pascal Lissouba siegt bei ersten freien Präsidentschaftswahlen mit der Union Panafricaine pour la Démocratie Sociale (UPADS); blutige Proteste nach Auflösung der neu gebildeten Nationalversammlung, Militärintervention; Regierungsneubildung.
1993	Nach Boykott der Opposition gewinnt Lissoubas Mouvance Présidentielle die absolute Mehrheit der Sitze der Nationalversammlung; Kämpfe zwischen Anhängern Lissoubas (Zulus), seines Vorgängers Sassou-Nguesso (Cobras) und des unterlegenen Präsidentschaftskandidaten Bernard Kolélas (Ninjas) in Brazzaville und Pointe Noire.
1994	Lissouba und Kolélas verbünden sich gegen Sassou-Nguesso; Zusammenschluss mehrerer Parteien aus dem Umfeld Sassou-Nguessos zu den Forces Démocratiques Unies (FDU); Ausbreitung ethnisch motivierter Unruhen.
1995	Regierungsneubildung unter Beteiligung von Kolélas' Union pour le Renouveau Démocratique (URD); Proteste gegen Strukturanpassungspolitik führen zu Straßenkämpfen.
1996	Weiter anhaltende Kämpfe in Brazzaville; restriktive Gesetzgebung: Versammlungsverbot, Einschränkung der Pressefreiheit.
1997	Eine Anordnung Präsident Lissoubas, die Cobra-Milizen Sassou-Nguessos zu entwaffnen, löst im Mai heftige Gefechte aus; Cobra-Kämpfer erobern im Oktober mit Hilfe angolan. Truppen Brazzaville, Pointe Noire u. a. Städte; Lissouba flüchtet. Sassou-Nguesso kündigt die Bildung einer Übergangsregierung der nationalen Einheit an.
1998	Nationales Forum für Versöhnung, Einheit, Demokratie und Wiederaufbau erarbeitet vorläufiges Grundgesetz für die Republik Kongo; Einsetzung einer Verfassungskommission.

Staatsoberhäupter des Kongo (Brazzaville)		
Reg.-Zeit	*Name*	*Lebensdaten*
1960–63	Abbé Fulbert Youlou	1917–1972
1963–68	Alphonse Massamba-Débat	1921–1977
1968–77	Marien Ngouabi	1938–1977
1977–79	Jacques-Joachim Yhombi-Opango	*1939
1979–92	Denis Sassou-Nguesso	*1943
1992–97	Pascal Lissouba	*1931
seit 1997	Denis Sassou-Nguesso	*1943

dem sich Sassou-Nguesso und die PCT im Bereich der Wirtschafts- und Sozialpolitik vom orthodoxen planwirtschaftlichen Sozialismus zugunsten eines pragmatischen Kurses abgewandt hatten, sagten sie sich 1990 angesichts internationaler Umwälzungen auch ideologisch vom Marxismus-Leninismus los.

Demokratisierung

Neue Verfassung: Mit der Zulassung weiterer Parteien und der Umwandlung der Volksrepublik K. in die Republik K. begann 1990/1991 die innenpolitische Demokratisierung. 1992 billigte die Bevölkerung mit großer Mehrheit eine neue demokratische Verfassung, die Gewaltenteilung und ein Mehrparteiensystem vorsah.

Wahlen: Die ersten freien Parlaments- und Präsidentschaftswahlen nach fast 20 Jahren Militärdiktatur führten 1992 zum Machtwechsel im K. Der Wahlsieg der Union Panafricaine pour la Démocratie Sociale (UPADS) und ihres Vorsitzenden Pascal Lissouba wurde jedoch von der PCT und dem Parteienbündnis Union pour le Renouveau Démocratique (URD) nicht anerkannt. Sie forderten die Annullierung der Wahlergebnisse wegen Manipulation. Bei den Neuwahlen 1993 wurde der Wahlsieg der UPADS bestätigt.

Unruhen: Daraufhin brachen Gefechte zwischen Milizen der Opposition und Regierungsstreitkräften aus, die den K. 1993 an den Rand des Bürgerkriegs brachten. In einem Armenvorort von Brazzaville ließ Oppositionsführer Bernard Kolélas (URD) ein befreites Gebiet mit eigener Verwaltung ausrufen, gegen das Präsident Lissouba mit Waffengewalt vorging. Die gewaltsamen Machtkämpfe zwischen Sassou-Nguessos sog. Cobra-Miliz einerseits, den Gefolgsleuten von Kolélas, dem Zweitplatzierten bei der Präsidentschaftswahl 1992, andererseits und den Regierungstruppen forderten mehr als 100 Tote. Durch ein Waffenstillstandsabkommen wurde der Konflikt Anfang 1994 beigelegt. Eine neue Regierung unter Beteiligung von Kolélas' Parteienallianz URD sollte 1995 zur Versöhnung der politischen Lager führen.

Bürgerkrieg

Umsturz: 1997 eskalierten die seit Jahren schwelenden Machtkämpfe zwischen Präsident Lissouba und dem ehemaligen Militärmachthaber Sassou-Nguesso zum offenen Bürgerkrieg. Mit logistischer Unterstützung Frankreichs und der militärischen Hilfe Angolas gelang es Sassou-Nguessos Truppen, die Hauptstadt Brazzaville einzunehmen. Lissouba, Kolélas und zahlreiche weitere Gegner Sassou-Nguessos flüchteten ins Ausland. Von dort aus organisierten sie den bewaffneten Widerstand, sodass Brazzaville und angrenzende Gebiete bis 1999 von militärischer Gewalt erschüttert wurden.

Wirtschaftsinteressen: In den Konflikt waren auch US-amerikan. und französ. Erdölkonzerne verwickelt, die jeweils einen der beiden Rivalen – meist jedoch verdeckt – unterstützten. Während Präsident Lissouba im Falle seines Sieges US-Unternehmen Ölkonzessionen gewähren wollte, unterstützte Sassou-Nguesso seinerseits die Interessen des französ. Konzerns Elf Aquitaine.

Übergangsregime: Nach der Vertreibung seines Vorgängers übernahm Sassou-Nguesso im Oktober 1997 erneut das Amt des Staatspräsidenten und bildete eine Übergangsregierung der nationalen Einheit. Die Verfassung von 1992 wurde suspendiert und durch vorläufige Regelungen für ein Präsidialregime ersetzt. Ein über 1000-köpfiges »Nationales Forum für Versöhnung, Einheit, Demokratie und Wiederaufbau« mit Vertretern aus allen gesellschaftlichen Bereichen – jedoch unter Ausschluss der politischen Kräfte um Lissouba und Kolélas – beschloss 1998 ein vorläufiges Grundgesetz, das für eine Übergangszeit von drei Jahren konstitutionelle Grundlagen für das Präsidentenamt, die Regierung und das Parlament schuf. Präsident Sassou-Nguesso stellte ein Referendum über eine neue Verfassung und allgemeine Wahlen bis zum Jahr 2001 in Aussicht. *B. L.*

Stichwort: Tropischer Regenwald

Ökosystem: Die Gebirgshänge sowie der gesamte Norden und Nordosten des Kongo sind von immergrünem Regenwald bedeckt, der zusammen mit den Regenwaldgebieten Westafrikas, Südamerikas und Südostasiens einen erdumspannenden Waldgürtel bildet. Die im Jahresverlauf nahezu konstante Temperatur (23–25 °C) und die hohe Luftfeuchtigkeit bieten ideale Bedingungen für Flora und Fauna, sodass ein komplexes Ökosystem entstehen konnte.

Artenreichtum: Lediglich 1% des Sonnenlichts erreicht den Waldboden, sodass dort bloß wenige Pflanzen und Tiere existieren können. Obwohl nur ca. 6% der Erdoberfläche von Regenwald bedeckt sind, leben dort mindestens 40% aller Tier- und Pflanzenarten. Außer den typischen Gewächsen wie Lianen, Würgefeigen und Epiphyten entstammen auch viele wirtschaftlich bedeutende Pflanzen wie der Kaffee-, der Kakao- und der Kautschukbaum dem tropischen Regenwald.

Vernichtung: Jährlich werden Bestände in einer Größenordnung von rund 168 000 km^2 vernichtet. Auch im Kongo, wo tropische Edelhölzer wie das Hartholz Limba und das weiche Balsaholz Okoumé neben dem Erdöl zu den wichtigsten Exportgütern gehören, hat die kommerzielle Ausbeutung zu Flächenverlusten und zur Bildung von Sekundärwald geführt. Denn einmal großflächig gerodet, wächst der Regenwald nie mehr in seiner ursprünglichen Form nach. Zu den schwerwiegenden Folgen der Rodung gehört die Versteppung der Böden, langfristig aber auch die Veränderung des globalen Klimas. (Foto: Mayumba-Urwald)

Mangelhafte Infrastruktur – lediglich der Süden des Landes ist erschlossen

Die mangelhafte Erschließung des Kongo für den Güter- und Personenverkehr behindert die wirtschaftliche Entwicklung des Staates. Während der Süden von Straßen und Bahnlinien durchzogen ist, sind weite Landesteile im Bereich des Kongobeckens, aber auch auf der Niederguineaschwelle nur unzureichend an das Verkehrsnetz angeschlossen. Viele Straßen sind nicht asphaltiert, sodass sie sich in der Regenzeit in Schlammpisten verwandeln.

Seit 1998 unterhält der Staat in Zusammenarbeit mit französ. Partnern ein Schienenstreckennetz von 795 km Gesamtlänge. Aufgrund der andauernden Kampfhandlungen werden allerdings bis auf weiteres keine Personen befördert. Die sog. Buschtaxis dienen dem regionalen Personenverkehr. Neben Straßen und Bahnlinien haben die Flüsse, insbes. der Kongo, große Bedeutung für den Verkehr. Etwa 2600 km der Flussläufe können ganzjährig befahren werden. (Foto: Geflohene Bewohner der Hauptstadt Brazzaville kehrten im Oktober 1997 mit Hilfe primitiver Transportmittel zurück.)

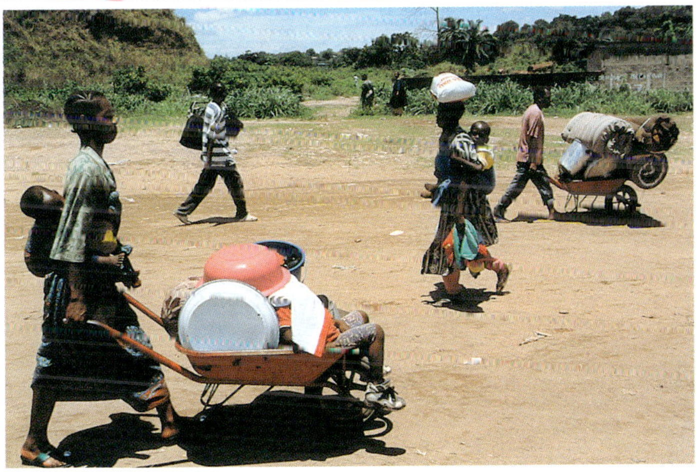

Kongo (Zaïre)

Demokratische Republik Kongo

2500–500 v. Chr. wanderten Bantu-Völker in das Gebiet des heutigen K. ein, das in den Regenwaldregionen von Pygmäen bewohnt war. In der Zeit vom 13. bis 19. Jh. entstanden und zerfielen eine Reihe mächtiger Bantu-Königreiche, darunter Kongo, Loanga, Kuba, Luba und Lunda. Der portugies. Seefahrer Diego Cão erreichte 1482 als erster Europäer den Kongo-Strom. Auf seine Bezeichnung »Nzadi« für dieses Gebiet ging die spätere Benennung »Zaïre« zurück. In der Folgezeit wurde der K. zum Umschlagplatz für den florierenden Sklavenhandel, der zur Entvölkerung ganzer Landstriche führte. Im Auftrag des belg. Königs Leopold II. gelang es dem brit. Afrikaforscher Henry Stanley, 1879–85 durch Verträge mit verschiedenen Bantu-Häuptlingen weite Teile des K. zu erwerben. Die Berliner K.-Konferenz deklarierte 1885 das Gebiet als persönliches Eigentum Leopolds II. von Belgien.

Kongo 2000

Landesfläche	2 344 858 km² (WR 12)
Einwohner	50,3 Mio (WR 24)
Hauptstadt	Kinshasa (4,66 Mio Einwohner)
Sprachen	u. a. Französisch, Swahili, Luba
Währung	1 Kongolesischer Franc
Gliederung	10 Regionen, Hauptstadtbezirk
Staatsform	Präsidiale Republik (seit 1964)
Religion	Christen (94,5%): Katholiken 48,4%, Protestanten 29%, Kimbanguisten 17,1%; Animisten (3,4%); Sonstige (2,1%)
Bevölkerung	Bantu-Gruppen (80%): u. a. Luba 18,0%, Kongo 16,2%, Mongo 13,5%; Sudan-Gruppen (15,0%); Sonstige (5%)

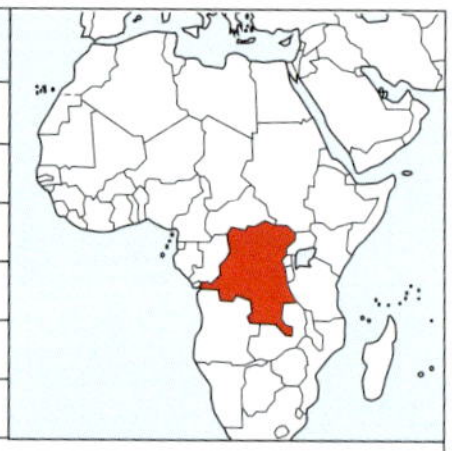

Dokument: Erbe der belgischen Kolonialherrschaft

Erinnerungen: In einer Rede zur Unabhängigkeit der Demokratischen Republik Kongo verdeutlichte Patrice Lumumba, erster Premierminister des neuen Staates, 1960 das tiefe Zerwürfnis zwischen Schwarz und Weiß: »Kein Kongolese wird vergessen, dass diese Unabhängigkeit in einem langen, blutigen Kampf erobert werden musste. Beleidigt und geschlagen wurden wir, morgens, mittags und abends, nur weil wir Neger sind. Wer wird vergessen, dass man zu einem Schwarzen grundsätzlich nur ›du‹ sagte, nicht etwa wie zu einem lieben Freund, nein, nur weil das ›Sie‹ den weißen Herren reserviert bleiben sollte.« (Foto: Der belg. Kolonialminister an einem Handelsplatz im Kongo 1925)

Kolonialzeit

Kongo-Freistaat: Im Zuge der militärischen Inbesitznahme des Territoriums durch Belgien wurde auch die lange zuvor begonnene christliche Missionierung vorangetrieben, was zur Gründung zahlreicher Schulen und Krankenstationen führte. Am Unterlauf des Kongo erwarb das belg. Königshaus einen schmalen Zugang zum Atlantik und ließ Kautschukplantagen anlegen. Ab 1892 wurde mit dem Abbau der Kupfervorkommen in der Provinz Katanga (heute Shaba) begonnen.

Gräueltaten: Durch den Verkauf von Nutzungsrechten an Gesellschaften finanzierte König Leopold II. die Erschließung des riesigen Gebietes (75-mal größer als Belgien). Die Konzessionsfirmen verfolgten ihre wirtschaftlichen Ziele mit einer – auch für damalige Verhältnisse – beispiellosen Rücksichtslosigkeit. Zur bestmöglichen Ausbeutung des Bodens und der Rohstoffe griffen die Kolonialherren zum Mittel der Enteignung. Zum Sammeln von Kautschuk, Palmöl und Elfenbein wurde die Bevölkerung ebenso wie zum Gütertransport und Wegebau zwangsweise eingesetzt. Berichte über diese menschenunwürdigen Ausbeutungspratiken, die unter dem Schlagwort »Kongo-Gräuel« bekannt wurden, alarmierten die westlichen Nationen und veranlassten den belg. Staat, den König zum Verkauf des Territoriums zu bewegen.

Kolonie: 1908 wurde das Gebiet zur Kolonie Belg.-K. umgewandelt. Durch die Ausbeutung der Agrarerzeugnisse Kautschuk, Palmöl und Kaffee aus einer expandierenden Plantagenwirtschaft sowie der Bergbauprodukte Kupfer, Blei, Zink und Diamanten gelang es der Kolonialmacht Belgien, sich in die Gruppe der Industriestaaten einzureihen. Die mächtigen Konzessionsgesellschaften, allen voran die 1928 gegründete Bergbau- und Finanzfirma »Société Générale«, übten bis in die 60er Jahre großen Einfluss auf die wirtschaftliche und politische Entwicklung im K. aus. Als Rohstofflieferant für die alliierte Kriegswirtschaft – u. a. Uran für das US-amerikan. Atombombenprogramm – blühte der K. im Zweiten Weltkrieg wirtschaftlich auf. Entsprechend wurde die Infrastruktur zügig ausgebaut. Erste Ansätze einer Industrialisierung verstärkten die Verstädterungstendenzen. Die afrikan. Bevölkerung erhielt zwar eine Basiserziehung und medizinische Versorgung, wurde aber nicht an der Verwaltung beteiligt, sodass bis zur Unabhängigkeit keine afrikan. Führungsstrukturen existierten.

Kongokrise

Unabhängigkeit: Die autoritäre Kolonialpolitik Belgiens ließ Ende der 50er Jahre den Widerstand der Afrikaner gegen die Fremdherrschaft erstarken. Es bildeten sich verschiedene ethnisch-regionale Parteien und nationale Bewegungen wie die Alliance des Bakongo (ABAKO) unter Joseph Kasavubu und die Bewegung Mouvement National Congolais (MNC) von Patrice Lumumba. Unter dem Druck der Weltöffentlichkeit und nach Unruhen in der Hauptstadt Léopoldville (heute Kinshasa) entließ Belgien das Land als Demokratische Republik K. am 30.6.1960 völlig unvorbereitet in die Unabhängigkeit. Kasavubu im Amt des ersten Staatspräsidenten und Lumumba als erster Ministerpräsident bemühten sich, das Land trotz aufflammender Meutereien, Aufstände und Gewalttätigkeiten zu regieren.
Sezessionskrieg: Unter Führung von Moise Tshombé löste sich die rohstoffreichste Provinz Katanga (heute Shaba) kurze Zeit nach der Unabhängigkeitserklärung mit westlicher Hilfe von der Republik K. Es begann ein fast dreijähriger Sezessionskrieg, in den die UNO ab Mitte 1960 eingriff. Katanga verteidigte sich mit Söldnertrupps gegen die UN-Soldaten. Auf dem Weg zu Verhandlungen mit Tshombé stürzte UN-Generalsekretär Dag Hammarskjöld 1961 mit seinem Flugzeug über dem Urwald ab. 1963 wurden die Sezessionsbestrebungen Katangas niedergeschlagen.
Politische Wirren: Trotz UN-Hilfe konnte die Regierung ihre Position nicht stabilisieren. Als Lumumba wegen seines Hilfeersuchens an die UdSSR als Kommunist in Verruf geriet, wurde er im September 1960 durch Armeestabschef Joseph-Désiré (später Sésé-Séko) Mobutu gestürzt, der von den USA unterstützt wurde. Die Macht übernahm eine prowestliche Zivilregierung. Lumumba-Vertraute antworteten mit der Proklamation einer Gegenregierung in Kisangani. Nach seiner Verhaftung auf dem Weg in die nördliche Stadt wurde Lumumba im Januar 1961 im Gewahrsam der Mobutu-Armee unter ungeklärten Umständen ermordet. Unter der Führung von Tshombé wurde Mitte 1964 eine Zentralregierung gebildet. Nach dem Abzug

Patrice Lumumba wurde 1960 erster Ministerpräsident der Demokratischen Republik.

Moise Tshombé (l.) und UN-Generalsekretär Dag Hammarskjöld (M.) in Elisabethville 1960.

1961 hielten lumumbatreue Truppen acht belg. Soldaten in der Kivu-Provinz gefangen.

Kongo (Zaïre) im 20. Jahrhundert	
1908	Kongo, der 1884/85 auf der internationalen Kongo-Konferenz in Berlin als Privatbesitz des belg. Königs Leopold II. anerkannt worden war, geht nach Kritik an schwerer Misshandlung der kolonialisierten Bevölkerung in den Besitz des belg. Staates über.
1960	Proklamation der unabhängigen Demokratischen Republik Kongo unter Ministerpräsident Patrice Lumumba; Moise Tshombé erklärt die Provinz Katanga (später Shaba) für unabhängig und löst einen fast dreijährigen Krieg aus; Militärintervention der UNO; Lumumba wird aufgrund eines Hilfegesuchs an die Sowjetunion wegen »kommunistischer Gesinnung« durch den von den USA unterstützten Armeestabschef Joseph-Désiré Mobutu entmachtet; Einsetzung einer Zivilregierung.
1961	Patrice Lumumba wird im Gewahrsam der Mobutu-Armee ermordet.
1963	Beendigung des Bürgerkriegs und Wiederherstellung der staatlichen Einheit durch Niederlage der Katanga-Sezessionisten.
1964	Bildung einer Zentralregierung unter dem ehemaligen Katanga-Sezessionisten Moise Tshombé, Einführung einer neuen Verfassung.
1965	Mobutu kommt durch Militärputsch an die Macht und ernennt sich zum Übergangspräsidenten; Errichtung einer Einparteiendiktatur unter Ausschluss der Opposition; durch Selbstbereicherung und Günstlingswirtschaft ruiniert er das an Bodenschätzen reiche Land ökonomisch.
1967	Gründung der Partei Mouvement Populaire de la Révolution unter Mobutu.
1971	Umbenennung von Staat und Fluss Kongo in Zaïre.
1973	Mobutu verstaatlicht ausländische Firmen und den Kupferbergbau.
1977	Truppen der »Nationalen Befreiungsfront des Kongo« (FNCL) dringen aus Angola in die Provinz Shaba ein, um Präsident Mobutu zu stürzen; die Invasion wird mit ausländischer Hilfe abgewehrt; eine weitere Invasion 1978 bleibt erfolglos.
1982	Oppositionskräfte bilden die illegale Union pour la Démocratie et le Progrès Social (UDPS).
1990	Mobutu verspricht Demokratisierung und Mehrparteienwahlen.
1991	Zusammenschluss zahlreicher Oppositionsparteien zur Union Sacré; Eröffnung einer souveränen Nationalkonferenz.
1992	Etienne Tshisekedi (Angehöriger des Luba-Volks) wird von der Nationalkonferenz zum Ministerpräsidenten einer Übergangsregierung gewählt; Massenvertreibungen der Luba aus Katanga.
1993	Beginn blutiger Kämpfe zwischen Hutu und Tutsi in Kivu; Autonomieproklamation in Katanga.
1993/94	Zweimalige Verfassungsänderung und Ernennung von Ministerpräsidenten durch Übergangsparlamente; zeitweise existieren zwei rivalisierende Regierungen und Parlamente.
1994	Zustrom von ca. 1,5 Mio Flüchtlingen (Hutu) aus Ruanda und fast 200 000 aus Burundi; Import des Hutu-Tutsi-Konflikts nach Zaïre.
1996	Krankenhausaufenthalt Mobutus in der Schweiz; die Provinz Süd-Kivu weist die dort lebenden Tutsi aus, es kommt zum Aufstand; Gründung der Alliance des Forces Démocratiques pour la Libération du Congo (AFDL) unter Laurent-Désiré Kabila; nach Gefechten zwischen AFDL und zaïr. Truppen kehren die meisten Hutu nach Ruanda und Burundi zurück.
1997	AFDL-Truppen erobern große Teile des Landes und ziehen im Mai in die Hauptstadt ein, nachdem Mobutu vom Amt zurückgetreten und nach Marokko geflüchtet ist, wo er stirbt; Umbenennung des Landes in Demokratische Republik Kongo; Kabila wird am 29.5. als Staatspräsident vereidigt; er verkündet ein umfassendes Wiederaufbauprogramm und verspricht eine Verfassungsreform bis Dezember 1998 sowie demokratische Wahlen im April 1999; gegen Kabila werden Vorwürfe wegen Massakern an Hutu-Flüchtlingen erhoben.
1998	Offene Revolte gegen Staatschef Kabila, der seine Macht nur durch militärische Intervention von Angola, Namibia und Simbabwe behaupten kann. Von Ruanda und Uganda unterstützte Milizen erobern im Osten und Norden große Teile des Staatsterritoriums.
1999	Friedensabkommen von Lusaka/Sambia zwischen dem Kongo und Angola, Namibia, Ruanda, Simbabwe sowie Uganda, dem sich die wichtigsten Rebellenverbände anschließen.

der UN-Truppen 1964 unterdrückten militärische Interventionen Belgiens und der USA weitere Aufstände.

Mobutu-Diktatur

Machtübernahme: 1965 putschte sich General Mobutu mit Unterstützung des US-amerikan. Geheimdienstes CIA an die Staatsspitze und ernannte sich selbst zum Präsidenten. Er schlug die letzten Aufstandsversuche sowie eine Söldnerrebellion blutig nieder und errichtete eine zentralistische Diktatur, die sich auf die 1967 gegründete Einheitspartei Mouvement Populaire de la Révolution (MPR) stützte. Mit Unterstützung der westlichen Industriestaaten, die in Mobutu einen Garanten für die Einheit des Landes und ein Bollwerk gegen den Kommunismus im südlichen Afrika sahen, baute der Diktator seine Position in den folgenden drei Jahrzehnten trotz blutiger Rebellionen aus.

Afrikanisierung: Mit der Machtübernahme Mobutus setzte ab 1966 eine nationalistisch geprägte Umbenennungswelle ein: Der Staatsname wurde zu Zaïre, die Hauptstadt zu Kinshasa und der Diktator selbst änderte seinen Namen in Mobutu Sésé-Séko. Der Staatschef ordnete die Bevorzugung der Zaïrer gegenüber den Ausländern und die Abkehr vom kolonialen Erbe im Bereich Kultur und Wirtschaft an. Christliche Vornamen wurden ebenso wie das Tragen von Krawatten verboten, belg. geführte Konzerne und Kleinbetriebe enteignet.

Wirtschaftskollaps: Nach dem Verfall der Weltmarktpreise für das Hauptexportprodukt Kupfer brach die Wirtschaft des K. Mitte der 70er Jahre zusammen. Mobutus Personenkult und seine Günstlingswirtschaft führten das Land ebenso wie Korruption und Misswirtschaft in eine ökonomische Dauerkrise. In kaum einem anderen afrikan. Land entstand ein größerer Gegensatz zwischen Wirtschaftspotenzial (Rohstoffe, fruchtbare Böden) und tatsächlichem Entwicklungsstand. Mit einem Pro-Kopf-Einkommen von 110 US-Dollar (1997) gehörte der K. zur Gruppe der weltweit am wenigsten entwickelten Länder. Die Arbeitslosigkeit erreichte in den Städten bis zu 50%. Während überall im Staat Massenarmut herrschte, verfügte der Mobutu-Clan über ca. 80% des Volksvermögens.

Verzögerte Demokratisierung

Unter innen- und außenpolitischem Druck schaffte Mobutu 1990 das Einparteiensystem offiziell ab. Das 1991 gebildete Kabinett setzte sich erstmals auch aus Unabhängigen und Vertretern kleinerer Oppositionsgruppen zusammen. Bereits 1990 angekündigte Neuwahlen wurden dagegen mehrfach verschoben. Im Herbst 1991 brachen schwere Unruhen in Kinshasa aus, in deren Verlauf Tausende von Ausländern den K. verließen. Auf Betreiben westlicher Geldgeberländer, die weitere Demokratisierungsschritte forderten, wurde 1992 eine Übergangsregierung unter dem Oppositionspolitiker Etienne Tshisekedi gebildet. Ein alle politischen Kräfte umfassender Exekutivrat sollte demokratische Wahlen vorbereiten. Präsident Mobutu führte einen blutigen Machtkampf gegen die Regierung, der von schweren Menschenrechtsverletzungen begleitet war. 1993 ernannte er eine Gegenregierung unter Faustin Birindwa und bildete eine präsidententreue Nationalversammlung, sodass zeitweise zwei Regierungen und Parlamente nebeneinander existierten. Ein Stopp der internationalen Wirtschaftshilfe zwang Mobutu jedoch 1994 zum Einlenken. Er ordnete die Bildung einer Übergangsregierung der nationalen Einheit an. Das provisorische Parlament wählte den als gemäßigt geltenden Oppositionspolitiker Léon Kengo wa Dondo zum neuen Regierungschef.

Bürgerkrieg

Umsturz: Ausgelöst durch einen Aufstand der Banyamulenge-Tutsi in Süd-Kivu, die gegen ihre von der Regierung angeordnete Vertreibung protestierten, entstand im Oktober 1996 eine gegen das Mobutu-Regime gerichtete nationale Bewegung. Laurent-Désiré Kabila setzte sich an die Spitze der Alliance des Forces Démocratiques pour la Libération du Congo (AFDL) und erlangte nach achtmonatigem Bürgerkrieg 1997 die Macht. Mobutu, der kurz zuvor geflohen war, starb am 7.9.1997 in Marokko. Der Staat wurde von »Republik Zaïre« in »Demokratische Republik K.« zurückbenannt. Der neue Staatschef Kabila, der ein umfassendes Wiederaufbauprogramm und Neuwahlen für April 1999 angekündigt hatte, errichtete eine diktatorische Herrschaft, die von Berichten über die Vertreibung und Ermordung von Hutu-Flüchtlingen überschattet wurde. Mit Unterstützung der schwarzafrikan. Staaten Angola, Namibia, Simbabwe, Sudan und Tschad konnte Kabila zunächst seine Position behaupten.

Revolte: 1998 kam es zum Zerwürfnis zwischen Kabila und den Tutsi-Vertretern in der AFDL, die von Ruanda und Uganda unterstützt wurden. Daraus entwickelte sich Mitte

Die starken Männer im Kongo

Patrice Lumumba (*2.7.1925 in Onalua in der Provinz Kasai-Oriental) begann sein politisches Wirken ebenso wie Joseph Kasavubu noch in der belg. Kolonialzeit als Kopf der Befreiungsbewegung Mouvement National Congolais (MNC). Als erster Ministerpräsident des Landes setzte er sich ab 1960 für einen kongoles. Einheitsstaat und eine Außenpolitik des »positiven Neutralismus« ein. Als angeblicher Kommunist im Westen in Verruf geraten, wurde er noch im selben Jahr von Joseph-Désiré Mobutu mit US-amerikan. Unterstützung entmachtet und am 17.1.1961 im Gewahrsam der Mobutu-Armee unter ungeklärten Umständen ermordet.

Joseph Kasavubu (*1910 in Tshela bei Kinshasa) führte sein Land unter dem Namen Demokratische Republik Kongo 1960 als erster Staatspräsident in die Unabhängigkeit. Schon in den 50er Jahren war er als Begründer der Befreiungsbewegung Alliance des Bakongo (ABAKO) im Kampf gegen die belg. Kolonialmacht hervorgetreten. Seine Amtszeit als Staatsoberhaupt von 1960 bis zu seiner Absetzung 1965 war von blutigen Bürgerkriegen mit Stammesfehden und Sezessionsbewegungen überschattet. Er wurde durch einen Staatsstreich unter Führung des Armeechefs Joseph-Désiré Mobutu entmachtet. Kasavubu starb am 24.3.1969 in Boma.

Moise Tshombé (*10.11.1919 in Musumba in der Provinz Katanga, heute Shaba) trennte 1960, nur elf Tage nach der Unabhängigkeitserklärung des Kongo von der Kolonialmacht Belgien, die rohstoffreiche Provinz Shaba als Republik Katanga vom übrigen Staatsgebiet ab und amtierte 1960–63 als deren Präsident. Von Juli 1964 bis zu Mobutus zweiter Machtübernahme im November 1965 war Tshombé Ministerpräsident der kongoles. Zentralregierung. Seit seiner Entlassung 1965 im span. Exil, wurde er 1967 in Abwesenheit zum Tode verurteilt und kurz darauf nach Algerien entführt, wo er am 29.6.1969 in der Haft in Algier starb.

Joseph-Désiré Mobutu, später Sésé-Séko, (*14.10.1930 in Lisala) wurde 1960 Staatssekretär in der Regierung Lumumbas, den er noch im selben Jahr verhaften und nach Katanga ausliefern ließ. Die Staatsgewalt gab er an Kasavubu ab. 1965 ergriff er, unterstützt von den USA, zum zweiten Mal die Macht und ernannte sich zum Staatspräsidenten. Er entmachtete das Parlament und übernahm das Amt des Ministerpräsidenten. Bis zu seiner Vertreibung durch Kabila 1997 führte er das Land als autoritärer Herrscher. Seine Amtszeit war von Verschwendung, Korruption und Menschenrechtsverletzungen geprägt. Er starb am 7.9.1997 im marokkan. Exil.

Laurent-Désiré Kabila (*1.1.1938 in Ankoro, Nordkatanga) engagierte sich nach einem Philosophiestudium in Frankreich schon früh gegen Mobutus Herrschaft. 1967 gründete er die Bewegung Parti de la Révolution Populaire (PRP). Später befehligte er mehrere Angriffe gegen die Mobutu-Armee, die jedoch scheiterten. Erst 1997 setzte sich Kabila an der Spitze einer nationalen Bewegung gegen Mobutu durch. 1997 übernahm er die Staatsführung und errichtete eine diktatorische Herrschaft mit einer staatskapitalistisch geprägten Wirtschaftspolitik. Seit 1998 befindet sich Kabila im Krieg gegen Rebellenverbände, die von Ruanda und Uganda unterstützt werden.

Nach dem Einmarsch in Kinshasa im Mai 1997 entwaffneten die siegreichen Truppen von Laurent-Désiré Kabila die unterlegenen Soldaten des geflohenen Diktators Mobutu.

Die wichtigsten Parteien und Bewegungen im 20. Jh.

Name (Abkürzung)	*Politische Richtung*	*Gründung*
Mouvement Populaire de la Révolution (MPR)	Einheitspartei bis 1989	1967
Union pour la Démocratie et le Progrès Social (UDPS)	zivile Opposition	1982
Parti Démocrate et Social Chrétien (PDSC)	zivile Opposition	1990
Mouvement National Congolais Lumumba (MNC/L)	zivile Opposition	1994
Alliance des Forces Démocratiques pour la Libération du Congo (AFDL)	nationaldemokratische Bewegung	1996
Mouvement pour la Libération du Congo (MLC)	Rebellenverband	1998
Rassemblement Congolais pour la Démocratie (RCD)	Rebellenverband	1998
Parti Lumumbiste Unifié (PALU)	zivile Opposition	k. A.

1998 erneut ein Krieg, in dem Kabilas Machtverlust nur durch die Intervention Angolas, Namibias und Simbabwes abgewendet wurde. Die Rebellen – insbes. die Gruppen Rassemblement Congolais pour la Démocratie (RCD) und Mouvement pour la Libération du Congo (MLC), eine aus Mobutu-Kräften formierte Untergrundbewegung – eroberten jedoch etwa die Hälfte des Staatsterritoriums.

Flüchtlinge: Durch die 1996/97 beginnenden kriegerischen Auseinandersetzungen wurden viele der ca. 600 000 im Land weilenden politischen Flüchtlinge aus den Nachbarstaaten Burundi, Ruanda, Sudan, Kongo-Brazzaville und Angola zurück in ihre Herkunftsländer vertrieben. Etwa 250 000 ruand. Hutu galten als verschollen bzw. als Opfer von Massakern durch die AFDL-Truppen. Als der Bürgerkrieg im August 1998 erneut eskalierte, flüchteten etwa 500 000 Bewohner des K., zumeist innerhalb der eigenen Staatsgrenzen.

Friedensabkommen: Vor dem Hintergrund eines militärischen Patts der Bürgerkriegsparteien wurde im Juli 1999 in Lusaka/Sambia zwischen dem K., Angola, Namibia und Simbabwe sowie Ruanda und Uganda ein Friedensabkommen unterzeichnet. Auch MLC und RCD schlossen sich schließlich dem Abkommen an. Während Kabila freie Wahlen auf unbestimmte Zeit verschob, bereitete eine zwölfköpfige Kommission für institutionelle Reform eine neue Verfassung vor. Anfang des Jahres 2000 bewilligte der Sicherheitsrat der Vereinten Nationen die Entsendung von 5000 Soldaten, die dem Schutz der 500 im K. stationierten UN-Militärbeobachter dienen sollen. *B. L.*

Soziale Brennpunkte im Vielvölkerstaat Kongo

Wirtschaftliche Situation: Mehr als die Hälfte der Bevölkerung lebte in den 90er Jahren auf dem Land, wo überwiegend Selbstversorgungswirtschaft die Existenzgrundlage war. Die traditionelle Großfamilie hatte in ländlichen Gebieten noch immer Vorrang, weil sie eine Art Lebensversicherung darstellte. Aufgrund der katastrophalen wirtschaftlichen Lage (1998: etwa 400% Inflation; BSP pro Kopf 1998: 110 US-Dollar) breitete sich im Kongo Massenarmut aus.

Gesundheitswesen: Das staatliche Gesundheitswesen war infolge der Zerrüttung der Staatsfinanzen unter dem Mobutu-Regime nachhaltig beeinträchtigt. Lediglich private und konfessionelle Einrichtungen boten eine Grundversorgung an. Mangel- und Tropenkrankheiten waren weit verbreitet. Malaria, Masern, Durchfallerkrankungen, Tuberkulose, Unterernährung, parasitäre Erkrankungen und die sich rasch ausbreitende Immunschwächekrankheit Aids zählten zu den häufigsten Todesursachen. (Foto: Aufklärungsunterricht über die Gefahren von Aids, 1997)

Korea-Nord

Demokratische Volksrepublik

Die Geschichte von K. beginnt erst 1953, als die Halbinsel Korea infolge des Koreakriegs (1950–53) geteilt wurde. Die Vorgeschichte der Halbinsel Korea ist geprägt von dem Hegemoniestreben der beiden Nachbarländer China und Japan. Der Einfluss Japans nahm gegen Ende des 19. Jh.s stetig zu: 1894 marschierten chines. und japan. Truppen zur Niederschlagung eines Aufstands der sozialrevolutionär ausgerichteten Tonghak-Bewegung in Korea ein. Den Chines.-Japan. Krieg (1894/95) gewannen die Japaner; China verlor seine Rechte in Korea sowie die Insel Taiwan an Japan.

Erste Hälfte des 20. Jahrhunderts

Kolonialmacht Japan: Die Japaner festigten ihre Macht, als sie im Russ.-Japan. Krieg (1904/05) auch die Ansprüche Russlands in der Region zurückgewiesen; Korea wurde anschließend japan. Protektorat. 1909 starb der japan. Ministerpräsident Hirobumi Itó durch das Attentat eines Koreaners. Der Anschlag gab den Japanern einen Vorwand, Kaiser Sunjong aus der Yi-Dynastie, die seit 1392 die Herrschaft über Korea ausgeübt hatte, zur Abdankung zu zwingen. Unter dem Namen Chôsen wurde Korea dem japan. Generalgouvernement unterstellt.
Unterdrückung: Als Folge der japan. Machtpolitik wanderten zahlreiche Koreaner nach China, Hawaii oder in die Mandschurei aus. Die Kolonialmacht setzte Japaner in zentrale Positionen ein und schloss Koreaner von politischen Entscheidungsprozessen aus. Infolgedessen bildete sich 1919 eine Unabhängigkeitsbewegung, gegen die die Japaner mit aller Härte vorgingen: 1919 wurde die sog. Märzbewegung blutig niedergeschlagen; 7000 Koreaner kamen dabei ums Leben. In Schanghai rief Syngman Rhee daraufhin eine Exilregierung ins Leben. Japan korrigierte seine Kolonialpolitik und beteiligte nun auch Koreaner an der Regierung.
Ausbeutung: In den 20er Jahren trieben die Japaner den Ausbau der korean. Landwirtschaft voran, in erster Linie um den Reisbedarf im eigenen Land zu decken. Ab den 30er Jahren nutzten sie Korea als Ausgangspunkt für Eroberungen auf dem Festland. Der Einverleibung – Korea wurde 1939 japan. Provinz – folgte eine drastische Japanisierungspolitik, zu der u. a. das Verbot der korean. Sprache gehörte.

Nordkorea 2000	
Landesfläche	120 538 km² (WR 97)
Einwohner	23,7 Mio (WR 40)
Hauptstadt	Pjöngjang (2,4 Mio Einwohner)
Sprache	Koreanisch
Währung	1 Won (W) = 100 Chon
Gliederung	9 Provinzen, 4 Städte
Staatsform	Kommunistische Volksrepublik (seit 1948)
Religion	Volksreligionen (15,6%); Chondogyo (13,9%); Buddhisten (1,7%); Christen (0,9%); Konfessionslose (67,9%)
Bevölkerung	Koreaner (99,8%); Chinesen (0,2%)

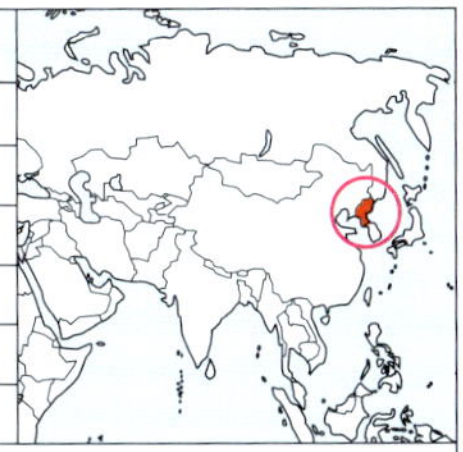

Nordkorea im 20. Jahrhundert	
1945	UdSSR tritt mit der Kriegserklärung an Japan in den Pazifikkrieg ein; Korea wird provisorisch am 38. Breitengrad geteilt.
1946	Mit sowjet. Unterstützung bildet der KP-Vorsitzende Kim Il Sung ein provisorisches Volkskomitee.
1947	In Nordkorea tritt eine sozialistische Verfassung in Kraft.
1948	Ministerpräsident Kim Il Sung ruft die Volksrepublik Korea aus.
1949	Die Truppen der UdSSR ziehen sich aus Nordkorea zurück.
1950	Beginn des Koreakriegs: Nordkorean. Truppen fallen in Südkorea ein.
1951	China entsendet 200 000 Soldaten zur Unterstützung Nordkoreas; Stellungskrieg am 38. Breitengrad.
1952	Waffenstillstandsvertrag von Panmunjom schreibt die Demarkationslinie am 38. Breitengrad als Grenze zwischen Nord- und Südkorea fest.
1960	Freundschafts- und Beistandsabkommen mit der UdSSR und China.
1972	Kim Il Sung wird Präsident (Amt durch Verfassungsänderung gestärkt).
	Nord- und Südkorea nehmen erste Geheimverhandlungen über eine Wiedervereinigung auf.
1990	Die Ministerpräsidenten Nord- und Südkoras treffen erstmals zusammen.
1992	Wirtschaftliche Öffnung zum Westen: Der Zentrale Volksausschuss streicht alle Hinweise auf den Marxismus-Leninismus aus der Verfassung.
1994	Der Tod Kim Il Sungs löst einen Machtkampf um die Nachfolge aus.
	In einem Abkommen verpflichtet sich Nordkorea, sein Atomprogramm einzufrieren.
1995	Überschwemmungen und Missernten führen zu Hungersnöten.
1997	In Genf beginnen Entspannungsgespräche zwischen Nord- und Südkorea.
1998	Kim Jong Il, der Sohn Kim Il Sungs, wird als KP-Chef und Vorsitzender der Militärkommission Staatsoberhaupt (Präsidentenamt abgeschafft).
2000	Historisches Treffen der beiden korean. Staatsoberhäupter, Kim Jong Il (Nord) und Kim Dae Jung (Süd) in Pjöngjang.

Staatsoberhäupter Nordkoreas

Reg.-Zeit	*Name*	*Lebensdaten*
1948–94	Kim Il Sung	1912–1994
seit 1994	Kim Jong Il	*1941 (n. a. A. 1942)

Die wichtigsten Parteien im 20. Jahrhundert

Name (Abkürzung)	*Politische Richtung*	*Gründung*
Partei der Arbeit Koreas (PdAK)	Staatspartei	1945
Sozialdemokratische Partei Koreas	unterstützt PdAK	1945/1981
Chondo-gyo-Chongu-Partei	unterstützt PdAK, religiös fundiert	1946

Koreakrieg 1950–53

Chronik des Koreakriegs

25.6.1950	Nach Provokationen überschreitet Nordkorea die Grenze am 38. Breitengrad; der UN-Sicherheitsrat verurteilt den Angriff.
27.6.1950	US-amerikan. Einsatz von Luft- und Seestreitkräften zur Unterstützung von Südkorea; der UN-Sicherheitsrat stimmt ohne die UdSSR der US-Aktion zu (Einsatz von UNO-Truppen).
29.6.1950	Vormarsch von Nordkorea: Die Hauptstadt Seoul wird erobert.
7.7.1950	Der Sicherheitsrat unterstellt die UN-Truppen dem Oberkommando der USA unter General Douglas MacArthur (bis 11.4.1951).
20.7.1950	USA stellen Hauptkontingent der UN-Truppen (200 000 Mann).
26.7.1950	Die Nordkoreaner erreichen die Südküste der Halbinsel.
15.9.1950	Erste Wende des Krieges: UN-Truppen werfen Nordkorea in einer Großoffensive zurück und erobern Seoul zurück.
7.10.1950	Trotz Warnung und Kriegsandrohung Chinas überschreiten UN-Truppen den 38. Breitengrad.
8.10.1950	US-Flugzeuge greifen eine sowjet. Basis an. 1950–53 sterben 1200 US-amerikan. und sowjet. Piloten.
19.10.1950	Pjöngjang fällt; UN-Truppen nähern sich der Grenze zu China.
24.10.1950	Zweite Wende des Krieges: China greift ein; UN-Truppen fliehen.
6.12.1950	Pjöngjang wird von chines. Soldaten erobert.
8.1.1951	Die Truppen des Nordens erobern erneut das zerstörte Seoul.
12.2.1951	Dritte Wende des Krieges: Eine Großoffensive kommunistischer Verbände kommt unter großen Verlusten zum Erliegen.
23.6.1951	Die UdSSR bietet Verhandlungen an, nachdem die UN-Truppen im Mai/Juni bis zum 38. Breitengrad vorstoßen konnten.
27.7.1953	Der Waffenstillstand von Panmunjom spricht beiden Seiten ungefähr ihre Vorkriegsgebiete zu. Eine entmilitarisierte Zone teilt Korea. Die Opfer: Eine Mio nordkorean. und chines., ca. 240 000 südkorean. und 40 000 UN-Soldaten sowie eine Mio Zivilisten.
21.7.1954	Die Genfer Indochinakonferenz der Großmächte kann das Korea-Problem nicht lösen: Das Land bleibt geteilt.

Zweiter Weltkrieg: Bereits auf den Konferenzen in Kairo (1943) und Potsdam (1945) versprachen die Alliierten der Halbinsel Korea die Unabhängigkeit nach dem Ende des Zweiten Weltkriegs. Als die UdSSR 1945 mit der Kriegserklärung an Japan in den Pazifikkrieg eintrat, einigten sich die beiden Großmächte USA und UdSSR bezüglich Korea auf die Festlegung einer Demarkationslinie entlang dem 38. Breitengrad. Den Norden kontrollierte die Sowjetunion, den Süden die USA. Der Vorsitzende der Kommunistischen Partei, Kim Il Sung (1946–94), bildete 1946 mit sowjet. Unterstützung im Norden ein provisorisches Volkskomitee, die USA setzten im Süden eine Militärregierung ein.

Zweite Hälfte des 20. Jahrhunderts

Staatsgründung: Entgegen einem UN-Beschluss, Wahlen in ganz Korea durchzuführen, gab sich K. 1947 eine sozialistische Verfassung. Als die USA 1948 im Süden die Republik Korea ausriefen, proklamierte Kim Il Sung in Pjöngjang die Demokratische Volksrepublik Korea. Die sowjet. Truppen zogen sich ein Jahr später zurück. Mit Unterstützung der UdSSR nahm K. den Aufbau des Landes und die politische Umgestaltung in Angriff: Bereits vor der Staatsgründung hatten die Kommunisten ein 20-Punkte-Programm aufgestellt, das Verstaatlichungen, eine Agrarreform sowie Arbeitsschutzgesetze vorsah. Kim Il Sung ließ die Japaner enteignen, schaltete die Opposition aus und unterstellte die Wirtschaft den Parteiorganisationen.

Koreakrieg: Grenzzwischenfälle, Unruhen in Südkorea und Demonstrationen gegen den von den USA gestützten Präsidenten Syngman Rhee (1948–60) nahm K. im Juni 1950 zum Anlass, in den Süden einzumarschieren. Die nordkorean. Truppen eroberten nahezu den ganzen Süden, wurden jedoch von UN-Truppen unter dem Oberbefehl von US-General Douglas MacArthur (US-Kontingent: 200 000 Soldaten) zurückgedrängt. Im Koreakrieg setzten die USA erstmals in großer Zahl chemische Waffen ein. Ab Oktober 1950 griff China aufseiten K.s mit 200 000 Soldaten in das Kriegsgeschehen ein, um der Gefahr eines proamerikan. K. zu begegnen. Nach wechselvollem Kriegsverlauf kamen die Kämpfe 1951 am 38. Breitengrad zum Stillstand. Auf Vorschlag der UdSSR nahmen beide Seiten im selben Jahr Waffenstillstandsverhandlungen auf, die 1953 zum Vertrag von Panmunjom führten. Die Demarkationslinie am 38. Breitengrad wurde als Grenze zwischen den beiden Teilen Koreas festgelegt und eine entmilitarisierte Zone geschaffen. Der Krieg hatte rund 2,3 Mio Todesopfer gefordert, darunter etwa eine Mio Zivilisten.

Eigenständigkeit: Unterstützt von UdSSR und China nahm Kim Il Sung den Wiederaufbau des Landes in Angriff. Nach und nach schaltete er seine Mitstreiter aus, etablierte ein stalinistisches Regime und baute einen auf seine Person ausgerichteten Kult auf, der alle Bereiche des öffentlichen Lebens umfasste. Zur offiziellen Staatsdoktrin erhob er das Prinzip der Eigenständigkeit (»Juche«): K. strebte politische, ideologische und wirtschaftliche Unabhängigkeit sowie Eigenständigkeit in der Verteidigung an. Dieses Ziel versuchte Kim Il Sung u. a. dadurch zu erreichen, dass er 1960 Freundschafts- und Beistandsverträge sowohl mit China als auch mit der UdSSR schloss, um auf diese Weise die Neutralität im Verhältnis zu den beiden sozialistischen Großmächten zu wahren. Kim Il Sung festigte 1970 seine Stellung, indem er eine Verfassungsänderung erließ und selbst in das gestärkte Amt des Staatspräsidenten wechselte.

Wiedervereinigung: Im Zuge der Annäherung zwischen den USA und China nahmen K. und Südkorea Anfang der 70er Jahre Geheimverhandlungen über eine Wiedervereinigung auf. Obwohl die Gespräche keine konkreten Ergebnisse erbrachten, trafen sich Vertreter der beiden Landesteile in den folgenden Jahren immer wieder zu Verhandlungen, wobei beide Länder ihren Alleinvertretungsanspruch aufrecht erhielten. 1985 schlossen beide Seiten ein Abkommen über wirtschaftliche Zusammenarbeit und Familienzusammenführung. Außerdem verhandelten sie über eine gemeinsame Verfassung. 1990 trafen erstmals die Ministerpräsidenten beider Länder zusammen. K. und Südkorea traten 1991 der UNO bei, ein Jahr später schlossen sie einen Nichtangriffspakt. Im Juni 2000 fand in Pjöngjang das erste innerkorean. Gipfeltreffen statt. Es wurde ein Abkommen unterzeichnet, das die Spannungen zwischen beiden Staaten verringern soll.

Wirtschaftlicher Niedergang: Nach dem Zusammenbruch der UdSSR entfiel auch die für K. wichtige sowjet. Wirtschaftsunterstützung. Kim Il Sung verfocht in seinem Land weiterhin den dogmatisch auf seine Person zugeschnittenen stalinistischen Kurs und isolierte K. von der internationalen Entwicklung. Die Wirtschaftsleistung sank ab 1990 stetig. Die Umstellung des Handels mit Russland und China auf Weltmarktpreise und Hartwährung (1991 bzw. 1992) führte u. a. zu Engpässen in

Der Einmarsch nordkorean. Truppen in Südkorea löste 1950 den Koreakrieg aus.

Amerikan. UN-Truppen während des Koreakriegs im Winter 1950 bei Hamhung.

Nordkorean. Kriegsgefangene in amerikan. Gewahrsam im Oktober 1950.

Naturkatastrophen und Hungersnot in Nordkorea

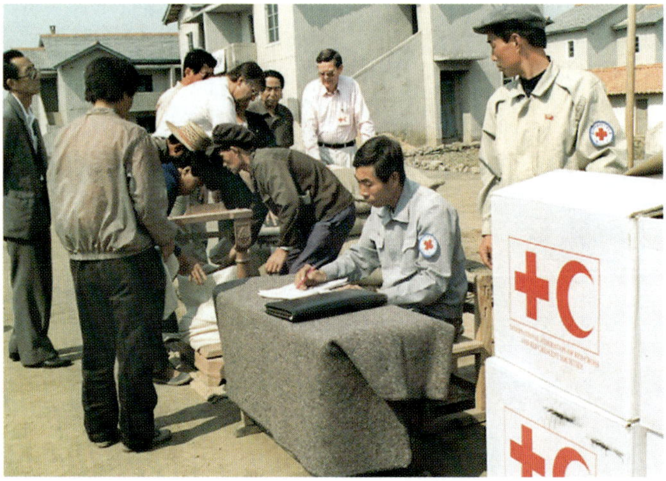

Oben: Nach Flutkatastrophen in Nordkorea, von denen 1995/96 mehr als 5 Mio Menschen betroffen waren, warnte das Internationale Rote Kreuz vor einer Hungersnot und bat um Spenden. (Foto: Rotkreuz-Helfer verteilen Nahrungsmittel, 1996.)

Rechts: Trotz internationaler Hilfeleistungen konnte die Hungerkatastrophe nicht aufgehalten werden, der bis Mitte 2000 schätzungsweise 3,5 Mio Menschen zum Opfer fielen. In weiten Teilen Nordkoreas waren Tausende von Menschen unterwegs auf Nahrungssuche. (Foto: Schüler bewirtschaften ein Feld bei Pjöngjang, 1997.)

der Energieversorgung. Um das Land für westliche Investitionen zu öffnen, wurden 1992 alle Hinweise auf den Marxismus-Leninismus aus der Verfassung gestrichen. Die Weigerung Kim Il Sungs, Vertretern der Internationalen Atomenergiebehörde Zutritt zu den Nuklearanlagen zu gewähren, belastete jedoch 1993 das Verhältnis zu den USA sowie zu Südkorea und Japan. Nach dem Tod des Staatsgründers Kim Il Sung brach 1994 ein Machtkampf um seine Nachfolge aus, der das Land zusätzlich schwächte. Erst 1998 wurde Kim Il Sungs Sohn, Kim Jong Il, offiziell KP-Chef und Vorsitzender der Militärkommission und somit zugleich Staatsoberhaupt. Das seit 1994 vakante Amt des Staatspräsidenten wurde abgeschafft. Überschwemmungen (1995/96) und damit zusammenhängende Missernten führten Mitte der 90er Jahre zu schweren Hungersnöten, infolge derer 1995–98 rund zwei Mio Menschen starben. Eine 1998 durchgeführte Studie von EU, UNICEF und WFP (Welternährungsprogramm der UNO) ergab, dass etwa 60% aller Kinder im Alter zwischen sechs Monaten und sieben Jahren chronisch unterernährt waren. K. war 1998/99 vor allem auf Lebensmittelhilfe aus westlichen Staaten wie Japan, Südkorea und USA angewiesen.

Militärische Hochrüstung: Trotz der wirtschaftlichen Misere hielt K. an seinem massiven Aufrüstungsprogramm fest. Bezogen auf die Wirtschaftsleistung hatte das Land weltweit die höchsten Militärausgaben (1996: rund 27% des BIP). Es testete Mittelstreckenraketen mit einer Reichweite bis 1500 km, die mit chemischen und atomaren Sprengköpfen ausgestattet werden können. Militärische Drohgebärden K.s (1998: allgemeine Mobilmachung; militärische Zusammenstöße in der entmilitarisierten Zone und auf See) unterminierten die im Dezember 1997 in Genf aufgenommenen Entspannungsgespräche mit Südkorea, an denen auch die USA und China teilnahmen.

Atomprogramm: Das Bestreben K.s, sich als Atommacht zu etablieren, belastete in der zweiten Hälfte der 90er Jahre das Verhältnis zu den USA schwer. 1998 erhielten US-Behörden Hinweise auf die Herstellung atomwaffenfähigen Materials in einer Anlage in Kumchang-Ri nördlich von Pjöngjang. Die Großmacht forderte die nordkorean. Regierung auf, das 1994 unterzeichnete Abkommen einzuhalten, in dem sich K. verpflichtet hatte, sein Atomprogramm einzufrieren. Erst nachdem K. sich im März 1999 bereit erklärt hatte, die Anlage inspizieren zu lassen, lieferten die USA 700 000 t Lebensmittel für die Not leidende Bevölkerung.

Verhältnis zu Japan: Einen schweren Rückschlag erlitten die Beziehungen zu Japan, als K. im August 1998 eine ballistische Rakete abfeuerte, die im Meer zwischen der russ. Hafenstadt Wladiwostock und Nordjapan einschlug. Japan stoppte daraufhin seine Lebensmittellieferungen und brach die Verhandlungen über die Wiederaufnahme diplomatischer Beziehungen mit K. ab. Nachdem die Führung K.s im September 1999 einen vorläufigen Verzicht auf weitere Raketentests versprochen hatte, hob die japan. Regierung die Sanktionen auf und kündigte an, sich wieder finanziell am Kedo-Projekt zu beteiligen, das die Lieferung westl. Leichtwasserreaktoren an K. vorsieht. *D.M.*

Erster innerkorean. Gipfel seit der Teilung: die Präsidenten Kim Dae Jung (3. v. l.) und Kim Jong Il (r.) am 13.6.2000 in Pjöngjang.

Personenkult um Kim Il Sung und seinen Sohn und Nachfolger Kim Jong Il

Kim Il Sung: Nachdem er die nichtkommunistische Opposition ausgeschaltet hatte, war Kim Il Sung (1912–1994) mehr als vier Jahrzehnte lang unumschränkter Herrscher Nordkoreas (Partei- und Staatschef: 1946 bis 1994). Um den »Großen Führer« entwickelte sich ein Kult, der alle Bereiche des öffentlichen Lebens erfasste und auch nach seinem Tod fortgeführt wurde. Die bedingungslose Verehrung Kims fand nicht nur in Monumentalbauten und überdimensionierten Standbildern, sondern auch in religiös anmutenden Ritualen Ausdruck. Gegenstände, die der »Große Führer« einmal berührte, wurden zu Insignien; sogar seine Fußabdrücke, insbes. jene, die er in der »Kampfzeit« gegen die japan. Besatzung hinterlassen haben soll, wurden Kultobjekte. Kims Geburtsjahr wurde 1997 zum Jahr 1 einer neuen Zeitrechnung erklärt. Dass er 1945 im Rang eines Majors mit der Roten Armee in Korea einmarschierte, verschweigt die staatliche Propaganda.
Der »Führer der Partei der Arbeit Koreas« erhielt die stalinistisch geprägte Gesellschaftsordnung in seinem Land auch nach dem Zusammenbruch des Kommunismus in der Sowjetunion und den osteuropäischen Staaten aufrecht. Nach außen schottete Kim Nordkorea ab. Die allgegenwärtige »Juche«-Ideologie betonte die Eigenständigkeit des Landes sowie die Auserwähltheit des korean. Volkes und seiner Kultur. Das Streben nach Eigenständigkeit und wirtschaftlicher Autarkie geht noch heute so weit, dass Herkunftsbezeichnungen importierter Waren getilgt und durch korean. ersetzt werden.

Kim Jong Il: Kims Nachfolger, sein Sohn Kim Jong Il (*1942), wird in Nordkorea offiziell als »geliebter Führer« gefeiert. Kritiker werfen ihm einen ausschweifenden Lebensstil und seine Beteiligung an der Planung von Terroranschlägen in Südkorea vor. (Foto links: Statue Kim Il Sungs in Pjöngjang; rechts: Kim Jong Il mit Vertretern der nordkorean. Volksarmee 1998)

Südkorea 2000	
Landesfläche	99 274 km² (WR 107)
Einwohner	46,5 Mio (WR 25)
Hauptstadt	Seoul (11,6 Mio Einwohner)
Sprache	Koreanisch
Währung	1 Won (W) = 100 Chon
Gliederung	9 Provinzen, 6 Stadtregionen
Staatsform	Präsidiale Republik (seit 1948/88)
Religion	Buddhisten (27,6%); Christen (24,3%); Konfuzianer (1%); Wonbulgyo (0,3%); Konfessionslose (46%); Sonstige (0,8%)
Bevölkerung	Koreaner (99,9%); Chinesen (0,1%)

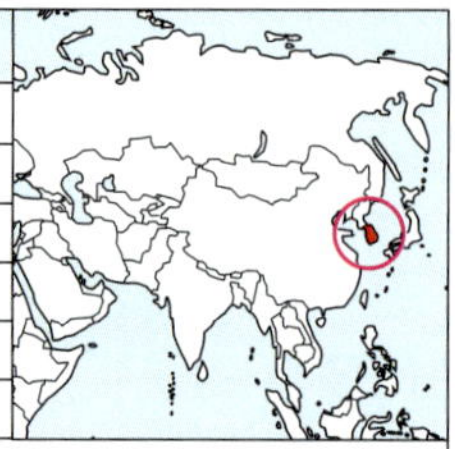

Südkorea im 20. Jahrhundert	
1945	Die UdSSR tritt mit der Kriegserklärung an Japan in den Pazifikkrieg ein; Korea wird provisorisch am 38. Breitengrad geteilt.
1948	Wahlen zur Nationalversammlung: Syngman Rhee wird erster Staatspräsident.
1949	USA ziehen ihre Truppen aus Südkorea ab.
1950	Beginn des Koreakrieges.
	UNO entsendet 200 000 Soldaten unter US-Führung zur Unterstützung von Südkorea.
	UNO-Truppen drängen die nordkorean. Einheiten zurück und erobern die südkorean. Hauptstadt Seoul.
1951	Friedensverhandlungen in Panmunjom.
1953	Waffenstillstandsvertrag schreibt die Teilung am 38. Breitengrad fest. Südkorea schließt Sicherheitspakt mit den USA.
1960	Unterdrückung der Opposition schürt innere Unruhen und führt schließlich zum Rücktritt Rhees. Sein Nachfolger Chang Myon führt parlamentarisches System ein.
1961	Militärputsch: General Park Chung Hee entmachtet Chang Myon und übernimmt das Amt des Staatspräsidenten.
1970	Regierung führt kommunale Selbstverwaltung ein.
1972	Eine Verfassungsänderung macht den Präsidenten zum Amtsinhaber auf Lebenszeit.
1979	Der südkorean. Geheimdienst ermordet Park. Sein Nachfolger Choi Kyuha verhängt das Kriegsrecht.
1980	Chun Doo Hwan übernimmt die Macht: Er stärkt die Wirtschaft, unterdrückt aber weiterhin die Opposition, die inneren Unruhen dauern an.
1988	Erste freie Wahlen seit 1971: Roh Tae-Woo wird neuer Präsident. Regierung erlässt neue Verfassung.
1991	Südkorea schließt mit Nordkorea einen Nichtangriffspakt.
	Südkorea wird Mitglied der UNO.
1992	Ende der Militärdiktatur: Erstmals gewinnt mit Kim Young Sam ein Zivilist die Präsidentschaftswahlen (40,3% der Stimmen).
1994	Südkorea hebt das Handelsembargo gegen Nordkorea auf, die wirtschaftliche Kooperation bleibt jedoch von geringem Umfang.
1996	Die Anführer des Putsches von 1979, Chun Doo Hwan und Roh Tae-Woo, werden zu langjährigen Haftstrafen verurteilt.
1997	Asienkrise führt zu wirtschaftlichen Einbrüchen und zum Verfall der südkorean. Währung. Der Internationale Währungsfonds (IWF) und Südkorea einigen sich auf ein Hilfspaket von 57 Mrd US-Dollar.
1998	Kim Dae Jung, der Kandidat des NCNP und der ULD, gewinnt Präsidentschaftswahlen.
1999	Japan entschuldigt sich offiziell für die Unterdrückung der Koreaner während der Kolonialzeit.
2000	Erstmals in der Geschichte der beiden korean. Staaten treffen deren Oberhäupter, Kim Dae Jung (Südkorea) und Kim Jong Il (Nordkorea), in Pjöngjang zu Gesprächen zusammen.

Korea-Süd

Republik Korea

Die Halbinsel Korea stand seit dem 1. Jh. v. Chr. unter dem kulturellen Einfluss des Nachbarlandes China. Gegen Ende des 19. Jh.s wuchs der Einfluss Japans stetig, 1910 musste sich Korea dem japan. Hegemoniestreben unterwerfen. Erst nach dem Zweiten Weltkrieg wurde Korea wieder unabhängig.

Folgen des Zweiten Weltkriegs

Teilung: 1945 erklärte die UdSSR Japan den Krieg und trat damit in den Pazifikkrieg ein. Die provisorische Teilung der Halbinsel Korea am 38. Breitengrad war die Folge: Im Norden nahm die UdSSR die Kapitulation Japans entgegen, im Süden die USA, die im September eine Militärregierung in K. einsetzten. Der beginnende Kalte Krieg zwischen den Siegermächten verhinderte die Bildung einer gemeinsamen korean. Regierung und freie Wahlen. Die 1948 in K. stattfindenden Wahlen zur Nationalversammlung gewann der Führer des Unabhängigkeitskampfs gegen Japan, Syngman Rhee, der 1919–39 die korean. Exilregierung in Schanghai geleitet hatte. Rhee wurde erster Staatspräsident (1948–60) der 1948 proklamierten Republik K. Noch im selben Jahr zogen sich die USA aus K. zurück. In Nordkorea etablierte die UdSSR ein kommunistisches System unter Führung von Kim Il Sung, der die Volksrepublik bis 1994 diktatorisch regierte.
Koreakrieg: Entlang der Demarkationslinie kam es nach der Teilung der Halbinsel immer wieder zu militärischen Zwischenfällen. Am 25.6.1950 marschierten nordkorean. Truppen schließlich in K. ein und eroberten es nahezu vollständig. In Abwesenheit der sowjet. Delegierten verurteilte der UN-Sicherheitsrat zwei Tage später die militärische Besetzung und bildete unter Führung der USA eine UN-Truppe zur Befreiung des Südens. Die internationale Streitmacht drängte die nordkorean. Truppen zurück. Als China Ende 1950 Truppen zur Unterstützung Nordkoreas entsandte, entwickelten sich die Kämpfe entlang der Demarkationslinie zum Stellungskrieg. US-Präsident Harry S. Truman setzte den Oberbefehlshaber der US-amerikan. Truppen in K., General Douglas MacArthur, ab, nachdem dieser die Ausweitung der Kämpfe auf China gefordert hatte. Im Juli 1951 begannen in Panmunjom, einem Grenzort zwischen Nord- und Südkorea, Friedensverhandlungen, die zwei

Jahre später zu einem Waffenstillstandsabkommen führten. Die Demarkationslinie am 38. Breitengrad wurde als Grenze zwischen beiden Ländern festgeschrieben.

Kriegsopfer: Die Bilanz des Koreakrieges zogen die US-amerikan. Regierung und Militärführung am Tag der Vertragsunterzeichnung (27.7.1953): Nach Berechnungen aus Washington hatten die USA 24 119 Opfer zu beklagen. Etwa 94 000 Soldaten der Vereinten Nationen kamen bei den Kämpfen ums Leben, für das kommunistische Nordkorea soll sich die Zahl der Gefallenen auf 1,34 Mio belaufen. Der Austausch der tausenden Kriegsgefangenen begann bereits wenige Tage nach dem Vertragsabschluss.

US-Marineeinheiten landeten Ende 1950 in Südkorea. Mit Hilfe überwiegend amerikan. UN-Truppen konnten die südkorean. Einheiten die nordkorean. Invasoren zurückdrängen. Die 1950 aufgenommen Waffenstillstandsverhandlungen führten 1953 zum Abkommen von Panmunjom.

Diktatur im Kalten Krieg

Wiederaufbau: Der Krieg hatte K. verwüstet und wirtschaftlich geschwächt. Unterstützt von den USA machte sich Rhee, der 1951 die Liberale Partei gegründet hatte, an den Wiederaufbau des Landes. Mit autoritären, polizeistaatlichen Methoden legte der Antikommunist die Grundlage für den wirtschaftlichen Aufstieg des Landes. Im Zeichen des Kalten Krieges bekämpfte der Präsident mit Hilfe der USA alle Versuche der Opposition, ein parlamentarisches System in K. einzuführen. Nach seiner vierten Wiederwahl gingen 1960 die Studenten auf die Straße und forderten demokratische Reformen; Rhee ließ den Aufstand brutal niederschlagen. Dennoch musste er sich dem Druck der Opposition beugen und seinen Rücktritt erklären.

Militärregierung: Chang Myon von der Demokratischen Partei errichtete 1960 ein parlamentarisches System und übernahm die Regierungsgeschäfte. Bereits 1961 putschte General Park Chung Hee gegen die neue Regierung. Er setzte Myon ab, hob die neue Verfassung auf und setzte sich als Staatspräsident (1962–79) an die Spitze einer Militärregierung. Die USA unterstützten seinen entschiedenen antikommunistischen Kurs. Park etablierte einen straffen Polizeiapparat und verhängte zur Sicherung seiner Macht mehrfach das Kriegsrecht. In den 60er Jahren betrieb er den einseitigen Ausbau der Schwerindustrie, durch den das Land zeitweise Zuwachsraten von bis zu 40% erreichte. Die von ihm 1970 initiierte »Bewegung der neuen Gemeinde« (Saemaul Undong) trieb die Modernisierung der Landwirtschaft voran und führte die kommunale Selbstverwaltung ein. Eine Verfassungsänderung im Jahr 1972 erlaubte es dem Diktator, das Amt auf Lebenszeit auszuüben. Die rigide

Vertrag von Panmunjom 1953

In Panmunjom, einem Grenzort zwischen beiden korean. Staaten, einigten sich die Kriegsgegner am 27.7.1953 auf einen Waffenstillstand. Die 1945 festgelegte Grenzlinie zwischen dem kommunistischen Norden und dem prowestlichen Süden entlang dem 38. Breitengrad wurde bestätigt und die Einsetzung einer internationalen Überwachungskommission mit Sitz in Panmunjom beschlossen. Diese von der UNO eingesetzte Kommission nahm ihre Arbeit mit Vertretern aus Polen, Schweden, der Schweiz und der Tschechoslowakei auf; ihr Hauptaugenmerk galt der Sicherung des Waffenstillstands, der Demarkationslinie und der entmilitarisierten Zone, der Hilfe beim Austausch von Kriegsgefangenen und der Vermittlung in Krisensituationen zwischen Nord- und Südkorea. Zur Klärung der in beiden Ländern viel diskutierten Frage, wie mit Kriegsgefangenen im Süden zu verfahren sei, die nicht in ihr Heimatland zurückkehren wollten, erhielten Nordkorea und China die Gelegenheit, für eine Rückkehr der Soldaten zu werben.

US-amerikan. und türk. Soldaten der UN-Truppen in Korea, 1950.

Links: Mit einem gewaltigen Polizeiaufgebot unterdrückte die südkorean. Regierung im Januar 1997 die Massenstreiks gegen das neue Arbeitsgesetz.

Rechts: Der südkorean. Oppostionsführer Kim Dae Jung wurde am 19.12.1997 zum neuen Staatspräsidenten gewählt.

Präsidialdiktatur stieß trotz wirtschaftlicher Fortschritte auf zunehmenden Widerstand, auch in Kreisen des Militärs. Der Chef des südkorean. Geheimdienstes, Parks langjähriger Freund Kim Jae Kyn, ließ den Präsidenten 1979 ermorden.

Interimsregierung: Choi Kyuha trat als Chef einer Interimsregierung (1979/80) Parks Nachfolge an. Der nach dessen Tod ausgerufene Notstand, Lohnerhöhungen und Universitätsreformen stießen bei Arbeitern und Studenten auf heftigen Widerstand. Demonstrationen ließ Choi niederschlagen, er verhängte das Kriegsrecht und verbot jegliche politischen Aktivitäten. 1980 übernahm der Chef des militärischen Sicherheitsdienstes, Chun Doo Hwan, die Regierung. Während seiner Amtszeit wurde die Opposition weiterhin brutal unterdrückt. Sein Anspruch, einen »demokratischen Wohlfahrtsstaat« zu schaffen, führte jedoch zu einer Liberalisierung der Wirtschaft und machte K. zu einem starken Wirtschaftsfaktor.

Staatsoberhäupter Südkoreas

Reg.-Zeit	*Name*	*Lebensdaten*
1948–60	Syngman Rhee	1875–1965
1960/61	Chang Myon	k. A.
1962–79	Park Chung Hee	1917–1979
1979/80	Choi Kyuha	*1919
1980–88	Chun Doo Hwan	*1931
1988–93	Roh Tae-Woo	*1932
1993–97	Kim Young Sam	*1927
seit 1997	Kim Dae Jung	*1925

Die wichtigsten Parteien im 20. Jahrhundert

Name (Abkürzung)	*politische Richtung*	*Gründung*
Liberale Partei	liberal	k. A.
Partei für Wiederver. u. Demokratie (PRD)	fordert Wiedervereinigung	1987
Demokratische Rechtspartei (DJP)	konservativ	k. A.
Demokratisch-Liberale Partei (DLP)[1]	konservativ	1990
Demokratische Partei (DP)	linksorientiert	1991
Neue Korea Partei (NKP)[2]	konservativ	1995
Nationaler Kongress für neue Politik (NCNP)	linksliberal	k. A.
Vereinigte Liberale Demokraten (ULD)	liberal	1995
Nationale Einigungspartei	fordert Wiedervereinigung	k. A.

1) Zusammenschluss aus PRD und DJP; 2) hervorgegangen aus der DLP

Liberalisierung: Als Anführer des Putsches von 1979 und wegen schwerer Korruption wurde Chun Doo Hwan 1996 zunächst zum Tode verurteilt; das Berufungsgericht wandelte das Urteil später in eine lebenslange Haftstrafe um. Sein Nachfolger Roh Tae-Woo (1988–93) von der Demokratischen Rechtspartei wurde im selben Zusammenhang zu 17 Jahren Haft verurteilt. Unter Roh, der als erster Präsident seit 1971 direkt vom Volk gewählt wurde, setzte eine politische Liberalisierung in K. ein. Auf internationalen Druck setzte die Regierung 1988 eine neue Verfassung in Kraft.

Die 90er Jahre

Innenpolitik: Die wichtigsten Oppositionsparteien schlossen sich 1990 zur Demokratisch-Liberalen Partei (DLP) zusammen. 1992 gewann deren Führer Kim Young Sam als erster Zivilist seit 31 Jahren die Präsidentschaftswahlen und trat 1993 die Nachfolge von Roh an. Er beschnitt den Einfluss des Militärs und erließ weit reichende Amnestien, die auch Straftaten wie z. B. Kontakte zu Nordkorea einschlossen. 1996/97 stieß das brutale Vorgehen des Präsidenten gegen Gewerkschaften und Oppositionelle bei Auseinandersetzungen um ein neues Arbeitsgesetz auf Kritik im In- und Ausland. Eine Wirtschaftkrise und eine Bestechungsaffäre im Umfeld des Präsidenten führten den ersten demokratischen Machtwechsel in der Geschichte von K. herbei: Kim Dae Jung wurde mit 40,3% der Stimmen im Dezember 1997 zum neuen Präsidenten gewählt. In der Folgezeit galt das Hauptaugenmerk des Regierungschefs der Aufgabe, die wirtschaftlichen Folgen der 1997 ausgebrochenen Asienkrise einzugrenzen. Kim, der 1980 von der Militärdiktatur in Abwesenheit zum Tode verurteilt worden war (das Urteil wurde bald darauf auf westlichen Druck wieder aufgehoben), widmete sich darüber hinaus einer schrittweisen Demokratisierung seines Landes; die traditionell mächtigen Militärs verloren weiter an Einfluss.

Annäherung an Nordkorea: Der Umbruch im Ostblock führte zu Beginn der 90er Jahre zu einer Annäherung K.s an die Staaten der ehemaligen UdSSR sowie an China und Nordkorea. Mit dem nordkorean. Teilstaat vereinbarte K. 1991 einen Nichtangriffspakt. Das seit den 50er Jahren bestehende Handels- und Investitionsembargo gegen Nordkorea wurde 1994 aufgehoben, nachdem das Land zuvor sein Atomprogramm gestoppt hatte. Bis zum Ende der 90er Jahre erzielten beide Länder keinen durchgreifenden Erfolg auf dem Weg zur Wiedervereinigung.

Gipfelgespräche: Im Juni 2000 fanden in Pjöngjang Gipfelgespräche zur Annäherung der beiden Teilstaaten statt. Zum ersten Mal in der Geschichte der beiden korean. Staaten trafen die Regierungschefs zusammen. Die Konsultationen in der nordkorean. Hauptstadt mündeten in ein Abkommen, das die beiderseits unterschiedlichen Bemühungen zur Vereinigung der Staaten bekräftigte. Kim Dae Jung und Kim Jong Il vereinbarten die Zusammenführung getrennt lebender Familien und eine verstärkte wirtschaftliche Zusammenarbeit in zahlreichen Bereichen. Der Dialog beider Regierungschefs soll bei einem Treffen in K. 2001 oder 2002 vertieft werden.

Japanpolitik: Das Verhältnis zu Japan entspannte sich 1999 nach jahrzehntelangen Auseinandersetzungen, als sich die Regierung des Nachbarlandes erstmals offiziell für das den Koreanern während der Kolonialzeit (1910 bis 1945) zugefügte Leid entschuldigte. *D. M.*

Asiatischer »Tigerstaat« in der Wirtschaftskrise

Wirtschaftswunder: In den 90er Jahren zählte Südkorea zu den sog. Tigerstaaten, den asiatischen Ländern mit rasch wachsender, von ausländischen Krediten unterstützter Wirtschaft. Mit staatlicher Förderung hatten die großen Konzerne seit den 60er Jahren eine beherrschende Stellung aufgebaut. Das BIP Südkoreas erreichte Mitte der 90er Jahre hohe Zuwachsraten (1995: 8,9%). Bereits 1996 war das Land zur elftgrößten Wirtschaftsmacht aufgestiegen.

Krise: Durch wachsende Auslandsverschuldung und ein enormes Leistungsbilanzdefizit geriet das exportorientierte Land (u. a. Kraftfahrzeuge und Elektrotechnik) jedoch 1997 in den Sog der Asienkrise. Bankenzusammenbrüche, Kursverluste an den Börsen und rapider Währungsverfall (zweites Halbjahr 1997: 49,4% gegenüber dem US-Dollar) waren die Folge. Die Krise verschlimmerte sich, als Devisenspekulanten aus aller Welt die Schwäche des südkorean. Won für ihre Geschäfte ausnutzten. Erst mit Hilfe eines umfangreichen IWF-Hilfsprogramms, für das Südkorea u. a. eine Liberalisierung des Kapitalmarktes und eine Reduzierung der Staatsausgaben zusichern musste, erholte sich die Wirtschaft Mitte 1999 von den Folgen der Asienkrise.

Zum wirtschaftlichen Aufschwung des Landes in den 80er Jahren trugen neben dem produzierenden Gewerbe insbes. der Schiffbau und der Export von Kraftfahrzeugen bei. (Foto: Hyundaiwerften, Südkorea, 1999)

Im Mai 1999 riefen Südkoreas Gewerkschaften zum Protest gegen Massenentlassungen auf, die durch Strukturanpassungen der Unternehmen in den 90er Jahren verursacht wurden. (Foto: Kundgebung zum Tag der Arbeit vor dem Hauptbahnhof in Seoul, 1999)

Kroatien 2000

Landesfläche	56 538 km² (WR 123)
Einwohner	4,5 Mio (WR 112)
Hauptstadt	Zagreb (981 000 Einwohner)
Sprache	Kroatisch
Währung	1 Kuna (K) = 100 Lipa
Gliederung	20 Provinzen, Hauptstadtregion
Staatsform	Republik (seit 1991)
Religion	Katholiken (76,5%), Serbisch-Orthodoxe (11,1%), Protestanten (1,4%); Moslems (1,2%); Sonstige (9,8%)
Bevölkerung	Kroaten (78,1%); Serben (12,2%); Bosnier (0,9%); Slowenen (0,5%); Ungarn (0,5%); Sonstige (7,8%)

Kroatien im 20. Jahrhundert

1918	Gründung des Königreichs der Serben, Kroaten und Slowenen. Bis dahin gehörte Kroatien zum Habsburgerreich.
1928	Ermordung des Führers der Kroat. Bauernpartei, Stjepan Radić, und weiterer Abgeordneter im Belgrader Parlament.
1929	Ante Pavelić gründet im italien. Exil die faschistische Ustascha-Bewegung.
1934	Ermordung des jugoslaw. Königs Alexander I. bei einem Staatsbesuch in Marseille. Beteiligt sind auch Mitglieder der Ustascha.
1939	Abkommen über die Einrichtung einer autonomen kroat. Banschaft (»Sporazum«).
1941	Angriff deutscher Truppen auf Jugoslawien (Beginn des Balkanfeldzugs). Proklamation des Unabhängigen Staates Kroatien (faschistischer Ustascha-Staat).
1945	Proklamation der Föderativen Volksrepublik Jugoslawien; Kroatien wird Teilrepublik des sozialistischen Jugoslawien.
1970/71	»Kroat. Frühling«; die Proteste werden von der jugoslaw. Staatsführung unterdrückt.
1990	Bei den ersten freien Wahlen in Kroatien nach dem Zweiten Weltkrieg siegt die HDZ. Ihr Vorsitzender Franjo Tudjman wird Staatspräsident (bestätigt in den Wahlen 1992 und 1997).
1991	Unabhängigkeitserklärung; anschließend beginnt der Krieg Jugoslawiens gegen Kroatien. Ausrufung der »Serb. Republik Krajina«.
1992	Anerkennung Kroatiens durch die Europäische Gemeinschaft. Stationierung von UN-Soldaten (UNPROFOR).
1993/94	Kroatien ist am Bosnienkrieg beteiligt.
1995	Das Friedensabkommen von Dayton/Ohio beendet offiziell den Krieg in Kroatien (und in Bosnien).
1999	Tod Franjo Tudjmans.
2000	Stipe Mesić wird zum kroat. Staatspräsidenten gewählt.

Das kroatische Wappen

Umstrittenes Symbol: Das Wappen greift mit dem rotweißen Karomuster ein altes kroat. Symbol auf. Da aber auch der kroat. Ustascha-Staat dieses für seine Nationalfahne benutzt hatte, sahen viele Serben im Wappen der neuen unabhängigen Republik einen Beleg dafür, dass Kroatien die Tradition der Ustascha aufnehmen wollte. Teilweise wurde diese Befürchtung durch die nationalistische Politik von Präsident Franjo Tudjman und seiner Partei HDZ verstärkt, die aber weniger an die frühere faschistische Organisation anknüpfte als an die kroat. Nationalbewegung des 19. Jh.s. Der Streit um das Wappen verdeutlichte vor allem die Unversöhnlichkeit der nationalistischen Positionen in Kroatien.

Kroatien

Republik Kroatien

K. ist der zweitgrößte Staat, der aus dem zerfallenen ehemaligen Jugoslawien hervorgegangen ist. Die Geschichte der im Juni 1991 gegründeten Republik spiegelt die Probleme der Balkanregion zwischen West- und Osteuropa, zwischen den verschiedenen Religionen und oft verfeindeten ethnischen Gruppen wider. Diese Konflikte bestimmen die Entwicklung K.s seit dem Mittelalter.

Nationalismus im 19. Jahrhundert

Staatsgebiet: Das mittelalterliche Königreich K. war im 16. Jh. teils unter türk., teils unter österreich. Herrschaft gekommen. Nach dem österreich. Sieg über die Türken (1699) wurde K. habsburgisch. 1818 wurde K. mit Slawonien vereint und 1867 endgültig der ungar. Krone unterstellt. Damit war die Ausdehnung des mittelalterlichen K. fast wieder hergestellt. Lediglich Dalmatien war seit dem Wiener Kongress 1815 österreich. Kronland.

Politische Bewegungen: Nach 1850 entstanden in K. politische Bewegungen und Parteien, die K.s Lösung von der ungar. Herrschaft erstrebten. Die Nationalpartei (Narodna Stranka) des slawon. Bischofs Josip Strossmayer (1815–1905) begründete den »Jugoslawismus« mit, der um 1860 als politische Bewegung auf dem Balkan entstand. Davon scharf abgegrenzt waren die kroat. Nationalisten um Ante Starčević. Seine 1861 gegründete Rechtspartei (Stranca prava) strebte ein Groß-K. an, das nahezu den ganzen Balkan umfassen sollte. Um 1900 entwickelte sich aus der »Rechtspartei« eine radikale antiserb. Bewegung, die sich insbes. gegen die Krajina-Serben wandte.

Krajina: Das Gebiet der Krajina war Teil der sog. Militärgrenze zwischen Österreich und dem Osman. Reich. Seit der Mitte des 19. Jh.s wurde das Gebiet schrittweise in den kroat. Staat integriert. Die dort lebenden Serben wurden von der ungar. Regierung als Gegengewicht zu den meist antimagyar. eingestellten Kroaten bevorzugt. Der kroat.-serb. Gegensatz wurde dadurch noch verstärkt.

Kroatisch-Serbische Koalition: Gemeinsame Interessen in Dalmatien und die steigende steuerliche Belastung durch Ungarn führten nach 1900 aber zu einer Annäherung von Serben und Kroaten. 1905 wurde in der Resolution von Rijeka die »Kroat.-Serb. Koalition« gegründet und fand – trotz schwerer Wahlniederlagen – in den folgenden Jahren wachsende Unterstützung. Ihre Politik mündete nach dem Ersten Weltkrieg in die Beteiligung K.s an der Gründung des Königreichs der Serben, Kroaten und Slowenen.

Im Königreich Jugoslawien

Erster Weltkrieg: Die Londoner Konferenz der Alliierten (1915) hatte Italien große Teile der dalmatin. Küste zugesprochen, falls es in den Krieg gegen Österreich eintreten würde. Als Alternative zwischen der italien. Besetzung und der Bindung an die zerfallende Donaumonarchie Österreich-Ungarn verstärkte sich der Wunsch nach einem selbst bestimmten Staat aller südslaw. (jugoslaw.) Völker. Als 1918 serb. und italien. Truppen in K. einmarschierten, beschloss der Sabor, die kroat. Adelsversammlung, die Lösung von Österreich-Ungarn. Die Gebiete K.s, Slawoniens und Dalmatiens sollten vereint werden und dann als unabhängiger Staat in das entstehende Jugoslawien eintreten.

Serbische Vormachtstellung: Am 1.12. 1918 wurde das »Königreich der Serben, Kroaten und Slowenen« unter dem serb. König Alexander I. gegründet. In K. wuchs schon bald die nationalistische Opposition gegen den wachsenden serb. Einfluss und die zunehmende Zentralisierung des neuen Staates. Die Auseinandersetzungen erreichten mit der Ermordung der führenden kroat. Politiker im Parlament (1928) ihren Höhepunkt. Auf die nun offen separatistische Haltung K.s reagierte Alexander I. mit der Verschärfung der zentralistischen Politik, als er Anfang Januar 1929 die Verfassung außer Kraft setzte und im selben Jahr den Staat in »Königreich Jugoslawien« umbenannte.

Scheinbare Unabhängigkeit: Die führende Kraft der Opposition gegen die serb. Vormacht war in K. die Bauernpartei. Nach einem überwältigenden Wahlerfolg der Partei – sie errang nahezu 80% der Stimmen – wurde 1939 durch eine Übereinkunft mit Belgrad (das sog. Sporazum) ein halb autonomes K. gebildet. Es blieb infolge des Kriegsausbruchs jedoch gegenstandslos.

Ustascha-Bewegung: Im Januar 1929 gründete Ante Pavelić im italien. Exil die faschistische Bewegung der Ustascha (»die Aufständischen«). Unmittelbarer Anlass war die Ausrufung der serb. Königsdiktatur. Die Ustascha verband in ihrer Ideologie kroat. Nationalismus mit radikalem religiösen Eifer, der sich gleichermaßen gegen Moslems und orthodoxe Serben richtete.

Alexander I., König der Serben, Kroaten und Slowenen, wurde während eines Staatsbesuchs in Frankreich am 9.10.1934 in Marseille Opfer eines Attentats kroat. und makedon. Nationalisten. Bei dem Anschlag kam auch der französ. Außenminister Louis Barthou ums Leben. (Foto: Polizeieinheiten überwältigen den Attentäter Petrus Kalemen – links auf dem Trittbrett des königlichen Wagens.

Die Ermordung König Alexanders im Oktober 1934 in Paris war das Werk dieser terroristischen Gruppe.

Der Ustascha-Staat

Terrorherrschaft: Nach der Besetzung Jugoslawiens durch deutsche und italien. Truppen im April 1941 wurde K. zum unabhängigen Staat erklärt, der jetzt auch Bosnien-Herzegowina und Teile Dalmatiens umfasste. Seine Führung übernahm die Ustascha, die vom faschistischen Italien unterstützt wurde. Das Regime begann im Sommer 1941 mit dem Völkermord an Serben, Roma und Juden sowie der brutalen Verfolgung der kroat. Opposition. Tausende fielen den Massakern und der Haft in den Konzentrationslagern zum Opfer. Die Be

Stichwort: Ustascha-Regime

Faschistischer Staat: Nach dem Einmarsch der deutschen Truppen in Belgrad 1941 wurde der Ustascha-Staat gegründet. Der Führer der Bewegung, Ante Pavelić, hatte dafür im italien. Exil die Voraussetzungen geschaffen. Die neue Bewegung gewann rasch an Zulauf: Bereits einen Monat nach der Gründung des »Unabhängigen Staates Kroatien« hatte sie über 100 000 Mitglieder.

Die Ideologie der Ustascha war totalitär; programmatisch verkündete sie: »Im Ustascha-Staat denkt man wie ein Ustascha, redet man wie ein Ustascha und vor allem handelt man wie ein Ustascha. Mit einem Wort, das ganze Leben (…) wird nach Art der Ustaschas gestaltet sein.« Dabei nahm sich Pavelić den antisemitischen Rassismus der Nationalsozialisten zum Vorbild. 31 000 von ca. 39 000 kroat. Juden wurden von der Ustascha ermordet. Der Kampf gegen die Serben, Hauptziel der Bewegung, setzte mit Massenmorden in serb. bewohnten Dörfern ein. Im Norden Kroatiens wurde das KZ Jasenovac eingerichtet, das zum Hauptschauplatz der Verbrechen gegen die Serben wurde.

deutung der Religion für die Ustascha-Bewegung zeigte sich auch jetzt noch: Der Kampf gegen die Serben sollte entweder durch ihre Bekehrung zum Katholizismus oder aber durch Vertreibung und Vernichtung zum Erfolg geführt werden.

Widerstand: Der serb. Widerstand gegen die Ustascha organisierte sich zuerst in der nationalistischen Bewegung der Tschetniks, wurde aber im Herbst 1942 von der konkurrierenden kommunistischen Partisanenbewegung unter dem späteren Staatspräsidenten Josip Broz »Tito« (1945–80) abgelöst, der selbst Kroate war. Damit war frühzeitig entschieden, dass der weitere Weg in ein kommunistisches Jugoslawien führen würde.

Vergeltungsmaßnahmen: 1944 endete die Ustascha-Herrschaft. Tausende Kroaten, die mit dem Regime kollaboriert hatten, flohen vor Titos Truppen zu den Alliierten. Sie wurden jedoch an die Partisanen ausgeliefert und von ihnen meist ermordet.

Im kommunistischen Staat

Gebietserweiterungen: 1945 wurde die »Sozialistische Föderale Republik Jugoslawien« gegründet. K. war eine der sechs Republiken des neuen Staates, in dem entgegen seiner offiziell föderalen Struktur Partei, Armee und Polizei serb. dominiert waren. 1947 kam durch den Friedensvertrag mit Italien die Halbinsel Istrien zu K. Auch Dalmatien gehörte wieder zum kroat. Territorium, sodass die Ausdehnung der Republik weitgehend dem mittelalterlichen Königreich K. entsprach.

Der »kroatische Frühling« 1968–71: Durch die jugoslaw. Reformen der 60er Jahre ermutigt, entstanden in den einzelnen Republiken nationalistische Strömungen. In K. versuchte die kommunistische Parteiführung, die immer lauter werdenden großkroat. Forderungen zu kanalisieren, geriet damit aber in Konflikt zur Staats- und Parteiführung in Belgrad. Massenstreiks brachten Jugoslawien in die schwerste innenpolitische Krise seit Kriegsende. Dieser »kroat. Frühling« wurde Ende 1971 durch Tito mit Verhaftungen und zahlreichen Verurteilungen unterdrückt.

Staatsgründung 1991

Nach dem Tod Titos am 4.5.1980 begann der Zerfall Jugoslawiens. Die einzelnen Republiken forderten immer dringender ihre Unabhängigkeit und zugleich größere individuelle Freiheiten. Nach der Zulassung eines Mehrparteiensystems 1989 entstanden in K. zahlreiche Parteien. Zur wichtigsten politischen Kraft wurde die von Franjo Tudjman gegründete »Kroat. Demokratische Union« (HDZ), die bei den Parlamentswahlen 1990 die Mehrheit errang. Tudjman wurde zum kroat. Präsidenten ernannt (1990–99). Am 25.6.1991 wurde die Unabhängigkeit K.s erklärt.

Bürgerkrieg

Verhängnisvoller Nationalismus: Nach der Unabhängigkeitserklärung K.s entwickelte sich ein blutiger Bürgerkrieg zwischen Serben und Kroaten. Kroat. Forderungen nach einer Vergrößerung des Staatsgebiets und die Benachteiligung der Serben in Verwaltung und Militär lösten erste serb. Proteste aus. Die kroat. Serben wurden vom serb. Präsidenten Slobodan Milošević unterstützt, dessen Propaganda K. einen Rückfall in die antiserb. Politik der Ustascha vorwarf.

Serbische Republik Krajina: In einem Referendum stimmten die meisten Serben in den überwiegend serb. besiedelten Teilen K.s für die Bildung autonomer Gebiete. Im Oktober 1990 riefen sie das »Serb. Autonome Gebiet Krajina« aus; bis Dezember folgten weitere Autonomieerklärungen in Ost- und Westslawonien, allerdings von kroat. Seite nicht anerkannt. Die Krajina erklärte am 19.12.1991 ihre Unabhängigkeit als »Serb. Republik Krajina«; am 26.2.1992 schlossen sich die slawon. Territorien an. Die Republik wurde jedoch nicht einmal von Belgrad anerkannt.

Krieg: Ab März 1991 häuften sich die bewaffneten Auseinandersetzungen zwischen den Bevölkerungsgruppen. Nach der Unabhängigkeitserklärung K.s forderten die kroat. Serben den Verbleib im jugoslaw. Staat oder ihren An-

Tausende von Kroaten feierten, als das kroat. Parlament am 25.6.1991 die Unabhängigkeit der Teilrepublik Kroatien von der »Sozialistischen Föderalen Republik Jugoslawien« erklärte.

schluss an einen großserb. Staat. Der Bürgerkrieg weitete sich rasch aus und bis Ende 1991 eroberten die serb. Tschetniks mit Unterstützung der jugoslaw. Volksarmee (JVA) etwa ein Drittel des kroat. Staatsgebietes. Am 2.10.1991 wurde die Hafenstadt Dubrovnik von der JVA eingeschlossen. Die fast vollständig zerstörte Stadt Vukovar wurde am 18.11.1991 endgültig eingenommen.

Internationale Bemühungen: Mit diplomatischen Mitteln, dann auch mit wirtschaftlichen Sanktionen gegen Jugoslawien versuchten UNO und EG ein Einlenken der Kriegsparteien zu erreichen. Nach 15 nicht eingehaltenen Waffenstillstandsabkommen wurde schließlich ein Durchbruch erreicht. Bis Ende 1991 wurden die JVA-Kasernen in K. geräumt; am 2.1.1992 unterzeichneten Tudjman und der serb. Präsident Milošević ein neues Waffenstillstandsabkommen.

Am 15.1.1992 wurde K., insbes. auf Betreiben Deutschlands, von den EG-Staaten anerkannt. Im März 1992 wurden UN-Truppen zur Überwachung des Waffenstillstands in K. stationiert (UNPROFOR).

Rückeroberungen: Trotzdem kam es immer wieder zu Kämpfen in den umstrittenen Gebieten. Auch ein weiteres Waffenstillstandsabkommen im März 1994 und ein Wirtschaftsabkommen zwischen Jugoslawien und K. im Dezember 1994 führten zu keiner politischen Lösung. Im Mai 1995 eroberten kroat. Truppen Westslawonien, im August desselben Jahres die Krajina. Im September 1995 wurde ein Waffenstillstand mit Ostslawonien geschlossen. UN-Beobachter überwachten die Eingliederung des Territoriums in K., die im Januar 1998 abgeschlossen wurde.

Abkommen von Dayton: Erst das Friedensabkommen von Dayton im November 1995 beendete den serb.-kroat. Krieg. Seitdem wacht die UNO mit militärischen und zivilen Beobachtern über die Einhaltung des Status quo in den umstrittenen Gebieten.

Serben in der Krajina – Folge der »Militärgrenze«

Konfliktursachen: Kroatien war seit dem 16. Jh. vom österreich. System der »Militärgrenze« gegen die Türken geprägt. Aus zahlreichen Befestigungsanlagen entstand ein Geflecht von Herrschaften und Gemeinden von Wehrbauern, das direkt dem Wiener Militärkommando unterstellt war. Die Militärgrenze wurde zu einem Machtsystem, das sich dem Herrschaftsanspruch des kroat. Adels entzog. Sie bestand auch fort, als um 1700 die Türken endgültig besiegt waren. Die Besiedlung dieser Gebiete, vor allem der Krajina, durch serb. Flüchtlinge aus den türk. besetzten Landschaften des Südbalkans verschärfte die politische Situation in Kroatien. Bis heute dauern die Konflikte zwischen den Volksgruppen an. Die Krajina-Serben erklärten 1990 ihre Autonomie, 1995 wurde das Gebiet aber von kroat. Truppen zurückerobert. Militär prägte erneut die Lage im Gebiet der früheren Militärgrenze. (Foto: Kroat. Soldaten nach dem Sieg in der Krajina 1995)

Bosnienkrieg

Kroaten in »Herzeg-Bosna«: In der ethnisch und religiös gemischten Republik Bosnien-Herzegowina begann 1992 ein zunehmend unüberschaubarer Bürgerkrieg zwischen Serben, Kroaten und bosn. Moslems. Ab Mitte 1992 unterstützte K. die kroat. Separatisten gegen die serb. Angriffe. Im Juli 1992 wurde die unabhängige »Kroat. Gemeinschaft Herzeg-Bosna« gegründet. Das anfängliche Bündnis zwischen den bosn. Moslems und K. bestand noch im Juni 1992 bei der Rückeroberung Mostars – in der Westherzegowina gelegen und »Hauptstadt« des kroat. Herzeg-Bosna. Es wurde aber ab Frühjahr 1993 von K. gebrochen, als es die Moslems angriff, um eigene Gebietsansprüche in Mittelbosnien durchzusetzen. 1993/94 entbrannte ein erbitterter Kampf um Mostar, bei dem die Stadt mit ihren von der UNO zum Weltkulturerbe gezählte Bauten fast völlig zerstört wurde.

Kriegsverbrechen: Die Kroaten wandten in den Kämpfen gegen die bosn. Moslems ähnliche Mittel der »ethnischen Säuberung« an wie die Serben: Vertreibungen, Hinrichtungen und die Einrichtung von Konzentrationslagern, z. B. im moslemischen Ostteil Mostars. Im Gegenzug verübten auch die Bosnier schwere Kriegsverbrechen an der kroat. Bevölkerung.

Internationales Eingreifen: Erst das Washingtoner Abkommen vom 2.3.1994 brachte eine Einigung zwischen K., den bosn. Kroaten und der bosn. Staatsführung. US-amerikan. und deutscher Druck, aber auch innerkroat. Widerstände hatten Präsident Tudjman in dieser Frage zum Einlenken gezwungen. Ziel des Abkommens war die Wiederbelebung der bosn.-kroat. Zusammenarbeit im Widerstand gegen die Serben.

Staatsoberhäupter Kroatiens

Reg.-Zeit	*Name*	*Lebensdaten*
1990–99	Franjo Tudjman	1922–1999
seit 2000	Stipe Mesić	*1935

Die wichtigsten Parteien im 20. Jahrhundert

Name (Abkürzung)	*Politische Richtung*	*Gründung*
Kroat. Rechtspartei (HSP)	extrem nationalistisch	1861/1989
Nationalpartei	nationalistische Opposition gegen Ungarn	1861
Kroat. Bauernpartei (HSS)	gemäßigt nationalistisch	1900/1990
Kroat.-Serb. Koalition (HSK)	projugoslaw.	1905
Kroat. Demokratische Gemeinschaft (HDZ)	nationalistisch	1989
Kroat. Sozialliberale Partei (HSLS)	linksliberal	1989
Partei der demokratischen Veränderung (SDP)	reformsozialistische Partei, die aus der KP hervorging	1990
Kroat. Volkspartei (HNS)	Zentrumspartei	1991
Aktion der Sozialdemokraten Kroatiens	sozialdemokratisch	1994
Kroat. Unabhängige Demokraten (HND)	demokratische Oppositionspartei	1994

Franjo Tudjman – erster Staatspräsident Kroatiens

Autokrat und Nationalist: Franjo Tudjman (*14.5.1922 in Veliko Trgovišće) schloss sich 1941 den Partisanen unter Tito an und machte nach dem Krieg in der jugoslaw. Volksarmee Karriere, wo er bis zum General aufstieg. 1961 begann er ein Studium der Geschichte und Politik und wurde bereits 1963 zum außerordentlichen Professor in Zagreb ernannt. 1967 schloss ihn die KPJ wegen seines Engagements für eine größere kroat. Selbstständigkeit aus. Nach der Niederschlagung des »kroat. Frühlings« 1971 und erneut 1981 wurde er wegen staatsfeindlicher Propaganda verhaftet. Gleichzeitig verbot ihm die Staatsführung in Belgrad jedwede politische Tätigkeit. Als der jugoslaw. Staat zerbrach, gründete Tudjman 1989 die »Kroat. Demokratische Gemeinschaft« (HDZ), die bis 1999/2000 das politische Geschehen in Kroatien bestimmte. Seit 1990 war Tudjman Staatspräsident mit umfassenden Kompetenzen, die er für seine autokratische Herrschaft noch ausweitete. Seine Außenpolitik war zwiespältig. Zum einen versuchte er, den kroat. Einfluss in Bosnien-Herzegowina auszubauen und erwies sich damit als nationalistischer Politiker; zum anderen bemühte er sich um Friedensverhandlungen mit der bosn. und der serb. Staatsführung. Am 10.12. 1999 starb Tudjman in Zagreb. (Foto: Tudjman in seinem Dienstzimmer, 1991)

Das Abkommen von Dayton vom November 1995 regelte schließlich die Teilung Bosniens in eine serb. Republik und eine bosn.-kroat. Föderation. Der Friede zwischen Kroaten und bosn. Moslems konnte bislang lediglich durch die Präsenz von UN-Blauhelmtruppen gesichert werden.

Die Ära Tudjman

Verfassung: K.s Parlament (Sabor) hat nach der Verfassung von 1990 ein Zwei-Kammer-System, in dem das Repräsentantenhaus die eigentliche parlamentarische Macht besitzt.

Präsidentenmacht: Die Verfassung gewährt dem Staatspräsidenten weit reichende Vollmachten. In Direktwahlen für fünf Jahre bestimmt, kann er nicht nur den Ministerpräsidenten und das Kabinett ernennen und entlassen, sondern ist zugleich oberster Befehlshaber der Streitkräfte und kann mit Notverordnungen die bestehenden Gesetze außer Kraft setzen. Tudjmans Politik weitete diese mächtige Stellung zu einem autoritären System aus, in dem Meinungs- und Medienfreiheit sowie die Parteienvielfalt stark eingeschränkt wurden. Spätestens der Krieg in Bosnien zeigte, dass Tudjman den großkroat. Nationalismus förderte.

Wahlen: Im Frühjahr 1990 siegte die HDZ Tudjmans bei den ersten freien Wahlen nach dem Zweiten Weltkrieg. Im Mai 1990 bestimmte das Parlament Tudjman zum Vorsitzenden des Staatspräsidiums.
Nach der Unabhängigkeitserklärung K.s 1991 und der internationalen Anerkennung der Republik (1992) wurde Tudjman in den Wahlen vom August 1992 mit absoluter Mehrheit zum Staatspräsidenten gewählt. Im Juni 1997 wurde er ebenfalls mit absoluter Mehrheit in seinem Amt bestätigt.

Ende der Ära Tudjman: Erst nachdem Tudjman am 10.12.1999 gestorben war, wurde ein politischer Wandel in K. möglich. Bei den Parlamentswahlen im Januar 2000 siegte ein Bündnis der Mitte-links-Parteien unter der Führung der Sozialdemokraten (SDP) und beendete damit die absolute Parlamentsmehrheit der konservativen HDZ. Ivica Razan, der frühere Chef der kroat. KP, wurde zum neuen Ministerpräsidenten ernannt. Die Stichwahl um das Präsidentenamt im Februar 2000 gewann Stipe Mesić von der zentristischen Volkspartei (HNS). Mesic kündigte an, dass er vor allem den Beitritt K.s zur EU und zur NATO vorantreiben will. Außerdem sollen die Befugnisse des Staatspräsidenten eingeschränkt werden. *S.R.*

Kuba

Republik Kuba

1492 entdeckte Christoph Kolumbus K., das zu dieser Zeit von Indianern bewohnt wurde, die um 2500 v. Chr. vom nordamerikan. Festland auf die Insel gekommen waren. Sie wurden von span. Siedlern, die ab 1511 die Insel eroberten, fast vollständig verdrängt.
K. gewann für das span. Kolonialreich schnell an strategischer und wirtschaftlicher Bedeutung. Die Insel wurde 1762 von Großbritannien erobert, 1763 aber im Tausch gegen Florida an Spanien zurückgegeben. Nach dem Krieg mit den USA 1898 ging für K. die Kolonialzeit zu Ende. Gleichzeitig begann eine Periode der wirtschaftlichen und militärischen Abhängigkeit von den USA, die drei Jahrzehnte dauerte.

Der spanisch-amerikanische Krieg

Unabhängigkeitsbestrebungen: Die kreolische Bevölkerung K.s, die von ehemaligen Sklaven und span. Einwanderern abstammte, versuchte im 19. Jh. in mehreren Aufständen, die Unabhängigkeit der Insel oder zumindest Reformen (u. a. das Verbot der Sklaverei) und die Autonomie durchzusetzen. Spanien reagierte mit strengen Gegenmaßnahmen. Die Aufständischen wurden von den USA unterstützt. Gleichzeitig machten sich die USA zum unentbehrlichen Wirtschaftspartner K.s, indem sie große Mengen der Zuckerproduktion zur Weiterverarbeitung aufkauften.
Kriegsursache: 1895–98 erhoben sich die Kubaner unter der Führung des Dichters und späteren Nationalhelden José Martí (1853 bis 1895) erneut gegen die span. Kolonialmacht. Dabei kam es 1898 im Hafen von Havanna zur Explosion des US-amerikan. Schiffes »Maine«. Die USA nahmen die Explosion, deren Hintergründe ungeklärt blieben, zum Anlass, Spanien den Krieg zu erklären. Nach der militärischen Niederlage musste Spanien am 10.12.1898 im Frieden von Paris K. sowie die Philippinen und Puerto Rico an die USA abtreten.
US-Dominanz: Von 1899–1902 stand K. unter US-amerikan. Militärverwaltung. Obwohl die USA der Insel 1900 die Autonomie zugestanden hatten, behielten sie sich durch das Platt-Amendment, einen Zusatz zur kuban. Verfassung von 1901, das Recht vor, bei inneren Unruhen militärisch eingreifen zu dürfen. Vorgesehen waren auch Militärstützpunkte, die 1903 in Bahia Honda und Guantánamo errichtet wurden.

Kuba 2000	
Landesfläche	110 861 km² (WR 103)
Einwohner	11,2 Mio (WR 66)
Hauptstadt	Havanna (2,2 Mio Einwohner)
Sprache	Spanisch
Währung	1 Kuban. Peso (Kub$) = 100 Centavos
Gliederung	14 Provinzen
Staatsform	Sozialistische Republik (seit 1959)
Religion	Christen (42,9%): Katholiken 39,6%, Protestanten 3,3%; Sonstige (2%); Konfessionslose (55,1%)
Bevölkerung	Weiße (70%); Schwarze (12,5%); Mulatten (17,5%)

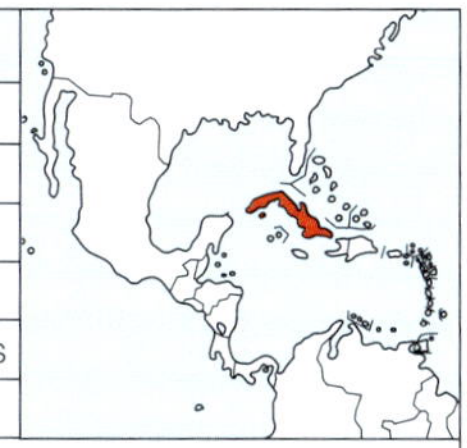

Kuba im 20. Jahrhundert	
1901	Das Platt-Amendment gestattet den USA militärische Interventionen bei inneren Unruhen sowie die Einrichtung von Militärstützpunkten.
1902	Tomás Estrada Palma wird der erste Präsident der Republik, eine eigene Verfassung tritt in Kraft, die USA ziehen sich zurück.
1906	Die USA nutzen zum ersten Mal ihr Interventionsrecht, marschieren in Kuba ein und errichten eine Militärregierung (bis 1909).
1913	Erneutes Eingreifen der USA wegen Unruhen. Die letzten US-Soldaten verlassen Kuba 1922.
1925	Gerardo Machado y Morales regiert Kuba diktatorisch (bis 1933).
1934	Die Armee putscht unter Fulgencio Batista y Zaldívar gegen die Regierung Grau. Carlos Mendieta Montefur wird auf Betreiben Batistas Präsident.
1940	Fulgencio Batista wird zum Präsidenten gewählt und setzt die Verfassung außer Kraft.
1944	Batista wird von der Opposition aus dem Amt gedrängt. Ramón Grau San Martín wird neuer Präsident Kubas (bis 1948).
1952	Nach einem Militärputsch kommt Batista wieder an die Macht (bis 1959) und löst das Parlament auf. Fidel Castro Ruz lässt sich als Kandidat der Orthodoxen Partei für die Kongresswahlen aufstellen.
1953	Eine Gruppe linksorientierter Studenten unter der Leitung Fidel Castros stürmt bei einem Versuch, das Batista-Regime zu stürzen, die Moncada-Kaserne in Santiago. Castro wird gefasst und zu 15 Jahren Haft verurteilt.
1955	Aufgrund einer Amnestie Entlassung Castros, der nach Mexiko geht.
1956	Castro kehrt auf der Yacht »Granma« mit 80 weiteren Rebellen nach Kuba zurück und beginnt einen Guerillakrieg gegen das Batista-Regime.
1959	Castro übernimmt nach seinem Einmarsch in Havanna und der Flucht Fulgencio Batistas das Amt des Ministerpräsidenten.
1961	Castro erklärt Kuba zum sozialistischen Staat. Das Einparteiensystem wird eingeführt. Die Landung von Exilkubanern in der Schweinebucht misslingt.
1962	Die Stationierung sowjet. Mittelstreckenraketen auf Kuba löst die sog. Kubakrise aus.
1972	Kuba tritt der sozialistischen Handelsorganisation COMECON bei.
1976	Castro wird gemäß der neuen Verfassung auch Vorsitzender des Staatsrats und damit Staatsoberhaupt.
1980	Erste Massenflucht von Kubanern in die USA.
1986	Der wirtschaftliche Liberalisierungskurs der frühen 80er Jahre wird beendet.
1992	Eine Verfassungsreform gewährt Religionsfreiheit und erweitert die Machtbefugnisse des Staatsoberhauptes.
1993	Russland zieht die letzten Truppen aus Kuba ab. Durchführung der ersten geheimen und direkten Wahlen zur Nationalversammlung. Der US-Dollar wird neben dem Pesos als Zahlungsmittel freigegeben.
1994	Erneute Liberalisierung der Wirtschaft. Zweite große Auswanderungswelle in die USA. Die USA reagieren mit neuen Einwanderungsgesetzen.
1998	Die USA lockern unter internationalem Druck die Sanktionen gegen Kuba.
1999	Das kuban. Strafrecht wird verschärft. Danach kann u. a. bei Drogendelikten die Todesstrafe verhängt werden.

Die kubanische Republik

Formale Unabhängigkeit: Am 20.5.1902 wurde Tomás Estrada Palma (1902–06) erster Präsident der jungen Republik. Die USA zogen sich von der Insel zurück. 1906 allerdings nahmen sie das durch das Platt-Amendment zugesicherte Interventionsrecht wahr und entsandten Truppen, die bei Unruhen zwischen liberalen und konservativen Kräften eingriffen. Zugleich wurde eine Militärregierung eingesetzt. Erst 1909 wurden die US-amerikan. Soldaten abgezogen und die Regierungsgeschäfte wieder in kuban. Hände gelegt. 1913 marschierten erneut US-Truppen ein, die bis 1922 in unterschiedlicher Stärke auf der Insel blieben.

Kuba – die »Zuckerdose der Welt«

Wichtiger Wirtschaftsfaktor: Zucker ist bis heute das wichtigste Exportprodukt Kubas. Fast die Hälfte der Anbaugebiete Kubas sind dem Zuckerrohr vorbehalten, noch 1996 brachten Zuckerverkäufe rund 50% der kuban. Exporterlöse ein.

»Kubanisches Gold«: Schon mit den ersten span. Siedlern kam das Zuckerrohr im 16. Jh. auf die Insel. Obwohl sie in der Hoffnung gekommen waren, Gold zu finden, stellte sich das Zuckerrohr als der eigentliche Schatz heraus. Zucker war bis zum 19. Jh. ein Luxusartikel, für den in Europa und den USA Spitzenpreise erzielt werden konnten. Der Anbau des bis zu sieben Meter hohen Zuckerrohrs hat die ursprüngliche Vegetation Kubas weitgehend zurückgedrängt. Für die Bewirtschaftung der Felder und die Arbeit in den Zuckermühlen wurden ab Mitte des 16. Jh.s afrikan. Sklaven gekauft, für die wiederum mit Rum, der aus dem Zuckernebenprodukt Melasse hergestellt wird, bezahlt wurde. Im 19. Jh. war Kuba der wichtigste Zuckerlieferant der Welt, heute produzieren Brasilien und Indien den überwiegenden Teil des Zuckers aus Zuckerrohr.

Abhängigkeit vom Zuckerexport: Die ungünstige Ausrichtung der kuban. Wirtschaft auf den Zuckerexport – neben Zucker werden nur Tabak und Nickel in nennenswerten Mengen exportiert – zeigte sich deutlich nach der Auflösung der Sowjetunion in den frühen 90er Jahren, denn die UdSSR hatte den größten Teil von Kubas Hauptexportartikel zu besonders günstigen Konditionen abgenommen. Seitdem der wichtigste Abnehmer für kuban. Zucker nicht mehr existiert, müssen die kuban. Produkte vor allem neben dem hoch subventionierten Zucker aus der Europäischen Union bestehen, der aus Zuckerrüben hergestellt wird. In der zweiten Hälfte der 90er Jahre haben mehrere Naturkatastrophen die Zuckerrohrernte und -felder zu großen Teilen zerstört und so die Lage der Zuckerindustrie in Kuba bis aufs Äußerste angespannt. (Foto: Zuckerrohrernte in Matanzas, 1997)

Wirtschaftliche Abhängigkeit und Krise: Neben der militärischen Präsenz der USA waren es vor allem die ökonomische Umstände, die K. an die USA banden. Die Landwirtschaft der Insel konzentrierte sich auf den Anbau von Zucker und Tabak, die fast vollständig in die USA exportiert wurden. Etwa zwei Drittel des Zuckers wurden dabei bereits in K. von US-amerikan. Firmen (u. a. der United Fruit Company oder American Sugar) angebaut und verarbeitet. In den Jahren nach dem Ersten Weltkrieg profitierte die kuban. Wirtschaft zunächst von der hohen Zuckernachfrage, doch mit der Weltwirtschaftskrise 1929 zeigten sich die verheerenden Auswirkungen der ökonomischen Konzentration auf nur zwei Agrarprodukte. Der Zusammenbruch des Weltzuckermarktes hatte die vollständige Verarmung weiter Teile der kuban. Bevölkerung zur Folge.

Prohibition: Während des Alkoholverbots in den USA von 1919–33 wurde K. als Standort von Spielkasinos und als Ausweichquartier für amerikan. Alkoholschmuggler interessant, da Havanna etwa 50 km von Miami entfernt liegt und US-Amerikaner für nur einen Abend nach K. fliegen konnten, um sich dort zu amüsieren. Das Geschäft mit den Kasinos war für einige wenige Kubaner einträglich, zog jedoch auch Prostitution und wachsende Kriminalitätsraten nach sich. Durch die engen Verbindungen der Mafia zu dem späteren kuban. Diktator Fulgencio Batista y Zaldívar blieb K. bis 1958 ein Refugium für US-amerikan. Mafiaangehörige.

Zeit der Diktatur

Politische Radikalisierung: Nachdem die schlechte ökonomische Lage zu blutigen Unruhen geführt hatte, begann 1925 Präsident Gerardo Machado y Morales mit US-amerikan. Zustimmung das Land diktatorisch zu regieren. Er musste jedoch nach einem Generalstreik, der die Hauptstadt Havanna lahmlegte, zurücktreten. Sein Nachfolger wurde 1933 Carlos Manuel de Céspedes y Ortiz, der noch im selben Jahr von Ramón Grau San Martín (1933/34, 1944–48) abgelöst wurde. Unter der nur 100 Tage dauernden Regierung Graus wurden u. a. das Wahlrecht für Frauen und der Acht-Stunden-Tag eingeführt sowie das Platt-Amendment außer Kraft gesetzt. Wiederum mit Unterstützung der USA putschte das Militär unter dem ehemaligen Privatsekretär des Diktators Machado, Fulgencio Batista y Zaldívar, gegen Graus Regierung. Batista ging als neuer starker Mann aus dem Staatsstreich hervor: Als Oberbefehlshaber der Armee ernannte er Carlos Mendieta Montefur (1934 bis 1935) zum Präsidenten. Mendieta folgten weitere Amtsinhaber, die ausschließlich im Interesse des Militärs handelten.

Batista-Regime: 1940 wurde Batista – unterstützt von den USA – selbst Präsident K.s. Nachdem er die Verfassung außer Kraft gesetzt hatte, versuchte er mit einer Reihe von Reformen der anhaltend schlechten wirtschaftlichen Lage Herr zu werden. Bei den Wahlen 1944 verlor er sein Amt an Ramón Grau San Martín, der 1948 von Carlos Prio Socarrás abgelöst wurde. Nach einem Militärputsch gelangte Batista 1952 erneut an die Macht. Er löste das Parlament auf und errichtete einen nur ihm selbst verpflichteten Konsultativrat. 1954 ließ er sich durch Wahlen als Diktator bestätigen und unterdrückte in der Folgezeit mit polizeistaatlichen Methoden jegliche Opposition.

Siegreiche Revolution: Mit großer Begeisterung feierten die Kubaner am 1.1.1959 den Einzug Fidel Castros in Havanna und seinen Sieg über den Diktator Fulgencio Batista.

Kubanische Revolution

Widerstand gegen Batista: Als Reaktion auf das Gewaltregime Batistas formierte sich um den Rechtsanwalt Fidel Castro Ruz eine sozialistische Oppositionsbewegung, die am 26.7.1953 versuchte, mit dem Sturm auf die Moncada-Kaserne in Santiago de Cuba das Militärregime zu stürzen. Der Putschversuch scheiterte und Castro wurde nach seiner Verhaftung zu 15 Jahren Zuchthaus verurteilt. Nach einer von Batista gewährten Amnestie verließ Castro 1955 K. und ging nach Mexiko ins Exil. Dort gelang es ihm mit Hilfe des argentin. Arztes Ernesto »Che« Guevara Serna, eine kleine Partisanengruppe aufzubauen, mit der er nach K. zurückkehrte. Bei ihrer Ankunft wurden die Rebellen von kuban. Soldaten erwartet, nur einige wenige konnten fliehen, darunter Castro, sein Bruder Raúl und Che Guevara. In der kuban. Sierra Maestra führte Fidel Castro ab 1956 einen Guerillakrieg gegen Batistas Truppen, der in der Bevölkerung umso mehr Unterstützung fand, je drastischer Batista gegen Castro und seine Anhänger vorging. Nachdem Batista in die Dominikanische Republik geflohen war, zog Castro im Januar 1959 mit seiner Partisanenarmee in Havanna ein.

»Che« Guevara (1928–1967) – Freiheitskämpfer und Kultfigur revolutionärer Bewegungen

Der kubanische Rebell: Der Name des argentin. Arztes Ernesto »Che« Guevara Serna ist untrennbar mit Fidel Castro und der kuban. Revolution verbunden. Che Guevara lernte Fidel Castro 1954 in Mexiko kennen. Zusammen organisierten sie den Guerillakampf gegen die Batista-Diktatur in Kuba. Sein Erscheinungsbild und sein Charisma verhalfen Che Guevara zu einer großen Anhängerschaft weit über Lateinamerika hinaus. Als Freiheitskämpfer wurde Che Guevara zu einer Leitfigur der europäischen Linken.

In den ersten Jahren der neuen kuban. Republik war er als Leiter der Nationalbank (1959 bis 1961) und Industrieminister (1961–65) tätig. Als er jedoch die zunehmende Moskau-Orientierung Castros kritisierte und zudem eine Ausweitung der Revolution in andere Länder Lateinamerikas forderte, kam es zum Bruch mit Castro. Che Guevara verließ Kuba und baute 1966 eine Guerillaorganisation in Bolivien auf, wo er im Oktober 1967 während eines Gefechtes mit Regierungstruppen erschossen wurde.

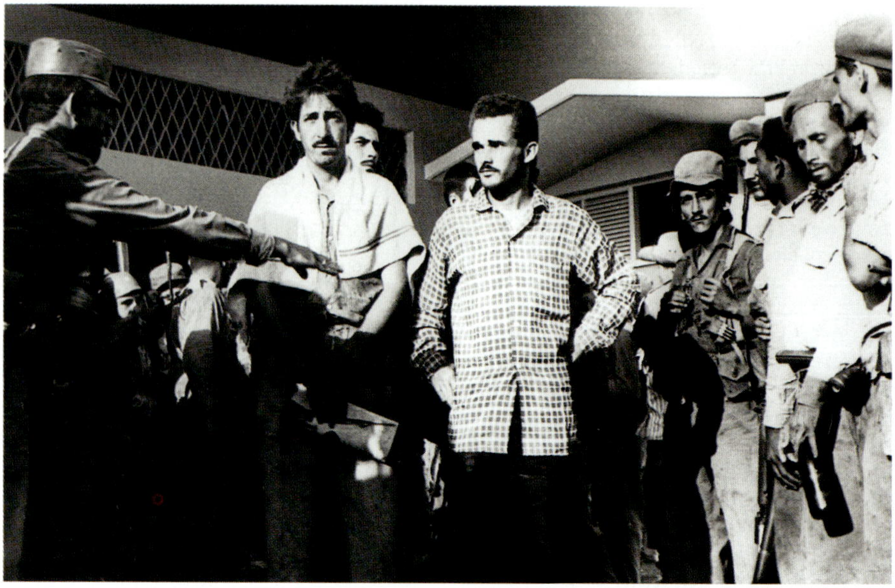

Exilkubaner landeten am 17.4.1961 in der Schweinebucht, um die sozialistische Regierung Fidel Castros zu stürzen. Die vom US-amerikan. Geheimdienst unterstützte Konterrevolution wurde von Castros Soldaten erfolgreich niedergeschlagen. In der Folge verschlechterten sich die ohnehin angespannten Beziehungen Kubas zu den USA. (Foto: Exilkubaner in einem Gefangenenlager auf Kuba, 1961)

Castros Amtsantritt: Fidel Castro übernahm im Februar das Amt des Ministerpräsidenten. Er löste den Kongress auf und ließ alle Parteien verbieten, die Batista unterstützt hatten. Noch im selben Jahr wurde die Agrarreform in Angriff genommen, bei der u. a. alle landwirtschaftlichen Betriebe, die größer als 67 ha waren, verstaatlicht wurden. Das Militär wurde umstrukturiert und Batista-Anhänger aus ihren Posten entfernt. Che Guevara übernahm unter der neuen Regierung Castros zunächst das Amt des Präsidenten der Nationalbank (1959–61), danach wurde er Industrieminister (1961–65).

Ausreisewelle: Castros Reformprogramm führte dazu, dass sich zahlreiche wohlhabende Kubaner in die USA absetzten und von dort aus auf die Wiederherstellung eines konservativen Regimes in K. drängten. 1965–73 verließen etwa 260 000 Kubaner die Insel über eine sog. Luftbrücke, um in die USA überzusiedeln, die für Kubaner bis 1994 keine Einreisebeschränkungen erließen.

Die wichtigsten Parteien im 20. Jahrhundert

Name (Abkürzung)	*Politische Richtung*	*Gründung*
Partido Comunista	kommunistisch	1925
Partido Ortodoxo	sozialistisch	1947
Organizaciones Revolucionarias Integradas (ORI)	sozialistisch	1961
Partido Unido de la Revolución Socialista Cubana (PURSC)	kommunistisch	1962
Partido Comunista de Cuba (PCC)	Zusammenschluss von ORI und PURSC	1965
Concertación Democrática Cubana (CDC)	Zusammenschluss von acht Reformparteien	1991

Sozialistische Republik

Einparteienstaat: 1961 erklärte Fidel Castro K. zur sozialistischen Republik und zum Einparteienstaat. Einzige zugelassene Partei war fortan die Vereinigte Partei der Sozialistischen Revolution Kubas (PURSC), die auf den Prinzipien des Marxismus-Leninismus fußte.

Reformen: In den folgenden zehn Jahren trugen die Umstellung von der Markt- auf die Planwirtschaft sowie die Verstaatlichung des Schul- und Gesundheitswesens, der Verkehrsbetriebe, des Handels und zahlreicher Industriebetriebe zu einem umfassenden sozialen Wandel bei. Auch die Agrarreform wurde forciert. Das Lebensniveau der meisten Kubaner stieg an, während in K. verbliebene vermögendere Kubaner von der rigorosen Eigentumsumverteilung schwer betroffen waren. Durch die Möglichkeit des kostenlosen Schulbesuchs wurde das Bildungsniveau deutlich angehoben; die Alphabetisierungskampagne konnte in wenigen Jahren die Analphabetenrate von etwa einem Viertel auf 4% senken.

Invasionsversuch: Das offizielle Bekenntnis zum Sozialismus sowie die Reformen in K. veranlassten Exilkubaner in den USA, eine Invasion an der Playa Girón (Schweinebucht) zu versuchen. Mit Unterstützung des US-Geheimdienstes CIA umkämpften sie im April 1961 drei Tage lang die Schweinebucht, blieben jedoch erfolglos. Die misslungene Invasion führte zu einer weiteren Verschlechterung der ohnehin schon angespannten Beziehungen zu den USA.

Die Kubakrise

Isolation: 1960 hatte die US-amerikan. Regierung ein Handelsembargo über K. verhängt, das die kuban. Wirtschaft stark belastete. Nach der gescheiterten Invasion richtete K. seine Aufmerksamkeit verstärkt auf die Zusammenarbeit mit anderen sozialistischen Staaten. Die Sowjetunion, die sich zuerst zurückhaltend gezeigt hatte, leistete K. seit Anfang der 60er Jahre zunehmend wirtschaftliche Unterstützung, insbes. nachdem K. 1962 aus der Organisation amerikan. Staaten (OAS) ausgeschlossen wurde. Die UdSSR lieferte K. günstiges Erdöl und garantierte den Ankauf großer Mengen kuban. Zuckers zu Preisen, die über dem Weltmarktniveau lagen.

Raketenstationierung: Im Oktober 1962 kam es zu einem Kräftemessen zwischen der UdSSR und den USA, als die UdSSR Mittelstreckenraketen mit Atomsprengköpfen auf K. stationierte. Die USA, die eine sofortige Entfernung der Raketen forderten, belegten K. mit einer Seeblockade und stellten der UdSSR ein Ultimatum, in dem sie militärische Maßnahmen ankündigten. Angesichts des bedrohten Weltfriedens lenkte der sowjet. Staatschef Nikita Chruschtschow am 28.10. ein und ließ die bereits nach K. gebrachten Raketen wieder entfernen. Statt der vorgesehenen militärischen Hilfe unterstützte die UdSSR K. in den folgenden Jahren vor allem wirtschaftlich.

Hinwendung zur Sowjetunion

Politische Neuorientierung: Obwohl Castros Augenmerk überwiegend den sozialistisch orientierten Bewegungen Lateinamerikas galt, wandte er sich nach der Kubakrise und nach dem Scheitern von K. unterstützter Revolutionsstrebungen (u. a. in Bolivien) stärker den politischen Vorstellungen der UdSSR zu und verringerte bis in die 70er Jahre hinein immer mehr sein Engagement für die revolutionären Bewegungen in den mittel- und südamerikan. Staaten. 1965 wurde die kuban. Einheitspartei in Kommunistische Partei Kubas (PCC) umbenannt. 1968 begann die »Neue revolutionäre Offensive«, die u. a. die Verstaatlichung von kleinen Privatbetrieben und Bauernhöfen vorantreiben sollte. Einen weiteren Schritt in Richtung des sowjet. Lagers unternahm K., das offiziell zu den blockfreien Staaten zählt, 1972 mit dem Beitritt zur Ostblock-Handelsorganisation COMECON.

Entspannung: Trotz der engeren Bindungen an die UdSSR verbesserte sich bis zur Mitte der 70er Jahre das Verhältnis K.s zu den USA

Fidel Castro – vom Revolutionär zum Autokrat

Politische Karriere: Fidel Castro Ruz wurde 1926 im kuban. Biran als Sohn eines Zuckerrohrplantagenbesitzers geboren. Nach einer dreijährigen Anwaltstätigkeit in Havanna organisierte er im Juli 1953 den Überfall auf die Moncada-Kaserne, um die Batista-Regierung zu stürzen. Das Unternehmen scheiterte, und Fidel Castro wurde zu 15 Jahren Haft verurteilt. Nach einer Amnestie ging Castro 1955 nach Mexiko, wo er mit seinem Bruder und Ernesto Che Guevara einen erneuten Putschversuch organisierte. 1956 kehrte er mit einer kleinen Truppe von Guerillakämpfern nach Kuba zurück. Bei der Landung an der kuban. Küste wurde die meisten der Kampfgefährten jedoch von der kuban. Armee getötet. Castro, sein Bruder und Che Guevara entkamen und konnten in den folgenden Jahren eine schlagkräftige neue Truppe aufbauen. 1959 gab Batista dem militärischen Druck nach, und Fidel Castro übernahm das Amt des kuban. Ministerpräsidenten.

Leistungen: Zu Castros großen politischen Leistungen gehören die erfolgreichen Bildungskampagnen, die Agrarreform sowie die Anhebung des Lebensstandards. Die wirtschaftliche Lage verbesserte sich insgesamt gesehen jedoch nur wenig. Castros immer restriktiverer Regierungsstil, der schon in den 60er Jahren die politische Opposition ausschaltete und die Pressefreiheit einschränkte, veranlasste viele Kubaner, das Land zu verlassen.

Liberalisierung: Trotz einiger Zugeständnisse und Liberalisierungsansätze (u. a. Ausbau des Tourismus, Tolerierung des US-Dollars als Zahlungsmittels), die dem wirtschaftlichen Wohl K.s dienen sollten, blieb Castros Regierungsstil autoritär. Durch eine Verfassungsänderung 1992 wurden seine Befugnisse erweitert und seine Machtposition gefestigt. (Foto oben: Fidel Castro während einer Festansprache, 1997; unten: Castro während des Papstbesuchs von Johannes Paul II. im Januar 1998 in Havanna).

und den übrigen amerikan. Staaten deutlich. Während die OAS 1975 das Embargo gegen K. beendete, lockerten die Vereinigten Staaten aber nur einige Sanktionsmaßnahmen. 1976 übernahm Fidel Castro als Regierungs- und Parteichef das Amt des Staatsratsvorsitzenden und wurde damit auch Staatsoberhaupt.
Auslandsengagement: Der Einsatz kuban. Truppen in Angola (1975–89) und Äthiopien (1978), wo Castro aufständische Gruppen unterstützte, belastete die Beziehungen zu den Vereinigten Staaten. K. übte ebenfalls großen Einfluss auf den karib. Staat Grenada aus, bis 1983 die US-amerikan. Truppen auf der Insel einmarschierten.

Umorientierung

Neue ökonomische Impulse: Zu Beginn der 80er Jahre wurden u. a. mit der Zulassung freier Bauernmärkte und der Staffelung der Löhne Liberalisierungsmaßnahmen eingeführt, die der schlechten Wirtschaftslage sowie der allgemeinen Unzufriedenheit in der Bevölkerung Abhilfe schaffen sollten. Außerdem öffnete Castro ausreisewilligen Kubanern die bis dahin geschlossenen Grenzen: Etwa 125 000 Menschen verließen das Land. Die meisten Reformen wurden aber schon Mitte der 80er Jahre wieder zurückgenommen.
»Spezialperiode«: Die Reformpolitik Michail Gorbatschows (1988–91) wurde von Fidel Castro abgelehnt. Moskau reduzierte die finanzielle Unterstützung für K.; mit der Auflösung der UdSSR 1991 ging sie vollständig verloren. Das Beharren auf den stark reglementierten Wirtschaftsstrukturen sowie die fehlende finanzielle Unterstützung aus der UdSSR lösten Anfang der 90er Jahre eine schwere Wirtschaftskrise aus, der die kuban. Regierung vor allem mit der Förderung des Tourismus begegnen wollte. Sie rief die sog. Spezialperiode aus, zu der ein Notstandsprogramm gehörte, das u. a. die Kürzung der Lebensmittelzuteilungen vorsah. Zur Einsparung von Erdöl wurde der Straßenverkehr eingeschränkt und der Treibstoff rationiert. Um die landwirtschaftliche Produktion zu steigern, entsandte der Staat mehr als 400 000 Schüler und Lehrer zur Unterstützung in landwirtschaftliche Betriebe.
Verfassungsänderung: 1992 trat eine neue Verfassung in Kraft, die zwar die Religionsfreiheit zusicherte und geheime Wahlen für Gemeindeparlamente und die Nationalversammlung einführte, gleichzeitig aber auch die Machtbefugnisse des Staatsoberhaupts ausweitete. Der Staatschef kann seither im Fall innerer Unruhen den Ausnahmezustand ausrufen und Grundrechte außer Kraft setzen.
Fluchtwelle: Die wirtschaftliche und soziale Entwicklung K.s sowie Castros Weigerung, einen Demokratisierungsprozess wie in den Ostblockstaaten einzuleiten, veranlasste 1994 viele Menschen zur Flucht in die USA, was von den kuban. Behörden geduldet wurde. Besonders spektakulär und gefährlich waren zahlreiche Fluchtversuche mit nicht seetauglichen Booten über das Meer nach Florida, bei denen es immer wieder zu Unglücksfällen kam. Die USA reagierten darauf mit einer erneuten Verschärfung der Sanktionen und einer Änderung der Einwanderungsbestimmungen. Illegal eingereiste Kubaner wurden interniert und ab 1995 auch nach K. zurückgesandt.

Wirtschaftlicher Neuanfang

Parallelwährung: Ab 1993 erlaubte die kuban. Regierung den Gebrauch des US-Dollars als zweite Währung im Land. Bislang waren Devisen nur über Handel und Touris-

Staatsoberhäupter Kubas

Reg.-Zeit	Name	Lebensdaten	Reg.-Zeit	Name	Lebensdaten
1902–06	Tomás Estrada Palma	1836–1908	1934/35	Carlos Mendieta Montefur	1873–1960
1906–09	Militärverwaltung unter William H. Taft, amerik. Außenminister		1935/36	José A. Barnet y Vinagres	1864–1945
1909–13	José Miguel Gómez	1858–1921	1936	Miguel Mariano Gómez y Ariaz	1890–1950
1913–21	Mario García Menocal	1868–1941	1936–40	Federico Laredo Brú	1875–1946
1921–25	Alfredo Zayas y Alonzo	1861–1934	1940–44	Fulgencio Batista y Zaldívar	1901–1973
1925–33	Gerardo Machado y Morales	1871–1939	1944–48	Ramón Grau San Martín	1889–1969
			1948–52	Carlos Prio Socarrás	1903–1977
1933	Carlos Manuel de Céspedes y Ortiz	1881–1939	1952–58	Fulgencio Batista y Zaldívar	1901–1973
			1959	Manuel Urrutia Lleó	1901–1981
1933/34	Ramón Grau San Martín	1889–1969	1959–76	Osvaldo Dórticos Torrado	1919–1983
1934	Carlos Hevia	1900–1964	seit 1976	Fidel Castro Ruz	*1926

mus ins Land gekommen. Trotz einer leichten Steigerung z. B. des Tabak- und Nickelexports sowie des Tourismus reichten die Deviseneinkünfte K.s aber nicht aus. Man erhoffte sich vor allem einen höheren Devisenzufluss durch Überweisungen von Exilkubanern an Familienangehörige in K. Tatsächlich wurden die Zahlungen von Familienmitgliedern aus dem Ausland zur einträglichsten Devisenquelle. Gleichzeitig spalteten sie die kuban. Gesellschaft aber in zwei Lager – in Kubaner mit Zugang zu Devisen und Kubaner, die auf die einheimische Währung und ihre schwächere Kaufkraft angewiesen waren.

Helms-Burton-Act: 1996 trat der Helms-Burton-Act in Kraft, der das Embargo gegen K. verschärfte, indem er in seiner ursprünglichen Form auch andere Staaten und nichtamerikan. Unternehmen in die Embargobestimmungen einschloss: Firmen und Staaten, die in K. investierten, wurden danach in den USA mit Strafmaßnahmen bedroht.

Ernteverluste: Nachdem 1996 und 1997 große Teile der Zuckerernte Hurrikans zum Opfer fielen, wurde K. 1998 von der schlimmsten Dürreperiode seit 40 Jahren und einem weiteren Hurrikan, der 160 000 Hektar Anbauflächen zerstörte, heimgesucht. K. musste um internationale Hilfe bitten, um eine Hungerkatastrophe zu verhindern. Zur Konsolidierung des Staatshaushalts wurden u. a. strengere Steuergesetze eingeführt. Die Regierung stellte ein Programm vor, nach dem 98 Staatsbetriebe eigenverantwortlich wirtschaften sollten. Ihnen wurde z. B. erlaubt, eine Staffelung der Löhne als Leistungsanreiz einzuführen. Gleichzeitig bemühte sich K. um Anreize für ausländische Investoren insbes. in der Tourismusbranche. Ausländische Großkonzerne erhielten wieder Zugang zum kuban. Markt.

Restriktionen: Trotz einer scheinbaren weiteren Öffnung, die sich z. B. im Besuch von Papst Johannes Paul II. 1998 auf K. sowie der Wiedereinführung des Weihnachtsfestes als Feiertag zeigte, wurde bei einer Reform des Strafrechts 1999 deutlich, dass der kuban. Staat keine weitgehende Liberalisierung der gesellschaftlichen Strukturen vorsicht. So wurde nicht nur die Möglichkeit der Todesstrafe für Drogenbesitz und -handel eingeführt, sondern auch hohe Haftstrafen bei oppositionellen Aktivitäten. Kontakte zu ausländischen Journalisten, bei denen der Verdacht des Geheimnisverrats vorliegt, werden mit zwei bis drei Jahren Gefängnis geahndet. Staatspräsident Castro begründete die Verschärfung der Strafen mit der Notwendigkeit, die kuban. Revolution zu schützen. *A. Z./P. F.*

Exilkubaner – Opposition gegen Fidel Castro

Oben: Rund 30 000 Kubaner flüchteten 1994 zumeist auf behelfsmäßigen Transportmitteln über das Meer in die USA.

Mitte: Der kuban. Flüchtlingsjunge Elian (r.) wurde 1999 vor der Küste Floridas aus dem Meer gerettet und in die USA gebracht. Sein Schicksal wurde von den Exilkubanern propagandistisch ausgeschlachtet. Erst ein US-Gericht ermöglichte dem Jungen die Rückkehr zu seinem Vater in Kuba.

Unten: Die im Exil lebende Tochter Fidel Castros, Alina Fernandez Revuelta, kritisierte während einer Pressekonferenz die restriktive Politik ihres Vaters.

Kuwait 2000	
Landesfläche	17 818 km2 (WR 152)
Einwohner	1,9 Mio (WR 142)
Hauptstadt	Kuwait-Stadt (193 000 Einw.)
Sprachen	Arabisch, Englisch
Währung	1 Kuwait-Dinar (KD) = 1000 Fils
Gliederung	5 Provinzen, 10 Verwaltungsbezirke
Staatsform	Emirat
Religion	Sunniten (45%); Schiiten (30%); Sonstige (25%)
Bevölkerung	Kuwaitis (41,1%); Ausländer (58,9%)

Kuwait im 20. Jahrhundert	
1913	Anerkennung der Grenzen Kuwaits durch das Osman. Reich.
1922	Grenzfestlegungen mit Saudi-Arabien, später auch mit dem Irak.
1932	Anerkennung des Status quo durch den Irak.
1938	Entdeckung der reichen Erdölvorkommen auf dem Gebiet von Kuwait.
1947	Beginn der planmäßigen Erdölförderung.
1961	Kuwait wird von den Briten in die Unabhängigkeit entlassen.
1962	Verabschiedung einer Verfassung mit demokratischen Elementen.
1963	Aufnahme in die UNO.
1977	Nach dem Tod Sabahs III. wird Jabir III. Kuwaits neuer Emir.
1985	Parlamentswahlen.
1986	Auflösung des Parlaments, Einschränkung der bürgerlichen Freiheiten.
1990	Besetzung und Annektion Kuwaits durch den Irak; Flucht der Herrscherfamilie ins Ausland.
1991	Alliierte Truppen unter Führung der USA vertreiben irak. Streitmacht aus Kuwait. Emir Jabir III. verhängt den Ausnahmezustand über das Land. Vertreibung palästinens. Gastarbeiter.
1992	Bei den Parlamentswahlen siegt die Opposition in Kuwait.
1993	Verteidigungsbündnis mit UdSSR.
1999	Bei vorgezogenen Neuwahlen verbuchen liberale Kräfte und Islamisten deutliche Gewinne.
	Das Frauenwahlrecht wird vom Parlament mit knapper Mehrheit abgelehnt.

Unter der Regierung des Emirs Sabah III. erlangte Kuwait 1961 die Unabhängigkeit.

Kuwait

Staat Kuwait

Das Gebiet des heutigen K. war bis in das 18. Jh. hinein nur von Nomaden bewohnt. Um 1756 ließen sich verschiedene Beduinenstämme in der Region nieder, zu denen die Sippe der as-Sabah zählte, deren Clanchef zum Führer bestimmt wurde. Schon am Ende des 18. Jh.s war die Siedlung angewachsen und nutzte die vorhandenen wirtschaftlichen Ressourcen: Perlenfischerei, Fischfang, Dattelanbau und Handel führten rasch zu Wohlstand. Dazu kam die strategisch günstige Lage der Region im Norden des Golfs, der K. zu einem florierenden Handelsplatz machte. Den Scheichen aus der Familie as-Sabah gelang es, Machtansprüche der saud. Wahhabiten und der Osmanen abzuwehren und ein unabhängiges Gemeinwesen aufzubauen.

Unter britischem Einfluss

Osmanische Bedrohung: K. rückte ins Blickfeld der Welt, als das Deutsche Kaiserreich und das Osman. Reich den Bau einer Eisenbahnverbindung von Berlin nach Bagdad planten und durchführten. Um sich dem Einfluss der Osmanen zu entziehen, schloss der regierende Scheich 1899 einen Schutzvertrag mit Großbritannien. Die Briten übernahmen die Kontrolle über die Außenpolitik K.s. Im Ersten Weltkrieg kämpfte K. an der Seite seiner Schutzmacht Großbritannien gegen das Osman. Reich und das Deutsche Reich.

Grenzsicherung: Nach dem Ersten Weltkrieg lag das Schicksal K.s in den Händen der europäischen Mächte, die das Gebiet unter sich verteilten. Mit Saudi-Arabien wurde 1922 im Vertrag von Ukaier die Grenze fixiert und damit auch ein Teil der Staatsgrenze K.s bestimmt. Ein Memorandum der brit. Mandatsregierung legte ein Jahr später die Grenzen zum Irak fest. Dieser Status quo wurde 1932 zunächst von den irak. Machthabern anerkannt.

Erdölboom: Der wirtschaftliche Aufstieg K.s begann 1938 mit der Vermarktung der riesigen Erdölvorkommen bei Burgan. Schon 25 Jahre zuvor hatte die Erdölraffinerie von Abadan am Ostufer des Schatt el-Arab ihren Betrieb aufgenommen. Der Beginn des Zweiten Weltkrieges verhinderte zunächst die Erdölförderung, doch ab 1945 brach für das Land eine neue Ära an. Das Erdöl veränderte die Struktur des an Einwohnern armen K.s, das Gastarbeiter für die notwendigen Arbeiten ins Land holen musste. Die eingesessene Bevölkerung geriet rasch zahlenmässig in die Minderheit, behielt aber die führende Stellung, da den Neuankömmlingen die kuwait. Staatsbürgerschaft verwehrt wurde. So floss der durch den Ölabbau erworbene Reichtum an die alten Familien und Clans; zur reichsten Familie stieg die Herrscherfamilie der as-Sabahs auf.

Unabhängigkeit

Erster Konflikt mit dem Irak: Großbritannien beendete 1961 seine Schutzherrschaft und entließ K. in die Unabhängigkeit. Wenige Wochen später wurde K. in die Arab. Liga aufgenommen, musste sich aber gegen irak. Ansprüche wehren. Die Machthaber im Irak verwiesen auf die einstige Zugehörigkeit K.s zum Osman. Reich und forderten den Anschluss des Landes an den Irak; iran. Truppen rückten auf K.-Stadt vor, bis Großbritannien auf Drängen des kuwait. Emirs eingriff und einen Flugzeugträger schickte. Auch die Arab. Liga entsandte Truppen zum Schutz K.s. 1963 wurde K. in die Vereinten Nationen aufgenommen. Im selben Jahr erkannte der Irak die Unabhängigkeit K.s an.

Politisches System: 1962 wurde eine Verfassung für K. verabschiedet, die den Führungsanspruch der Herrscherfamilie as-Sabah festschrieb. Staatsoberhaupt ist der Emir, der die exekutive Gewalt ausübt. Er ernennt den Premierminister und das Kabinett, in dem wichtige Positionen überwiegend mit Familienmitgliedern besetzt sind. Durch ein Parlament, welches der Emir jedoch auflösen konnte, erhielten die Bürger K.s die Möglichkeit an einer Mitgestaltung des Staatswesens

Der Golfkrieg und seine Folgen

Unter irakischer Herrschaft: Nach dem Streit um ein im Grenzgebiet gelegenes Ölfeld überfielen am 2.8.1990 irak. Truppen K. und besetzten das Land. Der Emir und seine Regierung flohen nach Saudi-Arabien. Sechs Tage nach dem Einmarsch annektierte der Irak K. und erklärte es zu seiner 19. Provinz. Nach Ablauf eines UNO-Ultimatums griffen 28 Staaten unter Führung der USA am 17.1.1991 den Irak an. Im Verlaufe des Krieges setzten irak. Soldaten über 700 Ölfelder in Brand und zerstörten alle Erdölanlagen. Nach sechs Wochen konnte die Militäraktion unter dem Namen »Desert Storm« (Operation Wüstensturm) mit der Rückeroberung von K.-Stadt erfolgreich beendet werden. Emir Jabir III. verhängte 1991 den Ausnahmezustand über sein Land,

Saddam Hussein (l.) hielt nach der Invasion Kuwaits im August 1990 brit. Geiseln in seinem Amtssitz fest, weil er Sanktionen von der UN befürchtete. Unter den 20 Geiseln waren auch Kinder, die Hussein in einem Fernsehauftritt als »Helden des Friedens« präsentierte.

Durch eine Bodenoffensive gelang es den UN-Truppen am 27.2.1991 Kuwait zu befreien und den Golfkrieg erfolgreich zu beenden.

Staatsoberhäupter Kuwaits

Reg.-Zeit	*Name*	*Lebensdaten*
1961–65	Saad III.	1895–1965
1965–77	Sabah III.	1913–1977
seit 1977	Jabir III.	*1928

Politische Gruppierungen

Politische Parteien sind in Kuwait nicht zugelassen. Im Parlament gibt es vier Gruppierungen:

Loyalisten	unterstützen die Regierung
Liberale	drängen auf demokratische Reformen
Islamisten	fordern einen islamischen Gottesstaat
Unabhängige	sind keiner der anderen Gruppen fest zuzuordnen

Umweltkatastrophe durch brennende Ölfelder

Luftverschmutzung: Mit Beginn des Golfkrieges ging die irak. Besatzungsarmee in Kuwait systematisch daran, das Land zu verwüsten, die Erdölanlagen zu zerstören und sämtliche Ölfelder in Brand zu setzen. Bei der Befreiung Kuwaits durch die Alliierten im Februar 1991 standen alle 727 Erdölfelder in Flammen. Eine Umweltkatastrophe bedrohte das Emirat: Die Rauchwolken verursachten eine Luftverschmutzung, die ungeahnte Ausmaße erreichte.

Gesundheitsschäden: Nach offiziellen Angaben stiegen in Kuweit in den folgenden Monaten jeweils 2,5 Mio t Ruß, 1 Mio t Schwefel und 100 000 t Stickoxide auf. Das entsprach der zehnfachen Schadstoffmenge des jährlichen Ausstoßes der US-Industrie (inkl. aller Kraftwerke). Unter dem Einfluss der Sommerhitze stiegen die Rauchwolken bis auf 7000 m Höhe. Der Qualm absorbierte einen Teil der Sonnenwärme, selbst tagsüber erreichte die Temperatur nur nächtliche Durchschnittswerte. Erkrankungen der Atemwege häuften sich, wovon inbes. Kinder betroffen waren. Fachleute schätzten, dass ein Tag in Kuwait-Stadt die gleiche gesundheitsschädigende Wirkung hatte wie der Genuss von 250 Zigaretten.

Auswirkungen: In den folgenden Monaten wurden mit Hilfe internationaler Expertenteams sämtliche Brände gelöscht. Nun zeigte sich das ganze Ausmaß der Katastrophe. Mehrere Millionen Barrell Öl hatten den Boden verseucht oder waren ins Meer geflossen: Zehntausende Seevögel verendeten im Ölschlamm, die Pflanzen auf dem Meeresgrund erstickten. Der Wiederaufbau des Landes erforderte hohe Investitionen, jedoch war es der irak. Regierung nicht gelungen, Kuwait langfristig schwere Schäden zuzufügen. (Foto: Brennende Ölfelder in Kuwait, 1991)

obwohl er während seinen saudi-arab. Exils der kuwait. Bevölkerung für die Zeit nach der Befreiung mehr politische Rechte versprochen hatte. Zudem liess Jabir ließ die palästinens. Gastarbeiter, die mit dem Regime in Bagdad sympathisierten, aus K. vertreiben: Innerhalb eines Jahres verringerte sich ihre Zahl von 400 000 auf 50 000. Amnesty International beklagte in der Folgezeit Willkürakte gegen sog. Kollaborateure.

Wiederaufbau: Die wirtschaftlichen Schäden durch den Golfkrieg konnte die kuwait. Regierung aus finanziellen Rücklagen einigermaßen ausgleichen. 1991 schloss K. ein Sicherheitsabkommen mit den USA und zwei Jahre später einen Verteidigungspakt mit Russland. 90% aller Einwohner K.s lebten nach Schätzungen internationaler Finanzinstitute Ender der 90er Jahre auf Kredit. 1998 verfügten kuwait. Gerichte 9660 Reiseverbote für säumige Schuldner; rund 1000 Kuwaitis wurden im selben Jahr wegen Schulden zu Haftstrafen verurteilt.

Reformen: Die von Emir Jabir versprochenen Reformen setzten nur langsam ein. In den Parlamentswahlen im Oktober 1992, bei denen nur Männer alteingesessener Familien K.s zugelassen waren, konnte sich die Opposition durchsetzen. Der Emir bildete eine neue Regierung, an der auch Vertreter der Opposition beteiligt wurden; die Schlüsselressorts verblieben aber weiterhin in den Händen der Familie as-Sabah. Bei den Wahlen 1996 waren nur 15% der Bevölkerung wahlberechtigt; abermals konnte sich die Opposition im Parlament behaupten und forderte erfolglos eine Rückkehr zum alten islam. Recht der Scharia.

Parlamentsauflösung: Im Frühjahr 1999 löste der Emir nach einem Misstrauensantrag gegen einen Minister das Parlament auf und kündigte Neuwahlen an. Er warf den Abgeordneten vor, ihre verfassungsmäßigen Rechte missbraucht zu haben. Bei den vorgezogenen Wahlen konnten liberale Kräfte und Islamisten deutliche Gewinne verbuchen.

Frauenwahlrecht: Das Parlament lehnte im Herbst 1999 eine Gesetzesvorlage, durch die das Frauenwahlrecht eingeführt werden sollte, mit knapper Mehrheit ab; eine Allianz von sunnitischen Islamisten und konservativen Stammespolitikern brachte die notwendigen Stimmen gegen die Vorlage zusammen. Der Emir hatte das Wahlrecht bereits 1990/91 während des Golfkriegs versprochen, als sich kuwait. Frauen an die Spitze des Widerstands gegen den Irak gestellt hatten. K. ist einer der letzten Staaten, der Frauen von der polit. Beteiligung ausschließt. *N. K.*

Laos

Laot. Demokrat. Volksrepublik

Das Volk der Laoten entstammt einer Gruppe von Thai-Völkern, die in Südchina ansässig waren. Um 1250 wanderten einige Thai-Völker nach Südostasien und siedelten sich am Mekong an. 1353 kam es nach der Unabhängigkeit der Laoten von den Khmer zu einer ersten Einigung verschiedener Teilstaaten; das »Reich der Millionen Elefanten« (Lan Xang) unter der Herrschaft von Fa Ngum (1353–73) wurde gegründet. Hauptstadt war bis etwa 1563 Luang Prabang, später Vientiane, die heutige Kapitale.

Teilung und Indochinesische Union

Siamesische Provinz: Über 300 Jahre lang bestand das laot. Königreich. Unter König Souligna Vongsa (1637–94) erlebte das Reich seine Blütezeit. Durch Diadochenkämpfe zerfiel das Land 1707 in drei Teilstaaten: Luang Prabang im Norden sowie Vientiane und Champassak im Süden. In der Folgezeit war das Land starkem Expansionsdruck durch Siam (Thailand), Birma (Myanmar) und Vietnam ausgesetzt. Siam unterwarf die laot. Teilstaaten Luang Prabang (1836) und Champassak (1860) und erklärte sie zu Provinzen.

Französisches Protektorat: Im Rahmen seiner Indochinapolitik übernahm Frankreich, das bereits Vietnam und Kambodscha unter seine Herrschaft gebracht hatte, von Siam die laot. Gebiete. Der Einverleibung von L. durch Frankreich als Teil der Indochines. Union stimmten England und Siam vertraglich zu. 1893 wurde L. französ. Protektorat, die drei Teilreiche wieder vereinigt. Das Königreich Luang Prabang erhielt die selbstständige Verwaltungsoberhoheit über L. (1917).

Entwicklung zur Unabhängigkeit

Unabhängigkeitsbewegung: 1941 besetzten japan. Truppen L. Daraufhin bildete sich die nationale Unabhängigkeitsbewegung »Lao Issarak« (Freies L.). Nach dem Rückzug der Japaner 1945 rief der laot. König Sisavang Vong einseitig die Unabhängigkeit seines Landes aus. Frankreich stellte jedoch den alten Protektoratszustand wieder her. Nach einem Putschversuch wurde eine profranzös. Regierung eingesetzt. Mit der Anerkennung von L. als unabhängiges Königreich innerhalb der Französ. Union (1949) zerfiel Lao Issarak in zwei Lager.

Laos 2000	
Landesfläche	236 800 km² (WR 80)
Einwohner	5,3 Mio (WR 105)
Hauptstadt	Vientiane (534 000 Einwohner)
Sprachen	Lao, Französisch, Englisch, Chinesisch
Währung	1 Kip (K) = 100 AT
Gliederung	16 Provinzen
Staatsform	Volksrepublik (seit 1975/91)
Religion	Buddhisten (58%); Naturreligionen (34%); Sonstige (8%)
Bevölkerung	Laoten (67%); Mon-Khmer (16,5%); Thai (7,8%); Miao und Man (5,2%); Sonstige (3,5%)

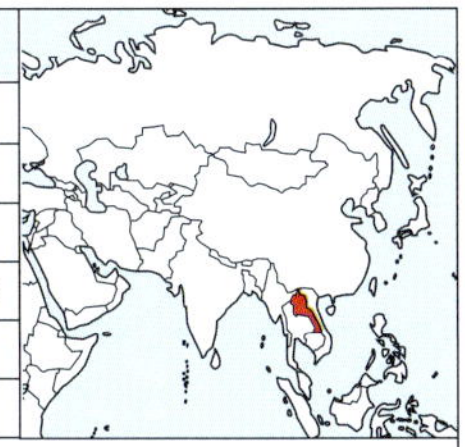

Laos im 20. Jahrhundert	
1941	Japan besetzt Laos; daraufhin bildet sich die Unabhängigkeitsbewegung Lao Issarak (Freies Laos).
1945	Japan. Besatzer verlassen das Land. König Sisavang Vong ruft die Unabhängigkeit von Laos aus (April).
1946	Sisavang Vong wird zum König von Laos ernannt.
1949	Laos erhält die Unabhängigkeit innerhalb der Französ. Union. Pathet Lao bildet sich (radikaler Flügel der Lao Issarak).
1953	Invasion der Vietminh in Laos.
1954	Laos erhält die Unabhängigkeit durch die Genfer Indochina-Konferenz; französ. Truppen ziehen sich zurück.
1955	Laos wird in die UNO aufgenommen; USA gewähren Hilfe.
1957	Kämpfe zwischen Royalisten und Pathet Lao (bis 1963).
1968	Pathet Lao gewinnt die Oberhand; USA und Nordvietnam verstärken ihre Einflussnahme auf Laos.
1973	Friedensschluss zwischen Kommunisten und Monarchisten.
1975	Die laot. Nationalversammlung wird aufgelöst; der König tritt zurück, die Monarchie wird abgeschafft; Proklamation der »Demokratischen Volksrepublik Laos«.
1983	Vertragliche Regelung der wirtschaftlichen und technischen Zusammenarbeit mit der UdSSR.
1986	Staatspräsident Souvanna Vong tritt zurück.
1988	Waffenstillstandsvereinbarung mit Thailand; Aufnahme diplomatischer Beziehungen zur Volksrepublik China.
1989	Erste Parlamentswahlen seit der kommunistischen Machtübernahme.
1992	Zweite Parlamentswahlen.
1993	Öffnung des Landes für ausländische Investoren; Förderung des Tourismus wird beschlossen.
1994	Eröffnung der ersten internationalen Brücke über den Mekong (Thai-Lao-Freundschaftsbrücke).
1995	Nach 20 Jahren heben die USA ihr Wirtschaftsembargo gegen Laos auf; Festlegung der Grenzen im Dreiländereck China, Laos und Myanmar.
1996	Parteivorsitz von Khamtai Siphandone und Staatspräsidentschaft von Nouhak Phoumsavanh werden bestätigt.
1997	Neufassung der Gesetzgebung durch die Nationalversammlung verabschiedet; gemeinsam mit Myanmar wird Laos ASEAN-Mitglied; Abschluss eines Handelsabkommens mit den USA; Parlamentswahlen (99,7% Wahlbeteiligung).
1998	General Khamtai Siphandone wird zum Staatspräsidenten gewählt.

Revolutionspartei: Eine gemäßigte Fraktion von Lao Issarak arbeitete mit den Franzosen zusammen; der radikale Teil, die »Pathet Lao«, kämpfte für die Befreiung von der Fremdherrschaft. Anführer der Pathet Lao waren Prinz

Der Vietnamkrieg griff bald auch auf die Nachbarstaaten über. Besonders betroffen von dem Einfall nordvietnames. Truppen war Laos, da der Versorgungsweg der Vietcong-Guerilla (Ho-Chi-Minh-Pfad) teilweise durch laot. Gebiet verlief. (Foto: Ein verletzter laot. Soldat wird Ende 1967 aus dem Kampfgebiet ausgeflogen)

Souvanna Vong und Kaysone Phomvihane, der später die »Laot. revolutionäre Volkspartei« (LRVP) gründete. Die Revolutionspartei wurde von den nordvietnames. Vietminh unterstützt, während die gemäßigten royalistischen Kräfte im Süden Hilfe von den USA erhielten.

Bürgerkrieg: Als die Vietminh den Norden von L. unter ihre Herrschaft brachten, kam es zum Bürgerkrieg. Durch die Genfer Indochina-Konferenz erhielt L. 1954 die Unabhängigkeit. Bedingung war strikte Neutralität sowie der Abzug aller französ. und kommunistischen Truppen.

Teil des Krisenherds Indochina

Vietnamkrieg: 1957 begann in L. erneut der Kampf zwischen Kommunisten und Royalisten. Der Bürgerkrieg wurde fortgesetzt, da die USA ihre Einflussnahme aus Angst vor der Bildung einer kommunistischen Regierung verstärkten, während kommunistische Kräfte aus Nordvietnam und der UdSSR im Norden weiterhin den Kampf der Pathet-Lao-Anhänger unterstützten. Der Versorgungsweg der Vietcong-Guerilla (Ho-Chi-Minh-Pfad) verlief z. T. durch laot. Gebiet. 1971 wurde L. direkt in den Vietnamkrieg verwickelt; die kommunistisch kontrollierten Gebiete gerieten unter massiven Beschuss der US-Luftwaffe. Dennoch konnte die Pathet Lao ihre Macht weiter ausdehnen.

Indochinakrieg: Das Waffenstillstandsabkommen von 1973 regelte den Abzug aller ausländischen Truppen aus Indochina. Im gleichen Jahr zogen auch die US-Truppen aus L. ab. Laut Vientiane-Abkommen wurde die Pathet Lao an der Regierungsbildung beteiligt. Nach dem Fall Phnom Penhs und Saigons 1975 war für die Kommunisten der Weg zur Machtübernahme in Kambodscha und Vietnam frei. Der Systemwechsel in den Nachbarländern beeinflusste auch L.

Ende der Monarchie: 1975 übernahm die Pathet Lao die Regierungsgewalt. König Savang Vatthana dankte ab, die Monarchie wurde nach mehr als 600 Jahren abgeschafft. Am 2.12.1975 (Nationalfeiertag) wurde die Demokratische Volksrepublik L. ausgerufen.

Stichwort: Pathet Lao

Die laotische Guerillabewegung Pathet Lao ging aus dem radikalen Flügel der Lao Issara (Freies Laos) hervor. Diese patriotische, vorwiegend bäuerliche Bewegung hatte sich 1945 als Antwort auf die französ. Besatzung gebildet.

Aufgrund innerer Streitigkeiten spalteten sich die Lao Issara 1949 in eine gemäßigte und eine radikale Fraktion, aus der sich schließlich die nationalkommunistische Volksfront Pathet Lao entwickelte. Sie kämpfte massiv gegen die französ. Fremdherrschaft in Laos und setzte ihren Widerstand auch nach der Genfer Indochina-Konferenz fort, die Laos die staatliche Unabhängigkeit brachte. Die Pathet Lao konnte ihren Einfluss in Laos ausdehnen, bis 1974 mit dem laot. Königshaus ein endgültiger Waffenstillstand geschlossen wurde.

Demokratische Volksrepublik Laos

Unterdrückung: Unter der Regierung von Staatspräsident Prinz Souvanna Vong sowie Partei- und Regierungschef Phomvihane wurden in Anlehnung an das vietnames. Vorbild sozialistische Strukturen eingeführt. Außenpolitisch schottete sich L. vollständig ab. Umerziehungslager für die Bevölkerung, die Kollektivierung landwirtschaftlicher Betriebe und das Verbot der Ausübung des Buddhismus führten zu Unzufriedenheit.

Widerstand: Angesichts der restriktiven Machtausübung und Unterdrückung verließen über 300 000 Menschen das Land, vorwiegend Angehörige des gebildeten Mittelstandes, darunter vor allem Minderheiten und buddhistische Mönche, die bis dahin meist als Ärzte oder Lehrer tätig waren. Das Schul- und das Gesundheitssystem brachen fast vollständig zusammen. Die Bauern widersetzten sich der Zusammenlegung ihrer Betriebe, revoltierten und vernichteten systematisch ihre Ernten, was zu Versorgungsengpässen führte. Nach der langen Zeit von Fremdherrschaft und Bürgerkrieg verfügte das Land kaum über eigene Produktionsmittel, um Industriebetriebe aufzubauen. Die Politik des »neuen Sozialismus« von Präsident Vong schlug fehl.

»Kurs des neuen Denkens«

Wende: Die Regierung musste ihre Politik auf die laot. Verhältnisse abstimmen. Der »Kurs des neuen Denkens«, von Regierungschef Phomvihane eingeleitet, war unumgänglich geworden. 1979 wurde der Zwang zur Kollektivierung zurückgenommen, 1986 auch die anderen gesellschaftlichen und wirtschaftlichen Bereiche »reformiert«. Bauern bekamen ihr Land zurück und durften wieder selbstbestimmt arbeiten und ihre Ernte verkaufen. Staatliche Betriebe wurden privatisiert, politische Gefangene freigelassen, der Buddhismus offiziell wieder als Religion im Land anerkannt. Ende der 90er Jahre bekannten sich etwa 65% der Bevölkerung zum Buddhismus.
Öffnung: Die laot. Regierung öffnete das Land nach außen und ließ ausländische Investoren wieder zu. Bald konnte sich L. durch eigene Landwirtschaft selbst versorgen. Hauptanbauprodukt und wichtigstes Nahrungsmittel blieb der Reis. Dennoch gehörte L. mit einem Pro-Kopf-Einkommen von 320 US-Dollar (1998) nach wie vor zu den ärmsten Ländern Asiens.

Das politische Laos heute

Verfassung: Am 14.8.1991 erhielt L. nach 16 Jahren kommunistischer Herrschaft eine neue Verfassung, nachdem die alte monarchistische außer Kraft gesetzt worden war. Staatsoberhaupt der sozialistischen Volksrepublik ist der Staatspräsident, der von der Nationalversammlung für fünf Jahre gewählt wird. In der Verfassung sind Grundrechte zwar festgelegt, aber nicht einklagbar. Die LRVP, die einzige legale Partei, wurde in ihrer Führungsrolle bestätigt. Gleichzeitig wurde die Marktwirtschaft eingeführt. L. wurde in 16 Provinzen und den Hauptstadtbezirk Vientiane aufgeteilt.
Staatspräsidenten: Phomviane übernahm das Amt des Staatspräsidenten (1991/92). Nach seinem Tod 1992 wurde Nouhak Phoumsavanh neuer Staatspräsident (1992–98). 1996 bestätigte das Parlament Phoumsavanh in seinem Amt. 1998 wurde Khamtai Siphandone zum Staatspräsidenten gewählt. Regierungschef ist seit 1998 Sisavat Keobounphan.
Legislative und Exekutive: Die Nationalversammlung, die für fünf Jahre nach einer Einheitsliste gewählt wird, besitzt die legislative Gewalt. Seit der Wahl 1997 umfasst das Parlament 99 Sitze (vorher 85). Alle Kandidaten müssen von der Laot. Front für den Nationalen Wiederaufbau, die von der LRVP kontrolliert wird, im Amt bestätigt werden. Regimekritik

Staatsoberhäupter von Laos

Reg.-Zeit	Name	Lebensdaten
1946–59	König Sisavang Vong	1885–1959
1959–75	König Savang Vatthana	1907–1984
1975–86	Souvanna Vong	1909–1995
1986–91	Phoumi Vongvichit	1910–1994
1991/92	Kaysone Phomvihane	1920–1992
1992–98	Nouhak Phoumsavanh	*1914
seit 1998	Khamtai Siphandone	*1924

wird hart bestraft. Die Laot. Volksarmee (LVA) hat nicht nur Verteidigungsaufgaben, sondern ist auch in den Bereichen Sicherheit, Katastrophenschutz und politische Bildung tätig.

Weg in die Zukunft

Selbstversorgung: Seit Beginn der 90er Jahre verstärkte L. nach dem Vorbild Vietnams seine wirtschaftliche und politische Öffnung nach außen. Haupthandelspartner ist Thailand. Daneben unterhält L. Handelsbeziehungen mit den GUS-Staaten, Indonesien, Japan, den USA und der EU. Aufgrund wachsender Haushaltsprobleme und wirtschaftlicher Schwierigkeiten nach der raschen Öffnung rief die laot. Regierung inzwischen zu einem Kurs der Selbstversorgung auf. Ziel war es, die ausländische Finanzhilfe zu reduzieren und die finanzielle sowie handelspolitische Abhängigkeit von Thailand zu durchbrechen. 1997 wurde L. Mitglied der Gemeinschaft südostasiat. Staaten (ASEAN).
Modernisierung: Der Ausbau der Infrastruktur – L. verfügt über wenige asphaltierte Straßen und kein Eisenbahnnetz ist ein vorrangiges Ziel. Als Durchgangsland von Vietnam bzw. China nach Thailand soll L. auch für den Tourismus erschlossen werden. *S. W.*

Die Einweihung der Thai-Lao-Freundschaftsbrücke am 8.4.1994 als erste internationale Brücke über den Mekong soll Laos dem Tourismus erschließen und die wirtschaftliche Entwicklung fördern. Laos ist das einzige Binnenland in Südostasien.

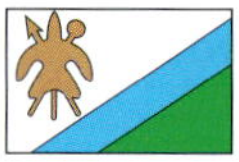

Lesotho

Königreich Lesotho

Die konstitutionelle Monarchie L. ist einer der wenigen afrikan. Staaten mit relativ homogener Bevölkerung. L. liegt als Enklave inmitten der Republik Südafrika, woraus sich für den ressourcenarmen und dicht besiedelten Staat eine starke Abhängigkeit ergibt. Anfang des 19. Jh.s vereinigten sich die vor den Zulus in die Berge geflohenen Sotho-Gruppen zu einem Staatsverband. Sie konnten sich in der Folgezeit auch gegen die weißen Buren behaupten, die ab 1835 auf der Suche nach fruchtbarem Ackerland das Territorium der Sotho durchzogen.

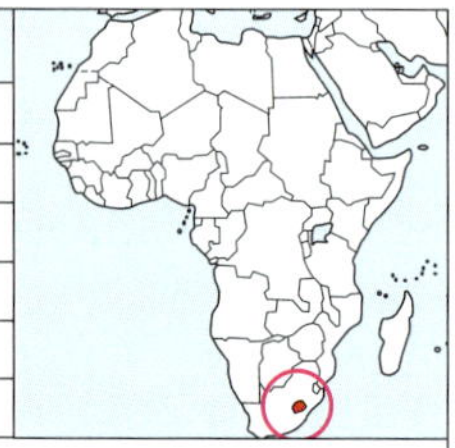

Lesotho 2000	
Landesfläche	30 355 km^2 (WR 137)
Einwohner	2,1 Mio (WR 138)
Hauptstadt	Maseru (150 000 Einwohner)
Sprachen	Englisch, Sotho
Währung	1 Loti (M) = 100 Lisente
Gliederung	10 Distrikte
Staatsform	Konstitutionelle Monarchie (seit 1966)
Religion	Christen (93%): Katholiken 42,8%, Protestanten 29,1%, Andere 21,1%; traditionelle Religionen (7%)
Bevölkerung	Basotho (85%); Zulu (15%)

Lesotho im 20. Jahrhundert	
1939	Die brit. Kolonialbehörden beginnen mit einer umfassenden Verwaltungsreform unter stärkerer Einbeziehung lokaler Funktionsträger.
1959	Lesotho erhält eine eigene Verfassung mit nur wenigen Mitspracherechten.
1964	London gewährt Lesotho innere Autonomie.
1966	Lesotho erhält seine staatliche Souveränität. Erstes Staatsoberhaupt der konstitutionellen Monarchie Lesothos wird Moshoeshoe II.
1970	Der Wahlsieg der linksorientierten Basotho Congress Party wird vom konservativen Premierminister Leabua Jonathan annulliert. Verhaftungswelle von Oppositionspolitikern und Parteienverbot.
1982	Die südafrikan. Armee greift Gebiete in Lesotho an, in denen das Apartheidsregime Operationsbasen des African National Congress (ANC) vermutet.
1986	Jonathan wird durch einen Militärputsch unter Justin Lekhanya gestürzt.
1990	Nach vollständigem Machtverlust geht König Moshoeshoe II. ins Londoner Exil. Neues Staatsoberhaupt wird sein ältester Sohn Lethsie III.
1993	Aus freien Parlamentswahlen geht die reformorientierte Basotho Congress Party (BCP) als Siegerin hervor.
1996	Nach dem Tod Moshoeshoes II. wird Lethsie III. König.
1997	Von der regierenden Basotho National Party (BNP) spaltet sich der Lesotho Congress for Democracy (LCD) ab.
1998	Truppen aus den Nachbarstaaten Südafrika und Botswana marschieren in Lesotho ein, um einen drohenden Putsch gegen Premierminister Pakalita Mosisili zu verhindern. Die Opposition wirft Mosisili (LCD) Wahlfälschung und Machtmissbrauch vor.

Die wichtigsten Parteien im 20. Jahrhundert		
Name (Abkürzung)	*Politische Richtung*	*Gründung*
Basotho Congress Party (BCP)	sozialistisch	1952
Basotho National Party (BNP)	konservativ	1958
Marematlou Freedom Party (MFP)	konservativ	1962
Lesotho Labour Party (LLP)	linksliberal	1991
Progressive National Party (PNP)	liberal	1995
Lesotho Congress for Democracy (LCD)	linkspopulistisch	1997

Britische Kolonie

Protektorat: Von 1867/68 an sicherte Großbritannien durch militärische Unterstützung den Bestand des Sothostaates und erklärte ihn zum brit. Protektorat. Nach einem bewaffneten Aufstand der Sotho, die sich gegen den Anschluss an die Kap-Kolonie wehrten, wurde das Gebiet als Kolonie 1884 direkt der brit. Krone unterstellt.

Kolonie: In der Folgezeit lösten sich unter brit. Kolonialverwaltung die traditionellen Stammesstrukturen weitgehend auf. Die Häuptlingsherrschaft innerhalb der Stämme blieb formal jedoch bestehen. In den 30er Jahren des 20. Jh.s modernisierte London die Kolonialverwaltung unter stärkerer Einbeziehung einheimischer Funktionsträger.

Unabhängigkeitsbewegung

Autonomie: Unmittelbar nach dem Zweiten Weltkieg erhoben schwarze Politiker die Forderung nach stärkerer Autonomie bzw. staatlicher Unabhängigkeit. Es bildeten sich in den 40er Jahren Parteien heraus, darunter als wichtigste die sozialistisch orientierte Basotho Congress Party (BCP) und die konservative Basotho National Party (BNP), die den Erhalt des traditionellen Häuptlingssystems anstrebte und auch den Einfluss der katholischen Kirche erhalten wollte.

Nachdem Großbritannien L. 1964 innere Autonomie gewährt hatte, fanden im darauffolgenden Jahr Parlamentswahlen statt, bei denen die konservative BNP knapp die absolute Mehrheit der Sitze erreichte. Ihr Vorsitzender Leabua Jonathan übernahm das Amt des Premierministers. 1965 wurde ein Verfassung verabschiedet, die eine konstitutionelle Monarchie mit stark eingeschränkten Machtbefugnissen für den König sowie ein Zwei-Kammer-System vorsah.

Souveräner Staat: Am 4.10.1966 gewährte Großbritannien L. die volle Unabhängigkeit. Staatsoberhaupt der konstitutionellen Monarchie L. wurde König Moshoeshoe II. In den folgenden Jahren hatte L. mit großen wirtschaftlichen Problemen, hoher Arbeitslosig-

Staatsoberhäupter von Lesotho		
Reg.-Zeit	*Name*	*Lebensdaten*
1966–90	Moshoeshoe II.	1938–1996
1990–95	Lethsie III.	*1963
1995/96	Moshoeshoe II.	1938–1996
seit 1996	Lethsie III.	*1963

keit und sozialen Spannungen zu kämpfen. Vor diesem Hintergrund siegte 1970 die linksgerichtete BCP bei den ersten freien Wahlen nach Erlangung der Souveränität. Doch der konservative Regierungschef Jonathan kam dem Verlust der Macht mit einem Staatsstreich zuvor und annullierte die Wahlergebnisse. König Moshoeshoe II. wurde ins Exil gezwungen, das Parlament aufgelöst und der nationale Notstand ausgerufen; Oppositionspolitiker waren starken Repressionen ausgesetzt. Ein Gegenputsch der BCP 1974 scheiterte, weil Jonathan militärische Unterstützung aus Südafrika erhielt.

Konflikt mit Südafrika: Da L. die Anti-Apartheid-Bewegung African National Congress (ANC) unterstützte, verschärften sich ab Mitte der 70er Jahre die Spannungen mit dem Apartheidsregime in Südafrika. Im Dezember 1982 griff die südafrikan. Armee in L. vermutete ANC-Stützpunkte an. Die Situation zwischen Südafrika und L. spitzte sich weiter zu, als Südafrika die Auslieferung politischer Flüchtlinge forderte und als Druckmittel 1986 zeitweise die Grenzen schloss. Davon waren zehntausende Arbeiter aus L. betroffen, die von ihren Arbeitsstellen in den Bergwerken Südafrikas abgeschnitten wurden. Nachdem Jonathan 1986 durch einen Militärputsch unter Führung von General Justin Lekhanya gestürzt worden war, setzte die militärische Führung König Moshoeshoe II. wieder ein.

Regierungswechsel: 1990 kam es zu heftigen Auseinandersetzungen innerhalb der Regierung, in deren Verlauf König Moshoeshoe II. entmachtet wurde und daraufhin erneut ins Exil ging. Sein Sohn Lethsie III. bestieg den Königsthron (1990–95). 1991 wurde der autoritär regierende Lethsie durch Elias Tutsoane Ramaema an der Regierungsspitze abgelöst. Dieser versprach demokratische Reformen und eine neue Verfassung sowie die Wiederzulassung von Parteien. Auch auf Druck westlicher Kreditgeber ließ die Militärjunta 1993 freie Wahlen zu, aus denen die reformorientierte BCP als Siegerin hervorging, deren Vorsitzender Ntsu Mokhehle (1993–98) Regierungschef wurde. 1994 provozierte Lethsie III. mit der Entlassung Mokhehles eine Staatskrise, um die Wiedereinsetzung seines Vaters zu erzwingen. Nach Vermittlung der Präsidenten von Südafrika und Simbabwe, Nelson Mandela und Robert Mugabe, wurde Mokhehle wieder eingesetzt und die Rückkehr Moshoeshoes auf den Thron für 1995 vereinbart. Tatsächlich kehrte König Moshoeshoe II. nach fünfjährigem Exil 1995 wieder in sein Amt zurück. Doch bereits ein Jahr nach seiner Wiedereinsetzung starb der Monarch erst 57-jährig bei einem Autounfall. Nach seinem Tod übernahm Lethsie III. erneut die Regentschaft über L.

Truppeneinmarsch: 1997 verstärkte sich in den eigenen Reihen die Kritik am Premierminister Mokhehle, dem ein zunehmend autokratischer Regierungsstil vorgeworfen wurde. Daraufhin gründete er Mitte 1997 eine eigene Partei, Lesotho Congress for Democracy (LCD), der sich die Mehrheit der BCP-Abgeordneten anschloss. Bei den Parlamentswahlen im Mai 1998 errang die LCD aufgrund des Mehrheitswahlsystems 79 der 80 Sitze in der Volksvertretung. Pakalita Mosisili wurde neuer Regierungschef. Mit gewalttätigen Protesten demonstrierten oppositionelle Gruppierungen gegen Mosisili, dem Wahlfälschung und Machtmissbrauch vorgeworfen wurden. Auch Militärs schlossen sich den Demonstrationen an. Als sich die Situation weiter zuspitzte, marschierten im September 1998 Truppen aus den Nachbarstaaten Südafrika und Botswana in L. ein, um Premierminister Mosisili und seine Partei LCD zu stützen. Im Frühjahr 1999 zogen sich die ausländischen Truppen wieder zurück, nachdem Mosisili die Abhaltung korrekter Wahlen im Jahr 2000 versprochen hatte.

T. F.

König Lethsie III. von Lesotho wurde am 31.10.1997 im Setsoto-Stadion in der Hauptstadt Maseru feierlich zum Nachfolger seines Vaters, König Moshoeshoe II., gekrönt. Bei der Zeremonie trug er die traditionelle Krone in Form eines bunten Stirnbands und einen Umhang aus Springbockfell.

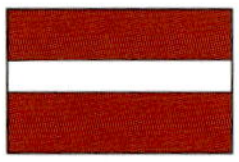

Lettland

Republik Lettland

Die historische Entwicklung L.s (Livland und Kurland) wurde jahrhundertelang durch Fremdherrschaft bestimmt. 1290 eroberte der Deutsche Ritterorden das Land. Danach kam L. nacheinander unter die Herrschaft von Polen, Schweden und Dänemark. Seit 1795, nach den Teilungen Polens, gehörte ganz L. zu Russland. In der zweiten Hälfte des 19. Jh.s weckte eine Politik der Russifizierung erste Ansätze einer nationalen lett. Bewegung.

Lettland 2000	
Landesfläche	64 600 km² (WR 121)
Einwohner	2,4 Mio (WR 136)
Hauptstadt	Riga (921 000 Einwohner)
Sprachen	Lettisch, Russisch
Währung	1 Lats = 100 Santims
Gliederung	7 Stadtbezirke, 26 Landbezirke
Staatsform	Parlamentarische Republik (seit 1991)
Religion	Lutheraner (38%); Katholiken (35%); Russisch-Orthodoxe (15%); Sonstige (12%)
Bevölkerung	Letten (54,8%); Russen (32,8%); Weißrussen (4%); Sonstige (8,4%)

Lettland im 20. Jahrhundert	
1905	Aufstand von 60 000 Letten gegen deutsche Großgrundbesitzer.
1915	Deutsche Truppen besetzen das Baltikum.
1917	Riga wird von deutschen Truppen eingenommen.
1918	Ein lett. Volksrat ruft am 18.11. die Republik Lettland aus.
1919	Kämpfe zwischen russ., deutschen, deutsch-balt. und lett. Truppen.
1920	Im Frieden von Riga erkennt Russland die lett. Unabhängigkeit an.
1922	Wahl des ersten lett. Parlaments; die deutsch-balt. Oberschicht verliert ihre Führungsposition; Enteignung der Deutschstämmigen.
1934	Staatsstreich unter Karlis Ulmanis: Errichtung eines autoritären Regimes; Baltenpakt zwischen Estland, Lettland und Litauen.
1939	Nichtangriffspakte zwischen Lettland, Estland und Deutschland.
	Hitler-Stalin-Pakt: Die balt. Staaten werden der UdSSR zugesprochen.
1940	Sowjet. Truppen besetzen Estland, Lettland und Litauen.
1941	Umsiedlung von 60 000 Deutschen aus den balt. Provinzen in das Deutsche Reich; die deutsche Wehrmacht besetzt die balt. Staaten.
1944	Lettland wird von der Roten Armee zurückerobert.
1988	Volksfront für Lettland; die Bevölkerung fordert die Unabhängigkeit.
1989	650 km lange Menschenkette von Tallinn über Riga bis Vilnius.
1990	Bei den Wahlen erreicht die Volksfront die Mehrheit der Stimmen.
	Das Parlament verabschiedet eine Unabhängigkeitserklärung.
1991	Aufnahme diplomatischer Beziehungen mit der EU.
	Die Sowjetunion erkennt die Unabhängigkeit Lettlands offiziell an.
	Aufnahme Lettlands in die UNO; Parlamentsbeschluss: Verweigerung der lett. Staatsangehörigkeit für Mitglieder der Sowjetarmee.
1992	Ein Handelsabkommen mit der EU wird unterzeichnet.
1993	Bei den Parlamentswahlen sind nur lett. Staatsbürger stimmberechtigt.
	Die Verfassung von 1922 wird wieder in Kraft gesetzt.
1994	Die letzten Truppen der russ. Armee verlassen Lettland.
1995	Lettland ratifiziert ein Europa-Abkommen.
	Neues Staatsbürgerschaftsgesetz tritt in Kraft.
1998	Bei den Parlamentswahlen erleiden die National-Konservativen starke Verluste; neuer Regierungschef wird der Liberale Vilis Kristopans.
1999	Neues Sprachengesetz wird verabschiedet.

Zu Beginn des 20. Jahrhunderts

Widerstand gegen Deutsch-Balten: Am 14.12.1905 beteiligten sich über 600 000 Letten an einem Aufstand gegen deutsch-balt. Großgrundbesitzer in Livland, Kurland und Estland. Hunderte von Höfen wurden geplündert und niedergebrannt.

Deutsche Besatzung: Im Ersten Weltkrieg besetzten deutsche Truppen 1915 das Baltikum. Am 3.9.1917 nahmen sie Riga ein. Nach dem Frieden von Brest-Litowsk (3.3.1918) zwischen dem Deutschen Reich und Sowjetrussland rief ein lett. Volksrat am 18.11.1918 die Republik L. aus. Deutschland plante die Zusammenfassung der Gebiete Estland, Livland und Kurland und setzte eine Regierung mit deutschen, lett. und estn. Vertretern ein. Nach dem Einfall bolschewistischer Truppen 1919 begannen Kämpfe zwischen russ. Streitkräften und deutschen, deutsch-balt. sowie lett. Truppen.

Unabhängigkeit: Die lett. Unabhängigkeitsbewegung unter Karlis Ulmanis kämpfte erfolgreich gegen die Bolschewisten, die den Anschluss an Sowjetrussland anstrebten. Im Friedensvertrag von Riga erkannte Russland 1920 die lett. Unabhängigkeit an.

Der neue Staat: Nach der Annahme einer neuen Verfassung wurde am 8.10.1922 das erste lett. Parlament gewählt. In der »Saeima« wurden die Sozialdemokraten mit 30 Sitzen stärkste Partei, die Bauernvereinigung erreichte 16 Mandate. Die Deutsch-Balten und die Juden errangen jeweils sechs Sitze. Aufflammende Konflikte zwischen Letten und Deutsch-Balten um eine Bodenreform mündeten 1922 in die Enteignung der Deutschstämmigen. Die deutsch-balt. Oberschicht verlor damit ihre jahrhundertelange Führungsposition.

Rechtsruck in den 30er Jahren

Autoritäres Regime: Nach einer Periode parlamentarischer Demokratie in den 20er Jahren kam es am 16.5.1934 unter Ministerpräsident Karlis Ulmanis, dem Führer des Bauernbundes, zu einem Staatsstreich. Die Verfassung wurde aufgehoben, der Ausnahmezustand verhängt und eine nationalistische Diktatur errichtet. Gestützt auf Bauernbund und Militär wurde die enge Zusammenarbeit mit Estland und Litauen zum Schutz gegen befürchtete Annexionen ausgebaut. Der lett. Nationalismus unter Ulmanis richtete sich in erster Linie gegen die jüd. und die deutschbalt. Minderheit.

Schutzbündnis: Am 12.9.1934 unterzeichneten die Außenminister von Estland, L. und Litauen in Genf den Baltenpakt über das »Einvernehmen und die Zusammenarbeit der drei balt. Staaten« (Balt. Entente). In diesem Vertrag vereinbarten die Länder eine enge Zusammenarbeit in außenpolitischen Fragen und sicherten sich gegenseitig politische und diplomatische Unterstützung zu. Durch den Pakt erhofften sich die balt. Staaten eine Stärkung ihrer bislang schwachen Position im Spannungsfeld zwischen dem Deutschen Reich und der UdSSR. Das Konsultativabkommen erwies sich jedoch später angesichts von Hitlers Expansionspolitik als wirkungslos.

Lettland im Zweiten Weltkrieg

Nichtangriffspakt: Am 7.6.1939 unterzeichneten die Außenminister von L. und Estland in Berlin Nichtangriffspakte mit dem Deutschen Reich. Darin erklärten die Unterzeicherstaaten »in keinem Falle zum Krieg oder einer anderen Art von Gewaltanwendung gegeneinander zu schreiten«. L. und Estland erhofften sich von den Verträgen Rückhalt gegenüber einer sowjet. Expansion.

Hitler-Stalin-Pakt: Laut einem geheimen Zusatzprotokoll im Nichtangriffspakt zwischen Deutschland und der Sowjetunion vom 23.8.1939 gehörten die balt. Staaten und Finnland zur Interessensphäre der UdSSR. Am 11.10.1939 musste L. der Sowjetunion im Rahmen eines aufgezwungenen »Beistandspaktes« vom 5.10.1939 Flottenstützpunkte in den Häfen von Libau und Windau einräumen.

Sowjetische Besatzung: Estland, L. und Litauen wurden ab dem 15.6.1940 von sowjet. Truppen besetzt. Am 6.8.1940 erfolgte die Eingliederung der drei Staaten als Sowjetrepubliken. Über 15 000 Menschen, zumeist die Familien von Politikern und Intellektuellen, wurden nach Sibirien deportiert.

Umsiedlung: Am 10.1.1941 unterzeichneten sowjet. und deutsche Regierungsdelegationen mehrere zwischenstaatliche Vereinbarungen, die u. a. die Umsiedlung von 60 000 Deutschen aus den balt. Provinzen ins Deutsche Reich regelten. Unter der Parole »Heim ins Reich« wurden die Umsiedler bis zum 25.3.1941 in ostdeutsche Lager gebracht. Sie sollten Besitzungen von Juden und anderen deutschen Bevölkerungsgruppen übernehmen, die zur Deportation vorgesehen waren.

60 000 Deutsche aus Estland, Lettland und Litauen wurden im Rahmen eines im Januar 1941 geschlossenen deutsch-sowjet. Vertrags bis zum 25.3. 1941 in deutsches Reichsgebiet umgesiedelt. (Foto: Planwagen als Notunterkünfte im Auffanglager für deutsche Umsiedler in Litzmannstadt – dem poln.Lódz – im besetzten »Reichsgau Wartheland«)

Deutsche Besatzung: 1941–44 wurde L. von der deutschen Wehrmacht besetzt. In dieser Zeit kam es zur systematischen Verfolgung und Ermordung der jüd. Bevölkerung L.s.

Sowjetherrschaft: Nach dem Ende des Zweiten Weltkriegs wurde im Baltikum die Sowjetherrschaft wiederhergestellt, die jedoch von den meisten Ländern der internationalen Staatengemeinschaft nicht anerkannt wurde. Ab 1958 erfolgte eine »Säuberung« innerhalb der kommunistischen Partei L.s und eine Phase der verstärkten Russifizierung begann.

Zweite Unabhängigkeit

Volksfront und Volksbegehren: Nach der Gründung einer Volksfront für L. 1988 forderte die lett. Bevölkerung auf Massenkundgebungen die wirtschaftliche und kulturelle Selbstständigkeit der Republik. Am 23.8.1989 erinnerten fast 2 Mio balt. Sowjetbürger mit einer 650 km langen Menschenkette von Tallinn über Riga bis Vilnius (»Der Balt. Weg«) an die Unterzeichnung des Hitler-Stalin-Paktes, von dem die gewaltsame Eingliederung der vormals unabhängigen balt. Staaten durch die Sowjetunion ausgegangen war. Die Demonstranten forderten die Wiederherstellung der Eigenstaatlichkeit L.s, Litauens und Estlands. Bei den Wahlen zum Obersten Sowjet für L. 1990 erreichte die Volksfront die Mehrheit. Am 4.5.1990 verabschiedete das lett. Parlament eine Unabhängigkeitserklärung, die jedoch nicht sofort in Kraft treten sollte. Im Juni 1990 erklärte L. den Austritt aus der UdSSR.

Erste freie Wahlen 1993: Seit September 1991 ist Lettland wieder ein souveräner Staat. Bei den ersten freien Parlamentswahlen 1993 waren nur lett. Staatsbürger aus der Zeit vor 1940 (Zeitpunkt der Eingliederung in die UdSSR) sowie deren Nachkommen stimmberechtigt. Insgesamt standen 23 Parteien zur Wahl.

Transformation des Staates

Anerkennung der Unabhängigkeit: Als Reaktion auf den Austritt L.s aus der UdSSR verhängte Moskau Wirtschaftssanktionen und entsandte Truppenverbände nach L. Im Februar und März 1991 sprach sich die Bevölkerung der drei balt. Republiken jeweils mit großer Mehrheit für die Unabhängigkeit aus. Im Gegensatz zur noch bestehenden Sowjetunion erkannte Sowjetrussland unter Präsident Boris Jelzin die lett. Unabhängigkeitserklärung an. Nach dem gescheiterten kommunistischen Putsch gegen den letzten sowjet. Präsidenten Michail Gorbatschow im August 1991 setzte die Regierung L.s die Unabhängigkeit in Kraft. Am 6.9.1991 erkannte der Staatsrat der Sowjetunion die Unabhängigkeit L.s offiziell an. Am 20.9.1991 wurde L. in die UNO aufgenommen.

Staatsangehörigkeitsgesetz: Im Oktober 1991 trat in L. ein Parlamentsbeschluss in Kraft, der Mitgliedern der Sowjetarmee und der Sicherheitsbehörden sowie sowjet. Funktionären die lett. Staatsangehörigkeit versagt.

Freie Wahlen: Bei den Parlamentswahlen von 1993 waren nur lett. Staatsbürger aus der Zeit vor 1940 und deren Nachkommen stimmberechtigt. Ein Bündnis aus Reformkommunisten und Emigranten, der »Lett. Weg«, entschied die Wahlen für sich. Die bis dahin regierende Volksfront scheiterte an der Vierprozentklausel. Mit dem Zusammentreten dieses Parlaments wurde die Verfassung von 1922 wieder in Kraft gesetzt.

Abzug der Russen: Mit Ausnahme einiger Techniker und Wachmannschaften für den Betrieb der Radarfrühwarnanlage Skrunda verließen die letzten Truppen der russ. Armee L. am 31.8.1994.

Staatsbürgerschaft: Ein 1994 verabschiedetes Gesetz für den Erwerb der lett. Staatsbürgerschaft trat im Februar 1995 in Kraft. Einbürgerungsanträge können danach nur von bestimmten Jahrgängen gestellt werden. Der Antragsteller muss Kenntnisse der lett. Sprache und Geschichte, der Nationalhymne und der Institutionen des Landes nachweisen. 1999 hatten von den 2,44 Mio Einwohnern L.s 600 000 zwar ihren Wohnsitz in L., besaßen aber nicht die lett. Staatsbürgerschaft. Seit Februar 1995 wurden insgesamt 25 717 Einbürgerungsanträge gestellt, von denen 18 089 positiv beschieden wurden.

Sprachengesetz: Am 9.12.1999 verabschiedete das lett. Parlament die endgültige Fassung eines neuen Sprachengesetzes, das im September 2000 in Kraft trat. Es regelt den Gebrauch der Staatssprache und schreibt u. a. vor, dass alle öffentlichen Veranstaltungen nur in Lettisch oder mit lett. Übersetzung stattfinden dürfen.

Integration von Minderheiten: 1999 gehörten 43% der lett. Bevölkerung Minderheiten an. Hierzu zählen auch die Nichtstaatsangehörigen (30% Russen, 4% Weißrussen, 3% Ukrainer). Der Sprachunterricht stellt ein wichtiges Mittel für die Integration der ethnischen Minderheiten dar.

Der Weg in die Europäische Union

Europäische Integration: Seit seiner Unabhängigkeit verfolgt L. das Ziel der europäischen Integration, was durch eine Erklärung aller Parlamentsfraktionen vom Oktober 1995 bestätigt wurde. Diplomatische Beziehungen zwischen L. und der EU wurden am 27.8.1991 aufgenommen. Ein Handelsabkommen wurde am 11.5.1992 unterzeichnet und trat 1993 in Kraft. Ein Freihandelsabkommen, das den Handel zwischen der EU und L. für einen Übergangszeitraum von höchstens vier Jahren vorsah, trat am 1.1.1995 in Kraft.

Europa-Abkommen: Am 31.8.1995 ratifizierte L. ein Europa-Abkommen, welches das Handels- und Freihandelsabkommen ersetzte. Zu den vorrangigen Zielen gehören eine Ausweitung der Handels- und Wirtschaftsbeziehungen sowie technische und finanzielle Hilfe durch die EU.

PHARE-Programm: Die technische und finanzielle Hilfe der EU für L. wurde 1991 mit dem TACIS-Programm aufgenommen und ab 1992 durch das PHARE-Programm erweitert

(Reform des rechtlichen und institutionellen Rahmens, Entwicklung der Infrastruktur sowie Umstrukturierungen und Privatisierungen). Grenzüberschreitende Kooperationsprogramme, vor allem in den Bereichen Verkehr und Umweltschutz, bildeten einen weiteren Schwerpunkt. 1992–99 erhielt L. im Rahmen des PHARE-Programms rund 248 Mio Euro.

Gemeinschaftsprogramme: Seit November 1998 beteiligt sich L. an den EU-Programmen Leonardo, Sokrates und Jugend für Europa.

Energiepolitik: Mit den balt. Staaten Litauen und Estland unterzeichnete L. im Oktober 1998 ein Abkommen, das sämtliche Aspekte des Energiesektors abdeckt.

Handelsbeziehungen: 1991 war L. noch weitgehend vom Handel mit der Sowjetunion abhängig. 1996 gingen bereits 45% der lett. Ausfuhren in die EU (Deutschland 14%, Großbritannien 11%, Schweden 7%), während nur noch 23% der Ausfuhren Russland betrafen. 1996 lag der EU-Anteil bei 50%. Bei den EU-Importen aus L. handelt es sich um Holz-, Bergbau- und Textilerzeugnisse, die EU exportiert nach L. vor allem Maschinen, elektrische Anlagen, Chemikalien und Verkehrsausrüstung. 1998 betrugen die lett. Ausfuhren in die EU schon 56,6% der Gesamtexporte (Deutschland 15,6%, Großbritannien 13,5%, Schweden 10,3%). Die Einfuhren aus der EU lagen 1998 bei 55,3% (Deutschland 16,8%, Finnland 9,5%, Schweden 7,2%). 1999 wurden die Verbrauchsteuern auf Mineralölerzeugnisse, Tabakwaren und alkoholische Getränke erhöht, um sie allmählich an die in der EU gültigen Sätze anzunähern.

EU-Beitritt: Im Februar 2000 nahm die EU die Beitrittsverhandlungen mit L. auf. L. will die Verhandlungen bis Ende 2003 abschließen, um der EU bis 2004 beitreten zu können. Aus praktischen und aus geografischen Gründen ist damit zu rechnen, dass die drei balt. Republiken geschlossen beitreten werden. *W. W.*

Stichwort: PHARE-Programm

Hilfsprogramm: Das EU-Programm PHARE wurde 1989 nach dem Zusammenbruch der kommunistischen Herrschaft in den mittel- und osteuropäischen Ländern konzipiert, um diesen Staaten bei der Umgestaltung der Zentralverwaltungswirtschaft zu helfen.

Kriterien von Kopenhagen: Das PHARE-Programm soll die Beitrittskandidaten dabei unterstützen, die Kriterien von Kopenhagen zu erfüllen:

▷ demokratische und rechtsstaatliche Ordnung, Wahrung der Menschenrechte, Minderheitenschutz

▷ leistungs- und wettbewerbsfähige Marktwirtschaft

▷ Akzeptanz für die Ziele der politischen Union sowie der Wirtschafts- und Währungsunion.

Förderung: Maßnahmen in 15 Bereichen werden gefördert, insbes. auf den Gebieten Infrastruktur, Aufbau der Marktwirtschaft, Bildung und Forschung, Umweltschutz und Strahlensicherheit, Modernisierung der Landwirtschaft.

Zu den PHARE-Maßnahmen 1999 für Lettland zählten:

▷ Unterstützung des Lett.-Unterrichts für Einwohner, die nicht lett. sprechen (0,5 Mio Euro)

▷ Stärkung der Verwaltung und Steigerung ihrer Leistungsfähigkeit in den Bereichen Zoll und Steuern (2,4 Mio Euro)

▷ Unterstützung der Integration Lettlands in den europäischen Binnenmarkt (Rechtsangleichung, Lebensmittelüberwachung und Statistik; 5 Mio Euro)

▷ Intensivierung der Zusammenarbeit in den Bereichen Justiz und Inneres (Grenzschutz; 4,5 Mio Euro)

▷ Unterstützung der Infrastruktur- und Verkehrsinvestitionen (1,8 Mio Euro)

▷ Hilfe bei der Teilnahme an mehreren Gemeinschaftsprogrammen (1,9 Mio Euro)

▷ Maßnahmen zur Umstrukturierung der Industrie (8 Mio Euro)

▷ Zusammenarbeit in der Ostseeregion (3 Mio Euro).

Ein Denkmal in Riga erinnert an den Aufstand gegen deutsch-balt. Großgrundbesitzer 1905.

Staatsoberhäupter Lettlands[1]

Reg.-Zeit	*Name*	*Lebensdaten*
1918/19	Karlis Ulmanis	1877–1942
1920–22	vakant	
1922–27	Janis Cakste	1859–1927
1927–30	Gustav Zemgals	1871–1939
1930–36	Albert Kviesis	1881–1944
1936–40	Karlis Ulmanis	1877–1942
1991–93	Anatolis Gorbunovs	*1942
1993–99	Guntis Ulmanis	*1939
seit 1999	Vaira Vike Freiberga	*1937

1) 1940–91 als Lett. Sozialistische Sowjetrepublik Teil der UdSSR; 1941–44 unter deutscher Besatzung

Die wichtigsten Parteien im 20. Jahrhundert

Name (Abkürzung)	*Politische Richtung*	*Gründung*
Sozialdemokratische Arbeiterpartei (LSDSP)	sozialdemokratisch	1904
Bauernbund (LZS)	rechts-konservativ	1917
Für Vaterland und Frieden (TB/LNNK)	rechts-nationalistisch	1991
Partei der Volkseintracht (TSP)	sozialistisch	1991
Lettlands Weg (LC)	liberal	1993
Volksbewegung für Lettland (TKL)	rechtsradikal	1994
Demokratische Partei Saimnieks (DPS)	links-zentristisch	1995
Neue Partei (JP)	zentristisch	1998
Volkspartei (TP)	konservativ-reformerisch	1998

Libanon

Republik Libanon

Libanon 2000	
Landesfläche	10 400 km² (WR 159)
Einwohner	3,2 Mio (WR 127)
Hauptstadt	Beirut (1,1 Mio Einw.)
Sprachen	Arabisch, Französisch
Währung	1 Liban. Pfund (L£) = 100 Piastres
Gliederung	5 Provinzen
Staatsform	Parlamentarische Republik (seit 1926)
Religion	Moslems (53%); Christen 40%; Drusen (7%)
Bevölkerung	Libanesen (80%); Palästinenser (16%); Sonstige (4%)

Libanon im 20. Jahrhundert	
1920	Libanon wird zusammen mit Syrien unter französ. Völkerbundmandat gestellt; das Land entsteht in seinen heutigen Grenzen.
1926	Libanon wird offiziell Republik, bleibt aber unter der Oberhoheit Frankreichs; Verabschiedung der ersten Verfassung.
1941	Proklamation der Unabhängigkeit.
1943	Endgültige Unabhängigkeit von Frankreich (22.11.); libanes. Nationalpakt: ein maronit. Christ (Bescharra Khoury) wird erster Staatspräsident, ein sunnit. Moslem Premierminister, ein schiit. Moslem Parlamentspräsident.
1944	Aufhebung des Völkerbundmandats.
1945	Der Libanon wird Mitglied der Arab. Liga und Gründungsmitglied der UNO.
1946	Abzug der letzten brit. und französ. Truppen.
1958	Libanonkrise: Nach dem Sturz der irak. Monarchie bittet die libanes. Regierung die USA um Unterstützung gegen revolutionäre Einflüsse aus dem Irak.
1975	In Ain Roummaneh werden 27 Palästinenser in einem Autobus von Falangisten erschossen; Beginn des Bürgerkriegs in Beirut.
1976	Eingriff syr. Truppen in den Bürgerkrieg.
1977	Ermordung des Drusenführers Kamal Jumblat.
1978	Besetzung des Südlibanons durch Israel, Stationierung von UN-Friedenstruppen; eine UN-Resolution fordert den Abzug Israels aus dem Südlibanon.
1982	Israel besetzt den Südlibanon und belagert das von der PLO beherrschte West-Beirut; Abzug der PLO.
	Ermordung des libanes. Staatspräsidenten Béchir Gemayel; Maroniten verüben Massaker in den Palästinenserlagern Sabra und Chatila.
1985	Israel zieht sich aus dem Nordlibanon zurück, hält aber völkerrechtswidrig einen 1100 km² großen Streifen im Südlibanon besetzt.
1986	UNO fordert den Rückzug Israels aus ganz Libanon.
1987	Syr. Truppen besetzen Beirut.
1989	Die Bürgerkriegsparteien schließen den Vertrag von Taif (Saudi-Arabien).
	Staatspräsident René Mouawad stirbt bei einem Bombenattentat; Elias-Hrawi (maronitischer Christ) wird vom Parlament zum Nachfolger ernannt.
1990	Schwerste Kämpfe christlicher Milizen in Beirut; syr. Truppen zwingen den Maronitengeneral Michel Aoun zur Kapitulation.
1991	Entwaffnung und weitgehende Auflösung der Milizen (bis Mai); die libanes. Armee übernimmt den Südlibanon.
	Freundschaftsvertrag mit Syrien; die syr. Armee bleibt mit 40 000 Soldaten bestimmender Machtfaktor im Land.
1996	Bei einem israel. Luftangriff auf Qana im Südlibanon sterben mehr als 100 Patienten und Mitarbeiter eines UN-Krankenhauses.
	Entgegen der Verfassung verlängert das Parlament die Amtszeit des Staatspräsidenten Hrawi um weitere drei Jahre.
1998	Nach dem Rücktritt Hrawis wird Emile Lahhud neuer Staatspräsident.
1999	UNESCO ernennt Beirut zur »Kulturhauptstadt der arab. Welt«.
2000	Israel fliegt die seit Monaten schwersten Luftangriffe (7./8.2.); am 23.5. beginnt Israel mit dem Truppenrückzug aus dem Südlibanon.

Nach den Assyrern und Persern eroberte Alexander der Große 332 v. Chr. das Gebiet des heutigen L. Unter den Römern wurde die Region der Provinz Syria angegliedert, die nach der Reichsteilung 395 v. Chr. zum Byzantin. Reich gehörte. Im 7. Jh. eroberten Moslems den L. und unterstellten ihn dem Kalifenreich. Auf der Suche nach einem Zufluchtsort kamen in den folgenden Jahrhunderten die christliche Religionsgemeinschaft der Maroniten und die islamische Sekte der Drusen in den L., der vom 12. bis zum 15. Jh. von Kreuzfahrern besetzt war.

Kolonisation und Unabhängigkeit

Ende der osmanischen Vorherrschaft: Bis in die Neuzeit ist die Geschicke des L. eng mit Syrien verbunden; beide Gebiete waren ab dem 16. Jh. Teil des Osman. Reichs. 1862 erhielt die Region um Beirut als »Mont Liban« auf französ. Druck eine beschränkte Autonomie innerhalb des Osman. Reichs und stand unter der Führung eines christlichen Gouverneurs. Nach dem Zusammenbruch des Osman. Reichs wurde der L. 1920 gemeinsam mit Syrien französ. Mandatsgebiet; noch im selben Jahr proklamierte der französ. General Henri Gouraud die Gründung des »Grand Liban«. Dabei erhielt die bisherige halbautonome Provinz »Mont Liban« so viele von Moslems besiedelte Gebiete, dass die Christen knapp die Bevölkerungsmehrheit stellten und die Maroniten die größte Religionsgemeinschaft blieben. Nach einem Aufstand der Drusen wurde unter dem Druck der Maroniten 1926 die staatliche Bindung mit Syrien aufgehoben und eine konstitutionelle Republik unter französ. Mandat ausgerufen.

Volkszählung und Konfessionsproporz: Bereits 1861 war ein Konfessionsproporz festgeschrieben worden. Diese »angemessene« Vertretung der verschiedenen Gemeinschaften in Parlament, Regierung und Verwaltung entsprechend ihrem Bevölkerungsanteil wurde auf den Gesamtstaat übertragen. Nach der Volkszählung von 1922 hatten die Christen die Mehrheit; allerdings veränderten sich die Proportionen im Laufe der Jahre zugunsten der Moslems, zum einen durch die geringere Geburtenrate der christlichen Bevölkerung, zum anderen aber auch durch die christlichen Ab- und moslemischen Zuwanderungen. Die Regierung ignorierte diese demographischen

Veränderungen und ließ nach 1932 keine Volkszählung mehr durchführen, um den Konfessionsproporz nicht zu gefährden.

Unabhängigkeit: Nach der Besetzung durch die Alliierten im Zweiten Weltkrieg proklamierte Frankreich 1941 den unabhängigen Staat L. und übertrug 1944 die Mandatsrechte auf die libanes. Regierung; 1946 räumten die letzten brit. und französ. Truppen das Land. Als der Staat 1943 auch formell unabhängig wurde, hielt ein ungeschriebener »Nationalpakt« im Wesentlichen am Konfessionsproporz und der Verfassung von 1926 fest. Gleichzeitig wurden die Bevölkerungsanteile der letzten Volkszählung von 1932 ohne Berücksichtigung demographischer Veränderungen festgeschrieben (nach dem Schlüssel sechs Christen zu fünf Moslems).

Verfassung: Die Verfassung von 1926 legte außerdem fest, dass von den 99 Sitzen der Nationalversammlung 53 auf die christlichen Gruppierungen, 45 auf die moslemischen und ein Sitz auf die sonstigen Minderheiten (z. B. röm.-katholische Lateiner und Juden) entfielen. Auch die Zusammensetzung des Ministerrats unterlag dem Religionsproporz. Als Ausgleich für den Verzicht auf weitere französ. Protektion stellten die Maroniten zukünftig den Staatspräsidenten und die Sunniten den Premierminister; den Schiiten billigte man den Vorsitz im Parlament zu.

Die junge Republik

Neutralität: Der zweite Staatspräsident Camille Chamoun (1952–58) verfolgte eine Neutralitätspolitik bei Anlehnung an die Westmächte. Die günstige Lage am östlichen Mittelmeer machte den L., insbes. Beirut, zu einem wichtigen Handelsplatz im Nahen Osten und zu einer Drehscheibe für Dienstleistungen vor allem im Bankensektor.

Soziale und religiöse Spannungen: Obwohl der Reichtum des Landes zunehmend wuchs, zeigte sich bald, dass das Nationalpaktsystem den sozialen Spannungen auf Dauer nicht gewachsen war: Es favorisierte die wohlhabenden maronitischen und sunnitischen Oberschichten und benachteiligte die in Armut lebende griech.-orthodoxe und schiitische Bevölkerungsmehrheit. Schon Ende der 40er Jahre hatten sozialistische, kommunistische und nationalistische Parteien eine Änderung der Sozialpolitik und – verbunden mit einer neuen Volkszählung – des politischen Systems gefordert. Gleichzeitig wuchs der demographische Druck, da als Folge des Israel.-Arab. Kriegs ab 1949 zunehmend arab.-moslemische

Religiöse und ethnische Gruppierungen im Libanon

Glaubensgemeinschaften: Die Fronten im Bürgerkrieg machten deutlich, dass die Libanesen sich in erster Linie als Mitglieder ihrer Glaubensgemeinschaft verstehen. 18 christliche und islamische Religionsgruppen mit vom Staat anerkannten Rechtsformen für Ehe-, Familien- und Erbrecht sind im Libanon vertreten. Die jeweiligen religiösen Gruppierungen hatten sich in den Bergen zu »Völkern« entwickelt; über Jahrhunderte lebten sie als Maroniten, Griech.-Orthodoxe, Drusen, Schiiten, Sunniten etc. unter sich, bevor sie »Libanesen« wurden.

Maroniten: Die Anhänger dieser christlichen Religionsgemeinschaft wanderten im 7. Jh. vermutlich aus dem Orontestal in die Berge des Libanon ein. Seit der Zeit der Kreuzzüge sind sie, mit kurzer Unterbrechung, der röm. Kirche unterstellt. Daneben gibt es zahlreiche kleinere christliche Kirchen, unter denen Griech.-Orthodoxe und Griech.-Katholische die größten Gruppen darstellen.

Drusen: Diese islamische Gemeinschaft entwickelte ein Religionsverständnis, das den Koran als Gefäß für einen größeren inneren Sinn sieht und nur Eingeweihten zugänglich ist. Die Lehre kennt weder Konvertiten noch akzeptiert sie Austritte. Die Religionsgemeinschaft hatte sich in die Berge südlich von Beirut, dem Schuf, zurückgezogen.

Schiiten: Sie gehören derselben islamischen Richtung an, die im Iran herrscht. Vermutlich kamen sie im 9. Jh. in den Libanon; einer der Stämme siedelte im Norden der Bekaa-Ebene, ein anderer zog in die Hügel im Süden des Landes, in den Djebel Amol. Die Schiiten bilden die zahlenmäßig größte, aber auch ärmste Gruppierung im Libanon.

Sunniten: Diese islamische Gruppe, deren Lehre auf der »Sunna« des Propheten Mohammed beruht, erkennt im Unterschied zu den Schiiten die mit dem Propheten nichtverwandten Nachfolger (Kalifen) als rechtmäßig an. 10% der Moslems im Libanon gehören dieser Glaubensrichtung an.

(Foto: Libanes. Schiiten beim Aschura-Fest 1999 in Nabatijja. Zum Gedenken an den Märtyrertod ihres Religionsgründers im Jahr 680, der die Trennung von Sunniten und Schiiten markiert, haben sie sich selbst gegeißelt, bis ihre Gesichter und Hände von Blut überströmt sind.)

Religionsgruppen

Palästinenser in den L. einwanderten. Die damit zunächst verbundene arab. Solidarisierung und ein anwachsender arab. Nationalismus verstärkten in der Folgezeit die Spannungen zwischen den prowestlichen Christen und den arab.-nationalistischen Moslems, die ab 1956 unter ägypt. und syr. Einfluss gerieten.

Militärische Auseinandersetzungen: Die Unzufriedenheit breiter Bevölkerungsschichten entlud sich 1958 in bewaffneten Straßenkämpfen zwischen nationalarab. Moslems und prowestlichen Christen. Die Krise eskalierte, als der Gründer der PSP (Sozialistische Fortschrittspartei), Kamal Jumblat, am 13.5. mit seiner (drusischen) Miliz den Sommersitz des Staatspräsidenten Chamoun angriff. Nach vergeblichen Vermittlungsversuchen der Vereinten Nationen führte das Eingreifen der USA, die auf Drängen der libanes. Regierung intervenierten, zu einer vorläufigen Einstellung der Kampfhandlungen. Der grundsätzliche politisch-soziale Konflikt wurde jedoch nicht gelöst; in den Folgejahren zeigte sich, dass diese erste militärische Auseinandersetzung nach der Unabhängigkeit die Vorstufe des Bürgerkriegs 1975 war, der über 150 000 Tote forderte und das Land an den Rand des wirtschaftlichen Ruins brachte.

Brennendes Beirut: Das von der PLO besetzte West-Beirut wurde im August 1982 von den Israelis belagert und durch Luftangriffe teilweise zerstört.

Der Weg in den Bürgerkrieg

Christen und Moslems im Konflikt: Nach der Überwindung des ersten Schocks über die Brüchigkeit des politischen Systems suchten sich alle politischen Gruppen Verbündete außerhalb des L.s. Die Maroniten lehnten sich immer mehr an Israel an, während die Sunniten sich mit den Palästinensern solidarisierten und die Schiiten Schutz bei Syrien und später beim Iran suchten. Ab 1975 kam es vor allem im Süden des Landes, der im Abkommen von Kairo 1969 der Palästinens. Befreiungsfront (PLO) als Kampfbasis gegen Israel zugesprochen worden war (»Fatah-Land«), wiederholt zu schweren Auseinandersetzungen zwischen Christen und Moslems (vorwiegend palästinens. Freischärlern).

Nach der Erschießung von 27 Palästinensern durch Falangisten, den christlichen Milizen zur »Verteidigung des Vaterlands«, im April 1975 im Beiruter Stadtteil Ain Roummaneh begannen heftige Kämpfe im ganzen Land; das Zentrum von Beirut wurde zum Niemandsland (»Grüne Linie«) zwischen Christen und Moslems erklärt. Dabei standen sich die nationalistische »Libanesische Front«, der die meisten christlichen Gruppen angehörten (darunter die Falange unter Béchir Gemayel), und die linksgerichtete »Nationale Bewegung« Jumblats gegenüber, die sich auf die bewaffneten Drusenbauern im Süd-L. stützte und sich mit den Palästinensern verbündete.

Intervention Syriens: Am 31.5.1976 griffen syr. Truppen zugunsten der christlichen Milizen ein, um die Auseinandersetzungen zu beenden und einen (wahrscheinlichen) Sieg der Nationalen Bewegung zu verhindern. Aber weder eine im Oktober 1976 eingerichtete arab. »Friedenstruppe«, die überwiegend aus syr. Verbänden bestand, noch die Entsendung einer UN-Friedenstruppe konnten die Kämpfe stoppen. Dies galt vor allem für den Süden des L.s, wo Israel 1978 zugunsten der christlichen Milizen eingriff. Im Februar 1980 zogen sich die syr. Soldaten aus Beirut zurück, das daraufhin von der PLO besetzt wurde.

Nach der Ermordung Béchir Gemayels, dem am 23.8.1982 zum Staatspräsidenten gewählten Führer der christlichen Milizen, im September 1982 erzwangen israel. Truppen die Vertreibung der PLO aus West-Beirut. Die wenige Tage später unter Aufsicht der israel. Armee von Falangisten verübten Massaker in den Beiruter Palästinenserlagern Sabra und Chatila lösten heftige Kritik an der israel. Besatzungspolitik aus und führten unter internationalem Druck zum Abzug der Israelis.

Syr. Kampfeinheiten in West-Beirut brachten 1987 den Bürgerkrieg im Libanon zum Erliegen. Erst 1990 kam es zur Unterzeichnung eines Friedensplans durch die Bürgerkriegsparteien.

Friedensverhandlungen: In das durch den Rückzug der Israelis entstandene Machtvakuum drängte besonders die schiit. Amal-Miliz; zwischen ihr und den Palästinensern kam es zu heftigen Kämpfen. Versöhnungskonferenzen der verfeindeten Parteien tagten 1983 und 1984 in der Schweiz ohne Erfolg. Anfang 1984 drängten insbes. drus. und schiit. Milizen Staatspräsident Amin Gemayel (1982–88), den Bruder des ermordeten Präsidenten Béchir, in die Defensive. Im Juni 1986 begannen Verhandlungen über den Abzug aller Milizen aus den umkämpften Stadtteilen Beiruts, die jedoch auch erfolglos blieben. Im Februar 1987 rückten erneut syr. Truppen in West-Beirut ein.

Erneute Kämpfe: Nachdem trotz mehrfacher Versuche bis Ende September 1988 kein Nachfolger für Staatspräsident Gemayel vom Parlament gewählt werden konnte, übergab er sein Amt provisorisch an Michel Aoun, den (christlichen) Oberbefehlshaber der Armee. Die im November 1989 von Teilen des Parlaments vorgenommene Wahl René Mouawads und – nach dessen Ermordung – Elias Hrawis zum neuen Staatspräsidenten akzeptierte General Aoun ebenso wenig wie die Ergebnisse der Friedenskonferenz der Bürgerkriegsparteien vom Oktober 1989 in Taif (Saudi-Arabien). In der Folgezeit entbrannten zwischen christlichen Milizen und christlichen Armeeverbänden die schwersten Kämpfe seit Beginn des Bürgerkriegs 1975.

Kapitulation und Kooperationsvertrag: Im Oktober 1990 beendete die mit Hilfe syr. Truppen erzwungene Kapitulation Aouns sowohl die Kämpfe als auch die Doppelpräsidentschaft. Für die Syrer hingegen war die von ihnen nach Saudi-Arabien einberufene Konferenz 1989 und der mit Billigung der USA durchgeführte Einmarsch ein voller Erfolg: Die Ergebnisse von Taif versprachen Syrien Sicherheit für seine Interessen im Nachbarland, wurde es doch Garantiemacht für die Durchsetzung der Vereinbarung. So entwaffneten die Syrer konsequent die Milizen (außer der Hisbollah), die sich als politische Parteien neu formierten. Im Mai 1991 schloss die libanes. Regierung von Premierminister Omar Karamé einen Kooperationsvertrag mit Syrien, in dem die enge Zusammenarbeit beider Länder vereinbart wurde; er stellt den Schlusspunkt des 16-jährigen Bürgerkriegs dar.

Neubeginn und Wiederaufbau

Wahlen: Die Maroniten, die für einen von Syrien unabhängigen L. eintraten, verloren 1992 ihre führende politische Rolle weitgehend an die prosyr. sunnitische Bevölkerungsmehrheit. Im Vertrag von Taif hatten die Bürgerkriegsparteien 1989 festgelegt, dass Christen und Moslems je die Hälfte der nunmehr 108 (seit 1992: 128) Sitze im Parlament erhalten. Außerdem musste der (christliche) Staatspräsident zahlreiche Aufgaben und Befugnisse an den (sunnitischen) Premierminister abtreten. Das Wahlgesetz von 1992 änderte die Wahlkreise zugunsten der moslemischen Wähler, die nun jeweils die Mehrheit stellten. Wegen dieser Benachteiligung boykottierten die christlichen Parteien Falange und Forces Libanaises 1992 die erstmals seit 20 Jahren durchgeführten Wahlen. Die schiitische Hisbollah schloss sich nach den Wahlen mit vier unabhängigen Kandidaten und drei sunnitischen Fundamentalisten zusammen, so dass sie über mehr Stimmen verfügte als die sozialistische Fortschrittspartei, die mit elf Sitzen stärkste Partei wurde. Damit konnte sich die Hisbollah erstmals als politische Kraft im Parlament etablieren.

Wirtschaftswachstum: Staatspräsident Elias Hrawi (1989–98) beauftragte im Oktober 1992 den neuen Premierminister Rafik el-Hariri mit der Regierungsbildung. Dieser bemühte sich in enger Kooperation mit Syrien, der staatlichen Autorität im L. (mit Ausnahme der von Israel im Süden beanspruchten Sicherheitszone) wieder Geltung zu verschaffen und die Wirtschaft zu stabilisieren. Dabei wurde dem Wiederaufbau Beiruts Priorität eingeräumt. Im August 1993 legte el-Hariri, einer der reichsten Männer der Welt (»Mr. Miracle«), ein umfangreiches Wiederaufbauprogramm für Beirut vor, das er zum Teil über Stiftungen und eigene Mittel finanzierte. Für mehrere Jahre war er Motor und Symbolfigur eines ersten wirtschaftlichen Aufschwungs und wurde 1996 wieder gewählt. Neben einem moderaten Wirtschaftswachstum konnte er auf eine relativ stabile Währung und eine positive Zahlungsbilanz verweisen. Ab 1997 geriet er aber wegen seiner Innen- und Wirtschaftspolitik immer mehr in die Kritik, zumal weite Teile der Bevölkerung nach wie vor schwer unter den Folgen des Krieges litten und an der Armutsgrenze lebten. Als in der Folgezeit zunehmend Korruptionsfälle aus der Umgebung des Premierministers bekannt wurden, musste er zurücktreten.

Finanzpolitik: 1998 schwächte sich das Wirtschaftswachstum im Vergleich zum Vorjahr von 4,4% auf 2% um mehr als die Hälfte ab. Der Rückgang wurde auf die strenge Finanzpolitik der Regierung zurückgeführt, die zur Verringerung der staatlichen Ausgaben um 11% führte. Das Haushaltsdefizit im Verhältnis zum BIP, das 1998 rund 14% betrug, soll bis 2001 auf 5–7% gesenkt werden. Um die staatlichen Einnahmen zu erhöhen, wurde der Benzinpreis angehoben sowie eine Verkaufs- und eine Dienstleistungssteuer eingeführt. Außerdem sollen die Erträge aus der Touristikbranche wesentlich höher besteuert werden. Ein neu eingerichteter Ausschuss hat die Aufgabe, Pläne zur Privatisierung des Energiesektors, der Telekommunikation, des Tabakmonopols und der staatlichen Fluglinie Middle East Airlines auszuarbeiten und umzusetzen. Ferner kündigte die Regierung an, die Korruption und die weit verbreitete Veruntreuung staatlicher Mittel stärker bekämpfen zu wollen.

Neue Regierung: Im Oktober 1998 wählte das Parlament mit Billigung durch die syr. Führung General Emile Lahhud, den bisherigen Armeechef des L., mit den Stimmen aller Abgeordneten zum neuen Staatspräsidenten. Dieser ernannte den Wirtschaftswissenschaftler Salim al-Hoss zum neuen Premierminister und beauftragte ihn mit der Regierungsbildung. Auf al-Hoss, der sich im Parlament auf eine deutliche Mehrheit stützen kann, werden große Hoffnungen gesetzt; die außenpolitische Orientierung unter dem starken Einfluss Syriens, das 1999 noch 35 000 Soldaten im L. stationiert hielt, behindert jedoch teilweise die Realisierung seiner Pläne. So ist der bereits 1989 auf der Konferenz von Taif angekündigte Rückzug der syr. Armee immer noch höchst ungewiss. *B. To.*

Staatsoberhäupter des Libanon

Reg.-Zeit	*Name*	*Lebensdaten*
1943–52	Bchara al-Khoury	1890–1964
1952–58	Camille Chamoun	1900–1987
1958–64	Fouad Chéhab	1902–1973
1964–70	Charles Hélou	*1913
1970–76	Suleiman Franjeh	1910–1992
1976–82	Elias Sarkis	1924–1985
1982	Béchir Gemayel	1948–1982
1982–88	Amin Gemayel	*1942
1989	René Mouawad	1922–1989
1989–98	Elias el-Hrawi	*1926
seit 1998	Emile Lahhud	*1936

Die wichtigsten Parteien im 20. Jahrhundert

Name (Abkürzung)	*Politische Richtung*	*Gründung*
Parti socialiste nationaliste syrien (PSNS)	laizistisch-sozialistisch, prosyr.	1932
Bloc national libanais	konservativ (christl.-moslem.)	1943
Parti socialiste progressiste (PSP)	drusische sozialistische Partei	1949
Parti national libéral (PNL)	säkular-liberale Reformpartei	1958
Al-Amal (»Hoffnung für die Enterbten«)	schiitische Nationalpartei	k. A.
Hisbollah (»Partei Gottes«)	Partei islam. Fundamentalisten	1982

Stichwort: Hisbollah und Südlibanesische Armee (SLA)

Die Hisbollah (»Partei Gottes«) entstand 1982 während der israel. Invasion des Libanon als radikale militärische Organisation islam. Fundamentalisten. Sie besteht aus Schiiten, den Anhängern der kleineren Hauptkonfession des Islam. Ziel der Hisbollah ist die Errichtung eines islam. Gottesstaats nach dem Vorbild des Iran sowie die Zerstörung des Staates Israel. In ihrem vom Iran finanzierten Kampf gegen die Israelis machte die in verschiedene Flügel gespaltene »Partei Gottes« v. a. durch spektakuläre Terroranschläge auf sich aufmerksam.

Die Südlibanes. Armee (SLA), eine Abspaltung der libanes. Streitkräfte, setzte sich bes. aus christlichen Falange-Milizen zusammen, die im Bürgerkrieg im Süden des Landes gegen die Palästinenser gekämpft hatten. Die Stärke der vom libanes. General Antoine Lahad geführten SLA betrug 2500–5000 Söldner, die von Israel bezahlt und ausgebildet wurden. Ihr Ziel war es, zusammen mit der israel. Armee die besetzte Sicherheitszone im Südlibanon zu kontrollieren. Seit dem Rückzug der israel. Truppen im Mai 2000 befindet sich die SLA in Auflösung.

Liberia

Republik Liberia

Liberia 2000	
Landesfläche	111 369 km² (WR 101)
Einwohner	2,9 Mio (WR 129)
Hauptstadt	Monrovia (1 Mio Einwohner)
Sprachen	Englisch, Kpelle, Bassa, 9 andere Stammessprachen
Währung	1 Liber. Dollar (Lib$) = 100 Cents
Gliederung	13 Bezirke
Staatsform	Präsidiale Republik (seit 1847)
Religion	Christen (67,7%); Muslime (13,8%); Tradition. Religionen (18,5%)
Bevölkerung	Kpelle (19,4%); Bassa (13,8%); Grebo (9%); Gio (7,8%); Kru (7,3%); Sonstige (42,7%)

L. wurde bereits 1847 als unabhängige Republik proklamiert und ist damit der älteste souveräne Staat Schwarzafrikas. US-amerikan. Kolonisationsgesellschaften hatten 1822 die westafrikan. Kolonie L. gegründet, um in den USA freigelassenen schwarzen Sklaven eine Ansiedlungsmöglichkeit zu geben. Auch in der Hochzeit des Imperialismus nach 1880, als die europäischen Kolonialmächte Afrika untereinander aufteilten, konnte L. seine Unabhängigkeit behaupten. Die Grenzen L.s waren 1885 nach der Unterwerfung mehrerer einheimischer Stämme festgelegt worden. Jedoch kam es Ende des 19. Jh.s wiederholt zu Grenzstreitigkeiten mit Franzosen (Cote d'Ivoire) und Briten (Sierra Leone), in deren Verlauf L. rund ein Drittel seines Territoriums einbüßte. Als Interessenvertretung der politisch und wirtschaftlich dominierenden Ameriko-Liberianer fungierte die liberale True Whig Party.

Der junge Staat

Festigung des Staates: 1904 verstärkte Präsident Arthur Barclay die Verständigungspolitik mit den einheimischen Stämmen. Auf diese Weise gelang es allmählich, die Autorität der Regierung auch in die entlegenen Landesteile auszudehnen. Allerdings blieb das gespannte Verhältnis zwischen Ameriko-Liberianern und alteingesessenen Stämmen über Jahrzehnte ein zentrales Problem L.s.

Rohstoffe: Ökonomische Grundlage des westafrikan. Landes war zu jener Zeit der Kaffee- und Kautschukexport. Aufgrund stark sinkender Rohstoffpreise verschlechterte sich jedoch ab 1920 die wirtschaftliche Lage. 1926 erwarb der US-Konzern Firestone Company die Verfügungsrechte über rund 4% der Gesamtfläche L.s und legte dort riesige Kautschukplantagen an. Dieser Rohstoff (v. a. für die Reifenherstellung) wurde zum wichtigsten Exportprodukt L.s, brachte es jedoch zugleich in wirtschaftliche Abhängigkeit von dem US-Unternehmen.

Zweiter Weltkrieg: Im Zweiten Weltkrieg war L. neben Ceylon der wichtigste Kautschuk-Lieferant der Alliierten. 1942 schloss L. mit den USA einen Stützpunktvertrag, der u. a. den Bau einer Luftwaffenbasis beinhaltete. Im Rahmen der militärischen Zusammenarbeit wurde auch das Straßennetz ausgebaut und in der Hauptstadt Monrovia ein Tiefseehafen angelegt. 1943 wurde die einheimische Währung durch den US-Dollar als gesetzliches Zahlungsmittel ersetzt. Im Januar 1944 erklärte L. Deutschland und Japan den Krieg.

Ära Tubman

Wirtschaft: 1944 übernahm William V. S. Tubman das Präsidentenamt und bestimmte für die folgenden drei Jahrzehnte die Entwicklung L.s. Er verfolgte eine prowestliche Politik der »offenen Tür« und bemühte sich stets um

Liberias Kampf gegen die wirtschaftliche Abhängigkeit

Die wirtschaftliche Lage Liberias verschlechterte sich aufgrund sinkender Rohstoffpreise ab 1920 rapide. Der Zusammenbruch drohte. In dieser Situation erwarb die US-amerikan. Firestone Company gegen einen Kredit die Verfügungsrechte über rund 4% der Landesfläche und legte riesige Kautschukplantagen an. Damit gewann Liberia ein erfolgreiches Exportgut, geriet aber auch in Abhängigkeit von dem US-Konzern. Während des Zweiten Weltkriegs wurde mit US-Hilfe die Infrastruktur des Landes ausgebaut. 1943 wurde der Dollar als gesetzliches Zahlungsmittel eingeführt. Als um 1950 große Eisenerzvorkommen entdeckt wurden, intensivierten US-Firmen ihr Engagement in Liberia. Mit US-Kapital wurde eine Bergbauindustrie errichtet, deren Erträge jedoch zum größten Teil wieder ins Ausland flossen. Präsident Tubman (1944–71) bemühte sich zwar um eine stärkere Beteiligung von Liberianern an der Wirtschaft, hatte damit aber ebenso wenig Erfolg wie sein Nachfolger Tolbert (1971–80). Wechselnde Militärregime minderten ab 1980 den Einfluss von US-Unternehmen in Liberia, stürzten das Land jedoch durch Misswirtschaft und Korruption ins wirtschaftliche Chaos. (Foto: Arbeiter in einer Eisenerzmine nahe Monrovia, 1980)

Liberia im 20. Jahrhundert	
Um 1900	Liberia, der einzige unabhängige Staat Schwarzafrikas, ist in Grenzstreitigkeiten mit französ. und brit. Kolonialtruppen verwickelt.
1904	Die von Ameriko-Liberianern dominierte Zentralregierung beginnt eine Kooperationspolitik gegenüber den ihr z.T. feindlich gesonnenen Einheimischen-Stämmen.
1919	Liberia tritt ein umfangreiches Gebiet an Frankreich ab.
1926	Die US-amerikanische Firma Firestone erwirbt die Verfügungsrechte über 4% der Landesfläche und die Konzession für den gesamten Kautschukanbau in Liberia.
1942	Unterzeichnung eines Verteidigungsabkommens mit den USA, das u.a. den Bau eines internationalen Flughafens und eines Tiefseehafens in der Hauptstadt Monrovia einschließt.
1943	Der US-Dollar wird als gesetzliches Zahlungsmittel in Liberia eingeführt.
1944	Der prowestliche William V. S. Tubman übernimmt das Präsidentenamt und bestimmt für fast drei Jahrzehnte die Entwicklung Liberias.
1950	Beginn der Eisenerzförderung, wodurch die wirtschaftliche Abhängigkeit vom Kautschuk gemildert wird.
1974	Sinkende Kautschukpreise auf dem Weltmarkt führen zu einer Wirtschaftskrise, die sich immer weiter verschärft.
1980	Durch einen Militärputsch unter der Führung von Samuel Doe wird die prowestliche Regierung von William R. Tolbert gestürzt. Doe errichtet ein diktatorisches Regime.
1985	Bei teilweise manipulierten Wahlen gewinnt die National Democratic Party of Liberia (NDPL) von Präsident Doe die absolute Mehrheit. Gegen Rebellionen von Regierungsgegnern geht die Armee mit großer Brutalität vor.
1989	Mit dem Angriff der National Patriotic Front of Liberia (NPFL) unter Charles Taylor beginnt ein verlustreicher Bürgerkrieg.
1990	Verbände der afrikan. Friedenstruppe ECOMOG greifen in die Kämpfe in Liberia ein. Nach Ermordung Does wird eine Übergangsregierung unter Amos Sawyer eingesetzt.
1993	Nach mehreren vergeblichen Friedensgesprächen gelingt unter Vermittlung der UNO der Abschluss eines Waffenstillstandsabkommens, doch flammen die Kämpfe rasch wieder auf.
1996	Die Verschärfung des Bürgerkriegs führt zur fast vollständigen Zerstörung der Hauptstadt Monrovia. Im August 1996 wird in der nigerian. Haupt stadt ein zweites Friedensabkommen (»Abuja II«) unterzeichnet. Ruth Perry leitet eine Übergangsregierung.
1997	Bei weitgehend korrekt verlaufenen Parlaments- und Präsidentschaftswahlen gewinnen der Rebellenführer Taylor und seine National Patriotic Party die absolute Mehrheit.
1998	Mit internationaler Unterstützung beginnt der Wiederaufbau des vom Bürgerkrieg zerstörten Landes.
1999	Präsident Taylor verzögert demokratische Reformen und ergreift Repressionsmaßnahmen gegen Oppositionspolitiker.

Die wichtigsten Parteien im 20. Jahrhundert

Name (Abkürzung)	*Politische Richtung*	*Gründung*
True Whig Party (TWP)	liberal	1868
Progressive Alliance of Liberia (PAL)	liberal	1974
People's Progressive Party (PPP) National Democratic Party of Liberia (NDLP)	linksorientiert national-populistisch	1980 1984
United Liberation Movement (später gespalten in ULIMO-K und ULIMO-J)	sozial-populistisch	1991
United Peopel's Party (UPP)	reformorientiert	1993
National Patriotic Party (NPP)	sozial-populistisch	1996

ausländische Investoren. Die monokulturelle Ausrichtung auf Kautschuk konnte ab 1950 durch den Abbau von Eisenerzvorkommen gemildert werden. Zu einer weiteren wichtigen Einnahmequelle entwickelte sich die Registrierung von Handelsschiffen. Bis in die 90er Jahre galt L. nach Panama als zweitgrößtes »Billigflaggenland« der Welt.

Einparteienstaat: Auch nach 1945 blieb L. ein Einparteienstaat, den Tubman autoritär regierte. Seine Versuche, die afrikanischen Liberianer stärker an Politik und Wirtschaft zu beteiligen, scheiterten am Widerstand der Konservativen innerhalb der True Whig Party (TWP). Tubman starb kurz nach seiner siebten Wiederwahl 1971. Ihm folgte der bisherige Vizepräsident William R. Tolbert nach, der die politische Linie seines »Ziehvaters« Tubman beibehielt.

Angehörige der afrikan. Bevölkerung L.s gründeten 1974 in New York als erste Oppositionspartei die Progressive Alliance of L. (PAL), um die Alleinherrschaft der TWP zu beenden. Im April 1979 organisierte die PAL landesweite Protestaktionen, als Regierungspläne zu drastischen Preiserhöhungen für Reis bekannt wurden.

Diktatur und Bürgerkrieg

Doe-Regierung: Im April 1980 putschte das Militär unter Führung von Samuel Doe gegen Präsident Tolbert, der im Verlauf der Kämpfe getötet wurde. Doe übernahm als erster afrikan. Liberianer die Regierungsgewalt. Er verhängte das Kriegsrecht, hob die Verfassung auf und verbot sämtliche Parteien; bei der Unterdrückung der politischen Gegner kam es zu schweren Menschenrechtsverletzungen. Fünf Jahre später ging Doe aus manipulierten Präsidentschaftswahlen als Sieger hervor und vereinigte seither die Ämter des Staatsoberhaupts, des Oberbefehlshabers der Streitkräfte und des Regierungschefs in seiner Person. Führende Vertreter des korrupten Regimes beteiligten sich in den 80er Jahren am internationalen Rauschgifthandel, was für die USA ein entscheidender Grund war, 1989 sämtliche L. gewährten Wirtschafts- und Militärhilfen einzustellen.

Bürgerkrieg (1989–97): Mit dem Einmarsch von Truppen der National Patriotic Front (NPFL) unter Charles Taylor begann im Dezember 1989 ein verlustreicher Bürgerkrieg. Andere Rebellengruppen griffen in den Krieg ein: Die ULIMO (Vereinigte Befreiungsbewegung), die von den Anhängern Does getragen wurde, spaltete sich später in die feindlichen

ULIMO-K und ULIMO-J auf. Neben diesen Gruppen existierten zahlreiche andere, oft ethnisch bestimmte Rebellengruppen. Nach der Ermordung Does versank L. nach 1990 im Chaos eines mit rücksichtsloser Härte geführten Bürgerkriegs.

Waffenstillstand: 1990 griff eine von der Westafrikan. Wirtschaftsgemeinschaft (ECOWAS) entsandte Friedenstruppe in die Kämpfe ein. Doch erst 1996 – nach dem Scheitern mehrerer Friedensabkommen und drei erfolglosen Übergangsregierungen – konnten die Kämpfe beigelegt werden.

Neuanfang: Im August 1996 einigten sich die Führer der Rebellengruppen mit Vertretern der westafrikan. Staaten im zweiten Friedensabkommen von Abuja (Abuja II) auf einen Friedensplan und die Entwaffnung der Bürgerkriegsparteien. Während des siebenjährigen Krieges wurden 150 000 Zivilisten getötet. Rund 500 000 Menschen flohen vor den Kämpfen in die Nachbarstaaten.

Wahlen: Im Juli 1997 fanden unter internationaler Aufsicht Präsidentschafts- und Parlamentswahlen statt, aus denen Rebellenführer Charles Taylor und seine National Patriotic Party als Sieger hervorgingen. Zu den wichigsten Aufgaben der neuen Führung gehört die Wiedereingliederung der Flüchtlinge und der Aufbau der völlig zerrütteten Wirtschaft. Das bankrotte Land bleibt in absehbarer Zeit auf internationale Finanzhilfen angewiesen. Eine Verbesserung der wirtschaftlichen Situation erhofft sich L. von der intensiveren Nutzung seiner Bodenschätze, darunter auch Diamanten. Demokratische Reformen blieb Taylor trotz wiederholter Ankündigungen weitgehend schuldig. 1999 verstärkte er sogar die Repressionen gegen seine politischen Gegner. *T. F.*

Stichwort: Abuja II

Der anhaltende Bürgerkrieg in Liberia, der zunehmend destabilisierend auf die gesamte Region gewirkt hatte, fand im August 1996 ein Ende. Die Bürgerkriegsparteien schlossen in der nigerian. Hauptstadt Abuja das auf UN-Vermittlung zustande gekommene »Friedensabkommen von Abuja« (Abuja II). Es sah die Beendigung der Bürgerkriegskämpfe und die Abhaltung freier Wahlen im Sommer 1997 vor. Zwei frühere Vereinbarungen – das Friedensabkommen von Cotonou (Juli 1993) und das erste Abkommen von Abuja (August 1995) – waren gescheitert. Innerhalb kurzer Zeit hatten die verfeindeten Gruppen die Kämpfe wieder aufgenommen und ein Eingreifen der afrikan. Friedenstruppe ECOMOG nötig gemacht.

Anders als die Vorgängerabkommen hatte »Abuja II« Erfolg. So gelang die Entwaffnung eines Großteils der Milizen durch die ECOMOG. Im Juli 1997 fanden international überwachte Parlaments- und Präsidentschaftswahlen statt, die Rebellenchef Charles Taylor und seine National Patriotic Party gewannen. Taylor versprach demokratische Reformen, blieb diese bis 2000 jedoch weitgehend schuldig.

Die Beendigung des Bürgerkriegs durch das Abuja-II-Abkommen ist nicht zuletzt ein Erfolg der westafrikan. Friedenstruppe ECOMOG, deren Hauptkontingent von Nigeria gestellt wird.

Staatsoberhäupter Liberias

Reg.-Zeit	*Name*	*Lebensdaten*
1900–04	Garretson Warner Gibson	1832–1910
1904–11	Arthur Barclay	1854–1938
1912–19	Daniel Edward Howard	1861–1935
1920–32	Charles Dunbar Burges King	1877–1961
1932–43	Edwin Barclay	1882–1955
1944–71	William V. S. Tubman	1895–1971
1971–80	William R. Tolbert	1913–1980
1980–90	Samuel Kanyon Doe	1951–1990
seit 1997	Charles Taylor	* 1948

Links: Charles Taylor, der frühere Rebellenchef, ist seit 1997 gewählter Präsident Liberias.

Rechts: Kämpfe in Monrovia prägten im Frühsommer 1996 das Bild Liberias. Der im Dezember 1989 mit dem Einmarsch der National Patriotic Front begonnene Bürgerkrieg wurde erst 1996 nach mehreren gescheiterten Friedensabkommen beigelegt.

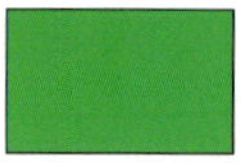

Libyen

Libysch-Arab. Volksrepublik

Das Gebiet des Wüstenstaates L., dessen Bevölkerung hauptsächlich im nördlichen Küstenstreifen lebt, wurde seit 1200 v. Chr. von Phöniziern und Griechen beherrscht. Felszeichnungen zeugen von einer Besiedlung bereits um 8000 v. Chr. Ab etwa 150 v. Chr. unterstand L. dem Röm. Reich. Anfang des 5. Jh.s n. Chr. eroberten die Wandalen das Gebiet, das seit 642 zum Herrschaftsgebiet der Araber und damit zum Einflussbereich des Islams gehörte. 1551 wurde L. mit den Regionen Cyrenaika, Tripolitanien und Fezzan dem Osman. Reich eingegliedert.

In der zweiten Hälfte des 19. Jh.s geriet L. in das Blickfeld des europäischen Imperialismus. Insbes. Italien erhob ab 1878 koloniale Ansprüche auf das Gebiet, in dem die Bruderschaft der Senussi, die eine Rückbesinnung auf die Ursprünge des Islams vertrat, wachsenden Einfluss gewann.

Libyen 2000	
Landesfläche	1 759 540 km² (WR 16)
Einwohner	5,5 Mio (WR 101)
Hauptstadt	Tripolis (600 000 Einwohner)
Sprachen	Arabisch, Berberdialekte
Währung	1 Libyscher Dinar (LD) = 1000 Dirham
Gliederung	3 Provinzen, 10 Gouvernate
Staatsform	Volksrepublik auf islamischer Grundlage (seit 1977)
Religion	Sunnitische Moslems (97%); Sonstige (3%)
Bevölkerung	Libysche Araber, Berber (89%); Sonstige (11%)

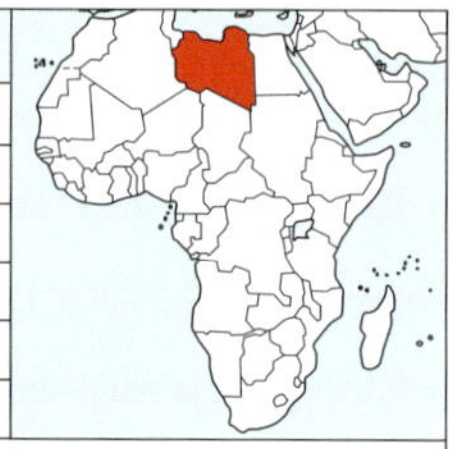

Die italien. Kolonisatoren töteten 1911 im »Massaker von Tripolis« zahlreiche Libyer.

1943 übergaben deutsch-italien.Truppen Tripolis kampflos an die Briten.

Italienische Kolonie

Italienisch-türkischer Krieg: Im September 1911 begann mit der Besetzung von Tripolis durch italien. Truppen der italien.-türk. Krieg, der 1912 mit der Niederlage der Osmanen endete. Italien erklärte L. zur Kolonie. Insbes. die in L. siedelnden Senussi leisteten in der Folgezeit heftigen Widerstand gegen die Kolonialisierung ihres Landes. Mit deutscher und türk. Unterstützung konnten sie die Italiener im Ersten Weltkrieg zeitweise vertreiben. Erst Ende der 20er Jahre wurde ihr Widerstand durch Italien militärisch gebrochen. Unter dem Gouverneur Giuseppe Volpi betrieb das faschistische Regime in Rom ab 1922 eine systematische Kolonialisierung. In den 20er und 30er Jahren forcierte Italien den Ausbau der Infrastruktur der nordafrikan. Kolonie. Straßenbau sowie landwirtschaftliche Anlagen für die stark wachsende Zahl italien. Siedler standen im Vordergrund. 1934 wurden die Provinzen Cyrenaika, Tripolitanien und Fezzan zur Kolonie »Libia« vereinigt, die ein Jahr später durch Kolonialabkommen zwischen Italien und Frankreich bis zum Tibesti-Gebirge im Süden erweitert wurde.

Zweiter Weltkrieg: Bei Ausbruch des Zweiten Weltkriegs machten die rund 150 000 italien. Siedler fast 18% der Gesamtbevölkerung L.s aus. Ab 1942 wurde L. Teil des nordafrikan. Kriegsschauplatzes. Vor der sich abzeichnenden Niederlage der deutschen und italien. Truppen verließ ein Großteil der italien. Siedler das durch die Kampfhandlungen stark in Mitleidenschaft gezogene Gebiet. 1943 wurde die italien. Kolonialherrschaft über L. durch die brit. Besetzung Tripolitaniens und Cyrenaikas sowie durch die französ. Besetzung Fezzans beendet.

Unabhängigkeit

Souveränität: Nach Ende des Zweiten Weltkriegs forderten die Senussi, die die Alliierten gegen Italien unterstützt hatten, die Unabhängigkeit des Landes. Im November 1949 entschied die UN-Vollversammlung, L. solle ein unabhängiges Königreich werden. Nach der Ausarbeitung einer Verfassung mit föderalen Strukturen wurde 1951 das Oberhaupt der Sanussi, Sidi Mohammad Idris al-Mahdi as Senussi, von der Nationalversammlung zum König Idris I. ernannt. Seit Dezember 1951 ist L. als erstes Land der Sahara-Zone ein souveräner Staat.

König Idris I.: Die Regierungszeit Idris' I. war durch eine prowestliche Politik geprägt. Mit Großbritannien und den USA schloss L. Militärverträge und erlaubte den Bau einer amerikan. Luftwaffenbasis bei Tripolis. Politische Parteien waren während der Regierungszeit Idris' I. verboten. 1953 wurde L. Mitglied der Arab. Liga und 1955 der UNO.

Erdölförderung: 1959 führte die Entdeckung reicher Ölvorkommen zu einem raschen wirtschaftlichen Aufschwung. Durch die parallele Förderung anderer Industrien und der Landwirtschaft versuchte L., der Abhängigkeit von Ölexporten entgegenzuwirken.

Unter der Herrschaft Gaddhafis

Militärputsch: Trotz des Ölreichtums verbesserte sich die soziale Lage der Bevölkerungsmehrheit kaum, was zunehmende Unzufriedenheit und Spannungen zur Folge hatte. Im September 1969 wurde König Idris I. durch eine Gruppe junger Offiziere (»Bund freier Offiziere«) gestürzt. Anführer des Umsturzes war Oberst Muammar al-Gaddhafi, der einen streng nationalistisch-islamischen Staat mit sozialistischen Elementen anstrebte.

Außenpolitik: Das neue Regime brach die Verbindungen zu Großbritannien und den USA ab, die ihre Militärstützpunkte in L. verlassen mussten. Italiener und Juden wurden enteignet und des Landes verwiesen sowie Staatsbeteiligungen an Ölgesellschaften von mindestens 51% durchgesetzt. Im Nahostkonflikt zählte L. seit 1969 zu den schärfsten Gegnern Israels und unterstützte die Aktivitäten palästinens. Guerillaorganisationen.

»Sozialistische Volksrepublik«: Mehrmals unternahm Revolutionsführer Gaddhafi mit Ägypten und Syrien (1971) wie mit dem Sudan und Tunesien (1974) Versuche zur Schaffung eines panarab. Staates, die jedoch alle scheiterten. Im März 1977 erklärte der

Mohammed as-Senussi, hier 1949 in London, wurde 1951 als Idris I. König von Libyen.

Muammar al-Gaddhafi – Prophet des »dritten Wegs«

Muammar al-Gaddhafi (* Sept. 1942 in Sirte) bestimmt seit dem Staatsstreich von 1969 mit nahezu unumschränkter Macht die Politik Libyens. Er begann 1962 ein Geschichtsstudium in Bengasi und besuchte ab 1964 Militärakademien in Libyen und Großbritannien. 1967 wurde er Offizier.

In Anlehnung an islamische Traditionen entwickelte Gaddhafi eine politische Philosophie, die er im sog. »Grünen Buch« niederlegte. Sie formuliert einen dritten Weg zwischen materialistischem Kapitalismus und atheistischem Kommunismus. 1978 veröffentlichte Gaddhafi einen zweiten Teil des »Grünen Buches«, in dem er die weitgehende Verstaatlichung der Wirtschaft propagierte.

Wichtiges Element seiner Außenpolitik sind Gaddhafis panarab. Bestrebungen. Er unternahm mehrere Versuche, eine Staatenföderation zu bilden, u. a. mit Ägypten, Syrien, Marokko und dem Tschad. Lange galt Gaddhafi als einer der Drahtzieher des internationalen Terrorismus. Seit Ende der 90er Jahre bemüht er sich um eine Verbesserung seines Ansehens, indem er sich teilweise vom Terrorismus distanziert und wirtschaftliche Reformen zulässt.

Oben: Gaddhafis »Grünes Buch«, in dem er einen »dritten Weg« zwischen Kapitalismus und Kommunismus propagiert

Unten: Gaddhafi während eines Interviews 1992

Muammar al-Gaddhafi (M.) mit PLO-Chef Jasir Arafat (r.) während einer Militärparade.

Libyen im 20. Jahrhundert

1912	Mit der Niederlage der Türkei im italien.-türk. Krieg endet die rund 500-jährige Herrschaft der Osmanen über das Gebiet des heutigen Libyen.
1922	Die in Italien regierenden Faschisten erklären Libyen zur Kolonie.
1923	Italien. Truppen erobern das Gebiet um die Stadt Tripolis (Tripolitanien). Anhaltender Widerstand der islamistischen Senussi gegen die italien. Kolonialherrschaft.
1934	Die Provinzen Cyrenaika, Tripolitanien und Fezzan werden zur Kolonie »Libia« vereinigt.
1935	Beginn eines umfassenden Siedlungsprogramms für Italiener.
1942	Nordafrika wird Kriegsschauplatz des Zweiten Weltkriegs.
1943	Im Mai kapitulieren die deutsch-italien. Truppen vor den Alliierten. Damit ist die italien. Kolonialherrschaft über Libyen beendet. Das Gebiet wird zwischen Frankreich und Großbritannien aufgeteilt.
1951	Libyen erlangt auf Drängen der UNO die Souveränität; Emir Idris as Senussi wird Herrscher des unabhängigen Königreichs.
1952	Libyen und Großbritannien schließen einen Beistandspakt.
1959	Die Entdeckung reicher Ölvorkommen führt zu einem rasanten Anstieg der Staatseinnahmen.
1969	Durch einen Putsch des »Bundes freier Offiziere« unter Führung von Muammar al-Gaddhafi wird die Monarchie gestürzt. Ausrufung der »Libysch-Arab. Volksrepublik«.
1970	Beginn einer umfassenden Enteignungs- und Verstaatlichungspolitik.
1973	Beginn der »Volksrevolution« zur Einführung eines »arabischen Sozialismus«.
1980	Der Staatsanteil an Ölgesellschaften wird auf 80% erhöht. Radikalisierung der Sozialisierungspolitik u. a. durch Verbot des privaten Einzelhandels.
1986	US-amerikan. Bombenangriffe auf Libyen als Reaktion auf ein angeblich von Libyen unterstütztes Bombenattentat, bei dem in West-Berlin US-Amerikaner getötet wurden. Revolutionsführer Gaddhafi gilt als wichtiger Drahtzieher des internationalen Terrorismus.
1992	Die UNO verhängt ein Waffen- und Luftfahrtembargo als Reaktion auf die Weigerung Libyens, zwei Landsleute auszuliefern, die für den Sprengstoffanschlag auf ein Flugzeug über Lockerbie (Schottland) am 21.12.1988 verantwortlich gemacht werden.
	Beginn marktwirtschaftlicher Reformen.
1999	Nach der Überstellung zweier mutmaßlicher Terroristen an ein Gericht in Den Haag lockert die UNO die Embargo-Bestimmungen. Als erster westlicher Regierungschef reist der Italiener Massimo D'Alema nach Libyen.
2000	Eine US-Delegation prüft in Libyen in einer zunächst geheim gehaltenen Mission die Möglichkeiten wirtschaftlicher Kooperation.

Volkskongress (Parlament) L. zur »Sozialistischen Libysch-Arab. Volksrepublik«. Das Land wurde gemäß der von Gaddhafi verkündeten »Dritten universalen Theorie«, die einen »dritten Weg« zwischen materialistischem Kapitalismus und atheistischem Kommunismus postuliert, umgestaltet. Parteien waren nicht zugelassen. In der Volksrevolution (1973) schuf Gaddhafi sog. Volkskomitees, die auch exekutive Aufgaben (u. a. Verwaltung, Polizeikontrolle) hatten; die Gesetzgebung übertrug er ab 1975 zum Teil sog. Basis-Volkskonferenzen. Als Parlament fungiert seitdem ein Allgemeiner Volkskongress mit 750 Mitgliedern. Die faktische Macht liegt allerdings bei Gaddhafi und seiner Führungsgruppe; die Presse ist einer strengen Kontrolle unterworfen.

Wirtschaft: Ab 1978 kam es zu einer weiteren Verstaatlichungswelle, in deren Verlauf u. a. der Staatsanteil an Ölgesellschaften auf 80% erhöht wurde. 1980 wurde jeder private Einzelhandel verboten.

Aufgrund zunehmender ökonomischer Probleme führte Gaddhafi Ende der 80er Jahre eine Reihe wirtschaftlicher Reformen durch; seit 1992 sind in fast allen Wirtschaftsbereichen Privatinitiativen wieder erlaubt.

Terrorismus: In den 80er Jahren verschärfte sich der Konflikt zwischen L. und den USA, die Gaddhafi beschuldigten, eine führende Rolle im internationalen Terrorismus zu spielen. Zu einer Eskalation der Spannungen kam es 1986, als die USA L. als Drahtzieher hinter dem Bombenanschlag auf die von US-Armeeangehörigen frequentierte Berliner Diskothek »La Belle« vermuteten und daraufhin die libyschen Städte Tripolis und Bengasi bombardierten. (Im Verlauf des seit 1998 in Berlin gegen die mutmaßlichen Täter geführten Prozesses wurde der Verdacht der USA durch Stasi-Akten bestätigt.)

Auch das Bombenattentat auf eine Pan-Am-Maschine, bei dem im Dezember 1988 über dem schott. Lockerbie 270 Menschen ums Leben kamen, wurde von den USA dem libyschen Geheimdienst angelastet. Als sich L. weigerte, zwei verdächtige Libyer auszuliefern, verhängte die UNO 1992 ein Waffen- und Luftfahrtembargo. Als weiteres Druckmittel wurden alle libyschen Auslandsguthaben eingefroren.

Wirtschaftsembargo: Die Embargopolitik der UNO und (ab 1996) der USA zeigte Ende der 90er Jahre erste Erfolge: L. erklärte sich bereit, die beiden mutmaßlichen Lockerbie-Attentäter, frühere Mitarbeiter des libyschen Geheimdienstes, an ein im neutralen Den

Feierlichkeiten zum 25. Jahrestag der Revolution 1994.

Die USA bombardierten 1986 nach einem Attentat auf US-Bürger libysche Städte.

Haag (Niederlande) tagendes schott. Gericht auszuliefern und Frankreich ca. 60 Mio DM Schadenersatz für den Bombenanschlag auf eine französ. Passagier-Maschine über dem westafrikan. Niger (1989) zu zahlen.

Damit erreichte L. 1999 eine teilweise Aufhebung der Sanktionen der UNO und der EU. Die USA hielten jedoch an ihrem Embargo fest und forderten L. auf, sich offiziell vom internationalen Terrorismus loszusagen. Von der schrittweisen Aufhebung des Embargos erhofft L. sich vor allem positive Impulse für seine krisengeschüttelte Wirtschaft. Seit Verhängung der Handelsbeschränkungen ist das BIP jährlich um rund 4% gesunken, während die Arbeitslosigkeit über 20% beträgt. Im März 2000 besuchte erstmals wieder eine US-amerikan. Delegation L., um die Möglichkeiten einer Wiederaufnahme der wirtschaftlichen Zusammenarbeit auszuloten. Ein Hindernis für ausländische Investitionen ist jedoch die politisch verfügte Überbewertung der Landeswährung Dinar.

Menschrechtsverletzungen: Zum 30. Jahrestag der libyschen Revolution 1999 kritisierte Amnesty International Gaddhafi wegen seiner anhaltenden Unterdrückungspolitik gegen Oppositionelle: Nach wie vor gebe es in L. hunderte von politischen Gefangenen, willkürliche Festnahmen und zahlreiche Fälle von »Verschwundenen«.

»Kongo-Friedenstruppe«: Ab 1998 versuchte L. sein internationales Ansehen u. a. durch Vermittlung in afrikan. Konflikten wieder zu verbessern. So entsandte L. im Mai 1999 eine »Kongo-Friedenstruppe« nach Uganda, um eine Ausweitung des ugand.-kongoles. Konflikts zu verhindern. *T. F.*

Internationaler Terrorismus: Der Fall Lockerbie

Ein Bombenattentat auf ein amerikan. Passagierflugzeug über dem schott. Ort Lockerbie im Dezember 1988 forderte 270 Tote. Als Urheber des Anschlags wurde sofort der libysche Geheimdienst verdächtigt. Libyen bestritt jedoch jede Verantwortung für den terroristischen Akt und lehnte eine Zusammenarbeit mit den Ermittlungsbehörden kategorisch ab. Daraufhin wurde 1992 von der UNO ein Wirtschafts- und Waffenembargo gegen das Land verhängt; 1996 folgten Sanktionen der USA. 1999 lieferte Libyen zwei Hauptverdächtige, ehemalige Geheimdienstleute, an ein in den Niederlanden tagendes schott. Gericht aus. Im Verlauf des Prozesses zeigte sich jedoch, dass die Beweislage keineswegs so eindeutig ist, wie ursprünglich erklärt wurde. Es kamen einige Indizien an die Öffentlichkeit, die gegen die Täterschaft der angeklagten Libyer sprechen könnten. (Foto: Die am 21.12.1988 über Lockerbie abgestürzte Pan-Am-Maschine)

Staatsoberhäupter Libyens

Reg.-Zeit	*Name*	*Lebensdaten*
1951–69	Idris I.	1890–1983
1969–79[1]	Muammar al-Gaddhafi	*1942
1979–81	Adb al-Ati al-Ubaydi	*1939
1981–84	Mohammad az-Zarruq Ragab	*1940
1984–90	Mufta Al-Usta Omar	*1935
1991–94	Abdul Razzaq as-Sawsa	k.A.
seit 1994	Zentani Mohammed as-Zentani	k.A.

1) De facto ist Muammar al- Gaddhafi als »Revolutionsführer« bis heute Staatsoberhaupt.

Liechtenstein 2000	
Landesfläche	160 km² (WR 187)
Einwohner	32 000 (WR 187)
Hauptstadt	Vaduz (5100 Einwohner)
Sprachen	Deutsch, alemannische Dialekte
Währung	1 Schweizer Franken = 100 Rappen
Gliederung	11 Gemeinden
Staatsform	Parlamentarische Monarchie (seit 1921)
Religion	Katholiken (80,3%), Protestanten (7,1%); Sonstige (12,6%)
Bevölkerung	Liechtensteiner (61,6%); Schweizer (15,6%); Österreicher (7,2%); Deutsche (3,6%); Sonstige (12,0%)

Liechtenstein im 20. Jahrhundert	
1912	Erste Ansätze zur Parteienbildung, Formierung der Opposition.
1913	Landesverweser Karl von In der Maur stirbt nach einer Landtagssitzung. In seiner jahrzehntelangen Regierungszeit erstarrte das politische System in Liechtenstein.
1914	Beginn des Ersten Weltkriegs; Liechtenstein bleibt neutral.
1918	Im November stürzt der Landtag die Regierung. Der Fürst entsendet einen Prinzen, der vorübergehend die Regierung führt. Liechtenstein bleibt Monarchie, da der Fürst mit seinem Vermögen dem Land im Krieg geholfen hat.
1921	Mit der neuen Verfassung wird die parlamentarische Monarchie eingeführt.
1922	Die Volkspartei gewinnt die Landtagswahl und stellt die Regierung.
1924	Zollanschluss: Liechtenstein schließt sich wirtschaftlich der Schweiz an.
1926	Nach Neuwahlen zum Landtag bilden VP und FBP die Regierung.
1927	Rheinüberschwemmung: Große Teile des Landes werden verwüstet.
1928	Nach einem Bankenskandal wird die Regierung gestürzt. Nach Neuwahlen bildet die FBP allein die Regierung. Streitpunkt zwischen den beiden führenden Parteien ist das Landtagswahlrecht.
1936	Gründung der Vaterländischen Union aus der VP und dem mit der NSDAP sympathisierenden »Liechtensteiner Heimatdienst«.
1938	Nach dem Anschluss Österreichs an Deutschland Bildung der Großen Koalition aus FBP und VU.
	Fürst Franz II. stirbt. Nachfolger wird sein Großneffe Fürst Franz Josef II., der sich dauerhaft mit seiner Familie in Liechtenstein niederlässt.
1939	Beginn des Zweiten Weltkriegs. Liechtenstein erklärt sich für neutral und wird in das Versorgungssystem der Schweiz mit einbezogen.
1945	Nach dem Ende des Zweiten Weltkriegs tritt die Regierung unter Josef Hoop zurück. Die Große Koalition bleibt bestehen, die FBP stellt weiterhin den Regierungschef.
1970	Die FBP verliert die Wahlen. Die VU stellt für vier Jahre den Regierungschef.
1978	Nach vierjähriger Unterbrechung wird die VU erneut stärkste Fraktion im Landtag. Ihre führende Stellung kann sie mit einer kurzen Unterbrechung bis zur Gegenwart halten.
1984	Einführung des Frauenwahlrechts durch eine Volksabstimmung.
1989	Fürst Franz Josef II. stirbt. Nachfolger wird sein Sohn Fürst Hans-Adam II.
1990	Liechtenstein wird auf Druck des Fürsten Mitglied der UNO.
1992	Zwischen dem Fürsten sowie Landtag und Regierung kommt es zu Differenzen. Als der Fürst mit der Entlassung der Regierung droht, eskaliert der Konflikt. Der Fürst muss nachgeben.
1993	Erstmals zieht eine dritte Partei in den Landtag ein, die Freie Liste. Aus den Wahlen geht die FBP als stärkste Fraktion hervor. Sie stellt den Regierungschef, mit dem sie sich jedoch bald überwirft. Der Fürst löst im Herbst den Landtag auf. Die VU gewinnt die absolute Mehrheit und stellt mit dem 28-jährigen Mario Frick den jüngsten Regierungschef. Die Koalition aus den beiden Parteien wird fortgesetzt.
1997	Nach Verlusten der FBPL bei den Landtagswahlen zerbricht die Große Koalition nach 59 Jahren. Die VU bildet allein die Regierung.

Liechtenstein

Fürstentum Liechtenstein

Das Fürstentum L. wurde 1719 durch kaiserliches Edikt aus den Grafschaften Schellenberg und Vaduz geschaffen und nach seinem neuen Besitzer benannt, dem Fürsten von Liechtenstein. 1806 erlangte das Fürstentum seine Souveränität. Seit 1862 war das Fürstentum eine konstitutionelle Monarchie. Erst 1938 ließ sich der Fürst dauerhaft in L. nieder.

Liechtenstein um 1900

Armut und Not: L. war bis zum Zweiten Weltkrieg ein agrarisch geprägtes Land. Industrieansiedlungen gab es kaum und die Landwirtschaft war wenig rentabel. Wirtschaftlich war das Land seit der Zollunion 1852 an Österreich angeschlossen. Gelegentlich musste der Fürst das Land mit finanziellen Mitteln aus den bedeutenden Besitzungen der Familie in Böhmen unterstützen.
Erstarrung im Innern: Unter der Regierung von Landesverweser Karl von In der Maur (1884–92, 1896–1913) erstarrte das Land politisch. Obwohl L. im Ersten Weltkrieg neutral blieb, wurde es von den Alliierten als Feindstaat betrachtet. Seine Wirtschaft wurde ruiniert. 1918 kam es zur Parteienbildung: Die alte Führungsschicht formierte sich in der Fortschrittlichen Bürgerpartei (FBP), die konservativen Reformer bildeten die Christlich-Soziale Volkspartei (VP).
Verfassungsreform: L. wurde 1921 durch eine neue Verfassung zur Parlamentarischen Monarchie. Der Regierungschef wurde fortan vom Landtag dem Fürsten zur Ernennung vorgeschlagen und vom Parlament kontrolliert. Ebenso wählt der Landtag seitdem die Richter, beschließt über Gesetze und Haushalte.

Krisenzeit 1922–45

Konflikte im Innern: Bei den Landtagswahlen 1922 setzte sich die VP durch und stellte mit Gustav Schädler (1922–28) den Regierungschef. Seit 1924 ist L. durch eine Zoll- und Währungsunion mit der Schweiz wirtschaftlich eng verbunden. 1926 wurde die FBP an der Regierung beteiligt. Erste Erfolge in der Wirtschaftspolitik wurden durch eine Rheinüberschwemmung (1927) sowie einen Bankenskandal (1928), für dessen Verluste das Land einstehen musste, zunichte gemacht. 1928 kam es zum Machtwechsel, als die Koalition zerbrach. Josef Hoop (1928–45) von der FBP wurde neuer Regierungschef. Seine Partei änderte 1932 das Wahlrecht zu ihren Gunsten. Das Land war tief gespalten, da das Mehrheitswahlsystem die Gegner der Regierungspartei in hohem Maße benachteiligte. 1936 vereinigte sich die Volkspartei mit dem 1933 gegründeten »Liechtensteiner Heimatdienst« zur Vaterländischen Union (VU). Nach dem Anschluss Österreichs an Deutschland 1938 fand sie sich mit der FBP rasch zu einer Koalition zusammen. Gemeinsam wehrten sie den Nationalsozialismus ab und wahrten die Unabhängigkeit ihres Landes.

Zweiter Weltkrieg: L. blieb im Zweiten Weltkrieg neutral. Nach dem Tod von Fürst Franz II. (1929–38) verlegte sein Nachfolger Fürst Franz Josef II. (1938–89) seinen Wohnsitz nach Vaduz. Er nahm die Rechte, die man dem landesfernen Fürsten in der Verfassung von 1921 gelassen hatte, nun wahr. 1944 setzte er gegen den Willen von Landtag und Regierung einen Gesandten L.s in der Schweiz ein. Seit dem Ende des Zweiten Weltkriegs fordert die Fürstenfamilie die in der CSSR enteigneten Besitzungen zurück; sie sind wesentlich größer als das liechtenstein. Staatsgebiet.

Fürst Hans-Adam II. wurde bereits 1984 zum Vertreter seines erkrankten Vaters Franz Josef II. ernannt. Nach dessen Tod 1989 trat er die Nachfolge als Staatsoberhaupt an. Er nimmt eine aktive Rolle in der liechtenstein. Politik ein. So setzte er 1990 den Beitritt Liechtensteins zur UNO durch.

Nach dem Zweiten Weltkrieg

Wirtschaftlicher Aufschwung: Nach dem Ende des Krieges trat die Regierung Hoop zurück, die Koalition blieb aber unter dem neuen Regierungschef Alexander Frick (1945 bis 1962) bestehen. Neben der Ansiedlung von Industrie wurde in diesen Jahren auch der Dienstleistungsbereich ausgebaut. Das Bankenwesen und niedrige Steuersätze wurden zum Anreiz für ausländische Geldanlagen.

Innenpolitik: 1970 wurde die VU erstmals wieder stärkste Partei. Diese Position hält sie auch seit 1978. 1984 wurde landesweit im dritten Anlauf in einer Volksabstimmung das Frauenwahlrecht eingeführt. 1993 zog mit der Freien Liste eine dritte Partei in den Landtag ein, die sich als Alternative zu den etablierten politischen Kräften versteht. Nach einer schweren Wahlniederlage (1997) zog sich die FBP aus der Regierung zurück, die seither von der VU allein gestellt wird. Regierungschef ist seit 1993 Mario Frick.

Neuer Fürst: Nach dem Tod Franz Josefs II. 1989 trat sein Sohn, Fürst Hans-Adam II., seine Nachfolge an. Er nimmt in der liechtenstein. Innenpolitik eine ungewöhnlich aktive Rolle ein. Seit geraumer Zeit mahnt der Monarch Verfassungsänderungen an, vor allem um den Einfluss des Landtags auf die Wahl der Richter zu begrenzen. Als der deutsche Bundesnachrichtendienst 1999 behauptete, in L. würden Gewinne aus dem Drogenhandel »gewaschen«, setzte der Fürst einen österreich. Sonderermittler zur Klärung der Vorwürfe ein. Die Ermittlungen führten 2000 zur Verhaftung mehrerer Verdächtiger. Mit seinen Forderungen nach Änderung der Verfassung zu seinen Gunsten und nach Schwächung des Landtags ist der Fürst jedoch auf erheblichen Widerstand gestoßen. Sollte er bei einer Volksabstimmung mit seinen Reformen scheitern, will er sich nach Österreich zurückziehen. *N. K.*

Staatsoberhäupter Liechtensteins

Reg.-Zeit	*Name*	*Lebensdaten*
1858–1929	Johann II.	1840–1929
1929–38	Franz II.	1853–1938
1938–89	Franz Josef II.	1913–1989
seit 1989	Hans-Adam II.	*1945

Die wichtigsten Parteien im 20. Jahrhundert

Name (Abkürzung)	*Politische Richtung*	*Gründung*
Christlich-Soziale Volkspartei (VP)	christlich-konservativ	1918
Fortschrittliche Bürgerpartei in Liechtenstein (FBP bzw. FBPL)	christlich-konservativ	1918
Vaterländische Union (VU)	christlich-konservativ	1936
Freie Liste	ökologisch	1985

Litauen 2000

Landesfläche	65 200 km² (WR 120)
Einwohner	3,7 Mio (WR 120)
Hauptstadt	Vilnius (Wilna; 584 000 Einwohner)
Sprachen	Litauisch, Polnisch, Russisch
Währung	1 Litas (LTL) = 100 Centas
Gliederung	44 Landbezirke, 11 Stadtbezirke
Staatsform	Parlamentarische Republik (seit 1991)
Religion	Katholiken (80%); Sonstige (20%)
Bevölkerung	Litauer (81,3%); Russen (8,4%); Polen (7%); Sonstige (3,3%)

Litauen im 20. Jahrhundert

1900	Litau. Autonomiebestrebungen; Gründung von Parteien.
1905	Russland genehmigt den Litauern ein eigenes Parlament.
1915	Litauen wird von deutschen Truppen besetzt.
1918	Litauen proklamiert seine Unabhängigkeit; Einmarsch sowjet. Truppen.
1919	Polen besetzt Vilnius (unter Józef Pilsudski).
1920	Die Unabhängigkeit Litauens wird anerkannt.
	Polen annektiert das Gebiet um die poln. Ostgrenze.
1921	Litauen wird in den Völkerbund aufgenommen.
1922	Verabschiedung der Verfassung. Gründung der Balt. Entente.
1923	Litau. Truppen besetzen das Memelgebiet.
1926	Militärdiktatur unter Antanas Smetona.
1932	Die Weltwirtschaftskrise verschlechtert die Situation der Landbevölkerung.
1934	Baltenpakt zwischen Litauen, Estland und Lettland (Balt. Entente).
1939	Nichtangriffspakte zw. Litauen, Estland und dem Deutschen Reich.
	Hitler-Stalin-Pakt: Die balt. Staaten werden der UdSSR zugesprochen.
1940	Sowjet. Truppen besetzen Litauen, Estland und Lettland.
1941	Die deutsche Wehrmacht besetzt die balt. Staaten.
1944	Litauen wird von der Roten Armee zurückerobert.
	Beginn der Sowjetisierung.
1945	Zwangskollektivierung der Landwirtschaft.
1947	Über 500 000 Litauer werden in die UdSSR deportiert.
1968	Protestbewegung gegen die Einschränkung der Religionsfreiheit.
1972	»Chronik der kath. Kirche in Litauen«. Erste Massendemonstrationen.
1989	650 km lange Menschenkette von Tallinn über Riga bis Vilnius.
	Erste Wahlen zum neu gegründeten Volksdeputiertenkongress.
1990	Bei den Wahlen erreicht die Volksfront die Mehrheit der Stimmen.
	Das Parlament verabschiedet eine Unabhängigkeitserklärung.
	Über 90% der Bevölkerung votieren für die Unabhängigkeit.
1991	Rote Armee stürmt das Fernseh- und Rundfunkzentrum von Vilnius.
	Aufnahme diplomatischer Beziehungen zur EU.
1992	Litauen und Polen unterzeichnen einen Freundschaftsvertrag.
1993	Abkommen mit der EU über handelspolitische Zusammenarbeit.
	Litauen wird Mitglied im Europarat. Einführung der Nationalwährung.
1995	Litauen beantragt Beitritt zur EU. Freihandelsabkommen mit der EU.
1996	Ratifizierung eines Europa-Abkommens mit der EU.
1999	Staatspräsident Valdas Adamkus drängt Ministerpräsident Gediminas Vagnorius wegen des schleppenden Fortgangs der Reformpolitik zum Rücktritt; Nachfolger wird der Konservative Rolandas Paksas.
2000	Litauen ratifiziert die Europäische Rahmenkonvention zum Schutz nationaler Minderheiten. Die EU nimmt Beitrittsverhandlungen mit Litauen auf.

Litauen

Republik Litauen

Im 18. Jh. wurde L. nach der Aufteilung Polens unter Österreich, Preußen und Russland Teil des russ. Zarenreiches. Nur das schmale Memelgebiet an der Ostseeküste wurde als deutsches Gebiet anerkannt. Seit 1864 versuchte die Zarenregierung L. zu russifizieren.

Autonomie und Diktatur

Teilautonomie: Nach der ersten russ. Revolution von 1905 genehmigte Moskau L. ein eigenes Parlament. Rund 2000 Delegierte forderten Autonomie für die litau. Gebiete und die Einführung des Litau. als Amtssprache.

Unabhängigkeit: Während des Ersten Weltkriegs wurde L. von den Deutschen besetzt, unter deren Schutz der litau. Landesrat am 16.2.1918 die unabhängige Republik L. mit einer demokratischen Verfassung proklamierte. Nach Abzug der deutschen Truppen besetzten die kommunistischen Bolschewiken das litau. Territorium. Die litau. Regierung musste zunächst aus Vilnius nach Kaunas fliehen, ein freiwilliges litau. Heer vertrieb die bolschewistischen Truppen jedoch bereits im August 1919. Am 12.7.1920 wurde die Unabhängigkeit L.s im Friedensvertrag von Moskau durch Russland anerkannt. Die provisorische Verfassung von 1920 wurde am 1.8.1922 durch eine endgültige ersetzt.

Polnische Besatzung: Im Rahmen des russ.-poln. Kriegs annektierte Polen 1920 das Gebiet um die poln. Ostgrenze. Die Region um Vilnius blieb bis 1939 in poln. Hand. Der Konflikt L.s mit Polen führte zur tiefen Entfremdung der ehemals kulturell verbundenen Staaten.

Memelgebiet: Am 10.1.1923 besetzten litau. Truppen das unter alliierter Verwaltung stehende Memelgebiet. Am 16.2.1923 wurde es von der alliierten Botschafterkonferenz als autonomes Gebiet L. zugesprochen. Die Einwohner erhielten litau. Pässe mit dem Vermerk »Bürger des Memelgebietes«. In der Präambel des Memelstatuts wurde dem Gebiet von der litau. Regierung die territoriale Autonomie zugesichert.

Militärdiktatur: Der Sturz der Mitte-links-Koalition brachte Staatspräsident Kazys Grinius am 17.12.1926 zu Fall. Die Verfassung wurde aufgehoben und eine Militärdiktatur unter dem Führer der litau. Nationalisten, Antanas Smetona, errichtet. Im April 1927 löste Smetona das Parlament auf und verkündete im Mai 1928 eine neue autoritäre Verfassung. Die Zeit nach dem Putsch war bestimmt von Intoleranz gegenüber den nationalen Minderheiten. Smetona nannte sich »Volksführer« und errichtete ein Einparteiensystem.

Krisensituation der 30er Jahre

Folgen der Weltwirtschaftskrise: Die Weltwirtschaftskrise verschlechterte ab 1932 die Lage der litau. Landbevölkerung, sodass sich die Regierung veranlasst sah, mittels verschiedener Maßnahmen ihre Machtposition zu sichern. Dazu gehörte u. a. das Gesetz zum Schutz von Staat und Nation (1934), das ein Vergehen gegen die bestehende Staatsordnung unter strenge Strafe stellte. Nach einem missglückten Putschversuch der Opposition im Sommer 1934 verhängte die Regierung weitere Zwangsmaßnahmen.

Außenpolitik: Am 12.9.1934 schlossen die Außenminister von Estland, Lettland und L. in Genf den Baltenpakt über das »Einvernehmen und die Zusammenarbeit der drei balt. Staaten« (Balt. Entente). Damit strebten die Länder eine Verständigung in außenpolitischen Fragen an und sicherten sich gegenseitig politische und diplomatische Unterstützung zu. Der Pakt sollte den balt. Staaten zu einer stärkeren Position im Spannungsfeld zwischen dem Deutschen Reich und der UdSSR verhelfen.

Polnisches Ultimatum: Im März 1938 stellte die poln. Regierung L. ein Ultimatum, trotz des schwelenden territorialen Konflikts innerhalb kurzer Zeit diplomatische Beziehungen zu Polen aufzunehmen. L. sah sich zur Annahme des Ultimatums gezwungen, als die Großmächte keine Bereitschaft zur Unterstützung L.s zeigten.

Litauen im Zweiten Weltkrieg

Hitler-Stalin-Pakt: In einem geheimen Zusatzprotokoll zum Nichtangriffspakt zwischen Deutschland und der Sowjetunion vom 23.8. 1939 wurden die balt. Staaten und Finnland der Interessensphäre der UdSSR zugeschlagen. Ein Beistandspakt zwischen L. und der UdSSR vom 10.10.1939 sah nach der Aufteilung Polens eine Rückgabe der Stadt Vilnius und des Wilnagebietes an L. vor. Im Gegenzug musste L. der Sowjetunion die Errichtung militärischer Stützpunkte für Land- und Luftstreitkräfte gestatten.

Sowjetische Besatzung: Im Juni 1940 rückten sowjet. Truppen in L. ein und zwangen die Regierung zum Rücktritt. Am 3.8.1940 wurde L. von Russland annektiert. Sowjet. und deutsche Regierungsdelegationen unterzeichneten am 10.1.1941 mehrere zwischenstaatliche Vereinbarungen, die u. a. die Umsiedlung von 60 000 Deutschen aus den balt. Provinzen ins Deutsche Reich regelten. Unter der Parole »Heim ins Reich« wurden die Umsiedler bis zum 25.3.1941 in ostdeutsche Lager gebracht. Sie sollten mit den Besitzungen von Juden und anderen deutschen Bevölkerungsgruppen entschädigt werden, die zur Deportation vorgesehen waren. Gleichzeitig wurden rund 20 000 Litauer aus dem Deutschen Reich in die UdSSR umgesiedelt.

Deutsche Besatzung: 1941–44 wurden die balt. Staaten von der deutschen Wehrmacht besetzt. In L. fielen ca. 200 000 Menschen, größtenteils Juden, den Nazis zum Opfer. Abertausende von Menschen wurden nach Deutschland verschleppt.

Sowjetherrschaft: Im Zuge des Vormarschs der Roten Armee nach Westen wurde L. am 13.7.1944 erneut von der Sowjetunion besetzt. Nach dem Ende des Zweiten Weltkriegs wurde im Baltikum die Sowjetherrschaft wiederhergestellt, obwohl die meisten Länder der internationalen Staatengemeinschaft den Status quo nicht anerkannten. Zwischen 1947 und 1949 wurden vermutlich über 300 000 Menschen aus L. deportiert. Zugleich bekämpften die Kommunisten die katholische Kirche L.s.

Nach dem Zweiten Weltkrieg

Industriestaat: In der Zeit der sowjet. Besatzung entwickelte sich L. aufgrund seiner guten Infrastruktur von einem Agrarland, das Fleisch, Milch, Getreide, Kartoffeln und Zuckerrüben produzierte, zu einem planwirtschaftlich geführten Industriestaat. Die Ener-

Litauische Truppen rückten am 10.1.1923 in das seit 1919 unter alliierter Verwaltung stehende Memelgebiet ein. Die französ. Besatzungstruppen leisteten keinen nennenswerten Widerstand. Am 16.2.1923 erkannte die Pariser Botschafterkonferenz die Herrschaft Litauens über das vorwiegend von Deutschen bewohnte Gebiet nördlich der Memel an.

Der Berg der Kreuze entstand durch Gläubige, die nach Siauliai pilgerten. Viele der Kreuze sollen auch an die durch die Sowjets deportierten Litauer erinnern.

giewirtschaft, insbes. im kerntechnischen Bereich, wurde ausgebaut. Die Landwirtschaft und die Lebensmittelindustrie blieben weiterhin wichtige Industriesektoren.

Nationale Opposition: Die oppositionellen Bewegungen wurden von der katholischen Kirche L.s unterstützt. Seit 1968 gab es innerhalb der katholischen Kirche eine Protestbewegung gegen die Einschränkung der Religionsfreiheit und die Diskriminierung von Kirche und Gläubigen. Straßendemonstrationen mit Selbstverbrennungen für die Freiheit L.s wurden ab 1972 von Spezialeinheiten des Innenministeriums niedergeschlagen. Die älteste litau. Untergrundzeitschrift ist die 1972 erstmals erschienene »Chronik der katholischen Kirche in L.«. Zu den bekanntesten Oppositionsbewegungen in L. zählten die 1978 im Untergrund entstandene Litau. Freiheitsliga und die 1988 gegründete Unabhängigkeitsbewegung Sajudis, die gegen die widerrechtliche Annexion der balt. Staaten von 1940 demonstrierten.

Stichwort: PHARE-Programm

Hilfsprogramm: Das EU-Programm PHARE wurde 1989 nach dem Zusammenbruch der kommunistischen Regime in den mittel- und osteuropäischen Ländern eingerichtet, um diesen Staaten den Aufbau einer leistungsfähigen Marktwirtschaft zu erleichtern.

Kriterien von Kopenhagen: Das PHARE-Programm soll die Beitrittskandidaten dabei unterstützen, die Kriterien von Kopenhagen zu erfüllen:

▷ stabile demokratische und rechtsstaatliche Ordnung, Wahrung der Menschenrechte, Schutz der Minderheiten

▷ funktionsfähige Marktwirtschaft

▷ Umsetzung der Zielvorgaben der politischen Union sowie der Wirtschafts- und Währungsunion.

Finanzierungsvolumen: 1992–99 erhielt Litauen PHARE-Mittel in Höhe von 328 Mio Euro. Zu den PHARE-Maßnahmen 1999 für Litauen zählten:

▷ Steigerung der Leistungsfähigkeit der Verwaltung (4,18 Mio Euro)

▷ Durchsetzung der Binnenmarktvorschriften (3,5 Mio Euro)

▷ Verbesserung der Zusammenarbeit im Bereich Justiz und Inneres (6 Mio Euro)

▷ Beihilfen für die Landwirtschaft (4,5 Mio Euro)

▷ Umsetzung und Durchsetzen des Besitzstandes im Energiebereich (3,25 Mio Euro)

▷ Durchsetzung der EU-Politik im Bereich Gesundheit und Sicherheit am Arbeitsplatz (3 Mio Euro)

▷ Verbesserung der Sicherheitsmaßnahmen im Umweltschutzsektor (2,5 Mio Euro)

▷ Beteiligung an mehreren Gemeinschaftsprogrammen (1,6 Mio Euro)

▷ Grenzübergreifende Zusammenarbeit im Ostseeraum (3 Mio Euro).

Erneute Unabhängigkeit

Volksfront und Volksbegehren: 1989 sah sich die Kommunistische Partei L.s unter dem Druck der Öffentlichkeit gezwungen, Mehrparteienwahlen zuzustimmen. Aus diesen Wahlen ging die Nationalbewegung Sajudis als Siegerin hervor. Am 23.8.1989 erinnerten beinahe 2 Mio balt. Sowjetbürger mit einer 650 km langen Menschenkette von Tallinn über Riga bis Vilnius an die Unterzeichnung des Hitler-Stalin-Paktes, den Ausgangspunkt für die Annexion der unabhängigen balt. Staaten durch die Sowjetunion. Die Demonstranten forderten die Wiederherstellung der Unabhängigkeit L.s, Lettlands und Estlands.

Autonomiebewegung: Am 13.1.1991 stürmten sowjet. Fallschirmeinheiten die litau. Radio- und Fernsehzentrale sowie mehrere Ministerien in Vilnius. Die Bürger der litau. Hauptstadt demonstrierten gegen die Militäraktion. Dabei wurden 15 Menschen getötet und 160 verletzt.

Zweite Unabhängigkeit: Bei den Wahlen zum Obersten Sowjet für L. 1990 erreichte die Volksfront die Mehrheit. Am 11.3.1990 verabschiedete das litau. Parlament eine Unabhängigkeitserklärung, die von dem sowjet. Präsidenten Michail Gorbatschow jedoch nicht anerkannt wurde. Nach erfolglosen Ultimaten zur Rücknahme der Unabhängigkeitserklärung verhängte Gorbatschow im April 1990 Wirtschaftssanktionen gegen L. Trotz gewaltsamer Auseinandersetzungen mit sowjet. Truppen votierten über 90% der litau. Bevölkerung für die Unabhängigkeit, die von der Sowjetunion schließlich am 6.9.1991 anerkannt wurde. Die letzten sowjet. Truppen verließen 1992 das Land.

Minderheitenschutz: In L. gehören rund 20% der Bevölkerung einer Minderheit an. Die beiden größten Gruppen sind Polen (9%) und Russen (8%). Die litau. Verfassung schützt zwar die Minderheitenrechte Einzelner im Hinblick auf ihre Sprache, Kultur oder Tradition, gewährt jedoch keine kollektiven Rechte, die den Minderheiten die Anerkennung als politisch organisierte Gemeinschaften ermöglichen würden.

Staatsbürgerschaftsrecht: Ungeachtet der Herkunft, der Dauer ihres bisherigen Aufenthaltes und der Beherrschung des Litau. wurde allen auf litau. Hoheitsgebiet ansässigen Personen 1991 die Staatsangehörigkeit zugesprochen. 1998 besaßen rund 90% der Angehörigen von Minderheiten die litau. Staatsangehörigkeit.

Der Weg in die Europäische Union

Europäische Integration: Seit der Wiedererlangung der Unabhängigkeit bemüht sich L. um die europäische Integration und um eine Verankerung im transatlantischen Sicherheitssystem. Am 27.8.1991 wurden diplomatische Beziehungen zwischen L. und der EU aufgenommen. Ein Abkommen über den Handel sowie die handelspolitische und wirtschaftliche Zusammenarbeit wurde am 11.5.1992 unterzeichnet und trat 1993 in Kraft. L. stellte am 8.12.1995 einen Antrag auf Beitritt zur EU. Ein Freihandelsabkommen zwischen L. und der EU trat bereits am 1.1.1995 in Kraft. Im Juni 1996 ratifizierte das litau. Parlament eine Verfassungsänderung, wodurch Ausländern der Erwerb von Grundeigentum zu gewerblichen Zwecken gestattet wurde.

Europa-Abkommen: Am 5.8.1996 ratifizierte L. ein Europa-Abkommen. Es bildet den Rahmen für den politischen Dialog, eine Intensivierung der Handels- und Wirtschaftsbeziehungen sowie die Basis für die technische und finanzielle Hilfe der EU.

PHARE-Programm: Die technische und finanzielle Hilfe der EU für L. wurde 1991 mit dem TACIS-Programm begonnen und ab 1992 durch das PHARE-Programm ausgeweitet (Umbau des rechtlichen und institutionellen Rahmens, Entwicklung der Infrastruktur, wirtschaftliche Reformen).

Gemeinschaftsprogramme: L. beteiligt sich an den EU-Programmen Leonardo, Sokrates, Jugend für Europa, MEDIA und LIFE sowie an SAVE II, Kaleidoskop, Raphael und Ariane.

Handelsbeziehungen: Wichtigste Exportgüter der EU für L. sind Maschinen und elektrische Anlagen, landwirtschaftliche Erzeugnisse und Textilien. L. exportiert Mineralien, Grunderzeugnisse sowie chemische Produkte. Seit der Unterzeichnung des litau.-poln. Vertrags über freundschaftliche Beziehungen und Zusammenarbeit 1996 nahm auch der Handel mit Polen wieder zu.

EU-Beitritt: Im Februar 2000 nahm die EU die Beitrittsverhandlungen mit L. auf, das voraussichtlich 2004 EU-Mitglied wird. *W. W.*

Kaliningrad – die russische Exklave im Baltikum

Nach dem Zerfall der Sowjetunion 1991 wurde das Gebiet Kaliningrad, der Norden des früheren Ostpreußen, eine russ. Exklave. Mit dem Vertrag vom 29.7.1991 sicherte sich die Russ. Föderation einen Transitkorridor durch Litauen zu dem etwa 15 000 km² großen, von Litauen und Polen vollständig eingeschlossenen Gebiet an der Ostsee.

1995/96 wurde das Gebiet Kaliningrad zur freien Handels- und Wirtschaftszone »Jantar« (Bernstein) erklärt, die als Magnet für westliches Kapital und Know-how fungieren soll. Einer der wichtigsten Ostseehäfen Russlands ist Baltisk (Pillau), der insbes. als Flottenstützpunkt genutzt wird. Durch den 1894–1901 erbauten, 42 km langen Königsberger Seekanal ist er mit der Hauptstadt Kaliningrad, dem ehemaligen Königsberg, verbunden.

Als Hauptstadt der Provinz Ostpreußen (1818–1945) war Königsberg deren kulturelles und wirtschaftliches Zentrum, nicht zuletzt durch die renommierte Albertus-Universität und einen gut gehenden Schiffsbau. Im Zweiten Weltkrieg wurden jedoch 90% der Stadt zerstört. Führende Industriezweige des heutigen Kaliningrad sind Holzindustrie, Schiffsreparatur und Fischverarbeitung. (Foto: Hafen von Kaliningrad, 1986)

Staatsoberhäupter Litauens¹⁾

Reg.-Zeit	*Name*	*Lebensdaten*
1919/20	Antanas Smetona	1874–1944
1921–26	Aleksandras Stulginskis	1885–1969
1926	Kazys Grinius	1866–1950
1926–40	Antanas Smetona	1874–1944
1990–92	Vytautas Landsbergis [2]	*1932
1993–98	Algirdas M. Brazauskas	*1932
seit 1998	Valdas Adamkus	*1926

1) 1940–91 als Litau. Sozialistische Sowjetrepublik Teil der UdSSR; 1941–44 unter deutscher Besatzung; 2) Vorsitzender des Obersten Sowjets

Die wichtigsten Parteien im 20. Jahrhundert

Name (Abkürzung)	*Politische Richtung*	*Gründung*
Sozialdemokratische Partei (LSDP)	sozialdemokratisch	1896
Christlich Demokratische Partei (LCDP)	christlich	1904
Vaterlandsunion/Litau. Konservative (VU/LK)	konservativ	1988
Demokratische Arbeitspartei (LDAP)	sozialdemokratisch	1990
Zentrumsunion (LZU)	liberal	1993
Liberale Union (LLU)	liberal	1996

Luxemburg

Großherzogtum Luxemburg

L. blickt auf eine tausendjährige Geschichte zurück. 963 entstand die Grafschaft Lützelburg auf dem Gebiet der heutigen Hauptstadt Luxemburg. Die europäische Dynastie der Luxemburger stieg bis zur Kaiserwürde auf. Seit dem 15. Jh. unterstand L. fremder Herrschaft. Erst 1815 wurde das unabhängige Großherzogtum L. auf dem Wiener Kongress geschaffen, das in Personalunion mit den Niederlanden verbunden war. Wegen des unterschiedlichen Erbrechts in beiden Ländern löste sich L. 1890 von den Niederlanden.

Luxemburg 2000

Landesfläche	2586 km^2 (WR 165)
Einwohner	426 000 (WR 161)
Hauptstadt	Luxemburg (77 000 Einwohner)
Sprachen	Lëtzebuergesch, Französisch, Deutsch
Währung	1 Lux. Franc (lfr) = 100 Centimes
Gliederung	3 Distrikte
Staatsform	Konstitutionelle Monarchie (seit 1866)
Religion	Christen (96%): Katholiken 94,9%, Protestanten 1,1%; Sonstige (4%)
Bevölkerung	Luxemburger (64,4%); Portugiesen (13%); Italiener (4,7%); Franzosen (4,1%); Belgier (3,2 %); Deutsche (2,4 %); Sonstige (8,2 %)

Das Europazentrum, das 1966 auf dem Kirchberg in Luxemburg-Stadt errichtet wurde, dient als Sitz des Generalsekretariats des Ministerrats der Europäischen Union.

Zeit der Krisen

Erster Weltkrieg: 1914 wurde das Großherzogtum L. von deutschen Truppen besetzt und in die deutsche Kriegswirtschaft einbezogen. An der Frage des Schulrechts entzündete sich 1915 innenpolitischer Streit, der zum Sturz der liberalen Regierung führte. Hinzu kam die Forderung nach einer Reform des Wahlrechts: Liberale und Sozialisten forderten die Einführung des allgemeinen Wahlrechts für Männer und Frauen, das sowohl Krone und Regierung der Bevölkerung versagten. Erst 1918 wurde das Wahlrecht verändert.

Monarchie oder Republik: Mit dem Ende des Weltkriegs wuchs die antimonarchische Stimmung im Lande. Im Parlament scheiterte nur knapp ein Antrag, der die Abdankung der Dynastie forderte. Stattdessen beschloss man ein Referendum über die Staatsform. Die unbeliebte Großherzogin Maria Adelheid (1912 bis 1919) dankte zugunsten ihrer Schwester Charlotte (1919–64) ab. Bei der Abstimmung 1919 setzten sich die Befürworter der Monarchie klar mit über 80% durch. Im gleichen Jahr wurde auch die Volkssouveränität in der Verfassung verankert und L. demokratisiert. Die Stellung des Monarchen wurde auf repräsentative Aufgaben beschränkt. Der Ministerpräsident ist seitdem an die Mehrheit im Parlament gebunden.

Zwischen den Weltkriegen: Mit der Einführung des Verhältniswahlrechts 1919 zersplitterte sich die Parteienlandschaft L.s. Im Parlament dominierte jahrzehntelang die Katholische Rechtspartei; die absolute Mehrheit im Parlament konnte sie allerdings nie erringen. Die Konservativen regierten das Land mit einer kurzen Unterbrechung mit wechselnden Koalitionspartnern bis zum Zweiten Weltkrieg. 1921/22 ging L. eine Wirtschafts-, Währungs- und Zollunion mit Belgien ein.

Im Zweiten Weltkrieg: Bei Ausbruch des Zweiten Weltkriegs erklärte L. seine Neutralität; dennoch marschierte zu Beginn des Westfeldzugs 1940 die deutsche Wehrmacht ein. Großherzogin Charlotte ging mit der Regierung unter Pierre Dupong ins Exil. L. wurde dem Großdeutschen Reich einverleibt und mit dem Gau Koblenz-Trier vereinigt. Für die männliche Bevölkerung hatte das die Wehrpflicht zur Folge: Etwa 12 000 Luxemburger wurden von den deutschen Besatzern zwangsrekrutiert. 1944 wurde das Großherzogtum von alliierten Soldaten befreit. Die Regierung erklärte umgehend das Ende der ewigen Neutralität L.s. Diese Erklärung wurde vom Parlament 1948 bestätigt.

Im Zentrum Europas

Aufbau Europas: Nach dem Ende des Zweiten Weltkriegs suchte L. die enge Zusammenarbeit mit anderen Ländern. Daher wurde L. Teil des europäischen Wirtschaftssystems, das sich nach dem Ende des Zweiten Weltkriegs in Westeuropa etablierte. Im Juli 1947 ging L. mit den Niederlanden und Belgien eine Zollunion ein (»Benelux-Staaten«), der 1960 die Wirtschaftsunion folgte.
Außenpolitisch orientierte sich das kleine Land nach Westen und war 1949 Gründungsmitglied der NATO. Am europäischen Einigungsprozess war L. führend beteiligt. Es gehörte zu den Gründerstaaten der Montanunion 1951 und der EWG 1957. Neben wirtschaftlichen Vorteilen rückte das Land auch als Sitz zahlreicher europäischer Behörden ins Zentrum Europas. So beherbergt das Großherzogtum seit 1965 u. a. den Europäischen Gerichtshof und zeitweise auch das Europäische Parlament. Mit Gaston Thorn und Jacques Santer stellte L. bereits zwei Präsidenten der Europäischen Kommission.
Großherzogliche Familie: Großherzogin Charlotte dankte 1964 zugunsten ihres Sohnes Jean ab, der seitdem an der Spitze L.s steht. Der 1921 geborene Großherzog trat 1998 einen großen Teil seiner Funktionen an seinen Sohn Henri ab. Für September 2000 hat Großherzog Jean seine Abdankung zugunsten des Kronprinzen angekündigt.
Innenpolitik: In der Innenpolitik dominierten auch weiterhin die nun Christlich-Soziale Volkspartei genannten Konservativen, die in verschiedenen Koalitionsregierungen das Land regierten; lediglich 1974–79 waren die Christlich-Sozialen in der Opposition, als unter Gaston Thorn Liberale und Sozialdemokraten die Regierung bildeten.
1956 wurde die Verfassung geändert: Die Abgeordneten waren bis dahin für sechs Jahre gewählt worden, doch fanden alle drei Jahre Wahlen statt, in denen die Hälfte der Abgeordneten zur Wahl stand. Nun wurde eine Wahlperiode von fünf Jahren festgeschrieben. Das Parteiensystem L.s war in den ersten Jahrzehnten nach dem Zweiten Weltkrieg sehr stabil und bestand aus vier Parteien. Neben den Christlich-Sozialen fanden sich Abgeordnete der liberalen Demokratischen Partei, der Luxemburg. Sozialistischen Arbeiterpartei und der kommunistischen Partei L.s im Parlament. Seit den 80er Jahren brach das Parteiensystem jedoch auf und Kleinparteien wie den Grünen und einer Rentnerpartei gelang der Einzug in das Hohe Haus. *N. K.*

Staatsoberhäupter Luxemburgs

Reg.-Zeit	*Name*	*Lebensdaten*
1890–1905	Adolf	1817–1905
1905–12	Wilhelm IV.	1852–1912
1912–19	Marie Adelheid	1894–1924
1919–64	Charlotte	1896–1985
1964–2000	Jean	*1921

Luxemburg im 20. Jahrhundert

1905	Tod des Großherzogs Adolf; Nachfolger wird Wilhelm IV.
1907	Durch eine Verfassungsänderung wird die weibliche Thronfolge ermöglicht.
1912	Tod des Großherzogs Wilhelm IV.; Marie Adelheid wird Nachfolgerin.
1914	Luxemburg wird im Ersten Weltkrieg von deutschen Truppen besetzt.
1915	Ende der liberalen Regierungszeit in Luxemburg. Beginn der katholisch-konservativen Vorherrschaft im Parlament.
1918	Ende des Ersten Weltkriegs. Demokratisierung Luxemburgs.
1919	Abdankung der unbeliebten Großherzogin Marie Adelheid zugunsten ihrer Schwester Charlotte.
	Referendum über die Staatsform: Luxemburg bleibt Monarchie.
1922	Die Wirtschafts- und Zollunion mit Belgien tritt in Kraft.
1940	Luxemburg wird von deutschen Truppen besetzt und dem Deutschen Reich einverleibt; Großherzogin und Regierung fliehen ins Exil.
1944	Befreiung Luxemburgs durch alliierte Truppen. Die Regierung erklärt das Ende der Neutralität.
1947	Luxemburg, Belgien und die Niederlande begründen eine Zollunion.
1951	Luxemburg beteiligt sich an der Gründung der Montanunion.
1957	Luxemburg wird Sitz zahlreicher europäischer Institutionen.
1960	Die Benelux-Staaten erweitern die Zollunion zur Wirtschaftsunion.
1964	Großherzogin Charlotte dankt ab. Es folgt ihr Sohn Jean.
1974	Gaston Thorn bildet eine Regierung aus Liberalen und Sozialisten.
1979	Nach Verlusten der Sozialisten bei Wahlen kehren die Christdemokraten in die Regierung zurück und stellen seitdem wieder den Ministerpräsidenten.
1981	Gaston Thorn wird Präsident der Europäischen Kommission (bis 1984).
1995	Jacques Santer, seit 1984 Ministerpräsident, wird Präsident der Europäischen Kommission (bis zum Sturz der Kommission 1999).
1999	Luxemburg führt den EURO als Währung ein.
	Großherzog Jean kündigt seine Abdankung zugunsten seines Sohnes an.

Die wichtigsten Parteien im 20. Jahrhundert

Name (Abkürzung)	*Politische Richtung*	*Gründung*
Sozialistische Arbeiterpartei Luxemburgs (LSAP/POSL)	sozialdemokratisch	1902
Christlich-Soziale Volkspartei (CSV/PCS)	christlich-konservativ	1914
Demokratische Partei (DP/PD)	liberal	1916
Kommunistische Partei Luxemburgs (KPL/PCL)	kommunistisch	1921
Die Grün-Alternativen (Déi Gréng Alternativ)	ökologisch	1983
Aktionskomitee für Demokratie und Rentengerechtigkeit (ADR/CADJ)	Seniorenpartei	1989
Die Linken (Déi Lénk/La Gauche)	sozialistisch	1999

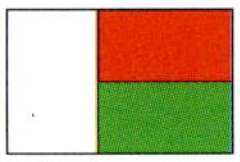

Madagaskar

Demokratische Republik M.

Über die Ursprünge der viertgrößten Insel der Welt ist wenig bekannt. Bis heute konnte nicht geklärt werden, ob es eine Urbevölkerung gab, die Zuwanderern zum Opfer fiel oder sich mit ihnen mischte. Zwischen dem 2. und dem 14. Jh. wurde M. im Zuge von Einwanderungswellen aus dem malai.-indones., arab. und ostafrikan. Raum besiedelt. Außerdem wurden afrikan. Sklaven auf die Insel verschleppt. Um 1500 erreichte der Portugiese Diego Dias M.; ihm folgten holländ., engl. und französ. Seefahrer. Sie trafen auf den erbitterten Widerstand der Bevölkerung, die sich zwischen dem 16. und dem 18. Jh. in mehreren regionalen Königtümern organisierte. Ende des 18. Jh.s gelang es der größten Volksgruppe, den Merina, die verschiedenen Stämme in einem Reich zu vereinen. 1885 wurde M. zum französ. Protektorat, 1896 zur französ. Kolonie erklärt.

Madagaskar 2000	
Landesfläche	587 041 km² (WR 44)
Einwohner	15,5 Mio (WR 58)
Hauptstadt	Antananarivo (1,05 Mio Einwohner)
Sprachen	Französisch, einheimische Idiome
Währung	1 Madagaskar-Franc = 100 Centimes
Gliederung	6 Provinzen
Staatsform	Republik (seit 1992)
Religion	Christen (51%); traditionelle Religionen (46%); Sonstige (3%)
Bevölkerung	Madagassen (98,9%); Sonstige (1,1%)

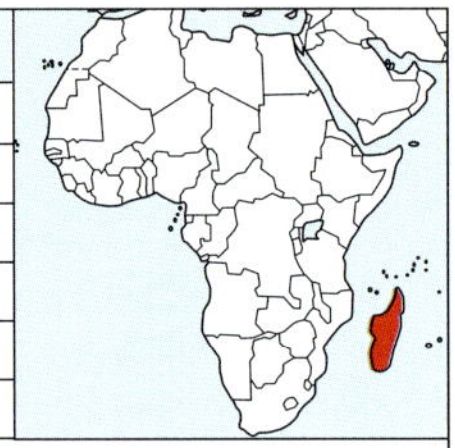

Madagaskar im 20. Jahrhundert	
1900–04	Gewaltsame Durchsetzung der französ. Kolonialherrschaft in den noch unabhängigen Gebieten Madagaskars.
1915–17	Gegen die Fremdherrschaft gerichtete Aufstände der Bevölkerung.
1942	Nach dem Anschluss an die französ. Vichy-Regierung besetzen alliierte Truppen die Kolonie und übergeben sie der französ. Résistance.
1946	Status eines französ. Überseeterritoriums.
1947/48	Antikolonialer Aufstand mit ca. 100 000 Todesopfern; Frankreich reagiert mit der Verhängung des Ausnahmezustands.
1958	Proklamation der Republik Madagaskar.
1960	Unabhängigkeit (26.6.) unter Präsident Philibert Tsiranana.
1972	Rücktritt Tsirananas; Nachfolger wird der sozialistisch orientierte General Gabriel Ramanantsoa.
1975	Rücktritt Ramanantsoas; Ermordung seines Nachfolgers Richard Ratsimandrava; Machtübernahme des Militärs unter Admiral Didier Ratsiraka; Proklamation der Demokratischen Republik Madagaskar.
1976	Gründung der Ratsiraka-Partei Avant-Garde de la Révolution Malgache (AREMA, 1997 umbenannt).
ab 1980	Politische und wirtschaftliche Wiederannäherung an den Westen.
1990	Zulassung von Oppositionsparteien.
1991	Auflösung des Militärrats, Übergangsregierung unter Albert Zafy.
1992	Neue demokratische Verfassung.
1993	Sieg Zafys bei den Präsidentschaftswahlen, Parlamentswahlsieg seines Parteienbündnisses Hery Velona Rasalama (HVR).
1996	Rücktritt Zafys; Rückkehr Ratsirakas an die Staatsspitze.
1998	Gescheitertes Amtsenthebungsverfahren gegen Ratsiraka; Verfassungsänderung zugunsten des Staatsoberhauptes; Bestätigung der AREMA bei Parlamentswahlen.

Kolonialzeit

Bis 1904 hatten die Franzosen ihre Herrschaft auch in den letzten noch unabhängigen Gebieten M.s gewaltsam durchgesetzt, wobei ganze Dörfer ausgelöscht wurden. Die französ. Kultur begann die lokalen Bräuche zu verdrängen. Neue Wirtschaftsformen wie der Plantagenanbau und ein System der Gesundheitsfürsorge wurden etabliert. Die Kolonialmacht baute die Infrastruktur aus und konfiszierte 950 000 ha Land, das französ. Siedler erhielten. Vor allem die fruchtbaren Böden der Ostküste gelangten in den Besitz großer Agrargesellschaften, die dort Kaffee, Vanille, Gewürznelken und Zuckerrohr für den Export nach Europa anbauen ließen. Antikoloniale Aufstände der einheimischen Bevölkerung wurden 1915–17 blutig niedergeschlagen. Als sich M. 1940 der Vichy-Regierung anschloss, eroberten brit. und südafrikan. Truppen die Kolonie und übergaben sie 1943 dem freien Frankreich.

Unabhängigkeit

1945 konstituierte sich die Widerstandsbewegung Mouvement Démocratique de la Rénovation Malgache (MDRM). Die Unzufriedenheit über das geringe politische Mitspracherecht als französ. Territorium (ab 1946) entlud sich 1947/48 in einem Aufstand, der etwa 100 000 Todesopfer forderte und zur Zerschlagung der MDRM führte. Als Reaktion auf die Unruhen wurde ein fast zehnjähriger Ausnahmezustand verhängt. 1958 erhielt M. den Status einer autonomen Republik innerhalb der Französ. Gemeinschaft. Am 26.6.1960 folgte die Proklamation der Unabhängigkeit unter dem gemäßigt linken Präsidenten Philibert Tsiranana (1960–72), der an der Spitze der 1956 gegründeten Parti Social Démocrate (PSD) ein dezentralisiertes Präsidialregime errichtete. Bis 1971 blieb M. eng mit der ehemaligen Kolonialmacht Frankreich verbunden, welche die Hauptlast des Außenhandelsdefizits trug und finanzielle Hilfe zur Finanzierung des Budgets und der Wirtschaftspläne leistete.

Militärdiktatur

Politische Wende: Schwere innenpolitische Spannungen führten 1972 zum Rücktritt Tsirananas. Sein Nachfolger, General Gabriel Ramanantsoa (1972–75), schlug einen sozialistischen Kurs ein. Er brach die Beziehungen zu Frankreich ab, verfügte eine Landreform sowie die Nationalisierung der Wirtschaft und forcierte ein Bündnis mit dem Ostblock. Nach Unruhen trat Ramanantsoa 1975 zurück. Sein von ihm designierter Nachfolger, Oberst Richard Ratsimandrava, wurde noch im gleichen Jahr während eines Putschversuchs von der Sicherheitspolizei ermordet. Danach übernahm das Militär die Macht, zunächst unter der Führung von General Gilles Andriamahazo.

Neue Verfassung: Mit der Übergabe des Präsidentenamtes an den bisherigen Außenminister, Admiral Didier Ratsiraka (1975–93), trat Mitte 1975 eine politische Stabilisierung ein. Das Land erhielt eine neue Verfassung und wurde zur Demokratischen Republik M. erklärt. An der Spitze eines Obersten Revolutionsrates behielt Ratsiraka den sozialistischen Kurs bei und näherte sich der Sowjetunion, Nordkorea sowie der Volksrepublik China an. Die 1976 gegründete Avant-Garde de la Révolution Malgache (AREMA, 1997 umbenannt) entwickelte sich unter Ratsirakas Herrschaft faktisch zur Einheitspartei.

Wiederannäherung: Nach den Verstaatlichungen der 70er Jahre, die vor allem den Bergbau sowie Industriebetriebe und Großplantagen betroffen hatten, zwangen wirtschaftliche Krisen, Versorgungsprobleme und Überschuldung die Regierung Anfang der 80er Jahre außenpolitisch zur Öffnung nach Westen und innenpolitisch zu einer pragmatischen Liberalisierung. In Abstimmung mit der Weltbank und dem Internationalen Währungsfonds (IWF) wurden Wirtschaftsprogramme vereinbart, die den staatlichen Einfluss mindern und die wirtschaftliche Leistungsfähigkeit steigern sollten. Obwohl Ratsiraka einer wachsenden Opposition ausgesetzt war, wurde er bei der vorgezogenen Präsidentschaftswahl 1989 noch einmal im Amt bestätigt.

Demokratisierung

Mehrparteiensystem: Unter dem Druck von Demonstrationen und Massenstreiks ließ Präsident Ratsiraka 1990 Oppositionsparteien zu. Im Oktober 1991 wurde der Revolutionsrat aufgelöst und die Opposition an einer Übergangsregierung unter der Führung von Albert Zafy beteiligt. Ein Referendum billigte die neue Verfassung von 1992, in der Gewaltenteilung, ein Mehrparteiensystem sowie Bürger- und Menschenrechte verankert wurden.

Wahlen: Bei den ersten demokratischen Präsidentschaftswahlen verlor Ratsiraka 1993 sein Amt an Albert Zafy, dessen heterogenes Parteibündnis Hery Velona Rasalama (HVR) bei den Parlamentswahlen zur stärksten politischen Kraft aufstieg. Das neue Staatsoberhaupt setzte sich für die Umwandlung der sozialistisch geprägten Staatswirtschaft in eine Marktwirtschaft ein und erließ eine Generalamnestie für politische Gefangene des Ratsiraka-Regimes.

Hunger und Armut: Mit einem auf ca. 200 US-Dollar gesunkenen Pro-Kopf-Einkommen (Mitte der 70er Jahre: 650 US-Dollar) zählte M. Mitte der 90er Jahre zu den zehn ärmsten

Admiral Didier Ratsiraka wurde nach seinem Sieg bei den Präsidentschaftswahlen vom Dezember 1996 erneut Staatsoberhaupt von Madagaskar. Der ehemalige Außenminister hatte das Präsidentenamt erstmals 1975 übernommen und sich für eine neue Verfassung mit sozialistischen Prinzipien eingesetzt. Bei den ersten demokratischen Präsidentschaftswahlen 1993 hatte der Ex-Diktator jedoch eine Niederlage hinnehmen müssen. (Foto: Offizielle Amtseinführung vor dem Staatspalast in Iavoloha bei Antananarivo am 9.2.1997)

Die wichtigsten Parteien im 20. Jahrhundert

Name (Abkürzung)	*Politische Richtung*	*Gründung*
Parti Social Démocrate (PSD)	sozialdemokratisch	1956
Association pour la Renaissance de Madagascar (AREMA)	frühere sozialistische Einheitspartei (1976–89); Regierungspartei seit 1996	1976[1)]
Hery Velona Rasalama (HVR)	marktwirtschaftlich	1990[2)]
Leader Fanilo	Koalitionspartner	1993

1) Firmiert seit 1997 unter der heutigen Bezeichnung; 2) inzwischen aufgelöst

Staatsoberhäupter Madagaskars

Reg.-Zeit	*Name*	*Lebensdaten*
1960–72	Philibert Tsiranana	1912–1978
1972–75	General Gabriel Ramanantsoa	1906–1979
1975	Oberst Richard Ratsimandrava	1931–1975
1975–93	Admiral Didier Ratsiraka	*1936
1993–96	Albert Zafy	*1927
seit 1996	Admiral Didier Ratsiraka	*1936

Ländern der Welt. Neben der aus der Kolonialzeit übernommenen einseitig landwirtschaftlich geprägten Wirtschaftsstruktur und dem Erbe der sozialistischen Planwirtschaft der 70er und 80er Jahre gehörten Korruption und Krisenmissmanagement zu den Hauptursachen für die negative Entwicklung. Der Agrarsektor bildete für 75% der Bevölkerung die Existenzgrundlage und besaß zentrale Bedeutung für die Ausfuhr. Aufgrund von Klimabeeinträchtigungen (Dürren, Zyklone) schrumpfte die Nahrungsmittelproduktion 1990–94 erneut um 10%. Etwa die Hälfte der Bevölkerung war unterernährt.

Wechsel an der Staatsspitze

Amtsenthebung: Unter dem Vorwurf, Gesetzesvorhaben verschleppt und seine Macht mit verfassungswidrigen Methoden ausgedehnt zu haben, wurde Präsident Zafy 1996 vom Parlament abgesetzt. Aus den folgenden Präsidentschaftswahlen ging der Ex-Diktator Ratsiraka nach der Rückkehr aus seinem zweijährigen Exil erneut als Sieger hervor. Er vertrat nun ein marktwirtschaftlich und demokratisch orientiertes Programm. Die politische Kraft hinter Ratsiraka, die ehemalige Einheitspartei AREMA, hatte sich bei ihrer Umbenennung in Association pour la Renaissance de Madagascar (AREMA) von ihren sozialistischen Idealen gelöst.

Machtsicherung: Anfang 1998 scheiterte ein Antrag von 48 Abgeordneten der Opposition, Ratsiraka seines Amtes zu entheben. Der Präsident verfügte Mitte 1998 eine per Referendum gebilligte Verfassungsänderung, die seine Position als Staatsoberhaupt erheblich stärkte. Nach der neuen Grundordnung war das Recht des Parlaments zur Einleitung eines Amtsenthebungsverfahrens stark eingeschränkt. Der Präsident als Staatsoberhaupt und militärischer Oberbefehlshaber konnte Ministerpräsident und Regierung unabhängig vom Parlament ernennen und entlassen. Aus den Parlamentswahlen von 1998 ging die regierende Koalition um Ratsiraka als klare Siegerin hervor. Die AREMA errang 63 von insgesamt 150 Sitzen, die mit ihr verbündete Partei Leader Fanilo 16 Sitze.

Wirtschaftliche Perspektiven: Unter dem Einfluss von Weltbank und IWF war es M. in den 90er Jahren gelungen, den zuvor auf die Hauptgüter Kaffee und Vanille beschränkten Export durch Fischereiprodukte zu erweitern. Auch die beginnende Förderung von Rohstoffen wie Chromerz, Quarz, Grafit und Nickel gab neue wirtschaftliche Impulse. Der noch im Aufbau begriffene Tourismus auf der klimatisch begünstigten Insel verzeichnete jährliche Zuwachsraten von 10–20%. Nach Regierungsplänen sollte der Fremdenverkehr im 21. Jh. zur tragenden Säule der Wirtschaft ausgebaut werden. *B. L.*

Madagaskars Natur – einzigartige Vielfalt, von den Menschen bedroht

Flora und Fauna: Erdgeschichtlich gehört Madagaskar zum Urkontinent Gondwana, der Afrika, Indien, Australien u. a. miteinander verband. Durch das Auseinanderdriften von Kontinentalplatten löste sich die Insel im Tertiär vom afrikan. Kontinent. Während eines Zeitraums von etwa 150 Mio Jahren konnte sich hier ein einzigartiges Ökosystem entwickeln, das ca. 200 000 Tier- und Pflanzenarten umfasst. Etwa die Hälfte der heimischen Vogelarten, vier Fünftel der Pflanzen sowie nahezu alle Reptilienarten sind endemisch, d. h., sie leben in keinem anderen Gebiet der Erde. Zu diesen Arten zählen Strahlenschildkröte, Borstenigel, verschiedene Schleichkatzen, zahlreiche Halbaffen, Fledermäuse, Leguane und Chamäleons.

Das im weltweiten Vergleich hohe Bevölkerungswachstum von 2,8% pro Jahr gefährdet jedoch Madagaskars Flora und Fauna. Viele Tiere und Pflanzen sind vom Aussterben bedroht, weil ihr Lebensraum, der tropische Regenwald, bereits zu 75% vernichtet ist. Die Einrichtung von privaten und staatlichen Naturschutzgebieten soll dem Artensterben Einhalt gebieten. (Foto links: Madagaskar-Boa; rechts: Madagaskar-Riesentaggeckos)

Malawi

Republik Malawi

Die im Gebiet des heutigen M. siedelnden Bantu-Stämme gründeten im 16. Jh. am Südende des Malawisees das Königreich Marawi, das im 17. Jh. zur Blüte gelangte und dem späteren Staat M. den Namen gab. Mit dem Vorstoß von arab. und portugies. Sklavenhändlern in das Gebiet setzte ein umfangreicher Menschenhandel ein, der viele Regionen entvölkerte. 1859 entdeckte der brit. Afrikaforscher David Livingstone den Malawisee, dem er zunächst den Namen Njassasee gab. Livingstones Reiseberichte veranlassten die ersten christlichen Missionare, in M. tätig zu werden. 1874/75 wurden Missionsstationen in Blantyre und Livingstone gegründet. 1883 riefen schott. Missionare und Kaufleute die »African Lakes Company« ins Leben. 1891 erklärte Großbritannien M. zum brit. Protektorat und schaffte 1899 den Sklavenhandel ab.

Kolonialzeit

Unter dem Namen Njassaland stand M. ab 1907 unter der Verwaltung eines Gouverneurs, der von einem Exekutivrat und einem gesetzgebenden Rat – beide Institutionen waren ausschließlich aus Europäern zusammengesetzt – unterstützt wurde. Im Zuge der Unabhängigkeitsbestrebungen der afrikan. Völker wurde M. 1953 mit Nord- und Südrhodesien zur Zentralafrikan. Föderation zusammengeschlossen, allerdings unter weißer Vorherrschaft. Unter der Führung von Hastings (später Kamuzu) Banda entwickelte sich ein nationaler Widerstand, der 1963 zur Auflösung der Zentralafrikan. Föderation führte. Nach schweren Unruhen wurde 1959 der Ausnahmezustand über die Region verhängt.

Unabhängigkeit

An der Spitze der Malawi Congress Party (MCP) konnte sich Banda bei den ersten allgemeinen Wahlen 1961 durchsetzen. Zwei Jahre später gewährte Großbritannien der Kolonie die volle Autonomie, Hastings Kamuzu Banda übernahm das Amt des Premierministers. Unter dem Namen M. wurde Njassaland am 6.7.1964 in die Unabhängigkeit entlassen. In seiner Funktion als erster Staatspräsident M.s (1966–94) wandelte MCP Führer Banda das Land 1966 in eine Präsidialrepublik um und errichtete einen autoritären prowestlichen Einparteienstaat.

Malawi 2000	
Landesfläche	118 484 km² (WR 98)
Einwohner	10,6 Mio (WR 71)
Hauptstadt	Lilongwe (437 000 Einwohner)
Sprachen	Englisch, Chichewa, Lomwe u. a.
Währung	1 Malawi-Kwacha = 100 Tambala
Gliederung	3 Regionen, 24 Distrikte
Staatsform	Präsidiale Republik (seit 1966)
Religion	Christen (64%); Animisten (19%); Moslems (16,2); Sonstige (0,8%)
Bevölkerung	Maravi (58%); Lomwe (18%); Yao (13%); Sonstige (11%)

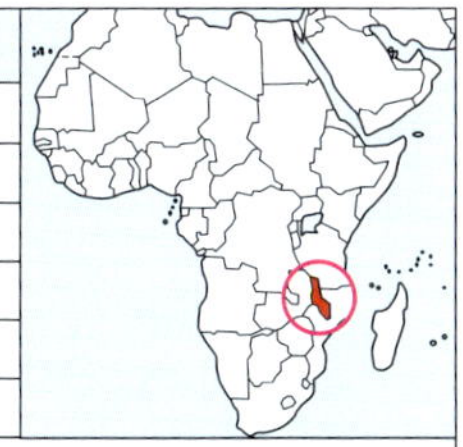

Malawi im 20. Jahrhundert	
1907	Brit. Protektorat unter dem Namen Njassaland.
1953	Zusammenschluss mit Nord- und Südrhodesien zur Zentralafrikan. Föderation.
1959/60	Nach Unruhen Verhängung des Ausnahmezustands.
1961	Sieg der Malawi Congress Party (MCP) unter Hastings (später Kamuzu) Banda bei den ersten allgemeinen Wahlen.
1962	Autonomiestatus.
1963	Ernennung Bandas zum ersten Premierminister; Auflösung der Zentralafrikan. Föderation.
1964	Unabhängigkeit unter dem Namen Malawi.
1966	Umwandlung in Republik Malawi und Errichtung eines Einparteienregimes unter Staatspräsident Banda.
1968	Aufnahme diplomatischer Beziehungen zum Apartheidstaat Südafrika.
1971	Wahl Bandas zum »Präsidenten auf Lebenszeit«.
1987/88	Beginn der vom Internationalen Währungsfonds und der Weltbank verordneten Strukturanpassungspolitik.
1992	Blutige Unruhen, erster öffentlicher Auftritt der oppositionellen Gruppierungen Alliance for Democracy (AFORD) und United Democratic Front (UDF).
1993	Einführung des Mehrparteiensystems.
1994	UDF-Wahlsieg, Übernahme des Präsidentenamtes durch den UDF-Vorsitzenden Elson Bakili Muluzi, Bildung einer UDF-AFORD-Koalitionsregierung.
1995	Neue Präsidialverfassung mit demokratischen Grundrechten.
1996	Rückzug der AFORD aus der Koalitionsregierung.
1999	Wiederwahl von Präsident Muluzi, Wahlbestätigung für UDF.

Die wichtigsten Parteien im 20. Jahrhundert

Name (Abkürzung)	*Politische Richtung*	*Gründung*
Malawi Congress Party (MCP)	Einheitspartei (1966–92)	1959
Alliance for Democracy (AFORD)	Opposition	1992
United Democratic Front (UDF)	Regierungspartei (ab 1994)	1992

Staatsoberhäupter Malawis

Reg.-Zeit	*Name*	*Lebensdaten*
1966–94	Hastings Kamuzu Banda	1906–1997
seit 1994	Elson Bakili Muluzi	*1943

Hastings Kamuzu Banda – der Staatsgründer Malawis

Hastings Kamuzu Banda (*14.5.1906 im Distrikt Kasungu, †25.11.1997 in Johannesburg/Südafrika) trat politisch erstmals in der Befreiungsbewegung gegen die brit. Kolonialherrschaft hervor. An der Spitze der Malawi Congress Party (MCP) organisierte er den Widerstand der schwarzen Bevölkerung, der 1963 zur Auflösung der Zentralafrikan. Föderation führte. Zunächst als Premierminister, ab 1966 als Staatschef lenkte er die Geschicke des Landes und etablierte eine autokratische Herrschaft. Ab 1971 regierte er als Präsident auf Lebenszeit. Erst 1994 verlor der 88-Jährige, von den einen als »Vater der Nation«, von den anderen als »Diktator« bezeichnet, sein Amt an eine Mehrparteienregierung.

Diktatur

Machtfestigung: 1971 ließ sich Banda zum »Präsidenten auf Lebenszeit« ernennen und sicherte sich damit eine umfassende Machtposition. Mit Terror und schweren Menschenrechtsverletzungen gelang es Banda, der einen konservativen, antikommunistischen Kurs verfolgte, seine Stellung bis in die 90er Jahre zu behaupten.

Außenpolitik: 1968 nahm M. diplomatische Beziehungen zu Südafrika auf, die in den Folgejahren zu engen politischen und vor allem wirtschaftlichen Kontakten ausgebaut wurden. Durch die Annäherung an das Apartheidsregime grenzte sich M. von den sog. Frontstaaten Angola, Botswana, Mosambik, Sambia, Simbabwe und Tansania ab, die sich zur Bekämpfung der südafrikan. Diskriminierungspolitik gegenüber der schwarzen Bevölkerung zusammengeschlossen hatten. Die Hinwendung zu Südafrika führte zur außenpolitischen Isolation M.s innerhalb der Organisation für Afrikan. Einheit (Organization for African Unity; OAU), die sich 1963 zur Koordinierung der allseitigen Zusammenarbeit und Solidarität gegründet hatte und für alle souveränen Staaten Afrikas mit Ausnahme von Südafrika offen stand.

Wirtschaft: Seit seiner Entstehung gehört das rohstoffarme M. zu den weltweit ärmsten Staaten. Seine Volkswirtschaft ist vom vorwiegend kleinbäuerlich geprägten Agrarsektor bestimmt. Zur Steigerung der Nahrungsmittelproduktion wurde nach der Unabhängigkeit 1964 die Landwirtschaft zulasten anderer Wirtschaftszweige gefördert. Die Lebensmittelerzeugung reicht jedoch nur in guten Erntejahren zur Versorgung der Bevölkerung aus. Seit den 80er Jahren häuften sich allerdings Dürreperioden, die M. von Lebensmittelimporten und internationaler Nahrungsmittelhilfe abhängig machten. Die Deviseneinnahmen aus dem Export von Tabak, Tee, Zucker und Baumwolle werden durch die hohen Transportkosten gemindert, die das Binnenland M. für den Transfer zum Meer an die Nachbarstaaten entrichten muss.

Finanzhilfen: Aufgrund der schmalen ökonomischen Basis war M. seit der Unabhängigkeit auf internationale Unterstützung angewiesen. 1987/88 erklärte sich der Staat bereit, als Voraussetzung für Finanzhilfen der Weltbank und des Internationalen Währungsfonds (IWF) wirtschaftliche Strukturanpassungsprogramme umzusetzen. Versuche, die industrielle Produktion auszuweiten und neue Wirtschaftsbereiche wie Bergbau, Tourismus u. a. zu erschließen, schlugen nicht nur aufgrund der ungünstigen strukturellen Gegebenheiten, sondern auch wegen Inflation, Korruption und Misswirtschaft fehl. Infolge der sog. Strukturanpassung beschleunigte sich die Inflationsrate rapide, der ohnehin niedrige Lebensstandard sank bei einem Großteil der Bevölkerung weiter ab und die innenpolitischen Spannungen nahmen zu.

Sinkende Lebenserwartung durch Aids

Bilanz: Neben Unterernährung, Durchfall, Tuberkulose und Malaria zählte die Immunschwächekrankheit Aids in den 90er Jahren in Malawi zu den häufigsten Todesursachen. Etwa 20% der Bevölkerung galten als HIV-Träger, unter den Armeeangehörigen waren es sogar 40%. Bis zum Jahr 2000 stieg die Zahl der Ansteckungen auf 2 Mio. Infolge der raschen Ausbreitung von Aids wirkten sich auch andere Infektionskrankheiten bei Personen mit geschwächtem Immunsystem stärker aus.

Soziale Lage: Die medizinische Versorgung weiter Bevölkerungsteile in einem der ärmsten Länder der Welt (BSP/Kopf 1998: 210 US-Dollar) wurde als unzureichend bewertet. Die Säuglings- und Kindersterblichkeit waren selbst für afrikan. Verhältnisse mit 13,8% bzw. 21,9% hoch. Die durchschnittliche Lebenserwartung fiel in den 90er Jahren wieder deutlich unter 40 Jahre. Nur 37% der Bevölkerung hatten Zugang zu sauberem Trinkwasser. Anfang der 90er Jahre entfielen auf 100 000 Einwohner zwei Ärzte und sechs Krankenschwestern.

Maßnahmen: Mit Unterstützung der Weltbank und verschiedener Nichtregierungsorganisationen (NGO) bemühte sich Malawi in den 90er Jahren um einen Ausbau des Gesundheitswesens. Neben dem Impfschutz von Kindern gegen Erkrankungen wie Masern, Kinderlähmung, Tuberkulose, Diphtherie sowie Tetanus und Maßnahmen zur Familienplanung wurde vor allem die Aids-Aufklärung forciert. Trotz aller staatlichen Anstrengungen verbesserte sich der Gesundheitszustand der Bevölkerung bisher nicht.

Demokratisierung

Unruhen: Angesichts der internationalen Umwälzungen geriet das Banda-Regime ab 1990 unter wachsenden Reformdruck. Der zunehmende Widerstand im Inneren entlud sich 1992 in Unruhen, die blutig niedergeschlagen wurden. Die zunächst noch illegalen Parteien Alliance for Democracy (AFORD) von Chakufwa Chihana und United Democratic Front (UDF) von Elson Bakili Muluzi traten 1992 erstmals öffentlich als offizielle Oppositionsgruppen auf.

Machtwechsel: 1993 verfügte Staatspräsident Banda eine Verfassungsreform und führte das Mehrparteiensystem ein. Bei Gefechten zwischen der Armee und der ca. 700 Mann starken Banda-Elitetruppe »Junge Pioniere«, die sich ihrer Entwaffnung widersetzt hatte, starben 1993 in der Hauptstadt Lilongwe 22 Menschen. Bei den ersten demokratischen Parlaments- und Präsidentschaftswahlen 1994 konnte die UDF als stärkste Partei die jahrzehntelange Vormachtstellung der MCP brechen. Das Amt des Staatsoberhauptes übernahm Bakili Muluzi, der von 1975 bis Mitte der 80er Jahre verschiedene Ministerämter in der Einheitspartei MCP bekleidet hatte, bevor er sich aufgrund wachsender Differenzen mit Banda aus der Politik zurückzog. Gemeinsam mit dem Koalitionspartner AFORD, der drittstärksten Partei, verfolgte Muluzi einen Regierungskurs, der die Überwindung der außenpolitischen Isolation und die Befriedung innerer Gegensätze in den Vordergrund stellte.

Neue Grundordnung: 1995 trat eine demokratische Präsidialverfassung in Kraft, in der das Prinzip der Gewaltenteilung, das Mehrparteiensystem sowie grundlegende Bürger- und Menschenrechte verankert sind. Der für fünf Jahre direkt gewählte Präsident ist als Staats- und Regierungschef sowie militärischer Oberbefehlshaber mit umfassenden Vollmachten ausgestattet. Er hat u. a. das Recht, das Parlament aufzulösen. Das Ein-Kammer-Parlament besteht aus der Nationalversammlung, die ebenfalls alle fünf Jahre neu gewählt wird (Mehrheitswahlrecht).

Repressalien: Mitte der 90er Jahre geriet die Muluzi-Regierung durch Korruption, Günstlingswirtschaft und Missmanagement zunehmend in Misskredit. Repressalien gegen Presseorgane sowie Mitglieder und Anhänger von Oppositionsparteien prägten den politischen Alltag. Unter dem Vorwurf der Korruption kündigte die AFORD 1996 die Koalition auf.

Wahlen: Auch im Vorfeld der für 1999 angesetzten Neuwahlen, die zudem von Manipulationsvorwürfen überschattet waren, wurden massive Menschenrechtsverletzungen beobachtet. Bei den Präsidentschaftswahlen erhielt Muluzi 51% der Stimmen; die UDF errang bei den Parlamentswahlen 95 von 193 Sitzen. Die Muluzi Partei erzielte in der Südregion eine große Mehrheit, während die MCP in der Zentralregion und die AFORD im Norden vorne lagen. Die beiden von schweren innerparteilichen Krisen erschütterten Oppositionsparteien hatten sich 1999 gegen starke parteiinterne Widerstände zu einer Wahlallianz zusammengeschlossen, um ein Gegengewicht gegen die im volkreichsten Landesteil (Süden M.s) verankerte UDF zu schaffen. Nach der Bekanntgabe des Wahlergebnisses kam es vor allem in der Nordregion und in Blantyre zu Protesten und Ausschreitungen von Gegnern der UDF und Muluzis. *B. L.*

Der Malawisee – Nahrungsreservoir und Verkehrsweg

Ausdehnung: Mit 570 km Länge und bis zu 80 km Breite ist der Malawisee nach dem Victoriasee und dem Tanganjikasee Afrikas drittgrößtes Binnengewässer. Er bedeckt ein Fünftel der Gesamtfläche des schmalen Staates, der an seiner breitesten Stelle nur 160 km misst. Der See bildet den südlichsten Teil des Ostafrikan. Grabensystems, das sich vom Roten Meer bis zum Njassagraben erstreckt.

Fischfang: Mit seinen über 300 Fischarten ist das bis zu 700 m tiefe Gewässer ein wichtiger Nahrungslieferant für die Bevölkerung. Neben einer modern ausgerüsteten Fangflotte kommen noch immer die traditionellen Einbäume beim Fischfang zum Einsatz.

Verkehrsader: Daneben dient der »See, in dessen Wasser sich der Glanz der Sonne wie Feuer spiegelt« – so die eigentliche Bedeutung des Wortes »Malawi« – auch als Verbindungsweg nach Tansania und Mosambik. Auf den Wasserstraßen zwischen den Häfen Chilumba, Chipoka, Monkey Bay, Nkhata Bay und Nkhotakota findet reger Inlandsverkehr statt. (Foto: Fischer am Malawisee)

Trotz massiver Förderung der Landwirtschaft reichen die Erträge nur in guten Erntejahren zur Versorgung der Bevölkerung aus. (Foto: Maisernte in Malawi)

Malaysia

Der Staatenbund M. ist ein territorial auf die Malai. Halbinsel und den über 600 km entfernten Norden der Insel Borneo verteiltes künstliches Gebilde. Seine Bevölkerung setzt sich aus zahlreichen Gruppen unterschiedlicher Herkunft und Kultur zusammen. Das Staatsvolk, die Malaien, stellt rund 58% der Bevölkerung, die andere Hälfte setzt sich vorwiegend aus Chinesen, Indern und Pakistani zusammen. In M. überlagern sich malai., ind. und chin. Kultureinfluss. So sind die Malaien mehrheitlich islamisch, die Inder sind Hindus oder Sikhs, die Chinesen sind konfuzianisch oder buddhistisch geprägt.

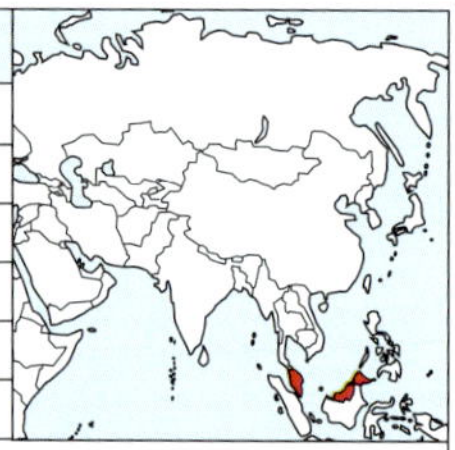

Malaysia 2000	
Landesfläche	329 758 km^2 (WR 65)
Einwohner	21,8 Mio (WR 46)
Hauptstadt	Kuala Lumpur (1,15 Mio Einw.)
Sprachen	Bahasa Malaysia, Chinesisch u. a.
Währung	1 Ringgit (R) = 100 Sen
Gliederung	13 Bundesländer
Staatsform	Parlamentarische Wahlmonarchie (seit 1963)
Religion	Moslems (52,9%); Buddhisten (17,3%); chinesische Volksreligionen (11,6%); Hindus (7%); Christen (6,4%); Sonstige (4,8%)
Bevölkerung	Malaien (61,7%); Chinesen (29,7%); Inder (8,1%); Sonstige (0,5%)

Malaysia im 20. Jahrhundert	
1895	Erste Föderation der malai. Sultanate unter brit. Schutz.
1941	Japan. Besetzung von Malaya, Sabah und Sarawak (bis 1945).
1946	Gründung der Malai. Union; Sabah und Sarawak werden Kronkolonien.
1948	Umwandlung der Malai. Union in die Malai. Föderation.
1957	Malai. Föderation wird unabhängiger Staat im Commonwealth.
1963	Gründung der Föderation Malaysia unter Einschluss von Singapur; Abdul Rahman wird Premierminister.
1964/65	Militärische Konfrontation mit Indonesien.
1965	Singapur verlässt die Föderation.
1967	Malaysia ist Gründungsmitglied der ASEAN.
1969	Ausbruch von Rassenunruhen nach Erstarken der Oppositionsparteien.
1971	Verteidigungsbündnis zwischen Malaysia, Singapur, Großbritannien, Australien und Neuseeland (ANZUK-Pakt)
1981	Mahathir Mohamad wird Premierminister.
1987	Unruhen zwischen Chinesen und Malaien.
1995	Die Nationale Front erreicht ihr bestes Wahlergebnis.
1997	Malaysia ist Gründungsmitglied der Developing Eight.
1998	Amtsenthebung und Inhaftierung des Vizepremiers Anwar Ibrahim; nach Folterung Prozessbeginn.
1999	Anwar Ibrahims Frau gründet die Nationale Gerechtigkeitspartei; Ibrahim wird zu sechs Jahren Haft verurteilt; Premierminister Mahathir bezieht die neue Verwaltungshauptstadt Putrajaya.

Kolonisierung

Britisches Protektorat: Bis zur Errichtung brit. Stützpunkte am Ende des 18. Jh.s war das Gebiet des heutigen M. von europäischem Einfluss weitgehend unberührt. 1826 schuf Großbritannien aus dem Zusammenschluss von Pulau Pinang, Malakka und Singapur die »Straits Settlements«, die 1867 Kronkolonie wurden. Durch Verträge und territoriale Kompensationen entstanden bis 1914 – weitgehend unter brit. Oberhoheit – im heutigen Staatsgebiet fünf Gruppen von Territorien. Neben der um die Kokos-Inseln und die Weihnachtsinseln erweiterten Kronkolonie Straits Settlements war dies zum einen das 1895 gebildete brit. Protektorat der Föderation der malai. Staaten Negeri Sembilan, Pahang, Perak und Selangor. Johor, Kedah, Kelantan, Perlis und Terengganu bildeten zum anderen das brit. Protektorat der nicht föderierten malai. Staaten. Auf Borneo bestand seit 1881 das brit. Protektorat North Borneo, dessen Gebiet die British North Company 1877 vom Sultan von Brunei gekauft hatte. Seit 1888 existierte ebendort das Protektorat Sarawak, eine Schenkung des Sultans von Brunei an den Seefahrer James Brooke. Das wirtschaftliche Interesse Großbritanniens an der Malai. Halbinsel galt dem Kautschuk und den reichen Zinnvorkommen.

Wirtschaft und Einwanderungszustrom: Unter der Oberhoheit Großbritanniens begann in der zweiten Hälfte des 19. Jh.s, insbes. im Westen der Malai. Halbinsel, der auf weltweiten Profit zielende Ausbau der Plantagen und Minen, verbunden mit der Entwicklung eines Verkehrsnetzes und einem bis zum Zweiten Weltkrieg ungebrochenen Zustrom ausländischer Arbeitskräfte. Ab 1850 kamen in großen Einwanderungswellen insbes. Chinesen auf die Halbinsel, um in den Zinnminen, auf den Plantagen und im Handel zu arbeiten. Inder und Pakistani kamen erst seit Anfang des 20. Jh.s vornehmlich als Arbeitskräfte für die Plantagen. Um 1953 waren die Malaien zu einer Minderheit im eigenen Land geworden – eine Situation, die in den folgenden Jahrzehnten zu andauernden ethnischen Spannungen führen sollte.

Politische Gruppierungen: Die bestimmenden Politiker der ersten Jahrzehnte des 20. Jh.s lassen sich drei unterschiedlichen Strömungen zuordnen: Neben den religiösen Führern, die in der arab. Welt ausgebildet worden waren, standen in Malaya erzogene Intellektuelle, aus deren Reihen antibrit. Radikale stammten. Die dritte Gruppe waren die in England erzogenen

Malaien, die in den folgenden Jahren von den Briten bei Verhandlungen über die Unabhängigkeit bevorzugt wurden.

Nationalismus: Obwohl Großbritannien die Vorherrschaft in Malaya hatte, gelang es bis zum Zweiten Weltkrieg nicht, die drei Kleinstaaten-Gruppen auf der Malai. Halbinsel zusammenzuschließen. Die japan. Invasion von Malaya und British Borneo, die in der brit. Niederlage bei Singapur gipfelte, erschütterte die brit. Oberhoheit und begünstigte den Nationalismus. Auch wenn Großbritannien nach der japan. Niederlage 1945 seine Autorität über die Region wiederherstellen konnte, war es doch mit einer vollkommen neuen Situation konfrontiert, die eine andere Politik erforderte. 1948 wurde die Kronkolonie Straits Settlements aufgelöst, Pulau Pinang und Malakka wurden mit den elf Sultanaten und Fürstentümern der Malai. Halbinsel zur Malai. Föderation zusammengeschlossen. Singapur, Sarawak und das mit Labuan verbundene British North Borneo blieben getrennte Kronkolonien.

Königin Elizabeth II. war bis 1963 Staatsoberhaupt der Malai. Föderation, die ab 1957 unabhängiger Teil des Commonwealth war. (Foto: Die Königin schlägt einen Malaien moslemischen Glaubens zum Ritter. Da er aus religiösen Gründen nicht vor einer Frau knien darf, nimmt er einen Stuhl zur Hilfe.)

Die Föderation von Malaysia

Bürgerkrieg: Die Föderation ließ den Sultanen die Macht über ihre jeweiligen Territorien und wurde von den Malaien als Sieg gefeiert. Enttäuschung machte sich dagegen unter den anderen ethnischen Gruppen breit. Insbes. die Chinesen, die glaubten, sich den Briten gegenüber besonders loyal verhalten zu haben, fühlten sich betrogen. Viele Chinesen schlossen sich daher den Kommunisten an, die unter ihrem Führer Chin Peng europäische Plantagenbesitzer und Minenbeamte überfielen und ermordeten. Nach der Ermordung des brit. Hochkommissars antwortete die Kolonialmacht mit der Umsiedlung chin. Gemeinden in neue Dörfer, wo sie unter ständiger Bewachung standen. Mit Hilfe von Ghurka-Einheiten gewannen die Briten schließlich den Bürgerkrieg, die Guerillagruppen zogen sich in den Dschungel zurück.

Antikommunistische Allianz: 1951 übernahm Tunku (»Prinz«) Abdul Rahman die politische Führung des Landes. Es gelang ihm, die Voraussetzungen für eine politische Zusammenarbeit der wichtigsten ethnischen Gruppen zu schaffen. Er führte die United Malays National Organisation (UMNO) und die antikommunistische Malayan Chinese Association (MCA) zu einer Allianz zusammen, der sich wenig später auch der Malayan Indian Congress (MIC) anschloss. Diese Allianz wurde durch die Überzeugung zusammengehalten, dass nicht die Briten, sondern die Kommunisten die eigentlichen Gegner waren und dass eine solche Einheitsfront den Prozess der Unabhängigkeit zu beschleunigen in der Lage wäre. Am 31.8.1957 wurde die Malai. Föderation unabhängiges Königreich im Commonwealth. Abdul Rahman übernahm das Amt des Premierministers.

Förderationsprojekt: Er war es auch, der 1961 zuerst die Idee einer Föderation aus Malaya, Singapur, Sarawak und Sabah entwickelte. Sein Ziel war es, die in einer seit längerem geplanten Föderation von Malaya und Singapur zu erwartende chin. Bevölkerungsmehrheit durch die Aufnahme der Gebiete auf Borneo zu kompensieren.

Diese Idee wurde in Malaya und Singapur zustimmend, in Sabah und Sarawak jedoch reserviert aufgenommen. Widerstand kam auch von den Philippinen und aus Indonesien, die Ansprüche auf das ehemalige British Borneo erhoben. Ihre Einwände und der Einfluss indones. Freiwilligenverbände führten zu Kämpfen und zu langwierigen Verhandlungen um das als neokolonialistisch bezeichnete Föderationsprojekt.

Unabhängigkeit: Nachdem sowohl die Wahlen des Jahres 1962 als auch die Untersuchungen einer auf Drängen Indonesiens und der Philippinen eingesetzten UN-Kommission 1963 in Sabah und Sarawak hohe Zustimmung ergeben hatten, wurde M. am 16.9.1963 offi-

Stichwort: Rukunegara

Für Malaysias multiethnische Gesellschaft wurden 1970 unter der Bezeichnung »Rukunegara« allgemeine Prinzipien des Zusammenlebens verkündet:

»Unsere Nation, Malaysia, verpflichtet sich, (...) demokratische Formen des politischen Lebens zu pflegen, eine gerechte Gesellschaft aufzubauen, in der der Reichtum der Nation gleichmäßig verteilt wird, einen liberalen Umgang mit der reichen und vielfältigen Kultur sicherzustellen und eine Gesellschaft aufzubauen, die sich an moderner Wissenschaft und Technologie orientiert. Wir, die Menschen, verpflichten uns, diese Ziele durch den Glauben an Gott, die Loyalität gegenüber König und Land, den Schutz der Verfassung, das Befolgen der Gesetze und eine moralische Lebensführung zu erreichen.«

Quelle: Ministry of Foreign Affairs, Malaysia in Brief, Kuala Lumpur 1998

Die wichtigsten Parteien im 20. Jahrhundert

Name (Abkürzung)	*Politische Richtung*	*Gründung*
United Malays National Organisation (UMNO)	führende malai. Partei	1946
Malaysian Indian Congress (MIC)	Partei der Inder in Malaysia	1946
Malaysian Chinese Association (MCA)	Partei der Chinesen in Malaysia	1949
Alliance Party	Zusammenschluss aus UMNO, MCA und MIC	1952
Parti Islam SeMalaysia (PAS) / Pan-Malayan Islamic Party	islamische Partei	1959[1)]
Communist Party of North Kalimantan (CPNK)	militant-kommunistisch	1965[2)]
Democratic Action Party (DAP)	chines. Oppositionspartei	1966
Barisan Nasional (BN)/National Front	Zusammenschluss aus Alliance Party und acht kleineren Parteien	1973
Gapasan Demokratik Rakyat/ Coalition for People's Democracy Partei für Menschenrechte	Zusammenschluss aus DAP, PAS und drei kleineren Parteien, Partei für Menschenrechte	1998
Keadilan Nasional (= Nationale Gerechtigkeitspartei)	Partei für Menschenrechte	1999

1) 1977 aus der Barisan Nasional/National Front ausgeschlossen
2) hervorgegangen aus der Sarawak Liberation League

Staatsoberhäupter Malaysias

Reg.-Zeit	*Name*	*Lebensdaten*
1963–65	Syed Putra	1920–2000
1965–70	Ismail Nasiruddin Shah	1907–1979
1970–75	Abdul Halim Muadzam Shah	*1927
1975–80	Yahya Petra	1917–1979
1980–84	Ahmad Shah Al-Mustain Billah	*1930
1984–89	Tuanka Mahmood Iskander ibni al-Marhum	*1932
1989–94	Tuanka Azlan Muhibbudin Shah ibni al-Marhum Yusuff Ghafarullaha-Lahu Shah	*1928
1994–99	Tuanku Ja'afar ibni Al-Marhum Tuanku Abdul Rahman	*1922
seit 1999	Salahuddin Abdul Aziz Shah	*1926

ziell als unabhängig proklamiert. Die neue Nation stand zu diesem Zeitpunkt hinsichtlich ihrer territorialen Ausdehnung auf äußerst unsicheren Beinen. Die Philippinen beanspruchten Sabah für sich und Indonesien fürchtete ganz allgemein einen mächtigen Nachbarn. In der Innenpolitik brach der alte Konflikt zwischen Malaien und Chinesen wieder aus und führte in der chines. Hochburg Singapur zu Unruhen. Um den Bestand der Föderation von M. besorgt, forderte Abdul Rahman die Abtrennung Singapurs, das 1965 eine selbstständige Republik wurde.

Verfassung: Die Verfassung des Bundesstaates M. vom September 1963 basiert im Wesentlichen auf der Verfassung Malayas von 1957. Die 13 Einzelstaaten haben eigene Verfassungen und unterschiedliche Regierungsformen. So regieren zum Teil Sultane oder Fürsten; in Malakka, Penang, Sabah und Sarawak werden von der Zentralregierung Gouverneure eingesetzt. M. ist neben den Vereinigten Arabischen Emiraten die einzige Wahlmonarchie der Welt. Das Staatsoberhaupt der Föderation wird von den neun Sultanen und Fürsten aus ihrer Mitte für fünf Jahre gewählt. In den malai. Staaten behalten die Herrscher ihren Status aus der Zeit vor der Unabhängigkeit; die Einzelstaaten können jedoch nicht gegen die Politik der Föderation agieren. Das Zweikammerparlament besteht aus einem Senat (Dewan Negara) mit 30 gewählten und 43 ernannten Mitgliedern sowie einem Repräsentantenhaus (Dewan Rakyat) mit 194 nach dem Mehrheitswahlrecht gewählten Mitgliedern.

Phase der Konsolidierung

Innere Gegensätze: Nach der Entmachtung des indones. Präsidenten Sukarno wurden die Differenzen zwischen M. und Indonesien 1966 im Vertrag von Bangkok beigelegt; im selben Jahr erkannten auch die Philippinen M. formell an. Die inneren Gegensätze verschärften sich jedoch. Nachdem bereits seit 1953 die Einwanderung von Chinesen und Indern unterbunden worden war, kam es nach 1963 infolge des Malaiisierungsprogramms der Regierung – um 1970 machten die Malaien etwa 50% der Einwohner aus – wiederholt zu Spannungen und Zusammenstößen zwischen den politisch herrschenden Malaien und den wirtschaftlich sowie sozial zwar führenden, von der politischen Macht jedoch weitgehend ausgeschlossenen Chinesen. Als die Allianz in den Wahlen von 1969 eine Reihe von Parlamentssitzen und die Kontrolle über zwei Staaten verlor, kam es zu Rassenunruhen. Das Parlament wurde aufgelöst, der Ausnahmezustand erklärt und Tun Abdul Razak (1922–1976) regierte das Land mittels eines National Operations Council, bis er durch die Neuwahlen von 1971 zum Premierminister gewählt wurde.

Nationales Förderungsprogramm: In dieser Zeit war die Regierung bemüht, in dem Vielvölkerstaat ein auf eine gerechte Verteilung gegründetes Nationalbewusstsein zu entwickeln. 1969 wurde das Ministerium für die nationale Einheit gegründet, das eine staatstragende, religiöse und ethnische Gegensätze überwindende Ideologie entwickelte (»Rukunegara«), die am 31. August 1970 formell verkündet wurde.

Intensivierung der Landwirtschaft: Begleitet wurde die Herausbildung eines malays. Nationalbewusstseins durch Programme und Fünfjahrespläne zum wirtschaftlichen Aufbau, von denen die beiden ersten insbes. die sozioökonomische Situation im ländlichen Malaya verbesserten. War M.s Wirtschaft bis in die 70er Jahre vorwiegend von den Exportgütern Kautschuk und Zinn abhängig, so wurde durch die neue Wirtschaftspolitik zunächst die Bandbreite der landwirtschaftlichen Produktion erweitert, insbes. um Palmöl- und Ananasplantagen. Darüber hinaus förderte die Regierung Bewässerungsprojekte zur Erweiterung der Reisanbauflächen und führte ertragreichere Sorten ein, um M. von Reisimporten unabhängig zu machen. Insbes. in Sabah wurde die Forstwirtschaft ausgeweitet; dabei wurde der Raubbau zunehmend vom Aufbau von Plantagen und Wiederaufforstungen abgelöst. Während von der Intensivierung der Landwirtschaft insbes. Westm. mit seinen fruchtbaren Böden profitierte, stieg die wirtschaftliche Bedeutung der Urwaldstaaten Sabah und Sarawak durch den erweiterten Gewürzanbau sowie die Erdöl- und Erdgasförderung.

Außenpolitik: Zeitgleich entwickelte M. unter Tun Abdul Razak und seinem Nachfolger Tun Hussein Onn schrittweise eine unabhängige Außenpolitik. Das Land gehörte 1967 zu den Gründungsmitgliedern des ASEAN-Paktes und war bis zum Ende des Vietnamkrieges prowestlich eingestellt. 1971 schloss es mit Singapur, Australien, Neuseeland und Großbritannien den von den USA unterstützten ANZUK-Verteidigungspakt. Die im Rahmen dieses Bündnisses in M. stationierten Truppen wurden jedoch 1976 abgezogen. 1974 nahm M. als erster Staat dieser Hemisphäre diplomatische Beziehungen zur VR China auf und schloss sich den blockfreien Staaten der Dritten Welt an.

Proton – der Volkswagen Malaysias

Der Aufbau einer Automobilindustrie bzw. der Bau eines nationalen Automobils wurde zu Beginn der 80er Jahre als ein wesentlicher Schritt zur Entwicklung des Industriestaates Malaysia angesehen; darüber hinaus galt er als ein wichtiges Element eines auch wirtschaftlich begründeten Nationalstolzes. Das »National Car Project«, das 1982 verkündet wurde, war ein gemeinsames Unternehmen von Perusahaan Otomobil National Berhad (PROTON), HICOM Berhad und Mitsubishi Motors Corporation in Shah Alam in Selangor. 1985 lief der erste Proton Saga vom Band. Er wurde zum meistverkauften Pkw in Malaysia und erreichte seit 1990 Marktanteile von mehr als 70%. 1986 begann der Export des Proton; bis zum Ende des 20. Jh.s entstanden fünf ausländische Tochtergesellschaften. 1992 und 1995 wurden mit PERODUA und MODENAS zwei weitere malai. Automobilfirmen gegründet. (Foto: Qualitätskontrolle eines fertig gestellten Proton-Automobils, Januar 1995)

Industrialisierung

Aufbaumaßnahmen: Der dritte, vor allem aber der vierte Fünfjahresplan für 1976–80 bzw. 1981–85 hatten die Förderung des Wirtschaftswachstums durch den Aufbau arbeits- und kapitalintensiver Industrien zum Ziel. Ende der 70er Jahre hatte das noch rohstofforientierte M. eine so starke weltwirtschaftliche Position erreicht, dass die weltweite Rezession durch die hohen Exportpreise für Zinn und eine Erholung der Erdölproduktion weitgehend aufgefangen werden konnte. M. konnte es sich leisten, sein hochwertiges Erdöl nach Japan zu exportieren und den Eigenbedarf durch Importe aus arab. Ländern zu decken.

In den 80er Jahren forcierte Makathir bin Mohamad (* 1925), der vierte Premierminister, vor dem Hintergrund seiner »Look-East«-Politik und begleitet von Bildungs- und Ausbildungsinitiativen den Auf- und Ausbau von Industrien, deren Anteil am BSP seit 1968 bereits von 11,4% auf 18% gestiegen war. Gefördert wurden zunächst arbeits-, zunehmend jedoch auch kapitalintensive Industrien, darunter sowohl solche, deren Produkte Importe ersetzen sollten, als auch solche, die die heimischen Rohstoffe durch Weiterverarbeitung veredelten. Schließlich entwickelte sich M., unterstützt durch finanzielle Anreize des Staates, zum Standort zukunftsorientierter Industrien mit dem Ziel, die ökonomischen Erfolge von Japan und Südkorea durch Technologieimporte zu kopieren.

Schlüsselindustrien: Zu den Schlüsselindustrien entwickelten sich seit den 80er Jahren zum einen die Elektro- und Elektronikindustrie sowie die Textil- und Bekleidungsindustrie. Hinzu kamen die Stahlindustrie und, mit heimischen und ausländischen Produkten, der Fahrzeugbau sowie die Herstellung von Gummiwaren und die chemische Industrie, die auf den natürlichen Rohstoffen aufbauten. Was der Industriestruktur noch fehlt, ist ein breites und flächendeckendes System von Zulieferindustrien, sodass Halbfertigprodukte, die importiert werden müssen, die Handelsbilanz negativ beeinflussen.

Agrarprodukte: In der Landwirtschaft stehen kommerziell-industrielle Agrarprodukte, sog. Cash Crops, weiterhin an vorderster Stelle. Dabei stellt die Palmölwirtschaft den wichtigsten Einzelsektor dar, während die Kautschukproduktion hinter die von Thailand und Indonesien zurückgefallen ist, aber noch immer ein Viertel der Weltproduktion ausmacht. Tropisches Holz ist weiterhin ein wichtiges Exportgut, aus M. stammt fast die Hälfte der Weltexporte. Allerdings haben amtliche Beschränkungen des Holzeinschlages zur Schonung der Reserven dazu geführt, dass die heimische Holz verarbeitende Industrie bereits auf Importe zurückgreifen muss.

Unter allen ASEAN-Staaten ist M. nach Singapur die größte Außenhandelsnation, wobei sich die Handelsbeziehungen auf Ost- und Südostasien konzentrieren.

Maßnahmen zur Rettung des tropischen Regenwalds

Mindestens 55% Malaysias sind mit tropischem Regenwald bedeckt. Die artenreichsten Bestände finden sich auf Sabah. In den 60er und 70er Jahren wurden sie großflächig abgeholzt. Aus ökologischen und ökonomischen Gründen ist der Holzeinschlag jedoch seit Beginn der 90er Jahre begrenzt und wird kontrolliert. Zudem schuf die Zentralregierung finanzielle Anreize für Wiederaufforstungsmaßnahmen von Seiten der Einzelstaaten. Mithilfe der EU wird erstmals eine quantitative und qualitative Erfassung der Waldbestände vorgenommen, die ein effektives Forstmanagement ermöglicht. Malaysia gehört heute international zu den wichtigsten Verfechtern eines globalen Regenwaldschutzes. (Foto: Rodungsarbeiten in einem Regenwaldgebiet in Sabah auf Borneo, 1989)

Sozio-ökonomische Folgen

Arbeitskräftebedarf: Mit der fortschreitenden Industrialisierung ging seit 1984 auch eine veränderte Bevölkerungspolitik einher. War bis dahin die Reduzierung der Geburtenrate und die »2-Kind-Politik« das Ziel, so schwenkte man seitdem auf eine Politik des möglichst großen Bevölkerungswachstums um. Offizieller Hintergrund ist die Meinung, dass für die weitere Industrialisierung eine stark ansteigende Bevölkerung unerlässlich ist, da man den sich verschärfenden Arbeitskräftemangel nicht durch eine weitere Einwanderung beheben möchte und durch einen größeren Inlandsmarkt die Exportabhängigkeit verringern könnte. Wenngleich nicht offiziell verlautbart, ist mit dieser Verknüpfung von Wirtschafts- und Bevölkerungsentwicklung eine Stärkung des malai. und vorwiegend islamischen Bevölkerungsanteils verbunden. Dessen ungeachtet wurden die Bestimmungen für eine Arbeitserlaubnis Ende der 90er Jahre gelockert, damit spezielle Formen des Arbeitskräftebedarfs in M. gedeckt werden können. Damit werden aber lediglich wirtschaftliche und keine bevölkerungspolitischen Absichten verfolgt; denn das seit 1996 bestehende Verbot der Eheschließung zwischen Gastarbeitern und einheimischen Frauen bleibt weiterhin bestehen.

Einfluss des Islam: Mit dem größeren Gewicht, das islamische Malaien seit den 80er Jahren in Wirtschaft und Politik erhielten, lebte auch der malai. Islamismus auf, der wiederum im Zusammenhang mit fundamentalistischen Strömungen in der islamischen Welt steht. Dies zeigte sich insbes. in der stärkeren Berücksichtigung religiöser Prinzipien im Erziehungswesen, in der Gesetzgebung und im alltäglichen Leben. Auch wenn die verschiedenen moslemischen Strömungen bis hin zu fundamentalistischen vom Staat toleriert werden, entwickelte sich M. in den letzten Jahrzehnten nicht zu einem islamischen Staatswesen.

Kuala Lumpur gehört zu den schnell wachsenden Städten Südostasiens. Die Skyline der City wird von den 452 m hohen Petronas Twin Towers überragt.

Vision 2020

Modernisierungspläne: Der 1996 veroffentlichte zweite industrielle Masterplan (IMP2) soll M. bis 2005 in das Jahrzehnt wirtschaftlicher Globalisierung führen. Dabei sollen nicht nur bestehende Produktionskapazitäten ausgebaut werden, sondern auch Zulieferunternehmen, Forschungs- und Entwicklungseinrichtungen sowie Dienstleistungsunternehmen in den Bereichen Design, Distribution und Marketing entstehen, um M. vom Ausland unabhängig und bis 2020 zu einer voll entwickelten Industrienation zu machen. Insbes. will man mit diesen ambitionierten Plänen, die durch die Finanzkrise in Asien im Jahr 1998 allerdings einen Dämpfer erhielten, die Hochtechnologie im Multimedia Bereich ausbauen, kapitalintensive Industrien fördern und eine hohe Wertschöpfung erreichen. 1997 gründete M. zusammen mit Bangladesch, Ägypten, Indonesien, Iran, Nigeria, Pakistan und der Türkei die Developing Eight.

Der Fall Ibrahim: Mit der Finanz- und Wirtschaftskrise in Asien wurde Kritik am autoritären Führungsstil Mahathirs laut. Differenzen bei der Bewältigung der Krise führten zum Konflikt zwischen Mahathir und seinem Stellvertreter und designierten Nachfolger Anwar Ibrahim. Dieser beantwortete seine Entlassung als Finanzminister im Jahr 1998 mit einer Protestkampagne; er wurde verhaftet, im Gefängnis misshandelt und unter der Anschuldigung widernatürlicher Unzucht und Korruption 1999 zu sechs Jahren Haft verurteilt. Sein Fall war Anlass zur Gründung von Oppositionsbewegungen, darunter der nationalen Gerechtigkeitspartei, die politische Reformen und die Ablösung Mahathirs verlangen. *H.-W. W.*

Ethnische Vielfalt in Malaysia

Mit über zehn ethnischen Gruppen, die auf die Wahrung ihrer Identität bedacht sind, ist Malaysia eine der am stärksten gemischten Gesellschaften. Malaien, Chinesen und Inder sind die wichtigsten Gruppen. Den Spannungen zwischen den meist im ländlichen Raum lebenden Malaien und den chines., weite Teile der Wirtschaft beherrschenden Stadtbewohnern begegnete die Regierung in den 60er Jahren mit verschiedenen Programmen, die den Einfluss der beiden Volksgruppen angleichen sollten. Doch das verstärkte die Spannungen nur. Auch die Gründung der für alle Ethnien offenen Sammlungspartei Barisan Nasional 1973 konnte nicht verhindern, dass es bis in die 90er Jahre zu Unruhen und Konflikten kam. (Foto: Malai. Familie in Kuala Lumpur)

Malediven 2000	
Landesfläche	298 km² (WR 184)
Einwohner	278 000 (WR 168)
Hauptstadt	Malé (63 000 Einwohner)
Sprachen	Divehi, Englisch
Währung	1 Rufiyaa (RF) = 100 Laari
Gliederung	20 Distrikte
Staatsform	Präsidiale Republik im Commonwealth (seit 1968)
Religion	Sunnitische Moslems
Bevölkerung	Mischvolk arabischer, singalesischer und malaiischer Abstammung

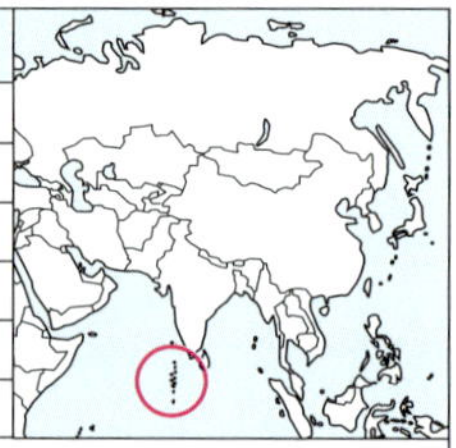

Malediven im 20. Jahrhundert	
1932	Die Malediveninseln erhalten ihre erste Verfassung von Sultan Mohammed Shamsudeen III.
1942	Großbritannien errichtet einen Militärflughafen auf der Insel Gan.
1948	Ceylon (heute Sri Lanka) wird unabhängig, die Malediven bleiben unter brit. Oberhoheit.
1953	Ausrufung der Republik. Ein Verwandter des Sultans übernimmt Präsidentenamt. Wiederherstellung des Sultanats nach Volksentscheid.
1954	Wiedereinsetzung des Sultans Mohammed Farid Didi.
1956	Vertrag mit Großbritannien über militärische Stützpunkte auf den Inseln Gan, Hithadoo und Hulelé (Laufzeit: 30 Jahre). Die Malediven erhalten innere Autonomie.
1963	Großbritannien verlässt Insel Hulelé: Die Malediven treten Colombo-Plan bei.
1965	Nach Aufhebung des Protektoratsstatus erhalten M. die Unabhängigkeit.
1968	Verfassungsänderung tritt in Kraft; per Volksentscheid wird das ehemalige Sultanat in eine Republik umgewandelt (Ende der Dynastie der Didi); Amir Ibrahim Nasir wird neuer Staats- und Regierungschef.
1969	Ausrufung der Republik Malediven (neuer Staatsname).
1972	Beginn des Massentourismus. Per Verfassungsänderung werden Amt des Staats- und Regierungspräsidenten getrennt.
1975	Eine erneute Verfassungsänderung schafft Amt des Premierministers ab; Präsident Nasir übernimmt das Amt wieder zusätzlich.
1976	Briten verlassen endgültig ihren Stützpunkt auf der Insel Gan.
1978	Maumoon Abdul Gaymoon wird zum Präsidenten gewählt.
1982	Die Republik Malediven tritt dem Commonwealth bei.
1983	Präsident Gaymoon wird per Referendum in seinem Amt bestätigt.
1988	Putschversuch tamil. Rebellen wird mit Hilfe ind. Söldnertruppen niedergeschlagen.
1989	Internationale Konferenz in Malé zur Bedrohung der Inseln durch den steigenden Meeresspiegel.
1990	Erstes Gipfeltreffen der SAARC (Südasiat. Vereinigung für regionale Zusammenarbeit) in Malé.
1993	Gaymoon gewinnt Präsidentschaftswahl mit 96,4% der Stimmen
1998	Verabschiedung der Verfassungsreform. Präsident Gayoom wird per Referendum im Amt bestätigt.

Staatsoberhäupter der Malediven

Reg.-Zeit	*Name*	*Lebensdaten*
1932–53	Sultan Mohammed Shamsudeen III.	k. A.
1954–68	Sultan Mohammed Farid Didi	† 1969
1968–78	Amir Ibrahim Nasir	* 1926
seit 1978	Maumoon Abdul Gaymoon	*1937

Malediven

Republik der Malediven

Im 5. Jh. v. Chr. ließen sich buddhistische Fischer aus Indien und Ceylon (dem heutigen Sri Lanka) auf den Inseln nieder. Arab. Kaufleute errichteten im 12. Jh. auf den M. ein Sultanat und führten den Islam ein. Versuche der Portugiesen, 1558–73 in Malé eine ständige Niederlassung zu schaffen, scheiterten nach einem Guerillakrieg. Im 17. Jh. kam das malediv. Sultanat unter niederländ. Protektorat, nachdem die Niederlande bereits die Herrschaft auf Ceylon (heute Sri Lanka) übernommen hatte. Ab 1754 standen die M. für fünf Jahre unter franz. Kolonialverwaltung. Mit Sultan Ghazi Hassan Izzuddin begann 1759 die Didi-Dynastie. Nach der Eroberung Ceylons durch Großbritannien fielen auch die M. in brit. Hände (1796).

Kolonialzeit

Britisches Protektorat: 1887 erfolgte die Anerkennung der M. als brit. Protektorat mit innerer Autonomie. Während des Zweiten Weltkrieges errichteten die Briten einen Luftwaffenstützpunkt auf der Insel Gadu und schotteten die M. völlig von der Außenwelt ab. Nach Ende des Krieges wurde Ceylon unabhängig (1948). Die M. standen zwar als Sultanat weiterhin unter brit. Protektorat, erhielten aber ein Selbstverwaltungsrecht.

Unabhängigkeit: Abgesehen von einer kurzen republikan. Phase (1932) blieben die M. nach einem Volksentscheid Sultanat. Mohammed Shamsudeen III. gab dem Land 1932 eine Verfassung, Großbritannien und die M. einigten sich grundsätzlich hinsichtlich des brit. Militärstützpunkts auf der Insel Gan (Verpachtung auf 30 Jahre); dafür erhielten die M. das volle innenpolitsche Selbstbestimmungsrecht. Nachdem der Vertrag mit Großbritannien 1960 offiziell bekannt gegeben worden war, verließen die Briten 1963 die Insel Hulelé. Am 26.7.1965 hob Großbritannien den Protektoratsstatus der M. auf und entließ die Inseln in die Unabhängigkeit.

Der Weg zur Republik

Das Sultanat wird Republik: Eine Volksabstimmung im März 1968 entschied für die Umwandlung des Sultanats in eine Republik. Staatspräsident wurde der bereits amtierende Premierminister Amir Ibrahim Nasir. Im April 1969 erfolgte die Umbenennung der Maledi-

Indische Streitkräfte beendeten 1988 einen Umsturzversuch auf den Malediven. Tamil. Rebellen aus Sri Lanka hatten am 4.11. den seit 1988 absolut regierenden Staatspräsidenten Maumoon Abdul Gaymoon aus der Hauptstadt Malé vertrieben. 1600 ind. Fallschirmspringer (Foto) landeten noch am selben Abend in Malé und schlugen den Aufstand nieder. Dabei kamen 25 Menschen ums Leben.

veninseln in Republik M. Verfassungsänderungen bestimmten im August 1972 die Trennung der Ämter von Staats- und Regierungspräsident und im März 1975 die Abschaffung des Premierministeramtes.

Innere Machtkämpfe: Nach zwei Amtsperioden verzichtete Staatspräsident Ibrahim Nasir, dem Veruntreuung von Staatsgeldern vorgeworfen wurde, im Juli 1978 auf eine weitere Kandidatur und wanderte nach Singapur aus. Sein Nachfolger wurde Maumoon Abdul Gaymoon, der 1998 die Wahl zum Staatspräsidenten mit über 90% der Stimmen gewann. 1996 und 1998 nahm Gaymoon umfassende Kabinettsumbildungen vor. Seit 1985 lässt er sich vom Consultative Council (55 Mitglieder) beraten. Der Absolutheitsanspruch der Regierung Gaymoons führte wiederholt zu inneren Unruhen und Machtkämpfen. So kam es am 4.11.1988 zum Umsturzversuch durch tamil. Rebellen aus Sri Lanka, die unter Einsatz ausländischer Söldner mit Hilfe ind. Truppen niedergeschlagen wurden.

Verfassungsreform: Nach 17-jähriger Entscheidungsfindung durch die 1980 eigens berufene Special Citizens Majlis trat im Januar 1998 eine reformierte Verfassung in Kraft. Regierungsform blieb die schon in der alten Verfassung verankerte Präsidialrepublik. Der Staatspräsident und Regierungschef hat fast unbeschränkte Vollmachten und die alleinige Exekutivgewalt. Er wird vom Einkammerparlament (Majlis), das aus 50 Mitgliedern besteht (42 gewählt, acht vom Präsidenten eingesetzt), für eine Amtszeit von fünf Jahren nominiert und muss sich danach (als einziger Kandidat) einer Volksabstimmung stellen. Auf den M. gibt es keine Parteien, deren Bildung ist jedoch erlaubt. In der Verfassung festgelegte Grundrechte sind innerhalb der islamischen Regeln die freie Entfaltung der Persönlichkeit und die Redefreiheit.

Verwaltung: Die 26 Atolle der M. sind in 20 Distrikte eingeteilt, die sog. Atollchefs (Verin) verwalten. Diese werden vom Präsidenten ernannt. Der Bezirk um die Hauptstadt Malé untersteht der direkten Administration der Regierung. *S. W.*

Umweltprobleme bedrohen Inselparadies

Tourismus: Die Malediven bestehen insgesamt aus rund 2000 Inseln (26 natürliche Atolle), von denen etwa 220 bewohnt sind. Die Hauptstadt Malé (Foto) liegt auf dem 2,6 km² großen gleichnamigen Atoll. 100 Inseln sind für den Tourismus geöffnet, der seit 1972 verstärkt auf die Inseln drängt. Er stellt den bedeutendsten Wirtschaftszweig dar (19,7% Anteil am BIP), verstärkt jedoch die Umweltprobleme der Malediven. Dazu zählen Müllentsorgung, Abwasserklärung, erhöhter Süßwasserbedarf und Zerstörung der zahlreichen Korallenriffe.

Existenzbedrohung: Ein weiteres Problem der Malediven bedeutet der steigende Wasserspiegel durch Erwärmung des Erdklimas. Die flachen Inseln (höchste Erhebung 2,4 m) drohen im Meer zu versinken. Im November 1989 fand erstmals in Malé eine internationale Konferenz zu diesem Umweltthema statt. Zunehmend verstärkt sich auch das Problem der Übervölkerung (jährliche Wachstumsrate 3,2%) auf den Malediven, die heute schon zu den am dichtest besiedelten Staaten der Erde (883 Einwohner/km²) gehören.

Mali

Republik Mali

Erst Ende des 19. Jh.s erfasste die französ. Kolonialisierung auch das Gebiet des heutigen M. In der Zeit vor der französ. Kolonialisierung bestanden dort vom 8. bis 16. Jh. drei afrikan. Großreiche (M., Gana und Songhai), die in der islamischen Welt wegen ihrer Kultur und ihres Wohlstands hohes Ansehen genossen. Als »Land des Goldes« zu fast legendärem Ruf gelangt, zerfiel das Reich Gana, dessen Macht auf der Kontrolle des Goldhandels zwischen Sudan und Nordafrika gründete, durch Angriffe von Berberstämmen im 11. Jh. und wurde Mitte des 13. Jh.s vom Königreich M. erobert. An seine Stelle trat um 1500 das Königreich Songhai, das 1591 vom Sultan von Marokko unterworfen wurde.

Mali 2000	
Landesfläche	1 240 192 km² (WR 23)
Einwohner	11,0 Mio (WR 68)
Hauptstadt	Bamako (913 000 Einwohner)
Sprachen	Französisch, Bambara, Arabisch
Währung	CFA-Franc (FCFA)
Gliederung	8 Regionen
Staatsform	Präsidiale Republik (seit 1960)
Religion	Moslems (90%); Animisten (9%); Christen (1%)
Bevölkerung	Bambara (31,9%); Fulani (13,9%); Senufo (12%); Soninké (8,8%); Tuareg (7%); Sonstige (26,4%)

Mali im 20. Jahrhundert	
1920	Mali wird unter dem Namen Soudan französ. Kolonie.
1946	Gründung der Rassemblement Démocratique Africain (RDA), einer Freiheitsbewegung mit dem Ziel staatlicher Unabhängigkeit.
1957	Frankreich gesteht Französ.-Soudan innere Autonomie zu.
1959	Französ.-Soudan und der Senegal, ebenfalls französ. Kolonie, schließen sich zur Föderation Mali zusammen (bis 1960).
1960	Mali erlangt die staatliche Souveränität (22.9.). Der erste Staatspräsident Mobito Keita verfolgt einen sozialistischen Kurs.
1966	Zur Überwindung wirtschaftlicher Probleme bemüht sich Mali verstärkt um Kooperation mit der früheren Kolonialmacht Frankreich.
1968	Der zunehmend diktatorisch herrschende Präsident Keita wird durch einen Militärputsch gestürzt. Die neuen Machthaber vollziehen eine Abkehr vom Sozialismus.
1975	An der Grenze zu Burkina Faso brechen bewaffnete Grenzstreitigkeiten aus, die 1987 auf Vermittlung der UNO beigelegt werden können.
1979	Bei den Präsidentschafts- und Parlamentswahlen siegen Junta-Chef Moussa Traoré und die Einheitspartei Demokratische Volksunion (UDPM).
1991	Sturz des Diktators Traoré durch einen Offiziersputsch. Die Militärregierung leitet eine Demokratisierung des Landes ein.
1992	Bei den ersten freien Wahlen seit der Unabhängigkeit erhält das reformorientierte Wahlbündnis aus der Allianz für Demokratie in Mali (ADEMA) und der Partei für Solidarität und Gerechtigkeit (PASJ) die meisten Stimmen.
1993	Ein Rebellionsversuch von Anhängern des früheren Diktators Traoré wird von der Armee niedergeschlagen.
1994	»Nationalpaket« zwischen Regierung und Tuareg zur friedlichen Beilegung des Konflikts im Norden Malis.
1997	Staatspräsident Alpha Oumar Konaré wird bei freien Wahlen in seinem Amt bestätigt. Die Regierung setzt den Demokratisierungs- und wirtschaftlichen Erneuerungsprozess fort.
1998	Im Norden von Mali flammt der bewaffnete Konflikt mit den Tuareg wieder auf und beeinträchtigt den Reformprozess.
2000	Anfang des Jahres werden mehrere Offiziere verhaftet, die zu einem Umsturz aufgerufen hatten.

Französische Kolonie

Frankreichs koloniale Ambitionen in Westafrika führten Mitte des 19. Jh.s zu Konflikten mit dem Regionalfürsten Ahmadu. Die Einheimischen leisteten drei Jahrzehnte lang heftigen Widerstand (»Wanderkriege«), mussten sich jedoch letztlich der überlegenen französ. Waffengewalt geschlagen geben.

1894 schloss Frankreich die Eroberung M.s mit der Einnahme der Stadt Timbuktu ab und legte 1904 die noch heute gültigen Grenzen des Landes fest. M. wurde unter dem Namen Soudan (Französ.-Soudan) eine Kolonie in Französ.-Westafrika.

Weg in die Unabhängigkeit

Unmittelbar nach dem Zweiten Weltkrieg formierte sich in M. – bis 1959 unter dem Namen Soudan – eine politische Bewegung, die größere Mitspracherechte der Einheimischen in Staat und Wirtschaft zum Ziel hatte. 1946 wurde in Bamako, der Hauptstadt M.s, die Freiheitsbewegung Rassemblement Démocratique Africain (RDA) von Mobido Keita mit Unterstützung der französ. Kommunistischen Partei gegründet. Die RDA forderte bald die staatliche Unabhängigkeit sowie die Errichtung einer sozialistischen Gesellschaftsordnung. Im selben Jahr wurde die nationalistisch-konservative Fortschrittspartei des Soudan durch Provinzfürsten und religiöse Führer gegründet.

1959 schloss sich Soudan mit dem ebenfalls unter französ. Kolonialherrschaft stehenden Senegal zur Föderation M. zusammen, die der Französ. Union beitrat.

Souveräner Staat

Unabhängigkeit und Sozialismus: Nach dem Zerfall der Föderation aufgrund innerer Gegensätze wurde im September 1960 die unabhängige Republik M. proklamiert.

Mobito Keita, der erste Staatspräsident der Republik und Chef der Einheitspartei Union Soudanaise (US-RDA), orientierte sich an

marxistischen Leitbildern und betrieb den Aufbau einer sozialistischen Gesellschaft. Wichtige Elemente dieser Politik waren die Kollektivierung der Landwirtschaft und der Aufbau einer vom Staat gelenkten Industrie.
Außenpolitik: Außenpolitisch lehnte sich M. eng an die Sowjetunion und andere Ostblockstaaten an. Zu intensiver Zusammenarbeit kam es auch mit den Nachbarstaaten Ghana (Präsident Kwame Nkrumah) und Guinea (Präsident Ahmadou Sékou Touré), die in den 60er Jahren ebenfalls einen sozialistischen Kurs steuerten. Aber auch um die Aufrechterhaltung der Kontakte zu Westeuropa, u. a. im Rahmen eines Assoziierungsabkommens mit der Europäischen Wirtschaftsgemeinschaft (EWG), war Präsident Keita bemüht.
Wirtschaft: In den 60er Jahren verschlechterte sich infolge von Missmanagement die wirtschaftliche Lage zunehmend. Präsident Keita suchte daraufhin einerseits wieder die engere Kooperation mit der ehemaligen Kolonialmacht Frankreich, andererseits begegnete er der wachsenden Unzufriedenheit in der Bevölkerung und innenpolitischen Gegnern mit verstärkten Repressionen.

Die Ära Moussa Traoré

Diktatur und Putsch: 1968 löste Keita die Nationalversammlung auf und entließ die Mitglieder der Partei- und Staatsführung. Damit machte er sich faktisch zum diktatorischen Herrscher über M. Nachdem Keita im November 1968 von einer Gruppe junger Offiziere gestürzt worden war, stellte sich Putschistenführer Moussa Traoré an die Spitze des Staates. Im Rahmen seiner autoritären Herrschaft betrieb er die Abkehr vom Sozialismus und setzte marktwirtschaftliche Reformen durch. Zugleich verstärkte Traoré die politische und wirtschaftliche Zusammenarbeit mit der früheren Kolonialmacht Frankreich. 1972–74 wurde M. von einer verheerenden Dürre heimgesucht, die zahlreiche Menschenleben kostete und wirtschaftliche Erfolge weitgehend wieder zunichte machte.
Grenzkonflikte: 1974/75 kam es zu Grenzstreitigkeiten mit Burkina Faso, die im Dezember 1985 erneut ausbrachen. Ende 1987 wurde der Konflikt durch Intervention des Internationalen Gerichtshofs beigelegt. Beide Parteien nahmen den Teilungsvorschlag für den umstrittenen Grenzstreifen an.
Wirtschaftsreformen: In den 80er Jahren verstärkte das Regime Traoré die marktwirtschaftlichen Reformen und suchte verstärkt Kontakte zu den westlichen Staaten, insbes.

Staatspräsident Moussa Traoré

Moussa Traoré (*1936) gehörte zu der Gruppe junger Offiziere, die 1968 Präsident Mobito Keita durch einen Militärputsch stürzte. Aus den folgenden Machtkämpfen im »Militärkomitee« ging Leutnant Traoré als Sieger hervor. Er vollzog eine Abkehr von sozialistischen Experimenten (u. a. Abschaffung der sog. Kollektivfelder), die unter Keita zu einer schweren Wirtschaftskrise geführt hatten. Zugleich verstärkte er die wirtschaftliche Zusammenarbeit mit Frankreich und führte Mali wieder in die Franc-Zone zurück. Trotz wiederholter Versprechen verweigerte er jedoch die Demokratisierung des Landes. 1991 wurde er durch das Militär gestürzt und 1999 wegen politischer Verbrechen und Korruption zum Tode verurteilt. Präsident Alpha Oumar Konaré wandelte die Strafe in lebenslängliche Haft um.

Staatsoberhäupter Malis

Reg.-Zeit	*Name*	*Lebensdaten*
1960–68	Modibo Keita	1915–1977
1968–91	Moussa Traoré	*1936
1991/92	Amadou Toumani Touré	*1946
seit 1992	Alpha Oumar Konaré	*1946

Die wichtigsten Parteien im 20. Jahrhundert

Name (Abkürzung)	*Politische Richtung*	*Gründung*
Parti Soudanais du Progrès (PSP)	nationalistisch	1946
Rassemblement Démocratique Africain (RDA)	sozialistisch	1946
Rassemblement pour la Démocratie et le Progrès (RDP)	sozial-liberal	1990
Alliance pour la Démocratie au Mali (ADEMA)	liberal	1991
Union des Forces démocratiques pour le Progrès (UFDP)	sozialreformerisch	1991
Union pour la Démocratie et le Développement (UDD)	sozialistisch	1991
Mouvement patriotique pour le Renouveau (MPR)	konservativ	1995
Convention démocratique et sociale (CDS)	liberal	1996

den USA, um ausländische Investoren ins Land zu holen. Politische Liberalisierungen blieben allerdings aus. 1990 sah sich Traoré zu politischen Zugeständnissen genötigt und gewährte einigen Oppositionspolitikern Betätigungsfreiheit. Auch die Pressezensur wurde gelockert: Vier unabhängige Zeitungen durften gegründet werden. Im August 1990 publizierten 175 Vertreter des öffentlichen Lebens einen Brief, in dem sie eine Mehrparteien-Demokratie forderten.

Demokratisierung

Militärputsch: Im März 1991 wurde Traoré nach Massenprotesten durch einen Militärputsch gestürzt. Eine neue Verfassung begründete einen demokratischen Rechtsstaat, in dem Gewaltenteilung und ein Mehrparteienrecht zugelassen waren. Damit leitete die Junta die Demokratisierung des Landes ein.

Freie Wahlen: Anfang 1992 gingen aus den ersten freien Wahlen, die zur Nationalversammlung seit der Unabhängigkeit M.s abgehalten wurden, als eindeutige Sieger die Alliance pour la Démocratie au Mali (ADEMA) und die ebenfalls reformorientierte Parti Africain pour la Solidarité et la Justice (PASJ) hervor. Neues Staatsoberhaupt wurde Alpha Oumar Konaré (ADEMA), der im Mai 1997 bei den Präsidentschaftswahlen mit großer Mehrheit (85% der Stimmen bei einer allerdings sehr geringen Wahlbeteiligung von nur 28,4%) im Amt bestätigt wurde.

Tuareg-Konflikt: 1990 verschärfte sich der seit Jahren schwelende Konflikt mit dem Nomadenvolk der Tuareg, die im Norden M.s um größere Unabhängigkeit kämpfen. Eine Übereinkunft mit den Tuareg von 1994 (»Nationalpaket«) scheiterte, da die Regierung ihre Zusagen zur wirtschaftlichen Förderung der Region brach. Ein Waffenstillstandsabkommen vom Januar 1995 beendete die Kämpfe im Norden des Landes. Damit verbunden war ein Plan zur Rückkehr der Flüchtlinge nach M. Bis zu diesem Zeitpunkt lebten ca. 120 000 Tuareg in Lagern in Algerien, Burkina Faso, Mauretanien und Niger.

Unruhen: Der Demokratisierungsprozess machte seit dem Wahlsieg von Konaré 1997 weitere Fortschritte. Doch wurde die schwierige wirtschaftliche Lage Ende der 90er Jahre durch den Verfall der Weltmarktpreise für Rohstoffe und Agrarprodukte zusätzlich belastet, da Agrarexporte die mit Abstand wichtigste Einnahmequelle M.s sind. Der Militärputsch im Nachbarstaat Côte d'Ivoire im Dezember 1999 sorgte auch in M. für Unruhen. Anfang 2000 wurden in M. Soldaten verhaftet, die zur Revolte aufgerufen hatten.

Kinderarbeit: Nach Untersuchungen des Kinderhilfswerks Terre des hommes wurden in M. 1999 Zehntausende von Kindern verkauft und unter unmenschlichen Bedingungen zur Arbeit gezwungen. Der Studie zufolge werden die Jungen meist auf Plantagen nach Côte d'Ivoire geschafft, wo sie über zwölf Stunden täglich arbeiten müssen. *T. F.*

Timbuktu – Zentrum der islamischen Kultur im subsaharischen Afrika

Wüstenmetropole: Das am Südrand der Sahara, wenige Kilometer nördlich des Niger gelegene Timbuktu ist von alters her ein Zentrum der islamischen Kultur. Seine Blütezeit erlebte es vom 14. bis 16. Jh.

Timbuktu wurde um das Jahr 1000 als Tuareg-Lager gegründet und im 12. Jh. zu einer festen Siedlung ausgebaut. Diese entwickelte sich zum Handelszentrum des Songhai-Reichs und bildet seither den Ausgangspunkt der Sahara-Karawanenrouten. Vom einstigen Reichtum der Wüstenstadt zeugen heute noch mehrere Bürgerhäuser im Stadtzentrum, deren Baustil z. T. maghrebin. beeinflusst ist. Zudem stieg Timbuktu zu einem Zentrum islamischer Gelehrsamkeit auf, dessen Bildungseinrichtungen in der islamischen Welt einen hervorragenden Ruf genossen. Zahlreiche gebildete Araber reisten nach Timbuktu, um ihre Kenntnisse der arab. Literatur zu vertiefen.

Die Gelehrten von Timbuktu – und Djenné, dem zweiten kulturellen Zentrum in Mali – verfassten grundlegende Werke der arab. Geschichtsschreibung, Rechtswissenschaft und islamischen Theologie. Die Abhandlungen wurden in der umfangreichen Bibliothek aufbewahrt, die jahrhundertelang das Ziel unzähliger Bildungsreisender war. (Foto: Alte Universität von Timbuktu)

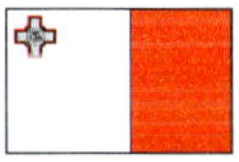

Malta

Republik Malta

Mit dem Frieden von Paris (1814) kam M. als Kronkolonie an Großbritannien. Während des gesamten 19. Jh.s war die Inselgruppe innerhalb des brit. Empire ein wichtiger Stützpunkt für die Handelsmarine, zudem Heimathafen der brit. Mittelmeerflotte. Dem Wunsch der einheimischen Bevölkerung nach politischem Mitspracherecht, der besonders von der mächtigen katholischen Kirche unterstützt wurde, kam Großbritannien 1835 durch einen Regierungsrat, 1849 durch ein Beratungsgremium und 1887 durch eine Verfassung nach, die 1903 widerrufen wurde.

Malta 2000

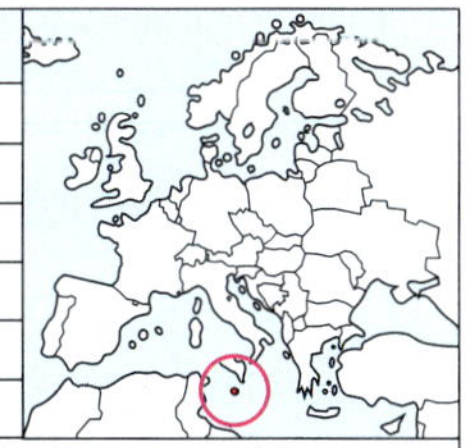

Landesfläche	316 km² (WR 183)
Einwohner	386 000 (WR 164)
Hauptstadt	Valletta (9000 Einwohner)
Sprachen	Maltesisch, Englisch
Währung	1 Lira (Lm) = 100 Cents
Gliederung	6 Bezirke
Staatsform	Parlamentarische Republik (seit 1974) im Commonwealth
Religion	Katholiken (98,9%); Sonstige (1,1%)
Bevölkerung	Malteser (95,7%); Briten (2,1%); Sonstige (2,2%)

Malta im 20. Jahrhundert

1903	Bildung eines Regierungsrates.
1919	»Sette-Giugno«-Unruhen.
1921	Die Amery-Milner-Verfassung garantiert innenpolitische Autonomie; das erste Parlament wird eröffnet.
1930	Nationalistische Unruhen, Aufhebung der Verfassung.
1932	Wiedereinsetzung der Verfassung.
1933	Verfassung wird durch Kolonialrecht abgelöst.
1934	Maltes. wird neben Englisch zweite Amtssprache.
1939	Beschränkte innere Selbstverwaltung durch MacDonald-Verfassung.
1940	Beginn der deutschen und italien. Bombenangriffe.
1947	Einführung der inneren Selbstverwaltung.
1950	Erste Wahlen zur gesetzgebenden Versammlung.
1951	George Borg Olivier (PN) wird Ministerpräsident.
1955	Dominic Mintoff (MLP) wird Ministerpräsident.
1958	Nach Regierungskrise Rückkehr zum Kolonialstatus.
1962	Neue Verfassung, Olivier wird erneut Ministerpräsident.
1964	Malta wird unabhängig und Mitglied im Commonwealth.
1971	Mintoff gewinnt die Parlamentswahlen und verfolgt fortan eine blockfreie Außenpolitik; Assoziierungsabkommen mit der EWG.
1972	Militärabkommen mit Großbritannien und anderen NATO-Staaten.
1974	Malta wird Republik.
1979	Auflösung der Militärbasis: Die letzten brit. Truppen verlassen Malta.
1981	Wegen einer Lücke im Wahlgesetz ist die MLP Wahlsieger trotz Stimmenmehrheit für die PN.
1982	Beginn des Konflikts zwischen Regierung und katholischer Kirche.
1984	Carmelo Mifsud Bonnici (MLP) wird neuer Premierminister.
1987	Die Blockfreiheit wird in der Verfassung festgeschrieben.
1990	Antrag auf Aufnahme in die EG.
1993	EU-Außenminister stellen einen Beitritt mittelfristig in Aussicht.
1996	Ablösung der nationalistischen Regierung durch die Regierung Sant (MLP).
1998	Nach vorgezogenen Neuwahlen erneute Regierungsübernahme durch die PN unter Eddie Fenech-Adami.

Britische Herrschaft

Erster Weltkrieg: Im Ersten Weltkrieg diente M. als Militärbasis und Lazarett für Tausende verwundeter alliierter Soldaten sowie Reparaturdocks, in denen rund 10 000 Arbeiter beschäftigt waren. Das Kriegsende und damit die Reduzierung der Militärfunktion auf Friedensniveau hatte dramatische ökonomische Auswirkungen für die Insel. Steigende Arbeitslosenquoten und hohe Brotpreise führten zu politischer Unzufriedenheit. Im Februar 1919 trat eine Nationalversammlung zusammen, um eine Verbesserung seiner Verfassung auszuhandeln. Als Folge der wirtschaftlichen und politischen Unruhen kam es am 7.6. zu gewaltsamen Aufständen (»Sette-Giugno«-Unruhen).

Verfassung: 1921 erhielt M. die Amery-Milner-Verfassung, die Autonomie verlieh; die Kontrolle über äußere Angelegenheiten lag weiterhin bei Großbritannien. Ein Zwei-Kammer-Parlament wurde eingesetzt, Männer über 21 Jahren mit Grundbesitz und einer gewissen Schulbildung erhielten das Wahlrecht. Die folgenden Jahre waren vom raschen Wechsel von Einschränkung und Lockerung der Rechte M.s durch die brit. Regierung bestimmt.

Die 20er und 30er Jahre waren zugleich die Jahrzehnte, in denen sich die kulturelle Identität M.s herausbildete. 1920 wurde eine Gesellschaft zur Förderung der maltes. Sprache gegründet. Maltes., ein arab. Dialekt, der stark mit italien. Wörtern durchsetzt ist und auch Einflüsse des Englischen aufweist, wird nicht mit arab., sondern mit latein. Buchstaben geschrieben. Seit 1934 ist Maltes. neben dem Engl. gleichberechtigte, vor Gericht sogar alleinige Amtssprache.

Zweiter Weltkrieg: Nach Italiens Eintritt in den Zweiten Weltkrieg wurde M., seit 1939 wieder im Status einer Kronkolonie, als wichtiger alliierter Stützpunkt für Marine sowie Luftwaffe Ziel zahlreicher Bombenangriffe. 1942 erhielt die Bevölkerung M.s für ihre Tapferkeit das Georgskreuz durch den brit. König. Deutsch-italien. Invasionsversuche 1941 durch die 10. italien. Flotte, 1942 durch die Operation Herkules – schlugen fehl. Die

Die britische Militärbasis auf Malta wurde Anfang der 70er Jahre verstärkt, als die Briten ihre Truppenpräsenz im Mittelmeer vergrößerten, nachdem die Sowjetunion in der Region aufgerüstet hatte. Erst 1979 räumte Großbritannien seine Militärbasis auf Malta endgültig. (Foto: Die brit. Fregatte HMS Hermione am 27.10.1971 im Hafen von Valletta)

Situation änderte sich mit dem Afrikafeldzug der Alliierten, denen M. als Sprungbrett für die Invasion in Sizilien (Operation Husky vom 10.7.1943) diente.

Der Weg zur Unabhängigkeit

Verfassungsänderung: Im Krieg hatte Großbritannien M. die Selbstverwaltung zugesagt. Die seit 1947 gültige MacMichael-Verfassung führte ein Ein-Kammer-Parlament ein und gewährte Personen über 21 Jahre das Wahlrecht. Außenpolitik, Verteidigung, Einwanderung, Postzensur u. a. blieben jedoch für Großbritannien »reservierte Angelegenheiten«. Etliche politische Parteien entstanden in dieser Zeit, vor allem die Nationalist Party (PN) und die Malta Labour Party (MLP). In den ersten, nach dem Verhältniswahlrecht durchgeführten Wahlen erreichte die MLP die Mehrheit.

Wahlen: Bei den Wahlen 1950 erstrebte die PN unter Dr. Enrico Mizzi den Dominion-Status innerhalb des brit. Empire, die MLP von Dominic Mintoff befürwortete entweder eine vollständige Angliederung an Großbritannien oder die Unabhängigkeit. Die PN bildete zunächst eine Minderheitsregierung unter Mizzi und nach dessen Tod unter George Borg Olivier zwei Koalitionsregierungen mit der MLP. Bei den Wahlen 1955 siegte Mintoff, der wiederum die politische, wirtschaftliche und soziale Union mit Großbritannien verfolgte.

In den Wahlen 1962 stimmten 76% der Wähler für Parteien, welche die Unabhängigkeit anstrebten. Der von der katholischen Kirche unterstützte Premierminister Olivier stellte daraufhin das formelle Unabhängigkeitsbegehren 1962. Nach Verhandlungen in London und der Billigung einer neuen Verfassung durch die maltes. Nationalversammlung wurde M. am 31.9.1964 ein unabhängiger Staat als demokratische konstitutionelle Monarchie im Commonwealth, da der brit. Monarch formelles Staatsoberhaupt blieb.

1964–68 trat M. unter der Regierung Olivier mehreren internationalen Organisationen bei, darunter 1965 auch dem Europarat.

Loslösung von Großbritannien: Die endgültige Ablösung von der ehemaligen Kolonialmacht Großbritannien begann, als die brit. Regierung 1968 ankündigte, die Arbeitsplätze bei ihren Streitkräften ohne Rücksicht auf den maltes. Arbeitsmarkt um zwei Drittel zu reduzieren. Auf Betreiben der seit 1971 regieren-

Staatsoberhäupter Maltas[1]

Reg.-Zeit	*Name*	*Lebensdaten*
1974–76	Sir Anthony Joseph Mamo	*1909
1976–82	Anton Buttigieg	1912–1983
1982–87	Agatha Barbara	*1923
1987–89	Paul Xuereb	1923–1994
1989–94	Vincent Tabone	*1913
1994–99	Ugo Mifsud Bonnici	*1932
seit 1999	Guido de Marco	*1931

1) Seit der Ausrufung der Republik

Die wichtigsten Parteien im 20. Jahrhundert

Name (Abkürzung)	*Politische Richtung*	*Gründung*
Nationalist Party (PN)	christlich-demokratisch	1880
Malta Labour Party (MLP)	demokratisch-sozialistisch	1921
Communist Party (CP)	marxistisch-leninistisch	1969
Malta Democratic Party (MDP)	liberal	1985
Altternattiva Demokratika (AD)	ökologisch	1989

den Labour-Regierung unter Mintoff wurde in einem zweiten Schritt 1974 die Verfassung revidiert und M. zu einer parlamentarischen Republik erklärt. Staatsoberhaupt ist der Präsident der Republik, der vorwiegend repräsentative Funktionen übernimmt. Die Legislative besteht aus einem Ein-Kammer-Parlament mit 65 Abgeordneten. Nachdem der Pachtvertrag mit der NATO ausgelaufen war, verließen am 31.3.1979 die letzten brit. Truppen den Inselstaat.

Ära Dominic Mintoff

Außenpolitik: Die Politik M.s wurde seit den 70er Jahren von den grundsätzlichen ideologischen Gegensätzen der beiden großen Parteien bestimmt. 1971–84 unterhielt M.s Premier Beziehungen zur blockfreien Bewegung, erstrebte aber auch engere Kontakte zu sozialistischen Staaten. Mit der VR China wurde 1972 ein Abkommen über Wirtschaftshilfe abgeschlossen; 1976 begann eine engere Zusammenarbeit mit dem Nachbarland Libyen, die jedoch 1978 durch den Streit um ein erdölhaltiges Schelfgebiet belastet wurde und 1980 mit der Ausweisung libyscher Berater endete.

Innenpolitik: Innenpolitisch suchte Mintoff den Einfluss der katholischen Kirche zurückzudrängen. Der Konflikt zwischen Staat und Kirche erreichte 1983 seinen Höhepunkt, als die Regierung versuchte, die umfangreichen Kirchengüter zu verstaatlichen; diese Absicht erklärte 1984 der Verfassungsgerichtshof für verfassungswidrig.

Die PN, der aufgrund zweifelhafter Wahlbestimmungen 1981 die Parlamentsmehrheit trotz ihres Wahlsiegs verwehrt wurde, boykottierte die parlamentarische Arbeit. Der immer autokratischer regierende Mintoff verursachte schließlich ernsthafte diplomatische Verwicklungen, als er ausländischen Botschaftern den Umgang mit Vertretern der PN verbot.

Neue Führung: Nach Mintoffs Rücktritt folgte 1984 die Labour-Regierung unter Carmelo Mifsud Bonnici. Sie schloss mit der katholischen Kirche einen Kompromiss über die Erhebung von Schulgeld an katholischen Privatschulen und reformierte das Wahlsystem; vor allem verankerte sie M.s Blockfreiheit in der Verfassung.

Annäherung an die EU

Richtungswechsel: 1987 begann die lediglich 1996–98 von der Labour-Regierung des Alfred Sant unterbrochene Periode der Regierungen der Nationalist Party unter Eddie Fenech-Adami. Noch 1987 definierte sie ihre Außenpolitik als »militärisch neutral, ideologisch dem Westen zugehörig«. Daher stellte M. 1990 den Antrag auf Aufnahme in die EU. 1993 sprach sich die EU-Kommission für eine Aufnahme erst nach einem längeren wirtschaftlichen Anpassungsprozess aus, während die Außenminister diese Aufnahme mittelfristig in Aussicht stellten. Wenngleich M. die wirtschaftlichen Kriterien in den 90er Jahren erfüllte, ging sein Interesse am EU-Beitritt zurück. Zum Jahrtausendwechsel wurde eher ein Freihandelsabkommen mit der EU angestrebt, während gleichzeitig die Beziehungen zu den Mittelmeeranrainerstaaten intensiviert werden sollen. *H.-W. W.*

Dominic Mintoff (r.), der langjährige Premierminister von Malta, und Libyens Staatschef Muammar al-Gaddhafi (l.) intensivierten ab 1976 die Zusammenarbeit ihrer beiden Länder.

Vallettas »Grand Harbour« – Drehscheibe im Mittelmeer

Leistungsfähiger Tiefseehafen: Der »Grand Harbour« von Valletta, Maltas größter natürlicher Hafen, ist ein gezeitenfreier Tiefseehafen, der von Schiffen jeder Größe angelaufen werden kann. Die ehemals militärisch genutzten Docks wurden zum Ausgangspunkt ausgedehnter Hafenanlagen mit Umschlageinrichtungen. Sie haben maßgeblich zur Entwicklung des Schiffbaus und eines Reparaturgewerbes beigetragen, das selbst die größten Tanker aufnehmen kann. Zur Entlastung wurde 1991 der Hafen von Marsaxlokk fertig gestellt, der neben dem »Grand Harbour« zu einem Umschlag- und Logistikzentrum entwickelt werden soll. (Foto: Japan. Autotransportschiff in Valletta, 1996)

Marokko 2000

Landesfläche	446 550 km² (WR 56)
Einwohner	27,9 Mio (WR 37)
Hauptstadt	Rabat (1,38 Mio Einwohner)
Sprachen	Arabisch, Französisch, Spanisch
Währung	1 Dirham (DH) = 100 Centimes
Gliederung	16 Regionen, 65 Provinzen
Staatsform	Konstitutionelle Monarchie (seit 1972)
Religion	Sunnit. Moslems (98,7%); Christen (1,1%); Juden (0,2%)
Bevölkerung	Araber (70%); Berber (30%)

Marokko im 20. Jahrhundert

1904	Ausdehnung der französ. Kolonialherrschaft auf Marokko.
1905	Erste Marokkokrise; das Deutsche Reich sieht sich in seinen Kolonialinteressen gefährdet.
1906	Konferenz von Algeciras.
1911	Durch die Entsendung des Kanonenboots »Panther« nach Agadir (»Panther-Sprung«) löst das Deutsche Reich die zweite Marokkokrise aus.
	Marokko-Kongo-Abkommen sichert französ. Protektorat in Marokko.
1912	Frankreich und Spanien legen ihre Einflusszonen in Marokko fest.
1923	Die Stadt Tanger wird unter internationale Verwaltung gestellt.
1943	Gründung der antikolonialen Istiqlal-Partei.
1952	Gewaltsame Eskalation des Unabhängigkeitskampfes der Istiqlal gegen Frankreich (bis 1953).
1953	Die französ. Kolonialbehörden zwingen Sultan Mohammed V. ins Exil.
1956	Nach bewaffneten Aufständen gewähren Frankreich und Spanien Marokko die staatliche Unabhängigkeit.
1961	Nach dem Tod Mohammeds V. wird sein Sohn Hassan II. König.
1962	In der von Spanien beanspruchten Westsahara werden große Phosphatvorkommen entdeckt.
1972	Durch eine Verfassungsänderung wird Marokko zur konstitutionellen Monarchie; der König behält jedoch seine beherrschende Machtposition.
1973	Gründung der Befreiungsbewegung POLISARIO (Frente Popular para la Liberación de Seguía el-Hamra y del Río de Oro), die für einen unabhängigen Staat Westsahara kämpft.
1975	Der Internationale Gerichtshof in Den Haag erklärt die Ansprüche Marokkos und Spaniens auf Teile der Westsahara für ungerechtfertigt; König Hassan II. schickt 350 000 Marokkaner zur Besetzung in die umstrittenen Gebiete (»Grüner Marsch«).
1979	Marokko besetzt weitere Teile der Westsahara und dehnt in den folgenden Jahren seine Herrschaft auf rund 80% der rohstoffreichen Westsahara aus.
1991	Marokko und die POLISARIO schließen einen Waffenstillstand.
1996	Über 99% der Wahlberechtigten stimmen in einem Referendum für die Einführung eines Zwei-Kammer-Parlaments und eines Verfassungsgerichts. Den Volksvertretern werden größere Mitspracherechte zugebilligt.
1997	Aus den Wahlen zur Nationalversammlung, bei denen erstmals alle Abgeordneten direkt gewählt werden, geht das oppositionelle Koutla-Bündnis als Siegerin hervor. Mit Abderrahmane Youssoufi wird erstmals ein sozialistischer Politiker Ministerpräsident.
1998	Trotz Intervention von UN-Generalsekretär Kofi Annan scheitert der Versuch einer Volksabstimmung über die Zugehörigkeit der Westsahara.
1999	Nach dem Tod Hassans II. wird dessen Sohn als Mohammed VI. König; er setzt den Demokratisierungspolitik seines Vaters fort.
2000	Zwischen Marokko und der Europäischen Union tritt das sog. Mittelmeerabkommen in Kraft; Marokko verpflichtet sich, den heimischen Markt für ausländische Investoren zu öffnen.

Marokko

Königreich Marokko

Die historische Entwicklung von M. wurde bis ins 19. Jh. von wechselnder Herrschaft und dem Konflikt zwischen Zentralmacht und selbstständigen Stämmen bestimmt. Die geografische Lage des heutigen M. gilt als wichtiger Grund für die erfolgreiche Abwehr von Eroberungsversuchen bis ins 19. Jh. hinein. So gelang es den Arabern zunächst nicht, die kriegerischen Berberstämme trotz deren Bekehrung zum Islam vollständig zu unterwerfen. Im 12./13. Jh. konnten die in M. regierenden Mauren (Almoraviden und Almohaden) ihren Herrschaftsbereich bis auf Südspanien ausdehnen. Span. Eroberungsversuchen im 16. und 17. Jh. widerstand M. ebenso wie den Expansionsbestrebungen des Osman. Reichs. 1699 gelangte die heute noch regierende Dynastie der Hassaniden an die Macht.

Kolonialherrschaft

Frankreich: Unmittelbar nach der Jahrhundertwende geriet M. ins Blickfeld des französ. Kolonialismus. Das Land war zu diesem Zeitpunkt durch innere Kämpfe geschwächt. Der seit 1901 herrschende Sultan Abd el-Aziz scheiterte u. a. bei der Modernisierung der Steuerverwaltung und geriet mit religiösen Führern wegen seiner Europa-freundlichen Haltung in Konflikt. Es entstanden Stammesfehden, die sich mit der Errichtung eines »Gegenkönigtums« durch Bu Hamara bei Melilla zuspitzten. Insbes. Frankreich nutzte die Situation und dehnte sein nordafrikan. Einflussgebiet von Algerien weiter nach M. aus. Mit dem brit.-französ. Abkommen von 1904, das die Verteilung der europäischen Einflussbereiche in Nordafrika regelte, konnte Frankreich seine Vormachtstellung in M. endgültig festigen. Im Gegenzug ließ Frankreich den Engländern freie Hand in Ägypten.
Erste Marokkokrise: Frankreich unternahm im Anschluss an das Abkommen von 1904 die »friedliche Durchdringung« M.s, indem es dessen Armee unter sein Kommando stellte und u. a. die Staatsfinanzen und den Außenhandel kontrollierte. Durch die geplanten Protektorate sah das Deutsche Kaiserreich seine Kolonialambitionen gefährdet und suchte die Position Frankreichs zu schwächen. Der demonstrative Besuch Kaiser Wilhelms II. beim Sultan in Tanger im März 1905 wurde zum Auslöser für die erste Marokkokrise. Zu deren

Entschärfung trafen sich die europäischen Mächte 1906 auf der Konferenz von Algeciras (Spanien). Dort fand sich das Deutsche Reich weitgehend isoliert. Resultat der Konferenz war die Bestätigung des politischen Einflusses von Frankreich auf M.; Paris wiederum sicherte dem Sultanat Souveränität zu.

Zweite Marokkokrise: Abd al-Hafid, der seinen Bruder 1908 als Herrscher abgesetzt hatte, verdrängte die französ. Truppen aus Casablanca und wurde nach der Einnahme von Fes 1909 zum neuen Sultan erklärt. Ihm gelang es jedoch nicht, die durch Stammesfehden wachsende Destabilisierung M.s zu verhindern und so bat er schließlich Frankreich um Hilfe. Dies führte 1911 zur zweiten Marokkokrise zwischen dem Deutschen Reich und Frankreich. Als Warnung vor einer weiteren Durchdringung M.s durch Frankreich – französ. Truppen hatten Fes besetzt – schickte Kaiser Wilhelm II. das Kanonenboot »Panther« nach Agadir (»Panther-Sprung«). Das M.-Kongo-Abkommen, in dem das französ. Protektorat über M. anerkannt und dem Deutschen Reich eine Vergrößerung seines Kolonialbesitzes in Zentralafrika zugestanden wurde, beendete 1912 die Krise. Spanien und Frankreich teilten ihre Einflusszonen in M. auf: Der nördliche Teil des Landes mit einem Küstenstreifen an Atlantik und Mittelmeer sowie die Wüstenprovinz Tarfaya im Südwesten wurden der span. Sahara angeschlossen und standen fortan unter span. Protektorat. Das Gebiet um die Hafenstadt Tanger erhielt 1923 internationalen Status. Die span. Kolonialherrschaft war in den Folgejahren in vielen Punkten liberaler als die Frankreichs. So wurde den Bewohnern weitgehende kulturelle Autonomie zugestanden.

Protektorat: Für die Errichtung seiner Kolonialherrschaft in M. griffen die Franzosen auf ihre Erfahrungen in Tunesien zurück. Dabei ignorierten sie weitgehend, dass M. eine fast 1000-jährige Tradition als souveräner Staat hatte. Das Gebiet wurde in Départements eingeteilt und den im Süden lebenden Berberstämmen eine gewisse Unabhängigkeit eingeräumt. Der Widerstand der Berber erschwerte dem ersten Generalresidenten Marschall Louis Hubert Lyauty (1912–25) die Durchdringung des Landesinneren. Weder die autoritäre französ. Kolonial- noch die aggressive Einwanderungspolitik, d.h. die systematische Ansiedlung von Europäern, führten zur dauerhaften Stabilisierung des französ. Einflusses. Ab 1930 versuchte Frankreich mit seiner »Berberpolitik« Araber und Berber zu spalten, was

Stichwort: Rifkabylen

Die Rifkabylen, die im marokkan. Rif-Gebirge leben, gehören zu den drei Berber Völkern in Marokko. Als Gebirgsbewohner haben sie ihre eigenständige Sprache und Kultur weitgehend bewahrt. Im Unterschied zu den nomadisierenden Sanhadja sind die Rifkabylen Gebirgsbauern und leben überwiegend von Getreideanbau und Viehzucht.

1921 vertrieben die Rifkabylen unter ihrem Anführer Abd el-Krim die span. Besatzungstruppen und gründeten im Februar 1922 eine unabhängige Rifrepublik. Ab 1925 führte Abd el-Krim einen erbitterten Unabhängigkeitskrieg gegen »Französ.-Marokko«. Am 22.6.1925 beschlossen Frankreich und Spanien auf der Madrider Marokko-Konferenz gemeinsame militärische Aktionen gegen die Rifkabylen und zwangen sie 1926 zur Kapitulation. Abd el-Krim wurde auf die französ. Insel Réunion verbannt. Nach seiner Rückkehr (1948) war er Anführer der nationalistischen Opposition gegen die europäische Vorherrschaft in Nordafrika.

Der sog. Panther-Sprung löste die zweite Marokkokrise aus. Das deutsche Kanonenboot »Panther« (Foto oben rechts) lief am 1.7.1911 in den Hafen von Agadir ein, um zu signalisieren, dass das Deutsche Reich die französ. Besitzergreifung Marokkos nicht widerstandslos hinnehmen würde.

Britische Proteste veranlassten die deutsche Regierung, das Kanonenboot »Panther« am 8.7.1911 durch den Leichtkreuzer »Berlin« zu ersetzen. Das Propagandafoto (oben links) des französ. Fotografen André Morizet zeigt die »Berlin« vor der Festung von Agadir, damals eine weitgehend verfallene Stadt mit 800 Einwohnern.

jedoch zur Formierung einer Nationalbewegung führte. 1934 bildetet sich das Comité d'Action Marocain, eine von jungen Intellektuellen organisierte antikoloniale Bewegung, der sich auch der neue Sultan Mohammed V. anschloss.

Unabhängigkeit

Zweiter Weltkrieg: Bei Ausbruch des Zweiten Weltkrieges kooperierte der Sultan mit Frankreich. Ein marokkan. Truppenkontingent, das hauptsächlich aus Berbern bestand, kämpfte auf der Seite der französ. Armee gegen das Deutsche Reich. Nach der militärischen Niederlage Frankreichs im Jahr 1940 verstärkte sich in M. der Widerstand gegen die Kolonialherren. 1943 kam es zu einem Treffen des Sultans mit dem US-amerikan. Präsidenten Franklin D. Roosevelt während der Konferenz von Casablanca. Roosevelt unterstützte im Grundsatz die Unabhängigkeitsbestrebungen M.s. Als 1944 die Vorkämpfer der Unabhängigkeitsbewegung ein Referendum vorschlugen, ließ die französ. Kolonialregierung die Führer der Bewegung inhaftieren und es brachen blutige Unruhen aus.

Staatliche Souveränität: Angesichts der zunehmenden Spannungen im Land stellte Sultan Mohammed V. 1947 die Forderung nach Unabhängigkeit. Dabei wurde er von der 1943 gegründeten Istiqlal-Partei unterstützt. Frankreich reagierte auf die Unabhängigkeitsbestrebungen zunächst abweisend und verstärkte seine Dominanz; der Sultan wurde 1953 ins Exil nach Korsika gezwungen. Ein 1954 in Algerien ausgebrochener Aufstand gegen die französ. Kolonialherrschaft veranlasste die Regierung in Paris jedoch in der M.-Frage nachzugeben. 1955 erzwang die marokkan. Bevölkerung die Rückkehr des Sultans. Im März des folgenden Jahres entließ Frankreich M. in die Unabhängigkeit. Auch mit dem Einverständnis Spaniens wurde das Königreich M. von (aus dem Exil zurückgekehrten) Mohammed V. am 18.11.1956 proklamiert.

Autoritäre Herrschaft: Während ihrer Kolonialherrschaft hatten die Franzosen viel zum Ausbau der Infrastruktur und zum Aufbau einer modernen Industrie beigetragen. Sie hinterließen bei ihrem Abzug einen wirtschaftlich gefestigten Staat, jedoch mit unterentwickelten staatlichen Institutionen. Nach dem Tod Mohammeds V. bestieg sein Sohn Hassan II. den Thron. Hassan erließ zwar nach seinem Regierungsantritt eine erste Verfassung, löste aber 1965 wegen Unruhen das Parlament auf und regierte zunehmend autoritär.

Westsahara-Konflikt: Nachdem es bereits 1963 auf Grund von Expansionsbestrebungen M.s zu einem Grenzkonflikt mit Algerien gekommen war, geriet M. 1975/76 erneut in Auseinandersetzungen mit Algerien und Mauretanien um die Aufteilung der Westsahara. Algier unterstützte die 1973 gegründete Frente POLISARIO (Volksfront zur Befreiung von Seguia el-Hamra und Rio de Oro), die für die Unabhängigkeit der ehemaligen Kolonie Spanisch-Sahara kämpft. Dieser Konflikt um die rohstoffreiche Westsahara entwickelte sich zum zentralen außenpolitischen Problem M.s. König Hassan II. schickt im November 1975 50 000 Marokkaner zur Besetzung in die umstrittenen Gebiete (»Grüner Marsch«). 1976 schlossen M. und Mauretanien ein Abkommen über die Aufteilung der Westsahara.

Das Herrscherhaus der Hassaniden

Die Hassaniden führen ihre Herkunft auf den fünften Kalifen Hasan (625–669), den Enkel des Propheten Mohammeds, zurück. Er wird von den Schiiten als zweiter Imam verehrt. Die Dynastie der Hassaniden (auch Alawiten) gelangte 1666 an die Macht und stellt bis heute die marokkan. Staatsoberhäupter. Der erste hassanidische Sultan, Mulai al-Rasid, brachte fast das gesamte Gebiet des heutigen Marokko unter seine Herrschaft. Allerdings konnten die Berber-Stämme in den folgenden Jahrhunderten ihre Unabhängigkeit gegenüber der Zentralgewalt immer wieder behaupten.
Der seit 1999 regierende Mohammed VI. (Foto) will die vorsichtige Demokratisierungspolitik seines Vaters Hassan II. fortsetzen. Er versucht seinem Land durch politische und wirtschaftliche Öffnung den Anschluss an moderne technologische Entwicklungen zu ermöglichen.

Staatsoberhäupter Marokkos

Reg.-Zeit	*Name (Herrschergeschlecht)*	*Lebensdaten*
1927–57 (Sultanat)	Sidi Mohammed[1)] (Hassaniden)	1906–1961
1957–61	Mohammed V. (Hassaniden)	1906–1961
1961–99	Hassan II. (Hassaniden)	1929–1999
seit 1999	Mohammed VI. (Hassaniden)	*1964

1) 1953–55 im Exil, ab 1957 als Mohammed V. König

Nach militärischen Erfolgen der POLISARIO verzichtete Mauretanien 1979 auf seine Gebietsansprüche in der Westsahara, die danach von marrokan. Truppen zu 80% besetzt wurde. 1991 schloss M. auf Vermittlung des UN-Sicherheitsrats ein erstes Friedensabkommen mit der POLISARIO. Eine darin vorgesehene Volksabstimmung über die Zugehörigkeit der Westsahara ist seither wegen Verfahrensstreitigkeiten mehrmals gescheitert. Umstritten ist insbes. die genaue Zahl der Abstimmungsberechtigten.

Demokratisierung: 1972 begann mit der Verabschiedung einer neuen Verfassung mit konstitutionellen Elementen ein vorsichtiger Demokratisierungsprozess, der durch die Wahlen von 1977 bestätigt wurde, bei der die Royalisten eine deutliche Mehrheit erzielten. Die wirtschaftliche Entwicklung des agrarisch strukturierten Landes machte jedoch nur langsam Fortschritte. 1981 führten Preiserhöhungen zu schweren sozialen Unruhen. Bei gewalttätigen Auseinandersetzungen zwischen Demonstranten und dem Militär kamen mehr als 600 Menschen ums Leben. Außenpolitisch steuerte König Hassan II. in den 80er Jahren einen sehr selbstständigen Kurs. So schloss M. 1984 mit Libyen einen Vertrag über eine arab.-afrikan. Föderation, die aber wegen Unstimmigkeiten mit Libyens Staatschef Muammar al-Gaddhafi bald wieder zerbrach. 1986 nahm M. als erster arab. Staat (nach Ägypten) Kontakt mit Israel auf, was zum heftigen Streit mit den anderen arab. Ländern führte.

Stärkung des Parlaments: Mit einer Verfassungsreform wurde 1996/97 erstmals die Möglichkeit einer Kontrolle der Regierung durch das Parlament geschaffen. Zugleich billigte eine große Bevölkerungsmehrheit die Einführung einer zweiten Parlamentskammer, eines Verfassungsgerichts sowie eines Rechnungshofs. Regierungschef und Kabinett müssen sich einer Vertrauensabstimmung im Parlament stellen.

Regierungswechsel und Reformen: Aus den Wahlen im November 1997, bei denen alle Abgeordneten direkt gewählt wurden, ging ein Oppositionsbündnis linksorientierter Parteien als Sieger hervor. Erstmals übernahm mit Abderrahmane Youssoufi ein sozialistischer Politiker das Amt des Regierungschefs. Im März 1998 organisierte die Regierung eine Anti-Korruptions-Kampagne, die allerdings wenig Erfolg zeitigte. Im Rahmen demokratischer Reformen sind seit Herbst 1998 Zeitungen und Zeitschriften weitgehend unabhängig in ihrer Berichterstattung. Das Fernsehen unterliegt jedoch weiterhin starker staatlicher Kontrolle.

König Hassan II. (r.) und der alger. Staatspräsident Huoari Boumedienne 1972 während eines Gipfeltreffens der OAU (Organisation für Afrikan. Einheit) in Rabat. Wenig später entzweite der Westsahara-Konflikt die Nachbarn: Marokko brach die diplomatischen Beziehungen zu Algerien wegen dessen Unterstützung der Befreiungsbewegung POLISARIO ab; 1984 trat Marokko aus der OAU aus, nachdem diese die Westsahara als Vollmitglied aufgenommen hatte.

Thronwechsel: Nach dem Tod König Hassans II. im Juli 1999 bestieg sein Sohn Mohammed VI. den Thron. Der neue Herrscher erklärte, dass er den von seinem Vater eingeleiteten Reformkurs fortsetzen werde und bestärkte Regierungschef Youssoufi in dessen Reform- und Demokratisierungspolitik. Erste Konflikte gab es mit den Islamisten, weil die Regierung mit Billigung Mohammeds VI. die Polygamie verbieten und das Heiratsalter auf 18 Jahre heraufsetzen will. Ziel des Königs ist es, M. für wirtschaftliche und technologische Modernisierungen zu öffnen. An der uneingeschränkten Machtstellung der Monarchie soll sich jedoch nichts ändern.

Westsahara-Konflikt: In der Frage der Westsahara verfolgt Mohammed VI. weiterhin einen unnachgiebigen Kurs. Ein ursprünglich für Sommer 2000 geplantes Referendum um die Zugehörigkeit der Westsahara wurde auf 2002 verschoben, weil sich M. und die POLISARIO nicht auf die Zahl der Wahlberechtigten einigen konnten. Die Befreiungsbewegung wehrte sich gegen die Registrierung von 65 000 Personen, die sie als nicht stimmberechtigte Marokkaner bezeichnet. *T. F.*

Die wichtigsten Parteien im 20. Jahrhundert

Name (Abkürzung)	*Politische Richtung*	*Gründung*
Istiqlal	nationalistisch	1943
Mouvement Populaire (MP)	linksorientiert	1959
Union Socialiste des Forces Populaires (USFP)	sozialistisch	1959
Parti du Progrès et du Socialisme (PPS)	kommunistisch	1974
Rassemblement National des Indépendants (RNI)	liberal-konservativ	1978
Parti National Démocrate (PND)	konservativ	1981
Union Constitutionelle (UC)	konservativ	1983

Marshall-Inseln

Republik der Marshall-Inseln

Die aus etwa 30 größeren und über 800 kleineren Atollen und Koralleninseln bestehende Inselgruppe gehört zu Mikronesien. 1529 wurde sie erstmals von span. Seefahrern angelaufen. Ihren Namen verdankt sie jedoch dem brit. Kapitän John Marshall, der 1788 einige der Inseln wieder entdeckte. Nachdem das Deutsche Reich bereits 1880 Handelsinteressen geltend gemacht und die Inseln 1884 als Schutzgebiet erhalten hatte, wurden sie 1899 Spanien abgekauft. Zu Beginn des Ersten Weltkriegs besetzte Japan die Inseln, die ihm schließlich 1920 vom Völkerbund als Mandatsgebiet zugesprochen wurden. Im Verlauf des Pazifikkriegs fand im Februar 1944 eine der schwersten Schlachten zwischen Japan und den USA auf Kwajalein statt. Im Anschluss daran besetzten US-amerikan. Truppen die Inselgruppe und vertrieben die meisten japan. Kolonisten.

Marshall-Inseln 2000	
Landesfläche	181 km² (WR 186)
Einwohner	63 000 (WR 184)
Hauptstadt	Dalap-Uliga-Darrit (Majuro-Atoll, 15 000 Einwohner)
Sprachen	Kajin-Majol, Englisch
Währung	1 US-Dollar (US-$) = 100 Cents
Gliederung	25 Gemeindebezirke
Staatsform	Republik (seit 1990)
Religion	Christen (98,6%): Protestanten 90,1%, Katholiken 8,5%; Sonstige (1,4%)
Bevölkerung	Mikronesier (96,9%); Sonstige (3,1%)

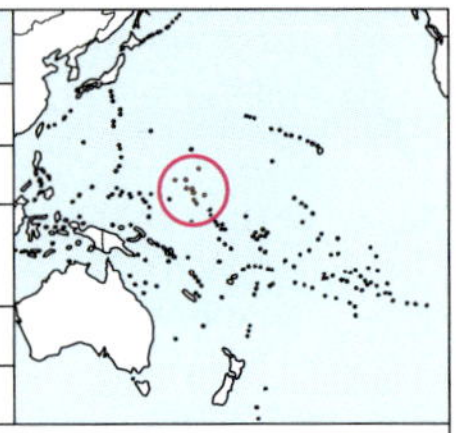

Die Marshall-Inseln im 20. Jahrhundert	
1914	Japan besetzt die Inseln, die seit 1885 deutsches Schutzgebiet sind.
1920	Die Inseln werden japan. Völkerbundmandat.
1944	US-amerikan. Besetzung der Inseln.
1946	Die USA führen bis 1958 insgesamt 67 Versuche mit Atom- und Wasserstoffbomben durch.
1947	Die Marshall-Inseln werden Teil des UN-Treuhandgebiets der Pazif. Inseln.
1959	Die USA richten auf dem Kwajalein-Atoll ein Raketentestgelände ein.
1965	Einsetzung des Congress of Micronesia.
1979	Die Verfassung tritt in Kraft.
1980	Amata Kabua wird erstmals zum Staatspräsidenten gewählt.
1983	Compact of Free Association.
1986	Unabhängigkeit der Inselgruppe.
1990	Der UN-Sicherheitsrat hebt den Treuhandvertrag auf.
1998	Aufnahme diplomatischer Beziehungen zu Taiwan, Abbruch der Beziehungen durch die Volksrepublik China.

Die wichtigsten Parteien

Name (Abkürzung)	*Politische Richtung*	*Gründung*
Ralik Ratak Democratic Party (RRDP)	Opposition zum Präsidenten Amata Kabua	1991
United Democratic Party (UDP)	liberal-konservativ	1999

Staatsoberhäupter

Reg.-Zeit	*Name*	*Lebensdaten*
1979–96	Amata Kabua	1928–1996
1997–99	Imata Jabro Kabua	*1943
seit 2000	Kessai H. Note	k. A.

Treuhandschaft und Souveränität

Atombombentests: Weltweite Bekanntheit erlangten die M., als die USA am 1.1.1946 auf dem Bikini-Atoll die erste Atombombe nach dem Zweiten Weltkrieg zündeten. 1947 wurde die Inselgruppe dem UN-Treuhandgebiet der Pazif. Inseln zugeordnet, das zunächst der US-Marine und ab 1951 einer US-Zivilverwaltung unterstellt wurde. Bis 1958 führten die USA 66 weitere Versuche mit Atom- und Wasserstoffbomben durch, darunter am 1.11.1952 die erste Explosion einer Wasserstoffbombe auf dem Enewatak-Atoll, dessen Bewohner zuvor vollständig umgesiedelt worden waren. Nach Beendigung dieser Versuche blieb das militärische Interesse der USA an den Inseln erhalten; 1959 errichteten sie auf dem Kwajalein-Atoll ein Raketentestgelände.

Weg in die Unabhängigkeit: Erste Forderungen nach Selbstständigkeit führten 1965 zur Schaffung des Congress of Micronesia (COM) als Parlament des Treuhandgebietes. Der COM bestand bis zum 1.1.1978. Nachdem die USA bereits 1977 Maßnahmen zur Beendigung der Treuhandschaft angekündigt hatten, erhielten die M. am 1.5.1979 mit Inkrafttreten der Verfassung eine eigene Regierung. Erster Präsident wurde der bis zu seinem Tod 1996 mehrfach wieder gewählte Amata Kabua.

Verfassung: Das nach dem Mehrheitswahlrecht bestimmte 33-köpfige Ein-Kammer-Parlament (Nitijela) wählt aus seiner Mitte den Staatspräsidenten, der die Minister ernennt. In Fragen des traditionellen Rechts und des Landeigentums wird das Parlament vom Häuptlingsrat (House of Iroij) beraten. Parteien, die über die traditionellen Stammesbeziehungen hinausgehen, entstanden erst ab 1990.

Staatsvertrag: Als unabhängige Präsidialrepublik sind die M. mit den USA durch den 1983 unterzeichneten und 1986 in Kraft gesetzten Compact of Free Association verbunden. Nach diesem Staatsvertrag muss die

Außenpolitik der M. bestimmten Übereinkünften entsprechen. Bis 2016 dürfen die USA, die für die Verteidigung der M. zuständig sind, das Raketentestgelände Kwajalein nutzen. Im Gegenzug haben sich die USA zu regelmäßiger Wirtschaftshilfe verpflichtet.

Militärbasis Kwajalein: Bei Abschluss des Compact of Free Association 1983 war das Testgelände auf Kwajalein nach Expertenmeinung besonders gut für die Entwicklung der Strategic Defense Initiative (SDI) geeignet. An ihre Stelle trat danach das Raketenabwehrsystem Theatre Missile Defense (TMD). Die Militärbasis, auf der rund 3000 US-Amerikaner leben, ist mit ihren ca. 1500 zivilen Arbeitsplätzen ein wichtiger Arbeitgeber.

Entwicklungsmöglichkeiten

Geringe Potenziale: Wirtschaftliche Grundlage der M. ist die US-Finanzhilfe, die sich aus direkten Zuschüssen und aus Nutzungsgebühren für das Raketentestgelände zusammensetzt. Die durch Dürren, Wirbelstürme und einen schlechten Bodenwasserhaushalt benachteiligte Landwirtschaft wird meist als Subsistenzwirtschaft betrieben; exportfähig sind nur Kokosnüsse und tropische Früchte. Das kleinbetriebliche verarbeitende Gewerbe beschränkt sich auf das Handwerk, die Fischverarbeitung und die Kopraherstellung.

Perspektiven: Angesichts der geringen Entwicklungsmöglichkeiten wird ein künftiger wirtschaftlicher Aufschwung von einer Reihe von Wirtschaftsabkommen mit der 1998 anerkannten Republik Taiwan, von der Förderung des Tourismus durch die Asiat. Entwicklungsbank (Asian Development Bank; ADB) und von der 1999 vollzogenen Senkung der Importzölle erwartet. Die ADB unterstützt außerdem den Aufbau der Infrastruktur auf den M. Als Reaktion auf die Anerkennung Taiwans brach die Volksrepublik China die Beziehungen zu den M. ab und zog sich gleichzeitig aus dem wirtschaftlichen Engagement in der Fischerei zurück.

Kompensationsleistungen: Unter den Folgen der Atomversuche seit 1946 leiden die M. bis heute. Die USA leisten neben den Nutzungsgebühren für das Testgelände Kwajalein Entschädigungszahlungen an die ehemaligen Bewohner der nuklear verseuchten Atolle Bikini, Enewetak, Rongelap und Utirik, wo verschiedene Studien erhöhte Krebsraten unter der Bevölkerung aufgedeckt haben. Seinerzeit wurde sie bei verschiedenen Tests bewusst Strahlenexperimenten und dem nuklearen Fallout ausgesetzt. *H.-W. W.*

Oben: Im März 1953 unternahmen die USA einen weiteren Atombombentest auf dem Bikini-Atoll.

Links: Bevor die USA 1946 auf dem Bikini-Atoll den ersten von insgesamt 67 Versuchen mit Atom- und Wasserstoffbomben nach dem Zweiten Weltkrieg durchführten, wurden die Bewohner des Eilands von US-Kriegsschiffen zwangsevakuiert (Foto).

Unten: Amata Kabua war von 1979 bis zu seinem Tod 1996 der erste Staatspräsident der Marshall-Inseln. (Foto: Kabua bei einer Rede vor der UN-Vollversammlung)

Mauretanien

Islamische Republik M.

In das Gebiet des westafrikan. Wüstenstaats M. wanderten ab dem 4. Jh. n. Chr. von Nordosten Berberstämme ein. Die dort siedelnden Schwarzafrikaner wurden vertrieben oder unterworfen. Ab dem 10. Jh. verbreitete sich der Islam in der Region, die zunächst von den islamischen Almoraviden und ab Mitte des 12. Jh.s von den Almohaden beherrscht wurde. Unter arab. Vorherrschaft bildete sich ab dem 14. Jh. die multiethnische Bevölkerungsgruppe der Mauren, die eine streng hierarchische Gesellschaft herausbildete, die in ihren Grundzügen bis in die Gegenwart Bestand hat. So wurde die Sklaverei offiziell erst 1980 abgeschafft.

Mauretanien 2000	
Landesfläche	1 025 520 km² (WR 28)
Einwohner	2,6 Mio (WR 132)
Hauptstadt	Nouakchott (735 000 Einwohner)
Sprachen	Arabisch, Französisch, afrik. Stammessprachen
Währung	1 Ouguiya (UM) = 5 Khoums
Gliederung	12 Regionen
Staatsform	Präsidialrepublik (seit 1960)
Religion	Moslems (99,5%); Christen (0,2%); Sonstige (0,3%)
Bevölkerung	Mauren (30%); Haratin (40%); Schwarzafrikaner (30%)

Mauretanien im 20. Jahrhundert	
1904	Die Region wird durch Frankreich kolonialisiert, die Verwaltung erfolgt vom Senegal aus; bis 1934 Widerstandskampf maurischer Krieger.
1958	Mauretanien wird nach langen Verhandlungen Autonome Republik in der französischen Gemeinschaft.
1960	Das Land erlangt die Unabhängigkeit (28.11.).
1961	Verabschiedung der Verfassung, in der Mauretanien als Republik mit Präsidialsystem definiert ist; nach Präsidentschaftswahlen wird Moktar Ould Daddah erstes Staatsoberhaupt (bis 1978).
1966	Blutige Zusammenstöße zwischen Mauren und schwarzmauretan. Bevölkerung im Süden des Landes.
1974/75	Eine verheerende Dürrekatastrophe fordert zahlreiche Todesopfer und führt zu Landflucht und stark ansteigender Verstädterung.
	Verstaatlichung des Eisenerz- und des Kupferbergbaus.
1976	Besetzung der südlichen Westsahara; gemeinsam mit Marokko, das den Norden okkupiert, Krieg gegen die Befreiungsbewegung POLISARIO.
1978	Staatsstreich durch das Militär.
1979	Friedensvertrag mit der POLISARIO, Rückzug aus der Westsahara.
1984	Machtübernahme durch Oberst Ould Sid' Ahmed Taya.
1989	Pogrome und Massenvertreibungen beiderseits des Senegal-Flusses: 200 000 Mauren flüchten aus dem Senegal nach Mauretanien, 60 000 Schwarzafrikaner von Mauretanien in den Senegal.
1991	Referendum zur Einführung einer Mehrparteienregierung.
1992	Ould Taya' gewinnt die ersten demokratischen Präsidentschaftswahlen, seine Partei PRDS erringt die Mehrheit bei Parlaments- und Senatswahlen; Manipulationsvorwürfe der Oppositionsparteien.
1994	Verhaftungswelle gegen radikal-islamische Untergrundaktivisten; Verbot religiöser politischer Vereinigungen.
1997	Ould Taya wird in seinem Amt als Präsident bestätigt; erneut beklagen verschiedene Oppositionsparteien Wahlmanipulationen.
1999	Schwere Regenfälle fügen der Landwirtschaft großen Schaden zu;
	Gewalttätige Auseinandersetzungen an der Grenze zu Mali; Ursache ist die umstrittene Nutzung von Weideflächen.

Kolonialherrschaft

Militärische Eroberung: Ende des 19. Jh.s begann Frankreich mit der militärischen Eroberung M.s zur Abrundung seines afrikan. Kolonialbesitzes. Frankreichs strategisches Ziel war es, eine geschlossene Landverbindung zwischen seinen Kolonien im Süden des Kontinents und Marokko herzustellen (Äquatorial-Westafrika). Beim Versuch einer systematischen Durchdringung des Landes stießen die französ. Truppen jedoch auf heftigen Widerstand der Araber und Berber.
1904 proklamierte Frankreich das »Territorium M.« und gliederte es der Kolonialföderation Französ.-Westafrika (AOF) an. Der Norden des Landes konnte erst 1934 endgültig unterworfen werden. Das traditionelle islamische Recht (Scharia) wurde durch das französ. Zivilgesetzbuch (»Code civil«) ersetzt.
Überseeterritorium: Nach dem Zweiten Weltkrieg lockerte Frankreich schrittweise die Kolonialverwaltung: 1946 erhielt M. eingeschränkte Autonomierechte und den Status eines Überseeterritoriums innerhalb der französ. Union. In den 50er Jahren wurde die Forderung nach Unabhängigkeit von Stammesfürsten und besonders von jungen Angehörigen der Bildungsschicht immer energischer gestellt.

Unabhängiger Staat

Verfassung und Gesellschaft: Am 28.11.1960 wurde M. als souveräner Staat proklamiert. Laut Verfassung war M. eine Präsidialrepublik nach französ. Vorbild. Der erste Staatspräsident Moktar Ould Daddah (1961–78) verschmolz 1961 alle politischen Gruppen zur Einheitspartei PPM. Ab 1964 regierte er faktisch autokratisch. Hauptstadt wurde die neu gegründete Küstenstadt Nouakchott. Auch nach Erlangung der Unabhängigkeit blieb in M. die streng hierarchische Gesellschaftsformation erhalten: Die hellhäutigen Mauren, die von den Berbern und Arabern abstammen, sind als Nomaden und Händler den schwarzafrikan. Bauern und Handwerkern übergeordnet.

Ethnische Konflikte: 1966 kam es zu blutigen Auseinandersetzungen zwischen Mauren und Angehörigen schwarzafrikan. Stämme im Grenzgebiet zum Senegal. Ethnisch bestimmte Kämpfe zwischen Mauren und Schwarzafrikanern bildeten seither ein zentrales Problem der politischen Entwicklung M.s.

Distanz zu Frankreich: Auf Druck der Opposition versuchte die Regierung Anfang der 70er Jahre die weiterhin enge Bindung an Frankreich (v. a. im Wirtschaftssektor) zu lösen. Zu diesem Zweck wurde 1973 eine eigene Währung eingeführt und M. trat der Arabischen Liga bei. Die Einheitspartei steuerte ab Anfang der 70er Jahre einen stärker sozialistischen Kurs: 1974 wurde der Eisenerz-, 1975 der Kupferbergbau verstaatlicht. Allerdings war die Regierung darauf bedacht, die politische und wirtschaftliche Beziehung zu den westlichen Staaten ebenso wie zu den konservativen Golfstaaten nicht abreißen zu lassen.

Dürrekatastrophe: Anhaltende Dürreperioden im Sahel führten ab 1973/74 zu einer drastischen Verringerung der Normadenbevölkerung, zu Landflucht und zunehmender Verstädterung. Der Nomadenanteil an der Gesamtbevölkerung M.s sank von 85% (1967) auf 17% (1988).

Westsahara-Konflikt: 1975 besetzte M. den Süden des Westsahara-Gebiets, während marokkan. Truppen in den Norden einrückten. In der Folgezeit entwickelte sich ein verlustreicher Krieg mit der Befreiungsbewegung POLISARIO, die für eine unabhängige Westsahara kämpft. 1976 unterzeichneten M. und Marokko ein Abkommen über die Grenzziehung in der Westsahara. Im selben Jahr brach M. die diplomatischen Beziehungen zum Nachbarstaat Algerien ab, weil Algier die POLISARIO unterstützte und die von dieser ausgerufene Demokratische Arabische Republik Sahara (DARS) anerkannte.

Militärputsch: Im Juli 1978 stürzte die Armee unter Führung von Oberst Ould Sid' Ahmed Taya Präsident Moktar Ould Daddah. Die Verfassung wurde außer Kraft gesetzt, die Einheitspartei verboten und ein Militarkomitee (Comité Militaire du Salut National, CMSN) als Regierung eingesetzt. Oppositionelle Kräfte wurden rücksichtslos unterdrückt. In den folgenden Jahren kam es zu gravierenden Menschenrechtsverletzungen.

1979 verzichtete M. nach verlustreichen Kämpfen auf das besetzte Gebiet der Westsahara und schloss einen Friedensvertrag mit der Frente POLISARIO, die als legitime Vertretung der Bevölkerung der Westsahara anerkannt wurde.

Westsahara-Konflikt: Gefangene Kämpfer der Befreiungsbewegung POLISARIO in einem mauretan. Internierungslager bei Nouakchott, 1977.

Mauretanien – Land der Mauren?

Kastensystem: Die Mauren sind ein hellhäutiges Händler- und Nomadenvolk, das von Berbern und Arabern abstammt. Im Mittelalter drangen sie von Nordafrika bis zum Staatsgebiet des heutigen Mauretanien vor, islamisierten und versklavten die schwarzafrikan. Bauern, die in der fruchtbaren Region am Senegal-Fluss ansässig waren. Die Machtverhältnisse haben sich bis heute nicht wesentlich geändert. Seit der Unabhängigkeit 1960 werden Wirtschaft und Politik vorwiegend von Mauren dominiert, und obwohl die Sklaverei seit 1905 mehrmals verboten wurde, leisten noch immer rund 100 000 Menschen, meist Schwarzafrikaner, Frondienste.

Die mauretanische Gesellschaftsstruktur ist geprägt durch ein hierarchisches Kastensystem: Die Mauren gliedern sich in die Adelskasten der Hassani (Krieger) und Marabuts (weise Männer), denen die Kaste der Zenaga (Viehzüchter und freie, auch schwarze Bauern) unterstellt ist. Danach folgen die Kaste der Haratin (freigelassene Sklaven, zu denen sowohl Mauren als auch Schwarze zählen) und die Erbkaste der »Sklaven« (überwiegend Schwarze, die ihren sozialen Status nicht durch Heirat verändern können). Auf unterster Ebene stehen die »Verachteten«, schwarze Handwerker, Fischer, Jäger, Geschichtenerzähler.

Die Unterdrückung der Schwarzafrikaner, die durch ihre Arbeit in Landwirtschaft und Handwerk stets für die wirtschaftliche Versorgung der herrschenden Mauren aufkommen mussten, verursachte seit der Unabhängigkeit wiederholt gewaltsame Aufstände und gipfelte 1989 in der Vertreibung mehrerer zehntausend Schwarzer nach Senegal. (Foto: mauretan. Flüchtlinge in Senegals Hauptstadt Dhakar 1989)

Mohammed Mouaiya Ould Sid' Ahmed Taya wurde 1984 neuer Präsident M.s. Der Oberst hatte 1984 gewaltsam die Macht übernommen, als sein ebenfalls durch einen Putsch an die Regierung gekommener Vorgänger Khouna Ould Haidhalla wegen einer Konfenrenz in Burundi außer Landes war. Nach einem Referendum zu Gunsten einer Mehrparteienregierung 1991 gewann Ould Taya 1992 auch die ersten demokratischen Wahlen, sah sich aber massiven Manipulationsvorwürfen ausgesetzt.

Stichwort: Maghreb-Union

Das arabische Wort Maghreb bedeutet »Westen« und bezeichnet den westlichen Teil der arab.-moslem. Welt. Das dazugehörige Pendant »Maschrik« als Bezeichnung für den östlichen Teil ist heute nicht mehr in Gebrauch.
Zu der 1989 gegründeten Gemeinschaft des Vereinigten Arabischen Maghreb (UMA) gehören die fünf nordafrikan. Staaten Algerien, Libyen, Marokko, Mauretanien und Tunesien. Ziel der Vereinigung ist die Förderung der Zusammenarbeit in Handel, Industrie, Tourismus, Wissenschaft und auf kultureller Ebene. Vorgesehen ist der Abbau von Zollschranken zwischen den Mitgliedsländern. Zu diesem Zweck wurde im April 1994 die Schaffung einer Freihandelszone vereinbart. An der Spitze der Maghreb-Union steht der Rat der fünf Staatsoberhäupter, dessen Vorsitz alle sechs Monate wechselt. Der Konsultativrat besteht aus je zehn Vertretern pro Mitgliedsland und dient als gemeinsames Parlament. Sitz der Vereinigung ist die marokkan. Hauptstadt Rabat.

Die wichtigsten Parteien im 20. Jahrhundert

Name (Abkürzung)	*Politische Richtung*	*Gründung*
Parti Populaire Mauritanienne (PPM)	linksorientiert	1961
Parti Républicain Démocratique et Social (PRDS)	konservativ	1991
Union des Forces Démocratiques (UFD)	linksorientiert	1991
Union pour la Démocratie et le Progrès (UDP)	liberal	1993
Action pour le Changement (AC)	reformorientiert	1995
Union Populaire Socialiste et Démocratique (UPSD)	sozialistisch	k. A.

Staatsoberhäupter Mauretaniens

Reg.-Zeit	*Name*	*Lebensdaten*
1961–78	Moktar Ould Daddah	* 1924
1978/79	Moustapha Ould Salek	* 1936
1979/80	Mohammed Ould Louly	* 1943
1980–84	Khouna Ould Haidhalla	* 1940
seit 1984	Mohammed Mouaiya Ould Sid' Ahmed Taya	* 1943

Mitte der 80er Jahre leitete das Militär angesichts der sich immer weiter verschlechternden Wirtschaftslage ökonomische Reformen ein. Diese erfolgten nach den Vorgaben des Internationalen Währungsfonds (IWF) und der Weltbank.

Massenvertreibungen: In der zweiten Hälfte der 80er Jahre verschärfte sich erneut der Konflikt zwischen den Mauren und der unterprivilegierten schwarzafrikan. Bevölkerung. Dabei kam es 1989 im Grenzgebiet zum Senegal zu blutigen Auseinandersetzungen zwischen Mauern und Schwarzafrikanern, denen zahlreiche Menschen zum Opfer fielen. Etwa 200 000 Mauretanier wurden aus dem Senegal vertrieben, während rund 60 000 Schwarzafrikaner aus M. in den Senegal flüchteten.

Auf dem Weg ins 21. Jahrhundert

Demokratisierung: 1991 sprach sich die Mehrheit der Bevölkerung in einem Referendum für die Einführung eines Mehrparteiensystems aus. Damit wurde der Prozess einer schrittweisen Demokratisierung eingeleitet. Aus den ersten freien Wahlen gingen 1992 Ould Taya als Präsident und seine Partei PRDS als Sieger hervor. Die Opposition erhob den Vorwurf massiver Wahlmanipulation.

Schuldenerlass: 1996 einigten sich die internationalen Kreditgeber darauf, M. einen Teil seiner Schulden zu erlassen, um die wirtschaftliche Entwicklung des stark agrarisch ausgerichteten Landes, das zu den ärmsten Staaten der Welt zählt, zu stärken.

Wahlen: Nach seinem (ebenfalls von Manipulationsvorwürfen begleiteten) neuerlichen Wahlsieg 1997 setzte Ould Taya seine vorsichtige Demokratisierungspolitik fort. Die Presse erhielt größere Freiheiten und es wurden Maßnahmen zur Gleichstellung der schwarzafrikan. Bevölkerung beschlossen. Dennoch kritisierten Oppositionsparteien die Behinderung ihrer politischen Arbeit. Die Sklaverei bzw. Fronarbeit gehörte auch Ende des 20. Jh.s trotz offiziellen Verbots zur gesellschaftlichen Realität in M.

Außenpolitik: Im Verhältnis zu den Nachbarstaaten trat ab Mitte der 90er Jahre eine Verbesserung ein, was u. a. Anfang 1998 in der Beteiligung mauretan. Streitkräfte an gemeinsamen Manövern im Grenzgebiet zu Mali und dem Senegal zum Ausdruck kam. Im Oktober 1999 nahm M. volle diplomatische Beziehungen zu Israel auf; 1998 hatten Berichte über eine militärische Zusammenarbeit zwischen M. und Israel noch zu einer Verhaftungswelle unter Oppositionellen geführt. *T. F.*

Mauritius

Republik Mauritius

Ab dem 16. Jh. stand die Insel unter verschiedenen Herrschaften: 1510 betrat der Portugiese Pedro Mascarenhas als erster Weißer die noch unbewohnte Insel, ab 1598 nahmen Holländer das Gebiet in Besitz und benannten es nach ihrem Statthalter Moritz (niederländ. Maurits) von Nassau-Oranien. Als französ. Kolonie »Ile de France« entwickelte sich M. ab 1710 unter Einsatz von Sklaven zum florierenden Wirtschaftsraum. 1810 wurde M. schließlich von Großbritannien besetzt und erhielt 1814 den Status einer Kronkolonie.

Mauritius 2000	
Landesfläche	2040 km² (WR 167)
Einwohner	1,2 Mio (WR 148)
Hauptstadt	Port Louis (165 000 Einwohner)
Sprachen	Englisch, Kreolisch, Hindi, Urdu, Chinesisch, Französisch
Währung	1 Mauritius-Rupie = 100 Cents
Gliederung	9 Distrikte, 3 Inselgruppen
Staatsform	Republik (seit 1992)
Religion	Hindus (53%); Christen (30%); Moslems (13%); Sonstige (4%)
Bevölkerung	Indo-Pakistani (68%); Kreolen (23%); Chinesen (3%); Weiße (3%); Sonstige (3%)

Mauritius im 20. Jahrhundert	
1936	Gründung der Arbeiterpartei Parti Travailliste Mauricien (PTrM) als politische Vertretung der einheimischen Bevölkerung in der brit. Kolonie Mauritius.
1958	Mauritius erhält weitgehend innere Autonomie.
1968	Unabhängigkeitserklärung (12.3.) als konstitutionelle Monarchie mit der brit. Königin als Staatsoberhaupt.
1969	Regierungsbildung unter Premierminister Seewoosagur Ramgoolam.
1972–76	Zurückstellung der Wahlen infolge innerer Unruhen.
1976	Der linksgerichtete Mouvement Militant Mauricien (MMM) unter Paul Bérenger wird stärkste Einzelpartei, durch Bildung eines Koalitionskabinetts bleibt Ramooglam jedoch weiter an der Regierung.
1982	Die MMM erringt mit 62 Mandaten überwältigenden Wahlsieg.
1983	Anerood Jugnauth vom Mouvement Socialiste Mauricien (MSM), einer Splitterpartei des MMM, bildet neue Regierungskoalition.
1987	Parlamentswahlen bestätigen Jugnauths Koalition.
1991	Wiederwahl Jugnauths bei Parlamentswahlen.
1992	Mauritius wird Republik (12.3.), Cassam Uteem (MMM) übernimmt das Amt des Staatsoberhauptes.
1995	Parlamentswahlen führen zum Sieg des Bündnisses zwischen MMM und PTrM; Navinchandra Ramgoolam (PTrM) wird Regierungschef, Paul Bérenger (MMM) Außenminister.
1997	Entlassung Bérengers; Auflösung der Regierungskoalition MMM-PTrM.
1999	MMM und MSM schließen sich unter der Führung von Anerood Jugnauth, dem früheren Premierminister, zur vereinigten Opposition zusammen.

Der Weg in die Unabhängigkeit

Verwaltung und Wirtschaft: Obwohl Großbritannien die Herrschaft über die Insel übernommen hatte, blieb der kulturelle Einfluss Frankreichs bestimmend. Die französ. und kreol. Einwohner behielten ihre Sprache bei, lediglich die Verwaltung wurde nach brit. Vorbild ausgerichtet. Die Kolonialmacht konzentrierte sich ebenso wie ihre französ. Vorgänger auf den Zuckerrohranbau, der M. nach dem Ersten Weltkrieg zu einer erneuten wirtschaftlichen Hochperiode verhalf. Mit dem Aufschwung verbesserte sich auch die soziale Lage der Bevölkerung, die sich teilweise in der 1936 gegründeten Arbeiterpartei Parti Travailliste Mauricien (PTrM) organisierte.

Mitspracherecht: Massive Streikaktionen des ind. Bevölkerungsteils, der mit 68% stärksten Volksgruppe, verhalfen den Nachkommen der ab Mitte des 19. Jh.s aus Indien eingewanderten Plantagenarbeitern zu einer politischen Vertretung in der Volksversammlung. Unter der Führung des Hindu Seewoosagur Ramgoolam bildete sich die PTrM 1948 um und konnte bis 1959 ihre absolute Mehrheit behaupten.

Konstitutionelle Monarchie: Nachdem im Jahr 1958 M. weitgehende innere Autonomie zugebilligt wurde, erhielt es am 12.3.1968 zusammen mit der Insel Rodrigues und kleinen Nebeninseln als konstitutionelle Monarchie innerhalb des Commonwealth die Unabhängigkeit. Ein Jahr später wurde ein Kabinett der »Nationalen Einheit« mit Ramgoolam (PTrM) als Premierminister gebildet.

Ausnahmezustand und Wahlen: Obwohl sich die Regierung um wirtschaftliche Stabilität bemühte, brachen immer wieder schwere Unruhen aus. 1968, 1970 und 1972 wurde der Ausnahmezustand über M. verhängt, sodass zwischen 1967–76 keine Wahlen abgehalten wurden. 1976 erhielt das linksgerichtete Mouvement Militant Mauricien (MMM) unter Paul Bérenger die Stimmenmehrheit und wurde stärkste Einzelpartei. Ramgoolam ging jedoch erneut mit der konservativ orientierten Kreo-

Die wichtigsten Parteien im 20. Jahrhundert

Name (Abkürzung)	*Politische Richtung*	*Gründung*
Parti Travailliste Mauricien (PTrM), auch Mauritius Labour Party (MLP)	sozialdemokratisch	1936
Mouvement Militant Mauricien (MMM)	sozialistisch	1969
Mouvement Socialiste Mauricien (MSM)	sozialdemokrat. orientierte Abspaltung des MMM	1982
Parti Mauricien Social-Démocrate (PMSD)	konservativ	1991
Renouveau Militant Mauricien (RMM)	Abspaltung des MMM	1993
Organisation du Peuple Rodriguais (OPR)	politische Vertretung der Insel Rodrigues	k. A.

Bildung – Voraussetzung für wirtschaftlichen Fortschritt

Bildungsinvestitionen: Gemessen an anderen afrikan. Staaten besitzt Mauritius ein gut ausgebautes Bildungssystem; nur 17% der Bevölkerung sind Analphabeten. 1997 wurde die allgemeine siebenjährige Schulpflicht auf neun obligatorische Schuljahre ausgedehnt. Der Schulbesuch ist bis hin zur Universität generell kostenfrei. Der Hochschulbereich gliedert sich in die 1967 gegründete Universität von Mauritius in Port Louis, ein Polytechnikum sowie zwei Industrie- und Handelshochschulen.
Die Verbesserung der Bildungsbedingungen und des Bildungsstandes der Bevölkerung mit Hilfe von Reformen und Ausgabenerhöhungen gehörte zu Beginn des 21. Jh.s zu den Hauptzielen der Regierung. (Foto: Islamische Schule auf Mauritius in den 90er Jahren)

Staatsoberhäupter von Mauritius

Reg.-Zeit	*Name (Dynastie)*	*Lebensdaten*
1968–92	Elizabeth II. (Windsor)	*1926
seit 1992	Cassam Uteem	*1941

lenpartei Parti Mauricien Social-Démocrate (PMSD) eine Koalition ein und behauptete damit sein Amt als Premierminister.

Wirtschaftswunder

Regierungswechsel: Bei den Parlamentswahlen vom 12.6.1982 erreichte die MMM einen überwältigenden Sieg und übernahm mit Anerood Jugnauth an der Spitze die Macht. Als Regierungspartei verfolgte sie einen vom Internationalen Währungsfonds (IWF) und der Weltbank diktierten liberalistischen Wirtschaftskurs, der zur Abspaltung des sozialdemokratischen Mouvement Socialiste Mauricien (MSM) führte.
Neuwahlen: Bei Neuwahlen im August 1983 war die Splitterpartei MSM auf Anhieb erfolgreich und konnte unter der Führung ihres Vorsitzenden Jugnauth eine Regierungskoalition mit Beteiligung der PMSD, der PtrM (auch Mauritius Labour Party, MLP) und zwei Vertretern der Volksorganisation Rodrigues (OPR) bilden. Das Parteienbündnis wurde 1987 und 1991 von den Wählern bestätigt.

Neue Strukturen: Nachdem schon in den 70er Jahren mit dem kontinuierlichen Ausbau des Tourismussektors versucht worden war, die wirtschaftliche Dominanz der Zuckerrohrproduktion und -verarbeitung zu brechen, forcierte M. ab 1982 den strukturellen Umbau weiter. Mit der Einrichtung einer exportorientierten Freihandelszone (EPZ), die ausländischen Unternehmen Zoll- und Steuerfreiheit gewährte, gelang es der Regierung, Firmen des verarbeitenden Gewerbes – vor allem aus der Textilbranche – nach M. zu ziehen. Dank des Industrialisierungskurses stieg der Inselstaat im Laufe der 80er Jahre zur Volkswirtschaft mit dem höchsten Pro-Kopf-Einkommen Afrikas auf.

Republik und Schwellenland

Neue Führung: Am 12.3.1992 erklärte sich M. nach einer Verfassungsänderung Ende 1991 zur Republik, verblieb jedoch im Commonwealth. Zum Staatsoberhaupt wurde der MMM-Funktionär Cassam Uteem berufen. Bei den Parlamentswahlen 1995 erhielt die seit 1982 regierende MSM eine vernichtende Niederlage. Die zur sozialdemokratischen Organisation konservativen Typs gewandelte PTrM/MLP, bis 1982 alleinige Regierungspartei und ab 1992 in der Opposition, erreichte 35 der insgesamt 72 Sitze und bildete mit dem MMM (25 Sitze) eine Allianz. Der als neuer Premierminister vereidigte Navinchandra Ramgoolam, Sohn des Staatsgründers, kündigte an, die erfolgreiche Umwandlung vom Agrar- zum Industriestaat weiter fortzusetzen.
Kabinettsumbildung: Wachsende Kontroversen innerhalb der MLP-MMM-Parteienallianz führten 1997 zur Entlassung des stellvertretenden Premiers und Außenministers Paul Bérenger (MMM) und zur Auflösung der Koalition. Die MLP unter Ramgoolam übernahm mit nunmehr nur noch 38 der 62 Direktmandaten die alleinige Regierungsverantwortung.
Wirtschaftliche Kontinuität: Ebenso wie ihre Vorgänger war die Ramgoolam-Regierung Ende der 90er Jahre bemüht, die ökonomische Umstrukturierung von M. voranzutreiben. Schwerpunkt war die Verbreiterung der industriellen Monostruktur von Textil- und Bekleidungsfirmen. Vor allem die Ansiedlung von Betrieben aus dem Bereich höher entwickelter, moderner Technologien sollte verstärkt gefördert werden. Der Tourismussektor, der neben dem Zucker- und Textilexport zum wichtigsten Devisenbringer geworden war, wurde weiter ausgebaut. *B. L.*

Mazedonien

Republik Mazedonien

Die heutige Republik M. war die südlichste Teilrepublik des ehemaligen Jugoslawien. Im Oktober 1991 erklärte sie ihre Unabhängigkeit, aber erst 1993 wurde das Land international unter dem provisorischen Namen »Ehemalige jugoslaw. Republik Mazedonien« anerkannt. M. spielte seit dem 19. Jh. eine besondere Rolle in den nationalistischen Auseinandersetzungen auf der Balkanhalbinsel. Diese Konflikte belasten bis heute die politische Situation des Landes.

Spielball der Balkanmächte

Türkenzeit: Die historische Region M. ist weitaus größer als die heutige Republik. Etwa die Hälfte des Gebietes gehört zu Griechenland, Bulgarien besitzt ebenfalls mazedon. Territorien. M. war seit dem 14. Jh. Teil des türk. Reiches und wurde als Bestandteil Bulgariens betrachtet. Ein mazedon. Nationalbewusstsein entstand erst im späten 19. Jh.

Befreiungsbewegungen: Im 19. Jh. entwickelten sich auf dem Balkan nationale Befreiungsbewegungen der Griechen, Serben oder Bulgaren gegen die türk. Herrschaft. Das Territorium M.s war dabei lange Zeit ein Spielball der Balkanmächte. 1875–77 kämpften Serbien, Montenegro und Russland gemeinsam gegen das Osman. Reich. Nach dem Ende des Krieges wurde 1878 auf dem Berliner Kongress eine Neuordnung des Balkans in Nationalstaaten beschlossen. M. blieb dagegen beim türk. Reich. Für die Entstehung eines mazedon. Nationalbewusstseins war diese Entscheidung dennoch von großer Bedeutung, weil M. hier erstmals als eine historische und politische Einheit genannt wurde.

Eine erste mazedon. Unabhängigkeitsbewegung entstand 1893 mit der »Inneren Mazedon. Revolutionären Organisation« (VMRO). Der von ihr getragene sog. Illinden-Aufstand im November 1903 wurde von den Türken blutig niedergeschlagen.

Balkankriege 1912/13: Im Ersten Balkankrieg 1912/13 konnten die verbündeten Balkanmächte Bulgarien, Griechenland, Montenegro und Serbien die türk. Herrschaft auf dem Balkan beenden, umstritten blieb aber die Aufteilung von M. Durch den Zweiten Balkankrieg 1913 zwischen den Siegern wurde das Gebiet größtenteils zwischen Griechenland und Serbien geteilt, Bulgarien erhielt nur ein kleineres Territorium. Diese Aufteilung M.s hat bis heute Bestand und begründet vielfältige Spannungen zwischen M., dem jugoslaw. Serbien, Bulgarien und Griechenland.

Mazedonien 2000	
Landesfläche	26 713 km² (WR 144)
Einwohner	2,0 Mio (WR 140)
Hauptstadt	Skopje (466 000 Einwohner)
Sprachen	Mazedon., Alban., Türk., Serb.
Währung	Mazedonischer Denar
Gliederung	34 Gemeindebezirke
Staatsform	Republik (seit 1991)
Religion	Unabhängige Mazedonisch-, Serbisch-, Bulgarisch- und Griechisch-Orthodoxe (59%); Moslems (26%); Sonstige (15%)
Bevölkerung	Mazedonier (66,5%); Albaner (22,9%); Sonstige (10,6%)

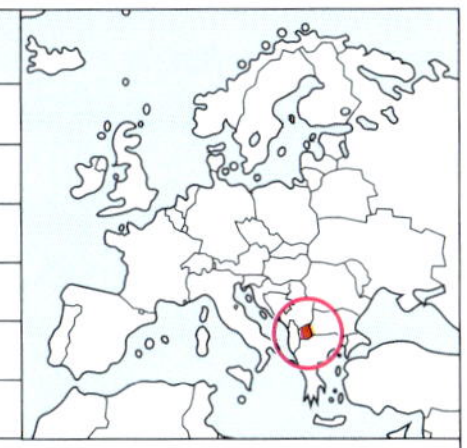

Mazedonien im 20. Jahrhundert	
1903	Der »Illinden-Aufstand« der VMRO gegen die türk. Herrschaft wird gewaltsam niedergeschlagen.
1913	In London beendet eine Friedenskonferenz den Ersten Balkankrieg ohne eine Regelung für Mazedonien.
	Zweiter Balkankrieg wegen der Mazedonienfrage. Das Gebiet wird hauptsächlich zwischen Serbien und Griechenland geteilt.
1918	Proklamation des Königreichs der Serben, Kroaten und Slowenen. Der serb. Teil Mazedoniens wird ohne besondere nationale Rechte eingegliedert.
1941	Annexion durch Bulgarien, das mit Deutschland und Italien verbündet war.
1945	Proklamation der Föderativen Volksrepublik Jugoslawien; Mazedonien wird Teilrepublik.
1967	Die orthodoxe mazedon. Kirche trennt sich von der serb. Kirche und bildet eine eigene Nationalkirche mit Zentrum in Ohrid.
1990	Erste freie Wahlen in Mazedonien. Die nationalistische IMRO siegt.
1991	Kiro Gligorov wird Staatspräsident (1994 bestätigt).
	Unabhängigkeitserklärung; gleichzeitig tritt die neue Verfassung in Kraft.
1992	Wegen des griech. Protests gegen die mazedon. Staatsgründung verlangt die EG Änderungen in der Verfassung; trotz Erfüllung der Forderungen verhängt Griechenland ein Wirtschaftsembargo.
	Mit blutigen Unruhen protestiert die alban. Bevölkerung in Skopje gegen ihre Benachteiligung.
1993	Die Vereinten Nationen erkennen Mazedonien unter dem Namen »Ehemalige jugoslaw. Republik Mazedonien« an. Ende 1993 folgt die Anerkennung durch die meisten europäischen Staaten und Anfang 1994 auch durch die USA.
1995	Blutige Unruhen bei der Eröffnung der inoffiziellen alban. Universität Tetovo.
	Die Aufhebung der griech. Wirtschaftsblockade zeigt die Annäherung zwischen den beiden Staaten.
1999	260 000 Kosovo-Albaner flüchten sich zeitweilig nach Mazedonien.
	Boris Trajkowski wird zum neuen Staatspräsidenten gewählt.

Teil des Königreichs Jugoslawien

Serbische Dominanz: Nach dem Ersten Weltkrieg entstand das vereinigte »Königreich der Serben, Kroaten und Slowenen«, das sich ab 1929 »Königreich Jugoslawien« nannte. Der serb. Teil M.s wurde damit zum Teil Jugoslawiens ohne nationale Rechte. Gegen die serb. Vormacht in M. gab es bis zum Zweiten

Weltkrieg verschiedene Unabhängigkeitsbewegungen; ihr Ziel war die Vereinigung aller mazedon. Gebiete in einem Staat. Sie scheiterten aber an der Frage der Bündnispartner – vor allem, weil die Mazedonier den bulgar. Hilfsangeboten gegenüber misstrauisch waren. Großmazedon. Ziele standen dabei den Expansionsbestrebungen Bulgariens gegenüber, das M. als Teil seines historischen Territoriums betrachtete. Denn im 10./11. Jh. war Ohrid, heute auf mazedon. Gebiet, Hauptstadt und zugleich Patriarchat des zweiten Bulgar. Reiches.

Zweiter Weltkrieg: Als Bulgarien im Zweiten Weltkrieg im Bund mit den Achsenmächten Deutschland und Italien in M. einfiel (1941) und den größten Teil des Landes besetzte, wandte sich der weitgehend kommunistisch geprägte mazedon. Widerstand endgültig von Bulgarien ab. Die mazedon. Partisanen beteiligten sich am Widerstand Titos, der im Gegenzug die Anerkennung der kulturellen und politischen Sonderstellung M.s zusicherte. Dies drückte sich insbes. in der Schaffung einer eigenen mazedon. Sprache aus, die aus den regionalen Dialekten entwickelt wurde.

Die sozialistische Republik

Teilrepublik: 1946 wurde der jugoslaw. Teil M.s zu einer der sechs Teilrepubliken der »Sozialistischen Föderalen Volksrepublik Jugoslawien« unter Josip Broz »Tito« (1945–80).

Nationalismus: Die »Volksrepublik M.« verfolgte auch unter der jugoslaw. Führung teilweise großmazedon. Ziele, vor allem gegenüber Griechenland. Anfangs hatte sie dabei die Unterstützung Titos, der sich jedoch 1949 davon abwandte. M. förderte aber weiterhin die Einwanderung der mazedon. Bevölkerung aus Griechenland und gab die Ansprüche auf ein Groß-M. nie ganz auf. Die Ablehnung des neuen mazedon. Staates durch Griechenland im Jahr 1991 war hierin begründet.

Eigene Kirche: 1967 trennte sich die orthodoxe Kirche M.s mit Bischofssitz in Ohrid von der serb. Kirche. Dies unterstrich die Eigenständigkeit der mazedon. Nation auch gegenüber Serbien.

Völkergemisch: Ethnische Spannungen in M. zwischen der Mehrheit der M. und den Minderheiten der Albaner (ca. 23%) Serben (ca. 2%), Türken (ca. 4%), Walachen sowie Roma und Sinti wurden von der jugoslaw. Zentralgewalt zwar verdeckt, brachen aber nach dem Tod Titos 1980 und der anschließenden fortschreitenden Auflösung Jugoslawiens wieder auf.

Ende Jugoslawiens: 1989 ließ die Kommunistische Partei M.s ein Mehrparteiensystem zu und verlor nach den Wahlen von 1990 ihre Vormachtstellung. In einem Referendum stimmten am 8.9.1991 etwa 95% der Mazedonier für die Unabhängigkeit von Jugoslawien; allerdings boykottierten Serben und Albaner die Abstimmung. Am 17.11.1991 gab sich das unabhängige M. eine neue Verfassung.

Unabhängigkeit

Friedliche Lösung: Von den ehemaligen jugoslaw. Republiken erlangte nur M. die Unabhängigkeit ohne kriegerische Auseinandersetzungen. Politische und wirtschaftliche Probleme belasteten aber die Entwicklung des neuen Staates. Besonders die späte Anerkennung des Landes durch die internationale Staatengemeinschaft wirkte sich negativ aus, weil sie M. ökonomisch blockierte.

Wahlen 1990: Bei den ersten Wahlen vom November und Dezember 1990 ergab sich keine eindeutige Mehrheit. Insgesamt zehn Parteien, in drei Blöcken zusammengefasst, teilten sich die 120 Sitze des Parlaments. Stärkste Partei wurde die VMRO, eine nationalistische Partei, die an die mazedon. Unabhängigkeitsbewegung um 1900 anknüpfte. Der linke Block aus Reformkommunisten, SRS (Union der Reformkräfte Jugoslawiens) und Sozialisten konnte wie die Nationalisten keine Mehrheit bilden. Einen dritten starken Block bildete die alban. PDP (Partei der demokratischen Prosperität) zusammen mit der NDP (National-demokratische Partei).

Erste Regierung: Im März 1991 bildete sich eine überparteiliche Regierung unter dem unabhängigen Nikola Kljušev (1991/92). Bereits im Januar 1991 hatte das Parlament den Reformkommunisten Kiro Gligorov (1991–99) zum Staatspräsidenten gewählt. Im Juli 1992 wurde Regierungschef Kljušev wegen der Wirtschaftsmisere des Landes abgewählt. Sein Nachfolger wurde der Reformkommunist Branko Crevenkovski (1992–98).

Wahlen 1994: Im ersten Wahlgang am 16.10. 1994 wurde Präsident Gligorov im Amt bestätigt; für die Parlamentswahlen hingegen war ein zweiter Wahlgang erforderlich. Da die nationalistischen Parteien der VMRO und der »Allianz für Mazedonien« diesen Wahlgang wegen angeblicher Manipulationen boykottierten, waren sie in den folgenden Jahren nicht im Parlament vertreten. Die Regierung wurde aus nahezu allen im Parlament vertretenen Parteien gebildet, unter Einbindung der alban. Minderheitspartei PDP.

Wahlen 1998/99: Ende des Jahres 1998 siegten die nationalistische VRMO und die liberale »Demokratische Alternative« bei den Parlamentswahlen. Es bildete sich eine Mitte-rechts-Regierung unter dem Führer der VMRO, Ljubčo Georgijevski. Auch bei den Präsidentschaftswahlen vom November 1999 konnte sich die VMRO durchsetzen: Boris Trajkowski, seit 1998 Vizeaußenminister, wurde zum Staatspräsidenten gewählt.

Streit mit Griechenland

Griechischer Protest: Aus Sorge vor angeblichen mazedon. Gebietsansprüchen protestierte Griechenland gegen die Verwendung des Namens M. Dadurch blockierte es die internationale Anerkennung der Republik. Die Europäische Union forderte im Januar 1992 Änderungen in der mazedon. Verfassung, nach denen M. keinerlei Gebietsansprüche an Griechenland stellen würde. M. erfüllte diese Forderung umgehend; dennoch ließ die Anerkennung auf sich warten. Griechenland verschärfte den Druck auf M. noch, indem es eine Wirtschaftsblockade verhängte, die das Land schwer traf.

Internationale Anerkennung: Erst eine Entscheidung der Vereinten Nationen vom 8.4.1993 brachte die internationale Anerkennung unter dem Namen »Ehemalige jugoslaw. Republik M.«. Eine Einigung mit Griechenland wurde trotzdem nicht erzielt, vielmehr wurde 1994 die Handelsblockade erneuert. Unmittelbar vorher hatten die USA und die meisten europäischen Staaten M. anerkannt.

Albanische Minderheit: Bei den Parlamentswahlen 1998 errangen die beiden alban. Parteien PDP und PDPA-NDP 25 der insgesamt 120 Mandate. (Foto: Ein albanischstämmiger Mazedonier und seine Frau bei der Stimmabgabe in Kamenjane)

Stichwort: »Der Stern von Vergina«

Das mazedon. Nationalbewusstsein knüpft an das antike Mazedonien Philipps II. und seines Sohnes Alexander des Großen an. Als das Land 1991 seine Unabhängigkeit erklärte, bildete der 16-strahlige »Stern von Vergina« das Zentrum der Nationalflagge. Das alte Königssymbol ziert das Grab Philipps II., das 1977/78 in Vergina im Norden Griechenlands gefunden wurde. In der Umgebung Verginas lag das antike Aigai, die Hauptstadt des mazedon. Reiches. U. a. gegen die Verwendung dieses »Sterns von Vergina« als Symbol des neuen Staates protestierte Griechenland 1991/92, als es die internationale Anerkennung Mazedoniens blockierte. Die mazedon. Regierung kam den Forderungen aus Athen mit dem Beschluss entgegen, nur noch eine stilisierte achtstrahlige Sonne als nationales Symbol zu verwenden. Zugleich verzichtete Mazedonien mit einem Verfassungszusatz auf weitere territoriale Ansprüche.

Griechenland wehrte sich lange gegen die völkerrechtliche Anerkennung des Staates Mazedonien, weil es wegen der Namensgleichheit mit der nordgriech. Provinz Gebietsansprüche des Nachbarlandes befürchtete. (Foto: Antimazedon. Demonstration in Athen, 1992)

Kiro Gligorov – erster Staatspräsident Mazedoniens

Kiro Gligorov (*3.5.1917 in Stip) schloss sich 1941 den kommunistischen Partisanen unter Tito an und trat 1944 in die KPJ ein. Nach dem Krieg arbeitete der studierte Jurist an der Verfassung der Teilrepublik Mazedonien mit und bekleidete hohe Ämter in der jugoslaw. Bundesregierung. Den marktwirtschaftlichen Reformweg Jugoslawiens bestimmte er mit. Im Januar 1991 wurde Gligorov zum Staatspräsidenten von Mazedonien gewählt; im September 1991 erklärte er die Unabhängigkeit Mazedoniens. Obwohl er ein ehemaliger KP-Funktionär war, während die Regierung von Nichtkommunisten geführt wurde, fand seine vermittelnde Politik allgemein Anerkennung: 1994 wurde er im Amt bestätigt. 1999 unterlag er jedoch Boris Trajkowski von der nationalistischen VMRO. (Foto: UN-Generalsekretär Kofi Annan (l.) und Präsident Kiro Gligorov in Skopje, 1999)

Staatsoberhäupter[1)]

Reg.-Zeit	*Name*	*Lebensdaten*
1990–99	Kiro Gligorov	*1917
seit 1999	Boris Trajkowski	*1956

1) 1918–45 unterstand Mazedonien der Regierung des jugoslaw. Königreichs, 1945–90 der »Föderalen Volksrepublik Jugoslawien«.

Die wichtigsten Parteien im 20. Jahrhundert

Name (Abkürzung)	*Politische Richtung*	*Gründung*
Mazedon. Volksbewegung (MANAPO)	national	1936
Demokratische Partei der Türken in Mazedonien (DPTM)	Partei der türk. Bevölkerungsgruppe	1990
Innere Mazedon. Revolutionäre Organisation – Demokratische Mazedon. Nationale Einheit (VMRO-DPMNE)	nationalistisch	1990[1)]
Liberale Partei (LP)	liberal	1990[2)]
Partei der Demokratischen Prosperität (PDP)	Partei der alban. Bevölkerungsgruppe	1990
Partei für die völlige Unabhängigkeit der Roma (PCER)	Partei der Bevölkerungsgruppe der Roma	1990
Sozialistische Partei Mazedoniens (SPM)	sozialistisch-altkommunistisch	1990
Sozialdemokratische Union Mazedoniens (SDSM)	reformkommunistisch	1991
Demokratische Partei der Serben in Mazedonien (DPSM)	Partei der serb. Bevölkerungsgruppe	1992
Liberal-Demokratische Partei (LDP)	rechtspopulistisch	1993[3)]

1) Die 1990 gegründete VMRO knüpfte an die 1893 gegründete nationalistische Organisation gleichen Namens an. 2) Die Partei war 1990 aus dem mazedon. Ableger der »Union der Reformkräfte Jugoslawiens« entstanden. 3) 1993 wurde die Partei als Demokratische Partei (DP) von Petar Goshev gegründet.

Annäherungen: 1995 begann eine langsame Annäherung zwischen Griechenland und M. Ein Abkommen am 13.9.1995 leitete eine Verbesserung der Beziehungen ein, die griech. Blockade wurde am 14.10.1995 aufgehoben. Im Januar 1996 wurde die griech. Botschaft in Skopje eingerichtet, 1997 eine Zusammenarbeit auf kulturellem Gebiet vereinbart.

Die albanische Minderheit

Unruhen: Nach der Auflösung der jugoslaw. Zentralgewalt brachen die ethnischen Konflikte in der Region wieder aus. So kam es auch im Herbst 1992 zu schweren Unruhen der alban. Minderheit in Skopje.

Lösungsversuche: Die Verfassung, die den Staat nicht als mazedon. Nationalstaat, sondern als den »Staat seiner Bürger« (Art. 2) definiert, bietet zumindest die Grundlage für einen Ausgleich mit den Albanern. Die Regierung ist bemüht, das Verhältnis zu den Albanern zu verbessern und ihre Rechte zu erweitern. Dabei muss sie allerdings einen Kompromiss zwischen den Autonomieforderungen der Albaner und den Positionen der mazedon. Nationalisten finden.

Staatsbürgerrecht: So wurde im Staatsbürgergesetz vom 28.10.1992 festgelegt, dass jeder mazedon. Staatsbürger werden kann, der mindestens 15 Jahre im Land lebt. Die große Zahl der alban. Flüchtlinge aus dem Kosovo war damit von der Staatsbürgerschaft ausgeschlossen – eine Niederlage für die Albaner, die im Gegenzug für eine Änderung der Verfassung eintraten, um nicht als nationale Minderheit, sondern als zweites Staatsvolk mit weitgehender Gleichberechtigung zu gelten.

Sprachenfrage: Schwere Auseinandersetzungen gab es 1994/95 um die Frage nach der Anerkennung der alban. Sprache. Im Dezember 1994 forderte die PDP, dass die Kommunalbehörden in den Gebieten mit ethnischen Minderheiten deren Sprache als zusätzliche Amtssprache zulassen sollten. Das mazedon. Parlament lehnte diesen Antrag jedoch ab. Im Februar 1995 scheiterte auch der Antrag, die Personalausweise von Angehörigen nationaler Minderheiten zweisprachig zu drucken. Die Vertreter der Albaner-Partei PDP, die seit Dezember 1994 an der neu gewählten Regierung beteiligt war, verließen daraufhin auf unbestimmte Zeit das Parlament.

Flüchtlinge: Die große Zahl der alban. Flüchtlinge aus dem Kriegsgebiet im Kosovo – bis Mitte 1999 kamen rund 300 000 Albaner nach M. – verschärft die innenpolitische Situation des Landes.

Bildungswesen: Verbesserungen gibt es im Bildungswesen. Die Zahl der alban. Grund- und Mittelschulen wurde erhöht und an der Pädagogischen Hochschule in Skopje wurde eine alban. Fakultät eingerichtet. Die Benachteiligung der Albaner auf diesem Gebiet wird auf diese Weise langsam verbessert.

Albanische Universität: Am 17.2.1995 kam es in Tetovo bei der Eröffnung der alban. Universität zu blutigen Unruhen, bei denen ein Albaner getötet wurde. Die Gründung der Hochschule war ohne Genehmigung der mazedon. Regierung erfolgt. Der Konflikt zwischen den Parteien wurde entschärft, indem die Regierung die alban. Abteilung an der Pädagogischen Hochschule in Skopje ausbauen ließ. Die Universität in Tetovo wird bis heute zwar geduldet, aber nicht staatlich unterstützt. Ihre Existenz belastet weiterhin die Beziehungen.

Krieg in Jugoslawien

Als einzige der ehemaligen jugoslaw. Republiken war M. bislang nicht unmittelbar in einen Krieg verwickelt. Dennoch war das Land sowohl vom Bosnienkrieg als auch vom Krieg im Kosovo betroffen. 1993 stationierte die UNO Truppen in M., um eine Ausweitung des Bosnienkriegs in die Region zu verhindern. 1992/93 unterstützte M. die Wirtschaftssanktionen der UNO gegen Serbien und Montenegro, verlor dadurch aber die beiden wichtigsten Handelspartner. Im Verlauf des Kosovokriegs nahm M. rund 300 000 alban. Flüchtlinge aus dem Kriegsgebiet auf. Im Januar 1999 regte M. mit Albanien, Bulgarien, Rumänien, Italien, der Türkei und Griechenland die Bildung einer multinationalen Friedenstruppe für den Balkan an. *S. R.*

In den Kosovokonflikt von 1999 wurde Mazedonien indirekt verwickelt, als Tausende von alban. Flüchtlingen Sicherheit auf mazedon. Gebiet suchten. Das provisorische Camp in Blace unmittelbar hinter der mazedon.-jugoslaw. Grenze bot im April 1999 etwa 40 000 Flüchtlingen eine Unterkunft.

Humanitäre Hilfe leisteten im April 1999 auch Einheiten der deutschen Bundeswehr in Mazedonien.

Dokument: Die Verfassung

Art. 1: Die Republik Mazedonien ist ein souveräner, unabhängiger, demokratischer und sozialer Staat. Die Souveränität der Republik Mazedonien ist unteilbar, unveräußerlich und nicht übertragbar.

Art. 2: Die Souveränität in der Republik Mazedonien leitet sich von den Bürgern her und gehört den Bürgern. Die Bürger der Republik Mazedonien üben ihre Autorität durch demokratisch gewählte Repräsentanten, durch Volksentscheide und durch andere Formen direkter Meinungsäußerung aus.

Art. 3: Das Staatsgebiet der Republik Mazedonien ist unteilbar und unverletzlich. Die existierenden Grenzen der Republik Mazedonien sind unverletzlich. Die Grenzen der Republik Mazedonien können nur in Übereinstimmung mit der Verfassung geändert werden.

Art. 4: Die Bürger der Republik Mazedonien haben die Staatsbürgerschaft der Republik Mazedonien. (...) Die Staatsbürgerschaft der Republik Mazedonien wird durch ein Gesetz geregelt.

Mexiko

Vereinigte Mexikan. Staaten

Seine politische Unabhängigkeit von der Kolonialmacht Spanien erkämpfte M. 1821. Drei Jahre später erhielt der zentralamerikan. Staat eine republikanische Verfassung mit stark föderalistischen Elementen.
Die politische Entwicklung bis Ende des 19. Jh.s war geprägt durch den Kampf zwischen Föderalisten und Zentralisten sowie häufige Regierungswechsel. Einen ständigen Konfliktherd bildete zudem der politische und gesellschaftliche Einfluss der katholischen Kirche, den die Gruppe der Liberalen zurückzudrängen versuchte. Unter dem Einfluss des Justizministers und späteren Präsidenten Benito Juárez (1858–72) setzte eine liberal-föderalistische Bewegung 1857 schließlich eine neue Verfassung durch, welche die Trennung von Staat und Kirche einleitete.
Außenpolitisch dominierte der Konflikt mit den USA. Mehrfach führte M. Kriege mit dem mächtigen nördlichen Nachbarstaat, die große Territoriumsverluste im Norden M.s (u. a. Texas, 1845/48) zur Folge hatten.

Mexiko 2000

Landesfläche	1,96 Mio km² (WR 14)
Einwohner	97,4 Mio (WR 11)
Hauptstadt	Mexiko-Stadt (19,4 Mio Einwohner)
Sprachen	Spanisch, indianische Sprachen
Währung	1 Peso (mex$) = 100 Centavos
Gliederung	31 Bundesstaaten, 1 Bundesdistrikt
Staatsform	Präsidiale Bundesrepublik (seit 1917)
Religion	Christen (94,6%); Juden (0,1%); Sonstige (5,3%)
Bevölkerung	Mestizen (60%); Indios (30%); Weiße (9%); Sonstige (1%)

Mexiko im 20. Jahrhundert

um 1900	Wirtschaftlicher Aufschwung unter der Regierung von Porfirio Díaz.
1910	Mexikan. Revolution.
1913	Bauernaufstände unter der Führung von Francisco Villa und Emilio Zapata.
1917	Beendigung des Bürgerkriegs; Erlass einer neuen republikanischen Verfassung.
1920	Durch einen Militärputsch gelangt Alvaro Obregón an die Macht.
1929	Gründung der Partido Nacional Revolucionario (PNR; 1946 umbenannt in Partido Revolucionario Institucional, PRI).
1934	Präsident Lázaro Cárdenas leitet politische und soziale Reformen ein.
1938	Verstaatlichung US-amerikan. und brit. Ölgesellschaften.
1946	Modernisierungsprogramm zum Ausbau der Industrie.
1968	Studentenunruhen im Vorfeld der Olympischen Spiele werden vom Militär niedergeschlagen.
1970	Unter Präsident Luis Echeverría Alvárez politische Stabilisierung und wirtschaftlicher Aufschwung.
ab 1978	Starker Anstieg der Auslandsverschuldung.
1982	Mexiko erklärt seine Zahlungsunfähigkeit.
1992	Zusammen mit den USA und Kanada Gründung der Nordamerikan. Freihandelszone NAFTA.
1993	Verfassungsreform zur Demokratisierung; Einschränkung des Machtmonopols der PRI.
1994	Sozialrevolutionärer Aufstand der Zapatistas in der Provinz Chiapas.
1997	Bei den Parlamentswahlen verliert die seit 1929 regierende PRI erstmals ihre absolute Mehrheit.
1998	Börsenkrach und Währungskrise belasten die wirtschaftliche Entwicklung.
2000	Mit dem Sieg des konservativen Oppositionspolitikers Vicente Fox kommt es erstmals seit mehr als 70 Jahren zu einem Machtwechsel.

Die Ära Porfirio Díaz (1876–1911)

Ausgangssituation: Um 1900 war M. ein wirtschaftlich prosperierender Staat mit jährlichen Wachstumsraten von durchschnittlich 3,3%. Die politischen und sozialen Spannungen nahmen jedoch dramatisch zu. In den Städten forderte die Arbeiterschaft soziale Verbesserungen und die Mittelschichten politische Mitspracherechte.
Autoritäre Herrschaft: Die beherrschende Figur in M. war General Porfirio Díaz, der 1876 durch einen Putsch an die Macht gekommen war und seither die wirtschaftliche und politische Entwicklung des Landes bestimmte. Mit autoritären Methoden trieb er die wirtschaftliche Modernisierung M.s voran, während politische Freiheiten und die sozialen Interessen der Bevölkerung zurückstehen mussten. Durch die Intensivierung des Außenhandels und die Erschließung reicher Ölvorkommen beschleunigte sich der wirtschaftliche Aufschwung.
Soziale Lage: Die Konsolidierung des Staatshaushalts ermöglichte den Ausbau der Infrastruktur sowie die Mechanisierung der Landwirtschaft mit staatlichen Mitteln. Die Erträge, insbes. auf den Zuckerrohrplantagen, stiegen deutlich an. Der überwiegende Teil der mexikan. Bevölkerung musste jedoch in der ersten Dekade des 20. Jh.s aufgrund konjunktureller Schwankungen ein stetiges Absinken der Realeinkommen hinnehmen. Viele Kleinbauern waren durch die wachsende Produktivität der Großplantagen in ihrer Existenz gefährdet. Dies führte dazu, dass ein immer größerer Teil der Landbevölkerung auf Latifundien (Zuckerrohr-, Kaffeeplantagen) in Schuldknechtschaft arbeiten musste.
Unruhen: Die Unzufriedenheit breiter Schichten entlud sich 1906/07, als es trotz Verbots zu Massenstreiks in US-amerikan. kontrollierten Kupfergruben und in Textilfabriken in der südlichen Provinz Veracruz

kam, gegen die die Regierung gewaltsam vorging. Zugleich wuchs auf dem Land die Unruhe unter den Besitzlosen, die über 90% der Bevölkerung ausmachten. Ihre Lage hatte sich durch die von Díaz 1890 verfügte Abschaffung des Gemeindelandes, das die Kleinbauern bislang nutzen konnten, nachhaltig verschlechtert.

Erneute Präsidentschaft: Ungeachtet des sozialen Konfliktpotenzials wurde der 78-jährige Präsident Díaz am 4.10.1909 durch das Parlament in seinem Amt bestätigt. Im Vorfeld der für Ende 1910 geplanten Präsidentschaftswahlen gab Díaz ein Aufsehen erregendes Interview (bekannt als sog. Creelman-Interview), in dem er ankündigte, nicht mehr kandidieren zu wollen, und zudem erklärte, dass M. »reif sei für die Demokratie«. Doch die Hoffnungen auf einen demokratischen Wandel wurden enttäuscht, als sich Díaz im November 1910 nochmals zum Präsidenten wählen ließ.

Mexikanische Revolution

Staatsstreich: Bei den Oppositionspolitikern reifte nun der Entschluss zum Handeln. Im November 1910 begann eine Revolution, die der fast 27-jährigen Herrschaft Díaz' schließlich ein Ende setzte. Im Mai 1911 trat Díaz von seinem Amt zurück. Maßgeblich vorbereitet wurde der Umsturz durch die Liberale Mexikan. Partei, in der es auch linksgerichtete, anarcho-syndikalistische Kräfte gab. Neuer Präsident wurde – nach einem kurzen Zwischenspiel von Francisco León de la Barra (1911) – Francisco Indalecio Madero (1911 bis 1913), der eigentliche Organisator der Revolution. Der liberal gesinnte Großgrundbesitzer stammte aus einer der reichsten Familien im Norden des Landes.

Hintergrund: Auslöser für die Erhebung gegen Díaz waren die Verhaftung von Madero und Repressionen gegen seine Anhänger kurz vor den Präsidentschaftswahlen. Getragen wurde die von Madero angeführte Revolution von ländlichen Unter- und Mittelschichten sowie einem breiten Spektrum aus Arbeitern, Kleinhändlern und Bergleuten. Die politische Führung lag jedoch bei Angehörigen der oberen Mittel- und Oberschicht.

Unzureichender Wandel: Nach dem Umsturz gegen Díaz schlugen die neuen Machthaber einen gemäßigten Kurs ein. Im gesamten Staatsapparat wie auch in der Jusitz und beim Militär gab es nur geringe Einschnitte; die Strukturen wurden zwar demokratisiert, aber nicht grundlegend verändert. Weitreichende soziale Reformen lehnten die einflussreichen Unterstützer Maderos aus der Oberschicht ab. Diese Haltung führte dazu, dass sich Anfang 1912 revolutionäre Gruppierungen um Emiliano Zapata von Madero abwandten.

Im Oktober 1911 hatte Madero bei den Präsidentschaftswahlen einen triumphalen Sieg errungen. Doch bereits im Februar 1913 wurde er durch den konservativen General Victoriano Huerta gestürzt und ermordet.

Bürgerkrieg: Der Militärputsch bewirkte keine politische Stabilisierung M.s. Vielmehr entwickelte sich aus Rebellionen gegen die

Pancho Villa war einer der bedeutendsten Führer im mexikan. Bürgerkrieg. Villa und seine Anhänger agierten vor allem im Norden des Landes und erkannten die Verfassung von 1917, die mit einigen Änderungen bis heute in Kraft ist, nicht an.

Die Führer der mexikanischen Revolution

Francisco »Pancho« Villa (eigentlich Doroteo Arango, 1878–1923, ermordet) lebte von Raubüberfällen, bevor er 1903–10 zwangsweise in der Armee diente. 1910 stieg er zum Revolutionsgeneral auf. Nach der Revolution von 1910 agierte er vor allem in den nördlichen Bundesstaaten Mexikos. Seine Guerillaverbände bestanden meist aus Bauern, die für Land und Selbstbestimmung kämpften. Zunächst unterstützte Villa den Revolutionsführer Francisco Madero, kämpfte mit seinen Getreuen aber bald auf eigenes Kommando. Die 1917 beschlossene Verfassung erkannte er nicht an, weil sie ihm nicht radikal genug war. 1920 wurde Villa als regulärer General verabschiedet.

Emiliano Zapata (1879?–1919, ermordet) kam aus einer armen Bauernfamilie indianischer Herkunft. Der spätere mexikan. Nationalheld schloss sich der revolutionären Opposition an, die 1910 die Revolution lenkte. Zapata führte ein Bauernheer und forderte unter der Parole »Land und Freiheit« eine umfassende Bodenreform zugunsten der in Armut lebenden Massen (Plan von Ayala, 1911). Nach 1913 führte er in den südlichen Bundesstaaten von Mexiko auf eigene Rechnung Krieg, da ihm die Forderungen der Revolutionäre nicht weit genug gingen. 1914 gelang ihm im Bündnis mit den Truppen Villas die Eroberung von Mexiko-Stadt, wurde jedoch 1915 wieder vertrieben.

Emiliano Zapata (M.) stand an der Spitze der kämpfenden landlosen Bevölkerung Mexikos. Zapata war ein kompromissloser Revolutionär: Als ihm die in der Verfassung von 1917 beschlossenen Änderungen nicht weit genug gingen, verharrte er im Süden des Landes in der bewaffneten Opposition, bis er 1919 von Regierungstruppen ermordet wurde.

rechtskonservative Militärjunta rasch eine zweite Phase der Revolution und ein verlustreicher Bürgerkrieg (ab 1913). Im Norden kämpften Madero-Anhänger gegen Huerta für die Wiederherstellung der verfassungsmäßigen Ordnung. Im Süden (u. a. in der Provinz Chiapas) erhoben sich landlose Bauern unter der Führung von Zapata, um die Aufteilung eines Teils des Großgrundbesitzes (gegen Entschädigung) zu erzwingen, was von den Militärs jedoch abgelehnt wurde. Die Bauernaufstände unter Francisco Villa im wohlhabenderen Norden hatten vor allem die erneute Ausweisung von Gemeindeland zum Ziel.

Rebellion in Chiapas: Anfang 1914 setzte sich der gemäßigte Politiker Venustiano Carranza an die Spitze der Rebellen und stürzte im Juli desselben Jahres – mit militärischer Unterstützung der USA – General Huerta. Von den anschließenden Machtkämpfen zwischen einzelnen Rebellenführern wurde das Land stark in Mitleidenschaft gezogen.

Während Carranza seine Machtbasis im Norden des Landes hatte, gewannen im Süden von M. radikalere Kräfte 1913/14 die Oberhand. Dort forderten Bauernrebellen unter Zapata die politische und wirtschaftliche Stärkung der freien Bauerngemeinden und die Zurückdrängung des Großgrundbesitzes.

Bilanz: Insgesamt forderte der mehrjährige Bürgerkrieg mehr als 1 Mio Tote. Mehrfach griffen die USA auf Weisung von US-Präsident Woodrow Wilson direkt in die Auseinandersetzungen ein, u. a. im Kampf gegen den radikalen Rebellenführer Villa. 1917 konnte Carranza seine Machtposition festigen, nachdem die USA bereits 1915 die von ihm geführte Regierung anerkannt hatten.

Republikanischer Neuanfang

Verfassungsreform: M. erhielt nun eine republikanische Verfassung. Sie gewährte bürgerliche Freiheitsrechte und sah eine stärkere Kontrolle der katholischen Kirche vor; insbes. der kirchliche Einfluss auf das Erziehungswesen wurde beschnitten. Ferner beinhaltete sie eine umfassende Bodenreform und die staatliche Kontrolle der Bodenschätze. Festgeschrieben wurde auch ein neues Arbeitsrecht (Achtstundentag, Mindestlohn). Außerdem wurde jede Form der Schuldknechtschaft abgeschafft. Mit zahlreichen Änderungen ist diese Verfassung, die trotz sozialer Verbesserungen einen Sieg der konservativen »Konstitutionalisten« über die Sozialrevolutionäre um Villa und Zapata bedeutete, bis in die Gegenwart gültig.

Präsidentschaft Carranzas: Als Staatspräsident (1915–20) verfolgte Carranza im Interesse der Ober- und Mittelschichten eine konservative Innen- und Sozialpolitik, während er außenpolitisch einen nationalistischen Kurs steuerte. Nachdem sich 1916 die Beziehungen zu den USA verschlechtert hatten, suchte Carranza die Annäherung an das Deutsche Reich. Deutschland war angesichts der Gefahr, dass die USA auf der Seite Großbritanniens und Frankreichs in den Ersten Weltkrieg eintreten könnten (was im April 1917 tatsächlich geschah) seinerseits an einem Bündnis mit M. als Gegengewicht zu den USA interessiert. Weitgehende Bündnisangebote Deutschlands einschließlich umfangreicher Finanzhilfen (sog. Zimmermann-Depesche vom Januar 1917) lehnte Carranza allerdings ab.

Stabilisierung und Reformen

Soziale Reformen: 1920 putschten die Generäle Alvaro Obregón und Plutarco Elías Calles gegen Carranza und übernahmen nacheinander das Präsidentenamt. Während ihrer Regierungszeit (1920–24 bzw. 1924–28) setzten sie u. a. soziale Verbesserungen für die Arbeiterschaft und eine umfassende Bodenreform (Schaffung von Familienbetrieben aus Teilen des Großgrundbesitzes) durch, was zur sozialen und politischen Stabilisierung M.s beitrug. Obregón bemühte sich um eine breite gesellschaftliche Basis für seine Regierung. So unterstützte er die Gründung eines Gewerkschaftsverbandes und einer regierungsnahen Bauernorganisation. Auch das Erziehungswesen wurde modernisiert, u. a. durch den verstärkten Bau von Elementarschulen in ländlichen Gebieten.

Außen- und Kirchenpolitik: Außenpolitisch bemühte sich Obregón insbes. um verbesserte Beziehungen zu den USA. So erreichte er 1923 die volle diplomatische Anerkennung M.s durch Washington; im Gegenzug garantierte M. den Fortbestand US-amerikan. Eigentums im Lande, vor allem von Ölfeldern und Grundbesitz.
Unter Präsident Calles wurde auch die antikirchliche Politik wieder verschärft, was 1927 und 1929 zu Aufstandsversuchen kirchentreuer bäuerlicher Gruppen führte (»cristiada«), die von Regierungstruppen blutig niedergeschlagen wurden.
Wirtschaftspolitik: Calles trieb energisch die Modernisierung der mexikan. Wirtschaft voran. So wurde schrittweise der stark defizitäre Staatshaushalt saniert, das Finanzsystem durch die Einführung einer Einkommensteuer und Gründung einer Nationalbank effektiver gestaltet. Hinzu kam der weitere Ausbau der Infrastruktur, vor allem durch verstärkten Straßenbau. Diesem Konzept lag die Vorstellung zugrunde, dass der Staat in Ermangelung eines starken finanzkräftigen Bürgertums selbst wirtschaftliche Impulse geben müsse. Die hohe Verschuldung und die damit zusammenhängende Abhängigkeit M.s vom Ausland behinderten jedoch das umfassende Modernisierungsprogramm. So war der Anteil der Importe aus den USA von ca. 55% (1900) auf etwa 70% (1928) gestiegen, während der Anteil der mexikan. Exporte in die USA Ende der 20er Jahre ca. 75% des gesamten Ausfuhrvolumens betrug.

»Institutionalisierung« der Revolution

Machtsicherung: Nicht zuletzt zur Wahrung von Macht und Einfluss auch nach dem Ende seiner Amtszeit (die Verfassung erlaubte keine zweite Kandidatur) gründete Calles 1929 die Partido Nacional Revolucionario (PNR), in dem die verschiedenen Revolutionsführer und Gruppierungen (»familia revolucionaria«) zusammengeschlossen waren. Es bildete sich eine »revolutionäre« Oberschicht (rund 250 Personen) heraus, die nahezu alle Schlüsselpositionen in Staat und Wirtschaft besetzte. Anfang der 30er Jahre wurden zahlreiche Sozialreformen, etwa die Verteilung von Land an Kleinbauern, eingeschränkt bzw. teilweise wieder rückgängig gemacht.
»Erneuerung der Revolution«: 1934 beendete der sozialreformerische Staatspräsident Lázaro Cárdenas (1934–40) die autoritäre Herrschaft von Calles, den er ins Exil zwang. Cárdenas beschleunigte soziale Verbesserungen und trieb die ins Stocken geratene Bodenreform voran (Aufteilung von ca. 9% der Bodenfläche M.s). 1938 verstaatlichte er US-amerikan. und brit. Ölgesellschaften gegen Zahlung von Entschädigungen. Die Ölförderung war mittlerweile zu einer tragenden Säule der mexikan. Wirtschaft geworden. Unter der Losung »Erneuerung der Revolution« unternahm Cárdenas die Umwandlung M.s in einen korporatistischen Gesellschaftsverbund, in dem den Bauern und Arbeitern, der Mittel- und Oberschicht jeweils eigene »Sektoren« mit bestimmten Rechten und Pflichten zugewiesen wurden.
Modernisierung: Ab Mitte der 30er Jahre vollzogen sich in M. infolge dieser Politik tief greifende Veränderungen. Die Infrastruktur (Eisenbahn, Telefonnetz etc.) wurde unter staatlicher Kontrolle stark ausgebaut, die Mechanisierung der Landwirtschaft vorangetrieben. Unter Präsident Manuel Avila Camacho (1940–46) begann ein politischer Kurswechsel. Zahlreiche Reformen wurden

Plutarco Elías Calles war 1924–28 Staatsoberhaupt von Mexiko. Der General und Politiker setzte sich insbes. für eine Landreform ein. Seine Bemühungen, den wirtschaftlichen Einfluss der USA in Mexiko zurückzudrängen, führten außenpolitisch zu Konflikten.

Staatsoberhäupter Mexikos

Reg.-Zeit	*Name*	*Lebensdaten*	*Reg.-Zeit*	*Name*	*Lebensdaten*
1884–1911	Porfirio Díaz	1830–1915	1934–40	Lázaro Cárdenas	1895–1970
1911	Francisco León de la Barra	1863–1939	1940–46	Manuel Avila Camacho	1897–1955
1911–13	Francisco Indalecio Madero	1873–1913	1946–52	Miguel Alemán Valdés	1903–1983
1913/14	Victoriano Huerta	1854–1916	1952–58	Adolfo Ruiz Cortines	1891–1973
1914	Francisco Carbajal	k. A.	1958–64	Adolfo López Mateos	1910–1969
1915	Roque González Garza	1885–1962	1964–70	Gustavo Díaz Ordaz	1912–1979
1915–20	Venustiano Carranza	1859–1920	1970–76	Luis Echeverría Alvarez	*1922
1920	Adolfo de la Huerta	1881–1955	1976–82	José López Portillo	*1920
1920–24	Alvaro Obregón	1880–1928	1982–88	Miguel de la Madrid Hurtado	*1934
1924–28	Plutarco Elías Calles	1877–1945	1988–94	Carlos Salinas de Gortari	*1948
1928–30	Emilio Portes Gil	1891–1978	1994–2000	Ernesto Zedillo Ponce de León	*1951
1930–32	Pascual Ortiz Rubio	1877–1963	seit 2000	Vicente Fox	*1942
1932–34	Abelardo L. Rodríguez	1889–1967			

gestoppt, antikirchliche Maßnahmen teilweise rückgängig gemacht.

Bündnis mit den USA: In der Außenpolitik suchte M. in dieser Phase die Zusammenarbeit mit demokratischen Staaten. Im Span. Bürgerkrieg (1936–39) unterstützte es die Republikaner gegen die Faschisten unter Francisco Franco und trat 1942 auf der Seite der USA mit einem eigenen Truppenkontingent in den Zweiten Weltkrieg ein. Die mexikan. Soldaten (ca. 300 Mann) kamen auf dem pazif. Kriegsschauplatz zum Einsatz. M. gehörte 1945 zu den Gründungsmitgliedern der Vereinten Nationen (UNO) und trat 1948 der Organisation Amerikan. Staaten (OAS) bei.

Monopolisierung der Macht

Einparteienherrschaft: Mit Miguel Alemán Valdés (1946–52) übernahm erstmals seit 1920 wieder ein Zivilist das Amt des Staatspräsidenten. Vor allem die Industrialisierungspolitik wurde im Rahmen der sog. institutionalisierten Revolution beschleunigt. Die Wirtschaft erzielte hohe Wachstumsraten. Politik, Wirtschaft und gesellschaftliche Verbände, darunter Gewerkschaften und Bauernorganisationen, wurden noch stärker von der in »Partido Revolucionario Institucional« (PRI; vormals PNR) umbenannten Regierungspartei kontrolliert. Zwischen der Wirtschaft und der mit absoluter Mehrheit regierenden PRI gab es immer engere Verflechtungen.

Wachsende Konflikte: Am Ende der Regierungszeit von Adolfo Ruiz Cortines (1952 bis 1958) kam es zu Massenstreiks für höhere Löhne und verbesserte Arbeitsbedingungen. Die Regierung ließ die Proteste gewaltsam unterdrücken. Unter Staatspräsident Adolfo López Mateos (1958–64) verschlechterte sich erneut das Verhältnis zu den USA, da M. auf größere Selbstständigkeit bedacht war und diplomatische Beziehungen zum revolutionären Kuba aufnahm.

Auf Betreiben von Staatspräsident Gustavo Díaz Ordaz (1964–70) verschärfte die PRI ihre Repressionspolitik gegen die zunehmend selbstbewusster auftretenden städtischen Mittelschichten. Im Vorfeld der Olympischen Spiele von 1968 in Mexiko-Stadt kam es zu Studentenunruhen, bei deren Niederschlagung durch das Militär mehr als 200 Menschen getötet wurden.

Schuldenkrise: Bis etwa 1970 verzeichnete die Wirtschaft M.s kontinuierliche Wachstumsraten. Aufgrund des dramatischen Bevölkerungswachstums nahm jedoch ab Mitte der 60er Jahre die Massenarmut deutlich zu. Trotzdem gelang Präsident Luis Echeverría Alvárez (1970–76) eine politische Stabilisierung durch einen Dialog mit der Opposition und soziale Reformprogramme, die angesichts niedriger Zinsen zum großen Teil durch Kredite finanziert wurden. Ein starker Aufschwung der Ölindustrie – Mitte der 70er Jahre waren neue ergiebige Vorkommen entdeckt worden – begünstigten diese Reformvorhaben. Als nach Zinserhöhungen die Auslandsverschuldung rasch anstieg, sollten erhöhte Exporterträge die wachsende Schuldenlast ausgleichen. Doch der Verfall der Ölpreise am Ende der 70er Jahre führte unter Präsident José López Portillo (1976–82) zu einer akuten Schuldenkrise. 1982 erklärte M. seine Zahlungsunfähigkeit. Mit einer Auslandsverschuldung in Höhe von 100 Mrd US-Dollar war M. eines der am stärksten verschuldeten Länder der Welt.

Sparpolitik: Sein Nachfolger Miguel de la Madrid Hurtado (1982–88) versuchte den Staatsbankrott durch eine rigide Sparpolitik abzuwenden. Folge war eine zunehmende Verarmung breiter Bevölkerungsschichten.

Opposition: Bei den Präsidentschaftswahlen 1988 konnte sich wiederum ein PRI-Kandidat, Carlos Salinas de Gortari (1988–94), durchsetzen; doch erstmals standen der Staatspartei mit der linksorientierten Frente Democrático Nacional (FDN) und der rechts-

Politischer Streit um die Olympischen Spiele

Die Olympischen Sommerspiele fanden 1968 in Mexiko und damit erstmals in einem lateinamerikan. Land statt. Die extremen Bedingungen im 2240 m hoch gelegenen Mexiko-Stadt stellten an die Athleten besonders hohe Anforderungen, ermöglichten aber auch spektakuläre Leistungen.

Im Vorfeld der Spiele kam es in Mexiko zu schweren Unruhen. Unter Präsident Gustavo Díaz Ordaz hatte die politische Repression stark zugenommen und das Militär an Einfluss gewonnen. Gewalttätige Studentenproteste wurden vom Militär blutig niedergeschlagen. Das brutale Vorgehen führte bei einigen Teilnehmerstaaten zu großen Bedenken, die aber keinen Boykott zur Folge hatten.

Die Spiele fanden unter einem hohen Aufgebot von Sicherheitskräften statt. Fast überall war Militär präsent. (Foto: Eröffnung der Spiele am 12.10.1968)

Mexiko-Stadt ist mit 19,4 Mio Einwohnern eine der größten und am schnellsten wachsenden Metropolen der Welt. In der mexikan. Hauptstadt treten zahlreiche Probleme besonders deutlich zu Tage, mit denen auch andere Mega-Städte konfrontiert sind: Luftverschmutzung, Verslumung, Verkehrschaos und Kriminalität.

konservativen Partido Acción Nacional (PAN) zwei ernsthafte Konkurrenten gegenüber.

PRI-Niederlage: 1989 musste die seit Jahrzehnten unangefochten regierende PRI bei Gouverneurswahlen in einer Provinz eine Niederlage hinnehmen – ein deutlicher Ausdruck für die wachsende Unzufriedenheit großer Teile der Bevölkerung mit ihrer sozialen Lage und dem politischen Machtmonopol der PRI. Dennoch suchte Salinas den Ausweg aus der ökonomischen Krise durch Verstärkung des neoliberalen Kurses mit umfassenden Privatisierungen von Staatsunternehmen und der Kürzung öffentlicher Ausgaben. Das Haushaltsdefizit wurde dadurch zwar verringert, doch die soziale Lage verschlechterte sich weiter. Ab Anfang der 90er Jahre wuchs zudem der Unmut über die von der PRI geschaffenen undemokratischen Strukturen.

Ansätze zur Demokratisierung

Erstarken der Opposition: Unter dem wachsenden Druck der Opposition musste die PRI 1993 erste Einschränkungen ihrer politischen Monopolstellung zulassen, u. a. durch ein Gesetz, das der Opposition ein Viertel der Senatssitze garantiert und festlegt, dass keine Partei mehr als 315 der insgesamt 500 Parlamentssitze einnehmen darf.

Zapatisten-Aufstand: Die sozialen Spannungen führten im Januar 1994 zum Ausbruch eines bewaffneten Aufstands in der südlichen Provinz Chiapas. Die linksgerichtete Zapatistische Befreiungsarmee kämpft dort seither für die politische und soziale Besserstellung der bäuerlich-indianischen Bevölkerung. Die Regierung erklärte sich nach mehrmonatigen Gefechten zu Verhandlungen bereit, bei denen die Zapatisten jedoch nur einen kleinen Teil ihrer Forderungen durchsetzen konnten.

Wahlen: Trotz wachsender Spannungen gewann im August 1994 mit Ernesto Zedillo Ponce de León erneut der PRI-Kandidat die Präsidentschaftswahlen. In den folgenden Monaten verschärfte sich die Wirtschafts- und Finanzkrise. 1995 stieg die Inflationsrate wieder auf über 50% bei einem Rückgang des BSP um 5% und wachsender Arbeitslosigkeit.

Nordamerikanisches Freihandelsabkommen (NAFTA)

Gemeinsamer Markt: Am 1.1.1994 trat das Nordamerikan. Freihandelsabkommen (NAFTA) in Kraft, das Mexiko, die USA und Kanada 1992 vereinbart hatten. Vor allem Mexiko erhoffte sich wirtschaftliche Impulse durch den gemeinsamen Markt. Tatsächlich führte die Bildung der NAFTA zu einem Anstieg der Auslandsinvestitionen in Mexiko, ein Indiz dafür, dass ausländische Firmen Vertrauen in die ökonomische Entwicklung des »Niedriglohnlandes« Mexiko fassten. Infolge der wirtschaftlichen Aufwärtsentwicklung wurde der lateinamerikan. Staat Mitte 1994 als erstes sog. Schwellenland Vollmitglied in der Organisation für wirtschaftliche Zusammenarbeit und Entwicklung (OECD), einem Zusammenschluss von Industriestaaten. Arbeitslosigkeit und Verarmung breiter Bevölkerungsschichten nahmen jedoch weiterhin zu. (Foto: Kinder in einem Elendsviertel am Stadtrand der Metropole Mexiko-Stadt)

Der Kampf der Zapatisten in Chiapas

Sozialrevolutionäre Guerillaverbände unternahmen Anfang 1994 in der südmexikan. Provinz Chiapas einen Aufstand, in dessen Verlauf sie zahlreiche Ortschaften unter ihre Kontrolle brachten. In Programmatik und militärischem Vorgehen beriefen sich die Kämpfer auf den legendären Revolutionsführer Emiliano Zapata. Wie ihr Vorbild waren die meisten Guerilleros indianischer Herkunft. Sie forderten soziale und politische Verbesserungen für die bäuerliche, meist indianische Bevölkerung des Südens von Mexiko, insbes. eine Landreform.

Nach anfänglichen Erfolgen mussten die Zapatisten jedoch bald vor den Regierungstruppen zurückweichen. Da ein vollständiger Sieg über das »Zapatistische nationale Befreiungsheer« nicht möglich schien, nahm die Regierung Verhandlungen auf und machte den Zapatisten einige Zugeständnisse, u. a. die Verankerung des Selbstbestimmungsrechts der Indios in der Verfassung und die offizielle Anerkennung ihrer Sprache. Auch eine eingeschränkte Bodenreform wurde ihnen zugestanden.

Als die Umsetzung dieser Vereinbarungen verzögert wurde, nahmen Teile der Zapatisten 1997/98 den bewaffneten Kampf wieder auf. (Foto: Trainingscamp der Zapatisten in Chiapas, 1994)

Verlust des Machtmonopols: Bei den Parlamentswahlen vom Juli 1997 verlor die PRI erstmals seit 68 Jahren die absolute Mehrheit. Auf die einstige »Staatspartei« entfielen 38% der Stimmen, während die konservative PAN 27% und die linksorientierte Partido de la Revolución Democrática (PRD) 26% erzielten. Somit sah sich Zedillo als erster Präsident M.s seit 1929 mit einem Parlament konfrontiert, das nicht von der PRI dominiert wird.

1998 setzte sich der Machtverfall der einst unangefochtenen PRI fort. In mehreren Gouverneurswahlen siegten Kandidaten der Opposition. Bei den im Juli 1999 in der Provinz México abgehaltenen Gouverneurswahlen konnte sich allerdings der PRI-Kandidat mit ca. 40% der Stimmen durchsetzen. Dies wurde jedoch nicht als eine Trendwende zugunsten der PRI gewertet.

Unruheprovinz Chiapas: Ende 1997 flammten in Chiapas erneut Kämpfe auf. Im Dezember verübten rechtsgerichtete Verbände mit Duldung von Regierungstruppen ein Massaker an indianischen Dorfbewohnern. Die Regierung nahm im März 1998 die Verhandlungen mit den Zapatisten wieder auf; die Gespräche wurden im November ergebnislos abgebrochen. Die Zapatisten hatten zuvor eine politische Partei (Frente Zapatista de Liberación Nacional; FZLN) zur Vertretung ihrer Interessen gegründet. Die militärischen Auseinandersetzungen hielten auch 1998/99 an.

Im September 1999 legte die Regierung einen Sechs-Punkte-Plan vor, in dem sie den Zapatisten erneute Verhandlungen und zuvor die Freilassung zahlreicher Rebellen anbot. Damit sollte der Friedensprozess wieder in Gang gebracht werden. Auch die neue Initiative der Regierung lehnten die Zapatisten ab. Anfang 2000 waren ganze Landstriche in Chiapas nach der Flucht der indianischen Bevölkerung verödet.

UN-Kritik: Die UN-Menschenrechtskommission kritisierte M. wegen zahlreicher Fälle von Folterungen und willkürlichen Hinrichtungen, aber auch wegen fortdauernder Repressionen gegenüber den Indios und der wachsenden Militärpräsenz in den Provinzen Chiapas, Oaxaca und Guerrero.

Wirtschaftliche Erholung: Die Wirtschaft hat sich 1999/2000 nach den Turbulenzen von 1998 – u. a. Börsenkrach und Peso-Abwertung – auf niedrigem Niveau stabilisiert und weist wieder Wachstumsraten von etwa 4% auf. Im Juli 1999 gewährte der Internationale Währungsfonds (IWF) einen Kredit von rund 4,1 Mrd US-Dollar, dem ein Weltbank-Kredit von 5,2 Mrd US-Dollar und eine US-amerikan.-kanad. Finanzhilfe in Höhe von 10,8 Mrd US-Dollar folgten. Eine der schwersten Belastungen für die mexikan. Wirtschaft stellte die hohe Auslandsverschuldung dar. Der seit Mitte 1999 stark gestiegene Ölpreis verschaffte M. Mehreinnahmen, die u. a. für die Senkung des Haushaltsdefizits eingesetzt wurden.

Machtwechsel: Im Juli 2000 gewann der konservative Oppositionspolitiker Vicente Fox mit 42,7% der Stimmen die Präsidentschaftswahlen. Damit musste die PRI erstmals seit 71 Jahren die Regierungsmacht abgeben. Wahlsieger Fox beabsichtigte, den Wirtschaftsreformen neue Impulse zu geben. *T. F.*

Die wichtigsten Parteien im 20. Jahrhundert

Name (Abkürzung)	*Politische Richtung*	*Gründung*
Partei der Nationalen Revolution (PNR)	links-nationalistisch	1929
Partei der Nationalen Aktion (PAN)	rechtsorientiert	1939
Partei der Institutionalisierten Revolution (PRI)[1]	nationalkonservativ	1946
Sozialistische Volkspartei (PPS)	linksorientiert	1948
Partei der Demokratischen Revolution (PRD)	linksorientiert	1989

1) Nachfolgepartei der PNR

Mikronesien

Föderative Staaten Mikronesien

Mikronesien war lange nur ein geografischer Begriff, der die östlich der Philippinen gelegenen Karolinen-, Marianen- und Marshall-Inseln samt Guam umfasste. Erst 1986 entstand aus Teilen dieser Inselgruppe der Staat M., der 1991 in die Vereinten Nationen aufgenommen wurde.

Mikronesien 2000	
Landesfläche	702 km² (WR 172)
Einwohner	138 000 (WR 175)
Hauptstadt	Kolonia (Pohnpei; 33 100 Einwohner)
Sprachen	Englisch, mikronesische Dialekte
Währung	1 US-Dollar (US-$) = 100 Cents
Gliederung	4 Teilstaaten
Staatsform	Bundesrepublik (seit 1991)
Religion	Christen (100%): Katholiken 42,5%, Sonstige 57,5%
Bevölkerung	Trukese (41,4%); Pohnpeian (25,9%); Mortlockese (8,3%); Kosraean (7,4%); Yapese (6%); Sonstige (11%)

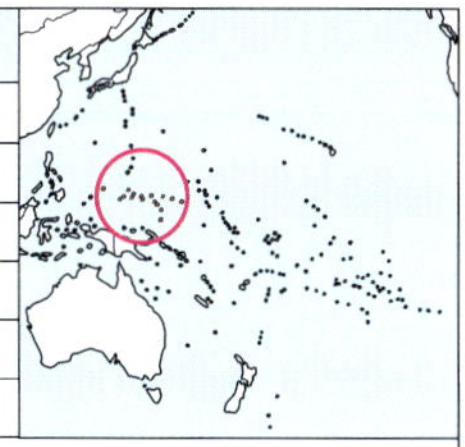

Kolonialzeit

Anfänge: Die Inseln M.s wurden vor rund 4000 Jahren von Südostasien aus besiedelt. Bis zum Anfang des 20. Jh.s dominierte Spanien als Kolonialmacht, annektierte M. formell aber erst im Jahr 1886. Nach dem Span.-Amerikan. Krieg fiel den USA im Pariser Frieden von 1898 die Insel Guam zu. 1899 kaufte das Deutsche Kaiserreich, das bereits die Marshall-Inseln als Kolonialbesitz hatte, die Karolinen- (inkl. Palau) und die Marianen-Inseln (ohne Guam) von Spanien.

Japanische Besatzung: Das so entstandene Deutsch-M. wurde 1914 von Japan besetzt. Die Okkupation wurde nach dem Ende des Ersten Weltkriegs vom Völkerbund anerkannt, der Japan 1920 ein Mandat zur Verwaltung von M. verlieh.

Einwanderung: Es begann die Kolonisierung und wirtschaftliche Erschließung der Inseln. Bis 1940 wurden insgesamt 100 000 japan. Siedler in M. sesshaft gemacht, während die Zahl der Einheimischen 45 000 betrug.

Zweiter Weltkrieg: Der Zweite Weltkrieg begann im Pazifik mit dem Überfall Japans auf die US-Flotte in Pearl Harbor (Hawaii) am 7.12.1941. 1944 eroberten die USA Chuuk, die zweitgrößte Insel M.s; die anderen drei Hauptinseln fielen erst nach der Kapitulation Japans (15.8.1945) in US-amerikan. Hände.

Nachkriegsordnung: 1947 erhielten die USA ein Mandat der Vereinten Nationen für das Gebiet. So entstand das Trust Territory of the Pacific Islands (TTPI) mit einem Hochkommissar an der Spitze, der Verwaltungsbeamte auf den einzelnen Inselgruppen bestellte. Die Verwaltung lag bis 1961 in den Händen der US-Marine, danach ging sie an das US-Innenministerium über.

Atomtests: Das TTPI gab den USA die Gelegenheit, auch außerhalb ihrer Besitzung Guam Militärbasen zu unterhalten und die Inselgruppen (ab 1946) für Atomtests zu nutzen. Auf dem Bikini-Atoll/Marshall-Inseln wurde 1954 die erste Wasserstoffbombe gezündet.

Mikronesien im 20. Jahrhundert	
1914	Japan besetzt Deutsch-Mikronesien.
1920	Der Völkerbund überträgt Japan das Mandat für Mikronesien; intensive Kolonisierung: 100 000 japan. Siedler stehen 45 000 Einheimischen gegenüber.
1944	US-Streitkräfte erobern die Karolinen von Japan.
1946	»Operation Crossroads«: Die USA zünden die erste Atombombe nach dem Zweiten Weltkrieg auf dem Bikini-Atoll/Marshall-Inseln.
1947	Die USA erhalten das UN-Mandat zur Verwaltung Mikronesiens.
1954	Auf dem Bikini-Atoll zünden die USA die ersten Wasserstoffbomben.
1979	Chuuk, Kosrae, Pohnpei und Yap gründen die Föderation Mikronesien.
1982	Bündnis mit den USA (Compact of Free Association); Mikronesien erhält 15 Jahre lang Entwicklungshilfe.
1986	Mikronesien wird ein selbstständiger Staat.
1991	Aufnahme Mikronesiens in die UNO.
1995	Die Regierung beschließt ein Wirtschaftsreformprogramm.
1996	Sturz von Gouverneur S. Gouland nach einem Finanzskandal. Nach einem Schlaganfall von Präsident Bailey Olter übernimmt Vizepräsident Jacob Nena die Amtsgeschäfte.
1997	Ein Taifun und schwere Regenfälle fordern Todesopfer.
1998	Regierungsreform: Ministerposten werden zusammengelegt.

US-Verwaltung: Bestandteil des UN-Mandats der USA war es aber auch, in M., dessen Bevölkerung traditionell lediglich Stammeszugehörigkeiten kannte, nationales Bewusstsein zu fördern und die wirtschaftliche Entwicklung voranzutreiben. 1967 wurde eine Kommission gebildet, welche über die politische Zukunft der Inseln beraten sollte. Sie erklärte 1970 das Recht der Einwohner von M. auf Souveränität.

Unabhängigkeitsbestrebungen: In den folgenden Verhandlungen über die Unabhängigkeit gingen die Inselgruppen des TTPI getrennte Wege: Die Nördlichen Marianen wollten Teil der USA werden. 1976 wurden sie von den anderen Verwaltungsgebieten des TTPI abgetrennt und zehn Jahre später in die USA inkorporiert.

1977 gab die Regierung unter US-Präsident Jimmy Carter bekannt, die Verwaltung der noch im TTPI verbliebenen Gebiete bis 1981 zu beenden. Vier Distrikte formten nun die –

Fischer im Westpazifik fingen Ende der 90er Jahre 22-mal mehr Haie als 1991 aufgrund des wachsenden Werts von Haifischflossen. Die langfristigen Folgen für die Haifischbestände waren noch nicht abzusehen. Die Flossen finden vor allem für asiat. Delikatessen wie Haifischflossensuppe Verwendung. (Foto: Zum Trocknen aufgehängte Haifischflossen auf einem Boot vor der Insel Yap)

Staatsoberhäupter Mikronesiens

Reg.-Zeit	*Name*	*Lebensdaten*
1986–91	John Haglelgam	k. A.
1991–97	Bailey Olter	1932–1999
1997–99	Jacob Nena	*1941
seit 1999	Leo Falcam	k. A.

von den USA und der UNO empfohlene – Föderation M. (FSM), zwei (Marshall-Inseln, Palau) blieben selbstständig. So entstanden im geografischen Gebiet Mikronesien drei getrennte politische Einheiten.

US-Interessen: Ihre vollständige Unabhängigkeit widersprach den militärischen Interessen der USA, die auch die wirtschaftliche Überlebensfähigkeit der Inseln in Frage stellten. Ein Interessenausgleich wurde in der Folge in den »Compacts of Free Association« gefunden, Staatsverträgen, die alle drei Insel-Gruppen mit den USA unterzeichneten. Die Verträge garantieren den Inseln innere Souveränität und Wirtschaftshilfe, binden sie aber außenpolitisch und militärisch an die USA. Der Status ist nach internationalem Recht nicht genau definiert. Allgemein setzt Souveränität voraus, dass ein Staat für seine Sicherheit und Verteidigung zuständig ist, eine Bedingung, die bei M. nicht erfüllt ist.

Der Staat Mikronesien

Konföderation: 1979 unterzeichneten vier Inselgruppen M.s eine neue Verfassung und schufen mit diesem Schritt die Föderierten Staaten von M. Sie umfassen 607 Inseln und Atolle der Karolinen. Die vier Teilgebiete der Konföderation sind – von West nach Ost – Yap, Chuuk (bis 1990 Truk), Pohnpei (bis 1986 Ponape) sowie Kosrae.

Verfassung: Jeder Distrikt wählt ein Regionalparlament und einen Gouverneur. Angelegenheiten der Föderation berät ein Kongress, dem 14 Senatoren angehören. Der Kongress wählt einen Präsidenten, der als Staatsoberhaupt und Regierungschef fungiert. Es gibt keine politischen Parteien.

Besonderheiten: In der Gesellschaft besteht noch ein ausgeprägtes Ständewesen, auch wenn es sich allmählich auflöst. Der Adel besitzt politische und ökonomische Privilegien. Auf Yap existieren noch fünf von ehemals neun Ständen. Politischer Einfluss und traditionelle Privilegien sind eng miteinander verknüpft.

Unabhängigkeit: Der Vertrag mit den USA wurde 1983 durch Volksabstimmung in M. bejaht, vom Parlament ratifiziert und auch von den USA anerkannt. Seit dem Tag seiner Gültigkeit (3.11.1986) ist M. rechtlich ein selbstständiger Staat. De facto schreibt das Bündnis jedoch die Abhängigkeit M.s fort: Die politische Bindung an die USA bleibt bestehen, solange dies einer der beiden Vertragspartner wünscht. Der Vertrag ist nur im beiderseitigen Einvernehmen kündbar.

Wirtschaftliche Abhängigkeit

Reformen: Die Zahlungen der USA aus dem Vertrag betragen ca. 120 Mio US-Dollar pro Jahr und sind fast halb so groß wie die Wirtschaftsleistung des Landes. Da die Zahlungen 2001 auslaufen, empfahl die Asia Development Bank (ADB) M. 1994 ein Reformprogramm, das die Wirtschaft beleben und die Bürokratie verringern sollte. Die Fortschritte waren – nach einem Gutachten des Internationalen Währungsfonds 1998 – bislang gering.

Voraussetzungen: Die geografische Lage M.s erschwert die wirtschaftliche Entwicklung: Insgesamt sind knapp 700 km^2 Festland (das entspricht etwa der Größe Hamburgs) über 2900 km^2 des Pazif. Ozeans verstreut. Wichtigstes Exportgut M.s sind Fische, die von internationalen Fangflotten vor allem nach Japan geliefert werden. Der Tourismus ist mangels Infrastruktur wenig entwickelt – pro Jahr besuchen kaum 20 000 Menschen M. Dazu kommen klimatische Risiken: Taifune verwüsteten die Regionen Yap und Pohnpei Ende 1996 und Mitte 1997, zur Jahreswende 1998 litten alle Inseln unter einer langen Dürreperiode. *T. Fr.*

Moldawien

Republik Moldova

Die Republik M. (bzw. Moldau) erstreckt sich heute nicht mehr in den Grenzen des blühenden Fürstentums Moldau aus dem 15. Jh. Nach der osman. Herrschaft (16.–18. Jh.) erfolgten bis ins 19. Jh. Gebietsaufteilungen und Grenzverschiebungen. Um 1900 gehörten östliche bessarab. Teile zum russ. Zarenreich, während der Westen Bessarabiens und die Walachei in das Königreich Rumänien (seit 1881) eingegliedert worden waren.

Moldawien 2000

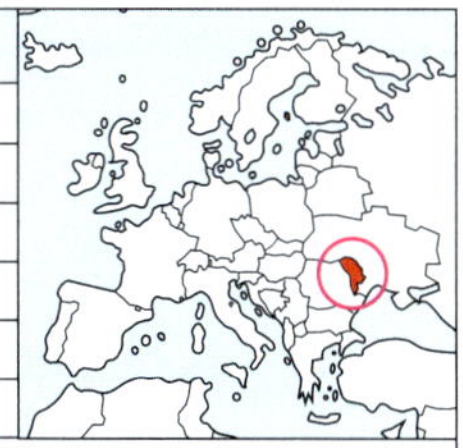

Landesfläche	33 700 km² (WR 135)
Einwohner	4,4 Mio (WR 114)
Hauptstadt	Chişinau (765 000 Einwohner)
Sprachen	Rumänisch, Russisch, Ukrainisch
Währung	1 Moldau-Leu = 100 Bani
Gliederung	38 Distrikte, 10 Städte
Staatsform	Republik (seit 1991)
Religion	Orthodoxe Christen (60%); Juden (10%); Sonstige (30%)
Bevölkerung	Moldauer (Rumänen 64,5%); Ukrainer (13,8%); Russen (13%); Gagausen (3,5%); Bulgaren (1,5%); Sonstige (3,7%)

Moldawien im 20. Jahrhundert

1918	Bessarabien wird unabhängig, dann Anschluss an das Königreich Rumänien.
1920	Vertrag von Paris: Anschluss Bessarabiens an Rumänien anerkannt.
1924	Autonome Moldaw. Sowjetrepublik Transnistrien in der Ukraine.
1939	Hitler-Stalin-Pakt: Bessarabien wird sowjet. Interessensphäre.
1940	Rumänien tritt Bessarabien und die Nordbukowina an die UdSSR ab.
	Gründung der Moldaw. Sozialistischen Sowjetrepublik (MSSR).
1941	Rumänien erhält nach Einmarsch in die UdSSR Bessarabien zurück.
1942	Rückeroberung durch die Rote Armee: Wiederherstellung der MSSR.
1989	Unabhängige Gruppen bilden oppositionelle »Volksfront von Moldawien«.
	Demonstrationen für und gegen das Rumän. in lateinischer Schrift.
	Petru Lucinschi löst Semion Grossu als Parteichef der Kommunisten ab.
1990	Souveränitätserklärung »Moldovas« durch das Parlament (23.6.).
	Turkstämmige Gagausen rufen »Republik Gagausien« aus (19.8.).
	Slawen östlich des Dnjestr rufen »Transnistr. Moldaw. SSR« aus (2.9.).
	Parlamentsvorsitzender Mircea Snegur wird Präsident Moldawiens.
1991	Sezession von der UdSSR: Unabhängigkeitserklärung Moldawiens.
1992	Militärischer Konflikt mit »Dnjestr-Republik«: Unterstützung der Separatisten durch die russ. 14. Armee.
	Volksfront-Regierung wird von ehemaligen Kommunisten abgelöst.
	Waffenstillstand: Friedenstruppen für Transnistrien.
1993	Ex-Kommunist Lucinschi wird Parlamentsvorsitzender (Februar).
	KSZE-(seit 1995: OSZE-)Mission in Chişinau und Tiraspol (April).
	Der Moldaw. Leu wird als nationale Währung eingeführt (November).
1994	Agrarische Demokratische Partei gewinnt die Parlamentswahlen.
	Neue Verfassung mit Autonomie für Gagausien und Transnistrien.
1995	Moldawien wird als erster GUS-Staat Mitglied des Europarats.
	Transnistrien votiert in einem Referendum für die Unabhängigkeit.
1996	Lucinschi siegt in den Präsidentschaftswahlen (Amtsantritt am 15.1.1997).
1997	Parteiloser Ion Ciubuc wird Ministerpräsident der neuen Regierung.
1998	Abkommen über vertrauensbildende Maßnahmen in Transnistrien.
	Parlamentswahlen: Kommunisten werden stärkste Kraft mit ca. 30%.
	Parteienallianz gegen Kommunisten in der Regierungsverantwortung.
1999	Rücktritt von Ministerpräsident Ciubuc; Nachfolger: Ion Sturza.
	Neuordnung Moldawiens: neun Provinzen, zwei autonome Einheiten.

Zwischen den Weltkriegen

Transnistrien: Nach der Oktoberrevolution 1917 in Russland wurde Bessarabien für kurze Zeit unabhängig (1918), schloss sich jedoch noch im selben Jahr Rumänien an. Im Pariser Vertrag von 1920 erkannten Frankreich, Großbritannien, Italien und Japan den Besitz Bessarabiens für Rumänien an. Die Sowjetunion setzte sich aber über das Abkommen hinweg und begründete 1924 innerhalb der Ukrain. Sozialistischen Sowjetrepublik ein autonomes Gebiet M. Diese Autonome Sozialistische Sowjetrepublik (ASSR) lag östlich des Flusses Dnjestr und hieß daher Transnistrien (von rumän. Nistru = Dnjestr).

Zweiter Weltkrieg: Entsprechend dem Hitler-Stalin-Pakt vom 23.8.1939 brachte die UdSSR weitere Gebiete, darunter auch Bessarabien und die Nordbukowina, in ihren Besitz und bildete 1940 eine Moldaw. Sozialistische Sowjetrepublik (MSSR) unter Einschluss Transnistriens. Beim deutschen Überfall auf die Sowjetunion im Juni 1941 marschierten auch rumän. Truppen in die UdSSR ein, und M. gelangte noch einmal für drei Jahre unter rumän. Herrschaft. Die Rote Armee eroberte das Gebiet 1944 zurück und stellte die eigenständige MSSR wieder her.

Vor der Unabhängigkeit

Moldawische SSR: In den folgenden vier Jahrzehnten versuchte die Moskauer Zentrale, die moldaw. Bevölkerung von Rumänien zu entfremden. Das in der Republik gesprochene Rumän. wurde als »Moldau.« bezeichnet und das kyrillische Alphabet zwangsweise eingeführt. Ethnische Rumänen wurden in den 50er Jahren nach Mittelasien deportiert.

Die Lage änderte sich in der zweiten Hälfte der 80er Jahre unter aktiver Mithilfe der Kommunistischen Partei von M. Unabhängige Gruppierungen schlossen sich im Mai 1989 zur »Volksfront von M.« zusammen. In der Folgezeit kam es zu Demonstrationen für die nationalen Interessen der Moldawier. Russen und andere Minderheiten antworteten mit Gege-

Herrschaftswechsel in Moldawien im 20. Jahrhundert	
Zeitraum	*Staatliche Zugehörigkeit*
bis 1917/18	unter rumän. bzw. russ. Herrschaft (östliches Bessarabien).
1918	Unabhängigkeit Bessarabiens.
1918–40	Bessarabien unter rumän. Herrschaft.
1924–42	Transnistrien unter Sowjetherrschaft.
	Gründung der Moldaw. Autonomen Sowjetrepublik.
1940/41	Bessarabien unter Sowjetherrschaft;
	Gründung der Moldaw. Sozialistischen Sowjetrepublik unter Einschluss Transnistriens und der Nordbukowina.
1941–44	unter rumän. Herrschaft.
1944–91	unter Sowjetherrschaft.
	Wiederherstellung der Moldaw. SSR.
seit 1991	Unabhängigkeit: Republik Moldova.

Staatsoberhäupter Moldawiens		
Reg.-Zeit	*Name*	*Lebensdaten*
1990–97	Mircea Snegur	*1940
seit 1997	Petru Lucinschi	*1940

naktionen. Ende 1989 wurde der kommunistische Parteichef Semion Grossu entlassen und durch Petru Lucinschi ersetzt.

Ethnische Minderheiten: Die slaw. Bevölkerung (Russen und Ukrainer) östlich des Dnjestr widersetzte sich der Rückkehr zum Rumän. als Staatssprache in lateinischer Schrift. Dabei fanden sie bei den turkstämmigen, aber slawisierten Gagausen Unterstützung. In Tiraspol, nach der Hauptstadt Chişinau die zweitgrößte Stadt M.s, verlangte die slaw. Bevölkerung Autonomierechte für Transnistrien. Im August 1990 proklamierten außerdem die Gagausen ihre eigene Republik (ca. 1900 km^2) mit eigenem Präsidenten.

Oberster Sowjet: Im Februar 1990 wurde zum letzten Mal der Oberste Sowjet gewählt. Er setzte sich zwar nominell noch immer zu vier Fünfteln aus Kommunisten zusammen, doch die Sympathien für die Volksfront und ihre nationalen Ideen wuchsen. Das Parlament deklarierte am 23.6.1990 die Souveränität »Moldovas« und erklärte die sowjet. Einverleibung Bessarabiens von 1940 für illegal. Im September wurde der Parlamentsvorsitzende Mircea Snegur in das neue Amt eines Präsidenten (1990–97) der Republik gewählt. Zum Jahreswechsel 1990/91 sprachen sich Volk und Legislative gegen einen Verbleib M.s in einer zentralisierten Sowjetunion aus.

Sezession: Die Abspaltung von der UdSSR vollzog sich gegen den Willen der Slawen und Gagausen in M. Am 27.8.1991 erfolgte nach dem gescheiterten August-Putsch von Moskau die Unabhängigkeitserklärung durch das Parlament und eine sog. Große Nationalversammlung. National-moldaw. Strukturen lösten nun die alten sowjet. ab, z. B. bei der Grenzkontrolle. In einer Direktwahl am 8.12. 1991 wurde Mircea Snegur mit 98,2% der Stimmen als Präsident M.s bestätigt.

Militärischer Konflikt: Am 2.9.1990 war in Transnistrien die Dnjestr-Republik ausgerufen worden. Mit der Unabhängigkeitserklärung der Region waren Kämpfe zwischen den Separatisten und Regierungstruppen ausgebrochen. Ab 1992 kam den Separatisten die russ. 14. Armee gegen die moldaw. Sicherheitskräfte zu Hilfe. Ein 1992 geschlossener Waffenstillstand wurde von einer Friedenstruppe überwacht.

Die wichtigsten Parteien im 20. Jahrhundert		
Name (Abkürzung)	*Politische Richtung*	*Gründung*
Kommunistische Partei von Moldawien (PCM)	kommunistisch	1940/1994[1)]
Gagaus. Volksbewegung (Halki, GH)	gagaus.-national	1988
Volksfront von Moldawien	unabhängiges Oppositionsbündnis	1989
Union der Patriotischen Kräfte	Transnistrien: sozialistisch	ca. 1990
Agrarische Demokratische Partei (PDAM)	links, Ex-Kommunisten	1991
Christliche Demokratische Volksfront (FPCD)	christdemokratisch, Rumänien-orientiert	1992
Kongress der Intelligencija (CI)	Rumänien-orientiert	1993
Partei der Demokratischen Kräfte (PFD)	rechts-zentristisch	1995
Partei der Erneuerung und Eintracht Moldawiens (PRCM)	zentristisch, Ex-Agrarier	1995
Bewegung für ein demokratisches und wohlhabendes Moldawien (PMDP)	zentristisch	1997
Nationalliberale Partei von Moldawien (PNL)	liberal	1998
1) Wiederbegründung		

Schwieriger Neuanfang

Internationale Orientierung: Für den jungen Staat gab es auch die Option einer Vereinigung mit Rumänien, doch dafür fand sich in der Bevölkerung keine Mehrheit. Die Volksfront-Regierung wurde im Juni 1992 überwiegend von »Agrariern«, meist ehemaligen Kommunisten, abgelöst. Gemeinsam mit Präsident Snegur strebten sie die Annäherung an Russland bzw. die Integration in die Gemeinschaft Unabhängiger Staaten (GUS) an. Der Beitritt zur GUS erfolgte 1991, wurde aber erst 1994 vom Parlament ratifiziert. Die Frage der künftigen Orientierung M.s führte zu einer politischen Krise, die zahlreiche Rücktritte nach sich zog. Petru Lucinschi, Ex-Parteiführer der Kommunisten, erlangte so im Februar 1993 den Parlamentsvorsitz.

Neue Legislative: Am 27.2.1994 fanden die ersten postsowjet. Parlamentswahlen statt. Die Agrarische Demokratische Partei errang die absolute Mehrheit der Sitze, während die Allianzen, die eine Annäherung an Rumänien favorisierten, nur 20 von 104 Mandaten erhielten. In einem Referendum im März 1994 sprach sich die Bevölkerung mit 90% für die Souveränität innerhalb der von der UNO anerkannten Grenzen und gegen eine Vereinigung mit Rumänien aus. Noch im August 1994 setzte das Parlament eine neue Verfassung in Kraft, die für Transnistrien und Gagausien einen gesonderten autonomen Status vorsah. Staatssprache wurde das »Moldau.«.
Neuer Präsident: Insbes. wegen der Sprachenfrage setzten sich in den Jahren 1994/95 die Unruhen fort. Zwischen dem Präsidenten, der im Falle seiner Wiederwahl eine Präsidialregierung einführen wollte, und dem Kabinett kam es wiederholt zu Machtkämpfen. Bei den Präsidentschaftswahlen Ende 1996 unterlag Snegur jedoch Lucinschi (ab 1997), der von der Agrarischen Demokratischen Partei unterstützt wurde. Seine Amtszeit als Präsident von M. begann am 15.1.1997 und brachte keinen radikalen Kurswechsel mit sich.
Parlamentswahlen: Aus den Parlamentswahlen am 22.3.1998, an denen sich 60% der stimmberechtigten Moldawier beteiligten, ging die Kommunistische Partei mit 30% bzw. 40 von 104 Sitzen als stärkste Kraft hervor. Sie gelangte aber nicht in die Regierungsverantwortung, da die übrigen Parteien als »Allianz für Demokratie und Reformen« koalierten: der Block »Demokratische Konvention von M.« (drei Parteien unter Führung Snegurs), die »Bewegung für ein Demokratisches und Wohlhabendes M.« sowie die »Partei der Demokratischen Kräfte«. Ministerpräsident blieb Ion Ciubuc (1997–99).
Dnjestr-Republik: In Transnistrien wurde die Bevölkerung von ihrer Führung (Präsident Igor Smirnow, seit 1992) von den Wahlen ausgeschlossen. Im März 1998 war es jedoch in moldaw.-russ.-ukrain. Gesprächen mit Smirnow gelungen, vertrauensbildende Maßnahmen für eine Sicherheitszone zu vereinbaren und die Friedenstruppen zu reduzieren. In der 700 000 Einwohner zählenden Region östlich des Dnjestr fanden die letzten Wahlen 1995/96 statt. Der Status der Republik galt aus moldaw. Sicht als geklärt: Seit der Neuordnung im Mai 1999 besteht M. aus neun Provinzen und zwei autonomen Einheiten, nämlich Gagausien und Transnistrien. Diese »Dnjestr-Republik« (2500 km^2) strebt weiterhin nach Unabhängigkeit. Bereits 1995 hatte Transnistrien in einem Referendum für die Unabhängigkeit votiert.
Wirtschaftskrise: Seit dem Zerfall der Sowjetunion wuchsen in M. die wirtschaftlichen Probleme. Am 1.2.1999 trat Ministerpräsident Ciubuc wegen mangelnden Rückhalts für seine reformfreudige Wirtschafts- und Finanzpolitik zurück. Mit einer Stimme Mehrheit wählte das moldaw. Parlament den als Wirtschaftsfachmann geltenden Ion Sturza zum neuen Ministerpräsidenten. Die russ. Wirtschafts- und Finanzkrise vom August 1998 hatte M., in dem ca. 75% der Bevölkerung unter der Armutsgrenze leben, hart getroffen. Der 1993 eingeführte Moldaw. Leu wurde in knapp einem Jahr um ca. 60% gegenüber dem US-Dollar abgewertet. Die Produktions- und Exportkrise führte zu einem weiteren Anstieg der ohnehin hohen Staatsverschuldung. Wegen ausstehender Renten und Löhne kam es ab Anfang 1999 wiederholt zu Protesten. Im November 1999 wurde Sturza durch ein Misstrauensvotum des Parlaments gestürzt. Anlass dafür war der Budgetentwurf für 2000. Neuer Regierungschef wurde Dumitru Braghi. *B. S.*

Links: 1989 gründeten oppositionelle Gruppierungen die »Volksfront von Moldawien« und demonstrierten für die nationalen Interessen der Moldawier. (Foto: Kundgebung in der Hauptstadt Chişinau am 24.9. 1989)

Rechts: Nach der Souveränitätserklärung Moldawiens am 23.6.1990 reagierte die slaw. Bevölkerung östlich des Dnjestr am 2.9.1990 mit der Ausrufung der autonomen Dnjestr-Republik. In der Folgezeit kam es zu bürgerkriegsähnlichen Unruhen in Moldawien, wobei die Separatisten von russ. Truppen unterstützt wurden. (Foto: Kosaken im Einsatz für die Dnjestr-Republik im März 1992)

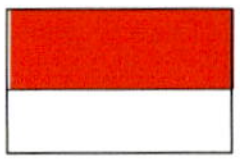

Monaco

Fürstentum Monaco

Zu Beginn des 20. Jh.s war M. eine absolute Erbmonarchie unter französ. Schutzherrschaft, Hauptwirtschaftsfaktoren waren der vornehme Tourismus und die Spielbank in Monte Carlo. Das genues. Adelsgeschlecht der Grimaldi hatte im 15. Jh. die Herrschaft in dem zu Genua gehörenden M. – das Wappen zeigt bis heute die Genueser Farben – errungen und es im 17. Jh. zum Fürstentum erhoben. Seine heutige territoriale Gestalt erhielt M. weitgehend während der Einigung Italiens. Frankreich übernahm seither erneut seine traditionelle Rolle als Schutzmacht. 1865 schlossen M. und das Kaiserreich Frankreich eine Zollunion.

Konstitutionelle Erbmonarchie

Verfassung: Als letzter absoluter Monarch Europas stimmte Fürst Albert I. nach monatelangen Demonstrationen der Ausarbeitung einer Verfassung zu. Im Namen Alberts verkündete Prinz Louis (II.) am 15.10.1910 die Ersetzung des Generalgouverneurs durch ein Parlament, die Einführung der Etatbewilligung durch das Volk, die Anerkennung der kommunalen Autonomie, die Schaffung einer Schatzverwaltung und die Aufstellung einer Zivilliste, d. h. eines vom Parlament festgesetzten Jahreseinkommens für den Monarchen. Der Generalgouverneur verließ nach dieser Ankündigung das Land. Am 8.1.1911 trat die erste Verfassung in Kraft, das Fürstentum an der Côte d'Azur wurde konstitutionelle Monarchie mit einem aus 21 Mitgliedern bestehenden Nationalrat.

Stellung der Monarchie: Die Verfassung stattete den Monarchen mit legislativen und exekutiven Befugnissen aus und sicherte ihm eine bedeutende Machtposition. Gegen Ende der langjährigen Herrschaft (1889–1922) von Albert I. wurde die Verfassung am 18.11.1917 geändert: Sie sah nach dem Erstgeburtsrecht die Erbfolge im Mannesstamm des Hauses Matignon-Grimaldi vor; nach dem Erlöschen des Hauses sollte die Monarchie auf die weiblichen Nachkommen übergehen. Im Pariser Vertrag vom 17.7.1918 sicherte sich Frankreich wesentliche Mitspracherechte bei der Thronfolge, bei Regentschaften und bei der Unterzeichnung internationaler Verträge M.s. Am 26.7.1922 starb Fürst Albert I. nach 33-jähriger Herrschaft, während der er das Fürstentum zu einem Zentrum der Meeresforschung gemacht und in Monte Carlo mit dem Automobilsport eine neue Einnahmequelle neben dem Spielbankbetrieb erschlossen hatte. Nachfolger wurde sein Sohn Louis II.

Finanzplatz und Glamourstaat

Fürst Rainier III.: Die Geschichte M.s in der zweiten Hälfte des 20. Jh.s wurde geprägt von der Persönlichkeit Rainiers III., unter dessen Herrschaft das Fürstentum als »blühendes Unternehmen« zu den reichsten Staaten der Erde avancierte. Am 9.5.1949 starb Fürst Louis II., sein 25-jähriger Enkel Rainier trat die Nachfolge an. Rainier verstand sich als Manager mit dem Ziel, einen »Operettenzwergstaat« in ein wettbewerbsfähiges Unternehmen umzuwandeln. Durch die Gewährung von Steuervorteilen förderte er die Ansiedlung finanzstarker Unternehmen und Persönlichkeiten (wie des griech. »Tankerkönigs« Aristoteles Onassis), Ende des 20. Jh.s hatten in Monaco 70 internationale Bankinstitute mit einer Depotsumme von 54 Mrd Francs ihren Sitz. Neben der Ansiedlung bedeutender Unternehmen förderte Rainier eine umweltfreundliche

Monaco 2000

Landesfläche	1,95 km^2 (WR 191)
Einwohner	33 000 (WR 186)
Hauptstadt	Monaco-Ville
Sprachen	Französisch, Monegassisch, Italienisch
Währung	1 Französ. Franc (FF) = 100 Centimes
Gliederung	Fürstentum
Staatsform	Konstitutionelle Monarchie (seit 1962)
Religion	Katholiken (87%); Protestanten; Juden; Antoniter; Moslems
Bevölkerung	Franzosen (47%); Italiener (17%); Monegassen (17%); Sonstige (19%)

Monaco im 20. Jahrhundert

1911	Monaco erhält eine Verfassung als konstitutionelle Erbmonarchie.
1918	Im Vertrag von Paris sichert sich Frankreich Mitspracherecht bei internationalen Verträgen und bei der Thronfolge.
1922	Louis II. wird Fürst (bis 1949) nach dem Tod seines Vaters Albert I.
1949	Rainier III. wird Fürst nach dem Tod seines Großvaters Louis II.
1962	Eine neue Verfassung stärkt die Rechte des Parlaments.
1963	Monaco schränkt die Steuervorteile für französ. Unternehmen ein.
1990	Tödlicher Rennbootunfall von Carolines Mann Stefano Casiraghi.
1993	Monaco wird als 182. Staat in die Vereinten Nationen (UNO) aufgenommen.

Die wichtigsten Parteien im 20. Jahrhundert

Name (Abkürzung)	*Politische Richtung*	*Gründung*
Union Nationale et Démocratique (UND)	konservativ	1962
Liste Campora	Reformbündnis	1993

Industrie sowie den Tourismus. Durch Neulandgewinnung vor der Küste vergrößerte sich das Territorium um ein Fünftel auf 1,95 km^2, das Neuland wurde zum Bau moderner Geschäftszentren und Luxusbauten genutzt.

Glamour: International aufmerksam machte M. meist mit gesellschaftlichen Ereignissen. Am 18.4.1956 heiratete Fürst Rainier III. die US-amerikan. Filmschauspielerin Grace Kelly, die sich fortan Gracia Patricia nannte. Der Ehe mit dem Hollywoodstar entstammten die Kinder Caroline (*1957), Albert (*1958) und Stéphanie (*1965). Am 14.9.1982 kam Fürstin Gracia Patricia bei einem Autounfall ums Leben. 1978 heiratete Prinzessin Caroline den französ. Industriellen Philippe Junot. Die Ehe scheiterte 1980. 1982 beantragte Caroline die Annullierung dieser Ehe durch den Vatikan (1992 stattgegeben). 1983 heiratete die Prinzessin in zweiter Ehe den italien. Unternehmer Stefano Casiraghi; dieser Ehe verweigerte der Vatikan die Anerkennung. Casiraghi verunglückte 1990 tödlich bei einem Offshore-Weltmeisterschaftslauf vor der Küste M.s. 1999 heiratete Prinzessin Caroline in dritter Ehe den Welfenprinzen Ernst August von Hannover, einen Urenkel Wilhelms II. Über die Thronfolge gab es zu Beginn des 21. Jh.s nur Spekulationen, da Prinz Albert unverheiratet war. *B. P.*

Das Fürstentum Monaco erhebt keine Einkommensteuer. 50 % des Staatshaushalts wird durch die Mehrwertsteuer (20,6%) finanziert, 4,35% der Einnahmen stammen aus Gewinnen des Casinos (Foto).

Staatsoberhäupter Monacos

Reg.-Zeit	*Name (Dynastie)*	*Lebensdaten*
1889–1922	Albert I. (Grimaldi)	1848–1922
1922–49	Louis II. (Grimaldi)	1870–1949
seit 1949	Rainier III. (Grimaldi)	*1923

Die Grimaldis – ein Herrschergeschlecht zwischen Glamour und Skandalen

Fürst Rainier III. heiratete 1956 den US-amerikan. Hollywoodstar Grace Kelly. Ihre kühle Schönheit war vor allem von Alfred Hitchcock wirkungsvoll eingesetzt worden (»Bei Anruf Mord«, »Über den Dächern von Nizza«). Als Gattin Rainiers nahm sie den Namen Gracia Patricia an. 1982 starb die Mutter von Caroline, Albert und Stéphanie bei einem Autounfall. (Foto: Titelseite der »Revue«, 1956)

Nach dem Tod der Fürstin Gracia Patricia 1982 gerieten zunehmend die drei Kinder ins Blickfeld der Yellow Press. Fast jede Veränderung ihres Privatlebens wurde von den Medien in Wort und Bild kommentiert. Nachdem zunächst die Ehen der Töchter im Zentrum der Berichterstattung standen, rückte zuletzt die Nachfolgefrage in den Mittelpunkt des Interesses. (Foto: Titelseite von »Life«, 1983)

Die 1999 geschlossene Ehe Carolines mit dem Welfenprinzen Ernst August von Hannover galt unter Adelsexperten als »Aufstieg« für die Prinzessin, die nun den Titel »Königliche Hoheit Prinzessin Caroline von Hannover« führt. Das in der Öffentlichkeit als »junkerlich« empfundene Verhalten des Prinzen verschaffte dem Paar jedoch vornehmlich negative Schlagzeilen. (Foto: Titelseite von »News«, 2000)

Mongolei

1260 zerbrach die M., ein Weltreich unter Dschingis Khan (1206–27), in drei Teilreiche. Ab dem 16. Jh. wurde sie in mehreren Feldzügen von China unterworfen. In dieser Zeit verbreitete sich in der M. der lamaistische Buddhismus und verdrängte den Islam.

Mongolei	2000
Landesfläche	1,57 Mio. km^2 (WR 18)
Einwohner	2,6 Mio (WR 132)
Hauptstadt	Ulan-Bator (666 000 Einwohner)
Sprachen	Mongolisch, Kasachisch, Russ.
Währung	1 Tugrik (Tug) = 100 Mongo
Gliederung	18 Provinzen
Staatsform	Republik (seit 1992)
Religion	Buddhistische Lamaisten; Schamanisten; Moslems
Bevölkerung	Mongolen (88,5%); Turkvölker (6,9%); Sonstige (4,6%)

Die Mongolei im 20. Jahrhundert

1915	Vertrag von Kyakhtar (7.6.): Unabhängigkeit der Mongolei wird in eine Autonomie unter chines. Oberhoheit umgewandelt.
1919	Revolutionäre Zusammenschlüsse formieren sich in Urga.
1920	Gründung der Mongol. Volkspartei (MVP).
1921	Die Mongolei wird konstitutionelle Monarchie.
1924	Nach dem Tod des Königs Proklamation der Mongol. Volksrepublik (26.11.).
	Umbenennung der Hauptstadt Urga in Ulan-Bator und der MVP in MRVP (Mongol. Revolutionäre Volkspartei).
1929	Verstaatlichung von Privateigentum, Unterdrückung privatwirtschaftlicher Investitionen (bis 1932).
1932	MRVP verkündet »Neuen Kurs« zur Überwindung »linker Überspitzungen«.
1945	Proklamation der völligen Unabhängigkeit der Mongolei (20.10.).
1946	China anerkennt die Unabhängigkeit der Mongolei.
1950	Im sowjet.-chin. Vertrag wird die völlige Unabhängigkeit bestätigt.
1952	Tod des Diktators Chorloin Tschoibalsan.
1954	Jasrangivn Sambuu übernimmt das Amt des Staatspräsidenten.
1961	Mongolei wird Mitglied der UNO.
1974	Parteichef Yumjaagiyn Tsedenbal wird Staatspräsident.
1984	Entmachtung Tsedenbals.
1986	Umstrukturierung der Staatsministerien (bis 1988).
1989	Oppositionsbewegungen beginnen sich zu formieren, darunter die MDU (Mongol. Demokratische Union).
1990	Beendigung des Herrschaftsmonopols der MRVP, Rücktritt des Staats- und Parteichefs Shambyn Batmunch; erste freie Parlamentswahlen; Punsalmaagiyn Ochirbat wird Ministerpräsident.
1992	Neue Verfassung: Mongolei wird Republik (12.2.).
1993	Ochirbat siegt bei der ersten Direktwahl des Staatspräsidenten.
1994	Chinas Ministerpräsident Li Peng besucht die Mongolei; Abschluss eines Freundschaftsvertrags mit China.
1996	Zweite Parlamentswahl; Sieg der bisherigen Opposition; Mendsayhany Enhsayhan (Demokratische Union) wird Ministerpräsident.
1997	Präsidentschaftswahlen; Natsagiyn Bagabandi neuer Staatspräsident.

Von der Monarchie zur Volksrepublik

Autonomie unter China: Die 1911 verkündete Unabhängigkeit und der Aufruf zum Zusammenschluss aller Mongolen brachte die M. – in welcher der »Lebendige Buddha«, der höchste lamaistische Geistliche, als König regierte – in Konflikt mit China, das die Kontrolle über die Innere M. beibehielt. So schrieb am 7.6.1915 der Vertrag von Kyakhtar zwischen China, der M. und Russland die Autonomie der Äußeren M. unter chines. Oberherrschaft fest. Tannu Tuva, das Gebiet des mongol. Stammes der Tuwiner, erhielt den Status einer Volksrepublik und wurde 1944 der UdSSR angegliedert.

Revolution: Während der russ. Oktoberrevolution (1917), durch die der politische und wirtschaftliche Einfluss Russlands auf die M. unterbrochen wurde, begann China seine Kontrolle über die mongol. Gebiete weiter zu verstärken. 1919 formierten sich einzelne revolutionäre Zusammenschlüsse in Urga (dem heutigen Ulan-Bator) und vereinigten sich 1920 zur Mongol. Volkspartei (MVP), die mehr und mehr unter sowjet. Einfluss geriet. Zeitgleich marschierten die weißgardischen russ. Truppen unter der Führung des deutschbalt. Generals Roman Baron von Ungern-Sternberg in das Land ein. Mit ihrer Hilfe wurden die Chinesen vertrieben und der »Lebendige Buddha«, König Bogd Haan Javazandamba Hutagt VIII., wieder eingesetzt.

Volksrepublik: Auf dem ersten Kongress der MVP in Kyakhtar (auf sowjet. Territorium) im März 1921 kam es zur Gründung einer provisorischen revolutionären Regierung, die in Urga einmarschierte und mit Hilfe der Roten Armee die Truppen des Baron von Ungern-Sternberg vertrieb. Von Juli 1921 bis zum Tod des Königs im Mai 1924 war die M. der Staatsform nach eine konstitutionelle Monarchie. Nach der Proklamation zur Mongol. Volksrepublik am 26.11.1924 und der Übernahme des Gesellschafts- wie auch des Verfassungsmodells der Sowjetunion wurde die Hauptstadt Urga in Ulan-Bator (»Roter Recke«) und die MVP in Mongol. Revolutionäre Volkspartei (MRVP) umbenannt.

Sowjetischer Satellitenstaat: Die Mongol. Volksrepublik geriet als Satellitenstaat immer mehr in politische und wirtschaftliche Abhängigkeit zur UdSSR. Im Vorfeld der ab 1929 durchgeführten radikalen gesellschaftlichen Umgestaltung kam es 1928 zu harten Auseinandersetzungen innerhalb der MRVP und zu einer umfassenden Parteisäuberung. Besitztümer von Fürsten und ein Teil des klösterlichen Besitzes wurden verstaatlicht und privatwirtschaftliche Initiativen unterdrückt. Die Sowjetunion monopolisierte den mongol. Handel und fügte so der Wirtschaft des Landes großen Schaden zu. Nach Unruhen im April 1932 verkündete die MRVP im Juni einen »Neuen Kurs in der Politik«: Der private Besitz von Nutztieren und der private Handel wurden gefördert, der Druck auf die Kirchen verringerte sich.

Terrorregime: 1936 übernahm der Diktator und Mitbegründer der MRVP, Marschall Chorloin Tschoibalsan, die Regierung und errichtete ein stalinistisches Terrorregime. 100 000 Menschen – darunter Politiker, Geistliche, Militärs, Intellektuelle wie auch einfache Viehzüchter – fielen seinen Verfolgungen zum Opfer.

Unabhängigkeit: Durch einen Volksentscheid am 20.10.1945 erhielt die M. die völlige Unabhängigkeit, die 1946 von China anerkannt und im sowjet.-chines. Vertrag 1950 bestätigt wurde. Die politischen und wirtschaftlichen Entwicklungen der M. blieben aber weiterhin eng mit der UdSSR verflochten.

Machtwechsel und Reformversuche: Nach dem Tod Tschoibalsans 1952 übernahm Yumjaagiyn Tsedenbal das Amt des Ministerpräsidenten. Im Juni 1974 ersetzte er Sonomyn Luvsan, der 1954–72 Staatschef der M. war. Tsedenbal, nun Staats- und Parteichef, wurde 1984 während eines Aufenthalts in Moskau entmachtet. Shambyn Batmunch übernahm seine Ämter als Generalsekretär der MRVP und als Staatschef. Zur Erhöhung der Effizienz und der Produktivität der Wirtschaft des Landes wurden 1986–88 Staatsministerien in großem Umfang umstrukturiert. Das Vorhaben scheiterte allerdings wegen der fehlenden sozialen Reformen.

Demokratisierung

Mehrparteiensystem: Ab 1989 formierten sich die ersten Oppositionsparteien, unter denen die Mongolische Demokratische Union (MDU) den größten Einfluss hatte. Die MRVP wandte sich 1992 offiziell vom Marxismus-Leninismus ab. Mit der am 12.2.1992 in Kraft getretenen Verfassung wurde die M. eine Republik mit Mehrparteiensystem. Die Verfassung gewährleistet staatliches und privates Eigentum.

Wahlen: Die neu entstandene Demokratiebewegung in der M. erzwang im März 1990 den Rücktritt der Partei- und Staatsführung. Durch eine Verfassungsänderung wurde das Machtmonopol der MRVP aufgehoben. Der zunächst zum neuen Generalsekretär der MRVP ernannte Punsalmaagiyn Ochirbat wurde durch den Sieg seiner Partei bei den ersten freien Wahlen im Juli 1990 neuer Regierungschef; auch bei der ersten Direktwahl für das Amt des Staatspräsidenten am 6.6.1993 war er siegreich.

Bei den zweiten freien Parlamentswahlen am 30.6.1996 konnte sich die Demokratische Union, ein Zusammenschluss verschiedener oppositioneller Parteien, gegen die MRVP durchsetzen und erlangte 50 der 76 Sitze im Großen Khural. Mendsayhany Enhsayhan kündigte als neuer Ministerpräsident soziale und wirtschaftliche Reformen an, um den Übergang von der Plan- zur Marktwirtschaft einzuleiten. Für die Präsidentschaftswahlen am 18.5.1997 schlug die Demokratische Union den amtierenden Staatspräsidenten Punsalmaagiyn Ochirbat als Kandidaten vor; die

Ulan-Bator, die Hauptstadt der Mongolei, geht auf die Gründung eines buddhistischen Nomadenklosters im 18. Jahrhundert zurück. Bis 1924 trug es den Namen Urga.

Buddhistische Gläubige waren während der kommunistischen Herrschaft (1924–90) staatlicher Verfolgung ausgesetzt. Erst die Verfassung von 1992 garantierte die freie Religionsausübung. Seit 1994 ist der Buddhismus offizielle Staatsreligion. (Foto: Buddhistische Mönche beim Morgengebet in Tsetserleg, 1996)

Staatsoberhäupter der Mongolei[1]		
Reg.-Zeit	*Name*	*Lebensdaten*
1911–24	König Bogd Haan Javazandamba Hutagt VIII.	1870–1924
1936–52	Chorloin Tschoibalsan	1895–1952
1953–54	Sükhbaataryn Yanjmaa	1893–1962
1954–72	Jamsrangivn Sambuu	1895–1972
1972–74	Sonomyn Luvsan	*1924
1974–84	Yumjaagiyn Tsedenbal	1916–1991
1984–90	Shambyn Batmunch	*1926
1990–96	Punsalmaagiyn Ochirbat	*1941
seit 1997	Natsagiyn Bagabandi	*1950

1) 1924–35 wechselnde Vorsitzende

MRVP stellte den ehemaligen Vorsitzenden des Großen Khural, Natsagiyn Bagabandi, als Kandidaten auf. Mit 60,8% der Stimmen entschied Bagabandi die Wahl für sich.

Auf dem Weg ins 21. Jahrhundert

Ministerpräsidenten: Mitte August 1998 nominierte die Demokratische Union Dashpuntsagiyn Ganbold als Kandidaten für die nächste Wahl des Ministerpräsidenten. Dieser schied allerdings nach siebenmaliger Ablehnung durch Bagabandi als Kandidat aus. Neuer Ministerpräsident wurde der von Bagabandi favorisierte Janlavyn Narantsatsralt, allerdings verblieb er lediglich sechs Monate im Amt. Seit Juli 1999 ist der ehemalige Außenminister Rinchinnyamyn Amarjargal Ministerpräsident der M. An den Parlamentswahlen im Juli 2000 beteiligten sich 13 Parteien und drei Koalitionen. Die MRVP errang bei 71 der 76 Mandate im Großen Staatskhural.

Außenpolitik: Der Zusammenbruch der UdSSR 1991 hatte weitreichende Auswirkungen auf die M. Um weiterhin Hilfen von Russland zu bekommen und um den Handel aufrecht zu erhalten, mussten zunächst eigene Verträge mit den neu entstandenen Staaten ausgehandelt werden. Im Januar 1993 unterschrieben die Präsidenten Ochirbat und Boris Jelzin einen mongol.-russ. Vertrag zur Aufrechterhaltung der freundschaftlichen Beziehungen und der Kooperation, der eine Gültigkeitsdauer von 20 Jahren hat. Im April 1994 schloss die M., vertreten durch Ministerpräsident Puntsagiyn Jasray, auch mit der Volksrepublik China einen Freundschafts- und Kooperationsvertrag sowie eine Vereinbarung zur kulturellen, ökonomischen und technischen Zusammenarbeit.

Verwaltung: Die M. ist seit Mai 1994 in 21 Aimaks (Provinzen) aufgeteilt. Die Aimaks sind in Somone (Kreise) untergliedert, die sich wiederum aus Bags zusammensetzen. Die Hauptstadt Ulan-Bator gliedert sich in Distrikte, die in Choroo unterteilt sind. Diese Gebietseinheiten sind Selbstverwaltungskörperschaften und staatliche Verwaltungseinheiten. Die Khurale, Beschlussorgane der Selbstverwaltung, werden direkt vom Volk gewählt. Der Khural schlägt den jeweiligen Verwaltungschef vor, der dann vom Ministerpräsidenten bzw. nächst höheren Verwaltungschef nominiert wird.

Religion: Nachdem durch die kommunistische Politik von 1924–90 die traditionellen Glaubensrichtungen (insbes. der dem tibetan. Lamaismus verwandte Buddhismus) stark unterdrückt worden waren, ist mit der neuen Verfassung von 1992 die freie Religionsausübung garantiert. 1994 wurde der Buddhismus offizielle Staatsreligion.

Wirtschaft: Zu den wichtigsten Exportgütern der M. zählen Kupfer, Gold und Kaschmir. Haupthandelspartner der M. sind nach wie vor die Gemeinschaft unabhängiger Staaten (GUS) als Nachfolgerin der Sowjetunion und China. Deutschland nimmt in der Statistik der ausländischen Handelspartner Platz sieben ein. Das BIP betrug 1998 real 199,3 Mrd Tugrik, nominal 1026 Mio. US-Dollar, das Wirtschaftswachstum 3,5% und die Inflationsrate 6%. Nach Einschätzung der Geberstaaten ist jedoch ein Wachstum von 5% über drei Jahre notwendig, um den allgemeinen Lebensstandard zu erhöhen.

Not leidende Bevölkerung: Nach offiziellen Angaben leben 35,6% der Mongolen unterhalb der Armutsgrenze; krasse Einkommensgegensätze treten immer offener zutage. Um die wirtschaftliche Entwicklung der M. voranzutreiben, sollen ausländische Direktinvestitionen gefördert und staatliche Unternehmen privatisiert werden. *F. Ş./S. G.*

Die wichtigsten Parteien im 20. Jahrhundert		
Name (Abkürzung)	*Politische Richtung*	*Gründung*
Mongol. Revolutionäre Volkspartei (MRVP)[1]	ehem. kommunist. Einheitspartei, seit 1992 nationaldemokratisch	1924
Demokrat. Partei der Gläub. (MGP)	Buddhistische Partei	1990
Mongol. Partei der Grünen	polit. Flügel der Allianz der Grünen	1990
Mongol. Sozialdemokrat. Partei (MSDP)	polit. Flügel der Demokratischen sozialistischen Bewegung	1990
Mongol. Nationaldemokrat.Partei (MNDP)	Nachfolgerin des Zusammenschlusses von Mongol. Demokrat. Partei, Nationaler Mongl. Fortschrittspartei, Mongol. Erneuerungspartei und Vereinter Partei	1992
Demokratische Union (DU)	Zusammenschluss aus MSDP, MNDP, Mongol. Partei der Grünen und MGP	1996

1) ehem. MVP

Montenegro

Republik Montenegro

Das Gebiet der heutigen Teilrepublik der Föderativen Republik Jugoslawien (Serbien und Montenegro) stand seit dem Mittelalter unter dem wechselnden Einfluss der verschiedenen Mittelmeermächte, vor allem des türk. Großreiches. Die Osmanen hatten bis 1528 die Oberhoheit über M. erlangt; doch blieb das Land unter der Regierung einheimischer geistlicher Fürsten. Seit 1852 weltliches Fürstentum, erlangte M. auf dem Berliner Kongress (1878) seine vollständige Unabhängigkeit.

Nationalstaatsbildung

Modernisierung: Bis ins 19. Jh. hinein war M. von traditionellen Strukturen geprägt. Die wichtigste politische Instanz war die Versammlung der montenegrin. Stämme, die nur langsam ein modernes Staatsbewusstsein entwickelten. Erst in der zweiten Hälfte des 19. Jh.s fand eine Modernisierung M.s statt. Sie war geprägt von den Reformen der Fürsten der Petrović-Dynastie, Danilo (1851–60) und Nikola (1860–1918). Erst jetzt wurde die geistliche und die weltliche Macht getrennt, die Verwaltung wurde vereinheitlicht und das Schulwesen ausgebaut. Energisch wurde das System der Blutrache bekämpft, das M. weitgehend prägte. Wirtschaft und Kultur wurden gefördert, ebenso der Ausbau der Infrastruktur.
Staatsbildung: Durch die europäische Unterstützung beim Kampf gegen die türk. Herrschaft auf dem Balkan fand auch M. wachsende internationale Anerkennung. 1859 wurde die Grenze zwischen M. und dem Osman. Reich festgelegt, der Berliner Kongress (1878) erkannte die Unabhängigkeit M.s an.
Innenpolitisch wuchs in diesen Jahren der Widerstand gegen die autoritäre Staatsführung von Nikola. Dieser gab daher 1905 dem Land eine Verfassung. Sie begründete eine konstitutionelle Monarchie, in der die gesetzgebende Macht z. T. beim Parlament lag. Die Kontrolle über Regierung und Justiz blieb aber bei Nikola, der 1910 sein Fürstentum zum Königreich erhob. Damit stand es gleichberechtigt neben dem Königreich Serbien, mit dem es historisch eng verbunden war.

Königreich Montenegro

Balkankriege: Durch die Balkankriege (1912/13) konnte M. sein Territorium fast verdoppeln, die Einwohnerzahl stieg um mehr als die Hälfte. Erstmals hatte M. nun auch eine gemeinsame Grenze mit Serbien. Die Entwicklung M.s zum modernen Staat wurde jedoch bald durch den Weltkrieg beendet.
Erster Weltkrieg: 1914 trat M. an der Seite Serbiens in den Krieg ein. Bei den Kämpfen zur Deckung des Rückzugs der serb. Armee

Montenegro im 20. Jahrhundert

1905	Fürst Nikola I. erlässt die erste montenegrin. Verfassung, die ihm jedoch weitgehende Rechte sichert.
1910	Nikola erhebt sich zum König von Montenegro.
1912	Im Ersten Balkankrieg erweitert Montenegro sein Staatsgebiet erheblich.
1914–18	Montenegro beteiligt sich an der Seite Serbiens am Krieg; 1916 verlässt König Nikola das Land, das von Österreich besetzt wird.
1918	Auf der Volksversammlung in Podgorica stimmen die Anwesenden für den Anschluss an den jugoslaw. Staat (24.–28.11.).
	Proklamation des Königreichs der Serben, Kroaten und Slowenen (1.12.).
1919	Der »Weihnachtsaufstand« der Gegner des neuen jugoslaw. Staates wird blutig niedergeschlagen (Januar).
1921	Die jugoslaw. Verfassung schafft einen zentralistischen Einheitsstaat (28.6.); Montenegro wird zur Provinz Zeta.
1929	Nach einem Staatsstreich errichtet König Alexander I. (seit 1921) eine serb. Militärdiktatur; Umbenennung des Landes in »Königreich Jugoslawien« (3.10.).
1941	Besetzung des Landes durch italien. Truppen (April); in Montenegro setzen sich anschließend die kommunistischen Partisanen als Widerstandsgruppe durch.
1945	Proklamation der Föderativen Volksrepublik Jugoslawien (29.11.); Regierungschef wird Tito; Montenegro wird eine der Teilrepubliken.
1946	Die neue Verfassung Jugoslawiens wird verabschiedet (30.1.).
1971	Änderung der Verfassung: im Staatspräsidium sind jetzt alle Republiken vertreten.
1989	Die Staats- und Parteiführung in Montenegro muss nach organisierten Massendemonstrationen unter der Führung von Slobodan Milošević zurücktreten. Parteichef wird der Milošević-Anhänger Momir Bulatović.
1990	Bei den ersten nachkommunistischen Wahlen siegt die Partei der früheren Kommunisten. Ihr Vorsitzender Bulatović wird Staatspräsident.
1992	Serbien und Montenegro gründen die Bundesrepublik Jugoslawien (27.4.).
	Bei den Wahlen setzt sich die regierende DPS mit absoluter Mehrheit durch (Dezember).
1997	Nach der Spaltung der DPS kann sich der Gegner von Bulatović, Milo Djukanović, bei den Wahlen durchsetzen. Im Januar 1998 tritt er das Amt des Staatspräsidenten an. Seitdem strebt Montenegro nach größerer Unabhängigkeit von Serbien.

Die Tradition von Crna Gora

Serbischer Einfluss: Im 11. und 12. Jh. existierte ein slaw. Königreich Duklja, später Zeta genannt, das einen großen Teil des heutigen Montenegro umfasste. Es hatte sich vom byzantin. Einfluss befreit und wurde nach der Anerkennung durch die Päpste ein bestimmender Machtfaktor auf dem Balkan. Ende des 12. Jh.s geriet das Königreich unter serb. Herrschaft. Im 14. Jh. wurde die Zeta dann erneut unabhängig und fiel am Ende des 15. Jh.s an die Türken, die fast den ganzen Balkan eroberten. In dieser Zeit setzte sich der Name Montenegro (Schwarzer Berg; slaw. Crna Gora) für den nördlichen bergigen Teil der Zeta durch. Die serb. Besiedlung der Zeta, die weitgehende Selbstständigkeit Montenegros im Osmanenreich und das in Skutari angesiedelte Patriarchat machten Montenegro seit dem Mittelalter auch für die Serben zu einem Gebiet, das mit der eigenen Tradition eng verbunden war. Bis heute betrachten serb. Nationalisten Teile Montenegros als serb. Kerngebiet.

Nikola I. Petrović war 1860–1910 Fürst von Montenegro, anschließend bis 1918 König. Er vollzog wichtige Schritte zur Modernisierung des Landes, regierte aber zunehmend despotischer.

1915/16 erlitten die Truppen M.s schwere Verluste. Anfang 1916 war König Nikola gezwungen, das Land zu verlassen, das von den österreich. Truppen besetzt wurde.
Gegen die Besatzung bildete sich in M. eine Widerstandsbewegung, die bis Kriegsende einen Teil des Landes zurückerobern konnte. Die völlige Befreiung M.s gelang im Oktober 1918 mit Hilfe der Entente-Mächte. Das unabhängige Königreich M. überlebte den Krieg aber nicht, da die Mehrheit der Bevölkerung für den Anschluss an den neuen jugoslaw. Staat plädierte.

Weg nach Jugoslawien: Vertreter M.s nahmen im Sommer 1917 an der Konferenz von Korfu teil, auf der Serben, Kroaten und Slowenen die Bildung des späteren südslaw. Königreichs beschlossen. Im November 1918 konnten sich die montenegrin. Jugoslawisten in einer Volksversammlung in Podgorica gegen die Verfechter der Unabhängigkeit durchsetzen. Exilkönig Nikola wurde abgesetzt und die Vereinigung mit Serbien beschlossen. An der Seite des mächtigen Serbien wurde M. Teil des »Königreichs der Serben, Kroaten und Slowenen«, das am 1.12.1918 ausgerufen wurde.

Montenegro – Partisanenhochburg im Zweiten Weltkrieg

Im Zweiten Weltkrieg war Montenegro ein wichtiger Stützpunkt der Partisanen unter Tito. Im Mai/Juni 1943 versuchten deutsche, italien. und kroat. Truppen den kommunistischen Widerstand zu brechen (Operation »Schwarz«). Bei den Kämpfen starben etwa 12 000 Partisanen. Trotz des massiven Truppeneinsatzes von 119 000 Mann scheiterte die deutsch-italien.-kroat. Operation und Tito konnte sich mit vielen seiner Partisanen aus dem Belagerungskessel befreien. (Foto: Deutsche Soldaten stellen Tito-Partisanen in Montenegro, 1943)

Königreich Jugoslawien

Provinz Zeta: M. wurde 1921 zur Provinz Zeta des südslaw. Staates bestimmt. Mit dieser Namensgebung knüpfte das Königreich an die mittelalterliche Tradition M.s und ausdrücklich nicht an den Staat des späten 19. Jh.s an. Die Banschaft Zeta wurde in den folgenden Jahren vom serb. dominierten Königreich in ihrer wirtschaftlichen und politischen Entwicklung stark eingeschränkt.

Unzufriedenheit: In M. war die Entscheidung vom November 1918 für den Anschluss an Jugoslawien umstritten. Antiserb. Separatisten organisierten sich noch im selben Jahr, aber ihr »Weihnachtsaufstand« wurde blutig niedergeschlagen. Die Frage nach dem Verhältnis zu den Serben spaltet M. bis heute.
Die serb. Königsdiktatur ab 1929 erhöhte die Unzufriedenheit der Bevölkerung noch. Die Kommunistische Partei Jugoslawiens (KPJ) konnte daher in der benachteiligten Region eine ähnliche Bedeutung erlangen wie in den industriellen Zentren des Königreichs.

Zweiter Weltkrieg: Nach der Eroberung Jugoslawiens durch deutsche und italien. Truppen 1941 geriet M. unter italien. Herrschaft. Unter den verschiedenen Widerstandsgruppen setzten sich die Kommunisten als politische Kraft durch. Die Partisanen unter Josip Broz »Tito« (1945–80) hatten in M. einen wichtigen Rückhalt, viele Offiziere der Partisanenarmee waren Montenegriner. Die Kämpfe gegen die Besatzer in M. dauerten bis Herbst 1944.

Im kommunistischen Jugoslawien

Aufschwung: Im November 1945 wurde die »Sozialistische Föderale Volksrepublik Jugoslawien« gegründet. Die Verfassung vom Januar

1946 bestimmte M. zu einer der sechs Teilrepubliken. Die wirtschaftliche Unterstützung der Republik durch die Bundesregierung bescherte M. einen zweiten Modernisierungsschub und verbesserte die Lebensbedingungen in der rückständigen Region. Der ökonomische Rückstand M.s gegenüber den reicheren Republiken Slowenien oder Kroatien konnte zwar nicht annähernd ausgeglichen werden, aber die positive Entwicklung bewirkte doch eine größere Loyalität gegenüber Serbien und der jugoslaw. Regierung als in anderen Republiken. Hinzu kamen die historischen, kulturellen und religiösen Verbindungen zwischen M. und Serbien.

Zerfall: Diese Loyalität war in M. jedoch nicht unumstritten. In den Jahren der Auflösung Jugoslawiens wurde sie durch die aggressive Politik Slobodan Miloševićs besonders belastet. Der serb. Parteiführer entmachtete im Januar 1989 durch organisierte Massendemonstrationen die montenegrin. Partei- und Staatsführung und ersetzte sie durch eigene Gefolgsleute.

Wahlen 1990: Momir Bulatović (1990–97) wurde zum Parteichef ernannt und im Dezember 1990 bei den ersten freien Wahlen nach dem Krieg zum Staatspräsidenten gewählt. Seine Partei, die »Demokratische Sozialistische Partei Montenegros« (DPS), ist die Schwesterpartei der ebenfalls »gewandelten« serb. SPS von Milošević. Die DPS konnte in den Wahlen 1991 die absolute Mehrheit erringen. Damit waren Serbien und M. die beiden einzigen Staaten des früheren Jugoslawien, in denen sich 1990 die Ex-Kommunisten durchsetzen konnten.

»Das dritte Jugoslawien«

Bündnis mit Serbien: Die DPS unter der Führung von Bulatović sicherte in den folgenden Jahren die Union mit Serbien und Milošević. Nachdem Slowenien, Kroatien und Mazedonien 1991 die Unabhängigkeit ausgerufen hatten, unterstützte M. die militärischen Aktionen Belgrads gegen die neuen Republiken. Am 1.3.1992 stimmten in einem Referendum über 90% der Teilnehmer für die Bildung eines »dritten Jugoslawien«. Diese Abstimmung wurde allerdings von den Albanern und anderen Moslems boykottiert. Am 27.4.1992 proklamierten Serbien und M. schließlich die »Föderative Republik Jugoslawien«.

Distanzierung: Obwohl Staatspräsident Bulatović als Parteigänger von Milošević galt, gab es auch in den ersten Jahren der »Föderativen Republik Jugoslawien« Anzeichen für eine Distanzierung vom serb. Kurs. Eine eigenständige montenegrin. Haltung zeigte sich bereits 1989, als die Gebeine des 1918 abgesetzten Königs Nikola nach M. zurückkehrten. Sie wurden in Cetinje, der alten Hauptstadt M.s, feierlich beigesetzt.

In den Wahlen vom Dezember 1992 konnte sich die DPS von Bulatović mit absoluter Mehrheit durchsetzen. Der Staatspräsident versuchte trotzdem die antiserb. Stimmungen in M. aufzugreifen, indem er die liberalen Oppositionsparteien in die Regierung einbezog. Versuche, durch internationale Kontakte die Position M.s zu stärken, wurden von Milošević mit Sanktionen bestraft. Die innenpolitischen Spannungen verschärften sich besonders durch die UN-Sanktionen, die Jugoslawien seit 1992 wirtschaftlich isolierten. Unter diesen Sanktionen hatte auch M. stark zu leiden.

Massive Propaganda und organisierte Massendemonstrationen zwangen die montenegrin. Führung 1989 zum Rücktritt. Slobodan Milošević konnte mit seinen Gefolgsleuten seinen Einfluss in der Republik Montenegro festigen. (Foto: Kundgebung in Titograd, seit 1992 wieder Podgorica, am 11.11.1989)

Momir Bulatović, 1990 bis 1997 Staatspräsident Montenegros, übernahm im Mai 1998 das Amt des Ministerpräsidenten der Bundesrepublik Jugoslawien. (Foto: Bulatović, l., mit Jugoslawiens Präsident Slobodan Milošević und dessen Frau Mirjana Marković)

Milo Djukanović (*1962), 1991–98 Ministerpräsident und seit 1998 Staatspräsident Montenegros. Unter seiner Führung distanziert sich das Land zunehmend von Serbien und sucht den Anschluss an den Westen. (Foto: Djukanović, r., und der deutsche Außenminister Joschka Fischer im Mai 1999 in Brüssel)

Regierungswechsel 1998: In der DPS selbst war der loyale Kurs von Parteichef Bulatović gegenüber Belgrad umstritten. Bei den Präsidentschaftswahlen im Oktober 1997 setzte sich der reformorientierte Premierminister Milo Djukanović, einer der führenden Männer der DPS, gegen Bulatović durch. Im Januar 1998 trat Djukanović sein neues Amt an. Seitdem bemüht sich M. um Distanz zu Milošević.
Auf dem Weg nach Westeuropa: M. versucht seit 1998 die Beziehungen zu den westlichen Staaten zu verbessern. Der »Balkan-Stabilitätspakt« vom 30.7.1999, der den Staaten Südosteuropas zahlreiche Hilfen anbietet, schließt M. aber vorerst aus. Die Unterstützung der Republik ist einstweilen nur in Aussicht gestellt, da Jugoslawien bis zum Sturz Miloševićs keinerlei Hilfe erhalten soll. Im Herbst 1999 bat Djukanović den Europarat vergeblich um Hilfe bei der Lösung der Republik von Belgrad. Der Europarat befürchtete eine weitere Destabilisierung der Region durch einen Konflikt zwischen Serbien und M. M. führte im November 1999 die Deutsche Mark als Zweitwährung ein, um sich auf diese Weise von der serb. Inflation abzukoppeln. Durch diese Geldpolitik wurde die Distanz M.s zu Belgrad noch deutlicher.
Milošević reagierte bisher auf diese Entwicklungen mit wirtschaftlichen Sanktionen. Die Grenze zwischen M. und Serbien wird zunehmend für den Warenverkehr geschlossen. Die Entscheidung des jugoslaw. Parlaments im Juli 2000, durch eine Verfassungsänderung eine weitere Amtszeit für Milošević zu ermöglichen und die Direktwahl des Präsidenten einzuführen, verschärfte den Konflikt erneut.
Ethnische und religiöse Vielfalt: M. ist seit Jahrhunderten durch ethnische und religiöse Vielfalt geprägt. Die Besiedlung M.s durch die Slawen im frühen Mittelalter wurde begleitet durch die Slawisierung der dort lebenden Urbevölkerung. In der Auseinandersetzung zwischen Byzanz und Rom, zwischen Ost- und Westeuropa stand M. zudem immer zwischen dem Einfluss des Papstes und der serb.-orthodoxen Kirche. Zu den Walachen im Bergland und den eingewanderten slaw. Stämmen kamen seit der Türkenzeit immer mehr serb. Flüchtlinge, die die ethnische Mischung M.s verstärkten. Die alban. Bevölkerung im Süden des Landes wurde ebenso wie viele Montenegriner oder Serben durch die Türken islamisiert, sodass bis heute etwa 14% der Montenegriner Moslems sind. *S. R.*

Staatsoberhäupter Montenegros [1)]

Reg.-Zeit	*Name (Dynastie)*	*Lebensdaten*
1860–1918	Nikola I. (Petrović) [2)]	1841–1921
1990–97	Momir Bulatović	*1956
seit 1998	Milo Djukanović	*1962

1) 1918–45 Teil des Königreichs Jugoslawien; 1945–90 Teil der »Föderativen Volksrepublik Jugoslawien«; seit 1990 Teil der »Föderativen Republik Jugoslawien« (Serbien und Montenegro); 2) 1860–1910 Fürst von Mazedonien, danach bis 1918 König

Die wichtigsten Parteien im 20. Jahrhundert

Name (Abkürzung)	*Politische Richtung*	*Gründung*
Rechtspartei	nationalistisch	um 1900
Volkspartei [1)]	demokratisch	um 1900
Demokratische Sozialistische Partei Montenegros (DPS) [2)]	nationalistisch, zunehmend reformorientiert	1990
Liberale Allianz von Montenegro (LSCG)	liberal	1990
Volkspartei (NS)	nationalistisch mit liberalem Wirtschaftsprogramm	1991
Sozialdemokratische Partei von Montenegro (SDP)	sozialdemokratisch	1993
Sozialistische Volkspartei von Montenegro (SNP) [3)]	sozialistisch, proserb.	1997

1) Wichtigste oppositionelle Gruppe im Parlament; 2) Schwesterpartei der serb. SPS von Slobodan Milošević, aus der Kommunistischen Partei hervorgegangen; 3) Partei des früheren Staatschefs von Montenegro, Momir Bulatović, aus der DPS hervorgegangen

Mosambik

Republik Mosambik

Die Urbevölkerung der Buschleute im Gebiet des heutigen M. wurde ab etwa 1000 n. Chr. durch Bantu-Völker aus dem Norden verdrängt. Als erster Europäer landete der portugies. Seefahrer Vasco da Gama auf dem Weg nach Indien 1498 in M. und fand dort schon arab. Handelsstützpunkte vor. Den Portugiesen gelang es bis 1629, das mächtige Monomotapa-Reich zwischen den Flüssen Sambesi und Limpopo unter ihre Kontrolle zu bringen. 1752 wurde M. offiziell zur Kolonie Portugals erklärt, das seinen Einfluss gegen die Niederlande, Österreich, Frankreich, Großbritannien u. a. bis ins 20. Jh. behaupten konnte. Im Rahmen der Aufteilung Afrikas bekam Portugal 1884/85 das Territorium in den Grenzen des heutigen M. von der Berliner Kongo-Konferenz zugesprochen.

Portugiesische Kolonialzeit

Erschließung des Landes: Durch die Beschlüsse der Berliner Konferenz war Portugal gezwungen, nicht nur die Küstengebiete, sondern auch das Landesinnere der Kolonie in die Verwaltung einzubeziehen. Anfangs wurde das Küstenhinterland von portugies. Neusiedlern beherrscht, die ihre riesigen Ländereien an Einheimische verpachteten, die Anbauprodukte (Baumwolle, Zuckerrohr, Sisal u. a.) vorschrieben und die Ernte schließlich weit unter dem Niveau der Weltmarktpreise aufkauften.

Plantagenwirtschaft: Später entstanden leistungsfähige, auf den Export ausgerichtete Großplantagen, die sich im Besitz von internationalen, mit Hoheitsrechten ausgestatteten Konzessionsgesellschaften befanden. 1928 gipfelte die wirtschaftliche Ausbeutung der Kolonie in dem »Arbeitsgesetz für Eingeborene«, das die schon lange Zeit betriebene Zwangsarbeit legalisierte.

Modernisierung: Der um 1900 einsetzende Eisenbahnbau in die Nachbarkolonien und der damit verbundene Ausbau der Hafenanlagen in Lourenço Marques (heute Maputo) und Beira leiteten eine neue erfolgreiche Wirtschaftsära ein und ermöglichten Portugal ab den 30er Jahren den Einfluss der internationalen Gesellschaften zurückzudrängen. Für die soziale Entwicklung des Territoriums unternahm die Kolonialmacht wenig. Auch der Status einer portugies. Überseeprovinz (seit 1951) änderte nichts an der rechtlosen Lage der Bevölkerung. 1970 waren alle höheren Positionen in

Mosambik 2000	
Landesfläche	801 590 km² (WR 34)
Einwohner	19,3 Mio (WR 51)
Hauptstadt	Maputo (2,2 Mio Einwohner)
Sprachen	Portugiesisch, Bantu, Suaheli
Währung	1 Metical (MT) = 100 Centavos
Gliederung	10 Provinzen
Staatsform	Präsidiale Republik (seit 1990)
Religion	Volksreligionen (48%); Christen (39%); Moslems (13%)
Bevölkerung	Makua (47,3%); Tsonga (23,3%); Malawi (12%); Shona (11,3%); Yao (3,8%); Sonstige (2,3%)

Mosambik im 20. Jahrhundert	
1900	Seit der Aufteilung Afrikas auf der Berliner Konferenz (1884) ist Mosambik in portugies. Hand; Ausbeutung des Landes.
1928	Das »Arbeitsgesetz für Eingeborene« legalisiert Zwangsarbeit.
1930	Einführung des Zwangsanbaus von Baumwolle.
1945–60	Verschiedene Streiks und Aufstandsbewegungen gegen die portugies. Kolonialmacht werden niedergeschlagen.
1951	Mosambik wird portugies. Überseeprovinz.
1962	Zusammenschluss dreier Bewegungen zur Befreiungsfront Frente de Libertação de Moçambique (FRELIMO), die Eduardo C. Mondlane zum Präsidenten wählt.
1964	Beginn des Guerillakriegs der FRELIMO von Tansania aus.
1969	Nach Mondlanes Tod wird Samora Machel Präsident der FRELIMO.
1974	Nach der politischen Wende in Portugal (»Nelkenrevolution«) wird im Lusaka-Vertrag die Unabhängigkeit Mosambiks beschlossen.
1975	Unabhängigkeit; Ausrufung der Volksrepublik Mosambik; Einparteienregierung der FRELIMO unter Präsident Machel.
1976	Angriff der antikommunistischen Resistência Nacional Moçambicana (RENAMO) von Rhodesien aus.
1979	Alfonso Dhlakama wird Führer der RENAMO; Verstärkung des Guerillakampfes.
1984	Nichtangriffspakt zwischen Mosambik und Südafrika, das die Unterstützung der RENAMO beendet.
1986	Nach dem Tod Machels bei einem Flugzeugabsturz wählt das Zentralkomitee der FRELIMO Joaquim Alberto Chissano zum Präsidenten.
1987	Verstärkte Kämpfe führen zu Massenvertreibungen.
1989	FRELIMO trennt sich vom Marxismus-Leninismus.
1990	Teilwaffenstillstand zwischen FRELIMO und RENAMO; neue Verfassung: Zulassung von Parteien, Einführung der Marktwirtschaft.
1992	Unterzeichnung des Friedensplans von Rom leitet einen schleppenden Friedensprozess ein; Beginn der Rückkehr von rd. 6 Mio Bürgerkriegsflüchtlingen aus Malawi, Südafrika, Simbabwe, Tansania, Swasiland, Sambia und dem Inland in ihre Heimat.
1993	Stationierung von UN-Friedenstruppen in Mosambik; Ausarbeitung eines Wahlgesetzes.
1994	Bei ersten freien Wahlen gewinnen Präsident Chissano und seine FRELIMO die Mehrheit vor Dhlakama und der RENAMO.
1997	Zum Wiederaufbau der Wirtschaft privatisiert die Regierung bis Ende des Jahres etwa 900 ehemalige Staatsbetriebe.
1999	Parlaments- und Präsidentschaftswahlen bestätigen die FRELIMO als stärkste politische Kraft und ihren Kandidaten, Amtsinhaber Chissano, als Staats präsident.
2000	Überschwemmungskatastrophe im südlichen Afrika mit vielen Todesopfern und Vertriebenen macht Mosambiks Wiederaufbauleistungen weitgehend zunichte.

Stichwort: Cabora-Bassa-Staudamm

Der Sambesi, neben dem Limpopo der Hauptfluss Mosambiks, wird im Nordwesten des Landes durch den Cabora-Bassa-Damm zum Cabora-Bassa-See gestaut. Das dort errichtete Wasserkraftwerk ist Mosambiks wichtigster Energieproduzent; die in dem Kraftwerk durch Wasserkraft gewonnene Elektrizität soll in Zukunft zum neuen Exportgut ausgebaut werden. Das ursprünglich zur Energieversorgung von Südafrika gebaute Kraftwerk wird Mosambik allerdings erst ab dem Jahr 2014 Gewinn bringen, denn bis zu diesem Zeitpunkt muss das Investitionskapital zunächst durch Stromverkäufe an Portugal zurückgezahlt werden. (Foto: Bau des Cabora-Bassa-Staudamms 1974)

der 8 Mio Einwohner (darunter 250 000 Europäer) zählenden portugies. Kolonie in der Hand von Weißen.

Unabhängigkeitskrieg

Assimilationspolitik: Ab 1953 versuchte Portugal den sich seit 1929 formierenden Unabhängigkeitsbewegungen mit einer Assimilationspolitik zu begegnen, die sich jedoch als wenig erfolgreich erwies.
FRELIMO: Nach verschiedenen Streiks und Aufständen 1945–60, die zum Teil blutig niedergeschlagen wurden, schlossen sich 1962 drei nationale Bewegungen zur Befreiungsfront Frente de Libertação de Moçambique (FRELIMO) zusammen. Von Tansania ausgehend dehnte die FRELIMO ab 1964 ihren bewaffneten Befreiungskampf über den ganzen Norden, Teile des Tete-Gebiets und Manica in der Zentralregion aus.
Loslösung: Der militärische Erfolg der FRELIMO führte 1973 zunächst zur Gewährung der inneren Autonomie. Im Anschluss an die politische Wende in Portugal (den Sturz des faschistischen Salazar-Regimes) wurde in M. 1974 eine Übergangsregierung unter dem FRELIMO-Mitglied Joaquim Alberto Chissano gebildet. Am 25.6.1975 entließ Portugal seine Überseeprovinz als Volksrepublik M. in die Unabhängigkeit. Der FRELIMO-Vorsitzende Samora Machel übernahm das Amt des ersten Staatsoberhauptes (1975–86).

Prozess der Umgestaltung

Sozialistischer Wandel: An der Spitze der zur Einheitspartei gewandelten FRELIMO versuchte Präsident Machel durch eine politische und wirtschaftliche Neuorientierung die Abhängigkeit M.s von der regionalen Vormacht Südafrika zu durchbrechen. Er schuf einen sozialistischen Einparteienstaat mit enger Bindung an die Sowjetunion, China und die DDR. Grund und Boden wurden ebenso wie Schulen, Kliniken und Mietshäuser ab 1975 vollständig verstaatlicht. Ein großer Teil der verstreut lebenden Landbevölkerung wurde in zentrale Gemeinschaftsdörfer, Kooperativen und Genossenschaften zwangsumgesiedelt, um u. a. den Aufbau eines geregelten Bildungssystems zu erleichtern. Im Bereich der verstaatlichten Wirtschaft förderte die Regierung in Anlehnung an das sowjet. Vorbild vor allem die Schwerindustrie in den Städten.
Koloniales Erbe: Der nationale Neubeginn schlug sich auch in einer Umbenennungswelle nieder. Die Hauptstadt Lourenço Marques bekam den Namen Maputo. Aufgrund der Sprachenvielfalt der aus über 60 Bantu-Stämmen zusammengesetzten Bevölkerung hielt der Staat im amtlichen Bereich an der Sprache der ehemaligen Kolonialmacht fest. Nach der Machtübernahme der FRELIMO hatte die Mehrzahl der Portugiesen umgehend das Land verlassen: Von etwa 200 000 Portugiesen, die 1973 in M. lebten, waren 1983 nur noch ca. 20 000 im Land ansässig. Vor allem die Abwanderung ausländischer Fachkräfte hinterließ Lücken im Verwaltungs- und Wirtschaftssektor, die von der einheimischen Bevölkerung zunächst nicht geschlossen werden konnten.

Blutiger Bürgerkrieg (1976–92)

RENAMO: Die Regierungsgewalt der FRELIMO wurde schon bald nach der Unabhängigkeit durch Angriffe der antikommunistischen Resistência Nacional Moçambicana (RENAMO) untergraben. Die ab 1976 zunächst von Rhodesien (heute Simbabwe) aus operierende Rebellenorganisation besetzte unter der Führung von Alfonso Dhlakama die Provinzen Sofala, Sambesia, Tete sowie Manica und überzog das gesamte Staatsgebiet mit Guerilla-Angriffen. Ihr 16-jähriger Machtkampf, der etwa 1 Mio Opfer forderte und zur Vertreibung von 6 Mio Menschen führte, verursachte z. T. anarchistische Zustände im Land und hemmte jegliche wirtschaftliche und soziale Entwicklung. Unterstützung erhielt die RENAMO vor allem von den weißen Minderheitsregierungen in Rhodesien und Südafrika sowie von konservativen Kreisen in den USA und Portugal.

Wirtschaftlicher Ruin: Das durch Fachkräftemangel seit der Unabhängigkeit empfindlich getroffene und durch die fehlgeschlagene sozialistische Wirtschaftsstrategie weiter geschwächte Land wurde durch den sich verschärfenden Bürgerkrieg vollends zerrüttet. Das einstige Transitland M. verlor durch die Zerschlagung der Infrastruktur wichtige Einnahmequellen, bedeutende Rohstoffvorkommen wie Edelsteine, Gold, Titan, Tantalit u. a. konnten wegen fehlender Transportwege nicht gefördert werden. Die Vernachlässigung der kleinbäuerlichen Produktion im Rahmen der sozialistischen Planwirtschaft führte zum Rückzug der Bauern auf die Selbstversorgungslandwirtschaft, sodass der Agrarexport als Devisenquelle nahezu ausfiel. Die allgemeine Destabilisierung mündete in einen katastrophalen Rückgang der Wirtschaftskraft und machte M. zu einem der ärmsten Staaten der Welt. Als nach der Beendigung des Kalten Krieges 1989/90 die Entwicklungshilfeleistungen aus den Ostblockländern ausblieben und nach der deutschen Vereinigung aus der ehemaligen DDR 16 000 Gastarbeiter und Studenten nach M. heimkehrten, verschärfte sich die wirtschaftliche Lage weiter.

Annäherung an den Westen: Als Nachfolger des bei einem Flugzeugabsturz 1986 getöteten Präsidenten Machel leitete der ehemalige Außenminister Joaquim Alberto Chissano ab 1986 eine Politik der allmählichen Annäherung an den Westen ein. Schon 1984 waren durch das Nkomati-Abkommen, einen Nichtangriffspakt und Vertrag über gutnachbarliche Beziehungen, neue Kontakte zum Nachbarstaat Südafrika geknüpft worden. 1987 nahm die FRELIMO-Regierung die Kooperation mit dem Internationalen Währungsfonds (IWF) und der Weltbank auf und verkündete ein sog. Ökonomisches Rehabilitationsprogramm mit privatwirtschaftlicher Orientierung. Neben dem Wiederaufbau der Transit- und Hafeneinrichtungen sowie der Förderung der Agrar- und Konsumgüterproduktion stand die allgemeine Verbesserung der Lebensbedingungen im Vordergrund.

Neue Verfassung: 1989 gab die FRELIMO ihre marxistische Doktrin und ihren Monopolanspruch auf und machte den Weg für eine neue, rechtsstaatlich-demokratisch geprägte Staatsordnung frei. In der 1990 in Kraft getretenen Verfassung wurden Mehrparteiensystem, Gewaltenteilung sowie Versammlungs-, Rede- und Pressefreiheit verankert. Der Staatsname wurde in Republik M. umgewandelt. Während bislang die Position des Präsidenten automatisch dem Vorsitzenden der Staatspartei zufiel, wird das Amt seit 1990 nach freien, allgemeinen Wahlen für fünf Jahre vergeben. Als Parlament fungiert die Volksversammlung der Republik mit 250 Abgeordneten.

Samora Machel – erster Staatspräsident Mosambiks

Samora Machel (*29.9.1933 in Xilambene, Distrikt Gaza, † 19.10.1986 bei Komatipoort/Südafrika) stand seit 1970 als Präsident an der Spitze der nationalen Befreiungsbewegung FRELIMO. 1975 übernahm er nach der Unabhängigkeit des Landes von der Kolonialmacht Portugal das Amt des Staatspräsidenten. Bis zu seinem Unfalltod durch einen Flugzeugabsturz 1986 führte Machel Mosambik als sozialistischen Einparteienstaat mit enger Bindung an die Sowjetunion, China und die DDR.

Staatsoberhäupter Mosambiks

Reg.-Zeit	*Name*	*Lebensdaten*
1975–86	Samora Machel	1933–1986
seit 1986	Joaquim A. Chissano	*1939

Schwieriger Friedensprozess

Abkommen: Mit internationaler Unterstützung bemühte sich die Regierung ab Ende der 80er Jahre verstärkt um eine Beendigung des Bürgerkriegs und einen Ausgleich mit der RENAMO. Nach wiederholten Fehlschlägen unterzeichneten Präsident Chissano und Rebellenführer Dhlakama 1992 in Rom ein Waffenstillstands- und Friedensabkommen. Anfang 1993 wurden UN-Friedenstruppen in M. stationiert, welche die Entwaffnung der militärischen Gruppen und die Durchführung frei-

Die wichtigsten Parteien im 20. Jahrhundert

Name (Abkürzung)	*Politische Richtung*	*Gründung*
Frente de Libertação de Moçambique (FRELIMO)	ehemalige sozialistische Einheitspartei, ab 1994 demokratische Regierungspartei	1962
Resistência Nacional Moçambicana (RENAMO)	ehemals antikommunistische Rebellenorganisation, ab 1994 Partei	1976
Partido Liberal e Democrático de Moçambique (PALMO)	liberale Opposition	1993
Partido Trabalhista (PT)	Arbeiterpartei	1993
Partido Social-Liberal e Democrático (PSLD)	sozialdemokratische Opposition	k. A.
União Democrática (UD)	oppositionelles Parteienbündnis	1994

Stichwort: Kriegsschäden

Opfer: In dem 16-jährigen Bürgerkrieg (1976–92) zwischen den Truppen der FRELIMO-Regierung und den antikommunistischen RENAMO-Rebellen wurden etwa 1 Mio Mosambikaner getötet, ca. 6 Mio innerhalb des Landes oder über die Staatsgrenzen hinaus vertrieben. Die stetige Rückkehr der Flüchtlinge in ihr Heimatland nach dem Friedensschluss 1994 gehört zu den größten Repatriierungsprojekten der Welt.

Folgekosten: Die Weltbank schätzte die Kriegsschäden 1993 auf rund 15 Mrd US-Dollar. Zusätzlich zu den Ausgaben für den Wiederaufbau der Infrastruktur wurden noch Kosten in Höhe von 123 Mio US-Dollar für die Entschädigung der 55 000 demobilisierten Soldaten und die Wiederansiedlung von etwa 1,3 Mio Flüchtlingen aus den Nachbarländern veranschlagt.

Status quo: Mosambiks Wirtschaftsleistung pro Einwohner (BSP) war 1993, kurz nach dem Ende des Bürgerkriegs, mit 80 US-Dollar die niedrigste der Welt. 1992 betrug die Entwicklungshilfe 116% des BSP. Die Auslandsschulden waren 1992 fünfmal so hoch wie das BSP. Die zerstörte Infrastruktur beeinträchtigte den wirtschaftlichen Wiederaufbau und brachte Mosambik um die wichtigen Deviseneinnahmen als Transitland. Etwa 2 Mio Landminen verhinderten vielerorts die Bewirtschaftung der Böden.

er Wahlen überwachen sollten. Die Rückkehr von 1,5 Mio Flüchtlingen nach M. bis Ende 1994 gilt als eines der weltweit erfolgreichsten Repatriierungsprojekte.

Erste freie Wahlen: Kurz vor den ersten Mehrparteienwahlen 1994 löste sich die RENAMO als militärische Formation auf und wandelte sich zur politischen Partei um. Mit 129 von 250 Sitzen ging die ehemalige Einheitspartei FRELIMO aus den Wahlen als stärkste Kraft hervor, die RENAMO wurde mit 112 Sitzen stärkste Oppositionspartei. Chissano erhielt mit 53,3% der Stimmen eine Bestätigung als Staatspräsident, Dhlakama erreichte 33,7%. Die Forderung der RENAMO nach Regierungsbeteiligung wurde 1995 von Chissano abgelehnt.

Demokratischer Neubeginn

Aufschwung: War M. 1994 nach 16-jährigem Bürgerkrieg noch eines der ärmsten Länder der Erde, entwickelte sich der Staat Ende der 90er Jahre zum Musterbeispiel für das Einwirken von IWF und Weltbank: Die Inflation verringerte sich auf einstellige Werte, das vorwiegend von Industrie, Transport und Dienstleistungen getragene Wirtschaftswachstum erreichte bis zu 14% und die Währung entwickelte sich zu einer der stabilsten in der Region. M. blieb jedoch weiterhin eines der am stärksten von Entwicklungshilfe abhängigen Länder der Welt. 1998 beschloss der Pariser Club der Gläubiger, 80% der Schuldensumme M.s (5,5 Mrd US-Dollar) abzuschreiben. Die Zuversicht von IWF und Weltbank in das Entwicklungspotenzial eines befriedeten M. verstärkte die Zahlungsbereitschaft der Geberländer. Die Bevölkerungsmehrheit profitierte jedoch kaum vom Wirtschaftswachstum, sodass vor allem in den Städten soziale Konflikte entstanden.

Wahlen: Im Dezember 1999 fanden die zweiten allgemeinen und freien Parlaments- und Präsidentschaftswahlen statt, bei denen der Führungsanspruch der FRELIMO (133 von 250 Sitzen) und ihres Präsidentschaftskandidaten Chissano (52,3% der Stimmen) bestätigt wurde. Die RENAMO, die sich bis dahin nicht an der parlamentarischen Arbeit beteiligt hatte und auch bei den Kommunalwahlen 1998 nicht angetreten war, erreichte 117 Sitze. Ihr Vorsitzender Dhlakama bekam 47,7% der Wählerstimmen.

Rückschläge: Durch klimatische Einflüsse, die sich mehrmals zu Naturkatastrophen auswuchsen, wurde M.s positiver Entwicklungsprozess in den 90er Jahren immer wieder gefährdet. Begünstigt durch starke Regenfälle brach 1997/98 eine Cholera-Epidemie aus, die ihren Schwerpunkt im Süden des Landes hatte und über 700 Todesopfer forderte. Anfang 2000 wurde M. von einer Überschwemmungskatastrophe heimgesucht, die vielen Menschen den Tod brachte und einen großen Teil der Bevölkerung obdachlos machte. Die teilweise weggeschwemmten ca. 2 Mio Landminen – ein Erbe des Bürgerkriegs – stellten eine zusätzliche Gefährdung dar. *B. L.*

UNOMOZ – UN-Überwachung des Friedensprozesses

Internationale Beobachter: 1993 wurden in Mosambik etwa 7000 UN-Soldaten und ziviles Hilfspersonal stationiert, die den Friedens- und Demokratisierungsprozess des Landes begleiten sollten. Bis zu den Wahlen im Oktober 1994 entwaffnete die UNO 90% der früheren, ca. 65 000 Mann starken Regierungsarmee und einen ebenso großen Anteil der 25 000 Kämpfer zählenden Rebellentruppen. Die Soldaten erhielten drei Monatslöhne, Saatgut, Kleidung und Werkzeug sowie Gutscheine für weitere Zahlungen in ihrer Heimatprovinz. Die im Dezember 1994 beendete UN-Mission kostete pro Tag rund 600 000 US-Dollar. (Foto: Lebensmittelhilfen für RENAMO-Kämpfer und ihre Familien, 1993)

Myanmar

Union Myanmar

Die brit. Kolonialmacht erreichte das damals »Birma« genannte M. im frühen 19. Jh. Es dauerte 62 Jahre, bis das Land durch drei brit.-birman. Kriege – 1824–26, 1852/53 und 1885/86 – vollständig annektiert und Teil der Provinz Brit.-Indien geworden war.

Therawada-Buddhismus: Die Gesellschaftsstruktur von Birma unterschied sich jedoch deutlich von der Indiens und hat bis heute nachhaltige Auswirkungen auf die politische und wirtschaftliche Entwicklung des Landes. Anders als im ind. Kastensystem geht der Therawada-Buddhismus Birmas von der Gleichwertigkeit der Menschen aus; dementsprechend haben Großgrundbesitzer eine geringere und Frauen eine weniger abhängige Position. In Großstädten ist diese Tradition zwar heute teilweise verschwunden, doch auf dem Land bleibt sie noch stark ausgeprägt.

Minderheiten: Dieser Gegensatz zeigt sich auch in der Konfrontation zwischen der Regierung und den ethnischen Minderheiten, denn eine zentralistische, auf Assimilierung ausgerichtete Regierungspolitik ist unvereinbar mit einer Autonomie für Minderheiten. Die größten Minderheiten M.s sind die im gleichnamigen Hochland lebenden Shan, die zwischen dem Shanhochland und Tenasserim sowie im Irawadi-Delta ansässigen Karen, schließlich die Kachin im Norden und Chin im Westen. Abgesehen von einer begrenzten Assimilation der Shan und Karen haben sich die Minderheiten ihre Identität bewahrt. In der Kolonialzeit standen die Karen und Chin unter direkter brit. Verwaltung und wurden nicht selten als Soldaten gegen die Birmanen eingesetzt. Außerdem lebten bis zum Zweiten Weltkrieg einige hunderttausend Inder in Birma.

Britische Kolonialzeit

Koloniale Wirtschaft: In der Kolonialzeit wurde die Wirtschaftsstruktur grundlegend verändert. Um die brit. Kolonie mit Nahrungsmitteln zu versorgen, wurde die Reisanbaufläche ausgedehnt; Birma entwickelte sich zum größten Reisproduzenten der Erde. Viele Birmanen zogen in das bis dahin weitgehend unerschlossene Irawadi-Delta, wo sie jedoch ind. Wucherern und brit. Handelsfirmen ausgeliefert waren, die nur niedrige Preise boten. Zugewanderte brit. und ind. Kaufleute bekleideten in der Kolonialzeit Schlüsselpositionen und kontrollierten so den Staatsapparat und den Reishandel. Die birman. Bauern waren von ind. Geldarbeitern (Chettyars) abhängig, die immer mehr Land und Kapital erwarben; birman. Landarbeiter wurden z. T. von ind. verdrängt.

Myanmar (Birma) 2000	
Landesfläche	676 578 km² (WR 39)
Einwohner	45,1 Mio (WR 26)
Hauptstadt	Yangon/Rangun (3,87 Mio Einwohner)
Sprachen	Birmanisch, regionale Sprachen
Währung	1 Kyat (K) = 100 Pyas
Gliederung	7 Staaten, 7 Provinzen
Staatsform	Sozialistische Republik, Militärregime (seit 1974, Putsch 1988)
Religion	Buddhisten (89%); Christen (5%); Moslems (5%); Sonstige (1%)
Bevölkerung	Birmanen (69%); Shan (8,5%); Kayin (Karen, 6,2%); Rakhine (Arakan, 4,5%); Mon (2,4%); Sonstige (9,4%)

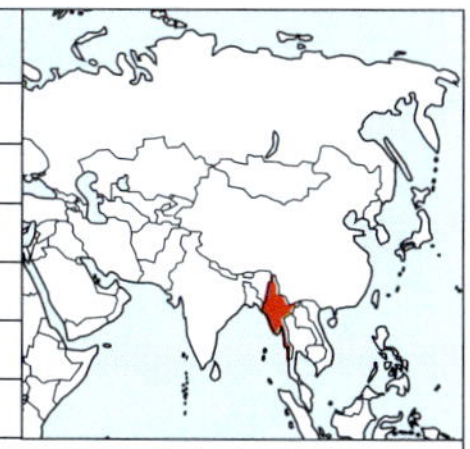

Myanmar im 20. Jahrhundert	
1937	Birma wird eigenständige brit. Kolonie.
1942	Japan. Besetzung (bis 1946).
1948	Proklamation der Republik Birma.
1962	Staatsstreich durch das Militär unter General Ne Win; sozialistischer Kurs eigener Prägung.
1964	Verbot aller Parteien außer der Burma Socialist Programme Party (BSPP).
1974	Neue Verfassung.
1981	Ne Win gibt das Präsidentenamt an San Yu ab, bleibt aber Vorsitzender der BSPP.
1988	Unruhen führen zum Militärputsch unter General Saw Maung.
1989	Umbenennung von »Birma« in »Myanmar«.
1990	Die NLD gewinnt die Parlamentswahlen; das Parlament wird jedoch nicht einberufen.
1991	Verleihung des Friedensnobelpreises an die NLD-Gründerin Aung San Suu Kyi, die sich seit 1989 unter Hausarrest befindet.
1993	Der Nationalkonvent beginnt mit dem Entwurf einer neuen Verfassung.
1995	Der Hausarrest von Aung San Suu Kyi wird aufgehoben.
1997	Das Militärgremium State Law and Order Restoration Council benennt sich in »State Peace and Development Council« um.

Unabhängigkeitsbewegung: 1886–1948 kämpften die Birmanen für ihre Unabhängigkeit. Das Entstehen der nationalistischen Bewegung war u. a. eine Reaktion auf die Ausbeutung durch Briten und Inder. An der Spitze der Unabhängigkeitsbewegung standen insbes. Mönche und einige in Großbritannien ausgebildete Intellektuelle. Obwohl Birma mit der Verfassungsreform von 1923 und der Loslösung von Indien 1937 als eigenständige brit. Kolonie beschränkte innere Autonomie erhielt, wurde diese Bewegung immer radikaler.

Unruhen: Unter Saya San kam es 1931 zu einem Bauernaufstand, auf den die Thakin, eine Gruppe radikalsozialistischer Intellektueller der Universität Rangun, maßgeblichen Einfluss nahmen. Nach dem Studentenstreik von 1936 gehörten dieser Gruppe alle Perso-

Die Selbstständigkeit Birmas wurde am 17.10. 1947 vom brit. Premierminister Clement Attlee (Foto, stehend) und dem birman. Premier Thakin Nu (l. neben Attlee) festgeschrieben. Danach wurde Birma ab Januar 1948 eine selbstständige und unabhängige Nation.

nen an, die in den ersten Jahrzehnten nach der Unabhängigkeit eine wichtige politische Rolle, wenngleich auf unterschiedlichen Seiten, spielen sollten: Aung San und U Nu, beide später Führer der Unabhängigkeitsbewegung, Shu Maung, auch bekannt als Ne Win, der später U Nus Stabschef wurde, und Than Tun, der 1948–50 die kommunistische Revolte anführte.

Einfluss Japans: Mit Beginn des Zweiten Weltkriegs kollaborierten diese antibrit. Nationalisten mit den Japanern, die ab 1942 nach Birma vordrangen. Am 8.3.1943 eroberten die Japaner mit Unterstützung der birman. Unabhängigkeitsarmee, die von Aung San angeführt wurde, die Kapitale Rangun. Bald jedoch mussten die birman. Nationalisten einsehen, dass ihre Hoffnungen auf Unabhängigkeit von den Japanern nicht erfüllt werden würden; zudem richtete die Besatzungsmacht schwere Verwüstungen im Land an. Etwa 1,2 Mio ha Reisfelder gingen verloren. Die Unabhängigkeitsarmee wandelte sich daher unter dem Kommando von Ne Win zu einer antijapan. Guerilla, die sich nun Anti Fascist People's Freedom League nannte und bis 1946 mithalf, die Japaner zu vertreiben. Nach deren Abzug kehrten auch die Inder ins Land zurück, die zu Beginn der Besetzung zu Hunderttausenden geflohen waren.

Weg in die Unabhängigkeit: 1947 zerbrach die Allparteienkoalition der Freedom League, weil sowohl der kommunistische als auch der konservative Flügel das Unabhängigkeitsabkommen mit Großbritannien ablehnten, das Aung San mit dem brit. Premierminister Clement Attlee ausgehandelt hatte. Aung San, seit Januar 1947 der erste Premierminister, wurde im Juli während einer Kabinettssitzung ermordet. Unter der Führung von U Nu wurde das Land am 4.1.1948 als Union von Birma – heute bestehend aus sieben birman. Provinzen und sieben, von ethnischen Minderheiten bewohnten Staaten – eine unabhängige Republik außerhalb des Commonwealth.

Union von Birma

Aufstände: Unmittelbar nach der Unabhängigkeit begannen die Kommunisten unter Than Tun einen Aufstand gegen das Regime von U Nu. Die Karen rebellierten 1949, weil sie im Gegensatz zu anderen Minderheiten keine Autonomie erreicht hatten. Die Regierung bekämpfte die Aufstände mit Waffengewalt und begrenzte zur Vermeidung weiterer Minoritätenprobleme die Rückwanderung der Inder durch restriktive Regelungen.

Schwierige Konsolidierung: Aus den ersten Parlamentswahlen 1951 ging die Regierung U Nu siegreich hervor. In den folgenden Jahren konnte sie sich jedoch nur wegen der Zerstrittenheit der Opposition halten; ihre Macht reichte nicht aus, um die ehrgeizigen Landreformprojekte durchzusetzen und die Wirtschaft zu sanieren. Die innere politische Zerrissenheit behinderte die wirtschaftliche Entwicklung des Landes. Unbeeinflusst von vereinzelten kommunistischen Aufständen und Zwischenfällen an der Grenze zu China, versuchte die Regierung U Nu eine neutrale Außenpolitik zu betreiben.

Machtverlust: Als die Arbeiter- und Bauernpartei 1956 eine große Zahl von Parlamentssitzen errang, sah sich U Nu gezwungen, Ne Win vorübergehend das Amt des Premierministers zu übertragen. Zwar gewann U Nu 1960 die Macht zurück, doch Aufstände der

Der birmanische Politiker Sithu U Thant (1909–1974) wurde 1961 zum UN-Generalsekretär gewählt. Zu seinen Erfolgen zählten die Sanierung der UN-Finanzen und die Beilegung der Kubakrise 1962. Auf einstimmigen Wunsch des UN-Sicherheitsrats wurde seine Amtszeit 1966 um fünf Jahre verlängert.

Kachin und Shan, der Zusammenbruch der Reiswirtschaft und erneute Gegensätze in der Regierungspartei führten am 2.3.1962 zum Staatsstreich Ne Wins.

Sozialistische Republik

Revolutionsrat: Die Regierungsgewalt des Militärregimes lag fortan in den Händen eines Revolutionsrates. Die meisten Politiker der demokratischen Regierungen 1948–62 wurden verhaftet, aber einschließlich U Nus 1966–68 wieder entlassen. Um den Rückhalt in der Bevölkerung zu erhöhen und ihre wirtschaftliche Situation zu verbessern, wurden 1963–65 ca. 100 000 Inder nach Indien zurückgeführt. Damit erhielten die Birmanen die Möglichkeit, im Handel Fuß zu fassen.

Landreform: Nachdem 1954 nur eine halbherzige Landreform durchgeführt worden war, wurden die ind. Chettyars nun endgültig ausgeschaltet. Nach einer Neuverteilung des Bodens wurde die Mehrzahl der Bauern Eigentümer des von ihnen bearbeiteten Landes. Die Rolle der Chettyars wurde von Regierungsfunktionären übernommen, die mit Schwarzhändlern zusammenarbeiteten. Damit war zwar das alte System des Kreditwuchers abgeschafft, doch auch das alte System der Reisverteilung brach jetzt zusammen und viele Bauern wanderten in die Elendsviertel von Rangun ab. Bis in die 80er Jahre wuchsen die sozialen Unterschiede zwischen der einfachen Bevölkerung und der wohlhabenden, auf die Militärjunta gestützten Elite.

Verfassungsänderung: Ne Win lehnte es ab, zum parlamentarischen Mehrparteiensystem zurückzukehren, und proklamierte am 3.1. 1974 die sozialistische Republik Birma. Gemäß der Verfassung wurde Ne Win Präsident. Die Volksversammlung (Pyithu Hluttaw), die aus einer Kammer mit 464 Sitzen bestand, wurde auf vier Jahre gewählt, zu ihren Aufgaben gehörte die Gesetzgebung im wirtschaftlichen Bereich und die Bestellung der Volksgerichtshöfe. Zu den Wahlen zur Volksversammlung war nur die Burma Socialist Programme Party (BSPP) zugelassen. Das Parlament besaß aber nicht viel Einfluss, da die Militärs das Land durch den von ihnen kontrollierten Staatsrat und ein ihm unterstelltes System von Räten für Sicherheit und Verwaltung regierten. Um das Minderheitenproblem zu entschärfen, wurden der Monstaat sowie der Arakanerstaat gegründet und der Chinbezirk zum Chinstaat erhoben.

Birmanischer Sonderweg: Birma war zwar zu einer sozialistischen Republik erklärt worden, der Sozialismus wich im Wirtschaftsleben jedoch stark von den gängigen Formen ab. So waren ausländische Unternehmen in Industrie und Bergbau, Großhandel und Bankwesen bereits zwischen 1962 und 1964 in Staatseigentum überführt worden, die Staatsbetriebe liefen jedoch weiterhin als privatwirtschaftliche, gewinnorientierte Unternehmen. Die Kollektivierung in der Landwirtschaft beschränkte sich auf einige Genossenschaften in bislang unerschlossenen Gebieten. Völlig unkontrolliert blieb der Schwarzhandel.

Wirtschaftliche Entwicklung: In den Vierjahresplänen stellte man sich zunehmend geringere Wachstumsziele, nicht zuletzt weil in den 70er Jahren die Investitionsmöglichkeiten des Staates durch wachsende Verteidigungsausgaben begrenzt waren. Mitte der 70er Jahre hatte weder die Reisproduktion noch die Erzeugung der wichtigen Exportgüter Erdöl und Teakholz den Vorkriegsstand erreicht. Die

Myanmar – Weltdrogenlieferant Nummer 1

In den abgelegenen Bergregionen Myanmars (Unionsstaaten: Chin, Kachin und Shan), im sog. Goldenen Dreieck zwischen Myanmar, Laos und Thailand, gedeiht Mohn, der Rohstoff für eine der gefährlichsten Drogen: Heroin. Bauern, die überwiegend einem der zahlreichen Minderheitenvölker angehören, bauen auf etwa 154 000 ha Schlafmohn an, aus dem zwischen Dezember und März Rohopium gewonnen wird. Die süßlich und betäubend duftende Milch quillt aus der vorher angeritzten Fruchtkapsel der Blütenpflanze und gerinnt an der Luft zu einem braunen Harz. Der zu handlichen Klumpen geformte Stoff wird von den Händlern der zahlreichen Rebellenarmeen aufgekauft und in geheimen Labors weiterverarbeitet. Von dort findet das Rauschgift seinen Weg über die Städte des Landes sowie über Laos und Thailand zum Konsumenten im westlichen Ausland oder in China. 1995 wurden schätzungsweise 2340 t Opium auf der Erde geerntet.

Etwa die Hälfte der Weltproduktion stammt aus Myanmar; der größte Teil davon geht in die USA. Für die Bergbauern ist der Anbau von Schlafmohn oftmals die einzige Erwerbsquelle. Die Pflanze gedeiht auch ohne die für die Landwirtschaft notwendige Bewässerung. Zwar sank die Produktion seit 1987 um 26% und die Anbaufläche seit 1997 um 16%, doch sind die Erfolge der Regierung gegen die Drogenbarone eher zufällig, weil es sowohl an der notwendigen Ernsthaftigkeit als auch an den logistischen Möglichkeiten zu ihrer Verfolgung fehlt. Zudem hat Myanmar in den letzten Jahren eine wachsende Bedeutung bei der Produktion von Amphetaminen erlangt. (Foto: Opiumproduzenten in Myanmar)

Oben: Die Studentenunruhen 1988 weiteten sich zu großen Anti-Regierungsprotesten aus, so auch der Hungerstreik vor dem Krankenhaus von Rangun im September 1988 (Foto).

Unten: Nach dem Militärputsch von General Saw Maung 1988 gehörten Soldaten zum alltäglichen Straßenbild. (Foto: Szene in der Hauptstadt Rangun im März 1992)

Staatsoberhäupter von Myanmar

Reg.-Zeit	*Name*	*Lebensdaten*
1948–52	Sao Shwe Thaik	1896–1962
1952–57	Ba U	1887–1963
1957–62	Win Maung	1916–1989
1962–81	Ne Win	*1911
1981–88	San Yu	1919–1996
1988	Sein Lwin	*1924
1988	Maung Maung	1925–1994
1988–92	Saw Maung	1928–1997
seit 1992	Than Shwe	*1933

Die wichtigsten Parteien im 20. Jahrhundert

Name (Abkürzung)	*Politische Richtung*	*Gründung*
Burma Socialist Programme Party (BSPP)	sozialistisch	1962
National League for Democracy (NLD)	liberal, fordert Menschenrechte ein	1988
National Unity Party (NUP)	Nachfolgeorganisation der BSPP	1988

Nahrungsmittel-, insbes. die Reisknappheit der 70er Jahre – verursacht durch Dürreperioden, denen 1974 Überschwemmungen folgten – verschärfte die wirtschaftlichen Probleme und die Gegensätze zwischen Arm und Reich noch weiter. Unter der Militärregierung stiegen die Lebenshaltungskosten beträchtlich; jegliche Planung auf dem Nahrungsmittelmarkt wurde durch den Schwarzhandel zunichte gemacht, auf den rund 80% des inländischen Konsumgütermarktes entfielen und der nahezu den gesamten Reis besserer Qualität aufkaufte. Die Regierung bemühte sich zwar, durch neue Anpflanzungen, größere Reisfelder und bessere Bewässerung die Reisproduktion wieder zu steigern, doch die niedrigen Preise sowie der Mangel an Kunstdünger und Maschinen hielten die Marktproduktion auf unterem Niveau. Seit 1979 gewährte Japan umfangreiche Kapitalhilfe für den Import von Kunstdünger und Maschinen.

Wachsende Opposition: Bis 1979 gehörte Birma der Organisation der blockfreien Staaten an, doch wies der »birman. Weg zum Sozialismus« politisch wie wirtschaftlich deutliche isolationistische Züge auf. Eine schlechte Wirtschaftslage, das gravierende Minderheitenproblem und das Parteienverbot begünstigten die Entstehung von Widerstandsbewegungen, die sich in den grenznahen Regionen konzentrierten. Zu den wichtigsten gehörte die Birman. Kommunistische Partei, die Kachin Independence Army und die Shan States Army.

Destabilisierung: 1981 gab Ne Win formal das Amt des Staatspräsidenten an General San Yu ab, behielt jedoch seinen Einfluss als Vorsitzender der einzigen legalen politischen Organisation des Landes, der BSPP. Die inneren Unruhen gingen weiter, geheime Friedensgespräche zwischen Vertretern des Militärs und den kommunistischen Führern scheiterten 1981 endgültig.

Auch die wirtschaftliche Situation des Landes verbesserte sich nicht, Korruption und Schwarzhandel griffen weiter um sich. Um die Inflation zu bekämpfen, wurden 1987 die drei höchsten Banknoten und damit über 50% des Bargeldes ersatzlos entwertet. Das Ende der direkten und indirekten Herrschaft Ne Wins begann im März 1988 mit Unruhen im Hochschulbereich, die sich zu größeren Anti-Regierungs-Protesten und schließlich zu Massenunruhen ausweiteten. Im Juli erklärte Ne Win seinen Rücktritt vom Parteivorsitz und schlug eine Volksabstimmung über die Einführung eines Mehrparteiensystems vor. Unter wechselnden Staatspräsidenten zerfiel die Regierungsgewalt zunehmend, bei Demonstrationen wurden mutmaßlich Tausende von Menschen getötet.

Schwieriger Weg zur Demokratie

Putsch: Durch einen Militärputsch kam am 18.9.1988 General Saw Maung als Vorsitzender des vom Militär gebildeten State Law and Order Restoration Council (SLORC) an die Macht. Das Ein-Kammer-Parlament wurde aufgelöst, das Parteienverbot aufgehoben.

Parlamentswahlen: Zur Wahl des Parlaments, das eine neue Verfassung ausarbeiten sollte, ließen sich 235 Parteien registrieren; 93 nahmen an der Wahl vom 27.5.1990 teil, 27 von ihnen errangen mindestens ein Mandat. Eine Mehrheit von über 59% der Stimmen erreichte die für Bürgerrechte und Demokratie eintretende National League for Democracy (NLD). Da dieses Ergebnis dem Militärregime nicht genehm war, wurde das Parlament bis heute nicht einberufen; rund 200 Mitglieder, vorwiegend der NLD, sind inzwischen verstorben, in den Untergrund gegangen oder ihres Mandats unter dem Vorwand subversiver Tätigkeit enthoben worden.

Neue Verfassung: Seit 1993 arbeitet ein Nationalkonvent nach Regierungsvorgaben die neue Verfassung für Birma aus, das im Sinne eines politisch erwünschten neuen multikulturellen Nationalbewusstseins 1989 in »Myanmar« umbenannt wurde. Die bisher bekannten Grundzüge beinhalten bürgerliche Grundrechte, Gewaltenteilung und innere Autonomie der ethnischen Minoritäten, aber das Verbot der Sezession. Die regionalen Einheiten erhalten eigene Regierungen, die jedoch der Kontrolle der Zentralregierung und insbes. dem Präsidenten unterstehen.

Status quo: Bis zur Verabschiedung der neuen Verfassung wird die Legislative vom SLORC ausgeübt, der 1997 in State Peace and Development Council (SPDC) umbenannt wurde. Die politische Liberalisierung verlangsamte sich in den 90er Jahren, als die 1995 aus dem Hausarrest entlassene Aung San Suu Kyi die Führung der NLD übernahm, einen offenen Konfrontationskurs zum SLORC/SPDC führte und das Ausland aufforderte, das Land nicht als Tourist zu besuchen oder dort zu investieren. Zwar folgten die USA und weitgehend auch die EU diesem Aufruf, doch die ASEAN-Staaten nahmen M. 1997 als Vollmitglied auf. Die Beziehungen M.s zur VR China verbesserten sich und sowohl die ausländischen Investitionen als auch die Touristenzahlen stiegen sprunghaft an.

Friedensnobelpreisträgerin Aung San Suu Kyi

Als Tochter des Generals und ersten Premierministers Aung San am 19.6. 1945 geboren, gründete Aung San Suu Kyi 1988 die National League for Democracy (NLD), die zur führenden Oppositionspartei aufstieg. 1989 wurde die Politikerin unter Hausarrest gestellt. 1990 gewann die NLD die Mehrheit in dem Parlament, das nie einberufen wurde. Wegen ihres Einsatzes für die Menschenrechte erhielt Aung San Suu Kyi 1991 den Friedensnobelpreis. Als sich im selben Jahr der Parteivorstand der NLD neu formierte, verlor sie das Amt des Generalsekretärs. Nach Aufhebung des Hausarrests 1995 erlangte sie das Amt zurück und dominiert seitdem die NLD. Ihre Appelle erlangten weltweite Aufmerksamkeit, als die UN-Vollversammlung 1998 die Militärjunta aufforderte, Gespräche mit der NLD zu führen. (Foto: Aung San Suu Kyi auf einem NLD-Treffen 1995)

1997 übernahm Senior-General Than Shwe die Macht, das SPDC wurde personell verjüngt und das Kabinett teilweise erneuert. Das erklärte politische Ziel ist die Entwicklung M.s zu einer »gelenkten Demokratie«.

Wirtschaftlicher Aufschwung: Die innenpolitische Stabilität – bis 1995 schloss die Regierung Waffenstillstandsabkommen mit 15 Rebellenorganisationen – wurde zur Grundlage der wirtschaftlichen Liberalisierung, die nach dem Willen des Militärregimes die vorhandene sozialistische Planwirtschaft in ein marktwirtschaftlich orientiertes System umwandeln soll. Erste Ergebnisse sind – fast ohne ausländische Hilfe – ein Ausbau der Landwirtschaft auf breiter Basis und die Entwicklung der Infrastruktur, wobei die Regierung eine – in ihrer Höhe allerdings unbekannte – Staatsverschuldung in Kauf nahm. Durch die Zunahme des Tourismus und durch ausländische Investitionen wurden höhere Deviseneinnahmen erzielt. Rückzüge US-amerikan. Unternehmen wurden meist durch Anteilsübernahmen von Seiten europäischer oder asiat. Firmen aufgefangen. Ab 1997 wurden die Reisexporte eingestellt, um die Inlandspreise zu stabilisieren. Mit ausländischer Hilfe wurde zum einen die Devisen bringende Förderung von Erdgas erhöht, das vorwiegend nach Thailand exportiert wird, zum anderen die Anlage von 17 Industrieparks geplant. *H.-W. W.*

Namibia 2000

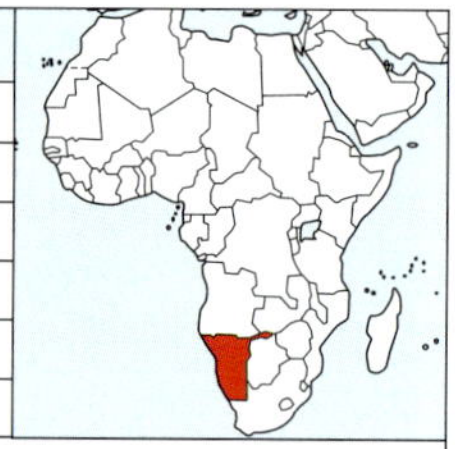

Landesfläche	824 292 km^2 (WR 33)
Einwohner	1,7 Mio (WR 143)
Hauptstadt	Windhuk (190 000 Einwohner)
Sprachen	Englisch, Afrikaans, Deutsch, Bantu
Währung	1 Namib. Dollar (ND) = 100 Cents
Gliederung	13 Regionen
Staatsform	Präsidiale Republik (seit 1990)
Religion	Christen (82%); Sonstige (18%)
Bevölkerung	Ovambo (47,4%); Kavango (8,8%); Sonstige (43,8%)

Namibia im 20. Jahrhundert

1903	Beginn des Hottentottenkriegs gegen die Deutschen (bis 1907).
1904	Der Hereroaufstand 1904/05 gegen die deutschen Kolonialherren wird blutig niedergeschlagen: Von 90 000 Herero überleben 13 000.
1907	Die 50–65% überlebenden Hottentotten erhalten nach dem Ende des Hottentottenkriegs Reservate zugewiesen.
1908	Entdeckung der Diamantenfelder bei Lüderitzbucht (ab 1920: Lüderitz).
1909	Deutsch-Südwestafrika erhält innere Autonomie.
1910	Der deutsche Staat sichert sich 33,3% der Gewinne der Diamantengesellschaften und errichtet das Schürfsperrgebiet bei Lüderitzbucht.
1914	Brit. Truppen besetzen den Hafen von Lüderitzbucht.
1915	Südafrika unter General Louis Botha erobert Deutsch-Südwestafrika.
1920	Südafrika erhält Südwestafrika als C-Mandat des Völkerbunds.
1922	Niederschlagung afrikan. Unabhängigkeitsbewegungen (bis 1924).
1925	Apartheid-Verfassung für Südwestafrika.
1932	Deutsche erhalten die südafrikan. Staatsbürgerschaft und Wahlrecht.
1934	Südafrika verbietet die NSDAP in Südwestafrika.
1946	Die UN lehnen eine Eingliederung Südwestafrikas in Südafrika ab.
1949	Südafrika gewährt den Weißen in SWA direkte Vertretung im Parlament.
1954	Die südafrikan. Regierung übernimmt die direkte Verwaltung von SWA.
1960	Sam Nujoma gründet die Befreiungsorganisation SWAPO.
1966	Die UN erklären die südafrikan. Mandatsherrschaft für beendet.
	Beginn der Kämpfe zwischen SWAPO-Guerillas und südafrikan. Militär.
1967	Ovamboland wird erstes Homeland in Südwestafrika.
1968	Die UN benennen Südwestafrika in Namibia um.
1973	Die Homelands Ovamboland und Kavanga erhalten »Selbstregierung«.
1975	Südafrika initiiert die multiethnische Turnhallenkonferenz.
1977	USA, UN und SWAPO lehnen die Turnhallenverfassung ab.
1978	Südafrika setzt die Turnhallenverfassung faktisch in Kraft.
1988	Namibia-Friedensabkommen Südafrikas mit Angola und Kuba.
1989	Die SWAPO unter Sam Nujoma gewinnt die ersten freien Wahlen.
1990	Unabhängigkeit der Republik Namibia; Nujoma wird Staatspräsident.
1993	Mit der Einführung des Namibia-Dollar anstelle des südafrikan. Rand trennt sich Namibia auch währungspolitisch von Südafrika.
1994	Die Südafrika zugehörige Walfischbai geht in den Besitz Namibias über.
	Die SWAPO erringt bei den ersten Parlamentswahlen nach Erlangung der Unabhängigkeit die Zweidrittelmehrheit; Nujoma wird mit 76,3% der Stimmen als Staatspräsident bestätigt.
1999	Ausnahmezustand im Caprivi-Zipfel, wo die Caprivi-Freiheitsarmee u. a. von botswan. Gebiet aus für die Unabhängigkeit kämpft. Nujoma wird mit 76,7% der Stimmen zum dritten Mal zum Präsidenten gewählt. Bei den Parlamentswahlen etabliert sich mit dem Congress of Democrats (COD, 9,9%) erstmals eine afrikan. Opposition zur SWAPO.

Namibia

Republik Namibia

Ab dem 16. Jh. wanderten Herero und Bantuvölker nach N. ein, das von Jäger- und Sammlergruppen der Damara und San, den sog. Buschleuten, besiedelt war.

Kolonisierung

Kolonie Deutsch-Südwestafrika: Das Gebiet des heutigen N. wurde ab 1884 offiziell Kolonie des Deutschen Kaiserreiches; 1891 erklärte die Kolonialverwaltung Windhuk zur Hauptstadt. Deutsch-Südwestafrika lag zwischen der portug. Kolonie Angola im Norden, dem brit. Protektorat Betschuanaland (Botswana) im Osten und der brit. Kapkolonie (Südafrika) im Süden; zur brit. Kapkolonie gehörte auch die von deutsch-südwestafrikan. Territorium umgebene Walfischbai.

Ethnische Heterogenität: Die schwarze Bevölkerung bestand im Süden aus Hottentotten (ca. 80 000) und im Norden aus den mit den Hottentotten verfeindeten Bantuvölkern der Ovambo (53 000) und Herero (90 000); dazu kamen ca. 35 000 nomadisierende Bergdamas (»Klippkaffern«), die von den Herero als Schmiede, Hirten und Sklaven gehalten wurden, 3000 Hottentottisch sprechende Nama und 2000 hottentottisch-burische Mischlinge (»Bastaards«). Diesen knapp 200 000 Schwarzafrikanern standen (1893) 1150 Europäer gegenüber, darunter 750 Deutsche, 290 Briten und acht Buren. Bis 1909 stieg die Zahl der Weißen auf 9400 und belief sich bei Ausbruch des Ersten Weltkriegs auf über 15 000.

Unterwerfung: Unter Gouverneur Theodor Leutwein begann ab 1894 die Stabilisierung der deutschen Herrschaft, wobei Leutwein die verfeindeten Stämme gegeneinander ausspielte. 1898 richtete er Reservate ein, in denen sich kein Stammesfremder (auch keine Weißen) ohne Erlaubnis des Gouverneurs ansiedeln oder Handel treiben durfte. Der bekannteste Schwarzenführer war der christianisierte Nama Hendrik Witbooi, der 1894 in Gefangenschaft Leutweins geriet. 1896 von der Kolonialmacht zum Oberhäuptling der Nama eingesetzt, unterstützte er bis 1904 die Kolonialmacht politisch und militärisch.

Hererokrieg: Am 12.1.1904 erhoben sich die Herero unter Häuptling Samuel Maharero gegen die Weißen und töteten ca. 120 Europäer. Da die Truppen von Gouverneur Leutwein den Aufstand nicht niederschlagen konnten, wurde Verstärkung aus dem Deutschen

Reich geschickt. General Lothar von Trotha übernahm den Oberbefehl, schlug die Herero am 11.8.1904 am Waterberg und trieb sie in die wasserarme Sandwüste, wo die meisten von ihnen starben. Von den 90 000 Herero in Deutsch-Südwestafrika überlebten die auch im Deutschen Reich als »Völkermord« bezeichnete Militäraktion Trothas 700 als Flüchtlinge im brit. Betschuanaland und 12 000 als Gefangene in deutschen Lagern. Leutwein, der eine Politik der »Befriedung« gegenüber den Schwarzafrikanern eingeleitet hatte, trat 1905 aus Protest gegen Trothas Vernichtungsstrategie von seinem Amt als Gouverneur zurück.

»Hottentottenkrieg«: Im Oktober 1903 rebellierten die Hottentottisch sprechenden Bondelswart-Namas unter Häuptling Jakob Morenga gegen die deutsche Kolonialmacht; Ursachen der Erhebung waren ein starker Zustrom weißer Siedler, die die Bondelswarts zu verdrängen versuchten, und die Verschuldung vieler Bondelswarts bei weißen Händlern. Nach der Vertreibung Morengas Anfang 1904 und dem Beginn des Hererokriegs geriet der vergleichsweise kleine Aufstand zum Nebenkriegsschauplatz. Erst als der Nama-Häuptling Witbooi, der bis dahin die Deutschen unterstützt hatte, im Oktober 1904 auf die Seite der Bondelswarts trat, weitete sich der Aufstand zum »Hottentottenkrieg« aus.

Diamantenfunde: Nach Entdeckung der Diamantenfelder bei Lüderitzbucht 1908 wurden Abbau und Export von Diamanten der wichtigste Wirtschaftssektor in Deutsch-Südwestafrika. Der Diamantenhandel war Monopol des Staats, der Konzessionen vergab. Da Deutsch-Südwestafrika nicht vom Staat, sondern von Handelsgesellschaften kolonisiert worden war, teilten sich zunächst vier dieser Gesellschaften die Abbaurechte. Um einer Zersplitterung in viele Gesellschaften vorzubeugen, ließ Reichskolonialminister Bernhard Dernburg das gesamte in Frage kommende Schürfgebiet sperren – das mehr als 300 km lange und knapp 100 km breite Diamantensperrgebiet besteht bis heute – und erteilte der Deutschen Kolonialgesellschaft eine Sonderberechtigung, aus der sich die Staatskasse die Hälfte der Einnahmen sicherte. Innerhalb weniger Jahre entwickelte sich Lüderitzbucht (Name ab 1920: Lüderitz) zu einem bedeutenden Hafen- und Industriezentrum in ansonsten völlig vegetationsloser, wüstenhafter Umgebung; die Bauten der wilhelminischen Ära prägen bis heute das Bild der Stadt. Bis 1913 wurden 4,7 Mio Karat abgebaut, 1926 lag die Ausbeute bei 0,68 Mio Karat, 1995 betrug sie 1,34 Mio.

Der »Hottentottenkrieg« – Chronik eines Völkermords

Blutige Unterwerfung: Die Kämpfe um die Hottentottenfestung Groß-Nabas (2.–4.1.1905) waren die für beide Seiten verlustreichste Schlacht in diesem Krieg, in dem die Hottentotten Schätzungen zufolge 35 bis 50% ihrer gesamten Bevölkerung verloren. Am 29.10.1905 fiel Häuptling Witbooi in der Schlacht bei Fahlgras, sein Sohn Klein-Hendrik führte den Kampf als Guerillakrieg weiter. Die deutsche Regierung unter Reichskanzler Bernhard von Bülow erklärte die Situation in Deutsch-Südwestafrika zu einer Frage von nationalem Interesse und löste 1906 den Reichstag auf, als die Zentrumspartei die Verabschiedung eines Nachtragshaushalts für den Hottentottenkrieg verweigerte. Während des »Hottentottenwahlkampfs« im Deutschen Reich begannen die Hottentotten mit der Niederlegung der Waffen. Am 31.3.1907 wurde gemäß einer Verordnung Kaiser Wilhelms II. der Kriegszustand in Deutsch-Südwestafrika aufgehoben, obwohl Klein-Hendrik bis August 1907 weiterkämpfte. Häuptling Morenga floh im September 1907 auf brit. Gebiet und fiel wenige Tage später bei Witpan im Kampf mit Kappolizisten. Die Hottentotten erhielten nach dem Krieg Reservate zugeteilt, die sie ohne Pässe nicht verlassen durften. (Fotos: Die Hottentottenhäuptlinge Jakob Morenga, l., und Hendrik Witbooi)

Unter der Herrschaft Südafrikas: Nach dem Ausbruch des Ersten Weltkriegs versuchte Großbritannien, sich die Diamantenfelder bei Lüderitzbucht zu sichern und Deutsch-Südwestafrika seinem südafrikan. Kolonialreich einzugliedern. Im September 1914 besetzten brit. Einheiten den Hafen von Lüderitzbucht und stießen ins Landesinnere vor. Von Angola im Norden aus marschierten Truppen der Kolonialmacht Portugal in Deutsch-Südwestafrika ein, um – vergeblich – die diamantenreiche Kolonie zu erobern. Als im Frühjahr 1915 von Süden eine brit.-südafrikan. Offensive von 65 000 Mann unter General Louis Botha begann, zogen sich die 5000 auf deutscher Seite kämpfenden Soldaten, Siedler und Afrikaner nach Norden zurück. Nach Eroberung der Hauptstadt Windhuk am 12.5. durch brit.-südafrikan. Truppen folgte wenige Wochen später (9.7.) die Kapitulation: Der deutsche Gouverneur Theodor Seitz übergab Deutsch-Südwestafrika dem südafrikan. Burenführer und General Botha.

C-Mandat: Am 17.12.1920 übertrug der von den Siegermächten des Ersten Weltkriegs gegründete Völkerbund dem brit. Dominion Südafrika die Verwaltung der ehemaligen Kolonie Deutsch-Südwestafrika als C-Mandat Südwestafrika im Auftrag Großbritanniens. Der Mandatsvertrag erlaubte Südafrika, das Mandatsgebiet als integralen Bestandteil seines Staatsgebiets zu behandeln. Während des Weltkriegs hatten die Siegermächte das Selbstbestimmungsrecht der Völker und den Verzicht auf Annexionen propagiert. Um sich die deutschen und osman. Kolonien dennoch sichern zu können, wurden die Kolonien als »Mandatsgebiete« nominell der Verwaltung des Völkerbunds übertragen mit der Begründung, die dort lebenden Völker seien nicht reif zur Selbstregierung. Dabei wurde differenziert zwischen A-Mandaten (relativ reif), B-Mandaten (unreif) und C-Mandaten (unterentwickelt). Nicht der Völkerbund, sondern die Regierungschefs von Großbritannien, USA, Frankreich und Italien verteilten diese Mandatsgebiete an Großbritannien, Frankreich und Belgien. Dabei sicherte sich Großbritannien u. a. das an Südafrika grenzende Deutsch-Südwestafrika, gab es jedoch weiter an Südafrika, das es im Auftrag Großbritanniens verwalten sollte. Als neue Kolonialmacht schlug Südafrika mit aller Härte Erhebungen von Schwarzafrikanern, die sich auf das Selbstbestimmungsrecht der Völker beriefen, 1922–24 nieder.

Apartheid: Nach der Niederschlagung von Afrikanerunabhängigkeitsbewegungen verlieh Südafrika am 13.7.1925 dem Mandatsgebiet Südwestafrika eine Verfassung mit Ansätzen von Selbstverwaltung für die weiße Bevölkerungsminderheit. In der Verfassung fanden die wesentlichen Elemente der Apartheid-Gesetzgebung ebenso Berücksichtigung wie der Umstand, dass von den 25 000 weißen Einwohnern die Deutschen knapp die Hälfte ausmachten. Nach dem Ersten Weltkrieg hatte Südafrika 6375 Deutsche ausgewiesen, wenig später jedoch die Niederlassung von Deutschen wieder erlaubt und gefördert, sodass Südwestafrika eine weiterhin kulturell und wirtschaftlich stark »deutsch« geprägte Kolonie war. Alle männlichen »brit. Untertanen« ab 21 Jahren (Südafrika war bis 1931 als Dominion weiterhin eine brit. Kolonie) erhielten das Wahlrecht. Die Deutschen erlangten 1932 zusätzlich zur deutschen die südafrikan. Staatsangehörigkeit und damit die Wahlberechtigung, wurden jedoch vom Militärdienst befreit, was etwaige Kampfhandlungen gegen das Deutsche Reich betraf. Am 29.10.1934 verbot die Mandatsverwaltung die NSDAP. Die 250 000 Schwarzafrikaner, die direkt dem südafrikan. Administrator von Südwestafrika unterstellt wurden, blieben rechtlos. Amtssprachen wurden Englisch, Afrikaans und Deutsch (von den sechs großen Zeitungen erschienen vier in deutscher Sprache, eine in Englisch und eine dreisprachig). Während das Schulsystem der Weißen europäischen Standards entsprach (mit deutsche n Realschulen und zahlreichen Privatschulen), waren die Schwarzafrikaner wie in Südafrika vom Bildungssystem weitgehend ausgeschlossen: Um den Schulunterricht von 3250 afrikan. Kindern (1,3% der afrikan. Bevölkerung) kümmerten sich Missionsgesellschaften. Die Schwarzafrikaner arbeiteten als Feldarbeiter sowie als unqualifizierte Kräfte im Bergbau (Diamanten, Kupfer, Zinn), der in den 20er Jahren einen rasanten Aufschwung nahm. Am 14.12.1946 lehnte die Vollversammlung der von den Siegermächten des Zweiten Weltkriegs als Nachfolgeorganisation

Relikte der deutschen Kolonisation Namibias

Die deutschsprachigen Einwohner Namibias (rund 20 000) sind überwiegend als Geschäftsleute im Lebensmittelhandel und im Touristiksektor sowie als Farmer und Techniker tätig. Die Farmer besitzen teilweise riesige Ländereien von mehr als 10 000 ha. Dieser aus der Kolonialzeit stammende Großgrundbesitz geriet Ende der 90er Jahre als »ungerechtes Besitzsystem« in die Kritik. Die Farmer standen der sozialistisch orientierten Regierung Nujoma anfangs mit Misstrauen gegenüber; da wesentliche Veränderungen am Besitz- und Wirtschaftssystem jedoch ausblieben, fand Nujomas Politik zu guter Letzt auch bei den Deutschstämmigen Anerkennung. Deutsche Straßen- und Geschäftsnamen und wilhelminische Bauten wie die »Turnhalle« (Namensgeberin der Turnhallenkonferenz und der von Weißen dominierten Partei Democratic Turnhalle Alliance), der »Tintenpalast« (Parlamentsgebäude), die Alte Feste und die evangelische Christuskirche prägen das Bild der Hauptstadt Windhuk; die Kaiserstraße wurde allerdings nach der Unabhängigkeit in Indepedence Avenue umbenannt. Das deutsche Hörfunkprogramm ist ganztägig zu empfangen und mit der »Allgemeinen Zeitung« hat Windhuk als einzige Hauptstadt Afrikas eine deutsche Tageszeitung. (Foto: Altes Amtsgericht in Swakopmund)

des Völkerbunds gegründeten Vereinten Nationen (UN) den Antrag Südafrikas ab, Südwestafrika seinem Staatsgebiet einzugliedern. Südafrika reagierte mit der Schaffung von Fakten und gewährte 1949 den Weißen in Südwestafrika direkte Vertretung im südafrikan. Parlament. 1954 übernahm die südafrikan. Regierung die direkte Verwaltung von Südwestafrika.

Homelands: Ungeachtet der UN-Proteste führte die weiße südafrikan. Regierung ihre Große Apartheid genannte Rassentrennungspolitik auch in Südwestafrika durch, das ab 1969 faktisch als fünfte südafrikan. Provinz verwaltet wurde. Ovamboland wurde 1967 im Rahmen der Apartheid erstes Bantustan (Homeland): 340 000 Ambos erhielten Ovamboland als Schwarzenterritorium mit eigenem Legislativrat und Exekutivausschuss zugewiesen. Zweites Homeland wurde Kavango. Im April 1973 gewährte Südafrika Ovamboland »Selbstregierung«. Ungeachtet eines Wahlboykotts – nur 2,5% der Bevölkerung beteiligten sich 1973 an den Wahlen – wurde Häuptling Filemon Elifas (ermordet 1975) Premierminister des Homelands. Die Schaffung der Homelands war mit Massenzwangsumsiedlungen verbunden. In den Homelands herrschten katastrophale Lebensbedingungen: 1973 gab es in Ovamboland ein Krankenhaus mit 475 Betten für 340 000 Menschen.

Der Weg in die Unabhängigkeit

Gründung »Namibias«: Am 19.4.1960 wurde als afrikan. Befreiungsorganisation die sozialistisch orientierte South West African People's Organization (SWAPO) unter der Führung von Sam Nujoma gegründet, der bereits als Leiter der Ovamboland People's Organization Protestaktionen gegen die Apartheid initiiert hatte. Nujoma leitete die SWAPO im Exil und erreichte 1964 ihre Anerkennung durch die Organisation für Afrikan. Einheit (OAU). Eine wesentliche Rolle bei der Befreiung Südwestafrikas von dem südafrikan. Apartheidstaat kam den Vereinten Nationen zu. Am 27.10.1966 erklärte die UN-Vollversammlung das südafrikan. Mandat für beendet und übernahm die direkte Verantwortung für das Land, das von den UN am 12.6.1968 in N. umbenannt wurde. Ein Urteil des Internationalen Gerichtshofs bestätigte 1971 die Haltung der UN, erklärte die Präsenz Südafrikas in N. für völkerrechtswidrig und alle Handlungen Südafrikas in N. für illegal. Die UN erkannten die SWAPO »als einzige authentische Vertretung des namib. Volks« an.

Die SWAPO (South West African People's Organization), 1959 gegründet, bekämpfte ab den 60er Jahren die südafrikan. Besatzer Südwestafrikas. Unter Mithilfe der UNO, die 1966 Südafrika das Mandat für Südwestafrika entzogen und 1973 die SWAPO als einzige legitime Vertretung des namib. Volks anerkannt hatte, kam es 1988 zu einem Friedensabkommen und in dessen Folge 1990 zur Entstehung der unabhängigen Republik Namibia. (Foto: SWAPO-Sympathisanten begrüßten im März 1989 den finn. UN-Vertreter Martti Ahtisaari am Flughafen Windhuk.)

Turnhallenverfassung: Die Unabhängigkeit des Nachbarlands Angola von Portugal (1975) bewirkte eine nachhaltige Stärkung der SWAPO, die militärisch von marxistisch-angolan. und kuban. Truppen unterstützt wurde. Unter dem Eindruck der veränderten Lage berief die weiße südafrikan. Regierung am 1.9.1975 in der in deutscher Kolonialzeit in Windhuk erbauten und weiterhin so genannten »Turnhalle« eine multiethnische Verfassungskonferenz ein, die am 18.3.1977 die sog. Turnhallenverfassung verabschiedete: Sie sah eine gemischtrassige Übergangsregierung und die Unabhängigkeit des Landes für 1978 vor. Aus der Turnhallenkonferenz ging die Democratic Turnhalle Alliance (DTA) hervor, die heute stärkste Oppositionspartei. Die Umsetzung der Turnhallenverfassung scheiterte an der Ablehnung der SWAPO, die den bewaffneten Kampf mit Unterstützung Kubas von Angola aus weiterführte, und an der Ablehnung der USA, die sich mehr Rechte in N. sichern wollten.

Wahlen: Ungeachtet der internationalen Ablehnung der Turnhallenverfassung ließ Südafrika am 4.–8.12.1978 auf der Basis dieser Verfassung Wahlen durchführen, an denen sich die SWAPO nicht beteiligte. 82% der Stimmen erhielt die DTA. Als Südafrika 1979 Massenverhaftungen unter den in N. lebenden SWAPO-Funktionären durchführen ließ und am 21.5.1979 auf der Grundlage der Turnhallenverfassung und der Wahlen eine Nationalversammlung in Windhuk einberief, reagierte die UN-Vollversammlung am 23.5. mit dem Ausschluss Südafrikas aus der UN-Vollversammlung. Alle folgenden Verhandlungsver-

Sam Nujoma – Namibias erster Staatspräsident

Sam Nujoma (*1929), der Gründer der sozialistischen afrikanischen Befreiungsorganisation South West African People's Organization (SWAPO), wurde 1990 zum ersten Staatspräsidenten des unabhängigen Namibia gewählt. Er verfolgte eine Politik der nationalen Versöhnung, die auch bei den weißen Bürgern des Landes Zustimmung fand. Kritisiert wird jedoch sein selbstherrlicher Regierungsstil. Unter Nujoma wurden Oppositionelle verfolgt; er initiierte eine Verfassungsreform, die ihm 1999 eine dritte Amtszeit ermöglichte, und erließ außerdem Gesetze, die in der Bevölkerung bis heute unverstanden geblieben sind: So wurde z. B. Englisch als Amtssprache eingeführt – in einem Land, in dem die überwältigende Mehrheit der Menschen kein Englisch spricht. (Foto von 1996)

suche scheiterten, die SWAPO setzte ihren bewaffneten Kampf von Angola aus fort, die in N. stationierten südafrikan. Streitkräfte reagierten mit Angriffen auf SWAPO-Lager in Angola.

Friedensabkommen: Unter Vermittlung von UN und USA unterzeichneten Südafrika, Angola und Kuba am 22.12.1988 ein Friedensabkommen, das den Rückzug der kuban. Truppen aus Angola und der südafrikan. Truppen aus N. vorsah und die Unabhängigkeit von N. regelte.

Unabhängigkeit: Aus den ersten freien, unter UN-Kontrolle stattfindenden Wahlen im November 1989 ging die von Nujoma geführte SWAPO mit 57,3% der Stimmen als Siegerin vor der DTA (28,5%) hervor. Mit Inkrafttreten der demokratischen Verfassung am 21.3.1990 wurde N. eine unabhängige (Präsidial-)Republik im Commonwealth. Die Vereidigung von SWAPO-Führer Nujoma als erster Staatspräsident durch UN-Generalsekretär Javier Pérez de Cuellar im Stadion von Windhuk unterstrich die tragende Rolle, die die Vereinten Nationen während des Unabhängigkeitsprozesses gespielt hatten. Am 23.4. erfolgte die Aufnahme N.s als 160. Staat in die UN. Als Staatspräsident wurde Nujoma auch Oberbefehlshaber der Streitkräfte sowie faktischer Leiter der Regierung.

Die wichtigsten Parteien im 20. Jahrhundert

Name (Abkürzung)	*Politische Richtung*	*Gründung*
South West African People's Organization (SWAPO)	von den Ovambo dominierte Unabhängigkeitskeitspartei mit sozialistischer Ausrichtung	1960
Democratic Turnhalle Alliance (DTA)	von Weißen dominierter Parteizusammenschluss der Turnhallen-Verfassungskonferenz	1977
Congress of Democrats (COD)	demokratisch	1998

Republik Namibia

Wahlen und Verfassungsänderungen: Bei den ersten Parlamentswahlen nach der Unabhängigkeit errang die SWAPO am 7./8.12. 1994 mit 72,7% der Stimmen die für Verfassungsänderungen notwendige Zweidrittelmehrheit (53 Mandate), während die DTA sechs Mandate verlor und nur noch mit 15 Abgeordneten vertreten war. Bei den gleichzeitig stattfindenden Präsidentschaftswahlen wurde Nujoma mit 76,3% im Amt bestätigt.

In den folgenden Jahren wurde Kritik an der Machtfülle Nujomas laut, doch 1999 hob die SWAPO mit ihrer Zweidrittelmehrheit die Verfassungsregelung auf, die die Amtszeit des Präsidenten auf zwei Perioden von jeweils fünf Jahren beschränkte.

Wirtschaft: Mit der Einführung des N.-Dollars anstelle des südafrikan. Rand trennte sich N. am 15.9.1993 währungspolitisch von der ehemaligen Kolonialmacht, blieb jedoch weiterhin wirtschaftlich stark abhängig von Südafrika. Fast 90% aller Importgüter bezog N. Ende des 20. Jh.s aus Südafrika, Hauptexportländer waren Großbritannien (34%) und Südafrika (27%). Der Bergbau, vor allem der Diamantenbergbau, war weiterhin der bedeutendste Industriezweig, zu den größten Wachstumsbranchen zählte der Tourismus. Die Inflationsrate in N., das Ende des 20. Jh.s mit einem Bruttosozialprodukt von 2110 US-Dollar pro Kopf zu den Staaten mit mittlerem Einkommen zählte, konnte von der Regierung Nujoma auf unter 10% gesenkt werden. Die Hauptprobleme bildeten die hohe Arbeitslosenquote von 38%, die Analphabetenquote von 60% und die knapper werdenden Wasserreserven.

Konflikt mit Botswana: Die Sicherung der Wasserresourcen sowie separatistische Bestrebungen im Caprivi Strip (Caprivizipfel) führten in den 90er Jahren zu Spannungen zwischen N. und dem Nachbarstaat Botswana. N. erhob ebenso wie Botswana Anspruch auf die wasserstrategisch wichtige Insel Kasikili im Chobe, dem Grenzfluss zwischen Caprivi Strip und Botswana; bei einem Staatsbesuch in Botswana erklärte Nujoma im März 1999, ein Urteil des Internationalen Gerichtshof akzeptieren zu wollen. Nach schweren Gefechten zwischen der namib. Armee und der Caprivi Freedom Army verhängte Nujoma am 3.8.1999 den Ausnahmezustand über den Caprivi Strip. Unter Führung von Mishake Muyongo kämpfte die Caprivi-Befreiungsarmee für die Unabhängigkeit des Caprivizipfels, auch von botswan. Gebiet aus. *B.P.*

Nauru

Republik Nauru

Der lediglich ein gehobenes Atoll umfassende zentralpazif. Kleinstaat wurde 1798 von dem Walfangkapitän John Fearn entdeckt, aber nicht betreten. N. blieb eine unabhängige Inselgesellschaft, bis es 1886 vom Deutschen Reich im Rahmen des Marshall-Insel-Protektorats annektiert wurde.

Nauru 2000	
Landesfläche	21 km² (WR 190)
Einwohner	11 000 (WR 190)
Regierungssitz	Yaren (4000 Einwohner)
Sprachen	Englisch, Nauruisch
Währung	1 Australischer Dollar (A$) = 100 Cents
Gliederung	14 Gemeindedistrikte
Staatsform	Parlamentarische Republik im Commonwealth (seit 1968)
Religion	Christen (90%); Sonstige (10%)
Bevölkerung	Nauruer (58%); sonstige Südseeinsulaner (26%); Europäer (8%); Chinesen (8%)

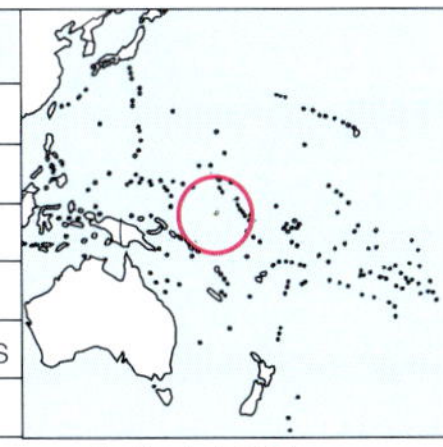

Von der Kolonie zur Republik

Phosphatabbau: Um 1900 entdeckte die brit. Pacific Islands Company die Phosphatlagerstätten und bewarb sich um die Minenrechte; der Tagebau begann 1906. Zu Beginn des Ersten Weltkrieges besetzten austral. Truppen die Insel, die bis 1921 unter brit. Kontrolle blieb und dann vom Völkerbund unter ein gemeinsames Protektorat von Australien, Neuseeland und Großbritannien gestellt wurde. Die drei Länder richteten eine Verwaltungsstruktur, vor allem aber die British Phosphate Commissioners (BPC) ein, um den Phosphatabbau zu organisieren.
Japanische Besetzung: Unter der 1942–45 andauernden japan. Besetzung wurden 1200 Einwohner von N. nach Truk in Mikronesien deportiert; nur 700 Überlebende kehrten 1946 zurück. 1947 wurde die Insel zum UN-Treuhandgebiet erklärt und stellvertretend für die drei Mandatsmächte der Vorkriegszeit von Australien verwaltet.
Unabhängigkeit: Der Weg zur Unabhängigkeit begann 1966 mit der Gründung des N. Local Government Councils (NLGC), das den 1927 mit beratenden Funktionen eingesetzten Rat der Stammeshäuptlinge ersetzte. Auch die Verfügungsgewalt über die Phosphatgewinnung wurde den Einwohnern schrittweise übertragen. Am 31.01.1968 erhielt N. als Republik innerhalb des brit. Commonwealth die Unabhängigkeit.

Nauru im 20. Jahrhundert	
1899	Inbesitznahme durch das Deutsche Reich, Beginn der protestantischen Missionierung.
1914	Landung austral. Truppen.
1920	Völkerbundmandat Großbritanniens, Australiens und Neuseelands.
1942	Japan. Besetzung und Deportation einheimischer Arbeitskräfte.
1945	Rückeroberung durch Australien.
1947	UN-Treuhandgebiet, von Australien verwaltet.
1966	Erste Parlamentswahlen.
1968	Beendigung der UN-Treuhandschaft; Unabhängigkeit.
	Oberhäuptling Hammer DeRoburt wird Präsident.
1978	Nach mehrmaligem Präsidentenwechsel wird DeRoburt wieder gewählt, ebenso 1980 und 1983.
1987	Gründung der Nauru Democratic Party (NDP), um die Machtausdehnung des Präsidenten einzuschränken.
1993	Nach einer Klage vor dem Internationalen Gerichtshof sagt Australien 107 Mio Austral. Dollar an finanzieller Hilfe zur Renaturierung Naurus zu.

Parlamentarische Demokratie

Politisches System: Die Legislative liegt in der Hand eines 18-köpfigen Parlaments, das aus seinen Reihen den Präsidenten wählt, dessen Amtszeit an die des Parlamentes gebunden ist. Dem Kabinett des Präsidenten gehören bis zu sechs ernannte Minister an, die ebenfalls Mitglieder des Parlaments sind. Die Regierung teilt die exekutive Verantwortung mit dem NLGC, das für lokale Angelegenheiten zuständig ist, mehrere Unternehmen betreibt und Eigentümer der 1979 gegründeten N. Fishing Corporation und der Schifffahrtsgesellschaft der Insel ist.
Häufige Regierungswechsel: Vom Beginn der Unabhängigkeit an erlebte N. häufige Regierungswechsel, ausgelöst durch wechselnde Parlamentsmehrheiten, Rücktritte und Misstrauensvoten. Die lockere und informelle Parteienstruktur folgte bis 1987 weitgehend der Stammeszugehörigkeit. Erster Präsident wurde Oberhäuptling Sir Hammer DeRoburt (1923–92). Unzufriedenheit mit seinem autoritären Regierungsstil verhinderte 1976 zunächst seine dritte Wiederwahl. Als jedoch seinen Nachfolgern, darunter Bernard Dowiyogo, dem Gründer der informellen N. Party, die parlamentarische Unterstützung versagt blieb, wurde DeRoburt wieder gewählt und gewann von da an alle Wahlen bis 1987. Im Januar 1987 wurde als Nachfolgerin der N. Party die Democratic Party of N. mit dem Ziel gegründet, eine weitere Ausdehnung der Macht des Präsidenten zu verhindern und die Rolle des Parlaments zu stärken. Zwar gelang es ihrem

Der Phosphatabbau hat eine verwüstete Landschaft im Inneren von Nauru hinterlassen. Da das Gebiet von der Pflanzendecke weitgehend entkleidet ist, heizt es sich so weit auf, dass der aufsteigende Luftstrom die Wolken zerstreut. Die dadurch auftretenden Trockenperioden haben das normale Wachstum des Urwalds verlangsamt und die Lebensmöglichkeiten der Tierwelt stark verringert. (Foto: Förderturm einer Phosphatfabrik auf Nauru)

Führer Kennan Adeang, DeRoburt 1986 aus dem Amt zu entfernen, doch noch im selben Jahr erlangte er wieder die Macht, die er erst 1989 an die DPN abgeben musste. Die 90er Jahre waren für N. eine Zeit politischer Instabilität, die durch zahlreiche Regierungen – häufig unter demselben Präsidenten – gekennzeichnet war.

Wirtschaftliche Grundlage Phosphat

Wirtschaftsstruktur: Der Phosphatabbau bestimmt seit fast einem Jahrhundert die Wirtschaftsstruktur von N. Doch flossen erst nach der Unabhängigkeit die Exporterlöse in die Staatskasse und N. erreichte eines der höchsten Pro-Kopf-Einkommen der Welt. Die einheimische Bevölkerung macht nur rund 58% der Einwohner aus, denn durch den Phosphatabbau wurde N. zu einem attraktiven Arbeitgeber für Arbeiter aus China, den Philippinen, Kiribati, Tuvalu und von anderen pazifischen Inseln. Die Nauruer sind wohlhabende Landbesitzer und Großunternehmer, da ihnen als rechtliche Besitzer des Bodens hohe Tantiemen zufließen, die ihnen eine weitgehende Steuerfreiheit und kostenlose staatliche Sozial- und Bildungseinrichtungen erlauben.

Staatsoberhäupter von Nauru

Reg.-Zeit	Name	Lebensdaten
1968–76	Hammer DeRoburt	1922–1992
1976–78	Bernard Dowiyogo	*1946
1978	Lagumot Harris	1938–1999
1978–86	Hammer DeRoburt	1922–1992
1986	Kennan Adeang	k. A.
1986–89	Hammer DeRoburt	1922–1992
1989	Kenos Aroi	k.A.
1989–96	Bernard Dowiyogo	*1946
1996	Kennan Adeang	k.A.
1996–97	Reuben Kun	k.A.
1997–98	Kinza Clodumar	*1944
1998–99	Bernard Dowigoyo	*1946
seit 1999	René Harris	*1948

Erschöpfung des Phosphatvorkommens: Da die Phosphatlagerstätte voraussichtlich im ersten Jahrzehnt des 21. Jh.s erschöpft sein wird, sind seit der Unabhängigkeit finanzielle Vorkehrungen getroffen worden. Die Einnahmen flossen zum großen Teil in den »N. Phosphate Royalties Trust«, aus dem Entwicklungsprojekte und Anlageobjekte finanziert sowie Grundstücke, Hotels und Geschäftshäuser in Australien und im pazifischen Raum erworben wurden. Ein anderer Teil der Erlöse floss in einen Wohlstandsfonds, der am Ende des Phosphatabbaus hinreichende Zinsen für ein auskömmliches Leben der einheimischen Bevölkerung erwirtschaften soll.
Umweltschäden: Der Phosphatabbau hat im Inneren der Insel eine unfruchtbare Mondlandschaft hinterlassen. Zur Beseitigung von Umweltschäden haben daher N. und Australien 1993 nach einem Schiedsspruch des Internationalen Gerichtshofs in Den Haag eine Summe von 107 Mio Austral. Dollar vereinbart, die Australien als Entschädigung für den Phosphatabbau während der Zeit der Treuhänderschaft zu zahlen hat. Der insulare Siedlungs- und verbleibende Wirtschaftsraum ist auf einen schmalen Küstenstreifen zusammengedrängt. Hier ist eine dauerhafte Landwirtschaft in nur geringem Umfang möglich, sodass fast die gesamte Nahrungsmittelversorgung aus Importen gedeckt werden muss.
Renaturierung: Da die Rekultivierung der Abbauflächen, wenn sie überhaupt möglich ist, nur langsam vor sich gehen wird, stellt – im Gegensatz zu anderen pazif. Inselstaaten – der Tourismus auf N. keine realistische Perspektive dar. Da auf der Insel keine Einkommensteuern erhoben werden, erhofft man sich eine größere Bedeutung als Steuerparadies.

Außenpolitik

Aus politischen wie aus wirtschaftlichen Gründen suchte N. seit den 80er Jahren enge Beziehungen zu den südpazif. Nachbarn. Es bekämpfte mit ihnen die französ. Atomtestversuche und diskutiert innerhalb der Pacific Islands Commission eine engere Zusammenarbeit mit Tuvalu, Kiribati und den Marshall-Inseln beim Flug- und Schiffsverkehr sowie in der Hochseefischerei. *H.-W. W.*

Nepal

Königreich Nepal

In dem Geburtsland des Religionsstifters Siddharta Gautama Buddha (563–ca. 480) zwischen Indien und China beherrscht seit dem 12. Jh. unter Duldung des Buddhismus und anderer Religionen die hinduistische Brahmanenkaste die Politik. Seit dem Altertum gab es verschiedene Königreiche, die nebeneinander existierten und 1743–1868 durch die Expansionspolitik der Shah-Könige aus Gorkha zu einem wohlhabenden Land vereinigt wurden. N. erhielt seine heutigen Grenzen nach den Niederlagen in den Kriegen gegen China und Tibet 1788–92 und gegen die Briten in Indien 1814–16.

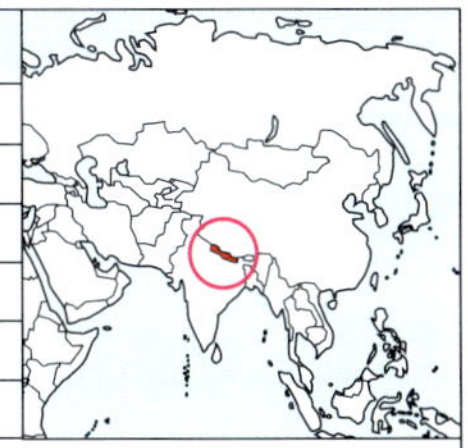

Nepal 2000	
Landesfläche	147 181 km² (WR 91)
Einwohner	23,4 Mio (WR 42)
Hauptstadt	Katmandu (420 000 Einwohner)
Sprachen	Nepali, Newari, Maithili u. a.
Währung	1 Nepal. Rupie (NR) = 100 Paisa
Gliederung	14 Zonen
Staatsform	Konstitutionelle Monarchie (seit 1990)
Religion	Hindus (86%); Buddhisten (7%); Moslems (4%); Sonstige (3%)
Bevölkerung	Nepalesen (Gurkha, 53%); Bihan (18%); Tharu (5%); Niwar (3%); Tamang (5%); Sonstige (16%)

Nepal im 20. Jahrhundert	
1946	Gründung des Nepali National Congress.
1948	Konservative Kräfte verhindern das In-Kraft-Treten der ersten Verfassung.
1948/49	Bildung einer Opposition.
1950	König Tribhuvan (seit 1911) geht ins ind. Exil. Nepali National Congress und Nepali Democratic Congress schließen sich zum Nepali Congress zusammen, der sich für die Demokratisierung des Landes einsetzt.
1950/51	In einem Volksaufstand wird die autokratische Herrschaft des Rana-Geschlechts (seit 1846) gestürzt und König Tribhuvan wieder inthronisiert; Einführung der konstitutionellen Monarchie; Premierminister wird M. P. Koirala.
1955	König Tribhuvan stirbt; sein Sohn Mahendra Bir Bikram wird König.
1959	Verabschiedung einer demokratischen Verfassung
1960	Absetzung der Regierung durch den König; Parteienverbot.
1962	König Mahendra Bir Bikram erlässt eine neue Verfassung und errichtet ein autokratisches Regierungssystem, das sog. Panchayat.
1971	Handels- und Transitabkommen mit Indien.
1972	König Mahendra Bir Bikram stirbt; sein Sohn Birenda Bir Bikram folgt ihm auf den Thron.
1980	In einem Referendum stimmt das Volk für die Fortsetzung des Panchayats.
1990	Die ind. Handelsblockade trifft die Nepalesen schwer.
	Unter dem Druck der Demokratiebewegung wird das Panchayat abgeschafft, eine neue demokratische Verfassung verabschiedet und das Parteienverbot aufgehoben.
1991	Bei den Wahlen siegt der Nepali Congress; Premierminister wird Girija Prasad Koirala.
1999	Nach Minderheitsregierungen gewinnt der Nepali Congress die Mehrheit; Premierminister wird Krishna Prasad Bhattarai.

Rana-Regime

Machtergreifung: Die Herrschaft des Adelsgeschlechts Rana, das durch autokratische Führer die Politik N.s bis 1951 bestimmte, begann 1846 mit dem sog. Kot-Massaker, bei dem Angehörige des alteingesessenen Adels im militärischen Hauptquartier des Landes (kot) in Katmandu ermordet wurden. Durch die Politik des Premierministers Jang Bahadur Rana (1846–77), die die brit. Herrschaft in Indien unterstützte, widerstand N. der Kolonialisierung durch die Briten und konnte seine staatliche Unabhängigkeit wahren. 1854 bis 1856 unterwarf N. in einem Waffengang Tibet und machte es zur Handelskolonie.
Festigung der Macht: Jang Bahadur Rana sicherte die Position seiner Familie durch eine Politik der nationalen Isolation und durch Machtzentrierung, d. h. Berufung Angehöriger in hohe Ämter und Heiratsallianzen. 1856 wurde das Amt des Ministerpräsidenten erblich und das Königshaus auf repräsentative Aufgaben beschränkt. Dem Volk blieb das Recht auf politische Aktivität versagt. Die landwirtschaftliche Produktion, der einzige Wirtschaftsfaktor N.s, war auf Subsistenz ausgerichtet und blieb rückständig. Premierminister Chandra Shamsher (1901–29) leitete nach dem Ersten Weltkrieg vorsichtig die Industrialisierung des Landes und einige soziale Reformen ein, darunter die Abschaffung der Sklaverei und der Witwenverbrennung.

Bildung politischen Bewusstseins

Nationalbewegung: Um die Jahrhundertwende sprang aus Indien der Funke der Nationalbewegung nach N. über. Es entstanden soziale Bewegungen, die aber von der Regierung unterdrückt wurden. In den 30er Jahren wurden erstmals politische Organisationen gegründet, die im Untergrund auf den Sturz des Rana Regimes hinarbeiteten, dabei jedoch ohne Erfolg blieben.
Nationalkongress: Schließlich formierte sich im ind. Exil eine Unabhängigkeitsbewegung, aus der 1946 verschiedene Parteien hervorgingen: der All-India Nepali National Congress, der im ind. Benares – der Hochburg des nepales. Widerstandes gegen das Rana-Regime – gegründet wurde, und der Nepali National Congress, eine nach dem Vorbild des

Nepal und seine verschiedenen Bevölkerungsgruppen

Die Bevölkerung Nepals setzt sich aus mehreren ethnischen Gruppen mit unterschiedlichen Sitten, Sprachen und Religionen zusammen. Die größte Gruppe sind mit einem Anteil von 53% die Gurkha, die im 12. Jh. aus Nordindien nach Nepal kamen. Die mongoloide Volksgruppe vermischte sich mit den seit dem 19. Jh. eingewanderten Indonepalesen. Ihre Muttersprache Nepali wurde als Nationalsprache angenommen, ihr hinduistischer Glaube wurde Staatsreligion.

Zu den altnepales. Gruppen, die lange vor der Einwanderung der Ghurka präsent waren, gehören die Newar. Einst Buddhisten, sind sie heute in das hinduistische Kastensystem eingegliedert. Tantrische Riten der hinduistischen oder buddhistischen Glaubensrichtung praktizieren die Gurung, Magar, Tharu, Rai, Limbu, Sherpa und Thakal. Die Tamang hängen zum Teil noch der alten tibet. Bon-Religion an, einer schamaistischen Glaubensrichtung.

Im 20. Jh. wanderten nach Besetzung ihres Landes durch die Chinesen buddhistische Tibeter nach Nepal ein. Um die guten Beziehungen zu China und die Dominanz des Hinduismus zu erhalten, verfolgt die nepales. Regierung gegenüber den tibet. Einwanderern eine repressive Politik. Der Dalai Lama, das religiöse Oberhaupt der Tibeter, darf nicht nach Nepal einreisen und ihnen ist jede politische Aktivität gegen China untersagt. (Foto: Nach der Zulassung von Parteien 1990 fanden in Katmandu große Demonstrationen statt.)

Staatsoberhäupter Nepals

Reg.-Zeit	*Name*	*Lebensdaten*
1911–50[1]	Tribhuvan Bir Bikram Schah	1906–1955
1955–72	Mahendra Bir Bikram Schah	1920–1972
seit 1972	Birenda Bir Bikram Schah	*1945

1) 1950/51 im ind. Exil

Die wichtigsten Parteien im 20. Jahrhundert

Name (Abkürzung)	*Politische Richtung*	*Gründung*
Nepal Praja Parishad (Volksrat)	demokratisch	1935
Nepali National Congress (NNC)	demokratisch	1946
Communist Party of Nepal (CPN)	kommunistisch	1949
Nepali Congress Party (NCP)	sozialdemokratisch	1950
National Democratic Party (NDP)	monarchistisch	1953
United Democratic Party (UDP)	demokratisch	1956
Nepal Goodwill Party (NSP)	Tarai-Partei	1983
Nepal Workers and Peasants Party (NMKP)	kommunistisch	1991
United Marxist-Leninist Party (UML)	kommunistisch	1991
United Peoples Front Party (SJN)	kommunistisch	1991

ind. Nationalkongresses geformte Partei. Breit angelegte Aktionen des passiven Widerstandes in Form von Streiks und Demonstrationen, wie sie von Mahatma Gandhi vorgeführt worden waren, zwangen die Regierung zu Zugeständnissen.

Erste Verfassung: 1948 beschloss Padma Shamsher Rana die erste schriftlich niedergelegte Verfassung des Landes, die einen Kompromiss zwischen den konservativen und demokratischen Kräften im Land darstellte. Bevor sie in Kraft treten konnte, wurde Padma von einem Verwandten abgesetzt.

Bildung einer Opposition: Zusammen mit dem Nepali National Congress bildeten ab 1948/49 der Nepali Democratic Congress, der zur Beseitigung des Rana-Regimes auch das Mittel der Gewalt einsetzen wollte, der moderate N.-Volksrat und die Communist Party of N. eine breite Opposition. 1950 schlossen sich der Nepali National Congress und der Nepali Democratic Congress zur Nepali Congress Party zusammen, die sich später zum Träger der Demokratiebewegung entwickeln sollte. Ihr ideologischer Führer war Girija Prasad Koirala (bis 1982).

Volksaufstand: Mit Unterstützung des ins ind. Exil geflüchteten Königs Tribhuvan (1911–50; 1952–55), Indiens und einer vom Nepali Congress aufgestellten Befreiungsarmee stürzte die Bevölkerung in einem Volksaufstand das seit 100 Jahren währende Rana-Regime. Im März 1951 wurde eine Verfassung verabschiedet, die die königliche Macht in einer konstitutionellen Monarchie nach brit. Vorbild wiederherstellte. Premierminister wurde Matrika Prasad Koirala, der Bruder Girija Prasad Koiralas.

Außenpolitik: 1947 wurde Indien unabhängig; Großbritannien hatte sich vom Subkontinent zurückgezogen, die alte Bündnispartnerschaft war beendet. 1950 schloss N. einen Freundschaftsvertrag mit der Ind. Union. Ein Jahr zuvor war China sozialistisch geworden und marschierte nun im Rahmen seiner Expansionspolitik in Tibet ein, sodass N. 1956 seinen Verzicht auf die Handelskolonie erklären musste. Die Krise zwischen den großen Nachbarstaaten Indien und China, die sich ab 1956 aufgrund der chines. Tibet- und Grenzpolitik anbahnte, zwang N., seine Isolation aufzugeben und sich diplomatischen Beziehungen sowie neuen gesellschaftspolitischen Vorstellungen zu öffnen.

Demokratisches Intermezzo: 1955 folgte Mahendra Bir Bikram seinem Vater Tribhuvan auf den Thron. Vier Jahre später wurde die erste demokratische Verfassung verabschiedet, die den Parlamentariern jedoch nicht weit genug ging. Aus den ersten Wahlen ging der Nepali Congress als Sieger hervor. Von reaktionären Kräften angezettelte Unruhen veranlassten König Mahendra Bir Bikram, 1960 in einem Staatsstreich die Regierung unter dem Vorwurf der Unfähigkeit aufzulösen, ein Parteienverbot zu verhängen und eine autokratische Herrschaft zu errichten.

Panchayat

Autokratie: 1962 erließ König Mahendra Bir Bikram eine neue Verfassung. Sie installierte ein pyramidenförmiges Rätesystem, das ohne Mitwirkung von Parteien von einem Ministerrat geleitet wurde. Die bis 1990 währende Herrschaft des sog. Panchayats war von sozialen Unruhen begleitet. Die Kräfte, die für eine Demokratisierung des Landes eintraten, wurden von der Regierung unterdrückt. Schärfster Widersacher des Panchayats war der Nepali Congress.

Unruhen und Krisen des Systems: In den 70er Jahren kam es zu Hinrichtungen von Mitgliedern des Nepali Congress, die das Prinzip der Gewaltfreiheit aufgegeben und sich an Terroranschlägen beteiligt hatten. 1979 verübten Extremisten aus dem Panchayat-Lager zahlreiche Attentate auf Führer des Nepali Congress. In einem Volksreferendum 1980 stimmten 55% für eine Reform des Panchayat-Systems, die jedoch ausblieb. Die späten 80er Jahre waren geprägt von Auseinandersetzungen zwischen Congress- und Regierungsanhängern bzw. Sicherheitskräften, von Korruptionsvorwürfen und wirtschaftlichen Problemen.

Außenpolitik: König Mahendra Bir Bikram und sein Sohn sowie Nachfolger Birenda (ab 1972) verfolgten eine Politik der Blockfreiheit und der Unparteilichkeit gegenüber den beiden großen Nachbarstaaten Indien und China, um die guten Beziehungen zu diesen nicht zu gefährden. Ein 1971 mit Indien abgeschlossenes Handels- und Transitabkommen stellte die Grundversorgung N.s sicher.

Handelsblockade: Um die Kontrolle über den nepal. Außenhandel mit Drittländern zu erzwingen, verhängte Indien 1990 eine Handelsblockade gegen N., die zu großen Engpässen und Not in der Bevölkerung führte.

Sturz des Systems: Die Krise, an der die Bevölkerung der Regierung die Schuld gab, machten sich der Nepali Congress und einige Linksparteien zunutze und schlossen sich zur United Democratic Front zusammen. Ab Januar 1990 entwickelte sich eine landesweite Demokratiebewegung, die bald die große Masse des Volkes erfasste. Nach blutigen Unruhen erklärte König Birenda Bir Bikram im April des Jahres die Auflösung des Panchayat-Systems.

Demokratisierung

Verfassung: Eine Übergangsregierung verabschiedete im November 1990 eine neue Verfassung, die eine konstitutionelle Monarchie mit einem Mehrparteiensystem vorsieht. Das Parlament besteht aus einem Unterhaus mit 205 Sitzen und einem Oberhaus mit 60 Sitzen. Die freien Wahlen vom Mai 1991, an der 20 Parteien teilnahmen, gewann der Nepali Congress. Premierminister wurde Girija Prasad Koirala. Er wurde 1994 unter dem Vorwurf der Korruption vom Nepali Congress gestürzt.

Kurzlebige Regierungen: In den nächsten sechs Jahren folgten ebenso viele Regierungen, von denen fünf durch Misstrauensvoten oder Koalitionsbruch zu Fall kamen. Ihre Ministerpräsidenten wurden von verschiedenen Parteien gestellt: Man Mohan Adhikari (1994/1995) von der Unified Marxist-Leninist Party (erster kommunistischer Regierungschef in einer Monarchie), Sher Bahadur Deuba (1995 bis 1997) vom Nepali Congress, Lokendra Bahadur Chand (1997/98) von der National Democratic Party, Girija Prasad Koirala (1998/1999) und Krishna Prasad Bhattarai (1999/2000) vom Nepali Congress. Bhattarai trat im März 2000 auf Druck seiner Partei zurück, die ihm schlechte Verwaltung und Versagen gegenüber den maoistischen Rebellen vorwarf, die seit 1996 für eine Bauernrepublik kämpfen. Die Amtsgeschäfte übernahm zum dritten Mal sein Vorgänger Koirala. *C. B.*

Birendra Bir Bikram (Foto von 1994), seit 1972 König von Nepal, schaffte feudale Vorrechte und das sog. Panchayat ab. Während seiner Regentschaft wurde eine neue demokratische Verfassung erlassen und es fanden die ersten demokratischen Wahlen in Nepal seit 32 Jahren statt.

Der Tourismus in Nepal begann mit der Eröffnung des Tribhuvan-Flughafens in Katmandu 1954. Er ist heute nach dem Teppichexport die wichtigste Devisen-Einnahmequelle des Landes. Besonders beliebt sind Trekkingtouren durch die nepales. Hochgebirge. (Foto: Nepales. Trekkingtour-Begleiter)

Neuseeland

Der holländ. Seefahrer Abel Janszoon Tasman entdeckte 1642 die Westküste der Südinsel und nannte das Land »Staten Landt«; in der zweiten Hälfte des 17. Jh.s tauchte auf niederländ. Karten der Name »Neuseeland« (Nieuw Zeeland) auf, der sich durchsetzte. James Cook erforschte während seiner Reisen 1769 bis 1777 mehrfach N. und erkannte die Teilung in zwei Inseln. Auch um französ. Ambitionen auszuschalten, erfolgte die brit. Inbesitznahme: Die »Unabhängigkeitserklärung der Vereinigten Stämme« (1835) schuf auf brit. Anregung einen Maori-»Staat« auf der Nordinsel. Gleichzeitig wurde die brit. Krone als Schutzmacht anerkannt. 1841 wurde N. eigenständige Kronkolonie.

Neuseeland 2000

Landesfläche	270 534 km² (WR 73)
Einwohner	3,8 Mio (WR 119)
Hauptstadt	Wellington (158 300 Einwohner)
Sprachen	Englisch, Maori
Währung	1 Neuseeland-Dollar (NZ$) = 100 Cents
Gliederung	16 Regionen
Staatsform	Parlamentarische Monarchie im Commonwealth (seit 1907)
Religion	Anglikaner (21,4%); Presbyterianer (16%); Katholiken (14,8%); Sonstige (28,1%); Konfessionslose (19,7%)
Bevölkerung	Weiße (74%); Maori (10%); Polynesier (4%); Sonstige (12%)

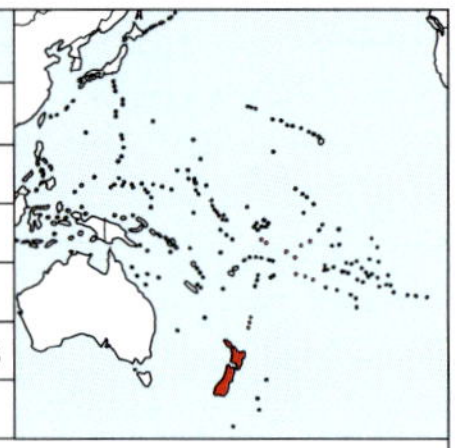

Neuseelands Beziehungen zu Großbritannien

Staatsoberhaupt der parlamentarischen Monarchie Neuseeland ist der brit. Monarch, vertreten durch den Generalgouverneur – derzeitiger Amtsinhaber ist seit dem 21.3.1996 Sir Michael Hardie Boys. Der brit. Monarch ernennt den parteilosen Generalgouverneur auf Vorschlag des neuseeländ. Premierministers. Hauptaufgabe des Generalgouverneurs ist es, den Führer der größten Parlamentsfraktion mit der Regierungsbildung zu beauftragen. In Neuseeland wird – anders als in Australien – die Frage der Einführung einer Republik bislang nur am Rande diskutiert. Neben der älteren Bevölkerung sind auch viele Maori wegen des Treaty of Waitangi (Vertragspartner ist die brit. Krone) für die Beibehaltung der Monarchie. (Foto: Parlamentsgebäude in Wellington)

Vertrag von Waitangi: Der »Treaty of Waitangi« (6.2.1840) regelte die Beziehungen zwischen Großbritannien und den beteiligten Maori und begründete damit die Kolonie. Der Landbesitz und die Nutzungsrechte der Maori wurden bestätigt; die brit. Krone erhielt zunächst (bis 1865) das alleinige Kaufrecht von Maori-Land. Die Maori erlangten die brit. Bürgerrechte und unterstellten sich der brit. Krone. Konfliktstoff boten später die unterschiedlichen Auslegungsmöglichkeiten der engl. und der ungenau ins Maori übersetzten Vertragsversion. Brit. Siedler werteten den Vertrag bald als ungültig. Die rücksichtslosen Praktiken der europäischen Landnahme beantworteten die Maori einerseits 1857 durch die Wahl eines Königs und Gründung eines »Staates« (King Movement), andererseits durch gewaltsamen Widerstand 1844–47 und in den Maori-Kriegen 1860–72. Der »New Zealand Settlement Act« (1863) erlaubte es, das Land von aufständischen Maori-Stämmen zu konfiszieren. Der »Native Title Act« (1865) setzte den Native Land Court ein, der die Landrechte der Maori klären sollte und den traditionell gemeinschaftlichen in »individuellen« Landbesitz überführte. Damit wurde den Briten der Erwerb von Grundbesitz erleichtert. Um 1890 besaßen die brit. Krone und Siedler rd. 85% der Landfläche N.s. Die Zahl der Maori war von 100 000–125 000 (1840) auf etwa 42 000 (1896) gesunken.

Die Liberale Ära (1891–1912)

Liberale Regierung: Die Geburtsstunde des »modernen« N. schlug mit dem Regierungsantritt der Liberalen 1891. Sie bildeten die ersten Regierungen auf Basis einer »Partei«-Zugehörigkeit mit Fraktionsdisziplin im Parlament und legten so die Grundlagen für die Entwicklung des neuseeländ. Parteiensystems. Insbes. die Premiers John Ballance (1891–93) und Richard John Seddon (1893–1906) errichteten ein Staatsgebäude, das bis in das letzte Drittel des 20. Jh.s in seinen Grundzügen erhalten blieb.

Reformen: Die Reformpolitik der Liberalen folgte pragmatischen Überlegungen. Interventionismus und Protektionismus als Mittel zur Steuerung der gesellschaftlichen Entwicklung erschienen notwendig. Um 1900 galt das »soziale Laboratorium« N. bei ausländischen Beobachtern als weltweit »fortschrittlichste«

Demokratie. Dazu hatten neben dem Wahlrecht – so erhielten die Frauen in N. schon 1893 das aktive Stimmrecht – u. a. die Einrichtung eines Schlichtungssystems für Tarifauseinandersetzungen 1894 (kein Streikrecht im System), das die Bildung von Gewerkschaften begünstigte und den »Klassenkampf« auf den Rechtsweg verlagerte, sowie die Sozialgesetzgebung (u. a. Altersversorgung 1898) beigetragen.

Landfrage: Im Zentrum der liberalen Politik stand die Landfrage. Der Großgrundbesitz wurde neben der überdimensionierten Entwicklungspolitik (Auslandsanleihen, massive Einwanderungsförderung) des früheren Schatzkanzlers und Premiers Julius Vogel (1873–75; 1876) für die Wirtschaftskrise seit Ende der 1870er Jahre verantwortlich gemacht. Daher sollte der Großgrundbesitz parzelliert und an Kleinfarmer verkauft oder verpachtet werden. Neben der freiwilligen Aufteilung durch einsichtige Landbesitzer erwarb die Regierung mittels Anleihen Ländereien, die günstig verteilt wurden. Bis 1914 siedelte N. so 5529 Farmer an.

Außenpolitik: Das Angebot zum Beitritt in den 1901 gegründeten »Commonwealth of Australia« schlug N. aus. Stattdessen erwarb es 1901 mit den Cook Islands und Niue die ersten eigenen Kolonien. 1907 wurde es zum Dominion innerhalb des brit. Empire und erhielt damit – abgesehen von der außenpolitischen Vertretung – einen weitgehend souveränen Status. Die Interessen des brit. Empire unterstützte N. u. a. mit rd. 6500 Soldaten im Burenkrieg (1899–1902).

Stagnation und Krisenbewältigung

Streiks: Um 1907/08 zeigten sich erste Differenzen zwischen Arbeiterbewegung und Regierung. Die Unzufriedenheit mit dem staatlichen Schlichtungssystem und eine beginnende Rezession führten zu Streiks. Der liberale Premier Joseph George Ward (1906–12) verschärfte das Streikrecht, was wiederum den Gegensatz zu den Arbeiterorganisationen vertiefte. Die »New Zealand Federation of Labour« (»Red Feds«, gegründet 1909) vertrat klassenkämpferische Positionen und organisierte u. a. den »Waihi Strike« (1912), der nach dem Austritt der Waihi Workers' Union aus dem staatlichen Schlichtungssystem entbrannt war. Nach der Wahlniederlage der Liberalen stellte ab Juli 1912 die ländlich orientierte Reform Party die Regierung. Der neue Premierminister William Ferguson Massey (1912–25) setzte Polizei und Streikbrecher ein. Nach dem Tod eines Red-Feds-Mitglieds wurde der

Neuseeland im 20. Jahrhundert

1901	Neuseeland annektiert die Cook Islands und Niue.
1907	Neuseeland erhält den Status eines Dominions.
1914–18	Teilnahme am Ersten Weltkrieg.
1914	Besetzung des deutschen Schutzgebiets West-Samoa.
1915	Teilnahme am Dardanellen-Feldzug; am 25.4. (»ANZAC Day«) Landung auf der türk. Halbinsel Gallipoli.
1915–19	Nationale Regierung aus Reform und Liberal Party.
1920	Neuseeland erhält das Völkerbundmandat über West-Samoa (C-Mandat).
1923	»Ross Dependancy« in der Antarktis wird als Interessensphäre proklamiert.
1926	Neuseeland übernimmt von Großbritannien die Verwaltung von Tokelau.
1935–49	Labour-Regierungen; Reform und Ausbau des Sozialwesens.
1939–45	Teilnahme am Zweiten Weltkrieg.
1940	Bildung eines Mehrparteien-Kriegskabinetts.
1944	»Canberra Agreement« (ANZAC-Pakt) mit Australien.
1945	Neuseeland ratifiziert die UN-Charta als Gründungsmitglied.
1946	West-Samoa bleibt als UN-Treuhandgebiet unter neuseeländ. Verwaltung.
1947	Neuseeland ratifiziert das Statut von Westminister (1931) und unterzeichnet das GATT-Abkommen.
1948	Tokelau wird dem Territorium Neuseelands einverleibt.
1950	Der »Legislative Council Abolition Act« schafft mit Wirkung vom 1.1.1951 die Zweite Kammer des Parlaments ab.
1951	Unterzeichnung des ANZUS-Pakts (Australien, Neuseeland, USA).
1953	Erster Staatsbesuch eines regierenden brit. Monarchen (Elizabeth II.).
1954	Neuseeland gehört zu den Gründungsmitgliedern der SEATO (1955–77).
1959	Unterzeichnung des Antarktis-Vertrags.
1962	Unabhängigkeit von West-Samoa.
1971	Neuseeland ist Gründungsmitglied des »South Pacific Forum«.
1972	Aufnahme diplomatischer Beziehungen zur VR China; die diplomatischen Beziehungen zu Taiwan werden abgebrochen.
1973	Großbritannien tritt der EG bei; Neuseeland erhält für eine Übergangszeit Exportvergünstigungen und wird OECD-Mitglied.
1974	Neuseelands Klage (1973) gegen die französ. Atomtests im Pazifik wird vom Internationalen Gerichtshof in Den Haag/Niederlande abgewiesen.
1985	Die Anti-Nuklear-Politik veranlasst Neuseeland, dem US-Kriegsschiff USS Buchanan das Hafenrecht zu verweigern; Suspendierung des ANZUS-Vertrags durch die USA (1986) ist die Folge.
	»Treaty of Rarotonga« (6.8.) besiegelt atomwaffenfreie Zone im Südpazifik.
	Französ. Geheimdienst versenkt das Greenpeace-Schiff »Rainbow Warrior« im Hafen von Auckland.
1987	Neuseeland beschließt offiziell den Bann für atomar bewaffnete Schiffe.
1990	»Bill of Rights Act« wird verabschiedet; soziale, wirtschaftliche und kulturelle Grundrechte sind nicht enthalten.
1993	Ein gemischtes Wahlrecht nach deutschem Vorbild wird per Referendum beschlossen; erste Wahl nach dem neuen Verfahren 1996.
1994	Die USA nehmen die Beziehungen zu Neuseeland wieder auf.
1995/96	Erneute französ. Atomtests im Pazifik führen zu Protesten Neuseelands; ein neuseeländ. Kriegsschiff wird ins Testgebiet entsandt.
	Die erneute Klage vor dem Internationalen Gerichtshof in Den Haag gegen die französ. Atomtests wird abgewiesen.
1995	Die neuseeländ. Regierung und die größte Stammesvertretung der Maori schließen ein Abkommen über die Regelung der Landrechte.
	Elizabeth II. unterzeichnet auf ihrer Neuseeland-Visite ein Gesetz über Entschädigungszahlungen an die Maori.
1996	Frankreich, Großbritannien und die USA stimmen dem »South Pacific Nuclear-Free Zone Treaty« zu.
1999	Die Labour Party gewinnt die Wahlen; Regierungschefin wird Helen Clark.

Die Maori – Emanzipation und Lösung der Landfrage

Emanzipationsbestrebungen der Maori setzten früh ein. Um 1900 war die »Maori Renaissance«, getragen von einer jüngeren Maori-Mittelschicht, Ausdruck eines neuen Selbstbewusstseins. Aus dieser Bewegung ging die »Young Maori Party« (1909–12) hervor, die aber keinen größeren Einfluss erlangte. In den beiden Weltkriegen dienten Maori als Freiwillige; aus dem Rekrutierungssystem im Zweiten Weltkrieg entwickelte sich 1945 eine beschränkte Selbstverwaltung der Stämme. Zugleich setzte die Landflucht ein, sodass die Maori (Zensus 1996: 523 374 Maori) heute größtenteils in Städten leben (1991: 84,9 %). Auf staatlicher Seite trat nach 1945 das Ziel der Integration an die Stelle der Assimilation; Mitte der 90er Jahre dominierte ein bikultureller Ansatz, der auf partnerschaftliche Beziehungen zwischen Maori und Pākehā (Nicht-Maori) setzte. Bereits 1987 wurde »Maori« zur zweiten offiziellen Sprache Neuseelands erklärt.

Die von den Maori geforderte Revision der Landrechte kulminierte 1975 in einem »Landrechtsmarsch«, der bis nach Wellington führte. Gemäß dem »Treaty of Waitangi Act« (1975) nahm das »Waitangi Tribunal« (vom Generalgouverneur ernannt) die Arbeit auf, um Forderungen der Maori anzuhören und zu überprüfen, ob Gesetze etc. gegenüber den Maori dem »Treaty of Waitangi« (1840) entsprechen. 1985 wurde die Zuständigkeit des Tribunals, das nur beratende Funktion besitzt, auf die Zeit bis 1840 ausgedehnt. Die Maori inszenierten auch in der Folgezeit Proteste am »Waitangi Day« (6.2.).

1994 waren rd. 75% der Landfläche Neuseelands von Maori-»claims« betroffen. Mit drei Stammesgruppen wurden z. B. zwischen 1995 und 1997 Abkommen getroffen, die u. a. Entschädigungszahlungen vorsahen. Zur Kompensation der Fischrechte lieh die Regierung einem Maori-Konsortium 150 Mio $NZ, um sich ins größte neuseeländ. Fischfangunternehmen einzukaufen. (Abbildung oben: Unterzeichnung des Vertrags von Waitangi, 1840; Foto unten links: Giebel des Maori Meeting House bei Rotorua; unten rechts: Teilnehmer des Maori-Kulturfestivals in Ruatahune)

Streik Ende 1912 beendet. Zur Niederschlagung des Hafenarbeiterstreiks (1913) stellte Massey eine Sondereinheit auf (»Massey's Cossacks«). Die Gewerkschaften kehrten in das Schlichtungssystem zurück.

Stagnation: Die Reform Party, die 1912–28 die neuseeländ. Regierungen bildete und 1931–35 kleiner Partner in einer Koalition mit der United Party war, zeigte sich in der Innen- und Wirtschaftspolitik innovationsfeindlich. Die Ablehnung eines ausgeprägten staatlichen Interventionismus verhinderte den weiteren Ausbau des Wohlfahrtsstaates.

Neuseeland im Ersten Weltkrieg

Die brit. Kriegserklärung 1914 an das Deutsche Reich und seine Verbündeten galt für das ganze Empire. N. beteiligte sich an der Kriegsführung in Europa, wobei die neuseeländ. und austral. Truppen zum »Australian and New Zealand Army Corps« (ANZAC) vereinigt wurden. Der Dardanellen-Feldzug, der am 25.4.1915 (»ANZAC Day«) mit der Landung auf der türk. Halbinsel Gallipoli begann, begründete ähnlich wie in Australien einen nationalen Mythos. Bereits 1914 annektierte N. das deutsche Schutzgebiet West-Samoa.

In N. bildeten Massey und Ward eine nationale Regierung (1915–19), saßen aber 1916/17 und 1918 im Londoner Reichskriegskabinett. Auf wirtschaftlicher Ebene sorgte das »Commandeer System« (1914–19), eine Abnahmegarantie Großbritanniens für neuseeländ. Agrarprodukte zu festen Preisen, für einen kriegsbedingten Boom. Die Lebenshaltungskosten für das Gros der Bevölkerung stiegen jedoch. Die Einführung der Wehrpflicht für den Überseeeinsatz (1916) stieß in der Arbeiterbewegung auf Ablehnung und war ein Anlass zur Gründung der Labour Party (1916).

Zwischenkriegszeit

Beitritt zum Völkerbund: Der Beitrag im Weltkrieg stärkte die Position der Dominions im Empire: N. unterzeichnete den Versailler Friedensvertrag mit dem Deutschen Reich eigenständig und wurde Mitglied des Völkerbunds. West-Samoa verblieb als Völkerbundmandat (C-Mandat) bei N. Ab 1926 übernahm N. die Verwaltung der Tokelau Islands; 1948 wurden sie dem neuseeländ. Staatsgebiet eingegliedert. Die enge Bindung N.s an das Mutterland blieb jedoch erhalten. In den 20er und 30er Jahren trug N. finanziell zum Ausbau des brit. Flottenstützpunkts in Singapur bei. In der Einwanderungspolitik sorgten der »Immigration Exclusion Act« (1919) und der »Immigration Restriction Act« (1920) für eine Bevorzugung »weißer« Neuankömmlinge.

Einbindung extremer Kräfte: Premierminister Massey gelang es, »extreme« Gruppierungen entweder an die Reform Party zu binden und damit zu neutralisieren oder zur Integration in die demokratische Gesellschaft zu »zwingen«, wie die extrem linken Organisationen der Arbeiterbewegung. Teile der Arbeiterschaft hatten sich 1917–21 erneut radikalisiert. Eine Massenbasis fehlte jedoch in N. allein aufgrund der geringen Bevölkerungszahl und der Vermischung über die Klassenschranken hinaus. Die 1916 gegründete Labour Party verzeichnete daher in den 20er Jahren keinen Zuwachs ihrer Wählerschaft und entschloss sich 1927 zu einer zukunftsweisenden Programmänderung: Der Paragraph über die Verstaatlichung des Landbesitzes von 1919 wurde gestrichen. Insgesamt favorisierte die Partei nun einen reformorientierten, demokratischen Kurs.

Depressionszeit

Die Abhängigkeit vom brit. Markt, die einseitige Ausrichtung auf den Agrarsektor und die hohe Staatsverschuldung verstärkten die Auswirkungen der Weltwirtschaftskrise ab 1929. Im Oktober 1933 gab es etwa 80 000 registrierte Arbeitslose. Die Regierungen unter George William Forbes (1930–35) kürzten zur Sanierung der Staatsfinanzen die Ausgaben, insbes. bei Löhnen und Sozialleistungen. Ab 1930 koordinierte das »Unemployment Board« Arbeitsprogramme. Nur die registrierten Arbeitslosen, die an den oft demoralisierenden Programmen teilnahmen, erhielten finanzielle Leistungen. Die Stimmung richtete sich zunehmend gegen die Regierung. 1932 hatte der kommunistisch orientierte »Unemployment Workers' Movement« (UWM) etwa 13 000 Mitglieder. Unruhen in den größeren Städten wurden durch Spezialeinheiten unterdrückt.

Labour-Regierungen 1935–49

Die Wahlen 1935 gewann die Labour Party, die im Parlament von den Maori-Abgeordneten der Ratana Church (eine 1921 gegründete religiöse Erweckungsbewegung) unterstützt wurde. Der erste Labour-Premierminister, Michael Joseph Savage (1935–40), startete ein ambitioniertes Reformprogramm: Er verstaatlichte die Notenbank (1936) und setzte Garantiepreise für Milchfarmer (1936) sowie erstmals Importkontrollen/-lizenzen (1938) ein.

Die Teilnahme der Dominions am Ersten Weltkrieg stärkte ihre Stellung im brit. Empire. Auch Neuseeland trat in den folgenden Jahren außenpolitisch mit neuem Selbstbewusstsein auf. (Foto: Neuseeland-Pavillon auf der Empire Exhibition in Glasgow, 1938)

Die Regierungschefs Neuseelands im 20. Jahrhundert[1]

Reg.-Zeit	*Name (Lebensdaten)*	*Regierungspartei(en)*
1893–1906	Richard John Seddon (1845–1906)	Liberal
1906	William Hall-Jones (1851–1936)	Liberal
1906–12	Sir Joseph George Ward (1856–1930)	Liberal
1912	Thomas Noble Mackenzie (1853–1930)	Liberal
1912–15	William Ferguson Massey (1856–1925)	Reform Party
1915–19	Massey/Ward-Koalition	Reform Party/Liberal
1919–25	William Ferguson Massey (1856–1925)	Reform Party
1925	Sir Francis Henry Dillon Bell (1851–1936)	Reform Party
1925–28	Joseph Gordon Coates (1878–1943)	Reform Party
1928–30	Sir Joseph George Ward (1856–1930)	United Party
1930/31	George William Forbes (1869–1947)	United Party
1931–35	George William Forbes (1869–1947)	United Party/ Reform Party
1935–40	Michael Joseph Savage (1872–1940)	Labour Party
1940–49	Peter Fraser (1884–1950)	Labour Party
1949–57	Sidney George Holland (1893–1961)	National Party
1957	Sir Keith Jacka Holyoake (1904–1983)	National Party
1957–60	Walter Nash (1882–1968)	Labour Party
1960–72	Sir Keith Jacka Holyoake (1904–1983)	National Party
1972	(Sir) John Ross Marshall (1912–1988)	National Party
1972–74	Norman Eric Kirk (1923–1974)	Labour Party
1974/75	(Sir) Wallace Edward Rowling (*1927)	Labour Party
1975–84	Sir Robert David Muldoon (1921–1992)	National Party
1984–89	David Russell Lange (*1942)	Labour Party
1989/90	(Sir) Geoffrey Winston Russell Palmer (*1942)	Labour Party
1990	Michael Kenneth Moore (*1949)	Labour Party
1990–96	James Brendan Bolger (*1935)	National Party
1996/97	James Brendan Bolger (*1935)	National Party/ NZ First
1997–99	Jennifer Mary Shipley (*1952)	National Party/ NZ First[2]
seit 1999	Helen Elizabeth Clark (*1950)	Labour Party/Alliance

1) Bis 1906 »Premier«, seitdem »Prime Minister«; 2) ab 1998 Minderheitsregierung der NP

Zweiter Weltkrieg: Neuseeländische (Foto) und US-amerikan. Truppen begannen im August 1943 mit der Landung auf der Salomoneninsel Vella Lavella. Bei Kämpfen auf der Insel wurden zahlreiche Japaner gefangen genommen.

Die Mitgliedschaft in Gewerkschaften wurde verpflichtend und ein Hausbauprogramm, das durch zinslose Kredite getragen wurde, eingeleitet. Der »Social Security Act« (1938) schuf ein soziales Sicherungssystem für alle Neuseeländer »von der Wiege bis zur Bahre«. Auf diesem Fundament bauten alle nachfolgenden Regierungen auf.

Neuseeland und seine pazifischen Nachbarn

Dekolonisation: Der Blickwinkel Neuseelands richtete sich nach dem Zweiten Weltkrieg in zunehmendem Maße auf den benachbarten pazif. Raum. Die Entkolonialisierung seit den 60er Jahren ließ zahlreiche Inselstaaten entstehen. Bei der Dekolonisation seiner abhängigen Gebiete verfuhr Neuseeland nach brit. Vorbild. West-Samoa – seit 1946 UN-Treuhandgebiet Neuseelands – erlangte 1962 die Unabhängigkeit, die Zuwanderung nach Neuseeland blieb frei. Den Cook Islands (1965) und Niue (1974) gewährte Neuseeland Selbstverwaltung; sie blieben jedoch assoziierte Territorien, die Einwohner neuseeländ. Staatsbürger. Tokelau weitete 1994/96 die Selbstverwaltung aus.

Zusammenschlüsse: 1971 entstand das »South Pacific Forum« – Mitglieder sind Neuseeland und Australien sowie 14 kleinere Pazifikanrainer (Stand 1999) – als Diskussionsforum auf höchster Staatsebene. Das 1973 geschaffene »South Pacific Bureau for Economic Cooperation« (SPEC) koordiniert Handel, Tourismus, Transport und Wirtschaftsentwicklung der Forum-Mitglieder. Ab 1981 erhielten diese für zahlreiche Produkte den zollfreien Zugang auf den austral. und neuseeländ. Markt (SPARTECA-Abkommen). Ähnliches leistet seit 1989 für eine wesentlich größere Region die APEC (Asiat.-pazif. wirtschaftliche Zusammenarbeit); Ziel ist die Schaffung einer Freihandelszone 2010/20.

Nachbar Australien: Besonders eng war neben der militärischen auch die wirtschaftliche Zusammenarbeit Neuseelands mit Australien. Das Freihandelsabkommen NAFTA (1965) wurde 1983 durch die »Closer Economic Relations« (CER), quasi ein gemeinsamer Markt, ersetzt. Unbeschränkten Freihandel gibt es seit 1990. Zwischen beiden Staaten besteht Freizügigkeit.

Einwanderung: Die in den 40er Jahren einsetzende Zuwanderung von den Pazifikinseln (insbes. Polynesier) stieg seit den 60er Jahren deutlich an. 1976 lebten bereits 62 902 (1986: 130 293; 1996: 202 233) »Pacific Islander« in Neuseeland; Auckland wurde die weltweit größte polynes. Stadt. Teilweise kamen sie mit begrenzter Aufenthaltsgenehmigung, blieben dann aber länger. Diese sog. Overstayers wurden angesichts steigender Arbeitslosenzahlen zunehmend als Belastung angesehen, die durch Abschiebung und Quotierung der Zuwanderung reduziert werden sollte. Ende der 90er Jahre waren die »Polynesier« die am schlechtesten gestellte Gruppe innerhalb der neuseeländ. Gesellschaft.

Neuseeland im Zweiten Weltkrieg

Kriegseintritt: Die neuseeländ. Kriegserklärung an das Deutsche Reich folgte unmittelbar der brit. Die »New Zealand Division« kam auf nordafrikan. und europäischen Kriegsschauplätzen zum Einsatz. Nach dem japan. Angriff auf Pearl Harbor 1941 wurden die neuseeländ. Truppen nicht zurückbeordert, sondern US-Soldaten – etwa 17 000 wurden in N. stationiert – übernahmen federführend die Verteidigung N.s.

Innenpolitik: Die Regierung Peter Fraser (1940–49) schränkte die Sozialausgaben ein und ging zur Kriegswirtschaft über (Arbeitspflicht für kriegswichtige Industrien, Rationierung, Preis- und Lohnkontrollen). Ein parteiübergreifendes Kriegskabinett zeichnete seit 1940 für Fragen der Kriegsführung verantwortlich; eine nationale Regierung war von kurzer Dauer (Juni–Oktober 1942).

Außenpolitik: Der Krieg forcierte die Ablösung N.s von Großbritannien und stärkte das Bedürfnis, als souveräner pazif. Staat zu agieren. 1941 öffnete N. seine Botschaft in Washington, die erste Vertretung außerhalb Großbritanniens. Ein Department für Äußere Angelegenheiten – Vorläufer des späteren Außenministeriums – nahm 1943 die Arbeit auf. 1947 ratifizierte N. das Statut von Westminster (1931), demzufolge sich die Dominions des brit. Empire von der Gesetzgebung des brit. Parlaments lösen konnten und volle Gesetzeshoheit erhielten.

Frühe Nachkriegszeit

Die Labour-Regierung, die den Aufbau einer »sozialistischen« Gesellschaft mit gleichen Chancen für alle Neuseeländer vollenden wollte, setzte nach dem Krieg die Politik der Wirtschaftskontrolle fort. Staatliche Regelungen betrafen nahezu alle Lebensbereiche. Damit stieß Labour auf Widerstand auch im gewerkschaftlichen Umfeld, das von einer ähnlichen Aufbruchstimmung erfasst war wie die übrige Bevölkerung. Die wachsende Unzufriedenheit nutzte die 1936 gegründete National Party und entschied die Parlamentswahlen 1949 für sich.

Dominanz der National Party

Aufschwung: 1949–84 stellte die National Party – von zwei kurzlebigen Labour-Episoden abgesehen – die neuseeländ. Regierungen. Premierminister Sidney George Holland (1949–57) profitierte vom anhaltenden Aufschwung und deregulierte die (Kriegs-)Wirtschaft. Mit Wirkung vom 1.1.1951 wurde die zweite Kammer des Parlaments, der Legislative Council, abgeschafft.

Hafenarbeiterstreik: Ein Tarifkonflikt in der Werftindustrie mündete Anfang 1951 in einen der längsten (151 Tage) und am erbittertsten geführten Streiks der neuseeländ. Geschichte. Etwa 20 000 Werft- und Hafenarbeiter waren davon betroffen. Die Regierung ergriff Notstandsmaßnahmen, welche die Streikenden letztlich zur Aufgabe zwangen. Aus der Auseinandersetzung ging die Regierung gestärkt hervor; bei den vorgezogenen Parlamentswahlen vom Juli 1951 erreichte die National Party 54% der Stimmen.

Sicherheitspolitik: Ähnlich wie Australien sah auch N. infolge des Zweiten Weltkriegs die Notwendigkeit, ein pazif. Sicherheitssystem aufzubauen. Beide Staaten schlossen 1944 den ANZAC-Pakt. Australien initiierte zudem das geheime Verteidigungsbündnis ANZAM (1949) mit N. und Malaya. Ziel war es, die USA einzubinden, was jedoch erst nach Ausbruch des Koreakriegs (1950–53) gelang. 1951 entstand der ANZUS-Pakt, 1954 die SEATO (1955–77). Im Gegenzug unterstützte N. die US-Politik aktiv in Korea und Vietnam (1965–72), dort aber nur mit einem Kontingent von insgesamt 3500 Freiwilligen. Brit. Positionen vertraten neuseeländ. Soldaten u. a. im Nahen Osten und in Malaya (1955–60). Hier zeigte sich die »dual dependency« von den USA und Großbritannien.

»Black Budget«: Die kurze Labour-Regierung unter Walter Nash (1957–60) ist heute in Erinnerung durch den von der Opposition geprägten Begriff »Black Budget«, der die Versuche von Finanzminister Arnold Nordmeyer kennzeichnete, den Staatshaushalt durch breitgefächerte Steuererhöhungen zu sanieren.

Veränderte Außenpolitik nach 1972

Die anhaltende öffentliche Kontroverse über den Vietnamkrieg und das veränderte weltpolitische Klima veranlassten die Labour Regierung Norman Kirk (1972–74) zu einem Richtungswechsel in der Außenpolitik. Die Wehrpflicht wurde abgeschafft, die letzten 50 Militärberater 1972 aus Vietnam abgezogen. N. erkannte die VR China an und öffnete die seit 1950 geschlossene Botschaft in Moskau wieder. Nach dem EG-Beitritt Großbritanniens (1973) und dem militärischen Rückzug der Briten und US-Amerikaner aus dem Pazifik wurde die Idee einer regionalen Ordnung intensiver verfolgt.

Neuseelands Anti-Atom-Politik

»Nuclear Free«: Die neuseeländ. Politik gegen Atomwaffen und -tests ging auf eine Kampagne für nukleare Abrüstung Ende der 50er Jahre zurück. Großen Zulauf erhielt die Bewegung um 1963 nach der Verlagerung der französ. Atomtests von Algerien nach Französ.-Polynesien. In einer Petition forderten Gegner die Einrichtung einer atomwaffenfreien Zone.

Seit 1971 übernahmen auch die neuseeländ. Regierungen diese Zielsetzung: Atombetriebene und -bewaffnete US-Schiffe erhielten 1971–75 kein Hafenrecht und gegen die französ. Atomtests 1973 klagten Neuseeland sowie Australien vor dem Internationalen Gerichtshof. Das South Pacific Forum einigte sich 1975 auf einen Vorschlag zur Schaffung einer atomwaffenfreien Zone im Südpazifik; der entsprechende Vertrag konnte erst 1985 abgeschlossen werden. 1985/1987 wurde der Bann atomar bewaffneter oder betriebener Schiffe erneuert und gesetzlich verankert, was zur Konfrontation mit den USA, aber auch zur Verstimmung bei Australien führte. Der faktische Ausschluss Neuseelands aus dem ANZUS-Pakt (1986) war die Folge. Dennoch beharrte auch die 1990–99 erneut regierende National Party auf diesem Kurs. Die Anti-Atom-Politik hatte die breite Unterstützung der Bevölkerung gefunden und wurde eine Säule des neuseeländ. Nationalbewusstseins.

Die Beziehungen zu Frankreich verschlechterten sich nach der Affäre um die Versenkung des Greenpeace-Schiffs »Rainbow Warrior« (1985, Foto oben) in Auckland durch den französ. Geheimdienst sowie 1995/96 nach der Wiederaufnahme der französ. Atomtests. Frankreich (nach Beendigung seiner Testreihe), Großbritannien und die USA stimmten 1996 überraschend dem »South Pacific Nuclear-Free Zone Treaty« zu. Normale Kontakte zu den USA deuteten sich 1994/95 an, zu Frankreich wurden sie 1997 wiederhergestellt. (Foto unten: Demonstration in Paris gegen die französ. Atomtests im Südpazifik, 1995)

Staatsoberhäupter Neuseelands[1]		
Reg.-Zeit	*Name (Dynastie)*	*Lebensdaten*
1837–1901	Victoria I. (Hannover)	1819–1901
1901–10	Edward VII. (Sachsen-Coburg)	1841–1910
1910–36	George V. (Windsor)	1865–1936
1936	Edward VIII. (Windsor)	1894–1972
1936–52	George VI. (Windsor)	1895–1952
seit 1952	Elizabeth II. (Windsor)	*1926

1) Vertreten durch einen Gouverneur, seit 1917 durch einen Generalgouverneur

Die wichtigsten Parteien im 20. Jahrhundert		
Name (Abkürzung)	*Politische Richtung*	*Gründung*
Liberals, Liberal Party	liberal, sozialreformerischer Kurs	um 1891
Socialist Party	sozialistisch	1901
Reform Party	gegen »Liberals« gerichtete, konservative Landpartei (aus der »Political Reform League« von 1904 hervorgegangen)	1909
Young Maori Party	aus einer Interessengruppe von Maori (seit 1897) hervorgegangen; für selektive Assimilation	1909
(New Zealand) Labour Party (LP)	zunächst sozialistisch, dann sozialdemokratisch	1916
Communist Party	kommunistisch	1921
United Party	Nachfolgepartei der Liberal Party	1927
Democratic Party	ultra-konservativ	1935
National Political Federation	Wahlkoalition Reform/United Party	1935
(New Zealand) National Party (NP)	Fusion von Reform und United Party; konservativ	1936
New Zealand Democratic Party (NZDP)	gegründet als »Social Credit Political League«; finanzpolitische Interessen, außenpolit. Neutralität	1953
Green Party of Aotearoa	gegründet als »New Zealand Values Party«; linksgerichtete ökologische Partei; 1999 Loslösung von »The Alliance«	1972
New Zealand Self-Government Party (Mana Motuhake o Aotearoa)	Maori-Partei; Ziele: gesellschaftliche Gleichstellung, Selbstverwaltung und Klärung der Landrechtsfrage	1979
New Zealand Party	konservativ; gegen wirtschaftl. Interventionismus	1983
New Labour Party (NLP)	Abspaltung der LP; gegen deren Privatisierungsprogramm	1989
Liberal Party	Abspaltung von der NP; fusioniert 1998 mit »The Alliance«	1991
The Alliance[1]	tritt gegen Neoliberalismus ein; linksgerichtete Partei	1991
New Zealand First Party (NZFP)	rechtsgerichtete, populistische Partei; Abspaltung von der NP	1993
ACT New Zealand	politischer Arm der »Association of Consumers and Taxpayers«; tritt für Reformen des Steuer-, Bildungs- und Gesundheitswesens ein	1994
United New Zealand Party (UNZ)	Partei der Mitte	1995

1) Wahlkoalition aus New Zealand Democratic Party (NZDP), Green Party of Aotearoa, New Zealand Self-Government Party (Mana Motuhake o Aotearoa), New Labour Party (NLP) und Liberal Party

Wirtschaftskrise und Globalisierung

Niedergang: Die erste Ölkrise (1973) beendete eine Phase wirtschaftlicher Prosperität und leitete über zu einer anhaltenden Wirtschaftskrise. Unter Premierminister Robert David Muldoon (1975–84) von der National Party erreichte der Interventionismus das bislang größte Ausmaß; u. a. wurden 1982–84 Preise und Löhne »eingefroren«. Die neuseeländ. Regierung förderte massiv Schwerindustrie, Petrochemie und die heimische Energiegewinnung, um die Außenabhängigkeit des Landes abzubauen und die Wirtschaft zu diversifizieren. 1984 lag N.s Auslandsverschuldung bei 8,2 Mrd NZ$, das Haushaltsdefizit betrug 3,1 Mrd NZ$.

»Rogernomics«: Roger Owen Douglas, 1984–88 Finanzminister der Labour-Regierung unter David Lange (1984–89), setzte eine radikale Abkehr N.s vom Interventionismus durch. Er initiierte die Deregulierung des Finanzsektors, den Abbau von Subventionen, die Reform des Wohlfahrtssystems und führte eine Mehrwertsteuer ein. Auslandsschulden sollten durch die Privatisierung von Staatsunternehmen bezahlt werden. Wesentliche Bestandteile der »Rogernomics«, wie z. B. die Privatisierungspolitik, Liberalisierung der Wirtschaft und Kürzung der Sozialleistungen, wurden auch von den nachfolgenden Regierungen fortgeführt.

Innenpolitische Veränderungen

Neues Wahlrecht: Mit dem gewachsenen Nationalbewusstsein entstand der Wunsch nach Modernisierung der verfassungsrechtlichen Bestimmungen. 1993 wurde deshalb eine Reform des Wahlrechts per Referendum verabschiedet. An die Stelle eines Mehrheitswahlrechts trat ab 1996 ein »gemischtes« Wahlsystem (Verhältniswahlrecht) nach deutschem Vorbild inklusive Fünfprozentklausel. Damit wurden auch in N. Koalitionsregierungen wahrscheinlicher.

Kurswechsel 1999: Die Wahlen vom 27.11.1999 gewann die Labour Party, die zusammen mit der »Alliance« eine Mitte-links-Koalition bildete und die Regierungschefin Helen Clark stellte. Clark vollzog die Rückkehr zu einem »intelligenten« Interventionismus im Sozial- und Bildungswesen sowie Wirtschaftssektor. Das Ziel war, die negativen Auswirkungen des Neoliberalismus (wie Leistungsbilanzdefizit und Kapitalflucht) zu korrigieren und eine gerechtere Gesellschaft zu schaffen. *M.G.*

Nicaragua

Republik Nicaragua

Nach der Entdeckung der Nordküste des heutigen N. durch Christoph Kolumbus (1502) eroberten 1522 die Spanier das Land und benannten es nach dem Indianerstamm Nicarao, der seit dem 15. Jh. an der Westküste lebte. Bis Anfang des 19. Jh.s stand N. als Teil des Generalkapitanats von Guatemala unter der Herrschaft der Spanier, die die indianische Urbevölkerung stark dezimierten. Seit 1838 ist N. selbstständige Republik.

Nicaragua 2000	
Landesfläche	130 000 km² (WR 95)
Einwohner	4,9 Mio (WR 108)
Hauptstadt	Managua (820 000 Einwohner)
Sprachen	Spanisch, Chibcha
Währung	1 Córdoba (C$) = 100 Centavos
Gliederung	9 Regionen, 17 Departamentos
Staatsform	Präsidiale Republik (seit 1987)
Religion	Katholiken (89,3%); Methodisten, Baptisten, Sonstige (10,7%)
Bevölkerung	Mestizen (69%); Weiße (17%); Schwarze, Mulatten, Zambos (9%); Indianer (5%)

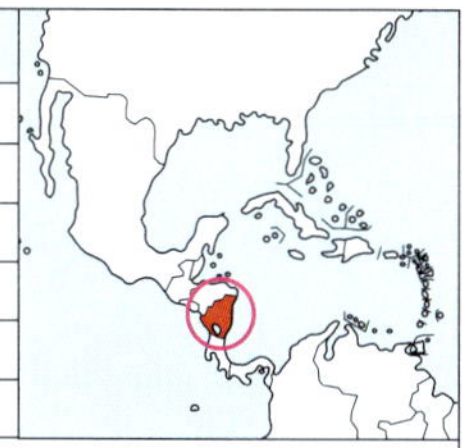

Nicaragua im 20. Jahrhundert	
1906	Diktator José Santos Zelaya lässt Truppen in den honduran. Teil der Mosquitoküste einmarschieren, was 1907 zum Mosquitoküstenkrieg führt.
1909	Eine Revolution gegen den »liberalen« Diktator José Santos Zelaya eskaliert zum Bürgerkrieg zwischen Liberalen und Konservativen.
1910	Die militärische Intervention der USA im nicaraguan. Bürgerkrieg führt zur Bildung einer konservativen Marionettenregierung in Managua.
1911	Durch die Knox-Castrillo-Konvention erhalten die USA die Finanzkontrolle in Nicaragua, das faktisch ein Protektorat (Kolonie) der USA wird.
1916	Im Bryan-Chamorro-Vertrag erhalten die USA das Recht zum Bau des Nicaraguakanals und zur Errichtung von Militärstützpunkten.
1927	Die USA besetzen während eines Bürgerkriegs erneut Nicaragua, Augusto Sandino leitet den Guerillakampf gegen die USA.
1931	Ein schweres Erdbeben verwüstet Managua.
1932	General Anastasio Somoza García übernimmt die Leitung der von US-Offizieren ausgebildeten nicaraguan. Armee (Nationalgarde).
1933	Abzug der US-Truppen.
1934	General Somoza García lässt den Guerillageneral Sandino nach einer Friedenskonferenz in Managua ermorden.
1936	Beginn der Somoza-Diktatur.
1956	Somoza García kommt bei einem Attentat ums Leben; die Bereicherungsdiktatur führt sein Sohn Luis Somoza Debayle fort.
1960	Durch den Vertrag von Managua gründen El Salvador, Guatemala, Honduras und Nicaragua den Zentralamerikan. Gemeinsamen Markt (MCCA = Mercado Común Centroamericano).
1967	Nach dem Tod von Luis Somoza Debayle übernimmt sein jüngerer Bruder Anastasio Somoza Debayle das Präsidentenamt.
1978	Die Ermordung des bürgerlichen Oppositionspolitikers Pedro Joaquín Chamorro führt zu einem Bürgerkrieg mit 40 000 Toten.
1979	Nach dem Sturz der US-freundlichen Somoza-Diktatur übernimmt die bürgerliche und sozialistisch-sandinistische Opposition die Macht.
1980	Die sozialistisch orientierten Sandinisten sichern sich die politische Vorherrschaft, die USA finanzieren rechts gerichtete Contra-Rebellen.
1984	Die USA verminen die Häfen von Nicaragua.
1985	Die USA verhängen ein Wirtschaftsembargo gegen Nicaragua.
1987	Nicaragua erhält eine Verfassung als präsidiale Republik.
1990	Violeta Barrios de Chamorro erzielt als erste postsandinistische Präsidentin (bis 1997) Fortschritte bei der Befriedung des Landes.
1998	Die Zerstörungen des Hurrikans »Mitch« werfen Nicaragua in seiner Entwicklung um Jahre zurück.

Zu Beginn des 20. Jahrhunderts

Machtkämpfe: Zum Teil militärisch ausgetragene Machtkämpfe zwischen »Liberalen« und »Konservativen« prägten in den ersten Jahrzehnten des 20. Jh.s die nicaraguan. Geschichte. General José Santos Zelaya beendete 1893/94 durch eine »liberale Revolution« die 30-jährige Herrschaft der Konservativen und herrschte bis 1909 als Diktator. Außenpolitisch verfolgte er eine von den wirtschaftlichen und strategischen Interessen der USA unabhängige Politik und erstrebte einen Zusammenschluss der mittelamerikan. Staaten unter nicaraguan. Führung. N. war für die USA von besonderer Bedeutung, da sie in Zentralamerika den Bau eines Kanals zwischen Atlantik und Pazifik planten. Als Panama 1903 den USA ein Territorium zum Bau eines solchen Kanals verpachtete, ließen die USA den Plan zum Bau eines Nicaraguakanals vorerst fallen. Als N. 1906 in den honduran. Teil der Mosquitoküste einmarschierte, kam es 1907 zu einem Krieg mit Honduras, in den sich die USA einschalteten.

Revolution und Bürgerkrieg: Zelaya scheiterte an den innenpolitischen Widersprüchen seines zentralistisch-totalitären Systems; 1909 inszenierte General José Dolores Estrada an der Mosquitoküste eine Revolution. Während des Aufstands ließ Zelaya zwei US-Bürger, die nicaraguan. Truppentransporter durch Minen zu versenken versuchten, hinrichten. Als US-Präsident William H. Taft daraufhin Kriegsschiffe entsandte, trat Zelaya im Dezember 1909 zurück und ging nach Mexiko ins Exil. Zum neuen Präsidenten wurde José Madriz (1909/10) gewählt, unter dessen Herrschaft die Revolution zum Bürgerkrieg zwischen Liberalen und Konservativen eskalierte.

US-Protektorat: Die militärische Intervention der USA zugunsten der Konservativen führte 1910 zur Flucht von Präsident Madriz in das Nachbarland Honduras, neuer Präsident wurde General José Dolores Estrada. Unter Estradas Bruder Juan José Estrada, der im Januar 1911 das Präsidentenamt übernahm, hielten die Unruhen an. Einen Monat später

Augusto César Sandino (1895–1934)

Guerillaführer: Der am 18.5.1895 in Niquinohomo (bei Masaya) geborene Augusto César Sandino lebte als Handwerker zunächst in Nicaragua, danach in Honduras, Guatemala und Mexiko. Während des Bürgerkriegs in Nicaragua stellte er 1926 eine Freiwilligenarmee auf. Nach dem Friedensschluss zwischen Konservativen und Liberalen 1927 setzte er seinen Guerillakrieg gegen Konservative und US-Truppen im Norden des Landes fort.

Unter dem liberalen Präsidenten Juan Bautista Sacasa endete 1933 die US-Truppenpräsenz. Zwischen den Sandinisten und der Nationalgarde kam es jedoch weiterhin zu Kämpfen. 1934 ließ der US-freundliche Oberbefehlshaber der Nationalgarde, General Anastasio Somoza García, Sandino ermorden.

sprengten liberale Rebellen die Munitionsdepots in der Nähe des Präsidentenpalasts, Estrada floh in die US-Botschaft und proklamierte den Belagerungszustand. Unter Estradas Nachfolger Adolfo Díaz (1911–16) wurde am 6.6.1911 die Knox-Castrillo-Konvention unterzeichnet, durch die N. faktisch ein Protektorat der USA wurde: Die USA übernahmen die Finanzkontrolle in N., das im Gegenzug von US-Banken Wiederaufbaukredite erhielt. Im Bryan-Chamorro-Vertrag vom 18.2.1916 sicherten sich die USA das Recht zum Bau des Nicaraguakanals sowie zur Anlage von Militärbasen und pachteten einen Flottenstützpunkt im Golf von Fonseca.

Unabhängigkeitskampf gegen USA: Als der Konservative Díaz 1926 zum zweiten Mal die Macht übernahm, begann erneut ein Bürgerkrieg; der linksgerichtete Guerillaführer Augusto Sandino avancierte zur Symbolfigur des Unabhängigkeitskampfs gegen die USA. Am 4.5.1927 landeten US-Marinetruppen in N., doch Sandino führte im Norden N.s seinen Guerillakampf erfolgreich fort. Bei der Präsidentenwahl im November 1928 siegte der liberale General José María Moncada (1929–32). Während seiner Amtszeit wurden Friedensverhandlungen aufgenommen und das Ende der US-Truppenstationierung zum 1.1.1933 vereinbart. Den Oberbefehl über die von US-Offizieren ausgebildete nicaraguan. Armee (Nationalgarde) übernahm 1932 der US-freundliche General Anastasio Somoza García. Mit dem Amtsantritt des von Sandino unterstützten Präsidenten Juan Bautista Sacasa (1933–36) endete zwar die US-Truppenpräsenz, zwischen den Sandinisten und der Nationalgarde – dem militärischen Arm der USA in N. – kam es jedoch weiterhin zu Kämpfen. Nach einer Friedenskonferenz ließ General Somoza im Februar 1934 Sandino, dessen Bruder und zwei sandinistische Generäle in Managua ermorden.

Unter der Somoza-Diktatur

General Somoza García: Nach einem Putsch gegen Präsident Bautista Sacasa übernahm der Oberbefehlshaber der Nationalgarde, der »liberale« General Somoza García, am

Staatsoberhäupter Nicaraguas

Reg.-Zeit	*Name*	*Lebensdaten*	*Reg.-Zeit*	*Name*	*Lebensdaten*
1894–1909	José Santos Zelaya	1853–1919	1947	Benjamin Lescayo Sacasa	1884–1959
1909–10	José Madriz	1867–1911	1947–50	Victor Román y Reyes	1873–1950
1910	José Dolores Estrada	k. A.	1950–56	Anastasio Somoza García	1896–1956
1911	Juan José Estrada	1871–1947	1956–63	Luis Somoza Debayle	1922–1967
1911–16	Adolfo Díaz	1877–1964	1963–66	René Schick Gutiérrez	1909–1966
1917–20	Emiliano Chamorro Vargas	1871–1966	1966–67	Lorenzo Guerrero Gutiérrez	1900–1981
1921–23	Diego Manuel Chamorro	1881–1923	1967–72	Anast. Somoza Debayle	1925–1980
1923–24	Bartolomé Martinez	1860–1936	1972–74	Notstandskomittee	
1925–26	Carlos Solárzano	1860–1936	1974–79	Anast. Somoza Debayle	1925–1980
1926	Emiliano Chamorro Vargas	1871–1966	**Sandinistisches Regime 1979–90**		
1926–28	Adolfo Díaz	1877–1964	1979–84	Daniel Ortega Saavedra	*1945
1929–32	José María Moncada	1867–1945	1984–90	Daniel Ortega Saavedra	*1945
1933–36	Juan Bautista Sacasa	1874–1946	**Demokratisches System seit 1990**		
Somoza-Diktatur 1936–79			1990–97	Violeta Barrios de Chamorro	*1929
1936	Juliano Irias	k. A.			
1937–47	Anastasio Somoza García	1896–1956	seit 1997	Arnoldo Alemán Lacayo	*1946
1947	Leonardo Arguello	1875–1947			

6.6.1936 die Macht in N. Wichtigste Grundlagen der bis 1979 andauernden Somoza-Diktatur waren die Kooperation mit den USA und der Einsatz der Nationalgarde und ihrer paramilitärischen Verbände zur Ermordung von Dissidenten und politischen Gegnern. Somoza García leitete den faktisch als Staatspartei fungierenden Partido Liberal Nacionalista (PLN); diese »liberale« Partei besetzte alle politischen und administrativen Schlüsselpositionen, als »Opposition« wurde der konservative Partido Conservador zugelassen, der in allen wichtigen Fragen mit dem PLN zusammenarbeitete. Zugleich brachte Somoza García die wichtigsten Wirtschaftsunternehmen unter die Kontrolle seiner Familie, um ihr die Macht über seinen Tod hinaus zu sichern und über Lohn- und Anstellungspolitik Druck auf das politische Wohlverhalten der Bevölkerung ausüben zu können.

Luis Somoza: Als Somoza García im September 1956 an den Folgen eines Attentats im panama. Balboa starb, übernahm sein ältester Sohn Luis Somoza Debayle das Präsidentenamt und baute das staatsterroristische System unter formaler Wahrung demokratischer Elemente weiter aus: Da die vom Somoza-Clan 1950 erlassene Verfassung eine Wiederwahl des Präsidenten untersagte, ließ er 1963 seinen Privatsekretär René Schick Gutiérrez zum Präsidenten wählen. Als Schick Gutiérrez vor Ablauf der Amtszeit 1966 starb, erhielt das Präsidentenamt der Somoza-Gefolgsmann Lorenzo Guerrero Gutiérrez.

Anastasio Somoza: Nach dem Tod von Luis Somoza Debayle am 13.4.1967 übernahm sein jüngerer Bruder Anastasio das Präsidentenamt. Im August 1971 hob das Parlament die Verfassung auf und übertrug Somoza bis zum Inkrafttreten einer neuen Verfassung diktatorische Vollmachten. Somoza trat nach dem Ende seiner Amtszeit im April 1972 zurück und übergab die Amtsgeschäfte einer von ihm abhängigen Junta. Am 23.12.1972 verwüstete ein Erdbeben Managua, rund 5000 Menschen kamen ums Leben. Somoza zog als Oberbefehlshaber der Nationalgarde (Armee) alle Notstandskompetenzen an sich und nutzte die internationalen Hilfslieferungen zur weiteren Bereicherung seines Clans.

Widerstand und Bürgerkrieg: Nach Verabschiedung einer neuen Verfassung (die 1971 außer Kraft gesetzte Verfassung hätte eine Wiederwahl nicht erlaubt) wurde Somoza erneut zum Präsidenten gewählt und trat das Amt 1974 an. Nun formierte sich breiter Widerstand gegen die Diktatur, doch wurde die Opposition durch die Todesschwadronen der Nationalgarde blutig unterdrückt. Dem Staatsterrorismus fiel im Januar 1978 der liberale Oppositionspolitiker Pedro Joaquín Chamorro, der Herausgeber der Tageszeitung »La Prensa«, zum Opfer. Die Witwe des Ermordeten, Violeta Barrios de Chamorro, übernahm die Herausgabe der Zeitung und wurde zu einer Symbolfigur des bürgerlichen Widerstands gegen die Somoza-Diktatur. Unternehmen der Familie Somoza erwirtschafteten zu dieser Zeit rund 60% des Sozialprodukts von N.; gleichzeitig lebte die Mehrheit der Bevölkerung unter der Armutsgrenze, die Analphabetenquote lag bei 42% (1971). Nach der Ermordung Chamorros verstärkte die sozialistisch orientierte Guerillaorganisation Frente Sandinista de Liberación Nacional (FSLN) unter den Brüdern Humberto und Daniel Ortega Saavedra den Kampf gegen das Regime. Mit dem von den Sandinisten initiierten Aufstand von

Anastasio Somoza (r.) während eines Militäreinsatzes gegen sandinistische Guerillas 1979.

Daniel Ortega Saavedra war 1979 als Führer der Befreiungsorganisation FSLN wesentlich am Sturz der Somoza-Diktatur beteiligt. Der als gemäßigt geltende Sozialist und »Koordinator« der sandinistischen Junta behielt auch nach seiner Präsidentschaft (1979–90) weit reichenden Einfluss als Führer des zur politischen Partei umgewandelten FSLN.

Stichwort: Contras

Der Begriff Contras (von lat. contra = gegen) bezeichnete die rechtsgerichteten Anhänger der 1979 gestürzten Somoza-Diktatur in Nicaragua; finanziert von den USA, kämpften sie für den Sturz der sozialistischen Sandinisten. Unter Präsident Ronald Reagan machten die USA ab 1982 Honduras zum wichtigsten Militärstützpunkt der Contras: Reagan verstärkte die Militärpräsenz der USA in Honduras und ließ u. a. Militärlager errichten, in denen die Contras für den Krieg in Nicaragua ausgebildet wurden. 1982 untersagte der US-Kongress der Regierung, die antisandinistischen Contra-Rebellen finanziell zu unterstützen; die Reagan-Administration umging diesen Beschluss, indem sie sich 124 Mio US-Dollar für »humanitäre« Contra-Hilfe genehmigen ließ. Der Krieg der Contras führte nicht zum von den USA gewünschten Sturz der Sandinisten, sondern destabilisierte Zentralamerika.

1987 machte der Iran kriminelle Aktivitäten der Reagan-Administration im Zusammenhang mit der Contra-Finanzierung publik und löste damit in den USA die Iran-Contra-Affäre aus. Nach den demokratischen Wahlen von 1990 unterzeichneten die Contras mit der Regierung Violeta Barrios de Chamorro eine Vereinbarung, derzufolge sie die Waffen abgaben und mit ihren Familien in »Entwicklungszonen« angesiedelt wurden. Bis 1995 flammten mehrfach bürgerkriegsähnliche Auseinandersetzungen zwischen ehemaligen Contras und ihren sandinistischen Gegnern auf.

Matagalpa begann am 22.8.1978 ein Bürgerkrieg, der mehr als 40 000 Tote forderte.

Herrschaft der Sandinisten

Sozialistische Militärdiktatur: Nachdem im Juli 1979 der Diktator Somoza in die USA geflohen war, übernahm der FSLN zusammen mit anderen Oppositionsgruppen die Regierung. Geleitet wurde die neu gebildete »Junta des nationalen Wiederaufbaus« von Daniel Ortega Saavedra (FSLN) in der Funktion als »Koordinator«; Ortegas Bruder Humberto, der dem Verteidigungsministerium vorstand, begann mit der Aufstellung sandinistischer Volksmilizen. Die offene Unterstützung der USA für das gestürzte Diktaturregime führte zu einer raschen Einbindung der sandinistischen Führung, die eine Politik der Blockfreiheit propagiert hatte, in den kommunistischen Machtblock. Kuba und die UdSSR unterstützten die Sandinisten mit Geld, Militärberatern und Technik. Innenpolitisch hatte dies zur Folge, dass die Bürgerlichen auf Distanz zu den Sandinisten gingen und das sandinistische Regime zunehmend totalitäre Tendenzen zeigte. An die Stelle der von den USA unterstützten Bereicherungsdiktatur des Somoza-Clans trat eine sozialistische Militärdiktatur. Im Unterschied zur Somoza-Bereicherungsdiktatur wurde jedoch die Lebensqualität der Kleinbauern und anderer einkommensschwacher Schichten durch den Ausbau des Gesundheitswesens, die zeitweise Subventionierung der Grundnahrungsmittel und durch eine Landreform deutlich verbessert. Die größten Erfolge erzielten die Sandinisten bei der Alphabetisierung: Die Analphabetenquote wurde von 42% auf 13% gesenkt.

Der Sturz Somozas: 1979 feierte die Sandinist. Befreiungsfront ihren Sieg über die Somoza-Diktatur. (Foto: Jubelnde Sandinisten nach der Flucht des Diktators am 20.7.1979 in Managua)

Contadora-Friedensplan: Der Sturz der US-freundlichen Somoza-Diktatur durch die Sandinisten und die Finanzierung totalitärer Regime sowie der antisandinistischen Contras durch die USA führte zu Beginn der 80er Jahre zu Bürgerkriegen und militärischen Auseinandersetzungen, in die alle zentralamerikan. Staaten verwickelt waren. Die Contras operierten von Stützpunkten in Honduras und Costa Rica aus. Bei den Auseinandersetzungen kamen 100 000 Menschen ums Leben, rund drei Mio Menschen waren auf der Flucht, und der zentralamerikan. Markt drohte zusammenzubrechen. Um dieser Destabilisierung entgegenzuwirken, initiierte Panama 1983 Friedensgespräche auf der Insel Contadora. Am 8.1.1984 stimmten die fünf zentralamerikan. Staaten dem Contadora-Friedensplan zu: Er sah u. a. den Abzug aller ausländischen Truppen aus den Contadora-Staaten vor und verpflichtete die Staaten auf die Einhaltung der Menschenrechte.

Eingreifen der USA: Nach der Verabschiedung des Contadora-Friedensplans begannen die USA unter Präsident Ronald Reagan und die von den USA finanzierten Contras im Februar 1984 mit der Verminung nicaraguan. Häfen, wodurch der Friedensplan Makulatur wurde. Als die sandinistische Regierung im

April 1984 Klage beim Internationalen Gerichtshof in Den Haag erhob, erklärten die USA, ein Urteil dieser höchsten juristischen UN-Instanz nicht anzuerkennen; einen Monat später forderte der Internationale Gerichtshof die USA auf, die Blockade der nicaraguan. Häfen einzustellen. Am 21.2.1985 erklärte US-Präsident Reagan, sein Ziel sei es, die Regierung in N. zu »beseitigen«, schloss aber eine militärische Intervention aus. Im Mai 1985 verhängten die USA ein vollständiges Handelsembargo gegen N. Um die Contra-Rebellen entgegen einem Beschluss des US-Kongresses finanzieren zu können, verkaufte die Reagan-Administration ab 1985 Waffensysteme an den Iran und ließ die Profite den antisandinistischen Contras zukommen. Diese Aktivitäten lösten in den USA die Iran-Contra-Affäre aus; eine Untersuchungskommission rügte die Amtsführung des Präsidenten.

Wahlsieg der Sandinisten: Die ersten Parlamentswahlen in N. nach der Revolution erbrachten am 4.11.1984 einen Sieg des FLSN, der 67% der Stimmen erhielt. Gewinner der gleichzeitig stattfindenden Präsidentschaftswahlen wurde der als gemäßigt geltende Daniel Ortega Saavedra (FLSN); nach Auflösung der Junta des nationalen Wiederaufbaus wurde Ortega Staatspräsident und Regierungschef. Das rechtsgerichtete Wahlbündnis Coordinadora Democrática hatte die Wahlen boykottiert, da die von den USA finanzierten Contra-Rebellen bei den Wahlen nicht zugelassen worden waren. Nach dem unerwartet hohen Wahlsieg der Sandinisten verstärkte die US-Administration unter Reagan ihre als »Politik der Nadelstiche« bagatellisierte völkerrechtswidrige Vorgehensweise gegenüber N.

Rückkehr zur Demokratie

Versöhnungspolitik: Bei den Präsidentschaftswahlen im Februar 1990 besiegte Violeta Barrios de Chamorro als Kandidatin des konservativen Wahlbündnisses UNO (Unión Nacional Opositora) mit 55,2% der Stimmen den sandinistischen Präsidenten Daniel Ortega Saavedra (40,8%). Chamorro bildete eine Allparteienregierung unter Einschluss der Sandinisten und Contras und erreichte wesentliche Fortschritte bei der Befriedung des Landes. Nach ihrem Amtsantritt hoben die USA das Wirtschaftsembargo auf. Mit den Contras erzielte Chamorro im Mai 1990 eine Vereinbarung, derzufolge die Rebellen bis zum 27.6. die Waffen abgaben und mit ihren Familien in 20 »Entwicklungszonen« angesiedelt wurden. Das Wiederaufflammen bürgerkriegsähnlicher Auseinandersetzungen zwischen ehemaligen Contras (nun »Recontras« genannt) und ihren sandinistischen Gegnern (Recompas) provozierte 1991/92 das Eingreifen der sandinistisch dominierten Armee unter Humberto Ortega Saavedra; nach Protesten der Bevölkerung trat Ortega 1995 zurück.

Die Witwe des 1978 ermordeten liberalen Journalisten Pedro Joaquín Chamorro, Violeta Barrios de Chamorro, gilt als Symbolfigur des bürgerlichen Widerstands gegen die Somoza-Diktatur. Als Staatspräsidentin (1990–97) erzielte sie wesentliche Erfolge bei der Befriedung des Landes, verlor jedoch die Unterstützung der Mehrheit der Konservativen, da sie im Rahmen ihrer Politik der nationalen Versöhnung die Sandinisten an Entscheidungen beteiligte. (Foto: Chamorro während einer Rede vor dem US-amerikan. Kongress, 1991)

Neuer Präsident: Nach dem Wahlsieg seiner Allianza Liberal (AL) wurde Arnoldo Alemán Lacayo im Januar 1997 als Präsident vereidigt. Er setzte die Bemühungen fort, das weiterhin stark polarisierte Land zu versöhnen. 1998 legten die letzten linksgerichteten Guerillagruppen die Waffen nieder. Alemán Lacayo erreichte 1998 beim IWF die Gewährung eines Strukturanpassungsdarlehens sowie beim Pariser Club einen Teilverzicht auf Zinszahlungen.

Hurrikan »Mitch«: Besonders schwer wurde N. 1998 vom Wirbelsturm »Mitch« und den nachfolgenden Überschwemmungen betroffen, mindestens 6000 Menschen kamen ums Leben. Der Wirbelsturm warf N., das zu den höchstverschuldeten Staaten Lateinamerikas zählte und wo 75% der Gesamtbevölkerung unterhalb der Armutsgrenze lebten, um Jahre in seiner Entwicklung zurück. *B.P.*

Die wichtigsten Parteien im 20. Jahrhundert

Name (Abkürzung)	*Politische Richtung*	*Gründung*
Frente Sandinista de Liberación Nacional (FSLN)	linksgerichtet	1960
Partido Liberal Constitucionalista (PLC)	rechtsliberal	1968
Partido Social Demócrata (PSD)	sozialdemokratisch	1979
Partido Conservador de Nicaragua (PCN)	konservativ	1979
Partido Neo-Liberal (PALI)	rechtsliberal	1985
Partido Liberal Independiente de Unidad Nacional (PLIUN)	liberal	1988
Unión Nacional Opositora (UNO)	konservat. Wahlbündnis	1995
Allianza Liberal (AL)	rechtskonservat. Wahlb.	1995

Niederlande

Königreich der Niederlande

1556 übertrug Kaiser Karl V. die N., die sich aus zahlreichen selbstständigen Territorien zusammensetzten und mit dem heutigen Belgien und Luxemburg unter dem Namen »Niedere Lande« zusammengefasst waren, der span. Habsburgerlinie. Erst nach langen Auseinandersetzungen wurde die (schon seit 1581 bestehende) Republik der Vereinigten N. 1648 als souveräner Staat anerkannt. Nach einer wirtschaftlichen und kulturellen Blütezeit im 17. Jh. (»Goldenes Zeitalter«), in der die N. den Rang einer Weltmacht (Kolonien, Handel, Schifffahrtswesen) erlangten, gerieten die N. wieder in die Abhängigkeit von anderen europäischen Staaten. Nach dem Ende der napoleonischen Kriege vereinigte der Wiener Kongress 1815 das Gebiet der ehemaligen Republik der Vereinigten N. mit den österreich. N. (heute Belgien) zum »Königreich der N.«. Doch erwies sich dieses Staatsgebilde wegen der sprachlichen, kulturellen und konfessionellen Unterschiede nicht als lebensfähig: 1830 begann der Unabhängigkeitskampf Belgiens gegen die Herrschaft der N., dem sich Luxemburg anschloss. Nach der offiziellen Trennung von Belgien und Luxemburg erhielten die N. 1839 ihre heutigen Grenzen.

Niederlande 2000	
Landesfläche	41 500 km^2 (WR 131)
Einwohner	15,7 Mio (WR 56)
Hauptstadt	Amsterdam (724 000 Einwohner)
Sprachen	Niederländisch, Friesisch
Währung	1 Gulden (hfl) = 100 Cent
Gliederung	12 Provinzen
Staatsform	Parlamentarische Monarchie (seit 1848)
Religion	Christen (59%); Sonstige (4%); Konfessionslose (37%)
Bevölkerung	Niederländer (95,3%); Türken (1,4%); Sonstige (3,3%)

Staatsoberhäupter der Niederlande im 20. Jahrhundert

Reg.-Zeit	*Name (Herrschergeschlecht)*	*Lebensdaten*
1890–1948	Wilhelmina (Oranien-Nassau)	1880–1962
1948–80	Juliana (Oranien-Nassau)	*1909
seit 1980	Beatrix (Oranien-Nassau)	*1938

Früher Einzug der Moderne in Niederländ.-Indien: Tabakfabrik des niederländ. Architekten Fermont Cuypers in der mitteljavan. Provinzhauptstadt Semarang, 1934

Beginn des 20. Jahrhunderts

Demokratisierung: Unter Königin Wilhelmina (1890–1948) vertraten die N. zu Beginn des 20. Jh.s innenpolitisch einen Kurs vorsichtiger Demokratisierung bei Beibehaltung einer starken Monarchie. Die Verfassung schrieb die »Unverantwortlichkeit« des Monarchen fest, der sich mit dem Parlament die Gesetzgebung teilte. Das Wahlrecht war einkommens- und bildungsabhängig, die Sociaal-Democratische Arbeiderspartij forderte vergeblich das allgemeine Wahlrecht.

Konfessionelle Säulen: Konservative konfessionelle Parteien bildeten die sog. Säulen des politischen Systems, ehe nach dem Zweiten Weltkrieg eine »Entsäulung« genannte Pluralisierung begann. Die beiden wichtigsten konfessionellen Parteien waren die kalvinistische Anti-Revolutionaire Partij (ARP) und die Roomsch-Katholieke Staatspartij (RKS). Mit der Koalitionsregierung der Kalvinisten und Katholiken am 1.8.1901 unter Abraham Kuyper (ARP) begann die jahrzehntelange Zusammenarbeit und Vorherrschaft der konservativ-klerikalen »Säulen«. Die kalvinistische Christelijk-Historische Unie (CHU) spaltete sich von der ARP aus Protest gegen die Zusammenarbeit mit römisch-katholischen »Papisten« ab, fügte sich jedoch ab 1918 in das System ein und blieb bis in die 70er Jahre eine der wichtigsten Regierungsparteien.

Kolonien: Während in den N. zu Beginn des 20. Jh.s 5 Mio Menschen lebten, zählte das niederländ. Kolonialreich 60 Mio Einwohner. Zu ihm gehörten Niederländ.-Indien (heute Indonesien), Niederländ.-Guyana (heute Surinam), Niederländ.-Neuguinea (heute als Irian Jaya Provinz von Indonesien) und Niederländ.-Westindien (heute autonomes Gebiet Niederländ. Antillen). Auf Sumatra führten die N. bis 1913 blutige Kriege gegen den Sultan von Aceh.

Haager Konferenzen: Außenpolitisch profilierten sich die neutralen N. zu Beginn des 20. Jh.s durch Friedenskonferenzen, zu denen Königin Wilhelmina die Regierungen aller Staaten nach Den Haag einlud. Die Bedeutung der Ersten Haager Friedenskonferenz (1899) lag darin, dass erstmals offiziell über Rüstungsbeschränkungen, internationale Schiedsverfahren und Kriegsverhinderung verhandelt wurde, auch wenn die tatsächlichen Ergebnisse noch gering blieben. Am 29.7.1899 verabschiedeten die Vertreter von 26 Staaten ein Abkommen zur friedlichen Beilegung internationaler Streitfälle. Gegründet wurde ferner der Ständige Schiedsgerichtshof (Haager Schiedshof) zur Entscheidung internationaler Streitfragen. Die internationale Zusammenarbeit wurde in den folgenden Jahrzehnten durch zahlreiche internationale Abkommen (über Eheschließung, Wechsel- und Scheckrecht, Urheberrecht, Kaufrecht usw.) fortgesetzt. An der Zweiten Haager Friedenskonferenz 1907 nahmen 44 Staaten teil. Wichtigstes Ergebnis war die Verabschiedung der Haager Landkriegsordnung zur Humanisierung der Kriegführung. Ihre Grundregeln gelten bis heute.

Neutralität: Auf das deutsch-brit. Wettrüsten zur See und die Zuspitzung der politischen Lage in Europa reagierten die N. ab 1910 mit dem Ausbau der Küstenverteidung. Als die Sociaal-Democratische Arbeiderspartij 1913 nach dem Wahlsieg der Liberalen eine linksliberale Koalition ablehnte, bildete der Liberale Pieter Cort van der Linden am 29.8.1913 ein Beamten(minderheits)kabinett, das bis 1918 amtierte und während des Ersten Weltkriegs strikte Neutralität wahrte. Der gestürzte deutsche Kaiser Wilhelm II. ging am 10.11.1918 ins Exil in die N. Die niederländ. Regierung lehnte 1920 die von den Siegermächten des Weltkriegs geforderte Auslieferung des Ex-Kaisers ab. Die Politik der Neutralität blieb die Richtschnur in den 20er und 30er Jahren.

Zweiter Weltkrieg

Deutscher Überfall: Am 10.5.1940 überfiel das nationalsozialistische Deutsche Reich ohne Kriegserklärung die neutralen Staaten Belgien, Luxemburg und N. Königin Wilhelmina und die Regierung begaben sich am 13.5. ins Exil nach London. Höhepunkt der Kämpfe war die Bombardierung Rotterdams. Am 19.5.1940 übernahm Arthur Seyß-Inquart (NSDAP) als Reichskommissar die Regierungsgewalt in den besetzten N. und verbot mit Ausnahme der Nationaal-Socialistische Beweging (NSB) alle Parteien. Bei der »Gleichschaltung« arbeitete

Niederlande im 20. Jahrhundert	
1901	Mit der Koalition der kalvinistischen Anti-Revolutionaire Partij und der katholischen Roomsch-Katholieke Staatspartij beginnt eine konservativ-klerikale Ära, die erst nach dem Zweiten Weltkrieg 1945 endet.
1907	Die Zweite Haager Friedenskonferenz verabschiedet die Haager Landkriegsordnung; sie ist im Wesentlichen bis heute gültig.
1914–18	Im Ersten Weltkrieg wahren die Niederlande ihre Neutralität.
1917	Einführung des allgemeinen Verhältniswahlrechts für Männer.
1918	Der gestürzte deutsche Kaiser Wilhelm II. geht ins Exil in die Niederlande.
1919	Einführung des allgemeinen Wahlrechts für Frauen.
1940	Die Wehrmacht marschiert in die Niederlande ein; Königin Wilhelmina und die Regierung begeben sich ins Exil nach London. Die deutsche Verwaltung leitet Reichskommissar Arthur Seyß-Inquart (NSDAP).
1941	Das NS-Regime beginnt mit Massenverhaftungen von Juden und unterdrückt den Amsterdamer »Februarstreik« gegen die Pogrome.
	Kriegserklärung der niederländ. Exilregierung an Japan.
1942	Japan erobert Niederländ.-Indien (Indonesien).
1944	Luftlandung der Alliierten bei Arnheim.
	Die Exilregierungen unterzeichnen das Benelux-Zollabkommen.
1945	Deutsche Kapitulation; Rückkehr von Königin und Regierung.
	Sukarno proklamiert in Niederländ.-Indien die Republik Indonesien.
1948	In-Kraft-Treten des Benelux-Zollabkommens.
	Die Benelux-Staaten, Frankreich und Großbritannien unterzeichnen den Brüsseler Pakt gegen einen potenziellen Aggressor Deutschland.
	Die Niederlande sind Gründungsmitglied der OEEC zur Durchführung der US-amerikan. Marshallplanhilfe.
1949	Die Niederlande sind Gründungsmitglied der NATO und des Europarats.
1951	Die Niederlande sind Gründungsmitglied der Europäischen Gemeinschaft für Kohle und Stahl (EGKS, Montanunion).
1953	Die schwerste Sturmflut seit dem 15. Jh. führt in den Niederlanden, in Belgien und an der Ostküste Englands zu verheerenden Überschwemmungen. Mehr als 2000 Menschen kommen bei der Katastrophe ums Leben, die Mehrzahl davon in den Niederlanden.
1957	Die Benelux-Staaten sind Gründungsmitglieder der Europ. Wirtschaftsgemeinschaft (EWG) und der Europ. Atomgemeinschaft (EURATOM).
1958	Gründung der Wirtschaftsunion Union Economique Benelux.
1966	Antideutsche Krawalle überschatten die Hochzeit von Kronprinzessin Beatrix mit dem deutschen Diplomaten Claus von Amsberg.
1973	Die Ölkrise führt zu einer vorübergehenden Rezession.
1975	Mit der Kaperung eines Zugs beginnen terroristische Aktivitäten südmolukk. Separatisten in den Niederlanden.
	Die Kolonie Surinam erhält die Unabhängigkeit.
1976	Prinz Bernhard, der Prinzgemahl von Königin Juliana, tritt infolge der Lockheed-Bestechungsaffäre von fast allen Ämtern zurück.
1980	Königin Juliana dankt zugunsten ihrer Tochter Beatrix ab.
1981	Bei der größten Demonstration der niederländ. Geschichte protestieren 400 000 Menschen gegen die Stationierung von Atomraketen.
1983	Die neue Verfassung verankert u. a. das parlamentarisch-demokratische Regierungssystem, den Umweltschutz und die weibliche Thronfolge.
1985	Das Parlament beschließt unter der Regierung Lubbers die Stationierung von US-Marschflugkörpern gemäß dem NATO-Doppelbeschluss.
1992	Unterzeichnung der Maastrichter Verträge zur Gründung der EU.
1993	Mit den Maastrichter Verträgen wird die Europäische Union (EU) geschaffen.
1995	Das Verhalten niederländ. UN-Soldaten beim Massaker von Serben an der moslemischen Bevölkerung in Srebrenica löst eine kontroverse Diskussion aus und führt zu einem Ansehensverlust der Armee.
1999	Beginn der Europäischen Währungsunion; Wim Duisenberg wird erster Präsident der Europäischen Zentralbank.

Die deutsche Luftwaffe zerstörte am 14.5.1940 die Seehafenstadt Rotterdam, wichtigstes Wirtschaftszentrum des Landes. Dabei kamen über 30000 Menschen ums Leben.

Königin Wilhelmina der Niederlande flüchtete im Mai 1940 ins brit. Exil und bildete dort das Zentrum des Widerstands. Erst 1945 konnte sie in ihr Heimatland zurückkehren.

Anne Franks Aufzeichnungen aus dem Hinterhaus

Dokument des Terrors: Das 1942–44 in einem Amsterdamer Hinterhausversteck geführte Tagebuch des deutsch-jüdischen Mädchens Anne Frank (*12.6.1929 in Frankfurt/Main), das 1933 mit seiner Familie in die Niederlande emigriert war, erregte nach Kriegsende weltweites Aufsehen. 1944 wurde das Versteck entdeckt, am 4.8. wurden Anne Frank und die anderen in dem Versteck lebenden Juden von der SS und der kollaborierenden niederländ. Grünen Polizei verhaftet und am 3.9. nach Auschwitz deportiert. Ende Oktober wurde Anne Frank in das KZ Bergen-Belsen verlegt, wo sie im März 1945 an Typhus starb. Der einzige Überlebende der Familie, Annes Vater Otto Frank, fand die Aufzeichnungen und veröffentlichte sie 1946. (Foto: Titel der deutschen Taschenbuchausgabe 1955)

das Besatzungsregime mit Kollaborateuren zusammen, der NSB rekrutierte niederländ. Freiwillige für die SS. Die Gleichschaltung erfasste nahezu alle Bereiche des Lebens mit dem Ziel, das Potenzial an Menschen und Gütern in den N. in den Krieg einzubinden (Zwangsarbeit in der Rüstungsindustrie) sowie jedwede Opposition zu verhindern. Im Rahmen der Gleichschaltung wurde am 15.8.1941 per Verordnung auch die Autonomie der Gemeinden und Provinzen aufgehoben. Die gewählten Gemeinde- und Provinzvorstände wurden durch »Führer« ersetzt, die von der Zentralverwaltung ernannt wurden.

Judenverfolgung: Am 22./23.2.1941 stürmten Einheiten der deutschen Besatzungsmacht das Amsterdamer Judenviertel, verhafteten rund 400 Juden und deportierten sie in Konzentrationslager. In Reaktion auf das Pogrom kam es am 25./26.2. zu einem Streik, der das gesamte öffentliche Leben lahm legte. Die Besatzungstruppen beantworteten den Streik mit brutaler Gewalt, die Unruhen und Protestaktionen gegen den Terror gingen jedoch weiter. Wegen der fortgesetzten Proteste wurde am 8.3.1941 über Nordholland das Kriegsrecht verhängt. Das 1942–44 in einem Amsterdamer Hinterhausversteck geführte Tagebuch des jüd. Mädchens Anne Frank erregte nach Kriegsende weltweit Aufsehen als eines der erschütterndsten Dokumente des Terrors gegenüber Juden in den N.

Befreiung: Am 17.9.1944 scheiterte die Luftlandung der Alliierten bei Arnheim; daher wurden die N. erst Anfang Mai 1945 befreit. Um den Vormarsch der Alliierten zu erschweren, bediente sich die deutsche Wehrmacht bei ihrer Flucht wie in anderen besetzten Ländern der Taktik der »verbrannten Erde«. Die küstennahen Gebiete wurden von der Wehrmacht durch Zerstörung von Deichen und Öffnung von Seeschleusen überflutet.

Ära des Kalten Kriegs

Einbindung in westliche Bündnisse: Die Zeit des Wiederaufbaus und des Kalten Kriegs war außenpolitisch geprägt durch die Einbindung der N. in den Nordatlantikpakt (NATO), kolonialpolitisch durch den Verlust fast des gesamten Kolonialreichs, wirtschaftspolitisch durch die Gründung der Benelux-Union und der Europäischen Wirtschaftsgemeinschaft (EWG) sowie durch eine fast stetige Aufwärtsentwicklung der Wirtschaft.

Entsäulung: Innenpolitisch war die Entwicklung der N. nach der Entnazifizierung (Verhaftung von ca. 200 000 Kollaborateuren) durch einen Strukturwandel geprägt, der auch die traditionelle »Versäulung« aufbrach. 1946 gründeten Sozialdemokraten, Christdemokraten und Liberale die Partij van de Arbeid (PvdA), die bei den ersten Nachkriegswahlen am 12.5. 1946 zweitstärkste Partei (29 Sitze) nach der Katholieke Volkspartij (KVP, Nachfolgerin der RKS, 32 Mandate) und vor der kalvinistischen Anti-Revolutionaire Partij (13 Mandate) wurde. Koalitionsregierungen aus Katholieke Volkspartij und Partij van de Arbeid arbeiteten erfolgreich an der Überwindung der Kriegsfolgen.

68er Jahre: Nach dem Bruch der katholisch-sozialdemokratischen Koalition 1966 setzte sich die »Entsäulung« unter verschiedenen Koalitionsregierungen verstärkt fort, begleitet von einer starken außerparlamentarischen Bewegung. Der Ruf nach gesellschaftlicher Erneuerung artikulierte sich am spektakulärsten in den Protestbewegungen der 68er Jahre, getragen von Studenten, Frauenrechtlerinnen, Homosexuellen, Kernkraftgegnern (1969 Inbetriebnahme des ersten Kernkraftwerks in Doodeward) u. a. Gruppen, die sich vom versäulten Establishment distanzierten. Diese Bewegungen erhielten durch die »Säulen«-Krisen der 70er Jahre (Lockheed Affäre u. a.) weiteren Auftrieb und bewirkten zugleich ein Zusammenrücken der Etablierten: 1980 fusionierten Katholieke Volkspartij, kalvinistische Anti-Revolutionaire Partij und kalvinistische Christelijk-Historische Unie zum Christen-Democratisch Appèl (CDA).

Energiekrise: Während des israel.-arab. Jom-Kippur-Kriegs beschloss die Gruppe der arab. OPEC-Staaten im Oktober 1973 ein Ölembargo gegen die USA, die N. und Südafrika wegen deren Israel-freundlichen Haltung. Das Embargo machte Erdöl erstmals zur politischen Waffe; die anschließende Energiekrise löste eine weltweite Rezession aus und traf die N., die ab Ende der 60er Jahre die Energiegewinnung von Steinkohle auf Erdöl und Erdgas umgestellt hatten, besonders hart. Als erstes westliches Ölabnehmerland verhängten die N. am 4.11.1973 ein Fahrverbot; am 21.12. verabschiedete das Parlament ein wirtschaftliches Ermächtigungsgesetz, das der Regierung die Preiskontrolle bei Mieten, Löhnen, Waren und Dividenden erlaubte. Die Energiekrise ließ die Inflationsrate auf 8,9% (1976) steigen, die Arbeitslosenquote kletterte trotz dirigistischer Eingriffe auf 5,5% (1977).

Lockheed-Affäre: Als 1976 ein Ex-Direktor der Lockheed Aircraft Corporation aussagte, der US-Konzern habe Politiker in aller Welt bestochen, um den Absatz militärischer Luftfahrzeuge zu fördern, gerieten auch die N. in

Nachfolgerin von Königin Wilhelmina wurde ihre Tochter Juliana (1948–80). Sie hatte im Januar 1937 den Deutschen Prinz Bernhard von Lippe-Biesterfeld geheiratet. Die Ehe stieß wegen der nationalsozialistischen Gewaltherrschaft im Deutschen Reich auf Vorbehalte in der niederländ. Bevölkerung. Prinz Bernhard nahm bereits vor der Hochzeit die niederländ. Staatsbürgerschaft an. (Foto: Prinzessin Juliana und ihr Verlobter, Prinz Bernhard, 1936)

Regierungschefs der Niederlande im 20. Jahrhundert

Reg.-Zeit	*Name*	*Partei*
1901–05	Abraham Kuyper	Anti-Revolutionaire Partij
1905–08	Theodore de Meester	Liberale
1908–13	Theodore Heemskerk	Anti-Revolutionaire Partij
1913–18	Pieter Cort van der Linden	Liberale
1918–25	Joseph Ruys de Beerenbrouck	Roomsch-Katholieke Staatspartij
1925	Hendrik Colijn	Anti-Revolutionaire Partij
1926–29	Dirk Jan de Geer	Christelijk-Historische Unie
1929–33	Joseph Ruys de Beerenbrouck	Roomsch-Katholieke Staatspartij
1933–39	Hendrik Colijn	Anti-Revolutionaire Partij
1939/40	Dirk Jan de Geer	Christelijk-Historische Unie
1940–45	Pieter Sjoerds Gerbrandy (im Exil in London)	Anti-Revolutionaire Partij
1945/46	Willem Schermerhorn	(Leiter einer Allparteien-Interimsregierung)
1946–48	Louis Beel	Katholieke Volkspartij
1948–58	Willem Drees	Partij van de Arbeid
1958/59	Louis Beel	Katholieke Volkspartij
1959–63	Jan Eduard de Quay	Katholieke Volkspartij
1963–65	Victor Marijnen	Katholieke Volkspartij
1965/66	Joseph Cals	Katholieke Volkspartij
1966/67	Jelle Zijlstra	Anti-Revolutionaire Partij
1967–71	Piet de Jong	Katholieke Volkspartij
1971–73	Barend Biesheuvel	Anti-Revolutionaire Partij
1973–77	Joop den Uyl	Partij van de Arbeid
1977–82	Andries van Agt	Katholieke Volkspartij, ab 1980: Christen-Democratisch Appèl
1982–94	Ruud Lubbers	Christen-Democratisch Appèl
seit 1994	Wim Kok	Partij van de Arbeid

Das Königshaus hatte nach dem Krieg wesentlichen Anteil an der Normalisierung der deutsch-niederländ. Beziehungen. Dazu trug auch die Ehe von Kronprinzessin Beatrix mit dem deutschen Diplomaten Claus von Amsberg bei. Die Hochzeit 1966 war von heftigen Protesten in der niederländ. Bevölkerung begleitet, doch Prinz Claus gelang es rasch, sich die Sympathien des Volkes zu sichern. (Foto: Prinzessin Beatrix, l., und Claus von Amsberg, 2. v. l., grüßen am 28.6.1965 in Den Haag als Verlobte; in der Mitte Königin Juliana, rechts außen Prinz Bernhard)

den Strudel der Affäre. Unregelmäßigkeiten bei der Beschaffung des Abfangjägers Starfighter ließen den Verdacht laut werden, Prinz Bernhard, der ab 1970 u. a. Generalinspektor der Streitkräfte war, habe Bestechungsgelder angenommen. Der Verdacht beschädigte das Ansehen des Ehemanns von Königin Juliana schwer. Bernhard trat im August 1976 von allen militärischen Ämtern zurück. Die Lockheed-Affäre wurde zum Symbol für die Krise der niederländ. Gesellschaft und des gesamten politischen Systems ab Ende der 60er Jahre. 1980 dankte Juliana zugunsten ihrer Tochter Beatrix ab.

80er Jahre: 1983 trat eine neue Verfassung in Kraft. Das Recht auf Arbeit, Sozialhilfe und Umweltschutz wurden als Grundrechte verankert. Die erste Hälfte der 80er Jahre war wesentlich geprägt von einer breiten Protestbewegung gegen den NATO-Doppelbeschluss von 1979. Eine gegen die Stationierung von US-Raketen gerichtete Friedensdemonstration mit über 400 000 Teilnehmern (1981) war die größte Kundgebung in der Geschichte der N. Dennoch beschloss die Regierung Ruud Lubbers (CDA) am 1.11.1985 die Stationierung von 48 US-Marschflugkörpern. Der CDA-Pragmatiker Lubbers verfolgte als Ministerpräsident 1982–94 zugleich einen rigorosen Sparkurs und setzte ein ehrgeiziges Umweltschutzprogramm durch.

Schweres Erbe der niederländischen Kolonialzeit

Molukkerterror: Schwere innenpolitische Auseinandersetzungen lösten in der zweiten Hälfte der 70er Jahre die blutigen Terrorakte südmolukk. Separatisten (Ambonesen) aus. Am 4.12.1975 überfielen Südmolukker das indones. Konsulat in Amsterdam und nahmen 30 Menschen als Geiseln; in einer Erklärung forderten sie die niederländ. Regierung auf, die »Exilregierung der Südmolukker« anzuerkennen. Am 23.5.1977 kaperten sie einen Zug bei Groningen. 1978 töteten sie vier Menschen in einem von ihnen besetzten Verwaltungsgebäude.

Hintergrund: Die Südmolukken, eine Inselgruppe im Osten des Malai. Archipels, waren ab 1663 Teil des niederländ. Kolonialreichs. Als die Niederlande nach dem Zweiten Weltkrieg Indonesien in die Unabhängigkeit entließen, wurden die Südmolukken dem neuen Staat als Provinz eingegliedert. 1950 brach auf den Südmolukken ein Aufstand gegen die indones. Zentralregierung aus; nach dessen Niederschlagung emigrierten ca. 12 000 südmolukk. Freiheitskämpfer in das ehemalige Mutterland. (Foto: Gekaperter Nahverkehrszug bei Beilen, 1975)

Mitglied der Europäischen Union

Europäisierung: Eine wesentliche Rolle spielten die N. bei der Gründung der Europäischen Union (EU) nach dem Ende des Kalten Kriegs. Auf dem EG-Gipfel im niederländ. Maastricht vereinbarten die Staats- und Regierungschefs am 11.12.1991 die Gründung der EU als eines politischen und wirtschaftlichen Zusammenschlusses der Staaten der Europäischen Gemeinschaften (EG). Am 7.2.1992 unterzeichneten die EG-Außen- und Finanzminister die Maastrichter Verträge, die am 1.11.1993 in Kraft traten.

Ministerpräsident Wim Kok (M.) und Kronprinz Willem-Alexander beim Schweigemarsch für die Opfer der Explosionskatastrophe im Mai 2000 in Enschede

Ökonomisierung: Nach dem Wahlsieg seiner sozialdemokratischen Partij van de Arbeid (PvdA) bildete Wim Kok am 22.8.1994 eine »lila Koalition« aus PvdA, rechtsliberaler VVD und linksliberalen Democraten '66 (D '66). Kok leitete eine Reform des Sozialsystems ein und senkte durch ein umfassendes Teilzeitarbeitsplatzprogramm sowie durch die Schaffung eines »positiven« Investitionsklimas (niedrige Unternehmensteuern, Begünstigung ausländischer Investoren, Missachtung von Umweltvorschriften) und durch Druck auf die Gewerkschaften zu tarifpolitischer Zurückhaltung (faktisches Einfrieren der Löhne auf hohem Niveau) die Arbeitslosenquote auf 4,1% (1998). Verbände und Kirchen warnten vor Koks rigoroser »Ökonomisierung« der Gesellschaft, doch die Wähler bestätigten den Kurs des Ministerpräsidenten.

Wahlen von 1998: Aus den Parlamentswahlen am 6.5.1998 ging die PvdA mit 45 (+8) Abgeordneten als Sieger hervor, der rechtsliberale Koalitionspartner VVD errang 38 (+7) Sitze, während die linksliberalen Democraten '66 von 24 auf 14 Sitze abrutschten. Die oppositionelle Bündnispartei Groen Links konnte ihre Mandatszahl von fünf auf elf mehr als verdoppeln. Der Christen-Democratisch Appèl (CDA) verlor weiter Stimmen (29 Sitze, –5), blieb jedoch stärkste Oppositionskraft. Mit 83 von 150 Parlamentssitzen verfügten PvdA und VVD über eine solide Mehrheit, doch bewog die PvdA die D'66 zur Beteiligung an der Regierung und zur Neuauflage der früheren Koalition. Am 3.8.1998 wurde die neue Koalitionsregierung unter Wim Kok vereidigt.

Maastrichter Vertrag und Schengener Abkommen

Maastricht: Auf dem EG-Gipfel im niederländ. Maastricht am 11.12.1991 (Foto) beschlossen die Staats- und Regierungschefs die Gründung der Europäischen Union (EU) als eines politischen und wirtschaftlichen Zusammenschlusses der Staaten der Europäischen Gemeinschaften (EG). Am 7.2.1992 unterzeichneten die Außen- und Finanzminister der EG in Maastricht den Vertrag über den Ausbau der EG zur EU. Grundlagen dieser Union sollten neben den EG-Verträgen die »drei Säulen« einer Europäischen Wirtschafts- und Währungsunion (EWWU), einer Gemeinsamen Außen- und Sicherheitspolitik (GASP) und der Zusammenarbeit in den Bereichen Inneres und Justiz sein. Zudem übertrugen die EG-Mitglieder der EU Zuständigkeiten in den Bereichen Bildung, Gesundheit, Verbraucherschutz u. a.

Schengen: Am 14.6.1985 unterzeichneten die Niederlande, Belgien, Luxemburg, Frankreich und die Bundesrepublik Deutschland im luxemburg. Schengen das Schengener Abkommen (Schengen I) über den schrittweisen Abbau der Grenzkontrollen. Auf der Basis von Schengen I unterzeichneten diese Staaten am 19.6. 1990 das zweite Schengener Abkommen (Schengen II) über den Wegfall von Personenkontrollen und die Einschränkung von Warenkontrollen an den Binnengrenzen sowie über die internationale Zusammenarbeit der Sicherheitsbehörden, über die Visaerteilung und die Aufnahme von Asylanten. Der Vertrag trat am 26.3.1995 in Kraft und wurde durch den Amsterdamer Vertrag vom 2.10.1997 in den Vertrag über die EU integriert; am 1.5.1999 trat der Amsterdamer Vertrag in Kraft.

Europäische Währungsunion: Mit einer Inflationsrate von 1,8% (statt der im Maastrichter Vertrag geforderten 2,7%) und einem Haushaltsdefizit von 1,4% (Referenzwert: 3%), aber einer Verschuldung von 72,1% (Referenzwert: 60%) wurden die N. am 1.1.1999 Mitglied der Europäischen Währungsunion (EWU). Der Bankmanager und Finanzpolitiker Wim Duisenberg (PvdA) wurde erster Präsident der Europäischen Zentralbank (EZB). *B. P.*

Die wichtigsten Parteien im 20. Jahrhundert

Name (Abkürzung)	*Politische Richtung*	*Gründung*
Anti-Revolutionaire Partij (ARP) 1)	kalvinistisch-konservativ	1879
Sociaal-Democrat. Arbeiderspartij (SDAP)	sozialdemokratisch	1894
Roomsch-Katholieke Staatspartij (RKS)	katholisch-konservativ	1896
Christelijk-Historische Unie (CHU) 1)	kalvinistisch-konservativ	1908
Katholieke Volkspartij (KVP) 1)	katholisch-konservativ	1945
Partij van de Arbeid (PvdA)	sozialdemokratisch	1946
Christen-Democratisch Appèl (CDA)	christlich-konservativ	1980

1) seit 1980 durch Parteizusammenschluss im CDA aufgegangen

Niger

Republik Niger

Die Geschichte des N. ist traditionell geprägt durch die Auseinandersetzung zwischen den Nomadenvölkern der Tuareg auf der einen und den sesshaften, Ackerbau treibenden Songhai-Zerma, Hausa und Kanuri auf der anderen Seite. Die Tuareg betrieben seit dem 14. Jh. Fernhandel auf den Transsahara-Karawanenrouten. Die Hausa-Staaten erreichten im Verlauf des 18. Jh.s einen hohen Entwicklungsstand durch Ackerbau und Handwerk.

Zu Beginn des 19. Jh.s drang im Rahmen eines »heiligen Krieges« der islamische Eroberer Osman dan Fodio in den Süden des Landes ein. Die unterlegenen Hausa-Staaten wurden islamisiert und 1804 im Reich dan Fodios vereinigt.

Im 19. Jh. erkundeten europäische Forschungsreisende, darunter der Schotte Mungo Park, die Engländer Dixon Denham und Hugh Clapperton sowie der Deutsche Heinrich Barth, zumeist im Auftrag der brit. Regierung, das zentralafrikan. Gebiet und den N.

Niger 2000	
Landesfläche	1,27 Mio km² (WR 21)
Einwohner	10,4 Mio (WR 73)
Hauptstadt	Niamey (587 000 Einwohner)
Sprachen	Französisch, Hausa u. a.
Währung	CFA-Franc (FCFA)
Gliederung	7 Departements, 38 Arrondissements
Staatsform	Präsidiale Republik (seit 1960)
Religion	Sunnitische Moslems (98,6%); Sonstige (1,4%)
Bevölkerung	Hausa (53%); Songhaï (21%); Tuareg (11%); Sonstige (15%)

Niger im 20. Jahrhundert	
1917	Tuareg-Aufstand wird von französ. Kolonialtruppen niedergeschlagen.
1922	Das Territorium des heutigen Niger wird der Kolonialföderation Französ.-Westafrika (AOF) angeschlossen.
1926	Die Hauptstadt des Kolonialgebiets Niger wird von Zinder nach Niamey im Westen des Landes verlegt.
1946	In Niger entstehen die ersten politischen Parteien, die linksorientierte Demokratische Union (UDN) und die gemäßigte Fortschrittspartei (PPN). Beide Parteien fordern die Unabhängigkeit des Landes.
1956	Frankreich gesteht dem Niger innere Autonomie zu.
1960	Der Niger wird ein souveräner Staat (3.8.). Das Präsidentenamt übernimmt Hamani Diori von der PPN. Er bemüht sich um enge Kooperation mit den westlichen Staaten.
1970	Der Niger und die gesamte Sahelzone werden von einer mehrjährigen Dürre heimgesucht. Es kommt zu schweren Hungersnöten, denen zahlreiche Menschen zum Opfer fallen.
1974	Präsident Diori wird von einer Gruppe junger Offiziere gestürzt. Der abgesetzte Präsident wird wegen Unterschlagung und Korruption zu einer langjährigen Haftstrafe verurteilt.
1976	Der Militärmachthaber Seyni Kountché nimmt mehrere Zivilisten als Minister in seine Regierung auf.
1986	Frankreich und der Internationale Währungsfonds gewähren Niger größere Kredite zur Überwindung der anhaltenden Wirtschaftskrise.
1991	Eine Verfassungskonferenz entmachtet Präsident Ali Saibou und leitet einen Demokratisierungsprozess ein.
1993	Aus freien Wahlen geht die »Allianz der Veränderungskräfte« als Siegerin hervor. Neuer Staatspräsident wird der sozialdemokratische Politiker Mahamane Ousmane.
1996	Das Militär putscht gegen Ousmane; General Ibrahim Barré Mainassara übernimmt die Macht im Niger.
1999	Der autoritär regierende Mainassara wird bei einem Militärputsch getötet. Auslöser des Putsches ist die Annullierung der Kommunalwahlen, bei denen die Opposition gesiegt hatte. Der neue Machthaber Daouda Mallam Wanké hält sein Versprechen und gibt im Dezember 1999, acht Monate nach dem Staatsstreich, die Macht wieder an eine Zivilregierung ab. Staatspräsident wird Mamadou Tandja.

Französische Kolonialherrschaft

Grenzziehung: Obwohl an der Erforschung nicht beteiligt, erhielt Frankreich auf der Berliner Afrika-Konferenz 1884/85 große Teile des N. zugesprochen. Frankreich und Großbritannien grenzten in drei Verträgen 1890, 1898 und 1904 ihre Interessensgebiete ab. Frankreich errichtete um 1900 zwischen dem Niger und dem Tschadsee eine Militärpostenkette, um seinen Besitz abzusichern.

Kolonisierung: Nach verlustreichen Eroberungskriegen bildete die Kolonialmacht Frankreich 1899 das Militärgebiet N., womit die eigentliche Kolonisierung des N. durch Frankreich begann. Während des Ersten Weltkriegs wurde ein bewaffneter Aufstand der Tuareg blutig niedergeschlagen.

Herrschaftssicherung: Erst nach der Dürrekatastrophe und Hungersnot von 1913–15 sowie dem Tuareg-Aufstand von 1916/17 konnte Frankreich 1922 eine dauerhafte Kolonialverwaltung errichten. Zu diesem Zeitpunkt war der Widerstand der Tuareg gebrochen. Der N. wurde offiziell zur französ. Kolonie erklärt und Mitglied der Föderation Französ.-Westafrika. 1926 wurde die Hauptstadt von Zinder nach Niamey im Westen des Landes verlegt.

Mit Billigung der Kolonialmacht breitete sich der Islam im N., dessen Bevölkerung stark anwuchs, weiter aus. Traditionelle Herrschaftsstrukturen innerhalb der Volksstämme blieben weitgehend erhalten. Viele Einheimische, insbes. aus den Songhaï-Zerma-Stämmen, mussten sich jedoch als Tagelöhner und Saisonarbeiter verdingen.

Innere Autonomie: Nach dem Zweiten Weltkrieg wurden 1946 den Bewohnern der »Übersee-Kolonien« von Paris erweiterte

Bürgerrechte eingeräumt. Wie die anderen »Übersee-Gebiete« war auch der N. im französ. Parlament vertreten. Parallel dazu nahmen ab 1946 die Forderungen nach mehr Autonomie und Selbstbestimmung auch im N. zu. 1946 konstituierten sich zwei politische Parteien: Unter der Führung des linksgerichteten Djibo Bakary entstand die Demokratische Union des N. (UDN); Hamani Diori leitete die gemäßigte Fortschrittspartei des N. (PPN).

Wahlen: Größere Selbstverwaltungsrechte gestand Frankreich dem N. 1956 zu, erste Parlamentswahlen im Rahmen dieser Autonomie wurden 1957 abgehalten. Aus ihnen ging die linksgerichtete UDN als Sieger hervor. Ministerpräsident wurde der Vorsitzende der UDN, Bakary. Er musste bereits 1958 zurücktreten, nachdem seine Partei bei einer Volksabstimmung eine Niederlage erlitten hatte. Während die UDN gegen den Verbleib des N. in der Französ. Gemeinschaft votierte, stimmten über zwei Drittel der Wahlberechtigten dafür.

Diktatur unter Hamani Diori

Am 3.8.1960 wurde die Unabhängigkeit des N. verkündet. Nach der Annahme einer neuen Verfassung wurde Diori, ein Angehöriger der Songhaï-Zerma, erster Staatspräsident (1960 bis 1974). Seine PPN wandelte sich zur Einheitspartei des N. Diori errichtete ein autoritäres Regime, in dem Korruption und Bereicherung der Machteliten eine positive Wirtschaftsentwicklung des N. verhinderten. Außenpolitisch verfolgte Diori einen prowestlichen Kurs und bemühte sich um eine enge Zusammenarbeit mit der ehemaligen Kolonialmacht Frankreich. 1970–74 war der N. von der großen Dürre in der Sahelzone schwer betroffen. Bei Hungersnöten kamen mehr als 100 000 Menschen ums Leben.

Wechselnde Militärregierungen

Offiziersputsch: 1974 wurde Diori durch eine Gruppe junger Offiziere unter Führung von Oberstleutnant Seyni Kountché gestürzt. Der frühere Machthaber wurde wegen Korruption und Hinterziehung von Staatsgeldern angeklagt und zu einer langen Haftstrafe verurteilt. Das ohnehin mit wenigen Rechten ausgestattete Parlament wurde aufgelöst.

Militärherrschaft: Kountché (1974–87) errichtete eine Militärdiktatur. Da Korruption und Misswirtschaft unter Diori gewaltige Ausmaße angenommen hatten, begrüßten große Teile der Bevölkerung den Staatsstreich in der Hoffnung auf eine Neuordnung der Verhältnisse in Politik und Wirtschaft. Zwei Putschversuche von Anhängern des gestürzten Diori scheiterten 1975 und 1976. Kountché nahm nach dem zweiten Umsturzversuch mehrere Zivilisten in seine Regierung auf. In den 80er Jahren bemühte er sich, den N. durch internationale Kredite wirtschaftlich zu konsolidieren. Bei Staatsbesuchen in Frankreich und Japan erreichte er die Gewährung größerer Kredite. Auch der Internationale Währungsfonds (IWF) leistete Finanzhilfen zur Entwicklung der Wirtschaft, insbes. den Ausbau der Uran-Förderung.

Machtwechsel: 1987 übernahm der neue Vorsitzende der Militärregierung, General Ali Saibou, als Nachfolger des verstorbenen Kountché das Amt des Staatspräsidenten. Am 24.9.1989 billigten 99,28% der Wahlberechtigten in einem Referendum eine neue Verfassung, welche die Wiederherstellung einer zivilen Regierung vorsah.

Zu den ärmsten Ländern Afrikas gehört auch Niger, nicht zuletzt wegen der immer wieder auftretenden Dürreperioden in der Sahelzone. Im Januar 1984 trafen sich in Niamey die Staatschefs und Landwirtschaftsminister der acht Staaten, die sich zum »Komitee für den Kampf gegen die Trockenheit im Sahel« (CILSS) zusammengeschlossen hatten. (Foto: Nigers Staatspräsident Seyni Kountché, M., mit den Präsidenten Dawda Jawara aus Gambia, l., und Abdou Diouf aus Senegal)

Demokratisierung

Übergang zur Zivilregierung: Am 20.12. 1989 nahm eine zivile Regierung unter der Präsidentschaft Saibous die Arbeit auf. 1991 musste Saibou die Macht an eine zivile Übergangsregierung übergeben, die 1993 Wahlen organisierte. 1992 hatte die Nationalversammlung bereits eine neue, demokratische Verfassung verabschiedet.

Neuwahlen: Bei den Wahlen vom März 1993 wurde der reformorientierte Politiker Mahamane Ousmane als Kandidat der Koalition »Allianz der Veränderungskräfte« mit 54,5% der Stimmen zum neuen Staatspräsidenten gewählt. Die neue Regierung nahm Verhandlun-

gen zur Beilegung des seit Jahren anhaltenden Konflikts mit der Tuareg-Befreiungsfront auf. Nach Vereinbarung eines Waffenstillstands im Norden wurden u. a. die Grenzübergänge zu Algerien wieder geöffnet. Zurückkehrenden Flüchtlingen bot die Regierung finanzielle Eingliederungshilfen an. In den folgenden Monaten kam es jedoch wiederholt zu Studentenunruhen und Protesten von Soldaten, die Verbesserungen ihrer sozialen Lage forderten. Die Abwertung des CDA-Franc hatte zu erheblichen Preissteigerungen im Land geführt.
Oppositionssieg: Bei den Parlamentswahlen vom Januar 1995 erreichten die Oppositionsparteien unter Führung der MNSD die absolute Mehrheit in der Nationalversammlung des N. Eine Koalitionsregierung aus konservativen und liberalen Parteien wählte Hama Amadou zum neuen Regierungschef.

Erneute Militärherrschaft

Die Jahre 1996–99 waren von politischen Turbulenzen geprägt; Wahlen und Parlamentsauflösungen folgten in rascher Folge aufeinander. Im Januar 1996 war General Ibrahim Barré Mainassara durch einen Staatsstreich an die Macht gelangt und hatte das Parlament aufgelöst. Bei den Neuwahlen im November 1996 gewann die reformorientierte Nationale Unabhängige Union zur Erneuerung der Demokratie (UNIRD) die Mehrheit. Zur Eindämmung der innenpolitischen Konflikte nahm Mainassara einige Oppositionspolitiker sowie Vertreter der Tuareg in die Regierung auf.

Staatsoberhäupter des Niger

Reg.-Zeit	*Name*	*Lebensdaten*
1960–74	Hamani Diori	1916–1989
1974–87	Seyni Kountché	1931–1987
1987–93	Ali Saibou [1]	*1940
1993–96	Mahamane Ousmane	*1950
1996–99	Ibrahim Barré Mainassara	1950–1999
1999	Daouda Mallam Wanké	*1954
seit 1999	Mamadou Tandja	*1938

1) 1991–93 nur noch protokollarische Funktion

Die wichtigsten Parteien im 20. Jahrhundert

Name (Abkürzung)	*Politische Richtung*	*Gründung*
Demokratische Union des Niger (UDN)	linksorientiert	1946
Fortschrittspartei (PPN)	gemäßigt konservativ	1946
Allianz der Veränderungskräfte (AFC)	liberal	1990
Sozialdemokratische Partei des Niger (PSDN)	sozialdemokratisch	1990
Nationale Bewegung für den Fortschritt (MNSD)	konservativ	1991
Demokratische Front des Niger (FDN)	Abspaltung von der PPN	1995

Rückkehr zur Demokratie

Putsch: Im April 1999 putschten Angehörige der Leibgarde des Präsidenten gegen Mainassara und erschossen ihn auf dem Flughafen von Niamey. Auslöser für den Putsch waren die Annullierung der Kommunalwahlen durch die Regierung, als sich ein Erfolg der Opposition abzeichnete, sowie die Unzufriedenheit der Soldaten, die wegen der schlechten Wirtschaftslage mehrere Monate lang keinen Sold erhalten hatten. Neuer Herrscher im N. wurde Major Daouda Mallam Wanké, der am 10.4.1999 offiziell zum Staatspräsidenten ernannt wurde. Nach der Auflösung des Parlaments übernahm ein »Versöhnungsrat« aus 14 Offizieren die Regierungsgeschäfte. Am 15.4.1999 berief der Versöhnungsrat eine neue Regierung, der zwei Offiziere und 17 Zivilisten, darunter zwei Frauen, angehörten.
Wahlen: Die französ. Regierung sperrte zunächst alle Militärhilfen. Wanké erklärte jedoch, dass das Militär nur neun Monate an der Macht bleiben werde. Ende April 1999 erhielten die Parteien wieder die Erlaubnis zur politischen Betätigung. Im November 1999 fanden freie Wahlen statt, bei denen der Reformpolitiker Mamadou Tandja zum Staatspräsidenten gewählt wurde. Frankreich und andere Geberstaaten hatten finanzielle Hilfe von der Rückkehr zur Demokratie abhängig gemacht. Chef einer Regierung, die sich für politische, wirtschaftliche und soziale Verbesserungen einsetzen will, wurde erneut Amadou.
Innenpolitik: Vorrangiges Ziel der neuen Regierung war Anfang des Jahres 2000 die Bekämpfung von Korruption, Kriminalität und Behördenwillkür. Ein Dekret verbot den Einzug von Straßengebühren und die Ausgabe von Strafmandaten auf den Straßen des N. Im Januar 2000 nahmen die Schulen erstmals seit mehreren Monaten wieder ihre Arbeit auf und Lehrern wurde nach sechs Monaten wieder Gehalt gezahlt. Auch Beschäftigte im Gesundheitsbereich erhielten im Januar 2000 nach mehreren Monaten wieder Geld.
Internationale Finanzhilfe: Durch die ersten Reformschritte gelang im Jahr 2000 auch die Wiederherstellung internationaler Kontakte. Als erstes Land nahm die Schweiz die Entwicklungsarbeit wieder auf. Die belg. Regierung finanzierte die Zahlung der Gehälter für Januar 2000. Auch Frankreich sagte seine Unterstützung zu. *T. F.*

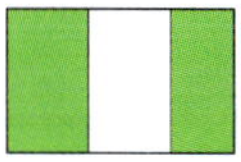

Nigeria

Bundesrepublik Nigeria

N. liegt auf der Grenze zwischen Schwarzafrika und dem arab.-islam. Nordafrika. Im Mittelalter entwickelten sich im Westen die Stadtstaaten der Yoruba, der Norden hatte Kontakt mit den mächtigen Königreichen des Sudans und über die Sahara hinweg mit den nordafrikan. Mittelmeerländern.

Nigeria 2000	
Landesfläche	923 768 km² (WR 30)
Einwohner	108,9 Mio (WR 10)
Hauptstadt	Abuja (310 000 Einwohner)
Sprachen	Englisch, Arabisch u. a.
Währung	1 Naira (N)= 100 Kobo
Gliederung	36 Bundesstaaten
Staatsform	Präsidiale Republik (seit 1979), Militärregime (ab 1983)
Religion	Moslems (50%); Christen (40%); Sonstige (10%)
Bevölkerung	Hausa (21,3%); Yoruba (21,3%); Igbo (Ibo, 18%); Fulani (11,2%); Sonstige (28,2%)

Kolonialer Vielvölkerstaat

Europäische Einflussnahme: Im Süden etablierten die Portugiesen von Benin aus Stützpunkte für den Güter- und den Sklavenhandel. Andere europäische Länder rückten nach, bis ab 1807 Großbritannien sein Verbot der Sklaverei durchsetzte. Die Entdeckung der Nigermündung eröffnete ab 1830 die allmähliche brit. Erschließung von N. 1861 annektierte Großbritannien Lagos, ein bedeutendes Handelszentrum für Palmöl, und weitete seinen Einfluss auf das Kerngebiet der Yoruba aus. An der Ostküste hatte es bereits seit 1849 Küstenstützpunkte gegeben. Aus ihnen wurde 1887 das Oil-Rivers-Protektorat und nach einiger Ausdehnung landeinwärts 1894 das Niger-Coast-Protektorat. Sir Georg Goldie, der Gründer der Royal Niger Company, schloss verschiedene Verträge mit lokalen Herrschern ab und sicherte damit auf der Berlin-Konferenz den brit. Anspruch gegenüber den europäischen Mächten. Wenngleich dieser Einfluss noch recht flüchtig war, war er doch die Basis für die brit. Herrschaft über Nord-N., die durch mehrere kriegerische Expeditionen so weit gefestigt wurde, dass 1900 das Protektorat von Nord-N. eingerichtet werden konnte.

Verwaltungssystem: Auch als 1914 die drei Einheiten zur Kolonie N. verschmolzen wurden, blieben die verwaltungstechnischen Besonderheiten der drei Teile erhalten. Wesentliche Charakteristik brit. Herrschaft in N. war ein System lokaler Verwaltungen, das jedoch einen hierarchischen Verwaltungsaufbau voraussetzte. Dies funktionierte jedoch nur im Norden und mit wechselndem Erfolg im Westen. 1922 fiel ein Teil der ehemaligen deutschen Kolonie Kamerun als Mandat an Großbritannien und wurde verwaltungsmäßig N. angeschlossen. Im selben Jahr setzte die brit. Regierung einen gesetzgebenden Rat (aus zehn Afrikanern und 36 Europäern) für den Süden ein. Die Zuständigkeit des Rates wurde 1947 – nun mit 28 Afrikanern und 17 Europäern besetzt – auf ganz N. ausgedehnt.

Nigeria im 20. Jahrhundert	
1900	Gründung der brit. Protektorate Nord- und Südnigeria.
1914	Zusammenschluss beider Landesteile zur »Colony and Protectorate of Nigeria«.
1944	Beginn von Parteigründungen.
1954	Bundesstaatliche Verfassung.
1960	Unabhängigkeit als konstitutionelle Monarchie im brit. Commonwealth.
1963	Umwandlung in eine Bundesrepublik.
1966	Militärputsch unter dem Igbo-General Johnson Aguyi-Ironsi; Gegenputsch durch den nordnigerian. General Yakubu Gowon.
1967	Gliederung Nigerias in 12 Bundesstaaten; Proklamation der unabhängigen Republik Biafra, Beginn des Biafra-Krieges (bis 1970), der über zwei Mio Todesopfer forderte.
1975	Militärputsch unter General Murtala Muhammed.
1976	Militärputsch unter General Olusegun Obasanjo.
1979	Neue Präsidialverfassung; nach Wahlen Machtübergabe an den zivilen Präsidenten Alhaji Shehu Shagari.
1983	Militärputsch durch General Mohammed Buhari.
1985	Militärputsch durch General Ibrahim Babangida.
1991	Verlegung der Hauptstadt nach Abuja.
1993	Präsidentschaftswahl mit mutmaßlichem Wahlsieger Moshood Abiola, Rücktritt Babangidas; Zivilregierung unter Ernest Shonekan; Militärputsch durch General Sani Abacha.
1995	Hinrichtung, Folterung und Verhaftung von Militärs und Oppositionellen.
1996	Verurteilung Nigerias duch UN-Menschenrechtskommission; Gründung von fünf neuen, regierungsnahen Parteien.
1998	Nach dem Tod Abachas beginnt sein Nachfolger Abduslam Abubakar ein Übergangsprogramm.
1999	Olusegun Obasanjo bildet Zivilregierung.

Parteienbildung: Zeitliche Verschiebungen in der Entwicklung eines politischen Bewusstseins bei den verschiedenen größeren Stämmen und Volksgruppen N.s verhinderte die Bildung einer nationalen nigerian. Partei; Stammes- und Religionszugehörigkeit bestimmten in dem Vielvölkerstaat fortan die parteipolitische Orientierung. Zur Erlangung der Selbstbestimmung entstand 1944 unter der Führung von Benjamin Nnambi Azikiwe (1960–66) und Herbert Macaulay der National Council of Nigerian Citizens (NCNC). Als einzige organisierte nationalistische Bewegung hatte der NCNC seinen größten Einfluss

Staatsoberhäupter Nigerias

Reg.-Zeit	*Name*	*Lebensdaten*	*Reg.-Zeit*	*Name*	*Lebensdaten*
1960–66	Benjamin Nnambi Azikiwe	1904–1996	1985–93	Ibrahim Babangida	*1941
1966	Johnson Aguyi-Ironsi	1924–1966	1993	Ernest Adegunle Oladeinde Shonekan	*1936
1966–75	Yakubu Gowon	*1934			
1975/76	Murtala Ramat Muhammed	1917–1976	1993–98	Sani Abacha	1943–1998
1976–79	Olusegun Obasanjo	*1935	1998/99	Abdulsalam Abubakar	*1942
1979–83	Alhaji Shehu Shagari	*1925	seit 1999	Olusegun Obasanjo	*1935
1984/85	Mohammed Buhari	*1942			

in den späten 40er Jahren. Da jedoch beide Führer Ibos waren, reduzierte sich der Einfluss des NCNC in dem Maße auf das Ibo-Gebiet im Osten, wie das Nationalbewusstsein bei den anderen größeren Stämmen, den Yoruba im Westen und den Hausa-Fulani im Norden, wuchs. Der Northern People's Congress (NPC) entstand 1949 vor allem aus Furcht vor einer Dominanz der Nigerianer an der Küste über den Norden. Von Hausa-Fulani dominiert, war der NPC in den oberen Schichten der traditionellen islamischen Gesellschaft des Nordens tief verwurzelt. Sein Führer war Alhaji Sir Abubakar Tafawa Balewa (1912–1966), der spätere Premierminister. Die Action Group, die 1951 in der Westregion N.s gegründet wurde, war vorwiegend eine Yoruba-Partei.

Verfassungen: In den 50er Jahren führte der wachsende Druck nach Selbstbestimmung zu einer Reihe kurzlebiger Verfassungen. Die Verfassung von 1954 begründete eine föderale Regierungsform, indem die Befugnisse der Regionalregierungen beträchtlich ausgeweitet wurden. Die Verfassungskonferenz des Jahres 1957 entschied sich für die unmittelbare Selbstverwaltung der westlichen und östlichen Regionen; 1959 erhielt der Norden N.s eine eigene Selbstverwaltung.

Unabhängigkeit

Ende der Kolonialzeit: Am 1.10.1960 entließ Großbritannien ganz N. als konstitutionelle Monarchie im brit. Commonwealth in die Unabhängigkeit; drei Jahre später wurde N. unter der politischen Dominanz des Nordens am 1.10.1963 zur Bundesrepublik erklärt. Ihr erster Präsident Benjamin Nnambi Azikiwe war Kandidat einer Koalition von NCNC und NPC. Die inneren Unruhen, die 1962 begannen, hatten ihre Ursache darin, dass die Regionalverwaltungen der Zentralregierung mit Ressentiments begegneten, weil der Einfluss der nördlichen Bevölkerungsgruppen in ihr als zu stark empfunden wurde.

Parlamentswahlen: Bei den Parlamentswahlen im Dezember 1964 traten zwei Parteiallianzen gegeneinander an: Auf der einen Seite stand die Nigerian National Alliance (NNA), unter der Führung des Premierministers der Nordregion, Sir Ahmadu Bello (1909 bis 1966), bestehend aus dem NPC, der westnigerian. Nigerian National Democratic Party und kleineren ethnischen Minoritätsparteien des Westens. Die United Progressive Grand Alliance (UPGA) umfasste auf der anderen Seite das NCNC, die Action Group, die nordnigerian. Oppositionspartei Northern Elements Progressive Union und den nichtislam. United Middle Belt Congress. Rivalitäten zwischen Stämmen und Regionen waren die Hauptthemen bei diesen Wahlen. Die Nordregion fürchtete eine Dominanz der Ibo in der Zentralregierung und suchten Unterstützung von den Yoruba, während die UPGA den islam. Norden beschuldigte, in undemokratischer Weise gegen den christlichen Süden vorzugehen. Die NNA gewann die Wahlen mit großer Mehrheit und brachte Tafawa Balewa ins Amt des Premierministers.

Jahrzehnte der Militärregime

Putsch und Gegenputsch: Am 15.1.1966 unternahmen jüngere Armeeoffiziere der Ostregion einen Militärputsch, bei dem die Premierminister der West- und Nordregion sowie der Premierminister der Bundesregierung Balewa getötet wurden. Schon zwei Tage später gelang es jedoch dem Stabschef der Armee, dem Igbo-Generalmajor Johnson Aguyi-Ironsi,

Die wichtigsten Parteien im 20. Jahrhundert

Name (Abkürzung)	*Politische Richtung*	*Gründung*
Alliance for Democracy (AD)	starke Unterstützung im Igbo-Gebiet des Südostens und im Norden	1998
All People's Party (APP)	Partei des Nordens[1]	1998
People's Democratic Party (PDP)	Partei der Yoruba im Südwesten	1998

1) wegen entsprechender Affinitäten als Abacha People's Party verspottet

die Revolte zu unterdrücken und die Macht an sich zu reißen. Er setzte die Verfassung außer Kraft, löste das Parlament auf, etablierte eine Militärregierung und setzte Militärgouverneure an die Stelle der gewählten zivilen Regionalgouverneure. Im Juli 1966 unternahmen Offiziere der Nordarmee einen Gegenputsch; General Ironsi wurde getötet und durch Oberstleutnant Yakubu Gowon (1966–75) an der Spitze einer Militärregierung ersetzt. Im Verlauf dieses Umsturzes wurden in Pogromen in der Nordregion Tausende ansässiger Ostnigerianer getötet; mehr als eine Mio Menschen, vorwiegend Igbos, flohen in die Ostregion.
Am 28.5.1967 übernahm Gowon unter Ausnahmerecht neben der Leitung des Obersten Militärrates auch die Führung des föderativen Exekutivrates und kündigte die Neugliederung des Landes in zwölf Staaten an, von denen sechs auf die Nordregion und drei auf die Ostregion entfielen, während die Westregion in den Mittleren Westen und das Gebiet von Lagos gegliedert werden sollte.

Krieg in Biafra: Die Führer Ostnigerias lehnten diese Neugliederung ab und proklamierten am 30.5. die unabhängige Republik Biafra, deren Staatsoberhaupt Oberstleutnant Chukwuemeka Odumegwu Ojukwu wurde. Im Juli 1967 erklärte die Zentralregierung der abtrünnigen Republik den Krieg. Während des dreijährigen Bürgerkrieges erhielt N. von Großbritannien und der Sowjetunion Militärhilfe. Angesichts der Bedeutung, die N. aufgrund seiner hohen Bevölkerungszahl und seines Wirtschaftswachstums als Führungsmacht in Schwarzafrika hatte, unterstützten auch die meisten afrikan. Staaten den Anspruch, die Einheit des Staates zu erhalten. Nach dem Ende des Bürgerkriegs im Januar 1970 war Biafra auf ein Zehntel seiner Größe zusammengeschrumpft.
Der mit äußerster Grausamkeit geführte Krieg forderte unter der Zivilbevölkerung durch Massaker und Hungersnöte mehr als zwei Mio Tote. Nach der Niederlage kehrten viele Igbos in ihre ursprünglichen Positionen in Lagos zurück; Gowons Militärregime unternahm alles, um die drei östlichen Bundesstaates so schnell wie möglich wieder zu integrieren.

Ankündigung der Demokratie: Yakubu Gowon kündigte für 1976 eine Rückkehr zur Demokratie an. Die notwendigen politischen Veränderungen verschleppten sich jedoch, und im Oktober 1974 verschob Gowon seinen Rücktritt von der Macht auf unbestimmte Zeit. Die Halsstarrigkeit des Regimes und seine Unfähigkeit, die Macht der Bürokratie einzuschränken und die Korruption zu verringern, führten 1975 zu Gowons Sturz, als dieser eine OAL-Konferenz in Kampala besuchte. Sein Nachfolger, Murtala Ramat Muhammed (1975–76), entließ zahlreiche unfähige und korrupte Beamte und richtete eine Schiedskommission ein. Einer seiner Pläne war die Gründung eines Hauptstadtdistriktes in der Landesmitte; 1982 zogen die ersten sechs Ministerien in die neue Hauptstadt Abuja um. Am 13.2.1976 wurde Muhammed im Verlauf eines fehlgeschlagenen Aufstandes ermordet und als Staatschef von Generalleutnant Olusegun Obasanjo abgelöst, der für eine Rückkehr zur Demokratie (1976–79) plädierte. Noch im März desselben Jahres wurde eine Föderation aus 19 Bundesstaaten proklamiert.

Wirtschaftsstruktur: Im Verlauf der 70er Jahre hatte sich die Erdölförderung zu einem wichtigen volkswirtschaftlichen Faktor in N. entwickelt. Bereits Mitte des Jahrzehnts war N. der sechstgrößte Erdölproduzent der Welt; die Förderung erbrachte rund 20% des BSP. Dennoch blieb die Landwirtschaft die wesentliche Erwerbsgrundlage der meisten Nigerianer. Neben Erdöl waren die Vorkommen von Zinn, Kohle und Eisenerz nicht nur Quellen für Exportgüter, sondern auch die Grundlage der Industrialisierung. Zu den traditionell wichtigen Industrien gehörten die Nahrungsmittel- sowie die Textil- und Bekleidungsindustrie; hinzugekommen waren Kfz-Montagebetriebe sowie ab 1982 die Eisen- und Stahlindustrie. Vor dem Bürgerkrieg war N. eines der stabilsten und am besten entwickelten Länder Westafrikas. Der Krieg mit Biafra hatte insbes. die ausländischen Investitionen in die Erdölförderung der Ostregion beeinflusst; seit 1970 kam aber wieder ausländisches Kapital, überwiegend aus Europa, Japan und den

Im Biafra-Krieg (1967 bis 1970), in dem über zwei Mio Menschen starben, erzielte die seit 1967 unabhängige Ostregion Biafra zunächst militärische Erfolge, musste sich aber dann vor der Übermacht der nigerian. Bundestruppen zurückziehen. Mit der Kapitulation der Republik Biafra am 12.1.1970 endete auch ihre Unabhängigkeit. Der Bürgerkrieg war nur eine der blutigen Folgen des bis heute ungelösten Konfliktes zwischen den verschiedenen Volksgruppen in Nigeria. (Foto: Biafra-Soldaten mit vollständig ausgeraubten Gefallenen der nigerian. Regierungstruppen, 1968)

Die Explosion einer Benzinpipeline bei Apawor im Nigerdelta (Foto) riss am 19.10.1998 mehr als 600 Menschen in den Tod. Die meisten Opfer waren Kinder und Frauen. Sie hatten ausfließendes Benzin aus den Lecks der Pipeline in Behältern aufgefangen, als ein Funke die Explosion auslöste. Mangelnde Sorgfalt der internationalen Ölgesellschaften und fehlende staatliche Aufsicht führen immer wieder zu Lecks in den nigerian. Treibstoffleitungen. Die Ölfirmen machen jedoch militante Gruppen, die mehrfach Anschläge auf Einrichtungen der Erdölindustrie verübten, für die zahlreichen Lecks verantwortlich.

USA, ins Land. Dennoch lag N.s wirtschaftliche Entwicklung vor allem beim Staat, da privates einheimisches Kapital in größeren Mengen fehlte.

Verfassung und Staatsaufbau: Nachdem politische Parteien 1978 wieder zugelassen worden waren, verliefen die Grenzen zwischen den neuen Parteien wiederum mehrheitlich entlang der Regionalgrenzen. Die konservative National Party of N. (NPN) repräsentierte vor allem den Norden und die gebildete, reiche Elite; die linksgerichtete Nigerian People's Party (NPP) hatte eine starke Igbo-Anhängerschaft und die Unity Party of N. (UPN) war die sozialistische Partei der Yoruba. Die People's Redemption Party forderte einen radikalen sozialen Wandel, die Great N. People's Party trat für den kapitalistischen Wohlfahrtsstaat ein. Im Oktober 1979 wurde eine der US-amerikan. gleichenden Präsidialverfassung verabschiedet. Der direkt gewählte Präsident muss die Mehrheit der Stimmen im ganzen Land sowie wenigstens 25% in 13 der 19 Bundesstaaten erhalten. Um den föderativen Charakter seiner Regierung zu gewährleisten, muss er wenigstens einen Vertreter der 19 Bundesstaaten in sein Kabinett aufnehmen. Das beratende Gremium des Staatsrates umfasst neben den Regionalpräsidenten die traditionellen Herrscher, die Häuptlinge und Emire. Die Legislative liegt bei einer Nationalversammlung, deren Senat aus fünf Vertretern aus jedem Staat besteht, und dessen Repräsentantenhaus 450 Mitglieder umfasst. Senatoren wie Abgeordnete werden vom Volk gewählt. Ähnliche Systeme bestehen in den Bundesstaaten, die jedoch nur über Einkammerparlamente verfügen. Alhaji Shehu Shagari trat 1979 das Amt des Staatspräsidenten an. Als Führer der konservativen National Party hatte er jedoch auch die Unterstützung der Nigerian People's Party (NPP) des früheren Präsidenten Benjamin Nnambi Azikiwe. Während seiner Regierungszeit (1979–83), in der das zivile politische Leben allmählich wieder eingeführt wurde, brachten die steigenden Erlöse aus der Erdölförderung N. eine wirtschaftliche Blüte.

Abhängigkeit vom Erdöl: Um die Wirtschaft auch nach der Erschöpfung der bislang bekannten Vorkommen, die für das erste Jahrzehnt des 21. Jh.s angenommen wird, florierend zu halten, betrieb die Regierung mit größtem Nachdruck den Ausbau des Agrarsektors und der anschließenden Industrie. Durch die Erhöhung der Agrarproduktion hoffte man, in den 80er Jahren den Lebensmittelbedarf selbst decken und danach Agrarprodukte exportieren zu können, um sich so unabhängig von den Erdölerlösen zu machen. Nachdem Shagari seit 1981 eine Minderheitenregierung geführt hatte, gewann er 1983 die Wahl für eine zweite Amtszeit. Die wirtschaftliche Entwicklung verschlechterte sich aber rapide angesichts des seit 1981 bestehenden Überangebots an Erdöl auf dem Weltmarkt. Die Deviseneinnahmen sanken 1981 und 1982 jeweils um 20% und machten dramatische Sparmaßnahmen der Regierung notwendig. Zusammen mit der fortschreitenden Korruption erzeugten diese einen zunehmenden Unmut in der Bevölkerung. Im Dezember 1983 wurde Shagari durch einen Militärcoup gestürzt.

Präsidentschaftswahlen: Ein oberster Militärrat unter General Mohammed Buhari (1984–85) übernahm die Macht und setzte die Verfassung von 1979 außer Kraft. Buhari führte ein strenges Sparprogramm und Kam-

Nobelpreisträger Ken Saro-Wiwa (1941–1995)

Zu den prominentesten Gegnern des Abacha-Regimes gehörte der Schriftsteller und Menschenrechtler Ken Saro-Wiwa. Er gründete 1990 das Movement for the Survival of the Ogoni People (MOSOP), eine Protestbewegung des Ogoni-Volkes in Ostnigeria gegen die Ausbeutung und Zerstörung ihres Landes durch die Erdölgesellschaften. In zahlreichen Veröffentlichungen wies Saro-Wiwa darauf hin, dass die Einkünfte aus der Erdölförderung in der Ogoni-Region nicht seinem Volk, sondern nur der Militärjunta zugute gekommen sind. Nach seiner Verhaftung durch das Militärregime erhielt er 1994 den alternativen Nobelpreis. 1995 wurde er zusammen mit acht Mitstreitern durch ein »Kill-and-Go«-Kommando ermordet. (Foto: Saro-Wiwas Gefängnistagebuch, 1995)

pagnen gegen Faulheit und persönliche Bereicherung ein. Diese Programme riefen 1985 einen weiteren Staatsstreich hervor, der Generalmajor Ibrahim Babangida an die Macht brachte. Er zog die unpopulären Dekrete zurück und kündigte 1987 eine Rückkehr zu einer zivilen Regierung bis 1992 an. Zur Vorbereitung der Zivilregierung wurden, zum Teil unter blutigen Unruhen, 1991 Wahlen zu den notwendigen Wahlversammlungen und 1993 Präsidentschaftswahlen abgehalten. Die neu gegründete Social Democratic Party gewann die Mehrheit in beiden Kammern und ihr Vorsitzender, Moshood Abiola, wurde als zukünftiger Präsident angesehen. Vor der Bekanntgabe der Wahlergebnisse ließ Babangida die Wahlen annullieren, trat aber wenig später zurück. Sein Nachfolger Ernest Shonekan war in erneuten Wahlvorbereitungen, als N. im November 1993 den siebten Staatsstreich seiner Geschichte erlebte, durch den das Militär die Macht an sich riss.

Abachas Militärdiktatur: Neuer Diktator wurde General Sani Abacha (1993–98); er hielt den Demokratisierungsprozess an, löste die Interimsregierung, die legislativen Versammlungen und die politischen Parteien auf und verbot jegliche politische Aktivität. Sein Militärregime regierte auf der Ebene der Föderation mittels des Provisional Ruling Council (PRC) und in den einzelnen Staaten durch Militärgouverneure. Im Juni 1994 wurde eine Verfassungskonferenz einberufen, um die Möglichkeiten der Rückkehr zu einer Zivilregierung auszuloten. Es wurde kein Konsens erreicht, aber Moshood Abiola nutzte die Gelegenheit, sich unter Berufung auf die Wahlen von 1993 zum Präsidenten ausrufen zu lassen. Er wurde verhaftet, des Hochverrats beschuldigt, aber nicht angeklagt.

Menschenrechtsverletzungen: Nach einem weiteren Putschversuch 1995 verhaftete das Regime führende Oppositionspolitiker, insbes. die Führer der Kampagne für Demokratie, darunter die Generäle Olusegun Obasanjo und Shehu Muse Yar'Aduz, die wegen Hochverrats zu langen Freiheitsstrafen verurteilt wurden. 1995 ließ die Regierung den Journalisten Ken Saro-Wiwa, der sich gegen die Verseuchung von Land und Wasser im Ogoniland durch die Ölindustrie gewandt hatte, mit acht Mitstreitern verhaften, des Mordes an einem Häuptling angeklagen und im November 1995 hinrichten. Die Commonwealth-Konferenz suspendierte daraufhin N.s Mitgliedschaft und forderte die Freilassung Abiolas und 43 anderer politischer Gefangener. Die Menschenrechtsverletzungen wurden international und vor der UN verurteilt, Auslandsinvestitionen fielen rapide ab; der Internationale Währungsfonds und die Weltbank hielten Finanzhilfen zurück. Die Regierung setzte 1996 einen Übergangsprozess zur Demokratie in Gang

Abuja – Nigerias neue Hauptstadt im Norden

In der geographischen Mitte des Vielvölkerstaats Nigeria sollte die neue Hauptstadt Abuja fern ab des südnigerian. Molochs Lagos mit seinen Großstadtproblemen zum repräsentativen Ort gesamtstaatlicher Identifikation werden. Für Abuja ließ die Regierung einen neuen administrativen Bezirk (Federal Capital Territory) abgrenzen, auf den keine der großen Volksgruppen Anspruch erhob. 1980 wurden zunächst ein Flughafen, überregionale Straßenverbindungen und grundlegende Infrastruktureinrichtungen geschaffen.

Zwar wohnten 1983 bereits 100 000 Menschen in der mit modernen Gebäudekomplexen errichteten Stadt, doch verzögerte sich der Baufortschritt aus Kapitalmangel immer wieder. 1991 wurde Abuja offiziell Hauptstadt, 1994 folgte auch die Verlegung des Regierungssitzes. (Foto: Die Moschee in Abuja)

General Sani Abacha errichtete in Nigeria ein blutiges Militärregime.

Mit Olusegun Obasanjo (l.) wurde nach mehr als 15 Jahren Militärdiktatur am 29.5.1999 erstmals wieder ein demokratisch gewählter Präsident vereidigt. Zuvor hatte sich in den Kommunalwahlen im Dezember 1998 die Obasanjo stützende People's Democratic Party (PDP) durchgesetzt. Sie stellte 20 von 36 Gouverneuren. Der frühere General, der in den 70er Jahren schon einmal das Land regiert hatte und mehrfach verhaftet worden war, steht vor großen innenpolitischen Aufgaben, da Nigeria unter den Militärs in eine tiefe politische, soziale und wirtschaftliche Krise geraten ist.

(Kommunalwahlen). Um ethnisch bedingte Unruhen weitgehend zu verhindern, wurde das Land in 36 Bundesstaaten mit fast 800 Distrikten gegliedert. Obwohl politische Aktivitäten wieder zugelassen wurden und bis Ende 1996 fünf Parteien die geforderte Stimmenzahl zur Gründung erreicht hatten, hielt die Verfolgung von Regimegegnern an.

Auf dem Weg zur Demokratie

Machtwechsel: Nach dem plötzlichen Tod Abachas übernahm zunächst Abdulsalam Abubakar die Macht: Er hob das von Abacha aufgestellte Übergangsprogramm auf und verkündete eine neue Übergangsperiode bis 1999, wobei die bisherigen Parteien aufgelöst und frühere Wahlergebnisse für ungültig erklärt wurden. Gleichzeitig ließ er jedoch die Bildung neuer Parteien zu und berief ein neues Kabinett. Um der internationalen Kritik Rechnung zu tragen, begann Abubakar, politische Gefangene, darunter den früheren Staatschef Obasanjo, freizulassen. Der mutmaßliche Sieger der Präsidentschaftswahl von 1993, Moshood Abiola, starb wenige Tage vor seiner Entlassung. Sein Tod löste insbes. im Yoruba-Gebiet Unruhen aus.

Innenpolitik: Unter großen Bedenken einer internationalen Beobachterkommission, die zahlreiche Unregelmäßigkeiten feststellte, fanden im Februar 1999, auf der Grundlage der Verfassung von 1979, nach 15 Jahren Militärherrschaft erste freie Präsidentschaftswahlen statt, aus denen Olusegun Obasanjo siegreich hervorging. Nachdem er nach seinem Amtsantritt in der »Historical Mission of National Restoration« den Kampf gegen die Korruption als eine der Hauptaufgaben seiner Regierung bezeichnet hatte, entließ er alle Personen, die unter seinen Vorgängern leitende Funktionen erhalten hatten.

Wirtschaftsentwicklung: Ausländische Beobachter sind sich einig, dass N. angesichts seiner natürlichen Ausstattung eines der wohlhabendsten Länder sein und dabei über den größten Binnenmarkt aller afrikan. Länder verfügen könnte, wäre die Politik, und dabei auch die Wirtschaftspolitik, nicht von Größenwahn und Klientelismus geprägt. Ökonomische Reformen blieben meist in den Anfängen stecken. Wirtschaftliche Erfolge im industriellen Sektor sind noch immer mehrheitlich vom Erdölsektor abhängig. Die verarbeitende Industrie ist weitgehend von teuren Importen abhängig, die in den 70er Jahren begonnene Automobilmontage kam fast völlig zu Erliegen. Der gerade von den Militärregimes übertriebene Ausbau des industriellen Sektors machte N. abhängig von industriellen Zulieferungen und Auslandskapital. Die Importlastigkeit führte wiederum zu wachsender Auslandsverschuldung. Da die notwendigen Devisen am einfachsten durch Erdölexporte beschafft wurden konnten, wurde die Diversifizierung des Erdölsektors nicht im notwendigen Maße durchgeführt. Die wirtschaftliche Gesamtentwicklung blieb somit unbefriedigend. Ein Schuldenerlassabkommen mit dem Internationalen Wirtschaftsfonds und bilateralen Gläubigern scheiterte allerdings bisher an der geringen Neigung der Regierung, das Wirtschaftssystem transparenter zu machen. *H.-W. W.*

Norwegen

Königreich Norwegen

Die Geschichte des selbstständigen N. begann 1814, als die Reichsversammlung von Eidsvoll die bis heute gültige Verfassung beschwor; der 17.5. ist norweg. Nationalfeiertag. 1380–1814 waren N. und seine damaligen Nebenländer Island und Grönland in Personalunion mit Dänemark verbunden gewesen: Der König von Dänemark war zugleich König von N. Als Dänemark während der napoleonischen Kriege N. 1814 an Schweden abtrat, proklamierte eine norweg. Reichsversammlung in Eidsvoll die Unabhängigkeit und erarbeitete eine demokratische Verfassung. In einem 14-tägigen Krieg eroberte der schwed. Kronprinz Carl Johan zwar N., erkannte jedoch im August 1814 die Verfassung an. Daraufhin wählte das Storting am 4.11.1814 den König von Schweden zum König des unabhängigen N. Allerdings kam es immer wieder zu Konflikten zwischen dem in Stockholm residierenden Unionskönig und dem norweg. Storting.

Selbstbewusster Reformstaat

Parlamentarismus: Spannungen in der Union mit Schweden nahmen in den 80er Jahren des 19. Jh.s zu, als das Storting mit der Mehrheit der liberalen Linkspartei Venstre die parlamentarische Regierungsverantwortlichkeit durchsetzte. 1884 ernannte König Oscar II. Johan Sverdrup zum ersten Chef einer Mehrheitsregierung; bis dahin hatte der Unionskönig Staatsminister stets unabhängig von den parlamentarischen Mehrheitsverhältnissen ernannt. In der Folgezeit setzte das Storting meist gegen das Veto Schwedens umfassende Reformprojekte durch, wie z.B. das allgemeine Wahlrecht für Männer (1898). Mit der Strafrechtsreform vom 22.5.1902 erhielt N. eines der modernsten Rechtssysteme Europas: Die Todesstrafe wurde abgeschafft und bei vielen Straftaten das Strafmaß zugunsten von Resozialisierungsmaßnahmen verringert.

Auswanderung: Um 1900 besaß N. nach Großbritannien und den USA die drittgrößte Handelsflotte der Erde und war einer der bedeutendsten Standorte der Fisch- und Papierindustrie, 1903 begannen die Erzverschiffungen in Narvik. Auch der Tourismus entwickelte sich zunehmend zum Wirtschaftsfaktor. Zugleich führten Bevölkerungszunahme und Mangel an Landwirtschaftsfläche sowie die geringe Industrialisierung 1886–1910 zur Auswanderung von 366 670 Norwegern – 31,8%

Norwegen 2000	
Landesfläche	323 877 km² (WR 66)
Einwohner	4,4 Mio (WR 114)
Hauptstadt	Oslo (488 000 Einwohner)
Sprache	Norwegisch
Währung	1 norw. Krone (nkr) = 100 Øre
Gliederung	19 Provinzen
Staatsform	Parlamentarische Monarchie (seit 1905)
Religion	Lutheraner (87,9%); Konfessionslose (3,2%); Sonstige (8,9%)
Bevölkerung	Norweger (96,5%); Dänen (0,4%); Briten (0,3%); Schweden (0,3%); Pakistani (0,3%); Sonstige (2,2%)

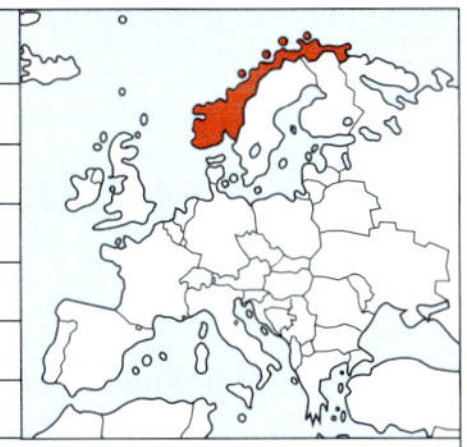

Norwegen im 20. Jahrhundert	
1905	99,9% der Norweger votieren für die Auflösung der Union mit Schweden.
	Durch eine Volksabstimmung wird der dän. Prinz Carl zum König von Norwegen gewählt; er nimmt den Namen Håkon VII. an.
1907	Deutschland, Frankreich, Großbritannien und Russland garantieren im Traktat von Kristiania (Oslo) die Integrität des Königreichs Norwegen.
1913	Allgemeines Wahlrecht für Frauen und Männer.
1914	Im Ersten Weltkrieg bleibt Norwegen neutral. Durch den deutschen U-Boot-Krieg verliert die Handelsflotte bis 1918 die Hälfte ihrer Tonnage.
1917	Die USA verhängen Lebensmittelblockade gegen die neutralen Staaten.
1919	Einführung des Verhältniswahlrechts bei den Stortingswahlen.
1920	Spitzbergen wird norweg.; Norwegen tritt dem Völkerbund bei.
1925	Die Hauptstadt Kristiania erhält wieder den altnordischen Namen Oslo.
1927	Die Arbeiterpartei etabliert sich als stärkste politische Partei.
1928	Norwegen gliedert die Bouvet-Insel im Südatlantik seinem Territorium ein.
1929	Norwegen gliedert die Nordatlantikinsel Jan Mayen seinem Territorium ein.
1933	Der Internationale Gerichtshof spricht Grönland Dänemark zu.
1935	Mit der Arbeiterpartei-Regierung unter Johan Nygaardsvold beginnt die jahrzehntelange Regierungsverantwortung der Sozialdemokratie.
1938	Norwegen, Schweden, Finnland und Dänemark erklären ihre Neutralität.
1939	Norwegen annektiert Küstengebiete der Antarktis.
1940	Das Deutsche Reich besetzt Norwegen; König Håkon VII. und die Regierung fordern aus dem Exil in London zum Widerstand auf.
	Grini ist das erste Konzentrationslager in Norwegen.
1942	Terboven (NSDAP) beruft eine Regierung unter Vidkun Quisling (NS).
1945	Die Arbeiterpartei bildet nach dem Ende der Besatzung die Regierung.
1946	Außenminister Trygve Lie wird erster UN-Generalsekretär (bis 1953).
1948	Beitritt zur US-amerikan. Marshallplanhilfe (ERP).
1949	Norwegen ist Gründungsmitglied des Nordatlantikpakts (NATO).
1952	Norwegen ist Gründungsmitglied des Nordischen Rats.
1960	Norwegen ist Gründungsmitglied der Freihandelsassoziation EFTA
1971	Beginn der Erdölförderung im Ekofisk-Feld im Nordseesockel.
1972	Eine Volksabstimmung spricht sich gegen den EG-Beitritt aus.
1973	Norwegen und die EG schließen ein Freihandelsabkommen.
1981	Das Storting stimmt der Errichtung von US-Militärausrüstungsdepots zu.
1994	Norwegen wird Mitglied des Europäischen Wirtschaftsraums.
	Eine zweite Volksabstimmung verwirft einen EU-Beitritt Norwegens.
1997	Kjell Magne Bondevik (Kristelig Folkeparti) bildet die erste langjährige konservative Koalitionsregierung.
2000	Die rechtspopulistische Fremskrittspartiet bildet das »Zünglein an der Waage« bei der Wahl des Sozialdemokraten Jens Stoltenberg (DnA) zum Ministerpräsidenten.

der männlichen und 26,2% der weiblichen Bevölkerung – überwiegend in die USA. 1903 erreichte die Auswanderung mit 26 784 Menschen den Höchststand, nach der Unabhängigkeit ging sie kontinuierlich zurück.

Auflösung der Union mit Schweden

Volksabstimmung: Die Forderung nach einem eigenen norweg. Außenministerium verschärfte die Spannungen in der Union. Nach dem Scheitern der Verhandlungen erklärte das Storting am 7.6.1905 die Union für aufgelöst und Oscar II. als König von N. für abgesetzt. Angesichts der überwältigenden Mehrheit für die Auflösung der Union – bei der Volksabstimmung votierten 99,9% der Norweger für die Unabhängigkeit – akzeptierte Schweden die Loslösung N.s.

Königswahl durch das Volk: Die Befürworter der Republik blieben in der Minderheit. Die Eidsvoll-Verfassung von 1814, so das Hauptargument, sei eine republikanische, aus historischen Gründen müsse jedoch das Königtum als staatliche Repräsentanz erhalten bleiben. Nachdem der schwed. König die Benennung eines Kandidaten abgelehnt hatte, bot das Storting dem dän. Prinzen Carl die Krone an, der die Bestätigung durch eine Volksabstimmung forderte. Im November 1905 sprachen sich die Norweger mit überwältigender Mehrheit für die Wahl Carls zum König und damit gegen eine Republik aus. Mit Carl, der den Namen Håkon VII. annahm, erhielt N. zum ersten Mal seit mehr als 500 Jahren einen eigenen König und zugleich eine charismatische Integrationsfigur.

Als Håkon VII. (1905–57) wurde der dän. Prinz Carl bei der Volksabstimmung am 12./13.11.1905 mit großer Mehrheit zum König von Norwegen gewählt. Damit erhielt Norwegen nach 525 Jahren wieder einen eigenen König. Der letzte norweg. König, Håkon VI. Magnusson, war 1380 gestorben. Seither war Norwegen in Personalunion zunächst mit Dänemark und dann mit Schweden (bis 1905) verbunden gewesen. Während seiner über 50-jährigen Regierungszeit wurde Håkon VII. zu einer Integrationsfigur. Im Zweiten Weltkrieg organisierte er aus dem engl. Exil den Widerstand gegen die deutschen Besatzer.

Aufbruch ins Industriezeitalter

Industrialisierung: Unmittelbar nach der Unabhängigkeit begann in N. der Aufbau einer modernen Industrie. Grundlagen waren hohe Kapitalzuflüsse vor allem schwed. und brit. Investoren sowie das reiche hydroenergetische Potenzial (Wasserfälle, Gletscher) zur Energiegewinnung und der Holzreichtum als natürliche Ressourcen. Am 2.12.1905 gründete Sam Eyde in Notodden die Norsk Hydro A/S, den heute größten norweg. Konzern; auf der Basis einer Erfindung des Physikers Kristian Birkeland begann Norsk Hydro als weltweit erstes Unternehmen mit der großtechnischen Salpetersäuresynthese und avancierte zu einem der bis heute größten Düngemittelproduzenten der Erde. Am 12.1.1906 wurde die A/S Sydvaranger zum Abbau der Eisenerzvorkommen bei Kirkenes gegründet, Kirkenes wurde neben Narvik der zweite norweg. Erzverschiffungshafen. Die Industrialisierung wurde begleitet vom zügigen Ausbau der Verkehrswege (u. a. 1909 Eröffnung der Eisenbahnlinie Oslo–Bergen, 1912 Erweiterung der Hurtigrute-Schiffslinie), der nationalen und transatlant. Telekommunikationsnetze und des Bildungswesens (Eröffnung der Technischen Hochschule Trondheim 1910).

Ressourcenschutz: Um die natürlichen Grundlagen vor der Zerstörung durch »verantwortungslose« Investoren zu schützen, wurde der Kauf von Wasserfällen und Wäldern am 18.9.1909 an eine Konzessionsvergabe durch die Regierung gekoppelt; das Gesetz sah zudem den »Heimfall« solcher Objekte an den Staat 80 Jahre nach dem Kauf vor. Die kontrovers diskutierte Ressourcenschutzgesetzgebung löste eine Grundsatzdebatte über staatliche Wirtschaftslenkung aus und führte zur Spaltung der größten Partei. Die den Ressourcenschutz befürwortende linksliberale Venstre-Mehrheit unter Gunnar Knudsen und Johan Castberg setzte 1909 die Konzessionsgesetze durch; die staatliche Eingriffe in die Wirtschaft ablehnende Minderheit gründete die rechtsliberale Partei Det Frisinnede Venstre.

Soziale Frage: Trotz tief greifender sozialer Wandlungsprozesse und einer starken Arbeiterbewegung entstand während der Industrialisierung kein nennenswertes revolutionäres Protestpotenzial. Die Zahl der Industriearbeiter stieg von 33 000 (1870) auf 150 000 (1913), die Zahl der Gewerkschaftsmitglieder verfünffachte sich nach der Unabhängigkeit innerhalb von drei Jahren auf 25 275 (1908), Konflikte wurden jedoch meist auf dem Verhandlungsweg gelöst.

Erster Weltkrieg

Kreditgeberland: Trotz hoher Schiffsverluste durch deutschen U-Bootbeschuss profitierte N., das als neutrales Land Kontakte zu den Mittelmächten sowie zu den Alliierten pflegte, wirtschaftlich vom Ersten Weltkrieg und wandelte sich dank eines hohen Exportüberschusses vom Schuldner- zum Kreditgeberland.

Neutralität: Am 1.8.1914 erklärte die Regierung Knudsen (Venstre) die Neutralität N.s. Nach der Versenkung zahlreicher von Großbritannien gecharterter norweg. Handelsschiffe durch deutsche U-Boote erließ N. im September 1916 ein Kupferausfuhrverbot für das Deutsche Reich und sicherte Großbritannien das Vorkaufsrecht zu. Die ab 1915 durch den Seekrieg verursachte Lebensmittelknappheit in N. verschärfte sich ab Sommer 1917, als die USA über alle neutralen Staaten ein Lebensmittelembargo verhängten. Am 30.4.1918 unterzeichnete der norweg. Sondergesandte Fridtjof Nansen mit dem US-amerikan. War Trade Board in Washington ein Abkommen, durch das N. wirtschaftspolitisch in die Front der Alliierten gezwungen wurde, ohne seine neutrale Haltung offiziell aufgeben zu müssen; N. musste sich an der »Hungerblockade« des Deutschen Reichs beteiligen und wurde dafür vom Embargo der USA ausgenommen.

Zwischen den Weltkriegen

Nachkriegskrise: Nach dem Ende des Ersten Weltkriegs erlebte N. eine inflationär geprägte Hochkonjunktur, die im Sommer 1920 von einer schweren Rezession abgelöst wurde. Drastischer Preisverfall und der Zusammenbruch Hunderter mittelständischer und Kleinbetriebe lösten eine Massenarbeitslosigkeit aus, Lohnkurzungsforderungen der Arbeitgeber führten 1921 und 1924 zu Aussperrungen und Generalstreiks und zur Radikalisierung der Arbeiterschaft. Um die Lage zu entschärfen, verhinderte Norges Bank 1920/21 durch Kredite den Zusammenbruch von 38 Banken und zehn Sparkassen und stellte 1923 konkursbedrohte Banken unter Staatsaufsicht, was einer faktischen Übernahme durch die Staatsbank gleichkam. Die Prohibitionsfrage führte zum Sturz mehrerer Regierungen; 1926 wurde das Alkoholverbot durch eine Volksabstimmung aufgehoben. Die Wiedereinführung des Goldstandards am 28.4.1928 markierte das Ende der Nachkriegsrezession.

Durchbruch der Arbeiterpartei: Mit der Vereinigung von Det norske Arbeiderpartiet und Norges Socialdemokratisk Arbeiderparti

Internationales Nansenamt für Flüchtlinge

Fridtjof Nansen (1861–1930), norweg. Arktisforscher und Diplomat, organisierte 1920–22 im Auftrag des Völkerbunds und des Internationalen Komitees vom Roten Kreuz (IKRK) sowie in Privatinitiative drei der bis dahin größten internationalen Hilfsaktionen der Geschichte: die Rückführung von Hunderttausenden von Kriegsgefangenen des Ersten Weltkriegs, die Lebensmittelversorgung von Millionen von Hungernden in Sowjetrussland und die Verteilung von Hunderttausenden von Emigranten, die nach der russ. Oktoberrevolution im ehemaligen Zarenreich ihre Heimat verloren hatten, auf neue Heimatstaaten.
Für seine internationalen Hilfsaktionen wurde Nansen 1922 mit dem Friedensnobelpreis ausgezeichnet. Das von ihm 1921 in Genf gegründete »Office international Nansen pour les réfugiés« (Internationales Nansenamt für Flüchtlinge) erhielt 1938 den Friedensnobelpreis. (Foto: »Nansenhilfe« 1921/22 in Russland)

Stichwort: Der norwegische Sprachenstreit

Aus Christiania wird Oslo: Die Unabhängigkeit Norwegens von Dänemark 1814 führte zur Ausbildung zweier Amtssprachen: Bokmål (Buchsprache) ist eine dän. geprägte Sprache, die während der dän.-norweg. Union entstand, Nynorsk (Neunorweg.) ist eine ab dem 19. Jh. aus norweg. Dialekten gebildete »Volkssprache«. Die Benutzung der einen oder anderen Sprache hat sogar zum Sturz von Regierungen geführt und wird bis heute kontrovers diskutiert, in Kommissionen beraten und auch politisch instrumentalisiert (Bokmål als Sprache des »Establishment«). Mit der dän. Bibelübersetzung begann 1550 die Verdrängung des Norweg. als Kirchensprache, 1604 wurden auch die norweg. Gesetze ins Dän. übertragen, die norweg. Hauptstadt erhielt 1624 den dän. Namen Christiania, 1739 wurde das Dän. in den norweg. Schulen als »Muttersprache« eingeführt. So gab es faktisch zwei Sprachen: die offizielle »Reichssprache« (Riksmål, seit 1929 Bokmål genannt) und die Volksdialekte. Im 19. Jh. wurde das »neunorweg.« Nynorsk der Reichssprache gesetzlich gleich gestellt, sodass Norwegen offiziell zweisprachig wurde. Beide Sprachen wurden durch Rechtschreibreformen »norwegisiert« bzw. »renorwegisiert«. Am augenfälligsten wurde diese Entwicklung durch die Namenswechsel der Hauptstadt: 1877 wurde der dän. Name Christiania durch die norweg. Schreibweise Kristiania ersetzt, seit dem 1.1.1925 führt die Hauptstadt wieder den norweg.-altnordischen Namen Oslo.
Auch der Name der norweg. Krönungsstadt wurde verändert: 1929 beschloss das Parlament, dass Drondhjem den dän. Namen aufgeben und wieder den mittelalterlichen Namen Nidaros zu führen habe; die knappe Mehrheit von 57 zu 54 Stimmen spiegelte die Spaltung des Parlaments im Sprachen- und Renorwegisierungsstreit. Die Namensänderung führte zur größten Massendemonstration in der Geschichte der mittelnorweg. Stadt, das Storting sah sich zum Einlenken gezwungen und legte 1931 als neuen Namen »Trondheim« fest. Die Entwicklung einer gesamtnorweg. Einheitssprache (Samnorsk) wurde bis heute nicht realisiert, Norwegen besitzt weiterhin zwei Namen: Auf Nynorsk heißt Norwegen »Noreg«, auf Bokmål »Norge«.

Stützpunkte für norwegische Walfänger

Walfangverbot: Nach einer Welle zum Teil gewalttätiger Anti-Walfang-Proteste in Nordnorwegen verbot das Storting am 3.12.1903 den Walfang vor der norweg. Küste. Dieses Gesetz und die gleichzeitig stark sinkenden Weltmarktpreise für Tran führten 1904 dazu, dass Carl Anton Larsen auf der Südatlantikinsel South Georgia Grytviken gründete, die erste Station für den Walfang mit Mutterschiffen.
Der Walfang mit Fabrikschiffen – die schwimmenden Fabriken wurden u.a. mit Trankochereien ausgerüstet, um den Fang vor Ort zu verarbeiten – begründete einen eigenen Industriezweig, der nach dem Ersten Weltkrieg stark expandierte. Um der Walfangindustrie Stützpunkte zu sichern, annektierte Norwegen 1928 die Bouvet-Insel im Südatlantik und 1929 die Insel Jan Mayen östlich von Grönland. 1931 hissten Fischer und Pelztierjäger die norweg. Flagge in Ostgrönland und erklärten das Gebiet zwischen Carlsberg- und Besselfjord unter dem Namen Eirik Raudes Land (der norweg. Wikinger Erich der Rote hatte die Insel 982 entdeckt) zu norweg. Staatsgebiet, obwohl Dänemark 1921 seine Hoheit über ganz Grönland proklamiert hatte. Als die norweg. Regierung am 10.7.1931 die Annexion von Eirik Raudes Land bestätigte, übergab Dänemark die Angelegenheit dem Internationalen Gerichtshof in Den Haag. 1932 besetzte Norwegen auch Südostgrönland. 1933 erklärte der Internationale Gerichtshof die norweg. Annexion von Teilen Grönlands für rechtswidrig und sprach die Insel insgesamt Dänemark zu. Die norweg. Gebietserweiterungen zugunsten der Fischindustrie fanden ihren vorläufigen Abschluss am 15.1.1939 mit der Annexion von Küstengebieten der Antarktis. (Foto: Harpunierter Wal an Bord eines Walfangschiffs)

unter dem Namen Det norske Arbeiderpartiet (DnA) am 31.1.1927 formierte sich die im 20. Jh. wichtigste politische Partei. Die neue Partei mit dem alten Namen strich klassenkämpferische Ziele aus ihrem Programm und distanzierte sich vom moskauorientierten Norges Kommunistisk Parti (NKP). Bei den Stortingswahlen im Herbst 1927 avancierte DnA mit 59 Abgeordneten (37,1% der Stimmen) zur weitaus stärksten politischen Kraft im Parlament. Am 28.1.1928 bildete Christopher Hornsrud die erste DnA-Regierung. Dass sie nach nur elf Tagen wegen geplanter Änderungen im Bankenwesen von den bürgerlichen Parteien gestürzt und durch eine Venstre-Regierung ersetzt wurde, verdeutlichte den politischen Einschnitt in N., den der Wahlsieg der Arbeiterpartei markierte: Der Kampf um die Regierungsmacht wurde fortan nicht mehr zwischen konservativer Høyre und linksliberaler Venstre ausgetragen, sondern zwischen der sozialistischen DnA auf der einen und den bürgerlichen Parteien auf der anderen Seite.

Im Sog der Weltwirtschaftskrise: Die Weltwirtschaftskrise, die ab 1929 die marktwirtschaftlich orientierten Industrieländer erfasste, ließ auch in N. die Arbeitslosigkeit ansteigen. Mit ca. 50 000 Arbeitslosen (Quote ca. 19,0%) erreichte sie Ende 1930 erneut eine Rekordhöhe. Die Forderung der Arbeitgeber nach Lohnkürzungen von 15% löste im März 1931 den bis dahin größten und mit fast sechs Monaten Dauer längsten Arbeitskampf in der norweg. Geschichte aus.

Sozialdemokratische Dominanz: Mit der Bildung der Arbeiterpartei-Minderheitsregierung unter Johan Nygaardsvold begann am 19.3.1935 die nur von der deutschen Besetzung unterbrochene jahrzehntelange Ära sozialdemokratischer Regierungen. Bei den Stortingswahlen von 1933 hatte die Arbeiterpartei ihren Stimmenanteil auf 40,1% ausgebaut. Anders als bei der ersten Regierungsbildung suchte sie den Konsens mit den bürgerlichen Parteien und wurde vor allem von der Bauernpartei unterstützt. Die Überwindung der Arbeitslosigkeit, die Sanierung der Staatsfinanzen und die Wiederherstellung der Geldwertstabilität sollten durch eine »Industrialisierungsoffensive« erreicht werden. Die Regierungsbildung erfolgte in einer Zeit wirtschaftlicher Aufwärtsentwicklung; zugleich baute die Arbeiterpartei-Regierung die Sozialgesetzgebung aus. Diese Entwicklung wurde nach dem Zweiten Weltkrieg erfolgreich fortgesetzt.

Deutsche Besetzung

Eroberung Norwegens: Die Besetzung durch das nationalsozialistische Deutsche Reich 1940–45 war eines der einschneidendsten Ereignisse in der Geschichte N.s, zumal es sich um die einzigen militärischen Ereignisse für das Land im 20. Jh. handelte. Am 9.4.1940 begann im Rahmen des deutschen Unternehmens »Weserübung« die Invasion durch die Wehrmacht, die der Besetzung des neutralen Staats N. durch Großbritannien und Frankreich zuvorkommen und die Zufuhr aus dem nordnorweg. Erzhafen Narvik sichern wollte. Die Versenkung des deutschen Kreuzers »Blücher« im Oslofjord verzögerte die Eroberung Oslos und ermöglichte dem König und der Regierung die Flucht. Bis Ende April besetzte die deutsche Wehrmacht nach schweren Kämpfen Süd-N., am 2.5. räumten die Alliierten Mittel-N., am 7.6. begaben sich König und Regierung ins Exil nach London; drei Tage später kapitulierten nach einer Weisung des Königs die norweg. Truppen in Nord-N. Während des Unternehmens »Weserübung« kamen 3700 deutsche, 3000 brit. und 850 norweg. Soldaten ums Leben.

Umbau zum NS-Staat: Am 24.4.1940 wurde Josef Terboven (NSDAP) zum Reichskommissar für die besetzten norweg. Gebiete ernannt und übernahm die oberste Regierungsgewalt im Zivilbereich. In einer BBC-Ansprache im Exil in London lehnte Håkon VII. am 8.7.1940 die von der Besatzungsmacht geforderte Abdankung ab. Am 25.9.1940 löste Terboven mit Ausnahme des von Vidkun Quisling geführten Nasjonal Samling (NS) die politischen Parteien auf, erklärte das Königshaus für abgesetzt und ernannte eine kommissarische Regierung, von deren 13 Mitgliedern neun dem NS angehörten. Bis Anfang 1941 setzte das NS-Regime alle verfassungsmäßigen demokratischen Organe außer Kraft bzw. schaltete sie gleich und kontrollierte das öffentliche Leben.

Widerstand gegen NS-Terror: Mit der Errichtung des Konzentrationslagers Grini in Bærum bei Oslo reagierte das NS-Regime am 14.6.1941 auf das Anwachsen der Widerstandsbewegung. In der Folgezeit wurden elf weitere Lager errichtet, in die 35 000 Norweger deportiert wurden. 366 Widerstandskämpfer wurden exekutiert. Die Ernennung Quislings (1.2.1942) zum Regierungschef sollte zeigen, dass N. vom Deutschen Reich Selbstverwaltung gewährt wurde. Faktisch lag die Regierungsgewalt aber weiter bei Reichskommissar Terboven, Massenverhaftungen und Geiselerschießungen gingen weiter. In mehreren Betrieben kam es zu Streiks, die das wirtschaftliche und öffentliche Leben in manchen Regionen nahezu lahm legten. Widerstandsgruppen verübten Sabotageakte gegen Eisenbahnlinien, Wehrmachtseinrichtungen und Industrieanlagen.

Sabotage-Akte: Einer der wichtigsten Sabotageakte war die Sprengung der Schwerwasseranlage bei Rjukan am 27.2.1943. Die von der Exilregierung in Absprache mit den Alliierten koordinierte Zerstörung der Anlage – schweres Wasser (Deuteriumoxid) ist ein Moderator für Kernreaktoren – sollte das deutsche Atombombenprojekt stoppen. Nach dem Wiederaufbau der Anlage bombardierten am 16.11.1943 US-amerikan. und brit. Flugzeuge die Schwerwasseranlage. Als die Wehrmacht daraufhin mit der Demontage und Überführung von Anlagenteilen ins Deutsche Reich begann, versenkten drei Angehörige der Widerstandsbewegung am 19.2.1944 die mit »schwerem Wasser« beladene Fähre »Hydro« auf dem See Tinnsjø; das deutsche Atombombenprogramm erlitt dadurch einen schweren Rückschlag.

Verbrannte Erde: Der Abzug der deutschen Truppen aus Finnland traf ab 9.9.1944 das nördliche N. schwer. Am 18.10.1944 überschritten sowjet. Einheiten von Finnland aus die Grenze zu N. und eroberten am 20.10. die Hafenstadt Kirkenes. Der Befehl Hitlers vom 28.10.1944, die Provinzen Finnmark und Troms zu evakuieren, leitete eine Taktik der »verbrannten Erde« in diesem Gebiet ein. Vom finn.-norweg. Grenzfluss Tanå aus wurde die

Vidkun Quisling (M.), der Gründer der norweg. Rechtspartei NS, war als Ministerpräsident 1942–45 williges Werkzeug der deutschen Besatzungsmacht. Nach Kriegsende musste er sich vor einem Sondergericht verantworten und wurde wegen Landesverrats hingerichtet.

Das Norsk Hydro-Werk nahe Oslo, das sog. schweres Wasser zum Bau einer deutschen Atombombe produzierte, wurde im Zweiten Weltkrieg zur Zielscheibe norweg. und alliierter Widerstandsaktionen.

Als Olav V. (1957–91) folgte der dän. Prinz Alexander seinem Vater Håkon VII. auf den norweg. Thron. Wie dieser stellte auch Olav V. seine Regentschaft unter das Motto »Alles für Norwegen«. Verfassungsgemäß beschränkte er sich auf repräsentative Aufgaben. Er war im Volk sehr beliebt. Gelegentliche Versuche der Linkssozialisten, ein Gesetz zur Abschaffung der Monarchie einzubringen, stießen nur bei einer kleinen Minderheit auf Zustimmung.

Die norwegischen Regierungschefs im 20. Jahrhundert

Reg.-Zeit	*Name*	*Partei*	*Reg.-Zeit*	*Name*	*Partei*
1898–1902	Johannes Steen	Venstre	1940	Vidkun Quisling	Nasjonal Samling
1902/03	Otto A. Blehr	Venstre	1940	Ingolf E. Christensen[2]	
1903–05	Francis Hagerup	Høyre	1942–45	Vidkun Quisling	Nasjonal Samling
1905–07	Christian Michelsen	Samlingspartiet	1945–51	Einar Gerhardsen	Arbeiderpartiet
1907/08	Jørgen Løvland	Venstre	1951–55	Oscar Torp	Arbeiderpartiet
1908–10	Gunnar Knudsen	Venstre	1955–63	Einar Gerhardsen	Arbeiderpartiet
1910–12	Wollert Konow	Frisinnede Venstre	1963	John Lyng	Arbeiderpartiet
1912/13	Jens Bratlie	Høyre	1963–65	Einar Gerhardsen	Arbeiderpartiet
1913–20	Gunnar Knudsen	Venstre	1965–71	Per Borten	Senterpartiet
1920/21	Otto B. Halvorsen	Høyre	1971/72	Trygve Bratteli	Arbeiderpartiet
1921–23	Otto A. Blehr	Venstre	1972/73	Lars Korvald	Kristelig Folkeparti
1923	Otto B. Halvorsen	Høyre	1973–76	Trygve Bratteli	Arbeiderpartiet
1923/24	Abraham Berge	Frisinnede Venstre	1976–81	Odvar Nordli	Arbeiderpartiet
1924–26	Johan Ludvig Mowinckel	Venstre	1981	Gro Harlem Brundtland	Arbeiderpartiet
			1981–86	Kåre Willoch	Høyre
1926–28	Ivar Lykke	Høyre	1986–89	Gro Harlem Brundtland	Arbeiderpartiet
1928	Christopher Hornsrud	Arbeiderpartiet	1989/90	Jan P. Syse	Høyre
1928–31	Johan L. Mowinckel	Venstre	1990–96	Gro Harlem Brundtland	Arbeiderpartiet
1931/32	Peder Kolstad	Bondepartiet	1996/97	Thorbjørn Jagland	Arbeiderpartiet
1932/33	Jens Hundseid	Bondepartiet	1997–2000	Kjell Magne Bondevik	Kristelig Folkeparti
1933–35	Johan L. Mowinckel	Venstre	seit 2000	Jens Stoltenberg	Arbeiderpartiet
1935–45[1]	Johan Nygaardsvold	Arbeiderpartiet	1) 1940–45 im Exil in London; 2) Vorsitzender des Verwaltungsrats; 25.9.1940–1.2.1942 kommissarischer Staatsrat		

Zivilbevölkerung nach Westen getrieben, Städte, Siedlungen und Höfe wurden niedergebrannt, Straßen, Brücken und Hafenanlagen gesprengt.

Befreiung: Nach der deutschen Kapitulation übernahmen durch eine Vollmacht der Exilregierung Hjemmefronten (»Heimatfront«) und ihr militärischer Arm am 8.5.1945 provisorisch die Ordnungsfunktion in N. Am selben Tag beging Reichskommissar Terboven Selbstmord, am 9.5. stellte sich der NS-Ministerpräsident Quisling. König und Exilregierung kehrten nach N. zurück. Die Kollaborateure wurden vor Gericht gestellt; Quisling – sein Name wurde zum Synonym für die Kollaboration mit der deutschen Besatzungsmacht – wurde am 24.10.1945 hingerichtet. Am 22.6.1945 bildete Einar Gerhardsen (Arbeiterpartei) die erste provisorische Allparteien-Nachkriegsregierung.

Staatsoberhäupter Norwegens

Reg.-Zeit	*Name (Herrschergeschlecht)*	*Lebensdaten*
1872–1905	Oscar II. (Bernadotte), Unionskönig von Schweden und Norwegen	1829–1907
1905–57	Håkon VII. (Glücksburg)[1]	1872–1957
1957–91	Olav V. (Glücksburg)	1903–1991
seit 1991	Harald V. (Glücksburg)	*1937

1) 1940–45 im Exil in London

Wiederaufbau und Wohlstand

Neue Regierung: Die sozialdemokratische Arbeiterpartei, die nach den Stortingswahlen am 5.11.1945 unter Einar Gerhardsen mit absoluter Mehrheit die Regierung bildete, schuf den gesetzlichen Rahmen für den Wiederaufbau N.s. Die Priorität lag beim zügigen Aufbau der Industrie; bereits 1946 lagen Industrieproduktion und Bruttosozialprodukt höher als 1938, die folgenden Jahre waren geprägt von stetig wachsendem Wohlstand und dem Ausbau des Sozialstaats.

Sicherheitspolitik: International engagierte sich N. nach dem Zweiten Weltkrieg zunächst nur bei den Vereinten Nationen (UN); Außenminister Trygve Lie wurde 1946 der erste UN-Generalsekretär. Gleichzeitig gab nach den Erfahrungen des Zweiten Weltkriegs N. seine traditionelle Neutralität auf. Nach dem Scheitern der Verhandlungen über die Gründung einer skandinav. Verteidigungsunion war N. am 4.4.1949 Gründungsmitglied der NATO; dadurch wurde gegen den Protest der UdSSR auch Spitzbergen in die NATO einbezogen. 1979 trug N., das bezüglich Spitzbergens und der Grenzziehung in der Barentssee im Konflikt mit der UdSSR lag, den NATO-Doppelbeschluss mit. 1981 räumte N. den USA Stützpunkte ein.

Europa-Frage: Die Frage der EG- bzw. EU-Mitgliedschaft ist seit Beginn der 60er Jahre eines der wichtigsten außen- und innenpolitischen Themen in N., das seit 4.1.1960 der Europäischen Freihandelsassoziation EFTA (European Free Trade Association) angehört. Parteienübergreifende Volksbewegungen verhinderten 1972 und 1994 den EG-Beitritt. Bei der Volksabstimmung vom 24./25.9.1972 lehnten ihn 53,49% der Norweger ab, obwohl sich die regierende Arbeiterpartei und die konservative Oppositionspartei Høyre, die im Parlament über fast drei Viertel der Stimmen verfügten, massiv für den Beitritt eingesetzt hatten. Am 24.5.1973 ratifizierte das Storting ein Freihandelsabkommen mit der EG, das am 1.7.1973 in Kraft trat. Am 25.11.1992 beantragte die Minderheitsregierung Brundtland (Arbeiterpartei) formell die Aufnahme N.s in die EU, doch die zweite Volksabstimmung in dieser Frage am 27./18.11.1994 endete mit einem ähnlichen Ergebnis wie 1972: 52,4% der Stimmberechtigten lehnten den Beitritt ab. Die Hauptargumente der Volksbewegung »Nein zur EU« basierten auf folgenden Überlegungen: N. könne Hoheitsrechte nicht an eine politische Zentrale abgeben, die nicht durch Wahlen demokratisch legitimiert sei; die erfolgreiche norweg. Geldpolitik dürfe nicht von einer EU-Zentralbank abhängig werden, die keiner demokratischen Kontrolle unterworfen sei; N. dürfe nicht die doppelt so hohe Arbeitslosigkeit in der EU mitfinanzieren; die Übernahme der schwachen EU-Umweltschutzgesetze gefährde die heimische Natur. Ungeachtet der Volksabstimmungen ist N. vertraglich und wirtschaftlich eng an die EU gebunden: Am 1.1.1994 trat der Vertrag zwischen den Mitliedstaaten von EU und EFTA über die Bildung des Europäischen Wirtschaftsraums in Kraft. Durch den EWR-Vertrag gilt auch für N. der Europäische Binnenmarkt als Raum ohne Binnengrenzen mit freiem Verkehr von Waren, Personen, Dienstleistungen und Kapital (»vier Freiheiten«).

Ölboom: Mit der Eröffnung des Ekofisk-Felds begann am 9.6.1971 die Offshore-Erdölförderung im norweg. Nordseesockel, ab 1977 ergänzt durch die Erdgasförderung. Förderung, Produktion, Transport und Vermarktung von Öl und Naturgas wurden der bedeutendste Wirtschaftszweig des Landes. Heute ist N. nach Saudi-Arabien der zweitgrößte Rohölexporteur der Erde. Mit einem jährlichen Pro-Kopf-Einkommen von ca. 34 300 US-Dollar ist N. einer der reichsten Staaten der Erde, wenn sich auch seit 1998 die norweg. Wirtschaftskonjunktur abschwächte. *B. P.*

Gro Harlem Brundtland versuchte als norweg. Ministerpräsidentin vergeblich, ihre Landsleute von den Vorteilen einer EU-Mitgliedschaft zu überzeugen. Durch ihren Rücktritt 1996 zog sie die politischen Konsequenzen aus der Niederlage des Referendums gegen einen EU-Beitritt Norwegens. Seit1998 ist Harlem Brundtland Generaldirektorin der Weltgesundheitsorganisation (WHO). Die europa- und umweltpolitisch engagierte Ärztin wurde durch den unter ihrer Leitung erstellten UN-Umweltreport »Our common future« (1987) international bekannt. Dieser sog. Brundtland-Report wurde zum Grundlagenpapier der 1992 auf der UN-Umweltkonferenz in Rio de Janeiro verabschiedeten »Agenda 21«.

Die wichtigsten Parteien im 20. Jahrhundert

Name (Abkürzung)	*Politische Richtung*	*Gründung*
Venstre (V)	liberal	um 1870
Det norske Arbeiderpartiet (DnA)	sozialdemokratisch	1884
Høyre (H)	konservativ	1884
Bondepartiet	konservativ	1920 1)
Kristelig Folkeparti	christlichsozial	1933
Fremskrittspartiet	rechtskonservativ	1977

1) ab 1959 Senterpartiet (SP)

Spitzbergen – norwegische Inselgruppe im Polarmeer

Spitzbergen war bis 1925 ein »international« genutztes Gebiet ohne Staatszugehörigkeit. Wegen der Kohlevorkommen zogen die Inseln im Nordpolarmeer internationales Interesse auf sich. Im Abkommen von Sèvres wurde am 9.2.1920 Spitzbergen Norwegen zugesprochen. Dänemark, Frankreich, Großbritannien, Italien, Japan, Norwegen, Schweden, den Niederlanden und den USA sicherte der Vertrag freien Zugang zur Inselgruppe einschließlich des Rechts der Jagd, der Fischerei und des Bergbaus zu. Die UdSSR weigerte sich, das Abkommen zu unterzeichnen, machte jedoch neben Norwegen als einziger Staat von der Möglichkeit der Kohleförderung auf Spitzbergen Gebrauch. 1925 gliederte Norwegen die Inselgruppe (Foto) gemeinsam mit der Bäreninsel unter dem Namen Svalbard seinem Staatsgebiet ein; seit 1949 ist sie dem Schutzbereich der NATO unterstellt.

Oman

Sultanat Oman

Im äußersten Südosten Arabiens liegt das Sultanat O., das bis 1970 eines der rückständigsten Länder der Welt war. Ab dem 7. Jh. n. Chr. setzte sich der Islam in O. durch. 751 errang das Land seine Unabhängigkeit. An der Spitze des Gemeinwesens stand ein Imam, der zugleich als religiöser Führer fungierte. In den folgenden Jahrhunderten blühte O. wirtschaftlich auf und entwickelte sich zu einem Seeimperium.

Der Imam wurde von den Vertretern der Sippen gewählt, doch 1624–1744 lag das Amt in den Händen der Familie Al Jaruba. Nach dem Aussterben dieses Clans setzte sich ein Mitglied der Familie Al Bu Said durch. Diese schaffte Ende des 18. Jh.s die Wahl des Imams ab und sicherte sich die Macht durch Erbfolge im Sultanat. Das Amt des Imams blieb jahrzehntelang unbesetzt.

Wirtschaftliche Basis: O. behauptete sich trotz europäischer Konkurrenz als Seemacht und expandierte auf den afrikan. Kontinent, in dessen Osten es Kolonien errichtete. Von dort wurde der Weltmarkt mit Sklaven versorgt. Das »Sultanat Maskat und O.«, so der offizielle Name des Landes, schloss Handelsverträge mit den wichtigsten europäischen Mächten und den USA.

Britischer Einfluss: Die Briten sicherten sich durch Verträge mit O. wirtschaftliche Vorrechte gegenüber kolonialen Rivalen. Als es 1856 zu Thronwirren kam, führten die Briten eine Lösung herbei: O. verlor seine afrikan. Kolonien durch Erbteilung. Mit der Eröffnung des Suezkanals büßten die Handelsplätze O.s an Bedeutung ein und die Wirtschaft des Landes nahm schweren Schaden. 1862 hatten sich die Briten mit Frankreich geeinigt, die Unabhängigkeit O.s nicht anzutasten, doch durch einen Freundschaftsvertrag (1891) wurde O. faktisch brit. Protektorat.

Im 20. Jahrhundert

Bürgerkrieg: Durch den Verzicht, sich zum Imam wählen zu lassen, verloren die Herrscher der Said-Dynastie zunehmend an Einfluss auf die Stämme des oman. Berglands. 1913 wählten die Bergstämme einen neuen Imam und vertrieben die Soldaten des Sultans Taimur bin Faysal (1913–32). Ihr Versuch, auch die Residenz Maskat zu erobern, schlug jedoch fehl, weil Großbritannien sich 1915 einschaltete und der Herrscherfamilie militärischen Schutz bot.

Teilung: Unter Vermittlung Großbritanniens kam 1920 der Vertrag von Sib zustande, durch den O. faktisch geteilt wurde. Der Sultan sicherte zu, sich nicht in die inneren Angelegenheiten der Bergstämme einzumischen; diese akzeptierten im Gegenzug die Oberhoheit des Sultans und respektierten das von ihm kontrollierte Gebiet.

Sezessionsversuch: Der Vertrag von Sib behielt über 30 Jahre lang Gültigkeit. 1932 wurde Said III. bin Taimur (1932–70) Sultan von O. Er erteilte eine Erdölkonzession für das Gebiet der Bergstämme, ohne sich mit diesen zu verständigen. Als 1954 Galib Bin Al Hinwai (1885–1954) zum neuen Imam gewählt wurde, bestritt er dem Sultan in Maskat das Recht, über das Gebiet der Bergstämme

Oman 2000

Landesfläche	212 457 km^2 (WR 82)
Einwohner	2,5 Mio (WR 135)
Hauptstadt	Maskat (52 000 Einwohner)
Sprachen	Arabisch, Persisch, Urdu
Währung	1 Rial Omani (RO) = 1000 Baizas
Gliederung	59 Distrikte
Staatsform	Sultanat (absolute Monarchie seit 1744)
Religion	Moslems (86%); Hindus (13%); Sonstige (1%)
Bevölkerung	Omaner (73,5%); Pakistani (21%); Sonstige (5,5%)

Oman im 20. Jahrhundert

1913	Die Bergstämme Omans erheben sich gegen den Sultan in Maskat.
1920	Durch den Vertrag von Sib wird Oman faktisch geteilt; die Bergstämme erhalten innere Autonomie, der Sultan bleibt jedoch im Amt.
1954	Loslösung der Bergstämme vom Sultanat nach einem Vertragsbruch.
1955	Der Aufstand der Bergstämme wird militärisch niedergeschlagen.
1962	In Oman wird Erdöl gefunden; seit 1967 wird der Rohstoff exportiert.
1963	Beginn des Konflikts mit marxistischen Rebellen in der Provinz Dhofar.
1970	Sturz des konservativen Sultans Said III. bin Taimur durch seinen in Großbritannien ausgebildeten Sohn Qabus bin Said.
1972	Sultan Qabus übernimmt auch das Amt des Regierungschefs.
1976	Beilegung des Konflikts in der Provinz Dhofar.
1991	Teilnahme Omans am Golfkrieg gegen den Irak.
	Einsetzung einer beratenden Versammlung ohne legislative Vollmachten.
1995	Oman nimmt als erster Golfstaat Handelsbeziehungen zu Israel auf.
1996	Der Sultan proklamiert ein Grundgesetz als Verfassung Omans.
1997	Durch Erlass des Sultans wird Frauen das Wahlrecht zuerkannt.

Staatsoberhäupter Omans

Reg.-Zeit	*Name (Herrschergeschlecht)*	*Lebensdaten*
1913–32	Taimur bin Faysal (Said)	1886–1965
1932–70	Sultan Said III. bin Taimur (Said)	1910–1972
seit 1970	Sultan Qabus bin Said (Said)	*1940

zu verfügen. 1954 erklärte er das Territorium für unabhängig und suchte Unterstützung bei der Arab. Liga. Sultan Said beendete ein Jahr später die Sezession mit dem Einmarsch seiner Truppen. Der Imam floh ins Ausland; auch sein zweiter Versuch (1957), dem Sultan die Herrschaft streitig zu machen, scheiterte. Der Sultan erhielt bei seinem Vorgehen gegen die Bergstämme die Unterstützung der brit. Schutzmacht.

Unklarer Status: Das Sultanat von Maskat und O. war zwar seit 1891 mit Großbritannien eng verbunden, aber eine brit. Kolonie im eigentlichen Sinne war es nicht. Die Briten waren mit Truppen in O. präsent und agierten weitgehend unabhängig vom Sultan, aber sie tasteten die formale Unabhängigkeit des Landes nie an. Durch das Eingreifen brit. Soldaten in den Machtkampf 1954/55 geriet O. in den Blickpunkt der Weltöffentlichkeit. 1960 forderten zehn arab. Staaten die UNO auf, den Status von O. zu klären, das zu diesem Zeitpunkt noch nicht Mitglied der Weltorganisation war. 1965 verlangte die UN-Generalversammlung von Großbritannien, seine De-facto-Herrschaft über O. zu beenden; eine entsprechende Resolution im UN-Sicherheitsrat brachten die Briten jedoch zu Fall. Drei Jahre später kündigte die brit. Regierung ihren Rückzug aus der arab. Region und damit auch die Beendigung ihrer Präsenz in O. an. Da das Land formal immer unabhängig geblieben war, musste es nicht in die Unabhängigkeit entlassen werden. Es änderte allerdings 1970 seine Staatsbezeichnung in »Sultanat O.«. 1971 wurde O. Mitglied der UNO.

Sultanat Oman

Krieg in Dhofar: Die Unzufriedenheit der Bevölkerung in O. mit dem rückständigen Sultan Said III., der jeden Fortschritt im Lande verhinderte, wuchs. 1963 kam es in der Provinz Dhofar zu einem Aufstand. Unterstützung fanden die marxistischen Rebellen bei dem seit 1967 unabhängigen kommunistischen Südjemen. Erst 1976 wurden die Kämpfe durch einen Vertrag zwischen O. und Südjemen nach militärischer Intervention Persiens beendet.

Machtwechsel: O. war unter Sultan Said III. zu einem der ärmsten Länder der Welt geworden, obwohl 1962 Erdöl gefunden und seit 1967 auch exportiert wurde. Es gab nur drei Volksschulen und ein Missionskrankenhaus in O., moderne Verkehrswege fehlten. Außerdem verbot der konservative Monarch Musik in der Öffentlichkeit, Zeitungen, Radio und Brillen als Zeichen westlicher Dekadenz. Mit Hilfe der Armee und dem Einverständnis der Briten wurde der Sultan von seinem Sohn Qabus bin Said im Juli 1970 gestürzt; er starb 1972 im Exil in London.

Sultan Qabus bin Said – moderner Alleinherrscher

Durch einen Putsch wurde der 30-jährige Qabus bin Said 1970 Staatsoberhaupt Omans; 1972 übernahm er auch das Amt des Regierungschefs. Er führte das rückständige Land in die Moderne. Da er eine sowjet. Einflussnahme in der Golfregion fürchtete, vertrat er einen prowestlichen Kurs. Seit Anfang der 90er Jahre lässt der Monarch kontrollierte politische Reformen durch, u. a. gestattete er die Einrichtung einer Volksvertretung. Der Wirtschaftskrise und der wachsenden Staatsverschuldung, die durch den fallenden Ölpreis verursacht werden, will er mit dem Ausbau erdölunabhängiger Industrien begegnen. (Foto: Sultan Qabus, 2. v. l., 1990 bei der Feier des 20. Jahrestags seiner Inthronisation)

Reformen: Der neue Sultan suchte das Gespräch mit verschiedenen Clans, brachte Gegner seines Vaters in öffentliche Ämter und reformierte das Staatswesen: Schulen wurden gegründet, Krankenhäuser und Straßen gebaut, das Pressewesen zugelassen. An der Alleinherrschaft des Sultans änderte sich jedoch nichts: Qabus vereinigt in seiner Person die Ämter des Staats- und Regierungschefs, zugleich verwaltet er mehrere wichtige Ministerien. 1991 berief er erstmals eine beratende Versammlung ein, die jedoch keine legislativen Vollmachten besitzt. Ihre Mitglieder wählt der Sultan aus dem Kreis derer aus, die von der Bevölkerung in Wahlen nominiert werden. Seit 1997 haben auch Frauen das Wahlrecht. Ein Grundgesetz, das die Rechte und Pflichten von Staat und Staatsbürgern festschreibt, wurde 1996 verabschiedet.

Außenpolitik: Sultan Qabus pflegt außenpolitisch gute Beziehungen zum Westen. 1991 beteiligten sich oman. Truppen an der Befreiung Kuwaits von den irak. Besatzern. Vier Jahre später nahm O. als erster Golfstaat Handelsbeziehungen zu Israel auf. *N.K.*

Osmanisches Reich

Im 16. Jh. erreichte das um 1300 entstandene Osman. Reich unter Süleyman Kanuni den Höhepunkt seiner Macht; es erstreckte sich von Ungarn bis nach Persien. Nach der Niederlage vor Wien (1683) begann der Niedergang der türk. Macht; das O. wurde infolge der österreich. und russ. Interventionen zum »Kranken Mann am Bosporus«.

Das Osmanische Reich im 20. Jahrhundert	
1900–09	Bau der Hedschasbahn.
1906	Verzicht auf die Sinai-Halbinsel.
1909	Jungtürk. Revolution: Abdül Hamit II. wird abgesetzt, die Verfassung von 1876 tritt erneut in Kraft; die Jungtürken regieren – mit kurzer Unterbrechung – bis 1918. Armeniermassaker in Adana.
1911/12	Italien.-Türk. Krieg endet mit dem Verlust von Tripolis, der Cyrenaica und des Dodekanes.
1912	Albanien wird unabhängig.
1912/13	Erster Balkankrieg: Verlust aller in Europa gelegenen Gebiete.
1913	Staatsstreich der Jungtürken unter Enver Pascha.
	Zweiter Balkankrieg: Rückeroberung von Ostthrakien mit Adrianopel.
1914	Kriegseintritt auf Seiten des Deutschen Reichs (29.10.).
1915	Völkermord an den Armeniern.
1916	Sykes-Picot-Abkommen (Mai): Aufteilung des Osman. Reichs in Interessensphären zwischen Frankreich und Großbritannien.
1916–18	Arab. Aufstand gegen die Türken; Faisal, der Sohn des haschemitischen Sherifen von Mekka, zieht nach einem abenteuerlichen Wüstenkrieg an der Seite von T. E. Lawrence (von Arabien) in Damaskus ein.
1917	Briten erobern Jerusalem; Ende der Palästinaoffensive.
1918	Waffenstillstand von Mudros zwischen Osman. Reich und der Entente.
	Besetzung des Libanon durch französ. und brit. Truppen.
	Osmanen ziehen aus Syrien ab, brit. Truppen marschieren ein.
1918/19	Bildung einer selbstständigen Republik Armenien; Vormarsch der Türken und Russlands führt zu neuer Grenzziehung; Armenier fliehen aus dem Gebiet westlich dieser (1923 bestätigten) Grenze; östlich der Grenze entsteht eine neue Räterepublik Armenien.
	Nach dem Tod Mehmets V. wird dessen Bruder Mehmet VI. Sultan (Juli).
1919	Ölgebiet von Mossul zwischen Türkei und dem neuen brit. Protektorat Irak umstritten; die Briten besetzen die Region.
1919–22	Istanbul wird von den Alliierten besetzt; Mustafa Kemal Pascha beginnt den Befreiungskampf; Sieg über die Griechen bei Dumlupinar.
1920	Vertrag von Sèvres reduziert die Türkei auf das anatol. Kerngebiet.
1922	Sultan Mehmet VI. geht ins Exil.
1922–24	Abdül Mecit II. letzter Kalif, ohne weltliche Macht.
1924	Abschaffung des Kalifats (1.3.): Sämtliche Mitglieder des Herrscherhauses werden des Landes verwiesen; Ende des Osman. Reichs.

Staatsoberhäupter des Osmanischen Reichs		
Reg.-Zeit	*Name*	*Lebensdaten*
1876–1909	Sultan Abdül Hamit II.	1842–1918
1909–18	Sultan Mehmet V. Reşat	1844–1918
1918–22	Sultan Mehmet VI. Vahideddin	1861–1926

Seit dem Beginn des 19. Jh.s zerfiel die osman. Macht auf dem Balkan infolge der Unabhängigkeitsbestrebungen der südosteuropäischen Völker. Vor allem von Russland unterstützt, lösten sich Serben und Griechen, Bulgaren und Rumänen vom osman. Staat. Durch Reformen in Verwaltung und Armee nach westlichem Vorbild versuchten die Sultane, den Verfall des Reichs aufzuhalten.

Die Jungtürken

Jungtürkische Revolution: Als Reaktion auf den Verfall des O. erstrebte die jungtürk. Bewegung die Modernisierung des Staats; sie gewann vor allem in der Armee Anhänger. 1908 besetzten die Jungtürken Istanbul und zwangen den Sultan die Verfassung von 1876 wieder in Kraft zu setzen. Nach einem Gegenputsch wurde Abdül Hamit II. vom Parlament abgesetzt. Sein Bruder Mehmet V. überließ die Regierung dem Komitee der Jungtürken.
Gebietsverluste: Die Reformbestrebungen der Jungtürken unterschieden sich in einem wesentlichen Punkt von den Reformen des 19. Jh.s: War die Diskussion zuvor von der grundsätzlich verschiedenen Auffassung von Recht und Gesetz im traditionell-islamischen und im modern-europäischen Denken geprägt, so kam jetzt das Prinzip des Nationalismus hinzu. Weitere Gebietsverluste, wie die italien. Besetzung von Tripolitanien und Rhodos (1911/12), und der Ausbruch der Balkankriege verstärkten diese Tendenzen. Während des Ersten Balkankriegs (1912/13) verlor das O. Adrianopel (Edirne), die Ägäisinseln, Thrakien und Makedonien, konnte jedoch im Zweiten Balkankrieg (1913) Adrianopel zurückerobern. Danach versuchten die Jungtürken ihr politisches Programm durchzusetzen und das Land zu modernisieren. Die Zeit war allerdings zu kurz, um mehr als Grundlagen für eine moderne Türkei zu schaffen; der Ausbruch des Ersten Weltkriegs verschob die Lösung aller Probleme.

Der Erste Weltkrieg

Deutsche Militärhilfe: In den Ersten Weltkrieg trat das O. an der Seite des Deutschen Reichs und Österreich-Ungarns ein. Seit sich Helmuth von Moltke 1835–39 um die Modernisierung des osman. Heeres verdient gemacht hatte, waren die Bindungen stetig ausgebaut worden. Dabei hegten sowohl Abdül Hamit II. als auch die Jungtürken große Sympathien für Deutschland, nicht zuletzt wegen Otto von Bismarcks Rolle als »ehrlicher Mak-

Der Erste Balkankrieg 1912/13 endete für das Osmanische Reich mit dem Verlust fast aller europäischer Territorien und der Ägäischen Inseln. Im Zweiten Balkankrieg 1913 konnte Thrakien mit Adrianopel zurückgewonnen werden. (Foto: Massendemonstration in Konstantinopel gegen die »Aggression« Bulgariens, Montenegros, Serbiens und Griechenlands, 4.10.1912)

ler« auf dem Berliner Kongress (1878), als er (im Gegensatz zu den Briten) darauf verzichtet hatte, dem O. weitere Gebiete abzuringen. Zwar nahmen ab 1881 weitere deutsche Militärmissionen ihre Arbeit auf – so formte Freiherr von der Goltz-Pascha 1883–95 das türk. Heer nach europäischen Maßstäben um –, die deutsche Politik gegenüber dem O. hatte jedoch stets defensiven Charakter, förderte vor allem den gegenseitigen Handel und drängte das seit dem Staatsbankrott 1875 im O. vorherrschende brit. und französ. Kapital zurück.

Kapitulation: Der Erste Weltkrieg endete im Herbst 1918 mit einem Waffenstillstand, der einer bedingungslosen Kapitulation gleichkam. Nachdem die osman. Regierung nach dem Tod Mehmets V. bereits im Sommer 1918 praktisch aufgehört hatte zu arbeiten und sich die Streitkräfte größtenteils in Auflösung befanden, bedeutete die Besetzung Istanbuls durch die Alliierten im November 1919 das Ende des O. Im Vertrag von Sèvres musste der Sultan im August 1920 die Aufteilung seines Reiches anerkennen.

Kriegsfolgen: Frankreich und Großbritannien waren die Erben der nicht selbstständig gewordenen osman. Besitzungen in Syrien, Palästina, Arabien und Mesopotamien. Der Völkerbund bestätigte die Gebietsaufteilungen als sog. A-Mandate (Gebiete im Übergang zur Selbstständigkeit). In Ostanatolien wurde die Republik Armenien gegründet, außerdem war die Schaffung eines kurd. Staates vorgesehen. Italien, das bereits 1912 das Gebiet um Konya und Antalya besetzt hatte, erhielt die Inseln des Dodekanes mit Rhodos. Smyrna (heute Izmir) und sein Hinterland, das die Griechen 1918 unter brit. Schutz als Brückenkopf in Kleinasien erobert hatten, wurde für fünf Jahre unter griech. Verwaltung gestellt; ganz Thrakien und die noch osman. Inseln in der Ägäis fielen an Griechenland. Die Meerengen sollten entmilitarisiert und internationalisiert, die osman. Truppen demobilisiert werden. Der Türkei sollten nur Inneranatolien und Istanbul bleiben, wobei sich die Alliierten erhebliche Einflussmöglichkeiten gesichert hatten.

Das Ende des Osmanischen Reichs

Kemal Pascha: 1919 sandte Sultan Mehmet VI. General Mustafa Kemal Pascha nach Anatolien, um dort die 9. Armee teilweise aufzulösen bzw. zu reorganisieren, da sich Widerstand nicht nur gegen die ausländischen Truppen, sondern auch gegen die des Sultans formierte. Kemal, der maßgeblich am Sieg von Gallipoli beteiligt gewesen war, setzte sich jedoch an die Spitze der Widerstandsbewegung und vereinte die verbliebenen Kräfte gegen die ausländischen Besatzungstruppen. Durch die Große Türk. Nationalversammlung, die am 23.4.1920 in Ankara zusammentrat, und die Wahl Kemals zu ihrem Präsidenten war der Sultan entmachtet, aber nicht abgesetzt.

Der letzte Sultan: In den folgenden Jahren konnte die türk. Landarmee in Anatolien vollendete Tatsachen schaffen, die den Vertrag von Sèvres Makulatur werden ließen: Am 26.8.1922 griff sie die Griechen, die sich bei Eskişehir verschanzt hatten, von Dumlupinar bei Afyon her an und gewann die entscheidende Schlacht; am 9.9. fielen Bursa und Izmir. Im Herbst 1922 schloss Kemal Pascha mit der brit. Seemacht einen Waffenstillstand, der faktisch das Ende der Monarchie bedeutete: Die Briten nahmen Sultan Mehmet VI. an Bord eines Kriegsschiffs und brachten den letzten Sultan ins Exil. Auch wenn das Kalifat, die geistliche Herrschaft des Sultans über alle Moslems, aus taktischen Gründen erst 1924 abgeschafft wurde, endete die Geschichte des O. am 23.10.1923 mit der Ausrufung der Republik . *Red.*

Mehmet V. Reşat, der vorletzte Sultan des Osmanischen Reichs, starb im Juli 1918, kurz vor Ende des Ersten Weltkriegs.

Österreich-Ungarn

Die Geschichte der österreich.-ungar. Monarchie geht auf das Jahr 1526 zurück. In der Schlacht von Mohács (Südungarn) wurden die Ungarn von einem Türkenheer vernichtend geschlagen. Der ungar. König Ludwig II. fand auf der Flucht den Tod. Aufgrund erbrechtlicher Verträge fiel die ungar. Krone an die Habsburger. Ungarn blieb für fast vier Jahrhunderte Teil der Habsburgermonarchie. Der Ausgleich von 1867 regelte das staatsrechtliche Verhältnis zu Österreich neu. Es entstand die Doppelmonarchie Ö. (1867–1918).

Kaiserreich Österreich – Königreich Ungarn 1900

Landesfläche	625 518 km²
Einwohner	44,29 Mio
Hauptstädte	Wien und Budapest
Sprachen	Deutsch; Ungarisch; Tschechisch u. a.
Währung	österreichische Gulden
Gliederung	2 selbstständige Staaten mit 17 (Österreich) bzw. 4 (Ungarn) Königreichen und Ländern
Staatsform	Doppelmonarchie: Kaisertum Österreich, Königreich Ungarn
Religion	Katholiken (67,1%), Orthodoxe (18,5%), Protestanten (9,5%); Juden (4,5%); Sonstige (0,4%)
Bevölkerung	Deutsche (25,5%); Magyaren (17,9%); Tschechen/Slowaken (17,9%); Polen (8,9%); Ruthenen (8,4%); Sonstige (21,4%)

Österreich-Ungarn im 20. Jahrhundert

1906	Einführung des allgemeinen, geheimen Wahlrechts für Männer (in Österreich).
1908	Annexion Bosniens und der Herzegowina führt zur internationalen Krise.
1912	Ungar. Regierung unter István Tisza setzt Militär gegen Demonstranten ein.
1914	Thronfolger Franz Ferdinand fällt in Sarajevo einem Attentat zum Opfer; Beginn des Ersten Weltkriegs.
1916	Tod von Kaiser Franz Joseph I.; Nachfolger wird sein Großneffe Karl.
1918	Waffenstillstand mit den Alliierten; Verzichtserklärung Kaiser Karls;
	Zerfall der Habsburgermonarchie; Begründung der Nachfolgestaaten.

Staatsoberhäupter von Österreich-Ungarn

Reg.-Zeit	*Name (Herrschergeschlecht)*	*Lebensdaten*
1848–1916	Franz Joseph I. (Habsburg)	1830–1916
1916–18	Karl I. (Habsburg)	1887–1922

Die wichtigsten Parteien

Name	*Politische Richtung*	*Gründung*
Österreich. Reichshälfte		
Sozialdemokratische Partei Österreichs	sozialdemokratisch	1874
Christlichsoziale Partei	christlich-konservativ	1895
Deutsche Volkspartei	deutsch-national	1895
Deutsche Fortschrittspartei	liberal	1897
Ungar. Reichshälfte		
Liberale Partei	liberal-aristokratisch	1875
Sozialdemokratische Partei	sozialdemokratisch	1880
Katholische Volkspartei	klerikal-konservativ	1895
Bürgerlich-Demokratische Partei	liberal	1900
Partei der Kleinen Landwirte	agrarisch-konservativ	1909
Nationale Arbeitspartei	konservativ	1910

Der Ausgleich von 1867

Neuregelung: Im Krieg um die Vormachtstellung in Deutschland hatte Österreich 1866 gegen Preußen bei Königgrätz eine schwere Niederlage erlitten. Sein Ausscheiden aus dem Deutschen Bund erzwang eine Neuregelung des Verhältnisses zu Ungarn. Der am 15.3.1867 geschlossene Ausgleich machte aus dem einheitlichen Erbkaisertum Ö. die österreich.-ungar. Monarchie.

Dualismus: Der Ausgleich schuf eine dualistische Ordnung (Doppelmonarchie): zwei selbstständige, aber verbundene Staaten. Ungarn wurde ein selbstständiger Staat, der mit Österreich das Staatsoberhaupt, die Landesverteidigung, die Außenpolitik und jenen Teil der Finanzen gemeinsam hatte, der zur Deckung der gemeinsamen Ausgaben notwendig war. Es gab aber zwei Regierungen und zwei Parlamente. Die gemeinsamen Angelegenheiten wurden durch Delegationen beider Parlamente kontrolliert. Die gemeinsamen Behörden trugen die Bezeichnung »k. u. k.« (kaiserlich und königlich), die der österreich. Reichshälfte wurden als »k. k.« (kaiserlich-königlich) und die der ungar. »m. k.« (königlich-ungar.) bezeichnet.

Krone: Die Dynastie der Habsburger war die wichtigste integrative Kraft der Monarchie. Als Zeichen der Versöhnung der Dynastie mit Ungarn wurde Kaiser Franz Joseph I. noch im Jahr des Ausgleichs zum König von Ungarn und seine mit den Ungarn sympathisierende und im Land äußerst beliebte Frau Elisabeth zur Königin gekrönt.

Folgen: Der Dualismus stärkte in beiden Reichshälften die dominierenden Völker. Die Vorherrschaft der Deutsch-Österreicher und der Ungarn wurde von den anderen Völkern als unerträglich empfunden – im Zeitalter des Nationalismus gefährlicher Sprengstoff für den Bestand der Doppelmonarchie.

Vielvölkerreich

Ethnische Vielfalt: Die Monarchie hatte zur Zeit des Ausgleichs 35 Mio Einwohner, beim Ausbruch des Ersten Weltkriegs 50 Mio. Der

Einwohnerzahl nach war es das drittgrößte Reich Europas. Es vereinte innerhalb seiner Grenzen zwölf größere ethnische Gruppen: Deutsche, Magyaren, Tschechen, Slowaken, Polen, Ukrainer, Rumänen, Serben, Kroaten, Slowenen, Italiener und Juden.

Staatsgedanke: Das Vielvölkerreich basierte auf dem Gedanken der übernationalen Vereinigung der Völker. Dieser Gedanke erhob die politische Idee über die nationale und sah eine Gemeinschaft vor, die auf der Grundlage höherer Prinzipien als jenem des Nationalstaates zustande kam. Das Staatsgrundgesetz bestimmte die Gleichberechtigung aller Völker und gewährte jedem Staatsbürger das Recht auf seine Sprache. In der Praxis entzündeten sich die nationalen Konflikte aber immer wieder im Streit um die Sprachen.

»Sprachnationen«: Alleiniges Kriterium für die Zugehörigkeit zu einer Nationalität war die Sprache, formell die »Muttersprache« bzw. »Umgangssprache«, faktisch das subjektive Bekenntnis zu einer Sprache. Bekannte sich ein Slowene zur deutschen Sprache, so wurde er in den Statistiken als Deutscher gezählt, ebenso wie ein Slowake, der als Umgangssprache Ungar. angab, als Magyare galt.

Nationale Hierarchie: Unter dem Aspekt der Privilegierung können die Völker des Reiches in drei Gruppen unterschieden werden: die »Herrschaftsnationalitäten« der Deutschen und Magyaren, die relativ privilegierten wie Tschechen und Polen sowie die vollständig zurückgesetzten Gruppen wie Slowaken, Ukrainer und Slowenen.

Nationale Konflikte: Das Nationalitätenproblem prägte den Staat in den letzten Jahren seines Bestehens. Versuche der Umwandlung des Dualismus in einen »Trialismus«, bei dem zunächst die Böhmen (Tschechen), später die Südslawen ein drittes gleichberechtigtes Zentrum bilden sollten, scheiterten am Widerstand der Deutsch-Österreicher und Ungarns. Auch Italiener und Polen in der österreich. Reichshälfte sowie Rumänen und Slowaken in den Ländern der ungar. Krone meldeten nationale Forderungen an. Vor 1914 bekämpften jedoch nur wenige, politisch einflusslose Gruppen die Existenz der Monarchie. Die Mehrheit trat für größere Autonomie innerhalb des bestehenden Staates ein.

Integrative Kräfte: Neben der Dynastie bejahten vor allem die Armee und das Beamtentum die Monarchie. Das Offizierskorps zeichnete sich durch soziale und nationale Offenheit aus und schuf eine Schicht, die dem Gesamtstaat verpflichtet war. Durch den Ausbau der wirtschaftlichen Infrastruktur in den rückständigen Ländern der Monarchie waren die Märkte in den beiden Reichsteilen zunehmend aufeinander bezogen und voneinander abhängig.

Juden: Am meisten dem Staat verbunden war in vieler Hinsicht die jüdische Bevölkerung. Ihren Interessen kam die Idee eines übernationalen Staates am weitesten entgegen. Kaiser Franz Joseph, der dem wachsenden Antisemitismus nicht nachgab, war den Juden Garant für ihre Existenz in allen Teilen des Reiches und genoss ihre rückhaltlose Unterstützung. Es gab jedoch in den Reihen der Juden auch Anhänger eines magyar., tschech. und großdeutschen Nationalismus.

Innenpolitik

Österreichischer Reichsteil: Nationalitätenprobleme und soziale Konflikte infolge der Industrialisierung prägten die Innenpolitik in

»Kakanien« – Vielvölkerstaat Österreich-Ungarn

»Überhaupt, wie vieles Merkwürdige ließe sich über dieses versunkene Kakanien sagen! Es war zum Beispiel kaiserlich-königlich und war kaiserlich und königlich, eines der beiden Zeichen k. k. oder k. u. k. trug dort jede Sache und Person, aber es bedurfte trotzdem einer Geheimwissenschaft, um immer sicher unterscheiden zu können, welche Einrichtungen und Menschen k. k. und welche k. u. k. zu rufen waren. Es nannte sich schriftlich Österreichisch-Ungarische Monarchie und ließ sich mündlich Österreich rufen; mit einem Namen also, den es mit feierlichem Staatsschwur abgelegt hatte, aber in allen Gefühlsangelegenheiten beibehielt, zum Zeichen, daß Gefühle ebenso wichtig sind wie Staatsrecht und Vorschriften nicht den wirklichen Lebensernst bedeuten. Es war nach seiner Verfassung liberal, aber es wurde klerikal regiert. Es wurde klerikal regiert, aber man lebte freisinnig. Vor dem Gesetz waren alle Bürger gleich, aber nicht alle waren eben Bürger. Man hatte ein Parlament, welches so gewaltigen Gebrauch von seiner Freiheit machte, daß man es gewöhnlich geschlossen hielt; aber man hatte auch einen Notstandsparagraphen, mit dessen Hilfe man ohne das Parlament auskam, und jedes Mal wenn alles sich schon über den Absolutismus freute, ordnete die Krone an, daß nun doch wieder parlamentarisch regiert werden müsse. Solcher Geschehnisse gab es viele in diesem Staat, und zu ihnen gehörten auch jene nationalen Kämpfe, die mit Recht die Neugierde Europas auf sich zogen und heute ganz falsch dargestellt werden. Sie waren so heftig, daß ihretwegen die Staatsmaschine mehrmals im Jahr stockte und stillstand, aber in den Zwischenzeiten und Staatspausen kam man ausgezeichnet miteinander aus und tat, als ob nichts gewesen wäre. Und es war auch nichts Wirkliches gewesen. Es hatte sich bloß die Abneigung jedes Menschen gegen die Bestrebungen jedes andern Menschen, in der wir heute alle einig sind, in diesem Staat schon früh, und man kann sagen, zu einem sublimierten Zeremoniell ausgebildet, das noch größere Folgen hätte haben können, wenn seine Entwicklung nicht durch eine Katastrophe vor der Zeit unterbrochen worden wäre. (...) Ja, es war, trotz vielem, was dagegen spricht, Kakanien vielleicht doch ein Land für Genies; und wahrscheinlich ist es daran auch zugrunde gegangen.«

Auszug aus Robert Musil, »Der Mann ohne Eigenschaften«, Rowohlt Verlag Reinbek

Die Bevölkerung Österreich-Ungarns[1)]

Nationalität	*Mio*	*in %*	*Nationalität*	*Mio*	*in %*
Deutsche	11,98	24,5	Kroaten, Serben	3,71	7,6
Magyaren	10,06	20,6	Rumänen	3,13	6,4
Tschechen, Slowaken	9,03	18,5	Slowenen	1,35	2,8
Polen	5,00	10,2	Italiener	0,80	1,6
Ruthenen [2)]	3,99	8,2			

1) Nach Nationalitäten (1910); Differenzen sind Rundungsdifferenzen; 2) Ukrainer

Franz Joseph I. – Kaiser für fast sieben Jahrzehnte

Oben: Traditionell wurde die Außenpolitik der Doppelmonarchie Österreich-Ungarn durch das Bündnis mit dem Deutschen Reich geprägt. (Foto: Kaiser Wilhelm II., [l.], bei einem Treffen mit Kaiser Franz Joseph I. am Bahnhof Penzing bei Schloss Schönbrunn, 1908)

Unten: Die Dynastie der Habsburger, insbes. die Persönlichkeit von Kaiser Franz Joseph I., war die wichtigste integrative Kraft der Doppelmonarchie. (Foto: Graf Wurmbrand-Stuppach, r., begrüßte Kaiser Franz Joseph I. im August 1910 in Ischl)

Franz Joseph I. (*18.8.1830 in Schönbrunn bei Wien, †21.11.1916 in Schönbrunn bei Wien), war 1848–1916 Kaiser von Österreich und 1867–1916 König von Ungarn. Kaiser Franz Joseph I. war die politische Integrationsfigur des Vielvölkerstaates und wurde später zum Symbol für seine Epoche: die »gute alte Zeit« der Vorkriegsjahre.

Franz Joseph fühlte sich in erster Linie als Beamter und Soldat, war frommer Katholik, aber tolerant. Pflichtbewusst, arbeitsam und leidgeprüft (1867 Erschießung seines Bruders Maximilian in Mexiko, 1889 Freitod seines einzigen Sohnes Rudolf unter nicht restlos geklärten Umständen, 1898 Ermordung seiner Gemahlin Elisabeth), wurde er in allen Teilen des Reichs respektiert bis verehrt. Für die notwendige Modernisierung der Monarchie fehlten ihm jedoch Sinn und Kraft. Als er am 21.11.1916, während des Ersten Weltkriegs, starb und unter großer Anteilnahme der Bevölkerung beigesetzt wurde, trug man – so das allgemeine Urteil – mit ihm auch die Habsburgermonarchie zu Grabe.

den letzten zwei Jahrzehnten der Monarchie. Ausgleichsbemühungen mit den Tschechen scheiterten 1897 am Widerstand der Deutschen, die sich gegen die Gleichberechtigung der tschech. Sprache in Böhmen wandten. Das Verhältnis zwischen Deutschen und Tschechen blieb daraufhin bis zum Zerfall des Reiches gespannt. Hingegen gelang es 1905, für Mähren die Sprachen- und Nationalitätenfrage vorbildlich zu regeln.

Wahlrecht: Ein allgemeines Wahlrecht war oberstes politisches Ziel der neuen Massenparteien, allen voran der Sozialdemokratie. Die Partei drohte mit Streik und rief zu Demonstrationen auf, deren größte im November 1905 in Wien 200 000 Menschen auf die Straße brachte. 1906 war das Ziel erreicht. Das allgemeine, gleiche, direkte und geheime (Männer-)Wahlrecht wurde eingeführt. Die Wahlen auf Grundlage des neuen Rechts bestätigten den Erfolg der Massenparteien: 1907 siegten die Christlichsozialen vor den Sozialdemokraten, 1911 die Deutschnationalen vor den Sozialdemokraten.

Ungarische Reichshälfte: Seit den 1890er Jahren wuchs in der ungar. Reichshälfte der Assimilierungsdruck der Magyaren auf die anderen Nationalitäten. Brennpunkt war zunächst Siebenbürgen, wo die Rumänen 1895 nationale Autonomie forderten. Zu Beginn des 20. Jh.s rückte die südslaw. Frage in den Vordergrund. Die immer offener geforderte Vereinigung der südslaw. Balkanvölker unter serb. Führung fand bei den in Ungarn lebenden Kroaten und Serben starken Anklang. Ungar. Politiker mussten aber auch die eigene nationale Unabhängigkeit gegenüber Ö. immer wieder unter Beweis stellen, sodass unter dem alles überlagernden Primat des Nationalen für die Lösung sozialer Probleme wenig Raum blieb.

Unruhen: Der Kampf um das Wahlrecht und eine Bodenreform bestimmten die politisch-sozialen Auseinandersetzungen vor dem Ersten Weltkrieg. In Streiks, Demonstrationen und Unruhen auf dem Land manifestierten sich die Forderungen der Arbeiterschaft. Anders als in der österreich. Reichshälfte blieben die politischen Erfolge aus. Sowohl das allgemeine Wahlrecht als auch eine Bodenreform sollten erst nach dem Zerfall der Doppelmonarchie in der Ungar. Republik Realität werden.

Außenpolitik

Bündnis mit Deutschland: Die Außenpolitik der Doppelmonarchie wurde geprägt vom Bündnis mit dem Deutschen Reich, zu dem es keine ernsthafte Alternative gab, sowie den Expansionswünschen auf dem Balkan.

Annexion: Die Annexion Bosniens und der Herzegowina 1908 führte zu einer internationalen Krise und die Monarchie an den Rand eines Krieges. Sie brachte dem Reich die erbitterte Feindschaft Serbiens und die Konfrontation mit Russland, das auf dem Balkan panslawistische Ziele verfolgte und zum Verbündeten Serbiens wurde. Damit war die außenpolitische Konstellation vorgegeben, die 1914 zum Krieg führte, denn mit Ö. und Russland gerieten Mitglieder feindlicher Bündnissysteme aneinander: der Zweibund (Deutsches Reich, Ö.) und die Entente (England, Frankreich und Russland).

Finis Austriae

Attentat von Sarajevo: Am 28.6.1914 ermordete der bosn. Student Gavrilo Princip, ein Mitglied der serb. Geheimorganisation »Schwarze Hand«, in Sarajevo den Thronfolger von Ö., Erzherzog Franz Ferdinand, und seine Gemahlin, Herzogin Sophie von Hohenberg. Ö. stellte Serbien am 23.7.1914 ein auf 48 Stunden befristetes Ultimatum, das jedoch nicht zufrieden stellend beantwortet wurde: Serbien sagte zwar eine Bekämpfung der österreichfeindlichen Umtriebe zu, wies aber alle Forderungen nach Einschränkung der eigenen Souveränitätsrechte zurück. Die Habsburgermonarchie erklärte Serbien daraufhin den Krieg, der sich durch das Eingreifen der jeweiligen Bündnispartner rasch zum Ersten Weltkrieg ausweitete.

Erster Weltkrieg: Zu Beginn des Krieges legte die multinationale k. u. k.-Armee einen erstaunlich guten Kampfgeist an den Tag. Nicht nur Deutsche und Magyaren, sondern auch Slawen und Rumänen zogen im »Geist von 1914« für die Habsburgermonarchie in den Krieg. Am anfälligsten für die gegnerische Propaganda erwiesen sich hingegen Tschechen und Ruthenen.

Auflösungserscheinungen: Schwere Niederlagen, vor allem an der Ostfront, leiteten den Wandel ein. Mit Kaiser Franz Joseph (1848–1916) starb während des Kriegs die Leitfigur der Monarchie. Seine Grablegung symbolisierte für viele das Ende der Monarchie. Je deutlicher sich die militärische Niederlage abzeichnete, um so stärker wurden die Kräfte, die das Reich spalteten. Franz Josephs Nachfolger, Kaiser Karl I. (1916–18), versuchte den Zerfall des Reiches zu verhindern, indem er den Völkern politische Autonomie anbot (Völkermanifest Kaiser Karls I. vom 16.10.1918). Die territoriale Auflösung des Reiches war jedoch nicht mehr aufzuhalten. Im Herbst 1918 sagten sich Slawen und Magyaren von der Monarchie los und riefen unabhängige Republiken aus. Der Kaiser verzichtete schließlich am 11.11.1918 auf jeden Anteil an den Staatsgeschäften.

Nachhall: Von zahllosen Zeitgenossen als anachronistischer »Völkerkerker« verurteilt, erfuhr die Vielvölkermonarchie Ö. erst in jüngerer Zeit eine gerechtere Einschätzung ihrer Geschichte. Nach den Erfahrungen von NS- und Sowjetregime und der entfesselten Aggression der Nationalstaaten auf dem Balkan erscheint die Habsburgermonarchie in einem anderen Licht: als Versuch der übernationalen Organisation einer großen, ethnisch gemischten Region Europas. *R.F.*

Die Niederlage von 1918 besiegelte den Untergang der Habsburgermonarchie. Am 16.10.1918 verkündete Kaiser Karl I. ein Völkermanifest, anhand dessen die Donaumonarchie umstrukturiert werden sollte. Die Auflösung des Reichs war jedoch nicht mehr aufzuhalten und einen Monat später dankte der Kaiser ab. (Foto: Erzherzog Karl und Zita von Bourbon-Parma bei ihrer Hochzeitsfeier am 21.10.1911)

Dokument: Verzichtserklärung Kaiser Karls I.

Am 11.11.1918 erklärte Kaiser Karl I. schriftlich seinen Verzicht auf die Regierung in Österreich[1]. Das Dokument wurde ebenfalls von Heinrich Lammasch, dem Ministerpräsidenten der letzten kaiserlichen Regierung, unterzeichnet:

»Seit Meiner Thronbesteigung war Ich unablässig bemüht, Meine Völker aus den Schrecknissen des Krieges herauszuführen, an dessen Ausbruch Ich keinerlei Schuld trage.

Ich habe nicht gezögert, das verfassungsmäßige Leben wieder herzustellen, und habe den Völkern den Weg zu ihrer selbständigen staatlichen Entwicklung eröffnet. Nach wie vor von unwandelbarer Liebe für alle Meine Völker erfüllt, will Ich ihrer freien Entfaltung Meine Person nicht als Hindernis entgegenstellen.

Im voraus erkenne Ich die Entscheidung an, die Deutschösterreich über seine künftige Staatsform trifft. Das Volk hat durch seine Vertreter die Regierung übernommen. Ich verzichte auf jeden Anteil an den Staatsgeschäften.

Gleichzeitig enthebe Ich Meine österreichische Regierung ihres Amtes.

Möge das Volk von Deutschösterreich in Eintracht und Versöhnlichkeit die Neuordnung schaffen und befestigen. Das Glück Meiner Völker war von Anbeginn das Ziel Meiner heißesten Wünsche.

Nur der Friede kann die Wunden dieses Krieges heilen.«

Lammasch m.p. Karl m.p.

1) Kaiser Karl I. dankte nicht ausdrücklich ab.

Österreich

Republik Österreich

Mit dem Namen »Österreich« wurden im über tausendjährigen Lauf österreich. Geschichte Herrschaftsgebilde unterschiedlichster Art bezeichnet. Ältestes Zeugnis für den Namen ist eine Urkunde aus dem Jahr 996, in der mit »Ostarrichi« der Donauraum zwischen Enns und Wienerwald bezeichnet wird. Dieses Territorium, die Keimzelle Ö.s, gehörte zum Herzogtum Bayern und bildete einen Teil seines östlichen Grenzlandes. Unter der Dynastie der Babenberger (996–1246) nahm hier der österreich. Staat Gestalt an: 1156 erfolgte die Erhebung Ö.s zum Herzogtum, 1192 wurde die Steiermark babenbergische Besitzung. Als die Dynastie in der männlichen Linie erlosch, ging das schwäbische Geschlecht der Habsburger als Nachfolger (1277–1918) aus den Auseinandersetzungen um das babenbergische Erbe hervor. Die Habsburger stiegen in den folgenden Jahrhunderten zu einer der mächtigsten europäischen Dynastien auf. Seit dem Spätmittelalter kann man den Verband der habsburgischen Alpenländer (Tirol, Kärnten, Krain, Teile Vorarlbergs) zu Ö. zählen. Erst in der Zeit des Kaisertums Österreich (von 1804 an) wurde die Monarchie ein territorial geschlossener Staat (Donaumonarchie). 1867–1914 war Ö. als selbstständiger Staat mit Ungarn verbunden (Doppelmonarchie). Ö. in seinen heutigen Grenzen entstand nach dem Ersten Weltkrieg.

Österreich 2000	
Landesfläche	83 853 km^2 (WR 112)
Einwohner	8,1 Mio (WR 86)
Hauptstadt	Wien (1,6 Mio Einwohner)
Sprachen	Deutsch, Slowen., Kroat., Ungar.
Währung	1 Schilling (öS) = 100 Groschen
Gliederung	9 Bundesländer
Staatsform	Parlamentarische Bundesrepublik (seit 1955)
Religion	Katholiken (84,8%), Protestanten (5,7%); Sonstige (9,5%)
Bevölkerung	Österreicher (91,1%); Sonstige (8,9%)

Österreich im 20. Jahrhundert	
1918	Waffenstillstand mit den Alliierten; Verzichtserklärung Kaiser Karls;
	Zerfall der Monarchie; Ausrufung der Republik Deutsch-Österreich (12.11.).
1919	Unterzeichnung des Friedensvertrages von Saint-Germain-en-Laye (Paris).
1920	Die Verfassung der Republik Österreich wird von der Nationalversammlung angenommen (1.10.); Michael Hainisch wird erster Bundespräsident.
1921	Abstimmungen in Tirol und Kärnten für Anschluss an das Deutsche Reich.
1927	Aufruhr und Generalstreik in Wien.
1929	Verschärfung der innenpolitischen Krise.
1930	Freundschaftsvertrag mit Italien; wachsender Einfluss des Faschismus.
1933	Kanzler Engelbert Dollfuß setzt die parlamentarische Verfassung außer Kraft.
1934	Bürgerkrieg zwischen Republikanischem Schutzbund und Regierung;
	nationalsozialistischer Putschversuch, Kanzler Dollfuß wird ermordet.
1938	Anschluss Österreichs an das Deutsche Reich nach Referendum (10.4.).
1945	Alliierte Truppen besetzen Österreich; Proklamation der Unabhängigkeit.
1946	Zweites Kontrollabkommen mit den Alliierten; Verstaatlichungsgesetze.
1947	Hungerdemonstrationen; Österreich wird in die Marshallplanhilfe einbezogen; Beginn der Verhandlungen über den Staatsvertrag.
1955	Österreich verpflichtet sich zu immerwährender Neutralität (Moskauer Memorandum); Unterzeichnung des Staatsvertrags in Wien (15.5.).
1956	Beitritt zum Europarat; Flüchtlingswelle aus Ungarn (Volksaufstand).
1966	Absolute Mehrheit für ÖVP: Alleinregierung unter Josef Klaus.
1970	SPÖ-Minderheitsregierung: Beginn der Regierungszeit Bruno Kreiskys.
1971	Vorgezogene Wahlen: absolute Mehrheit für die SPÖ.
1983	Bildung einer kleinen Koalition von SPÖ und Freiheitlicher Partei.
1986	Affäre um den ÖVP-Bundespräsidentschaftskandidaten Kurt Waldheim.
	Bundeskanzler Sinowatz (SPÖ) tritt zurück; Jörg Haider übernimmt FPÖ-Führung; Grün-Alternative ziehen ins Parlament ein.
1994	In einer Volksabstimmung stimmen 66,6% für den Beitritt zur EU (12.6.).
1999	FPÖ wird erstmals zweitstärkste Partei bei den Nationalratswahlen.
2000	Regierungskoalition ÖVP/FPÖ unter Bundeskanzler Wolfgang Schüssel.

Das »alte« Österreich (bis 1918)

Herrschaftssystem: Zu Beginn des 20. Jh.s war Ö. eine konstitutionelle Monarchie. Es stellte mit seiner Idee eines übernationalen Staates ein hochkomplexes, labiles Gebilde dar. Das Zentrum der Staatsidee und der politischen Macht lag bei der Dynastie, dem »Haus Österreich«. Die politische Herrschaft wurde von Wien aus zentralistisch ausgeübt. Ö. war ein Rechtsstaat und hatte ein Parlament, doch die Macht der alten Eliten (Krone, Adel, Bürokratie, Kirchenfürsten) und ein System persönlicher Beziehungen konservierten eine Reihe feudaler und absolutistischer Strukturen. Die Einführung des allgemeinen (Männer-)Wahlrechts 1906 stellte einen wichtigen Schritt zur Demokratisierung des Systems dar, die Auswirkungen blieben aber gering, da sich Parteien und Nationalitäten im parlamentarischen Kampf aufrieben und neutralisierten.

Nationale Frage: Der Nationalitätenkonflikt war in den Jahrzehnten vor dem Krieg das alles überlagernde Problem österreich. Politik. Am heftigsten wurde der Kampf zwischen Deutsch-Österreichern und Tschechen ausgetragen. Gründend auf dem wirtschaftlichen Aufstieg ihres Bürgertums, stellte das Aufbegehren der Tschechen die traditionelle Dominanz des deutschen Elementes in Frage und geriet in offene, zum Teil gewaltsam ausgetragene Konfrontation mit dem Zentralismus der

Wiener Regierung. Italien. Autonomiebestrebungen für Südtirol und Triest sowie Konflikte zwischen Polen und Ukrainern in Galizien waren weitere Brennpunkte der nationalen Auseinandersetzungen.

Erster Weltkrieg

Sarajevo: Am 28.6.1914 ermordete der bosn. Student Gavrilo Princip, Mitglied der serb. Geheimorganisation »Schwarze Hand«, Thronfolger Franz Ferdinand und seine Gattin. Mit der österreich. Kriegserklärung an Serbien (28.7.) begann der Erste Weltkrieg, in dem Ö.-Ungarn an der Seite Deutschlands unterlag. Am 3.11.1918 unterzeichnete Ö.-Ungarn in Padua den Waffenstillstand mit den Alliierten.
Zerfall der Monarchie: Am 8.1.1918 verkündete der US-amerikan. Präsident Woodrow Wilson seine »Vierzehn Punkte«, auf deren Grundlage Frieden geschlossen werden sollte. Gefordert wurde auch das Selbstbestimmungsrecht der Völker. Kaiser Karl I. erließ daraufhin ein Manifest (16.10.1918), in dem er die Umwandlung der Monarchie in einen Bundesstaat mit weitgehender Autonomie der Nationalitäten ankündigte. Wilson wies das Angebot zurück. Die Monarchie war nicht mehr zu retten; das Werk von Jahrhunderten zerfiel in wenigen Wochen. Am 28.10.1918 proklamierte man in Prag die Tschechoslowak. Republik, am 29.10. beschloss der kroat. Landtag den Anschluss an Serbien, die Ungar. Republik wurde am 16.11. in Budapest ausgerufen. Kaiser Karl I. verzichtete am 11.11.1918 auf jeden Anteil an den Staatsgeschäften.

Erste Republik (1918–38)

Deutschösterreich: Ö. war durch die Loslösung der Nationalitäten auf seine deutschsprachigen Länder reduziert. Eine provisorische Nationalversammlung proklamierte am 12.11.1918 die Republik Deutschösterreich und den Anschluss an die eben gegründete Republik Deutschland. Der neue Staat beanspruchte auch die mehrheitlich deutschsprachigen Gebiete der ehemaligen Monarchie, Teile Böhmens, Mährens und Schlesiens. Es zeigte sich bald, dass diese Ansprüche von einem besiegten Land nicht durchzusetzen waren. Die Forderungen der Nachfolgestaaten fanden bei den Alliierten Gehör. Nur Südkärnten konnte gerettet, das Burgenland (ehemals ungar.) hinzugewonnen werden. Statt der erhofften 10 Mio Einwohner wies die Republik nur 6,5 Mio auf.
Friedensvertrag: Im Friedensvertrag von Saint-Germain (17.10.1919) untersagten die Siegermächte dem neuen Staat die Führung des Namens Deutschösterreich und den Anschluss an Deutschland. Der Name wurde daraufhin in Republik Ö. geändert. Die neue Verfassung als Bundesstaat trat am 10.11.1920 in Kraft.
Freie Wahlen: Aus den ersten Wahlen (16.2.1919), bei denen nun auch die Frauen stimmberechtigt waren, gingen die Sozialdemokraten als Sieger hervor. Bis 1920 bildeten sie mit den Christlichsozialen gemeinsam die Regierung. Bundeskanzler wurde Karl Renner (Sozialdemokratische Partei). Die aus Not und wirtschaftlichem Chaos geborene Kooperation

Die politischen Parteien zu Beginn des 20. Jahrhunderts

Politische Lager: Ende des 19. Jh.s wurden die liberalen und konservativen Parteien alter Prägung von modernen Massenparteien abgelöst. In dieser Zeit formierten sich auch die beiden Parteien, die für das gesamte 20. Jh. dominierend blieben: die Sozialdemokratische Arbeiterpartei (nach 1945 Sozialistische Partei Österreichs; SPÖ) und die Christlichsoziale Partei (nach 1945 Österreich. Volkspartei; ÖVP). Die Bildung der Parteien war eine Reaktion auf den beschleunigten wirtschaftlichen Wandel, der von Industrialisierung und zunehmender Kapitalisierung geprägt wurde.

Christlichsoziale: Antikapitalistisch und antisemitisch orientiert, sammelten sich in dieser Partei die konservativen Kräfte aus Gewerbe, Landwirtschaft und niederem Klerus. Sie fand von Beginn an aber auch Unterstützung im Hochadel, dessen Position vom aufsteigenden liberalen »Geldadel« bedrängt wurde. Integrationsfigur war Karl Lueger, der populistische Bürgermeister von Wien (1897 bis 1910). Er verknüpfte Tradition und Moderne und war kommunalpolitisch ausgesprochen erfolgreich.

Sozialdemokraten: Von der Arbeiterschaft und Vertretern der Intelligenz (oft jüdischer Herkunft) getragen, bemühte sich die Sozialdemokratie, die Demokratisierung des Systems voranzutreiben. Sie war eine im Kern urbane Partei, die sich bis 1907 auf den Kampf um das allgemeine Wahlrecht konzentrierte. Der ausgeprägt antiklerikale Duktus versperrte ihr weitgehend den Zugang zur Landbevölkerung. Leitfiguren der Partei waren Viktor Adler und Karl Renner.

Deutschnationale: Sie bildeten das dritte einflussreiche politische Lager. Ihr kleinerer radikaler Flügel forderte mehr oder minder offen die Zerschlagung der Monarchie und den Anschluss Deutschösterreichs an das Deutsche Reich, der größere gemäßigte Flügel erstrebte die Sicherung der privilegierten Stellung der Deutschen gegenüber den sich emanzipierenden Nationalitäten. Trägerschicht des Deutschnationalismus war vor allem das Bildungsbürgertum. Anfangs auch reformerisch ausgerichtet, erschöpfte sich seine Politik zunehmend in einem manischen Nationalismus mit aggressiver antislaw. und antisemitischer Stoßrichtung.

Unter Karl Renner wurde am 30./31.10.1918 eine provisorische deutsch-österreich. Regierung gebildet. Am 12.11.1918 verabschiedete die provisorische Nationalversammlung in Wien den Gesetzentwurf, der in Österreich die Republik einführte. (Foto: Massendemonstration kriegsmüder Arbeiter und Soldaten für die Republik Deutschösterreich vor dem Wiener Parlament, 1918)

1934 griffen Regierungstruppen von den Sozialisten verteidigte Häuser in Wien an. Die Februarunruhen forderten nach offiziellen Angaben 314 Tote und über 800 Verletzte.

Dokument: »Trabrennplatzrede« von Kanzler Dollfuß

Am 11.9.1933 hielt Bundeskanzler Engelbert Dollfuß anlässlich einer Kundgebung der Vaterländischen Front auf dem Wiener Trabrennplatz eine programmatische Rede für die Errichtung eines autoritären Ständestaates:

» (...) Die Zeit des kapitalistischen Systems, die Zeit kapitalistisch-liberalistischer Wirtschaftsordnung ist vorüber, die Zeit marxistischer, materialistischer Volksverführung ist gewesen! Die Zeit der Parteienherrschaft ist vorbei! Wir lehnen Gleichschalterei und Terror ab, wir wollen den sozialen, christlichen, deutschen Staat Österreich auf ständischer Grundlage, unter starker, autoritärer Führung. (...)

Ständischer Neubau ist die Aufgabe, die uns in diesen Herbstmonaten gestellt ist. Der Berufsstand ist die Ablehnung klassenmäßiger Zusammenfassung des Volkes. Berufsauffassung besagt die gemeinsame Arbeit, die die Menschen einigt. Wir wollen dafür in den Organen des öffentlichen Lebens die Voraussetzungen schaffen. (...) «

Bei der gescheiterten Machtübernahme der Austrofaschisten am 25.7.1934 wurde Bundeskanzler Engelbert Dollfuß (Foto) im Bundeskanzleramt in Wien ermordet.

der beiden großen politischen Lager in den ersten Jahren der Republik förderte die Stabilisierung des Landes. Eine fortschrittliche Sozialgesetzgebung (Achtstundentag, Arbeitslosenversicherung, bezahlter Urlaub) verbesserte die Lage der Arbeiter. Die politische Umwälzung in Ö. ging im Wesentlichen friedlich vonstatten.

Polarisierung der Gesellschaft: Die Zusammenarbeit der großen Parteien endete nach den Wahlen von 1920. Die Christlichsoziale Partei wurde stärkste Partei; die Sozialdemokraten gingen in die Opposition. In der Folge entwickelte sich die Sozialdemokratie unter dem Einfluss von Otto Bauer nach links, die Christlichsozialen unter Prälat Ignaz Seipel nach rechts. Die wirtschaftlichen Probleme und ihre sozialen Folgen polarisierten und radikalisierten weite Teile der Gesellschaft. Paramilitärische Wehrverbände (vor allem die rechtsgerichtete Heimwehr und der sozialistische Republikanische Schutzbund) entrissen dem Staat das Machtmonopol. Nach einer Periode relativer Stabilität (1919–26) führte dies zu einer Phase schwerer innerer Auseinandersetzungen (1929–33) und fand im offenen Bürgerkrieg von 1934 seinen Höhepunkt. Sowohl die Heimwehr als auch der Schutzbund hatten 1934 mehr Mitglieder unter Waffen als das Bundesheer (30 000 Mann).

Ständestaat

Aufhebung der Verfassung: Um dem Anwachsen der nationalsozialistischen Bewegung zu begegnen, hob der christlichsoziale Kanzler Engelbert Dollfuß (1932–34) am 7.3.1933 die parlamentarische Verfassung auf und errichtete einen autoritären Ständestaat unter seiner Führung. Er löste den Republikanischen Schutzbund auf und verbot die Kommunistische (26.5.) sowie die Nationalsozialistische Partei (19.6.).

Bürgerkrieg: Am 12.2.1934 brach in Wien und anderen Städten ein offener Bürgerkrieg zwischen Republikanischem Schutzbund und Regierung (Bundesheer und Polizei) aus. Die dreitägigen, mit schwerem militärischen Gerät geführten Kämpfe forderten über 1000 Todesopfer, zum Großteil Schutzbündler. Unmittelbar nach Ausbruch der Kampfhandlungen erließ die Regierung ein Verbot der Sozialdemokratie. Nachdem die Exekutive gesiegt hatte, wurden zahlreiche Sozialdemokraten standrechtlich verurteilt, neun Todesurteile wurden vollstreckt. Am 1.5.1934 trat eine neue Verfassung in Kraft, die den Namen Republik durch Bundesstaat ersetzte und Ö. zum christlichen Ständestaat erklärte. Zur Ruhe kam das Land jedoch nicht.

Putschversuch: Bei einem Putschversuch am 25.7.1934 drangen Nationalsozialisten in das Bundeskanzleramt ein und ermordeten Kanzler Dollfuß. Auch an anderen Orten kam es zu schweren Kämpfen. Der Versuch der Machtübernahme scheiterte jedoch noch am selben Tag. Hitler distanzierte sich vom Vorgehen der österreich. Nationalsozialisten. Dollfuß' Amt übernahm Kurt Schuschnigg (1934–38), der die Souveränität des Landes gegen den Druck Deutschlands zu bewahren versuchte. Am 11.7.1936 wurde ein deutsch-österreich. Abkommen geschlossen, das Ö.s Unabhängigkeit anerkannte, den Staat aber zu »deutscher« Politik verpflichtete, und eine Amnestie für die inhaftierten Nationalsozialisten umfasste.

Anschluss: Bei einem Treffen mit Schuschnigg auf dem Obersalzberg (12.2.1938) presste Hitler Kanzler Schuschnigg unter offenen Drohungen weitere Zugeständnisse ab: die Ernennung des Nationalsozialisten Arthur Seyß-Inquart zum Innenminister und die Freilassung aller Nationalsozialisten. Auch Schuschniggs Versuch, außenpolitischen Beistand zu finden, scheiterte. In einem letzten Rettungsversuch kündigte er am 9.3.1938 eine Volksabstimmung über die Unabhängigkeit Ö.s für den 13.3. an. Dazu kam es nicht mehr. Am 12.3.1938 überschritten deutsche Truppen die Grenzübergänge. Der »Anschluss« wurde vollzogen, unterstützt und begrüßt von Teilen der österreich. Bevölkerung.

Nationalsozialistische Herrschaft: Bundespräsident Wilhelm Miklas (1928–38) war gezwungen, Seyß-Inquart zum Nachfolger Schuschniggs zu ernennen; dieser führte den Anschluss des Landes an das Deutsche Reich durch. Unmittelbar nach der Machtübernahme begannen Verfolgung und Verhaftung politischer Gegner und jud. Bürger. Am 24.5.1938

Adolf Hitlers Rede vom 15.3.1938

»Ich proklamiere nunmehr für dieses Land seine neue Mission (...) Die älteste Ostmark des deutschen Volkes soll von jetzt ab das jüngste Bollwerk der deutschen Nation und damit des Deutschen Reiches sein (...) Ich kann somit in dieser Stunde dem deutschen Volke die größte Vollzugsmeldung meines Lebens abstatten. Als der Führer und Kanzler der deutschen Nation und des Reiches melde ich vor der deutschen Geschichte nunmehr den Eintritt meiner Heimat in das Deutsche Reich.«

Adolf Hitler am 15.3.1938 vom Balkon der neuen Wiener Hofburg anlässlich der »Befreiungsfeier«, zu der sich Hunderttausende versammelt hatten.

Nach dem »Anschluss« Österreichs begrüßten junge Frauen den »Führer und Reichskanzler« Adolf Hitler auf der Fahrt nach Wien (im Hintergrund Stift Melk an der Donau).

Der Vertrauensmann der Nationalsozialisten in Österreich, Arthur Seyß-Inquart (l.), wurde auf Druck von Adolf Hitler der Nachfolger von Bundeskanzler Kurt Schuschnigg.

Antisemitische Hetze in der »Ostmark«: Ein mit der Aufschrift »Jude« und einem Hakenkreuz beschmiertes Schaufenster eines jüdischen Optikers in Wien.

Sowjet. Offiziere hissten 1945 die Flagge der UdSSR auf dem Dach der Neuen Burg.

Stichwort: Die österreichische Neutralität

Österreichischer Staatsvertrag: Am 26.10.1955 verabschiedete der österreich. Nationalrat mit den Stimmen der Koalitionsparteien ÖVP und SPÖ sowie der Volksopposition (einer Gruppierung von Kommunisten und Linkssozialisten) das Bundesverfassungsgesetz über die immer währende Neutralität Österreichs. Erst das Bekenntnis zur Neutralität hatte den österreich. Staatsvertrag und damit das Ende der zehnjährigen Besatzungszeit ermöglicht:
Art. I: 1. Zum Zwecke der dauernden Behauptung seiner Unabhängigkeit nach außen und zum Zwecke der Unverletzlichkeit seines Gebietes erklärt Österreich aus freien Stücken seine immer währende Neutralität. Österreich wird diese mit allen ihm zu Gebote stehenden Mitteln aufrechterhalten und verteidigen.
2. Österreich wird zur Sicherung dieser Zwecke in aller Zukunft keinen militärischen Bündnissen beitreten und die Errichtung militärischer Stützpunkte fremder Staaten auf seinem Gebiete nicht zulassen.
Art. IV: 1. Die Alliierten und Assoziierten Mächte erklären, dass eine politische oder wirtschaftliche Vereinigung zwischen Österreich und Deutschland verboten ist.
Art. V: Die Grenzen Österreichs sind jene, die am 1. Jänner 1938 bestanden haben.
(Foto: Unterzeichnung des Staatsvertrags am 15.5.1955 im Belvedere in Wien)

verfügte Hitler die Aufteilung des Landes in sieben Gaue. Der Name Ö. wurde durch Ostmark ersetzt, bis durch Führererlass von 1942 die Bezeichnung »Alpen- und Donaugaue« eingeführt wurde, um jeglichen Eindruck einer Einheit des Landes zu zerstören.
Zweiter Weltkrieg: Als der Zweite Weltkrieg begann, war das Land bereits vollständig gleichgeschaltet. Hunderttausende Österreicher dienten in der deutschen Wehrmacht. Unter Luftangriffen und Bodenkämpfen hatten vor allem Wien und Umgebung zu leiden, aber auch Linz und andere Städte. Die »Schlacht um Wien« zwischen der Roten Armee und der Wehrmacht war am 13.4.1945 beendet. Reste der deutschen Verbände zogen sich auf das Nordufer der Donau zurück. Am 8.5.1945 war das Land von brit., US-amerikan., französ. und sowjet. Truppen vollständig besetzt.

Zweite Republik (seit 1945)

Provisorische Regierung: Während die Kämpfe im Land noch andauerten, bildete sich im April 1945 eine provisorische Regierung (bis Dezember 1945). Ihr gehörten Vertreter der Sozialdemokratie (jetzt Sozialistische Partei Ö.s; SPÖ), der Christlichsozialen (jetzt Österreich. Volkspartei; ÖVP) und der Kommunistischen Partei (KPÖ) an. Die Regierung – der wie schon nach dem Ersten Weltkrieg Karl Renner (SPÖ) vorstand – erklärte am 27.4.1945 die Unabhängigkeit und rief die Republik aus.
Besatzungszonen: Die vier Besatzungsmächte legten am 9.7.1945 ihre Besatzungszonen fest: Tirol, Vorarlberg (französ.), Niederösterreich ohne Wien, Burgenland, Teile Oberösterreichs (sowjet.), Salzburg, Teile Oberösterreichs (US-amerikan.), Kärnten, Steiermark (brit.). Die Innenstadt Wiens wurde von den vier Mächten gemeinsam besetzt, die anderen Bezirke in Sektoren geteilt.
Nationalratswahlen: Aus den ersten Wahlen (25.11.1945) der Zweiten Republik ging die ÖVP (49,8%) als Sieger hervor. Sie bildete eine »Konzentrationsregierung« mit der SPÖ (44,6%) und der KPÖ (5,4%). Am 7.1.1946 wurde die Bundesregierung unter Kanzler Leopold Figl (ÖVP, 1945–53) von den Besatzungsmächten anerkannt. Ö. war somit zwar ein von fremden Truppen besetztes Land, in dem die reale Macht bei den Alliierten lag, es genoss jedoch beträchtliche Freiheiten in der Regelung innerer Angelegenheiten. Im Zweiten Kontrollabkommen vom 28.6.1946 wurde das Verhältnis der Regierung zur Alliierten Kommission neu geregelt: Ein generelles Ein-

spruchsrecht der Alliierten wurde aufgehoben, die Weisungsbefugnis der Kommission im Wesentlichen auf jene Bereiche begrenzt, die Unabhängigkeit, Existenz und Integrität des Staates betrafen.

Staatsvertrag: Das Ende der Besatzung und damit die nationale Unabhängigkeit waren das überragende politische Problem des ersten Nachkriegsjahrzehnts. Die Verhandlungen über einen »Staatsvertrag« begannen 1947 in London. Auf der Pariser Außenministerkonferenz 1949 schien die Lösung nahe, doch der Kalte Krieg blockierte sie erneut. Die geopolitische Lage des Landes an der Nahtstelle der sich abzeichnenden politischen Blöcke machte es zum Objekt außenpolitischer Begierde. Die Lösung zwischen den Interessen der Großmächte wurde im neutralen Status Ö.s gefunden. Im Moskauer Memorandum verpflichtete sich Ö. zu »immer währender« Neutralität und Reparationszahlungen an die Sowjetunion. Am 15.5.1955 wurde in Wien der Staatsvertrag zwischen Ö. und den Alliierten geschlossen; das Land war frei. Noch im selben Jahr trat Ö. der UNO, 1956 dem Europarat, 1959 der EFTA bei.

Innenpolitik

Große Koalition: 1947–66 bildeten ÖVP und SPÖ stabile große Koalitionen. Die SPÖ stützte sich auf Arbeiter und Angestellte, die ÖVP auf Bauern, gewerblich Selbstständige und das Kleinbürgertum. Die Wahlbeteiligung lag im internationalen Vergleich extrem hoch, die Zahl der Wechselwähler blieb sehr gering.

Alleinregierung: 1966 errang die ÖVP die absolute Mehrheit. Unter Kanzler Josef Klaus (1966–70) regierte die Partei zum ersten Mal seit den 30er Jahren allein. In der Opposition begann die SPÖ unter Bruno Kreisky mit der Öffnung der Partei zur bürgerlichen Mitte. In der Kreisky-Ära (1970–83) verfügte die SPÖ zunächst über eine relative, dann über wachsende absolute Mehrheiten.

Reformperiode: Mitte der 60er Jahre setzte eine Reformperiode zur »Demokratisierung der Gesellschaft« ein. Die wirtschaftliche Hochkonjunktur (1968–74) ermöglichte Reformen im Sozial- und Bildungswesen sowie in der Rechtspolitik. Mit dem Ende der Hochkonjunktur Mitte der 70er Jahre endete auch die Reformpolitik, die durch weitgehend passives Krisenmanagement ersetzt wurde. Die internationale Wirtschaftskrise wirkte sich auf Ö. jedoch in abgeschwächter Form aus: Das Wirtschaftswachstum blieb höher, die Arbeitslosenquote niedriger als etwa in Deutschland.

Die Ära Kreisky – Österreichs Rückkehr in die Weltpolitik

Bruno Kreisky, SPÖ-Vorsitzender und Bundeskanzler (1970–83), war der populärste österreich. Politiker in der zweiten Hälfte des 20. Jh.s. Seine Ausstrahlung und persönliche Integrität verbunden mit einer oft unkonventionellen Art, politische Probleme in Angriff zu nehmen, machten ihn bei einem Großteil der Bevölkerung äußerst beliebt. Zudem verfügte er über eine große Reputation als Außenpolitiker. Gestützt auf die österreich. Neutralität, wirkte er in internationalen Konflikten als Vermittler. Sein Engagement für eine Nahost-Friedensregelung und den Ost-West-Dialog verschaffte ihm auf internationalem Parkett hohes Ansehen.
Kreisky (*22.1.1911 in Wien, †29.7.1990 in Wien) entstammte einer jüdischen großbürgerlichen Familie. Der Jurist hatte sich früh in der sozialistischen Bewegung engagiert. Nach mehreren Verhaftungen aus politischen Gründen lebte er 1938 bis 1945 im schwed. Exil. Nach Österreich zurückgekehrt, erlangte er zu Beginn der 50er Jahre die ersten politischen Ämter und wurde 1956 für die SPÖ in den Nationalrat gewählt. 1967 übernahm er den Parteivorsitz, 1970 wurde er Kanzler einer Minderheitsregierung. In den Wahlen von 1971, 1975 und 1979 erreichte die von ihm geführte SPÖ jeweils die absolute Mehrheit. Kreisky öffnete die SPÖ zur Mitte und erschloss ihr auch konservative Wählerschichten. Umfassende Reformen und wirtschaftliche Prosperität prägten seine Regierungszeit. Als die SPÖ in den Nationalratswahlen von 1983 nicht mehr die absolute Mehrheit gewann, trat er als Kanzler zurück, blieb aber weiterhin politisch einflussreich. Die Ära Kreisky endete 1986: Als Franz Vranitzky, der engste Vertraute seines parteiinternen Gegners Hannes Androsch, das Amt des Bundeskanzlers übernahm, zog Kreisky sich aus der Politik zurück. (Foto oben: Kreisky bei der Begrüßung von Palästinenserführer Jasir Arafat am 6.7.1979 in Wien; unten: 1973–79 wurde die sog. UNO-City in Wien erbaut, die Kreisky 1979 ihrer Bestimmung übergab)

Staatsoberhäupter Österreichs[1]		
Reg.-Zeit	*Name*	*Lebensdaten*
1918–20	Karl Seitz	1869–1950
1920–28	Michael Hainisch	1858–1940
1928–38	Wilhelm Miklas	1872–1956
1945–50	Karl Renner	1870–1950
1950/51	Leopold Figl	1902–1965
1951–57	Theodor Körner	1873–1957
1957–65	Adolf Schärf	1890–1965
1965–74	Franz Jonas	1899–1974
1974–86	Rudolf Kirchschläger	*1915
1986–92	Kurt Waldheim	*1918
seit 1992	Thomas Klestil	*1932

1) 1938–45 Teil des Deutschen Reiches

Die wichtigsten Parteien im 20. Jahrhundert		
Name (Abkürzung)	*Politische Richtung*	*Gründung*
Sozialdemokrat. Partei Österreichs (SPÖ)	sozialdemokratisch	1874
Christlichsoziale Partei (CP)[1]	christlich-konservativ	1893
Deutsche Volkspartei	deutsch-national	1895
Kommunist. Partei Österreichs (KPÖ)	kommunistisch	1918
Großdeutsche Volkspartei (GdP)	deutsch-national	1920
Österreich. Volkspartei (ÖVP)	konservativ	1945
Freiheitliche Partei Österreichs (FPÖ)	rechts-nationalistisch	1955
Die Grünen	links-alternativ	1986

1) Vorläuferin der ÖVP

Kleine Koalition: Nach dem Verlust der absoluten Mehrheit in den Wahlen von 1983 ging die SPÖ eine Koalition mit der Freiheitlichen Partei (FPÖ) ein. Kanzler und Nachfolger Kreiskys wurde Fred Sinowatz (1983–86). Es war die erste kleine Koalition der Zweiten Republik. Die Regierungsbeteiligung der FPÖ brach die Isolierung der Partei auf, die wegen ihrer deutschnationalen Richtung aus der Bundespolitik faktisch ausgeschlossen war.

Wendejahr 1986: 1986 zeichnete sich eine Abkehr von der für die Zweite Republik typischen politischen Kultur ab. Es war das Jahr der Wechselwähler. Der Abstieg von SPÖ und ÖVP begann, die Grün-Alternativen zogen ins Parlament ein, Jörg Haider übernahm die Führung der FPÖ und brachte sie auf rechtspopulistischen Kurs. Außerdem erschütterte die Waldheim-Affäre das Land.

Waldheim-Affäre: Während des Wahlkampfs um das Amt des Bundespräsidenten 1986 wurden Fakten aus der Kriegsvergangenheit des ÖVP-Kandidaten Kurt Waldheim (1986 bis 1992) veröffentlicht. Hieraus entwickelte sich eine um Jahrzehnte verspätete und umso heftiger geführte Diskussion über die NS-Vergangenheit Ö.s. Die von Waldheim verschwiegene Mitgliedschaft in NS-Organisationen und die Frage, welchen Anteil er an »Säuberungsaktionen« auf dem Balkan ge-

Österreichs Beitritt zur EU – das Ende der »immer währenden Neutralität«

Wien

KURIER

UNABHÄNGIGE TAGESZEITUNG FÜR ÖSTERREICH

Aktionen gegen Geisterfahrer

Servus Europa!

Zweidrittelmehrheit der Österreicher sagte JA

Sieg für Österreich

Nationale Denkzettel

Schumacher überlegen

LOTTOZIEHUNG VOM 12. 6. 1994

LISSABON

EU-Beitritt: Mit dem Ende der Spaltung Europas 1989/90 verlor Österreich seine Brückenlage zwischen den politischen Blöcken. Wanderungsströme aus dem Osten und Südosten, die wirtschaftliche Konkurrenz der angrenzenden Niedriglohnländer und Sorge vor politischer Isolierung ließen das Votum der Bevölkerung für eine West-Orientierung überraschend eindeutig ausfallen: Bei der Volksabstimmung über den Beitritt zur EU (12.6.1994) stimmten 66,6% für den Beitritt. Die Mitgliedschaft Österreichs trat am 1.1.1995 in Kraft. (Foto oben: Österreichs Vizekanzler Erhard Busek im Juni 1994; rechts: Titel des Wiener Kurier am 18.6.1994)

Links: Bundespräsident Thomas Klestil (M.) während der Bekräftigung der »Demokratie-Erklärung« durch Jörg Haider (FPÖ, r.) und Wolfgang Schüssel (ÖVP) am 3.2.2000.

Rechts: Die neue Regierung löste in der österreich. Bevölkerung heftige Proteste aus. (Foto: Anti-Haider-Demonstration am 18.2.2000 in Wien)

habt hatte, überlagerte alle anderen Themen und belastete nach der Wahl Waldheims auch die außenpolitischen Beziehungen des Landes.
Rückkehr zur Großen Koalition: Die beiden großen Parteien kehrten 1986 zur großen Koalition zurück. Franz Vranitzky (SPÖ) übernahm das Kanzleramt (1986–97). Die Regierungspolitik konzentrierte sich auf die Sanierung des Haushalts, Steuer- und Pensionsreformen sowie die Privatisierung staatlicher Betriebe. Der Stimmenanteil für SPÖ und ÖVP wurde jedoch immer geringer. Erhielten sie 1986 noch über 84% der Stimmen, so waren es 1994 nur noch etwa 66%, 1999 noch 60%. Entsprechend den Verlusten der beiden großen Parteien legte die FPÖ zu. Im März 1999 gewann die Partei die Wahlen in Kärnten (42,1%) und wurde damit erstmals stärkste Partei in einem Bundesland. Jörg Haider übernahm das Amt des Landeshauptmanns.
Koalition ÖVP/FPÖ: Die Nationalratswahlen von 1999 brachten einen Einschnitt in der politischen Geschichte der Nachkriegszeit. Zum ersten Mal gelang es der FPÖ, zweitstärkste Partei (26,9%) auf Bundesebene zu werden. Sie gewann rund 400 Stimmen mehr als die ÖVP (26,9%) und auch die SPÖ (33,1%) verlor an Boden. Bundeskanzler Viktor Klima (SPÖ), der Franz Vranitzky 1997 abgelöst hatte, und ÖVP-Chef Wolfgang Schüssel konnten sich nicht auf die Fortsetzung der Zusammenarbeit einigen. Die Annäherung von ÖVP und FPÖ führte im Februar 2000 zur Koalitionsregierung unter Kanzler Schüssel. Die Einbindung der rechtspopulistischen FPÖ in die Regierung führte innerhalb des Landes sowie im Ausland zu heftigen Protesten und diplomatischen Spannungen. Die EU verhängte Sanktionen gegen Ö. Der umstrittene FPÖ-Chef Jörg Haider kündigte am 28.2.2000, nach mehr als 13 Jahren an der Spitze seiner Partei, überraschend seinen Rückzug als Parteiobmann an und fungiert seither vor allem als Landeshauptmann von Kärnten. Die Führung der FPÖ übernahm zum 1.5.2000 Vizekanzlerin Susanne Riess-Passer, die mit 91,5% der Stimmen zur neuen Parteichefin gewählt worden war. Der Rücktritt Haiders blieb aber ohne Folgen für die EU-Sanktionen (u. a. Abbruch der Kontakte auf Regierungsebene). *R.F.*

EU-Boykottmaßnahmen gegen Österreich

Sanktionen: Als Reaktion auf die Regierungsbeteiligung der FPÖ im Februar 2000 verhängten die 14 anderen EU-Mitglieder Sanktionen gegen Österreich und drängten auf eine politische Isolierung der neuen Regierung. Kanzler Wolfgang Schüssel (ÖVP) und Außenministerin Benita Ferrero-Waldner (ÖVP) bemühten sich, die Aufhebung der Boykottmaßnahmen zu erreichen. Zum Sondergipfel der EU in Biarritz/Frankreich im Oktober 2000 soll ein Bericht des Straßburger Gerichtshofs für Menschenrechte über die Lage von Minderheiten und Ausländern in Österreich vorliegen, auf dessen Grundlage über die Sanktionen entschieden wird. (Foto: Benita Ferrero Waldner beim EU-Gipfel in Portugal im Juni 2000)

Pakistan

Islamische Republik Pakistan

Die Geschichte P.s begann 1947 mit der Unabhängigkeit des Landes. Als Teil des ind. Subkontinents stand P. seit Ende des 18. Jh.s unter brit. Herrschaft. Nachdem sie 1857/58 den Großen Aufstand (Great Mutiny) gegen ihre Herrschaft niedergeschlagen und den letzten Großmogul abgesetzt hatten, übernahmen die Briten 1858 die direkte Herrschaft über den Subkontinent. Großbritannien gelang es jedoch nicht, das Erwachen eines ind. Nationalismus zu verhindern, der 1885 zur Bildung des Ind. Nationalkongresses führte.

Pakistan 2000	
Landesfläche	796 095 km² (WR 35)
Einwohner	152,3 Mio (WR 6)
Hauptstadt	Islamabad (400 000 Einwohner)
Sprachen	Urdu, Englisch
Währung	1 Pakist. Rupie (pR) = 100 Paisa
Gliederung	4 Provinzen, 2 administr. Bezirke
Staatsform	Föderative Republik (seit 1973)
Religion	Moslems (96%); Christen (2%); Hindus (1,5%); Sonstige (0,5%)
Bevölkerung	Pakistani (85%); Iraner (2,5%); Sonstige (12,5%)

Staatsoberhäupter Pakistans

Reg.-Zeit	*Name*	*Lebensdaten*
1956–58	Iskander Mirza	1899–1969
1958–69	General Muhammad Ayub Khan	1907–1974
1969–71	General Aga Muhammad Yahya Khan	1917–1980
1971–73	Zulfikar Ali Bhutto	1928–1979
1973–78	Fazal Elahi Chaudhury	1904–1982
1978–88	General Muhammad Zia ul-Haq	1924–1988
1988–93	Ghulam Ishaq Khan	*1915
1993	Wasim Sajjad	*1941
1993–97	Faruk Leghari	*1940
seit 1997	Rafiq Muhammad Tarar	*1929

Die wichtigsten Parteien im 20. Jahrhundert

Name (Abkürzung)	*Politische Richtung*	*Gründung*
Jamaat-e-Islami	islamisch	1947
Hisb-ut-Tahrir	islamisch	1953
Pakistan People's Party (PPP)	sozialistisch[1]	1967
Pakistan Muslim League	moslemisch	1969
Muttahida Quami Movement (MQM)[2]	antifeudalistisch	1997
Pakhtunkhwa (National Reform Alliance)	sozialreformerisch	k. A.
Islamisch-Demokratische Allianz (IDA)	islamisch	k. A.
Awami-Liga	Regionalpartei	k. A.

1) seit 1998 sozialdemokratisch; 2) früher Mohajir Quami Movement

Kampf gegen britische Herrschaft

Hindus und Moslems: Der im Zuge der Islamisierung Indiens seit Anfang des 11. Jh.s gewachsene pers.-arab. Einfluss wurde unter den Briten zurückgedrängt. Ab 1835 begann die Krone das Schulwesen und die Verwaltung zu anglisieren. Zwischen Hindus, die sich der neuen Amtssprache gegenüber aufgeschlossen zeigten, und Moslems, die diese aus religiösen Gründen ablehnten, entstand eine tiefe politische Kluft. Als 1906 die Position der islamischen Minderheit durch die Einrichtung konfessionell getrennter Wahlkreise gestärkt wurde, gründete sich in Dacca die Allind. Moslemliga.

Unabhängigkeit und Teilung: Die Volkskongressbewegung unter Mohandas Karamchand »Mahatma« Gandhi und die Moslemliga unter Muhammad Ali Jinnah nahmen 1929 den Kampf gegen die brit. Vorherrschaft auf. Während der Auseinandersetzungen hinsichtlich der Frage der ind. Unabhängigkeit spitzte sich der religiöse Konflikt zwischen Hindus und Moslems zu. In der sog. Lahore-Resolution forderte Jinnah 1940 die Teilung des Subkontinents in zwei Nationen, den Hindustaat Indien und einen Moslemstaat, für den er den Namen Pakistan (aus den Anfangsbuchstaben der Provinzen Pandschab, Afghanen, Kaschmir, Sind und dem Auslaut von Belutschistan) vorschlug. Der Ind. Nationalkongress, der den Plan zunächst abgelehnt hatte, stimmte ihm schließlich im April 1947 zu. Am 14.8.1947 erlangte P. die Unabhängigkeit. Jinnah wurde erster Generalgouverneur (1947/48), Liaqat Ali Kahn erster Premierminister (1947–51) des Staates.

Der Weg zur Republik

Sezessionsbewegung: Großes Konfliktpotenzial barg die fehlende territoriale Einheit des jungen Staates: P. bestand aus zwei durch den ind. Subkontinent getrennten Landesteilen, die 1600 km auseinander lagen. 55% der Bevölkerung P.s lebten in dem nur 15% der Landesfläche umfassenden östlichen Teil (Landeshauptstadt Dacca). In den folgenden Jahren führten die politische Vorherrschaft West-P.s (Landeshauptstadt Karatschi, ab 1950 Rawalpindi, ab 1965 Islamabad) sowie wirtschaftliche, kulturelle und auch sprachliche Differenzen zu einer massiven Sezessionsbewegung im Ostteil des Landes.

Massenflucht: Die Abspaltung P.s von Indien löste eine gewaltige Flüchtlingsbewegung aus. 7–8 Mio Hindus flohen aus P., im Gegenzug verließen etwa genauso viele Moslems Indien. Bewaffnete Auseinandersetzungen, in deren Verlauf es auch zu Massakern kam, forderten dabei rd. 500 000 Menschenleben. Die zumeist nach West-P. einwandernden ind. Moslems nahmen bald leitende Positionen im Wirtschaftsleben ein, was wiederum zu neuen Konflikten mit den alteingesessenen Pakistani führte.

Streit um Kaschmir: Bereits 1947 marschierten pakistan. Stämme in das zwischen Indien und P. gelegene Himalaja-Gebiet Kaschmir ein, um dort einen unabhängigen Moslemstaat auszurufen. Daraufhin erklärte der Maharadscha von Jammu und Kaschmir den Beitritt der Region zu Indien. Der erste Ind.-Pakistan. Krieg (1947/48) endete mit dem Sieg der ind. Truppen über die pakistan. Freischärler. 1949 legten die Vereinten Nationen eine Demarkationslinie fest.

Neue Verfassung: Durch den Tod von Moslemführer Jinnah (September 1948) und die Ermordung von Premierminister Liaqat Ali Kahn (1951) wurde das Land zu Beginn der 50er Jahre weiter destabilisiert. Die jahrelange Debatte um eine neue Verfassung, die insbes. zwischen gemäßigten und orthodoxen Moslems umstritten war, führte 1956 zur Verabschiedung einer Verfassung. Sie definierte P. als »Islamische Republik innerhalb des Commonwealth«. Erster Staatspräsident wurde Iskander Mirza (1956–58).

Stichwort: Kaschmir-Konflikt

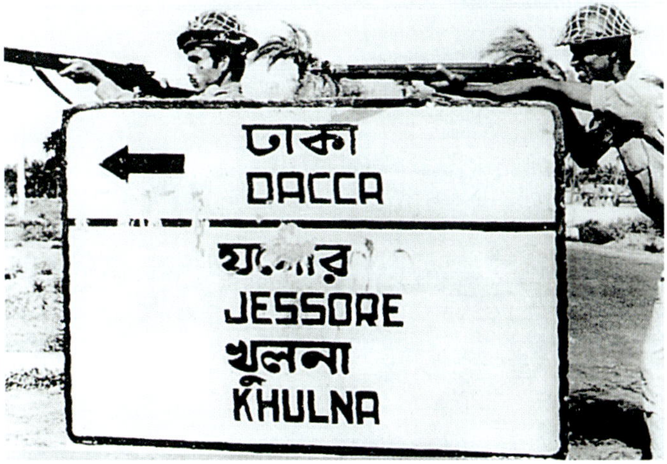

Umkämpfte Region: Das Fürstentum Kaschmir (1846–1947) liegt im Nordwesten des Himalaja-Gebirges in der Grenzregion zwischen Indien und Pakistan. Seit der Unabhängigkeit Brit.-Indiens und der Teilung des Subkontinents ist die Region zwischen Indien und Pakistan umstritten. Der Hindu-Maharadscha von Kaschmir erklärte 1947 den Beitritt der zu zwei Dritteln von Moslems bewohnten Region zu Indien. Im ersten ind.-pakistan. Krieg (1947/48) besetzte Indien 60% und Pakistan 40% des Gebiets. Unter Vermittlung der UNO wurde 1949 ein Waffenstillstand ausgehandelt und eine Demarkationslinie festgelegt. Indien gliederte die besetzten Gebiete Jammu und Kaschmir 1957 als Bundesstaat ein. Pakistan erhielt den kleineren westlichen Teil Azad Kaschmir (»Freies Kaschmir«).
Die Region blieb jedoch ein Konfliktherd: 1965/66 und 1971 führten Indien und Pakistan erneut Krieg um Kaschmir, auf dessen nordöstliche Randbereiche seit 1959 auch China Anspruch erhebt. Die Teilung Kaschmirs wurde 1972 in einem Friedensvertrag bestätigt. In den 90er Jahren dauerten die blutigen Unruhen in Kaschmir an. 1998 drohten beide Länder mit dem Einsatz von Atomwaffen in dem Gebiet. (Foto: Ind. Soldaten an einem Richtungsschild während des Vormarschs auf Dacca, 1971)

Teilung Pakistans

Machtübernahme durch das Militär: Die wachsenden Autonomiebestrebungen im Ostteil des Landes waren 1958 Auslöser für einen Militärputsch. Der neue Staatspräsident General Muhammad Ayub Khan (1958–69) setzte die Verfassung außer Kraft und erließ 1962 eine neue Verfassung, welche die Stellung des Präsidenten stärkte. Er führte ein Wahlsystem nach westlichem Vorbild sowie kommunale Selbstverwaltung ein: Im Westteil und im Ostteil P.s entstanden je ein Provinzparlament.

Abspaltung Bangladeschs: Die ersten allgemeinen und freien Wahlen in P. vom Dezember 1970 endeten im Westteil des Landes mit einem Sieg der Pakistan. Volkspartei (PPP) unter Zulfikar Ali Bhutto, der zunächst Staatspräsident (1971–73) und später Premierminister (1973–77) wurde. Im Osten errang Scheich Mujibur Rahmans Awami-Liga, die für die Unabhängigkeit des Landesteils kämpfte, einen überwältigenden Wahlerfolg (167 von 169 Parlamentssitzen). Im März 1971 erfolgte die Umbenennung Ost-P.s in Bangladesch, der Landesteil erklärte seine Autonomie. Mit militärischer Hilfe Indiens setzte sich Bangladesch im Dezember 1971 gegen die Armee West-P.s durch, welche die Separationsbestrebungen zu unterdrücken suchte.

Unter Bhutto und Zia ul-Haq

Sozialismus: In P. verfolgte die PPP einen Sozialismus islamischer Prägung. Bhutto führte eine Bodenreform durch und verstaatlichte Schlüsselindustrien sowie Banken. Er setzte die Politik der Blockfreiheit fort und bemühte sich um eine Normalisierung der Beziehungen zum Nachbarland Indien. 1972 trat das Land aus dem Commonwealth aus (erneuter Beitritt 1989). Bhutto erließ im August 1973 eine neue Verfassung, die den Islam zur Staatsreligion erklärte. Die Macht des Staatspräsidenten wurde eingeschränkt und ein Zweikammersystem eingeführt. Bhutto übernahm das Amt des Premierministers, neuer Staatspräsident wurde Fazal Elahi Chaudhury (1973–78).

Pakistan im 20. Jahrhundert	
1906	In Dacca gründet sich die Allind. Moslemliga.
1940	Moslems fordern die Teilung Brit.-Indiens in einen Hindu- und einen Moslemstaat.
1947	Teilung des Subkontinents: Indien und Pakistan werden unabhängig.
1947/48	Erster Ind.-Pakistan. Krieg um Kaschmir; ind. Truppen besiegen die pakistan. Freischärler und die nachrückenden regulären Einheiten.
1949	UNO vermittelt Waffenstillstand und legt die Demarkationslinie fest.
1951	Premierminister Liaqat Ali Kahn fällt einem Attentat zum Opfer.
1954	Pakistan tritt der Verteidigungsallianz SEATO (South East Asia Treaty Organization) bei (Austritt: 1971).
	Schwere Unruhen im Ostteil des Landes nach der Wahlniederlage der Moslemliga.
1955	Pakistan tritt dem Bagdad-Pakt (später: CENTO, Central Treaty Organization) bei (Austritt: 1979).
1956	Erste Verfassung tritt in Kraft: Pakistan wird »Islamische Republik innerhalb des Commonwealth«; erster Staatspräsident wird Iskander Mirza.
1958	Mirza wird durch einen Militärputsch gestürzt, die Verfassung außer Kraft gesetzt; Pakistans neuer Präsident, Muhammad Ayub Khan (bis 1969), etabliert ein autoritäres Regime.
1962	Pakistan erhält eine neue Verfassung (Stärkung des Präsidentenamts, Wahlsystem nach westlichem Vorbild, kommunale Selbstverwaltung).
1965/66	Zweiter Ind.-Pakistan. Krieg um Kaschmir.
1970	Erste freie Wahlen: In Westpakistan siegt die Pakistan. Volkspartei unter Zulfikar Ali Bhutto, in Ost-Pakistan die separatistische Awami-Liga.
1971	Ost-Pakistan erklärt sich als »Bangladesch« unabhängig; der daraufhin ausbrechende Krieg mit West-Pakistan gewinnt Ost-Pakistan dank ind. Militärunterstützung (dritter Ind.-Pakistan. Krieg).
1972	Friedensvertrag zwischen Pakistan und Indien bestätigt die Teilung Kaschmirs.
	Pakistan tritt aus dem brit. Commonwealth aus.
1973	Neue Verfassung erhebt den Islam zur Staatsreligion.
1974	Pakistan erkennt Bangladesch an.
1975	Aufnahme diplomatischer Beziehungen zu Bangladesch.
1977	Wahlsieg für Bhuttos PPP, die jedoch der Wahlfälschung bezichtigt wird; General Zia ul-Haq stürzt Bhutto, führt das Kriegsrecht ein (bis 1985) und löst das Parlament auf.
	Bhutto wird angeklagt, einen politischen Gegner ermordet zu haben, und zum Tode verurteilt (1979 hingerichtet).
1981	Gewaltsame Niederschlagung der oppositionellen »Bewegung zur Wiederherstellung der Demokratie«.
1988	Zia ul-Haq führt das islamische Recht, die Scharia, ein.
	1m 17.8. kommt Zia ul-Haq bei einem Flugzeugabsturz, der wahrscheinlich durch ein Attentat verursacht wurde, ums Leben.
	Nach dem Wahlsieg der PPP wird Benazir Bhutto erste Premierministerin eines islamischen Staates.
1989	Bruch der Koalitionsregierung führt zu blutigen Auseinandersetzungen.
1990	Präsident Ghulam Ishaq Khan löst die Nationalversammlung auf; Benazir Bhutto wird wegen Amtsmissbrauchs abgesetzt.
	Die Weigerung Pakistans, den Atomwaffensperrvertrag zu unterzeichnen, führt zur Einstellung der US-Wirtschaftshilfe.
1993	Nach mehreren Regierungskrisen wird Benazir Bhutto erneut Chefin einer Koalitionsregierung.
1995	In einer Moschee in Karatschi erschießen Sunniten 20 schiitische Moslems.
1996	Erneute Absetzung Benazir Bhuttos.
1998	Pakistan führt Atomwaffentests durch.
1999	Regierungschef Mian Nawaz Sharif wird durch einen unblutigen Putsch gestürzt; General Pervez Musharaf übernimmt die Macht.

Bhuttos Sturz: Ein Bündnis von neun Oppositionsparteien, die Pakistan. Nationalallianz (PNA), trat bei den Wahlen im März 1977 gegen Bhuttos PPP an. Nach dem Sieg Bhuttos focht die PNA das Ergebnis an und bezichtigte die PPP der Wahlfälschung. General Zia ul-Haq stürzte daraufhin im Juli 1977 die Regierung Bhutto. Als »Generaladministrator« übernahm er die Macht, löste das Parlament auf, führte das Kriegsrecht ein und machte sich 1978 ohne Wahl zum Staatspräsidenten (1978–88). Unter dem Vorwurf, einen politischen Gegner ermordet zu haben, wurde Bhutto 1977 angeklagt und 1978 zum Tode verurteilt. Die Vollstreckung des Urteils 1979 führte zu Unruhen, die blutig unterdrückt wurden.

Internationales Ansehen: Als Folge des sowjet. Einmarsches in Afghanistan im Dezember 1979 flohen bis 1983 rd. 3 Mio Menschen nach P. Durch seinen Einsatz für die afghan. Widerstandskämpfer erwarb sich Zia ul-Haq internationales Ansehen und erhielt wirtschaftliche Unterstützung vom Westen.

Innenpolitik: Jeden Versuch einer Demokratisierung des Landes schlug der General gewaltsam nieder. Oppositionelle waren massiver Verfolgung ausgesetzt. 1984 wurde Zia ul-Haq für fünf Jahre in seinem Amt bestätigt. Der auf sein Betreiben 1985 eingesetzte zivile Premierminister Muhammad Khan Junejo (bis 1988) hob Kriegsrecht und Ausnahmezustand Ende 1985 auf. Die Islamisierung des Landes trieb Zia ul-Haq mit diktatorischen Mitteln voran, so gründete er u. a. einen Rat für Islamische Ideologie. 1988 führte er die Scharia, das islamische Recht, als oberstes Landesgesetz ein. Zwei Monate später starb er bei einem Flugzeugabsturz, der allem Anschein nach durch ein Attentat herbeigeführt worden war. Ghulam Ishaq Khan (1988–93) wurde neuer Staatspräsident.

Pakistan in den 90er Jahren

Frau regiert islamischen Staat: Aus den ersten freien Parlamentswahlen seit 1977 ging im November 1988 die PPP als Siegerin hervor. Der Wahlsieg war eine Absage an das von der herrschenden Moslemliga geführte konservativ-fundamentalistische Bündnis der Islamisch-Demokratischen Allianz (IDA). Erste Premierministerin eines islamischen Staates wurde Benazir Bhutto, die Tochter von Zulfikar Ali Bhutto. Sie bildete eine Koalitionsregierung mit der Muhajir-Quami-Bewegung (MQM), einer Interessenvertretung der Urdu sprechenden moslemischen Immigranten. Der

Versuch Bhuttos, ihre Macht als Premierministerin per Verfassungsänderung auszuweiten, führte 1989 zum Bruch der Koalition. Zunehmende politische Instabilität, gewaltsame Konflikte zwischen PPP- und MQM-Anhängern sowie Korruption und wirtschaftlicher Niedergang veranlassten Präsident Ishaq Khan im August 1990, die Nationalversammlung aufzulösen. Bhutto wurde unter dem Vorwurf des Amtsmissbrauchs entlassen; Ishaq Khan setzte eine Übergangsregierung ein.

Politische Instabilität: Bei den Wahlen im Oktober 1990 verfehlte die IDA nur knapp die absolute Mehrheit, ihr Führer Mian Nawaz Sharif wurde neuer Premierminister (1990 bis 93). Aufstände und Terrorakte islamischer Fundamentalisten, Korruption sowie die wirtschaftliche Notlage destabilisierten P. zunehmend und führten ab 1991 zu zahlreichen Regierungskrisen. Nach den Wahlen vom Oktober 1993 wurde Bhutto erneut Regierungschefin und bildete eine Koalition mit der Pakistan. Moslemliga. Auch ihrer Regierung gelang es nicht, den Terror islamischer Fundamentalisten einzudämmen: Anfang 1995 fielen in einer Moschee in Karatschi 20 schiitische Moslems einem Anschlag von Sunniten zum Opfer. Erneute Anschuldigungen wegen Amtsmissbrauchs und Korruption führten Ende 1996 wiederum zu Bhuttos Absetzung. Der eigentliche Hintergrund ihrer Entlassung war jedoch die drohende Zahlungsunfähigkeit des Landes. Neuer Premier wurde der Moslemführer Nawaz Sharif, dessen Partei bei den Neuwahlen 1997 fast zwei Drittel der Parlamentssitze errang. Der klare Wahlsieg ermöglichte ihm einschneidende Verfassungsänderungen: Er beschränkte die Macht des Präsidenten und besetzte zentrale Positionen mit seinen Anhängern. Verschiedene taktische Manöver schwächten jedoch seine Position und stärkten die islamistischen Parteiführer sowie das Militär. Als Nawaz Sharif im Sommer 1999 auf Druck der USA pakistan. Freischärler aus dem ind. Teil Kaschmirs abzog, rief er damit den Widerstand der Militärführung hervor. General Pervez Musharaf stürzte Nawaz Sharif im Oktober 1999 durch einen unblutigen Putsch und übernahm selbst die Macht.

Außenpolitik: Mit dem Zusammenbruch der Sowjetunion verlor P. seine Bedeutung als strategisch wichtiger Vorposten des Westens gegen die UdSSR. Als P. sich aufgrund des angespannten Verhältnisses zu Indien weigerte, den Atomwaffensperrvertrag zu unterschreiben, stellten die USA 1990 die wirtschaftliche Unterstützung ein. Blutige Auseinandersetzungen erschütterten seit 1989 Kaschmir, wo sich Moslems, die den Anschluss an P. oder die Unabhängigkeit anstreben, und ind. Regierungstruppen bekämpften. Der Konflikt mit Indien eskalierte 1998: Beide Staaten erklärten sich zu Atommächten und führten Atomwaffentests durch. Die USA verhängten daraufhin Sanktionen, die P.s Wirtschaft weiter schwächten. Die Unterstützung der afghan. Taliban durch P. verschärfte am Ende der 90er Jahre die internationale Isolation des Landes und belastete die Beziehungen zu den zentralasiat. Staaten, zum Iran und zu den USA. *D.M.*

Benazir Bhutto – Pakistans erste Regierungschefin

Wechselhafte Karriere: Gegen den Widerstand fundamentalistischer Kräfte setzte sich die Tochter des ehemaligen pakistan. Staatspräsidenten (1971–73) und Premierministers (1973–77) Zulfikar Ali Bhutto durch und wurde 1988 erste weibliche Regierungschefin in einem islamischen Land. Benazir Bhutto (*1953) entstammt einer reichen, privilegierten Familie. Sie erhielt eine gute Schulbildung und ging zum Politik- und Geschichtsstudium nach Harvard (USA) und Oxford (Großbritannien). Nach dem Sturz und der Hinrichtung ihres Vaters (1979) auf Betreiben von General Zia ul-Haq spielte Benazir Bhutto gemeinsam mit ihrer Mutter Nusrat eine leitende Rolle in der von ihrem Vater gegründeten Pakistan People's Party (PPP). Trotz Verfolgung durch die Militärs bekämpfte sie die traditionell-islamistische Linie Zia ul-Haqs und übernahm 1982 die Führung der PPP. 1984–86 lebte Benazir Bhutto im Exil.

Der Tod Zia ul-Haqs bei einem Flugzeugabsturz 1988 veränderte die politische Situation in Pakistan grundlegend. Aus den Wahlen im November 1988 ging die PPP als stärkste Partei hervor, Benazir Bhutto wurde Premierministerin. Die starke islamische Opposition bekämpfte die Regierungschefin mit allen Mitteln. 1989 riefen die Islamisten zum »heiligen Krieg« gegen Bhutto auf. Auch in den eigenen Reihen stieß der autoritäre Regierungsstil Bhuttos bald auf Widerstand. Vetternwirtschaft und die Verurteilung ihres Ehemannes, eines einflussreichen Geschäftmannes, wegen Korruption, schürten die Unzufriedenheit im Volk. Im August 1990 setzte Staatspräsident Ghulam Ishaq Khan Bhutto ab. Gegen die Politik ihres Nachfolgers, des Moslemführers Mian Nawaz Sharif, organisierte sie 1992 den »Langen Marsch« auf Islamabad, bei dem 15 000 ihrer Anhänger festgenommen wurden.

Der Wahlsieg ihrer Partei brachte Bhutto 1993 erneut in die Regierungsverantwortung, doch Anschuldigungen wegen Korruption und Amtsmissbrauch führten Ende 1996 wiederum zu ihrer Absetzung. Im April 1999 wurde Bhutto, die im Londoner Exil lebt, wegen Korruption zu fünf Jahren Haft und einer Geldstrafe in Höhe von 8,6 Mio US-Dollar verurteilt. Zugleich wurde ihr untersagt, öffentliche Ämter in Pakistan zu übernehmen. (Foto: Benazir Bhutto vor dem Porträt ihres Vaters Zulfikar Ali Bhutto, 1993)

Palästina

Als gegen Ende des 19. Jh.s. das Osman. Reich zu zerfallen begann und der Zionismus zu einer weltweiten Bewegung wurde, welche die jüd. Einwanderung nach P. propagierte, wuchs das internationale Interesse an P. Zunächst wanderten Juden aus Osteuropa ein, die vor Verfolgung und Diskriminierung in ihren Heimatländern flohen. Der Erste Zionistenkongress in Basel forderte 1897, durch eine verstärkte Einwanderung europäischer Juden nach P. bevölkerungspolitische, kulturelle und ökonomische Fakten für die Gründung eines jüd. Staates zu schaffen.

Panarabismus: Während sich in Europa die zionistische Bewegung formierte, gewann im Nahen Osten die Idee einer arab. Nation an Anhängern. Ausgehend von der islamischen Umma, der alle Moslems umfassenden Gemeinde, entstand gegen Ende des 19. Jh.s der Panislamismus, der schon bald vom Panarabismus abgelöst wurde. Die vom Osman. Reich beherrschten arab. Völker wandten sich zunehmend gegen die Fremdherrschaft und betonten ihre Eigenständigkeit.

Erster Weltkrieg: Im Verlauf des Ersten Weltkriegs, in dem das Osman. Reich auf der Seite Deutschlands stand, versprach Großbritannien 1915 dem Sherif Hussein bin Ali von Mekka die Unabhängigkeit der Araber nach einem Sieg über das Osman. Reich. Im Sykes-Picot-Abkommen von 1916 vereinbarte Großbritannien jedoch die Aufteilung des Nahen Ostens in eine brit. und eine französ. Einflusssphäre und sicherte schließlich 1917 mit der Balfour-Erklärung den europäischen Zionisten Unterstützung bei der Schaffung einer »jüdischen Heimstätte« in P. zu. Diese widersprüchliche, dem eigenen Vorteil dienende Politik schuf in den folgenden Jahrzehnten eine von widerstreitenden Interessen geprägte Lage.

Palästina im 20. Jahrhundert

1917	Balfour-Erklärung, die eine jüd. Heimstätte in Palästina zusichert.
1920	Beginn der brit. Mandatsverwaltung.
1936	Beginn des arab. Widerstands gegen anhaltende zionistische Kolonisation.
1947	UN-Teilungsbeschluss.
1948	Ende des brit. Mandats, Proklamation des Staates Israel.
	Beginn des ersten Israel.-Arab. Krieges.
	UN-Resolution 192, die Israel verpflichtet, rückkehrwilligen Palästinensern die Heimkehr zu ermöglichen.
1964	Erster palästinens. Nationalkongress in Jerusalem, Gründung der PLO.
1967	Sechstagekrieg: israel. Besetzung des Gazastreifens, des Westjordanlandes (Westbank), Ostjerusalems und der Golanhöhen.
	UN-Resolution 242 fordert den Rückzug aus den besetzten Gebieten.
1974	Arab. Gipfel in Rabat erkennt die PLO als alleinige Vertretung des palästinens. Volkes an.
1978	Abkommen von Camp David als Vorstufe des ägypt.-israel. Friedensvertrages; die vorgesehene Autonomie für die Bewohner der besetzten Gebiete wird jedoch nicht realisiert.
1987	Ausbruch des palästinens. Aufstands »Intifada«.
1988	Verzicht König Husseins auf das Westjordanland.
	Ausrufung des Staates Palästina (15.11.).
1989	Ernennung Jasir Arafats zum Staatspräsidenten durch PLO-Zentralrat.
1991	Beginn der Friedensverhandlungen in Madrid.
1993	Dokumentenaustausch zwischen Itzhak Rabin und Arafat über die gegenseitige Anerkennung von Israel und der PLO.
1994	Israel und die PLO unterzeichnen das Gaza-Jericho-Abkommen.
1996	Wahlen zum palästinens. Legislativrat.
1997	Israel. Truppenabzug aus Hebron.
1998	Unterzeichnung des Wye-Abkommens.
1999	Arafat trifft erstmals mit einer Delegation der PFLP zusammen, die die Vereinbarungen mit Israel ablehnt.
	Beginn der formellen Verhandlungen zwischen Israel und Palästinensern.

Das britische Mandat

Völkerbundmandat: Nach der Niederlage und Auflösung des Osman. Reichs (1920/22) wurden die arab. Völker auf Veranlassung des Völkerbunds brit. bzw. französ. Mandatsverwaltung unterstellt. Unter dem pro-jüd. brit. Hochkommissar für P. konnte die zionistische Bewegung gezielt politische und wirtschaftliche Maßnahmen ergreifen, welche die Stellung der eingewanderten Juden stärkten. Schon Anfang der 20er Jahre kam es zu palästinens. Massendemonstrationen und Streiks gegen die wachsende jüd. Einwanderung. Die politische Führung der palästinens. Bevölkerung lag in den Händen der städtischen Würdenträger, der Clanführer und Großgrundbesitzer. Zur führenden Persönlichkeit der palästinens. Nationalbewegung wurde der Mufti von Jerusalem, Hadsch Amin al-Hussaini. Doch die Bemühungen, auf politischer Ebene Widerstand gegen die jüd. Einwanderung, gegen den Landkauf und die Besiedlung zu leisten, zeigten nur begrenzten Erfolg.

Arabischer Aufstand: 1936 entstand als Zusammenschluss der palästinens. Führungsschicht das »Oberste Arab. Komitee«, dessen Ziel ein unabhängiges arab. P. und die Begrenzung der jüd. Kolonisation waren. Als eine brit. Untersuchungskommission (sog. Peel-Kommission) 1937 eine Teilung des Landes vorschlug, kam es zu einer landesweiten Revolte, die erst 1939 von der Mandatsverwaltung niedergeschlagen werden konnte. Das »Oberste Arab. Komitee« wurde für illegal

Die UNO beschloss im November 1947 die Teilung Palästinas in einen jüd. und einen arab. Staat, wobei Jerusalem unter UN-Verwaltung gestellt werden sollte. Dieser Plan stieß auf beiden Seiten auf heftige Ablehnung, in der Folgezeit kam es immer wieder zu Gewaltausbrüchen. (Foto: Zerstörte Ben-Jehuda-Straße in Jerusalem nach einem Bombenattentat am 21.2.1948, das 51 Todesopfer forderte)

erklärt, die politische Führung wurde verhaftet oder ging außer Landes. Vor dem Zweiten Weltkrieg schränkten die Briten zwar die jüd. Zuwanderung ein, doch die »Jewish Agency« und die jüd. Untergrundbewegung »Haganah« förderten die illegale Einwanderung so nachhaltig, dass bereits 1947 die jüd. Bevölkerung auf rund ein Drittel der Einwohner P.s angewachsen war.

Teilungsbeschluss: Im gleichen Jahr übergaben die Briten das »Palästinaproblem« den Vereinten Nationen. Die UN-Vollversammlung beschloss am 29.11.1947 gegen den Protest der Palästinenser und der arab. Staaten die Teilung des Landes in einen jüd. und einen arab. Teil. Am 14.5.1948 zogen sich die Briten aus ihrem Mandatsgebiet zurück.

Die »Katastrophe« von 1948

Niederlage der Araber: Am 14.5.1948 wurde der Staat Israel proklamiert, am 15.5. überschritten die Truppen Ägyptens, Jordaniens, des Libanon und Syriens die israel. Grenzen. Der erste Israel.-Arab. Krieg wurde im Juli 1949 durch Waffenstillstandsvereinbarungen beendet, die Israel in etwa das Territorium des UN-Teilungsbeschlusses zusprachen. Für die Palästinenser wurde dieser Krieg zur »nakbe« (Katastrophe). Bereits seit dem Teilungsbeschluss hatten Aufrufe der eigenen Führung sowie systematische Aktionen und Gebietsbesetzungen israel. Untergrundbewegungen die arab. Bevölkerung zur Flucht veranlasst. Im Verlauf des Krieges und nach dem Waffenstillstand setzte sich dieser Prozess fort und führte zur Auswanderung von 800 000 bis 900 000 Palästinensern in die arab. Nachbarländer, vor allem nach Jordanien, in den Libanon, nach Syrien, in die Westbank und in den Gazastreifen, wo sie jedoch in Lagern leben mussten und nicht in die Gesellschaft der arab. Aufnahmeländer integriert wurden.

Jüdische Besiedlung: Hatte der zionistische Weltbund um 1900 durch Einwanderung bevölkerungspolitische Fakten in P. geschaffen, so wurden nun vom Staat Israel eine Reihe von Aktionen durchgeführt und Gesetze erlassen, die auf die Sicherung des Territoriums abzielten. Jüd. Bauern rückten in die von Palästinensern verlassenen Gebiete, zerstörten deren Dörfer und errichteten neue Siedlungen. Ein wichtiger Aspekt der direkten und indirekten Vertreibung der Palästinenser war das Verbot der Rückkehr. 1950 wurde durch israel. Gesetz zum einen die Enteignung des Grundbesitzes »abwesender« Palästinenser, zum anderen das Recht eines jeden Juden auf der Welt zur »Rückkehr« nach Israel beschlossen.

Die 151 000 in Israel verbliebenen Palästinenser wurden bis 1967 unter Kriegsrecht gestellt. 1951 annektierte Jordanien die Westbank, Ägypten stellte den Gazastreifen unter seine Verwaltung.

Flüchtlingslager und Widerstand

Widerstandsgruppen: In den Flüchtlingslagern der Palästinenser wurde jede politische Aktivität kontrolliert und unterdrückt. Zudem fehlten meist die politischen Führer, sodass es einige Jahre dauerte, bis sich neue politische Organisationen bildeten. Bedeutung erlangte einerseits der seit 1952 in Beirut von dem

Die Palästinenserlager, die nach dem ersten Israel.-Arab. Krieg entstanden, entwickelten sich schließlich zu Geburtsstätten des palästinens. Nationalismus.

christlichen Palästinenser Georges Habash geführte »Bund der Arab. Nationalisten«, andererseits die 1959 von Jasir Arafat und Khalil al-Wazir in Kuwait gegründete Fatah. Während die Gruppe um Habash die Befreiung P.s in einen panarab. Zusammenhang stellte und einen Alleingang der Palästinenser ablehnte, forderte die Fatah genau diesen eigenständigen Nationalismus, da die arab. Staaten nicht in der Lage oder willens seien, den palästinens. Befreiungskampf effektiv zu unterstützen.

PLO-Gründung: Beide Gruppen stellten die dominierenden ideologischen Strömungen innerhalb der 1964 von Ahmad Shuqairi auf Initiative der Arab. Liga gegründeten Palestine Liberation Organization (PLO) dar. Daneben bildeten sich vermehrt militante Gruppierungen, deren Guerilla-Aktionen nach der Besetzung des Gazastreifens und der Sinai-Halbinsel durch Israel im Zuge des Suezkrieges von 1956 zunahmen. Ende 1964 führte die Fatah die ersten militärischen Aktionen gegen Israel durch und die von ihr vertretene Idee des selbstständigen unabhängigen Widerstands gewann an Boden.

Parteien, Widerstands- und Untergrundorganisationen

Name (Abkürzung)	*Politische Richtung*	*Gründung*
Palestine National Liberation Movement (Fatah)	nationale Befreiungsbewegung	1959
Popular Front for the Liberation of Palestine (PFLP)	marxistisch-leninistisch-panarab.	1967
Al-Saiqa (Der Sturm)	militant-sozialistisch, von Syrien unterstützt	1968
Arabian Liberation Front (ALF)	von der irak. Baath-Partei gegründet	1969
Democratic Front for the Liberation of Palestine (DFLP)	marxistisch-leninistische Abspaltung von der PFLP	1969
People's Front for the Liberation of Palestine	pro-syr. Abspaltung von der Fatah	1969
Popular Front for the Liberation of Palestine – General Command (PFLP-GC)	pro-syr. Abspaltung von der PFLP	1969
Palestine Liberation Front (PLF)	pro-irak. Abspaltung von der PFLP-GC	1976
Palestinian Communistic Party (PCP)	kommunistisch	1982
Fatah Intifada	pro-syr. Guerillatruppe, Abspaltung von der Fatah	1983
Hamas Islamic Resistence Movement	anti-israel., fundamentalistisch	1988
Jihad-Al-Islami	radikal-islamisch, terroristisch	1988
National Democratic Coalition (NDC)	national-liberal	1991
Palestine Democratic Union (FIDA)	pro-israel. Abspaltung von der DFLP	1991
Palestinian People's Party (PPP)	in den besetzten Gebieten aus der PCP entstanden	1991

Sechstagekrieg und seine Folgen

Besetzte Gebiete: Im Verlauf des Krieges, der am 5.6.1967 mit der Zerstörung der ägypt. Luftwaffe begann, eroberte Israel innerhalb von sechs Tagen die Golanhöhen, die Westbank, Ostjerusalem sowie erneut die nach dem Suezkrieg zurückgegebenen Gebiete Gaza und Sinai. Ob es sich bei dem israel. Angriff um einen Präventivschlag oder um die geplante Besetzung arab. Gebiete als Sicherheitszone oder Faustpfand bei Friedensgesprächen handelte, wird bis heute kontrovers diskutiert.

Für den palästinens. Nationalismus stellte der Krieg einen Wendepunkt dar. Über 300 000 Palästinenser flohen; im Gazastreifen, in der Westbank und in Ostjerusalem wurden sie unter Militärrecht gestellt. Diese Gebiete blieben auch nach der UN-Resolution 242 vom 22.11.1967, die den Rückzug Israels aus den besetzten Gebieten und die Regelung des Flüchtlingsproblems forderte, in israel. Hand.

Siedlungen in der Westbank: Es entstanden neue Siedlungen meist religiös motivierter jüd. Siedler, die in der Westbank das von Gott versprochene Land von Judäa und Samaria sahen. Die Siedlungen wurden an strategisch wichtigen Stellen – Anhöhen, Straßenkreuzungen, Wasserquellen – errichtet; um Ostjerusalem wurden mehrere Siedlungsringe gebaut, um den arab. Teil vom Hinterland abzuschneiden und die Verbindung der Stadt zum israel. Territorium im Westen zu verbessern.

Welle der Gewalt: Blutige Auseinandersetzungen zwischen der mit militärischen Mitteln durchgreifenden Besatzungsmacht Israel und insbes. den jüngeren Palästinensergruppen waren von nun an an der Tagesordnung. Trotz des wachsenden Ansehens der kämpfenden Feddayyin (»Opferbereite«) gelang es der PLO nicht, die geplante »bewaffnete Volksrevolution« zu entfachen.

Jasir Arafat – Vorkämpfer für den Staat Palästina

Der PLO-Chef Jasir Arafat (*21.3. 1929 in Jerusalem) wurde 1996 bei den ersten Wahlen in den autonomen Palästinensergebieten Westjordanien und Gazastreifen zum Präsidenten gewählt. Nach Gründung der palästinens. Exilregierung in Tunis hatte Arafat 1988 den Staat Israel anerkannt, indem er die Charta (1964) der Palästinens. Befreiungsorganisation PLO, die Israels Zerstörung zum Ziel hatte, für hinfällig erklärte. 1993 handelte Arafat mit dem israel. Premier Itzhak Rabin eine Teilautonomie für die von Israel 1967 besetzten Regionen aus. (Foto: Die Palästinenserführer Jasir Arafat, M., und Abou Iyad, l., auf dem Arab. Gipfol in Tripolis/Libyen am 5.12.1977 mit Libyens Staatschef Muammar al-Gaddhafi)

Wandel und Anerkennung der PLO

PLO unter Arafat: Im Juli 1968 beschloss die PLO eine Änderung ihrer Charta und die Aufnahme des bewaffneten Kampfes bis zur Befreiung Gesamtpalästinas. 1969 wurde Arafat zum Vorsitzenden von Nationalrat und Exekutivkomitee gewählt. Nach dem »Schwarzen September« 1970, als die jordan. Armee aus Sorge um die Staatssicherheit die palästinens. Flüchtlinge aus Jordanien vertrieb, verlegte die PLO ihr Hauptquartier nach Beirut. Von dort aus baute sie in der arab. Welt und international ihren Einfluss aus. Nachdem im Jom-Kippur-Krieg 1973 Teile der besetzten Gebiete zurückerobert worden waren, erlangte die PLO 1974 internationale Anerkennung mit den UN-Resolutionen 3236 und 3237, die das Recht der Palästinenser auf Selbstbestimmung und nationale Unabhängigkeit betonten und der PLO Beobachterstatus einräumten. Zuvor war sie auf dem Gipfel der Arab. Liga in Rabat/Marokko als einzige legitime Vertreterin des palästinens. Volkes anerkannt worden; dadurch entledigten sich die arab. Staaten allerdings auch weitgehend des P.-Problems. 1978 schloss Ägypten mit Israel auf der Basis des Camp-David-Abkommens Frieden.

Israelisches Vorgehen: Ungeachtet dessen hielt bis Mitte der 80er Jahre der Ausbau jüd. Siedlungen in der Westbank, im Gazastreifen und in Ostjerusalem an; 1977–84 stieg die Zahl der jüd. Siedler in diesen Gebieten von 55 000 auf 129 000. Als Folge des israel. Angriffs auf den durch Bürgerkrieg destabilisierten Libanon 1982 wurde der südliche Landesteil zur besetzten Sicherheitszone erklärt. Die PLO verlegte daraufhin ihr Hauptquartier von Beirut nach Tunis/Tunesien.

Phase der Intifada

Auslöser: Ein Verkehrsunfall am 9.12.1987, bei dem ein israel. LKW-Fahrer vier palästinens. Arbeiter in Gaza tötete, löste Massendemonstrationen und heftige Zusammenstöße zwischen palästinens. Jugendlichen und der israel. Armee aus. Die Besatzungsmacht antwortete mit Ausgangssperren, Massenverhaftungen und Deportation. Der Aufstand, die sog. Intifada (»Abschütteln«), ergriff fast alle soziale Schichten und umfasste bald nicht mehr nur gewalttätige Auseinandersetzungen, sondern auch Streiks, tägliche Demonstrationen sowie Waren- und Steuerboykotte; die medizinische und schulische Versorgung wurde in palästinens. Verantwortung genommen.

Folgen: Als König Hussein von Jordanien am 31.7.1988 seinen seit 1950 aufrecht erhaltenen Anspruch auf die Westbank und Ostjerusalem aufgab, wurde dies als Sieg der Intifada gefeiert. Im Verlauf der Intifada trat auch die Hamas-Bewegung an die Öffentlichkeit und forderte den bedingungslosen bewaffneten Kampf gegen Israel bis zur endgültigen Befreiung P.s. In den folgenden Jahren versuchte die Hamas-Bewegung immer wieder mit Terroranschlägen und Selbstmordattentaten den Friedensprozess zu torpedieren.

Ihren Höhepunkt erreichte die Intifada, als am 15.11.1988 der PLO-Nationalrat in Algier/Algerien einen unabhängigen palästinens. Staat – allerdings ohne ein definiertes Staatsgebiet – mit der Hauptstadt Jerusalem proklamierte, dem Terror eine Absage erteilte, den

Stichwort: Intifada

Seit dem israel. Unabhängigkeitskrieg fühlten sich verschiedene politische Gruppierungen mit unterschiedlichen Ideologien berufen, das Recht der Palästinenser auf politische Selbstbestimmung durchzusetzen. Selbst die PLO, die weltweit als die legitime Vertretung der Palästinenser angesehen wurde, war nicht selten von ideologischen Spannungen zerrissen.

Die Intifada begann 1987 mit Massendemonstrationen und Zusammenstößen zwischen palästinens. Jugendlichen und der israel. Armee. Die immer weiter um sich greifenden Unruhen konnten vom israel. Militär nicht unter Kontrolle gebracht werden. Je rigoroser die exekutiven und legislativen Maßnahmen von Seiten der Israelis wurden, umso mehr schlossen sich die verschiedenen palästinens. Gruppen zusammen, wobei die PLO die Führung übernahm und dem ersten Massenaufstand der Palästinenser eine politische Zielrichtung gab.

UN-Teilungsplan von 1947 anerkannte und Verhandlungen mit Israel auf der Grundlage der UN-Resolution 242 anstrebte.

Schwieriger Friedensprozess

Anfänge: Bis zum Beginn des Golfkriegs 1990 scheiterten mehrere Friedensinitiativen, u. a. weil mit der Einwanderung aus der sich öffnenden Sowjetunion in Israel Vorstellungen von »Groß-Israel« propagiert wurden.
Friedensgespräche in Madrid: Nach dem Golfkrieg, in dem die PLO-Führung mit der Parteinahme für Saddam Hussein einen Verlust an internationalem Ansehen und erhebliche Kürzungen ihrer Finanzzuweisungen durch die Golfstaaten hinnehmen musste, begann unter der Schirmherrschaft der USA und der Sowjetunion am 30.10.1991 die Madrider Friedenskonferenz. Die Delegationen aus Ägypten, Israel, Jordanien, der auch die Palästinenser angehörten, dem Libanon und Syrien einigten sich auf bilaterale Verhandlungen zur Lösung der politischen und territorialen Konflikte sowie auf multilaterale Treffen in Fragen von regionaler Bedeutung (wirtschaftliche Zusammenarbeit, Umwelt, Wasser, Flüchtlinge, Rüstungskontrolle). Ergebnislos verliefen zunächst die Gespräche zwischen den Palästinensern und Israel; die Intifada ging unvermindert weiter, Israel antwortete mit Umsiedlung und beschloss im März 1993 eine totale Abriegelung der besetzten Gebiete.
Geheimverhandlungen: Dennoch begannen im Januar 1993 auf Initiative des norweg. Außenministers Johan Jørgen Holst geheime Verhandlungen zwischen der israel. Regierung und der PLO. Am 19.8.1993 wurde die Prinzipienerklärung über die vorübergehende Selbstverwaltung unterschrieben und am 9./10.9.1993 tauschten der israel. Ministerpräsident Itzhak Rabin und Arafat Briefe aus, welche die gegenseitige Anerkennung beinhalteten. 1994 erhielten Rabin und Arafat sowie der israel. Außenminister Shimon Peres für ihre Bemühungen den Friedensnobelpreis.
Abkommen Oslo I und II: Der Prinzipienerklärung folgte am 4.5.1994 das Gaza-Jericho-Abkommen (Oslo I, Abkommen von Kairo), wonach in 60% des Gazastreifens und in der Enklave Jericho palästinens. Behörden die Regierung übernehmen sollten. Im Interimsabkommen über die zweite Stufe der palästinens. Autonomie vom 28.9.1995 (Oslo II, Abkommen von Taba) wurde die Westbank in drei Zonen eingeteilt; Zone A wurde den palästinens. Behörden 1995 übergeben. In der Zone B mit 420 palästinens. Kleinstädten und Dörfern entstand eine palästinens. Zivilverwaltung, während die Verantwortung für die Sicherheit weiterhin bei Israel liegt. Die Zone C, 73% der Fläche der Westbank, bleibt unter israel. Zuständigkeit. Die zentralen Fragen – Jerusalem, jüd. Siedlungen, Grenzziehungen und Entschädigungsfragen – wurden auf das Ende der fünfjährigen Übergangszeit und auf Verhandlungen über den endgültigen Status der palästinens. Gebiete verschoben.
Hindernisse im Friedensprozess: Seitdem kam es zu zahlreichen Verzögerungen bei der Umsetzung der Vereinbarungen. Als nach der Ermordung des israel. Ministerpräsidenten Rabin 1995 im Folgejahr Benjamin Netanjahu in Israel die Regierungsgewalt übernahm, brachten rechtsgerichtete, nationalistische und religiöse Kräfte den Friedensprozess fast zum Erliegen. Die israel. Siedlungsaktivitäten in den besetzten Gebieten wurden intensiviert. Trotzdem ging Arafats Fraktion gestärkt aus den Wahlen zum palästinens. Autonomierat hervor und er selbst wurde zum Präsidenten gewählt. Im Januar 1997 wurden das Hebron-Abkommen, das den Rückzug israel. Truppen aus der Stadt regelte, und im Oktober 1998 das Wye-Abkommen unterzeichnet, das den Rückzug Israels aus dem Westjordanland in weiteren drei Etappen vorsieht.
Machtwechsel in Israel: Der Zeitpunkt des vertraglich vereinbarten Endes der Übergangsphase fiel in das politische Machtvakuum, das zwischen dem Rücktritt Netanjahus im Dezember 1998 und der Wahl seines Nachfolgers Ehud Barak am 6.7.1999 in Israel entstanden war. Daher entschloss sich die PLO, die angekündigte Proklamation eines palästinens. Staates auf einen Zeitpunkt nach den Wahlen zu verschieben.

Oslo II – ein Meilenstein auf dem Weg zur palästinensischen Autonomie über die Westbank

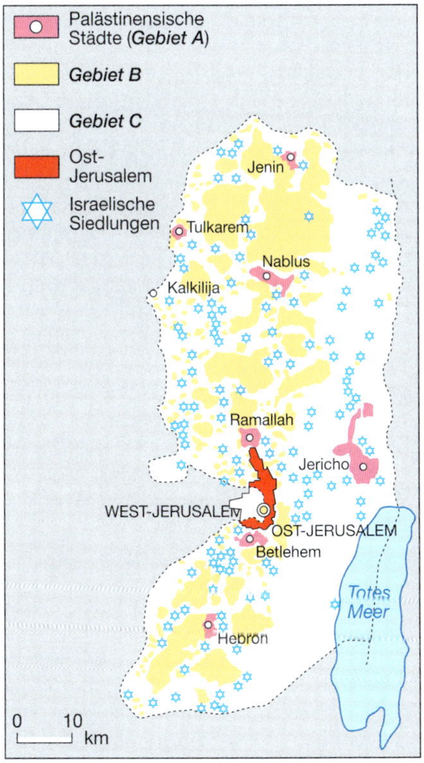

Das Abkommen von Taba, auch Oslo-II-Abkommen genannt, wurde am 28.9.1995 in Washington unterzeichnet. Es teilt die Westbank in drei Typen von Gebieten: Die A-Gebiete umfassen alle großen palästinens. Städte, die den palästinens. Behörden 1995 übergeben wurden. Gebiete der Kategorie B sind ländliche Gebiete und Flüchtlingslager. Innerhalb dieser Gebiete ist die palästinens. Polizei für Recht und Gesetz verantwortlich, die regionale Sicherheit liegt aber weiterhin bei der israel. Armee. Die restlichen Gebiete der Kategorie C verbleiben unter voller israel. Kontrolle. Sie umfassen jüd. Siedlungen, Zufahrtsstraßen und »Sicherheitszonen«. Sie sollen in weiteren Verhandlungsrunden schrittweise für eine Überführung in die B- oder A-Kategorie zur Verfügung stehen. Die palästinens. Gebiete bilden kein zusammenhängendes Territorium, erhalten aber sichere Passagen. (Foto: Unterzeichnung des Gaza-Jericho-Abkommens 1993 in Washington; v. l. Shimon Peres (sitzend), Andrej Kosyrew, Itzhak Rabin, Bill Clinton, Jasir Arafat und Warren Christopher)

Direkte Gespräche: Kennzeichnend für die aktuelle Lage in P. ist die Entwicklung seit Amtsantritt der neuen israel. Regierung. Am 4.9.1999 unterzeichneten Barak und Arafat das Protokoll von Scharm el Sheikh, das den Rückzug der Israelis aus weiteren 11% des Westjordanlandes vorsieht; gleichzeitig wurde aber zwischen Mai und September 1999 der Bau von mehr als 2500 neuen jüd. Wohnungen in den besetzten Gebieten genehmigt. Die Regierung Barak nahm formelle Verhandlungen mit den Palästinensern über die endgültige friedliche Lösung des P.-Konflikts auf.

Staat Palästina: Die Friedensverhandlungen zwischen Israel und den Palästinensern unter der Leitung von US-Präsident Bill Clinton in Camp David (Maryland) wurden am 25.7.2000 ergebnislos abgebrochen. Strittig war insbes. die Frage nach dem künftigen Status Jerusalems. Die Palästinenser wollen den Ostteil der Stadt zur Hauptstadt ihres künftigen Staates machen, während die Israelis den Palästinensern nur die Verwaltung überlassen wollen. Arafat kündigte an, auch ohne Abstimmung mit Israel vor der UN-Vollversammlung im September 2000 den Staat P. auszurufen. *H.-W. W.*

Alle großen palästinens. Städte in der Westbank wurden 1995 den palästinens. Behörden übergeben. Auch in Hebron übernahmen Palästinenser die Sicherheitskontrollen.

Palau

Republik Palau

Der Kleinstaat P. besteht aus acht größeren und 252 kleineren Inseln der Karolinen und gehört geografisch zu Mikronesien, dessen Geschichte es bis 1979 teilte. 1981 gilt als Geburtsjahr der Republik P.

Unter Fremdherrschaft

Deutsch-Mikronesien: P. gehörte zu Beginn des 20. Jh.s gemeinsam mit den anderen Karolinen-Inseln, den Marshall-Inseln und den Marianen zu Deutsch-Mikronesien. 1899 hatte das Deutsche Kaiserreich die Karolinen- (inkl. P.) und Marianen-Inseln (ohne Guam) von Spanien gekauft. 1914 wurde das Gebiet von Japan besetzt, das nach dem Ende des Ersten Weltkriegs das Völkerbundmandat für Mikronesien erhielt (1920). In der Folgezeit wurde das Mandatsgebiet intensiv kolonisiert. Allein auf P. kamen zu etwa 7000 Einheimischen 28 000 Zuwanderer hinzu.

Zweiter Weltkrieg: Im Zweiten Weltkrieg eroberten die USA die Inseln Mikronesiens (1944) und vertrieben die japan. Siedler. 1947 etablierten die Vereinten Nationen das Trust Territory of the Pacific Islands (TTPI) in Mikronesien und setzten die USA als Verwalter des Mandatsgebiets ein.

Loslösung von den USA: Diskussionen über die Selbstständigkeit Mikronesiens kamen 1965 in Gang. Während vier Distrikte die Föderation Mikronesien gründeten, gingen die Marshall-Inseln und auch P. eigene Wege.

Palau 2000

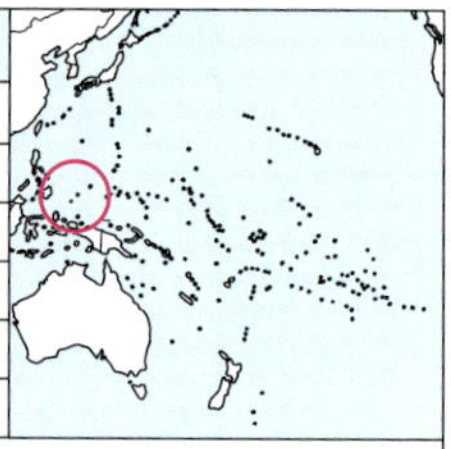

Landesfläche	487 km² (WR 176)
Einwohner	17 000 (WR 189)
Hauptstadt	Koror (10 500 Einwohner)
Sprachen	Englisch, zahlreiche mikrones. Dialekte
Währung	1 US-Dollar (US-$) = 100 Cents
Gliederung	241 Inseln
Staatsform	Präsidiale Republik (seit 1994)
Religion	Christen (65,4%); traditionelle Religionen (27,1%); Sonstige (7,5%)
Bevölkerung	Palauer (83,2%); Filipinos (9,8%); Sonstige (7%)

Palau im 20. Jahrhundert

1914	Japan besetzt Deutsch-Mikronesien inkl. Palau.
1920	Japan erhält das Völkerbundmandat für Mikronesien; intensive Kolonisierung: 1940 sind auf Palau von 35 000 Bewohnern nur 7000 Palauer.
1944	Die Streitkräfte der USA erobern Mikronesien; Vertreibung japan. Siedler.
1947	Die UNO gibt den USA ein Mandat zur Verwaltung Mikronesiens inkl. Palau.
1979	Zustimmendes Referendum auf Palau zum Verfassungsentwurf; Palau wird nuklearfreie Zone.
1981	Die Verfassung tritt in Kraft (1.1.); Entstehung der Republik Palau.
1982	Ein Bündnis mit den USA soll Palau militärischen Schutz und 15 Jahre Entwicklungshilfe sichern. Der politische Kampf von Befürwortern und Gegnern des Bündnisses dauert bis 1994.
1985	Präsident Haruo Remeliik wird ermordet.
1986	Die USA akzeptieren die nuklearfreie Zone Palau.
1994	Der Bündnisvertrag mit den USA tritt in Kraft; Palau wird Mitglied der UNO.
1996	Die Brücke zwischen den Inseln Koror (Hauptstadt) und Babeldaob (Flughafen) bricht zusammen; es kommt zu einer Versorgungskrise; Präsident Kuniwo Nakamura ruft den Notstand aus.
	Präsident Nakamura wird wieder gewählt.
1998	Der Senat von Palau beschließt Steuervorteile für Offshorefirmen.

Die wichtigsten Parteien

Name	*Politische Richtung*	*Vorsitzender*
Palau Nationalist Party	Gegner des Compact [1]	Johnson Toribiong
Ta Belau Party	Befürworter des Compact [1]	Kuniwo Nakamura

1) Compact of Free Association, Staatsvertrag mit den USA

Entstehung der Republik Palau

Verfassung: Per Referendum wurde 1979 auf P. eine neue Verfassung angenommen, die am 1.1.1981 wirksam wurde. Sie erklärte die Inseln zur nuklearfreien Zone. Präsident und Vizepräsident P.s werden alle vier Jahre direkt gewählt. Die Gesetzgebung obliegt dem Nationalkongress, der 14 Senatoren und 16 Delegierte umfasst. Außerdem ernennt jeder der 16 Distrikte – für je 1000 Einwohner – einen eigenen Gouverneur und eine eigene gesetzgebende Körperschaft.

Abkommen mit den USA: P. strebte nun – wie auch die anderen mikrones. Staaten – einen Bündnisvertrag mit den USA an. Dieser »Compact of Free Association« sollte den USA das Recht geben, Militärbasen in P. zu errichten; im Gegenzug würde P. den Schutz der USA und Wirtschaftshilfe erhalten.

Der Staatsvertrag mit P. wurde von den USA im August 1982 unterzeichnet. Um in Kraft zu treten, musste er aber auch von P. akzeptiert werden. Dabei kam es zu einem zwölf Jahre währenden, erbitterten Ringen zwischen Befürwortern und Gegnern des Abkommens. Solange es währte, blieb P. unter Verwaltung der US-Behörden.

Der Kampf um den Staatsvertrag

Verfassungsstreit: In einem ersten Referendum im Februar 1983 stimmten 60% der ca. 10 000 wahlberechtigten Palauen für den Vertrag mit den USA – aber weniger als die erforderlichen 75% waren bereit, eine Verfassungsbestimmung aufzuheben, die P. zur nuklearfreien Zone erklärt hatte.

Präsidentenmord: Im Juni 1985 wurde der erste Präsident P.s, Haruo Remeliik, ermordet. Verwandte von Roman Tmetuchl, einem Rivalen Remeliiks in den vorangegangenen Wahlen, wurden in erster Instanz für schuldig befunden, in der Berufung vor dem Obersten Gerichtshof aber mangels Beweisen freigesprochen. Bis zum September 1985 führte Alfonso Oiterong die Regierung, danach übernahm der neu gewählte Lazarus Salii die Präsidentschaft.

Annäherung: 1986 einigten sich die USA und P. auf einen neuen Vertrag, der nun die nuklearfreie Zone P. akzeptierte. Er stellte der Republik 421 Mio US-Dollar Wirtschaftshilfe über 15 Jahre in Aussicht – ein Angebot von Gewicht, da sich die Staatseinnahmen P.s durch die jährlichen Zahlungen verdoppeln würden.

Abstimmung: 72% der Wähler P.s stimmten für den neuen Vertrag, was die Regierungen beider Länder für ausreichend hielten. Gegner des Vertrags in P. hingegen sahen darin einen Verfassungsbruch. Sie riefen den Obersten Gerichtshof an und erhielten Recht.

Unruhen: 1987 konstatierte Präsident Salii eine Finanzkrise und schickte mehr als 1000 Beamte in unbezahlten Zwangsurlaub; schwere Unruhen folgten.

Verfassungsänderung: Im August 1987 wurde über einen neuen Passus in der Verfassung abgestimmt, demzufolge künftig eine einfache Mehrheit zur Annahme des Vertrags mit den USA genügen sollte. Das Votum ergab einen Sieg der Befürworter. Das so vereinfachte Ja zum Bündnisvertrag folgte im Monat darauf.

Eskalation: Erneut wandten sich die Gegner an den Obersten Gerichtshof. Es kam zu Gewalttaten; der Regierung wurden Korruption und Einschüchterung vorgeworfen. Nach Ermittlungen der US-Behörden wurden drei Beamte, darunter der persönliche Sekretär von Präsident Salii, zu Gefängnisstrafen verurteilt. Der Oberste Gerichtshof erklärte im April 1988 die Doppelabstimmung (August und September 1987) zur Annahme des Vertrags für ungültig. Im August 1988 wurde Präsident Salii mit einer Schusswunde aufgefunden; als Todesursache wurde Selbstmord festgestellt.

Präsidentschaftswahlen: Die nächsten Wahlen im November 1988 spiegelten die Spaltung in der Bevölkerung: Ein Vertragsbefürworter, Ngiratkel Etpison, wurde mit knapper Mehrheit Präsident, ein Vertragsgegner, Kuniwo Nakamura, Vizepräsident.

Abstimmungen: Im November 1992 stimmte P. noch einmal darüber ab, ob eine einfache Mehrheit zur Annahme des Vertrags mit den USA genügen sollte. 62% der Wähler stimmten mit Ja. Als die Gegner wiederum vor das Oberste Gericht zogen, erlitten sie erstmals eine Niederlage. 1993 erbrachte die neuerliche Abstimmung über den Vertrag 68% Jastimmen.

Unabhängigkeit: Am 1.10.1994 trat der Vertrag zwischen P. und den USA in Kraft. Damit endete nun auch formell das TTPI. Die Republik P. wurde im Dezember 1994 Mitglied der UNO und trat 1997 auch dem Internationalen Währungsfonds (IWF) bei.

Staatsoberhäupter Palaus

Reg.-Zeit	*Name*	*Lebensdaten*
1981–85	Haruo Remeliik	1933–1985
1985	Alfonso Oiterong[1)]	k. A.
1985–88	Lazarus Salii	1935–1988
1988	Thomas Remengesau[1)]	k. A.
1988–93	Ngiratkel Etpison	1925–1997
seit 1993	Kuniwo Nakamura	k. A.

1) Interimspräsident

Wirtschaftliche Zukunft

Mit Vertragsunterzeichnung erhielt P. eine Zahlung von 142 Mio US-Dollar – so viel wie seine Staatsausgaben in drei Jahren. Dieser ersten Rate sollen 14 Jahre lang je 23 Mio US-Dollar folgen. Mit diesen Geldern will P. den Tourismussektor aufbauen. Im Zeitraum 1986 bis 1997 stiegen die Besucherzahlen um das Vierfache auf mehr als 70 000 pro Jahr. 1998 beschloss der Senat P.s die steuerliche Begünstigung von Offshorefirmen. Die Vorbehalte von Präsident Nakamura, das neue Firmenrecht könne Geldwäscher anziehen, blieben unberücksichtigt. *T. Fr.*

Die Hauptinsel Palaus, Babeldaob, ist mit 396 km² die größte Insel des Archipels. Eine Straßenverbindung zur Insel Koror mit der gleichnamigen Hauptstadt besteht über eine Brücke, über die auch die Wasser- und Energieversorgung sowie Telefon- und Fernsehkabel verlaufen.

Panama 2000	
Landesfläche	75 517 km² (WR 115)
Einwohner	2,8 Mio (WR 131)
Hauptstadt	Panama-Stadt (967 000 Einwohner)
Sprachen	Spanisch, Englisch
Währung	1 Balboa (B/.) = 100 Centésimos
Gliederung	9 Provinzen
Staatsform	Präsidiale Republik (seit 1972)
Religion	Katholiken (80%), Protestanten (10%); Sonstige (10%)
Bevölkerung	Mestizen (64%); Mulatten (14%); Weiße (10%); Sonstige (12%)

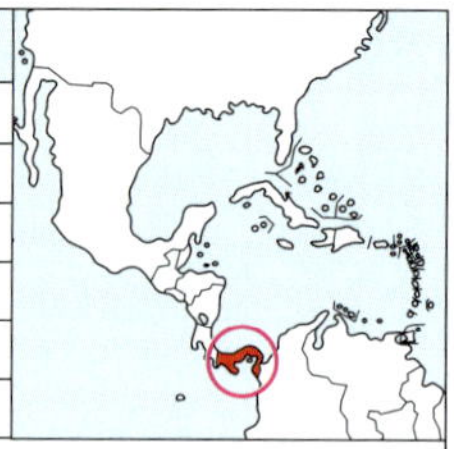

Panama im 20. Jahrhundert	
1901	Im Hay-Pauncefote-Vertrag mit Großbritannien sichern sich die USA das Alleinrecht zum Bau eines Kanals im kolumbian. Departement Panama.
1902	Die USA erwerben die Aktien der französ. Panamakanalgesellschaft.
1903	Nach dem Scheitern US-amerikan.-kolumbian. Verhandlungen inszenieren die USA eine separatistische »Revolution« in Panama, das seine Unabhängigkeit erklärt und die Kanalzone an die USA verpachtet.
1904	Die Verfassung der wirtschaftlich und militäritisch völlig von den USA abhängigen Republik Panama sieht ein Interventionsrecht der USA vor.
1906	Der US-Kongress beschließt den Bau des Panamakanals als Schleusenkanal.
1908	Die USA intervenieren militärisch in Panama.
1910	Die USA drohen mit einer militärischen Intervention für den Fall, dass ein US-feindlicher Kandidat zum Präsidenten gewählt wird.
1912	Erneute Intervention der USA in Panama.
1913	US-Präsident Woodrow Wilson sprengt die letzte Sperre im Panamakanal.
1914	Offizielle Eröffnung des Panamakanals.
1917	Panama erklärt nach dem Kriegseintritt der USA Deutschland den Krieg.
1919	Einführung der Präsidentenwahl durch das Volk.
1920	Panama wird in den 20er Jahren zum Symbol einer »Bananenrepublik«.
1921	Kolumbien erkennt die Unabhängigkeit Panamas an.
1936	Im Panamavertrag verzichten die USA auf künftige Interventionen und erhöhen die jährlich zu zahlende Pachtsumme für die Kanalzone.
1940	Im Zweiten Weltkrieg errichten die USA 134 Militärstützpunkte in Panama.
1945	Panama ist Gründungsmitglied der Vereinten Nationen (UN).
1948	Panama ist Gründungsmitglied der von den USA dominierten Organization of American States (OAS).
1955	Panama setzt eine Erhöhung der US-Pachtzahlungen durch.
1960	Die USA hissen die Flagge Panamas neben ihrer eigenen in der Kanalzone. Der Flaggenstreit provoziert jahrelang schwere antiamerikan. Unruhen.
1968	Putsch der Nationalgarde: Beginn der Militärdiktatur unter Omar Torrijos Herrera als »Oberstem Führer der panama. Revolution«.
1977	Der Carter-Torrijos-Vertrag sieht die Rückgabe der Kanalzone vor.
1978	Ende der Militärdiktatur, Beginn einer vorsichtigen Demokratisierung.
1983	General Manuel Noriega wird Oberbefehlshaber der Nationalgarde und macht Panama zu einem wichtigen Umschlagplatz des Drogenhandels.
1989	Nach dem Wahlsieg der Opposition errichtet Noriega eine Diktatur. Eine US-Invasion führt zum Sturz Noriegas, der wegen Rauschgifthandel in den USA vor Gericht gestellt und 1992 zu 40 Jahren Haft verurteilt wird.
1994	Der dem Militär nahe stehende Präsident Ernesto Pérez Balladares beginnt unter Aufsicht des Internationalen Währungsfonds (IWF) eine umfassende Strukturreform Panamas.
1999	Die Rechtspopulistin Mireya Moscoso wird Präsidentin.
2000	Zum Jahresbeginn erhält Panama die Hoheit über die Kanalzone. Damit erlangt das Land erstmals seit der Unabhängigkeit (1903) die volle Souveränität über sein Staatsgebiet.

Panama

Republik Panama

Die Geschichte P.s wurde im gesamten 20. Jh. politisch, militärisch und wirtschaftlich vom Panamakanal geprägt, der Schifffahrtsstraße zwischen Atlantik und Pazifik. Die Kanalzone befand sich seit der Unabhängigkeit P.s (1903) im Besitz der USA, erst am 1.1.2000 erhielt P. die Hoheitsrechte.

Im Bann des Panamakanals

Kanalprojekt: Zu Beginn des 20. Jh.s war P. ein Departement der Republik Kolumbien. Die Wirtschaft wurde von französ., brit. und US-Firmen dominiert, die in den lukrativen Transitverkehr zwischen Atlantik und Pazifik investierten. Seit Eröffnung der US-amerikan. Panamabahn (1855) war P. zugleich ein Ausgangspunkt für die Erschließung der lateinamerikan. Märkte und eines florierenden Handels mit Kalifornien. Die Lizenz zum Bau eines interozeanischen Kanals durch die Landenge von P. hatte Kolumbien an eine französ. Aktiengesellschaft vergeben, die 1889 jedoch den Bankrott erklärte. Als die 1894 gegründete Nachfolgegesellschaft 1899 ebenfalls in finanzielle Schwierigkeiten geriet, verstärkten die USA ihr Engagement. Durch den Hay-Pauncefote-Vertrag, den US-Außenminister John M. Hay und der brit. Botschafter Julian Pauncefote am 18.11.1901 in Washington unterzeichneten, überließ Großbritannien den USA das Alleinrecht zum Bau, zur Verwaltung und zur militärischen Verteidigung eines interozeanischen Kanals in P. Am 28.6.1902 bewilligte der Kongress in Washington 40 Mio US-Dollar zur Realisierung des Projekts; bei einem Scheitern der Verhandlungen mit der französ. Gesellschaft (geplanter Kauf der Aktien) und der kolumbian. Regierung sollten mit Nicaragua Verhandlungen über einen »Nicaraguakanal« aufgenommen werden.

Bedeutung der Kanalverbindung: Die Bedeutung des gigantischen Kanalprojekts lag in der enormen Verkürzung des Seewegs zwischen den Küsten der USA sowie zwischen Ostasien bzw. Australien und der Ostküste der USA. Ohne Kanalverbindung führte die Route um Kap Hoorn (Südspitze Südamerikas) bzw. mit der Eisenbahn über die Landenge von P., wobei die Güter zweimal umgeladen werden mussten. Nach Fertigstellung eines transozeanischen Kanals in Zentralamerika würde sich der Seeweg zwischen dem Ostküstenhafen New York und dem West-

küstenhafen San Francisco um mehr als 14 500 km verkürzen; das entsprach je nach durchschnittlicher Fahrgeschwindigkeit eines Fracht-, Post- oder Passagierdampfers einer Zeitersparnis von zwei bis viereinhalb Wochen. Darüber hinaus besaß der Kanal große strategische Bedeutung, da er es den USA ermöglichte, ihre auf beide Küsten verteilte Kriegsmarine in kürzester Zeit zu vereinigen.

Separatistische Revolution: Als das kolumbian. Parlament den 1903 von US-Außenminister Hay und dem kolumbian. Botschafter Thomas Herrán unterzeichneten Hay-Herrán-Vertrag als Einmischung in innerkolumbian. Angelegenheiten ablehnte, entsandte US-Präsident Theodore Roosevelt am 2.11.1903 Kriegsschiffe nach P., vorgeblich, um das Recht der freien Schifffahrt zu sichern. Unter dem Schutz der US-Marine, welche die Verlegung kolumbian. Truppen nach P. verhinderte, erfolgte am 3.11. eine separatistische »Revolution«. Die Separatisten proklamierten die Republik, am 6.11. erkannten die USA die Unabhängigkeit des neuen Staates an. Zwölf Tage später unterzeichneten Hay und der Vertreter der »Revolutionsregierung«, der französ. Ingenieur Philippe-Jean Bunau-Varilla, den Hay-Bunau-Varilla-Vertrag. Danach pachteten die USA »auf unbegrenzte Zeit« eine 16 km breite Zone in der Landenge von P. und übernahmen dort die Hoheitsrechte; hierfür zahlten sie ein malig 10 Mio US-Dollar sowie nach neun Jahren jährlich 250 000 US-Dollar; gleichzeitig garantierten sie die Unabhängigkeit P.s.

Verfassung: Durch die Verfassung vom 13.2.1904 wurde das wirtschaftlich und militärisch völlig von den USA abhängige Land, das keine eigene Armee unterhielt, eine »unabhängige« Republik. Politisch standen sich US-treue Geschäftsleute, die vom Kolonialsystem profitierten, und eine die tatsächliche Unabhängigkeit des Landes fordernde Opposition gegenüber. Durch das verfassungsmäßig garantierte Interventionsrecht, von dem die USA in den Jahren 1908, 1912 und 1918 Gebrauch machten, setzten sie die Wahl US-freundlicher Präsidenten durch.

Bedeutender Schifffahrtsweg: Am 15.8. 1914 – kurz nach Ausbruch des Ersten Weltkriegs – wurde der Panamakanal eröffnet. Von Anfang an war er eine der meistbefahrenen Schifffahrtsstraßen der Erde, ab den 20er Jahren übertraf er hinsichtlich der Anzahl der Schiffe und beförderten Güter auch den Suez-

Der Panamakanal, der den Seeweg zwischen Atlantik und Pazifik entscheidend verkürzte, wurde 1879–1914 erbaut. (Foto um 1890)

Der Hay-Bunau-Varilla-Vertrag von 1903 räumte den USA die Hoheitsrechte über die panama. Kanalzone ein. (Foto: Die »Ancon« bei der Eröffnungsfahrt am 15.8.1914)

Staatsoberhäupter Panamas

Reg.-Zeit	*Name*	*Lebensdaten*	*Reg.-Zeit*	*Name*	*Lebensdaten*
1904–08	Manuel A. Guerrero	1833–1909	1951/52	Alcibiades Arosemena	1882–1958
1908–10	José Domingo de Obaldía	1845–1910	1952–55	José Antonio Remón Cantera	1908–1955
1910	Carlos A. Mendoza	1856–1916	1955	José Ramon Guizado	1899–1964
1910–12	Pablo Arosemena	1836–1920	1955/56	Ricardo Manuel Arias Espinosa	1912–1993
1912–16	Belisario Porras	1856–1942	1956–60	Ernesto de la Guardia	1904–1983
1916–18	Ramón Valdés	1867–1918	1960–64	Roberto Francisco Chiari	1905–1981
1918	Ciro L. Urriola	1863–1922	1964–68	Marco Aurelio Robles	1905–1990
1918–24	Belisario Porras	1856–1942	1968	Arnulfo Arias	1899–1988
1924–28	Roberto Chiari	1869–1937	1968–78	Omar Torrijos Herrera[1)]	1929–1981
1928–31	Florencio H. Arosemena	1873–1945	1968/69	José María Pinilla	1919–1979
1931	Harmodio Arias	1886–1962	1969–78	Demetrio Lakas Bahas	1925–1999
1931/32	Ricardo Alfaro	1882–1971	1978–82	Aristides Royo	*1940
1932–36	Harmodio Arias	1886–1962	1982–84	Ricardo de la Espriella	*1934
1936–39	Juan D. Arosemena	1879–1939	1983–89	General Manuel Noriega[2)]	*1934
1939/40	Augusto S. Boyd	1879–1957	1984	Jorge Illueca	*1918
1940/41	Arnulfo Arias	1899–1988	1984/85	Nicolás Ardito Barletta	*1939
1941–45	Ricardo Adolfo de la Guardia	1899–1969	1985–88	Eric Arturo Delvalle	*1937
1945–48	Enrique Adolfo Jiménez	1887–1970	1988/89	Manuel Solís Palma	*1917
1948/49	Domingo Díaz Arosemena	1875–1949	1989–94	Guillermo Endara	*1936
1949	Daniel Chanis Pinzón	1891–1961	1994–99	Ernesto Pérez Balladares	*1946
1949	Roberto Francisco Chiari	1905–1981	seit 1999	Mireya Moscoso	*1947
1949–51	Arnulfo Arias	1899–1988			

1) »Oberster Führer der panama. Revolution«; 2) Machthaber

kanal. Dienstleistungen für die US-amerikan. Kanalzone machten rund ein Drittel des panama. BSP aus, sodass die USA auch durch Lohn- und Anstellungspolitik einen entscheidenden Einfluss in P. ausübten. Die Zahl der Schiffe stieg von 1075 (1914/15) auf 6185 (1929/30), wobei sich die Schiffstonnage von 3 Mio auf 30 Mio BRT verzehnfachte. Am Ende des 20. Jh.s passierten jedes Jahr 15 000 Schiffe den Kanal.

Bananenrepublik: Nach dem Ersten Weltkrieg machte der US-Konzern United Fruit Company, der damals weltgrößte Produzent und Händler von Bananen, P. zum Hauptanbaugebiet. Die Schiffe der konzerneigenen Grand White Fleet vertrieben die Produkte von P. aus in alle Welt. In den 20er Jahren wurde P. zum Symbol der »Bananenrepublik«, die wirtschaftlich fast völlig von einem ausländischen Investor abhängig ist, der auch das politische Geschehen maßgeblich prägt.

US-Militärstützpunkte: Durch eine Verfassungsänderung wurde 1919 die Wahl des Staatspräsidenten durch das Volk eingeführt; die USA akzeptierten diesen Demokratisierungsschritt vor dem Hintergrund einer betont nationalen antiamerikan. Bewegung. Staatspräsident Harmodio Arias (1931, 1932–36) setzte eine Revision des Hay-Bunau-Varilla-Vertrags von 1903 durch: Im Panamavertrag vom 2.3.1936 erhöhten die USA ihre jährlichen Pachtzinsen und sicherten sich im Gegenzug das Recht, Militärstützpunkte in P. zu errichten. Während des Zweiten Weltkriegs legten die USA in Panama 134 Militärstützpunkte an.

Auf dem Weg zur Souveränität

Panamaische »Revolution«: Die Zeit nach dem Zweiten Weltkrieg war geprägt von der Forderung P.s nach Souveränität in der Kanalzone. 1960 hissten die USA die Flagge P.s neben ihrem »Star Spangled Banner« in der Kanalzone – ein Ausdruck der eingeschränkten Souveränität P.s. Diese Haltung provozierte jahrelang schwere antiamerikan. Unruhen. Elf Tage nach dem Amtsantritt von Arnulfo Arias stürzte am 11.10.1968 die Nationalgarde unter Führung von General Omar Torrijos Herrera den Präsidenten, der bereits 1941 und 1951 vom Militär gestürzt worden war. Als »Oberster Führer der panama. Revolution« errichtete Torrijos Herrera eine Militärdiktatur mit dem Ziel, die nationale Souveränität wiederzugewinnen. Nach jahrelangen Verhandlungen erreichte er die Unterzeichnung des Carter-Torrijos-Vertrags am 7.9.1977 in Washington: Das Abkommen hob alle früheren Verträge auf und sah die Übergabe der Kanalzone an P. zum 1.1.2000 vor. Nach der Unterzeichnung des Vertrags hielt Torrijos Herrera seine Mission für erfüllt und ließ eine demokratische Öffnung P.s zu. Am 11.10.1978 wurde Aristides Royo zum Präsidenten und Regierungschef gewählt; Torrijos Herrera behielt jedoch als Oberbefehlshaber der Nationalgarde entscheidenden Einfluss.

Rauschgift-Umschlagplatz: 1981 kam Torrijos Herrera bei einem Flugzeugabsturz ums Leben. Die politisch dominierende Gestalt P.s nach seinem Tod wurde General Manuel Noriega, der 1968 am Putsch gegen Präsident Arias beteiligt gewesen war, bis 1981 als Geheimdienstchef amtierte und 1983 Oberbefehlshaber der Nationalgarde wurde. Noriega machte P. zu einem Umschlagplatz für den Handel mit Drogen aus kolumbian. Anbaugebieten. Bis 1987 wurde er ungeachtet seiner kriminellen Beziehungen zum kolumbian. Kokain-Kartell (Medellín-Kartell) von den USA unterstützt, da er als Garant für politische Stabilität galt. Die Hintergründe für den Kurswechsel der USA blieben ungeklärt: 1988 wurde Noriega in den USA in Abwesenheit wegen Rauschgifthandels angeklagt; die seit 1981 amtierende US-Administration unter Präsident Ronald Reagan unterstützte nun die Opposition. Als die Opposition unter Guillermo Endara bei den Präsidentschaftswahlen vom 7.5.1989 einen Sieg errang, ließ Noriega am 10.5. durch den vom Militär dominierten Nationalen Wahlrat die Wahlen für ungültig erklären. Die USA erhöhten daraufhin den Druck auf Noriega. Dieser ernannte sich am 15.12.1989 selbst zum Regierungschef und proklamierte den Kriegszustand mit den USA.

Sturz Noriegas: Am 20.12.1989 begannen die USA mit einer militärischen Invasion P.s unter der Vorgabe, US-Bürger und US-amerikan. Eigentum in P. zu schützen, den Drogenhandel zu unterbinden und die Demokratie in P. durchzusetzen. Wegen ihrer Brutalität geriet die Invasion international in die Kritik: Ca. 5000 Menschen, vor allem Zivilisten, wurden bei den US-Angriffen getötet, bei der strategisch sinnlosen Bombardierung der Armenviertel von El Chorillo wurden mindestens 18 000 Menschen obdachlos. Noriega flüchtete in die Botschaft des Vatikans und stellte sich am 3.1.1990 den US-Truppen. Die USA übertrugen die Regierung dem im Mai 1989 gewählten Oppositionspolitiker Endara. 1992 wurde Noriega von einem Gericht in Miami/USA wegen Rauschgifthandel u. a. Delikte zu 40 Jahren Haft verurteilt.

Unter IWF-Aufsicht: Der Wiederaufbau des Landes nach der US-Invasion und eine schwierige wirtschaftliche Lage ließen Präsident Endara scheitern. Bei den Wahlen vom 8.5.1994 siegte der Kandidat der Partido Revolucionario Democrático (PRD), Ernesto Pérez Balladares, der dem Militär nahe stand. Er verfolgte unter der Aufsicht des Internationalen Währungsfonds (IWF) eine neoliberale Wirtschaftspolitik mit umfassenden Privatisierungsmaßnahmen (Eisenbahn, Krankenversorgung, Wasserversorgung) und senkte die Inflationsrate auf 1% (1998) bei einem Wirtschaftswachstum von 4% (1998).

Machtwechsel: Präsident Pérez Balladares scheiterte am 30.8.1998 mit dem Versuch, durch eine Volksabstimmung eine Verfassungsänderung herbeizuführen und sich das Recht auf Wiederwahl zu sichern. Angesichts von 63% Neinstimmen sprach die Oppositionspolitikerin Mireya Moscoso, die Witwe des dreimal vom Militär gestürzten Präsidenten Arnulfo Arias, von einem klaren Votum gegen eine »zivile Diktatur«. Als Kandidatin der rechtspopulistischen Partei Partido Arnulfista (PA) gewann die Unternehmerin am 2.5.1999 die Wahlen und wurde am 1.9.1999 Präsidentin P.s. Moscoso kündigte bei ihrem Amtsantritt an, die Privatisierungspolitik ihres Vorgängers deutlich zu verlangsamen, Korruption und Armut zu bekämpfen und neue Arbeitsplätze zu schaffen.

Die militärische Invasion Panamas durch die USA begann im Dezember 1989. Etwa 5000 Menschen, überwiegend Zivilisten, starben dabei. Im Januar 1990 stellte sich General Manuel Noriega, dem die USA Beteiligung am Rauschgifthandel vorwarfen, schließlich den US-Truppen. (Foto: US-amerikan. Soldaten in den Straßen von Panama-Stadt, 26.12.1989)

Die wichtigsten Parteien im 20. Jahrhundert

Name (Abkürzung)	*Politische Richtung*	*Gründung*
Partido Revolucionario Democrático (PRD)	konservativ, militärnah	1979
Partido Liberal Auténtico (PLA)	nationalliberal	1988
Partido Arnulfista (PA)	konservativ-national	1990

Die Übernahme des Panamakanals von den USA am 1.1.2000 feierte das mittelamerikan. Land mit Gästen aus aller Welt. (Foto, v. l.: König Juan Carlos von Spanien, Panamas Präsidentin Mireya Moscoso, Honduras' Präsident Carlos Flores, Ex-US-Präsident Jimmy Carter, Kolumbiens Präsident Andrés Pastrana, Mexikos Präsident Ernesto Zedillo, Ecuadors Präsident Jamil Mahuad und Boliviens Präsident Hugo Banzer)

Sinkende Wasserstände infolge von Dürre erschweren Ende der 90er Jahre die Schifffahrt auf dem Panamakanal, der Lebensader des Landes.

El Canal – Hoheitsgebiet Panamas

Souveränität: Am 31.12.1999 holten die USA ihre Flagge in der Kanalzone ein, die Übergabe an P. am 1.1.2000 wurde von Volksfesten begleitet und als zweite Unabhängigkeit des Landes apostrophiert; die USA behielten jedoch das Interventionsrecht für den Fall, dass P. die Sicherheit des Kanals nicht gewährleisten könne. Die Übergabe bildete einen Einschnitt in der Geschichte P.s mit unkalkulierbaren Risiken. Als 1977 die Übernahme vereinbart wurde, feierte Lateinamerika die Unterzeichnung des Carter-Torrijos-Vertrags als Sieg über den »Yankee-Imperialismus«, 1998/99 sprach sich der Großteil der Bevölkerung für den Verbleib von US-Truppen in der Kanalzone aus: Ein völliger Abzug würde Tausende von Arbeitsplätzen vernichten und könnte den Drogenhandel unkontrollierbar werden lassen. P. und die USA verhandelten über den Bau eines multinationalen Drogenabwehr-Zentrums auf der ehemaligen US-Militärbasis Howard.

Erblasten: Die vertraglich vereinbarte Entseuchung der Kanalzone wurde von den USA nur z. T. erfüllt. Die USA hatten seit 1914 in den Buschwäldern beidseits des Kanals Soldaten unter Kampfbedingungen trainiert und Bomben, chemische Kampfstoffe, Panzer brechende Granaten u. a. Munition zur Explosion gebracht. Bis 1999 galten erst 14 000 ha Buschwald als »saniert«, 7000 standen noch zur Säuberung von Blindgängern an; die USA betonten, dass eine 100%-ige Sanierung ohne völlige Zerstörung des Buschlandes nicht möglich sei. Da die Insel San José vor der pazif. Kanalmündung im Carter-Torrijos-Vertrag nicht erwähnt wird, blieb sie unentseucht und wegen Lebensgefahr gesperrt; die USA sollen dort Sprengköpfe mit niedrigem Urangehalt getestet haben.

Wirtschaftliche Entwicklung: Infolge der asiat. Finanzkrise ab 1996 ging der Warenumschlag in der Panamakanalzone zurück. Durch das Klimaphänomen El Niño entstand eine Dürre, die dazu führte, dass die Einnahmen aus Kanalgebühren sanken, da der Tiefgang der Schiffe herabgesetzt werden musste. Nach der Übernahme des Kanals am 1.1.2000 musste Panama daher zusätzliche Finanzmittel zur Verfügung stellen, was den Haushalt des Landes stark beanspruchte. Parallel dazu liefen Planungen zum Bau eines weiteren Schleusenbeckens, um die Kapazität von 50 Schiffen täglich auf »El Canal«, dem wirtschaftlichen Rückgrat des Landes, zu erhöhen. *B.P.*

Papua-Neuguinea

Der Inselstaat P. liegt östlich von Indonesien vor der Nordküste Australiens. Zu P. gehören der Ostteil der Insel Neuguinea, der Bismarck-Archipel (Neubritannien, Neuirland und Manus) sowie die nördlichen Salomonen Bougainville und Buka.

Die europäische Kolonisierung erfolgte erst im 19. Jh. Der Westen Neuguineas war zunächst holländ. und wurde 1962 als Irian Jaya indones. 1884 wurde das heutige Staatsgebiet P.s im Osten Neuguineas geteilt: Papua (Süden) fiel an Großbritannien, während der Norden als Protektorat an das Deutsche Kaiserreich angeschlossen wurde (Kaiser-Wilhelms-Land, Bismarck-Archipel).

Papua-Neuguinea 2000	
Landesfläche	462 840 km² (WR 53)
Einwohner	4,7 Mio (WR 109)
Hauptstadt	Port Moresby (247 000 Einwohner)
Sprachen	Englisch, Pidgin, Papua-Sprachen
Währung	1 Kina (K) = 100 Toea
Gliederung	19 Provinzen
Staatsform	Parlamentarische Monarchie im Commonwealth (seit 1975)
Religion	Protestanten (58,4%), Katholiken (32,8%); Sonstige (8,8%)
Bevölkerung	Papua-Neuguineer (84%); Melanesier (15%); Sonstige (1%)

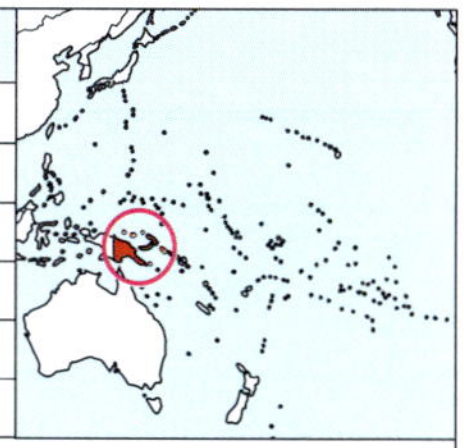

Papua-Neuguinea im 20. Jahrhundert	
1914	Austral. Truppen besetzen im Auftrag Großbritanniens Deutsch-Neuguinea.
1920	Australien erhält das Völkerbundmandat über Papua und Neuguinea.
1942	Japan. Truppen besetzen weite Teile von Neuguinea.
1945	Papua und Neuguinea werden UN-Treuhandgebiet; die Verwaltung erfolgt wieder durch Australien.
1949	Verwaltungsgebiete Papua und Neuguinea werden zusammengelegt.
1972	Erste freie Wahl einer Legislative.
1975	Papua-Neuguinea wird ein souveräner Staat (16.9.); Michael Somare übernimmt das Amt des Premierministers.
1978	Alle 20 Provinzen erhalten weitgehend autonomen Status.
1985	Vizepremier Paias Wingti wird mit neuer Partei Premierminister.
1988	Erste Sabotageakte gegen die Kupfermine auf Bougainville.
1991/92	Vizepremier Ted Diro und Arbeitsminister Tony Ila stürzen über Korruptionsaffären.
	Zwischen der Armee und den Rebellen auf Bougainville beginnen schwere Kämpfe, die bis 1998 andauern.
1992	Parlamentswahlen: 14 Minister verlieren ihr Mandat; Wingti wird erneut Premierminister und suspendiert sechs Provinzverwaltungen.
1993	Stammeskriege in der Provinz Enga fordern 100 Menschenleben.
1994	Vulkanausbrüche bei Rabaul; Evakuierung von 100 000 Einwohnern.
1997	Söldneraffäre auf Bougainville; Sturz der Regierung von Julius Chan; unter Premierminister Bill Skate beginnen Friedensverhandlungen auf Bougainville (Waffenstillstandsabkommen 1998).
1998	Naturkatastrophen: Auf Dürre folgen Überflutungen und Muren (Schutt- und Schlammströme), Tsunami (Flutwellen) verheeren Küsten im Nordwesten (3000 Todesopfer).
1999	Regierungswechsel: Neuer Premierminister wird Mekere Morauta (PDM).

Das Ende der Kolonialzeit

Mandatsgebiet: Deutsch-Neuguinea wurde zu Beginn des Ersten Weltkriegs von Großbritanniens Bündnispartner Australien besetzt. Diese Übernahme wurde – wie bei anderen deutschen Kolonien auch – nach Kriegsende durch ein Völkerbundmandat sanktioniert.

Australien blieb als Verwalter bis 1942 in P.; danach eroberten japan. Truppen weite Landesteile. Nach Kriegsende 1945 wurde P. Treuhandgebiet der Vereinten Nationen, wieder von Australien verwaltet und schrittweise in die Selbstständigkeit entlassen.

Unabhängigkeit: 1972 wählte P. erstmals eine gesetzgebende Versammlung (102 in allgemeinen Wahlen direkt gewählte Abgeordnete), im Folgejahr ging die innere Verwaltung an P. über. Am 16.9.1975 wurde das Inselreich als parlamentarische Monarchie im Commonwealth ein selbstständiger Staat. Staatsoberhaupt ist die brit. Königin Elizabeth II., vertreten durch einen Generalgouverneur, der auf Empfehlung der Regierung ernannt wird. Dieses Amt bekleidet seit 1997 Sir Silas Atopare.

Wechselnde Allianzen

Anfänge: Die erste frei gewählte Regierung unter Premierminister Michael Somare übernahm von Australien eine äußerst zentralistische Verwaltung – wenig geeignet für einen Staat, dessen Gebiete weit auseinander liegen und dessen Bevölkerung an einem Zentralstaat kaum Interesse zeigt. Um dies zu korrigieren, gewährte die Regierung bis 1978 allen 20 Provinzen weitgehende Autonomie, die dort allerdings oft zu Missbrauch und Korruption führte.

Pangu Pati: Bei den Wahlen 1982 wurde die Pangu Pati (PP) mit 41 von 102 Sitzen stärkste Partei im Parlament und Somare übernahm wieder das Amt des Premierministers. Die People's Progress Party (PPP) unter Sir Julius Chan gewann nur zwölf Mandate. Die Regierung setzte Verfassungsänderungen durch, die es künftig erlaubten, korrupte Provinzverwaltungen zu suspendieren.

Regierungswechsel: Um selbst an die Macht zu kommen, gründete Vizepremier Paias Wingti im März 1985 mit 14 weiteren Abgeordneten der PP eine neue Partei, die People's Democratic Movement (PDM). Chan (PPP) stellte im August des Jahres im Parlament die Vertrau-

Stichwort: Die Bougainville-Revolte

Lage: Die Insel Bougainville liegt ca. 800 km von der Hauptstadt Port Moresby entfernt. Bei Panguna befindet sich eine der reichsten Kupferminen der Welt. Seit 1972 wird sie von der brit.-austral. Bougainville Copper Ltd. ausgebeutet. Von Anfang an kam es zu Konflikten mit lokalen Landbesitzern um Schadenersatzzahlungen für Umweltbelastungen (Abraumhalden, Wasserverschmutzung). Die Situation verschlechterte sich 1988, als eine Gruppe um Francis Ona, einen früheren Bergarbeiter, mit Sabotageakten gegen die Mine begann.
Unabhängigkeitsbestrebungen: Neben die Kompensationsfrage trat bald die Forderung nach Unabhängigkeit von der Zentralregierung; aus Saboteuren formierte sich die Bougainville Revolutionary Army (BRA). Als die Gewalt eskalierte, rief die Regierung im Juni 1989 den Notstand aus und schickte 2000 Mann der regulären Armee nach Bougainville. Im September 1989 stand der Konflikt kurz vor der Lösung: Die Provinzverwaltung bot den Landbesitzern 300 Mio austral. Dollar Kompensation an. Am Tag vor der Vertragsunterzeichnung wurde jedoch der Chefunterhändler der Regierung erschossen. Die Regierung setzte daraufhin den Vertrag auf unbestimmte Zeit aus und bot zur Ergreifung der BRA-Führer Prämien – die Kämpfe verschärften sich erneut.
Blockade: Im Januar 1990 entließ die Kupfermine 2000 der 2300 verbliebenen Arbeiter. Im März schlossen Regierung und BRA einen Waffenstillstand. Die Truppen zogen zwar ab, aber es begann eine Wirtschaftsblockade, die selbst Bankendienste und Telefonverbindungen unterbrach. Nun rief die BRA die Republik Bougainville aus. Im Juli 1990 nahmen beide Seiten wieder Verhandlungen auf. Die BRA verpflichtete sich, die Unabhängigkeitserklärung auszusetzen, im Gegenzug versprach die Regierung unter Premierminister Rabbie Namaliu, die Blockade abzubrechen und keine Truppen zu entsenden. Tatsächlich jedoch landeten mit den ersten Nachschubschiffen auch Sicherheitskräfte der Regierung auf der Insel Baku nördlich von Bougainville. Als im Januar 1991 ein weiterer Vermittlungsversuch scheiterte, griffen Armeeverbände die BRA direkt auf Bougainville an. Die Kämpfe nahmen an Grausamkeit zu; bis 1997 kam es zu keiner Entscheidung.
Söldneraffäre: Als die Regierung unter Premier Julius Chan 1997 von der brit. Söldnerfirma Executive Outcomes Truppen für die Kämpfe auf Bougainville mietete, reagierte die reguläre Armee empört. Ihr Kommandeur, Brigadegeneral Jerry Singirok, gab im nationalen Fernsehen bekannt, die Armee habe die Söldner festgesetzt und fordere den Rücktritt der Regierung. Chan entließ am nächsten Tag Singirok, musste aber unter dem Druck von Demonstrationen auch den Vertrag mit den Söldnern aussetzen. Zwei nationale Untersuchungsausschüsse befassten sich mit der Söldneraffäre und Executive Outcomes klagte den Söldnervertrag erfolgreich vor internationalen Gerichten ein. 1999 erhielt die Firma von Papua-Neuguinea eine Zahlung von 28 Mio austral. Dollar.
Wende: Nach der Söldneraffäre wählte Papua-Neuguinea ein neues Parlament, das 1997 Bill Skate zum Premier bestimmte. Die neue Regierung begann umgehend mit Friedensverhandlungen und erreichte schließlich durch Konzessionen eine vorläufige Lösung des Konflikts. Im Mai 1999 wählte Bougainville ein weitgehend autonomes Regionalparlament, das den Rebellenführer Josef Kabui mit großer Mehrheit zum Präsidenten nominierte. Kabui strebt mit friedlichen Mitteln ein unabhängiges Bougainville an. Damit endete ein Konflikt, der 20 000 Menschenleben gefordert und Schäden von 200 Mio Kina verursacht hatte. (Foto: Josef Kabui bei der Unterzeichnung des Waffenstillstandsabkommens am 30.4.1998)

ensfrage. Die Regierung Somare wurde durch ein Misstrauensvotum gestürzt. Neuer Premierminister wurde Wingti, Chan amtierte als sein Stellvertreter.
Wahlen: Aus den Parlamentswahlen 1987 ging Somares PP mit 26 Mandaten zwar wieder als stärkste Partei hervor, doch Wingti, dessen PDM 17 Sitze errang, brachte die Mehrheit der Abgeordneten hinter sich und blieb Premier. 1988 wurde er jedoch selbst durch ein Misstrauensvotum gestürzt: Rabbie Namaliu, der Nachfolger Somares an der Spitze der PP, löste ihn ab. Namaliu gelang vorläufig eine Stabilisierung; seine Koalition stützte sich auf eine Zweidrittelmehrheit im Parlament, die erneut eine Verfassungsänderung ermöglichte: Danach genießt jeder Premierminister nach der Amtsübernahme 18 Monate Schutz, ehe er durch ein Misstrauensvotum gestürzt werden kann.

Kriminalität und Korruption

Entwicklungshindernisse: P. gehört zu den rohstoffreichsten Ländern der Welt: Zu den Naturschätzen zählen große Kupfer- und Goldvorkommen, Erdölfelder und Edelholzwälder. Die relativ langsame Entwicklung des Landes ist auf die unzureichende Infrastruktur zurückzuführen, aber auch auf die hohe Gewaltbereitschaft der Bevölkerung. Stammesfehden, Bandenwesen und Kriminalität führten 1991 zur drastischen Verschärfung der Strafgesetze: Die Todesstrafe wurde eingeführt, Kleinkriminellen soll die Stirn tätowiert werden.
Korruptionsvorwürfe: 1991 wurde Vizepremier Ted Diro von einem Untersuchungsausschuss in 81 Fällen Fehlverhalten im Amt vorgeworfen. Im April 1992 wurde Arbeitsminister Tony Ila in 43 Fällen der Bestechlichkeit für schuldig befunden. Beide Amtsträger mussten zurücktreten.
Machtwechsel: Vor diesem Hintergrund kam es bei den Parlamentswahlen vom Juni 1992 erneut zu einem Machtwechsel. Mehr als die Hälfte der Abegordneten (darunter 14 Minister) verlor ihr Mandat. Wingti (PDM) wurde mit einer Stimme Mehrheit zum neuen Premierminister gewählt. Er suspendierte sechs Provinzverwaltungen und strebte die Abschaffung des föderativen Systems an.
Bekämpfung der Gewalt: 1993 begannen Stammeskriege in der Provinz Enga, die 100 Menschenleben forderten. Im Kampf gegen Kriminalität und Gewalt beschloss das Parlament umfassende Vollmachten für die Polizei und beriet sogar die – letztlich jedoch abge-

lehnte – Umkehr der Beweislast vor Gericht: Angeklagte sollten künftig ihre Unschuld beweisen müssen.

Eskalation: Nach einem Urteil des Obersten Gerichtshofs, das die Wiederwahl von Premier Wingti 1993 für ungültig erklärte, wählte das Parlament 1994 Chan (PPP) zum neuen Premier. Die Parlamentswahlen 1997 fielen zeitlich mit der Söldneraffäre auf Bougainville zusammen und verliefen besonders gewalttätig – Anhänger rivalisierender Gruppen lieferten einander Straßenschlachten und es kam zu Anschlägen auf Kandidaten. Bei den Wahlen verloren u. a. Premier Chan sowie der Oppositionsführer und PDM-Chef Wingti ihre Mandate. Das neue Parlament wählte den Gouverneur der Hauptstadt und früheren Parlamentspräsidenten, Bill Skate, zum Premierminister. Skate gelang es schließlich, den Konflikt um Bougainville zu beenden.

Naturkatastrophen

Im September 1997 erlebte P. die schlimmste Dürrekatastrophe seiner Geschichte. Bis zum Jahresende starben mehr als 1000 Menschen, 1,2 Mio waren vom Hungertod bedroht. Der Februar 1998 brachte schwere Regenfälle, Überflutungen und Muren (Schutt- und Schlammströme). Im Juli 1998 verwüsteten Tsunami (Flutwellen nach Seebeben) die Küsten im Nordwesten und forderten über 3000 Todesopfer. Nach scharfer Kritik der internationalen Hilfsorganisationen an der Verteilung von Hilfsgütern trat Premierminister Skate im Juli 1999 zurück. Die neue Regierung unter Sir Mekere Morauta, dem neuen Chef der PDM und früheren Leiter der Zentralbank, präsentierte ein Sparpaket, um den stark defizitären Staatshaushalt zu sanieren.

Schwierige Nachbarschaften

Indonesien: Im Westen Neuguineas (Irian Jaya) kämpft die Bewegung Freies Papua (Organisasi Papua Merdeka; OPM) gegen Verbände der indones. Armee, welche die Provinz seit 1962 besetzt halten. In P. haben sich an der Grenze zu Indonesien Lager gebildet, in denen die zivilen Opfer der Kämpfe Zuflucht suchen. Die Regierung Indonesiens sah darin eine Unterstützung der OPM durch P. 1998 unterschrieb Premierminister Skate ein Abkommen mit Indonesien, das die Beziehungen der beiden Staaten verbessern sollte.

Salomonen: Die Revolte auf Bougainville führte zum Konflikt mit den Salomonen, deren Einwohner mit den Nachbarn auf Bougainville und deren Freiheitskampf sympathisierten. Nach dem Ende der Kämpfe entspannten sich die Beziehungen zwischen beiden Inselstaaten.

Frankreich: Als Mitglied der Melanesian Spearhead Group (»Speerspitzen-Gruppe«, seit 1988) unterstützt P. den Freiheitskampf der Kanaken in Neukaledonien gegen die französ. Herrschaft. Daraus resultierten mehrfach Konflikte mit Frankreich. *T. Fr.*

Beim Kulturfestival in der Hauptstadt Port Moresby wird an alte Traditionen erinnert.

Flutkatastrophe: Freiwillige suchten im Juli 1998 nach Opfern der 10 m hohen Flutwelle, die 3000 Einwohnern Papua-Neuguineas das Leben kostete.

Die wichtigsten Parteien im 20. Jahrhundert

Name (Abkürzung)	*Politische Richtung*	*Gründung*
Pangu (Papua New Guinea Unity) Pati (PP)	Volkspartei	1967
People's Progress Party (PPP)	Fortschrittliche	1970
Melanesian Alliance (MA)	Sozialisten	1978
People's Action Party (PAP)	Populisten	1985
People's Democratic Movement (PDM)	Reformpartei	1985
National Alliance (NA)	Antikorruption	1996

Paraguay

Republik Paraguay

Das heutige P. wurde 1542 Teil des span. Vizekönigreichs Peru und gehörte ab 1776 zum span. Vizekönigreich Río de la Plata, das darüber hinaus die Gebiete der heutigen Staaten Argentinien, Bolivien und Uruguay umfasste. Nachdem sich die Provinz P. 1811 vom Vizekönigreich getrennt hatte, erklärte sie sich am 12.10.1813 für unabhängig und konstituierte sich als selbstständige Republik P.

Paraguay bis zum Chacokrieg

Wirtschaftlicher Ruin: P. befand sich zu Beginn des 20. Jh.s in einer tiefen ökonomischen Krise. Es litt unter den Folgen des verheerenden Drei-Länder-Krieges gegen Argentinien, Brasilien und Uruguay (1864/65–70), in dem fast 80% der männlichen Bevölkerung P.s den Tod fanden. Außerdem zog P. als kleiner Binnenstaat und reines Agrarland ohne große Vorkommen an Bodenschätzen wenig ausländisches Kapital und wenige europäische Einwanderer an. Einzig durch den Export von Holz, Baumwolle und Sojabohnen erzielte P. größere Erträge.

Politische Instabilität: Nach der Verfassung von 1870 war P. eine präsidiale Republik. Die wichtigsten Verfassungsorgane (Präsident, Zwei-Kammer-Parlament) wurden von der Colorado- und der Liberalen Partei beherrscht. Obwohl es kaum programmatische Differenzen zwischen diesen Parteien gab, kämpften sie erbittert um einflussreiche Stellungen im Regierungssystem. Selbst innerhalb der Parteien brachen – meist aus persönlichen Rivalitäten – heftige Auseinandersetzungen aus, sodass 1904–36 die Kabinette 24-mal umgebildet werden mussten, um Ansprüche auf bedeutende Stellungen zu befriedigen. Aus Enttäuschung über die Unfähigkeit der herrschenden Parteien, die dringlichen Probleme des Landes zu bewältigen, entstand in den 20er Jahren eine Bewegung, die sich für nationalistische Ziele einsetzte. Ihren Repräsentanten – Künstlern, Schriftstellern, Studenten, aber auch Arbeitern – gelang es zwar nicht, sich zu organisieren und dadurch direkten Einfluss auf die politischen Entscheidungsprozesse auszuüben, doch ihr nationalistisches Bewusstsein erfasste weite Teile der Bevölkerung.

Paraguay 2000	
Landesfläche	406 752 km^2 (WR 58)
Einwohner	5,4 Mio (WR 102)
Hauptstadt	Asunción (608 000 Einwohner)
Sprachen	Spanisch, Guarani
Währung	1 Guarani (G) = 100 Céntimos
Gliederung	17 Departamentos
Staatsform	Präsidiale Republik (seit 1967)
Religion	Christen (98,1%): Katholiken 96%, Protestanten 2,1%; Sonstige (1,9%)
Bevölkerung	Mestizen (95%); Indianer (2%); Weiße (2%); Asiaten (1%)

Paraguay im 20. Jahrhundert	
1904–36	Häufige Regierungswechsel führen zu politischer Instabilität.
1932–35	Sieg im Chacokrieg gegen Bolivien.
1939/40	Umwandlung Paraguays in einen autoritären Staat zur Überwindung des Parteienstreits.
1940–48	Diktatur unter Higinio Morínigo.
1949–54	Militärputsche verhelfen acht verschiedenen Präsidenten zur Macht.
1954	Machtübernahme durch den deutschstämmigen General Alfredo Stroessner; Beginn einer 35-jährigen Diktatur.
1962	Abkommen mit den USA über militärische Zusammenarbeit.
1969	Gewaltsame Niederschlagung von Studentenunruhen anlässlich des Besuchs des US-amerikan. Gouverneurs Nelson Rockefeller.
1976	Gründung oppositioneller Parteien
1978	Aufhebung des Ausnahmezustands (1980 wieder verhängt).
1988	Stärkung oppositioneller Parteien durch den Besuch von Papst Johannes Paul II.
1989	Sturz Stroessners durch das Militär unter General Andrés Rodríguez; Wahl von Rodríguez zum Übergangspräsidenten.
1991	Die Colorado-Partei gewinnt Wahlen zur Verfassunggebenden Versammlung.
1993	Juan Carlos Wasmosy gewinnt die ersten freien Präsidentschaftswahlen.
1995	Beitritt Paraguays zum MERCOSUR (südamerikan. Binnenmarkt).
1999	Rücktritt von Präsident Raúl Cubas wegen drohendem Amtsenthebungsverfahren; Nachfolger wird Luis González Macchi, zuvor Präsident des Nationalkongresses.

Der Chacokrieg (1932–35)

1932 erhob Bolivien nach einem unbedeutenden Grenzstreit Anspruch auf das paraguay. Chaco-Gebiet, in dem Bodenschätze und Erdölvorkommen vermutet wurden. Die bolivian. Forderung rief nicht nur den Protest der liberalen Regierung, sondern auch den erbitterten Widerstand großer Teile der Bevölkerung hervor, die in Massendemonstrationen für die territoriale Integrität ihres Landes eintraten. Gestützt auf die Kriegsbereitschaft des Volkes, gelang es der Armee, Bolivien bis 1935 militärisch zu besiegen. P. wurde im Friedensvertrag von Buenos Aires am 21.7. 1938 der größte Teil des umstrittenen Gebietes zugesprochen, doch die Hoffnungen auf Rohstoffvorkommen im weitgehend unbesiedelten Chaco erwiesen sich als unberechtigt. Die finanziellen Aufwendungen für den Krieg blieben somit unausgeglichen.

Kurze Phase der Reformen

1939 wurde General José Félix Estigarribia (1939/40) zum Präsidenten gewählt. Er griff die Forderungen der Bevölkerung nach einer radikalen Umgestaltung des Staates auf und erließ 1940 eine Verfassung, die den ständigen Parteienstreit beenden und die Effizienz der Regierungsorgane steigern sollte. Sie besaß daher einen deutlich autoritären Charakter: Der Staatsrat erhielt weitreichende exekutive Befugnisse, seine Mitglieder wurden nicht gewählt, sondern vom Präsidenten ernannt. Die Kontrollrechte des neu eingerichteten Ein-Kammer-Parlaments wurden stark beschnitten.

Wandel zum autoritären Staat

Als Estigarribia 1940 bei einem Flugzeugabsturz starb, übernahm Kriegsminister Higinio Morínigo (1940–48) die Macht. Er nutzte den autoritären Charakter der neuen Verfassung und errichtete mit Hilfe des Militärs eine Diktatur in P. Mit einem 1943 erlassenen Fünfjahresplan, der u. a. Investitionen in das Verkehrs- und Kommunikationsnetz vorsah, konsolidierte er die paraguay. Wirtschaft. Auf Druck der USA leitete Morínigo nach Ende des Zweiten Weltkriegs 1945 die Demokratisierung des Landes ein.

Die Stroessner-Diktatur

Militärputsch: Die ersten Jahre nach dem Zweiten Weltkrieg waren bestimmt von bürgerkriegsähnlichen Zuständen, häufigen Regierungswechseln und einem im Vergleich zu anderen lateinamerikan. Staaten geringen Wirtschaftswachstum, das auf den niedrigen Industrialisierungsgrad P.s zurückzuführen war. 1947 wurde die Partido Colorado Regierungspartei. Vor allem unter Präsident Federico Chaves (1949–54) näherte sich P. dem Nachbarstaat Argentinien stark an. 1953 unterzeichneten beide Staaten einen Vertrag über die Bildung einer Zollunion. Obwohl diese Vereinbarung nicht ratifiziert wurde, deutete vieles auf eine auch politisch engere Verbindung der beiden Staaten hin. Der vermeintliche Verrat nationaler Interessen diente General Alfredo Stroessner (1954–89) als Vorwand, um im Mai 1954 gegen die Regierung zu putschen. Unterstützt wurde er dabei von der Armee und Teilen der regierenden Colorado-Partei.

Das Stroessner-Regime: Nach der Machtergreifung errichtete Stroessner ein diktatorisches Herrschaftssystem. Ungeachtet der weiterhin geltenden demokratischen Verfassung

Diktatoren unter sich: Im Juli 1973 reiste Staatspräsident Alfredo Stroessner (l.) zu einem fünftägigen Staatsbesuch nach Madrid. Während sich die Herrschaft seines Gastgebers, des 80-jährigen Generals Francisco Franco (r.), dem Ende zuneigte, befand sich Stroessner auf dem Höhepunkt seiner Macht. Die Proteste des westlichen Auslands gegen die Menschenrechtsverletzungen in Paraguay verstärkten sich erst Ende der 70er Jahre.

räumte er sich umfassende Vollmachten ein, mit denen er das Land willkürlich regieren konnte. Er unterdrückte die Opposition und manipulierte Präsidentschafts- und Kongresswahlen. Oppositionelle Gruppierungen flohen überwiegend nach Uruguay; von dort aus versuchten sie mehrfach Unruhen und Aufstände in P. anzustiften. Dennoch baute Stroessner seine Macht kontinuierlich aus, wobei er in den 60er Jahren zunehmend auf Terrormaßnahmen wie Medienzensur, willkürliche Verhaftungen, Folter und Hinrichtungen zurückgriff. Korruption kennzeichnete den Verwaltungsapparat, während die Arbeit der Justiz von Stroessner kontrolliert wurde. Um das Wirtschaftswachstum zu fördern und die Inflationsraten zu senken, ergriff Stroessner rigide Sparmaßnahmen. Dabei bevorzugte er den exportorientierten Agrarsektor, für den Anlagen zur Weiterverarbeitung der landwirtschaftlichen Produkte angeschafft wurden.

Außenpolitik: Stroessner suchte schon bald nach dem Putsch die Unterstützung der USA. Dabei profitierte er Ende der 50er Jahre im Zuge des Kalten Krieges von der wachsenden Furcht der US-amerikan. Regierung vor einer Ausbreitung des Kommunismus. 1962 vereinbarten beide Staaten eine enge militärische Zusammenarbeit, die den USA die Einrichtung von Raketen- und Luftstützpunkten in P. ermöglichte. Bis Ende der 70er Jahre erhielt P. großzügige finanzielle Hilfen aus den USA zur Stabilisierung der paraguay. Wirtschaft. Mit Argentinien, zu dem P. in der ersten Hälfte des 20. Jh.s enge Beziehungen unterhalten hatte,

Staatsoberhäupter Paraguays

Reg.-Zeit	Name	Lebensdaten	Reg.-Zeit	Name	Lebensdaten
1898–1902	Emilio Aceval	1854–1931	1924–28	Eligio Ayala	1888–1930
1902	Hector Carvallo	1862–1934	1928–31	José Particio Guggiari	1884–1957
1902–04	Juan Antonio Escurra	1859–1929	1931/32	Emiliano González Navero	1861–1938
1904/05	Juan Gaona	1846–1912	1932	José Particio Guggiari	1884–1957
1905/06	Cecilio Baez	1862–1941	1932–36	Eusebio Ayala	1875–1942
1906–08	Benigno Ferreira	1846–1920	1936/37	Rafael Franco	1896–1973
1908–10	Emiliano González Navero	1861–1938	1937–39	Félix Paiva	1877–1965
1910/11	Manuel Gondra	1871–1927	1939/40	José Félix Estigarribia	1888–1940
1911	Albino Jara	1878–1912	1940–48	Higinio Morínigo	1897–1983
1911	Liberato Marcial Rojas	1870–1920	1948	Juan Manuel Frutos	1879–1960
1912	Pedro Peña	1867–1943	1948/49	Juan Natalicio González	1897–1966
1912	Emiliano González Navero	1861–1938	1949	Raimundo Rolón	1903–1981
1912–16	Eduardo Schaerer	1873–1916	1949	Felipe Molas López	1901–1954
1916–19	Manuel Franco	1871–1919	1949–54	Federico Chaves	1878–1978
1919/20	José P. Montero	1878–1927	1954	Tomás Romero Pereira	1886–1982
1920/21	Manuel Gondra	1871–1927	1954–89	Alfredo Stroessner	*1912
1921	Félix Paiva	1877–1965	1989–93	Andrés Rodríguez	1923–1997
1921–23	Eusebio Ayala	1875–1942	1993–98	Juan Carlos Wasmosy	*1938
1923/24	Eligio Ayala	1888–1930	1998/99	Raúl Cubas	*1943
1924	Luis Alberto Riart	1891–1951	seit 1999	Luis Ángel González Macchi	*1947

überwarf sich Stroessner, nachdem er 1955 dem gestürzten argentin. Präsidenten Perón für kurze Zeit in P. Zuflucht gewährt hatte. Stattdessen intensivierte Stroessner in den 60er Jahren die Beziehungen zu Brasilien, das P. wirtschaftlich unterstützte. In den 70er Jahren unterzeichneten beide Staaten ein Abkommen zum Bau des größten Wasserkraftwerks der Welt (Itaipú).

Kirchliche Protestbewegung: Die katholische Kirche von P. entwickelte sich in den 60er Jahren zur bedeutendsten oppositionellen Kraft. Nachdem das Militär 1969 anlässlich des Besuchs von Nelson Rockefeller, dem Gouverneur von New York, gewaltsam gegen demonstrierende Studenten vorgegangen war, stellte sie sich öffentlich gegen die Stroessner-Diktatur. Sie kritisierte die Terrormethoden und die mangelhafte Wirtschaftspolitik, welche die Bedürfnisse breiter Bevölkerungsschichten vernachlässigte. Der Konflikt zwischen Kirche und Staat wurde erst zu Beginn der 70er Jahre durch Vermittlung des Vatikans vorläufig beigelegt.

Der Sturz Stroessners: Durch Verfassungsänderungen schuf Stroessner die Voraussetzungen dafür, dass er 1958–88 alle fünf Jahre zum Präsidenten gewählt wurde. 1976 duldete er die Bildung der Partido Liberal Unido (PLU), die zusammen mit der Partido Revolucionario Febrista (PRF) eine vorsichtige Oppositionspolitik betrieb und sich insbes. für soziale Reformen einsetzte. Obwohl vor allem die USA seit der Regierungszeit des Präsidenten Jimmy Carter (1977–81) P. zu demokratischen Reformen drängten, regierte Stroessner bis Ende der 80er Jahre unangefochten. Der Besuch von Papst Johannes Paul II. in P. (16.5.–18.5.1988) führte zu einer Stärkung der Oppositionsbewegung, nachdem sich der Papst mit seinem Wunsch, auch mit Gegnern des Stroessner-Regimes zusammenzutreffen, durchgesetzt hatte. Im August 1988 weigerten sich Repräsentanten der katholischen Kirche, an der traditionellen Feier aus Anlass der Vereidigung des wieder gewählten Präsidenten teilzunehmen. Außerdem überwarf sich Stroessner mit hohen Militärs, die befürchteten, dass er seinen Sohn Gustavo zum Nachfolger ernennen könnte. 1989 beendete General Andrés Rodríguez (1989–93) mit einem Putsch die 35-jährige Herrschaft Stroessners, der ins brasilian. Exil ging.

Die wichtigsten Parteien im 20. Jahrhundert

Name (Abkürzung)	Politische Richtung	Gründung
Asociación Nacional Republicana – Partido Colorado (ANR-PC)	konservativ	1887
Partido Revolucionario Febrerista (PRF)	sozialdemokratisch	1952
Partido Demócrata Cristiano (PDC)	christdemokratisch	1960
Partido Liberal Radical Auténtico (PLRA)	bürgerlich	1978
Alianza Democrática (AD)	demokratisches Parteienbündnis	1997

Rückkehr zur Demokratie

Neue Verfassung: Rodríguez leitete den Demokratisierungsprozess in P. ein. Als Übergangspräsident setzte er 1992 eine neue Verfassung in Kraft, in der die Unabhängigkeit der Justiz garantiert und die Wiederwahl des Präsidenten verboten wurde. Oppositionelle Parteien wurden wieder zugelassen, die Zensur der Medien allmählich aufgehoben. Bei den ersten freien Präsidentschaftswahlen 1993 siegte Carlos Wasmosy (1993–98), der Kandidat der Colorado-Partei, und wurde erster ziviler Staatspräsident P.s.

Machtkämpfe: Im Mai 1998 gewann der Führer der Colorado-Partei, Raúl Cubas, die Präsidentschaftswahlen, doch schon im März 1999 trat er von seinem Amt zurück, um einem Amtsenthebungsverfahren von Abgeordnetenhaus und Senat zuvorzukommen. Anlass dafür war die 1998 von Cubas angeordnete Freilassung seines Freundes Lino Oviedo. Der Ex-General war im März 1998 wegen eines angeblichen Putschversuchs gegen den damaligen Präsidenten Wasmosy zu zehn Jahren Haft verurteilt worden. Da der Vizepräsident, Luis María Argaña, im März 1999 ermordet worden war, übernahm der Präsident des Nationalkongresses, Luis González Macchi, ab März 1999 das Amt des Staatspräsidenten.

Armut: Trotz teilweise hoher Wachstumsraten in den 90er Jahren blieb die Armut der Bevölkerung das größte Problem. 1995 hatten nur etwa 20% der Erwerbsfähigen eine reguläre Arbeitsstelle. Etwa 50% der Paraguayer lebten in Armut, auf dem Land waren es etwa zwei Drittel. Naturkatastrophen, eine inkompetente Verwaltung, der Preisverfall für paraguay. Exportgüter auf dem Weltmarkt sowie permanente Steuerhinterziehung verschärften die chronische Finanzkrise. Eine nachhaltige Verbesserung der ökonomischen Situation erhoffte sich P. vom Binnenmarkt, den das Land mit Argentinien, Brasilien und Uruguay ab 1995 bildete (Mercosur).

Mangelhafte Aufarbeitung: Während des Demokratisierungsprozesses verhinderte General Andrés Rodríguez 1990 die Einsetzung einer Kommission, die politische Morde, Folter und willkürliche Verhaftungen während der Stroessner Diktatur untersuchen sollte. Menschenrechtsaktivisten entdeckten 1992 ein Geheimarchiv, in dem mehr als 100 000 Dokumente der Polizei und des Innenministeriums aufbewahrt wurden. Die Akten bewiesen, dass unter dem Stroessner-Regime etwa 300 000 Menschen festgenommen und gefoltert wurden und viele von ihnen verschwanden. *N. H.*

Lateinamerikanische Diktatoren – Verbrechen ohne Strafe

Keine Strafverfolgung: Ebenso wenig wie der ehemalige paraguay. Machthaber General Alfredo Stroessner, der ab 1989 unbehelligt in Brasilien lebte, wurden die meisten anderen lateinamerikan. Diktatoren für die Menschenrechtsverletzungen in ihrer Amtszeit zur Verantwortung gezogen. In Argentinien wurden zwar 1985 die ehemaligen Militärdiktatoren Videla und Galtieri zu lebenslanger bzw. zu zwölf Jahren Haft verurteilt, doch begnadete sie der zivile Präsident Carlos Menem 1990 bereits wieder. Trotz massiver Menschenrechtsverletzungen wurde den ehemaligen Juntachefs in Brasilien 1979 Amnestie gewährt. In Uruguay kamen die Generäle der Militärjunta trotz Verbrechen gegen linksgerichtete Guerillas straflos davon, nachdem die Bevölkerung 1989 eine Amnestie per Referendum gebilligt hatte. (Foto: Wache vor dem Präsidentenpalast in Asunción)

Prozesse: Der chilen. Diktator Augusto Pinochet, der 1973–90 Oppositionelle verhaften, foltern und hinrichten ließ, wurde 1998 in London festgenommen und 2000 in seine Heimat abgeschoben. Dort droht ihm nun ein Prozess, nachdem seine Immunität aufgehoben worden ist. Der bolivian. Diktator Luís García Meza, der sich für willkürliche Festnahmen und Hinrichtungen während seiner Herrschaft (1980–82) zu verantworten hatte, wurde zu 30 Jahren Haft verurteilt. Anastasio Somoza, der in Nicaragua 1967–79 mit brutalen Mitteln die Opposition unterdrückt hatte und von den Sandinisten gestürzt worden war, fiel 1980 in Paraguay einem Mordanschlag zum Opfer. Ein US-amerikan. Gericht verurteilte 1992 den panama. Diktator Manuel Noriega zu 40 Jahren Haft, nachdem ihn die US-Armee 1989 bei der Invasion Panamas festgenommen hatte.

Staatspräsident Raúl Cubas bei seiner Rücktrittserklärung im März 1999: Ihm wurde Mitverantwortung für den Mord an Vizepräsident Luis María Argaña vorgeworfen.

Peru

Republik Peru

Das heutige P. war das Kernland der Inka, die von span. Eroberern 1532/33 unterworfen wurden. Das Vizekönigreich P. umfasste fast das ganze span. Südamerika, bis 1739 im Norden das Vizekönigreich Neugranada und 1776 im Süden das Vizekönigreich Río de la Plata abgetrennt wurden. Am 28.7.1821 erklärte sich P., das während des südamerikan. Unabhängigkeitskampfes (ab 1810) Mittelpunkt der span. Herrschaft war, unabhängig.

Peru 2000	
Landesfläche	1,29 Mio km² (WR 19)
Einwohner	25,2 Mio (WR 38)
Hauptstadt	Lima (6,02 Mio Einwohner)
Sprachen	Spanisch, Ketschua, Aymará
Währung	1 Nuevo Sol (S/.) = 100 Céntimos
Gliederung	25 Departamentos
Staatsform	Präsidiale Republik (seit 1980)
Religion	Christen (98%): Katholiken 92,5, Protestanten 5,5%; Sonstige (2%)
Bevölkerung	Ketschua (47,1%); Mestizen (32,0%); Weiße (12,0%); Aymará (5,4%); Mulatten, Schwarze, Asiaten (3,5%)

Peru im 20. Jahrhundert	
ab 1900	Industrialisierung Perus durch ausländische Unternehmen im Bergbau und bei der Erdölförderung.
ab 1910	Entstehung einer Arbeiterbewegung; Streiks und Demonstrationen für eine Verbesserung der Arbeitsbedingungen.
1919–30	Reformen unter Präsident Augusto Leguía (Verbesserung des Bildungswesens und der Infrastruktur, Förderung des städtischen Wohnungsbaus).
1924	Gründung der sozialreformerischen Bewegung APRA.
1933	Ermordung des Präsidenten Luis Sánchez Cerro durch APRA-Anhänger.
1945	Präsident José Luis Bustamante versucht zusammen mit der APRA Reformen zugunsten der ärmeren Bevölkerungsschichten durchzusetzen.
1948	Das Militär stürzt Bustamante; Beginn des sog. Ochenio: Unterdrückung oppositioneller Kräfte, soziale Hilfsprogramme, Förderung von Investitionen ausländischer Unternehmen.
1956	Ende der Diktatur; Manuel Prado wird mit Unterstützung der APRA Präsident.
1963–68	Präsidentschaft von Fernando Belaúnde Terry: wachsende Staatsverschuldung durch kostspielige Bauprogramme führt zur ökonomischen Krise.
1968	Peruan. Revolution: Militärjunta setzt weitreichende Reformen durch (Bodenreform, Verstaatlichung großer Unternehmen).
1975	Erneuter Militärputsch durch Francisco Morales Bermúdez beendet die Peruan. Revolution; Rücknahme der Reformen.
1978	Wahl einer verfassunggebenden Versammlung; Beginn der Demokratisierung.
1979	Verabschiedung der neuen Verfassung (12.7.).
1980	Rückkehr zur zivilen Regierung.
1985	Wirtschaftliches Notprogramm führt zu innenpolitischen Unruhen.
1990	Wahl von Alberto Fujimori zum Präsidenten.
1992	Staatsstreich Fujimoris: Auflösung des Parlaments und Suspendierung der Verfassung; Verhaftung von Abimael Guzmán, dem Anführer der maoistischen Guerillabewegung Sendero Luminoso.
1993	Neue Verfassung stärkt Rechte des Präsidenten.
1995	Grenzkrieg mit Ecuador um das Amazonasgebiet.
1997/98	Tupac Amaru-Guerilleros besetzen 126 Tage die japan. Botschaft in Lima.

Peru um 1900

Oligarchisches System: P. wurde zu Beginn des 20. Jh.s von einer kleinen Clique aus Kaufleuten, Bankiers, Industriellen und Großgrundbesitzern beherrscht. Sie trafen sich in parteiähnlichen Zirkeln, die abwechselnd kooperierten oder sich im Streit um einflussreiche Positionen im Staatsapparat erbittert bekämpften. Laut Verfassung von 1867 war P. zwar eine präsidiale Demokratie, in der Präsident und Kongress vom Volk gewählt wurden; durch Fälschung, Korruption und Bestechung bei Wahlen gelang es der Oligarchie aber, die breite Bevölkerung von den politischen Entscheidungsprozessen auszuschließen und die eigene Macht zu sichern.

Wirtschaftlicher Wandel: Die peruan. Volkswirtschaft basierte um 1900 auf dem Anbau von Baumwolle und Zucker sowie auf der Gewinnung von Metallen wie Silber, Gold, Kupfer oder Eisen. Nach 1900 siedelte sich eine wachsende Zahl von ausländischen Unternehmen – insbes. aus den USA und Großbritannien – in P. an. Sie modernisierten nicht nur die Anlagen zum Abbau der Metalle, sondern erschlossen auch Ölfelder, die sich zu einer lukrativen Einnahmequelle entwickelten. Die Investitionen der ausländischen Unternehmen beschleunigten den Industrialisierungsprozess in P., der zur Entstehung einer Arbeiterbewegung führte. Ab 1910 lehnten sich die Arbeiter zunehmend gegen die niedrigen Löhne auf und kämpften mit Streiks und Demonstrationen für die Verbesserung ihrer Arbeitsbedingungen.

Indigenista

Etwa zeitgleich mit der Arbeiterbewegung entwickelten peruan. Intellektuelle die sog. Indigenista-Ideologie, die sich gegen die Benachteiligung und Ausbeutung der Indianer (Anteil an der Bevölkerung: etwa 50%) wandte. Vereinigungen entstanden, die durch Veranstaltungen und Publikationen ein Bewusstsein für den Wert der indian. Kultur schufen. Der Einfluss, den Wissenschaftler wie Manuel González Prada oder Luis Valcárcel mit ihren Arbeiten über die Geschichte der Urbevölkerung ausübten, reichte bis in den peruan. Kongress. 1920 setzten die Indianer zumindest die rechtliche Anerkennung ihrer durch Verfolgung bedrohten Dorfgemeinschaften durch.

Politische Unruhen

Reformen: 1919 wurde Augusto Bernardino Leguía (1919–30) Präsident. In seiner Amtszeit führte er zahlreiche Reformen durch, die auf eine Verbesserung der Infrastruktur und des Bildungswesens sowie auf die Förderung des städtischen Wohnungsbaus abzielten. Während insbes. die städtische Mittelschicht (Angehörige freier Berufe, Geschäftsleute, Verwaltungsbeamte) von den Reformen profitierte (u. a. durch die Öffnung der Universitäten für ihre Kinder), blieben die Forderungen der Arbeiterbewegung weitgehend unberücksichtigt. 1920 verschärfte Leguía sogar die Lebensbedingungen der Arbeiter durch ein Gesetz, das Dorfbewohnern die Pflicht auferlegte, sechs bis zwölf Tage im Jahr an staatlichen Projekten mitzuwirken. Als Mitte der 20er Jahre zahlreiche Epidemien ausbrachen, die den schlechten Zustand des staatlichen Gesundheitssystems verdeutlichten, gewannen die Auseinandersetzungen zwischen der Arbeiterbewegung und der Regierung an Härte. Der 1913 gegründeten Gewerkschaft Federación Obrera Regional del Perú gelang es am Ende dieses Kampfes, den Achtstundentag durchzusetzen.

Aufstieg der APRA: 1924 entstand mit der Alianza Popular Revolucionaria Americana (APRA) eine Organisation, welche die Indigenista-Ideologie mit den Zielen der Arbeiterbewegung verband. Ihr herausragender Repräsentant war Victor Raúl Haya de la Torre, der durch seine rhetorischen und organisatorischen Fähigkeiten nicht nur die Mehrzahl der Arbeiter und Indianer, sondern auch Studenten und Teile der Mittelschicht für die APRA gewinnen konnte. Er forderte u. a. eine umfassende Bodenreform und eine gerechtere Einkommensverteilung. Mit dem Ausbruch der Weltwirtschaftskrise (1929) erhielt die APRA weiteren Zulauf; Haya de la Torre war im Vorfeld der Wahlen von 1931 als Kandidat der Partido Aprista Peruano (PAP) der aussichtsreichste Bewerber für das Präsidentenamt.

Putsch: Die oligarchischen Kräfte und das Militär fürchteten die Auswirkungen eines Wahlsiegs der PAP und stürzten den noch amtierenden Präsidenten Leguía, um unter dem Offizier Luis Sánchez Cerro (1930/31) eine Übergangsregierung zu bilden. Als Sánchez Cerro 1933 bei einem Anschlag ums Leben kam, brachen zwischen dem Militär und der APRA heftige Kämpfe aus. Bei den gewaltsamen Auseinandersetzungen starben mehrere tausend Menschen. Mehrere hundert APRA-Anhänger wurden willkürlich verhaftet und hingerichtet, ihre Bewegung verboten.

Die Zentralbahn (Ferrocarril Central del Perú) von Lima nach Huancayo war eine außergewöhnliche technische Leistung. Der Zug bewältigte die 346 km lange Strecke (höchster Punkt: Ticlio-Pass, 4782 m) in gut neun Stunden.

Die Macht des Militärs

Militärdiktatur: In den 30er Jahren herrschten Militärregierungen über P. Die Wirtschaftskrise wurde durch hohe Investitionen im Militärbereich und durch ausländische Kapitalgeber, die sich Mitte der 30er Jahre wieder verstärkt im peruan. Bergbau und der Landwirtschaft engagierten, überwunden. Nachhaltigste Folge dieses Wirtschaftsaufschwungs war die zunehmende Landflucht. Pucallpa, La Oroya und Juliaca im Hochland sowie Mollendo und Chimbote an der Küste wurden zu regionalen Zentren, in denen linksgerichtete Parteien und Gruppierungen neue Anhänger gewannen. Um eine weitere Radikalisierung der Bevölkerung zu verhindern, erließ die peruan. Regierung Ende der 30er Jahre zahlreiche Gesetze, die das Bildungs- und Gesundheitswesen sowie die Altersvorsorge für viele Arbeiter verbesserten. Zu Beginn der 40er Jahre wurde auch die APRA wieder zugelassen. Die Militärdiktatur endete 1945.

Ochenio: 1945 wurde José Luis Bustamante (1945–48) zum Präsidenten gewählt. Zusammen mit der APRA verfolgte er ein antiklerikales Programm und versuchte eine Umverteilung der Einkommen zulasten der Großgrundbesitzer durchzusetzen. Dies rief den Widerstand der wohlhabenden Oberschicht und ausländischer Investoren hervor. Daraufhin intervenierte das Militär erneut: General Manuel Odría (1948–50, 1950–56) setzte Bustamante ab und errichtete eine Diktatur, die wegen ihrer Dauer von acht Jahren »Ochenio« genannt wird. Odrías Herrschaft

Staatsoberhäupter Perus

Reg.-Zeit	*Name*	*Lebensdaten*	*Reg.-Zeit*	*Name*	*Lebensdaten*
1899–1903	Eduardo López de Romaña	1847–1912	1933–39	Oscar Raimundo Benavides	1867–1946
1903/04	Manuel Candamo	1842–1904	1939–45	Manuel Prado y Ugarteche	1889–1967
1904	Serapio Calderón	1843–1922	1945–48	José Luis Bustamante	1894–1989
1904–08	José Pardo y Barreda	1864–1942	1948–50	Manuel Odría	1897–1974
1908–12	Augusto Bernardino Leguía	1864–1932	1950	Zenon Noriega	1900–1957
1912–14	Guillermo Enrique Billinghurst	1851–1915	1950–56	Manuel Odría	1897–1974
1914/15	Oscar Raimundo Benavides	1867–1946	1956–62	Manuel Prado	1889–1967
1915–19	José Pardo y Barreda	1864–1942	1962/63	Ricardo Pérez Godoy	1905–1982
1919–30	Augusto Bernardino Leguía	1864–1932	1963	Nicolás Lindley López	*1908
1930	Manuel Ponce	1874–1966	1963–68	Fernando Belaúnde Terry	*1912
1930/31	Luis Sánchez Cerro	1889–1933	1968–75	Juan Velasco Alvarado	1909–1977
1931	Ricardo Leoncio Elias	1874–1951	1975–80	Francisco Morales Bermúdez	*1921
1931	Gustavo A. Jiménez	1886–1933	1980–85	Fernando Belaúnde Terry	*1912
1931	David Samánez Ocampo	1867–1937	1985–90	Alán García Pérez	*1949
1931–33	Luis Sánchez Cerro	1889–1933	seit 1990	Alberto Fujimori	*1938

war gekennzeichnet von brutaler Unterdrückung oppositioneller Kräfte, während soziale Hilfsprogramme nach dem Vorbild Peróns in Argentinien dem Regime Sympathien der Bevölkerung verschaffen sollten. Gleichzeitig förderte Odría Investitionen ausländischer Konzerne in P., die allmählich die nationalen Unternehmen vom heimischen Markt verdängten. Bis Ende der 60er Jahre stieg der Anteil der Unternehmen in P., die sich in nordamerikan. Besitz befanden, auf 80%.

Zwischen Kooperation und Konfrontation: 1956 trat Odría zurück. Der neue Präsident Manuel Prado (1956–62) gewann die Unterstützung der APRA-Anhänger, indem er der Bewegung wieder politische Aktivitäten erlaubte. Im Gegenzug versprach die APRA, sich in ihren Forderungen nach einer radikalen Umverteilung des Volkseinkommens zu mäßigen. Allerdings spalteten sich zahlreiche kleine Gruppen der APRA aus Protest gegen die Kooperation mit der Regierung ab, und schwächten so die Bewegung. Als bei den Wahlen von 1962 APRA-Führer Haya de la Torre zum Präsidenten gewählt wurde, griff das Militär erneut ein und erklärte das Ergebnis für ungültig. Unter Ausschluss der APRA förderte die Armee 1963 die Wahl von Fernando Belaúnde Terry (1963–68) zum neuen Präsidenten.

Ökonomische Krise: Unter Belaúnde Terry finanzierte die Regierung aufwendige Bauprogramme und vergrößerte den Staatsapparat. Dadurch stiegen Staatsverschuldung und Inflation stark an, sodass die nationale Währung abgewertet werden musste. Die wirtschaftliche Krise rief soziale Spannungen hervor und steigerte die Popularität der APRA. Aus Furcht vor einem Sieg der APRA bei den Wahlen von 1968 putschte die Armee am 3.10.1968 unter General Juan Velasco Alvarado (1968–75). Das Militär begründete den Staatsstreich mit der Gewährung von Lizenzen an US-amerikan. Gesellschaften zur Weiterverarbeitung von Erdöl, das in P. gefördert wurde. Diese Politik widerspreche nationalen Interessen.

Peruanische Revolution: Die Militärjunta setzte nach ihrer Machtergreifung zahlreiche Veränderungen durch, die in ihrer Gesamtheit wegen ihrer nationalistischen und sozialreformerischen Ausrichtung als »Peruan. Revolution« bezeichnet wurden. Bis 1976 führte die Regierung eine radikale Agrarreform durch, welche die gesamte Landfläche P.s erfasste. Etwa 10 Mio ha Land wurden enteignet und gingen in kollektive Eigentumsformen über. 1969 wurde die mit US-amerikan. Kapital arbeitende International Petroleum Company (IPC) verstaatlicht. Auch andere Großbetriebe in den wichtigsten Branchen wie Telekommunikation, Energiewirtschaft, Fischereiwesen, Erdölgewinnung und Bergbau wurden durch die Überführung in Genossenschaften unter staatliche Kontrolle gestellt. Das Bildungs- und Erziehungswesen wurde u. a. durch den Bau neuer Schulen und Universitäten verbessert. Während der peruan. Revolution gab es keine direkt gewählten Volksvertretungen; oppositionelle Gruppierungen wurden unterdrückt und ins Ausland getrieben. Die Militärjunta verstand ihr Reformprogramm als »dritten Weg« zwischen Kapitalismus und Kommunismus.

Sieg der Demokratie

Die Militärjunta unter Velasco Alvarado verlor 1974 aufgrund ungelöster wirtschaftlicher und sozialer Probleme die Unterstützung des Volkes. Auf die zunehmende Kritik reagierte die Armee 1974 mit der Enteignung der wichtigsten Zeitungen. Am 29.8.1975 stürzte General Francisco Morales Bermúdez (1975–78) die Regierung und leitete eine Wende in der peruan. Politik ein. Er verkündete eine Generalamnestie für exilierte Regimegegner und ließ kritische Zeitungen wieder zu. Der privatwirtschaftliche Sektor gewann erneut an Bedeutung. Ausländische Firmen konnten sich wieder in der peruan. Erdölbranche unternehmerisch betätigen. 1978 wurde General Oscar Molina Pallochía (1978/79) neuer Präsident. Er ermöglichte am 18.6.1978 die Wahl einer verfassunggebenden Versammlung, welche die Rückkehr zur Demokratie vorbereitete. Nach der Verabschiedung einer neuen Verfassung wurde am 18.5.1980 der 1968 gestürzte Belaúnde Terry (1980–85) zum Präsidenten gewählt; mit seinem Amtsantritt am 28.7.1980 endete in P. die Zeit der Militärregierungen.

Krisen und Konflikte

Sendero Luminoso: P. befand sich Anfang der 80er Jahre in einer tiefen ökonomischen Krise. Vor allem infolge der hohen Staatsverschuldung, die durch Umschuldungsabkommen mit ausländischen Banken (1983) und Aufschub der Schuldenzahlungen (1985) kaum verringert werden konnte, verschlechterten sich die Lebensbedingungen der Bevölkerung. Gleichzeitig erfuhr die maoistische Guerillaorganisation Sendero Luminoso (Leuchtender Pfad) starken Zulauf. Sie intensivierte ab 1981 den Terror im gesamten Land, sodass die Regierung am 30.5.1983 den Ausnahmezustand verhängte. 1984 wurden die Schlüsselpositionen des Kabinetts mit Politikern besetzt, die erfahren waren im Kampf gegen Guerillabewegungen. Die Bekämpfung des Sendero Luminoso wurde von schweren Menschenrechtsverletzungen seitens der Regierung begleitet. 1992 verhaftete das Militär Abimael Guzmán, den Gründer des Sendero Luminoso. Daraufhin erließ die Regierung ein sog. Reuegesetz, das bis Ende 1994 einen Großteil der Rebellen dazu bewegte, sich den staatlichen Behörden zu stellen. Die Aufständischen wurden amnestiert oder erhielten Strafverleichterungen. Bei den Kämpfen zwischen Sendero Luminoso und der Regierung starben 1980–94 etwa 30 000 Menschen.

Siegesgewiss schwenkten Mitglieder der maoistischen Guerillaorganisation Sendero Luminoso (Leuchtender Pfad) 1991 bei Ayacucho die Flagge der Sowjetunion.

Zum Zeichen ihrer Kapitulation händigten vermummte Mitglieder der Untergrundgruppe Sendero Luminoso 1992 in Tarapoto ihre Waffen an Soldaten der peruan. Armee aus.

Die wichtigsten Parteien im 20. Jahrhundert

Name (Abkürzung)	*Politische Richtung*	*Gründung*
Alianza Popular Revolucionaria Americana (APRA)	linksdemokratisch	1924
Acción Popular (AP)	rechtsliberal	1956
Partido Demócrata Cristiano (PDC)	christdemokratisch	1956
Partido Popular Cristiano (PPC)	christdemokratisch	1966
Izquierda Unida (IU)	linkes Parteienbündnis	1980
Izquierda Nacionalista	nationale Linke	1984
Partido Liberal (PL)	liberal	1987
Cambio 90 (C 90)	neoliberal	1990
Confluencia Socialista	sozialistisches Parteienbündnis	1991

Tupac Amaru – peruanische Guerillabewegung

Terror: Die peruan. Guerillagruppe Movimiento Revolucionario Tupac Amaru (MRTA) wurde nach dem letzten Thronprätendenten der Inka benannt, der die Vorherrschaft der span. Eroberer bekämpfte und 1572 hingerichtet wurde. Die Rebellenorganisation Tupac Amaru kämpfte Anfang der 90er Jahre für die Errichtung eines sozialistischen Staates nach kuban. Vorbild. Sie entführte Prominente und beging Überfälle, verteilte aber auch Lebensmittel in Elendsvierteln. Nach der Verhaftung ihres Führers Victor Polay Campos 1992 hatte sich die Organisation zunächst zurückgezogen. Am 17.12.1996 trat sie jedoch mit einer medienwirksamen Geiselnahme in der japan. Botschaft in Lima für 126 Tage in den Blickpunkt des öffentlichen Interesses. Bei der Erstürmung des Botschaftsgebäudes durch eine peruan. Eliteeinheit wurden alle Guerilleros getötet. (Foto: Die ersten Geiseln konnten bereits am 17.12. die japan. Botschaft verlassen)

Staatsstreich: Angesichts ungelöster wirtschaftlicher Probleme – 1989 stieg die Arbeitslosenquote auf 25%, die Inflationsrate auf 2776% – traten Ende der 80er Jahre zahlreiche Regierungen zurück. Bei den Präsidentschaftswahlen von 1990 siegte überraschend Alberto Fujimori (seit 1990) mit seiner erst wenige Monate zuvor gegründeten Wählergemeinschaft Cambio 90. 1992 löste Fujimori in einem Staatsstreich das Parlament auf und suspendierte die Verfassung. Er begründete sein Vorgehen mit der Korruption, die Parlament und Behörden erfasst habe, sowie der angeblichen Untätigkeit der Staatsorgane bei der Bekämpfung der Drogenmafia und der Guerillabewegung. Fujimori ließ Wahlen für eine verfassunggebende Versammlung durchführen, bei denen das Parteienbündnis Cambio 90 die Mehrheit erhielt. Die beiden größten Oppositionsparteien, die APRA und die rechtsliberale Acción Popular (AP), waren aus Protest gegen die autoritäre Herrschaft Fujimoris nicht zur Wahl angetreten. Die Verfassung vom 26.8.1993 stärkte die Stellung des Präsidenten, der das Parlament auflösen darf, falls es die Arbeit der Regierung blockiert. Fujimori baute seine Macht in den 90er Jahren systematisch aus und besetzte einflussreiche Posten in Justiz und Medien mit Gefolgsleuten. Seine Wiederwahl im Mai 2000 für eine dritte Amtszeit war heftig umstritten. Seine Gegner riefen zum friedlichen Widerstand auf und demonstrierten in zahlreichen Städten des Landes, weil sie die Bedingungen für eine faire Wahl nicht gegeben sahen.

Krieg mit Ecuador: 1995 eskalierte ein seit dem 19. Jh. bestehender Konflikt mit Ecuador um ein Amazonasgebiet an der gemeinsamen Grenze, wo reiche Gold- und Erdölvorkommen vermutet wurden. Nach einem Krieg (1941/42) war der Grenzverlauf im Protokoll von Rio de Janeiro 1942 bereits festgelegt worden. Im kurzen Krieg von 1995 kamen etwa 50 Menschen ums Leben. Erst 1998 wurde der Streit endgültig in einem Friedensabkommen beigelegt, in dem Ecuador erneut weitgehend auf das Gebiet verzichtete. *N. H.*

Rivalen um die Macht: Der peruan. Präsident Alberto Fujimori (l.) und Oppositionsführer Alejandro Toledo während des Wahlkampfs im Mai 2000. Aus der von der Opposition boykottierten Stichwahl ging Fujimori mit 75% der Stimmen als Sieger hervor.

Philippinen

Republik der Philippinen

Als unabhängiger Staat (seit 1946) sind die P. noch sehr jung. Die Inselgruppe im Pazifik wurde seit der Entdeckung durch die Europäer im Jahr 1521 von Spanien beherrscht, bis 1898 die Vereinigten Staaten die Rolle der Kolonialmacht übernahmen.

Rebellion und Revolution

Kolonialherrschaft: Bis 1821 unterstanden die P. dem Vizekönig von »Neu-Spanien« (Mexiko). Danach wurden die Inseln von einem Generalgouverneur regiert, der von Madrid eingesetzt wurde. Katholische Priester bekehrten in der Kolonialzeit den Großteil der Bevölkerung zum Christentum. Schon seit Beginn der span. Besetzung kam es immer wieder zu – allerdings erfolglosen – Aufständen gegen die Kolonialherren.

Unabhängigkeitskampf: Ende des 19. Jh.s formierte sich eine philippin. Nationalbewegung, die von den Ideen der Aufklärung und demokratischen Idealen beeinflusst wurde. Ihr führender Kopf war der Arzt und Dichter José Rizal, der die Korruption der Kolonialregierung anprangerte. Während sich Rizal für einen friedlichen Wandel einsetzte, bereitete der von Andres Bonifacio gegründete Geheimbund Katipunan den offenen Aufstand von 1896/97 vor. Den Spaniern gelang es nicht, die Rebellion niederzuschlagen, aber auch die Aufständischen konnten sich nicht durchsetzen. Nach monatelangen Kämpfen wurde 1897 ein Waffenstillstand geschlossen und die Rebellen gingen ins Exil.

Invasion der USA

Nach einem Streit über Kuba brach im April 1898 der Span.-Amerikan. Krieg aus. Die USA planten eine Besetzung der P. und ermutigten Emilio Aguinaldo, den Führer der Aufstandsbewegung von 1896/97, und seine Anhänger zur Rückkehr. Am 13.8. zogen die US-Amerikaner in Manila ein. Die Spanier kapitulierten und traten im Vertrag von Paris (Dezember 1998) die P. für 20 Mio US Dollar an die USA ab. Aguinaldo hatte bereits am 12.6.1898 die Unabhängigkeit der P. proklamiert und im September ein Parlament einberufen. Am 23.1.1899 erklärte er die P. zur unabhängigen Republik, was jedoch von den USA nicht anerkannt wurde. In erbitterten Gefechten unterwarfen die USA, die sich für die

Philippinen 2000	
Landesfläche	300 000 km² (WR 70)
Einwohner	74,5 Mio (WR 14)
Hauptstadt	Manila (9,23 Mio Einwohner)
Sprachen	Filipino, Spanisch, Englisch
Währung	1 Philippinischer Peso = 100 Centavos
Gliederung	76 Provinzen
Staatsform	Präsidiale Republik (seit 1987)
Religion	Christen (93,8%); Moslems (4,6%); Sonstige (1,6%)
Bevölkerung	Jungmalaiische Filipinos (40%); Indonesier, Polynesier (30%); Altmalaien, Negritos (10%); Sonstige (20%)

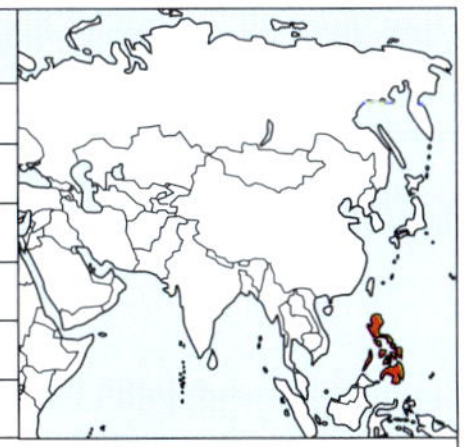

Die Philippinen im 20. Jahrhundert	
1898	Spanien tritt die Philippinen an die USA ab.
1899–1901	Unabhängigkeitskampf gegen die USA.
1907	Einrichtung einer Nationalen Volksversammlung.
1916	Die USA versprechen den Philippinen nach einer Übergangszeit unter kolonialer Verwaltung die Unabhängigkeit.
1935	Ausrufung des »Commonwealth of the Philippines«; erster Präsident wird Manuel L. Quezon.
1941	Beginn der dreijährigen Besatzung durch die Japaner.
1944	General Douglas MacArthur landet am 20.10. auf der Insel Leyte; Beginn der Rückeroberung durch die USA.
1946	Die USA entlassen die Philippinen in die Unbhängigkeit. Manuel A. Roxas wird erster Staatspräsident.
1946/47	Abschluss verschiedener Verträge, die eine enge wirtschaftliche und politische Bindung an die USA sicherstellen; Verpachtung von 23 Militärbasen an die USA.
1948	Beginn des Aufstands der Guerillabewegung Hukbalahap.
1950	Finanzielle Hilfe der USA soll Reformen ermöglichen.
1952	Abschluss eines Verteidigungspakts mit den USA.
1965	Ferdinand Marcos wird am 30.12. als Präsident vereidigt.
1969	Wiederwahl von Staatspräsident Marcos.
1970	Beginn des bewaffneten Kampfs der moslemischen Separatistenbewegung MLNF auf Mindanao.
1972	Ausrufung des Kriegsrechts; Proklamation der »Neuen Gesellschaft« durch Ferdinand Marcos.
1973	Diktatorische Vollmachten für Präsident Marcos.
1981	Formelle Aufhebung des Kriegsrechts; Wiederwahl von Präsident Marcos (16.6.).
1983	Ermordung des Oppositionsführers Benigno Aquino (21.8.).
1986	Vorgezogene Parlamentswahlen, die Marcos nur durch Wahlbetrug gewinnt; nach gewaltloser Volkserhebung und Rebellion eines Teils des Militärs gibt Marcos auf; Corazon Aquino wird neue Präsidentin.
1986–89	Mehrere Putschversuche gegen Präsidentin Aquino.
1987	Die ersten freien Parlamentswahlen seit 20 Jahren gewinnt Corazon Aquinos Regierungskoalition.
1989	Ferdinand Marcos stirbt im amerikan. Exil auf Hawaii.
1992	Fidel Ramos wird Präsident; Schließung der US-Militärbasis Subic Bay und Ende der US-Militärpräsenz auf den Philippinen.
1996	Präsident Ramos schließt mit der MLNF ein Friedensabkommen; Gründung der Autonomen Region des moslemischen Mindanao.
1997	Kommunalwahlen gehen als die ersten friedlichen Wahlen in der Geschichte der Philippinen gelten.
1998	Joseph Estrada wird neuer Staatspräsident.
1999	Wiederaufnahme des Guerillakampfs auf Mindanao durch die MILF.

Annexion der Inselgruppe entschieden hatten, ihre einstigen Verbündeten. Im Januar 1901 wurde Aguinaldo gefangen genommen und leistete den Treueeid auf die USA.

Neue Kolonialmacht

Amerikanisierung: Nachdem die neue Kolonialmacht ihre Herrschaft durchgesetzt hatte, versuchte sie, die Eliten der philippin. Gesellschaft zur Kooperation zu bewegen. Die Einbindung der Mittel- und Oberschichten wurde verstärkt durch die sprachlich-kulturelle Integration. In kürzester Zeit wurde das Land nicht nur durch die US-amerikan. Konsumkultur, sondern auch durch die Verbreitung der engl. Sprache und den Ausbau des US-amerikan. Schul- und Bildungswesens in hohem Maße amerikanisiert. Der starke Einfluss des Christentums und das Fehlen einer eigenständigen, historisch verwurzelten Hochkultur erleichterten diese Entwicklung.

José Rizal – Nationalheld der Philippinen

Der Arzt und Schriftsteller José Rizal (1861–1896), der einer gebildeten Familie der Oberschicht entstammte, wurde zum Nationalhelden der Philippinen. Nach dem Medizinstudium gründete er in Spanien die »Propagandabewegung«, eine revolutionäre Gemeinschaft, aus der die geistigen Väter der philippin. Unabhängigkeitsbewegung hervorgingen. Rizal und seine Mitstreiter versuchten die politischen und sozialen Verhältnisse ihrer Heimat literarisch darzustellen. 1887 vollendete Rizal sein Hauptwerk »Noli Me tangere« (»Berühre mich nicht«), eine in Romanform gehaltene Kampfschrift, die ebenso wie das spätere »El Filibusterismo« (»Die Freibeuterei«) eine Anklage gegen die span. Kolonialherrschaft enthielt. Nach seiner Rückkehr auf die Philippinen gründete er 1892 die Liga Filipina, die sich für weit reichende Reformen einsetzte. Das Kolonialregime verbannte ihn daraufhin nach Mindanao. Nach dem Ausbruch des Volksaufstands der Katipunan 1896 wurde er verhaftet und von einem Militärgericht wegen Verschwörung zum Tode verurteilt, obwohl er an dem Aufstand nicht beteiligt war und für Gewaltlosigkeit eintrat. Am 30.12.1896 wurde er auf dem Campo de Bagumbayan, dem heutigen Rizal Park, hingerichtet. Rizal verkörperte das Streben des philippin. Volkes nach Selbstbestimmung. Auch heute noch gilt er vielen Filipinos als Symbol für Freiheit und Unabhängigkeit. (Foto: Wachen am Denkmal José Rizals in Manila, 1983)

Staatsaufbau: 1907 wurde auf den P. auf Initiative des US-Kongresses eine Nationale Volksversammlung eingerichtet, die auch im politischen Bereich den Grundstein für die Entwicklung eines »Klein-Amerika« legte. Das Gremium wurde nach einem Wahlgesetz gebildet, das dem einiger US-Bundesstaaten entsprach. 1916 führte man nach US-Vorbild die Zweiteilung der Legislative in Senat und Repräsentantenhaus ein. Auch die Verfassung von 1935, die bis 1972/73 in Kraft blieb, orientierte sich am US-amerikan. Vorbild. Die Befugnisse dieser politischen Organe blieben zunächst begrenzt, wurden jedoch im Lauf der Zeit erweitert.

Die politische Teilnahme der Bevölkerung beschränkte sich im Wesentlichen auf die gesellschaftliche Elite. Frauen erhielten erst 1935 das Wahlrecht. Ausgeschlossen davon blieben die Analphabeten, die bis zum Beginn des Zweiten Weltkriegs etwa 50% der Bevölkerung ausmachten. Die Nutznießer dieses politischen Systems, die besitzende und akademisch gebildete Oberschicht, waren wirtschaftlich und zunehmend auch kulturell mit den USA verbunden, obwohl sie mehrheitlich auf formale Selbstbestimmung drängten.

Unabhängigkeitsbestrebungen: Bei den Wahlen entschieden sich die Filipinos stets mehrheitlich für die Nacionalistas, eine Partei, welche die politische Unabhängigkeit anstrebte. 1916 scheiterte ein Antrag, den P. innerhalb von zwei bis sechs Jahren die Unabhängigkeit zu gewähren, nur knapp im US-Repräsentantenhaus. Doch als 1933 US-Präsident Franklin D. Roosevelt die Regierungsgewalt übernahm, wurde ein konkreter Zeitplan für die Unabhängigkeit ausgehandelt. 1935 erhielten die P. die innere Selbstverwaltung mit einer eigenen Commonwealth-Regierung. Zehn Jahre später sollte die volle völkerrechtliche Unabhängigkeit gewährt werden, doch der Zweite Weltkrieg vereitelte diese Pläne.

Zweiter Weltkrieg

Japanische Besatzung: Im Dezember 1941 griffen die Japaner die P. an und eroberten kurz darauf Manila. Die philippin.-US-amerikan. Truppen hielten sich am längsten auf Bataan, mussten im April/Mai 1942 aber auch dort aufgeben. Nach ihrer Kapitulation begann eines der dunkelsten Kapitel der philippin. Geschichte, der »Todesmarsch von Bataan«: Mehr als 76 000 alliierte Kriegsgefangene mussten einen mehr als 100 km langen Marsch in die japan. Lager in der Provinz Tarlac antreten. Nur 56 000 Soldaten erreichten das Ziel, 24 000 von ihnen starben in der Gefangenschaft. Durch ihre Grausamkeit machten sich die Japaner schnell verhasst.

Widerstand: Im Land entstanden mehrere Guerillabewegungen, darunter die Hukbalahap (abgekürzt Huk), eine kommunistische Bauernbewegung, die vor allem auf Zentral-Luzon agierte und starken Rückhalt in der Bevölkerung fand. Doch der überwiegende Teil der Oberschicht fand sich schnell zur Zusammenarbeit mit den Besatzern bereit. Die neu gegründete Kalibpapi, eine projapan. Staatspartei, errichtete ein Kollaborationsregime. Im Oktober 1943 rief Dr. José Laurel die »Unabhängigkeit« dieses Staatsgebildes aus. Noch im September 1944 – einen Monat vor der Invasion des Landes durch die Truppen von US-General Douglas MacArthur – erklärte die Marionettenregierung den USA und Großbritannien der Krieg.

Unabhängigkeit

Bis zum Juni 1945 wurden die Japaner in blutigen Kämpfen von den P. vertrieben. Zurück blieb ein völlig verwüstetes Land; Manila war zu 80% zerstört. Zu einer Abrechnung mit den Kollaborateuren kam es jedoch nicht, da es den US-Amerikanern in erster Linie um die Eindämmung der erstarkten kommunistischen Guerilla und den Abschluss neokolonialer Verträge ging, die das Land weiter an die USA binden sollten.

Am 4.7.1946 entließen die USA die P. in die Unabhängigkeit. Die Geschicke der jungen Republik wurden weiterhin maßgeblich von den reichen Oberschichtfamilien bestimmt. Erster Staatspräsident der P. wurde Manuel A. Roxas (1946–48). 1949 unterlag der Kollaborateur Laurel dem amtierenden Präsidenten Elipido Quirino (1948–53) mit 1,3 gegenüber 1,6 Mio Stimmen – jedoch nur, weil Quirino die Wahl in großem Umfang manipulierte.

Enge Bindung an die USA

Wirtschaftshilfe: Die USA koppelten die im Krieg versprochene Wiederaufbauhilfe an den Abschluss eines Handelsvertrages, der den Freihandel zwischen beiden Ländern festschrieb und US-amerikan. Investitionen auf den P. erleichtern sollte. Als die philippin. Regierung weitere Finanzhilfen erbat, verlangten die USA die Durchführung von Wirtschafts- und Sozialreformen, die in einem förmlichen Vertrag – dem Quirino-Forster-Abkommen (1950) – festgelegt wurden und der kommunistischen Guerilla den Boden entziehen sollten.

Auf der Insel Leyte erinnert heute ein Denkmal an US-General Douglas MacArthur, der Ende 1941 mit seinen Truppen den Japanern weichen musste, zuvor jedoch den Filipinos versprochen hatte zurückkehren. Am 20.10.1944 gingen die US-Amerikaner auf Leyte an Land und begannen mit der Rückeroberung der Philippinen. Die Landung besiegelte das Ende Japans als Seemacht. Bereits am 25.10.1944 zogen sich die Japaner nach schweren Verlusten zurück. (Foto: General MacArthur, 3. v. l., geht bei Leyte an Land)

US-Stützpunkte: In der Folge entwickelten sich die P. zu einer wichtigen Bastion des Westens im Kampf gegen die Ausbreitung des Kommunismus. 1947 verpachtete die Regierung den USA 23 Militärbasen auf 99 Jahre, ohne dafür Gebühren zu verlangen. Mit der Marinebasis Subic Bay und der Clark Airbase errichteten die US-Amerikaner auf den P. ihre größten Militärstützpunkte außerhalb der USA. 1952 wurde ein Verteidigungsabkommen geschlossen, 1954 in Manila der Südostasienpakt SEATO, die »NATO Südostasiens«, gegründet. Philippin. Soldaten kämpften in Korea wie auch in Vietnam an der Seite der US-Amerikaner.

Das Marcos-Regime (1965–86)

Politik: 1965 wurde Ferdinand Marcos zum sechsten Präsidenten des Landes gewählt. Marcos leitete ein ehrgeiziges Infrastrukturprogramm in die Wege und weitete die Staatsausgaben massiv aus. Das sicherte ihm zwar seine Wiederwahl 1969, aber seine Politik führte zu Inflation und Zahlungsbilanzproblemen. Die sozialen Spannungen verschärften sich, auf dem Lande formierte sich eine neue kommunistische Guerilla und auf Mindanao eskalierten die Konflikte zwischen Moslems und Christen. Politiker und Großgrundbesitzer unterhielten Privatarmeen. Schießereien zwischen rivalisierenden Gruppen und politisch motivierte Bombenanschläge häuften sich.

Kriegsrecht: In dieser Krisensituation entschloss sich Ferdinand Marcos im September 1972 zum Staatsstreich: Er verhängte das Kriegsrecht, löste die Parteien und das Parlament auf, ließ politische Gegner verhaften und

Ferdinand Marcos beherrschte zwei Jahrzehnte lang die Philippinen. Er errichtete ein diktatorisches Regime, das schließlich an seiner Reformunfähigkeit zerbrach. In den letzten Jahren seiner Herrschaft versuchte er seine Frau Imelda (r.) als Nachfolgerin aufzubauen. (Foto von 1980)

schaltete Presse und Justiz gleich. Als Hauptziel verkündete Marcos die Errichtung einer »Neuen Gesellschaft«, die für gerechtere soziale Verhältnise sorgen sollte. Dazu wurde die »New Society Movement« (Kilusan Bagong Lipunan, KBL) gegründet, die sich bald zur Staatspartei entwickelte. Durch seine »Erziehungsdiktatur« konnte Marcos zwar Ruhe und Ordnung wiederherstellen, doch die meisten anderen Ziele seines Reformprogramms verfehlte er. Es kam weder zu der überfälligen Landreform noch zu einer Verbesserung des Gesundheitswesens. Marcos beschnitt die Privilegien der alten gesellschaftlichen Eliten, verteilte aber wirtschaftliche und politische Schlüsselpositionen an Verwandte und Günstlinge und schuf dadurch eine neue Herrschafts-Clique.

Beziehungen zu den USA: In den 60er und 70er Jahren wurden die politischen Sonderbeziehungen zu den USA etwas gelockert und die P. nahmen diplomatische Beziehungen zur Sowjetunion sowie zur Volksrepublik China auf. In Neuverhandlungen über die Militärbasen setzte Marcos durch, dass die philippin. Souveränität ausgebaut, von den USA erhebliche Wirtschafts- und Militärhilfe geleistet und die Pachtdauer auf 1991 (ursprünglich 2046) begrenzt wurde.

Diktatur: Im Juli 1973 ließ sich Marcos durch eine Volksabstimmung als Präsident und Premierminister bestätigen. In der Folge entwickelte er sich zunehmend zu einem Autokraten, der mit Hilfe von diktatorischen Dekreten regierte und ein totalitäres System errichtete. Unterdrückung, Korruption und Ausplünderung des Landes prägten die Jahre der Marcos-Herrschaft. Als sich der Gesundheitszustand des Präsidenten erheblich verschlechterte, führte er in den 80er Jahren seine Frau Imelda, die 1975 zur Gouverneurin von Manila und 1978 zur Ministerin für Siedlungswesen ernannt worden war, als mögliche Nachfolgerin ein.

Staatsoberhäupter der Philippinen

Reg.-Zeit	*Name*	*Lebensdaten*
1946–48	Manuel A. Roxas	1892–1948
1948–53	Elipido Quirino	1880–1956
1953–57	Ramón Magsaysay	1907–1957
1957–61	Carlos P. Garcia	1896–1971
1961–65	Diosdado Macapagal	1910–1997
1965–86	Ferdinand Marcos	1917–1989
1986–92	Corazon Aquino	*1933
1992–98	Fidel Ramos	*1928
seit 1998	Joseph E. Estrada	*1937

Die wichtigsten Parteien nach der Demokratisierung

Name (Abkürzung)	*Politische Richtung*	*Gründung*
Lakas-NUCD	christdemokratisch	1986
Liberal Party (LP)	liberal	1986
United Muslim Democratic Party (UMDP)	moslemisch	1986
Laban n̄g Demokratikong Pilipino (LDP)	demokratisch	1987
Laban n̄g Masang Pilipino (LMP)	demokratisch	1987
National People's Coalition (NPC)	nationale Volksallianz	1987

Zusammenbruch der Diktatur

Das Ausbleiben sozialer Reformen verschärfte die Spannungen in der Gesellschaft und ruinierte die Wirtschaft. Die Ermordung von Benigno Aquino – der Führer der bürgerlichen Opposition wurde am 21.8.1983 bei der Rückkehr aus dem Exil in den USA auf dem Flughafen von Manila erschossen – löste eine gewaltige Protestwelle aus, die alle Teile der Bevölkerung erfasste. Aquinos Witwe Corazon (Cory) wurde in diesen Tagen zum Symbol des Widerstands gegen die Diktatur. In den vorgezogenen Präsidentschaftswahlen vom 7.2.1986 konnte sich Marcos nur mittels Einschüchterung, Stimmenkauf und Manipulation gegen Frau Aquino, die Kandidatin der Opposition, durchsetzen. Cory Aquino rief daraufhin zum zivilen Ungehorsam und zum Generalstreik auf. Als auch die USA von Marcos abrückten und sich ein Teil des Militärs, die »Reformbewegung der Streitkräfte«, dem Widerstand anschloss, war das Regime am Ende. Durch eine Rebellion der vom ehemaligen Verteidigungsminister Juan Ponce Enrile und dem damaligen stellvertretenden Generalstabschef Fidel Ramos angeführten Gruppierung im Militär wurde Marcos zum Rücktritt gezwungen und von den USA ins Exil nach Hawaii ausgeflogen. Die »People's Revolution« hatte gesiegt.

Rückkehr zur Demokratie

Präsidentin Aquino: Am 25.2.1986 wurde Corazon Aquino als neue Präsidentin der P. vereidigt (1986–92). Doch die politischen Kräfte, auf die sich Frau Aquino stützte, waren nur durch ihre Opposition gegen die Marcos-Diktatur zusammengeführt worden, verfolgten ansonsten aber oft gegensätzliche Interessen. Schon bald brachen daher in der neuen Regierung Spannungen und interne Streitigkeiten aus. Rebellierende Teile des Militärs unternahmen mindestens sieben Putschversuche gegen Corazon Aquino, die sie jedoch alle überstand.
Politik: Im Februar 1987 entschied sich die Bevölkerung in einem Referendum, das auch als Popularitätstest für die Integrationsfigur Aquino betrachtet wurde, mit großer Mehrheit für eine neue, demokratische Verfassung. Den nächsten wichtigen Schritt im Prozess der Demokratisierung bildeten die Kongresswahlen vom 11.5.1987, die ersten freien Parlamentswahlen auf den P. seit fast zwei Jahrzehnten. Die Kandidaten des Regierungsbündnisses errangen dabei in beiden Häusern des Zwei-Kammer-Parlaments eine überwältigende Mehrheit. Auch aus den Kommunalwahlen vom 18.1. 1988 ging Aquinos Koalition siegreich hervor.
Probleme: Corazon Aquino erwies sich als schwache Präsidentin. Sie hatte dem Volk nicht nur Demokratie, Freiheit und Gerechtigkeit, sondern auch bessere Lebensverhältnisse, Bekämpfung der Armut und wirtschaftlichen Aufschwung versprochen. Doch kaum eines ihrer Versprechen konnte sie einhalten. Zu den großen Verdiensten der Regierung Aquino gehörte jedoch die Gewährleistung politischer Freiheitsrechte. Die P. haben heute eine moderne Verfassung und ein gegenüber der Exekutive gestärktes Parlament. Der Präsident besitzt keine absolute Macht mehr, die Justiz ist unabhängig. Dennoch besetzen nach wie vor die Vertreter der traditionellen Oligarchie die Schlüsselpositionen in Wirtschaft und Politik.
Guerillagruppen: Die wachsende Unzufriedenheit wurde von der New People's Army (NPA) ausgenutzt, einer kommunistischen Guerillabewegung, die Ende der 80er Jahre weite Teile des Landes kontrollierte. Auf der Insel Mindanao erstarkten zudem die moslemischen Separatisten von der Moro National Liberation Front (MNLF).

Corazon Aquino, die Witwe von Benigno Aquino, trat 1986 bei den Präsidentschaftswahlen gegen Ferdinand Marcos an. Als Präsidentin (1986–92) leitete sie die Demokratisierung des Landes ein. (Foto: Aquino im Wahlkampf 1986)

Ende der US-Militärpräsenz

Die Präsidentschaftswahlen vom 11.5.1992, bei denen Corazon Aquino laut Verfassung nicht mehr kandidieren durfte, gewann der ehemalige Generalstabschef und Verteidigungsminister Fidel Ramos (1992–98). In seiner Amtszeit beendeten die USA ihre militäri-

Metro Manila – Stadt der Kontraste

Hauptstadt der Gegensätze: Manila ist eine der widersprüchlichsten Großstädte Südostasiens. Reichtum und Armut, Eleganz und Verfall, Nobelviertel und Slums liegen hier dicht nebeneinander. Manila wurde bereits Jahrhunderte vor der Ankunft der Spanier (1521) von islamischen Seehändlern gegründet. Die Spanier bauten Manila zum Zentrum ihres Kolonialreichs im Fernen Osten aus. Nach der Erlangung der Unabhängigkeit 1946 diente Manila zwei Jahre lang als Regierungssitz und Hauptstadt der Philippinen, bis es diese Rolle an Quezon City abgeben musste. 1976 ordnete Präsident Ferdinand Marcos den Zusammenschluss von 16 bis dahin selbstständigen Städten zur 600 km² großen Metropolitan Manila Area (Metro Manila) an, die seitdem Hauptstadt des Landes ist. (Foto: Armensiedlung Smokey Mountain in Manila, 1989)

Abu Sayyaf-Rebellen: Im April 2000 wurden auf der malays. Ferieninsel Sipadan 21 Touristen von der philippin. extremistischen Moslemgruppe Abu Sayyaf (Foto) in den Dschungel der philippin. Insel Jolo entführt. Unter den Urlaubern befanden sich auch drei Deutsche. Durch die Entführung versuchte die moslemische Separatistengruppe auf ihre politischen Ziele aufmerksam zu machen: Sie fordert neben Lösegeld die Errichtung eines islamischen Staats im Süden der Philippinen.

sche Präsenz auf den P. und schlossen 1992 die Marinebasis Subic Bay, nachdem die philippin. Regierung eine Verlängerung des auslaufenden Stützpunktabkommens abgelehnt hatte. Die Clark Air Force Base hatten sie bereits Mitte 1991 aufgegeben, nachdem diese durch einen Ausbruch des Vulkans Pinatubo am 12.6.1991 stark beschädigt worden war.

Erfolge und Gefahren

Guerilla: 1996 schloss Präsident Ramos mit den Führern der MNLF-Separatisten ein Friedensabkommen. Damit fand ein mehr als zwei Jahrzehnte währender Konflikt, der etwa 100 000 Menschen das Leben gekostet hatte, sein vorläufiges Ende. Auch die New People's Army (NPA) wurde weitgehend befriedet.

Stichwort: Der Mindanao-Konflikt

Separatisten: Seit Anfang der 70er Jahre schwelt auf Mindanao ein Konflikt, der bis zum Jahr 2000 etwa 100 000 Todesopfer forderte und 1 Mio Menschen heimatlos machte. Die moslemische Bevölkerungsminderheit der Insel kämpft gegen die politische Unterdrückung und die wirtschaftliche Ausbeutung Mindanaos durch die Zentralregierung in Manila.

Lange bevor die Spanier die Philippinen in Besitz nahmen, hatte im Süden des Archipels der Islam Fuß gefasst. Auslöser des gegenwärtigen Konflikts war eine groß angelegte Umsiedlungsbewegung von Nord nach Süd, die während der US-amerikan. Kolonialzeit einsetzte und nach dem Zweiten Weltkrieg von der Regierung in Manila fortgeführt wurde. Christliche Filipinos zogen von den dicht besiedelten nördlichen Inseln auf das noch weitgehend unerschlossene Mindanao und ließen sich in traditionell islamischen Gebieten nieder. Dadurch sahen sich die Moslems zunehmend an den Rand gedrängt. Der Konflikt verschärfte sich, als ausländische Konzerne mit dem Abbau der reichen Bodenschätze Mindanaos (Kupfer, Eisenerz) begannen und viele Einheimische vertrieben.

Nach schweren militärischen Auseinandersetzungen zwischen der Moro National Liberation Front (MNLF) und Regierungstruppen entspannte sich die Lage Mitte der 90er Jahre. Doch der Friedensvertrag von 1996, der zur Gründung der Autonomen Region des moslemischen Mindanao führte, löste bei der christlichen Bevölkerung der Insel heftige Proteste aus. Das Abkommen wurde von der Moro Islamic Liberation Front (MILF), einer radikalen Abspaltung der MNLF, 1999 wieder aufgekündigt.

Wirtschaft: Fidel Ramos verbesserte die Bedingungen für Investitionen aus dem Ausland und initiierte das Programm »Philippinen 2000«, das die Industrialisierung des Landes vorantreiben und das Bildungswesen verbessern sollte. Ende der 90er Jahre begann ein wirtschaftlicher Aufschwung und das Land wandelte sich vom Schlusslicht Asiens zu dem mit dem höchsten Wirtschaftswachstum (1997: 5,8%). Aber trotz der Fortschritte prägen noch immer Armut und Arbeitslosigkeit das Leben eines Großteils der Bevölkerung. 1998 betrug das BSP pro Kopf 1050 US-Dollar, die Arbeitslosenquote lag 1999 bei 9,8%.

Neue Konflikte: 1998 wurde Joseph Estrada zum neuen Staatspräsidenten gewählt. Er befürwortet eine weitere Öffnung des Landes für ausländische Investoren und plante mehrere Verfassungsänderungen, u. a. eine Verlängerung der Amtszeit des Präsidenten. Die Opposition, darunter auch die frühere Präsidentin Aquino, sah in diesen Vorschlägen eine Gefährdung der Demokratie und befürchtete eine Rückkehr zu einem autoritären Regime. 1999 kündigte die Moro Islamic Liberation Front (MILF), eine Abspaltung der MNLF, den Waffenstillstand auf und begann erneut mit einem Sezessionskrieg auf Mindanao. Auch die monatelange Geiselnahme einer Gruppe westlicher und malays. Touristen, die durch die Splittergruppe Abu Sayyaf auf die südphilippin. Insel Jolo verschleppt wurden, rückte den Mindanao-Konflikt wieder ins Blickfeld und sorgte 2000 weltweit für Schlagzeilen.

Mitte des Jahres 1999 verschärfte sich außerdem der Konflikt um die Spratly-Inseln, eine rohstoffreiche Inselgruppe im Südchines. Meer, die auch von der Volksrepublik China beansprucht wird. *H. F.*

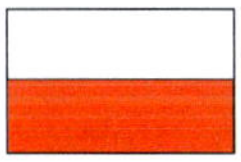

Polen

Republik Polen

Zu Beginn des 20. Jh.s existierte kein poln. Staat. Nach dem Sturz Napoleons einigten sich Österreich, Preußen und Russland 1815 auf dem Wiener Kongress auf die vierte Teilung P.s (nach 1772, 1793 und 1795); die territorialen Bestimmungen hatten bis zum Ersten Weltkrieg Bestand. Das um Posen verkleinerte Gebiet des Großherzogtums Warschau wurde als Königreich P. (»Kongress-P.«) in Personalunion mit der russ. Krone verbunden, die Gebiete östlich von Bug und Njemen wurden dem russ. Staat eingegliedert; Österreich erhielt Galizien; aus einem Teil des Großherzogtums Warschau wurde das preuß. Großherzogtum Posen gebildet; Krakau wurde Freie Stadt unter österreich., preuß. und russ. Protektorat (1846/1848 von Österreich annektiert). Alle Aufstände gegen die Fremdherrschaft wurden blutig niedergeschlagen.

Polen 2000	
Landesfläche	312 685 km² (WR 67)
Einwohner	38,7 Mio (WR 30)
Hauptstadt	Warschau (1,64 Mio Einwohner)
Sprache	Polnisch
Währung	1 Zloty (Zl) = 100 Groszy
Gliederung	49 Provinzen
Staatsform	Republik (seit 1989)
Religion	Katholiken (90,7%); Orthodoxe (1,4%); Sonstige (7,9%)
Bevölkerung	Polen (98,7%); Ukrainer (0,6%); Sonstige (0,7%)

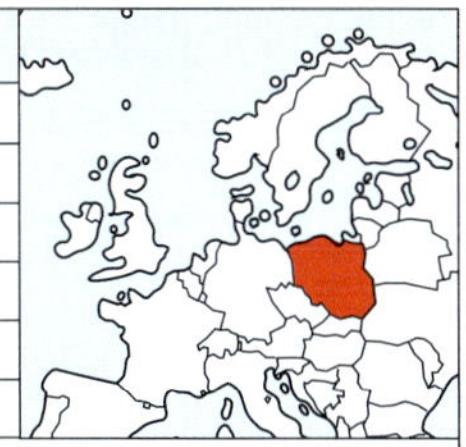

Volk ohne Heimat

Bevölkerungsverteilung: Die meisten Polen lebten zu Beginn des 20. Jh.s im zaristischen Russland, darunter 5,6 Mio in Russ.-P. (heute zu P.) mit der Hauptstadt Warschau sowie 1,5 Mio in den angrenzenden russ. Gouvernements Grodno (heute zu Weißrussland), Kiew (Ukraine), Minsk (Weißrussland), Podolien (Ukraine), Wilna (Litauen), Wolhynien (Russland) u. a. Im österreich. Kronland Galizien (heute teils zu P., teils zur Ukraine) mit der Hauptstadt Lemberg (Lwów) lebten 3,5 Mio Polen. Von den 2,7 Mio Polen in Preußen wohnten 1 Mio in der Provinz Posen (heute zu P.), wo sie die Mehrheit der Bevölkerung bildeten (59,8%); bedeutende poln. Minderheiten lebten in Westpreußen (0,4 Mio = 30% der Bevölkerung), Schlesien (0,9 Mio = 23%) sowie Ostpreußen (0,2 Mio = 11%). Während die Polen im österreich. Galizien nahezu autonom lebten, waren sie in den russ. und preuß. Gebieten massivem Druck ausgesetzt (Russifizierung bzw. Germanisierung); hinzu kamen Judenpogrome in den russ. Gebieten.

Migration: Die preuß. und russ. Unterdrückung führte zu starken Wanderbewegungen der poln. Bevölkerung. Während die Auswanderung im 19. Jh. überwiegend aus politischen und Ausbildungsgründen erfolgte, führte die mit der Elektrifizierung einsetzende Phase der industriellen Revolution ab 1890 zu Migrationsströmen von Arbeitern aus Russ.-P. und den preuß. Ostprovinzen in die westeuropäischen Industriezentren. So verzehnfachte sich 1890–1911 die Zahl der »Ruhrpolen« von 20 000 auf 240 000. Hinzu kamen Gastarbeiterströme: Jedes Jahr suchten ca. 300 000 Feldarbeiter aus Russland und Preußen Arbeit in Sachsen und im Westen Deutschlands. Die Kolonnen der poln. Saisonarbeiter wanderten im Frühjahr auf den Landstraßen westwärts und bewegten sich nach Abschluss der Erntearbeit in gewaltigen Trecks in ihre Heimat zurück.

Ostmarkenpolitik: 1886 begann der deutsche Reichskanzler und preuß. Ministerpräsident Otto von Bismarck mit der »inneren Kolonisation« in den Ostprovinzen. Das sog. Ansiedlungsgesetz stattete eine Kommission mit 100 Mio Reichsmark aus, mit denen in Posen und Westpreußen poln. Großgrundbesitz aufgekauft und an deutsche »Kolonisten« vermittelt wurde; dadurch sollte »das Polentum« zurückgedrängt werden. In Reaktion auf die moderatere Ostmarkenpolitik unter Bismarcks Nachfolger Leo von Caprivi (1890–94) wurde 1894 der antipoln.-nationalistische Verein zur Förderung des Deutschtums in den Ostmarken (Ostmarkenverein) gegründet. Der Verein wurde getragen von Großgrundbesitzern, Industriellen und Teilen des Bildungsbürgertums und avancierte rasch zu einer mächtigen Lobby mit dem Ziel, den »Volks- und Staatswillen zur Beseitigung des Polentums« zu mobilisieren.

Einen Höhepunkt der antipoln. Ostmarkenpolitik bildete das Enteignungsgesetz, das am 20.3.1908 in Kraft trat; es erlaubte den Behörden, poln. Grundbesitzer in den Ostprovinzen gegen Entschädigungszahlungen zu enteignen. Den symbolischen Abschluss der Kolonisierung bildete die Einweihung der königlich preuß. Residenz in Posen am 20.8.1910 durch Kaiser Wilhelm II.; er erhob Posen zur »Residenzstadt des Deutschen Reiches«.

Sprachenstreiks: Die Niederlage des Zarenreichs im Krieg gegen Japan 1904/05 stärkte die Autonomiebestrebungen in Russisch-P. Am 10.2.1905 begann ein »Schulstreik«; Ergebnis

Polen im 20. Jahrhundert	
1914	Im Ersten Weltkrieg kämpft Pilsudskis Poln. Legion auf Seiten Österreichs, die Dmowski-Nationalisten unterstützen Russland.
1916	Deutschland und Österreich gründen das Königreich Polen.
1918	Im Frieden von Brest-Litowsk verzichtet Sowjetrussland auf Polen. J. Pilsudski wird Staatschef. Teile Posens u. Galiziens schließen sich Polen an.
1919	Im Versailler Vertrag erhält Polen weite Teile von Posen, Westpreußen u. a. Der Vertrag von Saint-Germain bestätigt den poln. Besitz Galiziens.
1920	Im Krieg gegen Sowjetrussland erweitert Polen sein Territorium im Osten.
1921	Poln.-französ. und poln.-rumän. Bündnisvertrag.
	Polen erhält eine republikanische Verfassung nach französ. Vorbild.
	Der Friede von Riga beendet den Poln.-Sowjet. Krieg.
1922	Staatspräsident Narutowicz wird ermordet; sein Nachfolger Wojciechowski verhängt den Belagerungszustand.
1924	Die Einführung der Zloty-Währung beendet die Nachkriegsinflation.
1926	Pilsudski errichtet eine Militärdiktatur.
1930	Pilsudski zerschlägt die in der Zentrumslinken versammelte Opposition.
1932	Poln.-sowjet. Nichtangriffspakt.
1934	Deutsch-poln. Nichtangriffspakt.
1935	Polen erhält eine totalitäre Präsidialverfassung. Tod Pilsudskis.
1939	Hitler und Stalin vereinbaren die Teilung Polens (Hitler-Stalin-Pakt).
1941	Nach dem Überfall auf die UdSSR erobert Deutschland auch Ostpolen.
	Pakt der UdSSR und der poln. Sikorski-Exilregierung in London.
1942	Die Sikorski-Exilregierung bildet die Untergrundarmee Armia Krajowa (AK).
1943	Wegen der Katyn-Affäre bricht Stalin die Beziehungen zu Sikorski ab.
	Auf der Konferenz von Teheran setzt Stalin die Curzon-Linie als Ost- und die Oder-Neiße-Linie als Westgrenze Nachkriegspolens durch.
1944	Aufstand der AK in Warschau, den die deutsche Wehrmacht niederschlägt.
1945	Die Rote Armee erobert Polen. Beginn der Umwandlung des Staates nach sowjetischem Muster. Beginn der Vertreibung der deutschen Bevölkerung.
1948	Bildung der Poln. Vereinigten Arbeiterpartei (PZPR).
1950	Gründung des Rats für gegenseitige Wirtschaftshilfe (COMECON).
1952	Polen erhält eine stalinistische Verfassung als »Volksrepublik«.
1955	Gründung des Militärbündnisses Warschauer Pakt.
1956	KP-Chef W. Gomulka leitet Liberalisierung ein (ab 1960 zurückgenommen).
1970	Mit dem Warschauer Vertrag beginnt die Aussöhnung mit Deutschland.
	Streik der Danziger Werftarbeiter; E. Gierek löst Gomulka als KP-Chef ab.
1972	Aufnahme diplomatischer Beziehungen zur Bundesrepublik Deutschland.
1975	Die Unterzeichnung der KSZE-Akte stärkt die Bürgerrechtsbewegungen.
1980	Lech Walesa gründet die Gewerkschaft Solidarność.
1981	W. Jaruzelski stoppt Demokratisierung durch Verhängung des Kriegsrechts.
1983	Aufhebung des Kriegsrechts.
1989	Regierung und Opposition erarbeiten einen »Gesellschaftsvertrag«.
	Tadeusz Mazowiecki wird erster nichtkommunistischer Ministerpräsident.
1990	Der deutsch-poln. Grenzvertrag bestätigt die Oder-Neiße-Grenze.
	Mazowiecki unterzeichnet die KSZE-Charta für ein neues Europa.
	Walesa wird zum Staatspräsidenten gewählt (1990–95).
1991	In der Visegrád-Erklärung betonen die Präsidenten von Polen, der Tschechoslowakei und Ungarn ihren Willen zur Westintegration.
	Polen wird Vollmitglied des Europarats.
1992	Visegrád-Staaten gründen mitteleuropäische Freihandelszone CEFTA.
1995	Der Sozialist Aleksander Kwaśniewski wird zum Präsidenten gewählt.
1997	Die durch Referendum gebilligte Verfassung der Republik tritt in Kraft.
1999	Polen wird Mitglied der NATO.

dieses Unterrichtsboykotts war die Wiederzulassung des Poln. als Schul- und Verwaltungssprache. Unter dem Eindruck der erfolgreichen Aktion begann 1906 auch im preuß. Posen ein Unterrichtsboykott, dem sich bis Anfang 1907 etwa 70 000 Kinder anschlossen. Die Regierung antwortete ab Februar 1907 nach dem Prinzip der Familienhaftung mit der massenhaften Relegation von Geschwistern Streikender aus Gymnasien; durch die Streikbeteiligung jüngerer Geschwister hätten die Gymnasiasten das Recht auf Ausbildung in höheren Lehranstalten »verwirkt«. Der Schulstreik, dessen vorrangiges Ziel die Einführung der poln. Sprache im Religionsunterricht für Kinder war, musste ergebnislos abgebrochen werden.

Rekatholisierung: Fast zeitgleich mit der Wiederzulassung der poln. Sprache erfolgte in Russ.-P. die Legalisierung der traditionellen Religionszugehörigkeit. Die russ. Gesetze über die Grundsätze der Glaubenstoleranz vom 30.4. und 14.5.1905 erlaubten den Austritt aus der Staatskirche und den Anschluss an andere Religionen. In Russ.-P. und den angrenzenden Gouvernements traten daraufhin Zehntausende von Polen, die in früheren Jahren durch Schikanen der Behörden zum Glaubenswechsel gezwungen worden waren, aus der russ.-orthodoxen Kirche aus und konvertierten wieder zum Katholizismus. Damit erhielt der Katholizismus in Russ.-P. eine ähnlich politisierte Funktion wie in den preuß. Ostprovinzen: Er wurde nicht nur als individuelles religiöses Bekenntnis verstanden, sondern als Ausdruck einer Wertegemeinschaft, die in Opposition zum herrschenden Macht- und Unterdrückungsapparat stand.

Revolutionsjahr 1905: Die revolutionären Bewegungen im Zarenreich, die seitens der Bürger eine demokratische Entwicklung, seitens der Sozialisten den Umsturz erstrebten, erfassten auch die Industriezentren von Russ.-P. Wie zuvor beim Petersburger Blutsonntag (22.1.1905) ließ das zaristische Militär am 1.5. einen Demonstrationszug von 5000 Arbeitern und deren Familien unbeanstandet mit roten Fahnen durch Warschau ziehen und feuerte erst auf die Menge, als der Demonstrationszug zum Stehen gekommen war. Die Maifeiern in Warschau forderten ca. 150 Tote, über die Hauptstadt Russ.-P.s wurde das Kriegsrecht verhängt. Am 22.5.1905 begann in Lodz ein von einem Generalstreik begleiteter bewaffneter Arbeiteraufstand gegen die russ. Herrschaft, bei seiner Niederschlagung starben 561 Menschen, Tausende wurden verletzt, am 25.6. wurde über die Industriestadt das Kriegsrecht verhängt. Auf den politischen Generalstreik, der am 28.10. in Russ.-P. ausgerufen wurde, reagierte die Regierung mit einer Verschärfung des Kriegszustands. Als nach dem Erlass des Oktobermanifests (30.10.1905) die revolutionären Unruhen abflauten, wurde in Russ.-P. am 1.12.1905 der Kriegszustand aufgehoben. Wenige Tage später begannen die politisch motivierten Unruhen erneut, da im Oktobermanifest weder Arbeitern noch Handwerkern das Wahlrecht in Aussicht gestellt wurde. Unterstützt wurden die Aufständischen durch zurückkehrende Auslandspolen und Emigranten, wegen ihrer Vielzahl entwickelte sich ein ausgesprochener »Revolutionstourismus«. Am 29.12.1905 traf die in Berlin lebende russ.-poln. Sozialistin Rosa Luxemburg im Rahmen einer solchen »Revolutionsreise« in Warschau ein (Verhaftung am 4.3.1906).

Sammlung in Galizien: Während Rosa Luxemburg als »Internationalistin« der sozialistischen Revolution absolute Priorität vor der Errichtung eines poln. Staats einräumte, vertrat der Sozialist Józef Pilsudski das entgegengesetzte Konzept: Erst nach Schaffung eines Staats P. könne an die sozialistische Entwicklung gedacht werden. Seit dem Ausbruch des Russ.-Japan. Kriegs (1904) agitierte Pilsudski vom Exil in Galizien aus für eine bewaffnete Erhebung Russ.-P.s gegen Russland, 1908 stellte er sog. Schützenverbände auf, paramilitärische Verbände, die ab 1912 mit Wissen und Unterstützung der österreich. Regierung Manöver durchführten. Die vergleichsweise liberale österreich. Verwaltung ließ das auch wirtschaftlich aufblühende Galizien zu einem Sammelpunkt für Bestrebungen zur Errichtung eines poln. Nationalstaats werden. Zur größten Demonstration für einen poln. Staat wurde die am 15.7.1910 in Krakau von dem Starpianisten und Politiker Ignacy Paderewski wesentlich vorbereitete und finanzierte 500-Jahr-Feier der Schlacht bei Tannenberg, 100 000 Polen aus ganz Europa nahmen an dieser antideutsch und antiruss. geprägten Veranstaltung teil.

Dmowski-Nationalismus: Während der Sozialist Pilsudski seine paramilitärischen Verbände für den bewaffneten Kampf gegen Russland trainierte, wurde der Nationalist Roman Dmowski zum Hauptbefürworter einer Zusammenarbeit zwischen Polen und Russen und Hauptexponenten antisemit. und antideutscher Propaganda. Die aggressive Argumentation Dmowskis basierte auf rassisch-biologistischen Überlegungen, denen zufolge der slaw. Mensch allen anderen überlegen sei. Als Führer der poln. Fraktion in der russ. zweiten und

Das Nationalstreben der Polen zeigte sich eindrucksvoll am 15.7.1910 in der 500-Jahr-Feier der Schlacht bei Tannenberg. In diesem Waffengang hatte König Wladislaw II. Jagello das Deutschordensheer vernichtend geschlagen und damit das poln.-litau. Großreich zur Führungsmacht in Europa erhoben. (Foto: Der Pianist und Politiker Ignacy Paderewski bei seiner Rede vor dem Jagello-Denkmal, das er anlässlich der 500-Jahr-Feier gestiftet hatte.)

dritten Duma plädierte Dmowski für den Anschluss aller Polen an Russland und an die französ.-brit. Entente.

Erster Weltkrieg

»Polnische Frage«: Nach dem Ausbruch des Ersten Weltkriegs 1914 gewann »die poln. Frage«, so der in die politische Sprache übernommene Titel eines in Russ., Poln. und Französ. erschienenen Buchs (1908) von Dmowski, erhebliche Brisanz, da die Teilungsmächte gegeneinander Krieg führten. Österreich stellte eine austropoln. Lösung in Aussicht (analog zum österreich.-ungar. Ausgleich), Pilsudski wandelte seine paramilitärischen Verbände in die Poln. Legion um und kämpfte 1914–16 auf Seiten Österreichs gegen die russ. Truppen. Russland versprach den Polen nach dem Sieg einen wieder vereinigten poln. Staat und sicherte sich die Unterstützung der Dmowski-Nationalisten gegen die Mittelmächte. Um beide Optionen zu wahren, ließ der auf Seiten der Mittelmächte kämpfende Pilsudski durch seine Militärorganisation Geheimverhandlungen mit den Ententemächten aufnehmen.

Mittelmächte erobern Polen: Die Kampfhandlungen an der deutschen Ostfront brachten schwere Kriegsschäden über Galizien und Russ.-P. Nach Anfangserfolgen der russ. Truppen, die Galizien eroberten, änderte sich die militärische Lage: Von Süden stieß die österreich.-ungar. Armee vor, von Westen und Norden erfolgten die deutschen Offensiven; Städte und Dörfer wurden niedergebrannt, Russland ließ Industrieanlagen und Maschinen zerstören, um sie beim Rückzug nicht in die Hände des Gegners fallen zu lassen, große Teile der Bevölkerung flüchteten nach Osten

Józef Pilsudski, Mitbegründer der Poln. Sozialistischen Partei (PPS), vertrat die Auffassung, vor dem Aufbau einer sozialistischen Gesellschaft müsse zunächst ein unabhängiger poln. Staat geschaffen werden. 1918–22 war er Staatschef Polens. 1926 errichtete er eine Militärdiktatur, um die seit Anfang der 20er Jahre während Staatskrise zu beenden, scheiterte jedoch. (Foto: Pilsudski im Mai 1926)

bzw. wurden gezwungen, sich den russ. Truppen beim Rückzug anzuschließen. Am 22.6.1915 eroberte die österreich.-ungar. Armee die galiz. Hauptstadt Lemberg zurück, bis Ende Juni befand sich Galizien wieder unter der Kontrolle der Mittelmächte. Am 5.8.1915 besetzten deutsche Truppen Warschau und eroberten bis Anfang September ganz Russ.-P.; für die von den Deutschen besetzten Gebiete wurde am 24.8. das Generalgouvernement Warschau gegründet.

Königreich Polen: Während Österreich die Angliederung des eroberten Russ.-P. an Galizien mit Hinblick auf eine austropoln. Lösung erstrebte, plädierte Deutschland für die Errichtung eines nominell souveränen Staats in der Erwartung, die Polen würden auf Seiten der Mittelmächte als der Garanten der poln. Eigenstaatlichkeit gegen Russland kämpfen. Am 5.11.1916 proklamierten der deutsche und der österreich. Generalgouverneur in Warschau und Lublin im Namen des deutschen und des österreich. Kaisers ohne territoriale Abgrenzung das Königreich P. Dem von den Generalgouverneuren eingesetzten poln. Staatsrat gehörte auch Pilsudski an. Der Sturz des Zarismus in Russland (15.3.1917) und der Kriegseintritt der USA (6.4.1917) führten zum Bruch der Pilsudski-Sozialisten mit den Mittelmächten. Durch seine Militärorganisation ließ Pilsudski die Geheimverhandlungen mit den Ententemächten intensivieren, da er sich von den westlichen Demokratien mehr Unterstützung für die Verwirklichung eines selbstständigen poln. Staats versprach als von den Mittelmächten. Als Deutschland und Österreich seine Forderung nach einer unabhängigen Regierung im Königreich P. ablehnten, trat er am 2.7.1917 unter Protest aus dem Staatsrat aus, wurde am 22.7. verhaftet und in Magdeburg interniert. Seine Kompromisslosigkeit ließ ihn zu einem Symbol des Widerstands werden. Pilsudskis Rücktritt führte am 12.9. zur Bildung eines weiterhin von den Mittelmächten abhängigen Regentschaftsrats im Königreich P. Der Friede von Brest-Litowsk am 3.3.1918 bedeutete für die Mittelmächte das Ende der Kampfhandlungen an der Ostfront. Das durch Krieg und Revolution geschwächte Russland verpflichtete sich u. a. zum Verzicht auf P.

Polnisches Nationalkomitee: Am 15.8. 1917 wurde in Lausanne unter Leitung des Nationalisten Dmowski das Poln. Nationalkomitee als Exilregierung gegründet. Es nahm seinen Sitz in Paris und wurde von den Ententemächten als offizielle Vertretung P.s anerkannt. Als Mitglied des Nationalkomitees leitete Paderewski im Winter 1917/18 die Verhandlungen mit US-Präsident Woodrow Wilson über die territoriale Gestaltung des künftigen poln. Staats. Punkt 13 von Wilsons 14-Punkte-Friedensbotschaft (8.1.1918) enthielt die Forderung nach Errichtung eines unabhängigen poln. Staats, der sämtliche von eindeutig poln. Bevölkerung bewohnten Gebiete umfassen und einen sicheren Zugang zum Meer haben sollte.

Neugründung des polnischen Staats

Stabilisierungsversuche: Während der deutschen Novemberrevolution wurde Pilsudski am 9.11.1918 aus der Haft in Magdeburg entlassen und reiste nach Warschau, wo seine Ankunft am 10./11.11. zum Sturz der Okkupationsverwaltung führte. Am 11.11., der als offizieller Tag der staatlichen Neugründung P.s gilt, ernannte der Regentschaftsrat Pilsudski zum Oberbefehlshaber, am 14.11. folgte die Ernennung zum Staatschef (Naczelnik). Als militärischer und politischer Führer mit weitgehend diktatorischen Vollmachten versuchte Pilsudski, das neue Staatswesen, dessen Grenzen noch nicht festgelegt waren, zu stabilisieren. Das westliche Galizien schloss sich dem poln. Staat an, während im östlichen Galizien eine Westukrain. Volksrepublik proklamiert wurde. Im Kampf gegen die Ukraine eroberten poln. Einheiten am 23.11.1918 die galiz. Hauptstadt Lemberg. Nach Russ.-P. und Westgalizien wurde auch Posen poln.: Die Ankunft Paderewskis in Posen löste am 27.11.1918 einen Aufstand auf, der am 28.11. zum Zusammenbruch der preuß.-deutschen Herrschaft führte.

West- und Nordgrenze: Paderewski als Ministerpräsident und Außenminister einer Koalitionsregierung sowie Dmowski als Verhandlungsführer setzten sich bei den Pariser Friedensverhandlungen bezüglich der poln. Westgrenze mit Unterstützung Frankreichs weitgehend gegen US-Präsident Wilson und den brit. Premier David Lloyd George durch. Wilson ließ die Forderung, dass keine überwiegend von Deutschen besiedelten Gebiete an Polen abgetreten werden sollten, fallen; Lloyd George hingegen verhinderte für einige Gebiete die Abtretung an P., indem er Volksabstimmungen durchsetzte. Durch den Versailler Vertrag, den Paderewski und Dmowski am 28.6.1919 unterzeichneten, erhielt P. den Hauptteil der preuß. Provinz Posen sowie Westpreußen. Danzig wurde vom Deutschen Reich abgetrennt und als Freie Stadt dem Schutz des Völkerbunds unterstellt; die außenpolitische Vertretung und die infrastrukturelle (Strom, Eisenbahn) Kontrolle von Danzig wurde P. übertragen, zudem wurde die Freie Stadt dem poln. Zollgebiet eingegliedert. Die Abtretung Westpreußens schuf als poln. Zugang zur Ostsee den sog. Poln. Korridor; dieser 15 865 km^2 große, von 330 000 Deutschen bewohnte Gebietsstreifen trennte das deutsche Ostpreußen und die Freie Stadt Danzig vom deutschen Reichsgebiet. Eine Volksabstimmung sah der Versailler Vertrag u. a. für Oberschlesien vor. Vor allem die Danzigfrage und der Poln. Korridor belasteten von Anfang an die deutsch-poln. Beziehungen.

Südgrenze: Der Friedensvertrag von Saint-Germain-en-Laye zwischen den Alliierten und Österreich bestätigte am 10.9.1919 die Vereinigung des ehemals österreich. Galizien mit Polen. Auf den Streit zwischen P. und der Tschechoslowakei um das ehemals österreich. Teschen in Schlesien reagierte die Londoner Botschafterkonferenz am 28.7.1920 mit einem Teilungsbeschluss. Teschen wurde längs der Olsa geteilt in Poln.- und Tschech.-Teschen.

Polnisch-Sowjetischer Krieg: Am schwierigsten gestalteten sich die Verhandlungen über die poln. Ostgrenze. Der Oberste Rat der Alliierten legte am 8.12.1919 die nach dem brit. Außenminister George Curzon benannte Curzon-Linie als Demarkationslinie zwischen P. und Sowjetrussland fest; sie verlief im Wesentlichen an Njemen und Bug. Am 25.4.1920 eröffnete Pilsudski eine Offensive gegen Sowjetrussland, unterstützt von der antibolschewistischen Ukrain. Volksrepublik unter Symon Petljura. Während des Poln.-Sowjet. Kriegs besetzte Pilsudski am 7.5.1920 Kiew/Ukraine und rückte weiter nach Osten vor. Am 26.5. begann die erfolgreiche sowjetruss. Gegenoffensive, die am 12.6. zur Eroberung Kiews durch die Rote Armee führte und am 4.7. die Umgebung Warschaus erreichte. Am 10.7. richtete Pilsudski ein Hilfegesuch an die Entente, die am folgenden Tag ultimativ den Rückzug der sowjetruss. Truppen hinter die Curzon-Linie forderte, während Frankreich General Maxime Weygand u. a. Offiziere (darunter Charles de Gaulle) als Militärberater nach P. entsandte. Völlig überraschend eröffnete Pilsudski am 16.8.1920 einen Angriff, der die Rote Armee zum Rückzug aus P. zwang (»Wunder an der Weichsel«). Im poln. sowjet. Friedensvertrag von Riga (18.3.1921) setzte P. einen Grenzverlauf durch, der ca. 150 km östlich der Curzon-Linie lag.

Annexion von Wilna: Am 9.10.1920 besetzte P. das litau. Wilnagebiet und gliederte es am 18.4.1922 dem poln. Staatsgebiet ein. Die Botschafterkonferenz der alliierten Siegermächte billigte am 15.3.1923 diesen Schritt, der von Litauen nicht akzeptiert wurde. 1928 proklamierte Litauen das in P. gelegene Wilna zur offiziellen Hauptstadt.

Die Teilung von Oberschlesien durch den Völkerbund

In einer Volksabstimmung am 20.3.1921 sprachen sich 60% der Bevölkerung für den Verbleib der deutschen Gebiete Oberschlesiens beim Deutschen Reich aus. Das Ergebnis der Volksabstimmung wurde jedoch nicht umgesetzt, da Großbritannien zwar aus wirtschaftlichem Interesse für den Verbleib bei Deutschland plädierte, Frankreich sich aber aus politischen Gründen für den Anschluss des Gebiets an Polen aussprach. Zudem brach ein blutiger poln. Aufstand gegen den Verbleib Oberschlesiens beim Deutschen Reich aus. Deutsche Selbstschutzgruppen und Bürgerwehren gingen gegen die Aufständischen vor. Die bürgerkriegsähnlichen Kämpfe endeten erst nach dem Einmarsch brit. Truppen. Am 21.10.1921 beschloss der Völkerbundsrat unter Missachtung der Volksabstimmung die völkerrechtswidrige Teilung von Oberschlesien in ein deutsches und ein poln. Gebiet; das oberschles. Industrierevier fiel zu zwei Dritteln an Polen. Zehntausende Deutsche verließen den poln. Teil Oberschlesiens. (Foto links: Polen als Schreckensvision auf einem deutschen Propagandaplakat; rechts: Aufruf zur Wahrung der Einheit Schlesiens)

Krise und Diktatur

Krisenursachen: Zwischen den Weltkriegen durchlief der poln. Staat eine Krisenzeit. Neben wirtschaftlichen Problemen und Korruption war der Nationalitätenkonflikt Hauptursache der Krise in P., das aufgrund seiner aggressiven Annexionspolitik mit allen Nachbarstaaten (außer Lettland und Rumänien) in einem Zustand latenter Feindschaft lebte.

Vielvölkerstaat: Durch seine Annexionspolitik gegenüber Deutschland in Versailles und durch seine kriegerische Aggression gegen Sowjetrussland, die Ukraine und Litauen wurde P. zum Vielvölkerstaat. Nach amtlichen Angaben lebten in P. bei Gründung der Republik (1921) 18,8 Mio Polen und 8,3 Mio Nichtpolen einschließlich 2,1 Mio Juden (die statistisch nicht zu den Polen gerechnet wurden). Unter den Nichtpolen befanden sich 3,8 Mio Ukrainer, 1,0 Mio Weißrussen und 1,0 Mio Deutsche. In den folgenden Jahren stieg der nicht poln. Bevölkerungsanteil weiter an (Annexion des litau. Wilnagebiets 1922), sodass Mitte der 20er Jahre von den 27 Mio Menschen in P. gut 8 Mio (fast 30%) Nichtpolen waren. Zwar hatte sich P. zum Minderheitenschutz verpflichtet, faktisch erfolgte jedoch eine massive Unterdrückung der ethnischen Minderheiten.

Pilsudski-Diktatur: Am 17.3.1921 erhielt P. eine republikanische Verfassung nach französ. Vorbild mit schwacher Stellung des Präsidenten. Der gegen die Stimmen der Konservativen und Nationalisten zum ersten Staatspräsidenten gewählte Gabriel Narutowicz wurde nach sechs Tagen Amtszeit am 16.12.1922 in Warschau von einem rechtsextremen Fanatiker erschossen. Sein Nachfolger, der Sozialist Stanislaw Wojciechowski (1922–26), verhängte den Belagerungszustand. Um die Krise zu beenden, errichtete Marschall Pilsudski durch den Militärputsch am 12.5.1926 ein totalitäres System, das sich als »moralische Diktatur« verstand. Während der Militärdiktatur (1926–35) leitete Pilsudski als Ministerpräsident 1926–28 und 1930 sowie als Kriegsminister (1926–35) die Politik; der sozialistische Staatspräsident Ignacy Mościcky (1926-39) war ebenso ein Vertrauter Pilsudskis wie die sog. Oberstenriege in verschiedenen Ministerämtern (u. a. Walery Slawek als Ministerpräsident 1930 und 1930/31, Alexander Prystor als Ministerpräsident 1931–33, Józef Beck als Außenminister ab 1932). Die Opposition bildeten die Sozialisten, zu denen Pilsudski früher selbst gehört hatte, und die Nationaldemokraten. Eine Konsolidierung des Staatswesens während der Pilsudski-Diktatur blieb aus. Das Land erlebte Wirtschafts- und Finanzkrisen, Terror von rechts und links, blutige Nationalitätenkonflikte und Massenverhaftungen. Zur Stabilisierung der 1924 eingeführten Zloty-Währung wurde 1927 eine US-Anleihe aufgenommen. Durch die Einführung einer totalitären Verfassung wurde am 23.4.1935 auch formal das parlamentarisch-demokratische System beendet. Nach dem Tod Pilsudskis (12.5.1935) versank das Land in Nachfolgekämpfen der Oberstenriege um die Macht.

Anlehnung an Frankreich: Der wichtigste Bündnispartner P.s zwischen den Weltkriegen war Frankreich. Durch den poln.-französ. Bündnisvertrag vom 19.2.1921 erhielt P. zudem eine herausragende Stellung im Cordon sanitaire, dem Staaten-»Gürtel«, durch den die Ententestaaten ein Übergreifen des Kommunismus auf Westeuropa verhindern wollten. 1921 schloss P. auch mit Rumänien einen gegen Sowjetrussland gerichteten Bündnisvertrag. Die Einbeziehung P.s in die Kleine Entente (Tschechoslowakei, Rumänien, Jugoslawien) scheiterte an poln.-tschechoslowak. Grenzstreitigkeiten. Zentrale Gestalt der poln. Außenpolitik war in den 30er Jahren der Pilsudski-Vertraute Beck. Bei grundsätzlich antikommunistischer Haltung unterzeichnete er am 25.7.1932 einen Nichtangriffspakt mit der UdSSR.

Kooperation mit Deutschland: Der am 26.1.1934 in Berlin unterzeichnete deutsch-poln. Nichtangriffspakt sah für einen Zeitraum von zehn Jahren den friedlichen Aus-

Staatsoberhäupter Polens[1)]

Reg.-Zeit	*Name (Partei)*	*Lebensdaten*
1918–22	Józef Klemens Pilsudski (Sozialist)	1867–1935
1922	Gabriel Narutowicz (Sozialist)	1865–1922
1922–26	Stanislaw Wojciechowski (Sozialist)	1869–1953
1926–39	Ignacy Mościcky (Sozialist)	1867–1946
1944–47	Boleslaw Bierut (Kommunist)[2)]	1892–1956
1947–52	Boleslaw Bierut (PZPR)	1892–1956
1952–64	Aleksander Zawadzki (PZPR)	1899–1964
1964–68	Edward Ochab (PZPR)	1906–1989
1968–70	Marian Spychalski (PZPR)	1906–1980
1970–72	Józef Cyrankiewicz (PZPR)	1911–1989
1972–85	Henryk Jablonski (PZPR)	*1909
1985–89	Wojciech Jaruzelski (PZPR)	*1923
1989/90	Wojciech Jaruzelski (nunmehr parteilos)	*1923
1990–95	Lech Walesa (Solidarność)	*1943
seit 1995	Aleksander Kwaśniewski (parteilos)	*1954

1) 1939–44 war Polen zwischen dem Deutschen Reich und der UdSSR aufgeteilt; 2) provisorisches Staatsoberhaupt

gleich der Grenzstreitigkeiten u. a. Differenzen vor; er wurde in der UdSSR als antisowjet. Bündnis verstanden und führte zugleich zu einer Abkühlung der poln.-französ. Beziehungen. Mit deutscher Hilfe versuchte P., einen ostmitteleuropäischen Staatenblock (»Drittes Europa«) unter poln. Führung aufzubauen. Die Zuspitzung der politischen Lage nach dem Anschluss Österreichs an das Deutsche Reich (13.3.1938) nutzte P. am 16.3.1938 zu einem Ultimatum an Litauen, um den bereits 1922 erfolgten Anschluss des Wilnagebiets zu sanktionieren. Das für einen Krieg nicht gerüstete Litauen beugte sich dem Ultimatum und erkannte die Zugehörigkeit des Wilnagebiets zu P. an. Auch die Sudetenkrise nutzte P. für seine Vormachtpläne. Am 2.10.1938, einen Tag nach dem deutschen Einmarsch in das Sudetenland, marschierten poln. Truppen in Tschech.-Teschen ein. Die Tschechoslowakei wurde zur Abtretung des Olsagebiets gezwungen.

Zweiter Weltkrieg

Kriegsvorbereitungen: Eine Neuorientierung der poln. Außenpolitik erfolgte erst, als Deutschland ab Oktober 1938 die Rückgabe der Freien Stadt Danzig und die Errichtung einer exterritorialen Auto- und Eisenbahn durch den Poln. Korridor forderte und als durch die Zerschlagung der Resttschechoslowakei (15.3.1939) die deutschen Expansionspläne deutlich wurden. Am Tag des deutschen Einmarschs in das litau. Memelgebiet (23.3.1939) erfolgte im Poln. Korridor die Teilmobilmachung, am 26.3. lehnte P. die deutschen Forderungen ab. Auch Großbritannien gab seine Appeasement-Politik gegenüber dem Deutschen Reich auf; am 31.3.1939 erfolgte eine brit.-französ. Garantieerklärung für Polen. Am 28.4.1939 kündigte Hitler in einer Reichstagsrede das deutsch-brit. Flottenabkommen von 1935 und den deutsch-poln. Nichtangriffspakt von 1934 auf und wies die Forderung von US-Präsident Franklin D. Roosevelt zurück, Deutschland solle erklären, dass es seine Nachbarländer nicht angreifen werde.

Teilung Polens: Der am 23.8.1939 in Moskau unterzeichnete deutsch-sowjet. Nichtangriffspakt (Hitler-Stalin-Pakt) enthielt ein geheimes Zusatzabkommen über die Aufteilung Ostmitteleuropas in Interessensphären; darin sicherte sich die UdSSR das östliche P. Mit dem Einmarsch der deutschen Wehrmacht in das westliche P. am 1.9.1939 begann der Zweite Weltkrieg; am selben Tag erfolgte in Frankreich und in Großbritannien die Mobilmachung; am 17.9. marschierte die Rote Armee in das östliche P. ein. Nach der raschen Eroberung P.s (»Blitzkrieg«) teilten Deutschland und die UdSSR am 28.9.1939 in einem in Moskau unterzeichneten Grenz- und Freundschaftsvertrag das Land in etwa an der Linie Weichsel-Bug. Damit hatten Hitler und Stalin durch die fünfte Teilung P.s erneut die poln. Eigenstaatlichkeit aufgehoben; am 6.10. kapitulierten die letzten poln. Truppen.

Besatzungsterror: Am 8.10.1939 wurden Westpreußen, Posen u. a. westpoln. Gebiete mit ca. 10 Mio Einwohnern dem »Großdeutschen Reich« angegliedert. Die anderen westpoln. Gebiete mit ebenfalls ca. 10 Mio Menschen wurden am 25.10. als »Generalgouvernement für die besetzten poln. Gebiete« zusammengefasst; Generalgouverneur mit Sitz in Krakau wurde Hans Frank (NSDAP). Das NS-Regime betrieb gegenüber den Polen eine brutale Germanisierungspolitik (Errichtung des Konzentrationslagers Auschwitz am 27.3.1940, Judenumsiedlung in Gettos, Deportation von Zwangsarbeitern für die deutsche Rüstungsindustrie u. a.). Am 1./2.11.1939 verfügte der Oberste Sowjet die Eingliederung der eroberten ostpoln. Gebiete in die Territorien der Ukrain. und der Weißruss. Sowjetrepublik. Die knapp 5,3 Mio Polen in diesen Gebieten wurden einer massiven »Entnationalisierung« unterzogen, bis 1941 wurden ca. 300 000 von ihnen in Lager deportiert. Nach dem deutschen Überfall auf die UdSSR (22.6.1941) eroberte Deutschland die ostpoln. Gebiete, wo nun der sowjet. durch nationalsozialistischen Terror abgelöst wurde.

Sikorski-Exilregierung: Am 30.7.1941 unterzeichneten die poln. Exilregierung unter General Wladyslaw Sikorski und die UdSSR

Der Zweite Weltkrieg begann mit dem deutschen Überfall auf Polen am 1.9.1939. Adolf Hitler und Josef Stalin hatten zuvor in einem geheimen Zusatzprotokoll zum Nichtangriffsvertrag vom 23.8.1939 (Hitler-Stalin-Pakt) die Aufteilung des Landes vereinbart. Zwei Jahre später, nach dem Überfall auf die Sowjetunion, eroberte das Deutsche Reich auch das der Sowjetunion zugesprochene Ostpolen. (Foto: Soldaten der Deutschen Wehrmacht reißen einen Schlagbaum an der deutsch-poln. Grenze nieder.)

Polen als Zentrum des Holocaust

Das nationalsozialistische Regime machte Polen zum Zentrum des Holocaust. Juden aus ganz Europa wurden in Vernichtungslager in Polen deportiert. Dort starben 3–4 Mio der ca. 6 Mio europaweit ermordeten Juden. Das zunächst als Straflager für politische Gefangene geplante Konzentrationslager Auschwitz wurde 1941/42 zum größten fabrikmäßig organisierten Vernichtungslager ausgebaut. Der SS-Arzt Josef Mengele (1911 bis vermutlich 1979) leitete 1943–45 als die Selektionen und medizinischen Experimente. Das KZ bestand aus drei Hauptlagern (Stammlager, Birkenau, Monowitz) sowie 39 Außen- und Nebenlagern. Monowitz und viele Nebenlager dienten als Arbeitslager, denen Betriebe deutscher Konzerne (u. a. der I. G. Farben) angeschlossen waren. In Auschwitz starben 0,8–1,6 Mio Menschen (neben Juden auch Sinti und Roma). Weitere Vernichtungslager gab es in Belzec (600 000 Ermordete), Culmhof (160 000), Krakau-Plaszów (50 000), Majdanek (360 000), Sobibór (250 000), Stutthof (80 000) und Treblinka (970 000).

Ab 1939 wurden in Polen ca. 50 Judengettos eingerichtet, das bekannteste in Warschau. Nach dem Abtransport von 300 000 Juden aus dem Warschauer Getto in die Vernichtungslager begann am 19.4.1943 ein Aufstand der etwa 60 000 dort Verbliebenen. Er wurde von Bataillonen der Waffen-SS niedergeschlagen. 7000 Juden wurden im Getto liquidiert, die anderen in Vernichtungslager abtransportiert. (Foto oben: Soldaten der deutschen Wehrmacht treiben 1943 Juden aus dem Warschauer Getto zum Abtransport in ein Vernichtungslager zusammen; unten: Das Tor des Vernichtungslagers Auschwitz mit der zynischen Aufschrift »Arbeit macht frei«)

in London ein Abkommen über die Wiederherstellung diplomatischer Beziehungen und über gegenseitige Hilfe im Krieg gegen NS-Deutschland; die poln. Exilregierung verpflichtete sich zum Aufbau von Streitkräften, die auf sowjet. Territorium operieren sollten. 1943 zählte diese Armia Krajowa (AK Heimatarmee) 300 000 Mann.
Höhepunkt des Kampfes der AK war der Aufstand in Warschau unter Tadeusz Bór-Komorowski (Juli 1944); von den sowjet. Truppen im Stich gelassen, wurden die Polen nach tapferem Kampf niedergeworfen (2.10.1944). Am 13.4.1943 lancierte NS-Deutschland die Meldung, dass in einem Wald bei Katyn Massengräber mit den Leichen von »10 000 bis 12 000« (tatsächlich: 4000) poln. Offizieren gefunden worden seien, die Stalin 1940 hatte ermorden lassen. Als die Sikorski-Exilregierung in London daraufhin eine internationale Untersuchung durch das Rote Kreuz verlangte, brach Stalin am 25.4.1943 die diplomatischen Beziehungen zur Sikorski-Regierung ab. Am 4.7.1943 kam Sikorski bei einem Flugzeugabsturz, dessen Ursache bis heute ungeklärt ist, über Gibraltar ums Leben. (Die UdSSR übernahm 1990 offiziell die Verantwortung für die Morde von Katyn.)

Satellitenstaat der UdSSR

Sieg des Stalinismus: Als Vertrauensmann Stalins wurde Boleslaw Bierut Vorsitzender des am 1.1.1944 gegründeten kommunistischen Landesnationalrats und amtierte in dieser Funktion bis 1947 als Staatsoberhaupt. Am 22.7.1944 bildete der Landesnationalrat das kommunistisch dominierte Poln. Komitee zur Nationalen Befreiung; es übersiedelte am 25.7. in das von der Roten Armee eroberte Lublin und fungierte als Regierung in Konkurrenz zur bürgerlich-konservativen Exilregierung in London. Der militärische Arm des Lubliner Komitees war die Partisanenarmee Armia Ludowa (AL, Volksarmee, die spätere Poln. Volksarmee). Am 1.1.1945 erklärte sich das Lubliner Komitee unter dem Sozialisten Edward Osóbka-Morawski (PPS) zur provisorischen Regierung und übersiedelte am 18.1. in das von der Roten Armee eroberte Warschau. Auf Druck der USA und Großbritanniens stimmte Stalin auf der Konferenz von Jalta (4.–11.2.1945) der Aufnahme von Mitgliedern der Londoner Exilführer in die Regierung zu. Die am 28.6.1945 unter Osóbka-Morawski gebildete Koalitionsregierung wurde dominiert von den Kommunisten unter Wladyslaw Gomulka, wurde jedoch von den

Westmächten anerkannt. Die mit massiven Wahlbehinderungen und -manipulationen verbundenen ersten Nachkriegswahlen in P. gewann 1947 der sozialistisch-kommunistische Demokratische Block (394 Mandate), während die bürgerlich-konservative Bauernpartei nur 27 Sitze im Sejm erhielt. Der Wahlsieg wurde Grundlage für eine von Moskau abhängige Gesetzgebung; oppositionelle Politiker wurden ausgeschaltet oder gingen ins Exil; der für einen selbstständigeren Kurs gegenüber Moskau eintretende PPR-Chef Gomulka wurde im September 1948 zum Rücktritt gezwungen. Am 21.12.1948 erfolgte die Zwangsvereinigung von sozialistischer Partei (PPS) und kommunistischer Arbeiterpartei (PPR) zur Poln. Vereinigten Arbeiterpartei (PZPR); den ZK-Vorsitz erhielt der Stalin-Vertraute Bierut (1948–56), der 1947–52 zugleich Staatspräsident war und 1952–56 das Amt des Regierungschefs bekleidete. Am 7.11.1949 wurde der sowjet. Marschall Konstantin Rokossowskij zum poln. Verteidigungsminister und stellvertretenden Ministerpräsidenten (1949–56) ernannt. Am 22.7.1952 erhielt das Land eine stalinistische Verfassung als »Volksrepublik«.

Vertreibung der Deutschen: Als Vorsitzender des poln. Landesnationalrats proklamierte Bierut am 5.2.1945 – während der Jalta-Konferenz – die Übernahme der Zivilverwaltung östlich von Oder und Neiße. Vorbehaltlich einer friedensvertraglichen Lösung erkannten die Westalliierten auf der Potsdamer Konferenz (17.7.–2.8.1945) die Westverschiebung der poln. Grenze bis zu Oder und Neiße an. Die deutsche Bevölkerung sollte in »ordnungsgemäßer und humaner« Weise ausgesiedelt werden. Am 16.8.1945 wurde in Moskau ein Grenzvertrag unterzeichnet, der die Curzon-Linie mit geringfügigen Abweichungen als Grenze zwischen P. und der UdSSR festlegte. Damit war die territoriale Neubildung P.s abgeschlossen. Sie führte zu Massenvertreibungen und ethnischen »Säuberungen«, die unmittelbar an die Vertreibungspolitik NS-Deutschlands anschlossen. In den folgenden Jahren wurden Weißrussen und Ukrainer aus P. in die UdSSR umgesiedelt, knapp 7 Mio Deutsche wurden aus den nunmehr poln. Gebieten östlich von Oder und Neiße vertrieben; in diesen Gebieten wurden sog. Altpolen sowie Polen aus den nunmehr zur UdSSR gehörenden Territorien östlich der Curzon-Linie angesiedelt.

Polen unter Gomulka: Die Kritik an der stalinistischen Führung artikulierte sich am 28.6.1956 im Posener Aufstand, der vom Militär niedergeschlagen wurde, jedoch zu einer Neubesetzung der Ämter führte. Am 19.10.1956 übernahm Gomulka wieder die Führung der Partei (bis 1970) und leitete unter Respektierung der sowjet. Dominanz eine vorsichtige Liberalisierung des wirtschaftlichen, kulturellen und kirchlichen Lebens ein. Ab Beginn der 60er Jahre schränkte das »verkrustete« Gomulka-Regime die Freiheiten wieder ein und verlor zunehmend an Ansehen. Versorgungskrisen und Wohnungsnot prägten dieses Jahrzehnt. Den israel. Sechstagekrieg nahm das Regime zum Anlass für eine antisemit. Kampagne und eine »Säuberung« der angeblich jüd. infizierten Intelligenz. Die meisten Juden wurden zur Emigration gezwungen; 1946 lebten in P. 200 000 Juden, 1970 waren es noch 15 000 (heute: ca. 10 000). Unter dem

Warschau 1945; im Vordergrund das zerstörte Denkmal König Sigismunds III.

Deutsche Vertriebene aus den Gebieten östlich von Oder und Neiße, 1945.

Wladislaw Gomulka (l., mit DDR-Staats- und Parteichef Walter Ulbricht), leitete als Chef der poln. Kommunisten ab 1956 eine Liberalisierung des wirtschaftlichen, kulturellen und kirchlichen Lebens ein, die er jedoch ab 1960 wieder zurücknahm.

Lech Walesa (mit Mikrofon, bei einer Protestveranstaltung in Danzig am 19.8.1988) war als Vorsitzender der Gewerkschaft »Solidarność« einer der führenden Köpfe der demokratischen Bewegung in Polen. 1990–95 war der Friedensnobelpreisträger (1983) Staatsoberhaupt.

Eindruck des Prager Frühlings fanden im März 1968 auch in P. Demonstrationen für eine Demokratisierung statt; das Gomulka-Regime reagierte mit der Verfolgung sog. »Zionisten« und »Revisionisten« und schaltete die reformwillige parteiinterne Opposition aus. Poln. Truppen beteiligten sich am 20.8.1968 am Einmarsch des Warschauer Pakts in die Tschechoslowakei zur Zerschlagung der Demokratiebewegung.

Ära Giereck: Preis- und Normenerhöhungen lösten am 14.12.1970 einen Streik Danziger Werftarbeiter aus, der auf andere Städte übergriff und zu blutigen Zusammenstößen zwischen Arbeitern und Militär führte. Am 20.12. trat Parteichef Gomulka zurück und wurde durch Edward Gierek (1970–80) ersetzt, der wie anfangs Gomulka eine vorsichtige Liberalisierung durchführte. Die für einen Ostblockstaat beachtliche wirtschaftliche Aufwärtsentwicklung, die unter Gierek einsetzte, geriet infolge der Ölkrise ab 1973 in den Sog der weltweiten Rezession. Die Unzufriedenheit über Preiserhöhungen und Versorgungsengpässe entlud sich im Juni 1976 in Unruhen, die das Gierek-Regime durch Militär gewaltsam unterdrücken ließ. In diesem Jahr bildeten sich unter dem Einfluss der auch von Polen unterzeichneten KSZE-Schlussakte (1975), die auch die Achtung der Menschen- und Bürgerrechte einforderte, erste Bürgerrechtskomitees; auch sie wurden von den kommunistischen Behörden verfolgt.

Zerfall des kommunistischen Regimes: Die Wahl des Krakauer Kardinals Karol Wojtyla zum Papst am 16.10.1978 stärkte das Ansehen der katholischen Kirche in Polen und führte zu einer religiösen Erneuerungsbewegung, in der sich die Kirche als Trägerin von Forderungen nach Reform und Einhaltung der Menschenrechte profilierte. Der triumphale Besuch Johannes Pauls II. in Polen (2. bis 10.6.1979), der erste Besuch eines Papstes in einem kommunistischem Staat, geriet zu einer Demonstration für Freiheit und Menschenrechte mit weit reichenden innenpolitischen Auswirkungen. Im Sommer 1980 trat der Arbeiter Lech Walesa an die Spitze einer Streikbewegung, die das Land während einer neuen Preis- und Inflationswelle bei unzulänglichem Warenangebot erfasste. Der streng katholische Walesa rang der kommunistischen Regierung am 31.8.1980 als Vorsitzender des überbetrieblichen Vereinigten Streikkomitees weit reichende Zugeständnisse ab: Im »Danziger Abkommen« wurden das Streikrecht und das Recht zur Gründung unabhängiger Gewerkschaften vereinbart. Unter dem Eindruck landesweiter Streiks trat am 6.9.1980 Parteichef Gierek zurück und wurde von Stanislaw Kania abgelöst. In dieser Aufbruchssituation verhängte der poln. Ministerpräsident und Verteidigungsminister Wojchiech Jaruzelski am 13.12.1981 das Kriegsrecht, verbot die Gewerkschaftsorganisation Solidarność und ließ Massenverhaftungen vornehmen. Damit stoppte er den Demokratisierungsprozess und beugte einer militärischen Intervention der UdSSR vor. Nach der Ausschaltung der Opposition – Tausende wurden verhaftet, Gewerkschaftsführer Walesa stand bis November 1982 unter Hausarrest – entschärfte General Jaruzelski trotz westlicher Wirtschaftssanktionen die Versorgungskrise. Am 16.6.1983 traf Johannes Paul II. zu seinem zweiten Besuch in P. ein. Unmittelbar nach dem Papstbesuch hob der Sejm am 21.7.1983 das Kriegsrecht auf. Walesa, dessen Gewerkschaft Solidarność in der Illegalität weiterhin aktiv war, erhielt 1983 den Friedensnobelpreis »als Exponent der aktiven Sehnsucht nach Frieden und Freiheit«. Hunderttausende nahmen an der Beerdigung des Priesters Jerzy Popieluszko teil, der sich als Seelsorger für die verbotene Gewerkschaft »Solidarität« eingesetzt hatte und von Angehörigen der Sicherheitsbehörden entführt, gefoltert und am 19.10.1984 ermordet worden war. Unter dem Eindruck der von Michail Gorbatschow ab 1985 eingeleiteten Reformen in der UdSSR setzte auch in P. eine Demokratisierung ein, die zum Sturz des totalitären Systems führte. Am 19.2.1987 forderte Walesa Reformen nach dem sowjet. Vorbild. Während einer Streikwelle kam es am 31.8.1988 zum ersten offiziellen Treffen zwischen Walesa und der Regierung; Walesa rief erfolgreich zur Einstellung der Streiks auf. Der »Gesellschaftsvertrag«, den Walesa und die Regierung am 5.4.1989 während ihrer Gespräche am Runden Tisch vereinbarten, bildete die Grundlage für eine demokratisch-pluralistische Erneuerung. Am 17.4. wurde die Gewerkschaft Solidarność wieder zugelassen, bei den Wahlen zum Sejm am 4.6. errang Walesas Bürgerkomitee einen überwältigenden Sieg. Am 24.8.1989 wurde Tadeusz Mazowiecki von der Solidarność der erste nicht kommunistische Ministerpräsident P.s nach dem Zweiten Weltkrieg.

Aufbruch nach Europa

»Schwere Zeiten«: Mit der Unterzeichnung der »Charta für ein neues Europa« am 19.11.1990 durch 34 Staats- und Regierungschefs auf der Pariser KSZE-Konferenz wurden der Kalte Krieg für beendet erklärt und Menschenrechte, Demokratie und Rechtsstaatlichkeit zu Grundpfeilern einer neuen europäischen Ordnung erhoben; das Dokument trug auch die Unterschrift des poln. Ministerpräsidenten Mazowiecki. Lech Walesa, der die ersten Präsidentschaftswahlen mit 74,25% der Stimmen gewann und am 22.12.1990 vor dem Parlament vereidigt wurde, prophezeite dem Land »furchtbar schwere Zeiten«: Die Inflationsrate lag bei ca. 1000%, die Zahl der Arbeitslosen betrug 1 Mio. Die folgenden Jahre waren geprägt von der Aufarbeitung der kommunistischen Vergangenheit (»Durchleuchtungsgesetze«, 1997) und marktwirtschaftlich orientierten Reformen, deren Umsetzung erhebliche wirtschaftliche und soziale Probleme verursachten und zu einem Ansehensverlust der Solidarność führte. Bei den Präsidentschaftswahlen setzte sich 1995 Aleksander Kwasniewski von der postkommunistischen SdRP (Nachfolgepartei der kommunistischen PZPR) als Kandidat einer Linksallianz mit 51,7% gegen Amtsinhaber Walesa durch. Die Inflation wurde nach der Währungsreform von 1994 auf 11,8% (1998) gesenkt, die Arbeitslosigkeit lag 1999 bei 11,4%.

Westintegration: Am 21.12.1992 wurde in Krakau die Mitteleuropäische Freihandelszone CEFTA gegründet; Mitgliedsstaaten waren im März 1993 P., die Slowakei, Tschechien und Ungarn. Über die wirtschaftliche Zusammenarbeit hinaus war das Ziel der CEFTA-Staaten die wirtschaftliche und politische Integration in einem vereinten Europa. Eine entsprechende Erklärung hatten die Staatspräsidenten von P., der Tschechoslowakei und Ungarns am 15.2.1991 im ungar. Visegrád abgegeben (»Visegrád-Staaten«). Präsident Kwaśniewski förderte durch eine rege Besuchsdiplomatie die Westintegration bei gleichzeitig guten Beziehungen zu den östlichen Nachbarn. Die Westintegration erstreckte sich auch auf kulturelle und militärische Belange. Am 12.3.1999 vollzog P. den Beitritt zur NATO, den der Sejm mit 409 zu sieben Stimmen gebilligt hatte; die Visegrád-Staaten Tschechien und Ungarn taten denselben Schritt. *B.P.*

Papst Johannes Paul II. besuchte seine Heimat als Oberhaupt der katholischen Kirche erstmals vom 2.–10.6.1979. Seine Wahl 1978 hatte in Polen zu einer religiösen Erneuerungsbewegung geführt und die katholische Kirche zur Vorreiterin des Kampfes für Freiheit und Menschenrechte gemacht. So geriet der Papst-Besuch zu einer machtvollen Demonstration für die Demokratie und hatte weit reichende innenpolitische Folgen. (Foto: Johannes Paul II. während seines Polen-Besuchs im Juni 1999)

Die wichtigsten Parteien im 20. Jahrhundert

Name (Abkürzung)	*Politische Richtung*	*Gründung*
Polska Zjednoczona Partia Robotnicza (PZPR)	kommunistisch	1948
Bündnis der Demokratischen Linken (SLD)	postkommunistisch	1990
Wahlaktion Solidarność (AWS)	reformerisch	1990
Christdemokratie der Dritten Poln. Republik (ChDRP) [1]	national-konservativ	1998

1) Vorsitzender: Lech Walesa

Portugal 2000	
Landesfläche	91 982 km² (WR 110)
Einwohner	9,9 Mio (WR 78)
Hauptstadt	Lissabon (830 000 Einwohner)
Sprache	Portugiesisch
Währung	1 Escudo (ESC) = 100 Centavos
Gliederung	18 Distrikte
Staatsform	Parlamentarische Republik (seit 1976)
Religion	Katholiken (94,5%); Protestanten (0,6%); Juden (0,1%); Moslems (0,1%); Sonstige (0,9%); Konfessionslose (3,8%)
Bevölkerung	Portugiesen (99,5%); Kapverder (0,2%); Sonstige (0,3%)

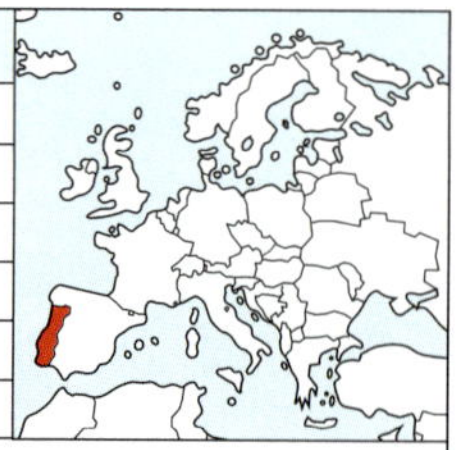

Portugal im 20. Jahrhundert	
1907	Wegen der unsicheren Lage der Monarchie errichtet Ministerpräsident João Fernando Pinto Franco eine Diktatur.
1908	König Karl I. und der Thronfolger Ludwig Philipp fallen einem Attentat zum Opfer; Emanuel II. besteigt den Thron.
1910	König Emanuel II. wird gestürzt und geht ins Exil.
1911	Die Cortes verkünden offiziell die Abschaffung der Monarchie.
1916	Portugal tritt als brit. Verbündeter in den Ersten Weltkrieg ein.
1926	General Manuel de Oliveira Gomes da Costa putscht, suspendiert die Verfassung, löst das Parlament auf und errichtet eine Militärdiktatur.
1928	António de Oliveira Salazar wird Finanzminister.
1930	Gründung der faschistischen Einheitspartei União Nacional.
1932	Salazar übernimmt das Amt des Ministerpräsidenten.
1933	Die neue Verfassung macht das Land zu einem korporativen Ständestaat (Estado Novo) nach faschistischem Vorbild.
1943	Portugal gewährt Großbritannien und den USA militärische Stützpunkte auf den Azoren, bleibt selbst jedoch im Zweiten Weltkrieg neutral.
1949	Portugal ist Gründungsmitglied des Nordatlantikpakts.
1951	Im Austausch für militärische Stützpunkte auf den Azoren gewähren die USA Portugal wirtschaftliche Hilfe.
1953	Die Überseeprovinzen werden zu Bestandteilen des Staates erklärt; in Angola, Mosambik und Guinea-Bissau formieren sich Befreiungsbewegungen.
1955	Portugal wird Mitglied der Vereinten Nationen.
1960	Portugal ist Gründungsmitglied der EFTA, die sich als Gegengewicht zur 1957 gegründeten Europäischen Wirtschaftsgemeinschaft (EWG) versteht.
1961	Die Kolonien Goa, Damão und Diu werden von Indien annektiert.
1968	Marcelo José das Neves Alves Caetano übernimmt für den kranken Salazar die Regierung.
1974	Der Militärputsch des Movimento de Forças Armadas (MFA) beendet die Diktatur (»Nelkenrevolution«).
	Guinea-Bissau wird als erste portugies. Kolonie in Afrika unabhängig.
1975	Wahlen zur verfassunggebenden Versammlung.
	Mosambik, die Kapverdischen Inseln, São Tomé, Principe und Angola werden unabhängig.
1976	Nach den ersten Parlamentswahlen bildet Mário Soares (Sozialistische Partei) eine Minderheitsregierung.
	Indonesien annektiert die ehemalige Kolonie Ost-Timor.
	Portugal wird in den Europarat aufgenommen.
1982	Durch Verfassungsreform wird der Revolutionsrat als Kontrollorgan abgeschafft; 1989 werden die sozialistischen Passagen gestrichen.
1985	Portugal unterzeichnet den Beitritt zur EG (Vollmitgliedschaft ab 1986).
1991	Portugal tritt dem Schengener Abkommen bei.
1999	Die letzte portugies. Kolonie, Macau, wird an China übergeben.

Portugal

Republik Portugal

Mit der Anerkennung der Unabhängigkeit des Königreichs Portucalin von Kastilien 1143 entstand die Keimzelle des heutigen P. Durch die Eroberung von Lissabon (1147) und des Gebiets südlich des Tejo und der Algarve (1249) von den Arabern erhielt das Land Mitte des 13. Jh.s die weitgehend noch heute gültigen Grenzen (abgesehen von den Azoren und Madeira). Im Zeitalter der Entdeckungen entwickelte sich P. zur Kolonialmacht, der nach der Unabhängigkeit Brasiliens 1822 noch umfangreiche Besitzungen in Afrika und Asien verblieben.

Niedergang der Dynastie Bragança

Krise der Monarchie: Nach der überwiegend stabilen Regierungszeit von Ludwig I., in der sich – ähnlich wie im Nachbarland Spanien – Liberale und Konservative (Progressistas und Regeneradores) in der Regierung abwechselten, geriet P. unter Karl I. ab 1889 in eine tiefe Krise. Auslöser war ein Ultimatum Großbritanniens, das der territorialen Ausdehnung P.s in Afrika 1890 ein Ende setzte – ursprünglich wollte Karl I. durch den Erwerb eines riesigen Gebiets die Kolonien Angola und Mosambik miteinander verbinden. Dieses Ultimatum löste eine Welle der nationalen Empörung gegen Karl I. aus, dem vorgeworfen wurde, die Interessen des Landes zu vernachlässigen. Korruption und Misswirtschaft der Regierung verschärften die politischen Spannungen zusätzlich. Die Einsetzung von João Fernando Pinto Franco als Diktator (1907) beschleunigte nur den Niedergang der Monarchie.
Attentat auf den König: 1908 wurden Karl I. und der Thronfolger Ludwig Philipp in Lissabon von Anhängern der republikanischen Partei ermordet; den Thron bestieg der 18-jährige zweite Sohn des Königs, Emanuel II.
Reformbemühungen: Nach der Thronbesteigung Emanuels musste Franco demissionieren und das Land verlassen. Der König entließ republikanische Abgeordnete aus der Haft und stellt die Pressefreiheit wieder her, konnte sich jedoch nicht zu einer umfangreichen Änderung der portugies. Verfassung und weiter gehenden inneren Reformen durchringen.
Ausrufung der Republik: Die Unzufriedenheit des Kleinbürgertums angesichts der Verschlechterung seiner sozialen Lage, das Erstarken der Arbeiterbewegung und die Un-

beweglichkeit der Monarchie führten zu einem Anwachsen der demokratischen Bewegung in den Städten, vor allem in Lissabon. Nach einer Reihe vergeblicher Aufstandsversuche gab schließlich die Ermordung eines republikanischen Abgeordneten 1910 das Signal für die Revolution. Mit der Unterstützung von Armee und Flotte übernahmen die republikanischen Kräfte in Lissabon die Macht, während der Großteil der Bevölkerung auf dem Lande gänzlich unbeteiligt blieb. Am 5.10.1910 wurde die Republik ausgerufen, die binnen weniger Tage vom Nachbarn Spanien und Großbritannien, dem engen Verbündeten P.s, anerkannt wurde.

Das Ende der Monarchie in Portugal kam 1910. Nachdem mehrere Aufstandsversuche der Demokraten gescheitert waren, gab die Ermordung eines republikanischen Abgeordneten den Anstoß zu einer Revolution, die vom Militär unterstützt wurde und am 5.10.1910 zur Ausrufung der Republik führte. (Foto: Einer der revolutionären Marineoffiziere wird unter großem Beifall durch Lissabon gefahren.)

Krisenjahre der Republik 1910–26

Reformen: Zu den ersten Maßnahmen der Revolutionsregierung gehörten die Abschaffung des Adels, die Verbannung der Dynastie Bragança und die Verkündung bürgerlich-demokratischer Freiheiten. Um die Macht der katholischen Kirche zu brechen, wurden religiöse Orden verboten und der Klosterbesitz säkularisiert. Noch 1910 wurde die Ehescheidung ermöglicht und 1911 die offizielle Trennung von Kirche und Staat beschlossen.
Die nahezu vollständige ökonomische Abhängigkeit von Großbritannien und die Zerrüttung der Staatsfinanzen beschränkten den Handlungsspielraum der jungen Republik. Eine grundlegende Agrarreform zugunsten der Bauern blieb ebenso aus wie eine umfassende Demokratisierung des Staatsapparats – Versäumnisse, die sich als politische Fehler erwiesen, da sie die Demokratie schwächten und die Errichtung der Diktatur 1926 begünstigten.
Instabilität: Den republikanischen Kräften gelang es nicht, die Lage in P. zu stabilisieren. Neun Präsidentschaften, 44 Regierungen, etwa 20 Aufstände und Staatsstreiche sowie mehr als 163 größere Streiks in den Jahren 1910–26 waren Zeichen der Zerrissenheit des Landes zwischen Adel und Kirche einerseits sowie der erstarkenden Arbeiterschaft und den Landarbeitern des Alentejo andererseits. Durch die ungelösten wirtschaftlichen Probleme verschärften sich die politischen und sozialen Auseinandersetzungen noch, zumal nach dem Eintritt P.s auf westalliierter Seite in den Ersten Weltkrieg 1916.

Staatsstreich von 1926

Errichtung der Diktatur: Durch einen erfolgreichen Putsch unter der Führung von General Manuel de Oliveira Gomes da Costa am 28.5.1926 übernahm das rechtsgerichtete Militär die Macht, löste das Parlament auf und setzte die Verfassung außer Kraft. Nur wenige Monate später erlebte P. einen weiteren Staatsstreich: Am 9.7.1926 ließ der als Außenminister amtierende General Antonio Oscar Fragoso Carmona den Präsidenten Costa gefangen setzen und übernahm selbst die Macht. Er blieb bis zu seinem Tod 1951 Präsident – allerdings seit Salazars Regierungsübernahme ohne tatsächliche Machtbefugnisse. Gestützt auf Klerus, Armee, konservatives Bürgertum und Monarchisten errichtete Carmona ein autoritäres Regime und versuchte – allerdings vergeblich – die wirtschaftlichen Probleme des Landes zu lösen.

Diktatur unter Salazar 1928–68

Salazars Eintritt ins Kabinett: Bei der Neubildung der Regierung 1928 übernahm António de Oliveira Salazar als Finanzminister mit unbeschränkter Kontrolle über die Einnahmen und Ausgaben des Staats ein Schlüsselressort. Dem Professor für Wirtschafts- und Finanzwissenschaften an der Universität Coimbra gelang es, durch rigorose Sparmaßnahmen sowie eine umfassende Finanz- und Steuerreform – trotz der Ende 1929 einsetzenden Weltwirtschaftskrise – die Staatsschulden bis Mitte der 30er Jahre größtenteils zu tilgen.
Estado Novo: Nach der Übernahme des Ministerpräsidentenamts begann 1932 die Diktatur Salazars. Mit der neuen Verfassung von 1933 wandelte er das Land nach faschistischem Vorbild in einen autoritär-korporativen Einparteienstaat um (Estado Novo), in dem jeder Klasse und Gruppe eine bestimmte Stellung in der Gesellschaft zugewiesen wurde.

Der Estado Novo, den Ministerpräsident António de Oliveira Salazar 1933 per Verfassungsänderung schuf, war ein Einparteienstaat nach faschistischem Vorbild. (Foto: Salazar, l., mit Staatspräsident Américo Deus Rodriguez Thomás bei der Parade zum 25. Jahrestag der Gründung der Milizarmee am 18.6.1961)

Der Staat übte starken Einfluss auf die Wirtschaft aus. So waren die Gründung, Erweiterung und Veränderung von Fabriken und Produktionsanlagen an eine staatliche Genehmigung gebunden. Die Unternehmer waren sowohl vor nationaler als auch internationaler Konkurrenz geschützt. Arbeitgeber und Arbeitnehmer waren in Korporationen zusammengeschlossen, in denen die Tarifverträge ausgehandelt wurden. So konnten die Arbeitgeber in Zusammenarbeit mit dem Regime ihre Interessen weitgehend durchsetzen.
Gehorsam, Respekt vor Religion, Familie und Arbeit waren die bestimmenden Wertvorstellungen im Estado Novo. Jegliche Opposition gegen Salazars Politik wurde unnachgiebig unterdrückt – zum einen durch eine umfassende Zensur, zum anderen durch polizeiliche Verfolgung (u. a. durch die Staatsschutzpolizei PIDE). Die 1930 gegründete União Nacional war die einzige zugelassene Partei; andere Gruppierungen durften sich nur kurz vor Wahlen in Komitees organisieren und mussten sich danach wieder auflösen.

Außenbeziehungen: Im Span. Bürgerkrieg (1936–39) unterstützte das Salazar-Regime die nationalspan. Seite unter Führung von General Francisco Franco y Bahamonde u. a. mit Luftstreitkräften. Im Zweiten Weltkrieg blieb P. neutral, ermöglichte aber 1943 den Alliierten die Einrichtung von Militärstützpunkten auf den Azoren.
Wegen seiner strategisch wichtigen Lage gehörte P. ungeachtet seiner diktatorischen Regierung 1949 zu den Gründungsmitgliedern des Nordatlantikpakts (NATO). Sechs Jahre später wurde das Land in die UNO aufgenommen.

Erstarrung des Systems: Das dirigistische Regime Salazars führte nach dem Zweiten Weltkrieg allmählich zu wirtschaftlicher Stagnation. Die korporative Verfassung verzögerte die Modernisierung und Rationalisierung der Industriebetriebe, die dementsprechend nur niedrige Löhne zahlten.
Auch die heimische Landwirtschaft stagnierte. Während es im Norden P.s hauptsächlich unrentable Kleinbetriebe gab, herrschten im Süden Latifundien vor, deren Felder meist nur im Rhythmus mehrerer Jahre bestellt wurden, weil der Anreiz für eine intensivere Nutzung fehlte. 1965 waren ca. 40% der Erwerbstätigen im Agrarsektor beschäftigt, der jedoch nur 20% des BSP erwirtschaftete und nur 60% des Nahrungsmittelbedarfs deckte.

Soziale Ungleichheit: Mit diesem wirtschaftlichen Missverhältnis eng verbunden waren die großen sozialen Unterschiede, die vor allem den Süden des Landes, die Provinz Alentejo (=jenseits des Tejo), prägten. Den relativ wenigen, reichen Großgrundbesitzern stand eine große Anzahl von Tagelöhnern gegenüber, die nur saisonweise bei Bedarf beschäftigt wurden.

Niedriges Bildungsniveau: Eine berufliche Qualifikation der Arbeitskräfte wurde durch die schlechte Schulbildung erschwert. Noch in den 90er Jahren lag die Alphabetisierungsrate bei den über 15-Jährigen bei ca. 85%, während sie im Nachbarland Spanien ca. 96% betrug. Aufgrund der Stagnation in P. arbeiteten in den 60er und 70er Jahren rund 20% der erwerbsfähigen Portugiesen im Ausland.

Präsidentschaftswahlen 1958: Der Widerstand gegen das diktatorische Regime kulminierte bei den Wahlen 1958. Trotz massiver Manipulation gelang es dem Präsidentschaftskandidaten der Opposition, General Humberto Delgado, 23,5% der Stimmen auf sich zu vereinigen. Die Direktwahl wurde daraufhin abgeschafft, das Präsidentenamt übernahm ohne jede demokratische Legitimation Américo Deus Rodriguez Tomás. Delgado ging ins Exil, wo er weiterhin politisch tätig war; 1965 wurde er von der PIDE in Spanien ermordet.

Kolonialkriege: Als größte Belastung für die portugies. Wirtschaft und für das Regime Salazars erwies sich nach dem Zweiten Weltkrieg die Kolonialpolitik. Während Belgien, Frankreich und Großbritannien bis Anfang der 60er Jahre nahezu alle ihre Kolonien aufgaben – allein 1960 wurden 17 afrikan. Staaten unabhängig – hielt P. trotz scharfer Kritik der UNO weiterhin an seinen Besitzungen in Afrika und Asien fest. Das Jahr 1961 bedeutete jedoch eine Zäsur: Ind. Truppen marschierten

Die »Nelkenrevolution« von 1974 beendete die Zeit der Diktatur in Portugal. Sie war erfolgreich, weil Militär und Bevölkerung sich zusammentaten. Zum Symbol der Revolution wurde die rote Nelke, die den revolutionären Soldaten angesteckt wurde. (Foto: Am 1.5.1974 feierten die Bewohner Lissabons auf den Straßen erstmals seit 50 Jahren wieder den »Tag der Arbeit« und zeigten dabei das Symbol ihres friedlichen Aufstands gegen die Diktatur.)

in die portugies. Besitzungen Goa, Damão und Diu an der Westküste des ind. Kontinents ein (P. erkannte die Annexion erst 1974 an), in Afrika begannen durch die Unabhängigkeitsbestrebungen in Angola, Guinea-Bissau und Mosambik blutige Kolonialkriege. Während in Mosambik und Guinea-Bissau die Befreiungsbewegungen FRELIMO bzw. PAIGC rasch einen Großteil des offenen Landes unter ihre Kontrolle brachten, konnten sich die Portugiesen in den Städten und an den wichtigen Verkehrsverbindungen behaupten. In Angola war die Situation unübersichtlicher, da dort mit FLNA, MPLA und UNITA drei Befreiungsbewegungen miteinander rivalisierten und sich heftige Kämpfe lieferten.
Das Festhalten an den Kolonien, nicht zuletzt aufgrund eines historisch gewachsenen Großmachtgefühls, zwang das Regime zur Einführung einer vierjährigen Wehrpflicht und zu großen finanziellen Anstrengungen. Doch die Unabhängigkeit der Kolonien war nicht mehr aufzuhalten; die Kriege beschleunigten vielmehr das Ende der Diktatur.

Caetano-Regime 1968–74

Halbherzige Reformen: Wegen einer schweren Erkrankung Salazars übernahm am 26.9.1968 Marcelo José das Neves Alves Caetano die Macht, ein als liberal geltender Rechtswissenschaftler. Die in ihn gesetzten Hoffnungen auf eine Demokratisierung erfüllte der neue Regierungschef jedoch nicht. Seine Reformansätze, z. B. die Lockerung der Pressezensur, blieben unzureichend oder wurden bald wieder zurückgenommen. Denn anders als in Spanien, wo die Opposition von Teilen der Industrie und des Großbürgertums unterstützt wurde und so nach Francos Tod (1975) der Übergang zur Demokratie möglich war, hielt die herrschende Schicht in P. an dem überkommenen Regime fest.
Außenpolitische Isolation: Die blutigen Kolonialkriege, für die Anfang der 70er Jahre ca. 40% der Staatsausgaben aufgewendet wurden (finanziert durch die Verminderung der Ausgaben im Mutterland sowie Steuererhöhungen und Kredite), beschränkten den politischen Handlungsspielraum zusätzlich. Auch außenpolitisch wurde das Regime immer stärker isoliert, einzelne Befreiungsbewegungen in den afrikan. Kolonien erhielten Unterstützung von NATO-Verbündeten (so die westlich orientierte UNITA in Angola von den USA).

»Nelkenrevolution« von 1974

Militärputsch: Der wachsende politische Druck führte zu einem Umdenken in weiten Kreisen der Armee. Mit seinem im Februar 1974 veröffentlichten Buch »Portugal e o futuro« (Portugal und die Zukunft) löste der stellvertretende Generalstabschef Antonio Ribeiro de Spinola eine heftige Debatte über den Sinn der Kolonialkriege aus, die am 25.4.1974 in einen erfolgreichen und nahezu unblutigen Aufstand gegen die Diktatur mündete. Nach der Besetzung strategisch wichtiger Punkte in Lissabon durch aufständische Militäreinheiten wurde Caetano zum Rücktritt gezwungen. Unterstützt wurde der Putsch durch Massendemonstrationen in der Hauptstadt, wo die Bevölkerung den Soldaten rote Nelken als Symbol der Revolution ansteckten. Mit der Übergabe der Macht an Spínola endete nach mehr als vier Jahrzehnten die Diktatur in P.
MFA: Getragen wurde der Umsturz von einer Gruppe von Berufsoffizieren (zumeist jungen Hauptleuten), der Bewegung bewaffneter

Portugiesische Kolonien

Name	*Entdeckung/ unabhängig*
Goa, Damão und Diu	1510[1]
Guinea (G.-Bissau)	1446 seit 1974
Angola	1482 seit 1975
Kapverdische Inseln	1445 seit 1975
Mosambik	1498 seit 1975
São Tomé und Príncipe	1450 seit 1975
Timor	1511[2]
Macao	1557[3]

1) 1961 von Indien annektiert; 2) 1976 von Indonesien annektiert; 3) seit 1999 zur VR China

Auslöser der Revolution von 1974 war eine heftige Debatte über den Sinn der Kolonialkriege. Der stellvertretende Generalstabschef António Ribeiro de Spínola hatte mit seinem Buch über »Portugal und die Zukunft« den Anstoß dazu gegeben. Er wurde erster Staatspräsident nach dem Ende der Diktatur. (Foto: Spínola bei der Vorstellung der neuen portugies. Regierung am 17.7.1974)

Staatsoberhäupter Portugals

Reg.-Zeit	*Name (Herrschergeschlecht)*	*Lebensdaten*
Könige		
1889–1908	Karl I. (Bragança)	1863–1908
1908–10	Emanuel II. (Bragança)	1898–1932
Staatspräsidenten		
1910/11	Joaquim Teofilo Fernandes Braga	1843–1924
1911–15	Manuel d'Arriaga	1840–1917
1915	Joaquim Teofilo Fernandes Braga	1843–1924
1915–17	Bernardino Machado	1851–1944
1917/18	Sidonio Cardoso da Silva Pais	1858–1918
1918/19	João do Canto e Castro	1862–1932
1919–23	Antonio José de Almeida	1866–1929
1923–25	Manuel Texeira Gomes	1862–1941
1925/26	Bernardino Machado	1851–1944
1926–51	Antonio Oscar Fragoso Carmona	1869–1951
1951–58	Francisco Higino Craveiro Lopes	1894–1964
1958–74	Américo Deus Rodriguez Tomás	1894–1987
1974	Antonio Ribeiro de Spínola	1910–1996
1974–76	Francisco da Costa Gomes	*1914
1976–86	Antonio dos Santos Ramalho Eanes	*1935
1986–96	Mário Soares	*1924
seit 1996	Jorge Sampaio	*1939

Die wichtigsten Parteien im 20. Jahrhundert

Name (Abkürzung)	*Politische Richtung*	*Gründung*
Partido Comunista Português (PCP)	kommunistisch	1921
União Nacional (UN)	faschistisch	1930
Partido Socialista (PS)	sozialdemokratisch	1973
Partido Popular (PP) [1]	christdemokratisch	1974
Partido Social Democrata (PSD)	liberal-konservativ	1974

1) 1974–93 Centro Democrático Social (CDS)

Kräfte (Movimento de Forças Armadas; MFA), die sich für eine rasche Beendigung der Kolonialkriege und eine politische Entwicklung in P. im Geist eines demokratischen Sozialismus einsetzten.

Dekolonisierung: Nachdem den Kolonien bereits im Juli das Selbstbestimmungsrecht grundsätzlich zugestanden worden war, wurde Guinea-Bissau im September als erste Kolonie in die Unabhängigkeit entlassen. Die übrigen Gebiete (Angola, Mosambik, São Tomé und Príncipe sowie die Kapverden) folgten 1975. Für P. bedeutete die Unabhängigkeit der Kolonien zunächst eine große Belastung. Zum einen kamen ca. 600 000 Menschen in das Mutterland, zum anderen erforderte der Verlust der Kolonien eine grundlegende Umstrukturierung der Wirtschaft. – Im Dezember 1999 zog P. einen Schlussstrich unter die Geschichte seiner Kolonialherrschaft: Macao wurde an China übergeben.

Demokratisierung und Sozialisierung: Trotz dieser Probleme wurde die Demokratisierung zügig vorangetrieben. Streikrecht und Demonstrationsfreiheit sowie die Zulassung von Parteien gehörten zu den ersten Beschlüssen der regierenden »Junta zur nationalen Errettung«. Politische Differenzen zwischen der gemäßigten Junta und dem sozialistisch orientierten MFA, der in diesem Gremium nicht vertreten war, führten jedoch noch im September zum Rücktritt Spínolas und zur Wahl von Francisco da Costa Gomes zum Staatspräsidenten. In der Folgezeit wechselten die provisorischen Regierungen wegen politischer Meinungsverschiedenheiten häufig. Nach einem Putschversuch Spínolas im März 1975 gewannen die linken Kräfte die Oberhand. Die Junta wurde durch einen vom MFA gebildeten Revolutionsrat abgelöst, der die Enteignung von Großgrundbesitz im Alentejo legalisierte und die Verstaatlichung der Banken und Schlüsselindustrien beschloss.

Selbstorganisation der Bevölkerung: Gleichzeitig entstanden in den ersten Monaten der Demokratie zahlreiche selbst organisierte Gruppen, die sich für die Verbesserung ihrer Lebensumstände einsetzten. Im Alentejo entstanden Landarbeiterkooperativen, die brachliegendes Land besetzten. Maßnahmen zur Alphabetisierung der Bevölkerung wurden eingeleitet. In bunten Wandmalereien, die für die »Nelkenrevolution« charakteristisch wurden, zeigte sich die Politisierung der gesamten Gesellschaft.

Ende der Revolution: Die Entwicklung in P. 1975 wurde sowohl im Inland als auch im westlichen Ausland mit wachsender Besorgnis beobachtet. Nach einem Putschversuch linker Militärs im November 1975 wurde der Revolutionsrat weitgehend entmachtet; Präsident und Nationalversammlung wurden die entscheidenden Verfassungsorgane.

Konsolidierung der Demokratie: Bei den ersten Parlamentswahlen im April 1976 siegte die Sozialistische Partei; ihr Vorsitzender Mário Soares bildete eine Minderheitsregierung. Die Präsidentschaftswahlen im Juni gewann Antonio dos Santos Ramalho Eanes, der von einem breiten politischen Bündnis mit Ausnahme der Kommunisten unterstützt wurde. Die Lösung der wirtschaftlichen Probleme und die Annäherung an Europa gehörten zu den vordringlichsten Zielen der folgenden Regierungen, während sozialistische Errungenschaften der »Nelkenrevolution« wie die Agrarreform de facto nach und nach zurückgenommen oder entschärft wurden. Die Abschaffung des Revolutionsrats erfolgte 1982 durch eine Verfassungsreform, durch eine weitere Novelle sieben Jahre später wurden auch die verbliebenen sozialistischen Artikel aus der Verfassung gestrichen.

Orientierung nach Europa

Wirtschaftsaufschwung: Nach dem Verlust des Kolonialbesitzes setzte sich in P. – ähnlich wie in Spanien – eine eindeutige Orientierung nach Europa durch. Seit 1986 Vollmitglied der EU, konnte P. u. a. durch die Übergangshilfen und die EU-Regionalförderung langsam seine wirtschaftlichen Probleme lösen. Die allmählich steigenden Löhne lösten einen Nachfrageschub aus, der die Lebensumstände in P. nachhaltig änderte. Allerdings blieb das soziale Gefälle zwischen den industrialisierten Küstenregionen und dem agrarisch geprägten Hinterland bestehen. Aufgrund der strengen Sparpolitik der Regierung gelang es, die Kriterien der EU für die Teilnahme an der Wirtschafts- und Währungsunion zu erfüllen. Die erfolgreiche Wirtschaftspolitik sicherte der Regierung Guterres einen klaren Erfolg (115 von 230 Sitzen) bei den Parlamentswahlen 1999.

Parteien: Stärkste politische Kraft P.s ist seit dem Sturz der Diktatur die dem rechten Flügel der deutschen Sozialdemokratie vergleichbare Sozialistische Partei (PS). Sie stellte 1976–78, 1983–85 und seit 1995 den Regierungschef (seit 1995 António Guterres) sowie seit 1986 den vom Volk direkt gewählten Staatspräsidenten (seit 1996 Jorge Sampaio). An zweiter Stelle steht die Sozialdemokratische Partei (PSD), deren Vorsitzender Aníbal Cavaco Silva zwischen 1985–95 die Regierung führte. *I.R.*

Mario Soares – Leitfigur des demokratischen Portugal

Mario Soares (*7.12.1924 Lissabon) gehört zu den bedeutendsten portugies. Politikern der Zeit nach der »Nelkenrevolution«. Er beteiligte sich bereits während seines Jurastudiums am Widerstand gegen das Salazar-Regime. Später wurde er durch zahlreiche politische Prozesse bekannt; u. a. verteidigte er den Oppositionspolitiker General Humberto Delgado. 1970 musste er Portugal verlassen. Soares gehörte 1973 zu den Gründern der Sozialistischen Partei, deren Vorsitzender er wurde (bis 1980). 1974 kehrte er nach Portugal zurück und war maßgeblich am Aufbau der westlich orientierten portugies. Demokratie beteiligt. Er übernahm in mehreren Übergangsregierungen Ministerposten, bevor er 1976 nach den ersten Parlamentswahlen Chef einer Minderheitsregierung wurde (bis 1978). In dieser Position, die er 1983–85 erneut bekleidete, bemühte sich Soares um die Integration Portugals in die Europäische Gemeinschaft, die 1986 vollzogen wurde. Im selben Jahr wurde der populäre Politiker in das Amt des Staatspräsidenten gewählt. Da die portugies. Verfassung nur eine einmalige Wiederwahl vorsieht, beendete Soares 1996 seine politische Laufbahn. (Foto: Soares, mit Mikro, bei einer sozialistischen Wahlkampfveranstaltung 1985)

Weltoffenes Portugal – Expo 1998 in Lissabon

Schaufenster der Welt: Mit der Expo 1998 in Lissabon bemühte sich P., seine Wandlung zu einem modernen europäischen Staat auch nach außen hin zu dokumentieren. Mit 155 teilnehmenden Staaten und Organisationen war die Weltausstellung die größte seit 1851; die erwartete Besucherzahl von 15 Mio wurde allerdings weit unterschritten. (Foto: Eigens für die Expo wurden der Vasco-da-Gama-Turm, l., und die gleichnamige Brücke über den Tejo gebaut.)

Ruanda

Republik Ruanda

Bevor das Bantu-Volk der Hutu ab dem 7. Jh. in das Gebiet des heutigen R. einwanderte, war die Region von Twa-Pygmäen besiedelt. Die bäuerlichen Hutu, die den Ackerbau eingeführt und sich in kleinen Königtümern zusammengeschlossen hatten, wurden ab dem 14./15. Jh. von dem nilot.-hamit. Hirtenvolk der Tutsi unterworfen. Sie etablierten ein feudales Herrschaftssystem, das sich zwischen dem 16. und 19. Jh. immer weiter ausbreitete.

Ruanda 2000	
Landesfläche	26 338 km² (WR 145)
Einwohner	7,2 Mio (WR 93)
Hauptstadt	Kigali (300 000 Einwohner)
Sprachen	Französisch, Kinyarwanda, Kisuaheli, Englisch
Währung	1 Ruanda-Franc (RFr)
Gliederung	10 Präfekturen
Staatsform	Präsidiale Republik (seit 1962)
Religion	Katholiken (50%); Moslems (9%); Sekten und Animisten (41%)
Bevölkerung	Hutu (85–90%); Tutsi (10–14%); Twa (Pygmäen, ca. 1%)

Ruanda im 20. Jahrhundert	
1900	Deutsche Kolonialherrschaft über Ruanda-Urundi.
1916	Besetzung durch Belgien im Ersten Weltkrieg.
1920	Belg. Völkerbundmandat über Ruanda und Burundi.
1946	UN-Treuhandverwaltung durch Belgien.
1959	Hutu-Aufstand gegen Tutsi-Monarchie, Massaker und Vertreibung von Tutsi.
1960	Regierung unter Grégoire Kayibanda, Chef der Hutu-Bewegung Parti de l'Emancipation du Peuple Hutu (PARMEHUTU).
1961	Beseitigung der Tutsi-Vorherrschaft, Ausrufung der Republik.
1962	Unabhängigkeit (1.7.); völkerrechtliche Trennung von Burundi, Staatspräsidentenamt für Kayibanda.
1973	Umsturz und Etablierung einer Diktatur unter Hutu Juvénal Habyarimana.
1975	Gründung der Einheitspartei MRND.
1990	Militärischer Einmarsch der in der Front Patriotique Rwandais (FPR) organisierten Tutsi-Rebellen; Abwehr des Rebellen-Vormarsches mit Hilfe von belg. und französ. Truppen; Ausbruch des Bürgerkriegs.
1991	Verfassung für ein Mehrparteiensystem.
1993	Friedensabkommen von Arusha.
1994	Hutu-Pogrome an Tutsi und gemäßigten Hutu nach dem gewaltsamen Tod von Präsident Habyarimana, Wiederaufflammen des Bürgerkriegs, Sieg der FPR, Bildung einer Regierung der nationalen Einheit, Hutu-Fluchtwelle.
1995	Gewaltsame Auflösung des Flüchtlingslagers Kibeho durch die Armee; neue Verfassung mit Mehrparteiensystem und Gewaltenteilung.
1996	Blutige Zusammenstöße zwischen Hutu-Milizen und der Armee; Eröffnung von Gerichtsverfahren gegen Genozid-Angeklagte.
1998	Zunehmende Angriffe von Hutu-Rebellen in Ruanda und Burundi.
1999	Kommunalwahlen als erste Wahlen nach dem Machtwechsel 1994.
2000	Mit Paul Kagame wird zum ersten Mal ein Tutsi Staatsoberhaupt.

Aufgrund ihrer überlegenen staatlichen Strukturen konnten die Tutsi nicht nur ihre Führung über die Hutu-Mehrheit (80% der Bevölkerung) über Jahrhunderte manifestieren, sondern auch die im 19. Jh.s eindringenden arab. Sklavenhändler zurückschlagen. Mit der Ankunft der ersten Europäer setzte Mitte des 19. Jh. die christliche Missionierung ein. 1899 wurden die Feudalreiche R. und Urundi (heute Burundi) bei weitgehender innerer Autonomie der Kolonie Deutsch-Ostafrika einverleibt.

Kolonialzeit

Machtverhältnis: Im Ersten Weltkrieg (1916) eroberten belg. Truppen vom Kongo aus das Gebiet. 1920 wurden beide Königreiche der belg. Verwaltung unterstellt, zunächst als Völkerbundmandat und ab 1946 als UN-Treuhandmandat. Die belg. Kolonialmacht, die das Territorium als wirtschaftlich unbedeutenden Teil des Kongos betrachtete, ließ die traditionellen feudalen Herrschaftsstrukturen bestehen. Durch zusätzliche Privilegien für die Führungsschicht wurde das Hutu-Tutsi-Machtverhältnis weiter zementiert. Durch die stagnierende wirtschaftliche Entwicklung der Region verschlechterten sich die Lebensbedingungen der Hutu-Landbevölkerung drastisch. Nach dem erzwungenen Plantagenanbau von Kaffee und Baumwolle – beide ertragreiche Exportprodukte – brach 1943/44 eine schwere Hungersnot aus.

Widerstand: Ab 1958 sammelten sich die Hutu unter Führung von Grégoire Kayibanda in der ethnischen Bewegung Parti de l'Emancipation du Peuple Hutu (PARMEHUTU), die eine Reform von Gesellschaft und Verwaltung forderte. Als die Tutsi die politische Teilhabe weiterhin verweigerten, brach 1959 ein blutiger Aufstand der Hutu-Bauern gegen die Tutsi-Vorherrschaft aus, die Tausende von Opfern forderte und eine Fluchtwelle in die Nachbarstaaten auslöste. Die ersten Kommunalwahlen 1960 und die von der UNO überwachten Parlamentswahlen 1961 brachten einen deutlichen Sieg der PARMEHUTU. Ihr Führer Kayibanda übernahm das Amt des Premierministers. In einem gleichzeitig abgehaltenen Referendum sprachen sich 80 % der Bevölkerung für die Umwandlung der Monarchie in eine Republik aus.

Unabhängigkeit

Nachdem Belgien der Trennung von Burundi zugestimmt hatte, wurde R. am 1.7.1962 unter Staatspräsident Kayibanda in die Unabhän-

gigkeit entlassen. In der Folgezeit entluden sich die Spannungen zwischen Hutu und Tutsi wiederholt in blutigen Auseinandersetzungen. 1959–72 wurden ca. 200 000 Tutsi vertrieben und viele getötet. Besonders die gescheiterten Invasionsversuche ruand. Exil-Tutsi 1963–66 von Burundi aus, wo die Tutsi auch nach der Unabhängigkeit ihre Vorherrschaft bewahren konnten, führte zu Vergeltungsmaßnahmen. Als Reaktion auf die Angriffe kündigte R. 1964 die Wirtschafts- und Währungsunion mit Burundi. In einem unblutigen Staatsstreich übernahm am 5.7.1973 eine Militärjunta unter Führung des Hutu Juvénal Habyarimana die Macht in R. und löste das Parlament auf.

Einparteienstaat

Mit der Gründung des Mouvement Révolutionaire National pour le Développement (MRND), einer Scheinpartei, der alle ruand. Staatsbürger von Geburt an angehören, erklärte sich R. 1975 zum Einparteienstaat. Laut der Präsidialverfassung von 1978 wurde der Chef der MRND gleichzeitig auch zum Staatspräsidenten, Regierungschef und Verteidigungsminister bestimmt. Der 70-köpfige Conseil National de Développement ersetzte ab 1978 das Parlament.

Bürgerkrieg

FPR-Invasion: Rebellen der Front Patriotique Rwandais (FPR), die sich aus der ruand. Tutsi-Flüchtlingsbevölkerung rekrutierte, eroberten 1990 von Uganda aus den Norden von R. Nur mit Hilfe von belg. und französ. Truppen gelang es der Regierung, den FPR-Vormarsch auf die Hauptstadt Kigali zu stoppen. Nachdem 1991–93 mehrere Waffenstillstandsvereinbarungen gescheitert waren, unterzeichneten die Kriegsparteien im August 1993 das Friedensabkommen von Arusha, das die Wiederansiedlung von rund 500 000 vertriebenen Tutsi in dem am dichtesten bevölkerten Land Afrikas vorsah. Außerdem wurde die Bildung einer Übergangsregierung mit FPR-Beteiligung vereinbart. Die UNO beschloss im Herbst 1993 die Entsendung von Blauhelm-Soldaten im Rahmen der Friedensmission UNAMIR.

Genozid: Der Tod von Staatspräsident Habyarimana, der gemeinsam mit seinem burund. Amtskollegen Cyprien Ntaryamira am 6.4.1994 bei einem Flugzeugattentat ums Leben gekommen war, löste den bislang schwersten Konflikt zwischen Hutu und Tutsi aus. Dem Völkermord, der von der regierenden Hutu-Mehrheit an Angehörigen der Tutsi-Bevölkerung begangen wurde, und dem daraufhin erneut ausbrechenden Bürgerkrieg fielen etwa eine Mio Menschen zum Opfer. Die von Hutu beherrschte Armee begann Tutsi wie oppositionelle Hutu zu verfolgen, und vor allem die Präsidentengarde ging dabei mit äußerster Brutalität vor. Nach zwei Wochen hatten die Kämpfe auf das ganze Land übergegriffen. In einer der größten Fluchtbewegungen der afrikan. Geschichte verließen 2,1 Mio Menschen das Land, 1,5 Mio wurden innerhalb des Staatsgebietes vertrieben. Die UNO errichtete ab Juni 1994 im Rahmen der »Operation Türkis« mit 2600 Soldaten eine Schutzzone für die Zivilbevölkerung im Südwesten von R. In den Flüchtlingslagern starben trotz des Einsatzes internationaler Hilfsdienste Tausende Menschen täglich an Hunger und Epidemien.

Machtwechsel: Nach der Eroberung des größten Teils von R. erklärte die FPR unter Paul Kagame Mitte 1994 das Ende des Bürgerkriegs. Sie bildete eine neue, FPR-dominierte Staatsführung und setzte als Zeichen der

Links: Unabhängigkeitsfeier am 1.7.1962 im Stadion der Hauptstadt Kigali. Die Hutu übernahmen unter Grégoire Kayibanda, dem Chef der Parti de l'Emancipation du Peuple Hutu (PARMEHUTU), die Führung des Landes. Die Spannungen zwischen den Bevölkerungsgruppen der Hutu und Tutsi entluden sich in den folgenden Jahren immer wieder in bewaffneten Konflikten und Massakern.

Rechts: Nach der blutigen Machtergreifung der FPR (Front Patriotique Rwandais) flammte 1994 der Bürgerkrieg zwischen ruand. Regierungstruppen und den Tutsi-Rebellen der FPR wieder auf. Bei Massakern wurden rund 1,75 Mio Menschen getötet. Tausende Ruander (zumeist Hutus) und Militärs – unter ihnen auch Milizen der Hutu-Extremisten – flohen nach dem Regierungswechsel in das Nachbarland Kongo-Zaïre.

Versöhnung den FPR-Funktionär Pasteur Bizimungu, einen Hutu, als Staatsoberhaupt ein. Der Amtsantritt der neuen Regierung wurde von einer Hutu-Fluchtwelle nach Zaïre (heute Kongo) und Tansania begleitet, die aus Furcht vor Racheakten entstanden war.

Hutu-Flüchtlinge und Tutsi-Heimkehrer

Bevölkerungsbewegungen: Durch den Massenmord an Tutsi und gemäßigten Hutu kamen 1994 über eine Mio Menschen ums Leben. Den Bevölkerungsverlusten stand eine seit dem Machtwechsel erfolgte Zuwanderung von ca. 700 000 Tutsi entgegen – Heimkehrer, die selbst oder deren Eltern und Großeltern in Fluchtwellen ab 1959 nach Uganda, Burundi oder Tansania geflüchtet waren. Auch die meisten der 1994 über zwei Mio in die Nachbarstaaten geströmten Hutu-Flüchtlinge sind inzwischen nach Ruanda zurückgekehrt. Die immer wieder von Spannungen und blutigen Auseinandersetzungen begleitete Heimkehr und Zuwanderung gehörte zu den größten Problemen der Übergangsregierung. (Foto: Tutsi in einem Flüchtlingslager in Ruanda, 1994)

Staatsoberhäupter Ruandas

Reg.-Zeit	*Name (Volksstamm)*	*Lebensdaten*
1962–73	Grégoire Kayibanda (Hutu)	1924–76
1973–94	Juvénal Habyarimana (Hutu)	1937–94
1994–2000	Pasteur Bizimungu (Hutu)	*1951
seit 2000	Paul Kagame (Tutsi)	*1958

Die wichtigsten Parteien im 20. Jahrhundert

Name (Abkürzung)	*Politische Richtung*	*Gründung*
Parti de l'Emancipation du Peuple Hutu (PARMEHUTU)	antikoloniale Hutu-Bewegung	1958
Mouvement Démocratique Républicain (MDR)	Koalitionspartner	vor 1962
Mouvement Révolutionaire National pour le Développement (MRND)	Einheitspartei bis 1991	1975
Front Patriotique Rwandais (FPR)	bis 1994 Tutsi-dominierte Rebellenbewegung, seit 1994 Regierungspartei	1987
Parti Démocratique Chrétien (PDC)	Koalitionspartner	1990
Parti Liberal (PL)	Koalitionspartner	1991
Parti Social-Democrate (PSD)	Koalitionspartner	1991

Politischer Neuanfang

Koalitionsregierung: Auf der Basis des Arusha-Abkommens von 1993 bildete die FPR 1994 gemeinsam mit anderen politischen Kräften eine Regierung der nationalen Einheit, die etwa zu gleichen Teilen mit Hutu und Tutsi besetzt war. Wichtige Schlüsselressorts blieben jedoch ebenso in der Hand der FPR wie das Amt des Staatspräsidenten und seines Stellvertreters. Als Vizepräsident und Verteidigungsminister wurde Paul Kagame der »starke Mann« in R. (seit April 2000 Staatspräsident). Das 70-köpfige Übergangsparlament verabschiedete 1995 eine neue Verfassung, in der Mehrparteiensystem und Gewaltenteilung verankert sind. Die Sicherung des staatlichen Zusammenhalts sowie die Wiederherstellung eines Mindestmaßes an politischer Stabilität und gesellschaftlicher Integration gehörten zu den Hauptzielen der Koalitionsregierung. Die innenpolitische Lage wurde durch die 1996 begonnene juristische Aufarbeitung des Völkermordes, die zu öffentlich vollstreckten Todesurteilen führte, zusätzlich belastet. Die ursprünglich auf fünf Jahre festgesetzte Übergangsperiode bis zur Durchführung demokratischer Wahlen wurde 1999 bis 2003 verlängert.

Flüchtlingslager: In den Lagern in Zaïre (Kongo) übernahmen Ende 1994 Mitglieder der gestürzten Hutu-Regierung mit Gewalt die Herrschaft und bedrohten rückkehrwillige Angehörige des eigenen Stammes. Die Hutu-Soldaten formierten sich für neue Kampfhandlungen und drohten mit der Rückeroberung des Landes. Ab 1996 häuften sich blutige Zusammenstöße der ruand. Armee mit von zaïr. Lagern aus operierenden Milizen, auf die die ruand. Regierung mit der gewaltsamen Auflösung mehrerer Lager antwortete.

Wirtschaft: Das agrarisch geprägte R. zählte schon vor dem Bürgerkrieg zu den ärmsten Ländern der Welt. Die für den Export schwierige Binnenlage, die extrem hohe ländliche Siedlungsdichte und das Fehlen von wirtschaftlich bedeutenden Rohstoffvorkommen sind strukturelle Hemmnisse für die wirtschaftliche Entwicklung. Krieg, Massenmord, Massenflucht sowie materielle Zerstörungen fügten R.s Ökonomie zusätzlichen Schaden zu. Mitte der 90er Jahre wurde mit Hilfe internationaler Unterstützung der Wiederaufbau von Wirtschaft und Infrastruktur in Gang gesetzt, der jedoch sowohl durch den Hutu-Tutsi-Konflikt im Inneren als auch durch äußere Kriegswirren in der Region der großen Seen (Kongo) gefährdet ist. *B.L.*

Rumänien

Republik Rumänien

Historischer Kern des rumän. Staates sind die beiden Fürstentümer Moldau und Walachei, die im 14. Jh. entstanden. Infolge des Vordringens der Türken auf der Balkanhalbinsel gerieten die Fürstentümer in den osman. Machtbereich und wurden bis Ende des 15. Jh.s tributpflichtige Provinzen des Osman. Reiches (bis 1878). 1859 schlossen sich die Fürstentümer in Personalunion zusammen und wurden 1861 auch verwaltungsmäßig zusammengeführt. Der Name »Rumänien« kam in Gebrauch. 1862 bildeten sie eine gemeinsame Regierung, Bukarest wurde Hauptstadt. Während des Russ.-Türk. Krieges von 1877 rief die Regierung einseitig die Unabhängigkeit aus, die auf dem Berliner Kongress (1878) von den Großmächten bestätigt wurde. 1881 erfolgte durch Parlamentsbeschluss die Umwandlung in ein Königreich.

Das Königreich bis 1914

Ausgangslage: Zu Beginn des 20. Jh.s war R. nominell eine konstitutionelle Monarchie. Faktisch beschränkte sich die Macht jedoch auf den König, die Verwaltung und eine schmale soziale Elite von Großgrundbesitzern, Geschäftsleuten, Parteiführern, hohen Beamten und Offizieren. Etwa 80% der Bevölkerung waren aufgrund eines Zensuswahlrechts von der politischen Einflussnahme ausgeschlossen.
Reformen: Die Modernisierung des rückständigen Landes nahm Ende des 19. Jh.s nur langsam Konturen an. Das Eisenbahnnetz wurde ausgebaut, Erleichterungen für die Donau-Schifffahrt geschaffen und das Bildungssystem reformiert. Die in Westeuropa weit fortgeschrittene Industrialisierung hatte in R. kaum begonnen. Es fehlten das notwendige Kapital, das Fachpersonal und eine aktive Unternehmerschicht. So waren noch über 80% der Rumänen in der Landwirtschaft tätig, davon gut 95% als Kleinbauern. Die Volkswirtschaft diente weitgehend als preiswerter Getreide- und Öllieferant für die entwickelteren Staaten Zentraleuropas.
Die Krone: Staatsoberhaupt R.s war ein Preuße, Prinz Karl von Hohenzollern-Sigmaringen. 1866 vom Parlament unter dem Namen Carol I. zum Fürsten von R. ausgerufen, wurde ihm 1881 – drei Jahre nach der Erringung der Souveränität (1878) – die Königswürde übertragen. Laut Verfassung besaß der Monarch eine einflussreiche Stellung. Er berief die Re-

Rumänien 2000	
Landesfläche	238 391 km² (WR 79)
Einwohner	22,4 Mio (WR 44)
Hauptstadt	Bukarest (2,1 Mio Einwohner)
Sprachen	Rumän., Ungar., Deutsch, Serb.
Währung	1 Leu (Pl.: Lei) = 100 Bani
Gliederung	40 Bezirke
Staatsform	Republik (seit 1991)
Religion	Rumänisch-Orthodoxe (86,8%); Katholiken (5,0%); Sonstige (8,2%)
Bevölkerung	Rumänen (89,4%); Ungarn (7,1%); Sonstige (3,5%)

Rumänien im 20. Jahrhundert	
1907	Bauernaufstand wird militärisch niedergeschlagen; über 1000 Tote.
1913	Teilnahme Rumäniens am Zweiten Balkankrieg gegen Bulgarien.
1914	Ausbruch des Ersten Weltkriegs; Rumänien bleibt zunächst neutral.
1916	Rumänien tritt an der Seite der Entente-Mächte in den Krieg ein.
1918	Bessarabien und Siebenbürgen werden in den Staat eingegliedert.
	Einführung des gleichen Wahlrechts (ausschließlich für Männer).
1919	Einführung des gregorianischen Kalenders; rumän. Truppen in Budapest.
1920	Friedensvertrag von Trianon sichert Verbleib Siebenbürgens bei Rumänien.
1921	Agrarreform enteignet Großgrundbesitz; Gründung der Kommunist. Partei.
	Kleine Entente mit der Tschechoslowakei und Jugoslawien.
1923	Verkündung der neuen Verfassung: rechtliche Gleichstellung der Frauen.
1927	Beginn der Regentschaft für den minderjährigen König Mihai.
1930	Gründung der Eisernen Garde; Rückkehr Carols II. aus dem Exil.
1934	Balkanpakt mit Griechenland, Jugoslawien und der Türkei.
1938	Staatsstreich König Carols II. und Errichtung der Königsdiktatur.
1939	Ausbruch des Zweiten Weltkriegs: Proklamation der rumän. Neutralität.
1940	Gebietsabtretungen an die UdSSR (Bessarabien und Nordbukowina), Nordsiebenbürgen fällt an Ungarn; Diktatur Marschall Ion Antonescus.
1941	Eintritt in den Krieg gegen die UdSSR an der Seite der Mittelmächte.
1944	Einmarsch sowjet. Truppen; Sturz des Antonescu-Regimes.
1945	Kommunistisch dominierte Koalitionsregierung; Agrarreform.
1947	Sturz der Monarchie; Proklamation der Rumän. Volksrepublik.
1948	Fusion von Kommunisten und Sozialisten zur Rumän. Arbeiterpartei.
	Sozialisierungsgesetze; Verfassung der Volksrepublik Rumänien.
1955	Unterzeichnung des Warschauer Vertrags; Aufnahme in die UNO.
1965	Nicolae Ceauşescu wird Generalsekretär des Zentralkomitees der KP
	Neue Verfassung: Sozialistische Republik Rumänien.
1974	Ceauşescu wird Staatspräsident, Manea Manescu Ministerpräsident.
1984	Eröffnung des Donau-Schwarzmeer-Kanals.
1988	Konflikte zwischen Rumänen und Ungarn wegen der geplanten »Systematisierung« (Zerstörung) ungar. Dörfer in Siebenbürgen.
1989	Bestätigung Ceauşescus als Chef der KP; Massenproteste in Timişoara; Sturz, Flucht, Verhaftung und Hinrichtung des »Conducators« Ceauşescu und seiner Frau Elena.
	Einsetzung einer provisorischen Regierung unter Petre Roman.
1990	Ion Iliesçu wird zum Staatspräsidenten gewählt; Proteste und Unruhen; Bergarbeiter lösen gewaltsam Demonstrationen gegen Regierung auf.
1992	Iliescu als Staatsoberhaupt bestätigt; Nicolae Vacaroiu wird Regierungschef.
1993	Assoziierungsabkommen mit der EU; Mitglied des Europarates.
1994	Beitritt zum NATO-Programm Partnerschaft für den Frieden.
1996	Präsidentschaftswahl: Emil Constantinescu wird Nachfolger Iliescus.

gierungen und wirkte an der Gesetzgebung mit, wobei ihm ein Vetorecht gegen von beiden Parlamentskammern verabschiedete Gesetze zustand. Carol I. amtierte bis zu seinem Tod im Jahr 1914.

Politische Lager: Bis zum Ende des Ersten Weltkriegs herrschte ein duales Parteiensystem. Die Nationalliberale Partei vereinte liberale Fabrikanten, Finanzkreise und Intellektuelle, die Konservative Partei war die politische Heimat der Großgrundbesitzer. Die beiden Parteien unterschieden sich vor allem in der Wirtschaftspolitik. Während die Liberalen für Industrialisierung und Schutzzölle eintraten, propagierten die Konservativen den freien Warenverkehr, um den Export ihrer Agrarprodukte sicherzustellen. 1893 kam es zur Gründung der Sozialdemokratischen Partei. Ihr Einfluss blieb jedoch gering, da eine Facharbeiterschaft kaum existierte.

Außenpolitik: Seit 1883 war R. durch Geheimverträge in ein antiruss. Bündnis mit dem Deutschen Reich und Österreich-Ungarn eingebunden. Dabei war vor allem die Annäherung an Ungarn problematisch, da die Situation der in Siebenbürgen lebenden Rumänen einen permanenten Konfliktherd zwischen den beiden Staaten darstellte. Um der Gefahr einer Isolierung zu entgehen, entschloss sich R. dennoch zu diesem Bündnis, das geheim gehalten wurde und bis 1914 in Kraft blieb.

Gebietsgewinne durch den Ersten Weltkrieg

Durch den Sieg der Ententemächte konnte Rumänien seinen Gebietsstand nach dem Ende des Ersten Weltkriegs um mehr als das Doppelte vergrößern (1913: 130 177 km²; 1920: 295 049 km²). Durch die Friedensverträge von Neuilly (27.11.1919) und Trianon (4.6.1920) sowie das russ. Machtvakuum im Osten gelangten Siebenbürgen und zwei Drittel des Banats (von Ungarn), die Süd-Dobrudscha (von Bulgarien) und Bessarabien (von Russland) unter rumän. Herrschaft. Zudem wurde die gesamte Bukowina (ehemals österreich. Kronland) Rumänien zugesprochen. Während die Grenzen zu Ungarn und Bulgarien durch die Friedensverträge völkerrechtlich fixiert waren, bildete die Zugehörigkeit Bessarabiens in der Zwischenkriegszeit ein Spannungsfeld im Verhältnis zur UdSSR.

Erster Weltkrieg (1914–18)

Trotz des Bündnisses mit den Mittelmächten blieb R. zu Beginn des Weltkriegs neutral und verharrte zwei Jahre lang abwartend. Beide Seiten versuchten, R. als militärischen Partner zu gewinnen. Als die Alliierten weitgehende Gebietszusagen für den Fall ihres Sieges machten, schloss sich das Land ihnen an und erklärte am 27.8.1916 Österreich-Ungarn den Krieg. Der Krieg begann mit einem militärischen Debakel: Deutsche Truppen drangen weit ins Land, besetzten die Walachei und die Hauptstadt. Die Regierung wich in die Moldau aus. Als Russland 1917 aus dem Krieg ausschied, zeichnete sich eine Umklammerung des Reststaates ab. R. schloss einen Waffenstillstand mit den Mittelmächten und unterzeichnete am 7.5.1918 den Friedensvertrag von Bukarest. Der Vertrag erlangte aber keine Gültigkeit, da sich die militärische Situation in Südosteuropa im September 1918 vollends umkehrte. Am 10.11.1918, einen Tag vor dem Waffenstillstand der Alliierten mit dem Deutschen Reich, erklärte R. Deutschland erneut den Krieg und fand sich somit bei Kriegsende auf Seiten der Siegermächte.

Ergebnisse des Ersten Weltkriegs

Großrumänien: Aufgrund des Siegs der Alliierten erfüllten sich nach Kriegsende die Expansionswünsche eines Großrumäniens: Auf Kosten Ungarns (Siebenbürgen und Banat), Russlands (Bessarabien) und Bulgariens (Süd-Dobrudscha) vergrößerte sich das rumän. Territorium um mehr als das Doppelte. Als ehemaliges österreich. Kronland wurde auch die Bukowina in den Staat eingegliedert. Die Bevölkerungszahl stieg von 7,8 Mio auf 15,7 Mio. Die Integration der neu gewonnenen Provinzen stellte die vordringliche innenpolitische Aufgabe dar.

Minderheiten: Durch die großen territorialen Gewinne lebten nun nahezu alle Rumänen in ihrem eigenen Staat, es gelangten jedoch gleichzeitig starke ethnische Minderheiten ins Land. Aus dem Nationalstaat war ein Nationalitätenstaat geworden. Nahezu ein Drittel der Bevölkerung war nicht rumänisch (1930: ca. 5 Mio). Die zahlenmäßig stärksten Minderheiten stellten Magyaren (1,5 Mio), Deutsche (750 000), Ruthenen/Ukrainer (600 000), Russen (400 000) und Bulgaren (360 000). Die Integration der Minderheiten gestaltete sich äußerst schwierig, da weder der politische Konsens der Eliten noch der Wille der Mehrheitsbevölkerung hierzu gegeben waren.

Staatsform: Der Staat blieb eine parlamentarische Monarchie mit starker Stellung des Königs. Die neue Verfassung von 1923 übernahm wesentliche Elemente der ersten Verfassung von 1866. So behielt der König das Recht zur Regierungsernennung und Parlamentsauflösung. Die Verfassung präzisierte die Bürgerrechte und erklärte die rechtliche und politische Gleichstellung der Frauen.
Der Monarch: Seit dem Tod Carols I. 1914 war sein Neffe Ferdinand I. (1914–27) »König aller Rumänen«. Die Krönung fand 1922 im siebenbürgischen Alba Iulia statt. Sein ältester Sohn Carol II. (1930–40) verzichtete zunächst auf die Thronfolge und verließ das Land, kehrte aber 1930 zurück und ließ sich zum König proklamieren.

Ferdinand I. wurde am 14.10.1922 in Alba Iulia (ehemals Karlsburg) in Siebenbürgen zum »König aller Rumänen« gekrönt. Ferdinand, ein Sohn Leopolds von Hohenzollern-Sigmaringen und 1865 in dessen Fürstentum geboren, wurde 1889 von seinem kinderlosen Onkel, Carol I. von Rumänien, als Thronerbe adoptiert. (Foto: Ferdinand I. krönt seine Gemahlin, die engl. Prinzessin Maria, eine Enkelin von Queen Victoria)

Zwischenkriegszeit (1918–38)

Innenpolitik: Neben der Einführung des allgemeinen Wahlrechts stellte die Agrarreform von 1918–21 die wichtigste politische Änderung dar. Mit der Bodenreform wurde die Großgrundbesitzerschicht und damit zugleich der Agrarfeudalismus zerstört. Es wurden ca. 6 Mio ha Boden enteignet. 30% der Nutzfläche gingen an Klein- und Kleinstbauern. Die Reform war zunächst ein Erfolg und wirkte sich stabilisierend für das System aus, konnte aber langfristig das Agrarproblem nicht lösen, da der Großteil der Bauern dennoch nicht mehr als 5 ha Land besaß und über die Deckung des Eigenbedarfs nicht hinauskam. Mangelernährung, Kindersterblichkeit und eine hohe Analphabetenquote bestimmten weiterhin die Lage der Agrarbevölkerung.
Parteienlandschaft: Demokratisierung und Landreform zogen eine Veränderung der innenpolitischen Situation nach sich. Das duale Parteiensystem der Vorkriegszeit wurde von einem breiter gefächerten Spektrum abgelöst. Die Konservative Partei der Großgrundbesitzer hatte aufgrund der Landreform ihre Basis verloren und versank in Bedeutungslosigkeit. Die Nationalliberale Partei dominierte in R. und gewann die Wahlen von 1922, 1927 und 1933. Die Nationale Bauernpartei, 1926 entstanden, trug die Hoffnungen der Bauern, die immer noch rund 80% der Bevölkerung ausmachten. Sie siegte in den Wahlen von 1928 und 1932. Die Sozialisten hatten 1918–20 unter Unterdrückungsmaßnahmen zu leiden. 1921 trennte sich der linke Flügel von den Sozialisten und gründete die Kommunistische Partei. Beide Parteien konnten aufgrund der schwach ausgebildeten Industriearbeiterschaft kaum Einfluss gewinnen.

Außenpolitik: Die staatliche Neuordnung zu erhalten und damit die territorialen Gewinne zu sichern, war oberstes Ziel rumän. Außenpolitik nach dem Ersten Weltkrieg. Zu diesem Zweck bildete das Land mit Jugoslawien und der Tschechoslowakei die Kleine Entente (1921), ein gegen Ungarn gerichtetes Defensiv Bündnissystem. Die drei Staaten unterzeichneten zudem bilaterale Verträge mit Frankreich. Als Reaktion auf das Erstarken Deutschlands, Italiens und der Sowjetunion ging R. 1934 den Balkanpakt mit Griechenland, Jugoslawien und der Türkei ein. Die Staaten garantierten sich darin gegenseitig ihren territorialen Status quo.

Der Ruck nach rechts

Radikalisierung der Gesellschaft: Die Auswirkungen der Weltwirtschaftskrise, vor allem der Verfall der Getreidepreise, verschärften Anfang der 30er Jahre die sozialen Spannungen. Die wirtschaftliche Not führte zu einer Polarisierung der Gesellschaft. Sowohl die Kommunistische Partei als auch faschistische Organisationen erhielten Zulauf. Die Radikalisierung der Innenpolitik nutzte König Carol II. mit Hilfe außerparlamentarischer Kräfte zum Ausbau seiner Macht.
Eiserne Garde: Mit der faschistischen Eisernen Garde (1930) entstand eine Bewegung, die den paramilitärischen Organisationen der italien. Faschisten und deutschen Nationalsozialisten nacheiferte und die Zerschlagung des parlamentarischen Systems anstrebte. Ihr Programm enthielt vor allem chauvinistische, antisemitische und antikommunistische Elemente. Trotz mehrfachen Verbots entwickelte sie sich unter ihrem »Capitan« Corneliu Zelea

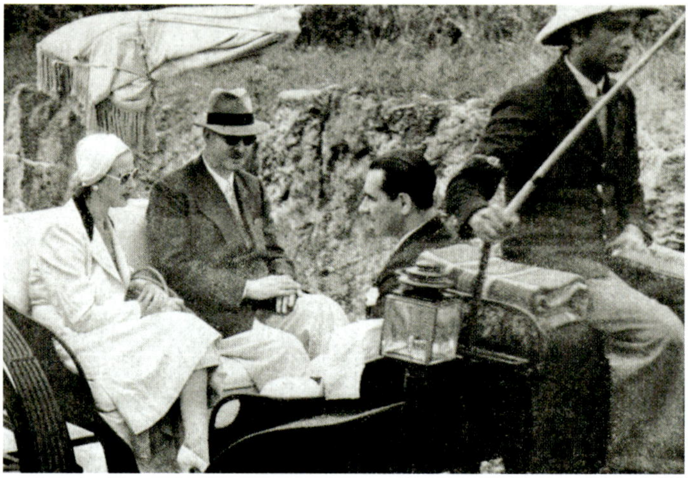

Carol II., der älteste Sohn Ferdinands I., hatte aufgrund Aufsehen erregender Affären das Land verlassen und 1925 auf die Thronfolge verzichten müssen. 1930 kehrte er aus dem Ausland zurück, forderte und erlangte auch den Thron (1930–40). In einem Staatsstreich übernahm er 1938 die alleinige Macht. 1940 zwang ihn Marschall Ion Antonescu zur Abdankung. Carol II. verließ das Land und verbrachte den Rest seines Lebens im Exil. (Foto: Carol II., 2. v. r., 1941 auf einer westind. Insel)

Codreanu zu einer Massenbewegung, die besonders in den Reihen der Bauern Anhänger fand. Unter dem neuen Namen Alles-für-das-Vaterland-Partei nahm sie an den Wahlen von 1937 teil und wurde drittstärkste Partei. Offene, politisch motivierte Gewaltakte erschütterten in den letzten Jahren vor dem Zweiten Weltkrieg das Land.

Die Königsdiktatur (1938–40)

Autoritäres Regime: Die Wahlen von 1937 leiteten schließlich den Umschwung zu einem autoritären Regime ein. Carol II. nutzte die destabilisierte politische Lage, um in einem Staatsstreich das Land unter Kriegsrecht zu stellen und eine Regierung der nationalen Einheit mit lediglich beratendem Status zu berufen. Die liberale Verfassung wurde aufgehoben und durch eine ständische ersetzt (20.2.1938). Das bedeutete das Ende des parlamentarischen Systems. Nach dem Verbot aller bestehenden Parteien wurde per Gesetz vom 15.12.1938 die Staatspartei Front der Nationalen Wiedergeburt gegründet.

Außenpolitik: Unter dem Eindruck der Expansionspolitik Deutschlands und der engen deutsch-rumän. Wirtschaftsbeziehungen führte der Rechtsruck R.s außenpolitisch zu einer Annäherung an das Deutsche Reich. Die Kleine Entente erwies sich bereits bei der Zerschlagung der Tschechoslowakei als handlungsunfähig. König Carol II. wollte sich jedoch nicht eindeutig zugunsten Deutschlands festlegen und versuchte, zwischen den Mächtegruppen zu lavieren. Die Garantieerklärung Englands und Frankreichs für die Integrität R.s am 13.4.1939 schien der rumän. Außenpolitik eine neue Perspektive zu geben.

Stichwort: Die Eiserne Garde

Faschistische Organisation: Aus der 1927 von Studenten gegründeten Legion Erzengel Gabriel entwickelte sich 1930 die faschistische Organisation der Eisernen Garde. Unter ihrem Führer Corneliu Zelea Codreanu propagierten die »Grünhemden« die Erneuerung des Rumänentums durch Rückbesinnung auf die bäuerlichen Werte der Gesellschaft und den Kampf gegen den Parteienstaat. Zwar nahmen sie später Elemente des deutschen Nationalsozialismus und italien. Faschismus auf, doch blieb ihre Ideologie originär auf Rumänien zugeschnitten. Die Garde fand großen Zulauf, vor allem aus der bäuerlichen Bevölkerung. Sie war extrem antisemitisch eingestellt und tat sich bei Judenverfolgungen hervor. Codreanu wurde 1938 wegen Hoch- und Landesverrats verurteilt und während eines Häftlingstransports ermordet. Ein Putsch der Eisernen Garde 1941 wurde von General Ion Antonescu vereitelt, die Organisation daraufhin zerschlagen.

Rumänien im Zweiten Weltkrieg

Gebietsverluste: Bei Ausbruch des Zweiten Weltkriegs erklärte sich R. am 4.9.1939 für neutral. Der Druck der extremen Rechten und die Niederlage Frankreichs im Sommer 1940 ließen die Führung jedoch auf den Kurs der Achsenmächte einschwenken. Dies verhinderte jedoch nicht den Verlust von Territorien: Bessarabien und die Nordbukowina mussten infolge des deutsch-sowjet. Nichtangriffspakts an die Sowjetunion abgetreten werden. Der Zweite Wiener Schiedsspruch des deutschen und des italien. Außenministers verfügte am 30.8.1940 die Übergabe Nordsiebenbürgens an Ungarn und der Süd-Dobrudscha an Bulgarien. Die territorialen Verluste wurden innenpolitisch mit Diskriminierung und Verfolgung von Minderheiten, vor allem der Juden, aber auch der Ungarn, kompensiert.

Militärdiktatur: Die Position des Königs wurde durch die Gebietsverluste irreparabel erschüttert. Um die Unruhen unter Kontrolle zu bekommen, ernannte er General Ion Antonescu am 4.9.1940 zum Ministerpräsidenten und verlieh ihm umfangreiche Vollmachten. Antonescu hingegen zwang Carol II. zur Abdankung (6.9.1940) zugunsten seines Sohnes Mihai. Die faschistische Eiserne Garde stieg zur Staatspartei auf, offener Terror gegen Minderheiten und Andersdenkende wurde zur Normalität. Der »Conducator« (Führer) Antonescu schwenkte bald ganz auf die Seite Hitlers über und führte bis 1944 ein totalitäres Militärregime, nachdem er die Eiserne Garde ebenfalls ausgeschaltet hatte.

Kriegseintritt: Nach dem Beitritt zum Bündnis der Achsenmächte am 23.11.1940 beteiligte sich R. am Überfall auf die Sowjetunion im Sommer 1941 und wurde somit Krieg führender Staat. Anfängliche militärische Erfolge, wie die Rückeroberung Bessarabiens im Juli 1941, wurden bald von schweren und verlustreichen Niederlagen abgelöst. So wurden die 3. und 4. Armee im November 1942 bei Stalingrad völlig aufgerieben. 1943 waren nur noch acht rumän. Divisionen im Fronteinsatz. Im August 1944 drangen sowjet. Truppen auf rumän. Gebiet vor. Der König bereitete daraufhin den Frontenwechsel vor und ließ Marschall Antonescu am 23.8.1944 festnehmen. Am 25.8.1944 erklärte R. Deutschland den Krieg, das nach Antonescus Sturz Bukarest hatte bombardieren lassen. Am 31.8.1944 zog die Rote Armee in Bukarest ein, am 12.9.1944 wurde in Moskau der Waffenstillstand mit der UdSSR unterzeichnet.

Dokument: Waffenstillstandsvertrag mit den Alliierten

Als im August 1944 Truppen der Roten Armee weit auf rumän. Territorium vorrückten, sah König Mihai I. lediglich einen Ausweg: den Bruch mit dem Verbündeten Deutschland und den Abschluss eines Waffenstillstands mit den Alliierten. Am 12.9.1944 unterzeichnete eine rumän. Delegation in Moskau den Vertrag:

Waffenstillstandsvertrag zwischen Rumänien sowie der Sowjetunion, Großbritannien und den Vereinigten Staaten von Amerika

»**1.** Rumänien führt den Krieg von der Seite der alliierten Mächte gegen Deutschland und Ungarn zur Wiederherstellung seiner eigenen Unabhängigkeit und Souveränität fort. (...)

2. Rumänien entwaffnet und interniert alle bewaffneten Streitkräfte Deutschlands und Ungarns auf rumän. Boden. Ebenso werden die Staatsangehörigen der beiden genannten Länder interniert. (...)

3. Rumänien sichert den sowjetruss. und den anderen alliierten Truppen Bewegungsfreiheit auf rumän. Boden in allen Richtungen zu, wenn die militärische Lage es erfordert. (...)

11. Der in der Sowjetunion wegen Kriegshandlungen und durch die rumän. Besetzung entstandene Schaden ist durch Rumänien gutzumachen. (...) Die von Rumänien zu entrichtende Summe beträgt 300 Millionen amerikan. Dollar.« (...)

Der Weg in den Kommunismus

Übergangsphase: Mit der Anwesenheit sowjet. Truppen und dem Übereinkommen zwischen Stalin und Churchill, R. zu 90% dem Einfluss der UdSSR zu überlassen, war der Weg zum kommunistischen Machtmonopol vorgezeichnet. Wie auch in den anderen Staaten Osteuropas gab es zunächst eine Übergangsphase, in der die anfängliche politische Pluralität mehr und mehr beschnitten und schließlich durch eine Einparteienherrschaft abgelöst wurde.

Machtübernahme: Die Kommunistische Partei R.s wurde schon 1944/45 mit Unterstützung sowjet. Stellen zur dominierenden politischen Kraft. Sie verzeichnete starken Zulauf aus Arbeiterkreisen, aber auch aus den Reihen ehemaliger Rechtsradikaler, die sich in Sicherheit bringen wollten. Zudem gewann sie Verbündete unter den Kleinbauern und Landarbeitern. Ihre Mitgliederzahl stieg innerhalb von 14 Monaten von 1000 auf 800 000. Bei den Parlamentswahlen von 1946 gewann die kommunistisch geführte Nationaldemokratische Front 79% der Stimmen. Das Verbot der Nationalen Bauernpartei im August 1947 und die Vereinigung des Großteils der Sozialisten mit den Kommunisten zur Rumän. Arbeiterpartei im Februar 1948 schufen die Voraussetzungen zur ungehinderten Sowjetisierung. Schauprozesse und offene Repressionen begleiteten die Entwicklung.

Volksrepublik: Am 10.2.1947 unterzeichnete R. in Paris den Friedensvertrag mit den Siegermächten. Der Vertrag sicherte R. endgültig die Rückgewinnung Nordsiebenbürgens und verfügte Reparationszahlungen an die Sowjetunion. Das letzte Hindernis auf dem Weg der Umgestaltung stellte der Monarch dar. Am 30.12.1947 wurde König Mihai zur Verzichtserklärung gezwungen und noch am selben Tag die Volksrepublik R. ausgerufen.

Unter dem Patronat Moskaus

Sowjetisierung: Die Phase 1948–52 war vom Ausbau der Machtposition der KP und von Machtkämpfen an der Parteispitze geprägt. Daraus ging der nunmehrige Generalsekretär und Ministerpräsident Gheorghe Gheorghiu-Dej (1952–55) als unangefochtener Sieger hervor, der seine Rivalen als »Nicht-Rumänen« und »Stalinisten« ausschaltete. An der Parteibasis wurde eine große »Säuberung« durchgeführt, die den Ausschluss von fast 200 000 Mitgliedern bewirkte. Die Wirtschaftspolitik forcierte die Industrialisierung und den Ausbau der Schwerindustrie zulasten der Konsum

König Mihai I. ließ den »Conducator« Ion Antonescu am 23.8.1944 festnehmen und wechselte danach auf die Seite der Alliierten. Nach dem Abschluss eines Waffenstillstands mit der Sowjetunion am 12.9.1944 endete für Rumänien der Zweite Weltkrieg. (Foto: Parade der Arbeiterbrigaden in Bukarest am 23.8.1958 anlässlich des Jahrestags der Befreiung)

güterindustrie. Banken sowie Betriebe in Industrie, Handel und Transportwesen wurden verstaatlicht. Eine erneute Landreform enteignete den restlichen verbliebenen Grundbesitz über 50 Hektar.

Außenpolitik: Schon 1948 war ein rumän.-sowjet. Freundschaftsvertrag geschlossen worden, der de facto die Einbindung R.s in das sowjet. Verteidigungssystem bedeutete. 1949 war das Land Gründungsmitglied des Rates für gegenseitige Wirtschaftshilfe (RGW), 1955 des Militärbündnisses Warschauer Pakt. Mit den Ostblockstaaten wurden bilaterale Verträge abgeschlossen. 1955 erfolgte die Aufnahme in die UNO. Mitte der 50er Jahre, als Aufstände in Polen und Ungarn die kommunistische Welt erschütterten, schien R. der zuverlässigste Verbündete der Sowjetunion.

Rumäniens eigener Weg

Wende: Anfang der 60er Jahre wurde deutlich, dass die Führung nicht mehr gewillt war, der sowjet. Politik bedingungslos zu folgen. Vielmehr wurde das Recht auf einen eigenen Weg zur Verwirklichung des Sozialismus herausgestellt. Die Besonderheit der rumän. Eigenentwicklung lag darin, dass es nie zu einem offenen Bruch mit Moskau kam. Man vermied jede scharfe Polemik, wahrte stets die diplomatischen Formen und bekundete allzeit die Solidarität mit den »sozialistischen Bruderländern«. Die Kontroverse entzündete sich im wirtschaftspolitischen Bereich. Auf einer RGW-Tagung 1963 widersetzte sich R. der Absicht, ein übernationales Planungsorgan zum Ziel einer »sozialistischen Arbeitsteilung« zu schaffen, da man eine Gefährdung der eigenen Industrialisierung und den Abstieg zum Rohstofflieferanten befürchtete.

Sozialistische Republik: Am 22.4.1964 wurde in einer Parteiresolution jede Einmischung in die inneren Angelegenheiten R.s kategorisch zurückgewiesen. Diese Resolution wurde als eine Art Unabhängigkeitserklärung angesehen. 1965 änderte die Arbeiterpartei ihren Namen wieder in »Rumän. Kommunistische Partei«. Es trat eine neue Verfassung in Kraft, welche die Volksrepublik in eine »Sozialistische Republik« umwandelte.

Die Ära Ceauşescu (1965–89): Die nationale Variante R.s war eng mit der Person Nicolae Ceauşescus verbunden. Seit 1945 Mitglied des ZK der Partei, avancierte er 1965 zum Parteichef, übernahm 1967 auch die Präsidentschaft des Staatsrates und wurde 1974 Präsident der Republik. Während er im Innern einen harten Kurs verfolgte, demonstrierte Ceauşescu außenpolitisch die nationale Eigenständigkeit R.s. 1967 nahm Bukarest diplomatische Beziehungen zur Bundesrepublik Deutschland auf, 1968 protestierte Ceauşescu gegen die militärische Niederschlagung des Prager Frühlings durch sowjet. Truppen. In den 70er Jahren entwickelte sich um den »Conducator« (Führer) ein extremer Personenkult. Ceauşescu, der »beste Sohn der Nation«, vereinte in seiner Person die wichtigsten Partei- und Staatsämter, seine Familienmitglieder rückten in hohe, einfluss- und vor allem finanziell ertragreiche Positionen auf. Im westlichen Ausland wurde Ceauşescu wegen seines Anti-Moskau-Kurses geschätzt und vielfach ausgezeichnet. Die englische Königin verlieh ihm 1978 den höchsten Orden des Vereinigten Königreichs und erhob ihn damit in den Adelsstand.

Verfall des Regimes: Die 80er Jahre stellten für die Rumänen eine der dunkelsten Perioden ihrer Geschichte dar. Der Entschluss zur Rückzahlung sämtlicher Auslandsschulden in kürzester Zeit führte zu einem wirtschaft-

Nicolae Ceauşescu – der »irdische Gott«

Nicolae Ceauşescu, 1918 als Sohn einer Bauernfamilie geboren, absolvierte Anfang der 30er Jahre in Bukarest eine Schusterlehre. Er fand Anschluss an kommunistische Kreise und wurde als Agitator mehrmals inhaftiert. 1945 wurde er Mitglied des ZK der KP, 1948 stellvertretender Landwirtschaftsminister, 1955 Mitglied des Politbüros. 1965 übernahm Ceauşescu den Parteivorsitz und bekleidete 1974–89 auch das Amt des Staatspräsidenten.

Um Ceauşescu ebenso wie um seine Frau Elena entfaltete sich ein Personenkult, der sonderbare Blüten trieb. Beredter Ausdruck des Kultes war die Unzahl von Titeln, Bezeichnungen und Vergleichen, die mit Blick auf den »Conducator« verwendet wurden:

»... aus Titanen erwählter Titan ... unser Glaube und unsere Erleuchtung ... erster Arbeiter des Landes ... Sohn der Sonne ... der süßeste Kuss der Heimaterde ... Garant des Reichtums Rumäniens ... Genius der Karpaten ... Prinz Zauber ... der Honig dieser Welt ... Schatz der Weisheit ... Tribun der Würde ... ein heilig Versprechen für kommende Tage ... Quelle des lebendigen Wassers ... Designer des sozialistischen Gesellschaft.« (Foto: Ceauşescu, M., beim »Bad« in der Menschenmenge, Bukarest um 1970)

lichen Desaster. Von einer permanenten Versorgungskrise belastet, wurden Lebensmittelknappheit und ungeheizte Wohnungen infolge Energiemangels zum Dauerzustand für die Rumänen. Mit rigorosen polizeistaatlichen Methoden wurden Kritiker der Ceauşescu-Diktatur verfolgt sowie ethnische Minderheiten bedrängt und drangsaliert. Ceauşescu indessen, der Realität offenbar schon ein Stück entrückt, hielt sein Regime nicht für gefährdet und verkündete unter dem programmatischen Titel »Systematisierung« gigantische Bauprojekte. Als in den anderen osteuropäischen Ländern der Übergang zur Demokratie bereits vollzogen oder zumindest weit fortgeschritten war, im November 1989, bestätigte in R. der 14. Parteitag einmütig den Parteivorsitzenden.

Rumäniens Revolution als Fernseh-Ereignis

Das Ende der Diktatur: Ein Sondergericht verurteilte Elena und Nicolae Ceauşescu am 25.12.1989 u. a. wegen Völkermords sowie Untergrabung der Staatsmacht und der Volkswirtschaft zum Tode. Beide wurden direkt im Anschluss an die Gerichtsverhandlung erschossen.

Erstmals in der Geschichte konnte die Bevölkerung eines Landes die wichtigsten revolutionären Etappen live im Fernsehen miterleben: von den ersten Pfiffen gegen Ceauşescu über die Straßenkämpfe mit Einheiten der Securitate bis zur Verurteilung und Hinrichtung des Diktators und seiner Frau (zeitversetzt gesendet). So lieferte z. B. die Übertragung der naturgemäß chaotisch ablaufenden Ereignisse um die Errichtung einer provisorischen »Rettungsfront« eindrucksvolle Einblicke in die Dynamik revolutionärer Prozesse.

Das Fernsehen diente jedoch nicht nur als Informationsmedium, sondern wurde auch zur Steuerung der Ereignisse benutzt. Immer wieder riefen die Akteure über das Fernsehen die Bevölkerung auf, auf der Straße zu bleiben bzw. hinauszukommen und aktiv an dem Aufstand teilzunehmen. (Foto: Fernsehübertragung der Vernehmung von Nicolae und Elena Ceauşescu, 25.12.1989)

Der Sturz der Diktatur 1989

Terror der Securitate: Der Aufruhr im Spätherbst 1989 begann in Timişoara im Banat, als der Pfarrer László Tökés, welcher der ungar. Minderheit angehörte, wegen seiner Kritik an der rumän. Religionspolitik zwangsversetzt werden sollte. Es kam zu Solidaritätsbekundungen von Gläubigen und am 16.12. 1989 zu einer Demonstration, auf der erstmals Losungen gegen Ceauşescu und das Regime laut wurden. Der Diktator erteilte den Befehl, gegen die »ungar. Faschisten« und »Hooligans« Schusswaffen einzusetzen. Das Eingreifen der staatlichen Sicherheitsorgane, vor allem der Geheimpolizei Securitate, forderte etwa 100 Todesopfer.

Rücktrittsforderungen: Am 21.12.1989 berief Ceauşescu eine Großkundgebung Bukarester Werktätiger ein, auf der er Lohnerhöhungen ankündigen wollte. Doch als er zu reden begann, ertönten Pfiffe. Schüsse fielen und die Menge lief in Panik auseinander. Am Abend versammelten sich Demonstranten, die Ceauşescus Rücktritt forderten.

Das Ende der Ceauşescus: Am Morgen des 22.12.1989 drangen Arbeiter in das Gebäude des ZK ein. Ceauşescu und seine Frau flohen daraufhin, wurden aber wenig später im Landesinneren verhaftet. Die Aufständischen brachten Radio- und Fernsehanstalten unter ihre Kontrolle. Übers Fernsehen verkündete der Schriftsteller Mircea Dinescu mittags den Sieg der rumän. Revolution. Die Armee ging nicht gegen die Bevölkerung vor, doch es kam zu Kämpfen mit der Securitate, die sich einige Tage lang hinzogen. Am 25.12.1989 wurde das Ehepaar Ceauşescu von einem Sondergericht zum Tode verurteilt und anschließend hingerichtet. Das Regime war gestürzt.

Staatsoberhäupter Rumäniens

Reg.-Zeit	Name (Dynastie)	Lebensdaten	Reg.-Zeit	Name (Dynastie)	Lebensdaten
1881–1914	Carol I. (Hohenzollern)	1839–1914	1952–58	Petru Groza	1884–1958
1914–27	Ferdinand I. (Hohenzollern)	1865–1927	1958–61	Ion Gheorghe Maurer	1902–2000
1927–30	Mihai I. (Hohenzollern)	*1921	1961–65	Gheorghe Gheorghiu-Dej	1901–1965
1930–40	Carol II. (Hohenzollern)	1893–1953	1965–67	Chivu Stoica	1908–1975
1940–47	Mihai I. (Hohenzollern)	*1921	1967–89	Nicolae Ceauşescu	1918–1989
1947/48	Mihai Sadoveanu	1880–1961	1990–96	Ion Iliescu	*1930
1948–52	Constantin Ian Parhon	1874–1969	seit 1996	Emil Constantinescu	*1939

Ion Iliescu (*3.3.1930 in Oltenita) war kommunistischer Jugend- und Parteifunktionär. 1971 wurde er ZK-Sekretär für Propaganda und Erziehung. Differenzen mit Parteichef Nicolae Ceauşescu führten zu seiner schrittweisen Entmachtung. Nach dem Sturz Ceauşescus Ende 1989 stieg Iliescu zum Staatschef auf. (Foto: Iliescu im April 1990)

Schwieriger Wandel (seit 1990)

Die »Gestohlene« Revolution: Die Umgestaltung zur demokratischen Gesellschaft gestaltete sich in R. schwieriger als in anderen osteuropäischen Staaten. Der Revolution folgte ein Machtvakuum, da sich unter dem Ceauşescu-Regime keine demokratischen Oppositionsgruppen gebildet hatten. Ein Großteil kommunistischer Strukturen blieb erhalten und in die Führungspositionen rückten zunächst ehemalige Parteifunktionäre auf, die unter Ceauşescu in Ungnade gefallen waren. Man sprach im Nachhinein von der »gestohlenen« Revolution.

Die Ära Iliescu (1990–96): Der neue »starke Mann« war Ion Iliescu. Von der provisorischen Regierung zum Staatspräsidenten ernannt, wurde er bei den Wahlen von 1990 mit 86% der Stimmen als Präsident bestätigt. Im Parlament errang seine Front der Nationalen Rettung die absolute Mehrheit (66%). Als erklärter Gegner eines Mehrparteiensystems ließ er zu Beginn seiner Amtszeit bewaffnete Bergarbeiter gegen missliebige Demonstranten aufmarschieren. Iliescu schürte den Argwohn gegen Minderheiten (Ungarn, Roma), er paktierte mit extrem nationalistischen Kräften ebenso wie mit kommunistischen und verhinderte den Durchbruch zu wirklicher Demokratie und Marktwirtschaft. Die wirtschaftliche Lage R.s gestaltete sich zunehmend prekär. 1996 verlor Iliescu die Wahl zum Staatspräsidenten und auch im Parlament kam es zum Machtwechsel.

Wende zur Demokratie: Die Wahlen von 1996 weckten erneut die Hoffnung auf eine demokratische Umwandlung R.s und die Einleitung der notwendigen Wirtschaftsreformen. Neuer Staatspräsident wurde Emil Constantinescu, stärkste Partei im Parlament die Wahlallianz Demokratische Konvention R.s (CDR), die eine Regierungskoalition mit der Sozialdemokratischen Union und dem Verband der Ungarn einging. Damit kamen Kräfte an die Macht, die für einen endgültigen Bruch mit der Vergangenheit und die Entwicklung der zivilen Gesellschaft stehen. Die Liberalisierung der Wirtschaftspolitik und der Umbau des Sicherheitsapparates bildeten daher vorrangige Ziele der Koalition unter Ministerpräsident Victor Ciorbea (1996–98). Da die Reformen jedoch nur schleppend vorankamen, wurde Ciorbea 1998 abgelöst und Radu Vasile (1998/99) trat als neuer Regierungschef an. Auf die Einladung der EU zu Beitrittsverhandlungen (1999) wurde mit einem erneuten Wechsel des Ministerpräsidenten geantwortet (21.12.1999). Der parteilose bisherige Chef der Nationalbank, Mugur Isarescu, soll als neuer Regierungschef das Land auf Beitrittskurs bringen.

Die wichtigsten Parteien im 20. Jahrhundert

Name (Abkürzung)	*Politische Richtung*	*Gründung*
Nationalliberale Partei	nationalliberal	1869
Sozialdemokratische Partei	sozialdemokratisch	1893
Konservativ-Demokratische Partei	konservativ	1908
National-Demokratische Partei (PND)	nationalliberal	1910
Bauernpartei	agrarsozialistisch	1918
Rumän. Kommunistische Partei (PCR)	kommunistisch	1921
Eiserne Garde	faschistisch	1930
Front der Nationalen Wiedergeburt (FNR)	korporatistisch	1938
Rumän. Arbeiterpartei	kommunistisch	1948
Demokrat. Konvention Rumäniens (CDR)	liberal	1992
Sozialdemokratische Union (USD)	sozialdemokratisch	1992
Partei der Sozialen Demokratie (PSDR)	national-konservativ	1993

Neuorientierung in der Außenpolitik

Die politische und militärische Einbindung in die europäischen und nordatlantischen Organisationen ist vorrangiges Ziel rumän. Außenpolitik. 1993 wurde R. Mitglied des Europarates und unterzeichnete das Assoziierungsabkommen mit der EU. Allerdings ist R. noch weit davon entfernt, die Kriterien für den Beitritt zu erfüllen. 1994 trat R. als erstes postkommunistisches Land dem NATO-Programm Partnerschaft für den Frieden bei, gehörte jedoch nicht zu den osteuropäischen Ländern, die 1999 in die NATO aufgenommen wurden. *R.F.*

Russland

Russisches Kaiserreich

Im 9. Jh. entstand unter der Dynastie der Rurikiden in Kiew das erste, »Rus« genannte ostslaw. Großreich, das im 11. Jh. durch Erbteilung in mehrere Teilfürstentümer zerfiel. Um 1240 unterwarfen die Mongolen die Fürsten der Rus und machten sie tributpflichtig. Der Khan der Goldenen Horde übertrug dem unbedeutenden Fürsten von Moskau die Aufgabe, den jährlich fälligen Tribut bei den übrigen Fürsten einzusammeln. Damit begann der Aufstieg Moskaus, das die übrigen Teilfürstentümer unterwarf und um 1500 die Oberherrschaft der Tataren abschütteln konnte. Bereits unter Iwan IV. Grosny (»Der Schreckliche«), der 1547 den Titel Zar (Caesar) annahm, erstreckte sich das Reich vom Eismeer bis zum Asowschen Meer. Nachdem Peter der Große (1682–1725) den Zugang zur Ostsee erkämpft hatte, stieg Moskau zu einer europäischen Großmacht auf. Seitdem nannten sich die russ. Herrscher »Kaiser und Selbstherrscher von ganz Russland«.

Das russische Kaiserreich um 1900

Reformen: Um 1900 war R. neben Großbritannien und seinen Kolonien der größte Staat der Welt. Nach der Niederlage im Krimkrieg (1853–56) und dem Poln. Aufstand 1863 konnten sich Kaiser und Regierung zwar zu einer Reihe von Reformen durchringen (u. a. die Aufhebung der Leibeigenschaft 1861), aber nach der Ermordung von Kaiser Alexander II. 1881 durch linksgerichtete Terroristen kamen alle Reformbemühungen zum Erliegen.
Industrialisierung: Kurz vor der Jahrhundertwende machte die Industrialisierung R.s große Fortschritte. In den drei Jahrzehnten vor 1900 verzehnfachte sich die Erzeugung von Kohle und Eisen. Ebenso rasant stiegen die Anzahl der Industriearbeiter und die Einwohnerzahlen der großen Städte. Zwischen 1883 und 1913 wuchs die Industrieproduktion jährlich um etwa 5% und das Reich wurde zur viertgrößten Industrienation Europas. R. war 1900 zwar noch immer überwiegend eine Agrarnation und die meisten Bauern waren in der überkommenen Dorfgemeinschaft gebunden, doch insgesamt gesehen befand sich das Land im wirt schaftlichen Aufschwung.
Außenpolitik: Die auf dem Berliner Kongress 1878 einsetzende Entfremdung zum damaligen Verbündeten Deutschland führte 1892 zu einem geheimen Beistandsbündnis mit Frankreich. Seitdem drängte französ. Kapital nach R. und kontrollierte 1913 fast 60% der russ. Schwerindustrie. Ähnliche hohe Werte sind auch bei den privaten Eisenbahnen zu verzeichnen. Der Abschluss der »Entente Cordiale« zwischen Frankreich und Großbritannien 1903 führte 1907 zur Verständigung R.s mit Großbritannien und damit zur informellen »Tripel-Allianz« dieser drei Großmächte.

Das russische Kaiserreich im 20. Jahrhundert

1904	Russ.-Japan. Krieg um die Mandschurei (endet 1905 mit russ. Niederlage).
1905	»Petersburger Blutsonntag« löst Revolution aus.
	Gründung von ersten Arbeiterräten (Sowjets).
	»Oktobermanifest« des Zaren verspricht freie Wahlen; Zulassung von Parteien und Gewerkschaften.
1906	Erste Wahlen zur Duma (Parlament).
	Beginn von Pjotr Stolypins Agrarreformen.
1911	Ermordung von Ministerpräsident Stolypin beendet die Reformen.
1914	Ausbruch des Ersten Weltkriegs.
1916	Schwere Verluste während der Brussilow-Offensive erschüttern die Armee.
	Ermordung von Grigori Rasputin führt zur Krise der Monarchie.
1917	Februarrevolution; Rücktritt Zar Nikolais II.
	»Doppelherrschaft« von Provisorischer Regierung und Arbeiter- und Soldatenräten (Sowjets).
	Durch die Oktoberrevolution kommen die Bolschewiki an die Macht.
1918	Ermordung von Zar Nikolai II. und seiner Familie durch die Bolschewiki.
1922	Gründung der Union der sozialistischen Sowjetrepubliken (Sowjetunion).

Nikolai II. Romanow – der letzte russische Zar

Zar Nikolai II. (1868–1918) aus dem Herrscherhaus Holstein-Gottorp-Romanow hielt als russ. Kaiser (ab 1894) an der autokratischen Politik seines Vorgängers fest. Unter seiner Regentschaft blieben die wirtschaftlichen Probleme Russlands weiter ungelöst. Zar Nikolai II. war seiner politischen Aufgabe nicht gewachsen. Aus innerer Unsicherheit klammerte er sich hartnäckig an längst überholte Formen und Institutionen. Aus dem Bestreben, die Autokratie unverändert seinem Sohn zu hinterlassen, sträubte er sich hartnäckig gegen die Einführung einer Verfassung. Nach der militärischen Katastrophe im Ersten Weltkrieg und dem Ausbruch der Februarrevolution dankte er 1917 ab. Am 16. Juli 1918 wurde er mit seiner Familie von den Bolschewiki ermordet. (Foto: Nikolai II. im Kreis seiner Familie, um 1910)

Die großen Parteien vor der Revolution 1917

Die Sozialdemokratische Arbeiterpartei Russlands (SAPR) ging aus der 1883 von Georgi Plechanow gegründeten marxistischen Partei »Befreiung der Arbeit« hervor. 1898 gegründet, spaltete sie sich 1903 in die Menschewiki, die sich in Parteistruktur und politischen Zielen eher am Vorbild der Sozialdemokratischen Partei Deutschlands (SPD) orientierten, und in die Bolschewiki, eine straff organisierte Kaderpartei unter der Führung von Wladimir Lenin. Diese war die Keimzelle der späteren Kommunistischen Partei der Sowjetunion.
Die Sozialrevolutionäre (SR), eine nicht marxistische linksrevolutionäre Partei, vertrat vor allem die Interessen der Bauern. Sie besaß keine straffe Organisation und spaltete sich in mehrere Gruppen auf, darunter die Trudowiki, die im Juli 1917 in die Provisorische Regierung eintraten. Insgesamt standen die Sozialrevolutionäre dem Anarchismus und Syndikalismus recht nahe.
Die Konstitutionellen Demokraten (KD) stellten eine im Oktober 1905 gegründete bürgerliche linksliberale Partei, die Russland in eine konstitutionelle Monarchie umwandeln wollten. In vielen Punkten unterschieden sie sich – auch wenn sie sich nicht auf Karl Marx beriefen – recht wenig von westeuropäischen Sozialdemokraten. Nach ihrem Parteikürzel »KD« wurden sie von ihren Gegnern häufig »Kadetten« genannt.
Die Oktobristen (eigentl. »Partei des 17. Oktober«, nach dem Oktobermanifest von 1905) waren eine national-liberale Abspaltung der Konstitutionellen Demokraten. Sie strebten eine parlamentarische Monarchie nach westeuropäischem Vorbild an und waren daher streng genommen die eigentlichen »konstitutionellen Demokraten« Russlands.

Stichwort: Transsibirische Eisenbahn

Symbol der Industrialisierung: Die Transsibir. Eisenbahn ist die längste durchgehende Eisenbahnstrecke der Welt und ein Symbol des industriellen Aufschwungs in Russland zu Beginn des 20. Jh.s. Die Bahn ging auf die Initiative von Zar Alexander III. zurück, der sich von ihr eine bessere Erschließung des Fernen Ostens erhoffte, und sollte Tscheljabinsk im Ural mit dem Pazifik verbinden. Der Bau begann am 19.5.1891 in Wladiwostok. Um die Eisenbahn möglichst schnell zu vollenden, arbeitete man trotz enormer Versorgungsprobleme für die Arbeiter in Sibirien an zahlreichen Stellen gleichzeitig und beschloss 1896 eine neue Trassenführung quer durch die Mandschurei, wodurch sich die Strecke um 800 km verkürzte. Im November 1901 wurde der durchgehende Eisenbahnverkehr nach Wladiwostok aufgenommen. Als 1904 der Krieg gegen Japan um die Mandschurei begann, fehlte noch immer ein Streckenabschnitt am Südufer des Baikalsees, so dass der ganze Nachschub für die Armee von einer Fährverbindung über den See abhing. Da Russland nach dem verlorenen Krieg alle Rechte an der Mandschurei an Japan abtreten musste, wurde auch die Eisenbahnverbindung unterbrochen. Daher begannen 1908 die Bauarbeiten für eine neue Linie, die ausschließlich über russ. Gebiet nördlich des Amurs führte. Erst als 1916 die Arbeiten auch für diese Strecke abgeschlossen waren, konnte die Transsibir. Eisenbahn durchgehend befahren werden – von Tscheljabinsk bis Wladiwostok 7076 km. (Foto: Salonwagen der Transsibir. Bahn, 1900)

Großmachtpolitik in Asien: Der japan. Sieg gegen China 1895 und die wachsende Rivalität zwischen Deutschland und Großbritannien boten R. die Gelegenheit, China zur Verpachtung der Halbinsel Liaotong im Süden der Mandschurei zu zwingen. Der Boxeraufstand 1900 in Peking lieferte den Vorwand zur Besetzung der gesamten Mandschurei. Das russ. Vordringen in Ostasien löste in Japan große Besorgnis aus, das daher 1902 ein Bündnis mit Großbritannien abschloss. Der Streit um die Mandschurei und um Korea steigerte sich schließlich zum Krieg, der am 8.2.1904 mit dem japan. Überfall auf die russ. Flotte in Port Arthur begann. Der Krieg verlagerte sich bald in die Mandschurei, wo die russ. Armee mehrere Niederlagen hinnehmen musste, ohne dass es den Japanern gelang, sie aus dem Land zu verdrängen. Nach der für Japan siegreichen Seeschlacht bei Tsushima im Mai 1905 bot Tokio Verhandlungen an. Der Krieg wurde am 5.9.1905 durch einen Friedensvertrag beendet, in dem R. auf die Südhälfte der Insel Sachalin sowie auf den Pachtvertrag für die Halbinsel Liaotong verzichten musste.

Die Revolution von 1905

Kriegsfolgen: Die inneren Auswirkungen des Krieges waren für R. wesentlich gravierender als die äußeren, denn mit jeder Niederlage der russ. Truppen sank das Vertrauen der Bevölkerung in die Regierung. Der Krieg überlastete das ganze Transportsystem, sodass Ende 1904 schließlich die Grundversorgung der Bevölkerung zusammenbrach.
Blutsonntag: Am Sonntag den 9.1.1905 kam es in St. Petersburg zu einer friedlichen Demonstration, die zum Winterpalais, der kaiserlichen Residenz, zog, um dem Zaren eine Petition zu übergeben. Soldaten eröffneten das Feuer auf die Menge und töteten mehrere hundert Personen. Nach dem »Petersburger Blutsonntag« verlor die Regierung die Kontrolle über die weiteren Ereignisse. Im ganzen Land brachen Streiks, Unruhen und Bauernaufstände aus, die mit Unterbrechungen bis zum Herbst anhielten. In Petersburg und anderen Städten bildeten sich erstmals Arbeiterräte (Sowjets), die die Streiks koordinierten.
Oktobermanifest: Die Proteste verebbten erst, als Nikolai II. am 17.10.1905, von seinen Beratern gedrängt, das »Oktobermanifest« verkündete, das u. a. Rede- und Versammlungsfreiheit sowie freie Wahlen versprach. Das Manifest zog die gemäßigte Opposition wieder auf die Seite des Zaren. Im Dezember

erklärte die Regierung den Petersburger Sowjet für aufgelöst, seine Führer wurden verhaftet. Der Moskauer Sowjet organisierte einen bewaffneten Aufstand, der jedoch von der Armee niedergeschlagen wurde.

Autokratischer Parlamentarismus: Am 10.5.1906 wurde das erste frei gewählte russ. Parlament, die Reichsduma, eröffnet, in das die Linksliberalen als stärkste Partei einzogen. Als sich die (weiterhin vom Zaren eingesetzte) Regierung und die Abgeordneten nicht über die anstehende Agrarreform einigen konnten, löste Nikolai II. die Duma auf.

Agrarreformen Stolypins: Nach Neuwahlen mit einem veränderten Wahlgesetz wurde im Juli 1906 Pjotr A. Stolypin zum Ministerpräsidenten ernannt. Trotz großer Widerstände der konservativen Bürokratie gelang es ihm in den folgenden Jahren mit Hilfe der Duma eine Reihe wichtiger Reformen durchsetzen. Am bedeutendsten war die Agrarreform, die einen wirtschaftlich unabhängigen Bauernstand schaffen sollte. Durch die Reform bearbeiteten 1916 bereits 43% der Bauern eigenes Land.

Ausnahmezustand: Am 12.8.1906 wurde auf Stolypin ein erster Bombenanschlag linksgerichteter Revolutionäre verübt. Während des daraufhin für fast ein Jahr verhängten Kriegsrechts wurden etwa 600 Todesurteile gegen Terroristen ausgesprochen. In der gleichen Zeit verloren über 1600 Staatsbedienstete durch Anschläge ihr Leben, aber es gelang der Regierung noch einmal, das Land zu stabilisieren. Bei der linken Opposition galt Stolypin seitdem als blutrünstiger »Reaktionär«, bei den Konservativen wegen seiner Reformen als gefährlicher »Revolutionär«. Am 14.9.1911 fiel er in Kiew einem linksterroristischen Attentat zum Opfer. Damit kamen die Reformen wieder ins Stocken.

Dokument: Das russische Grundgesetz von 1906

Ende der Autokratie: Das russ. Grundgesetz vom April 1906, das auf der Grundlage des Oktobermanifests von 1905 erlassen wurde, entspricht zwar nicht ganz modernen westlichen Maßstäben, für Russland aber war es eine Revolution. Danach bedurften neue Gesetze zwar noch immer der Zustimmung des Kaisers, aber zum ersten Mal in der Geschichte Russlands konnten sie nicht mehr ohne Zustimmung einer gewählten Volksvertretung verabschiedet werden.

In den ersten Jahren versuchte die kaiserliche Regierung zwar häufig, das Gesetzgebungsrecht des Parlaments durch »Notverordnungen« nach Art. 87 des Grundgesetzes zu umgehen (der Artikel erlaubte es der Regierung, zwischen den Sitzungsperioden der Duma per Dekret Gesetze zu erlassen), aber die Duma musste in der nächsten Sitzung dem Gesetz letztlich doch zustimmen. Daher wurden die Dekrete schließlich nach einiger Zeit so formuliert, dass sie von der Duma angenommen wurden. Schon aus diesem Grund änderte die bloße Existenz der Legislative, auch wenn sie relativ schwach war, die Gesetzgebung und letztlich das Verhalten der gesamten Verwaltung. Durch das Grundgesetz wurde überdies die Zensur abgeschafft, was bis zur Oktoberrevolution 1917 – also selbst während des Ersten Weltkriegs – zu erstaunlich schonungsloser Kritik an den staatlichen Behörden führte.

Das Gesetz gewährte Versammlungsfreiheit und erlaubte erstmals die Gründung von Gewerkschaften und politischen Parteien, deren bloße Existenz den beiden Revolutionen von 1917 eine ganz andere Dynamik verliehen als die zahlreichen spontanen, aber unkoordinierten Unruhen von 1905. Auch wenn Kaiser Nikolai II. das Wort »Verfassung« sorgfältig vermied, so bedeutete das Grundgesetz faktisch das Ende der Autokratie.

Weltkrieg und Februarrevolution

Erster Weltkrieg: Nach den Kriegserklärungen des Deutschen Reichs und Österreich-Ungarns an R. trat das Zarenreich 1914 an der Seite Frankreichs und Englands in den Ersten Weltkrieg ein. Nach dem gescheiterten Angriff auf Ostpreußen im August 1914 (Schlacht von Tannenberg) entlasteten die russ. Offensiven zwar Frankreich, für R. selbst aber brachten sie außer kurzfristigen Erfolgen nur den Tod von Millionen Soldaten und 1915 den Verlust von Polen und Kurland (Litauen). In diesem Jahr übernahm Kaiser Nikolai II. den Oberbefehl über das russ. Heer und damit auch die persönliche Verantwortung für alle weiteren russ. Niederlagen. Während seiner Abwesenheit vom Hof nahmen die Gerüchte über den »schlechten Einfluss« des Wunderheilers Grigori Rasputin auf Kaiserin Alexandra weiter zu. Der Mönch Rasputin hatte seit 1905 das Vertrauen der Zarenfamilie erworben und entzog Nikolai II. zunehmend dem Einfluss seiner politischen Berater. 1916 wurde Rasputin von rechtsstehenden Monarchisten ermordet.

Kriegsmüdigkeit: Spätestens 1916 zeichnete sich ab, dass die russ. Wirtschaft den Krieg nicht über längere Zeit durchhalten konnte. Da bis Ende 1916 rund 15 Mio Männer eingezogen worden waren und der kriegsbedingte Verkehr die Eisenbahnen überlastete, wurde die Versorgung von Soldaten, Bevölkerung und Industrie immer kritischer. Die zunehmende Kriegsmüdigkeit äußerte sich in Demonstrationen und Streiks, welche die angeschlagene Wirtschaft zusätzlich lähmten.

Der Wunderheiler Rasputin (1872–1916)

Grigori Nowy, genannt Rasputin, umgab bereits 1903, als er zum ersten Mal nach Petersburg kam, eine geheimnisvolle Aura. Im November 1905 wurde der sibir. Mönch am kaiserlichen Hof eingeführt, um Blutungen des Zarewitsch (Kronprinzen) Alexej Nikolajewitsch (*1904), der an der Bluterkrankheit litt, zu stillen. Als der Kronprinz 1912 im Sterben lag und die Blutungen erst nach Gebeten Rasputins aufhörten, war dessen Stellung am Hof unangreifbar geworden. Politische Bedeutung erlangte Rasputin jedoch erst, nachdem Kaiser Nikolai II. 1915 den Oberbefehl über die Armee übernommen und Petrograd verlassen hatte. Am 30.12.1916 wurde Rasputin von konservativen Mitgliedern des Hochadels ermordet, um seinen Einfluss auf die Monarchie zu unterbinden.

Alexander Kerenski (1881–1970) trat als Rechtsanwalt schon früh der revolutionären Bewegung bei. Nach dem gescheiterten Aufstand von 1905 wurde er für einige Zeit inhaftiert. In der Duma war er Mitglied der sozialrevolutionären Partei und Führer der Opposition. Seit Mai 1917 Kriegs- und Marineminister und seit Juli Ministerpräsident, setzte er sich für ein militärische Großoffensive gegen die Mittelmächte ein, die aber scheiterte. Nach der bolschewistischen Revolution ging Kerenski 1918 ins Exil.

Februarrevolution: Anfang 1917, als im Hochadel erste Verschwörungen gegen den Kaiser geplant wurden, waren Staat und Wirtschaft in R. noch weitgehend intakt. Die bürgerliche Oppostion rechnete daher nicht mit einer Revolution. Allerdings konnte aufgrund der überlasteten Eisenbahnen, Petrograd seit Januar nicht ausreichend mit Brennstoffen und Lebensmitteln versorgt werden. Auf einer Demonstration am 8.3.1917, dem »Internationalen Frauentag«, wurde bald der Ruf nach Brot laut. Auch in den folgenden Tagen demonstrierten immer wieder hungrige Menschen und plünderten Bäckereien. Kaiser Nikolai II. gab zwar den Befehl, die Unruhen mit allen Mitteln zu unterdrücken, in der Nacht zum 12.3.1917 (nach dem damals in Russland gültigen Julianischen Kalender dem 27.2.1917) verbrüderten sich jedoch die Soldaten der 150 000 Mann starken Petrograder Garnison mit den Demonstranten und unterstellten sich wenig später dem nach dem Muster von 1905 gebildeten »Sowjet der Arbeiter- und Soldatendeputierten«. So war aus der Hungerrevolte eine politische Revolution geworden. Auf Drängen konservativer Politiker und der Generäle dankte Nikolai II. am 15.3.1917 zugunsten seines Bruders Michael ab, der aber auf den Thron verzichtete. Die Regierungsgeschäfte übernahm eine Provisorische Regierung unter Führung von Fürst Grigori Lwow.

Vorsitzende des Ministerrats

Reg.-Zeit	Name	Lebensdaten
Russisches Kaiserreich (bis 1917)		
1904–06	Graf Sergei Witte	1849–1915
1906–06	Iwan Goremykin	1839–1917
1906–11	Pjotr Stolypin	1862–1911
1911–14	Wladimir Kokowtsow	1853–1943
1914–16	Iwan Goremykin	1839–1917
1916	Boris Schtjurmer	1848–1917
1916–17	Alexander Trepow	1862–1928
1917	Fürst Nikolai Golizyn	1850–1925
Russische Republik (1917)		
1917	Fürst Georgi Lwow	1861–1925
1917	Alexander Kerenski	1881–1970

»Doppelherrschaft«: Die folgenden Monate waren durch die »Doppelherrschaft« von Provisorischer Regierung und Petrograder Sowjet geprägt. Da Letzterer die Petrograder Garnison kontrollierte und durch Streikaufrufe das ganze Land lahm legen konnte, musste die Provisorische Regierung alle Entscheidungen vom Sowjet absegnen lassen. Auch der Eintritt von Sozialrevolutionären (Trudowiki) und gemäßigten Sozialdemokraten (Menschewiki) in die Provisorischen Regierung im Mai und die Ersetzung Lwows durch den Trudowiken Alexander Kerenski im Juli 1917 änderte an diesem Abhängigkeitsverhältnis nichts.

Erosion der Macht: Gleichzeitig brachte sich die Provisorische Regierung bei der kriegsmüden Bevölkerung weiter in Misskredit, weil sie zu R.s Bündnispflicht gegenüber den Westmächten stand und den Krieg fortsetzte – zuletzt mit einer Offensive im Juli 1917, die in einem Fiasko endete und die Selbstauflösung des russ. Heeres beschleunigte. Als der zaristische General Kornilow Anfang September einen Umsturzversuch unternahm, musste die Provisorische Regierung den Sowjet um militärischen Beistand für die Niederschlagung bitten – die völlige Erosion der Staatsmacht war offensichtlich geworden.

Bolschewiki: Im April 1917 kehrte Wladimir Lenin, der Führer der Bolschewiki, aus dem Schweizer Exil zurück und entwarf eine Strategie zur Machtergreifung, die auf den Petrograder Sowjet setzte (»Alle Macht den Sowjets«) sowie – im Gegensatz zu Menschewiki und Trudowiki, die sich durch Regierungsbeteiligung diskreditierten – auf die konsequente Opposition zur Provisorischen Regierung. Zudem stellte er die volksnahen Forderungen nach »Brot und Frieden« in den Mittelpunkt der politischen Agitation.

Linksruck: Obwohl ein erster Umsturzversuch der Bolschewiki im Juli 1917 niedergeschlagen wurde, erwies sich Lenins Strategie als erfolgreich: Nach dem Kornilow-Putsch kam es zu einem Linksruck und in den Sowjets von Petrograd und Moskau wurden die Bolschewiki die größte Fraktion. Damit waren die Voraussetzungen für den Sturz der Provisorischen Regierung geschaffen. *P.B.*

Russland

Russische Föderation

Souveränität: Die Wiedergeburt der russ. Eigenstaatlichkeit nach siebzig Jahren Sowjetunion wurde, da sie sich im Schatten der Unabhängigkeitsbestrebungen der balt. Teilrepubliken vollzog, im Westen zunächst kaum beachtet. Der wichtigste Schritt auf diesem Weg war die Wahl von Boris Jelzin zum Vorsitzenden des Obersten Sowjets der Russ. Föderativen Sozialistischen Sowjetrepublik (RSFSR) am 29.5.1990, der unter seiner Führung bereits am 12.6.1990 die Souveränität der (von nun an so genannten) »Russ. Föderation« verkündete.

Die erneute Eigenstaatlichkeit

Freie Wahlen: Die Souveränitätserklärung des russ. Obersten Sowjets entzog der sowjet. Regierung den größten Teil ihrer Machtbasis und in den nächsten Monaten usurpierte Jelzin weitere Machtbefugnisse. Bei der ersten freien Wahl in R. seit 1917 wurde Jelzin am 12.6. 1991 als Kandidat der demokratischen und sozialdemokratischen Parteien zum ersten Staatspräsidenten der Russ. Föderation gewählt. Von Oktober 1991 bis Sommer 1992 übte Jelzin gleichzeitig das Amt des Regierungschefs aus, mit Alexander Ruzkoi als Vizepräsident an seiner Seite.
Augustputsch: Der sowjet. Präsident Gorbatschow versuchte dem Unabhängigkeitsstreben in R. und den anderen Unionsrepubliken mit einem neuen Unionsvertrag zu begegnen, doch am 19.8.1991, dem Vorabend der geplanten Unterzeichnung, inszenierten die orthodoxen Kommunisten in der sowjet. Führung einen Staatsstreich und erklärten Gorbatschow als abgesetzt. Präsident Jelzin stellte sich entschlossen an die Spitze des Widerstands der Moskauer Bürger, sodass der Putsch bald in sich zusammenbrach.
Unabhängigkeit: Danach gab Jelzin die neu gewonnene Macht nicht mehr aus den Händen. Sein Verbot der kommunistischen Partei löste keinerlei Gegenreaktionen aus. Im September 1991 beschloss der Volkskongress der UdSSR die Auflösung der Exekutive der Union und entzog damit Gorbatschow definitiv die Macht. Am 8.12.1991 gründete Präsident Jelzin zusammen mit den Präsidenten der Ukraine und Weißrusslands die »Gemeinschaft Unabhängiger Staaten« (GUS). Dieser Schritt versetzte der Sowjetunion endgültig den Todesstoß – seitdem ist R. ein unabhängiger Staat.

Russland 2000	
Landesfläche	17 Mio km^2 (WR 1)
Einwohner	147,2 Mio (WR 7)
Hauptstadt	Moskau (8,53 Mio Einwohner)
Sprachen	Russisch, Nationalsprachen
Währung	1 Rubel (Rbl) = 100 Kopeken
Gliederung	7 Distrikte
Staatsform	Bundesrepublik (seit 1991)
Religion	Christen (82%); Moslems und Sonstige (18%)
Bevölkerung	Russen (81,5%); Tataren (3,8%); Ukrainer (3%); Sonstige (11,7%)

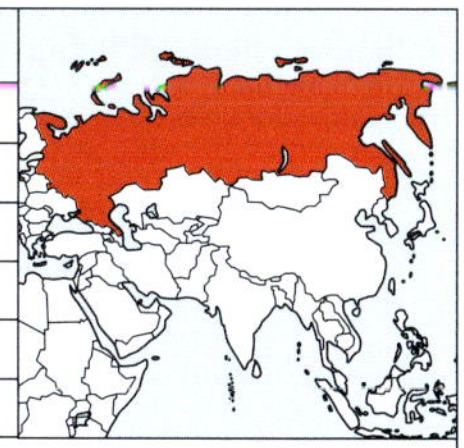

Nach einem Putschversuch reformfeindlicher Kräfte rief der russ. Präsident Boris Jelzin am 19.8.1991 vor dem Regierungsgebäude die Bevölkerung zum Generalstreik auf.

Der sowjet. Präsident Michail Gorbatschow (l.) und sein politischer Gegenspieler Boris Jelzin während einer Sitzung des russ. Parlaments am 23.8.1991.

Die Russische Föderation im 20. Jahrhundert

1990	Jelzin wird Vorsitzender des Obersten Sowjets der Russ. Föderation.
	Der Oberste Sowjet der Russ. Föderation erklärt die Republik für souverän.
1991	Boris Jelzin wird zum ersten russ. Präsidenten gewählt.
	Putschversuch in Moskau; Jelzin verbietet Kommunistische Partei in Russland.
	Tschetschenien erklärt sich für unabhängig.
	Gründung der »Gemeinschaft unabhängiger Staaten« (GUS).
	Ende der Sowjetunion; Russland wird ein unabhängiger Staat.
1992	Föderationsvertrag von allen autonomen Republiken außer Tschetschenien (Tatarstan unterzeichnet 1993 einen erweiterten Vertrag).
1993	Staatspräsident Jelzin unterzeichnet den START-II-Vertrag mit den USA über die Reduzierung der strategischen Atomwaffen.
	Konflikt zwischen Präsident und Oberstem Sowjet; Jelzin lässt das Parlamentsgebäude vom Militär stürmen.
	Wiederzulassung von Kommunistischen Parteien.
	Erste freie Parlamentswahlen in Russland.
1994	Beginn des ersten Tschetschenienkrieges.
1995	Russland erhält einen Sonderstatus im NATO-Konzept »Partnerschaft für den Frieden«.
	Abkommen mit der Ukraine über die Schwarzmeer-Flotte und die Krim.
	Dumawahlen: Kommunisten werden stärkste Fraktion.
1996	Der Europarat in Straßburg beschließt die Aufnahme Russlands.
	Gründung der »Gemeinschaft integrierter Staaten« (GIS) zusammen mit Kasachstan, Kirgistan und Weißrussland.
	Der erste Tschetschenienkrieg endet mit einem Waffenstillstand.
	In einer Stichwahl wird Boris Jelzin erneut zum Staatspräsidenten gewählt.
1997	Friedensvertrag mit Tschetschenien, der den Status des Landes offen lässt.
	Russland und NATO unterzeichnen eine Grundakte zur künftigen Zusammenarbeit.
1998	Beisetzung der sterblichen Überreste der kaiserlichen Familie in der Familiengruft der Romanows in St. Petersburg.
	Russland und Weißrussland schließen einen Unionsvertrag ab.
1999	Beginn des zweiten Tschetschenienkrieges.
	Bei den Wahlen zur Duma werden die reformorientierten Kräfte gestärkt.
	Nach Rücktritt Jelzins wird Wladimir Putin amtierender Präsident.

Parlamentsgebäude unter Beschuss: Regierungstreue Eliteeinheiten schlugen den Putschversuch der nationalkommunistischen Opposition am 4.10.1993 blutig nieder.

Reformen, Krisen und Konflikte

Radikale Reformen: Bereits kurz nach dem gescheiterten Putschversuch verabschiedete im September 1991 das russ. Parlament einen Plan für den Übergang in die freie Marktwirtschaft. Am 15.6.1992 ernannte Präsident Jelzin den Radikalreformer Jegor Gaidar zum amtierenden Ministerpräsidenten. Mit seinem radikal-liberalen »Antikrisenprogramm der Wirtschaft« versuchte Gaidar, R. »in nur 500 Tagen« zur freien Marktwirtschaft zu zwingen. Doch dieses überzogene Programm überforderte die Möglichkeiten der erstarrten Wirtschaftbürokratien. Angesichts des Zusammenbruchs der Produktion und zunehmender sozialer Probleme setzte der Oberste Sowjet am 14.12.1992 die Entlassung von Gaidar durch und wählte gegen den Willen Jelzins stattdessen Viktor Tschernomyrdin.

Machtkonflikte: Schon bei der Entlassung Gaidars wurde deutlich, dass viele der Abgeordneten die radikalen Wirtschaftsreformen ablehnten. Vor allem Parlamentspräsident Ruslan Chasbulatow widersetzte sich der Wirtschaftspolitik der Regierung. Der Streit darüber führte dazu, dass das Parlament im März 1993 eine weitgehende Entmachtung von Präsident Jelzin beschloss. Dieser reagierte im April 1993 mit einer Volksabstimmung über die Einführung des Präsidialsystems in R., die ihm überwältigende Zustimmung brachte. Jelzin berief daraufhin einen Verfassungskonvent ein, um die sowjet. Verfassung von 1978 durch eine demokratische Konstitution zu ersetzen.

Staatskrise: Als die Zentralbank im Juli 1993 unerwartet eine Währungsreform durchführte, brach der Konflikt zwischen Präsident und Parlament erneut aus. In dieser Zeit schloss sich auch Vizepräsident Ruzkoi der Opposition an, wobei er Jelzin Unregelmäßigkeiten im Amt vorwarf. Am 21.9.1993 löste Jelzin das Parlament auf und ordnete Neuwahlen für den Dezember an.

Panzer gegen Abgeordnete: Die Mehrheit der Abgeordneten erklärte daraufhin Ruzkoi zum Staatspräsidenten und rief zum Widerstand gegen Jelzin auf. Einige Tage lang standen sich die Regierung und die Anhänger des Parlaments unter Chasbulatow und Ruzkoi, die sich im Parlamentsgebäude verbarrikadiert hatten, gespannt gegenüber. Als Parlamentsanhänger versuchten, das Moskauer Rathaus und einen Fernsehsender zu besetzen, ließ Jelzin am 4.10.1993 das Parlament von regierungstreuen Einheiten stürmen und beendete damit den Konflikt gewaltsam.

Wahlen und neue Verfassung: Bei den vorgezogenen Parlamentswahlen am 12.12.1993 erhielten linksextreme und ultranationalistische Parteien, darunter die »Liberaldemokratische Partei« Wladimir Schirinowskis, großen Auftrieb. Ebenfalls im Dezember wurde die neue Verfassung verabschiedet, die dem Präsidenten das Recht gab, unter bestimmten Bedingungen das künftig aus zwei Kammern (Duma und Föderationsrat) bestehende Parlament aufzulösen. Im Januar 1994 erklärte Ministerpräsident Tschernomyrdin, die Zeit für »gemäßigte« Reformen sei gekommen. In den nächsten Monaten gelang es ihm, die politischen Verhältnisse wieder zu stabilisieren.

Krieg in Tschetschenien

Wunsch nach Unabhängigkeit: Während des Zusammenbruchs der Sowjetunion erklärten sich 1991 auch einige autonome Gebiete innerhalb der Russ. Föderation für souverän. Fast alle neuen Republiken wie etwa Tatarstan begnügten sich mit ihrer Souveränität, nur das autonome Gebiet Tschetscheno-Inguschetien im Nordkaukasus bestand auf völlige Unabhängigkeit und der Gründung einer islamischen Republik. Dies lehnte jedoch Teile der Bevölkerung ab, so die Inguschen, die wenig später eine eigene Republik innerhalb der Russ. Föderation gründeten.

Guerillakrieg: Nach längeren Unruhen in Tschetschenien befahl Präsident Jelzin im Herbst 1994 den Einsatz von Truppen, die rasch in einen blutigen Guerillakrieg verwickelt wurden, der sich über zwei Jahre hinzog und über 60 000 Menschenleben forderte. Erst nachdem die islamistischen Kämpfer den Krieg mehrfach in die russ. Provinz getragen hatten, sah sich die russ. Regierung im Herbst 1996 zu einem Waffenstillstand und zum Truppenrückzug genötigt.

Russlands Mafia und die politische Macht

»Schattenwirtschaft«: Unter Generalsekretär Leonid Breschnew entwickelte sich am Rande der Not leidenden Planwirtschaft eine prosperierende Schattenwirtschaft, die für alle Beteiligten große Gewinne abwarf. Wegen des notwendigen halblegalen Tauschs von Gütern gegen Mangelwaren, waren häufig selbst Direktoren großer Kombinate und hohe Parteifunktionäre in solche Geschäfte eingeweiht. Dieses System begann bereits in den 70er Jahren mafiose Züge anzunehmen und führte zur Bildung unionsweit operierender Banden, die z. T. von hohen Parteifunktionären und Mitgliedern des KGB gedeckt wurden.

Mafia: Aus solchen über viele Jahre aufgebauten Strukturen entwickelte sich nach dem Zusammenbruch der Sowjetunion sehr rasch die sog. »russ. Mafia«, nur dass sie jetzt auch ins »internationale Geschäft« einsteigen konnte. Bereits 1991 registrierte die russ. Polizei 91 kriminelle Organisationen mit internationalen Verflechtungen, 1992 waren es 174. Die eigentliche Gefahr entstand dadurch, dass die Mafiaorganisationen sich nicht auf Prostitution und Drogenhandel beschränkten, sondern in der regulären Wirtschaft tätig wurden, mit ihren illegalen Gewinnen ganz legal Unternehmen aufkauften oder infiltrierten. 1992–94 wurden Dutzende Bankiers von der Mafia ermordet und parallel dazu übernahm das organisierte Verbrechen praktisch das ganze Bankgewerbe.

Korruption: Aus der »russ. Mafia« wurde in kürzester Zeit eine große wirtschaftliche und politische Macht. Das amerikan. FBI kam schon 1995 zum Schluss, dass etwa 70–80% der russ. Unternehmen von der organisierten Kriminalität infiltriert seien. Zu diesem Zeitpunkt war die Korruption bis in höchste Regierungskreise vorgedrungen. Als 1993 der russ. Vizepräsident Alexander Ruzkoi, der damals dem staatlichen Anti-Korruptions-Komitee vorstand, Korruptionsfälle in der Umgebung des Präsidenten aufdeckte, wurde er von Jelzin entlassen. (Foto: Der Dienstwagen des politisch einflussreichen russ. Topmanagers Boris Beresowski nach dem Bombenattentat am 7.6.1994 in Moskau)

Vorläufige Stabilisierung

Parlamentswahlen 1995: Der Tschetschenienkrieg überschattete den Wahlkampf 1995 und ließ die wirtschaftlichen Probleme in den Hintergrund treten. Bei den Dumawahlen im Dezember mussten die demokratischen Parteien erhebliche Stimmenverluste hinnehmen. Die Kommunistische Partei unter Gennadi Sjuganow wurde mit Abstand stärkste Fraktion und bildete zusammen mit der Agrarpartei einen Linksblock. Die Liberaldemokratische Partei Wladimir Schirinowskis erlitt dagegen große Verluste. Die Wahl führte zur Entlassung zahlreicher führender Reformer.

Präsidentschaftswahlen 1996: Trotz anhaltender wirtschaftlicher Schwierigkeiten verlief auch 1996 der Wahlkampf für die Präsidentschaftswahlen ohne Zwischenfälle. Am 3.7.1996 wurde Boris Jelzin in einer Stichwahl mit 54% der Stimmen als Präsident der Russ. Föderation bestätigt. Nach dem ersten Wahlgang hatte Jelzin mit Alexander Lebed, dem drittplatzierten Kandidaten, ein Wahlabkommen geschlossen und den populären General zu seinem Sicherheitsberater und zum Sonderbeauftragten für Tschetschenien ernannt. Der Reformer Igor Rodionow wurde neuer Verteidigungsminister und Anatoli Tschubais, auch ein Reformer, Chef des Präsidialamts.

Das Ende der Ära Jelzin

Wirtschaftsprobleme: Auch wenn 1997 über 70% der Staatsbetriebe »privatisiert« waren, hielt der Staat bei vielen Unternehmen noch immer große Anteile. Aufgrund zurückgehender Steuereinnahmen zahlten Staatsbetriebe und Behörden Gehälter und Renten nicht oder nur mit großer Verspätung aus, was zu großer Unzufriedenheit in der Bevölkerung führte. Präsident Jelzin warf deshalb im März 1997 der Regierung Tschernomyrdin öffentlich wirtschaftliche Inkompetenz vor und legte in der Folgezeit immer häufiger sein Veto gegen Regierungsverordnungen und gegen Gesetze ein, die das Parlament verabschiedet hatte.

Vorsitzende des Ministerrats

Reg.-Zeit	*Name*	*Lebensdaten*
1991/92	Boris Jelzin	*1931
1992	Jegor Gaidar	*1956
1992–98	Viktor Tschernomyrdin	*1938
1998	Sergei Kirijenko	*1962
1998	Viktor Tschernomyrdin	*1938
1998/99	Jewgeni Primakow	*1929
1999	Sergei Stepaschin	*1952
1999/2000	Wladimir Putin	*1952

Staatsoberhäupter Russlands

Regierungs-Zeit	*Name*	*Lebensdaten*
1991–99	Boris Jelzin (Staatspräsident)	*1931
1999/2000	Wladimir Putin (amtierender Staatspräsident)	*1952
seit 2000	Wladimir Putin (Staatspräsident)	*1952

Russische Parteien nach 1991

Name (Abkürzung)	*Politische Richtung*	*Gründung*
Liberaldemokratische Partei (LDPR)	nationalist., fremdenfeindlich	1991
Frauen Russlands (SchR)	demokratisch, feministisch	1993
Jabloko	demokratisch, liberal, reformorientiert	1993
Kommunistische Partei Russlands (KPRF)	kommunistisch-leninistisch	1993
Kommunistische Arbeiter Russlands – Für die Sowjetunion (KTR-SSS)	kommunistisch	1993
Kongress russ. Gemeinden und Bewegung von I. Boldurew (KRO-DB)	zentristisch, konservativ	1993
Partei der Pensionäre (PP)	Interessenvertretung der Rentner	1993
Unser Haus Russland (NDR)	gemäßigt reformorientiert	1995
Interregionale Bewegung Einheit (Medwed)	zentristisch, christlich, populistisch, gemäßigt reformorientiert	1999
Union der rechten Kräfte (SPS)	demokratisch, liberal, gemäßigt, reformorientiert	1999
Vaterland/Ganz Russland (OVR)	zentristisch, populistisch, gemäßigt reformorientiert	1999

Finanzkrise: Da die Regierung die finanziellen und strukturellen Probleme nicht in den Griff bekam, entließ Präsident Jelzin Ministerpräsident Tschernomyrdin und ernannte am 24.4.1998 den Liberalen Sergei Kirijenko zu seinem Nachfolger, um ihn nur ein halbes Jahr später, im September 1998 durch Jewgenij Primakow zu ersetzen, einen Mann aus der alten Sowjetnomenklatura (der sich allerdings bei Amtsantritt zur Marktwirtschaft bekannte). Im Herbst 1998 erreichte die russ. Finanzkrise einen neuen Höhepunkt und nur durch Intervention der Weltbank konnte ein Staatsbankrott vermieden werden.

Wachsende Instabilität: Nach nur acht Monaten wurde Ministerpräsident Primakow am 12.5.1999 von Jelzin überraschend wieder abberufen und durch Innenminister Sergei Stepaschin ersetzt, der das Amt nur drei Monate innehatte: Am 9.8.1999 ernannte Jelzin den Leiter des Geheimdienstes Wladimir Putin zum neuen Ministerpräsidenten. Die häufigen Umbildungen an der Regierungsspitze waren ein deutliches Indiz dafür, dass die Ära Jelzin ihrem Ende zuging.

Tschetschenien: Als im August 1999 islamistische Kämpfer von Tschetschenien aus ins benachbarte Dagestan eindrangen und nach mehreren Bombenanschlägen in russ. Städten, die die russ. Führung tschetschen. Terroristen anlastete, marschierten erneut russ. Truppen in die Kaukasusrepublik ein. Obwohl immer größere Truppenteile nach Tschetschenien verlegt wurden und trotz massiver Bombenangriffe auf die Hauptstadt Grosny, konnte der tschetschen. Widerstand nicht völlig gebrochen werden. Die Islamisten zogen sich in die Berge zurück und gingen zum Partisanenkrieg über.

Parlamentswahlen 1999: Bei den Dumawahlen im Dezember 1999 wurden die Kommunisten zwar erneut stärkste Fraktion, an zweiter Stelle kam jedoch überraschend die Bewegung »Jedinstwo« (Einheit), die erst wenige Wochen zuvor als Wahlplattform für Ministerpräsident Putin gegründet worden war. Dritte Kraft wurde das Bündnis »Vaterland/Ganz Russland« (OVR) von Ex-Ministerpräsident Jewgeni Primakow.

Jelzins Rücktritt: Nach diesem günstigen Wahlausgang trat – kurz vor Ablauf seiner Amtszeit – Präsident Jelzin am 31.12.1999 überraschend zurück und überließ seinem designierten Nachfolger Putin das Amt als geschäftsführender Präsident. Bei den Präsidentschaftswahlen am 26.3.2000 wurde Putin mit knapp 52% der Stimmen zum russ. Staatspräsidenten gewählt.

Kontinuität und Konflikte

Kontinuität: Außenpolitisch knüpfte Präsident Jelzin an die Gorbatschow-Ära an und legte dementsprechend großen Wert auf gute Beziehungen zum Westen – nicht zuletzt deshalb, weil R. auf westliche Kredite angewiesen ist, um den wirtschaftlichen Umbau des Landes zu bewerkstelligen. 1993 unterzeichnete Jelzin den START II-Vertrag mit den USA über die Reduzierung strategischer Atomwaffen; 1996 wurde R. Mitglied des Europarats.
NATO: Trotz russ. Widerspruchs beschloss die NATO im Juli 1997 die Aufnahme Polens, Ungarns und der Tschech. Republik, was zu einer zunehmenden Entfremdung mit R. führte. Diese trat während des Kosovokonflikts im Frühjahr zutage, als R. im UN-Sicherheitsrat Entscheidungen durch sein Veto blockierte und auch im weiteren Verlauf der Krise auf einer eigenständigen (Vermittler)rolle bestand.
Kriegsführung: Als Vertreter westlicher Staaten 1999 die russ. Kriegsführung in der Kaukasus-Region Tschetschenien als völkerrechtswidrig kritisierten und Sanktionen gegen R. forderten, kam es zu erheblichen diplomatischen Spannungen. Die russ. Regierung wies alle Vorwürfe als Einmischung in innere Angelegenheiten zurück und führte den Krieg mit unvermittelter Härte weiter. *P. B.*

Russlands Präsident Wladimir Putin (l.) am 6.8.2000 auf dem Atom-U-Boot »Karelija«. Nur sechs Tage später sank das Schwesterboot »Kursk«; dabei kamen alle 118 Besatzungsmitglieder ums Leben.

Tschetschenien – leidvoller Kampf um Unabhängigkeit von Moskau

Die hartnäckige Weigerung der Tschetschenen, mit Moskau einen Föderationsvertrag abzuschließen, lässt sich aus der leidvollen Geschichte dieses Volkes erklären. Wie kein anderes Kaukasusvolk kämpften die moslemischen Tschetschenen fast 300 Jahre gegen die christlichen Russen und widerstanden während des ganzen 18. Jh.s allen Eroberungsversuchen. Auch nach ihrer Kapitulation 1859 kam es immer wieder zu Aufständen und selbst die Sowjets mussten noch 1925 und 1930–32 die Rote Armee gegen das rebellische Bergvolk einsetzen. Im Herbst 1942 wurde ein Teil Tschetscheniens für einige Wochen von deutschen Einheiten besetzt. Obwohl es dabei kaum zu einer Zusammenarbeit kam, beschuldigte der sowjet. Regierungschef Josef W. Stalin alle Tschetschenen der Kollaboration und des Vaterlandsverrats. Im Februar 1943 wurden deshalb mehr als eine halbe Mio Tschetschenen in 194 Zügen nach Zentralasien deportiert. Kurze Zeit später war jeder vierte »Sondersiedler« tot. Erst Nikita Chruschtschow rehabilitierte 1956 die Tschetschenen und gestattete ihnen die Rückkehr nach Tschetschenien. Am 11.2.1957 wurde die »Autonome Republik der Tschetschenen und Inguschen« neu gegründet. Nach der Volkszählung von 1959 lebten in der ganzen UdSSR 419 000 Tschetschenen; 1989 waren es 735 000. Nach der Rückkehr in ihre Heimat fanden sie dort 340 000 neu angesiedelte Russen vor. In der Zukunft kam es regelmäßig zu ethnischen Auseinandersetzungen zwischen den beiden Volksgruppen in Tschetschenien.

Links: Wahlplakat des Präsidentschaftskandidaten Cschochar Dudajew in der Tschetschen. Hauptstadt Grosny, 1997. Mit den Wahlen wollte Tschetschenien seine Unabhängigkeit demonstrieren.

Rechts: Nach der völligen Zerstörung Grosnys im Februar 2000 hielten russ. Soldaten nach verbliebenen tschetschen. Rebellen Ausschau.

Saint Kitts und Nevis

Der kleine aus den beiden Inseln Saint Kitts und Nevis bestehende Staat in der Ostkaribik war seit der Kolonisierung stark von Briten und Franzosen umkämpft. 1783 schließlich konnte die brit. Krone ihre Besitzansprüche vertraglich sichern und das Territorium seinem Empire eingliedern. Fast hundert Jahre später erfolgte der Anschluss des nahe gelegenen Anguilla.

Kolonialzeit

Emanzipationsbestrebungen: Wirtschaftlich bestimmender Faktor waren die Zuckerrohrplantagen, die dem Land für lange Zeit eine große wirtschaftliche Blüte bescherten. 1834 führte die Sklavenbefreiung zu ersten erheblichen Einbrüchen, und durch die Weltwirtschaftskrise von 1929 geriet das Land in eine tiefe ökonomische Krise mit weitreichenden politischen Folgen. Die mehrheitlich schwarze Bevölkerung, überwiegend auf den Plantagen arbeitete, begann sich politisch und gewerkschaftlich zu organisieren; die 1940 ins Leben gerufene Saint Kitts and Nevis Labour Party (SKNLP) stieg schnell zur entscheidenden Kraft auf. 1946 war sie erstmals im Legislative Council vertreten und gewann an Bedeutung, als 1952 das allgemeine und gleiche Wahlrecht eingeführt wurde.

Regionale Zusammenschlüsse: Im Jahr 1871 hatte Großbritannien S. administrativ mit den Leeward Inseln (Inseln unter dem Winde) vereinigt, denen die Kolonie bis 1956 angehörte. 1958 folgte die Mitgliedschaft in der Westind. Föderation, einer Vereinigung der meisten westind. Kolonien Großbritanniens, die sich 1962 mit der Unabhängigkeit Jamaikas, Trinidads und Tobago wieder auflöste. Mit der Erlangung der Autonomierechte 1967 schlossen sich S. sowie Anguilla den Westind. Assoziierten Staaten an, einem Verband ehemaliger brit. Kolonien.

Austrittsbestrebungen: Noch im gleichen Jahr kam es jedoch mit Anguilla, das sich aus der Vereinigung mit S. lösen wollte und seine Unabhängigkeit proklamierte, zu ernsten Auseinandersetzungen. 1971 hob Großbritannien den Zusammenschluss offiziell auf, auch wenn er trotz eigener Verfassung für Anguilla formal noch bis 1980 fortbestand. Seitdem untersteht Anguilla als Kronkolonie direkt dem brit. Mutterland. Anfang der 70er Jahre entwickelten sich mit der Gründung der Nevis Reformation Party (NRP) auch auf Nevis verstärkt Bestrebungen nach Eigenständigkeit.

Saint Kitts und Nevis 2000	
Landesfläche	261 km^2 (WR 185)
Einwohner	41 000 (WR 185)
Hauptstadt	Basseterre (18 000 Einwohner)
Sprachen	Englisch, kreolische Dialekte
Währung	1 Ostkarib. Dollar (EC$) = 100 Cents
Gliederung	14 Gemeinden
Staatsform	Parlamentarische Monarchie im Commonwealth (seit 1983)
Religion	Protestanten (76,4%); Katholiken (10,7%); Sonstige (12,9%)
Bevölkerung	Schwarze (86%); Mischlinge (11%); Sonstige (3%)

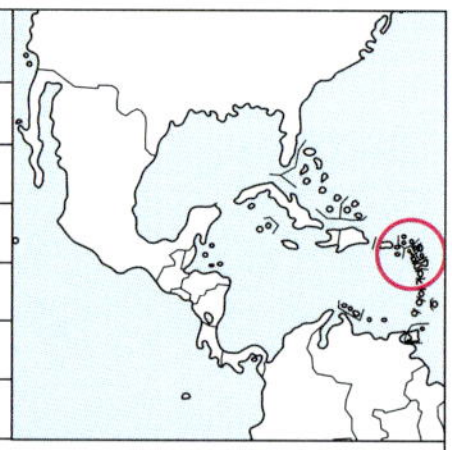

Saint Kitts und Nevis im 20. Jahrhundert	
1929/30	Die Weltwirtschaftskrise stürzt das Land in große ökonomische und politische Schwierigkeiten. Bildung von Gewerkschaften und Parteien.
1952	Einführung des allgemeinen und gleichen Wahlrechts.
1956	Ende der administrativen Zugehörigkeit zu den brit. Leeward Islands.
1958	Beitritt zu der bis 1962 bestehenden Westind. Föderation.
1967	Großbritannien verleiht dem Inselstaat Autonomierechte. Auf Anguilla wachsen die Bestrebungen zu mehr Eigenständigkeit.
1971	Anguilla tritt aus der Konföderation mit Saint Kitts und Nevis aus, bleibt aber trotz eigener Verfassung formal dem Verband angeschlossen.
1980	Die People's Action Movement (PAM) unter Kennedy Alphonse Simmonds übernimmt die Regierungsgeschäfte (bis 1995).
	Anguilla wird zur brit. Kronkolonie ernannt.
1983	Die brit. Krone entlässt Saint Kitts und Nevis in die Unabhängigkeit.
1993	Bei den Wahlen zum Gesamtparlament für Saint Kitts und Nevis kommt es zu einem Patt. Simmond regiert mit einem Minderheitenkabinett weiter, was zu Demonstrationen und politischen Unruhen führt.
1995	Aus den Neuwahlen geht die Saint Kitts Nevis Labour Party (SKNLP) als eindeutige Siegerin hervor. Neuer Premierminister wird Denzil Douglas.
1997	Das regionale Parlament von Nevis votiert für die Unabhängigkeit.
1998	Ein Referendum zur Erlangung der Unabhängigkeit von Nevis scheitert an der erforderlichen Zweidrittelmehrheit.

Unabhängigkeit

Politische Struktur: Beide Inseln – St. Kitts und Nevis – erlangten am 19.9.1983 ihre Unabhängigkeit: Die Föderation von Saint Christopher und Nevis ist als konstitutionelle Monarchie in das Commonwealth eingebunden und Mitglied der Organisation ostkarib. Staaten (OECS). Vertreter der brit. Königin ist der Generalgouverneur, der auch den Regierungschef ernennt. Mit der neuen Verfassung erhielt S. ein Gesamtparlament, das National Assembly, dem elf gewählte Mitglieder und drei vom Gouverneur ernannte Volksvertreter angehören. Nevis wurde zum Bundesstaat ernannt, dem das Recht auf spätere Unabhängigkeit zugestanden wurde. Es erhielt ein eigenes regionales Parlament, das New Island Assembly, mit fünf gewählten und drei ernannten Repräsentanten. Darüber hinaus verfügt S. über eine eigene dreiköpfige Regierung. Ihr Premier wird ebenfalls vom Generalgouverneur ernannt. S. wurde Mitglied der UNO, lehnte aber 1987 den Beitritt zu dem vor allem von St. Lucia geplanten ostkarib. Einheitsstaat ab. Außenpolitisch orientierte sich S. an seiner ehemaligen Kolonialmacht und den Vereinigten Staaten.

Ökonomische Diversifizierung: Nachdem die konservative People's Action Movement (PAM) bereits 1980 zusammen mit der NRP die Wahlen gewonnen hatte, blieb Kennedy Alphonse Simmonds (1980–95) auch nach der Unabhängigkeitserklärung Premierminister. Ökonomisch bemühte sich seine Regierung, die Wirtschaft stärker zu diversifizieren und sich damit aus der Abhängigkeit von dem in Monokultur betriebenen Zuckerrohranbau und seiner Weiterverarbeitung zu lösen. Alle Zuckerrohrplantagen sind verstaatlicht, die Regierung kaufte auch die Zuckerfabriken auf. Der Zuckerrohranbau findet sich überwiegend auf Saint Kitts, auf Nevis werden vornehmlich Baumwolle und Gemüse angebaut. Simmonds konzentrierte sich bei seinem wirtschaftlichen Umbauprogramm vor allem auf den Ausbau des Tourismus, der 1991 bereits fast ein Drittel des BSP ausmachte. In diesem Jahr wurde auch ein vierjähriger Entwicklungsplan beschlossen, um die Einnahmen aus dem Tourismus zu verdoppeln. Die Elektronikbranche stieg zum »Silicon Valley der Karibik« auf. Darüber hinaus wurden Kleinbauern unterstützt, die keinen Zuckerrohranbau betrieben.

Politische Unruhen: 1992 demonstrierten Tausende in der Hauptstadt Basseterre gegen die Koalitionsregierung aus PAM und NRP, wobei sie insbesondere den Rücktritt von Premier Simmonds forderten. Die Wahlen im Jahr darauf ergaben ein parlamentarisches Patt. Simmonds führte zunächst zusammen mit Unterstützung der NRP ein Minderheitenkabinett. Die Folge waren große innere Unruhen, die sogar zu einem zeitweiligen Ausnahmezustand führten. Insbes. die oppositionelle SKNLP unternahm zahlreiche Protestaktionen (u. a. Parlamentsboykott) und führte Auseinandersetzungen mit dem Militär.

Autonomiebestrebungen: 1992 gewann bei den Regionalwahlen auf Nevis die Concerned Citizens' Movement (CCM), die für einen Austritt der Insel aus der Föderation eintritt, drei der fünf Sitze. Am 13.10.1997 beschloss das Parlament von Nevis die Unabhängigkeit, doch scheiterte im Jahr darauf das Referendum. Zwar votierten 62% der abgegebenen Stimmen für die Eigenständigkeit von Nevis, doch wurde die verfassungsmäßig notwendige Zweidrittelmehrheit nicht erreicht.

Neue Regierung: Im Frühjahr 1995 wurden für das Gesamtparlament von S. Neuwahlen abgehalten, aus denen die Opposition als klare Siegerin hervorging. Sie errang sieben Sitze, drei mehr als 1993, während die Regierungspartei nur noch ein Mandat erhielt und damit drei verlor. Die Regierungsgeschäfte führt seitdem Denzil Douglas, Führer der SKNLP.

Staatliche Investitionen: Die neue Regierung konzentrierte sich 1998/99 vor allem darauf, durch staatliche Investitionsprogramme die Industrie stärker auszubauen. Hier spielt insbes. der Elektronikhandel mit den Vereinigten Staaten und Großbritannien eine große Rolle. Wichtigster Devisenbringer bleibt der Tourismus, der mit der Verbesserung der Infrastruktur noch erheblich ausgeweitet werden soll. Dennoch befindet sich S. weiterhin in großer Abhängigkeit von der Landwirtschaft und der Zuckerrohrproduktion, obwohl diese nur einen minimalen Anteil am BIP hat und nicht zuletzt durch Naturkastrophen, wie den Hurrikan »Luis« von 1995, immer wieder von Krisen erschüttert wird. *A.Z.*

Staatsoberhäupter

Reg.-Zeit	*Name (Dynastie)*	*Lebensdaten*
1837–1901	Victoria I. (Hannover)	1819–1901
1901–10	Edward VII. (Sachsen-Coburg)	1841–1910
1910–36	George V. (Windsor)	1865–1936
1936	Edward VIII. (Windsor)	1894–1972
1936–52	George VI. (Windsor)	1895–1952
seit 1952	Elizabeth II. (Windsor)	*1926

Elizabeth II. ist als Regentin des Vereinigten Königreichs von Großbritannien und Nordirland auch formelles Staatsoberhaupt in 16 souveränen Mitgliedsländern des brit. Commonwealth, darunter Australien, Kanada und Neuseeland.

Die wichtigsten Parteien im 20. Jahrhundert

Name (Abkürzung)	*Politische Richtung*	*Gründung*
St. Kitts and Nevis Labour Party (SKNLP)	sozialdemokratisch	1932
People's Action Movement (PAM)	konservativ	1965
Nevis Reformation Party (NRP)	regionalistisch	1970
Concerned Citizens' Movement (CCM)	regionalistische Parteienallianz auf Nevis	1987
United People's Party (UPP)	PAM-Splitterpartei, konservativ	1993

Stichwort: »Regional Security System«

Unabhängige Karibikstaaten riefen 1982 das sog. Regional Security System, ein regionales Sicherheitssystem, ins Leben. Unterstützt von den USA stehen sich seine Mitglieder bei Bedarf gegenseitig mit Polizeikräften, Militäreinheiten und Küstenwachen zur Seite. Saint Kitts und Nevis verfügt selbst über keine eigene Armee, nachdem diese 1981 aufgelöst wurde. Neben einer Polizeieinheit, die besonders zur Bekämpfung der Drogenkriminalität ausgebildet ist, gibt es lediglich eine kleine Freiwilligentruppe, die für Verteidigungszwecke eingesetzt wird.

Saint Lucia

S. wurde von Christof Kolumbus, vermutlich auf seiner dritten Reise, um 1500 entdeckt. Nach langwierigen Auseinandersetzungen ab dem 17. Jh. zwischen Großbritannien und Frankreich wurde S. 1814 endgültig britisch und erlangte den Rang einer Kronkolonie.

Unter britischer Herrschaft

Demokratisierung: Nach der erfolgreichen Kolonisierung wurde S. lange Zeit von einem Gouverneur autokratisch regiert. 1924 erhielt die Insel ihre erste Verfassung und ihre erste gewählte Regierung, im Parlament dominierte jedoch der reiche Landadel. Nach einer Verfassungsreform mit liberalen Tendenzen (1936) entwickelte sich die Volksvertretung allmählich zu einem demokratischen Organ. 1951 führte London schließlich das allgemeine Wahlrecht ein.

Wachsende Autonomie: 1838 hatte das brit. Königreich S. den Windward Islands (Inseln über dem Winde) eingegliedert, denen es bis 1956 angehörte. 1958 wurden die meisten westind. Kolonien des brit. Königreichs – so auch S. – zur Westindischen Föderation vereinigt, die sich allerdings 1962 mit der Unabhängigkeit von Jamaika sowie Trinidad und Tobago wieder auflöste. Nachdem S. 1960 größere Selbstverwaltungsrechte erhalten hatte, wurde ihm 1967 der Status eines mit Großbritannien vereinigten autonomen Staates zugesprochen, der in seinen innenpolitischen Angelegenheiten volle Selbstständigkeit erlangte. Im Jahr darauf schloss sich S. mit anderen ehemaligen brit. Kolonialstaaten der Kleinen Antillen zu den Westind. Assoziierten Staaten (West Indies Associated States, WAS) zusammen, um die wirtschaftliche Zusammenarbeit zu fördern. Allerdings verlor die WAS zunehmend an Bedeutung, da ihre Mitglieder seit Mitte der 70er Jahre nach und nach in die Unabhängigkeit entlassen wurden.

Unabhängigkeit

Politische Struktur: Am 22.2.1979 erlangte S. als Mitglied des Commonwealth die Unabhängigkeit. Staatliches Oberhaupt der konstitutionellen Monarchie blieb die brit. Königin Elizabeth II. Sie wird durch einen Generalgouverneur vertreten, der auch den Premierminister ernennt. Das Parlament setzt sich aus zwei Kammern zusammen. Das House of Assembly, dem der Regierungschef verantwortlich ist, besteht aus 17 nach dem Mehrheitswahlrecht direkt vom Volk gewählten Abgeordneten. Dem Senat, der zweiten Kammer, gehören elf vom Generalgouverneur ernannte Mitglieder an.

Sozialistischer Kurs: Zwei Parteien dominieren das politische Leben der Inseln: Die 1946 gegründete sozialdemokratisch orientierte Saint Lucia Labour Party (SLP) und die liberal-konservative United Worker's Party (UWP), die 1964 ins Leben gerufen wurde. Bereits im Gründungsjahr übernahm die UWP die Regierungsverantwortung, welche sie unter John Compton (1964–79, 1982–96) bis zur Unabhängigkeitserklärung inne hatte. 1979 gelang es der SLP, an die Macht zu kommen. Erster Regierungschef des unabhängigen S. wurde Allan Louisy (1979–81), der

Saint Lucia 2000	
Landesfläche	622 km² (WR 174)
Einwohner	148 000 (WR 173)
Hauptstadt	Castries (54 000 Einwohner)
Sprachen	Engl., Patois (kreolisches Französ.)
Währung	1 Ostkaribischer Dollar (EC$)
Gliederung	11 Gemeinden
Staatsform	Parlamentarische Monarchie im Commonwealth (seit 1979)
Religion	Katholiken (79,0%); Protestanten (15,5%); Sonstige (5,5%)
Bevölkerung	Schwarze (90,5%); Mulatten (5,5%); Sonstige (4,0%)

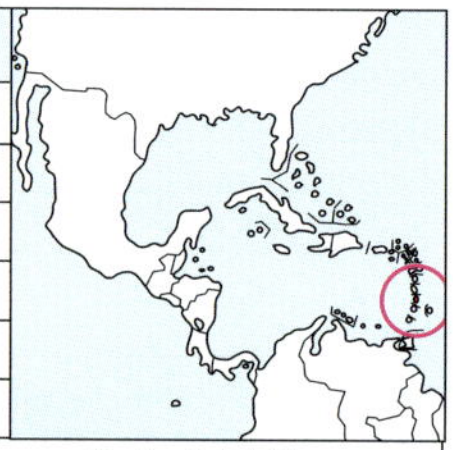

Saint Lucia im 20. Jahrhundert	
1956	Ende der administrativen Zugehörigkeit zu den brit. Windward Islands.
1958	Eingliederung in die Westind. Förderation (bis 1961).
1964	United Worker's Party (UWP) bildet unter John Compton die Regierung.
1967	Großbritannien spricht Saint Lucia innere Autonomie zu.
1979	Saint Lucia wird unabhängig (22.2.); Staatsoberhaupt bleibt die brit. Königin; Allan Louisy (SLP) wird Regierungschef.
1980	Der Hurrikan »Allan« verursacht große Zerstörungen auf der Karibikinsel und fügt damit der Wirtschaft schwere Schäden zu.
1982	Regierungswechsel: Mit deutlicher Mehrheit gewinnt die UWP die Wahlen, Compton wird zum zweiten Mal Premierminister.
1983	Saint Lucia nimmt an der US-amerikan. Invasion auf Grenada teil.
1992	Der UWP gelingt der dritte Wahlsieg in Folge, nachdem sie bereits 1987 die Wahlen gewonnen hatte; Compton bleibt Regierungschef.
1994	Wirbelsturm »Debbie« wütet über der Insel und zerstört weite Teile der landwirtschaftlichen Anbaugebiete.
1997	Klarer Wahlsieg der SLP; Kenny Anthony wird neuer Premierminister.

Die wichtigsten Parteien im 20. Jahrhundert

Name	*Politische Richtung*	*Gründung*
Saint Lucia Labour Party (SLP)	sozialdemokratisch	1946
United Worker's Party (UWP)	konservativ	1964
Progressive Labour Party (PLP)	linksgerichtet	1981

einen sozialistischen Kurs einschlug. So trat er für eine enge Zusammenarbeit mit Dominica und Grenada ein und suchte durch die Aufnahme diplomatischer Beziehungen die Annäherung an Kuba. Sein wirtschaftspolitischer Mittelweg scheiterte; zudem fügte 1980 ein Hurrikan, der große Teile der Insel verwüstete, der Wirtschaft schweren Schaden zu. Louisy musste schließlich wegen einer Verfassungskrise, die durch seine Haushaltspolitik ausgelöst wurde, zurücktreten. Seine Nachfolge trat Winston Francis Cenac (1981–82) an. Er sorgte dafür, dass sich S. der Organisation Ostkarib. Staaten (Organization of Eastern Caribbean States, OECS) anschloss. Die OECS wurde 1981 nach der Auflösung der Vereinigung der Westind. Assoziierten Staaten gegründet. Vor dem Hintergrund wachsender wirtschaftlicher Schwierigkeiten verlor die SLP 1982 bei den Wahlen endgültig ihre Regierungsverantwortung und musste sich wieder in die Opposition begeben.

Westorientierung

Konservative Politik: Aus den Wahlen 1982 ging die UWP als Siegerin hervor; Premierminister wurde erneut Compton. Im Unterschied zu seinen Vorgängern verstärkte er die politische und wirtschaftliche Zusammenarbeit mit den westlichen Staaten, insbes. mit den USA und Großbritannien. 1983 beteiligte sich das Land sogar mit einer kleinen Einsatztruppe an der US-amerikan. Intervention auf Grenada.

Monokultur: Mitte der 80er Jahre gewährten die Vereinigten Staaten S. weit reichende finanzielle Hilfen, um die von der Landwirtschaft abhängige Ökonomie wieder in Schwung zu bringen. Wichtigstes Exportprodukt sind seit den 50er/60er Jahren statt des bis dahin vorrangig angebauten Zuckerrohrs Bananen. Ihr Anbau wurde erheblich intensiviert, wobei das alleinige Vermarktungsrecht bei dem brit. Unternehmen Geest Industries liegt. Erhebliche Wettbewerbsvorteile im Bananenhandel mit der EG erhielt S. durch seinen Beitritt zum Lomé-Abkommen. Allerdings löste der zunehmende EU-Protektionismus mit seinen Folgen für S.s Bananenexport in zunehmenden Maße innenpolitische Unruhen aus. Seit 1993 kam es mehrfach zu Streiks der Kleinbauern, deren Lage bis heute schwierig ist, auch wenn versucht wurde, die Landwirtschaft auf andere Produkte wie Kokosnüsse, Süßkartoffeln, Kakao und Zitrusfrüchte auszudehnen. Zum wichtigsten Devisenbringer entwickelte sich der Tourismus. Wirbelstürme – wie zuletzt 1994 der Hurrikan »Debbie« – hatten immer wieder große Einbrüche in der wirtschaftlichen Entwicklung zur Folge. In den 90er Jahren suchte S. zur Förderung der Wirtschaft den Zusammenschluss mehrerer Inselstaaten zu einem ostkarib. Einheitsstaat.

Regierungswechsel: Auch 1992 gewann die UWP die Wahlen und Compton übernahm erneut das Amt des Premierministers. Vier Jahre später trat sein Parteikollege Vaughan Lewis seine Nachfolge an. 1997 konnte sich mit einem klaren Wahlsieg wieder die SLP durchsetzen. Mit Kenny Anthony (seit 1997) als Regierungschef regiert sie mit absoluter Mehrheit im Parlament. Im gleichen Jahr trat zum ersten Mal in der Geschichte S.s mit Perlette Louisy eine Frau das Amt des Generalgouverneurs an. Der linksgerichteten Regierung ist daran gelegen, die Wirtschaft weiter anzukurbeln und zu diversifizieren, um sich aus der Abhängigkeit des Bananenhandels zu lösen. *A. Z.*

Literaturnobelpreis für karibischen Schriftsteller

Derek Alton Walcott wurde 1930 in Saint Lucia geboren. Mit ihm erhielt 1992 einer der führenden Lyriker der englischsprachigen Karibikstaaten den Nobelpreis für Literatur. Selbst Mulatte und im Mischlingsmilieu aufgewachsen, thematisiert Walcott in seinen Werken immer wieder die karib. Identität. Dabei kommt es ihm im Gegensatz zu anderen karib. Schriftstellern auch darauf an, das brit. Element mit den kreolischen Traditionen zu verbinden und sich der Multikultur zu verpflichten. Walcott, der in den 50er Jahren in Jamaika studiert und einige Jahre für das Theater gearbeitet hat, lebt seit langem in den USA und lehrt an den Universitäten von Boston und Harvard. (Foto: Walcott Anfang der 90er Jahre)

Staatsoberhäupter von Saint Lucia

Reg.-Zeit	*Name (Dynastie)*	*Lebensdaten*
1837–1901	Victoria I. (Hannover)	1819–1901
1901–10	Edward VII. (Sachsen-Coburg)	1841–1910
1910–36	George V. (Windsor)	1865–1936
1936	Edward VIII. (Windsor)	1894–1972
1936–52	George VI. (Windsor)	1895–1952
seit 1952	Elizabeth II. (Windsor)	*1926

Saint Vincent u. die Grenadinen

Wie viele andere Karibikinseln auch waren S. seit dem 17. Jh. von Franzosen und Briten hart umkämpft, bis sich die brit. Krone nach dem Siebenjährigen Krieg im Vertrag von Paris 1763 durchsetzen und die Inselgruppe ihrem Kolonialreich eingliedern konnte.

Kolonie im britischen Empire

Die Führung der Kolonie lag in den Händen eines Gouverneurs, der autokratisch regierte und dafür sorgte, dass die bestehenden Besitzverhältnisse unangetastet blieben. 1871 erhob das brit. Mutterland S. zur Kronkolonie und gliederte es administrativ den brit. Windward Inseln an. 1958 folgte der Beitritt zur Westind. Föderation, einer Vereinigung der meisten westind. brit. Kolonien, die sich 1962 mit den Unabhängigkeitserklärungen von Jamaika, Trinidad und Tobago wieder auflöste.

Staatliche Souveränität

Politische Struktur: Nachdem 1951 das allgemeine und gleiche Wahlrecht eingeführt wurde, sprach Großbritannien 1969 der Inselgruppe innere Autonomie zu. Am 27.10.1979 erklärten S. ihre staatliche Unabhängigkeit innerhalb des Commonwealth. Einhergehend mit der Souveränität trat eine neue Verfassung in Kraft, nach der das Staatsoberhaupt, die brit. Königin, durch einen Generalgouverneur vertreten wird. Dieser ernennt sowohl den Premierminister als auch den Oppositionsführer. S. verfügen über ein Parlament, das House of Assembly, dem seit 1986 15 direkt gewählte Volksvertreter und sechs vom Generalgouverneur ernannte Senatoren angehören.

Bananenanbau: Wirtschaftspolitisch geriet das Land in zunehmende Abhängigkeit von der Bananenproduktion, die seit den 60er Jahren den in die Krise gekommenen Zuckerrohranbau verdrängte. Während der Bananenanbau vorwiegend in der Hand von Kleinbauern lag, erhielt – wie in anderen Karibikstaaten auch – das brit. Unternehmen Geest Industries das Vermarktungsmonopol. Sonderabkommen mit London und der Lomé-Vertrag mit der EG von 1976 sorgten in den 80er Jahren für einen enormen Bananenboom. Schwere Rückschläge brachten aber der Ausbruch des Vulkans Soufrière im Jahr 1979 und der Hurrikan »Allan« 1980 mit sich.

Ununterbrochene Wahlerfolge: Nachdem Robert Milton Cato (1979–84) von der St. Vincent Labour Party (SVLP) erster Premierminister des unabhängigen Landes geworden war, übernahm 1984 die konservative New Democratic Party (NDP) unter Führung von James Fitzallen Mitchell die Regierungsverantwortung. Schon zu diesem Zeitpunkt konnte der Agrarwissenschaftler und Ökonom Mitchell auf eine steile politische Karriere zurückblicken: Mitte der 60er Jahre war er ins Parlament eingezogen und hatte das Amt des Ministers für Handel, Tourismus und Arbeit übernommen. Als Parteiloser führte er bereits 1972–74 die Regierung an; 1975 gründete er die NDP. Außenpolitisch ist Mitchell um eine enge Anlehnung an das ehemalige Mutterland

Saint Vincent und die Grenadinen 2000	
Landesfläche	388 km² (WR 181)
Einwohner	116 000 (WR 176)
Hauptstadt	Kingstown (27 000 Einwohner)
Sprachen	Englisch, kreolisches Englisch
Währung	1 Ostkaribischer Dollar (EC$)
Gliederung	Saint Vincent und Inselketten
Staatsform	Parlamentarische Monarchie im Commonwealth (seit 1979)
Religion	Protestanten (80,5%); Katholiken (11,6%); Sonstige (7,9%)
Bevölkerung	Schwarze (65,5%); Mulatten (19,0%); Inder (5,5%); Weiße (3,5%); Sonstige (6,5%)

Saint Vincent und die Grenadinen im 20. Jahrhundert	
1951	Einführung des allgemeinen und gleichen Wahlrechts.
1969	Die brit. Krone gewährt der Inselgrupe innere Autonomie.
1979	Am 27.10. erlangen Saint Vincent und die Grenadinen als Mitglied des Commonwealth die staatliche Unabhängigkeit. Staatsoberhaupt bleibt die brit. Königin. Erster Premierminister wird Robert Milton Cato von der sozialdemokratischen St. Vincent Labour Party (SVLP).
1981	Beitritt zur Organisation Amerikan. Staaten (OAS).
1983	Teilnahme an der US-Invasion auf Grenada.
1984	Die konservative New Democratic Party (NDP) übernimmt unter Führung von James Mitchell für vier Legislaturperioden in Folge die Regierung.
1989	Bei den Wahlen erringt die regierende New Democratic Party alle 15 Mandate, es gibt keine parlamentarische Opposition mehr.
1994	Mitchell gewinnt erneut die Wahlen, die linksliberale United Labour Party (ULP) schafft allerdings mit drei Sitzen den Einzug ins Parlament.
1998	Mit knapper Mehrheit kann die NDP ihre Regierungsgeschäfte fortführen. Mitchell bleibt Premierminister.

Die wichtigsten Parteien im 20. Jahrhundert

Name	*Politische Richtung*	*Gründung*
St. Vincent Labour Party (SVLP)	sozialdemokratisch	1955
New Democratic Party (NDP)	konservativ	1975
United People's Movement (UPM)	sozialistisch	1980
Movement for National Unity (MNU)	k. A.	1982
United Labour Party (ULP) [1]	linksliberal	1994

1) Zusammenschluss aus SVLP und MNU

und die Vereinigten Staaten bemüht. Wirtschaftspolitisch führt er einen liberalen Kurs. Bei den Wahlen 1989 gelang es der NDP, alle 15 Parlamentssitze zu erringen und so ohne Opposition zu regieren. 1994 stellte sich die SVLP und die Movement for National Unity (MNU) gemeinsam in Opposition zur regierenden Partei und versuchte durch ihren Zusammenschluss in der United Labour Party (ULP), die drei Sitze erringen konnte, die Regierung zu übernehmen. Die NDP konnte sich jedoch klar behaupten, und auch bei den Wahlen 1998 gelang es ihr, die absolute Mehrheit – wenn auch nur knapp – zu verteidigen.

Ausbau des Tourismus: Um S. aus der Abhängigkeit von der Bananenproduktion zu lösen, konzentrierte Mitchell seine Wirtschaftspolitik mit staatlichen Investitionsprogrammen auf den Ausbau der Tourismusbranche, die mittlerweile zum größten Devisenbringer aufgestiegen ist. Trotz allem ist das Geschäft mit dem Fremdenverkehr im Vergleich zu anderen karib. Staaten weiterhin relativ rückständig und konzentriert sich überwiegend auf den Luxustourismus.

Agrarwirtschaft: Dennoch ist das Land weiterhin agrarisch geprägt, wobei es aufgrund des monokulturellen Bananenanbaus sehr anfällig für ökonomische Krisen ist. Erst in den 80er Jahren gelang es, u. a. mit Unterstützung der EG eine Landreform einzuleiten, um die Lage der Kleinbauern zu verbessern. Große Vorteile für den Bananenexport gegenüber mittelamerikan. Staaten brachten Ende der 90er Jahre die EU-Verordnungen, die die Karibikstaaten im Handel mit Europa bevorzugten. Maßgebliche Bedeutung für die Landwirtschaft hat seit Jahrzehnten auch der Anbau von Wurzelpfeil. Zu Beginn der 90er Jahre waren S. weltweit der größte Produzent von Stärkemehl, das aus der Ackerfrucht gewonnen wird. Die Industrie ist weiterhin nur schwach entwickelt und beschränkt sich vorwiegend auf die Verarbeitung von heimischen Agrarprodukten. Bei der starken Abhängigkeit des Karibikstaates von der Landwirtschaft ist das Pro-Kopf-Einkommen immer noch immer sehr gering und die Arbeitslosenquote sehr hoch.

Föderationspläne: Um die ökonomische Situation seines Landes und der Region zu verbessern, trat Mitchell bereits Anfang der 80er Jahre für eine enge Kooperation der ostkarib. Staaten ein und unterstützte die Pläne zur Gründung der East Caribbean Federation, die jedoch auf große Widerstände stießen. So spielte seine Partei auch eine entscheidende Rolle bei der Bildung der Organisation of Eastern Caribbean States (OECS) 1981, der

Staatsoberhäupter von Saint Vincent und den Grenadinen

Reg.-Zeit	*Name (Dynastie)*	*Lebensdaten*
1837–1901	Victoria I. (Hannover)	1819–1901
1901–10	Edward VII. (Sachsen-Coburg)	1841–1910
1910–36	George V. (Windsor)	1865–1936
1936	Edward VIII. (Windsor)	1894–1972
1936–52	George VI. (Windsor)	1895–1952
seit 1952	Elizabeth II. (Windsor)	*1926

neben S. Antigua und Barbuda, Grenada, Montserrat, Saint Kitts und Nevis und Saint Lucia angehören. Anguilla und die brit. Jungferninseln haben assoziierten Status. Neben einer gemeinsamen Währungspolitik wollen die Mitglieder der OECS insbes. ihre Wirtschafts- und Außenpolitik aufeinander abstimmen. Seit Ende der 80er Jahre streben vor allem die englischsprachigen Inseln Dominica, Grenada, Saint Lucia und S. eine verstärkte Zusammenarbeit an. Dabei führt Mitchell seit Mitte der 90er Jahre Gespräche mit den Regierungen der anderen Inselstaaten, um die Föderation mit einem gemeinsamen Bundesparlament und Ministerrat voranzutreiben.

Bekämpfung des Drogenhandels: 1996 schlossen S., das lange Zeit ein Umschlagplatz für südamerikan. Drogen war, ein Abkommen mit den USA. Es erlaubt der US-amerikan. Küstenwache, Drogenschmuggler auch innerhalb der Hoheitsgewässer des Karibikstaats zu verfolgen. *A.Z.*

Die »Seufzer des großen Vulkans«

Der Vulkan Soufrière (1235 m) im Norden von St. Vincent ist in den letzten beiden Jahrhunderten dreimal ausgebrochen; 1979 wurde sogar ein Teil der Vulkanspitze weggesprengt. Nach den ersten beiden Ausbrüchen (1812 und 1902) waren Tausende von Menschenleben zu beklagen. Die letzte Vulkaneruption (1979), die weite Teile der Bananenplantagen unter Schutt und Asche legte, zeitigte schwere Folgen für die Landwirtschaft und machte wieder einmal deutlich, wie krisenanfällig die weitgehend von Agrarprodukten abhängige Wirtschaft des Landes ist. (Foto: Krater des Vulkans Soufrière)

Salomonen

Zwar wurden die S. schon 1568 von dem Spanier Alvaro de Mendana de Neyra entdeckt, doch blieben sie aufgrund seiner ungenauen geografischen Angaben bis 1767 (Wiederentdeckung durch den Franzosen Louis-Antoine Bougainville) unauffindbar. 1885 erklärte das Deutsche Reich die nördlichen Inseln zur Kolonie, während Großbritannien von ihrem 1884 errichteten Protektorat Papua-Neuguinea aus 1893 die südlichen Inseln als Britisch-S. in ihr Protektorat einbezogen. Die deutsche Kolonie kam nach dem Ersten Weltkrieg als Völkerbundsmandat unter austral. Verwaltung und gehört heute zu Papua-Neuguinea. Die wirtschaftliche Tätigkeit der Briten beschränkte sich auf die Anlage von Kokospalmenplantagen für den Kopraexport.

Der Weg zur Unabhängigkeit

Kriegsschauplatz: Während des Zweiten Weltkrieges wurden die S. zum Schauplatz erbitterter Kämpfe, nachdem die Japaner 1942 Guadalcanal besetzt hatten. Das japan. Flugfeld am Nordende der Insel, bekannt als Handerson's Field, wurde am 7.8.1942 von US-Marines eingenommen. Dies war der Auftakt für die Schlacht von Guadalcanal, die 20 000 Japanern und 1500 US-Soldaten das Leben kostete. 1943 verließen die Japaner die Insel, sie hielten die übrigen S. allerdings noch bis 1945 besetzt.

Unabhängigkeitsbewegung: Die weit reichenden Kriegszerstörungen, der auch die frühere Hauptstadt Tulagi auf Florida zum Opfer gefallen war, sowie Tod und Vertreibung unter den einheimischen Zivilisten förderten auf Malaita die Gründung einer nationalistischen Unabhängigkeitsbewegung (Marching Rule).

Regierungsrat: Als Folge politischer Unruhen breiteten sich seit 1953 lokale Beratungsgremien über das gesamte Protektorat aus. 1960 setzte Großbritannien exekutive und legislative Gremien ein, für die 1964 erstmalig eine Minderheit von Mitgliedern gewählt werden konnte. An ihre Stelle trat 1970 auf der Basis einer neuen Verfassung ein Regierungsrat. Von seinen 26 Mitgliedern wurden in den ersten allgemeinen Wahlen 17 Mitglieder gewählt.

Verfassung und Unabhängigkeit: Am 21.8.1974 wurde mit einer neuen Verfassung das von einem Ministerrat angeführte ministerielle Regierungssystem eingeführt. Die gesetzgebende Versammlung wählte Salomon Mamaloni zum ersten Minister der S. Eine Delegation unter seiner Führung setzte 1975 mit brit. Vertretern den »Fahrplan« für die Unabhängigkeit fest: Nach Erlangung der inneren Autonomie 1976 wurden am 7.7.1978 die S. ein unabhängiger Staat innerhalb des Commonwealth; Staatsoberhaupt ist der brit. Monarch, vertreten durch einen einheimischen Generalgouverneur. Premierminister wurde Peter Kenilorea, bis 1981 wieder Salomon Mamaloni die Macht übernahm und bis 1997 mehrere Regierungen führte. Gemäß der Verfassung von 1978 sind die S. eine parlamentarische Demokratie mit einem Ein-Kammer-Parlament mit 38 Mitgliedern. Im ersten Parlament gehörten die Abgeordneten keiner Partei an; diese entstanden erst vor den Wahlen im August 1980.

Unsichere ökonomische Grundlagen

Voraussetzungen: Von grundsätzlicher Bedeutung für die Stellung der S. im pazif. Raum war die wirtschaftliche Entwicklung. Land- und Forstwirtschaft sowie die Küsten-

Salomonen 2000

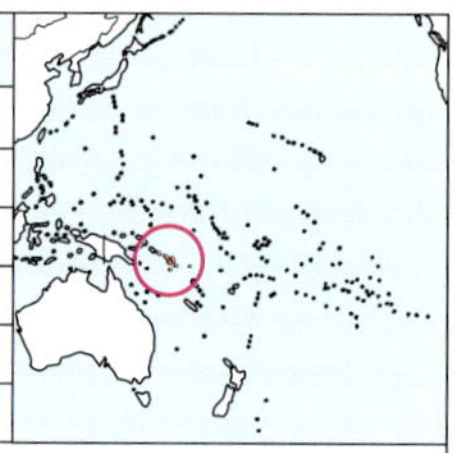

Landesfläche	28 896 km² (WR 139)
Einwohner	430 000 (WR 160)
Hauptstadt	Honiara (43 600 Einwohner)
Sprachen	Englisch, Pidgin-Englisch
Währung	1 Salomonen-Dollar (SI$)
Gliederung	7 Provinzen, 990 Inseln
Staatsform	Parlamentarische Monarchie im Commmonwealth (seit 1978)
Religion	Protestanten (77,5%); Katholiken (19,2%); Sonstige (3,3%)
Bevölkerung	Melanesier (94,2%); Polynesier (3,7%); Sonstige (2,1%)

Die Salomonen im 20. Jahrhundert

1893	Die südlichen Inseln werden brit. Protektorat.
1942	Japan. Eroberung der Salomonen.
1943	Rückeroberung durch die Alliierten.
1960	Verabschiedung einer eigenen Verfassung.
1976	Großbritannien gewährt innere Autonomie.
1978	Unabhängigkeit als selbstständiger Staat im Commonwealth.
1980	Parlamentswahlen; Peter Kenilorea bleibt Premierminister.
1981	Nach Neuwahlen wird Salomon Mamaloni Premierminister.
1984	Kenilorea wird erneut Premierminister.
1986	Ein tropischer Wirbelsturm führt zu schweren Verwüstungen.
1989	Nach Parlamentswahlen löst Mamaloni Kenilorea als Premierminister ab.
1992	Militärischer Konflikt mit Papua-Neuguinea.
1997	Bartholomew Ulufa'alu wird neuer Premierminister.
2000	Unruhen zwischen den Isatabu Freedom Fighters und Zuwanderern auf Guadalcanal. Nach Umsturz wird Mannasseh Sogavare Premierminister.

fischerei sind die wesentlichen Zweige der Volkswirtschaft. Dabei nahm die Fischerei einen deutlichen Aufschwung, nachdem die S. eine 200-Meilen-Zone festgelegt hatten.

Holzwirtschaft: Die Holzwirtschaft erzeugt mehr als 50% des Exportwertes des Inselstaates, doch gehen Schätzungen davon aus, dass die wirtschaftlich nutzbaren Vorräte bis etwa 2010 aufgebraucht sein werden. Daher werden seit 1996 mit finanzieller Unterstützung der Commonwealth Development Corporation und der Holzimporteure Neuseelands Aufforstungsprogramme durchgeführt.

Landwirtschaft: Die Landwirtschaft ist ebenfalls äußerst krisenanfällig, da nur 35% der Landfläche, vorwiegend in Küstennähe, nutzbar sind. Intensive Nutzung und Brandrodung führt zu Bodenverarmung und die Produktivität wird nicht selten durch Wirbelstürme beeinträchtigt. Kopra, Palmöl, Gewürze und Kokos sind die exportfähigen Agrarprodukte.

Bodenschätze: Eine Verbreitung der wirtschaftlichen Basis verspricht seit den 80er Jahren die Entdeckung von Bodenschätzen (Gold, Silber und Kupfer auf Guadalcanal, Phosphat auf Ballona, Bauxit auf Rennell und Vaghena), die aber bisher nur mit Kapital aus Australien, Japan und den Vereinigten Staaten ausgebeutet werden konnten. 1992 wurden Erdölvorkommen entdeckt.

Auslandshilfen: Die wirtschaftliche Situation verschlechterte sich seit Mitte der 90er Jahre. Ungenügende Infrastruktur, sinkende Weltmarktpreise für Agrarprodukte und ungünstige klimatische Verhältnisse machten das Land zunehmend von ausländischer Hilfe abhängig. Wichtige Geldgeber sind die führenden Außenhandelspartner Australien und Japan, aber auch Großbritannien, die EU, die Weltbank und die Asian Development Bank.

Auf dem Weg ins 21. Jahrhundert

Grenzkonflikte: Die Stellung der S. im pazif. Raum wurde seit 1989 von dem mit Papua-Neuguinea geführten Konflikt über die Insel Bougainville beeinflusst. Bougainville gehört zwar zu Papua-Neuguinea, liegt aber innerhalb der S.-Inselgruppe. Papua-Neuguinea beschuldigt die S., eine Rebellengruppe aus Bougainville mit Waffen zu unterstützen, die Stammesbeziehungen zu den S. hat und für den Anschluss von Bougainville plädiert. Die S. beklagen sich hingegen über angebliche Truppeneinfälle von Seiten Papua-Neuguineas. Zur Beilegung des Konflikts einigte man sich 1997 beim Treffen der Melanesian Spearhead Group (MSG) auf eine zukünftige Zusammenarbeit.

US-Marineinfanteristen landeten am 7.8.1942 auf der Salomoneninsel Guadalcanal. Nach schweren Kämpfen gelang es ihnen, die japan. Invasoren von der Insel zu vertreiben. Im Januar 1943 entschloss sich Japan zur endgültigen Aufgabe von Guadalcanal.

Regierungswechsel: Nach einem Umsturz im Juni 2000 stellte eine Rebellengruppe Premierminister Bartholomew Ulufa'alu unter Hausarrest. Anfang Juli wurde Mannasseh Sogavare neuer Premierminister. Bereits im Januar waren auf Guadalcanal Unruhen zwischen den Isatabu Freedom Fighters (IFF) und Zuwanderern von anderen Inseln ausgebrochen. Die ethnischen Spannungen forderten bisher zahlreiche Todesopfer. *H.-W. W.*

Staatsoberhäupter der Salomonen

Reg.-Zeit	*Name (Dynastie)*	*Lebensdaten*
1837–1901	Victoria I. (Hannover)	1819–1901
1901–10	Edward VII. (Sachsen-Coburg)	1841–1910
1910–36	George V. (Windsor)	1865–1936
1936	Edward VIII. (Windsor)	1894–1972
1936–52	George VI. (Windsor)	1895–1952
seit 1952	Elizabeth II. (Windsor)	*1926

Die wichtigsten Parteien im 20. Jahrhundert

Name	*Politische Richtung*	*Gründung*
Solomon Islands Liberal Party (SILP)	rechtsliberal	1975
People's Alliance Party (PAP)	Sammlungsbewegung Salomon Mamaloni	1979
United Party (UP)	Sammlungsbew. von von Peter Kenilorea	1979
National Front for Progress (NFP)	liberal	1985
Solomon Islands Labor Party	sozialistisch	1988
Group for National Unity and Reconciliation (GNUR)	plädiert für nationale Einheit	1993
National Action Party	sozialdemokratisch	1993

Sambia

Republik Sambia

Ab dem 14. Jh. wanderten die Bantu-Völker der Bemba, Tonga, Batotse/Lozi u. a. nach S. ein und errichteten ab dem 17. Jh. ihre Königtümer. Mit dem Erscheinen der Araber begann um 1850 der Sklavenhandel. Durch die Forschungsreisen (1853–73) des brit. Arztes und Missionars David Livingstone (1813–73) in die Binnenregionen geriet S. in das Blickfeld Europas. In der Folgezeit dehnte Großbritannien seine Einflusssphäre von Südafrika her nach S. aus. Die von dem brit.-südafrikan. Kolonialisten Cecil Rhodes (1853–1902) gegründete British South Africa Company (BSAC) erhielt 1891 von der brit. Königin Victoria die Konzession zur wirtschaftlichen Erschließung der nördlich des Transvaal gelegenen Gebiete.

Sambia 2000

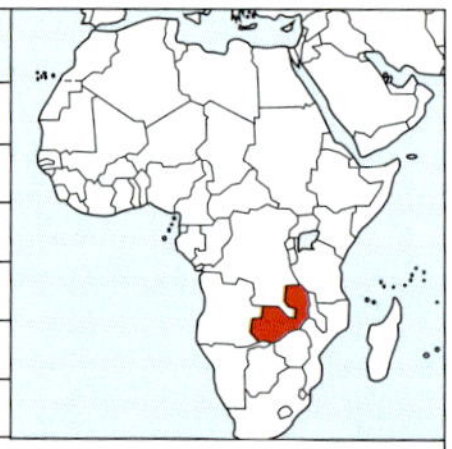

Landesfläche	752 618 km² (WR 38)
Einwohner	9 Mio (WR 82)
Hauptstadt	Lusaka (1,32 Mio Einwohner)
Sprachen	Englisch, Bantusprachen
Währung	1 Kwacha (K) = 100 Ngwee
Gliederung	9 Provinzen
Staatsform	Präsidiale Republik
Religion	Christen (72%): Protestanten 35,3%, Katholiken 27,3%, Afrikanische Christen (9,4%); Animisten (27%); Sonstige (1%)
Bevölkerung	Bemba (36,2%); Nyanja (17,6%); Tonga (15,1%); Nordwest-Gruppe (10,1%); Sonstige (21%)

Sambia im 20. Jahrhundert

1923	Gründung der brit. Kronkolonie Nordrhodesien.
1931	Beginn des Kupferbergbaus.
1935	Erste Streikwelle der afrikan. Bergwerksarbeiter.
1948	Zusammenschluss der nationalen Befreiungsbewegungen im Northern Rhodesian African Congress, seit 1951 als African National Congress (ANC).
1953	Entstehung der Zentralafrikan. Föderation durch den Zusammenschluss von Nordrhodesien mit Südrhodesien (heute Simbabwe) und Njassaland (heute Malawi).
1959	Gründung der United National Independence Party (UNIP) als Abspaltung des ANC, seit 1960 unter Führung von Kenneth Kaunda.
1962	Autonomie Nordrhodesien unter der Regierung Kaunda.
1963	Zerfall der Zentralafrikan. Föderation durch den Austritt Nordrhodesiens.
1964	Unabhängigkeit (24.10.) als Republik Sambia unter Staatspräsident Kaunda.
1967	Kaunda verkündet seinen politischen Weg des sozialistisch geprägten sog. Sambischen Humanismus.
1969	Verstaatlichung von Bergbau und Industrie, Bodenenteignung (bis 1975).
1974	Sambia als Gründungsmitglied der sog. Frontlinienstaaten, die sich für die Befreiung des südlichen Afrikas von weißer Herrschaft einsetzen.
1975	Beginn einer wirtschaftlichen Dauerkrise durch die einseitige Ausrichtung auf das Exportprodukt Kupfer.
1986	Blutige Proteste gegen die Verschlechterung der Lebensbedingungen infolge des IWF-Wirtschaftskurses.
1990	Legalisierung von Oppositionsparteien.
1991	Verabschiedung einer Mehrparteien-Verfassung, Aufhebung des Ausnahmezustandes (seit 1964), Wahlsieg des Mouvement for Multiparty Democracy (MMD) und seines Präsidentschaftskandidaten Frederick Chiluba.
1993	Verhängung des Ausnahmezustands infolge eines Umsturzversuchs.
1995	Erneute Wahl Kenneth Kaundas zum UNIP-Vorsitzenden.
1996	Nach Ausschluss Kaundas von der Präsidentenwahl erneuter Wahlsieg Chilubas und des MMD.
1997	Verschärfung der innenpolitischen Krise durch Proteste und staatliche Repressalien; gescheiterter Putschversuch von Teilen des Militärs; einwöchiger Ausnahmezustand.
1998	Verkauf der letzten Kupferminen an ein brit.-kanad.-südafrikan. Konsortium.

Kronkolonie Nordrhodesien

Britisches Protektorat: 1911 wurden die brit. kontrollierten Territorien zum Protektorat Nordrhodesien zusammengefasst, das 1923 zur brit. Kronkolonie erklärt wurde. Ab den 30er Jahren begann die Kolonialmacht, die reichen Kupfervorkommen im Copperbelt (Kupfergürtel) in großem Stil abzubauen, was der Kolonie zu einer wirtschaftlichen Blüte verhalf. Die kaum am Aufschwung beteiligten afrikan. Bergwerksarbeiter brachten ihren Unmut 1935 und 1940 in Streikwellen zum Ausdruck.

Antikoloniale Kräfte: Mit dem Northern Rhodesian African Congress, der sich später in African National Congress (ANC) umbenannte, formierte sich ab 1948 eine antikoloniale, nationale Bewegung. Gegen den erbitterten Widerstand des ANC wurde Nordrhodesien 1953 mit Südrhodesien (heute Simbabwe) und Njassaland (heute Malawi) zur Zentralafrikan. Föderation zusammengeschlossen. 1958 spalteten sich radikal-antikoloniale Kräfte vom ANC ab und formierten sich ein Jahr später in der United National Independence Party (UNIP), die ab 1960 von Kenneth Kaunda angeführt wurde.

Unabhängigkeit

Ende 1962 bildeten der ANC und die UNIP die erste afrikan. Regierung. Der Austritt Nordrhodesiens bewirkte 1963 den Zerfall der Zentralafrikan. Föderation. Am 24.10.1964 wurde die Kolonie als Republik S. in die Unabhängigkeit entlassen. Kenneth Kaunda übernahm das Amt des ersten Staatsoberhauptes. Als Regierungschef entwickelte Kaunda die Staatsphilosophie des »Sambischen Humanismus«, der stark sozialistisch geprägt war und 1969–75 zur Verstaatlichung des Bergbaus und der Schlüsselindustrien sowie zu Bodenenteignungen führte.

Einparteienstaat

Machtausbau: Als Reaktion auf gewaltsame Auseinandersetzungen zwischen politischen Parteien und ethnischen Gruppierungen wurde S. 1972 unter der Führung der UNIP zum Einparteienstaat umgewandelt. 1973 verlieh eine neue Verfassung dem Präsidenten größere Machtbefugnisse. Bei Wahlen in den Jahren 1973, 1978, 1983 und 1988 wurde Kaundas Position als Staatspräsident ebenso wie der Regierungsanspruch der UNIP bestätigt.

Außenpolitik: Das Binnenland S. war vor der Selbstständigkeit im Bereich Handel und Verkehr in starkem Maße von seinem Nachbarn Südrhodesien abhängig. Die einseitige Unabhängigkeitserklärung führte daher zu schweren Ausfällen in der sambes. Wirtschaft. 1965 erzwang Südrhodesien seine Unabhängigkeit unter einer weißen Herrschaft, die allerdings nur von den ebenfalls durch eine weiße Minderheit regierten Staaten Angola, Mosambik und Südafrika anerkannt wurde. Als Verfechter schwarzer Gleichberechtigung schloss sich S. den internationalen Sanktionen gegen das Nachbarland an, verriegelte die Grenze und unterstützte die oppositionelle Befreiungsbewegung in Südrhodesien. Ab den 60er Jahren bis 1989 bot S. als Gründungsmitglied der sog. Frontlinienstaaten den Guerillaverbänden Zuflucht, die in Südrhodesien, Angola, Mosambik und schließlich auch in Südafrika für die Selbstbestimmung der schwarzen Bevölkerung kämpften.

Wirtschaftskrise: Bis Mitte der 70er Jahre profitierte S. von den Einnahmen aus dem Kupferbergbau, die zur Industrialisierung des Landes genutzt wurden. Mit dem Niedergang der Kupferpreise, die durch ein Überangebot auf dem Weltmarkt hervorgerufen worden waren, geriet S. ab 1975 in eine ökonomische Dauerkrise und einen langjährigen Konflikt mit dem Internationalen Währungsfonds (IWF) über die Strategien der Krisenbewältigung. Die schon in der Kolonialzeit durch die einseitige Ausrichtung auf das Exportgut Kupfer und sein Nebenprodukt Kobalt angelegte Monostruktur wurde nach der Unabhängigkeit durch die Vernachlässigung der Landwirtschaft verstärkt. Staatsdirigismus, Missmanagement und Korruption förderten darüber hinaus die ökonomische Talfahrt. In den 80er Jahren nahmen die Wirtschaftsprobleme weiter zu, weil der IWF seine Kredite wegen zu hoher sambes. Zahlungsrückstände einfror. Durch eine gemäßigte Strukturanpassungspolitik entschärfte die Kaunda-Regierung schließlich ab 1989 den Dauerkonflikt mit dem IWF.

Kenneth Kaunda, Staatsgründer und seit 1960 Parteiführer der UNIP, regierte als Präsident 27 Jahre lang (1964–91) Sambia. Unter dem Druck von Massenkundgebungen ließ der Alleinherrscher im Dezember 1990 Oppositionsparteien zu und erklärte seine Bereitschaft zu freien Wahlen. Nach den Präsidentschaftswahlen vom 31.10.1991 wurde er von Frederick Chiluba abgelöst. In den gleichzeitig durchgeführten Parlamentswahlen errang die von Chiluba geführte Movement for Multiparty Democracy (MMD) die absolute Mehrheit. Seit seinem Regierungsantritt bemüht sich Chiluba, ein politisches Comeback Kaundas (Foto) zu verhindern.

Staatsoberhäupter Sambias

Reg.-Zeit	Name	Lebensdaten
1964–91	Kenneth Kaunda	*1924
seit 1991	Frederick Chiluba	*1943

TAZARA-Bahnlinie – Sambias Weg zum Indischen Ozean

Transitwege: Als Binnenstaat ist Sambia auf Transitwege zu Häfen am Atlantischen oder Indischen Ozean angewiesen. Während der Kolonialzeit nutzte das Land die Verbindung über Südrhodesien (heute Simbabwe).

Durch den samb. Boykott des weißen Minderheitsregimes im Rhodesienkonflikt wurde dieser Weg für den Kupferexport zu den bestehenden Häfen im südlichen Afrika jedoch abgeschnitten. Daher exportierte Sambia über die Bendela-Bahn via Angola, bis der dortige Bürgerkrieg auch diese Verkehrsverbindung abbrechen ließ. Zur Neuorganisation des Transits blieb der samb. Regierung nur der Weg nach Norden. 1975 wurde die mit Unterstützung der Volksrepublik China gebaute TAZARA-Eisenbahn, eine Verbindung zwischen dem Kupfergürtel Sambias und der Hafenstadt Daressalam in Tansania, fertig gestellt. Der neben der Personenförderung vorwiegend dem Transport von Kupfererzen dienende Verkehrsstrang durchquert 891 km im Staatsgebiet Sambia und 969 km in Tansania. (Foto: Hauptbahnhof in Sambias Hauptstadt Lusaka)

Stichwort: Sambias Copperbelt

Wirtschaftsgrundlage: Im Copperbelt, dem 70 km breiten und 200 km langen Kupfergürtel entlang der Grenze zu Kongo/Zaïre, wird seit den 30er Jahren des 20. Jh.s der Hauptdevisenbringer Kupfer gefördert. Trotz staatlicher Versuche, die einseitige Exportausrichtung auf Kupfer durch den Ausbau anderer Ökonomiezweige zu beseitigen, erwirtschaftete Kupfer zusammen mit dem Nebenprodukt Kobalt auch Ende der 90er Jahre noch rund 78% der Ausfuhrerlöse. Die Vorkommen reichen voraussichtlich bis zum Jahr 2020.

Verfall: Infolge der Schuldenkrise Sambias wurde die Instandhaltung der Kupferminen in den vergangenen Jahrzehnten stark vernachlässigt. Neben unzeitgemäßer Ausrüstung und fehlendem Know-how waren es vor allem die mangelnden Sicherheitsvorkehrungen, mit denen der Bergbausektor und die dort Beschäftigten in den 90er Jahren zu kämpfen hatten.

Privatisierung: Unter Regierung von Präsident Chiluba wurde 1996 die Privatisierung der bis dahin zu 60% in staatlicher Hand liegenden Kupferminen (Zambia Consolidated Copper Mines) eingeleitet. Die letzten beiden der in mehrere eigenständige Einheiten aufgeteilten Kupfergebiete gingen 1998 für 500 Mio US-Dollar in den Besitz eines brit.-kanad.-südafrikan. Konsortiums über.

Demokratische Reformen

Als Protest gegen die sozialen Härten infolge der IWF-Auflagen brachen 1986 und 1990 blutige Unruhen aus. Nachdem Kaunda trotz Massendemonstrationen und Putschversuchen politische Reformen lange Zeit verweigert hatte, veranlasste er 1990 die Legalisierung von Oppositionsparteien. Gleichzeitig mit der Aufhebung des seit 1964 geltenden Ausnahmezustands trat 1991 eine neue Präsidialverfassung in Kraft, die das Mehrparteiensystem festschrieb. Bei den ersten freien Wahlen kam es 1991 zum Machtwechsel. Der ehemalige Gewerkschaftsführer Frederick Chiluba und seine 1990 gegründete Partei Movement for Multiparty Democracy (MMD) konnten mit 75,8% der Stimmen einen überwältigenden Sieg erringen.

Politischer Neuanfang

Enttäuschte Erwartungen: Nachdem sich der beispielhaft reibungslose politische Wechsel von der 27 Jahre lang herrschenden Kaunda-Führung hin zur neuen demokratisch gewählten Regierung vollzogen hatte, ruhten die nationalen wie internationalen Hoffnungen auf dem neuen Staatspräsidenten Frederick Chiluba. Gemeinsam mit dem IWF setzte er zunächst wichtige Änderungen durch, konnte ohne Streiks Subventionen streichen und mit der Ankündigung weiterer Reformen Einsparungen vornehmen. Sein strikter Liberalisierungskurs brachte S. zwar das Wohlwollen der internationalen Kreditgeber ein, enttäuschte jedoch die Erwartungen der Bevölkerung, die unter den sich rasch verschlechternden Lebensbedingungen litten. Im März 1993 verhängte Chiluba wegen eines angeblichen Umsturzversuches von UNIP-Mitgliedern für drei Monate den Ausnahmezustand. Als Reaktion auf Korruptionsgerüchte, Regierungsskandale, Menschenrechtsverletzungen und zunehmende Massenarmut brachen ab Mitte der 90er Jahre im gesamten Staatsgebiet Unruhen aus. Anfang 1995 belagerten mehrere tausend Menschen im Norden von S. Verkaufsstellen für das Hauptnahrungsmittel Mais. Die Versorgungsprobleme wurden durch etwa 100 000 Flüchtlinge aus dem benachbarten Angola noch verschärft.

Wahlen: 1995 war Kaunda nach einem vorübergehenden Rückzug aus der Politik wieder an die Spitze der UNIP zurückgekehrt. Durch eine innenpolitisch heftig umstrittene und von den internationalen Gebern kritisierte Verfassungsänderung, die den demokratischen Charakter der staatlichen Ordnung wieder in Frage stellte, verhinderte Chiluba 1996 die Präsidentschaftskandidatur seines mächtigen Widersachers. Er ließ das passive Wahlrecht, namentlich für das Präsidentenamt, auf Staatsbürger rein sambes. Abstammung einschränken, sodass Kaunda mit familiären Wurzeln in Malawi von der Wahl ausgeschlossen blieb. Die UNIP und andere Parteien protestierten dagegen mit einem Wahlboykott. Chiluba wurde im November 1996 noch vor Abschluss der Stimmenauszählung neu vereidigt. Durch seinen zunehmend autokratischen Führungsstil, sich häufende Menschenrechtsverletzungen und Korruptionsaffären geriet der Präsident immer stärker in die Kritik.

Regierungkrise: Bei Demonstrationen der Opposition wurde Kaunda im August 1997 durch Polizeischüsse verletzt. Nach dem gescheiterten Putschversuch einiger Militärs verhängte Chiluba den Ausnahmezustand und ging massiv gegen Oppositionelle vor. Am 26.12.1997 wurde auch Kaunda unter dem Vorwurf, an den Putschversuchen beteiligt gewesen zu sein, inhaftiert. Aufgrund internationaler Proteste kam er jedoch nach einer Woche wieder frei. Im März 2000 trat Kaunda als Führer der UNIP zurück und kündigte seinen Rückzug aus der Politik an. *B.L.*

Die wichtigsten Parteien im 20. Jahrhundert

Name (Abkürzung)	*Politische Richtung*	*Gründung*
United National Independence Party (UNIP)	sozialistisch geprägte Einheitspartei bis 1990	1959
Movement for Multiparty Democracy (MMD)	liberal-demokratisch	1990
National Party (NP)	Abspaltung des MMD	1993
Zambia Democratic Congress (ZDC)	Abspaltung des MMD	1995
Agenda for Zambia (AZ)	Abspaltung der NP	1996
National Lima Party (NLP)	Bauernpartei	1996

Samoa

Unabhängiger Staat Samoa

Die Inseln Samoas, 2400 km nördlich von Neuseeland im Pazifik gelegen, wurden vor 3000 Jahren von Polynesiern besiedelt. 1878 schlossen die USA mit dem damals unabhängigen Königreich Samoa einen Vertrag, der einen US-Flottenstützpunkt auf Pago Pago vorsah. Daneben meldeten auch das Deutsche Reich und Großbritannien Besitzansprüche an.

Samoa 2000	
Landesfläche	2831 km² (WR 164)
Einwohner	177 000 (WR 172)
Hauptstadt	Apia (Upolu; 34 000 Einwohner)
Sprachen	Samoanisch, Englisch
Währung	1 Tala (S$) = 100 Sene
Gliederung	11 Distrikte
Staatsform	Parlamentarische Monarchie (seit 1962)
Religion	Protestanten (70,9%), Katholiken (22,3%); Sonstige (6,8%)
Bevölkerung	Polynesier (88%); Euronesier (10%); Sonstige (2%)

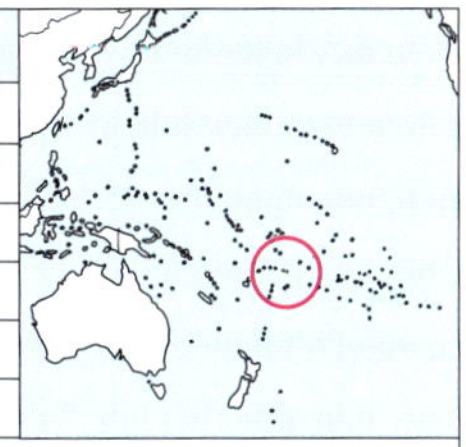

Kolonialmacht Neuseeland

Interessensphären: 1899 löste eine Konvention den Konflikt zwischen den Kolonialmächten. Großbritannien gab Samoa zugunsten von Rechten auf Tonga und den Salomonen auf. Samoa wurde geteilt: Die Inseln östlich des 171. Längengrades wurden als »American Samoa« Teil der USA (Erklärung der Häuptlinge 1900–04, Anerkennung durch den US-Kongress 1929). West-Samoa, bestehend aus zwei großen (Savaii und Upolu) und sieben kleinen Inseln, von denen fünf unbewohnt sind, wurde deutsche Besitzung.

Mandatsgebiet: Bei Ausbruch des Ersten Weltkriegs besetzte Neuseeland als Verbündeter Großbritanniens West-Samoa (30.8.1914) und erhielt 1920 ein Mandat des Völkerbundes über die Inseln. 1946 wurde West-Samoa Treuhandgebiet der Vereinten Nationen, die Verwaltung oblag weiterhin Neuseeland.

Weg in die Unabhängigkeit: Neuseeland baute ab 1954 schrittweise die Selbstverwaltung S.s aus, ein Prozess der mit der Einführung einer Verfassung und der Unabhängigkeitserklärung (1.1.1962) abgeschlossen wurde. Der Beitritt S.s, des ersten unabhängigen Südseestaats, zur UNO erfolgte 1976.

Nachbar Neuseeland: Die Beziehungen zu Neuseeland, dem Haupthandelspartner S.s, sind eng geblieben. Viele Samoaner leben in Neuseeland oder besuchen dort höhere Schulen. Ein Versuch, diese Zuwanderung zu stoppen, führte zu einer Klage vor dem Privy Council in London. Dieses befand 1982, dass alle Samoaner, die zwischen 1924 und 1949 geboren wurden, ein Anrecht auf die neuseeländ. Staatsbürgerschaft und Einwanderung nach Neuseeland hätten. Dieser Richterspruch betraf mehr als die Hälfte aller Samoaner. S. und Neuseeland schlossen daraufhin einen Vertrag, der den Spruch des Privy Councils aufhob. Danach wurden alle Samoaner in Neuseeland aufenthaltsberechtigt und die Zuwanderungsquote auf 1100 Personen jährlich beschränkt.

Samoa im 20. Jahrhundert	
1904	Alle Häuptlinge Ost-Samoas treten ihre Souveränitätsrechte an die USA ab.
1914	Neuseeländ. Truppen besetzen im Ersten Weltkrieg im Auftrag Großbritanniens West-Samoa (30.8.).
1920	Der Völkerbund erklärt West-Samoa zu neuseeländ. Mandatsgebiet.
1929	Der US-Kongress bestätigt Ost-Samoa als Teil der USA (American Samoa).
1946	West-Samoa wird UN-Treuhandgebiet, Verwaltung durch Neuseeland.
1947	Die Legislative (Fono) wird eingeführt; Häuptlinge sind wahlberechtigt.
1954	Gradueller Übergang zur Selbstverwaltung beginnt.
1962	West-Samoa wird nach Referendum unabhängig (1.1.).
1963	Malietoa Tanumafili II. wird zum Staatsoberhaupt auf Lebenszeit ernannt.
1975	Fiame Mulinuu, der Premier der Staatswerdung, stirbt.
1976	West-Samoa wird Mitglied der Vereinten Nationen.
1982	Ein Vertrag West-Samoas mit Neuseeland regelt Einwanderungsquoten.
	Tofilau Eti Alesana übernimmt das Amt des Premierministers und wird zum bestimmenden Politiker der nächsten 16 Jahre.
1990	Ein Referendum befürwortet das allgemeine Wahlrecht; Proteste der Stammeshäuptlinge (Matai).
1991	Zyklon »Val« fordert 13 Todesopfer und verursacht hohe Sachschäden.
1994	Einführung der Mehrwertsteuer; die Verteuerung löst Massenproteste aus.
1997	West-Samoa ändert den Staatsnamen in Samoa.
1998	Premierminister Eti tritt aus Gesundheitsgründen zurück.
1999	Der Sohn des Ex-Ministers Leafa Vitale erschießt Bauminister Luagalau Kamu, der wegen Korruptionsvorwürfen gegen Vitale ermittelte.

Der Weg in die Demokratie

Staatsoberhaupt: Nach der Verfassung sollten stets zwei Stammeshäuptlinge gemeinsam Staatsoberhaupt S.s sein, doch nach dem Tod seines Mitpräsidenten wurde Malietoa Tanumafili II. zum Staatsoberhaupt auf Lebenszeit ernannt (1963).

Legislative: Seit 1947 besitzt S. ein gesetzgebendes Organ (Fono), das den Premierminister und sein Kabinett wählt. Die Wahlen zum Fono, und damit der Regierung, waren lange Zeit wenig demokratisch: Nur zwei der 47 Mandatare im Fono wurden vom Volk gewählt, 45 bestimmten die Stammeshäuptlinge (Matai).

Regierungsbildung: Erster Premierminister in der Phase der Staatengründung wurde Fiame Mulinuu (1959–70, 1973–75). Nach einer

Die Verfassung Samoas von 1960 (noch vor Einführung eines allgemeinen Wahlrechts) sah vor, dass jeweils zwei Häuptlinge (Matai) das Präsidentenamt bekleiden sollten. Am 1.1.1962 wählten die Matai aus ihrer Mitte Tupua Tamasase Meoble und Malietoa Tanumafili II. Als Meoble 1963 starb, wurde Tanumafili zum Präsidenten auf Lebenszeit erklärt (5.4.1963). Erst nach seinem Tod soll das Präsidentenamt in direkter, allgemeiner Wahl besetzt werden. (Foto: Malietoa Tanumafili II. während seines Staatsbesuchs in Bonn im September 1976)

Periode häufiger Regierungswechsel kam 1982 der neue Führer der Human Rights Protection Party (Partei zum Schutz der Menschenrechte; HRPP), Tofilau Eti Alesana, an die Regierung. Die HRPP dominierte seither S.s Politik. Bei den Parlamentswahlen (zunächst alle drei Jahre, seit 1991 alle fünf Jahre) gewann sie absolute Mehrheiten oder sicherte sich die Macht durch Allianzen mit unabhängigen Kandidaten. Parteiführer Eti blieb – mit einer Unterbrechung 1985–88 – von 1982 bis zum November 1998 Premierminister, trat dann krankheitshalber zurück und starb im März 1999.

Demokratisierung: Zu Etis Leistungen gehörte die Einführung des allgemeinen Wahlrechts nach einem Referendum im Oktober 1990, bei dem eine knappe Mehrheit der Samoaner dafür stimmte. In der Doppelabstimmung wurde ein zweiter Vorschlag, nämlich für die Matai ein Oberhaus im Parlament einzurichten, abgelehnt. Eine Klage von sechs Matai gegen das allgemeine Wahlrecht wurde vor dem Obersten Gerichtshof abgewiesen.

Die wichtigsten Parteien im 20. Jahrhundert

Name (Abkürzung)	*Politische Richtung*	*Gründung*
Human Rights Protection Party (HRPP)	konserv. Regierungspartei	1979
Samoa National Development Party (SNDP)	Oppositions-Koalition	1988
Tumua ma Pule	Häuptlingsgruppierung	k. A.
Samoa Liberal Party	Abspaltung der HRPP	1994
Samoa All People's Party	Abspaltung der HRPP	1996

Phase vielfältiger Krisen

Wirbelstürme: Im Februar 1990 machte der Zyklon »Ofa« 10 000 Samoaner obdachlos. Ein zweiter Wirbelsturm im Dezember 1991 forderte 13 Menschenleben; die Sachschäden wurden auf 662 Mio Tala (221 Mio Euro) geschätzt. Die wachsende Häufigkeit der Stürme wurde mit der Erderwärmung in Zusammenhang gebracht.

Finanzkrise: Die Einführung der Mehrwertsteuer 1994 verteuerte Lebensmittel sowie Treibstoffe und führte zu Protesten der Bevölkerung. Sie kulminierten 1995, als Premierminister Eti eine Petition mit 120 000 Unterschriften (75% der Bevölkerung) vorgelegt wurde, die eine Rücknahme der Steuer forderte. Eti zweifelte die Authentizität der Unterschriften allerdings an.

Regierungskrise: Bis 1994 waren die Schulden der nationalen Luftlinie, Polynesian Airlines, auf 45 Mio Tala (15 Mio Euro) gestiegen. Der Vorsitzende des Rechnungshofes warf im Zusammenhang damit sieben Ministern Untreue vor. Eine Untersuchungskommission sprach die Beschuldigten aber frei. In der Folgezeit mehrte sich die Kritik an der Regierung: Ihr wurde mangelnde Finanzkontrolle und ein autoritärer Führungsstil vorgeworfen.

Politischer Mord: Diese Strömungen kulminierten nach Etis Tod im März 1999 in einem politischen Mord: Der Minister für staatliche Baumaßnahmen, Luagalau Kamu, wurde im Juli 1999 erschossen. Als Täter ermittelten die Behörden Eletise Leafa Vitale, den Sohn des früheren Ministers für Frauenfragen, Leafa Vitale. Als Motiv galten Ermittlungen Kamus gegen Leafa Vitale wegen Korruption im Zusammenhang mit der staatlichen Elektrizitätsgesellschaft. Nach einem Todesurteil in einem ersten Verfahren, das später in lebenslange Haft umgewandelt wurde, sagte Eletise Vitale im Februar 2000 in einem zweiten Prozess gegen seinen Vater und den früheren Postminister Toi Aukuso aus. Im April 2000 wurden die beiden Exminister von einem Schwurgericht wegen des Mordes an Kamu zum Tode verurteilt. Die Vollstreckung galt jedoch als unwahrscheinlich, da die Regierung bislang alle Todesurteile in lebenslange Haft umgewandelt hatte. *T. Fr.*

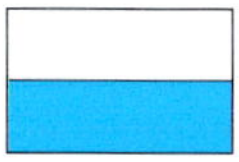

San Marino

Republik San Marino

S. ist die älteste Republik Europas. Der Legende nach wurde es im 4. Jh. von dalmatin. Christen unter Führung des Steinmetzen Marinus gegründet, die der Verfolgung unter dem röm. Kaiser Diokletian entkommen waren. Seit dem »Placitum Feretranum«, dem ältesten Zeugnis der Unabhängigkeit San Marinos (885), konnte die kleine Apenninenrepublik ihre Selbstständigkeit bewahren. Auch die Einigung Italiens im 19. Jh. veränderte diesen Zustand nicht. 1862 wurde mit dem jungen Königreich Italien ein Freundschaftsvertrag geschlossen und eine Zollunion begründet.

San Marino 2000	
Landesfläche	61,2 km^2 (WR 188)
Einwohner	26 000 (WR 188)
Hauptstadt	San Marino (4178 Einwohner)
Sprache	Italienisch
Währung	1 Ital. Lira (Lit) = 100 Centesimi
Gliederung	10 Castelli (Gemeindebezirke)
Staatsform	Parlamentarische Republik (seit 1600)
Religion	Katholiken (95,2%); Sonstige (1,8%); Konfessionslose (3%)
Bevölkerung	Sanmarinesi (76,8%); Italiener (22%); Sonstige (1,2%)

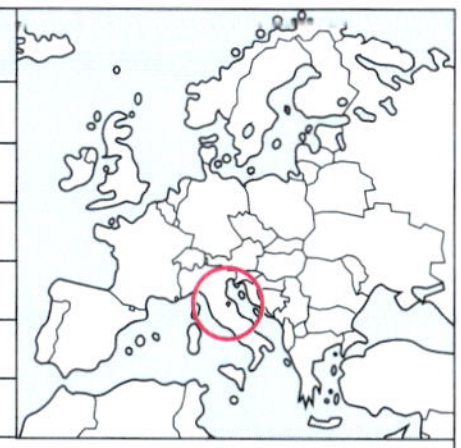

San Marino im 20. Jahrhundert	
1902	Gründung der Sozialistischen Partei.
1906	Die ersten demokratischen Wahlen finden statt.
1915	San Marino tritt an der Seite Italiens in den Ersten Weltkrieg ein.
1920	Für die Parlamentswahlen wird das Verhältniswahlrecht eingeführt.
1923	Die Faschisten übernehmen die Macht.
1939	San Marino erklärt bei Ausbruch des Zweiten Weltkriegs seine Neutralität.
1943	Rückkehr zur Demokratie nach dem Scheitern der Faschisten.
1944	Deutsche Soldaten besetzen San Marino, das dem Deutschen Reich den Krieg erklärt; brit. Soldaten befreien den Kleinstaat.
1945	Sozialisten und Kommunisten gewinnen die Parlamentswahlen.
1957	Beginn der bürgerlichen Regierung.
1978	Die Christdemokraten scheiden aus der Regierung aus; Linksregierung.
1982	Als erster Papst besucht Johannes Paul II. San Marino.
1986	Sturz der Linksregierung wegen Korruptionsskandalen der Sozialisten; Christdemokraten und Kommunisten bilden die neue Regierung.
1988	San Marino wird Mitglied des Europarats.
1992	San Marino wird Mitglied der Vereinten Nationen.
	Die Christdemokraten bilden mit den Sozialisten eine neue Regierung.

Im 20. Jahrhundert

Weltkriege und Faschismus: 1906 wurde in S. die erste demokratische Wahl durchgeführt. Im Ersten Weltkrieg kämpfte S. ab 1915 an der Seite Italiens. Wie dort wurde auch in S. eine faschistische Partei gegründet, sie übernahm 1923 die Macht, schränkte das Wahlrecht und die demokratischen Freiheiten ein und verfolgte die Sozialisten. Nach 20 Jahren wurde das faschistische Regime gestürzt. Im Zweiten Weltkrieg erklärte S. seine Neutralität. Es gewährte vor allem Italienern Asyl, die vor Krieg und politischer Verfolgung flohen. Im September 1944 wurde S. von deutschen Truppen besetzt; nachdem es Deutschland den Krieg erklärt hatte, wurde das Land durch brit. Truppen befreit.

Innenpolitik der Nachkriegszeit: Nach dem Krieg kam eine Koalition aus Sozialisten und Kommunisten an die Regierung, die zuletzt 1955 bestätigt wurde. Durch den Austritt einiger Abgeordneter aus den Regierungsfraktionen verlor die linke Regierung ihre Mehrheit im Parlament. Der Versuch der beiden »Regierenden Kapitäne« (Capitani Reggenti), das Parlament aufzulösen und Neuwahlen durchzuführen, wurde von Italien vereitelt, das den Zugang zu S. absperrte. Die »Kapitäne« traten zurück und das Parlament wählte eine Regierung aus Christdemokraten und Sozialdemokraten. Die Christdemokraten blieben mit wechselnden Koalitionspartnern, darunter auch die Kommunisten (»historischer Kompromiss«), bis 1978 und seit 1986 führende Regierungspartei, in der Zwischenzeit regierten noch einmal die Linksparteien. In den 90er Jahren geriet das Parteiensystem durch Neugründungen und Umbenennungen wieder in Bewegung.

Die wichtigsten Parteien im 20. Jahrhundert		
Name (Abkürzung)	*Politische Richtung*	*Gründung*
Sozialistische Partei (PSS)	sozialistisch	1902
Christlich-Demokratische Partei (PDCS)	konservativ	1909[1]
Faschistische Partei	faschistisch	1923[2]
Demokratische Fortschrittspartei (PPDS)	sozialistisch	1943[3]
Volksallianz der Demokraten (APDS)	liberal	1993

1) Neugründung 1951; 2) 1943/45 aufgelöst; 3) Neugründung 1990

Außenpolitik: S. wurde 1988 in den Europarat aufgenommen und trat 1992 den Vereinten Nationen bei.

Verfassung: S. hat eine der ältesten Verfassungen der Welt. In ihren Grundzügen blieb sie bis in die Gegenwart unverändert. An der Spitze des Staates stehen die beiden »Regierenden Kapitäne«, die vom Großen Generalrat, dem aus 60 Mitgliedern bestehenden Parlament, jeweils zum 1.4. und 1.10. für ein halbes Jahr gewählt werden; Wiederwahl ist nach drei Jahren möglich. Die »Kapitäne« stehen auch dem Staatsrat vor, der Exekutive. *N.K.*

São Tomé und Príncipe

Mit der Entdeckung der beiden Hauptinseln des heutigen Staatsgebietes von S. um 1450 durch portugies. Seefahrer setzte die Besiedlung der unbewohnten Regionen ein. Die Portugiesen brachten auf den Inseln vorwiegend Sträflinge und nach Portugal geflohene span. Juden unter, die später Sklaven vom afrikan. Festland auf ihren Zuckerrohrplantagen arbeiten ließen. Ab 1500 entwickelte sich die Kolonie zum wichtigen Umschlagplatz für den Sklavenhandel. Zu Beginn des 19. Jh.s wurde der Kakaoanbau eingeführt, der bis heute wichtigster Wirtschaftszweig ist.

São Tomé und Príncipe 2000	
Landesfläche	964 km² (WR 168)
Einwohner	145 000 (WR 174)
Hauptstadt	São Tomé (57 000 Einwohner)
Sprachen	Portugiesisch, Crioulo
Währung	1 Dobra (Db) = 100 Céntimos
Gliederung	2 Provinzen, 7 Distrikte
Staatsform	Präsidiale Republik (seit 1975)
Religion	Katholiken (81%); Sonstige (19%)
Bevölkerung	Schwarze, Mulatten, Portugiesen

São Tomé und Príncipe im 20. Jahrhundert	
1913	Aufstieg der portugies. Kolonie zum weltweit größten Kakaoproduzenten.
1951	São Tomé und Príncipe werden portugies. Überseeprovinz.
1953	Fronarbeiteraufstand in Batepá wird blutig niedergeschlagen.
1960	Gründung der ersten nationalen Unabhängigkeitsbewegung Comissão de Libertação de São Tomé e Príncipe (CLSTP) im Exil.
1972	Unter der Führung von Manuel Pinto da Costa Umbenennung der CLSTP in Movimento de Libertação de São Tomé e Príncipe (MLSTP).
1973	Innere Autonomie für São Tomé und Príncipe.
1975	Unabhängigkeit (12.7.), MLSTP als einzig zugelassene Partei übernimmt die Staatsführung; Pinto da Costa wird Staatspräsident.
	Verstaatlichung der Wirtschaft.
1985	Wahlen zur Nationalen Versammlung bestätigen Präsident Pinto da Costa für weitere fünf Jahre im Amt.
1990	Einführung des Mehrparteiensystems, MLSTP erklärt sich zur sozialdemokrat. Partei und gibt sich den Zusatz PSD (Partido Social Democráta).
1991	Sieg der liberalen Oppositionspartei Partido de Convergência Democrática (PCD) bei den ersten allgemeinen Wahlen zur Nationalen Volksversammlung, Miguel Trovoada übernimmt Präsidentenamt.
1993	Beginnende Privatisierung der Kakaoplantagen.
1994	Parlamentsneuwahlen nach Auflösung der Kammer erbringen Sieg für ehemalige Einheitspartei MLSTP-PSD.
1995	Autonomiestatus für die Insel Príncipe, fehlgeschlagener Putschversuch gegen Staatspräsident Trovoada.
1996	Wiederwahl Trovoadas als Staatsoberhaupt.
1998	Wahlen zur Nationalen Volksversammlung bestätigen den Regierungskurs der MLSTP-PSD.

Kolonialzeit

Die sowohl wirtschaftlich als auch kulturell von Portugal beherrschte Kolonie stieg Anfang des 20. Jh.s zum weltweit größten Kakaoproduzenten auf. Nachdem 1869 die Sklaverei in den portugies. Kolonien offiziell abgeschafft worden war, hatten Kontraktarbeiter aus Angola, später aus Mosambik und von den Kapverdischen Inseln die Kultivierung der Plantagen übernommen. Bis in die 50er Jahre brach sich ihr Unmut über ihre rechtlose Stellung und die unwürdigen Arbeitsbedingungen in mehreren Unruhen Bahn. 1953 kamen bei einem Fronarbeiteraufstand in Batepá tausend Schwarze und ein Weißer ums Leben.

Unabhängigkeit

Politische Führung: 1951 wurden die Vulkaninseln zur portugies. Überseeprovinz erklärt. Im Ausland hatte sich schon 1960 mit der Comissão de Libertação de São Tomé e Príncipe (CLSTP) eine Unabhängigkeitsbewegung gegründet, die sich 1972 unter der Führung von Manuel Pinto da Costa als Movimento de Libertação de São Tomé e Príncipe (MLSTP) neu formierte. Auf die 1973 gewährte innere Autonomie folgte am 12.7.1975 die Unabhängigkeit als Demokratische Republik S. Die MLSTP stellte als einzig zugelassene Partei die Mitglieder für die Nationalversammlung. Miguel dos Anjos da Cunha Lisboa Trovoada, ein Mitbegründer der CLSTP, wurde zum Premierminister ernannt. Ab 1979 übernahm Pinto da Costa als Generalsekretär der Einheitspartei gemäß der nach dem Vorbild sozialistischer Staaten gestalteten Verfassung die Funktionen des Staatsoberhauptes und des Regierungschefs.

Wirtschaft: Die Staatsführung leitete 1975 eine Sozialisierung der Wirtschaft ein und verstaatlichte die Plantagen. Der Großteil der Portugiesen hatte mit der Unabhängigkeit aus Angst vor Repressalien das Land verlassen. Den Fachkräftemangel versuchte die MLSTP mit Hilfe anderer sozialistischer Staaten wie der Sowjetunion, Kuba, China und Nordkorea zu kompensieren. Aufgrund der prekären Wirtschaftslage entwickelte sich der Staat zu einem der Länder der Welt mit der höchsten Entwicklungshilfe. Frankreich und Portugal zählen zu den wichtigsten Gebernationen. Die natürlichen Ressourcen des Agrarstaates reichten für die stark wachsende Bevölkerung nicht aus, so dass sich Armut, Arbeitslosigkeit und Unterernährung zu schwerwiegenden Problemen entwickeln konnten.

Demokratisierung

Ende der 80er Jahre gab die MLSTP dem Druck der wachsenden Opposition im Innern und dem internationalen Umwälzungsprozess nach und öffnete sich für demokratische Reformen. 1988 führte eine Verfassungsänderung zur Wiedereinführung des 1979 abgeschafften Premierministeramtes, 1990 folgte das Mehrparteiensystem. Die MLSTP verabschiedete sich von der marxistisch-leninistischen Doktrin, erklärte sich zur sozialdemokratischen Partei und gab sich den Zusatz Partido Social Democrática (MLSTP-PSD). Neben elementaren Menschenrechten, Parteienpluralismus und Gewaltenteilung wurden auch das Streikrecht und die Marktwirtschaft in der 1990 in Kraft getretenen neuen Verfassung verankert. Aus den ersten freien Wahlen ging 1991 die Partido de Convergência Democrática (PCD) als stärkste Partei hervor. Das Präsidentenamt übernahm der parteilose ehemalige Premierminister Miguel Trovoada.

Strukturwandel

Wirtschaftsreformen: Die neue, liberale PCD-Regierung setzte den Ende der 80er Jahre begonnenen, mit der Weltbank und dem Internationalen Währungsfonds (IWF) vereinbarten Strukturanpassungskurs fort, der zur Überwindung der einseitigen Abhängigkeit vom Hauptexportprodukt Kakao führen soll. Trotz großen Anstrengungen, die staatlichen Plantagen zu sanieren, privates Unternehmertum zu fördern und den Handel zu liberalisieren, stützte sich die Volkswirtschaft des Inselstaates auch in den 90er Jahren noch fast ausschließlich auf den Kakaoanbau. 1993 begann die Regierung mit der Reprivatisierung der Kakaoplantagen. Große Hoffnungen setzte die Regierung bei ihrem wirtschaftlichen Reformkurs auf den Ausbau eines nach ökologischen Gesichtspunkten gesteuerten Tourismus. Auch die bislang unterentwickelte Fischerei und die Forstwirtschaft sind Potenziale, die S. in der Zukunft verstärkt ausschöpfen wollen.

Regierungswechsel: Der Protest der Bevölkerung gegen die Wirtschaftsreformen und die damit verbundene Senkung des Lebensstandards entlud sich nicht nur in Unruhen, sondern führte 1994 bei den vorgezogenen Parlamentswahlen zur Abwahl der PCD. Die ehemalige Einheitspartei MLSTP-PSD, nun sozialdemokratisch geprägt, konnte an die Spitze zurückkehren. Bei den Parlamentswahlen von 1998 wurde ihr Regierungskurs mit einem Plus von vier Sitzen bestätigt.

Kakaoanbau: Die Wirtschaft auf São Tomé und Príncipe ist überwiegend auf den Kakaoanbau ausgerichtet. Mitte der 90er Jahre erbrachte er rund 80% der Ausfuhrerlöse. (Foto: Kakaobaum)

Putschversuch: Im August 1995 versuchten Teile der Armee, die aufgrund der Wirtschaftsmisere schon seit Monaten keinen Sold mehr erhalten hatten, Präsident Trovoada zu stürzen. Sie arrestierten ihn, lösten das Parlament auf und setzten die Verfassung außer Kraft. Aufgrund internationaler Vermittlung wurde Trovoada jedoch wenige Tage später wieder ins Amt eingesetzt. Bei der Präsidentenwahl 1996 erhielt er die Bestätigung als Staatsoberhaupt.

Autonomie: 1995 trat ein Autonomiestatus für Príncipe in Kraft, der der Unzufriedenheit der Einwohner mit ihrer Vertretung durch die Zentralregierung Rechnung trug. Die Regionalregierung hat sich gegenüber einem Ministerdelegierten zu verantworten, der vom Staatspräsidenten eingesetzt wird. *B.L.*

Staatsoberhäupter von São Tomé und Príncipe

Reg.-Zeit	*Name*	*Lebensdaten*
1975–91	Manuel Pinto da Costa	*1935
seit 1991	Miguel dos Anjos da Cunha Lisboa Trovoada	*1936

Die wichtigsten Parteien im 20. Jahrhundert

Name (Abkürzung)	*Politische Richtung*	*Gründung*
Movimento de Libertação de São Tomé e Príncipe (MLSTP-PSD)	sozialist. Einheitspartei bis 1990, heute sozialdemokratisch	1960
Partido de Convergência Democrática – Grupo de Reflexão (PCD-GR)	sozialliberale Opposition	1990
Partido Democrático de São Tomé e Príncipe – Coligação Democrática da Oposição (PDSTP-CODO)	Opposition	1990
Acçao Democrática Independente (ADI)	Opposition	1992

Saudi-Arabien

Königreich Saudi Arabien

S. nimmt den größten Teil der Arab. Halbinsel ein; über die Größe des Landes gehen die Schätzungen auseinander, da ein Teil der Grenze in der Wüste nicht festgelegt ist. Der Hedschas, der Westteil des Landes, ist das Ursprungsgebiet des Islam. S. versteht sich daher auch als Hüter des Islam, zumal sich auf seinem Staatsgebiet mit Mekka und Medina zwei der bedeutendsten heiligen Stätten der Religion befinden.

Saudi-Arabien 2000	
Landesfläche	2,15 Mio km^2 (WR 13)
Einwohner	20,9 Mio (WR 49)
Hauptstadt	Riadh (2,1 Mio Einwohner)
Sprachen	Arabisch, Englisch
Währung	1 Saudi-Riyal (SRI) = 20 Qirshes
Gliederung	5 Provinzen
Staatsform	Absolute Monarchie (seit 1932)
Religion	Sunnitische Moslems (98,8%); Christen (0,8%); Sonstige (0,4%)
Bevölkerung	Saudis (82%); Jemeniten (9,6%); andere Araber (3,4%); Sonst. (5%)

Saudi-Arabien im 20. Jahrhundert	
1902	Ibn Saud erobert von Kuwait aus das Emirat Nadjd.
1921	Ibn Saud erobert bis 1925 das haschemitische Königreich Hijaz (Hedschas).
1926	Ibn Saud wird König von Nadjd und Hijaz.
1932	Vereinigung der beiden Königreiche zum Königreich Saudi-Arabien.
1933	Konzessionsvertrag mit der Standard Oil of California.
1935	Erste Erdölfunde.
1944	Umwandlung von Standard Oil in Arabian-American Oil Company (ARAMCO).
1953	Saud wird Nachfolger von Ibn Saud.
1964	Saud tritt die Herrschaft an seinen Bruder Faisal ab.
1975	Ermordung Faisals; sein Bruder Chalid besteigt den Thron.
1979	Besetzung der großen Moschee in Mekka durch Fundamentalisten.
1990	Stationierung US-amerikan. Truppen nach der irak. Invasion in Kuwait.
1992	Ankündigung politischer Reformen.
1995	Bombenanschlag auf eine Moschee.
1996	Bombenanschlag in Dhahran (Tod von 19 US-Soldaten).
1997	Erweiterung des Konsultativrats von 60 auf 90 Mitglieder.

Staatsoberhäupter Saudi-Arabiens

Regierungszeit	*Name*	*Lebensdaten*
1932–53	Ibn Saud (Abd al-Aziz ibn Abd ar-Rahman al-Feysal as-Saud)	1880–1953
1953–64	Saud ibn Abd al-Aziz ibn Saud	1903–1969
1964–75	Faisal ibn Abd al-Aziz ibn Saud	1906–1975
1975–82	Chalid ibn Abd al-Aziz ar-Saud	1913–1982
seit 1982	Fahd ibn Abd al-Aziz	*1920

Vorgeschichte

Saud-Dynastie und Wahhabismus: Die Grundlagen des Königreichs von S. wurden im 18. Jh. gelegt, als sich die politisch-militärische Stärke der Saud-Familie mit dem Wahhabismus verband, der puristischen islamischen Lehre des Muhammad Ibn Abd al-Wahhab. Muhammad ibn Saud und sein Sohn Abd al-Aziz gewährten dem religiösen Reformer Asyl. Mit dem Ziel, die Reformlehre weiter zu verbreiten, wurden 1801 Nadjd und Hasa besetzt, die Region von Hijaz (Hedschas) unter saud. Kontrolle gebracht und die heilige Stadt Mekka erobert. Das Osman. Reich schickte seinen Gouverneur von Ägypten, Muhammad Ali, gegen die Saudis in den Krieg, der sie nach langem Kampf 1814 besiegte. Als die internationalen Bedingungen Muhammad Ali um 1840 zwangen, sich zurückzuziehen, wurde unter Faisal die wahhabitische Kontrolle über Nadjd, Hasa und Oman wiederhergestellt. Der Hedschas blieb dagegen bis 1925 im Einflussbereich des Sherifen von Mekka. Nach Faisals Tod rief der Streit unter seinen Söhnen die Vasallenfamilie der Ibn-Rashids auf den Plan, die die Saudis schließlich 1891 nach Kuwait vertrieben.

Staatsgründung

Wiederherstellung der Saud-Herrschaft: 1902 vertrieb Abd al-Aziz, Faisals Enkel, der später unter dem Namen Ibn Saud bekannt wurde, die Truppen des Ibn-Rashid aus Riadh. Im Ersten Weltkrieg versuchten Großbritannien und das Osman. Reich Verbündete auf der Arab. Halbinsel zu gewinnen. Nachdem Ibn Saud bereits 1913 Al Ahsa von den Türken erobert hatte, gelang es ihm, sein Gebiet nach Norden auszuweiten. 1921 nahm er den von Großbritannien anerkannten Titel eines Sultans von Nadjd an, eroberte 1924 Mekka und wurde 1926 zum König des Hedschas ausgerufen; 1927 erfolgte die Proklamation zum König von Nadjd. Großbritannien erkannte seine Königreiche 1927 als Gegenleistung dafür an, dass Ibn Saud die Grenzen zur Transjordanien, zum Irak und zu Kuwait respektierte. 1932 wurden beide Königreiche zum Königreich von Saudi-Arabien zusammengefasst und Ibn Saud zum König ausgerufen; 1934 kam im Westen Asir zum Königreich.

Absolute Monarchie: S. ist eine Monarchie, in der die absolute Macht des Königs durch das islam. Recht (Schariah), die Stammesgesetze der Beduinen und die Tradition geregelt werden. Es gibt keine geregelte Nachfolge, sondern der Herrscher wird durch den Familienrat bestimmt. Ibn Saud ernannte 1953 erstmals einen Ministerrat; eine Reihe von Regelungen, die einer Verfassung ähneln, wurden 1958 festgesetzt.

Sicherung der Thronfolge: 1933 sicherte Ibn Saud die Thronfolge durch Ernennung seines ältesten Sohnes Saud, der bereits seit 1926 Vizekönig von Nadjd war, zum Kronprinzen; der jüngere Sohn Faisal war seit 1925 Vizekönig von Hedschas.

Ölreichtum und Nahost-Konflikt

Erdölfunde: 1938 entdeckten die US-amerikan. Gesellschaften, denen der König 1933 Konzessionen erteilt hatte, bei Ad Damman Erdöl. Die Vorkommen erwiesen sich als riesig (ein Viertel der Weltvorkommen) und die Förderung, die nach dem Zweiten Weltkrieg begann, erbrachte ungeheure Erlöse, die für den Aufbau von Infrastruktur und sozialen Einrichtungen verwandt wurden. Der aus dem Erdöl stammende Reichtum erweiterte den politischen und wirtschaftlichen Einfluss des Landes beträchtlich. S. war einer der Gründerstaaten der Arab. Liga und unterstützte 1948 die arab. Nachbarn im Krieg gegen Israel, wenn auch nur mit einer kleinen Streitmacht.

Außenpolitik: Nach dem Tod von Ibn Saud 1953 trat sein Sohn Saud Abd al-Aziz die Nachfolge an, der eigentliche Machthaber war jedoch sein Bruder Faisal. Da S. seit den 30er Jahren enge Beziehungen zu den USA unterhalten hatte und sich auch weiterhin von revolutionären Regimen fern hielt, kühlten sich die Beziehungen zu Ägypten ab, als nach dem Sturz von König Faruk Gamal abdel Nasser an die Macht kam. Dagegen verbesserte sich das Verhältnis zu Jordanien durch Beendigung des Dynastienstreites, der seit der Vertreibung des haschemitischen Sherifs von Mekka durch Ibn Saud (1924) geherrscht hatte.

Verschwendung des Reichtums: Im Innern wuchs dagegen die Unzufriedenheit der islam. Rechtsgelehrten (Ulamas), der Prinzenversammlung und des Ministerrats mit der Regierungsführung und dem Lebensstil König Sauds. Dieser betrachtete die Staatseinnahmen noch immer als seine eigenen und verschwendete sie für seinen Hofstaat, seinen Harem und die Ansprüche seiner unzähligen Söhne.

Machtwechsel: Bereits 1958 wurde Saud zur Übergabe der Exekutive an seinen Bruder Faisal gezwungen, der die Staatsfinanzen sanierte, dann aber wieder zurücktrat. 1964 musste Saud jedoch endgültig zugunsten Faisals abdanken und ging ins Exil.

Ibn Saud wurde 1932 zum König von Saudi-Arabien ausgerufen. Zuvor hatte er das Herrschaftsgebiet um die Hauptstadt Riadh, das die Saud-Dynastie im Verlauf des 19. Jh.s an rivalisierende Clans verloren hatte, zurückerobert und schrittweise bis zur heutigen Ausdehnung vergrößert. (Foto: Ibn Saud, M., auf dem Flughafen von Djidda, 1923)

Reformen: Faisal setzte innere Reformen in Gang – bereits 1963 war die Sklaverei abgeschafft worden – und stellte ein Programm zur industriellen Entwicklung auf. Mit den Nachbarn wurden Grenzabkommen geschlossen und die neutralen Zonen zum Irak sowie zu Kuwait aufgeteilt.

Konflikt mit Ägypten: Außenpolitisch spitzte sich in den 60er Jahren der ideologische Konflikt zwischen S. und Ägypten zu, als beide Länder Einfluss auf eine Reihe von arab. Staaten nehmen wollten, die nach dem Rückzug Großbritanniens unabhängig geworden waren. Faisal schloss einen Vertrag mit dem Schah von Persien, um nach dem Abzug brit. Truppen Unruhen zu verhindern. Um sich gegen revolutionäre Strömungen im Inneren zu schützen, bildete er zudem 1965 eine Palastgarde aus ergebenen Beduinen. Nach der arab. Niederlage im israel.-arab. Krieg von 1967 brachte die saud. Regierung ein umfangreiches Hilfsprogramm für Jordanien, aber auch für Ägypten auf den Weg.

Wachsender Einfluss: Nach Nassers Tod wuchs der politische Einfluss S.s in der arab. Welt. Als Schlüsselstaat der OPEC unterstützte S. die deutlichen Ölpreiserhöhungen der 70er Jahre, die umwälzende Konsequenzen für die Weltwirtschaft hatten und Reichtum und Macht S.s dramatisch ansteigen ließen. Es benutzte aber auch seinen Einfluss als mächtigstes OPEC-Mitglied dazu, um mäßigend auf die radikaleren Mitglieder einzuwirken. Nach dem Oktoberkrieg von 1973 geriet Faisal dadurch u. a. mit dem revolutionären Libyen in Konflikt, das die Waffe des Erdölboykotts wesentlich stärker gegen den Westen einsetzen wollte. Am 25.3.1975 wurde Faisal während einer Audienz ermordet.

Tradition und Wandel unter Chalid

Außenpolitik: Zum Nachfolger Faisals wurde sein Halbbruder Chalid ernannt. Politisch änderte sich nicht viel, da S. seine gemäßigte Haltung hinsichtlich der Rohölpreise beibehielt und das Abkommen von Camp David zwischen Israel und Ägypten zwar verurteilte, aber selbst nach Möglichkeiten suchte, den Nahostkonflikt zu lösen. S. fühlte sich in erster Linie von der Sowjetunion bedroht; als Beweise einer Einkreisung wurden die Etablierung prosowjet. Regime im Südjemen und Äthiopien sowie der Einmarsch in Afghanistan angesehen. Ein Gegengewicht dazu sollten vor allem die USA bilden, allerdings nicht durch Truppenpräsenz in der Region. Da S. angesichts der Auseinandersetzungen zwischen den arab. Staaten und Israel, der inneren Unruhen im Iran und dessen Feindschaft zum Irak zudem um die Sicherheit in der gesamten Golfregion besorgt war, kaufte es hypermoderne Waffen in den USA, darunter 1981 AWACS-Radaraufklärungsflugzeuge. Im iran.-irak. Krieg von 1980 (erster Golfkrieg) stellte sich S. auf die Seite des Irak.

Wirtschaftspolitik: Dem wachsenden politischen Einfluss folgte eine Wirtschaftspolitik, die auf eine größere ökonomische Selbstständigkeit und, bei aller schon bestehenden wirtschaftlichen Macht, auf eine geringere Abhängigkeit vom Erdöl abzielte. Seit 1982 ist S. bei gedrosselter Förderung der drittgrößte Erdölproduzent der Erde und kann durch Anpassung des Produktionsvolumens deutlichen Einfluss auf die Weltmarktpreise nehmen. Eine der Voraussetzungen war 1981 die vollständige Übernahme des Hauptproduzenten ARAMCO in den Besitz des Staates. Der größte Teil des Erdöls wird exportiert, vor allem in die USA, nach Europa und Japan. 1981 wurde die Pipeline von den östlichen Fördergebieten nach Janbu Al Bahr am Roten Meer fertig gestellt, um einerseits den Transportweg nach Europa und in die USA durch den Suezkanal zu verkürzen und andererseits unabhängig von der Straße von Hormus zu sein, die in der militärischen Reichweite des Iran liegt. In den 80er Jahren wurden auch die Erdgasvorkommen, die vorwiegend im Land selbst verbraucht werden, stärker ausgebeutet.

Entwicklung der Industrie: Neben erhöhten Verteidigungsausgaben wurden die Erdölerlöse vor allem zur Entwicklung und Diversifizierung der industriellen Basis genutzt. So entstanden Anfang der 80er Jahre die ausgedehnten schwerindustriellen und petrochemischen Industriekomplexe von Al-Jubayl am Persischen Golf und Janbu Al Bahr am Roten Meer. Wegen der relativ geringen Einwohnerzahl und dem damit geringen Arbeitskräftepotenzial und kleinen Binnenmarkt kann insgesamt jedoch nur ein geringer Teil der Erlöse für die Diversifizierung der Wirtschaft genutzt werden. Ein größerer Teil wird im Ausland investiert und beeinflusst auf diese Weise die Weltwirtschaft. Ein anderer Teil geht in Länder der Dritten Welt und dient nicht nur der Ausbreitung des Islams, sondern auch der politischen Einflussnahme. Insgesamt vollzog sich nach 1980 ein beträchtlicher, wenngleich sich verlangsamender struktureller Wandel. So fiel der Anteil des Erdöl- und Erdgassektors bis 1998 von 66% auf 34% des BIP. 18% machte das verarbeitende Gewerbe aus, aber rund 42% entfielen auf staatliche und private Dienstleistungen. Angesichts wachsender Bevölkerung sowie Wasserknappheit und geringer Verfügbarkeit landwirtschaftlicher Nutzflächen war für die innere Entwicklung die Intensivierung der Landwirtschaft von großer Bedeutung. Seit den 70er Jahren wurden Meerwasserentsalzungsanlagen und Bewässerungssysteme gebaut, um die Getreideanbauflächen zu vergrößern.

Gesellschaftsstrukturen: Der Reichtum, der nach der Vervierfachung der Rohölpreise von 1973/74 verstärkt ins Land strömte, brachte auch westliche Verhaltensweisen und Ansichten ins Land. Die islamische Gesellschaft von S. ist auch heute noch in vielen Teilen eine Standesgesellschaft. Ansehen, Reichtum und Einfluss nehmen in der Regel mit höherem Stand zu. An der Spitze steht der König mit seiner weit verzweigten Großfamilie. Danach folgen die Stammesführer und

Erdöl ist das wichtigste Exportgut Saudi-Arabiens. Der 1981 in Janbu Al Bahr am Roten Meer gebaute Erdölterminal (Foto) entwickelte sich zu einem der größten petrochemischen Industriekomplexe des Landes. Wegen der geringen Einwohnerzahl und des daraus folgenden geringen Arbeitskräftepotenzials werden in Janbu Al Bahr wie in anderen Anlagen zahlreiche ausländische, auch westliche Fachkräfte eingesetzt.

städtischen Händler. Weniger vermögend, jedoch politisch einflussreich sind die islamischen Rechtsgelehrten. Die Oberschicht ist insgesamt traditionell und königstreu. Daneben entstand aber eine modernere, weniger königstreue bürgerliche Schicht aus Führungskräften in Verwaltung, Wirtschaft und im Bildungswesen, deren Einfluss in den 70er und 80er Jahren wuchs, sowie eine wachsende, wenngleich politisch bedeutungslose Arbeiterschicht. Organisationen wie Parteien oder Gewerkschaften fehlen. Etwa 99% der Bevölkerung sind Moslems, in der Mehrheit Sunniten, und zwar größtenteils der strenggläubigen Richtung der Wahhabiten, die die offizielle Religion des Landes ist. Die Schiiten wurden seit Beginn des 20. Jh.s unterdrückt.

Ausländische Arbeitskräfte: Der Erdölreichtum ermöglichte Modernisierungs- und Industialisierungsprogramme, aber das Tempo der Veränderungen in dieser traditionellsten Gesellschaft der islamischen Welt wurde durch religiöse und politische Instanzen bestimmt. Dazu gehörten in den 70er und 80er Jahren die teilweise Sesshaftmachung der Beduinen sowie die zeitweise Eingliederung ausländischer Arbeitskräfte. Die wichtigsten nicht arab. Gruppen sind Indonesier, Inder, Pakistani und Koreaner, die größten arab. Gruppen bilden die Jemeniten, Jordanier, Palästinenser und Ägypter. Mit der Einführung westlicher Technologien wurde auch die Anwerbung westlicher Arbeitskräfte notwendig, die aber für die Dauer ihres Aufenthaltes von der einheimischen Bevölkerung weitgehend isoliert wurden. Nach dem zweiten Golfkrieg, in dem etliche arab. Nachbarn die Unterstützung der anti-irak. Allianz verweigerten, wird jedoch die Haltung insbes. zu den arab. Ausländern überdacht und eine Saudisierung der Wirtschaft forciert. Solange man jedoch einer Eingliederung von Frauen in den Arbeitsprozess reserviert gegenübersteht, bleibt S. auf ausländische Arbeitskräfte angewiesen.

Erzwungener Fortschritt unter Fahd

Kritik an der Monarchie. Bei allen traditionellen Vorstellungen erscheint die Monarchie in S. nicht mehr ungefährdet, wobei die Kritik einerseits aus dem religiösen Lager, andererseits aus der neuen modernen Mittelschicht kommt. Bereits 1979 wurde die innere Sicherheit ernstlich bedroht, als etwa 350 ultraorthodoxe Moslems die große Moschee von Mekka besetzten. Die Schiiten nutzten die Situation, um ihren Unmut über die Unterdrückung zum Ausdruck zu bringen.

Vorherrschende Religion in Saudi-Arabien ist die sunnitische Richtung des Islam; fast 99% der Bevölkerung hängen ihr an. Jeder Moslem soll einmal in seinem Leben eine Pilgerfahrt nach Mekka, die sog. Hadsch, unternehmen. (Foto: Tausende von Pilgern drängen sich im Innenhof der Großen Moschee von Mekka um die Kaaba, die zentrale Kultstätte des Islam. Das würfelförmige Heiligtum mit einem eingemauerten Meteoriten an der Südostecke wird von jedem Pilger siebenmal umrundet.)

Reformen: Seit den späten 80er Jahren nannte sich König Fahd, der die prowestliche Politik seiner Vorgänger fortsetzte, aus Rücksicht auf die heimischen Kritiker der Monarchie und deren enger Bindung an die USA nur noch »Diener der Heiligen Stätten«. Die Stationierung US-amerikan. Truppen im zweiten Golfkrieg von 1990/91 wurde zwar heftig kritisiert, gefährdete jedoch die Monarchie nicht. Angezweifelt wurde jedoch von Seiten traditionell-religiöser, teilweise militanter Gruppen wie auch liberal-technokratischer Kreise die religiöse Legitimation der dynastischen Herrschaft der Al Saud. Zu den unter diesem Druck durchgeführten Reformen gehören die Thronfolgeregelung, die Reform der Provinzordnung, der Erlass einer Grundordnung und die Einberufung eines Konsultativrats. Dieser Rat besteht aus 60 Mitgliedern, die vom König auf vier Jahre ernannt werden, er hat nur beratende Funktion. Mit der Grundordnung von 1993 erhielt S. erstmals eine Art Verfassung, die den Bürgern den Schutz individueller Freiheits- und Eigentumsrechte zusichert. Da sie ihnen jedoch keine politische Mitwirkung einräumt, blieb die bestehende Ordnung festgeschrieben. Politische Parteien und Gewerkschaften sind weiterhin verboten. Die Zahl der Oppositionsgruppen, die auch mit Bombenanschlägen auf sich aufmerksam machen, nimmt jedoch zu. Mit Rücksicht auf konservative religiöse Kreise wurde unter Anwendung der Rechtsprechung der Scharia versucht, politische Gegner durch Verhaftungen und Entlassungen ins politische Abseits zu stellen. Auf die oppositionelle Forderung nach politischem Mitspracherecht, nach der Bekämpfung der Korruption und der Abschaffung der Pressezensur reagierte die saud. Polizei mit Repressalien und Folter. *H.-W. W.*

Schweden

Königreich Schweden

Staatsoberhäupter Schwedens		
Reg.-Zeit	*Name (Dynastie)*	*Lebensdaten*
1872–1907	Oscar II. (Bernadotte)[1]	1829–1907
1907–50	Gustav V. (Bernadotte)	1858–1950
1950–73	Gustav VI. Adolf (Bernadotte)	1882–1973
seit 1973	Carl XVI. Gustav (Bernadotte)	*1946

1) Bis 1905 zugleich König von Norwegen

Schweden 2000	
Landesfläche	449 964 km² (WR 54)
Einwohner	8,9 Mio (WR 83)
Hauptstadt	Stockholm (693 000 Einwohner)
Sprachen	Schwedisch
Währung	1 Schwed. Krone (skr) = 100 Öre
Gliederung	24 Provinzen, 284 Kommunen
Staatsform	Parlamentarische Monarchie (seit 1909)
Religion	Lutheraner (88,2%); Katholiken (1,7%); Sonstige (10,1%)
Bevölkerung	Schweden (90,4%); Finnen (2,4%); Sonstige (7,2%)

Gustav (VI.) Adolf, hier nach der Vermählung mit Prinzessin Margaret von Großbritannien und Irland 1905, übernahm erst im Alter von 67 Jahren 1950 den schwed. Thron.

Seit der Lösung von der dän. Herrschaft im 16. Jh. zählte S. zu den europäischen Großmächten; erst die Niederlage gegen Russland im Nordischen Krieg (1700–21) beendete die schwed. Vorherrschaft im Ostseeraum. Seit dem Sieg über Napoleon war S. mit Norwegen in Personalunion verbunden.

Auflösung der Union mit Norwegen

Spannungen: Das 20. Jh. begann für S. mit der als Schock empfundenen Auflösung der schwed.-norweg. Union. Seit 1814 war der König von S. zugleich König von Norwegen. Norwegen besaß innerhalb der Union eine eigene Verfassung, eigene Gesetze, ein eigenes Parlament und ein eigenes Heer, doch S. leitete die Außenpolitik. Gegen die 1892 von der liberalen Mehrheit des norweg. Parlaments verabschiedete Forderung nach einem norweg. Außenministerium legte der Unionskönig Oscar II. sein Veto ein, stimmte jedoch 1895 Verhandlungen zu; die norweg. Forderungen verschärften die ohnehin vorhandenen Spannungen in der Union.

Da S. wegen der zaristischen Russifizierungspolitik in Finnland ein gutes Verhältnis zu Norwegen wünschte, schien sich in der Außenministeriumsfrage ein Erfolg für Norwegen abzuzeichnen. Als der schwed. Ministerpräsident Admiral Fredrik von Otter jedoch am 23.5.1901 die allgemeine Wehrpflicht durchführen ließ – sie bestand seit 1812, war jedoch nie angewandt worden –, war dies ein Signal gegenüber Russland ebenso wie gegenüber den Separatisten in Norwegen. Ein 1893 vom schwed. Generalstab erarbeiteter Aufmarschplan gegen Norwegen war (als Warnung an die Separatisten) gezielt in Norwegen bekannt gemacht worden

Ende der Union: Als sich 1904 die Niederlage Russlands im Krieg gegen Japan abzeichnete, erhöhte Norwegen den Druck auf S. Nach dem Scheitern der Verhandlungen erklärte das Storting am 7.6.1905 – wenige Tage nach der Zerstörung der russ. Flotte in der Seeschlacht bei Tsushima – einstimmig die Union für aufgelöst und den Unionskönig Oscar II. als König von Norwegen für abgesetzt. Wegen der persönlichen Betroffenheit des international hoch geachteten Monarchen sowie der Schwächung des Zarenreichs infolge revolutionärer Unruhen und der Niederlage im Krieg gegen Japan akzeptierte S. die

Unionsauflösung rasch unter der Bedingung einer Volksabstimmung. Diese ergab eine Mehrheit für die Lösung von S.

Territorialer Status quo: Im Traktat von Kristiania (Oslo) garantierten am 2.11.1907 Deutschland, Frankreich, Großbritannien und Russland die Integrität des Königreichs Norwegen. Zugleich wurde der Neutralitätsvertrag, den S.-Norwegen 1855 mit Großbritannien und Frankreich abgeschlossen hatte, aufgehoben. Das Integritätstraktat verstärkte die Spannungen zwischen Norwegen und S. und ließ in Stockholm die Befürchtung aufkommen, die Großmächte könnten sich in Skandinavien einmischen. Am 23.4.1908 unterzeichneten Dänemark, Deutschland, Russland und S. in St. Petersburg das Ostseeabkommen zur Aufrechterhaltung des Status quo. Dadurch wurden schwed. Bedenken ausgeräumt. – Am 23.10.1909 legte der internationale Schiedsgerichtshof in Den Haag die Seegrenzen zwischen Norwegen und S. fest.

Auf dem Weg zur Demokratie

Kampf um das allgemeine Wahlrecht: Am 15.5.1902 begann in S. ein dreitägiger Generalstreik zur Einführung des allgemeinen Wahlrechts; damals besaßen nur 5,5% der Bevölkerung das vermögensabhängige Stimmrecht. Landesweit beteiligten sich 120 000 Arbeiter an der Aktion, zu der die 1889 gegründete Sozialdemokratische Arbeiterpartei (SAP) unter Hjalmar Branting aufgerufen hatte; auch die 1900 gegründete Liberale Partei (heute Folkpartiet Liberalerna, FP) unterstützte die Forderung der Streikenden. Unter dem Schlagwort »Ein Gewehr, eine Stimme« verknüpfte die Sozialdemokratie die Einführung der allgemeinen Wehrpflicht (1901) mit der Forderung nach allgemeinem Wahlrecht. Der Erfolg blieb den Streikenden allerdings versagt; erst 1909 erhielten die Männer in S. das allgemeine Wahlrecht.

Erste liberale Regierung: Während der innenpolitischen Wirren nach der Auflösung der Union mit Norwegen ernannte König Oscar II. am 7.11.1905 mit Karl Staaff erstmals nach über 30-jähriger konservativer Regierung einen Liberalen zum Regierungschef. Die Differenzen zwischen der liberalen Regierung und dem König in der Frage einer Demokratisierung des Reichstags waren jedoch so fundamental, dass Oscar II. nach nur sechs Monaten unter Arvid Lindman wieder eine konservative Regierung berief (1906–11). Nach dem Tod von Oscar II. am 8.12.1907 führte sein Sohn Gustav V. die konservative Politik fort.

Reformen statt Klassenkampf: Die Aussperrung von fast 200 000 Arbeitnehmern ab 26.7.1909 und der Aufruf der Landesgewerkschaftsorganisation LO zum Generalstreik ab dem 4.8.1909 bildeten den Auftakt zu einem der größten Arbeitskämpfe in der Geschichte Schwedens. Der sechswöchige Produktionsstillstand in dem hoch industrialisierten Land

Schweden im 20. Jahrhundert	
1901	Einführung der allgemeinen Wehrpflicht.
1902	Ein Generalstreik fordert die Einführung des allgemeinen Wahlrechts.
1905	Norwegen löst die seit 1814 bestehende Union mit Schweden auf.
	Mit Karl Staaff (liberal) wird erstmals ein nicht Konservativer Regierungschef.
1909	Allgemeines Wahlrecht für Männer.
	Hjalmar Brantings Kurswechsel lässt die SAP zur Volkspartei werden.
1912	Neutralitätserklärung von Dänemark, Norwegen und Schweden.
1914	Bauernmarsch nach Stockholm führt zum Rücktritt des Kabinetts Staaff.
	Erstes nordisches Gipfeltreffen in Malmö.
1917	Die USA verhängen eine Lebensmittelblockade gegen neutrale Staaten.
1920	Einführung des allgemeinen Wahlrechts für Frauen und Männer.
	Schweden tritt dem Völkerbund bei.
1921	Der Völkerbund spricht die Ålandinseln Finnland zu. Branting (SAP) erhält für die friedliche Beilegung des Åland-Konflikts den Friedensnobelpreis.
1932	Mit dem Regierungsantritt des reformerischen Sozialdemokraten Per Albin Hansson (SAP) beginnt der Aufbau des Sozialstaats in Schweden.
1938	Die nordischen Staaten proklamieren in Stockholm ihre Neutralität.
1939	Schweden bleibt nach dem Überfall der UdSSR auf Finnland neutral und verfolgt im Zweiten Weltkrieg eine Politik der bewaffneten Allianzfreiheit.
1940	Schweden lehnt nach der deutschen Besetzung Norwegens und Dänemarks die norweg. Bitte um Militärhilfe ab.
1941	Der deutsche Angriff auf die UdSSR und die Militärhilfe für Finnland gegen die UdSSR lassen in Schweden die Sympathien für Deutschland steigen.
1946	Tod von Ministerpräsident Hansson; Nachfolger: Tage Erlander (bis 1969).
	Schweden wird Mitglied der Vereinten Nationen (UNO).
1948	Schweden ist Gründungsmitglied der OEEC (ab 1961: OECD).
1949	Verhandlungen über eine skandinav. Verteidigungsunion scheitern.
	Schweden ist Gründungsmitglied des Europarats.
1952	Der interparlamentarische Nordische Rat nimmt seine Arbeit auf.
1953	Dag Hammarskjöld wird UN-Generalsekretär.
1960	Schweden ist Gründungsmitglied der Freihandelszone EFTA.
1967	Eröffnung der internationalen Russell-Tribunale gegen den Vietnamkrieg.
1968	Die USA unter Präsident Lyndon B. Johnson brechen wegen Kritik am Vietnamkrieg die diplomatischen Beziehungen zu Schweden ab (bis 1970).
1969	Schweden erkennt das kommunistische Nordvietnam diplomatisch an.
1972	Aufnahme diplomatischer Beziehungen mit der DDR.
1975	Die neue Verfassung reduziert die Funktion des Königs auf Repräsentanzpflichten und stärkt die demokratischen Organe.
1976	Thorbjörn Fälldin bildet die erste bürgerliche Regierung seit 44 Jahren.
1978	Einführung der Möglichkeit weiblicher Thronfolge.
1986	Die Ermordung von Ministerpräsident Olof Palme (SAP) bleibt ungeklärt.
1991	Carl Bildt beginnt mit dem Abbau des Wohlfahrtsstaates.
1994	52,2% der Schweden votieren für den Beitritt zur Europäischen Union.
1995	Schweden wird Mitglied der Europäischen Union (EU).
1999	Schweden wird nicht Mitglied der Europäischen Währungsunion.

führte noch während des Arbeitskampfes zu einem radikalen Kurswechsel der Sozialdemokratie und des LO unter dem Einfluss des SAP-Vorsitzenden Branting. Branting erklärte allen auf einen Umsturz zielenden klassenkämpferischen Bestrebungen eine Absage und setzte die revisionistische Linie »Verhandeln statt kämpfen« durch. Die Arbeitgeber reagierten mit Zustimmung auf diesen reformerischen Kurs und verzichteten darauf, durch Kampfmaßnahmen die Macht der Gewerkschaften zu brechen. Brantings reformsozialdemokratische Kursbestimmung löste kurzfristig eine Austrittswelle von Marxisten aus SAP und LO aus (1902–07 hatte sich die Mitgliederzahl des LO von 87 000 auf 186 000 erhöht, bis 1911 halbierte sie sich), führte jedoch langfristig zur Etablierung der SAP als auch von Bürgerlichen wählbare Volkspartei. Als Karl Staaff am 7.10.1911 zum zweiten Mal zum Regierungschef ernannt wurde (1911–14), bildeten Brantings SAP und die Liberalen eine parlamentarische Zweckkoalition gegenüber den Konservativen.

Bauernzug nach Stockholm: Trotz der Neutralitätserklärung der drei nordischen Staaten (1912) befürwortete König Gustav V. angesichts der politischen Spannungen in Europa und der bedrohlichen Nähe zu Russland eine Erhöhung der Rüstungsausgaben und geriet dabei in Gegensatz zur liberalen Regierung Staaff. Der Konflikt weitete sich zu einer grundsätzlichen Auseinandersetzung zwischen den Befürwortern des Parlamentarismus und den konservativen Anhängern einer »Union« von Königtum und Bauerntum aus. Am 6.2.1914 marschierten Zehntausende von Konservativen – überwiegend Landwirte – nach Stockholm und demonstrierten für eine Verstärkung der Landesverteidigung. Als der König die Forderungen des Bauernzugs unterstützte, trat das Kabinett Staaff zurück.

Der schwedische »Zündholzkönig« Ivar Kreuger

Zündholzmonopol: Der schwed. Unternehmer Ivar Kreuger (1880–1932) baute ab 1908 einen Finanz- und Zündholztrust auf, der nach dem Ersten Weltkrieg eine weltweite Monopolstellung in der Zündholzproduktion erlangte und 1930 in Deutschland das erst 1983 ausgelaufene Zündholzmonopol begründete.

Die wichtigste Holding im Kreuger-Konzern war neben der 1917 gegründeten Svänska Tändsticks AB (Holdinggesellschaft der schwed. Zündholzindustrie) die 1923 gegründete International Match Corporation mit Sitz in New York. Die Finanzkrise im Deutschen Reich bot dem »Zündholzkönig« die Gelegenheit, das Monopol 1930 auch auf den deutschen Markt auszudehnen. Am 29.1.1930 wurde es in Deutschland der sog. Deutschen Zündwaren-Monopolgesellschaft (DZMG) mit Sitz in Berlin übertragen; die DZMG teilte den ihr verbundenen deutschen und schwed. Zündholzherstellern Produktionsquoten zu und leitete die Einnahmen an die Svenska Tändsticks AB weiter. Die Errichtung des deutschen Zündwarenmonopols war die Vorbedingung für ein Darlehen des Kreuger-Konzerns an das Deutsche Reich. Das Geld sollte den deutschen Staatshaushalt sanieren, der durch Reparationszahlungen und Leistungen für die Arbeitslosen außergewöhnlich hoch belastet war.

Durch Finanzspekulationen geriet der Konzern 1931 in Schwierigkeiten. Das Kreuger-Imperium zerbrach, Kreuger beging 1932 Selbstmord. Erhalten blieb die Svänska Tändsticks AB; an diese flossen weiterhin die Zahlungen aus Deutschland. Bis zum 15.1.1983 war die Kreuger-Anleihe vollständig zurückgezahlt, zum 16.1.1983 wurde das Zündwarenmonopol in der Bundesrepublik Deutschland aufgehoben.

Schweden im Ersten Weltkrieg

Neutralitätspolitik: Am 17.2.1914 ernannte König Gustav V. den parteilosen Richter Hjalmar Hammarskjöld zum Regierungschef (1914–17); er leitete die schwed. Neutralitätspolitik während des Ersten Weltkriegs. Dem befürchteten Angriff Russlands und damit der Verwicklung in den Krieg auf Seiten der Mittelmächte entging S. nur knapp: Am 9.8.1914 beendete der Zar die Vorbereitungen für eine russ. Besetzung der Insel Gotland. Die Sympathien der schwed. Öffentlichkeit, der Militärs und der Regierung galten mehrheitlich den Deutschen; S. bezog aus dem Deutschen Reich Steinkohle sowie Fleisch und lieferte kriegswichtiges Eisenerz. Die Sympathien steigerten sich noch, als die deutsche Ostseedivision 1918 nach dem Frieden von Brest-Litowsk zugunsten der finn. Unabhängigkeit in den Krieg gegen Russland eingriff.

Hungerblockade: Wachsende Kritik an der deutschlandfreundlichen Haltung der Regierung Hammarskjöld führte am 29.3.1917 zu ihrem Rücktritt und zur Ernennung des Übergangskabinetts Karl Swartz, das eine neue Haltung gegenüber den Ententemächten suchte. Der Anlass für den Kurswechsel war vor allem der uneingeschränkte deutsche U-Boot-Krieg (ab 1.2.1917), unter dem die schwed. Handelsflotte schwer zu leiden hatte. Die durch den Seekrieg ab 1915 ausgelöste Versorgungskrise in S. verschärfte sich drastisch, als die USA am 15.7.1917 eine Lebensmittelblockade über alle neutralen Staaten verhängten, um sie auf die Seite der Entente zu zwingen. Am 19.10.1917 bildete der Liberale Nikolaus Edén erstmals eine »linke« Koalitionsregierung unter Einschluss der SAP. Zu diesem Zeitpunkt hatte die Einführung der Kriegswirtschaft (Lebensmittelrationierung u. a.) zu Protesten geführt. Nach der russ. Oktoberrevolution wurde in Hungerrevolten und Massendemonstrationen ein radikalsozialistischer Systemwechsel gefordert. Im März 1918 schloss die Regierung Edén einen Vertrag mit dem US-amerikan. War Trade Board, durch den S. faktisch seine Neutralität aufgab: S. überließ der Entente Schiffe, verpflichtete sich zur Begrenzung der Erzexporte an die Mittelmächte und erhielt im Gegenzug Lebensmittellieferungen.

Hjalmar Branting war die treibende Kraft bei dem Versuch, 1917, mitten im Ersten Weltkrieg, in Stockholm auf einer Internationalen Sozialistischen Konferenz eine erneute Friedensinitiative zu begründen, die auf der Idee des Völkerbunds basieren sollte. Das Vorhaben scheiterte jedoch an den Parteien der Krieg führenden Länder, die Konferenz kam nicht zustande. Für seine Verdienste um die friedliche Lösung des Åland-Konflikts erhielt Branting 1921 den Friedensnobelpreis. (Foto: Branting im Gespräch mit dem Münchner Rätepolitiker Kurt Eisner, r., in Bern, Februar 1919)

Nordische Kooperation: Der Erste Weltkrieg förderte die Zusammenarbeit zwischen den neutralen nordischen Staaten, die in vieler Hinsicht als Vorgriff auf die Gründung des Nordischen Rats (1952) gilt; die Initiative ging dabei überwiegend von S. aus, das sich früher als militärisch hoch gerüstete skandinav. Großmacht nur geringer Beliebtheit bei den Nachbarn erfreut hatte. Kurz nach Ausbruch des Ersten Weltkriegs unterzeichneten Norwegen und S. am 8.8.1914 ein Neutralitäts- und Friedensabkommen. Am 16.8. nahmen Hunderttausende an der Enthüllung des norweg.-schwed. Friedensdenkmals an der Grenze beider Staaten teil, das an den 100-jährigen Frieden (seit 1814) zwischen den beiden skandinav. Staaten erinnern sollte. Am 18.12.1914 unterstrichen die Könige von S., Dänemark und Norwegen beim ersten nordischen Gipfeltreffen in Malmö ihre Neutralität und vereinbarten die Zusammenarbeit ihrer Länder. 1915 wurde in Kopenhagen das erste nordische interparlamentarische Treffen durchgeführt; auf dem ersten nordischen Ministertreffen am 11.3.1916 wurde eine dauerhafte Kooperation vereinbart.

Zwischen den Weltkriegen

Beginn der Demokratie: Die unruhige politische Lage am Ende des Ersten Weltkriegs ermöglichte weitere demokratische Reformen. Angesichts der Unruhen beschlossen Sozialdemokraten, Liberale, Konservative und der König 1919/20 liberale Maßnahmen, um eine Revolution zu verhindern. Die wichtigsten Reformen waren die Einführung des allgemeinen Wahlrechts für Männer und Frauen (26.11. 1920), die Einführung der parlamentarischen Regierungsverantwortlichkeit – bis dahin hatte der König die Regierung nach eigenem Gutdünken eingesetzt und abgelöst – und die Einführung des gesetzlichen Achtstundentags (29.9.1919). Am 6.3.1920 bildete Hjalmar Branting (SAP) die erste sozialdemokratische Alleinregierung; während der Åland-Auseinandersetzungen mit Finnland trat er jedoch bereits im Oktober 1920 zurück. Bis 1932 wechselten sich kurzlebige sozialdemokratische, konservative, liberale und freisinnige Regierungen ab.

Åland-Konflikt: Die Unabhängigkeitserklärung Finnlands löste 1917 einen Streit um die Zugehörigkeit der strategisch wichtigen Inselgruppe im Süden des Bottnischen Meerbusens aus; 1809 hatte S. die Ålandinseln an Russland abgetreten. Die schwedischsprachige Mehrheit der Ålandinseln votierte für einen Anschluss an S. Am 16.2.1918 beendete ein schwed. Expeditionskorps den Bürgerkrieg zwischen bürgerlich-monarchistischen Weißen und bolschewistischen Roten auf den Inseln und zwang Finnen und Russen gleichermaßen zum Verlassen der Inseln. Die schwed. Truppen verließen wenig später nach der Landung deutscher Verbände, die auf der Seite Finnlands kämpften, die Inselgruppe. Nach erfolglosen Verhandlungen überließen S. und Finnland 1920 die Regelung der staatlichen Zugehörigkeit dem Völkerbund. Am 24.6.1921 sprach der Völkerbund die Ålandinseln Finnland zu und verfügte die Entmilitarisierung der Inselgruppe; die Rechte der schwedischsprachigen Bewohner wurden durch internationale Kontrolle garantiert. Für seine Bemühungen um eine friedliche Lösung des Åland-Konflikts wurde SAP-

Führer Branting 1921 – gemeinsam mit dem Norweger Christian Lange – mit dem Friedensnobelpreis ausgezeichnet.

Anfänge des Sozialstaats: Die Weltwirtschaftskrise, die ab 1929 die markwirtschaftlich orientierten Industrieländer erfasste, ließ auch in S. die Arbeitslosigkeit bis auf eine Quote von 20,8% (1933) ansteigen. Als nach dem Zusammenbruch des Kreuger-Konzerns (1932) bekannt wurde, dass Ministerpräsident Carl Gustav Ekman (freisinnig) Zahlungen des »Zündholzkönigs« Ivar Kreuger zur Unterstützung seiner Partei angenommen hatte, kam zur wirtschaftlichen eine politische Krise. Die Reichstagswahlen vom September 1932 ergaben einen klaren Wahlsieg der SAP, die 14 Mandate dazugewann (104), und der Bauernpartei (36; +9), während Konservative (58; –15) und Freisinnige (20; – 8) drastische Stimmeneinbußen verzeichneten und die Liberalen (4) zur Splitterpartei absanken. Da die konservative Bauernpartei eine Regierungsbeteiligung ablehnte, bildete Per Albin Hansson am 24.9.1932 eine sozialdemokratische Minderheitsregierung, deren erfolgreiches Krisenmanagement eine Ära des wirtschaftlichen Aufschwungs und der Entwicklung S.s zum Wohlfahrtsstaat einleitete. Bereits 1928 hatte der charismatische SAP-Vorsitzende die populistischen Grundprinzipien einer wohlfahrtsstaatlichen »Volksheimat Schweden« verkündet: Gleichberechtigung, Zusammenarbeit, Subsidiarität; die Produktionsgewinne müssten umverteilt werden; neben das Recht des Kapitals auf Gewinn müsse das Recht auf Arbeit treten. Die Umsetzung der Reformvorhaben begann 1933 mit einem umfassenden Wohnungsbauprogramm. 1934 wurde die Arbeitslosenversicherung mit staatlichen Unterstützungszahlungen eingeführt.

Absage an Sozialismus: Am 19.6.1936 löste Axel Pehrsson (Bauernpartei) Hansson als Chef einer Minderheitsregierung ab. Bei den Reichstagswahlen im September 1936 errang die SAP 112 Mandate (+8), während die Konservativen nur noch mit 44 (–14) Abgeordneten vertreten waren und die Bauernpartei unverändert 36 Abgeordnete stellte; viertstärkste Partei wurde die 1934 aus der Vereinigung von Liberalen und Freisinnigen hervorgegangene Folkpartiet Liberalerna (27). Hansson bildete am 28.9.1936 eine Koalitionsregierung mit der konservativen Bauernpartei, erteilte damit allen Spekulationen um ein sozialistisches Modell eine Absage und sicherte einen breiten Konsens für sein bürgerlich-sozialdemokratisches Reformprogramm. Zu den wichtigsten Etappen dieser Ära zählte das Saltsjöbaden-Friedensabkommen zwischen der Gewerkschaftslandesorganisation LO und dem schwed. Arbeitgeberverband: Es sicherte die Tarifautonomie, verpflichtete die Tarifpartner jedoch zur Zusammenarbeit und sah vor, alle strittigen Fragen durch Verhandlungen zu lösen. Tatsächlich gingen durch das Saltsjöbaden-Abkommen Arbeitskämpfe drastisch zurück.

Schweden als Exilland während des Zweiten Weltkriegs

Zehntausende von Flüchtlingen aus dem nationalsozialistischen Herrschaftsbereich fanden während des Zweiten Weltkriegs in Schweden Zuflucht, unter ihnen zahlreiche Juden aus Norwegen und Dänemark sowie deutsche Intellektuelle. Die Fluchtwelle begann nach der »Machtergreifung« durch die Nationalsozialisten (1933). 1935 beging Kurt Tucholsky in der Emigration in Göteborg Selbstmord. Ein neuer Fluchtschub erfolgte 1940 nach dem deutschen Einmarsch in Dänemark und Norwegen: Der spätere deutsche Bundeskanzler Willy Brandt floh 1940 aus seinem Exilland Norwegen nach Schweden. Bertolt Brecht u. a. nutzten Schweden als Zwischenstation bei der Emigration in die USA. (Foto links: Willy Brandt mit Familie; rechts: Bertolt Brecht und Helene Weigel, 1940)

Bewaffnete Neutralität im Weltkrieg

»Bewaffnete Allianzfreiheit«: Als einziger nordischer Staat konnte S. unter der Regierung von Per Albin Hansson (SAP), in der mit Ausnahme der Kommunisten alle Parteien vertreten waren, im Zweiten Weltkrieg seine Neutralität wahren. Grundlage waren Hanssons Konzept der bewaffneten Allianzfreiheit und der rege Handel vor allem mit Deutschland, dem wichtigsten schwed. Handelspartner, und mit Großbritannien. Die Rüstungsgüter- und Rohstofflieferungen an die Kriegsgegner lösten ein Wirtschaftswachstum aus, das die materielle Grundlage für den Ausbau des schwed. Wohlfahrtsstaats nach dem Weltkrieg bildete. Deutschland bezahlte die Lieferungen mit Gold (1942–44 insgesamt 20,3 t in Barrenform und 1,5 t in Münzen), das großenteils aus den Zentralbanken der besetzten Länder stammte oder aus jüdischem Besitz konfisziert worden war. Laut Abschlussbericht der schwed. Raubgoldkommission vom 30.3.1999 war S. jedoch nur »in geringem Maß« an Raubgoldgeschäften beteiligt.

Neutralität: Am 27.5.1938 erklärten die nordischen Staaten Dänemark, Finnland, Island, Norwegen und S. in Stockholm ihre Neutralität. Damit reagierten sie auf den »Anschluss« Österreichs an das nationalsozialistische Deutsche Reich und die Zuspitzung der politischen Lage durch die aggressive Politik Deutschlands gegenüber der Tschechoslowakei während der Sudetenkrise. Nach dem Beginn des Zweiten Weltkriegs bekräftigten die Staatsoberhäupter von Norwegen, Finnland, Dänemark und S. auf einem Gipfeltreffen in Stockholm am 17./18.10.1939 die Neutralität ihrer Länder und betonten ihre enge Zusammenarbeit. Nach dem Angriff der UdSSR auf Finnland am 30.11.1939 wahrte S. wie die anderen nordischen Staaten die Neutralität, leistete jedoch umfassend »humanitäre Hilfe«; die Hilfe bestand in der Lieferung von Ausrüstungsgegenständen, die sich auch im militärischen Bereich einsetzen ließen, außerdem kämpften Tausende schwed. Freiwilliger auf der Seite der finn. Verteidiger.

Zwischen den Kriegsgegnern: Nach der Besetzung Norwegens und Dänemarks durch die Wehrmacht am 9.4.1940 lehnte S. die norweg. Bitte um Militärhilfe ab, um nicht in einen Krieg mit Deutschland verwickelt zu werden. Nach der Kapitulation Norwegens (10.6.1940) beugte sich die schwed. Regierung der deutschen Forderung, Truppen und Kriegsgerät über schwed. Territorium nach Nordnorwegen verfrachten zu dürfen. Der deutsche Angriff auf die UdSSR (22.6.1941), der Eintritt Finnlands in den Krieg gegen die UdSSR (26.6.1941) und die deutsche Militärhilfe für Finnland ließen in S. vorübergehend die Sympathien für Deutschland anwachsen. Erst als sich 1943 die deutsche Niederlage abzeichnete, lehnte S. deutsche Transitforderungen ab und unterstützte ab 1944 Widerstandsbewegungen in Dänemark und Norwegen. Durch Verhandlungen mit dem deutschen SS-Kommandanten Heinrich Himmler erreichte Folke Graf Bernadotte, der Vizepräsident des schwed. Roten Kreuzes, im Frühjahr 1945 die Freilassung von 19 000 meist skandinav. KZ-Häftlingen. Dafür übermittelte Bernadotte ein Kapitulationsangebot Himmlers an die Westmächte. Auf Forderungen der UdSSR wurden zu Kriegsende sowjet. Flüchtlinge von S. an die Sowjetunion ausgeliefert.

Der Sozialdemokrat Tage Erlander (Foto von 1952) machte Schweden als Ministerpräsident (1946–69) zum international beachteten Musterbeispiel eines modernen Wohlfahrtsstaats, wobei das Konzept der »industriellen Demokratie« als Grundlage diente. In den 60ern erlebte der schwed. Wohlfahrtsstaat seine »goldenen« Jahre.

Der schwedische Wohlfahrtsstaat

Industrielle Demokratie: Der vor allem auf den Gewinnen der Rüstungsindustrie basierende Wirtschaftsaufschwung während des Zweiten Weltkriegs legte die materielle Grundlage für den Ausbau des schwed. Wohlfahrtsstaats. Finanziert wurde er durch die im Weltkrieg eingeführte überdurchschnittlich hohe Steuerprogression. Bis 1965 stiegen die Sozialausgaben im Staatshaushalt auf 28,5% (bei einer Arbeitslosenquote von unter 2%). Nach dem Tod Hanssons, der 1945 eine SAP-Alleinregierung gebildet hatte, setzte Ministerpräsident Tage Erlander (1946–69) das 1944 von dem Reformsozialisten Ernst Wigforss entwickelte 27-Punkte-Programm einer »industriellen Demokratie« fort. Durch die Erhöhung der Renten wurde es ab 1946 erstmals möglich, aufgrund der staatlichen Rente alten Menschen ein Leben in Würde zu ermöglichen. Ebenfalls 1946 wurde die kostenlose Schulspeisung eingeführt. Die Zahlung von Kindergeld ab 1947 diente u. a. dazu, den seit den 30er Jahren zu beobachtenden Geburtenrückgang aufzuhalten. Nach leichten Stimmenverlusten der SAP bei den Reichstagswahlen von 1948 trat der von der bürgerlichen Opposition als Sozialist diffamierte Wigforss vom Amt des Sozialministers zurück. Auch das Schulgesetz von 1950 stieß auf Kritik der bürgerlichen Parteien, weil es zugunsten der neunjährigen »Einheitsschule« auf den Elitegedanken und die Begabtenförderung verzichtete; dafür fand die Verlängerung des gesetzlichen Jahresurlaubs von zwei auf drei Wochen (1951, 1963 auf vier Wochen verlängert) breite Zustimmung. 1951 bildete Erlander eine Koalition mit der Bauernpartei, um die Reformen durch eine breite Mehrheit abzusichern. 1955 erfolgte die Verstaatlichung der norrländischen Eisenerzreviere, 1959 wurde die Alterszusatzpension eingeführt. Die mehrfach von der Opposition vorausgesagte Wirtschaftskatastrophe blieb aus. Am Ende der für Schweden »goldenen« 60er Jahre erlebte die SAP 1968 den größten Wahlsieg ihrer Geschichte.

Allianzfreie Zusammenarbeit: International engagierte sich das bündnisfreie S. nach dem Zweiten Weltkrieg bei den Vereinten Nationen (Aufnahme am 9.11.1946) und als Gründungsmitglied der Organisation für Europäische Wirtschaftliche Zusammenarbeit OEEC (16.4.1948). Besonders forcierte es die Zusammenarbeit mit den anderen nordischen Staaten. Ein erster Schritt bei dieser Zusammenarbeit war die Gründung der skandinav. Luftfahrtgesellschaft Scandinavian Airlines Systems (SAS) am 31.7.1946 in Stockholm durch Fusion der dän., norweg. und schwed. Luftfahrtgesellschaften. 1948 überraschte S. Norwegen und Dänemark mit dem Vorschlag einer multilateralen nordischen Defensivallianz; nach dem Scheitern dieses Planes wurden Dänemark und Norwegen Gründungsmitglieder der NATO (4.4.1949). Am 5.5.1949 war S. Gründungsmitglied des Europarats und initiierte in den folgenden Jahren die Gründung eines dem Europarat entsprechenden skandinav. Gremiums: Am 25.6.1952 nahm der Nordische Rat aus Dänemark, Norwegen und S. seine Tätigkeit auf; im Dezember 1952 trat Island bei, 1956 Finnland. Am 7.4.1953 folgte Dag Hammarskjöld dem nach sowjet. Protesten während des Koreakriegs zurückgetretenen Norweger Trygve Lie im Amt des UN-Generalsekretärs (1953–61); er wurde nach seinem Tod (infolge eines Flugzeugabsturzes auf dem Weg von Léopoldville = Kinshasa nach Ndola) 1961 postum mit dem Friedensnobelpreis geehrt. Vielfach nahmen schwed. Truppen an UN-Einsätzen teil. Am 4.1.1960 wurde als Reaktion auf die Bildung der Europäischen Wirtschaftsgemeinschaft (EWG) die Europäische Freihandelsassoziation (EFTA = European Free Trade Association) gegründet; Gründungsmitglieder waren neben S. Dänemark, Großbritannien, Norwegen, Österreich, Portugal und die Schweiz. Ungeachtet der Neutralität S.s kritisierte die schwed. Regierung Menschen- und Völkerrechtsverletzungen in anderen Staaten; wegen der kritischen Haltung des Landes zum Vietnamkrieg kam es zu ernsten Verstimmungen mit den USA.

Beginnende Krise: Auf die »goldenen« 60er folgte in den 70er Jahren eine Krise. Die Unzufriedenheit wegen hoher Steuern und wachsender Bürokratie sowie der Widerstand gegen die Kernkraftpläne der Regierung Olof Palme (1969–76) führten am 19.9.1976 zu einer Wahlniederlage der SAP (42,9%), die jedoch weiterhin stärkste Partei blieb. Am 7.10.1976 bildete der Zentrumspolitiker Thorbjörn Fälldin die erste bürgerliche Koalitionsregierung S.s seit über 44 Jahren; doch weder er (1976–78 und 1979–82) noch der Liberale Ola Ullsten (1978/79) legten überzeugende Gegenkonzepte zum sozialdemokratischen Sozialstaat vor. Die außenpolitischen Erfolge Palmes, der 1982–86 erneut Ministerpräsident war (die Hintergründe der in Schweden als Schock wirkenden und weltweit betrauerten Ermordung Palmes am 28.2.1986 in

Schwedische Regierungschefs im 20. Jahrhundert

Reg.-Zeit	*Name*	*Lebensdaten*	*Partei*
1900–02	Fredrik von Otter	1833–1910	konservativ
1902–05	Erich Gustav Boström	1842–1907	konservativ
1905	John Ramstedt	1852–1935	konservativ
1905	Christian Lundeberg	1842–1911	konservativ
1905/06	Karl Staaff	1860–1915	liberal
1906–11	Arvid Lindman	1862–1936	konservativ
1911–14	Karl Staaff	1860–1915	liberal
1914–17	Hjalmar Hammarskjöld	1862–1953	–
1917	Karl Swartz	1858–1926	–
1917–20	Nikolaus Edén	1871–1945	liberal
1920	Hjalmar Branting	1860–1925	SAP
1920/21	Ludwig de Geer	1854–1935	–
1921	Oskar Friedrich Sydow	1873–1936	–
1921–23	Hjalmar Branting	1860–1925	SAP
1923/24	Ernst Trygger	1857–1943	konservativ
1924/25	Hjalmar Branting	1860–1925	SAP
1925/26	Richard Sandler	1884–1964	SAP
1926–28	Carl Gustaf Ekman	1872–1945	freisinnig
1928–30	Arvid Lindman	1862–1936	konservativ
1930–32	Carl Gustaf Ekman	1872–1945	freisinnig
1932	Felix Hamrin	1875–1937	liberal
1932–36	Per Albin Hansson	1885–1946	SAP
1936	Axel Pehrsson	1883–1954	Bondeförbundet
1936–46	Per Albin Hansson	1885–1946	SAP
1946–69	Tage Erlander	1901–1985	SAP
1969–76	Olof Palme	1927–1986	SAP
1976–78	Thorbjörn Fälldin	*1926	Centerpartiet
1978/79	Ola Ullsten	*1931	Folkpartiet
1979–82	Thorbjörn Fälldin	*1926	Centerpartiet
1982–86	Olof Palme	1927–1986	SAP
1986–91	Ingvar Carlsson	*1934	SAP
1991–94	Carl Bildt	*1949	Samlingspartiet
1994–96	Ingvar Carlsson	*1934	SAP
seit 1996	Göran Persson	*1949	SAP

Stockholm blieben ungeklärt), überdeckten die wirtschaftliche Krise, die unter Palmes Nachfolger Ingvar Carlsson (1986–91) offen zutage trat: Der schwed. Wohlfahrtsstaat war nicht mehr finanzierbar.

Auf dem Weg in die EU

Abbau des Wohlfahrtsstaats: Bei den Reichstagswahlen vom 15.9.1991 verzeichnete die regierende SAP unter Carlsson mit einem Stimmenanteil von 38% ihr schlechtestes Ergebnis seit 1928, blieb jedoch stärkste Partei. Carl Bildt, der Vorsitzende des konservativen Moderata Samlingspartiet (21,4%), bildete am 3.10. eine Koalition mit dem liberalen Folkpartiet Liberalerna (9,2%), dem aus der Bauernpartei hervorgegangenen Centerpartiet (8,3%) und dem Kristdemokratiska Samhällspartiet (7,4%). Bildt leitete mit drastischen Sparmaßnahmen den Abbau des Wohlfahrtsstaats ein und reduzierte die Staatsverschuldung; er privatisierte Staatsunternehmen und förderte private Unternehmen. Diesen Kurs setzten seine sozialdemokratischen Nachfolger Carlsson (1994–96) und Göran Persson (ab 1996) fort. Die Linksverschiebung bei den Reichstagswahlen von 1998 – die Postkommunisten konnten ihren Stimmenanteil verdoppeln – war Ausdruck der Unzufriedenheit mit dem Abbau des Sozialstaats und mit der relativ hohen Arbeitslosigkeit von 6,5%.

Mitglied der EU: Der Zusammenbruch der UdSSR sowie die Krise des Wohlfahrtsstaats führten in S. zu einem Parteienkonsens über das Ende der Neutralität und den Beitritt zur EU. Bei einer Volksabstimmung am 13.11. 1994 votierten 52,2% der Schweden für den EU-Beitritt, der am 1.1.1995 in Kraft trat. Während die deutsche Wiedervereinigung in S. eine Europa-Euphorie ausgelöst hatte, folgte dem EU-Beitritt rasch die EU-Ablehnung. Die Hauptkritikpunkte galten der Abhängigkeit von demokratisch nicht kontrollierten EU-Behörden, dem in einem Wohlfahrtsstaat als negativ empfundenen Schlagwort der »Privatisierung« auch sozialer Bereiche und dem niedrigen Umweltstandard der EU. 1997 befürworteten laut Umfragen nur noch 30% der Bevölkerung die Mitgliedschaft in der EU. Mit Rücksicht auf die Vorbehalte der Bevölkerung und wegen des Widerstands der Umweltpartei Miljöpartiet De Gröna, auf deren Unterstützung die SAP-Minderheitsregierung angewiesen war, nahm Schweden am 1.1.1999 nicht an der Einführung des Euro teil. Die Eröffnung der Öresundverbindung am 1.7.2000 war auch ein wirtschaftlicher Schritt nach Europa. *B. P.*

Olof Palme – Schwedens Stimme auf der Weltbühne

Als Ministerpräsident 1969–76 und 1982–86 setzte Olof Palme die Sozialpolitik fort, mit der sein Vorgänger Tage Erlander Schweden zum modernen Wohlfahrtsstaat gemacht hatte: Umfangreiche Sozialleistungen wurden über hohe Steuern für Besserverdienende finanziert, die Privatwirtschaft blieb weitgehend unangetastet. Auch die Arbeitslosenquote hielt Palme mit 2,8% (1985) im internationalen Vergleich niedrig.

Zum bekanntesten schwed. Politiker des 20. Jh.s avancierte Palme mit seinem oft provokativen internationalen Engagement, das auf eine Abrüstung in Ost und West abzielte, das Selbstbestimmungsrecht der Völker in den Vordergrund stellte und die US-amerikan. Politik häufig scharf kritisierte. Die Bombardierung Vietnams durch die USA mit chemischen und Umweltkampfstoffen verglich er mit den Gräueln der NS-Zeit.

Palme war Vorsitzender der UN-Sonderkommission für Abrüstung und Sicherheitsfragen (»Palme-Kommission«) sowie Initiator eines Plans zur Schaffung einer atomwaffenfreien Zone in Europa. Außerdem war er Mitglied der von Willy Brandt geleiteten Nord-Süd-Kommission. 1986 wurde Palme auf offener Straße erschossen. (Foto: Olof Palme, r., mit Willy Brandt in Stockholm)

Die wichtigsten Parteien im 20. Jahrhundert

Vielparteienstaat Schweden: Bei den Reichstagswahlen vom 29.9.1998 verzeichnete die regierende sozialdemokratische SAP unter Ministerpräsident Göran Persson mit 36,5% (–8,7%) der Stimmen ihr schlechtestes Ergebnis seit 1921; die 1889 gegründete SAP blieb jedoch stärkste Partei und zog mit 131 Abgeordneten (–30) in das Parlament ein. Zweitstärkste Kraft im traditionellen Vielparteienstaat blieb die vom früheren Ministerpräsidenten Carl Bildt geführte konservative Partei Moderata Samlingspartiet mit 22,7% (+0,3%) und 82 (+2) Mandaten; die Sammlungspartei ist seit 1969 die Nachfolgepartei der 1904 gegründeten Konservativen Partei. Gewinner der Reichstagswahlen waren Christdemokraten und Postkommunisten. Der postkommunistischen Linkspartei Vänsterpartiet gelang mit 12% fast eine Verdopplung ihres Stimmenanteils, mit 43 Abgeordneten (+21) wurde sie drittstärkste Fraktion. Die 1964 gegründete christdemokratische Partei Kristdemokratiska Samhällspartiet konnte ihren Stimmenanteil (11,8%) fast verdreifachen und errang 42 Mandate (+27). Der Wählerschwund bei der 1958 aus dem Bauernbund hervorgegangenen konservativen Partei Centerpartiet (CP) und beim liberalen Folkpartiet Liberalerna (FP) setzte sich fort; beide rangierten mit knapp über 5% nur noch als Splitterparteien, die CP erhielt 18 Mandate (–9), die FP 17 (–9). Einen vergleichsweise geringen Rückschlag verzeichnete die 1981 gegründete Umweltpartei Miljöpartiet De Gröna (MpG), die statt 18 nur noch 16 Abgeordnetensitze errang.

Name (Abkürzung)	*Politische Richtung*	*Gründung*
Sveriges Socialdemokratiska Arbetarpartí (SAP)	sozialdemokratisch	1889
Folkpartiet Liberalerna (FP)	liberal	1902
Bondeförbundet [1]	konservativ	1922
Moderata Samlingspartiet (MS) [2]	konservativ	1969

1) Ab 1958 Centerpartiet (CP); 2) 1904 gegründet als Konservative Partei

Schweiz 2000	
Landesfläche	41 293 km² (WR 132)
Einwohner	7,3 Mio (WR 92)
Hauptstadt	Bern (127 000 Einwohner)
Sprachen	Deutsch, Französisch, Italienisch, Rätoromanisch
Währung	1 Schweizer Franken (sfr) = 100 Rappen
Gliederung	26 Kantone
Staatsform	Parlamentarische Bundesrepublik (seit 1848)
Religion	Katholiken (46,2%), Protestanten (40%); Orthodoxe (1,0%), Moslems (2,2%); Juden (0,3%); Sonstige (10,3%)
Bevölkerung	Schweizer (83,7%); Italiener (5,6%); Spanier (2,1%); Deutsche (1,7%); Türken (1,3%); Sonstige (5,6%)

Die Schweiz im 20. Jahrhundert	
1914	Die Schweiz wahrt während des Ersten Weltkriegs strikte Neutralität.
1919	Genf wird zum Sitz des Völkerbundes bestimmt.
1920	Beitritt zum Völkerbund; Londoner Erklärung: Die Schweiz erhält das Recht, die Beteiligung an militärischen Völkerbundsanktionen zu verweigern.
1938	Der Völkerbund erkennt die »integrale« Neutralität der Schweiz an.
1949	Genfer Konventionen zum Schutz der Opfer von Kriegen.
1951	Wiederaufnahme der diplomatischen Beziehungen zur BR Deutschland.
1960	Gründungsmitglied der Europäischen Freihandelszone (EFTA).
1963	Beitritt der Schweiz zum 1949 gegründeten Europarat.
1971	Durchsetzung des Frauenwahlrechts auf Bundesebene.
1972	Freihandelsabkommen mit der EG.
1973	Die Schweiz nimmt an der KSZE-Konferenz in Helsinki teil.
1976	Elisabeth Blunschy wird zur ersten Präsidentin des Nationalrats gewählt.
1984	Elisabeth Kopp (FDP) wird als erste Frau in den Bundesrat gewählt.
1989	Die Abschaffung der Armee wird per Volksentscheid abgelehnt.
1990	Die Mehrheit der Bevölkerung spricht sich für ein zehnjähriges Moratorium beim Ausbau der Kernenergie aus.
1992	Die Schweizer entscheiden sich gegen einen Beitritt zum Europäischen Wirtschaftsraum (EWR).
1994	Votum gegen Beteiligung an UNO-Blauhelmeinsätzen.
1995	Bundesgesetz über Zwangsmaßnahmen im Ausländerrecht.
1996	Bundesgesetz über die Gleichberechtigung von Mann und Frau.
1997	Schweizer Banken beginnen mit der Suche nach Erben von Holocaust-Opfern, die in der Schweiz vor 1945 Vermögen angelegt hatten.
	Die liberale Drogenpolitik der Regierung wird per Volksentscheid fortgeführt.
1998	Der Bundesrat beschließt den Ausstieg aus der Kernenergie innerhalb der nächsten 40 Jahre.
	Im Streit um Vermögenswerte von Holocaust-Opfern einigen sich die Schweizer Banken mit den Vertretern von NS-Opfern; an Überlebende des Holocaust oder Erben sollen insgesamt 1,25 Mrd US-Dollar gezahlt werden.
	Mit der EU werden u.a. Verträge in den Bereichen Land- und Luftverkehr, Forschung sowie Agrarhandel unterzeichnet.
	Als Nachfolgerin von Flavio Cotti (CVP) wird Ruth Dreifuss (SPS) zur Bundespräsidentin gewählt.
1999	Per Plebiszit sprechen sich die Schweizer für die Weiterführung der ärztlich kontrollierten Heroinabgabe an Drogensüchtige aus.
	Verträge zur intensiveren Zusammenarbeit zwischen der Schweiz und Deutschland, Liechtenstein sowie Österreich im Kampf gegen grenzüberschreitende Kriminalität und illegale Einwanderung.
2000	Die neue Verfassung tritt in Kraft; Annemarie Huber-Hotz (FDP) tritt ihr Amt als Bundeskanzlerin am 1.1. an.

Schweiz

Eidgenossenschaft

1291 aus dem Ewigen Bund zwischen Schwyz, Unterwalden und Uri hervorgegangen (sog. Urkantone), errang die S. 1499 ihre Unabhängigkeit vom Heiligen Röm. Reich. Seit 1848 ist sie ein Bundesstaat. Die schweizer. Verfassung wurde zuletzt 1999 vor allem in Form und Sprache modernisiert. Seit 1515 (Niederlage in der Schlacht bei Marignano gegen Frankreich) verfolgt das Land eine strikte Neutralitätspolitik. Es gehört heute zu den reichsten Staaten der Welt.

Die Schweiz um 1900

Proporzwahlrecht: Bei einer eidgenössischen Volksabstimmung sprach sich am 23.10.1910 die Mehrheit der Schweizer Bundesbürger gegen die Einführung des Verhältniswahlrechts aus. Mit 265 194 gegen 240 305 Stimmen scheiterte diese Initiative damit nach 1900 zum zweiten Mal. Erst am 13.10.1918 wurde die Initiative auf Proporzwahl des Nationalrates angenommen.

Versicherungsschutz: Per Volksabstimmung wurde am 4.2.1912 das Bundesgesetz über die Versicherung der Arbeiter gegen Unfall und Krankheit verabschiedet. Das Gesetz beinhaltete eine obligatorische Unfallversicherung für Arbeiter, Post- und Eisenbahnangestellte. Bereits 1901 hatte die Militärversicherung als erste Sozialversicherung die Angehörigen der Armee gegen die Folgen von Unfall und Krankheit abgesichert.

Gotthardvertrag: Mit der Ratifizierung des Abkommens über die Überführung der Gotthardbahn in den Besitz der Schweizer. Bundesbahnen endete am 4.4.1913 eine jahrzehntelange Diskussion um die Hoheitsrechte über die Bahnstrecke. Die Italien und Deutschland vertraglich zugesicherten Rechte über die Nutzung der Strecke standen seit 1898 der staatlichen Autonomie der S. entgegen.

Die Schweiz im Ersten Weltkrieg

Mobilmachung und Neutralität: Nach den tödlichen Schüssen auf den österreich.-ungar. Thronfolger Erzherzog Franz Ferdinand am 28.6.1914 und der einen Monat später folgenden Kriegserklärung Wiens an Serbien war die S. militärisch auf einen Krieg vorbereitet. Am 1.8.1914 erfolgte die Mobilmachung von 220 000 Wehrmännern, am 4.8.1914 wurde die Neutralität der S. verkündet.

Kriegssteuer: Mit großer Mehrheit wurde bei einer Volksabstimmung am 6.6.1915 die Einführung einer Kriegssteuer gebilligt. Mit den Einnahmen aus der Sondersteuer auf Vermögen und Einkommen sollten die Kosten für militärische Maßnahmen zur weiteren Sicherung der bewaffneten Neutralität des Landes gedeckt werden.
Stelle für Heimschaffung: Im September 1914 wurde in der S. die Stelle für Heimschaffung internierter Zivilpersonen eröffnet. Ab 1916 nahm die S. Kriegsgefangene der Mittelmächte und der Alliierten als sog. Internierte auf. Darüber hinaus organisierte die S. den Austausch von Invaliden und Schwerverwundeten zwischen den Krieg führenden Mächten und beförderte Gefangenenpostsendungen.
Kohleabkommen: In der Hauptstadt Bern wurde am 22.5.1918 ein Abkommen mit dem Deutschen Reich abgeschlossen, das die Lieferung von Kohle, Stahl und Chemieprodukten aus Deutschland gegen Milchprodukte und Schlachtvieh aus der S. regelte. Der Vertrag war unter großen diplomatischen Schwierigkeiten zustande gekommen, da auch Frankreich der S. Kohlelieferungen in Aussicht gestellt und gegen das Handelsabkommen mit dem Deutschen Reich interveniert hatte.

Die Zeit zwischen den Weltkriegen

Außenpolitik: Vorrangiges Ziel der schweizer. Außenpolitik in den 20er Jahren war es, die Eigenständigkeit des Landes gegenüber den Großmächten zu bewahren. Zugleich musste sich die S. mit den territorialen Ansprüchen des faschistischen Italien auf das Tessin auseinander setzen.
Beitritt zum Völkerbund: Mit 128 zu 43 Stimmen beschloss der schweizer. Nationalrat am 19.11.1919 den Beitritt zum Völkerbund unter der Bedingung der Aufrechterhaltung der schweizer. Neutralität. Bei einer Volksabstimmung am 16.5.1920 befürwortete die schweizer. Bevölkerung bei einer Wahlbeteiligung von 77,5% den Beitritt. Die S. gab damit ihre absolute zugunsten einer sog. differenziellen Neutralität auf, die eine Teilnahme an nicht militärischen Völkerbundsanktionen gegen Aggressoren zuließ. Aufgrund der veränderten politischen Lage in Europa kehrte die S. am 1.5.1938 zur uneingeschränkten (»integralen«) Neutralität zurück, nachdem der Völkerbundrat dem Wunsch der S. nach Anerkennung ihrer umfassenden Neutralität einstimmig entsprochen hatte. Damit wurde die S. von der Teilnahme an gemeinsamen Sanktionen gegen andere Staaten befreit.

Der Völkerbund trat am 15.11.1920 im Reformationssaal in Genf zu seiner ersten Sitzung zusammen. Vertreten waren Delegierte aus insgesamt 42 Staaten, darunter auch die Schweiz.

Erweiterung der Einbürgerung: Die Mehrzahl der Bürger sprach sich am 20.5.1928 für die Abänderung des Art. 44 der Bundesverfassung aus, wonach ein Kind, das in der S. geboren wird und dessen Eltern zum Zeitpunkt der Geburt in der S. leben, automatisch Schweizer Bürger wird. Damit vollzog sich eine Abkehr vom »ius sanguinis« (»Blutsrecht«, Abstammungsprinzip) zugunsten des »ius soli« (Recht des Ortes, Territorialprinzip).
Rechtsextreme Opposition: Ähnlich wie in anderen europäischen Ländern bildete sich auch in der S. eine rechtsextreme Opposition. 75 Mitglieder der 1930 in Zürich gegründeten Neuen Front schlossen sich Anfang 1933 mit der 750 Mitglieder zählenden Nationalen Front unter Führung von Robert Tobler zum Kampfbund der Neuen und Nationalen Front zusammen.
Verhältnis zum Deutschen Reich: Mit dem Verbot der deutschen Zeitungen »Der Stürmer«, »Der Alemanne« und »Der Reichsdeutsche« reagierte die S. am 2.7.1935 auf das Verbot der regimekritischen »Baseler Nachrichten« im Deutschen Reich. Die Entführung des Schweizer Journalisten Berthold Jacob durch die deutsche Gestapo am 9.3.1935 hatte bereits zu einer erheblichen Verschlechterung der zwischenstaatlichen Beziehungen geführt. Der deutsche Agent Hans Wesemann hatte den jüd. Journalisten unter dem Vorwand, ihm einen Reisepass zu besorgen, auf deutsches Staatsgebiet gelockt. Jacob hatte in den 20er Jahren wiederholt illegale Aufrüstungsaktivitäten der Reichswehr angeprangert und sich dadurch die Feindschaft konservativer deutscher Kreise zugezogen. Angesichts des wachsenden internationalen Drucks ließ die deut-

Zweiter Weltkrieg: Eine Schweizer Gebirgsartillerie-Kompanie beim Übungsmarsch in den Alpen.

sche Regierung Jacob am 18.9.1935 wieder in die S. zurückkehren.

Asylpolitik: Nach dem Einmarsch deutscher Truppen in Österreich am 12.3.1938 hatte sich der Flüchtlingsstrom an der Ostgrenze der S. verstärkt. Um den Flüchtlingsstrom zu kontrollieren, stimmte der Bundesrat am 4.10. 1938 einem Abkommen mit dem Deutschen Reich zu, wonach Pässe ausreisewilliger deutscher Juden mit einem »J«-Stempel zu versehen waren.

Zuflucht in der Schweiz: Auch der Autor des Antikriegsromans »Im Westen nichts Neues«, Erich Maria Remarque, emigrierte 1933 in die Schweiz. (Foto: Remarque Ende der 30er Jahre in Davos mit Ehefrau, r., und Franziska von Reznicek)

Die Schweiz im Zweiten Weltkrieg

Generalmobilmachung: Nach dem deutschen Angriff auf Polen ordnete der Bundesrat die allgemeine Mobilmachung der Armee an. Zwischen dem 3. und 5.9.1939 rückten 430 000 Wehrmänner ein. Frauen und nicht

dienstpflichtige Männer wurden zum freiwilligen Dienst aufgefordert. Eine zweite Generalmobilmachung erfolgte am 10.5.1940 nach dem deutschen Angriff auf Frankreich und die Beneluxstaaten. Vorrangige Aufgabe der Armeeführung war die Verhinderung eines deutschen oder brit.-frz. Durchbruchs. Obwohl die S. nicht zu den Krieg führenden Staaten gehörte, wurde das schweizer. Territorium wiederholt von brit. Bomben getroffen.

Rütlirapport: Nach dem militärischen Zusammenbruch Frankreichs im Juni 1940 gab General Henri Guisan am 25.7.1940 auf der Rütliwiese vor den versammelten Offizieren das Verteidigungskonzept der S. für den Fall eines deutschen Angriffs bekannt: den Rückzug der Armee in den schwer zugänglichen Alpenraum mit seinen Nord-Süd-Verbindungen (Plan Réduit).

Parteiverbote: Am 19.11.1940 verbot der Bundesrat die 3000 Mitglieder zählende rechtsgerichtete Partei »Nationale Bewegung der S.« (NBS) und deren Organisationen »Eidgenössische Sammlung«, »Bund treuer Eidgenossen« sowie die »Eidgenössische Soziale Arbeiterpartei«. Am 25.11.1940 wurde die Kommunistische Partei verboten.

Flüchtlingsstrom: Im Juni 1940 waren etwa 30 000 französ. und 12 000 poln. Soldaten auf das Gebiet der S. übergetreten. Am 13.8.1942 ordnete der Bundesrat verschärfte Maßnahmen gegen den illegalen Grenzübertritt an. Vor allem den Juden wurde der Zutritt zur S. verweigert. Während des Zweiten Weltkriegs nahm die S. 295 381 Flüchtlinge auf, darunter 103 689 Internierte, 55 018 Zivilisten, 59 785 ausländische Kinder und 66 549 Grenzflüchtlinge. 1945 befanden sich noch 106 000 Flüchtlinge in der S.

Spionageabwehr: Aufgrund der Verletzung militärischer Geheimnisse wurden im Zweiten Weltkrieg 478 Urteile gefällt. Wegen Landesverrats wurden 17 Todesurteile vollstreckt. Am 20.11.1943 wurde in Lausanne ein sowjet. Agentensender ausgehoben und 50 Sowjetagenten festgenommen.

Erfolg der Sozialdemokraten: Am 15.12. 1943 wurde Ernst Nobs als erster Sozialdemokrat in die Regierung gewählt. Ein Teil des linken Flügels der Partei konstituierte sich im Oktober 1944 als kommunistische Partei der Arbeit.

Kriegsfolgen: Durch Luftangriffe kamen insgesamt 84 Menschen ums Leben. Als am 1.4.1944 US-amerikan. Flugzeuge Brand- und Sprengbomben über Schaffhausen abwarfen, starben 40 Menschen. 1939–45 wurden für die militärische Landesverteidigung rund

7 Mrd Franken aufgewendet. Zur Deckung dieser Ausgaben trugen die Kriegsgewinnsteuer, das Wehropfer, die Wehrsteuer und die Warenumsatzsteuer bei.
Hilfswerk: Am 12.11.1945 gründeten mehrere Geschäftsleute in Zürich ein Hilfswerk für deutsche Notgebiete und Kinderhilfe. Zusätzlich entstanden zahlreiche Patenschaften für deutsche Städte und Dörfer. Die »Winterhilfe« sollte vor allem Not leidenden Kindern im zerstörten Deutschland zugute kommen.

Die Schweiz nach 1945

Rückkehr zur Demokratie: In einer Volksabstimmung befürworteten die Schweizer Stimmbürger am 11.9.1949 mit knapper Mehrheit (280 755 Ja- gegen 272 599 Nein-Stimmen) die Initiative »Rückkehr zur direkten Demokratie«. Die Sonderregelungen während des Zweiten Weltkriegs, welche die Vollmachten des Bundesrats erweitert und die Volksabstimmungen über Gesetzesvorhaben eingeschränkt hatten, wurden wieder abgeschafft.
Neutralität und Solidarität: Am 23.11.1950 bekräftigte Bundespräsident Max Petitpierre (FDP) den Fortbestand der Neutralitätspolitik seines Landes. Als die wichtigste mit der Neutralität verbundene Pflicht bezeichnete er die Solidarität mit internationalen Organisationen, die humanitäre, wirtschaftliche und technische Ziele verfolgen.
Supranationale Beitritte: Am 16.4.1948 trat die S. als Gründungsmitglied dem Abkommen über die europäische wirtschaftliche Zusammenarbeit (OEEC) bei. Die S. erhielt zwar keine Mittel aus dem europäischen Wiederaufbauprogramm (ERP) oder aus dem Marshall-Plan, doch war sie an einer fortschreitenden Liberalisierung des Handels und der Einführung eines gemeinsamen Zahlungsverkehrs interessiert. Die S. trat nie den Vereinten Nationen (UN) bei, sie spielt aber eine aktive Rolle in den UNO-Unterorganisationen. Am 8.12.1948 erklärte die S. ihren Beitritt zur Erziehungs-, Wissenschafts- und Kulturorganisation UNESCO. Damit war die S. bereits in acht der damals zwölf UN-Sonderorganisationen vertreten: der Welternährungsorganisation FAO (1946), der Weltgesundheitsorganisation WHO (1946), der Internationalen Zivilluftfahrtorganisation ICAO (1946), der Internationalen Meteorologischen Organisation WMO (1948) sowie bei der Internationalen Arbeitsorganisation ILO (1920), dem Weltpostverein UPU (1874) und der Internationalen Fernmeldeunion ITU (1865). 1986 lehnten 75,7% der Bürger einen Beitritt der S. zur UNO ab.

Stichwort: Genfer Konventionen von 1949

Genfer Konventionen: Vertreter von 57 Staaten nahmen am 11.8.1949 in Genf an einer vom Schweizer Bundesrat initiierten Konferenz teil, bei der insgesamt vier Konventionen zum Schutz der Opfer von Kriegen angenommen wurden: die Konvention zur Verbesserung des Loses der Verwundeten und Kranken der Streitkräfte im Felde, die Konvention zur Verbesserung des Loses der Verwundeten, Kranken und Schiffbrüchigen der Streitkräfte zur See, die Konvention über die Behandlung der Kriegsgefangenen sowie das Abkommen zum Schutz von Zivilpersonen in Kriegszeiten. Das 1863 gegründete Internationale Komitee vom Roten Kreuz (IKRK) mit Sitz in Genf wacht über die Einhaltung der Genfer Konventionen. (Foto: Verteilung von Hygieneartikeln auf den Philippinen 1996)

Schweizerische Wirtschaft nach 1945

Wirtschaftlicher Aufschwung: Investitionen im Straßen- und Wohnungsbau sowie Exportaufträge leiteten bald nach Kriegsende eine Phase der Hochkonjunktur ein. Zwischen 1950 und 1960 übertrafen die Lohnsteigerungen die Teuerungsrate. Von 1948 bis 1964 verdoppelte sich das reale Bruttosozialprodukt.
Uhrenkrieg: Die USA erhöhten 1954 die Zölle auf Schweizer Uhren um 50%. Verschärft wurde der »Uhrenkrieg« durch ein im Oktober 1954 eröffnetes Anti-Trust-Verfahren gegen die Schweizer Uhrenindustrie. Den beklagten Schweizer Firmen und ihren US-amerik. Partnern wurde u. a. vorgeworfen, durch illegale Verträge die Zahl der Uhrenfabriken und den Umfang der Uhrenproduktion in den USA beschränkt sowie Preise und Verkaufsbedingungen für Schweizer Uhren abgesprochen zu haben.
EFTA-Mitglied: Als Gegengewicht zur Europäischen Wirtschaftsgemeinschaft (EWG) unterzeichneten die S., Dänemark, Großbritannien, Norwegen, Österreich, Portugal und Schweden am 4.1.1960 in Stockholm die Gründungsakte der Europäischen Freihandelszone (European Free Trade Association, EFTA), die eine allmähliche Beseitigung von

Der lange Kampf der Schweizer Frauen um ihre politische Gleichstellung

Frauenwahlrecht: Am 7.2.1971 sprachen sich in der Schweiz bei einer Volksabstimmung (Wahlbeteiligung 57%) die stimmberechtigten Männer mit 621 403 Ja- gegen 323 596 Nein-Stimmen für das aktive und passive Wahlrecht der Frauen auf Bundesebene und damit für deren politische Gleichberechtigung aus. In Artikel 74 der Schweizer Bundesverfassung hieß es fortan: »Bei eidgenössischen Wahlen und Abstimmungen haben alle Schweizer und Schweizerinnen die gleichen politischen Rechte und Pflichten. Stimm- und wahlberechtigt bei solchen Abstimmungen sind alle Schweizer und Schweizerinnen, die das 20. Altersjahr zurückgelegt haben. Für Abstimmungen und Wahlen der Kantone und Gemeinden bleibt das kantonale Recht vorbehalten.« Weitere 13 Jahre vergingen, bis am 2.10.1984 mit Elisabeth Kopp die erste Frau in den Bundesrat einzog. Am 2.5.1976 wurde Elisabeth Blunschy zur Präsidentin des Nationalrats gewählt, 1983 Hedi Lang zur Zürcher Regierungsrätin. (Fotos: Plakate zu Plebisziten 1946, l., und 1971)

Wichtige eidgenössische Plebiszite im 20. Jahrhundert

Jahr	*Gegenstand*	*Wahlbeteilig.*	*Ausgang*
1910	Proporzwahl des Nationalrates	62,3%	Ablehnung
1915	Erhebung einer Kriegssteuer	56%	Zustimmung
1920	Verbot der Errichtung von Spielbanken	60,5%	Zustimmung
1922	Einmalige Vermögensabgabe	86,3%	Ablehnung
1928	Maßnahmen gegen Überfremdung	45,2%	Zustimmung
1931	Besteuerung des Tabaks	78,1%	Ablehnung
1953	Gewässerschutz	59,1%	Zustimmung
1958	44-Stunden-Woche	46,2%	Zustimmung
1959	Frauenstimmrecht	42,9%	Zustimmung
1962	Atomwaffenverbot	38,7%	Zustimmung
1966	Kampf gegen Alkoholismus	48,0%	Ablehnung
1971	Frauenstimmrecht auf Bundesebene	57%	Zustimmung
1976	40-Stunden-Woche	45,2%	Ablehnung
1977	Einführung eines Zivildienstes	38,3%	Ablehnung
1979	Stimm- und Wahlrecht für 18-Jährige	49,6%	Ablehnung
1981	Gleiche Rechte für Mann und Frau	33,9%	Zustimmung
1984	Schwerverkehrsabgabe	52,8%	Zustimmung (58,7%)
	Autobahnvignette	52,8	Zustimmung (53%)
	Baustopp für Atomkraftwerke	41,0%	Ablehnung (55%)
1986	UNO-Beitritt	50,7%	Ablehnung (75,5%)
1987	Änderung des Asylgesetzes	42,4%	Zustimmung (66%)
1989	Abschaffung der Armee	68,5%	Ablehnung
1992	Beitritt zum Europ. Wirtschaftsraum	78,3%	Ablehnung (50,3%)
1993	Nationalfeiertag 1.8.	37,9%	Zustimmung
	Einführung der Mehrwertsteuer	44%	Zustimmung
1994	Beteiligung an UNO-Blauhelmeinsätzen	45,8%	Ablehnung (57,2%)
	Verschärftes Ausländerrecht	43,1%	Zustimmung (72,8%)
1997	Kürzung des Arbeitslosentagegeldes	40,1%	Ablehnung
1999	Modernisierung d. Bundesverfassung	35,3%	Zustimmung

Schutzzöllen und mengenmäßigen Beschränkungen für Industriewaren anstrebte. 1966 wurde die S. Vollmitglied des Allgemeinen Zoll- und Handelsabkommens (General Agreement on Tariffs and Trade, GATT).

Moderner Sozialstaat

Trend zum Stadtleben: Zwischen 1941 und 1970 wuchs die Bevölkerung um fast 50% auf 6,2 Mio an. Zugleich verstärkte sich der Trend zum Leben in der Stadt. 1941 lebten 32,9% der Schweizer Bevölkerung in Gemeinden mit über 10 000 Einwohnern, 1970 waren es bereits 45,3%. Der Anteil der in der Landwirtschaft beschäftigten Bürger sank von 19,1% im Jahr 1941 auf 7,6% im Jahr 1970.

Alters- und Hinterbliebenenversicherung: Mit großer Mehrheit nahmen die Schweizer am 6.7.1947 das Bundesgesetz über die Alters- und Hinterlassenenversicherung (AHV) an. Die AHV beruhte auf dem Umlagenprinzip, wonach Beiträge für die Rentenzahlung verwendet wurden. Sie realisierte neben der betrieblichen und der privaten Altersvorsorge eine Basisversicherung mit Altersrenten zwischen 480 und 1500 Franken.

Zauberformel: Bei der Bundesratswahl am 17.12.1959 nahm mit zwei Freisinnigen, zwei Katholisch-Konservativen, zwei Sozialdemokraten und einem Mitglied der Bauern-, Gewerbe- und Bürgerpartei der proportional besetzte Bundesrat zum ersten Mal Gestalt an. Seitdem findet diese »Zauberformel« (2:2:2:1) regelmäßig Berücksichtigung bei der Zusammensetzung dieses Staatsorgans.

Asylrecht: Bei einer Volksabstimmung am 4.12.1994 billigten 72,8% der Schweizer Stimmbürger eine deutliche Verschärfung des Ausländerrechts, das vor allem Asylbewerber und Ausländer ohne Aufenthaltsbewilligung betrifft. Danach können die Behörden Ausländer ohne Bleiberecht bis zu ein Jahr inhaftieren, ohne dass Anklage gegen sie erhoben werden muss. Ende 1996 erteilten die Schweizer einer weiteren Verschärfung des Asylrechts eine Absage. 53,7% der Stimmberechtigten lehnten die Volksinitiative gegen illegale Einwanderung, die u.a. von der rechtsbürgerlichen Schweizer Volkspartei gestützt wurde, ab.

Drogenpolitik: Mit großer Mehrheit stimmten im September 1997 die Bürger in einem Referendum gegen die Beendigung der liberalen Drogenpolitik und für die Fortsetzung der »Vier-Säulen-Politik« (Prävention, Überlebenshilfe für Süchtige, Kampf gegen den Drogenhandel, verschiedene Therapien) der Regierung. Im Juni 1999 sprachen sich etwa 55% der Bevölkerung für die Weiterführung der kontrollierten Heroinabgabe aus.

Verkehrspolitik: Zum »Schutz der Alpentäler vor dem Transitverkehr« entschied sich die Schweizer Bevölkerung am 20.2.1994, den Transit-Frachtverkehr bis zum Jahr 2004 von der Straße auf die Schiene zu verlegen. Mit 57,3% der Stimmen nahmen die Schweizer am 27.9.1998 die Vorlage zur Schwerverkehrsabgabe an. Danach soll ab 2001 stufenweise eine Lkw-Transitgebühr eingeführt werden, die sich nach Fahrtstrecke, Ladegewicht und Schadstoffausstoß bemisst.

Nazigold: 1996/97 gerieten Schweizer Banken wegen Goldgeschäften mit den National-

Stichwort: Asylpolitik in der Schweiz

Die Asylpolitik der Schweiz steht stellvertretend für das humanitäre Selbstverständnis der Eidgenossen. Offizielle Aufgabe des Asylverfahrens ist es, unter den neu eintreffenden Asylsuchenden die Personen zu erkennen, die nach folgenden Kriterien Anspruch auf Schutz haben. Viele Asylsuchende sind nicht der Kategorie der Flüchtlinge und Kriegsvertriebenen zuzurechnen. Sie gehören zur Gruppe der so genannten Migrierenden, die sich in der Schweiz vor allem eine bessere Lebenssituation erhoffen.

1. Asyl erhält, wer in seinem Heimatstaat nach den völkerrechtlich anerkannten Kriterien bedroht oder verfolgt wird.

2. Die Schweiz beteiligt sich an internationalen Gemeinschaftsaktionen, die zum Schutz und zur Unterstützung von Not leidenden Bevölkerungsgruppen in Kriegs- oder Katastrophengebieten organisiert werden.

3. Sind solche Hilfsmaßnahmen in der betroffenen Region aufgrund der akuten Gefährdung unmöglich, nimmt die Schweiz die betroffenen Personengruppen vorübergehend innerhalb der eigenen Grenzen auf.

4. Der Bundesrat bemüht sich parallel in internationaler Zusammenarbeit um nachhaltig wirksame Maßnahmen zur Eindämmung der Ursachen von Flucht und unfreiwilliger Migration.

(Quelle: Mitteilung des Eidgenöss. Justiz- und Polizeidepartements, Bern 2000)

In Weil am Rhein wurde 1999 nach dreijähriger Bauzeit ein Umschlagbahnhof nach Basel eröffnet. Hier werden Container von Lastkraftwagen auf Zugwaggons verladen.

Stichwort: Geldwäsche in der Schweiz

Illegale Geldtransfers: Zwischen 1995 und 2000 dürften rund 12 Mrd Schweizer Franken auf eidgenöss. Banken geflossen sein, deren Herkunft als zwielichtig eingeschätzt wurde. Diese Gelder können aus kriminellen mafiosen Geschäften, aus »Geldwaschanlagen« im Ausland oder anderen dunklen Geschäften stammen. Hierunter fallen auch außer Landes verschobene Gelder von Diktatoren und ihren Machtclans. In der Schweiz mussten sich die Staatsanwaltschaften der Kantone Genf, Tessin und Zürich am meisten mit solchen Wirtschaftsdelikten auseinander setzen. In Genf waren es 1999 insgesamt 65 Fälle, vor allem mit einer Verbindung in die politische Hierarchie im Moskauer Kreml. So soll der Finanzchef des Kremls unter Präsident Boris Jelzin, Pawel Borodin, rund 4 bis 10 Mrd Dollar ins Ausland verschoben haben. Davon konnte allerdings in der Schweiz nur ein Bruchteil als »kriminelle« Gelder auf Bankkonten festgestellt werden (26 Mio Schweizer Franken), die in einem Strafverfahren als Straftatbestand in Frage kämen. Solch strafbarer Geldtransaktionen verdächtigt wurde die Tessiner Baufirma Mabatex. Deren Besitzer, Beghjet Pacolli, hatte in Moskau und St. Petersburg jahrelang lukrative Aufträge für den Kreml und die Nomenklatura unter Jelzin ausgeführt. Weiter soll der russische Milliardär Boris Beresowski, ebenfalls ein Vertrauter von Jelzin, zum Schaden der russ. Fluggesellschaft Aeroflot 600 Mio Schweizer Franken über Finanzinstitute in Lausanne »gewaschen« haben.

CDU-Spendenaffäre: In der CDU-Spendenaffäre waren Schwarzgelder in Höhe von rund 20 Mio Schweizer Franken auf Schweizer Konten auszumachen. Allein 8 Mio Schweizer Franken stammen nach Aussage des früheren deutschen Bundesinnenministers Manfred Kanther aus der hessischen Parteikasse. Bis Sommer 2000 waren mehrere Rechtshilfegesuche bei den Obergerichten der Kantone Genf, Nidwalden, St. Gallen und Zürich u. a. von der Staatsanwaltschaft Augsburg blockiert – infolge Einsprüchen von Betroffenen. In den Fällen des früheren deutschen Staatssekretärs Pfahls und des Waffenhändlers Karl Heinz Schreiber erhielt die Staatsanwaltschaft Augsburg das gewünschte Material. Am 23.1.2000 wurde in Chicago (USA) der 62-jährige Tessiner Giorgio Pelossi verhaftet – wegen Verdachts auf Drogenhandel und Geldwäscherei. Er sollte über Verbindungen zur Kokainmafia in Kolumbien insgesamt rund 27 Mio Schweizer Franken in der S. »gewaschen« haben. Pelossi hatte enge Verbindungen zu Schreiber und fädelte, so der Verdacht der Ermittlungsbehörden, über das Fürstentum Liechtenstein den Kauf der deutschen Fuchs-Panzer von Saudi-Arabien ein. 1991 hatte Pelossi Schreibers Firma Schreiber-Kensington in Vaduz geleitet.

sozialisten in die Kritik. Die »Bergier-Kommission« unter dem Vorsitz von Prof. J. F. Berger, die am 13.12.1996 einberufen wurde, untersucht die Problematik der nachrichtenlosen Vermögen von NS-Opfern sowie der von Nationalsozialisten in der S. hinterlegten Vermögenswerte.

Hilfsfonds: Die Schweizer Bankiervereinigung (SBVg) führte nach der Verabschiedung der Richtlinien über die Behandlung nachrichtenloser Konten, Depots und Schrankfächer bei Schweizer Banken vom 8.9.1995 eine Untersuchung über Konten durch, die vor dem 9.5.1945 eröffnet wurden und seit über zehn Jahren nachrichtenlos geblieben sind. Der Banken-Ombudsmann konnte bis 1999 nachrichtenlose Vermögenswerte in Höhe von 19 Mio Franken an rechtmäßige Erben vermitteln. Es wurden über 9000 Ansprüche aus 75 Ländern angemeldet. 20% davon stammen aus den USA, je 12% aus Deutschland und Frankreich sowie 9% aus Israel. Im Streit um Vermögenswerte von Holocaust-Opfern einigten sich am 13.8.1998 die Schweizer Banken mit den Vertretern von NS-Opfern: Insgesamt wurden an Überlebende des Holocaust oder deren Erben 1,25 Mrd US-Dollar gezahlt.

Bundespräsidenten 1989–99

Reg.-Zeit	*Name (Partei)*	*Lebensdaten*
1989	Jean-P. Delamuraz (FDP)	*1936
1990	Arnold Koller (CVP)	*1933
1991	Flavio Cotti (CVP)	*1939
1992	René Felber (SPS)	*1933
1993	Adolf Ogi (SVP)	*1942
1994	Otto Stich (SPS)	*1927
1995	Kaspar Villiger (FDP)	*1941
1996	Jean-P. Delamuraz (FDP)	*1936
1997	Arnold Koller (CVP)	*1933
1998	Flavio Cotti (CVP)	*1939
1999	Ruth Dreifuss (SPS)	*1940

Die wichtigsten Parteien im 20. Jahrhundert

Name (Abkürzung)	*Politische Richtung*	*Gründung*
Liberale Partei (LPS)	liberal-konservativ	1830
Freisinnige Demokratische Partei (FDP)	liberal	1847
Sozialdemokratische Partei (SPS)	sozialdemokratisch	1888
Christlichdemokratische Volkspartei (CVP)	christlich-konservativ	1912
Evangelische Volkspartei (EVP)	christlich-sozial	1917
Partei der Arbeit (PdA)	kommunistisch	1918
Schweizer Demokraten (SDS)	patriotisch	1961
Schweizerische Volkspartei (SVP)	konservativ	1971
Grüne Partei (GPS)	ökologisch	1983
Freiheits-Partei (ehem. Auto-Partei)	freiheitlich-national	1985
Lega dei Ticinesi (Lega)	rechtsbürgerlich	1990
Demokratisch-Soziale Partei (DSP)	demokratisch-sozial	1994
Christlich-Soziale Partei (CSP)	sozial-ökologisch	1997

Die Schweiz und Europa

Europäischer Integrationsprozess: Nach dem Ende des Zweiten Weltkriegs sah die S. keine Veranlassung, von ihrer Neutralitätspolitik abzurücken und am westeuropäischen Integrationsprozess teilzunehmen. Daher trat sie dem Europarat, der 1949 gegründet wurde, zunächst nicht bei. Nach der Gründung der Europäischen Wirtschaftsgemeinschaft (EWG) auf der Grundlage der Röm. Verträge von 1957 wurde die S. am 6.5.1963 als Vollmitglied in den Europarat aufgenommen. Der Beitritt war am 19.3.1963 vom Nationalrat gebilligt worden. Damit legte die S. in den 60er Jahren die Basis für ihre weitere Europapolitik auf bilateraler Ebene.

Freihandelsabkommen: Durch ein Freihandelsabkommen verwirklichte die S. 1972 ihre Zielsetzung, angesichts des EG-Integrationsprozesses nicht in die Isolation zu geraten. In den folgenden 20 Jahren schloss die S. weit über 100 Sonderabkommen mit der EG ab.

Nein zum Europäischen Wirtschaftsraum: Mit einer knappen Mehrheit von 50,3% bei einer Wahlbeteiligung von 78,3% lehnte die Schweizer Bevölkerung am 6.12.1992 eine Beteiligung ihres Landes am geplanten Europäischen Wirtschaftsraum (EWR) ab. Das Nein zum EWR wurde in Brüssel auch als Ablehnung eines bereits beantragten EG-Beitritts verstanden. Ende 1993 bestätigte der Bundesrat jedoch den geplanten EU-Beitritt als längerfristiges Ziel seiner Integrationspolitik. Vorrangiges Ziel der schweizer. Europapolitik ist es jedoch, die institutionelle Isolierung der Eidgenossenschaft zu überwinden und die wirtschaftliche Wettbewerbsfähigkeit des Standortes zu stärken.

Bilaterale Verträge mit der EU: Sieben im Dezember 1998 in Wien beschlossene und am 21.6.1999 in Luxemburg unterzeichnete bilaterale Verträge sollen 2001 in den 15 EU-Staaten und in der S. in Kraft treten. Die Abkommen sehen eine Liberalisierung in den Bereichen Land- und Luftverkehr, technische Handelshemmnisse, Forschung, öffentliches Beschaffungswesen, Agrarhandel sowie Personenfreizügigkeit vor und sollen den Zugang der S. zum europäischen Binnenmarkt verbessern. Am 8.10.1999 wurde der Bundesbeschluss zur Genehmigung der sieben Verträge mit der EU im Nationalrat und im Ständerat angenommen. *W. W.*

Senegal

Republik Senegal

In dem im äußersten Westen von Afrika gelegenen Gebiet des heutigen S. wurde 1444 durch portugies. Seefahrer an der Mündung des Flusses Sénégal die erste europäische Handelsniederlassung gegründet. Weitere Siedlungen entstanden auf der Insel Gorée und entlang der südlichen Küste. Im 16. Jh. ließen sich dort niederländ. Siedler nieder.

Senegal 2000	
Landesfläche	196 722 km² (WR 85)
Einwohner	9,2 Mio (WR 81)
Hauptstadt	Dakar (1,8 Mio Einwohner)
Sprachen	Französisch, Wolof, Stammesdialekte
Währung	CFA-Franc (FCFA)
Gliederung	10 Regionen
Staatsform	Präsidiale Republik
Religion	Moslems (94,0%); Christen (4,9%); Sonstige (1,1%)
Bevölkerung	Wolof (42,7%); Serer (14,9%); Fulani (14,4%); Tukulor (9,3%); Diola (5,3%); Malinke (3,6%); Sonstige (9,8%)

Französische Kolonie (1854–1960)

Sklavenhandel: Frankreich errichtete 1659 auf der Insel N'Dar den Stützpunkt St. Louis als Umschlagplatz für Sklaven, Gold und Gummi. 1854 erklärte Paris den S. offiziell zur französ. Kolonie; drei Jahre später wurde an der Küste die Stadt Dakar gegründet. Ab 1879 begann die planmäßige Eroberung des Landes, die 1890 mit Festlegung der noch heute geltenden Grenzen abgeschlossen wurde. 1895 wurde die Kolonie Verwaltungssitz des Kolonialgebiets Französ.-Westafrika unter Generalgouverneur Jean-Baptiste Chaudié. Eine eigene Kolonialverwaltung erhielt der S. 1904; Hauptstadt ist seit 1902 die Hafenstadt Dakar.

Weg zur Unabhängigkeit: Als Gegenleistung für die Bereitstellung von Soldaten im Ersten Weltkrieg gestand die französ. Kolonialmacht dem S. weiterhin die islamische Gerichtsbarkeit zu. Nach Einrichtung eines Kolonialrats (1920), dessen Mitglieder – Stammeshäuptlinge und gewählte Abgeordnete – nur geringe Entscheidungsbefugnisse hatten, erhielt S. 1946 den Status eines Überseeterritoriums innerhalb der Französ. Union. 1955 gewährte Paris als Reaktion auf die seit 1945 gewachsenen Emanzipationsbestrebungen dem Land die innere Autonomie.

Autonome Republik und Föderation Mali: Der Hochschullehrer, Publizist und Schriftsteller Léopold Sédar Senghor war seit den 30er Jahren die führende Persönlichkeit in der Unabhängigkeitsbewegung. Er forderte die Rückbesinnung auf die kulturellen Wurzeln Afrikas und gründete 1947 den Bloc Démocratique Sénégalais (ab 1955 Bloc Progressiste Sénégalais, ab 1976 Parti Socialiste). Ziel der Partei war die Unabhängigkeit des S.s ohne Aufgabe der Bindung an Frankreich. 1958 entstand die autonome Republik S. innerhalb der Französ. Gemeinschaft (Nachfolgeorganisation der Französ. Union). Mit Billigung Frankreichs schloss sich der S. 1959 mit dem Nachbarstaat Soudan zur Föderation Mali zusammen, die

Senegal im 20. Jahrhundert	
1904	Der Senegal wird Teil der Föderation Französ.-Westafrika (AOF).
1920	Errichtung eines Kolonialrats aus Stammeshäuptlingen und gewählten Abgeordneten mit stark eingeschränkten Entscheidungsbefugnissen.
1946	Der Senegal erhält den Status eines französ. Überseeterritoriums. In der Pariser Nationalversammlung wird das Land u. a. durch den sozialistischen Politiker Léopold Sédar Senghor vertreten.
1958	Frankreich gewährt dem Senegal innere Autonomie.
1959	Zusammenschluss des Senegal mit Französ.-Soudan (heute Mali), Obervolta (Burkina Faso) und Dahomey (Benin) zur Föderation Mali.
1960	Unabhängigkeit. Erster Staatspräsident wird Léopold Sédar Senghor.
1961	Machtkampf mit linksradikalen Gruppen endet mit der Verhaftung von Mamadou Dia, dem wichtigsten Rivalen Senghors.
1966	Errichtung einer Einparteienherrschaft unter Beibehaltung einiger demokratischer Freiheitsrechte.
1976	Zulassung einer Oppositionspartei, der Parti Démocratique Sénégalais (PDS); Beginn einer demokratischen Öffnung des Landes.
1980	Senghor übergibt sein Präsidentenamt Abdou Diouf.
1981	Der Senegal und Gambia schließen sich zu einer Föderation zusammen (Senegambia; 1989 aufgelöst).
1984	Senghor wird als erster Afrikaner in die Académie Française aufgenommen.
1989	Ausbruch von bewaffneten Grenzkonflikten mit dem nördlichen Nachbarstaat Mauretanien.
1990	Kämpfe mit der Separatistenorganisation MFDC (Mouvement des Forces Démocratiques de Casamance), die mehr Rechte für die christliche Minderheit der Diola fordert.
1991	Präsident Diouf beteiligt die Oppositionspartei PDS an der Regierung.
1993	Aus Parlaments- und Präsidentschaftswahlen gehen Diouf und seine Parti Socialiste als Sieger hervor.
2000	Die Wahlen vom 2.2. führen zum ersten Machtwechsel seit der Unabhängigkeit: Der konservative Oppositionspolitiker Wade gewinnt mit 69% der Stimmen.

Die wichtigsten Parteien im 20. Jahrhundert

Name (Abkürzung)	*Politische Richtung*	*Gründung*
Parti Socialiste (PS)	sozialistisch	1940
Parti Démocratique Sénégalais (PDS)	liberal	1976
Parti Africain de l'Indépendance (PAI)	kommunistisch	1976
Parti Africain pour la démocratie et le socialisme (PAFDS/AJ)	linksorientiert	1991
Union pour le Renouveau Démocratique (URD)	linksliberal	1997
Parti Africain de l'Indépendance et du Travail (PIT)	linksorientiert	k. A.
Parti Libéral Sénégalais (PLS)	liberal	1998

Stichwort: Föderation von Mali

Vier westafrikan. Staaten der insgesamt zehn selbstständigen Republiken des ehemaligen Französ.-Westafrika gründeten am 17.1.1959 auf einer konstituierenden Versammlung in Dakar (Senegal) einen neuen Bundesstaat, die Föderation von Mali. Die Vertreter von Dahomey (heute Benin), Senegal, Soudan (heute Mali) und Obervolta (heute Burkina Faso) nahmen einstimmig den Vorschlag einer Bundesverfassung an. Der Staatenbund, dem alle afrikan. Staaten beitreten konnten, bildete ein gemeinsames Zollgebiet; die Einzelinteressen der Mitgliedsländer wurden in einem Bundesparlament vertreten. Die Föderation von Mali sollte durch eine Bundesregierung verwaltet werden und als geschlossene Einheit gegenüber Frankreich auftreten.

Am 20.7.1960 entließ Frankreich die Föderation Mali in die Unabhängigkeit. Ihr erster Präsident wurde Léopold Sédar Senghor. Doch schon bald kam es zu Spannungen innerhalb der Föderation, bei denen es um Mitspracherechte und Machtverteilung ging. Nur wenige Wochen nach ihrer Unabhängigkeit verließ der Senegal die Föderation. Anfang September 1960 proklamierte Senghor den Senegal als eigenständigen souveränen Staat.

Staatsoberhäupter des Senegal

Reg.-Zeit	*Name*	*Lebensdat.*
1960–80	Léopold Sédar Senghor	*1906
1981–2000	Abdou Diouf	*1935
seit 2000	Abdoulaye Wade	*1926

Senegals Staatsgründer Lépold Sédar Senghor

Léopold Sédar Senghor, geboren am 9.10.1906 in Joal (Region Thiès), war jahrzehntelang die bestimmende Figur im Senegal. Als Politiker und Dichter genoss er weltweites Ansehen. Unter seiner Präsidentschaft (1960–80) entstand im Senegal ein vergleichsweise freiheitliches System, in dem Senghor einen »afrikanischen Sozialismus« entwickeln wollte. Während seines Studiums in Paris (bis 1935) entwarf er das Programm der sog. Négritude, ein Bekenntnis zu den kulturellen Wurzeln und Eigenarten Afrikas. Zusammen mit gemäßigt sozialistischen Vorstellungen machte er es zur Grundlage seines politischen Handelns. 1968 erhielt Senghor in Frankfurt/Main den Friedenspreis des Deutschen Buchhandels. Als erster Afrikaner wurde er 1984 in die Académie Française aufgenommen. (Foto: Senghor 1984 auf dem Anwesen seiner Frau in der Normandie)

ihre Unabhängigkeit am 20.7.1960 erlangte. Im selben Jahr verließ S. die Französ. Gemeinschaft und proklamierte am 5.9. seine Unabhängigkeit.

Die Ära Senghor (1960–80)

Afrikanischer Sozialismus: Bei den ersten Parlamentswahlen 1962 errang die Partei Senghors Bloc Progressiste Sénégalais sämtliche Sitze. Danach kam es zum Bruch mit seinem Weggefährten Mamadou Dia (Ministerpräsident 1960–62). Der linksradikal eingestellte Dia wurde wegen Beteiligung an einem Putschversuch zu einer lebenslangen Haftstrafe verurteilt. Während Senghor die Beziehungen zum westlichen Ausland stärken wollte, plädierte Dia für eine enge Beziehung zur Sowjetunion. Ein erster Schritt auf diesem Weg war 1962 der Abschluss eines Handels- und Kulturabkommens mit der Sowjetunion. Unter Berücksichtigung kultureller Eigenständigkeit und Wahrung demokratischer Prinzipien verfolgte Senghor das Projekt eines »afrikanischen Sozialismus«. 1966 errichtete er einen Einparteienstaat, in dem einige Freiheitsrechte erhalten blieben; mittels einer Verfassungsänderung erhielt der Staatspräsident große Machtbefugnisse. S. hatte fortan zwar ein autoritäres, im Vergleich zu anderen afrikan. Staaten jedoch liberales Regime.

Schrittweise Demokratisierung: Im Mai 1968 kam es zu Demonstrations- und Protestwellen, die von Studenten angeführt und von den Gewerkschaften unterstützt wurden. Die Proteste wurden gewaltsam niedergeschlagen, flammten aber in den Folgejahren immer wieder auf. Senghor musste einlenken und begann in den 70er Jahren mit einer schrittweisen Demokratisierung. Nach der Haftentlassung von politischen Gefangenen (1974) wurden 1976 erstmals oppositionelle Parteien zugelassen. Ein Dreiparteiensystem wurde möglich, bestehend aus der Einheitspartei UPS, umbenannt in Parti Socialiste (PS), Parti Démocratique Sénégalais (PDS) und der marxistisch-leninistischen Parti Africain de l'Indépendance (PAI). Als 1978 erste freie Parlamentswahlen stattfanden, erhielt die PS unter Senghor 82% der Stimmen; einzige im Parlament vertretene Oppositionspartei war die Parti Démocratique Sénégalais (PDS).

Die Ära Diouf (1981–2000)

Neuer Präsident: Nachfolger Senghors, der Ende 1980 zurücktrat, wurde sein langjähriger Vertrauter Abdou Diouf (1981–2000), der die

Politik Senghors fortführte. Im nachkolonialen Afrika war dies eine der wenigen friedlichen Machtübergaben.

Konföderation Senegambia: Von 1982 bis 1989 schlossen sich der S. und Gambia zur Konföderation Senegambia zusammen, um eine enge politische, wirtschaftliche und kulturelle Kooperation zu gewährleisten. Die Vereinigung scheiterte jedoch an politischen und wirtschaftlichen Streitigkeiten.

Weitere Liberalisierungen: Bei den Wahlen von 1983 gewann die PS unter Diouf mehr als 80% der Stimmen. Die acht Abgeordneten der PDS weigerten sich, ihre Sitze im Parlament einzunehmen, da sie der Regierung Wahlbeeinflussung vorwarfen. 1988 erhielt die PDS 17 der 120 Sitze im Parlament. Diouf setzte seine Politik der Liberalisierung fort. 1991 war die PDS an der Regierung beteiligt und besaß seit 1995 fünf Ministerposten; Minister ohne Geschäftsbereich wurde der Oppositionsführer Abdoulaye Wade. Eine 1992 vorgenommene Verfassungsänderung setzte das Wahlalter von 21 auf 18 Jahre herab und begrenzte die möglichen Amtsperioden des Präsidenten (nur eine Wiederwahl).

Attentat: Am 15.5.1993, sechs Tage nach dem erneuten Wahlsieg Dioufs (84 von 120 Sitzen), wurde Vizepräsident Babacar Seye ermordet. Der Führer der oppositionellen PDS, Abdoulaye Wade, und andere Oppositionelle wurden unter Mordverdacht festgenommen, kurze Zeit später aber wieder freigelassen, als eine linksradikale Untergrundgruppe die Verantwortung für das Attentat übernahm. Nach einem Protest gegen die Regierung kam es im Oktober 1993 zur erneuten Verhaftung von Wade und anderen Oppositionspolitikern. Bei der weitgehend korrekt verlaufenen Wahl vom Mai 1998 erhielt die PS 93, die PDS 23 und die Union pour le Renouveau Démocratique (USD) 11 Sitze.

Separatisten und Grenzkonflikt: Seit Anfang der 80er Jahre strebte die Unabhängigkeitsbewegung der überwiegend christlichen Diola, Mouvement des Forces Démocratique de Casamance (MFDC), mit Waffengewalt nach Autonomie der Touristenregion Casamance im Süden Gambias. Bis 1995 kamen bei den Kämpfen zwischen der MFDC und Regierungstruppen mehrere hundert Menschen ums Leben. Seit Anfang 1999 ist nach einem Treffen Dioufs mit Separatistenführern ein Ende der Rebellion in Aussicht.

Ein seit Jahren schwelender Grenzkonflikt mit Mauretanien führte 1989 zu bewaffneten Auseinandersetzungen und Pogromen gegen Staatsangehörige des jeweiligen anderen Landes, was eine Massenflucht verursachte.

Wahlen im Senegal: Im Mai 1998 wurde die unumstrittene Vorherrschaft der Parti Socialiste (PS) mit überwältigender Mehrheit bestätigt. Bei den Wahlen zur Nationalversammlung am 24.5. erhielt sie 93 von 140 Mandaten. Erst im Februar 2000 gelang es der bürgerlich-konservativen Opposition unter Abdoulaye Wade die 40-jährige Dominanz der PS zu beenden. (Foto: Menschenschlange vor einem Wahlbüro im Senegal)

Wirtschaftsreformen: Eine Umstrukturierung der Wirtschaft, die bislang einseitig auf Erdnuss- und Fischproduktion ausgerichtet war, wurde ab Mitte der 80er Jahre dringend notwendig. Diouf bemühte sich auch um den Abbau der hohen Auslandsschulden und setzte auf die umfassende Privatisierung von Staatsunternehmen und auf ausländische Investoren. S. zählt trotz des Bürgerkrieges 1998/99 zu den ökonomisch stärksten Staaten in Westafrika, auch wenn es mit 30% eine hohe Arbeitslosigkeit hat und periodisch immer wieder von Naturkatastrophen (Überschwemmungen und Dürren) betroffen ist.

Friedlicher Machtwechsel

Wahlsieg der Opposition: Die Wahlen in S. am 27.2.2000 führten zum ersten Regierungswechsel seit der Unabhängigkeit (1960). Im ersten Wahlgang erhielt der amtierende Präsident Abdou Diouf 41,3% und sein schärfster Kontrahent Abdoulaye Wade 31% der Stimmen. Für den zweiten Wahlgang stellte sich fast die gesamte Opposition hinter Wade, der 69% der Stimmen erzielen konnte. Wade, der zum fünften Mal für die Präsidentschaft kandidierte, beendete damit die 40-jährige Vorherrschaft der Sozialistischen Partei. Er profitierte insbes. davon, dass zahlreiche Mitglieder der alten Regierung in Korruptionsaffären verwickelt waren.

Koalitionsregierung: Im April 2000 bildete der neue Ministerpräsident Moustapha Niasse eine Koalitionsregierung, der Vertreter aus sieben Parteien angehören. Den Schwerpunkt ihrer Arbeit legt die Regierung auf die Bildungspolitik, um die hohe Analphabetenrate (rund 65%) zu senken. *T.F.*

Serbien

Königreich Serbien

Bis zur Entstehung des jugoslaw. Staats (1918 als »Königreich der Serben, Kroaten und Slowenen«) war das Königreich S. neben Bulgarien die wichtigste Macht auf dem Balkan. Das slaw. Fürstentum mit einer über 1000-jährigen Geschichte seit dem Mittelalter wurde 1878 selbstständig. Die wechselvolle Geschichte S.s spielt bis heute eine wichtige Rolle in der Propaganda des neuen serb. dominierten Jugoslawien.

Serbien im 20. Jahrhundert	
1901	König Alexander I. Obrenović erlässt eine neue liberalere Verfassung für Serbien.
1903	Staatsstreich (11.6.): Alexander I. wird in seinem Palast in Belgrad von serb. Militär ermordet. Sein Nachfolger wird Peter I. aus dem rivalisierenden Haus Karadjordjević.
1905–07	Der »Schweinekrieg«, eine Auseinandersetzung um Zollrechte, verschlechtert das Verhältnis zu Österreich.
1908	Die Annexion Bosnien-Herzegowinas durch Österreich verschärft die südslaw. Krise (Oktober).
1912	Erster Balkankrieg gegen die türk. Herrschaft (Oktober). Serbien erobert Teile Albaniens und den Kosovo.
1913	Zweiter Balkankrieg (Juni/Juli): Serbien und Griechenland kämpfen mit Bulgarien um die Vorherrschaft in Mazedonien. Serbien erhält einen großen Teil des Territoriums.
1914	Attentat auf den österreich. Thronfolger Franz Ferdinand in Sarajevo: Mit der anschließenden österreich. Kriegserklärung gegen Serbien beginnt der Erste Weltkrieg.
1915	Das serb. Königshaus und die Regierung gehen nach Korfu ins Exil.
1917	Deklaration von Korfu (Juli): Die serb. Regierung und der »südslaw. Ausschuss« vereinbaren die Bildung eines Königreiches der Serben, Kroaten und Slowenen.
1918	Ausrufung des Königreiches der Serben, Kroaten und Slowenen (1.12.). König dieses südslaw. Reiches wird Peter I. von Serbien.
1921	Am serb. Nationalfeiertag (Schlacht auf dem Amselfeld) tritt die Verfassung in Kraft (28.6.). Sie festigt die serb. Vorherrschaft.
1929	Nach einem Staatsstreich errichtet König Alexander I. (seit 1921) eine serb. Militärdiktatur (5.1.).
	Umbenennung des Landes in Königreich Jugoslawien (3.10.).
1934	Ermordung Alexanders I. (9.10.)
1941	Angriff deutscher Truppen (Beginn des Balkanfeldzugs; 6.4.); Serbien untersteht dem deutschen Militärbefehlshaber.
1945	Proklamation der Föderativen Volksrepublik Jugoslawien unter Tito (29.11.). Serbien ist nur noch eine Teilrepublik.
1980	Nach dem Tod Titos beginnt der Zerfall Jugoslawiens, verschärft durch den serb. Nationalismus unter Slobodan Milošević.
1989	Milošević verkündet bei der 600-Jahr-Feier der Schlacht auf dem Amselfeld vor rund 1 Mio Menschen den neuen serb. Nationalismus.
1991	Beginn des Kriegs in Jugoslawien (28.6.): Einsatz der serb. beherrschten jugoslaw. Bundesarmee gegen die neuen Republiken, besonders gegen Kroatien und Bosnien-Herzegowina.
1992	Serbien und Montenegro gründen gemeinsam die international isolierte Bundesrepublik Jugoslawien (27.4.).
1995	Friedensabkommen von Dayton/USA beendet den Jugoslawienkrieg: Bosnien-Herzegowina wird in zwei Teile gegliedert (21.11.).
1998	Gewaltsame Auseinandersetzungen zwischen Kosovo-Albanern und dem serb. Machtapparat weiten sich zum Krieg aus.
1999	Beginn der NATO-Luftangriffe auf Jugoslawien (24.3.). Ende der Luftangriffe, nachdem Milošević den Abzug der jugoslaw. Truppen aus dem Kosovo zugesichert hat (20.6.).

Fürstentum Serbien

Seit dem Ende des 14. Jh.s stand S. unter der Herrschaft des Osman. Reiches, besiegelt durch die verheerende Niederlage in der Schlacht auf dem Amselfeld (1389). Im 19. Jh. konnte mit Hilfe Russlands der türk. Einfluss auf dem Balkan zurückgedrängt werden; 1830 wurde S. zum Fürstentum erhoben, das unter der Oberhoheit des türk. Sultans und zugleich unter dem Schutz des russ. Zaren stand. Der Berliner Kongress (1878) verlieh S. nach dem Russ.-Türk. Krieg die volle Unabhängigkeit; 1882 nahm Fürst Milan den Königstitel an.

Königreich Serbien

Verhältnis zu Österreich: Nach dem Berliner Kongress blieb S. außenpolitisch auf Österreich hin orientiert. Im Lande selbst war dies heftig umstritten. Die Fortschrittspartei unterstützte die Anlehnung an die Donaumonarchie, weil sie zugleich die Modernisierung und Westorientierung S.s bedeutete. Die »Radikalen« unter Nikola Pasić dagegen bekämpften aus dem gleichen Grund die Beziehungen zu Österreich. Ihr frühsozialistisches Konzept eines serb. Volksstaates war antimodern und antiwestlich geprägt.
Die Radikalen kamen 1888 an die Regierung und Pasić wurde erstmals Ministerpräsident. Er konnte aber die proösterreich. Politik Alexanders nicht verhindern. Dessen Ermordung im Jahr 1903 durch die Geheimorganisation »Schwarze Hand« beendete die Herrschaft der Obrenović-Dynastie.
Bruch mit Österreich: Nachfolger des ermordeten Königs war Peter I. Karadjordjević (1903–21), Ministerpräsident einer nationalistisch gesinnten Regierung wurde erneut Nikola Pasić. Der Bruch mit Österreich erfolgte 1906 nach einer Auseinandersetzung um Handelsfragen im sog. Schweinekrieg und verschärfte sich nach der österreich. Annexion Bosnien-Herzegowinas (1908). Da Bosnien teilweise serb. besiedelt war, erhob S. selber Anspruch auf die Herrschaft in der Region. Ein Krieg konnte nur durch deutsche Vermittlung verhindert werden.
Balkankriege: Durch die Jungtürk. Revolution ermutigt, verbündeten sich die Balkan-

staaten, um die türk. Herrschaft in dieser Region endgültig zu beenden. Im Ersten Balkankrieg von 1912/13 eroberte S. Teile Albaniens und den Kosovo, wo die serb. Truppen mit großer Brutalität gegen die alban. Bevölkerung vorgingen. Im Dezember 1912 teilte die Londoner Konferenz große Teile der von Albanern bewohnten Gebiete unter S., Montenegro und Griechenland auf. Die blutige Zerschlagung eines alban. Aufstandes durch die Serben im Jahr 1913 führte zu weiteren Spannungen mit Österreich, das sich als Schutzmacht Albaniens verstand. Der Sieg im Zweiten Balkankrieg gegen Bulgarien sicherte S. den größten Teil der eroberten türk. Gebiete (1913).

Erster Balkankrieg: Am 26.10.1912 zogen serb. Soldaten unter der Führung ihres Kronprinzen Alexander nach dem Sieg über die türk. Truppen in die Stadt Üsküb (Skopje) ein. Dieser Erfolg nur eine Woche nach Beginn der Kampfhandlungen war kennzeichnend für den Verlauf des Balkankriegs auf den westlich gelegenen Schauplätzen in Albanien und Mazedonien. (Foto: Serben in der Festung von Üsküb, 1912)

Erster Weltkrieg

Attentat in Sarajevo: Kurz vor dem Ausbruch des Ersten Weltkriegs ernannte Peter I. seinen Sohn Alexander zum Prinzregenten und zog sich aus der Regierungsverantwortung zurück (1914). Am 28.6.1914 wurden der österreich. Thronfolger Franz Ferdinand und seine Gemahlin in Sarajevo (Bosnien-Herzegowina) von einem bosn.-serb. Nationalisten ermordet. Österreich nahm das Attentat zum Anlass, die großserb. Bewegung auf dem Balkan und den wachsenden Einfluss Russlands in der panslawistischen Bewegung zu bekämpfen. Am 28.7.1914 erklärte Wien S. den Krieg und löste damit den Ersten Weltkrieg aus.

Exilregierung in Korfu: S. konnte anfangs einige militärische Erfolge gegen Österreich erzielen. Nach dem Kriegseintritt Bulgariens an der Seite der Mittelmächte geriet S. aber in einen Zweifrontenkrieg, dem es nicht gewachsen war. Ende 1915 begann nach einer mehrtägigen Schlacht auf dem historischen Amselfeld der Rückzug der serb. Truppen. Die Regierung und das Königshaus gingen nach Korfu ins Exil. Dort beteiligte sich die Regierung im Jahr 1917 an der Konferenz, bei der die Gründung eines südslaw. Reiches der Serben, Kroaten und Slowenen beschlossen wurde. Die Rückeroberung S.s gelang erst im Spätsommer 1918 mit der Unterstützung der Entente-Mächte. Im September 1918 wurde Belgrad von der österreich. Besatzung befreit.

Serbien und Jugoslawien

Erster jugoslawischer Staat: Am 1.12.1918 rief der serb. Prinzregent Alexander I. das »Königreich der Serben, Kroaten und Slowenen« aus. Die zentralistische Verfassung, die am 28.6.1921 verabschiedet wurde, bestätigte die Dominanz S.s und des serb. Königs im neuen Staat. Symbolträchtig wurde die Verfassung am serb. Nationalfeiertag erlassen, dem Gedenktag der Schlacht auf dem Amselfeld.

Serbische Staatsidee: Bei der Staatsgründung und in der Verfassung konnte sich S. mit seiner Vorstellung einer Ausdehnung des großserb. Staates durchsetzen. Daher war das erste Jugoslawien weniger eine Vereinigung der südslaw. Völker, sondern offenbarte sich bald als serb. Diktatur, in der die Interessen der anderen Völker kaum beachtet wurden.

Serbiens König Peter I. Karadjordjević

König Peter I. Karadjordjević (1903 bis 1921) wurde am 11.7.1844 in Belgrad geboren († 16.8.1921 in Belgrad). Bis 1903 lebte er im Exil in Österreich und Frankreich. Nach der Ermordung seines Vorgängers Alexander I. Obrenović wurde er mit Hilfe des serb. Militärs und der Radikalen Partei zum neuen König gewählt. Serbien wurde im 19. Jh. von der erbitterten Gegnerschaft der beiden Familien der Karadjordjević und der Obrenović geprägt. Dieser Konflikt brach erstmals 1817 aus, als Karadjordje Petrović, der Anführer des »Ersten Serb. Aufstands« (1804–13), ermordet wurde. In der Folgezeit wechselten sich die beiden Dynastien auf dem Fürsten- und Königsthron ab. (Foto: Peter I. 1904)

Slobodan Milošević war 1989–97 Präsident Serbiens. Seitdem ist er Staatspräsident der Föderativen Republik Jugoslawien. In den 80er Jahren setzte er sich in der serb. KP mit seiner nationalistischen Politik durch. 1989/90 bildete er die Partei zur »Sozialistischen Partei Serbiens« um. Damit vollzog er den Bruch mit der kommunistischen Vergangenheit. Innen- wie außenpolitisch setzt er seine umfassenden Machtbefugnisse rücksichtslos ein. Seine Versuche, den Zerfall Jugoslawiens mit Waffengewalt zu verhindern, scheiterten in mehreren Kriegen. (Foto: Milošević-Anhänger 1992)

Zweiter Weltkrieg: 1941 wurde Jugoslawien von deutschen und italien. Truppen besetzt, S. wurde dem deutschen Militärbefehlshaber unterstellt. Massenmorde und Konzentrationslager prägten die Besatzungszeit. Die blutigen Kämpfe zwischen den Partisanen unter Tito und den serb.-nationalistischen Tschetniks belasten die politischen Verhältnisse bis heute.

Staatsoberhäupter Serbiens [1]

Reg.-Zeit	*Name*	*Lebensdaten*
1889–1903	Alexander I. Obrenović	1876–1903
1903–18	Peter I. Karadjordjević [2]	1844–1921
1989–97	Slobodan Milošević	*1941
1997	Dragan Tomić [3]	*1937
seit 1997	Milan Milutinović	*1942

1) 1918–45 Teil des Königreichs Jugoslawien; 1945–92 Teil der »Föderativen Volksrepublik Jugoslawien«; seit 1992 Teil der »Föderativen Republik Jugoslawien« (Serbien und Montenegro); 2) Peter I. war serb. König bis zur Gründung des neuen Königreichs der Serben, Kroaten und Slowenen, dessen erster König er wurde. Allerdings hatte er bereits 1914 die Regierungsgeschäfte an seinen Sohn, Kronprinz Alexander, übertragen; 3) kommissarische Amtsübernahme als Parlamentspräsident

Die wichtigsten Parteien im 20. Jahrhundert

Name (Abkürzung)	*Politische Richtung*	*Gründung*
Fortschrittspartei	liberal	1858
Radikale Volkspartei/Serb. Radikale Partei (SRS)	extrem nationalistisch; im 19. Jh. serb.-sozialistisch	um 1870/ 1991
Demokratische Partei (DS)	liberal	1989
Neue Demokratie (ND)	liberal	1990
Serb. Erneuerungsbewegung (SPO)	nationalistische Oppositionspartei	1990
Sozialistische Partei Serbiens (SPS)	nationalistisch	1990
Demokratische Partei Serbiens (DSS)	nationalistisch	1992
Jugoslaw. Linke (JUL)	Bündnis von Altkommunisten	1994
Zajedno	oppositionelles Parteienbündnis	1996

Der kommunistische Staat: Die Verfassung des kommunistischen Nachkriegsjugoslawien räumte den Republiken größere Eigenständigkeit ein. Zugleich war die Autonomie der einzelnen Gebiete durch die zentralistische Staatsführung begrenzt. S. wurde zwar in seinem Expansionsdrang beschränkt, tatsächlich saßen Serben aber weiterhin an vielen Schlüsselstellen in Partei, Armee, Polizei und Geheimdienst. Als Josip Broz »Tito« 1980 starb, zeigte sich die Brüchigkeit des jugoslaw. Vielvölkerstaats. Wenige Jahre später zerbrach er in die einzelnen Republiken, nicht zuletzt wegen des aggressiven serb. Nationalismus, der ab 1986 von Slobodan Milošević vertreten wurde.

Das »dritte Jugoslawien«: Am 27.4.1992 wurde die »Föderative Republik Jugoslawien« gegründet, die nur noch aus den beiden Republiken S. und Montenegro besteht. Die Politik dieses Staates wird ganz von S. und der nationalistischen Linie unter Milošević beherrscht. Dabei knüpft die serb. Politik erneut an die Idee eines Groß-Serbien an, das alle serb. besiedelten Gebiete des Balkans vereinen soll. Dies schließt Kroatien und Bosnien-Herzegowina ein, ebenso die umstrittene Region des Kosovo. Mit blutigen Kriegen und Massenvertreibungen versucht S. unter Milošević sein Ziel zu erreichen. Auch in Jugoslawien ist der serb. Machtanspruch umstritten. Die Führung Montenegros versucht seit 1998 sich von S. zu distanzieren. Mit einer Verfassungsänderung im Juli 2000, die seine dritte Amtszeit als jugoslaw. Staatspräsident und zugleich seine Direktwahl ermöglichen soll, bekämpfte Milošević dieses Unabhängigkeitsstreben. *S. R.*

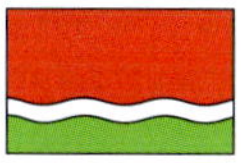

Seychellen

Republik Seychellen

Französ. Siedler von Mauritius und Réunion errichteten mit ihren afrikan. Sklaven ab 1756 auf der bis dahin unbewohnten Gruppe von 115 Inseln, vor allem auf Mahé, Gewürzplantagen. In den folgenden Jahren kamen auch chines. und ind. Einwanderer auf die S.

Seychellen 2000	
Landesfläche	455 km² (WR 177)
Einwohner	76 000 (WR 181)
Hauptstadt	Victoria (24 000 Einwohner)
Sprachen	Kreolisch, Englisch, Französisch
Währung	1 Seychellen-Rupie = 100 Cents
Gliederung	23 Verwaltungsbezirke
Religion	Christen (97,1%); Hindus (0,4%); Sonstige (2,5%)
Bevölkerung	Kreolen (89,1%); Inder (4,7%); Madagassen (3,1%); Chinesen (1,6%); Europäer (1,5%)

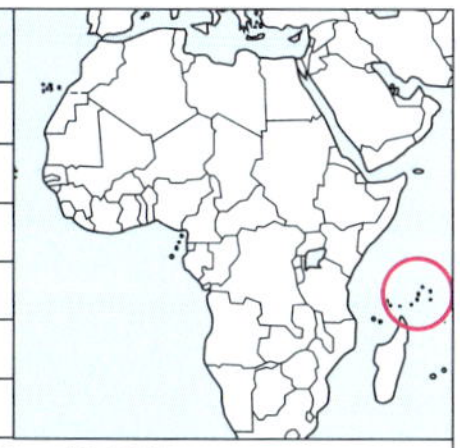

Auf dem Weg zur Unabhängigkeit

Britische Kolonie: Die Briten besetzten das Archipel 1810, das ihnen vier Jahre später im Frieden von Paris offiziell zugesprochen wurde. Bis 1903 verwalteten sie die S. als Teil ihrer Kolonie Mauritius; ihr Einfluss auf das französ. geprägte kulturelle Leben, auf Sprache und Religion blieb jedoch gering.
Sklavenhandel: Die S. waren über Jahrzehnte ein Transitpunkt im Sklavenhandel. Nachdem Großbritannien die Sklaverei abgeschafft hatte, attackierten brit. Schiffe span., arab. und andere Sklavenschiffe. Auf diese Weise kamen zwischen 1861 und 1874 rund 3000 gerettete Afrikaner als Plantagenarbeiter auf die S. Auch aus Westafrika wurden Afrikaner auf die S. ausgewiesen; gleichzeitig wanderten in größerem Maße chines. und ind. Händler ein. Nach Einsetzung eines eigenen Gouverneurs (1897) erhielten die S. 1903 den Status einer eigenständigen Kronkolonie.
Gewürzhandel: Die Abhängigkeit der Inseln vom Gewürzanbau führte um 1918 zu weit verbreiteter Armut, als mit der Entdeckung von Ersatzstoffen die Weltmarktpreise für Vanille fielen. Als neue Exportprodukte wurden Zimt und Kopra eingeführt. Das Missmanagement der Briten löste in den 40er Jahren den Protest der Association of Seychelles Taxpayers (Verband der Steuerzahler der S.) aus.
Parteienbildung: Aus dem Wunsch nach innerer Autonomie bildeten sich 1964 Parteien, von denen die SDP unter James Mancham weiter enge Beziehungen zu Großbritannien pflegen wollte, während die SPUP unter France-Albert René die Autonomie befürwortete.
Wahlen: Für die Wahl zu einem Gesetzgebenden Rat wurde 1967 das allgemeine Wahlrecht eingeführt. Die Wahlen der Jahre 1970 und 1974 zur 15-köpfigen Gesetzgebenden Versammlung, der späteren Nationalversammlung, gewann die SDP. Die innere Autonomie wurde 1975 erreicht, die neue Verfassung 1976 verabschiedet. Am 29.6.1976 proklamierten sich die S. als unabhängige Republik innerhalb des Commonwealth.

Die Seychellen im 20. Jahrhundert	
1903	Die seit 1810 brit. besetzten Inseln werden Kronkolonie.
1970	Wahlen zur Gesetzgebenden Versammlung.
1974	Wahlen zur Nationalversammlung.
1976	Unabhängigkeit; James Mancham wird Präsident.
1977	Putsch durch die SPUP; France-Albert René wird Präsident.
1978	SPUP wird zur Einheitspartei SPPF.
1991	Durch ausländischen Druck verzichtet die SPPF auf Monopolanspruch.
1992	Ex-Präsident Mancham kehrt aus dem Exil zurück.
1993	Neue Verfassung; René und SPPF werden in den Präsidentschafts- und Parlamentswahlen mit Mehrheit bestätigt.
1998	René wird erneut in den Präsidentschaftswahlen bestätigt

Sozialistische Republik

Politische Ziele: Mancham strebte wirtschaftlich eine Entwicklung an, die auf den Tourismus und Finanzdienste gegründet war, und suchte politisch die Nähe zum Westen. Die oppositionelle SPUP hatte dagegen die politische Blockfreiheit und eine unabhängige Nationalwirtschaft auf der Basis verstaatlichter Industrien als Ziele.
Militärputsch und Verstaatlichung: Nach dem SPUP-Militärputsch (1977) wurden die S. ein sozialistischer Staat; die zur Seychelles People's Progressive Front (SPPF) umbenann-

Staatsoberhäupter der Seychellen	
Regierungszeit	
Name	*Lebensdaten*
1976/77	
James Mancham	*1939
seit 1977	
France-Albert René	*1935

Die wichtigsten Parteien im 20. Jahrhundert		
Name (Abkürzung)	*Politische Richtung*	*Gründung*
Seychelles Democratic Party (SDP)	konservativ	1964
Seychelles People's Progressive Front (SPPF)	sozialistisch	1964/ 1979
Mouvement Seychellois pour la Démocratie (MSPD)	sozialdemokratisch	1992
New Democratic Party (NDP)	konservative Neugründung durch James Mancham, Gründer der SDP	1992
Seychelles Liberal Party (SLP)	liberal	1992
United Opposition (UO)/ Seychelles National Party (SNP)	Zusammenschluss aus Parti Seselwa (PS), Seychelles Christian Democrat Party, National Alliance Party (NAP) und Mouvement National Seychellois (MNS)	1993/ 1998
Social Democratic Alliance (SDA)	sozialdemokratisch	1999

Zahlreiche Korallenriffs prägen das Landschaftbild der Seychellen. Charakteristisch für die Hauptinseln sind die bizarr geformten Granitfelsen, die teilweise bis an die Sandstrände heranreichen.

te SPUP war seit 1979 die einzige politische Partei. Die Regierung verstaatlichte in einem Nationalisierungsprogramm sämtliche Unternehmen, einschließlich der Industrien und der Hotels. 1978 wurde ein 200-Seemeilen-Radius zum Hoheitsgebiet erklärt, in dem ausländische Fischfangflotten nur gegen Lizenz die reichen Fischbestände ausbeuten dürfen.

Außenpolitik: Die S. intensivierten nicht nur die Beziehungen zum Westen, sondern auch zu den Staaten des Warschauer Paktes sowie zu Staaten wie Algerien, Irak, Libyen und Nordkorea. Eine 1000 Mann starke paramilitärische Nationalgarde entstand zur Verstärkung der nationalen Verteidigung. Während der Ein-Parteien-Herrschaft zog France-Albert René als Präsident zunehmend auch Schlüsselministerien – 1986 das für Verteidigung und 1988 das für Tourismus – an sich.

Widerstand: Gegen das René-Regime wurden eine Reihe von letztlich erfolglosen Staatsstreichen versucht. In den 80er Jahren nahm der Widerstand der im Exil lebenden SDP-Anhänger zu und erhielt gegen Ende des Jahrzehnts neuen Auftrieb. Um 1990 verschaffte sich mit Unterstützung Frankreichs und Großbritannien auch die innere Opposition zunehmend Gehör, sodass die Regierung gezwungen war, Veränderungen einzuleiten.

Zeit des Wandels

Ende des Monopolanspruchs: Eine neue Gesetzgebung im Jahr 1991 hob den Monopolanspruch der SPPF auf und ermöglichte im darauf folgenden Jahr ein Mehrparteiensystem für die Verfassunggebende Kommission. Unter der Kontrolle von Commonwealth-Beobachtern wurden 1993 zwei Volksabstimmungen zur neuen Verfassung sowie Wahlen abgehalten, aus denen die SPPF und damit France-Albert René – der auch 1998 wieder gewählt wurde – mit überwältigender Mehrheit (66,7% der Stimmen) hervorging. Ohne politische, wirtschaftliche und soziale Friktionen gelang es der Regierungspartei, einen demokratischen Wandel bei politischer und personeller Kontinuität durchzuführen.

Neue Verfassung: Nach der neuen Verfassung von 1993 wird die Mehrparteiendemokratie durch das Ein-Kammer-Parlament, die Nationalversammlung, repräsentiert. Von den 35 Mitgliedern wurden 25 nach dem Mehrheits- und zehn nach dem Verhältniswahlrecht gewählt. Die Exekutive liegt in der Hand des Präsidenten, der zugleich Vorsitzender des Ministerrats ist.

Wirtschaftspolitik: Der Liberalisierung des politischen Systems folgten in den 90er Jahren erste Schritte zur Liberalisierung der Wirtschaft, um die wirtschaftlichen Ressourcen der Inselgruppe durch Projekte zu erschließen, die vom Staat und von privaten Investoren gemeinsam getragen werden. Im Tourismus, dem wichtigsten Wirtschaftszweig der S., dominiert jedoch der staatliche Einfluss: Von den 15 Luxushotels, die in den Jahren 1997 und 1998 gebaut wurden, sind neun im Besitz des Staates. Damit soll ein Ausufern der Touristenbranche zu Lasten der natürlichen Umwelt verhindert werden, denn auf den S. bestehen mit den Ste.-Anne-Marine und Morne-Nationalparks sowie den Aldabrainseln Naturschutzgebiete von weltweiter Bedeutung. Gleichzeitig suchte die Regierung durch die Förderung der Landwirtschaft, der Küstenfischerei und industrieller Kleinbetriebe (vorwiegend der Nahrungsmittelindustrie) die wirtschaftliche Abhängigkeit vom Tourismus zu vermindern.

Kritik an Regierung: Die zunehmende Liberalisierung rief allerdings öffentliche Kritik hervor. Tourismusmanager beklagten sich über die neuen Hotelsteuern; die Medien und die parlamentarische Opposition kritisierten die noch immer in Landwirtschaft und Industrie bestehenden strukturellen Defizite.

Opposition: Die parlamentarische und außerparlamentarische Opposition nahm Anstoß an der ungleichen Behandlung von Parteien im Wahlkampf, an der Änderung von Wahlkreisgrenzen und an der Tatsache, dass Ausländern, die wesentliche Investitionen auf den S. getätigt haben, die Staatsbürgerschaft gewährt würde. Aus Protest gegen die Wirtschaftspolitik wurde 1999 die Social Democratic Alliance (SDA) gegründet. *H.-W. W.*

Sierra Leone

Republik Sierra Leone

Sierra Leone 2000	
Landesfläche	71 740 km² (WR 116)
Einwohner	4,7 Mio (WR 109)
Hauptstadt	Freetown (700 000 Einwohner)
Sprachen	Englisch, sudanesische Sprachen
Währung	1 Leone (LE) = 100 Cents
Gliederung	Hauptstadtdistrikt u. 3 Provinzen
Staatsform	Präsidiale Republik (seit 1971)
Religion	Naturreligionen (51,5%); Muslime (39,4%); Sonstige (9,1%)
Bevölkerung	Mande (34,6%); Temne (31,7%); Limba (8,4%); Kono (5,2%); Fulani (3,7%); Sonst. (16,4%)

Schon vor der Entdeckung des heutigen Staatsgebietes von S. durch die Europäer war die Region von den Stämmen der Bulom, Mande u.a. besiedelt. Im 15. Jh. erreichte der portugies. Abenteurer Pedro de Cintra die Küste und gab dem Gebiet den Namen »Löwenberge« (Sierra Leone). Ihm folgten Holländer und Briten, die von S. aus einen florierenden Sklaven- und Elfenbeinhandel betrieben. Der aus dem Westsudan kommende Stamm der Temne eroberte große Gebietsteile. Ab 1787 siedelten die Engländer freigelassene Sklaven in der neu gegründeten Kolonie Freetown an. Um einer Annexion durch Frankreich zuvorzukommen, erklärte Großbritannien das Hinterland seiner Kolonie 1896 zum Protektorat.

Kolonialzeit

Die vorwiegend in Freetown und Umgebung sesshaften Nachkommen der repatriierten Sklaven, sog. Kreolen, entwickelten sich trotz ihres Minderheitenstatus zur politisch und ökonomisch herrschenden Schicht. Als »zivilisierte«, mit dem christlichen Gedankengut in Berührung gekommene Neusiedler wurden sie von der Kolonialmacht bevorzugt behandelt und spielten bei der Annexion und Erschließung des Landes sowie im Handel und Bildungsbereich eine wichtige Rolle. Im 20. Jh. brachen öfter Konflikte zwischen Protektorat und Kolonie auf, die sich auch an der Vormachtstellung der Kreolen entzündeten. Die Kolonialmacht reagierte 1924 mit dem Erlass einer neuen Verfassung, die den weitgehend entmachteten Häuptlingen des Protektorats wieder mehr politische Rechte zugestand.

Unabhängigkeit

1951 stellte die brit. Kolonialmacht Protektorat und Kolonie unter eine gemeinsame Verwaltung. Die 1951 gegründete antikoloniale und antikreolisch geprägte Sierra Leone People's Party (SLPP) ging aus den Parlamentswahlen 1957 als stärkste Partei hervor. Nachdem S. ein Jahr später die volle innere Autonomie erhalten hatte, übernahm SLPP-Führer Milton Margai das Amt des Premierministers. Am 27.4.1961 wurde S. als konstitutionelle Monarchie im brit. Commonwealth in die Unabhängigkeit entlassen.

Aus den Wahlen 1962 konnte die SLPP erneut als Siegerin hervorgehen. Nach dem Tod von

Sierra Leone im 20. Jahrhundert	
1924	Erlass einer neuen Verfassung durch die brit. Kolonialmacht, die der afrikan. Bevölkerung größere politische Rechte zugesteht.
1951	Kolonie und Protektorat werden gemeinsamer Verwaltung unterstellt.
1958	Selbstverwaltung unter Premierminister Milton Margai und der bei den Parlamentswahlen 1957 siegreichen Sierra Leone People's Party (SLPP).
1961	Unabhängigkeit (27.4.) als konstitutionelle Monarchie im brit. Commonwealth.
1967	Militärputsch verhindert die Regierungsübernahme des All People's Congress (APC) als Sieger der Parlamentswahlen.
1968	Einsetzung einer zivilen APC-Regierung unter Siaka Stevens.
1971	Militärintervention von Seiten Guineas verhindert erneuten Putsch; Ausrufung der Republik, Stevens übernimmt das Präsidentenamt.
1978	Die faktisch seit 1973 bestehende Einparteienherrschaft wird verfassungsrechtlich legitimiert.
1985	General Saidu Momoh (APC) wird Stevens' Nachfolger im Präsidentenamt, verschiedene Umsturzversuche und Attentate gegen ihn scheitern.
1991	Beginn des Bürgerkriegs zwischen Regierungseinheiten und der Rebellenorganisation Revolutionary United Front (RUF) unter Foday Sankoh, Entsendung von Schutztruppen aus Guinea und Nigeria; Inkraftsetzung einer demokratischen Verfassung.
1992	Militärische Machtübernahme durch Hauptmann Valentine Strasser; Auflösung des Parlaments und Verbot politischer Parteien; Verhängung des Ausnahmezustands aufgrund andauernder Bürgerkriegsgefechte.
1995	Ausdehnung der Kämpfe zwischen Regierungstruppen und Rebellen auf das gesamte Staatsgebiet; Hungersnot und Epidemien; Aufhebung des Parteienverbots.
1996	Unblutige Machtübernahme durch Strasser-Stellvertreter General Julius Maada Bio; bei demokratischen Wahlen erhält Alhaji Ahmed Tejan Kabbah mit seiner SLPP die Mehrheit und wird Präsident.
1997	Militärputsch unter Führung von Johnny Paul Koroma und unter Beteiligung der RUF; Flucht Kabbahs nach Guinea.
1998	Gewaltsame Vertreibung der Putschisten durch nigerian. Einheiten der ECOWAS-Truppe, Wiedereinsetzung Kabbahs in das Präsidentenamt; Verhängung des Ausnahmezustands zur Konsolidierung der Zivilregierung.
1999	Erneute blutige Auseinandersetzungen zwischen RUF-Rebellen und Regierungstruppen, Waffenstillstandsabkommen zwischen den Bürgerkriegsparteien.

Die wichtigsten Parteien im 20. Jahrhundert

Name (Abkürzung)	*Politische Richtung*	*Gründung*
All People's Congress (APC)	Einheitspartei 1978–91	1967
Sierra Leone People's Party (SLPP)	Regierungspartei seit 1996	1951
People's Democratic Party (PDP)	Koalitionspartnerin	k. A.
United National People's Party (UNPP)	Opposition	k. A.
National Unity Party (NUP)	Opposition	k. A.
Democratic Center Party (DCP)	Opposition	k. A.

Freetown – wirtschaftlicher und kultureller Mittelpunkt

Kolonialherrschaft: 1787 setzten die Briten die ersten freigelassenen Sklaven an der Küste Sierra Leones ab. Mit den Hütten dieser Neusiedler entstand der Grundstock von Freetown, der heutigen Hauptstadt des Landes. Die freien Sklaven übernahmen die kulturellen Werte der Briten und bildeten sich zu einer privilegierten Bevölkerungsgruppe heraus. Ihre Nachfahren gehören heute mit einem Bevölkerungsanteil von nur 2% zur herrschenden Elite Sierra Leones. Die sog. Kreolen, die vorwiegend in Freetown und der unmittelbaren Umgebung ansässig sind, heben sich nicht nur in sozialem Status, Bildung, Sprache und Religion, sondern auch im Namen und in der Ernährung von der alteingesessenen Gesellschaft ab. Im 19. und 20. Jh. entwickelte sich Freetown auch zum Wirtschafts- und Bildungszentrum des Landes. Neben der Ansiedlung von Textil-, Nahrungsmittel- und Holz verarbeitenden Betrieben wurde 1827 auch die Gründung des Fourah Bay College, der ältesten westafrikan. Universität, vorangetrieben, das 1876 der brit. Universität Durham angegliedert wurde. (Foto: Händlerin mit Maniok-Früchten in der Hauptstadt Freetown)

Premierminister Milton Margai übernahm sein Halbbruder Albert Margai 1964 die Amtsnachfolge. Bei den Parlamentswahlen 1967 siegte die oppositionelle Sammlungsbewegung All People's Congress (APC) unter Führung von Siaka Stevens. Ein Regierungswechsel wurde jedoch durch einen erfolgreichen Militärputsch verhindert. Eine erneute Militärrevolte ermöglichte 1968 die verspätete Regierungsübernahme durch den APC.

Republik

Machtstabilisierung: 1971 intervenierte das Nachbarland Guinea zugunsten der durch einen Putsch bedrohten Regierung und sicherte mit militärischen Mitteln die Stevens-Herrschaft. Nach der Ausrufung der Republik S. übernahm Stevens 1971 das Amt des Staatspräsidenten. Durch den Wahlboykott der SLPP wurde S. 1973 nach dem Wahlsieg des APC faktisch zum Einparteienstaat. 1978 sicherte eine Reform den verfassungsrechtlichen Anspruch der APC als Staatspartei. Einzig zugelassene politische Kraft war fortan die APC, das Amt des Premierministers wurde abgeschafft und der Präsident war zugleich Staatsoberhaupt und Chef der Exekutive.

Wirtschaftliche Stagnation: Obwohl S. über reiche Bodenschätze und Mineralienvorkommen wie Titanerz (Rutil), Diamanten, Bauxit, Gold, Kimberlit, Eisenerz u.a. verfügt und für den Agrarsektor günstige Voraussetzungen bietet, stagnierte in den 80er Jahre die wirtschaftliche Entwicklung des Landes. S., das zur Gruppe der Least Developed Countrys (LLDC), den am wenigsten entwickelten Staaten der Erde, gehört, litt unter der von der Kolonialmacht vorgeprägten und nach der Unabhängigkeit verfestigten einseitigen Exportausrichtung auf wenige Bergbauprodukte. Der Abbau befand sich zudem vorwiegend in der Hand ausländischer Großbetriebe, so dass der überwiegende Teil der Gewinne außer Landes floss. Der Agrarbereich, für die Bevölkerungsmehrheit die Existenzgrundlage, konnte infolge jahrzehntelanger Vernachlässigung die Ernährung des Landes nicht sichern. Korruption und Missmanagement verstärkten den negativen Trend.

Demokratisierungsprozess: Präsident Stevens trat 1985 zurück, sein Nachfolger wurde Generalmajor und APC-Funktionär Joseph Saidu Momoh, der sich in einem Referendum bestätigen ließ. Nach langem Widerstand der APC-Führung setzten verschiedene Gruppierungen 1991 einen Volksentscheid durch, der sich für die Einführung eines Mehrparteiensystems aussprach. Die 1991 in Kraft gesetzte demokratische Verfassung verankerte neben dem Parteienpluralismus auch Gewaltenteilung, Parlamentarismus und grundlegende Menschen- und Bürgerrechte.

Bürgerkrieg

Militärputsch: 1991 griff der Bürgerkrieg in Liberia auf S. über. Die mit Charles Taylors National Patriotic Front of Liberia (NPFL) verbündete militante Untergrundbewegung Revolutionary United Front (RUF) kämpfte vor allem im Norden und Südosten des Landes gegen Regierungseinheiten und Schutztruppen aus Guinea und Nigeria. 1992 wurde Präsident Momoh durch einen Militärputsch gestürzt. Die Macht übernahm ein Militärrat unter der Führung von Hauptmann Valentine Strasser, der das Parlament auflöste, die Verfassung suspendierte und politische Parteien verbot. Strasser wurde kurz nach der Machtübernahme als Staatspräsident vereidigt.

Ausnahmezustand: Ende 1992 scheiterten mehrere Gegenputsche. Aufgrund von andauernden Gefechten mit den von Foday Sankoh geführten RUF-Rebellen verhängte die Militärjunta den Ausnahmezustand. 1993 kündigte Strasser jedoch die Demokratisierung des Landes in den folgenden drei Jahren an und stellte für 1996 demokratische Wahlen in Aussicht. 1994/95 erreichte der Bürgerkrieg seinen Höhepunkt. Die Kampfhandlungen weiteten sich auf etwa die Hälfte des Staatsgebietes aus, rund 1 Mio Menschen, knapp ein Viertel der Bevölkerung, befanden sich auf der Flucht vor den blutigen Auseinandersetzungen. Zusätzlich verschärft wurde die Sicherheit durch plündernde Soldaten, Deserteure und Zivilisten, die sich mit Waffengewalt verteidigten.

Soziale Lage: Die Kriegswirren ließen die ohnehin schwache Ökonomie von S. fast gänzlich zusammenbrechen. Durch Kampfhandlungen in den landwirtschaftlich wichtigen Gebieten im Südosten und durch Fluchtwellen innerhalb der bäuerlichen Bevölkerung spitzte sich die Ernährungslage trotz internationaler Nahrungsmittelhilfe dramatisch zu. Der Schwarzmarkt und die Eigenversorgungslandwirtschaft, aber auch kriminelle Aktivitäten wie Raub und Plünderungen entwickelten sich zu zentralen Faktoren der Existenzsicherung. Produktion und Export der Hauptdevisenbringer Titanerz und Bauxit fielen infolge des Krieges weitgehend aus. Diamanten, Gold und andere leicht transportierbare und als Schmuggelgut gut geeignete Produkte entwickelten sich zur wichtigsten Einnahmequelle des Staates. Mitte der 90er Jahre gehörte S. infolge von Unterernährung, schlechter Trinkwasserversorgung und mangelnden Hygieneverhältnissen zu den Staaten mit der geringsten Lebenserwartung (40 Jahre). Etwa ein Viertel der Kinder starb vor dem fünften Lebensjahr.

Friedensprozess

Wahlen: In einem unblutigen Putsch übernahm Strassers Stellvertreter, General Julius Maada Bio, Anfang 1996 die Macht. Er gab den Anstoß für Friedensgespräche mit der RUF und leitete einen neuen Demokratisierungsprozess ein, der kurze Zeit später in Parlaments- und Präsidentschaftswahlen mündete. Alhaji Ahmed Tejan Kabbah, ab 1995 nach der Wiederzulassung von Parteien Chef der SLPP, ging mit 59,5% der Stimmen als Sieger hervor und bildete eine Koalitionsregierung. Die RUF, mit der erst Ende 1996 ein mehrfach gebrochenes Friedensabkommen zustande kam, blieb von den Wahlen ausgeschlossen.

Staatsstreich: Etwa ein Jahr nach seinem Regierungsantritt wurde Präsident Kabbah

Bürgerkrieg: Soldaten der multinationalen ECOMOG-Truppen im Januar 1999 in der Hauptstadt Freetown.

1997 durch eine Militärjunta unter Johnny Paul Koroma gestürzt und zur Flucht nach Guinea gezwungen. Unterstützt von einem UN-Waffen- und Erdölembargo sowie einer Wirtschaftsblockade von Seiten der westafrikan. Staatengemeinschaft (ECOWAS) gelang es den Einheiten der westafrikan. Eingreiftruppe ECOMOG Anfang 1998, die Putschisten gewaltsam zu vertreiben und Präsident Kabbah erneut zu vereidigen. Das Staatsoberhaupt verhängte den Ausnahmezustand, über 2000 Personen wurden als Mitglieder oder Kollaborateure der Junta verhaftet. Die am Putsch beteiligte RUF zog sich in den Untergrund zurück.

Waffenstillstand: Im Januar 1999 flammten die Kämpfe zwischen Regierungstruppen und Rebellenverbänden erneut auf. Bei ihrem von Vergewaltigungen, Plünderungen und Morden begleiteten Vormarsch von Norden und Westen eroberten die Rebellen mehrere Provinzstädte. Ein im Mai 1999 geschlossenes Waffenstillstandsabkommen gab neue Hoffnung für die Befriedung des Bürgerkriegs. Um die wichtigste Geldquelle der RUF-Rebellen zu schließen, verhängte der UNO-Sicherheitsrat in New York im Juli 2000 ein weltweites Handelsverbot für Diamanten aus S. *B.L.*

Staatsoberhäupter Sierra Leones

Reg.-Zeit	*Name*	*Lebensdaten*
1961–71	Elisabeth II. (Windsor)	* 1926
1971–85	Siaka Stevens	1905–1988
1985–92	Joseph Saidu Momoh	* 1937
1992–96	Valentine Strasser	* 1965
seit 1996	Alhaji Ahmed Tejan Kabbah	* 1932

A. Ahmed Tejan Kabbah, seit 1996 gewählter Präsident Sierra Leones, wurde in Großbritannien zum Juristen ausgebildet. Ab 1958 arbeitete er zunächst in der Verwaltung seines Landes. 1968 wegen Korruptionsvorwürfen als Staatssekretär entlassen, vertrat er Sierra Leone 1971–95 in der UN-Unterorganisation UNDP.

Simbabwe

Republik Simbabwe

Im Gebiet des heutigen S. errichteten um 1000 n. Chr. Bantu-Völker mächtige Königreiche. Das Monomontapa-Reich mit der Hauptstadt »Great Zimbabwe«, dem größten historischen Zeugnis Afrikas südlich der Sahara, erlebte seine Blütephase um 1500. Anfang des 17. Jh.s geriet die Region mit ihren reichen Bodenschätzen unter Vorherrschaft der Portugiesen. Um 1825 drangen Nguni-Stämme von Süden her auf der Flucht vor dem mächtigen Zulu-Häuptling Shaka (1816–28) nach S. ein.

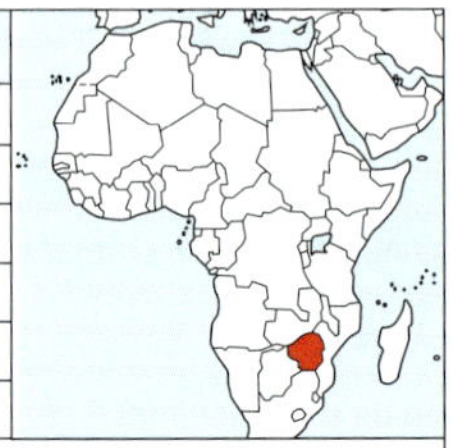

Simbabwe 2000	
Landesfläche	390 757 km² (WR 59)
Einwohner	11,5 Mio (WR 65)
Hauptstadt	Harare (1,18 Mio Einwohner)
Sprachen	Englisch, Bantu-Sprachen
Währung	1 Simbabwe-Dollar (Z$) = 100 Cents
Gliederung	8 Provinzen
Staatsform	Präsidiale Republik (seit 1980)
Religion	Protestanten (17,5%); Afrikanische Christen (13,6%); Katholiken (11,7%); Animisten (40,4%); Sonstige (16,8%)
Bevölkerung	Shona (70,8%); Ndebele (15,8%); Sonstige (13,4%)

Simbabwe im 20. Jahrhundert	
1930/31	Landverteilung: 52 000 Weiße erhalten 52%, 1,2 Mio Afrikaner 48%.
1953–63	Südrhodesien bildet mit Nordrhodesien (heute Sambia) und Njassaland (heute Malawi) die Zentralafrikanische Föderation mit Sitz in Salisbury (heute Harare).
1957	Neugründung des African National Congress (ANC) unter Joshua Nkomo; Beginn des organisierten Befreiungskampfs gegen das weiße Regime.
1960	Verbot des ANC, Verhaftung von 500 Mitgliedern; Gründung der Zimbabwe African People's Union (ZAPU) unter Joshua Nkomo und Robert Mugabe, die im Jahr darauf verboten wird.
1963	Die Zimbabwe African National Union (ZANU) unter Mugabe u. a. spaltet sich von der ZAPU ab.
1965	Premierminister Ian Smith erklärt die Unabhängigkeit Rhodesiens, die jedoch von keinem Land anerkannt wird; Großbritannien und die UNO verhängen Wirtschaftssanktionen.
1970	Nach einem Referendum, zu dem fast ausschließlich Weiße zugelassen sind, wird die Republik Simbabwe ausgerufen.
1976	Zusammenschluss von ZANU und ZAPU zur Patriotischen Front (PF).
1979	Die ersten allgemeinen und gleichen Wahlen ohne Teilnahme der PF werden von der UNO für nichtig erklärt; das Land wird vorübergehend wieder britische Kolonie.
1980	Unabhängigkeit Simbabwes (18.4.).
1982	Beginn eines Guerillakriegs von Anhängern der ZAPU; Massaker und Hungersnöte in der betroffenen Region bis zum Ende des Kriegs 1988.
1987	Abschaffung der für Weiße reservierten Parlamentssitze; Zusammenschluss von ZANU und ZAPU zur ZANU-PF.
ab 1991	Landreform: Zwangseinziehung weißen Grundbesitzes zur Verteilung an afrikanische Kleinbauern.
1998	Wegen einer Währungsabwertung und steigender Lebensmittelpreise kommt es zu Unruhen in der Bevölkerung.
1999	Präsident Mugabe lässt mehrere Großfarmen weißer Eigentümer enteignen und das Land z. T. an seine Anhänger verteilen.
2000	Veteranen des Unabhängigkeitskampfes besetzen Höfe weißer Farmer und fordern deren Enteignung; Mugabe unterstützt die Aktion. Der Präsidentschaftswahlkampf ist von Repressionen gegen weiße Farmer und Oppositionspolitiker überschattet. Mugabe wird im Amt bestätigt.

Kolonie Südrhodesien (1891–1965)

Anfänge der Kolonisation: 1889 gründete Cecil Rhodes die British South African Company (BSAC), um das Gebiet nördlich von Transval mit Billigung der brit. Regierung zu nutzen, in dem größere Goldvorkommen entdeckt worden waren. 1890 besetzten weiße Siedler das zwischen Sambesi und Limpopo gelegene Land; ein Jahr später erklärte London das Gebiet (»Südrhodesien«) zum brit. Protektorat. Wiederholt kam es zu Aufständen der Schwarzen, die erst 1897 vollständig niedergeschlagen wurden.

Britische Kronkolonie: 1923 wurde Südrhodesien brit. Kronkolonie. Zuvor hatten sich die weißen Siedler in einem Referendum gegen den von London angebotenen Anschluss an die Südafrikan. Union und für den Status einer Kronkolonie ausgesprochen. Die schwarze Bevölkerungsmehrheit war von politischen und wirtschaftlichen Entscheidungen weitgehend ausgeschlossen. 1930 teilte die brit. Regierung das Land in getrennte Siedlungsgebiete auf: 52 000 Weiße erhielten 52%, 1,2 Mio Afrikaner 48% des Bodens.

Südrhodesien schloss sich 1953 mit Nordrhodesien (heute Sambia) und Njassaland (heute Malawi) unter brit. Oberhoheit zur Zentralafrikan. Föderation zusammen. Die erhofften ökonomischen Vorteile traten jedoch nur für die weißen Südrhodesier ein.

Rhodesien-Konflikt

Einseitige Unabhängigkeitserklärung: 1963 wurde die Zentralafrikan. Föderation aufgelöst. Während Nordrhodesien und Njassaland als Malawi und Sambia 1964 von London in die Unabhängigkeit entlassen wurden, blieb Südrhodesien Kolonie, da die Weißen sich gegen eine Mehrheitsregierung der Schwarzen sperrten. Bei den Wahlen setzte sich die radikale Weißen-Partei Rhodesian Front (RF) durch. Ministerpräsident wurde RF-Chef Ian Smith, der im November 1965 einseitig die Souveränität von Rhodesien erklärte, die jedoch international nicht anerkannt wurde. London verhängte politische und wirtschaftliche Sanktionen, denen sich die meisten UN-Mitgliedsstaaten anschlossen. Doch bewirkten diese Sanktionen über Jahre keine Änderung der RF-Politik; 1970 rief die RF die Republik Rhodesien aus, in der die schwarze Bevölkerungsmehrheit keinerlei politische Mitspracherechte hatte.

Guerillakrieg: 1972 begannen zwei schwarze Befreiungsbewegungen den Untergrundkampf gegen das Regime der Weißen. Die von Robert Mugabe geführte Zimbabwe African National Union (ZANU) hatte ein sozialistisches Programm; die Zimbabwe African People's Union (ZAPU) unter Joshua Nkomo vertrat gemäßigte Positionen. Beide schlossen sich 1976–79 zur patriotischen Front (PF) zusammen.

»Interne Lösung«: 1978 schloss das Smith-Regime in Folge des zunehmenden innen- und außenpolitischen Drucks ein Abkommen mit gemäßigten Gruppen der schwarzen Mehrheit. Diese »interne Lösung« – 1976 war eine internationale Rhodesien-Konferenz in Genf gescheitert – sicherte den Schwarzen u. a. 72 der 100 Parlamentssitze. 1979 wurde Bischof Abel Muzorewa erster schwarzer Ministerpräsident des Landes, dessen Regierung jedoch weder von Großbritannien noch von der PF anerkannt wurde. Zudem konnte die neue Regierung ihre Position im Land nicht festigen und musste Ende 1979 der zeitweiligen Rückkehr unter brit. Kolonialherrschaft zustimmen. Die ersten freien und gleichen Parlamentswahlen im Februar 1980 brachten der Befreiungsbewegung ZANU die absolute Mehrheit: ZANU-Chef Robert Mugabe wurde Ministerpräsident.

Neuanfang unter Robert Mugabe

Unabhängigkeit: Am 18.4.1980 erklärte das frühere Südrhodesien unter dem Namen S. seine Souveränität. Regierungschef Mugabe verfolgte einen sozialistischen Kurs; dabei ließ seine Regierung allerdings sowohl ausländischen Investoren als auch weißen Großfarmern und schwarzen Kleinbauern relativ große Freiräume. Es entwickelte sich ein Machtkampf zwischen Joshua Nkomo und Mugabe, aus dem Letzterer 1987 als Sieger hervorging. Mugabe, der nun auch das Amt des Staatspräsidenten übernahm, verhalf seinem Land zu internationaler Anerkennung.

Wirtschaftskrise: Die Ausgaben für Bildungs- und Erziehungsprogramme für die schwarze Bevölkerung, ein Gesundheitsprogramm und der Aufbau eines Sozialsystems belasteten den Staatshaushalt. In den 80er Jahren verschlechterte sich die wirtschaftliche Lage zusätzlich durch lange Dürreperioden und die Emigration von Teilen der weißen Bevölkerung. Anhaltende Streitigkeiten über eine neue Landverteilung schwächten den Agrarsektor; aufgrund der zunehmend staatssozialistischen Ausrichtung S.s blieben ausländische Investoren fern.

1989 kam es zu größeren Studentenprotesten gegen Mugabe. Mit dem Untergang der kommunistischen Regime in der Sowjetunion und Osteuropa verlor S. einen Teil seiner politischen und ökonomischen Unterstützung.

Mitte der 90er Jahre brach ein offener Streit mit dem Internationalen Währungsfonds (IWF) und der Weltbank aus, die finanzielle Hilfen von tief greifenden Wirtschaftsreformen abhängig machten, welche Mugabe jedoch verweigerte.

Protestwelle: Die sich verschärfende Wirtschaftskrise und die rapide Verschlechterung der sozialen Lage führten 1996 zu landeswei-

Die weiße Regierung Rhodesiens – so der Name Simbabwes bis 1980 – unter Ian Smith gab 1965 eine einseitige Unabhängigkeitserklärung ab, die jedoch international nicht anerkannt wurde. (Foto: Smith bei der Unterzeichnung der Erklärung am 11.11.1965 in Salisbury)

Der Befreiungskampf in Simbabwe kostete viele Menschenleben. (Foto: Am 24.6.1978 fielen nahe der Stadt Umtali an der Grenze zu Mosambik 13 Missionare und ihre Familien einem Massaker zum Opfer.)

Robert Mugabe – autokratischer Herrscher Simbabwes

Robert Mugabe (*21.2.1924) spielte ab Anfang der 70er Jahre als Führer der Zimbabwe African National Union (ZANU) eine führende Rolle im Kampf gegen das weiße Minderheitsregime in Rhodesien (Name Simbabwes bis 1980). 1976–79 bildeten die ZANU und Joshua Nkomos gemäßigte Zimbabwe African People's Union (ZAPU) die Patriotic Front (PF). Nach dem Ende der weißen Vorherrschaft wurde Mugabe 1980 Ministerpräsident und 1988 Staatspräsident. Er schlug gegen den Willen Nkomos einen staatssozialistischen Kurs ein und erzwang 1987 die Verschmelzung der ZAPU mit der ZANU zur ZANU-PF (Foto: Robert Mugabe bei einem Wahlkampfauftritt am 21.6.2000 in Goora)

Die wichtigsten Parteien im 20. Jahrhundert

Name (Abkürzung)	*Politische Richtung*	*Gründung*
Zimbabwe African People's Union (ZAPU)	gemäßigt links	1960
Zimbabwe African National Union-Patriotic Front (ZANU-PF)	sozialistisch	1963/1987[1]
Rhodesian Front (RF)	Weißen-Partei	k. A.
Conservative Alliance of Zimbabwe (CAZ)	weiße Interessen	1984
United Party (UP)	zentristisch	1994

1) 1963 als ZANU gegründet, 1987 mit der ZAPU zur ZANU-PF verschmolzen

Im Frühjahr 2000 wurden zahlreiche Farmen weißer Großgrundbesitzer besetzt.

ten Streiks und Protesten gegen die Regierung. Mugabe reagierte darauf mit zunehmenden Repressionen gegen Oppositionelle und die immer noch wirtschaftlich dominierende weiße Minderheit.

Farmbesetzungen und Wahlen: Im September 1998 präsentierte Mugabe den Plan einer umfassenden Landreform in S., die mit 1,5 Mrd US-Dollar finanziert werden sollte. Sie beinhaltete Teilenteignungen von Großfarmen, die im Besitz von Weißen waren, zugunsten schwarzer Kleinbauern.

Zahlreiche Farmbesetzungen führten ab 1999 zu einer Zuspitzung der innenpolitischen Lage. Im Frühjahr 2000 eskalierte die Gewalt: Bei landesweiten Farmbesetzungen durch »Veteranen« des Befreiungskrieges wurden mehrere weiße Farmer ermordet. Mugabe stellte sich ausdrücklich hinter die Farmbesetzungen und schürte den Konflikt durch rassistisch gefärbte Äußerungen über die Weißen in S. Auf diese Weise wollte der Präsident seine Chancen bei den Wahlen im Juni 2000 erhöhen, die er denn auch mit knapper Mehrheit gewann. Die ZANU-PF wurde in 62 der 120 Wahlkreise stärkste Partei. Da Mugabe 30 Abgeordnete ernennen darf, verfügt die Partei im Parlament über 92 der 150 Mandate. Die Oppositionspartei MDC (»Bewegung für einen demokratischen Wandel«) errang 57 Sitze. Mugabes Partei verlor mit diesem Ergebnis erstmals die Zweidrittelmehrheit, die nötig ist, um Verfassungsänderungen durchsetzen zu können. Weiße Farmer und Besetzer einigten sich darauf, Verhandlungen über eine eventuelle Landreform aufzunehmen. Trotz dieser Absprache und der Zusage Mugabes, für eine Einstellung der Landbesetzungen zu sorgen, gingen die Gewaltaktionen gegen weiße Farmer weiter.

Außenpolitik: Seit Ende 1998 unterstützt S. den kongoles. Militärherrscher Laurent-Désiré Kabila bei dessen Kampf gegen verschiedene Rebellengruppen mit Soldaten und Waffen. Im Sommer 2000 standen rund 15 000 simbabw. Soldaten im Osten des Kongo. Dort befinden sich zahlreiche Diamanten-Minen, die Kabila zum Teil als Gegenleistung an Mugabe verpfändete. Zur Militärhilfe S.s für Kabila gehören auch mehrere Kampfflugzeuge, die Kabila gegen die Hutu-Rebellen einsetzt. Die Rebellen werden vor allem von den Nachbarstaaten Uganda und Ruanda unterstützt. Im August 2000 begann in der samb. Hauptstadt Lusaka eine Friedenskonferenz mit Vertretern aller am Konflikt beteiligten Staaten, auf der eine Beendigung der Kämpfe erreicht werden soll. *T.F.*

Singapur

Republik Singapur

Singapur 2000	
Landesfläche	618 km² (WR 175)
Einwohner	3,5 Mio (WR 125)
Hauptstadt	Singapur (2,9 Mio Einwohner)
Sprachen	Engl., Malaiisch, Chinesisch, Tamil
Währung	1 Singapur-Dollar (S$) = 100 Cents
Gliederung	Stadtstaat
Staatsform	Parlamentarische Republik (seit 1959)
Religion	Buddhisten (33,9%); Taoisten (20%); Moslems (15,4%); Christen (12,6%); Hindus (3,6%); Konfessionslose (14,5%)
Bevölkerung	Chinesen (77,6%); Malaien (14,2%); Sonstige (8,2%)

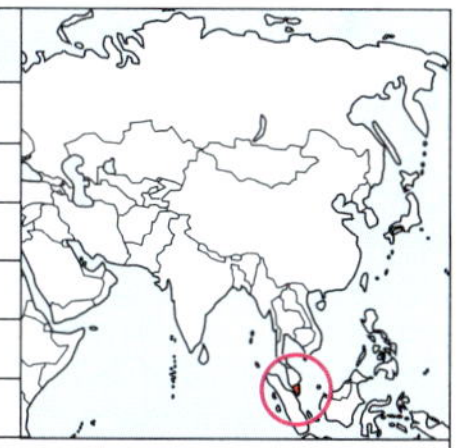

Als die brit. East India Company 1819 im heutigen S. einen Handelsstützpunkt errichtete, war das Gebiet fast unbewohnt. Die Kompanie erwarb das Land 1824 vom Sultan von Johore und schloss den Inselstaat 1826 mit Penang und Malakka zur Kolonie Straits Settlements zusammen. Diese kam 1851 zu Brit.-Indien und war von 1867 bis 1941 Kronkolonie. Ein Teil des Handels ging an Hongkong und Saigon verloren, doch garantierten die Kautschukplantagen und Zinnminen auf der Halbinsel Malakka insbes. nach der Öffnung des Suezkanals (1869) einen prosperierenden Handel. 1930–38 wurde S. zum wichtigen Flottenstützpunkt Großbritanniens im Fernen Osten ausgebaut. Im Februar 1942 eroberten die Japaner die Insel und hielten sie bis 1945 besetzt.

Singapur im 20. Jahrhundert	
1942	Das seit dem Jahr 1851 zur Kolonie Straits Settlements gehörende Singapur wird von den Japanern besetzt.
1945	Erneute Inbesitznahme durch Großbritannien.
1946	Singapur wird eigenständige Kronkolonie.
1955	Verfassung mit innerer Autonomie.
1959	Die ersten Parlamentswahlen werden von der People's Action Party gewonnen; Lee Khuan Yew wird Premierminister und »starker Mann« Singapurs.
1963	Gründung der Föderation Malaysia.
1965	Singapur trennt sich von Malaysia und wird unabhängiger Staat.
1971	Beginn des brit. Truppenabzugs.
1990	Aufnahme diplomatischer Beziehungen zur VR China.
1993	Erste direkte Präsidentenwahlen, die Ong Teng Cheong klar gewinnt.
1998	Aufgrund günstiger Leistungsbilanz und umfangreicher Devisenreserven bleibt Singapur von der Wirtschaftskrise in Asien weitgehend verschont.

Föderation Malaysia

Nach dem Abzug der Japaner erhielt S. 1946 den Status einer Kronkolonie. Mit Gründung der People's Action Party (PAP) durch Lee Khuan Yew (* 1923) begann S.s Weg in die Unabhängigkeit. 1955 wurde eine erste gesetzgebende Versammlung gewählt und 1959 mit Lee Khuan Yew als Premierminister die innere Autonomie erreicht. 1963 schloss sich S. mit dem Malai. Bund sowie mit Sabah und Sarawak zur Föderation Malaysia zusammen. Wegen politischer und wirtschaftlicher Differenzen zwischen der Regierung in S. und der Bundesregierung in Kuala Lumpur, die z. T. mit den historischen Rivalitäten zwischen der urbanen chines. Mehrheit in S. und der malai. Mehrheit im übrigen Malaysia zusammenhing, schied S. 1965 wieder aus der Föderation aus, wurde zum 9.8.1965 unabhängig und am 22.12. Republik im Commonwealth, territorial bestehend aus der Hauptinsel und insgesamt 54 kleineren Inseln.

Politik und wirtschaftlicher Umbau

Politisches System: An der Spitze des Staates steht nach der 1958 erlassenen und 1965 geänderten Verfassung ein Präsident, der vom Parlament gewählt wird, dem 83 Abgeordnete angehören; es besteht Wahlpflicht. Die eigentliche Macht liegt beim Premierminister und den vom Präsidenten ernannten Ministern. Die zahlreichen kleinen Oppositionsparteien wurden seit der Staatsgründung insbes. durch das Mehrheitswahlrecht, das sie stark benachteiligt, von der Macht ferngehalten. Daher ist die PAP (People's Action Party) seit der Unabhängigkeit die stärkste Partei geblieben und war zumeist sogar die einzige Parlamentspartei. Die Folge war nicht nur ein autoritärer, sondern auch rigoroser Regierungsstil, der zahlreiche Oppositionsparteien auf den Plan rief; hinzu kam eine auch international geführte Klage über Menschenrechtsverletzungen. Die Machtverhältnisse trugen jedoch in den Jahren nach der Unabhängigkeit zu einer weit-

Landung der Japaner: Am 15.2.1942 kapitulierte die britische Festung Singapur vor den japan. Truppen. Zuvor waren rund 7000 Europäer aus der bisherigen brit. Kronkolonie evakuiert worden (Foto).

Im Hafen von Singapur werden Container für den Transport in alle Welt verladen. Seit der Unabhängigkeit 1965 entwickelte sich der Stadtstaat Singapur zu dem neben Japan wirtschaftlich erfolgreichsten und wohlhabendsten Land Ost- und Südostasiens.

gehenden politischen Kontinuität und Stabilität bei. Lee Khuan Yew blieb auch nach der Unabhängigkeit die dominierende politische Persönlichkeit S.s.

Außenpolitik: Nachdem Großbritannien 1971 mit dem Abbau des Militärstützpunktes begonnen hatte und die letzten Truppen 1976 abgezogen waren, traten an ihre Stelle israel. Militärberater und amerikan. Spezialisten. Die Regierung in S. unterstützte in den 60er und 70er Jahren gerade die US-amerikan. Einflussnahme in dieser Region, da sie entschlossen war, sich der kommunistischen Expansion in Südostasien zu widersetzen und auch den subversiven Aktionen der Kommunisten im eigenen Land einen Riegel vorzuschieben. Nach dem Abzug der USA aus Südostasien wandte sich S. jedoch einer eher blockfreien Position zu und bemühte sich um eine bessere Verständigung mit der VR China.

Wirtschaftsentwicklung: Die prowestliche Orientierung von S. in den ersten Jahrzehnten war die Grundlage für den wirtschaftlichen Aus- und Umbau, der begleitet war von strengen Gesetzen, von durch Verordnungen festgesetzten Löhnen und untergeordneten Gewerkschaften. Streiks sind verboten, da sie der obersten wirtschaftlichen Maxime der Produktionssteigerung widersprechen. Auf der anderen Seite hat diese Wirtschaftspolitik zu einer raschen Erhöhung der Löhne geführt. Grundprinzip der Wirtschaft ist zwar das freie Unternehmertum, jedoch innerhalb der von der Regierung durch das »Economic Development Board« festgelegten Wirtschaftsstrategie. Deren Erfolge waren in der zweiten Hälfte der 60er Jahre vor allem der Gründung arbeitsintensiver Industrien zu verdanken. Nach 1973 fand eine schrittweise Verlagerung auf kapitalintensive Betriebe statt, deren Fachkräftebedarf durch das mittlerweile verbesserte Bildungssystem befriedigt werden konnte. Schwerpunkte sind u. a. die Förderung von Hightech-Investitionen vor Ort sowie die Anlage von Industrieparks in Ländern mit geringen Lohnkosten und breitem Absatzmarkt

Staatsoberhäupter Singapurs

Reg.-Zeit	*Name*	*Lebensdaten*
1965–70	Yusof bin Ishak	1910–1970
1971–81	Benjamin Henry Sheares	1907–1981
1981–85	Chengara Veetil Dewan Nair	*1928
1985–93	Wee Kim Wee	*1923
1993–99	Ong Teng Cheong	*1936
seit 1999	Sellapan Ramanathan Nathan	*1936

Die wichtigsten Parteien im 20. Jahrhundert

Name (Abkürzung)	*Politische Richtung*	*Gründung*
People's Action Party (PAP)/ Partai Tindakan Rakyat	konservativ, chines. dominiert	1954
The Worker's Party (WP)	sozialdemokratisch, fordert mehr Menschenrechte	1957
Angkatan Islam	moslem. Partei	1958
Pertubohan Kebangssan Melayu Singapura (PKMS)	Interessenvertretung der malai. Bevölkerungsgruppe	1961
Barisan Sosialis Party	sozialdemokratisch	1961
Singapore Indian Congress	Interessenvertretung der Inder	1962
Barisan Bervetu Singapura	sozialistisch	1973
Singapora Justice Party (SJP)	liberal-demokrat.; ind. dominiert	1972
United People's Front	promalai. Koalition zahlreicher kleinerer Parteien	1975
Singapore Democratic Party (SDP)	sozialistisch	1980
National Solidarity Party (NS)	konservativ	1986
Singapore People's Party (SPP)	sozialistische Abspaltung von SDP	1994

Die Bevölkerungsdichte Singapurs stieg in den letzten zwei Jahrzehnten weiter an, obwohl die Einwanderung nach Singapur seit der Trennung von Malaysia stark eingeschränkt und die Gebietsfläche durch Aufschüttung und Trockenlegung vergrößert wurde. So führte nicht nur die Notwendigkeit, neue Industrieparks zu erschließen, sondern auch die Errichtung von neuen Wohnquartieren (New Towns) in den Randbereichen zu einer Ausweitung der bebauten Fläche des Stadtstaates.

(Malaysia, Indonesien, Vietnam, VR China). Der Dienstleistungssektor wurde durch den Ausbau der Hafeneinrichtungen und die Modernisierung des Bank- und Finanzwesens mit dem Ziel gefördert, die Außenhandelsposition von S. zu stärken. Durch eine befristete Steuerbefreiung und die weitgehende Streikfreiheit präsentierte sich der Stadtstaat als attraktiver Investitionsstandort für ausländisches Kapital. Damit gelang es S. zu einem Produktionszentrum der Elektronikindustrie in Südostasien zu werden. Von 1979 bis 1981 erhöhte die Regierung schrittweise die Löhne um bis zu 20%, um einerseits die Arbeitgeber zu Rationalisierung und Automatisierung und andererseits die Arbeitnehmer zu weiterer Fortbildung zu zwingen. Gleichzeitig sollte dadurch die Zuwanderung billiger, aber ungelernter ausländischer Arbeitskräfte eingedämmt werden. So entwickelte sich S. zum Zentrum des Kautschuk- und Zinnwelthandels und nimmt mit seinem Goldmarkt als Finanzzentrum den vierten Platz der Weltrangliste ein. Nach Japan hat S. das höchste BSP pro Kopf in Ost- und Südostasien.

Singapur in den 90er Jahren

Aufgrund der Verfassungsänderung vom Januar 1991 wurde 1993 Ong Teng Cheong (* 1936) nicht mehr vom Parlament, sondern direkt vom Volk zum neuen Staatspräsidenten gewählt. 1990 gab Lee Kuan Yew nach rund 31 Jahren das Amt des Ministerpräsidenten an Goh Chok Tong (* 1941) ab. Der Stadtstaat gehörte auch in den 90er Jahren zu den führenden asiatischen Industrie- und Dienstleistungszentren und war eher als andere in der Lage, die Asienkrise von 1997/98 zu überwinden. Dennoch ist sie nicht ohne Auswirkungen geblieben: Abwertungen der Nachbarländer haben den Standort S. verteuert und die Arbeitslosenquote stieg 1998 auf die für den Stadtstaat ungewöhnliche Höhe von 4%. Mehr als in den Jahrzehnten zuvor suchte S. die regionale Kooperation mit Malaysia und Indonesien und war nach der Aufnahme diplomatischer Beziehungen im Jahr 1990 bestrebt, die VR China, S.s fünftgrößten ausländischen Investor, stärker in die regionalpolitischen Entscheidungen einzubeziehen. *H.-W. W.*

Wohlstand auf Kosten der Menschenrechte

Singapurs rigide Gesetzgebung wird immer wieder von Menschenrechtsorganisationen wie amnesty international verurteilt. Der Vorwurf der Verletzung grundlegender Menschenrechte richtet sich hauptsächlich gegen die Bestimmungen der Internal Security Act (ISA). Diese sieht zum »Schutz der inneren Sicherheit« u. a. die Todesstrafe bei Drogenbesitz und die Prügelstrafe bei Vandalismus und Raub vor. Den Oppositionsparteien, die sich für Liberalisierung und die Orientierung des Kleinstaats nach Westen einsetzen, drohen dagegen von Seiten der amtierenden Regierungspartei Verleumdungsklagen und die Einschränkung der freien Meinungsäußerung. (Foto: Singapurs Premierminister Lee Khuan Yew, l., mit dem philippin. Diktator Ferdinand Marcos, 1980)

Slowakei

Slowakische Republik

Nach der Landnahme der slaw. Stämme im 5. Jh. gehörten die Slowaken unterschiedlichen Herrschaftsgebilden an, bevor sie 906 unter ungar. Herrschaft kamen. Als Provinz Oberungarn blieben die slowak. Gebiete bis 1918 ein Teil Ungarns und waren somit seit 1526 – als die ungar. Krone an Habsburg fiel – auch Teil der Habsburgermonarchie. Gemeinsam mit ihren slaw. Nachbarn im Westen, den Tschechen, bildeten die Slowaken 1918–39 und 1945–92 einen föderativen Staat: die Tschechoslowak. Republik. Aufgrund historisch bedingter Unterschiede in der sozialen und wirtschaftlichen Struktur der slowak. bzw. tschech. Gebiete gab es im Verhältnis der beiden Völker zueinander jedoch immer wieder Konflikte. Die Slowaken fühlten sich – zumal in Zeiten, in denen der Prager Zentralismus offen zutage trat – nicht wirklich gleichberechtigt. Die Forderung nach einem eigenen, unabhängigen Nationalstaat blieb so stets präsent.

Slowakei 2000

Landesfläche	49 012 km^2 (WR 126)
Einwohner	5,4 Mio (WR 102)
Hauptstadt	Bratislava (460 000 Einwohner)
Sprachen	Slowakisch, Ungarisch
Währung	1 slowakische Krone (SK) = 100 Haleru
Gliederung	4 Regionen
Staatsform	Republik (seit 1993)
Religion	Katholiken (60,3%); Protestanten (7,9%); Sonstige (31,8%)
Bevölkerung	Slowaken (85,6%); Ungarn (10,6%); Tschechen (1,1%); Ukrainer/Russen (0,7%); Deutsche (0,1%); Sonstige (1,9%)

Jozef Tiso – Präsident der Slowakei 1939–45

Im Bündnis mit Hitler: Der Priester und Politiker Jozef Tiso (1887–1947) war 1939–45 erster Präsident der Slowakei. Auf Weisung Adolf Hitlers erklärte Tiso im März 1939 die Unabhängigkeit der Slowakei und machte das Land zu einem Verbündeten des nationalsozialistischen Deutschen Reichs.

Tisos Regierungsstil vereinte autoritäre, christliche und demokratische Elemente. Auch nach dem slowak. Aufstand von 1944 blieb er dem Deutschen Reich gegenüber loyal. Seine willfährige Politik, vor allem im Hinblick auf die Juden, wurde mehrfach vom Vatikan verurteilt. Die Alliierten nahmen ihn bereits während des Krieges in die Liste der Kriegsverbrecher auf. Tiso verwendete sich nur für einige wenige getaufte Juden und gab zugleich den Großteil des slowak. Judentums der NS-Vernichtungspolitik preis. Von den 88 000 Juden, die 1942 in der Slowakei lebten, wurden etwa 70 000 in die Todeslager deportiert.

Im April 1945 floh Tiso nach Bayern, wo er festgenommen wurde. Nach seiner Auslieferung an die Tschechoslowakei wurde er vor Gericht gestellt, zum Tode verurteilt und 1947 hingerichtet. (Foto: Tiso, r., und Hitler im März 1939 in Berlin)

Erste Eigenstaatlichkeit (1939–45)

Befohlene Unabhängigkeit: Zur Zerschlagung der Tschechoslowakei durch das Deutsche Reich 1938/39 bediente sich Hitler auch der slowak. Nationalbewegung. Am 13.3.1939 wies er den slowak. Ministerpräsidenten Jozef Tiso (Staatspräsident 1939–45) an, die Unabhängigkeit der S. auszurufen, was am folgenden Tag auch geschah. Deutsche Truppen besetzten daraufhin die tschech. Gebiete, die als »Protektorat Böhmen und Mähren« in das Deutsche Reich eingegliedert wurden.

»Schutzstaat«: Die Eigenstaatlichkeit entsprach zunächst vermutlich dem Willen der Mehrheit der slowak. Bevölkerung. Deutschland garantierte die Grenzen der S., die sich im Gegenzug dazu verpflichtete, Außenpolitik und Heeresaufbau »in engstem Einvernehmen« mit dem Deutschen Reich zu betreiben. Genoss der Staat anfangs zumindest im Innern ein hohes Maß an Selbstständigkeit, so entwickelte er sich im Verlauf des Zweiten Weltkriegs zunehmend zum Befehlsempfänger und schließlich zu einem reinen Vasallenstaat klerikal-faschistischer Prägung. Mit der Niederlage des Deutschen Reiches endete 1945 auch die Eigenständigkeit des »Schutzstaates« S.

Teil der Tschechoslowakei (1945–89)

Nach dem Ende des Zweiten Weltkriegs kehrte die S. in den gemeinsamen Staat mit den Tschechen zurück. Auch in der Zeit der sozialistischen Republik blieb die Frage des tschecho-slowak. Verhältnisses virulent, obwohl dieses Problem öffentlich kaum diskutiert wurde. Mit dem Zusammenbruch der kommunistischen Herrschaft 1989 und der Etablierung demokratischer Strukturen in der Tschechoslowakei begann der Prozess, der zur friedlichen Teilung des Landes in zwei Nationalstaaten führte.

»Los-von-Prag«-Bewegung (1990–92)

Proporz: Mit Alexander Dubček, der Symbolfigur des Prager Frühlings von 1968, war im Dezember 1989 der prominenteste Slowake Vorsitzender der neuen Bundesversammlung geworden. Auch die Position des Ministerpräsidenten wurde von einem Slowaken, Marián Čalfa, ausgefüllt, so dass der tschech.-slowak. Proporz in diesem Bereich gewährleistet war. Bei den ersten freien Wahlen im Juni 1990 siegte in der Slowakei die Sammelbewegung Öffentlichkeit gegen Gewalt (VPN) unter Führung von Vladimír Mečiar. Mit 53% der Stimmen errang sie die absolute Mehrheit und begann mit ihren Reformvorhaben. Neben der Wirtschaftspolitik wurde der staatsrechtlichen Neuordnung größte Bedeutung beigemessen.

ČSFR: Am 20.4.1990 hatten sich Slowaken und Tschechen nach monatelangem Tauziehen auf einen neuen Namen für den Staat geeinigt: Tschech. und Slowak. Föderative Republik (ČSFR). In den folgenden zwei Jahren gelang es jedoch nicht, eine neue Verfassung zu verabschieden. Kleine, aber höchst aktive Gruppen slowak. Nationalisten versuchten die latenten Spannungen zwischen den beiden Volksgruppen zu schüren. Ihre Aktivitäten gipfelten in einer Demonstration am 14.3.1991, dem 42. Jahrestag der Ausrufung der selbstständigen S., als »Los-von-Prag«-Rufe zu hören waren und Staatspräsident Václav Havel tätlich angegriffen wurde. Der Präsident warnte daraufhin vor der Gefahr der slowak. Nationalbewegung für den gesamten Demokratisierungsprozess.

Nationalistische Tendenzen: Die Wahlen von 1992 sahen in beiden Landesteilen nationalorientierte Kräfte als Gewinner. Mečiar, der die VPN 1991 verlassen hatte, wurde als Vorsitzender der Bewegung für eine demokratische S. (HZDS) neuer Regierungschef der S. Nach der Unabhängigkeits- und Souveränitätserklärung der S. durch den Nationalrat am 17.7.1992 trat Staatspräsident Havel zurück (20.7.1992). Mečiar und sein tschech. Amtskollege Václav Klaus beschlossen in einem Abkommen die Auflösung der ČSFR zum Jahresbeginn 1993.

Nationalstaat Slowakei (seit 1993)

Wirtschaft: Die erneute Eigenstaatlichkeit stieß in weiten Teilen der slowak. Bevölkerung auf Bedenken. Meinungsumfragen zeigten, dass die Mehrheit der Bevölkerung der Trennung von der tschech. Republik nicht zugestimmt hätte. Die Slowaken befürchteten vor allem eine Verschlechterung der wirtschaftlichen Lage, da die Wirtschaftsstruktur des Landes auf den ehemaligen Gesamtstaat zugeschnitten war.

Parteien: Die Politik der ersten fünf Jahre des neuen Staates wurde von der Bewegung für eine demokratische S. und insbes. von ihrem Vorsitzenden Mečiar bestimmt. Im Oktober 1993 war er eine Koalition mit der nationalistischen Slowak. Nationalpartei (SNS) eingegangen, wurde aber bereits am 11.3.1994 durch ein Misstrauensvotum gestürzt.

Wahlen zum Nationalrat: Die vorgezogenen Wahlen zum Nationalrat (30.9./1.10.1994) gewann seine Partei jedoch erneut mit deutlichem Vorsprung (35,0%) vor der Partei der Demokratischen Linken (SDL, 10,4%) und der Christdemokratischen Bewegung (KDH, 10,0%). Die neue Regierung Mečiar stützte sich auf eine Koalition mit der Slowak. Nationalpartei (4,0%) und der Arbeitervereinigung (ZRS, 7,3%).

Konflikte: Die Regierungsperiode 1994–98 war innen- wie außenpolitisch von scharfen Konflikten geprägt, die der Reputation des Landes schadeten. Klientelwirtschaft und Patronagesystem führten zu einem Regierungs-

Die Slowakei im 20. Jahrhundert	
1939	Unabhängigkeitserklärung der Slowakei auf Druck Adolf Hitlers.
	Jozef Tiso wird Ministerpräsident; »Schutzvertrag mit Deutschland«.
1941	Beteiligung am Krieg gegen die Sowjetunion an der Seite Hitlers.
1942	Beginn der Deportation der jüd. Bevölkerung (ca. 60 000 Opfer).
1944	Deutsche Truppen schlagen Aufstand gegen das Tiso-Regime nieder.
1945	Slowakei kehrt in den gemeinsamen Staat mit den Tschechen zurück.
1990	Umbenennung des Staates in Tschech. und Slowak. Föderative Republik.
1992	Unabhängigkeits- und Souveränitätserklärung der Slowakei durch den Nationalrat; Beschluss über die Auflösung des gemeinsamen Staates.
1993	Slowak. Republik (SR) ist unabhängiger Staat; Beschluss über Auflösung der Währungsunion mit Tschechien; Beitritt zum Europarat.
1994	Ministerpräsident Mečiar durch Misstrauensvotum gestürzt.
	HZDS von Mečiar gewinnt die Wahlen; Michal Kováč wird Staatspräsident.
	Partnerschaftsvertrag mit der NATO; Spannungen um ungar. Minderheit.
1995	Assoziierungsabkommen mit der Europäischen Union; erster Papstbesuch.
1996	Gebiets- und Verwaltungsreform; Auseinandersetzungen zwischen Premier Mečiar und Präsident Kováč um Kompetenzen des Präsidenten.
1997	Volksabstimmung über den Modus der Präsidentenwahl scheitert.
	Zusammenschluss von fünf Parteien zur Demokratischen Koalition.
	Rückstufung der Slowakei in die zweite Gruppe der EU-Beitrittskandidaten.
1998	Präsidentenwahl scheitert an der notwendigen Drei-Fünftel-Mehrheit im Rat.
	Verfassungsänderung beschneidet Befugnisse des Staatspräsidenten.
	Parlamentswahlen bringen Sieg der Opposition; Regierung Mikuláš Dzurinda.
1999	Verfassungsänderung: Direktwahl des Präsidenten durch das Volk.
	Rudolf Schuster im zweiten Wahlgang zum Staatspräsidenten gewählt.
2000	Aufnahme von Beitrittsverhandlungen mit der Europäischen Union.

Staatsoberhäupter der Slowakei[1]		
Reg.-Zeit	*Name*	*Lebensdaten*
1939–45	Jozef Tiso	1887–1947
1993–98	Michal Kováč	*1930
seit 1999	Rudolf Schuster	*1934

1) 1918–39 und 1945–92 war die Slowakei Teil der Tschechoslowakei

stil, der das Funktionieren der demokratischen Institutionen auf die Probe stellte. Auch zwischen Ministerpräsident Mečiar und Staatspräsident Michal Kováč (1993–98) kam es zu heftigen Auseinandersetzungen. Mečiars autoritäre Bemühungen, die Kompetenzen des Präsidenten zu beschneiden und ihn zum Rücktritt zu zwingen, scheiterten jedoch an der Widerstandsfähigkeit der demokratischen Institutionen.

Innenpolitische Wende: Die Nationalratswahlen von 1998 beendeten die Ära Mečiar, es kam zu einer Umkehrung der Machtverhältnisse. Die HZDS blieb trotz starker Verluste zwar stärkste Partei (27,0%), doch die demokratischen Oppositionsparteien gewannen deutlich an Stimmen und bildeten eine Koalition, die über eine stabile Mehrheit im Parlament verfügt. Neuer Ministerpräsident wurde Mikuláš Dzurinda von der Slowak. Demokratischen Koalition (SDK).

Staatspräsident: Nach dem Ende der Amtszeit von Staatspräsident Kováč gelang es keinem der Präsidentschaftskandidaten die für die Wahl notwendige Drei-Fünftel-Mehrheit im Parlament auf sich zu vereinigen. Die Verfassung wurde geändert und sah nun die Direktwahl des Staatspräsidenten durch das Volk vor. Bei den Präsidentschaftswahlen am 15./29.5.1999 trat überraschend auch Mečiar an, er unterlag aber dem Kandidaten der Regierungskoalition: Rudolf Schuster, Oberbürgermeister der ostslowak. Stadt Košice und Vorsitzender der Partei für Bürgerverständigung, erhielt im zweiten Wahlgang 57,2% der Stimmen.

Die wichtigsten Parteien im 20. Jahrhundert		
Name (Abkürzung)	*Politische Richtung*	*Gründung*
Christdemokratische Bewegung (KDH)	liberal-demokratisch	1990
Slowak. Nationalpartei (SNS)	rechts-nationalistisch	1990
Sozialdemokratische Partei der Slowakei	sozialdemokratisch	1990
Bewegung für eine demokrat. Slowakei (HZDS)	national-konservativ	1991
Partei der Demokratischen Linken (SDL)	sozialistisch	1991
Arbeitervereinigung der Slowakei (ZRS)	sozialdemokratisch	1994
Demokratische Union (DU)	liberal	1994
Slowak. Demokratische Koalition (SDK)	liberal	1997
Partei für Bürgerverständigung (SOP)	linksliberal	1998
Ungar. Koalition (SMK-MKP)	liberal	1998

Neuorientierung in der Außenpolitik

Auf dem Weg in Richtung Europa: Der Beitritt zu den westlichen Bündnissen Europäische Union und NATO ist wichtigstes Ziel slowak. Außenpolitik. Seit 1993 gehört die S. dem Europarat an, 1995 trat der Assoziierungsvertrag mit der EU in Kraft. Mit der NATO besteht seit 1994 ein Partnerschaftsvertrag. Die Beitrittsbemühungen zur EU stagnierten allerdings unter der nationalistischen Politik Mečiars. Sein autoritäres Gebaren und der restriktive Kurs gegenüber Minderheiten

Machtkampf zwischen Ministerpräsident und Staatspräsident der Slowakei

Demokratie auf dem Prüfstand: Der Konflikt zwischen Ministerpräsident Vladimír Mečiar und Staatspräsident Michal Kováč heizte 1994–98 die innenpolitische Lage an und brachte das Land außenpolitisch in Misskredit. Der Präsident hatte durch seinen Bericht zur Lage der Nation zum Sturz Mečiars 1994 beigetragen. Die Partei Mečiars, die HZDS, gewann jedoch die Neuwahlen im Herbst 1994 mit deutlichem Vorsprung und ihr Vorsitzender wurde erneut Ministerpräsident. Er ließ in der Folgezeit keine Möglichkeit aus, den Staatspräsidenten politisch in die Enge zu treiben, und versuchte durch Gesetzesinitiativen die Kompetenzen des Präsidenten zu beschneiden. Der Konflikt erreichte seinen Höhepunkt, als am 31.8.1995 ein Sohn des Präsidenten nach Österreich verschleppt wurde. Mečiar bzw. der slowak. Geheimdienst SIS wurden beschuldigt, die Entführung veranlasst zu haben, um Druck auf den Staatspräsidenten auszuüben. Die Hintergründe der Entführung sind bis heute ungeklärt, sorgen aber weiterhin für innenpolitische Auseinandersetzungen. (Foto: Michal Kováč, r., und Vladimír Mečiar, 1998)

Rudolf Schuster, der neue slowak. Präsident, legte am 15.6.1999 in Bratislava seinen Amtseid ab. Damit erhielt die Slowakei nach 15 Monaten wieder ein Staatsoberhaupt. Nach dem Ende der Amtszeit des letzten Präsidenten, Michal Kováč, war wegen fehlender Mehrheiten und innenpolitischer Streitereien die Position an der Spitze des Staates unbesetzt geblieben. (Foto: Der slowak. Ministerpräsident Mikuláš Dzurinda, r., gratuliert Rudolf Schuster nach der Vereidigung)

ließen viele EU-Politiker auf Distanz zur S. gehen. So gehörte das Land eine Zeitlang nur noch der zweiten Gruppe von Beitrittskandidaten an. Seit dem Regierungswechsel 1998 hat sich das Verhältnis zu den westeuropäischen Staaten wie auch zu den direkten Nachbarn Tschechien und Ungarn nachhaltig verbessert. Im Dezember 1999 beschloss der Europäische Rat, mit sechs weiteren Ländern, darunter die S., im Jahr 2000 Beitrittsverhandlungen aufzunehmen.

Konflikt mit Ungarn: In der S. lebt eine große, ca. 600 000 Personen umfassende ungar. Minderheit (10,6% der Bevölkerung). Zwischen dieser Minderheit und den slowak. Behörden gab es Mitte der 90er Jahre heftige Auseinandersetzungen um die Achtung der Minderheitenrechte.

Überlagert wurde der innenpolitische Konflikt von der außenpolitischen Auseinandersetzung der S. mit Ungarn, in der auf beiden Seiten historisch bedingte Ressentiments wirksam wurden. Die Spannungen entzündeten sich am Streit um das gemeinsame, noch in kommunistischer Zeit geplante Großprojekt eines Donau-Wasserkraftwerks bei Gabčíkovo (ungar.: Nagymaros). 1992 hatte Ungarn das Projekt, das auch eine Umleitung der Donau vorsah, aus Gründen des Umweltschutzes offiziell gekündigt, was die S. jedoch nicht hinnehmen wollte. Der Streit zog sich jahrelang hin und führte die Kontrahenten schließlich vor den Internationalen Gerichtshof in Den Haag/Niederlande, wo die S. im Wesentlichen Recht erhielt und eine Einigung der beiden Parteien gefordert wurde. Auch in dieser Frage wurde nach der Ablösung Mečiars ein Kompromiss möglich. *R.F.*

Stichwort: Donau-Kraftwerk Gabčíkovo

Schwieriges Erbe: Das gigantische Projekt eines Wasserkraftwerks (Foto) von 65 km² Fläche, dazu ein Kanal von 24 km Länge sowie mehrere Dämme und Schleusen führte in den 90er Jahren zwischen der Tschechoslowakei bzw. ab 1993 der Slowakei und Ungarn zu heftigen politischen und diplomatischen Auseinandersetzungen. Das Bauwerk, das auf Pläne aus den 50er Jahren zurückging, wurde 1977 an der Grenze zwischen der Slowakei und Ungarn begonnen. Im Zuge des politischen Umbruchs Ende der 80er Jahre beendete Ungarn 1989 einseitig die Beteiligung und versuchte die Inbetriebnahme der slowak. Staustufe zu verhindern. Ausschlaggebend hierfür waren vor allem Umweltschutzgründe. Die geplante Wasserumleitung aus der Donau gefährdete den Wasserstand und man befürchtete ein Austrocknen der Altdonau sowie eine Beeinträchtigung der Trinkwasserversorgung. Der slowak. Ministerpräsident Vladimír Mečiar warf Ungarn hingegen vor, aus nationalistischen Gründen eine Grenzrevision in diesem Gebiet, wo die Mitte der Donau die Staatsgrenze bildet, anzustreben.

Vermittlungsversuche der Europäischen Union schlugen zunächst fehl. Die Slowakei startete einseitig die Umleitung der Donau, nur wenige Tage später listete Ungarn die entstandenen Umweltschäden auf. Schließlich wurde der Internationale Gerichtshof in Den Haag/Niederlande angerufen, der beide Staaten zu einem Kompromiss drängte und im September 1997 sein Urteil zugunsten der Slowakei fällte. Im Februar 1998 einigten sich die beiden Konfliktparteien auf einen Rahmenvertrag, der eine Kooperation unter Beachtung des Umweltschutzes vorsieht.

Slowenien 2000	
Landesfläche	20 256 km² (WR 150)
Einwohner	2,0 Mio (WR 141)
Hauptstadt	Ljubljana (323 000 Einwohner)
Sprache	Slowenisch
Währung	1 Tolar (SLT) = 100 Stotin
Gliederung	148 Gemeinden
Staatsform	Republik (seit 1991)
Religion	Katholiken (90%); Moslems (0,7%); Sonstige (9,3%)
Bevölkerung	Slowenen (87,8%); Kroaten (2,8%); Serben (2,4%); Sonstige (7,0%)

Slowenien im 20. Jahrhundert	
1914	Beginn des Ersten Weltkriegs. Slowenien kämpft mit großen Verlusten an der Seite des Habsburgerreiches.
1918	Gründung des Königreichs der Serben, Kroaten und Slowenen (1.12.).
1920	Bei einer Volksabstimmung in Kärnten entscheidet sich die Mehrheit der dortigen Bevölkerung für den Verbleib bei Österreich (Oktober).
1929	Königsdiktatur des jugoslaw. Königs Alexander I.; Anton Koroseć, der Führer der Volkspartei, wird kurzzeitig verhaftet.
1941	Teilung Sloweniens zwischen Deutschland, Italien und Ungarn (April).
1945	Gründung der »Föderativen Volksrepublik Jugoslawien« (29.11.). Slowenien wird sozialistische Republik.
1954	Vertrag zwischen Italien und Jugoslawien: Triest wird italien., die Umgebung der Stadt mit einem Küstenstreifen fällt an Slowenien.
1965	Wirtschaftsreformen in Jugoslawien bewirken auch eine politische Liberalisierung in Slowenien.
1972	Tito beendet die Reformphase; auch in Slowenien werden die Reformer in der KP durch Tito-treue Dogmatiker ersetzt.
1982	Gründung der oppositionellen Zeitschrift »Nova Revija«.
1986	Milan Kučan wird Vorsitzender der Kommunistischen Partei Sloweniens.
1987	In der »Nova Revija« wird ein »slowen. Nationalprogramm« veröffentlicht; Beginn der Abwendung von Jugoslawien.
1988	In der 1981 gegründeten Zeitschrift »Mladina« (Jugend) beginnt eine Auseinandersetzung mit der jugoslaw. Armee. Es entsteht ein Streit mit Belgrad.
1989	Die KP Sloweniens spricht sich für ein Mehrparteiensystem aus und ändert ihren Namen in »Partei der Demokratischen Reform« (Januar).
	Verfassungsänderungen: Die führende Rolle der KP wird gestrichen, der Parteienpluralismus eingeführt und das Verhältnis der Republik zum jugoslaw. Staat gelockert (September).
1990	Die slowen. Kommunisten verlassen aus Protest gegen die Reformfeindlichkeit den 14. Kongress der KPJ (Januar).
	Erste freie Wahlen nach dem Zweiten Weltkrieg (22.4.). Die nicht kommunistischen Parteien des Bündnisses »DEMOS« erreichen die absolute Mehrheit. Milan Kučan wird Staatspräsident.
	Volksabstimmung über die Unabhängigkeit Sloweniens. 88% der Wähler sprechen sich für die Loslösung von Jugoslawien aus (23.12.).
1991	Unabhängigkeitserklärung Sloweniens (25.6.).
	Beginn des »Zehn-Tage-Kriegs« Jugoslawiens gegen Slowenien (27.6.). Die unabhängige Republik kann sich behaupten.
	Die neue Verfassung Sloweniens wird verkündet (23.12.).
1992	Anerkennung des neuen Staates durch die Mitglieder der EG (15.1.).
1996	Slowenien tritt der EU als assoziiertes Mitglied bei (10.6.).
	Nach den Parlamentswahlen entsteht im Parlament eine Patt-Situation zwischen einzelnen Parteibündnissen, die eine Regierungsbildung erschwert. Erst am 27.2.1997 kommt eine Regierung unter dem alten Ministerpräsidenten Janez Drnovšek zustande.
1998	Slowenien gehört zum engeren Kreis der Beitrittskandidaten der EU.

Slowenien

Republik Slowenien

Die Republik S. ist der nördlichste Nachfolgestaat des früheren Jugoslawien. Im Juni 1991 erklärte sie ihre Unabhängigkeit und fand rasch internationale Anerkennung. Anders als die übrigen ehemaligen jugoslaw. Republiken stand S. niemals unter türk. Herrschaft, sondern war Teil des Habsburgerreiches. Dies begründet auch die heutige Westorientierung der jungen Republik.

Im Habsburgerreich

Anfänge: Seit dem 14. Jh. bis zum Ende des Ersten Weltkriegs war S. Teil der Habsburgermonarchie, nur unterbrochen durch fünf Jahre unter napoleonischer Herrschaft (1809–14).
Nationalbewegung im 19. Jahrhundert: Für die slowen. Nationalbewegung stand bis 1918 die Zugehörigkeit zu Österreich nicht in Frage. Ihr Ziel war die Zusammenführung der zerstreuten slowen. Gebiete zwischen der Adria und Kärnten in einem einheitlichen habsburgischen Kronland. Dabei spielten kulturelle und wirtschaftliche Aspekte eine größere Rolle als politische Autonomie.
Parteien: Um 1890/1900 entstanden in S. moderne Parteien. Stärkste politische Kraft wurde die katholisch geprägte »Volkspartei«. Sie wurde besonders von den Bauern unterstützt, die von der Volkspartei mit Produktions- und Handelskooperativen gefördert wurden.
Erster Weltkrieg: Im Londoner Abkommen von 1915 sicherten die Westmächte Italien für den Bündniseintritt auch slowen. Gebiete zu. S. hielt daher an seiner proösterreich. Haltung bis zum Kriegsende fest.
Vorgeschichte Jugoslawiens: Erst im Mai 1917, als sich die Auflösung des Habsburgerreiches abzeichnete, beteiligten sich die Slowenen an einer Initiative der südslaw. Abgeordneten im Habsburger Reichstag, die die Bildung eines Staates der Kroaten, Serben und Slowenen zum Ziel hatte. Dieser sollte neben Österreich und Ungarn gleichberechtigter Teil des Habsburgerreiches sein (Trialismus).

Königreich Jugoslawien

Gründung: Durch den Zerfall der Donaumonarchie im Oktober 1918 zerschlug sich dieser Plan. In Zagreb rief der »Südslaw. Ausschuss« den vorläufigen »Staat der Slowenen, Kroaten und Serben« aus, der umgehend Verhandlungen mit Serbien aufnahm. In dem am

1.12.1918 gegründeten »Königreich der Serben, Kroaten und Slowenen« konnte sich der Herrschaftsanspruch Belgrads durchsetzen.

Gebietsverluste: In S. wurde die Herrschaft Serbiens weitgehend akzeptiert, weil man davon Schutz gegen die Ansprüche Deutschlands und Italiens erhoffte. Diese Hoffnungen wurden aber enttäuscht. Serbiens Beteiligung an den Verhandlungen der Siegermächte des Ersten Weltkriegs konnte nicht verhindern, dass die slowen. Küstengebiete an Italien fielen. Das slowen. Siedlungsgebiet in Südkärnten entschied sich außerdem 1920 in einer Volksabstimmung für den Verbleib bei Österreich. Diese Entscheidung hing auch mit der Sorge vor der serb. Dominanz im jugoslaw. Staat zusammen.

Loyalität zu Jugoslawien: S. wandte sich auch nicht vom südslaw. Staat ab, als König Alexander (1921–34) im Januar 1929 die Verfassung aufhob und mit anderen Oppositionspolitikern auch den Führer der slowen. Volkspartei internierte. Am 3.10.1929 wurde das jetzt diktatorisch geführte »Königreich der Serben, Kroaten und Slowenen« in »Königreich Jugoslawien« umbenannt.

Zweiter Weltkrieg

Teilung: Nach dem Einmarsch deutscher und italien. Truppen in Jugoslawien im April 1941 wurde S. geteilt. Der Norden des Landes wurde in das Deutsche Reich eingegliedert, der Südwesten ging an Italien, der Rest an Ungarn. In den von Deutschen annektierten Gebieten wurden tausende Slowenen deportiert. Nach der Kapitulation Italiens im September 1943 geriet auch die italien. Zone unter deutsche Verwaltung.

Widerstand: Partisanenbewegungen entstanden, die ab 1943 fast ausnahmslos kommunistisch orientiert waren. In der durch die katholische Volkspartei geprägten Gesellschaft rief das Widerstand hervor. Die deutschen Besatzer profitierten von diesen Konflikten: Sie unterstützten die Aufstellung von sog. Heimwehren, die gegen die Partisanen kämpften. Die kommunistische Bewegung, die in S. vor dem Krieg eher schwach gewesen war, integrierte ab 1943 als »Nationale Befreiungsfront« viele Gruppen des nicht kommunistischen Widerstands. Sie konnte dadurch den slowen. Nationalismus weitgehend vereinnahmen. Ende November 1943 beteiligte sich die slowen. Befreiungsfront an der Planung des neuen Jugoslawien unter Josip Broz »Tito«. Auf einem Treffen am 29./30.11.1943 im bosn. Jajce wurde die spätere föderale Grundstruktur des südslaw. Staates entworfen. Sloweniens Hauptstadt Ljubljana wurde im Mai 1945 befreit.

Adriaküste um Triest: Die anfänglichen Hoffnungen, dass nach dem Krieg das 1945 eroberte Triest und seine Umgebung bei Jugoslawien bleiben würden, erfüllten sich nicht. Das Gebiet wurde zum Freistaat unter UN-Aufsicht erklärt und in zwei Zonen geteilt. Die weitere Umgebung der Stadt mit einem Küstenstreifen bis nach Koper (Zone 2) kam unter jugoslaw. Verwaltung. 1954 vereinbarten Italien und Jugoslawien vertraglich, dass die Stadt Triest bei Italien bleiben und die Zone 2 der jugoslaw. Teilrepublik Slowenien zugeordnet werden sollte, die dadurch Zugang zur Adria erhielt. (Foto: Verkündung der Teilungsvereinbarung 1954 in Triest)

Heimwehren: Das Ziel der slowen. Domobranci (Heimwehren) war der Kampf gegen die Partisanenbewegung. Dabei standen die national gesinnten Milizen zwangsläufig an der Seite der deutschen Besatzer, die den in Slowenien verbreiteten Antikommunismus nutzten. Die Nähe zur Besatzungsmacht führte häufig zur offenen Kollaboration. Bei Kriegsende flohen die meisten Domobrancen nach Kärnten, wurden aber von den brit. Truppen an die Kommunisten in Jugoslawien ausgeliefert. Etwa 11 000 von ihnen wurden durch die neue Regierung unter Tito ermordet. Bis heute beschäftigt dieses Thema das Land: So stammt der erste Ministerpräsident des unabhängigen S., Lojze Peterle (1990–92), aus einer Domobrancenfamilie.

Die sozialistische Republik

Gründung: Im November 1945 wurde die »Sozialistische Föderale Volksrepublik Jugoslawien« ausgerufen. S. wurde eine der sechs Teilrepubliken, deren Autonomie aber durch die mächtige Staats- und Parteiführung in Belgrad stark eingeschränkt war.

Wirtschaftliche Lage: S. gehörte auch in kommunistischer Zeit zu den reicheren Republiken auf dem Balkan. Titos Wirtschaftsreformen nach dem Bruch mit Moskau im Jahr 1948 beseitigten die wirtschaftlichen Unterschiede innerhalb Jugoslawiens: S. profitierte vom ökonomischen Kurs der »sozialistischen Selbstbestimmung« stärker als die südlichen

Milan Kučan (*1941 in Krizevci) war 1978–82 slowen. Parlamentspräsident und danach Mitglied des Parteipräsidiums der KPJ. Seit 1986 führte er die slowen. KP, die er 1989 zur »Partei der demokratischen Reform« (SDP) umwandelte. Kučan befürwortete die Einführung des Mehrparteiensystems. Seit 1990 ist er Staatspräsident Sloweniens und wurde mit deutlicher Mehrheit bei den Wahlen 1992 und 1997 bestätigt.

Republiken. Die sozialistische Führung in Ljubljana war immer bemüht, die ökonomischen Interessen der Republik durchzusetzen.

Nationale Autonomie: Seit der Liberalisierung in den 70er Jahren und insbes. seit dem Tod Titos 1980 wurden in S. die Stimmen lauter, die eine Stärkung der Republiken gegenüber Belgrad forderten. Die Führung der kommunistischen Partei S.s unter dem Vorsitzenden Milan Kučan verfolgte seit etwa 1987 einen Kurs der Demokratisierung und Hinwendung zum westlichen Europa. Diese Entwicklung mündete in die Unabhängigkeit S.s.

Die Unabhängigkeit

Auslöser: Angesichts der serb.-jugoslaw. Vormachtpolitik von Slobodan Milŏsević, die durch die Aufhebung der Autonomie des Kosovo im Jahr 1988 besonders deutlich wurde, verstärkten sich in S. die Bestrebungen zur Lösung von Jugoslawien.

Freie Wahlen: Im Januar 1989 befürwortete die kommunistische Partei S.s die Einführung eines freiheitlichen Mehrparteiensystems; im September 1989 wurde die Staatsverfassung entsprechend geändert. Im Laufe des Jahres entstanden etwa 20 Parteien, die sich im April 1990 freien Parlamentswahlen stellten. Das bürgerliche Parteienbündnis »DEMOS« errang die absolute Mehrheit. Die Reformkommunisten gingen in die Opposition, siegten aber bei den gleichzeitigen Präsidentschaftswahlen mit ihrem Kandidaten Milan Kučan.

Unabhängigkeitserklärung: Am 23.12.1990 nahmen 85% der Wahlberechtigten an der Volksabstimmung über die Unabhängigkeit S.s teil. 88% von ihnen stimmten für die Souveränität des Landes. Im Januar 1991 beschloss das Parlament, dass die jugoslaw. Zentralregierung keine Souveränitätsrechte in S. mehr ausüben dürfe. Damit war der endgültige Bruch mit Belgrad besiegelt. Zur militärischen Absicherung des entstehenden Staates wurde eine slowen. Bürgerwehr gegründet; am 25.6. erklärte das Land seine Unabhängigkeit. Am 23.12. 1991 wurde die neue demokratische Verfassung für S. verabschiedet.

Zehn-Tage-Krieg: Zwei Tage nach der Unabhängigkeitserklärung vom 25.6.1991 setzte die Führung in Belgrad die jugoslaw. Volksarmee gegen S. ein. Im sog. Zehn-Tage-Krieg konnte sich S. mit seiner neuen Bürgerwehr behaupten. Bis Ende Oktober 1991 verließ die jugoslaw. Armee das Staatsgebiet S.s.

Ethnische Situation: Die friedliche Entwicklung S.s wird dadurch erleichtert, dass das Land – anders als die übrigen Staaten des früheren Jugoslawien – eine ethnisch und religiös weitgehend einheitliche Bevölkerungsstruktur besitzt.

Internationale Anerkennung

Rasche Anerkennung: Nachdem die Staaten der EG im Herbst 1991 mit mehreren Initiativen für ein Einlenken des serb. Präsidenten Milŏsević gescheitert waren, zeichnete sich bald eine Anerkennung der neuen Staaten S. und Kroatien ab. Vor allem auf die Initiative Deutschlands hin wurden die beiden Staaten am 15.1.1992 von allen Mitgliedsstaaten der Europäischen Gemeinschaft anerkannt.

Auf dem Weg in die EU: Erfolgreiche Wirtschaftsreformen seit 1992 haben S. ein ökonomisches Wachstum beschert, mit dem das Land eine Spitzenstellung unter den ost- und mitteleuropäischen Reformstaaten erreichte. Seit 1996 ist S. assoziiertes Mitglied der EU. Im Rahmen der »Agenda 2000« wurde S. am 30.3.1998 in den engeren Kreis der Beitrittskandidaten übernommen. Ein genauer Termin für den Beitritt steht noch nicht fest. *S. R.*

Dokument: Sloweniens Verfassung

Die Verfassung Sloweniens entspricht ausdrücklich dem westlichen Verfassungstypus: Sie bestimmt bereits in den ersten Artikeln die Grenzen staatlicher Macht gegenüber den Bürgern und der internationalen Staatengemeinschaft.

Art. 1: Die Republik Slowenien ist ein souveräner Staat, basierend auf dem dauernden und unveräußerlichen Recht des slowen. Volkes auf Selbstbestimmung.

Art. 2: In der Republik Slowenien geht die Gewalt vom Volke aus. Die Staatsbürgerinnen und Staatsbürger verwirklichen diese unmittelbar und bei Wahlen. Die Gewalt wird nach dem Prinzip der Gewaltenteilung in Gesetzgebung, Vollziehung und Gerichtsbarkeit ausgeübt.

Art. 3: Die Republik Slowenien ist ein Rechts- und Sozialstaat. (...)

Art. 5: Die Republik Slowenien wahrt die Menschenrechte und staatsbürgerlichen Freiheiten. (...)

Art. 7: Die Republik Slowenien achtet in ihren internationalen Beziehungen die Prinzipien der Charta der Vereinten Nationen und andere Prinzipien des Völkerrechts.

Die wichtigsten Parteien im 20. Jahrhundert

Name (Abkürzung)	*Politische Richtung*	*Gründung*
Fortschrittspartei	liberal	um 1890/1900
Slowen. Volkspartei	katholisch	um 1890/1900
Sozialistische Partei	sozialistisch	um 1890/1900
Bund der Kommunisten Sloweniens (ZKS)	kommunistisch	1937
Slowen. Christdemokraten (SKD)	liberal-konservative Volkspartei	1989
Sozialdemokratische Partei Sloweniens (SDS)	demokratische Linke	1989
Slowen. Nationalpartei (SNS)	rechtsradikal	1991
Slowen. Volkspartei (SLS)	konservativ	1992
Vereinigte Liste der Sozialdemokraten (ZLSD)	reformkommunistisch	1993
Liberale Demokratie Sloweniens (LDS)	linksliberales Parteienbündnis	1994

Somalia

Demokrat. Republik Somalia

Schon im 1.–2. Jt. v. Chr. war die Somaliküste besiedelt. Das Gebiet gilt als das in der Bibel erwähnte Land Punt, das schon den ägypt. Pharaonen Weihrauch lieferte. Im 7./8. Jh. drangen Araber und Perser in die Region vor und errichteten moslemische Stadtstaaten an der Küste, die von somal. Nomaden besiedelt war, während im Hinterland Oromo-Hirtenvölker und im Süden verschiedene Bantu-Völker lebten. Ab dem 14. Jh. breiteten sich die Viehzucht treibenden Somali von der Küste aus über das gesamte heutige Stammesgebiet aus, das nicht nur S., sondern auch den Staat Dschibuti sowie Teile von Äthiopien und Kenia umfasst. Zwischen dem 17. und 19. Jh. herrschte der Sultan von Oman (ab 1840 von Sansibar aus) über die Region. Als erste Europäer hatten schon die Portugiesen im 16. Jh. die Ostküste erreicht, aber erst mit dem Bau des Suezkanals 1859–69 gelangte das sog. Horn von Afrika aufgrund seiner strategisch günstigen Lage ins Blickfeld der Kolonialmächte.

Kolonialzeit

Um die Jahrhundertwende teilten Großbritannien, Frankreich und später auch Italien die Halbinsel unter sich auf. Durch die Unterzeichnung von sog. Schutzverträgen mit somal. Clans gelang es den Engländern und Franzosen, große Gebietsteile im Norden und Nordosten unter ihre Kontrolle zu bringen. Es entstanden die Kolonialgebiete Brit.-Somaliland (1887) und Französ.-Somaliland (1896). 1905 kaufte Italien dem Sultan von Sansibar dessen Besitzungen an der Südküste ab und erklärte die Region um die spätere Hauptstadt Mogadischu zur Kolonie Italien.-Somaliland, die erst 1923 mit militärischer Hilfe endgültig in Besitz genommen werden konnte. Die Herrschaft über den Ogaden, das Hinterland der Somali-Halbinsel, sicherte sich Äthiopien, während der somal. Siedlungsraum westlich des Djuba-Flusses dem Protektorat Brit.-Ostafrika (heute Kenia) angegliedert wurde. 1920 gelang es den Kolonialmächten, eine seit 1899 kämpfende antikoloniale islamische Widerstandsbewegung unter Mohammed ibn Abdullah Hassan endgültig zu zerschlagen. Nach der italien. Niederlage gegen Großbritannien im Zweiten Weltkrieg wurde Italien.-Somaliland ab 1941 der brit. Militärverwaltung unterstellt; 1950 wurde die ehemalige Kolonie als UN-Treuhandgebiet an Italien zurückgegeben.

Somalia 2000	
Landesfläche	637 657 km² (WR 41)
Einwohner	9,7 Mio (WR 79)
Hauptstadt	Mogadischu (1 Mio Einwohner)
Sprachen	Somali, Arabisch, Englisch
Währung	1 Somalia-Shilling (SoSh) = 100 Cents
Staatsform	Präsidiale Republik (seit 1979)
Religion	Moslems (99,8%); Christen (0,1%); Sonstige (0,1%)
Bevölkerung	Somalier (98,3%); Araber (1,2%); Bantu (0,4%); Sonstige (0,1%)

Somalia im 20. Jahrhundert	
1900	Das heutige Somalia ist in die drei Kolonialgebiete Brit.-Somaliland, Französ.-Somaliland und Italien.-Somaliland aufgeteilt.
1920	Endgültige militärische Niederlage einer antikolonialen Widerstandsbewegung unter Führung von Mohammed ibn Abdullah Hassan.
1941/42	Beendigung der italien. Herrschaft in Somalia durch den Sieg des Weltkriegsgegners Großbritannien.
1950	Rückgabe des ehemaligen Italien.-Somaliland an Italien als Treuhandgebiet der Vereinten Nationen.
1960	Unabhängigkeit (1.7.) der zusammengeschlossenen Gebiete Italien.-Somaliland und Brit. Somaliland zur Republik Somalia.
1963	Beginn sowjet. Militärhilfe gegen das von den USA unterstützte Äthiopien.
1964	Krieg gegen Äthiopien in der Ogaden-Region.
1969	Machtübernahme durch General Siyaad Barre.
1974	Freundschafts- und Kooperationsvertrag mit der UdSSR.
1976	Gründung der Einheitspartei Somali Revolutionary Socialist Party (SRSP).
1977	Angriffskrieg gegen Äthiopien im Kampf um die Ogaden-Region.
	Reorientierung zum Westen; Befreiung eines von Terroristen entführten Lufthansa-Jets durch bundesdeutsche GSG-9-Truppen in Mogadischu.
1982	Erste Militäraktionen von Barre-Gegnern.
1988	Beginn des Krieges gegen die Barre-Diktatur durch das Somali National Movement (SNM).
1989	Zusammenschluss von Barre-Gegnern im United Somali Congress (USC).
1991	Sturz Barres durch USC-Truppen; Vereidigung von Mohammed Ali Mahdi als Übergangspräsident; Beginn der Machtkämpfe zwischen rivalisierenden Rebellenverbänden um die Regierungsgewalt.
	International nicht anerkannte Unabhängigkeitserklärung von Somaliland.
1992	Formierung von Aidid-Fraktion und Verbündeten zur Somali National Alliance (USC-SNA); Militärintervention der USA unter UN-Mandat zur Bekämpfung von Hungerkatastrophen und Rebellenunwesen.
1993	Formierung der Ali-Mahdi-Fraktion Somali Salvation Alliance (USC-SSA).
1995	Scheitern der UNO-Mission durch andauernde Kämpfe, Truppenabzug.
1996	Intervention Äthiopiens gegen die mit Aidid verbündete militant-islamistische Miliz Al-Ittihad al-Islam, die Unabhängigkeit für den Ogaden fordert.
	Gewaltsamer Tod Mohammed Farah Aidids, Nachfolger an der Spitze der USC-SNA wird sein Sohn Hussein Mohammed Farah Aidid.
1997	Erfolgloses Friedensabkommen zwischen den rivalisierenden 26 Bürgerkriegsfraktionen, Bildung eines Nationalen Rettungsrats und einer Regierung der nationalen Einheit.
	Flutkatastrophe an den Flüssen Juba und Schebeli.
1998	Gründung der autonomen Region Puntland, Pläne für Regionaladministrationen in Banaadir und Jubaland.
1999	Schwere Kämpfe, neue Fluchtbewegungen, drohende Hungersnot, Cholera-Epidemie im Südwesten.
	Vorläufige Einstellung der internationalen Hilfsaktionen.

Millionen Zivilisten als Opfer des Bürgerkriegs

Flüchtlingselend: Nach dem Sturz des seit mehr als 20 Jahren diktatorisch regierenden Präsidenten Siyaad Barre (1991) hatte Somalia keine zentrale Regierung mehr. Der folgende blutige Bürgerkrieg verschärfte die ohnehin schwierige Versorgungslage im Land. In den 90er Jahren kamen Hunderttausende Menschen durch Krieg und Hungersnöte ums Leben. Zahlreiche Somali verließen ihre Heimatorte und versuchten die Küste oder das benachbarte Kenia zu erreichen. 1992 erfasste die Hungersnot das ganze Land, so dass die Vereinten Nationen erstmals militärisch in einen Konflikt eingriffen, ohne ihn allerdings wirksam eindämmen zu können. (Foto: Flüchtlingslager Baidowa, 1992)

Unabhängigkeit

Am 1.7.1960 schlossen sich das brit. und das italien. verwaltete Territorium zum unabhängigen Staat S. mit Mogadischu als Hauptstadt zusammen. Französ.-Somaliland wurde 1977 als Republik Dschibuti in die Unabhängigkeit entlassen. In der nach italien. Vorbild gestalteten parlamentarischen Demokratie S. übernahm Abdullah Osman das Amt des ersten Staatspräsidenten. Die Regierung führte Ministerpräsident Abdi Rashid Shermarke, der 1967 als Präsident nachfolgte. Neben der Einführung einer Schrift für die somal. Sprache stellte das neu gegründete Land die Zusammenführung aller Somali in einem Nationalstaat in den Vordergrund seiner Bemühungen. Die territorialen Ansprüche auf die im 19. Jh. von Äthiopien annektierte Region Ogaden, auf die Somali-Gebiete in Kenia und auf Französ.-Somaliland brachten S. in Konflikt mit seinen Nachbarstaaten und stürzten das ostafrikan. Land in den Strudel der globalen Auseinandersetzungen zwischen den beiden Weltmächten USA und UdSSR. 1963 erhielt S. die ersten sowjet. Waffenlieferungen gegen das von den Vereinigten Staaten aufgerüstete Äthiopien.

Einparteienstaat

Machtwechsel: Nachdem Präsident Shermarke bei einem Militärputsch 1969 ermordet worden war, übernahm ein Oberster Revolutionsrat unter der Führung von General Siyaad Barre die Regierungsgewalt, der die Demokratische Republik S. ausrief und dem Staat ein sozialistisches Gesellschaftssystem verordnete. Mit der Gründung der Somali Revolutionary Socialist Party (SRSP) wurde S. 1976 zum Einparteienstaat erklärt.

Natürliche Ressourcen: Die riesigen Weidegebiete für die nomadisch betriebene Viehzucht, die fast 70% der Landfläche einnehmen, und das Ackerland im Süden (2% der Landfläche) zwischen den Flüssen Juba und Schebeli gehören zu den wichtigsten Ressourcen von S. Mit der Unabhängigkeit des Staates entwickelte sich die Landwirtschaft zur Existenzgrundlage der Bevölkerung, zum Fundament der Wirtschaft und zum wichtigsten Devisenbringer zugleich. Vieh und Bananen avancierten zu den Hauptexportgütern, während Mais, Reis, Sorghum und Hülsenfrüchte vorwiegend für die Eigenversorgung angebaut wurden. Darüber hinaus verfügt S. über großflächige Waldbestände, die Weihrauch, Myrrhe und Gummiarabikum liefern. Die fischreichen Gewässer und Rohstoffvorkommen von Gold, Silber, Chrom, Mangan u.a. stellen ein bisher nicht oder nur unzureichend genutztes Wirtschaftspotenzial dar. Schon in seinen Anfängen war der unabhängige Staat S. ohne Auslandshilfe nicht existenzfähig.

Ogaden-Konflikt: Die wirtschaftliche Lage verschlechterte sich rapide mit dem Ausbruch des Ogaden-Kriegs. Nachdem die Streitigkeiten zwischen S. und Äthiopien um den Ogaden 1964 schon einmal zum Krieg eskaliert waren, brachen 1977 erneute Kämpfe um die zu Äthiopien gehörende Region aus. Nach Anfangserfolgen verlor S. 1978 den Krieg gegen das übermächtige Äthiopien, das von Kuba und der Sowjetunion gegen die somal. Invasion unterstützt wurde. Als Folge der Kapitulation strömte zusammen mit den geschlagenen somal. Truppen eine Flut von Flüchtlingen aus dem Ogaden nach S., die dort zu anderen Flüchtlinge stießen, welche infolge der großen Dürrekatastrophe 1973/74 nach S. gelangt waren. Die Gesamtzahl der vorwiegend in Sammellagern aufgefangenen Flüchtlingen überstieg zeitweise die Zahl von 1,5 Mio. Die Versorgung und Integrierung der Menschen stellte das zu den ärmsten Staaten der Welt gehörende S. vor unlösbare wirtschaftliche und soziale Probleme. Internationale Hilfeleistungen für die Hungernden in den Flüchtlingscamps wurden durch die in der Folgezeit zunehmenden Unruhen immer wieder blockiert.

Kursänderung: Im Zuge des Ogaden-Krieges brach S. die Kooperation mit der UdSSR 1977 ab und öffnete sich dem Westen. 1981 wurde in der nördlichen Stadt Berbera ein US-Stützpunkt gegründet. S.s Abkehr vom Ostblock war die Voraussetzung für umfangreiche bi- und multilaterale westliche Entwicklungshilfe, die jedoch gegen die ungünstigen, von außen gesteuerten Weltmarktbedingungen und gegen die Fehlplanungen und das Missmanagement im Inneren wenig ausrichten konnten. Entsprechend den Auflagen von Internationalem Währungsfonds (IWF) und Weltbank bemühte sich die Regierung mit mäßigem Erfolg, die sozialistischen Strukturen durch privatwirtschaftliche zu ersetzen.

Staatskrise: Obwohl die 1979 erstmals nach zehn Jahren wieder durchgeführten Parlamentswahlen die SRSP und damit Präsident Barre bestätigten, markierte die Niederlage im Ogaden-Krieg 1978 den politischen Niedergang des Barre-Regimes. 1982 mündete der Unmut seiner Gegner erstmals in Militäroperationen, die mit westlicher Unterstützung zunächst eingedämmt werden konnten. Die durch Flüchtlingsströme, Dürrekatastrophen und Grenzstreitigkeiten hervorgerufene wirtschaftliche Krise des Landes endete 1987 mit der Ausrufung des nationalen Notstands.

Bürgerkrieg

Aufstände: Überall im Land formierten sich von Clans und Stämmen getragene Aufstandsbewegungen, die sich 1989 im United Somali Congress (USC) zusammenschlossen. 1988 hatte das Somali National Movement (SNM) im Norden den Guerillakampf gegen das Regime in Mogadischu begonnen. Die Kampfhandlungen dehnten sich bald auch auf den Süden und die Zentralregion aus.

Umsturz: Nach Einnahme der Hauptstadt durch USC-Rebellen wurde Präsident Barre 1991 nach 22-jähriger Herrschaft gestürzt und die Verfassung von 1979, die S. zur präsidialen Republik bestimmte, außer Kraft gesetzt. Mohammed Ali Mahdi, ein Vertreter des Abgal-Subclans im Hawiye-Clan, ernannte sich selbst zum Übergangspräsidenten. Seine Machtposition wurde allerdings von seinem Kontrahenten Mohammed Farah Aidid, auch ein Hawiye, der ebenfalls die Führerrolle beanspruchte, nicht anerkannt.

Staatsoberhäupter Somalias

Reg.-Zeit	Name	Lebensdaten
1960–67	Abdullah Osman	1908–k. A.
1967–69	Abdi Rashid Shermarke	1919–1969
1969–91	Siyaad Barre	1921–1995
seit 1992	kein Präsident, Kämpfe zwischen rivalisierenden Clans	

Zerfall der staatlichen Ordnung: Ende 1991 eskalierte der Konflikt zum offenen Krieg zwischen den rivalisierenden Clanmilizen um die Herrschaft in Mogadischu und im gesamten Staatsgebiet, an dem zeitweise bis zu 14 verschiedene Rebellengruppen beteiligt waren. Die staatliche Ordnung brach zusammen, alle gewählten Staatsorgane wurden abgeschafft, so dass S. seitdem keine wirksame politische Außenvertretung besitzt. Ali Mahdi blieb als Interimspräsident ohne Amtsmacht und auch Aidids eigenmächtige Ernennung zum Staatschef (1995) hatte keine praktischen Auswirkungen. Der jahrelange blutige Bürgerkrieg forderte in seinem Verlauf Zehntausende von Opfern und verwüstete weite Gebietsteile im Süden von S.

Fraktionen: Die für das Ende von Barres Einparteienherrschaft verantwortliche USC hatte sich im Kampf um die Staatsmacht in mehrere

Siyaad Barre – 22 Jahre Herrscher über Somalia

Diktatur: Siyaad Barre (Foto) wuchs in einer Nomadenfamilie auf und trat 1941 in die Polizeitruppe des Landes ein. Nach dem Besuch einer Militärschule in Italien wurde er 1960 nach der Unabhängigkeit als Oberst stellvertretender Befehlshaber der neu gegründeten Somalischen National-Armee. 1965 stieg er zum Brigadegeneral und Armeechef auf, im folgenden Jahr wurde er unter dem damaligen Präsidenten Abdullah Osman zum Generalmajor befördert. Nach der Ermordung von Präsident Shermake stellte sich Barre 1969 an die Spitze eines unblutigen Putsches. Er setzte die Verfassung des Landes außer Kraft und errichtete in den 70er Jahren eine sozialistische Einparteiendiktatur in Somalia. 1991, nach 22 Jahren unumschränkter Herrschaft, wurde Barre gestürzt.

UN-Einsatz: Soldaten der UN-Truppen stürmten 1993 das Hauptquartier des somal. Clanführers Mohammed Aidid in der Hauptstadt Mogadischu.

Fraktionen gespalten, die sich im Laufe der Jahre zu immer neuen Koalitionen zusammenfanden. Zu den wichtigsten politisch-militärischen Gruppierungen zählten die 1992 unter Aidid entstandene Spaltung Somali National Alliance (USC-SNA) und die 1993 von Ali Mahdi gegründete Somali Salvation Alliance (USC-SSA), die sich zu den Hauptkontrahenten des Bürgerkriegs entwickelten. Nach dem Tod Mohammed Farah Aidids, der 1996 an den Folgen einer Schussverletzung gestorben war, folgte sein Sohn, Hussein Mohammed Farah Aidid, als Präsident des USC-SNA nach.

Die wichtigsten Bürgerkriegsparteien

Name (Abkürzung)	*Politische Richtung*	*Gründung*
Somali Revolutionary Socialist Party (SRSP)	bis 1991 Einheitspartei unter Diktator Siyaad Barre als Generalsekretär	1976
United Somali Congress (USC)	Zusammenschluss von Gegnern des Barre-Regimes aus dem Hawiye-Clan	1989
Somali National Alliance (USC-SNA)	Fraktion des USC unter Führung von Mohammed Farah Aidid (bis 1996), Nachfolge durch seinen Sohn Hussein Mohammed Farah Aidid	1991
Somali National Front (SNF)	Gruppe von Ex-Präsident Barre, unter Führung von Omar Haji Masaleh, Krieg gegen SPM	1991
Somali Salvation Alliance (USC-SSA)	Fraktion des USC unter Führung von Mohammed Ali Mahdi	1991
Al-Ittihad al-Islam	militant-islamistische Gruppierung, Ziel: Vereinigung aller Somali in einem Zentralstaat, vom Sudan unterstützt, von Äthiopien bekämpft	1995
Somali National Alliance (USC-SNA)	Abspaltung von Aidids SNA unter Osman Ali Ato, 1996 im Bündnis mit der SSA gegen Aidids SNA	1995
Somali Patriotic Movement (SPM)	unter Führung von General Mohammed Siad Hersi Morgan, Krieg gegen Aidid und Verbündete	1996
Somali Salvation Democratic Front (SSDF)	unter Führung von Abdullah Yussuf Ahmed, Präsident der Puntland-Regionaladministration seit 1998	1996
Somali Democratic Movement (SDM)	unter Führung von Abdulkadir Muhammad Adan, Kämpfe gegen Aidid-Milizen und Verbündete in Bay- und Bakool-Region	1997

Sezession: Das ehemalige brit. Protektorat Somaliland im Nordwesten von S. erklärte sich 1991 einseitig unabhängig. Zum Präsidenten der international nicht anerkannten Republik wurde 1993 Mohammed Ibrahim Egal vom Somali National Movement (SNM) bestimmt. Während sich der Bürgerkrieg im Staatsgebiet immer weiter ausbreitete, blieb die Region von den Kampfhandlungen weitgehend verschont und erreichte eine relative Stabilität mit funktionierenden politischen und wirtschaftlichen Strukturen. Zunächst wurde Somaliland von einem 140-köpfigen Zentralkomitee regiert, bis 1997 ein Zweikammerparlament gebildet wurde.

UNO-Mission: Angesichts einer Hungerkatastrophe, die 1992 das ganze Land ergriff, sah sich die UNO gezwungen, in einem Krisengebiet erstmals in großem Umfang militärisch einzugreifen. Die zunächst unter US-amerikan. Kommando durchgeführte Aktion, die im Dezember 1992 startete, hatte das Ziel, die Verteilung der Hilfsgüter an die Hungernden zu organisieren, die Entwaffnung der rivalisierenden Rebellengruppen und Banden zu überwachen und beim wirtschaftlichen und politischen Wiederaufbau zu helfen. Nach einem Anschlag von Aidid-Rebellen im Juni 1993, bei dem 24 pakistan. Soldaten getötet wurden, gewann die Friedensmission immer stärker den Charakter eines militärischen Konflikts zwischen UNO und Aidid-Rebellen. Nachdem die Bildung einer Regierung der nationalen Einheit gescheitert war, zogen sich die UNO-Soldaten 1995 aus S. zurück, ohne zur Befriedigung des Landes beigetragen zu haben. Durch nachweisliche Folterungen und Tötungen von Gefangenen sowie Vergewaltigung von Frauen durch italien. Elitesoldaten 1993 geriet die UNO-Mission nachträglich in die Kritik.

Wirtschaftsruin: Die schon vor Ausbruch der Kämpfe labile Wirtschaft des Landes wurde durch den langjährigen Bürgerkrieg und der damit verbundenen Zerstörung sowie dem massenhaften Tod, der Flucht und Vertreibung erheblicher Teile der Bevölkerung gänzlich zerstört. Während in Somaliland ab 1991 ein eigenständiger Wirtschaftsraum entstand, erlebte das übrige S. eine gewaltsame Regionalisierung seiner Wirtschaftsstruktur. Als einzelne Landesteile, die zur Beute der dort jeweils herrschenden Warlords wurden, bildeten sich drei Großräume heraus: Mogadischu und Umgebung, ein städtisch geprägtes Gebiet mit modernen Strukturen und den Zweigen Handel, Handwerk, Gewerbe und Dienstleistungen; der Nordosten mit der ökonomischen Basis Viehzucht; der Süden mit Ackerbau und Viehzucht. Durch schwere Regenfälle, die 1997/98 weite Teile des Landes unter Wasser setzten, verschlechterte sich die ohnehin prekäre wirtschaftliche Lage der Bevölkerung weiter.

Friedensbemühungen

Abkommen: Bis zur Jahrtausendwende blieben diverse, meist auf internationale Vermittlung zustande gekommene Friedenskonferenzen der somal. Kriegsparteien erfolglos. Sie scheiterten immer wieder an der Tatsache, dass mindestens eine der mächtigsten Gruppierungen den Treffen fern blieb. Die Abkommen führten daher bestenfalls zu Teillösungen, nicht aber zur Befriedung des ganzes Landes oder zur Wiederherstellung einer staatlichen Zentralgewalt. Nachdem auch die Bildung eines »Nationalen Rettungsrates« (National Salvation Council, NSC) und das Abkommen von 26 Rebellenführern über die Bildung einer Regierung der nationalen Einheit 1997 keine sichtbaren Erfolge gezeitigt hatten, standen 1998 Bemühungen im Vordergrund, administrative Strukturen im regionalen Rahmen wieder aufzubauen.

Regionalbünde: Die politische Stabilität der seit 1991 einseitig unabhängigen Republik Somaliland als Vorbild vor Augen, gründete sich Mitte 1998 im Nordosten die autonome Region Puntland. Sie etablierte eine Präsidialstruktur sowie ein Regionalparlament mit 69 Abgeordneten und wählte Oberst Abdullahi Yussuf Ahmad zum Präsidenten. Kurze Zeit später verkündeten Ali Mahdi und Aidid die Absicht, in der bereits bestehenden Region Banaadir im Großraum Mogadischu eine einheitliche Verwaltung wieder herzustellen. Im Südwesten von S. wurde die Gründung eines autonomen »Jubaland« beabsichtigt.

Während die Pläne für Bannadir und Jubaland aufgrund von schwelender Gewalt zunächst nicht umgesetzt werden konnten, gelang in Puntland die Durchsetzung eines Mindestmaßes staatlicher Autorität. Im Unterschied zu Somaliland schloss Puntland eine Trennung von S. kategorisch aus und verstand seine Bemühungen als eine Möglichkeit, über föderale Strukturen die Bildung einer neuen Zentralgewalt zu erreichen. *B.L.*

Chronik der UN-Operationen in Somalia

Rückzug von UNO-Truppen

Kontingent	Abzug
Deutschland	31. 03. 1994
USA	31. 03. 1994
Afrika/Asien	31. 03. 1995

Clangebiete *ABGAL*

1) Einflußreichste Gruppe des Hawiye-Clans (Präsident Ali Mahdi)

Sept. 1992:	Beginn der Blauhelmoperation UNOSOM I mit 550 pakistan. Soldaten; Scheitern des Einsatzes im November 1992.
Dez.1992:	Im Rahmen der von den USA geleiteten Operation »Hoffnung« (UNITAF) erreichen etwa 37 000 Soldaten aus 20 Ländern Somalia.
4.5.1993:	Die USA übergibt das Kommando der internationalen Eingreiftruppe an die UNO (UNOSOM II, Stärke: bis zu 23 000 Soldaten aus insgesamt 27 Ländern).
5.6.1993	Milizen von General Mohammed Farah Aidid töten 24 pakistan. Blauhelm-Soldaten in Mogadischu.
7.6.1993:	UNO-Resolution 837 bestimmt die strafrechtliche Verfolgung der Schützen; ein Kopfgeld in Höhe von 25 000 US-Dollar wird auf die Ergreifung von Aidid ausgesetzt.
12.6.1993:	UNO-Luftangriffe gegen Aidids Waffenlager, 20 somal. Demonstranten werden Opfer eines Blauhelmeinsatzes.
12.7.1993:	Hubschrauberangriff auf Aidid-Stellung fordert 20 Menschenleben; Mord an vier westlichen Journalisten als Racheakt.
14.7.1993:	Kritik Italiens an den US-Angriffen in Mogadischu; Verlegung der italien. Truppen nach Norden.
8.8.1993:	Tod von vier US-Soldaten durch Landminen
12.8.1993:	Die USA schicken zur Ergreifung von Aidid eine Eliteeinheit.
25.9.1993:	Bei einem Raketenangriff von Aidid-Milizen sterben drei US-Soldaten.
3.10.1993:	Während eines 15-stündigen Gefechts mit Aidid-Rebellen werden 18 US-Soldaten getötet und 70 verletzt. Der Kongress setzt US-Präsident Bill Clinton unter Druck und fordert den sofortigen Truppenabzug aus Somalia.
12.11.1993:	Der Haftbefehl gegen Aidid vom Juni 1993 wird aufgehoben.
17.12.1993:	Abzug der ersten US-Soldaten; auch Belgien, Frankreich und Schweden ziehen ihre UN-Truppen-Kontingente ab.
31.3.1994:	Vollständiger Abzug der US-Soldaten; auch die italien., türk. und deutschen Blauhelm-Soldaten verlassen Somalia.

Sowjetunion

Obwohl die S. formell erst am 30. Dezember 1922 gegründet wurde, wird – wie allgemein üblich – der Zeitraum von 1917 bis 1922 hier unter »Sowjetunion« und nicht unter »Russland« abgehandelt.

Union der Sozialist. Sowjetrepubliken

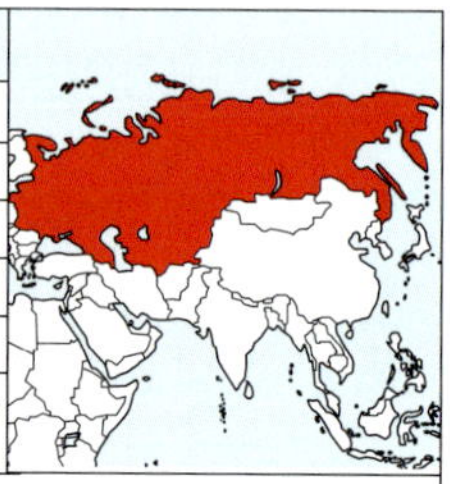

Landesfläche	22 402 200 km² (WR 1)
Einwohner	290,1 Mio (WR 3)
Hauptstadt	Moskau (8,8 Mio Einw.)
Sprache	Russisch
Währung	1 Rubel (Rbl.) = 100 Kopeken
Gliederung	15 Unionsrepubliken sowie u. a. 20 Autonome Republiken, 8 Autonome Gebiete
Religion	Russ.-Orthodoxe (31%), Moslems (11%), Konfessionslose
Bevölkerung	Russen (52%) und insgesamt 120 andere Volksgruppen, darunter 20 mit mehr als 1 Mio Menschen

»Komsomol«: Jugend hilft beim Aufbau der Sowjetunion

»Komsomol« war die Abkürzung für den 1918 gegründeten »Leninschen Kommunistischen Allunionsbund der Jugend«, der Nachwuchsorganisation der Bolschewiki. Der Komsomol spielte in den 20er und 30er Jahren eine wichtige Rolle beim Aufbau der Sowjetunion und bei der Erziehung der Jugend zum Kommunismus. Unter seiner Leitung stand auch die Kinder- bzw. Jugendorganisation der »jungen Pioniere« und an den Hochschulen übernahm der Komsomol die Koordinierung der obligatorischen Arbeitseinsätze der Studenten. Während der ersten Fünfjahrpläne vollbrachten die Mitglieder des Komsomol (1929: 2,3 Mio) unter persönlichem Einsatz erhebliche ideelle und materielle Arbeitsleistungen auf den Großbaustellen des Landes. Ihr Eifer und ihre große Begeisterung wurden auch bei der Erschließung Sibiriens und der Neulandgewinnung in der kasach. Steppe ausgenutzt, wo sie zahlreiche neue Siedlungen gründeten (am bekanntesten ist die Stadt Komsomolsk am Amur mit 1991 ca. 250 000 Einwohnern). Während des Zweiten Weltkriegs wurden die Komsomolzen auch zum Einsatz im Partisanenkrieg herangezogen. In der Nachkriegszeit wandelte sich der Komsomol (1982 über 40 Mio Mitglieder) immer mehr zu einer bloßen »Kaderschmiede« für die Nomenklatura. (Foto: Baustelle des großen Kanals von Fergana zwischen Kirgistan, Usbekistan und Tadschikistan, 1939)

Revolution und Bürgerkrieg

Oktoberrevolution: Nachdem die Bolschewiki im September 1917 die Mehrheit im Petrograder Sowjet erlangt hatten, waren die Voraussetzungen für den Sturz der Provisorischen Regierung geschaffen. Der Vorsitzende des Sowjets, Leo Trotzki, übernahm die Befehlsgewalt über die rund 150 000 Mann starke Petrograder Garnison. In der Nacht zum 8.11.1917 (nach dem damals in Russland gültigen julianischen Kalender der 25.10.1917) besetzten bewaffnete Arbeitergarden und Soldaten strategisch wichtige Punkte der Hauptstadt einschließlich des Winterpalais und erklärten die dort tagende Provisorische Regierung für abgesetzt. Ein »Rat der Volkskommissare« unter Vorsitz von Lenin übernahm die Regierungsgeschäfte und setzte Wahlen zu einer Konstituierenden Versammlung an.

Konstituierende Versammlung: Als aus den Wahlen die Sozialrevolutionäre mit über 50% der Stimmen als Sieger hervorgingen (die Bolschewiki hatten nur 25% erhalten), hinderten die Bolschewiki im Januar 1918 mit Hilfe ihrer Arbeitergarden die Konstituierende Versammlung am Zusammentritt. Mit dem Verbot der Sozialrevolutionären Partei, das bald folgte, war die politische Machtergreifung der Bolschewiki abgeschlossen.

Friede von Brest-Litowsk: Am 15.12.1917 vereinbarte der Rat der Volkskommissare einen Waffenstillstand mit den Mittelmächten und trat in Verhandlungen über einen Sonderfrieden ein. Dabei waren die Bolschewiki zunächst untereinander uneins, da einige ihrer Führer den Krieg fortsetzen wollten, um die Revolution nach Westeuropa zu tragen. Angesichts eines neuen Vormarsches der Reichswehr setzte Lenin schließlich die Unterzeichnung des Friedens von Brest-Litowsk am 3.3.1918 durch, durch den Russland Finnland, Kurland, Polen, die Ukraine und Teile des Kaukasus verlor.

Bürgerkrieg: Nach dem Ausscheiden aus dem Krieg konzentrierten sich die Bolschewiki auf den Machterhalt im eigenen Land. Bereits im Januar 1918 hatte sich der erste bewaffnete Widerstand unter den Kosaken Südrusslands formiert. Bald sprang der Funke nach Sibirien und Mittelasien über. Während die »Weißen«, wie die Bolschewiki ihre Gegner nannten, im Westen bei den Mittelmächten Rückhalt suchten, fanden sie in den übrigen Regionen Unterstützung bei der Entente, die 1918 sogar Interventionstruppen nach Russland entsandte. Aus diesem Grund sahen sich die Bolschewiki Ende 1918 plötzlich auf ein

Links: »Du« – Plakat von 1920 zur Anwerbung von Freiwilligen für die Rote Armee.

Oben: Wladimir I. Lenin 1920 auf dem Theaterplatz in Moskau. Rechts neben dem Podium Leo Trotzki.

Gebiet zurückgeworfen, das nur noch von der Wolga bis zur Ostukraine reichte.

Militärische Siege: Dass sich die Rote Armee schließlich dennoch durchsetzen konnte, verdankte sie der Tatsache, dass ihre Gegner unkoordiniert vorgingen und selbst die unterschiedlichsten politischen Ziele verfolgten. Ab 1919 konnten die Bolschewiki die untereinander zerstrittenen »Weißen« und die zahlreichen lokalen Bauernaufstände allmählich niederringen. Die Eroberung der Ukraine, Weißrusslands, des Kaukasusgebiets und von Zentralasien wurde bis Ende 1921 abgeschlossen, während der Krieg im Fernen Osten erst 1922 sein Ende fand.

Kriegskommunismus: Um die Arbeiter der Städte und die Rote Armee während des Bürgerkriegs zu ernähren, verstaatlichten die Bolschewiki alle Produktionsmittel und errichteten eine Produktions- und Versorgungsdiktatur. Dieser äußerst rigide »Kriegskommunismus« provozierte zahlreiche offene Aufstände und passiven Widerstand in der Bauernschaft und auch der Unmut in der Arbeiterschaft über die sich verschlechternden Lebensverhältnisse häufte sich.

Neue Ökonomische Politik: Der Matrosenaufstand in Kronstadt und die andauernden Bauernaufstände veranlassten Lenin im Jahr 1921 zu einer politischen Wende. Mit der »Neuen Ökonomischen Politik« (NEP), die bald zur spürbaren Verbesserung der Versorgungslage und zur Stabilisierung der innenpolitischen Verhältnisse führte, wurde wieder ein freier Binnenhandel zugelassen und die bisherige Praxis der gewaltsamen Beschlagnahme von Lebensmitteln bei den Bauern aufgegeben.

Die Gründung der Sowjetunion

Der Unionsvertrag: Die Oktoberrevolution wurde formell erst durch die Gründung der »Union der Sozialistischen Sowjetrepubliken« (UdSSR) am 27.12.1922 abgeschlossen. Im Juli 1918 wurde die Verfassung der Russ. Sozialistischen Föderativen Sowjetrepublik (RSFSR) beschlossen, in der 1920–23 insgesamt 17 autonome Gebiete für nationale Minderheiten eingerichtet wurden. Nach der Rückeroberung der Ukraine, Weißrusslands und des Kaukasus wurden die dort inzwischen

Zentrum der Macht – das Politbüro

Das Politbüro – kurz für »Politisches Büro des Zentralkomitees« – war das Führungsgremium der Kommunistischen Partei der Sowjetunion, das laut sowjet. Verfassung die Regierung zu kontrollieren hatte. Das Politbüro war damit das höchste Machtorgan der Sowjetunion. Es bestimmte die politischen Leitlinien und es war faktisch die höchste richterliche Instanz. Alle wichtigen Entscheidungen der Partei, der Gewerkschaften oder der staatlichen Behörden bedurften einer Bestätigung durch das Politbüro. Die 14 (1987) Mitglieder des Politbüros wurden von den (zuletzt etwa 300) Mitgliedern des Zentralkomitees (ZK) gewählt, dem höchsten Gremium der Kommunistischen Partei zwischen den Parteitagen. In den Anfangsjahren der Sowjetunion wurde dieses ständig tagende Gremium rasch zum wichtigsten Führungsorgan des sowjet. Staates, in dem alle wichtigen Grundsatzfragen diskutiert und entschieden wurden. Mit dem Aufstieg von Josef Stalin zum unbestrittenen »Woschd« (»Führer«) 1929 verlor das Politbüro jedoch viel von seiner politischen Bedeutung. Nach Stalins Tod wurde das 1952 offiziell in »Präsidium des ZK« umbenannte Gremium mehrfach reorganisiert und gewann – im Zuge der kollektiven Führung – zum Teil die ursprüngliche Macht wieder zurück. Der Erste Sekretär (bzw. Generalsekretär) des ZK war zugleich der Vorsitzende des Politbüros (bzw. des Zentralkomitees).

Wechselnde Namen der Kommunistischen Partei

bis 1918	»Sozialdemokratische Arbeiterpartei Russlands (Bolschewiki)«
1918–22	»Russ. Kommunistische Partei (Bolschewiki)«
1922–52	»Allunionsweite Kommunistische Partei (Bolschewiki)«
1952–91	»Kommunistische Partei der Sowjetunion«

Die Sowjetunion im 20. Jahrhundert (1917/1922–91)	
1917	Oktoberrevolution, Machtübernahme durch die Bolschewiki.
1918	Friede von Brest-Litowsk beendet den Krieg mit den Mittelmächten.
	Beginn des russ. Bürgerkriegs (bis 1922).
1921	Einführung der Neuen Ökonomischen Politik (NEP, bis 1927).
1922	Vertrag von Rapallo – Beginn der deutsch-sowjet. Zusammenarbeit (16.4.).
	Gründung der Sowjetunion.
1924	Tod Lenins (21.1.); Beginn des Nachfolgekampfes (bis 1929).
1928	Beginn des ersten Fünfjahrplans, Zwangskollektivierung der Landwirtschaft.
1932	Nichtangriffspakt mit Polen.
	Vertrag mit Frankreich (beendet die deutsch-sowjet. Zusammenarbeit).
1934	Ermordung von Sergei Kirow, Beginn des »großen Terrors« (bis 1938).
1935	Beistandspakt mit Frankreich.
1936	Unterstützung der span. Regierung im Bürgerkrieg (bis 1939).
1938	Grenzkrieg mit Japan (bis Mitte 1939).
1939	Nichtangriffspakt mit dem Deutschen Reich besiegelt das Ende Polens und der balt. Staaten (»Hitler-Stalin-Pakt«).
	Annexion von Ostpolen; »Winterkrieg« mit Finnland.
1940	Rote Armee marschiert in Estland, Lettland und Litauen ein.
1941	Nichtangriffspakt mit Japan; deutscher Angriff auf die Sowjetunion.
1942	Schlacht von Stalingrad leitet die Wende im Zweiten Weltkrieg ein.
1943	Konferenz von Teheran.
1945	Rote Armee erobert Berlin, Ende des Zweiten Weltkriegs in Europa.
	Konferenzen von Jalta und Potsdam.
	Sowjetunion greift Japan an; Ende des Kriegs in Asien.
1946	»Fulton-Rede« von Winston Churchill; Beginn des »Kalten Kriegs«.
1948	Blockade von Westberlin (bis Mai 1949).
1949	Gründung des »Rats für gegenseitige Wirtschaftshilfe« (RGW).
	Zündung der ersten sowjet. Atombombe.
1952	Stalin-Note: Stalin bietet Wiedervereinigung Deutschlands gegen Garantie der Neutralität des neuen Gesamtstaates an.
1953	Tod Stalins; Nikolai Chruschtschow wird Erster Sekretär des ZK der KPdSU.
1955	Gründung der NATO und des Warschauer Paktes.
1956	Chruschtschow leitet Entstalinisierung ein; Intervention in Ungarn.
1962	»Kubakrise« zwischen Sowjetunion und USA wegen Stationierung sowjet. Mittelstreckenraketen auf Kuba.
1963	Vertrag über die Beendigung von Atomwaffentests in der Atmosphäre zwischen den USA und der Sowjetunion; Beginn der Entspannungspolitik.
1964	Leonid Breschnew wird Erster Sekretär (ab 1966 Generalsekretär) des ZK.
1968	Einmarsch sowjet. Truppen in die ČSSR; Ende des »Prager Frühlings«.
1972	ABM- und SALT-I-Vertrag mit den USA.
1975	Unterzeichnung der Schlussakte der »Konferenz für Sicherheit und Zusammenarbeit in Europa« (KSZE) in Helsinki.
1979	Abschluss des SALT-II-Vertrags mit den USA.
	Sowjet. Truppen besetzen Kabul; Beginn des Afghanistankriegs (bis 1989).
1982	Juri Andropow wird Generalsekretär des ZK des KPdSU.
1985	Michail Gorbatschow wird Generalsekretär des ZK der KPdSU.
1987	Gorbatschow beginnt die Politik von »Perestroika« und »Glasnost«.
	INF-Vertrag (Begrenzung der Mittelstreckenraketen) mit den USA.
1988	Ethnische Unruhen im Kaukasus und in Mittelasien.
1989	Die letzten sowjet. Truppen verlassen Afghanistan; Fall der Berliner Mauer.
1990	Bei Wahlen zum Obersten Sowjet gewinnen Reformer die Mehrheit.
1991	Putschversuch gegen Gorbatschow wird abgewehrt.
	Alle Teilrepubliken der Sowjetunion proklamieren ihre Unabhängigkeit.

etablierten Sowjetrepubliken mit der RSFSR zu einer Union zusammengeschlossen. Grundlage des Unionsvertrages waren die während des Bürgerkriegs 1920 mit den Sowjetrepubliken Ukraine und Weißrussland geschlossenen Bündnisverträge, die auf die neu gegründete Transkaukas. Sowjetrepublik (1936 Teilung in Armenien, Aserbaidschan und Georgien) übertragen wurde. Durch Ausgliederungen und Teilungen wuchs die Anzahl der Sowjetrepubliken bis 1936 auf 15 an.

Außenpolitik: Mit dem Rapallo-Vertrag vom 16.4.1922, in dem Deutschland und die S. einander diplomatisch anerkannten (und u. a. die Zusammenarbeit auf militärischem Gebiet vereinbarten), tat die S. den ersten Schritt aus der diplomatischen Isolation. Die diplomatische Anerkennung durch Großbritannien, das bald ein wichtiger Handelspartner wurde, folgte 1924. Das Verhältnis zu den kapitalistischen Nachbarn blieb jedoch gespannt – nicht zuletzt, weil die S. über die im März 1919 gegründete »Kommunistische Internationale« Einfluss auf die Arbeiterbewegung und damit die Innenpolitik dieser Staaten nahm.

Stalins Aufstieg

Lenins Tod: Am 26.5.1922 erlitt Lenin einen Schlaganfall. Schon damals war klar, dass als Nachfolger nur Josef Stalin oder Leo Trotzki in Betracht kamen. Stalin, der seit Frühjahr 1922 Sekretär des Zentralkomitees war und dadurch den Parteiapparat beherrschte, verfügte von Anfang an über die bessere Position. Noch vor dem Tod Lenins am 21.1.1924 begann Stalin mit Angriffen auf den ihm auch persönlich verhassten Konkurrenten.

Machtkampf: Stalin schloss sich vorübergehend mit Leo Kamenew und Grigori Sinowew zusammen und zwang Trotzki, aus der Regierung auszuscheiden. Kamenew und Sinowjew, denen Stalin zu mächtig werden drohte, verbündeten sich kurz darauf wiederum mit Trotzki. Der erbitterte Machtkampf an der Parteispitze endete erst Anfang 1928, als Stalin im Zentralkomitee den Parteiausschluss der von ihm so genannten »linken Opposition« durchsetzte. Trotzki selbst ging über die Türkei und Finnland ins mexikan. Exil. Zwei Jahre später entledigte Stalin sich seiner Helfer von 1927, der Gruppe um Nikolai Bucharin und Alexei Rykow, die im November 1929 als »rechte Opposition« aus dem Politbüro ausgeschlossen wurden. Von diesem Zeitpunkt bis zu seinem Tod 1953 herrschte Stalin als unbestrittener Führer (»Woschd«) über Partei und Staat.

Die Zeit der Vorkriegsfünfjahrpläne

Fünfjahrpläne: Stalins Aufstieg zog einen radikalen Wechsel in der gesamten Politik nach sich und bedeutete das Ende der Neuen Ökonomischen Politik. Pläne zum systematischen Aufbau einer Schwerindustrie gab es bereits seit Mitte der 20er Jahre. Nachdem jedoch die Stalin'sche Führung 1928 den Beginn des ersten Fünfjahrplans verkündet hatte, wurden Planziele immer wieder bis in aberwitzige Höhen nach oben korrigiert. Von Enthusiasmus für den »sozialistischen Aufbau« war deshalb nur eine Minderheit kommunistischer Arbeiter erfasst. Die Führung reagierte mit einer repressiven Arbeitsgesetzgebung und dem Ausbau des Lagersystems (GULag) zur Ausbeutung von Zwangsarbeit. Zwar gelang es bis zum Vorabend des Zweiten Weltkriegs, die S. von einem rückständigen Agrarland in einen Industriestaat zu verwandeln, doch geschah dies auf Kosten breiter Bevölkerungsschichten, die einen erheblichen Rückgang des Lebensstandards hinnehmen mussten.

Kollektivierung: Im Dezember 1927 beschloss die Partei die Zusammenfassung individueller Bauernwirtschaften zu Kollektiven (russ. Kolchosen). Man erhoffte sich dadurch einen besseren Zugriff auf die Agrarproduktion, die zur Ernährung der rasch wachsenden Städte und für Exportzwecke benötigt wurde. Als die Bauern wenig Interesse am freiwilligen Beitritt in die Kolchosen zeigten, griff die Führung zu repressiven Mitteln. »Verweigerer« wurden zu »Kulaken« (reichen Großbauern) erklärt (ohne dabei jedoch besonders reich zu sein) und mit ihren Familien in entlegene Regionen deportiert, um so die Zurückgebliebenen einzuschüchtern. Allein 1930 kam es zu rund 14 000 lokalen Bauernaufständen. Die bürgerkriegsähnlichen Zustände auf dem Land und der Rückgang der Saatflächen führten 1932–33 zu einer Hungersnot, bei der etwa 6 Mio Bauern starben.

Der »große Terror«: Am 1.12.1934 wurde Sergei Kirow, der Parteisekretär von Leningrad ermordet. Der Attentäter, ein enttäuschter Kommunist, wurde zwar unmittelbar nach der Tat festgenommen, doch diente der Mord als Vorwand für eine umfassende »Säuberung« der Partei von »parteischädigenden Elementen«. Viele ehemalige Spitzenfunktionäre und Opponenten Stalins wie Bucharin, Kamenew oder Sinowjew wurden in den Jahren 1936–38 vor Gericht gestellt und in großen Schauprozessen als »Verräter« und »Spione« zum Tode verurteilt und hingerichtet. Gleichzeitig entstand in der Gesellschaft ein Klima der Massenhysterie, in dem sich sogar Nachbarn, Kollegen und Familienmitglieder gegenseitig denunzierten. Hunderttausende einfacher

Die Führungsriege der Bolschewiki: Wladimir I. Lenin (M.) mit seinem Nachfolger Josef W. Stalin und Michail I. Kalinin (r.), der von 1919 bis zu seinem Tod 1946 als nominelles Staatsoberhaupt der Sowjetunion amtierte.

Stichwort: Stachanow-Bewegung

Kommunistische »Aktivisten« organisierten in den 30er Jahren eine Bewegung zur Steigerung der Arbeitsproduktivität in den Betrieben. Der Name der Bewegung geht zurück auf den Hauer Alexei Stachanow, der nach intensiver Vorbereitung und mit Unterstützung einer Reihe ausgewählter Helfer am 31.8.1935 in einer Kohlengrube im Donbass in einer Schicht 102 Tonnen Kohle förderte und damit die gültige Arbeitsnorm um das Dreizehnfache überbot. Unter Berufung auf diesen Erfolg wurde in den folgenden Jahren in der Sowjetunion in allen Betrieben eine Rekordbewegung zur Steigerung der Arbeitsleistungen veranstaltet und die »Stachanowisten« mit Vergünstigungen belohnt. Ursprünglich, als die Bewegung noch von überzeugten Aktivisten selbst getragen wurde, wandte sie sich nicht nur an Arbeiter, sondern richtete sich auch gegen »träge« Betriebsleitungen, die der Planerfüllung im Wege standen. Doch die Freiwilligkeit ging rasch verloren. Die Stachanow-Bewegung verkam zu einem Schlagwort der Propaganda und diente nur noch der maximalen Ausbeutung der Arbeitskraft.

Stichwort: Der große Archipel GULag

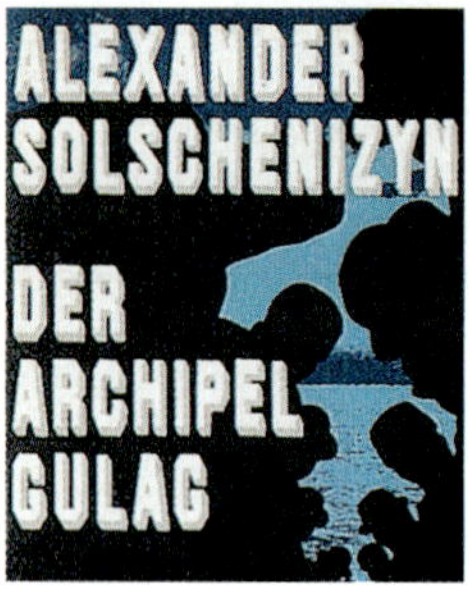

Der GULag (Abkürzung für »Hauptverwaltung der Arbeits-Besserungslager«) wurde 1934 gegründet. Er war dem Innenministerium unterstellt und verwaltete sämtliche Straflager in der UdSSR. 1935 unterstanden ihm knapp 1 Mio Gefangene. In den nächsten Jahren wurde das Lagersystem weiter ausgebaut und gliederte sich bald in mehr als ein Dutzend großer Komplexe mit jeweils mehr als 100 000 Häftlingen. Anfang 1941 unterstanden dem GULag etwa 2 Mio Gefangene, davon waren etwa ein Viertel bis ein Drittel politische Häftlinge. 1953 hatte das Lagersystem seine größte Ausdehnung mit etwa 2,5 Mio Häftlingen und knapp 3 Mio »Sondersiedlern« (Angehörigen deportierter Völker und sonstige Zwangsverschickte, die unter Beobachtung des Innenministeriums standen). Nur Wochen nach Stalins Tod im März 1953 setzte eine große Entlassungswelle ein und bis zum Sommer desselben Jahres war etwa die Hälfte der Gefangenen freigelassen worden. Die vollständige Auflösung des GULag zog sich noch bis Ende der 50er Jahre hin. Mit seinem dreibändigen dokumentarischen Roman »Der Archipel GULag« (1973) schuf Nobelpreisträger Alexander Solschenizyn, selbst ein ehemaliger Häftling, den etwa 20 Mio Menschen, die im Lauf zweier Jahrzehnte in den Lagern Zwangsarbeit leisteten (und ihr Leben verloren), ein literarisches Denkmal. (Fotos: Cover der Zeitschrift »Quick« 1974; Titel der deutschen Buchausgabe)

Menschen wurden als »Volksfeinde« hingerichtet oder verschwanden im weit verzweigten System des GULag.

Der Zweite Weltkrieg

Nichtangriffspakt: Am 23.8.1939 schlossen Deutschland und die S. einen Nichtangriffspakt, von dem sich beide Seiten Rückendeckung für die Verfolgung ihrer jeweiligen Ziele versprachen. In einem geheimen Zusatzprotokoll vereinbarten sie die Aufteilung Polens, das Baltikum wurde der »Interessensphäre« der S. zugeschlagen. Am 1.9.1939 griff die deutsche Wehrmacht Polen an; am 17.9.1939 begann die Rote Armee (unter Bruch des sowjet.-poln. Nichtangriffspakts aus dem Jahr 1932) mit der Besetzung Ostpolens; 1940 marschierte sie in Estland, Lettland und Litauen ein.

Finnischer Winterkrieg: Am 30.11.1939 befahl Stalin den Angriff auf Finnland, doch wegen des unerwartet erfolgreichen Widerstands der finn. Armee musste sich die S. Anfang 1940 mit der Abtretung einiger finn. Grenzgebiete begnügen.

Angriff auf die Sowjetunion: Nach dem Sieg im Westen hatte für Hitler der Nichtangriffspakt mit Stalin seinen Zweck erfüllt und er wandte sich seinem lang gehegten Plan zur Eroberung von »Lebensraum im Osten« zu. Am 21.6.1941 befahl er den Angriff auf die S., der erst im Dezember vor den Toren Moskaus zum Halten kam. Die erfolgreiche Verteidigung der Hauptstadt sowie Leningrads durch die Rote Armee durchkreuzte Hitlers strategische Planung. Die Rote Armee hatte mehr Reserven und war sehr viel besser ausgerüstet als Hitler und seine Generale vermutet hatten. Mit einer großen Gegenoffensive gelang es den Sowjets die Deutschen zurückzuschlagen.

Sowjetische Gegenoffensive: Das Hauptziel der deutschen Offensive im Sommer 1942 war nicht Moskau, sondern die Eroberung der Ölfelder am Kasp. Meer. Der deutsche Angriff kam in Stalingrad (heute Wolgograd) zum Erliegen. Von dort entwickelte sich aus dem sowjet. Gegenangriff im November 1942 der Wendepunkt des Kriegs . Im Sommer 1943 war das deutsche Heer zu keinem Durchbruch mehr in der Lage und ab diesem Zeitpunkt vertrieb die Rote Armee die Invasoren schrittweise aus dem Land und erreichte im Mai 1945 die Elbe. Damit endete der Krieg in Europa (in Asien dauerte er aber noch bis August 1945).

Kriegsfolgen: Neben Polen hat kein Land so schwer unter der deutschen Besatzung gelitten wie die S. Die Bevölkerungsverluste werden auf rund 15–20 Mio geschätzt, wovon etwa ein Drittel auf die Rote Armee und zwei Drittel auf die Zivilbevölkerung entfallen. In der westlichen S. wurden zudem unzählige Städte, Dörfer und Industriebetriebe zerstört.

Deportierte Völker: Zu den Leidtragenden des Kriegs gehörten jedoch auch nationale Minderheiten in der UdSSR, die von Stalin kollektiv als »Kollaborateure« gebrandmarkt und nach Sibirien und Kasachstan deportiert wurden, z.B. Wolgadeutsche, Krimtataren, Kalmücken und Tschetschenen.

900 Tage, von Ende 1941 bis zum Frühjahr 1944, belagerten deutsche Truppen Leningrad, doch die Stadt fiel nicht. (Foto: Sowjetische Panzer 1942 in der eingekesselten Stadt)

Teheran, Jalta und Potsdam: Bereits auf der Konferenz von Teheran 1943 hatte Stalin bei seinen Verbündeten die Anerkennung aller Annexionen durchgesetzt, die er 1939/40 durch seinen Vertrag mit Hitler gewonnen hatte (Baltikum, Ostpolen und Moldawien). Auf den Konferenzen von Jalta (Februar 1945) und Potsdam (Juli/August 1945) wurde die Spaltung Europas und Deutschlands festgeschrieben und nach der Zusicherung Stalins, in den Krieg gegen Japan einzugreifen, akzeptierten die Westalliierten, dass Osteuropa künftig zur sowjet. Einflusszone gehören sollte.

Konferenz von Jalta: Auf der Krim berieten (Foto, v. l.) Winston Churchill, Franklin D. Roosevelt und Josef Stalin im Februar 1945 die Nachkriegsordnung und die Beendigung des Kriegs in Südostasien.

Die Nachkriegszeit unter Stalin

Enttäuschte Hoffnungen: Die Hoffnung vieler Sowjetbürger, der Neuanfang nach Kriegsende würde eine Entspannung des politischen Klimas mit sich bringen, wurde bald enttäuscht. Im Stile der 30er Jahre ging die Führung bald gegen missliebige Intellektuelle vor, die Russifizierungstendenzen in den Unionsrepubliken erreichten einen neuen Höhepunkt und ehemalige Kriegsgefangene und Zwangsarbeiter, die in die Heimat zurückkehrten, wurden als »Kollaborateure« in die Lager deportiert. Bei Stalins Tod 1953 hatte der GULag mehr Insassen als je zuvor.

Sowjetische Expansion: Gestützt auf sowjet. Truppen etablierten sich 1946–48 in ganz Ost- und Südosteuropa kommunistische Regime. Im März 1946 forderte Winston Churchill in Fulton/USA die westeuropäischen Staaten zur militärischen Zusammenarbeit und zur Schaffung eines »Eisernen Vorhangs« gegen die sowjet. Expansionsbestrebungen auf.

Entwicklung der Paktsysteme: Gegen die einsetzende US-amerikan. Politik der »Eindämmung des Kommunismus« entwickelte die sowjet. Führung 1946 die »Zwei-Lager-Theorie«, d.h. die Aufteilung der Welt in ein sozialistisches und ein kapitalistisches Lager. Der Gründung des »Brüsseler Beistandspakts« im März 1948, dem Vorläufer der NATO, setzte die S. ein dichtes Netz von Freundschafts- und Beistandsverträgen mit den osteuropäischen Staaten entgegen. Beide Seiten umgaben sich weltweit mit Verbündeten und setzten eine gewaltige Rüstungsspirale in Gang und nach Ausbruch des Koreakriegs 1950 stand die Welt kurz vor einer atomaren Katastrophe.

Die Ära Chruschtschow

Kollektive Führung: Am 6.3.1953 starb Josef Stalin. Noch am gleichen Tag wurde Georgi Malenkow Ministerpräsident. Auf einen neuen Generalsekretär konnte sich das Parteipräsidium zunächst nicht verständigen. Erst nach der Verhaftung und Hinrichtung von Stalins »rechter Hand«, Innenminister und Geheimdienstchef Lawrenti Berija, im Juli 1953 einigte sich die Führungsspitze auf Nikita Chruschtschow (1953–64), der als »Erster

Der KGB – das »Schutzschild der Partei«

Politische Geheimwaffe: Nach dem Tod Stalins und dem Sturz Berijas wurde der gesamte sowjet. Geheimdienst neu strukturiert. Dem 1954 gegründeten »Komitee für Staatssicherheit« (KGB) unterstanden sämtliche »Organe für Staatssicherheit« der UdSSR, d.h. Spionage, Gegenspionage, innere Sicherheit, Personen, Objekt- und Grenzschutz. Das KGB war auch für Ermittlungen und für Voruntersuchungen zuständig, und zwar nicht nur bei politischen Vergehen, sondern auch bei Wirtschaftsverbrechen und Kriminalität im Amt. Chruschtschow nahm den Geheimdiensten und den sie kontrollierenden Behörden das Recht, selbst Urteile zu verhängen oder gar zu vollstrecken (wie das bei der Tscheka und dem NKWD der Fall war). Nach amerikan. Schätzungen stieg die Personalstärke des KGB von 490 000 im Jahr 1973 auf über 700 000 im ersten Amtsjahr von Gorbatschow (1986). Der Vorsitzende des Komitees war nach der sowjet. Verfassung Mitglied des Ministerrats. Obwohl das KGB somit nominell Teil der Regierung war, so übte doch ausschließlich die Partei die Kontrolle über den Geheimdienst aus und der Vorsitzende des Komitees wurde immer vom Politbüro ernannt. Das galt bereits für die verschiedenen Vorläufer des KGB seit Gründung der »Außerordentlichen Kommission zur Unterdrückung der Gegenrevolution« (»Tscheka«) am 7.12.1917, kurz nach der Oktoberrevolution.

Die für die Geheimdienste zuständigen Organe der UdSSR

Name	*Funktion/Aufgaben*	*Zeit*
Tscheka (ÈK)	Allruss. außerordentliche Kommission zur Bekämpfung der Konterrevolution und Sabotage	1917–22
GPU	Staatliche Politische Verwaltung	1922–34
NKWD	Volkskommissariat des Inneren; Hauptverwaltung für Staatssicherheit	1934–43
NKGB	Volkskommissariat für Staatssicherheit	1943–46
MGB	Ministerium für Staatssicherheit	1946–53
MWD	Ministerium des Inneren; Staatssicherheit	1953/54
KGB	Komitee für Staatssicherheit beim Ministerrat der UdSSR	1954–91

Die Generalsekretäre der KPdSU seit 1953

Nikita S. Chruschtschow (1953–64)
Nach Stalins Tod galt Regierungschef Georgi Malenkow (1902–1988) als »Erster unter Gleichen«. Doch wenige Tage später schied er aus dem Sekretariat des ZK aus. Im September 1953 übernahm Nikita Chruschtschow die Parteiführung. Sein historisches Verdienst bleibt die Entstalinisierung. Andere Reformen blieben im Ansatz stecken und die Außenpolitik, die zwischen Entspannung und Konfrontation wechselte, wies große Widersprüche auf. Flexibilisierung und Dezentralisierung des Partei- und Staatsapparats provozierten den Widerstand der Funktionäre und führten im Oktober 1964 zu seinem Sturz.

Leonid I. Breschnew (1964–82)
Der Sturz Chruschtschows brachte Leonid Breschnew (1906–1982), der von 1960 bis Juli 1964 Staatsoberhaupt gewesen war, ins höchste Parteiamt. Auch wenn die Entstalinisierung nicht direkt zurückgenommen wurde, ließ er fast alle Reformen in Kultur und Gesellschaft aufheben; ab 1965 kamen erneut Dissidenten in Straflager. Breschnews Außenpolitik war durchgehend auf Erhaltung und Ausweitung des sowjet. Machtbereichs ausgerichtet. Die letzten Jahre seiner Amtszeit waren so stark vom Festhalten an Personen und Formen geprägt, dass sie nach seinem Tod »Stagnationsperiode« genannt wurden.

Juri W. Andropow (1982–84)
Juri Andropow (1914–1984) war 1967–82 Vorsitzender des KGB. Im Mai 1982 wurde er erneut Sekretär des ZK (zuvor 1962–67). Nach dem Tod Breschnews wurde Andropow im November 1982 zum Generalsekretär gewählt, kurze Zeit später zum Vorsitzenden des Verteidigungsrates. Mitte 1983 wurde er auch Staatsoberhaupt der UdSSR. Andropow ging gegen Vetternwirtschaft, Korruption und Amtsmissbrauch vor, die sich unter Breschnew eingeschlichen hatten. Da er jedoch bereits im November 1983 schwer erkrankte, zeigten seine Reformen erst unter Gorbatschow ihre Wirkung.

Konstantin U. Tschernenko (1982–85)
Trotz hohen Alters wurde Konstantin Tschernenko (1911–1985) im Frühjahr 1984 zum Generalsekretär gewählt. Noch einmal setzten sich die Anhänger von Breschnew durch, die von Andropows Reformeifer aufgeschreckt worden waren. Den Reformern gelang es aber, Gorbatschow als Stellvertreter durchzusetzen. Der während seiner kurzen Amtszeit von Krankheiten schwer gezeichnete Tschernenko war seit 1960 ein getreuer Gefolgsmann Breschnews gewesen. Seine wenigen erkennbaren Aktivitäten beschränkten sich darauf, den von Andropow eingeleiteten Reformen die Spitze zu nehmen.

Michail S. Gorbatschow (1985–91)
Erst 1978 wurde Michail Gorbatschow (* 1931) als Sekretär ins ZK aufgenommen, bereits 1980 rückte er ins Politbüro auf und hatte am politischen Programm von Andropow großen Anteil. Aber sein Mentor starb früh, daher konnte er erst nach seiner Wahl zum Generalsekretär (1985) die von ihm propagierte Politik der »Perestroika« vorstellen. Mit den Gesetzen zur Reformierung der Betriebe und Genossenschaften wollte er marktwirtschaftliche Ansätze fördern. Seine Politik der Öffnung (»Glasnost«) gewann aber bald eine eigene Dynamik, die sich bis zum Ende der Sowjetunion 1991 nicht mehr steuern ließ.

unter Gleichen« zum Ersten Sekretär des ZK ernannt wurde. Das Prinzip der »kollektiven Führung« sollte für die Zukunft die Ansammlung von Machtfülle durch einen einzelnen Parteiführer verhindern. Malenkow verlor bald an Einfluss und wurde im Februar 1955 durch Nikolai Bulganin abgelöst.

Geheimrede: Im Februar 1956 verlas Chruschtschow auf dem Parteitag der KPdSU hinter verschlossenen Türen eine Generalabrechnung mit Stalin, in der er den »Personenkult« um den Diktator geißelte und erstmals zugab, das die unter Stalin hingerichteten »Volksfeinde« fast alle völlig unschuldig waren. Die Inhalte der »Geheimrede«, die offiziell nur oberen Parteikadern zugänglich gemacht worden war, sickerten bald in die Öffentlichkeit durch und löste in allen Bevölkerungsschichten Hoffnung auf Veränderungen aus.

Tauwetter: Am augenfälligsten war der Wandel in der Kulturpolitik. Im »Tauwetter«, wie der Schriftsteller Ilja Ehrenburg die Jahre nach dem XX. Parteitag 1956 nannte, konnten erstmals Bücher erscheinen, die sich kritisch mit dem Stalinismus auseinander setzten. Am bekanntesten wurde im Westen der Roman »Ein Tag im Leben des Iwan Denisowitsch« (1962) von Alexander Solschenyzin, der vom Alltag eines Zwangsarbeiters erzählt. Wie eng allerdings die Grenzen der neuen Freiheit gesteckt waren, zeigte die von der Führung losgetretene Verleumdungskampagne gegen Boris Pasternak, der gezwungen wurde, den Literaturnobelpreis abzulehnen, den er 1958 für seinen (im Ausland publizierten) Roman »Dr. Schiwago« erhielt.

Wirtschaftsreformen: In mehreren Anläufen versuchte Chruschtschow durch Dezentralisierung die erstarrte Wirtschaftsbürokratie zu reformieren, war dabei aber ebenso wenig erfolgreich wie mit der »Neulandkampagne«, die durch Urbarmachung der kasach. Steppe die drängenden Agrarprobleme der S. lösen sollten.

Kalter Krieg nach 1945

Formierung der Machtblöcke: Im Mittelpunkt der Auseinandersetzung zwischen den Machtblöcken stand nach 1945 immer wieder das geteilte Berlin (Berlin-Blockade im Herbst 1948, Aufstand in Ostberlin im Juni 1953, Berlin-Ultimatum 1958, Bau der »Berliner Mauer« im August 1961). Auf die Aufnahme der BRD in die NATO 1955 reagierte Moskau am 14.5.1955 mit dem Abschluss des Warschauer Pakts mit den osteuropäischen

Staaten. Die Niederschlagung des ungar. Aufstands 1956 durch sowjet. Panzer bereitete allen Unabhängigkeitsbestrebungen der osteuropäischen Staaten vorläufig ein Ende.

Kubakrise: Als das sowjet. Militär 1962 begann, Atomwaffen (die die S. seit 1949 besaß) auf Kuba zu stationieren, von wo aus sie amerikan. Territorium erreichen konnten, erreichte der Kalte Krieg seinen Höhepunkt. US-Präsident John F. Kennedy stellte der S. ein Ultimatum zum Abzug der Waffen und beorderte Kriegsschiffe in die Karibik; die Welt stand vor dem Ausbruch eines neuen Weltkriegs. Die sowjet. Führung beugte sich schließlich dem Ultimatum; die USA verpflichteten sich, keine Atomwaffen in der Türkei zu stationieren.

Beginn der Entspannung: Die Kubakrise brachte beiden Seiten die Erkenntnis, dass Wege der Verständigung gefunden werden mussten, um die Gefahr eines atomaren Vernichtungskriegs zu bannen. Auf diesem Hintergrund brachte der »Vertrag über die Beendigung von Atomwaffentests in der Atmosphäre« zwischen der S. und den USA im Jahr 1963 erstmals eine gewisse politische Entspannung in der Auseinandersetzung der Supermächte.

Die Ära Breschnew

Machtwechsel: »Planloser Reformismus« und »außenpolitisches Abenteurertum« (so die offizielle Begründung) führten im Herbst 1964 zum Sturz Chruschtschows durch das Politbüro, das anschließend Leonid Breschnew (1964–82) zum Ersten Sekretär (ab 1966 Generalsekretär) wählte.

Stagnation: Im Gegensatz zu der Aufbruchstimmung, die Chruschtschow in der sowjet. Gesellschaft ausgelöst hatte, waren die folgenden 20 Jahre durch politische Stagnation geprägt. Die Entstalinisierung kam zum Stillstand, die Kulturpolitik wurde wieder rigider. Bereits im Frühjahr 1965 kam es zum ersten politischen Prozess gegen Schriftsteller. Der Rückfall in den Stalinismus zeigte sich auch im wachsenden Personenkult um Breschnew, der allerdings (auch in den Augen vieler Sowjetbürger) zunehmend groteske Züge annahm und nie die politische Bindungskraft des Stalinkults erreichen konnte.

Breschnew-Doktrin: 1968 marschierten Truppen des Warschauer Pakts in der ČSSR ein und beendeten dort die Reformpolitik unter Alexander Dubček mit Gewalt. Breschnew begründete den Einmarsch mit einem Interventionsrecht der S. zum Schutz der »sozialistischen Gemeinschaft«.

Nikita Chruschtschow bei einer Sitzung der Vereinten Nationen (UNO) am 12.10.1960 in New York: Der sowjetische Parteichef hatte vor den versammelten Delegierten der Völkergemeinschaft kurz zuvor für Aufsehen gesorgt, als er mit einem Schuh auf sein Pult hämmerte, um sich Gehör zu verschaffen.

Stichwort: Der »Sputnikschock«

Wettlauf im All: Am 4.10.1957 startete die Sowjetunion mit »Sputnik 1« den ersten künstlichen Erdsatelliten. Bereits am 3.11.1957 folgte »Sputnik 2«, mit dem die Hündin Laika in eine Erdumlaufbahn getragen wurde. Damit begann für die Menschheit die Epoche der Raumfahrt. Für den Westen war das Ereignis ein großer Schock, da es bewies, dass die Sowjets in der Lage waren, Raketen zu bauen, die jeden beliebigen Punkt der Erde erreichen konnten. Damit hatten die USA endgültig ihren Vorsprung in der Waffentechnologie verloren, den sie seit Ende des Zweiten Weltkriegs besessen hatten. Auch in den folgenden Jahren hielten die Sowjets den dadurch gewonnenen Vorsprung. 1959 konnten die sowjet. Raketentechniker drei weitere spektakuläre Ersterfolge melden: im Februar passierte eine Rakete den Mond, im September traf man erstmals den Mond und im Oktober konnte die Menschheit erstmals Bilder von der Rückseite des Mondes betrachten. Am 12.4.1961 umkreiste mit Juri Gagarin erstmals ein Mensch mit einem Raumschiff die Erde und bereits am 6.8.1961 desselben Jahres folgte mit German Titow ein weiterer »Kosmonaut«, wie die Sowjetunion ihre Raumfahrer nannte. Damals erreichte die »Raketenhysterie« in den USA ihren Höhepunkt – was die überaus nervöse Reaktion der amerikan. Regierung während der »Kubakrise« im Oktober 1962 erklärt. (Foto: Kosmonaut Juri Gagarin 1961 kurz vor seinem spektakulären Flug ins All)

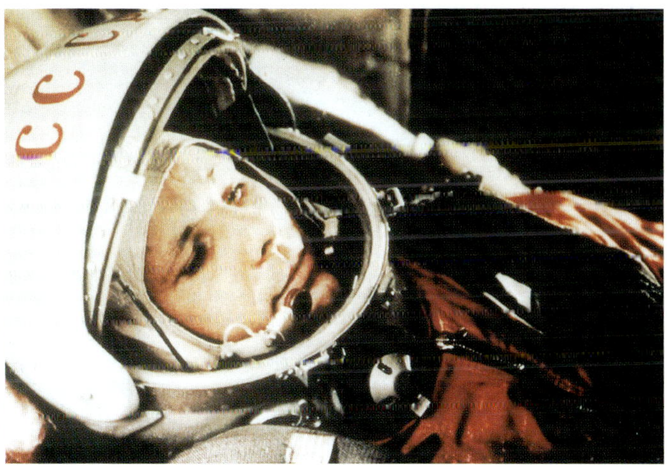

Politgipfel auf der Krim: In entspannter Atmosphäre erörterten Bundeskanzler Willy Brandt und Leonid Breschnew (l.) im September 1971 Fragen der deutsch-sowjetischen Beziehungen.

Verhältnis zu den USA: Die außenpolitische Schwäche der USA während und nach dem Vietnamkrieg gab der S. mehrfach Gelegenheit, ihren Einflussbereich in Afrika und Asien weiter auszudehnen. Gleichzeitig begann 1969 eine Periode der Entspannung zwischen den beiden Machtblöcken, die in den beiden Verträgen zur Begrenzung der strategischen Waffen (SALT I und II) gipfelten.

Dissidenten: Nachdem die S. am 1.8.1975 die Schlussakte der »Konferenz für Sicherheit und Zusammenarbeit in Europa« (KSZE) unterzeichnet hatte, gründeten sich im Land erste Bürgerrechtsgruppen, die sich auf die dort garantierten Menschenrechte beriefen. Trotz vielfältiger Repressionen konnte die unter den Augen der Weltöffentlichkeit agierende Bürgerrechtsbewegung, deren bekanntester Vertreter der Atomphysiker Andrei Sacharow wurde, bis 1991 nicht mehr unterdrückt werden.

Afghanistan: Nach dem Putsch prosowjet. Offiziere 1978 in Kabul entsandte Breschnew am 16.12.1979 sowjet. Truppen nach Afghanistan, um dem »sozialistischen Bruderland« Beistand zu leisten. Diese Intervention und der »NATO-Doppelbeschluss« (12.12.1979) hatten eine erneute Verschärfung des Kalten Kriegs zur Folge.

Rüstungswettlauf: Die westlichen Staaten verhängten einen Wirtschaftsboykott gegen die S. und US-Präsident Reagan leitete das größte amerikan. Rüstungsprogramm seit Ende des Zweiten Weltkriegs ein. Das Einfrieren der Abrüstungsgespräche und der neu entfachte Rüstungswettlauf trieb die bereits kränkelnde sowjet. Wirtschaft bis Ende der 80er Jahre endgültig in den Ruin.

RGW – Rat für gegenseitige Wirtschaftshilfe

Am 25.1.1949 wurde auf Wunsch der Sowjetunion der »Rat für gegenseitige Wirtschaftshilfe« (RGW) gegründet, um die wirtschaftliche Integration der sozialistischen Länder zu fördern. Doch der Regierung in Moskau ging es offensichtlich mehr um politische Ziele, vor allem sollten die Staaten in ihrem Einflussbereich von einer Beteiligung am amerikan. Marshall-Plan abgehalten werden. Erst 1959 erhielt der RGW eine Satzung, die seine Ziele, Prinzipien und Funktionen festlegten. Der Rat der Staatschefs und die verschiedenen Exekutivkomitees konnten danach lediglich Empfehlungen aussprechen, so dass der RGW eher eine zwischenstaatliche als eine supranationale Einrichtung war, in der eindeutig die Sowjetunion dominierte. Das hauptsächliche Arbeitsgebiet des RGW war die Koordination des Handels zwischen den sozialistischen Ländern, mit der allerdings ein Druck zur Spezialisierung auf bestimmte Produkte in den einzelnen Staaten einherging. In den 80er Jahren wickelten die Mitgliedsländer über 60% ihres Außenhandels untereinander ab. Die Gründungsmitglieder des RGW waren die Sowjetunion, Bulgarien, Polen, Rumänien, Tschechoslowakei und Ungarn. Im Februar 1949 wurde Albanien Mitglied, das seine Mitarbeit jedoch 1961 einstellte (formeller Austritt 1987). Im September 1950 wurde die DDR, 1962 die Mongolei, 1972 Kuba und schließlich 1978 Vietnam ausgenommen. Der Fall der meisten kommunistischen Regierungen in Osteuropa 1989/90 zog auch das Ende des RGW nach sich, der sich am 27.6.1991 selbst aufgelöste.

Das Ende der Sowjetunion

Von Andropow bis Gorbatschow: Nach dem Tod von Breschnew 1982 konnte sich das überalterte Politbüro zu keinem Neuanfang durchringen. Dem kranken, seit Jahren nicht mehr handlungsfähigen Generalsekretär folgten mit Juri Andropow (1982–84) und Konstantin Tschernenko (1984–85) zwei weitere schwer kranke Männer, die ihr Amt nur für kurze Zeit ausüben konnten. Ein Neuanfang wurde erst im Frühjahr 1985 mit der Wahl des jüngsten Mitglieds des Politbüros gewagt und schon kurz nach dem Amtsantritt von Michail Gorbatschow (*1931) war zu spüren, dass ein Wandel begonnen hatte, der sich zunächst in der Außen- und Sicherheitspolitik andeutete.

Abrüstungsvorschläge: Im September 1985 bot der neue Generalsekretär Gorbatschow überraschend die Reduzierung der Anzahl aller strategischen Nuklearwaffen um 50% an. Dieser Schritt war der entscheidende Durchbruch zur Beendigung des Wettrüstens und führte zum INF-Vertrag von 1987 über die Reduzierung nuklearer Mittelstrecken-Raketen sowie zum KSE-Vertrag von 1990 über den Verzicht auf den »atomaren Erstschlag«. Mit dem Abzug der letzten sowjet. Truppen aus Afghanistan 1989 schuf Gorbatschow eine weitere Voraussetzung für das Ende des Kalten Kriegs.

Perestroika und Glasnost: Gorbatschows Politik der »Perestroika« (Umbau, Reform) zielte zunächst nur auf die Verbesserung der wirtschaftlichen Effizienz und eine Reform der Kommunistischen Partei ab, ohne dabei die Planwirtschaft und die Führungsrolle der Partei in Frage zu stellen. Erst als zur Perestroika noch »Glasnost« (Offenheit, Transparenz) hinzukam, wurde von der neuen Politik das System betroffen, denn die Liberalisierung der Informations- und Kulturpolitik zog eine öffentliche Diskussion über Korruption, Misswirtschaft, alltägliche Versorgungsmängel, den Stalinismus und schließlich auch über den Marxismus nach sich.

Wahlfreiheit: Die Demokratisierung der S. begann mit den Wahlen zum neu geschaffenen »Kongress der Volksdeputierten« im März und April 1989, bei der erstmals mehrere Kandidaten zur Auswahl standen. Im Ergebnis setzten sich die »Reformer« innerhalb der Partei klar gegen die »Konservativen« durch. Im Mai wählte die Versammlung von 2250 Delegierten Michail Gorbatschow zum ersten und einzigen Staatspräsidenten der S.

Auflösungserscheinungen: In ganz Osteuropa stürzten 1989 der Reihe nach alle mit der S. verbündeten kommunistischen Regierungen. Gleichzeitig drängten die nationalen Minderheiten innerhalb der Russ. Föderation sowie die übrigen Sowjetrepubliken auf mehr Autonomierechte oder sogar auf vollständige Unabhängigkeit. Als Litauen im Frühjahr 1990 seine Unabhängigkeit erklärte, entsandte Gorbatschow zwar Truppen in die Hauptstadt Wilnius, mußte aber die Sezession letztlich anerkennen. In der Folgezeit nahmen auch die übrigen Unionsrepubliken immer mehr souveräne Rechte für sich in Anspruch.

Augustputsch: Durch seine unentschiedene Innenpolitik schwächte Gorbatschow nicht nur die KPdSU, sondern zerstörte auch die eigene Machtposition. Sein Versuch, die sich auflösende S. durch einen neuen Unionsvertrag zu retten (der die S. in eine Konföderation verwandelt hätte), spaltete die Partei endgültig. Als am 19.8.1991 orthodoxe kommunistische Kräfte einen Staatsstreich unternahmen, um die Unterzeichnung des neuen Unionsvertrags zu verhindern, war Gorbatschows Politik endgültig gescheitert.

Ende der Sowjetunion: Nach dem Zusammenbruch des Putschversuchs, der nur wenige Tage dauerte, gelang es Gorbatschow nicht mehr, die während des Aufstands an den russ. Präsidenten Jelzin verlorene Macht wiederzugewinnen. Da sich in den turbulenten Tagen des Umsturzversuchs alle Teilrepubliken für unabhängig erklärten hatten, bedeutete dies auch das Ende der UdSSR. Als im Dezember 1991 der russ., der ukrain. und der weißruss. Präsident die Auflösung der S. und die Gründung der »Gemeinschaft unabhängiger Staaten« (GUS) beschlossen, wurde Gorbatschow nicht einmal mehr benachrichtigt, so dass ihm am 25.12.1991 nur der Rücktritt blieb. *P. B.*

Generalsekretäre des ZK[1]

Reg.-Zeit	*Name*	*Lebensdaten*
1917–22	Wladimir Lenin[2]	1870–1924
1922–53	Josef Stalin	1879–1953
1953	Georgi Malenkow[3]	1902–1988
1953–64	Nikita Chruschtschow	1894–1971
1964–82	Leonid Breschnew	1906–1982
1982–84	Juri Andropow	1914–1984
1984–85	Konstantin Tschernenko	1911–1985
1985–91	Michail Gorbatschow	*1931

1) Zentralkomitee der Kommunistischen Partei (ab 1929 de facto Staatschefs); 2) de facto Partei- u. Staatschef; 3) de facto Erster Sekretär des ZK

Andrei A. Gromyko prägte drei Jahrzehnte die sowjet. Außenpolitik. Als 30-Jähriger trat er 1939 in den diplomatischen Dienst der UdSSR ein, nahm an den alliierten Konferenzen von Teheran (1943) und Potsdam (1945) teil und war 1957–85 sowjet. Außenminister. 1985 machte er sich für die Wahl Michail Gorbatschows zum Generalsekretär stark und bekleidete bis 1988 das rein repräsentative Amt des sowjet. Staatsoberhaupts.

Michail S. Gorbatschow geriet nach der Unabhängigkeitserklärung fast aller ehemaligen Sowjetrepubliken ins politische Abseits. Seine Abkehr von der hegemonialen Großmachtpolitik seiner Vorgänger ließ den Vielvölkerstaat Sowjetunion auseinanderbrechen. (Foto: Präsident Gorbatschow in seinem Amtszimmer 1991 kurz vor der Auflösung der Sowjetunion)

Staatsoberhäupter der Sowjetunion[1)]

Reg.-Zeit	Name	Lebensdaten	Reg.-Zeit	Name	Lebensdaten
Vors. des Allruss. Zentralen Exekutivkomitees			1982–83	Wasili Kusnezow[2)]	1901–1990
1917	Lew Kamenew	1883–1936	1983–84	Juri Andropow	1914–1984
1917–19	Jakow Swerdlow	1885–1919	1984	Wasili Kusnezow[2)]	1901–1990
1919	Michail Wladimirski[2)]	1874–1951	1984–85	Konstantin Tschernenko	1911–1985
1919–22	Michail Kalinin	1875–1946	1985	Wasili Kusnezow[2)]	1901–1990
Vors. des Zentralen Exekutivkomitees d. UdSSR			1985–88	Andrei Gromyko	1909–1989
1922–38	Michail Kalinin[3)]	1875–1946	1988–89	Michail Gorbatschow	*1931
Vors. des Zentralkomitees des Obersten Sowjet			**Vorsitzender des Obersten Sowjet**		
1938–46	Michail Kalinin	1875–1946	1989–90	Michail Gorbatschow	*1931
1946–53	Nikolai Schwernik	1888–1970	**Staatspräsident**		
1953–60	Kliment Woroschilow	1881–1969	1990–91	Michail Gorbatschow	*1931
1960–64	Leonid Breschnew	1906–1982			
1964–65	Anastas Mikojan	1895–1978			
1965–77	Nikolai Podgorny	1903–1983			
1977–82	Leonid Breschnew	1906–1982			

1) Ab Oktober 1917: Russ. Republik; 1918–22: Russ. Sozialistische Föderative Sowjetrepublik (RSFSR); 1922–91: Sowjetunion (UdSSR); 2) amtierender Vorsitzender; 3) als Vertreter der Russ. Sozialistischen Föderativen Sowjetrepublik in kollektiver Führung mit den Vorsitzenden der Exekutivkomitees der Unionsrepublik

Stichwort: GUS – Gemeinschaft unabhängiger Staaten

Gemeinschaft ohne Strukturen: Der am 8. Dezember 1991 gegründeten »Gemeinschaft unabhängiger Staaten« (GUS) traten außer den drei balt. Staaten und Georgien alle ehemaligen sowjet. Teilrepubliken bei. Bis heute verfügt die GUS jedoch kaum über irgendwelche organisatorische Strukturen. Die wichtigsten Organe der GUS sind der Rat der Staatschefs, der Rat der Ministerpräsidenten sowie weitere Räte der Fachministerien, deren Befugnisse aber über gegenseitige Konsultationen nicht hinausreichen. Darüber hinaus besteht seit Herbst 1993 ein Exekutivsekretariat in Minsk und seit September 1994 ein »zwischenstaatliches Wirtschaftskomitee«; darüber hinaus gibt es weitere Komitees zu bestimmten Fachbereichen. Im Januar 1993 lehnten die Ukraine, Moldawien und Turkmenistan einen Grundlagenvertrag ab, in dem die Koordinierung der Außen- und Sicherheitspolitik vorgesehen war. Da damals auch andere grundlegende Verträge keine allgemeine Zustimmung der Mitgliedsstaaten fanden, bemüht die russ. Regierung sich seitdem verstärkt um Sonderverträge mit jeweils kooperationswilligen Ländern. (Foto v. l.: die Präsidenten Leonid Kutschma, Ukraine; Nursultan Nasarbajew, Kasachstan; Boris Jelzin, Russland; Stanislaw Schuschkewitsch, Weißrussland, am 21.12.1991 in Alma Ata)

Die Republiken der ehemaligen Sowjetunion[1)]

Name	Fläche (km²)	Ew (Mio)	Anteile der Volksgruppen	GUS-Mitgl.
Armenien	29 800	3,6	93,3% Armenier, 2,6% Aserbaidschaner, 4,1% Sonst.	Ja
Aserbaidschan	86 600	7,7	82,7% Aserbaidschaner, 5,7% Russ., 5,6% Armen., 6,0% sonst.	Ja
Estland	45 100	1,4	61,5% Esten, 30,3% Russen, 3,1% Ukrainer, 5,1% Sonst.	Nein
Georgien	69 700	5,4	70,1% Georgier, 8,1% Armen., 6,3% Russen, 9,8% sonstige	Ja
Kasachstan	2 717 000	16,9	41,1 Kasachen, 37,3% Russen, 5,3% Ukrainer, 16,3% Sonst.	Ja
Kirgistan	198 500	4,5	52,4% Kirgisen, 21,5% Russen, 12,9% Usbeken, 13,2% Sonst.	Ja
Lettland	64 400	2,5	57,8% Letten, 31,0% Russen, 4,4% Weißruss., 7% Sonst.	Nein
Litauen	65 200	3,7	81,1% Litauer, 8,5% Russen, 7,0% Polen, 3,4% sonstige	Nein
Moldawien	33 700	4,5	64,5% Moldaw., 23,8% Ukr., 13,0% Russen, 8,7% Sonst.	Ja
Russland	17 075 000	147,2	85,0% Russen, 3,9% Tataren, 2,4% Ukrainer, 8,7% Sonst.	Ja
Tadschikistan	143 100	6,2	63,8% Tadschik., 24% Usbek., 6,5% Russen, 6,7% Sonst.	Ja
Turkmenistan	488 100	4,3	73,3% Turkmen., 9,8% Russen, 9% Usbeken, 7,9% Sonst.	Ja
Ukraine	603 700	51,2	72,6% Ukrain., 22,2% Russen, 0,9% Weißruss., 4,3% Sonst.	Ja
Usbekistan	447 400	24,1	73,0% Usbeken, 7,7% Russen, 4,8% Tadschik., 14,5% Sonst.	Ja
Weißrussland	207 600	10,3	77,9% Weißruss., 13,5% Russ., 3,0% Ukrainer, 5,6% Sonst.	Ja

1) Stand: 1998/99

Spanien

Königreich Spanien

Das während der Reconquista, der Befreiung von der Herrschaft des Islam, aus mehreren Königreichen zusammengewachsene S. stieg durch die Entdeckung Amerikas (1492) zur führenden europäischen Macht und zum ersten großen Kolonialreich der Geschichte auf. Zunehmende Erstarrung führte zum Niedergang des Landes, das im 19. Jh. von Revolutionen und Bürgerkriegen zerrissen wurde. Nach der Unabhängigkeitserklärung der meisten Kolonien in Mittel- und Südamerika verlor S. die letzten überseeischen Gebiete (Kuba, Philippinen, Puerto Rico) 1898 an die USA.

1898 als Wendepunkt

Regeneracionismo: Die Niederlage von 1898 bedeutete für S. eine tiefe Zäsur und wurde zum Ausgangspunkt für eine umfassende Kritik an den gesellschaftlichen und politischen Zuständen des Landes sowie für die Erneuerungsbewegung des Regeneracionismo, der S. aus jahrhundertelanger »Lethargie« und »Dekadenz« herausführen wollte.

Schon im 19. Jh. hatte es heftige Angriffe von Intellektuellen wie Francisco Giner de los Ríos und anderen Anhängern des deutschen Philosophen Karl Christian Friedrich Krause gegen die verkrusteten Strukturen S.s. gegeben, Bedeutung gewannen sie jedoch erst, als 1898 die Unterlegenheit S.s. offenkundig wurde. Zum Wortführer der Bewegung wurde Joaquín Costa, der eine Verbesserung der Schulausbildung forderte und sich für Wiederaufforstungs- und Bewässerungsprojekte sowie die Verteilung brachliegender Ländereien an Bauern einsetzte. Vor allem verlangte er die Zerschlagung des »Kazikentums« auf dem Land, das die Herrschaft weniger Familien absicherte, deren Reichtum auf Latifundien oder der Hochfinanz beruhte. Die Kaziken, die jeweiligen Machthaber im Ort, sorgten dafür, dass die Wahlen in ihren Gemeinden so verliefen, dass der »turno político«, der Wechsel zwischen Liberalen und Konservativen an der Regierung, vereinbarungsgemäß stattfand.

Reform von oben: Von dem Schock der Niederlage wurde auch die span. Regierung ergriffen, die eine begrenzte »Reform von oben« anstrebte. Sie bemühte sich das durch den Kubakrieg verursachte Haushaltsdefizit auszugleichen und leitete eine Steuerreform sowie mehrere Gesetzesprojekte ein, um die Lage der Arbeiterschaft zu verbessern. 1907 reformierte

Spanien 2000	
Landesfläche	505 992 km² (WR 50)
Einwohner	39,6 Mio (WR 29)
Hauptstadt	Madrid (3,03 Mio Einwohner)
Sprachen	Span., Katalan., Bask., Galic.
Währung	Peseta (Pta)
Gliederung	17 Regionen, 50 Provinzen
Staatsform	Parlamentarische Monarchie (seit 1978)
Religion	Katholiken (97,0%); Protestanten (0,4%); Sonstige (2,6%)
Bevölkerung	Spanier (72,3%); Katalanen (16,3%); Sonstige (11,4%)

Spanien im 20. Jahrhundert	
1902	König Alfons XIII. übernimmt im Alter von 16 Jahren die Regierung.
1904	Span.-französ. Vertrag zur Abgrenzung der Interessensphären in Marokko.
1907	Regierungschef Antonio Maura reformiert das Wahlgesetz; Manipulationen bei der Kandidatenaufstellung bleiben weiter möglich.
1909	Semana Trágica in Barcelona: Der Generalstreik gegen den Kolonialkrieg in Marokko weitet sich zu einem antiklerikalen Aufstand aus.
1913	Katalonien erhält die Selbstverwaltung (Mancomunitat).
1914–18	Spanien bleibt im Ersten Weltkrieg neutral; die Oberschicht profitiert davon wirtschaftlich.
1917	Schwere innenpolitische Krise im Sommer durch die Unzufriedenheit innerhalb des Militärs, die auf größere Autonomie drängenden katalan. Nationalisten und den »revolutionären Generalstreik« der Gewerkschaften angesichts der Verschlechterung der Lage der Arbeiter.
1918–20	Revolutionäre Welle in Andalusien: Agrargewerkschaften fordern eine durchgreifende Agrarreform.
1919–23	Gewalttätige Auseinandersetzungen zwischen Unternehmerschaft und Arbeiterbewegung prägen den Alltag in Katalonien, insbes. in Barcelona werden ca. 700 politische Attentate verübt.
1921	Niederlage bei Annual im Marokkokrieg gegen die Rifkabylen.
1923	Mit Billigung Alfons' XIII. errichtet der Generalkapitän von Katalonien, Miguel Primo de Rivera, eine Diktatur.
1927	Ende des Marokkokriegs.
1930	Ende der Diktatur. Primo de Rivera geht ins Exil nach Frankreich.
1931	Ausrufung der Republik; der König geht ebenfalls ins Exil nach Frankreich. Im Dezember wird die republikanische Verfassung verabschiedet.
1931–33	Während der Reformära (bienio de reformas) werden wichtige Projekte in Angriff genommen (Agrarreform, Reorganisation der Armee, Trennung von Staat und Kirche).
1932	Verabschiedung eines Autonomiestatuts für Katalonien.
1933	José Antonio Primo de Rivera gründet die faschistische Falange Española. Bei den Parlamentswahlen im November haben die Frauen erstmals das Wahlrecht. Es siegen die vereinigten Rechtsparteien.
1934–35	Während der »schwarzen Jahre« (bienio negro) werden die Reformgesetze unterlaufen bzw. außer Kraft gesetzt.
1934	Der Generalstreik der Bergarbeiter in Asturien wird von Truppen unter General Francisco Franco Bahamonde blutig niedergeschlagen. In Katalonien proklamiert die Generalitat die Unabhängigkeit. Der Aufstand wird ebenfalls niedergeschlagen.
1936	Bei den Wahlen im Februar siegen die Volksfrontparteien (auch in Katalonien). Mit einem Militärputsch beginnt im Juli der Bürgerkrieg. Italien und Deutschland unterstützen Franco, während die UdSSR der Republik Waffenhilfe gewährt. Die anderen Großmächte bilden ein »Nichteinmischungskomitee«.
	Franco wird in Burgos zum Generalissimus und Chef (Caudillo) der nationalspan. Regierung proklamiert.

Spanien im 20. Jahrhundert Fortsetzung	
1937	Bombardierung der Stadt Guernica durch die deutsche Legion Condor.
1939	Der Fall Barcelonas und die Einnahme Madrids bedeuten die endgültige Niederlage der Republikaner; Franco errichtet eine Diktatur.
1939–45	Spanien bleibt während des Zweiten Weltkriegs offiziell neutral.
1941–43	Die span. Blaue Division nimmt auf deutscher Seite vor Leningrad am Krieg gegen die Sowjetunion teil.
1947	Spanien wird zur Monarchie erklärt, die Staatsführung hat Franco inne.
1947–53	Franco verfolgt eine rigorose Autarkiepolitik. Die gleichzeitige politische Isolation führt zum wirtschaftlichen Niedergang.
1953	Abkommen mit den USA über die Einrichtung von Militärstützpunkten (wegen der strategisch bedeutsamen Lage Spaniens).
1955	Spanien wird in die UNO aufgenommen.
1956	Spanien erkennt die Unabhängigkeit seiner ehemaligen marokkan. Gebiete an (Ceuta und Melilla bleiben span.).
1958	Umwandlung der Westsahara in die Überseeprovinz Span.-Sahara.
1968	Span.-Guinea wird als Äquatorialguinea unabhängig.
1969	Juan Carlos von Bourbon wird zum künftigen Staatsoberhaupt ernannt.
	Franco verfügt die Blockade des brit. Gibraltar, die erst 1985 beendet wird.
1973	Franco überträgt das Amt des Premierministers an Luis Carrero Blanco, der jedoch im Dezember von der bask. ETA ermordet wird.
1975	Nach dem Tod Francos wird Juan Carlos als König vereidigt.
	Nach dem span. Rückzug aus der Westsahara wird der Nordteil von Marokko, der Südteil von Mauretanien besetzt..
1976	Mit »El País« erscheint die erste unabhängige Zeitung des Landes.
	Das Referendum über die Demokratisierung des Landes im Dezember ergibt 94,2% Zustimmung.
1977	Bei den ersten freien Parlamentswahlen nach 1936 siegt die Union de Centro Democrático (UCD) unter Ministerpräsident Adolfo Suárez.
	Der Pakt von Moncloa zwischen Regierung, Opposition und Sozialpartnern soll die Demokratisierung und die Wirtschaftsentwicklung stabilisieren.
	Das Baskenland und Katalonien (später auch andere Landesteile) erhalten Autonomierechte.
1978	Die neue demokratische Verfassung tritt in Kraft.
1981	Der rechtsgerichtete Putschversuch von Oberstleutnant Antonio Tejero, Teilen der Guardia Civil und des Offizierskorps scheitert.
1982	Spanien wird Mitglied der NATO.
	Die Sozialisten (PSOE) gewinnen bei den vorgezogenen Parlamentswahlen die absolute Mehrheit; ihr Generalsekretär Felipe González wird Regierungschef.
1983	Nach der Verabschiedung der letzten Autonomiestatute verfügt Spanien über 17 autonome Regionen mit eigenen Regionalregierungen.
1985	Die Verträge über den Beitritt zur EG werden unterzeichnet (1986 Vollmitgliedschaft).
1991	Beitritt zum Schengener Abkommen.
1994	Verdacht des Staatsterrorismus wegen mutmaßlicher Unterstützung der Antiterrorgruppe GAL (Grupos Antiterroristas de Liberación) durch die Regierung.
1995	100 000 Menschen protestieren gegen den ETA-Terror.
1996	Sieg der rechtskonservativen Partido Popular (PP) bei den vorgezogenen Parlamentswahlen. José María Aznar wird neuer Ministerpräsident.
1997	Nach der Ermordung eines bask. Kommunalpolitikers durch die ETA protestieren am 14.7. ca. 1,5 Mio Menschen in Madrid und 1 Mio in Barcelona gegen den Terror.
1998	Die ETA verkündet einen Waffenstillstand (bis 1999).
1999	Spanien gehört zu den Teilnehmerstaaten der Europ. Währungsunion.
2000	Bei den Parlamentswahlen gewinnt die PP die absolute Mehrheit.

die Regierung unter dem Konservativen Antonio Maura das Wahlgesetz, ohne dadurch jedoch die Wahlmanipulationen tatsächlich zu beseitigen. Insgesamt blieben die Reformbemühungen halbherzig, das Restaurationssystem mit Oligarchie und Kazikentum blieb – wenn auch abgeschwächt – bestehen.

Die Generation von 1898: Neben der politisch-reformerischen Bewegung löste die Niederlage gegen die USA eine geistig-politische aus, zu der Philosophen und Schriftsteller wie Miguel de Unamuno, Azorín, Antonio Machado und Pío Baroja gehörten. Während die einen den Weg aus der tiefen Krise in einer stärkeren Annäherung an Europa sahen, suchten die anderen das Heil in einer Rückbesinnung auf das »wahre und echte S.«, auf die eigenen, d. h. kastil. Traditionen. Viele der Intellektuellen begeisterten sich anfangs für sozialistische Ideen, ihre politische Einflusslosigkeit führte jedoch oft zu einer Abkehr von linken Positionen und einer Hinwendung zu Religion und Folklorismus.

Die Endphase der Restauration

Verschärfung der Gegensätze: In der Reformära, die mit der Ermordung des liberalen Ministerpräsidenten José Canalejas durch einen Anarchisten 1912 ihr Ende fand, konnten die grundlegenden Probleme des Landes nicht gelöst werden. Die Agrarfrage sorgte ebenso für Spannungen wie das Verhältnis zwischen Zentrum und Regionen, zwischen Staat und Kirche sowie Militär und Politik. Dabei wurden die Gegensätze immer größer und es bildeten sich allmählich zwei Lager, die sich schließlich im Bürgerkrieg unversöhnlich gegenüberstanden.

Agrarfrage: Die Landwirtschaft war in S. bis in die Mitte des 20. Jh.s der vorherrschende Wirtschaftszweig. Während im Süden des Landes der Großgrundbesitz überwog, der von Tagelöhnern bewirtschaftet wurde, herrschten im Norden, vor allem in Galicien und León, Kleinstbetriebe vor, deren Besitzer oder Pächter zumeist einem Nebenerwerb nachgehen mussten. Mittlere Betriebe zwischen 10 und 100 Hektar existierten vor allem im Baskenland und in Katalonien. Dieser Differenz in der Eigentumsstruktur entsprach tendenziell die politische Haltung: Während der Norden eher konservativ-katholisch geprägt war, kam es im Süden immer wieder zu Agrarrevolten und die anarchistische Bewegung fand unter den Landarbeitern Rückhalt. Ohne durchgreifende Agrarreform blieb der Süden des Landes ein Unruheherd.

Regionalismus: Auch der Konflikt zwischen den Regionen Baskenland und Katalonien sowie der Zentralregierung in Madrid beruhte vor allem auf wirtschaftlichen Gegebenheiten. Im Gegensatz zum agrarisch geprägten Großteil S.s waren diese Regionen bereits industrialisiert (im Baskenland vor allem Schwerindustrie, aber auch Bankwesen; in Katalonien Textilindustrie). Ihr politischer Einfluss entsprach allerdings nicht der wirtschaftlichen Bedeutung. Ende des 19. Jh.s verband sich das Streben nach größerer politischer Autonomie mit einer Rückbesinnung auf die eigene Kultur und Sprache zu einem Regionalismus, der von weiten Teilen des Bürgertums getragen wurde.
Verhältnis Staat/Kirche: Seit dem Mittelalter übt die katholische Kirche S.s großen politischen Einfluss aus und erwies sich als mächtige Stütze der konservativen Kräfte und der Monarchie. In der Verfassung der Restauration (1876) wurde der Katholizismus zur Staatsreligion erklärt; bis weit ins 20. Jh. hinein besaß die Kirche faktisch das Bildungsmonopol. Wegen ihrer Unterstützung der Großgrundbesitzer und des Großbürgertums sowie ihrer konservativen Haltung wurde die Kirche jedoch nicht nur von liberalen Kräften heftig kritisiert, auch die Arbeiterschaft war weitgehend antiklerikal eingestellt.
Militär und Kolonialpolitik: Seit dem Freiheitskrieg gegen Napoleon 1808–14 spielte das Militär in der span. Politik eine wichtige Rolle. Die Regierungen der Restauration versuchten die Armee zu neutralisieren und sich die Loyalität des Offizierskorps durch die Gewährung von Privilegien zu sichern. Die Niederlage von 1898, für die der zivilen Regierung die Verantwortung gegeben wurde, bedeutete für das Militär eine tiefe Demütigung. In Marokko suchte S. einen Ausgleich für die 1898 verlorenen Kolonien. Im Oktober 1904 legte ein Vertrag zwischen S. und Frankreich die Interessensphären beider Länder in Marokko fest – der Nordteil des Landes fiel S. zu. Der Aufstand der Rifkabylen gegen die Fremdherrschaft führte zu einem kostspieligen Kolonialkrieg, der mehrfach schwere innenpolitische Krisen auslöste und schließlich entscheidend zum Zusammenbruch des span. Restaurationssystems beitrug.
Semana Trágica 1909: Der Kolonialkrieg in Marokko wurde schließlich auch zum Anlass für die ersten der schweren Unruhen, die S. im 20. Jh. erschütterten. Nach einer Niederlage gegen die aufständischen Rifkabylen sollten 40 000 Reservisten für Marokko ausgehoben werden. Die fehlende Bereitschaft der Arbeiterschaft, für die Wirtschaftsinteressen der Oberschicht in Marokko in den Krieg zu ziehen (Wohlhabende konnten sich vom Militärdienst befreien lassen), führte zu Unruhen in Madrid und Barcelona. Am 26. Juli wurde in Barcelona ein Generalstreik ausgerufen, der sich zum anarchistischen Aufstand ausweitete, bei dem Kirchen und Klöster in Brand gesteckt wurden. Das Militär schlug die Rebellion mit äußerster Härte nieder. Etwa 1200 Oppositionellen wurde der Prozess gemacht. Antiklerikale, nationalkatalan. und anarchistische Strömungen verbanden sich in dieser »Semana Trágica«, in der sich das Militär als Hüter nationaler Einheit und Ordnung bestätigt sah.

In der Semana Trágica im Sommer 1909 wurde Barcelona von schweren Unruhen erschüttert. Arbeiter widersetzten sich der Einberufung als Reservisten für den Kolonialkrieg in Marokko. Bei dem Aufstand, der nach wenigen Tagen von den Ordnungskräften niedergeschlagen wurde, kamen mehrere hundert Menschen ums Leben. (Foto: Aufständische errichten eine Barrikade aus Pflastersteinen.)

Anarchismus – individuelle Aktion gegen den Staat

Entstehung und Verbreitung: Die Anfänge des Anarchismus in Spanien reichen ins Jahr 1868 zurück, als der Italiener Giuseppe Fanelli als Gesandter des russ. Revolutionärs Michail Bakunin in das Land kam. Vor allem in Andalusien, aber auch in Katalonien gewann der Anarchismus an politischem Einfluss. Dem Agrar- und Handwerkeranarchismus des Südens und dem Anarchosyndikalismus des Nordostens gemeinsam waren die Ablehnung der zentralistischen, hierarchischen Staatsordnung, der Hass auf Polizei und Guardia Civil als Repräsentanten der Staatsmacht und die Ablehnung von Parteien und Wahlen, von denen keine Veränderung erwartet wurde.

Im Süden, wo der Gegensatz zwischen Großgrundbesitzern und Tagelöhnern besonders krass war, besaß die Vorstellung einer sozialen Revolution große Attraktivität, zumal die Durchsetzung von sozialen und politischen Reformen auf dem parlamentarischen Weg undurchführbar schien.

Anders als im Süden, wo die Anarchisten weitgehend ohne übergeordnete Organisation blieben, gründeten die Katalanen 1910 die Confederación Nacional del Trabajo (CNT). Dieser Anarchosyndikalismus versuchte eine Brücke zu schlagen zwischen dem organisierten industriellen Arbeitskampf und der individuellen revolutionären Aktion.

Neben dem Generalstreik gehörten zu den Kampfmitteln der Anarchisten vor allem Sabotage und politische Attentate. In Katalonien, vor allem in Barcelona, war die politische Lage so angespannt, dass zwischen 1919 und 1923 ca. 700 Attentate von beiden Seiten – Arbeitgebern und Anarchisten – verübt wurden.

Während der Diktatur von Miguel Primo de Rivera entstand 1927 im Untergrund die FAI (Federación Anarquista Ibérica); sie kontrollierte die Einzelgewerkschaften der CNT. Zu Beginn des Bürgerkriegs 1936 waren die gut organisierten Anarchisten eine starke politische Kraft in den republikanischen Milizen. Sie verloren jedoch bald an Einfluss.

Die span. Armee erlitt im Kolonialkrieg in Marokko 1921 bei Annual eine vernichtende Niederlage. Die Regierung, die für die mangelhafte Ausstattung und die schlechte Ausbildung der Truppe verantwortlich gemacht wurde, verlor den letzten Kredit in der Bevölkerung. Die Folge war breite Zustimmung für die im September 1923 errichtete Militärdiktatur unter Miguel Primo de Rivera. (Foto: Der span. General Dámasco Berenguer, 2. v. r., bespricht vor Melilla mit marokkan. Ratgebern die militärische Lage.)

Der Erste Weltkrieg: S. blieb während des Kriegs neutral. Die Bevölkerung war in verschiedene Lager gespalten. Die Konservativen, inbes. Großgrundbesitzer, Klerus und Offizierskorps, stand auf Seiten des Deutschen Reichs, während Antiklerikale und Liberale eher die Entente unterstützten. Die Anarchisten und die Mehrheit der Sozialisten vertraten einen strikten Neutralitätskurs. Handel und Industrie zogen große Vorteile aus der neutralen Position S.s: Sie konnten alle Krieg führenden Parteien beliefern. Doch der verstärkte Export führte zu einer Warenverknappung im Land und damit zu Preissteigerungen, die insbes. die Arbeiterschaft trafen.

Das Krisenjahr 1917: Im Sommer 1917 spitzten sich die ungelösten Probleme des Militärs, der Arbeiterschaft und des Regionalismus zu. Unter den Soldaten, die im Mutterland stationiert waren, wuchs die Unzufriedenheit, da sie gegenüber den in Marokko eingesetzten Truppen benachteiligt wurden. Sie bildeten sog. Verteidigungsjuntas, berufsständische Interessenvertretungen. Als die liberale Regierung unter Manuel García Prieto im Frühsommer 1917 die Juntas aufzulösen versuchte, widersetzten diese sich erfolgreich. García Prieto trat im Juni zurück und sein konservativer Nachfolger Eduardo Dato erkannte die Juntas offiziell an. Damit hatte die Armee ihr politisches Gewicht auf Kosten der Zivilregierung vergrößert.

In der Schwäche der Regierung in Madrid sahen die katalan. Nationalisten eine Chance, ihre Autonomieforderungen durchzusetzen. Da jedoch weder die traditionell zentralistische Armee noch die katalan. Arbeiterbewegung die bürgerlichen Nationalisten unterstützten, blieb dieser Vorstoß erfolglos.

Die Verschlechterung der sozialen Lage der Arbeiterschaft durch den enormen Preisanstieg löste schließlich im August einen Generalstreik aus, der jedoch mit Hilfe der Armee bald niedergeschlagen war. Die Krise des Staates beschleunigte sich (bis 1923 gab es 15 Regierungswechsel), nicht zuletzt weil nach 1918 auch der Wirtschaftsaufschwung endete. Die Unternehmer verschärften den Kampf gegen die Arbeiterorganisationen; insbes. das industrialisierte Katalonien wurde zum Schauplatz gewaltsamer Auseinandersetzungen.

Die Katastrophe von Annual 1921: Den letzten Anlass zum Zusammenbruch der Restauration gab der Kolonialkrieg in Marokko. Die Aufständischen unter Abd-el-Krim vernichteten im Juli 1921 bei Annual ein span. Korps von 60 000 Mann. Das Militär lastete die Niederlage der Zivilregierung an und warf ihr vor, eine Verbesserung der militärischen Ausbildung und Ausrüstung versäumt zu haben. Das sog. Picasso-Dossier über die Vorgänge, das die schlechte Verfassung der Armee deutlich zeigte, wurde nicht veröffentlicht, da man eine Desavouierung von König Alfons XIII. fürchtete. Als der Bericht schließlich in den Cortes debattiert werden sollte, war der Zeitpunkt für eine autoritäre Lösung der Krise gekommen: Mit dem Staatsstreich des Generalkapitäns von Katalonien, Miguel Primo de Rivera, wurde im Einverständnis mit der Krone im September 1923 ein Militärregime errichtet.

Die Militärdiktatur (1923–31)

Breite Zustimmung: Das Regime von Primo de Rivera wurde von einem Großteil der Bevölkerung begrüßt. Nicht nur der Klerus, die Industriellen und Großgrundbesitzer unterstützten das Militär, auch die Sozialisten arbeiteten zunächst mit ihm zusammen – eine span. Besonderheit. Sie waren – anders als die Anarchisten – der Überzeugung, dass nur durch eine Kooperation mit dem Staat die Errungenschaften der Arbeiterbewegung gesichert werden konnten. Der allmähliche Wirtschaftsaufschwung in den USA und in Europa wirkte sich auch auf S. positiv aus und förderte die Zustimmung der Spanier zum Regime Primo de Riveras.

Innenpolitik: Wichtigstes Ziel war zunächst die Beendigung des Terrors in Katalonien. Durch die faktische Ausschaltung aller Parteien und die Gründung der Einheitspartei Unión Patriotica 1924 sowie die Stärkung der Polizeikräfte sollte die öffentliche Ordnung wiederhergestellt werden.

Unter den Prämissen der Einheit von Vaterland und Religion sowie der Unantastbarkeit der Monarchie wurde die span. Gesellschaft nach dem hierarchischen Prinzip von Befehl und Gehorsam organisiert. Das Parlament wurde aufgelöst, für die Presse eine Vorzensur eingeführt. In der Wirtschaft entstanden korporative Strukturen nach dem Vorbild des faschistischen Italien. Eine wichtige Stütze der Diktatur war die katholische Kirche, deren Position vor allem im Erziehungswesen gestärkt wurde.

Wirtschaftsprogramm: Primo de Riveras ehrgeiziges Wirtschaftsprogramm umfasste eine Verbesserung des Eisenbahn- und des Straßenwesens, den Aufbau des Tourismus, die Gründung der staatlichen Ölgesellschaft CAMPSA und der Telefongesellschaft Telefónica sowie umfangreiche Bewässerungs- und Aufforstungsmaßnahmen im Ebrotal – eine späte Erfüllung der von dem Regeneracionisten Costa aufgestellten Forderungen.

Kolonialpolitik: Einer der wichtigsten Erfolge des Diktators war die Beendigung des Marokkokriegs im Zusammenwirken mit Frankreich: 1926 mussten die aufständischen Rifkabylen kapitulieren.

Opposition: Neben den Anarchisten, die dem Regime von Beginn an feindlich gegenüberstanden, wandelten sich allmählich auch die katalan. Nationalisten und die Intellektuellen, die zunächst die Diktatur unterstützt hatten, zur Opposition. Die Katalanen sahen sich von Primo de Rivera enttäuscht, als dieser ihre Selbstverwaltung auflöste und Fahne sowie Sprache Kataloniens verbot. Die notwendige Heeresreform führte schließlich zur Gegnerschaft von Teilen der Streitkräfte. 1929 entzogen auch die Sozialisten der Diktatur ihre Unterstützung.

Endphase der Monarchie: Zum Scheitern der Diktatur trug auch der grundlegende Widerspruch in der Wirtschaftspolitik bei. Einerseits sollte die Allgemeinheit vom wirtschaftlichen Wachstum profitieren, andererseits die privilegierte Stellung von Bürgertum und Großgrundbesitz erhalten bleiben. Umfangreiche öffentliche Ausgaben ruinierten den Staatshaushalt, der nicht durch eine Steuerreform saniert werden konnte, denn diese hätte die Privilegien aufgehoben. Die Weltwirtschaftskrise, die im Oktober 1929 begann, brachte die Diktatur zusätzlich in Schwierigkeiten. Nachdem er auch die Unterstützung des Königs verloren hatte, trat Primo de Rivera Anfang 1930 zurück und ging nach Frankreich ins Exil, wo er wenig später starb. Danach versuchten wechselnde Militärkabinette vergeblich, die Monarchie aufrechtzuerhalten.

Alfons XIII. (r.) unterstützte den Diktator Miguel Primo de Rivera (l.), von dem er sich die baldige Lösung der innenpolitischen Probleme Spaniens erhoffte.

Die II. Republik (1931–36)

Ausrufung der Republik: Die Gemeindewahlen vom April 1931, die vor allem in den Städten einen Sieg der Republikaner erbrachten, galten als eine Volksabstimmung gegen die Monarchie und den autoritären Weg zur Lösung der Probleme des Landes. Niceto Alcalá Zamora rief am 14.7. in Madrid die II. Republik aus; König Alfons XIII. ging ins Exil, ohne aber offiziell abzudanken. Der Übergang zur neuen Regierung verlief fried-

Ohne abzudanken, begab sich Alfons XIII. nach Ausrufung der II. Republik am 14.4.1931 ins Exil nach Frankreich. (Foto: Alfons XIII. bei einem Besuch in Dover Ende April 1931)

Straßenfeiern in der span. Hauptstadt nach Ausrufung der II. Republik am 14.4.1931

Die wichtigsten Parteien im 20. Jahrhundert

Name (Abkürzung)	*Politische Richtung*	*Gründung*
Partido de Acción Socialista (PASOC)	linksgerichtet	1879
Partido Socialista Obrero Español (PSOE)	sozialdemokratisch	1879
Euzko Alderdi Jeltzalea/ Partido Nacionalista Vasco (PNV)	bask. Nationalisten	1895
Lliga Regionalista de Catalunya (Lliga)	katalan.-separatistisch, konservativ	1901
Partido Radical Republicano	antiklerikal, nationalistisch	1908
Partido Comunista de España (PCE)	eurokommunistisch	1922
Unión Patriótica	antidemokratisch	1924
Federación Anarquista Ibérica (FAI)	anarchistisch-gewaltorientiert	1927
Conféderación Española de Derechas Autónomas (CEDA)	katholisch-rechtskonservativ	1933
Falange Española (FE)	faschistisch	1933
Juntas de Ofensiva Nacional-Sindicalista (JONS)	faschistisch	1933
Izquierda Republicana (IR)	linksgerichtet	1934
Partido Obrero de Unificación Marxista (POUM)	trotzkistisch	1935
Falange Española Tradicionalista (FET) y de las JONS[1)]	franquistisch	1937
Partido Popular (PP)	rechtskonservativ	1976
Euskal Herritarrok (EH)[2)]	bask. Separatisten	1978
Convergència i Unió (CiU)[3)]	konservativ	1979
Los Verdes (LV)	Umweltpartei	1984
Izquierda Unida (IU)[4)]	linksgerichtet	1989
Partido Democrático de la Nueva Izquierda (PDNI)	linksgerichtet	1996
Coalición Canaria (CC)[5)]	linksnationalistisch	k. A.

1) Der Zusammenschluss von Falange und JONS zur Einheitspartei unter Francisco Franco Bahamonde wurde später als Movimiento Nacional bezeichnet; 2) seit 1998 Name der separatistischen bask. Partei Herri Batasuna (HB), des politischen Arms der Terrororganisation ETA (Euzkadi ta Azkatasuna); 3) Wahlbündnis der katalan. Nationalisten der Convergència Democràtica de Catalunya (CDC) und der Unió Democràtica de Catalunya; 4) 1989 schlossen sich mehrere Linksparteien zum Wahlbündnis Izquierda Unida (Vereinte Linke) zusammen; 5) Zusammenschluss von vier Parteien unterschiedlicher politischer Richtungen.

lich, da sich die Republikaner über die Zusammensetzung des provisorischen Kabinetts und die Einberufung der verfassunggebenden Cortes einig waren. Militär, Polizei und Guardia Civil verhielten sich neutral und die meisten ausländischen Staaten erkannten die Republik umgehend an. Bei den Parlamentswahlen im Juni siegten die Sozialisten und die Republikaner.

Reformjahre: Die beiden ersten Jahre der Republik (»bienio de reformas«) waren nach den langen Jahren der Krise und der Unzufriedenheit von politischer und kultureller Aufbruchstimmung gekennzeichnet. Den hohen Erwartungen an die neue linksgerichtete Regierung standen jedoch die alten strukturellen Probleme ungelöst gegenüber: die Agrarfrage, das Verhältnis von Staat und Kirche, die Stellung des Militärs und der Regionalismus.

Zunächst verabschiedete die neue Regierung im Rahmen einer Heeresreform noch im April 1931 ein Gesetz zur Reduzierung der Streitkräfte, zur gleichmäßigeren Verteilung der Truppen im Land und Verbesserung der Offiziersausbildung. In der Verfassung vom 9.12.1931 wurde die Trennung von Staat und Kirche verkündet. Im Januar 1932 wurden die Auflösung des Jesuitenordens und die Einziehung seines Vermögens beschlossen, außerdem die standesamtliche Trauung und die Scheidung eingeführt. Im Juni wurde die kirchliche Lehrtätigkeit an den Schulen untersagt, obwohl der Staat nicht in der Lage war, in kurzer Zeit die konfessionellen Schulen zu ersetzen, die im Volksschulwesen ca. 50% des Unterrichts leisteten. Die Regierung beschloss ein umfangreiches Programm zur Verbesserung von Bildung und Erziehung, das in weiten Teilen auch umgesetzt wurde.

Mit der Verabschiedung des Autonomiestatuts für Katalonien trug die republikanische Regierung im September 1932 den Forderungen der Regionalisten Rechnung. Bei den Wahlen zum katalan. Parlament, der Generalitat, siegte im November die Linke. Über ein entsprechendes Statut für das Baskenland konnte erst 1936 eine Einigung erzielt werden.

Das Agrarreformgesetz vom September 1932 ermöglichte die Enteignung und Verteilung von Land – immerhin gab es in S. ca. 3 Mio. landlose Tagelöhner (bei einer Bevölkerung von ca. 23,5 Mio 1930). Widersprüchliche Kriterien für die Landvergabe und vor allem finanzielle Probleme erschwerten jedoch die Durchführung der Agrarreform. Die Regierung hatte Entschädigungsleistungen für Enteignungen beschlossen, war aber kaum in der Lage, diese zu zahlen.

Republikgegner: Gegen die Maßnahmen der republikanisch-sozialistischen Regierung erhob sich bald Widerstand. Bereits im April 1931 schlossen sich die Gegner der Republik unter der Devise »Religion, Familie, Ordnung und Eigentum« in der Acción Nacional (später Acción Popular) unter José María Gil Robles zusammen. Die Heeresreform führte zur Bildung der republikfeindlichen Unión Militar Española (UME). Die Agrarreform, die von den Großgrundbesitzern abgelehnt wurde, rief wegen ihrer schleppenden Durchführung auch bei den Landarbeitern Widerstand hervor. Auf dem Land kam es daher zu zahlreichen Ausschreitungen. Dagegen formierte sich die Rechte im Frühjahr in der CEDA (Confóderación Española de Derechas Autónomas). Im Oktober gründete José Antonio Primo de Rivera, der Sohn des früheren Diktators, die faschistische Falange Española (FE). Begünstigt durch das Wahlgesetz, das Koalitionslisten favorisierte, siegten bei den Parlamentswahlen im November 1933 die Rechtsparteien.

Schwarze Jahre: Damit begann die zweite Phase der Republik, das »bienio negro« (1934/35). Die Reformen wurden zurückgenommen bzw. verschleppt. Anders als in Madrid siegte bei den Wahlen 1934 in Barcelona wiederum die Linke, woraufhin die Zentralregierung die Arbeit der Generalitat behinderte. Von den Erfolgen der faschistischen Regime in Italien, Deutschland und Österreich beflügelt, forderte die CEDA ihre Regierungsbeteiligung ein, was von den Linken als »Machtergreifung der Faschisten« interpretiert wurde und im Herbst 1934 zum bewaffneten Aufstand der Bergarbeiter in Asturien und der Unabhängigkeitserklärung der katalan. Generalitat unter Lluis Companys führte. Nachdem der Aufstand in Asturien von General Francisco Franco Bahamonde blutig niedergeschlagen worden war, wurde das Autonomiestatut für Katalonien aufgehoben. Die sozialistische Presse wurde verboten und die Opposition brutal unterdrückt. Dies führte zu einem engeren Zusammenschluss der anarchistischen, sozialistischen und kommunistischen Gruppierungen, die – wiederum durch das Wahlgesetz begünstigt – bei den Wahlen vom 16.2.1936 siegten und nach französ. Vorbild eine Volksfrontregierung bildeten.

Der Bürgerkrieg (1936–39)

Volksfrontregierung: Während der ersten Monate der Volksfrontregierung bis zum Beginn des Bürgerkriegs im Juli verschärfte sich die politische Situation. Der Volksfront mit

Kampf um Spanien – Franquisten contra Republikaner

Aufruf zum Aufstand gegen die republikanische Regierung: Über Radio Tétouan in Span.-Marokko verbreitete General Francisco Franco Bahamonde am 17.7.1936 einen Aufruf, in dem er den Aufstand der span. Militärs begründete.

»Spanier! Die Nation ruft euch zur Verteidigung [...] Die von allen geschändete Verfassung liegt gänzlich darnieder: Es besteht keine Gleichheit vor dem Gesetz, keine Freiheit, keine Brüderlichkeit; an die Stelle des gegenseitigen Respekts sind Hass und Verbrechen getreten. Die Einheit der Heimat wird durch territoriale Zersplitterung bedroht; unser Land ist nicht mehr unversehrt, es gibt keine Verteidigung unserer Grenze mehr, wenn im Herzen Spaniens ausländische Sender die Zerstörung und Aufteilung unseres Bodens ankündigen [...]

Dürfen wir etwa Spanien den Feinden des Vaterlandes übergeben und es kampf- und widerstandslos ausliefern? Niemals! Das sollen Verräter tun! Wir, die wir geschworen haben, das Land zu verteidigen, werden es nicht tun.

Wir entbieten Gerechtigkeit und Gleichheit vor den Gesetzen, Friede und Liebe unter den Spaniern, Freiheit und Brüderlichkeit, Arbeit für alle, soziale Gerechtigkeit sowie eine gleichmäßige und zunehmende Verteilung des Reichtums, ohne die span. Wirtschaft zu zerstören oder zu gefährden. Demgegenüber jedoch erbarmungsloser Krieg gegen die Betrüger des ehrlichen Arbeiters, gegen die sich am Ausland orientierenden Kräfte, die teils offen, teils verdeckt Spanien zu zerstören suchen.

In diesem Augenblick erhebt sich ganz Spanien und fordert Friede, Brüderlichkeit und Gerechtigkeit; überall nehmen es Heer, Marine und öffentliche Ordnungskräfte in Angriff, das Vaterland zu verteidigen [...] Wir werden in unserem Vaterland zum ersten Mal, und zwar in dieser Reihenfolge, Brüderlichkeit, Freiheit und Gleichheit durchsetzen.«

»Guernica«, das Pablo Picasso für die Weltausstellung in Paris 1937 schuf, erinnert an die Zerstörung der bask. Stadt durch die deutsche Legion Condor am 26.4.1937.

»Sie werden nicht durchkommen«: Die kommunistische Politikerin Dolores Ibárruri forderte in einer Rede, die am 19.7.1936 von Radio Madrid gesendet wurde, zum Widerstand gegen die putschenden Militärs auf. Sie prägte den Kampfruf der Antifaschisten »No pasaran« (»Sie werden nicht durchkommen«).

»Arbeiter! Bauern! Antifaschisten! Patriotische Spanier! Angesichts des faschistischen Militäraufstandes: Macht euch auf, um die Republik zu verteidigen, um die Freiheit und die demokratischen Errungenschaften des Volks zu verteidigen! Aus den Verlautbarungen der Regierungen und der Volksfront kennt das Volk den Ernst des gegenwärtigen Augenblicks. In Marokko und auf den Kanar. Inseln kämpfen die Arbeiter im Verein mit den republiktreuen Truppen gegen die aufständischen faschistischen Militärs [...] Das ganze Land bebt vor Empörung über diese Schurken, die das demokratische Volksspanien in eine Hölle des Terrors und des Todes stürzen wollen. Aber sie werden nicht durchkommen [No pasaran]! Ganz Spanien bereitet sich auf den Kampf vor. In Madrid ist das Volk auf die Straße gegangen. Durch seine Entschiedenheit und seinen Kampfgeist unterstützt es die Regierung und feuert sie an, damit sie die Niederwerfung der aufständischen faschistischen Militärs zu Ende führt. Jugendliche, bereitet euch auf den Kampf vor! Frauen, heldenhafte Frauen des Volkes [...], kämpft auch ihr an der Seite der Männer für die Verteidigung des Lebens und der Freiheit, an der Seite eurer Söhne, die der Faschismus bedroht! Soldaten, Söhne des Volkes! Bleibt der Regierung der Republik treu, kämpft an der Seite der Arbeiter, an der Seite der Anhänger der Volksfront, zusammen mit euren Vätern, euren Brüdern und Genossen!

Völker von Katalonien, des Baskenlandes und von Galicien! Ganz Spanien: Auf zur Verteidigung der demokratischen Republik! [...] Die Faschisten werden nicht durchkommen [No pasaran]!«

General Franco (M.) 1936 in Burgos, dem Hauptquartier der nationalspan. Bewegung

Guernica, von der deutschen Legion Condor am 26.4.1937 in Schutt und Asche gelegt

Republikanische Soldaten 1938 im Gebäude der Zivilverwaltung in Teruel (Aragon)

ihren starken anarchistischen Elementen standen Militär, Kirche, Großgrundbesitzer und Großindustrielle unversöhnlich gegenüber.

Kriegsbeginn: Die Ermordung des monarchistischen Abgeordneten José Calvo Sotelo am 13.7.1936 war das Signal für den monatelang vorbereiteten Putsch, der am 18.7. mit dem Aufstand der Militärs in Marokko begann. Da die Marine den Seeweg sperrte und auch die Luftwaffe der Republik treu blieb, konnten die aufständischen Truppen unter Francos Oberbefehl nur mit Hilfe deutscher und italien. Transportflugzeuge aufs Festland übersetzen. In Galicien, der Stadt Oviedo, in Alava und Navarra, fast ganz Aragonien, León, Altkastilien, auf Mallorca und Ibiza, in Cádiz, Sevilla, Span.-Marokko und auf den Kanar. Inseln waren die Putschisten erfolgreich, so dass Spanien bald in zwei Zonen geteilt war. Bis zum Frühjahr 1937 konnten die Aufständischen etwa ein Drittel des Landes einnehmen. Die Angriffe Francos auf Madrid (1936/37) scheiterten zunächst; allerdings war die Entsetzung des belagerten Alcázars von Toledo ein wichtiger Erfolg der Franquisten. Sowohl auf der nationalspan. als auch auf der republikanischen Seite wurde der Krieg äußerst grausam geführt.

Innere Entwicklung: Franco ließ sich am 1.10.1936 in Burgos zum Generalissimus und Chef der nationalspan. Regierung ausrufen. Die konservativen, monarchistischen und faschistischen Kräfte wurden in der am 19.4.1937 gegründeten Einheitspartei FET y de las JONS unter seiner Führung zusammengefasst. Die übrigen Parteien wurden aufgelöst, Gewerkschaften verboten und jegliche Opposition gegen die Diktatur unterdrückt. Die Eigentumsveränderungen der Vorkriegsmonate wurden rückgängig gemacht. Die meisten span. Bischöfe erklärten im Juli 1937 ihre offizielle Unterstützung für das Francoregime, das im Oktober desselben Jahres vom Vatikan diplomatisch anerkannt wurde.

Während der Einigung des nationalspan. Lagers vollzog sich im republikanischen S. ein Auseinanderdriften der politischen Kräfte. Wegen der Abhängigkeit der Republik von der Unterstützung durch die Sowjetunion gelang es den zunächst politisch unbedeutenden Kommunisten, den internen Machtkampf für sich zu entscheiden. Während im nationalspan. Einflussbereich vorrepublikanische Zustände wiederhergestellt wurden, erfolgten im republikanischen Gebiet Kollektivierungsmaßnahmen in Landwirtschaft und Industrie sowie die Bildung von lokalen und regionalen Selbstverwaltungsorganen.

Internationalisierung des Konflikts: Die faschistischen Regime in Deutschland und Italien unterstützten Franco mit Waffenlieferungen und Truppen (Legion Condor) und ermöglichten damit erst das Gelingen des Putschs. Für sie bot der Bürgerkrieg u. a. die Möglichkeit, ihre Waffensysteme auszuprobieren und sich auf den von Adolf Hitler geplanten Krieg vorzubereiten. Neben den Achsenmächten unterstützten Finanzkreise in der Schweiz, Belgien, Frankreich, Großbritannien und den USA direkt oder indirekt die Franquisten, von denen sie sich eine bessere Vertretung ihrer Interessen in S. versprachen als von der republikanischen Regierung.

Die Republik erhielt dagegen lediglich Unterstützung aus der Sowjetunion und aus Mexiko, da sich die Regierungen Großbritanniens, Frankreichs und der USA auf eine Politik der »Nichteinmischung« verständigt hatten. Ihr Ziel war es, den Konflikt weitgehend auf S. zu begrenzen. In den ersten Monaten des Bürgerkriegs verfolgte Moskau eine neutrale Politik, um eine Isolation durch die Westmächte zu vermeiden. Ab Herbst 1936 unterstützte die Sowjetunion die Republik offen (bis zum Frühjahr 1938), um Frankreich und Großbritannien für eine Koalition gegen die faschistischen Regime zu gewinnen. Neben den sowjet. Waffenlieferungen erhielt die Republik Hilfe durch ausländische Freiwillige (die Zahlen schwanken zwischen 40 000 und 60 000), die in Internationalen Brigaden zusammengefasst wurden.

Zweite Kriegsphase: In der zweiten Phase des Kriegs (bis Frühjahr 1938) gelang den Aufständischen die Eroberung des span. Nordens: Im April (1937) zerstörte die deutsche Legion Condor die bask. Stadt Guernica, im Juni wurde die Industriestadt Bilbao erobert und im Herbst Asturien. Mitte April 1938 gelang Francos Truppen bei Castellón de la Plana der Durchbruch zum Mittelmeer und damit die Abtrennung Kataloniens vom übrigen republikanischen Gebiet. Ab Sommer 1938 befanden sich die Regierungstruppen in der Defensive. Katalonien wurde in wenigen Wochen erobert, Ende Januar 1939 fiel Barcelona. Ende März besetzten die Franquisten die Hauptstadt Madrid und am 1.4.1939 erklärte Franco den Krieg für beendet.

Franco-Diktatur (1936/39–75)

Bilanz: Der Sieg Francos bedeutete die Niederlage der demokratischen und linken Kräfte in S. Etwa 500 000 bis 600 000 Menschen waren während des Kriegs den Kampfhand-

Staatsoberhäupter Spaniens

Reg.-Zeit	*Name (Dynastie)*	*Lebensdaten*
König		
1886–1931	Alfons XIII. (Bourbon)[1]	1886–1941
Staatspräsidenten		
1931–36	Niceto Alcalá Zamora y Torres	1877–1949
1936–39	Manuel Azaña y Díaz	1880–1940
Staatschef der Diktatur		
1936–75	Francisco Franco Bahamonde	1892–1975
König		
seit 1975	Juan Carlos I. (Bourbon)	*1938

1) 1885–1902 herrschte María Cristina (Österreich) als Regentin

Francisco Franco – Spaniens Diktator für fast 40 Jahre

Fast 40 Jahre lang beherrschte Francisco Franco Bahamonde Spanien als Diktator. Er wurde 1892 in El Ferrol in Galicien geboren und schlug die Militärlaufbahn ein. 1922 wurde er Kommandeur der span. Fremdenlegion.

Nach Kriegsende in Marokko leitete Franco die Militärakademie in Saragossa. Während des Arbeiteraufstands 1934 in Asturien, den er mit äußerster Härte niederschlug, erwarb er sich die Anerkennung der rechtskonservativen Kräfte und wurde 1935 Oberbefehlshaber der Armee. Die Volksfrontregierung setzte ihn 1936 ab und schickte ihn als Militärkommandeur weit weg auf die Kanarischen Inseln.

Mit dem Beginn der Rebellion gegen die republikanische Regierung im Juli 1936 begann Francos Aufstieg zum Führer des faschistischen Spanien. Der erfolgreiche General gehörte anfangs nicht zur Führungsspitze, wurde jedoch nach dem Tod von General José Sanjurjo am 1.10.1936 in Burgos zum Oberbefehlshaber der aufständischen Armee und Chef der Gegenregierung ernannt. Um seine Macht innerhalb des faschistischen Lagers abzusichern, fasste er die Rechtsparteien 1937 in der Falange Española Tradicionalista y de las JONS (später Movimiento Nacional) unter seiner Führung zusammen.

Nach dem Sieg über die republikanischen Regierungstruppen 1939 und der Anerkennung durch die Westmächte sicherte Franco seine unbeschränkte Herrschaft durch mehrere Gesetze ab. Die Verlierer des Kriegs wurden entweder ins Exil getrieben oder fielen umfangreichen »Säuberungsmaßnahmen« zum Opfer. Durch geschickte Diplomatie gelang es Franco, sich dem deutschen Drängen weitgehend zu entziehen und im Zweiten Weltkrieg neutral zu bleiben.

Nach Kriegsende wurde das franquistische Spanien zunächst politisch boykottiert und die Aufnahme in die UNO abgelehnt. Mit der Zuspitzung des Kalten Kriegs nahm die Isolation jedoch ab; Folgen waren die wirtschaftliche Konsolidierung des Landes und die Stärkung der Position Francos. Der Diktator starb 1975. (Foto: Franco 1959 in Madrid)

Franco behielt bis zuletzt seinen harten Kurs gegenüber jeglicher Opposition bei. Die Zeit der Diktatur in Spanien endete erst mit seinem Tod 1975, als Juan Carlos I. den Thron bestieg, der bereits seit 1969 als Francos Nachfolger vorgesehen war. (Foto: Franco, r., 1968 mit Juan Carlos)

lungen und »Säuberungen« zum Opfer gefallen, weitere rund 400 000 Menschen gingen 1939 ins Exil. Zahlreiche Städte waren zerstört, Handelsmarine und Eisenbahn schwer getroffen. 1940 war das Volkseinkommen auf den Stand von 1914 zurückgefallen.

Aufbau des Estado Nuevo: Gestützt auf Militär und Kirche baute Franco nach 1939 seinen autoritären Neuen Staat (Estado Nuevo) auf. 1936 bis 1945 wurden nach Schätzungen 50 000 bis 200 000 Menschen hingerichtet. Die Agrarreform wurde zurückgenommen, die Autonomiestatute aufgehoben. Die Kirche erhielt ihre privilegierte Stellung zurück; Zivilehe und Scheidung wurden abgeschafft, die Jesuiten wieder zugelassen und die Wiedererrichtung der Monarchie in Aussicht gestellt. Großgrundbesitzer und Bürgertum erhielten ihre frühere Machtposition zurück.

Autarkiepolitik: Im Zweiten Weltkrieg blieb S. neutral und unterhielt Beziehungen zum Deutschen Reich, aber auch zu Großbritannien. Geschickt vermied Franco den von Hitler gewünschten Eintritt S.s in den Krieg. Ab 1943 rückte Franco stärker vom Deutschen Reich ab und zog die ab 1941 auf deutscher Seite in der Sowjetunion kämpfende Blaue Division span. Freiwilliger ab.

Nach Kriegsende war S. außenpolitisch (abgesehen von Portugal) isoliert; 1945 wurde es von der Mitgliedschaft in der UNO ausgeschlossen. Gleichzeitig verfolgte das Francoregime eine Politik der wirtschaftlichen Autarkie und bemühte sich um eine systematische Lösung aus den Verflechtungen des Weltmarkts. Diese Politik führte jedoch zur Stagnation von Wirtschaft, Forschung und technischer Entwicklung sowie zu einem Sinken des Lebensstandards.

Wirtschaftsaufschwung: Anfang der 50er Jahre bot die politische Weltlage die Möglichkeit, die Isolation aufzubrechen: Im Zuge des Kalten Kriegs gewann S. als möglicher Bündnispartner des Westens in strategischer und wirtschaftlicher Hinsicht an Bedeutung. 1953 schloss das Land einen Vertrag mit den USA,

Comunidades Autónomas – Dezentralisierung als Antwort auf das Regionalismusproblem

Spanien besteht derzeit aus 17 Autonomen Gemeinschaften (Comunidades Autónomas) und 50 Provinzen. Die Autonomen Gemeinschaften haben eigene, auf vier Jahre gewählte Parlamente und Regierungen. Sie sind für Landwirtschaft und Fischerei, Städtebau, Soziales und Tourismus zuständig. Die Provinzen verfügen mit den gewählten Diputaciónes Provinciales über eigene Vertretungen innerhalb der Comunidades Autónomas. Die Enklaven Ceuta und Melilla an der marokkan. Küste gehören zu Andalusien.

Als Sprachen anerkannt sind neben dem Kastil. das Bask. (von ca. 1,5% der Bevölkerung gesprochen), Galic. (ca. 6,5%) und Katalan. (ca. 18%).

Die Dezentralisierung bedeutet einen tiefen Einschnitt in die Struktur des Landes. Nachdem jahrzehntelang die Kulturen der einzelnen Regionen unterdrückt worden waren, ist nun z. B. in Katalonien eine deutliche Tendenz zur Abgrenzung vom Kastil. zu beobachten. (Foto: Palau de la Generalitat, das Parlamentsgebäude in Barcelona)

Andalusien: Almería, Cádiz, Córdoba, Granada, Huelva, Jaén, Málaga, Sevilla
Aragonien: Huesca, Teruel, Saragossa
Asturien
Balearen
Baskenland: Alava, Guipúzcoa, Viscaya
Extremadura: Badajoz, Cáceres
Galicien: La Coruña, Lugo, Orense, Pontevedra
Kanarische Inseln: Santa Cruz de Tenerife, Las Palmas
Kantabrien
Kastilien-La Mancha: Albacete, Ciudad Real, Cuenca, Guadalajara, Toledo
Kastilien-León: Avila, Burgos, León Palencia, Salamanca, Segovia Soría, Valladolid, Zamora
Katalonien: Barcelona, Gerona, Lérida,Tarragona
La Rioja
Madrid
Murcia
Navarra
Valencia: Alicante, Castellón, Valencia

der die Einräumung von Militärstützpunkten gegen die Gewährung von Wirtschaftshilfen vorsah. Zwei Jahre später wurde S. in die UNO aufgenommen. Mit der Regierungsumbildung 1957 erfolgte ein Kurswechsel in der Wirtschaftspolitik hin zu einer stärkeren Liberalisierung. Gleichzeitig gewann die katholische Organisation des Opus Dei, eine Art Geheimgesellschaft, die eine neoliberale Wirtschaftspolitik vertrat, an Einfluss und war in den 60er Jahren an allen Schaltstellen des Regimes präsent. Die Neuorientierung der Wirtschaft hatte zunächst eine tiefe Rezession zur Folge, die jedoch ab 1962 von einem anhaltenden Wachstum abgelöst wurde. Nicht zuletzt die Öffnung S.s für den Tourismus trug erheblich dazu bei.

Endphase der Diktatur: Da der ökonomischen Liberalisierung keine politischen Reformen folgten, nahm in den 60er Jahren die Unzufriedenheit mit dem Regime zu. Es entstand eine antifranquistische Studentenbewegung, die Arbeiterbewegung nahm mit den Comisiones Obreras einen Aufschwung und in Katalonien und im Baskenland entwickelten sich neue Autonomiebestrebungen. Selbst die Kirche schwenkte allmählich (verstärkt nach dem II. Vatikan. Konzil 1962–65) auf eine kritischere Haltung gegenüber Franco ein.

Monarchie und Demokratie seit 1975

Francos Tod und Transición: Mit dem Tod des Diktators am 20.11.1975 wurde der Weg frei für eine Umwandlung des franquistischen Systems in eine parlamentarische Demokratie. Bei seiner Thronrede im November 1975 kündigte König Juan Carlos I. eine Demokratisierung an, die sich jedoch erst mit der Ernennung von Adolfo Suárez zum Ministerpräsidenten beschleunigte. Nach der Aufhebung des Parteienverbots entstand eine Vielzahl von Parteien (in den 90er Jahren existierten in S. rund 1000 Parteien). Im Frühjahr 1976 schloss sich der Großteil der demokratischen Opposition zur Coordinación Democrática zusammen, um S. auf friedlichem Weg zu einem demokratischen Staat umzuwandeln. Die Gewerkschaften forcierten den Demokratisierungsprozess durch Streiks.

Im November 1976 erreichte die Regierung die Selbstauflösung der Cortes, so dass der Weg für Neuwahlen frei wurde. Einen Monat

Juan Carlos I., der nach einem von Franco festgelegten Programm erzogen und ausgebildet worden war, führte entgegen den Erwartungen nicht die Politik seines Vorgängers fort; er leitete die Demokratisierung Spaniens ein. Bei dem Putschversuch Antonio Tejeros 1981 bezog er eindeutig Stellung gegen eine Rückkehr zur Diktatur. (Foto: Juan Carlos I. bei seiner Thronrede in den Cortes am 24.11.1975)

Dokument: Die spanische Verfassung von 1978

Spaniens neue Verfassung trat am 29.12.1978 in Kraft. Sie konstituiert das Land als parlamentarische Monarchie. Kirche und Staat werden getrennt, die katholische Religion erhält jedoch eine Sonderstellung. Den Regionen wird Autonomie gewährt.

»Präambel

Die span. Nation, von dem Wunsch beseelt, Gerechtigkeit, Freiheit und Sicherheit herzustellen und dem Wohl aller Bürger förderlich zu sein, verkündet in Ausübung ihrer Souveränität ihren Willen,

▷ das demokratische Zusammenleben im Schutze der Verfassung und der Gesetze und im Rahmen einer gerechten Wirtschafts- und Sozialordnung zu gewährleisten;

▷ einen Rechtsstaat zu konsolidieren, der die Herrschaft des Gesetzes als Ausdruck des Willens des Volkes gewährleistet;

▷ alle Spanier und Völker Spaniens bei der Ausübung der Menschenrechte und bei der Pflege ihrer Kultur und Traditionen, Sprache und Institutionen zu schützen;

▷ den Fortschritt von Wirtschaft und Kultur zu fördern, um würdige Lebensverhältnisse für alle zu sichern;

▷ eine fortgeschrittene, demokratische Gesellschaft zu errichten;

▷ bei der Vertiefung friedlicher und von guter Zusammenarbeit gekennzeichneter Beziehungen zwischen allen Völkern der Erde mitzuwirken.

Art. 1: 1. Spanien konstituiert sich als demokratischer und sozialer Rechtsstaat und bekennt sich zu Freiheit, Gerechtigkeit, Gleichheit und politischem Pluralismus als obersten Werten seiner Rechtsordnung [...]

3. Die Staatsform des span. Staates ist die parlamentarische Demokratie.

Art. 2: Die Verfassung stützt sich auf die unauflösliche Einheit der span. Nation, gemeinsames und unteilbares Vaterland aller Spanier, und anerkennt und gewährleistet das Recht auf Autonomie der Kulturen [...]«

Der Terrorismus der ETA-Separatisten – ein zentrales Problem der spanischen Innenpolitik

Die ETA machte seit der Aufkündigung einer Waffenruhe im November 1999 wieder mit zahlreichen Anschlägen auf sich aufmerksam. (Foto rechts: Bei einem Attentat in Madrid am 21.1.2000 kam ein span. Offizier ums Leben, ein junges Mädchen wurde schwer verletzt; links: Zahlreiche Madrilenen versammelten sich daraufhin an der Puerta del Sol, um gegen den Terror der ETA zu protestieren.)

Die ETA (Euzkadi ta Azkatasuna = Baskenland und Freiheit) wurde 1959 als bask. Nationalbewegung im Kampf gegen das Franco-Regime gegründet. Die separatistische Bewegung hatte wegen ihrer antifranquistischen Stoßrichtung zunächst nicht nur im Baskenland, sondern auch im übrigen Spanien viele Sympathisanten. Seit Ende der 60er Jahre jedoch griff die ETA immer stärker zu Gewalt und Terror, um das Ziel eines unabhängigen Baskenlands durchzusetzen.

1973 spaltete sich die ETA in einen militärischen Zweig (ETA-militar), der für die meisten Attentate, Entführungen und Bombenanschläge verantwortlich ist, und einen »gemäßigten« Flügel, die ETA-político-militar, der 1982 aufgelöst wurde. Der politische Arm der ETA ist die Partei Herri Batasuna (Einiges Volk; seit 1998 Euskal Herritarrok = Bask. Bürger). Die Geldmittel für ihre Terroraktionen bezieht die ETA aus der Eintreibung von Schutzgeldern (»Revolutionssteuer«) und den Lösegeldern von Entführungsopfern.

Beim Kampf gegen die ETA setzen die span. Regierungen seit 1975 neben Polizeimaßnahmen auch auf Verhandlungen. 1989 fanden in Algier erste Gespräche zwischen ETA und Regierungsvertretern statt, die jedoch nach einer neuen Attentatswelle abgebrochen wurden. Durch die Zusammenarbeit mit Frankreich gelang es Anfang der 90er Jahre, der ETA mit der Festnahme eines Großteils ihrer Führung sowie der Aushebung eines großen Sprengstofflagers einen schweren Schlag zu versetzen. Der schwindende Rückhalt in der Bevölkerung schwächte die ETA zusätzlich.

Nach der Ermordung eines bask. Kommunalpolitikers kam es im Juli 1997 in ganz Spanien zu Massendemonstrationen gegen die ETA. Diese rief im September 1998 eine Waffenruhe aus, um Gespräche mit der Regierung zu ermöglichen, die aber nicht stattfanden.

Als die ETA im November 1999 die Wiederaufnahme des bewaffneten Kampfs verkündete, gingen im Dezember wiederum Millionen Menschen in Madrid, aber auch im Baskenland selbst auf die Straße, um für Gewaltverzicht zu demonstrieren. Selbst der politische Arm der ETA, Euskal Herritarrok, schloss sich den Friedensforderungen an.

Die Dezentralisierung Spaniens durch die Einführung der Comunidades Autó-nomas, die 1983 abgeschlossen wurde, entzog dem militanten bask. Separatismus nicht den Boden. Die ETA und ihr politischer Arm, die Partei Herri Batasuna (heute Euskal Herritarrok), kämpfen weiterhin für die Unabhängigkeit des Baskenlands. (Foto: Demonstration für die bask. Unabhängigkeit in San Sebastián)

später stimmten in einer Volksbefragung 94,2% für eine demokratische Entwicklung. Aus den ersten Parlamentswahlen seit 1936 ging 1977 die Unión de Centro Democrático (UCD) von Suárez als Siegerin hervor, gefolgt von der Sozialistischen Partei. Zu den vordringlichsten Aufgaben der neuen Regierung gehörten die Ausarbeitung einer demokratischen Verfassung, die im Dezember 1978 durch Volksabstimmung gebilligt wurde, und die Lösung der Wirtschaftsprobleme. Der im Herbst 1977 von den im Parlament vertretenen Parteien ausgehandelte Pakt von Moncloa sollte die Liberalisierung und Demokratisierung der Wirtschaft absichern. Ein weiteres großes Problem der span. Innenpolitik, das Verhältnis zwischen Zentrum und Regionen, wurde durch eine Neuordnung des gesamten Landes gelöst: Nach und nach erhielten die einzelnen Landesteile Autonomierechte.

Terrorismus: Ab 1975 häuften sich die Terroranschläge der beiden Gruppen ETA militar und ETA político-militar, die für die Unabhängigkeit des Baskenlands kämpfen. Dies und die Unfähigkeit der Zentralregierung, die öffentliche Ordnung aufrechtzuerhalten, gaben Anlass für Putschpläne rechtsradikaler Militärs. 1981 besetzten zwei Hundertschaften der Guardia Civil unter Oberstleutnant Antonio Tejero die Cortes. König Juan Carlos I. bezog öffentlich gegen die Putschisten Stellung; sie ergaben sich nach 18 Stunden.

PSOE-Regierungen: Mit den Parlamentswahlen vom Oktober 1982 kam der PSOE unter ihrem Generalsekretär Felipe González bis 1996 an die Regierung. Damit war das System des Franquismus endgültig überwunden. Außenpolitisch konnte die Regierung González große Erfolge vorweisen. Durch den Beitritt zur Europäischen Gemeinschaft 1985 gelang die Integration S.s ins westliche Europa. Mit Madrid als europäischer Kulturhauptstadt, der Weltausstellung in Sevilla und den Olympischen Spielen in Barcelona (alles 1992) wuchs das internationale Ansehen S.s. Durch die Mitwirkung an NATO-Aktionen und als Vermittler im Nahostkonflikt gewann S. zusätzliches außenpolitisches Gewicht.

Wirtschaftliche Probleme: Notwendige Maßnahmen zur Modernisierung der span. Wirtschaft erhöhten die Arbeitslosenzahlen, sodass die PSOE in Konflikt mit der sozialistischen Gewerkschaft UGT geriet. 1988 kam es erstmals seit der II. Republik wieder zu einem Generalstreik. Hinzu kamen in den 90er Jahren politische Skandale um Vetternwirtschaft und Korruption sowie der Vorwurf des »staatlichen Terrorismus« gegen die ETA.

Oben: Adolfo Suárez (M.) gewann 1977 mit der UCD die ersten freien Parlamentswahlen nach 1936. Das Bild zeigt den Ministerpräsidenten bei einer Pressekonferenz in Paris, 1977.

Unten: Felipe González (Foto) war der erste sozialistische Regierungschef Spaniens nach dem Ende der franquistischen Diktatur. Er regierte das Land von 1982 bis 1996.

Konservative Regierung seit 1996: Bei den Parlamentswahlen 1996 siegte die rechtskonservative Partido Popular (PP). Wegen des knappen Stimmenvorsprungs war die PP auf die Unterstützung der bürgerlichen Nationalisten Kataloniens, des Baskenlands und der Kanar. Inseln angewiesen. In der Wirtschafts- und Europapolitik gelang es dem neuen Ministerpräsidenten José María Aznar, die Konvergenzkriterien zur Teilnahme an der Europäischen Wirtschafts- und Währungsunion zu erfüllen. Das Problem der hohen Arbeitslosigkeit konnte er hingegen nicht lösen. Dennoch baute die PP bei den Wahlen im März 2000 ihren Vorsprung zur absoluten Mehrheit aus und ist nun nicht mehr auf die Unterstützung der Regionalparteien angewiesen. *I.R.*

Sri Lanka

Demokrat. Sozialist. Republik

Nach jahrhundertelangen Machtkämpfen zwischen buddhistischen Singhalesen und hinduistischen Tamilen fiel S. ab 1505 an europäische Kolonialmächte. 1796 eroberte die brit. Ostind. Handelskompanie die Insel S., die 1802 unter dem Namen Ceylon brit. Kronkolonie wurde. Zur Bewirtschaftung der Kaffeeplantagen – später wurden statt Kaffee Tee und Kautschuk angebaut – warben die Briten ab 1840 Tamilen aus Südindien als Arbeitskräfte an.

Unabhängigkeitsbewegung

Der Zustrom tamil. Arbeitskräfte ins Inselinnere und die Plantagenwirtschaft der brit. Kolonialisten ließen eine soziale Kluft zwischen Großgrundbesitzern und Landarbeitern zutage treten und auf lange Sicht ein neues Minderheitenproblem entstehen. 1870 begannen die Singhalesen, die mehrheitlich den mittleren und südlichen Inselteil bewohnen, sich auf ihre Tradition zu besinnen. Das erwachte Nationalbewusstsein fand zunächst seinen Ausdruck in einer buddhistischen Erneuerungsbewegung, nach Unruhen 1915 in einer politischen Unabhängigkeitsbewegung, die die Briten zu Zugeständnissen zwang.

Demokratisierung

Unabhängigkeit: Die Verfassung von 1931 gewährte Ceylon die Selbstverwaltung und führte das allgemeine Wahlrecht ein. 1948 wurde Ceylon unabhängig und gehörte fortan als Dominion dem brit. Commonwealth an. Die konservative United National Party (UNP) stellte die ersten Ministerpräsidenten Don Stephen Senanayake (1947–52), Dudley Shelton Senanayake (1952–53) und Sir John Lionel Kotelawala (1953–56).

Soziale Spannungen: Die Rezession in den 50er Jahren, ausgelöst durch fallende Preise für Tee und Kautschuk auf dem Weltmarkt, und der Anstieg der Lebensmittelpreise auf Ceylon schürten soziale Spannungen und nationalistische Stimmungen gegen die Tamilen, die – bevorzugt von der brit. Kolonialverwaltung – mit zahlreichen Privilegien in die Unabhängigkeit gegangen waren. Die Wahlen 1956 gewann die sozialistische Sri Lanka Freedom Party (SLFP) unter Solomon Bandaranaike, der neuer Regierungschef (1960–65) wurde. Er leitete eine in ihren Strukturen stark zentralistische Politik ein, die auf die Interessen der singhales. Bevölkerungsmehrheit ausgerichtet war. In der Folge kam es 1958 zu den ersten Auseinandersetzungen zwischen Singhalesen und Tamilen.

Ära Sirimavo Bandaranaike: Nach Bandaranaikes Ermordung im September 1959 übernahm seine Witwe Sirimavo Bandaranaike die Führung der Partei. Als Führerin einer buddhistisch-marxistischen Allianz wurde sie 1960 zur Ministerpräsidentin (bis 1965 und 1970 bis 1977) gewählt und war damit die erste

Sri Lanka 2000	
Landesfläche	65 610 km² (WR 119)
Einwohner	18,6 Mio (WR 53)
Hauptstadt	Colombo (610 000 Einwohner)
Sprachen	Singhalesisch, Tamilisch, Englisch
Währung	1 Sri-Lanka-Rupie (SLRe) = 100 Cents
Gliederung	9 Provinzen, 24 Distrikte
Staatsform	Republik (seit 1978)
Religion	Buddhisten (68%); Hindus (22%); Moslems (7%); Christen (3%)
Bevölkerung	Singhalesen (72%); Tamilen (20%); Moor (6%); Sonstige (2%)

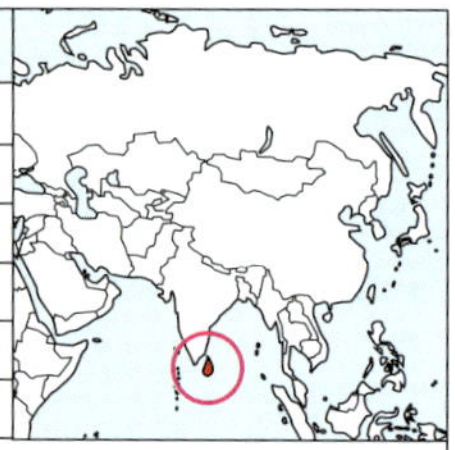

Sri Lanka im 20. Jahrhundert	
1931	Neue Verfassung tritt in Kraft; Ceylon erhält Selbstverwaltung und allgemeines Wahlrecht; erster Staatsrat wird gewählt.
1948	Ceylon erhält die Unabhängigkeit.
1956	Mit dem Wahlsieg der Sri Lanka Freedom Party (SLFP) wird Solomon Bandaranaike Premierminister.
1958	Tamilenproblem löst Unruhen aus.
1959	Ermordung Solomon Bandaranaikes.
1960	Sirimavo Bandaranaike, die Witwe Solomon Bandaranaikes, wird Premierministerin.
1965	Bei Parlamentswahlen siegt die United National Party (UNP) unter Senanayake.
1970	Nach Wahlsieg der SLFP wird Sirimavo Bandaranaike wieder zur Premierministerin ernannt.
1971	Aufstand der linksradikalen Volksbefreiungsfront (JVP).
1972	Neue Verfassung: Ceylon wird unter dem Namen Sri Lanka Republik.
1978	Junius Richard Jayawaradene wird nach Wahlsieg der UNP 1977 Präsident und setzt das Präsidialsystem durch.
1979	Gesetz zur Verstaatlichung sämtlicher Plantagen.
1983	Schwere Unruhen zwischen Tamilen und Singhalesen weiten sich zum Bürgerkrieg aus.
1987	Intervention Indiens: Das Parlament beschließt Autonomieregelung für Tamilengebiete im Norden und Osten Sri Lankas; Terrorwelle der JVP beginnt.
1989/90	Rückzug der ind. Truppen aus Sri Lanka. Bombardierung der Tamilenhauptstadt Jaffna durch Regierungstruppen.
1994	Nach vorgezogenen Parlamentswahlen wird Chandrika Kumaratunga (People's Alliance) Premierministerin.
1995	Vorübergehender Waffenstillstand (Januar) mit der tamil. Rebellenorganisation Liberation Tiger Tamil Eelam (LTTE); Regierungstruppen erobern im November Tamilenhauptstadt Jaffna.
1998	Nach Anschlägen durch die LTTE in Colombo verbietet Präsidentin Kumaratunga die Organisation.

Frau der Welt an die Spitze einer demokratischen Regierung. Sirimavo Bandaranaike führte kostenlosen Schulunterricht und einen Gesundheitsdienst ein. Sie setzte auf eine reglementierte Wirtschaftsform, verstaatlichte ausländische Plantagen, Banken und Ölgesellschaften, was die wirtschaftliche Situation noch verschärfte. Ihre Sprachenpolitik benachteiligte alle Nicht-Singhalesen. 1971 scheiterte ein Umsturzversuch durch die linksradikale maoistisch orientierte Volksbefreiungsfront Janatha Vimukthi Peramuna (JVP). 1972 nahm das Land eine neue Verfassung an und wurde unter dem Namen S. Republik.

Radikalisierung und Öffnung

Militarisierung des Konflikts: Der Verfassungszusatz von 1972, der die Abgeordneten zu einem Treueeid auf die Verfassung zwang, veranlasste tamil. Vertreter dazu, das Parlament zu verlassen. Anhänger der Tamilenparteien gingen in den Untergrund, um mit Waffengewalt für den autonomen Tamilenstaat Eelam zu kämpfen. Auf die Aktionen von militanten Rebellen reagierte der Staat mit der Verhängung des Ausnahmezustandes im Norden und im Osten des Landes, der den Sicherheitskräften weit reichende Befugnisse einräumte. Es kam u.a. zu Ausschreitungen und zu Rachemorden von Seiten der Polizei.

Neue Verfassung: Die politische und wirtschaftliche Krise führte gegen Ende der 70er Jahre zu einem Regierungswechsel und zu einer Öffnung des Landes. 1977 wurde die konservative UNP unter Junius Richard Jayawardene gewählt, der 1978 als Staatspräsident eine neue Verfassung durchsetzte. Diese führte das Verhältniswahlsystem ein und übertrug dem Präsidenten die Kompetenzen eines Regierungschefs (Ernennung der Regierung, Oberbefehl über die Streitkräfte, Leitung einzelner Ministerien und Entscheidung über Parlamentsneuwahlen). S. wurde zur Demokratischen Sozialistischen Republik.

Liberalisierung: Repressive Maßnahmen der vorangegangenen Regierung, wie Pressezensur und Versammlungsverbot, wurden aufgehoben. Wegen Machtmissbrauchs und Korruption während ihrer Regierungszeit verlor Sirimavo Bandaranaike 1980 die staatsbürgerlichen Rechte. Nach der Wiedereinführung der freien Marktwirtschaft wurde das Land für den Tourismus aus dem Westen geöffnet. Die Rassenunruhen hielten indes an. Jayawardene rief im August 1981 vorübergehend den Ausnahmezustand aus und erklärte die Autonomieforderungen der Tamilen für unerfüllbar.

Tamilen-Hauptsiedlungsgebiete

Tamilen im Exil

Exilregierung: Anhänger der Guerillaorganisation »Befreiungstiger von Tamil-Elam« (TLLE) flüchteten nach Indien, das die Anliegen der tamil. Separatisten bis 1983 unterstützte, sowie nach Großbritannien, wo in London Exiltamilen 1982 den Staat Eelam ausriefen und eine Exilregierung bildeten.

Terrororganisation: Auch Frankreich, Deutschland und Kanada wurden Emigrationsziele der Tamilen, die innerhalb von zwei Jahrzehnten ein globales kriminelles Netz zur Kontrolle von Nord- und Ost-S. aufbauten.

Solomon Bandaranaike (r.), der Ministerpräsident von Ceylon (Sri Lanka), mit seiner Frau Sirimavo anlässlich eines Besuchs in London, 1956. Nach seiner Ermordung (25.8.1959) übernahm Sirimavo Bandaranaike die Parteiführung der sozialistischen SLFP und 1960 als erste Frau der Welt das Amt des Ministerpräsidenten.

Bürgerkrieg

Eskalation der Gewalt: 1983 nahmen Verschleppungen und Hinrichtungen durch Angehörige der oppositionellen Tamilenorganisationen, allen voran die »Befreiungstiger« (Liberation Tigers of Tamil Eelam, LTTE) unter Velupillai Prabhakaran zu. Während sich die Aktionen anfänglich auf den Norden und Osten der Insel beschränkten, verschärfte sich seit 1987 der Konflikt zwischen den tamil. Rebellen und den Sicherheitskräften der Regierung auch im Süden S.s. Über das ganze Land wurde der Ausnahmezustand verhängt.

Intervention Indiens: Als die Unruhen 1986 eskalierten, trat der ind. Premierminister Rajiv Gandhi erfolglos als Vermittler zwischen der srilank. Regierung und der LTTE auf, konnte aber ein Jahr später mit S. ein Abkommen zur Beendigung des Bürgerkrieges erreichen. Auf Bitten der Regierung marschierten darauf ind. Truppen auf die Halbinsel Jaffna ein, wo die Unruhen das größte Ausmaß erreicht hatten. Im November 1987 beschloss die Regierung ein Autonomiestatut für den von Tamilen bewohnten Norden und Osten des Landes. Die LTTE übernahm die Kontrolle in den Regionen. Ind. Friedenstruppen wurden dort stationiert, wo die LTTE am aktivsten war. Dagegen verstärkte die JVP ihre terroristischen Aktivitäten in den vorwiegend singhales. Regionen des Landes. Gegenterror der Regierungstruppen unterdrückte die Bewegung bis 1989 erfolgreich. Auch auf singhales. Seite bildeten sich Guerillatruppen, die mordeten und Terrorakte verübten. Nachdem das Bemühen Indiens zu keiner dauerhaften Friedenslösung geführt hatte, zog es 1989/90 seine Truppen aus S. zurück. Ab Juli 1989 wurde die Tamilenhauptstadt Jaffna durch Regierungsstreitkräfte bombardiert; im Osten kam es zu Massakern an Moslems und Tamilen. 1991 wurde Rajiv Gandhi als Rache für sein Eingreifen von Anhängern der LTTE bei einem Bombenattentat in der südind. Provinz Tamil Nadu getötet.

Staatsoberhäupter Sri Lankas

Reg.-Zeit	*Name (Lebensdaten)*
1947–52[1)]	Don Stephen Senanayake (1884–1952)
1952–53	Dudley Shelton Senanayake (1911–1973)
1953–56	Sir John Lionel Kotelawala (1897–1980)
1956–59	Solomon Bandaranaike (1899–1959)
1960–65	Sirimavo Bandaranaike (*1916)
1965–70	Dudley Shelton Senanayake (1911–1973)
1970–77	Sirimavo Bandaranaike (*1916)
1977–88[2)]	Junius Richard Jayawardene (*1906)
1988–93	Ranasinghe Premadasa (1924–1993)
1993/94	Dingiri Wijetunga (*1922)
seit 1994	Chandrika B. Kumaratunga (* 1945)

1) Premierminister bis 1977; 2) ab 1977 Staatspräsident

Die wichtigsten Parteien im 20. Jahrhundert

Name (Abkürzung)	*Politische Richtung*	*Gründung*
Sri Lanka Equal Society Party (SEP)	kommunistisch	1935
Communist Party (CP)	kommunistisch	1943
United National Party (UNP)	Liberalkonservative	1946
Tamil United Liberation Front (TULF)	tamil. Separatistenorganisation	1949
Sri Lanka Freedom Party (SLFP)	Sozialisten	1951
Janatha Vimukthi Peramuna (JVP)	maoistische, später faschistische Singhalesenpartei	nach 1960
United Left Front	Kommunisten	1977
Liberation Tigers of Tamil Eelam (LTTE)	tamil. Separatistenorganisation	vor 1980
Sri Lanka Muslim Congress (SLMC)	moderate Islamisten	1980
People's Alliance (PA)	Allianz linker und marxistischer Parteien	1993

Neubeginn

Bombenattentate: Premierminister Ranasinghe Premadasa (1978–93) fiel ebenfalls einem tamil. Selbstmord-Bombenleger 1993 zum Opfer. Er ist einer von vielen srilank. Politikern, die durch tamil. Anschläge seit 1983 ums Leben kamen. Im Vorfeld der Präsidentschaftswahlen von 1994 wurde der Kandidat der UNP (United National Party) Gamini Dissanayake und über 51 weitere Personen bei einem Bombenattentat getötet.

Neue Frau als Staatsoberhaupt: Zur Nachfolgekandidatin wurde seine Witwe Srima Dissanayake ernannt, die jedoch Chandrika B. Kumaratunga, der Tochter von Solomon und Sirimavo Bandaranaike, und ihrer Links-Partei People's Alliance (PA) bei den vorgezogenen Parlamentswahlen im August 1994 unterlag. Die neue Präsidentin löste damit die UNP-Regierung unter Staatspräsident Dingiri Wijetunga (1993–94; Ministerpräsident 1989–93) und Regierungschef Ranil Wickramasingh (1993–94) ab. Kumaratunga ernannte ihre Mutter Sirimavo Bandaranaike zur Premierministerin.

Verfassungsreform: Kumaratunga kündigte die Abschaffung des Präsidialsystems und die Einführung einer parlamentarischen Demokratie an. Ferner beabsichtigte sie, den Staat unter Beibehaltung des bislang erfolgreichen marktorientierten Wirtschaftssystems (S. hatte in den 90er Jahren mit 5–7% die höchsten Wirtschaftswachstumsraten in Asien) zu einem Sozialstaat umzubauen, der die Bauern an den Gewinnen beteiligen soll. Um ihre Reformvorschläge durchzusetzen, bedurfte es einer Zweidrittelmehrheit, die ihr bis Ende der 90er Jahre durch die Opposition verweigert wurde.

Friedensbemühungen

Waffenstillstand: Anfang 1995 schloss Präsidentin Kumaratunga mit der tamil. Rebellenorganisation LTTE einen Waffenstillstand. Die Rebellen erklärten sich bereit, nicht länger auf die staatliche Unabhängigkeit zu bestehen, sondern sich mit der Autonomie innerhalb eines förderalen Staatenbundes zu bescheiden. Mitte des Jahres legte die Präsidentin einen entsprechenden Friedensplan vor, der die Neuordnung des Staates in acht autonome Bundesstaaten vorsah, wobei die von Tamilen bewohnten Nord- und Ostprovinzen zusammengelegt werden sollten.
Rückschläge: Der LTTE gingen die Vorschläge der Regierung nicht weit genug; sie forderte darüber hinaus die Gleichstellung mit den Singhalesen, Recht auf Selbstbestimmung sowie die Unverletzlichkeit ihrer Gebiete im Norden und Osten des Landes. Mit der Ablehnung des Friedensplans durch die LTTE entbrannte der Bürgerkrieg erneut. 1995 eroberte die Regierungsarmee die Tamilenhauptstadt Jaffna und brachte die gesamte Halbinsel unter ihre Kontrolle. Die Rebellen zogen sich daraufhin in den Osten des Landes zurück. In dem Bürgerkrieg zwischen Tamilen und singhales. Regierungstruppen starben bis Mitte 2000 über 60 000 Menschen.
Verschärfung der Krise: In den nächsten zwei Jahren verübten die Rebellen zahlreiche Anschläge in der srilank. Hauptstadt Colombo sowie auf Stützpunkte der Armee und richteten Massaker in der singhales. Bevölkerung an. 1998 verübte die LTTE einen Bombenanschlag vor einem buddhistischen Tempel in Kandy. Darauf ließ Kumaratunga die LTTE offiziell verbieten, setzte aber ihren politischen Kurs für einen Frieden in S. fort. Doch lehnte sie bisher eine Einmischung ausländischer Staaten in den Konflikt ab. *C. B.*

Indische Truppen (Foto) unterstützten 1987 die Tamilen, die wie der größte Teil der Inder Hindus sind, im Bürgerkrieg gegen die Singhalesen. Die dadurch entstandenen Spannungen zwischen Indien und Sri Lanka konnten im Juli 1987 durch ein Friedensabkommen beendet werden. In ihm wurde der Autonomiestatus der überwiegend von Tamilen bewohnten Gebiete im Norden und Osten Sri Lankas zugesichert.

Die Bandaranaike-Dynastie in Sri Lanka – die Herrschaft der Witwen

Sirimavo Bandaranaike (*17.4.1916), die einer aristokratischen Großgrundbesitzerfamilie entstammt, trat nach der Ermordung ihres Mannes Solomon 1959 den Vorsitz der Sri Lanka Freedom Party (SLFP) an. Nach dem Wahlsieg der von ihr geführten Linkskoalition wurde sie die erste weibliche Regierungschefin (bis 1965; 1970–77). Unter ihr nahm das Land eine neue Verfassung an und wurde 1972 Republik. Sirimavo Bandaranaikes Wirtschafts- und Sprachenpolitik, die die ethnische Kluft verstärkte, war umstritten. So gab ihr 1977 die Regierung unter Jayawardene die Schuld für die schweren Zusammenstöße zwischen Tamilen und Singhalesen.(Foto: Sirimavo Bandaranaike 1988)

Chandrika Kumaratunga, am 29.6.1945 in Colombo geboren, ist die Tochter von Solomon und Sirimavo Bandaranaike. Nach ihrem Studium in Paris (u. a. Politologie) kehrte sie 1972 nach Sri Lanka zurück. 1974–84 war sie für die SLFP, die von ihrer Mutter geleitet wurde, tätig. Fünf Jahre nach der Ermordung ihres Mannes Vijaya (1988), den sie einst gegen den Willen ihres Clans geheiratet hatte, gründete sie die linke People's Alliance (PA). Seit 1994 regiert sie zusammen mit ihrer Mutter und arbeitet an einem Friedensplan zur Lösung des Tamilenproblems durch ein System autonomer Bundesstaaten. (Foto: Chandrika Kumaratunga, 1996)

Südafrika

Republik Südafrika

Zu Beginn des 20. Jh.s bestanden auf dem Gebiet des heutigen S. die Burenstaaten Oranjefreistaat und Südafrikan. Republik, die brit. Kolonien Kapkolonie und Natal sowie mehrere Bantureiche, die von Briten und Buren in kolonialer bzw. halbkolonialer Abhängigkeit gehalten wurden. Großbritannien versuchte die Burenstaaten zu zerschlagen, um ein geschlossenes afrikan. Kolonialgebiet vom Kap bis Kairo zu errichten und sich die reichen Gold- und Diamantenfelder der Burenstaaten zu sichern. Der südafrikan. Präsident Paulus (Ohm) Krüger verkörperte ab 1896 den bur. Widerstand gegen Großbritannien, das sich jedoch im Burenkrieg (1899–1902) endgültig durchsetzen konnte.

Südafrika 2000

Landesfläche	1,22 Mio km² (WR 24)
Einwohner	39,9 Mio (WR 28)
Hauptstadt	Pretoria (1,31 Mio Einwohner)
Sprachen	Zulu, Xhosa, Afrikaans, Englisch
Währung	1 Rand (R) = 100 Cents
Gliederung	9 Provinzen
Staatsform	Präsidiale Republik (seit 1961)
Religion	Christen (67,8%); Hindus (1,3%); Moslems (1,1%); Juden (0,4%); Sonstige (29,4%)
Bevölkerung	Schwarze (76,3%); Weiße (12,7%); Sonstige (11,0%)

Burenkrieg vergrößert das britische Kolonialreich

Menschenrechtsverletzungen: Mit der Kriegserklärung der Südafrikan. Republik an Großbritannien begann am 11.10.1899 der Burenkrieg; unterstützt wurde die Republik vom Oranjefreistaat, die erhoffte militärische Intervention des Deutschen Reichs blieb jedoch aus. Massive brit. Truppenkonzentrationen an der Grenze zur Südafrikan. Republik und eine Verstärkung der brit. Kontingente in der Kapkolonie waren der Kriegserklärung vorausgegangen.

Nach den Erfolgen der militärisch überlegenen Briten gingen die Buren zum Guerillakrieg über. Der brit. Generalstabschef Horatio Herbert Kitchener reagierte ab 1900 mit der »Strategie der verbrannten Erde«: Die Briten zerstörten ca. 30 000 bur. Farmen, verwüsteten die dazugehörigen Ländereien und vernichteten die Viehherden. Um die Zivilbevölkerung auszuschalten, ließ Kitchener »Concentration Camps« genannte Massenlager errichten, in die mehr als 120 000 bur. Frauen und Kinder deportiert und unter menschenunwürdigen Bedingungen gefangen gehalten wurden. Die brutalen Menschenrechtsverletzungen – rund 21 000 Menschen, darunter 16 000 Kinder, starben in diesen Konzentrationslagern – erregten weltweit Aufsehen und scharfe Ablahnung.

In Großbritannien stärkten die »Methoden des Barbarismus« liberale und pazifistische Strömungen sowie Überlegungen, das British Empire in eine Staatengemeinschaft (Commonwealth) umzubauen und den Dominions (Kolonien) Selbstverwaltung zu gewähren. (Foto: Burische Guerillaführer, 1900)

Unter britischer Herrschaft

Ende der Burenstaaten: Am 24.5.1900 erklärte Großbritannien die Annexion des Oranjefreistaats als »Orange River Colony«. Nach der Annexion der Südafrikan. Republik (1.9.1900) begab sich der südafrikan. Präsident Krüger ins Exil, am 25.10. wurde in Pretoria die Annexion der Südafrikan. Republik unter dem Namen »Vaal River Colony« feierlich vollzogen. Damit hatte Großbritannien die Burenstaaten zerschlagen, die reichen Gold- und Diamantengebiete S.s unter seine Kontrolle gebracht und das imperiale Ziel eines afrikan. Kolonialreichs vom Kap bis Kairo verwirklicht.

Frieden von Vereeniging: Am 31.5.1902 unterzeichneten in Pretoria der brit. Generalstabschef Horatio Herbert Kitchener und Gouverneur Alfred Viscount Milner sowie die Vertreter einer Burendelegation unter Louis Botha, Jan Christiaan Smuts, James Hertzog u. a. den vergleichsweise milden Friedensvertrag. Da sich die Briten nicht in der Lage sahen, die von Buren bewohnten Gebiete gegen deren Widerstand zu kontrollieren, setzten sie auf Kooperation. Die Buren erkannten ihre Eingliederung in das brit. Kolonialreich an und verpflichteten sich zur Waffenübergabe, dafür erhielten sie von Großbritannien Wiederaufbauhilfe und die Zusicherung baldiger innerer Autonomie; Englisch wurde Amtssprache, Afrikaans blieb jedoch Schulsprache und durfte auch vor Gericht gesprochen werden. Durch den Frieden von Vereeniging sicherte sich Großbritannien die Mitarbeit der Buren in einem brit. S.

»Selfgovernment«: Durch einen Erlass des brit. Königs Edward VII. erhielt 1906 die Vaal River Colony und 1907 die Orange River Colony innere Autonomie durch eine Verfassung auf der Basis des »Selfgovernment« (Selbstregierung). Das Wahlrecht wurde (mit Ausnahme der Kapprovinz) auf die »brit.« bzw. weißen Bürger eingeschränkt; Frauen und Farbige waren von der politischen Mitbestimmung ausgeschlossen.

Zuluaufstand: Nach dem Ende des Burenkriegs übernahm der brit. Gouverneur Alfred Viscount Milner die Leitung des administrativen und wirtschaftlichen Wiederaufbaus von S. Seine vor allem gegenüber der schwarzen Bevölkerung rücksichtslose Amtsführung führte zu Kritik im In- und Ausland; 1905 trat Milner auf Druck der brit. Regierung zurück. Die jahrelangen Spannungen während der Milner-Administration entluden sich am 3.4.1906 in einem Zuluaufstand in Natal. Das Militär schlug den Aufstand, der auch auf die Vaal River Colony übergriff, mit einer Brutalität nieder, die erneut für weltweiten Protest sorgte. Der brit. Kolonial-Unterstaatssekretär Winston Churchill erklärte am 18.7., während des Aufstands seien 3500 Zulus getötet worden, wies aber Presseberichte zurück, denen zufolge es zu Massenerschießungen verletzter Zulus gekommen sei. Als eine Hauptursache des Aufstands bezeichnete er »die Behandlung der Eingeborenen während der Amtszeit von Alfred Viscount Milner«. Der Aufstand von 1906 war die letzte Erhebung der Zulus gegen die weiße Fremdherrschaft. König Dinuzulu wurde 1907 von einem brit. Gericht wegen Hochverrats verurteilt und in die Vaal River Colony verbannt (bis 1913). Das Zulukönigtum lebte jedoch fort, König Salomon (1913–33) gründete die nach einem Kultkranz benannte Inkatha als nationale kulturelle Befreiungsbewegung der Zulus.

Die südafrikanischen Bantu-Völker Zulu und Xhosa

»Kaffern«: Die Bantu sprechenden Zulu, Xhosa, Pondo und Tembu wurden aus europäischer Sicht, ungeachtet sprachlicher und kultureller Unterschiede, als Kaffern bezeichnet (arab. kafir = Ungläubiger). Der bedeutendste Bantustamm sind die Zulu, die in den ersten Jahrzehnten des 19. Jh.s benachbarte Stämme unterworfen bzw. ausgerottet, große Migrationsbewegungen ausgelöst und unter dem Nguni-Häuptling Chaka (ermordet 1828) eine straffe Militärmonarchie errichtet hatten. Das zweitgrößte Bantuvolk sind die Xhosa. 1856/57 töteten sie unter dem Einfluss ihrer Priester ca. 400 000 ihrer Rinder in der Annahme, dieses religiöse Schlachtopfer (85% des Rinderbestands) würde die Europäer vertreiben. Die Folge war eine Hungersnot, während der mehr als 100 000 Xhosa starben und ca. 30 000 zum Verlassen ihrer Wohnplätze gezwungen wurden. Nach Abschluss der »Kaffernkriege« (1879) lebten die meisten Bantu in Kolonialterritorien (Kaffraria, Transkei, Natal, Zululand), die der brit. Kapkolonie unterstanden. (Foto: Gruppe von Zulu-Kriegern, Stich von 1840)

Apartheid-Staat Südafrika

Britische Staatsgründung: Die Aussöhnung von Buren und Briten gipfelte am 31.5.1910 in der Gründung des Bundesstaats Union of South Africa durch Zusammenschluss von Kapkolonie, Natal, Orange River Colony und Vaal River Colony. Zu den Hauptbefürwortern einer Aussöhnung zählten der populäre ehemalige Burenkriegsgeneral Louis Botha, der – zuvor (1907–10) erster Premierminister der Vaal River Colony – erster Premierminister der Südafrikan. Union wurde, sowie auf brit. Seite Leander Jameson, der 1904–08 als Premierminister der Kapkolonie amtiert hatte.

Unions-Verfassung: Die Union erhielt nach kanad. Vorbild den Status eines Dominions mit innerer Autonomie. Oberhaupt des aus vier Provinzen bestehenden Bundesstaats wurde ein vom brit. König auf fünf Jahre ernannter Generalgouverneur, der zugleich als Hochkommissar für die überwiegend von Schwarzen bewohnten brit. Kolonien Basutoland (Lesotho), Swasiland und Betschuanaland (Botswana) fungierte. Regierungssitz der Südafrikan. Union wurde das in der Provinz Transvaal gelegene Pretoria. Das Parlament befand sich in Kapstadt in der Kapprovinz; der Oberste Gerichtshof hatte seinen Sitz in Bloemfontein in der Provinz Oranjefreistaat. Die Verfassung der Südafrikan. Union wurde von den Briten in Zusammenarbeit mit den Buren erarbeitet, Farbige hatten bei der Staatsgründung kein Mitspracherecht, obwohl sie 80% der Bevölkerung in dem neuen Staat bildeten.

Parteien: Aus den ersten Parlamentswahlen am 15.9.1910 ging die bur. South African Party mit 67 Mandaten klar als Sieger hervor, zweitstärkste Partei wurden die von Leander

Weiße Burenrepubliken im südlichen Afrika

Niederländische Kolonisation: Im Lauf des 17. Jh.s kolonisierten »Buren« (Bauern) aus den Niederlanden gemeinsam mit französ.-hugenottischen und deutschen Siedlern weite Teile des »Kaplands«; es bildete sich eine eigene bur. Sprache (Afrikaans) heraus. Das bur. Kapland, das sich zu einem der reichsten Territorien im niederländ. Kolonialreich entwickelte, wurde 1806 von Großbritannien erobert. Die Abschaffung der Sklaverei (1834) rief den Widerstand der Buren hervor. Um der brit. Kolonialherrschaft zu entgehen, zogen rund 14 000 von ihnen ab 1836 auf dem »Großen Treck« nordwärts. Nach Siegen über die Zulu proklamierten die Buren 1839 die Republik Natal. Die Briten bestritten jedoch den Buren das Recht, eine eigene Kolonie zu gründen, und eroberten Natal 1842/43. Die Buren wanderten daraufhin in das von Buschmännern und Bantu bewohnte Gebiet an Vaal und Oranje aus und gründeten den Oranje-freistaat und Transvaal (seit 1884 Südafrikan. Republik). 1852/54 erkannte Großbritannien die Unabhängigkeit von Transvaal und des Oranjefreistaats an, da es seine Herrschaft auf das strategisch wichtige Küstengebiet beschränken wollte.

Südafrika im 20. Jahrhundert	
1900	Im Burenkrieg annektiert Großbritannien die Südafrikan. Republik als Vaal River Colony und den Oranjefreistaat als Orange River Colony.
1902	Der Frieden von Vereeniging beendet den Burenkrieg.
1906	Aufstand der Zulus gegen die brit. Kolonialmacht.
1908	Massenverhaftung von Indern (darunter auch Mahatma Gandhi).
1910	Gründung des innenpolitisch autonomen Bundesstaats Südafrikan. Union.
1911	Ausschluss Farbiger von qualifizierten Berufen.
1912	Gründung des African National Congress (ANC).
1913	Der »Native Land Act« verbietet Schwarzen den Landkauf.
	Gandhi überschreitet die für Inder verbotene Grenze nach Transvaal.
1914	James Hertzog gründet die nationalistische Nasionale Party.
	Im Ersten Weltkrieg kämpft Südafrika auf Seiten Großbritanniens.
1915	Louis Botha erobert Deutsch-Südwestafrika (Namibia).
1919	Südafrika erhält Deutsch-Südwestafrika als C-Mandat.
1922	Blutiger Aufstand (Randrevolte) weißer Proletarier gegen Schwarze.
1923	Der Urban »Areas Act« führt nach Rassen getrennte Wohngebiete ein.
1927	Das Unmoralgesetz verbietet Sexualverkehr zwischen Weiß und Schwarz.
1932	Durch das Westminster-Statut erhält Südafrika die Unabhängigkeit.
	Einführung des allgemeinen Wahlrechts für Weiße.
1936	Erweiterung der Schwarzenreservate auf 13% der Fläche des Landes.
1939	Südafrika tritt auf Seiten Großbritanniens in den Zweiten Weltkrieg ein.
1948	Mit dem Regierungsantritt Daniel Malans beginnt die »Große Apartheid«.
1950	Der »Group Areas Act« wird Grundlage für Zwangsumsiedlungen.
1952	Beginn der gewaltlosen »Missachtungskampagne« des ANC.
1956	Die Transkei erhält als Modell-Homeland innere Autonomie.
1959	Gründung des nationalistischen Pan-African Congress (PAC).
1960	Polizeikräfte verüben in Sharpeville ein Massaker unter Schwarzen.
	Verbot des pluralistischen ANC und des afrikanistischen PAC.
	Der ANC-Menschenrechtler Albert Luthuli erhält den Friedensnobelpreis.
1961	Südafrika wird wegen der Apartheidpolitik aus dem Commonwealth ausgeschlossen und proklamiert die Republik.
1963	Die UN beschließen ein Waffenembargo gegen Südafrika.
1966	Ermordung von Premierminister Hendrik Verwoerd.
1972	Der ANC erhält Beobachterstatus bei den UN.
1975	Südafrikan. Truppen marschieren in den Frontstaat Angola ein.
1976	Polizei zerschlägt Schüleraufstand gegen Afrikaans in Soweto.
	Das Homeland Transkei wird in die »Unabhängigkeit« entlassen.
1984	Südafrika wird präsidiale Republik, Pieter Willem Botha wird Präsident.
	Friedensnobelpreis für den Menschenrechtler und Bischof Desmond Tutu.
1985	Massenzwangsumsiedlungen lösen schwere Rassenunruhen aus.
1986	Verhängung des Ausnahmezustands für ganz Südafrika.
1988	Friedensabkommen mit dem Frontstaat Angola und mit Kuba.
1990	Präsident de Klerk hebt das ANC-Verbot und den Ausnahmezustand auf.
	Südafrika entlässt Namibia in die Unabhängigkeit.
1991	De Klerk setzt die Apartheid-Gesetze außer Kraft.
1992	De Klerk und Nelson Mandela (ANC) erhalten den Friedensnobelpreis.
1994	Mandela wird als erster Schwarzafrikaner Staatspräsident Südafrikas.
1995	Abschaffung der Todesstrafe.
	Erzbischof Tutu leitet die Wahrheits- und Aussöhnungskommission.
1997	Inkrafttreten einer demokratischen Verfassung als Präsidialrepublik.
1999	Der ANC erhält bei den Wahlen 66,4% der Stimmen. Mandela kandidiert aus Altersgründen nicht mehr; Thabo Mbeki wird neuer Staatspräsident.

Jameson geführten brit. Unionisten (37 Mandate), die Labour Party erhielt vier Sitze. Premierminister Botha und seine South African Party befürworteten eine Verschmelzung der bur. und brit. Bevölkerung. Im Gegensatz dazu forderte Justizminister James Hertzog eine Betonung nationaler bur. Werte, trat 1912 aus Protest gegen Bothas probrit. Politik aus der Regierung aus und gründete 1914 die Nasionale Party (»Burenpartei«). Konsens hingegen bestand darüber, dass Farbige nicht nur nicht die gleichen Rechte wie Weiße erhalten dürften, sondern dass ihre Rechte weiter eingeschränkt werden müssten.

Rassendiskriminierung: Die am 7.5.1911 durchgeführte erste Volkszählung in S. ergab eine Bevölkerungszahl von 5,9 Mio. Die große Mehrheit der Bevölkerung bildeten die 4 Mio Schwarzen (67,7%) gegenüber 1,2 Mio Weißen (20,3%); hinzu kamen knapp 0,7 Mio Inder, Malaiien und andere Asiaten. Zwar waren die Schwarzen von der politischen Partizipation ausgeschlossen, wirtschaftlich bildeten sie jedoch ein enormes Konkurrenzpotenzial. Um das wirtschaftliche und politische Überleben der herrschenden weißen Minderheit zu sichern, wurde ab 1911 eine Vielzahl von Gesetzen erlassen, mit denen die schwarze Mehrheit als Konkurrenz auf nahezu allen Ebenen ausgeschaltet wurde. Zunächst war die Wirtschaft davon betroffen.

»Mines and Works Act«: 1911 wurde ein Einwanderungsstopp für Inder und das Rassendiskriminierungsgesetz »Mines and Works Act« erlassen; es bestimmte, dass nicht weiße Arbeitskräfte nur ungelernte Arbeiten verrichten durften. Durch dieses grundlegende Gesetz wurden alle Farbigen von Positionen, die berufliche Fortbildung erforderten, fern gehalten. Für die vier Provinzen, in deren Hoheit das Bildungswesen fiel, bedeutete dieses Gesetz, dass Gelder für Schulen und Ausbildung fast ausschließlich den Weißen zugute kamen.

Schulwesen: Den mit Christianisierungsversuchen verbundenen Unterricht der »Eingeborenen« hingegen übernahmen Missionsgesellschaften. Ende der 20er Jahre besuchten fast alle weißen, aber nur 25% der schwarzen Kinder eine Schule. Für die Schulen der Weißen wurden in den 20er Jahren von staatlicher Seite jährlich ca. 7 Mio Pfund bereitgestellt, für die Schulen der Farbigen nur 0,7 Mio Pfund. Wo auch immer die weiße Minderheit in den folgenden Jahrzehnten neues Konkurrenzpotenzial sah, wurden neue Diskriminierungsgesetze erlassen, schließlich erstreckte sich die Rassentrennung auch auf den Intimbereich: 1927 wurde sexueller Verkehr zwischen Weißen und Schwarzen durch das »Unmoralgesetz« unter Strafe gestellt.

Protestbewegungen: Gegen die Entrechtung der Farbigen formierte sich rasch Widerstand. Nach dem Vorbild von Mahatma Gandhis ind. Menschenrechtsorganisation Natal Indian Congress (NIC) wurde 1912 in Bloemfontain der South African Native National Congress gegründet; er organisierte ab 1923 unter dem Namen African National Congress (ANC) den Widerstand der Schwarzen gegen die Rassendiskriminierung. Gandhi, der ab 1906 (Erlass des Asiatic Registration Act) mit spektakulären Aktionen gegen die Diskriminierung der Inder protestierte und dafür zweimal inhaftiert wurde, leitete 1913/14 einen Protestmarsch der Inder von Natal nach Transvaal. Das Botha-Regime reagierte darauf mit dem »Riotous Assemblies Act« (Zusammenrottungsgesetz, 1914), das politische Versammlungen und Streiks verbot. Der Ausbruch des Ersten Weltkriegs beendete allen Widerstand gegen die Rassendiskriminierung, Gandhi kehrte 1914 nach Brit.-Indien zurück.

Internationale Aufwertung: Die politischen Kräfte, die die Unabhängigkeit S.s forderten, erhielten während des Ersten Weltkriegs starken Auftrieb, wobei sie sich auf das Prinzip des Selbstbestimmungsrechts der Völker beriefen; dieses Prinzip propagierten die alliierten Kolonialmächte USA, Großbritannien und Frankreich im Krieg gegen Deutschland, Österreich-Ungarn und das Osman. Reich. Bei der Unterzeichnung des Versailler Vertrags (1919) trat S. erstmals als nominell auch außenpolitisch souveräner Staat und als Völkerbundsmitglied auf und erhielt Deutsch-Südwestafrika (Namibia) als C-Mandat. Die Klassifizierung C bezeichnete aus Sicht der alliierten Siegermächte ein Land mit »unterentwickelter« Bevölkerung, die in einem erwartungsgemäß langfristigen Prozess unter weißer Herrschaft »entwickelt« werden müsse. Die Zuteilung von Deutsch-Südwestafrika als C-Mandat machte S. zur Kolonialmacht (Namibia erhielt erst 1990 die Unabhängigkeit) und war gleichbedeutend mit der internationalen Anerkennung der Rassengesetzgebung der weißen südafrikan. Regierung.

Randrevolte: Bei den Wahlen vom März 1920 wurde die nationalistische Nasionale Party (NP) von James Hertzog erstmals stärkste Partei. General Jan Christiaan Smuts, der seit dem Tod Bothas (SAP) 1919 als Premier amtierte, vereinigte daraufhin seine Unionist Party mit der South African Party (SAP) und blieb weiter im Amt. Hertzogs Nasionale Party trat u. a. für eine Verschärfung der Rassengesetzgebung ein und profitierte von der Furcht weißer Arbeiter vor Arbeitsplatzverlust, da schwarze Arbeiter ihre Arbeitskraft billiger anboten. Der Hass arbeitsloser und von Arbeitslosigkeit bedrohter Weißer entlud sich im Januar 1922 in der Randrevolte, einem blutigen Aufstand in Johannesburg, den die Regierung erst nach drei Monaten niederschlagen konnte. Eine Folge der Randrevolte war der »Urban Areas Act« (1923), der nach Rassen getrennte Wohngebiete einführte und den Zuzug Schwarzer in städtische Gebiete verbot.

Apartheid in Südafrika: Das System der Rassentrennung wurde seit 1910 in allen öffentlichen und privaten Bereichen eingeführt. Mit dem Regierungsantritt Daniel Malans begann 1948 die völlige Entrechtung der schwarzen Südafrikaner (»große Apartheid«), die keine politische Mitspracherechte hatten und vom Wirtschaftsleben weitgehend ausgeschlossen waren. Darüber hinaus waren unter dem Apartheidsystem auch persönliche Kontakte zwischen Weißen und Schwarzen auf ein Mindestmaß eingeschränkt. (Foto: Öffentliche Versammlung in Südafrika während der 60er Jahre)

Stichwort: Apartheid

Schwarz und weiß »gesondert«: Von Beginn an standen sich in Südafrika eine weiße Minderheit und eine schwarze Mehrheit gegenüber. Die systematische politische, wirtschaftliche und kulturelle Entrechtung der Schwarzen durch die herrschenden Weißen hatte neben ideologischen (Glaube an die Überlegenheit des »weißen Afrikanertums«) vor allem wirtschaftliche und machtpolitische Gründe in einem an Bodenschätzen (Gold, Diamanten) reichen Land. Die Ausschaltung der Schwarzen als machtbedrohende Konkurrenz erfolgte in zwei Phasen: Ab 1910 durch die »kleine Apartheid« (petty apartheid) und ab 1948 durch die »große Apartheid«. Das Wort Apartheid kommt aus dem Afrikaans und bedeutet »Gesondertheit«. Schwarze und Weiße sollten »gesondert« voneinander leben.

Die wichtigsten Parteien im 20. Jahrhundert

Name (Abkürzung)	*Politische Richtung*	*Gründung*
South African Party (SAP)	burisch	1910
Nasionale Party (NP)	burisch-nationalistisch	1912
African National Congress (ANC)	afrikan. (Xhosa)	1912/1923
Inkatha Freedom Party (IFP)	Zulu-Partei	1923/1990
Pan-African Congress (PAC)	nationalistisch-afrikanistisch	1959

Premierminister Südafrikas

Reg.-Zeit	*Name*	*Lebensdaten*	*Partei*
1910–19	Louis Botha	1862–1919	South African Party
1919–24	Jan Christiaan Smuts	1870–1950	Unionist/South African Party
1924–39	James Hertzog	1866–1942	Nasionale/United Party
1939–48	Jan Christiaan Smuts	1870–1950	United Party
1948–54	Daniel F. Malan	1874–1959	Nasionale Party
1954–58	Johannes G. Strijdom	1893–1958	Nasionale Party
1958–66	Hendrik Verwoerd	1901–1966	Nasionale Party
1966–78	Balthasar Vorster	1915–1983	Nasionale Party
1978–84	Pieter W. Botha	*1916	Nasionale Party

Staatsoberhäupter/Regierungschefs Südafrikas

Reg.-Zeit	*Name*	*Lebensdaten*	*Partei*
1984–89	Pieter W. Botha	*1916	Nasionale Party
1989–94	Frederik de Klerk	*1936	Nasionale Party
1994–99	Nelson Mandela	*1918	African National Congress
seit 1999	Thabo Mbeki	*1942	African National Congress

1931 wurde das allgemeine Wahlrecht für Weiße eingeführt; dadurch verdoppelte sich die Wählerschaft, die weißen Arbeiter erhielten die Möglichkeit, aktiv an der herrschenden Politik teilzuhaben.

Auf dem Weg zur Republik

Souveränität: Am 30.6.1924 wurde James Hertzog Premierminister (1924–39) einer Koalitionsregierung mit der Labour Party; er leitete die Trennung S.s von Großbritannien ein. 1925 wurde Afrikaans als zweite Amtssprache neben Englisch eingeführt. Die Forderungen Hertzogs trugen wesentlich dazu bei, dass auf der Empire-Konferenz in London 1926 das Imperial Commonwealth in den aus autonomen, gleichberechtigten Staaten bestehenden »Commonwealth of Nations« umgewandelt wurde; S. erhielt eine eigene Flagge. Die endgültige Souveränität brachte das vom brit. Parlament am 11.12.1931 verabschiedete Westminister-Statut, das die staatsrechtliche Stellung der Dominions präzisierte: Die Dominions Australien, Kanada, Neufundland, Neuseeland und S. sowie der Freistaat Irland wurden souveräne Staaten mit innen- und außenpolitischer Selbstständigkeit, jedoch »durch eine gemeinsame Bindung an die Krone vereinigt und als Mitglied des British Commonwealth of Nations frei assoziiert«. Staatsoberhaupt dieser souveränen Commonwealth-Staaten war der brit. Monarch, vertreten durch einen Gouverneur.

Zweiter Weltkrieg: Die Betonung der Selbstständigkeit des »weißen Afrikanertums« führte nach dem Ausbruch des Zweiten Weltkriegs dazu, dass Hertzog S. für neutral erklären wollte, während die anderen Commonwealth-Staaten auf die Seite Großbritanniens traten. Am 4./5.9.1939 trat Hertzog zurück; General Jan C. Smuts (1939–48) bildete eine Koalitionsregierung, die am 6.9. dem Deutschen Reich den Krieg erklärte.

»Große Apartheid«: Nach dem Wahlsieg der bur.-nationalistischen Nasionale Party begann Daniel F. Malan, der im Wahlkampf eine Verschärfung der Apartheid versprochen hatte und im Juni 1948 das Amt des Premiers übernahm, mit der Institutionalisierung der Apartheid auf allen Ebenen. Malan (1948–54) und seine Nachfolger Johannes G. Strijdom (1954–58), Hendrik Verwoerd (1958–66), Balthasar Vorster (1966–78) und Pieter Willem Botha (1978–84), die alle der Nasionale Party angehörten, verschärften bereits bestehende Apartheidgesetze und erweiterten sie auf der Grundlage des Rassenbegriffs. Alle Einwohner S.s wurden aufgrund von Passgesetzen den Rassen Weiß, Schwarz, Coloured (Mischlinge) und Asiatisch zugeordnet. Diese Einteilung wurde Ausgangspunkt für eine nicht nur politisch, wirtschaftlich und kulturell, sondern auch territorial »getrennte Entwicklung« der Rassen.

»Group Areas Act«: Am 13.6.1950 verabschiedete das Repräsentantenhaus den »Group Areas Act«, der per Gesetz getrennte Siedlungsgebiete für die Angehörigen verschiedener Rassen vorschrieb. Auf der Grundlage dieser Rassengesetzgebung wurden Millionen von Schwarzafrikanern zwangsumgesiedelt. Als politische Subsysteme entstanden nach ethnischen Kategorien geschaffene Bantu-

Homelands als schwarze Apartheid-Subsysteme

Getrennte »Staaten«: Modell für die exemplarische Verwirklichung der großen Apartheid wurde das überwiegend von Xhosa bewohnte Homeland Transkei, das am 31.8.1956 begrenzte innere Autonomie erhielt. Erster Regierungschef wurde 1963 Häuptling Daliwonga Matanzima, dessen Transkei National Independence Party die völlige Unabhängigkeit anstrebte. 1976 erhielt die Transkei als erstes Homeland die Unabhängigkeit von Südafrika. Die UN-Vollversammlung wies die Unabhängigkeitserklärung zurück, da sie dazu beitrage, »die unmenschliche Apartheidpolitik zu verfestigen«. Südafrika blieb der einzige Staat, der die Unabhängigkeit der Transkei anerkannte.

Ebenfalls von der UN nicht anerkannt wurde die Unabhängigkeit des von Tswana bewohnten Homelands Bophutatswana (1977) und des von den Bavenda bewohnten Homelands Venda (1979). Der Clan des regierenden Häuptlings Daliwonga Matanzima errichtete 1979 in der Transkei eine Diktatur; 1987 wurde Matanzima durch einen Militärputsch des Generals Bantu Holomisa gestürzt. Eine Ausnahme bildete das 1970 errichtete Homeland KwaZulu, das 1977 Teilautonomie erhielt. Häuptling Gatsha Buthelezi wandelte die kulturelle Befreiungsorganisation Inkatha 1975 in eine politische Partei um (Einheitspartei von KwaZulu) und lehnte die »Unabhängigkeit« KwaZulus von Südafrika ebenso ab wie den bewaffneten Kampf gegen die Apartheid. Diese Haltung führte 1979 zum Bruch mit dem ANC und provozierte ab 1985 jahrelange blutige Auseinandersetzungen zwischen Inkatha- und ANC-Anhängern.

stans (Bantu-Homelands). Alle Schwarzafrikaner mussten entsprechend der Passgesetzgebung einem solchen Territorium angehören. Diejenigen Schwarzen, die in »weißen Gebieten« als Arbeitskräfte benötigt wurden und außerhalb ihres Homelands wohnten, erhielten »Townships« zugewiesen. Die Townships wurden Zentren des Widerstands gegen die Apartheid, wie z. B. Soweto bei Johannesburg.

Widerstand gegen die Apartheid

Freiheitscharta: Am 26.6.1956 verabschiedete ein »Volkskongress« in Kliptown eine Freiheitscharta für ein demokratisches, nicht rassistisches S. Wesentlich geprägt wurde der Kongress, an dem auch Weiße teilnahmen, vom African National Congress (ANC) unter Albert Luthuli, der 1952 zu einer gewaltlosen Ungehorsamkeitskampagne gegen die Apartheid aufgerufen hatte.

Massenverhaftungen: Die Verabschiedung der Freiheitscharta führte zu Massenverhaftungen. Am 21.3.1960 verübten Polizeikräfte im Township Sharpeville bei Vereeniging ein Massaker unter Schwarzen, die friedlich gegen die Passgesetze demonstrierten, 69 Schwarze wurden getötet, 180 verletzt. Neun Tage später proklamierte die Regierung Verwoerd den Notstand, die pluralistische Schwarzenorganisation ANC, die unter Luthulis Führung für eine gemischtrassige demokratische Gesellschaft eintrat, wurde ebenso verboten wie die nationalistisch-afrikanistische Schwarzenorganisation PAC (Pan-African Congress), die sich 1959 unter Führung von Robert Sobukwe vom ANC abgespalten hatte. Nach einem gescheiterten Attentat auf Premier Verwoerd im April 1960 wurden alle Schwarzenorganisationen ins Exil oder in den Untergrund verdrängt. Am 12.6.1964 wurden Nelson Mandela, Walter Sisulu und sechs weitere Kommandeure der ANC-Militärorganisation zu lebenslanger Haft verurteilt.

Internationalisierung des Protests: Das Massaker von Sharpeville löste auf verschiedenen Ebenen eine Internationalisierung des Kampfs gegen die Apartheid aus. 1961 wurde S. aus dem Commonwealth ausgeschlossen und proklamierte die Republik. Das Nobelpreiskomitee in Oslo verlieh dem ANC-Menschenrechtler Luthuli 1960 den Friedensnobelpreis. Oliver Tambo organisierte ab 1960 in den Nachbarstaaten S.s den Aufbau der ANC-Exilorganisation, warb weltweit für die Ächtung der Apartheid und erreichte 1972, dass der ANC Beobachterstatus bei den UN erhielt. 1963 verhängten die UN gegen S. ein Waffen-

Massaker in Sharpeville, 1960: Polizisten beim Wegtragen getöteter Demonstranten.

Der norweg. König Olav V. (l.) gratuliert Albert Luthuli zum Friedensnobelpreis 1960.

Streikende Bantus in einer Schwarzensiedlung im Südwesten Johannesburgs, 1971.

Desmond Tutu (l.) 1989 während einer Anti-Apartheid-Demonstration an einem für Weiße reservierten Strand. Der Bischof von Johannesburg erhielt 1984 den Friedensnobelpreis. 1986 wurde er Erzbischof von Kapstadt und war damit als erster Schwarzafrikaner Oberhaupt der anglikan. Kirche in Südafrika.

embargo, das 1977 verschärft, aber von Großbritannien und anderen Staaten unterlaufen wurde. Um einer Isolierung vorzubeugen – S. gehörte nicht der 1963 gegründeten OAU (Organization of African Unity) an –, schlug Premier Balthasar Vorster 1971 den afrikan. Staaten einen »Dialog« über wirtschaftliche und technische Hilfe vor. Während u. a. Elfenbeinküste, Mauritius, Liberia sowie Swasiland diesen Dialog annahmen und mit S. kooperierten, traten in den folgenden Jahren die Regimes in Angola, Mosambik, Sambia, Simbabwe und Tansania sowie das demokratisch strukturierte Botswana als »Frontstaaten« auf und bekämpften unter hoher wirtschaftlicher und militärischer Belastung die Apartheidpolitik; in Tansania hatte das »Befreiungskomitee für S.« der OAU seinen Sitz.

Wachsender Widerstand: Der vorübergehende Einmarsch südafrikan. Truppen in den »Frontstaat« Angola 1975/76 bedeutete das Scheitern von Vorsters Dialogpolitik, in der Folgezeit verstärkte sich auch innenpolitisch der militante Kampf verschiedener Organisationen gegen die Apartheid. Zu einem Symbol des Widerstands wurde der Schüleraufstand im South Western Township (SoWeTo) von Johannesburg gegen die Einführung von Afrikaans als zweiter Pflichtsprache. Der Aufstand wurde am 17.6.1976 von der Polizei blutig niedergeschlagen, griff jedoch auf andere Townships (Schwarzenwohnviertel bei Industriestädten) in ganz S. über.

Der südafrikanische Freiheitskämpfer Nelson Mandela

Nelson Mandela (*18.7.1918), Sohn eines Xhosa-Häuptlings, trat 1944 der Bürgerrechtsorganisation African National Congress (ANC) bei. 1952 eröffnete er das erste farbige Rechtsanwaltsbüro in Johannesburg und wurde ANC-Vizepräsident. Nach dem Verbot des ANC 1960 gründete er die ANC-Militärorganisation, die im Untergrund gegen die Apartheid kämpfte. 1962 verhaftet, wurde er 1964 zu lebenslanger Haft verurteilt. Um ein friedliches Ende der Apartheid zu ermöglichen, gab Staatspräsident Frederik de Klerk 1990 dem prominentesten politischen Häftling Südafrikas die Freiheit zurück. Für ihre Versöhnungspolitik erhielten Mandela und de Klerk 1993 den Friedensnobelpreis. 1994–99 war Mandela als erster Farbiger Staatspräsident von Südafrika. (Foto: Nelson Mandela [l.] beim Boxkampf mit Sparringspartner Gerry Moloi, 1956)

Pluralistische Demokratie

Ende der Apartheid: Nach dem Rücktritt von Präsident Pieter W. Botha setzte sein Nachfolger Frederik de Klerk (1989–94) in einer radikalen politischen Wende das Ende der Apartheid durch. 1990 legalisierte er die Schwarzenorganisationen ANC und PAC, entließ politische Gefangene (der Schwarzenführer Mandela erlangte nach fast 28 Jahren Haft die Freiheit) und hob den Ausnahmezustand auf. Im Juni 1991 setzte er gegen den Widerstand vieler Weißer die gesetzlichen Grundpfeiler des Apartheidsystems außer Kraft: Durch Aufhebung des »Group Areas Act« entfiel die Trennung in rassische Wohngebiete, nach Aufhebung des »Land Act« konnten Schwarze wieder Land erwerben und mit dem Ende des »Population Registration Act« hörte die Registrierung der Bevölkerung nach Rassenzugehörigkeit auf.

Annäherung: Nach Gesprächen zwischen de Klerk und Mandela, der 1991 zum Präsidenten des ANC gewählt wurde, trat Ende 1991 in Johannesburg die »Convention for a Democratic South Africa« zusammen, ein Allparteien-Forum, das über eine demokratische Verfassung beriet. 1993 paraphierte die Verfassungskonferenz eine Übergangsverfassung auf der Grundlage der Gleichberechtigung aller in der Republik S. lebenden Gruppen. Dies war das Ende der Apartheid; UN, EG u. a. internationale Organisationen hoben die Sanktionen gegen S. auf.

Regierungswechsel: Ungeachtet von Sabotageakten weißer und schwarzer Fanatiker fanden im April 1994 die ersten freien Wahlen statt. Klarer Sieger wurde der ANC unter Mandela mit 62,7% der Stimmen, während de Klerks Nasionale Party (NP) 20,4% erhielt. Am 9.5.1994 wählte das Parlament Mandela als ersten Schwarzafrikaner zum Staatspräsidenten von S. Damit hatten sich innerhalb von nur vier Jahren die politischen Verhältnisse in S. grundlegend gewandelt.

Parlamentswahlen: Bei den Parlamentswahlen am 2.6.1999 steigerte der ANC seinen Stimmenanteil auf 66,4% und verfehlte mit 266 Mandaten das Wahlziel einer Zweidrittelmehrheit nur um ein Mandat. Größte Oppositionspartei wurde die rechtsliberale Democratic Party (DP) von Tony Leon mit 9,6% (38 Mandate). Die 1990 als politische Partei reorganisierte Inkatha Freedom Party (IFP) von Gatsha Buthelezi erhielt 8,6% der Stimmen und 34 Mandate. Klarer Verlierer war die in New National Party (NNP) umbenannte Nasionale Party mit 6,9% und nur noch 28 Mandaten. Um die für Verfassungsänderungen erforderliche Zweidrittelmehrheit zu erlangen, bildeten ANC und IFP eine Koalition.

Generationenwechsel: Da der 81-jährige Mandela nicht mehr kandidierte, wählte das Parlament am 14.6.1999 den ANC-Präsidenten und bisherigen Vizepräsidenten Thabo Mbeki zum Staatspräsidenten. Bei seiner Rede nach der Vereidigung am 16.6.1999 bezeichnete er als größte Probleme des Landes Armut, Kriminalität und Korruption. Die Arbeitslosigkeit lag bei 32%, knapp 18% der Einwohner waren Analphabeten, fast ein Viertel der Bevölkerung (24%) lebte unterhalb der Armutsgrenze, gleichzeitig kam es zu einer massiven illegalen Einwanderung in das am stärksten industrialisierten Land Afrikas. Die Kriminalität führte dazu, dass die Wohnviertel wohlhabender Weißer zunehmend festungsartig gesichert wurden und ausländische Firmen Investitionen aufschoben.

Scheitern der WM-Bewerbung: Im Juli 2000 vergab die FIFA in Zürich die Austragung der Fußballweltmeisterschaft 2006 überraschend nach Deutschland, obwohl S. als Favorit gegolten hatte. Die Entscheidung von Zürich, die Millionen von Südafrikanern im Fernsehen miterlebten und die als Votum contra Afrika empfunden wurde, desillusionierte ein sich demokratisch wandelndes Land. S. hatte für den Fall der WM-Vergabe mit 129 000 zusätzlichen und dauerhaften Arbeitsplätzen gerechnet und sich davon auch innenpolitisch eine Stabilisierung erhofft. *B.P.*

Staatspräsident Nelson Mandela (M.) mit Thabo Mbeki (l.) und Frederik de Klerk, 1994.

Das Wort als Waffe gegen die Apartheid

Breyten Breytenbach (*1939), der in Wellington (Kap-Provinz) aufwuchs, lebte nach der Heirat mit einer Farbigen im Exil in Paris. Dort gründete er die Organisation Okhela, die den Widerstand der Weißen gegen die Apartheid-Politik koordinieren sollte. 1975 reiste er unter falschem Namen nach Südafrika und wurde zu neun Jahren Haft verurteilt. Nach der Abschiebung nach Frankreich (1982) und der Annahme der französ. Staatsbürgerschaft (1983) schilderte er in dem Roman »Wahre Bekenntnisse eines Albino-Terroristen« (1983) die Zeit als politischer Häftling. Auf das Ende der Apartheid reagierte er mit dem südafrikan. Journal »Rückkehr ins Paradies« (1993).

Athol Fugard (*1932) begründete mit »The blood knot« (1963, »Blutsband«) das rassenübergreifende moderne südafrikan. Theater. International bekannt wurde er mit den in Zusammenarbeit mit einer schwarzen Schauspieltruppe entstandenen Stücken »Sizwe Bansi is dead« (1972, »Sizwe Bansi ist tot«) und »The Island« (1974, »Die Insel«). Fugard kam infolge persönlicher Erlebnisse zum Theater. Eine prägende Rolle spielte seine Anstellung am Gerichtshof für Eingeborene in Johannesburg (1958), die ihn zum Gegner der südafrikan. Regierungspolitik machte. Seit dem Ende der Apartheid steht der politische Wandlungsprozess im Mittelpunkt seiner Theaterarbeit.

Nadine Gordimer (*1923) thematisierte in ihren Erzählungen und Romanen, die fast alle in Südafrika spielen, das Problem der schwarzen Selbstbestimmung, die gesellschaftliche Determinierung des Einzelnen und mögliche Konflikte in einer Zeit nach dem Ende der Apartheid. Ihr Roman »Der Ehrengast« (1970) beschreibt die Erlebnisse eines liberalen Weißen in einem imaginären afrikan. Staat nach der Unabhängigkeit. Die politische Thematik dominiert auch im Roman »Burgers Tochter« (1979), der die Identitätssuche der Tochter eines weißen Anti-Apartheid-Aktivisten in der südafrikan. Gesellschaft schildert. 1991 erhielt Gordimer den Literaturnobelpreis.

Sudan 2000	
Landesfläche	2 505 813 km² (WR 10)
Einwohner	28,9 Mio (WR 36)
Hauptstadt	Khartum (2,25 Mio Einwohner)
Sprachen	Arabisch, Englisch, hamitische und nilotische Sprachen
Währung	1 Sudanesisches Pfund = 100 Piastres
Gliederung	26 Bundesstaaten, 66 Provinzen und 218 Bezirke
Staatsform	Islamische Republik (seit 1973)
Religion	Sunniten (74,7%); Animisten (17,1%); Christen (8,2%)
Bevölkerung	Araber (49,1%); Dinka (11,5%); Nuba (8,1%); Sonst. (31,3%)

Sudan im 20. Jahrhundert	
1916	Brit.-ägypt. Truppen annektieren das autonome Sultanat Darfur.
1922	Passgesetz trennt den Süden vom Norden als »Closed Districts« ab.
1924	Brit.-ägypt. Konflikt um den Status des Sudan, nationalistische Demonstrationen (»White Flag League«). Brit. Truppen schlagen Aufstand nieder.
1925	Im Gezira-Bewässerungsprojekt beginnt Baumwollanbau für Export.
1936	Brit.-ägypt. Vertrag bestätigt die gemeinsame Kolonialherrschaft.
1938	Verwalter und Intellektuelle gründen den Graduates' General Congress.
1953	Brit.-ägypt. Abkommen leitet die Unabhängigkeit ein; die NUP gewinnt die Wahlen zum Parlament und stellt ersten Premier al-Azhari.
1955	Meuterei und Aufstand im Süden. Parlament besiegelt die Unabhängigkeit.
1956	Der unabhängige Sudan wird Mitglied in der Arab. Liga und UN. Von der NUP spaltet sich die PDP (Khatmiyya) ab und bildet mit der Umma ein Kabinett.
1958	Bei Neuwahlen siegt die Umma-Partei. Militärputsch des General Abbud.
1959	Nilwasser-Abkommen mit Ägypten: Sudan steht 25% des Nilwassers zu.
1963	Guerillaverbände im Süden werden als »Anyanya« zunehmend aktiv.
1964	Ein Volksaufstand beendet das Militärregime, linke Übergangsregierung.
1965	Konferenz mit südsudanes. Exilpolitikern scheitert. Nach Wahlen bilden die Umma und NUP die Regierung von Premier Mahjub.
1968	Neuwahlen, die wiederum zu einer Regierung unter Mahjub führen.
1969	Militärputsch unter Führung von Numairi, Bündnis mit Kommunisten.
1970	Das Militär schlägt die Revolte der Mahdisten nieder, Massaker auf Insel Aba.
1971	Ein kommunistischer Umsturzversuch scheitert, die KPS wird zerschlagen.
1972	Addis-Abeba-Abkommen beendet Bürgerkrieg, Teilautonomie des Südens.
1973	Neue Verfassung: Einheitspartei, Machtkonzentration beim Präsidenten.
1977	»Nationale Versöhnung« mit Politikern der Umma, DUP, Moslembrüder.
1983	Numairi erklärt die Scharia zur Rechtsgrundlage und islamisiert das Strafrecht.
	Wiederaufnahme des Bürgerkrieges durch SPLA unter Führung Garangs.
1985	Volksaufstand, Oberste Militärs setzen Numairi ab, Übergangsregierung.
1986	Wahlen, Sadiq al-Mahdi wird Premierminister.
1989	Islamistischer Militärputsch, Bashir leitet den Revolutionären Kommandorat, die Opposition im Norden bildet Nationale Demokratische Allianz (NDA).
1991	Der Sturz Mengistus in Äthiopien schwächt die SPLA, die sich danach spaltet.
1993	Eine NIF-dominierte Zivilregierung unter Präsident Bashir wird etabliert.
1995	Die NDA einigt sich mit der SPLA auf Selbstbestimmungsrecht des Südens und entscheidet sich für ein militärisches Vorgehen gegen die Regierung.
1996	Die Opposition boykottiert die Wahlen des Parlaments und Präsident Bashirs.
1997	NDA-Einheiten eröffnen neue Fronten im Osten. Die Zentralregierung schließt ein Abkommen mit den abgespaltenen Süd-Guerillas.
1998	Bashir setzt eine neue Verfassung in Kraft. Die USA, die Sudan 1993 als Schurkenstaat einstufte, zerstört Pharma-Fabrik.
1999	Erste Erdölexporte. Die EU nimmt wieder den Dialog auf (ihr folgt 2000 die USA). Bashir löst das Parlament auf ab und erklärt den Notstand.

Sudan

Republik Sudan

Im 19. Jahrhundert machte das zum Osman. Reich gehörende Ägypten den Großteil des heutigen S. zu seiner Kolonie. Die turko-ägypt. Herrschaft endete mit einem Aufstand und »heiligen Krieg« (1881–85) unter Führung Mohammad Ahmad ibn Abdallahs, der als gottgesandter Erlöser (»Mahdi«) einen unabhängigen islamisch-theokratischen Staat (1885–98) begründete. Aus imperialstrategischen Gründen entschied sich Großbritannien, das seit der Besetzung Ägyptens 1882 den Suezkanal kontrollierte, zur Eroberung des S. 1898 besiegten die ägypt.-brit. Invasionstruppen das mahdistische Heer nahe Omdurman. Da der Bezug auf die turko-ägypt. Herrschaft die Eroberung legitimierte, schrieb der von 1899 bis 1953 gültige Kondominiumsvertrag zwischen Großbritannien und Ägypten die gemeinsame Souveränität beider Länder im S. fest. Großbritannien bestimmte aber faktisch die Politik.

Anglo-ägyptisches Kondominium

Ungleiche Entwicklung: Der S. weist eine große kulturelle Vielfalt mit etwa 600 ethnischen Gruppen und 100 Sprachen auf. In den zentralen Regionen des Nordens schuf der jahrhundertelange Prozess von Islamisierung und Arabisierung allerdings eine gewisse kulturelle Homogenität. Koloniale Infrastrukturmaßnahmen, westliche Schulbildung sowie die ökonomische Entwicklung beschränkten sich im Wesentlichen auf die Kernregion des Landes, das zentrale Niltal mit der Hauptstadt Khartum. So entstand zwischen den beiden Nilarmen ein riesiges Bewässerungsprojekt (Gazira-Scheme). Die Moslems der Kernregion, die sich als Nachfahren arab. Einwanderer verstehen, erhielten die besten Zugangschancen zu Bildung und öffentlichen Ämtern und dominieren seitdem die nationale politische Arena. Zusätzlich isolierte die Kolonialverwaltung den Süden mit seiner schwarzafrikan. Bevölkerung vom Norden durch Passgesetze. Sie unterband im Süden jeglichen moslemischen Einfluss, förderte christliche Missionen, überließ diesen den Bildungssektor und machte Englisch statt Arabisch zur Verkehrssprache. War das Verhältnis der Südsudanesen zum moslemischen Norden ohnehin durch den bis Anfang des 20. Jh.s andauernden Sklavenhandel belastet, so vertiefte diese Politik die Spaltung.

Herrschaftssicherung: Im Zuge der antikolonialen Aufstände in Ägypten bildete sich Anfang der 20er Jahre eine nationalistische Bewegung (»White Flag League«) in der säkularen Bildungs- und Verwaltungselite (»Effendiyya«) des S. Nach der formellen Unabhängigkeit Ägyptens (1922) wurden deren Proteste zusammen mit einer Rebellion ägypt. und sudanes. Armeeeinheiten im S. 1924 niedergeschlagen. Misstrauisch gegen die Effendiyya übertrug die Kolonialregierung administrative und juristische Aufgaben an Stammesführer im ganzen S. Sie schuf mit dieser »Indirekten Herrschaft« feste ethnische Grenzen und eine tribale Elite. Weiterhin förderten die Briten als Bündnispartner die Führer islamischer Bruderschaften, so das Oberhaupt der loyalen Khatmiyya-Bruderschaft, Ali al-Mirghani. Ebenso gelang Abd al-Rahman al-Mahdi als religiöses Oberhaupt der Mahdisten der Aufstieg zum einflussreichen Politiker und Großgrundbesitzer am Nil.

Nationalisten und Bruderschaften: 1938 gründeten Verwaltungsbeamte und Intellektuelle den Graduates' General Congress (GGC), der zum Sprachrohr des antikolonialen Nationalismus wurde. Im Gegensatz zur White Flag League ließ sich diese nationale Bewegung nun in die Machtkonkurrenz der zwei wichtigsten religiösen Führer einbinden. Auf der einen Seite entstand die National Unionist Party (NUP) als Verbindung von Khatmiyya sowie der Verwaltungselite und Händlern unter der Führung al-Azharis (Präsident des GGC); auf der anderen Seite gründeten Anhänger Abd al-Rahman al-Mahdis 1945 die Umma-Partei. Die Mahdisten setzten auf den brit. kontrollierten Übergang zu sudanes. Unabhängigkeit. Die Unionisten sprachen sich aus Furcht vor einer mahdistischen Monarchie für eine Vereinigung mit Ägypten aus. Beide vom konservativen religiösen Establishment mit ihrem ländlichen Massenanhang dominierten Parteien favorisierten eine parlamentarische Demokratie und liberale Wirtschaftsordnung als Garanten ihrer Machtposition.

Der Weg in die Unabhängigkeit: Als in Ägypten 1952 Offiziere putschten und auf ihre Souveränitätsrechte im S. verzichteten, lenkten die Briten ein: Nach dem anglo-ägypt. Abkommen von 1953 wurden Ende des Jahres im S. Wahlen durchgeführt und ein Parlament mit Staatsrat gebildet. Die siegreiche NUP stellte den Premierminister Al-Azhari (1954–56), der von dem Ziel der Vereinigung mit Ägypten abrückte. Das Unterhaus verabschiedete am 31.12.1955 eine vorläufige Verfassung, die das parlamentarische System fortschrieb. Am 1.1.1956 wurde der S. unabhängig. Die Elite des Südens konnte sich mit ihrer Forderung nach einer föderalen Struktur und Entwicklung der Peripherie nicht durchsetzen und ging bereits bei der Neubesetzung der Verwaltungsposten 1954 leer aus. Noch Mitte 1955 begann mit der Meuterei südsudanes. Soldaten der gewaltsame Konflikt, der bis heute andauert.

Stichwort: Bewässerungsprojekte im Sudan

Gazira Projekt: Das seit 1925 betriebene Gazira-Projekt im Sudan ist mit etwa 0,9 Mio ha Fläche der weltweit größte Agrarbetrieb unter einheitlicher Leitung. Von Staudämmen am Blauen Nil aus wird dieses Gebiet über Kanäle bewässert und mit Baumwolle, Hirse, Futtergras, Weizen und Erdnuss bebaut. Das Gazira-Projekt lieferte in der Kolonialzeit primär Baumwolle für die brit. Textilindustrie und finanzierte so die Kolonialverwaltung. Der Erlös aus dem zentralisierten Baumwollverkauf wird an den Staat, die parastaatliche Projektleitung und an die Pächter verteilt.

Regenfeldbau: Auch die postkolonialen Regierungen haben ihre produktiven Investitionen auf große Bewässerungsprojekte im Kernland konzentriert. Der Staatshaushalt blieb lange von diesen Exporteinnahmen abhängig, doch reichten sie nicht aus, um die steigenden Importe zu finanzieren. Die kleinbäuerliche und nomadische Wirtschaft in anderen Regionen des Sudan ging weitgehend leer aus und wurde zusätzlich durch den staatlich geförderten, teilmechanisierten Regenfeldbau in den fruchtbaren Savannenregionen verdrängt. (Foto: UN-Helfer bei der Reparatur einer Wasserpumpe)

Unabhängigkeit und Instabilität

Diskreditierter Parlamentarismus: In den zwei parlamentarischen Phasen 1956–58 und 1964–69 blieben die konservativ-islamischen Politiker der Umma und der Unionisten bestimmend (von der NUP spaltete sich 1956 die Khatmiyya als Partei ab und vereinte sich 1967 mit ihr zur Democratic Unionist Party, DUP). Religiöse Bindungen und Klientelbeziehungen zu tribalen Führern sicherten den beiden Parteien die ländliche Massenbasis bei Wahlen. Zu sehr in Machtkonkurrenz und persönliche Rivalitäten verstrickt, fielen weder in der Verfassungsfrage noch in der außenpolitischen Ausrichtung Entscheidungen, während eine Krise der vom Baumwollexport abhängigen Wirtschaft den Konflikt mit den Gewerkschaften verschärfte.

Antagonisierung des Südens: Auch der am 17.11.1958 putschende General Abbud (1958 bis 1964) scheiterte mit dem Versuch, den Süden zwangsweise an die arab.-islamische Kultur zu assimilieren und so eine nationale Einheit herzustellen. Es bildeten sich im Süden unabhängig voneinander agierende Guerillagruppen unter dem gemeinsamen Namen Anyanya und kämpften für Eigenstaatlichkeit. Chaos im Süden und Abbuds politisches Versagen führten 1964 im Norden zur »Oktoberrevolution«, die eine Koalition aus kommunistischen Studenten, Gewerkschaftern, progressiven Akademikern und organisierten Gazira-Pächtern anführte. Deren reformwillige Übergangsregierung (1964/65) – u.a. schuf sie das Frauenwahlrecht – suchte erstmals eine Verhandlungslösung mit der Anyanya. Die konservativ-islamischen Politiker setzten jedoch Parlamentswahlen im April 1965 durch und führten, wieder an der Macht, den militärischen Konfrontationskurs fort, ohne die Zivilbevölkerung im Süden zu schonen. Der Konflikt eskalierte zum Bürgerkrieg, während die Südsudanesen weder militärisch noch politisch zu einer Einheit fanden. Der islamistischen Partei Islamic Charter Front – von Moslembrüdern 1964 unter Führung Hasan Abdallah al-Turabis gegründet – gelang es, die erst seit 1964 legale Kommunistische Partei des S. (KPS) verbieten zu lassen und so die Fürsprecher einer föderalen und säkularen Verfassung im Norden zu schwächen.

Staatsoberhäupter des Sudan

Reg.-Zeit	*Name*	*Funktion*	*Lebensdat.*
1955–58	Abd al-Fattah al-Maghribi	Präsident des zivilen Staatsrates	1898–k. A.
1958–64	Ibrahim Abbud	Präsident des Obersten Rates der Streitkräfte	1900–1983
1964–65	Al-Tijani al-Mahi	Vorsitzender des zivilen Staatsrates	1908–k. A.
1965–69	Ismail al-Azhari	Präsident des zivilen Staatsrates	1900–1969
1969–71	Jaafar al-Numairi	Präs. des Rev. Kommandorates	*1930
Juli 1971	Abu Bakr al-Nur Uthman	Vorsitzender des Revolutionsrates	k. A.
1971–85	Jaafar al-Numairi	Präs. des Rev. Kommandorates, ab 1971 Präsident	*1930
1985–86	Abd al-Rahman Siwar al-Dhahab	Präsident des Übergangs-Militärrates	*1934
1986–89	Ahmad Ali al-Mirghani[1)]	Präsident des zivilen Staatsrates	*1941
seit 1989	Umar Hasan Ahmad al-Bashir	Vorsitzender des Rev. Kommandorates, ab 1993 Präsident	*1944

Die Ära Numairi

Linksbündnis: Am 25.5.1969 putschte eine Gruppe von »Freien Offizieren« unter Führung von Jaafar al-Numairi. Diese arab. Sozialisten banden als Bündnispartner Kommunisten in den Revolutionären Kommandorat und die Regierung ein. Erste Maßnahmen umfassten die Nationalisierung von Unternehmen und Banken sowie das Angebot regionaler Autonomie für den Süden. Numairi entledigte sich der Mahdisten als schlagkräftigste Opposition durch einen Militärschlag am 25.3.1970 gegen deren Hochburg. Seine panarab. Fusionspläne mit Ägypten und Libyen sowie die Forderung nach Auflösung der KPS spalteten das Bündnis mit den Kommunisten. Deren Putsch (19.–22.7.1971) überstand Numairi mit ägypt. und libyscher Unterstützung und leitete eine blutige Verfolgung der Kommunisten ein.

Radikaler Kurswechsel: Zunächst hatte sich der S. eindeutig auf die von der Sowjetunion umworbene arab. Seite im Nahostkonflikt geschlagen und eng mit Moskau kooperiert. Nach 1971 entwickelte sich Numairi dann zu einem geostrategisch wichtigen Bündnispartner der USA und warb auch Kredite aus den arab. Ölstaaten ein, um den S. mit seinem Agrarpotenzial zum »Brotkorb der arab. Welt« zu machen. Diese exportorientierte, von ausländischem Kapital abhängige Politik gigantischer Agrar- und Industrieprojekte scheiterte und hinterließ einen ständig wachsenden Schuldenberg. Die erste permanente Verfassung von 1973 erklärte die Einheitspartei Sudanese Socialist Union (SSU) zur einzig legalen politischen Organisation und konzentrierte die Macht beim Präsidenten Numairi. Von den alten politischen Kräften hatten seit der »nationalen Aussöhnung« 1977 (mit Umma, DUP, Moslembrüdern) lediglich die Moslembrüder Numairi im Grundsatz unterstützt und sich mit Geldern aus Saudi-Arabien konsolidiert.

Der labile Frieden: Numairis größter Verdienst war der Friedensschluss mit den Rebellen im Süden durch das am 27.3.1972 ratifizierte Addis-Abeba-Abkommen. Numairi schränkte die zugesicherte Teilautonomie des Südens in der Folge aber immer weiter ein. Umstritten waren weiterhin der Jonglei-Kanal, der die Wasserversorgung des Nordens und Ägyptens auf Kosten des Südens verbessern sollte, sowie nach ersten Ölfunden 1979 der Standort der Raffinerie. Kurz nach Aufhebung der Teilautonomie durch Numairi schlossen sich im Juli 1983 mit Unterstützung des sozialistischen Äthiopiens vereinzelte Guerillagruppen und desertierende Südsudanesen unter Führung des Obcrst John Garang zur Sudan People's Liberation Army and Movement (SPLA/M) zusammen. Im erneut aufflammenden Bürgerkrieg verfolgten sie nicht die Sezession, sondern einen säkularen und demokratisch strukturierten Gesamtstaat. Den politischen Konflikt verschärfte Numairi mit seinem Versuch, sich durch Islamisierung seines Regimes auf neuer Grundlage zu legitimieren. Er erklärte mit dem Erlass der »Septembergesetze« 1983 das islamische heilige Recht, die Scharia, zur Grundlage der Rechtsprechung im S. und integrierte Scharia-Strafen ins Strafrecht.

Ende der Numairi-Ära: Widerstand gegen die Septembergesetze, Krieg im Süden, sich drastisch verschlechternde Lebensbedingungen und die schwerste Dürrekrise des Jahrhunderts (1984/85) destabilisierten Numairis Regime. Zudem blieb der S. trotz Umschuldungen und Notprogrammen des Internationalen Währungsfonds (IWF) zahlungsunfähig. Als die Subventionen für Brot, Zucker und Treibstoff gestrichen wurden, brachte ein Volksaufstand und Generalstreik Numairi am 6.4.1985 zu Fall. Ein Militärrat ergriff die Macht und ließ eine freie Presse und Parteien zu. Doch suspendierte er weder das umstrittene islamische Strafrecht noch nahm er an Verhandlungen mit der SPLA teil.

Sudans zivil-militärische Doppelführung

Machtkampf: Seit 1989 bilden Hasan al-Turabi (Foto, l.) und Omar al-Bashir (r.) die zivil-militärische Doppelführung des Sudan. Bashir leitete als Anführer des Militärputsches und seit 1993 als Präsident des Sudan offiziell die Staatsgeschäfte. Turabi, der an der Sorbonne in Paris promovierte, ist der Vordenker und Regisseur der islamischen Revolution. Erst 1996 nahm er als Sprecher des Parlamentes und 1998 als Generalsekretär der Staatspartei wichtige öffentliche Ämter ein. Der Machtkampf zwischen Bashir und Turabi trat zutage, als der Präsident am 12.12.1999 den Notstand ausrief und das Parlament mit Sprecher Turabi auflöste. Seitdem sind Turabi öffentliche Auftritte untersagt. Am 6.5.2000 suspendierte ihn Bashir als Generalsekretär der National Congress Party (NCP). Der politische Charakter des Regimes wandelte sich aber nicht.

Dritte Demokratie mit alten Fehlern

Wieder brachten die im Süden nur teilweise durchführbaren Parlamentswahlen im April 1986 den religiös-konservativen Parteien die Mehrheit (Umma 100 Sitze, DUP 63). Die islamistische National Islamic Front der Moslembrüder (NIF) wurde mit 51 Sitzen drittstärkste Kraft. Regionalparteien aus dem Westen, Osten und Süden sowie die Kommunisten erhielten wenige Sitze. Sadiq al-Mahdi (1966/67, 1986–89), der die Umma-Partei seit 1961 anführt, wurde in Koalition mit der DUP

Stichwort: Scharia – islamisches Recht als Mittel des politischen Kampfes

Die Scharia, das heilige islamische Recht, umfasst nicht nur Familien- und Erbrecht, Vermögensrecht und Strafrecht etc., sondern ist vor allem eine religiöse Pflichtenlehre. Bewegungen wie die Islamisten im Sudan zielen darauf ab, der Scharia als Grundlage einer neuen islamischen Gesellschaftsordung Geltung zu verschaffen und so Staat, Wirtschaft und Gesellschaft zu islamisieren.

Politisch umstritten ist vor allem das islamische Strafrecht. Es bildet kein geschlossenes Ganzes. So sind nur bestimmte Straftaten im Koran genannt und unterliegen einer festgelegten, dort bestimmten Sanktion. Dies sind die »hadd«-Strafen. So ist bei Diebstahl im ersten Fall die rechte Hand, im Wiederholungsfall der linke Fuß abzuschlagen. Unzucht durch bereits Verheiratete wird mit Steinigung bestraft, der Genuss von berauschenden Getränken mit Peitschenhieben. Allerdings sind solchen Bestrafungen durch das Prozessrecht enge Grenzen gesetzt worden: Eine Verurteilung kann nur bei mehreren Zeugen oder Geständnis erfolgen und Reue einer Bestrafung vorbeugen. Die »hadd«-Strafen werden als Menschenrechtsverletzung durch westliche Organisationen angeprangert.

Im 20. Jh. ist erstmals mit den Septembergesetzen Numairis (1983) das Strafrecht im Sudan islamisiert worden. Selbst im Norden wurde diese Auslegung als besonders streng, selektiv und ungerecht kritisiert. Sondergerichte wandten die neuen Gesetze zur politischen Unterdrückung der Opposition an. Einer der vehementesten moslemischen Kritiker, der Theologe und Führer der progressiven Republikanischen Brüder Muhammad Mahmud Taha, wurde 1985 durch ein Schnellgericht wegen Abfall vom Glauben zum Tode verurteilt. Im Süden ließ sich die Scharia nicht durchsetzen, doch wurde sie auf Südsudanesen im Norden angewandt.

Nach dem Sturz Numairis suspendierte der Militärrat nur die Anwendung der »hadd«-Strafen, aber nicht ihre Verhängung. Die Islamisten setzten sich für die Beibehaltung der Scharia ein, auch weil sie von den wirtschaftlichen Bestimmungen mit ihren islamischen Banken profitiert hatten.

In der parlamentarischen Phase 1986–89 blieb die Frage der Septembergesetze umstritten. Eine Hauptforderung der SPLA war die Abschaffung der Scharia, die Sadiq al Mahdi erst unter Druck der Militärs für 1989 in Aussicht stellte. Die NIF-nahen Putschisten verhinderten dies und erließen im Januar 1991 ein Scharia-Strafbuch. Politische Opposition gegen die islamische Verfassungsordnung wird dem Abfall vom Glauben gleichgesetzt und kann damit zur Todesstrafe führen. Die Verhandlungen der Zentralregierung mit der SPLA scheiterten auch an den unversöhnlichen Positionen zum islamischen Recht.

Bürgerkrieg: Die Rebellen der SPLA/M (Sudan People's Liberation Army and Movement) kämpfen seit 1983 gegen das Regime in Khartum.

Premierminister. Erneut lähmten Machtkämpfe zwischen und innerhalb der Umma und DUP sowie die Verfassungsfrage Parlament und Regierung, die Koalition zerbrach 1988. Der Premier stützte sich auf die NIF und schwenkte auf deren Forderung nach einer islamischen Verfassung ein. Die DUP und andere Parteien handelten hingegen ein Abkommen zur Beendigung des Krieges mit der SPLA/M aus, die inzwischen weite Teile des Südens unter ihre Kontrolle gebracht hatte. Erst ein Ultimatum der Militärführung zwang Sadiq al-Mahdi zum Einlenken. Als am 30.6.1989 Parlament und Regierung die Septembergesetze aufheben und eine Verfassungskonferenz mit der SPLA/M beschließen wollten, putschten der NIF nahe stehende Armeeoffiziere.

Das islamistische Regime

Das neue politische System: Zunächst agierten Turabi und Unterstützer hinter der Kulisse des regierenden Revolutionären Kommandorates unter Umar Hasan al-Bashir. Im Oktober 1993 löste sich der Kommandorat auf. Bashir mutierte zum zivilen Präsidenten mit einer NIF-dominierten Regierung. 1996 ging aus Wahlen ohne Parteien und ernannten Mitgliedern ein Parlament und Turabi als Sprecher hervor. Eine von der Opposition boykottierte Wahl bestätigte Bashir als Präsidenten. Aus dem höchsten Gremium eines hierarchischen Komitee-Systems, dem Nationalkongress, entstand 1998 eine Staatspartei (National Congress Party, NCP) unter Vorsitz Bashirs und mit Generalsekretär Turabi. Neben der Fassade plebiszitärer Legitimität schuf die Regierung 1994 ein föderales System aus 26 Bundesstaaten, ohne wirklich Entscheidungskompetenzen abzutreten.

Islamisierung und Kontrolle: Die Regierung verbot sofort Parteien und unabhängige Gewerkschaften, schaltete die Medien gleich und säuberte Verwaltung, Justiz, Schulen und Universität, Militär und Polizei von Regimegegnern. Oppositionelle Politiker flohen zumeist ins Ausland, wo sie die National Democratic Alliance (NDA, aus Umma, DUP, Kommunisten u.a.) bildeten. Die Islamisten verfolgen konsequent eine Islamisierung der Gesellschaft, setzten 1991 ein Scharia-Strafgesetz und 1998 eine islamische Verfassung in Kraft. Mehrere Geheimdienste, die auch eigene Folterzentren unterhalten, sowie eine Volkspolizei sichern das Regime ab. 1992 erklärte die Regierung den Bürgerkrieg zum »heiligen Krieg«. Wer studieren oder beim Staat arbeiten möchte (oder zwangsrekrutiert wurde), muss seinen Dienst in den »Volksverteidigungskräften« ableisten, die im Süden eingesetzt werden. Der Verarmung weiter Teile der Bevölkerung steht einer Bereicherung der regimenahen Elite gegenüber. Außenpolitisch isolierte sich der S. durch Unterstützung von Islamisten im Ausland, Menschenrechtsverletzungen sowie im arab. Lager durch die Parteinahme für Irak im Golfkrieg im Frühjahr 1991.

Kein Frieden in Sicht: Die von unterschiedlichen Vermittlern (USA, OAU und IGADD, ein Staatenverband am Horn von Afrika) organisierten Verhandlungen zwischen Regierung und SPLA/M scheiterten. 1991 wurde die SPLA unter Führung John Garangs durch den Sturz ihres wichtigsten Unterstützers Mengistu (Äthiopien) sowie durch Abspaltungen geschwächt. Seitdem kämpfen auch Fraktionen und Warlords im Süden – von der Zentralregierung zeitweilig unterstützt – gegeneinander. Der Krieg richtet sich primär gegen die Zivilbevölkerung. Hunger wird als Waffe eingesetzt, und alle Parteien eignen sich Hilfsgüter der internationalen Organisationen (»Operation Lifeline Sudan«) an. Besonders in den Nubabergen und um die Ölfelder nahm die Kriegführung der Zentralregierung genozidartigen Charakter an und wird durch die Öleinnahmen der Zentralregierung geschürt. Die nordsudanes. Opposition der NDA entschied sich 1996 für ein militärisches Vorgehen im Verbund mit der SPLA/M und eröffnete weitere Fronten im Osten des Landes. Seit 1983 hat dieser längste afrikan. Bürgerkrieg an die 2 Mio Todesopfer gekostet, die Zahl der Flüchtlinge wird auf ungefähr 3–4 Mio geschätzt.

G. H

Surinam

Republik Surinam

Das heutige S. gehörte ursprünglich zu Guyana, das bis zum 19. Jh. Objekt politischer Auseinandersetzungen zwischen den europäischen Kolonialmächten war. Auf dem Wiener Kongress (1815) wurde Guyana zwischen Großbritannien und den Niederlanden aufgeteilt; der niederländ. Teil hieß S.

Sozio-ökonomische Grundlagen

Wirtschaftliche Basis S.s zu Beginn des 20. Jh.s war das Zuckerrohr. Mit der Entdeckung reicher Vorkommen an Bauxit, einem Grundstoff für die Aluminiumerzeugung, wandelte sich aber die wirtschaftliche Struktur des Landes. 1916 kamen die ersten ausländischen Unternehmen – insbes. aus den USA – nach Niederländ.-Guayana, um Bauxit abzubauen. Die Kultivierung des fruchtbaren Landes forcierten bereits die europäischen Kolonialmächte im 17. Jh. Sie brachten schwarze Sklaven nach S., die vor allem auf den Plantagen arbeiten mussten. Nach Aufhebung der Sklaverei (1863) wurden sie durch ind., chines. und indones. Arbeitskräfte ersetzt. So entwickelte sich S. im 20. Jh. zu einem Vielvölkerstaat, in dem Kreolen (37%) sowie Menschen ind. (ca. 35%), indones. (14%) und chines. (2%) Herkunft (ca. 14%) zusammenlebten. Es kam zwar wiederholt zu ethnischen Konflikten, die aber insgesamt geringer ausfielen als im benachbarten Guyana.

Der Weg in die Unabhängigkeit

S. blieb bis Mitte des 20. Jh.s Kolonie der Niederlande. 1955 erließ das Mutterland das sog. Königreichstatut, in dem den letzten niederländ. Kolonien das Selbstverwaltungsrecht eingeräumt wurde. Bis 1973 stellte die Vereinigte Hindostan. Reformpartei, die den ind. Bevölkerungsteil repräsentierte, die Regierung. Danach führte eine kreol.-javan. Koalition zwischen der Nationalen Partei Surinams (NPS) und der Kaum Tani Persatuan Indonesia-Partei (KTPI) das Land gegen den Widerstand der Inder 1975 in die Unabhängigkeit.

Aufflammender Bürgerkrieg

Die Regierung von Henck Arron (1975–80) wurde 1980 wegen Korruptionsverdacht von einer Offiziersclique gestürzt. Die Macht ging zunächst an einen nationalen Militärrat über,

Surinam 2000	
Landesfläche	163 265 km² (WR 90)
Einwohner	415 000 (WR 163)
Hauptstadt	Paramaribo (201 000 Einwohner)
Sprachen	Niederländ., Hindustani, Javan., Engl.
Währung	1 Surinam-Gulden = 100 Cents
Gliederung	9 Bezirke und Hauptstadtdistrikt
Staatsform	Präsidiale Republik (seit 1987)
Religion	Christen (39,6%): Katholiken 21,6%, Protestanten 18,0%; Hindus (26,0%); Moslems (18,6%); Animisten (15,8%)
Bevölkerung	Kreolen (37%); Inder (35%); Indonesier (14%); Marons (9%); Indios (3%); Chinesen (2%)

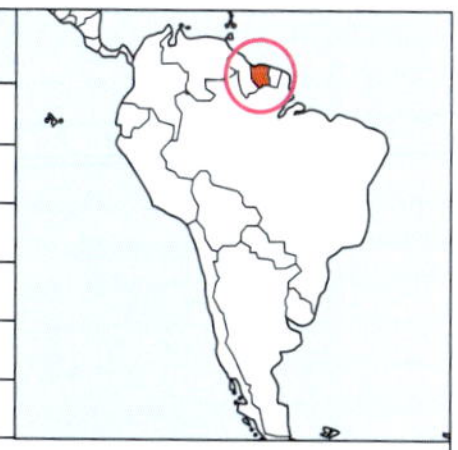

Surinam im 20. Jahrhundert	
1955	Die Niederlande gewähren Surinam mit dem Königreichstatut innere Selbstverwaltung.
1973	Regierende Partei der indischstämmigen Bevölkerung wird von einer Parteienkoalition der javan. und kreol. Bevölkerung abgelöst.
1975	Massenauswanderung (besonders von Indern) in die Niederlande.
1975	Surinam erlangt Unabhängigkeit.
1980	Militärputsch: Machthaber wird Desi Bouterse (bis 1988).
1986	Verschärfung des Guerillakriegs gegen das Regime von Bouterse.
1988	Surinam wirft Frankreich und den Niederlanden Unterstützung der Opposition vor.
1992	Unterzeichnung eines Abkommens zwischen Regierung und Rebellengruppen über Aussöhnung und nationale Entwicklung; Auflösung des nationalen Militärrates.
1998	Zuspitzung der Wirtschaftskrise durch Naturkatastrophen und den Verfall der Rohstoffpreise.

Buschneger – die Nachfahren der Marons

Noch etwa 40 000 sog. Buschneger lebten 1999 in Surinam an den Oberläufen der Flüsse Surinam, Marowijme und Saramacca. Sie sind die Nachkommen der Marons, schwarzer Sklaven, die im 17. und 18. Jh. von den niederländ. Plantagen in den Urwald flüchteten. Von dort aus führten sie fast 100 Jahre lang einen Guerillakampf gegen die weißen Kolonialherren, die sie brutal verfolgten. Da auf die Köpfe entflohener Sklaven Prämien ausgesetzt waren, wurden sie von weißen Söldnern gejagt und grausam getötet. Während ihres Überlebenskampfes gründeten die Buschneger im Urwald autonome Dorfgemeinschaften, die sie auch nicht verließen, als die Sklaverei 1863 verboten wurde. Diese Dörfer sind z. T. noch erhalten. Die Marons haben viele Elemente der Kultur ihrer Vorfahren aus Westafrika bewahren können, wie die für den Voodoo-Kult typischen Trancetänze, Geisterbeschwörung und Totenkult. (Foto: Buschneger-Frauen bei der Haarpflege)

Links: Unter Präsident Desi Bouterse brach in den 80er Jahren ein blutiger Bürgerkrieg zwischen der linksnationalistischen Regierung und prowestlichen Rebellengruppen aus. (Foto: Guerillakämpfer 1986)

Rechts: Der Bürgerkrieg führte zu einer nachhaltigen Verschlechterung des Lebensstandards in dem südamerikan. Land, das durch soziale Missstände und eine mangelhafte Infrastruktur gekennzeichnet ist. (Foto: Kommandoraum der Rebellen in einer Schule, 1986)

dem ab 1982 Desi Bouterse (1982–88) vorstand. Mit seiner Partei, der mit Kuba sympathisierenden Revolutionären Volksfront, steuerte er einen linksnationalistischen Kurs. Er verhängte den Ausnahmezustand und verbot oppositionelle Bewegungen. In seiner Regierungszeit schlug er mehrere Revolten prowestlicher Militärkreise nieder. Dennoch kam es zum Bürgerkrieg zwischen der Regierung und Rebellengruppen, bei dem bis 1992 etwa 1000 Menschen starben. Mitte der 80er Jahre leitete Bouterse mit der Wiederzulassung oppositioneller Parteien und der Aufhebung des Ausnahmezustandes einen Demokratisierungsprozess ein. 1992 wurde der Militärrat aufgelöst. Bouterse zog damit die Konsequenz aus der sich verschlechternden wirtschaftlichen Situation, zu der auch Sabotageakte von Rebellen und die Einstellung von Entwicklungshilfe durch westliche Staaten beigetragen hatten.

Staatsoberhäupter Surinams

Reg.-Zeit	*Name*	*Lebensdaten*
1975–80	Johan H. Eliza Ferrier	*1910
1980–82	Henk Chin-a-Sen	1934–1999
1982–88	Desi Bouterse	*1943
1988–90	Ramsewak Shankar	*1937
1990/91	Johan Kraag	*1913
1991–96	Ronald R. Venetiaan	*1936
1996–2000	Jules A. Wijdenbosch	*1941
seit 2000	Ronald R. Venetiaan	*1936

Die wichtigsten Parteien im 20. Jahrhundert

Name (Abkürzung)	*Politische Richtung*	*Gründung*
Nationale Partij Suriname (NPS)	kreol. Demokraten	1946
Kaum Tani Persatuan Indonesia (KTPI)	indones. Demokraten	1947
Verenigde Hervormings Partij (VHP)	linksgerichtete Inder	1949
Partij Nationalistische Republiek (PNR)	nationalistisch	1963
Nationale Democratische Partij (NDP)	nationaldemokratisch	1987
Nieuw Front (NF)	linksdemokratisch	1987
Democratisch Alternatief '91 (DA '91)	sozialdemokratisch	1991
Basispartij Voor Vernieuwing en Democratie (BVD)	basisdemokratisch	k. A.

Schwierige Konsolidierung

Nach der Auflösung des Militärrats nahmen die Niederlande 1992 die Entwicklungshilfe wieder auf. Ein Jahr später wurde sie wieder eingefroren, weil ein Strukturanpassungsprogramm für S., das den Abbau von Subventionen und die Privatisierung von Staatsunternehmen vorsah, von der Regierung nicht vorangetrieben wurde. Mitte der 90er Jahre betrug die Auslandsverschuldung das Sechsfache des BIP, 50% des Staatshaushaltes wurden für die Tilgung der Schulden aufgewendet. S. erhielt zwar Schuldenerlasse und damit finanzielle Freiräume für Investitionen in soziale Programme und zum Ausbau der Infrastruktur. Doch Naturkatastrophen, fallende Weltmarktpreise für Bauxit und fehlendes Fachpersonal führten dazu, dass die wirtschaftliche Situation kritisch blieb. Vor allem in ländlichen Gebieten fehlen Gesundheitsdienste, die Strom- und Wasserversorgung ist unzureichend. Die Arbeitslosigkeit lag 1997 bei ca. 20%. Aus den Parlamentswahlen im Mai 2000 ging die Oppositionskoalition Nieuw Front unter Führung des ehemaligen Präsidenten Ronald Venetiaan (1991–96) als Siegerin hervor. Ihr Sieg wurde auf den wirtschaftlichen Niedergang des Landes zurückgeführt. Im August 2000 wurde Venetiaan erneut zum Staatspräsidenten S.s gewählt. *N.H.*

Swasiland

Königreich Swasiland

Das Gebiet des heutigen Königreichs der Swasi, eines den Zulu nahe stehenden Bantuvolks aus der Gruppe der Nguni, wurde zu Beginn des 20. Jh.s von der nördlich und westlich benachbarten Südafrikan. Republik (Transvaal) als Protektorat verwaltet. Einen Zugang zum Meer hatte das Swasikönigreich nicht: Im Südosten grenzte es an die brit. Kolonie Natal und im Nordosten an Portugies.-Ostafrika (Mosambik). Den 1000 Weißen, die zu Beginn des 20. Jh.s überwiegend als Farmer in S. siedelten, standen ca. 40 000 Swasi gegenüber, die in 30 Stämmen unter dem gemeinsamen König U'Bunu lebten. Ebenso viele Swasi lebten in den angrenzenden Gebieten der Südafrikan. Republik, Natals und Portugies.-Ostafrikas: Buren, Briten und Portugiesen hatten weite Gebiete der Swasi erobert; die Grenzziehung entsprach nicht dem Lebensraum der Swasi, sondern spiegelte allein koloniale Machtverhältnisse.

Swasiland 2000	
Landesfläche	17 364 km² (WR 153)
Einwohner	980 000 (WR 151)
Hauptstadt	Mbabane (75 000 Einwohner)
Sprachen	Englisch, Si-Swati
Währung	1 Lilangeni (E) = 100 Cents
Gliederung	4 Bezirke
Staatsform	Absolute Monarchie (seit 1973)
Religion	Protestanten (37,3%), Afrikanische Christen (28,9%), Katholiken (10,8%); Animisten (20,9%); Sonstige (2,1%)
Bevölkerung	Swasi (84,3%); Zulu (9,9%); Tsonga (2,5%); Sonstige (3,3%)

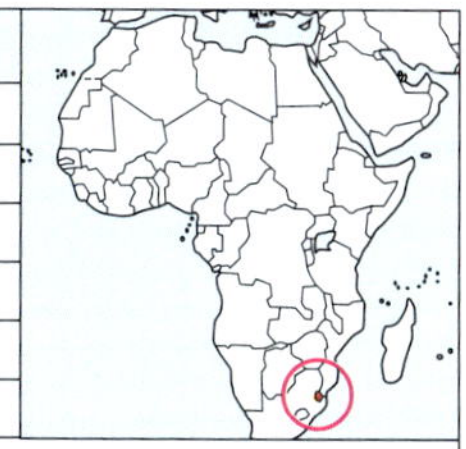

Swasiland im 20. Jahrhundert	
1902	Nach dem Burenkrieg wird das bis dahin von der Südafrikan. Republik (Transvaal) verwaltete Swasiland brit. Kolonie.
1906	Großbritannien trennt Swasiland verwaltungsmäßig von Transvaal und organisiert es als gesondertes Protektorat.
1921	Sobhuza II. wird König der Swasi.
1964	Großbritannien führt in Swasiland gegen den Protest König Sobhuzas eine demokratische Verfassung mit einem Parlament ein (4.1.).
1968	Großbritannien entlässt Swasiland in die Unabhängigkeit (6.9.); Sobhuza II. wird Staatsoberhaupt und kollaboriert mit dem südafrikan. Apartheidregime.
1973	Sobhuza II. suspendiert die Verfassung, verbietet politische Parteien und baut mithilfe Südafrikas eine Armee und paramilitärische Polizeikräfte auf.
1982	Der Tod von Sobhuza II. löst Machtkämpfe innerhalb des Königsclans aus.
1986	Mswati III. wird als Nachfolger Sobhuzas König von Swasiland
1990	Das Ende der Apartheid in Südafrika führt auch in Swasiland zur Forderung nach Wahrung der Menschenrechte.

Britische Kolonie

Nach der Unterwerfung der Burenrepubliken durch Großbritannien im Burenkrieg (1899 bis 1902) wurde S. der brit. Herrschaft unterstellt. Als Großbritannien Transvaal 1906 innere Autonomie gewährte, wurde S. von Transvaal abgetrennt und als gesondertes Protektorat organisiert. Diesen Status behielt es auch nach der Gründung der Südafrikan. Union (1910). König (Oberhäuptling) der Swasi wurde 1921 der 22-jährige Häuptlingssohn Sobhuza II., dessen über 60-jährige Herrschaft ein wichtiger Stabilitätsfaktor war.

Diktatur des Königsclans

Parteigründungen: Mit der Gründung der Swaziland Progressive Party (SPP) durch John Nquku entstand 1960 erstmals eine (gemäßigte) Oppositionskraft in der vom Sobhuza-Clan und von weißen Siedlern dominierten Kolonie. Die SPP wurde von Afrikanern getragen, die nach europäischen Standards ausgebildet waren: Sie forderten demokratische Wahlen und sprachen sich gegen die Kollaboration König Sobhuzas mit dem Apartheidregime in Südafrika aus. Weitaus radikalere Ziele vertrat der Ngwane National Liberatory Congress (NNLC), der sich 1962 unter Ambrose Zwane von der SPP abspaltete. Weiße Siedler gründeten 1963 die United Swaziland Association.

Autonomie: Nach der Einführung einer Verfassung auf parlamentarischer Basis durch die brit. Kolonialmacht am 4.1.1964 gründete König Sobhuza, der demokratische Prinzipien (einschließlich der Verfassung) strikt ablehnte, die hierarchisch strukturierte Partei Imbokodvo National Movement (INM). Sobhuzus INM gewann am 25.6.1964 in einem Wahlbündnis mit der weißen Siedlerpartei alle Parlamentssitze und betrieb in den folgenden Jahren eine gegen Großbritannien gerichtete Politik, die auf eine schwarzafrikan.-weiße »rassische Föderation« in einem unabhängigen S. ohne parlamentarische Legitimation hinarbeitete. Als Großbritannien S. am 25.4.1967 innere Autonomie (Selbstregierung) gewährte, wurde König Sobhuzas Sohn Makoshini Dlamini, der zugleich als INM-Generalsekretär fungierte, Premierminister.

Unabhängigkeit

»Dialogstaat«: Am 6.9.1968 entließ Großbritannien S. als Monarchie im Commonwealth in die Unabhängigkeit, König Sobhuza II. wurde Staatsoberhaupt. Die Unabhängigkeit S.s von Großbritannien verstärkte die wirt-

König Sobhuza II. (1899 bis 1982) mit Schild und Speer, den Insignien seiner Macht. Schon mit 22 Jahren wurde er Oberhäuptling und damit Herrscher in Swasiland, dessen Politik er und sein Clan 61 Jahre lang uneingeschränkt bestimmten. Seit seinem Tod wird die Kritik am autokratischen Regierungsstil seines Sohns und Nachfolgers König Mswati III. laut.

schaftliche und politische Abhängigkeit von Südafrika, S. avancierte in den 70er Jahren zum entschiedensten »Dialogstaat« (mit dem Apartheidregime kooperierende afrikan. Staaten) Südafrikas und unterband jedwede Agitation schwarzafrikan. Menschenrechtsvertreter auf seinem Territorium.

Staatsterrorismus: Am 12.4.1973 hob Sobhuza die Verfassung auf, verbot alle Parteien und ließ Oppositionspolitiker verhaften. Danach herrschte er autokratisch, wobei systemkonforme gesellschaftliche Gruppen (weiße Siedler) und traditionelle Institutionen (Königinmutter) Mitspracherechte erhielten. Mit Unterstützung Südafrikas baute Sobhuza in der Folgezeit eine Armee sowie eine paramilitärische Polizeitruppe auf, die mit willkürlichen Verhaftungen, mit Folterungen und anderen der Menschenrechtscharta der UNO widersprechenden Praktiken die Interessen des herrschenden Clans durchsetzte.

Machtwechsel: Der Tod Sobhuzas am 21.8.1982 löste Machtkämpfe im Königsclan

Staatsoberhäupter von Swasiland

Reg.-Zeit	*Name*	*Lebensdaten*
1968–82	Sobhuza II.	1899–1982
1982/83	Dzeliwe (Regentin)	k. A.
1983–86	Ntombi (Regentin)	k. A.
seit 1986	Mswati III.	*1968

aus; Sobhuzas Witwe Dzeliwe setzte sich als Regentin für den unmündigen Kronprinzen Makhosetive durch, wurde jedoch 1983 von Prinzessin Ntombi gestürzt. Der Kronprinz besuchte ab 1983 eine Privatschule und die Militärakademie in Großbritannien und wurde am 25.4.1986 als Mswati III. zum König von S. gekrönt.

Rechtsbeugung und Korruption

Proteste: Das Ende der Rassentrennungspolitik (Apartheid) in Südafrika führte in S. ab Beginn der 90er Jahre zu Protesten gegen die absolutistische Herrschaft des Königsclans und zur Forderung nach einer politischen Liberalisierung und nach Einhaltung der Menschenrechte; die Monarchie als solche wurde von den zersplitterten Oppositionsgruppen nicht infrage gestellt.

Ausarbeitung einer Verfassung: König Mswati III. reagierte 1992 mit der Verfügung, die (vom Königsclan eingesetzte und von ihm abhängige) Regierung solle eine neue Verfassung ausarbeiten, und hob im September 1993 den seit 1973 bestehenden Ausnahmezustand auf. Während der Beratungen über eine neue Verfassung berief Mswati im August 1998 in seinem Kraal ein »Volksparlament« ein (teilnahmeberechtigt an dieser Versammlung war jeder Erwachsene), bei dem sich Vertreter der Opposition lautstark Gehör verschafften und Beifall erhielten.

Korruptionsvorwurf: Auf diese in den Medien für Aufsehen sorgende Äußerung von Kritik reagierte der König mit Razzien und Hausdurchsuchungen. In einem »Offenen Brief an Bill Clinton« behauptete die Zeitung »The Swazi News« 1998, dass »korrupte Autoritäten, die nicht vom Volk gewählt sind und sich deshalb ihm gegenüber auch nicht verantworten, den Staat ausplündern«. Eine Bestätigung erhielt der Korruptionsvorwurf durch die wenig später bekannt gewordene Verwicklung des herrschenden Clans in den olympischen IOC-Bestechungsskandal: S.s IOC-Mitglied David Sibandze trat 1999 auch als Präsident des Nationalen Olympischen Komitees von S. zurück.

Wirtschaft: Wirtschaftlich zählte S. Ende des 20. Jh.s mit einem BSP pro Kopf von rund 1520 US-Dollar zu den Staaten mit mittlerem Einkommen, die Arbeitslosigkeit lag bei 40%. Haupthandelspartner war Südafrika mit einem Exportvolumen von 58% und einem Importvolumen von 83%. Die südafrikan. First National Bank kontrollierte de facto den kredit- und Zahlungsverkehr in S. *B.P.*

Syrien

Arabische Republik Syrien

Von 1517 bis 1918 war S. eine Provinz des Osman. Reichs, danach eine französ. Kolonie. Frankreich proklamierte 1941 und erneut 1944 die Unabhängigkeit S.s, doch erst mit dem Abzug der letzten französ. und brit. Truppen am 17.4.1946 begann die Geschiche S.s als selbstständiger Staat.

Syrien 2000	
Landesfläche	185 180 km² (WR 86)
Einwohner	15,7 Mio (WR 56)
Hauptstadt	Damaskus (1,55 Mio Einwohner)
Sprachen	Arabisch, Kurdisch, Armenisch
Währung	1 syrisches Pfund (syr.£) = 100 Piastres
Gliederung	13 Provinzen und Hauptstadt
Staatsform	Präsidiale Republik (seit 1973)
Religion	Moslems (89,6%): Sunniten 70%, Alawiten 12%, Andere 7,6%; Christen (8,9%); Sonstige (1,5%)
Bevölkerung	Araber (88,8%); Kurden (6,3%); Sonstige (4,9%)

Osmanische Provinz

Panarabische Bewegung: In der zweiten Hälfte des 19. Jh.s wurde S. Zentrum der panarab. Bewegung, die das »Erwachen der Araber« auf der Basis des Koran propagierte. S. war zu 80% von Arabern besiedelt, von denen die Sesshaften Moslems waren, während die Nomaden islamisierten Naturreligionen anhingen. Unter »Syrien« verstand die panarab. Bewegung das gesamte Gebiet zwischen Euphrat, Mittelmeer und Ägypten einschließlich des Libanon und Palästinas. Auf dem arab. Kongress 1913 in Paris – von den 25 Teilnehmern kamen 23 aus S. – wurde eine stärkere Beteiligung der Araber in der Verwaltung des Osman. Reichs gefordert, eine Minderheit verlangte den Unabhängigkeitskampf gegen die Türken.

Einfluss Frankreichs: Die syr. Hauptstadt Damaskus war 1860 Schauplatz von pogromartigen Auseinandersetzungen zwischen christlichen Maroniten und islamischen Drusen. Frankreich nahm die Wirren zum Anlass, um S. unter dem Vorwand zu besetzen, die Christen schützen zu müssen. Damit verstärkte Frankreich sein kolonialpolitisches Engagement in dem von Auflösungserscheinungen geprägten Osman. Reich. Schon seit 1535 wurde der Handel in S. überwiegend von französ. Geschäftsleuten getragen. Zu Beginn des 20. Jh.s besaß S. kaum eigene Industrie und war auf Importe angewiesen; Hauptausfuhrartikel waren Getreide, Seide, Sesam, Oliven, Öl und Wolle.

Unabhängigkeitskrieg

Aufstand in der Wüste: Im Ersten Weltkrieg (1914–18) kämpfte das Osman. Reich aufseiten des Deutschen Reichs und Österreich-Ungarns gegen die Ententemächte Frankreich, Großbritannien und Russland. Zu den Hauptkriegszielen der Entente zählte offiziell die nationale Selbstbestimmung der Völker, was der panarab. Bewegung weiteren Auftrieb gab. Nachdem Großbritannien dem Sherifen von

Syrien im 20. Jahrhundert	
1916	Sykes-Picot-Abkommen zwischen Frankreich und Großbritannien über die Aufteilung osman. kontrollierter Gebiete in Syrien.
1920	Nach der Unabhängigkeitserklärung Syriens und der Krönung Faisals I. zum König besetzt Frankreich Syrien; Faisal I. wird zur Abdankung genötigt.
1925	Aufstände der Minderheit der Drusen (bis 1927).
1939	Die syr. Provinz Alexandrette wird Teil der Türkei.
1941	Besetzung durch brit. und französ. Truppen.
1943	Gründung der Baath-Partei (»Partei der sozialistischen arab. Wiedergeburt«).
1946	Abzug der letzten brit. und französ. Truppen; Unabhängigkeit Syriens.
1948	Erster Israel.-Arab. Krieg nach Ausrufung des Staates Israel.
1951	Nach mehreren Staatsstreichen (seit 1949) Beginn der Militärdiktatur unter Adib al-Shishaqli (bis 1954).
1956	Zweiter Israel.-Arab. Krieg nach der ägypt. Verstaatlichung des Suezkanals;
	Syr.-israel. Konflikt um die Hule-Sümpfe im Jordangraben.
1958	Zusammenschluss Syriens und Ägyptens zur Vereinigten Arab. Republik (VAR).
1961	Austritt Syriens aus der VAR; Proklamation der Arab. Republik Syrien.
1963	Nach Militärputsch Machtübernahme der Baath-Partei.
1966	Nach innerparteilichen Kämpfen Machtübernahme des linken Baath-Flügels.
1967	Dritter Israel.-Arab. Krieg; Israel besetzt die syr. Golanhöhen.
1970	Unblutiger Staatstreich des Verteidigungsministers Hafiz al-Assad gegen den radikalen Flügel der arab.-sozialistischen Baath-Partei.
1971	Assad wird zum syr. Präsidenten gewählt; Aufbau eines scheindemokratisch-autokratischen Herrschaftssystems.
1973	Verfassung der »Sozialistischen Republik Syrien«.
	Vierter Israel.-Arab. Krieg; Waffenstillstandsabkommen mit Israel.
1976	Syrien greift in den Libanonkrieg ein und wird wichtigste Ordnungsmacht.
1981	Israel annektiert die seit 1967 besetzten syr. Golanhöhen.
1982	Israel besetzt vorübergehend Südlibanon und beansprucht dort eine sog. »Sicherheitszone«; Konfrontation mit den dort stationierten syr. Truppen.
1985	Wiederwahl Assads als Präsident; Israel zieht seine Truppen im Südlibanon in seine »Sicherheitszone« zurück.
1990	Invasion des Iraks in Kuwait wird von Syrien verurteilt; Syrien unterstützt eine Allianz von 31 Ländern, die unter Führung der USA den Irak unter Saddam Hussein, dem politischen Gegner Assads, zum Rückzug zwingt.
1991	Internationale Nahost-Friedenskonferenz in Madrid: Syrien ist zu bilateralen Gesprächen mit Israel bereit.
1992	Israel deutet erstmals Bereitschaft zum Abzug von den Golanhöhen an.
1994	Syrien besteht auf dem vollständigen Rückzug Israels; die israel. Führung hingegen will einen stufenweisen Rückzug von den Golanhöhen.
1997	Syrien nimmt wieder Handelsbeziehungen mit dem Irak auf.
1999	Assad wird von der Bevölkerung mit 99,9% der Stimmen wiedergewählt.
2000	Nach dem Tod Assads wird sein Sohn Baschar al-Assad neues Staatsoberhaupt.

Mekka, Hussein I., für eine Kriegsbeteiligung der Araber die Anerkennung eines eigenständigen arab. Staats in Aussicht gestellt hatte, proklamierte Hussein am 5.6.1916 die Unabhängigkeit vom Osman. Reich und nahm am 2.11. nach der Eroberung der größten Teile des Hidjas (heute Teil Saudi-Arabiens) den Titel »König von Arabien« an. Führende Rollen im Unabhängigkeitskrieg spielten ferner Husseins Sohn Feisal (1920 König von Syrien, ab 1921 als Feisal I. König des Irak) und der brit. Archäologe, Diplomat und Schriftsteller Thomas E. Lawrence, der als »Lawrence von Arabien« bekannt wurde. Nach archäologischen Ausgrabungen 1911–14 in S. organisierte Lawrence als Agent des brit. Geheimdienstes den arab. Unabhängigkeitskrieg und einte verfeindete Stämme im Kampf gegen die Kolonialmacht. Mit der von ihm entworfenen flexiblen Guerillataktik eroberten die Araber 1917 Akaba (Jordanien).

Sykes-Picot-Abkommen: Im Gegensatz zur offiziellen Propaganda von der »nationalen Selbstbestimmung« vereinbarten Großbritannien und Frankreich am 16.5.1916 im geheimen Sykes-Picot-Abkommen die Aufteilung der osman. Gebiete im Nahen Osten: Mesopotamien (Irak) wurde dem brit. Einflussbereich zugeordnet, S. und der Libanon wurden französ. Interessengebiet. Das ebenfalls von Frankreich beanspruchte Palästina sollte internationaler Kontrolle unterstellt werden.

Balfour Declaration: Am 2.11.1917 übermittelte der brit. Außenminister Arthur James Balfour dem Zionistenführer Lionel W. Rothschild die Balfour Declaration über die Schaffung einer nationalen Heimstätte der Juden in Palästina, d.h. in überwiegend arab. besiedeltem Gebiet. Auch dabei blieben die Interessen der Araber unberücksichtigt. Nach der Oktoberrevolution veröffentlichte die russ. Revolutionsregierung Ende 1917 das Sykes-Picot-Abkommen, die Balfour Declaration und andere Geheimdokumente der Ententemächte. Die Irritation der Araber nach Bekanntwerden dieser Vereinbarungen zerstreute Großbritannien durch mehrere Erklärungen, laut derer sich London für »die vollständige und souveräne Unabhängigkeit der Araber« einsetzte.

Eroberung von Damaskus: Im Januar 1918 übernahm Feisal den Oberbefehl über die Araber, die aufseiten Großbritanniens gegen die osman. Truppen kämpften. Am 1.10.1918 zog Feisal in Damaskus ein, wo er eine provisorische Regierung bildete. Unterdessen besetzten französ. Truppen mit Zustimmung Großbritanniens den Libanon, den die Araber als zu S. gehörig betrachteten. Nach der Unterzeichnung des Waffenstillstands mit dem Osman. Reich am 30.10.1918 veröffentlichten Großbritannien und Frankreich für S. und Mesopotanien eine Erklärung, der zufolge frei gewählte nationale Regierungen die Herrschaft übernehmen sollten.

Feisal-Weizmann-Abkommen: Im Vorfeld der Pariser Friedenskonferenz unterzeichneten am 3.1.1919 Husseins Sohn Feisal und der Zionistenführer Chaim Weizmann ein Abkommen, das während der Neuordnung der ehemaligen Gebiete des Osman. Reichs eine Zusammenarbeit zwischen Juden und Arabern vorsah. Das Feisal-Weizmann-Abkommen unterstrich den Willen der politischen Führung zweier staatenloser »Nationen« zur Kooperation bei der Gründung eines arab. und eines jüd. Staats. Zugleich versuchte es die Differenzen zu entschärfen, die durch die massenhafte Einwanderung von Juden nach Palästina ab der Jahrhundertwende zwischen arab. und jüd. Nationalisten entstanden waren.

Herrschaft Frankreichs

King-Crane-Kommission: Während der Friedenskonferenzen nach dem Ersten Weltkrieg setzte Frankreich das Sykes-Picot-Abkommen gegen den Willen der Araber und der USA durch. Als US-Präsident Woodrow Wilson am 20.3.1919 die Entsendung einer interalliierten Kommission nach S. vorschlug, um die Wünsche der Bevölkerung zu erkunden, boykottierten Frankreich, Großbritannien und Italien diese Kommission, die daraufhin unter ausschließlich US-amerikan. Beteiligung nach S. reiste. Während des Aufenthalts der sog. King-Crane-Kommission fanden in S. Wahlen statt. Am 2.7. trat in Damaskus der Allgemeine Syr. Kongress zusammen und forderte die Unabhängigkeit des Landes einschließlich Palästinas und des Libanon. Der Abschlussbericht der King-Crane-Kommission empfahl der Friedenskonferenz am 28.8. S. unter Einschluss Palästinas als Gesamtheit zu erhalten, die ungebremste Einwanderung von Zionisten nach Palästina zu stoppen und S. auf keinen Fall Frankreich als Mandatsgebiet zu übertragen. Der Bericht blieb auf Druck Frankreichs und Großbritanniens auf der Friedenskonferenz unbeachtet. Großbritannien und die zionistische Delegation unter Weizmann erarbeiteten einen Mandatsentwurf, der den zionistischen Vorstellungen der Balfour Declaration entgegenkam.

Königreich Syrien: Die Meldungen von den Absichten der Siegermächte führten dazu, dass die Araber Fakten zu schaffen versuch-

ten: Am 7.3.1920 proklamierte der Allgemeine Syr. Kongress die Unabhängigkeit von S. einschließlich Palästinas und des Libanon und wählte Feisal I. zum König; Feisals Vater Hussein I. blieb König des Hidjas. Auf der Konferenz von San Remo (19.–26.4.1920) teilten Großbritannien und Frankreich den Nahen Osten gemäß dem Sykes-Picot-Abkommen unter sich auf: Frankreich sicherte sich S. einschließlich des Libanon als A-Mandat, Großbritannien erhielt ebenfalls als A-Mandate Mesopotamien (Irak) und Palästina.

Vertreibung Feisals: Wenige Wochen später begann Frankreich mit der Umsetzung der Friedensbestimmungen und eroberte S. Nach dem Einmarsch in Damaskus am 25.7.1920 zwang die Kolonialmacht König Feisal zum Verlassen des Landes. Der Traum von einem unabhängigen Araberstaat war vorerst beendet: An die Stelle der türk. Kolonialherren traten die Franzosen, General Henri Gouraud übte als Oberbefehlshaber die höchste Gewalt aus. Das französ. Kolonialgebiet wurde in vier Kolonien aufgeteilt, um ethnische und religiöse Gruppierungen besser kontrollieren und gegeneinander ausspielen zu können: Groß-Libanon, Damaskus, Aleppo und Staat der Alawiten (Nusairier). Die drei letzten Kolonien wurden Ende Juni 1922 zur Syr. Föderation zusammengeschlossen, dafür wurde ein weiterer Kolonialstaat namens Djebel Drus (Drusengebirge) gebildet.

Am 24.7.1922 übertrug der Völkerbund Frankreich offiziell das Mandat für S. Der Friede von Lausanne beendete am 24.7.1923 den Ersten Weltkrieg zwischen dem ehemaligen Osman. Reich (Türkei) und den Alliierten; Frankreich verzichtete auf Anatolien, im Gegenzug akzeptierte die Türkei die französ. Herrschaft in S.

Aufstände: Erhebungen der islamischen Drusen, die sich ab 1925 zu einer allgemeinen syr. Rebellion gegen die Kolonialmacht ausweiteten, wurden bis 1927 von Frankreich blutig niedergeschlagen. Nach jahrelangen, von Unruhen begleiteten Verhandlungen wurden am 9.9.1936 der Französ.-Syr. und der Französ.-Libanes. Vertrag unterzeichnet; darin verpflichtete sich Frankreich zur Reduzierung seiner militärischen Präsenz und stellte S. und dem Libanon binnen drei Jahren die Unabhängigkeit in Aussicht. Nachdem die französ. Nationalversammlung die Ratifizierung der Verträge 1938 abgelehnt hatte und damit die Pläne für die Unabhängigkeit von S. und des Libanons erneut gescheitert waren, trat Frankreich am 23.9.1939 gegen syr. Protest das Gebiet um die Hafenstadt Alexandrette (heute Iskander) an die Türkei ab, um sich die Neutralität der Türkei im Zweiten Weltkrieg zu sichern.

König Feisal I. (auf dem Foto vorn mit Königsschwert) wurde bereits vier Monate nach seiner Inthronisierung von den Franzosen abgesetzt und außer Landes getrieben. 1921 inthronisierten ihn die Briten als König des Iraks, sein Bruder Abdullah bin al-Hussein war Emir von Transjordanien.

Zweiter Weltkrieg

Besetzung durch Großbritannien: 1940 übernahm die mit Hitler-Deutschland kollaborierende französ. Vichy-Regierung die Verwaltung in S. Über S. unterstützte das Deutsche Reich die irak. Regierung im Krieg gegen Großbritannien, das am 8.6.1941 in einem Präventivschlag S. besetzte. Auf brit. Seite

Unter dem Jubel der syr. Bevölkerung zogen im Juli 1941 alliierte austral., brit., freifranzös. und ind. Truppen in der Hauptstadt Damaskus ein. Die Alliierten waren am 8.6. in das unter französ. Kontrolle stehende Syrien einmarschiert, um einer befürchteten deutschen Besetzung des Landes zuvorzukommen.

wurden dabei auch freifranzös. Streitkräfte des Generals Charles de Gaulle eingesetzt, der von London aus gegen die deutsche Besetzung seines Landes und das kollaborierende Vichy-Regime kämpfte.

Unabhängigkeitserklärungen: Am 27.9. 1941 proklamierte der Oberkommandierende der freifranzös. Streitkräfte im Nahen Osten, General Georges Catroux, die Unabhängigkeit von S. unter Einschluss des Alawitenstaats und des Djebel Drus. Die freifranzös. Regierung wollte sich durch die Unabhängigkeitserklärung die Unterstützung des arab. Landes im Kampf gegen das Vichy-Regime (das die Unabhängigkeit S.s nicht anerkannte) und das Deutsche Reich sichern. Faktisch unterstand das »unabhängige« S. verwaltungsmäßig freifranzös. und militärisch brit. Kontrolle. Um der wachsenden Unzufriedenheit über die französ. Verwaltung gegenzusteuern, proklamierte de Gaulle am 1.1.1944 noch einmal die Unabhängigkeit S.s. Auf Druck Großbritanniens und der USA übertrug Frankreich die Verwaltung syr. Kontrolle; 1945 wurde S. Mitglied der UNO und Gründungsmitglied der Arab. Liga. Die volle Selbstständigkeit errang S., als am 17.4.1946 die letzten französ. und brit. Truppen das Land verließen.

Aufbau des selbstständigen Syrien

Palästinakrieg: Die Jahre nach der Unabhängigkeit wurden außenpolitisch vom Konflikt mit Israel überschattet. Die Erfolglosigkeit der arab. Armeen im Palästinakrieg bewirkte eine innenpolitische Instabilität, die durch das Flüchtlingsproblem verschärft wurde: In diesem ersten Israel.-Arab. Krieg wehrte Israel 1948/49 einen Angriff von Ägypten, Jordanien, Libanon, Irak und S. ab und erweiterte sein Territorium beträchtlich. Ca. 600 000–900 000 Palästinenser flohen vor den israel. Truppen nach Jordanien und in den Gazastreifen oder wurden in Lagern im Libanon und in S. untergebracht. Hinzu kam der syr.-israel. Konflikt um die Hule-Sümpfe im Jordangraben. Israel beanspruchte das in den Sümpfen gelegene Jordanquellgebiet, um keiner fremden Macht die Kontrolle über Bewässerungsprojekte zu ermöglichen. 1951 folgten Israel und S. einem Aufruf der UNO und beendeten den bewaffneten Konflikt.

Diktatur und Wirtschaftsboom: Die instabile Lage führte ab 1949 zu mehreren Offiziersstaatsstreichen, die am 2.12.1951 in die Militärdiktatur Adib al-Shishaqlis mündeten (1951–54). Gleichzeitig erlebte das Land einen Wirtschaftsboom vor allem im Bereich des Großgrundbesitzes: 1949–56 versiebenfachte sich die Baumwollproduktion, es entstanden moderne Bewässerungsanlagen und Großbetriebe. Die breite Masse der Bevölkerung jedoch profitierte von diesem Wirtschaftsaufschwung nicht.

Einfluss Ägyptens: Nach der Rückkehr zum Zivilsystem 1954 verstärkte sich in S. der Einfluss Ägyptens, dessen charismatischer Präsident Gamal Abd el-Nasser einen arab. Sozialismus anstrebte. Nassers erfolgreicher

Staatsoberhäupter Syriens

Reg.-Zeit	*Name*	*Lebensdaten*	*Reg.-Zeit*	*Name*	*Lebensdaten*
1941–43	Tadsch ad-Din al-Hasani	k. A.	1961–63	Nazim al-Kudsi	*1905
1943	Djamil al-Ulci	k. A.	1963	Luai al-Atasi	1929–1992
1943–49	Shukri al-Quwwatli	1891–1967	1963–66	Amin al-Hafiz	*1911
1949	Husni as-Zajim	k. A.	1966–70	Nurredin al-Atasi	1929–1992
1949–51	Haschim Bey al-Atasi	1864–1960	1970–71	Ahmet al-Chatib	*1928
1951–54	Adib al-Shishaqli	1901–1964	1971–2000	Hafiz al-Assad	1930–2000
1954–55	Haschim Bey al-Atasi	1864–1960	seit 2000	Baschar al-Assad	*1966
1955–58	Shukri al-Quwwatli	1891–1967	1) als Präsident der VAR		
1958–61	Gamal Abd el-Nasser[1)]	1918–1970			

Widerstand gegen die brit.-französ.-israel. Intervention nach der Verstaatlichung des Suezkanals (1956, zweiter Israel.-Arab. Krieg) verlieh ihm eine Führungsposition in der arab. Welt. Die Suezkrise verursachte eine Entfremdung zwischen den meisten arab. Staaten und den Westmächten, während sich die UdSSR als Schutzmacht arab. Interessen zu positionieren versuchte. Nasser erhob den auch von S. übernommenen »positiven Neutralismus« zur außenpolitischen Leitlinie: Die blockpolitische Unabhängigkeit schloss die Zusammenarbeit mit jedem Staat ein, der die nationalen arab. Interessen unterstützte. Dieser Kurs führte dazu, dass Ägypten und S. innerhalb der Arab. Liga die »fortschrittlichen« (sozialistisch orientierten) Staaten repräsentierten, während der Irak an der Spitze des »konservativen«, westlich orientierten Lagers stand.

Vereinigte Arabische Republik: Am 1.2. 1958 schlossen sich S. und Ägypten zur Vereinigten Arab. Republik (VAR) zusammen, der das Königreich Jemen am 8.3. in lockerer Föderation beitrat. Hauptstadt des neuen Staates war Kairo, der ägypt. Staatspräsident Nasser wurde mit 99,98% der Stimmen zum Präsidenten der VAR gewählt. Die Gründung der VAR sollte die militärische Position der Araber gegenüber Israel stärken und einen gemeinsamen arab. Markt schaffen. Die Enttäuschung in S. über die wirtschaftliche Entwicklung und die Widerstände gegen die ägypt. Dominanz in der Verwaltung – die politischen Führungspositionen in S. wurden überwiegend mit Ägyptern besetzt – führten am 28.9.1961 zu einem Militärputsch. Noch am selben Tag proklamierte S. die Sezession aus der VAR. Ägypten kündigte seinerseits die Föderation mit dem Jemen auf, behielt jedoch bis 1972 den Staatsnamen »Vereinigte Arabische Republik« bei.

Sieg der Baath-Partei: Nach dem Austritt aus der VAR wurde am 30.9.1961 die Arab. Republik S. proklamiert. In der Folgezeit avancierte die Baath-Partei, eine transnationale arab.-sozialistische Partei (»Partei der sozialistischen arab. Wiedergeburt«), zur führenden politischen Kraft und gelangte im März 1963 durch einen Putsch an die Macht. Aus innerparteilichen Kämpfen zwischen (antiägypt.) Nationalisten und Sozialisten ging im Februar 1966 nach einem weiteren Putsch der sozialistische Flügel als Sieger hervor. Staatspräsident wurde der radikal israelfeindliche Nurredin al-Atasi (1966–70), der eine umfassende Zusammenarbeit mit der Sowjetunion einleitete und palästinens. Fedajin-Kämpfern erlaubte, S. zu einer wichtigen Operationsbasis gegen Israel zu machen.

Israelische Truppen 1967 auf den syr. Golanhöhen: Nach ihrem Sieg im Sechstagekrieg (5.–10.6.1967) besetzten die Israelis ein Gebiet von der dreifachen Größe des eigenen Landes, darunter auch die strategisch wichtigen Golanhöhen in Südwestsyrien.

Scheitern der Radikalen: Im Sechstagekrieg, dem dritten Israel.-Arab. Krieg, besetzte Israel 1967 die syr. Golanhöhen; ca. 130 000 Araber, Tscherkessen und Drusen verloren ihre Heimat. Das durch die Niederlage gegen Israel auch innenpolitisch geschwächte radikale Baath-Regime erklärte 1968 den Irak zum potenziellen Feindstaat, als dort ein konkurrierender radikaler Flügel der Baath-Partei die Macht übernahm. Zum dritten Feindstaat neben Israel und dem Irak wurde Jordanien: S. ließ im September 1970 Panzer in Jordanien einrücken, um die Palästinenser gegen König Hussein II. zu unterstützen. Das erneute Scheitern des radikalen Baath-Regimes während des »schwarzen Septembers« führte im November 1970 zu einem Putsch der sich als gemäßigt verstehenden Baath-»Korrekturbewegung« unter Verteidigungsminister Hafiz al-Assad. Die Mitglieder des radikalen Flügels der Baath-Partei wurden verhaftet oder flohen wie Staatspräsident al-Atasi ins Ausland.

Sozialistische Republik

Assad-Autokratie: Assad sicherte seine Position durch Neubesetzungen im Staatsapparat, Militär und Geheimdienst ab, berief einen Volksrat als Legislative und wurde am 11.3.1971 zum syr. Staatspräsidenten gewählt. Unter Wahrung scheindemokratischer Elemente baute er ein autokratisches Herrschaftssystem auf. Am 13.4.1972 schloss sich die Baath-Partei, deren Generalsekretär Assad ab 1970 war, mit der kommunistischen und verschiedenen sozialistischen Parteien zur National-Progressiven Front (NPF) zusammen, die in den folgenden Jahrzehnten den richtungweisenden Einfluss ausübte.

Die wichtigsten Parteien im 20. Jahrhundert

Geschichte und Struktur des Parteiensystems in S. sind höchst kompliziert und unübersichtlich, da es z.B. verschiedene Parteien mit gleichem Namen gab, die politischen Richtungen in viele Bewegungen zerfallen und, um sich der staatlichen Kontrolle zu entziehen, im Verborgenen agieren, sodass oft auch nicht bekannt ist, wer Mitglied welcher Partei ist, wer sie führt usw.

Name (Abkürzung)	*Richtung*	*Gründung*
Volkspartei	nationalistisch, vertrat die Interessen der städtischen Eliten	1925
Nationaler Block	forderte nation. Unabhängigkeit	1927
Kommunistische Partei (KP)	kommunistisch	1928
Syr. Nationale Partei	radikal nationalistisch	1932
Nationale Partei, Nachfolger des Nationalen Blocks	ohne polit. Programm, Forum für Einfluss von Prominenten	1943
Syr. Zweig der Moslembruderschaft	am orthodoxen sunnit. Islam orientiert, Schwerpunkt in den nord- und mittelsyr. Städten	1946
Partei der arab. Wiedergeburt (Baath)	arab.-nationalistisch	1947
Syr. Soziale Nationale Partei (SSNP)	säkularist.Volkspartei, vertrat die Interessen der nord- und mittelsyr. Geschäftsleute und Landbesitzer	um 1948
Arab. Sozialist. Partei (ASP)	fordert Agrarreform, neutrale Außenpolitik, säkularistisch	1950
Sozialist. Partei der arab. Wiedergeburt (Baath)	»Einheit, Freiheit, Sozialismus« auf der Basis eines arab Nationalismus	1952
Nationale Progressive Front (NPF)	staatl. initiierte und kontrollierte Parteienallianz	1972

Verfassung: Die am 12.3.1973 durch eine Volksabstimmung angenommene Verfassung erklärte S. zum »demokratisch-sozialistischen souveränen Volksstaat« mit Präsidialsystem. Assad vereinigte als Präsident in seiner Person das Amt des Staatsoberhaupts, des Oberbefehlshabers der Streitkräfte, des Inhabers der Exekutivgewalt und des Generalsekretärs der Baath-Partei. Um die gemäßigten Moslems für die Verfassung zu gewinnen, wurde der Islam – der nicht mehr Staatsreligion war – zur »Grundlegenden Quelle der Gesetzgebung« erklärt. Außenpolitisch näherte sich Assad Jordanien und Ägypten an und durchbrach die Isolation S.s im arab. Lager. Gleichzeitig baute er die technische und militärische Zusammenarbeit mit der UdSSR aus.

Jom-Kippur-Krieg: Am 6.10.1973, dem israel. »Versöhnungstag« (Jom Kippur), griffen Ägypten und S. überraschend Israel an und eröffneten den vierten Israel.-Arab. Krieg. S. erzielte Anfangserfolge auf den Golanhöhen. In einer Gegenoffensive schlug Israel die syr. Truppen jedoch am 8.10. bis 30 km vor Damaskus zurück (hinter die Waffenstillstandslinie von 1967) und durchbrach die ägypt. Stellungen; Luftangriffe bis Kairo und Damaskus unterstützten den Feldzug. Nach Vermittlung von USA und Sowjetunion schlossen Israel, Ägypten und S. am 25.10. einen Waffenstillstand, der von einer UN-Friedenstruppe überwacht werden sollte.

Entflechtung auf dem Golan: Vertreter von S. und Israel unterzeichneten am 31.5.1974 unter Vermittlung von US-Außenminister Henry Kissinger ein Abkommen über die Truppenentflechtung auf den Golanhöhen. Israel gab den 633 km² großen Nordteil des Golan um Kuneitra an S. zurück. Ab dem folgenden Tag wurden Gefangene aus dem Jom-Kippur-Krieg ausgetauscht und die israel. Armee zog sich vom Südgolan zurück.1981 erklärte Israel jedoch die Annexion der südlichen Golanhöhen, sodass die Golanfrage zum Dauerkonfliktthema zwischen S. und Israel wurde.

Ordnungsmacht im Libanon: Am 31.5. 1976 intervenierte S. im libanes. Bürgerkrieg (1975–91). 30 000 syr. Soldaten blieben als Hauptkontingent der im Oktober 1976 aufgestellten Friedenstruppe der Arab. Liga im Libanon stationiert. Das Eingreifen zugunsten der mit der PLO verbündeten Gruppierungen stärkte das Ansehen S.s in der arab. Welt. Das israel.-libanes. Abkommen, das am 17.5.1982 unter Vermittlung der USA unterzeichnet wurde, sah den Abzug aller ausländischen Truppen aus dem Libanon vor. S. lehnte das Abkommen ab und betonte, dass es seine Truppen erst nach dem vollständigen Abzug aller israel. Truppen zurückziehen werde. Im Oktober 1990 erzwangen syr. Truppen die Kapitulation des libanes. (Gegen-)Präsidenten Michel Aoun und schufen so die Basis für die Beendigung des Bürgerkriegs (1.5.1991). Durch einen Kooperationsvertrag mit S. wurde der Libanon am 22.5.1991 faktisch syr. Protektorat, obwohl S. erstmals die Unabhängigkeit des Libanon anerkannte.

Bruch mit Ägypten: Die Verständigungspolitik des ägypt. Präsidenten Mohammed Anwar as-Sadat gegenüber Israel führte zum Bruch mit dem einstigen VAR-Partner. Die arab. Welt lehnte den »Geist« von Camp David (1978) einhellig als »Verrat« am gemeinsamen Kampf gegen Israel ab. Der syr. Präsident Assad konnte durch seine harte Haltung sein Ansehen im arab. Lager weiter vergrößern: Anstelle Ägyptens übernahm nun S. die Führungsrolle unter den arab. Staaten. Verhandlungen mit dem Irak zur Normalisierung der Beziehungen scheiterten jedoch (1978). Im ersten Golfkrieg (1980–88) unterstützte S. das fundamentalistische Ayatollah-Regime im Iran gegen den irak. Diktator Saddam Hussein, Assads politischen Hauptfeind.

Neuorientierung in den 90er Jahren

Annäherung an den Westen: Die Rolle S. bei der Beendigung des Bürgerkriegs im Libanon (1991) war ab 1988 auch von den USA unterstützt worden, was zu einer vorsichtigen politischen Annäherung S.s an den Westen führte. 1989 wurden die diplomatischen Beziehungen zwischen S. und Ägypten wieder aufgenommen; auch der Zusammenbruch der UdSSR (1989/90), mit der S. 1982 eine »strategische Allianz« eingegangen war, erforderte eine Neuorientierung. Während des zweiten Golfkriegs 1991 unterstützte S. die internationale Allianz aus 31 Ländern, die unter Führung der USA nach einigen Wochen den Irak zum Rückzug aus Kuwait zwang.

Dialog mit Israel: Die auf Ausgleich bedachte Neuorientierung der syr. Außenpolitik und die gleichzeitige Anerkennung des Landes als regionaler Ordnungsmacht ermöglichte am 30.10.1991 die internationale Madrider Nahost-Friedenskonferenz unter der Schirmherrschaft der USA und Russlands. Zwar zeitigten die Verhandlungen wegen der israel. Sicherheitsbedürfnisse einerseits und des syr. Souveränitätsanspruchs andererseits kein konkretes Ergebnis bezüglich des (Süd-)Golan, doch war die Bereitschaft zum Dialog ein wichtiges Signal an Israel, dass auch S. gewillt war, den Konflikt nicht mehr mit militärischen Mitteln, sondern auf dem Verhandlungsweg zu lösen.

Neuer Staatspräsident: Nach dem Tod von Hafiz al-Assad am 10.6.2000 wurde sein Sohn Baschar al-Assad am 17.7.2000 unter Wahrung scheindemokratischer Elemente Nachfolger in allen Ämtern. Bezüglich des Nahost-Friedensprozesses blieben die Erwartungen nach dem Präsidentenwechsel ungewiss. Einerseits besteht die politische Führung nun auch in S. nicht mehr aus alten antiisrael. Kämpfern, für die Israel ein zu zerstörendes »zionistisches Gebilde« (Hafiz al-Assad in den 70er Jahren) darstellt; der 34-jährige Baschar al-Assad repräsentiert eine junge Generation, die Israel als Faktum akzeptiert. Andererseits übernahm er ein schweres wirtschaftliches Erbe mit erheblichem innenpolitischem Sprengstoff: Einer kleinen Schicht reicher Korruptionsgewinner und Regimegünstlinge steht die Masse der Armen gegenüber, die vom immer löchriger werdenden sozialen Netz kaum noch aufgefangen werden und sich immer mehr islamischen Fundamentalisten zuwenden. Bereits Hafiz al-Assad hatte am Ende seiner Herrschaft auf diese Tendenz reagiert und am 4.4.2000 ein Reformkabinett gebildet mit dem Ziel, »Korruption und Stagnation« zu überwinden. Die erfolgreiche Durchsetzung der Reformpolitik wurde nach der Amtsübernahme Baschar al-Assads als Grundvoraussetzung für erfolgreiche Friedensverhandlungen mit Israel gewertet, da nur die innenpolitische Neustrukturierung des verkrusteten sozialistischen Baath-Systems außenpolitische Handlungsfähigkeit garantieren könne. *B. P.*

Sohn folgt dem Vater: Die syr. Volksversammlung nominierte am 17.6.2000 Baschar al-Assad zum Nachfolger seines am 10.6. verstorbenen Vaters Hafiz al-Assad im Amt des Präsidenten. (Foto: Syrer mit den Bildern des alten und neuen Staatsoberhaupts)

Hafiz al-Assad – 30 Jahre Syriens »starker Mann«

Machtkonzentration: Seit dem Putsch 1970 herrschte General Hafiz (deutsch: der Löwe) al-Assad (1930–2000) mit fast unumschränkter Macht über Syrien. Der Bauernsohn schloss sich bereits als 16-Jähriger der Baath-Partei an und machte in den 60er Jahren in der Armee Karriere. 1964 wurde er Oberfehlshaber der Luftwaffe, 1966 Verteidigungsminister. 1970/71 war er Regierungschef, dann Staatspräsident. Seine Herrschaft stützte er vor allem auf die Armee und den Geheimdienst. Als Nachfolger war sein ältester Sohn Basil vorgesehen, der jedoch 1994 bei einem Verkehrsunfall starb. Assads jüngerer Bruder Rifaat wurde 1998 als Vizepräsident abgesetzt, weil er angeblich eine Oppositionsbewegung gegen den Staatschef organisiert hatte. Einem weiteren Bruder wurden zwielichtige Geschäfte nachgesagt (u. a. Waffenhandel). So rückte Assads zweiter Sohn Baschar (*1965), ein Mediziner, zum »Thronfolger« auf: Nach dem Tod seines Bruders musste er seine Facharztausbildung in London aufgeben und wurde militärisch ausgebildet. (Foto: Hafiz al-Assad, l., 1990 mit Ägyptens Präsident Hosni Mubarak)

Tadschikistan

Republik Tadschikistan

Das Volk der Tadschiken ist iran. Ursprungs und lebte bereits im 6. Jh. im heutigen T. und Usbekistan. Ab dem 13. Jh. gehörte das Siedlungsgebiet der Tadschiken zum Mongolenreich, im 16. Jh. fiel es an die Usbeken, welche die Tadschiken zunehmend in weniger fruchtbare Gebiete und in das Bergland des heutigen T. abdrängten. Das Territorium der heutigen Republik T. wurde 1860–75 vom Russ. Reich annektiert.

Tadschikistan 2000	
Landesfläche	143 100 km² (WR 93)
Einwohner	6,1 Mio (WR 98)
Hauptstadt	Duschanbe (582 000 Einwohner)
Sprachen	Tadschikisch, Russisch, Usbekisch
Währung	1 Tadschikischer Rubel = 100 Kopeken
Gliederung	3 Gebiete
Staatsform	Republik (seit 1991)
Religion	Sunnitische und schiitisch-ismailitische Moslems
Bevölkerung	Tadschiken (63,8%); Usbeken (24%); Russen (6,5%); Tataren (1,4%); Kirgisen (1,3%); Sonstige (3%)

Der Guerillakampf der islamischen »Basmatschi«

Islamische Rebellen: Der Kampf der »Basmatschi« gegen die Sowjetmacht, der 1918 nach der Zerschlagung der autonomen islamischen Regierung in Kokand einsetzte und das Ende des russ. Bürgerkriegs lange überdauerte, ist ein unterdrücktes Kapitel in der Geschichte Zentralasiens, galten die islamischen Rebellen in der sowjet. Geschichtsschreibung doch als »konterrevolutionäre Banditen« (der verächtliche russ. Ausdruck »Basmatschi« ist vom türk.-mongol. »basmak«, d. h. »überfallen«, »rauben« abgeleitet). Seinen Höhepunkt erreichte der Widerstand der Basmatschi 1922, als sich mehrere Gruppen unter Führung des Generals und ehemaligen osman.-türk. Kriegsministers Enver Pascha (1881–1922) zusammenschlossen. Es gelang ihnen sogar, Duschanbe zu erobern und bis nach Buchara vorzudringen. Verrat und innerer Zwist schwächten die Partisanen jedoch und der Krieg verlagerte sich wieder ins Gebirge. Im August 1922 fiel Enver Pascha im Kampf gegen die Rote Armee und das Bündnis der Basmatschi zerbrach. Einzelne Partisanengruppen kämpften aber weiter und erst in den 30er Jahren sollte es den Bolschewiki gelingen, den Widerstand der Basmatschi endgültig zu brechen. (Foto: Usbek. Bauern freuten sich 1925 über die Landverteilung durch die Sowjetmacht.)

Unter sowjetischer Herrschaft

Aufstände und Revolution: Während des Ersten Weltkriegs schlossen sich 1916 auch die Tadschiken dem großen Aufstand der zentralasiat. Völker an. Trotz gewaltiger Anstrengungen gelang es der russ. Armee damals nur teilweise, den Widerstand der islamischen Rebellen zu überwinden, die sich in die Hochgebirgstäler des Pamir zurückzogen. Erst die Bolschewiki konnten 1920 die Kontrolle über das fruchtbare Fergana-Tal um Kokand gewinnen. Im Oktober 1920 vertrieb die Rote Armee den letzten Khan von Buchara, zu dessen Reich der Süden und Südosten der heutigen Republik T. gehört hatte, und rief die »Volksrepublik Buchara« aus. Am 11.4.1921 wurden das Fergana-Tal und das Pamir-Gebirge in die Autonome Sozialistische Sowjetrepublik (ASSR) Turkestan eingegliedert. Diese autonome Republik umfasste etwa das Gebiet der heutigen zentralasiat. Staaten (ausgenommen blieben Kasachstan und vorläufig auch noch die beiden Volksrepubliken Buchara und Chiwa).

Krieg der Basmatschi: Der hartnäckige Widerstand der islamischen Partisanen, der »Basmatschi«, war damit aber noch nicht gebrochen, sondern hielt im Gebirge noch über ein Jahrzehnt an. Mit der Gründung der Usbek. Sowjetrepublik unter Führung kommunistischer usbek. Intellektueller gelang es den Bolschewiki 1924, den Guerillakrieg vorübergehend zu beenden. Anschließend wurde innerhalb der Sowjetrepublik Usbekistan eine autonome Sowjetrepublik (ASSR) für die Farsi (Persisch) sprechenden Bewohner eingerichtet, die den Namen T. erhielt.

Tadschikistan in der Sowjetzeit

Verlust kultureller Zentren: Die Gründung der Autonomen Sowjetrepublik T. löste unter den Tadschiken große Enttäuschung aus, da Moskau das im Pamir liegende unbedeutende Duschanbe zur Hauptstadt erklärte, während alle großen tadschik. Kulturzentren wie Buchara, Samarkand oder Kokand außerhalb T.s lagen. Daran änderte auch die Erhebung T.s zu einer eigenen Sowjetrepublik 1929 nichts, wobei es um einige Gebiete erweitert wurde (u. a. Chudschand im Fergana-Tal). Die tadschik. Kulturzentren blieben bei Usbekistan. Ab Mitte der 20er Jahre erhielten die Basmatschi erneuten Zulauf, der durch die antireligiösen Kampagnen der Bolschewiki noch verstärkt wurde. Erst 1936 konnten sie endgültig besiegt werden.

Tadschikistan als künstliches Gebilde: Durch die Territorialpolitik der Sowjetführung verfügte T. über keinerlei geistiges oder wirtschaftliches Zentrum, seine Landesteile waren durch hohe, kaum passierbare Gebirge voneinander getrennt und zudem ethnisch und kulturell nur schwach miteinander verbunden: In Chudschand etwa leben bis heute sehr viele Usbeken und im nördlichen Pamir fast ausschließlich Kirgisen. Die Bewohner des autonomen Gebiets Berg-Badachschan, das 42% der Fläche T.s umfasst, sind überdies – im Gegensatz zu den anderen Landesteilen – mehrheitlich Schiiten bzw. Ismailiten.

Nach dem Zweiten Weltkrieg

Die Vorherrschaft von Chudschand: Nach dem Zweiten Weltkrieg kamen alle Ersten Sekretäre der tadschik. KP aus dem Gebiet Leninabad (Chudschand), was die unter den Parteikadern der zentralasiat. Republiken stets vorhandene Tendenz zur Bevorzugung der eigenen »mahalla« (Sippe, Clan) noch verstärkte. Unter dem Vorwurf der Korruption und »Planfälschung« musste 1961 praktisch die gesamte Spitze der tadschik. KP ausgetauscht werden. Auch unter der langen Herrschaft von Dschabbor Rasulow (1961–82) gab es immer wieder Korruptionsvorwürfe, doch die Clan-Strukturen innerhalb der tadschik. KP überdauerten alle Umbesetzungen, die Generalsekretär Michail Gorbatschow 1985/86 vornahm.

Nationaler Aufbruch: Die beginnende Auflösung der Sowjetunion kündigte sich 1989 an, als der Oberste Sowjet T.s Farsi zur Amtssprache erklärte. Anfang 1990 erlebte die tadschik. Hauptstadt Duschanbe erstmals eine Reihe von Massendemonstrationen, bei denen es immer offener um nationale und religiöse Ziele ging. Als im Februar 1990 aufgebrachte Demonstranten die kommunistische Parteizentrale stürmten, ließ die tadschik. Führung Armee-Einheiten aufmarschieren. Bei den Auseinandersetzungen starben über 100 Menschen.

Altkommunisten: Während dieser Zeit des Umbruchs wurde zunehmend die Dominanz der Funktionäre aus Chudschand in Frage gestellt. Der Erste Sekretär der KP, Kachor Machkamow (1985–91), wurde 1990 vom Obersten Sowjet zum ersten Präsidenten von T. gewählt, musste aber nach dem gescheiterten Umsturzversuch in Moskau im August 1991 zurücktreten, da er sich nicht eindeutig von den Putschisten distanziert hatte. Am 9.9.1991 erklärte der Oberste Sowjet T. für unabhängig und ernannte den ehemaligen Ersten Sekretär der tadschik. KP, Kadreddin Asslonow, zum

Staatsoberhäupter Tadschikistans

Reg.-Zeit	*Name*	*Lebensdaten*
1990/91	Kachor Machkamow	*1932
1991	Kadreddin Asslonow[1)]	k. A.
1991	Rahmon Nabijew	1930–1993
1991	Akbarscho Iskandarow[1)]	k. A.
1991/92	Rahmon Nabijew	1930–1993
1992	Akbarscho Iskandarow[1)]	k. A.
seit 1992	Emomali Rachmonow[2)]	*1952

1) Amtierender Präsident; 2) 1992–94 »Vorsitzender des Obersten Rates«, seit 1994 Staatspräsident

Tadschikistan im 20. Jahrhundert

1916	Allgemeiner Aufstand gegen die russ. Herrschaft.
1918	Beginn des Aufstands der Basmatschi.
1920	Die Rote Armee vertreibt den letzten Khan von Buchara.
1921	Eingliederung des Fergana-Tals und des Pamir in die Autonome Sozialistische Sowjetrepublik Turkestan.
1922	Höhepunkt des Guerillakriegs der Basmatschi unter Enver Pascha.
1924	Gründung der Autonomen Sowjetrepublik Tadschikistan.
1929	Gründung der Sowjetrepublik Tadschikistan.
1961	Austausch der gesamten tadschik. Parteispitze wegen Korruption.
1989	Farsi (Persisch) wird Amtssprache.
1990	Beginn der ethnischen Unruhen in Tadschikistan; Massendemonstrationen in der Hauptstadt Duschanbe und Verbot aller Oppositionsgruppen.
	Der Oberste Sowjet erklärt die Republik für souverän; Kachor Machkamow wird zum Präsidenten gewählt.
1991	Wegen Sympathien für Putschisten in Moskau wird Präsident Machkamow gestürzt; der Oberste Sowjet erklärt die Unabhängigkeit Tadschikistans.
	Rahmon Nabijew wird zum ersten Staatspräsidenten gewählt.
	Beitritt zur Gemeinschaft Unabhängiger Staaten (GUS).
1992	Massendemonstrationen gegen Regierung und blutige Ausschreitungen in der Hauptstadt Duschanbe führen zum Bürgerkrieg; Duschanbe wird zeitweilig von islamischen Rebellen erobert.
	Das Gebiet Berg-Badachschan erklärt sich zur autonomen Republik.
	Präsident Nabijew wird abgesetzt und durch Akbarscho Iskandarow ersetzt; der Oberste Sowjet wählt Emomali Rachmonow, der den Kommunisten nahe steht, zum Präsidenten (»Vorsitzender des Obersten Rates«).
1993	Intervention von GUS-Truppen.
	Freundschaftsvertrag mit Usbekistan; Freundschaftsvertrag mit Russland.
	Verbot islamistischer und separatistischer Parteien.
	Die Regierung gewinnt weitgehend die Kontrolle über das Land zurück.
1994	Waffenstillstand zwischen Regierung und islamischer Oppostion.
	Bei den Präsidentschaftswahlen wird Rachmonow im Amt bestätigt; Referendum über neue Verfassung (beide Abstimmungen werden von der Opposition weitgehend boykottiert).
1995	Bei den Parlamentswahlen siegen die Anhänger der Regierung.
	Islamisten starten neue Offensive von Afghanistan aus.
1996	Meuterei in der Regierungsarmee; Friedensabkommen zwischen Regierung und »Vereinigter Islamischer Opposition« (UTO).
1997	Gründung einer paritätisch besetzten »Nationalen Versöhnungskommission«.
1998	Aufnahme von Oppositionspolitikern in die Regierung.
	Zahlreiche Terroranschläge; Putschversuch von Teilen der Armee scheitert.
1999	Wiederzulassung der verbotenen Parteien.
	Tadschikistan fünftes Mitglied der »Gemeinschaft integrierter Staaten« (GIS).
	Präsident Rachmonow wird mit 97% der Wählerstimmen im Amt bestätigt.

Stichwort: »Tadschiken«

Herkunft: Mit der neu gewonnenen Unabhängigkeit 1991 betonen die Tadschiken wieder voller Stolz ihre pers. Herkunft und verweisen auf ihre seit über 2000 Jahren blühende Kultur. Wesentlich jünger ist die Bezeichnung »Tadschiken« (»den Arabern ähnlich«), die erst nach der islamischen Eroberung Zentralasiens im 8. Jh. aufkam, als die neuen Herren der Einfachheit halber alle zum Islam konvertierten Einheimischen so nannten, unabhängig von ihrer ethnischen Herkunft. Als später türk. und mongol. Stämme Zentralasien eroberten, wurde der Begriff auf die Iranisch sprechende Bevölkerung beschränkt, in der Folgezeit aber wieder auf alle in Städten lebenden Nichtnomaden ausgedehnt. In der europäischen Literatur des 19. Jh.s sprach man von »Bucharen« (nach dem Khanat Buchara), wenn man die ostiran. Bevölkerung Zentralasiens meinte. Erst die Sowjets definierten in den 20er Jahren den Begriff »Tadschike« so, wie er heute benutzt wird. Damit konnten sie z. B. auch die Sarten in den großen Städten, die in der Öffentlichkeit zwar Usbekisch sprachen, sich selber aber meist als »Tadschiken« einstuften, kurzerhand zu »Usbeken« erklären und dementsprechend die Grenzen zwischen den neuen Sowjetrepubliken festlegen.

Neues Selbstbewusstsein: Mit dem Beginn der Perestroika beschuldigten tadschik. Nationalisten die kommunistischen Funktionäre Usbekistans, sie hätten seit den 20er Jahren durch Propaganda, gezielte Diskriminierung und kleinliche Benachteiligungen die Tadschiken gezwungen, ihre Nationalität zu leugnen und ihre Kinder in den Schulen zu Usbeken umerzogen.

Perestroika: In der Hauptstadt Duschanbe kam es nach Verhängung des Ausnahmezustands und der Berufung des konservativen Kommunisten Rahmon Nabijew zum geschäftsführenden Parlamentspräsidenten am 26.9.1991 zu Massenprotesten. (Foto: Demonstranten mit Gorbatschow-Plakaten)

Übergangspräsidenten, der kurz darauf die KP verbot. Daraufhin setzte ihn das Parlament wieder ab und bestimmte den Altkommunisten Rahmon Nabijew zu seinem Nachfolger. Die KP wurde in »Sozialistische Partei« umbenannt. Bei den ersten allgemeinen Präsidentschaftswahlen im Dezember 1991 wurde Nabijew mit 58% der Stimmen in seinem Amt bestätigt. Mit dem Beitritt zur »Gemeinschaft Unabhängiger Staaten« (GUS) wurde T. am 21.12.1991 auch völkerrechtlich unabhängig.

Das unabhängige Tadschikistan

Regionale und ethnische Spannungen: Der Unabhängigkeitserklärung folgten im ganzen Land ethnische und religiöse Demonstrationen und Unruhen. Nach der Verhaftung von Oppositionspolitikern Ende März und der Entlassung von Innenminister Mamadajes Nawschuwanow, einem bekannten Reformpolitiker, ereignete sich im April 1992 in der Hauptstadt Duschanbe ein blutiger Zusammenstoß, bei dem acht Demonstranten ihr Leben verloren. Daraufhin eskalierte die Gewalt in der ganzen Republik. Ende Mai 1992 versuchten die verschiedenen Kräfte in Parlament und Regierung noch einmal die Gegensätze durch Bildung einer Koalitionsregierung zu überwinden. Dieser Schritt wurde jedoch allgemein als Sieg der Opposition empfunden und so verweigerten zahlreiche Gebietssowjets der neuen Regierung den Gehorsam und die regionalen Unruhen steigerten sich rasch zu einem offenen Bürgerkrieg.

Bürgerkrieg: Die neue »Regierung der nationalen Versöhnung« verlor bald die Kontrolle über weite Teile des Landes. Im September 1992 wurde Präsident Nabijew abgesetzt und sein Nachfolger Akbarscho Iskandarow musste die Unterstützung russ. Truppen anfordern. Trotzdem gelang es islamistischen Kräften mit afghan. Unterstützung die Hauptstadt Duschanbe zu besetzen. Aber die neue Regierung eroberte mit Hilfe russ. und usbek. Streitkräfte die Stadt zurück und brachte das Land weitgehend wieder unter Kontrolle. Im November 1992 musste Iskandarow jedoch zurücktreten. Der von der alten Nomenklatura beherrschte Oberste Sowjet wählte Emomali Rachmonow zum neuen Staatspräsidenten, der viele der wirtschaftlichen Reformen des ersten Jahres wieder zurücknahm. Seine Wahl wurde allgemein als Zugeständnis an die »mahalla« des Nordens gewertet.

Intervention von GUS-Truppen: Auf Antrag der Regierung verbot das Oberste Gericht im Juni 1993 praktisch alle Parteien, denen islamistische oder separatistische Tendenzen nachgesagt wurden. Den im Land stationierten GUS-Truppen gelang es schließlich im August 1993, den einzigen Pass zurückzuerobern, über den die Straße von der Hauptstadt in die autonome Provinz Berg-Badachschan führt, wo schiitische Rebellen für die Unabhängigkeit der Region kämpften. Durch die schweren Verluste der nun über zwei Jahre andauernden Kämpfe erschöpft, vereinbarten die Kriegsgegner schließlich am 20.10.1994 einen Waffenstillstand.

Am Rande des Abgrunds: Im November 1994 wurde Rachmonow erneut zum Staatspräsidenten gewählt. Kurz nach den Parlamentswahlen im März 1995 (die allerdings von der Opposition boykottiert worden waren), starteten islamistische Rebellen von Afghanistan aus eine neue große Offensive, so dass

Bürgerkrieg: In den 90er Jahren kam es in Tadschikistan immer wieder zu Kämpfen zwischen Regierungstruppen und Moslemrebellen. Im Auftrag der Gemeinschaft Unabhängiger Staaten (GUS), der Tadschikistan 1991 beigetreten war, sicherten russ. Soldaten die Grenze zu Afghanistan. (Foto: Russ. Soldaten beim Verhör eines gefangen genommenen Grenzgängers im September 1994)

bald wieder im ganzen Land gekämpft wurde. Die Meuterei großer Teile der Armee im Februar 1996 war ein Zeichen dafür, wie sehr der Krieg das Land mittlerweile erschöpft hatte.

Friedensabkommen: Präsident Rachmonow und der Anführer der islamistischen Rebellen, Said Abdulo Nuri, schlossen am 23.12.1996 ein Friedensabkommen. Bis dahin hatte der Bürgerkrieg etwa 30 000–60 000 Menschenleben gefordert; über eine halbe Million Menschen war aus dem Land geflohen.

Nach dem Bürgerkrieg

Heimkehr der Vertriebenen: Nach Abschluss des Friedensabkommens kehrten die meisten Flüchtlinge in ihre Heimatdörfer zurück. Ab November 1997 kamen auch viele Oppositionsführer aus dem Exil zurück, die noch immer eine islamische Republik anstreben, so auch das geistliche Oberhaupt der tadschik. Moslems, Ali Akbar, der zum stellvertretenden Ministerpräsidenten ernannt wurde. Obwohl die Führer beider Seiten sich seitdem um Frieden bemühen, kam es auch 1998/99 wieder zu Gefechten. Nach der Wiederzulassung der meisten verbotenen Parteien und der Wiederwahl von Präsident Rachmonow im November 1999 begann der Wahlkampf für die ersten Parlamentswahlen seit Ende des Bürgerkriegs im Februar 2000. Dabei erhielt die Volksdemokratische Partei T.s, die Präsident Rachmonow unterstutzt, 64,5% der Stimmen. Die Kommunisten wurden mit 20,6% zweitstärkste politische Kraft. *P.B.*

Zersplitterung der tadschikischen Gesellschaft

Der Bürgerkrieg in Tadschikistan wurde im Westen häufig als Kampf zwischen »Postkommunisten« und »Islamisten« vereinfacht. In Wirklichkeit war der Konflikt Ausdruck der extremen Zersplitterung der tadschik. Gesellschaft in zahlreiche regionale, ethnische, religiöse und politische Gruppen, weshalb der Krieg sich bei näherer Betrachtung in erster Linie als Machtkampf regionaler Clans unter dem Deckmantel politischer oder religiöser Anschauungen erweist. Stark beeinflusst wurde der Verlauf des Bürgerkriegs durch die vielfältigen Verbindungen aller Gruppen nach Afghanistan, wo mehr Tadschiken leben als in der Republik Tadschikistan selbst. Überdies waren eine Reihe rein mafioser Gruppen oder Banden in den Krieg verwickelt, denen es ausschließlich um Drogenhandel und persönliche Bereicherung ging. Allen diesen Gruppierungen gemeinsam war (und ist) ihre weitgehend russifizierte Führungsschicht, deren weit verzweigte Verwandtschaft in der Sowjetzeit zu den herrschenden Clans Tadschikistans gehörte. Damals herrschten in der Hauptstadt vor allem die Clans aus dem Fergana-Tal, während die Vertreter des Südens eine Art von Opposition bildeten. Eines der Hauptergebnisse des Bürgerkriegs war, dass die Machtverhältnisse sich umkehrten und nun Vertreter der südlichen Täler um Kuljab die Macht im Staat übernahmen. Von zweitrangiger Bedeutung für den Konflikt war dagegen die wachsende Re-Islamisierung der Gesellschaft, die inzwischen, wie in ganz Zentralasien, in erster Linie von den jüngeren, kaum russifizierten Führern ausgeht. Allerdings wuchs in den letzten Jahren auch der Einfluss der Sufi-Orden.

Die wichtigsten Parteien im 20. Jahrhundert

Name (Abkürzung)	*Politische Richtung*	*Gründung*
Tadschik. Partei der islamischen Wiedergeburt (IRP)	islamistisch, Scharia, tadschik. Nationalismus	1991
Vereinigte Islamische Opposition (UTO)	islamistisch, Bündnis der islamischen Parteien während des Bürgerkriegs	1991
Kommunistische Partei (KPT)	kommunistisch	1992
Volksdemokratische Partei Tadschikistans (HDKT) [1]	zentristisch, Unterstützung des Präsidenten	1994
Sozialistische Partei (SP)	sozialistisch	1995
Gerechtigkeitspartei (Adolatkhoh, HA)	islamisch	1996
Demokratische Partei (HD)	demokratisch	1999

1) 1994–97: Volkspartei

Taiwan

Republik China

Obwohl T. seit 1683 dem Chines. Reich angehörte, erhielt die Insel erst im Jahr 1885 den Status einer eigenständigen Provinz. Unter der Verwaltung des chines. Gouverneurs Liu Ming-ch'uan (1885–91) wurde T. die modernste Provinz Chinas. Nach der Niederlage im chines.-japan. Krieg (1894–95) musste die Ch'ing-Regierung T. und die Penghu-Inseln (Pescadores) 1895 im Vertrag von Shimonoseki an Japan abtreten. Mit der Annexion T.s. verfolgte Japan vor allem zwei Ziele: T. sollte als Rohstofflieferant für die expandierende japan. Wirtschaft und als Stützpunkt für die Expansion Japans in Richtung Südchina und Südostasien dienen.

Unter japanischer Kolonialherrschaft

Machtkonsolidierung: Zu Beginn der japan. Herrschaft errichteten die Besatzer einen Polizeistaat, um die aufständische Bevölkerung (Taiwanesen und Ureinwohner) unter Kontrolle zu bringen. Wenige Tage vor der Landung japan. Truppen war am 26.5.1895 die Republik T. ausgerufen worden, um militärischen Beistand der westlichen Großmächte einzufordern. Sie verfügte zwar noch über verteidigungsbereite Truppen in Süd-T., musste aber nach schwacher Gegenwehr am 21.10.1895 kapitulieren.

Wirtschaftlicher Aufschwung: Die Wirtschaft T. erlebte unter den Japanern einen spürbaren Aufschwung. Die systematische Erschließung der Insel begann mit präzisen Landvermessungen, der Monopolisierung wichtiger Wirtschaftszweige (u. a. Salz, Kupfer, Opium) und dem planmäßigen Ausbau der Verkehrswege. Bewässerungssysteme erweiterten die Landwirtschaftsflächen um 30% und führten zu hohen Ertragssteigerungen. Attraktive Investitionsbedingungen lockten zahlreiche japan. Firmen an und legten den Grundstein für die Industrialisierung T.s Einen weiteren industriellen Entwicklungsschub erlebte die Insel im Dienst der Aufrüstung Japans in den 30er Jahren. Der Außenhandel nahm zu, konzentrierte sich aber zu 90% auf Japan. Auch bei Ausbildungseinrichtungen und im Gesundheitswesen gab es entscheidende Verbesserungen. Die solide Infrastruktur, die unter der japan. Herrschaft aufgebaut wurde, war eine wichtige Basis für die spätere wirtschaftliche Entwicklung T.s.

Militärbasis: Nach dem Abschluss des Anti-Komintern-Paktes 1936 wurde T. zu einer Militärbasis der Marine und Luftwaffe ausgebaut. Mit dem Beginn des pazifischen Krieges 1941 diente die Wirtschaft nur noch militärischen Zwecken, die Bevölkerung wurde einer Japanisierungspolitik unterworfen. Als Teil der japan. Militärmaschinerie unterlag die Insel ab 1943 einem systematischen Bombardement. Bis zur Kapitulation Japans im Zweiten Weltkrieg blieb T. japan. Kolonie. Auf der Grundlage der Kairoer Erklärung (1.12.1943) und der Potsdamer Erklärung (26.7.1945) gingen T. und die Pescadores wieder in chines. Besitz über. Die auf dem chines. Festland in Nanking residierende Regierung der Guomindang (GMD) erklärte T. 1945 zu einer Provinz der Republik China und die Taiwanesen zu chines. Staatsbürgern.

Chinesische Provinz

Die anfängliche Begeisterung der taiwan. Bevölkerung über die Rückkehr zum chines. Mutterland legte sich bald, da mit den neuen Machthabern Repression, Misswirtschaft und Korruption Einzug hielten. Die wachsende

Taiwan 2000

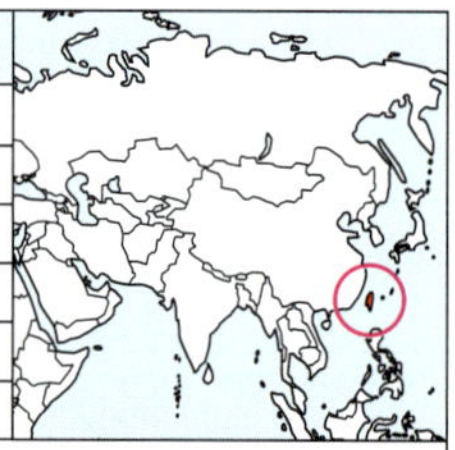

Landesfläche	36 000 km² (WR 134)
Einwohner	21,78 Mio (WR 47)
Hauptstadt	Taipeh (2,7 Mio Einwohner)
Sprachen	Chinesisch, Fukien-Dialekte
Währung	1 Neuer Taiwan-Dollar = 100 Cent
Gliederung	7 Stadtkreise, 16 Landkreise
Staatsform	Republik (seit 1947)
Religion	Chin. Rel. (49%); Buddh. (43%); Chr. (7%); Sonstige (1%)
Bevölkerung	Taiwaner (84%); Festland-Chinesen (14%); Ureinwohner (2%)

Quemoy-Krise 1958: Taiwanesische Soldaten feuern auf die Angreifer aus der VR China.

Unzufriedenheit der Bevölkerung entlud sich 1947 in einem Volksaufstand, dem »Zwischenfall vom 28. Februar«, der blutig niedergeschlagen wurde (28 000 Tote). Es folgte eine Welle von Verhaftungen und Exekutionen, vor allem unter Intellektuellen. Diese bis heute unvergessenen Ereignisse belasteten das Verhältnis zwischen einheimischen Taiwanesen und den nach 1949 nach T. emigrierten Festlandchinesen. Gleichzeitig initiierten sie die Entstehung einer taiwanes. Unabhängigkeitsbewegung in den USA und Japan. Als ab August 1949 die im chines. Bürgerkrieg geschlagenen GMD-Truppen und Gefolgsleute Chiang Kai-sheks (insgesamt ca. 2 Mio) auf der Flucht vor der revolutionären Volksarmee Mao Zedongs nach T. übersetzten, trafen sie dort auf eine ablehnende Bevölkerung. Zudem geriet die GMD-Regierung außenpolitisch unter schweren Druck, da die USA jede weitere Hilfe für den einstigen Bündnispartner verweigerte.

Sitz der Republik China

Stabilisierung: Ihr politisches Überleben verdankte die GMD-Regierung dem Ausbruch des Koreakrieges am 25.6.1950 und der dadurch neu gewonnenen strategischen Bedeutung T.s. für die USA. Am 2.12.1954 unterzeichneten T. und die USA einen Verteidigungsvertrag; die amerikan. Unterstützung sicherten T. die internationale Anerkennung seines Alleinvertretungsanspruches für China und den Sitz im ständigen Sicherheitsrat der UNO. 1950–65 floss amerikan. Wirtschafts- und Militärhilfe in beträchtlichem Umfang nach T. und spielte eine wichtige Rolle bei der raschen wirtschaftlichen und militärischen Stabilisierung der Insel zu einem wohlhabenden Staat.

Militärregime: Die GMD-Regierung errichtete ein Militärregime auf T., dessen tragende Säulen das Kriegsrecht, eine Ausnahmegesetzgebung und ein repressiver Sicherheitsapparat waren. Am 19.5.1949 wurde das bereits auf dem Festland erlassene Kriegsrecht auf T. ausgedehnt, das aus machtpolitischen Gründen erst 1987 aufgehoben werden sollte. Die »Vorläufigen Bestimmungen zur Mobilisierung für die Zeit nach der Niederschlagung der kommunistischen Rebellion« setzten die 1946 verabschiedete Verfassung fast völlig außer Kraft und hoben die Amtszeitbeschränkung des Staatspräsidenten auf. Die Abgeordneten sollten ihr Mandat bis zu der Rückeroberung des Festlandes und der Durchführung neuer gesamtnationaler Wahlen behalten; damit waren freie Wahlen der nationalen Parlamente (Na-

Taiwan im 20. Jahrhundert

1945	Nach der Kapitulation Japans geben die Alliierten Taiwan an China zurück; Beginn der KMT-Herrschaft.
1946	Verabschiedung der Verfassung der Republik China (25.12.).
1947	Volksaufstand (»Zwischenfall vom 28. Februar«) wird von nationalchines. Truppen blutig niedergeschlagen.
1949	Ausdehnung des Kriegsrechts auf Taiwan (19.5.).
1950	Nach Ausbruch des Koreakrieges (25.6.) fährt die 7. US-Flotte in die Taiwan-Straße ein.
	General Chiang Kai-shek wird wieder Präsident der Republik China (1.3.).
1951	Wahl der ersten Provinzversammlung.
1954	Die Volksbefreiungsarmee der VR China eröffnet im September das Bombardement auf die Quemoy-Insel.
	Verteidigungsvertrag zwischen der USA und Taiwan (2.12)
1958	Im August bombardiert die VR China erneut die Insel Quemoy.
1965	Einstellung der Wirtschaftshilfe durch die USA; die militärische Kooperation bleibt bestehen.
1971	Rückgabe der Tiao-yü-t'ai-Inseln an Japan durch die US-Regierung.
	Taiwan tritt aus der UNO aus (26.10.).
1972	Die Taiwan-Klausel des Shanghaier Kommunique erklärt T. zu einem Bestandteil Chinas und die Lösung der Taiwanfrage zu einer innerchines. Angelegenheit.
	Abbruch der diplomatischen Beziehungen durch Japan.
	Chiang Ching-kuo wird Premierminister.
1975	Tod Chiang Kai-sheks.
1978	Chiang Ching-kuo wird Staatspräsident.
	Beendigung des bilateralen Verteidigungsvertrages durch USA (31.12.).
1979	Inkrafttreten des »Taiwan Relations Act« (1.1.).
	Kaohsiung-Zwischenfall (10.12.).
1981	12. Parteikongress der KMT; offizielle Verabschiedung von der Möglichkeit einer militärischen Rückeroberung des Festlandes.
1982	Gründung der Unabhängigkeitsorganisation »Formosa Association for Public Affairs« in Washington
1985	»Cathay«-Korruptionsskandal; größter Finanzskandal in der taiwanes. Geschichte, in deren Verlauf der Finanz- und der Wirtschaftsminister von ihren Ämtern zurücktreten.
1986	Gründung der ersten oppositionellen Partei (DPP).
1987	Aufhebung des Kriegszustandes 14.7.
1988	Lee Teng-hui wird nach dem Tod von Chiang Ching-kuo zum ersten einheimischen Staatspräsidenten ernannt
1990	Lee Teng-hui wird als Präsident wieder gewählt.
	Gründung des Rats für Nationale Wiedervereinigung.
1991	Erste freie Wahl zur Nationalversammlung (21.12.).
1992	Die gewaltfreie Propagierung der taiwanes. Unabhängigkeit wird legalisiert.
	Verfassungsänderung; Neuwahl des Legislativ-Yuan (19.12.).
1993	Berufung des ersten einheimischen Premierministers Lien Chan.
1995	Präsident Lee Teng-hui unternimmt eine »private« USA-Reise, die auf Proteste seitens der VR China stößt.
	VR China führt M-9-Raketentests in der Nähe der taiwan. Küste durch.
1996	Weitere chines. Raketentests vor der taiwanes. Küste.
	Erste direkte Präsidentenwahlen und Wahlen zur Nationalversammlung (23.3.).
1997	Nationalversammlung stimmt mit überwältigender Mehrheit für die Abschaffung der Provinzregierung.
1998	Zweite Runde der Cross-strait-Gespräche in Shanghai.
1999	Zwei-Staaten-Theorie von Lee Tong hui; China stellt neue Mittelstreckenraketen gegen Taiwan auf.
2000	Wahlsieg der DPP (18.3.). Neuer Präsident wird Chen Shui-bian.

tionalversammlung, Legislativyuan, Kontrollyuan) nicht möglich. Oppositionelle Parteien und Gewerkschaften wurden nicht zugelassen. Am 1.3.1950 übernahm Chiang Kai-shek nach seinem Rücktritt am 21.1.1949 wieder das Amt des Präsidenten der Republik China.

Ein-China-Doktrin: Ideologisch berief sich die GMD auf die »Drei Volksprinzipien« des Gründers der Chines. Republik Sun Yat-sen. Sie rechtfertigte ihr Machtmonopol mit der Ein-China-Doktrin und ihrem Streben nach Wiedervereinigung mit dem Festland. Ein den Ideen Sun Yat-sens entsprechendes, ursprünglich für Gesamtchina konzipiertes Regierungsmodell wurde verwirklicht, das außer nationaler und lokaler Verwaltungsebene eine zusätzlich zwischengeschaltete taiwan. Provinzregierung und Provinzversammlung umfasste. Damit betonte die GMD, dass T. nur als Teil des (zu befreienden) gesamtchines. Territoriums betrachtet wurde.

Lokale Selbstverwaltung: Ein begrenztes Mitbestimmungsrecht konnte die Bevölkerung bei den ab 1950 regelmäßig durchgeführten Lokal- und Provinzwahlen wahrnehmen. Damit trug die GMD dem Umstand Rechnung, dass sie auf Unterstützung aus der einheimischen Bevölkerungsmehrheit angewiesen war. Parallel dazu erfolgte der Aufbau eines dichten Netzes aus örtlichen GMD-Parteikomitees. Auf diese Weise wurden zahlreiche Taiwanesen in den Regierungsapparat und die Partei aufgenommen.

Modernisierung der Wirtschaft: Der wirtschaftliche Neuaufbau wurde durch eine umfassende Agrarreform in den Jahren 1949–53 eingeleitet. Importsubstitution war die Hauptstrategie in den 50er Jahren, um die Wirtschaft anzukurbeln. Industrielle Umstrukturierung erhöhte den Anteil der Industrie am Bruttoinlandsprodukt. Kräftige Exportförderung bewirkte eine ab 1971 durchgängig positive Handelsbilanz für T., das zu einer der führenden Welthandelsnationen wurde. Das durchschnittliche Pro-Kopf-Einkommen erhöhte sich (bei relativ homogener Einkommensverteilung) 1952–86 um das 75fache; der Lebensstandard der einfachen Bevölkerung wurde spürbar verbessert. Der Erfolg der Wirtschaftspolitik war entscheidend für die Akzeptanz der GMD-Herrschaft unter der einheimischen Bevölkerung.

Chiang Kai-shek – der »Vater« Taiwans

Staatsgründer: Chiang Kai-shek wurde 1908–10 in Japan militärisch ausgebildet und beteiligte sich 1911 an der Revolution in China. Nach dem Tod des Republikgründers Sun Yat-sen 1925 setzte er sich als Führer der Guomindang (GMD) durch. Nachdem er die Einigung Chinas gegenüber Regionalfürsten nicht erreichen und die Kommunisten in mehreren Feldzügen nicht besiegen konnte, war er 1937–45 während der japanischen Besetzung Chinas zum Bündnis mit der KPCH gezwungen. Nach Kriegsende entflammten die Kämpfe zwischen den Nationalisten Chiang Kai-sheks und den von Mao Zedong geführten Kommunisten erneut und Chiang floh mit seinen Truppen auf die Insel Formosa. Als Präsident der Republik China auf Taiwan betrachtete er sich stets als Vertreter ganz Chinas. Bis zu seinem Tod 1975 führte er Taiwan zu einem der wirtschaftlich erfolgreichsten Staaten Ostasiens. (Foto: Chiang Kai-shek mit Ehefrau, 50er Jahre)

Außenpolitische Isolation

Rückschläge: Nach der Aufnahme der VR China in die UNO (25.10.1971) wurde der Alleinvertretungsanspruch der Republik China nicht länger unterstützt, worauf die Regierung T.s mit dem Austritt aus der UNO reagierte. Im Februar 1972 unterzeichnete der amerikan. Präsident Richard Nixon in Peking das Shanghaier Kommuniqué. Die darin enthaltene T.-Klausel erklärte T. zu einem Bestandteil Chinas und die Lösung der Taiwanfrage zu einer innerchines. Angelegenheit. Jeder Staat, der diplomatische Beziehungen mit der VR China anstrebte, musste diese Klausel akzeptieren. Im September 1972 erkannte Japan offiziell die VR China an und brach die diplomatischen Beziehungen zu T. ab. Mit dem Abfall der beiden wichtigsten Bündnispartner begann die allmähliche außenpolitische Isolation der GMD-Regierung. Die USA kündigte ihren Verteidigungsvertrag mit T. zum 31.12.1978 und nahm ab 1.1.1979 volle diplomatische Beziehungen zur VR China auf. Gleichzeitig trat der »Taiwan Relations Act« in Kraft, der T. umfangreiche Waffenlieferungen zusicherte und das Interesse der USA an substanziellen Beziehungen zu T. bekundete.

Taiwanisierungspolitik: Anfang der 70er Jahre formierte sich in T. eine intellektuelle Reformbewegung, die innenpolitische Liberalisierung forderte. Die GMD-Regierung unter dem Premierminister Chiang Ching-kuo

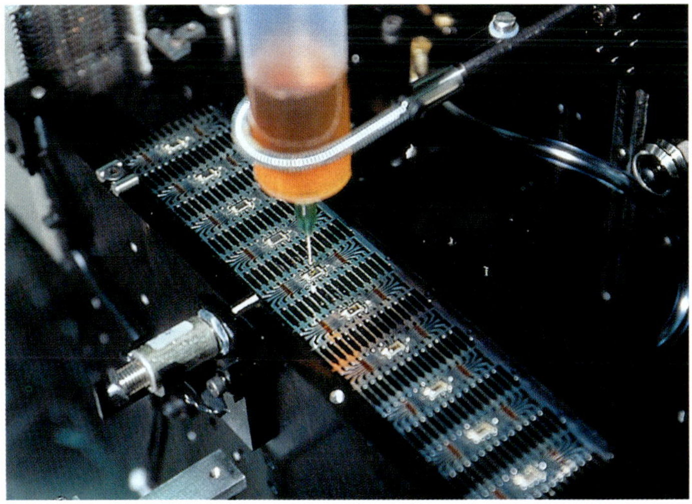

Links: Der langjährige Staatspräsident und Guomindang-Parteichef Lee Teng-hui auf einer politischen Veranstaltung 1995 in der Hauptstadt Taipeh.

Oben: Chip-Herstellung in einer taiwanesischen Fabrik in Hsinchu. Taiwan ist heute weltweit einer der wichtigsten Standorte für Hochtechnologie.

(1978–88) entschied sich darauf für eine neue Strategie der Einbindung taiwanes. Eliten in den zentralen Parteiapparat und die Regierungskabinette. Der Anteil der taiwanes. GMD-Politiker im Ständigen Ausschuss des Zentralen Exekutivkomitees, dem zu dieser Zeit wichtigsten politischen Entscheidungsgremium nach dem Präsidenten, nahm seit 1976 stark zu und betrug 1988 erstmals über 50%. Die Taiwanisierungspolitik erstreckte sich nach der Einführung von Zusatzwahlen seit 1972 schließlich auch auf die nationalen Parlamente. Die gemäßigteren oppositionellen Kräfte konnten mit dieser Maßnahme ruhig gestellt werden.

Tang-wai-Opposition: Mitte der 70er Jahre formierten sich die radikaleren Kräfte der Opposition in der Tang-wai-Bewegung, die die taiwan. Unabhängigkeit und Demokratisierung nach westlichem Muster thematisierte. Bei den Lokalwahlen 1977 verbuchten die Tang-wai-Kandidaten erste Erfolge. Ab 1979 arbeitete die Tang-wai (»außerhalb der Partei«) gezielt auf eine Parteistruktur hin; die GMD beobachtete diese Entwicklung mit Misstrauen. Eine Großkundgebung zum Internationalen Tag der Menschenrechte am 10.12.1979 führte zu gewaltsamen Ausschreitungen (»Kaohsiung Zwischenfall«) zwischen Demonstranten und Sicherheitskräften. Es folgten eine landesweite Verhaftungswelle und die sog. Kaohsiung-Prozesse, in denen die politische Führung der Tang-wai und weitere Angeklagte zu teilweise langjährigen Haftstrafen verurteilt wurden. Dies rief GMD-kritische Stimmen in den USA auf den Plan: Im Mai 1986 gründeten US-Senatoren das »Committee on Democratization of Taiwan«, das sich als Lobby für die politische Opposition in T. verstand. Der innen- und außenpolitische Druck auf die herrschende GMD wuchs.

Erste Oppositionspartei: Die Tang-wai-Opposition erholte sich rasch und arbeitete am Aufbau überregionaler Organisationsstrukturen weiter. Am 28.9.1986 konstituierte sich mit der DPP (Democratic Progressive Party) die erste Oppositionspartei, die nicht verboten wurde; die reformwilligen Kräfte um Chiang Ching-kuo hatten sich in der GMD durchgesetzt. In einem Interview mit der »Washington Post« kündigte Chiang Ching-kuo im Oktober 1986 die baldige Abschaffung des Kriegsrechtes und die Legalisierung oppositioneller Parteien an. Die Teilnahme der formal illegalen DPP an den Wahlen Ende 1986 markierte das Ende der autoritären Ära und das Einsetzen des demokratischen Reformprozesses.

Demokratisierung

Innenpolitische Reformen: Nach 1986 begann die schrittweise Durchführung politischer Reformen. Am 14.7.1987 wurde der Kriegszustand aufgehoben. Ab November 1987 durften die meisten Taiwanesen zu Verwandtenbesuchen in die VR China reisen; die Einreisebestimmungen für Besucher vom Festland wurden ebenfalls gelockert. Ein neues Versammlungs- und Demonstrationsgesetz vom Januar 1988 erlaubte prinzipiell auch unangemeldete Demonstrationen.

Mit Lee Teng-hui (1988–2000) übernahm nach dem Tod Chiang Ching-kuos (1988) zum ersten Mal ein Taiwanese das Präsidentenamt und im darauf folgenden Jahr den Parteivorsitz der GMD. 1990 wurde Staatspräsident Lee Teng-

Aufrüstung: Amerikan. Hawk-Flugabwehrraketen beim Test auf Taiwan 1998. Nach Untersuchungen des US-Verteidigungsministeriums hatte die VR China Anfang 2000 rund 200 Marschflugkörper auf Taiwan gerichtet. Im sog. Taiwan-Gesetz von 1979 verpflichteten sich die USA, nach der Aufnahme diplomatischer Beziehungen mit der VR China Taiwan weiterhin mit Waffen und Ausrüstung zur Selbstverteidigung auszurüsten.

hui von der Nationalversammlung für sechs Jahre wieder gewählt. Im selben Jahr entschied das oberste Verfassungsgericht den Rücktritt aller 1947/48 auf dem Festland gewählten Abgeordneten bis zum 31.12.1991.

Verfassung und freie Wahlen: Im Juli 1990 diskutierten GMD und Opposition gemeinsam die anstehenden Verfassungsreformen, allerdings ohne ein konkretes Ergebnis zu erreichen. Im Frühjahr 1991 verabschiedete die Nationalversammlung die erste Verfassungsänderung, die die Neuwahlen aller nationalen Parlamente beinhaltete. Am 1.5.1991 hob Präsident Lee Teng-hui die »Vorläufigen Bestimmungen zur Mobilisierung für die Zeit nach der Niederschlagung der kommunistischen Rebellion« auf. Damit trat die Verfassung von 1946 erstmals vollständig in Kraft. Im Dezember 1991 wurde in den ersten freien und allgemeinen nationalen Wahlen eine neue Nationalversammlung gewählt, die im Mai 1992 den zweiten Verfassungszusatz verabschiedete. Dieser stärkte die Kompetenzen von Nationalversammlung und Staatspräsident. Im gleichen Monat wurde die gewaltfreie Propagierung der taiwan. Unabhängigkeit durch Revidierung des §100 des Strafgesetzbuches legalisiert.

Nach den Neuwahlen des Legislativyuan im Dezember 1992 wurde mit Lien Chan zum ersten Mal ein Taiwanese in das Amt des Premierministers berufen. 1996 fanden die ersten direkten Präsidentenwahlen statt, in denen die GMD mit der Wiederwahl Lee Teng-huis noch einmal einen Wahlsieg erringen konnte. Bei den zweiten Präsidentenwahlen im März 2000 ging der Wahlsieg an die Demokratische Fortschrittspartei (DPP).

Modifizierung der Außenpolitik: Die innenpolitischen Reformen gingen stets mit einer außen- und binnenwirtschaftlichen Liberalisierung und einer modifizierten Chinapolitik einher. Die starre Haltung der GMD in der Chinafrage bedurfte unter den neuen innenpolitischen Bedingungen einer dringenden Revision. Sie hatte T. außenpolitisch bereits in die Isolation geführt. Jetzt entstand auch Druck durch die einheimische Unternehmerschaft, die sich das Chinageschäft durch die offizielle Politik der »Drei Nein« (keine Kontakte, keine Verhandlungen, keine Kompromisse) nicht entgehen lassen wollte. Der bilaterale Handel zwischen T. und der VR China war bereits seit Mitte der 80er Jahre stark angestiegen.

Seit 1988 versuchte T. die außenpolitische Isolation mittels flexibler Diplomatie zu durchbrechen. Jeder Staat sollte diplomatische Beziehungen zu T. unterhalten können, auch bei gleichzeitig bestehenden Kontakten zu Peking. Allerdings lehnte die VR China eine solche Doppelanerkennung ab und übte entsprechenden Druck aus. Die Zahl der Länder, die sog. substanzielle Beziehungen bzw. suboffizielle Kontakte zu T. pflegten, stieg dennoch an, ebenso die Zahl der inoffiziellen Repräsentanzen T.s in der ganzen Welt. Dadurch war es T. gelungen, sein internationales Gewicht aufzuwerten. 1993 kündigte die Regierung das Vorhaben an, T. wieder in die UNO zu bringen. Seit Beginn der 90er Jahre bemühte sich T. auch verstärkt darum, die Kontakte zwischen beiden Seiten der Taiwan-Straße zu intensivieren. *K. J.*

Staatsoberhäupter Taiwans

Reg.-Zeit	*Name*	*Lebensdaten*
1950–75	Chiang Kai-shek	1887–1975
1975–78	Yen Chia-kan	1905–1993
1978–88	Chiang Ching-kuo	1910–1988
1988–2000	Lee Teng-hui	*1923
seit 2000	Chen Shui-bian	*1951

Die wichtigsten Parteien im 20. Jahrhundert

Name (Abkürzung)	*Politische Richtung*	*Gründung*
Guomindang (GMD)	panchines.	1912
Democratic Progressive Party (DPP)	liberal, fordert Demokratisierung und Unabhängigkeit Taiwans	1986
China New Party (CNP)	panchines., durch Abspaltung aus GMD hervorgegangen, dominiert von Festlandchinesen der zweiten Generation	1993
Taiwan Independence Party (TAIP)	Unabhängigkeit Taiwans	1996
Green Party Taiwan (GPT)	Grüne	1996

Tansania

Vereinigte Republik Tansania

Tansania 2000	
Landesfläche	883 749 km² (WR 32)
Einwohner	32,8 Mio (WR 32)
Hauptstadt	Dodoma (204 000 Einwohner)
Sprachen	Suaheli, Engl., Stammessprachen
Währung	1 Tansania Shilling = 100 Cents
Gliederung	25 Prov. in Tanganjika, 5 Sansibar
Staatsform	Präsidiale föderative Republik (seit 1964)
Religion	Moslems (35%); Animisten (35%); Christen (30%)
Bevölkerung	Niamwezi, Sukuma (26,3%); Swahili (8,8%); Haya (5,3%); Hehet, Bena (5%); Makonde (3,7%); Sonstige (50,9%)

Im Gebiet des heutigen T., das aus der Festlandregion Tanganjika und der Insel Sansibar sowie weiteren Nebeninseln besteht, lebten die ältesten bekannten Vorläufer des heutigen Menschen, was durch die 1913 entdeckten Knochenfunde in der Olduwaischlucht am Südostrand der Serengeti belegt wurde. Assyrern, Phöniziern und Griechen war die Küste bereits im 1. Jh. n. Chr. bekannt. Bantu-Völker drangen ab dem 3. Jh. in das von Buschleuten besiedelte Landesinnere ein. Im 8./9. Jh. gründeten sich im Küstenbereich arab. Handelsniederlassungen, die sich zu Stadtstaaten ausweiteten. Bevor der Sultan von Oman 1730 Sansibar zurückeroberte und die Insel in der Folgezeit zum wichtigsten Handelszentrum Ostafrikas wurde, stand die Küste unter portugies. Einfluss. 1884 erwarb der Deutsche Carl Peters größere Gebiete, die 1891 von der deutschen Reichsregierung zum sog. Schutzgebiet Deutsch-Ostafrika erklärt wurden. Die Inseln Sansibar und Pemba trat das Deutsche Reich im Tausch gegen Helgoland 1890 an Großbritannien ab.

Kolonialzeit

Im Kolonialgebiet Deutsch-Ostafrika, dem 1899 noch die Gebiete der heutigen Staaten Ruanda und Burundi hinzugefügt worden waren, standen die deutschen Siedlerinteressen im Vordergrund. Die Kolonialmacht forcierte den Sisal-, Kaffee- und Baumwollplantagenanbau sowie den Ausbau der Infrastruktur. Der Unmut der afrikan.-arab. Bevölkerung über die Fremdherrschaft mündete in zahlreiche blutige und verlustreiche Aufstände. Im Ersten Weltkrieg wurde das Gebiet von südafrikan.-brit. Truppen erobert. Der Völkerbund übertrug 1920 den größten Teil des ehemaligen Deutsch-Ostafrika brit., Ruanda und Burundi belg. und das Kionga-Dreieck portugies. Verwaltung. 1946 verlängerte die UNO die Mandate. Parallel zur vorkolonialen und kolonialen Entwicklung von Festlandregion Tanganjiga und Insel Sansibar verlief auch der Weg in die Unabhängigkeit in beiden Landesteilen des heutigen T. unterschiedlich.

Unabhängigkeit

Tanganjika: Bereits zum Ende des Zweiten Weltkriegs hatte sich auf dem Festland eine nationale Bewegung gegen die europäische

Tansania im 20. Jahrhundert	
1900	Tanganjika, der Festlandteil von Tansania, bildet den Hauptkern vom sog. Schutzgebiet Deutsch-Ostafrika; die Inselregion Sansibar steht unter brit.Verwaltung.
1905	Niederschlagung des Maji-Maji-Aufstands gegen die deutschen Kolonialtruppen.
1920	Tanganjika wird Großbritannien als Völkerbundmandat übertragen.
1946	Tanganjika wird UN-Treuhandgebiet unter brit. Verwaltung.
1954	Gründung der sich für die Unabhängigkeit des Landes einsetzenden Partei Tanganyika African National Union (TANU) unter Julius K. Nyerere.
1958/59	TANU-Sieg bei ersten allgemeinen Wahlen in Tanganjika.
1961	Unabhängigkeit für Tanganjika als Republik im Commonwealth (9.12.); Nyerere übernimmt Präsidentenamt.
1963	Unabhängigkeit für Sansibar als Sultanat (10.12.).
1964	Der Sultan von Sansibar wird durch Revolution gestürzt, Bildung einer Volksrepublik unter Scheich Karume von der Afro-Shirazi-Party (ASP). Zusammenschluss von Tanganjika und Sansibar zur Vereinten Republik unter Staatspräsident Nyerere.
1965	Errichtung eines Einparteienstaates unter TANU-Führung.
1967	Ujamaa-Deklaration von Arusha über den tansan. Weg zum Sozialismus.
1968	Assoziierungsabkommen mit der EWG.
1977	Zusammenschluss von TANU und ASP zur Einheitspartei Chama Cha Mapinduzi (CCM), neue Verfassung.
1978	Grenzkrieg mit Uganda.
1979	Intervention tansan. Truppen in Uganda führt zum Sturz von Idi Amin.
1985	Ali Hassan Mwinyi (CCM) folgt Nyerere im Präsidentenamt nach.
1986	Abkehr vom sozialist. Wirtschaftssystem durch Ankündigung eines dreijährigen Sanierungsprogramms nach Auflagen des Internationalen Währungsfonds (IWF).
1992	Einführung eines Mehrparteiensystems.
1993	Innenpolitische Unruhen durch den eigenmächtigen Beitritt Sansibars zur Organisation Islamischer Staaten (OIC).
1995	Sieg der CCM bei den ersten demokratischen Parlamentswahlen; Benjamin William Mkapa (CCM) wird neuer Staatspräsident; knapper CCM-Wahlsieg auf Sansibar gerät unter Manipulationsverdacht und löst Unruhen aus.
1996	Uganda, Tansania und Kenia gründen die Wirtschaftsgemeinschaft East African Cooperation, Nachfolgerin der 1977 aufgelösten East African Community (EAC).
1997	13 von 25 Regionen des Landes sind wegen anhaltender Dürre von einer schweren Hungersnot betroffen.
1999	Beilegung des mehrjährigen innenpolitischen Konflikts zwischen Regierungspartei CCM und Oppositionspartei Civic United Front (CUF) durch die Vereinbarung über die Bildung einer unabhängigen Kommission für Neuwahlen 2000.

Fremdherrschaft gebildet. 1954 gründete Julius Nyerere die spätere Staatspartei Tanganjika African National Union (TANU), eine von breiten Teilen der Bevölkerung getragene politische Kraft, die 1958/59 bei ersten allgemeinen Wahlen überragende Siege errang. Im Mai 1961 erlangte die Region innere Autonomie, am 9.12.1961 die Unabhängigkeit als Republik im Commonwealth. Nyerere übernahm das Amt des Staatspräsidenten.

Sansibar: Die Befreiungsbewegung auf der Insel war in zwei ethnische Lager gespalten, die ihren Rückhalt einerseits in der schwarzen Bevölkerung, andererseits in der arab. Oberschicht und der Swahilibevölkerung fanden. Am 10.12.1963 wurde das während der brit. Protektoratszeit durch ein arab. Sultanat regierte Sansibar nach dem Verzicht auf den an Kenia verpachteten Küstenstreifen in die Unabhängigkeit entlassen. In einem blutigen Aufstand befreiten sich die Afrikaner 1964 von der arab. Vorherrschaft. Die Afro-Shirazi-Party (ASP) unter Scheich Abeid Karume übernahm die Macht, erklärte Sansibar zur Volksrepublik und steuerte zunächst einen prokommunistischen Kurs mit Annäherung an die DDR und die VR China.

Julius K. Nyerere – Staatsgründer und politischer Visionär

Hoffnungsbotschaft: »Wir wollen auf dem Gipfel des Kilimandscharo eine Fackel entzünden, die weit über unsere Grenzen hinweg leuchten soll. Ihr Schein möge dort Hoffnung geben, wo Verzweiflung herrscht, Liebe, wo Hass ist, und Würde, wo vorher nur Demütigung war.« – Die Inschrift auf dem Gipfel des Kilimandscharo gibt die Worte des Staatsgründers Julius K. Nyerere wieder, der während seiner über 20-jährigen Präsidentschaft (1964–85) zu einem der bedeutendsten Politiker Afrikas aufstieg. Die Vereinigung der vorwiegend noch in der traditionellen Stammesorganisation lebenden Bantu-Stämme zu einer wirtschaftlichen, politischen und kulturellen Nation gehörte zu den vordringlichsten Zielen seiner Regierungspolitik. Dazu entwickelte er 1967 den auf sein Land zugeschnittenen sog. Ujamaa-Sozialismus, der die wirtschaftlichen Bedingungen im Agrarstaat Tansania verbessern sollte. In den 80er Jahren scheiterte das Konzept an organisatorischen Fehlplanungen, Preisstürzen und Missernten.

Bundesstaat: Auf Betreiben Nyereres schlossen sich beide Länder am 27.4.1964 zur Vereinigten Republik Tanganjika und Sansibar, später T. (künstliche Namensbildung durch Kombination beider Staatsnamen) zusammen. Sansibar blieb mit eigenem Präsidenten, der gleichzeitig als Vizepräsident der Bundesregierung fungierte, und eigenem Parlament weitgehend autonom. Die separate Verwaltung der Inselregion sollte den unterschiedlichen historischen, kulturellen und religiösen Gegebenheiten sowie den Unterschieden hinsichtlich Fläche und Einwohnerzahl Rechnung tragen. Die Zentralregierung des Staates T. führte Nyerere. Trotz der vereinbarten Eigenständigkeit traten zwischen beiden Landesteilen in der Folgezeit wiederholt Spannungen auf.

Ujamaa-Sozialismus

TANU-Herrschaft: Indem er die TANU 1965 zur Staatspartei erklärte, verwirklichte Präsident Nyerere sein Konzept des demokratischen Einparteiensystems, das auf eine Einparteienherrschaft mit innerparteilicher Demokratie sowie rechts- und verfassungsstaatlichen Garantien abzielte. Die Besetzung von Parteiämtern und Parlamentssitzen sollte alle fünf Jahre durch nationale Wahlen zwischen verschiedenen Kandidaten der TANU ermittelt werden. 1977 schlossen sich TANU und die ASP-Einheitspartei für Sansibar zur Chama Cha Mapinduzi (Partei der Revolution, CCM) zusammen.

Staatsideologie: In der Arusha-Deklaration verkündete Nyerere 1967 mit dem sog. Ujamaa-Sozialismus einen eigenständigen politischen Entwicklungsplan für T., der auf eine gerechte Einkommensverteilung, die Teilnahme aller Teile der Bevölkerung am Entwicklungsprozess und die Beendigung der Ausbeutung abzielte. Nach seiner an christlich-sozialistischen Idealen, afrikan. Traditionen und dem chines. Vorbild orientierten Ideologie sollten die Menschen wie in einer afrikan. Großfamilie (Swahili: jamaa) leben und arbeiten. Im Zuge dessen wurden bis Mitte der 70er Jahre etwa 13 Mio Menschen aus weit verstreut liegenden Dörfern in insgesamt 7700 größere Landeinheiten umgesiedelt. Diese neu gegründeten Gemeinwesen sollten sich nach demokratischen Grundsätzen selbst verwalten, wobei ihnen der Staat das für eine genossenschaftlich betriebene Landwirtschaft notwendige Material zur Verfügung stellte. Neben diesem Ausbau des Kollektivwesens, der von fördernden Maßnahmen im Bereich der Bildung und des Gesundheitswesens begleitet wurde, verstaatlichte die Regierung Banken, Versicherungen und größere Industriebetriebe.

Außenpolitik: Im Bereich der Außenpolitik sah der Ujamaa-Sozialismus eine konsequente panafrikan. Politik vor. T. ordnete sich in die Gruppe der blockfreien Staaten ein und entwickelte sich in den 60er und 70er Jahren zu einer führenden Macht innerhalb der sog. Frontstaaten, die gegen die südafrikan. Apartheidpolitik kämpften. Nach einem zweimonatigen Grenzkrieg mit Uganda 1978 drangen tansan. Truppen 1979 in das Land ein und unterstützten die Uganda National Liberation Front beim Sturz des seit 1971 regierenden Diktators Idi Amin.

Nachbarschaftskonflikt: Bis 1977 kam ein reger Strom von Tagestouristen, die Safariurlaub in Ostafrika gebucht hatten, über die grüne Grenze von Kenia nach T. Obwohl T. mit seinem Wildreichtum in der Serengeti und dem Ngorongoro-Krater zu den Höhepunkten der Safaritouren gehörte, kamen die lukrativen Einnahmen aus dem Tourismusgewerbe hauptsächlich dem kapitalistisch geprägten Nachbarstaat zugute. Kenian. Führer brachten die Touristen am Abend mit kenian. Wagen und Flugzeugen in kenian. Hotels zurück. Indem es ohne Vorwarnung die Grenzen schloss, beendete T. 1977 das ungleiche Geschäft und versuchte einen eigenständigen Safaritourismus zu etablieren. Die Bemühungen blieben jedoch aufgrund des starken Konkurrenzdrucks des Nachbarstaates Kenia weitgehend erfolglos, so dass T. knapp sieben Jahre später seine Grenzen für den Tagestourismus wieder öffnete.

Wirtschaft: Planungsfehler, wirtschaftliche Unrentabilität, Schwächen im Transportwesen, Missernten (infolge von Dürren), hohes Bevölkerungswachstum und eine schwierige Weltwirtschaftslage ließen das zunächst enthusiastisch gefeierte Konzept des Ujamaa-Sozialismus scheitern, so dass T. Ende der 70er Jahre, verstärkt durch den kostspieligen Krieg gegen Uganda, in eine bis heute andauernde Wirtschaftskrise geriet. Obwohl nur etwa 8% der Landesfläche landwirtschaftlich nutzbar sind, stützt sich T.s Ökonomie vor allem auf den Agrarsektor und ist mit den Hauptexportgütern Kaffee, Baumwolle, Cashew-Nüsse, Tabak und Gewürznelken (Sansibar) extrem von klimatischen Bedingungen und der Weltmarktkonjunktur abhängig. Insbes. der Tourismus- und Bergbausektor, aber auch die Telekommunikations- und Technikbranche wurden als zukünftige Wachstumsbereiche angesehen.

Gewürznelken sind das Hauptprodukt der Inseln Sansibar und Pempar. Sie liefern 80% der Weltproduktion dieser Blütenknospen, die in getrockneter Form als Küchengewürz oder zur Herstellung von Seifen, Parfümen und Likören verwendet werden. (Foto: Auf einer Plantage in Sansibar werden nach der Ernte die Blütenknospen zum Trocknen ausgelegt.)

Zeit des Umbruchs

Führungswechsel: 1985 übergab Nyerere, nachdem er über 20 Jahre das Land regiert hatte, das Amt des Staatspräsidenten an Ali Hassan Mwinyi, den bisherigen Präsidenten von Sansibar. Unter seiner Führung wandte sich T. vom sozialistischen Kurs ab und öffnete sich für marktwirtschaftliche Reformen nach Auflagen des Internationalen Währungsfonds (IWF) und der Weltbank. Nachdem er die Diskussion über ein Mehrparteiensystem angestoßen hatte, trat Nyerere 1990 auch als Parteichef der CCM zurück. 1992 hob das Parlament das Einparteiensystem auf.

Wahlen: Bei den ersten demokratischen Parlaments- und Präsidentschaftswahlen 1995 konnte sich die CCM gegenüber den 13 anderen Parteien mit 214 von insgesamt 269 Sitzen behaupten. Ihr Kandidat, Benjamin William Mkapa, wurde mit 62% der Stimmen zum

Chama Cha Mapinduzi – Tansanias Einheitspartei

Gründung: Im Februar 1977, während der Amtszeit des Staatspräsidenten Julius K. Nyerere, schlossen sich die Staatspartei Tanganjika African National Union (TANU) und die sansibar. Afro Shirazi Party (ASP) zur CCM (Chama Cha Mapinduzi, »Partei der Revolution«) zusammen, die bis 1992 als Einheitspartei die politischen Geschicke von Tansania lenkte.

Ein im Mai 1992 verabschiedetes Verfassungsgesetz erlaubte die Gründung von Parteien, die nicht den Einzelinteressen einer Rasse, einer Religion oder eines Stammes vertraten. Die Beschränkung sollte das Auseinanderbrechen des Vielvölkerstaates verhindern. Nach der Einführung des Mehrparteiensystems ließen sich zahlreiche neue Parteien registrieren. Tansania war einer der letzten afrikan. Staaten mit einer Einparteienherrschaft.

Bei den ersten Mehrparteienwahlen im Juli 1995 wurde die CCM mit 214 von 269 Sitzen als stärkste politische Kraft für weitere fünf Jahre bestätigt. Die oppositionelle CUP, die die Wahlen knapp verlor, warf der CCM Wahlbetrug vor. Unterstützt von Nyerere gewann Benjamin William Mkapa als CCM-Kandidat im gleichen Jahr die Präsidentschaftswahl. Seit 1996 amtiert Mkapa auch als Vorsitzender der CCM.

Bombenattentat: Im Sommer 1998 wurde Tansania Schauplatz des internationalen Terrorismus. Bei einem Bombenanschlag auf die US-amerikan. Botschaft in Daressalam am 7.8. kamen drei Menschen ums Leben. Fast gleichzeitig tötete eine gegen die US-amerikan. Botschaft in der kenian. Hauptstadt Nairobi gerichtete Bombe über 150 Personen, unter denen sich mehrere US-Bürger befanden. Als Urheber der Attentate ermittelten die Behörden islamische Terroristen. (Foto: Tansan. Polizisten suchen in den Trümmern nahe der US-Botschaft in Daressalam nach Überlebenden.)

neuen Staatsoberhaupt gewählt. Die Wahlen zum eigenständigen Repräsentantenhaus des Landesteiles Sansibar ergaben einen knappen Sieg der CCM gegenüber der oppositionellen Civic United Front (CUF). Die CCM erreichte 50,2% und 26 Sitze gegenüber 49,8% und 24 Sitzen der CUF.

Sezessionsbewegung: Gemeinsam mit dem Demokratisierungsprozess entstand zu Beginn der 90er Jahre eine Unabhängigkeitsbewegung auf der Insel Sansibar, die sich zu einem die innenpolitische Stabilität bedrohenden Konflikt ausweitete. Der Beitritt der vorwiegend von Moslems bewohnten Inselregion zur Organisation Islamischer Staaten (OIC) brachte T. 1993 an den Rand des Bürgerkriegs. Der als Vermittler auftretende ehemalige Staatspräsident Nyerere veranlasste Sansibar zum Austritt aus der OIC und verhinderte damit ein Auseinanderbrechen des Bundesstaates. Der knappe CCM-Wahlsieg auf Sansibar, der zahlreichen Beobachtern zufolge nur durch massive Korrekturen erreicht wurde, löste 1995 anhaltende Unruhen aus. 1999 einigten sich die CCM und die CUF, die seit 1995 die Parlamentsarbeit blockierte, auf einen Kompromiss für die im Jahr 2000 anstehenden Neuwahlen: Neben der Bildung einer unabhängigen Wahlkommission sollte die CUF in der nächsten Legislaturperiode zwei zusätzliche Parlamentssitze erhalten.

Wirtschaftsmisere: Obwohl T. in den 90er Jahren seinen Privatisierungskurs fortsetzte, zählte der Staat noch immer zu den ärmsten und höchst verschuldeten Ländern der Welt und war in extremem Maße von Entwicklungshilfe abhängig. Im Falle von T. zeigte sich einmal mehr die Problematik der IWF-orientierten Strukturanpassung: Zur Steigerung der unternehmerischen Wirtschaftsleistung wurden soziale Härten als begleitende Notwendigkeit akzeptiert, was die durch Aids bedrohte Einkommenssituation vieler tansan. Familien bis zum Äußersten verschlechterte. Außerdem war die von landwirtschaftlichen Erträgen abhängige Bevölkerung durch die im Zuge der Deregulierung wegfallenden Festpreise der staatlichen Vermarktungsgesellschaften direkt den Preisschwankungen am Weltmarkt ausgesetzt. Durch verheerende Regenfälle verschlechterte sich 1998/99 die wirtschaftliche Lage weiter. *B. L.*

Staatsoberhäupter Tansanias

Reg.-Zeit	*Name*	*Lebensdaten*
1964–85	Julius Kambarage Nyerere	1922–99
1985–95	Ali Hassan Mwinyi	*1925
seit 1995	Benjamin William Mkapa	*1938

Die wichtigsten Parteien im 20. Jahrhundert

Name (Abkürzung)	*Politische Richtung*	*Gründung*
Tanganjika African National Union (TANU)	(sozialist.) Einheitspartei bis 1977	1954
Afro-Shirazi-Party (ASP)	Regierungspartei von Sansibar 1964–77	k. A.
Chama Cha Mapinduzi (CCM)	Zusammenschluss von TANU und ASP, Einheitspartei bis 1992	1977
Civic United Front (CUF)	Oppositionspartei	1992
Chama Cha Demokrasia na Maendeleo (CHADEMA)	Oppositionspartei	1992
National Convention for Construction and Reform (NCCR)	Oppositionspartei	1992
Union for Multiparty Democracy of Tanzania (UMD)	Oppositionspartei	1992
National League for Democracy (NLD)	Oppositionspartei	1992

Thailand

Königreich Thailand

Die offizielle Landesbezeichnung lautete bis 1939 Siam. Die heutige Bevölkerungsmehrheit der ethnischen Thai geht auf die seit dem 8. Jh. eingewanderten Stämme aus den südostchines. Provinzen Guizhou, Guangxi und Guangdong zurück. Der erste historische Staat, das Reich der Sukhothai im heutigen Norden T.s (13./14. Jh.), wurde im 14. Jh. durch die bedeutende Ayudhya-Periode abgelöst. Im 17. Jh. nahmen vor allem die Franzosen Einfluss auf die siames. Politik. Einer birmes. Invasion folgte im späten 18. Jh. eine Phase miteinander konkurrierender Machtzentren. 1782 bestieg General Paya Chakri als Rama I. den siames. Thron und begründete die bis heute amtierende Chakri-Dynastie; Bangkok wurde Hauptstadt.

Der Weg zum modernen Staat

Modernisierung: Unter König Rama V. Chulalongkorn (1868–1910) erfolgten konsequente Reformen in allen Bereichen des staatlichen und öffentlichen Lebens. Eine Provinzreform und ein zentral besoldeter Beamtenapparat ermöglichten eine effektivere Steuererhebung, eine Konsolidierung der Staatsfinanzen und somit eine Stärkung der Zentralgewalt. Beeinflusst vom europäischen Recht, wurden u. a. 1908 anstelle traditioneller Kodifikationen moderne Justizgesetze eingeführt, die Sklaverei abgeschafft sowie Grundbücher angelegt. Ziel dieser Reformen war die Anerkennung der siames. Justiz durch die Europäer, die ihre eigene Konsulargerichtsbarkeit mit der unsicheren Rechtslage rechtfertigten. Die Modernisierung von Staat und Gesellschaft wurde von der Forderung nach stärkerer politischer Beteiligung der neuen Elite, vom Widerstand des geschwächten Adels sowie sozialer Unzufriedenheit der Bauern und Arbeiter begleitet.

Staatliche Unabhängigkeit: Durch die umsichtige Außen- und Handelspolitik mit den europäischen Großmächten und den USA konnte T. als einziges Land Südostasiens seine staatliche Unabhängigkeit wahren, wenn auch auf französ. und brit. Druck weite Gebiete abgetreten werden mussten.

Ende der absoluten Monarchie

Nationalismus: Ein alle Thai einigendes geistiges Fundament wollte der 1910 inthronisierte Rama VI. Vajiravudh (1910–25) durch eine Verbindung von Nation, Buddhismus und

Thailand 2000	
Landesfläche	513 115 km² (WR 49)
Einwohner	60,9 Mio (WR 19)
Hauptstadt	Bangkok (5,62 Mio Einwohner)
Sprachen	Thai, Englisch, Chinesisch
Währung	1 Baht (B) = 100 Stangs
Gliederung	6 Regionen, 76 Provinzen
Staatsform	Konstitutionelle Monarchie (seit 1932)
Religion	Buddhisten (93%); Moslems (4%); Sonstige (3%)
Bevölkerung	Thai (85%); Chinesen (10%); Malaien (2,5%); Sonstige (2,5%)

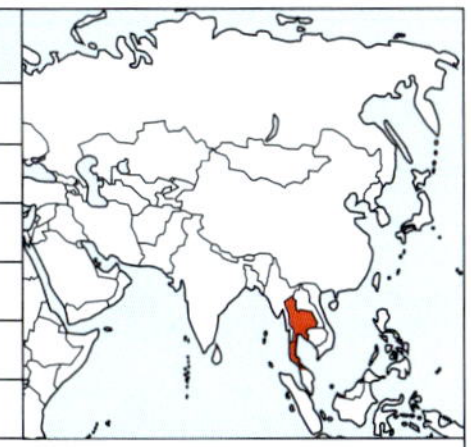

Thailand im 20. Jahrhundert	
1908	Einführung einer modernen Gesetzgebung.
1910	Tod von Chulalongkorn Rama V. (König seit 1868).
1912	Erste Putschpläne gegen den König werden entdeckt und verhindert.
1924	Tod von König Vajiravudh Rama VI.
1932	Staatsstreich und Einführung der konstitutionellen Monarchie.
1934	Phibul Songkram errichtet eine Militärdiktatur.
1935	Prajadhipok Rama VII. dankt als konstitutioneller Herrscher ab.
1941	Bündnis mit Japan schützt Thailand vor Besetzung.
1942	Kriegserklärung an die Westmächte und territoriale Expansion.
1945	Versuch, eine demokratische Regierung zu etablieren (1947 aufgegeben).
1946	Friedensverträge mit Großbritannien und Frankreich.
	Ermordung von Ananda Mahidol Rama VIII.; neuer König wird sein jüngerer Bruder Bhumibol Adulyadej Rama IX.
1947	Phibul Songkram wird mit Unterstützung des Militärs erneut Ministerpräsident; er muss mehrere Putschversuche abwehren.
1954	Abschluss eines Verteidigungspaktes mit den USA im Rahmen der SEATO.
1957	Militärputsch unter Führung von Sarit Thanarat.
1959	Neue Verfassung und Abkehr vom europäischen Politikverständnis.
1963	General Thanom Kittikachorn wird neuer Machthaber.
1967	Stationierung von US-Soldaten in Thailand während des Vietnamkriegs.
1973	Blutige studentische Unruhen, Sturz Thanom Kittikachorns. Es folgen mehrere kurzlebige Kabinette.
1975	Wiederzulassung politischer Parteien und Parlamentswahlen.
1976	Militärputsch stürzt die gewählte Mitte-Rechts-Regierung.
1977	General Kriangsak Chammanad wird Regierungschef.
1980	General Prem Tinsulanonda zum neuen Premier ernannt.
1988	Allgemeine Wahlen; Chatichai Choonhavan wird neuer Premier.
1991	Putsch und Ernennung von Anand Panyarachun zum Premier.
1992	Neue Verfassung erhöht den Einfluss der Armee.
	Nach den Wahlen 1992 gewaltsame Massendemonstrationen. Verfassungsänderung und Neuwahlen, Chuan Leekpai wird neuer Regierungschef.
1995	Beginn der Wirtschaftskrise und vorgezogene Neuwahlen.
1996	50-jährige Regentschaft von Rama IX. Bhumibol Adulyadej. Er gilt damit weltweit als der am längsten regierende Monarch.
	Parlamentswahlen und Bildung einer neuen Regierung unter Chavalit Yongchaiyudh.
1997	Finanzkrise stürzt Thailand in eine tiefe wirtschaftliche Depression. Chuan Leekpai wird erneut Ministerpräsident. Sparprogramm des Internationalen Währungsfonds (IWF) soll die Staatsfinanzen Thailands sanieren.
1998	Regierungsumbildung: Koalition aus sieben Parteien.
1999	Die thailänd. Wirtschaft erholt sich langsam wieder von der Asienkrise. Das Bruttoinlandsprodukt steigt gegenüber dem Vorjahr um 4% (1998: –10%).

Trauer um toten König: 600 in Weiß gekleidete Witwen gaben 1910 bei einem pompösen Leichenzug ihrem verstorbenen Herrn und Gatten, König Chulalongkorn Rama V., das letzte Geleit. Er hatte Thailand 42 Jahre lang regiert.

Königtum schaffen. Träger dieser Idee sollten neue Vereinigungen wie die 1911 gegründete exklusive paramilitärische Organisation »Corps der wilden Tiger« werden. Neben und teilweise verwoben mit dem monarchistischen Nationalismus bildete sich zugleich ein bürgerlicher Nationalismus heraus, der von den in Europa ausgebildeten Intellektuellen bestimmt wurde.

Antimonarchistische Strömungen: Die Ideen des chines. Revolutionärs Sun Yat-sen, der sich 1908 in Bangkok aufhielt, die Ereignisse in China – wie z. B. die Abdankung der Mandschu-Dynastie (1912) – sowie Person und Politik des Königs forcierten antimonarchistische Strömungen. Erste, allerdings erfolglose Putschversuche in den Jahren 1912 und 1917, an denen auch Offiziere der Armee und Marine beteiligt waren, verdeutlichten den Autoritätsverlust der Monarchie, die nun nicht mehr als unabdingbare Säule der Nation verstanden wurde.

Weltwirtschaftskrise: Der seit 1925 regierende König Rama VII. Prajadhipok beschäftigte sich als erster Monarch T.s intensiver mit den Möglichkeiten eines parlamentarischen Systems. Der Anfang 1932 in Auftrag gegebene Verfassungsentwurf kam in der wirtschaftlich und politisch brisanten Situation infolge der Weltwirtschaftskrise 1929 allerdings zu spät. T. musste durch den eingeschränkten Welthandel und sinkende Weltmarktpreise z. B. für Reis einen starken Rückgang der industriellen und landwirtschaftlichen Produktion verkraften. Die Einkommensverluste der Bauern, Angestellten, Arbeiter, Handwerker und Händler verringerten auch das Steueraufkommen: 1932 mussten die Staatsausgaben um ein Drittel reduziert werden.

Staatsstreich: Eine Gruppe von Offizieren und zivilen Funktionsträgern übernahm am 24.6.1932 die Macht. Der König akzeptierte ihre im Namen einer »Volkspartei« gestellte Forderung, sich einer provisorischen Verfassung zu unterwerfen. Die Staatsgewalt ging danach vom Volk aus, dessen Repräsentanten König, Volksvertretung, Volksausschuss und Gerichte waren. Wahlen sollten erst nach Abschluss einer breiten schulischen Grundausbildung des Volkes erfolgen. Thailand wurde nun eine stark vom Militär geprägte konstitutionelle Monarchie.

Thailand zwischen 1932 und 1945

Verfassung: Die am 10.12.1932 verkündete endgültige Verfassung hob die Position des Königs wieder stärker hervor. Politische Parteien und Organisationen waren nicht vorgesehen. Ein Drittel der »Volksvertreter« waren Repräsentanten des alten Systems. Auch die Wahl des Juristen und früheren Bildungsministers Phya Manopakorn zum Regierungschef verdeutlichte den Kompromiss zwischen alter und neuer Ordnung.

Machtkampf: Diese restaurative Tendenz führte schon bald zu erheblichen Spannungen innerhalb der heterogenen »Volkspartei«. Besonders die sozialistischen Wirtschaftspläne von Pridi Phanomyong führten zur Spaltung von Regierung und Volksvertretung. Daraufhin löste der König das Parlament auf. Außerdem wurde ein »Gesetz wider den Kommunismus« erlassen. Die neue, wieder von Phya Manopakorn geführte Regierung wurde wegen ihrer royalistischen Ausrichtung durch das Militär gestürzt. Das Amt des Premierministers übernahm Phya Bahol. Eine am 12.10.1933 ausgebrochene Militärrevolte unter dem Kommando des ehemaligen Kriegsministers und Vetters des Königs wurde niedergeschlagen. Der König selbst verließ T. im Dezember 1933 und dankte 1935 ab. Der minderjährige Neffe des Königs, Ananda Mahidol, trat als Rama VIII. die Nachfolge an.

Militärherrschaft: Das Militär bestimmte seit Juni 1933 die Regierungspolitik. Premier Phya Bahol war zugleich Oberbefehlshaber der Streitkräfte, der Oberstleutnant Phibul Songkram Verteidigungsminister. 1937 waren elf der insgesamt 22 Kabinettsmitglieder Offiziere. Die Militärausgaben verdoppelten sich zwischen 1934 und 1938. Von 1938 bis 1944 errichtete Phibul Songkram eine faktische Militärdiktatur. Der erstarkte Nationalismus schlug sich auch in der Umbenennung des Landes von Siam in T. nieder.

Zweiter Weltkrieg: T. blieb zunächst neutral, wurde aber ab 1940 zur Parteinahme gedrängt. Im Dezember 1941 forderten die Japaner Bangkok auf, den Durchmarsch ihrer Truppen nach Burma und Malaya zu gestatten. Unter dem Druck der japan. Kriegsmacht wurde am 9.12.1941 ein entsprechendes Abkommen unterzeichnet und die Souveränität T.s formal gewahrt. Im Januar 1942 folgte die Kriegserklärung T.s an die Westmächte. In der Folgezeit eroberte die thailänd. Armee Gebiete in Burma und erlangte durch einen Vertrag mit Japan vier malai. Provinzen, die im 19. Jh. an die Briten abgetreten worden waren.
Opposition: Eine Bewegung gegen das Bündnis mit Japan, die sich unter der Bezeichnung »Freie Thai« formierte, agierte unter der Führung des ehemaligen Finanzministers Pridi Phanomyong. Premierminister Phibul Songkram, der ihre Aktivitäten geduldet hatte, wurde 1944 zum Rücktritt gezwungen. Gemeinsam mit dem neuen Regierungschef Khuang Aphaiwong wurde versucht, sich aus der japan. Abhängigkeit zu lösen und die Kontakte zu den Alliierten zu verstärken.

Versuch der Demokratisierung

Neuanfang: Die Nachkriegszeit war durch den Versuch geprägt, parlamentarisch-demokratische Verhältnisse zu etablieren und die außenpolitische Isolation T.s zu überwinden. Die neue Verfassung vom 10.5.1946 sah ein Zweikammer-System mit Senat und Repräsentantenhaus vor, deren Mitglieder vom Volk gewählt werden sollten.
Friedensverträge: Durch die diplomatische Vermittlung der USA, die Thailands Kriegserklärung von 1942 wegen mehrerer Formfehler als ungültig betrachteten, konnten die Ansprüche Großbritanniens, Frankreichs und Chinas stark relativiert werden. Thailand musste die während des Krieges erworbenen Gebiete zurückgeben, Reparationen in Form von Reislieferungen leisten sowie den in T. lebenden Chinesen Minderheitenrechte zugestehen.

Brücke am Kwai: Die Eisenbahnbrücke über den Kwai Noi (kleinen Fluss) in Kanchanaburi 130 km nordwestlich von Bangkok wurde 1942/43 von der japanischen Besatzungsmacht als Teil des 419 km langen Nachschubwegs »Death Railway« durch den Dschungel in Birma und Thailand errichtet. Beim Bau der Verbindung kamen rund 16 000 alliierte Kriegsgefangene und 100 000 Zwangsarbeiter aus Asien durch Tropenkrankheiten, Hunger und Erschöpfung ums Leben. Weltberühmt wurde der Ort durch David Leans Film »Die Brücke am Kwai« (1957), der allerdings in Sri Lanka gedreht wurde.

Rückkehr von Phibul Songkram

Krisensituation: Am 9.6.1946 wurde der junge König Ananda Mahidol Rama VIII. erschossen in seinem Palast aufgefunden. Die Nachfolge trat sein Bruder Bhumibol Adulyadej Rama IX. an. Die politische und soziale Lage verschlechterte sich durch Nahrungsmittelknappheit, Inflation und wachsendes Misstrauen konservativer Kräfte gegenüber Pridi Phanomyong. Am 8.11.1947 stürzten Armee-Offiziere die Regierung. Nachdem Phibul Songkram zunächst das Amt des Premiers abgelehnt hatte, übernahm er 1948 erneut die Regierungsgeschäfte. In den folgenden neun Jahren seiner Regierung musste er mehrere Putschversuche abwehren.
Repressive Innenpolitik: Gewaltsam wurde jegliche Opposition im Land unterdrückt, die Gewerkschaft »Central Labour Union« strikt überwacht und die Kommunistische Partei verboten. Antichines. Maßnahmen entsprangen vor allem der Angst vor einem Überspringen der chines. Revolution auf T. Ethnische, religiöse und politische Konflikte bestimmten das Verhältnis zu den im Süden des Landes lebenden moslemischen Malaien.

Die wichtigsten Parteien im 20. Jahrhundert

Name (Abkürzung)	*Polit. Richtung*	*Gründ.*	*Name (Abkürzung)*	*Polit. Richtung*	*Gründ.*
Volkspartei (PK)	1)	1932	Volkspartei (PMC)	konservativ	1985
Kommunistische Partei	kommunistisch	1942	Moralische Kraft (PD)	buddhistisch	1988
Demokratische Partei (PP)	liberal	1946	Solidaritätspartei (PE)	konservativ	1989
Gewerkschaftspartei (PS)	sozialistisch	1946	Neue Hoffnungspartei (PKWM)	konservativ	1990
Nationale Thai-Partei (PCT)	konservativ	1974	Partei für Nat. Entwicklung (PCP)	konservativ	1992
Soziale Aktionspartei (PKS)	konservativ	1981	Liberaldemokrat. Partei (PST)	rechtsradikal	k. A.
Thai-Bürgerpartei (PPT)	konservativ	1981	1) Antimonarchist. Sammelbecken; keiner polit. Richtung zuzuordnen		

Bhumibol Adulyadej ist als Rama IX. seit 1946 König von Thailand. Er wurde am 5.12.1927 in Cambridge/USA geboren. 1946–50 studierte er Rechtswissenschaften in der Schweiz. Seit 1950 ist er mit Sirikit Kitiyakara (*1932) verheiratet. Formal ohne politische Rechte, gelang es ihm aufgrund seiner persönlichen Autorität und moralischen Integrität immer wieder, maßgeblichen Einfluss auf die Innenpolitik zu nehmen.

Außenpolitik: Der strikte Antikommunismus sicherte T. in den 50er Jahren die Unterstützung der USA, die zwischen 1951 und 1957 über 370 Mio US-Dollar Militär- und Wirtschaftshilfe gewährten. Am 8.9.1954 wurde der Südostasienpakt (SEATO) gegründet, der T. in die strategischen Überlegungen der NATO einbezog.

Die Ära Sarit Thanarat

Wahlen: Im September 1955 hatte das Parlament die Tätigkeit politischer Parteien wieder zugelassen. Phibul Songkram versuchte durch Wahlen im Februar 1957 seine Machtbasis zu vergrößern. Trotz Wahlfälschungen misslang dieser Versuch jedoch und führte zu einem Vertrauensverlust.
Staatsstreich: Am 16.9.1957 besetzte die Armee alle strategisch bedeutsamen Punkte Bangkoks, Phibul Songkram floh nach Kambodscha. Der Feldmarschall Sarit Thanarat leitete seit dem 20.10.1958 einen »Revolutionären Rat«. Eine angebliche Bedrohung T.s. durch Kommunisten diente als Vorwand, die alte Verfassung außer Kraft zu setzen.
Politisches System: Die Interimsverfassung von 1959, die dem König große Machtfülle gab und dem Ministerpräsidenten das Recht zugestand, per Dekret zu regieren, markierte die grundsätzliche politische Neuorientierung des Landes. Sarits autokratischer Führungsstil definierte sich über traditionelle Grundwerte wie Buddhismus und Nation in scharfer Ablehnung des seit 1932 in T. dominierenden europäischen Machtverständnisses.

Das Regime Thanom Kittikachorns

Militärdiktatur: 1963–73 führte General Thanom Kittikachorn die Herrschaft des Militärs fort. Die politische Opposition und ethnische Minderheiten wurden unterdrückt. Die Förderung von ausländischen Investitionen und Warenströmen sowie der Ausbau des Dienstleistungssektors veränderten die wirtschaftlichen und sozialen Strukturen T.s. Zu Beginn der 70er Jahre verlangsamte sich das Wirtschaftswachstum, die Inflation stieg und die soziale Lage verschlechterte sich.
Vietnamkrieg: Thanom verfolgte eine prowestliche antikommunistische Außenpolitik mit enger Bindung an die USA. T. war seit 1965 tief greifend in den Indochina-Konflikt verwickelt. 1967–69 waren 48 000 US-amerikan. GIs in T. stationiert. Nach der Aufnahme der VR China in die UNO 1971 kam es auch zwischen Peking und Bangkok zu einer Annäherung.
Demokratisches Zwischenspiel: Der Versuch, studentische Proteste gegen die Regierung zu unterdrücken, endete mit dem Sturz Thanoms. Der König berief per Dekret einen Nationalkonvent ein, der eine verfassunggebende Nationalversammlung wählte. 1974 wurden politische Parteien mit Ausnahme der Kommunisten wieder zugelassen. Nach den Parlamentswahlen 1975 übernahm eine Mitte-Rechts-Koalition die Regierungsgeschäfte.
Außenpolitischer Kurswechsel: 1975 nahm T. diplomatische Beziehungen mit der VR China auf, nach dem Abzug der US-amerikan. Truppen aus T. 1976 auch mit Vietnam. Damit wandte sich die neue Regierung von der strikt antikommunistischen außenpolitischen Linie Thanoms ab.

Erneuter Militärputsch

Innenpolitische Krise: Im Oktober 1976 verschärften sich die innenpolitischen Spannungen, zugleich erstarkten die restaurativen Kräfte. Ein blutiger Putsch des Militärs beendete schließlich die demokratisch legitimierte Regierung von Seni Pramoj (1976). Machtkämpfe innerhalb des Militärs führten wiederum bereits im Jahr 1977 zum Sturz der von der Militärjunta eingesetzten Zivilregierung.

Staatsoberhäupter Thailands (Siams)

Reg.-Zeit	*Name (Herrschergeschlecht)*	*Lebensdaten*
1868–1910	Rama V. Chulalongkorn (Chakri)	1853–1910
1910–25	Rama VI. Vajiravudh (Chakri)	1881–1925
1925–35	Rama VII. Prajadhipok (Chakri), Thronverzicht	1893–1941
1935–46	Rama VIII. Ananda Mahidol (Chakri), ermordet	1925–1946
seit 1946	Rama IX. Bhumibol Adulyadej (Chakri)	*1927

Konsolidierung: Unter dem neuen Machthaber General Kriangsak Chamanand trat 1978 eine neue Verfassung in Kraft. Unter seinem Nachfolger Prem Tinsulanonda erlebte T. seit 1980 trotz verschiedener Putschversuche eine Phase relativer innenpolitischer Stabilität. Unterstützt durch den König, gelang Prem eine Eindämmung der Drogenproduktion. Gleichzeitig schaffte T. den Übergang vom Entwicklungs- zum industriellen Schwellenland, verbunden mit dem Anspruch auf eine der wirtschaftlichen und politischen Führungsrollen in Südostasien. 1988 zog sich Prem aus der Politik zurück.

Übergang zur Demokratie

In den ersten Wahlen seit 1975 wurde 1988 Chatichai Choonhavan zum Premier gewählt, doch schon 1991 stürzte ihn das Militär wieder. Die Militärregierung stellte Neuwahlen und eine neue Verfassung in Aussicht; im März 1991 wurde Anand Panyarachun als Premier vom Militär eingesetzt. Nach Parlamentswahlen im März 1992 wurde auf Druck des Militärs im April General Suchinda Kraprayoon Premier. Eine neue Verfassung stärkte den Einfluss der Armee. Dagegen richteten sich Massendemonstrationen, die blutig eskalierten. Eine Verfassungsänderung sowie Neuwahlen im September 1992, aus denen die Opposition als deutlicher Sieger hervorging, stabilisierten die politische Lage. Der neue Premier Chuan Leekpai hob im November 1992 das seit 1976 geltende Notstandsgesetz auf. 1994 demonstrierten erneut mehr als 15 000 Menschen für mehr Demokratie.

Ende des Wirtschaftsbooms

Nach vorgezogenen Parlamentswahlen wurde 1995 Banharn Silpa-Archa Ministerpräsident. Das Ende des langjährigen Wirtschaftsbooms führte zu einer tiefen ökonomischen Krise. Neuwahlen im November 1996 gewann die Neue Hoffnungspartei, Chavalit Yongchaiyudh wurde neuer Regierungschef, doch auch er konnte eine Verschärfung der Wirtschaftskrise nicht verhindern. Im September 1997 verabschiedete das Parlament eine neue Verfassung. Nach Chavalits Rücktritt im November 1997 wurde erneut Chuan Leekpai Ministerpräsident. Eine Koalitionsregierung aus sechs, seit 1998 aus sieben Parteien versuchte durch umfangreiche wirtschafts- und finanzpolitische Reformen in enger Zusammenarbeit mit dem Internationalen Währungsfonds (IWF) die ökonomische Krise T.s. zu überwinden. *T.H.*

Stichwort: »Goldenes Dreieck« der Drogenproduktion

Schlafmohn: In dem Grenzgebiet zwischen Laos, Birma und Thailand, das als »Goldenes Dreieck« bezeichnet wird, bauen die dort lebenden Bergstämme Schlafmohn zur Opiumgewinnung an. Seit den 70er Jahren des 20. Jh.s versuchte die Regierung in Bangkok und insbes. König Bhumipol durch ein Entwicklungsprogramm die Infrastruktur der Region zu verbessern und die Mohnbauern für alternative Pflanzkulturen zu gewinnen. Die Produktion von Opium, Heroin und Marihuana ging danach deutlich zurück. Dennoch blieb Thailand auch Ende des 20. Jh.s ein wichtiger Umschlagplatz für Heroin aus Birma und Laos auf dem Weg zu den internationalen Drogenmärkten. Zur Bekämpfung der Drogensucht – allein in Bangkok leben 100 000 Heroinsüchtige –, besonders des Rauschgifthandels, wurde eine eigene Drogenpolizei eingerichtet. Der hohe Profit lockt viele Ausländer zum Drogenhandel, so dass zahlreiche Europäer, Australier und Amerikaner lange Haftstrafen wegen Drogenbesitzes verbüßen. Die Höchststrafe für Drogenvergehen ist die Todesstrafe. (Foto: Meo-Frauen auf einem Mohnfeld in Nordthailand)

Ende des thailändischen Wirtschaftswunders

Ökonomische Krise: Ab 1990 erlebte Thailand vor allem dank des expansiven Bausektors und der exportorientierten Industrie einen nachhaltigen wirtschaftlichen Aufschwung. Das Land stieg zum fünftgrößten Agrarexporteur der Welt auf (Reis, Tapioka, Kautschuk und Zuckerrohr). Flankierende Maßnahmen der wirtschaftlichen Entwicklung waren Dezentralisierung, Liberalisierung, Finanz- und Steuerreformen sowie eine Erweiterung des Produktangebots. Wichtigster Devisenbringer blieb der Tourismus. Monatelange Finanzspekulationen zwangen die thailänd. Regierung im Juli 1997, den Kurs der Landeswährung Baht freizugeben. Die Krise des Finanzsektors erfasste schnell die gesamte Wirtschaft des Landes und führte zu einem Rückgang der Wirtschaftsleistung um 0,4 % (1997) bzw. fast 10% (1998). 1999 zeichnete sich eine allmähliche Erholung der Volkswirtschaft ab. (Foto: Skyline von Bangkok)

Tibet

Die Unabhängigkeit T.s ist seit der Besetzung durch chines. Truppen im Jahr 1950 ein ungelöstes Problem. Bereits die Definition des tibet. Territoriums ist uneindeutig. Die VR China versteht darunter das administrative Gebiet »Autonome Region T.«. Die tibet. Exilregierung in Dharamsala/Indien macht das sog. historische T., das etwa gleichbedeutend mit dem traditionellen Siedlungsgebiet der Tibeter ist und neben dem Autonomiegebiet Teile der chines. Provinzen Quinghai, Gansu, Sichuan und Yuannan umfasst, zur Grundlage ihrer Statusforderungen.

Tibet im 20. Jahrhundert

1904	Brit. Feldzug nach Lhasa; Flucht des Dalai-Lama; der Vertrag von Lhasa regelt brit. Handelsprivilegien und legt die tibet. Grenze fest.
1906	Anerkennung der chines. Oberhoheit über Tibet durch einen Vertrag zwischen Großbritannien und China.
1907	Britl.-russ. Vertrag verpflichtet London, über tibet. Angelegenheiten mit China zu verhandeln.
1909	Rückkehr des Dalai-Lama nach Lhasa.
1910	Flucht des Dalai-Lama vor chines. Truppen nach Indien.
1912	Chines. Republik erklärt Tibet zur Provinz.
1913	Vertreibung der letzten chines. Truppen aus Lhasa.
1914	Konferenz von Simla über den Status Tibets scheitert am chines. Widerstand. Tibet ist nun de facto unabhängig.
1923	Der Pantschen Rinpoche verlässt Tibet nach innenpolitischen Spannungen und geht nach Peking.
1933	Tod des 13. Dalai-Lama.
1935	Geburt des 14. Dalai-Lama.
1950	Besetzung Tibets durch chines. Truppen. 17-Punkte-Abkommen garantiert Tibet Autonomie und freie Religionsausübung.
1959	Volksaufstand in Lhasa gegen die Chinesen (10.3.).
	Flucht des Dalai-Lama ins Exil nach Indien (17.3.).
1960	Eine umfassende Landreform bricht die traditionelle Klosterherrschaft.
1963	Verkündung einer provisorischen Verfassung durch den Dalai-Lama.
1964	Absetzung der religiösen und weltlichen Oberhäupter in Tibet.
1965	Formale Errichtung des autonomen Gebiets Tibet.
1966–69	Kulturrevolution verschärft den Terror gegen die Tibeter.
	Zerstörung nahezu aller noch verbliebener Tempel und Klöster.
	Zwangskollektivierung der Landwirtschaft und Hungersnöte.
1979	Allmähliche Liberalisierung in Tibet: Erstmals darf eine Delegation des Dalai-Lama in das Land einreisen.
1985	Öffnung für den Massentourismus.
1987	Veröffentlichung eines Friedensplans durch den Dalai-Lama.
	Demonstrationen für diesen Friedensplan werden niedergeschlagen.
1989	Verleihung des Friedensnobelpreises an den Dalai-Lama.
	Verhängung des Kriegsrechts in Lhasa nach schweren Unruhen.
1993	Proteste für bessere Lebensbedingungen und Unabhängigkeit.
1998	Chinas Präsident Jiang Zemin bietet dem Dalai-Lama einen Dialog an, wenn dieser die Oberhoheit Chinas über Tibet und Taiwan anerkenne.

Historisches Tibet: Im 7. Jh. entstand aus Stammesfürstentümern ein zentralisiertes Königreich. Seit dem 8. Jh. setzte sich in T. der Buddhismus gegen die Bon-Religion durch und wurde in der Sonderform des Lamaismus im 16. Jh. zur herrschenden Macht, der Dalai-Lama sein weltliches und geistliches Oberhaupt. Das historische T. umfasste die Regionen U-Tsang, Amdo und Kham. Die Schwächung Chinas im 19. Jh. verringerte den im 18. Jh. etablierten chines. Einfluss auf T.

Der Weg zur Unabhängigkeit

Vertrag mit England: Angebliche Kontakte zwischen dem Dalai-Lama und dem Zarenhof in St. Petersburg veranlassten die Engländer, die T. als ihr Einflussgebiet betrachteten, zu einer Strafexpedition unter Colonel Francis Younghusband. Die Vertreter des geflüchteten Dalai-Lama unterzeichneten 1904 einen Vertrag mit England, der den Engländern Handelsstationen zugestand und die Grenzen zwischen T. und Sikkim festlegte. Völkerrechtlich gilt den Tibetern dieser Vertrag bis heute als Beleg für ihre Souveränität, die durch die Engländer damals de facto anerkannt worden war. Auf chines. Druck kam es 1906 zu einem engl.-chines. Vertrag, der Chinas Oberhoheit über T. bestätigte. Im engl.-russ. Vertrag von 1907 verpflichtete sich die Regierung in London, nur mit China über tibet. Angelegenheiten zu verhandeln.

Faktische Unabhängigkeit: Der chines. Einfluss auf T. verringerte sich trotz dieser diplomatischen Anerkennung. 1909 kehrte der Dalai-Lama nach Lhasa zurück, musste aber bereits ein Jahr später wieder vor heranrückenden chines. Truppen nach Darjeeling in Nordindien flüchten. Nach dem Sturz der Qing-Dynastie 1911 konnten die chines. Truppen bis 1912 aus T. vertrieben werden. Die 1912 ausgerufene Chines. Republik erklärte T. zur Provinz. Eine 1914 von den Engländern arrangierte Konferenz in Simla/Indien scheiterte. China lehnte die auf engl. Druck angebotene Bildung eines inneren T.s unter chines. Oberhoheit und eines äußeren T.s mit voller innerer Selbstverwaltung und ohne chines. Militärpräsenz sowie die außenpolitische Vertretung beider Teile ab. Damit war T. de facto unabhängig, ohne diese Souveränität allerdings völkerrechtlich verbindlich absichern zu können.

Gesellschaft: Das traditionelle T. wird in der chines. Propaganda bis heute als feudalistisch und rückständig bezeichnet. Die landwirtschaftliche Nutzfläche war fast gänzlich zwischen Adel und Klöstern aufgeteilt, die Leibeigenschaft weit verbreitet. Das Leben der Tibeter wurde durch die Religion dominiert: Zu Beginn des 20. Jh.s waren von den 4–6 Mio Tibetern knapp 500 000 Mönche und Nonnen. Die durch den 13. und den 14. Dalai-Lama eingeleiteten Reformen endeten mit dem Heranrücken der chines. Besatzer.

Besetzung durch China

»Heimkehr«: Die »Heimkehr T.s ins chines. Mutterland« hatte Mao Zedong nach Ausrufung der Volksrepublik China zu einem seiner wichtigsten Ziele erhoben. Am 7.10.1950 marschierten Truppen der VR China in T. ein. Eine hochrangige tibet. Delegation – allerdings ohne den Dalai-Lama – wurde am 23.5.1951 in Peking zur Annahme des »17-Punkte-Abkommens zur friedlichen Befreiung« gedrängt. Der Vertrag gestand T. formal eine weitgehende Autonomie unter der Regierung des Dalai-Lama zu. Gleichzeitig wurde die administrative und militärische Durchdringung des Landes durch China fortgesetzt. Am 9.9.1951 erreichte die Volksbefreiungsarmee Lhasa.

Zwangsherrschaft: Die zugesicherte Autonomie wandelte sich nach anfänglicher chines. Zurückhaltung immer mehr zu einer Unterdrückung der tibet. Selbstbestimmung. Das 1956 gegründete »Vorbereitende Komitee für die Autonome Region T.«, dem der Dalai-Lama vorstand, musste seine Entscheidungen einstimmig fällen, ansonsten beanspruchte Peking die Entscheidungsgewalt für sich. Bereits 1954 brachen kleinere Revolten gegen die chines. Besatzungsmacht in der tibet. Region Kham aus.

Volksaufstand: Gerüchte um eine angebliche Entführung des Dalai-Lama nach Peking lösten am 10.3.1959 einen offenen Volksaufstand aus, der mit einer vernichtenden Niederlage der Tibeter und der Flucht des Dalai Lama nach Indien am 17.3.1959 endete. Nach chines. Angaben starben bis Oktober 1959 insgesamt 87 000 Tibeter, weitere 80 000 flohen nach Indien, Nepal und Bhutan. China übernahm nun die direkte Verwaltung des Landes. Als Statthalter wurde der Pantschen Rinpoche eingesetzt. Nachdem er sich mehrmals geweigert hatte, den Dalai Lama als Verräter zu bezeichnen, wurde er 1964 wieder abgesetzt und verhaftet.

Autonomie: 1965 wurde formell das Autonome Gebiet T. errichtet, das Territorium T.s damit aber faktisch halbiert, da Osttibet den chines. Provinzen Quinghai, Gansu, Sichuan und Yuannan angegliedert wurde.

Zur Eingliederung Tibets in die chines. Volksrepublik reiste 1956 eine 57-köpfige Delegation unter Führung des stellvertretenden chines. Ministerpräsidenten Chen Yi (2. v. r.) nach Tibet. Zu seiner Begrüßung in Lhasa erschienen sowohl der Dalai Lama (r.) als auch der Pantschen-Lama (3. v. r).

Zerstörung und Terror

Religion: Die Verfolgung richtete sich seit 1959 allgemein gegen die buddhistische Kultur und Tradition T.s. Die lamaistische Geistlichkeit wurde entmachtet, Mönche, Nonnen und andere vermeintliche Reaktionäre wurden in Arbeitslager verschleppt, Klöster und Tempel zerstört und der Besitz religiöser Gegenstände verboten.

Kulturrevolution: Der wirtschaftliche Niedergang und der Terror gegen die tibet. Bevölkerung erreichten in der »Großen Proletarischen Kulturrevolution« zwischen 1966 und 1969 ihren Höhepunkt. Fast alle noch verbliebenen Klöster und Tempel wurden zerstört. Bis

Geistliche und weltliche Oberhäupter der Tibeter im 20. Jh.

Der 13. Dalai-Lama (1876–1933) wurde unter dem Namen Thubten Gyatso (»Ozean der Lehre«) 1878 offiziell zur Reinkarnation erklärt und 1879 inthronisiert. 1894 übernahm er die Regierungsgeschäfte und versuchte durch Reformen die Macht der Klöster allmählich zurückzudrängen. Er schaffte die Todesstrafe ab, richtete eine unabhängige Polizei und Post- sowie Telegrafendienste ein. Sein Versuch, die Unabhängigkeit Tibets durch eine außenpolitische Isolierung des Landes zu sichern, scheiterte jedoch am chines. Expansionsdrang.

Der 14. Dalai-Lama (*1935) gilt seit 1935 als geistliches und weltliches Oberhaupt der Tibeter. Tenzin Gyatso (»Verteidiger der Lehre«) begann nach seiner Inthronisation 1950 ein Reformprogramm zur Verbesserung der bäuerlichen Lebensbedingungen. Er bemühte sich, die Beziehungen zu China zu entspannen, und reiste 1954 nach Peking. Das Gerücht seiner Entführung löste den Volksaufstand 1959 aus. Der Dalai-Lama musste fliehen und lebt seitdem in Indien. Weltweit wirbt er für eine friedliche Lösung der Tibetfrage. 1989 erhielt er dafür den Friedensnobelpreis.

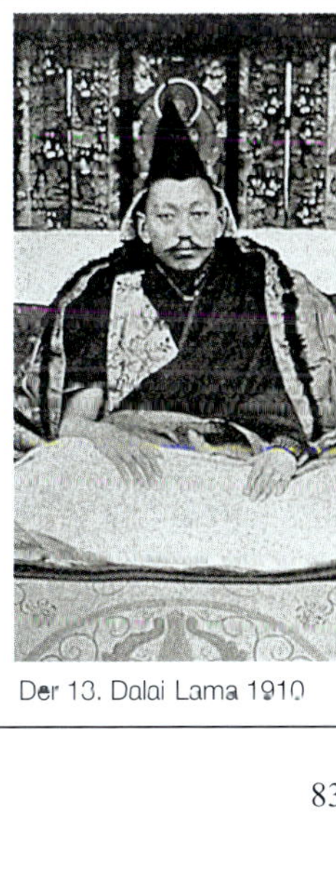

Der 13. Dalai Lama 1910

Der 14. Dalai-Lama wurde 1989 für seinen friedlichen Kampf um das Schicksal seines Volkes mit dem Friedensnobelpreis geehrt. (Foto: Der Dalai-Lama bei der Feier des 50. Jahrestags der Erklärung der Menschenrechte 1998 im UNESCO-Gebäude in Paris)

zu 1 Mio Menschen kamen in Arbeitslagern, durch Exekutionen, Massaker oder Hungersnöte um.

Begrenzte Liberalisierung

Reformen: Nach dem Tod Mao Zedongs 1976 und den Reformen Deng Xiaopings erfolgte eine begrenzte wirtschaftliche Liberalisierung T.s. Einheimische Kräfte wurden nun häufiger zu Führungsaufgaben herangezogen, einige Klöster wieder eröffnet. Außerdem wurde die Industrialisierung vorangetrieben, die Infrastruktur verbessert und der Bildungssektor ausgebaut. 1979 konnte erstmals wieder eine Delegation des Dalai-Lama T. besuchen.

Identitätsverlust: Dieser Modernisierungsschub war allerdings verbunden mit einer erheblichen Militarisierung des Landes und einem starken Zustrom von Chinesen. Viele Tibeter befürchten (wie auch der Dalai-Lama) langfristig den Verlust der tibet. Identität.

Lösung der Tibetfrage

Friedensplan: Der Dalai-Lama versucht seit seiner Flucht 1959 dem Schicksal seines Volkes international Gehör zu verschaffen. Im September 1987 legte er einen Fünf-Punkte-Friedensplan für T. vor. Darin fordert er die Umwandlung von ganz Tibet, einschließlich der östlichen Provinzen Kham und Amdo, in eine Zone des »Ahimsa« (Gewaltlosigkeit), die Beendigung der chines. Politik der Bevölkerungsumsiedlung, die Achtung der grundlegenden Menschenrechte und demokratischen Freiheiten des tibet. Volkes, die Wiederherstellung und den Schutz der Umwelt sowie die Aufnahme ernsthafter Verhandlungen über den künftigen Status T.s und über die Beziehungen zwischen dem tibet. und dem chines. Volk.

Neue Unruhen: Auch nach vier Jahrzehnten unter chines. Herrschaft ist der Wunsch der Tibeter nach Unabhängigkeit lebendig. 1987 bis 1989 kam es wiederholt zu Protesten gegen die chines. Obrigkeit, die 1989 sogar zur Verhängung des Kriegsrechts über Lhasa führten. Die Demonstrationen vom 24. bis 26.5. 1993 gegen die schlechten Lebensbedingungen wandelten sich schnell zu einer Kundgebung für die Unabhängigkeit T.s. *T. H.*

Stichwort: Lamaismus – eine Religion zwischen Tradition und Toleranz

Ursprünge: Der Lamaismus entstand aus dem ind. Vajrayna, einem Zweig des Mahayana-Buddhismus. Die vier bedeutendsten Richtungen des Lamaismus sind die Sakyapa, die Nyingmapa, die Kagyudpa und die Gelugpa. Die Gelugpa (»Schule der Tugendhaften«), im Westen wegen ihrer Kopfbedeckung auch »Gelbmützen« genannt, wurde 1409 durch den Reformator Tsongkhapa begründet. Disziplin und die Abkehr von weltlichen Dingen bestimmen den Orden bis heute. Zu Säulen des buddhistischen Staates in Tibet wurden die Gelugpa-Klöster von Ganden, Drepung und Sera. Mit Unterstützung der Mongolen wurde 1642 die religiöse und weltliche Herrschaft in der Person des Dalai-Lama, dem Führer der Gelugpa, vereint und Tibet damit ein Kirchenstaat.

Eine Besonderheit des Lamaismus ist die chubilganische Erbfolge, die Wiederverkörperung von Würdenträgern in neugeborenen Kindern. Der Dalai-Lama (»Meer des Wissens«, »Lehrer des Weltmeers«) gilt als die Reinkarnation des Bodhisattvas Chenrezi (Sanskrit: Avalokieshvara), des Bodhisattvas der Barmherzigkeit, der von den Tibetern als Stammvater verehrt wird. Der im 17. Jh. erstmals ernannte Pantschen Rinpoche (»kostbarer Lehrer«), auch als »Pantschen-Lama« bekannt, gilt als Wiedergeburt des Buddha Amitabha, des Buddha des unendlichen Lichts. Traditionell dem Dalai-Lama in der Hierarchie nachgeordnet, streng theologisch ihm aber zumindest ebenbürtig, wird der Pantschen Rinpoche bis heute von den Chinesen im Kampf um die politische Macht in Tibet instrumentalisiert.

Der Lamaismus hat sich auch in der Mongolei und Mandschurei, im ind. Ladakh und Sikkim sowie in Nepal verbreitet, in Bhutan ist er Staatsreligion. Durch das Ansehen des Dalai-Lama und die ausgeprägte Meditationspraxis stößt der Lamaismus im deutschen Sprachraum auf wachsendes Interesse. (Foto: Der Pantschen-Lama 1956 im Jokhang-Tempel in Lhasa)

Togo

Republik Togo

Die ehemalige deutsche Kolonie (1884–1919) Togo erlangte 1960 ihre Unabhängigkeit von Frankreich. Bis zum Ende des Kalten Kriegs galt das Land als verlässlicher Verbündeter des Westens in Westafrika – ein Umstand, der den Diktator Gnassingbe Eyadéma über viele Jahre ungestört an der Macht bleiben ließ. Erst seit Beginn der 90er Jahre ist T. auf einem schwierigen Weg zur Demokratie.

Togo 2000	
Landesfläche	56 785 km^2 (WR 122)
Einwohner	4,5 Mio (WR 112)
Hauptstadt	Lomé (662 000 Einwohner)
Sprachen	Französisch, Ewe, Kabyé
Währung	CFA-Franc (FCFA)
Gliederung	5 Regionen, 23 Präfekturen
Staatsform	Präsidiale Republik (seit 1960)
Religion	Animisten (58,9%); Katholiken (21,5%); Moslems (12,1%); Protestanten (6,8%); Sonstige (0,7%)
Bevölkerung	Adja-Ewe (43,1%); Kabyé-Tem (26,7%); Gurma (16,1%); Kebu-Akposo (3,8%); Ana-Ife (3,2%); Sonstige (7,1%)

Koloniale Vorgeschichte

Vorkoloniale Zeit: Das kleine Land war einst Teil der Sklavenküste und stand in seiner wechselhaften Geschichte in Verbindung mit einer Reihe der afrikan. Königreiche, die in vorkolonialer Zeit ihre Blüte hatten. Für die frühen Händler spielte die Region eine untergeordnete Rolle – die portugies. Handelsposten in Agbodrafo und Aneho entfalteten keinen bedeutenden Einfluss auf das Hinterland. Die einheimischen Herrscher an der Küste machten ihre Geschäfte, die ihnen Textilien und Waffen im Tausch gegen Sklaven einbrachten. Anders als im benachbarten Benin entfalteten diese Potentaten allerdings wenig Ehrgeiz, ihren Machtbereich auszudehnen – die umliegenden Nachbarn schienen zu übermächtig.

Deutsche Modellkolonie: Erst 1884 geriet Togo ins Blickfeld europäischer Kolonialinteressen, als der Abgesandte des deutschen Kaisers, Gustav Nachtigal, einen »Schutz-Vertrag« mit dem regionalen Herrscher, König Mlapa III., abschloss. Die Deutschen entwickelten in der Folgezeit den Ehrgeiz, T. zu einer Modellkolonie zu machen: An der Küste wurde eine Bahnlinie gebaut, Schulen wurden errichtet, Plantagen für Kaffee und Kakao im Hinterland angelegt. Neben diesen »Kolonialwaren« war Palmöl, das für die Seifenherstellung verwendet wurde, das wichtigste Exportprodukt der Kolonie.

Die Deutschen hatten zunächst wenig Freude an ihrer neuen Besitzung: Besonders die Mina, Teil der Ewe-Volksgruppe, mochten sich nicht mit den neuen Herren anfreunden und leisteten zähen Widerstand, der erst 1902 gewaltsam gebrochen wurde. Doch das Ende der deutschen Kolonialträume kam schnell: Nach Ausbruch des Ersten Weltkriegs überrannten brit. und französ. Truppen am 26.8.1914 die deutsche Festung Kamina und übernahmen die Kontrolle über die Kolonie T.

Togo im 20. Jahrhundert	
1884	»Schutz-Vertrag« macht Togoland zur deutschen Kolonie.
1902	Niederschlagung eines Aufstands der Mina durch deutsche Schutztruppen.
1914	Brit. und französ. Truppen nehmen die deutsche Festung Kamina ein (26.8.).
1922	Völkerbund-Mandat teilt Togo; der brit. Westteil wird mit der Goldküste (heute Ghana) vereinigt; der Ostteil wird von den Franzosen verwaltet.
1936	Integration Togos in die Kolonialföderation Französ.-Westafrika (AOF).
1946	UN-Mandat für Großbritannien (West-Togo) und Frankreich (Ost-Togo).
1947	Pan-Ewe-Bewegung kämpft für die Vereinigung der beiden Landesteile.
1956	Referendum im brit. Teil Togos bekräftigt die Teilung (Mai); der französ. Teil Togos wird Autonome Republik in der Französ. Union (Okt.).
1958	Volksabstimmung ebnet den Weg zur vollen Souveränität (Ost-)Togos.
1960	Unabhängigkeit Togos; erster Präsident wird Sylvanus Olympio (27.4.).
1961	Ghana schließt die Grenze zu Togo.
1963	Militärputsch unter Etienne Eyadéma; Ermordung Olympios (13.1.); Nicolas Grunitzky wird vom Militär als neuer Präsident eingesetzt (16.1.).
1967	Erneuter Militärputsch; Eyadéma übernimmt die Staatsführung (13.1.); Errichtung einer Militärdiktatur.
1969	Gründung der Einheitspartei Rassemblement du Peuple Togolais (RPT).
1972	Präsident Eyadéma lässt sich durch ein Referendum im Amt bestätigen.
1974	Verstaatlichung der Phospatindustrie; Afrikanisierung der Namen.
1986	Putschversuch gegen Eyadéma; massive Unterdrückung der Opposition.
1990	Studentenunruhen und Massendemonstrationen; staatliche Übergriffe; Fluchtbewegung aus Togo; EU beschließt Sanktionen gegen das Regime.
1991	Einführung des Mehrparteiensystems.
1992	Attentate auf führende Oppositionspolitiker; Verschärfung der Repressalien gegen Regierungsgegner; Einstellung westlicher Entwicklungshilfe.
1993	Eyadéma gewinnt umstrittene Präsidentschaftswahlen (erneut 1998).
1998	Einschränkung der Pressefreiheit.
1999	Eyadémas Partei RPT siegt in unfreien Parlamentswahlen (79 von 81 Sitze).

Die wichtigsten Parteien im 20. Jahrhundert

Name (Abkürzung)	*Politische Richtung*	*Gründung*
Rassemblement du Peuple Togolais (RPT)	Einheitspartei (bis 1991) Eyadéma-treu	1969
Coordination des Forces Nouvelles (CFN)	Eyadéma-nah	um 1991
Union des Forces du Changement (UFC)	Ewe-Partei von Ex-Präsidentensohn G. Olympio	um 1991
Comité d'Action pour le Renouveau (CAR)	Partei von Y. Agboyibo	um 1991
Union Togolaise pour la Démocratie (UTD)	Partei v. Ex-Premier E. Kodjo	um 1991

Sylvanus Olympio, der erste gewählte Präsident Togos (1960–63), hatte an der London School of Economics studiert und stieg bei der brit. Handelsgesellschaft United Africa Company rasch zum Direktor für Togo auf. 1946 wurde er Präsident der togoles. Territorialversammlung. Als Ewe unterstützte er erfolglos die Wiedervereinigung seiner von den Kolonialmächten geteilten Heimat. Olympio gewann die ersten Wahlen 1958 und wurde Regierungschef der Autonomen Republik Togo. Nach der Unabhängigkeit übernahm er 1960 das Amt des Staatspräsidenten. Beim Militärputsch Anfang 1963 wurde er erschossen.

Teilung Togos: 1922 wurde T. als Völkerbundmandat Frankreich und Großbritannien zur Verwaltung übergeben, die das Land unter sich aufteilten: Die Briten schlossen ihren Teil, die Westregion, der Kolonie Goldküste an, wodurch das Siedlungsgebiet der Ewe durchtrennt wurde. Die Ostregion, das Territorium der heutigen Republik T., kam unter französ. Verwaltung.

Der Weg in die Unabhängigkeit

Pan-Ewe-Bewegung: Wie überall in Westafrika entstand auch in T. zwischen den Weltkriegen eine Unabhängigkeitsbewegung, die in den späten 40er Jahren an Stärke gewann. In T. wurde Sylvanus Olympio, ein Ewe, zum Wortführer der Nationalisten und seine Forderung nach der Wiedervereinigung des Landes auf der Grundlage der ursprünglichen Siedlungsgebiete fand international Beifall – wenn auch nicht bei den Kolonialmächten. Einen Schlussstrich unter Olympios Pan-Ewe-Politik zogen die im Westteil ansässigen Angehörigen seines Volkes: Sie votierten 1956 in einem Referendum für den Verbleib bei Ghana, das in diesem Jahr seine Unabhängigkeit erlangte.

Autonome Republik: Wenige Monate später, im Oktober 1956, wurde T. zur Autonomen Republik im französ. Kolonialverband erklärt und Olympios Gegenspieler Nicolas Grunitzky als erster Premier eingesetzt. Das »Comité de l'Unité Togolaise« (CUT), Olympios Partei, forderte daraufhin vor der vollen Unabhängigkeit freie, ordnungsgemäß kontrollierte Wahlen, aus denen das CUT 1958 als klarer Sieger hervorging (mit 33 von 46 Abgeordneten). Olympio wurde neuer Regierungschef, führte T. 1960 in die Unabhängigkeit und übernahm das Amt des Staatspräsidenten.

Präsident Olympio: Wie andere Führer der jungen afrikanischen Staaten hatte auch Olympio den politischen Sprengstoff unterschätzt, der in der multiethnischen Zusammensetzung Togos verborgen lag. Sein politisches Hauptziel blieb die Zusammenführung der Ewe-Gebiete – ein Anliegen, das anderen Volksgruppen T.s nicht sonderlich dringlich erschien. Vor allem die Bewohner des Nordens warfen dem Präsidenten und seiner Administration die Bevorzugung des Südens vor. Erschwert wurde die Situation durch die Haltung des Nachbarn Ghana: Dort hatte der erste Staatspräsident Kwame Nkrumah zunächst darauf gesetzt, dass es alsbald zu einer Vereinigung der beiden Länder kommen würde – unter der Führung Ghanas. Als offenkundig wurde, dass Olympio dies nicht durchsetzen konnte oder wollte, beendete Nkrumah seine Unterstützung, schloss die Grenzen und verhängte Strafzölle gegen T. Davon besonders betroffen waren die Einwohner der unmittelbar an der Grenze gelegenen togoles. Hauptstadt Lomé: Ihre traditionellen Handelsbeziehungen zu den Nachbarn an der Goldküste Ghanas waren plötzlich unterbrochen.

Militärputsche: Die innenpolitischen Spannungen in T. erreichten einen Höhepunkt, als sich Olympio Ende 1962 weigerte, togoles. Einheiten, die in französ. Dienst im Algerienkrieg gekämpft hatten, in die Armee des Landes einzugliedern. Die Soldaten, vor allem Angehörige des Volks der Kabyé aus dem Norden, sahen dies als bewusste Provokation und initiierten am 13.1.1963 einen Militärputsch. Olympio wurde erschossen, als er Zuflucht in der Botschaft der USA suchen wollte. Die Soldaten unter Führung des erst 27-jährigen Etienne Eyadéma installierten eine neue Zivilregierung; als Präsident wurde Olympios Gegenspieler Grunitzky, wie Eyadéma ein Mann aus Nord-T., berufen.

Die ethnischen Spannungen traten in den nächsten Jahren immer deutlicher hervor, noch verschärft durch eine wirtschaftliche Talfahrt T.s. Auf den Tag genau vier Jahre nach dem Umsturz, der Olympio das Leben gekostet hatte, setzte das Militär Grunitzky ab und installierte den erfahrenen Putschisten Eyadéma als neuen Staatschef – eine Position, die dieser bis heute innehat.

Die Ära Eyadéma

Afrikanisierung und Verstaatlichung: Eyadéma erwies sich als geschickter Politiker, der mit einer Mischung aus Gewalt und Nepotismus die Zügel fest in die Hand nahm. 1969 gründete er die Einheitspartei »Rassemblement du Peuple Togolais« (RPT) und ließ sich 1972 in einem Referendum als Präsident bestätigen. 1974 begann er mit einem Programm zur »Weckung des nationalen Bewusstseins«: Nach dem Vorbild Kongo-Zaïres wurden französ. Namen abgeschafft, Kabyé und Ewe zu Amtssprachen erhoben und zu Unterrichtssprachen gemacht. Gnassingbe Eyadéma (wie sich der autokratische Herrscher im Sinne der Afrikanisierung seither nennt) ließ die in französ. Besitz befindlichen Phosphatminen verstaatlichen und schwamm auf einer Woge nationaler Euphorie.

Diese ebbte allerdings ab, als deutlich wurde, dass Eyadémas ehrgeiziges Industrialisierungsprogramm erfolglos bleiben würde. Fallende Weltmarktpreise für die Rohstoffe und Agrarprodukte T.s verschlimmerten die Lage und ideologische Streitigkeiten mit den Nachbarn Ghana, Benin und Burkina Faso drängten das Land in der Region in die Isolation – im Gegensatz zur Weltpolitik, wo Eyadéma bis in die 80er Jahre hinein als verlässlicher Partner des Westens galt.

Opposition: Ab 1984 trat die Opposition gegen Eyadéma deutlicher zutage – mit einer Reihe von tatsächlichen und vorgeblichen Putschversuchen, die der Diktator als Vorwand nutzte, um zahlreiche politische Gegner zu inhaftieren oder ins Exil zu treiben. Als am 19.9.1986 putschende Soldaten erst nach schweren Gefechten kurz vor dem Präsidentenpalast zurückgeschlagen werden konnten, wurde die Unterdrückungsmaschinerie noch rücksichtsloser eingesetzt. Gilchrist Olympio, Sohn des 1963 ermordeten Präsidenten, der aus dem Exil in Ghana eine togoles. Oppositionsbewegung aufgebaut hatte, wurde in Abwesenheit zum Tode verurteilt, die Armee brutal gesäubert und jeder Widerstand erstickt.

Internationale Sanktionen: Doch die Repressionsmaßnahmen blieben nicht lange erfolgreich: 1990 kam es nach einer neuerlichen Verhaftungswelle zu Massendemonstrationen, die ebenso blutig niedergeschlagen wurden wie ein Studentenaufstand im Jahr darauf. Dem Geheimdienst wurde der Mord an zahlreichen Oppositionellen, die nach ihrer Verhaftung spurlos verschwanden, zur Last gelegt. Auf dem Höhepunkt der Unruhen flüchteten tausende Togolesen in die Nachbarländer und die EU verhängte Sanktionen gegen T., um Eyadéma zum Einlenken zu bewegen.

Zugeständnisse: Nachdem auch der unverbrüchliche Verbündete Frankreich Front gegen den Diktator machte, sah sich dieser zum Nachgeben gezwungen: 1991 wurde das Einparteiensystem aufgegeben, eine Übergangsregierung eingesetzt und eine verfassunggebende Versammlung einberufen. Doch damit war keineswegs das Ende der Ära Eyadéma gekommen: Der Demokratisierungsprozess geriet durch Übergriffe der Militärs zur Farce, Attentate auf führende Oppositionspolitiker wie den aus dem Exil zurückgekehrten Gilchrist Olympio (schwer verletzt) und Tavio Amorin (ermordet) bestimmten bald wieder das politische Klima. Auch die vorübergehende Einstellung der Entwicklungshilfe durch Frankreich, Deutschland und die USA wegen zunehmender Menschenrechtsverletzungen hinderte den Diktator nicht daran, sich bei den Präsidentschaftswahlen 1993 (ebenso wie 1998) durch massive Manipulation an der

Macht zu halten: Eyadémas Widersacher waren entweder von der Kandidatur ausgeschlossen oder boykottierten die Teilnahme aufgrund der Repressalien gegen sie und ihre Wähler.

Restauration der Diktatur: Nach einer kurzen Phase der Hoffnung, dass der allgemeine »Wind of Change«, der Westafrikas Staaten in den 90er Jahren erreichte, auch in T. zu Veränderungen führen würde, scheint Präsident Eyadéma seine Herrschaft wieder gefestigt zu haben. Ein 1998 verabschiedetes Pressegesetz verbietet jegliche Kritik am Staatsoberhaupt sowie an den Mitgliedern von Regierung und Legislative. Seine Partei hat durch massive Wahlfälschungen das Mehrparteiensystem ad absurdum geführt: 1999 gewann die RPT 79 der 81 Sitze, nur zwei Wahlkreise fielen an »unabhängige« Kandidaten. Acht Oppositionsparteien übten Wahlboykott. Die zunächst für März 2000 zugesagten Neuwahlen fanden nicht statt, weil Eyadémas RPT die Verabschiedung eines demokratischen Wahlgesetzes durch die Nationalversammlung blockierte. Der Präsident hat angekündigt, 2003 nicht mehr zur Wiederwahl antreten zu wollen in T. glauben nur noch wenige an den Wahrheitsgehalt solcher Verlautbarungen. *H.E./Red.*

Gnassingbe Eyadéma, seit 1967 der »starke Mann« Togos, wurde 1937 in Nord-Togo geboren und gehört dem Stamm der Kabyé an. Seine Ausbildung erhielt er 1953–62 in der französ. Armee (Einsatz u. a. in Indochina und Algerien). Während des Militärputsches Anfang 1963 soll Eyadéma persönlich den flüchtenden Präsidenten Sylvanus Olympio erschossen haben.

Staatsoberhäupter von Togo

Reg.-Zeit	*Name*	*Lebensdaten*
1960–63	Sylvanus Olympio	1902–1963
1963–67	Nicolas Grunitzky	*1913
seit 1967	Etienne (seit 1974: Gnassingbe) Eyadéma	*1937

Tonga

Königreich Tonga

Das in mehrere Gruppen von insgesamt 169 kleinen Vulkan- und Koralleninseln gegliederte Königreich wurde 1899 von Großbritannien als Protektorat erworben. Die Königsdynastie, die die seit 1820 bzw. 1845 vereinigten Inseln beherrschte, blieb im Amt und mit ihr die seit 1875 bestehende konstitutionelle Erbmonarchie. T. ist damit das letzte noch bestehende, bis in das 10. Jh. zurückreichende polynes. Königreich und die einzige Inselgruppe der Region, die nicht unter koloniale Herrschaft kam. Wie schon die deutschen Kolonialherren im benachbarten Samoa mit ihrem »Immerwährenden Freundschaftsvertrag«, den sie 1876 mit dem Königreich T. schlossen und der u. a. zur Ansiedlung deutscher Pflanzer führte, so respektierten auch die Briten die seit Jahrzehnten geübte Neutralität des pazifischen Königreichs.

Tonga 2000	
Landesfläche	747 km² (WR 170)
Einwohner	100 000 (WR 177)
Hauptstadt	Nuku'alofa (40 000 Einwohner)
Sprachen	Tonga, Englisch
Währung	1 Pa'anga (T$) = 100 Jenti
Gliederung	3 Insel-Distrikte; 172 Inseln
Staatsform	Konstitutionelle Monarchie im Commonwealth (seit 1875)
Religion	Protest. (76%), Kath. (16%); Baha'i (4%); Sonstige (4%)
Bevölkerung	Tongaer (98,3%); Sonstige (1,7%)

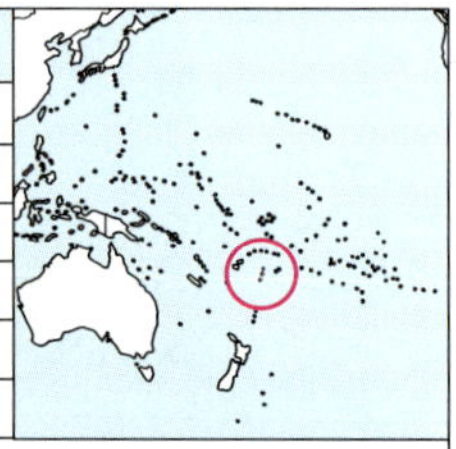

Tonga im 20. Jahrhundert	
1900	Freundschafts- und Beistandsvertrag mit Großbritannien, brit. Protektorat.
1970	Unabhängiger Staat im Commonwealth unter König Tupou IV.
1982	Der Wirbelsturm »Isaac« zerstört weite Teile der Infrastruktur.
1987	Bei Wahlen werden Regierungskritiker ins Parlament gewählt.
1990	Die Mehrzahl der vom Volk gewählten Abgeordneten sind Anhänger der Reformbewegung.
1991	Prinz Fatafehi Tu'ipelehake tritt als Premierminister zurück; sein Nachfolger wird Baron Vaea of Houma.
1992	Gründung des oppositionellen Pro-Democracy Movement.
1994	Das Pro-Democracy Movement führt zur Gründung der People's Party.
1996	Die People's Party gewinnt bei den Wahlen fünf der neun durch Volkswahl zu besetzenden Sitze.
2000	Lavaka Ata Ulukalala, der Sohn König Tupous IV., wird Premierminister.

Umgeben von Norfolk-Kiefern zeigt der 1867 erbaute Königspalast in Nuku'alofa, der Hauptstadt von Tonga, deutlich den viktorianischen Einfluss der Kolonialzeit.

Britisches Protektorat

Im Zweiten Weltkrieg beteiligte sich T. unter alliiertem Kommando an den Kämpfen gegen die Japaner auf den Salomonen; US-amerikan. Truppen waren auf Tongatapu stationiert, das als wichtiger Marinestützpunkt fungierte. In der Nachkriegszeit wurden 1958 und 1968 zwei weitere Freundschaftsverträge mit Großbritannien abgeschlossen, nach denen T. bei völliger innerer Autonomie, zu der auch die Gerichtsbarkeit gehörte, weiterhin unter brit. Protektorat blieb.

Staatsbildung

Unabhängigkeit: Am 4.6.1970 erhielt T. als Mitglied im brit. Commonwealth die Unabhängigkeit. 1972 wurden die unbewohnten Minerva-Riffe (heute Teleki Tokelau und Teleki Tonga) dem Staatsgebiet angegliedert, um eine unabhängige Republik Minerva zu verhindern, die eine angloamerikan. Gesellschaft als Steuerparadies ausrufen wollte.

Gesellschaftsstruktur: Staatsoberhaupt von T. ist der Monarch. Nach der 1967 modifizierten Verfassung von 1875 bilden der Monarch und das von ihm berufene Kabinett den Kronrat. Das Kabinett besteht aus dem Premierminister und dessen Stellvertreter, den anderen Ministern sowie den Gouverneuren der Inselgruppen Ha'apai und Vava'u. Jedes Gesetz dieser Exekutive ist vom Parlament (Fale Alea) zu prüfen. Dieses umfasst den Kronrat, einen vom Monarchen eingesetzten Speaker, neun gewählte Vertreter der 33 Erbadeligen von T. sowie neun gewählte Volksvertreter. Das traditionelle Feudalsystem ist weiterhin erhalten. Adelstitel, mit denen die Verfügungsgewalt über Dörfer und Ländereien verbunden ist, wurden zwischen 1875 und 1923 verliehen. Im Alter von 16 Jahren ist jeder männliche Steuerzahler nach der Verfassung berechtigt, ein Stück Land von 3 ha als Pachtland zu erhalten. Die Pachtverträge sind erblich und können nur aufgehoben werden, wenn die Pacht nicht bezahlt wird oder der Pächter der Auflage zur Anpflanzung von Kokospalmen nicht nachkommt.

Landknappheit: Seit Beginn der 80er Jahre hat allerdings die Landknappheit dazu geführt, dass nicht mehr alle berechtigten Steuerzahler ein Stück Pachtland erhalten konnten. Dies bewirkte innerhalb der Inselgruppe eine anhaltende Abwanderung der Bevölkerung in die größeren Orte, vor allem in die Hauptstadt, in der ein Drittel der rund 120 000 Einwohner des Königreichs lebt. Zusammen mit fehlenden Arbeitsmöglichkeiten steigerte die Landknappheit auch die seit Ende der 70er Jahre steigende Auswanderungsneigung.

Wirtschaftsstruktur: Seit jeher war T. ein Agrarstaat, der häufig den Naturgewalten – wie Vulkanausbrüchen und Wirbelstürmen (zuletzt 1982 und 1988) – ausgesetzt war. Etwa die Hälfte der Bevölkerung lebte noch Ende des 20. Jh.s von der landwirtschaftlichen Selbstversorgung. Seit dem Freundschaftsvertrag mit dem Deutschen Reich werden die Hauptexportgüter Kokosnüsse, Vanille und Kürbisse auf Plantagen angebaut. Nachdem 1982 der Export von Kopra eingestellt wurde, gelang es, andere Exportprodukte zu fördern. Insbes. der Export von Kürbissen entwickelte sich erfolgreich, nachdem 1994 mit Japan dauerhafte Abnahmequoten vereinbart wurden. Staatliche Investitionshilfen sollen den Aufbau der Küstenfischerei fördern.

Fünfjahrespläne: Ziel der seit der Unabhängigkeit aufgestellten wirtschaftlichen Fünfjahrespläne war es, die industrielle Basis zu verbreitern. Seitdem sind Textilgewerbe und die Herstellung von Metallprodukten neben die traditionellen Gewerbe (Kopraverarbeitung, Holzindustrie, Kunsthandwerk) getreten. Darüber hinaus wurde kontinuierlich der Tourismussektor ausgebaut. Auch wenn er im Umfang noch nicht mit dem von Fidschi oder Tahiti vergleichbar ist, stellt er für T. neben den Geldüberweisungen der Emigranten, die vor allem in die USA ausgewandert sind, eine wichtige Devisenquelle dar.

Entwicklungshilfe: Trotz der positiven wirtschaftlichen Entwicklung bleibt das Königreich auf Entwicklungshilfe angewiesen. Wesentliche Geldgeber sind Australien, Neuseeland sowie Großbritannien und andere EU-Länder, darunter auch Deutschland. 1976 wurde mit der Bundesrepublik der 100 Jahre zuvor mit dem Deutschen Reich geschlossene Freundschaftsvertrag erneuert.

Taufa'ahau Tupou IV. (Foto, 1995) ist seit 1965 König von Tonga. Schon 1943 trat Taufa'ahau Tupou in die Regierung seines Vaters König Tupou III. ein. Er war u. a. Bildungsminister und ab 1949 Premierminister sowie Außen- und Landwirtschaftsminister. Die Tupou-Dynastie herrscht seit Mitte des 19. Jh.s in Tonga. Im Januar 2000 ernannte Tupou IV. seinen Sohn Prinz Lavaka Ata Ulukalala zum neuen Premierminister.

Außenpolitik: Außenpolitisch ist König Taufa'ahau Tupou IV. seit Ende der 80er Jahre in Übereinstimmung mit den französ. Interessen in dieser Region ein ausgesprochener Befürworter der sog. Polynes. Allianz, der engeren politischen und wirtschaftlichen Zusammenarbeit aller polynes. Länder. Auch die außenwirtschaftlichen Partner liegen mit Australien, Fidschi, Neuseeland und Japan überwiegend im pazif. Raum. Im November 1998 nahm T. offizielle Beziehungen zu China auf. Als Reaktion brach Taiwan, das von der chines. Regierung als integraler Bestandteil betrachtet wird, die diplomatischen Beziehungen zu T. ab und kündigte gleichzeitig alle wirtschaftlichen Hilfsprogramme.

Demokratisierungsansätze: Innenpolitisch ist Tupou IV. ein Gegner der Demokratisierung auf T., da seiner Ansicht nach die monarchische Staatsform schneller auf die Wünsche der Bevölkerung reagieren könne. Dennoch konnte er nicht verhindern, dass sich die 1992 gebildete Pro-Demokratie-Bewegung 1994 unter Vorsitz des Unternehmers Huliki Watab zur People's Party, der ersten politischen Partei T.s, entwickelte und bei den Wahlen von 1966 sechs der neun Mandate erlangte. Der König löste 1998 auf unbestimmte Zeit das Parlament auf, nachdem dessen Vorsitzendem in einer Volkspetition Veruntreuung und Machtmissbrauch vorgeworfen worden war. *H.-W. W.*

Staatsoberhäupter Tongas

Reg.-Zeit	*Name*	*Lebensdaten*
1893–18	George Tupou II.	1874–1918
1918–65	Salote Tupou III. (Königin)	1900–1965
seit 1965	Taufa'ahau Tupou IV.	*1918

Trinidad und Tobago

Der genuesische Seefahrer in spanischen Diensten Christoph Kolumbus entdeckte die beiden Inseln Trinidad und Tobago auf seiner dritten Reise im Jahr 1498. Mitte des 16. Jh.s begannen die Spanier mit der Kolonialisierung von Trinidad, wobei die Urbevölkerung fast vollkommen ausgerottet wurde. 1797 eroberten die Briten Trinidad und nahmen die Insel 1802 offiziell in ihren Besitz. Tobago war lange Zeit zwischen Frankreich, Großbritannien und den Niederlanden umstritten, bis sich die brit. Krone 1814 alle Rechte an Trinidad sichern konnte. 1888 schloss Großbritannien beide Inseln administrativ zusammen und erhob T. in den Stand einer Kronkolonie.

Britische Kolonie

Zuckerrohranbau: Wie auf anderen karib. Inseln auch hatten die Spanier und später die Briten große Zuckerrohrplantagen angelegt, die von schwarzen Sklaven bewirtschaft wurden. Die Sklavenbefreiung im brit. Empire führte 1834 zu einem erheblichen Mangel an Arbeitskräften, dem die Kolonialmacht mit der Anwerbung ind. Arbeiter entgegenzuwirken versuchte. Freihandel, Überproduktion und die Konkurrenz durch die europäische Zuckerrübenproduktion riefen jedoch auch auf T. Ende des 19. Jh.s eine schwere Krise im Zuckerrohranbau hervor. Viele Plantagen wurden parzelliert, vorrangige Anbauprodukte wurden Kakao, Tabak und Kokosnüsse.

Erdölfunde: Einen Ausweg aus der Krise bot im Jahr 1857 die Entdeckung großer Erdölvorkommen, die ab 1910 kommerziell von US-Firmen ausgebeutet wurden. In den folgenden Jahren entwickelte sich T. zum wichtigsten Erdölproduzenten des brit. Empire, Erdöl wurde zum bestimmenden Faktor für die heimische Wirtschaft. Zunehmende Bedeutung erlangte auch der Export von Asphalt aus dem Pitch Lake, dem größten Naturasphaltvorkommen der Welt.

Souveränität

Parlamentarische Monarchie: 1958 schloss sich T. der Westind. Föderation, einem Verband der meisten westind. Kolonien Großbritanniens, an. Ein Jahr darauf sprach London T. innere Autonomie zu; nach der Auflösung der Westind. Föderation wurde T. als parlamentarische Monarchie im Rahmen des Commonwealth unabhängig.

Ausnahmezustand: Erster Regierungschef des unabhängigen Staates wurde Eric Williams (1956–81) von der People's National Movement (PNM). Nach schweren Rassenunruhen zwischen Afrokariben und Indokariben rief Williams 1971/72 den Notstand aus. 1976 wurde eine Verfassungsreform durchgeführt, mit der sich T. endgültig von seinem ehemaligen Mutterland löste und zur Präsidialrepublik formierte.

Verfassung: Das Parlament beruht auf einem Zweikammersystem. Das Abgeordnetenhaus (House of Representatives) setzt sich aus 36 nach dem Mehrheitswahlrecht für fünf Jahre gewählten Mitgliedern zusammen: 34 vertre-

Trinidad und Tobago 2000	
Landesfläche	5130 km² (WR 162)
Einwohner	1,3 Mio (WR 146)
Hauptstadt	Port of Spain (52 000 Einwohner)
Sprachen	Englisch, Patois, Spanisch, Französ.
Währung	1 Tr.-u.-Tob.-Dollar = 100 Cents
Gliederung	8 Counties und Tobago
Staatsform	Präsidiale Republik im Commonwealth (seit 1976)
Religion	Christen (59%); Hindus (24%); Moslems (6%); Sonst. (11%)
Bevölkerung	Inder (40%); Schwarze (40%); Mischl. (18%); Sonst. (2%)

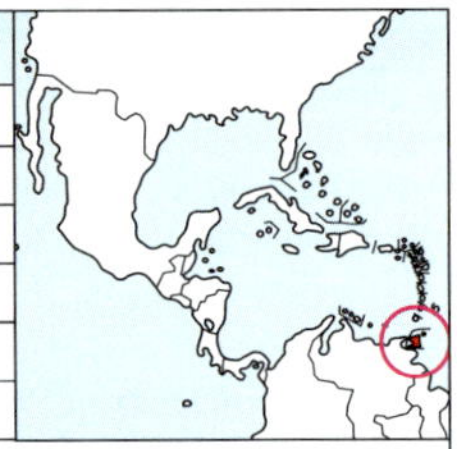

Trinidad und Tobago im 20. Jahrhundert	
1910	Kommerzialisierung der Erdölvorkommen durch US-Unternehmen.
1958	Beitritt zur Westind. Konföderation, die sich 1962 wieder auflöst.
1959	Trinidad und Tobago erhalten eine innere Autonomie.
1962	Unabhängigkeit als Commonwealth-Staat. Der seit 1956 regierende Eric Williams wird erster Premierminister der parlamentarischen Monarchie.
1972	Ausrufung des Notstands wegen schwerer Rassenunruhen.
1976	Nach einer Verfassungsreform wird Trinidad und Tobago eine Präsidialrepublik und löst sich damit endgültig von Großbritannien. Die PNM (People's National Movement) stellt die Regierung.
1978	Tobago erhält autonomen Status.
1981	Tod von Eric Williams; die PNM gewinnt erneut die Wahlen, sein Nachfolger als Regierungschef wird George Chambers.
1986	Die NAR (National Alliance for reconstruction) übernimmt die Regierung; Arthur N. R. Robinson wird Premierminister.
1990	Putschversuch islamischer Fundamentalisten.
1991	PNM übernimmt unter Patrick Manning erneut die Regierungsverantwortung.
1995	PNM und UNC erhalten bei den Wahlen gleich viele Sitze, der UNC geht mit der NAR eine Koalition ein; Basdeo Pandey wird erster indischstämmiger Premierminister der Republik Trinidad und Tobago.

Die wichtigsten Parteien im 20. Jahrhundert

Name (Abkürzung)	*Politische Richtung*	*Gründung*
People's National Movement (PNM)	linksgerichtet	1956
National Alliance for reconstruction (NAR)	sozialdemokratisch	1983
United National Congress (UNC)	linksgerichtet	1989

ten Trinidad, zwei Tobago. Im Senat sitzen 31 Vertreter, die auf Vorschlag des Premierministers, des Oppositionsführers oder als Vertreter verschiedener Verbände ernannt werden. Ein Wahlgremium aus Abgeordneten und Senatoren wählt das Staatsoberhaupt, den Präsidenten, der wiederum den Premierminister und die Senatoren ernennt. Im Jahr 1978 erhielt Tobago autonomen Status. Dem eigenen Parlament, das Tobago House of Assembly, gehören 15 Vertreter an.

Wirtschaftskrise: Mit der weltweiten Ölkrise geriet T., das aufgrund der Erdölproduktion lange Zeit wohlhabendster Staat der Karibik war, erneut in eine schwierige wirtschaftliche Lage. Zwar konnte die PNM – nach dem Tod Eric Williams unter der Führung von George Chambers (1981–86) – 1981 die Wahlen noch einmal gewinnen, doch führte die Wirtschaftskrise fünf Jahre später zu einem Regierungswechsel. Die Macht übernahm nun das Parteienbündnis National Alliance for Reconstruction (NAR), das unter Arthur N. R. Robinson (1986–91) weitreichende Reformen durchführen wollte. Dennoch konnte auch sie nichts gegen die ökonomische Misere ausrichten und verlor ihre Regierungsverantwortung wieder an die PNM.

Putschversuch: 1990 versuchte eine Gruppe islamischer Fundamentalisten die Regierung zu stürzen und hielt dabei die Mitglieder des Kabinetts für mehrere Tage gefangen. Unter Zusicherung der Straffreiheit konnte die Geiselnahme, bei der zahlreiche Menschen ums Leben kamen, beendet werden.

Förderung des Tourismus: Der 1991 gewählte Premierminister Patrick Manning von der PNM (1991–95) versuchte die Abhängigkeit T.s von der Erdölproduktion zu beseitigen und das Land über die Förderung der bislang eher vernachlässigten Tourismusbranche aus der Krise hinauszuführen. Gleichzeitig begann man aber auch mit der Modernisierung des Erdölsektors. Zwar stieg das BIP nach rund zehnjährigem Rückgang allmählich wieder an, doch blieb der erhoffte Aufschwung aus. Die Wahlen von 1995 führten zum parlamentarischen Patt zwischen PNM und dem 1989 ins Leben gerufenen United National Congress (UNC), der seine Anhängerschaft vor allem in der Gewerkschaftsbewegung und in der indischstämmigen Bevölkerung errang. Der UNC ging eine Koalition mit der NAR ein und stellt seitdem die Regierung.

Zukunftssicherung: Premierminister ist seit 1995 Basdeo Panday, der erste Regierungschef ind. Abstammung. Der Jurist und Wirtschaftswissenschaftler ist bemüht, die immer noch wenig entwickelte Tourismusbranche auszubauen. Dennoch ist die Wirtschaft des Landes weitgehend von Erdöl und Erdgas abhängig; die Landwirtschaft macht nur einen verschwindend geringen Prozentanteil vom BIP aus. Dementsprechend ist die wirtschaftliche Entwicklung T.s wegen der schwankenden Ölpreise auf dem Weltmarkt weiterhin erheblich krisengefährdet. Die Arbeitslosenquote war Ende der 90er Jahre immer noch relativ hoch (rund 16%) und die sozialen Spannungen, insbes. zwischen Afro- und Indokariben, dauern an. Für die langfristige Sicherung der Zukunft gilt das Hauptaugenmerk dem Tourismus, dem Handel und der Industrie.

Neuer Staatspräsident: 1997 wurde der ehemalige Premierminister Arthur N. R. Robinson zum Staatsoberhaupt gewählt. Selbst in Tobago geboren, hatte sich Robinson insbes. für die Teilautonomie der Insel stark gemacht und war in den 80er Jahren Präsident des regionalen Parlaments von Tobago. *A. Z.*

Port of Spain: Diese reich verzierte Villa in der Hauptstadt Port of Spain wurde ganz im spanischen Kolonialstil gebaut. Die Spanier beherrschten 250 Jahre die Inseln Trinidad und Tobago.

Staatsoberhäupter

Reg.-Zeit	*Name (Dynastie)*	*Lebensdaten*
1837–1901	Victoria I. (Hannover)	1819–1901
1901–10	Edward VII. (Sachsen-Coburg)	1841–1910
1910–36	George V. (Windsor)	1865–1936
1936	Edward VIII. (Windsor)	1894–1972
1936–52	George VI. (Windsor)	1895–1952
1952–76	Elizabeth II. (Windsor)	*1926
1976–87	Ellis Emmanuel Clarke	*1917
1987–97	Noor Mohammed Hassanali	*1918
seit 1997	Arthur N. R. Robinson	*1926

Tschad

Republik Tschad

Bis zum 19. Jh. beherrschten die Reiche der Kanem (nordöstlich des Tschadsees), der Bagirmi (am Chari-Fluss) und der Wadari (im Osten) die Region des heutigen T. Seit Ende des 15. Jh.s wanderten zunehmend Araber, Berber und Bantu in das Land ein. 1880 kontrollierte der arab. Heerführer und Sklavenjäger Rabeh das zentralafrikan. Territorium. Nach dem Sieg der Franzosen in der Schlacht von Kusseri (1900) wurde der T. 1910 Teil von Französisch-Äquatorial-Afrika. 1925 führt die französ. Kolonialverwaltung den Baumwollanbau im Süden des Landes ein (»Tchad utile«), der bald mit Zwangsmaßnahmen durchgesetzt wurde. Der Norden (Borkou-Ennedi-Tibesti, BET) blieb bis 1965 militärisches Sondergebiet unter französ. Verwaltung. 1946 wurde der T. zum Überseegebiet in der Französ. Union und 1958 zur autonomen Republik in der Französ. Gemeinschaft (Communauté Française) erklärt.

Tschad 2000	
Landesfläche	1,28 Mio km² (WR 20)
Einwohner	7,5 Mio (WR 90)
Hauptstadt	N'Djaména (531 000 Einwohner)
Sprachen	Französisch, Arabisch
Währung	CFA-Franc (FCFA)
Gliederung	14 Präfekturen, 53 Unterpräf.
Staatsform	Präsidiale Republik (seit 1962)
Religion	Moslems (53,9%); Christen (34,7%); Animisten (11,4%)
Bevölkerung	Sara (27,7%); Sudan-Araber (12,3%); Mayo-Kebbi (11,5%); Kanem-Bornu (9%); Ouaddai (8,7%); Sonstige (30,8%)

Tschad im 20. Jahrhundert	
1900	Französ. Kolonie, erst 1913 vollständige militärische Kontrolle durch Frankreich.
1925	Frankreich führt Baumwollanbau im Süd-Tschad ein.
1946	Der Tschad wird französ. Überseegebiet.
1958	Autonome Republik in der Französ. Gemeinschaft.
1960	Unabhängigkeit, François Tombalbaye wird Präsident.
1962	Neue Verfassung, Einparteienstaat, erste Rebellionen im Norden und Osten.
1966	Gründung der FROLINAT (Front de Libération Nationale du Tchad), Beginn eines organisierten Bürgerkriegs.
1973	François Tombalbaye beginnt eine kulturelle Revolution.
	Libyen besetzt den Aouzou-Streifen.
1974	Geiselaffäre durch FROLINAT-Dissident Hissène Habré.
1975	Präsident Tombalbaye wird beim Putsch getötet, Félix Malloum Staatschef.
1978	Waffenstillstand zwischen FROLINAT und Regierung.
1979	Erneute Kämpfe zwischen verschiedenen Fraktionen; militärische Beseitigung der Malloum-Herrschhaft; Bildung einer »Übergangsregierung der nationalen Einheit« unter Führung von Vertretern des Nordens.
1980	Offene Kämpfe zwischen Regierungsparteien und ihren Milizen; wiederholte Intervention Frankreichs und Friedensbemühungen afrikan. Staaten.
1982	Militärischer Sieg Hissène Habrés.
1985	Kämpfe zwischen Regierungstruppen, Libyen und Truppen des Ex-Präsidenten Goukouni Oueddei um den Aouzou-Streifen (bis 1987).
1990	Sturz Hissène Habrés, Übernahme der Macht durch Colonel Idriss Déby.
1992	Offizielle Zulassung von Oppositionsparteien.
1993	Erste nationale Konferenz.
1996	Neue Verfassung, die Gewaltenteilung und Mehrparteiensystem festlegt.
1996	Präsident Déby und seine Partei (MPS) werden in von Unregelmäßigkeiten überschatteten Wahlen mit absoluter Mehrheit gewählt.
1998	Massive Rebellion im Süden gegen die vom Norden dominierte Regierung.
1998	Beteiligung an militärischer Unterstützung der Kabila-Regierung im Kongo.
2000	Ex-Diktator Hissène Habré wird im Senegal wegen Verbrechen gegen die Menschlichkeit angeklagt, nach sechs Monaten jedoch freigelassen.
	Weltbank beteiligt sich an Finanzierung einer Erdöl-Pipeline nach Kamerun.

Unabhängigkeit

François Tombalbaye (1960–75), der aus dem Volk der Sara im Süden stammte und bereits seit März 1959 Ministerpräsident der autonomen Republik war, führte mit seiner Partei »Parti Progressiste Tchadien« (PPT) das Land in die Unabhängigkeit (11.8.1960). Seine Regierung stützte sich auf Vertreter des christianisierten Südens. Rivalisierende Parteien, die überwiegend die moslemische Bevölkerung des Ostens und Nordens vertraten und z. T. linke oder marxistische Positionen verfochten, wurden allmählich ausgeschaltet.

Bürgerkrieg

Diktatur: 1962 ließ Präsident Tombalbaye die Verfassung ändern, die PPT wurde Einheitspartei. Seitdem kam es im Osten und Norden immer wieder zu Rebellionen u.a. gegen korrupte Verwaltungsbeamte und Steuereintreiber, aber auch gegen den fortdauernden Einfluss französ. Administratoren. Die Gründung der FROLINAT (Front de Libération Nationale du Tchad) im sudanes. Exil vereinte 1966 verschiedene Strömungen der Opposition vornehmlich moslemischer und linker Kräfte. Die Regierung konnte sich nur durch zunehmend schärfere diktatorische Maßnahmen und französ. Militärs behaupten, die seit 1968 die tschad. Armee massiv unterstützten und mit der Luftwaffe von der französ. Militärbasis in der Hauptstadt Fort Lamy (N'Djaména) selbst eingriffen.

Machtfaktor Libyen: Tombalbaye brach im August 1971 die Beziehungen zu Libyen ab, das die FROLINAT militärisch unterstützte. Bereits ein Jahr später versuchte er eine andere Strategie und arrangierte sich mit Muammar al-Gaddhafi, der ab 1973 den 100 000 km² großen Aouzou-Streifen besetzte, in dem mineralische Bodenschätze vermutet wurden und der im Mussolini-Laval-Abkommen von 1935 Libyen vorübergehend zugesprochen worden war. Obwohl Gaddhafi sich öffentlich von der FROLINAT distanzierte, geriet Tombalbaye in die Defensive, da auch Frankreich ihn nicht mehr bedingungslos unterstützte.

Isolation des Regimes: Tombalbaye versuchte seine Macht durch eine »kulturelle Revolution« (nach dem Vorbild des zair. Diktators Mobutu) und Betonung einer »Tchaditude« zu sichern: Die Auflösung der PPT (1973) und die Gründung einer neuen Partei, die Umbenennung von Orten und Personen (die Hauptstadt Fort Lamy heißt seither N'Djaména, Tombalbaye gab sich den Vornamen N'garta) und die generelle Einführung der Initiationsriten des Volkes der Sara für alle Tschader führten jedoch dazu, dass der Präsident immer verhasster wurde.
Die Entführung der französ. Archäologin Françoise Claustre und ihres Mannes Pierre sowie des deutschen Arztes Christoph Staewen im April 1974 in der Oase Bardai durch den FROLINAT-Dissidenten Hissène Habré verstärkte die außenpolitische Isolation des T.

Militärregierungen

Machtwechsel: Im April 1975 putschte die Armee und setzte den von Tombalbaye inhaftierten General Malloum (1975–79) als Präsidenten ein; Tombalbaye wurde während des Putsches ermordet. Auch dieses Regime stützte sich auf französ. Militärhilfe, nachdem es ihm nicht gelungen war, mit den FROLINAT-Rebellen im Norden und Osten Frieden zu schließen. Ab 1978 näherte sich die neue Regierung dem Flügel der FROLINAT unter Hissène Habré, der die französ. Geisel Françoise Claustre im Januar 1977 als Letzte gegen Lösegeld freigelassen hatte. Habré wurde im August 1978 als erster Vertreter des Nordens Ministerpräsident unter Malloum. Der Bürgerkrieg nahm trotz der politischen Konstellation an Intensität zu: Insgesamt elf Bürgerkriegsparteien stritten sich mit ihren unterschiedlichen Zielen in diversen Operationsgebieten um die Macht. Bei den Auseinandersetzungen kämpften auch Streitkräfte des Präsidenten Malloum und des Ministerpräsidenten Habré gegeneinander.
Zweckbündnisse: 1979 arrangierte sich Habré mit dem verfeindeten Führer des Nordens Goukouni Oueddei und bildete eine kurzlebige Regierung (unter Vorsitz von Goukouni) der Nationalen Einheit, die auf nigerian. Einflussnahme hin zustande kam. Vom März bis September 1979 amtierte der Übergangspräsident Lol Mohamed Shawa. Nach einer vierten Konferenz der nationalen Versöhnung, an der alle elf Parteien teilnahmen, wurden Anfang September Goukouni zum Präsidenten, Hissène Habré zum Verteidigungsminister

Ausländische Unterstützung im Bürgerkrieg

Konflikt: Seit 40 Jahren befindet sich der T. im Bürgerkrieg. Angesichts großer Differenzen zwischen dem moslemisch geprägten Norden und dem weitgehend christianisierten Süden des Landes galt der T. schon früh als nahezu unregierbar. Der aus diesen Differenzen resultierende Bürgerkrieg konnte sich aber nur entwickeln, weil er immer wieder von außen unterstützt wurde. Die verschiedenen Regierungen wurden vornehmlich von Frankreich (später auch von den USA) militärisch protegiert und setzten dabei immer wieder auf den politischen Konflikt mit Libyen, der im Westen als Förderer des Terrorismus galt. Die Gruppierungen, die sich Mitte der 70er Jahre aus dem Zerfall der Befreiungsbewegung FROLINAT bildeten, suchten ebenfalls im Ausland Verbündete. Mit militärischen Mitteln operierende Parteien, besonders des islamischen Nordens, erreichten Arrangements mit islamischen Staaten und Persönlichkeiten. Auch Staatspräsident Idriss Déby konnte seinen Vergänger Hissène Habré nur deswegen so rasch aus dem Amt vertreiben, weil ihn konservative islamisch-arab. Kreise unterstützten. (Foto oben: Französ. Soldaten 1984 in einem Camp bei N'Djaména, unten: Rebellen in Bourkou, 1978)

und der Vertreter des Südens, Armee-Chef Abdoulkader Kamougué, zum stellvertretenden Präsidenten ernannt.

Zweiter Bürgerkrieg: Da die Regierung der Nationalen Einheit die grundlegenden Machtkonflikte der Parteien und ihrer Milizen nicht lösen konnte, kämpften die Einheiten Habrés und Goukounis schon ab März 1980 wieder gegeneinander. Goukouni konnte auf libysche Unterstützung rechnen, während Habré auf konservative Verbündete aus der arab. Welt zählte. Nach wechselnden militärischen Konstellationen zog Habré im Juni 1982 mit seinen FAN-Truppen (Forces Armées du Nord) in die Hauptstadt ein und ließ sich zum Präsidenten ausrufen. Goukouni operierte weiterhin mit libyscher Hilfe, sein Militär beherrschte z. T. den gesamten Norden des Landes. Dies führte ab Mitte 1983 nicht nur zu massiver französ. Militärunterstützung (»Operation Manta« mit über 3000 französ. Soldaten), sondern auch zu US-Militärhilfe.

Diktatur: Weil er den Widerstand verschiedener bewaffneter Gruppen, die vorwiegend vom Ausland gestützt wurden und deren politischen Ziele unklar waren, nicht beenden konnte, regierte Habré mit zunehmend diktatorischen Mittel, u.a. mit einer Geheimpolizei, die Oppositionelle folterte oder tötete. Er versuchte – wie schon zuvor Tombalbaye – ausländische Hilfe mit dem Argument zu mobilisieren, dass der T. von Libyen destabilisiert würde, u. a. im Aouzou-Streifen im Norden des T., der zwischen beiden Ländern umstritten ist und erst 1994 an T. zurückfällt. Zugleich war er darum bemüht, sich mit Libyens Führer Gaddhafi in einer Doppelstrategie von militärischen Aktionen und diplomatischen Abkommen um den Aouzou-Streifen zu arrangieren. Trotz weiterer französ. Militärhilfe (Operation Épervier 1986) und dem Bruch zwischen Goukouni und Gaddhafi beruhigte sich die militärische Lage der Regierung nur vorübergehend. Teilweise war das Land de facto zweigeteilt, wobei Habré sich die Kontrolle über den Süden noch mit dem starken Mann der Region, dem früheren Vize-Präsidenten Abdoulkader Kamougué teilen musste, der weite Teile des Südens kontrollierte. Im Juli 1990 ließ Habré Parlamentswahlen abhalten, nachdem im Dezember 1989 eine neue Verfassung mit verminderter Machtfülle für den Präsidenten durch ein Referendum eingeführt wurde. Den Rebellen des Colonel Idriss Déby, die vom Sudan zu Beginn der 90er Jahre aus die Regierungstruppen zurückdrängten, konnte er jedoch nur wenig entgegensetzen. Im Dezember 1990 wurde Habré von den Rebellen des MPS (Mouvement Patriotique du Salut) des Colonel Idriss Déby aus der Hauptstadt vertrieben und flüchtete in den Senegal.

Erdöl – Hoffnungsschimmer für Tschads Wirtschaft

Pipeline: Seit seiner Unabhängigkeit gehört der T. zu den ärmsten Ländern der Welt. Das wichtigste Exportprodukt Baumwolle erzielt immer geringere Erlöse auf dem Weltmarkt. Schon die Regierung Tombalbaye setzte große Hoffnungen auf Uran- und Diamantenvorkommen im Aouzou-Streifen im Norden, der seit den 60er Jahren zwischen Libyen und T. umstritten war und immer wieder Anlass für diplomatische Verwicklungen und wechselnde militärische Allianzen war. Die dortigen z. T. noch gar nicht prospektierten Vorkommen von Uran und Diamanten waren freilich unter ökonomisch rentablen Bedingungen nicht zu erschließen.

Ähnliche Hoffnungen verbinden sich seit Mitte der 60er Jahre mit Erdölvorkommen im Süden des Landes bei Doba und in der Nähe des Tschad-Sees. Die auf 900 Mio Fass geschätzten Reserven würden dem T. für 20 Jahre ein verdoppeltes BSP einbringen, wenn der Transport über eine mehr 1000 km lange Pipeline an die Küste Kameruns möglich gemacht werden könnte. Nachdem verschiedene Konsortien internationaler Ölfirmen das Projekt vorangetrieben hatten, sagte Mitte 2000 die Weltbank gegen erhebliche Bedenken von Umweltexperten aus Afrika und Europa ihre Unterstützung für die Finanzierung der Pipeline (geschätzte Investitionskosten: 7,5 Mrd DM) bis nach Kamerun zu. Die Finanzierungsprobleme allein und die Kritik von Umweltschützern bilden freilich nicht die einzigen Aspekte, an denen das Projekt noch scheitern könnte. Auch wenn die Mehrheit der Bevölkerung des T. für die Pipeline sein dürfte, so operiert gerade in der Region der Erdölfelder eine Guerilla-Truppe, die als politisches Ziel eine christlich geprägte autonome Region in einem föderal gegliederten Staat T. anstrebt.

Demokratisierung

Déby-Regierung: Die von ihm dominierte Sammlungsbewegung MPS ernannte Idriss Déby zum Staats- und Regierungschef. Im März 1991, nach Verabschiedung einer Nationalcharta, wurden die Ämter geteilt. Déby versprach die Einführung der Demokratie und ließ ab März 1992 erste Oppositionsparteien zu. Erstmals wurden unabhängige Zeitungen und andere Medien zugelassen, wenngleich 1991–93 Journalisten ermordet wurden.

Übergangscharta und Verfassung: Im April 1993 verabschiedete Déby mit Hilfe nationaler Konsultationen eine Übergangscharta, die einen Nationalen Übergangsrat (CST) bildete: Er bestand aus 57 Mitgliedern und berief den Ministerpräsidenten. Das Amt des Ministerpräsidenten wurde mit wechselnden Vertretern verschiedener Parteien besetzt, Zeichen für die wechselseitigen Blockaden der verschiedenen Parteien. Dem Übergangsrat lag zwar schon im Januar 1995 der Entwurf einer Verfassung vor, sie wurde aber erst im März 1996 durch ein Referendum (mit 63,5% Zustimmung) in Kraft gesetzt. In ihr wurden Gewaltenteilung, ein Mehrparteiensystem und bürgerliche Grundrechte verankert. Der Präsident der Republik, der für fünf Jahre gewählt wird, ist auch Oberbefehlshaber der Armee. Die 125 Abgeordneten der Nationalversammlung werden für vier Jahre vom Volk gewählt.

Wahlen: Im Juni 1996 siegte Déby im zweiten Wahlgang der Präsidentschaftswahlen über seinen Konkurrenten aus dem Süden des T., den früheren Rebellenführer Abdoulkader Kamougué. Bei Parlamentswahlen im Januar/Februar 1997, bei denen mehr als 60 Parteien antraten, erhielt die MPS, die Partei des Präsidenten, erst im zweiten Anlauf die absolute Mehrheit, obwohl sich zuvor bereits 30 Parteien in einer republikanischen Front zusammengeschlossen hatten, um den Präsidenten zu unterstützen. Auch diese Wahl wurde von verschiedenen Oppositionsparteien als manipuliert bezeichnet, die im Wahlkampf – im Gegensatz zur Regierungspartei – kaum in den Medien erwähnt wurden.
Nationale Integration: Präsident Déby verfolgte seit seiner Amtsübernahme eine Strategie der nationalen Integration. Im August 1997 schloss er mit den Militärs der FROLINAT ein Friedensabkommen, nachdem zuvor bereits ein Teil der politischen Kader der FROLINAT sich in verschiedene Oppositionsparteien integriert hatte, und anschließend ein Amnestieabkommen mit vier bewaffneten Gruppen, die sich als politische Parteien konstituieren konnten. Zudem bemühte er sich, oppositionelle Kräfte auch in die Regierung zu integrieren. So versuchte er durch häufige Wechsel der Ministerpräsidenten den Konflikten in den verschiedenen Parteien Rechnung zu tragen. Seinen unterlegenen Rivalen beim Präsidentschaftswahlkampf Kamougué, den militärisch wichtigsten Vertreter aus dem Süden des Landes, ließ er zum Parlamentspräsidenten wählen.
Andauernde Rebellion: Déby bemühte sich um den Erhalt der militärischen Präsenz Frankreichs im T. Im Gebiet des Tschad-Sees, im Tibesti, aber auch im Süden des Landes operieren immer wieder verschiedene militärische Einheiten mit undeutlichen politischen Zielen. Im Süden kämpfen verschiedene Gruppen (u. a. eine Forces Armées pour la République Fédérale, mit der der Präsident 1998 einen kurzlebigen Waffenstillstand erzielte) für einen föderalen Staat T.; im Norden sind immer noch Einheiten des ehemaligen Präsidenten Goukouni Oueddeï aktiv. Der ebenfalls im Norden operierende ehemalige Verteidigungsminister Togoïmi warf Déby einen autoritären Regierungsstil vor. Auch hatte der Präsident 1998 Regierungstruppen auf Seiten des kongoles. Präsidenten Kabila gegen die von Uganda und Ruanda dominierten Rebellen eingesetzt. Im Januar 2000 wurde Ex-Präsident Habré im Senegal wegen Menschenrechtsverletzungen angeklagt, nach vielen juristischen Finessen aber freigelassen. *P.R.*

Idriss Déby – Herrscher der 90er Jahre

Militärmachthaber: Wie zahlreiche andere Präsidenten Afrikas kam der einstige Colonel Idriss Déby (*1950) 1990 mit militärischen Mitteln an die Macht. Doch anders als viele seiner Amtskollegen leitete er einen Prozess der Demokratisierung des T. ein, der freilich angesichts der starken regionalistischen Kräfte wenig effektiv war. Gegen diese Kräfte setzte sich Déby entweder durch Einbeziehung oder Einschüchterung von Oppositionellen durch. Sein politisches Überleben wird auf Dauer davon abhängen, ob die erhofften Einnahmen aus dem Erdölexport allen Fraktionen der nach wie vor zerstrittenen Gruppen des Landes zugute kommen. (Foto: Déby 1991)

Staatsoberhäupter des Tschad

Reg.-Zeit	*Name*	*Lebensdaten*
1960–75	François (N'garta) Tombalbaye	1918–1975
1975–79	Félix Malloum	1932–1998
1979	Lol Mohamed Shawa	*1939
1979–82	Goukouni Oueddei	*1944
1982–90	Hissène Habré	*1942
seit 1990	Idriss Déby	*1952

Die wichtigsten Parteien im 20. Jahrhundert

Ende der 90er Jahre zählten Beobachter etwa 70 verschiedene Gruppierungen im Tschad, die sich als politische Parteien bezeichneten. Nach der Zulassung von politischen Parteien 1992 und der Verankerung des Mehrparteiensystems in der Verfassung von 1996 verwandelten sich viele der überwiegend im Osten und Norden operierenden Guerilla-Gruppen in Parteien, um an Wahlen teilnehmen zu können, behielten aber zumeist ihre Milizen bei. Die Parteien unterscheiden sich hinsichtlich ihrer regionalen Verankerung.

Name (Abkürzung)	*Parteiführer*	*Politische Richtung*	*Gründung*
Mouvement Patriotique du Salut (MPS)	Idriss Déby	Regierungspartei	1990
Union Nationale pour la Démocratie et le Renouveau (UNDR)	Saleh Kebzabo	z.T. von Regierung kooptiert	1992
Union pour la Démocratie et la République (UDR)	Jean Alingué	regionalistisch	1992
Union pour le Renouveau et la Démocratie (URD)	A. Kamougué	gemäß. Opposition regionalistisch	1992
Union Nationale (UN)	Abdoulaye Lamana	konservativ-islamisch	1993
Rassemblement pour la Démocratie et le Progrès (RDP)	Lol Mohamed Shawa	konservativ-islamisch	1993
VIVA RNPD	K. Delwa Coumakoye	regionalistisch	1993
Front d'active pour le renouveau (FAR)	Ngarlei Yorongar	gemäßigt ökologisch, regionalistisch	1993

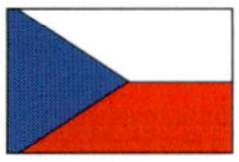

Tschechien

Tschechische Republik

Im ursprünglich kelt. Siedlungsgebiet Boihaenum (Böhmen) siedelten sich seit dem 6. Jh. slaw. Stämme an. Die in der Region um Prag siedelnden Tschechen gewannen im 9. Jh. die Oberherrschaft über die anderen slaw. Gruppen. Unter dem Herrschergeschlecht der Premysliden (9. Jh.–1306) wurde Böhmen Königreich. 1526 fiel die böhm. Krone an die Habsburger (bis 1918). Zur Zeit der österreich.-ungar. Monarchie (1867–1918) gehörten die Tschechen zur österreich. Reichshälfte.

Wurzeln in der Tschechoslowakei

Demokratische Republik: Nach der Zerschlagung der Habsburgermonarchie Ende des Ersten Weltkriegs bildeten die Tschechen mit dem slaw. Nachbarvolk der Slowaken einen gemeinsamen föderativen Staat, die Tschechoslowak. Republik. Im Gegensatz zu den mittelosteuropäischen Nachbarstaaten blieb die demokratische Struktur bis Ende der 30er Jahre gewahrt.

Protektorat: 1938/39 fiel der Staat der Expansionspolitik des Deutschen Reiches zum Opfer. Laut Münchner Abkommen vom 29.9.1938 musste die Republik die überwiegend von Deutschen besiedelten Gebiete an Hitler-Deutschland abtreten, im März 1939 wurden die tschech. und mähr. Gebiete als »Protektorat Böhmen und Mähren« in das Deutsche Reich eingegliedert.

Sozialistische Republik: Ende des Zweiten Weltkriegs wurde die Tschechoslowakei wieder errichtet und geriet nun in den sowjet. Machtbereich. Der Versuch, das System zu liberalisieren und demokratisieren (Prager Frühling 1968), wurde durch eine militärische Intervention der UdSSR und ihrer Verbündeten gewaltsam unterdrückt. Infolge des politischen Wandels in Osteuropa brach 1989 auch in der Tschechoslowakei die kommunistische Herrschaft zusammen.

Teilung: Mit der Etablierung demokratischer Strukturen brach auch die Frage nach der Form des Zusammenlebens von Tschechen und Slowaken in einem gemeinsamen Staat wieder auf. Die Spannungen – vornehmlich zwischen den Politikern beider Völker – führten 1992 zu dem Entschluss, den Gesamtstaat in zwei voneinander unabhängige Staaten zu teilen. Waren auf slowak. Seite eher historische Gründe und die generelle Skepsis gegenüber dem Prager Zentralismus für diese Entscheidung ausschlaggebend, so standen bei den Tschechen wirtschaftliche Überlegungen im Vordergrund. Sie nahmen an, die wirtschaftlichen Reformen und den Beitritt zur EU ohne die Slowakei schneller vollziehen zu können. Seit dem 1.3.1993 existiert die Tschech. Republik als selbstständiger Staat.

Tschechien 2000

Landesfläche	78 884 km² (WR 114)
Einwohner	10,3 Mio (WR 74)
Hauptstadt	Prag (1,22 Mio Einwohner)
Sprachen	Tschechisch, Slowakisch
Währung	1 Tschechische Krone = 100 Haleru
Gliederung	Gemeinden
Staatsform	Parlamentarische Republik (seit 1993)
Religion	Christen (43,4%); Sonstige (16,7%); Konfessionslose (39,9%)
Bevölkerung	Tschechen (94,4%); Slowaken (3,1%); Sonstige (2,5%)

Tschechien im 20. Jahrhundert

1918	Ausrufung der Tschechoslowak. Republik in Prag.
1938	Münchner Abkommen: Abtretung des Sudetenlandes ans Deutsche Reich.
1939	Einmarsch deutscher Truppen in die »Rest-Tschechei«; das »Protektorat Böhmen und Mähren« wird in das Deutsche Reich eingegliedert.
1945	Wiedererrichtung der Tschechoslowakei, Edvard Beneš wird Staatspräsident.
1989	»Sanfte Revolution« in Prag beendet kommunistische Herrschaft.
1992	Vereinbarung über die Auflösung der Tschechoslowakei.
1993	Proklamation der Tschech. Republik (ČR) als selbstständiger Staat; Václav Havel wird zum Staatspräsidenten gewählt. Beitritt zum Europarat; Unterzeichnung des tschech.-russ. Grundlagenvertrags.
1995	Grundsatzrede Präsident Havels über das tschech.-deutsche Verhältnis.
1996	Erste Parlamentswahlen nach der Auflösung der ČSFR; ODS verliert die absolute Mehrheit, stellt aber weiter die Regierung unter Ministerpräsident Václav Klaus; Duldung durch die Sozialdemokraten (ČSSD).
1997	»Versöhnungserklärung von Tschechen und Deutschen« unterzeichnet.
	Rücktritt der Regierung Klaus (ODS) aufgrund einer Spendenaffäre.
	Jahrhundert-Hochwasser im Odergebiet fordert 52 Todesopfer.
	Beschluss der EU, mit Tschechien Beitrittsverhandlungen zu beginnen.
1998	Einsetzung eines Expertenkabinetts unter Josef Tošovský.
	Wiederwahl Havels zum Staatspräsidenten; sozialdemokratische ČSSD gewinnt Parlamentswahlen; Minderheitsregierung unter Miloš Zeman.
1999	Beitritt zur NATO, gemeinsam mit Polen und Ungarn.

Die wichtigsten Parteien im 20. Jahrhundert

Name (Abkürzung)	*Politische Richtung*	*Gründung*
Sozialdemokratische Partei (ČSSD)	sozialdemokratisch	1878
Christlich-Demokratische Union / Tschech. Volkspartei (KDU-ČSL)	liberal-konservativ	1918
Bürgerforum (OF)	liberal	1989
Bürgerbewegung (OH)	linksliberal	1991
Bürgerlich-Demokratische Allianz (ODA)	liberal-konservativ	1991
Bürgerlich-Demokratische Partei (ODS)	liberal-konservativ	1991
Kommunist. Partei Böhmens und Mährens (KSČM)	sozialistisch	1991
Freiheitsunion	konservativ	1997

Nationalstaat Tschechien

Verfassung: Die neue tschech. Verfassung, die am 1.1.1993 in Kraft trat, nahm wesentliche Elemente der Verfassung der Ersten Republik (1918–38) auf: ein parlamentarisches Zwei-Kammer-System (Abgeordnetenhaus und Senat), ein Verhältniswahlsystem sowie eine starke Stellung des Staatspräsidenten. Zentrale Punkte der Verfassung sind Volkssouveränität und Demokratie, Rechtsstaatlichkeit und Menschenrechte, ein parlamentarisches Regierungssystem sowie die Gewaltenteilung.
Ethnische Homogenität: Mit der Tschech. Republik verfügen die Tschechen zum ersten Mal in ihrer Geschichte über einen Staat, der ethnisch weitgehend homogen ist. Zu den ca. 94% Tschechen (und 3,1% Slowaken) kommen zahlenmäßig kleine Minderheiten von Polen, Deutschen und Roma. Den Minderheitenkonflikten, wie sie in der Geschichte der Tschechoslowakei mehrfach auftraten, ist damit die Grundlage entzogen.
Staatspräsident: Die starke Stellung des Präsidenten, die schon in der Verfassung festgeschrieben ist, wird in T. seit 1993 durch die Person des Amtsinhabers zusätzlich hervorgehoben. Mit Václav Havel steht die unumstrittene Symbolfigur des demokratischen Wandels an der Spitze des Staates. Schon im Prager Frühling und als Sprecher der Charta 77 in der vordersten Linie der Dissidenten aktiv, gelten seine moralische Prinzipientreue und sein unnachgiebiges Demokratieverständnis bei der Bevölkerung als Garanten für den Aufbau des liberalen, pluralistischen Rechtsstaates. Am 20.1.1998 wurde Václav Havel erneut zum Präsidenten der Tschech. Republik gewählt.

Liberalisierung der Wirtschaft

Die Ablösung der auf Staatseigentum basierenden Zentralverwaltungswirtschaft sowjet. Typs durch eine marktwirtschaftliche Ordnung westlichen Zuschnitts war oberstes Ziel tschech. Wirtschaftspolitik nach der Wende 1989. Die Voraussetzungen für die Transformation waren günstig: Die Auslandsverschuldung war gering, die Löhne vergleichsweise niedrig und die Ausbildung der Facharbeiter gut. So ermöglichten die Privatisierung der Staatsbetriebe und die Liberalisierung der Binnen- und Außenwirtschaft rasch erste ökonomische Erfolge. Das BIP wies Wachstumsraten von bis zu 6,9% auf, die Arbeitslosenquote konnte lange Zeit unter 3% gehalten werden. 1997 allerdings gerieten die tschech. Wirtschaft und Währung in die Krise. Das BIP-Wachstum fiel unter 2% (1999: 1,9%), die Zahl der Arbeitslosen verdoppelte sich nahezu im Vergleich zu früheren Jahren (1998: 4,5%) und auch die Inflation stieg deutlich an. Für das Jahr 2000 ist wieder ein stärkeres Wachstum des BIP prognostiziert.

Václav Havel – Symbolfigur der Demokratiebewegung

Václav Havel (*5.10.1936 in Prag) studierte 1955–57 an der Technischen Hochschule. Ab 1960 arbeitete er als Dramaturg im »Theater am Geländer«. Dort wurden 1963–68 seine ersten Stücke aufgeführt. Im Juni 1967 äußerte er bereits heftige Kritik am Regime. Als Aktivist des »Prager Frühlings« 1968 erhielt er nach der Intervention sowjet. Truppen Aufführungs- und Publikationsverbot. 1977 war er Mitbegründer der Bürgerrechtsgruppe Charta 77, Jahre der Inhaftierung folgten (u. a. 1979–83). In der Haft entstanden seine »Briefe an Olga«. 1989 wurde er erneut zu einer Gefängnisstrafe verurteilt. Im November 1989 trat er als Mitbegründer des Bürgerforums hervor. Am 29.12.1989 wurde er zum Staatspräsidenten der Tschechoslowakei gewählt. Nach der Unabhängigkeitserklärung der Slowakei trat er als Präsident zurück. Am 26.1.1993 wurde er zum Staatspräsidenten der Tschech. Republik gewählt und am 20.1.1998 im Amt bestätigt.
Havel ist die Symbolfigur für die Erneuerung des tschech. Staates. Umfragen zeigten, dass der Präsident seit 1989 konstant das Vertrauen von über 70% aller Tschechen genießt. Auf dieser Wertschätzung basiert seine Position, die weit über die Kompetenz seines Amtes hinausreicht. Der charismatische, wegen seiner Unbeugsamkeit zuzeiten des kommunistischen Regimes verehrte »Dichterpräsident« gilt den Tschechen als unersetzbar. Auch im Ausland besitzt Havel hohes Ansehen. (Foto: Präsident Havel überreichte dem tschech. Ministerpräsidenten Miloš Zeman am 17.7.1998 in der Prager Burg die Ernennungsdokumente.)

Innenpolitik der Nachwendezeit

Bürgerforum: Aus den ersten freien Wahlen im Juni 1990 war das Bürgerforum (OF) als Sammelbecken der antikommunistischen Opposition mit 53% der Stimmen als deutlicher Sieger hervorgegangen. Nach den Wahlen spaltete sich die Sammelbewegung in zwei Parteien: Der größere Teil des Forums bildete unter der Führung von Václav Klaus die Demokratische Bürgerpartei (ODS), der kleinere Teil formierte sich in der linksliberalen Bürgerbewegung (OH) unter Jiri Dienstbier. Die letzten Parlamentswahlen der ČSFR von 1992

Stichwort: Die tschechisch-deutschen Beziehungen

Schwieriges Erbe: Im tschech.-deutschen Verhältnis brachen auch mehr als 50 Jahre nach dem Ende des Zweiten Weltkriegs immer wieder die Wunden auf, welche die NS-Herrschaft in Böhmen und Mähren und die anschließende Vertreibung der Sudetendeutschen geschlagen hatten. Mitte der 90er Jahre wurde die Initiative ergriffen, die bilateralen Beziehungen der beiden Staaten auf eine neue Grundlage zu stellen.

Anlässlich des 50. Jahrestags der Beendigung des Zweiten Weltkriegs hielt Staatspräsident Václav Havel am 17.2.1995 in der Prager Karls-Universität eine Grundsatzrede über die tschech.-deutschen Beziehungen. Er betonte die Notwendigkeit, die bilaterale Konfrontation zu beenden und einen wirklichen Neuanfang zu wagen. Zugleich erteilte er Wiedergutmachungsforderungen von Sudetendeutschen eine klare Absage. Havel erkannte an, dass auch die Tschechen einen Teil der Verantwortung für das Ende der tschech.-deutschen Koexistenz trügen, doch es könne kein Zweifel daran bestehen, »wer den Geist des nationalen Hasses als Erster aus der Flasche ließ«.

Als Folge der Rede Havels entspann sich in beiden Staaten eine z. T. heftig geführte Diskussion, die aber 1997 zu einem Akt des Ausgleichs führte. Am 21.1.1997 unterzeichneten Ministerpräsident Václav Klaus (Foto oben, r.) und Bundeskanzler Helmut Kohl (l.) in Prag die Deutsch-Tschech. Aussöhnungserklärung, in der sich beide Völker zu ihrer geschichtlichen Verantwortung bekennen. (Foto unten: Aus dem ehemaligen Nordmähren stammende Besucherinnen in ihrer Goldhaubentracht auf dem 47. Sudetendeutschen Tag in Nürnberg im Mai 1996. Bei dem Vertriebenentreffen stand die geplante deutsch-tschech. Versöhnungserklärung im Mittelpunkt.)

gewann die ODS, tschech. Regierungschef wurde Klaus, der mit seinem slowak. Kollegen Vladimír Mečiar im Juli 1992 die Auflösung des Gesamtstaates vereinbarte.

Die Ära Václav Klaus: 1992–97 regierte in T. ein liberal-konservatives Bündnis aus ODS, Bürgerlich-Demokratischer Allianz (ODA) und Christlich-Demokratischer Union/Tschech. Volkspartei (KDU-ČSL). Die Politik der Koalition wurde maßgebend von Ministerpräsident Klaus geprägt, der für zügige Wirtschaftsreformen und Privatisierung eintrat. Seine Partei, die ODS, gilt als politische Heimat der Transformationsgewinner und stützt sich vor allem auf städtische, gut ausgebildete Wähler. Nach einer Parteispendenaffäre um die ODS trat Klaus am 30.11.1997 als Ministerpräsident zurück.

Regierungswechsel 1998: Bis zu den Neuwahlen im Juni 1998 setzte Präsident Havel als Übergangsregierung ein Expertenkabinett ein, das vom Chef der Nationalbank, Josef Tošovský, geleitet wurde. Aus den Neuwahlen gingen die Sozialdemokraten (ČSSD) mit 32,3% der Stimmen als stärkste Partei hervor. Ihr war es gelungen, unter dem Eindruck der einsetzenden Wirtschaftskrise die Stimmen der Reformverlierer auf sich zu vereinen. Die Koalitionsbildung gestaltete sich schwierig, da die liberal-konservativen Parteien zwar über eine knappe Mehrheit der Parlamentssitze verfügten, aber keine Partei mit der ODS von Klaus koalieren wollte.

Linke Minderheitsregierung: Schließlich kam es zu einem Übereinkommen der beiden stärksten Parteien, ČSSD und ODS. Darin vereinbarten die Parteiführungen die Duldung einer ČSSD-Minderheitsregierung unter dem Sozialdemokraten Miloš Zeman (seit 1998). Die ODS garantierte den Verzicht auf ein Misstrauensvotum während der gesamten Legislaturperiode. Überraschend scheiterten die rechtsradikalen Republikaner (SPR-RSČ) mit 3,9% an der Fünfprozenthürde, so dass im neuen Kabinett mit der Kommunistischen Partei Böhmens und Mährens (KSČM, 11%) lediglich eine Partei vertreten ist, die zu den Extremen zählt und teilweise Systemopposition betreibt.

Westorientierung der Außenpolitik

Neuorientierung: Ziele und Prioritäten der tschech. Außenpolitik waren von Beginn an unumstritten: die Integration in die Europäische Union und in das Nordatlantische Verteidigungsbündnis. Damit wandte sich T. von der traditionellen tschechoslowak. Außenpoli-

Schwerpunktindustrien in Tschechien sind der Maschinenbau, die chemische Industrie, die Konsumgüter- und Nahrungsmittel- sowie Textil-, Glas- und Keramikindustrie. Ein traditioneller Erwerbszweig ist die Bierbrauerei. Hohe Exporterlöse bringen auch Autos der seit 1991 zum deutschen Volkswagenkonzern gehörenden Marke Škoda. (Foto: Škoda- Werk in Madla-Boleslav, 1990)

tik ab, die vor allem auf die mittelosteuropäischen Nachbarstaaten ausgerichtet war.

Integration in die EU: Im Juli 1993 wurde T. Mitglied des Europarats, zum 1.2.1995 trat das Assoziierungsabkommen mit der EU in Kraft. Der Antrag auf Vollmitgliedschaft folgte im Januar 1996. Im Dezember 1997 beschloss die EU, mit T. sowie fünf weiteren Staaten Beitrittsverhandlungen zu führen. Der Beitritt ist für das Jahr 2003 geplant.

Tschechisch-deutsches Verhältnis: Die Zerschlagung der demokratischen Tschechoslowakei durch Nazi-Deutschland, die folgende NS-Gewaltherrschaft in Böhmen und Mähren sowie die anschließende Vertreibung der Sudetendeutschen belasteten das Verhältnis T.s zu Deutschland. Das tschech.-deutsche Abkommen vom 21.1.1997 stellte die weitere Entwicklung der bilateralen Beziehungen auf eine neue Grundlage.

NATO-Mitgliedschaft: Der Zerfall des Warschauer Paktes führte zu einem Sicherheitsvakuum in den ehemaligen Ostblock-Staaten, insbes. in Mittelosteuropa. Durch die zügige NATO-Osterweiterung wurden die jungen Demokratien in dieser Region in ein neues Sicherheitssystem eingebunden. Im Februar 1994 schloss T. einen Partnerschaftsvertrag mit der NATO. Zusammen mit Polen und Ungarn wurde der Staat im März 1999 in das Nordatlantische Verteidigungsbündnis aufgenommen.

R.F.

NATO-Beitritt – Tschechiens Integration in das westliche Bündnissystem

Am 12.3.1999 wurde Tschechien, gemeinsam mit Polen und Ungarn, in die NATO aufgenommen. Die Entscheidung zur Aufnahme von Beitrittsverhandlungen war 1997 auf dem NATO-Gipfel in Madrid gefallen. Der Widerstand Russlands gegen die Osterweiterung des Militärbündnisses sorgte anfangs für diplomatische Spannungen, konnte die Eingliederung der drei Staaten aber nicht verhindern. Die Aufnahmezeremonie fand in Independence (US-Bundesstaat Missouri) statt, wo 1949 der damalige US-Präsident Harry S. Truman die Gründung des Bündnisses bekannt gegeben hatte. Mit der Hinterlegung der Beitrittsurkunden durch Außenminister Jan Kavan unterstellte Tschechien seine Streitkräfte dem NATO-Oberbefehl. In seiner Rede gab Kavan der Überzeugung Ausdruck, mit diesem Schritt würden »die tschech. Traumata des Jahrhunderts für immer der Vergangenheit angehören«. Er hob die Bedeutung des NATO-Beitritts für die Konsolidierung der jungen Demokratien in Mittel- und Osteuropa hervor und begrüßte die angestrebte Kooperation der NATO mit Russland und der Ukraine. (Foto: Tschech. Soldaten hissten am 12.3.1999 in Prag die NATO-Flagge.)

Tschechoslowakei 1992	
Landesfläche	127 876 km^2
Einwohner	15,7 Mio
Hauptstadt	Prag (1,2 Mio Einwohner)
Sprachen	Tschechisch, Slowakisch
Währung	1 Tschechoslowak. Krone = 100 Haleru
Gliederung	2 Republiken, 10 Bezirke
Staatsform	Föderative Republik (seit 1990)
Religion	Katholiken (50%); Protestanten (20%); Sonstige (30%)
Bevölkerung	Tschechen (63,4%); Slowaken (31,3%); Ungarn (3,8%); Sonst. (1,5%)

Die Tschechoslowakei im 20. Jahrhundert	
1915	Tomáš G. Masaryk verkündet in Paris ein Manifest zur Gründung des Staates.
1916	Der tschechoslowak. Nationalrat wird in Paris ins Leben gerufen.
1918	Bekanntgabe der Bildung einer provisorischen Regierung in Paris.
	Proklamation der unabhängigen Tschechoslowak. Republik in Prag.
1919	Militärische Auseinandersetzungen mit Ungarn in der Slowakei.
1920	Im Friedensvertrag von Trianon werden die Staatsgrenzen festgelegt.
	Erste Parlamentswahlen: Sozialdemokraten führen Koalition.
	Defensivbündnis gegen Ungarn mit Jugoslawien und Rumänien (1921).
1926	Agrarier bilden eine Koalition unter Einbeziehung der Deutschen.
1935	Starke Stimmengewinne der Sudetendeutschen Partei unter Konrad Henlein.
	Staatspräsident Masaryk legt sein Amt nieder; Nachfolger: Edvard Beneš.
1938	»Sudetenkrise« infolge der Expansionspolitik Hitler-Deutschlands.
	Münchner Abkommen verfügt Gebietsabtretungen an das Deutsche Reich.
1939	Böhmen und Mähren als »Protektorat« ins Deutsche Reich eingegliedert.
	Die Slowakei wird als »Schutzstaat« Deutschlands unabhängig.
1942	Attentat auf den stellvertretenden Reichsprotektor Reinhard Heydrich; Zerstörung des Dorfes Lidice (Mittelböhmen) und Ermordung seiner Bewohner.
1945	Wiedererrichtung der Tschechoslowak. Republik unter Präsident Beneš.
	Verkündung des Kaschauer Programms; Beginn der Vertreibung von Sudetendeutschen und Ungarn, Abtretung der Karpato-Ukraine.
1946	Aus den Wahlen geht die Kommunistische Partei als Sieger hervor.
1948	Kommunistische Machtübernahme; Klement Gottwald wird Staatspräsident.
1968	Prager Frühling: Reformkommunisten gewinnen in der Partei die Oberhand; »Manifest der 2000 Worte«; Aufruf zur Demokratisierung.
	Militärische Intervention der Truppen des Warschauer Pakts.
1969	Alexander Dubček gestürzt, Gustáv Husák wird Erster Parteisekretär.
1970	»Parteisäuberung« führt zu zahlreichen Parteiausschlüssen.
1975	Husák wird Nachfolger von Ludvík Svoboda als Staatspräsident.
1977	Gründung der Bürgerrechtsgruppe Charta 77 (u. a. Václav Havel).
1979	Havel und andere Unterzeichner der Charta 77 werden verurteilt.
1987	Husák tritt als Parteichef zurück, Nachfolger wird Miloš Jakeš.
1988	Massendemonstrationen in Prag; Ladislav Adamec wird Regierungschef.
1989	DDR-Bürger fliehen in die deutsche Botschaft in Prag; Polizei schlägt Demonstration in Prag nieder; Massenproteste und Generalstreik.
	Bildung eines neuen Kabinetts; Havel wird zum Präsidenten gewählt.
1990	Umbenennung des Staates in Tschech. und Slowak. Föderative Republik; erste freie Parlamentswahlen seit 44 Jahren.
1991	Abzug der sowjet. Truppen abgeschlossen; EU-Assoziierungsvertrag.
1992	Souveränitätserklärung der Slowakei; Havel tritt als Präsident zurück.
	Tschech. und slowak. Ministerpräsident vereinbaren die Teilung des Staates; Auflösung des Gesamtstaates in zwei selbstständige Staaten.

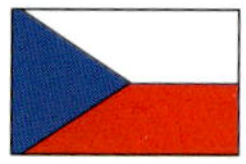

Tschechoslowakei

Die T. entstand, als Ende des Ersten Weltkriegs die österreich.-ungar. Monarchie zerfiel und sich Tschechen und Slowaken in einem unabhängigen Staat zusammenfanden. Für die Slowaken, die seit dem 10. Jh. unter ungar. Herrschaft gelebt hatten, war dies die erste Staatsbildung. Die Tschechen hingegen konnten auf den mittelalterlichen böhm. Staat zurückblicken, der bereits in der zweiten Hälfte des 9. Jh.s Gestalt angenommen hatte und 1085 zum Königreich erhoben worden war. 1526 fiel die böhm. Krone an die Dynastie der Habsburger. Tschechen und Slowaken lebten in der Folgezeit für nahezu vier Jahrhunderte im Habsburger Vielvölkerstaat. In der österreich.-ungar. Doppelmonarchie (1867–1918) gehörten die Tschechen zur österreich., die Slowaken zur ungar. Reichshälfte.

Die Erste Republik (1918–38)

Unabhängigkeit: Am 28.10.1918 erklärte der tschechoslowak. Nationalrat in Prag die Unabhängigkeit und rief die Republik aus. Der aus dem Territorium der österreich.-ungar. Monarchie herausgelöste Staat wies schon in seinem Namen seine Besonderheit aus: Die T. war der einzige Staat, der in der offiziellen Bezeichnung die Namen zweier Völker enthielt. Ihre Sprachen sind sehr nah verwandt, sodass eine mühelose Verständigung möglich ist, doch hinsichtlich ihrer Geschichte und Gesellschaftsstruktur lagen tief greifende Unterschiede vor, die sich in der Zeit des gemeinsamen Staates immer wieder in der Politik niederschlugen.
Staatsstrukturen: Der neue Staat setzte sich aus unterschiedlich aufgebauten Landesteilen zusammen: im Westen Böhmen und Mähren (die sog. Historischen Länder), im Osten die Slowakei und die Karpato-Ukraine. Von den 13,5 Mio Einwohnern waren 9,75 Mio Tschechen und Slowaken. Dazu gesellten sich starke nationale Minderheiten: 3,32 Mio Deutsche, 720 000 Ungarn und 100 000 Polen. Die Minderheitenfrage, insbes. das Verhältnis des Staates zur deutschen Minorität, stellte ein Kernproblem der Ersten Republik dar.
Wirtschaft: Die wirtschaftlichen Voraussetzungen begünstigten die Gründung eines eigenständigen Staates. Auf tschechoslowak. Gebiet befanden sich fast drei Viertel der Industrie der ehemaligen Habsburgermonarchie. Der Industrialisierungsgrad entsprach 1918 dem der entwickelten Staaten Westeuropas.

West-Ost-Gefälle: Wirtschafts- und Sozialstrukturen wiesen innerhalb der Republik ein deutliches Gefälle von West nach Ost auf. Bevölkerungsdichte, Industrialisierungsgrad und Bildungsniveau waren in den tschech. Landesteilen (Böhmen und Mähren) wesentlich höher als in den slowak. Die Industrie konzentrierte sich in den westlichen Landesteilen, während die Slowakei vor allem als Rohstofflieferant diente. Aus diesem Ungleichgewicht nährten sich die stets virulenten Spannungen zwischen Tschechen und Slowaken.

Innenpolitik der Zwischenkriegszeit

Demokratie: Die parlamentarische Demokratie blieb in der T. – im Gegensatz zu allen anderen Staaten Ostmitteleuropas – zwei Jahrzehnte lang intakt. Verglichen mit den Nachbarstaaten zeichnete sich das Land durch politische Stabilität und wirtschaftliche Prosperität aus. Entstehung und Entwicklung des Staates waren in diesem Zeitraum eng mit dem Wirken einer Person verbunden: Tomáš G. Masaryk. Noch während des Ersten Weltkriegs hatte er – gemeinsam mit Edvard Beneš bei den Alliierten die Gründung des Staates diplomatisch vorbereitet. In der Ersten Republik stand er als Präsident (1918–35) für die Kontinuität des 1918 eingeschlagenen Weges.

Parteien: Das Proportionalwahlrecht ermöglichte einer Vielzahl von Parteien den Einzug ins Parlament. Die Politik wurde – zumeist in Form von Koalitionsregierungen – von fünf Parteien bestimmt: zwei rechts von der Mitte stehenden (Agrarier, Nationaldemokraten), zwei sozialistischen (Sozialdemokraten, National-Sozialisten) und der katholischen Volkspartei. Die Wahlen vom April 1920 gewannen die Sozialdemokraten, die von 1925 die Agrarier. Es wurden bürgerlich-demokratische Koalitionsregierungen gebildet, meist unter Einschluss der Sozialisten. Tragendes Element aller Koalitionen waren die Agrarier, die von 1922 an ununterbrochen den Ministerpräsidenten stellten.

Außenpolitik der Beneš-Ära

Die Außenpolitik der Ersten Republik prägte Edvard Beneš, der 1920–35 das Amt des Außenministers bekleidete. Eine potenzielle Gefahr für den Bestand des Staates bildeten die Revisionsansprüche der Verlierermächte des Ersten Weltkriegs. Deutschland, Österreich und Ungarn. Oberstes Gebot tschechoslowak. Außenpolitik blieb daher der Erhalt des 1918–21 geschaffenen Status quo. Ergebnis dieser Politik war das Bündnissystem der Kleinen Entente (1920/21: T., Jugoslawien, Rumänien). Ergänzt wurde dieses gegen Ungarn gerichtete Defensivbündnis durch einen Bündnisvertrag mit Frankreich (1924).

Der Philosoph als Staatsgründer – Tomáš G. Masaryk

Eigenstaatlichkeit: Kaum eine neuzeitliche Staatsgründung ist so eng mit dem Namen einer Persönlichkeit verbunden wie die Gründung der Tschechoslowakei mit dem Tomáš Garrigue Masaryks. 1850 als Sohn eines Kutschers geboren, studierte Masaryk in Wien Philosophie und gehörte dort dem österreich. Reichsrat an. Masaryk vertrat zunächst das Konzept einer föderativen Umgestaltung der österreich.-ungar. Monarchie nach Schweizer Vorbild, löste sich aber nach Ausbruch des Ersten Weltkriegs von diesen Vorstellungen und setzte sich nun für die Schaffung einer unabhängigen Tschechoslowakei ein. In den diplomatischen Kreisen der westlichen Hauptstädte begann Masaryk mit der Unterstützung von Edvard Beneš eine unermüdliche Kampagne für die Errichtung eines selbstständigen tschechoslowak. Staates. In Paris rief er 1916 einen Nationalrat ins Leben, der bald von den Alliierten anerkannt wurde. Als das Ziel der Eigenstaatlichkeit 1918 erreicht war, leitete Masaryk als Staatspräsident 1918–35 die Geschicke des jungen demokratischen Staates. Am 14.12.1935 legte der 85-jährige »Philosophenpräsident« sein Amt nieder und schlug seinen langjährigen Mitstreiter Beneš als Nachfolger vor. Masaryk starb 1937 und erlebte somit die Zerschlagung der Tschechoslowakei durch Hitler-Deutschland nicht mehr. (Foto: Tomáš G. Masaryk, M., bei einem Ausritt vor der Prager Burg, um 1930)

Im Sog von Hitler-Deutschland

Innere Konflikte: Infolge der Entwicklung in Deutschland verschärften sich auch in der T. Mitte der 30er Jahre die Nationalitätenkonflikte. Bei den Wahlen von 1935 konnte die Sudetendeutsche Partei unter Führung von Konrad Henlein zwei Drittel aller Stimmen der Deutschen auf sich vereinigen. 1937/38 verstärkte die Partei ihre Propaganda und forderte volle Autonomie für die Deutschen. Die Spannungen wurden von Henlein bewusst geschürt, um das Ziel des Anschlusses an das Deutsche Reich zu realisieren. Nach dem »Anschluss« Österreichs an Deutschland (13.3.1938) wurde die T. das nächste Objekt der Expansionspolitik Hitlers, es kam zur »Sudetenkrise«.

Der »Fall Grün« – die Zerschlagung der Tschechoslowakei

Expansionspolitik: Am 30.5.1938 erging an die deutsche Wehrmacht eine Neufassung der Weisung »Grün«, in der Adolf Hitler seinen Entschluss zur Zerschlagung der Tschechoslowakei erläuterte:

»Es ist mein unabänderlicher Entschluss, die Tschechoslowakei in absehbarer Zeit durch eine militärische Aktion zu zerschlagen. Den politisch und militärisch geeigneten Zeitpunkt abzuwarten oder herbeizuführen, ist Sache der politischen Führung. (...) Für den Waffenkrieg kommt es darauf an, das Moment der Überraschung als wichtigsten Faktor des Sieges durch entsprechende Bereitschaftsmaßnahmen schon im Frieden und durch einen unerwartet schnellen Ablauf der Aktion im höchsten Maße auszunutzen. Dadurch muss schon in den ersten zwei bis drei Tagen eine Lage geschaffen werden, die interventionslüsternen gegnerischen Staaten die Aussichtslosigkeit der tschech. militärischen Lage vor Augen führt sowie den Staaten, die territoriale Ansprüche an die Tschechoslowakei haben, einen Anreiz zum sofortigen Eingreifen gegen die Tschechoslowakei gibt. (...)

Der Propagandakrieg muss einerseits die Tschechei durch Drohungen einschüchtern und ihre Widerstandskraft zermürben, andererseits den nationalen Volksgruppen Anweisungen zur Unterstützung des Waffenkriegs geben und die Neutralen in unsrem Sinne beeinflussen. (...)«

Edvard Beneš, Außenminister (1920–35) und Staatspräsident (1935–38, 1945–48) der Tschechoslowakei

Münchner Abkommen: Die Sudetenkrise wurde vordergründig mit dem Münchner Abkommen der vier europäischen Großmächte (Deutschland, Frankreich, Großbritannien, Italien) vom 29.9.1938 beigelegt: Die von Deutschen besiedelten Randgebiete musste die T. an das Deutsche Reich abtreten. Die T. hoffte vergeblich auf die Unterstützung ihrer Verbündeten. Die Erste Republik wurde der kurzfristigen Friedenserhaltung geopfert. Am 1.10.1938 marschierten deutsche Truppen in die sudetendeutschen Gebiete ein.

Die Zweite Republik (1938/39)

Als Folge des Münchner Abkommens musste die T. auch an Polen und Ungarn Gebiete abtreten und verlor insgesamt fast 5 Mio Einwohner. In der kurzlebigen Zweiten Republik (Oktober 1938–März 1939) überstürzten sich dann auch innenpolitisch die Ereignisse: Der Staat wurde in eine föderative Tschecho-Slowak. Republik umgestaltet, in der die Slowakei (6.10.1938) und die Karpato-Ukraine (8.10.1938) Autonomie besaßen. Durch »Wohlverhalten« gegenüber Berlin und die Ausrichtung der innenpolitischen Verhältnisse nach deutschem Vorbild versuchte die Regierung den Staat zu retten. Doch immer neue Forderungen seitens des Deutschen Reiches liefen auf die völlige Unterwerfung hinaus und zielten auf die von Hitler geplante »Erledigung der Rest-Tschechei«. Er bediente sich dabei der slowak. Nationalbewegung. Am 14.3.1939 erzwang Hitler die Ausrufung der unabhängigen Slowakei unter Jozef Tiso (1939–45) und damit die Zerschlagung des Gesamtstaates. Die tschech. Gebiete wurden am 15.3.1939 von deutschen Verbänden besetzt, ungar. Einheiten marschierten in der Karpato-Ukraine ein.

Zweiter Weltkrieg

In den Kriegsjahren gab es keine gemeinsame Entwicklung der T. Die tschech. Gebiete wurden als »Reichsprotektorat Böhmen und Mähren« ins Reichsgebiet eingegliedert. Dem Protektorat wurde Selbstverwaltung zugestanden, Regierung und Präsident amtierten weiter, doch die absolute Weisungsbefugnis des Reichsprotektors begrenzte die Autonomie eng. Die Slowaken erreichten ihr Ziel eines Nationalstaats, aber es war ein Staat von Hitlers Gnaden, der zwar in den ersten Jahren eine gewisse Unabhängigkeit besaß, sich dann

Reichsprotektorat: Während die Volksdeutschen in der Tschechoslowakei die »Erledigung der Rest-Tschechei« durch die deutsche Wehrmacht begrüßten, äußerten die Tschechen Empörung und Trauer über die Errichtung des »Reichsprotektorats Böhmen und Mähren« 1939. (Foto: Ankunft Hitlers in Eger, tschech. Cheb)

jedoch zum reinen Vasallenstaat Deutschlands entwickelte. Die Karpato-Ukraine kehrte auch nach 1945 nicht in den Staatsverband zurück, sondern wurde in die Sowjetunion eingegliedert. Im Protektorat richteten sich Terror und Gewalt der Besatzungsmacht vor allem gegen die tschech. Intelligenz und gegen die Juden. Mit der Niederlage des Deutschen Reiches endete auch die Geschichte des »Reichsprotektorats Böhmen und Mähren« und des slowak. Vasallenstaats.

Wiedererrichtung des Staates

Exilregierung: Im Londoner Exil hatte der ehemalige Außenminister und Staatspräsident (1935–38) Beneš schon 1940 eine Exilregierung gebildet, die von den alliierten Mächten anerkannt worden war. 1943 unterzeichnete Beneš in Moskau einen Freundschaftsvertrag mit der Sowjetunion, da man nach den Erfahrungen des Münchner Abkommens (1938) allein in der engen Anlehnung an den mächtigen östlichen Nachbarn für die Zukunft Sicherheit gegenüber Deutschland zu finden glaubte. Diese Auffassung führte auch zur Annäherung an die KPČ, deren Führung im Moskauer Exil weilte. Der tschechoslowak.-sowjet. Vertrag ermöglichte der Exilregierung im Oktober 1944 – gleichzeitig mit dem Vordringen der Roten Armee – die Rückkehr ins Land.

Kaschauer Programm: Am 4./5.4.1945 wurde in Kaschau (Ostslowakei) das gemeinsame Kaschauer Programm der Exilgruppen verkündet und die erste Regierung unter dem Sozialdemokraten Zdeněk Fierlinger (1945/46) eingesetzt. Damit war die T. (ČSR) in den Grenzen von 1937 – mit Ausnahme der an die UdSSR abgetretenen Karpato-Ukraine – wieder errichtet. Am 10.5.1945 konnte das Kabinett Fierlinger im befreiten Prag die Regierungsgeschäfte aufnehmen.

Nationale Front: Das Kaschauer Programm beschränkte das Parteienspektrum auf die Parteien der Linken und Teile der Mitte, die sich in der Nationalen Front zusammenschlossen. Am 16.5.1945 zog Präsident Beneš wieder in Prag ein und kündigte die Umsetzung des Programms sowie die Vertreibung – offizielle Bezeichnung: »Abschiebung« – der sudetendeutschen und ungar. Bevölkerung an. Insgesamt mussten etwa 3 Mio Menschen die T. verlassen. Im Oktober 1945 erfolgte die Verstaatlichung der Banken, Versicherungen, Bergwerke und Großindustrie.

Wahlen: Die ersten Wahlen zur Nationalversammlung am 26.5.1946 spiegelten die politische Stimmung im Lande wider. Die Kommunistische Partei errang in den tschech. Gebieten 40%, in der Slowakei 30% und wurde damit stärkste Partei in der T. Sie stellte mit Klement Gottwald den Ministerpräsidenten (1946–48) einer Allparteienregierung der Nationalen Front. In der Regierung besetzten die demokratischen Parteien zwar die Mehrheit der Ministerien, die Kommunistische Partei hatte aber u. a. die für eine Machtübernahme wichtigen Ministerien des Innern und der Propaganda inne.

NS-Gräuel an der Zivilbevölkerung von Lidice

Symbol des NS-Terrors: Die vollständige Zerstörung des Dorfes Lidice, 15 km nordwestlich von Prag gelegen, und die Ermordung eines Großteils seiner Bewohner ist zum Symbol für die Nazi-Gräuel auf tschech. Gebiet geworden. Am 27.5.1942 hatten Angehörige der Untergrundorganisation Sokol ein Attentat auf den stellvertretenden Reichsprotektor Reinhard Heydrich verübt, der seinen Verletzungen am 4.6.1942 erlag. Als Vergeltungsaktion wurden am 10.6.1942 alle Männer sowie 71 Frauen des Dorfes Lidice ermordet. Die verbliebenen weiblichen Einwohner des Ortes wurden ins Konzentrationslager Ravensbrück deportiert, 98 Kinder in »Erziehungsanstalten« interniert. Nur 16 Kinder überlebten den Krieg.
Noch grausamer als Lidice traf es den Ort Ložák, östlich von Prag. Die gesamte erwachsene Bevölkerung des Dorfes wurde ermordet, die Kinder zur »Umerziehung« deportiert. Lediglich zwei Kinder überlebten den Krieg. (Foto: Denkmal für die Kinder von Lidice, 1995)

»Coup de Prague«

Mitte 1947 wuchsen die Spannungen innerhalb der Nationalen Front und der sowjet. Druck auf die Prager Regierung verstärkte sich. Der Machtkampf zwischen der kommunistischen und den bürgerlich-demokratischen Parteien eskalierte im Februar 1948 in einem Streit um die Besetzung von Polizeioffiziersstellen. Zwölf Minister bürgerlicher Parteien traten aus Protest gegen die Entscheidung des kommunistischen Innenministers zurück. Unter dem Druck von Massendemonstrationen und Streiks ernannte Präsident Beneš am

25.2.1948 eine neue, fast nur noch aus Kommunisten bestehende Regierung unter Klement Gottwald. Der »Coup de Prague« beendete den Versuch, einen Mittelweg zwischen West und Ost zu finden. Am 9.5.1948 wurde eine neue Verfassung verabschiedet, die das Grundgesetz an die sozialistische Staatsform anpasste und den Staat als Volksdemokratie definierte. Es begann die Übertragung des stalinistischen Systems auf die T. Präsident Beneš verweigerte die Unterzeichnung der Verfassung und trat zurück (7.6.1948). Sein Nachfolger wurde Klement Gottwald (1948–53).

Stalinismus und »Prager Frühling«

Stalinisierung: Die Umformung von Staat und Gesellschaft nach sowjet. Vorbild trug die gleichen Züge wie in den anderen Staaten Ostmitteleuropas. Aus dem Staatsdienst, der Politik und Armee wurden alle nicht kommunistischen Kräfte ausgeschaltet. »Säuberungswellen« außerhalb und innerhalb der Partei fanden ihren Höhepunkt in Schauprozessen gegen »Trotzkisten, Titoisten und Nationalisten«. Im spektakulärsten Prozess wurde 1952 der ehemalige Parteisekretär und stellvertretende Regierungschef Rudolf Slánský zum Tode verurteilt und hingerichtet. Die wirtschaftlichen Maßnahmen konzentrierten sich auf eine umfassende Verstaatlichung, den Ausbau der Schwerindustrie und die Kollektivierung in der Landwirtschaft.

Sozialistische Republik: Durch die neue Verfassung vom 11.7.1960 entstand die Tschechoslowak. Sozialistische Republik (ČSSR). Darin wurde das Machtmonopol der KPČ festgeschrieben und die Autonomie slowak. Institutionen zugunsten des Prager Zentralismus erheblich beschnitten. Der Zerfallsprozess des stalinistischen Systems setzte erst spät ein. Er dokumentierte sich am deutlichsten in der Rehabilitierung von Opfern der politischen Prozesse: 1963 wurde das Urteil des Slánský-Prozesses aufgehoben. Auch im kulturellen Bereich machten sich in den 60er Jahren Tendenzen der Liberalisierung bemerkbar.

»Prager Frühling«: Die Initiative zu den Ereignissen des »Prager Frühlings« ging von den Intellektuellen aus. Im Juni 1967 trugen Schriftsteller auf dem 4. Kongress ihres Verbandes scharfe Kritik an den politischen, wirtschaftlichen und sozialen Verhältnissen sowie an der Parteiführung vor. Die angespannte Wirtschaftslage begünstigte das Überspringen der kritischen Stimmung auf die Bevölkerung. Die Partei musste reagieren: Am 5.1.1968 übernahm Alexander Dubček die Position des Ersten Sekretärs der Partei, Ludvík Svoboda wurde zum neuen Staatspräsidenten (1968 bis 1975) gewählt. Die KPČ verabschiedete am 5.4.1968 ein Aktionsprogramm, das durch Demokratisierung zum »Sozialismus mit menschlichem Antlitz« führen sollte. Reformmaßnahmen sahen u. a. die Aufhebung der Zensur und Wirtschaftsreformen vor.

Der »Prager Frühling« und das »Manifest der Zweitausend Worte« vom 27.6.1968

Der Reformprozess in der KPČ hatte im Frühling 1968 zu einer offenen und öffentlichen Diskussion über die Bewältigung der stalinistischen Vergangenheit und Gestaltung der Zukunft geführt. Ihren Höhepunkt fand diese Diskussion im »Manifest der Zweitausend Worte«, das am 27.6.1968 in mehreren Zeitschriften veröffentlicht wurde. Verfasst vom Schriftsteller Ludvík Vaculík und unterzeichnet von Prominenten aus Wissenschaft, Kunst, Literatur und Sport, rief dieses Manifest die Distanzierung des Parteipräsidiums und schärfste Reaktionen in der Sowjetunion hervor:

»Seit Beginn dieses Jahres befinden wir uns in einem Erneuerungsprozess der Demokratisierung. Er hat in der Kommunistischen Partei begonnen. (...) Ergänzen muss man allerdings, dass dieser Prozess auch nirgendwo anders beginnen konnte. Konnten doch nur die Kommunisten volle zwanzig Jahre lang eine Art politischen Lebens führen, war doch nur die kommunistische Kritik dort, wo die Dinge gemacht wurden. (...) Der Kommunistischen Partei gebührt somit kein Dank, ihr muss vielleicht zugestanden werden, dass sie sich ehrlich bemüht, die letzte Gelegenheit wahrzunehmen, um ihre Ehre und die Ehre der Nation zu retten. (...) Fordern wir den Abgang der Leute, die ihre Macht missbraucht, das öffentliche Eigentum geschädigt, ehrlos oder grausam gehandelt haben. Man muss Methoden ausfindig machen, um sie zum Abgang zu veranlassen. Zum Beispiel: öffentliche Kritik, Resolutionen, Demonstrationen, demonstrative Arbeitsbrigaden, Spendensammlung für ihren Abgang in den Ruhestand, Streik, Boykott ihrer Türen. (...) Große Beunruhigung geht in letzter Zeit von der Möglichkeit aus, dass ausländische Kräfte in unsere Entwicklung eingreifen könnten. (...) Unserer Regierung können wir zu verstehen geben, dass wir notfalls mit der Waffe hinter ihr stehen werden, solange sie das tun wird, wofür wir ihr unser Mandat geben werden. (...) Dieser Frühling ist soeben zu Ende gegangen und wird nie wiederkehren. Im Winter werden wir alles erfahren.«

(Foto: Alexander Dubček im Kreis seiner Anhänger, 1968)

Militärische Intervention: Als die UdSSR und verbündete Warschauer-Pakt-Staaten den Reformkurs mit scharfer Kritik und Androhung militärischer Mittel nicht stoppen konnten, entschlossen sie sich zur gewaltsamen Niederschlagung der Reformbewegung. In der Nacht vom 20. auf den 21.8.1968 begann die militärische Intervention: Truppen der UdSSR, Bulgariens, der DDR, Polens und Ungarns besetzten das Land. Die Bevölkerung leistete passiven Widerstand, es kam zum Generalstreik. Die politische Führung der T. wurde nach Moskau gebracht und gezwungen, der Zurücknahme sämtlicher Reformen zuzustimmen. Im Oktober 1968 wurde zusätzlich ein Vertrag über die Stationierung sowjet. Truppen im Land geschlossen. Etwa 28 000 Bürger, darunter viele Intellektuelle, hatten die T. im Verlauf der Ereignisse verlassen.

Panzereinheiten des Warschauer Paktes schlugen 1968 den »Prager Frühling« nieder.

Phase der »Normalisierung«

1969 löste Gustáv Husák Alexander Dubček in der Parteiführung ab. In der Kommunistischen Partei kam es in der Folge zu zahlreichen Ausschlüssen, betroffen war auch Dubček selbst (Juni 1970). Die Oppositionellen hielt die Staatsgewalt mit Prozessen und Berufsverboten nieder. 1977 forderten die Unterzeichner der Charta 77 unter Bezug auf die KSZE-Bestimmungen von Helsinki, die auch von der ČSSR unterzeichnet worden waren, die Achtung der Menschenrechte in der T. Aber auch diese Bürgerrechtsbewegung wurde mit Prozessen und Freiheitsstrafen unterdrückt. Weitere Versuche, Wirtschaft und Gesellschaft zu reformieren, scheiterten in den 80er Jahren.

Die Hardliner um Ludvík Svoboda (M., mit Leonid Breschnew) setzten sich 1968 durch.

Die »Sanfte Revolution«

Im Zuge der politischen Entwicklung in der UdSSR sowie in den Nachbarstaaten Ungarn und DDR endete im Herbst 1989 auch in der T. die Zeit der kommunistischen Herrschaft. Am 17.11.1989 gingen Sicherheitskräfte in Prag gewaltsam gegen eine Studentendemonstration vor und lösten damit die Entwicklung aus, die zur Wende führte. Angesichts von Massenkundgebungen mit Hunderttausenden von Teilnehmern und eines Generalstreiks (27.11. 1989) konnte die Staatsgewalt ihr Machtmonopol nicht länger aufrecht erhalten. Innerhalb weniger Wochen wurde die Rückkehr zur parlamentarischen Demokratie erreicht. Mit dem Rücktritt von Staatspräsident Husák (1975 bis 1989) und der Wahl Václav Havels, Symbolfigur der Dissidenten und Sprecher der Charta 77, in das höchste Amt am 29.12.1989 war der

Am 25.11.1989 bekundeten in Prag Tausende ihre Sympathien für Dubček und Havel.

Staatspräsident Havel – Politik als praktizierte Sittlichkeit

Bürgerrecht: Als die »Sanfte Revolution« im November/Dezember 1989 das Ende der kommunistischen Herrschaft herbeigeführt hatte, gab es für die Mehrheit der Bevölkerung keinen Zweifel, wer als Staatspräsident die neue, demokratische Tschechoslowakei zu repräsentieren habe: Václav Havel, Schriftsteller und Dissident, seit 30 Jahren vom Regime als unbeugsamer Demokrat verfolgt und von der Bevölkerung als solcher verehrt.

1936 in Prag geboren, erregte Havel schon 1967/68 Aufsehen, als er die Zensur und den Machtapparat des Regimes kritisierte. Nach der Intervention sowjet. Truppen erhielt der Schriftsteller und Dramatiker Aufführungs- und Publikationsverbot im gesamten Ostblock. 1977 gründete Havel mit anderen Intellektuellen die Bürgerrechtsgruppe Charta 77, die unter Berufung auf die Schlussakte der KSZE-Konferenz in Helsinki die Achtung der Menschenrechte und bürgerliche Freiheiten in der ČSSR forderte. Er wurde zu einer Gefängnisstrafe mit Bewährung verurteilt und unter Hausarrest gestellt. Nach erneuten Aktivitäten als Bürgerrechtler im Mai 1979 wiederum festgenommen, wurde er zu viereinhalb Jahren Gefängnis verurteilt. Das Angebot, das Land zu verlassen, lehnte er ab. Noch im Februar 1989, als er eine Gedenkveranstaltung zum 20. Jahrestag der Selbstverbrennung des Studenten Jan Palach mitorganisiert hatte, ließ das Regime nicht in den Versuchen nach, Havel zu beugen: neun Monate Haft unter verschärften Bedingungen. Im November 1989 war Havel jedoch bereits wieder politisch aktiv. Er gehörte zu den Organisatoren des Bürgerforums, in dem sich die demokratischen Kräfte sammelten. Aus dem Forum zog er sich zurück, als er am 29.12.1989 zum Staatspräsidenten gewählt wurde.

Als Präsident setzte Havel sich vehement für die Föderation mit der Slowak. Republik ein. Er scheiterte jedoch an den Ambitionen der Machtpolitiker Klaus und Mečiar, die eine Auflösung der Tschechoslowakei zum 1.1.1993 vereinbarten. (Foto: Havel, M., sitzend, am 20.11.1989)

politische Umbruch endgültig vollzogen. Der Name des Staates wurde im Januar 1990 in Tschechoslowak. Föderative Republik (ČSFR) umgeändert.

Im Juni 1990 wurden die ersten freien Parlamentswahlen seit 1946 abgehalten. In der Tschech. Republik gewann Havels Bürgerforum (OF) die Mehrheit der Sitze, in der Slowak. Republik hingegen die Sammlungsbewegung »Öffentlichkeit gegen Gewalt« (VPN) unter Führung von Vladimír Mečiar.

Auflösung des Staates

Mit der Etablierung demokratischer Strukturen trat bald die lange verdrängte Frage nach der Form des Zusammenlebens von Tschechen und Slowaken wieder in den Vordergrund. Es gelang den Politikern beider Völker nicht, über die staatsrechtliche Neuordnung ihres Verhältnisses Einigung zu erzielen. Daher konnte auch keine neue Verfassung verabschiedet werden.

Nach den Wahlen vom Juni 1992 gewannen auf beiden Seiten die separatistischen Stimmen die Oberhand. Am 17.7.1992 erklärte der Nationalrat der Slowakei die Unabhängigkeit, daraufhin trat Havel als Staatspräsident zurück. Die Wahlsieger – im tschech. Landesteil die Demokratische Bürgerpartei unter Ministerpräsident Václav Klaus, in der Slowakei die Bewegung für eine demokratische Slowakei von Mečiar – einigten sich auf ein Programm zur Teilung des Staates. Laut Meinungsumfragen war die Mehrheit der Bevölkerung gegen eine Teilung, doch die Politiker umgingen eine Volksabstimmung. Am 31.12.1992 endete die Geschichte der T. Seit dem 1.1.1993 existieren die Tschech. Republik (Tschechien) und die Slowak. Republik (Slowakei) als zwei selbstständige Staaten. *R.F.*

Die wichtigsten Parteien im 20. Jahrhundert

Name (Abkürzung)	*Politische Richtung*	*Gründung*
Tschechoslowak. Sozialdemokrat. Arbeiterpartei	sozialdemokratisch	1878
Tschechoslowak. National-Sozialistische Partei	sozialistisch-national	1898
Tschech. Agrarpartei	agrarisch-konservativ	1899
Tschechoslowak. Nationaldemokratie	rechts-konservativ	1918
Tschechoslowak. Volkspartei	christlich-sozial	1919
Kommunist. Partei der Tschechoslowakei (KPČ)	kommunistisch	1921
Slowak. Volkspartei	klerikal-nationalistisch	1925
Sudetendeutsche Partei (SdP)	völkisch-faschistisch	1933
Bürgerforum (OF, tschech.)	liberal	1989
Öffentlichkeit gegen Gewalt (VPN, slowak.)	liberal	1989
Bewegung für eine demokrat. Slowakei (HZDS)	national-konservativ	1991
Bürgerlich-Demokratische Partei (ODS)	liberal-konservativ	1991

Staatsoberhäupter[1)]

Reg.-Zeit	*Name*	*Lebensdaten*
1918–35	Tomáš G. Masaryk	1850–1937
1935–38	Edvard Beneš	1884–1948
1938	Jan Syrovy	1888–1957
1945–48	Edvard Beneš	1884–1948
1948–53	Klement Gottwald	1896–1953
1953–57	Antonín Zápotocky	1884–1957
1957–67	Antonín Novotny	1904–1975
1968–75	Ludvík Svoboda	1895–1979
1975–89	Gustáv Husák	1913–1991
1989–92	Václav Havel	*1936

1) 1939–45 waren die tschech. Gebiete der Tschechoslowakei als »Reichsprotektorat Böhmen und Mähren« in das Deutsche Reich eingegliedert; die Slowakei war ein selbstständiger Staat

Tunesien

Tunesische Republik

Das ursprünglich von Berbern bewohnte Land wurde in der Antike von Phöniziern und Römern besiedelt, seit dem 7. Jh. stand T. unter der Herrschaft der Araber. Im 16. Jh. ging die Gewalt über das Land auf das Osman. Reich über. 1881 marschierten französ. Truppen in T. ein, zwei Jahre später wurde es zum französ. Protektorat erklärt. Nominell blieb der türk. Militärkommandant (Bei) Staatsoberhaupt. Anders als in Algerien kam es nicht zu Umsiedlungen und Christianisierungsversuchen, dennoch entschied die französ. Regierung durch den sog. Generalresidenten faktisch alle wichtigen Belange des Landes. Der Großteil der tunes. Bevölkerung wurde wirtschaftlich von den französ. Siedlern ins Abseits gedrängt.

Tunesien 2000	
Landesfläche	163 610 km² (WR 89)
Einwohner	9,5 Mio (WR 80)
Hauptstadt	Tunis (1,8 Mio Einwohner)
Sprachen	Arabisch, Französisch u. a.
Währung	1 Tunes. Dinar = 1000 Millimes
Gliederung	23 Gouvernorate
Staatsform	Präsidiale Republik (seit 1959)
Religion	Sunnitische Moslems (99,4%); Sonstige (0,6%)
Bevölkerung	Araber (98,2%); Berber (1,2%); Sonstige (0,6%)

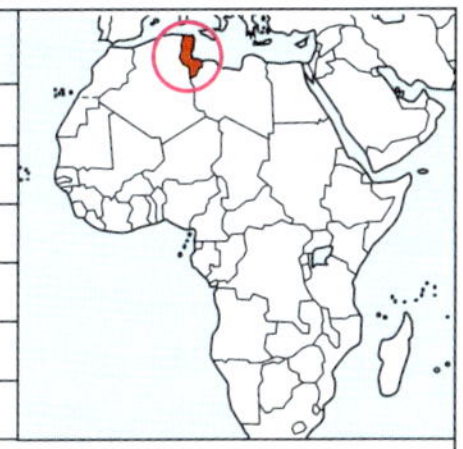

Tunesien im 20. Jahrhundert	
1920	Gründung der Destur-Partei, deren Ziel die Verbesserung der Lebenssituation für Tunesier und langfristig die Unabhängigkeit ist.
1934	Die radikalere Neo-Destur-Partei unter Habib Burgiba spaltet sich von der Destur ab und wird zum Kern der Unabhängigkeitsbewegung.
1946	Tunesien wird assoziierter Staat der Französ. Union.
1955	Frankreich gewährt Tunesien innere Autonomie.
1956	Nach der Entlassung in die Unabhängigkeit am 20.3. wird am 25.7. die Tunes. Republik ausgerufen.
1957	Ministerpräsident Habib Burgiba wird auch Staatspräsident.
1961	Biserta-Krise: Tunesien verlangt von Frankreich die Räumung eines Militärstützpunkts auf tunes. Gebiet.
1962	Tunesiens Wirtschaft wird nach sozialistischem Vorbild gelenkt (bis 1969).
1964	Destur- und Neo-Destur-Partei werden zur neuen Einheitspartei Parti Socialiste Destourien (PSD) verschmolzen.
1975	Habib Burgiba lässt sich zum Präsidenten auf Lebenszeit ernennen.
1977/78	Soziale Spannungen führen zu Unruhen und Streiks.
1979	Tunis wird Sitz der Arab. Liga (bis 1990).
1981	Als erste Parteien neben der Regierungspartei werden die Kommunistische Partei (PCT) und die sozialistische Mouvement des Démocrates (MDS) nach 16 Jahren wieder zugelassen.
1983	Weitere Parteien werden zugelassen.
1984	Nach Preiserhöhungen für Grundnahrungsmittel kommt es zu Unruhen.
1985	Das Hauptquartier der Palästinens. Befreiungsorganisation (PLO) in Tunis wird von der israel. Luftwaffe bombardiert.
1986	Aus den Parlamentswahlen, die von den meisten Oppositionsparteien boykottiert werden, geht Habib Burgiba als Sieger hervor.
1987	Burgiba wird von Ministerpräsident Ben Ali abgesetzt, der selbst das Amt des Staatspräsidenten übernimmt.
1992	Mehrere islamische Fundamentalisten werden wegen angeblicher Umsturzabsichten zu langen Haftstrafen verurteilt.
1994	Ben Ali wird bei den Parlaments- und Präsidentschaftswahlen im Amt bestätigt; 19 der 163 Parlamentssitze werden an die Opposition verteilt.
1997	Die Verhaftung zahlreicher Regimegegner und ihre Verurteilung zu langen Haftstrafen sowie die Bedingungen in tunes. Gefängnissen veranlassen internationale Menschenrechtsorganisationen zu Protesten.
1998	Tunesien schließt ein Freihandelsabkommen mit der EU ab.
1999	Ben Ali wird am 24.10. mit 99,4% der Stimmen im Amt bestätigt.

Französisches Protektorat

»Junge Tunesier«. Schon in den 90er Jahren des 19. Jh.s schlossen sich vorwiegend in Europa ausgebildete Tunesier zusammen, um u. a. eine stärkere Regierungsbeteiligung der Tunesier und ein modernes, westlich orientiertes Bildungssystem durchzusetzen. 1907 gründete die Gruppe, die nach dem Vorbild der »Jungen Türken« im Osman. Reich »Junge Tunesier« genannt wurde, eine Zeitung, die zum Organ ihrer politischen Ziele wurde. Obwohl die Forderung nach Unabhängigkeit von den Jungen Tunesiern nicht explizit geäußert wurde, verboten die französ. Behörden die Gruppe 1910/11.

Destur-Partei: 1918 wurde die Destur-Partei (Verfassungspartei) gegründet, die 1920 das Papier »La Tunisie martyre« vorlegte, in dem die Missstände in T. angeprangert und eine Verfassung, eine gewählte Regierung sowie die Gleichstellung der tunes. und französ. Einwohner in T. gefordert wurden. Der Vorsitzende der Destur-Partei, Abd al-Aziz ath-Thalbi, wurde daraufhin verhaftet. 1922 unternahm der regierende Bei Muhammad an-Nasir den Versuch, unter Androhung seiner Abdankung das Destur-Programm durchzusetzen. Er zog seine Forderungen jedoch zurück, nachdem die französ. Militärregierung seinen Palast von Truppen hatte umstellen lassen.

Gewerkschaftsbewegung: 1924 gründete sich die erste tunes. Gewerkschaft, die Confédération Général Tunisienne du Travail (C.G.T.T.), die zwar von Destur-Mitgliedern und französ. Gewerkschaftsmitgliedern insbes. mit kommunistischer Orientierung unterstützt wurde, im Übrigen aber auf die Ablehnung der Behörden in T. stieß. Bei einem Streik 1925 wurden die Gewerkschaftsführer verhaftet und zu Gefängnisstrafen verurteilt. Die Gewerkschaftsbewegung kam damit vorläufig zum Stillstand.

Bei Muhammad al-Amin war der letzte Frankreich gegenüber loyale Herrscher Tunesiens. Er wurde 1943 inthronisiert, nachdem sein Vorgänger Bei Moncef ohne Rückspache mit der Kolonialmacht eine nationalistisch orientierte tunes. Regierung gebildet hatte. Seine Herrschaft endete im Juli 1956, wenige Monate nachdem Tunesien die Souveränität erlangt hatte. (Foto: Der Bei kurz vor seiner Absetzung am 25.7.1956)

Unabhängigkeitsbewegung

Neo-Destur: 1931 begann Frankreich mit einer Kampagne zur Französisierung der tunes. Bevölkerung, als deren Folge sich unter dem Rechtsanwalt Habib Burgiba 1934 ein radikaler Flügel der Destur-Partei als Neo-Destur abspaltete und die Unabhängigkeit T.s forderte. Mit zunehmendem Druck seitens der französ. Protektoratsverwaltung auf die neue Partei wuchs zugleich ihre Anhängerschaft. 1938 wurde Burgiba mit anderen führenden Parteimitgliedern verhaftet, bei Ausbruch des Zweiten Weltkriegs nach Frankreich deportiert und erst 1942 aus der Haft entlassen.
Kriegsschauplatz Tunesien: Während der Besetzung T.s durch deutsche und italien. Truppen bildete im Januar 1943 der amtierende Bei Moncef (1942/43) ohne Rücksprache mit Paris eine nationalistisch orientierte tunes. Regierung. Nach Einmarsch der alliierten Streitkräfte in T. im Mai 1943 wurde Moncef jedoch umgehend von der französ. Regierung abgesetzt und durch den gegenüber Paris loyalen Muhammad VIII. al-Amin (1943–57) ersetzt. Bis zum Ende des Krieges blieben Vertreter der USA und Großbritanniens in T., die Hoffnung, dass sie die tunes. Nationalisten und die Unabhängigkeitsbewegung unterstützen würden, erfüllte sich jedoch nicht. Gewerkschaften, Parteien und Exilpolitiker versuchten die Unabhängigkeit voranzutreiben, doch blieb es bei wenigen Zugeständnissen der französ. Regierung. 1951 wurde erstmals eine Regierung zugelassen, die tunes.-nationalistische Interessen vertrat, die Forderung, ein tunes. Parlament zuzulassen, wurde aber nicht erfüllt. Die französ. Regierung ließ stattdessen zahlreiche tunes. Politiker, darunter auch Habib Burgiba, verhaften. Gleichzeitig kam es immer häufiger zu Gewalttaten sowohl gegen Franzosen und französ. Einrichtungen als auch gegen tunes. Politiker und Vertreter der wieder erstarkten Gewerkschaften.

Biserta-Krise – letzte Auseinandersetzung mit Frankreich

Zum Konflikt mit Frankreich kam es noch einmal fünf Jahre nach der Unabhängigkeit Tunesiens im Juli 1961. Tunes. Soldaten, Polizisten und Zivilisten blockierten die Zufahrt zum Militärstützpunkt Biserta, um die französ. Regierung zur Aufgabe ihrer Militärbasis zu bewegen und damit auch den letzten Teil Tunesiens von der ehemaligen Kolonialmacht zu lösen. Nachdem bei Kämpfen etwa 150 Menschen getötet worden waren und die französ. Truppen weitere Gebiete um Biserta besetzt hatten, brach Tunesien seine diplomatischen Beziehungen zu Frankreich ab und rief den Weltsicherheitsrat um Unterstützung an. Dieser forderte Frankreich auf, seine Truppen wieder auf das Gebiet des Stützpunkts zurückzuziehen. Im August desselben Jahres unterstützten die Vereinten Nationen in einer Resolution die Haltung Tunesiens, ohne aber Frankreich zu einem Einlenken bewegen zu können. Im September 1961 einigten sich Frankreich und Tunesien schließlich darauf, dass die franz. Truppen sich wieder auf das Gebiet des Stützpunkts zurückziehen, diesen aber so lange behalten sollten, wie die politischen und militärischen Spannungen zwischen Ost und West noch nicht beendet wären. Tatsächlich wurde Biserta bereits 1963 geräumt und damit auch der letzte Teil Tunesiens von Frankreich aufgegeben.

Autonomie und Unabhängigkeit

Innere Autonomie: 1955 unterzeichneten Frankreich und T. ein Abkommen, dass T. innere Autonomie gewährte, die Bereiche Finanz-, Erziehungs-, Verteidigungs- und Außenpolitik jedoch in französ. Händen beließ. Während viele Tunesier diesen Schritt als großen Erfolg begrüßten, ging er besonders den radikaleren Mitgliedern der Neo-Destur-Partei nicht weit genug. Es kam zu heftigen Auseinandersetzungen innerhalb der Partei, aus denen aber langfristig Habib Burgiba, der sich gegen die Stimmen in der Neo-Destur durchsetzte, als Sieger hervorging.
Souveränität: 1956 nutzte T. die Gunst der Stunde und verstärkte den Druck auf Frankreich, das zu dieser Zeit Krieg gegen das nach Unabhängigkeit strebende Algerien führte. Frankreich hatte bereits 1954 Indonesien als Kolonie aufgegeben und Marokko den Übergang zur Unabhängigkeit zugesagt. Daraufhin verlangte auch T. die Unabhängigkeit und erreichte am 20.3.1956 die Unterzeichnung eines Vertrags, der dem Land vollständige Souveränität zusicherte. Nur vier Monate (25.7.) später wurde der Bei abgesetzt und die Republik ausgerufen. Im Rahmen eines präsidentiellen Regierungssystems übernahm Habib Burgiba 1957 neben dem Amt des Ministerpräsidenten auch das des Präsidenten der Republik (bis 1987).

Die Ära Burgiba

Autoritäres Regime: Unter der Führung des charismatischen Burgiba erlebte T. in den folgenden Jahren weit reichende gesellschaftliche Veränderungen, die sich an westlichen Vorstellungen orientierten, jedoch bei orthodoxen Moslems auf heftigen Widerstand stießen: Das Erziehungssystem wurde reformiert, es kam zu umfassenden Gesetzesänderungen und die Lage der Frauen in T. wurde drastisch verbessert. 1964 machte Burgiba T. faktisch zum Einparteienstaat, indem er sämtliche Oppositionsgruppen verbot oder ausschaltete. Die Neo-Destur-Partei wurde zugleich mit der Destur-Partei zur Parti Socialiste Destourien (PSD) vereinigt. 1975 ließ sich Burgiba zum Präsidenten auf Lebenszeit wählen.
Wirtschaft: Weniger erfolgreich war die neue Regierung in ihren ökonomischen Bemühungen. Erste Schwierigkeiten bereitete die Kapitalabwanderung in den ersten Jahren nach der Unabhängigkeit: Nicht nur die französ. Siedler, sondern auch die tunes. Oberschicht transferierten so viel Kapital wie möglich ins Ausland und investierten nicht mehr im Land. Ab 1962 wurde das Wirtschaftssystem nach sozialistischem Muster umgestaltet. Die Durchsetzung dieses Unterfangens (u. a. eines kollektiven Farmsystems) scheiterte insbes. am Widerstand der Landbevölkerung, die eher konservativ eingestellt war, sowie der ebenfalls konservativen Oberschicht, die vorwiegend vom Landbesitz lebte. 1969 wurde das sozialistische Wirtschaftssystem zugunsten einer kapitalistischen Ausrichtung wieder aufgegeben, u. a. wurden viele staatliche Güter reprivatisiert. Zugleich wurde ein Investitionsgesetz erlassen, das ausländischen Investoren beste Bedingungen bot. Die Folgen der Reformen entsprachen nicht den ursprünglichen Vorstellungen. Im landwirtschaftlichen Sektor wurden immer mehr Kleinbauern von Großbetrieben verdrängt und wanderten in die Städte ab, die Erträge konnten nicht erhöht werden. Im industriellen Sektor wurde T. zu einem bei europäischen Firmen beliebten Billiglohnland. Zugleich belasteten auch eine hohe Auslandsverschuldung und hohe Inflationsraten die Wirtschaft.

Soziale Konflikte

Polarisierung: Der wirtschaftliche Umschwung Ende der 60er Jahre führte in den 70er Jahren zu einer immer größer werdenden Diskrepanz zwischen Arm und Reich in T. Das Lohnniveau stagnierte, die Preise stiegen und die Arbeitslosigkeit lag offiziell bei ca. 15%, tatsächlich aber wohl weit darüber. Infolge der desolaten ökonomischen Situation kam es u. a. zu zahlreichen Streiks. Die Regierung reagierte auf die unruhige Lage mit Repressalien wie Polizeigewalt, Verhaftungen und Folter in den Gefängnissen. Die Spannungen zwischen Gewerkschaften und Regierung wuchsen, die Streiks nahmen zu und legten die tunes. Wirtschaft lahm. 1978 brachten die gewalttätigen Auseinandersetzungen zwischen streikenden Arbeitnehmern und Polizei sowie Militär, bei denen nach offiziellen Angaben 46, nach Schätzungen jedoch 200 bis 300 Menschen ums Leben kamen, T. an den Rand eines Bürgerkriegs zwischen Arbeitern und den bürgerlichen Anhängern der PSD.
Wahlen: Unter dem Eindruck der sozialen Unruhe ließ sich die tunes. Regierung dazu bewegen, verschiedene Parteien wieder zuzulassen und ihnen die Teilnahme an der Parla-

Habib Burgiba – Befreier und tyrannischer Herrscher

Habib Burgiba (*1903) studierte Jura und Politikwissenschaften in Paris und begann nach seiner Rückkehr nach Tunesien 1927 seine politische Laufbahn in der Destur-Partei, der er seit 1921 angehörte. Er propagierte die Rückbesinnung auf islamisch-arab. Werte und forderte die Unabhängigkeit von der französ. Kolonialmacht. Da die Destur-Partei eher moderate Töne anschlug, trennte er sich mit Gleichgesinnten 1934 von der Mutterpartei und gründete die Neo-Destur. 1934–54 war er mehrfach in franzos. Haft. Nach der Unabhängigkeit Tunesiens (1956) wurde Burgiba erster Ministerpräsident, 1957 setzte er den Bei ab und erklärte Tunesien zur Republik, der er seitdem als Präsident vorstand.

In den folgenden Jahren wurde sein Regierungsstil, der zuerst von sozialistischen Vorbildern, ab 1969 aber wieder von kapitalistischen Maßgaben geprägt war, immer autokratischer. Burgiba förderte den Kult um seine Person, ließ schon 1959 eine Verfassung verabschieden, die ihm weit reichende Befugnisse einräumte, schaltete politische Gegner aus und reagierte auf die Forderungen seiner Landsleute nach mehr Demokratie mit Repressalien. Die Korruption nahm in seiner Regierungszeit insbes. unter den Mitgliedern der Familie Burgiba derartige Ausmaße an, dass man von der »Monastir-Mafia« sprach.

Mit 84 Jahren wurde Burgiba 1987 von Zine el Abidine Ben Ali, dem Chef des militärischen Geheimdienstes, aus dem Amt gedrängt. Er starb am 6.4.2000 auf seinem Anwesen in der Nähe seiner Geburtsstadt Monastir. (Foto: Burgiba, im Auto stehend, bei einem Wahlkampfauftritt am 31.10.1959)

mentswahl 1981 zu gestatten. Die Regierungspartei gewann die Wahl dennoch mit 94,6% der Stimmen und musste sich gegen den Verdacht des Wahlbetrugs verteidigen.

Machtwechsel

Sturz Burgibas: 1987 wurde Burgiba vom amtierenden Ministerpräsidenten Zine el-Abidine Ben Ali in der sog. Jasminrevolte abgesetzt. Dem mittlerweile 84-jährigen Staatspräsidenten war es nicht gelungen, auf die sozialen Konflikte in T. anders als mit Repressionen zu reagieren. Der neue Präsident kündigte politische Reformen sowie ein funktionierendes Mehrparteiensystem an, das jedoch auch bis zum Ende des 20. Jh.s nicht eingeführt wurde. Bei den Wahlen 1994, bei denen Präsident Ben Ali als einziger Kandidat für das Präsidentenamt antrat, nachdem sein Gegenkandidat Moucef Marzouki wegen Kritik an der Regierung verhaftet worden war, wurden 19 von 163 Sitzen im Parlament nach dem Verhältniswahlrecht an die oppositionellen Parteien verteilt.

Islamismus: Bei den Parlamentswahlen 1989 erreichten die als unabhängige Kandidaten auftretenden Vertreter der verbotenen islamistischen Partei En Nadha 13,6% der Stimmen, erhielten aber nach den Vorgaben durch das Mehrheitswahlrecht in T. keine Sitze im Parlament. Der Aufschwung des religiösen Fundamentalismus ließ die Regierung erneut mit repressiven Maßnahmen wie der Beschränkung der Pressefreiheit und der Behinderung oppositioneller Parteien reagieren. 1990 veröffentlichte En Nadha das Manifest »Der Islam steht über allem«. In den folgenden beiden Jahren wurden zahlreiche Fundamentalisten wegen angeblicher Umsturzabsichten zu langen Haftstrafen verurteilt. Der Einfluss des fundamentalistischen Islams konnte so eingeschränkt werden, die Maßnahmen der Regierung werden jedoch international mit Skepsis beobachtet.

Außenpolitik: Elf Jahre (1979–90) war Tunis Sitz der Arab. Liga, von 1982 bis 1998 hatte auch die Palästinens. Befreiungsorganisation PLO ihr Hauptquartier in der tunes. Hauptstadt. Das Verhältnis T.s zu den anderen arab. Staaten war jedoch nicht immer ungetrübt. 1965 kam es zu Unstimmigkeiten mit den Nachbarländern, als Habib Burgiba einen diplomatischeren Umgang mit Israel forderte. Nachdem jedoch 1979 Ägypten wegen der Friedensverhandlungen mit Israel aus der Arab. Liga ausgeschlossen worden war, verlegte man den Sitz der Vereinigung von Kairo nach Tunis. Seit den 60er Jahren hatte sich Staatspräsident Burgiba um eine stärkere Orientierung an europäischen Ländern bemüht. Am Ende des 20. Jh.s bewegte sich T. trotz enger wirtschaftlicher Bindungen an Europa wieder stärker auf die arab. Länder zu. So gehörte es zu den Ländern, die ein Eingreifen US-amerikan. Truppen im zweiten Golfkrieg verurteilten.

Wahlen 1999: Bei den Parlaments- und Präsidentschaftswahlen am 24.10.1999 wurde Präsident Ben Ali mit 99,4% der Stimmen im Amt bestätigt, seine Partei RCD errang alle 148 zu vergebenden Parlamentssitze. Die übrigen 34 Sitze waren für Vertreter der Oppositionsparteien reserviert worden. *A.Z./P.F.*

Die wichtigsten Parteien im 20. Jahrhundert

Name (Abkürzung)	*Politische Richtung*	*Gründung*
Destur (Verfassungspartei)	moderate Unabhängigkeitspartei	1918
Neo-Destur	Unabhängigkeitspartei	1934
Parti Socialiste Destourien (PSD)	sozialistisch	1964[1)]
Rassemblement Socialiste Progressiste (RSP)	sozialistisch	1983
Rassemblement Constitutionnel Démocratique (RCD)	sozialistisch	1988[2)]
Mouvement des Démocrates Socialiste (MDS)	panarab., sozialistisch	k. A.
En Nadha	islamistisch	1989[3)]
Parti Communiste Ouvrier Tunisien (PCOT)	kommunistisch	k. A.[4)]
Harakat Ettajdid (Erneuerungsbewegung)	aus der Parti Communiste Tunisien (PCT, gegr. 1939) hervorgegangen	1993
Parti de l'Unité Populaire (PUP)	linkssozialistisch	k. A.
Union Démocratique Unitaire (UDU)	panarab.	k. A.
Parti Social Libéral (PSC)	fordert insbes. sozialverträgliche Wirtschaftsreformen	1993[5)]

1) Verschmelzung von Destur und Neo-Destur; 2) Nachfolgerin der PSD; 3) verboten; 4) seit 1992 verboten; 5) hervorgegangen aus der 1988 gegründeten Parti Social pour le Progrès

Staatsoberhäupter Tunesiens

Reg.-Zeit	*Name*	*Lebensdaten*	*Reg.-Zeit*	*Name*	*Lebensdaten*
1882–1902	Bei Ali III. Muddat	1817–1902	1942/43	Bei Muhammad VII., Moncef	1881–1948
1902–06	Bei Muhammad IV. al-Haddschi	1855–1906	1943–56	Bei Muhammad VIII. al-Amin	1881–1962
1906–22	Bei Muhammad V. an-Nasir	1855–1922	1957–87	Habib Burgiba	1903–2000
1922–29	Bei Muhammad VI. al-Habid	1858–1929	seit 1987	Zine el-Abidine Ben Ali	*1936
1929–42	Bei Ahmad II.	1862–1942			

Türkei

Republik Türkei

Türkei 2000	
Landesfläche	774 815 km² (WR 36)
Einwohner	65,5 Mio (WR 17)
Hauptstadt	Ankara (3,0 Mio Einwohner)
Sprachen	Türkisch, Kurdisch
Währung	1 Türkische Lira (TL) = 100 Kurus
Gliederung	81 Provinzen
Staatsform	Parlamentarische Republik (seit 1961)
Religion	Sunnitische Moslems (80%); Alwaiten (19,8%); Christen (0,2%)
Bevölkerung	Türken (92%); Kurden (6,2%); Araber (1,4%); Sonst. (0,4%)

Die Türkei entstand nach dem Ersten Weltkrieg als Nachfolgestaat des Osman. Reichs. Am Ende des Ersten Weltkriegs war der Bestand des Osman. Reichs existenziell bedroht. Nach dem Waffenstillstand von Mudros am 30.10.1918 kamen die Meerengen unter Kontrolle einer internationalen Kommission, die Briten besetzten Istanbul, die Griechen beanspruchten die Ägäisküste, insbes. Izmir, die Italiener waren in Antalya gelandet und besetzten den Südwesten Kleinasien, die Franzosen standen in Kilikien und Südostanatolien.

Der Kampf um einen Staat

Widerstand: Gegen die alliierte Besetzung erhob sich der nationaltürk. Widerstand unter Führung von General Mustafa Kemal Pascha. Vor allem unter dem Eindruck der griech. Besetzung von Izmir, Edirne und Bursa gelang es, die Protestbewegungen und lokalen Aufstände zu bündeln. Im Auftrag des Sultans war Mustafa Kemal ans Schwarze Meer entsandt worden. Dort hatten die griech. Einwohner in und um Trapezunt (heute Trabzon) eine »Pontische Republik« ausgerufen, in der Hoffnung, diese an ein »Großgriechisches Reich« in der Tradition des byzantin. Staats anschließen zu können.

Der General sollte auf Druck der Alliierten osman. Einheiten im inneren Anatolien auflösen, die vom Kaukasus und aus Syrien zurückgekehrt waren und das Zentrum des Widerstands bildeten. Stattdessen rief er zur bewaffneten Erhebung gegen den Sultan und die Alliierten auf und setzte sich an die Spitze der Rebellion, um alle Besatzungstruppen aus Kleinasien zu vertreiben. Innerhalb kurzer Zeit gelang es ihm, die verbliebenen Truppen zu vereinen und neu zu organisieren.

Nationalversammlung: Die Vorgänge am Schwarzen Meer und in Anatolien entglitten vollständig der Kontrolle des Sultans; die befohlene Verhaftung des Rebellen Mustafa Kemal wurde verweigert. Dieser demissionierte aus der Armee und berief einen Nationalkongress in Erzurum ein, der ihn zu seinem Präsidenten wählte. Die Nationalversammlung von Sivas im September 1919 proklamierte das Selbstbestimmungsrecht der T. und bestätigte Mustafa Kemal als Präsident der nationalen Bewegung; gleichzeitig versicherte der Kongress dem Sultan seine Loyalität und forderte lediglich die Einsetzung einer nationalorientierten Regierung. Der Sultan musste sowohl der Verlegung der Hauptstadt nach Ankara als auch Parlamentswahlen zustimmen, bei denen die Nationalisten gewannen. Daraufhin deportierten die Alliierten nationalistische Abgeordnete nach Malta; das Parlament wurde vom Sultan aufgelöst. Am 23. April 1920 trat in Ankara die »Türkische Große Nationalversammlung« zusammen und übertrug Mustafa Kemal die Regierungsgeschäfte.

Vertrag von Sèvres: Am 10.8.1920 unterzeichnete die Regierung des Sultans den Friedensvertrag von Sèvres im Rahmen der Pariser Vorortverträge nach dem Ersten Weltkrieg. Die Meerengen sollten unter internationaler Kontrolle bleiben. Die Westtürkei mit Thrakien bis fast vor die Tore Istanbuls sowie Izmir und sein Hinterland sollten an Griechenland fallen, die Südküste um Antalya bis Kütahya und Konya wurde italienische Zone; Kilikien und der Tauros von Alanya bis Sivas und Diyarbakir wurden Frankreich unterstellt, Erzurum, Trabzon, Van und Bitlis sollten dem neuen Staat Armenien zugeschlagen werden und im Südosten war ein eigener kurdischer Staat vorgesehen. Der türk. Reststaat sollte die Auslandsschulden übernehmen und hohe Kriegskontributionen leisten.

Osmanisches Reich: General Mahmud Sevket Pascha (M.) war nach dem Putsch 1909 faktisch der starke Mann im Land und unterstützte die Reformpolitik der Jungtürken.

Die Türkei im 20. Jahrhundert	
1919	Beginn des Widerstands gegen die alliierte Besatzung.
	Nationalkongresse von Erzurum (23.7.) und Sivas (4.9.) unter der Führung von Mustafa Kemal Pascha; Einzug in Ankara (27.12.).
1920	Eröffnung der Türkischen Nationalversammlung in Ankara.
	Friede von Sèvres (20.8.) wird von der Türkei als Diktat abgelehnt.
	Vormarsch der Griechen von Smyrna (heute Izmir) auf Edirne und Bursa.
1921	Frankreich verzichtet auf Kilikien (Dez.).
1922	Sieg über die Griechen bei Dumlupinar (30.8.).
	Aufhebung des Sultanats und Gründung des Türk. Staats (1.11.).
1923	Friedensgespräche in Lausanne; Alliierte räumen Istanbul (23.8.).
	Ausrufung der Türk. Republik (29.10.): Mustafa Kemal Pascha Staatspräsident, Ismet Inönü Ministerpräsident; Ankara wird neue Hauptstadt.
1923–37	Niederschlagung lokaler Kurdenaufstände.
1924	Abschaffung des Kalifats (3.3.); neue Verfassung (20.4).
1926	Völkerbund spricht umstrittenes Ölgebiet von Mossul dem Irak zu.
	Als äußeres Symbol der Modernisierung Verbot des Fez .
	Organisation des Rechtswesens nach europäischem Vorbild.
1928	Trennung von Staat und Religion; Einführung des lateinischen Alphabets.
1934	Führung eines Nachnamens wird Pflicht (28.6): Mustafa Kemal Pascha erhält vom Parlament den Ehrennamen »Atatürk« – Vater der Türken.
1936	Meerengenabkommen von Montreux: Wiederherstellung der türk. Souveränität über Bosporus und Dardanellen (20.7.).
1938	Mustafa Kemal Atatürk stirbt in Istanbul.
1939	Sandschak Alexandrette (heute Iskenderun) kommt durch Vertrag mit Frankreich von Syrien an die Türkei.
1941	Freundschaftsvertrag mit dem Deutschen Reich auf 10 Jahre.
1945	Eintritt in den Zweiten Weltkrieg auf alliierter Seite.
1951	Friedensabkommen mit der Bundesrepublik Deutschland (18.7.).
1952	Beitritt der Türkei zum Nordatlantikpakt (NATO).
1953	Kampf der griech.-orthodoxen Mehrheit auf Zypern um Anschluss an Griechenland, der türk. Mehrheit um Teilung der Insel.
1959	Griechenland, Türkei und Großbritannien garantieren im Londoner Vertrag die Unabhängigkeit Zyperns; Verteidigungsabkommen mit den USA.
1960	Staatsstreich und Militärdiktatur unter General Cemal Gürsel.
1961	Neue Verfassung erwähnt erstmals den Begriff »Rechtsstaat«.
1964	Assoziierungsvertrag mit der EWG (1.12.).
1965	Wahlsieg für Süleyman Demirel: stärkere Anlehnung an den Westen.
1971	Nach schweren Studentenunruhen zwingt das Militär Demirel zum Rücktritt, übernimmt aber nicht offiziell die Macht.
1973	Wahlsieg Bülent Ecevits.
1974	Nach griech. Putschplänen Besetzung Nordzyperns durch türk. Truppen.
1980	Erneute Machtübernahme durch das Militär; Verbot aller Parteien (12.9.).
1982	Neue Verfassung (9.11.).
1983	Neues Parteiengesetz; ANAP unter Turgut Özal klarer Wahlsieger.
1987	Antrag auf EU-Mitgliedschaft; Kriegsrecht über Südostanatolien.
1991	Kurdisch wird offizielle Zweitsprache.
1993	Tansu Çiller erste Ministerpräsidentin der Türkei.
1995	Änderung der Verfassung von 1982.
1996	Die islamistische RP stellt mit Necmettin Erbakan den Regierungschef.
1997	Bruch der Regierungskoalition mit Tansu Çiller, Rücktritt Erbakans; Mesut Yilmaz wird neuer Regierungschef.
1999	Verhaftung des Kurdenführers Abdullah Öcalan in Kenia (Febr.) und Verurteilung zum Tod wegen Hochverrats (29.6.).
2000	Der parteilose Verfassungsrichter Ahmet Necdet Sezer wird Präsident.

Griechisch-Türkischer Krieg: In den folgenden Jahren wurde ein erbitterter Befreiungskrieg gegen die Besatzungsmächte, vor allem Griechenland geführt. Um einen Zweifrontenkrieg zu vermeiden, warfen die nationaltürk. Truppen noch im September 1920 die neue Republik Armenien in einem kurzen Feldzug nieder. Am 2.12. traten die Armenier im Frieden von Gümrü die Provinzen Kars und Ardahan an die T. ab. Bereits im Frühjahr 1921 zogen sich die kriegsmüden Italiener aus Antalya zurück und versprachen den Türken, sie gegen entsprechende wirtschaftliche Zugeständnisse im Kampf gegen die Griechen zu unterstützen. Das ebenfalls kriegsmüde Frankreich, das im Süden schwere Kämpfe gegen türk. Partisanen ausfechten musste, verzichtete in einem separaten Friedensvertrag im Oktober 1921 gegen wirtschaftliche Zugeständnisse auf Kilikien; die türk. Bevölkerung in den weiterhin zum franz. Mandatsgebiet Syrien gehörenden Gebieten von Alexandrette (heute Iskenderun) und Antiochien (heute Antakya) erhielt gewisse Autonomierechte.
Die griech. Vorstöße wurden mehrfach zurückgeschlagen, so im Januar und März 1921 durch Ismet Pascha bei Inönü. Für seinen Sieg als Oberkommandierender in der Schlacht am Sakarya im September 1921 erhielt Mustafa Kemal von der Nationalversammlung den Titel »Gazi« verliehen. Den letzten Vorstoß der Griechen auf Anatolien konnten die Türken Ende August 1922 in der entscheidenden Schlacht bei Dumlupinar abwehren. Nach der anschließenden Rückeroberung von Izmir und Bursa am 9.9.1921 begann die Vertreibung und Umsiedlung der Griechen aus Kleinasien.

Der Weg zur Republik: Es kam zur Revision des Vertrags von Sèvres; am 24.7.1923 wurde der Friede von Lausanne unterzeichnet, der der T. weitgehend ihren heutigen Umfang gab. Die Annexion Zyperns (1914) durch die Briten wurde bestätigt, die Alliierten räumten Istanbul und hoben die Beschränkungen der türk. Souveränität auf. Allerdings musste die freie Durchfahrt auch für Kriegsschiffe durch die Dardanellen hingenommen werden. Am 29.10.1923, dem heutigen Nationalfeiertag, wurde die Republik T. ausgerufen. Zuvor war bereits das Sultanat für erloschen erklärt worden (1922), doch erst die Abschaffung des Kalifats (1924) und der Scharia, der islamischen Rechtsprechung, sowie die Verbannung der Dynastie Osman ermöglichten es der neuen politischen Führung einen säkularisierten Staat westlich-demokratischer Prägung aufzubauen.

Bruch mit der Vergangenheit

Reformen: Im Oktober 1923 wurde Mustafa Kemal Präsident, bis zu seinem Tod (1938) blieb er der unangefochtene Führer des Staates und arbeitete zielbewusst auf eine Europäisierung des Landes hin. Nachdem er bis 1928 vor allem die religiösen Elemente ausgeschaltet hatte – Aufhebung der Derwischorden (1925), Einführung des Gregorianischen Kalenders (1925) und europäischer Gesetzgebung (1926 bis 1930), Streichung des Islams als Staatsreligion aus der Verfassung (1928) – suchte er das Land durch weitere Maßnahmen – Verbot der Polygamie (1926), Einführung des lateinischen Alphabets (1928), Übernahme des metrischen Systems (1931) und Einführung des Frauenwahlrechts (1934) – zu einem modernen Staat umzuwandeln. Die Reformen in Schrift und Sprache bildeten eine wichtige Voraussetzung für die Bekämpfung des Analphabetentums und für eine Bildungsreform, wobei der Wunsch, die junge Generation vom islamisch-osmanischen Erbe abzuschneiden, eine wichtige Rolle spielte. Binnen weniger Jahre gelang es, die Alphabetisierungsrate von 9% im Jahr 1923 auf 33% im Jahr 1938 zu erhöhen. Der Modernisierung des Landes diente auch die Einführung von Familiennamen im Juni 1934. In Anerkennung ihrer Verdienste erhielten Kemal und Ismet die Familiennamen Atatürk (»Vater der Türken«) bzw. Inönü (nach dem Ort der von ihm gewonnenen Schlachten) verliehen.

Kurdenprotest: Dass weder die islamische Geistlichkeit noch alle Völkerschaften den nationaltürk. Weg akzeptierten, zeigte sich schon bald. Im Februar 1925 revoltierten im Südosten des Landes Kurden unter Şeyh Sait gegen die Anordnung, im amtlichen Verkehr nur die türk. Sprache zu verwenden. Überdies schlossen sie sich der Forderung nach Wiederherstellung des Sultankalifats an. Nach anfänglichen kurd. Erfolgen brachen schließlich neun türk. Divisionen binnen zwei Monaten den kurd. Widerstand.

Außenpolitik: Atatürk gelangen außenpolitisch zwei wichtige Erfolge: 1936 wurde der Türkei auf der Konferenz von Montreux/Schweiz die unmittelbare Wiederbefestigung der Dardanellen zugestanden. Ein neues Meerengenabkommen zwischen Frankreich, Japan, Großbritannien, der Sowjetunion, der T., Bulgarien, Rumänien, Griechenland und Jugoslawien – Italien trat 1938 bei – regelte die Durchfahrtsrechte durch Bosporus und Dardanellen. Unter Revidierung des Abkommens von Lausanne erhielt die Türkei die volle Souveränität über die Wasserstraßen und das Recht, sie im Kriegsfall zu sperren. 1939 kam das Gebiet von Alexandrette (heute Iskenderun/Antakya) nach einer Volksabstimmung an die T. Von Syrien nicht anerkannt, ist die Gebietsübernahme der historisch zu Nordsyrien gehörenden Region bis heute ein Streitpunkt zwischen beiden Staaten.

Kemal Atatürk – »Vater« der modernen Türkei

Mustafa Kemal Pascha, der ab 1934 den Ehrennamen Atatürk (»Vater der Türken«) trug, ist der Begründer der modernen Türkei. Nach einer Militärausbildung in Monastir und Istanbul nahm der 27-jährige Kemal Pascha 1908/09 am Putsch der Jungtürken teil, die eine liberale Verfassung forderten. Im Ersten Weltkrieg kämpfte er als Armeeführer und war 1918 Befehlshaber in Palästina. Nach seiner Machtübernahme 1923 setzte er tief greifende Reformen durch, in denen er u. a. das Sultanat abschaffte und eine Trennung von Staat und Islam (Laizismus) erreichte. Seine Ideen (der »Kemalismus«) haben bis heute Bedeutung für das politische System der Türkei. (Foto: Atatürk-Denkmal in Ankara)

Der Zweite Weltkrieg

Nach Atatürks Tod führte Ismet Inönü die Regierung. Am 23.2.1945 erklärte die Türkei dem Deutschen Reich unter dem Druck der Alliierten den Krieg, nicht ohne zuvor dem ehemaligen Verbündeten noch ein Zeichen ihrer Treue zu geben. Bereits im März 1944 hatten die Alliierten sämtliche Kriegsmateriallieferungen an die Türkei eingestellt, am 19. April 1944 drohten sie, die Ölversorgung einzustellen, wenn nicht binnen 24 Stunden die für das Deutsche Reich kriegswichtige Chromausfuhr eingestellt würde. In einem Wettlauf gegen die Uhr wurden bis kurz vor Mitternacht 280 schwer beladene Eisenbahnwaggons – das war fast die gesamte Jahresproduktion – mit Chromerz über die Grenze geschafft. Pünktlich um 24 Uhr wurden die Chromlieferungen an Hitler-Deutschland eingestellt, wie von den Alliierten als Voraussetzung für die Aufnahme in die neu zu gründenden Vereinten Nationen verlangt.

Ismet Inönü (1884–1937) war dreimal Ministerpräsident und hatte ab den 20er Jahren neben Mustafa Kemal Atatürk großen Anteil an den inneren Reformen in der Türkei. Nach Atatürks Tod war er 1938 bis 1950 Präsident.

Die junge Demokratie

Mehrparteiensystem: Als Folge gesellschaftlicher Veränderungen, aber auch als Voraussetzung zur Aufnahme in die UNO wurden nach dem Zweiten Weltkrieg das Mehrparteiensystem eingeführt und Oppositionsparteien zugelassen. Die Wahlen 1946 wurden von der Regierungspartei Republikanische Volkspartei (CHP) noch massiv manipuliert. In den ersten freien und unverfälschten Wahlen am 14.5.1950 erlitt die bis dahin alles beherrschende Partei von Staatspräsident Inönü eine vernichtende Niederlage. Die siegreiche Demokratische Partei (DP) Celal Bayars war ein Sammelbecken sowohl für Befürworter der Demokratisierung als auch für alle, die mit der bisherigen Politik unzufrieden waren – von den religiösen Gruppierungen über die einkommensschwachen Bauern und Landarbeiter bis hin zu den Großgrundbesitzern. Ein Angebot von Militärs, die DP aufzulösen und seine Macht zu erneuern, lehnte Inönü ab. Die Regierung unter Staatspräsident Bayar und Ministerpräsident Adnan Menderes führte die Außenpolitik auf der Basis des Bündnisses mit den USA fort. Gegensätze mit Griechenland wegen Zypern wurden 1959 durch das Londoner Abkommen beigelegt.

Putsch der Armee: Steigende Unzufriedenheit mit der zunehmend autoritärer agierenden Regierung Menderes, insbes. aber wegen ihrer Wirtschaftspolitik, rief zahlreiche Proteste hervor. Demonstrationen gegen ein Parteienverbot und die Unterdrückung der Meinungsfreiheit führten am 27.5.1960 zu einem Staatsstreich der Armee unter General Cemal Gürsel; er wurde provisorischer Staats- und Ministerpräsident. Dem Verbot der DP Ende 1960 folgten die Verhaftung und Anklage von über 500 DP-Politikern vor einem Sondergericht. Die führenden Persönlichkeiten der Demokratischen Partei wurden zum Tode verurteilt, drei von ihnen hingerichtet, darunter auch Menderes. Eine überparteiliche Exekutive, das »Komitee der nationalen Einheit«, übernahm zwar die Macht, strebte aber die rasche Rückgabe an eine zivile Regierung an.

Neue Verfassung: Mit Annahme der Verfassungsrevision im Juli 1961, die per Volksentscheid bestätigt worden war, wurde die Türkei Parlamentarische Republik. Einschneidende Änderungen waren die Einführung des Begriffs »Rechtsstaat« und des Grundsatzes der Gewaltenteilung, verbunden mit einer Stärkung der Grundrechte und der politischen Partizipation der Bürger. In der Nationalversammlung wurde ein Senat als zweite Kammer geschaffen, um künftig das Machtmonopol einer Partei zu verhindern. Dennoch ist die türk. Demokratie bis heute ungefestigt, u. a. aufgrund der demokratisch nicht legitimierten Machtposition der Armee.

Phase der Umgestaltung

Wechselnde Kabinette: Nach Aufhebung des Parteienverbots bildete sich erstmals ein einigermaßen funktionierendes Mehrparteien-

Ministerpräsidenten der Türkei

Reg.-Zeit	*Name*	*Lebensdaten*	*Reg.-Zeit*	*Name*	*Lebensdaten*
1923	Ali Fethi	1880–1943	1973	Naim Talu	*1919
1923/24	Mustafa Ismet	1884–1973	1974	Bülent Ecevit	*1925
1924/25	Ali Fethi Bey	1880–1943	1974/75	Sadi Irmak	*1904
1925–37	Mustafa Ismet (seit 1934 Ismet Inönü)	1884–1973	1975–77	Süleyman Demirel	*1924
			1977	Bülent Ecevit	*1925
1937–39	Mahmud Celal Bayar	1883–1986	1977/78	Süleyman Demirel	*1924
1939–42	Refik Saydam	1881–1942	1978/79	Bülent Ecevit	*1925
1942–46	Şükrü Saracoglu	1887–1953	1979/80	Süleyman Demirel	*1924
1946/47	Recep Peker	1888–1950	1980–83	Bülent Ülüsü	*1923
1947–49	Hasan Saka	1886–1960	1983–89	Turgut Özal	1927–1993
1949/50	Semsettin Günaltay	1883–1961	1989–91	Yildirim Akbulut	*1935
1950–60	Adnan Menderes	1899–1961	1991	Mesut Yyimaz	*1947
1961–65	Ismet Inönü	1884–1973	1991–93	Süleyman Demirel	*1924
1965	Ali Suat Hayri Ürgüplü	1913–1981	1993–96	Tansu Çiller	*1946
1965–71	Süleyman Demirel	*1924	1996	Mesut Yilmaz	*1947
1971/72	Nihat Erim	1912–1980	1996/97	Necmettin Erbakan	*1926
1972	Ali Suat Hayri Ürgüplü	1913–1981	1997–99	Mesut Yilmaz	*1947
1972/73	Ferit Melen	1906–1988	seit 1999	Bülent Ecevit	*1925

system heraus. Als Nachfolgepartei der verbotenen DP gründete sich die Gerechtigkeitspartei (Adalet Partisi /AP), die bei den Parlamentswahlen am 15.10.1961 nur knapp hinter der CHP lag; gleichzeitig bildete sich erstmals eine politisch bedeutende Linkspartei, die Türkische Arbeiterpartei (Türkiye Işçi Partisi/ TIP), auch wenn sie nie die Wahlerfolge der beiden großen Parteien erreichte. Das 1961 gewählte Parlament berief General Gürsel zum Staatspräsidenten (bis März 1966), Ministerpräsident wurde Ismet Inönü. Zu seinen außenpolitischen Erfolgen zählt das Assoziierungsabkommen 1964 mit der EWG. Meinungsverschiedenheiten in außen- und wirtschaftspolitischen Fragen führten im Februar 1965 zu seinem Rücktritt.

Unter dem parteilosen Ali Suat Hayri Ürgüplü bildet sich eine Übergangsregierung, bis nach den Wahlen im Oktober 1965 und erneut 1969 Süleyman Demirel (AP) Ministerpräsident wurde. Ähnlich wie die DP in den 50er Jahren räumte auch er der Zusammenarbeit mit den USA große Bedeutung ein. Wegen zurückhaltender ausländischer Investitionen wurden der erhoffte Ausbau der Industrie und die angestrebte Verbesserung der Arbeitsmarktlage nicht erreicht, obwohl die Wirtschaftsentwicklung an Fünfjahrespläne gebunden worden war und die angestrebte Wachstumsrate von 7% annähernd erreicht wurde. Soziale Spannungen führten zur ideologischen Polarisierung der politischen Randkräfte. Zwischen den linksextremen Gruppierungen, wie z. B. der TIP, und den Parteien des rechten Spektrums, wo die Nationalistische Partei der Bewegung (Milliyetçi Hareket Partisi /MHP) mit ihrer Kommandogruppe, den »Grauen Wölfen«, und die islamistische Nationale Heilspartei (Milli Selamet Partisi /MSP) zusammenfanden, kam es fast täglich zu gewalttätigen Auseinandersetzungen.

Druck der Armee: Nach schweren Studentenunruhen Anfang 1971 legte das Militär ein Memorandum mit politischen Zielsetzungen vor und drohte, erneut die Macht zu übernehmen, falls die Regierung nicht in der Lage sei, den Terror zu beenden. Nach diesem Ultimatum des Obersten Verteidigungsrats trat die Regierung Demirel am 12.3. zurück. Nihat Erim erhielt den Auftrag zur Bildung einer überparteilichen Regierung der Nationalen Koalition. Eine gleichzeitige Verfassungsänderung nahm die 1961 gewährten Freiheiten teilweise zurück und betonte die besondere Rolle der Streitkräfte im türk. Staat.

Rückkehr zur Demokratie

Kabinett Ecevit: Die Wahlen im Oktober 1973 brachten völlig überraschend einen Wahlsieg der Republikanischen Volkspartei

Staatspräsidenten der Türkei

Reg.-Zeit	*Name*	*Lebensdaten*
1923–38	Mustafa Kemal Pascha, später Atatürk	1881–1938
1938–50	Ismet Inönü	1884–1973
1950–60	Mahmud Celal Bayar	1883–1986
1960–66	Cemal Gürsel	1895–1966
1966–73	Cevdet Sunay	1900–1982
1973–80	Fahri Korutürk	1903–1987
1980–89	Kenan Evren	*1917
1989–93	Turgut Özal	1927–1993
1993–2000	Süleyman Demirel	*1924
ab 2000	Ahmet Necdet Sezer	*1941

Links: Der türk. Ministerpräsident Süleyman Demirel 1967 bei einer Kundgebung des Türkischen Vereins in Köln.
Rechts: Rebellierende türk. Studenten auf dem Geländer der Technischen Universität Ankara im Mai 1971.

Die wichtigsten Parteien im 20. Jahrhundert

Name	*Richtung*	*Gründ.*	*Bemerkung*
Cumhuriyet Halk Partisi (CHP) Republikanische Volkspartei	sozialdemokrat.	1923	urspr. die kemalist. ausgerichtete Partei des Staatsgründers Atatürk; 1981 verboten; Neugründung 1992; nach Misserfolgen bei Wahlen Umbau zu einer modernen sozialdemokratischen Volkspartei
Demokrat Parti (DP) Demokratische Partei	konservativ-liberal	1946	Partei der Regierung Menderes; Verbot 1960; Aufhebung des Verbots 1992
Adalet Partisi (AP) Gerechtigkeitspartei	konservativ-liberal	1961	Nachfolgepartei der 1960 verbotenen DP; 1981 verboten; 1992 neu gegr.; Anschluss an die DYP
Milliyetçi Hareket Partisi (MHP) Nationalistische Partei der Bewegung	türk-völk. nationalist.	1961	Zusammenschluss der Cumhuriyeti Millet Partisi und Köylü Partisi als CKMP mit parteiabhängiger Kommandotruppe der »Grauen Wölfe«; 1981 verboten, Neugr. 1992 und mit MÇP unter deren Namen vereinigt; seit 1993 wieder MHP
Türkiye Isçi Partisi (TIP) Arbeiterpartei der Türkei	marxist.-kemalist.	1961	Verbot 1971 wegen prokurd. separatist. Bestrebungen, 1975 neugegründet, 1981 erneut verboten
Milli Nizam Partisi (MNP) Partei der Nationalen Ordnung	islamist.-nationalist.	1970	Verbot 1971; neugegr. als MSP
Milli Selamet Partisi (MSP) Nationale Heilspartei	islamist.-nationalist.	1972	1981 verboten; Neugr. 1992; Anschluss an RP 1995
Anavatan Partisi (ANAP) Vaterlandspartei	konservativ	1983	bei der Gründung ein Sammelbecken aller Gegner des von den Militärs favorisierten Zweiparteiensystems
Dogru Yol Partisi (DYP) Partei des richtigen Wegs	konservativ-liberal	1983	Nachfolgepartei der 1981 verbotenen AP
Halkçi Parti (HP) Volkspartei	links-liberal	1983	von den Militärs vorgeschlagene Partei; schloss sich 1985 mit der SODEP zur SHP zusammen
Milliyetçi Demokrasi Partisi (MDP) Nationalistisch Demokrat. Partei	nationalist.-konservativ	1983	neben der HP die zweite von den Militärs vorgeschlagene Partei im favorisierten Zweiparteiensystem; schloss sich 1986 mit der ANAP zusammen
Refah Partisi (RP)	islam.-fundamentalist.	1983	1998 wegen antilaizistischer Bestrebungen verboten
Sosyal Demokrati Partisi (SODEP) Sozialdemokratische Partei	sozialdemokratisch	1983	eine der neugegr. Nachfolgeparteien der CHP; schloss sich 1985 mit der HP zur SHP zusammen
Sosyaldemokrat Halkçi Partisi (SHP)	links-liberal	1985	ging aus der HP der Militärs und der Sozialdemokratischen Volkspartei SODEP hervor; schloss sich 1995 der CHP an
Demokratik Sol Partisi (DSP) Demokratische Linkspartei	sozialdemokrat.	1985	Gründung von Rahşan Ecevit, nach Aufhebung des polit. Betätigungsverbots; 1987 Partei Bülent Ecevits
Milliyetçi Çalisma Partisi (MÇP) Nationalistische Arbeitspartei	nationalist.	1985	1993 mit der MHP vereinigt
Halkin Emek Partisi (HEP) Arbeitspartei des Volkes	prokurd.-sozialist.	1990	1993 wegen prokurd. Propaganda und separatistischer Bestrebungen verboten
Halkin Demokrasi Partisi (HADEP) Demokratiepartei des Volkes	prokurd.-sozialist.	1994	Nachfolgepartei der HEP
Demokrat Türkiye Partisi (DTP) Demokratische Türkeipartei	rechts-konservativ	1997	gegr. von ehemaligen DYP-Mitgliedern aus Unzufriedenheit mit der Politik der Parteichefin und Ex-Ministerpräs. Tansu Çiller
Fazilet Partisi (FP) Tugendpartei	islam.-fundamentalist.	1997	gegr. als Auffangbecken für Mitglieder der RP, der das Parteiverbot drohte; 1999 wegen antilaizistischer Bestrebungen verboten

(CHP) unter Bülent Ecevit, der 1972 Inönü als Parteichef abgelöst hatte und einen Generationenwechsel in der türk. Politik einleitete. Es war jedoch keiner der Parteien gelungen, eine Mehrheit im Parlament zu erhalten; nach monatelangen Verhandlungen gewann Ecevit die Nationale Heilspartei (MSP) mit Necmettin Erbakan als Koalitionspartner.

Zypernkonflikt: Im Juli 1974 besetzte die T. nach einem von den Obristen in Athen gesteuerten Putsch gegen Staatspräsident Makarios den Nordteil Zyperns. Das brutale Vorgehen der türk. Truppen und die Vertreibung von Hunderttausenden griech. Zyprioten löste eine schwere Krise zwischen der Türkei und Griechenland sowie der Europäischen Gemeinschaft aus, die bis heute die politischen Beziehungen beider Staaten belastet.

Regierungswechsel: Ecevit nutzte die Situation, um die Koalition zu beenden; am 18.7. trat seine Regierung zurück. Für die erhofften Neuwahlen fand er jedoch keine Mehrheit im Parlament. Erst am 31.3.1975 bildete sich unter Demirel eine Koalitionsregierung aus Gerechtigkeitspartei (AP), Nationaler Heilspartei (MSP) und Nationalistischer Partei der Bewegung (MHP). Auch nach den Wahlen 1977 lösten sich Mitte-Links- und Mitte-Rechts-Koalitionen in rascher Folge ab, ohne dass eine der Regierungen in der Lage gewesen wäre, die politische und wirtschaftliche Stabilität des Landes zu gewährleisten. Der Terrorismus nahm bürgerkriegsähnliche Formen an; der politische Stillstand legte das gesamte öffentliche Leben lahm.

Militärputsch: 1980 gelang es dem Parlament sechs Monate lang nicht, einen neuen Staatspräsidenten zu wählen. In dieser angespannten Lage übernahm ein »Nationaler Sicherheitsrat« unter Führung des Generals Kenan Evren durch einen Militärputsch die Macht: Das Parlament wurde aufgelöst, der 1961 eingeführte Senat abgeschafft, die Verfassung außer Kraft gesetzt und die politischen Parteien wurden verboten. Im Juli 1982 wurde eine neue Verfassung vorgelegt, der in einer Volksabstimmung im November 1982 über 90% der Wähler zustimmten. Verbunden war diese Abstimmung mit der Wahl Kenan Evrens zum neuen Staatspräsidenten.

Zivilisten erneut an der Macht: Wie versprochen, legte das Militär 1983 die Macht in die Hände des Volkes zurück, behielt aber weiterhin weitgehenden politischen Einfluss. Allen Politikern, die am 1.1.1980 irgendeine Führungsfunktion in einer Partei innegehabt hatten, wurde die Gründung neuer Parteien verboten. Gleichzeitig sollte künftig eine Art Zweiparteiensystem die Kräfte bündeln. Hierzu wurden die Nationalistisch-Demokratische Partei (Milliyetçi Demokrasi Partisi) und die Volkspartei (Halkçi Parti) gegründet. Weitere Parteigründungen wurden verhindert, einzig Turgut Özal, der das Stabilisierungsprogramm des letzten Parlaments getragen hatte, gelang es, seine neugegründete Vaterlandspartei (Anavatan Partisi/ANAP) zur Wahl stellen zu dürfen.

General Kenan Evren (* 1917) kam 1980 durch einen Putsch an die Macht. Obwohl das Militär die Regierungsgeschäfte 1983 wieder in zivile Hände gab, blieb sein hoher politischer Einfluss bestehen. Evren war bis 1987 Präsident.

Die Dritte Republik

Turgut Özal: Aus den Wahlen am 6.11.1983 ging die ANAP mit großer Mehrheit als Sieger hervor. Damit zeigten die Wähler mehr als deutlich, dass sie den Einfluss der Militärs auf die Politik eindämmen wollten. Außerdem signalisierten sie ihre Zustimmung zu dem Stabilisierungskurs, den die Regierung Demi-

Turgut Özal (1927–1993) war 1983–89 türkischer Ministerpräsident. Er setzte auf marktwirtschaftliche Reformen und Privatinitiative, um mit einer forcierten Industrialisierung den wirtschaftlichen Anschluss der Türkei an den Westen zu erreichen. Die von ihm geforderte Vollmitgliedschaft in der EG scheiterte an den Menschenrechtsverletzungen in der Türkei.

Kurden in der Türkei – Volk ohne Staat

Strategiewechsel: Ab 1984 kämpfte die linksextreme Kurdische Arbeiterpartei (PKK) in der Türkei gegen die türk. Armee. Politisches Hauptziel war die Schaffung eines Kurdenstaats. Der Bürgerkrieg kostete 37 000 Menschen das Leben, ein Drittel der 9000 kurdischen Dörfer wurden zerstört, ca. 3 Mio Kurden in die Flucht getrieben. Der jahrelang gesuchte PKK-Führer Abdullah Öcalan kommandierte von Damaskus/Syrien aus seine weltweit agierende Truppe. Auch in Mitteleuropa waren türk. Einrichtungen (Reisebüros, diplomatische Vertretungen u. a.) Ziel terroristischer Anschläge der PKK. Auf Druck der Türkei musste Öcalan seine Operationsbasis Syrien 1998 verlassen und versuchte seitdem in verschiedenen Staaten unterzukommen. Am 15.2.1999 wurde er in Nairobi/Kenia vom türk. Geheimdienst festgenommen. Nach seiner Verurteilung zum Tode am 29.6.1999 wegen Hochverrats rief er seine Gefährten vom Gefängnis aus zur Beendigung des militärischen Kampfs auf. Gegen sein Todesurteil legte er beim Europäischen Gerichtshof für Menschenrechte (Straßburg) Berufung ein. Anfang 2000 verkündete die PKK ihr neues politisches Ziel, eine demokratische Republik für Kurden und Türken. Die meisten der fast 10 000 PKK-Kämpfer waren bis dahin aus der Türkei abgezogen. (Foto: Öcalan im Juni 1999 beim Prozess auf der Gefängnisinsel Imrali)

Kurden: Siedlungsgebiete

rel unter der Federführung von Turgut Özal am 24.1.1980 beschlossen hatte. Auf marktwirtschaftlicher Grundlage sah das Programm eine Abkehr von den jahrzehntelangen staatlichen Reglementierungen vor. Im September 1987 plädierten mehr als 50% der Wähler für eine Aufhebung des Politikverbots für die altgedienten Politiker. Allerdings wechselten ihre neu zugelassenen Parteien die Namen: Süleyman Demirel stand jetzt der Partei des richtigen Wegs (Dogru Yol Partisi/DYP) vor, Necmettin Erbakan der Wohlfahrtspartei (Refah Partisi/RP); Bülent Ecevit fand eine neue Heimat links seiner bisherigen Partei in der Partei der demokratischen Linken (Demokratik Sol Partisi/DSP).

Demokratisierung und Marktwirtschaft: Die Politik der 80er Jahre wurde entscheidend von Özal und der ANAP geprägt, die erst im Herbst 1991 von der DYP unter Demirel als Regierungspartei abgelöst wurde. Unter wechselnder Regierungskoalitionen konnten kleine Fortschritte auf dem Weg zu Demokratisierung, Privatisierung und weiterer Liberalisierung in der Wirtschaft erzielt werden. So unterzeichnete die T. im Oktober 1992 das Zusatzprotokoll zur Europäischen Menschenrechtskonvention, im November wurde eine neue Strafprozessordnung verabschiedet und eine Haftreform durchgeführt. Im Juli 1995 wurde endlich die seit langem diskutierte Änderung der Verfassung von 1982 abgeschlossen. Außerdem wurden jene Passagen der Präambel gestrichen, in denen die Militärintervention von 1980 verherrlicht wurde.

Islamistisches Intermezzo: Nach einem erdrutschartigen Erfolg der islamistischen RP (Wohlfahrtspartei) bei den Kommunalwahlen 1994 sowie wegen der Unfähigkeit des bürgerlichen Lagers, nach den Wahlen vom 24.12.1995 eine handlungsfähige Regierung zu bilden, beauftragte Staatspräsident Demirel am 8.6.1995 den Vorsitzenden der RP, Necmettin Erbakan, mit der Regierungsbildung. Dieser hatte bei den Wahlen einen knappen Sieg vor der ANAP errungen. Damit übernahm zum ersten Mal in der 73-jährigen Geschichte der laizistischen Republik T. ein islamistischer Ministerpräsident die Regierung.
Außenpolitisch suchte die Türkei 1996/97, wie erwartet, die Nähe zu den islamischen Ländern, im Innern traf die stärkere Orientierung am Islam auf den Widerstand der Militärs. Es zeigte sich jedoch, dass die alten islamischen Traditionen keineswegs zerstört waren und sich seit dem Zweiten Weltkrieg wieder verstärkt im türkischen Staatswesen ausgebreitet hatten. Eingekeilt zwischen den

revolutionären Vorgaben Atatürks, die von einer aufgeschlossenen, meist städtischen Elite getragen werden, und den patriarchalischen Strukturen des Osmanischen Reichs, die vor allem auf dem Land und damit bei der breiten Masse überdauert haben, sucht die Türkei bis heute nach ihrer nationalen Identität. Das einzige Ende des 20. Jahrhunderts erhaltene und wirksame Prinzip der Atatürkschen Reformen ist die Idee des Nationalismus. Sie kollidiert mit den Interessen nichttürk., wenn auch islamischer Minderheiten wie der Kurden. Sicherheitshalber hält sich die Türk. Republik an osmanische Tradition: Religions- bzw. Sprachzugehörigkeit wurden zuletzt bei der Volkszählung 1965 erfragt. Alle Diskussionen z.B. um den Anteil der Kurden an der Bevölkerung beruhen auf Schätzungen.

Frauenprotest: Die sog. Samstags-Frauen, die seit 1995 jede Woche auf die Straße gehen, demonstrieren auch gegen das spurlose Verschwinden von Angehörigen und Verstöße gegen die Menschenrechte in ihrem Land. (Foto: Demonstration im Mai 1998 in Istanbul)

An der Jahrtausendwende

Kabinett Ecevit: Im April 1999 wurden vorzeitig Neuwahlen durchgeführt, weil das Parlament Ministerpräsident Mesut Yilmaz wegen Korruptionsvorwürfen das Misstrauen ausgesprochen hatte. Die meisten Stimmen erhielt mit 22,2% die DSP (Demokratische Linkspartei) von Ecevit. Er bildete eine Koalition mit der MHP (Nationalistische Partei der Bewegung 18,1%) und ANAP (Vaterlandspartei 13,6%). Die CHP (Republikanische Volkspartei 8,7%) scheiterte erstmals an der erst unter Özal eingeführten 10%-Klausel des türk. Wahlrechts. Die kurd. Demokratische Partei des Volkes (Halkin Demokrasi Partisi/HADEP) konnte beachtliche 4,6% erringen, wobei sie in vielen Wahlkreisen im Südosten zwischen 70 und 95% erzielt hatte. Wegen des türk. Mehrheitswahlrechts entsandte sie dennoch keinen Abgeordneten ins Parlament, da sie auf gesamtstaatlicher Ebene an der 10%-Hürde scheiterte. Die Nachfolgepartei der Anfang 1998 verbotenen islamistischen Refah Partisi, die Tugendpartei (Fazilet Partisi/FP), erhielt 15,3 % der Stimmen. Bei der Parlamentseröffnung kam es zu einem Eklat, als die Abgeordnete der FP, Merve Kavakçi, wegen ihres Kopftuchs aufgefordert wurde, das Parlament zu verlassen. Das Tragen des Kopftuchs in öffentlichen Einrichtungen ist in der T. seit 1928 verboten und wird als Symbol des politischen Islam abgelehnt.
Schwere Stimmenverluste musste auch die DYP (Partei des richtigen Wegs) der ehemaligen Ministerpräsidentin Tansu Çiller und des Staatspräsidenten Demirel hinnehmen: Sie sank weiter in der Wählergunst von 19,1% (1995) auf 12,1%.

Präsidentenamt: Im Mai 2000 scheiterte Ministerpräsident Bulent Ecevit (DSP) mit seinem Antrag, die Amtszeit des Staatspräsidenten auf zweimal fünf Jahre zu verändern und damit dem bisherigen Staatspräsidenten Demirel eine Wiederwahl und zweite Amtsperiode zu ermöglichen. Am 16.5.2000 wählte die türk. Nationalversammlung Ahmet Necdet Sezer, den Vorsitzenden des Verfassungsgerichts, zum zehnten Staatspräsidenten seit Gründung der Republik. Auf den parteilosen Juristen, bei dessen Wahl das Militär auf eine Einflussnahme verzichtete und der als erster Präsident der T. weder altgedienter Politiker noch General ist, werden große Hoffnungen gesetzt, den Staat zur grundlegenden Verfassungsreform und damit dem EU-Beitritt näher zu führen. *B.T./Red.*

Bülent Ecevit, Ministerpräsident der Türkei seit Frühjahr 1999, gilt als der große alte Mann der türk. Sozialdemokratie. Er war bereits in den 70er Jahren mehrfach Regierungschef.

Turkmenistan 2000	
Landesfläche	488 100 km² (WR 51)
Einwohner	4,4 Mio (WR 114)
Hauptstadt	Aschgabad (517 000 Einwohner)
Sprache	Turkmenisch
Währung	1 Manat = 100 Tenge
Gliederung	4 Provinzen und Hauptstadtbezirk
Staatsform	Präsidiale Republik (seit 1991)
Religion	Sunnitische Moslems
Bevölkerung	Turkmenen (73,3%); Russen (9,8%); Usbeken (9%); Kasachen (2%); Aseri (0,8%); Sonstige (5,1%)

Turkmenistan im 20. Jahrhundert	
1916	Aufstand gegen die russ. Herrschaft.
1918	Gründung der Autonomen Sozialistischen Sowjetrepublik Turkestan.
	Guerillakrieg der »Basmatschi«.
	Brit. Truppen besetzen Aschgabad (bis 1919).
1924	Gründung der Turkmen. Sozialistischen Sowjetrepublik.
1953	Beginn der Bauarbeiten am großen Karakum-Kanal (1958 abgebrochen).
1985	Saparmurad Nijasow wird zum turkmen. Regierungschef ernannt.
1989	Gründung der Oppositionspartei Agzybirlik.
1990	Verbot der Oppositionspartei Agzybirlik.
1990	Turkmenistan erklärt sich für souverän.
	Saparmurad Nijasow wird ohne Gegenkandidaten zum Präsidenten des unabhängigen Turkmenistan gewählt.
1991	Der Oberste Sowjet erklärt Turkmenistan für unabhängig; Nijasow wird erster Präsident der souveränen Republik.
	Turkmenistan wird Mitglied der Gemeinschaft Unabhängiger Staaten (GUS).
	Enger Kooperations- und Kulturvertrag mit der Türkei.
1992	Beitritt zur Organisation für wirtschaftliche Zusammenarbeit (ECO) der islamischen Staaten des Mittleren Ostens.
	Turkmenistan erhält eine neue Verfassung, die die sowjet. Verfassung ablöst.
	Wiederwahl von Staatspräsident Nijasow.
1993	Abschluss eines Kooperations- und Sicherheitsvertrags mit Russland.
	Staatspräsident Nijasow wird vom Parlament der Ehrenname »Turkmenbaschi« (»Vater aller Turkmenen«) zugesprochen.
1994	In einem Referendum wird die regulär 1997 auslaufende Amtszeit von Nijasow bis Ende 2002 verlängert.
	Bei den Parlamentswahlen wird nach einer Einheitsliste gewählt; fast alle Kandidaten sind Mitglied der Staatspartei DPT.
1995	Präsident Nijasow unterzeichnet in Moskau 20 bilaterale Abkommen zur militärischen und wirtschaftlichen Zusammenarbeit mit Russland.
1996	Der Antrag von Staatspräsident »Turkmenbaschi« (Nijasow), ihn zum Präsidenten auf Lebenszeit zu ernennen, wird vorläufig zurückgestellt.
1998	Kooperationsvertrag und Wirtschaftsverträge mit dem Iran.
1999	Parlamentswahlen nach einer Einheitsliste, bei der die Staatspartei (ehemalige Kommunisten) alle 50 Abgeordneten stellt.
	Saparmurad »Turkmenbaschi« (Nijasow) wird Präsident auf Lebenszeit.

Die wichtigsten Parteien im 20. Jahrhundert

Seit 1991 ist Turkmenistan de facto ein »Einparteienstaat«. Im Parlament ist allein die Nachfolgepartei der (sowjet.) Kommunistischen Partei vertreten, die »Demokratische Partei Turkmenistans« (DPT), ergänzt durch einige direkt gewählte Abgeordnete. Daneben existieren zwar noch einige Scheinparteien (wie die »Gerechtigkeitspartei«), die aber vollkommen ins politische System eingebunden sind.

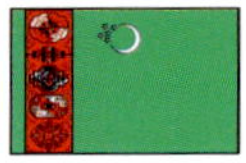

Turkmenistan

Republik Turkmenistan

Die Vorfahren der Turkmenen, die türk. Oghusen, gelangten im 10. Jh. in das Gebiet des heutigen T. Nach den Kasachen und Usbeken unterwarfen russ. Truppen um 1870 auch die Nomadenstämme östlich des Kasp. Meeres, die unter pers. Oberhoheit standen. Die Turkmenen leisteten erbitterten Widerstand und entzogen sich den russ. Angriffen immer wieder durch Flucht in die Wüste Karakum. Erst 1881 schloss das Zarenreich die Eroberung des heutigen T. ab.

Sowjetische Herrschaft

Bürgerkrieg: Im Sommer 1916 schlossen sich auch die Turkmenen dem großen Aufstand in Zentralasien an und erreichten dadurch noch einmal vorübergehend ihre Unabhängigkeit, wobei sie sogar für kurze Zeit das Khanat Chiwa erobern konnten. Im April 1918 gründeten die Bolschewiki in Taschkent die Autonome Sozialistische Sowjetrepublik (ASSR) Turkestan, die fast alle zentralasiat. Gebiete Russlands umfasste.

Gründung Turkmenistans: Am 27.10.1924 löste Moskau die Autonome Sowjetrepublik auf und organisierte das Gebiet westlich des Flusses Amudarja als Turkmen. Sozialistische Sowjetrepublik. Allerdings konnte die Rote Armee erst 1927 den letzten Widerstand der Turkmenen überwinden. Die zwangsweise Ansiedlung der turkmen. Nomadenstämme und ihre Eingliederung in das System der kollektivierten Landwirtschaft bedeutete einen massiven Eingriff in ihre jahrhundertealte tradierte Lebensweise und provozierte Anfang der 30er Jahre neuen Widerstand, der z. T. bis 1936 andauerte.

Bewässerungsanlagen: Nach dem Zweiten Weltkrieg gab es in T. keine organisierte Opposition mehr. Der unter Stalin begonnene Bau des Karakum-Kanals, der das Wasser des Amudarja durch die Wüste Karakum bis ins Kasp. Meer führen und der Bewässerung von Baumwollfeldern im südl. T. dienen sollte, wurde 1958 westlich der Hauptstadt Aschgabad eingestellt. Aber bereits der halb fertige Kanal entzieht dem Fluss seitdem so viel Wasser, dass sich der Austrocknungsprozess des Aralsees wesentlich beschleunigt hat.

Perestroika und nationale Opposition: Kurz nach Amtsantritt von Generalsekretär Gorbatschow 1985 wurde Saparmurad Nijasow turkmen. Regierungschef. Obwohl Nijasow von Gorbatschow eingesetzt worden war, zeigte er bald deutliche Abneigung gegen dessen Politik der Perestroika. Von den wenigen unabhängigen Oppositionsgruppen, die 1989 in T. gegründet wurden, konnte sich keine längerfristig etablieren. Wichtigste Gruppe war die im Herbst 1989 entstandene Bewegung Agzybirlik (Einheit), deren Hauptziel die Einführung der turkmen. Sprache als Staatssprache war. Sie wurde 1990 ebenso verboten wie die »Islamische Partei der Wiedergeburt«.

Übergang zur Unabhängigkeit: Im Oktober 1990 nutzte Regierungschef Nijasow die von Gorbatschow eingeleitete Politik und ließ sich, als Reformer auftretend, von der Bevölkerung mit 98% zum ersten Präsidenten der Republik wählen. Obwohl Nijasow sich noch im Sommer 1991 für den Erhalt der Sowjetunion ausgesprochen und sich während des Umsturzversuchs in Moskau im August 1991 auch nicht von den Putschisten distanziert hatte, ließ er doch kurze Zeit später eine Volksabstimmung über die Unabhängigkeit der Republik abhalten. Nachdem 94% der turkmen. Bevölkerung dem Referendum zustimmt hatten, erklärte der Oberste Sowjet am 27.10.1991 T. für souverän. Mit dem Beitritt zur »Gemeinschaft Unabhängiger Staaten« (GUS) und der Auflösung der Sowjetunion wurde T. erstmals in seiner Geschichte ein unabhängiger Staat.

Souveräner Staat

Festschreibung der Macht: Im Herbst 1991 benannte sich die »Kommunistische Partei T.s« in »Demokratische Partei T.s« um und wählte Präsident Nijasow zu ihrem Vorsitzenden. Im Mai 1992 verabschiedete der Oberste Sowjet eine neue Verfassung, die zwar die Machtbefugnisse des Präsidenten erheblich ausweitete und die nationale Einheit betonte, aber auf die Rechte des Individuums kaum einging. Der periodisch tagende Oberste Sowjet wurde durch ein ständig tagendes Parlament (Milli Medschlis) aus 50 gewählten Abgeordneten ersetzt. Zwar garantiert die Verfassung den Bürgern politische Freiheiten, aber faktisch besitzt die »Demokratische Partei« seit Herbst 1991 das Machtmonopol, auch wenn 1992 von halb offiziellen Stellen die »Gerechtigkeitspartei« gegründet wurde, die jedoch lediglich als »Vorzeige-Oppositionspartei« dient – bei allen Wahlen liegt stets eine Einheitsliste aus. Seit der Unabhängigkeit wacht die Regierung – schon wegen der allmählich wachsenden Einflüsse aus Saudi-Arabien und der Türkei – argwöhnisch über alle Aktivitäten der islamischen Geistlichkeit.

Der Bau des Karakum-Bewässerungskanals wurde schon unter Josef Stalin begonnen.

Rechtsstreit um das Kaspische Meer

Der internationale Status des Kasp. Meers ist bis heute nicht geklärt. Deshalb gründeten die fünf Anrainerstaaten Aserbaidschan, Iran, Kasachstan, Russland und Turkmenistan Anfang 1992 die »Kooperationsgemeinschaft Kasp. Staaten«, die ein Abkommen zur Nutzung und zum Schutz des Kasp. Meeres anstrebt. Bis dahin gab es über die Nutzung des Meeres nur zwei bis heute gültige Verträge, die 1921 und 1940 von der Sowjetunion und dem Iran zur Regelung der Schifffahrt und der Fischereirechte abgeschlossen worden waren. In ihnen wird das Kasp. Meer als Binnengewässer mit dem Recht zur gemeinsamen Nutzung definiert. In dieser Definition sehen die drei neuen Anrainer eine Benachteiligung und möchten daher, dass das Kasp. Meer künftig wie ein »offenes Meer« behandelt wird. Bei dieser seerechtlichen Unterscheidung geht es in erster Linie um die Ausbeutung der riesigen Erdölvorkommen unter dem Meer, die mittlerweile auf 10–25 Mrd Tonnen geschätzt werden, sowie um große Erdgaslagerstätten. Bei dem von Teheran und Moskau favorisierten Status eines Binnengewässers würden die Bodenschätze unter den Anrainern zu gleichen Teilen aufgeteilt; käme jedoch das internationale Seerechtsabkommen von 1994 zur Anwendung, hätte jeder Anrainer das alleinige Recht zur Ausbeutung einer Wirtschaftszone bis zu 200 Seemeilen vor der eigenen Küste. Die Position der drei neuen Staaten wird daher auch von den westlichen Staaten unterstützt, deren Mineralölkonzerne an der Förderung und Erschließung der Bodenschätze möglichst unter Ausschluss Russlands und des Iran interessiert sind. Wegen der enormen politischen und wirtschaftlichen Konsequenzen konnten sich die Staaten bis heute nicht einigen. So ist diese Frage noch immer offen, zumal seit der Erschließung neuer Erdölfelder auch die drei neuen Staaten untereinander nicht mehr einig sind. (Foto: Bohrtürme im Kaspischen Meer)

Präsidentschaftswahlen: Im Juni 1992 wurden in T. Präsidentschaftswahlen abgehalten, bei denen Nijasow 99,5% der Stimmen erhielt (es gab keinen Gegenkandidaten). Der Staatspräsident ernannte sich anschließend selbst zum Regierungschef und übt seit dieser Zeit beide Ämter aus. Bereits im Januar 1994 ließ Nijasow seine erst 1997 auslaufende Amtszeit als Staatspräsident durch ein Referendum bis zum Jahr 2002 vorzeitig verlängern. Dabei stimmten 99,9% der Wähler für die Verlängerung der Amtszeit. Ähnlich eindeutig waren im Dezember 1994 die Ergebnisse der ersten Wahlen zum Milli Medschlis (Parlament), das den Obersten Sowjet der früheren UdSSR als Vertretungsorgan ablöste. Alle 50 Kandidaten erhielten jeweils zwischen 97 und 100% der Stimmen und sicherten damit für die nächsten fünf Jahre die Herrschaft der Demokratischen Partei, der ehemaligen Kommunisten.

Turkmenistans Außenbeziehungen

Energieexport: Die rasch schärfer werdende Kritik im Westen an den politischen Verhältnissen in T. und Klagen über die Verletzung der Menschenrechte hinderten die USA nicht daran, gute wirtschaftliche und politische Kontakte mit Aschgabad zu pflegen. Die junge Republik zählt seit ihrer Unabhängigkeit zu einem der wichtigsten Erdöl- und Erdgasproduzenten der Welt. Das asiat. Land verfügt über das drittgrößte gesicherte Erdgasvorkommen der Erde und vor den Küsten des Kasp. Meeres werden weitere große Erdöl- und Erdgasvorkommen vermutet. Obwohl sich die politischen Verhältnisse in der Republik bis heute im Vergleich zu den Zeiten der kommunistischen Herrschaft kaum wandelten, sicherten sich zahlreiche große westliche und asiat. Erdölkonzerne Förderkonzessionen für turkmen. Erdgas und Erdöl.

Erdgas – gigantische Energiereserven in der asiatischen Wüste

Energie für alle Welt: Bis 1991 war dem Westen kaum bewusst, dass Turkmenistan eines der größten Erdgasförderländer der Erde ist. Dies änderte sich mit der Unabhängigkeit der Republik. Seitdem zeigen alle Industrieländer reges Interesse am turkmen. Erdgas. Mineralölkonzerne aus der ganzen Welt bemühen sich um Förderkonzessionen und nach den neuesten Prospektionen verfügt Turkmenistan nach Russland und Katar über die drittgrößten Erdgasvorräte der Erde. Die Regierung in Aschgabad ist am Export von Erdgas stark interessiert. Allerdings ist Turkmenistan dabei auf das russ. Gasnetz angewiesen. Aus diesem Grund sind die europäischen GUS-Staaten noch immer die Hauptabnehmer von turkmen. Erdgas. Die Abhängigkeit von Russland wurde zuletzt 1997 deutlich, als der mächtige russ. Gaskonzern Gasprom während eines Streits über die Tarife kurzerhand »den Gashahn« abdrehte, wodurch sich der Export von turkmen. Erdgas in diesem Jahr beinahe halbierte. Daher bemüht T. sich intensiv um den Bau von Gasleitungen in alle Richtungen. Da die USA strikt jede Route ablehnen, die durch den Iran führt, und aus strategischen Gründen auch keine neue Erdgasleitung über russ. Territorium führen möchten, bleibt nur der Weg durch das Kasp. Meer und den Krisenherd Kaukasus ans Schwarze Meer oder in die Türkei. Die politischen und wirtschaftlichen Risiken, die eine solche Route in sich birgt, wollen die Ölkonzerne aber nicht alleine tragen. Aus diesem Grund scheiterte seit 1992 eine Vielzahl von Vorschlägen, darunter sogar der Bau von Pipelines durch China nach Korea und Japan. Für das neueste Projekt einer »Transkaukasus-Pipeline« (TCGP), das von der Türkei und den USA unterstützt wird, wurden im März 1999 Vorverträge abgeschlossen. Allerdings äußerte inzwischen die Führung Aserbaidschans (das sein eigenes Gas verkaufen möchte) Bedenken dagegen. (Foto: Gas verarbeitendes Werk in der Karakum-Wüste)

Beziehungen zu Russland: Seit der Konferenz von Taschkent am 21.12.1991 ist T. Mitglied der GUS, die allerdings bis heute nicht das leisten konnte, was sich ihre Gründer erhofft hatten. Aus diesem Grund verhielt sich Nijasow beim Abschluss neuer Abkommen innerhalb der GUS meist zögerlich, obwohl die GUS-Länder die wichtigsten Handelspartner des Landes geblieben sind und T. bis heute gänzlich vom russ. Transportsystem abhängig ist. Seit 1992 schlossen T. und Russland jedoch bilaterale Verträge ab und T. wurde stärker ins russ. Sicherheitssystem integriert.
Traditionelle Verbindung nach Westen: Wegen der gemeinsamen Abkunft von den westtürk. Oghusen bestanden zwischen T., Aserbaidschan und der Türkei selbst während der Sowjetzeit stets enge Verbindungen. Dementsprechend schloss Präsident Nijasow schon im Dezember 1991 – also praktisch zeitgleich mit dem Beitritt zur GUS – einen weitreichenden wirtschaftlichen und kulturellen Kooperationsvertrag mit der Türkei ab, dem weitere Abkommen folgten. Bald setzte eine verstärkte »Re-Türkisierung« des Landes ein, wobei man – zumindest in den ersten Jahren – gern an die Reformen Kemal Atatürks, des Begründers der modernen Türkei, erinnerte und alle russ. Orts- und Straßennamen durch turkmen. Bezeichnungen ersetzte. Per Dekret ordnete Nijasow 1993 nach türk. Vorbild die Einführung der lateinischen Schrift zum 1.1.2000 an.
Türkische Entwicklungshilfe: Im Gegensatz zu den ursprünglich hohen Erwartungen übernahm aber der »große Bruder« Türkei eine geringere Rolle als erhofft. Immerhin investierten türk. Firmen bis 1995 über 1 Mrd US-Dollar in turkmen. Unternehmen und waren am Bau einer 1999 fertig gestellten Eisenbahnlinie von der Hauptstadt nach Kerki beteiligt. Das türk. Entwicklungsministerium finanzierte überdies zahlreiche Projekte zum Aufbau von Infrastruktur und Industrie sowie den Bau neuer Moscheen und Koranschulen und ermöglicht zahlreichen turkmen. Studenten ein Studium in der Türkei. Trotz wiederholter Proteste aus Washington bemühte sich Nijasow seit der Staatsgründung auch um gute Kontakte zum Nachbarn Iran, mit dem er Wirtschafts- und Handelsabkommen abschloss und den Bau neuer Straßen und Eisenbahnen sowie den Bau einer Gaspipeline vereinbarte.

Saparmurad Nijasow – »Vater aller Turkmenen«

Staatsoberhaupt: Der turkmen. Präsident Saparmurad »Turkmenbaschi« Nijasow wurde am 19.2.1940 in Aschgabad geboren. Er verlor seinen Vater im Zweiten Weltkrieg und seine Mutter sowie weitere Angehörige 1948 bei einem Erdbeben. Nijasow wuchs im Waisenhaus und bei entfernten Verwandten auf und studierte später in Leningrad Elektrotechnik. 1962 trat er in die KPdSU ein, 1967–70 war er leitender Ingenieur im Wärmekraftwerk Besmein. 1980 wurde er Parteichef der turkmen. KP in Aschgabad, 1985 wurde er Ministerpräsident der Sowjetrepublik Turkmenien, 1990 Präsident. Seit 1991 regiert er die unabhängige Republik Turkmenistan. (Foto: Nijasow, r., mit dem russ. Staatspräsidenten Wladimir Putin im Mai 2000 in der turkmen. Hauptstadt Aschgabad)

Innenpolitik seit 1995

Festschreibung der Machtverhältnisse: Seit der Verlangerung der Amtszeit und Festigung der Macht steigerte sich zunehmend der Kult um Saparmurad »Turkmenbaschi« (»Vater aller Turkmenen«), wie sich Präsident Nijasow in T. seit 1993 offiziell anreden lässt. Er selbst begründet seine quasidiktatorische Position stets damit, dass das Land in Zeiten der Umgestaltung eine »feste Hand« brauche und verweist dabei auf die chaotischen Verhältnisse und den Bürgerkrieg im benachbarten Tadschikistan. Die politischen Verhältnisse sind ohne Zweifel autoritär, wobei das politische Gewicht regionaler Gruppen und der einflussreichen Stämme jedoch nicht unterschätzt werden sollte, deren Führer z. T. eine ähnlich stabilisierende und kontrollierende Rolle spielen wie im Westen politische Parteien.
Wahlen 1999: Auch die letzten Wahlen am 12.12.1999 änderten an den bestehenden Verhältnissen wenig: Alle 50 Sitze des Parlaments gingen erneut mit beinahe 100% der Stimmen an die »Demokratische Partei«. Gleich nach seiner Konstituierung ergänzte das neu gewählte Parlament am 28.12.1999 die Verfassung und übertrug »Turkmenbaschi« das Präsidentenamt auf Lebenszeit. Nijasow kündigte an, bis 2010 keine anderen Parteien zuzulassen, da sich das Land dem wirtschaftlichen Wiederaufbau widmen müsse. *P. B.*

Tuvalu 2000	
Landesfläche	26 km² (WR 189)
Einwohner	10 000 (WR 191)
Hauptstadt	Vaiaku (4000 Einwohner)
Sprachen	Tuvalu, Englisch
Währung	1 Australischer Dollar (A$) = 100 Cents
Gliederung	9 Atolle
Staatsform	Konstitutionelle Monarchie im Commonwealth (seit 1978)
Religion	Christen (98,5%); Bahai (1%); Sonstige (0,5%)
Bevölkerung	Polynesier (91,2%); Europäer (1%); Sonstige (7,8%)

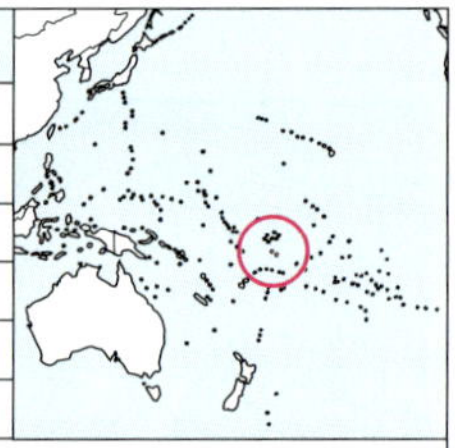

Tuvalu im 20. Jahrhundert	
1916	Großbritannien wandelt das Protektorat über die Ellis Islands (Tuvalu) und die Gilbert Islands (Kiribati) in eine Kronkolonie um.
1943	Errichtung von US-Militärstützpunkten.
1974	Die Mehrheit der Einwohner votiert für einen von den Gilbert Islands (Kiribati) separaten Status.
1978	Unabhängigkeit von Tuvalu als konstitutionelle Monarchie.
1986	Erstes fehlgeschlagenes Referendum für die Einführung der Republik.
1987	Gründung des Tuvalu Trust Fond.
1993	B. Paeniu fordert im Namen der südpazifischen Staaten auf dem Gipfeltreffen der G7-Gruppe Maßnahmen gegen die sich anbahnende Klimakatastrophe.
1994	Der Union Jack wird aus der Staatsflagge entfernt, um die Abkehr von Großbritannien zu demonstrieren.
1997	Wiedereinführung der alten Staatsflagge.
1998	Premierminister Bikenibeu Paeniu wird in den Parlamentswahlen bestätigt.

Klimaveränderung bedroht Naturparadiese der Südsee

Klimakatastrophe: Infolge der Zunahme von Treibhausgasen in der Erdatmosphäre, die Sonnenlicht zwar durchlassen, von der Erdoberfläche abgehende Wärmestrahlen aber zurückhalten, erwarten Klimaforscher für die nächsten hundert Jahre einen Anstieg der Temperaturen um bis zu 3,5 °C. Dies könnte eine globale Klimaveränderung bewirken. Die Folge wären Dürren und Wüstenbildung in den Trockengebieten, ein erhöhtes Aufkommen von Stürmen sowie eine Eisschmelze an den Polkappen, was zu einem Anstieg des Meeresspiegels um bis zu 1 m führen könnte. Diese Entwicklung bedeutet für die Bewohner von Tuvalu eine ernste Bedrohung, denn die höchste Erhebung beträgt nur knapp 5 m. Stürme und eine starke Brandung haben bereits zur Bodenabtragung geführt. Einige kleinere Archipel laufen Gefahr, vollständig zu versinken. (Foto: Auf Holzpfosten stehende Hütten auf Funafuti/Tuvalu schützen die Bewohner vor Überschwemmungen in der Regenzeit.)

Tuvalu

Die aus neun Atollen bestehende Inselgruppe wurde im 16. Jh. von den Spaniern entdeckt. 1819 benannte sie der Amerikaner Arent de Peyster nach dem Eigner seines Schiffes Ellice Islands. Der nächste Kontakt mit Europäern ergab sich Mitte des 19. Jh.s, als ein großer Teil der einheimischen Bevölkerung von Sklavenjägern nach Südamerika, Fidschi, Hawaii und Queensland verschleppt wurde. Durch diese Deportation sowie durch eingeschleppte Krankheiten sank die Einwohnerzahl von rund 20 000 (1850) auf 3000 (1875).

Von der Kolonie zur Unabhängigkeit

Britisches Protektorat: Aufgrund der um 1860 beginnenden Christianisierung durch brit. Missionare entstanden engere Beziehungen zu Großbritannien, das Ellice Islands (Tuvalu) 1892 mit den Gilbert Islands (Kiribati) zu einem Protektorat zusammenfasste und 1916 zur Kronkolonie ernannte. Der Mangel an Bodenschätzen und die Lage der Inseln abseits der großen Schifffahrtslinien führten zu einem nur geringen brit. Einfluss auf Wirtschaft und Kultur.

Zweiter Weltkrieg: Als 1942 die Gilbert Islands von den Japanern besetzt wurden, errichteten die USA 1943 Militärstützpunkte auf Funafuti, Nukufetau und Nanumed, von wo aus sie die Japaner wieder von den Gilbert Islands vertrieben.

Trennung von Gilbert Island: Nach dem Zweiten Weltkrieg sprachen sich im Zuge der Unabhängigkeitsbestrebungen 92% der Einwohner von T. gegen den wirtschaftlich sinnvollen Zusammenschluss mit den Gilbert Island aus, da sie fürchteten, von deren größerer Einwohnerzahl majorisiert zu werden. Die Trennung wurde am 1.1.1976 vollzogen.

Konstitutionelle Monarchie: Am 1.10.1978 erhielt T. innerhalb des brit. Commonwealth die vollständige Unabhängigkeit als konstitutionelle Monarchie. Ihr Oberhaupt ist nach der Verfassung Königin Elisabeth II. Sie wird durch einen einheimischen Generalgouverneur vertreten, der das Parlament einberuft und auflöst. Das Ein-Kammer-Parlament besteht aus zwölf Mitgliedern, die in allgemeinen Wahlen alle vier Jahre gewählt werden. Es gibt keine politischen Parteien, sondern es stellen sich Einzelpersonen zur Wahl. Das Kabinett setzt sich aus dem Premierminister und bis zu vier Ministern zusammen.

Wirtschaftliche Abhängigkeiten

Auslandshilfe: Als T. 1978 unabhängig wurde, stellte Premierminister Toaripui Lauti (1978–81) fest, dass T. außer Sonne und einem Stück Pazifik nichts besäße. Seit Jahrhunderten rangiert das bevölkerungsarme T. unter den am wenigsten entwickelten Ländern der Erde. Grundlagen der Wirtschaft sind die auf armen Böden kaum entwickelte Landwirtschaft und die Fischerei. Die größte Deviseneinnahmequelle stellt der Verkauf von Briefmarken dar. Die Inselgruppe ist daher in hohem Maße von dauerhafter Auslandshilfe abhängig, wobei Großbritannien, Australien, Neuseeland, Japan und Südkorea 1987 den Tuvalu Trust Fond gründeten, dessen Nettoerträge T. jährlich ausgezahlt werden. Um die Abhängigkeit von ausländischer Hilfe zu reduzieren, begann die in den Wahlen von 1996 bestätigte Regierung unter Bikenibeu Paeniu Personal abzubauen und öffentliche Dienste zu privatisieren. Seit 1998 werden von der Regierung Internetadressen und Lizenzen für Service-Telefonnummern im Einzugsbereich T.s verkauft.
Handelsdefizit: Australien und Neuseeland sind neben Fidschi auch die wichtigsten Außenhandelspartner. Das hohe Handelsdefizit muss ständig durch Finanzüberweisungen der Gastarbeiter im Ausland ausgeglichen werden. Den meisten der rund 10 000 Einwohner gehört ein Stück Grund und Boden. Die Landknappheit ist aber dennoch die Hauptursache für die Auswanderung; 1000 bis 2000 Einwohner arbeiten auf Kiribati, im Phosphatabbau auf Nauru und auf ausländischen Schiffen. Mit Nauru und Kiribati sowie mit den Marshallinseln begannen 1995 Verhandlungen über eine engere Kooperation bei der Vermarktung von Kopra und der Entwicklung der Fischerei. T. beansprucht eine Fischereizone von 1,3 Mio km², in denen die »National Fishing Corporation of Tuvalu« vorwiegend Thunfisch fängt.

Entwicklung regionaler Identität

Reparationsforderungen: 1991 kündigte die Regierung an, von Großbritannien Kompensation für den zum Zeitpunkt der Unabhängigkeit schlechten Zustand von Wirtschaft und Infrastruktur verlangen zu wollen. Darüber hinaus seien 40% von Funafuti wegen der Korallenabgrabungen und -aufschüttungen, die US-Truppen im Zweiten Weltkrieg vornahmen, unbewohnbar. Da Großbritannien hierzu die Genehmigung gegeben habe, seien von den Briten Reparationen zu zahlen. Entsprechende Verhandlungen 1992 verliefen ergebnislos.

Flughafen auf Funafuti: Wie in den beiden letzten Jahrhunderten liegt Tuvalu auch heute noch abseits der großen Schifffahrtsrouten. Die Hauptverbindung wird vom Hafen von Funafuti nach Fidschi hergestellt. Nachdem 1995 Tuvalu, Kiribati, die Marshallinseln und Nauru Verhandlungen über eine gemeinsame regionale Fluglinie aufgenommen hatten, konnte in wenigen Jahren ein Flughafen auf Funafuti gebaut werden.

Auf Beschluss des Parlamentes wurde von 1994–97 der »Union Jack« aus der Staatsflagge von T. entfernt. 1995 setzte die Regierung eine Verfassungskommission ein, um die Möglichkeit zu prüfen, T. in eine eigenständige Republik umzuwandeln. Bereits 1986 und 1991 hatten aber Volksabstimmungen nur wenig Neigung zu einer Abkehr von Großbritannien erkennen lassen. 1996 griff die austral. Regierung in den Streit ein und kündigte finanzielle Hilfe zur Wiederaufbereitung des zerstörten Geländes an.
Regionale Allianzen: Trotz der Schwierigkeiten, eine konstitutionelle Abkehr T.s von Großbritannien durchzusetzen, bewies die Auseinandersetzung doch den wachsenden Wunsch nach nationaler Unabhängigkeit und eigenständiger Einbindung des Inselstaates in den Kontext der regionalen Wirtschaft und Politik. So schloss sich T. zum einen 1995 dem allgemeinen Protest der südpazif. Staaten gegen französ. Atomtests in dieser Region an; zum anderen trat Premierminister Paeniu vor internationalen Gremien als Warner vor den Folgen des Treibhauseffektes auf, nicht zuletzt weil der damit verbundene Anstieg des Meeresspiegels weite Teile der niedrig gelegenen Inselwelt, darunter auch die Staatsfläche von T., bedrohen würde.

H.-W. W.

Die Premierminister Tuvalus

Reg.-Zeit	*Name*	*Lebensdaten*
1978–81	Toaripui Lauti	*1928
1981–89	Tomasi Puapua	*1938
1989–93	Bikenibeu Paeniu	*1956
1993–96	Kamuta Laatasi	*1936
seit 1996	Bikenibeu Paeniu	*1956

Uganda 2000	
Landesfläche	241 038 km² (WR 77)
Einwohner	21,1 Mio (WR 48)
Hauptstadt	Kampala (954 000 Einwohner)
Sprachen	Englisch, Swahili, Luganda
Währung	1 Uganda-Shilling (USh) = 100 Cents
Gliederung	4 Regionen, 38 Distrikte
Staatsform	Präsidiale Republik (seit 1967)
Religion	Christen (78,3%); Moslems (6,6%); Sonstige (15,1%)
Bevölkerung	Ganda (17,8%); Teso (8,9%); Nkole (8,2%); Soga (8,2%); Gisu (7,2%); Sonstige (49,7%)

Uganda im 20. Jahrhundert	
1900	Nachdem das Gebiet des heutigen Uganda unter brit. Schutzherrschaft gestellt worden war (1890; ab 1896 brit. Protektorat), tritt das »Uganda Agreement« in Kraft: Der König (Kabaka) von Buganda vertritt brit. Interessen und erhält im Gegenzug eine privilegierte Stellung.
1953	Streitigkeiten über die Rolle Bugandas in der zukünftigen Konföderation Uganda; vorübergehende Absetzung König Mutesas II.
1962	Ugand. Königreiche bilden Föderation; neue Verfassung; bei Wahlen zur Nationalversammlung siegt der Uganda People's Congress (UPC); Uganda erhält die Unabhängigkeit (9.10.).
1963	König Mutesa II. von Buganda wird erster Staatspräsident.
1966	Ministerpräsident Obote kommt an die Macht; Mutesa II. geht ins Exil.
1967	Obote annulliert die Föderation der ugand. Königreiche, führt Republik mit Präsident als Staats- und Regierungschef ein.
1971	Staatsstreich des Generals Idi Amin Dada (21.1.), der als Präsident der »Zweiten Republik« ein Terrorregime errichtet, dem bis 1977 zwischen 50 000 und 300 000 Menschen zum Opfer fallen.
1972	Spannungen mit Tansania; durch die Ausweisung von 40 000 Asiaten und Verstaatlichung aller ausländischen Firmen beginnt der wirtschaftliche Niedergang Ugandas.
1979	Vertreibung Amins durch tansan. Truppen; Übergangsregierung durch die »Uganda National Liberation Front« (UNLF).
1980	Machtübernahme durch das Militär unter Paulo Muwanga; bei Parlamentswahlen siegt der UPC; Milton Obote wird erneut Präsident; Kämpfe zwischen Armee und Guerillagruppen, vor allem der National Resistance Army (NRA; ca. 100 000 Tote).
1985	Militärputsch unter Tito Okello; Obote flüchtet ins Ausland.
1986	Rebellengruppe NRA erobert Kampala, Okello flieht nach Tansania; NRA-Führer Yoweri Museveni wird als Präsident vereidigt; Regierung der Einheitspartei National Resistance Movement (NRM).
1988	Beendigung der Kämpfe zwischen Truppen der NRA und Rebellengruppen im Norden und Osten des Landes.
1989	Allgemeine Wahlen zu Gemeinderäten (Resistance Councils) und Nationalversammlung (National Resistance Council); Bestätigung der NRM-Regierung.
1991	Amnesty International protestiert gegen Menschenrechtsverletzungen.
1993	Wiedereinsetzung der Herrscher traditioneller Königreiche.
1994	In der verfassunggebenden Versammlung erhält die NRM Sitzmehrheit.
1995	Verfassunggebende Versammlung lehnt Übergang zum Mehrparteiensystem ab und beschließt eine neue Verfassung; das National Resistance Council wird durch ein Parlament ersetzt.
1996	Museveni wird in ersten freien Wahlen nach 1980 als Präsident bestätigt; bei Parlamentswahlen erhalten Anhänger des NRM die Mehrheit der Mandate.
1997	Inkraftsetzung des sog. Movement-Gesetzes, das die zentrale Machtposition der NRM stärkt und durch das jeder volljährige Staatsbürger automatisch zum NRM-Mitglied wird.
1998	Bildung eines gemeinsamen Militärkommandos zwischen Uganda, Ruanda und Kongo-Aufständischen gegen das Kabila-Regime im Kongo.

Uganda

Republik Uganda

Im 1. Jt. n. Chr. wurde das Gebiet des heutigen U. von Bantu-Völkern besiedelt, die Ackerbau, Viehzucht und Handel einführten. Ab dem 14. Jh. unterwarfen die ursprünglich aus Äthiopien stammenden Hima, ein halbnomadisch lebendes Volk, die Bantu-Bauernbevölkerung und gründeten im Südwesten die Feudalstaaten Buganda, Bunyoro, Ankole, Toro, Busoga u. a. Das Königreich Buganda im Gebiet des nördlichen Victoriasees erlangte ab dem 18. Jh. eine Vormachtstellung. Durch den Kontakt mit arab. Sklaven-, Elfenbein- und Waffenhändlern drang im 19. Jh. der Islam nach U. ein. Als Gegengewicht zu ägypt. Expansionsbestrebungen akzeptierten der Buganda-König Mutesa I. und andere afrikan. Herrscher ab 1877 die Tätigkeit von protestantischen und katholischen Missionsgesellschaften aus Frankreich, Großbritannien und Holland. Im Helgoland-Sansibar-Vertrag von 1890 einigten sich Großbritannien und das Deutsche Reich, die Hima-Staaten dem brit. Einflussbereich zuzuschlagen. Nachdem zunächst Buganda unter brit. Verwaltung gestellt worden war, folgten 1896 die benachbarten Königreiche. Das Gesamtgebiet wurde zum brit. Protektorat U. erklärt.

Kolonialzeit

Selbstverwaltung: Weil die brit. Finanzkraft nicht ausreichte, um sich im gesamten Protektorat durchzusetzen, schloss Großbritannien mit dem Buganda-Königreich 1900 ein Abkommen zur Begründung einer indirekten Herrschaft (»Indirect Rule«). Die Briten übernahmen den Verwaltungsapparat des Buganda-Reiches und statteten die zahlenmäßig und politisch dominierenden Ganda, Untertanen des Buganda-Königs, im Tausch gegen ihre Loyalität mit weit reichenden Privilegien aus. Das System des »Indirect Rule« wurde auch auf die bis dahin herrscherlosen Gebiete im Norden und Osten übertragen, sodass sich die Buganda-Oligarchie im gesamten Schutzgebiet als herrschende Kraft etablieren konnte. Die daraus entstehende Gegnerschaft zwischen den einzelnen Völkern von U. legte den Grundstein für den späteren gewalttätigen Separatismus.

»Perle Afrikas«: Kaffee-, Tee-, Baumwoll- und Kupferproduktion bescherten U. trotz seiner Binnenlage schon zu Kolonialzeiten einen Exportüberschuss und veranlassten Winston

Churchill, das brit. Protektorat U. anlässlich seiner Nil-Reise 1904 wegen seiner Fruchtbarkeit und des Reichtums an Rohstoffen als Perle Afrikas zu bezeichnen. 1945–53 kam es zu vereinzelten Streiks und Demonstrationen, die jedoch von keiner organisierten Befreiungsbewegung gestützt wurden und leicht zu unterdrücken waren. Auch Sezessionsbewegungen der feudalen Oberschicht von Buganda verhinderten die Briten 1953 durch die zweijährige Verbannung des Buganda-Königs Mutesa II. Mit der katholischen Democratic Party (DP) und der Anti-Buganda-Partei Uganda People's Congress (UPC) unter Führung von Milton Obote gründeten sich erst 1956 bzw. 1960 nationale Unabhängigkeitsbewegungen.

Entwicklungsstand: Verglichen mit anderen Kolonialbesitzungen in Afrika verfügte U. kurz vor seiner Unabhängigkeit über den größten Prozentsatz an westlich gebildeten Menschen und war ausreichend mit Krankenhäusern, Schulen und Studienzentren ausgestattet. Mit einer Bevölkerungsdichte von über 70 Einwohner pro km² (der dreifache Wert von Südafrika) war ein großes Potenzial an Arbeitskräften zum Aufbau eines auch wirtschaftlich unabhängigen Staates unter afrikan. Führung vorhanden.

Unabhängigkeit

Wahlen: Nachdem U. im März 1962 die innere Autonomie erhalten hatte, wurden einen Monat später die ersten freien Wahlen abgehalten, welche die ethnisch-religiösen Unterschiede der Bevölkerung erkennbar machten: Während die protestantischen Einwohner Bugandas für die Partei ihres Herrschers votierten, entschieden sich die katholischen Kleinbauern für die DP. Verbunden durch ihre Gegnerschaft zu Buganda und ihre Zugehörigkeit zu protestantischen Religionsgemeinschaften unterstützten die nilotischen Sprachgruppen im Norden und Nordosten sowie die Bantubauern im Osten und Westen Milton Obotes UPC. Durch den UPC-Wahlsieg wurde Obote zum ersten Premierminister ernannt.

Republik: Am 9.10.1962 erhielt U. die Unabhängigkeit, genau ein Jahr später wurde die Republik U. proklamiert. Das Amt des Gouverneurs, Vertreter der brit. Monarchin, wurde durch das Amt des Präsidenten ersetzt, das König Mutesa II. einnahm. Im Rahmen eines weitgehend föderalen Staatsaufbaus bildeten die Königreiche Buganda, Bunyoro, Ankole, Toro und das Territorium Busoga eigenständige Verwaltungseinheiten und nahmen verfassungsrechtliche Sonderstellungen ein.

Milton Obote (Foto von 1969), seit 1962 Premierminister, entmachtete im Mai 1966 durch einen massiven Militäreinsatz den ugand. Staatspräsidenten Mutesa II., der ab 1961 als König von Buganda einen Teil der Föderation regierte. Als Staatspräsident (1966 bis 69) löste Obote die Föderation auf. 1969 proklamierte er eine »Charta des gemeinen Mannes« als sozialistisches Grundgesetz und führte umfangreiche Verstaatlichungen durch.

Einheitsstaat unter Milton Obote

Der seit der Unabhängigkeit schwelende Machtkampf zwischen Premierminister und Staatspräsident entschied sich 1966 zugunsten Obotes. Der durch einen Militäreinsatz vereitelte Versuch Mutesas II., sein Reich von der Union abzuspalten, nahm Obote zum Anlass, die Verfassung außer Kraft zu setzen. Nach der Vertreibung des Königs wurde U. 1967 in einen zentralistischen Einheitsstaat sozialistischer Prägung umgewandelt. Obote annullierte die Föderation der Königreiche und ernannte sich zum Staatsoberhaupt. Nach einem fehlgeschlagenen Attentat auf den neuen Präsidenten wurden 1969 Oppositionsparteien verboten. Neben dem Abbau feudaler Privilegien begann

Stichwort: Ethnische Vielfalt in Uganda

Bevölkerungsgruppen: In Uganda leben über 40 Volksgruppen, die sich in Bantu- (70%), nilotische (25%) und Sudanvölker (5%) untergliedern. Zu den Bantuvölkern gehört die mit 18% nicht nur größte, sondern auch wohlhabendste und gebildetste ethnische Gruppe der Ganda. Im brit. Protektorat Uganda wurden Ende des 19. Jh.s die in kultureller, sprachlicher, religiöser und rassischer Hinsicht unterschiedlich geprägten Völker willkürlich zusammengefasst. Die Kriege und Gewaltexzesse in den Jahrzehnten nach der Unabhängigkeit waren Ausdruck dieser scharfen Gegensätze.

Minderheiten: Vorwiegend in den Städten leben Minderheiten von Indern, Chinesen und Arabern sowie Europäern. Die Regierung war bemüht, die unter dem Idi-Amin-Regime ausgewiesenen und verfolgten Asiaten erneut anzuwerben, um für den wirtschaftlichen Wiederaufbau zusätzliche Impulse zu gewinnen.

Bevölkerungsdichte: Mit einer Dichte von deutlich über 100 Einwohner pro km² auf der verfügbaren Landfläche zählte Uganda Ende der 90er Jahre zu den am dichtesten besiedelten Staaten Afrikas. Die Bevölkerung konzentrierte sich vor allem in den Gebietsstreifen rund um den Victoriasee und auf der Verkehrsachse von der Hauptstadt Kampala nach Jinja.

Sprachen: Ugandas Amtssprache ist Englisch. Als Verkehrssprachen dienen Luganda, Kisuaheli und die Sprachen der einzelnen Volksgruppen in deren jeweiligen Hauptsiedlungsgebieten.

Religion: Etwa 66% der Bevölkerung bekennen sich zum Christentum (39% Katholiken, 22% Anglikaner, 5% Mitglieder anderer Kirchen) und 15% zum Islam. 18% sind Anhänger traditioneller afrikan. Religionen. In den Städten sind Christen und Moslems vorherrschend. Ansonsten hat der Islam seinen Schwerpunkt im Norden.

Der ugandische Gewaltherrscher Idi Amin Dada

Terrorregime: Der 1925 in Koboko geborene General Idi Amin Dada stürzte 1971 mit Hilfe eines Militärputsches Staatspräsident Milton Obote und übernahm selbst die Macht in Uganda. Unter seiner Führung entstand ein diktatorisches Terrorregime, das bis zu 300 000 Menschen das Leben kostete. Im Juni 1976 ließ sich Idi Amin zum Präsident auf Lebenszeit ernennen. 1979 wurde er mit der Unterstützung von Truppen des Nachbarstaates Tansania gestürzt und floh nach Saudi-Arabien. (Foto: Idi Amin, M., bei Feierlichkeiten zum sechsten Jahrestag seiner Regierungsübernahme in Kampala, 1977)

Obote im Rahmen des sog. Ugand. Sozialismus die ausländischen Plantagen-, Industrie-, Bergbau-, Handels- und Dienstleistungsunternehmen zu verstaatlichen. Zur Durchsetzung seiner Vorstellungen von moderner Staatsführung und nationaler Einheit auf der Basis einer Staatspartei griff Obote zunehmend zu repressiven Mitteln.

Children of Terror: Hunderttausende von Kindern mussten während des Terrorregimes von Idi Amin und unter der brutalen Militärherrschaft Obotes in Massakern oder als Soldaten ihr Leben lassen. (Foto: Gedenkstätte der »Children of Terror in Uganda«, 1986)

Terrorregime unter Idi Amin

Schreckensherrschaft: Durch einen Staatsstreich von Seiten der Polizei und Armee wurde Staatspräsident Obote 1971 in Abwesenheit gestürzt und nach Tansania ins Exil verbannt. Die Regierungsgewalt ging an Obotes Armeechef Idi Amin Dada über, der die zivile Diktatur durch eine militärische ersetzte und ein faschistisches Gewaltregime errichtete. Er hob die Verfassung auf, ernannte sich zum Präsidenten auf Lebenszeit und löste das Parlament auf. Gegen innenpolitischen Widerstand ging Idi Amin mit Terrormaßnahmen vor, die Tausenden von Menschen den Tod brachten. In U. trat ein Zustand völliger Gesetzlosigkeit ein, immer wieder drangen Schreckensnachrichten über Mord- und Entführungskommandos der ugand. Armee ins Ausland. Das von der Sowjetunion unterstützte U. wandte sich außenpolitisch den arab. Staaten, vor allem Libyen, zu.

Wirtschaftlicher Niedergang: Nach Pogromen gegen Angehörige der asiat. Bevölkerungsgruppe und Oppositionelle mit mind. 300 000 Todesopfern ließ Idi Amin 1972 innerhalb von 90 Tagen alle Asiaten aus dem Land weisen. Ihnen folgte ein Großteil der Europäer. Mit der Abwanderung sowie der Vermögens- und Unternehmensenteignung verlor U. fast seine gesamte wirtschaftliche Basis. Es fehlte an Fachleuten und Know-how. Das Land stürzte in ein Wirtschaftschaos, das durch die Konflikte mit dem Nachbarstaat und wichtigen Transitland Kenia sowie der damit verbundenen Schließung der Grenzen noch verstärkt wurde.

Invasion: Die ugand. Besetzung des schon 1971/72 gewaltsam umkämpften Kagera-Zipfels im tansan. Staatsgebiet führte 1978 zu Grenzkonflikten mit Tansania. 1979 drangen tansan. Truppen zusammen mit ugand. Guerillagruppen in U. ein und beendeten die Terrorherrschaft Idi Amins. Die mit Tansania verbündete Uganda National Liberation Front (UNFL) errichtete 1979 eine provisorische Regierung unter Yussuf Lule, der schon wenige Monate später durch Godfrey Binaisa ersetzt wurde. Das Amt des Verteidigungsministers übte in beiden Regierungen der spätere Staatspräsident Yoweri Museveni aus.

Guerillakrieg

1980 übernahm eine UNLF-Militärkommission unter Führung von Paulo Muwanga die Macht. Bei den im gleichen Jahr stattfindenden allgemeinen Parlaments- und Präsidentschaftswahlen errangen die UPC und der aus dem Exil zurückgekehrte Milton Obote einen umstrittenen Sieg. Obote ließ sich erneut als Staatspräsident vereidigen. Gegen sein repressives Regime bildeten sich bald darauf bewaffnete Oppositionsgruppen. An der Spitze der Widerstandsarmee National Resistance Army (NRA) zog sich Yoweri Museveni in den Untergrund zurück und begann 1981 einen Guerillakrieg gegen die Obote-Herrschaft. Trotz massiver internationaler Unterstützung scheiterten die Regierungstruppen an der Zerschlagung der NRA. Musevenis Rebellen fanden aufgrund ihres disziplinierten Auftretens einen breiten Rückhalt in der Bevölkerung. Sie führten in den befreiten Gebieten eine basisdemokratische Verwaltung ein und errichteten Schulen und Krankenstationen. Bei den Gefechten zwischen Regierungstruppen und der NRA wurden ca. 100 000 Menschen ermordet; viele Ugander mussten in die Nachbarländer fliehen. Unruhen und Terror, die durch Rivalitäten zwischen den Stämmen noch geschürt wurden, hielten vor allem im Norden des Landes an, bis 1985 die Armee unter General Tito Okello die Herrschaft Obotes beendete.

Phase der Stabilisierung

Machtwechsel: 1986 eroberte Musevenis NRA, der militärische Arm des National Resistance Movement (NRM), die Hauptstadt Kampala. Museveni übernahm als Staatspräsident die Führung von U. und bemühte sich, das durch den Bürgerkrieg zerrüttete Land wieder aufzubauen. Durch eine weitgehend ausgewogene Machtbeteiligung aller ethnischen Gruppen erreichte er eine nationale Versöhnung. Im Juli 1993 band eine Verfassungsänderung die 1966 vom damaligen Regierungschef Obote beseitigten traditionellen Königreiche der Buganda, Ankole, Bunyoro und Toro wieder in das politische System ein. 1994 wurde eine aus unabhängigen Kandidaten bestehende verfassunggebende Versammlung gewählt, die ihre Beschlüsse in einem für Afrika beispiellosen demokratischen Prozess per Volksentscheid billigen ließ.

Neue Verfassung: Im Oktober 1995 trat die bisher vierte Verfassung der Republik U. in Kraft, die dem Staatspräsidenten umfangreiche Vollmachten zugesteht, seine Amtsführung jedoch in weiten Bereichen von parlamentarischer Billigung abhängig macht. Für die Gesetzgebung wurde als Einkammerparlament eine Nationalversammlung mit 276 Abgeordneten eingerichtet, die 1996 den Nationalen Widerstandsrat ablöste.

Movement-Gesetz: Mit der Begründung, dass die ethnisch und religiös orientierten Parteien die sozialen und politischen Konflikte der Vergangenheit wieder neu beleben würden, lehnte Museveni nach seiner Machtübernahme die Einführung eines Mehrparteiensystems ab. Vertreter der formal nicht verbotenen Parteien wurden jedoch an der Regierung beteiligt. Museveni favorisierte das seit 1997 gesetzlich verankerte sog. Movement-System, in dem sich das von ihm geführte NRM als zentraler Machtfaktor behauptete. Laut Verfassung soll per Referendum geklärt werden, ob im Jahr 2001 ein offenes Mehrparteiensystem eingeführt wird. In den ersten freien Präsidentschaftswahlen, von internationalen Beobach-

Stichwort: Medizinische Versorgung

Bestandsaufnahme: Für die breite Masse der Bevölkerung ist die medizinische Versorgung mangelhaft. Zwar war die Regierung bemüht, die durch die Kriegswirren entstandenen Schäden zu beseitigen, das Stadt-Land-Gefälle konnte bisher jedoch noch nicht ausgeglichen werden. Armut, Ernährungsmangel, unzureichende Hygiene, begrenzte Therapiemöglichkeiten und die starke Verbreitung der Immunschwächekrankheit Aids sind die Ursachen für die niedrige Lebenserwartung von durchschnittlich weniger als 40 Jahren. Mitte der 90er Jahre kamen in Uganda auf einen Arzt etwa 20 720 Menschen.

Träger: Neben dem Staat als Hauptträger des Gesundheitswesens sind es vor allem Missionseinrichtungen, die einen beträchtlichen Anteil der medizinischen Versorgung leisten. Krankenhäuser und medizinisches Personal konzentrieren sich in hohem Maße in den größeren Städten, während der überwiegende Teil der Landbevölkerung keinen Zugang zu moderner Medizinversorgung hat.

Krankheiten: Malaria, Durchfallerkrankungen, Lungenentzündung, Meningitis, Anämie, Tuberkulose sowie Masern sind weit verbreitet und zählen zu den häufigsten Todesursachen. Unzureichende Ernährung hat in den 90er Jahren dazu geführt, dass ca. 54% aller Todesfälle auf Kinder unter fünf Jahren entfallen.

Aids: Bis 1998 forderte Aids in Uganda offiziell 400 000 Todesopfer, die Zahl der HIV-Infizierten (vor allem Frauen, Kinder und Jugendliche) lag bei 1,9 Mio. Durch Aufklärung, Verbesserung der Vorbeugung, Ausbau des Gesundheitswesens und nicht zuletzt mit dem Instrument des Nationalen Aids-Rates gelang es der Regierung, die registrierten Aids-Neuerkrankungen von 10 235 Fälle (1991) auf 2032 Fälle (1996) zu verringern. 1998 wurde ein spezieller Fonds zur besseren Deckung der Aids-Behandlungskosten eingerichtet. Doch bildet die Primärprävention die entscheidende Grundlage für die Eingrenzung der Aidsepidemie. (Foto: HIV-Präventionskampagne in einer ugand. Schule, 1998).

Links: Krönung Ronald Muwenda Mutebis II. im Juli 1993 zum 36. Kabaka des Königreichs Buganda. Buganda, Heimat des größten Volksstammes in Uganda, ist eine der ältesten Dynastien Afrikas.

Rechts: Yoweri Museveni bei der Vereidigung als Staatspräsident im Mai 1996. Drei Tage zuvor hatte Museveni die ersten direkten Präsidentschaftswahlen seit 16 Jahren gewonnen.

tern als fair bezeichnet, wurde Museveni 1996 mit 74% der Wählerstimmen demokratisch legitimiert. Entsprechend dem Movement-System waren bei der Wahl keine Parteien, sondern nur Einzelkandidaten zugelassen. Zahlreiche Oppositionspolitiker boykottierten die Wahl wegen ihrer Chancenlosigkeit.

Musterstaat: Nach weitgehender Zerrüttung von Wirtschaft und Gesellschaft unter den Diktatoren Idi Amin und Obote wurde unter Museveni eine Trendumkehr eingeleitet. Bereits kurz nach ihrer Machtübernahme begann die Regierung U.s Ökonomie mit Hilfe von Strukturanpassungsprogrammen zu sanieren. Mit mehreren hintereinander geschalteten Kreditabkommen avancierte U. zwar zum Vorzeigestaat des Internationalen Währungsfonds (IWF) und der Weltbank, die Mehrheit der Bevölkerung musste sich jedoch mit einem sinkenden Lebensstandard abfinden. Obwohl das Bruttoinlandsprodukt 1990–97 pro Jahr um durchschnittlich rund 7% anstieg, gehörte das hoch verschuldete U. auch Ende der 90er Jahre noch zu den weltweit ärmsten Ländern. Überfälle von ruand. Hutu-Extremisten auf Hotelanlagen in U. gefährdeten 1999 die Tourismus-Branche, die zu einem wichtigen Wirtschaftsfaktor ausgebaut werden soll.

Außenpolitik: Unter der Führung Musevenis war U. bestrebt, sich – unterstützt von den USA – als Regionalmacht zu etablieren. Durch die Verstrickung in innerstaatliche Kriege der Nachbarländer Ruanda (auf Seiten der Tutsi), Demokratische Republik Kongo (zunächst für, dann gegen Kabila) und Sudan (für die SPLA, gegen die Regierung in Khartum) sowie in militärische Konfrontationen mit verschiedenen Rebellenverbänden auf eigenem Territorium blieb die sicherheitspolitische Situation schwierig. Im Rahmen des Krieges im Osten der Demokratischen Republik Kongo bildete U. im November 1998 mit Ruanda und kongoles. Tutsi-Rebellen ein gemeinsames Armeekommando. Aufgrund der militärischen Herausforderungen verschleppte sich die weitergehende Demobilisierung der Soldaten der UPDF (Ugandan People's Defence Forces, vorher NRA). *B. L.*

Staatsoberhäupter Ugandas

Reg.-Zeit	*Name*	*Lebensdaten*
1962–66	Mutesa II.	1924–1969
1966–71	Milton Obote	*1924
1971–79	Idi Amin Dada	*1925
1979	Yusuf Lule	1912–1985
1979/80	Godfrey Binaise	*1920
1980–85	Milton Obote	*1924
1985/86	Tito Okello	1914–1996
seit 1986	Yoweri Museveni	*1943

Die wichtigsten Parteien im 20. Jahrhundert

Name (Abkürzung)	*Politische Richtung*	*Gründung*
Democratic Party (DP)	katholische Bauernpartei	1954
Uganda People's Congress (UPC)	Regierungspartei 1962–71, 1980–85, protestantisch	1960
Conservative Party (CP)	politische Kraft der Buganda-Monarchie	1979
Uganda Patriotic Movement (UPM)	Oppositionspartei im zweiten Obote-Regime, von Museveni mitbegründet	1980
National Resistance Movement (NRM)	Staatspartei seit 1986	1980

Ukraine

Republik Ukraine

Ukraine 2000	
Landesfläche	603 700 km^2 (WR 43)
Einwohner	50,7 Mio (WR 23)
Hauptstadt	Kiew (2,64 Mio Einwohner)
Sprachen	Ukrainisch, Russisch
Währung	1 Hrywna = 100 Kopeken
Gliederung	24 Regionen, Hauptstadtbezirk und autonome Krimrepublik
Staatsform	Präsidialrepublik (seit 1991)
Religion	Ukrainisch-Orthodoxe; Griechisch-Katholische; Russisch-Orthodoxe; Römisch-Katholische
Bevölkerung	Ukrainer (72,7%); Russen (22,1%); Weißrussen (0,9%); Rumänen (0,6%); Polen (0,4%); Sonstige (3,3%)

Die Ursprünge der U. finden sich in dem im 9. Jh. in Kiew gegründeten ostslaw. Reich der Rus. Nach der mongol. Eroberung im 13. Jh. wurden seine Fürsten Vasallen der Tataren. Im 15. Jh. geriet die heutige U. unter poln.-litau. Einfluss. Im 17. Jh. gelang es Russland, die U. (russ. »Grenzland«) schrittweise für sich zu gewinnen. Unter Kaiserin Katharina II. (1762 bis 1796) wurde 1783 das Khanat der Krim-Tataren erobert und als »Neurussland« Teil des Zarenreichs. Dazu zählten die Halbinsel Krim und die Gebiete nördlich des Schwarzen Meeres, die somit ursprünglich nicht Teil der U. waren. Durch die poln. Teilungen Ende des 18. Jh.s kam auch die nördliche Westukraine unter russ. Herrschaft, während der Südwesten an Österreich fiel.

Die Ukraine um 1900

Bevölkerung: Um 1900 lebten die 30 Mio Ukrainer überwiegend auf dem Land und stellten etwa ein Fünftel der Bevölkerung des Russ. Reichs. In den Großstädten im Osten wohnten hauptsächlich Russen und im Westen Polen. In den meisten Städten der poln. geprägten Westukraine stellten die Juden eine bedeutende Minderheit dar.

Wirtschaft: Die ostukrain. Städte erlebten seit der um 1870 einsetzenden Industrialisierung der Steinkohlereviere im Becken des Don (Donbass) und der Eisenverhüttung um Krivoi Rog einen enormen Zustrom an russ. Arbeitern. Der Ausbau zum größten Industriegebiet des Russ. Reichs verstärkte die bereits vorhandenen kulturellen und wirtschaftlichen Unterschiede zwischen Ost- und Westukraine erheblich. Die um die Jahrhundertwende (illegal) gegründeten ukrain. Parteien konnten zwar während der Revolution von 1905 die Wiederzulassung der Landessprache durchsetzen, aber bereits 1906/07 nahm die russ. Regierung alle kulturellen Zugeständnisse an die U. wieder zurück.

Erste Ukrainische Republik 1917–22

Autonome Republik: Nach dem Sieg der russ. Februarrevolution gründeten mehrere Linksparteien am 17.3.1917 in Kiew einen »Zentralrat« (Zentralna Rada), der die Autonomie der U. innerhalb Russlands forderte. Daraufhin bildeten Bolschewiki am 12.12.1917 im ostukrain. Charkow eine von Russen be-

Staatsoberhäupter und Regierungschefs der Ukraine

Reg.-Zeit	*Name*	*Politische Funktion*	*Lebensdaten*
Erste Republik, 1918–21 in Kiew			
1918	Mychailo Hruschewsky	Vors. des Zentralrats	1866–1934
1918	Pawlo Skoropadsky	Hetman	1873–1945
1918/19	Wolodymyr Wynnytschenko	Vors. des Direktoriums	1880–1951
1919–21	Symon Petljura	Vors. des Direktoriums	1879–1926
Ukrainischer Staat: Westukraine, 1918/19 in Lviv (Lemberg)			
1918–19	Jewgen Petruschewytsch	Präsident des Nationalrats	1863–1940
Ukrainische Sowjetrepublik, 1918–22 in Charkow			
1918	Juchim Medwodjow	Vors. des zentralen Exekutivkomitees	k. A.
1918	Wolodymyr Satonsky	Vors. des zentralen Exekutivkomitees	1888–1937
1918/19	Andri Bubnow	Vors. des zentralen Exekutivkomitees	1883–1940
1919–38	Grigori Petrowski[1)]	Vors. des zentralen Exekutivkomitees	1878–1958
1922–91	Teilrepublik der Sowjetunion		
Zweite Republik, seit 1991			
1991–94	Leonid Krawtschuk	Staatspräsident	*1934
seit 1994	Leonid Kutschma	Staatspräsident	*1938

1) Regierungschef 1922–38

Stichwort: Die Kosaken in der Ukraine

Freie Bauern und Polizeitruppe: Die Kosaken (türk.-mongol. für »freie Krieger«) spielten bei der Entstehung der Republik Ukraine eine wesentliche Rolle. Sie rekrutierten sich aus flüchtigen ukrain. und russ. Bauern und lebten ab dem 15. Jh. in den südlichen Grenzregionen des Russ. Reichs zwischen slaw. Bauern und mongol.-türk. Nomaden. Dem russ. Zaren wie auch den poln. Königen dienten sie, in autonome Hetmanschaften gegliedert, als Grenzschutz und ab dem 19. Jh. zunehmend auch als Polizeitruppe bei inneren Unruhen und Aufständen.

Als freie Bauern und Krieger zeigten sie sich 1917 wenig empfänglich für revolutionäre Propaganda. Der erste bewaffnete Widerstand gegen die Bolschewiki 1918 ging von den Kosaken an Dnjepr und Don aus. Die Zwangskollektivierung der Landwirtschaft, und damit verbunden auch die »Entkulakisierung«, traf die freien »Kosakenbauern« besonders hart und löste 1929–33 unter ihnen zahlreiche Aufstände aus, die mit brutaler Gewalt unterdrückt wurden. Aus diesem Grund schlossen sich während des Zweiten Weltkriegs viele Kosaken in der sog. Wlassow-Armee den Deutschen an. 40 000 Soldaten dieser Armee wurden 1945 durch Großbritannien an die UdSSR ausgeliefert, wo sie hingerichtet oder in Lager deportiert wurden. Seit dem Ende der UdSSR organisieren sich die Nachfahren der Kosaken wieder in Vereinen mit häufig nationalistischem und chauvinistischem Anstrich.

Ukraine im 20. Jahrhundert	
1905	Revolution in Russland löst Autonomiebestrebungen in der Ukraine aus.
1917	Februarrevolution in Russland. Bildung des ukrain. Zentralrats in Kiew.
	Gründung der ukrain. Sowjetrepublik in Charkow.
1918	Der Zentralrat in Kiew erklärt die Ukraine für unabhängig.
1919	Vereinigung der Ukraine mit Ostgalizien (Westukraine).
	Bürgerkrieg (bis 1920).
1921	Ende der Ersten Ukrain. Republik.
	Die Ukraine wird zwischen Sowjetrussland und Polen aufgeteilt.
1922	Die Ukraine wird Teilrepublik der Sowjetunion.
1924	Gründung der Moldaw. Autonomen Sowjetrepublik innerhalb der Ukraine.
1933	Hungerkatastrophe unter der Landbevölkerung (ca. 3,5 Mio Todesopfer).
1939	Besetzung und Eingliederung Ostgaliziens in die Ukrain. Sowjetrepublik.
1941	Eroberung der Ukraine durch deutsche und rumän. Truppen.
	Proklamation der Republik Ukraine in Lemberg (Lviv), die sofort von den Deutschen niedergeschlagen wird.
1943	Rückeroberung der Ukraine durch die Rote Armee.
1945	Bevölkerungsaustausch mit Polen.
	Die Ukraine wird Mitglied der Vereinten Nationen.
1954	Übertragung der Halbinsel Krim von Russland (RSFSR) an die Ukraine.
1972	Absetzung des Ersten Sekretärs der ukrain. KP Pjotr Schelest.
1976	Bürgerrechtler gründen das »Ukrain. Helsinki-Komitee«.
1986	Reaktorkatastrophe in Tschernobyl.
1988	Massendemonstrationen für kulturelle Autonomie in der Westukraine.
1989	Gründung der »Volksbewegung zur Unterstützung der Perestroika« (Ruch).
1990	Ukrainisch wird zur Staatssprache erklärt.
	Der ukrain. Oberste Sowjet erklärt die Ukraine für souverän.
1991	Der Oberste Sowjet erklärt die Ukraine für unabhängig.
	Verbot der Kommunistischen Partei der Ukraine.
	In einem Referendum sprechen sich 90% der Bürger für Unabhängigkeit aus.
	Leonid Krawtschuk wird zum ersten Präsidenten gewählt.
	Gründung der »Gemeinschaft unabhängiger Staaten« (GUS) bedeutet das Ende der Sowjetunion.
1992	Der Gebietssowjet der Halbinsel Krim proklamiert Republik Krim.
	Verhandlungen mit Russland über die sowjet. Schwarzmeerflotte.
	Kiew erlässt Autonomiestatut für die Halbinsel Krim.
1993	Die Ukraine verzichtet auf Atomwaffen.
	Wiederzulassung der Kommunistischen Partei.
	Streit über Wirtschaftsreformen, Rücktritt von Ministerpräsident Kutschma.
1994	Ukraine wird Mitglied der »Partnerschaft für den Frieden« der NATO.
	Bei den ersten freien Parlamentswahlen erringen Linksparteien die Mehrheit.
	Leonid Kutschma wird zum Staatspräsidenten gewählt.
	Kiew hebt Autonomie der Republik Krim auf.
	Die Ukraine tritt dem Atomwaffensperrvertrag und dem START I Vertrag bei.
1995	Die Ukraine und Russland einigen sich auf einen Grundlagenvertrag.
	Wiederherstellung der Autonomie für die Krim.
	Abkommen mit der EU über das Kernkraftwerk Tschernobyl.
1996	Verabschiedung einer neuen Verfassung nach französ. Vorbild.
1997	Freundschaftsvertrag mit Russland.
	Internationale Konferenz zur Sicherung von Tschernobyl.
	Partnerschaftsabkommen mit der NATO unterzeichnet.
1998	Bei den Parlamentswahlen erringen Linksparteien erneut die Mehrheit.
1999	Wiederwahl von Präsident Kutschma.

herrschte Gegenregierung, die anschließend »brüderliche Hilfe« in Petrograd anforderte.

Unabhängigkeit: Die Intervention der Roten Armee führte am 22.1.1918 zur Ausrufung einer unabhängigen Volksrepublik durch den Zentralrat in Kiew. Als die Rote Armee bereits kurz vor Kiew stand, unterzeichnete die ukrain. Regierung am 9.2. einen Separatfriedensvertrag mit den Mittelmächten. Der Vertrag billigte der U. u.a. das bislang zu Polen gehörende Cholmer Land zu. Als Gegenleistung verpflichtete sich die U. zu umfangreichen Rohstofflieferungen an die Mittelmächte. Im Vertrag von Brest-Litowsk vom 3.3.1918 musste Russland die Unabhängigkeit der U. anerkennen. Ein Streit zwischen Kiew und der deutschen Regierung über die Erfüllung des Friedensvertrags endete im April 1918 mit dem Sturz der sozialistischen Koalitionsregierung. Der Kosakenhetman Pawlo P. Skoropadsky wurde Chef einer konservativ-nationalen Regierung, die schon kurz nach dem Abzug der deutschen Truppen im November 1918 wieder gestürzt wurde.

Direktorium: Im Dezember 1918 übernahm ein fünfköpfiges Direktorium der »Ukrain. Nationalen Union«, in der sich mehrere sozialistische Parteien vereinigt hatten, die Regierungsgeschäfte. Nach dem Zusammenbruch Österreich-Ungarns proklamierte sich am 1.11.1918 im galiz. Lemberg (ukrain. Lviv) die unabhängige Westukrain. Republik und schloss sich im Januar 1919 mit der Ukrain. Volksrepublik zusammen.

Bürgerkrieg: Im Februar 1919 wurde Symon Petljura Vorsitzender des Direktoriums, das bald von zwei Seiten her unter Druck geriet: Von Osten drang erneut die Rote Armee in die U. ein und im Westen waren die Polen in das Land einmarschiert. Im Juni schloss Petljura mit den Polen einen Waffenstillstand. Da die Rote Armee im Februar 1919 zum zweiten Mal Kiew eroberte und von der Krim her gleichzeitig die Weiße Armee unter Anton Denikin nach Norden vorrückte, kontrollierte die ukrain. Volksrepublik Ende des Jahres nur noch die Südwestukraine.

Bündnis mit Polen: Im April 1920 schloss Petljura ein Bündnis mit dem poln. Staatschef Józef Pilsudski. Die Armeen beider Länder starteten eine Offensive gegen die Rote Armee, und eroberten ein letztes Mal Kiew. Die erfolgreiche Gegenoffensive der Roten Armee konnte von den Polen jedoch erst kurz vor Warschau aufgehalten werden.

Ende der Unabhängigkeit: Bei den bald darauf folgenden Friedensverhandlungen ließ die poln. Regierung das ukrain. Direktorat endgültig fallen und erkannte die Sowjetregierung in Charkow an. Das ukrain. Direktorat hatte danach keine Zukunft mehr, auch wenn es sich noch bis zum November 1921 halten konnte. Im Dezember 1922 wurde die U. Mitglied der Sowjetunion.

Die Sowjetzeit

Fünfjahrspläne: Während der Fünfjahrespläne (ab 1928) setzte der Ausbau der überwiegend agrarischen U. zu einem Industriestaat ein. In Charkow und anderen Städten entstanden industrielle Großkombinate. Vor allem das Kohlerevier im Donbass leistete einen wichtigen Beitrag für den »sozialistischen Aufbau«.
Zwangkollektivierung: Stalins Politik der Zwangskollektivierung der Landwirtschaft traf die U. besonders hart. Der erbitterte Widerstand der ukrain. Bauern gegen den Eintritt in die Kolchosen löste brutale Zwangsmaßnahmen aus. Ganze Dörfer wurden nach Sibirien und Kasachstan deportiert. Eine große Hungersnot forderte 1932/33 etwa 3,5 Mio Opfer. Die sowjet. Führung ließ Bauern, die auf der Suche nach Nahrung in die Städte kamen, mit Gewalt in ihre Heimatdörfer zurückbringen.
Säuberungen: Den Widerstand gegen die Bolschewiki lastete Moskau vor allem dem »ukrain. Chauvinismus« an, so dass die »großen Säuberungen« in der U. besonders unnachsichtig durchgeführt wurde. Wegen (angeblicher) »nationalistischer Umtriebe« fiel ihnen 1933–39 der größte Teil der ukrain. Intellektuellen, aber auch der Parteikader zum Opfer, die durch Russen ersetzt wurden.

Der Zweite Weltkrieg

Hitler-Stalin-Pakt: Auf Grundlage des Hitler-Stalin-Pakts annektierte die Sowjetunion im September 1939 Ostpolen und Ostgalizien, die Weißrussland bzw. der U. zugeschlagen wurden. Im Herbst 1940 wurde Rumänien gezwungen, die Bukowina und Bessarabien an die UdSSR abzutreten, die anschließend teilweise in die U. eingegliedert wurden. Nach dem deutschen Angriff auf die UdSSR im Juni 1941 wurde die U. innerhalb weniger Monaten vollständig von deutschen und rumän. Truppen besetzt. Auf Grund des jahrelangen stalinistischen Terrors wurden die deutschen und rumän. Soldaten vielfach wie Befreier empfangen und ein nicht geringer Teil der Menschen war zunächst zur Zusammenarbeit mit den Besatzern bereit. Das änderte sich bald, da Wehrmacht und SS brutal gegen die Zivilbevölkerung vorgingen.

Die ukrainische Sprache und Kirche

Sprache: Bis zum Zusammenbruch der Sowjetunion nahm man in Westeuropa kaum wahr, dass in der Ukraine eine eigene Sprache gesprochen wird, die vom Russischen etwa so weit entfernt ist wie Niederländ. vom Hochdeutschen. Dennoch gilt für viele Russen das Ukrainische, das sie früher »Kleinrussisch« nannten, nur als ein unverständlicher russ. Dialekt. Um die Ukrainer zum Gebrauch der russ. Sprache zu zwingen, verbot die russ. Regierung Ende des 19. Jh.s den Ukrainern den Gebrauch der eigenen Sprache. In mehreren 1863–76 erlassenen Gesetzen wurden alle Schriften, Vorträge und Theateraufführungen auf Ukrainisch untersagt – selbst das Singen von Volksliedern auf der Bühne. Im Gegensatz dazu wurde im österr. Galizien und in der Bukowina vor dem Ersten Weltkrieg Ukrainisch in den Schulen gelehrt und war an der Universität Lemberg als Unterrichtssprache zugelassen.

Religion: Die unterschiedlichen Konfessionen sind ein zusätzlicher trennender Faktor zwischen Russen und Ukrainern. Neben der (von der russ.-orthodoxen Kirche unabhängigen) autokephalen ukrain.-orthodoxen Kirche existiert in der Westukraine noch die griech.-katholische Kirche, die seit der Kirchenunion von Lublin 1596 mit der katholischen Kirche in Rom vereinigt ist. Um diese Verbindung zu unterbrechen, behinderten die russ. Behörden im 19. Jh. die unierte Kirche nach Kräften. Sie ließen überall in der Westukraine russ.-orthodoxe (bzw. ukrain.-orthodoxe) Kirchen erbauen und förderten den Konfessionswechsel. Im März 1946 erzwang die Sowjetführung die Aufkündigung der Union mit Rom, welche aber schon kurz nach Ende der Sowjetunion 1992 neu belebt wurde. (Foto: Ukrain. Gläubige zünden während einer orthodoxen Ostermesse in Kiew Gedenkkerzen an, 1999)

Republik von Lemberg: Die im Juni 1941 von ukrain. Nationalisten unter Führung von Stepan Bandera in Lemberg (Lviv) proklamierte Unabhängigkeit der U. wurde bereits nach wenigen Tagen von den Deutschen unterdrückt, die provisorische Regierung verhaftet und in Konzentrationslager gebracht.

Die Nachkriegszeit

Wiederaufbau: Nach der Rückeroberung der U. durch die Rote Armee im Herbst 1944 war das Land verwüstet, fast alle Industrieanlagen zerstört und die jüd. Gemeinden vernichtet. Eine neue Hungersnot erschütterte das Land 1946/47. Nikita Chruschtschow, der bereits ab 1938 als ukrain. Parteichef die »Säuberungen« in der U. geleitet hatte, übernahm den Wiederaufbau des Landes, zu dem auch die »Sowjetisierung« der neu hinzugewonnenen Westukraine (Ostgalizien) gehörte.

Deportationen: Nach 1945 nahm die Sowjetunion einen »Bevölkerungsaustausch« von rund 600 000 in Polen lebenden Ukrainern und in Ostgalizien lebenden Polen vor. Gleichzeitig wurden Zehntausende von Ukrainern unter dem Vorwurf der Kollaboration mit dem Feind oder des »ukrain. Chauvinismus« nach Sibirien und Mittelasien deportiert.

Die Ära Chruschtschow

Ukrainisierung: Erst nach dem Tod Stalins 1953 konnte sich die U. von der seit drei Jahrzehnten anhaltenden Serie von Katastrophen erholen. Unter Nikita Chruschtschow wurde mit Nikolai Podgorny (1957–63) erstmals seit den 20er Jahren wieder ein Ukrainer Erster Sekretär der KPU. Die 1956 mit der Entstalinisierungskampagne einhergehenden Liberalisierungstendenzen nahm die Regierung nach 1960 jedoch wieder weitgehend zurück.

Reaktorkatastrophe in Tschernobyl 1986

Durch einen Bedienungsfehler kam es am 26.4.1986 im erst 1983 fertiggestellten Block IV des Atomkraftwerks Tschernobyl (Foto von 1986) zu einer Explosion. Sie zerstörte das Reaktorgebäude und schleuderte etwa fünf Tonnen hoch radioaktives Material in die Atmosphäre. Während des zehntägigen Brandes im Reaktorgebäude wurde weitere Radioaktivität freigesetzt, die vor allem in der Nordukraine und Weißrussland niederging. Die Stadt Pripjat und eine 30-km-Zone um das Kraftwerk mussten evakuiert werden. Zu Lösch- und Sicherungsarbeiten am Reaktor sowie bei der Abtragung des verseuchten Bodens wurden über 80 000 »Liquidatoren«, meist Soldaten, eingesetzt, die gar nicht wussten, welchen Gefahren sie ausgesetzt waren.

Bis 1999 starben nach amtlichen ukrain. Angaben 4300 Menschen an den Strahlenfolgen; davon knapp 3000 »Liquidatoren«. Auch nach der Katastrophe blieb das Kraftwerk von Tschernobyl in Betrieb. Zwar vereinbarte die ukrain. Regierung am 20.12.1995 mit der EU die Abschaltung aller Reaktorblöcke bis 2000, verschob den Termin jedoch 1999 auf unbestimmte Zeit, weil Uneinigkeit über die Höhe der Kostenbeteiligung der westlichen Staaten aufkam.

Stagnation unter Breschnew: Während der langen Herrschaftsperiode des sowjet. Generalsekretärs Leonid Breschnew (1964–82) machte sich auch in der U. wieder eine gewisse Re-Stalinisierung bemerkbar. Der linientreue Erste Parteisekretär Pjotr Schelest wurde als »ukrain. Nationalist« abgesetzt, als er sich in einem Buch »zu positiv« über die ukrain. Geschichte äußerte. Nach seinem Sturz führte sein Nachfolger Wolodymyr Schtscherbytzkyj (1972–89) sofort eine groß angelegte Säuberung der ukrain. Parteikader durch. Er ließ über 1000 Intellektuelle verhaften und die ukrain. Sprache 1979 aus den Kindergärten verbannen und aus den Hochschulen des Landes verdrängen.

Dissidenten: Gegen die Bürgerrechtsbewegung, die sich nach der sowjet. Unterzeichnung der Schlussakte der »Konferenz für Sicherheit und Zusammenarbeit in Europa« (1975) auch in der U. formierte, ging Moskau wesentlich schärfer vor als in Russland selbst. Deshalb zog sich die ukrain. Opposition immer mehr in den Untergrund zurück, wobei in der Westukraine die seit 1946 verbotene griech.-katholische Kirche als Kristallisationskern diente.

Der Weg in die Unabhängigkeit

Tschernobyl: Nach dem Amtsantritt von Michail Gorbatschow in Moskau 1985 änderte sich für die U. zunächst recht wenig, da der orthodoxe Kommunist Schtscherbytzky noch bis 1989 in Kiew weiter regierte. Ansätze einer Systemkritik wurden erst nach dem Reaktorunglück in Tschernobyl laut. Die Katastrophe führte u. a. zur Gründung der Bürgerbewegung »Grüne Welt«, aus der 1990 die Partei der »Grünen« hervorging.

Bergarbeiterstreiks: Der erste politisch wirksame Widerstand gegen Moskau entwickelte sich 1989/90 mit den Streiks der Bergleuten im Steinkohlerevier Donbass. In der Westukraine wurde kurz darauf die »Volksbewegung für die Perestroika« (Ruch) gegründet, die zunächst nur gemäßigte, kulturpolitische Ziele anstrebte.

Souveränität: Die Wiedergeburt der U. begann am 1.1.1990, als der Oberste Sowjet in Kiew Ukrainisch zur Landessprache erklärte. Bei den ersten halbfreien Wahlen zum Obersten Sowjet im März 1990 gewann die »Ruch« als Dachorganisation der Oppositionsparteien 117 der 450 Mandate. Im Frühjahr machte sich auch ein Teil der Kommunisten die Forderungen von »Ruch« zu eigen, deren Führer, Leonid Krawtschuk im Juli zum Parlaments-

Die Schwarzmeerflotte: Nach Auflösung der Sowjetunion war die Ukraine nicht in der Lage, Hauptquartier und Hauptstützpunkte der ehemals sowjet. Schwarzmeerflotte im ukrain. Hafen von Sewastopol zu finanzieren. Die Regierung in Kiew wollte jedoch die Flotte, die über rund 100 Schiffe verfügte (darunter auch Flugzeugträger und Atom-U-Boote) Russland nicht ohne Kompensationen überlassen. Auf einem Sondergipfel im Juni 1995 einigten sich die Präsidenten beider Länder auf die Trennung der Flotte in zwei gleiche Teile. Russland kaufte anschließend 60% des ukrain. Anteils zurück und pachtete den Flottenstützpunkt in Sewastopol (Foto).

präsidenten gewählt wurde. Wenig später, am 16.7.1990, erklärte der Oberste Sowjet die Republik für souverän (d. h. nur ukrain. Gesetzen unterworfen) und Ende 1990 erzwang ein von Studenten initiierter Streik den Rücktritt des kommunistischen Ministerpräsidenten.

Die Zweite Ukrainische Republik

Republikgründung: Der Anfang 1991 in der Sowjetunion einsetzende Streit über einen neuen Unionsvertrag führte am 19.8.1991 in Moskau zu einem Putschversuch orthodoxer Kommunisten. Nach dessen Scheitern verkündete der Oberste Sowjet der U. am 24.8.1991 die Unabhängigkeit, die bei einem Referendum im Dezember desselben Jahres von rund 90% der Bevölkerung befürwortet wurde. Aus den gleichzeitig abgehaltenen Präsidentenwahlen ging Leonid Krawtschuk mit 61% der abgegebenen Stimmen als klarer Sieger hervor. Die Sezession der nach Russland wichtigsten Republik bedeutete praktisch das Ende der Sowjetunion. Wenige Tage später, am 8.12.1991, wurde mit dem Vertrag von Minsk, mit dem Russland, Weißrussland und die U. die »Gemeinschaft unabhängiger Staaten« (GUS) gründeten, die Auflösung der UdSSR auch formell vollzogen.

Wirtschaftsreformen: Der Zusammenbruch der Sowjetunion brachte auch für die U. den wirtschaftlichen Niedergang. Trotzdem schreckten der ehemalige Parteifunktionär Krawtschuk und das noch immer von Kommunisten beherrschte Parlament vor größeren Wirtschaftsreformen zurück. Ein halbherziges Privatisierungsgesetz vom März 1992 vermochte kaum ausländische Investoren anzuziehen. Im Oktober 1992 erreichten die Reformkräfte den Rücktritt des reformfeindlichen Ministerpräsidenten Witold Fokin, der durch den Ingenieur und Wirtschaftsmanager Leonid Kutschma ersetzt wurde.

Mächtiger Präsident: Obwohl Präsident Krawtschuk sich mit zahlreichen Sondervollmachten ausstatten ließ, entwickelte er auf wirtschaftlichem Gebiet wenig Initiative und verprellte die Reformer, auf die er sich bis dahin gestützt hatte. Ministerpräsident Leonid Kutschma, der den raschen Übergang zur Marktwirtschaft anstrebte, trat im Herbst 1993 zurück und Krawtschuk übernahm selbst das Amt des Ministerpräsidenten. Mit der Spaltung der »Ruch« und der Wiederzulassung der kommunistischen Partei wurde ab 1993 der Reformdrang abgebremst.

Der Status der Halbinsel Krim

Eroberung durch Russland: 1783 eroberte Russland das unter türk. Oberhoheit stehende Khanat der Krimtataren. In der Folgezeit siedelten sich viele Russen auf der Halbinsel an. Die 1921 gegründete Autonome Sozialistische Sowjetrepublik der Krim (die Autonomie galt nominell für die damals rund 500 000 Krimtataren) wurde deshalb auch nicht der Ukraine, sondern der Russ. Föderation angegliedert. Wegen angeblicher Kollaboration mit den Deutschen ließ Stalin am Ende des Zweiten Weltkriegs alle Armenier, Bulgaren, Griechen, Krimtataren, Russlanddeutschen und andere Minderheiten von der Halbinsel nach Asien deportieren. Die Krim verlor ihre Autonomie und wurde in ein normales Gebiet (Oblast) umgewandelt. Unter Chruschtschow wurde sie 1954 der Ukraine angegliedert. Die Krimtataren wurden zwar offiziell rehabilitiert, doch nur 30 000 von ihnen durften 1967–91 in ihre Heimat zurückkehren. Seit 1991 ist die Zahl der Rückkehrer auf über 200 000 angewachsen. Der russ.-ukrain. Konflikt über die Krim wurde zwar 1993 beigelegt, doch ist mit der Forderung der Krimtataren nach mehr Autonomie ein neuer Krisenherd entstanden.

Links- und rechtsufrige Ukraine

Politische Trennungslinie: Bis heute spielt bei politischen Auseinandersetzung in der Ukraine der Gegensatz zwischen »linkem Ufer« und »rechtem Ufer« eine große Rolle. Dies sind seit 400 Jahren feststehende Begriffe, die sich auf das Land links und rechts des Dnjepr beziehen. Die Trennungslinie zeigte sich in allen drei Präsidentschaftswahlen seit 1991 deutlich, als die links- und die rechtsufrige Ukraine fast geschlossen unterschiedliche Kandidaten wählte. Während der Westteil des Landes nach Europa tendiert, orientieren sich Osten und Süden eher an Russland. Abgesehen von der kurzen Zeit des nationalen Überschwangs 1990–91 setzte sich bei allen folgenden Wahlen überwiegend die bevölkerungsreichere (und »russischere«) linksufrige Ukraine durch.

Kultureller Gegensatz: Auch die Bezeichnung »West«- und »Ostukraine« ist in der Regel nicht geografisch gemeint, sondern drückt den alten Gegensatz zwischen dem von Moskau beherrschten linken Ufer und dem von Polen dominierten rechten Ufer des Dnjepr aus. Der kulturelle Gegensatz wird durch das wirtschaftliche Gefälle zwischen den Industriezentren im Osten und Süden und den ärmeren Agrargebieten des Westens weiter verstärkt.

Die Erblasten der Sowjetunion

Atomwaffen: Mit dem Ende der Sowjetunion übernahm die U. auch alle sowjet. Atomwaffen, die 1991 auf ihrem Territorium stationiert waren. In einem Vertrag mit den USA und Russland verzichtete die U. 1994 auf den Status einer Atommacht. Im Gegenzug gab ihr die US-Regierung Sicherheitsgarantien gegenüber Russland und versprach finanzielle Hilfe, um den drohenden wirtschaftlichen Zusammenbruch abzuwenden. Im selben Jahr schloss sich die U. der NATO an.

Streit um die Halbinsel Krim: Nach der ukrain. Unabhängigkeitserklärung rief der Gebietssowjet der mehrheitlich von Russen bewohnten Halbinsel Krim eine unabhängige Republik aus. Obwohl die U. der Halbinsel 1992 weitgehende Autonomie zugestand, strebten viele Russen auf der Krim weiterhin den Anschluss an Russland an. Nach blutigen Ausschreitungen zwischen Russen und Ukrainern hob Kiew am 1.11.1994 die Autonomie der Republik Krim wieder auf. Erst nach einem Jahr zäher Verhandlungen gab sich die Krim eine neue, mit der ukrain. konforme Verfassung und erhielt erneut die Autonomie.

Die wichtigsten Parteien im 20. Jahrhundert[1]

Name (Abkürzung)	*Politische Richtung*	*Gründung*
Volksbewegung Ruch (Ruch)	demokratisch, national	1989
Grüne Partei (PSU)	grün, ökologisch	1990
Sozialdemokratische Partei der Ukraine (SDPU)	sozialdemokratisch	1990/ 1996
Sozialistische Fortschrittspartei (PSP)	kommunistisch	1991
Wahlbündnis Bauernpartei (SelU)/ Sozialistische Partei der Ukraine (SPU)	extrem links	1992
Kommunistische Partei der Ukraine (KPU)	kommunist., Nachfolgepartei der KPU der Sowjetzeit	1993 (Neugr.)
Agrarpartei (APU)	Bauernpartei, kommunistisch	1993
Demokratische Volkspartei (NDPU)	zentristisch, demokratisch	1998
Gesamtukrain. Vereinigung »Gemeinschaft« (Hromada)	zentristisch, demokratisch	1999

1) Nur die größten und im Parlament vertretenen Parteien (Stimmenanteil über 4%). Die Parteien definieren sich meist über Personen und weniger über Parteiprogramme; seit 1991 kam es deshalb zu zahlreichen Spaltungen, Fusionen und Umbenennungen. Um das Recht, den Namen »Sozialdemokratische Partei« zu tragen, führten mehrere Parteien Prozesse gegeneinander.

Neueste Entwicklungen

Politische Konsolidierung: Bei den Parlamentswahlen 1994 übersprangen 16 Parteien die Vier-Prozent-Hürde. Die eher proruss. orientierten Linksparteien errangen die meisten Sitze. Die Präsidentenwahlen 1994, aus den der frühere Ministerpräsident Kutschma als Sieger hervorging, bestätigten diesen Trend. In beiden Wahlen hatte damit der nach Russland orientierte Osten und Süden über den Westen, die Linke über die ukrain. Nationaldemokraten und Liberalen gesiegt, was die notwendigen Wirtschaftsreformen weiter verzögerte und eine Wiederannäherung der U. an Russland begünstigte.

Wirtschaftskrise: Die anhaltende Wirtschaftskrise und die Spannungen mit Russland führten 1994 schließlich zu einer innenpolitischen Krise. Sie verstärkte sich, als Ende 1994 der ehemalige Ministerpräsident Juchim Swjahilsky wegen Hinterziehung von Millionenbeträgen im Amt verhaftet wurde. Durch die Ausgabe von »Privatisierungsgutscheinen« wurden 1995 die meisten großen und mittleren Staatsbetriebe privatisiert.

Demokratische Verfassung: 1996 gab sich die U. eine neue Verfassung, die die Gewaltenteilung und das Recht auf Privateigentum garantiert. Nach franz. Vorbild billigt sie dem Staatspräsidenten eine starke Stellung zu, während der Ministerpräsident eine eher untergeordnete Rolle spielt. Auch bei den Parlamentswahlen 1998 setzten sich wieder die Linksparteien, insbes. die Kommunisten, durch, was einen Rückschlag für die Reformbemühungen Kutschmas bedeutete.

Außenpolitik: Während Präsident Kutschma in seiner ersten Amtszeit innenpolitisch wenig Veränderungen durchsetzte, gelangen ihm in der Außenpolitik ein tragfähiger Ausgleich mit dem Nachbarn Russland, die Aufnahme in den Europarat 1995 und Arbeitsbeziehungen mit der NATO 1997.

Präsidentenwahl 1999: Trotz der schlechten Wirtschaftslage konnte sich Kutschma, der von Volksdemokraten und Sozialdemokratischer Partei unterstützt wurde, 1999 in einer Stichwahl gegen seinen kommunistischen Herausforderer durchsetzen und versprach den innenpolitischen Reformkurs und die Annäherung an Europa fortzusetzen. *P. B.*

Ungarn

Republik Ungarn

Nach der Landnahme der Magyaren im Karpatenbecken 895/96 entstand Ende des 10. Jh.s der ungar. Staat. Das mittelalterliche Königreich zerfiel infolge des türk. Vordringens auf dem Balkan nach der Schlacht von Mohács (1526) in drei Teile: Zentralungarn blieb für 150 Jahre osman., das Fürstentum Siebenbürgen im Osten wurde türk. Vasallenstaat und das königliche U. im Westen und Nordwesten fiel an die Habsburger. Nach den Türkensiegen des Prinzen Eugen war ganz U. habsburgisch; die Kaiser versuchten, U. in einen zentralistischen Staat einzubeziehen. 1848/49 scheiterte der ungar. Aufstand gegen die österreich. Herrschaft. Der österreich.-ungar. Ausgleich (1867) wandelte das einheitliche »Kaisertum Österreich« in die »Österreich.-Ungar. Monarchie« um und erkannte U. als souveränes Königreich innerhalb der Doppelmonarchie an.

Das Königreich (bis 1918)

Innere Entwicklung: Soziale Spannungen und die ungelöste Nationalitätenfrage prägten U.s Geschichte zwischen 1890 und dem Ersten Weltkrieg. Der Umwandlungsprozess von einer ständisch-feudalen zu einer bürgerlich-kapitalistischen Ordnung, der in dieser Zeit seinen Höhepunkt durchlief, stellte die traditionelle wirtschaftliche und soziale Hierarchie in Frage. Der Grundbesitz verlor gegenüber Handel, Industrie und mobilem Kapital an Bedeutung. Industrialisierung und Urbanisierung ließen eine organisierte Arbeiterschaft entstehen, die politische Ansprüche anmeldete. Auf dem Land kam es aufgrund von Agrarkrisen zu Unruhen. Streiks und Demonstrationen erreichten ihren Höhepunkt im Oktober 1907 und am »blutigen Donnerstag« (23.5.1912).

Nationalitätenkonflikt: Die ungelöste Nationalitätenfrage gefährdete angesichts der Nationalstaatsbewegungen in den Nachbarstaaten und des von Russland geschürten Panslawismus stärker als alle anderen Konflikte den Bestand des Staates. Die Magyaren als »staatstragendes Volk« stellten 1900 nur 51,4% der Gesamtbevölkerung (16,8 Mio). Deutsche, Rumänen, Slowaken, Ruthenen, Kroaten und Serben bildeten starke ethnische Minderheiten, die gegen Ende des 19. Jh.s zunehmendem Magyarisierungsdruck unterworfen waren. Nach den vor allem in Siebenbürgen lebenden Rumänen forderten insbes. Serben und Kroaten mehr nationale Autonomie. Die meisten

Ungarn 2000	
Landesfläche	93 032 km² (WR 109)
Einwohner	10,1 Mio (WR 77)
Hauptstadt	Budapest (1,91 Mio Einwohner)
Sprache	Ungarisch
Währung	1 Forint (Ft) = 100 Filler
Gliederung	19 Komitate, 5 Stadtbezirke, 1 Hauptstadtdistrikt
Staatsform	Parlamentarische Republik (seit 1989)
Religion	Katholiken (64,1%), Protestanten (23,3%); Sonstige (12,6%)
Bevölkerung	Ungarn (97,8%); Roma (1,4%); Sonstige (0,8%)

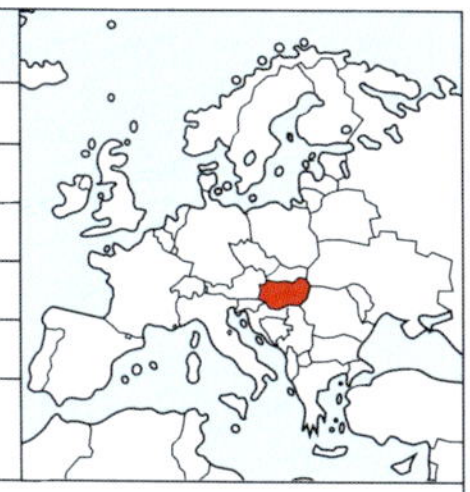

Ungarn im 20. Jahrhundert	
1905	Landesweite Streiks von Metallarbeitern und Landarbeitern.
1907	Neue Schulgesetze verschärfen den Protest der Nationalitäten.
1914	Erster Weltkrieg: Kriegseintritt auf der Seite der Mittelmächte.
1916	Nach dem Tod Kaiser Franz Josephs übernimmt Karl IV. den Thron.
1918	Ausrufung der Republik Ungarn durch Graf Mihály Károlyi.
1919	Räterepublik unter Béla Kun, Einzug Miklós Horthys in Budapest.
1920	Friedensvertrag von Trianon; Wahl Horthys zum Reichsverweser.
1921	Beginn der Ministerpräsidentschaft von Graf István Bethlen.
1936	Gyula Gömbös wird Ministerpräsident.
1938	Erster Wiener Schiedsspruch: Rückgliederung der Südslowakei.
1940	Zweiter Wiener Schiedsspruch: Rückgliederung Nordsiebenbürgens.
1941	Kriegseintritt; Beteiligung am Angriff auf Jugoslawien und die Sowjetunion.
1944	Unternehmen »Margarethe«: Besetzung durch deutsche Truppen.
	434 000 ungar. Juden werden nach Auschwitz deportiert.
1945	Waffenstillstandsabkommen; Eroberung durch die Rote Armee.
	Parlamentswahlen mit Sieg der Kleinlandwirtepartei; unter dem Stalin-Vertrauten Mátyás Rákosi beginnt die Sowjetisierung.
1949	Volksrepublik; Umbau nach sowjet. Vorbild abgeschlossen.
1953	»Neuer Kurs« nach der Regierungsübernahme durch Imre Nagy.
1955	Gründung des Warschauer Pakts; Aufnahme Ungarns in die UNO.
1956	Volksaufstand; Niederwerfung durch sowjet. Truppen (November); János Kádár übernimmt die Partei- und Regierungsführung.
1960	Beschluss über die sozialistische Umgestaltung der Landwirtschaft.
1968	Inkrafttreten des Neuen Ökonomischen Mechanismus (NEM).
	Beteiligung ungar. Truppen an der Militärintervention in der ČSSR.
1973	Aufnahme diplomatischer Beziehungen zur Bundesrepublik Deutschland.
1982	Aufnahme in den Internationalen Währungsfonds: Forint wird konvertibel.
1988	Kádár wird aus seinen Ämtern gedrängt; Reformprozess wird beschleunigt.
1989	Reformer verzichten auf Machtmonopol der Sozialistischen Partei.
	Übergangsverfassung proklamiert den demokratischen Rechtsstaat.
	Abbau der Grenzanlagen zu Österreich; Ausreise von DDR-Flüchtlingen.
1990	Wahlsieg des Demokratischen Forums: Regierung József Antall.
	Vereinbarung über den Abzug der sowjet. Truppen
	Ministerpräsident Antall stirbt, Péter Boross übernimmt das Amt.
1994	Wahlsieg der Sozialistischen Partei: Regierung Gyula Horn.
	Assoziierungsabkommen mit der Europäischen Union tritt in Kraft.
1998	Wahlsieg der liberalen Jungdemokraten: Regierungskoalition mit der Kleinlandwirtepartei unter Ministerpräsident Viktor Orbán.
1999	Beitritt zur NATO, von Ungarn aus Einsätze der NATO in Jugoslawien.
2000	Fortsetzung der Verhandlungen mit der EU; Beitritt für 2003 geplant.

Nationalitäten in Ungarn 1910		
Nationen	*in Mio*	*in %*
Magyaren	10,05	48,1
Rumänen	2,95	14,1
Deutsche	2,03	9,7
Slowaken	1,97	9,4
Kroaten	1,83	8,8
Serben	1,11	5,3
Ruthenen (Ukrainer)	0,47	2,3
Slowenen	0,09	0,5
Andere	0,41	1,8
Gesamt	20,91	

Minderheitenpolitiker verfochten das Ziel, die Sonderstellung U.s zu beseitigen und die Doppelmonarchie in eine Föderation freier Völker zu überführen.

Politische Gruppierungen: In der österreich.-ungar. Monarchie (1867–1918) standen sich zwei politische Lager gegenüber: die »67er«, die sich dem Ausgleich mit Österreich verpflichtet fühlten, und die »48er«, die nach nationaler Unabhängigkeit strebten. Erstere formierten sich in der Liberalen Partei, die unter Ministerpräsident Kálmán Tisza (1875 bis 1890) die innenpolitische Stabilität wahrte und bis 1905 an der Regierung blieb. Die »48er« fanden sich in der Unabhängigkeitspartei zusammen, die 1906 in einer Koalition mit nahestehenden Gruppen an die Macht gelangte. Ein Teil ihres Regierungsprogramms wurde jedoch von Kaiser Franz Joseph abgelehnt, sodass die Regierung gezwungen war, auf der Grundlage des Ausgleichs zu regieren. Schon bei den Wahlen von 1910 erlitt die Koalition eine schwere Niederlage. Die Regierung ging an die Nationale Arbeitspartei über. Unter diesem Namen hatten sich die alten Liberalen reorganisiert, die unter Ministerpräsident István Tisza (1903–05, 1913–17) bis in den Weltkrieg hinein an der Macht blieben. Die Frage des staatsrechtlichen Verhältnisses zu Österreich galt als die Lebensfrage der Monarchie. Es entstanden von 1880 an jedoch auch Parteien, die sich vor allem sozialen Fragen und Demokratisierungsbestrebungen zuwandten. 1880 gründete sich die Sozialdemokratische Partei U.s, 1906 der Unabhängige Sozialistische Bauernbund und 1914 die Bürgerlich-Radikale Partei. Zwei Forderungen waren diesen oppositionellen Parteien gemein: das allgemeine Wahlrecht und die Bodenreform.

Die wichtigsten Parteien im 20. Jahrhundert		
Name (Abkürzung)	*Politische Richtung*	*Gründung*
Unabhängigkeitspartei	national-demokratisch	1874
Liberale Partei	liberal-aristokratisch	1875
Sozialdemokratische Partei Ungarns	sozialdemokratisch	1880
Katholische Volkspartei	klerikal-konservativ	1895
Bürgerlich-Demokratische Partei	liberal	1900
Kleinlandwirtepartei (FKgP)	konservativ	1909
Ungar. Partei der Kommunisten	kommunistisch	1918
Partei der Christlich-Nationalen Einigung (KNEP)	national-konservativ	1919
Pfeilkreuzlerpartei	faschistisch	1935
Ungar. Sozialistische Arbeiterpartei (USAP)	sozialistisch	1956
Bund Freier Demokraten (SzDSz)	bürgerlich-liberal	1988
Bund Junger Demokraten (FIDESz)	liberal	1988
Ungar. Demokratisches Forum (MDF)	christlich-konservativ	1989
Ungar. Sozialistische Partei (MSzP)	sozialdemokratisch	1989

Der Erste Weltkrieg

Nach der Ermordung des Thronfolgers Franz Ferdinand am 28.6.1914 in Sarajevo weitete sich die militärische Strafaktion gegen Serbien zum Weltkrieg aus. Wie in nahezu allen anderen Krieg führenden Ländern war auch in U. die patriotische Begeisterung bei Kriegsausbruch groß. Die österreich.-ungar. Armee legte einen erstaunlichen Kampfgeist an den Tag, erlitt aber vor allem an der Ostfront schwere Niederlagen. Am 21.11.1916 starb Kaiser Franz Joseph I. Mit dem allseits geachteten und verehrten Monarchen verlor die Habsburger-Monarchie das Bindeglied zwischen den auseinander strebenden Kräften des Reiches. Mit der Unterzeichnung des Waffenstillstandsabkommens durch Österreich-Ungarn am 3.11.1918 in Padua endete für die Donaumonarchie der Erste Weltkrieg.

Revolutionen 1918/19

Republik: Zu diesem Zeitpunkt hatte in Budapest bereits eine bürgerlich-demokratische Revolution unter Führung des Grafen Mihály Károlyi gesiegt. Nach dem Rücktritt der Regierung und der Abdankung des Königs proklamierte Károlyi am 16.11.1918 die Ungar. Republik. Am 11.1.1919 wurde Károlyi zum Präsidenten der Republik gewählt. Die Regierung nahm politische und soziale Reformen in Angriff, doch aufgrund der zerrütteten Wirtschaftslage konnten nur geringe Erfolge erzielt werden. Die Republik scheiterte aber vor allem an der außenpolitischen Konstellation. Militärische Auseinandersetzungen mit den Nachbarstaaten (Rumänien, Tschechoslowakei) und die Bereitschaft der alliierten Siegermächte, den territorialen Ansprüchen der Nachfolgestaaten großzügig zu entsprechen und damit das Gebiet des »historischen Ungarn« zu zerschlagen, nahmen die Chance zum Aufbau der Republik.

Räterepublik: Als die Siegermächte am 20.3. 1919 einen weiteren Rückzug der ungar. Truppen ins Landesinnere anordneten und somit selbst rein magyar. Städte wie Szeged und Debrecen dem ungar. Machtbereich entzogen, wies Károlyi dies als unannehmbar zurück und übertrug die Regierungsgewalt dem Revolutionären Regierungsrat. Am 21.3.1919 proklamierte der Rat die Ungar. Räterepublik. Sie wurde getragen von Kommunisten und Sozialdemokraten, die sich am Vortag zur Ungar. Sozialistischen Partei zusammengeschlossen hatten. Zur führenden Gestalt der Räterepublik avancierte Béla Kun, der Führer der Kommunistischen Partei. Die Machtübernahme durch das sozialistische Lager verschärfte die außenpolitische Isolierung. Die Siegermächte sahen ihre Pläne für Mitteleuropa durchkreuzt und unterstützten die Gegner U.s. Wirtschaftliche Not und Gewalttätigkeiten der Roten Garden demoralisierten große Teile der Bevölkerung. Als gegenrevolutionäre Truppen auf Budapest marschierten, flohen die Führer der Republik ins Exil.

Die Räterepublik in Ungarn, die von Kommunisten und Sozialdemokraten getragen wurde, währte nicht einmal volle acht Monate lang. Am 16.11.1919 marschierte die »Nationale Armee« unter Admiral Miklós Horthy in der Hauptstadt Budapest ein. (Foto: Titel der Zeitschrift »Bewaffnetes Proletariat« vom 6.7.1919)

Das Horthy-Regime (1920–44)

Gegenrevolution: Unter dem Oberbefehl von Admiral Miklós Horthy wurde zur Zeit der Republik im französ. besetzten Szeged die sog. Nationale Armee organisiert. Von rumän. Truppen unterstützt, zog Horthy am 16.11. 1919 mit seiner Armee in Budapest ein. Auf ihrem Marsch hatten die Truppen eine Spur der Gewalt hinterlassen, der tausende Linke und Juden zum Opfer fielen. Die Nationalversammlung wählte Horthy am 1.3.1920 zum Reichsverweser. Er proklamierte U. als Monarchie mit vakantem Thron (23.3.1920).

Friedensvertrag: Am 4.6.1920 unterzeichnete die ungar. Friedensdelegation in Paris den Friedensvertrag von Trianon. Die Bestimmungen des Vertrags stürzten das Land in tiefe Depression. U. verlor 67% seines Territoriums und 58% der Bevölkerung an die Nachbarstaaten. An Rumänien fielen 32% des Territoriums, an die Tschechoslowakei 19%, an das Königreich der Serben, Kroaten und Slowenen 6,5% sowie kleinere Gebiete an Österreich, Polen und Italien. Die Revision der »Schmach von Trianon« blieb bis zum Zweiten Weltkrieg oberstes Ziel ungar. Politik.

Konsolidierung: Nach einer Reihe rasch wechselnder Übergangsregierungen gelang unter Ministerpräsident István Bethlen (1921 bis 1931) die politische und wirtschaftliche Konsolidierung. Bethlen gründete 1922 die Einheitspartei, arrangierte sich mit den Sozialdemokraten, erklärte die Kommunistische Partei für illegal und zwang 1923 die Rassisten zum Austritt aus der Regierungspartei. Durch ausländische Kredite gelang es, die nationale Wirtschaft zu stabilisieren. Sein konservatives Reformprogramm nahm dem »christlich-nationalen Kurs« die Schärfe. Autoritäre Strukturen blieben bestehen, die sich aber parlamentarischer Institutionen und liberaler Regierungsformen bedienten.

Radikalisierung: Als die Konsolidierungspolitik infolge der Weltwirtschaftskrise ihr Ende fand, gewann die radikale Rechte erneut an Gewicht. Mit Gyula Gömbös (1932–36) gelangte sie in den 30er Jahren an die Macht. Durch die Krisenverhältnisse begünstigt, entstanden neue faschistische und nationalsozialistische Parteien. Außenpolitisch orientierte sich U. zunächst an Italien, schloss sich aber von 1938 an immer stärker dem Deutschen Reich an, da die ungar. Revisionsziele nur in Hitlers Gefolge erreichbar schienen. Die Hoffnungen erfüllten sich zunächst jedoch nicht. Erst die Zerschlagung der Tschechoslowakei (1939) und die Wiener Schiedssprüche von 1938/40 brachten territoriale Gewinne in Siebenbürgen und der Slowakei.

Ungarns Reichsverweser Miklós Horthy (am Tisch sitzend) präsidierte am 18.8.1938 beiden Kammern des ungar. Parlaments im Hof der Stadthalle von Szekesfehervar. Anlass für die feierliche Zusammenkunft war der Todestag des hl. Stephan, des ersten Königs von Ungarn, vor 900 Jahren.

Der Zweite Weltkrieg hinterließ eine Spur der Verwüstung in der ungar. Hauptstadt. In der Schlacht um Budapest wurde der Budaer Burgberg fast zwei Monate gegen die Rote Armee verteidigt. Nach der Belagerung blieben nur vier Wohnungen im Burgviertel unversehrt. (Foto: Sowjet. Truppen in Budapest, 1945)

Zweiter Weltkrieg: Mit dem Beitritt zum Dreimächtepakt (Deutschland-Italien-Japan) am 20.11.1940 war der Weg in den Krieg vorgezeichnet. Im April 1941 beteiligte sich U. am deutschen Angriff auf Jugoslawien und erklärte am 27.6.1941 der Sowjetunion den Krieg. Drei ungar. Divisionen nahmen am Vormarsch in die Ukraine teil. In den Monaten nach Kriegseintritt kam es zu ersten großen Gewaltaktionen gegen die jüdische Bevölkerung und zur Verabschiedung eines Rassenschutzgesetzes nach dem Vorbild der Nürnberger Gesetze. U. stellte sich jedoch nicht rückhaltlos auf die deutsche Seite. Besonders die Regierung unter Miklós Kállay (1942–44) nahm über verschiedene Kanäle Kontakt zu den Westmächten auf, um sich aus dem Bündnis mit Deutschland zu lösen und die Konditionen eines Separatfriedens in Erfahrung zu bringen. Erfolglos drängte Deutschland U. zur Deportation der Juden. Nachdem die ungar. Armee am Don vernichtend geschlagen worden war, wurden keine größeren Einheiten mehr an die Front geschickt. Am 19.3.1944 besetzte die Wehrmacht U. Wichtige Positionen wurden mit deutschfreundlichen Politikern besetzt. Von Mai bis Juni 1944 wurden 434 000 Juden nach Auschwitz deportiert. Am 11.10.1944 verkündete Reichsverweser Horthy, er habe die Sowjetunion um einen Waffenstillstand gebeten. Unter deutschem Druck widerrief er am 16.10., trat zurück und ernannte den Führer der faschistischen Pfeilkreuzler, Ferenc Szálasi, zum neuen Ministerpräsidenten. Drei Monate lang war daraufhin vor allem die Hauptstadt dem Terror der Pfeilkreuzler ausgeliefert. Die fast zwei Monate dauernde Schlacht um Budapest endete am 13.2.1945 mit der Einnahme der beinahe völlig zerstörten Stadt durch die Rote Armee. Am 4.4. war die Eroberung U.s beendet.

Im sowjetischen Machtbereich

Volksdemokratie: Im Frühjahr 1945 waren Staat und Wirtschaft weitgehend zerstört und lahmgelegt. Zwar existierte seit Dezember 1944 eine provisorische Regierung in Debrecen, doch der eigentliche Regent U.s war Sowjetmarschall Kliment Woroschilow, Kommandeur der Besatzungsmacht und Präsident der Alliierten Kontrollkommission. Das Ergebnis der allgemeinen und geheimen Wahlen von 1945 brachte für die Kommunisten jedoch eine herbe Enttäuschung: die Kleinlandwirtepartei (57%) errang die absolute Mehrheit, die

Letzte Hilferufe aus Budapest – das Ende einer Revolution

Als in der Nacht vom 3. auf den 4.11.1956 sowjet. Truppen den Angriff auf Budapest begannen, um den Aufstand der Ungarn endgültig niederzuwerfen, wandten sich Regierungschef Imre Nagy (Foto, 1956 vor Gericht) und andere Reformer in dramatischen Appellen über das Radio an die Weltöffentlichkeit, in der Hoffnung auf internationalen Beistand in letzter Minute:

Radio Budapest, 4.11.1956, 5.15 Uhr: »Hier spricht Imre Nagy, der Vorsitzende des Ministerrats der Ungar. Volksrepublik. In den frühen Morgenstunden haben sowjet. Truppen einen Angriff auf die ungar. Hauptstadt unternommen, mit dem offensichtlichen Ziel, die demokratische Regierung der Ungar. Volksrepublik zu stürzen. Unsere Truppen stehen mit den sowjet. Kräften im Kampf. Die Regierung befindet sich auf ihrem Posten. Das ist meine Botschaft an das ungar. Volk und die gesamte Welt.«

Die letzte Nachricht, die über Radio Budapest gesendet werden konnte, war ein Appell der ungar. Schriftstellervereinigung: Radio Budapest, 4.11.1956, vormittags: »Unsere Zeit ist knapp. Die Tatsachen sind bekannt. Helft Ungarn, helft der ungar. Nation, den Arbeitern, Bauern, Intellektuellen. Hilfe, Hilfe, Hilfe!«

Kommunisten (16,9%) wurden hinter den Sozialdemokraten (17,4%) nur drittstärkste Partei. Die neue Nationalversammlung schaffte das Königtum ab und rief am 1.2.1946 die Republik aus. Am 10.2.1946 wurde in Paris der Friedensvertrag unterzeichnet, der die 1920 in Trianon festgelegten Grenzen bestätigte. Im Innern wuchs nach der Wahlniederlage der Kommunisten der sowjet. Druck, unter dessen Einfluss das stalinistische Machtmodell mit Gewalt in U. installiert wurde. Im Sommer 1948 war die Machtübernahme abgeschlossen, die politische Opposition zerschlagen, die Sozialdemokraten durch das Aufgehen in der neuen Partei der Ungar. Werktätigen gleichgeschaltet. Die am 20.8.1949 verkündete »volksdemokratische« Verfassung besiegelte die Umwandlung in einen kommunistischen Staat.

An die Stelle der demokratischen Koalition war die kommunistische Diktatur unter Mátyás Rákosi getreten, Stalins treuestem Verbündeten. Schauprozesse, Deportationen und »Säuberungswellen« (1947–53) sowie Versorgungsschwierigkeiten aufgrund der rücksichtslosen Bevorzugung der Schwerindustrie schufen einen tiefen Graben zwischen der Bevölkerung und dem Regime.

Kommunistische Reform: Nach Stalins Tod (1953) schien auch in U. die Möglichkeit zu Reformen gegeben. Mit Imre Nagy übernahm ein Vertreter dieser Richtung die Regierung (1953–55), um die wirtschaftlichen Schwierigkeiten und den Hass auf die vom Ungeist Rákosis geprägte Partei zu überwinden. Doch der stalinistische Dogmatismus siegte erneut: Nagy wurde 1955 abgelöst und aus der Partei ausgeschlossen, die Rákosi-Diktatur wiederhergestellt.

Der Aufstand von 1956. Die Unzufriedenheit in allen Gesellschaftsschichten führte im Oktober 1956 zu einem revolutionären Aufstand, der in wenigen Tagen (23.10.–1.11.) das System und den gesamten kommunistischen Apparat entmachtete. Auslöser waren Schüsse der Geheimpolizei auf eine Studentendemonstration, die sich daraufhin zum Volksaufstand ausweitete. Ziele der Aufständischen waren Demokratie, nationale und politische Freiheit. Imre Nagy wurde wieder als Ministerpräsident eingesetzt. Die Revolution griff auf das Land über. Das Eingreifen sowjet. Truppen führte zu kriegsähnlichen Zuständen in der Hauptstadt. Am 28.10. zogen sich die sowjet. Truppen aus Budapest zurück. Als am 1.11. erneut starke sowjet. Verbände auf die Stadt vorrückten, verkündete Nagy den Austritt aus dem Warschauer Pakt und erklärte die Neutralität U.s. Am 4.11. begann der Kreml mit der zweiten Militärintervention. Trotz erbitterten Widerstands war der Aufstand am 11.11. niedergeschlagen. Nagy floh mit seiner Regierung in die jugoslaw. Botschaft. 200 000 Menschen flohen nach Österreich.

Die Ära Kádár (1956–88)

Restauration: Die Entwicklung U.s vom Ende des Aufstands bis zur Wende 1988/89 war aufs engste mit dem Namen János Kádár verbunden. Als Parteichef und zeitweiliger Ministerpräsident prägte er 32 Jahre lang die ungar. Politik. Am 4.11.1956 hatte Kádár in Szolnok eine Gegenregierung gebildet, welche die Sowjetunion um Hilfe ersuchte und somit die Beseitigung der Regierung Nagy zu legalisieren trachtete. Die Rache der Sieger war hart: Nagy

János Kádár – Ungarns moskautreuer Parteichef

»Kádárismus«: Mehr als drei Jahrzehnte lang (1956–88) wurde die ungar. Politik von János Kádár (1912–1989) geprägt. Mit seinem Namen sind zum einen die Niederschlagung des Aufstands von 1956 und die Verfolgung der Reformer verbunden. Er steht aber auch für das liberale Klima und die günstige wirtschaftliche Situation, die in Ungarn im Vergleich zu den osteuropäischen Nachbarstaaten seit Ende der 60er Jahre herrschten. Kádár, dem jeder Kult um die eigene Person fern lag, beeindruckte zudem durch seine bescheidene Lebensführung, die in starkem Kontrast zum Gebaren anderer Führer sozialistischer Staaten stand.

János Kádár, schon als 18-jähriger Mechaniker in der Gewerkschaft und im illegalen kommunistischen Jungarbeiterbund aktiv, hatte in faschistischen und kommunistischen Gefängnissen gesessen, als er 1956 in Imre Nagys Regierung berufen wurde. Zunächst Anhänger von dessen Reformpolitik, bildete er bei Ausbruch der militärischen Konfrontation mit der UdSSR eine Gegenregierung und reorganisierte die KP nach Niederschlagung des Aufstands. Zu Beginn der 60er Jahre leitete er eine Politik der Entspannung ein, die unter seinem oft zitierten politischen Credo stand: »Wer nicht gegen uns ist, ist für uns.« Ein relativ repressionsfreier innenpolitischer Kurs und erfolgreiche Wirtschaftsreformen machten das Land zu einem Ort »kleiner Freiheit«, der vor allem bei Besuchern aus den sozialistischen Nachbarstaaten wegen seines liberalen Charakters und guter Konsummöglichkeiten geschätzt war.

Als in Ungarn 1987/88 die Entwicklung in dramatischer Weise die Aufhebung des Machtmonopols der Partei und die Pluralisierung der Gesellschaft erzwang, verschloss sich Kádár der Entwicklung. 1988/89 wurde er von den Reformern aus allen Ämtern gedrängt. Er starb 1989. Am Tag seiner Beisetzung (6.7.1989) wurde das Urteil gegen Nagy aufgehoben. (Foto, v.l.: Der sowjet. Parteichef Leonid Breschnew, der ungar. KP-Chef János Kádár und der sowjet. Ministerpräsident Alexei Kossygin in Budapest, 1967)

»Gulaschkommunismus«: Der sowjet. Staats- und Parteichef Nikita Chruschtschow prägte für den gemäßigten politischen Kurs der Kádár-Führung in Ungarn den Begriff »Gulaschkommunismus«. Wirtschaftsreformen ab 1968 machten die ungar. Volkswirtschaft ab 1970 erfolgreicher und international attraktiver. Ein für sozialistische Verhältnisse umfangreiches Warenangebot, das sich an westlichen Standards orientierte, ließ Ungarn zum Einkaufsparadies im Osten werden. (Foto: Straßenszene in Budapest, 60er Jahre)

und seine wichtigsten Wegbegleiter wurden hingerichtet (1958), Tausende zu Gefängnisstrafen verurteilt. So gelang es Kádár in relativ kurzer Zeit, das Regime zu stabilisieren.

»Kádárismus«: Auf der ersten Parteikonferenz der Ungar. Sozialistischen Arbeiterpartei (USAP) im Juni 1957 rechnete Kádár aber nicht nur mit den »Konterrevolutionären« ab, sondern auch mit den »Dogmatikern« um Rákosi. Er begründete seine eigene Linie eines Reformkurses, der von behutsamem Pragmatismus und einer – für den Ostblock weitgehenden – Liberalität geprägt war und in den folgenden 30 Jahren allmählich durchgesetzt wurde. In den 60er und 70er Jahren stieg der Lebensstandard, die Entspannung in der politischen Atmosphäre schuf individuelle und geistige Freiräume, die auch ein reges kulturelles Leben zur Folge hatten. Dies führte innerhalb des sowjet. Machtbereichs zu einem einmaligen Konsens zwischen Führung und Gesellschaft. Auch das internationale Ansehen des Regimes verbesserte sich deutlich, da U. den Prozess der Entspannungspolitik anregte.

Stagnation: Als die Wirtschaft zu Beginn der 80er Jahre stagnierte und zugleich klar wurde, dass eine echte Demokratisierung innerhalb des existierenden Systems nicht möglich war, geriet der »Kádárismus« in die Krise. Hohe Auslandsverschuldung und akuter Devisenmangel erforderten einen beschleunigten wirtschaftlichen Reformkurs, der aber zunächst zu Preiserhöhungen führte. Zudem blieb die politische Entwicklung hinter der wirtschaftlichen zurück. Neue gesellschaftliche Gruppierungen und ihre halblegalen Publikationen forderten politischen Pluralismus und bedrohten das Machtmonopol der Kommunisten. Der Nationalitätenkonflikt mit Rumänien um die im Nachbarland durch das Ceauşescu-Regime unterdrückte ungar. Minderheit brachte den Oppositionellen weiteren Zulauf, da sie in diesem Konflikt schärfer Stellung bezogen als die Regierung, die Rücksicht auf das sozialistische »Bruderland« nehmen musste.

In Budapest kam es am 18.12.1989 zu Solidaritätskundgebungen für die rumän. Bevölkerung. Von dem brutalen Vorgehen des Ceauşescu-Regimes und der rumän. Geheimpolizei Securitate gegen die Oppositionellen war auch die ungar. Minderheit im Nachbarland Rumänien betroffen.

Die Wende 1988/89

Ab 1988 beschleunigte sich der Reformprozess. Die Forderungen des Reformflügels der Partei nach einer neuen Verfassung, geheimen Wahlen mit mehreren Kandidaten und einer Definition der Bürgerrechte stellten die führende Rolle der USAP in Frage. Am 21.5. 1988 wurde Kádár als Generalsekretär abgesetzt. Károly Grósz trat seine Nachfolge an. Im neuen Politbüro verloren fast alle Anhänger Kádárs ihre Ämter. Massive Preiserhöhungen führten zu Demonstrationen und wilden Streiks. Am 11.1.1989 wurde ein Gesetz verabschiedet, das die Gründung politischer Parteien erlaubte und damit das Machtmonopol der USAP beendete. Am 29.1. brach Imre Pozsgay mit der sozialistischen Tradition, als er bekundete, die Ereignisse von 1956 seien keine »Konterrevolution«, sondern ein »Volksaufstand« gewesen. Der »Eiserne Vorhang« fiel am 2.5.1989 mit dem Abbau der Grenzanlagen zu Österreich. Gemeinsam mit oppositionellen Gruppen erzielte man im August am »Runden Tisch« ein Übereinkommen über baldige freie Wahlen. Die im Land befindlichen DDR-Flüchtlinge konnten vom 11.9. an ausreisen. Am 7.10. löste sich die

Grenzöffnung: Angehörige der ungar. Grenztruppe begannen am 2.5.1989 damit, die Sperranlagen an der ungar.-österreich. Grenze zu entfernen. Damit fiel 44 Jahre nach dem Ende des Zweiten Weltkriegs der »Eiserne Vorhang« zwischen Ost und West.

USAP selbst auf; der Großteil der Delegierten formierte sich neu in der Ungar. Sozialistischen Partei. Die Übergangsverfassung vom 18.10.1989 definierte U. als Republik und unabhängigen demokratischen Rechtsstaat.

Neue Demokratie

Regierungen: Aus den ersten freien Wahlen (25.3./8.4.1990) ging das national-liberale Demokratische Forum als Sieger hervor. Ministerpräsident wurde József Antall (1990–93), der eine Koalition mit der Kleinlandwirtepartei und der Christlich-Demokratischen Volkspartei einging. Nach Antalls Tod 1993 führte Péter Boross die Koalition. Die Sozialistische Partei erhielt nur 8,5% der Stimmen. Staatspräsident wurde Árpád Göncz (seit 1990). Die schwierige wirtschaftliche Lage und die sozialen Härten, die mit dem Umbau von Staat und Wirtschaft einhergingen, ließen auch in den folgenden Wahlen die Opposition siegen: 1994 errangen die Sozialisten unter Gyula Horn (1994–98) die Mehrheit, 1998 die rechtsliberalen Jungdemokraten unter Viktor Orbán (seit 1998), die mit der Kleinlandwirtepartei koalierten.

Westintegration: Parallel zum demokratischen Umbau strebte U. außenpolitisch die Integration in die westlichen Bündnisse an. Seit 1999 gehört das Land der NATO an. Mit der EU wird seit Mitte der 90er Jahre über den Beitritt verhandelt; er ist für 2003 geplant. *R.F.*

Árpád Göncz prägte als Staatsoberhaupt der Nachwendezeit (1990–2000) die politischen Geschicke Ungarns. Wegen Beteiligung am Volksaufstand 1956 wurde der Jurist zu lebenslanger Haft verurteilt, 1963 jedoch amnestiert. 1988 war er Gründungsmitglied des Bundes Freier Demokraten. 1990 wurde er zum Staatspräsidenten gewählt. (Foto: Árpád Göncz, l., mit Bundespräsident Richard von Weizsäcker bei einem Staatsbesuch in Bonn, 1991)

Staatsoberhäupter Ungarns

Reg. Zeit	*Name (Dynastie)*	*Lebensdaten*
1848–1916	Franz Joseph I. (Habsb.)	1830–1916
1916–18	Karl IV. (Habsburg)	1887–1922
1919	Mihály Károlyi	1875–1955
1920–44	Miklós Horthy	1868–1957
1946–48	Zoltán Tildy	1889–1961
1948–50	Árpád Szakasits	1888–1965
1950–52	Sándor Rónai	1892–1965
1952–67	István Dobi	1898–1968
1967–87	Pál Losonczi	*1919
1987/88	Károly Németh	*1922
1988/89	Bruno Straub	*1914
1989/90	Máthyás Szürös	*1933
1990–2000	Arpád Göncz	*1922
seit 2000	Ferenc Madl	*1931

Uruguay

Republik östlich des Uruguay

Während des südamerikan. Unabhängigkeitskampfes gegen Spanien (ab 1810) wurde U. zum Streitobjekt zwischen Argentinien und Brasilien, das es als Cisplatan. Provinz annektierte. Nach dem Argentin.-Brasilian. Krieg um diese Provinz (1826–28) erkannten die beiden Konfliktparteien nach brit. Vermittlung am 27.8.1828 im Vertrag von Rio de Janeiro die Unabhängigkeit U.s an.

Aufbau des Landes

Parteienstreit: Am Ende des 19. Jh.s war U. infolge wiederholter Interventionen ausländischer Mächte und jahrzehntelanger Bürgerkriege wirtschaftlich ruiniert. Insbes. die Auseinandersetzungen zwischen der Partido Colorado, in der sich überwiegend liberal gesinnte Städter und Intellektuelle zusammenfanden, und der Partido Nacional (auch: Blanco), welche die Interessen der konservativen, kirchenfreundlichen Großgrundbesitzer vertrat, hatten U. in seiner Entwicklung gehemmt. Pfeiler der Gesellschaft waren die ca. 500 000 Einwanderer, die in den letzten drei Jahrzehnten des 19. Jh.s vor allem aus Deutschland, England, Italien und Spanien nach U. gekommen waren. Sie trugen wesentlich zur weiteren wirtschaftlichen Erschließung des Landes bei, verlangten aber auch zunehmend politische Mitsprache und eine Beilegung der gewaltsamen Machtkämpfe zwischen den beiden herrschenden Parteien. Der Konflikt zwischen Colorados und Blancos hatte nicht nur unzählige Menschenleben gefordert, sondern auch jegliche Kontinuität in der Politik verhindert (zwischen 1830 und 1903 regierten 25 Präsidenten und Diktatoren).

Batllismo: Präsident José Batlle y Ordóñez (1903–07, 1911–15) legte während seiner zwei Amtszeiten den Grundstein für den uruguay. Wohlfahrtsstaat. Mit seinen Wirtschafts- und Sozialreformen, dem sog. Batllismo (u. a. Einführung von geheimen und freien Wahlen, Verstaatlichung des von ausländischen Unternehmen geleiteten Dienstleistungssektors, staatliche Kontrolle über Banken und Versicherungen, Trennung von Staat und Kirche, Abschaffung der Todesstrafe), leitete er eine ruhigere politische Epoche in U. ein. Von herausragender Bedeutung für die Befriedung des Landes waren die Verfassungsreformen, die zwischen 1910 und 1919 in Kraft traten. Obwohl die beiden rivalisierenden Parteien nur einen Teil der Bevölkerung repräsentierten, sicherten sie sich die politische Vormachtstellung durch die Einführung eines Wahlsystems, in dem schwer erfüllbare organisatorische und rechtliche Bedingungen an die Parteien für die Wahlzulassung gestellt wurden. Die Festigung der eigenen Position erleichterte den beiden Parteien zugleich die Zustimmung zu einem sog. Colegiado-Regime (Kollegialherrschaft): Colorados und Blancos verständigten sich darauf, das Land nicht allein durch einen Präsidenten regieren zu lassen. Ihm wurde nach Schweizer Vorbild ein gemeinsamer Nationaler Verwaltungsrat zur Seite gestellt, in den auch die bei Wahlen unterlegene Partei Repräsentanten entsenden durfte. Insgesamt prägte Battle y Ordóñez die politische Kultur des Landes über seine Regierungszeit hinaus, weil er den Menschen mit seinen Reformen den Eindruck vermittelte, dass die Verantwortung für die Lösung wirtschaftlicher und sozialer Probleme überwiegend beim Staat liege.

Uruguay 2000

Landesfläche	177 414 km² (WR 88)
Einwohner	3,3 Mio (WR 126)
Hauptstadt	Montevideo (1,31 Mio Einwohner)
Sprache	Spanisch
Währung	1 Peso Uruguayo
Gliederung	19 Departamentos
Staatsform	Präsidiale Republik (seit 1967)
Religion	Katholiken (66%), Protestanten (2%); Sonstige (32%)
Bevölkerung	Europ. Abstammung (86%); Mestizen (8%); Mulatten/Schwarze (6%)

Uruguay im 20. Jahrhundert

1903	Beginn der Ära von José Batlle y Ordóñez (bis 1915): innenpolitische Stabilisierung durch wirtschaftliche, politische und soziale Reformen.
1919	Einführung des Colegiado-Regimes: Einrichtung eines nationalen Verwaltungsrates, Abkehr vom Präsidialsystem.
1931–38	»Weiche Diktatur« von Gabriel Terra: Beteiligung großer Parteien an der Regierung, Industrialisierung des Landes, Verschärfung der Außenhandels- und Devisenkontrollen.
1942	Rückkehr zur Demokratie.
1951	Einrichtung eines Nationalen Regierungsrates nach Schweizer Vorbild.
1952	Neue Verfassung: Abschaffung des Präsidentenamtes.
1966	Nach Volksentscheid wird das Präsidialsystem wieder eingeführt.
1967–72	Terroraktivitäten der Guerillabewegung Tupamaros.
1973	Staatsstreich: Zivil-militärische Doppelherrschaft und autoritäre Regierung; zunehmende Unterdrückung oppositioneller Bewegungen durch die Armee.
1982	Wiederzulassung oppositioneller Parteien.
1984	Rückkehr zur Demokratie: Bei freien Präsidentschaftswahlen siegt Julio Sanguinetti von der Partido Colorado.
1987	Amnestie für Militärs, die an Menschenrechtsverletzungen beteiligt waren.
1993–95	Rigorose Sparprogramme rufen den Widerstand der Bevölkerung hervor und führen zu Unruhen.

Staatsoberhäupter Uruguays					
Reg.-Zeit	*Name*	*Lebensdaten*	*Reg.-Zeit*	*Name*	*Lebensdaten*
1897–1903	Juan Lindolfo Cuestas	1837–1905	1947–51	Luis Batlle Berres	1897–1964
1903–07	José Batlle y Ordóñez	1856–1929	1951/52	Andrés Martínez Trueba	1884–1959
1907–11	Claudio Williman	1863–1934	1952–66	Nationaler Regierungsrat	
1911–15	José Battle y Ordóñez	1856–1929	1967	Oscar Gestido	1901–1967
1915–19	Feliciano Viera	1870–1929	1967–72	Jorge Pacheco Areco	1920–1998
1919–23	Baltasar Brum	1883–1933	1972–76	Juan María Bordaberry	*1928
1923–27	José Serrato	1868–1960	1976–81	Aparicio Méndez	1904–1988
1927–31	Juan Campisteguy	1859–1937	1981–85	Gregorio Alvarez Armelino	*1925
1931–38	Gabriel Terra	1873–1942	1985–90	Julio Sanguinetti	*1936
1938–43	Alfredo Baldomir	1884–1948	1990–95	Luis Alberto Lacalle-Herrera	*1941
1943–47	Juan José de Amézaga	1881–1956	1995–2000	Julio Sanguinetti	*1936
1947	Tomás Berreta	1875–1947	seit 2000	Jorge Batlle	*1927

Autoritäres Regime

Staatsstreich: Nach Ausbruch der Weltwirtschaftskrise 1929 erlebte U. eine schwere Rezession. Das BIP sank 1930–35 um etwa 10%, die Exporterlöse verringerten sich 1930–32 um 40%, die Handelsbilanz wurde negativ, die nationale Währung (Peso) verlor allein 1931 etwa 60% an Wert, ein Drittel der im Industriesektor Beschäftigten wurde arbeitslos. Um die Handlungsfähigkeit für einschneidende Maßnahmen zu erweitern, löste 1933 der amtierende Präsident Gabriel Terra (1931–38) in einem Putsch den Staatsrat auf. Getragen wurde der Putsch nicht vom Militär, sondern von jenen kleinen gesellschaftlichen Zirkeln, die im Zuge der Weltwirtschaftskrise ihre materiellen Interessen gefährdet sahen.

Weiche Diktatur: Terra führte eine sog. weiche Diktatur an, die 1934 in einer neuen, durch ein Referendum legitimierten Verfassung einen institutionellen Rahmen erhielt. Teile der beiden großen Parteien – der antibatllistische Flügel der Colorados und die konservative Mehrheitsfraktion der Blancos – beteiligten sich an Terras Regierung, während die jeweils konkurrierenden Fraktionen ausgeschlossen blieben bzw. den politischen Prozess boykottierten. Trotz der Änderung des Herrschaftssystems erfuhr U. keinen politischen Kurswechsel. Terra setzte zur Bewältigung der ökonomischen Krise auf eine Verschärfung der Außenhandels- und Devisenkontrollen, auf die weitere Industrialisierung U.s und auf eine staatliche Infrastrukturpolitik, die sich nach dem Putsch leichter durchführen ließ. So gelang es ihm, schon Mitte der 30er Jahre das Land ökonomisch zu stabilisieren. Terras Nachfolger, Alfredo Baldomir (1938–43), beendete 1942 das autoritäre Regime, als sich seine Regierung in der Frage der uruguay. Neutralität im Zweiten Weltkrieg überwarf. Durch den sog. Golpe bueno (gutartiger Sturz) löste er die Regierung auf und ließ eine neue Verfassung ausarbeiten, welche die Rückkehr zur Demokratie ermöglichte. Im Februar 1945 erfolgte die Kriegserklärung U.s an Deutschland und Japan.

Nach dem Zweiten Weltkrieg

Regierung nach Schweizer Vorbild: In den 50er Jahren stabilisierte sich U. im Vergleich zu anderen südamerikan. Staaten, weil sich die Colorados und Blancos wieder auf ein politisches System auf der Grundlage dieses Parteiendualismus einigten. So wurde 1951 erneut nach Schweizer Vorbild ein Nationaler Regierungsrat gegründet. Die neue Verfassung von 1952 übertrug ihm die gesamte Exekutivgewalt und schaffte das Amt des Präsidenten ab. Im Regierungsrat war die Mehrheitspartei mit

Das Parlamentsgebäude in Montevideo, der Hauptstadt Uruguays, zählt zu den imposantesten öffentlichen Gebäuden des südamerikan. Landes. Der gigantische Marmorbau wurde 1925 seiner Bestimmung übergeben.

Tupamaros – Terror für Reformen

Die Nationale Befreiungsbewegung MLN-T, die sich nach dem Inka-Herrscher Tupac Amaru auch Tupamaros nannte, entstand um 1963. Anfangs konnte sich die meist aus dem städtischen Untergrund operierende Guerilla auf die Sympathie eines breiten Teils der Bevölkerung stützen, weil sie soziale Ungerechtigkeit bekämpfen wollte. Ende der 60er Jahre verspielte sie aber die Zustimmung der Öffentlichkeit, als ihre Aktionen immer brutaler wurden. Sie griff nicht nur öffentliche Gebäude und Hoheitsträger an, sondern entführte und ermordete auch willkürlich Diplomaten, Politiker und Mitglieder des Militärs. 1971 gelang es dem Militär, die Bewegung der Tupamaros zu zerschlagen. Sie blieb aber Vorbild für andere Stadtguerillas. (Foto: Plakat mit Gefangenen der Tupamaros)

sechs und die stärkste Oppositionspartei mit drei Mitgliedern vertreten; der Vorsitz wechselte jährlich.

Wirtschaftskrise und Präsidialsystem: Nach ihrem Wahlsieg 1958 führten die Blancos ein rigoroses Reformprogramm durch, das u. a. eine Währungsreform und einen Lohnstopp beinhaltete. Dennoch geriet die Wirtschaft U.s infolge sinkender Weltmarktpreise für Agrarprodukte in den 60er Jahren in eine tiefe Krise. Da der Regierungsrat die ökonomischen Schwierigkeiten nicht löste, wuchs die Kritik in der Bevölkerung am herrschenden politischen System. In einem Referendum entschied sie sich am 27.11.1966 für die Wiedereinführung des Präsidialsystems.

In Montevideo kam es 1969 zu einem langwierigen Streik der Bankangestellten. Unter Einsatz von Tränengas ging die Polizei gegen die Ehefrauen der Streikenden vor, die ihre Männer durch eine Demonstration unterstützen wollten.

Autoritärer Staat

Der Weg in die Diktatur: Die Präsidentschaft von Jorge Pacheco Areco (1967–72) wurde von den zunehmenden Terroraktivitäten der sozialrevolutionären Stadtguerilla »Tupamaros« überschattet. Die Organisation, benannt nach dem Inka-Herrscher Tupac Amaru, wollte sozialistische und nationalistische Reformen gewaltsam durchsetzen. Die Regierung Pacheco reagierte auf den Terror mit der Aufhebung von Grundrechten. Die Wahlen von 1971 standen im Zeichen von Pressezensur und Repressalien gegen oppositionelle Gruppierungen. Das Volksfrontbündnis aus Christdemokraten, Kommunisten und sozialistischen Gruppen unterlag daher trotz großer Stimmengewinne im städtischen Bereich den regierenden Colorados. Gestützt auf das Militär, löste der neue Präsident Juan María Bordaberry (1972–76) nach innenpolitischen Auseinandersetzungen in einem Staatsstreich (27.6.1973) den Kongress auf und setzte die Verfassung außer Kraft.

Regieren mit dem Militär: Unter Bordaberry wurde ein Staatsrat aus 25 Mitgliedern eingerichtet, der die Funktion des Parlamentes übernahm. Wichtigstes Regierungsorgan war der Nationale Sicherheitsrat (COSENA), durch den das Militär an der Staatsführung beteiligt wurde. Die Parteien wurden durch Verbote (für Linksparteien) oder Einschränkungen (Blancos, Colorados) entmachtet. Der Nationale Sicherheitsrat hob kontinuierlich die Bürgerrechte auf. Bordaberry gelang es zwar, durch die Rückkehr zu marktwirtschaftlichen Prinzipien die Wirtschaft zu stabilisieren; das Militär setzte ihn aber am 12.6.1976 ab, weil er die Gründung eines Ständestaates anstrebte. Als höchstes Staatsorgan wurde nun der Rat der Nation geschaffen, der sich aus Militär- und Zivilpersonen zusammensetzte. Der Rat versuchte durch Repressionen seine Macht in U. zu festigen. Zahlreiche Linkspolitiker wurden ihrer politischen Rechte beraubt. Das Militär verkündete einen Plan, in dem die Rückkehr zu einer »kontrollierten« Demokratie in Aussicht gestellt wurde. Der Rat der Nation legte 1980 einen scheindemokratischen Verfassungsentwurf vor, den die Bevölkerung aber ablehnte.

Rückkehr zur Demokratie

Ende des Militärregimes: Die Verletzung von Menschenrechten, die Unterdrückung oppositioneller Bewegungen und wieder wachsende wirtschaftliche Probleme zwangen das Militär 1982 zu einer Wiederbelebung der Parteienlandschaft und zur Demokratisierung. Die linksgerichteten Parteien blieben jedoch verboten. Als Wahlkampfbündnis Frente Amplio traten sie 1984 bei den Wahlen an, unterlagen aber mit 20,5% deutlich den traditionellen Parteien der Blancos (33%) und der Colorados (39%). Neuer Staatspräsident wurde Julio Sanguinetti (1985–90) von der Partido Colorado, der mit seinem Amtsantritt (1.3.1985) die Militärregierung ablöste. Die Armee behielt aber eine Art Wächterfunktion und blieb in wichtigen Verfassungsorganen vertreten.
Amnestie: Sanguinetti amnestierte die politischen Gefangenen, unter ihnen auch Raúl Sendic, den ehemaligen Führer der Tupamaros. Der Kongress erließ ein Gesetz zur Amnestierung von Menschenrechtsverletzungen während der Militärherrschaft, das am 1.1.1987 in Kraft trat. Damit sollte ein Schlussstrich unter die Zeit der Diktatur gezogen werden. Nach heftigem Protest in der Bevölkerung und landesweiten Demonstrationen wurde ein Referendum über dieses Gesetz zugelassen. Bei der Abstimmung 1989 entschieden sich 52,6% der Wahlberechtigten für das Amnestiegesetz.

Phase der Konsolidierung

Wirtschaftspolitik: Der noch unter der Militärdiktatur vollzogene wirtschaftspolitische Kurswechsel zu einem streng marktwirtschaftlichen Wettbewerb führte in den 80er Jahren u. a. wegen mangelhafter Ausgabendisziplin und der Abhängigkeit U.s von teuren Erdölimporten nicht zu den erhofften Erfolgen. Das Wachstum blieb bis 1986 rückläufig, die Arbeitslosigkeit hoch, die Inflationsrate im zweistelligen Bereich. Durch die gezielte Stärkung der Investitionstätigkeit und die vermehrte Nutzung von Wasserkraft statt Erdöl gelang es der Regierung von Sanguinetti, die Stagnation zu überwinden und 1986 wieder ein Wirtschaftswachstum von 6,3% zu erzielen.
Machtwechsel: Bei den Präsidentschaftswahlen von 1989 siegte Luis Alberto Lacalle-Herrera, der Kandidat der Blanco-Partei, über die regierende Colorado-Partei. Zur Entlastung des Staatshaushalts plante die neue Regierung Anfang der 90er Jahre die Privatisierung von defizitären Staatsbetrieben. Die sozialistische Frente Amplio und die Gewerkschaften strengten daraufhin ein Referendum an. Darin sprachen sich 72% der Bevölkerung gegen die Privatisierung aus. Um die hohen Inflationsraten zu senken (1991: 85,5%), setzte die Regierung 1993 ein Sparpaket durch (u. a. Abbau staatlicher Stellen, Erhöhung der Mineralölsteuer), das erneut den Widerstand der Bevölkerung hervorrief. In diesem politischen Klima führten die Präsidentschaftswahlen von 1994 wieder einen Machtwechsel herbei: Julio Sanguinetti von der Colorado-Partei trat 1995 seine zweite Amtszeit als Präsident an (bis 2000). Allerdings setzte Sanguinetti den Kurs seines Vorgängers fort und betrieb auch gegen Proteste aus der Bevölkerung eine rigide Sparpolitik. Dadurch gelang es ihm, die Inflationsrate bis 1998 auf 8,6% zu senken. Gestützt wurde die wirtschaftliche Konsolidierung durch den Ausbau der Zollunion mit Argentinien, Brasilien und Paraguay im Rahmen des Mercosur (Mercado Común del Cono Sur, span.; Gemeinsamer Markt des südlichen Teils Südamerikas). Der Beginn der Finanzkrise in Lateinamerika 1998 zog auch die uruguay. Volkswirtschaft in Mitleidenschaft. *N. H.*

Julio Sanguinetti (im Auto stehend, l.) von der Partido Colorado wurde am 1.3. 1985 in sein Amt als Staatspräsident von Uruguay eingeführt. Damit kehrte das Land nach fast zwölf Jahren Militärherrschaft zur Zivilregierung zurück. 1973 hatte der damalige Staatspräsident Juan María Bordaberry in einem unblutigen Staatsstreich den Kongress aufgelöst und die Verfassung suspendiert.

Die wichtigsten Parteien im 20. Jahrhundert

Name (Abkürzung)	*Politische Richtung*	*Gründung*
Partido Colorado	liberal	1836
Partido Nacional (Blanco)	konservativ	1836
Partido Demócrata Cristiano (PDC)	christlich-demokratisch	1962
Partido por el Gobierno del Pueblo (Lista 99)	linksdemokratisch	1962
Frente Amplio (FA)	linkes Parteienbündnis	1971
Partido de los Trabajadores	sozialistisch	1980
Nuevo Espacio	gemäßigt linkes Parteienbündnis	1989

USA 2000	
Landesfläche	9 363 520 km² (WR 4)
Einwohner	276,2 Mio (WR 3)
Hauptstadt	Washington D. C. (567 000 Einwohner)
Sprache	Englisch
Währung	1 US-Dollar (US-$) = 100 Cents
Gliederung	50 Bundesstaaten und Hauptstadtdistrikt
Staatsform	Präsidiale Bundesrepublik (seit 1788)
Religion	Christen (85,3%): Protestanten 57,9%, Katholiken 21%, Sonstige 6,4%; Juden (2,1%); Moslems (1,9%); Sonstige (10,7%)
Bevölkerung	Weiße (73,7%); Schwarze (12,0%); Hispano-Amerikaner (10,3%); Asiaten (3,3%); Indianer, Inuit, sonstige Ureinwohner (0,7%)

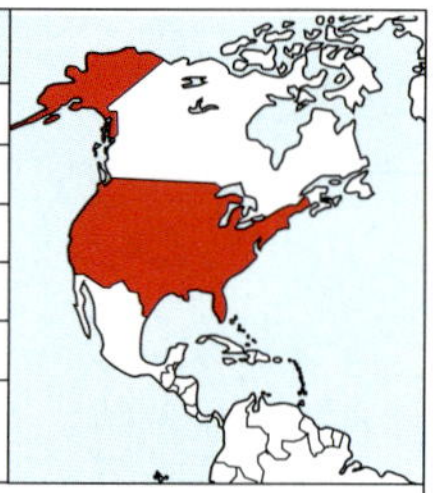

Präsident William McKinley im Wahlkampf 1900, ein Jahr vor seiner Ermordung.

Die wichtigsten Parteien im 20. Jahrhundert		
Name (Abkürzung)	*Politische Richtung*	*Gründung*
Demokratische Partei (DP)	sozialdemokratisch	1828
Republikanische Partei (RP)	konservativ	1854

Stichwort: Das US-amerikanische Parteiensystem

Entstehung: Die beiden großen Parteien, Demokratische Partei und Republikanische Partei, dominieren seit rund 150 Jahren die politische Landschaft der USA. Ihre Entstehungsgeschichte ist durch den Sezessionskrieg (1861–65) geprägt: Gegner der Sklaverei gründeten 1854 die Republikanische Partei in Opposition zu den antiföderalistischen Demokraten (1828 unter Führung von Andrew Jackson als »Demokratische Republikaner« gegründet, seit 1840 unter der Bezeichnung Demokratische Partei).

Struktur: Obwohl sich im Laufe der Geschichte immer wieder »dritte Parteien« gründeten und regionale Erfolge verzeichnen konnten, stellte keine außer den beiden großen Parteien je einen Präsidenten. Die Großparteien haben keine feste Organisationsform bzw. Parteienhierarchie und finanzieren sich vor allem über Spenden. Bedeutendstes Ereignis auf nationaler Ebene sind die alle vier Jahre stattfindenden »National Presidential Conventions« (Bundesparteitage), auf denen die Präsidentschaftskandidaten nominiert werden.

Politische Ausrichtung der Parteien: Keine der beiden Parteien lässt sich einer eindeutigen ideologischen Richtung zuordnen. Das Parteienprofil bestimmt sich vielmehr durch die Haltung der jeweiligen Partei gegenüber aktuellen politischen und sozialen Fragen sowie durch die traditionelle Bindung bestimmter Wählergruppen. Dennoch kann die politische Ausrichtung der Demokratischen Partei als eher sozialdemokratisch, die der Republikanischen Partei als eher konservativ bezeichnet werden.

USA

Vereinigte Staaten von Amerika

Auf der Grundlage der Verfassung von 1788 regierte George Washington (1789–97) als erster Präsident der USA über insgesamt elf Staaten, die sich zuvor zu einem Bundesstaat zusammengeschlossen hatten. Mit dem Kauf des westlichen Louisiana 1803 begann die territoriale Ausdehnung der USA auf dem amerikan. Kontinent und damit auch die Vertreibung der Ureinwohner (Indianer). Während die Gebiete im Norden durch Industrialisierung und Wirtschaftswachstum geprägt waren, überwog im Süden die landwirtschaftliche Nutzung, meist in Form von Baumwollanbau unter Einsatz von Sklaven als Arbeitskräften. Gegner der Sklaverei gründeten 1854 die Republikanische Partei, als deren Kandidat Abraham Lincoln (1861–65) die Präsidentschaftswahlen 1860 gewann. Die darauf folgende Ablösung von elf Südstaaten aus der Union führte zum Sezessionskrieg (1861–65) und schließlich zur Wiedereingliederung der Südstaaten und Abschaffung der Sklaverei (1863). Der wirtschaftliche Aufschwung sowie die anhaltende Einwanderung vor allem aus den Staaten des europäischen Kontinents führten zur Erschließung der Gebiete im Westen, wobei Siedlungstrecks nach dem Prinzip der freien Landnahme die indianische Urbevölkerung weiter zurückdrängten. Zur Sicherung wirtschaftlicher Interessen (z. B. Absatzmärkte außerhalb der USA, Rohstoffressourcen) wurde die neutrale Haltung gegenüber dem Ausland ab Mitte des 19. Jh.s mehr und mehr aufgegeben. Durch gezielte Auslandsinvestitionen (vor allem in Südamerika) sowie militärische Interventionen (z. B. auf Hawaii 1898) und Landkauf (z. B. Alaska 1867) begann ab Ende des 19. Jh.s der Aufstieg zur wirtschaftlichen und schließlich auch politischen Weltmacht.

Wandel und »Progressivismus«

Spanisch-Amerikanischer Krieg: Ein Aufstand kuban. Rebellen gegen die Kolonialmacht Spanien löste 1898 den Span.-Amerikan. Krieg aus, den die USA noch im selben Jahr für sich entschieden. Der kurze und relativ unblutige Krieg hatte bedeutende politische Konsequenzen. Auf Friedensverhandlungen 1898/99 trat Spanien die Kolonien Puerto Rico und Guam an die USA ab, erkannte die Unabhängigkeit Kubas an und verkaufte die Philippinen für 20 Mio US-Dollar an die

USA. Mit dem Krieg gegen Spanien hatten die USA ihre Neutralität gegenüber dem europäischen Ausland aufgegeben und wichen damit erstmals von den Prinzipien der Monroe-Doktrin (1823) ab. Darin war die Nichteinmischung der USA in europäische Angelegenheiten (und im Gegenzug die Nichteinmischung Europas in US-Belange) als Prinzip der Außenpolitik festgelegt worden. Nach der Ermordung des Präsidenten William McKinley (1897–1901) setzten die USA unter Theodore Roosevelt (1901–09) ihren Aufstieg zur imperialistischen Weltmacht fort.

Ausweitung des politischen Einflusses: 1903 förderten die USA die Loslösung Panamas von Kolumbien, um sich in der Folge die Kontrolle über den Panamakanal (1914 fertig gestellt) zu sichern. 1902/03 unterstützte Roosevelt Venezuela bei der Rückzahlung seiner Auslandsschulden und erweiterte 1904 in einem Bericht an den Kongress die Monroe-Doktrin, indem er die Wahrung US-amerikan. Interessen in Südamerika zur offiziellen Politik erklärte. Zur Sicherung von Märkten im Osten (vor allem in China) verfolgten die USA bereits seit 1900 die sog. Politik der offenen Tür und intervenierten z. B. während des Boxeraufstands in China (1900/01) sowie im Verlauf des Russ.-Japan. Kriegs (1904/05) auf diplomatischer Ebene, um die Unabhängigkeit Chinas zu gewährleisten. Die Durchsetzung dieser imperialen Machtpolitik wurde überwiegend mit wirtschaftlichen Mitteln betrieben: Viele Firmen in Mittelamerika waren finanziell von US-Großunternehmen abhängig (Dollarimperialismus), »befreundeten« Regierungen stellte die US-Regierung Finanzmittel zur Verfügung (Dollardiplomatie).

Progressive Reformbewegung: Innenpolitisch war die Ausweitung des Machtinteresses auf Staaten außerhalb des Bundesgebiets umstritten. Gegner dieser Politik wandten ein, die Beeinflussung fremder Staaten widerspreche dem freiheitlichen Grundgedanken der USA. Auch das Anwachsen der Zahl von Unternehmenskartellen (Trusts) seit Beginn des 20. Jh.s und deren enge Verflechtung mit der Bundespolitik ließen Forderungen nach politischen Reformen laut werden, z. B. als 1901 infolge der Fusion mehrerer Stahlkonzerne 65% der US-amerikan. Stahlproduktion auf die United States Steel Corporation entfielen. Nach seiner Wiederwahl (1904) setzte sich Roosevelt verstärkt für eine Ausweitung des bestehenden Antitrustgesetzes von 1890 aus. Anhänger des »Progressivismus« innerhalb der Republikanischen Partei forderten jedoch weiter reichende Reformen, um den reinen Unternehmerkapita-

Die USA im 20. Jahrhundert	
1914	Eröffnung des Panamakanals (bis zum 1.1.2000 unter US-Kontrolle).
1917	Eintritt in den Ersten Weltkrieg auf der Seite der Entente.
1920	Das Frauenwahlrecht wird in den USA eingeführt.
1921	Flottenabkommen und Vier- bzw. Neun-Mächte-Abkommen in Washington.
1924	Der Dawes-Plan regelt die Reparationsforderungen der Siegermächte.
1928	Unterzeichnung des Briand-Kellogg-Pakts (Ächtung von Angriffskriegen).
1929	»Schwarzer Freitag« an der New Yorker Börse löst eine Wirtschaftskrise aus.
1933	Der neue Präsident Franklin D. Roosevelt leitet den »New Deal« ein.
1941	Kriegserklärung an Japan am 8.12. infolge des Überfalls auf Pearl Harbor.
	Unterzeichnung der Atlantik-Charta, Eintritt in den Zweiten Weltkrieg (11.12.).
1944	Landung der US-Truppen in der Normandie unter General Dwight Eisenhower.
1945	Ergebnis der Konferenz von Jalta ist der Plan zur Teilung Deutschlands. Am 7.5. erfolgt die bedingungslose Kapitulation Deutschlands. Die Kapitulation Japans folgt am 14.8. nach dem Abwurf der Atombombe auf die Städte Hiroshima und Nagasaki. Die USA sind Gründungmitglied der UNO.
1948	Die USA gründen mit 18 Staaten die OAS (Organisation Amerikan. Staaten) und beteiligen sich an der Berliner Luftbrücke. Präsident Harry S. Truman vertritt gegenüber der UdSSR eine Politik des Containment (Eindämmung).
1949	Ende des US-Atommonopols. Die USA sind Gründungsmitglied der NATO.
1950	Beginn des Koreakriegs (bis 1953), USA unterstützen südkorean. Truppen.
1953	Nach seiner Wahl leitet Präsident Eisenhower die »Roll Back«-Politik ein.
1954	Gründung des Südostasienpakts durch US-Außenminister John F. Dulles.
1961	John F. Kennedy wird Präsident und vertritt eine Politik der »Flexible Response«.
	Nach der erfolglosen Invasion der Schweinebucht verstärkt sich die Kubakrise.
	Der Bau der Berliner Mauer führt zu Spannungen mit der UdSSR.
1962	Der Aufbau sowjet. Raketenstellungen in Kuba und die US-Seeblockade führen zur »heißen Phase« der Kubakrise (22.–28.10.).
1963	Washington und Moskau werden durch den »heißen Draht« verbunden.
	Atomteststopp-Abkommen zwischen USA, Großbritannien und UdSSR.
	Martin Luther King hält in Washington bei einer Demonstration am 28.8. seine berühmte Rede gegen die Rassentrennung (»I have a dream«).
	Ermordung John F. Kennedys in Dallas (22.11.); als Täter gilt Lee H. Oswald.
1964	Der »Tongking-Zwischenfall« führt zum Vietnamkrieg (bis 1974).
1968	Nach der Ermordung Martin Luther Kings am 4.4. kommt es zu schweren Rassenkrawallen.
	Abschluss des Kernwaffensperrvertrags.
1969	Am 10.7. landet die Besatzung der Apollo 11 auf dem Mond.
	Die USA und die UdSSR beginnen mit den Abrüstungsverhandlungen.
1972	Abschluss des SALT-I-Abkommens mit der UdSSR.
1973	Ermittlungen des Senats führen zur Aufdeckung des »Watergate«-Skandals und im folgenden Jahr zum Rücktritt von Präsident Richard Nixon.
1978	Konferenz von Camp David mit Regierungsvertretern Israels und Ägyptens.
1979	Aufnahme diplomatischer Beziehungen zur VR China.
1983	Präsident Ronald Reagan leitet die Strategische Verteidigungsinitiative ein.
1988	Ratifizierung des INF-Vertrags (Abbau nuklearer Mittelstreckenwaffen).
1991	Abschluss des START-Vertrags mit der Sowjetunion zum Abbau von strategischen (weit reichenden) Atomwaffen.
	Im Golfkrieg kämpfen 500 000 GIs gegen den Irak.
1993	Abschluss des START-II-Vertrags mit der GUS.
1994	Inkrafttreten eines Freihandelsabkommens mit Kanada und Mexiko.
1996	Verschärfung des Handelsembargos gegen Kuba und Wiederwahl Clintons.
1999	NATO-Luftkrieg im Kosovokonflikt gegen Serbien unter Führung der USA.
2000	Bei den Vorausscheidungen für die Präsidentschaftswahl am 7.11.2000 siegen im März George Bush jun. (RP) und Vizepräsident Al Gore (DP).

Stichwort: Einwanderung in die Neue Welt

Die USA – das gelobte Land: Die Entstehung der USA ist u. a. das Resultat der gewaltigen Einwanderungsbewegung im Verlauf des 18. und 19. Jh.s. Zwischen 1776 und 1887 zählte das Land insgesamt etwa 54 Mio Immigranten. Außer der indianischen Urbevölkerung hat jeder US-Bürger Vorfahren, die nicht aus den USA stammen. Obwohl die Regierung im Verlauf des 20. Jh.s. die Einwanderungszahlen durch verschiedene Gesetze drastisch beschränkte, gelten die USA auch heute noch als das klassische Einwanderungsland.

Phasen der Einwanderungspolitik: Der »Immigration Act« von 1917 markierte den Beginn einer restriktiven Einwanderungspolitik, die eine Begrenzung der Einwandererzahlen und Selektion der Einwanderer nach bestimmten Kriterien (u. a. Lese- und Rechtschreibfähigkeit sowie Festlegung einer »asiat. Ausschlusszone«) anstrebte. Nach In-Kraft-Treten des »Johnson-Reed-Act« (1924), durch den Einwanderungsquoten für verschiedene Nationen festgesetzt wurden, sank die Zahl der Immigranten aus Europa von ca. 360 000 (1924) auf rund 150 000 (1925). Nach dem Zweiten Weltkrieg gewährte die US-Regierung auf der Grundlage des »Refugee Relief Act« (1953) zahlreichen Flüchtlingen aus kommunistisch regierten Staaten die Einreise. Reformen in der Einwanderungspolitik führten 1965 zur Aufhebung der Quotenregelung zugunsten anderer Kriterien (z. B. berufliche Qualifikation und in den USA bestehende Verwandtschaftsbeziehungen) und zur Erhöhung der Einwanderungszahlen.

Begrenzung: Folge der Reformen von 1965 war ein rasanter Anstieg der Zahl von Einwanderern aus dem asiat. und karib. Raum sowie aus Lateinamerika. Die Zahl der Einwanderer aus diesen Gebieten stieg von ca. 1,6 Mio (1961–70) auf rund 3,4 Mio (1971–80). Zur Begrenzung der steigenden Zahl illegaler Einwanderer (vor allem aus dem benachbarten Mexiko) erließ die Regierung 1986 den »Immigration Reform and Control Act«, durch den die Beschäftigung illegaler Einwanderer unter Strafe gestellt wurde. Seit der Auflösung des Warschauer Paktes bemühen sich überwiegend humanitäre und kirchliche Organisationen im Rahmen der »Sanctuary«-Bewegung um eine Reform der Asylpolitik und ihrer bisherigen Abhängigkeit von außenpolitischen Zielen der Regierung. (Foto oben: Museum auf Ellis Island vor New York, im 19. Jh. Durchgangsstation für alle Einwanderer; unten: Freiheitsstatue am Hafeneingang von New York)

lismus zugunsten einer fortschrittlichen Sozialpolitik zurückzudrängen. Unter dem Nachfolger Roosevelts, dem Republikaner William H. Taft (1909–13), wuchs die Spaltung innerhalb der Partei. Bei den Wahlen 1912 beendete der Sieg des Demokraten Woodrow Wilson (1913–21) die 16-jährige Amtszeit der Republikaner im Weißen Haus.

Erster Weltkrieg und die Folgen

Politische Reformen: In den Jahren 1913/1914 erließ der Kongress auf Wilsons Initiative hin mehrere Gesetze, durch die vor allem die Chancen der aufsteigenden Schichten verbessert werden sollten. 1914 trat mit dem »Clayton Anti Trust Act« ein Antikartellgesetz in Kraft, durch das zugleich die Existenz von Gewerkschaften erstmals rechtlich anerkannt wurde. Außenpolitisch vertrat Wilson eine antiimperialistische Position. Nachdem in Mexiko 1913 das Huerta-Regime durch einen Staatsstreich an die Macht gekommen war, engagierte sich Wilson auf diplomatischer Ebene gegen Huerta, indem er dessen Regierung die völkerrechtliche Anerkennung durch die USA vorenthielt und Gegner des Regimes unterstützte.

Eintritt in den Ersten Weltkrieg: Nach Ausbruch des Ersten Weltkriegs im August 1914 erklärte Wilson die Neutralität der USA gegenüber den Krieg führenden Parteien. Als 1915 deutsche U-Boote das brit. Passagierschiff Lusitania und wenig später den französ. Zivildampfer Sussex torpedierten, drohte Wilson Deutschland mit dem Eintritt in den Krieg. In der sog. Sussex-Zusage verpflichtete sich das Deutsche Reich, künftig keine zivilen Schiffe mehr anzugreifen. Die Erklärung des uneingeschränkten U-Boot-Kriegs durch das Deutsche Reich im Januar 1917 verstieß gegen diese Zusage und führte zum Abbruch der diplomatischen Beziehungen zu Deutschland. Nachdem deutsche U-Boote mehrere US-amerikan. Handelsschiffe versenkt hatten, erklärten die USA am 6.4.1917 dem Deutschen Reich den Krieg. Innerhalb kürzester Zeit gelang die wirtschaftliche und militärische Mobilmachung. Im September 1918 erreichten 1,2 Mio US-Soldaten unter General John J. Pershing die Küste Frankreichs; die Unterstützung der Entente durch die USA entschied schließlich den Krieg.

14-Punkte-Programm: Aufgrund ihres wirtschaftlichen und militärischen Einsatzes hatten die USA außenpolitisch an Prestige gewonnen. Für die Zeit nach dem Kriegsende sah Wilson seine Aufgabe in der Vermittlung zwischen den Gegnern und stellte am 8.1.1918 sein 14-Punkte-Programm vor, in dem er sich gegen eine Bestrafung des Deutschen Reichs durch die Sieger aussprach und die Gründung eines Völkerbunds zur Sicherung eines dauerhaften Friedens in Europa forderte.

Versailler Vertrag: Das 14-Punkte-Programm war Grundlage der Friedensverhandlungen, die im Januar 1919 in Paris begannen. Der dabei ausgearbeitete Versailler Vertrag widersprach zwar im Hinblick auf die hohen Reparationsforderungen der Siegermächte Wilsons Vorstellungen, setzte aber seinen Vorschlag zur Gründung eines Völkerbundes um. 1920 lehnte der US-Senat jedoch die Unterzeichnung des Versailler Vertrags und damit den Beitritt zum Völkerbund ab. Die Präsidentschaftswahlen 1921 konnte der Republikaner Warren G. Harding (1921–23) für sich entscheiden. Er betonte in seiner Antrittsrede, die USA würden außenpolitisch wieder zu einer Politik der Neutralität gegenüber Europa zurückkehren, und schloss 1921 einen separaten Frieden mit Deutschland.

Aufschwung nach Kriegsende: Aufgrund der technischen Revolution, die seit der Jahrhundertwende zur Einführung neuer Verfahren der Massenproduktion geführt hatte, konnte die US Wirtschaft nach Kriegsende eine 20%ige Produktivitätssteigerung verzeichnen. Die Einführung arbeitsteiliger Produktionsverfahren begünstigte das Entstehen neuer Industriezweige wie der Elektro- und der Automobilindustrie. Als eines der ersten Unternehmen setzte die Ford Motor Company unter ihrem Präsidenten Henry Ford Techniken zur Massenfertigung (Fließbandarbeit) ein und konnte dadurch ihr Produkt, das Modell T (»Tin Lizzy«), zu günstigen Preisen anbieten. Bereits 1929 besaß jeder fünfte US-Amerikaner ein eigenes Automobil. Unter den beiden Präsidenten Harding und Calvin Coolidge (1923–29) war die Regierung zu einer protektionistischen Wirtschaftspolitik zurückgekehrt: Beide lehnten Maßnahmen des Bundes zur Regulierung der Wirtschaft ab und versuchten, durch Steuersenkungen und die Erhöhung der Einfuhrzölle Preisstürze im Landwirtschaftssektor abzufangen.

Prohibition und Nationalismus: Die Enttäuschung über den Ausgang des Weltkriegs und das Versagen der Politik des »Progressivismus« unter Wilson begünstigte die Entstehung konservativen, nationalistischen und rassistischen Gedankenguts in der Bevölkerung. Konservative Gruppen setzten 1919 ein landesweites Verbot der Herstellung, des Transports und Verkaufs von Alkohol durch. Die sog. Prohibition erhielt trotz Widerstand Wilsons den Status eines Verfassungszusatzes und wurde erst 1933 aufgehoben. Auf Druck der Gewerkschaften und nationalistischer Bevölkerungsteile beschloss der Kongress 1921 und 1924 mit dem »Quota Act« und dem »Johnson-Reed-Act« eine rigorose Beschränkung der Einwanderung. Das Gesetz von 1924 setzte die Zahl der Immigranten auf 16 400 jährlich fest (ab 1927: 150 000), beschränkte die Zahl der Einwanderer aus Süd- und Osteuropa und verbot die Einwanderung aus dem asiat. Raum. Auch rassistische Gruppierungen wie der Ku-Klux-Klan profitierten von der wachsenden

Fließbandarbeit: Arbeiter der Ford Motor Company setzten am ersten Montageband der Welt Schwungrad-Magnetzünder für das legendäre Automobil Modell T zusammen. Der Zeitaufwand für diese Montage konnte durch das Fließband von 20 auf 5 Minuten verringert werden (Foto von 1911).

Prohibition: Durch das Prohibitionsgesetz waren 1920–33 Herstellung, Transport und Verkauf aller alkoholischen Getränke unter Strafe gestellt. Mit der Prohibition begann der Aufstieg des organisierten Verbrechens in den USA, das den Alkoholschmuggel übernahm. (Foto: Alkoholfahnder zerstören Fässer mit Bier, die als Schmieröl-Behälter deklariert waren)

Stichwort: Indianer – Ureinwohner zwischen Vernichtung und Anpassung

Geronimo, Häuptling der Apachen (2. v. l., auf dem Pferd), 1886 mit Stammesmitgliedern

Protest 1973 in Wounded Knee, dem Schauplatz eines Massakers an den Indianern 1890

Indianerleben heute: Tristesse im Reservat (Foto: Sioux-Gebiet Pine Ridge in South Dakota)

Phasen der Indianerpolitik: Seit der Entstehung der USA bestimmt eine Vielzahl von Verträgen, Gesetzen und Gerichtsurteilen die Lebenssituation der indianischen Urbevölkerung. Nach einer eher kurzen Phase der Anerkennung der indianischen Souveränität (1787–1812) verfolgte die US-Regierung gegenüber der um 1800 rund 5 Mio Menschen starken Urbevölkerung bis Mitte der 30er-Jahre des 20. Jh.s vor allem eine Politik der massiven Landenteignung, Zwangsumsiedlung und -assimilation. Erst Franklin D. Roosevelt leitete während seiner Amtszeit 1933–45 eine Wende in der Indianerpolitik ein. Sein »Indian New Deal« beendete die Zeit der Landenteignungspolitik und beinhaltete Reformen zur Verbesserung der Lebenssituation der Indianer. Nachdem die Streichung staatlicher Zuschüsse unter Dwight D. Eisenhower (»Termination-Politik«) in den 60er Jahren zu einer rapiden Verschlechterung der wirtschaftlichen und sozialen Situation der Indianer geführt hatte, bemüht sich die US-Regierung seit der Kennedy-Administration zunehmend um die Unterstützung und Anerkennung indianischer Selbstverwaltungsrechte.

Kulturelle Pluralität: Die US-Regierung erkannte Ende der 90er Jahre etwa 500 Indianerstämme an (davon 216 in Alaska). Zum Erhalt der ungefähr 250 verschiedenen Sprachen der Indianer fördert die Regierung heute eine zweisprachige Schulbildung in den Reservaten. Ungefähr 70% der Indianerkinder besuchen öffentliche Schulen, die vom Bund finanziert werden. Verschiedene Programme (u. a. als Resultat des »Indian Education Act« aus dem Jahr 1972) dienen der Verbesserung der Ausbildungssituation in den Indianerreservaten, scheitern in der Praxis jedoch meist an den begrenzten finanziellen Mitteln, die u. a. zur Einstellung qualifizierter Lehrer und Anschaffung von Unterrichtsmaterial zur Verfügung stehen, oder an Vorbehalten der indianischen Bevölkerung. Seit den 70er Jahren bemühen sich die Indianer verstärkt um politische und kulturelle Selbstbestimmung und -verwaltung innerhalb der Reservate.

Lebenssituation der Indianer: 1990 lebten ca. 2 Mio Indianer (etwa 0,7% der US-Gesamtbevölkerung) im Gebiet der USA – davon nach Schätzungen des »Bureau of Indian Affairs« (BIA) etwa 860 000 in Indianerreservaten und ca. 40% in Stadtgebieten wie Chicago und Los Angeles. In den USA gibt es heute etwa 300 Indianerreservate, das größte ist das Reservat der Navajo-Indianer in Arizona, New Mexico und Utah mit insgesamt 16 Mio »acres« und 200 000 Einwohnern. Trotz der über 600 staatlichen Programme (mit einem Gesamtbudget von etwa 1 Mrd US-Dollar) leben ca. 40% der Indianer unterhalb der amtlich festgelegten Armutsgrenze. Die schlechten Lebensbedingungen in den Indianerreservaten (mit Arbeitslosenquoten bis zu 90%) begünstigen seit Jahrzehnten die Abwanderung der Indianer in die Städte. Die überdurchschnittlich hohen Sterberaten in den Indianerreservaten gehen vor allem auf die stärkere Anfälligkeit der Indianer für Infektionskrankheiten, schlechte hygienische Bedingungen und den weit verbreiteten Drogenkonsum zurück.

Fremdenfeindlichkeit. Zu Beginn der 20er Jahre zählte der Ku-Klux-Klan über 5 Mio Mitglieder.

Stabilisierung des Friedens: Die US-Regierung setzte unter Coolidge die isolationistische Außenpolitik fort, versuchte aber, durch Friedens- und Rüstungsvereinbarungen den freien Handel mit Europa und Asien zu gewährleisten. Ergebnis der Washingtoner Konferenz 1921/22 war u. a. ein Flottenabkommen, durch das die Flottenstärke der USA, Großbritanniens und Japans auf ein Verhältnis von 5:5:3 festgelegt wurde, sowie das Neun-Mächte-Abkommen, das die Unabhängigkeit Chinas festschrieb und den freien Handel mit Asien sicherte. 1922 berief der Kongress einen Ausschuss für Weltkriegsschulden ein, nachdem deutlich geworden war, dass Deutschland den durch den Versailler Vertrag festgelegten Reparationsforderungen nicht nachkommen konnte. Der Ausschuss unter dem Vorsitz von Charles Gates Dawes entwickelte ein Zahlungsmodell (Dawes-Plan), das die Zahlungsfähigkeit Deutschlands berücksichtigte und eine Inflation verhindern sollte. 1928 erfolgte die Unterzeichnung des Briand-Kollegg-Pakts (benannt nach seinen Initiatoren, dem französ. Außenminister Aristide Briand und dem US-Außenminister Frank B. Kellogg, 1925–29). Insgesamt 15 Staaten verzichteten mit der Unterzeichnung dieses Kriegsächtungspakts auf die Führung eines Angriffskriegs.

Krise und Zweiter Weltkrieg

Börsenkrach: Der wirtschaftliche Aufschwung der Nachkriegszeit endete abrupt, nachdem es am 25.10.1929 an der New Yorker Börse zu Panikverkäufen gekommen war, die einen rapiden Kursabfall und hohe Verluste zur Folge hatten. Der sog. Schwarze Freitag läutete die schwerste Wirtschaftskrise der USA ein. Zwischen 1929 und 1932 sank das Nationaleinkommen um 50%, die gesamte Industrieproduktion um ca. 40%. 1933 war fast ein Viertel aller Erwerbsfähigen arbeitslos, bis 1932 wurden mehr als 100 000 Firmenkonkurse registriert. Ihren Höhepunkt erreichte die Krise im Juli 1933, als Wertpapiere an der New Yorker Börse mit fünf Sechstel ihres Wertes vom September 1929 gehandelt wurden, was einem Verlust von insgesamt 74 Mrd US-Dollar entsprach.

Innerhalb kürzester Zeit griff die US-amerikan. Wirtschaftskrise auf die Industrienationen der Welt, vor allem auf Deutschland und Japan, über. Aufgrund ihrer weltpolitischen Stellung und der Wirtschaftspolitik der Nachkriegszeit waren die USA bis 1929 zum wichtigsten Kreditgeber der Welt geworden, was zu einer großen Abhängigkeit der Wirtschaftskreisläufe in den Schuldnernationen geführt hatte. Das Übergreifen der Wirtschaftskrise auf Europa wirkte auf die USA zurück und verstärkte die 1929 ausgelöste Krise.

Franklin D. Roosevelt: Nach seinem Amtsantritt 1933 führte Präsident Franklin Delano Roosevelt das wirtschaftliche und sozialpolitische Reformprogramm des New Deal ein. Außenpolitisch bemühte sich Roosevelt um eine Verbesserung der Beziehungen zu den lateinamerikan. Staaten sowie zur UdSSR. Nach Verabschiedung der Atlantik-Charta (1941) und dem Eintritt der USA in den Zweiten Weltkrieg förderte er die Einbeziehung der UdSSR in ein breites Bündnis gegen die Achsenmächte. Nach dem plötzlichen Tod Roosevelts am 12.4.1945 übernahm Vizepräsident Harry S. Truman das Amt des Präsidenten. (Foto: Roosevelt 1939 bei einer Rede vor dem Kongress)

Franklin D. Roosevelt: Nachdem Maßnahmen des Präsidenten Herbert Hoover (1929 bis 1933) eine Ausweitung der Krise nicht verhindert hatten, gewann der Demokrat Franklin D. Roosevelt (1933–45) mit großer Mehrheit die Präsidentschaftswahlen 1932. Bis 1945 wurde Roosevelt zweimal in seinem Amt bestätigt. Er gilt bis heute aufgrund seiner starken Führungspersönlichkeit als einer der bedeutendsten Präsidenten der US-Geschichte. Zur Bekämpfung der Wirtschaftskrise leitete Roosevelt unmittelbar nach Amtsantritt den sog. New Deal ein, ein Bündel verschiedener Gesetze zur staatlichen Regulierung der Wirtschaft. Seine massive Interventionspolitik führte zu einer Stärkung des Präsidentenamts und läutete den Beginn einer bundesstaatlichen Sozialgesetzgebung ein.

Erste Phase des New Deal: Nach seinem Amtsantritt bemühte sich Roosevelt zunächst um eine Reform des Bankenwesens und des Wertpapierhandels. Ein 1933 verabschiedetes Gesetzesbündel diente der Regulierung von Produktion und Preisen in dem am schwersten betroffenen Landwirtschaftssektor (Agricultural Adjustment Act, AAA). Dabei sollte durch gezielte Anbaubeschränkungen eine Angebotsverknappung erreicht werden. Strukturhilfen (z. B. Elektrifizierung der Landwirtschaft) sowie Umsiedlungsprojekte und die Erleichterung der Kreditaufnahme sollten zur langfristi-

Sacco und Vanzetti – Justizskandal um Anarchisten

Der Fall: In einem der umstrittensten Indizienprozesse der US-Rechtsgeschichte wurden 1921 die beiden italo-amerikan. Anarchisten Nicola Sacco (* 1891) und Bartolomeo Vanzetti (* 1888) wegen Raubmordes zum Tode verurteilt. Der Prozess fiel in die Zeit der »roten Panik« in den USA, der Angst vor der weltweiten Ausbreitung des Sozialismus nach der russ. Oktoberrevolution 1917. Die Gerichtsverhandlung war belastet durch eine problematische Beweisführung und öffentliche Vorverurteilung der unbeliebten Radikalen. Trotz weltweiter Proteste und Ausschöpfung aller juristischen Mittel wurden die Angeklagten am 23.8.1927 auf dem elektrischen Stuhl hingerichtet. Erst 50 Jahre später, 1977, wurden die beiden Anarchisten postum rehabilitiert. (Foto links: Protest in New York; rechts: Zuversicht bei Sacco, r., und Vanzetti kurz vor dem endgültigen Urteil 1927)

gen Stabilisierung beitragen. Um der Massenarbeitslosigkeit entgegenzuwirken, leitete Roosevelt ab 1933 außerdem mehrere staatliche Programme zur Arbeitsbeschaffung ein, darunter das äußerst erfolgreiche Projekt zur Sanierung des Tennessee-Stromtals (Tennessee Valley Authority, TVA). Ebenfalls 1933 wurde das Bundesgesetz über den industriellen Wiederaufbau erlassen (National Industrial Recovery Act, NIRA), das Regelungen zur Verhinderung von Überproduktion sowie zur Verbesserung von Wettbewerbs- und Arbeitsbedingungen (z. B. Mindestlöhne und Wochenarbeitszeiten von 35 bzw. 40 Stunden) enthielt. Über die Einhaltung der Gesetze wachte die neu gegründete National Recovery Administration (NRA).

Zweite Phase des New Deal: Industrie und Arbeiterschaft, welche die Maßnahmen zunächst begrüßt hatten, standen den Verordnungen ab 1935 zunehmend kritisch gegenüber. 1935 erklärte der Oberste Gerichtshof die bisherige Gesetzgebung im Rahmen des New Deal für verfassungswidrig, weil dadurch die Befugnisse des Bundes gegenüber den Bundesstaaten überschritten worden waren. Die bevorstehenden Wahlen zwangen Roosevelt zu einer politischen Kursänderung. Die Verordnungen der darauf folgenden zweiten Phase des New Deal zielten auf die Konsolidierung bzw. Verbesserung der sozialen Gesetzgebung. Der »Wagner Act« von 1935 stärkte insbes. die Position der Gewerkschaften. Im selben Jahr wurden mit dem Gesetz über soziale Sicherheit (Social Security Act) erstmals eine gesetzliche Arbeitslosenversicherung sowie Renten eingeführt. Roosevelts New Deal konnte die Wirtschaftskrise aber nur zeitweise lindern. Dem vorübergehenden Rückgang der Arbeitslosenzahlen auf ca. 8 Mio folgte bis 1938 ein erneuter Anstieg auf 10 Mio (1933: 12 Mio).

Zweiter Weltkrieg und die Folgen

Ende der Wirtschaftskrise: Der Beginn des Kriegs in Europa am 3.9.1939 und die einsetzende Mobilmachung und Rüstungsproduktion führten zu einem Abflauen und schließlich zum Ende der zehnjährigen Wirtschaftskrise. Von 1939 bis 1945 sank die Zahl der Arbeitslosen von 10 auf 1 Mio, während sich zugleich das BSP von 91 auf 211 Mrd US-Dollar erhöhte. Schätzungen über die Gesamtausgaben der USA im Verlauf des Kriegs bewegen sich zwischen 260 und 315 Mrd US-Dollar. 1943 produzierten die USA 40% aller Kriegsgüter der Welt. Voraussetzung für den wirtschaftlichen Aufschwung war neben Ressourcenreichtum und der strategisch sicheren Lage der USA auch das von Roosevelt verfolgte Konzept der Kriegswirtschaft. So erbrachte der von ihm angeregte Verkauf von Kriegsanleihen 1941–45 etwa 185,7 Mrd US-Dollar. Die Vergabe von Rüstungsaufträgen durch eine zivile Behörde machte Armee und Flotte ab 1942 zum größten Auftraggeber und Investor der Nation.

Krieg in Europa und Atlantik-Charta: Der Ausbruch des Kriegs in Europa löste eine kontroverse Diskussion über den außenpolitischen Kurs aus. In den Jahren 1935–37 hatte der Kongress mehrere Neutralitätsgesetze erlassen, die u. a. ein Ausfuhrverbot für Waffen und Munition enthielten. Bei Kriegsbeginn war die überwiegende Mehrheit der Bevölkerung gegen einen Eintritt in den Krieg. Den sog. Isolationisten stand eine Minderheit von Befürwortern (sog. Interventionalisten) gegenüber, zu denen auch Roosevelt zählte. Mit dem Vormarsch der deutschen Armee im Verlauf der ersten Kriegsjahre änderte sich die öffentliche Meinung zugunsten einer interventionalistischen Politik. Im August 1941 schlossen die USA und Großbritannien mit der Atlantik-Charta ein angloamerikan. Friedensbündnis, das insgesamt acht Prinzipien einer späteren Weltpolitik festschrieb, u. a.

den Verzicht auf Gebietsgewinne, die Freiheit der Meere sowie das Selbstbestimmungsrecht aller Völker. Die Atlantik-Charta brachte die späteren Kriegsziele der USA vorwegnehmend zum Ausdruck und war Basisdokument bei der Gründung der Vereinten Nationen 1945.

USA im Zweiten Weltkrieg: Nach dem Überfall Japans auf den US-Marinestützpunkt Pearl Harbor (Hawaii) erklärten die USA Japan – einem Verbündeten der Deutschen – am 8.12.1941 den Krieg. Deutschland und Italien reagierten am 11.12.1941 mit einer Kriegserklärung an die USA, die damit zum Bündnispartner Großbritanniens und der Sowjetunion wurden. Die Kriegsteilnahme der USA mit ca. 12 Mio Soldaten sowie großen Mengen an Kriegsmaterial wurde kriegsentscheidend. Politisch-strategisches Ziel war die Niederwerfung des Dritten Reiches (»Germany first«-Strategie) sowie der Aufbau eines Bündnisses gegen die Achsenmächte. Auf der Konferenz von Casablanca im Januar 1943 beschlossen die Alliierten die Landung auf Sizilien. Ergebnis der Teheran-Konferenz im November 1943 war die Entscheidung für eine Invasion in Nordfrankreich, die im Juni 1944 mit dem Einmarsch in die Normandie unter General Dwight D. Eisenhower realisiert wurde und letztlich zum Sieg der Alliierten führte.

Kriegsende in Europa: Bereits im Februar 1945, zwei Monate vor Kriegsende, hatten sich Churchill, Roosevelt und Stalin auf der Konferenz von Jalta über die politische Neuordnung Europas geeinigt und die Aufteilung Deutschlands in vier Besatzungszonen beschlossen. Die offizielle Kapitulation des Deutschen Reichs erfolgte am 7.5.1945. Nach dem plötzlichen Tod Roosevelts im April 1945 übernahm Vizepräsident Harry S. Truman (1945–53) das Amt des Präsidenten und vertrat die USA bei Verhandlungen mit den Alliierten im Juni 1945 in Berlin, deren Ergebnis die Berliner Vier-Mächte-Erklärung war: Als oberstes Regierungsorgan des besetzten Deutschlands wurde der Alliierte Kontrollrat eingesetzt, der aus Vertretern der Siegermächte sowie Frankreichs bestand. Mit den Aufgaben dieser Militärregierung befassten sich im Juli 1945 Churchill, Truman und Stalin auf der Konferenz von Potsdam. Wachsendes Misstrauen zwischen den westlichen Alliierten und der Sowjetunion führten in der Folge zu Spannungen und markierten den Übergang zum Kalten Krieg.

Kapitulation Japans: Bestandteil des Potsdamer Abkommens war auch eine offizielle Kapitulationsaufforderung der Siegermächte an Japan gewesen. Bereits 1944 hatten die USA nach anfänglichen Rückschlägen im Pazifik die japan. Armee zurückgedrängt und die Philippinen eingenommen. Nach Japans Ablehnung des Ultimatums gab Truman am 6. und 9.8.1945 den Befehl zum Abwurf der Atombombe (seit 1942 im Rahmen des »Manhattan-Project« entwickelt) auf die Städte Hiroshima und Nagasaki und erzwang damit die Kapitulation Japans am 14.8.1945 (unterzeichnet am 2.9.1945). Der umstrittene erste Einsatz atomarer Waffen forderte mehrere hunderttausend Menschenleben und demonstrierte nicht zuletzt auch militärische Stärke gegenüber der UdSSR. Japan unterstand bis zum Abschluss des Friedensvertrags in San Francisco 1951 einer US-Militärregierung, die 1946 eine demokratische Verfassung nach US-amerikan. Vorbild verabschiedete.

Angriff auf Pearl Harbor: Am 7.12.1941 überfielen Einheiten der japan. Luftwaffe Pearl Harbor, einen US-amerikan. Flottenstützpunkt an der Südküste Hawaiis.

Atombombenabwurf: Nach dem Ende des Zweiten Weltkriegs in Europa erzwangen die USA mit dem Abwurf von Atombomben am 6. und 9.8.1945 auf die japan. Städte Hiroshima und Nagasaki die Kapitulation Japans. (Foto: Besatzung des Hiroshima-Bombers »Enola Gay«)

Gründung der Vereinten Nationen in San Francisco 1945, am Pult Harry S. Truman

Gründung der Vereinten Nationen: Bereits während des Zweiten Weltkriegs hatten sich die Alliierten in der Atlantik-Charta (1941) und auf der Konferenz von Dumbarton Oaks (1944) auf die wichtigsten Prinzipien und Aufgaben der zukünftigen Vereinten Nationen geeinigt. Am 24.10.1945 unterzeichneten die USA, die UdSSR, Großbritannien, Frankreich und China sowie weitere Mitgliedsstaaten die UN-Charta. Die fünf Erstunterzeichnerstaaten erhielten einen ständigen Sitz im UN-Sicherheitsrat mit Vetorecht. Der erste Artikel der Charta nennt u. a. als Aufgaben und Ziele der UN: Erhaltung des Friedens, Zusammenarbeit der Staaten auf wirtschaftlicher, kultureller und humanitärer Ebene sowie Schutz der Menschenrechte. 1946 erfolgte der Beitritt der USA zum Internationalen Gerichtshof.

Stichwort: Marshallplan zum Wiederaufbau Westeuropas

Truman-Doktrin: Am 12.3.1947 forderte Harry S. Truman in einer Rede vor dem Kongress Unterstützung für jene Staaten, die sich gegen eine kommunistische Bedrohung durch die UdSSR zur Wehr zu setzen hätten. Unmittelbares Ergebnis dieser sog. Truman-Doktrin war ein umfangreiches Wirtschaftshilfeprogramm, das von US-Außenminister George C. Marshall im selben Jahr mit der Absicht entwickelt wurde, die wirtschaftliche Situation der europäischen Länder zu verbessern und damit eine Ausbreitung des Kommunismus zu verhindern.

Voraussetzungen und Inhalte: Der Marshallplan (eigentlich: European Recovery Program, ERP) trat am 3.4.1948 in Kraft. Voraussetzung für die Teilnahme am Programm war die Bereitschaft der Empfängerstaaten, ihre Wirtschaftsplanung aufeinander abzustimmen. Die Wirtschaftshilfe umfasste neben Krediten auch Lebensmittel- und Rohstofflieferungen und bewirkte in Europa einen raschen ökonomischen Wiederaufbau.

Konsequenzen: Im Rahmen des ERP unterstützten die USA die westeuropäischen Staaten bis 1952 mit Leistungen im Wert von ca. 13 Mrd US-Dollar und trugen damit wesentlich zum Wiederaufbau Europas bei. Gemäß der Forderung nach einer wirtschaftlichen Zusammenarbeit der europäischen Staaten wurde 1949 von 16 Staaten die OEEC (Organization for European Economic Cooperation) gegründet, aus der 1960 die OECD hervorging. Bis heute verfügt die Bundesrepublik Deutschland über ein ERP-Sondervermögen, aus dem die Kreditanstalt für Wiederaufbau sowie die Deutsche Ausgleichsbank günstige Kredite für deutsche Unternehmen und Existenzgründer vergeben. (Foto: US-Präsident Harry S. Truman)

Phasen des Kalten Kriegs bis 1969

Truman-Doktrin: Bereits im Verlauf der letzten Kriegskonferenzen 1945 hatte die auf Ausweitung ihrer Einflusssphäre gerichtete Politik der UdSSR für Spannungen mit den Westmächten gesorgt. Als Reaktion auf das sowjet. Expansionsstreben trat nach Kriegsende an die Stelle der kooperativen Haltung gegenüber der UdSSR eine auf Eindämmung gerichtete außenpolitische Strategie. Diese sog. Politik des Containment wurde 1946/47 von George F. Kennan (1947–49 Leiter des Planungsstabs im Außenministerium) konzipiert und sollte eine Ausbreitung des Kommunismus durch militärische Bündnisse sowie gezielte Wirtschaftshilfen verhindern. Auf der Grundlage der Containment-Strategie formulierte Harry S. Truman am 12.3.1947 in einer Rede vor dem Kongress die Truman-Doktrin. Ergebnis dieser Politik war u. a. die wirtschaftliche Unterstützung Westeuropas im Rahmen des Marshallplans (so genannt nach seinem Initiator, dem US-Außenminister George C. Marshall, 1947–49) sowie die Gründung der Organisation Amerikan. Staaten (OAS) durch Abschluss des sog. Rio-Pakts (1948) zur gegenseitigen Verteidigung und Unterstützung im Fall einer sowjet. Aggression. Im Zeichen der Truman-Doktrin stand auch die Errichtung der Berliner Luftbrücke 1948 durch die USA und Großbritannien zur Versorgung Westberlins als Reaktion auf die sowjet. Berlinblockade 1948/49 sowie die Gründung der NATO (North Atlantic Treaty Organization) 1949 durch die USA und elf weitere westliche Staaten. Auf die Blockbildung im Westen reagierte die UdSSR am 14.5.1955 mit dem Abschluss des Warschauer Pakts.

Innenpolitische Entwicklung: Hauptaufgabe der Wirtschaftspolitik nach Kriegsende war die Wiedereingliederung der Soldaten in die Friedenswirtschaft auf der Grundlage eines 1944 verabschiedeten Gesetzes (sog. G. I. Bill of Rights). Daneben bemühte sich Truman um die Fortführung der mit dem New Deal begonnenen liberalen Reformpolitik. Sein sog. Fair Deal umfasste insbes. Forderungen nach einer Ausdehnung der Sozialgesetzgebung, scheiterte jedoch an der Ablehnung durch den Kongress, der 1947 gegen das Veto Trumans ein Gesetz zur Beschränkung des Einflusses der Gewerkschaften (Taft-Hartley-Act) verabschiedete. Trotz schwindender Popularität gewann Truman die Wahlen 1948, verzichtete jedoch vor dem Hintergrund einer steigenden Inflation sowie militärischer Miss-erfolge nach Ausbruch der Koreakriegs (1950–53) 1952 auf eine erneute Kandidatur. Die Wahlen konnte der Republikaner Dwight D. Eisenhower für sich entscheiden.

Koreakrieg: Das Ende des US-Atommonopols 1949 und der Sieg kommunistischer Truppen in China unter Mao Zedong steigerten die Ängste bezüglich einer Vormachtstellung der UdSSR in Asien. Nach dem Einmarsch der Truppen der Volksrepublik Korea (Nordkorea) in die Republik Korea (Südkorea) stimmten die Vereinten Nationen auf Initiative der USA am 25.6.1950 dem Eingreifen von UN-Truppen auf der Seite Südkoreas zu. Der erfolgreiche Vormarsch der US-Truppen unter General Douglas McArthur endete mit dem Kriegseintritt der Volksrepublik China auf der Seite Nordkoreas im November 1950. Die am 10.7.1951 eingeleiteten Waffenstillstandsverhandlungen führten am 27.7.1953 zur Unterzeichnung des Waffenstillstandsvertrags und der Teilung Koreas entlang der vor Kriegsausbruch bestehenden Grenzen.

Politik des Roll Back: Vor dem Hintergrund der Berlinblockade, der Teilung Berlins 1948 und des Abschlusses des Warschauer Pakts verfolgte Präsident Eisenhower (1953–61) gegenüber der UdSSR eine Strategie der »aktiven Zurückdrängung«. Im Rahmen dieser von Außenminister John F. Dulles (1953–49) maßgeblich gestalteten Roll-Back-Politik intervenierten die USA 1954 in Guatemala nach der Enteignung der United Fruit Company durch die dortige linksgerichtete Regierung. 1954 wurde mit dem Abschluss des Südostasienpakts (SEATO) ein Verteidigungs- und Beratungsbündnis zum Schutz gegen kommunistische Unterwanderung geschaffen. Als Reaktion auf die militärische und wirtschaftliche Unterstützung Ägyptens und Syriens durch die UdSSR sicherte Eisenhower den Nahoststaaten in der sog. Eisenhower-Doktrin im Jahr 1957 militärische Hilfe gegen jeglichen Angriff eines kommunistischen Staates zu. Im Rahmen der Roll-Back-Politik förderte Eisenhower vor allem die wachsende antikommunistische Bewegung innerhalb der USA.

Antikommunistische Bewegung: Zur Aufdeckung und Verhinderung kommunistischer Bewegungen war bereits 1947 im Rahmen des Nationalen Sicherheitsgesetzes die CIA (Central Intelligence Agency) gegründet worden. Um eine kommunistische Unterwanderung der Regierung zu verhindern, hatte Truman 1949 ein landesweites System von Loyalitätsausschüssen zur Überprüfung von Regierungsbediensteten ins Leben gerufen. Nach dem Verlust des Atommonopols steigerte sich die

Chronik des Kalten Kriegs

1945	Erste Spannungen zwischen den USA und der UdSSR auf der Konferenz von Potsdam über die politische Nachkriegsordnung.
1946	Scheitern des Baruch-Plans (Überantwortung von Atomwaffen an die UNO).
1947	Abschluss des Rio-Pakts durch die USA.
1948	Die UdSSR verlässt den Alliierten Kontrollrat.
	Errichtung der Berliner Luftbrücke zur Versorgung Westberlins.
1949	Gründung des Nordatlantik-Verteidigungspakts NATO; Ende des US-amerikan. Atomwaffenmonopols und Beginn des globalen Wettrüstens.
1952	Die USA zünden die erste Wasserstoffbombe und vergrößern ihr Atomwaffenarsenal. Ein Jahr später besitzt auch die UdSSR die H-Bombe.
1954	Gründung des Südostasienpakts (SEATO).
1955	Gründung des Warschauer Pakts.
1957	Die UdSSR startet den ersten Erdsatelliten »Sputnik«.
1958	Die USA starten den Erdsatelliten »Explorer 1«.
1960	Außenpolitische Krise nach dem Abschuss eines US-Spionageflugzeugs über sowjet. Gebiet; Scheitern eines Gipfeltreffens mit der UdSSR.
1961	Der Bau der Berliner Mauer verstärkt die außenpolitische Krise mit der UdSSR; Kennedy befiehlt die Invasion Kubas in der Schweinebucht.
1962	Höhepunkt der Kubakrise (22.–28.10.).
1963	Abkommen mit der UdSSR über Atomwaffenteststopp; Einrichtung des »heißen Drahts« zur Konsultation in Fragen der nuklearen Sicherheit.
1968	Kernwaffensperrvertrag mit der UdSSR.
1969	Die Mondlandung der »Apollo 11« demonstriert die Militärmacht der USA.
1971	Die UdSSR gewährt Westmächten ungehinderten Zugang zu Westberlin.
1972	SALT-I-Abkommen mit der UdSSR über die Begrenzung der Zahl der strategischen Atomwaffen beider Supermächte.
1973	Außenpolitische Krise mit der UdSSR infolge des Konflikts im Nahen Osten (»Yom-Kippur-Krieg« der arab. Staaten gegen Israel).
1977	Handelsembargo gegen die UdSSR aus Protest gegen den sowjet. Einmarsch in Afghanistan; Scheitern der SALT-II-Verhandlungen.
1983	USA forcieren die Strategische Verteidigungsoffensive SDI; Beginn der Stationierung von Mittelstreckenraketen in Europa.
1987	Unterzeichnung des INF-Vertrags.
1988	Abzug der Mittelstreckenraketen aus Europa.
1990	Abschluss des KSE-Vertrags und »Pariser Charta für ein neues Europa«.
1991	START-Abkommen (Reduzierung des strategischen Atomwaffenarsenals); Auflösung des Warschauer Pakts und Ende des Kalten Kriegs.

Mc-Carthy-Ära: Anhörungen vor dem »Ausschuss zur Untersuchung unamerikanischer Umtriebe« waren zentraler Bestandteil der antikommunistischen Verfolgungswelle der 50er Jahre unter Federführung von Senator Joseph R. McCarthy (Foto, sitzend mit Brille in der Hand).

Kennedy-Clan: Präsident John F. Kennedy (M.), links neben ihm Vater Joseph (mit Brille), rechts neben ihm Bruder Robert, sitzend v. l. Mutter Rose, Präsidentengattin Jacqueline und Bruder Edward (»Ted«).

antikommunistische Bewegung und gewann teilweise hysterische Züge. 1950 verabschiedete der Kongress das Gesetz über die innere Sicherheit (McCarran-Walter-Act) und beschloss die Einrichtung eines ständigen Kontrollausschusses zur Aufdeckung kommunistischer Aktivitäten. Treibende Kraft der antikommunistischen Verfolgungswelle (»red scare«), die unter Eisenhower bis 1954 ihren Höhepunkt erreichte, war der Senator Joseph R. McCarthy, dessen (häufig haltlose) Anschuldigungen sich vor allem gegen prominente Wissenschaftler, Künstler und Intellektuelle, zuletzt auch gegen Angehörige der Regierung und der Armee richteten.

Wachsender Wohlstand: Eisenhower zielte mit seiner Wirtschaftspolitik auf eine Begrenzung des Einflusses der Bundesregierung gegenüber den Bundesstaaten, ließ jedoch die sozialpolitischen Errungenschaften seiner Vorgänger unangetastet. Problematisch war die im Verlauf der 50er und 60er Jahre verstärkt einsetzende Konzentration der wirtschaftlichen Macht: So erwirtschafteten 1960 nur 5% aller Unternehmen über 50% der Unternehmensgewinne der USA. Von großer Bedeutung für die fortschreitende Technisierung und Rationalisierung der Produktionsprozesse waren insbes. die Militärausgaben des Bundes (während des Koreakriegs: 50% des Bundeshaushalts) sowie Rüstungsaufträge des Pentagon, das zu Beginn der 60er Jahre zum größten Einzelauftraggeber der Nation wurde. Während überwiegend Angehörige der Mittelschicht (sog. white collar workers) vom kontinuierlichen Wirtschaftswachstum profitierten und sukzessive in die Vorstädte (suburbs) abwanderten, lebten Teile der Landbevölkerung sowie viele Afroamerikaner und Hispanics in den zunehmend verwahrlosten Innenstädten unterhalb der amtlich festgelegten Armutsgrenze (1960: ca. 25%).

Kennedy-Johnson-Ära: Nach seinem Wahlsieg bemühte sich der Demokrat John F. Kennedy (1961–63) im Rahmen seines »New Frontier«–Programms um den Ausbau des staatlichen Sozialwesens, scheiterte aber mit seinen Gesetzesvorlagen (Krankenvorsorge, Erhöhung der Mindestlöhne, Ausbau des Bildungswesens) an der reformfeindlichen Mehrheit im Kongress. Erfolge erzielte er jedoch mit wirtschaftspolitischen Maßnahmen: Steuersenkungen, Abbau von Handelsschranken und erhöhte Staatsausgaben – vor allem im Rahmen des Raumfahrtprogramms und der Aufrüstung des Militärs – führten zu einer Erhöhung des Wirtschaftswachstums auf 6,6% (1962). Nachfolger Kennedys wurde nach dessen Ermordung am 22.11.1963 in Dallas Vizepräsident Lyndon B. Johnson (1963–69). Er setzte die Reformpolitik Kennedys erfolgreich fort und erzielte im Rahmen seines »Great Society«-Programms Erfolge bei der umfangreichen Reform der Sozialgesetzgebung, u. a. 1964 durch das Wirtschaftsförderungsgesetz (Economic Opportunity Act) sowie durch die 1965/66 verabschiedeten Gesetze zur staatlichen Hilfe für die medizinische Versorgung (Medicare, Medicaid). Durch den von Johnson 1964 ausgerufenen »bedingungslosen Krieg gegen die Armut« sank die Zahl der unter der Armutsgrenze lebenden US-Amerikaner bis 1970 auf 12,6%. Trotz anhaltender Konjunktur führten die erhöhten Sozialausgaben sowie hohe Militärausgaben im Zuge des Vietnamkriegs bis Ende der 60er

Jahre zu einem Anstieg der Inflation und einer Erhöhung des Haushaltsdefizits. Aufgrund der starken Polarisierung der Öffentlichkeit durch die Vietnampolitik sowie durch Gesetzesmaßnahmen zur Gleichstellung der Schwarzen sank Johnsons Popularität, und er verzichtete 1968 auf eine erneute Kandidatur.

Politik der Flexible Response: Gegenüber der UdSSR bemühten sich die USA unter den Präsidenten John F. Kennedy und Lyndon B. Johnson erstmals um eine Entspannung des Ost-West-Konflikts. Außenpolitische Strategie war die von Verteidigungsminister Robert S. McNamara (1961–68) konzipierte Politik der »flexiblen Reaktion«. Sie umfasste neben einem Ausbau der militärischen Schlagkraft (1961–64: Verdreifachung der Raketenstreitkräfte) auch ein umfassendes Entwicklungshilfeprogramm (»Allianz für den Fortschritt«) zugunsten südamerikan. Staaten in Höhe von 20 Mio US-Dollar. Der Bau der Berliner Mauer im August 1961 führte zu erneuten Spannungen mit der UdSSR, die kurz darauf in der Kubakrise mündeten.

Kubakrise: Das Verhältnis zu Kuba hatte sich bereits 1959 nach dem Sturz des Militärregimes und durch den wachsenden Einfluss der UdSSR auf die neue kuban. Regierung unter Fidel Castro verschlechtert und 1961 zum Abbruch der diplomatischen Beziehungen zu Kuba geführt. Nach dem Scheitern einer von den USA unterstützten Invasion Kubas in der Schweinebucht im April 1961 begann die sowjet. Regierung unter Nikita Chruschtschow mit dem Aufbau von Raketenstellungen in Kuba. Nachdem Kennedy am 22.10.1962 erfolglos den Abbau der Stellungen gefordert und wenige Tage später eine Seeblockade gegen Kuba eingeleitet hatte, drohte erstmals die nukleare Konfrontation der Weltmächte. Chruschtschow lenkte schließlich ein und ordnete am 28.10.1962 die Demontage der sowjet. Raketenstellungen in Kuba an.

Nach der offiziellen Beendigung der Kubakrise durch eine Note an den UN-Generalsekretär bemühten sich beide Großmächte um eine Verbesserung der Beziehungen: 1963 wurde eine direkte Fernschreibverbindung zwischen Washington und Moskau eingerichtet (»heißer Draht«); mit der Unterzeichnung des Moskauer Vertrags im August 1963 verzichteten beide Staaten auf weitere Atomwaffentests im Weltraum und unter Wasser. 1968 erfolgte die Unterzeichnung des Kernwaffensperrvertrags.

Interventionspolitik: Als 1965 in der Dominikan. Republik infolge einer Revolution eine kommunistische Machtübernahme drohte, entsandte Johnson mit Zustimmung der UNO und

Kampf um die Vorherrschaft im All

Wettlauf im All: Die erfolgreiche Entsendung des ersten Erdsatelliten (Sputnik 1) am 4.10.1957 durch die UdSSR war angesichts des Kalten Kriegs von großer militärischer Bedeutung und veranlasste die USA zu einer massiven Verstärkung ihres Raketenbauprogramms. Bereits am 31.1.1958 gelang den USA die Entsendung ihres ersten Erdsatelliten (Explorer 1). Im selben Jahr veranlasste die US-Regierung die Gründung der »National Aeronautics and Space Administration« (NASA) zur Förderung der Luft- und Raumfahrtforschung.

Bemannte Raumfahrt: Auch bei der bemannten Raumfahrt hatte die UdSSR nach der erfolgreichen Erdumkreisung durch den Kosmonauten Jurij A. Gagarin am 12.4.1961 einen zeitlichen Vorsprung, der von den USA jedoch bereits im Februar 1962 mit der dreimaligen Erdumkreisung durch den US-Astronauten John H. Glenn wieder aufgeholt werden konnte. Am 21.7.1969 gelang der Besatzung der Apollo 11 die Mondlandung und Neil A. Armstrong betrat als erster Mensch den Erdtrabanten.

Weltraum als militärisches Gebiet: Aufgrund der Fortschritte im Bereich der Weltraumforschung bemühten sich die Vereinten Nationen seit 1957, Richtlinien für die militärische Nutzung des Weltraums zugunsten seiner wissenschaftlichen Erforschung zu entwickeln. Ein erster Erfolg war der Abschluss des Weltraumvertrags zwischen den USA, der UdSSR und Großbritannien am 27.1. 1967, der die Stationierung von Kernwaffen auf Himmelskörpern sowie Gebietserwerbe im Weltraum ausschloss. 1983 ließ der von US-Präsident Ronald Reagan verkündete Plan zum Aufbau eines weltraumgestützten Abwehrsystems (Strategic Defense Initiative, SDI) die Diskussion um die friedliche Nutzung des Weltraums wieder aufflammen. (Foto oben: Mondlandung 1969; unten links: John Glenn 1962; rechts: Challenger-Unglück 1986)

Vietnamkrieg: Nach dem Tongking-Zwischenfall im August 1964 ordnete Präsident Lyndon B. Johnson die Verstärkung der bereits in Südvietnam stationierten US-Einheiten an. 1965 begannen die USA mit der systematischen Bombardierung Nordvietnams und der Nachschubwege der Vietcong. Die Tet-Offensive der Kommunisten und die darauf folgenden Vergeltungsschläge der US-Armee führten 1968 zu einer dramatischen Verschärfung der Kampfhandlungen, die auf beiden Seiten zahllose Opfer forderten. (Foto links: GIs in Vietnam 1968; rechts: Massenprotest gegen den Vietnamkrieg in New York, 1967)

der OAS 22 000 US-Soldaten zum Schutz dort lebender US-Bürger in die mittelamerikan. Republik. Zur Sicherung des politischen Einflusses im Nahen Osten unterstützte Johnson Israel im Rahmen des sog. Sechstagekriegs (5.6.–10.6.1967) gegen die Vereinigte Arab. Republik (VAR), Syrien und Jordanien, nachdem der sowjet. Regierungschef Alexei N. Kossygin (1964–80) bei einem Gipfeltreffen sowjet. Maßnahmen zu Unterstützung der VAR angekündigt hatte.

Krieg in Vietnam: In der ehemaligen französ. Kolonie Vietnam kämpfte bereits seit 1946 eine von China unterstützte Befreiungsbewegung (Vietminh) für die Unabhängigkeit der 1945 ausgerufenen Demokratischen Republik Vietnam gegen die ehemaligen Kolonialherren (Indochinakrieg). Ergebnis dieser Unruhen war die vorläufige Teilung Vietnams in Nord- und Südvietnam. Die sog. US-amerikan. Phase des Vietnamkriegs begann 1960, als John F. Kennedy auf Bitten der südvietnames. Militärregierung mit der Entsendung von Militärberatern begann, deren Zahl sich 1963 auf 16 300 belief. Nach der angeblichen Beschießung von zwei US-amerikan. Zerstörern durch nordvietnames. Kriegsschiffe im Golf von Tongking (»Tongking-Zwischenfall«) erteilte der Kongress Lyndon B. Johnson bis zum 4.8.1964 eine Generalvollmacht für den Einsatz von US-Truppen gegen das von der UdSSR unterstützte Nordvietnam. Bis 1969 belief sich die Truppenstärke auf ca. 540 000 US-Soldaten. Die Bombardierung strategischer Ziele – u. a. der Nachschubwege des nordvietnames. Vietcong (Ho-Chi-Minh-Pfad) – durch die US-Luftwaffe führte zu einer nachhaltigen Zerstörung der Infrastruktur und einer engen wirtschaftlichen und militärischen Anbindung Nordvietnams an die UdSSR. Die letztlich erfolglose, aber groß angelegte Tet-Offensive nordvietnames. Truppen im Januar 1968 schockierte aufgrund ihrer Schlagkraft die US-amerikan. Öffentlichkeit. Gleichzeitig setzte in den USA und weltweit verstärkte Kritik an der US-amerikan. Vietnampolitik ein, vor allem an der Bombardierung ziviler Ziele, am Einsatz chemischer Kampfstoffe sowie an Ausschreitungen von US-Truppen (u. a. in My Lai). Im März 1968 wurde die Bombardierung Nordvietnams eingestellt und damit die Bedingung für die Aufnahme von Verhandlungen (ab Mai 1968 in Paris) erfüllt. Die »US-amerikan. Phase« des Vietnamkriegs endete mit dem Waffenstillstandsabkommen vom 27.1.1973 und führte zu der von Präsident Richard M. Nixon (1969–74) angestrebten »Vietnamisierung« des Konflikts durch den vollständigen Abzug der US-Truppen.

Bürgerrechtsbewegung: Bereits seit Ende des Zweiten Weltkriegs formierte sich unter der schwarzen US-Bevölkerung zunehmend Widerstand gegen die »Separate but equal«-Doktrin aus dem Jahr 1896, einer Grundsatzentscheidung des Obersten Gerichtshofs, wonach die Rassentrennung das Gleichheitsprinzip der Verfassung nicht verletze. Ab 1954 bemühten sich farbige US-Bürger, vertreten durch die NAACP (National Association for Advancement of Colored People), durch Klagen vor dem Obersten Gerichtshof verstärkt um die Aufhebung der Rassentrennung. Der entscheidende Erfolg wurde im Fall »Brown gegen Schulbehörde von Topeka« im Mai 1954 erzielt, als der Oberste Gerichtshof unter Vorsitz von Earl Warren die Rassentrennung in öffentlichen Schulen für gesetzeswidrig erklärte und durch Folgeentscheidungen 1955/1956 die Rassentrennung auch in lokalen Behörden und Institutionen aufgehoben wurde. Vor allem die Bundesstaaten im Süden sahen darin eine Beschneidung der Rechte der Einzelstaaten und verweigerten die Anerkennung der gesetzlichen Bestimmungen. Unter Martin Luther King drängte die Bürgerrechtsbewegung ab Mitte der 50er Jahre mit friedlichen Mitteln (Protestmärsche, Sit-ins, Boykotte öffentlicher Verkehrsmittel) auf die Aufhebung der Rassentrennung, erfuhr aber erst unter den Präsidenten Kennedy und Johnson Unterstützung durch die Bundesregierung. Höhepunkt der Bewegung war der von Martin Luther King organisierte Sternmarsch nach Washington D. C. am 28.8.1963, als fast 250 000 Menschen für die Gleichberechtigung der Schwarzen demonstrierten. Als Ergebnis dieses Ereignisses brachte Kennedy 1963 ein Bürgerrechtsgesetz zur Beseitigung der Diskriminierung in fast allen öffentlichen Bereichen ein. Nach der Ermordung Kennedys gelang Johnson 1965 die Durchsetzung dieses »Civil Rights Act«, dem 1966 das Wahlrechtsgesetz (Gesetz gegen die Verweigerung des Wahlrechts für Farbige) folgte. Die schleppende Umsetzung der Gesetze förderte die Entstehung militanter Gruppen wie der »Black Panther Party« und der »Black Muslims«. Die Ermordung Martin Luther Kings durch einen Rassisten am 4.4.1968 in Memphis (Tennessee) löste schwere Rassenkrawalle aus.

Politische Entwicklung 1969–81

Entspannung des Ost-West-Konflikts: Die außenpolitische Entwicklung unter Richard M. Nixon (1969–74) war durch Bemühungen um eine zunehmende Entspannung des Ost-West-Konflikts gekennzeichnet. Maßgeblichen Anteil am Erfolg dieser Entspannungspolitik hatte vor allem Henry A. Kissinger (1969–75: Sonderberater für Sicherheit und Außenpolitik, 1973–77: Außenminister), auf dessen Vermittlung das Waffenstillstandsabkommen mit Nordvietnam (1973) zurückging. 1969 begannen in Helsinki erste Verhandlungen mit der UdSSR zur Begrenzung strategischer Waffen, die 1972 mit der Unterzeichnung des SALT-I-Abkommens (Strategic Arms Limitation Treaty) erfolgreich abgeschlossen wurden. 1971 erfolgte die Ratifizierung des Vertrags über den ungehinderten Zugang zu Westberlin durch die DDR (Vier-Mächte-Abkommen) und ein Jahr später die Unterzeichnung der UN-Konvention über das Verbot bakteriologi-

Stichwort: Bürgerrechtsbewegung

Kampf gegen Rassentrennung: Seit den 50er Jahren setzte sich die afroamerikan. Bevölkerung der USA verstärkt für die Gleichberechtigung und gegen ihre gesellschaftliche Benachteiligung ein. Insbes. die NAACP (National Association for Advancement of Colored People) bemühte sich auf verschiedenen Ebenen um die Aufhebung der Rassentrennung.

Urteile des Obersten Gerichtshofs: Ein wegweisender Erfolg war die Entscheidung des Obersten Gerichtshofs im Fall »Brown gegen Schulbehörde von Topeka« im Jahr 1954. Die Bundesrichter erklärten die Rassentrennung in Schulen für verfassungswidrig und entzogen der bis dahin verfolgten Doktrin »Separate but equal« die gesetzliche Grundlage. In weiteren Entscheidungen 1955/56 forderte der Oberste Gerichtshof die zügige Umsetzung der neuen Bestimmungen und wies alle lokalen Behörden und Institutionen an, die Rassentrennung (z. B. beim öffentlichen Personentransport) aufzuheben.

Widerstand der Südstaaten: Besonders in den Südstaaten mussten diese Bestimmungen von der Bundesregierung immer wieder gewaltsam durchgesetzt werden. So z. B. 1957, als Einheiten der Nationalgarde auf Befehl des Gouverneurs von Arkansas schwarze Schüler am Betreten der High School von Little Rock hinderten, und 1962, als es auf dem Campus der Universität Mississippi zu Rassenunruhen kam, nachdem einer Afroamerikanerin die Immatrikulation verweigert worden war.

Neue Formen des Protests: Die »Southern Christian Leadership Conference« unterstützte unter Führung von Martin Luther King die Umsetzung der Gesetze durch Boykotte, Sit-ins und Demonstrationen und verfolgte dabei das Prinzip der unbedingten Gewaltlosigkeit. So boykottierten schwarze US-Bürger unter der Führung Martin Luther Kings 1955/56 381 Tage lang erfolgreich den öffentlichen Personenverkehr in Montgomery (Alabama).

Gleichstellung: Als erster Präsident bemühte sich John F. Kennedy um die Verabschiedung eines Bürgerrechtsgesetzes zur Gleichstellung der Schwarzen. Durch den 1964 von ihm eingebrachten »Civil Rights Act« und das Wahlrechtsgesetz von 1965 wurde die Rassentrennung in allen öffentlichen Einrichtungen aufgehoben und die Durchsetzung des Wahlrechts für Schwarze sichergestellt. Obwohl damit die rechtliche Gleichstellung vollzogen war, ist es bis heute nicht gelungen, die gesellschaftliche Benachteiligung der Afroamerikaner aufzuheben. So lebten 1995 rund 30% der Afroamerikaner unterhalb der gesetzlich festgelegten Armutsgrenze gegenüber 11% der weißen Bevölkerung. (Foto oben: Bürgerrechtler und Baptistenpfarrer Martin Luther King; links: Zeitschriftentitel über das Ende der Rassentrennung im Bildungswesen, 1954)

Nixon in China: Der Besuch des US-Präsidenten in der VR China vom 21.–28.2.1972 beendete die 20-jährige erbitterte Feindschaft zwischen den USA und der asiat. Großmacht. Er war Ergebnis umfangreicher diplomatischer Bemühungen und führte nicht nur zum Aufbau von Handelsbeziehungen zwischen der VR China und den USA, sondern auch zur Verringerung des Einflusses der UdSSR auf dem asiat. Festland. (Foto: Nixon auf der Chines. Mauer nahe Peking)

scher Waffen (von den USA, der UdSSR und weiteren 71 Staaten ratifiziert). Ab November 1972 setzten die Großmächte ihre Gespräche zur Begrenzung strategischer Waffen (SALT II) fort. Im Rahmen eines Gipfeltreffens im Juni 1973 unterzeichneten Nixon und der sowjet. Regierungschef Leonid Breschnew das Abkommen zur Verhinderung eines Atomkriegs. Wesentlicher Anstoß für die Entspannung des Verhältnisses zur VR China war Nixons China-Besuch im Februar 1972. Gerald R. Ford (1974–77) führte mit Hilfe seines Außenministers Kissinger die Entspannungspolitik Nixons fort. Fords Nachfolger James (»Jimmy«) E. Carter (1977–81) setzte sich mit diplomatischen Mitteln für die Einhaltung der Menschenrechte (u. a. gegenüber Südkorea, Iran, Südafrika) ein. 1977 wurde ein Abkommen mit Panama geschlossen, durch welches die Kontrolle über den Panamakanal ab dem 1.1.2000 an Panama überging. Im Januar 1979 erfolgte die Aufnahme diplomatischer Beziehungen zur VR China.

Außenpolitische Krisen: Infolge der pro-israel. Haltung kam es im Verlauf des Israel.-Arab. Kriegs (»Yom-Kippur-Krieg«) im Oktober 1973 zu einer Verschlechterung der Beziehungen zur UdSSR. 1978 legte die erfolgreiche Vermittlung Carters zwischen Regierungsvertretern Israels und Ägyptens (Camp-David-Abkommen) den Grundstein für den Abschluss des israel.-ägypt. Friedensvertrags 1979. Zu einer erneuten außenpolitischen Krise führte die sowjet. Invasion in Afghanistan. Aus Protest verhängten die USA im Januar 1979 Wirtschaftssanktionen und lehnten die Ratifizierung des 1974 abgeschlossenen SALT-II-Abkommens ab.

Wirtschaftliche Entwicklung: An einer Entspannung des Ost-West-Konflikts waren die USA auch aufgrund der anhaltenden Wirtschaftskrise (u. a. hervorgerufen durch die hohen Kosten des Vietnamkriegs) interessiert. Auf Inflation, stagnierendes Wirtschaftswachstum und steigende Handelsbilanzdefizite reagierte Nixon mit verschiedenen Sparprogrammen sowie zeitweiligen Lohn- und Preisstopps. Diese Maßnahmen führten kurzfristig zu einem Konjunkturanstieg und sicherten Nixons Wiederwahl 1972. Bereits Mitte der 70er Jahre hatten Konjunkturrückgang und hohe Preisanstiege (»Stagflation«) eine Verschärfung der Rezession und einen Anstieg der Arbeitslosenquote auf bis zu 10% zur Folge. 1973/74 bewirkte die Vervierfachung der Ölpreise infolge des Erdölembargos der OPEC (Organization of Petroleum Exporting Countries) eine zusätzliche Vertiefung der Krise. Bis zum Ende der 70er Jahre erreichten Inflationsrate, Zinssätze und Haushaltsdefizit Höchststände.

Vietnamsyndrom und »Watergate«: Bereits der Ausgang des Vietnamkriegs, die hohe Zahl an Gefallenen (ca. 58 000) und die seit 1969 schleppend verlaufenden Waffenstillstandsverhandlungen hatten zu einem Vertrauensverlust der US-Bevölkerung in die Regierung geführt (»Vietnamsyndrom«). Die innenpolitische Krise eskalierte, als Nixon 1970 eine militärische Intervention in Kambodscha anordnete und dadurch Streiks an über 500 Universitäten hervorrief, in deren Verlauf vier Studenten von Nationalgardisten erschossen wurden.

Stichwort: Das politische System der USA

Der Kongress: Wichtigste Funktion der beiden Kammern des Kongresses (Repräsentantenhaus und Senat) ist die Gesetzgebung (Judikative). Daneben bedarf der Abschluss von Verträgen und die Ernennung von Botschaftern, Bundesrichtern und Mitgliedern der Exekutive der Zustimmung einer Mehrheit des Senats. Zu den Kompetenzen des Kongresses gehört auch die Möglichkeit der Einleitung eines Amtsenthebungsverfahrens (impeachment) gegen Amtsinhaber des Bundes (auch gegen den Präsidenten) in Fällen von Amtsmissbrauch. Eine Verurteilung bedarf einer Zweidrittelmehrheit des Senats. Repräsentanten werden für eine Dauer von zwei Jahren, Senatoren für sechs Jahre gewählt, wobei jeweils alle zwei Jahre ein Drittel des Senats neu gewählt wird.

Der Präsident: In einem von den Kongresswahlen getrennten, direkten Wahlverfahren wird der Präsident (unabhängig von der Parteienmehrheit im Kongress) für eine Dauer von vier Jahren gewählt (max. Amtszeit: acht Jahre). Er ist Oberbefehlshaber der Streitkräfte und zuständig für die Umsetzung von Gesetzen. Als oberstes Organ der Exekutive schlägt er dem Kongress politische Maßnahmen vor und besitzt ein eingeschränktes Vetorecht gegenüber allen Gesetzesinitiativen des Kongresses, das vom Kongress allerdings mit einer Zweidrittelmehrheit überwunden werden kann.

Der Oberste Gerichtshof: Der amerikan. »Supreme Court« ist das oberste Organ der Judikative und nach der Verfassung von 1788 die einzige Instanz der richterlichen Gewalt. Seine Hauptfunktion ist die eines Berufungsgerichts in Fällen, in denen es um die Auslegung der Verfassung, der Bundesgesetze oder von Verträgen geht. Die Mitglieder des Obersten Gerichtshofs sind keine Vertreter politischer Parteien und werden vom Präsidenten mit Zustimmung des Senats auf Lebenszeit ernannt.

Ihren Höhepunkt erreichte die politische Vertrauenskrise mit der Aufdeckung des sog. »Watergate«-Skandals. Nach Nixons Wiederwahl im Januar 1973 häuften sich Verdachtsmomente über die Verwicklung hoher Regierungsbeamter in illegale Machenschaften, u. a. die Installation von Abhöranlagen und Einbruchsversuche im Watergate-Gebäudekomplex (Wahlkampfhauptquartier der Demokraten). Im Verlauf der vom Senat angeordneten Ermittlungen wurde »Watergate« zum Synonym für eine Reihe illegaler Handlungen (z. B. Steuerhinterziehung, Bestechlichkeit) von Regierungsmitgliedern, darunter der Vizepräsident Spiro T. Agnew und Nixon selbst. Der Einleitung eines Amtsenthebungsverfahrens kam Nixon durch die Ankündigung seines Rücktritts am 9.8.1974 zuvor. Als erster nicht gewählter Präsident der US-Geschichte wurde am gleichen Tag Gerald R. Ford (1974–77) vom Senat zu Nixons Nachfolger bestimmt. Folge des »Watergate«-Skandals war die Beschneidung der vielfältigen Sondervollmachten des Präsidenten durch den »National Emergencies Act« (1976).

Geiselnahme in Teheran: Weder Ford noch seinem Nachfolger Carter gelang die Bewältigung der politischen Vertrauenskrise. Vielmehr verstärkte sich diese noch durch den unglücklichen Verlauf der Geiselnahme von 53 Botschaftsangehörigen der US-Vertretung in Teheran durch iran. Revolutionäre im November 1979. Erst im Januar 1981 kamen die Geiseln wieder frei. Die Erfolglosigkeit der verschiedenen Befreiungsmaßnahmen wurde von der Öffentlichkeit vor allem Carter angelastet und führte u. a. 1981 zum Wahlsieg der Republikaner unter Ronald W. Reagan.

Letzte Phase des Kalten Kriegs

Neuer außenpolitischer Kurs: In seiner Außenpolitik verließ Ronald W. Reagan (1981–89) den Entspannungskurs seiner Vorgänger, was vor allem im Verlauf seiner ersten Amtsperiode (1981–85) zu einer drastischen Verschlechterung der US-sowjet. Beziehungen führte. Die Entsendung von US-Truppen in den Libanon provozierte 1983 ein Attentat durch libanes. Terroristen, dem 260 US-Soldaten zum Opfer fielen. Um dem wachsenden Einfluss Kubas auf Grenada vorzubeugen, ordnete Reagan im Oktober 1983 nach politischen Unruhen auf der Karibikinsel eine Militäraktion auf Grenada an, die in der US-Bevölkerung auf breite Zustimmung stieß, international dagegen Proteste hervorrief. Die auf Intervention und Kontrolle gerichtete Südamerikapolitik Reagans zeigte sich 1983 auch in der Unterstützung der Regierungstruppen in El Salvador und der Contras in Nicaragua, deren Kampf gegen die linksgerichtete Regierung aber trotz US-Militärhilfen erfolglos blieb. Gleichzeitig erhöhte Reagan die Rüstungsausgaben der USA und rief 1983 die Strategische Verteidigungsinitiative SDI (Strategic Defense Initiative) ins Leben. Als Vergeltungsmaßnahme für Übergriffe auf US-Bürger

Medien und öffentliche Meinung

»Fernsehland« USA: In 98% der US-Haushalte befindet sich mindestens ein Fernsehgerät. 1990 lag die tägliche Einschaltzeit bei über sieben Stunden. Marktführer im Programmbereich sind die Network-Gesellschaften ABC, CBS, NBC, FOX und PBS. Die Bedeutung des Fernsehens für die US-amerikan. Gesellschaft ergibt sich nicht nur aus der Verbreitung und Nutzung des umfassenden Angebots der über 1500 Fernsehstationen und 9000 Kabel-TV-Sendern, sondern auch aus der Rolle, die dem Fernsehen als Informationsquelle zukommt.

Stellung der Medien: Die US-Verfassung sichert den Medien (Presse, Radio, Fernsehen) weit reichende Pressefreiheit. Bereits 1919 betonte der Oberste Gerichtshof in einer Grundsatzentscheidung die Bedeutung der Presse innerhalb eines demokratischen Staates. Ausdruck ist u. a. der »Freedom of Information Act« (1966), welcher der Bevölkerung und insbes. Journalisten den freien Zugang zu Akten und Dokumenten der Bundesverwaltung zusichert.

Medien und Politik: Aufgrund der Verbreitung und Stellung der Medien spielen diese auch eine wichtige Rolle bei politischen Entscheidungen. Dies zeigt sich in einer umfangreichen Öffentlichkeitsarbeit der politisch Verantwortlichen sowie im Rahmen der Wahlkämpfe, die heute zu einem Großteil im Fernsehen stattfinden. Eine positive Medienpräsenz ist daher von großer Bedeutung für den politischen Erfolg. Insbes. US-Präsidenten bzw. Präsidentschaftskandidaten beschäftigen heutzutage sog. Political Consultants, welche alle Medienauftritte nach werbestrategischen Gesichtspunkten planen. (Foto oben: Präsident Clinton auf dem Parteitag der Demokraten 1996; unten: Ex-Footballstar O. J. Simpson bei seinem im Fernsehen live übertragenen Mordprozess 1994)

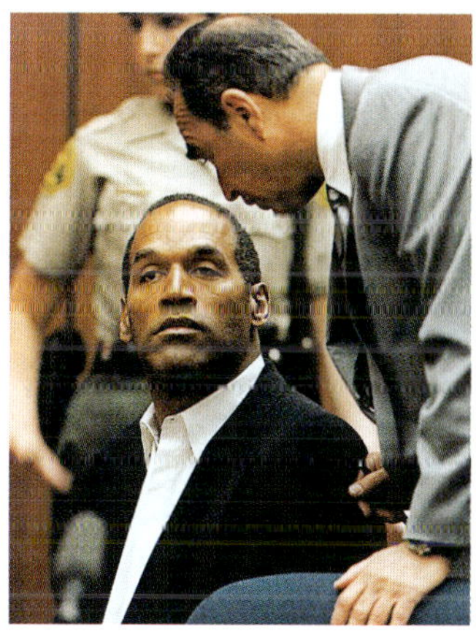

Die US-amerikanischen Präsidenten nach dem Zweiten Weltkrieg

Harry S. Truman, DP (1945–53)
Truman ordnete 1945 gegen Ende des Pazifikkriegs den Abwurf der beiden US-amerikan. Atombomben auf die japan. Städte Hiroshima und Nagasaki an. Seine Nachkriegspolitik des Containment (Eindämmung der Expansionsbestrebungen der kommunistischen Staaten) prägte die erste Phase des Kalten Kriegs. Die Wirtschaftshilfen der USA im Rahmen des Marshallplans trugen maßgeblich zum europäischen Wiederaufbau nach dem Ende des Zweiten Weltkriegs bei.

Dwight D. Eisenhower, RP (1953–61)
Der gefeierte Weltkriegsgeneral Eisenhower nahm 1945 die deutsche Kapitulation entgegen. Als Präsident setzte sich der gemäßigte Republikaner im Zuge des Koreakriegs für die aktive Zurückdrängung des Kommunismus (u. a. im Nahen Osten nach dem Ende des Suezkrieges 1956) ein. Auf innenpolitischer Ebene bemühte er sich um verschiedene Reformen zur Förderung der Rassenintegration sowie der Umgestaltung der sozialen Systeme und des Bildungswesens.

John F. Kennedy, DP (1961–63)
Mit dem Amtsantrit des 43-jährigen Kennedy verknüpften viele US-Amerikaner die Hoffnung auf einen »Aufbruch in eine bessere Zukunft«. Nach der Beendigung der Kuba-Raketenkrise (1962) setzte sich Kennedy, der erste Katholik im Weißen Haus, für Entspannung ein. In der Innenpolitik lieferte er maßgebliche Anstöße für eine neue Sozialgesetzgebung und die Aufhebung der Rassentrennung. Nach Kennedys Ermordung am 22.11.1963 trat Vizepräsident Johnson die Nachfolge an.

Lyndon B. Johnson, DP (1963–69)
Der Vietnamkrieg (58 000 gefallene US-Soldaten) und seine Folgen prägten die Amtszeit des Texaners Johnson. Zusammen mit dem Verteidigungsminister Robert McNamara befürwortete er die weitere Entsendung von Truppen nach Vietnam, sodass der Konflikt Mitte der 60er Jahre eskalierte. Unter dem Schlagwort »Great Society« setzte sich der konservative Demokrat auf innenpolitischer Ebene für den Kampf gegen die Armut und für umfangreiche soziale Reformen ein.

Richard M. Nixon, RP (1969–74)
Der Kalifornier Nixon erreichte 1973 mit Hilfe seines umtriebigen Sonderberaters Henry Kissinger den Waffenstillstand mit Vietnam. Er besuchte als erster US-Präsident die kommunistischen Großmächte UdSSR und VR China. Im Rahmen der Abrüstungsverhandlungen mit der Sowjetunion (1972 SALT-Vertrag) entspannte sich der Ost-West-Konflikt. Nach Aufdeckung der »Watergate«-Abhöraffäre trat Nixon 1974 zurück, sein Nachfolger wurde Vizepräsident Gerald Ford.

Gerald R. Ford, RP (1974–77)
Mit Außenminister Henry Kissinger führte Ford die außenpolitische Entspannungslinie Nixons weiter. Ford galt als Vertreter gemäßigter sozialer und politischer Reformen; bestimmend für seine Amtszeit war die Vertrauenskrise infolge der »Watergate«-Affäre und der hohen Verluste im Vietnamkrieg. Ford erließ eine Amnestie für Vietnam-Deserteure und warb für neues Vertrauen in das demokratische System der USA. Bei der Präsidentschaftswahl 1976 unterlag er knapp Jimmy Carter.

James E. Carter, DP (1977–81)
Carter, zuvor Laienprediger und Erdnussfarmer aus dem Südstaat Georgia, versuchte während seiner Amtszeit als Präsident moralische Akzente zu vermitteln. In der Außenpolitik setzte er sich für Menschenrechte, die Lösung des Nahostkonflikts und die Ausweitung der Abrüstungsbemühungen ein. Desaströs endete 1979 der Befreiungsversuch US-amerikan. Geiseln im Iran. Innenpolitische Aufgaben waren die Lösung der Krise der US-Wirtschaft und der Kampf gegen Arbeitslosigkeit.

Ronald W. Reagan, RP (1981–89)
Der ehemalige Hollywood-Schauspieler Reagan gab den US-Amerikanern nach den krisenhaften 70er Jahren neues Selbstbewusstsein. Nachdem es in seiner ersten Amtsperiode zur Verschärfung des Ost-West-Konflikts gekommen war, rückten ab Mitte der 80er Jahre entspannungspolitische Maßnahmen in den Mittelpunkt. Mit seiner unternehmerfreundlichen Wirtschaftspolitik (Reaganomics) bei Senkung der Sozialausgaben versuchte er erfolglos, die Wirtschaftskrise zu überwinden.

George H. W. Bush, RP (1989–93)
Der gemäßigte Konservative Bush hatte eine lange diplomatische Karriere vorzuweisen, als er ins Weiße Haus gewählt wurde. Im Mittelpunkt seiner Amtszeit standen die politischen Umwälzungen in Europa infolge der Reformbemühungen im Ostblock bzw. der Auflösung der UdSSR. Nach dem Überfall des Irak auf Kuwait (1990) setzte sich Bush im Rahmen des Golfkriegs (1991) erfolgreich für die Verwirklichung der UN-Resolutionen gegen den Irak ein.

William J. Clinton, DP (1993–2001)
Der frühere Gouverneur von Arkansas brachte die Demokraten 1993 nach zwölf Jahren zurück ins Weiße Haus. Clintons außenpolitische Bemühungen richteten sich auf die Osterweiterung der NATO sowie auf die Konfliktvermittlung in Nahost und in Bosnien-Herzegowina. Er überstand mehrere innenpolitische Skandale (u. a. Lewinsky-Affäre) und sorgte mit seiner erfolgreichen Wirtschaftspolitik für den längsten Aufschwung der US-amerikan. Nachkriegsgeschichte.

in Libyen ordnete Reagan im April 1986 Luftangriffe gegen Libyen an. Sein Amtsnachfolger George Bush (1989–93) führte zunächst die außenpolitische Linie Reagans fort. Zur Sicherung der Kontrolle über den Panamakanal besetzten im Dezember 1989 über 24 000 US-Soldaten Panama und stürzten das Regime unter Manuel A. Noriega. Die Wiedervereinigung Deutschlands 1990 wurde von der US-Regierung durch finanzielle Mittel und auf diplomatischer Ebene maßgeblich unterstützt. Mit Zustimmung des bereits gewählten Präsidenten Bill Clinton (seit 1993) beteiligten sich ab Dezember 1992 ca. 20 000 US-Soldaten am UN-Friedenseinsatz in Somalia.

Abrüstung: Die Entspannung des Ost-West-Konflikts im Verlauf von Reagans zweiter Amtsperiode (bis 1989) ging überwiegend auf das Engagement des sowjet. Regierungschefs Michail Gorbatschow zurück. Den Gipfeltreffen und Abrüstungsverhandlungen der Großmächte (1985/86) folgte 1987 die Unterzeichnung des INF-Vertrags (Intermediate-Range Nuclear Forces) über den vollständigen Abbau der nuklearen Mittelstreckenwaffen. Im Rahmen mehrerer Gipfeltreffen (1989/90) konnten unter Präsident George Bush die Abrüstungsverhandlungen erfolgreich weitergeführt werden. Im November 1990 erfolgte der Abschluss des KSE-Vertrags über die Abrüstung in Europa. Die Verabschiedung der »Pariser Charta für ein neues Europa« am 21.11.1990 im Rahmen eines Sondergipfels der KSZE markierte das Ende des Kalten Kriegs. Nach dem Zerfall der Sowjetunion im Dezember 1991 und der Auflösung des Warschauer Pakts erkannten die USA fast alle ehemaligen Teilrepubliken der UdSSR an und setzten ihre Abrüstungsverhandlungen mit Russland bzw. der Gemeinschaft Unabhängiger Staaten (GUS) fort. Mit dem Abschluss des START-Vertrags (Strategic Arms Reduction Talks) 1993 verpflichteten sich beide Großmächte, ihren Bestand an strategischen Nuklearwaffen um rund ein Drittel zu reduzieren.

Golfkrieg: Nachdem die Vereinten Nationen den Einmarsch irak. Truppen in Kuwait am 1.8.1990 verurteilt hatten, drängten die USA auf eine militärische Intervention, nicht zuletzt, um ihre Interessen im Pers. Golf (Zugang zu den reichen Erdölvorkommen) zu verteidigen. Mit Zustimmung der UNO beteiligten sich 500 000 US-Soldaten sowie Streitkräfte mehrerer NATO-Staaten am Krieg gegen den Irak (18.1.–28.2.1991, »Operation Wüstensturm«). Ausrüstung und militärische Stärke der US-Armee führten nach kurzer Zeit zum Sieg über den Irak, dessen Infrastruktur durch den Krieg fast völlig zerstört wurde. Der US-Einsatz verdeutlichte angesichts der Auflösung der Sowjetunion auch die militärische Vormachtstellung der USA.

Reagan-Ära: Der frühere Schauspieler Ronald Reagan löste als Präsident in den 80er Jahren einen konservativen Aufbruch in den USA aus: Freies Unternehmertum, religiöses Sendungsbewusstsein, Achtung der Familie und ungehemmter Patriotismus begeisterten die US-Amerikaner nach den krisenhaften Erfahrungen der 70er Jahre mit »Watergate«-Skandal und Vietnamkriegs-Trauma.

Innenpolitische Entwicklung: Der anhaltenden Wirtschaftskrise setzte Reagan ein angebotsorientiertes Wirtschaftsprogramm (»Reaganomics«) entgegen, dem der Kongress im Mai 1981 (zwei Monate nach einem Attentat auf Reagan) zustimmte. Es beinhaltete massive Steuersenkungen (finanziert durch Kürzungen im Sozial- und Bildungswesen) sowie den Abbau von Umwelt- und Arbeitsschutzbestimmungen und von Wettbewerbsbeschränkungen. Die Maßnahmen führten bis zur Wiederwahl Reagans 1984 zu einer sinkenden Inflationsrate, in der Folge aber auch zu einem Anwachsen des Handelsbilanzdefizits von 24,3 Mrd US-Dollar (1980) auf 132 Mrd (1985) sowie zu einem rasanten Anstieg des Haushaltsdefizits von 78,8 Mrd US-Dollar (1980) auf 221 Mrd US-Dollar (1986). Trotz der angespannten Wirtschaftslage erhöhte Reagan bis 1987 die Verteidigungsausgaben auf 282 Mrd US-Dollar (1980: 134 Mrd US-Dollar). Ihren Höhepunkt erreichte die wirtschaftliche Krise 1987, als die New Yorker Börse am sog. Schwarzen Montag schwerere Kursabfälle als beim legendären Börsenkrach 1929 zu verzeichnen hatte. Die dennoch ungebrochene Popularität Reagans sank 1987 vorübergehend nach der Aufdeckung der sog. Iran-Contra-Affäre (geheime Waffenlieferungen der USA an den Iran zur finanziellen Unterstützung der Contras in Nicaragua).

Bei den Präsidentschaftswahlen 1988 konnte die Republikanische Partei unter George Bush ihre politische Vormachtstellung behaupten. Bei Amtsantritt stand Bush vor einem nahezu

Wirtschaftsmacht USA – Motor der Weltkonjunktur

Stellung im Welthandel: Die USA erwirtschaften rund ein Viertel des Weltsozialprodukts und nehmen hinsichtlich der weltweiten Importe und Exporte von Gütern eine Spitzenposition ein. Aus dieser Vormachtstellung ergibt sich nicht zuletzt auch eine große Abhängigkeit der Handelspartner, während die US-amerikan. Wirtschaft selbst binnenorientiert ist. Um das seit den 80er Jahren bestehende Außenhandelsdefizit abzubauen, wurde mit Kanada und Mexiko 1993 ein Freihandelsabkommen (NAFTA) abgeschlossen.

Exporte: Das jährliche Export-Gesamtvolumen der USA beträgt rund 663 Billionen US-Dollar (1998). Wichtigste Exportartikel sind neben Investitions- und Industriegütern insbes. Fahrzeuge, Flugzeuge, Rohstoffe und Landwirtschaftsprodukte (Mais, Weizen, Soja, Fleisch). Mit einem Anteil von rund 22% ist Kanada 1997 wichtigster Exportpartner, gefolgt von Westeuropa (21%), Japan (10%) und Mexiko (19%).

Importe: Das jährliche Importvolumen liegt bei rund 912 Billionen US-Dollar (1998). Auch beim Import ist Kanada mit einem Anteil von 19% bedeutendster Außenhandelspartner, vor Westeuropa (18%), Japan (14%), Mexiko (10%) und China (7%). Trotz umfangreicher natürlicher Ressourcen an Energieträgern zählen Rohstoffe (Erdöl, Petroleum) aufgrund des hohen Energieverbrauchs der US-amerikan. Wirtschaft zu den wichtigsten Importgütern. (Foto: Flugzeugherstellung bei Boeing in Seattle)

insolventen Banken- und Kreditsystem sowie großen Haushalts- und Handelsdefiziten. Entgegen seinem Wahlversprechen erhöhte Bush mit Zustimmung des Kongresses die Steuern, konnte aber letztlich das Anhalten der Rezession und Anwachsen des jährlichen Haushaltsdefizits nicht verhindern. Die Zahl der unter der offiziellen Armutsgrenze lebenden US-Amerikaner stieg weiterhin an. Soziale Missstände führten 1992 zum Ausbruch von Rassenunruhen in Los Angeles, in deren Verlauf 58 Menschen ums Leben kamen. Als erster Demokrat seit 1976 gewann Bill Clinton 1992 die Präsidentschaftswahlen.

Alleinige Supermacht USA

Außenpolitische Linie unter Bill Clinton: Der seit 1993 amtierende Präsident Bill Clinton setzte im Wesentlichen die außenpolitische Linie seiner republikanischen Vorgänger fort und engagierte sich u. a. im Bereich der Atomteststopp-Abkommen. Im Rahmen seiner Asienpolitik bemühte sich Clinton um eine Verbesserung des Verhältnisses zu Nordkorea und erzielte im Oktober 1994 eine Einigung über die internationale Kontrolle nordkorean. Atomanlagen. Im Juli 1995 gab Clinton die Aufnahme voller diplomatischer Beziehungen zu Vietnam bekannt, nachdem bereits im Februar 1994 das seit 1964 bestehende Handelsembargo gegen Vietnam aufgehoben worden war. Zur Sicherung US-amerikan. Interessen in Südamerika und im Nahen Osten verabschiedete die Regierung im März 1996 Gesetze zur Verschärfung des Handelsembargos gegen Kuba, den Iran und Libyen. Clinton setzte sich für eine militärische Einbindung der ehemaligen Warschauer-Pakt-Staaten in Mittel- und Osteuropa ein und befürwortete den Beitritt Polens, Ungarns und Tschechiens zur NATO 1999.

Clintons Außenpolitik ist daneben durch einen verstärkten diplomatischen Einsatz für Demokratie und Menschenrechte gekennzeichnet. Die US-Regierung beteiligte sich 1993–95 erfolgreich an den Friedensvermittlungen zwischen Israel und der PLO bzw. Jordanien. 1993–95 war Clinton im Rahmen des Bosnienkonflikts wesentlich an der Ausarbeitung des Abkommens von Dayton und dessen Unterzeichnung im November 1995 beteiligt.

Interventionen und Friedenseinsätze: Auch nach dem Ende des Ost-West-Konflikts bemühten sich die USA um die Erhaltung ihrer politischen Einflusssphäre zur Sicherung wirtschaftlicher Interessen. So intervenierte die Regierung 1994/95 in Haiti, um die Wiedereinsetzung des demokratisch gewählten Präsidenten zu erreichen. Der Entsendung von US-Truppen im Rahmen von UN-Friedenseinsätzen (z. B. im Verlauf der Bosnienkrise) stand insbes. der Kongress immer wieder kritisch gegenüber. Nach dem Scheitern des UN-Einsatzes in Somalia ordnete Clinton im März 1994 den Abzug der US-Truppen an und knüpfte die künftige Teilnahme der USA an UN-Friedensmissionen an bestimmte Bedingungen (u. a. klare Zieldefinition, zeitliche Begrenzung, realistische Erfolgsaussichten, innenpolitischer Rückhalt bezüglich des Einsatzes). Nachdem Kongress und Regierung einem militärischen Eingriff im Rahmen der Kosovokrise 1995/96 zunächst ablehnend gegenübergestanden hatten, stimmten sie schließlich der NATO-Militäraktion zu, die vom 24.3. bis zum 3.6.1996 unter Führung der US-Streitkräfte und von diplomatischen Bemühungen begleitet durchgeführt wurde.

Staatsoberhäupter der USA

Reg.-Zeit	*Name (Partei)*	*Lebensdaten*	*Reg.-Zeit*	*Name (Partei)*	*Lebensdaten*
1897–1901	William McKinley (RP)	1843–1901	1953–61	Dwight D. Eisenhower (RP)	1890–1969
1901–09	Theodore Roosevelt (RP)	1858–1919	1961–63	John F. Kennedy (DP)	1917–1963
1909–13	William H. Taft (RP)	1857–1930	1963–69	Lyndon B. Johnson (DP)	1908–1973
1913–21	Woodrow Wilson (DP)	1856–1924	1969–74	Richard M. Nixon (RP)	1913–1994
1921–23	Warren G. Harding (RP)	1865–1923	1974–77	Gerald R. Ford (RP)	*1913
1923–29	Calvin Coolidge (RP)	1872–1933	1977–81	James E. Carter (DP)	*1924
1929–33	Herbert C. Hoover (RP)	1874–1964	1981–89	Ronald Reagan (RP)	*1911
1933–45	Franklin D. Roosevelt (DP)	1882–1945	1989–93	George Bush (RP)	*1924
1945–53	Harry S. Truman (DP)	1884–1972	seit 1993	Bill Clinton (DP)	*1946

Oben: US-Präsident Bill Clinton (l.) mit seinem Nachfolgekandidaten, Vizepräsident Al Gore. Unten: George Bush jr. (l.), Sohn des früheren US-Präsidenten Bush (r.) und Kandidat der Republikaner bei den Präsidentschaftswahlen 2000.

Reformversuche und Aufschwung: In seinen ersten Amtsmonaten brachte Clinton verschiedene Gesetzesinitiativen ein (z. B. für den Zugang Homosexueller zu den Streitkräften und die Liberalisierung der Abtreibungsbestimmungen), scheiterte aber am Widerstand des Kongresses und des Verteidigungsministeriums. Der Kongress stellte sich 1994 auch gegen die von Clinton angestrebte Reform des Gesundheitswesens (unter Federführung von Hillary R. Clinton, Vorsitzende des Sonderausschusses zur Reform der Krankenversicherung und des Gesundheitswesens). Höhepunkt der Differenzen zwischen Kongress und Präsident war ein Streit um Pläne zur Beseitigung des Haushaltsdefizits, der 1995/96 zur zweitweiligen Zahlungsunfähigkeit der Regierung führte. Bei den Kongresswahlen 1994 konnte die Republikanische Partei ihre Mehrheit in beiden Kammern behaupten und setzte 1996 verschiedene Gesetze zum Abbau sozialstaatlicher Leistungen (u. a. im Landwirtschaftssektor) sowie zur Liberalisierung des Medienmarktes (Telecommunications Act) durch. Nach seiner Wiederwahl am 5.11.1996 bezeichnete Clinton die Bekämpfung des Haushaltsdefizits, die Reform des Gesundheitswesens sowie der Wahlkampffinanzierung als wichtigste innenpolitische Aufgaben. Die Durchsetzung dieser Forderungen war durch ein Amtsenthebungsverfahren (impeachment) belastet, dem sich Clinton ab Dezember 1998 wegen eines publik gewordenen Verhältnisses (Lewinsky-Affäre) unterziehen musste und das im Februar 1999 mit einem Freispruch endete. Größter innenpolitischer Erfolg Clintons ist der wirtschaftliche Aufschwung, der sich seit 1992 in einem Rückgang der Rezession, steigenden Aktienkursen und einer Verringerung des Haushaltsdefizits zeigt. Clinton unterstützte diese Entwicklung 1993 durch den Abschluss eines Freihandelsabkommens mit Kanada und Mexiko (North American Free Trade Association, NAFTA). *I. S.*

Usbekistan 2000	
Landesfläche	447 400 km² (WR 55)
Einwohner	23,9 Mio (WR 39)
Hauptstadt	Taschkent (2,2 Mio Einwohner)
Sprachen	Usbekisch, Russisch
Währung	Usbekistan-Sum (U.S.)
Gliederung	12 Provinzen, 1 autonome Republik
Staatsform	Republik (seit 1991)
Religion	Moslems (88%); Russisch-Orthodoxe (9%); Sonstige (3%)
Bevölkerung	Usbeken (73,7%); Russen (5,5); Tadschiken (5,1%); Kasachen (4,2%); Tataren (2%); Sonstige (9,5%)

Usbekistan im 20. Jahrhundert	
1916	Aufstand gegen die russ. Herrschaft.
1917	Gründung der Autonomen Republik Turkestan in Kokand durch türk.-islamische Intellektuelle.
1918	Gründung der Autonomen Sowjetrepublik Turkestan in Taschkent.
	Beginn des Partisanenkriegs der »Basmatschi«.
1920	Umwandlung der Khanate Chiwa und Buchara in Volksrepubliken.
1922	Höhepunkt des Guerillakriegs der Basmatschi unter Enver Pascha.
1924	Auflösung der Autonomen Sowjetrepublik Turkestan und der Volksrepubliken Chiwa und Buchara; Gründung der Usbek. Sowjetrepublik.
1925	Beitritt der Usbek. Sowjetrepublik zur UdSSR.
1930	Verlegung der Hauptstadt von Samarkand nach Taschkent.
1936	Karakalpakistan wird von Russland an Usbekistan übertragen.
1959	Scharaf Raschidow (bis 1982) wird Erster Sekretär der usbek. KP; Beginn des usbek. Regionalismus und der Clan-Wirtschaft
1986	Michail Gorbatschows Antikorruptionskampagne löst antiruss. Bewegung aus.
1988	Gründung erster Oppositionsgruppen gegen die sowjet. Herrschaft.
1989	Islam Karimow wird zum Ersten Sekretär der usbek. KP ernannt.
	Usbekisch wird Amtssprache.
	Nationalistische Ausschreitungen gegen Mescheten.
1991	Der Oberste Sowjet erklärt Usbekistan für unabhängig.
	Kommunistische Partei wird als Demokratische Volkspartei reorganisiert.
	Beitritt zur Gemeinschaft Unabhängiger Staaten: Usbekistan wird unabhängig.
	Parlamentswahlen bringen eine klare kommunistische Mehrheit.
	Islam Karimow wird mit 86% der Stimmen zum Staatspräsidenten gewählt.
1992	Freundschafts- und Kooperationsvertrag mit Russland.
	Beitritt zur Organisation für Wirtschaftliche Zusammenarbeit (ECO) der islamischen Staaten des Mittleren Ostens.
	Neue Verfassung verabschiedet; Verbot von Oppositionsparteien.
1993	Usbek. Truppen kommen im Rahmen der GUS in Tadschikistan zum Einsatz.
1994	Usbekistan tritt der »Partnerschaft für den Frieden« der NATO bei.
	Bei den Wahlen zum neuen Parlament siegen (Neo-)Kommunisten.
1995	Die Amtszeit von Präsident Karimow wird durch ein Referendum verlängert.
	Gründung fundamentalistischer islamischer Sekten (»Wahhabiten«).
1996	»Zentralasiat. Wirtschaftsunion« mit Kasachstan und Kirgistan.
1997	Erweiterung »Zentralasiat. Wirtschaftsunion« um einen gegenseitigen politischen und militärischen Beistandspakt.
	Erste Bombenanschläge und Überfälle durch islamische Fundamentalisten.
1999	Bombenanschlag auf Staatspräsident Karimow, bei dem 16 Menschen sterben, der Präsident aber unverletzt bleibt.
	Bei den Parlamentswahlen gewinnt das Regierungslager um Karimow.
2000	Präsident Karimow wird bei der Wahl im Amt bestätigt.

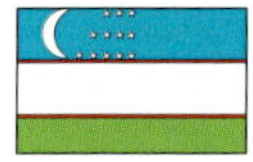

Usbekistan

Republik Usbekistan

Im 14. Jh. wurde den türk.-mongol. Stämmen Westsibiriens der Sammelname »Usbeken« beigelegt. Bis 1510 eroberten sie ganz Zentralasien und errichteten ein mächtiges Reich, das später in mehrere rivalisierende Khanate zerfiel. Mit der russ. Eroberung Zentralasiens im 19. Jh. reduzierte sich der Machtbereich der Usbeken auf die Khanate Buchara, Chiwa und Kokand, die zu Protektoraten des Zarenreichs wurden. Chiwa und Buchara wahrten ihren Autonomiestatus bis 1920.

Anfang des 20. Jahrhunderts

Pantürkische Bewegung: Mit der Pantürk. Bewegung, die alle türk. Völker vereinen wollte, entstand um 1900 in Mittelasien erstmals eine politische Opposition gegen die russ. Herrschaft. Als die russ. Regierung im Sommer 1916 versuchte, auch Usbeken zum Militärdienst einzuziehen, brach ein Aufstand aus, der bald ganz Mittelasien erfasste.

»Unabhängige« Volksrepubliken: Nach der Februarrevolution 1917 gründeten russ. Arbeiter in Taschkent einen autonomen Arbeiterrat und in Kokand riefen fast gleichzeitig türk.-islamische Intellektuelle die autonome Republik Turkestan aus, die jedoch bereits im Februar 1918 von der Roten Armee wieder beseitigt wurde. Ein Teil der usbek. Intellektuellen verbündete sich mit den Bolschewiki und half 1920 bei der Unterwerfung der Khanate Buchara und Chiwa, die nach Vertreibung des Farsi (Persisch) sprechenden Adels in »souveräne Volkrepubliken« umgewandelt wurden.

In der Sowjetzeit

Republikgründung – Widerstand: Buchara und Chiwa wurden im Oktober 1924 zur »Usbekischen Sozialistischen Sowjetrepublik« mit der Hauptstadt (bis 1929) Samarkand vereinigt. Im Mai 1925 trat die Republik »freiwillig« der UdSSR bei. Zu diesem Zeitpunkt war jedoch der islamische Widerstand im Land noch nicht gebrochen. Um den »Basmatschi« genannten islamischen Partisanen die Basis zu entziehen, gliederten die Bolschewiki 1929 die Gebiete mit tadschik. und kirgis. Bevölkerungsmehrheit aus U. aus und wandelten sie in eigene Republiken um. Die Hauptstadt wurde 1930 nach Taschkent verlegt. Fast alle usbek. Parteifunktionäre fielen in den 30er Jahren Stalins »Säuberungen« zum Opfer.

»Kommunistisches Khanat«: Unter Nikita Chruschtschow (1953–64) wurde mit Scharaf Raschidow 1959 erstmals ein Usbeke Erster Sekretär der usbek. KP. Schon nach kurzer Zeit nahm die Herrschaft Raschidows die Züge eines »kommunistischen Khanats« an. Raschidow ließ sich in U. ganz offen als »Otachan« (»Vater der Nation«) feiern, während er die Moskauer Zentrale mit immer größeren »Erfolgsmeldungen« blendete. Bei seiner fast unumschränkten Herrschaft stützte er sich hauptsächlich auf seine Familie und seinen Clan, wobei die Kommunistische Partei den äußeren Rahmen darstellte. Ende der 70er Jahre berichteten selbst sowjet. Zeitungen immer häufiger von Unterschlagungs- und Betrugsaffären in U., in die z.T. sogar der Schwiegersohn Leonid Breschnews verwickelt war. Versuche Moskaus, den Korruptionssumpf in Taschkent trockenzulegen, wurden als unzulässige Eingriffe zurückgewiesen. Im Schatten des usbek. Clandenkens gedieh in Taschkent auch das Nationalbewusstsein. Als Raschidow 1983 auf einer Reise nach Moskau verstarb und postum der Planfälschung und Korruption beschuldigt wurde, kam in U. das Gerücht auf, er sei hingerichtet worden.

Perestroika und Nationalismus: Der Austausch führender Parteifunktionäre nach der Affäre Raschidow fand in U. wenig Zustimmung. Ebenso kritisch stand die usbek. Führungsschicht der Reformpolitik Michail Gorbatschows (1985–91) gegenüber. Im November 1988 wurde in Taschkent die nationalistische Bewegung »Birlik« (»Freiheit«) gegründet, die zunächst nur eine Aufwertung der usbek. Sprache forderte. Nach mehreren großen Demonstrationen erklärte der usbek. Oberste Sowjet im Sommer 1989 Usbekisch neben Russisch zur Amtsprache. Im selben Jahr kam es in U. zu schweren Ausschreitungen gegen die Minderheit der Mescheten; 1990 brachen im Fergana-Tal (Kirgisien) blutige Kämpfe zwischen Kirgisen und Usebeken aus, die erst durch den Einsatz von Militär beendet werden konnten.

Der Weg in die Unabhängigkeit: Als Islam Karimow im Juni 1989 zum Ersten Sekretär der usbek. KP ernannt wurde, gehörte er keineswegs zu den Anhängern der Perestroika und noch im Frühjahr 1991 sah er in der Politik Gorbatschows vor allem ein Vorgehen Moskaus gegen verdiente usbek. Politiker. Obwohl er im August 1991 deutliche Sympathien für die Moskauer Putschisten zeigte, ließ er nach dem Scheitern des Umsturzversuchs die Unabhängigkeit U.s proklamieren. Er benannte die Kommunistische Partei in »Volksdemokratischen Partei« um und strich die kommunistische Ideologie aus ihrem Programm. Mit dem Beitritt zur Gemeinschaft Unabhängiger Staaten (GUS) am 21.12.1991 wurde U. ein unabhängiger Staat.

Ökologische Krise am Aralsee

Sinkender Wasserspiegel: Der Wasserspiegel des Aralsees, der zu Beginn des 20. Jh.s noch beinahe 70 000 km² bedeckte und bis zu 67 m tief war, sinkt heute jährlich etwa 5–10 cm. Die zahlreichen Bewässerungsanlagen in Zentralasien, die die Menschen seit Jahrhunderten immer weiter ausbauten, ließen den einst viergrößten See zunehmend schrumpfen. Bereits im 19. Jh. beklagten Beobachter die »viel zu große« Wasserentnahme aus den zuführenden Flüssen wie etwa dem Amudarja. Als im Rahmen von Nikita Chruschtschows Agrarprogramm in den 50er Jahren die Bewässerungssysteme ausgeweitet wurden, nahm die Verlandung des Aralsees dramatische Züge an. In nur 40 Jahren sank der Wasserspiegel um 19 m, womit der See rund 75% seines Wassers verloren hat. Der Salzgehalt verdreifachte sich, sodass das Leben im See fast erloschen ist. Die Wasserfläche, die im Jahr 1954 noch rund 64 000 km² betrug, ist heute um mehr als die Hälfte auf weniger als 30 000 km² zurückgegangen. Der sinkende Wasserspiegel ließ große vegetationslose Sandflächen entstehen. Da das Wasser als Wärmeregulator der Steppe fehlt, hat sich überdies in weitem Umkreis das Klima verändert. Erst nach dem Zusammenbruch der Sowjetunion begannen die Staatschefs der zentralasiat. Länder über die Rettung des Sees nachzudenken. Auf einer internationalen Konferenz in Nukus (Usbekistan) im Oktober 1995 vereinbarten die zentralasiat. Länder die Wiederherstellung des Sees in seiner ursprünglichen Größe. Doch bis heute ist die rücksichtslose Verschwendung des Wassers am Oberlauf der Zuflüsse kaum zurückgegangen. (Foto: Rostendes Schiff auf dem ausgetrockneten Teil des Aralsees, 1989)

Das unabhängige Usbekistan

Stabilisierung der Machtverhältnisse: Bei den ersten Präsidentschaftswahlen im unabhängigen U. am 29.12.1991 wurde Karimow mit 86% der Stimmen zum Staatspräsidenten gewählt. In den Folgejahren stellte er wiederholt die Einführung von Marktwirtschaft und Demokratie in Aussicht, blieb aber in der Praxis hinter seinen Versprechungen zurück. Oppositionsgruppen wurde die Zulassung verweigert, bestehende Parteien waren Repressionen ausgesetzt. Zum »Ausgleich« gründeten regierungsnahe Kreise eigene, »konstruktive

Staatsoberhaupt: Usbekistans Präsident Islam Karimow (r.) empfing im Mai 2000 in Taschkent den neu gewählten russ. Präsidenten Wladimir Putin. Auch nach der Auflösung der Sowjetunion und der Unabhängigkeit Usbekistans (1991) bemühte sich die usbek. Führung, die weitgehend der ehemaligen kommunistischen Nomenklatura entsprach, weiter um gute Beziehungen zur Großmacht Russland.

Stichwort: Karakalpakistan

Die Republik Karakalpakistan im Nordwesten Usbekistans ist eine autonome Gebietskörperschaft mit einer eigenen Verfassung. Die Titularnation der Republik, das Turkvolk der Karakalpaki (»Schwarze Hüte«) lebt seit dem 12. Jh. zwischen Nordkasachstan und Südafghanistan. Die am Aralsee ansässigen Karakalpaken wurden 1811 Vasallen des Khans von Chiwa und 1873 zusammen mit diesem Teil des Protektorats Chiwa. Bei der Aufteilung Turkestans 1925 wurden die Karakalpaken, deren Sprache dem Kasachischen recht ähnlich ist, als Autonomes Gebiet an Kasachstan angeschlossen. Doch schon 1932 wurde das Gebiet mit erweiterten Rechten als Autonome Sowjetrepublik (ASSR) direkt der Russ. Föderation (RSFSR) unterstellt. Seit 1936 gehört Karakalpakistan als »Autonome Republik« (seit 1992 als »Republik«) zu Usbekistan.

Ministerpräsidenten Usbekistans

Reg.-Zeit	*Name*	*Lebensdaten*
1992–95	Abdulhaschim Mutalow	*1947
seit 1995	Otkir Sultanow	*1939

Die wichtigsten Parteien im 20. Jahrhundert

Name (Abkürzung)	*Richtung*	*Gründung*
Volksbewegung Einheit (Birlik)	demokratisch, wirtschaftsliberal	1988
Demokratische Freiheitspartei (ERK)	demokratisch	1990
Gerechtigkeitspartei (Adolat)	sozialdemokratisch	1991
Demokratische Volkspartei (CDP)	kommunistisch	1991
Partei »Fortschritt des Vaterlands« (Vatan, VT)	zentristisch	1992
Nationale Wiedergeburt (NT)	zentristisch, nationalistisch	1995
Selbstopfer-Partei (Fidokorlar, F)	islamisch	1999

Oppositionsparteien«. Unter solchen Voraussetzungen änderten die ersten Wahlen zum usbek. Parlament im Dezember 1994 nichts an den Machtverhältnissen. Anfang 1995 ließ Karimow sich seine Amtszeit mit Hilfe eines Referendums, in dem mehr als 99% der Wähler für den Präsidenten votiert haben (sollen), um weitere fünf Jahre bis zum Jahr 2000 verlängern. Bei der Präsidentschaftswahl im Januar 2000 wurde Karimow mit 91,9% der abgegebenen Stimmen im Amt bestätigt.

Wiedererwachen des Islam: Nach dem Zusammenbruch der Sowjetunion machte sich in ganz Zentralasien der Einfluss der reichen islamischen Staaten am Pers. Golf bemerkbar. Mit einer bewussten Rückbesinnung auf die große Geschichte Zentralasiens versuchte die Regierung von U., dem eine eigene usbek. Identität entgegenzusetzen. Dennoch setzte in U. mit der Unabhängigkeit die allmähliche Re-Islamisierung aller Lebensbereiche ein. Die usbek. Führung blieb dem wachsenden Einfluss islamischer Parteien und Gruppen gegenüber zunächst tolerant. Bis 1995 wurden 5000 Moscheen restauriert oder neu erbaut.

Die »Wahhabiten«: Vom traditionellen usbek. Islam der Hanafitischen Schule spaltete sich 1995 eine neue Sekte ab und entzog sich jeder staatlichen Aufsicht. Ihre Mitglieder werden in U. meist als »Wahhabiten« bezeichnet, obwohl ihre geistigen Führer jede Verbindung mit Saudi-Arabien (wo der Wahhabismus seit 1953 Staatsreligion ist) abstreiten. Die Wahhabiten, die mit Geld aus Saudi-Arabien Moscheen, kostenlose Schulen und Krankenhäuser erbauten, fanden vor allem im dicht besiedelten Fergana-Tal viele Anhänger. Der Gegensatz zwischen Staat und Wahhabiten verschärfte sich zunehmend, wozu nicht nur die schlechte Wirtschaftslage des Landes beitrug, sondern auch die Einmischung U.s in die politisch-religiösen Bürgerkriege in Tadschikistan und Afghanistan.

Verdeckter Bürgerkrieg: Der Konflikt verschärfte sich, als im Dezember 1997 erstmals Wahhabiten vor Gericht angeklagt wurden, in U. einen islamischen Gottesstaat errichten zu wollen. 1998 wurden die Gesetze zur Überwachung politischer und religiöser Gruppen verschärft und viele Sympathisanten der Wahhabiten abgeurteilt. Den vorläufigen Höhepunkt des Konflikts markierte ein Bombenanschlag auf Präsident Karimow, am 16.2.1999 bei dem 16 Menschen starben. Weitere Anschläge und Gegenmaßnahmen der Staatsführung folgten. Dennoch konnte die Regierungspartei bei den Parlamentswahlen im Dezember 1999 erneut ihre Mehrheit behaupten. *P. B.*

Vanuatu

Republik Vanuatu

Die Republik V. (ehemals Neue Hebriden) besteht aus 80 Inseln, die sich südlich der Salomonen bis östlich von Neukaledonien (französ. Überseeterritorium) über 900 km erstrecken. Zunächst Teil der brit. Interessensphäre, kam V. ab 1870 auch unter französ. Einfluss.

Vanuatu 2000	
Landesfläche	12 189 km² (WR 155)
Einwohner	200 000 (WR 171)
Hauptstadt	Port Vila (23 000 Einwohner)
Sprachen	Englisch, Französisch, Bislama
Währung	1 Vatu (VT) = 100 Centimes
Gliederung	6 Provinzen
Staatsform	Parlamentarische Republik im Commonwealth (seit 1980)
Religion	Christen (77,2%); Sonstige (22,8%)

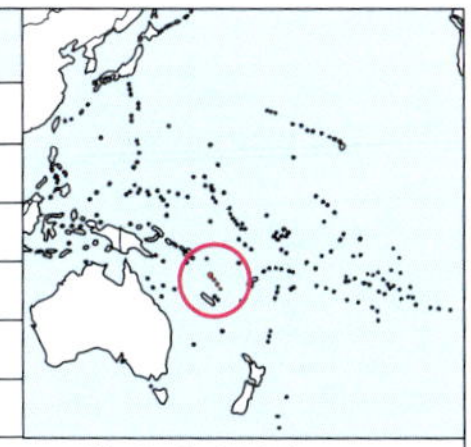

Das Kondominium

Um 1900 lag V. am Schnittpunkt französ. und brit. Interessen. Die beiden Kolonialmächte einigten sich 1906 auf das »Kondominium«, eine gemeinsame Verwaltung, die bei den Einheimischen bald »Pandämonium« (»Gesamtheit böser Geister«) hieß.

Unter dem französ.-brit. Arrangement gab es für die kaum 170 000 Einwohner drei getrennte Beamtenschaften: eine brit., zuständig für brit. Staatsbürger, eine französ. für französ. Staatsbürger und gemeinsame Verwaltungseinheiten für die Melanesier. Dazu kamen zwei offizielle Sprachen, zwei Polizeitruppen, drei Gerichtshöfe, drei Währungen, drei Staatsbudgets, zwei Regierungskommissare und je zwei Bezirkshauptleute in jedem der vier Verwaltungsbezirke.

Vanuatu im 20. Jahrhundert	
1906	Frankreich und Großbritannien beginnen gemeinsame Verwaltung.
1957	Erste Mitspracherechte der melanes. Einwohner in einem Beirat.
1971	Petition von Na-Griamel an die UNO gegen Landverkauf an Ausländer.
	Nationalpartei der Neuen Hebriden (später Vanuaaku Pati; VP) gegründet.
1974	Beirat von 1957 wird durch Nationalversammlung ersetzt.
1977	Frankreich und Großbritannien sagen 1980 als Jahr der Unabhängigkeit zu.
1979	Erste freie Wahlen: VP erhält Zweidrittelmehrheit.
1980	Aufruhr der Na-Griamel-Anhänger auf Espiritu Santo; Ausrufung des Freistaats Vemarama; Truppen (zunächst brit., dann aus Papua-Neuguinea) stellen Ordnung wieder her.
1988	Vanuatu unterstützt wie Papua-Neuguinea den Freiheitskampf Neukaledoniens.
1991	Premierminister Walter Lini wird abgewählt; er kehrt als Vorsitzender einer neuen Partei (National United Party; NUP) in ein Ministeramt zurück.
1994	Oberster Gerichtshof gibt der Regierung das Recht, Präsidentenerlasse zu annullieren.
1995	Erster frankophoner Premier, Maxime Carlot, verbessert Beziehungen zu Frankreich; offizieller Protest gegen neuerliche Atomversuche Frankreichs im Pazifik bleibt aus.
1996	300-Mann-Armee Vanuatus entführt Präsident Jean-Marie Leyé wegen Soldstreitigkeiten.
1998	Skandal um Pensionsfonds; Straßenschlachten.
1999	Bericht der Asian Development Bank (ADB) lobt Fortschritte in der Verwaltungsvereinfachung; die Zahl der Ministerien wird von 34 auf neun gekürzt, die Beamtenzahl um 7% verringert.

Verankerung von Mitspracherechten

Beirat: 1957 richteten Briten und Franzosen einen Beirat (Advisory Council) ein, der Melanesiern ein beschränktes Mitspracherecht gab. Zu diesem Zeitpunkt befand sich bereits mehr als ein Drittel des Landes im Besitz von Ausländern.

Nationale Opposition: Die Sorge der Einheimischen, landlos zu werden, brachte erste politische Zusammenschlüsse hervor. Die Gruppe Na-Griamel ging aus Kulten hervor. Na-Griamel richtete 1971 eine Petition an die UNO, um weitere Landverkäufe zu verhindern. Im gleichen Jahr entstand, unterstützt von anglikanischen Missionaren und Großbritannien, die New Hebrides National Party (NHNP; später Vanuaaku Pati, VP).

Parlament: 1975 wurde der 1957 gegründete Beirat durch eine Nationalversammlung ersetzt; 29 der 42 Mitglieder wurden in direkten Wahlen gewählt. Den politischen Gruppierungen, die nationale Einheit und Selbstbestimmung anstrebten, konnte das nicht genügen. Die VP boykottierte die Nationalversammlung und erreichte 1976 die Zustimmung der beiden Kolonialmächte, künftig alle 42 Abgeordneten in direkter Wahl wählen zu lassen. 1977 gaben Vertreter des Kondominiums auf einer Konferenz bekannt, die Neuen Hebriden würden 1980 nach allgemeinen Wahlen unabhängig werden.

Weg in die Unabhängigkeit: 1978 wurden die drei getrennten Verwaltungen zusammengelegt. Bei den ersten freien Wahlen im November 1979 errang die VP 26 der nunmehr 39 Mandate und damit eine Zweidrittelmehrheit. Ihr Präsident, Pater Walter Lini, wurde Premierminister. Daraufhin kam es auf der Insel Espiritu Santo 1980 zu einem Aufruhr unter den Na-Griamel-Anhängern. Ihr Führer Jimmy Stevens erklärte die Insel im Juni 1980 zum Freistaat Vemarama. Rebellen, bewaffnet mit Pfeil und Bogen, setzten Beamte und Polizisten fest, erlaubten ihnen aber später die

In der Landwirtschaft Vanuatus sind 20% der Erwerbstätigen beschäftigt. Als einziger südpazif. Staat exportiert Vanuatu größere Mengen von Rindfleisch, die etwa 25% des jährlichen Exports ausmachen. (Foto: Rinder und Kokospalmen auf der Insel Espiritu Santo)

»Ausreise«. Ein Kontingent von 200 brit. Soldaten landete unter französ. Protest im gleichen Monat auf Espiritu Santo und stellte die Ordnung schließlich wieder her.

Abkommen: Im Juli 1980 war der Staatsvertrag zwischen Frankreich, Großbritannien und der Regierung Lini unterschriftsreif, die Neuen Hebriden wurden als V. selbstständig (30.7.1980). Die Regierung schloss einen Verteidigungspakt mit Papua-Neuguinea; Truppen dieses Staates lösten die brit. auf Espiritu Santo ab.

Die Staatsoberhäupter Vanuatus

Reg.-Zeit	*Name*	*Lebensdaten*
1980–89	George Kalkoa (Sokomanu)	*1937
1989–94	Fred Timakata	1937–1995
1994–99	Jean-Marie Leyé	*1942
seit 1999	Pater John Bernard Bani	*1941

Die wichtigsten politischen Parteien

Name (Abkürzung)	*Politische Richtung*	*Gründung*
Vanuaaku Pati (VP) [1]	sozialdemokratisch	1971
Union of Moderate Parties (UMP)	gemäßigt, Mitte	1980
Melanesian Progressive Pati (MPP)	Splitterpartei der Vanuaaku Pati	1988
National United Party (NUP)	Splitterpartei der Vanuaaku Pati	1991

1) Ursprüngliche Bezeichnung: New Hebrides National Party

Unabhängige Außenpolitik

UdSSR: V. betrieb von Beginn an eine unabhängige Außenpolitik. Mitte 1986 gab V. bekannt, diplomatische Beziehungen zur UdSSR und zu Libyen aufnehmen zu wollen – zwei Staaten, die zu dieser Zeit ohne Vertretung im südpazif. Raum waren. Der Druck westlicher Länder verhinderte dies im Falle Libyens.

Verhältnis zu Frankreich: 1988 schloss sich V. mit Papua-Neuguinea und den Salomonen zur »Speerspitzen-Gruppe« zusammen. Ihr Ziel ist es, die melanes. Kultur zu erhalten und den Kanaken, den Ureinwohnern Neukaledoniens, zur Unabhängigkeit von Frankreich zu verhelfen. Spannungen zwischen Frankreich und V. führten danach mehrfach zu gegenseitiger Ausweisung missliebiger Repräsentanten beider Seiten.

Wirtschaftliche Entwicklung

Fischfang: Im August 1982 kam es zum Streit um Fischfangrechte, als V. die kleinen, unbewohnten Inseln Matthew und Hunter 200 km südlich des eigenen Staatsgebiets beanspruchte. So sollten die Hoheitsgewässer (und damit die Fischfangrechte) ausgeweitet werden. 1986 unterschrieb V. ein Abkommen mit den USA, das der kommerziellen US-Tunfischflotte für fünf Jahre Zugang zu V.s Gewässern gab. 1987 räumte V. der UdSSR ähnliche Rechte für ein Jahr ein. Proteste von austral. und US-Regierungsstellen folgten prompt.

Steuerpolitik: Ein wichtiger Geldgeber V.s, die Asia Development Bank (ADB), übte 1999 Kritik am Steuerrecht der Inselrepublik. Da V. keine Firmen- oder persönliche Einkommensteuer erhebt, ist das Land zur Zuflucht für Steuerflüchtlinge geworden. Die Verwaltungsreform hingegen fand Lob: Bis 1999 wurde die Zahl der Ministerien von 34 auf neun gekürzt, die Beamtenschaft um 7% verringert.

Spaltung im Inneren

V.s Innenpolitik seit der Unabhängigkeit 1980 ist von wachsender Instabilität gekennzeichnet. Die zunehmende Zersplitterung der politischen Parteien erschwert die Regierungsbildung und Parlamentsarbeit. Seit den letzten Parlamentswahlen (6.3.1998) teilen sich sieben Parteien nunmehr 52 Sitze – die VP als stärkste Partei errang nur noch 18 Mandate. Durch den Tod Linis, des ersten Premierministers, im Februar 1999 fehlt V. zudem eine politische Integrationsfigur. *T. Fr.*

Vatikanstadt

Die heutige Vatikanstadt ist einschließlich ihrer Exklaven der Überrest des ehemaligen Kirchenstaats (Stato Pontificio), der seit dem Mittelalter große Teile Mittelitaliens und bis zur Französ. Revolution 1789 das Gebiet von Avignon umfasste. Während der staatlichen Einigung Italiens fiel der größte Teil des Kirchenstaats an den neuen italien. Nationalstaat. Am 20.9.1870 wurde Rom besetzt und zur Hauptstadt des Königreichs Italien erklärt.

Auf dem Weg ins 20. Jahrhundert

»Gefangener im Vatikan«: Im Mai 1871 bot die italien. Regierung dem Papst ein Garantiegesetz zur Reglung der Beziehungen an. Sie sicherte der Person des Papstes die persönliche Unverletzlichkeit und garantierte ihm volle Freiheit in der Ausübung der religiösen Funktionen und diplomatischen Beziehungen. Eine jährliche Entschädigung für den Verlust des Kirchenstaats wurden ebenso zugesagt wie die Exterritorialität der V. und der päpstlichen Paläste. Pius IX. (1846–1878) lehnte jedoch das Angebot ab und betrachtete sich fortan und seine Nachfolger als »Gefangene im Vatikan«. Bis 1919 war Katholiken die Teilnahme an einer italien. Regierung untersagt.
Enzyklika »Rerum Novarum«: Pius Nachfolger Leo XIII. (1878–1903) bemühte sich mit seiner Sozialenzyklika »Rerum Novarum« (15.5.1891) und mit der Förderung der christlich-sozialen Bewegung als erster Papst um die Lösung der Arbeiterfrage, nicht zuletzt um dem Vordringen des Sozialismus entgegenzuwirken.

Innere Reformen

Pius X. (1903–14), der als volkstümlicher Seelsorger politischen Themen eher abgeneigt war, legte das Schwergewicht seines Pontifikats auf innerkirchliche Reformen. Er begann mit der Neufassung des Kirchenrechts und reformierte Kurie und Papstwahl. Sein Reformeifer war mit einer rigorosen Ablehnung des »Modernismus« gepaart, der den katholischen Glauben an neue philosophische, psychologische und historische Erkenntnisse anpassen wollte. Gestützt auf den päpstlichen Primat führte er den bis 1967 für alle katholischen Lehrer und Seelsorger verbindlichen Antimodernismus-Eid ein. Weitgehende außenpolitische Abstinenz, insbes. aber politische Neutra-

Vatikanstadt 2000	
Landesfläche	0,44 km^2 (WR 192)
Einwohner	464 (WR 192)
Hauptstadt	Vatikanstadt
Sprachen	Lateinisch, Italienisch
Währung	Italienische Lira (Lit) = 100 Centesimi
Gliederung	Gebiet um die Peterskirche, Sommersitz Castel Gandolfo, weitere exterritoriale Gebäude und Grundstücke
Staatsform	Souveränes Erzbistum, Wahlmonarchie (seit 1929)
Religion	Katholisch (100%)
Bevölkerung	Kirchenbedienstete aus aller Welt

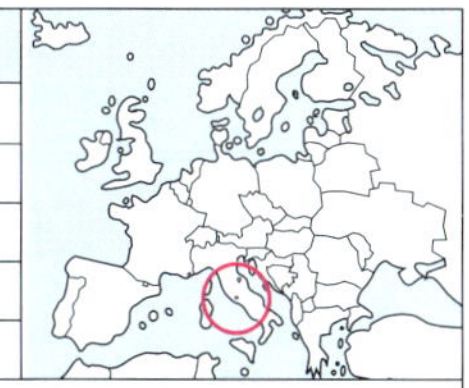

Der Vatikan im 20. Jahrhundert	
1910	Einführung des Antimodernismus-Eides.
1917	Kodifizierung des gesamten Kirchenrechts (Codex Iuris Canonici).
1929	Lateranverträge; konstituierende Gesetze der Vatikanstadt; Telegrafen-, Post- und Telefonabkommen mit Italien.
1930	Zoll- und Münzabkommen mit Italien.
1931	Beginn der Sendetätigkeit von Radio Vatikan.
1933	Konkordat mit dem Deutschen Reich (20.7.).
1942	Gründung der Vatikanbank »Istituto per le Opere di Religione« (IOR).
1950	Dogma von der leiblichen Himmelfahrt Mariens.
1962	Eröffnung des Zweiten Vatikanischen Konzils.
1964	Papstreisen nach Palästina und Indien.
1966	Papstreise zur UNO; Abschluss des Zweiten Vatikanischen Konzils.
1967	Reise zu Patriarch Athenagoras nach Istanbul.
1968	Reise zum Eucharistischen Weltkongress nach Bogotá.
1979	Beginn der intensiven Reisetätigkeit von Johannes Paul II.
1981	Attentat auf Johannes Paul II.
1982	Vatikanbank IOR ist in den Zusammenbruch der Mailänder Banco Ambrosiano verwickelt.
1983	Neues Kanonisches Gesetzbuch in Kraft.
1984	Neues Konkordat mit Italien.
1986	Johannes Paul II. besucht die röm. Hauptsynagoge.
1990	Herstellung ständiger Arbeitsbeziehungen mit der Sowjetunion.
1992	Billigung des Universalkatechismus.
1993	Grundsatzabkommen zwischen Israel und dem Heiligen Stuhl.
1994	Aufnahme diplomatischer Beziehungen mit Israel und Jordanien.
2000	Schuldbekenntnis für die katholische Kirche.

Die Päpste des 20. Jahrhunderts		
Reg.-Zeit	*Name (Geburtsname)*	*Lebensdaten*
1878–1903	Leo XIII. (Gioacchino Pecci)	1810–1903
1903–14	Pius X. (Giuseppe Sarto)	1835–1914
1914–22	Benedikt XV. (Giacomo della Chiesa)	1851–1922
1922–39	Pius XI. (Achille Ratti)	1857–1939
1939–58	Pius XII. (Eugenio Pacelli)	1876–1958
1958–63	Johannes XXIII. (Angelo Giuseppe Roncalli)	1881–1963
1963–78	Paul VI. (Giovanni Battista Montini)	1897–1978
1978	Johannes Paul I. (Albino Luciano)	1912–1978
seit 1978	Johannes Paul II. (Karol Wojtyla)	*1920

Papst Pius XI. (1922–39) erkannte in den Lateranverträgen von 1929 Italien als Königreich mit der Hauptstadt Rom an. Im Gegenzug garantierte die italien. Regierung unter Benito Mussolini die Souveränität des Hl. Stuhles und die Unabhängigkeit der Vatikanstadt. (Foto: Pius XI. bei einer Ansprache, 1931)

lität im Ersten Weltkrieg kennzeichnen Benedikt XV. (1914–22), wenngleich er 1917 den Krieg führenden Staaten einen Friedensvorschlag unterbreitete und mit umfangreicher karitativer Tätigkeit die Not in Europa linderte. Während seiner Amtszeit stieg die Zahl der am Hl. Stuhl mit Diplomaten vertretenen Staaten von 14 (1914) auf 27 (1922) an. Als vorläufiger Abschluss der inneren Reformen trat in seinem Pontifikat das neue Kirchenrecht (Codex Iuris Canonici) in Kraft.

Bedeutende Enzykliken des 20. Jahrhunderts	
1931	**Quadragesimo anno:** Über die Gesellschaftsreform, knüpft an die 40 Jahre zuvor erschienene Sozialenzyklika »Rerum novarum« von Leo XIII. an.
1937	**Mit brennender Sorge:** In deutscher Sprache verfasste Ablehnung des Rassegedankens, des Führerprinzips und der Unterdrückung der Kirche durch den Nationalsozialismus.
1950	**Humani generis:** Gegen die Anerkennung von Erkenntnissen der modernen Wissenschaft (z. B. Evolution) und für die Bibelauslegung durch das kirchliche Lehramt.
1961	**Mater et Magistra:** Weiterführung der katholischen Soziallehre.
1963	**Pacem in terris:** Friedensenzyklika.
1967	**Populorum progressio:** Für die Änderung der bestehenden Strukturen zwischen Industrienationen und Entwicklungsländern.
1968	**Humanae vitae:** Über die Menschenwürde (u. a. gegen Geburtenregelung).
1981	**Laborem exercens:** Sozialenzyklika über die menschenwürdige Gestaltung der Arbeit.
1988	**Sollicitudo rei socialis:** Sozialenzyklika über die Unterentwicklung in der Dritten Welt.
1991	**Centesimus annus:** Sozialenzyklika mit Kritik am westlichen Gesellschaftssystem.
1995	**Evangelium vitae:** Verurteilung von Abtreibung, Schwangerschaftsverhütung und Euthanasie.
	Et unum sint: Aufruf zur Einheit der Christen.

Die Lateranverträge

Innere Geschlossenheit: Oberstes Anliegen von Pius XI. (1922–39) war es, die vom Krieg erschütterte Welt zur Rückbesinnung auf den Glauben und die Kirche zu bewegen. Eindrucksvolle Kundgebungen in den Heiligen Jahren 1925 und 1933 sollten das Zusammengehörigkeitsgefühl, seine Unterstützung für die sog. katholische Aktion, die Mitwirkung der Laien in der Kirche fördern. In seiner Lehrtätigkeit führte er zwar die katholische Soziallehre weiter, beharrte jedoch auf der Unvereinbarkeit von Katholizismus und Sozialismus und wandte sich scharf gegen den Kommunismus. Kirchenpolitisch näherte er sich den Ostkirchen und den Anglikanern an, distanzierte sich aber von der ökumenischen Bewegung.

Verbindungen nach außen: Pius XI. wollte durch Konkordate die Stellung der Kirche in Europa festigen. Allerdings schlug sein Versuch fehl, die Nationalsozialisten durch das Konkordat von 1933 an formales Recht zu binden. Der Höhepunkt seiner Konkordatspolitik war die Beendigung der »römischen Frage« durch die Lateranverträge vom 11.2.1929, in denen das Gebiet der V. einschließlich einiger Exklaven abgegrenzt und die staatliche Souveränität der V. festgelegt wurde. Weiterhin erklärte das Konkordat die röm.-katholische Kirche zur italien. Staatskirche und sprach dem Vatikan eine Entschädigungssumme für die verlorenen Gebiete in Höhe von 750 Mio alter Lire und eine Mrd alter Lire in Staatsanleihen zu. Der Papst gewährte im Gegenzug dem Königreich Italien die seit 1870 verweigerte Anerkennung. Dieses Konkordat wurde 1984 durch das Neue Konkordat ersetzt, nach dem der Katholizismus nicht mehr Staatsreligion ist.

Staatsgrundgesetz: Den Lateranverträgen folgte das Staatsgrundgesetz vom 7.6.1929, aufgrund dessen die V. als absolute (Wahl-)Monarchie regiert wird. An der Spitze der päpstlichen Regierung steht der Kardinalstaatssekretär. Die Regierung besteht derzeit aus neun Kongregationen, elf Räten und verschiedenen Sekretariaten, denen mehrheitlich Kardinäle vorstehen und die zusammen die römische Kurie bilden.

Autokratische Herrschaft

Weltweites Ansehen: Der 1939 zum Papst gewählte Kardinalstaatssekretär Eugenio Pacelli, der zeit seines kirchlichen Lebens der Kurie und dem diplomatischen Dienst des

Vatikans angehört hatte, zählt zu den bedeutendsten, aber auch umstrittensten Päpsten des 20. Jh.s Pius XII. verband asketische Lebensweise und umfassende Bildung mit souveräner Diplomatie. Er steigerte das päpstliche Ansehen in einem bis dahin nicht gekannten Maß. Unter Nutzung von Radio und Film, in den 50er Jahren auch des Fernsehen, wandte er sich in zahlreichen Reden in vielen Sprachen an die Weltöffentlichkeit und nahm zu den Weltproblemen Stellung. Er regierte die Kirche autoritär – ab 1944 ohne Staatssekretär – und traf alle wichtigen Entscheidungen selbst, u. a. die Internationalisierung des Kardinalskollegiums, die Reform der Liturgie, zahlreiche Enzykliken zu Themen der Zeit sowie 1950 das Dogma von der leiblichen Aufnahme Mariens in den Himmel.

Kriegsfolgen: Nachdem Papst Pius XII. den Kriegsausbruch 1939 nicht hatte verhindern können, wirkte er im Krieg und in der Nachkriegszeit zur Linderung seiner Folgen. Seine Freundschaft gegenüber Deutschland ließ ihn nach dem Krieg die deutsche Kollektivschuld ablehnen. Später wurde ihm vorgehalten, den Nationalsozialismus falsch eingeschätzt und nicht energisch genug gegen die Judenverfolgung protestiert zu haben.

Wandel durch Weltöffnung

Neuer Papst: Johannes XXIII. (1958 bis 1963) besetzte alle unter seinem Vorgänger Pius XII. vakant gebliebenen Ämter, vergrößerte und internationalisierte das Kardinalskollegium. Als erster Papst des 20. Jh.s verließ er die V., um sich am seelsorgerischen Leben seines Bistums Rom zu beteiligen.

Zweites Vatikanisches Konzil: Die bedeutendste Leistung von Johannes XXIII. war die Vorbereitung, Einberufung und Eröffnung des Zweiten Vatikan. Konzils, dessen Hauptziele die innere Reform der katholischen Kirche und ihre Beziehungen zu anderen Konfessionen waren. In einer zweiten Sitzungsperiode wurde es unter Paul VI. weitergeführt. Verabschiedet wurden vier Konstitutionen, neun Dekrete und drei Erklärungen, mit denen u. a. die Nationalsprachen in der Liturgie zugelassen, die Position der Bischöfe gegenüber der Kurie gestärkt sowie erste Schritte zur ökumenischen Öffnung unternommen wurden.

Papst Paul VI. (1963–78) hielt mehr als sein Vorgänger an der päpstlichen Autorität fest und zeigte sich zurückhaltend gegenüber neuen Strömungen. Schwerpunkte seiner Enzykliken waren Mahnungen zur Erhaltung des Friedens und zu sozialer Gerechtigkeit. In Fragen der Ökumene und Geburtenregelung bewahrte er einen konservativen Standpunkt. Als erster Papst in der Geschichte unternahm er weltweite Auslandsreisen.

Weltepiskopat

Innere Neuordnung: Nach der nur 33 Tage dauerndn Amtszeit von Johannes Paul I. wurde 1978 mit dem Polen Johannes Paul II. der erste Nichtitaliener seit 455 Jahren zum Papst gewählt. Er zeigte sich interessiert an der kirchlichen Kommunikation mit weltlichen Strömungen, betonte in seinen Enzykliken aber vorwiegend konservative Standpunkte. In seine Amtszeit fielen u. a. das neue Konkordat mit Italien sowie die Neuordnung der päpstlichen Finanzverwaltung.

Seelsorger der Weltkirche: 1981 wurde Johannes Paul II. bei einem Attentat auf dem Petersplatz schwer verletzt. Dies hielt ihn aber nicht von weiteren öffentlichen Auftritten und Reisen ab. Mehr als jeder Papst zuvor betrachtet er sich als Seelsorger der Weltkirche und begründet damit seine zahlreichen Auslandsreisen. Als erster Papst betrat er 1986 ein jüd. Gotteshaus, die Synagoge von Rom.

Schuldbekenntnis: Gegen Widerstand in der Kurie legte der Papst 2000 ein Schuldbekenntnis für die Verfehlungen der katholischen Kirche gegenüber Andersdenkenden in den vergangenen Jahrhunderten ab, das ebenso wie seine Ansprachen auf der Israelreise auch Kritikern der Kirche Respekt abnötigte. *H.-W. W.*

Vaticanum II: Papst Johannes XXIII. (auf dem Thron unter dem Hochaltar) eröffnete am 11.10.1962 in einem feierlichen Gottesdienst im Petersdom das Zweite Vatikan. Konzil. Das bis 1965 in zwei Sitzungsperioden abgehaltene Konzil war das bedeutendste kirchenpolitische Ereignis des 20. Jh.s. In ihm wurden u.a. Dekrete zum Ökumenismus, zur Ostkirche, Religionsfreiheit, Mission, Stellung der Bischöfe und zum Priesterdienst festgelegt.

Venezuela

Republik von Venezuela

In V., 1498 von Christoph Kolumbus entdeckt, nahm die südamerikan. Unabhängigkeitsbewegung mit einzelnen Aufständen gegen die span. Krone Ende des 18. Jh.s ihren Anfang. 1811 rief der Freiheitskämpfer Simón Bolívar in Caracas die Unabhängigkeit von V. aus und vereinigte es 1819 mit Neugranada (dem heutigen Kolumbien) zur Republik Großkolumbien. 1830 setzte V. seine staatliche Eigenständigkeit durch und konstituierte sich im folgenden Jahr als selbstständige Republik.

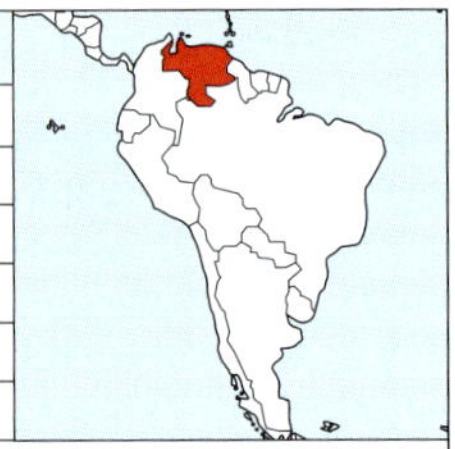

Venezuela 2000	
Landesfläche	912 050 km² (WR 31)
Einwohner	23,7 Mio (WR 40)
Hauptstadt	Caracas (1,82 Mio Einwohner)
Sprachen	Spanisch, indianische Sprachen
Währung	1 Bolivar (vB) = 100 Céntimos
Gliederung	22 Bundesstaaten, 1 Distrikt, 72 Inseln
Staatsform	Präsidiale Bundesrepublik (seit 1961)
Religion	Katholiken (90%); Protestanten (8%); Sonstige (2%)
Bevölkerung	Mestizen (67%); Weiße (21%); Schwarze (10%); Indianer (2%)

Venezuela im 20. Jahrhundert	
1902/03	Blockade venezolan. Häfen durch ausländische Kriegsschiffe.
1908–35	Herrschaft von Juan Vicente Gómez: Schwerpunkt der Exportwirtschaft wechselt vom Kaffee zum Erdöl; brutale Unterdrückung oppositioneller Bewegungen.
1925	Erste Arbeiterproteste und Streiks.
1931	Gründung einer kommunistischen Partei, die aber verboten wird.
1936–41	Soziale Reformen unter Präsident Eleazar López Contreras (u. a. Unfallversicherung, Begrenzung der täglichen Arbeitszeit).
1942	Erstarken der Acción Democrática (AD), die eine Demokratisierung, allgemeines Wahlrecht und Bodenreform Venezuelas fordert.
1945	Militärputsch zugunsten der AD: Beginn der Demokratisierung.
1947	Erste freie Parlamentswahlen.
1948	Militärputsch beendet kurze Zeit der Demokratie.
1948–58	Unterdrückung jeglicher Opposition; Verbot der AD; Misswirtschaft.
1958	Sturz der Militärregierung; Rückkehr zur Demokratie.
ab 1960	Unruhen durch sozialrevolutionäre Terrororganisationen.
1968	Machtwechsel von der AD zur COPEI: Verstaatlichung der Erdgasproduktion und Kündigung des Handelsvertrages mit den USA.
1974	Erneuter Machtwechsel: Präsident Carlos Andrés Pérez (AD) führt die Politik nationalistischer Wirtschaftsreformen fort.
1981	Beginn der Wirtschaftskrise infolge des Preisverfalls beim Erdöl.
1986	Umschuldungsabkommen wegen hoher Auslandsschulden.
1989	Ausbruch von schweren Unruhen infolge der Wirtschaftskrise.
1991	Verbesserung der Wirtschaftslage durch neoliberale Reformen.
1992	Putschversuch linksnationaler Militärs scheitert.
1999	Sondervollmacht für Präsident Hugo Chávez zur Verkürzung des Gesetzgebungsverfahrens.

Venezuela um 1900

Politisches System: In V. herrschte zwischen 1863 und 1908 politisches Chaos, das durch langwierige Kämpfe einzelner Caudillos gegeneinander und verschiedene Umsturzversuche verursacht wurde. Die Caudillos repräsentierten die wohlhabenden Kaufleute und Großgrundbesitzer einzelner Regionen und wurden durch das Militär oder paramilitärische Einheiten gestützt. Zwar gab es bereits im 19. Jh. Versuche, die politische Macht zu zentralisieren, doch V. blieb weitgehend zersplittert. Erst in der kurzen Regierungszeit von General Ignacio Andrade (1898/99) begann der Aufbau einer modernen Staatsstruktur; durch eine Verfassungsreform erhielt der Präsident das Recht, Oberhäupter für die Einzelstaaten zu benennen. Dennoch erschwerten Revolten unzufriedener Caudillos auch an der Wende zum 20. Jh. die Bemühungen, gesamtstaatliche Reformen durchzuführen.

Wirtschaftliche Entwicklung: Zu Beginn des 20. Jh.s wandelte sich V. vom Agrarland zu einem der bedeutendsten Erdöl produzierenden Staaten. Grundlage für den Aufschwung war die Entdeckung riesiger Erdölvorkommen im Maracaibo-Becken und in den östlichen Gebieten V.s. Zahlreiche ausländische Unternehmen kamen ins Land und bauten eine moderne Industrie zur Förderung des Erdöls auf. Die venezolan. Regierung beschränkte sich bei dem beginnenden Erdölboom überwiegend auf die Vergabe von Konzessionen. Bis zum Beginn der Weltwirtschaftskrise 1929 entwickelte sich V. zum größten Erdöl exportierenden Staat der Welt; 1938 belegte es nach den USA und der UdSSR noch den dritten Platz. Die Einnahmen aus der Landwirtschaft (insbes. Bananen) und der Fischerei gingen hingegen in der ersten Hälfte des 20. Jh.s zurück.

Internationaler Konflikt: 1903 versuchte General Antonio Matos den herrschenden Präsidenten General Cipriano Castro (1899 bis 1908) zu stürzen. Matos wurde dabei von ausländischen Unternehmen unterstützt, die sich von einem Machtwechsel bessere Bedingungen für ihre Investitionen erhofften. Nach dem Scheitern des Putsches weigerte sich Castro, Kredite an ausländische Schuldner zurückzuzahlen. Daraufhin errichteten deutsche, brit. und italien. Kriegsschiffe 1902/03 eine Blockade gegen venezolan. Häfen. Der Konflikt wurde durch Vermittlung der USA beigelegt; das Haager Schiedsgericht verurteilte V. dazu, 30% seiner Zolleinnahmen zur Schuldentilgung abzuführen.

Modernisierung und Demokratie

Die Ära Gómez: Unter der Präsidentschaft von Juan Vicente Gómez (1908–35, mit einer Unterbrechung 1929–31) begann ein Umbau des venezolan. Staates. Mit Hilfe der stetig steigenden Einnahmen aus der Erdölförderung baute er nicht nur die Staatsschulden ab, sondern modernisierte auch die Infrastruktur. Der Ausbau des Verkehrs- und Telekommunikationsnetzes sollte die Investitionsbedingungen für die ausländischen Unternehmen verbessern und zugleich das eigene Regime festigen: Durch das moderne Telegrafennetz behielt Gómez die Kontrolle über Aktionen politischer Gegner, und der Bau neuer Straßen ermöglichte es ihm, innerhalb kurzer Zeit Truppen in entlegene Regionen zur Niederschlagung von Unruhen zu schicken. Der Staat gewann dadurch das Gewaltmonopol zurück. Gómez' Regierungszeit wurde jedoch durch wiederholte Verstöße gegen die Verfassung und den Einsatz brutaler Gewalt zur Unterdrückung oppositioneller Kräfte überschattet. Die wirtschaftlichen Interessen ausländischer Unternehmen und der Gefolgsleute des Präsidenten erhielten Vorrang vor dem Wohl der Bevölkerung.

Arbeiter- und Demokratiebewegung: Der Erdölboom und die wachsenden Investitionen in die nationale Infrastruktur brachten in den 20er Jahren eine Arbeiterbewegung hervor, die sich zum ersten Mal 1925 mit Protesten und Arbeitsniederlegungen wegen steigender Lebenshaltungskosten bemerkbar machte. 1928 brachen auch unter Studenten, die eine Demokratisierung des Landes forderten, Unruhen aus. Das Gómez-Regime reagierte auf die Revolte mit Verhaftungen und willkürlichen Hinrichtungen. Trotz der Repressalien gründeten venezolan. Arbeiter 1931 eine kommunistische Partei, die aber verboten wurde.

Schwierige Demokratisierung: Nach Gómez' Tod wurde General Eleazar López Contreras (1935/36, 1936–41) Präsident. Mit Beginn seiner Amtszeit traten zwar einige soziale Reformen in Kraft (u. a. Unfallversicherung, Gehaltserhöhungen und Beschränkung der täglichen Arbeitszeit auf neun Stunden), doch die Gründung neuer Parteien (u. a. Partido Democrático Nacional, PDN) und erneute Arbeitsniederlegungen konnten López nicht dazu bewegen, die Demokratisierung des Landes einzuleiten. Während der Präsidentschaft von General Isaías Medina Angarita (1941 bis 1945) erstarkte die Acción Democrática (AD), eine Massenpartei, die insbes. von der Landbevölkerung unterstützt wurde. Sie setzte sich für die Abschaffung der Militärdiktatur, die Demokratisierung des Landes durch die Einführung des allgemeinen Wahlrechts und für eine Bodenreform ein. Teile der Armee unterstützten die AD 1945 bei ihrem erfolgreichen Putsch. Unter dem AD-Vorsitzenden Rómulo Betancourt (1945–48) wurde in V. eine umfassende Demokratisierung (u. a. Wahlrechtsreform, Zulassung aller politischen Parteien) eingeleitet. Bei den ersten freien Parlamentswahlen in V. (1947) wurde die AD in ihrem Machtanspruch bestätigt. Bei den Präsidentschaftswahlen von 1948 erlangte mit dem Schriftsteller Rómulo Gallegos (1948) zum ersten Mal ein Zivilist das höchste Staatsamt.

Militärdiktatur (1948–58)

Putsch: Gallegos plante u. a. die Enteignung der Großgrundbesitzer sowie eine Steuererhöhung für ausländische Unternehmen, die in V. Öl förderten. Das Militär lehnte die radikalen Reformvorhaben ab und stürzte 1948 den Präsidenten. Damit endete das demokratische Intermezzo.

Unterdrückung: Repressalien gegen oppositionelle Kräfte und Misswirtschaft kennzeichneten die Phase der Militärherrschaft (1948 bis 1958). Gallegos wurde des Landes verwiesen, die AD verboten, die Arbeiterbewegung unterdrückt. Prestigebauten, Korruption und Verschwendung in der Regierung, insbes. unter General Marcos Pérez Jiménez (1952–58), ruinierten das Land finanziell. Die wachsende Unzufriedenheit der Bevölkerung äußerte sich in Großdemonstrationen, welche die katholische Kirche in V. öffentlich unterstützte. Am

Unruhen in Caracas: Einwohner der venezolan. Hauptstadt Caracas beobachteten am 7.9.1958 Panzer der regierungstreuen Armee, die zur Beendigung einer Revolte – angezettelt von Mitgliedern der Militärpolizei – eingesetzt wurden. Etwa 20 Menschen kamen bei dem nur wenige Stunden dauernden Aufstand ums Leben, 120 wurden verletzt.

Carlos Andrés Pérez von der Acción Democrática (AD) übernahm am 2.2. 1989 zum zweiten Mal nach 1974 das Amt des Staatspräsidenten von Venezuela. Seine Deflationspolitik während seiner zweiten Amtszeit (1989–93) führte zwar zur Senkung des Haushaltsdefizits und zur Halbierung der Inflationsrate, doch zugleich verarmten weite Teile der Bevölkerung.

23.1.1958 wurde Pérez von einer Koalition von Militärs und Zivilisten gestürzt, die V. wieder in einen demokratischen Staat umformen wollten.

Rückkehr zur Demokratie

Konsolidierung des Staates: Betancourt von der AD wurde 1959 nach 1945–48 zum zweiten Mal Präsident. Gemäß einer Wahlabsprache leitete er während seiner Amtszeit (1959–64) eine große Koalition der führenden Parteien. Trotz heftiger innenpolitischer Auseinandersetzungen um die Nationalisierung der Erdölförderung (1960 Gründung der staatlichen Corporación Venezolana de Petróleo, CVP, die sich an der Gewinnung des Erdöls beteiligte) führte Betancourt eine politische und wirtschaftliche Konsolidierung des Landes herbei. Mit wachsendem Erfolg bekämpfte er sozialrevolutionäre Terrororganisationen wie die Fuerzas Armadas de Liberación Nacional (FALN), die insbes. in Caracas Anfang der 60er Jahre durch Sabotageakte für Unruhe sorgten. Betancourt versuchte, die Industrialisierung von V. voranzutreiben, um die Abhängigkeit des Landes vom Erdöl zu verringern. Sein Nachfolger, Raúl Leoni (1964–69) von der AD, setzte den politischen Kurs seines Vorgängers fort. In seine Amtszeit fielen einige außenpolitische Erfolge, wie beispielsweise eine Vereinbarung mit Großbritannien, die V.s Position in einem Grenzkonflikt mit Guyana stärkte (1965).

Machtwechsel: Bei den Wahlen von 1968 siegte zum ersten Mal die stärkste Oppositionspartei, das Comité de Organización Política Electoral Independiente (COPEI). Der neue Präsident Rafael Caldera Rodríguez (1969–74) verstand es, durch seine flexible Politik des sog. ideologischen Pluralismus die innenpolitische Situation in V. weiter zu verbessern und auch sozialistische sowie kommunistische Gruppierungen in die Entscheidungsprozesse zu integrieren. Caldera Rodríguez verstaatlichte die Erdgas-Produktion und kündigte den für V. unvorteilhaften Handelsvertrag mit den USA. Durch ein sog. Reinvestitionsgesetz sorgte er im Erdölsektor dafür, dass ausländische Unternehmen bis zum Auslaufen der Förderkonzessionen (1983) die Anlagen kontinuierlich modernisierten.

Außenpolitische Eigenständigkeit: Unter Präsident Carlos Andrés Pérez (1974–79) von der AD wuchs die außenpolitische Bedeutung V.s in Lateinamerika. Gestützt auf die Einnahmen aus dem anhaltenden Erdölboom, grenzte sich V. von den USA ab, die bis Ende der 60er Jahre einen großen Einfluss auf die venezolan. Regierungen ausgeübt hatten. Gleichzeitig

Staatsoberhäupter von Venezuela

Reg.-Zeit	*Name*	*Lebensdaten*	*Reg.-Zeit*	*Name*	*Lebensdaten*
1899–1908	Cipriano Castro	1858–1924	1958	Wolfgang Larrazábal	*1911
1908–29	Juan Vicente Gómez	1857–1935	1958/59	Edgard Sanabria	1911–1989
1929–31	Juan Bautista Pérez	1869–1952	1959–64	Rómulo Betancourt	1908–1981
1931–35	Juan Vicente Gómez	1857–1935	1964–69	Raúl Leoni	1905–1972
1935/36	Eleazar López Contreras	1883–1973	1969–74	Rafael Caldera Rodríguez	*1916
1936	Arminio Borjas	1868–1942	1974–79	Carlos Andrés Pérez	*1922
1936–41	Eleazar López Contreras	1883–1973	1979–84	Luis Herrera Campins	*1925
1941–45	Isaías Medina Angarita	1897–1953	1984–89	Jaime Lusinchi	*1924
1945–48	Rómulo Betancourt	1908–1981	1989–93	Carlos Andrés Pérez	*1922
1948	Rómulo Gallegos	1884–1969	1993/94	Ramón Velásquez	*1916
1948–50	Carlos Delgado Chalbaud	1900–1950	1994–98	Rafael Caldera Rodríguez	*1916
1950–52	German Suárez Flammerich	1907–1990	seit 1998	Hugo Chávez	*1954
1952–58	Marcos Pérez Jiménez	*1914			

übernahm V. die US-Menschenrechtsdoktrin, sprach sich gegen die Verbreitung der Nuklearenergie aus und distanzierte sich von den Militärdiktaturen in Lateinamerika. Mit Kolumbien kam es allerdings wiederholt zu Grenzkonflikten.

Ökonomische Krise

Wirtschaftsprobleme: Bis zum Ende der 70er Jahre erlebte V. einen kontinuierlichen wirtschaftlichen Aufschwung. Den Regierungen war es aber in den Jahren des Erdölbooms nicht gelungen, die Wirtschaft auf eine breitere Basis zu stellen. Daher geriet V. infolge des Preisverfalls beim Erdöl Anfang der 80er Jahre in eine ökonomische Krise. Die Staatseinnahmen sanken um über 50%, die Landeswährung musste mehrfach abgewertet werden, die Arbeitslosigkeit stieg auf über 20% (1984) und die Inflation auf über 80% (1989). Da die Landwirtschaft im 20. Jh. wegen des Erdölbooms vernachlässigt worden war, musste V. – ursprünglich ein Agrarland – etwa 30% der Grundnahrungsmittel importieren. Die ökonomische Krise führte zu politischen Unruhen, welche die Handlungsfähigkeit der Regierungen lähmten.

Unpopuläre Reformen: In der zweiten Amtszeit von Präsident Carlos Andrés Pérez (1989–93) kam es in V. zu gewaltsamen Auseinandersetzungen und zahlreichen Protesten gegen neoliberale Reformen. Pérez gelang es zwar, durch das Einfrieren von Gehältern und Kürzungen bei den Sozialleistungen die Inflation bis auf 33% (1991) zu senken und das Haushaltsdefizit abzubauen, aber gleichzeitig führten die hohen Kaufkraftverluste der Bevölkerung dazu, dass 1992 ca. 80% der Venezolaner in Armut lebten.

Autoritärer Staat: Um Kapitalflucht und Inflation einzudämmen, verbot der 1994 gewählte Präsident Rafael Caldera Rodríguez (1994–98) den freien Handel mit Devisen und erließ feste Preise für Lebensmittel und Medikamente. Der Versuch, einige Grundrechte außer Kraft zu setzen (u. a. Schutz vor willkürlicher Enteignung, Unverletzlichkeit der Wohnung), scheiterte am Widerstand des Parlamentes. Der 1998 zum Präsidenten gewählte Hugo Chávez erhielt 1999 vom Parlament eine Sondervollmacht, die es ihm erlaubte, Maßnahmen mittels einer verkürzten Gesetzgebung durchzusetzen. Inflation (1998: ca. 30%), Arbeitslosigkeit (1997: 10,6%), Korruption und der schleppende Strukturwandel blieben Ende des 20. Jh.s die größten innenpolitischen Probleme in V. *N. H.*

Erdöl – Fluch und Segen Venezuelas

Die reichhaltigen Erdölvorräte im Maracaibo-Becken werden seit den 20er Jahren ausgebeutet. Die nachweisbaren Vorkommen an Erdöl in diesem Gebiet sowie am oberen Río Apure und im nordöstlichen Teil des Orinoco-Tieflands sind die größten Südamerikas und die sechstgrößten der Welt. Als vor allem ausländische Unternehmen Anfang der 20er Jahre dieses riesige Potenzial erkannten, bauten sie eine moderne Industrie zur Förderung des Erdöls auf, sodass sich Venezuela bis zum Beginn der Weltwirtschaftskrise 1929 zum größten Erdöl exportierenden Staat der Welt entwickelte.
Der Reichtum an Erdöl brachte aber nicht nur Vorteile, sondern war auch Ursprung wirtschaftlicher Fehlentwicklungen. Da sich die Erdölindustrie bis weit in die 70er Jahre meist unter Kontrolle ausländischer Gesellschaften befand, betrachteten die Venezolaner die großen Ölmultis mit Misstrauen. Entschlossen, die Vorkommen selbst auszubeuten und stärker davon zu profitieren, verstaatlichte Venezuela 1976 die Erdölkonzerne. Diese Entscheidung löste zunächst einen wirtschaftlichen Aufschwung aus, sodass die Regierung viele Projekte wie den Ausbau der Straßen und die Förderung des staatlichen Wohnungsbaus vorantreiben konnte.
Durch die unkontrollierte Ausgabenpolitik der Regierung, die sich auf die scheinbar nie versiegende Einnahmequelle verließ, geriet Venezuela jedoch Anfang der 80er Jahre in eine Finanzkrise, als die Preise für das »schwarze Gold« infolge der verringerten Nachfrage sanken. Erst als die Staatsverschuldung fast 40% des BSP erreicht hatte, merkte Venezuela, dass die einseitige Ausrichtung auf den Erdölsektor zu einer Vernachlässigung anderer Wirtschaftszweige geführt hatte. Zwar bemühte sich das Land nun um eine Diversifizierung seiner Wirtschaft, doch Versuche, z. B. die Landwirtschaft zu stärken, blieben weitgehend erfolglos. 1999 trugen die Mineralölausfuhren ca. 80% zu den Deviseneinnahmen bei. (Foto: Petrochemische Anlagen in Zulia, 1990)

Die wichtigsten Parteien im 20. Jahrhundert

Name (Abkürzung)	*Politische Richtung*	*Gründung*
Partido Comunista de Venezuela (PCV)	kommunistisch	1931
Acción Democrática (AD)	sozialdemokratisch	1936[1)]
Comité de Organización Política Electoral Independiente (COPEI)	konservativ	1946
Unión Republicana Democrática (URD)	linksdemokratisch	1946
Movimiento de Izquierda Revolucionaria (MIR)	Splitterpartei der AD	1960
Movimiento Electoral del Pueblo (MEP)	linker Flügel der AD	1967
Movimiento al Socialismo (MAS)	sozialdemokratisch	1971
Movimiento de Integración Nacional (MIN)	nationaldemokratisch	1977
Nueva Alternativa (NA)	linksdemokratisch	1982
Derecha Emergente de Venezuela (DEV)	rechtsgerichtet	1989
Apertura y Participación Nacional	nationaldemokratisch	1997

1) 1936–41 unter der Bezeichnung Partido Democrático Nacional (PDN)

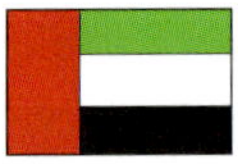

Vereinigte Arab. Emirate

Im 16. Jh. kam das heutige Gebiet der V. unter den Einfluss europäischer Seemächte. 1853 gewährleistete ein Vertrag mit den arab. Stämmen an der »Pirate Coast« (engl.; Piratenküste) den brit. Einfluss in dieser Region und sicherte den lokalen Herrschern brit. Schutz gegenüber äußeren Feinden zu. Die regionalen politischen Strukturen blieben weitgehend unverändert. 1892 schloss die brit. Regierung separate, aber identische Verträge mit den Scheichtümern, wodurch diese Vertragsstaaten (Trucial States) zu brit. Protektoraten wurden. Da den Emiraten die wesentlichen wirtschaftlichen Grundlagen fehlten, entwickelten sie sich im 19. und beginnenden 20. Jh. nur langsam. Bis zum Zweiten Weltkrieg konnte von eigentlichen Staaten noch nicht gesprochen werden. Verschiedene Scheichs beherrschten von Oasen und Häfen aus nicht klar umrissene Gebiete. Erst von 1952 an wurden auf Druck der Briten aus Stammesgebieten klar abgegrenzte Territorien. Nachdem auf brit. Initiative ein Vertragsrat gegründet worden war, wurde auch die Zusammenarbeit zwischen den Emiraten enger. Wirtschaftliche Grundlage waren eine agrarische Subsistenzwirtschaft und die Perlenfischerei. Nach ersten Erdölfunden in den 30er Jahren erfolgte der große Umbruch durch die Erdölförderung in den 60er Jahren. Die Handelszentren Abu Dhabi und Dubai erhielten dadurch ein sicheres wirtschaftliches Fundament.

Vereinigte Arabische Emirate 2000	
Landesfläche	83 600 km² (WR 113)
Einwohner	2,4 Mio (WR 137)
Hauptstadt	Abu Dhabi (363 000 Einwohner)
Sprachen	Arabisch, Engl., Hindi, Urdu, Farsi
Währung	1 Dirham (DH) = 100 Fils
Gliederung	7 Emirate
Staatsform	Föderation von sieben Emiraten (seit 1971)
Religion	Moslems (94,9%): Sunniten 81,0%, Schiiten 13,9%; Christen (3,8%); Sonstige (1,3%)
Bevölkerung	Araber (87,1); Pakistani, Inder (9,1%); Sonstige (3,8%)

Vereinigte Arabische Emirate im 20. Jahrhundert	
1940	Scharja wird wichtiger alliierter Flugzeugstützpunkt im Zweiten Weltkrieg.
1962	In Abu Dhabi beginnt die kommerzielle Ausbeutung des Erdöls.
1968	Beginn der Föderationsverhandlungen zwischen Bahrain, Katar und den Vertragsstaaten.
1971	Unabhängigkeit der Vereinigten Arab. Emirate.
1980	Ein Arbeitsgesetz tritt in Kraft, das die Einwanderung ausländischer Arbeitskräfte kontrolliert.
1990	Unterstützung ausländischer Truppen gegen den Irak im Irak.-Kuwait. Krieg.
1992	Bürger der Vereinigten Arab. Emirate werden durch den Iran von der Insel Abu Musa vertrieben.
1993	Die Vereinigten Arab. Emirate definieren ihre Territorialgewässer.
1994	Einführung der Scharia für Delikte wie Mord, Diebstahl und Drogenvergehen.
1996	Die bislang vorläufige Verfassung wird verabschiedet; Abu Dhabi City wird als gemeinsame Hauptstadt anerkannt.
1999	Abkommen mit Katar über den Bau einer Erdgaspipeline (Projekt »Delphin«).

Auf dem Weg zur Föderation

Verhandlungen: Als Großbritannien 1968 die Absicht bekannt gab, sich aus der Region zurückzuziehen, vereinbarten die Vertragsstaaten gemeinsam mit den Nachbarscheichtümern Bahrain und Katar die Bildung eines föderalen Staates. Die Leitfigur war Scheich Said ibn Sultan An-Nuhajan von Abu Dhabi, der seit seiner Thronbesteigung im Jahr 1966 durch den Bau von Straßen und Schulen, Wohnsiedlungen und Krankenhäusern die wirtschaftliche und soziale Infrastruktur seines Emirats deutlich verbessert hatte. Zum wirtschaftlichen Aufbau aller Vertragsstaaten stattete er ihren Entwicklungsrat (Trucial States Development Council) mit erheblichen Finanzmitteln aus. Zusammen mit Scheich Rashid bin Said Al-Maktoun, dem Herrscher von Dubai, begann er Verhandlungen zur Bildung der Föderation. Diese Verhandlungen wurden jedoch bald von traditionellen Differenzen – zwischen Bahrain und Katar einerseits und den kleineren Scheichtümern andererseits – überschattet.

Zusammenschluss: Bahrain und Katar wurden 1971 selbstständige Staaten, während sich die sechs Vertragsstaaten Abu Dhabi, Dubai, Scharja, Ajman, Fudjaira, und Umm al Qaiwain zu einer Föderation zusammenschlossen und am 2.12.1971 als V. unabhängig wurden. Im Februar 1972 schloss sich das Emirat Ras al-Chaima an. Scheich Said wurde bis heute wieder gewählter Präsident, Scheich Raschid und ab 1990 sein Sohn Maktum ibn Raschid al-Maktum (* 1943) Vizepräsident. Die Grenze und die Größe der V. sind bis heute keineswegs unwidersprochen: Die Grenzziehung zu Saudi-Arabien beruht auf einem Übereinkommen des Jahres 1974, mit Oman wurde sie erst 1999 festgelegt. Zusammen mit dem Iran erheben die V. Anspruch auf die Inseln Tunb as Sughra, Tunb al Kubra und Abu Musa. Verhandlungen, die zuletzt 1993 geführt worden sind, brachten keine Beilegung des Konflikts. Dennoch definierten die V. ihre Territorialgewässer einschließlich dieser Inseln.

Staatliche Ordnung: Höchstes Organ der bundesstaatlichen Föderation ist nach der provisorischen Verfassung von 1971 der Oberste Rat der Herrscher unter Vorsitz eines Präsidenten, seit 1971 des Scheichs von Abu Dhabi, und seines Vizepräsidenten, seit 1971 des Scheichs von Dubai. Daneben besteht eine Föderationsregierung und eine beratende 40-köpfige Föderationsversammlung. Deren Mitglieder werden nicht gewählt, sondern von den Herrschern der Föderationsstaaten, die weiterhin als Feudalstaaten regiert werden, nach einem Quotensystem entsprechend der Einwohnerzahl ernannt. Von Abu Dhabi abgesehen verfügen alle sieben Staaten über eigene Regierungen unterhalb der Föderationsebene. Allgemeine Wahlen sind nicht üblich, die wichtigsten Staatsämter werden innerhalb der Scheichfamilien besetzt.

Scheich Said ibn Sultan An-Nuhajan wurde 1966 zum Emir von Abu Dhabi gewählt. Mit Hilfe der Erdölindustrie entwickelte er die Infrastruktur und das Sozialsystem seines Landes. Er war der wesentliche Architekt der Vereinigten Arab. Emirate, deren Präsident er seit 1971 ist.

Wirtschaftspolitik

Erdölförderung: Die Ausbeutung der Erdölreserven – die V. verfügen über rund 10% der Weltreserven – begann 1962 in Abu Dhabi, wo der Staat heute zu 60% an den Erdölgesellschaften beteiligt ist. Neben der Erdölförderung, die durch die Marktkontrollmaßnahmen der OPEC beeinflusst wird, wurde Erdgas, das nicht durch Förderquoten reglementiert ist, für die heimische Wirtschaft wie auch für den Außenhandel zunehmend von Bedeutung. Die Einnahmen aus den Erdölexporten beeinflussten die Wirtschaft in allen Emiraten, zuerst jedoch in Abu Dhabi, dessen Wirtschaftskraft es erlaubte, die ärmeren Emirate zu unterstützen.

Diversifizierungspolitik: Die Diversifizierung der Wirtschaft der V. besitzt seit Beginn der 90er Jahre hohe Priorität, um die übermächtige Abhängigkeit von Erdgas und Erdöl zu reduzieren. Gerade die Erlöse aus den Erdölexporten machten es möglich, rund 6,8 Mrd US-Dollar in die Industrieentwicklung zu investieren. In der Jebel-Ali-Freihandelszone von Dubai sind heute mehr als 1000 Firmen aus über 70 Ländern ansässig. Ein Schnellstraßennetz verbindet die Emirate untereinander, die Hafenanlagen wurden für den Außenhandel beständig erweitert. Die internationalen Flughäfen haben die V. schließlich zu einem regionalen Verkehrsknotenpunkt gemacht.

Wirtschaftliches Gefälle: Die Wirtschaftsentwicklung ist innerhalb der V. jedoch ungleich. Abu Dhabi entwickelte sich dank der Erdölwirtschaft zu einem Zentrum von Banken und Versicherungen. Auch Dubai gehört seit 1971 zu den reichen Erdöl produzierenden Emiraten und entwickelte sich in den 90er Jahren zu einem wichtigen Handelszentrum der gesamten Golfregion; in Scharja begann die Förderung 1974. In Dubai und Abu Dhabi ist zudem der Tourismus von wirtschaftlicher Bedeutung. Demgegenüber basiert die Wirtschaft von Ajman und Umm al-Qaiwain auf Fischfang und Handwerk, ferner beziehen Fujairah und Ras al-Khaimah, wo die Förderung erst 1984 begann, wesentliche Teile ihres Einkommens aus traditioneller Landwirtschaft und Küstenfischerei. Wichtiges agrarisches Exportprodukt ist die Dattel, da auf die V. rund 10% des Dattelpalmenbestandes der Erde entfallen. Der Erdölreichtum versetzt die V. seit Jahren in die Lage, durch großzügige Wirtschafts- und Entwicklungshilfe nicht nur in arab. Ländern, sondern auch in Afrika und Asien (wirtschafts-)politischen Einfluss zu nehmen.

Tradition und Fortschritt: Auf der Schiffswerft Al-Khattal in Dubai werden moderne Frachtschiffe (Dhaws) in traditioneller Holzbauweise gebaut.

Tourismus ist in Abu Dhabi und Dubai von wachsender Bedeutung. Der Reichtum der Vereinigten Arab. Emirate erlaubte den Aufbau von Luxushotels, die oft umgeben sind von dauernd bewässerten Rasenflächen. Mit dem 321 m hohen Arabian Tower verfügt Dubai über eines der höchsten und modernsten Luxushotels der Welt.

Politische und soziale Gegensätze

Integration: Gestützt auf die wirtschaftliche und damit politische Vormachtstellung drängte Abu Dhabi bereits in den 70er Jahren auf eine stärkere Integration, der jedoch vor allem von Dubai und Ras al-Chaima Widerstand entgegengesetzt wurde. Aus Furcht vor dem Verlust ihrer Einflussmöglichkeiten legten die Herrscher dieser beiden Emirate ihr Veto gegen einen 10-Punkte-Plan des Jahres 1979 ein, der u. a. die Abschaffung aller Binnengrenzen in der Föderation, gemeinsame Streitkräfte und einen gemeinsamen Haushalt vorsah. Einer umfassenden ökonomischen Integration stand auch die vorläufige Verfassung entgegen, nach der der natürliche Reichtum und die Einkünfte Eigentum des jeweiligen Emirats bleiben.

Häfen wie Port Rashid (Foto) oder Khor Fakkan sind lebenswichtig für einen Staat, der wie die Vereinigten Arab. Emirate von exportfähigen Rohstoffen abhängig ist und gleichzeitig nahezu alle lebenswichtigen Güter importieren muss.

Neue Mittelschicht: Der Wunsch nach nationaler Einigung wird auch von den innenpolitischen und sozialen Folgen des ökonomischen Wandels beeinflusst. Die traditionelle Herrschaft der Scheichs wird in den drei durch Erdöl reich gewordenen Emiraten von einer neuen, teilweise in Europa ausgebildeten Mittelschicht zunehmend in Frage gestellt. Diese fordert mehr Mitbestimmung und allgemeine Wahlen sowie eine nationale Einigung. Eine wirkliche Opposition wird jedoch unterdrückt.

Ausländer und Islamisten: Erschwert wird die Situation noch durch den Gegensatz zwischen der in mehrere Stämme gegliederten alteingesessenen Bevölkerung und den Einwanderern, die meist aus modernen Gesellschaftssystemen stammen, sich aber in den V. in einer politisch rechtlosen Situation befinden. Einheimische Arbeitskräfte sind knapp und selbst die Zahl der Einwanderer, die rund 90% aller Erwerbspersonen stellen, reicht nicht aus, um den Bedarf zu decken. Nicht arab. Arbeitskräfte sind auf allen wirtschaftlichen Ebenen, einschließlich der öffentlichen Verwaltung und der Regierungsbürokratie, beschäftigt. Arbeitsplätze für Un- und Angelernte werden überwiegend von Pakistani und Iranern, Büroarbeitsplätze von Indern besetzt. Auf der Managementebene findet sich ein hoher Anteil von Europäern. Hinzu kommen Jordanier und Omani, die überwiegend bei den Streitkräften angestellt sind. Während hoch qualifizierte arab. Einwanderer sowie amerikan. und europäische Gastarbeiter eine günstige ökonomische Position haben, werden die ungelernten Arbeiter aus Pakistan und den Nachbarstaaten, die zudem häufig illegal eingewandert sind, beim geringsten Anlass ausgewiesen. Islamisten sind in den letzten Jahren ein wichtiger innenpolitischer Faktor geworden. Ihren Forderungen trug die im Grunde liberale Regierung 1994 dadurch Rechnung, dass bestimmte Straftaten nunmehr nach der Scharia abgeurteilt werden.

Neue Verfassung: Trotz aller eigenstaatlichen Interessen und Eifersüchteleien in den Jahrzehnten seit Bestehen der V. einigten sich die sieben Emirate im August 1996 auf eine neue Verfassung und auf Abu Dhabi City als gemeinsame Hauptstadt. *H.-W. W.*

Vietnam

Republik Vietnam

Im 4. Jh. v. Chr. siedelten die Lakviet, eine aus China stammende Volksgruppe, im Delta des Roten Flusses und gründeten einen Staat, aus dem 209 v. Chr. das Königreich Nam Viet hervorging. Während andere südostasiat. Staaten unter dem Einfluss der ind. Kultur standen, wurde das Reich der Viet unter chines. Herrschaft (111 v. Chr.–938 n. Chr.) entscheidend von China geprägt (Verwaltungssystem, Kunst, Kultur und Sprache). Auch die Staats- und Gesellschaftslehre des Konfuzianismus, die neben den Buddhismus trat, kam aus China. Nach blutigen nationalen Aufständen bildete sich 938 n. Chr. das erste unabhängige vietnames. Reich Dai Viet. China behielt jedoch die Oberhoheit und verlangte jährliche Tributzahlungen. Im 16. Jh. folgte die Teilung des Reichs, nachdem feindliche Adelsfamilien die Herrschaft an sich gerissen hatten: Die Trinh unterstützten die Befreiungsbestrebungen der Bauern im Norden. Im Süden bildeten die Nguyen das Rückgrat der Monarchie; sie pflegten gute Beziehungen zu den Europäern und bauten ein funktionierendes Verwaltungssystem auf. Nach einem Bürgerkrieg gegen den Norden erfolgte 1802 die Wiedervereinigung der beiden Landeteile unter Kaiser Gia Luong aus der Nguyen-Familie, der das Land in Viet Nam (Land des Südens) umbenannte und sein Regierungsgebiet bis zum Golf von Thailand ausdehnte. Im 19. Jh. drang Frankreich in V. ein und machte es 1883 zu seiner Kolonie. Die französ. Kolonialregierung teilte das Land in drei Regionen: Tongking im Norden, Annam in Zentral-V. und Cochinchina im Süden. 1887 entstand mit Kambodscha die französ. Indochines. Union, 1893 kam Laos als weitere Kolonie dazu.

Vietnam 2000	
Landesfläche	331 689 km² (WR 64)
Einwohner	78,7 Mio (WR 13)
Hauptstadt	Hanoi (2,16 Mio Einwohner)
Sprache	Vietnamesisch
Währung	1 Dong (D) = 10 Hào = 100 Xu
Gliederung	50 Provinzen, 3 Stadtbezirke
Staatsform	Volksrepublik
Religion	Buddhisten (67%); Katholiken (8%); Sonstige (25%)
Bevölkerung	Vietnamesen (87,1%); Tho (1,8%); Chinesen (1,5%); Thai (1,5%); Khmer (1,4%); Sonstige (6,7%)

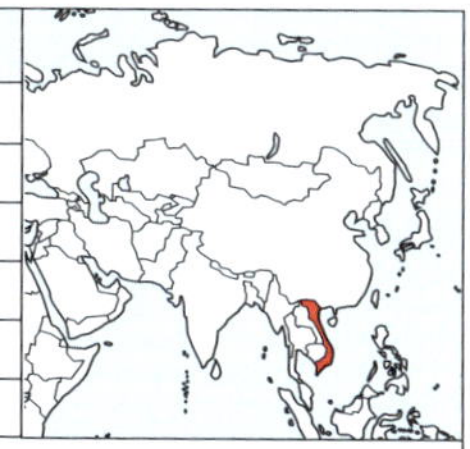

Ho Chi Minh (»der nach Erkenntnis Strebende«) ist die Symbolfigur des vietnames. Kampfes gegen die französ. Kolonialherren. Der strenge und asketische kleine Mann verkörperte wie kein anderer die zähe Widerstandskraft des vietnames. Volks gegen alle ausländischen Invasoren. In den 60er Jahren wurde er zum Vorbild der Studentenbewegung in Westeuropa und den USA. (Foto: Ho Chi Minh 1941 in seinem Unterschlupf, der Grotte Coc Bo)

Unter französischer Herrschaft

Widerstand: Die französ. Fremdherrschaft wurde von Anfang an von den Vietnamesen bekämpft. Modernisierungsversuche der französ. Regierung scheiterten an der starren und dogmatischen Haltung der konfuzianisch geprägten Regierungsbeamten. 1930 wurde die Kommunistische Partei (KP) Indochinas zur Unterstützung des inneren Widerstands von dem KPF-Funktionär Ho Chi Minh gegründet, der bald zur wichtigsten Person innerhalb der antikolonialen Widerstandsbewegung Vietminh (Liga für die Unabhängigkeit Vietnams) aufstieg, die sich in China formierte.

Unabhängigkeit: Japan besetzte während des Zweiten Weltkriegs mit Billigung der Vichy-Regierung französ. Gebiete in Indochina. Am 8.3.1945 erlaubten die japan. Besatzer die Bildung eines Staates V. aus Annam, Cochinchina und Tongking unter Kaiser Bao Dai. Mit Hilfe von Waffenlieferungen der Alliierten konnte der Guerillakrieg gegen die japan. Besatzer gewonnen werden. Nach dem Rückzug der Japaner proklamierte Ho Chi Minh die Unabhängigkeit V.s und rief am 2.9.1945 die Demokratische Volksrepublik Vietnam aus. Bei allgemeinen Wahlen im Januar 1946 siegte die Kommunistische Partei, erster Präsident der Republik V. wurde Ho Chi Minh (1946–69).

Der Indochinakrieg (1946–54)

»Feuerkraft gegen Willensstärke«: Alle Versuche der Franzosen, die Herrschaft über V. zurückzugewinnen scheiterten am erbitterten Widerstand der Guerilla-Kämpfer der Vietminh. Trotz der wesentlich besseren militärischen Ausrüstung Frankreichs (»Feuerkraft«)

Vietnam im 20. Jahrhundert	
1930	Gründung der Kommunistischen Partei (KP) durch Ho Chi Minh.
1940	Besetzung Indochinas durch japan. Truppen.
1941	Bildung der Vietminh (Liga für die Unabhängigkeit Vietnams) in China unter Führung des kommunistischen Funktionärs Ho Chi Minh.
1945	Rückzug der Japaner, Ho Chi Minh ruft in Hanoi die Demokratische Republik Vietnam aus; Rückkehr französ. Truppen.
1946	Abkommen zwischen Frankreich und Ho Chi Minh über Anerkennung des freien Staates Vietnam innerhalb der Französ. Union.
1946	Beginn des Indochina-Krieges (1954 beendet).
1954	Sieg der Vietminh über Frankreich bei Dien Bien Phu (7.5).
	Ngo Dinh Diem bildet in Saigon eine eigene Regierung (16.6); Waffenstillstandsabkommen der Genfer Indochina-Konferenz (21.7); Teilung des Landes entlang des 17. Breitengrades.
1960	Bildung der Nationalen Front für die Befreiung Südvietnams (NFL).
1963	Der südvietnames. Diktator Ngo Dinh Diem wird getötet (Militärputsch).
1964	Die USA provoziert Überfall auf Kriegsschiff (»Tongking«-Zwischenfall).
1965	Beginn der Bombenangriffe der USA auf Nordvietnam.
1967	Nguyen Van Thieu wird letzter Staatspräsident Südvietnams.
1968	Tet-Offensive von Vietcong und NFL; Beginn der Friedensgespräche in Paris; Bombenstopp der USA in Nordvietnam.
1969	Tod des KP-Vorsitzenden und Vietminh-Führers Ho Chi Minh.
1970	In Kambodscha werden durch US-amerikan. und südvietnames. Truppen Kampfhandlungen eingeleitet.
1972	Erneute Offensive Nordvietnams und der NFL; USA bombadiert wieder.
	Waffenstillstandsabkommen zwischen US-Unterhändler Henry Kissinger und Le Duc Tho, dem Außenminister Nordvietnams, scheitert am Widerstand des südvietnames. Präsidenten Nguyen Van Thieu.
1973	Verabschiedung eines endgültigen Waffenstillstandsabkommens in Paris.
	Abzug der letzten US-Soldaten aus Südvietnam.
1975	Letzte Großoffensive des Vietcong und Kapitulation Südvietnams; Evakuierung der letzten Amerikaner aus Saigon; Ende des Vietnamkrieges.
1976	Wahl einer Nationalversammlung, Wiedervereinigung.
1977	Vietnam tritt den Vereinten Nationen (UN) bei.
1978	Verstaatlichung des Privathandels im Süden, Freundschaftspakt mit UdSSR.
1979	Kämpfe in Kambodscha, die Regierung Pol Pot wird durch von Vietnam militärisch unterstützte Kräfte gestürzt.
1980	Neue sozialistische Verfassung tritt in Kraft.
1987	Parlamentswahlen; Gesetz über die Zulassung ausländischer Investitionen bis zu 100% Eigentumsanteil.
1989	Beendigung des Truppenabzugs aus Kambodscha.
1991	Normalisierung der Beziehungen zur VR China, Abkommen mit der Bundesrepublik Deutschland über entwicklungspolitische Zusammenarbeit.
1992	General Le Duc Anh wird nach der Verfassungsreform erster Präsident.
1994	Ende des Wirtschaftsembargos durch die USA; Streit mit Deutschland über die Rückführung vietnames. Bürger nach Vietnam.
1995	Beitritt Vietnams als erstes sozialistisches Land zur Vereinigung südostasiat. Staaten (ASEAN); Diplomatische Beziehungen zu den USA; ASEAN-Sitzung beschließt Schaffung einer Freihandelszone bis 2003.
1996	Rückführung vietnames. Flüchtlinge aus anderen asiat. Staaten (Zwangsrepatriierung); Beibehaltung des Sozialismus und staatlich kontrollierte Wirtschaft trotz Duldung kleinerer privatwirtschaftlicher Initiativen.
1997	Vertrag zwischen Thailand und Vietnam über Grenzen innerhalb der Territorialgewässer; Nationalversammlung wählt Tran Duc Luong zum Staatspräsidenten; Wirtschaftsverträge mit Frankreich.
1998	Abwertung der Landeswährung (Dong) wegen Wirtschaftskrise in Asien.
1999	Eröffnung des neuen Konsulats der USA in Ho-Chi-Minh-Stadt (Saigon).
2000	Präsident Tran Duc Luong amnestiert 12 000 politische Häftlinge.

war das vietnames. Volk unter der Führung von Ho Chi Minh und General Vo Nguyen Giap fest entschlossen, für seine Unabhängigkeit zu kämpfen (»Willensstärke«).
Der erbitterte Kampf der Guerillas gegen die französ. Besatzer ging daher unter dem Slogan der Rebellen »Feuerkraft gegen Willensstärke« in die Geschichte ein. Nach französ. Bombardements auf den Hafen Hai Phong im November 1946 begann Ho Chi Minh den Kampf gegen die französ. Besatzung, der zum sog. Indochina-Krieg führte. 1949/50 versuchte Frankreich V. als assoziierten souveränen Staat in die Französ. Union aufzunehmen und setzte Kaiser Bao Dai, der 1945 von Ho Chi Minh abgesetzt worden war, als neuen »Staatschef« von V. ein (1949–55).
Guerillataktik: Die Franzosen wurden im Indochina-Krieg durch systematische Angriffe der vietnames. Guerilla-Truppen auf ihre isolierten Stützpunkte geschwächt. 1954 kam es zur Entscheidungsschlacht um die Festung Dien Bien Phu. Nach zweimonatiger Belagerung durch die Truppen von General Giap kapitulierten die Franzosen im Mai 1954 und zogen ihre Truppen ab. Der Indochina-Krieg war sowohl von Frankreich als auch von den Vietminh-Streitkräften, die von der VR China unterstützt wurden, mit äußerster Härte geführt worden und forderte allein bei den Franzosen 92 000 Todesopfer.

Vietminh und Vietcong

Indochina-Konferenz: Auf der Genfer Indochina-Konferenz wurde am 21.7.1954 zwischen Frankreich und V. ein Waffenstillstandsabkommen geschlossen, das eine erneute Teilung V.s entlang des 17. Breitengrades festlegte. Die Schlusserklärung der Konferenz hob ausdrücklich den provisorischen Charakter der Demarkationslinie hervor, »die hauptsächlich dem Zweck dient, die militärischen Fragen im Hinblick auf die Beendigung der Feindseligkeiten zu regeln« und die »keinesfalls als eine politische oder territoriale Grenze interpretiert werden darf«. Über das weitere politische Schicksal des Landes sollte 1956 in allgemeinen, freien und von einer neutralen Waffenstillstandskommission überwachten Wahlen entschieden werden.
Teilung: Der nördliche Teil mit rund 11 Mio Einwohnern und den Industriezentren Hanoi und Haiphong fiel an die kommunistische Vietminh. Der südlich der Demarkationslinie gelegene Teil V.s mit rund 23,5 Mio Einwohnern und den wichtigsten Reisanbaugebieten des Landes blieb unter der Regierung der bis-

her von Frankreich gestützten Republik V. Vor allem die USA, die das Abkommen nicht unterzeichnet hatten, verfolgten das Ziel, die weitere Ausbreitung des Kommunismus in Asien zu verhindern (»Domino-Theorie« der westlichen Regierungen im Kalten Krieg: Wenn nach China noch ein weiterer Staat kommunistisch wird, fallen auch die anderen Regime).

Regierung Diem: Als Ergebnis der Indochinakonferenz wurde Ngo Dinh Diem am 16.6.1954 – unterstützt von Frankreich und den USA – als Präsident der Republik Süd-V. eingesetzt. Er erhielt die Auflage, zwei Jahre später Wahlen auszuschreiben, bei dem das vietnames. Volk über die Beibehaltung der Teilung des Landes abstimmen sollte. Diem setzte 1955 Kaiser Bao Dai ab. Die für 1956 vorgesehenen Neuwahlen, bei denen das Volk über die Wiedervereinigung des Landes abstimmen sollte, fanden aber nicht statt. Diems diktatorischer Regierungskurs, fehlende Reformen, Spannungen zwischen der von ihm begünstigten katholischen Minderheit und der buddhistischen Mehrheit stießen in der Bevölkerung auf Widerstand und z. T. spektakuläre Proteste (Selbstverbrennungen von buddhistischen Mönchen und Nonnen). Bei der Teilung V.s waren Einheiten der kommunistischen Vietminh im Süden geblieben, die sich 1960 zur Partisanenarmee Vietcong (Nationale Front zur Befreiung V.s) zusammenschlossen und von der südvietnames. Nationalen Volksarmee (NVA) unterstützt wurden. Sie fanden starken Rückhalt in der verarmten Landbevölkerung, die sich von Präsident Diem betrogen fühlte, und später auch von einigen südvietnames. Bergstämmen, die seine Vietnamisierungspolitik ablehnten.

Staatsstreich: Bei einem Militärputsch der südvietnames. Streitkräfte, der von den US-Besatzern unterstützt wurde, kam Präsident Diem 1963 ums Leben. Das Komitee der Revolutionsgeneräle setzte den früheren Vizepräsidenten General Duong Van Minh als Diems provisorischen Nachfolger ein. Nach weiteren Umsturzversuchen des Vietcong wurde General Nguyen Van Thieu 1965 Staatsoberhaupt und 1967 offiziell Präsident Süd-V.s.

Vietnamkrieg (1957–75)

»Tongking-Zwischenfall«: Seit 1950 hatten sich die Großmächte in den Vietnamkonflikt eingemischt. Die UdSSR und China standen auf der Seite Nord-V.s, während Großbritannien und die USA die Regierung im Süden mit Militärhilfe unterstützten. Unter der Regierung von Präsident John F. Kennedy war 1962 die

Indochinakrieg: Französ. Einheiten vernichteten 1953 Lager der Vietcong in Langson.

Vietminh-Soldaten schwenkten nach dem Fall von Dien Bien Phu die vietnames. Flagge.

»Double Eagle«: 1966 landeten US-Marines auf einem ehem. Vietcong-Stützpunkt.

Südvietnames. Kinder flüchteten in Panik nach den Napalmangriffen der US-Armee (Foto von 1972). Insgesamt kamen im Vietnamkrieg rund 1,5 Mio Zivilisten ums Leben.

Zahl militärischer Beobachter in Süd-V. verstärkt worden. Als am 4.8.1964 ein US-amerikan. Kriegsschiff im Golf von Tongking von nordvietnam. Torpedobooten angeblich grundlos angegriffen wurde, eskalierte die Krise in V. Unklar blieb lange, ob der Angriff von den USA provoziert worden war, da sich der US-Zerstörer in nordvietnames. Hoheitsgebiet befunden hatte, um dort eine südvietnames. Sabotageaktion gegen den Norden zu unterstützen. US-Präsident Lyndon B. Johnson gab nach dem Zwischenfall ohne Kriegserklärung den Befehl zur Bombardierung Nord-V.s. Erst in den 70er Jahren wurde bekannt, dass der Angriffsbefehl schon vor dem Tongking-Zwischenfall unterzeichnet worden war und die USA schon seit Februar 1964 einen geheimen militärischen Feldzug (Plan 34 A) gegen Nord-V. führten.

Ho-Chi-Minh-Pfad: Ab 1965 landeten US-Bodentruppen in V. und begannen ihre Vernichtungsaktionen gegen den Vietcong (Zwangsevakuierung der Dörfer; Zerstörung, Vergiftung und Entlaubung der Waldgebiete; Bombardierung auch der Zivilbevölkerung mit Napalm- und Splitterbomben). Die »Operation Phoenix« sollte gezielt die Vietcong-Führer vernichten, doch der Plan der USA, die Guerilla zu zerschlagen und den Krieg schnell zu beenden, ging nicht auf. Über den Ho-Chi-Minh-Pfad erhielten die Rebellen von China und den UdSSR ständigen Nachschub an Waffenlieferungen und Nahrungsmitteln. Der Kampftaktik des nordvietnames. Generals Giap – Blitzangriff aus dem Hinterhalt und ebenso schneller Rückzug – waren auch die modernen US-Streitkräfte nicht gewachsen.

Tet-Offensive: In einer groß angelegten Aktion überfielen die Nationale Volksarmee und der Vietcong im Januar/Februar 1968 etwa hundert größere Städte in Süd-V., darunter Saigon und Hué. Nur Hué konnte fast 25 Tage gehalten werden, die anderen Städte mussten nach drei Tagen wieder freigegeben werden. Trotz der Niederlage des Vietcong (50 000 Tote) dämpfte der Überfall die Kampfmoral der US-Truppen. Die Zerstörung vieler Gebiete und Ermordung unschuldiger Zivilisten (Massaker der US-Armee in My Lai 1968 mit mehr als 300 Toten) führte weltweit zu Anti-Kriegsdemonstrationen. Der amerikan. Präsident Johnson stoppte teilweise die Bombardierung des Nordens. Am 13.5.1968 begannen in Paris erste Friedensgespräche zwischen dem amerikan. Präsidentenberater Henry A. Kissinger und Le Duc Tho, dem außenpolitischen Vertreter der kommunistischen Führung in Nord-V.

Rückzug der USA: Im US-amerikan. Wahlkampf versprach Richard Nixon, der 1969 als Präsident die Nachfolge Lyndon Johnsons antreten sollte, den Krieg in V. zu beenden (Nixon-Doktrin). Dennoch kam es 1969 zu neuen Kampfhandlungen und dem Überfall auf Kambodscha. Im Frühjahr 1972 starteten die Nordvietnamesen eine erneute Angriffsoffensive, was die USA mit der Bombardierung von Hanoi und Hai Phong beantworteten. Im Pariser Vietnam-Abkommen wurde am 27.1.1973 der endgültige Waffenstillstand – ein erster war 1972 am Widerstand Nguyen Van Thieus gescheitert – beschlossen. Der US-amerikan. Kongress bestärkte das Abkommen durch eine Resolution, die eine weitere militärische Einmischung in V. strikt verbot.

Kapitulation: Im Januar 1975 kam es entgegen dem Pariser Abkommen zum Großangriff der Vietcong auf südvietnam. Truppen, die durch die nachlassende US-amerikan. Unterstützung, die Energiekrise und die desolate wirtschaftliche Situation geschwächt waren und sich zurückziehen mussten. Der nordvietnames. Armee gelang es, bis zum Präsidentenpalast in Saigon (Palast der Unabhängigkeit) vorzurücken, wo am 30.4.1975 die Kapitulationserklärung Süd-V.s unterzeichnet wurde. Nach dem Rücktritt des Präsidenten Van Thieu wurde eine Revolutionsregierung unter Präsident Tran Van Huong eingesetzt. Die letzten Amerikaner wurden aus Saigon mit Hubschraubern evakuiert. Am 24.6.1976 trat in Hanoi die in Nord- und Süd-V. gewählte Nationalversammlung zu ihrer konstituierenden Sitzung zusammen, womit die Wiedervereinigung V.s faktisch vollzogen war. Am 2.7 erfolgte die offizielle Proklamation der Sozialistischen Republik V. (SRV). Hanoi wurde zur neuen Hauptstadt erklärt und Saigon in Ho-Chi-Minh-Stadt umbenannt. Die Ideologie der Kommunistischen Partei Vietnams (KPV) wurde staatstragend, ihr Führungsanspruch in der Verfassung verankert

Kriegsfolgen

Verluste: Insgesamt wurden im Vietnamkrieg ca. 58 000 US-amerikan. Soldaten getötet und 360 000 verwundet. Zwar hatte V den Krieg gewonnen, doch ließen die USA ein Land zurück, in dem etwa 1,5 Mio Vietnamesen durch die Kriegsereignisse getötet worden waren; weitere 1,5 Mio wurden verwundet. Weite Teile des Landes waren im Norden durch die systematische Flächenbombardierung völlig zerstört worden. Chemische Entlaubungsmittel (Agent Orange) hatten den

Friedensgespräche zwischen US-Unterhändler Henry Kissinger (l.) und Le Duc Tho (r.)

Ho Chi Minh – Organisator des Widerstands

Zur Person: Ho Chi Minh wurde am 18.5.1890 als Nguyen Tat Thanh in Kim Lien geboren, er besuchte das Gymnasium in Hué und war später kurze Zeit als Lehrer tätig. Als Küchenhilfe auf einem französ. Frachtschiff kam er nach Europa und erlebte den Ausbruch des Ersten Weltkrieges in London. 1917 trat er in Paris der Partei der französ. Sozialisten bei und war an den Friedensverhandlungen 1919 in Versailles beteiligt. Im gleichen Jahr gründete er während eines Aufenthalts in Hongkong die Kommunistische Partei Indochinas. Ho wurde Gründungsmitglied der französ. KP und kam 1924 im Auftrag der Kommunistischen Internationale (Komintern) nach China, wo er die Revolutionäre Jugendliga Vietnams gründete. Nach Stationen in Amoy, Shanghai, Moskau und China kehrte Ho Chi Minh 1941 in sein Heimatland Vietnam zurück.

Kampf für Unabhängigkeit: Als Führer der Vietminh kämpfte er für die Unabhängigkeit Vietnams. Seine nationalistische und anti-französ. Gesinnung war schon früh durch seinen Vater und die revolutionäre Vergangenheit seines Dorfes geprägt worden. Im Auftrag Nationalchinas sollte er die Vietnamesen nach dem Abzug der Japaner vereinen. Als Ho Chi Minh (»der nach Erkenntnis Strebende«) gründete er 1945 die Demokratische Republik Vietnam und wurde ihr erster Präsident. Er starb 79-jährig 1969 in Hanoi. (Foto aus seinem Todesjahr.)

»Boat People« – Flucht vor dem sozialistischen Regime

Nach der Wiedervereinigung Vietnams 1976 verließen fast 1 Mio Menschen fluchtartig das Land: Die chinesischstämmige Bevölkerung, die unter der Regierung in Hanoi Repressalien ausgesetzt war, Antikommunisten, Kollaborateure und ehemalige Angehörige der Vietminh versuchten sich über das Meer abzusetzen. Ihnen standen oft nur kleine, seeuntüchtige Boote zur Verfügung, mit denen sie u.a. Richtung Hongkong und Thailand segelten oder auf Aufnahme vorbeifahrender Schiffe hofften. Dabei kam es immer häufiger zu Unglücksfällen. (Foto: Rettung von Bootsflüchtlingen durch das Hilfsschiff »Cap Anamur«)

Staatsoberhäupter Vietnams

Reg.-Zeit	*Name*	*Lebensdaten*
Demokrat. Republik Vietnam (Nordvietnam)		
1945–69	Ho Chi Minh	1890–1969
1969–76	Ton Duc Thang	1888–1980
Republik Vietnam (Südvietnam)		
1949–55	Kaiser Bao Dai[1)]	1913–1997
1955–63	Ngo Dinh Diem	1901–1963
1963–64	Duong Van Minh	*1916
30.1.–8.2.1964	Nguyen Khanh	*1927
8.2.–16.3.1964	Duong Van Minh	*1916
16.3–25.8.1964	Nguyen Khanh	*1927
25.8.–Okt.1964	Duong Van Minh	*1916
1964–65	Phan Khac Suu	1905–1970
1965–75	Nguyen Van Thieu	*1923
21.–27.4.1975	Tran Van Huong	1903–1982
28.–30.4.1975	Duong Van Minh	*1916
1975–76	Huynh Tan Phat	1913–1989
Sozialistische Republik Vietnam		
1976–80	Ton Duc Thang	1888–1980
1980–81	Nguyen Huu Tho	1910–1996
1981–87	Truong Chinh	1907–1988
1987–92	Vo Chi Cong	*1913
1992–97	Le Duc Anh	*1920
seit 1997	Tran Duc Luong	*1937

1) Der Kaiser von Annam (1925–45) wurde 1945 von den Vietminh zur Abdankung gezwungen und 1949 von der franz. Kolonialregierung als »Staatschef« der Republik Vietnam eingesetzt.

Erdboden verseucht und gefährdeten die Gesundheit der überlebenden Menschen. Offiziell investierten die USA in den Krieg – den längsten, den sie je geführt hatten –, 165 Mio Dollar (Koreakrieg: ca. 20 Mio Dollar).

Umerziehung: Nach der Wiedervereinigung V.s wurden per Erlass das Privateigentum abgeschafft und bäuerliche Betriebe zwangskollektiviert. In Säuberungsaktionen wurden südvietnames. Intellektuelle sowie Anhänger anderer Weltanschauungen getötet oder vertrieben bzw. in Umerziehungslager deportiert, wo sie politisch geschult und zur Zwangsarbeit herangezogen wurden. Nach westlichen Schätzungen befanden sich 1976 ca. 200 000 Südvietnamesen in Umerziehungslagern.

Vietnam im Aufbau

Expansionspolitik: Die neue Regierung in Hanoi strebte eine Ausdehnung ihres Herrschaftsgebietes an. V. stationierte 1979 in Laos 50 000 Soldaten und intervenierte 1979 in Kambodscha gegen die mit China verbündeten Roten Khmer. Der Übergriff wurde aber von chines. Seite nach 17 Tagen abgewehrt.

Grenzstreitigkeiten: Als die Grenzkonflikte zwischen V. und der VR China zunahmen, begann China am 17.2.1979 eine »Strafaktion« am gesamten Grenzverlauf gegen die Volksrepublik V. Nach heftigem Widerstand der Vietnamesen und weltweiter Kritik wurde am 5.3. der Rückzug eingeleitet. Außer den Städten an der vietnames. Grenze eroberten die chines. Truppen vier Provinzhauptstädte und bombardierten den Hafen Haiphong.

Kambodschapolitik: Im Zuge der Expansionspolitik und des Kampfes gegen die mit China verbündeten staatsterroristischen Roten Khmer besetzten vietnames. Truppen Kambodscha. Doch V. geriet unter internationalen Druck, der 1989 zum Abzug seiner Truppen aus Kambodscha führte. 1984 war mit dem Truppenabzug begonnen worden; 1992 wurde per Vertrag die Einstellung aller Kriegshandlungen mit Kambodscha vereinbart.

»Doi moi«: Nach den verheerenden Auswirkungen des Kriegs vor allem für die Wirtschaft V.s war die Erneuerung durch die sog. Doi moi (Umgestaltung der Wirtschaft) wichtigstes Thema auf dem sechsten Parteitag der KP Ende 1986. Die Parteiführung unter Truong Chinh wurde abgewählt und fast die Hälfte aller Mitglieder des Politbüros ausgetauscht, da sie das Land nicht aus der bestehenden ökonomischen Krise führen konnten. Nachfolger Chinhs als Parteichef wurde Nguyen Van Linh.

Wirtschaftspolitik: Das neue Führungsgremium beschloss 1986 ein Reformprogramm für die Wirtschaft, das u. a. die Einführung von privatwirtschaftlichem Wettbewerb, den Wegfall staatlicher Subventionen und die Verabschiedung eines Investitionsgesetzes beinhaltete. Ausländische Investoren und moderne Technologien sollten ins Land geholt werden (ausländischer Kapitalbesitz bei Investitionen bis 100 % möglich), die Regierung garantierte dafür Schutz vor Verstaatlichungen und freien Transfer der Geschäftsgewinne.

Öffnung und Liberalisierung

Neue Verfassung: 1992 erhielt V. eine neue Verfassung, in der die Staatsform der Sozialistischen Republik bestätigt wurde. Die Kommunistische Partei (KP) ist die einzig legale und regierungsfähige Partei (Ein-Parteien-System); sie wird vom Generalsekretär geleitet. Oberstes Staatsorgan ist die für fünf Jahre gewählte Nationalversammlung, deren ständiges Gremium, der Staatsrat, ein Verordnungsrecht hat. Innerhalb von 60 Tagen nach der Parlamentswahl wählt die Nationalversammlung (400 Mitglieder) den Präsidenten mit einer Amtszeit von fünf Jahren, der wiederum den Premierminister als Vorsitzenden der Exekutive bestimmt und das Land als Staatsoberhaupt in auswärtigen Angelegenheiten vertritt. Erstmals wurden bei der Parlamentswahl 1992 zwei unabhängige Kandidaten nach Überprüfung durch die Patriotische Front (von der KP kontrolliert) zugelassen. Die Verfassung garantiert Religionsfreiheit.

Außenpolitik: Außenpolitisch bemühte sich die Regierung V.s, insbes. nach dem Zusammenbruch der UdSSR, um eine Normalisierung der Beziehungen zu den Nachbarstaaten sowie den USA. 1992 schlossen die VR China und V. eine Vereinbarung über eine wirtschaftliche Zusammenarbeit ab. Ende 1992 nahm Japan nach 14-jähriger Unterbrechung die Wirtschaftshilfe zu V. wieder auf (560 Mio). Im Februar 1994 hoben die USA das Handelsembargo gegen V. auf, ein Jahr später wurden diplomatische Beziehungen zu V. eingeleitet. Nach Klärung der Schuldenrückzahlung Süd-V.s an die USA entstand ein bilateraler Handelsvertrag. 1995 wurde V. als erster sozialistischer Staat Mitglied der Vereinigung südostasiat. Staaten (ASEAN). Im August 1999 wurde in Ho-Chi-Minh-Stadt das neue Konsulat der USA eröffnet, das genau an der Stelle der früheren US-Botschaft errichtet worden war. Die US-Behörden erwarteten Mitte 2000, dass das Konsulat jährlich etwa 150 000 Visa-Anträge bearbeiten werde. 1999 stand V. auf dem fünften Platz der Auswanderungszahlen in den USA. Im März 2000 sagten die USA der sozialistischen Regierung in V. Hilfe bei regionalen Sicherheitsfragen zu.

Amnestie: Aus Anlass des 25. Jahrestags des Vietnamkriegs führte Präsident Tranc Duc Luong im April 2000 mit der Freilassung von insgesamt 12 000 politischen Häftlingen die umfangreichste Amnestie in der Geschichte des vietnames. Volkes durch. *S. W.*

Das moderne Vietnam – Wiederaufbau mit Hindernissen

Marktwirtschaft: Die Verfassung sieht auch wirtschaftlich eine Öffnung vor: Durch eine Marktwirtschaft mit sozialistischer Orientierung wird das Privateigentum an Produktionsmitteln ermöglicht. Der regierende Staatspräsident Le Duc Anh stand der Wirtschaftsreform jedoch im Gegensatz zu Premierminister Vo Van Kiet kritisch gegenüber. Auch nach der Wahl Tran Duc Luongs zum neuen Staatspräsidenten im September 1997 wurden dem Volk weiterhin verfassungsmäßig garantierte Rechte verweigert. Die Wirtschaftskrise in Südostasien bremste den wirtschaftlichen Liberalisierungsprozess. Auch die politische Entwicklung in der UdSSR wirkte sich auf die Wirtschaftsbeziehungen mit V. negativ aus: Wurden 1988 der Im- und Export überwiegend mit den Ostblockstaaten abgewickelt, so sind heute Japan, Hongkong und Taiwan wichtigste Handelspartner. Die Wirtschaft V.s wuchs Ende der 90er Jahre, der Industriesektor erbringt aber nur 30% des BIP. Die Schwerindustrie im Norden leidet unter veralteten Maschinen, im Süden konnte sich die Textilindustrie dank ausländischer Investitionen modernisieren. (Foto oben: Ho-Chi-Minh-Stadt, unten: modernes Großraumbüro)

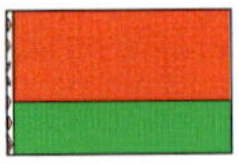

Weißrussland

Rep. Weißrussland (Belarus)

Die Geschichte W.s ist eng mit der Russlands und Polens verknüpft. Bis Ende des 18. Jh.s gehörte das Gebiet von W. zum poln.-litau. Staat. Im Zuge der poln. Teilungen fiel das Land zwischen 1772 und 1795 an Russland. Aufgrund geringer Bodenschätze und kaum entwickelter Infrastruktur konnten sich in W. bis Ende des 19. Jh.s städtische Zentren und Industrie kaum entwickeln. Erste Ansätze zum Ausbau der Wirtschaft wurden dadurch erschwert, dass mit Beginn des 20. Jh.s die Auswanderungszahlen – vor allem in die Vereinigten Staaten – stark anstiegen.

Weißrussland 2000

Landesfläche	207 600 km² (WR 83)
Einwohner	10,3 Mio (WR 74)
Hauptstadt	Minsk (1,671 Mio Einwohner)
Sprachen	Weißrussisch, Russisch
Währung	1 Weißruss. Rubel = 100 Kopeken
Gliederung	6 Regionen und Hauptstadt Minsk
Staatsform	Präsidiale Republik
Religion	Russisch-Orthodoxe (60%); Katholiken (8%); Sonst. (32%)
Bevölkerung	Weißrussen (77,9%); Russen (13,2%); Sonstige (8,9%)

Weißrussland im 20. Jahrhundert

1915	Besetzung Weißrusslands durch die Truppen des Deutschen Reiches.
1917	Gründung des Weißruss. Nationalkomitees »Rada«.
1918	Weißruss. Nationalkomitee proklamiert unter dem Schutz deutscher Besatzung die unabhängige »Republik Weißrussland«.
1919	Weißruss. Bolschewiki rufen die »Unabhängige Sozialistische Sowjetrepublik Weißrussland« aus.
1920	Poln.-russ. Krieg (bis 1921).
	Besetzung weiter Gebiete Weißrusslands durch poln. Truppen.
	Teilweise Rückeroberung des Territoriums durch die Rote Armee; erneute Ausrufung einer Weißruss. Sowjetrepublik.
1921	Friede von Riga beendet poln.-russ. Krieg.
1922	Gründungsmitglied der »Union Sozialistischer Sowjetrepubliken« (UdSSR).
1928	Beginn der Zwangskollektivierung der Landwirtschaft und des ersten Fünfjahresplans unter kommunistischer Herrschaft.
1929	Terrorwelle gegen Nationalisten und vermeintliche oder tatsächliche Gegner der Bolschewiki (bis 1938).
1939	Gebietserweiterung im Westen nach der Aufteilung Polens zwischen Deutschland und der Sowjetunion im Hitler-Stalin-Pakt.
1941	Beginn der dreijährigen Besatzung Weißrusslands durch die Wehrmacht; vor allem unter Juden, Sinti und Roma fordert der Krieg die meisten Opfer.
1944	Rückeroberung Weißrusslands durch die Rote Armee.
1945	Gründungsmitglied der Vereinten Nationen (UN).
1986	Nach der Reaktorkatastrophe von Tschernobyl in der Ukraine werden rund 25% der Gebiete Weißrusslands radioaktiv belastet.
1988	Gründung der nationalistischen Bewegung »Adraschdennje« (Wiedergeburt).
1991	Ausrufung der unabhängigen »Republik Belarus«.
1994	Der Altkommunist Lukaschenko gewinnt die Präsidentschaftswahlen.
1996	Auflösung des präsidentenkritischen Parlaments. Einsetzung eines dem Präsidenten Lukaschanko genehmen Abgeordnetenhauses.
1997	Unterzeichnung eines Unionsvertrags mit Russland.
1999	Die Polizei geht gewaltsam gegen Demonstranten vor, die gegen den diktatorischen Regierungsstil Lukaschenkos protestieren.
2000	Gespräche zwischen Oppositionellen und Regierungsvertretern bleiben ohne konkrete Ergebnisse. Zusammenstöße zwischen demonstrierenden Lukaschenko-Gegnern und der Polizei.

Weißrussland um 1900

Russisch-polnische Vorherrschaft: Beherrscht von einer Oberschicht aus poln. Grundbesitzern und russ. Beamten lebte die weißruss. Bevölkerung mehrheitlich als verarmte Kleinbauern, deren Sprache und Kultur unterdrückt wurde. So wurde erst 1905 ein 1867 verhängtes Druckverbot für weißruss. Schrifttum aufgehoben. In den wenigen Städten entwickelte sich ein vielfältiges jüd. Leben. Erst gegen Ende des 19.Jhs. bildete sich eine spezifisch weißruss. Nationalbewegung heraus und führte um 1900 zur Gründung sozialdemokratischer bzw. sozialrevolutionärer Parteien, in denen auch die Pflege des (insgesamt schwachen) Nationalbewusstseins eine Rolle spielte.

Erster Weltkrieg und Revolution

Deutsche Besetzung: Im Ersten Weltkrieg war W. ab 1915 von deutschen Truppen besetzt. Nach dem Sturz des Zaren und der Oktoberrevolution förderten die Deutschen die weißruss. Nationalbewegung zur Abwehr eines bolschewistischen Vormarsches. Im März 1918 erklärte das 1917 gegründete »Weißruss. Nationalkomitee« (Rada) in Minsk die Unabhängigkeit von Russland und proklamierte eine unabhängige »Volksrepublik W.«. Die »Rada« konnte sich nach Abzug der deutschen Armee im November gegen die anrückende Rote Armee nicht halten und wurde von den siegreichen Bolschewiki aufgelöst, ihre Mitglieder verhaftet.

Sowjetrepublik: Am 1.1.1919 proklamierten weißruss. Bolschewiki erstmals eine »Unabhängige Sozialistische Sowjetrepublik W.«. Während des poln.-russ. Kriegs 1920/21 waren weite Teile W.s von poln. Truppen besetzt. Im von der Roten Armee zurückeroberten Teil erfolgte am 1.8.1920 die Neugründung einer Weißruss. Sowjetrepublik. Im Frieden von Riga (18.3.1921) trat Russland das westliche W. an Polen ab.

Sozialistische Sowjetrepublik: Die Republik W. gehörte zu den Gründungsmitgliedern der »Union der Sozialistischen Sowjetrepubliken« (UdSSR) am 30.12.1920. 1924–26 wuchs W. durch Eingliederung von Teilen der Russ. Föderativen Sowjetrepublik auf ein Territorium von 126 000 km² mit 4,8 Mio Einwohnern an. Die sozialistische Umgestaltung nach Lenin'schem, später stalinistischem Muster bestimmte die weitere Entwicklung W.s. In der Phase des »Kriegskommunismus« (1918–21) wurden Großgrundbesitzer und Unternehmer enteignet und vertrieben.

Industrielle Entwicklung: In der Sowjetzeit begann die Industrialisierung und damit einhergehend die verstärkte Urbanisierung des bis dahin stark agrarisch geprägten und rohstoffarmen Landes. Bis 1928 wurden vor allem die Landmaschinen-, Textil- und Nahrungsmittelindustrie ausgebaut. Der Bau des größten weißruss. Kraftwerks »Belgres« bei Orscha (1926–28) beschleunigte den Industrialisierungsprozess. Bis 1939 wuchs der Anteil der Stadtbevölkerung an der Gesamtbevölkerung von 17% auf 24,6%.

Kollektivierung: Während der Kampagne zur Kollektivierung der Landwirtschaft (ab 1928) gab es in W., ganz wie in den anderen Sowjetrepubliken, erheblichen Widerstand gegen den Eintritt in die Kolchosen. Dennoch blieben die Erträge des Agrarsektors relativ stabil, sodass W. von der Hungersnot 1932/33 weitgehend verschont blieb.

Kultur- und Bildungspolitik: Der Kultur- und Bildungssektor erlebte in den 20er Jahren einen Aufschwung; das Weißrussische wurde als Nationalsprache anerkannt und die Alphabetisierungsrate nahm rasch zu. Auch die Integration der jüd. Bevölkerung verzeichnete Fortschritte, der Gettocharakter jüd. Wohngegenden nahm immer mehr ab und die Zahl der Eheschließungen mit Nichtjuden wuchs. 1924–37 hatte das Jiddische den Status einer der vier Hauptsprachen in W.

Der »Große Terror«: Ab 1929 verstärkte die Moskauer Führung ihre Repressionen gegen die nationale Intelligenz und die Bauernschaft. Es kam bis 1938 zu mehreren Terrorwellen gegen vermeintliche oder tatsächliche Gegner der Kommunisten, die zahlreiche Opfer forderten. Allein in den Massengräbern von Kuropaty bei Minsk wurden etwa 30 000 Terroropfer verscharrt.

Zweiter Weltkrieg

Gebietserweiterung: Nach dem Überfall der deutschen Wehrmacht auf Polen am 1.9.1939 besetzte ab dem 17.9.1939 die Sowjetunion, gestützt auf das geheime Zusatzprotokoll des

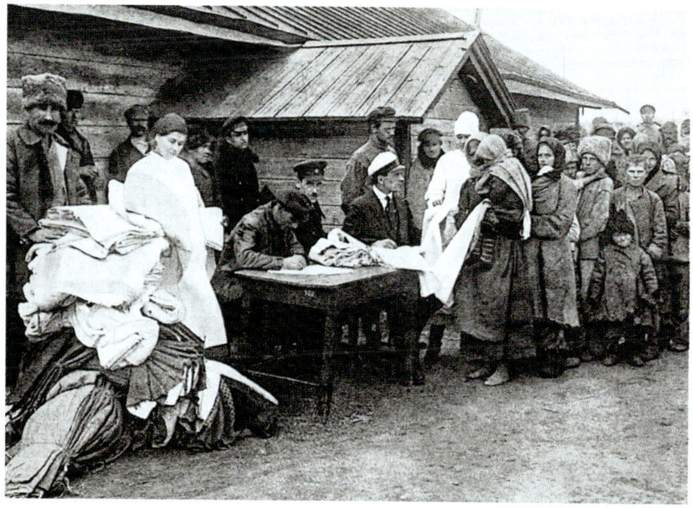

Hitler-Stalin-Pakts vom 23.8.1939, Ostpolen und gliederte die Gebiete mit weißruss. Bevölkerung in die Sowjetrepublik W. ein. In diesem Teil W.s hatte bis zu diesem Zeitpunkt eine rigide Polonisierungspolitik geherrscht. Große Teile der dort lebenden jüd. Bevölkerung waren von den poln. Behörden brutal unterdrückt worden. Unmittelbar nach der sowjet. Besetzung begann die Enteignung von Banken, Großgrundbesitz und Fabriken, die häufig in jüd. Besitz waren. Mit rücksichtsloser Härte wurden politische und ökonomische Veränderungen nach bolschewistischem Muster umgesetzt.

Deutsche Besatzung: Nach dem Überfall der deutschen Wehrmacht auf die Sowjetunion am 22.6.1941 begann eine insgesamt dreijährige Besatzungsherrschaft. W. wurde als »Generalbezirk Weißruthenien« Teil des »Reichskommissariats Ostland«. Die Besatzung zielte

20er Jahre: Die von Wladimir I. Lenin initiierte Neue Ökonomische Politik (NEP) brachte dem russ. Volk nach den langen Jahren der Entbehrung materielle Erleichterung. Hilfsmaßnahmen linderten die schlimmste Not. Die Bauern wurden von den drakonischen Requisitionen befreit und durften Naturalsteuern z. B. in Form von Lebensmitteln abliefern. (Foto: Verteilung von Textilien an die Landbevölkerung)

Stichwort: Nomenklatura

KP kontrolliert Posten und Ämter: Nach einem ungeschriebenen Gesetz wurden in der UdSSR alle wichtigen Positionen des Staates und der Gesellschaft mit Mitgliedern der Kommunistischen Partei besetzt. Die Vergabe der Ämter war bürokratisch äußerst genau geregelt. Wichtigstes Hilfsmittel war das System der Nomenklatura, die offizielle Liste aller wichtigen Posten und Funktionen in der Verwaltung, in der Gesellschaft, bei allen wichtigen Organisationen oder in den großen Staatsbetrieben, die ausschließlich mit Zustimmung der zuständigen Parteiorgane besetzt werden durften. Welches Gremium für welche Stellung zuständig war, wurde wiederum auf einer besonderen Liste geregelt. Die Nomenklatura definierte somit den genauen Rang, den jedes Mitglied in der sowjet. Elite einnahm – und sie teilte die Gesellschaft in »die Nomenklatura« und »die anderen«.

Zweiter Weltkrieg: Die größten Opfer forderte der Krieg von der sowjet. Bevölkerung. Sie wurde von dem deutschen Angriff überrascht, auf den auch die politische Führung der UdSSR nicht vorbereitet gewesen war. Die Versorgung mit Lebensmitteln und Verbrauchsgütern in den Dörfern und Städten brach bereits kurz nach Kriegsbeginn zusammen. Die vor den deutschen Truppen fliehende Bevölkerung konnte nur das Nötigste zum Leben mitnehmen. (Foto: Von den Deutschen zerstörtes russ. Dorf)

darauf ab, die Bevölkerung rücksichtslos auszubeuten, ihren Nahrungsverbrauch drastisch zu reduzieren und die Städte und Industrieregionen veröden zu lassen. Etwa 400 000 Zivilisten wurden als Zwangsarbeiter verschleppt und ausgebeutet. Systematische Mordaktionen der SS richteten sich gegen die jüd. Bevölkerung sowie gegen Sinti und Roma. Der in W. vielerorts aktiven Partisanenbewegung begegneten Wehrmacht und SS mit brutalen Vergeltungsaktionen.

Staatsoberhäupter Weißrusslands

Reg.-Zeit	*Name*	*Lebensdat.*
1991–94	Stanislaw Schuschkewitsch	*1934
1994	Metschislaw Grib (Übergangspräsident)	*1938
seit 1994	Alexander Lukaschenko	*1954

Die wichtigsten Parteien im 20. Jahrhundert (seit 1990)

Name (Abkürzung)	*Richtung*	*Gründung*
Kommunistische Partei Weißrusslands (PKB)[1]	kommunistisch, nationalistisch	1990
Bürgerpartei Weißrusslands (AGPB)	rechtsliberal	1991
Liberale Volkspartei (PNZ)	liberal	1991
Bauernpartei (APB)	nationalistisch	1991
Weißruss. Partei für Arbeit und Gerechtigkeit	sozialistisch	1993
Weißruss. Sozialdemokratische Sammlungsbewegung (BSDH)	sozialdemokratisch	1996

1) Nachfolgepartei der sowjet. KP

Weißrussland nach 1945

Kriegsfolgen: Der Wiederaufbau W.s nach dem Zweiten Weltkrieg geschah unter äußerst schwierigen Bedingungen. Während der drei Jahre deutscher Besatzung waren über 2,7 Mio von zehn Mio Einwohnern W.s ums Leben gekommen, wobei die Vernichtung der jüd. Bevölkerung besonders ins Gewicht fiel. (Erst 1969 erreichte W. wieder die Bevölkerungszahl der Vorkriegszeit). Die industrielle Infrastruktur war nahezu vollständig zerstört, die Städte verwüstet, der Viehbestand auf 20% des Vorkriegsbestandes gesunken. Bei ihrem Rückzug 1943/44 hatten die deutschen Truppen das Gebiet systematisch zerstört und die Hauptstadt Minsk dem Erdboden gleichgemacht.

Neue Westgrenze: Auf der Teheraner Konferenz (28.11.–11.12.1943) hatte Stalin die Anerkennung der sowjet. Annexionen von 1939 durch die Westalliierten durchgesetzt. Die Westgrenze W.s wurde in einem poln.-sowjet. Vertrag vom August 1945 entlang der sog. Curzon-Linie östlich von Bialystok festgelegt. Aus dem von Polen an W. abgetretenen Gebieten wurden etwa 1,5 Mio Polen in die früheren deutschen Ostgebiete östlich der Oder-Neiße-Linie umgesiedelt, während rund 500 000 Weißrussen aus Polen und der Ukraine nach W. gebracht wurden.

Industrieller Wiederaufbau: Eine von Moskau zentral gesteuerte Industrialisierungspolitik führte ab 1945 dazu, dass W. seine überwiegend agrarische Ausrichtung überwand. Unter dem Minsker Parteichef Peter Mascherau (1965–80) erzielte W. zeitweilig das größte Wirtschaftswachstum aller Sowjetrepubliken. Die ökonomische Förderung war jedoch verbunden mit einer verstärkten Russifizierungspolitik. Die weißruss. Sprache wurde aus dem öffentlichen Leben verdrängt, hohe Wirtschafts- und Parteiposten mit russ. Funktionären besetzt.

Atomunfall: Die Reaktorkatastrophe im ukrain. Tschernobyl im April 1986 hatte in W. verheerende Auswirkungen. Weite Gebiete im Süden, insbes. um die Stadt Gomel, wurden radioaktiv verseucht (insgesamt rund 25% der Gesamtfläche). Verschleiernde Informationspolitik und mangelnde Hilfsmaßnahmen führten in weiten Teilen der Bevölkerung zu anti-russ. bzw. anti-sowjet. Gefühlen. Diese gaben auch der politischen Dissidentenbewegung Auftrieb, in der nationalistische Gruppen – etwa in der 1988 gegründeten Bewegung »Wiedergeburt« (Adradschennje) – bald eine zentrale Rolle spielten.

Das unabhängige Weißrussland

Nationalbewegung: In der weißruss. KP dominierten auch nach dem Aufstieg Michail Gorbatschows lange orthodoxe Kommunisten, die »Perestroika« und »Glasnost« ablehnten. Doch konnten sich nach 1989 vor dem Hintergrund des zerfallenden Ostblocks Reformer und Nationalisten durchsetzen. Kurz nach dem gescheiterten Putsch gegen Gorbatschow proklamierte der Oberste Sowjet W.s am 25.8. 1991 die staatliche Unabhängigkeit.

GUS: Erster Präsident wurde Stanislaw Schuschkewitsch (1991–94). Nach Auflösung der UdSSR gehörte W. zu den Gründungsstaaten der »Gemeinschaft unabhängiger Staaten« (GUS), deren Verwaltungssitz in der weißruss. Hauptstadt Minsk eingerichtet wurde. Im Gegensatz zu den Altkommunisten wandte sich Schuschkewitsch gegen eine enge Zusammenarbeit mit Russland (etwa im GUS-Verteidigungspakt) und trat vielmehr für eine Annäherung an den Westen ein. Sein Hauptgegner wurde der Altkommunist Alexander Lukaschenko, der eine enge Verbindung mit Moskau befürwortete. Im Januar 1994 wurde Schuschkewitsch durch ein Misstrauensvotum gestürzt. Nachfolger wurde der frühere KGB-Chef von W., Metschislaw Grib.

Lukaschenka: Im Juli 1995 wurde Lukaschenko in einer Direktwahl zum neuen Staatspräsidenten gewählt. Er hatte seinen Wahlkampf überwiegend mit populistischen, antiwestlichen Parolen bestritten, Kampf gegen Gewalt und Korruption sowie die Sicherung des Lebensstandards durch staatliche Wirtschaftslenkung versprochen. In Westeuropa und den Vereinigten Staaten betrachtete man diese Entwicklung mit Besorgnis, zumal W. als »Erbe der Sowjetunion« über ein großes Arsenal an Atomwaffen verfügte.

Autoritäres Regime: Lukaschenko errichtete in der Folgezeit ein diktatorisches Regime. Oppositionelle Parteien wurden zunehmend unterdrückt, unabhängige Gewerkschaften im August 1995 verboten und die Pressefreiheiten drastisch eingeschränkt. Das gewählte Parlament löste Lukaschenko nach einem manipulierten Referendum Ende 1996 auf und ersetzte es durch ein Abgeordnetenhaus, in dem seine Anhänger über die absolute Mehrheit verfügten.

Außenpolitik: Außenpolitisch betrieb Lukaschenko eine enge Anlehnung an Russland, der im April 1997 zur Unterzeichnung eines Unionsvertrags mit Russland führte. Lukaschenko bezeichnete dies wiederholt als Vorstufe eines Zusammenschlusses von W. und Russland. Nach dem Rücktritt von Boris Jelzin und der Wahl von Wladimir Putin zum russ. Präsidenten im März 2000 stießen derartige Pläne in Moskau auf wenig Interesse.

Wirtschaftspolitik: Unmittelbar nach seinem Amtsantritt verfügte Lukaschenko den Abbruch marktwirtschaftlicher Reformen, insbes. von Privatisierungen. Angesichts der Verletzung der Menschenrechte in W. froren die USA und Deutschland 1997 den Großteil ihrer Wirtschaftshilfe ein. Dennoch hatte W. bis 1999 relativ hohe Wachstumsraten aufzuweisen, was aber in erster Linie auf staatliche Investitionsprogramme zurückzuführen war. Die Folgen waren eine hohe Staatsverschuldung und steigende Inflationsraten.

Gewalt gegen Oppositionelle: Ende 1999 verstärkte die Opposition ihre Proteste gegen das autoritäre Regime von Lukaschenko. In Minsk demonstrierten im Oktober 1999 rund 20 000 Menschen für Pressefreiheit und demokratische Mitsprache. Es kam zu Auseinandersetzungen mit der Miliz, bei denen etwa 50 Personen verletzt und mehr als 300 festgenommen wurden.

Verhandlungen mit Opposition: Auf OSZE-Initiative nahmen Ende März 2000 in Minsk Oppositionelle und Regierungsvertreter einen informellen Dialog über politische Reformen auf. Es wird jedoch bezweifelt, dass Lukaschenko zu größeren Zugeständnissen bereit ist. So wurde am 26.3.2000 in Minsk ein »Marsch der Freiheit 2000« gegen das Lukaschenko-Regime mit rund 8000 Teilnehmern von der Polizei mit Gewalt aufgelöst. Zudem erließ der Präsident im Februar 2000 ohne Einbindung der Opposition ein Wahlgesetz, das ihm die Regierungsmacht auf Dauer sichern soll. *T. F.*

Zusammenarbeit: Weißrusslands Präsident Alexander Lukaschenko (l.) und sein russ. Amtskollege Boris Jelzin unterzeichneten 1997 in Moskau den Unionsvertrag über eine enge wirtschaftliche und politische Kooperation zwischen beiden Ländern.

Westsahara

Demokrat. Arab. Rep. Sahara

Das an Bodenschätzen reiche Wüstengebiet der W. gehörte ab Ende des 19. Jh.s zum span. Kolonialreich. Zuvor war das Gebiet, in dem nomadisierende Stämme lebten, stets unabhängig. Lediglich im 11./12. Jh. gliederten die islamischen Almoradiven die W. an ihr Großreich an, das sich bis nach Mali erstreckte. In den folgendenJahrhunderten bildete sich eine islamisch geprägte arab.-berber. Nomaden-Gesellschaft heraus.

Demokrat. Arab. Republik Sahara	
Landesfläche	285 000 km²
Einwohner	252 120
Hauptstadt	Al-Ayun (z. Zt. marokkan. besetzt)
Sprachen	Arabisch, Französisch, Spanisch
Währung	fakt. marokkan. Dirham = 100 Centimes
Staatsform	Republik
Gliederung	zu Dreiviertel von Marokko besetzt und dessen Staatsgebiet angeschlossen; nur Wüstengebiete unter Kontrolle der Exilregierung
Religion	Sunnitische Moslems (nahezu 100%)
Bevölkerung	Sahraui (mehrere maurische Stämme), marokkan. Zuwanderer

Westsahara im 20. Jahrhundert	
1912	Frankreich erkennt span. Hoheitsansprüche über große Teile der Westsahara (Seguia el Hamra und Río de Oro) an.
1934	Nach jahrelangen Kämpfen mit der Nomadenbevölkerung setzt Spanien seine Besitzansprüche auch im Hinterland durch.
1946	Durch Zusammenschluss mit der Region Sidni-Ifni entsteht das Kolonialgebiet Spanisch-Westafrika.
1957	Marokko erhebt Besitzansprüche auf das Westsahara-Gebiet.
1958	Umwandlung der Westsahara in die Überseeprovinz Spanisch-Sahara.
1968	Beginn des antikolonialen Widerstands unter der Sahraui-Bevölkerung, der in den Folgejahren zu bewaffneten Kämpfen mit Kolonialtruppen führt.
1972	Spanien nimmt in der Westsahara den Phosphat-Abbau auf.
1975	Der Internationale Gerichtshof in Den Haag bestätigt das Selbstbestimmungsrecht der Westsahara (16.10.).
	350 000 Marokkaner marschieren in die Westsahara ein, um die marokkan. Besitzansprüche zu bekräftigen (»Grüner Marsch«, 6.11.).
1976	Nach dem span. Rückzug Proklamation (27.2.) der Demokratischen Arabischen Republik Sahara (DARS).
	Der Norden der Westsahara wird von Marokko, der Süden von Mauretanien besetzt. Die POLISARIO beginnt mit dem Kampf gegen die Besatzer.
1977	Ein Großteil der Sahraui-Bevölkerung flieht nach Algerien.
1979	Mauretanien schließt ein Friedensabkommen mit der POLISARIO. Marokko besetzt auch den Süden der Westsahara.
1981	Marokko erklärt sich auf Druck der UNO mit einem Referendum zur Klärung des völkerrechtlichen Status der Westsahara einverstanden.
1982	Aufnahme der DARS in die Organisation für Afrikan. Einheit (OAU).
1991	Die POLISARIO und Marokko unterzeichnen Waffenstillstandsabkommen.
1997	Die POLISARIO und Marokko schließen auf UN-Vermittlung ein Abkommen, das u. a. die Rückführung der Flüchtlinge und die Durchführung eines Referendums vorsieht (16.9.).
1998	Das geplante Referendum scheitert am Streit über die Zahl der Abstimmungsberechtigten.
1999	Die POLISARIO und Marokko vereinbaren mit UN-Vertretern, das Referendum im Sommer 2000 abzuhalten.

Kolonialherrschaft

Spanische Kolonie: Im 19. Jh. konkurrierten Spanien und Frankreich um die Vorherrschaft im Norden des afrikan. Kontinents. Mit der Proklamation des Protektorates Río de Oro sicherte sich Spanien 1885 die Vormachtstellung in der Region. 1901 wurde dieses Gebiet als Spanisch-Sahara dem span. Kolonialreich angegliedert. Wegen des anhaltenden Widerstands der Nomaden konnte die Eroberung der Westsahara allerdings erst 1934 abgeschlossen werden. 1946 wurde durch Zusammenschluss der W. mit der Region Sidni-Ifni das Kolonialgebiet Spanisch-W. gebildet.
Ansprüche Marokkos: Mit der Unabhängigkeit Marokkos 1956 wurde die Region zum Konfliktherd, da Marokko von Spanien die Abtretung des nördlichen Teils von Spanisch-Sahara forderte. Als 1963/64 Phosphat-Vorkommen in dem umstrittenen Gebiet entdeckt wurden, verschärfte sich der Konflikt, da neben Spanien und Marokko nun auch Mauretanien Ansprüche erhob. Zugleich formierte sich unter der Sahraui-Bevölkerung Widerstand gegen die Kolonialherrschaft; an die Spitze setzte sich die 1973 gegründete »Volksfront zur Befreiung von Seguia el-Hamra und Río de Oro« (POLISARIO).
Selbstbestimmungsrecht: Nach dem Ende des faschistischen Franco-Regimes kündigte Spanien im Mai 1975 seine Absicht an, sich aus der W. zurückzuziehen. Als der Internationale Gerichtshof in Den Haag im Oktober desselben Jahres das Selbstbestimmungsrecht der Sahraui bestätigte und die Gebietsforderungen Mauretaniens und Marokkos zurückwies, ließ der marokkan. König Hassan II. rund 350 000 »Freiwillige« in das Gebiet einmarschieren (»Grüner Marsch«). Nach dem endgültigen Rückzug der Spanier im Februar 1976 wurde die W. von marokkan. (Norden) und mauretan. Truppen (Süden) besetzt.

Unabhängigkeit

Staatsproklamation: Am 27.2.1976 proklamierte die linksgerichtete POLISARIO die Demokratische Arabische Republik Sahara (DARS, inzwischen von mehr als 60 Staaten anerkannt). Sitz der Exilregierung wurde die westalger. Stadt Tindouf. Wegen der alger. Unterstützung für die POLISARIO brachen

Grüner Marsch: Singend und den Koran schwenkend marschierten Marokkaner 1975 in die Westsahara ein.

Die Unabhängigkeitsbewegung in der Westsahara

Die Frente POLISARIO (Volksfront zur Befreiung von Seguía el-Hamra und Río de Oro) ist seit 1973 die treibende Kraft des Unabhängigkeitskampfes in der Westsahara. Als Gründungsdatum gilt der 20.5.1973, der Tag des ersten Angriffs auf die spanischen Kolonialtruppen. Die militärischen Erfolge v. a. gegen die mauretan. Besatzer resultierten aus der flexiblen Kampftaktik der mit den Geländeverhältnissen bestens vertrauten Sahraui. Die Stärke der POLISARIO-Verbände wird auf 5000 bis 10 000 geschätzt. Ihnen stehen 15 000 marokkan. Soldaten gegenüber. (Foto: Ausbildung von POLISARIO-Kämpferinnen)

Marokko und Mauretanien daraufhin ihre diplomatischen Beziehungen zu Algier ab.

Befreiungskrieg: In den folgenden Jahren führte die POLISARIO einen verlustreichen Krieg gegen die Besatzungsmächte. Nach militärischen Rückschlägen schloss Mauretanien 1979 ein Friedensabkommen mit der Befreiungsbewegung und verzichtete auf den Süden der W. Dieses Gebiet wurden daraufhin ebenfalls von Marokko besetzt. 1982 verzeichnete die POLISARIO ihren größten politischen Erfolg, als die DARS als Mitglied in die OAU (Organisation für Afrikan. Einheit) aufgenommen wurde; Marokko trat 1984 aus Protest gegen diese Entscheidung aus der OAU aus.

Friedensbemühungen: Internationale Friedensbemühungen brachten Ende der 80er Jahre erste Erfolge. 1988 stimmten Marokko und die POLISARIO einem UN-Plan zur Beilegung des Konflikts zu. Dieser sah u.a. die Abhaltung eines Referendums über den völkerrechtlichen Status der W. vor, doch Marokko weigerte sich, die Vorbedingung für die Volksabstimmung (Rückzug der Truppen aus der W.) zu erfüllen. Eine UN-Friedensmission erreichte 1991 den Abschluss einer Waffenstillstandsvereinbarung zwischen Marokko und der POLISARIO.

Volksabstimmung: In den folgenden Jahren führten Verfahrensstreitigkeiten zwischen Marokko und der POLISARIO immer wieder zur Verzögerung des Referendums. Ein erster Termin platzte 1994. Dabei ging – und geht – es vor allem um die Zahl der Stimmberechtigten. Die POLISARIO wehrt sich gegen die Teilnahme von rund 65 000 Personen, die sie als nicht stimmberechtigte Marokkaner bezeichnet. 1998 schaltete sich UN-Generalsekretär Kofi Annan in den Konflikt ein und führte Gespräche mit dem marokkan. König und der Exilregierung der DARS. Unter Vermittlung des früheren US-Außenministers James Baker einigten sich die Konfliktparteien darauf, das Referendum auf der Grundlage beiderseits anerkannter Wählerlisten im Sommer 2000 abzuhalten. Doch verzögerte die Forderung Marokkos, weitere Bewohner registrieren zu lassen, erneut die Durchführung. *T.F.*

Exilregierung der Westsahara

Mohammed Abdelaziz wurde 1976 zum Generalsekretär der POLISARIO gewählt. Seit 1982 ist er auch Staatspräsident der Demokratischen Arabischen Republik Sahara (DARS). In der 1991 verabschiedeten und 1995 überarbeiteten Verfassung sind demokratische Elemente an die Stelle der zunächst sozialistisch geprägten POLISARIO-Ideologie getreten. Sitz der Exilregierung und ihrer Organe sind Algier und Tindouf in Algerien. Als Parlament fungiert ein so genannter Nationalrat aus 101 gewählten POLISARIO-Vertretern.

Zentralafrikanische Republik 2000	
Landesfläche	622 984 km² (WR 42)
Einwohner	3,6 Mio (WR 124)
Hauptstadt	Bangui (597 000 Einwohner)
Sprachen	Französisch, Sangho, Bantu
Währung	CFA-Franc (FCFA)
Gliederung	16 Präfekturen, Hauptstadtbezirk
Staatsform	Präsidiale Republik
Religion	Christen (50%): Protestanten 25%, Katholiken 25%; Animisten (24%); Moslems (15%); Sonstige (11%)
Bevölkerung	Baja (23,7%); Banda (23,4%); Mandija (14,7%); Mbaka (7,6%); Sara (6,9%); Mbum (6,3%); Sonstige (17,4%)

Zentralafrikanische Republik im 20. Jahrhundert	
1900	Als Territorium Ubangi-Schari untersteht das Gebiet der heutigen Zentralafrikan. Republik der brit. Kolonialherrschaft.
1908–31	Niederschlagung der mit brutalen Mitteln (Kopfsteuern, Zwangsarbeit) kolonisierten Bevölkerung durch französ. Militär.
1910	Bildung der Kolonialföderation Französ.-Äquatorialafrika mit Ubangi-Schari als Teilterritorium.
1946	Ubangi-Schari wird Teil der Französ. Union; Barthélemy Boganda wird erster Vertreter in der französ. Nationalversammlung.
1949	Boganda gründet die moderate Unabhängigkeitsbewegung Mouvement d'Evolution Sociale de l'Afrique Noire (MESAN).
1958	Innere Autonomie unter dem Namen Zentralafrikan. Republik mit Boganda als Premierminister.
1959	Tod Bogandas bei Flugzeugabsturz.
1960	Unabhängigkeit unter Staatspräsident David Dacko.
1965/66	Militärputsch unter General Jean-Bédel Bokassa; das Parlament wird aufgelöst und die Verfassung außer Kraft gesetzt.
1972	Bokassa ernennt sich zum Präsidenten auf Lebenszeit.
1976	Umwandlung der Zentralafrikan. Republik in eine konstitutionelle Monarchie mit dem Herrscher Bokassa I.; Ange-Félix Patassé wird faktisch machtloser Ministerpräsident.
1977	Krönung Bokassas zum Kaiser.
1979	Absetzung Bokassas durch David Dacko mit französ. Hilfe; Wiedereinführung der Republik.
1981	Erlass einer neuen Verfassung; bei Präsidentenwahl setzt sich Dacko (Union Démocratique Centrafricaine, UDC) gegen Patassé (Mouvement pour la Libération du Peuple Centrafricaine, MLPC) durch; Militärputsch unter General André Kolingba, Verfassung wird außer Kraft gesetzt.
1987	Einparteienherrschaft des Rassemblement Démocratique Centrafricaine (RDC) unter Staatspräsident Kolingba.
1991	Nach Demonstrationen und Streiks Wiederzulassung politischer Parteien.
1993	Bei Parlaments- und Präsidentschaftswahlen siegt Patassé mit seiner MLPC; Bildung einer Koalitionsregierung aus sechs Parteien.
1995	Einführung einer neuen Verfassung mit demokratischen Reformen und mehr Befugnissen für Präsident Patassé; Regierungsumbildung.
1996	Eskalation der Machtkämpfe zwischen Patassé und seinen Gegnern führen zu blutigen Unruhen; Einsatz französ. Truppen.
1997	Bangui-Abkommen zur Beilegung der offenen Konflikte; Entsendung der UNO-Friedenstruppe MISAB; Regierungsneubildung mit Beteiligung der Oppositionskoalition G-11.
1998	Abzug französ. Truppen; Nationaler Versöhnungspakt zwischen Patassé und G-11; Ablösung der MISAB durch die neue UNO-Truppe MINURCA; Parlamentswahlen bestätigen den Führungsanspruch der MLPC; Bildung einer Koalitionsregierung mit der Parti Libéral-Démocrate.
1999	Wiederwahl Patassés bei der Präsidentschaftswahl.

Zentralafrikan. Republik

Ab dem 15. Jh. errichteten verschiedene Bantuvölker, vor allem die Azande, auf dem Gebiet der heutigen Z. ihre Königreiche. Auf der Flucht vor arab. Sklavenhändlern wanderten die Sudan-Völker Banda und Gbaya 1790 bis 1850 in das Gebiet ein. Die Sklavenverkäufe (u. a. nach Ägypten) entvölkerten auch in der Z. im 18./19. Jh. weite Landstriche. Auf der Berliner Kongokonferenz wurde die Region 1885 der Kolonialmacht Frankreich zugesprochen, die 1889 in der späteren Hauptstadt Bangui einen Stützpunkt gründete, um von dort aus zum Tschadsee und zum oberen Nil vorzustoßen.

Kolonialzeit

Als Kolonie Ubangi-Schari wurde die heutige Z. 1910 Französ.-Äquatorialafrika angeschlossen. Die Franzosen vergaben das Territorium an Konzessionsgesellschaften, deren Ausbeutungspraktiken (Elfenbein und Rohstoffe) 1908–31 zu mehreren erfolglosen Aufständen der afrikan. Bevölkerung führten. Nach dem Zweiten Weltkrieg wurde Ubangi-Schari Teil der Französ. Union und erhielt damit den Status eines Überseeterritoriums. Der Priester Barthélemy Boganda, der erste Vertreter der Region in der französ. Nationalversammlung, gründete 1949 die moderate Unabhängigkeitspartei Mouvement d'Evolution Sociale de l'Afrique Noire (MESAN). Nachdem dem Kolonialgebiet 1957 eine halbautonome Verfassung zugestanden worden war, ging die MESAN aus den Wahlen zum Territorialparlament als Siegerin hervor.

Unabhängigkeit

Unter dem Namen Z. erhielt das Gebiet 1958 die innere Autonomie, Boganda wurde zum Premierminister ernannt. Nach seinem tödlichen Flugzeugabsturz im März 1959 übernahm David Dacko sein Amt. In der Wahl zur Nationalversammlung am 5.9.1959 gewann Dackos Partei MESAN die absolute Mehrheit Dacko führte die Z. am 13.8.1960 als Staatspräsident in die Unabhängigkeit und erklärte die MESAN 1962 zur Einheitspartei. Die Z. behielt ihre engen Bindungen an das einstige Mutterland bei, sodass sich die Unabhängigkeit aufgrund des politischen, wirtschaftlichen und militärischen Einflusses von Frankreich als eher formaler Akt gestaltete.

Terrorregime unter Bokassa

Militärputsch: In der Silvesternacht 1965/66 wurde Dackos Einparteiensystem vom Militär unter Führung von General Jean-Bédel Bokassa, einem Vetter Dackos, gestürzt. Bokassa unterdrückte sofort jeglichen politischen Widerstand, setzte die Verfassung außer Kraft und regierte per Dekret. Mit französ. Unterstützung etablierte er eine grausame Willkürherrschaft, die mit Terrormethoden gegen echte und vermeintliche Gegner vorging. 1972 ernannte sich Bokassa eigenmächtig zum Präsidenten auf Lebenszeit.
Staatsprunk: 1976 wurde die Z. in eine konstitutionelle Monarchie umgewandelt; als Staatsoberhaupt gab sich Bokassa den Titel »Kaiser Bokassa I.«. Seine offizielle Krönungsfeier am 4.12.1977, die umgerechnet mehr als 50 Mio DM, ein Viertel der jährlichen Deviseneinnahmen des Landes, verschlang, machte Bokassas ausgeprägten Hang zum Größenwahn deutlich. Seine Kaiserkrone schmückten 2000 Diamanten und sein Thron in Form eines goldenen Adlers war zwei Tonnen schwer. Bokassas ungeheure Verschwendungssucht gepaart mit Misswirtschaft, Korruption und Vetternwirtschaft brachte das ohnehin strukturschwache Agrarland an den Rand des wirtschaftlichen Ruins.
Machtwechsel: Bokassas selbstherrliche Regentschaft, seine brutalen Kriminalstrafen (für Diebstahl zunächst Verlust der Ohren, bei Rückfall Verlust einer Hand, dann Todesstrafe) und seine eigenhändig vollzogenen Prügelmorde an Häftlingen sorgten für weltweiten Aufruhr. Als die kaiserlichen Gräueltaten 1979 in der Ermordung demonstrierender Schulkinder, die Bokassa teilweise mit seinem eigenen Krückstock erschlug, eskalierten, distanzierte sich die unter öffentlichen Druck geratene ehemalige Kolonialmacht Frankreich von seinem Statthalter Bokassa. 1979 unterstützte Frankreich einen unblutigen Staatsstreich in Abwesenheit des Herrschers, der zur Wiedereinsetzung des früheren Staatspräsidenten David Dacko führte. Dacko restaurierte die Republik und veranlasste die Wiederzulassung von politischen Parteien. Als Kandidat der 1980 gegründeten Union Démocratique Centrafricaine (UDC) wurde Dacko auf der Basis einer neuen Verfassung bei Wahlen 1981 von über 50% der Wähler als Präsident bestätigt. Sein stärkster Gegenkandidat war der unter Bokassa als Premierminister amtierende Ange-Félix Patassé und seine 1979 im Exil gegründete Befreiungsbewegung Mouvement pour la Libération du Peuple Centrafricaine (MLPC).

Jean-Bédel Bokassa (1921–1996), Neffe von Barthélemy Boganda, dem ersten Premierminister der Zentralafrikan. Republik, trat als 18-Jähriger in die französ. Armee ein. Nach seinem Aufstieg zum Hauptmann beauftragte ihn 1962 Staatspräsident David Dacko, sein Vetter, mit dem Aufbau einer Armee. Als Generalbefehlshaber der Streitkräfte stürzte Bokassa mithilfe des Militärs 1965/66 Dacko und errichtete mit französ. Unterstützung eine blutige Willkürherrschaft. 1977 ernannte er sich selbst zum Kaiser. (Foto: Kaiser Bokassa I., r., im Kreis seiner Familie, 1978)

Einparteienstaat

Die Regierung Dackos konnte sich nicht etablieren und wurde schon zwei Jahre später wiederum mit französ. Billigung von General André Kolingba abgesetzt. Unter seiner Herrschaft wurde die Verfassung suspendiert und der von Dacko begonnene Demokratisierungsprozess weitgehend gestoppt. 1982 scheiterte ein Putschversuch unter der Führung von Patassé. Nachdem 1986 eine neue Verfassung für eine Einparteienrepublik unter Kolingba erlassen worden war, gründete sich 1987 die Einheitspartei Rassemblement Démocratique Centrafricain (RDC). Der aus dem französ. Exil zurückgekehrte Bokassa wurde 1987 wegen Veruntreuung von Staatsgeldern und unter dem Vorwurf des Mordes und des Kannibalismus zum Tode verurteilt. Ein Jahr später wandelte Kolingba das Urteil in lebenslange Zwangsarbeit um, die 1993 ausgesetzt wurde. Drei Jahre nach seiner Freilassung ereilte Bokassa 1996 ein krankheitsbedingter Tod.

Demokratisierungsbestrebungen

Wahlen: Ab 1990 bildete sich eine nationale Protestbewegung, die eine Demokratisierung des Landes forderte. Unter dem Einfluss der internationalen Umwälzungen und dem massiven Druck Frankreichs führte Kolingba 1991 das Mehrparteiensystem ein. Siegerin der Parlamentswahlen 1993 wurde die frühere Befreiungsbewegung MLPC. In einer Stichwahl zum

Präsidentenamt konnte sich der MLPC-Kandidat Patassé mit 52% der Stimmen gegen Abel Gouma vom Bündnis Concertation des Forces Démocratiques (CFD) behaupten. Die Parlamentswahlen erbrachten zunächst keine klaren Mehrheitsverhältnisse. Durch Verhandlungen und mutmaßlichen Stimmenkauf errang die Mouvance Présidentielle, bestehend aus MLPC und anderen Koalitionsparteien, die Unterstützung von unabhängigen Kandidaten und damit die Parlamentsmehrheit. Die Opposition boykottierte daraufhin das Parlament.

Unruhen: Der Wahl folgten Machtkämpfe zwischen der Regierung und Kräften um Goumba, Dacko und Kolingba, die sich nach dem Inkrafttreten der auf Patassé zugeschnittenen neuen Verfassung 1996 zu Meutereien der Armee und blutigen Unruhen ausweiteten. Der Einsatz französ. Truppen führte zwar zur Stabilisierung von Patassés Herrschaft, schürte aber gleichzeitig eine antifranzös. Stimmung im Land. Zur Beilegung der schweren Krise wurde 1997 das Abkommen von Bangui geschlossen.

UN-Friedenstruppen: Um die 1997 eingesetzte neue Regierung unter Premierminister Michel Gbezera-Bria mit Beteiligung der Oppositionskoalition G-11 (Zusammenschluss von elf Parteien, darunter RDC und FPP) zu stützen, entsandte die UNO die 750-köpfige Friedenstruppe MISAB, die Mitte 1997 mit französ. Unterstützung einen neuen Gewaltausbruch verhinderte. Unter dem Eindruck der während der Unruhen gewachsenen anti-französ. Stimmung beendete Frankreich 1998 die Dauerpräsenz seiner Truppen in der Z. Nach weiteren Konflikten wurde im März 1998 ein sog. Nationaler Versöhnungspakt zwischen dem Patassé-Lager und der G-11 geschlossen. Daraufhin beendete die MISAB ihre Mission und wurde von der 1110 Mann starken UN-Friedenstruppe »Mission des Nations Unies en République Centrafricaine« (MINURCA) abgelöst, die zur Stabilisierung der staatlichen Ordnung beitragen sollte.

Machtbestätigung: Die MLPC wurde bei den Parlamentswahlen Ende 1998 mit 47 von 109 Sitzen in ihrer Position als Führungspartei bestätigt und bildete eine Regierungskoalition mit der Parti Libéral-Démocrate (PLD, zwei Sitze). Zur zweitstärksten Kraft entwickelte sich Kolingbas ehemalige Einheitspartei RCD. Bei den Präsidentschaftswahlen im Oktober 1999 errang Patassé bereits im ersten Wahlgang 52% der Stimmen, gefolgt von Kolingba (19%), Dacko (11%) und Goumba (6%). *B. L.*

Traditionelle Landwirtschaft als Existenzgrundlage

Agrarland: Die Zentralafrikan. Republik ist ein wenig entwickeltes Agrarland, in dem die traditionelle kleinbäuerliche Eigenversorgungswirtschaft mit oftmals rückständigen Arbeitsmethoden überwiegt. Etwa 80% der Bevölkerung bauen die Hauptnahrungsmittel Maniok, Bananen, Hirse, Sorghum, Mais, Hülsenfrüchte und Erdnüsse an, die jedoch die Ernährung des Landes nicht sicherstellen können. Die zu den ärmsten Staaten der Welt gehörende Republik ist daher auf umfangreiche Importe und internationale Nahrungsmittelhilfen angewiesen. Für den Export werden vorwiegend auf Großplantagen Kaffee und Baumwolle geerntet, die neben Diamanten zu den wichtigsten Ausfuhrgütern gehören.

Infrastruktur: Verkehrsmäßig ist das Binnenland nur wenig erschlossen. Die unzureichende Infrastruktur behindert die wirtschaftliche Entwicklung der ohnehin strukturschwachen Zentralafrikan. Republik. Eine Eisenbahnlinie existiert nicht und nur ein geringer Teil des etwa 24 000 km langen Straßennetzes ist ganzjährig befahrbar. Der inländische Verkehr läuft vorwiegend über die Wasserwege, vor allem über den Ubangi. An seinen Ufern liegt auch Bangui, die Hauptstadt und größte Hafenstadt des Landes. Von dort führt der Gütertransport über 1200 km nach Brazzaville im Kongo und weiter zum Hafen von Pointe Noire an der Atlantikküste. (Foto: Einbaum-Fischerboote am Ubangi).

Staatsoberhäupter der ZAR

Reg.-Zeit	*Name*	*Lebensdaten*
1960–65	David Dacko	*1930
1966–79	Jean-Bédel Bokassa	1921–1996
1979–81	David Dacko	*1930
1981–93	André Kolingba	*1935
seit 1993	Ange-Félix Patassé	*1937

Die wichtigsten Parteien im 20. Jahrhundert

Name (Abkürzung)	*Politische Position*	*Gründung*
Mouvement d'Evolution Sociale de l'Afrique Noire (MESAN)	Unabhängigkeitspartei, 1962–65 Einheitspartei	1949
Front Patriotique pour le Progrès	sozialdemokrat. Opposition	1972
Mouvement pour la Libération du Peuple Centrafricaine (MLPC)	christlich-demokratische Regierungspartei seit 1993, ehem. Befreiungsbewegung	1979
Union Démocratique Centrafricaine (UDC)	1979–81 Regierungspartei	1980
Rassemblement Démocratique Centrafricain (RDC)	1987–91 Einheitspartei	1987
Mouvement pour la Démocratie et le Développement (MDD)	autoritäre Opposition	1993

Zypern

Republik Zypern

Als Gegenleistung für die Unterstützung gegen die russ. Expansion übergab das Osman. Reich 1878 die Insel Z. gegen eine jährliche Zahlung an Großbritannien, das dort seitdem eine Militärbasis unterhält. 1881 wurden die ersten Wahlen zu einem zwölfköpfigen Legislativrat durchgeführt.

Widerstreitende Interessen

Britische Kronkolonie: Nach Ausbruch des Ersten Weltkrieges, als die Türkei auf die Seite Deutschlands trat, wurde die Insel dem brit. Empire angegliedert. Nachdem sie 1915 vergeblich Griechenland für eine Kriegsteilnahme auf Seiten der Alliierten angeboten worden war und die Türkei 1923 im Frieden von Lausanne auf ihre Ansprüche verzichtet hatte, wurde Z. 1925 zur brit. Kronkolonie. Die türk. Bevölkerung der Insel hatte die Wahl zwischen einer Repatriierung in die Türkei oder einem Bleiben auf Zypern.

Unruhen und Unterdrückung: Bereits seit dem 19. Jh. hatten die griech. Zyprioten die Enosis, den Anschluss der Insel an Griechenland, gefordert. Diese anfangs gegen die türk., später gegen die brit. Herrschaft gerichteten Bestrebungen hatten schon 1931 Unruhen ausgelöst, die von den Briten niedergeschlagen wurden. Es folgten Jahre schärfster Unterdrückung, vor allem gegen die orthodoxe Kirche; sogar private Gespräche über politische Themen wurden als Straftat geahndet. Erst nachdem Michael Mouskos als Makarios III. (1913–1977) zum Erzbischof und Oberhaupt der orthodoxen Kirche von Z. gewählt worden war (1950), erhielt dieses Bestreben stärkeres politisches Gewicht. Ein Volksentscheid unter der griech. Bevölkerung, die sich zu 96% für die Enosis aussprach, hatte bereits unter seinem Vorgänger die Stimmung im Lande gezeigt (1949/50).

Guerillakampf: Der Anschluss an Griechenland war Ziel des Guerillakampfs, den die Untergrundorganisation EOKA unter Georgios Grivas (1898–1974) 1955 begann; bis zur Unabhängigkeit kamen rund 2000 Menschen ums Leben. Die brit. Kolonialmacht reagierte mit harten Repressalien, Erzbischof Makarios wurde auf die Seychellen verbannt. Die Interessen der beteiligten Länder widersprachen sich zunehmend, da Großbritannien die Beibehaltung des Kolonialstatus, Griechenland die Enosis, die Türkei die Teilung favorisierte.

Zypern 2000	
Landesfläche	9251 km² (WR 160)
Einwohner	778 000 (WR 154)
Hauptstadt	Nikosia (177 000 Einwohner)
Sprachen	Griechisch, Türkisch, Englisch
Währung	1 Zypern-Pfund (Z£) = 100 Cents
Gliederung	Insel de facto geteilt in Zypern und Türkische Republik Nordzypern
Staatsform	Präsidiale Republik (seit 1960)
Religion	Orthodoxe Christen (82%); Sonstige (18%)
Bevölkerung	Griechische Zyprioten (78%); Türkische Zyprioten (12,3%); Briten (0,8%); Sonstige (8,9%)

Zypern im 20. Jahrhundert	
1914	Großbritannien annektiert die Insel Zypern.
1923	Die Türkei verzichtet im Vertrag von Lausanne auf ihre Ansprüche auf Zypern.
1925	Zypern wird brit. Kronkolonie.
1931	Antibrit. Unruhen führen zur Suspendierung des Parlaments.
1950	Die von der orthodoxen Kirche unter Makarios III. organisierte Volksabstimmung führt zu einem eindeutigen Votum für den Anschluss an Griechenland.
1955	Beginn der Unruhen gegen die Briten; Gründung der EOKA.
1956	Deportation von Erzbischof Makarios.
1959	Griechenland, die Türkei und Großbritannien sind die Garantiemächte des Londoner Zypernabkommens.
1960	Proklamation der Unabhängigkeit.
1963	Zypernkrise, Rückzug der türk. Minderheit in selbstverwaltete Enklaven.
1968	Wiederwahl von Makarios.
1974	Putsch der zypriot. Nationalgarde gegen Makarios; türk. Invasionstruppen besetzen den Norden und Nordosten.
1975	Bildung eines türk.-zypriot. Teilstaates mit Rauf Denktasch an der Spitze.
1981	Die vom Norden vorgeschlagene Konföderation wird vom neuen Staatspräsidenten Spyros Kyprianou abgelehnt.
1983	Die türk. Republik Nordzypern (TRNC) wird proklamiert, aber international nicht anerkannt; Denktasch wird Präsident.
1988	Zypern stellt Antrag auf Beitritt zur EU.
1996	Der Europäische Gerichtshof macht die Türkei für laufende Rechtsverletzungen in Nordzypern verantwortlich.
1997	Beginn neuer Sondierungsgespräche zwischen Denktasch und Klerides; Assoziierungabkommen zwischen der TRNC und der Türkei.
1998	Abbruch der Sondierungsgespräche.

Die Unabhängigkeit

Republik und Verfassung: Der Freiheitskampf der Zyprioten wurde 1959 durch die Abkommen von Zürich und London beendet, in denen alle drei Länder die Existenz einer unabhängigen Republik Z. garantierten, die am 16.8.1960 ausgerufen wurde. Die Verfassung sicherte den Türken auf Z. (etwa 18% der Gesamtbevölkerung) 30% der Stellen im Regierungsdienst, 40% der Posten in Polizei und Armee, drei von zehn Ministerposten, das Amt des stellvertretenden Präsidenten sowie 15 von 50 Parlamentssitzen zu. Aber weder die über-

Gefeierter Bischof: Nach dreijähriger Verbannung auf die Seychellen wurde Erzbischof Makarios am 3.3.1959 bei seiner Rückkehr nach Zypern in Nikosia von rund 50 000 griech. Zyprioten begeistert empfangen. Ab 1960 bemühte sich Makarios III. als Präsident der Republik Zypern um einen Ausgleich zwischen den griech. und türk. Inselbewohnern.

Links: Türk. Zyprioten mit UN-Soldaten 1964 bei Famagusta im Ostteil der Insel; rechts: Soldaten des finn. Kontingents der UN-Truppen auf Fahrradpatrouille in Nikosia, 1964

proportionale Berücksichtigung noch die Vetorechte, die dem türk. Vizepräsidenten und den türk. Abgeordneten eingeräumt wurden, noch der Wahlmodus, nach dem beide Nationalitäten in getrennten Wahlkreisen wählten, waren der Integrationförderlich; vielmehr wurde der Dualismus zwischen griech. Mehrheit und türk. Minderheit institutionalisiert.

Versuchter Verfassungsbruch: Als Makarios wegen der Blockade jeglicher Regierungsarbeit durch das türk. Vetorecht die Verfassung ändern wollte, wurden diese Vorschläge von der türk. Regierung abgelehnt. Die türk. Zyprioten traten aus Regierung, Parlament und Verwaltung zurück und begannen eine eigene Administration aufzubauen. Seitdem sind im zypr. Parlament nur noch 56 griech. Zyprioten vertreten, es werden jedoch 24 Plätze für türk. Zyprioten freigehalten.

Zypern-Krise 1963/64: Angeheizt durch die Propaganda beider Seiten kam es zu blutigen Auseinandersetzungen zwischen beiden Volksgruppen. Die Türkei, die entgegen dem Abkommen von Lausanne bereits in den 50er Jahren wieder Ansprüche auf Z. angemeldet hatte, hob nun wegen der nationalen Verbindung und der geopolitischen Lage der Insel die Bedeutung Z.s für den türk. Staat hervor. 1964 eskalierten die Unruhen durch die Angriffe der türk. Luftwaffe auf griech.-zypriot. Ziele. Bereits zuvor hatten die UN die Entsendung einer Friedenstruppe beschlossen. UN-Vermittler Galo Plaza forderte in seinem Bericht 1965 einen von den Griechen majorisierten Staat, in dem türk. Minderheitsrechte jedoch gesichert seien.

Umsiedlungspolitik: In den folgenden Jahren verschärfte sich die Lage. Begleitet von weiteren türk. Drohungen und Angriffen war 1967 die »Provisorische türkisch-zypriotische Verwaltung« gegründet worden, die durch eine systematische Umsiedlung der türk. Zyprioten in geschlossene Siedlungsgebiete die Teilung der Insel vorbereitete. Auf griech. Seite wurde 1968 Makarios mit 95,45% der Stimmen erneut zum Präsidenten gewählt.

Militärputsch: 1971 kam jedoch der verbannte Grivas heimlich auf die Insel zurück. Mit Unterstützung der Militärjunta, die 1967 in Athen an die Macht gekommen war, führte seine terroristische Organisation EOKAB umfangreiche Sabotageaktionen durch, mit dem Ziel, Makarios zu stürzen und Z. mit Griechenland zu vereinen. Nachdem Makarios im Jahr 1973 nochmals gewählt worden war, putschte am 15.7.1974 die von griech. Offizieren befehligte gesteuerte Nationalgarde im Auftrag der griech. Regierung gegen ihn und

trieb den Bischof erneut außer Landes. An seine Stelle trat Nikos Samson als Präsident einer Marionettenregierung.

Die türkische Invasion

Besetzung: Den Putsch nutzte die Türkei zur längst geplanten Invasion der Insel; am 20.7.1974 landeten türk. Truppen auf Z. und besetzten einen Korridor von 35 km. Als drei Tage später die Obristen in Athen von einer demokratischen Regierung abgelöst wurden, übergab Samson die Macht an Glafkos Klerides, den früheren Parlamentspräsidenten von Z. Noch vor der Rückkehr von Makarios im Dezember 1974 scheiterten im Juli des selben Jahres die erste, im August die zweite Genfer Konferenz der Garantiemächte Z.s. Die türk. Streitkräfte besetzten daraufhin am 14.8. rund 37% der Insel und riegelten die auch durch Nikosia führende »Attila-Linie«, hermetisch ab. Ziel der zweiten Phase der Invasion war die Eroberung der fruchtbarsten Gebiete und der großen Tourismuszentren um Famagustra.

Flucht und Vertreibung: Dabei wurden rund 180 000–200 000 griech. Zyprioten durch Flucht, Vertreibung und Umsiedlung in den Süden gedrängt; umgekehrt wanderten rund 60 000–80 000 türk. Zyprioten vom Süden in den Nordteil. Des Weiteren wurden systematisch rund 109 000 Türken aus Anatolien angesiedelt. Innerhalb von drei Jahren entstanden so nahezu geschlossene Gebiete der beiden betroffenen Volksgruppen; ihr Anteil im jeweils anderen Inselteil war auf etwa 2000 Einwohner geschrumpft. Im Februar 1975 wurde im besetzten Teil die »Türkische Republik Nordzypern« ausgerufen. Rauf Denktasch wurde zum Präsidenten gewählt, und seither bei allen Wahlen im Amt bestätigt.

Entfernung von Nikosia	
Stadt	km
Ankara (TR)	532
Athen (GR)	914
Jerusalem (IL)	412
Kairo (ET)	600

Teilung: Nach dem Fall der Mauer in Berlin (1989) ist Nikosia die einzige formal geteilte Hauptstadt der Welt. Quer durch die rund 177 000 Einwohner zählende Stadt verläuft seit 1975 eine Demarkationslinie mit den von Soldaten bewachten Übergangsstellen.

Ausweglose Verhandlungen

Unvereinbare Standpunkte: Auf der Suche nach einer friedlichen Lösung begannen 1975 Gespräche zwischen den beiden Volksgruppen, zunächst zwischen Denktasch und Makarios, nach dessen Tod mit dem neuen Staatspräsidenten Spyros Kyprianou. Gestützt auf die Präsenz der Türkei bestand die türk.-zypriot. Seite auf der völkerrechtlichen Anerkennung eines türk. Staates auf Z. und war im äußersten Fall zu einer losen Föderation bereit. Die griech. Seite beharrte dagegen kompromisslos auf der Einheit und territorialen Integrität des Landes und war höchstens bereit, autonome Kantone zu akzeptieren. Im Verlauf der immer wieder unterbrochenen Verhandlungen riegelte der griech. Süden den türk. Norden wirtschaftlich zunehmend ab; gleichzeitig wurden von dort bei anhaltender türk. Einwanderung rund 18 000 Griechen vertrieben.

»Türkische Republik Nordzypern«: Denktasch proklamierte am 15.11.1983 die »Turkish Republic of North Cyprus« (TRNC). Die Türkei trat als Garantiemacht des neuen Staates auf, der in UN-Resolutionen als rechtswidrig verurteilt und international nicht anerkannt wurde. An der Spitze der TRNC steht nach der Verfassung von 1985 ein Staatspräsident mit überwiegend repräsentativen Aufgaben. Die Verfassung beruft sich auf das Selbstbestimmungsrecht der Völker und sieht die TRNC als integralen Bestandteil der türk. Nation. Die Wiedervereinigung mit dem Süden der Insel wird in der Verfassung nicht erwähnt.

Seehandelszentren im griechischen Teil Zyperns

Schifffahrt: In den 90er Jahren hat sich Zypern zum bedeutenden Seehandelszentrum entwickelt. Die Zahl der Reedereien stieg erheblich an und 1998 waren bereits 2673 Schiffe in Zypern registriert. Nachdem mit der türk. Besetzung 1974 der für den Handel ehemals wichtige Hafen von Famagusta praktisch ausgefallen war, entwickelten sich Limassol im Süden und Larnaka zu diversifizierten Industriehäfen. Limassol wurde eigens zu einem Tiefwasserhafen ausgebaut. Der griech. Teil Zyperns exportiert vor allem landwirtschaftliche Erzeugnisse, Textilien und Erze; wichtigster Handelspartner ist die ehemalige Kolonialmacht Großbritannien. Auch viele Fährschiffe mit Touristen an Bord fahren Limassol an. In der Nähe liegt der brit. Militärstützpunkt Akrotiri. Aus dem türk. Landesteil werden fast nur Zitrusfrüchte in die Republik Türkei geliefert. (Foto: Hafen von Limassol)

Bemühungen zur Lösung des Konflikts scheiterten in den folgenden Jahren der beiderseits unnachgiebigen Haltung der Politiker, die durch entsprechende Propaganda auf ihre Volksgruppen einwirkten. Dennoch stieß die kompromisslose Haltung Kyprianous zunehmend auf Kritik unter den griech. Zyprioten. Bei der Präsidentschaftswahl 1988 erlitt er eine Niederlage und wurde im zweiten Wahlgang von dem parteilosen, von Kommunisten, Liberalen und Einzelpersönlichkeiten unterstützten Georgios Vassiliou abgelöst. Aber auch in seiner Amtszeit brachten Gespräche, häufig mit Beteiligung der griech. und türk. Regierung, keine Verhandlungsfortschritte.

Staatsoberhäupter Zyperns

Reg.-Zeit	*Name*	*Lebensdaten*
Griechische Seite		
1960–77	Makarios III. (Michael Christodoulos Mouskos)	1913–1977
1977–88	Spyros Kyprianou	*1932
1988–93	Georgios Vassiliou	*1931
seit 1993	Glafkos Klerides	*1919
Türkische Seite		
seit 1976	Rauf Denktasch (Denktas)	*1924

Wachsende internationale Kritik: Die UN-Vollversammlung in New York konnte nur in mehreren Resolutionen die Unverletzlichkeit der Souveränität des Inselstaates bekräftigen und die Sezession des Nordens verurteilen. Die Europäische Menschenrechtskommission schloss sich im Jahr 1992 mit der Verurteilung der Massenvertreibungen der Griechen aus dem Nordteil an; der Europaratsausschuss für Migration, Flüchtlinge und Demografie wandte sich gegen die türk. Kolonisierung des nördlichen Teils der Insel.

Am 14.2.1993 wurde Glafkos Klerides zum vierten Staatspräsidenten Zyperns gewählt. Unter seiner Mitwirkung wurden im März 1993 »vertrauensbildende Maßnahmen« des UN-Generalsekretärs Boutros Boutros-Ghali verhandelt, die jedoch im Mai 1994 wegen der unnachgiebigen Haltung der türk. Zyprioten scheiterten. Für die Nordseite befürwortete Denktasch weiterhin eine lose Konföderation von zwei Staaten und damit die Aufrechterhaltung der Teilung der Insel. Es wirkt die historische Erfahrung nach: Die türk. Seite fürchtet, von der griech. Majorität politisch, wirtschaftlich und kulturell unterdrückt zu werden, diese wiederum lehnt eine unangemessen hohe Repräsentanz der türk. Minderheit ab. Hinzu kommen wachsende nationalistische Tendenzen in der Türkei.

EU-Mitgliedschaft: Am 25.6.1994 beschloss der EU-Gipfel auf Korfu, bei der nächsten Erweiterung der Europäischen Union Z. und Malta zu berücksichtigen. Der EU-Ministerrat und das Europäische Parlament unterstützten dieses Ziel in eigenen Resolutionen.

Mit dem Antrag auf Vollmitgliedschaft in der EU verband sich Anfang der 90er auch die Hoffnung, Bewegung in die Zypernfrage zu bringen, zumal sich der türk. Premierminister über die hohen Kosten der Besetzung beklagte. Wenngleich von Zwischenfällen an der innerzypriot. Grenze beeinträchtigt, kam es auf Veranlassung Großbritanniens und eines UN-Vermittlers 1997 zu mehreren Treffen zwischen Klerides und Denktasch. Als im Verlauf des Jahres 1998 aber deutlich wurde, dass die Verhandlungen zwischen Z. und der Europäischen Union (EU) auch ohne Berücksichtigung des türk. Nordens beginnen würden und die Türkei an der nächsten Beitrittsrunde nicht beteiligt sein würde, lehnte Denktasch einen EU-Beitritt ohne vorherige politische Lösung ab und brach die Verhandlungen ab. Auf dem EU-Gipfel in Helsinki beschloss der Europäische Rat, dass die Lösung der Zypernfrage keine Vorbedingung für den EU-Beitritt des Landes darstelle. *H.-W. W.*

Bassam Tibi

Weltordnung als Staatengemeinschaft und die Gefahr ihres Zerfalls im 21. Jahrhundert

Ende des 20. Jahrhunderts ist der Globus politisch-geografisch in Territorialstaaten untergliedert, die über – durch international verankerte, als Völkerrecht bekannte Normen und Regeln gestützte – interne und externe Souveränität verfügen. Formal sind diese Staaten säkular und definieren sich über die Volksherrschaft. Dieser Staatstyp wird in der internationalen Politik »Nationalstaat« genannt (die deutsche Definition weicht hiervon ab). Bilden diese, in den Vereinten Nationen einem Konsens – der UN-Charta – verpflichteten Nationalstaaten eine internationale Gemeinschaft? Und wenn sie dies tun, existiert diese Gemeinschaft substanziell oder nur als Konstrukt?

In einem neuen Sammelband zur Theorie der internationalen Beziehungen nach dem Ende der Bipolarität ist ein Beitrag über die Idee der *world community/ Weltgemeinschaft* enthalten, in dem der Autor, Chris Brown[1], solchen Fragen nachgeht. In meinem Essay möchte ich darüber hinaus die Frage stellen, weshalb – trotz der weiterhin bestehenden Vielfalt der Kulturen und Zivilisationen[2] sowie deren Weltanschauungen in Bezug auf Ordnung – alle Staaten unserer Welt institutionell und legitimatorisch nach dem im Ursprung europäischen Nationalstaatsmodell gestaltet sind.[3]

Bei der Diskussion dieser Fragen werde ich im Folgenden Hypothesen zur Globalisierung des in Europa nach dem Westfälischen Frieden 1648 entstandenen Staatensystems formulieren, zwischen Gesellschaft bzw. Gemeinschaft und System in der internationalen Politik unterscheiden und schließlich die akuten Zerfallssymptome der internationalen Staatengemeinschaft erläutern.

Wer die Weltgeschichte ihrem Begriff entsprechend auf die gesamte Welt, also auf den Globus insgesamt bezieht und nicht eurozentrisch auf Europa einschränkt, braucht kein Fachmann zu sein, um zu ahnen, dass sich die große Vielfalt an lokalen Kulturen und regionalen Zivilisationen in den Staatsformen niedergeschlagen hat. Vor der europäischen Expansion prägte diese Vielfalt die historischen Realitäten. Das dreibändige Werk *The History of Government*[4] von Samuel Edward Finer untermauert in bemerkenswerter wissenschaftlicher Akribie die soeben angeführte, für den »gesunden Menschenverstand« einleuchtende historische Tatsache der Vielfalt staatlicher Ordnungen.

Europäische Expansion, Verwestlichung der Welt und die Globalisierung des westlichen Staatensystems

Mit dem Aufstieg des Westens und der europäischen Expansion mittels moderner Waffentechnologie wurde die Welt radikal verändert.[5] Durch den Erfolg des entsprechenden Welteroberungsprojekts wurden Globalisierungsprozesse ausgelöst, die die gesamte Welt weitgehend transformiert haben. Die sozialwissenschaftliche Theorie hat hier noch viel aufzuarbeiten.[6] Der Prozess besteht vor allem darin, dass Entwicklungen, die zuvor in Europa stattgefunden hatten, in den darauffolgenden Jahrhunderten zum Maßstab und als Modell auf die gesamte Welt übertragen wurden. Die Entstehung souveräner Staatlichkeit[7] nach dem Westfälischen Frieden[8] und deren Verbindung mit Volkssouveränität im Rahmen der Französischen Revolution haben den modernen Nationalstaat hervorgebracht, der heute, wie einleitend angemerkt, als formal einzig gültiges Staatsmuster in der gesamten Welt vorzufinden ist. Der Historiker Charles Tilly hat diesen Prozess der Standardisierung rekonstruiert und so beschrieben:

»Über die Zeitspanne der folgenden 300 Jahre [nach dem Westfälischen Frieden; B. T.] schafften es die Europäer und ihre Abkömmlinge, dieses System der gesamten Welt aufzuzwingen... Die jüngste Dekolonisationswelle hat die Einbeziehung des ganzen Globus in dieses System nahezu vervollständigt.«[9]

Im Ergebnis entstand eine auf dem Nationalstaat basierende, westlich geprägte Weltordnung/*world order*[10]. Im Anschluss an diese Hypothese von einem internationalen System und der auf ihm konstruierten Weltgemeinschaft als Träger der Weltordnung, die aus der Globalisierung des europäischen Staatensystems hervorgegangen ist, möchte ich die Hypothese vortragen, dass diese Ordnung im dritten Millennium zu zerfallen droht. Ethnizität und religiöser Fundamentalismus scheinen die bestehende Staatengemeinschaft in eine Welt*un*ordnung zu verwandeln. Diese Hypothese wird im Folgenden ausführlicher entfaltet.

Kurz formuliert: Die globalisierte Ordnung des säkularen, auf interner und externer Souveränität basierenden Nationalstaats ist im Ursprung europäisch. Der Nationalstaat als Grundeinheit des Systems internationaler

Beziehungen basiert auf territorialer und auf Volkssouveränität. Er ist also nicht mit der von dieser Deutung abweichenden deutschen Definition desselben gleichzusetzen. Diese unterstellt, dass es Kulturnationen in Kontrast zu anderen, nicht westlichen, z. B. islamischen Völkern gibt. Die Vertreter eines völkischen Begriffs der Nation in Deutschland berücksichtigen jedoch nicht, dass in der internationalen Diskussion unter Nationalstaat etwas anderes verstanden wird.

Deutsche Sonderwege sollen hier nicht das Thema sein. Dennoch verweisen sie auf substanzielle Unterschiede in Bezug auf die Bestimmung des Nationalstaats, die selbst innerhalb Europas bestehen. Am Beispiel der substanziellen Differenz zwischen der französischen *citoyennité* und der deutschen »Staatsangehörigkeit« lässt sich dies veranschaulichen.[11]

Das zentrale, auf den thematischen Gegenstand dieses Essays bezogene Problem besteht darin, dass der westlich-europäische, nationalstaatliche Organisationstyp globalisiert worden ist, ohne dass seine politische Kultur, d. h. die ihm zugrunde liegenden Normen und Werte, universalisiert werden konnten. Häufig werden Globalisierung und Universalisierung verwechselt, ja sogar fälschlich synonym verwendet. Hieraus erwächst die unzutreffende Annahme, dass mit der Globalisierung des Nationalstaats auch seine politische Kultur auf nicht westliche Teile der Welt übertragen worden wäre. Dem ist nicht so.

Die Übertragung einer Staatsform ohne eine Vermittlung ihrer Institutionen und Legitimität, ja ihrer politischen Kultur an sich aber hat dazu geführt, dass die Mehrheit der außerwestlichen Nationalstaaten nur »nominelle Nationalstaaten«[12] sind, die sich in einer Legitimitätskrise befinden. Aus dieser Feststellung ergibt sich ein Komplex an Fragen, der den Gegenstand dieses Essays ausmacht und zu der Hypothese vom Zerfall der internationalen Staatengemeinschaft führt.

Zerfall der internationalen Staatengemeinschaft

Völkerrechtlich umfasst die internationale Staatengemeinschaft alle in der UN als Nationalstaaten vertretenen Mitglieder. Machtpolitisch spielen in dieser Staatengemeinschaft allerdings nur westliche Staaten eine entscheidende Rolle. Wie aber konnte ein westliches Staatsmodell Eingang in nicht westliche Zivilisationen finden? Diese haben schließlich ihre eigenen Weltanschauungen und somit entsprechend andere Ordnungsvorstellungen – im Islam beispielsweise war dies das Kalifat und nicht der säkulare Nationalstaat.[13] Und was sind die Gründe des zum Zerfall führenden Widerstands gegen einen von einer anderen Zivilisation übernommenen Staatstyp?

Ein prominentes Beispiel bieten die Islamisten unserer Zeit, die den Nationalstaat als eine »importierte Lösung« zurückweisen. An dessen Stelle fordern sie das »islamische System« als islamische Lösung.[14] Aus dieser an Intensität zunehmenden Legitimitätskrise des Nationalstaats in den nicht westlichen Zivilisationen geht im dritten Millennium *The Revolt against the West*[15] (Hedley Bull) hervor. Diese Revolte richtet sich gegen die Ergebnisse der Globalisierung, die zunächst ein Produkt der zentralen Stellung Europas waren. Nach dem Zweiten Weltkrieg büßte Europa diese Zentralität allerdings parallel zur Entstehung der Bipolarität ein. Die beiden Pole waren fortan und bis zum Ende des Ost-West-Konflikts die Sowjetunion und die USA. Für lange Zeit galten die USA jedoch lediglich als europäische »Tochtergesellschaft«, was den Europäern gestattete, sich weiterhin in der Vorstellung ihrer Zentralität zu sonnen. Nach dem Ende des Ost-West-Konflikts scheinen die USA als einzige Supermacht übrig zu sein. Gegen eine *Pax Americana* als Ordnung der Staatengemeinschaft erheben sich aber die nicht westlichen Zivilisationen. Samuel Huntington nannte dies *»The Clash of Civilizations«*.[16]

Die Europäer haben für sich und ihr Modell Superiorität beansprucht, um ihre globalen Eroberungen und ihre Herrschaft über die Welt zu legitimieren. Das ist der Inhalt des Eurozentrismus.[17] Ist dieser Prozess zu Ende? In Bezug auf den Islam behauptete der deutsche Begründer der Islamkunde, Carl Heinrich Becker, die Moslems seien den Europäern unterlegen und die »Ursachen« dafür seien »rassenpsychologisch«. Daraus folgerte er: »Die Zukunft des Islam kann nur in einer Anpassung an das europäische Geistesleben bestehen, sonst sind seine Tage gezählt.«[18]

In meiner in acht Epochen unterteilten Geschichte der (inzwischen 14 Jahrhunderte währenden) euro-islamischen Beziehungen nenne ich die siebte Epoche »Verwestlichung der islamischen Zivilisation«. Die anschließende achte Epoche, also unsere Gegenwart, zeigt nun eine genau im Gegensatz zu der Vermutung C. H. Beckers stehende Entwicklung: Entwestlichung.[19] Dies gilt auch für die Staatenordnungen.

Jenseits der Euro-Arroganz und der aus ihr – u. a. bei C. H. Becker – erwachsenden Rassen-Klischees[20] möchte ich in diesem Essay erklären, wie es zur Globalisierung des Nationalstaats gekommen ist, wie die Staatengemeinschaft und ihre Weltordnung entstanden sind und warum diese Ordnung in der gegenwärtigen Krise vom Zerfall bedroht wird. Dies kann und möchte ich als Anhänger der historischen Soziologie und der Schule der *Global History* nicht begrifflich-abstrakt tun. Nur am konkreten historischen Gegenstand lässt sich diese Aufgabe lösen. Die islamische Zivilisation soll dafür als Beispiel dienen. Der Nationalstaat konnte in der Welt des Islam weder kulturell noch institutionell Fuß fassen, weil ihm – bis auf die globale Struktur, in die er eingebettet ist – alle Voraussetzungen fehlen; er ist dennoch politische Realität.

Islamische Eliten des 19. und frühen 20. Jahrhunderts haben seinerzeit noch zwischen dem kolonialen Europa, das sie ablehnten, und dem Europa der Moderne, das sie bewunderten, differenziert. Diese Eliten des liberalen Zeitalters haben die europäische Kolonialherrschaft bekämpft, aber keinen Widerspruch darin gesehen, gleichzeitig das europäische Modell des Nationalstaats zu übernehmen. Während des Kalten Krieges wurden Nationalstaaten als nominelle Gebilde künstlich gestützt, weil ihre Destabilisierung die Stabilität des bipolaren Gleichgewichts gestört hätte. Auch alle regionalen Konflikte waren in die Bipolarität eingebettet. Das ist heute vorbei. Die alten, verwestlichten Eliten des liberalen Zeitalters müssen in der Welt des Islam nun den Islamisten als Gegen-Eliten[21] den Platz räumen. Diese haben andere Ordnungsvorstellungen, befinden sich aber in dem Dilemma, dass sie die nationalstaatliche Weltordnung zwar ablehnen, nicht aber abschaffen können. Das Ergebnis ist eine neue Welt*un*ordnung.[22]

Das Bild der postbipolaren Welt ist ein Bild des Zerfalls. Nach dem Ende des Kalten Krieges haben amerikanische Politikwissenschaftler die kantsche Idee des Ewigen Friedens neu entdeckt und einen »postbipolaren Frieden demokratischer Staaten« als politischen Neo-Kantianismus eingeführt.[23] Demokratisierung wurde als ein Instrument zur Erlangung des Weltfriedens gedeutet. Doch die Wirklichkeit sieht anders aus als die Visionen: *Wars in the Midst of Peace*[24] und ein *New Cold War*[25] kündigen sich an. Auch im postbipolaren Zeitalter gibt es keinen Frieden! Neue Formen des Konflikts betreten die weltpolitische Bühne, darunter solche, die schwer unter Kontrolle zu bringen sind. Meine Hypothese, dass die Weltordnung von einem Zerfall der vermeintlichen Gemeinschaft souveräner Staaten bedroht ist, basiert auf der Beobachtung der Entwicklungen im Kosovo und im Sudan, in Ruanda/Burundi, Somalia, Kaschmir, Afghanistan, Algerien, Osttimor, Tschetschenien und in vielen weiteren Teilen der Welt. Die Liste ist bereits lang und wird durch aktuelle Entwicklungen (z. B. in Sierra Leone) immer länger.

In der Regel stehen hinter dem Zerfall politisierte Ethnizität und religiöser Fundamentalismus. Die hierunter zusammengefassten politischen Kräfte fordern den säkularen Nationalstaat heraus und sind zugleich das Produkt seiner Legitimitätskrise. Die Welt des Islam ist ein Paradebeispiel für die mit diesem Prozess verbundene Forderung nach Entwestlichung der Welt (vgl. Anm. 19) als eine Alternative zur Verwestlichung. Die Bedingungsfaktoren des Zerfalls sind vielfältig: Es sind ökonomische, politische und kulturelle Faktoren, die den Aufstand gegen den säkularen Nationalstaat bewirken.

Im Mittelpunkt einer Analyse der Zerfallserscheinungen stehen Ethnizität und religiöser Fundamentalismus. Beide lassen sich am Beispiel der islamischen Zivilisation erläutern. Ich teile mit Robert Kaplan die Beobachtung: »Unsere Zivilisation wird schon bald mit dem zunehmenden Zerfall von Nationalstaaten und internationalen Grenzen konfrontiert sein… Die wirklichen Grenzen sind… jene zwischen Kulturen und Stämmen… Der (säkulare) Staat… ist ein rein westliches Konzept… Es spricht nicht viel dafür, dass der Staat… erfolgreich auf Gebiete außerhalb der industrialisierten Welt übertragen werden kann… Die Epoche des Nationalstaats und mit ihr die des Staatenkonflikts geht nun zu Ende…«[26]

Der populär formulierende *Atlantic-Monthly*-Publizist Kaplan steht nicht allein mit dieser düsteren Sicht der Lage. Zwei andere Autoren, die ihre einflussreiche Arbeit voreilig *Nach dem Ende des Nationalstaats* nennen, haben folgende Prozesse der Desintegration des Nationalstaats beobachtet, die ich hier zitieren möchte: »Der traditionelle Nationalstaat, die Frucht von Jahrhunderten politischer, sozialer und ökonomischer Entwicklung, ist gefährdet… Mit der sichtbaren Schwächung einzelstaatlicher Macht… werden die Staatsbürger intensiver über ihre unmittelbaren Gemeinschaften nachdenken… Dies wird deutlich in der Ausbreitung ethnischer und anderer Gruppenkonflikte, nicht nur in den Entwicklungsländern und in den Staaten des früheren sowjetischen Blocks, sondern auch im Westen… Der Verfall der Macht des Nationalstaates… schafft die Bedingungen für eine Vielzahl von Zugehörigkeiten… Neue Zugehörigkeitsmuster werden wahrscheinlich die Bindung an die Nation ersetzen… Pluralismus macht Fragmentation Platz… Wir werden Zeugen der Umrisse eines globalen Systems,… (dessen) konstitutives Element – der autonome Nationalstaat – seine privilegierte Position verliert.«[27]

Nach der Formulierung meiner Hypothese vom Zerfall der Weltordnung und dem Entstehen einer neuen Welt*un*ordnung (vgl. Anm. 22) möchte ich zur Analyse der anstehenden Thematik und Überprüfung meiner Annahmen übergehen. Zunächst soll die Grundeinheit der Ordnung als Staatengemeinschaft, nämlich der Nationalstaat, näher betrachtet und gefragt werden, ob und wie er sich in eine ihm zivilisatorisch fremde Umwelt in Asien und Afrika eingefügt hat.

Eine von außen auferlegte neue staatliche Ordnung

Abweichend von den Jahrhunderten vor der europäischen Expansion, als noch eine Vielfalt staatlicher Ordnungen existierte, lässt sich in der neueren Geschichte eine Standardisierung feststellen. Im Rahmen der Dekolonisation wurde der europäische Nationalstaat als »Transplantat« in nicht europäische Zivilisationen verpflanzt. Die heute zahlreichen Krisen und Kriege, vor allem in nicht europäischen Zivilisationen, markieren den Zerfall des dorthin exportierten Nationalstaats, der in diesen Regionen offensichtlich nicht funktioniert. Ich wiederhole die Tatsache, dass vor der Globalisierung jede Zivilisation ihre jeweils eigene Staatsauffassung und -tradition hatte. Der Konflikt bei der Übernahme der fremden Institution »Nationalstaat« war vorprogrammiert. Dennoch können wir nicht übersehen, dass der Nationalstaat auch heute die Interaktionseinheit in der Weltpolitik und die einzige in unserer internationalen Gesellschaft – sprich Staatengemeinschaft – anerkannte und global gültige Staatsform ist.[28]

Zu den zentralen Normen der internationalen Gesellschaft gehört die Souveränität der Staaten, die zu gültigem internationalen Recht geworden ist; diese ist eine spezifisch europäische Idee, die ihre Ursprünge gleichermaßen im griechischen Erbe und im römischen Recht hat.[29] Die Wiederentdeckung des römischen Rechts ab dem 12. Jahrhundert versetzte die Europäer in die Lage, Grundlagen dafür zu legen, in späteren Epochen zwischen positivem und sakralem Recht zu unterscheiden. Dieses römische Erbe, zusammen mit der klassisch-griechischen Idee der Polis als ein aus Menschen bestehendes und von Menschen gebildetes Gemeinwesen, hat dazu beigetragen, die Politik zu entsakralisieren. Max Weber nennt diesen Prozess *Entzauberung der Welt.* Hintergrund dieses Säkularisierungsprozesses sind die Aufklärung und die Französische Revolution von 1789, durch welche der nach dem Westfälischen Frieden etablierte souveräne Staat zum Nationalstaat wurde. Seine Legitimation beruhte fortan auf dem Prinzip der Volkssouveränität. Der Nationalstaat wurde im 19. Jahrhundert zur europäischen und in der zweiten Hälfte des 20. Jahrhunderts zur Weltinstitution.

Die bereits einleitend angesprochene Übertragung der europäischen Staatsform auf den Rest der Welt stellt den Höhepunkt der europäischen Expansion dar und ist zugleich ein Resultat der Dekolonisation. Das in seinem Ursprung europäische nationalstaatliche System wurde zum internationalen System, der Nationalstaat zur globalen politischen Organisationsform und zur Basis zwischenstaatlicher Interaktion. Die im Europa des 19. Jahrhunderts geschaffenen Verhältnisse sind zu Beginn des dritten Millenniums die globale Realität unserer Welt – auch in Asien und Afrika, also auch in der islamischen Zivilisation.

Die These vom Zerfall der staatlichen Ordnung in Asien und Afrika – sowie in Europa auf dem Balkan – stützt sich auf die Tatsache, dass die europäische, nunmehr globalisierte Staatsform in nicht westlichen Zivilisationen jeder materiellen und kulturellen Grundlage entbehrt. Daher deuten Experten staatliche Gebilde dort als Quasi-Staaten.[30] In Ländern der islamischen Zivilisation besteht ein Konflikt zwischen den Ordnungsvorstellungen des Islam und dem säkularen Nationalstaat.[31] Angesichts ihrer schwachen Legitimation und der fehlenden strukturell-institutionellen Voraussetzungen befinden sich die islamischen Staaten im neuen weltpolitischen Umfeld in einer Krise. Der Historiker, dessen Blick nicht auf Europa eingeengt ist, weiß, dass jede Zivilisation eine lokale oder regionale Staatstradition hat, der Werte, Normen und Weltsichten zugrunde liegen. In einer globalisierten Welt geraten die unterschiedlichen weltanschaulich begründeten Ordnungsvorstellungen miteinander in Konflikt; die Legitimität[32] des modernen Nationalstaats gerät in eine Krise. Zugleich ist die Krise aber strukturell bedingt. Globalisierung bezieht sich auf Strukturen, Universalisierung auf Wertesysteme – beide dürfen nicht verwechselt werden.

Die Stabilität des Nationalstaats, der sich sowohl durch seine innere als auch seine äußere Souveränität auszeichnet, war während seiner Entstehungszeit in der bürgerlichen Gesellschaft Europas verankert. Ihre Werte einer demokratischen politischen Ordnung begründeten eine Zivilgesellschaft. Dieser Begriff umschreibt zum einen die Trennung von Staat und Gesellschaft und akzentuiert zum anderen deren säkulare Bestimmung, d. h. die Trennung von der Religion. Eine Zivilgesellschaft ist konstituierender Bestandteil des Modells eines demokratischen Nationalstaats. Eine Zivilgesellschaft in diesem spezifischen Sinne gibt es aber weder in Asien noch in Afrika. Die dort bestehenden Nationalstaaten entbehren dieser Grundlage und sind daher institutionell schwach.

Im Prinzip ist der moderne Nationalstaat eine demokratische, auf einer zivilen Gesellschaft basierende Einheit. Die Zugehörigkeit der dort lebenden Menschen zum Staat ist Ausdruck ihrer Staatsbürgerschaft im Sinne von *citoyennité/citizenship*. Im Gegensatz dazu ist der traditionelle Staat durch diverse, oft miteinander konkurrierende ethnische oder andere Identitäten charakterisiert. Zwar hat der moderne Nationalstaat auch in Europa ethnische Ursprünge[33], aber die ethnischen Kollektive wurden zugunsten der individuellen *citoyennité/citizenship* aufgelöst. Dagegen können wir in den nominellen Nationalstaaten bestimmte Muster beobachten: Die Identität wird hauptsächlich ethnisch begründet. Die »Wir-Gruppen« binden ihre Gruppen-Identität nicht an die Existenz eines über ihnen stehenden Nationalstaats, sondern an ethnische Partikularitäten (z. B. die Kurden in der Türkei, in Syrien, im Irak und Iran) oder an sektiererische Bestimmungen (z. B. die Schiiten im Irak und Libanon), die jeweils in Konflikt miteinander stehen.[34]

Die im Rahmen der Dekolonisation erfolgte Staatsbildung sollte zugleich eine Nationenbildung sein. Die jeweils bestehenden partikularen »Wir-Gruppen« erfahren den neuen, von außen auferlegten Staat jedoch als fremd; er ist ihnen als eine Institution aufgezwungen, die sie unterdrückt; mit seinem Gewaltapparat können sie sich nicht identifizieren. In diesen Staaten gewinnen lokale Kulturen gegenüber der Zentralinstanz die Oberhand, weil kein politisches Gemeinwesen existiert, das die unterschiedlichen ethnischen, kulturellen und religiösen Gruppen auf einen gemeinsamen normativen Nenner einer akzeptierten politischen Kultur bringt. Es gibt nur ethnisch bestimmte Teilkulturen.[35]

Mein Argument lautet, dass der Zerfall staatlicher Ordnung einerseits mit einem Zivilisationskonflikt, andererseits mit ethnischen Partikularitäten einhergeht. Die Mobilisierung religiöser und ethnischer Traditionen wird in diesem Rahmen vollzogen. Mark Juergensmeyer spricht von einem »religiösen Nationalismus gegen den säkularen Staat« als neuer Form des »Kalten Krieges«.[36] Als Quelle dieses Konflikts sehe ich das Fehlen sowohl der institutionellen als auch legitimatorischen Grundlagen bei der Übertragung des Staatensystems des Westfälischen Friedens auf die gesamte Welt. Natürlich gibt es auch globale Disparitäten zwischen den reichen Industrieländern und den schwachen Staaten Asiens und Afrikas, die in diesen Konflikt eingebettet sind.

Staat, Ordnung, Kultur und Zivilisation. Die Gleichzeitigkeit von Globalisierung und Fragmentation

Ethnisch definierte lokale Kulturen gruppieren sich (z. B. in der Welt des Islam) zu Zivilisationen. Abweichend von der in Deutschland verbreiteten Bestimmung verstehe ich unter Kultur im Anschluss an Clifford Geertz[37] sozial bedingte Sinnproduktion, unter Zivilisationen dagegen Gruppierungen weltanschaulich ähnlicher Kulturen. Daraus folgt, dass Kultur stets lokal und Zivilisation immer übergreifend ist (vgl. Anm. 2). Beide sind also nicht identisch. Diese Begriffsbestimmung unterscheidet sich von der allgemein im Deutschen etablierten.

Unter »Revolte gegen den Westen« (Bull) verstehe ich wiederum die in unserer Gegenwart stattfindende Erhebung der zu Zivilisationen gruppierten lokalen Kulturen – besonders jener in den nicht westlichen Teilen der Welt – gegen globale Strukturen. Diese richtet sich nicht nur gegen die westliche Hegemonie, sondern auch gegen die universell anerkannten oder als solche unterstellten Werte und Normen des Westens. Der Zerfall der Ordnung der Staatengemeinschaft kommt gerade durch diese »Revolte gegen den Westen« zum Ausdruck. Zu dieser Revolte gehört auch die Erhebung gegen den säkularen Nationalstaat, der in nicht westlichen Zivilisationen nicht auf heimischem Boden gewachsen ist, sondern von außen als Transplantat oktroyiert wurde. Daraus resultiert die Destablisierung und der Zerfall von Nationalstaaten und schließlich auf globaler Ebene die von mir so genannte »neue Welt*un*ordnung«.[38]

Meine These von der Gleichzeitigkeit struktureller Globalisierung und kultureller Fragmentation gehört in diesen Kontext. Damit spreche ich das Phänomen an, dass sich wirtschaftliche und politische sowie Kommunikations- und Transportstrukturen globalisieren, sich parallel hierzu jedoch ein zunehmender Dissens im Bereich der Normen und Werte, sprich der zivilisatorischen Weltanschauungen zeigt. Strukturen werden globalisiert, die korrespondierenden kulturellen Elemente aber, wie die zugrunde liegende Weltsicht und die entsprechenden Normen und Werte, werden nicht universalisiert. Ganz im Gegenteil: Es entstehen antiglobalistische Defensiv-Kulturen.

In Bezug auf die Analyse des Nationalstaats im Konflikt der Zivilisationen arbeite ich mit dem Globalisierungskonzept, um zu zeigen, dass die Verbreitung eines Staatsmodells noch längst nicht dessen weltweite Akzeptanz bedeutet. Die globale Revolte religiöser Fundamentalisten und ethnischer Nationalisten gegen den säkularen Nationalstaat, die den Beginn des 21. Jahrhunderts begleitet, veranschaulicht diesen Unterschied. Die erste am Beginn des 21. Jahrhunderts zu vollziehende Aufgabe lautet, den Zivilisationskonflikt zu verstehen. Dabei müssen wir die hier vorgetragene Erkenntnis beherzigen, dass jede Zivilisation ihren eigenen Bezugsrahmen und ihr eigenes Verständnis von Geschichte und Politik hat. Europäer gehen zwar von der Universalität ihrer Anschauungen aus, befinden sich in unserer Gegenwart aber tatsächlich in einer ihre zivilisatorische Identität erschütternden Sinnkrise[39], die sie zutiefst verunsichert. Europa gerät in einen Konflikt mit anderen Zivilisationen, auf den es anscheinend nicht vorbereitet ist.

Um die antiwestlichen Rachegelüste zu begreifen, müssen wir nicht westliche Zivilisationen zunächst studieren und ihren Widerstand gegen die westlich geprägte Ordnung der Staaten begreifen. Der die alte eurozentrische Weltsicht ablösende globalhistorische Ansatz[40] ermöglicht das Verständnis dieser Zusammenhänge. Zunächst gilt es zu verstehen, dass die Menschheit nicht nur Europa umfasst und in Zivilisationen unterteilt ist. Die Geschichte der Welt des Islam war beispielsweise nie Bestandteil einer künstlich konstruierten Weltgeschichte der Menschheit, sondern wurde stets als ein Studienobjekt für sich genommen. Erst im Rahmen des Globalisierungsprozesses der neueren Geschichte wird die islamische Zivilisation neben anderen nicht westlichen Zivilisationen in ein Globalgefüge integriert, in dem der Zivilisationskonflikt zwar verdrängt wird, aber wie eine Zeitbombe tickt. Das Ende des Kalten Krieges, der diesen Konflikt verbarg, machte ein Öffnen der »Büchse der Pandora« möglich. Es gilt das Geheimnis der Globalisierung über die tagespolitischen Sensationen hinaus zu lüften.

Die Globalisierung wird oft als ein Zusammenschrumpfen der Welt beschrieben. Die Vielfalt der Zivilisationen, so wird unterstellt, wird zu einer Gesamtheit zusammengeschweißt. Dieser Deutung widersprach bereits der 1985 verstorbene Oxford-Gelehrte Hedley Bull, indem er argumentierte, »dass das Zusammenschrumpfen des Globus keine einheitliche Weltsicht mit sich bringt und bisher niemals gebracht hat... Die Menschheit wird gleichzeitig einheitlicher und fragmentierter«.[41]

In Anlehnung an Bull habe ich als Ergebnis meiner empirischen Arbeiten über die Globalisierung und die derzeitige Revolte der islamischen Zivilisation gegen diesen Prozess, die eine Revolte gegen den Westen ist, den im Mittelpunkt dieses Abschnitts stehenden Begriff der »Gleichzeitigkeit von struktureller Globalisierung und kultureller Fragmentation« geprägt (vgl. Anm. 22). Die Revolte gegen den Westen wird mit dem Rückgriff auf die eigene (selektiv konstruierte) kulturelle Authentizität im Rahmen der Neubelebung überlieferter Werte und Normen legitimiert. Eric Hobsbawm nannte dies *Die Erfindung von Tradition.*[42] Dies führt auf globaler Ebene zu einer fortschreitenden kulturellen Fragmentation. Der Zerfall der lokalen staatlichen Odnung und die Destabilisierung der Staatengemeinschaft muss im Licht dieser Entwicklung gesehen werden.

Die Fragmentation ist vielschichtig und auf unterschiedlichen Ebenen anzutreffen. Auf der Ebene des Nationalstaats in Asien und Afrika begegnen wir zusammengewürfelten multiethnischen Bevölkerungen und diversen lokalen Kulturen, die nur formal von den territorialen nationalen Strukturen überlagert werden. Allerdings stehen diese lokalen Strukturen über die Vermittlung durch den bestehenden Nationalstaat mit den globalen Strukturen in Beziehung und sind in ihr Netzwerk eingebunden. Um zu verstehen, was hier geschieht, ist eine mehrdimensionale Betrachtungsweise erforderlich. Wer kein Gespür für Ethnizität und lokale Kulturen entwickelt, läuft Gefahr, den Begriff des Zivilisationskonflikts nur als Klischee, d. h. hysterisch und verzerrt als »Bedrohung des Westens durch nicht westliche Zivilisationen« wahrzunehmen. In Deutschland spricht man von diesem Gegenstand polemisch als »Kampf der Kulturen« – so die falsche Übersetzung von *»The Clash of Civilizations«*[43] –, ohne zu verstehen, dass Zivilisationen in sich vielfältige und höchst komplexe Gebilde sind. So mag beispielsweise der einheitliche Begriff »islamische Zivilisation« angesichts der großen Vielfalt islamischer Kulturen zunächst als reine Abstraktion erscheinen, die aber auf ein konkretes Bindeglied unter den unterschiedlichen islamischen Völkern, nämlich die geteilte Weltanschauung, hinweist.

Bei dem Versuch, lokale Kulturen als Untereinheiten von Zivilisationen zu beleuchten und ihren Aufstand gegen die globalisierte westliche Institution des Nationalstaats bzw. gegen die sie umschließende Weltordnung zu verstehen, erweist es sich als nützlich, den Begriff der Ethnizität ins Spiel zu bringen. Dieses komplizierte Fremdwort bezeichnet einen sehr einfachen Sachverhalt: Menschen, deren kulturellen Zusammenhalt auf Gruppenzugehörigkeit beruht, gelten als ethnische (Wir-) Gruppen. Ethnizität beschreibt ihre Einbindung in das Bewusstsein und den Sinnzusammenhang jeweils lokaler Kulturen. Alle Zivilisationen sind lokal-kulturell und ethnisch untergliedert.

Mit der Globalisierung werden sozioökonomische, soziopolitische und soziokulturelle Strukturen hervorgerufen, in die Ethnizität und lokale Kulturen eingebunden werden müssen. Die als Ergebnis der Globalisierung vielfach proklamierte globale Zivilisation ist nicht mehr als eine Konstruktion; in der Realität ist sie nicht vorhanden: Die ethnischen »Wir-Gruppen« und ihre lokalen Kulturen sind nicht integriert worden. Diese Tatsache ist auch für die Innenpolitik relevant. Denn hier gilt: Nur Individuen können integriert werden. In unserer Zeit formieren sich lokale Kulturen im Rahmen der Migration (von Tamilen, Kurden, Kosovo-Albanern etc.) vor allem in der westlichen Diaspora zu ethnischen Ghettos. Angehörige nicht westlicher Zivilisationen empfinden den Nationalstaat als eine »westliche Verschwörung« , als Strategie des »Teile und Herrsche!« In der Diaspora ethnisieren sie dann ihr Kollektiv. So wird z. B. in Deutschland der Islam ethnisiert. Statt europäische Bürger zu werden, bilden die Migranten ethnische Enklaven und die Bombe des ethno-sozialen Konflikts tickt. Arthur Schlesinger spricht für die USA vom *Disuniting of America.*[44] Europa ist nicht weit hiervon entfernt (vgl. Anm. 20).

Doch kehren wir zunächst in die Geschichte zurück, d. h. zu der frühen Periode europäischer Expansion, als Nicht-Europäer den Eindringlingen Widerstand leisteten, der jedoch an ihrer technischen und wissenschaftlichen Unterlegenheit gegenüber den Invasoren scheiterte. Nach der erfolgreichen europäischen Expansion schien die instrumentelle »Europäisierung der Welt«[45] den Untergang der lokalen Kulturen besiegelt zu haben. In meinen Arbeiten nenne ich diesen Prozess »Akkulturation«. Damit meine ich, dass nicht westliche Eliten, die im Westen ausgebildet worden waren, in der Phase des Kampfes gegen den Kolonialismus dazu neigten, dem europäischen Nationalstaatsmodell und anderen westlichen Errungenschaften nachzueifern. Die Forderung nach einem eigenen Nationalstaat war seinerzeit eine wirksame ideologische Waffe gegen die europäische Kolonialherrschaft. Somit gehört auch die Übernahme des westlichen Ordnungsmodells zu diesem Prozess.

Ein gegenläufiger Trend, der in unterschiedlichen religiösen Fundamentalismen auf der ganzen Welt[46], vor allem aber in Asien und Afrika, zum Ausdruck kommt, führt dazu, dass die von Modernisierungseliten übernommene staatliche Ordnung nun in Frage gestellt wird. Obwohl sich die Ideologie des religiösen Fundamentalismus im Islam auf Zivilisation bezieht, spielen darin Ethnizitäten eine zentrale Rolle. Im Fall der Welt des Islam handelt es sich bei der Erhebung des Fundamentalismus also um »einen Prozess der Gegenakkulturation«[47], da selbst Teile der modernisierten Eliten ihre eigene westliche Bildung nunmehr zurückweisen und eine oft aggressive Abgrenzung gegenüber dem Westen an den Tag legen. Diese hinter dem Zerfall des Nationalstaats stehende Revolte gegen den Westen ist einem Prozess entgegengerichtet, dem der Glaube an eine von Europa ausgehende und expandierende globale Zivilisation zugrundeliegt. Die Revolte gegen den Westen formiert lokale Kulturen als regionale Zivilisationen im Kampf für eine »Entwestlichung der Welt«. Praktisch ist diese Revolte die Vorstufe zu einem weltanschaulichen *Krieg der Zivilisationen.*[48] Die Träger der Gegenakkulturation sind die Gegen-Eliten (z. B. die Islamisten). Durch Migration und die Bildung ethnischer Armutskulturen in der Diaspora wird dieses Phänomen sogar auf Europa übertragen (vgl. Anm. 20).

Der religiöse Fundamentalismus und seine alternative staatliche Ordnung

Der islamische Fundamentalismus ist die Ideologie der Erhebung gegen die bestehende Ordnung; er richtet sich gegen den Nationalstaat sowie die internationale Staatengemeinschaft, die auf ihm basiert. Dabei setzt er den Islam als Mittel mit dem Ziel ein, die verlorene Einheit der Zivilisation wiederherzustellen. Trotz des eigenen Anspruchs, als eine »globale Zivilisation« kulturübergreifend zu sein, finden wir im Falle des Islam eine durch zahlreiche lokale Ausprägungen und ethnische Gruppierungen charakterisierte Zivilisation. Tatsächlich zeichnet alle unterschiedlichen islamischen Fundamentalismen eine Spannung aus, die aus dem Gegensatz zwischen der universalistischen Weltsicht des Islam und den partikularen lokalen Kulturen, aus denen die Fundamentalisten selbst hervorgehen, resultiert.

Die besonders auffällige Aggressivität islamischer Fundamentalisten gegen den Westen hängt auch damit zusammen, dass sie – zutreffend – davon ausgehen, dass die bestehende Ordnung aus dem westlichen Eroberungsprojekt hervorgetreten ist. Geschichtlich sind die euro-islamischen Beziehungen von zwei miteinander wetteifernden Welteroberungsprojekten geprägt worden. Zunächst dominierte vom 7. bis zum Beginn des 16. Jahrhunderts – unterbrochen von den Kreuzzügen – der islamische Djihad (hier: »heiliger Krieg« zur Verbreitung des Islam). Mit dem Aufstieg des Westens zwischen 1500 und 1800 wurde dieses islamische Welteroberungsprojekt dann aber unterbunden bzw. abgelöst.[49] Das von diesen Erfahrungen geprägte Kollektivgedachtnis wird in unserer Gegenwart aktualisiert und um Erfindungen von Tradition bereichert. Seine Artikulationsform ist der religiöse Fundamentalismus.

Die Geschichte von *Kreuzzug und Djihad* (vgl. Anm. 19) bringt die Fragmentation zwischen den Zivilisationen zum Ausdruck. Die Schwäche des Fundamentalismus, der sich dieser Fragmentation bedient, besteht darin, dass die Moslems selbst – trotz allen universalistischen Getöses – untereinander ethnisch und lokalkulturell gespalten sind. Ihre gegenseitigen Beziehungen zeichneten sich früher eher durch Feindschaft als durch politische oder religiöse Solidarität aus (z. B. zwischen Arabern, Türken und Persern). Der islamische Fundamentalismus unserer Zeit predigt zwar verbal die Solidarität der *Umma* (Gemeinschaft), doch in der Realität verstärkt er die bestehenden ethnischen Spaltungen. So können die Taliban in Afghanistan ihre Paschtunenherkunft nicht verdecken.[50] Die zentrale Quelle der Konflikte in der internationalen Politik bleibt die Ethnizität[51]; durch Vermengung mit fundamentalistischen Ideologien (Ethno-Fundamentalismus) wird die Gefahr des Zerfalls potenziert.

In dieser Situation ist der Nationalstaat im Hinblick auf die historische Erfahrung nicht westlicher Zivilisationen in Asien und Afrika ein fremdes Gebilde in einem Zerfallsprozess. In diesem Zusammenhang erinnern Fundamentalisten, die ihre Religionsgemeinschaft politisieren wollen, die Angehörigen ihrer Zivilisation daran, dass der Islam vor der Begegnung mit dem modernen Europa eine eigene imperiale Größe besaß. Zu dem durch Fundamentalisten aktualisierten, gegen den vom Westen transplantierten »Nationalstaat« gerichteten Kollektivgedächtnis gehört die Nostalgie in Bezug auf die osmanische Zeit. In der Türkei ist das Ergebnis ein Neo-Osmanismus[52], den es auch in der deutschen Islam-Diaspora gibt.

Doch nicht das islamische Kalifat der türkischen Osmanen ist das Ideal der Völker, die einst unter osmanischer Herrschaft standen. So begegnen wir im Fall der Araber und ihrer Übernahme der Idee der Nation in der Ideologie des arabischen Nationalismus dem Rückgriff auf statische Kulturmerkmale wie Sprache und Geschichte, mit denen Nation gleichsam ethnisch gedeutet wird. Auf diese Weise wird die islamische *Umma* ethnisch fragmentiert. Im Vergleich zu Afrika können wir mit Michael Hudson zwar feststellen, dass der arabische Teil der islamischen Zivilisation »in Bezug auf seine von vielen Menschen geteilten nationalen und religiösen Werte grundsätzlich homogen ist«.[53] Dennoch müsse, wie Hudson weiter ausführt, »der Arabismus in einer politischen Kultur, die sich durch Affektivität und die immer noch besondere Bedeutung primordialer (vornationaler; B. T.) Identifikationen auszeichnet, mit weiteren parochialen (traditionell religiösen; B. T.) Identifikationen koexistieren oder mit ihnen konkurrieren... Es ist zu einfach, ...anzunehmen, dass in dieser Region Modernisierung eine assimilatorische Schmelztiegel-Funktion ausübt«.

Islamische Fundamentalisten bieten nach dem Scheitern des Nationalstaats in den postkolonialen Ländern (wie z. B. denen der islamischen Zivilisation) eine Alternative an: nicht das Kalifat, sondern das islamische System/*Nizam Islami.* Sie können aber die (ethnische) Solidarität der Wir-Gruppen nach innen nicht mit der Solidarität aller Angehörigen der kultur- und ethnizitätsübergreifenden Zivilisation nach außen gleichsetzen. Diese Komplexität lässt sich nicht durch einfache Formeln auflösen. Wir müssen die Problematik Zivilisation, Nation und Ethnizität durchdringen, um ihr Wirken in der Weltpolitik zu verstehen.

In der Welt des Islam stößt man unter dem Deckmantel der großen islamischen *Umma* bzw. der einst so populären panarabischen Nation (auch: *Umma*) oder deren Sub-Einheiten (Iraki, Syrer oder Algerier) auf die Tatsache, dass jede soziale Gruppe mit ethnischen Grundmustern und Zugehörigkeiten zusammenfällt. Diese Verbindungen sind die Basis der jeweiligen lokalen Kulturen. Die Wurzeln der Ethnizität entspringen dem sozial produzierten und sich ständig verändernden Quartett von gemeinsamen *Mythen, Erinnerungen, Werten* und *Symbolen.* Daher kann Ethnizität nicht angemessen auf der Grundlage statisch begriffener kultureller Elemente – wie etwa dem Arabismus – oder gemeinsamer religiöser Glaubensmuster – wie dem sunnitischen Islam – definiert werden. Diese Vorgehensweise mag nur für die Wahrnehmung von außen (z. B. von Moslems durch Nicht-Moslems) zutreffen.

Islamische Fundamentalisten ethnisieren die islamische Zivilisation und verwenden eindeutig statische Begriffe. Als alternatives Konzept schlage ich das soeben angeführte Quartett vor – gemeinsame *Mythen, Erinnerungen, Werte* und *Symbole,* die eine Gruppe miteinander verbinden und einem permanenten Wandel unterliegen. Dieses Quartett ist historisch, also nicht statisch zu verstehen. So können Mythen je nach der historischen Situation einen anderen Inhalt annehmen. Dieses Konzept kann auch auf kommunale Solidaritätsgruppen angewandt werden, zu denen beispielsweise die Alawiten und Drusen in Syrien, die Kurden im Irak, die Dinka im Sudan oder die Berber in Marokko zählen. Kurzum: Die ethnische Zugehörigkeit ist stets lokalkulturell und unterscheidet sich damit von der Zugehörigkeit zu einer kulturübergreifenden Zivilisation wie z. B. der des Islam.

Die ethnische Aufschlüsselung der Bevölkerungsgruppen der islamischen Zivilisation bzw. der Araber, von denen behauptet wird, sie bildeten eine homogene moderne Nation, bringt uns der Realität nicht näher. Im Anschluss an Anthony Smith habe ich bereits argumentiert, dass jede gewachsene Nation, aus diesem Blickwinkel betrachtet, ethnische Ursprünge hat. Nationen sind damit weder vormodern, im Sinne von ursprünglich und unveränderbar, noch völlig modern. Vielmehr bilden Nationen eine Einheit, die in modernen Zeiten zumeist aus ethnischen Ursprüngen hervorgegangen ist. Geistesgeschichtlich und institutionell ist die Nation ein modernes Phänomen, das aus dem späten 18. Jahrhundert datiert. Ihre ethnischen Ursprünge aber haben die Nationen auch in den modernen industriellen Gesellschaften. Doch ersetzen nunmehr nationale Bande, wie sie den neuen Identitätsmustern zugrunde liegen, die zuvor vorherrschenden lokalkommunalen Identifikationen und schaffen somit gemeinsame Fundamente für eine lokale Kultur auf nationaler Ebene. Schwabe oder Westfale in Deutschland zu sein ist also nicht mehr vergleichbar mit der Identifikation, Berber in Marokko, Dinka im Sudan oder Kurde im Irak bzw. der Türkei zu sein. Die modernen Kommunikationsmittel fördern Prozesse der strukturellen Standardisierung, die in diesem Fall Integration und kulturelle Assimilation zur Folge haben. Sie machten es »möglich und notwendig, eine Vorstellung von gleichermaßen souveränen und begrenzten Gemeinschaften zu entwickeln, durch die nunmehr ein Gefühl der Unsterblichkeit hervorgerufen werden kann und mit der sich auch vormals anonyme Individuen identifizieren können«.[54]

In der westlichen Zivilisation haben sich mittels diskursiver Fähigkeiten Kommunikationsnetze entwickelt, die dieses Muster der nationalen Gemeinschaft lokaler Kulturen festigen. Im Gegensatz hierzu basieren die durch Fundamentalismus und Ethnizität vom Zerfall bedrohten nominellen Nationalstaaten außerwestlicher Zivilisationen nicht auf einem als Kommunikationsgemeinschaft definierten demokratischen Gemeinwesen; ihre künstliche Vereinigung wird durch staatliche Gewalt zusammengehalten. Viele Araber nennen ihre Staaten »*Mukhabarat*-/Geheimdienst-Staaten«, was sie in der Realität auch sind. Ein Mensch gehört einer solchen »Nation« nicht durch die Entscheidung als freier Bürger an; »Nation« wird zum großen Gefängnis, das von einer Ethnie gegen die anderen geführt wird. Die Revolte dagegen korrespondiert mit dem Zerfall staatlicher Ordnung. Die von Fundamentalisten gepredigten Ordnungsvorstellungen destabilisieren und führen zur *Unordnung*.

Zusammenfassend können wir die Unfähigkeit nomineller Nationalstaaten, Kollektive als quasiorganische Einheiten (für die ich den Begriff »Ethnie« verwende) zu integrieren, als eine der Hauptquellen für das Scheitern nationalstaatlicher Modelle in außerwestlichen Zivilisationen deuten. Aus dieser Krise geht der religiöse Fundamentalismus hervor, der mit seiner alternativen Ordnungsvorstellung destabilisiert und lokal wie international zum Zerfall beiträgt.

Zivilisation und geopolitische Staatensysteme

In Bezug auf die Bildung von Staatengemeinschaften können wir den geopolitischen Raum einer Zivilisation in regionale Staatensysteme untergliedern. Die Welt des Islam kann als Ganzes – anders als Huntington (vgl. Anm. 16) vermutet – keine weltpolitische Handlungs- und Interaktionseinheit sein, obwohl sie eine Zivilisation bildet. Anders verhält es sich mit einem regionalen Subsystem in der internationalen Politik. Deswegen ist es oft sinnvoll, den geopolitischen Raum einer Zivilisation in verschiedene regionale Subsysteme von Staaten, wie Naher Osten, Zentralasien, Südostasien, Westafrika etc., zu unterteilen. Dies ist vor allem eine interaktionelle und somit auch politische Unterteilung.

Um es noch einmal zu verdeutlichen: Wenn hier von Kultur gesprochen wird, dann nicht mit statischen Begriffen wie Sprache, Religion und ursprünglichen, unveränderbaren Werten. Kultur basiert vielmehr auf sich stets veränderbaren, gelebten Realitäten und Rahmenbedingungen und drückt sich in einer in Symbolen manifesten Sinnproduktion aus. Sie hat in einem gegebenen strukturellen Kontext eine symbolische Dimension sozialen Verhaltens zum Inhalt.

Auch subsystemische Teile einer Zivilisation können aus lokalen Kulturen bestehen, die noch vormodern sind. Sie stehen in hohem Maße mit der von Europa exportierten Moderne und ihren Institutionen im Konflikt; ihre Angehörigen fühlen sich durch letztere bedroht. Eine Folge davon ist die politische Aktivierung der Zivilisation, die diese lokalen Kulturen als Identifikationsrahmen verbindet. Mit dem so gewonnenen Zivilisationsbewusstsein geht man gegen die eindringende westliche Zivilisation, die als fremd identifiziert wird, vor. Die Konstruktion von Identität ist hier zentral.

Im Folgenden möchte ich den Begriff der kulturellen Identität am Beispiel der »arabischen Kultur« illustrieren, die als Identifikationsmerkmal der subsystemischen arabischen Staatengemeinschaft angesehen wird.[55] Definiert man »arabische Kultur« mit Hilfe statischer Begriffe wie der arabischen Sprache, dem sunnitischen Schrift-Islam und unterstellten allgemeingültigen Werten (wie männliche Ehre), so müsste das Erscheinungsbild vom Golf bis nach Marokko dasselbe sein. Jede soziokulturelle Analyse, von der die entsprechende Sinnproduktion mit erfasst wird, zeigt jedoch, wie stark die lokalen Kulturen voneinander abweichen, auch wenn sie zu ein und derselben Zivilisation gehören. Selbst ein mit der Region nicht vertrauter Tourist kann mühelos durch oberflächliche Beobachtungen die kulturellen Unterschiede zwischen Ägypten und Marokko wahrnehmen, die auch ihre politischen Wirkungen haben.

Pannationale Ideologien wie der Panarabismus verleugnen derartige lokale Ausprägungen von Kulturen und die mit ihnen verbundene Ethnizität. Von ihnen werden die lokalen Identitäten im Nahen Osten als untergeordnete Muster eingestuft und interpretiert. Im Hinblick auf den Widerstand der lokalen Kulturen gegen die – Globalität für sich beanspruchende – westliche Zivilisation teilen *alle* ethnisch und konfessionell unterschiedlichen Gruppen dieser Kulturen eine antiwestliche Einstellung und formieren sich als eine einheitlich wahrgenommene Sub-Zivilisation, die sich im *Krieg der Zivilisationen* (vgl. Anm. 2) gegen eine andere richtet. Die so geschaffene Identität ist – im Gegensatz zu den untergeordneten, oft ethnischen Identitäten der lokalen Kulturen – eine übergeordnete ideale Identität. Die Konstruktion einer islamischen *Umma* ist ein Ideal, das nur in konkreten Situationen des Zusammenpralls mit anderen Zivilisationen reale Formen annehmen kann. Nach innen existiert es in der islamischen Zivilisation nicht.

Auf der Ebene des Subsystems als Teileinheit des geopolitischen Raums einer Zivilisation sind die übergeordneten Identitäten auf Idealtypen und nicht auf die realen soziokulturellen Gegebenheiten bezogen. Besonders der Panarabismus als Ideologie des arabischen Staatensystems[56] und der Islamismus als Ideologie der islamischen Zivilisation waren und sind solche Ideologien, auf die die übergeordneten konstruierten Identitäten, die ebenso wie die untergeordneten einen ethnischen Charakter aufweisen, als Referenzsysteme zurückgreifen. Folglich steht die behauptete übergeordnete Ethnizität des Arabismus in einem Konkurrenzverhältnis zu untergeordneten lokalkulturellen Gemeinschaften, die ethnisch ebenfalls arabisch sind, sowie zu nichtarabischen Identitäten anderer Moslems (z. B. der Perser). In einer Zeit des Zerfalls der internationalen Staatengemeinschaft spielt sich der Konflikt um die Neubestimmung der staatlichen Ordnung in jenem Teil der Welt zwischen Islamismus und Arabismus als zwei konkurrierenden Mustern übergeordneter Identitäten ab (vgl. Anm. 31). Die Zivilisation, die beide vereinigt, ist im Gegensatz zur techno-wissenschaftlichen Zivilisation des Westens als vormodern charakterisiert worden. Der Islam hat sich die Stämme untergeordnet, es aber nicht vermocht, sie in ein transtribales und die Ethnien transformierendes Gemeinwesen zu integrieren. Der Zivilisationskonflikt bezieht sich also nicht allein auf eine Revolte gegen die westliche Hegemonie, sondern ist gleichzeitig ein Konflikt zwischen Moderne und Vormoderne. Es geht auch um einen Krieg der Weltanschauungen, der sich im Kampf um die Bestimmung der staatlichen Ordnung niederschlägt. Eine Lösung für diesen Konflikt werde ich am Ende dieses Essays vorstellen.

Ein Zerfall des Nationalstaats in Asien und Afrika als »The Coming Anarchy«?

Das große Interesse an seinem spektakulären Artikel *»The Coming Anarchy«* hat Robert Kaplan ermutigt, zu Beginn des neuen Millenniums unter demselben Titel ein Buch zu diesem Thema zu veröffentlichen, worin der Text des Originalartikels unverändert als ein Kapitel enthalten ist. Ich habe in einer längeren Passage seine zentralen Ideen zitiert (vgl. Seite 953). Die von Kaplan beschriebene Anarchie resultiert aus der Desintegration des säkularen Nationalstaats auch in der islamischen Zivilisation. Das Scheitern einer Indigenisierung (des »Heimischwerdens«) des aus Europa eingeführten Transplantats scheint zu diesem Szenario beizutragen.

In unserer Gegenwart gewinnt die ethnisch bzw. lokalkulturell gespaltene, religiös-islamische Identität an Boden. Der Islam hat den Anspruch, eine übergeordnete, gleichsam mit universellem Anspruch ausgestattete Identität einer regionalen Zivilisation zu sein. Innerhalb der islamischen Zivilisation finden zahlreiche *zwischenstaatliche* (z. B. zwischen Iran und Irak 1980–88) und *innerstaatliche* Konflikte statt (z. B. zwischen den regierenden Alawiten in Syrien und der sunnitischen Bevölkerungsmehrheit, aber auch das Kurdenproblem in der Türkei oder das Berberproblem in Algerien). Die Ethnizität zu verstehen hilft, das Bild vom Zivilisationskonflikt zu differenzieren und auch die Krise des Nationalstaats zu begreifen. Unterlässt man dies, dann entsteht der falsche Eindruck eines »islamischen Monoliths«. Die Gründe für das Scheitern des Nationalstaats in Ländern der islamischen Zivilisation sind – darauf wurde bereits hingewiesen – nicht nur extern, sondern auch intern bedingt. Es muss eine ausbalancierte Einschätzung externer und interner Bedingungsfaktoren erfolgen.

Religiöse Sektenidentität und Ethnizität verbinden sich und nehmen einen ethno-religiösen Charakter an; sie spalten die islamische *Umma* in zahlreiche Einheiten. Konfessionalität ist der Motor ethnisch bedingter Verhaltensmuster, wie Anthony Smith hervorgehoben hat: »Der Aufschwung religiöser Sekten… ermöglicht ein… fruchtbares Zusammenleben einer ethno-religiösen Gemeinschaft. Sektiererische und sogar häretische Formen… des Islam verbinden sich mit überkommenen provinziellen Gemeinschaften, deren frühere religiösen Bindungen allmählich ethnisiert werden.«[57]

Ungeachtet ihrer inneren Zwistigkeiten besitzen alle islamischen und arabischen lokalen Kulturen auf globaler Ebene die Fähigkeit, sich gegen die Macht fremder Zivilisationen zu vereinigen, wenn sie eine kollektive Bedrohung wahrnehmen. Ein Beispiel hierfür ist der Golfkrieg des Jahres 1991. In seinem Verlauf schien es so, als habe sich die Welt des Islam gegen eine westliche »Verschwörung«[58] vereint, obwohl der von den USA geführten Staatenkoalition auch arabische und islamische Nationalstaaten angehörten. Auch viele Jahre nach dem Golfkrieg verstehen Menschen im Westen immer noch nicht, dass seinerzeit eine Konfrontation zwischen zwei Zivilisationen stattgefunden hat, deren Folgen bis zum heutigen Tag anhalten und weiter wirken, aber im egozentrischen Europa übersehen werden. Für die Mehrheit der Moslems steht jener Krieg in der Tradition von *Kreuzzug und Djihad* (vgl. Anm. 19); dass saudische, ägyptische, syrische und pakistanische Truppen formal auf westlicher Seite gestanden haben, ändert keinen Deut an dieser Wahrnehmung.[59] Und jener »Kreuzzug« der westlichen Zivilisation gegen die Moslems wurde nach moslemischer Wahrnehmung zunächst im Balkankrieg, dann auch in Tschetschenien fortgesetzt, obwohl Russland – da slawisch-orthodox – natürlich nicht zur westlichen Zivilisation gehört. Der Einsatz des Westens für die moslemischen Kosovo-Albaner wird in der Welt des Islam nicht honoriert, sondern als Perfidie wahrgenommen. Daher haben sich islamische Fundamentalisten von den Kosovo-Albanern distanziert, mit den Tschetschenen, deren Feldherr ein Araber namens Chattab ist, jedoch Solidarität bekundet.

Das Fazit der bisherigen Analyse lautet also: Berücksichtigt man die Dimension der Identität, so berühren sich auf der Ebene des Nationalstaats konkurrierende übergeordnete und untergeordnete Identitäten mit religiös-ethnischen Bindungen an »imaginäre Gemeinschaften«. Die meisten islamischen Nationalstaaten (übrigens ein Widerspruch im Beiwort) sind, wie bereits mehrfach argumentiert, nur nominell Nationalstaaten. Es fehlt ihnen die politische und soziale Verankerung; es fehlen aber auch die Fundamente für eine zivile Gesellschaft und vor allem fehlt das Bewusstsein der Angehörigen des Staatsverbandes von einem überethnischen Gemeinwesen. Kurzum, es fehlen alle Voraussetzungen für die Bildung einer Nation auf der Basis bestehender Staaten. Hinzu kommt, dass der Begriff »Nationalstaat« den Werten der islamischen Zivilisation widerspricht; seine Ideale blieben eine Ideologie der verwestlichten Eliten. Der Zerfallsprozess muss in diesem Zusammenhang gesehen werden und die These von der *»Coming Anarchy«* ist keineswegs Panikmacherei – sie ist eine solide Prognose.

Auf der Ebene des Nationalstaats lassen sich noch andere Spielarten konkurrierender über- und untergeordneter Identitätsmuster beobachten. So steht beispielsweise die Ideologie der übergeordneten Zugehörigkeit zum nominellen Nationalstaat Irak (das Irakertum/*al-Iraqiyya*) als eine vom herrschenden Regime verordnete, Sunniten, Schiiten und Kurden vereinigende Identität in Konkurrenz zu den lokalen Identitäten derselben Gruppen. Zudem rekrutierte sich die politische Elite des Irak – im Widerspruch zu dieser postulierten Identität – schon immer aus der sunnitischen Bevölkerung. Angesichts dieser Situation haben die unterdrückten Kurden und Schiiten ihre untergeordnete lokale Identität niemals aufgegeben; sie lehnten die ihnen aufgezwungene Identität des Irakertums bzw. des panideologischen Arabismus stets ab. Auch ist bemerkenswerterweise der islamische Fundamentalismus im Irak schiitischen und nicht sunnitischen Charakters.

Wie kann es weitergehen? Ist die *»Coming Anarchy«* noch aufzuhalten? Da die Zukunft in Kontinuität zur Vergangenheit steht, müssen wir einen Blick auf die Geschichte werfen.

In einem Staatenlexikon wie dem vorliegenden, muss hervorgehoben werden, dass die islamische Zivilisation eine eigene Staatstradition hat. Mit einem solchen, jedoch allgemein gehaltenen Hinweis habe ich diesen Essay auch eingeleitet. Diese islamische Staatstradition ist das Kalifat als eine universelle Ordnung. Eine territoriale Staatlichkeit kennen unter den arabischen Ländern unserer Gegenwart nur Ägypten und mit Einschränkungen auch Marokko. Das klassische islamische Kalifat war eine imperiale, dynastische Größe, keine Zentralinstanz. Die alten Territorialstaaten in der islamischen Geschichte basierten ausschließlich auf dem Statthaltertum lokaler Dynastien. Der postkoloniale Staat, der als säkularer Nationalstaat in den Nahen Osten in Form eines Transplantats verpflanzt wurde, muss sich aus dieser geschichtlichen Perspektive – als fremde Institution – gegen konkurrierende Loyalitäten durchsetzen. Die vorangegangene Analyse hat dies zur Genüge beleuchtet.

Das Osmanische Reich war die letzte islamische Ordnung vor dem Eindringen des Westens.[60] Außer Marokko und Iran, die nie zum Osmanischen Reich gehörten, gehen die gegenwärtigen Staaten im Nahen Osten auf osmanische Provinzen zurück. Nach der Auflösung des Osmanischen Reichs entstand eine unfriedliche Ordnung.[61] Eine koloniale Grenzziehung fand statt, in deren Rahmen die alten osmanischen Provinzen in den neuen europäischen Kolonien Frankreichs und Großbritanniens aufgingen. Aus diesen Kolonien wurden nach der Dekolonisation Nationalstaaten gebildet. Die willkürliche Grenzziehung zwischen Irak und Kuwait[62], die zwei Golfkriege zur Folge hatte, ist ein eklatantes Beispiel für die Auswirkungen des modernen Phänomens staatlicher Grenzziehung.[63] Arabische Beduinen, die überall Wasser und Weide suchen, kennen keine Grenzen. Und der Islam hat diese tribale, nicht auf »Grenzen« bezogene Tradition übernommen. In der Welt des Islam – wie in den meisten anderen außerwestlichen Zivilisationen – ist der Nationalstaat daher eine »historisch bedingte heterogene Kollektivität, die durch die Kolonisationsprozesse zusammengeworfen wurde«.[64]

In dem vorliegenden Essay wurde gezeigt, dass dem nominellen Nationalstaat keine eigene historische Erfahrung zugrunde liegt; seine Souveränität ist nominal, also nicht historisch gewachsen. Dem neuen Staatsmuster, das von außen übertragen worden ist, fehlen die nötige institutionelle Infrastruktur sowie die akzeptierte Legitimität. Ein dermaßen künstlich konstruierter Staat kann nur schwach sein und ist kaum in der Lage, Konflikte institutionell zu bewältigen. Entsprechend existieren in ein und demselben Staat um die Macht konkurrierende ethnische Kollektive, die ihre jeweils eigene kulturell vermittelte Identität haben. Die Politisierung dieser ethnischen Vielfalt gipfelt im Kampf um die Vorherrschaft im Staat und rangiert noch vor dem Zivilisationskonflikt. Oft schüren Herrscher und Fundamentalisten das Zivilisationsbewusstsein sogar, um von den real existierenden ethnischen Konflikten abzulenken. In beiden Fällen sind Chaos und Zerfall die Folgen.

Nur mit Hilfe eines im polizeilichen Sinne mächtigen Staatsapparats können Konflikte unterminiert werden. Es ist daher richtig, mit Gabriel Ben-Dor festzustellen, dass »...die europäischen Kolonialmächte die modernste verfügbare Regierungstechnologie als Staatsapparat in den Nahen Osten exportiert haben. Diese Regierungstechnologie besitzt ihre eigene Logik, die jedoch nicht leicht zu exportieren ist... So besaß die arabische Welt schließlich das Machtinstrument ›Staat‹; statt jedoch dieses Instrument durch die ihm eigene Logik zu mäßigen, wurde an ihm ein leidenschaftlicher Nationalismus entzündet...«[65]

Dieser Nationalismus ist jedoch nur ein Transplantat; als Ideologie konstruiert er eine angestrebte übergeordnete Einheit, deren strukturelle Voraussetzungen immer noch fehlen. Die Ideologie des Nationalismus ist im Nahen Osten *nicht* dazu geeignet, ethnische Konflikte zu regulieren und die Ethnopolitik demokratisch zu bewältigen. Unter Ethnopolitik verstehe ich den Wettbewerb unter realen, untergeordneten ethnischen Gemeinschaften um die sehr knappen Ressourcen eines Staates.

Lösungen und Zukunftsperspektiven

Die vorangegangene Analyse bestätigt die beiden eingangs formulierten Hypothesen. Die erste bezieht sich auf die Deutung des Nationalstaats in nicht westlichen Zivilisationen als ein Transplantat, das im Rahmen der Globalisierung auf die gesamte Welt übertragen worden ist, dem aber die Substanz fehlt, sodass er nominell bleibt. Die zweite Hypothese fußt auf der Beobachtung eines Konsensverlustes und hat die Desintegration bestehender Ordnungen, die zu zerfallen drohen, zum Inhalt. Aus ihr leite ich die These der Destabilisierung der bestehenden Konstruktion einer internationalen Staatengemeinschaft her.

Wissenschaft darf nicht auf den Elfenbeinturm beschränkt bleiben und hat – im Fall der Internationalen Beziehungen – die Pflicht, ihre Erkenntnisse als Basis für eine Politik zur Verfügung zu stellen, die eine bessere Zukunft ermöglicht. In diesem Sinne fühle auch ich mich verpflichtet, Gedanken darüber zu entwickeln, wie der zunächst als Hypothese unterstellte, dann – wie ich denke – in der Analyse bestätigte Zerfall der Staatenordnung aufgehalten werden kann. Hierfür gibt es zwei Ebenen: 1. Die Ebene des Staates selbst. 2. Die Ordnung der Weltpolitik.

Auf der ersten Ebene scheint mir in nicht westlichen Staaten eine demokratische Lösung nur auf der Basis von *power-sharing*/Teilung der Macht möglich zu sein. Wie aber kann ein nomineller, institutionell schwacher Staat Mechanismen einer diese Lösung ermöglichenden demokratischen Herrschaft entfalten? Ich vermag diese Frage hier nicht zu beantworten, kann aber festhalten, dass alle lokalen, in der islamischen Zivilisation vereinigten Kulturen, gleich ob städtisch oder ländlich, ihrem Wesen nach ethnisch sind. Untereinander sind sie Rivalen. Vereint sind sie nur gegen einen äußeren Feind, und auch das oft nur rhetorisch: im Widerstand gegen die westliche Zivilisation. Ohne eine umfassende Demokratisierung kann diese Situation nicht verändert werden – und eine solche Demokratisierung ist nicht in Sicht.

Bei der Gefahr des Zerfalls staatlicher Ordnungen steht das Erstarken des politischen Islam als vermeintlicher Stimme der Moslems im Zeichen des Zivilisationskonflikts. Der Ruf nach einer allgemeinen islamischen Ordnung tritt als plakative Formel für die Formierung einer islamischen Zivilisation und gegen die Einordnung der Moslems in eine globale Struktur, in der andere die Führung haben, ein. Die neue Ideologie gedeiht in einer Krisensituation und ist zugleich Symptom und Generator des globalen Zusammenpralls der Zivilisationen. Es zeugt von mangelnder Kenntnis des Gegenstands, diese Ideologie als Nostalgie der einstigen islamischen Größe abtun zu wollen.

Zur Substanz des Nationalstaats gehören Souveränität und eine institutionalisierte politische Ordnung eines nicht ethnischen Gemeinwesens. In politischen Ordnungen, denen diese Merkmale fehlen, können Konflikte die Form ethnisierter oder religiös-sektiererischer Konflikte annehmen. Diese Konflikte stehen dann im Zeichen des Wechselspiels von Globalität, zu der der moderne Nationalstaat als Grundkomponente zu zählen ist, und lokalen Kulturen, die gegen ihren Willen in diesen globalen Rahmen eingespannt sind und sich in unserer Gegenwart als regionale Zivilisationen antiwestlich formieren. Die Frage ist nun, ob es in dieser krisenbeladenen Situation überhaupt eine reale Alternative zum demokratischen Nationalstaat als Zukunftsperspektive gibt? Islamisten sagen, ihr (politischer) Islam sei die Lösung. Ich sage, nur Demokratisierung ist die Lösung. Die innere Souveränität eines substanziellen, also nicht bloß nominellen Nationalstaats basiert auf dem politischen Bewusstsein der betreffenden Gesellschaft. In einem wirklich modernen Staat fühlen sich die Bürger einem politischen Gemeinwesen, nicht einer ethnischen Gemeinschaft zugehörig. Wie Anthony Giddens in seinem als *das* internationale Standardwerk über den Nationalstaat anerkannten Buch schreibt, »kann ein Staat nur dann ›souverän‹ sein,… wenn ein Großteil der Bevölkerung dieses Staates sich eine Reihe von Vorstellungen angeeignet hat, die mit Souveränität verbunden sind«.[66]

Einen solchen Staat gibt es nirgendwo in der islamischen Zivilisation, an der ich beispielhaft das Fehlen einer solchen, von der Bevölkerung verinnerlichten politischen Kultur illustriert habe.

Von der Gefahr der Ethnisierung und des Zerfalls sind langfristig sogar die industriellen Länder Westeuropas betroffen, wenn es ihnen nicht gelingen sollte, die zu einem Massenphänomen gewordene Einwanderung mittels einer entsprechenden demokratischen Politik zu bewältigen, zu der auch die Fähigkeit gehört, Migranten zu integrieren. Fundamentalismus und Ethnizität werden importiert, ohne dass eine demokratische Diskussion hierüber entsteht.[67]

Doch kehren wir zur Gefahr des Zerfalls staatlicher Ordnungen in Asien und Afrika zurück, die mit dem »nominellen Nationalstaat« zusammenhängt. Wir haben gesehen, dass die »islamische Ordnung« Rhetorik und Nostalgie, nicht aber eine reale Alternative zum europäischen Nationalstaat ist, der als Transplantat, nicht aber in seiner Substanz auf nicht westliche Zivilisationen übertragen worden ist. Wir kommen nicht an der Tatsache vorbei, dass die real existierende Ordnung souveräner Nationalstaaten in unserer Welt formal die politische Basis einer Weltordnung ist, wenngleich diese im Zivilisationskonflikt auseinander zu brechen droht. Mit anderen Worten: Die Verwendung des Begriffs Weltordnung hat nichts mit dem US-amerikanischen Gerede von »neuer Weltordnung« zu tun. Nach außen verfügen alle politischen Staatseinheiten unserer Welt über nationalstaatliche Souveränität, die sie aber nach innen, im Sinne demokratischer Souveränität, nicht haben. Dieses Auseinanderklaffen bedingt die Krise der nominellen Nationalstaaten, die auch in der islamischen Zivilisation zu beobachten ist.

Für die absehbare Zukunft wird der Nationalstaat in der Welt des Islam als Organisationsprinzip für die dort lebenden, ethnisch unterteilten Gemeinschaften weiterhin formal Bestand haben, jedoch bleibt er eine importierte Institution, die keine lokalen Wurzeln hat schlagen können. Die Alternativen, die gegen ihn propagiert werden, sind entweder der ethnisch exklusive Staat der Ethno-Nationalisten oder die Gottesherrschaft der Fundamentalisten. Es bedarf einer konzertierten Aktion der Weltgemeinschaft, damit die beschriebenen Entwicklungen nicht zu einer neuen Welt*un*ordnung führen.[68] Ich gestehe offen, dass ich kein Patentrezept habe, außer der Forderung nach einer Demokratisierung, die *»power sharing*/Teilung der Macht«, Partizipation und demokratische Ethnopolitik ermöglicht.

Auf der Ebene der Weltordnung sind Aussagen leichter. Die *Pax Americana* ist nicht haltbar, aber ein Dialog zwischen den Zivilisationen mit dem Ziel einer Moralität[69], die einen inter-zivilisatorischen Konsens[70] als Brücke verspricht, könnte das Licht am Ende des Tunnels sein.

1 Chris Brown, »International Political Theory and the Idea of World Community«, in: *International Relations Theory Today,* hrsg. von K. Booth/St. Smith, Penn. State University 1995, S. 90–109.
2 Zu meiner von der im deutschen Sprachraum üblichen, aber wissenschaftlich überholten Begrifflichkeit abweichenden Inhaltsbestimmung vgl. B. Tibi, *Krieg der Zivilisationen. Politik und Religion zwischen Vernunft und Fundamentalismus,* erweiterte und revidierte Taschenbuch-Neuausgabe, München 1998.
3 Das zentrale und maßgebende Werk hierüber ist Anthony Giddens, *The Nation-State and Violence,* Berkeley 1977. Zur Globalisierung des Nationalstaates siehe darin Kapitel 10.
4 Samuel Edward Finer, *The History of Government,* 3 Bände, Oxford 1997, Paperback-Ausgabe 1999.
5 Geoffrey Parker, *The Military Revolution. Military Innovation and the Rise of the West (1500–1800),* Cambridge 1989, (deutsch: *Die militärische Revolution: Die Kriegskunst und der Aufstieg des Westens 1500–1800,* Frankfurt/Main 1990).
6 Hierzu Roland Robertson, *Globalization. Social Theory and Global Culture,* London 1998. Zur Globalisierung selbst vgl. Martin Albrow, *The Global Age,* Stanford 1997, Barrie Axford, *The Global System,* New York 1995 sowie David Held u.a. (Hg.), *Global Transformations. Politics, Economics, Culture,* Oxford 1999.
7 Alan James, *Sovereign Statehood. The Basis of International Society,* London 1986 sowie Francis Harry Hinsley, *Sovereignty,* Neuauflage Cambridge und London 1986, S. 69ff.
8 Zum Westfälischen Frieden und der daraus hervorgegangenen Gemeinschaft souveräner Staaten vgl. Adam Watson, *The Evolution of International Society,* London 1992, Kapitel 17.
9 Charles Tilly (Hg.), *The Formation of National States in Western Europe,* Princeton/N.J. 1975, siehe S. 45 der Einleitung von Tilly.
10 Als Vorbild der vorliegenden Analyse dient das Meisterwerk von Hedley Bull, *The Anarchical Society,* New York 1977.
11 Rogers Brubaker, *Citizenship and Nationhood in France and Germany,* 3. Auflage Cambridge/Mass. 1996.
12 Zum Begriff am Beispiel der arabo-islamischen Geschichte vgl. Bassam Tibi, »The Simultaneity of the Unsimultaneous. Old Tribes and Imposed Nation-States in the Modern Middle East«, in: Ph. Khoury/J. Kostiner (Hg.), *Tribes and State Formation in the Middle East,* Berkeley 1990, S. 127–152.
13 Zum Kalifat vgl. das Standardwerk von Sir Thomas Arnold, *The Caliphate,* 2. Auflage London 1965 (zuerst 1924); in arabischer Sprache Ali Husni al-Khartabuli, *al-Islam wa al-khilafah (Der Islam und das Kalifat),* Beirut 1969; kritisch Muhammad Said al-Aschmawi, *al-Khilafah al-Islamiyya (Das islamische Kalifat),* Kairo 1990.
14 Yusuf al-Qaradawi, *al-Hall al-Islami wa al-hulul al-mustaurada wa kaif djanat ala ummatina (Die islamische Lösung und die importierten Lösungen: Wie sie sich in unserer Gemeinschaft festsetzten),* 3 Bände, Beirut 1970, Neudruck 1980.
15 Vgl. Hedley Bull, *The Revolt against the West,* in: Ders./A. Watson (Hg.), *The Expansion of International Society,* 3. Auflage Oxford 1988, S. 217 ff.
16 Samuel Huntington, *The Clash of Civilizations?,* in: *Foreign Affairs,* Band 72 (1993), Heft 3, S. 22–49; entwickelt zu einem Buch unter demselben Titel (New York 1996, deutsche Übersetzung 1997).
17 Vgl. hierzu James Morris Blaut, *The Colonizer's Model of the World. Geographical Diffusionism and Eurocentric History,* New York 1993, sowie mein Beitrag zu Manfred Brocker und Heino Nau (Hg.), *Ethnozentrismus,* Darmstadt 1997, S. 269–288.
18 Carl Heinrich Becker, *Islam-Studien. Vom Werden und Wesen der islamischen Welt,* 2 Bände, Neudruck Hildesheim 1967 (zuerst Leipzig 1924, 1932), hier Band 1, S. 383.
19 Bassam Tibi, *Kreuzzug und Djihad. Der Islam und die christliche Welt,* München 1999, hier Kapitel VII und VIII.
20 Zu Euro-Arroganz und Rassismus vgl. Bassam Tibi, *Europa ohne Identität? Die Krise der multikulturellen Gesellschaft,* München 1998. Zum Nachweis, dass Rassismus eine europäische Idee ist, siehe Ivan Hannaford, *Race. The History of an Idea in the West,* Baltimore 1996.
21 Bassam Tibi, »The Fundamentalist Challenge to the Secular Order in the Middle East«, in: *The Fletcher Forum of World Affairs,* Band 23 (1999), Heft 1, S. 191 bis 210.
22 Hierzu Bassam Tibi, *Die neue Weltunordnung. Westliche Dominanz und islamischer Fundamentalismus,* Berlin 1999.
23 Bruce Russett, *Grasping the Democratic Peace. Principles for a Post-Cold War World,* Princeton/N. J. 1993.
24 David Carment und Patrick James (Hg.), *Wars in the Midst of Peace. The International Politics of Ethnic Conflict,* Pittsburgh 1997.
25 Mark Juergensmeyer, *The New Cold War? Religious Nationalism Confronts the Secular State,* Berkeley 1993. Zur Entwestlichung vgl. Tibi, *Krieg der Zivilisationen* (wie Anm. 2), Kapitel 5 und 6.
26 Die Zitate stammen aus dem Buch von Robert D. Kaplan, *The Coming Anarchy,* New York 2000 (ursprünglich als Artikel in: *The Atlantic Monthly,* 1994, der denselben Titel trägt).
27 Mathew Horsman und Andrew Marshall, *After the Nation-State: Citizens, Tribalism and the New World Disorder*, London 1994.
28 Adam Watson, *The Evolution of International Society* (wie Anm. 8), S. 135ff., 265ff. Vgl. auch Bull/Watson, *The Expansion of International Society* (wie in Anm. 15).
29 Hinsley, *Sovereignty* (wie Anm. 7), S. 69 ff.
30 Robert H. Jackson, *Quasi-States: Sovereignty, International Relations and the Third World,* Cambridge 1990.
31 Vgl. die Einleitung zu Bassam Tibi, *Arab Nationalism: Between Islam and the Nation-State,* Neuausgabe London und New York 1996, 3. veränderte Edition New York 1997.
32 Vgl. David Beetham, *The Legitimation of Power,* London 1991, S. 191ff. über den Islam.
33 Anthony Smith, *The Ethnic Origins of Nations,* Oxford 1986.
34 Vgl. die Arbeit von Donald Horowitz, *Ethnic Groups in Conflict,* Berkeley 1985.
35 Vgl. Milton Esman und Itamar Rabinovich (Hg.), *Ethnicity, Pluralism, and the State in the Middle East,* Ithaca/N. Y. 1988, S. 3.
36 Juergensmeyer, *The New Cold War?* (wie Anm. 25).
37 Clifford Geertz, *The Interpretation of Culture,* dt. *Dichte Beschreibung. Beiträge zum Verstehen kultureller Systeme,* Frankfurt/Main 1983. Vgl. auch Geertz' Fallstudie *Religiöse Entwicklungen im Islam. Beobachtet in Marokko und Indonesien,* mit einem Nachwort von Bassam Tibi, Frankfurt/Main 1988.
38 Tibi, *Die neue Weltunordnung* (wie Anm. 22), Kapitel 6.
39 Hierzu Tibi, *Europa ohne Identität?* (wie Anm. 20).
40 Zur Globalgeschichte siehe Wolf Schäfer, in: Bruce Mazlish/Ralph Buutjens (Hg.), *Conceptualizing Global History*, Boulder/Col. 1993, S. 47-69.
41 Hedley Bull, *The Anarchical Society* (wie Anm. 10), S. 273.
42 Eric Hobsbawm und Terence Ranger (Hg.), *The Invention of Tradition,* Cambridge 1983.
43 So die deutsche Übersetzung von Huntington, *The Clash of Civilizations* (wie Anm. 16); vgl auch die Gegenschrift von Roman Herzog, *Preventing the Clash of Civilizations,* New York 1999, dt. *Wider den Kampf der Kulturen,* Frankfurt/Main 2000.
44 Arthur Schlesinger, *The Disuniting of America,* New York 1993.
45 So Helmuth Plessner, *Die verspätete Nation,* Neudruck Frankfurt/Main 1974, S. 33f.
46 Martin Marty und Scott Appleby (Hg.), *Fundamentalisms Observed,* Chicago 1991. Zu diesem Projekt vgl. den entsprechenden Abschnitt in Bassam Tibi, *Fundamentalismus im Islam. Eine Gefahr für den Weltfrieden?,* Darmstadt 2000.
47 Das ist das Argument in Bassam Tibi, *Krise des modernen Islams,* Neuausgabe Frankfurt/Main 1991, S. 62ff.
48 Hierzu ausführlich Tibi, *Krieg der Zivilisationen* (wie Anm. 2).
49 Vgl. im einzelnen Tibi, *Kreuzzug und Djihad* (wie Anm. 19), Kapitel I zum islamischen Djihad, Kapitel III zu den Kreuzzügen und Kapitel VI zur europäischen Expansion.
50 Zu den Taliban vgl. Ahmed Rashid, *Taliban. Oil and the New Great Game in Central Asia,* New Haven 2000.

51 Daniel P. Moynihan, *Pandaemonium. Ethnicity in International Politics,* Oxford 1993.
52 Hierzu Bassam Tibi, *Aufbruch am Bosporus. Die Türkei zwischen Europa und dem Islamismus,* München 1998, Kapitel 6 und 7.
53 Michael Hudson, *Arab Politics,* New Haven 1977, S. 51.
54 Smith, *The Ethnic Origins of Nations* (wie Anm. 33), S. 10.
55 Anke Houben, *Die zivilisatorische Staatengesellschaft. Zivilisation und internationale Politik im Nahen Osten,* mit einem Geleitwort von Bassam Tibi, Frankfurt/Main 1996 (ursprünglich Diss. Uni. Göttingen).
56 Bassam Tibi, *Das arabische Staatensystem. Ein regionales Subsystem der Weltpolitik,* Mannheim 1996.
57 Smith, *The Ethnic Origins of Nations* (wie Anm. 33), S. 36.
58 Bassam Tibi, *Die Verschwörung. Das Trauma arabischer Politik,* 2. Auflage München 1994, Teil 4.
59 Vgl. im Besonderen John Kelsay, *Islam and War. The Gulf War and Beyond,* Louisville/Ky. 1993, sowie das Kapitel »Der Golfkrieg als neuer Kreuzzug?« , in: Tibi, *Die Verschwörung* (wie Anm. 58), S. 273ff.
60 Zur osmanischen Epoche vgl. Kapitel 4 in Tibi, *Kreuzzug und Djihad* (wie Anm. 19).
61 David Fromkin, *A Peace to End all Peace. The Fall of the Ottoman Empire and the Creation of the Modern Middle East,* New York 1989.
62 Hierüber ausführlich David H. Finnie, *Shifting Lines in the Sand. Kuwait's Elusive Frontier with Iraq,* Cambridge/Mass. 1992.
63 Malcolm Anderson, *Frontiers. Territory and State Formation in the Modern World,* Cambridge 1996.
64 So Marshall W. Murphree in dem Band von John Rex und David Mason (Hg.), *Theories of Race and Ethnic Origins,* 2. Auflage Cambridge/Mass. 1988, S. 157.
65 So Gabriel Ben-Dor in seinem Kapitel zu dem Buch von Esman/IRabinovich (Hg.), *Ethnicity, Pluralism, and the State in the Middle East* (wie Anm. 35), S. 85f.
66 Giddens, *The Nation State and Violence* (wie Anm. 3), S. 210.
67 Dies habe ich ohne Erfolg mit meinem Buch *Europa ohne Identität?* (wie Anm. 20) versucht.
68 Tibi, *Die neue Weltunordnung* (wie Anm. 22).
69 Terry Nardin, *Law, Morality and the Relations of States,* Princeton, New Jersey 1983.
70 Bassam Tibi, »International Morality and Cross-Cultural Bridging«, in: Herzog, *Preventing the Clash of Civilizations* (wie Anm. 43), S. 107–126.

Verzeichnis der Themenkästen

Personenregister

Das Personenregister nennt alle im »Harenberg Staatenlexikon« vorkommenden Personen mit ihrem Herkunftsland. Die *kursiv* gesetzten Seitenzahlen führen zu Abbildungen, auf denen die jeweilige Person zu sehen ist. Die **fett** hervorgehobenen Zahlen verweisen auf Einträge mit biografischer Hintergrundinformation.

A

B

D

E

H

I

O

P

T

Bildquellenverzeichnis

Associated Press, Frankfurt/Main 279-4, 542, 913

Archiv für Kunst und Geschichte, Berlin 87, 165, 169, 172–2, 175, 176-2, 178, 332-2, 637, 637-2, 777, 849; AKG/AP 137; Otto Haeckel 71; Ursula Litzmann 113; Michael Teller 666-2

Archive Photos/Reuters, New York/Arthur Tsang 152-2; Carl Ho 152; Eric Miller 39

Bavaria Bildagentur, Gauting 747, Manfred Hubert 607-2

blickwinkel, Witten/M. Vences/F. Glaw 500-1; Thomas Schroer 500-2

Botschaft Norwegen 606

Botschaft der Vereinigten Arabischen Emirate 929

Central Zionist Archives, Jerusalem 342-2

Comitée International de la Croix-Rouge, Genf/Hoyt Shaun 727

Corbis-Bettmann Archive, New York 272, 343, 366-4, 900-2

Das Fotoarchiv, Essen/Toma Babovic 839; Charles Crowell 869-2; Erica Lansner 740 ; Friedrich Stark 599; Martin Sasse 751-2; Tack 133

Deutsche Presseagentur Frankfurt/Main 7, 10-3, 10-5, 12, 14, 18, 19, 15, 18, 17-3, 23, 28-2, 28-3, 29, 30, 31, 36, 36-3, 47, 61, 64, 69, 71, 72, 79, 79-2, 92-3, 92-2, 92, 93, 95, 98-2, 98-3, 102, 105-2, 111-4, 117-2, 123, 123-2, 125, 135, 146, 148, 150, 147-2, 144, 145, 154-2, 156-2, 160, 163, 167, 168, 188, 188-2, 189, 190, 181, 182, 183-2, 183, 184, 203, 204, 211-2, 215, 218, 219, 230-2, 230-3, 231, 233, 233-2, 235, 227, 229, 241, 245-2, 247, 247-2, 249, 249-2, 250, 259, 260, 258, 275, 277, 279-2, 270-2, 283, 284, 286-2, 287, 289, 309-3, 305, 313, 315, 319, 321-3, 323-2, 330, 349, 350, 344-2, 345, 347, 357, 358-2, 358-3, 360, 356-2, 357-2, 369, 371, 371-2, 373, 373-2, 374, 375, 366-2, 377, 393-3, 395, 389, 393, 397, 399-2, 399-4, 404, 407, 411, 416, 417-2, 422, 423, 424, 427, 429, 431, 432, 433-2, 437, 439, 441, 441-2, 441-3, 443, 443-2, 443-3, 443-4, 447-2, 447-3, 448, 448-2, 448-3, 451, 452-2, 453-2, 460, 462, 465, 465-2, 467, 470, 473, 476, 479, 480, 483, 485-2, 487, 488, 496, 502, 503, 508, 511, 513, 516, 523, 525-2, 531, 532, 538, 545-2, 549, 553-2, 554, 560, 560-2, 562-2, 563, 573, 579-2, 583, 591, 588, 590-2, 591-2, 597, 598, 599-2, 600, 604, 621-2, 621, 622, 623, 621-2, 620-2, 625, 627, 629, 640, 642, 643-2, 645, 647-2, 651, 651-2, 652, 656, 665, 666, 667, 667-2, 668-2, 672, 677-2, 677, 683, 680, 691-2, 692, 693, 695, 695-2, 695-3, 691-, 705, 708, 715, 723, 729, 741, 741-2, 743, 744-2, 750, 751, 766-5, 767, 767-2, 768, 770, 766-3, 782-2, 779, 781, 785, 795-2, 793, 793-2, 793-3, 795, 804, 809, 811, 811-2, 815, 814, 818, 820, 824, 827, 829, 831, 832-2, 834, 841, 845, 846-2, 847-2, 851, 856, 857, 861, 863, 863-2, 867, 871, 875, 876, 878-2, 881, 889, 891, 891-2, 893, 894-2, 896, 903-2, 904, 906, 906-2, 907-2, 910, 911, 912-5, 912-7, 899, 899-2, 916, 923, 925, 930-2, 933, 933-3, 935-2, 936, 942, 948, 948-2, 948-3; Lüdecke 946; UPI 281, 149, 195; Wieseler 766-2

Carin Drechsler- Marx, New York 898-2

EEC Photos 912-9

Eduard N. Fiegel, St. Augustin 273-3, 568, 912-10

Lisa Gardiner, Frankfurt/Main 368, 368-2

Gerstenberg, Wietze 177-2

Globus/dpa, Hamburg 245

Harenberg Verlag, Dortmund 14-2, 17-2, 17-4, 22, 35, 67, 84, 86, 97, 97-2, 107, 111, 122, 141, 147, 142, 142-2, 143-3, 154, 157, 165-2, 167-2, 163-2, 171-2, 173, 174, 174-2, 176, 177, 178-2, 187, 209, 209-2, 216, 216-2, 216-3, 216-2, 217, 222, 225, 230, 230-4, 253, 255, 255-2, 256, 257, 257-2, 265, 266, 267, 269, 270, 271-2, 271, 273, 301, 302, 303, 309, 309-2, 309-4, 312, 325, 326, 332, 334, 335, 338, 338-2, 340-2, 351, 358, 353, 354, 355, 363, 365, 366, 367, 367-2, 367-3, 382, 382-2, 383, 384, 386, 388, 388-2, 388-3, 390, 406, 440, 455, 461, 401-2, 400, 475, 486, 486-2, 487-2, 493, 505, 519, 519-2, 523-2, 535, 535-2, 535-3, 536, 537, 547-2, 547-3, 547-4, 552, 552-2, 565, 565-2, 577, 578, 582, 586, 588-2, 588-3, 589, 590, 598-2, 602, 603, 605-2, 611-2, 611, 617, 622-2, 618, 618-2, 619, 619-2, 619-3, 620, 614, 614-2, 615, 630, 649, 661, 663, 663-2, 671, 681, 682, 688, 689, 690, 703, 713, 716, 720-2, 720, 718, 725, 726, 728, 728-2, 735, 735-2, 745, 747-2, 753, 764, 764-2, 760, 761, 761-2, 763, 764-3, 765, 766, 769, 773, 775-2, 774, 775, 776, 778, 778-2, 778-3, 788, 795-3, 789, 794-2, 807, 808, 812, 816, 826, 831-2, 850-2, 850, 859, 887, 888, 887-2, 904-2, 909-2, 912, 912-2, 900, 901, 931, 934, 939, 940

Markus Hilbich, Berlin 88, 780-2

Ulrich Ernst Huse, Dortmund 517-2

ICRC/T. Gassmann 797

Interfoto, München 684;

Interfoto/Bridgeman 576

Israel Information Center, Jerusalem 342, 343-2

Keystone Pressedienst, Hamburg 111-3, 655

Kurier, Wien 622-2

laif, Köln/Miquel Gonzalez 50, 299, 539-2; P.S. Kristensen 539; Michael Riehle 422-2,

Siegfried Layda, Berlin 566

Holger Leue Photography, Haunetal 576-2, 576-3, 643

Bildagentur Look, München/Hauke Dressler 823, 929-2; Reinhard Dirscherl 511-2; Max Galli 339, 339-2; Jan Greune 82; Christian Heeb 74, 103, 362, 674, 701; Katja Kreder 241-3, 426; Holger Leue 836, 872, 873, 920; Bernhard Limberger 420; Michael Martin 514, 930; Karl-Heinz Raach 410; Jürgen Richter 158-3; Thomas Stankiewicz 477; Konrad Wothe 109

Meldepress, Berlin 230-5

Proton Automobile Deutschland GmbH, Friedberg 507

Rheinisches Bildarchiv, Köln 461-3

Sipa Press, Paris 52, 72-2, 80, 80-2, 98, 117, 119-2, 201, 403, 418, 521, 894, 903; Alfred 191, 867-2; Abbas 78; Adnan 320; Akinpar 452; Albert Facelly 11, 125-2; Alexandra Boulat 458; Anastasia Vrachnos 316-2, 316-3; Aral 865; Argyropoulos 258-2; Arias Francisco 138; Boccon 391; Boucat 392; Boutin 158-2; Bruwier 323; Cairns 280; Carballo 47-2; Cavalli 90; Chalani 63-2; Chalasani 424-2, 503-2, 799, 799-2, ; Chamussy 754; Chanussy 75; Chine Nouvelle 447; Chip East 640-2; Dalmas 28, 182-3, 229-2, 326-2; Dimitri Astakhov 917; Dominique Deveaux 128-2; East News 244; Efe 19-3, 204-3; Europa Press 780; Facelly 843; Farnood 10-2; Fayre 819; Frilet 347-2; G. Boutin 528; Gallup 846; Goess 852, 853, 853-2; Haley 185, 451-2, 654; Herald 489-2; Hollis 63; India Today 308; Jana Scheider 494; Jobard 457; Jobartair 100; Lafaille 48; Lee Young-Ho 453; Luc Delahaye 468; Ludwig 306, 306-2, 307-2, 787; Marcou 782; Mark Newman 158; Michel Setboun 327, 327-2, 328; Miladinovic 787-2; Moctar 233-3; Moos 509-2; Murseli Tan 10-4; Nanzer 207, 744; NBG 33; Niclas Jose 678; Nicolas 485; Oshiara 374-2, 787-3; Oxley/Poveda 252; P. Mark 558; Pacelly 444; Palmas 908-2; Patrick Frilet 198, 292; Piko Gabriel 45; Poveda 47-3; Radhika Chalasani 877; Rex 385; Reza 328-2; Robert 520; Robert Patrick 240; Roshanak Bahrani 58; Savoure 153; Sean Gallup 533; Simmons Ben 635, 829-2; Sisson 907-3; Swanson 915-2; Tags 766-4; Terpini 24; Thomas Haley 310; Thuan 828; Torregano 295-4; Tripett 150-2, 633; Viavaut 523-3; Witt 191-2;

Studio X, Limours: Gamma 51, 158-4, 234, 226, 226-2, 370, 372, 375-2, 395-3, 402, 414-3, 449-2, 481, 495, 652-2, 652-3, 658, 668, 685, 686, 738, 933-2, 945; Wendy Chan-Asa 746; A. Denize 487-3; A. Karim Boye 733; A. Ribeiro 20-3; ABC Ajansi 865-2; Achache 276; AEI 674; Ajansi 866; Alain Benainous 119; Alain Buu 154-3, 573-2, 782-3; Alain Morvan 491, 607; Alan Weiner 465-3; Alexis Duclos 276-3; Alice 526; Amin Cameraplx 876-2; Andre Penner 38; Anticoli Micozzi 25; Antonio Ribeiro 463-2; Art Zamur 553; Austen 714; Aventurier 238; Bartholomew/Liaison 308-2, 309-5 ; Bassignac 847-2; Berg AlistairSpooner 115; Bernard Charlon L'Agence 21 499; Bert van den Broucko 623-3; Bonnotte J. P. 231-2; Bosio/Liaison 583-2; Bouvet 802-2; Brad Markel/Liaison 585; Buu-Quidu 26; Bym. Wada 373-3; C. Hires-G. Merillon 467-2; C. Loviny 317; C. Vioujard 631; Camerapix 756; Carlos Angel 433; Castel 408-2; Catherine Leroy 295-2; Chas Gerretsen 136; Chip Hires 854; Christian Vioujard

609; D. Marleen 103-2; Daher 393-2; Daniel Aeschliman 356; Daniel Cleary/Liaison 105; de Malslaive 914; Duclos 819-2; Edgar Moura 114; Eric Bouvet 279-3, 489-3, 853-3, ; Eric Brissaud 211; Eric Vandeville 926, 927; Erik Lesser 915; Eslami Rad 329; F. Lochon 675; Falise 561; François Lochon 9; Francolon Simon 307; Francolon 232, 556, 757; Fujino 366-3; Gaillarde 949; Germain Rey 832; Giboux/Liaison 310-2, 314; Gilbert Uzan 295-3; Gilles Bassigmac 675-2; Gilles Caron 346; Gilles Martin 109-2; Gilles Mermet 156; Gilles Mingasson 911-2; Gubb 743-2; Hires Chipaison 736; Hirsch 898; Hornbak 279; Ioannis Stergivo 531-2; J. C. Labbe 399, 399-3; Jacob Sutton 412; Jasmin Krpan, 456; Jean-Claude Aunos 20, 20-2; Jean-Claude Francolon 17 286, 287-2, 295, 673; Jin Man Lee 449; Johnson/Liaison 106; Jordan 822; Kaku Kurita 371-3; Karskens 802; Kelvin BoyesFSP 336-2; Kelvin Boyes 336; Laski 941; Laurent van der Stockt 321-2, 379 , 395-2, 414-2, 935; Le Fort 62; Lemoyne/Liaison 103; Liaison 540; Loo Leroy 908; M. Evans/ Liaison 409; M. Salabar 907; M. Sestini 357-3; Malcolm Linton/Liaison 444-2; Marc Deville 463; Marie Lore de Decker 841-2; Massimi Sestini, 359, 878; Maythons/Liaison 300; Mc Kiernam/Liaison 204-2; McInnis/Liaison 411-2; Mermet 732; Nakram Gadel Karim-Al Akhbar 19-2; Nevesum 525; Neveu/Liaison 657; Nickelsberg/Liaison 572; Noel Quidu 317-2, 439-2, 443-5; Novak 748; Olympia 359-2; Orand Alexis 207-2, 509; Osvlad 545; P. Aventurier 647; Pascal Pugin 437-2; Pasquier 837; Patrick Aventurier 37, 489, 547; Patrick Lages 414; Paula A. Scully/ Liaison 131; Paula Bronstein/Liaison 316; Perru 283-2; Peter Arkell Spooner 276-2; Peters 800; Philippe Letellier 36-2; Photonews 321; Ponopresse 408; Pool 340; Poulet 711; Pressens Bild 699; Quidu Noël 10; Rafael Wolmann 49; Raimond Depardon 134; Raphael Gaillarde 639; Rassias 950; Reza 62-2; Ribeiro Antonio 533-2; Rotolo 900-3; S. Morvan 835; S. Nardulli 937; S. Peterson/Liaison 758; S. Vichith 398; Sagansky Spooner 291; Saola Erik Sampers 471; Shone 769-2, 882; Somovski-Zoja 54; Stephen Lock-FSP 280-2; Swersy/Liaison 244-2, 883; T.Siegmann 579; Taylor- Fabricius 937-2; Thierry Campion 557; Thierry Falise 549-2; Thierry Guillot 127; Thierry Rannou 196, 593 ; Thomas White 705-2; Toni Comiti 584; Tyler Hicks/Liaison 394; Udo Schreiber 567; van der Hilst 657-2; Vassal 791; Vincent Leduc 562; Vioujard 783, 783-2, 890-2; Vlastimir Shone 56; William Stevens 233-2; Wojtek Laski 669; Wollman 895; Wunes 517; Xavier Rossi 128; Xinhua-Chine Nouvelle 151; Yann Arthus-Bertrand 161-1; Yurman/Liaison 344, 633-2; Yves Buannic 398-2; Yves Gellie 76, 76-2, 890; Tordai-Spoon 942-2, 794

Studio X, Limours: Roger-Viollet 44, 111-2, 121, 237-2, 261, 381

Süddeutscher Verlag, München 65

The International Historical Press Photo Collection/Bildarchiv SVT, Stockholm 14-3, 60, 60-2, 60-3, 135-2, 143, 143-2, 221, 223, 224, 237, 255-3, 268, 333, 354-2, 605, 662, 687, 721, 726-2, 862, 888-2, 902, 902-2, 922

Universität Utrecht 801

USIS, Bonn 909, 912-3, 912-4, 912-6, 912-8,

Jürgen Wassmuth, Dortmund 795-4

Ulli Weissbach, Auckland 569

Wostok Verlag, Berlin 417, 869, 870

Textnachweise

Seite 149: Der 16-Punkte-Plan; aus: Oskar Weggel, »Geschichte Chinas im 20. Jahrhundert«, Kröners Taschenausgabe Band 414, S. 252ff., © 1989 Alfred Kröner Verlag, Stuttgart

Seite 369: Friedensvertrag von San Francisco; Quelle: Department of State Publication 4613; Übersetzung d. Europa-Archivs; Abdruck mit freundlicher Genehmigung des Verlags für Internationale Politik, Bonn

Seite 613: »Kakanien«; aus: Robert Musil, »Der Mann ohne Eigenschaften«, © 1930/ 1978 by Rowohlt Verlag GmbH, Reinbek